INSTITUCIONES DEL ESTADO DEMOCRÁTICO DE DERECHO

CONSTITUCIÓN 1961

TRATADO DE DERECHO CONSTITUCIONAL - TOMO IV

Colección Tratado de Derecho Constitucional

I. *Historia constitucional de Venezuela*, Caracas 2013, 1096 páginas.
II. *Orígenes del constitucionalismo moderno en Hispanoamérica*, Caracas 2014, 980 páginas
III. *Cambio político y consolidación del Estado de derecho (1958-1998),* Caracas 2015, 1162 páginas
IV. *Instituciones del Estado democrático de derecho. Constitución de 1961*, Caracas 2015, 1180 páginas
V. *Derechos y garantías constitucionales en la Constitución de 1961 (La Justicia Constitucional),* Caracas 2015, 1022 páginas
VI. *Asamblea Constituyente y Proceso Constituyente (1999)*, Caracas 2013, 1198 páginas
VII. *La Constitución de 1999: El Estado Democrático y Social de Derecho*, Caracas 2014, 1190 páginas
VIII. *Golpe de Estado Constituyente, Estado Constitucional y Democracia,* Caracas 2015, 1018 páginas
IX. *Concentración y centralización del poder y régimen autoritario,* Caracas 2015, 1198 páginas
X. *Derechos y garantías constitucionales y la acción de amparo,* Caracas 2017, 1196 páginas.
XI. *El derecho y la acción de amparo en el derecho constitucional comparado,* Caracas 2017, 1150 páginas.
XII. *La justicia constitucional y Jurisdicción Constitucional,* Caracas 2017, 1198 páginas.
XIII. *Práctica y distorsión de la justicia constitucional,* Caracas 2017, 954 páginas.
XIV. *El juez legislador y la patología de la justicia constitucional,* Caracas 2017, 1060 páginas.
XV. *El desmantelamiento de la democracia y el Estado Totalitario,* Caracas 2017, 1050 páginas.
XVI. *La Destrucción del Estado de derecho, la ruina de la democracia y la dictadura judicial,* Caracas 2017, 1146 páginas

Allan R. Brewer–Carías

Profesor de la Universidad Central de Venezuela (desde 1963)
Simón Bolívar Professor, University of Cambridge (1985–1986)
Professeur Associé, Université de Paris II (1989–1990)
Adjunct Professor of Law, Columbia Law School, New York (2006–2008)

INSTITUCIONES DEL ESTADO DEMOCRÁTICO DE DERECHO CONSTITUCIÓN 1961

COLECCIÓN

TRATADO DE DERECHO CONSTITUCIONAL

TOMO IV

Fundación de Derecho Público
Editorial Jurídica Venezolana
Caracas, 2015

http://www.allanbrewercarias.com
Email: allan@brewercarias.com

Hecho el Depósito de Ley
ISBN: 978-980-365-280-7
Depósito Legal: lf54020153404

Editado por: Editorial Jurídica Venezolana
Avda. Francisco Solano López, Torre Oasis, P.B., Local 4, Sabana Grande,
Apartado 17.598 – Caracas, 1015, Venezuela
Teléfono 762.25.53, 762.38.42. Fax. 763.5239
http://www.editorialjuridicavenezolana.com.ve
Email fejv@cantv.net

Impreso por: Lightning Source, an INGRAM Content company
para Editorial Jurídica Venezolana International Inc.
Panamá, República de Panamá.
Email: editorialjuridicainternational@gmail.com

Diagramación, composición y montaje
por: Francis Gil, en letra Times New Roman, 10,5
Interlineado 11, Mancha 19 x 12.5 cm., libro: 24.4 x 17 cm.

CONTENIDO GENERAL

TOMO IV

TERCERA PARTE

EL ESTADO, LA PROPIEDAD Y LA LIBERTAD ECONÓMICA 229

CUARTA PARTE

RÉGIMEN DEL PODER PÚBLICO 305

QUINTA PARTE

BASES CONSTITUCIONALES DE LA ACTUACIÓN INTERNACIONAL DEL ESTADO 483

SEXTA PARTE:

LA ESTRUCTURA POLÍTICA Y CONSTITUCIONAL DEL ESTADO FEDERAL: LOS ESTADOS Y LA DESCENTRALIZACIÓN POLÍTICA 577

SÉPTIMA PARTE

EL RÉGIMEN MUNICIPAL 789

OCTAVA PARTE

EL SISTEMA DE GOBIERNO: EL PODER EJECUTIVO, EL PODER LEGISLATIVO Y EL PODER JUDICIAL 895

NOVENA PARTE

PRESENTACIÓN

Este Tomo IV de la Colección *Tratado de Derecho Constitucional* referido a *Las instituciones del Estado democrático de derecho en la Constitución de 1961,* tiene por objeto estudiar en nueve partes el proceso de la configuración y consolidación del Estado de derecho en el régimen constitucional del periodo democrático que se inició en 1958 y que funcionó hasta 1999, en las cuales se analizan sucesivamente: los principios esenciales del sistema constitucional del Estado democrático y social de derecho que la Constitución de 1961; los principios generales de la concepción misma del Estado de derecho; la Constitución Política; la Constitución económica; , el régimen del Poder Público; las bases constitucionales de la actuación internacional del Estado, el régimen de la estructura política y constitucional del Estado bajo la forma federal, con particular referencia al régimen de los Estados y de los Municipios; el sistema de gobierno de la República; y al régimen constitucional de la Administración Pública.

El contenido del volumen está conformado, básicamente, por el texto de buena parte de los Tomos I, II y III de la obra *Instituciones Políticas y Constitucionales*, publicada en seis tomos por la Universidad Católica del Táchira y la Editorial Jurídica Venezolana entre 1996 y 1998, en lo que fue la tercera edición de la que con el mismo título, había iniciado en 1982. La primera edición fue publicada bajo la insistencia del mi amigo de tantos años, el profesor José del Rey Fajardo sj, en las Ediciones Manoa, Universidad Católica Andrés Bello, Caracas-San Cristóbal, 1982, 713 pp., y la segunda edición por la Editorial Jurídica Venezolana-Universidad Católica del Táchira, Caracas-San Cristóbal 1985, 2 Tomos, 754 y 734 pp.

Los tomos de la tercera edición de dicha obra sobre *Instituciones Políticas y Constitucionales*, cuyos textos en parte se recogen en este volumen son: Tomo I: *El régimen histórico constitucional del Estado*, Universidad Católica del Táchira-Editorial Jurídica Venezolana, Caracas-San Cristóbal, 1996, 715 pp.; Tomo II: El régimen del Poder Público y su distribución vertical: el Poder Nacional y el Régimen Federal y Municipal, Universidad Católica del Táchira-Editorial Jurídica Venezolana, Caracas-San Cristóbal 1996, 754 pp.; y Tomo III: *La distribución vertical del Poder Público y el sistema de gobierno*, Universidad Católica del Táchira-Editorial Jurídica Venezolana, Caracas-San Cristóbal 1996, 722 pp.

Dicha obra, estuvo precedida de las siguientes Notas elaboradas para las respectivas ediciones:

NOTA A LA TERCERA EDICIÓN (1996)

En la última década y bajo la vigencia de la Constitución de 1961, se produjeron importantísimos cambios en las instituciones políticas y constitucionales del país, que ameritaban la actualización y revisión de esta obra. La reforma electoral, la reforma municipal, la reforma de la estructura federal con el inicio de la descentralización política, por ejemplo, han desencadenado un proceso de cambios en nuestras instituciones, con importantes repercusiones en nuestro derecho público, que resultaba imprescindible recoger y reseñar.

En efecto, Venezuela durante los últimos años ha estado experimentando un proceso de cambio político, que ha venido conduciendo al desmoronamiento del sistema político propio de un Estado Democrático Centralizado de Partidos, que se agotó, el cual se había iniciado en los años cuarenta, particularmente a raíz de la Revolución de Octubre de 1945; y luego se consolidó a partir de la Revolución Democrática de 1958.

Los venezolanos, en los últimos años, hemos sido testigos de todos los signos posibles e imaginables de la crisis de ese sistema y del cambio que se ha estado operando. Ya es imposible, por tanto, que no tengamos clara conciencia de que ese sistema, que funcionó durante las últimas décadas, no es probable que se prolongue mucho más allá del período constitucional que ha comenzado a partir de 1994. Por tanto, el Estado Democrático Centralizado de Partidos, que es el que caracterizó a la Venezuela democrática desde el año 1958, llamado también, pura y simplemente, el Estado de Partidos, terminó, estando nuestras instituciones en un proceso de transformación indetenible e irreversible.

En todo caso, los venezolanos tenemos, como reto fundamental, que este proceso de cambio y de transformación que se está operando en el país, se produzca en el marco del régimen democrático, pues lo que se está extinguiendo no es la democracia, sino el sistema político que se estableció para operar esa democracia, es decir, el sistema político democrático centralizado de partidos.

***Tenemos que lograr que el régimen democrático continúe, pero bajo un nuevo sistema político, que debe ser, en sustitución del Estado Democrático Centralizado de Partidos, el de un Estado, también demo*crático, pero descentralizado y participativo. *En tal sentido, uno de los factores fundamentales que podría contribuir aún más al agotamiento y extinción definitiva de ese modelo de* Estado Democrático Centralizado de Partidos, *es el proceso de descentralización política que se ha iniciado a partir de 1989. En la descentralización y la participación políticas, está la esperanza, sin la menor duda, de la sobrevivencia de la democracia venezolana, pues bajo el esquema centralizado de partidos, la democracia no tendría posibilidad segura de continuar*[1].**

1 Véase lo que expusimos en *Informe sobre la Descentralización en Venezuela. 1993*. Memoria del Dr. Allan R. Brewer-Carías, Ministro de Estado para la Descentralización, Caracas, 1994.

LOS GRANDES CICLOS HISTÓRICO-POLÍTICOS

Venezuela, por tanto, está en pleno proceso de terminación de uno de los grandes ciclos históricos de su vida política, a cuyo aceleramiento, sin duda, ha contribuido el hecho político más importante que se ha producido en este Siglo después de la introducción de la elección universal y directa del Presidente de la República a raíz de la Revolución de Octubre de 1945, y que ha sido la elección directa de Gobernadores y Alcaldes, a partir de 1989. Este no es un hecho más dentro del proceso político venezolano, sino que puede considerarse como el detonante de la introducción, en nuestro sistema político, de mecanismos de descentralización y participación' políticas, y en consecuencia,, el hecho fundamental que puede contribuir,-en la última fase del Estado de Partidos, a poner fin al ciclo histórico que se inició en los años cuarenta. Este ciclo histórico, que abarca el período desde la postguerra a la actualidad, como he dicho, en realidad es uno más de los grandes ciclos históricos que han caracterizado, marcado y dividido la vida política venezolana.

En efecto, en nuestra historia política desde el año 1811 a la actualidad, pueden distinguirse cuatro grandes ciclos o etapas, dominadas, cada una, por un determinado régimen político estatal. A lo largo de los 184 años de vida republicana hemos tenido 25 Constituciones, pero ello no significa que hayamos tenido el mismo número de pactos y regímenes políticos diferentes. Al contrario, todo el conjunto de Constituciones y de hechos políticos acaecidos en el transcurso de la historia del país, pueden agruparse en cuatro grandes ciclos, cada uno con sus características, su régimen estatal, su propio liderazgo, su proyecto político y su propia decadencia o agotamiento que, en cada caso, marcaron una etapa histórica de algo más de una generación a la que correspondió, con sus sucesores, la implantación de un proyecto político concreto.

Todos los ciclos políticos anteriores, hasta ahora, no evolucionaron en sí mismos, sino que se derrumbaron, en gran parte por la incomprensión del liderazgo político en haber tomado conciencia de los cambios que produjo, en cada etapa, el propio desarrollo del proyecto político concreto que las caracterizó.

EL ESTADO INDEPENDIENTE Y AUTÓNOMO SEMI-DESCENTRALIZADO

El primero de estos grandes ciclos político-constitucionales fue el del Estado independiente y autónomo semi-descentralizado, que se inició en 1811, y que estuvo dominado por la generación de los líderes y próceres de la independencia, y sus sucesores. El proyecto que lo caracterizó fue la construcción e implantación de un Estado nuevo, fundado en las ex-colonias españolas, basado, en cuanto a la forma del Estado, en la organización de las Provincias que nos quedaron como legado del régimen español; Provincias que se habían desarrollado en el sistema colonial como organizaciones administrativas altamente descentralizadas. Precisamente, fue por esa enorme descentralización y autonomía provincial que existía en los territorios de la Capitanía General de Venezuela que, como forma para estructurar un Estado nuevo —que fue lo que se propuso ese liderazgo político—, se escogió el esquema federal.

Por ello, puede decirse que Venezuela como Estado Independiente, nació bajo una forma federal de Estado, porque, entre otros factores, en el constitucionalismo de la época no había otra forma para construir un Estado republicano en base a la estructura político-territorial de ex-colonias descentralizadas. La "Confederación de Vene-

zuela", por ello, fue el esquema político tomado de la experiencia norteamericana para unir lo que estaba y había estado siempre desunido, salvo en los treinta años anteriores a la Independencia, a raíz de la creación, en 1777, de la Capitanía General de Venezuela, que comprendía el grupo de Provincias que conformaron nuestro territorio; pero en todo caso, incomunicadas entre sí, y altamente disgregadas.

La progresiva instauración de un Poder Central dentro de las vicisitudes iniciales de la Guerra de Independencia, antes y después de la separación de la Gran Colombia, llevaron al mismo liderazgo que hizo la Independencia, y que asumió el control del Estado a partir de 1830, a no entender los cambios que habían provocado, y a pretender aplicar, a finales de la década de los cincuenta del siglo pasado, los mismos criterios políticos iniciales, como si no hubieran transcurrido casi tres décadas de vida republicana. Precisamente, hacia finales de la década de los cincuenta del siglo pasado, fue la lucha, entre el Poder Central que había sido construido por los propios líderes regionales en, el Gobierno, y el poder regional que se había afianzado en las Provincias, lo que provocó la ruptura del sistema, culminando con las Guerras Federales (1858- 1863). No faltaron, en ese período de crisis, reformas constitucionales en 1857 y 1858, las cuales en nuestra historia, siempre han sido el preludio del derrumbe de los sistemas. De allí el gran temor que siempre hemos expresado en relación a las reformas constitucionales cuando se plantean como la única solución a los problemas de un sistema político en crisis.

Así, la Constitución se reformó en 1857 y 1858 y de allí, en medio de la guerra, no hubo más remedio que llamar al prócer, al que había estado actuando en la vida política del país desde la Independencia, y la había dominado por completo. José Antonio Páez fue llamado como el salvador del país, y la realidad fue que no duró sino meses en el poder, con dictadura y todo, acabando definitivamente con el sistema, y concluyendo la última fase de las Guerras Federales.

EL ESTADO FEDERAL

Del derrumbe del Estado autónomo semi-descentralizado, surgió un nuevo Estado, un nuevo liderazgo político en el poder y un nuevo proyecto político, el del Estado Federal. El cambio fue radical. Basta repreguntarse quién podía saber en 1856, por ejemplo, quienes eran Zamora o Falcón, qué representaban o dónde estaban. Eran, sin duda, líderes locales, pero sin que se sospechara siquiera de su potencialidad para dominar el país. Incluso, el mismo Antonio Guzmán Blanco no era la persona que en esos momentos de crisis podría vislumbrarse como el que dominaría el segundo gran ciclo de la historia política del país, que va de 1863 hasta comienzos de este Siglo.

Lo cierto es que en 1863 surgió un nuevo sistema político, un nuevo liderazgo, un nuevo Estado y un nuevo proyecto político. El anterior sistema fue barrido y comenzó la instauración de uno nuevo, en este caso, basado en la forma federal del Estado, con una disgregación extrema del Poder.

Antonio Guzmán Blanco fue **primus inter pares** *en el sistema político que dominaron los caudillos regionales, y entre otros instrumentos en los primeros lustros del período, gobernó a través de lo que se llamaron los Congresos de Plenipotenciarios, que no eran otra cosa que la reunión de los diversos caudillos regionales en Caracas, para resolver los grandes problemas del país; un país, además, paupérrimo, endeudado y sometido progresivamente a la autocracia central que al ser abandonado por el*

Gran Civilizador, quien se retiró a Francia, contribuyó progresivamente al deterioro del debilitado Poder Central.

La última década del Siglo pasado también estuvo signada por las reformas constitucionales de 1891 y 1893, entre otros factores y como ha sido una constante en nuestra historia, para extender el período constitucional. Sin embargo, la crisis política derivada de la confrontación liberal de los liderazgos regionales no se podía resolver con reformas constitucionales; el problema era el del deterioro general del sistema, entre otros factores, por la lucha sin cuartel entre el Poder Central y los caudillos regionales.

Este ciclo histórico concluyó con las secuelas de la, Revolución Liberal Restauradora, la cual, frente al Poder Central, pretendía restaurar el ideal liberal y federalista, y a cuya cabeza surgió Cipriano Castro; y luego, con la guerra que Juan Vicente Gómez desarrolló a comienzos de este Siglo, para terminar con el liderazgo caudillista regional, y consolidar la hegemonía andina.

EL ESTADO AUTOCRÁTICO CENTRALIZADO

La Revolución Liberal Restauradora, en 1899, como se señaló, se inició en defensa de la soberanía de los Estados que se pensaba lesionada con la designación provisional de los Presidentes de los mismos por el Gobierno Central.

En efecto, la protesta de Cipriano Castro, que provocó su primera proclama, fue contra las decisiones del Congreso Nacional respecto al nombramiento provisional por el Presidente de la República, de los Presidentes de los Estados que se habían recién reinstaurado, después de que en la época de Guzmán Blanco se habían convertido en "secciones" de agrupaciones territoriales mayores. Pero esa idea original, luego, el propio caudillo de los Andes, Juan Vicente Gómez, se encargó de desvirtuarla con motivo de la revolución, y como una evolución dentro de la misma causa. La salida de Castro del Poder, —enjuiciado por la Corte Federal y de Casación—, puso fin, definitivamente, al ciclo del Estado Federal, dándose inicio a un nuevo ciclo histórico en nuestra vida política, él ciclo del Estado Autocrático Centralizado, que se inició a comienzos del presente siglo, concluyendo en 1945.

Durante este ciclo del Estado Autocrático Centralizado, se comenzó la verdadera integración del país y se consolidó el Estado Nacional, el cual, en muchos países de América Latina ya se había consolidado mucho antes, hacia mitades del siglo pasado. En este sentido, puede considerarse que ese proceso fue tardío en Venezuela, por la disgregación nacional que produjo el federalismo del siglo pasado, y la aparición, luego, del Estado Autocrático Centralizado, en la primera mitad de este siglo.

Pero de nuevo, después de varias décadas de autocracia centralista y de construcción del Estado Central, que fue acabando progresivamente con todos los vestigios del Estado Federal, salvo con su nombre, el liderazgo político andino no supo o no quiso entender los cambios que habían venido provocando en la sociedad y en las relaciones de poder, la propia consolidación e integración del Estado Nacional, el cambio político en el mundo como consecuencia de las dos guerras mundiales, y el proceso general de democratización que se estaba iniciando a comienzos de los años cuarenta.

Por ejemplo, los sucesores políticos de Gómez, a pesar de la apertura democrática y de modernización iniciada por López Contreras y Medina Angarita, no supieron entender que el sufragio universal, directo y secreto en el año 1945, en coincidencia con el fin de la Segunda Guerra

Mundial, era el elemento esencial para consolidar la democracia que comenzaba a nacer: Se reformó la Constitución, de nuevo, en ese año, pero a pesar del clamor de los nuevos actores políticos, producto del sindicalismo naciente y de la apertura democrática que surgió desde fines de los años 30, no se estableció el sufragio universal y directo, y lo que se consagró fue el sufragio universal limitado sólo para darle el voto a las mujeres en las elecciones municipales, excluyéndolas de las elecciones nacionales; sin modificarse el sistema de elección indirecta para Presidente de la República.

Es decir, se reformó la Constitución en 1945, pero sin tocarse los aspectos esenciales del régimen; por ello, dicho texto y el régimen político que se había iniciado a principios de siglo, no duraron sino algunos meses más, hasta que se produjo la Revolución de Octubre de 1945. Basta leer el Acta Constitutiva de la Junta Revolucionaria de Gobierno, para constatar, al menos formalmente, la idea de que la Revolución se hacía, entre otros factores, para establecer el sufragio universal directo y secreto en beneficio del pueblo venezolano.

EL ESTADO DEMOCRÁTICO CENTRALIZADO

En 1945, de nuevo, terminó un ciclo histórico, y quedó barrido el sistema, su liderazgo y la generación que había asumido el proyecto político iniciado a principios de Siglo, instaurándose, en su lugar, un sistema de Estado Democrático, pero igualmente Centralizado. En esta forma, el centralismo que se inició a principios de Siglo, como sistema estatal, no terminó en 1945, sino que ha abarcado dos de los ciclos históricos recientes: el primero, el autocrático centralizado, y el segundo, el democrático centralizado que se instauró a partir de la década de los cuarenta, basado en dos pilares fundamentales que ha caracterizado a nuestro Estado y a nuestro sistema político desde esa fecha hasta el presente: la democracia de partidos y el Estado Centralizado.

En efecto, en primer lugar, el sistema político iniciado en 1945 y sobre todo, consolidado a partir de 1958, ha sido el de un régimen democrático, pero de democracia de partidos, conforme al cual los partidos políticos han sido los que han monopolizado la representatividad y la participación política; en definitiva, han monopolizado el poder.

No hay duda que en las últimas décadas, la representatividad política en Venezuela ha sido representativa de los partidos, para lo cual se estableció desde el año 1946, el sistema ideal para que los partidos asumieran ese monopolio de la representatividad: el sistema de representación proporcional conforme al modelo d'Hondt, que es el que se aplicó, en general, hasta la reforma electoral de 1993. Conforme a ese sistema, sólo los partidos pudieron tener representación en los cuerpos deliberantes, sin que a éstos pudieran acceder otras organizaciones sociales. Y a pesar de las reformas legislativas que introdujeron elementos de uninominalidad para las elecciones de 1993, poco cambio se logró en esta materia, por la propia conformación del "tarjetón electoral" con clara inducción al voto partidista; llegándose incluso, en la reforma de 1995, a reinstaurar el sistema de representación proporcional puro en las elecciones de las Juntas Parroquiales.

Pero los partidos políticos no sólo tuvieron el monopolio de la representatividad, sino también el monopolio de la participación: asumieron también la conducción política del país, no habiendo en el país otra forma dé participar que no fuera sino a través de los partidos políticos.

Esta situación, por supuesto, era perfectamente legítima, pero los partidos políticos, lamentablemente, a lo largo de los últimos treinta años de desarrollo del sistema, se cerraron en si mismos y comenzaron a configurarse como un fin en si mismos, de manera que, incluso, no sólo no había otra forma de participar políticamente sino a través de los partidos, sino que el acceso a los mismos partidos políticos fue progresivamente cerrándose y, por tanto, sin canales de participación adicionales. Progresivamente, además, se produjo el ahogamiento de todo el nuevo liderazgo que había estado surgiendo a pesar de la dirigencia tradicional, y que, sin la menor duda, tarde o temprano irrumpirá y asumirá la conducción del país.

En este proceso de centralismo democrático, los partidos no sólo ahogaron la sociedad civil, penetrando a los gremios y a todas las sociedades intermedias, sino que además, ahogaron a los Estados y Municipios. Los Estados quedaron como meros desechos históricos; sus Asambleas Legislativas, como meras formas de reducto del activismo político partidista local, y los Ejecutivos Estadales, como meros agentes del Poder Nacional, particularmente agentes de carácter policial; funciones que compartían con las de gestores para sus jurisdicciones de alguna que otra obra pública que podían lograr del Poder Central.

Todo ese proceso contribuyó a configurar la gran entelequia contemporánea del Estado Federal, vacío de contenido, donde no había efectivo poder político regional y local, ni niveles intermedios de poder, habiendo quedado concentrado todo el poder político, económico, legislativo, tributario, administrativo o sindical, en el centro. El centralismo de Estado fue, así, acompañado de otros centralismos, como por ejemplo, el de los partidos políticos, organizados internamente bajo el esquema del centralismo democrático. En igual sentido se desarrolló un centralismo sindical, como otro elemento fundamental en la configuración del sistema.

Todo este sistema, desde la década de los ochenta, ha comenzado a resquebrajarse, y se ha estado desmoronando ante nuestros ojos. Los venezolanos de estos tiempos hemos sido testigos de ese proceso de cambio y transformación que, a la vez, y ello es lo más importante, es producto de la propia democracia.

En efecto, las transformaciones políticas que se han estado produciendo no son producto de factores externos al sistema democrático: ha sido la propia democracia, desarrollada por los partidos y bajo su conducción centralizada, la que ha provocado este cambio que se está operando. No olvidemos que la democracia venezolana en estos últimos cincuenta años, es producto del centralismo. Si nosotros no hubiésemos tenido un modelo de Estado de Partidos altamente centralizado en el año 1958, quizás no hubiese habido forma de implantar la democracia en el país de América Latina que en ese momento tenía menos tradición democrática. No estábamos acostumbrados a ello; la única forma que había para lograr el objetivo era que nos la impusieran; y la impuso el centralismo, conducido por los partidos políticos. Al centralismo político partidista y al Estado de Partidos, por tanto, le debemos la democracia, pero luego ha sido la propia democracia de partidos, la que ha estado conspirando contra el régimen de libertades.

En todo caso, los partidos, en general, no entendieron cabalmente el proceso que se había operado por su propia acción, por lo que muchas de las transformaciones que aprobaron en los últimos años, a veces fueron adoptadas bajo presión de la sociedad civil, y no por propio convencimiento de su importancia como aportes a la sobrevivencia de la democracia.

El hecho político más elocuente de estos cambios ha sido la elección directa de Gobernadores. Esa no fue una decisión política partidista propia de un sistema que venía funcionando. Esa fue, realmente, una decisión de sobrevivencia: no había otra forma de enfrentarse al proceso electoral de 1989, después de la protesta popular del 27 de febrero de ese año, recién instalado en la Presidencia de la República Carlos Andrés Pérez, que no fuera con la realización de un proceso electoral en los Estados, distinto al nacional y para ello, la pieza clave era la elección directa de los Gobernadores. Esa decisión fue un signo del inicio de un esfuerzo de democratización de la democracia, a lo que se agrega la elección directa de Alcaldes, establecida en la reforma de la Ley Orgánica de Régimen Municipal de ese mismo año.

En 1989, por tanto, se dictaron varias leyes de enorme importancia: la Ley que fija el período de los poderes públicos estadales y municipales, en tres años; la Ley de elección y remoción de Gobernadores; la reforma de la Ley Orgánica de Régimen Municipal, que prevé la elección directa de los Alcaldes, y por último, la Ley Orgánica de Descentralización, Delimitación y Transferencia de Competencias del Poder Público, que fue la consecuencia ineludible de la decisión de elegir en forma directa a los Gobernadores. Se entendió que no había otra forma de atender a las expectativas derivadas de la elección, que transfiriendo poder y competencias nacionales a los Gobernadores. Si el Gobernador hubiese sido electo en un esquema totalmente centralizado, ello hubiera equivalido a elegir guerrilleros por votación popular, que iban a ponerse a la búsqueda de poder, si éste no se les comenzaba a transferir.

En consecuencia, la descentralización, insisto, está en el centro de este proceso de transformación que se ha venido produciendo en el país, signado por la búsqueda de una mayor participación, y con una repercusión progresiva en la apertura de la propia democracia.

Por eso, las reformas que se han adoptado han ido buscando otro tipo de sistema electoral que no sea el de representación proporcional tradicional, y de allí los ingredientes de elección uninominal que ya se establecieron en 1993, pero que luego, en 1995 se han eliminado. En esta forma el 5 de diciembre de 1993, los Diputados a las Asambleas Legislativas y al Congreso Nacional, se eligieron conforme a un sistema electoral que combinó en un cincuenta por ciento (50%) cada una, la uninominalidad con la representación proporcional. En materia municipal, en las elecciones de 1995, los Concejales fueron 'electos conforme a un sistema mixto que combinó la representación proporcional con la uninominalidad. Con ello se ha estado buscando una mayor apertura de la democracia que ha estado cerrada y controlada básicamente por dos partidos políticos, los cuales, en su momento, no supieron abrirla a la penetración de la sociedad civil. Por ello, muy posiblemente, si los sistemas de postulación hubiesen sido más abiertos en períodos anteriores, no hubiera habido necesidad de concluir en ese sistema, mitad plurinominal, mitad uninominal que no necesariamente, por si mismo, ha rendido los frutos de democratización esperados.

En todo caso, en medio de la crisis del Estado Centralizado de Partidos, después de dos intentos subversivos militares y el inicio-del enjuiciamiento del Presidente de la

República, Carlos Andrés Pérez, por elección del Congreso de la República, el Presidente Dr. Ramón J. Velásquez asumió el Gobierno de Transición para concluir el período constitucional hasta 1994. Su rol no fue sólo llevar el país a las elecciones de diciembre de 1993, sino el haber querido contribuir a la transición de un sistema político a otro, en lo cual, la política de descentralización tiene un significado determinante.

En este sentido, el Gobierno de Transición del Presidente Velásquez, quiso ser en realidad, un gobierno "bisagra", entre un período histórico-político que se agotó, respecto del cual hay que comenzar a cerrar su puerta, para abrir la de un nuevo período político distinto, asegurando, como meta fundamental, que ese cambio fuera de carácter democrático. Esto se comenzó a asegurar con las elecciones del 5 de diciembre de 1993 y la instauración del Gobierno presidido por el Dr. Rafael Caldera, a partir del 2 de febrero de 1994.

A partir de ese momento, como se tuvo conciencia durante el Gobierno de Transición de 1993, en Venezuela nos hemos comenzado a jugar la democracia, por el cambio inevitable que debe ocurrir en el sistema político que se inició en 1945. Por ello es oportuna la aparición de esta tercera edición, corregida, actualizada y aumentada, de las Instituciones Políticas y Constitucionales del país que se han venido construyendo precisamente desde la década de los cuarenta.

El volumen de esta obra, en esta tercera edición, aumentó tanto que nos obligó a editarla en 5 tomos. Realmente es una nueva obra. Se comprenderá el enorme trabajo y tiempo que nos llevó redactarla y componerla, compartiéndolos con las múltiples y diversas actividades que hemos tenido en los últimos años. Ahora está dividida en veinte partes.

La corrección de pruebas de esta edición, fue un proceso largo y delicado. En esa tarea, además de los correctores de Editorial Arte quienes en ello dieron lo mejor de sus experticias, debo agradecer la colaboración de la Profesora Jacqueline Lejarza, de la Universidad Católica del Táchira, el trabajo desinteresado que se tomó en haber leído íntegramente esta obra, corrigiendo las primeras pruebas de imprenta. Buena parte de estas pruebas también fueron leídas por la abogada Eddy Manzo, de la Fundación de Derecho Público, a quien también quiero agradecer su colaboración. Las segundas pruebas de imprenta fueron íntegramente leídas por la abogada Marynella Hernández a quien igualmente quiero agradecer todo el tiempo que dedicó a ello, desde la misma Fundación.

No es necesario señalar que los libros, aun cuando se redacten como trabajo de tiempo completo, siempre requieren de mucho tiempo y dedicación. Todo el que ha escrito algo lo sabe, y más cuando el trabajo se realiza en el "tiempo libre" que queda luego de las horas de un ejercicio profesional cada vez más intenso y fascinante y de una docencia que no se abandona. Ese tiempo ha sido el que mi esposa ha sabido permitirme usar, muchas veces con sacrificio de otras actividades.

Por ello, como la anterior edición, ésta también está dedicada a Beatriz, por todo su amor, paciencia y comprensión durante las últimas tres décadas de trabajo. Ella ha sido la que ha hecho posible esta y tantas otras obras.

Caracas, Septiembre de 1995.

NOTA A LA SEGUNDA EDICIÓN (1985)

Más que una Segunda Edición, realmente, esta es una nueva obra, no sólo por su volumen sino por el nuevo contenido que tiene. Esta era, precisamente, la idea, cuando salió a la luz la primera edición hace tres años, -agotada rápidamente-, en la cual anunciaba que estaba preparando la actual.

El trabajo para preparar esta obra, realmente ha sido abrumador. Todas las horas, más de las imaginadas, aquí han quedado. Buena parte del trabajo se realizó ya estando los primeros originales en la imprenta; por ello la paciencia de mis amigos de Editorial Arte, sin duda, es inestimable. Invalorable fue, además, la ayuda mecanográfica prestada por mi secretaria, Srta. Arelis Torres Amaro, a quien debo agradecer su permanente disposición al trabajo, por demás eficiente. También buena parte de los originales fueron mecanografiados en el Instituto, por lo que, como siempre, conté con la colaboración de mis secretarias, Sras. Aymara Ramos, Judith Mendible y Nelly Ribera.

Luego vino la corrección de pruebas de imprenta, y en ello debo agradecer la colaboración, por una parte, de la Abogada Mary Ramos Fernández, quien con su disposición de siempre revisó parte de las mismas; y por la otra, del Br. José Antonio Muci Borjas quien, sin duda, ha sido, después del autor, la primera persona que ha leído íntegramente esta obra. Sus comentarios y sugerencias fueron muy útiles en el curso de la corrección de las pruebas de imprenta.

En esta obra, ahora casi completa —casi, pues un trabajo nunca lo está totalmente—, expongo en doce partes los aspectos fundamentales de nuestras instituciones políticas y constitucionales con la intención indicada, en la Primera Edición: que sirva a toda persona interesada y, en especial, a los estudiantes de Educación Superior para conocerlas. Coincidente con la publicación de esta obra, se ha editado en Madrid mi libro Las Constituciones de Venezuela *(1.052 pp.), en edición conjunta del Centro de Estudios Constitucionales, el Instituto de Estudios de Administración Local y la Universidad Católica del Táchira, en el cual podrán consultarse todos los textos y actas constitucionales que hemos tenido, y que complementa lo aquí expuesto. Asimismo, aparece publicado en Caracas mi libro* El Estado incomprendido, *Ediciones Vadell Hermanos, 1985, 176 pp., en el cual toco aspectos parcialmente recogidos en esta obra.*

Con estos trabajos cierro, por ahora, un capítulo de la incursión de un administrativista en los predios de la ciencia política y del derecho constitucional. Tengo proyectado volver rápidamente a mi campo específico, y desde ya trabajo en una obra sobre Instituciones de Derecho Administrativo que espero saldrá pronto a la luz pública.

Caracas, marzo de 1985.

NOTA EXPLICATIVA A LA PRIMERA EDICIÓN (1982)

Estoy convencido de que una de las tareas fundamentales que tiene nuestro país en el futuro, es la reconstrucción del Estado, es decir, la reformulación de nuestras instituciones 'políticas y constituciones les. El modelo de Estado centralizado que nuestros actores políticos consolidaron durante este siglo, quizás sirvió para acompañar la transición de la Venezuela rural a la Venezuela urbanizada y en busca de su industrialización, pero en la actualidad se muestra insuficiente, por agotamiento, pues no es capaz de resolver los graves problemas de eficiencia en el funcionamiento de la sociedad, que afectan tanto a nuestro desarrollo económico como a nuestro desarrollo social.

Todos los niveles de nuestra sociedad están comenzando a sentir que vivimos una crisis institucional, que se traduce progresivamente en una, falta de fe o desconfianza en el funcionamiento de nuestras instituciones. Estamos comenzando a pensar no sólo que éstas no funcionan bien, sino que no serán capaces de resolver los problemas del país en el futuro, ni de asumir los retos que tenemos planteadas.

Los cinco lustros de democracia nos han consolidado derechos, garantías y libertades. Sin embargo, lamentablemente, no faltan quienes postulan que estos valores, los más preciados de la vida humana, no deben mantenerse a toda costa y piensan que más vale la eficiencia que la libertad. Lo cierto es, que no debemos planteamos esa disyuntiva: tenemos que hacer efectivo muestro sistema político para la satisfacción de nuestras necesidades sociales y de las exigencias del desarrollo económico, dentro de un régimen democrático que asegure y garantice la libertad. No podemos, definitivamente, sacrificar las libertades por el espejismo del logro de la eficiencia social y económica mediante regímenes no democráticos, que han demostrado, por la experiencia, su incapacidad para aquello.

Pero esta posición no puede significar el abandono de nuestra actitud crítica sobre el funcionamiento de nuestras instituciones políticas y constitucionales para lograr su necesaria reforma. Y esta tarea no corresponde sólo a individualidades o grupos de ciudadanos, o a un partido o a una región del país. Nos corresponde a todos los ciudadanos. Para asumirla, sin embargo, tenemos que comenzar por adquirir conocimiento de nuestra realidad institucional, la cual no es monopolio de ningún grupo profesional.

Ciertamente que los estudiantes de ciencias jurídicas y políticas se aproximan con más frecuencia que otros al conocimiento científico de las instituciones políticas y constitucionales, sin embargo, insistimos, ello interesa a todo ciudadano y a todo estudiante de nivel superior.

Este libro, que se publica gracias al empeño del Padre José del Rey Fajardo, Vicerrector de la Universidad Católica Andrés Bello, Extensión Táchira, está motivado por su preocupación de poner a disposición de los estudiantes de educación superior de todas las carreras, y no sólo de los que estudian derecho, un texto en el cual se expusieran sistemáticamente nuestras instituciones políticas y constitucionales y que los informara como ciudadanos. Su sugerencia y empeño me llevó a preparar este texto, el cual, en realidad., constituye una primera aproximación al tema. En su elaboración hemos seguido, en parte, algunos trabajos anteriores nuestros, publicados en otros contextos y con otros destinatarios, particularmente, en nuestros libros Cambio Político y Reforma del Estado en Venezuela, *Editorial Tecnos, Madrid, 1975, el cual está agotado a nivel del editor;* Derecho Administrativo, Tomo I, *Ediciones de la Universidad Central de Venezuela, Caracas, 1075, con una segunda edición, Caracas, 1981; y* Garantías Constitucionales de los Derechos del Hombre, *Editorial Jurídica Venezolana, Caracas 1976, el cual también está agotado. Al retomar partes de esos trabajos y ponerlos ahora a disposición de los estudiantes de educación superior con otro enfoque, otra sistemática y complementados y ampliados con otros aportes, lo que nos ha animado ha sido la intención de divulgar el conocimiento de nuestras instituciones*

políticas y constitucionales para que, sabiendo cómo están formalmente reguladas y cómo funcionan, podamos plantear su reforma.

En todo caso, queda mucho por exponer en relación a estos temas, y existe una abundante bibliografía, que he procurado citar en las diversas partes del texto, para guiar a los lectores. Por nuestra parte, los aspectos aquí tratados se pueden complementar con otros estudios nuestros, y particularmente, nuestro trabajo "50 años en la Evolución Institucional de Venezuela" publicado en el libro colectivo **Venezuela Moderna, Medio Siglo de Historia 1926-1976**, ***2ª Edición, Fundación Eugenio Mendoza, Ed. Ariel, Madrid, 1970, pp. 588 a 761; así como nuestros libros:*** **Política, Estado y Administración Pública,** ***Ed. conjuntas Editorial Ateneo de Caracas y Editorial Jurídica Venezolana, Caracas, 1979; y*** **El Estado, Crisis y Reforma.** ***Ediciones de la Academia de Ciencias Políticas y Sociales. Caracas, 1982.***

En todo caso, estoy consciente de que esto, es verdaderamente una primera edición de este libro, pues desde ya he comenzado a pensar en su ampliación y complementación futura. Así es nuestra vida: los pasos dados no son sino el inicio de los que vienen.

Caracas, julio de 1982.

Esa edición que prometía en 1982, fue la de dos tomos de 1985, que luego desembocó en la de siete tomos 1996, estando compuesto este Volumen de la *Colección Tratado de Derecho Constitucional*, como se ha dicho, por los tres primeros tomos de la misma. En cuanto a los otros diversos libros mencionados al final de dicha nota de 1982, todos quedaron integrados en el Tomo III de esta *Colección Tratado de Derecho Constitucional.*

New York, enero de 2015
Allan R. Brewer-Carías

INTRODUCCIÓN GENERAL

I. EL SISTEMA CONSTITUCIONAL

Constitucionalmente, Venezuela está configurada como una República que "es para siempre e irrevocablemente libre e independiente de toda dominación o protección de potencia extranjera"[2], según la expresión consagrada en los textos constitucionales desde que se produjo la independencia de España a comienzos del siglo XIX (1811). Además, la República es un Estado Federal, pero en una forma peculiar, que es el resultado de la transformación del Estado dividido en entidades territoriales autónomas según los moldes de la federación establecida desde 1811 y consolidada en 1864, y que funcionó .políticamente hasta comienzos de este siglo, hasta convertirse en el Estado centralizado de fines del siglo XX en proceso de descentralizarse. En todo caso, siendo Venezuela una Federación "en los términos, consagrados en la Constitución"[3], el territorio nacional se divide, para los fines de su organización política, en 22 Estados: Amazonas, Anzoátegui, Apure, Aragua, Barinas, Bolívar, Carabobo, Cojedes, Delta Amacuro, Falcón, Guárico, Lara, Mérida, Miranda, Monagas, Nueva Esparta, Portuguesa, Sucre, Táchira, Trujillo, Yaracuy y Zulia[4], un Distrito Federal[5], donde está situada la capital, Caracas[6], y las Dependencias Federales, constituidas por setenta y dos islas en el mar Caribe[7]. En la actualidad (1993) no existen Territorios Federales como forma de división del territorio nacional, pues en 1991 y 1992 los dos Territorios Federales que existían (Delta Amacuro y Amazonas) fueron elevados a la categoría de Estados[8].

---

2 Artículo 1º de la Constitución. En esta Introducción General seguimos lo expuesto en Allan R. Brewer-Carías, "Venezuela" (National Report) en *International Encyclopedia of Comparative Law*, Vol. 1, La Haya, 1977, pp. V-5 a V-19.

3 Artículo 2º de la *Constitución*.

4 Artículo 9º de la *Constitución*. .

5 Regido por la *Ley Orgánica* del 27 de julio de 1937.

6 Artículos 11 y 12 de la Constitución

7 Regidas por *Ley Orgánica* de 18 de julio de 1937. .

8 Véase las leyes que elevan a la categoría de Estados a los Territorios Federales Delta Amacuro y Amazonas de 3-8-91 (*G.O.* Nº 4.295 Extra de 3-8-91 y de 21-7-92) (*G.O.* Nº 35.015. de 29-7-92) respectivamente. En todo caso, los dos Territorios Federales estaban regulados por la *Ley Orgánica* de 19 de septiembre de 1947.

De acuerdo a las previsiones de la Constitución (de 1961), los Estados Federados son autónomos e iguales como entidades políticas[9], aun cuando están obligados a mantener la integridad de la Nación y a cumplir y hacer cumplir la Constitución Nacional y las leyes de la República. La configuración federal, sin embargo, confiere poderes propios a las diversas entidades territoriales (República, Estados Federados y Municipios) y toda interferencia o usurpación de funciones entre ellas es inconstitucional[10].

1. *La nacionalidad*

Aun cuando Venezuela sea una Federación, sólo existe una única nacionalidad venezolana. Se trata, por tanto, de una materia regulada por la Constitución, que compete al Poder Nacional, no existiendo nacionalidades en los Estados Federados. La fuente normativa de la nacionalidad está en la propia Constitución, y en la Ley de Naturalización[11]. Los extranjeros tienen los mismos derechos civiles que los venezolanos, con las limitaciones legales y carecen de derechos políticos[12], estando regulada su actividad por la Ley de Extranjeros y por la Ley sobre actividades de los Extranjeros en Venezuela[13].

La adquisición de la nacionalidad está sometida a reglas distintas, según se trate de la nacionalidad originaria o de la nacionalidad derivada. En la adquisición de la primera (por nacimiento), tienen aplicación los clásicos elementos del *jus soli* y del *jus sanguinis*. Las características del *jus soli* tienen vigencia absoluta en Venezuela, pues, sin excepción, son venezolanos, por nacimiento, los nacidos en el territorio de la República[14], extendiéndose, inclusive, la noción de éste, a todos aquellos territorios que correspondían a la antigua Capitanía General de Venezuela antes de la transformación política iniciada en 1810, aun cuando estén bajo la jurisdicción de otro Estado, siempre que la modificación del territorio no haya sido resultado de tratados válidamente celebrados por la República[15]. En cuanto a la aplicación del *jus sanguinis*, deben distinguirse dos supuestos: en primer lugar, son venezolanos por nacimiento, automáticamente, los nacidos en territorio extranjero hijos de ambos padres venezolanos por nacimiento[16]. Si uno sólo de los padres reúne esta condición, la nacionalidad originaria no surge automáticamente, sino que se obtiene cuando la persona interesada establece su residencia en el territorio de la República o declara su voluntad de acogerse a la nacionalidad venezolana[17]. En segundo lugar, cuando sólo alguno o ambos padres son venezolanos por naturalización (nacionalidad derivada), el interesado nacido en el extranjero, para adquirir la nacionalidad venezolana

9 Artículo 16.

10 Artículo 119 de la *Constitución*.

11 Ley de 21 de julio de 1955.

12 Artículo 45 de la Constitución.

13 Leyes de 31 de julio de 1937 y 29 de junio de 1942, respectivamente.

14 Artículo 35,2 de la *Constitución*.

15 Artículo 79 de la *Constitución*.

16 Artículo 35,2 de la *Constitución*.

17 Artículo 35,3 de la *Constitución*.

originaria, antes de cumplir los dieciocho años de edad, debe establecer su residencia en el territorio de la República y antes de cumplir los veinticinco años de edad, debe declarar su voluntad de acogerse a la nacionalidad venezolana[18].

La adquisición de la nacionalidad venezolana derivada (por naturalización), se realiza por la obtención de la Carta de Naturaleza[19], la cual es de otorgamiento discrecional de parte de la República. En cuanto a ello, gozan de facilidades especiales para obtenerla, los extranjeros que tengan por nacimiento la nacionalidad de España o de algún Estado latinoamericano[20].

La Constitución prevé además una forma especial de adquisición de la nacionalidad venezolana derivada de otorgamiento obligatorio por el Estado, para la extranjera que casare con venezolano y para los extranjeros menores de edad hijos de venezolanos por naturalización o adoptados por venezolanos, bastando para la obtención, la sola manifestación de voluntad del interesado y el cumplimiento de algunos requisitos de orden especial y temporal[21].

La nacionalidad venezolana se pierde por adopción o adquisición voluntaria de otra nacionalidad o por anulación de la naturalización mediante sentencia judicial o por revocación administrativa[22]. La venezolana que casare con extranjero conserva su nacionalidad, a menos que declare su voluntad contraria y adquiera, según la ley nacional del marido, la nacionalidad de éste[23].

2. *La división territorial*

La división político territorial básica de la República, como Estado Federal[24], tal como sé señaló, es en Estados Federados. Estos a su vez se dividen en Municipios, los cuales pueden agruparse en Distritos. Constitucionalmente, los Estados y los Municipios son autónomos como entidades políticas, siendo competencia de los Estados la creación, supresión y organización de éstos[25]. En el orden jurídico-administrativo se consideran como personas de derecho público territoriales a la República, los Estados y a los Municipios, siendo de observar que ha sido realmente, a partir de la vigencia de la Ley Orgánica de Régimen Municipal de 1984[26] que los municipios se han constituido cómo personas jurídicas autónomas, pues con anterioridad y desde comienzos de siglo, la autonomía municipal estaba atribuida a los Distritos cuyas Municipalidades, eran las que tenían personalidad jurídica. La Constitución, en todo caso, regula los Municipios como las unidades políticas, primarias y autónomas dentro de la organización nacional (Art. 25), cuya organización

18 Artículo 35,1 de la *Constitución.*

19 Artículo 36 de la *Constitución.*

20 Artículo 36 y Disposición Transitoria Tercera de la Constitución.

21 Artículo 37.

22 Artículo 39 de la *Constitución* y Disposición Transitoria Tercera.

23 Artículo 38 de la Constitución.

24 Sobre la Forma del Estado.

25 Artículo 17, ordinal 29 de la Constitución. .

26 Véase en *Gaceta Oficial* N° 3.371 Extr. de 2-4-84.

y funcionamiento está detallado en la Ley Orgánica de Régimen Municipal de 1989, los cuales se administran conforme a los principios del autogobierno local, permitiéndose la constitución de mancomunidades de servicios, lo cual se ha realizado por ejemplo, en materia de planificación urbanística en el Área Metropolitana de Caracas.

3. *Los órganos del Estado Nacional (la Republica)*

A. *Estructura General*

De acuerdo a la configuración federal del Estado y al sistema de distribución vertical del Poder, la Constitución distingue órganos propios del Poder Nacional (Federal), del Poder de los Estados y del Poder Municipal. En el ámbito nacional, las funciones del Estado se distribuyen conforme a un sistema de distribución horizontal del Poder, entre un Poder Legislativo Nacional, un Poder Ejecutivo Nacional y el Poder Judicial, atribuidos respectivamente al Congreso, al Presidente de la República y demás órganos ejecutivos y a la Corte Suprema de Justicia y demás tribunales de Justicia[2727]. Se prevé, por tanto, una distribución de funciones basadas en una separación orgánica de poderes, aun cuando la Constitución expresamente exige la colaboración entre ellos en la realización de los fines del Estado[28].

Además de dichos órganos, y dotados de autonomía funcional, en el ámbito nacional actúa el Consejo de la Judicatura, que tiene a su cargo el control de la administración de Justicia[29], y el Consejo Supremo Electoral, que tiene a su cargo la conducción de los procesos electorales[30]. El control fiscal sobre la Administración Pública se ejerce por un órgano con autonomía funcional y que además es auxiliar del Congreso, la Contraloría General de la República[31], y el Ministerio Público, se ejerce por otro órgano con autonomía funcional: la Fiscalía General de la República[32].

La Administración Pública Nacional, además, está integrada por los órganos que ejercen el Poder Ejecutivo, y se compone de órganos centralizados y descentralizados. En el ámbito de la Administración Central, los Ministerios[33] son los órganos principales de ejecución en los sectores de actividad pública, correspondiendo a diversas Oficinas Presidenciales, la operación de los principales sistemas administrativos y entre ellos el de Planificación. La Procuraduría General de la República regulada en los artículos 200 y siguientes de la Constitución y en su Ley Orgánica de

---

27 Títulos V, VI y VII de la *Constitución*.

28 Artículo 118. Sobre la separación de poderes.

29 Artículo 217 de la Constitución, desarrollado por la Ley Orgánica del Consejo de la Judicatura de 1988.

30 Artículo 113 de la Constitución, desarrollado por la Ley Orgánica del Sufragio de 1995.

31 Artículo 234 de la Constitución, desarrollado por la Ley Orgánica de la Contraloría General de la República de 1975, reformada en 1984.

32 Artículos 218 y ss. de la Constitución, desarrollado por la Ley Orgánica del Ministerio Público de 16 de septiembre de 1970.

33 Artículos 193 y ss. de la Constitución, desarrollados por la Ley Orgánica de la Administración Central de 1986.

1965, forma también parte de la Administración Central. La actividad de estos órganos de la Administración Central se rige por la Ley Orgánica de Procedimientos Administrativos del 1° de julio de 1981.

La administración pública descentralizada está formada por los diversos institutos autónomos, empresas del Estado y otras personas jurídicas creadas por la República para la realización de actividades estatales.

B. *El Jefe del Estado y del Gobierno*

El Presidente de la República, elegido cada cinco años por votación universal, directa y secreta mediante un proceso de escrutinio de mayoría relativa[34], es a la vez el Jefe de Estado y del Poder Ejecutivo Nacional (Gobierno)[35]. En tal sentido en el ámbito internacional es el representante del Estado, y en el orden interno es la suprema autoridad en el gobierno y administración de la República, y ejerce sus atribuciones en el Consejo de Ministros o por órgano de los Ministros a quienes nombra y remueve[36]. Entre sus principales atribuciones están: dirigir las relaciones internacionales de la República y celebrar y ratificar tratados, convenios o acuerdos internacionales; declarar el estado de emergencia; adoptar las medidas necesarias para la defensa de la República, la integridad del territorio y de su soberanía en caso de emergencia internacional; convocar al Congreso a sesiones extraordinarias; reglamentar las leyes; administrar la Hacienda Pública Nacional; negociar los empréstitos nacionales; celebrar contratos de interés nacional; nombrar y remover funcionarios públicos, y conceder indultos[37]. En todo caso, en el ejercicio de sus atribuciones el Presidente de la República está sujeto a la Constitución y a las leyes, por lo que, en general, su actividad es de rango sublegal[38]. Dicta, además, actos de gobierno con rango legal, y entre ellos puede dictar Decretos con valor de ley o con igual rango que ella, en casos específicos de medidas extraordinarias en materias económicas y financieras y previamente habilitado por ley especial[39], de suspensión o restricción de garantías y libertades constitucionales y de creación de servicios públicos[40].

Los Ministros son los órganos directos del Presidente de la República en el gobierno y administración de la República. Son responsables de sus actos, aun cuando obren por orden expresa del Presidente de la República, y deben presentar al Congreso anualmente una Memoria razonada sobre la gestión de sus Despachos[41]. Los Ministros tienen derecho de palabra en las Cámaras Legislativas y en sus Comisiones[42] y están obligados a concurrir a ellas, cuando sean llamados a informar o a con-

---

34 Artículo 183 de la Constitución.

35 Artículo 181 de la Constitución.

36 Artículos 190,2 y 193 de la Constitución.

37 Artículo 190 de la Constitución.

38 Artículo 190,1 de la Constitución.

39 Artículo 190,8 de la Constitución.

40 Artículos 190,6 y 241 de la Constitución.

41 Artículo 193 de la Constitución.

42 Artículos 196 y 197 de la Constitución.

testar las interpelaciones que se les formulen[43]. Además, están sujetos al voto de censura de la Cámara de Diputados, en cuyo caso, y por votó calificado, ésta puede decidir la remoción del Ministro[44].

C. *Las Cámaras Legislativas*

El Poder Legislativo Nacional se ejerce por el Congreso, integrado por dos Cámaras: el Senado y la Cámara de Diputados[45]. Los miembros de ambas Cámaras también son elegidos cada cinco años en la misma oportunidad de la elección presidencial, por votación universal, directa y secreta, mediante escrutinio mixto de representación proporcional por listas y de representación uninominal[46]. Fundamentalmente, corresponde al Congreso además de sus tareas de deliberación política, legislar sobre las materias de la competencia nacional y regular el funcionamiento de las distintas ramas del Poder Nacional, así como ejercer el control sobre la Administración Pública[47]. Cada una de las Cámaras Legislativas tiene además sus funciones privativas, correspondiendo por ejemplo al Senado autorizar al Ejecutivo Nacional, la realización de diversos actos administrativos y a la Cámara de Diputados iniciar la discusión de la Ley de Presupuesto[48].

4. *Las autoridades político-territoriales*

Las autoridades de los Estados Federados también se distribuyen según los poderes que se les atribuyen: el Poder Ejecutivo del Estado es ejercido por un Gobernador electo por votación universal, directa y secreta en cada entidad político territorial, y quien actúa con el doble carácter de Jefe del Ejecutivo del Estado y de agente del Ejecutivo Nacional en el mismo[49]. La elección popular de los Gobernadores se efectuó por primera vez en 1989, con anterioridad eran del libre nombramiento y remoción del Presidente de la República. El Poder Legislativo es ejercido por una Asamblea Legislativa cuyos miembros son elegidos cada cinco años, por votación universal, directa y secreta y mediante escrutinio mixto de representación proporcional por listas y de representación uninominal[50]. No existe un Poder Judicial propio de los Estados, pues la justicia fue nacionalizada a partir de 1945, correspondiendo su administración sólo al Poder Nacional.

En el ámbito municipal la Ley Orgánica de Régimen Municipal de 1989 ha establecido también un sistema de gobierno y administración local basado en el principio de la separación orgánica de poderes, atribuyendo al Alcalde el Poder Ejecutivo local para gobernar y administrar el Municipio; y al Concejo Municipal el Poder

---

43 Artículo 199 de la Constitución.

44 Artículo 153,3 de la Constitución.

45 Artículo 138 de la Constitución. Sobre el Congreso y sus Cámaras.

46 Artículos 113, 148 y 151 de la Constitución. Véase Art. 3 de la Ley Orgánica del Sufragio de 1995.

47 Artículos 139 y 160 de la Constitución. .

48 Artículos 150 y 153 de la Constitución.

49 Artículos 21 y 22 de la Constitución. Véase la Ley de Elección y Remoción de los Gobernadores de Estado de 1989.

50 Artículo 19 de la Constitución. Véase Art. 5 en la Ley Orgánica del Sufragio de 1995.

Legislativo local, para deliberar y legislar sobre los asuntos de la competencia municipal y controlar la Administración Municipal. Los Alcaldes se eligen cada tres años por votación universal, directa y secreta en el territorio de cada Municipio, y los Concejales en número variable (de 5 a 17) según la población del Municipio, se eligen también cada tres años por un sistema mixto uninominal con representación proporcional[51]. En el Distrito Federal, los dos municipios que en él existen (Libertador y Vargas) creados por la Ley Orgánica del Distrito Federal de 1986, también gozan de autonomía y de un sistema de gobierno y de administración local basado en un sistema de separación de poderes (Alcaldes y Concejos Municipales). El Gobernador del Distrito Federal, es el único de los Gobernadores que no es electo y es designado libremente por el Presidente de la República (Art. 190 ord. 17 de la Constitución).

5. *La organización de la justicia*

La Justicia, como actividad fundamental del Estado, corresponde exclusivamente al Poder Nacional, una de cuyas ramas es el Poder Judicial. Por tanto, a pesar de la forma federal del Estado, no existen ramas del Poder Judicial en los Estados de la Federación. Sin embargo, con fundamento en el artículo 137 de la Constitución, en 1993 el Congrego intentó descentralizar la administración de la justicia de paz hacia los Municipios, habiendo luego suspendido su vigencia mediante una extensa *vacatio legis*, hasta 1996.

A. *El Control de la Constitucionalidad*

La Constitución venezolana es de las constituciones denominadas rígidas y por tanto constituye el texto supremo, del Estado, al cual están subordinados todos los actos de los órganos de los poderes públicos y las actuaciones de los particulares. La vigencia del principio de la supremacía constitucional y del principio de la legalidad, bases del Estado de Derecho, se garantiza por el establecimiento de amplios mecanismos de control jurisdiccional de la constitucionalidad de las leyes y demás actos estatales.

El control de constitucionalidad de las leyes, se ejerce por dos métodos. Por una parte, mediante el control difuso que faculta a todo juez, cualquiera que sea su categoría, para declarar inaplicable una ley en un caso concreto, con efectos *inter partes*[52]. Por otra parte, la Constitución en su artículo 215 regula además, el control concentrado de la constitucionalidad atribuyendo a la Corte Suprema de Justicia competencia para declarar la nulidad de las leyes, con efectos *erga omnes*. Este último, se ejerce mediante una acción popular sin que exista lapso de caducidad alguna, la cual puede ejercerse también en relación a las Leyes de los Estados, Or-

51 Los Municipios están regulados por la Ley Orgánica de Régimen Municipal de 1989 la cual desarrolla los artículos 25 y siguientes de la Constitución.

52 Artículo 20 del *Código de Procedimiento Civil*.

denanzas Municipales, reglamentos del Presidente de la República y los actos de gobierno que éste pueda dictar[53].

Además, conforme al artículo 49 de la Constitución, la Ley Orgánica de Amparo sobre Derechos y Garantías Constitucionales de 1988 reguló detalladamente el desarrollo y la acción de amparo que puede ejercerse ampliamente, ante los jueces de primera instancia, para la protección inmediata de cualquier persona en sus derechos y garantías constitucionales frente a las violaciones o amenazas de violación que puedan proferirles los entes públicos y los particulares.

B. *La organización de los Tribunales*

Como se dijo, a pesar de que el Estado venezolano es una Federación, el ejercicio de la administración de justicia está reservado al Poder Nacional, quien lo ejerce por la Corte Suprema de Justicia y por los demás tribunales de la República. La Corte Suprema de Justicia, integrada por 15 Magistrados nombrados por el Congreso, ejerce sus competencias de control de la constitucionalidad en Corte Plena, y las demás a través de sus tres Salas: Político-Administrativa, de Casación Civil, Mercantil y del Trabajo, y de Casación Penal, conforme a las regulaciones de la Ley Orgánica de la Corte Suprema de Justicia[54].

Fundamentalmente, corresponde a la Sala Político-Administrativa, entre otras atribuciones, el ejercicio de la jurisdicción contencioso-administrativa[55]; y a las dos Salas de Casación, el conocimiento de los recursos de casación como control de derecho de algunas sentencias. Puede decirse entonces, que el control de la legalidad lo ejerce la Corte Suprema de Justicia en todos los niveles: constitucionalidad de las leyes, y constitucionalidad y legalidad de los actos administrativos y de las sentencias.

En cuanto a los Tribunales de la República, están regulados por la Ley Orgánica del Poder Judicial[56] y están divididos, por la competencia, en diversas jurisdicciones especiales: Tribunales Civiles, Tribunales Mercantiles, Tribunales Penales, Tribunales del Trabajo, Tribunales de Menores, Tribunales de Hacienda, Tribunales Militares, Tribunales Agrarios, Tribunales de Salvaguarda del Patrimonio Público y Tribunales Contencioso-Administrativos. Los tribunales competentes en cada una de estas jurisdicciones especiales están dispuestos en orden jerárquico según la cuantía o la importancia de los procesos. En los procesos ordinarios de la jurisdicción civil, por ejemplo, esta jerarquía se distribuye en Juzgados de Municipio o Parroquia, de Distrito o Departamento, de Primera Instancia y en Tribunales Superiores. En general, contra las sentencias de los Tribunales se admite el recurso de apelación ante el superior, no pudiendo un proceso tener más de dos instancias. Sólo respecto de las sentencias dictadas en segunda instancia por los Tribunales Superiores es que se

53 Artículos 215,3 y 215,4 de la Constitución. Véase el artículo 42 de la Ley Orgánica de la Corte Suprema de Justicia de 1976.

54 Artículo 214 de la Constitución. .

55 Artículo 206 de la Constitución.

56 Ley de 13 de agosto de 1987.

admite recurso de casación ante las Salas de la Corte Suprema de Justicia conforme al Código de Procedimiento Civil y al Código de Enjuiciamiento Criminal[57].

El nombramiento de los jueces está atribuido al Consejo de la Judicatura, organismo con autonomía funcional a quien corresponde ejercer el control de la administración de justicia[58], cuyos miembros se designan por el Congreso, la Corte Suprema y el Poder Ejecutivo, conforme a la Ley Orgánica del Consejo de la Judicatura de 1988. Sin embargo, los jueces, en el ejercicio de sus funciones, son autónomos e independientes de los demás órganos del Poder Público.[59]

En cuanto a los Tribunales y jueces de paz, la Ley Orgánica de Tribunales y Procedimientos de Paz de 20 de septiembre de 1993 atribuyó a los Municipios la administración de la justicia en los asuntos regulados en dicha Ley, así como la creación, organización y el funcionamiento de dichos Tribunales, a cargo de jueces electos por votación universal, directa y secreta, en cada Parroquia que integre la división político territorial de los Municipios.

C. *La jurisdicción contencioso-administrativa*

La vigencia del Estado de Derecho en cuanto implica el sometimiento de la Administración Pública a la legalidad está garantizada por la consagración de la jurisdicción contencioso-administrativa[60], no como una jurisdicción distinta y separada de la jurisdicción ordinaria, sino como integrada en el Poder Judicial. Esta jurisdicción que se ejerce por la Sala Político-Administrativa de la Corte Suprema de Justicia y algunos Tribunales especializados como la Corte Primera de lo Contencioso-Administrativo, ciertos Tribunales Superiores con competencia en lo Civil y Contencioso-Administrativo, los Tribunales Contencioso Tributarios y el Tribunal de la Carrera Administrativa[61] tiene competencia para "anular los actos administrativos generales o individuales contrarios a derecho, incluso por desviación de poder; condenar al pago de sumas de dinero y a la reparación de daños y perjuicios originados en responsabilidad de la administración, y disponer lo necesario para el restablecimiento de las situaciones jurídicas subjetivas lesionadas por la actividad administrativa"[62]. Las normas fundamentales del procedimiento contencioso-administrativo, habían sido formuladas por la Corte Suprema de Justicia, mediante la frecuente utilización, en sus decisiones, de los principios generales del derecho administrativo[63]. En 1976, esos principios se recogieron en la Ley Orgánica de la Corte Suprema de Justicia.

---

57 Códigos de 1986 y 1962 respectivamente.

58 Artículo 217 de la *Constitución.*

59 Artículo 205 de la *Constitución.*

60 Para el estudio detallado de la jurisdicción contencioso-administrativa.

61 Regulados por la Ley Orgánica de la Corte Suprema de Justicia de 1976, el Código Orgánico Tributario de 1992 y por la Ley de Carrera Administrativa de 4 de septiembre de 1970, reformada en 1975.

62 Artículo 206 de la *Constitución.*

63 Véase Allan R. Brewer-Carías, *Las Instituciones Fundamentales del Derecho Administrativo y la Jurisprudencia Venezolana,* Caracas, 1964, pp. 293 y ss.

D. *La Fiscalía General de la República*

El Ministerio Público está bajo la dirección y responsabilidad del Fiscal General de la República, y tiene por objeto velar por la exacta observancia de la Constitución y de las leyes. Este organismo, cuyo director lo designan las Cámaras Legislativas[64], tiene a su cargo, particularmente, las siguientes atribuciones: velar por el respeto de los derechos y garantías constitucionales; velar por la celeridad y buena marcha de la administración de justicia y porque en los Tribunales de la República se apliquen correctamente las leyes en los procesos penales y en los que estén interesados el orden público y las buenas costumbres; ejercer la acción penal en los casos en que para intentarla o proseguirla no fuere necesario instancia de parte, sin perjuicio de que el Tribunal proceda de oficio cuando lo determine la Ley; velar por el correcto cumplimiento de las leyes y la garantía de los derechos humanos en las cárceles y demás establecimientos de reclusión; e intentar las acciones a que hubiere lugar para hacer efectiva la responsabilidad civil, penal, administrativa o disciplinaria en que hubieren incurrido los funcionarios públicos con motivo del ejercicio de sus funciones[65].

Estas amplias atribuciones desarrolladas por la Ley Orgánica del Ministerio Público[66], configuran a este organismo además del Ministerio Público, en un ente con atribuciones similares a las de los *ombudsman* europeos.

II. EL ORDENAMIENTO JURÍDICO

1. *La Constitución*

En relación a la estructura del ordenamiento jurídico venezolano, no hay duda en considerar a la Constitución de 23 de enero de 1961, que es la número 25 que ha tenido la República desde 1811, es como la fuente suprema de Derecho. Se trata de un texto de 252 artículos, al cual se le han decretado dos enmiendas: la Enmienda número 1, el 11 de mayo de 1973 y la Enmienda número 2, el 16 de marzo de 1983[67].

Su contenido es muy rico, respondiendo a las exigencias de un país con el desarrollo económico, social y político como Venezuela, y es un ejemplo, del proceso de constitucionalización del derecho administrativo, característica de esta rama del derecho en el mundo contemporáneo.

Especial referencia debe hacerse en este sentido, a la detallada regulación de los derechos económicos y sociales que el texto constitucional consagra, y que configuran al Estado Venezolano como un Estado Democrático y Social de Derecho.

---

64 Artículos 218 y 219 de la *Constitución*.

65 Artículo 220 de la *Constitución*.

66 *Ley* de 16 de septiembre de 1970.

67 Véase Allan R. Brewer-Carías. *La Constitución y sus Enmiendas*, Caracas, 1991. Véase en general *Estudios sobre la Constitución, Libro Homenaje a Rafael Caldera*, 4 vol., UCV, Caracas, 1979.

2. *La Legislación*

La legislación en el ámbito nacional, está formada por leyes orgánicas y leyes ordinarias, ocupando las primeras una jerarquía intermedia entre éstas y la Constitución[68]. Las leyes emanan del Congreso, conforme al procedimiento constitucional para la formación de las leyes[69] y se denominan Códigos las leyes que reúnen sistemáticamente las normas relativas a determinada materia. Aparte de los códigos fundamentales[70], la mayoría de la legislación no está codificada[71].

Además de las leyes también forman parte de la legislación, los Decretos-Leyes dictados por el Presidente de la República en uso de atribuciones constitucionales. Estos Decretos-Leyes son de tres tipos, conforme a la Constitución de 1961: en primer lugar, los Decretos-Leyes dictados por el Presidente de la República, en materias económicas y financieras, cuando haya sido autorizado por ley especial, conforme a lo establecido en el artículo 190, ordinal 8°; en segundo lugar, los Decretos-Leyes de creación y dotación de nuevos servicios públicos, dictados en caso de urgencia durante el receso de las Cámaras Legislativas y previa autorización de la Comisión Delegada, conforme a lo establecido en los artículos 190, ordinal 11° y 179, ordinal 5°; y en tercer lugar, los Decretos-Leyes dictados en suspensión o restricción de las garantías constitucionales, conforme a lo establecido en los artículos 190, ordinal 6° y 241.

En cuanto a los Tratados Internacionales, éstos deben ser aprobados por Ley especial conforme a lo establecido en el artículo 128 de la Constitución, salvo que mediante ellos se trate de ejecutar o perfeccionar obligaciones preexistentes de la República, de aplicar principios expresamente reconocidos por ella, de ejecutar actos ordinarios en las relaciones internacionales o de ejercer facultades que la Ley atribuya expresamente al Ejecutivo Nacional.

En todo caso, en su respectivo orden jerárquico, los tratados también se consideran como parte importante de la legislación, como fuente del derecho.

Conforme a la configuración federal del Estado, en Venezuela existen tres órdenes de normas legales: las nacionales, las de los Estados y las municipales, dictadas en los respectivos ámbitos de competencia de las diversas entidades. Constitucionalmente (Art. 17, Ord. 7), corresponde a la competencia de los Estados Federados todo aquello no atribuido al Poder Nacional o a los Municipios; sin embargo, la tendencia centralizadora durante casi todo el siglo XX fue tan pronunciada, que muy poco quedaba como competencia autónoma de los Estados, y al contrario, todas las leyes ordinarias y códigos son dictados por el Congreso de la República, a quien la Constitución ha reservado la legislación sobre una serie de materias específicas, así

---

68 Artículo 165 de la Constitución.

69 Artículos 162 y ss.

70 Los principales Códigos que forman la Legislación Básica del país son: el *Código Civil* (26 de julio de 1982), el *Código de Comercio* (26 de julio de 1955), el *Código Penal* (27 de junio de 1964), el *Código de Enjuiciamiento Criminal* (27 de enero de 1962), el *Código de Procedimiento Civil* (1984), el *Código de Justicia Militar* (27 de septiembre de 1945), y el *Código Orgánico Tributario* (1992).

71 Además, no existe en Venezuela, la posibilidad de que el Ejecutivo Nacional refunda textos legislativos que han sufrido reformas sucesivas, para su comprensión coherente.

como sobre aquellas "que por su índole o naturaleza le correspondan", conforme a lo establecido en el artículo 136, ordinal 25 del texto fundamental. Ha sido sólo a partir de la entrada en vigencia de la Ley Orgánica de Delimitación, Descentralización y Transferencia de competencias del Poder Público de 1989, que se ha iniciado un proceso de identificación y asunción de competencias por parte de los Estados, y de transferencia a éstos de competencias nacionales, que ha comenzado a dar origen a una novedosa legislación estadal.

3. *Otras fuentes*

En Venezuela rige el principio del derecho escrito. Además de las leyes constituyen una fuente importante del derecho los reglamentos y demás actos de efectos generales de las autoridades ejecutivas. En todo caso, la costumbre se considera sólo como fuente auxiliar o subsidiaria de derecho, en ausencia de ley expresa, fundamentalmente en materia de usos mercantiles. En ningún caso se admite como fuente, la costumbre *contra legem*. La Jurisprudencia no tiene el carácter de fuente de Derecho, y en ausencia de ley escrita, el Código Civil considera a la analogía y a los principios generales del derecho como fuentes formales del derecho[72]. En base a estos últimos, fundamentalmente en materia administrativa, la Corte Suprema de Justicia fue construyendo la teoría del derecho administrativo, recogida posteriormente en la Ley Orgánica de Procedimientos Administrativos de 1981 y la Ley Orgánica de la Corte Suprema de Justicia de 1976[73].

Las leyes nacionales se publican en la *Gaceta Oficial de la República de Venezuela* conforme lo exige la Ley de Publicaciones Oficiales[74] la cual se edita desde 1872; las leyes de los Estados, en las *Gacetas Oficiales* de dichas entidades, y las Ordenanzas Municipales, en las respectivas Gacetas Municipales[75].

---

72 Artículo 4.

73 Para el estudio de la jurisprudencia de la Corte Suprema de Justicia véase Allan R. Brewer-Carías, *Jurisprudencia de la Corte Suprema 1930-1974* y *Estudios de Derecho Administrativo*, 6 volúmenes, Caracas, 1975-1979. Además, debe señalarse que algunas decisiones de la Corte Suprema de Justicia se publican en la *Gaceta Oficial de la República*, y todas se publicaron en las *Memorias* de la Corte Federal y de Casación a partir de 1876 hasta 1949, y en la *Gaceta Forense*, Primera etapa (1949-1953), Segunda etapa (1953- 1976); y Tercera etapa a partir de 1977. La Corte Suprema inició en 1982 la edición del *Boletín de Jurisprudencia de la Corte Suprema de Justica*, con resúmenes de sus decisiones. Estos también pueden consultarse en la publicación mensual de Oscar Pierre Tapia, Jurisprudencia de la Corte Suprema de Justicia que se edita desde 1973; en la sección de "Jurisprudencia administrativa y constitucional" a cargo de Mary Ramos Fernández, de la *Revista de Derecho Público*, Editorial Jurídica Venezolana, que se edita trimestralmente a partir de 1980; y en la Jurisprudencia Venezolana de Ramírez y Garay, editada semestralmente hasta 1968 y trimestralmente a partir de esa fecha. Las decisiones de los Tribunales normalmente no se publican sino en los respectivos expedientes judiciales. Resúmenes de las más importantes se recopilaban y publicaban por el Ministerio de Justicia, Instituto de Codificación y Jurisprudencia, en los volúmenes de Jurisprudencia de los Tribunales de la República, a partir de 1950. En materia laboral debe mencionarse la Jurisprudencia de la Ley del Trabajo, que edita Juan Porras Rangel, Fundación Rojas Astudillo, y que abarca desde 1936 en adelante.

74 *Ley* de 22 de julio de 1941.

75 Las más importantes colecciones oficiales legislativas son: la colección *Leyes y Derechos Reglamentarios de los Estados Unidos de Venezuela*. Caracas, 1942-1944, que recoge, en 18 tomos, todos los textos legales dictados desde 1811 hasta la fecha de publicación; la Recopilación de *Leyes y Decretos de Venezuela*, publicada en 1784 y en 1964, y que contiene 96 tomos, la legislación dictada desde 1830 a

III. EL ESTADO DEMOCRÁTICO Y SOCIAL DE DERECHO

El Estado en Venezuela ha estado en proceso de configurarse constitucional y realmente, como un Estado Democrático y Social de Derecho[76], pues no sólo el régimen de su gobierno es democrática[77], sino que sus fines conformadores de la vida económica y social los realiza sometido al derecho[78], cuya violación puede ser controlada por los particulares[79]. De los elementos que deben configurar al Estado Democrático y Social de Derecho, debemos aquí destacar el segundo (social), pues es consecuencia de los fines de agente del desarrollo económico y social que constitucionalmente se le asignan. En este sentido, puede decirse que, formalmente, el objeto fundamental del Estado en Venezuela, es el logro de niveles de desarrollo económico y social en el ámbito nacional y regional que permita sobrevivir y participar en la revolución tecnológica y post-industrial, y dicho objetivo, inclusive, ha sido plasmado claramente en el texto constitucional. Si se quiere, las últimas décadas han marcado un claro proceso de constitucionalización del desarrollo como objetivo de nuestra sociedad y del papel del Estado y sus instituciones, como instrumentos para su logro. El caso de la Constitución venezolana de 1961 es quizás uno de los ejemplos característicos de este proceso, al destacar entre sus diversos principios programáticos establecidos en su Preámbulo y que motivan el texto constitucional, los de "...proteger y enaltecer el trabajo, amparar la dignidad humana, promover el bienestar general y la seguridad social; lograr la participación equitativa de todos en el disfrute de la riqueza, según los principios de la justicia social, y fomentar el desarrollo de la economía al servicio del hombre; mantener la igualdad social y jurídica sin discriminación derivadas de razas, sexo, credo o condición social...; sustentar el orden democrático como único e irrenunciable medio de asegurar los derechos y dignidad de los ciudadanos,..". Con base en dichos principios, el mismo texto constitucional establece expresamente una larga gama de derechos sociales, responsabilizando al Estado por el efectivo logro de los mismos por los habitantes del país[80], y consagra la necesidad de que el régimen económico de la República se

---

1954; la *Compilación Legislativa de Venezuela* que contiene (Vol. I a III) la legislación vigente hasta 1949 y a partir del tomo IV (1950-1951), *Anuarios de Legislación* hasta el Vol. VIII (1960-1961), y los *Tratados Públicos y Acuerdos Internacionales de Venezuela*, publicados en 9 volúmenes entre 1924 y 1956. Desde 1959 se publica la *Gaceta Legal* de Ramírez y Garay y en 1982 se comenzó la publicación de la *Legislación Venezolana*, a cargo de Allan R. Brewer-Carías y Gregorio Burgueño Álvarez, editada por la Editorial Jurídica Venezolana y la Editorial Grouz, de la cual aparecieron los tomos correspondientes a 1978, 1979, 1980 y 1981.

76 Véase Allan R. Brewer-Carías, *Cambio Político y Reforma del Estado en Venezuela*, Madrid, 1975.

77 El artículo 3° de la Constitución establece, que "El gobierno de la República de Venezuela es y será siempre democrático, representativo, "responsable y alternativo", lo cual implica que "la soberanía reside en el pueblo quien la ejerce, mediante el sufragio, por los órganos del poder público" (Art. 4°). De ahí las normas relativas a la elección de los órganos del Poder Público en todos los niveles que la Constitución consagra (Arts. 19, 22, 27, 110 a 114, 148, 151 y 183), y a los derechos y garantías constitucionales (Título III).

78 "La Constitución y las leyes definen las atribuciones al Poder Público, y a ellas debe sujetarse su ejercicio", dice el artículo 117 de la *Constitución*.

79 Artículos 49, 206 y 215 de la *Constitución*.

80 Protección de la familia, el matrimonio (Art. 73) y la maternidad (Art. 74); protección al niño (Art. 74); derecho a la filiación (Arts. 74 y 75); derecho a la protección de la salud (Art. 76); protección del cam-

fundamente en principios de justicia social que aseguren a todos una existencia digna y provechosa para la colectividad, por lo cual se asigna al Estado la función de promover el desarrollo económico y la diversificación de la producción con el fin de crear nuevas fuentes de riquezas, aumentar el nivel de ingreso de la población y fortalecer la soberanía económica del país[81], regulando, además, una larga gama de derechos económicos y de potestades estatales[82].

Ahora bien, esta configuración constitucional del Estado como democrático y social, es el resultado no sólo de la larga evolución del Estado Moderno, sino de la evolución política y constitucional del Estado en Venezuela. No siempre el Estado ha estado sometido al Derecho, y no siempre sus fines han estado tan vinculados al desarrollo económico y social del país. La misma conquista del Estado por el Derecho, que ha dado origen al derecho administrativo, puede considerarse como relativamente reciente, y no está ni siquiera universalmente admitida, por lo que, como lo advierte P. Weil, es imprescindible no olvidar las lecciones de la historia[83]. El Estado, y el derecho son productos de la historia, y como tal han de analizarse[84].

Por ello, al estudiar las instituciones de derecho constitucional venezolano, resulta necesario en primer lugar, estudiar el régimen histórico-constitucional del Estado, lo que se hace en este primer tono, dividido en las siguientes partes: primera parte, los principios del Estado de Derecho; segunda parte, los Antecedentes Políticos y Constitucionales del Estado venezolano; tercera parte, la evolución político-constitucional del Estado venezolano; cuarta parte, la Constitución Política, es decir, las bases del sistema constitucional conforme a la Constitución de 1961, y quinta parte, la Constitución económica, es decir, el sistema político-económico social. El tomo segundo está destinado a estudiar el Régimen del Poder Público y su distribución vertical, lo que se hace en las siguientes partes: sexta parte, el régimen del Poder Público; séptima parte, las bases constitucionales de la actuación internacional de la República; octava parte, la estructura política y constitucional del Estado Federal; y novena parte, el Régimen Municipal. El tercer tomo se dedica al estudio de la distribución horizontal del Poder y el sistema de Gobierno, lo que se hace en las siguientes partes: *décima parte*, el sistema de gobierno; *décima primera parte*, el régimen constitucional de la Administración Pública; y *décima segunda parte*, el régimen democrático y el sistema político. El cuarto tomo se dedica al estudio de los derechos y garantías constitucionales, lo que se hace en las siguientes partes: *décima tercera parte*, los derechos, libertades y deberes constitucionales; *décima cuarta parte*, la evolución constitucional de la consagración de los derechos y garantías, 1811-1961; y *décima quinta parte*, las garantías constitucionales de los derechos y el

---

pesino y de las comunidades indígenas (Art. 77); derecho a la educación (Arts. 78 a 83); y derecho al trabajo, con todas sus consecuencias (Arts. 84 a 93), y a la seguridad social (Art. 94).

81 Artículo 95 de la Constitución.

82 Artículos 96 a 109 de la Constitución.

83 Véase Prosper Weil, *El Derecho Administrativo*, ed. española, Madrid, 1966, p. 17.

84 En este sentido, A. Passerin d'Entrèves ha señalado que la concepción del Estado no es otra cosa que el producto de períodos históricos particulares, por lo que debe ser juzgada y valorada como tal. *V.* Alexander Passerin d'Entrèves, *The Notion of the State. An Introduction to Political Theory*, Oxford, 1967, p. 205.

derecho de amparo. Por último, el quinto tomo está destinado a estudiar la Justicia contencioso administrativa y Justicia constitucional, lo que se hará en cinco partes: *décima sexta parte*, la justicia constitucional; la *décima séptima parte,* el control concentrado de la constitucionalidad en Venezuela, es decir, la jurisdicción constitucional; la décima octava parte, el control concentrado de la constitucionalidad de las leyes en el derecho comparado; la *décima novena parte*, la jurisdicción contencioso-administrativa; y la *vigésima parte*, las principales acciones contencioso-administrativas.

PRIMERA PARTE

PRINCIPIOS DEL ESTADO DE DERECHO

El modelo de organización política de la sociedad que sirvió de base para la configuración de los Estados que surgieron de la Revolución de la Independencia en Hispanoamérica, y particularmente, de la Revolución iniciada en la capital de la Capitanía General de Venezuela a partir de 1810, puede decirse que fue el que luego se conoció como Estado de Derecho, segunda de las formas del Estado Moderno.

En efecto, la primera forma del Estado Moderno que surgió en la primera mitad de este milenio, fue la del Estado absoluto, producto de la consolidación del poder del Monarca absoluto frente a la disgregación del régimen feudal. La Monarquía absoluta, como forma del Estado, dominó la organización política de los Estados europeos desde el Renacimiento y el Descubrimiento hasta finales del siglo XVIII, cuando las Revoluciones Americana (1776) y Francesa (1789) comenzaron a trastocar todos los principios que dominaban el constitucionalismo monárquico, dando origen al Estado de Derecho, es decir, a una forma de organización política en la cual todos los órganos y autoridades del Estado, incluyendo el Monarca, no sólo derivaban sus poderes de la ley, sino que también estaban limitados por ella.

Esta concepción del Estado Moderno por la cual optaron nuestros fundadores cuando formularon el proyecto político del Estado independiente plasmado tanto en la Constitución de 1811 como en las Constituciones Provinciales de 1811 y de 1812, rechazando las fórmulas monárquicas, respondía y responde a los siguientes principios fundamentales:

En primer lugar, al principio de la limitación de poder del Estado, por un sistema de separación, división o distribución horizontal del mismo, en Legislativo, Ejecutivo y Judicial, para garantizar las libertades y tratar de evitar posibles abusos de una rama del poder en relación a otro; y la consagración de la autonomía necesaria del Poder Judicial, incluso para controlar la subordinación de todos los órganos del Estado a la ley.

En cambio, en el esquema del Estado absoluto, el Monarca acumulaba todos los poderes: era el legislador, el gobernante, el administrador y quien impartía justicia. Nada ni nadie controlaba al Soberano, ni sus poderes eran limitados ni podían limitarse.

En segundo lugar, otro principio al cual respondía y responde el Estado de Derecho, es el principio de legalidad, es decir, el de la subordinación de todos los órganos del Estado a la ley, entendida ésta no sólo como un específico acto formal emanado del cuerpo representativo, sino englobando a todas las otras fuentes de ordenamiento jurídico. Esto implica, por consiguiente, que todos los órganos del Estado están sujetos a la ley de ese mismo Estado y particularmente, a la ley emanada del órgano legislativo. Este principio se desarrolló principalmente en relación al Ejecutivo y a la Administración Pública, cuyos órganos debían actuar de conformidad con la ley, pudiendo su actividad, ser controlada judicialmente.

De allí el surgimiento de la jurisdicción contencioso-administrativa. Pero también se implementó en relación al órgano legislativo, mediante la adopción de sistemas de control de la constitucionalidad de las leyes, como una protección contra el despotismo del Legislador.

En cambio, en el esquema del Estado absoluto, el Monarca era Soberano e infalible, por lo que nunca podía equivocarse ni causar mal. La ley que lo regía era su propia voluntad, por lo que no podía haber un cuerpo normativo superior que lo limitara, y conforme al cual pudieran controlarse sus decisiones.

Los principios anteriores han conllevado siempre otros que son inherentes al Estado de Derecho: por un lado, el de la primacía de la legislación que regula todas las actividades del Estado, tanto la ejecutiva como la judicial, entendiéndose en este contexto por legislación, básicamente, la ley formal, es decir, las leyes sancionadas por las Cámaras Legislativas; y por el otro, el establecimiento de un sistema jerárquico de los normas que conforman el ordenamiento jurídico, ubicadas en diferentes niveles según su esfera de validez, establecidos normalmente en relación con la ley suprema, que es la Constitución.

En el esquema del Estado absoluto, en cambio, no había Constitución en el sentido contemporáneo del término, que regulara y limitara la actividad del Soberano. La Constitución, como ley de leyes, es un producto de las revoluciones americana y francesa, y por tanto, el signo más característico del Estado de Derecho frente al absolutismo.

En tercer lugar, el otro principio que identifica el Estado de Derecho es el reconocimiento de los derechos y libertades fundamentales, como una garantía formal contenida en los textos constitucionales, los cuales aseguran tanto su disfrute efectivo como diversos medios de control judicial y político para garantizarlo.

En cambio, en el esquema del Estado absoluto, los ciudadanos no tenían derechos; sólo tenían deberes y entre ellos, el de sujeción al Monarca. La idea misma de los derechos fundamentales constitucionalmente declarados, es también producto de las revoluciones americana y francesa, y por tanto, característica del Estado de Derecho.

Todos estos principios, puede decirse que son expresiones de un objetivo común y esencial en el Estado de Derecho: la limitación del poder, que surgió como oposición al poder ilimitado de la Monarquía absoluta que, como se dijo, fue la primera forma histórica de Estado Moderno.

Efectivamente, el Estado moderno fue el producto de la disolución del régimen feudal como resultado, entre otros factores, del proceso de centralización de poder que dio origen á las monarquías europeas; proceso que condujo paulatinamente a que el poder político se concentrara en un soberano, como una entidad política superior, en contraste con el poder territorial disperso de los barones o señores feudales. De este modo, el Estado moderno surgió como un Estado absoluto, un concepto en el que la idea de la concentración de poder se unió a la de la soberanía absoluta y perpetua del monarca, que constituía un poder supremo, en relación a los ciudadanos de la República.

Por ello, Bodino, en su *Six Books of a Commonwealth* publicado en 1576, traducido al inglés en 1606, se refirió a la soberanía como la condición para la existencia de un Estado (un Commonwealth), señalando que:

> "El Commonwealth puede definirse como el Gobierno correctamente ordenado por un poder soberano de una serie de familias, y de aquellas cosas que son de su preocupación común.
>
> La soberanía que se denomina en latín, *majestas* es ese poder absoluto y perpetuo ejercido sobre una comunidad..."[85].

Ese Estado moderno, representado en la monarquía absoluta y soberana, fue el que Hobbes denominó el *Leviathan* (1651), como la personificación unitaria de una multitud de hombres. Según sus propias palabras:

> "Una multitud de hombres, se convierte en una persona, cuando son representados por un hombre o por una persona; lo que debe realizarse con el consentimiento de cada uno de la multitud, en particular. Porque es la unidad del representante, y no la unidad de los representados lo que hace a la persona una. Y es el representante el que asume la persona y una sola persona; no pudiendo la unidad en una multitud, ser entendida de otra manera"[86].

Ese *Leviathan*, sin lugar a dudas, era el Estado moderno[87].

Durante los siglos XVI al XVIII, este Estado moderno se identificó con las monarquías absolutas del continente europeo, en las que todo el poder se concentraba en una persona, "el Rey" o Monarca, quien lo ejercía sin ningún tipo de restricción ni control. Además, la soberanía era un atributo personal del Monarca, y por consiguiente, por su origen divino, totalmente exenta de control en su ejercicio[88]. El Monarca sólo tenía un deber, el de garantizar el orden público y la felicidad de sus súbditos en interés del Estado, para lo cual podía acudir, sin límites, a la "razón de Estado"[89] para justificar sus decisiones, estando exento de toda responsabilidad.

Ello se reflejó en la clásica expresión de que "La Corona no puede equivocarse" (*The King can do no wrong; Le roi ne peut mal faire*).

---

85 J. Bodin, *The six Books of a Commonwealth*, Londres, 1606 (ed. de Kenneth Douglas Me Rae) Cambridge, Mass, 1962, Libro I. Cap. VIII, p. 84. *Cfr.* la cita en P. Allott, "The Courts and Parliament: Who's whom?", *Cambridge Law Journal*, N° 38 (1), 1979. p. 104. Este autor cita la traducción de Tooley (1960), Caps. I y VIII del Libro I.

86 T. Hobbes, *Leviathan, (ed. John Plamenatz)*, Londres, 1962. Cap. XVI, p. 171. *Cfr.* M. M. Goldsmith, *Hobbes' Science of Politics*, NY., 1966, p. 138.

87 A. Passerin D'Entrèves, *The Notion of the State. An Introduction to Political Theory*, Oxford, 1967, p. 11.

88 *Idem.*, pp. 44 y 202.

89 *Idem.*, p. 44.

Tan arraigado estaba este principio, que en un sistema como el británico, la situación sólo cambió en 1947, cuando después de sancionarse el *Crown Proceeding Act*, fue que resultó posible exigir judicialmente responsabilidad a la Corona[90]. Sin embargo, a pesar de ello y contrariamente a la situación de los sistemas continentales europeos, la experiencia británica fue muy particular, en el sentido que el absolutismo no llegó a desarrollarse totalmente en la historia política inglesa, salvo durante un breve período, bajo el Commonwealth (1633), e incluso, en ese momento, se ha considerado que fue moderado[91].

En efecto, en Inglaterra, desde el inicio del Siglo XIII, la autoridad del Rey había comenzado a ser limitada por sus barones, quedando evidenciada esta situación de confrontación, en el texto de la Carta Magna de 1215, considerada como el origen de la Constitución británica[92]. Esta Carta Magna, como se sabe, no estaba destinada a regular supuestos "derechos" a las personas o ciudadanos comunes; en realidad, básicamente procuraba salvaguardar, en una sociedad estamental, los derechos y prerrogativas de las diferentes clases sociales, según sus necesidades; es decir, regulaba en forma separada, los derechos y privilegios del clero, de los nobles, de los comerciantes y de los terratenientes[93].

Sin embargo, a pesar de ello, la Carta Magna, con sus cláusulas limitativas al poder arbitrario, ha sido considerada en el constitucionalismo, como el primer intento de expresar en "forma precisa y en términos jurídicos, algunas de las principales ideas del gobierno constitucional en Inglaterra, de manera que, incluso, la interpretación que de ella han hecho juristas, historiadores y políticos y, principalmente, los tribunales, ha llevado a considerarla como un instrumento que permite salvaguardar las libertades de las personas, aun cuando, los *liberi homines* no estuvieran originalmente incluidos en sus cláusulas[94].

En todo caso, en el transcurso de la historia de Gran Bretaña, a pesar del pacto entre el Rey y los barones que contenía la Carta Magna, los reyes, para afianzar su poder como *primus inter partes*, tuvieron que continuar luchando contra los señores y propietarios de la tierra, y no siempre triunfaron; sin embargo, cuando el poder de los barones ya había disminuido por la desaparición del régimen feudal, ya había surgido un Parlamento lo suficientemente fuerte como para limitar la autoridad real, tomar parte de ella, discutir sus límites e incluso, en algunas oportunidades, destro-

---

90 J. A. Jolowicz, "Torts", *International Encyclopedia of Comparative Law*, Vol. XI. Cap. 13 (Procedural Questions), pp. 13-41; H. W. R. Wade, *Administrative Law*, Oxford, 1971, p. 17.

91 I. Jennings, *The Law and the Constitution*, Londres, 1972, p. 46. Como lo dijo el mismo autor: "Ningún rey de Inglaterra ha sido nunca visto por sus contemporáneos como un monarca absoluto. Este concepto es desconocido en la ley inglesa". I. Jennings, *Magna Carta*, Londres, 1965, p. 13. Recuérdese que el rey Carlos I en el juicio que le fue abierto en el Westminster Hall el 20 de enero de 1649, rechazó abogar en su favor, por no querer reconocer la jurisdicción del tribunal ni de tribunal alguno para juzgarlo. Por ello expresó: "El Rey no puede ser juzgado por ninguna jurisdicción superior en la tierra". Sin embargo, el 21 de enero de 1649 fue sentenciado a muerte. Ver, M. Ashley, *England in the seventeenth century*, Londres, 1972, p. 80.

92 W. Holdsworth, *A History of English Law*, Vol. II, Londres. Cuarta Ed. 1936, Reimpreso 1971, p. 209.

93 *Idem*, p. 211.

94 *Idem*, p. 211.

nar al Rey, cuando sus ideas y acciones transcendieran los límites que el Parlamento considerara como razonables[95].

En este contexto, la Revolución inglesa de 1642 no fue una revolución social como lo fue la Revolución francesa, cuyo objetivo era destruir un sistema de gobierno absoluto y la sociedad estratificada en la cual se basaba. En realidad y, fundamentalmente, la Revolución inglesa, fue la secuela de una larga lucha política, desarrollada durante más de cuatro siglos, entre el Rey y el Parlamento.

En efecto, el resultado de la Guerra Civil que estalló en Inglaterra en 1642, y que duró 18 años fue, por una parte, imposibilitar en el futuro, el afianzamiento de monarquías personalizadas; y, por la otra, impedir que el Parlamento tratara de perpetuarse en el poder, desafiando a la opinión pública. Por ello, una vez restaurada la Monarquía después de la Revolución, tanto la posición del Rey como la del Parlamento habían quedado alteradas. Particularmente después de la Revolución, el Parlamento alcanzó una posición que nunca antes había tenido en el Estado moderno, en el sentido de que se transformó en una parte del Gobierno tan permanente como el mismo Rey, dejando de ser el cuerpo al que sólo se llamaba cuando el gobierno real quería ayuda, sancionando para ello las leyes necesarias[96].

Por otra parte, si bien es cierto que como resultado de la Revolución, la posición autoritaria del Parlamento se afianzó, ello también ocurrió con la posición de la Ley, que adquirió supremacía, entre otros aspectos, debido al creciente anhelo nacional de verla como verdaderamente suprema, particularmente después de la experiencia que había tenido la Nación bajo el Protectorado, período en el cual Cromwell, se había visto obligado a violarla constantemente.

Esa es la razón por la cual Sir William Holdsworth, en su libro, *A History of English Law*, dijo que fue esta alteración en la relación entre el Rey, el Parlamento y los Tribunales y, en consecuencia, entre los poderes Ejecutivo, Legislativo y Judicial, lo que llevó a que comenzaran a asumir la posición jurídica que han tenido en el derecho moderno[97]. Ello, sin duda, fue facilitado por la sanción del *Instrument of Government* de 1653, texto que se ha considerado como la primera Constitución escrita en el mundo moderno[98], en el sentido de ley superior que el Parlamento no podía modificar.

Pero esa fue una experiencia corta: la evolución política en Inglaterra, hasta la Restauración en 1689, condujo a la victoria final del Parlamento con respecto a los demás poderes del Estado, comenzando así a consolidar su propia soberanía.

Por ello, en virtud de esta supremacía parlamentaria, puede señalarse que un sistema estatal basado en el principio de la legalidad, en el sentido liberal del término, existía en Inglaterra antes de las revoluciones americana y francesa por lo que fue precisamente un inglés, John Locke, teórico de la revolución inglesa, el que sentó las bases para la doctrina del Estado liberal, que tanto influenció en el derecho continental y en el surgimiento de la noción misma del moderno Estado de Derecho.

---

95 I. Jennings, *The Law and the Constitution, cit.*, pp. 46-47.

96 W. Holdsworth, *op. cit.*, Vol. VI, pp. 161-162.

97 *Idem*, p. 163.

98 P. Allot, *loc. cit.*, p. 97.

Ahora bien, frente al Estado absoluto, y en contraste con la situación inglesa, la configuración constitucional de los Estados hispanoamericanos a partir de 1811, sé hizo conforme a los siguientes principios del Estado de Derecho, que le sirven de fundamento y que se han desarrollado en los dos últimos siglos, precisamente después de las revoluciones americana, francesa y latinoamericana: la idea misma de una Constitución, como norma suprema; la limitación del poder del Estado, mediante su distribución, separación o división, como garantía de las libertades públicas; la subordinación del Estado al principio de la legalidad; el establecimiento de derechos y libertades fundamentales de los ciudadanos en la Constitución; y la consolidación de un sistema de control judicial o jurisdiccional de la constitucionalidad de los actos estatales. Al análisis de estos principios del Estado de Derecho es que están destinadas las páginas que siguen.

I. LA IDEA DE CONSTITUCIÓN

El primero de los principios del Estado de Derecho es la idea misma de Constitución, cuya consolidación y desarrollo, desde los inicios del siglo pasado, sin duda, está estrechamente vinculado al proceso de constitucionalización. Este proceso se ha caracterizado, dentro de cada ordenamiento jurídico, por el establecimiento de un conjunto de normas de rango superior que de manera general regulan las funciones fundamentales del Estado, sus distintos órganos y poderes y sus interrelaciones, así como los derechos y las libertades fundamentales de los ciudadanos.

En esta forma, la constitucionalización del Estado se inició hace algo más de doscientos años con la introducción, en la práctica política, de las Constituciones escritas concebidas como documentos formales contentivos de la voluntad del pueblo, considerándose esta última como soberana con respecto a la organización política de la Nación. Como consecuencia de este proceso, en términos generales, la soberanía se despersonalizó, y los órganos del Estado, inclusive el Rey y el Parlamento, fueron convertidos, precisamente, en tales órganos del Estado, quedando la soberanía como un atributo que correspondía sólo al pueblo, representado por dichos órganos.

A lo largo de los últimos dos siglos, tras la aprobación de la primera de las Constituciones escritas modernas, es decir, la Constitución de los Estados Unidos de América en 1787, en todo el mundo se difundió la práctica de las Constituciones escritas, de manera que hoy en día todos los países del mundo tienen una Constitución escrita, salvo muy contadas excepciones como por ejemplo, el Reino Unido. Por supuesto, el hecho de que el Reino Unido y otros pocos países, como Israel y Nueva Zelandia, no tengan una Constitución escrita, no significa que en esos países no haya Constitución alguna.

Al contrario, estos países tienen una serie de normas, algunas escritas y otras no, que determinan, regulan y rigen su forma de gobierno y la distribución del Poder[99]. Por ello, la constitucionalización del Estado también sé ha producido en sistemas constitucionales sin Constitución escrita.

99 M. C. Wheare, *Modem Constitutions*, Oxford, 1966, pp. 1-2.

En todo caso, este proceso de constitucionalización del Estado de Derecho, reflejada en una Constitución, ha generado un sistema de garantías de las libertades individuales, las cuales se concretan en el reconocimiento de los derechos fundamentales, el establecimiento de la división de los poderes, la participación del pueblo en el Poder Legislativo mediante la representación popular, la sumisión del Estado al derecho, y lo más importante en el contexto de las Constituciones modernas, ha generado un sistema que responde a una decisión política de la sociedad, adoptada por el pueblo, como poder constituyente generalmente a través de una Asamblea Constituyente.

En especial, el principio de la separación de poderes, con su distinción entre órganos legislativos, órganos ejecutivos (gubernamentales y administrativos) y tribunales de justicia, ha sido considerado, salvo en los antiguos países socialistas, y desde el Siglo XVII, como un elemento necesario de cualquier Constitución, puesto que se lo considera, en sí mismo, como la garantía orgánica contra los abusos de poder por parte de los órganos del Estado. Basta con recordar el artículo 16 de la Declaración francesa de los Derechos del Hombre y del Ciudadano de 1789, el cual establece:

> "Toda sociedad en la que no esté asegurada la garantía de los derechos, ni determinada la separación de los poderes, no tiene Constitución"[100].

Como se dijo, la primera Constitución escrita en la época moderna fue la Constitución norteamericana de 1787, siendo los Estados Unidos el primer país del *common law* que reemplazó la soberanía parlamentaria, por la supremacía de una Constitución adoptada por el pueblo contentiva de sus derechos fundamentales[101]. Sin embargo, la idea de una Ley fundamental y superior establecida como un contrato social, también tiene orígenes ingleses y antecedentes en el proceso de colonización de Norteamérica.

En efecto, los antecedentes de la idea de una Ley superior en la Constitución norteamericana[102] pueden ciertamente ubicarse en la doctrina medieval de la supremacía de la ley, desarrollada en tratados sobre las leyes de Inglaterra, particularmente los de Bracton (1569) considerado como el más grande jurista inglés de la Edad Media, tal como fueron interpretados principalmente por Sir Edward Coke.

Dicho principio condujo a una reacción contra la doctrina del derecho divino de los reyes, basada en el dogma del origen divino del derecho sobre la cual estaba construida la sociedad civil, y a la elaboración del principio conforme al cual la Ley está por encima tanto del rey como del pueblo, por igual[103].

---

100 Véase W. Laqueur and B. Rubin. *The Human Bights Reader 1979*, p. 120.

101 A. Lester, "Fundamental Rights: The United Kingdom Isolated", *Public Law*, 1984, p. 58.

102 Véase en general, E. Corwin, *"The Higher Law" background of American Constitutional Law*, New York, 1955, pp. 37 y ss.

103. F. T. Plucknett, *A Concise History of the Common Law*, London, 1956, p. 59.

1. *Orígenes históricos*

Las modernas Constituciones escritas puede decirse que tienen sus orígenes históricos formales, propiamente hablando, no tanto en las Cartas medievales, sino más específicamente, en el *Instrument of Government* (1963), considerando la primera Constitución escrita de la historia constitucional.

Sin embargo, los antecedentes remotos de las Constituciones escritas, sin duda, pueden encontrarse en los pactos formales de la Edad Media establecidos entre un Príncipe y sus vasallos, o entre un Príncipe y la representación popular, la cual posteriormente fue considerada como la expresión de la voluntad del pueblo.

En la Edad Media, estos acuerdos escritos, llamados Cartas, entre las cuales, la más famosa fue la Carta Magna de 1215, se establecían entre los príncipes y sus barones. Tales documentos no eran, sin embargo, Constituciones en el sentido moderno del término, aun cuando su naturaleza jurídica haya sido interpretada de distintas maneras. En algunos casos se las denominó leyes por el hecho de que eran dictadas por el rey y adoptaban la forma de concesiones reales; como tales, también han sido consideradas como contratos de derecho público. Estos documentos existieron a todo lo largo de la historia británica, y sirvieron como factor de integración efectiva de la Nación, sea como marco ideológico de las relaciones entre las partes de la sociedad o como símbolo del partido parlamentario, y desde el Siglo XVIII, como símbolo del espíritu de la Constitución en su globalidad.

En realidad, la *Carta Magna* fue el resultado de un movimiento de resistencia de los barones privilegiados ante la política de la Corona bajo el reino de John (Juan sin tierra) (1199-1216)[104]. Fue solamente, una más de las numerosas Cartas acordadas entre el Príncipe y sus barones para asegurar a éstos últimos determinados privilegios, a cambio de algunos compromisos que se solían establecer en los tiempos feudales.

En consecuencia, ninguna de las categorías propias del derecho constitucional moderno pueden aplicarse a las relaciones medievales que dichas Cartas contenían. La *Carta Magna* fue un *stabilimentum*, es decir, un acuerdo o un convenimiento, que carecía de todo sentido preciso de derecho público. El hecho de que fue escrita no puede ser un argumento a favor de calificarla como una Constitución; en cuanto a su nombre, de Carta Magna, éste no se explica históricamente por el hecho de que pudiera contener una ley fundamental en el sentido de las constituciones modernas. Se trataba en realidad de una descripción popular con miras a distinguirla de la *Carta Foresta* o *Charte of the Forest*, de 1217, relativa a los derechos de caza[105].

El nombre original de la Carta Magna fue el de *Cartam Libertais* o *Carta Baroum*; fue siglos más tarde, durante la Revolución, y como consecuencia de las luchas entre el Parlamento y el absolutismo de los Estados, cuando se le atribuyó el sentido moderno que tiene de ser el origen de las constituciones liberales. Pero, como lo señaló Carl Schmidt, sería un error histórico considerar, aunque fuera remotamente, que algo de esa Carta pudiera asemejarse a una Constitución moderna libe-

104 Véase en general I. Jennings, *Magna Carta*, London, 1967, p. 9.

105 W. Holdsworth, *A History of English Law*, Vol. II, 1971. pp. 207, 219.

ral o democrática[106]. No obstante, en tiempos medievales, fue considerada una parte inalterable, fundamental y perpetua[107] del orden jurídico sancionado, habiendo sido confirmada más de treinta veces, por sucesivos reyes, convirtiéndose en esta forma, en un importante elemento sea la evolución del *common law*[108].

En el mismo contexto británico, sin embargo, el primer ejemplo de una Constitución escrita moderna, sin duda, fue el *Instrument of Government* de 1653 que constituyó el resultado de la primera verdadera interrupción ocurrida en la historia constitucional inglesa y en su continuidad política[109].

En efecto, la gran Guerra Civil que se inició, en 1642 y que dividió el país entre parlamentaristas y realistas, puede considerarse como el desenlace de una larga lucha que opuso el Parlamento al Rey. Esta guerra, con sus causas religiosas, económicas y políticas y con las múltiples acusaciones recíprocas que produjo de violación y subversión de la ley fundamental[110], condujo a la ejecución del rey Carlos I, a la destrucción de todo el sistema de gobierno central y a que el gobierno del país lo sumiera el denominado Long Parliament (1649-1660).

Carlos I fue juzgado y ejecutado en enero de 1649. Muy pronto, después, fue abolida tanto la monarquía como la Cámara de los Lords, e Inglaterra pasó a llamarse una Comunidad o un Estado Libre, bajo el mando del ejército y de Oliver Cromwell[111]. El Parlamento se allanó a las expectativas y exigencias del ejército, salvo cuando se trató de limitar sus propios poderes y su propia existencia. Por ello, luego de largas y fútiles negociaciones, Cromwell terminó por disolver el Parlamento, por la fuerza, en 1653. Para sustituirlo, Cromwell invitó a un grupo de puritanos comprobados a que formaran una "Asamblea de Santos", la cual, al poco tiempo, tuvo que renunciar a sus poderes, devolviendo la autoridad a Cromwell. Fue cuando el Consejo de Oficiales del Ejército produjo una Constitución escrita para el gobierno, conocida como el *Instrument of Government* de 1653[112] la cual presentaba todas las características de una Constitución, tal como hoy la entendemos.

El *Instrument of Government* convirtió a Oliver Cromwell en "*Lord Protector*" de la Comunidad de Inglaterra, Escocia e Irlanda que él había reunido bajo un mismo gobierno; confiriéndole poderes ejecutivos que ejercía con la ayuda de un Consejo de Estado, compuesto por civiles y militares, concebido como un órgano independiente tanto del Protector como del Parlamento, el cual debería ser electo con representantes de Inglaterra, Escocia e Irlanda[113]. Cuando se reunió el Parlamento, no todos sus miembros aceptaron las "bases" del Gobierno del Protectorado y se rechazó la Constitución conforme a la cual se había conformado el propio Parlamen-

---

106 C. Schmidt, *Teoría de la Constitución*, ed. española, México, 1961. pp. 52-53.

107 Ch. H. McIlwain, *The High Court of Parliament and its Supremacy*, Yale, 1910. pp. 64-65.

108 W. Holdsworth, *op. cit.*, Vol. II, p. 219.

109 M. O. Wheare, *Modem Constitutions*, Oxford, 1966, p. 9. *Cf.* J. D. B. Mitchel, *Constitutional Law*, Edinburg, 1968, p. 27.

110 M. Ashley, *England in the Seventeenth Century*, London, 1967, pp. 76, 79, 80 y 82.

111 *Cf.* W. Holdsworth, *op. cit.*, Vol. VI, p. 146; H. Ashley, *op. cit.*, pp. 91-92.

112 W. Holdsworth, *op. cit.*, p. 146; M. Ashley. *op. cit.*, p. 1066.

113 W. Holdsworth, *op. cit.*, pp. 154-155.

to. Este fue finalmente disuelto, principalmente porque intentó privar a Cromwell del control que ejercía, el sólo, sobre el ejército. Así, Cromwell se vio una vez más obligado a gobernar por la fuerza, mediante el ejército[114], situación que se repitió en varias oportunidades hasta su muerte en 1658. Tal como lo expresó Sir Williams Holdsworth al referirse a Cromwell: "Era el único hombre capaz de controlar el ejército, y por lo tanto, era el único en poder establecer un gobierno civil frente a los militares"[115]. Fue así como, poco tiempo después, un nuevo Parlamento entronizó al rey Carlos II de conformidad con la Declaración de Breda de 1660, la cual incluía cuatro principios o condiciones que le fueron impuestas o exigidas :una amnistía general, la libertad de conciencia, la garantía de la propiedad y los pagos atrasados al ejército[116]. Esta Declaración no era, por supuesto, una Constitución como el *Instrument of Government*, ya que de hecho la restauración del rey significó volver a la antigua forma de gobierno, para lo cual no se necesitaba ninguna Constitución. Tal como lo expresó K. C. Wheare:

> "Quienes hablan de un desarrollo ininterrumpido de la historia del gobierno inglés... tienen buena parte de la verdad de su lado. Hubo un corte y un intento por comenzar con un nuevo pie mediante una Constitución, pero el intento falló y fue restaurado el viejo orden"[117].

Como se señaló anteriormente, el *Instrument of Government* (1653) y sus modificaciones, principalmente mediante el *Humble Petition and Advise*"[118], ha sido unánimemente considerado como la primera Constitución escrita de la historia constitucional moderna, por el hecho de que su objetivo inmediato era restablecer una norma permanente e inviolable frente a las resoluciones de la mayoría cambiante del Parlamento. En todos los gobiernos, decía Cromwell, se requiere algo fundamental, algo así como una Gran Carta, permanente e invariable, o si se quiere, absolutamente invulnerable. Por ejemplo, uno de esos principios fundamentales, según Cromwell, era establecer que el Parlamento nunca podría declararse como un órgano permanente[119].

Por lo tanto, históricamente puede afirmarse que la idea de Constitución nació de la necesidad de determinar, formalmente, la composición o las funciones fundamentales de los instrumentos de gobierno, generalmente como una señal de orden luego de un caos institucional creado por una gran revolución política o social, al liberarse una nación de un invasor extranjero, o al constituirse una nación a partir de la reunión de pequeñas unidades políticas. Siempre ha sido con ocasión de tales decisiones históricas o políticas de reorganizar o crear un Estado, cuando las constituciones han cobrado vida.

---

114 W. Holdsworth, *op. cit.*, p. 147; M. Ashley, *op. cit.*. p. 102.

115 W. Holdsworth, *op. cit.*, p. 148.

116 *Ibid.*, p. 165.

117 K. C. Wheare, *op. cit.*, p. 10.

118 W. Holdsworth, *op. cit.*, p. 157

119 Citado por C. Schmidt, *op. cit.*, p. 45.

Como lo indicó Jenning, esta necesidad surgió en Inglaterra, en 1653, cuando el Parlamento, tras haber creado un ejército para destruir al rey, se vio a sí mismo destruido por su propia creación[120]. En este sentido, el *Instrument of Government*, que hizo de Cromwell el Lord Protector y estableció una nueva legislatura, fue el primero y único ejemplo de una Constitución escrita en Inglaterra. Sólo estuvo en vigencia por pocos años y apenas sobrevivió al propio Cromwell.

Sin embargo, dicha Constitución anticipó muchos de los desarrollos constitucionales de los Siglos XIX y XX. Sir William Holdsworth afirmó que este *Instrument of Government* y sus modificaciones inmediatas:

> "Fueron el primer intento de los ciudadanos ingleses de elaborar una Constitución escrita, en el cual se plantearon, por primera vez, todos los problemas relacionados con su elaboración. De allí surgió la idea de una separación de poderes como garantía frente a la tiranía, tanto de un solo individuo como de una asamblea representativa; la idea de determinar algunos derechos fundamentales del ciudadano; y la idea de convertir estos derechos en permanentes, denegando validez a cualquier legislación que intentara atentar contra ellos"[121].

En todo caso, con esa sola excepción, Inglaterra nunca ha tenido una Constitución escrita, lo que no significa, insistimos, que no tenga Constitución alguna. Las instituciones necesarias para el ejercicio de las varias funciones del Estado en el derecho constitucional moderno, han sido establecidas en el Reino Unido, siguiéndose un proceso permanente de invención, reforma y transformación, cumpliéndose con los requerimientos políticos mínimos para ello. De allí que Jennings haya señalado:

> "Si una Constitución consiste en instituciones y no en el documento que Jas describe, la Constitución británica no se ha escrito sino que se ha desarrollado, y no existe documento"[122].

2. *La Constitución Americana (1787)*

La práctica moderna de las Constituciones escritas comenzó, realmente, en los Estados Unidos de América cuando las colonias separadas de Inglaterra, en 1776 se declararon estados independientes, y redactan sus Constituciones. El Congreso Continental de 1776 llegó incluso a invitar formalmente a todas las colonias de la Unión a elaborar su propia Constitución, como decisión política del pueblo[123].

En efecto, el movimiento hacia la independencia de Inglaterra de las colonias americanas, comenzó mucho antes de que la independencia fuera finalmente declarada en 1776, y se originó por el espíritu independentista desarrollado en las Asambleas coloniales. Estas habían crecido en poder e influencia durante la primera mitad del siglo XVIII, resolviendo muchos de los problemas coloniales de carácter local; y

---

120 I. Jenninngs, *The Law and the Constitution*, London, 1972, p. 7.

121 W. Holdsworth, *op. cit.*, p. 157.

122 I. Jennings, *op. cit.*, p. 8.

123 A. C. McLaughlin A. *Constitutional History of the United States*, New York, 1936, pp. 106-109.

fue este espíritu asambleísta, sin duda, uno de los principales factores del proceso de independencia. Por ello, la "*Declaration and Resolves of the First Continental Congress*" del 14 de octubre de 1774, teniendo en cuenta que contrariamente a los derechos del pueblo, las Asambleas habían sido frecuentemente disueltas, cuando habían intentado deliberar sobre quejas, resolvió que "los habitantes de las colonias inglesas en Norte América, por las inmutables leyes de la naturaleza, los principios de la Constitución inglesa, y varias cartas y manifiestos", tenían sus propios derechos entre los cuales estaba:

> "el derecho a reunirse pacíficamente para considerar sus quejas y peticiones al Rey; y que todas las persecuciones y proclamaciones prohibitivas y. compromisos en tal sentido, son ilegales"[124].

El proceso de separación de las Colonias inglesas en América del Norte respecto de la Metrópolis inglesa por tanto, ocurrió sobre la base de dos elementos: un proceso hacia la independencia de cada una de las colonias, a través de sus respectivos gobiernos representativos; y un proceso hacia la unión de las colonias, a través de "Congresos Continentales". Como lo señaló John Adams, uno de los principales protagonistas de dicho proceso: "La Revolución y la Unión se desarrollaron gradualmente desde 1770 hasta 1776"[125].

Durante dicho período, inicialmente se trató de la multiplicación de convenios intercoloniales destinados a establecer boicots económicos para resistir las pretensiones impositivas de la Corona. En este contexto, la primera reunión conjunta de significado constitucional entre las Colonias fue el Congreso de Nueva York de 1765, que se reunió para demostrar el rechazo de las Colonias al *Stamp Act* aprobado por el Parlamento inglés el 22 de marzo de 1765. Esta legislación establecía impuestos de estampillas en todos los documentos legales, periódicos, publicaciones, grados académicos, almanaques, licencias de licores y cartas de juego, lo cual provocó una enorme y generalizada hostilidad en las Colonias.

Aparte de las causas económicas y sociales de este rechazo, la reacción política se basó en el principio de que "no podía haber imposición sin representación". En consecuencia, el 3°, el 4° y el 5° de los derechos declarados en las "*Resolutions of the Stamp Act Congress*" el 19 de octubre de 1765, fueron

> "3° Que es inseparablemente esencial a la libertad de un pueblo, y un indudable derecho de los ingleses, que no se les deben imponer impuestos sino con su propio consentimiento, dado personalmente o mediante sus representantes;
>
> 4° Que el pueblo de estas Colonias no está, y desde el punto de vista de sus circunstancias locales, no puede estar representado en la Cámara de los Comunes de Gran Bretaña;

---

124 R. L. Perry (ed.) *Sources of our Liberties*, Documentary Origin of Individual Liberties in the United States Constitution and Bill of Rights, 1952, pp. 261, 287 y 288.

125 *Cit.* por M. García Pelayo. *Derecho Constitucional Comparado*, Madrid, 1957, p. 325.

5° Que sólo los representantes del pueblo de estas Colonias son las personas escogidas por ellas mismas; y que nunca impuesto alguno ha sido establecido, ni podrá ser impuesto al pueblo, sino por las respectivas legislaturas"[126].

En este Congreso, a pesar de que "la debida subordinación a ese cuerpo augusto, el parlamento de Gran Bretaña", fue declarada, el carácter representativo del mismo fue cuestionado, partiendo del supuesto de que los impuestos establecidos en el *Stamp Act* no habían sido aprobados por las asambleas coloniales. El Parlamento inglés, como consecuencia, anuló la *Stamp Act* pero impuso una serie de derechos aduaneros a los productos coloniales.

Ya, en 1774, resultaba claro que los problemas individuales de las Colonias, en realidad, eran problemas de todas ellas, y ello trajo como consecuencia la necesidad de una acción común, con el resultado de la propuesta de Virginia de la realización de un Congreso anual para discutir los intereses comunes de América. Cómo consecuencia, en 1774 se reunió en Filadelfia, el Primer Congreso Continental con representantes de todas las Colonias, excepto Georgia.

El principal elemento político que se discutió en el Congreso fue la autoridad que las Colonias deberían conceder al Parlamento y sobre qué bases, sea que fueran las leyes de la naturaleza, la Constitución británica o las "Charters" americanas[127]. Se decidió que las leyes de la naturaleza (*law of nature*) y no sólo el *common law*, debían ser reconocidas como uno de los fundamentos de los derechos de las Colonias. En consecuencia, el Congreso declaró, como un derecho de los habitantes de las Colonias inglesas en Norte América, en el mismo sentido que las resoluciones del *Stamp Act Congress:*

> "Que el fundamento de la libertad inglesa y de todo gobierno libre, es el derecho del pueblo a participar en sus Consejos Legislativos; y en virtud de que los colonos ingleses no están representados, y desde el punto de vista local y de otras circunstancias, no pueden estar propiamente representados en el Parlamento Británico, ellos tienen el derecho a un poder libre y exclusivo de legislación en sus diversas legislaturas provinciales, donde sólo sus derechos de representación pueden ser preservados en todos los casos de imposición y de política interna, sujetos sólo a la negativa de su Soberano, en la forma y manera como hasta ahora ha sido usado y acostumbrado"[128].

En estas Resoluciones, aun cuando la lealtad al Rey se mantuvo, al Parlamento se le negó competencia para establecer impuestos en las Colonias.

Como consecuencia de este Congreso, la guerra económica fue declarada, junto con la suspensión de las exportaciones e importaciones, hacia y desde Inglaterra. Pero la guerra económica rápidamente se convirtió en una de orden militar y el Congreso se reunió de nuevo, en Filadelfia, y adoptó la "Declaration of the causes and necessity of taking up arms" de 6 de julio de 1775, como una reacción contra el

---

126 R. L. Perry, *op. cit.*, p. 270.

127 Ch. P Adams (ed.), *The works of John Adams*, Boston, 1850, II, p. 376, citado por R. L. Perry, *op. cit.*, p. 275.

128 R.L. Perry (ed) *op. cit.*, p. 287.

"enorme" e "ilimitado poder" del Parlamento de Gran Bretaña. La Revolución americana, como consecuencia, puede considerarse como una revolución contra la soberanía del Parlamento inglés.

Un año más tarde, el segundo Congreso Continental, en su sesión del 2 de julio de 1776, adoptó una proposición conforme a la cual las Colonias se declararon a sí mismas libres e independientes así:

> "Que las Colonias unidas son, y por derecho, deben ser, Estados libres e independientes; que ellas están absueltas de toda obediencia a la Corona Británica, por lo que toda conexión política entre ellas y el Estado de Gran Bretaña, es y tiene que ser totalmente disuelta"[129].

El Congreso convino, además, en preparar una Declaración proclamando al mundo las razones de la separación de la metrópoli, y el 4 de julio de 1776, fue adoptada la Declaración de Independencia en formal ratificación del acto ya ejecutado.

Este documento, por supuesto, es de interés histórico universal, pues a través del mismo apareció abiertamente en la historia constitucional, la legitimidad jurídico-política-racionalista del auto-gobierno. Para ello, en él ya no se recurre al *common law*, ni a los derechos de los ingleses, sino exclusivamente a las leyes de la naturaleza y a Dios; en él ya no se recurre al *Bill of Rights*, sino a verdades evidentes en sí mismas, como:

> "Que todos los hombres son creados iguales; que son dotados por su creador de ciertos derechos inalienables; que entre éstos están la vida, la libertad y la búsqueda de la felicidad. Que para garantizar estos derechos se instituyen entre los hombres los gobiernos, que derivan sus poderes legítimos del consentimiento de los gobernados; que cuando quiera que una forma de gobierno se haga destructor de estos principios, el pueblo tiene el derecho de reformarla o aboliría e instituir un nuevo gobierno que se funde en dichos principios, y a organizar sus poderes en la forma que a su juicio ofrecerá las mayores probabilidades de alcanzar su seguridad y felicidad"[130].

Como consecuencia, todo lo que no estaba adaptado racionalmente a los objetivos establecidos derivados de los derechos inalienables del hombre, era injustificable e ilegítimo, debiendo estar organizado el Estado en la forma más adecuada para alcanzar dichos objetivos.

Aparte de la importancia de este documento para los Estados Unidos, es indudable su significación universal: su premisa básica, como un silogismo, está constituida por todos aquellos actos de la Corona que, de acuerdo a Locke, definían la tiranía, siendo obvia la conclusión del silogismo: al violar el pacto que lo unía a sus

129 *Idem*, p. 317.

130 *Idem.*, p. 319.

súbditos americanos, el Rey había perdido toda posibilidad de reclamar su lealtad, y consecuentemente, las Colonias se convirtieron en Estados independientes[131].

Ahora bien, una vez que las Colonias adquirieron su independencia, debieron regular su propia organización política. Aún más, después de la proclamación de rebelión que el Rey hizo el 23 de agosto de 1775, el Congreso, justo antes de la Declaración de Independencia, requirió de las Colonias que formaran gobiernos separados para el ejercicio de toda autoridad. El Congreso, así, resolvió:

> "Que se recomienda a las respectivas Asambleas y Convenciones de las Colonias Unidas, donde aún no se hubiere establecido un gobierno suficiente a las exigencias de sus asuntos, el adoptar dicho gobierno en tal forma, que en opinión de los representantes del pueblo, pueda conducir mejor a la felicidad y seguridad en particular de sus ciudadanos y en general de América"[132].

De esta recomendación derivaron el *Bill of Rights* y la Constitución o Forma de Gobierno de Virginia, adoptados el 12 de junio de 1776, así como las otras Constituciones de los Estados sancionadas después de la Declaración de Independencia, hasta 1787.

Estas Constituciones coloniales tuvieron la primera importancia, tanto en la historia constitucional en general, como en la historia de los mismos Estados Unidos, ya que, sin duda, representaron el triunfo del concepto normativo racional de Constitución, lo que se pudo apreciar en la propia Declaración de Independencia. Además, se trataba de Constituciones escritas, sistemáticas y codificadas, muchas de las cuales incorporaban a su texto una lista de derechos inherentes a la persona humana. Además de acuerdo a ello se estableció la parte orgánica de la Constitución, adoptándose, por supuesto, como principio fundamental, la separación de poderes, el cual también hizo su entrada, por primera vez en la historia constitucional, junto con el principio de la soberanía de la ley.

Por tanto, el concepto normativo racional de la Constitución, con la lista de derechos, la separación de los poderes, la soberanía de la ley, la distinción entre el poder constituyente y el poder constituido y la división de la Constitución en una parte dogmática y otra orgánica, tuvo su origen en América y en sus Constituciones coloniales. De Norteamérica se trasladó a Europa, reflejándose en la Declaración francesa de los Derechos del Hombre y el Ciudadano de 1789, y luego, al Derecho constitucional moderno.

Por otra parte, debe señalarse que la idea de una Confederación o Unión de Colonias se formuló al mismo tiempo que la Declaración de Independencia, buscando así satisfacer las exigencias de la unión política que surgió, principalmente, de la experiencia de la guerra. Por ello la adopción, por parte del Congreso, el 15 de noviembre de 1777, de los "Artículos de la Confederación", considerados como la

---

131 Es la teoría de la resistencia al poder desarrollada por Locke, con su secuela: El derecho a la insurrección. Véase los comentarios de J. Touchard, *Histoire des Idées Politiques*, París, 1959, Tomo I, p. 376.

132 *Idem.*, p. 318. A. C. McLaughlin *A Constitutional History of the United States*, New York, pp. 107-108.

Primera Constitución[133]. En este texto se estableció una confederación y unión perpetua entre los Estados, con el objetivo de garantizar la "defensa común, la seguridad de sus libertades y su mutuo y general bienestar"[134], dentro de un sistema en el cual, sin embargo, cada Estado conservaba "su soberanía, su libertad y su independencia"[135], así como cualquier poder, jurisdicción y derecho no expresamente delegado por el Congreso a los Estados Unidos..

El resultado de ello fue que el único órgano de la Confederación era su Congreso, en el cual cada Estado tenía un voto. Por ello, la Confederación no gozaba de autoridad alguna para imponer tributaciones directas; dependía económicamente de las contribuciones de los Estados; no tenía órgano ejecutivo y sólo tenía una forma embrionaria de organización judicial. Sin embargo, a pesar de su debilidad, la Confederación durante 7 años logró llevar a cabo la guerra, hasta ganarla. Luego de la victoria, la precariedad de la Confederación puso en evidencia la necesidad del establecimiento de mayores poderes centrales o federales con miras a lograr la integración nacional. Para ello se convocó una Convención Federal "con el único y expreso objetivo de revisar los artículos de la Confederación"[136]. Esta condujo, a la adopción por el Congreso, en 1787, de la Constitución de los Estados Unidos, la cual, fue el resultado de una serie de compromisos generales[137] a los cuales llegaron los actores políticos y sociales de las Colonias independientes. Entre esos compromisos se destacaron los siguientes:

En *primer lugar*, el entendimiento entre los Federalistas y los Antifederalistas, lo que condujo a conceder a la Confederación las competencias necesarias para su existencia, manteniendo la autonomía de los Estados federados. De este compromiso derivó la forma del Estado Federal[138] que apareció por vez primera en la historia constitucional, como una organización política de Estados basada en un sistema de descentralización política o distribución vertical del Poder. Este compromiso originó uno de los aportes más significativos de la Constitución norteamericana, al derecho constitucional moderno.

El *segundo* gran compromiso que se vio reflejado en la Constitución luego de una larga y ardua confrontación, fue el que se produjo entre los pequeños y los grandes Estados de la Unión, en cuanto a su representación; es decir, entre un Congreso en el cual los Estados estarían representados en proporción a su población o un Congreso con un tipo confederal de representación. De ello resultó que la Cámara de Representantes se componía de un número de diputados proporcional a la población de cada Estado, mientras que el Senado comprendía dos repre-

---

133 R. B. Morris, "Creating and Ratifying the Constitution", National Forum. *Towards the Bicentennial of the Constitution,* Fall, 1984, p. 9.

134 A. C. McLaughlin, *op. cit.*, p. 131.

135 *Idem.*, p. 137; R. L. Perry (ed.), *op. cit.*, p. 399.

136 R. L. Perry (ed.), *op. cit.*, p. 401.

137 M. García-Pelayo, *op. cit.*, pp. 336-337.

138 R. B. Morris, *loc. cit.*, pp. 12-13; M. García-Pelayo, *op. cit.*, p. 336; A. C. McLaughlin, *op. cit.*, p. 163.

sentantes por Estado, independientemente de su tamaño, es decir preservando la igualdad entre los Estados[139].

El *tercer* compromiso, relacionado con el anterior, fue entre las Colonias del Norte y del Sur, es decir, el entendimiento entre los Estados favorables o contrarios a la esclavitud. De acuerdo a este entendimiento la población de esclavos en tres quintas partes de la población total para determinar la población de cada Estado, tanto para la designación de representantes como para la determinación de los impuestos.

El delicado asunto de la esclavitud generó también un cuarto compromiso respecto a los derechos de importación y exportación, particularmente en cuanto a la importación de esclavos o a su abolición. La solución intermedia consistió en adoptar una cláusula que impedía el Congreso tomar decisión alguna para prohibir la importación de esclavos por un período de veinte años, es decir, hasta el año 1808[140].

El *quinto* compromiso que estuvo en la base de la Constitución norteamericana fue el logrado entre la democracia y los intereses de las clases dominantes, con el fin de evitar todo despotismo a la hora de votar. Así fue como se establecieron limitaciones al ejercicio del derecho de votación, basados en la propiedad privada, y se crearon mecanismos de elección directa de representantes para la Cámara de Representantes, según lo determinase cada Estado; y una elección indirecta para el Senado.

El *último* entendimiento traducido en la Constitución fue el establecimiento de un sistema de separación de poderes en el nivel federal, es decir, un sistema de "check and balance". Por ello, en la Constitución, además de un órgano legislativo, se estableció una Presidencia fuerte ocupada por un Presidente electo cada cuatro años mediante un sistema de sufragio indirecto; así como una Corte Suprema compuesta por jueces electos de por vida, por los órganos más alejados de las masas, el Presidente y el Senado, con el poder necesario para declarar la inconstitucionalidad de los actos contrarios a la Constitución dictados por los demás poderes. La separación de poderes y el control judicial de la constitucionalidad de los actos legislativos, fueron otro de los aportes significativos de la Constitución norteamericana al derecho constitucional moderno.

Además de estos compromisos de la Constitución de los Estados Unidos, hay dos aportes más de América al derecho constitucional que merecen ser indicados: en primer lugar, el constitucionalismo en sí, en el sentido de incorporar todos estos compromisos, en cuanto a la forma de gobierno, en una Constitución escrita, considerada como ley fundamental; y, en segundo lugar, el republicanismo, basado en la representación política, como una ideología del pueblo en contra de la monarquía y las aristocracias hereditarias[141].

---

139 M. García-Pelayo, *op. cit.*, p. 336; R. B. Morris, *loc. cit.*, p. 10; A. C. McLaughlin, *op. cit.*, p. 179.

140 R. B. Morris, *loc. cit.*, p. 11; A. C. McLaughlin. *op. cit.*, p. 185.

141 G. S. Wood, "The Intelectual Origins of the American Constitution", *National Forum*, *cit.*, Fall, 1984, p. 5.

Los norteamericanos del Siglo XVIII decidieron mediante una revolución, repudiar la autoridad real y en su lugar erigir Repúblicas. Por tanto, el republicanismo y convertirse en una República fue lo que buscó la revolución norteamericana. Por ello, la Constitución fue sancionada por "el pueblo" quien a partir de entonces, en la historia constitucional, se convirtió en soberano.

Sin embargo, la Constitución adoptada en 1787, fue concebida fundamentalmente, como un documento orgánico que regulaba la separación horizontal y vertical de los poderes de los distintos órganos del nuevo Estado, es decir, entre los poderes legislativo, ejecutivo y judicial, así como entre los Estados y los Estados Unidos de conformidad con el sistema federal. A pesar de los antecedentes coloniales y de las propuestas hechas en la Convención, la Constitución no incluyó una declaración de derechos o *Bill of Rights*, salvo el derecho a tener un gobierno representativo. Fueron los reclamos de los oponentes al nuevo sistema federal, conducidos por los antifederalistas, los que durante el proceso de ratificación, de la Constitución llevaron a la adopción de las diez primeras Enmiendas a la misma, el 15 de diciembre de 1791, las cuales configuraron la Bill of Rights americana[142].

3. *La Constitución Francesa (1791)*

Después de la Revolución americana, la constitucionalización del Estado de Derecho fue continuada por la Revolución francesa de 1789, y con la adopción de la tercera Constitución del mundo, la francesa el 3 de septiembre de 1791, siendo la segunda Constitución, la polaca, promulgada el 3 de mayo del mismo año 1791[143].

En efecto, dos años después de la adopción de la Constitución americana y trece después de la Declaración de Independencia de los Estados Unidos, la Revolución Francesa (1789) generó una revolución social cuyo objetivo fue liquidar el *Anden Régime*, representado por la monarquía absoluta y personal[144]. El problema, en este caso, no fue encontrar un denominador común entre trece Estados independientes y edificar un nuevo Estado sobre los restos de las Colonias inglesas, como sucedió en el proceso constitucional norteamericano; sino más bien cómo transformar un Estado centralizado, construido en torno a la vieja Monarquía francesa, en la cual el Estado era el Monarca ("*L'Etat c'est Moi*"), en una nueva forma de Estado donde mediante el concepto de Nación, participara el pueblo. Fue necesaria una revolución, cuyo primer resultado fue el debilitamiento de la Monarquía misma.

Después del 14 de julio de 1789, la Asamblea Nacional francesa adoptó dos decisiones fundamentales: la abolición de los derechos señoriales el 4 de agosto, y la Declaración de los Derechos del Hombre y del Ciudadano, en 26 de agosto de 1789. Dos años más tarde fue adoptada la Primera Constitución francesa, el 3 de septiembre de 1791, que si bien seguía siendo de corte monárquico, consideraba al Rey como un delegado de la Nación y sujeto a la soberanía de la Ley.

---

142 Véase el texto en R. L. Perry (ed.). *op. cit.*, pp. 432-433.

143 A. P. Blaustein, "The United States Constitution. A Model in Nation Building", *National Forum, cit.*, p. 15.

144 Véase de A De Tocqueville, además de su clásica obra *L'Ancien Régime et la Révolution*, el libro *Inéditos sobre la Revolución*, Madrid, 1980.

El hecho es que a partir de entonces el Rey, como Monarca absoluto, dejó de ser el Estado; éste pasó a ser el pueblo organizado en una Nación, sujeta a una Constitución.

La Constitución de 1791 adoptó una estructura que luego se volvió clásica en el desarrollo del derecho constitucional moderno, en la cual se estableció una clara distinción entre una parte dogmática, contentiva de derechos individuales y de los límites y obligaciones del poder del Estado, en relación a los mismos; y una parte orgánica relativa a la estructura, las atribuciones y las relaciones entre los diferentes órganos del Estado[145].

La Constitución comenzó con la incorporación en su texto de la Declaración de los Derechos de Hombre y del Ciudadano, adoptada por la Asamblea Nacional el 26 de agosto y ratificada por el Rey el 5 de octubre de 1789; este texto se inspiró en las Declaraciones de los Estados americanos que recientemente se habían emancipado de Inglaterra, en particular el *Bill of Rights* de Virginia (1776); lo que no significó por supuesto, que la Declaración no fuera francesa en su esencia, como obra fundamentalmente racional, inspirada directamente de los pensamientos de Rousseau y Montesquieu[146].

En todo caso, esta Declaración de Derechos que precedió la Constitución puede caracterizarse porque su contenido reflejó una adhesión formal a los principios de la ley natural y a los derechos "naturales" innatos del hombre, de tal manera que la Declaración reconoció ó declaró estos derechos, pero no los estableció.

La Declaración, por tanto, se configuró como una formal adhesión a los principios de la Ley natural y a los derechos naturales con los que nace el hombre, por lo que la ley sólo los reconoce y declara, pero en realidad no los establece. Por ello, la Declaración tuvo un carácter universal.

No fue una declaración de los derechos de los franceses, sino el reconocimiento por la Asamblea Nacional, de la existencia de derechos fundamentales del hombre, para todos los tiempos y para todos los estados. Por ello, De Tocqueville comparó la revolución política de 1789 con una revolución religiosa, señalando que a la manera de las grandes religiones, la Revolución estableció principios y reglas generales, y adoptó un mensaje que se propagó más allá de las fronteras de Francia.

Ello derivó del hecho de que los derechos declarados eran "derechos naturales" del hombre[147].

Esta concepción es clara en el texto de la Declaración adoptada por los representantes del pueblo francés constituidos en Asamblea Nacional,

> "considerando que la ignorancia, el olvido o el desprecio de los derechos del hombre son las únicas causas de las desgracias públicas y de la corrupción de los gobiernos".

---

145 M. García-Pelayo, *op. cit.*, p. 463.

146 J. Rivero. *Les Libertés Publiques*, Vol. I, Paris, 1973, pp. 38-42.

147 A. de Tocqueville, *The Old Regimen and the Revolution*, *cit.*, por Y. Madiot, *Droits de l'Homme et libertés Publiques*, París, 1976, p. 46.

Además, desde un punto de vista legal y político, los poderes del Estado estaban limitados, hasta el punto de que los funcionarios sólo podían actuar dentro de los límites impuestos por estos derechos y, consecuentemente, sometidos a la sobera-nía de la Ley, principio recogido en la Constitución.

Además, tanto la Declaración de los Derechos como la Constitución misma se basaron en la afirmación de la soberanía nacional, introduciéndose así un concepto que resultó esencial en el Derecho constitucional francés, pues marcó el inicio de una nueva fundamentación para la legitimación del poder del Estado, en oposición a la legitimidad monárquica del pasado; así como un nuevo enfoque para la reorganización de los órganos del Estado.

Así, la idea de la Nación emergió de la Constitución para privar al Rey de su soberanía; pero como la soberanía sólo existió en la persona que la ejercía, el concepto de Nación surgió como personificación del pueblo. Para usar las palabras de Bethelemy:

> "Había una persona soberana que era el Rey. Otra persona debía ser encontrada para oponérsele. Los hombres de la Revolución encontraron esa persona soberana en una persona moral: la Nación. Le quitaron la Corona al Rey y la pusieron en cabeza de la Nación"[148].

Pero la Nación en la teoría revolucionaria, fue identificada con lo que Sièyes describió como el *Tercer Estado*. El *Tercer Estado* en los *Estados Generales*, comparado con los otros estamentos (nobleza y clero), era el estamento bajo o la Nación globalmente considerada. Qu'est-ce que le Tiers? fue la pregunta que se planteó Sièyes en su libro, y la respuesta que dio fue "todo", "toda la Nación"[149]. Las clases privilegiadas, así, fueron excluidas del concepto de Nación, en la cual tenía cabida la burguesía.

La burguesía, como lo señaló Sièyes, tenía "la modesta intención de tener en los Estados Generales o Asamblea una influencia igual a la de los privilegiados"[150]; pero la situación real, particularmente por su poder económico y por la reacción contra los privilegios, llevó a la burguesía a acaparar el poder, por la Revolución, con apoyo popular. El pueblo, en realidad, apoyó al Tercer Estado, es decir, a la burguesía, pues no tenía otra alternativa, en el sentido de que no podía apoyar ni a la nobleza ni al clero, que representaban los privilegios[151]. Por ello, la Revolución francesa ha sido considerada como la revolución de la burguesía, para la burguesía y por la burguesía[152] configurándose como un instrumento contra los privilegios y discriminaciones, buscando, al contrario, la igualdad de todos los hombres en el goce de sus derechos.

---

148 Berthélemy-Duez, *Traité Elementaire de Droit Constitutionnel*, París, 1938, p. 74, *cit.*, por M. García Pelayo, *op. cit.*, p. 461.

149 E. Sièyes, *Qu'est-ce que le Tiers Etat*, (ed. Zappeti), Ginebra, 1970, p. 121.

150 *Idem.*, p. 135.

151 Como lo señala G. de Ruggeiro, *The History of European Liberalism*, Boston, 1967, p. 74.

152 *Idem.*, pp. 75-77.

De allí que, incluso, la Declaración de Derechos del Hombre y del Ciudadano haya sido calificada como "la expresión ideológica del triunfo de la burguesía[153].

En todo caso, a partir de la Revolución, la soberanía residió esencialmente en la Nación, como lo estableció expresamente la Declaración de 1789 en su artículo 3°. Por ello, el fundamento de la autoridad pública, a partir de la Revolución, cesó de ser el derecho divino del Monarca, y comenzó a ser la soberanía nacional, que se ejercería mediante representantes.

Por ello, a pesar de su carácter monárquica, la Constitución de 1791 fue representativa, desde el momento en que la Nación ejercía su poder a través de representantes. En todo caso, fue precisamente por el sistema que se estableció para la participación, que la Revolución tuvo una especial significación social vinculada a la burguesía, ya que conforme al sistema de sufragio que se estableció, un gran número de los ciudadanos fue excluido de la actividad electoral[154].

La Constitución de 1791, además, estableció otro principio fundamental del derecho público moderno, desarrollado particularmente en Francia; y expresado en el concepto de que "*Il n'y a point en France d'autorité supérieure à la loi*"[155], y la ley era considerada como la expresión de la voluntad general. Esta, sin duda, fue la reafirmación del Estado de Derecho y de la idea de que no son los hombres los que gobiernan, sino las leyes. Por ello el principio de que los órganos estatales sólo pueden exigir obediencia si son expresión de la Ley, hasta el punto de que los artículos de la Constitución de 1791 establecieron el principio que el Rey mismo, como titular del Poder Ejecutivo, sólo reinaba en virtud de la Ley y sólo en virtud de ella es que podía exigir obediencia[156].

En todo caso, como se dijo, la Constitución de 1791, a pesar de la Revolución, continuó estableciendo un Gobierno monárquico, conforme al cual el ejercicio del Poder Ejecutivo se confería exclusivamente al Monarca[157]. Pero el Rey, sin embargo, no era más que el Jefe Supremo de la Administración del Reino, delegado de la Nación, sujeto a la soberanía de la Ley. En consecuencia, el Monarca, por primera vez en la historia constitucional, devino en un órgano del Estado, por lo que la antigua institución del derecho divino, se convirtió en un órgano establecido en el derecho positivo. El Rey, así, se convirtió en Rey del pueblo francés en lugar del Rey de Francia[158].

---

153 J. L. Aranguren, *Ética y Política*. Madrid, 1963, pp. 293 y 297, *cit*., p. E. Díaz, *Estado de Derecho y Sociedad Democrática*, Madrid, 1975, p. 80.

154 Bajo la influencia de Sièyes, la Constitución estableció dos categorías de ciudadanos: ciudadanos activos y ciudadanos pasivos. G. Lepointe, *Histoire des Institutions du Droit Public Français au XIX siècle 1789-1914*, París, 1953, p. 44.

155 Art. 2 de los artículos de Constitución sometidos por la Asamblea Nacional al Rey el 2 de octubre de 1789. Véase en J. M. Roberts, *op. cit*., Tomo I, p. 173.

156 Art. 2, *loc. cit*., p. 173.

157 Capítulo IV, Art. 1 en J. M. Roberts, *op. cit*., Tomo I, p. 358.

158 G. Lepointe, *op. cit*., p. 44.

Finalmente debe señalarse que la Constitución de 1791 estableció un sistema de estricta separación de poderes, conforme al principio que había establecido la Declaración de 1789, de acuerdo al cual

> "Toda sociedad en la que no esté asegurada la garantía de los derechos, ni determinada la separación de los poderes, no tiene Constitución (art. 16)".

Sin embargo, en el sistema francés de separación de poderes de 1791, se estableció un claro predominio del Poder Legislativo. Por ello, el Rey no podía ni convocar, ni suspender, ni disolver la Asamblea; sólo tenía un poder de veto, de suspensión, pero no tenía iniciativa, aun cuando podía sugerir a la Asamblea tomar en consideración ciertos asuntos. La Asamblea, por su parte, no tenía control sobre el Ejecutivo, ya que la persona del Rey era sagrada e inviolable. Sólo los Ministros eran responsables penalmente. En todo caso, la Asamblea tenía importantes atribuciones ejecutivas, como el nombramiento de algunos funcionarios, la vigilancia de la administración, la declaración de la guerra y la ratificación de los Tratados[159].

En Europa, por lo tanto, a partir de la Revolución Francesa en 1789 y de la Constitución de 1791, durante el siglo pasado las Constituciones fueron en general, el resultado de Revoluciones, que establecieron el modelo fundamental del Estado de Derecho, con derechos fundamentales y división de poderes, y con una característica adicional, que fue que el Estado estaba organizado desde una perspectiva negativa con respecto a sus propios poderes, en el sentido de que debía velar por la protección de los ciudadanos frente a los abusos de poder del mismo. De allí que las formas y los medios de control sobre el Estado fueron incluso mejor organizados, que el mismo Estado.

En este proceso de constitucionalización del Estado de Derecho, el principio de la rigidez constitucional también se adoptó, en la medida en que la Constitución era realmente una norma fundamental. Se trataba de una ley fundamental que no podía ser modificada mediante legislación regular, sino que cualquier enmienda requería de procedimientos especiales. Esto dio lugar al desarrollo de la teoría del poder constituyente, que en el caso francés, presuponía que el pueblo era una entidad política existencial. A raíz de la Revolución, en efecto, el pueblo pasó a ser el sujeto del poder constituyente, tomó conciencia de su capacidad política para actuar y se dio una Constitución, basándose en la idea, claramente establecida, de su unidad y capacidad política para la acción.

Dado que la Constitución se convirtió en la ley fundamental del Estado y que no podía modificarse fácilmente, se fue desarrollando la distinción entre el poder constituyente del pueblo y el poder legislativo (órgano constituido), así como entre los actos constitucionales ("lois constitutionnelles") y las leyes regulares. La Nación se reservó siempre el derecho a cambiar su Constitución, atendiendo a los medios prescritos en la misma. Sin embargo, ello no impidió que al poco tiempo después de la Revolución se cambiara la Constitución, la cual se modificó en cuatro ocasiones en once años, entre 1789 y 1800: el 3-14 de septiembre de 1791, el 24 de junio de 1793, el 5 Fructidor del año III (1795), y el 22 Frimario del año VIII (1800).

159 G. Lepointe, *op. cit.*, pp. 45 y 49. Véase el texto en J. M. Roberts, *op. cit.*, Tomo I, pp. 347 y ss.

En todo caso, el significado de la Revolución Francesa residió en el hecho de que llevó al establecimiento de un Estado de Derecho, en el sentido de que produjo una Constitución que limitaba y controlaba el ejercicio del poder del Estado, confiriendo de esta manera un nuevo carácter político al Estado moderno. En este sistema, la Nación, como sujeto del poder constituyente, se enfrentó al Monarca absoluto, eliminó su absolutismo y tomó su lugar; lo que en definitiva condujo a que se incrementara el poder del Estado mismo.

En todo este proceso, por supuesto, el modelo norteamericano ejerció una influencia considerable: la Declaración de Independencia de 1776 y la propia Constitución americana de 1787 fueron igualmente el resultado de la decisión del pueblo de Estados Unidos, aunque, en este caso, no se trató de transformar un Estado ya existente, como en Francia, sino ms bien de constituir una nueva organización política estatal y de elaborar una Constitución que acompañara la fundación política de un nuevo Estado.

Después de las respectivas revoluciones, la constitucionalización del Estado de Derecho en las constituciones americana y francesa de fines del Siglo XVIII, las cuales apuntaban a crear, como se dijo, en el caso francés, un Estado con monarquía absoluta en un Estado republicano, se difundió en el mundo entero, principalmente en América Latina y Europa a lo largo del Siglo XIX.

En Europa, la Constitución francesa de 1795 fue fuente de inspiración particular para la Constitución española de Cádiz en 1812 y la Constitución noruega de 1814 pero, en los países latinoamericanos, colonias de España y Portugal, la influencia de las revoluciones y del constitucionalismo de América y de Francia fue inmediata y definitiva. Así, Venezuela fue el primer país latinoamericano en conquistar su independencia de España y el tercer país del mundo en donde un Congreso electo adoptó una Declaración de Derechos del Pueblo y donde se sancionó la primera de las Constituciones de Latinoamérica en 1811.

II. LA LIMITACIÓN DEL PODER COMO GARANTÍA DE LIBERTAD

El segundo de los principios fundamentales del Estado de derecho es la existencia de un sistema de distribución, separación o división del poder, conforme al cual el Parlamento o el órgano legislativo sancionan las leyes, y los órganos administrativos y judiciales son los encargados de hacerlas cumplir. Este sistema de distribución, separación o división del poder del Estado tiene por finalidad, además de la racionalización del poder, garantizar los derechos y libertades de los ciudadanos. Conforme al mismo, se considera como Legislador, en sentido formal y estricto, sólo a aquellos cuerpos electos que representan al pueblo. Por ello, los órganos ejecutivos nunca pueden considerarse como legisladores, en el sentido de poder sancionar, por ejemplo, normas que puedan limitar los derechos y garantías constitucionales (reserva legal).

Este sistema de distribución, separación o división del poder conlleva, además, como componente fundamental, el principio de la autonomía e independencia de los jueces, lo cual también sirve como garantía de los derechos constitucionales. En consecuencia, las personas que ejercen cargos legislativos o ejecutivos, nunca pueden actuar como jueces.

En todo caso, en el régimen del Estado de Derecho, el sistema de distribución, separación o división del poder no es ni absoluto ni rígido, existiendo numerosas interrelaciones entre los diferentes órganos del Estado, lo que permite entre ellos, el ejercicio de un control mutuo o balanceado a través del llamado sistema de pesos y contra pesos; sistema que, de hecho, equilibra la distribución del poder del Estado.

Por otra parte el sistema, se caracteriza por una serie de elementos, entre los cuales se encuentra la supremacía de la ley producto del Poder Legislativo, en relación al Ejecutivo y al Judicial, cuyos órganos son los encargados de hacer cumplir dicha Ley. Sin embargo, esta primacía de la ley no equivale necesariamente a la soberanía del Parlamento, por lo que para evitar cualquier tipo de absolutismo por parte del Legislador o lo que se ha llamado la "dictadura electiva"[160], el Poder Legislativo necesariamente debe estar subordinado a la Constitución. Por ello, en vista de que el Legislador está limitado por la Constitución, en el Estado de Derecho tiene que existir un sistema destinado a controlar la constitucionalidad de sus actos, cuyo ejercicio se atribuye a tribunales ordinarios o especiales, precisamente, con el objeto de, garantizar a los ciudadanos que las leyes se conformen a la Constitución.

En todo caso, en este sistema distribución, separación o división del poder, como se ha señalado, la interdependencia del Poder Judicial con respecto al Poder Legislativo y al Poder Ejecutivo, es un elemento fundamental del Estado de Derecho, a tal punto que se puede afirmar que el Estado de Derecho es aquél en el cual los jueces son autónomos e independientes y, naturalmente, aquél, en el cual, incluso, existen garantías procesales para evitar abusos de poder por parte de los propios jueces.

Este principio de distribución, separación o división del poder, se encuentra en el inicio de la configuración del Estado de Derecho, tal y como lo concibieron los teóricos del absolutismo, principalmente Locke, Montesquieu y Rousseau.

1. *Antecedentes teóricos*

En efecto, John Locke, teórico del sistema político que había resultado de la Gloriosa Revolución inglesa de 1689, en su *Two Treaties of Government* (1690), puede considerarse que fue el primer ideólogo que se pronunció contra el absolutismo al abogar por la limitación del poder político del Monarca. Su propuesta la fundamentó en la consideración de la condición natural del hombre y en el contrato social que dio origen al Estado.

Según Locke, los hombres entraron en un contrato social con el objeto de proteger sus vidas, libertades y posesiones, los tres bienes básicos que calificó, en general, como "propiedad".

Esta "propiedad" es la que le dio al hombre su status político; o según sus palabras:

160 Hailsham, Elective Dictatorship, 1976, citado por P. Allott "The Courts and Parliament: Who whom?", *Cambridge Law Journal*, Vol. 38, 1, 1979, p. 115 Hegg ha señalado también que en algunas ocasiones el Parlamento se ha transformado "virtualmente en una dictadura electiva. El sistema de partido hace que la supremacía de un gobierno como este sea automática y casi incuestionable". Citado por M. Zanders, *A Bill of Rights*?, Londres, 1980, p. 5.

> "porque libertad es ser libre de presiones y violencias por parte de otros; lo que no sucede allí donde no hay Ley. Pero la libertad no es, tal y como se nos enseñó, la libertad de disponer y ordenar como se desee de su persona, acciones, posesiones y de toda su 'propiedad'"[161].

Naturalmente, este contrato social, tal y como lo concibió Locke, cambió la condición natural del hombre, impidiendo la formación de gobiernos en los cuales el hombre se encontrara en un situación peor que la que tenía con anterioridad. En consecuencia, un gobierno absoluto no se podía considerar como un gobierno civil e ilegítimo. Si el Estado surgió como protector de los "derechos naturales" que no desaparecieron con el contrato social, su opresión o desaparición debido a la acción de un Estado absoluto, justificaba la resistencia de los hombres frente al abuso de poder[162].

En esta concepción del Estado, el poder de sus autoridades, por tanto, debía ser limitado. Por ello, dentro de las medidas concebidas para racionalizar y limitar el poder, Locke desarrolló su clásica fórmula de distribución de las funciones del Estado, considerando algunas de esas funciones, como poderes. En el párrafo 131 de su libro *Two Treaties of Government*, expresó lo siguiente:

> "... y quien quiera que tenga el poder legislativo o supremo de cualquier Comunidad organizada está compelido a gobernar mediante las leyes establecidas, promulgadas y conocidas por todos y no por decretos extemporáneos; mediante jueces imparciales y justos quienes deben decidir las controversias conforme a esas leyes; y a emplear la fuerza de la Comunidad en el orden interno, sólo en ejecución de dichas Leyes, o en el extranjero para prevenir o corregir daños provocados por extranjeros y proteger á la Comunidad de incursiones e invasiones"[163].

En esta forma, Locke distinguió cuatro funciones del Estado:, la de legislar, la de juzgar, la de hacer uso de la fuerza en el orden interno en ejecución de las leyes, y la de emplear la fuerza en el extranjero, en defensa de la comunidad. A la primera función, la de hacer las leyes, le asignó el nombre de *Poder Legislativo* "al cual los demás poderes están y deben estar subordinados"[164]; a la tercera función, la denominó *Poder Ejecutivo*, comprendiendo "la ejecución de las leyes municipales de la sociedad dentro de ella misma y por sobre sus componentes"[165]; y la cuarta función, que denominó *Poder Federativo*, incluía el "poder de la guerra y de la paz, las ligas y alianzas de los acuerdos con todas las personas o comunidades fuera del Estado"[166].

---

161 J. Locke, *Two Treaties of Government*, (ed. Peter Laslett). Cambridge, 1967, párrafo 57, p. 324.

162 *Idem.*, p. 211.

163 *Idem.*, p. 371.

164 *Idem.*, párrafos 134, 149, 150, pp. 384, 385. Véase los comentarios de Peter Laslett, "Introducción", p. 117.

165 *Idem.*, p. 177.

166 *Idem.*, p, 338. Con respecto al nombre que Locke le dio a este poder, expresó: "si a alguien le gusta. Y para que resulte claro, el nombre me es indiferente". *Idem.*, p. 383.

De todas las funciones que le asignó al Estado soberano, la única que no consideró como un "poder" fue la *función de juzgar*, respecto de la cual, Peter Laslett, en su Introducción al libro de Locke, expresó que en su concepción esta: "no era un poder separado, pues era un atributo general del Estado"[167].

En este esfuerzo por racionalizar las funciones del Estado, la novedad, en su época, de la tesis de Locke, residió en la distinción hecha entre la facultad de legislar (Poder Legislativo) y la de utilizar la fuerza en la ejecución de las Leyes (Poder Ejecutivo). En este contexto, no era necesario individualizar el poder de juzgar atribuido a funcionarios imparciales que, específicamente en Inglaterra, realizaban una función tradicional en la sociedad organizada.

En todo caso, es importante observar que Locke se limitó a racionalizar y sistematizar las funciones del Estado Soberano, no formulado, en realidad, "teoría" alguna sobre la división del poder, y mucho menos sobre su separación. Es más, de¡ la obra de Locke no se puede inferir tesis alguna en el sentido de que propugnara que el poder del Estado tenía que estar en manos distintas con el objeto de preservar la libertad o garantizar los derechos individuales[168]. Sin embargo, si admitió que si las funciones se llegaban a distribuir en diferentes manos, se podría obtener un equilibrio; tal y como lo mencionó en su libro: "equilibrar el poder del Gobierno colocando las diversas partes en manos diferentes"[169].

Quizá la contribución fundamental de Locke al principio de distribución del poder residió en su criterio de que a lo que llamó poderes Ejecutivo y Federativo debían necesariamente estar en las mismas manos[170], así como en su criterio de la supremacía del Poder Legislativo sobre los demás, al punto en que las funciones ejecutiva y judicial debían realizarse en ejecución y de conformidad con las leyes sancionadas y debidamente publicadas[171].

Para Locke, esta supremacía del Poder Legislativo era, precisamente, la consecuencia de la supremacía del Parlamento sobre el Monarca, como resultado de la Gloriosa Revolución de 1689.

Ahora bien, esta teoría de la distribución del poder que tuvo tanta influencia en el constitucionalismo moderno, al convertirse durante la Revolución Francesa, la división del poder en una "separación de poderes", tuvo su formulación fundamental en los también muy conocidos trabajos de Carlos Secondat, Barón de Montesquieu.

Según Montesquieu, la libertad política sólo existía en aquellos Estados en los que el Poder del Estado, conjuntamente con las funciones correspondientes, no se

167 P. Laslett, "Introducción", *loc. cit.*, p. 118.

168 *Idem.*, pp. 117-118.

169 *Idem.*, pp. 107. 350.

170 *Idem.*, p. 118.

171 M. J. C. Vile, *Constitutionalism and the separation of Powers*, Oxford, 1967, p. 36. Como lo decía Locke: "Sólo puede existir un poder supremo, a saber el Legislativo, al que todos los demás tienen y tendrán que subordinarse" ... "porque el que puede dar leyes a otro debe necesariamente ser superior", Cap. XIII, pp. 149-150.

encontraba en manos de la misma persona o del mismo cuerpo de magistrados[172]. Esa es la razón por la cual, en su famoso trabajo *De l'esprit des Lois*, insistió en que:

> "Es una experiencia eterna que todo hombre que tiene poder tiende a abusar de él; y lo hace hasta que encuentra límites... Para que no se pueda abusar del poder es necesario que por la disposición de las cosas, el poder limite al poder"[173].

A partir de su estudio comparado sobre los diferentes Estados que existían en la época (1748), Montesquieu llegó a la conclusión de que Inglaterra era el único Estado cuyo objetivo primordial era la libertad política, y esa es la razón por la que en el muy conocido capítulo VI del volumen XI de su libro, al estudiar la "Constitución de Inglaterra", formuló su teoría sobre la división del Poder en tres categorías:

> "La potestad legislativa, la potestad ejecutiva de las cosas que dependen del derecho internacional y la potestad ejecutiva de aquellos que dependen del derecho civil. Mediante la primera, el Príncipe o el magistrado hace las leyes por un período de tiempo o para siempre. Mediante la segunda, hace la paz o la guerra o envía o recibe embajadores, establece la seguridad, previene las invasiones. Mediante la tercera castiga los crímenes, juzga los conflictos entre los particulares. Esta última se puede denominar la potestad de juzgar y la otra, simplemente la potestad ejecutiva del Estado"[174].

Siguiendo el ejemplo de Locke, Montesquieu, en realidad, también definió diferentes funciones o potestades del Estado: la potestad de hacer las leyes, la potestad de juzgar y la potestad ejecutiva, englobado en esta última, las funciones que Locke había calificado como poder federativo y poder ejecutivo.

Sin embargo, la innovación de la división del Poder en Montesquieu, y lo que lo distinguió del enfoque de Locke fue, por una parte, su proposición de que para garantizar la libertad, las tres potestades no debían encontrarse en las mismas manos; y por la otra, en que en su división del poder, todas debían estar en un mismo nivel de igualdad pues de otra manera, el poder no podría frenar al poder. En el mismo Capítulo VI del Volumen XI *De l'Esprit des Lois*, Montesquieu expresó que:

> "...Cuando la potestad legislativa está reunida con la potestad ejecutiva en la misma persona o en el mismo cuerpo de magistrados, no hay libertad alguna... Así como tampoco hay libertad alguna si la; potestad de juzgar no está separada de la potestad legislativa y ejecutiva... Todo estaría perdido si el mismo hombre o el mismo cuerpo de magistrados, o de nobles, o del pueblo, ejercieran esos tres poderes; el de elaborar las leyes, el de ejecutar resoluciones públicas y el de juzgar los deseos o conflictos de los particulares[175]".

---

172 A. Passerin d'Entrèves, *The Notion of State. An Introduction to Political Theory*. Oxford, 1967, p. 120.

173 Montesquieu, *De l'Esprit des Lois* (ed. G. Truc). París, 1949, Vol. I, Libro XI, Cap. IV, pp. 162-163.

174 *Idem.*, Vol I, pp. 163-16.

175 *Idem.*, Vol I, p. 164. En el mismo Cap. VI. libro XI, Montesquieu añadió que "Cuando (el poder judicial) se une al legislativo, la vida y la libertad del sujeto se verá expuesta al control arbitrario; porque el

Como consecuencia y sacrificando la libertad, Montesquieu afirmó:

> "... los Príncipes que han querido volverse déspotas, siempre han comenzado por reunir en su persona todas las magistraturas"[176].

Dentro de esta concepción, por supuesto, también estaba presente el concepto de libertad, conforme al mismo punto de vista de Locke. Montesquieu, incluso, afirmó en términos muy similares a los empleados por Locke, que:

> "...Es cierto que en las democracias, el pueblo parece hacer lo que quiere; pero la libertad política no consiste en hacer lo que se desea. En un Estado es decir, en una sociedad donde existen leyes, la libertad sólo puede consistir en el poder de hacer lo que se debe querer y en no ser obligado a hacer lo que no se debe querer"[177].

Pero, en contraste con lo que sucedía en aquél entonces en Inglaterra, cuya Constitución analizaba Montesquieu, y donde después de la Gloriosa Revolución el Parlamento había asegurado su Supremacía, en su concepción de la división del poder, no había proposición alguna que otorgase superioridad a una potestad pública sobre otra, aún cuando al definir la potestad legislativa, como "la voluntad general del Estado" y la potestad ejecutiva, como "la ejecución de esa voluntad general"[178], podría deducirse que esta última, al consistir en la ejecución de la anterior, podía quedar sujeta a la voluntad de la primera. Esto sin embargo, en ningún caso podía entenderse en el sentido de subordinación política.

Por el contrario, Montesquieu concibió las tres potestades tan iguales que así podían frenarse mutuamente, como la única forma posible de cooperación en beneficio del mantenimiento de la libertad política. Esta es la razón por la cual Montesquieu concluyó con su famosa proposición de que:

> "estas tres potestades deberían constituir un descanso o una inacción. Pero, como por el movimiento necesario de las cosas, ellas deben avanzar necesariamente, están obligadas a hacerlo en concierto"[179].

Resulta claro, en todo caso, que tanto la concepción de Montesquieu como la de Locke fueron formuladas bajo el absolutismo. Ambos eran teóricos de la Monarquía Absoluta y es por ello que sus concepciones sobre la división del poder del Soberano, eran más una doctrina jurídica que un postulado político; en otras palabras, las teorías que formularon no respondían a la pregunta de quién debía ejercer la Soberanía, sino sobre cómo debía organizarse el poder para alcanzar ciertos objetivos[180].

---

juez será en ese momento legislador. Cuando se une al poder ejecutivo, el juez puede comportarse con violencia y opresión". *Cfr.* Ch. H. McIlwain, *The High Court of Parliament and its Supremacy*, Yale, 1910, pp. 322-323.

176 *Idem.*, Vol. I, p. 169.

177 *Idem.*, Vol. Libro XI, Cap. III, p. 162.

178 *Idem.*, Vol. I, p. 166.

179 *Idem.*, Vol. I. p. 172.

180 A. Passerin d'Entrèves, *op. cit.*, p. 121.

Pero además de las contribuciones de Locke y de Montesquieu, para la elaboración del principio de la limitación del poder, la concepción de Rousseau sobre la ley también ocupó un lugar preeminente en la teoría política que condujo a la reacción contra el Estado Absoluto y al surgimiento del Estado de Derecho. Esta concepción derivó en el postulado de la subordinación del Estado a la Ley, que sus propios órganos dictan. Es decir, permitió que surgiera el principio de legalidad y la consolidación del Estado de Derecho.

En efecto, tal como lo expresara Rousseau, el pacto o contrato social es la solución dada al problema de encontrar una forma de asociación:

> "que defienda y proteja, con toda la fuerza común, la persona y los bienes de cada asociado, y mediante la cual cada uno, unidos a todos, sólo obedezca a sí mismo y permanezca con la misma libertad de antes"[181].

En esta forma se realizó "la transición del estado natural al estado civil"[182]. Pero como el mismo Rousseau lo señalara, si bien:

> "a través del pacto social hemos dado existencia y vida al cuerpo político; ahora se trata de darle el movimiento y la, libertad, mediante la legislación"[183].

En esta forma, y esa fue la innovación de su proposición, las leyes, como forma de manifestación del Soberano son las que le dan movimiento y voluntad al Estado, producto del pacto social, en tanto en cuanto se trata de "actos de la voluntad general que estatuyen sobre una materia general". Rousseau, entonces, no sólo construyó la teoría de la ley como "acto de la voluntad general", a cuyas disposiciones deben someterse todas las actuaciones de los particulares, sino que estableció el principio de la generalidad de la ley, el cual, en consecuencia, permitió la reacción contra los privilegios, que también es otro de los elementos básicos del Estado de Derecho[184].

Sin embargo, Rousseau limitó a dos las funciones del Estado: hacer las leyes y ejecutarlas, a las cuales calificó, conforme a la terminología de Montesquieu, como potestad legislativa y potestad ejecutiva[185]. Pero aquí tampoco se trataba de una doctrina de la separación de poderes, sino, conforme a las orientaciones de Locke y Montesquieu, de una doctrina de la división del poder, que es uno solo: el del Soberano, que resultaba del pacto social o de la integración de la voluntad general[186].

Rousseau tampoco estaba a favor de colocar ambas funciones del poder —la expresión de la voluntad general a través de las leyes y la ejecución de dichas leyes— en las mismas, manos. Por consiguiente, adoptando el mismo enfoque que Montesquieu, también recomendó que dichas funciones fuesen ejercidas por diferentes cuerpos, aun cuando a diferencia de Montesquieu, insistió en la necesaria subordi-

181 J. J. Rousseau, *Du contrat Social*, (ed. Ronald Grimsley), Oxford 972, Libro I, Cap. VI,: p. 114.

182 *Idem.*, Libro I, Cap. VIII, p. 19.

183 *Idem.*, Libro II, Cap. V, p. 134.

184 *Idem.*, Libro II, Cap. V, p. 136.

185 *Idem.*, Libro II, Cap. I, p. 153.

186 R. Grimsley, "Introduction", en Rousseau, *op. cit*, p. 35.

nación que debía tener quien ejecutaba la ley, en relación a quien la elaboraba. Según el enfoque de Locke y dentro del sistema inglés esto permitió garantizar la subsiguiente supremacía del Parlamento, de la legislación y la Ley, luego desarrollada en Europa continental. Además, sin duda, la supremacía de la Ley iba a transformarse en la piedra angular del Derecho Público dentro del marco del Estado de Derecho en Europa, permitiendo el desarrollo del principio de igualdad, particularmente con respecto al Gobierno.

En este aspecto, Rousseau también coincidió con Montesquieu. De hecho, Rousseau expresó: "yo denomino en consecuencia, República, todo Estado regido por leyes"[187]. Por su parte, Montesquieu también estableció como base de la existencia del "Estado" el que hubiera leyes, señalando "En un Estado, es decir, en una sociedad en la que existen leyes..."[188].

2. *El efecto de las Revoluciones francesa y americana*

Puede afirmarse, en general, que las obras de Locke, Montesquieu y Rousseau configuraron todo el arsenal teórico-político para la reacción en contra, del Estado absoluto y su sustitución por un Estado que actuaba conforme a derecho, basado en la separación de poderes como garantía de la libertad. Esta reacción se produjo en Europa continental, con la Revolución francesa (1789), y en América del Norte, con la Revolución de independencia (1776), basadas en la exaltación del individualismo y de la libertad.

En efecto, todas las teorías antes mencionadas se basaron en el análisis de la condición natural del hombre y en la configuración de un pacto o contrato social, que establecía un Soberano como mecanismo para proteger la libertad. Esta fue la base para la subsiguiente exaltación del individualismo y la consagración de los derechos, no sólo de los ciudadanos de un Estado en particular, sino también del Hombre, con la consecuente construcción del liberalismo político y económico.

Igualmente se consideró necesario el que el poder del Estado, como , producto de pacto social; también se dividiera y racionalizara a fin de evitar que el Soberano abusara de ese poder. Con ese fin, las funciones del Estado fueron sistematizadas y el poder dividido, abriéndose así, camino para la adopción de una fórmula diferente y más radical: la "separación de poderes", como una garantía de la libertad.

Madison lo señaló al comienzo del constitucionalismo americano al indicar:

> "La acumulación de todos los poderes, legislativo, ejecutivo y judicial en las mismas manos, bien sea de uno, de pocos o de muchos, ya sea hereditario, autootorgado o electivo, puede considerarse justamente, como la definición de la Tiranía"[189].

---

187 *Idem.*, Libro III, Cap. VI.

188 Montesquieu, *op. cit.*, Libro IX. Cap. III, p. 162.

189 J. Madison, *The Federalist*, (ed. B. F. Wright) Cambridge Mass. 1961, N° 47, p. 336.

Esa es la razón por la cual el principio de la separación de poderes fue uno de los elementos esenciales de la Constitución americana. Por ejemplo, la Constitución de Massachusetts de 1780 contenía expresiones categóricas, como la siguiente:

> "En el gobierno de esta Comunidad, el departamento legislativo no deberá ejercer los poderes ejecutivo y judicial, o alguno de ellos. El ejecutivo nunca deberá ejercer los poderes legislativo y judicial, o alguno de ellos. El judicial nunca deberá ejercer los poderes legislativo y ejecutivo, o alguno de ellos. En fin, debe ser un gobierno de leyes, no de hombres[190]".

Además, se consideraba que el poder del. Soberano (el pueblo) se actualizaba con la elaboración de las leyes, las cuales no sólo eran indispensables para la existencia del Estado mismo, sino que eran una garantía de la libertad civil y política; por ello, la función legislativa ejercida por los representantes del Soberano, ocupaba una posición superior en relación a las demás fundones ejecutivas.

En consecuencia, en este concepto que surgió de la Revolución francesa, todos los actos, tanto de los órganos del Estado como de los particulares, estaban sujetos a la ley, entendiéndose por ley, un acto de la voluntad general. Ello dio origen al principio de la legalidad.

En consecuencia, el Estado de Derecho y el liberalismo se basaron en los conceptos de libertad, de separación de poderes, de supremacía de la ley y del principio de legalidad. Como resultado, desde su origen, la esencia del Estado de Derecho, a diferencia del Estado Absoluto, descansó en el principio de la subordinación del Estado y de su Administración a la legalidad, en otras palabras, de la sumisión necesaria del Estado a la ley, la cual establecía límites al poder.

Sin embargo, dicha subordinación no siempre estuvo garantizada en forma definitiva, en los países europeos que adoptaron el modelo de Estado de Derecho. Por ejemplo, la concepción en forma extrema del principio de la separación de poderes en Francia, en sus inicios, impidió toda interferencia de un poder respecto de otro, de manera que el poder judicial no podía garantizar a los individuos que los órganos ejecutivos estarían subordinados a la legalidad. Prueba de ello fue la famosa Ley sobre Organización Judicial del 16/24 de agosto de 1790 que estableció lo siguiente:

> "Las funciones judiciales están y siempre deberán estar separadas de las funciones administrativas. Cualquier interferencia por parte de los jueces en las actividades de los cuerpos administrativos, o cualquier citación enviada por di-

190 Art. XXX, *Massachusetts General Law Anotated*. St. Paul, Minn. Vol. 1-A, p. 582. En 1776, la Constitución de Virginia también tenía una declaración sobre la separación de poderes, considerado como "la afirmación más precisa de la doctrina que había aparecido en la época". M. J. C. Vile, *op. cit.*, p. 118. El artículo 3 de la Constitución expresaba: "Los poderes Legislativo, Ejecutivo y Judicial estarán separados y diferentes, de manera que ninguno ejerza poderes que pertenezcan en propiedad a los demás; ninguna persona tampoco ejercerá los poderes de más de uno de esos al mismo tiempo, salvo respecto de los magistrados de tribunales de condado quienes podrán ser elegibles a cualquier Cámara del Parlamento".

chos jueces a los administradores, por motivos relacionados con sus funciones, constituirán una violación de sus deberes"[191].

Posteriormente, la Ley de 16 Fructidor del año III (1795), ratificó que:

> "Los jueces, bajo pena de ley, tienen la prohibición de conocer de actos administrativos, sea cual sea su naturaleza"[192].

Como resultado de esta concepción extrema de la separación de poderes, en Francia, la jurisdicción administrativa se tuvo que configurar paulatinamente como un jurisdicción separada del orden judicial para juzgar a la Administración. Si los jueces incurrían en prevaricación si interferían en las funciones administrativas; para poder juzgar los actos administrativos tuvo que configurarse una jurisdicción especial, diferente y separada del Poder Judicial, inicialmente inserta dentro de la Administración y que en su evolución culminó con la atribución de funciones jurisdiccionales al Consejo de Estado.

Por otra parte, como consecuencia del concepto de supremacía del Parlamento y de la Ley que resultó de la Revolución francesa, cualquier tipo de control sobre la constitucionalidad de las leyes en Europa, era inconcebible, y ello resultó así hasta los inicios de este siglo. Incluso, aún en la actualidad en Francia no existe un sistema de control directo a *posteriori* de la constitucionalidad de las leyes (es decir respecto de leyes promulgadas); y sólo fue en los períodos de postguerra, en los años veinte y a partir de los cuarenta, cuando se establecieron en otros países europeos, sistemas de control jurisdiccional de la constitucionalidad de las leyes, lo que aún sigue siendo inconcebible en el sistema constitucional británico.

En todo caso, durante el siglo pasado y el presente siglo, la evolución del principio de separación de poderes y de la supremacía del legislador condujo paulatinamente a la subordinación del Estado y de todos sus órganos a la ley y a la legalidad, y al establecimiento de controles jurisdiccionales para ese fin, bien sea a través de tribunales especiales, creados en forma separada del Poder Judicial, o a través de Tribunales integrados al mismo. Esa subordinación y este control condujeron, a finales del siglo pasado, al verdadero nacimiento del Derecho Administrativo en Europa e incluso en Inglaterra, como una rama autónoma de las ciencias jurídicas, producto, sin duda, del afianzamiento del Estado de Derecho. Este Estado sometido a la legalidad es una victoria irreversible del Estado de Derecho, implantada en el mundo entero.

En todo caso, las características de la aplicación del principio de la separación de poderes naturalmente han variado de un país a otro; su justificación original, es decir, la garantía de la libertad, ya casi se ha olvidado; y, en muchos casos, incluso, se ha empleado para situaciones que no se habían contemplado originalmente[193]. En Inglaterra, por ejemplo, la separación de poderes se ha mantenido, pero basada en la supremacía del Parlamento sobre los diferentes órganos del Estado, de manera que

---

191 J. Rivero, *Droit Administratif*, París, 1973, p. 129; J. M. Auby y R. Drago, *Traité du Contentieux Administratif*, París, 1984, Vol I, p. 379.

192 J. Rivero, *op. cit.*, p. 129.

193 I. Jennings, *The Law and the Constitution*, Londres, 1972. pp. 25-28.

los Tribunales están sujetos al Parlamento, una de cuyas Cámaras, incluso, actúa como una Alta Corte; permitiéndose a los Tribunales la posibilidad de controlar sólo a las autoridades administrativas.

El principio de la separación de poderes también ha prevalecido en los Estados Unidos de Norteamérica y en los Estados de América Latina, pero con el objetivo de separar claramente las funciones legislativa y ejecutiva, y permitir a la Corte Suprema, incluso, declarar la inconstitucionalidad de actos del Congreso.

En Francia, dicho principio se desarrolló para hacer suprema a la Asamblea Nacional llevándose la separación de poderes, como se ha dicho, al extremo de impedir que los tribunales ordinarios controlen la legalidad de los actos administrativos, y eliminándose toda posibilidad de control a posteriori de la constitucionalidad de los actos del legislador.

La Constitución norteamericana puede considerarse como un ejemplo del principio de la separación de poderes, aun cuando no contiene norma alguna destinada especialmente a regular dicha separación. Sin embargo, este principio resulta evidente de varias de sus normas que estipulan, por ejemplo, que todos los poderes legislativos le son confiados al Congreso; que el Poder Ejecutivo se le confiere al Presidente; y que el Poder Judicial de los Estados Unidos está en manos de la Corte Suprema[194]. La rigidez de la separación de poderes también resulta evidente del hecho de que el Gabinete ejecutivo es completamente independiente del Congreso, con el cual no mantiene una comunicación formal[195]. En todo caso, el principio ha sufrido numerosos cambios debido a la interpretación y a la práctica constitucional. En primer lugar, conjuntamente con el principio de la separación de poderes, existe un sistema de control y equilibrio entre los poderes, de manera que, por ejemplo, el Ejecutivo siempre tiene algún tipo de participación en la actividad del Poder Legislativo, a través de la iniciativa legislativa, el veto presidencial a las leyes, y de la presentación del Mensaje anual ante el Congreso; y del Poder Judicial, a través de la prerrogativa del indulto. En cuanto al poder del Ejecutivo de nombrar funcionarios y ratificar Tratados, ello requiere la aprobación del Legislador, quien también interfiere en las funciones judiciales en casos de enjuiciamiento del Presidente, siendo responsable, dentro de los límites de la Constitución, de la organización del Poder Judicial. Finalmente, los Tribunales están autorizados para establecer sus normas de procedimiento, lo que indudablemente constituye el ejercicio de una función normativa; y ejercen el poder de controlar las acciones del mismo Congreso[196].

3. *La soberanía del parlamento: una disidencia británica*

Ahora bien, en relación a los principios antes señalados relativos a la limitación del poder como característica del Estado de Derecho, el sistema inglés se configura como una disidencia, particularmente en cuanto al concepto de la separación de poderes, como sistema para que el poder pueda limitar al poder. A pesar de los escri-

194 Arts. 1,1; 2,1; y 3,1.

195 M. García-Pelayo, *Derecho Constitucional Comparado*, Madrid, 1957, p. 350.

196 *Idem.*, p. 350. En General, A y S. Tune. *Le Système Constitutionnel des Etats Unies d'Amerique*, 2 vols., París, 1954.

tos de Montesquieu y de todas las obras producidas en el Siglo XVIII referentes a Inglaterra como un ejemplo vivo de la separación de poderes, el hecho es que dicha separación nunca ocurrió en la realidad, siendo la situación en aquél entonces, la de una "dichosa mezcla" como la calificó Voltaire[197].

En efecto, la historia constitucional británica muestra una serie de instituciones que han luchado y luchan por la dominación y por participar en el poder del Estado. Ello ha dado origen a un cierto equilibrio de poderes, en el cual se ha desarrollado un sistema de restricciones y auto-restricciones, aun cuando en realidad, siempre un poder ha prevalecido sobre los demás, el del Parlamento. Ello no obsta para que, de hecho, pudiera considerarse que el predominante pudiera ser el poder del Gobierno debido al control que ejerce sobre la Cámara de los Comunes y a la práctica de la legislación delegada, propios del sistema parlamentario británico. En este sentido, Phillip Allot ha expresado que:

> "el Ejecutivo ha adquirido una posición general de dominación, de manera tal que ha extendido su autoridad a todas las tres ramas funcionales del gobierno: legislativa, ejecutiva y judicial. Sobre todo, en la práctica ha adquirido un control sobre la Cámara de los Comunes en el Parlamento, del cual ha excluido prácticamente, como poder compensatorio, a la Cámara de los Lores"[198].

Este hecho, destacado por casi todos los constitucionalistas del Reino Unido[199], es la razón por la cual Wade y Phillips han señalado que "en ausencia de una Constitución escrita, en el Reino Unido no hay una separación formal de poderes"[200], particularmente entre el poder Legislativo y el Ejecutivo. En realidad, las necesidades prácticas del sistema parlamentario de gobierno han obligado al Parlamento a confiar en las políticas gubernamentales y a aceptar la voluntad del Gabinete en cuanto al programa legislativo, reservándose, sin embargo, el derecho a enmendar, criticar, cuestionar y hasta revocar las propuestas. Esas necesidades prácticas también han exigido la delegación, en el Ejecutivo, de una parte considerable de la potestad normativa[201].

Pero, a pesar de lo anterior, en el sistema legal del Reino Unido, lo que es cierto y tradicional ha sido la idea de la Soberanía Parlamentaria, que rompe con el princi-

---

197 Citado por M. García-Pelayo, *op. cit.*, p. 283, *Cfr.* G. Marshall, *Constitutional Theory*, Oxford, 1971, p. 97.

198 P. Allot, *loc. cit.*, p. 115.

199 Por ejemplo, T. R. S. Allan observó que "la consecuencia política del consenso jurídico (que concibe la Constitución como un orden legal sujeto y dominado por el Parlamento, irrestricto y todo poderoso soberano) es la aplastante autoridad de un gobierno con una mayoría en la Cámara de los Comunes", y que "esta concentración de poder es la que se ve como una amenaza de los derechos y libertades fundamentales. Las restricciones constitucionales son por consiguiente necesarias para proteger esos derechos contra la usurpación irresponsable legislativa: lo que se debe hacer es contrarrestar el "desamparo de la ley frente a la soberanía legislativa del Parlamento" (Sir Leslie Scarman)", en "Legislative Supremacy and the rule of Law: Democracy and Constitutionalis", *The Cambridge Law Journal*, Vol. 44, (1), 1985. pp. 111-112.

200 E. C. S. Wade y G. Godfrey Phillips, *Constitutional and Administrative Law*, (9 ed. por A. W. Bradley), Londres, 1985, p. 53.

201 *Idem.*, pp. 49, 546.

pio prevaleciente en Europa continental y en América, de poderes separados que se limitan mutuamente. Este fenómeno constitucional estimamos que debe destacarse, para poder comprender, adecuadamente, el sistema de limitación del poder en el resto de los países del mundo moderno.

En efecto, el principio de la Soberanía Parlamentaria en el Reino Unido, se caracteriza por los siguientes elementos: primero, por la ausencia de cualquier distinción formal entre las leyes constitucionales y las leyes ordinarias. Ello implica que en ausencia de una Constitución escrita, el Parlamento, en cualquier momento, puede sancionar, a través del método ordinario de elaboración de las leyes, reformas de naturaleza constitucional. Por consiguiente, "la autoridad del Parlamento para cambiar la ley es ilimitada", por lo que "como la soberanía del Parlamento está reconocida por la ley", sería contrario al Estado sometido al derecho, negarle fuerza a las disposiciones que cambian una ley pre-existente[202].

El segundo elemento que caracteriza el principio de Soberanía del Parlamento es la ausencia de cualquier posibilidad de control sobre su actividad. Esto implica que en Inglaterra no puede haber tribunal alguno competente que pueda decidir sobre la constitucionalidad de las leyes o actos del Parlamento. En consecuencia, cualquier acto del Parlamento, sea cual fuere su contenido, debe ser aplicado por los tribunales de justicia, y en ningún caso éstos pueden dejar de aplicarlos. Como lo expresó Dicey:

> "El principio de Soberanía Parlamentaria significa, específicamente, ni más ni menos, que el Parlamento... tiene, conforme a la Constitución inglesa, el derecho de hacer o derogar cualquier ley; y además, que ninguna persona o cuerpo está reconocido por la ley de Inglaterra como poseedora del poder de anular o dejar de aplicar la legislación del Parlamento"[203].

Esto, por supuesto, está destinado a los jueces, lo cual ha sido conservado en decisiones judiciales. Por ejemplo, en el caso *R. V. Jordan* en 1967, una Corte Divisional expresó claramente que por cuanto el Parlamento era supremo, "no podía haber poder alguno en los tribunales, para poder cuestionar la validez de un acto del Parlamento"[204]. La Cámara de los Lores, por su parte, en el caso *British Railways Board V. Pickin* (1974) en ponencia de Lord Reid también expresó:

> "La idea de que un tribunal pueda tener poder para no aplicar una disposición de un acto del Parlamento, en cualquier caso, tiene que parecer extraña y sorprendente a cualquier persona que tenga algún conocimiento sobre la historia y las leyes de nuestra Constitución";

---

202 T. R. S. Allan, *loc. cit.*, p. 122.

203 A. V. Dicey, *An Introduction to the Study of the Law of the Constitution*, (Introducción de E. C. S. Wade), 10a Ed. 1973, p. 39-40.

204 O. Hood Phillips, *Leading Cases in Constitutional and Administrative Law*, Londres, 1979, p. 1.

añadiendo que:

> "ningún tribunal de justicia puede investigar sobre la forma conforme a la cual una ley sancionada en el Parlamento, ni sobre qué se hizo antes de ser presentada al mismo o qué pasó en el Parlamento durante las diferentes fases de su paso por ambas Cámaras del mismo";

concluyendo precisamente, que:

> "la función del tribunal es interpretar y aplicar las leyes del Parlamento. El tribunal no tiene nada que ver en relación a la forma cómo, conforme a sus regulaciones, el Parlamento o sus funcionarios realizan estas: funciones"[205].

El tercer aspecto que surge del principio de Soberanía del Parlamento es que contrariamente a la situación anterior a la Gloriosa Revolución de 1688, las leyes sancionadas por éste, es decir, los *Statutes*, tienen primacía sobre el *Common Law* y sobre cualquier forma de creación del derecho. Tal y como lo afirmó la Chancery División en el caso de *Cheney v. Conn* en 1968:

> "lo que un estatuto dice y dispone es la ley en sí misma, y la forma más alta de ley que se conozca en este país. Es la ley que prevalece sobre cualquier otra forma, no correspondiéndole decir a la Corte, que un acto del Parlamento, que es la ley más alta en el país, sea ilegal"[206].

El cuarto principio derivado de la Soberanía del Parlamento es que el poder que éste tiene debe prevalecer sobre las decisiones judiciales, ya que una ley podría incluso ser aprobada con el propósito de legalizar un acto ilegal, e incluso eximir a alguien de las consecuencias legales de un acto cometido. Por ello se ha dicho que "la autoridad legal del Parlamento es absoluta e ilimitada"[207].

Por otra parte, según una de las Convenciones Constitucionales, el período de sesiones del Parlamento, es de cinco años; sin embargo, el propio Parlamento podría extender dicho período. El Parlamento también podría regular la sucesión al Trono; excluir del mismo a personas que no sean miembros de una religión particular; limitar las prerrogativas reales; cambiar la religión del Estado, en pocas palabras, tomar cualquier decisión sin ningún tipo de limitación.

Este principio implica que cualquier acto del Parlamento siempre puede ser revisado y cambiado por un acto subsiguiente del propio Parlamento, sea de manera expresa o, en caso de conflicto, de manera implícita. En consecuencia, actos importantes del Parlamento como el *Habeas Corpus Act* de 1679, el *Bill of Rights* de 1689, el *Act of Stlement* de 1700, el *Statute of Westminster* de 1931 e incluso el *Eu-*

---

205 *Idem.*, pp. 2-5.

206 *Idem.*, p. 28. Por ello George Winterton señaló que "el *rule of law* viene a significar *rule of law* tal y como lo promulgó el Parlamento, y no la norma del antiguo *common law*" en "The British Grundnorm: Parliamentary Supremacy re-examined", *The Law Quaterly Riview*, Vol. 92, 1976, p. 596.

207 T. R. S. Allan, *Loc. cit.*, p. 129. También ver E .C. Wade y G. Godfrey Phillips, *op. cit.*, pp. 61-62.

ropean Economic Communities Act de 1972, podrían muy bien ser revisados por el Parlamento, para lo cual ni siquiera se requeriría de una mayoría especial[208].

Por todo ello, sin duda, la Soberanía parlamentaria es una de las características más resaltantes del sistema constitucional del Reino Unido, la cual contrasta, en el constitucionalismo contemporáneo, con el resto de los sistemas constitucionales. En efecto, una de las consecuencias de la Soberanía parlamentaria, tal como lo señaló H. W. R. Wade[209], es que en Inglaterra no existen garantías constitucionales. En otras palabras, en el Reino Unido no hay nada similar a lo que sucede con las Constituciones escritas y rígidas del resto del mundo, que sólo pueden ser cambiadas a través de procedimientos especiales.

Ello sin duda, constituye una excepción en el mundo contemporáneo, ya que en casi todos los países, incluso en el mundo angloparlante, existe el concepto de Constitución escrita, incorporada a un documento formal, como ley fundamental, protegida contra cualquier intento de reforma por parte de una mayoría simple del Parlamento.

Pero además, en el Reino Unido no sólo no existen garantías constitucionales, sino, que tampoco parece posible establecerlas formalmente. Como lo expresó H. W. R. Wade, como un acto ordinario del Parlamento puede reformar cualquier ley, entonces resulta imposible que el propio Parlamento, por sí solo, declare una ley o un estatuto como irreformable, o sólo reformable sujeto a ciertas condiciones. En otras palabras, el Parlamento no puede modificar o destruir su propia "soberanía continua", y los tribunales siempre deben obedecer sus disposiciones[210].

En todo caso, la Soberanía parlamentaria, en el Reino Unido, tal como se la concibe en la actualidad, tiene un profundo impacto en la posición de los jueces: éstos no son ni pueden ser los guardianes de la Constitución o de los derechos constitucionales, por lo que no tienen poder, por ejemplo, para declarar ciertos actos legislativos como inconstitucionales, como sucede en la mayoría de los países.

Esa es la razón por la cual, en Gran Bretaña, no se puede adoptar una Declaración de derechos fundamentales, pues ello implicaría la posibilidad de ejercicio del control judicial por parte de los tribunales, es decir, el poder de los tribunales de proteger ciertas libertades fundamentales contra la legislatura misma[211], lo que iría contra el principio de la Soberanía del Parlamento.

Sir Ivor Jennings resumió las consecuencias de este principio, que es el más importante de la Constitución del Reino Unido, indicando que la Soberanía parlamentaria significa que el Parlamento puede legalmente aprobar una legislación con respecto a cualquier asunto. Según sus propias palabras:

> "El Parlamento puede reformar la Constitución Británica, prolongar su período, legislar ex-post fado; legalizar ilegalidades; decidir casos individuales; in-

---

208 H. W. R. Wade, *Administrative Law*, 5a ed. Oxford, 1984, p. 27.

209 *Idem.*, p. 28.

210 *Idem.*, p. 28. Ver también G. Winterton, *loc. cit.*, p. 597.

211 D. G. T. Williams, "The Constitution of the United Kingdom", *The Cambridge Law Journal*, 31, (1), 1972, p. 279.

terferir en contratos y autorizar la toma de propiedades; dar poderes dictatoriales al gobierno; disolver el Reino Unido o la Comunidad británica de naciones; introducir el comunismo o el socialismo, o el individualismo o fascismo, enteramente sin restricción legal"[212].

Es decir, que como en el Reino Unido no existe una Constitución rígida o escrita, el Parlamento no está limitado por texto alguno, ni por una ley superior fundamental. Por consiguiente, no existe la posibilidad de que se pueda ejercer algún tipo de control judicial sobre la conformidad de los actos parlamentarios con una ley superior, lo que implica que el principio del sometimiento del Estado al derecho no es aplicable al Parlamento.

4. *La distribución del poder de estado*

Ahora bien, en contraste con el sistema constitucional del Reino Unido, la idea del Estado de Derecho que derivó de las Revoluciones francesa y americana que se adoptó en Iberoamérica a raíz de la Revolución de Independencia, se basa en el concepto de la limitación y distribución del poder, lo cual puede enfocarse desde tres puntos de vista.

En primer lugar, la distribución del poder entre el que corresponde a los órganos del Estado, por una parte, y por la otra, el que corresponde a los individuos o ciudadanos, en el sentido de que existe una esfera de libertad para éstos, que está fuera del alcance del Estado, incluso como un hecho previo al Estado mismo. Esto implica la existencia de limitaciones en los poderes del Estado, pues la facultad del Estado de invadir y penetrar en la esfera de los derechos fundamentales es, en principio, limitada.

Incluso, en el Reino Unido esto se cumple en cierto modo, a pesar de la soberanía parlamentaria, la ausencia de una declaración formal de derechos fundamentales y el impensable control judicial de la legislación, Como lo señalara Winterton:

> "Durante siglos, y probablemente desde la época de la Revolución de 1688, el concepto de libertades personales prácticamente "inalienables" ha constituido una de las características muy resaltantes de la Constitución Británica: está implícita en el concepto británico del Estado de Derecho y ha llevado a la doctrina de la "natural justice" en derecho administrativo, así como a las normas para interpretar los estatutos de manera que no violen las libertades individuales"[213].

La segunda perspectiva de la distribución de poder en el Estado de Derecho se refiere a su distinción entre el Poder Constituyente y los Poderes Constituidos. El Poder Constituyente pertenece al pueblo, quien es soberano y está reflejado en la Constitución, de manera que las leyes constituyentes sólo pueden ser sancionadas por el pueblo a través de sus representantes, de conformidad con las disposiciones de la Constitución. Por ello, los órganos que configuran los poderes constituidos no

---

212 I. Jennings, *The Law and the Constitution*, *cit.*, p. 147.

213 G. Winterton, *loc. cit.*, p. 599.

pueden invadir las actividades que corresponden al Poder Constituyente establecidas en la Constitución, y por consiguiente, toda invasión a dichas actividades invalida los actos así aprobados.

La tercera y última vertiente del principio de distribución del poder en el Estado de Derecho se refiere a su disposición en la esfera de los poderes constituidos del Estado, mediante la atribución, por la Constitución, de una serie de facultades o funciones a los diferentes órganos del Estado. Este principio de organización o distribución del poder tiene dos connotaciones fundamentales: en primer lugar, la clásica distribución horizontal del poder o separación orgánica de poderes, que distingue las diferentes ramas del Poder Público, entre los Cuerpos Legislativo, Ejecutivo (el Gobierno y la Administración) y Judicial. El objetivo de esta distribución es establecer restricciones y controles recíprocos entre esos diferentes poderes del Estado, normalmente establecidos en la Constitución.

Pero, además de esto, existe una segunda connotación de carácter vertical dé la distribución del poder del Estado, entre los diferentes niveles que resultan, por ejemplo, de un Estado Federal o de un Estado políticamente descentralizado. Todos los diferentes niveles territoriales (nacional, Estados Federales o Regiones y Municipios) del Estado ejercen parte del Poder Público, también dentro de un sistema de distribución establecido por la Constitución.

Estas tres formas constitucionales de distribución y limitación del Poder del Estado, cuando una Nación las adopta; conllevan el establecimiento de sistemas de control jurisdiccional de las invasiones e interferencias ilegítimas de uno de dichos poderes en la esfera reservada a otro poder. Esto existe, en mayor o menor medida, en todos los sistemas constitucionales del mundo occidental de nuestros días, basado en la existencia de una Constitución rígida y escrita, con una declaración formal de derechos fundamentales y una organización política con algún nivel de descentralización.

Por el contrario, en el sistema constitucional del Reino Unido, como se dijo, donde no existe una declaración formal de derechos fundamentales, la protección judicial de éstos no puede implicar la posibilidad de invalidación de actos del Parlamento. Además, debido a la ausencia de una Constitución escrita y al principio de Soberanía y supremacía del Parlamento no existe ni puede existir distinción alguna entre los poderes constituyente y constituidos; por último, tampoco existe ningún tipo de control de la constitucionalidad de los Actos del Parlamento, por lo que a pesar de que el Poder del Estado esté distribuido en unidades territoriales, ello no puede frenar los poderes del Parlamento.

En cambio, en el caso de la Constitución venezolana, desde 1811, los tres aspectos de la distribución del poder antes indicado, como fórmula limitativa del Poder del Estado, siempre han sido adoptados.

En primer lugar, desde julio de 1811 se sancionó una Declaración de Derechos del Pueblo, texto que se incorporó y amplió en la Constitución de 1811. Con posterioridad, todas las constituciones de Venezuela han declarado formalmente el elenco de los derechos y libertades de los ciudadanos[214].

En segundo lugar, el principio de la rigidez constitucional y por tanto, la distinción entre el poder constituyente y los poderes constituidos sometidos a la Constitución, ha sido una constante desde la Constitución de 1811. Incluso, con motivo de las grandes rupturas que en nuestra historia se han introducido en el hilo constitucional, las nuevas Constituciones siempre tuvieron que ser sancionadas adoptadas por Asambleas Constituyentes (1830, 1854, 1901 y 1947).

Por último, en tercer lugar, tanto la distribución vertical del poder, entre diversos niveles territoriales, (Provincias o Estados y Municipios), como la distribución horizontal del poder entre los diversos órganos del Estado (Legislativo, Ejecutivo y Judicial), han sido principios que se inscribieron en el constitucionalismo venezolano desde 1811. La forma federal, con la división del territorio en Provincias fue lo que caracterizó la Constitución de 1811, habiendo sido la forma federal la constante en nuestro constitucionalismo, particularmente desde 1864. El municipalismo, por otra parte, se incorporó a nuestra tradición constitucional desde las Constituciones provinciales de 1812, configurándose incluso como un "poder municipal" a partir de 1858.

Todo este sistema de distribución del Poder del Estado, desde 1811, ha estado fundamentado en el principio de la supremacía constitucional, incorporado incluso formalmente en la Constitución de 1811, con su garantía objetiva al proclamar la nulidad e invalidez de los actos estatales contrarios a la Constitución. De este principio derivó, progresivamente, el sistema de control judicial de la constitucionalidad de esos sistemas de distribución del poder, lo que llevó, incluso, al establecimiento formal de un sistema de control concentrado de la constitucionalidad de las leyes, desde 1858[215].

III. LA SUMISIÓN DEL ESTADO A LA LEY

El tercero de los principios que caracterizan al Estado de Derecho es el de la sumisión del Estado a la ley lo que implica que todas las actividades de los órganos del Estado, y de sus autoridades y funcionarios, deben realizarse conforme a la ley y dentro de los límites establecidos por la misma. Esto, ni más ni menos, es el principio de legalidad que equivale en el sistema norteamericano a la expresión "*Government subject to the law*", y en el sistema constitucional británico, a la clásica expresión de "*rule of law*". Todas estas expresiones significan, en última instancia, que los órganos del Estado deben estar sujetos a la ley, aunque las mismas no siempre tienen el mismo alcance y significado en todos los sistemas jurídicos.

Por ejemplo, Sir Ivor Jennings refiriéndose al principio de la "*Rule of law*" señaló que el mismo significa que "todos los poderes vienen de la ley y que ningún hombre, sea Rey, Ministro o persona privada, puede estar por encima de la Ley"[216].

---

214 Allan R. Brewer-Carías, *Los derechos humanos en Venezuela. Casi 200 años de historia*, Caracas, 1990.

215 Allan R. Brewer-Carías, *El control jurisdiccional de la constitucionalidad de las leyes*, Caracas, 1978.

216 I. Jennings, *Magna Carta*, Londres, 1965, p. 9.

Sin embargo, al analizarse esta afirmación cabe preguntarse ¿qué pasa con el Soberano?; y, en el caso de la Constitución británica, ¿qué pasa con el Parlamento? Jennings se refirió "al Gobierno según la ley", por lo que debe inquirirse si esta expresión incluye el Parlamento. ¿Puede decirse que el principio del Estado según la ley o sometido a la ley, es decir, conforme al cual todos los poderes de los cuerpos del Estado vienen de la ley y están regulados por ella, también se aplica al sistema constitucional británico? En otros términos, ¿Es cierto que en general, el *rule of law* en el sistema británico es más bien un principio relacionado con el gobierno, en el sentido del Poder Ejecutivo, aplicado por los tribunales, que no se relaciona con el Parlamento?

1. *El soberano y la ley*

Este principio de la sumisión del Estado a la Ley como una de las principales características del constitucionalismo moderno, puede analizarse partiendo de la frase de H. L. A. Hart en su libro *The concept of Law* según la cual:

> "cuando existe una ley hay un soberano incapaz de limitaciones legales"[217].

En efecto, en todos los sistemas constitucionales del mundo moderno, se pueden distinguir dos tipos de poderes: el Poder Constituyente o cuerpo soberano, y el poder constituido, que está conformado por todos los órganos del Estado. Como ya se señaló, esta es una de las principales consecuencias del principio de limitación de poder del Estado: la distribución, en una sociedad dada, entre el poder constituyente y los poderes constituidos, teniéndose en cuenta que el Poder Constituyente está siempre en manos del Soberano, quien lo ejerce, por tanto, sin ningún tipo de limitación legal; y en cambio, que los poderes constituidos, están limitados, entre otras cosas, por las normas establecidas por el Soberano o Poder Constituyente. Esta es la razón por la cual el Soberano, según Hart, "elabora las leyes para sus súbitos y las elabora desde una posición que está fuera de cualquier ley". Por consiguiente, "no existen y ni pueden existir límites legales respecto de sus poderes de sancionar leyes", por lo que concluye definiendo al Soberano, como "el poder legalmente ilimitado"[218].

Por su parte, C. M. McIlwain ha utilizado términos similares para' referirse al Soberano: "Es el cuerpo más elevado, legalmente competente para sancionar leyes para sus súbditos, en sí mismo fuera de dicha ley"[219].

Ahora bien, si aceptamos esta teoría, y el principio según el cual en todo ordenamiento constitucional hay un Soberano que no está sometido a la ley o a limitación legal alguna, ¿cómo podemos hablar de Estado de Derecho o de Estado sometido a la ley?

Esta pregunta de nuevo nos lleva a considerar el problema de la soberanía y del soberano, y en particular, a la tarea de identificar, dentro de los cuerpos y órganos del Estado, cuál de ellos es el Soberano, y por consiguiente, no sometido a la ley.

---

217 H. L. A. Hart, *The concept of Law*, Oxford, 1961, p. 70. En la p. 65 afirma: "en toda sociedad donde exista una ley hay un soberano"... "en todas partes, la existencia de un soberano".

218 *Idem.*, pp. 64-65.

219 C. M. McIlwain, *Constitucionalism and the changing world*, Cambridge, 1939, p. 31.

En una democracia, tal y como lo expresó Austin, y esta es la esencia del Estado de Derecho, los representantes elegidos no son los que constituyen o forman parte del cuerpo soberano, sino que son los electores los que detentan la soberanía. De ahí que en Inglaterra, según Austin, "hablando en forma precisa, los miembros de la Cámara de los Comunes son los depositarios del cuerpo por el que fueron electos y designados; en consecuencia, la soberanía siempre reside en los pares del Rey y en el cuerpo electoral de los Comunes". De igual forma Austin sostuvo la opinión de que en los Estados Unidos, la soberanía de cada Estado de la Unión Federal "reside en el Gobierno del Estado como un cuerpo agregado, entendiendo por Gobierno de Estado no su legislatura ordinaria, sino el cuerpo de ciudadanos que elige su legislatura ordinaria"[220].

En cuanto a la distinción, en una democracia, entre el Soberano, el pueblo y los órganos del Estado, los autores alemanes han hecho una útil distinción entre lo que han denominado el Soberano y el órgano soberano[221]. El soberano, es decir, el cuerpo electoral, no tiene limitaciones legales como Poder Constituyente, pero los órganos del soberano no sólo tienen limitaciones que les son impuestas por aquél, sino que también están sujetos a diferentes tipos de control, incluso el político por las mismas personas que lo eligieron, por ejemplo, a través de un referéndum.

En esta perspectiva, de nuevo, debe considerarse el concepto de soberanía parlamentaria. A este respecto, Hart señaló la siguiente alternativa:

> "sólo podrían existir límites legales respecto del poder legislativo si el legislador estuviese bajo las órdenes de otro al que tendría que obedecer normalmente; en cuyo caso, no sería soberano.
>
> Si es soberano no tendría que obedecer a ningún otro legislador, razón por la cual no podría haber límites legales en su poder legislativo[222].

De ahí deriva, precisamente, la principal pregunta en la materia. ¿Es el órgano legislativo el que debe estar obligado a observar legalmente restricciones constitucionales impuestas por un poder constituyente, como por ejemplo, por el pueblo, como Soberano? De ser así, el cuerpo legislativo no podría ser considerado como soberano, sino que sólo sería un órgano soberano. Si por el contrario, en un Estado, el cuerpo legislativo está libre de la ley y, por consiguiente, no tiene límites constitucionales o legales a su poder, porque es el único cuerpo que sanciona la ley del país sin restricción legal, entonces, en este caso ¿sería el mismo Soberano?

En términos generales debe aceptarse que en el mundo moderno, casi todos los sistemas constitucionales establecen limitaciones al ejercicio del poder por parte del órgano legislativo, normalmente incorporados en una Constitución escrita y rígida, y no identifican al Soberano con el Legislador o el Parlamento, sino con el pueblo como cuerpo electoral.

---

220 J. Austin, *The Province of Jurisprudence Determined* (ed. H. L. A. Hart), Londres, 1954, Lee. VI, pp. 230, 231, 251, citado por H. L. A. Hart, *op. cit*., p. 72.

221 C. M. Mcllwain, *op. cit*., p. 31.

222 H. L. A. Hart, *op. cit*., p. 65.

Incluso en Inglaterra, como lo señaló Hart, "El mismo Austin no identificó al Soberano con la legislatura". Tal como lo expresó Hart:

> "Este era su punto de vista, aunque es cierto que la Reina en el Parlamento, según la doctrina normalmente aceptada, está libre de limitaciones en el ejercicio de su poder legislativo, por lo que, a menudo se lo cita como paradigma de lo que se quiere expresar con el calificativo de "legislatura soberana", en contraste con un Congreso o cualquier otra legislatura limitada por una Constitución "rígida"[223].

Pero, a pesar de este principio general de la soberanía del Parlamento en la Constitución británica, desde el punto de vista del Estado de Derecho incluso en el Reino Unido, como democracia, debe admitirse que el Soberano, de hecho, no es realmente el Parlamento sino que es el pueblo como cuerpo electoral, siendo la principal diferencia entre la Constitución británica y la de otros sistemas constitucionales en el mundo, el grado de delegación del poder soberano, es decir, del pueblo al órgano legislativo, en otras palabras; "la forma conforme a la cual el electorado soberano ejerce su poder soberano"[224].

Esta distinción fue señalada por Hart en el siguiente pasaje de su libro:

> "En Inglaterra, ...el único ejercicio directo hecho por el electorado de su cuota de la Soberanía, consiste en la elección de representantes para ocupar un puesto en el Parlamento y en la delegación en ellos de su poder soberano. En cierto modo, esta delegación es absoluta, ya que se le deposita al representante la confianza para que no abuse de los poderes que le han delegado; esta confianza, en casos de vulneración sólo da origen a sanciones morales, sin que los tribunales tengan que ver con ello, como sí lo están con las limitaciones legales al poder legislativo".

En cambio añade:

> "...En los Estados Unidos, como en todas las democracias donde el legislador ordinario está limitado legalmente, el cuerpo electoral no ha limitado su ejercicio de poder soberano a la elección de delegados, a quienes ha sometido a restricciones legales. En este caso se puede considerar al electorado como "una legislatura extraordinaria y ulterior", superior al legislador ordinario, el cual está "obligado" legalmente a observar las restricciones constitucionales y, en caso de conflicto, los tribunales declararán inválidos los actos de la legislatura ordinaria. En este caso, entonces, el electorado es soberano libre de toda limitación legal requerida en teoría"[225].

Podemos concluir señalando que este principio de Estado de Derecho o del Estado según la ley, implica que el pueblo como electorado es el único cuerpo soberano que no tiene limitaciones a su poder, por lo que todos los otros órganos o cuerpos

---

223 *Ibid.*, p. 72.

224 *Ibid.*, p. 72.

225 *Ibid.*, p. 73.

del Estado están sujetos a la ley[226]. Y "ley" aquí, quiere decir, no sólo "ley formal", es decir, un estatuto o acto del Congreso o Parlamento, sino también, todas las normas que forman el ordenamiento jurídico estructurado en forma jerárquica, con la Constitución en la cúspide como ley suprema o Grundnorm.

En efecto, los sistemas constitucionales con Constituciones escritas, cuando hablamos del Estado de Derecho o sujeto a la ley, en e! concepto de ley deben incluirse todas las fuentes del ordenamiento jurídico; la Constitución en sí misma, y todas las demás normas que se derivan de ella. Por el contrario, el sentido del término "ley" en la expresión inglesa "*rule of law*" en los sistemas constitucionales con Constituciones no escritas, significa básicamente "derecho legislado por el Parlamento"[227], el cual en principio, con su soberanía delegada por el soberano (el cuerpo electoral) no tiene límites legales en su actividad.

Como ya se ha señalado, a pesar de todo lo que se ha dicho acerca de los poderes ilimitados, absolutos, omnipotentes o todopoderosos del Parlamento que encontramos en casi todos los trabajos escritos sobre el constitucionalismo británico, debe admitirse que, de hecho, el Parlamento tiene un gran número de limitaciones, precisamente las que han mantenido la Constitución del Reino Unido más o menos inalterada desde finales de la Gloriosa Revolución y la Declaración de Derechos en 1689.

La famosa declaración de Holmes de que: "El Parlamento puede hacerlo todo, salvo transformar un hombre en mujer y una mujer en hombre"[228], aunque ya no es imposible hoy en día, no es más que una exageración que simplemente quiere decir que el Parlamento no tiene límites legales establecidos para sus acciones debido a la ausencia de una Constitución escrita y rígida.

Pero esto no quiere decir que en el ejercicio de los poderes parlamentarios, puedan cometerse arbitrariedades, y que en ciertos aspectos, en la práctica política, no exista límite alguno sobre el Parlamento.

En primer lugar, debe destacarse que algunos actos del Parlamento se pueden considerar, por lo menos desde el punto de vista del derecho constitucional, como "documentos constituyentes" que limitan la acción parlamentaria. A este respecto, J. D. B. Mitchell calificó como "documento constituyente" el *Acts of Union* de 1707 y el Ireland Act de 1800, pues las limitaciones por ellos impuestas sobre el Parlamento —dice— están establecidas "de manera tal que es improbable que se puedan vulnerar"[229]. Menciona, de igual modo, como límite sobre el Parlamento, aquellas decisiones establecidas por Convenciones Constitucionales, es decir, por los hábitos de pensamiento que son producto de la vida parlamentaria, como puede ser la "doctrina del mandato" que establece que el Gobierno que ha perdido el apoyo general en el país, no debe forzar la sanción de la legislación alguna a través del Parlamento, justo

226 J. D. B. Mitchell, *Constitutional Law*, Edimburgo, 1968, p. 62.

227 G. Winterton, "The British Grundnorm: Parlamentary Supremacy reamined", *The La Quarterly Review*, 92, 1976, p. 596.

228 I. Jennings, *Parliamentary*, Cambridge, 1961, p. 2.

229 J. D. B. Mitchell, *op. cit.*, pp. 69-75.

antes de las elecciones, aun cuando dicha legislación haya podido haber formado parte del programa electoral inicial de dicho gobierno"[230].

Existen además, límites impuestos por el propio Parlamento, derivados de la práctica política, que sin lugar a dudas, limitan otros Parlamentos, de manera que un Parlamento no puede revertir lo que el Parlamento anterior efectuó. Por ejemplo, es inimaginable que el Parlamento pueda revertir el Estado de Westminster de 1931 que limita el poder del Parlamento para legislar sobre cualquiera de los Dominios territoriales de la Corona, sin su consentimiento[231]; así como tampoco puede imaginarse que el Parlamento pretenda revocar los Actos que otorgaron la independencia a algunos de los Dominios o territorios de Ultramar y así, intentar retirarles su independencia[232].

En este mismo contexto muchas discusiones se han producido respecto a la primacía del derecho de la Comunidad Europea frente a los estatutos nacionales, tanto antes como después de que se hubiese votado la Ley sobre los Comunidades Europeas en 1972 (*European Communities Act* 1972). De conformidad con esta ley, el derecho comunitario tiene primacía sobre la ley nacional, por lo que, el Parlamento no puede sancionar leyes que entren en conflicto con el derecho comunitario, a menos que ello constituya una enmienda de la Ley Comunitaria. En virtud de que el Reino Unido forma parte de la Comunidad, lo cierto es que en la práctica resulta muy difícil que el Parlamento pueda ejercer su poder legislativo a través de leyes que puedan contrariar la aplicación del Derecho comunitario[233].

Por otra parte, también puede señalarse que en el Reino Unido han sido tradicionales las limitaciones a los poderes arbitrarios, y quizás ha sido debido a la ausencia de reales amenazas contra la Constitución, que la necesidad de establecer límites al poder del Parlamento no ha prosperado.

J. M. Snee lo señaló en una Conferencia dictada en la Escuela de Derecho de Harvard con motivo del bicentenario de John Marshall, en 1955:

---

230 *Ibid.*, pp. 56, 66, 67.

231 Sección 4 del Estatuto de Westminster: "Ningún acto del Parlamento del Reino Unido votado después de la vigencia de este Acto puede extenderse o se considerará que se pueda extender a un Dominio como parte de la ley de ese Dominio, a menos que esté expresamente declarado en ese Acto que ese Dominio haya solicitado y haya consentido dicha legislación". *Cfr.* C Turpin, *British Government and the Constitution*, Londres, 1985, p. 27. En sentido contrario, Hamish R. Gray ha dicho que "la tendencia general de los constitucionalistas es la de rechazar la interpretación de la sección 4 que requiere del Parlamento, como asunto de derecho, el actuar en forma particular para cualquier objetivo particular" en "The sovereignty of the Imperial Parliament", The *Modern Law Review*, 23 (6), 1960, p. 647.

232 Por ejemplo, *Zimbabwe Act*, 1979, Sección 1 (2) dice: "Durante y después del día de la Independencia el Gobierno de su Majestad en el Reino Unido no tendrá responsabilidad alguna en relación al Gobierno de Zimbabwe y ningún Acto del Parlamento del Reino Unido, adoptado durante o después de este día se podrá extender o intentar extenderse a Zimbabwe, como parte de su legislación", *Cfr.* C. Turpin. *op. cit.*, p. 27.

233 *Cfr.* P. A. Trindade, "Parliamentary sovereignty and the primacy of European Comunity Law", *The Modern Law Review*, 35 (4) p. 375-402; S. A. De Smith, "The Constitution and the Common Market: a tentative appraisal", *The Modern Law Review*, 34 (6), 1971, p. 597-614; H. W. R. Wade, "Sovereignty and the European Communities", *The Law Quarterly Review*, 88, 1972, pp. 1-5.

"Hoy en día ningún Parlamento británico se atrevería a poner en práctica la frase pronunciada por el Canciller Lord Northington en 1776 durante el debate sostenido sobre la revocación del *Stamp Act*:

"Cualquier Gobierno puede imponer arbitrariamente leyes a todos sus súbitos; debe haber un dominio supremo en todo Estado: sea monárquico, aristocrático, democrático o mixto. Y todos los súbditos de cada Estado están bajo las leyes elaboradas por el Gobierno".

No obstante —sigue Snee— la supremacía absoluta del Parlamento sigue siendo la doctrina ortodoxa del constitucionalismo inglés, tal y como lo expresó Sir Harley Schawcross en un discurso publicado en *The Times* el 13 de mayo de 1946:

"El Parlamento es soberano; puede elaborar cualquier ley. Podría ordenar que los bebés que nazcan con ojos azules sean aniquilados al nacer; pero se ha reconocido que no es bueno sancionar una ley a menos que se esté razonablemente seguro de que, en los supuestos que regula, esa ley será respetada y podrá ser aplicada".

Finaliza Snee diciendo que "los ingleses, con una confianza irritable pero sublime en sus instituciones, están seguros de que ningún Parlamento sancionaría una ley semejante"[234].

Esa confianza, aun cuando en el Reino Unido, no exista control judicial de la constitucionalidad de las leyes de los Actos del Parlamento, está ampliamente justificada particularmente por la continuidad que ha tenido el régimen constitucional en los últimos 300 años. También porque a pesar de la ausencia de control judicial de la constitucionalidad de los estatutos, tal y como lo señalara A. Goodhart hace más de treinta años:

"Los Jueces, sin embargo normalmente se buscan su propia vía; la Cámara de los Lores ha sido capaz de obtener algunos de los mismos resultados que se logran en los Estados Unidos con las diez primeras Enmiendas. Debido a una conveniente ficción, se asume que el Parlamento siempre busca que sus leyes estén conformes a la "natural justice"; por consiguiente, ninguna ley puede ser elaborada con el fin de que sea retroactiva o para privar a una persona de su derecho de ser debidamente oída, ni para impedir la libertad de expresión, a menos que el Parlamento así lo haya dispuesto en términos muy precisos"[235].

Por consiguiente, debe admitirse en que en el Reino Unido, a través de la interpretación judicial basada en presunciones, se ha creado un cierto tipo de limitación al poder legislativo del Parlamento. Tal y como lo expresó J. D. B. Mitchell:

"Se presume que en ausencia de un texto claro que indique lo contrario, una ley no puede quitar la propiedad sin compensación, no puede excluir la juris-

234 J. M. Snee. S. J. "Leviathan at the Bar of Justice", en A. E. Sutherland, (ed.), *Government under Law*, Cambridge, Macs., 1956, pp. 106-107.

235 A. L. Goodhart, "Legal Procedure and Democracy". *The Cambridge Law Journal*, 22,1, abril, 1964, p. 52. *Cfr*. J. D. B. Mitchell, *op. cit*., p. 13.

dicción de un tribunal, no puede ser retroactiva, no puede imponer tributación"[236].

Igualmente, se ha considerado que precisamente a través de esas presunciones, se puede obtener una protección efectiva a los derechos y libertades fundamentales, por lo que en el Reino Unido no resulta claro si una declaración formal de derechos podría permitir una mejor protección a las libertades tradicionales. Por el contrario, T. R. S. Allan ha expresado:

> "Una presunción del *Common Law* que compromete la lealtad de los jueces, es un instrumento tan poderoso para interpretar la legislación de manera de salvaguardar las libertades individuales, como si se tratase de una Declaración de Derechos"[237].

Sin embargo, en la mayoría de los países, lamentablemente, el pueblo o el electorado soberano no siempre tienen la misma confianza que tiene el pueblo inglés en su propio órgano legislativo o en las presunciones que orientan las interpretaciones constitucionales. Por el contrario, en otros países, la experiencia ha demostrado que, precisamente, han sido las acciones de los Parlamentos dominados por mayorías circunstanciales, las que han atentado de la peor manera contra los derechos humanos. Por otra parte, en otros países, desafortunadamente, el Soberano no se fía en presunciones, debidamente aplicadas, como un medio de protección judicial de los derechos humanos.

En todo caso, hoy en día la mayoría de los demás países[238] tienen la necesidad de establecer una Constitución rígida y escrita, con una declaración de derechos y libertades, precisas disposiciones para la limitación y distribución de los poderes del Estado, básicamente del Legislador y del Ejecutivo; dándole a los jueces el poder sustancial de controlar la sumisión de todos los órganos del Estado »a la Constitución y a la ley. De allí el concepto de Estado de Derecho.

2. *La ley y el ordenamiento jurídico*

Como ya hemos señalado, en los sistemas legales con Constituciones escritas, en la expresión Estado de Derecho, la palabra derecho o ley debe entenderse no sólo en el sentido de abarcar los Actos del Parlamento, del Congreso o de los Cuerpos Legislativos, es decir, lo que se conoce como "statutes" en la terminología inglesa, o "ley formal" en los países europeos continentales; sino también, en sentido más amplio, en el sentido de ordenamiento jurídico, lo cual comprende todas las normas que regulan una sociedad dada, según su Constitución política. En este mismo sentido amplio, la expresión "principio de legalidad" empleada en el derecho continental, debe entenderse como equivalente de Estado de Derecho.

---

236 J. D. B. Mitchell. *op. cit.*, p. 66.

237 T. S. R. Allan, "Legislative Supremacy and the Rule of Law: Democracy and Constitutionalism", *The Cambridge Law Journal*, 44, (1), 1985, p. 135.

238 Con la excepción del Reino Unido, Nueva Zelandia e Israel, todos los demás países del mundo tienen Constituciones escritas, *Cfr.* Hood Phillips, *Reform of the Constitution*, Londres, 1970, p. 4; F. M. Aubum, "Trends in comparative constitutional law", *The Modern Law Review*, 35 (2), p. 129.

Por consiguiente, "legalidad", en el derecho constitucional contemporáneo, no es sólo la sumisión a la "ley formal" como acto sancionado por el Legislador, como sucedía en el Siglo pasado con respecto a las acciones administrativas y como consecuencia del principio de la supremacía de la ley, sino que quiere decir sumisión al ordenamiento jurídico, incluyendo a la Constitución y a otras fuentes de derecho. Además, en el mundo contemporáneo, el principio de legalidad no sólo se refiere a la sumisión de todos los órganos del Estado a las normas que regulan su funcionamiento. En este sentido, por ejemplo, el principio de legalidad aplicable al Parlamento o al cuerpo legislativo, en sistemas con Constitución escrita, está conformado por todas las normas contenidas en esa Constitución.

Sin embargo, desde el punto de vista histórico, en Europa continental, inicialmente, el principio de legalidad se entendió en sentido restringido. Se consideraba que si el Estado iba a estar sujeto a la ley, esa expresión "ley" se entendía en su sentido formal como acto sancionado por el Legislador, considerado como el cuerpo que representa al pueblo, y como una expresión de voluntad general.

En este sentido, la expresión "ley" como un acto del cuerpo legislativo fue la que Locke empleó para definir la libertad del hombre conforme a la ley. En tal sentido expresó:

> "La libertad del hombre en la sociedad consiste en estar sometido sólo al poder legislativo establecido, por consentimiento, en la Comunidad; no bajo el dominio de ninguna voluntad, restricción o ley, sino sólo de lo que el legislativo sancione conforme a la confianza en él depositada"[239].

En el mismo sentido, "ley" como expresión de la voluntad general, en la terminología de Rousseau, era lo que había sido legislado por el Legislador[240].

Conforme a esta orientación, además fue que se elaboró la Declaración francesa de los Derechos del Hombre y Ciudadano de 1789, en cuyo artículo 6 se señala:

> "La Ley es la expresión de la voluntad general. Todos los ciudadanos tienen derecho a participar personalmente o a través de sus representantes en su formación"[241].

Sin duda, este sentido restringido de la "ley" ha sido el generalmente empleado en Francia durante el Siglo pasado y a lo largo del presente, en relación a la noción del principio de legalidad. Por ejemplo, Raymond Carré de Malberg, uno de los autores constitucionales clásicos más importantes de principio de este Siglo señaló lo siguiente sobre el criterio formal para la definición de la ley:

---

239 J. Locke, *Two Treaties of govemment*, (ed. Peter Laslett), Cambridge, 1967, Capítulo 4.

240 J. J. Rousseau, *Du contrat Social* (ed. Ronald Grimsley), Oxford, 197,2 Libro II, Cap. V, p. 136; Libro III, Cap. IV, p. 163.

241 Véase el texto en Allan R. Brewer-Carías, *Los Derechos Humanos en Venezuela: casi 200 años de historia*, Caracas, 1990, p. 24; y en W. Laqueur y B. Rubin, *The Human Rights Reader*, 1979, p. 119, *Cfr*. G. de Ruggeiro, *The History of the European Liberalism*, Boston, 1967, p. 67.

"El acto parlamentario de legislar se puede comparar al trabajo de un órgano que, con respecto a la formulación de las leyes, goza de un poder especial exclusivo, y en este sentido constituye un acto del poder del Estado".

Y añadió:

"En la asamblea de diputados que representa la Nación, los ciudadanos mismos, todos los ciudadanos, como miembros constituyentes de la Nación están representados y por ende, participan en la elaboración de las leyes"[242].

En esta tradición, la ley como expresión de la voluntad general legislada por el Parlamento, era la garantía fundamental de la libertad. Por ello puede decirse que después de la Revolución francesa, las leyes propuestas para la limitación de poder, derivadas del principio del Estado de Derecho no eran, en cuanto a su contenido, los estatutos o leyes normalmente aprobadas hoy en día, por el Parlamento; se trataban más bien de lo que Eduardo García de Enterría ha denominado, "leyes de libertad"[243], es decir, leyes destinadas para permitir a los miembros del cuerpo social para desenvolverse libremente, principalmente debido a que el Estado tenía, como función principal, asegurar el ejercicio de las libertades por parte de los ciudadanos. Esa era la esencia del liberalismo en su perspectiva política, por lo que a este respecto, la Declaración de Derechos del Hombre y del Ciudadano de 1789 expresó:

Art. 2: "La finalidad de toda asociación política es la conservación de los derechos naturales e imprescindibles del Hombre. Estos derechos son la libertad, la propiedad, la seguridad y la resistencia a la opresión".

Art. 4: "La libertad consiste en poder hacer todo aquello que no perjudica a otro; así, el ejercicio de los derechos naturales de cada hombre no tiene otros límites que los que garantizan a los demás miembros de la sociedad el goce de esos mismos derechos. Estos límites pueden ser determinados por la ley"[244].

Al definir el principio de la legalidad, los autores franceses[245] han utilizado en general este significado restringido del término ley, como ley formal; sin embargo, algunos de ellos lo han analizado en sentido más amplio como "ordenamiento jurídico"[246], o como Hauriou lo llamó, el "*bloc légal*" (bloque legal) o "*bloc de la légalité*" (bloque de la legalidad)[247].

---

242 Carré de Malberg, *La loi, expression de la volonté générale,* citado por M. Letourneur y R. Drago, "The Rule of Law as understood in France". *American Journal of Comparative Law*, 7, 1958, p. 148.

243 E. García de Enterría, *Revolución Francesa y Administración Contemporánea*, Madrid, 1972. p. 16.

244 Arts. 2 y 4. Véase en Allan R. Brewer-Carías, *op. cit.*, p. 24 y en W. Laqueur y B. Rubin, *op. cit.*, p. 118-119.

245 Ch. Eisenmann, "Le Droit Administratif et le principe de légalité". *Etudes et Documents, Conseil d'Etat*, N° 11, París, pp. 45-50. Letourneur y R. Drago, *op. cit.*, p. 49.

246 A. de Laubadère, *Traite Elémentaire de Droit Administratif*, París, N° 369; G. Vedel, *La soumision de l'Administration à la loi* (extraído de la *Revue al Quanon Wal Igtisad*, año 22, El Cairo Nos. 26, 31, 47, 58, 94, 165, 166, citado por Ch. Eisenmann, *loc. cit.*, pp. 26-27.

247 Ch. Eisenmann, *loc. cit.*, p. 26.

En todo caso, la razón para la utilización en Francia de este sentido tan reducido del principio de legalidad incluso en la época moderna y a pesar de las Constituciones escritas adoptadas en ese país desde 1791, reside en el hecho de que dicho principio, normalmente ha sido formulado en relación al control del Poder Ejecutivo y de la Administración Pública, particularmente debido al concepto tradicional de la supremacía de la ley; y también, en la tradicional ausencia de cualquier tipo de protección dada a los ciudadanos contra las acciones legislativas contrarias a la Constitución[248] con la excepción del control *a priori* de la constitucionalidad de las leyes, por parte del Consejo Constitucional.

En efecto, con el desarrollo de un sistema de control jurisdiccional de la constitucionalidad de las leyes en Francia, gracias al funcionamiento del Consejo Constitucional y a sus recientes decisiones, y debido a la expansión de los modelos americano y austríaco de control jurisdiccional de la constitucionalidad de los actos legislativos en los sistemas legales con Constituciones escritas, se ha aceptado definitivamente la diferencia entre la Constitución como norma del Poder Constituyente y la Ley, como acto de uno de los poderes constituidos, el Congreso o el Poder Legislativo, subordinado al anterior, y con ello, la expansión del principio de legalidad.

En esta perspectiva, los actos del cuerpo legislativo son per se normas dictadas en ejecución directa de la Constitución y, por consiguiente, subordinadas a ella. En consecuencia, el principio de legalidad en el Estado de Derecho contemporáneo también comprende el "principio de constitucionalidad".

Por consiguiente los actos dictados en ejecución directa de la Constitución están sometidos a ella y pueden ser controlados; de ahí el control jurisdiccional de la constitucionalidad de las leyes.

Ahora bien, hay dos aspectos que deben retenerse de lo dicho anteriormente: en primer lugar, que el principio de legalidad, en el contexto del Estado de Derecho, se refiere específicamente a todos los órganos y poderes del Estado, y no sólo a uno, básicamente el Poder Ejecutivo o a la Administración Pública. En consecuencia, en un Estado con Constitución escrita, el órgano legislativo también está limitado por el principio de legalidad, en el sentido de que sus actividades están constitucionalmente limitadas por lo que, en muchos países, pueden ser objeto de control judicial o jurisdiccional.

En segundo lugar, que en la expresión "principio de legalidad", el término "ley" debe entenderse en el sentido más amplio de "ordenamiento jurídico", y no en el sentido formal de acto emanado del Parlamento, por lo que comprende la Constitución en sí, las leyes formales y todas las otras normas del ordenamiento jurídico conformadas en un sistema legal que deriva de la Constitución.

Este enfoque conduce a la necesidad de identificar los aspectos centrales de cada sistema jurídico para determinar cuáles son las normas aplicables a cada órgano del Estado; en otras palabras, para establecer los confines de la legalidad a la cual están sometidos los diferentes órganos del Estado.

---

248 A. Tunc, "Government under Law: a Civilian View" en Arthur E. Sutherland (ed.), *Government under Law*, Cambridge, Mass., 1965, p. 43.

En este sentido, ante todo debe indicarse que, en general, en todos los sistemas legales[249] existe y debe existir una distinción entre, por una parte, las normas que integran la Constitución en sí misma, como derecho positivo superior, y por otro lado, las normas que son sancionadas por una autoridad con poderes derivados de la Constitución. En otras palabras, debe establecerse una distinción entre la norma constituyente y legislación ordinaria.

Tal como Mcllwain lo señaló al referirse a las reflexiones de Bodín sobre el particular:

> "En todo Estado libre existe y debe existir una marcada diferencia entre las leyes que hace un Gobierno y que, por consiguiente, pueden cambiar, y la que hacen al Gobierno, en sí mismo. El Gobierno está "libre de la ley" (según Bodin)..., pero con esto quería decir que sólo estaba libre de las leyes ordinarias que el mismo Gobierno ha hecho o puede hacer. Entre estas leyes no incluye el principio fundamental de la Constitución bajo la cual surge el Gobierno, que define y establece los límites al órgano supremo en el Gobierno creado.
>
> La suprema autoridad establecida y definida por una ley fundamental está totalmente limitada por esa ley, pero está libre de todas las demás leyes"[250].

Esta distinción entre el ordenamiento constitucional y la legislación ordinaria, por supuesto, tiene un carácter fundamental en el constitucionalismo moderno, particularmente en aquellos sistemas con Constituciones escritas. Como ya lo señalamos, si el principio según el cual todas las actividades de un Estado deben realizarse conforme a la ley, indudablemente que resulta necesario determinar, ante todo, cual es la regla de derecho a la cual cada acto del Estado debe confirmarse. Para ello, las normas del ordenamiento que forman un sistema jurídico se organizan, deliberada o espontáneamente, en forma jerárquica, de manera que existen normas en un nivel superior que siempre prevalecen sobre otras normas de nivel inferior.

3. *El sistema jurídico jerarquizado o graduado y el ámbito del principio de legalidad*

La teoría de Kelsen sobre los sistemas jurídicos como una jerarquía de normas es, sin duda, un método útil para identificar la relación jerárquica que existe entre el conjunto normas o de reglas de derecho que forman un sistema legal. En este sentido, cada norma que pertenece al sistema, normalmente se deriva de otra norma, y esta cadena de derivaciones culmina en un *Grundnorm* o Constitución, que constituye la última razón que justifica la existencia de todas las normas del sistema.

Al hablar de derivación, Kelsen se refirió al modo en que se crean las normas, en el sentido de que una norma siempre es creada conforme al poder establecido por otra norma[251].

---

249 G. MacCormack, "Law and Legal system", *The Modem Law Review*, 42 (3). 1979, pp. 285-290: "Legal system" entendido como una recolección de reglas de derecho que tienen en común su interrelación en un orden en particular, básicamente jerárquico.

250 Ch. H. Mcllwain, *Constitutionalism and the Changing World*, Cambridge, 1939, p. 73.

En este sentido expresó:

> "Una pluralidad de normas constituye una unidad, un sistema o un orden, cuando; en el análisis final, su validez depende de una norma o ley única. Esta norma fundamental es la fuente común de validez de todas las normas que pertenecen al mismo orden y que forma su unidad.
>
> En esta forma, una norma pertenece a un orden dado cuando sólo existe la posibilidad de hacer que su validez dependa de la norma fundamental que es la base de tal orden"[252].

Esta teoría de sistematización gradual del ordenamiento jurídico en forma jerárquica, con la Constitución en la cúspide, fue desarrollada en el campo del derecho administrativo, por Adolf Merkl, de la misma llamada "Escuela de Viena", a la que también perteneció Hans Kelsen[253]. Esta teoría, sin duda, proporciona un buen método de orden lógico para construir un sistema que contenga los diversos niveles normativos del ordenamiento jurídico, de cualquier Estado, en un momento dado, y también suministra una explicación lógica para determinar la validez formal de cada uno de esos niveles normativos.

Además, permite establecer los confines formales de la "legalidad" de cada uno de los actos de los diversos órganos del Estado, en relación con el nivel o grado que tiene cada norma que se crea en ese sistema jurídico.

En efecto, el derecho positivo de cualquier Estado, en un momento dado, consiste no sólo en las leyes como actos formales del Parlamento, sino también en otros actos normativos, como los decretos leyes, los reglamentos, las costumbres, los principios generales del derechos y toda una serie de reglas, incluyendo la jurisprudencia, algunas específicas e individualizadas como los contratos, las decisiones, de los Tribunales y los diferentes tipos de actos y disposiciones administrativos. Todos estos preceptos que hacen que el ordenamiento jurídico se aplique en un momento determinado, no sólo tienen orígenes diferentes sino también diferentes jerarquías o grados, de manera que no puede considerarlas como normas coordinadas situadas en yuxtaposición[254]. Al contrario, todo ordenamiento jurídico tiene una estructura jerarquizada con sus normas distribuidas en diferentes niveles, más o menos una sobre la otra. Dentro de esta jerarquía, necesariamente debe haber una conexión formal entre las normas, pues están orgánicamente relacionadas, a pesar de sus orígenes y características diferentes.

En consecuencia, el ordenamiento jurídico no puede ser interpretado como un mero agregado de componentes inorgánicos y desordenados, o simplemente como una mera yuxtaposición causal de normas. Al contrario, para poder comprender a

---

251 H. Kelsen, *General theory of Leiw and State,* trans. Wedberg, rep. 1901, pp. 110 y ss., citado por G. MacCormack, *loc. cit.*, p. 286.

252 H. Kelsen, *Pur Theory of Law*, Cap. IX, *Teoría pura del Derecho*, Buenos Aires, 1981, p. 135.

253 Véase A. Merkl, *Teoría General del Derecho Administrativo*, Madrid, 1935, pp. 7-62. Véase también H. Kelsen, "La Garantie juridictionnelle de la Constitution (La Justice Constitutionnelle)", *Revue du Droit Public et de la Science Politique en France et á l'étranger*, París, 1928, pp. 197-257.

254 H. Kelsen, *Teoría pura, loc. cit.*, p. 147.

cabalidad el ordenamiento jurídico de un Estado, todos esos componentes deben organizarse en forma jerárquica, de manera que formen un sistema jurídico, con diferentes tipos de normas unificadas y relacionadas. En otras palabras, deben responder a un orden sistemático, con relaciones de coordinación y dependencia entre las diferentes partes.

Tal como ya lo hemos expresado, el principio que establece la relación entre todas las normas de tan variado origen, nivel y alcance, conformándolas dentro de un sistema, es la existencia de una base común de validez, bajo la forma de una ley fundamental y superior. Así, un conjunto de reglas o normas de derecho constituye un sistema jurídico relativamente independiente, cuando la justificación y validez de las mismas se deriva de una sola norma, en la que formalmente se basan todas. Y esta norma se denomina, en relación con todas las demás, como la norma fundamental o la Constitución.

Este método de construcción de un ordenamiento jurídico en vigor a través de un sistema graduado de normas, se fundamenta en el hecho de que la creación de una norma legal siempre se basa en otra norma legal. Por consiguiente, puede hablarse de una norma superior y otra inferior. Por ejemplo, la sanción de leyes ordinarias o actos del Parlamento está regulado por la Constitución; la decisión respecto de quién debe reglamentar y la forma en que debe hacerse, está regulada por algunas leyes formales. Además, las decisiones judiciales y las actuaciones de los tribunales están sujetas a normas legales anteriores establecidas en leyes formales y en reglamentos. Asimismo, la validez de las normas o actos administrativos está establecida en las leyes ordinarias, en los reglamentos y así sucesivamente.

En esta forma, el principio de conexión interna de un sistema jurídico consiste en basar la validez de ciertas normas en la validez de otras. Según este método, podría afirmarse que cada categoría de normas se basa en otras de mayor jerarquía, y al mismo tiempo, sirve de base para otras de menor jerarquía. En consecuencia, todo el ordenamiento jurídico en vigor constituye un sistema graduado en estructuras jerarquizadas, donde cada norma depende de unas, mientras que, al mismo tiempo, sirve de base para otras.

Según este método, la validez de todas las normas de un ordenamiento jurídico dado, proviene, en última instancia, de la Constitución, siendo ésta la norma que regula toda la estructura del sistema jurídico, y que se encuentra en la cúspide del ordenamiento jurídico en el cual éste se basa.

Este método sobre las formas de sometimiento de los órganos del Estado y sus actividades al derecho, no sólo se aplica a los ordenamientos jurídicos con Constituciones escritas, sino también a los sistemas que no las tienen. En los primeros, la aplicación de la teoría del sistema jerarquizado de normas es evidentemente claro, precisamente porque existe un documento constitucional formal establecido como norma constituyente. En los demás sistemas legales sin Constitución escrita, el proceso de sistematización del ordenamiento jurídico es mucho más complejo, y esta es la razón por la cual, en estos casos, el sistema jurídico consiste en una amalgama de normas heterogéneas, establecidas en leyes y en el *common law*[255], que son aplicadas por los tribunales como normas de derecho, incluyendo leyes antiguas sancionadas hace siglos, convenciones constitucionales, legislación delegada y otros cuerpos normativos.

En cualquier caso, la sistematización formal de un ordenamiento jurídico es indispensable para la determinación del alcance de la aplicación de la ley a los órganos del Estado, porque en ambos casos, a menudo surgen situaciones en las que dos disposiciones, antagónicas en su contenido, están aparentemente en vigor. En tales casos siempre será necesario determinar cual de las dos es la que está realmente en vigor, a fin de establecer cuál es la que tiene un nivel superior o inferior en caso de conflicto, y qué órgano del Estado tiene la competencia de decidir cuál está en vigor y cuál no.

En resumen, para resolver el asunto de la validez formal de las normas aplicadas a los órganos del Estado, es necesario desde el punto de vista de la lógica, sistematizar formalmente el conjunto de normas de derecho en una estructura unificada. Y esa es, precisamente, la razón por la cual consideramos que el sistema graduado de normas de derecho, constituye una herramienta apropiada.

Con este método, en el análisis global del ordenamiento jurídico, se puede establecer una distinción entre aquéllos actos de Estado que se dictan en ejecución inmediata de la Constitución, es decir, que son dictados directamente en ejercicio de poderes constitucionales, y aquéllos cuya ejecución no está directamente relacionada con la Constitución y que se dictan en ejercicio de poderes establecidos en normas de derecho inferiores a la Constitución.

Entre los actos que surgen de la ejecución inmediata de la Constitución se encuentran, en primer lugar, las "leyes formales", es decir, los actos del Parlamento dictados de conformidad con las disposiciones de la Constitución, así como los actos formales de naturaleza legislativa, sancionados por entidades territoriales políticamente descentralizadas; por ejemplo, en un Estado Federal, las leyes dictadas por las Asambleas Legislativas de los Estados miembros de la Federación; o los actos formales, también de naturaleza legislativa (las ordenanzas), de autoridades locales y municipales, cuando estas últimas tienen autonomía política.

En todos estos casos, las leyes como actos "formales" de los cuerpos legislativos son producto del ejercicio directo de competencias establecidas en la Constitución del Estado. Por consiguiente, derivan de una competencia establecida en la Constitución, ejercida en ejecución directa de la Constitución.

Esta es la razón por la cual respecto a las leyes formales de las Cámaras Legislativas, por ejemplo, la norma de derecho que establece los límites a sus actividades, es la "norma de la Constitución", en el sentido de que, en un sistema constitucional escrito, el órgano legislativo encuentra sus límites de legalidad en las normas de la Constitución. El principio de legalidad en relación a las Cámaras legislativas impli-

---

255 "La ley, hoy en día, es una amalgama de *common law* y derecho estatutario de un tipo tan independiente que a menudo resulta difícil señalar si un caso particular está regulado por un estatuto o por el *common law* ordinario" P. S. Atiyah. "*Common Law and statute law*". *The Modern Law Review*, 48, (1), 1985), p 5.

ca, por consiguiente, el sometimiento a la Constitución por lo que el control judicial sobre sus actos, sólo puede ser de carácter constitucional.

Pero, en los sistemas legales con Constituciones escritas, las Cámaras Legislativas no sólo dictan leyes formales como actos dictados en directa ejecución de la Constitución, sino también dictan otros actos en ejecución de atribuciones estipuladas directamente en la Constitución, y que no constituyen "leyes formales", como es el caso de los actos normativos parlamentarios que regulan, internamente, la organización y los procedimientos de la Legislatura. Estos actos se conocen con el nombre de *interna corporis*, es decir, actos que regulan el funcionamiento de las Cámaras.

Adicionalmente, el Parlamento también puede dictar otros actos que tampoco son "leyes formales" ni actos con efectos internos, pero que igualmente se emiten en ejecución directa de atribuciones constitucionales. En efecto, en muchas Constituciones escritas y debido al sistema de pesos y contrapesos de la separación de poderes, se han previsto un gran número de intervenciones legislativas en las actividades del Ejecutivo, de manera que algunos actos de éste requieren, como condición de validez, la aprobación o la autorización del Congreso o de la Asamblea Legislativa. Esto sucede, por ejemplo, con el nombramiento de funcionarios de alto nivel en el Gobierno nacional o en los cuerpos diplomáticos; con la celebración de empréstitos y con las modificaciones al presupuesto (créditos adicionales). En muchos países, para ello, el Ejecutivo requiere la autorización o aprobación del Congreso antes de tomar cualquiera de esas acciones.

Todos estos actos del Parlamento, aun cuando no son leyes formales, gozan de la misma jerarquía que la ley formal en el sentido que sólo están sometidos a la Constitución, la cual los regula. Por consiguiente, están sujetos a la Constitución, y también pueden ser controlados judicialmente para velar por su sometimiento la norma constitucional con la que deben estar conforme.

Pero, en los sistemas de Constitución escrita, este documento fundamental en algunos casos, también atribuye, poderes directos al Jefe del Estado para ejercer algunas actividades que no están sujetas a regulación por parte del legislador ordinario, y, que el Legislador no puede ni regular ni limitar a través de las leyes. Nos referimos aquí a los actos que normalmente tienen que ver con el "Gobierno" en el sentido político, y que se reservan a los Jefes de Estado o de Gobierno. Son los que se conocen en el derecho continental europeo como "actos del Gobierno" o "actos políticos", más o menos equivalentes a la noción norteamericana de "cuestión política", los cuales como son actos que se dictan en ejecución directa de la Constitución, no están sujetos a regulación por ley formal, y son ejercidos por el Jefe de Estado, basándose en disposiciones directas de la Constitución. En consecuencia, estos actos del Gobierno también se colocan en el mismo nivel que las leyes formales, y sólo están sujetos a lo establecido en la Constitución, la cual determina su ámbito de legalidad.

La ausencia tradicional de control judicial o jurisdiccional de la constitucionalidad de los actos del Estado, y el poder limitado conferido a los tribunales administrativos, en Francia y en otros países continentales europeos, hizo que se creara en este Siglo la doctrina de los "*actes du gouvernement*" (actos del Gobierno) o "*political acts*" (actos políticos) como una excepción del principio de legalidad, en el sentido de que no estaban sujetos a control por parte de los tribunales administrativos. En Francia, fueron las decisiones del Concejo de Estado que declaraban su incompetencia para controlar dichos actos, las que llevaron a la creación de esa doctrina, estableciendo una distinción entre la acción administrativa, que debe estar sujeta al control jurisdiccional y la acción gubernamental, que no está sujeta a dicho control. Esta acción gubernamental se fue reduciendo progresivamente a dos campos básicos: los actos del Jefe de Estado o de Gobierno en relación al órgano legislativo, por ejemplo, el poder que 'tiene 'el Ejecutivo de someter proyectos de ley a la legislatura, y actos referentes a las relaciones internacionales, como por ejemplo el proceso de elaboración o denuncia de un tratado[256]. Por el contrario, en sistemas jurídicos con control jurisdiccional de la constitucionalidad de los actos del Estado, estos "actos del gobierno", aun cuando escapan al control de los tribunales administrativos por no estar sujetos a la "ley formal" y no ser actos administrativos, están sujetos sin embargo, al control jurisdiccional de su constitucionalidad. Una vez más puede decirse que esos actos de los Jefes de Estado o de Gobierno, sin lugar a dudas, están sujetos al principio de legalidad. Pero aquí, también "legalidad" significa constitucionalidad (sometimiento a la norma de la Constitución). Por consiguiente, en caso de que no existiera ningún sistema de control jurisdiccional o judicial de la constitucionalidad, los tribunales ordinarios contencioso-administrativos declararía su incompetencia para controlarlos sobre una base de inconstitucionalidad y no porque ello constituya una excepción al principio de legalidad. De nuevo aquí, con referencia a cada acto del Estado, lo que debe es definirse los límites de lo que significa legalidad para ellos, para así establecer sus condiciones de validez.

Pero, además de los llamados "actos del gobierno" dentro de los actos de los Jefes de Estado o de Gobierno dictados en directa ejecución de la Constitución, puede agregarse a los llamados "Decretos de Ley" que tienen la misma jerarquía que una "ley formal" y que se producen cuando la Constitución atribuye ciertos poderes legislativos al Poder Ejecutivo, es decir, al Jefe de Estado. En esos casos, no se trata de una mera delegación legislativa, sino de la producción de actos con fuerza de "ley formal", en cuanto a su jerarquía y contenido y que no son dictados por el legislador normal o por el Parlamento sino por el Jefe de Estado o de Gobierno, en ejecución directa de la Constitución. Tomando en cuenta su contenido normativo, son actos de gobierno que se emiten en ejecución directa de la Constitución, sobre la base de un poder establecido directamente por la Constitución, o en algunas oportunidades, delegado por el Parlamento, de conformidad con las disposiciones de la Constitución. En dichos casos, los decretos ley tienen la misma jerarquía que las leyes formales ordinarias, aunque, en virtud de su contenido, pueden ser reemplazados por una ley formal ordinaria sancionada por el Parlamento.

En todos esos casos, los actos dictados por los órganos constitucionales son actos dictados en ejecución directa de la Constitución, y por consiguiente, subordinados sólo a la Constitución. El principio de legalidad del Estado, por tanto, es decir, la necesaria sumisión de los órganos del Estado a la ley, en lo referente a estos órganos constitucionales y a los actos dictados en ejecución directa de la Constitución, equivale a sometimiento a la Constitución. Como ya lo mencionamos, en todos estos casos, "legalidad" equivale a "constitucionalidad" tanto para el Parlamento como para el Jefe de Estado o de Gobierno; en otras palabras, sumisión a la Constitución,

256 A. Tune, "Government under Law: a civilian view", *loc. cit.*, pp. 46-47.

o actuación de conformidad con las normas establecidas por la Constitución, dentro de los límites constitucionales.

Pero, en la sistematización formal del ordenamiento jurídico, dentro de este sistema graduado de producción de normas, salvo todos los actos dictados en ejecución directa de la Constitución, los demás órganos del Estado, particularmente en las áreas administrativas y judiciales, estas se ejercen, no en ejecución directa de las normas constitucionales sino más bien, en ejecución directa de la "legislación", es decir, de las leyes formales o los actos del Parlamento, incluso, de los actos de gobierno o los decretos leyes dictados por los órganos constitucionales competentes, a su vez en ejecución directa de la Constitución.

En esta forma, todas las actividades administrativas son, en última instancia, actos dictados en ejecución inmediata de la "legislación", y en ejecución mediata de la Constitución, es decir, en ejecución directa de la "legislación" y en ejecución indirecta de la Constitución.

En consecuencia, en un Estado de Derecho, el grado de sumisión de la Administración al principio de la legalidad, es mayor que el de la sumisión a las normas de derecho por parte de los órganos constitucionales del Estado. El Congreso o el Parlamento están sometidos a la Constitución, e incluso, el Jefe de Estado o de Gobierno cuando dicta un acto de gobierno, sólo está restringido por la Constitución; mientras que los órganos y las autoridades administrativas están envueltos en un área de legalidad de mayor extensión, puesto que están sometidos a la "legislación", la cual ejecutan. Esta es la razón por la cual, en este campo, el principio de legalidad tomó el significado que normalmente tiene en relación a la actividad administrativa del Estado contemporáneo.

Este enfoque del sistema graduado del ordenamiento jurídico para el análisis de los sistemas legales, como ya lo mencionamos, tiene enormes implicaciones en el campo del control judicial o jurisdiccional de las actividades y acciones del Estado.

En efecto sería inútil formular el principio de legalidad en el Estado de Derecho, ,o mejor dicho del sometimiento del Estado a la norma de derecho, si no se estableciera algún mecanismo a través del cual los individuos pudieran controlar judicialmente el sometimiento efectivo de los órganos del Estado al derecho. Esto obviamente, nos lleva a los dos aspectos principales del control de la constitucionalidad y legalidad en el mundo moderno, evidentemente condicionados por el grado de ejecución de los actos del Estado con respecto a la Constitución.

En efecto, en aquellos sistemas en los cuales existe una Constitución escrita, la máxima expresión del principio de la legalidad se ve reflejada en el establecimiento de dos sistemas de control jurisdiccional sobre el ejercicio de poder: el control de la constitucionalidad y el control de la legalidad, en el sentido más estricto de la palabra.

En el caso de los actos del Estado dictados en ejecución directa de la Constitución, es decir, los actos del Parlamento como las leyes formales o las *interna corporis*; o los actos del Jefe de Estado o de gobierno, dictados en ejercicio de poderes otorgados directa y exclusivamente por la Constitución, para que exista un Estado de Derecho en todo el sentido de la palabra, deben estar sujetos a algún sistema de control judicial o jurisdiccional de la constitucionalidad.

En este sentido se establecieron, por ejemplo, en los Estados de Europa continental, los Tribunales Constitucionales como órganos constitucionales, con el único propósito de controlar la constitucionalidad de los actos del Estado sancionados en ejecución directa de la Constitución, como las leyes, y los actos internos del Parlamento, así como los actos de gobierno y los Decretos Leyes.

No es por casualidad si en Europa, los primeros países en los que se establecieron los primeros Tribunales Constitucionales fueron precisamente, aquellos en los que la organización del sistema constitucional estaba directamente influenciada por la teoría de Kelsen, respecto del sistema jurídico como jerarquía de normas. El objetivo específico de estos Tribunales fue juzgar la inconstitucionalidad de los actos del Estado dictados en ejecución directa de la Constitución. Tal fue la situación en Austria y Checoslovaquia en 1920, países cuyas Constituciones y sistemas legales estaban directamente influenciados por la doctrina de la escuela vienesa. Pero no fue sino hasta la década de los cuarenta, después de la Segunda Guerra Mundial, cuando en Europa continental se establecieron los Tribunales Constitucionales para juzgar la constitucionalidad de las leyes y de los actos de gobierno, en particular los que tienen fuerza de ley.

En otro sentido, debe señalarse que precisamente debido, por una parte, a la ausencia de un órgano constitucional encargado del control de la constitucionalidad de los actos del Estado dictados en ejecución directa de la Constitución, y por la otra, la expansión del principio de legalidad en relación a los actos administrativos, se produjo una distorsión en el Estado de Derecho. Ello puede observarse en el desarrollo de la doctrina antes mencionada, de los "actos de gobierno" o "actos políticos", cuyo objetivo era excluir del control de la legalidad a cargo de los tribunales contencioso-administrativos, ciertos actos dictados por el Jefe de Estado. En esta forma, la famosa doctrina francesa de los "actos de gobierno" o de los "actos políticos" en el derecho italiano o español, sé desarrolló mucho antes de que se establecieran en esos países Tribunales Constitucionales. Como ya lo expresamos, según esa doctrina, se suponía que había algunos actos del Ejecutivo que aunque estaban considerados erróneamente como actos administrativos no estaban sometidos a control de legalidad. Esto se debió, principalmente, a que se considerara, inicialmente, que habían sido formulados por razones políticas, o más tarde, cuando esa doctrina estaba llegando a su fin, porque se considerara que se refería a asuntos establecidos directamente en la Constitución, con referencia a las relaciones entre los diferentes poderes del Estado o entre los órganos constitucionales, o a otros Estados en el orden internacional.

Como ya se señaló, esos actos no estaban sometidos al control contencioso administrativo ni al control de la legalidad administrativa, no porque no se tratara de actos administrativos dictados por razones políticas, sino porque, contrariamente a lo que se aseveraba, en realidad, no eran actos administrativos. En efecto, eran actos de gobierno dictados en ejecución directa de la Constituirán y el único control al que se les podía someter era al control de la constitucionalidad, que significa su sumisión a la norma que se había ejecutado para su emisión, es decir, la misma Constitución. Como en esos países no había control jurisdiccional de la constitucionalidad de los actos del Estado, tampoco podía haber control jurisdiccional sobre esos actos, hecho que contribuyó a la distorsión de la doctrina del "acto de gobierno". En países como Italia y España, el subsiguiente establecimiento del control de la constitucionalidad de las leyes y de los actos ejecutivos con fuerza de ley, tuvo como consecuencia la reducción o desaparición, de la doctrina de la inmunidad jurisdiccional de los actos políticos. Estos actos están ahora bajo el control de los Tribunales Constitucionales.

En Francia, como aún no existe un verdadero control posterior de la constitucionalidad de los actos dictados en ejecución de la Constitución, todavía, existe la doctrina de la exención de "actos de gobierno" del control contencioso-administrativo, lo que crea un área inmune al control de la legalidad.

Ahora bien, en el sistema legal del Reino Unido, como no hay una Constitución escrita, como un documento formal con la naturaleza de ley fundamental que regula los principios básicos de las acciones de los órganos del Estado y establece una serie de derechos y garantías constitucionales, no puede existir un control jurisdiccional de la constitucionalidad de ciertos actos estatales. En consecuencia, en un sistema jurídico graduado, cuando no hay Constitución escrita, no hay nada similar a una norma fundamental que sirva de fuente de validez para leyes de menor jerarquía.

En ausencia de una Constitución formal que sirva de ley fundamental, como ocurre en el sistema británico, el acto soberano, es precisamente, el acto del Parlamento, pues el principio de Soberanía parlamentaria implica que, como Parlamento, éste no está sometido a ninguna norma superior, y es quien produce las normas superiores en sí mismas. En este sentido, un acto del Parlamento no está sometido a ninguna otra norma, y por consiguiente, su constitucionalidad no puede estar controlada con referencia a ningún documento formal. Por ello, en el sistema jurídico británico, el control de la constitucionalidad de los actos del Parlamento es inconcebible en los términos establecidos en los sistemas, jurídicos europeos o americanos. Como consecuencia, el establecimiento de una jerarquía precisa en la producción' de normas de derecho también resulta difícil, ya que no hay Constitución escrita, por lo que finalmente la norma suprema es la norma del Parlamento. Además, no hay grados de validez entre las Leyes[257].

Sin embargo, con respecto al ordenamiento jurídico subordinado a los actos del Parlamento, estimados que en el Reino Unido en cierta medida, puede desarrollarse un sistema graduado o jerarquizado de normas, siendo más o menos posible sistematizar todo el ordenamiento jurídico, basado, naturalmente, en el concepto de la superioridad de los actos del Parlamento.

En todo caso, además de los actos dictados en ejecución directa de la Constitución, en los sistemas legales graduados que han dado origen a los sistemas de control judicial o jurisdiccional de la constitucionalidad, es evidente que el principio de legalidad desempeña un papel mucho más importante en el segundo nivel de ejecución del ordenamiento jurídico, es decir, en aquellos actos del Estado dictados en ejecución directa de la legislación, o en ejecución indirecta de la Constitución. Aquí, el principio de legalidad se ha desarrollado en el pleno sentido de la palabra, particularmente con referencia a la Administración, tanto en los sistemas legales de Europa continental como en el Reino Unido, dando origen al control judicial o jurisdiccio-

257 *Halsbury's Laws of England*, 4th Ed. Londres, 1974, Vol. 8, p. 531.

nal de la legalidad de los actos administrativos, y por consiguiente, al Derecho administrativo.

Pero este principio de legalidad, principalmente en sistemas legales con Constituciones escritas implica, por supuesto, no sólo que el Poder Ejecutivo o la Administración Pública esté sujeta a las normas de derecho, sino que los otros órganos del Estado, incluyendo los órganos legislativos, también estén sujetos a las normas de derecho.

En consecuencia, lo que constituyen las normas de derecho en relación a cada órgano del Estado, varía y tiene un ámbito diferente dependiendo de la posición que tiene cada norma o acto del Estado en el sistema jurídico jerarquizado. Por ello, para el Legislador, legalidad quiere decir constitucionalidad o sumisión a la Constitución, igual que para el Jefe de Estado con respecto a los actos de gobierno. En ambos casos, dichos actos se adoptan en ejecución directa de la Constitución, sin la interferencia de actos del Parlamento, en forma tal que sólo están subordinados a la Constitución.

4. *El principio de legalidad y el ejecutivo*

En cuanto a los Poderes Judicial y Ejecutivo, el principio de legalidad tiene un sentido más amplio, pues incluye no sólo la Constitución, sino también, a todos los actos del Estado con carácter general y normativo, y particularmente, los de rango "legislativo". En estos se incluye, además de los actos del Parlamento o leyes formales, todos los demás actos del Estado con la misma fuerza legal, como por ejemplo, los decretos-leyes y los actos de gobierno dictados por el Jefe de Estado conforme a los poderes constitucionales. En el principio de legalidad relacionado con el Ejecutivo también se incluyen todas las demás normas legales que limitan la acción administrativa, así como los principios generales del derecho (*natural justice*) que deben ser observados por la Administración Pública.

De allí que en los sistemas de derecho público contemporáneos, el principio de legalidad en relación con la acción ejecutiva y administrativa, haya tenido, de hecho, una mayor importancia.

Debe señalarse que en la evolución del Estado contemporáneo, el principio de legalidad se había referido tradicionalmente a la sumisión de la Administración a la ley en el sentido de "ley formal", es decir, actos normativos dictados por el Parlamento, entendiéndose que la Administración Pública siempre debía actuar sobre la base de una norma de derecho preexistente. Este principio de la legalidad originalmente confinado a la sumisión a la ley formal, progresivamente se ha venido expandiendo al punto de que el término "legalidad" se volvió sinónimo de ordenamiento jurídico, en el sentido de que en un sistema jurídico graduado y jerarquizado, la Administración está subordinada a todas las normas superiores que gobiernan sus actividades. En consecuencia, en este contexto, la ley no sólo es ley en el sentido formal, sino también incluye a los tratados internacionales firmados por los Estados respectivos, a los decretos-ley y reglamentos y todo el resto de las otras fuentes normativas de derecho aplicadas en la Administración, incluyendo los principios generales del derecho.

Conforme a este principio de la legalidad, en un Estado de Derecho, a diferencia de la situación que se presenta en regímenes autoritarios, las actividades de la Administración están sujetas a control jurisdiccional, sea a través de los mecanismos judiciales ordinarios, sea mediante sistemas especiales de control propios del derecho administrativo, implementados mediante acciones otorgadas a los particulares para controlar cualquier violación legal que pueda haber sido cometida por la misma Administración.

En algunas oportunidades, si bien la teoría de poderes discrecionales abrió un vacío en el principio de legalidad, poco a poco se fue llenando mediante el ejercicio progresivo de control judicial de los actos discrecionales, con el resultado es que, a pesar de la libertad otorgada a la Administración para que tome decisiones, esos actos también están subordinados al control jurisdiccional de la legalidad, y ya no se los considera en ningún país como una excepción al principio de legalidad, tal y como habían sido originalmente diseñados en el derecho administrativo francés.

Cuando se confieren poderes discrecionales, la ley otorga a la Administración una cierta libertad para tomar las acciones o decisiones que considere más convenientes, respecto del hecho concreto, según su propia apreciación. Sin embargo, se ha aceptado y establecido a través del control jurisdiccional contencioso-administrativo de la actividad administrativa, que el poder discrecional tiene límites, y no puede transformarse en arbitrario. Por ello, en el derecho administrativo, progresivamente se fueron identificando diferentes límites para el ejercicio del poder discrecional derivados de los principios de la proporcionalidad, racionalidad, no discriminación, igualdad y justicia. Asimismo, se ha aceptado que el uso de poderes discrecionales por parte de la Administración no puede conducir a la violación de los principios generales que orientan el procedimiento concernientes al debido proceso y a la defensa. Prueba de que ello es el derecho a ser escuchado antes de que se tome un acto administrativo, de manera que el individuo que pueda verse afectado por tal decisión, pueda tener la oportunidad de expresar y defender sus derechos.

Todos estos principios han conducido a la limitación de los poderes discrecionales, que aun cuando se originaron jurisprudencialmente, con posterioridad se han consagrado en varios países, en leyes formales que se relacionan con los procedimientos administrativos[258]. Un ejemplo de este proceso de formalización del establecimiento de límites al poder discrecional es el artículo 12 de la Ley Orgánica de Procedimientos Administrativos de 1981 que establece lo siguiente:

> "Artículo 12: Aun cuando una disposición legal o reglamentaria deje alguna medida o providencia a juicio de la autoridad competente, dicha medida o providencia deberá mantener la debida proporcionalidad y adecuación con el supuesto de hecho y con los fines de la norma, y cumplir los trámites, requisitos y formalidades necesarios para su validez y eficacia".

Es decir, cuando a una autoridad administrativa le ha sido otorgada por una ley o un reglamento, suficiente libertad para tomar una medida o decisión basada en su propia apreciación de las circunstancias de hecho y de tiempo que la motivan, debe respetar, en primer lugar, el principio de la proporcionalidad de la acción administrativa; en segundo lugar, debe perseguir los fines para los cuales se han otorgado

---

258 A. R. Brewer-Carías, *Los Principios del Procedimiento Administrativo*, Madrid, 1992.

los poderes discrecionales; en tercer lugar, debe velar porque los hechos estén adecuadamente subsumidos en las reglas establecidas en las normas; y en cuarto lugar, siempre debe respetar las etapas de procedimiento requeridas para la validez y efectividad de la acción administrativa.

En esta forma, el primer límite al poder discrecional es el deber impuesto a todas las autoridades administrativas de respetar la debida proporcionalidad entre los hechos que motivan las acciones administrativas y las consecuencias establecidas en la ley. En este sentido, si la norma autoriza al órgano administrativo, por ejemplo, para aplicar una multa en montos establecidos entre dos extremos de conformidad con su apreciación de la gravedad de la falta, la sanción es decir, la multa o castigo impuesto debe guardar algún tipo de proporción con los hechos reales que ocurrieron y que provocaron la acción administrativa condicionados por los principios de racionalidad, justicia y equidad.

Ese principio de la proporcionalidad, como límite al poder discrecional, conduce a otro, que es el principio de igualdad y no discriminación, en el sentido de que en relación a un hecho dado si se adopta una medida o decisión contra un individuo, igualmente debe adoptarse la misma medida o decisión contra otros individuos, siempre y cuando los hechos coincidan. Ello también exige el cumplimiento del principio de imparcialidad, como principio general de la actividad administrativa, también como límite al poder discrecional.

Pero la Ley Orgánica de Procedimientos Administrativos también establece como límite al poder discrecional, la necesidad de que la autoridad administrativa al tomar una medida o decisión, trate de cumplir con las finalidades establecidas en la norma que confiera el poder a la Administración Pública. Toda distorsión en el cumplimiento de esos fines puede provocar el control judicial de la actividad administrativa por desviación de poder.

Además, el mismo artículo 12 de la Ley Orgánica de Procedimientos Administrativos establece también, como límite a los poderes discrecionarios, la debida concordancia entre los hechos reales que motivan el acto administrativo, y los establecidos en la norma en particular. Eso significa que en su actuación, la autoridad pública debe determinar, primero, el hecho ocurrido; segundo, debe probarlo a través de los medios técnicos requeridos; tercero, debe calificarlos adecuadamente, y finalmente los hechos deben coincidir con los que están establecidos en la norma que autoriza el acto. Adicionalmente, todos estos pasos deben seguirse, guardando los principios de igualdad, imparcialidad y justicia antes mencionados, de manera que toda violación de los mismos implica ilegalidad.

Finalmente, la norma establece que, en el uso de los poderes discrecionales por la Administración Pública, los órganos del Estado siempre deben respetar las etapas y requisitos procedimentales normalmente requeridos para la validez y efectividad de los actos administrativos. Dentro de estas normas debe resaltarse el respeto al derecho a la defensa, el cual debe estar garantizado en todas las acciones administrativas. Este derecho que tiene cualquier ciudadano de poder defenderse y que deriva de la propia Constitución (Art. 68) ha sido desarrollado en la Ley Orgánica de Procedimientos Administrativos mediante el establecimiento formal de otros derechos derivados de los individuos, con respecto a la Administración Pública. Por ejemplo, el derecho a ser oído antes de que se tome una decisión que afecte sus derechos o intereses; el derecho a participar en los procedimientos administrativos que puedan afectar esos derechos e intereses: el derecho a ser notificado, de manera formal, de cualquier decisión que pueda afectarlo; el derecho a tener acceso a todos los documentos archivados en el expediente y el derecho a copiar esos documentos; el derecho a presentar pruebas y alegatos ante la Administración Pública en su propia defensa; y el derecho a ser notificado acerca de los medios de recurso u otras acciones que los individuos pueden emplear para su defensa sea en sede administrativa o judicial[259].

En consecuencia, sea que la fuente de los límites al poder discrecional se derive de la jurisprudencia conforme de los principios generales antes señalados, propios de la natural justice[260], o se establezcan en el derecho positivo, como resulta de la Ley Orgánica de Procedimientos Administrativos, lo cierto es que el principio de la legalidad aplicado a la Administración ha aumentado en su ámbito. En todos los sistemas encontramos, como algo común, tanto la exclusión de toda consideración del poder discrecional como excepción al principio de la legalidad, como la aceptación de que incluso en ejercicio del poder discrecional que le confiera la ley, la acción administrativa está completamente sometida al principio de la legalidad.

En todo caso, y en relación a esta pretendida excepción al principio de la legalidad, lo mismo puede afirmarse respecto de los denominados actos políticos de gobierno, tal como estos habían sido concebidos hace algunas décadas en los sistemas jurídicos europeos.

En efecto, como ya lo hemos señalado, en Europa Continental, algunos actos del Ejecutivo, como los actos políticos, tradicionalmente, se habían considerado como actos exentos al sometimiento a la legalidad. Debe señalarse que, aún cuando esos actos no podían ni pueden considerarse como administrativos, los esfuerzos por garantizar el imperio del derecho no sólo condujo a reducir gradualmente el número de actos políticos exentos de control, sino que luego, con la creación de Tribunales Constitucionales en Europa Continental, se hizo posible en algunos países el ejercicio del control de la constitucionalidad de esos actos de gobierno, como actos dictados en ejecución directa de la Constitución.

En conclusión, todos los actos del Ejecutivo están sometidos al principio de legalidad y por consiguiente, sujetos al control judicial, incluyéndose en la expresión "actos del Ejecutivo", por supuesto, a los actos normativos como por ejemplo, los reglamentos.

5. *El principio de la legalidad y la rule of law*

Tal como lo hemos señalado, en el sistema jurídico del Reino Unido, lo que se conoce como principio de la legalidad en los sistemas jurídicos de Europa continental, está comprendido en la expresión general "*rule of law*" apuntando ambas expresiones al concepto de "Estado de Derecho", y que implica que es ley la que gobierna, y no los hombres.

---

259 Allan R. Brewer-Carías, *El Derecho Administrativo y la Ley Orgánica de Procedimientos Administrativos*, Caracas, 1982, pp. 112-118.

260 Véase en general, P. Jackson, *Natural Justice*, Londres, 1979, p. 224.

Sin embargo, entre ambas nociones, indudablemente que existe una diferencia histórica básica: mientras que en Europa continental el "Estado de Derecho" surgió como un sistema racional que sustituyó al Antiguo Régimen, en Inglaterra donde no existía la monarquía absoluta, el "principio de legalidad" es decir, la *rule of law* estuvo directamente relacionado con la doctrina medieval del "Reino del Derecho" (*reign of law*) según el cual, la ley, fuera derivada de fuentes sobrenaturales o humanas, era la que debía regir el mundo[261].

Por consiguiente, como lo afirmó E.C.S. Wade, Dicey no inventó el concepto de *rule of law*[262], sino que en realidad, fue el primer autor que en el Reino Unido lo sistematizó y analizó. Por esta razón, resulta imposible referirse al principio de la legalidad en el Reino Unido sin hacer referencia, de una u otra manera, al enfoque de Dicey, el cual ha regido en ese país las discusiones sobre el tema en los últimos tiempos[263].

De acuerdo con la clásica definición de Dicey, la *rule of law* significa tres cosas: la supremacía absoluta de la ley; la igualdad ante la ley y el concepto según el cual la Constitución es el resultado del reconocimiento de los derechos individuales por parte de los jueces.

Con respecto al primer significado, Dicey explicó que por *rule of law*:

> "entendemos... que ningún hombre puede ser castigado o ser legalmente compelido a sufrir castigo en sus bienes o su persona, salvo por una clara violación de la ley establecida en la forma legal ordinaria por los tribunales ordinarios del país.
>
> En este sentido, la *rule of law* se distingue de todos los sistemas de gobierno basados en el ejercicio, por personas, de poderes amplios, arbitrarios o discrecionales"[264].

Tal como lo expresó el mismo Dicey, la *rule of law* significa:

> "la supremacía absoluta o predominio de la ley regular en oposición a la influencia del poder arbitrario, lo que excluye la existencia de la arbitrariedad de las prerrogativas e incluso, de la autoridad discrecional amplia del Gobierno. Los ingleses están regidos por la ley y sólo por la ley; un hombre entre nosotros puede ser castigado por haber violado la ley, pero no por algún otro motivo"[265].

En cuanto a este primer significado del principio de la legalidad o *rule of law* debe observarse, como ya se ha expuesto, que los poderes discrecionales conferidos al Gobierno por la ley, no significan necesariamente arbitrariedad; al contrario, el Gobierno siempre tiene limitaciones en el ejercicio de sus poderes. También debe seña-

---

261 W. Holdsworth, *A History of English Law*, London, 1972, Vol. II, p. 121. *Cfr.* E. C. S. Wade, "Introduction", en A. V. Dicey, *An Introduction to the Study of the Law of the Constitution*, London, 1975, XCII.

262 E. C. S. Wade, "Introduction", *loc. cit.*, p. XCII.

263 J. D. B. Mitchell, *op. cit.*, p. 53.

264 A. V. Dicey, *op. cit.*, p. 188.

265 *Ibid.*, p. 202. En este concepto, por ley ordinaria se entiende el derecho estatutario y *common law*, teniendo el primero supremacía sobre el segundo.

larse, con respecto a este primer sentido de Dicey de la *rule of law*, que si bien es cierto que el gobierno carece de poderes arbitrarios, dicho poder puede estar en el Parlamento, pues contrariamente a lo que sucede con los órganos legislativos de otros países, los poderes del Parlamento británico no están limitados por una Constitución. En consecuencia, el Parlamento británico, en virtud de su soberanía, goza en principio de poderes ilimitados, no sólo para dictar normas generales sino también disposiciones individuales de cualquier índole.

Por lo tanto, las normas arbitrarias no están excluidas constitucionalmente, aunque en principio, deben adoptar la forma de un Acto del Parlamento o estar autorizadas por el mismo. Sin embargo, debe señalarse que si se toma en cuenta la situación de su supremacía que de hecho, el gobierno tiene en relación al Parlamento, debido a que las decisiones de este último están condicionadas por el Gobierno por el sistema partidista, el resultado es que la decisión final sobre determinadas medidas, en última instancia la toma el Gobierno, el cual puede solicitar una acción del Parlamento, incluso después de haber tomado dichas medidas. En este sentido, por ejemplo, se ha dicho que en 1931, el Parlamento ratificó y legalizó una serie de actos ilegales que habían sido adoptados por el Gobierno con respecto a la abolición del patrón oro, en cuyo caso, el poder arbitrario del Parlamento sirvió para sancionar actos ilegales[266].

Según Dicey, la *rule of law* también significa igualdad jurídica. En tal sentido señaló:

> "En segundo lugar, cuando hablamos de la *rule of law* como una característica de nuestro país, entendemos que, para nosotros, ningún hombre está por encima de la ley, pero (y esto es otra cosa) cualquier hombre, cualquiera que sea su rango o condición, está sujeto a la ley ordinaria del reino y por tanto, sometido a la jurisdicción de los tribunales ordinarios"[267].

Sin embargo, al explicar este segundo significado, Dicey fue más allá, aplicando el concepto a los funcionarios del Gobierno, al señalar:

> "Significa, una vez más, igualdad ante la ley, o el sometimiento igualitario de todas las clases a la ley ordinaria del país, administrada por los tribunales de justicia ordinarios. En este sentido, la *rule of law* excluye la idea de cualquier exención de funcionarios del deber de obediencia a la ley que gobierna a los demás ciudadanos, o de la jurisdicción de los tribunales ordinarios"[268].

En este sentido, la concepción de Dicey del principio de la legalidad excluía la idea de cualquier exención en beneficio de funcionarios públicos u otros individuos, y naturalmente también excluía cualquier idea de tribunales especiales de justicia administrativa, al estilo francés.

La consecuencia de esta concepción fue el famoso enfoque erróneo que formuló Dicey sobre el "derecho administrativo", que lo hizo concluir en que en el Reino

---

266 I. Jennings, *The Law and the Constitution, cit.*, pp. 57-58.

267 A. V. Dicey, *op. cit.*, p. 193.

268 *Ibid.*, pp;. 202-203.

Unido no existía nada que equivaliera realmente al "derecho administrativo" o a los "tribunales administrativos" de Francia[269].

Dicey, en realidad, reaccionó contra el derecho administrativo francés, tal como él lo entendió. Afirmó que el derecho administrativo francés se basaba en varias "ideas ajenas a las concepciones del inglés moderno"; entre otras, en la idea:

> "según la cual, (en Francia) el Gobierno y cada servidor público tiene, como representante de la Nación, un cuerpo de derechos, privilegios o prerrogativas especiales frente a los que los ciudadanos comunes; derechos, privilegios o prerrogativas especiales cuyo alcance se determina de acuerdo con principios distintos de aquellos que rigen los derechos y deberes jurídicos de un ciudadano con respecto a otro"[270].

Todos estos privilegios y prerrogativas, a los que hacía referencia Dicey, llevaban a lo que se consideraba el más importante entre ellos en el sistema francés: la existencia de tribunales administrativos especiales para juzgar a las entidades y funcionarios públicos, ubicados en un sistema de judicatura separado y diferente del Poder Judicial, que tenían en su cúspide no a la Corte de Casación, sino al Consejo de Estado.

En Gran Bretaña, por supuesto, desde hace décadas quedó demostrado que la visión de Dicey acerca del derecho administrativo era errada[271] y que la igualdad jurídica no puede significar que los órganos del Estado deben estar subordinados a las mismas leyes que se aplican a los ciudadanos comunes. Como J. D. B. Mitchell lo señaló:

> "Si bien es deseable el sometimiento de los funcionarios a la ley, esto no significa que en todos los casos, o en general, se trate de una sujeción a la ley aplicable al ciudadano común (porque).. está claro que los poderes del Gobierno no pueden ser los mismos que ,los del ciudadano común... y que en cuanto concierne a los derechos, las entidades públicas ni los funcionarios públicos pueden estar regidos por ley ordinaria"[272].

En consecuencia, si, en principio, es deseable que los órganos del Poder Ejecutivo estén sujetos a la misma ley que rige a los ciudadanos, esto no excluye por supuesto la necesidad eventual de que el Gobierno, en vista de su misma naturaleza, pueda tener prerrogativas y poderes especiales. Lo que realmente exige el principio de la legalidad es que no se le confiera al Gobierno ningún privilegio o exención innecesaria con relación a las leyes ordinarias. Al respecto, por ejemplo, el hecho de que la Corona no pudiera ser llevada a un tribunal para exigírsele responsabilidad,

---

269 *Ibid.*, p. 203.

270 *Ibid.*, pp. 336-37. "Un individuo que trata con el Estado, según las ideas francesas, no lo hace de la misma forma como lo haría si tratara con su vecino", p. 337.

271 H. W. R. Wade, *Administrative Law*, Oxford, 1984, p. 25.

272 J. D. B. Mitchell, *op. cit.* p. 58.

constituía un privilegio innecesario, el cual fue eliminado en 1947, por la *Crown Proceeding Act*[273].

En todo caso, en cuanto a este segundo significado del principio de la legalidad conforme a las ideas de Dicey, puede concluirse que en realidad implicaba que los órganos del Estado deben estar sometidos a la ley. En la misma forma, teniendo en cuenta el principio de soberanía del Parlamento, es decir que el Parlamento, en su carácter de legislador, es soberano y está exento de cualquier tipo de control judicial, puede afirmarse que el principio de la legalidad significa que todas las acciones gubernamentales deben ser llevadas a cabo de conformidad con la Ley. En particular, cuando se aplica a las autoridades administrativas, estas sólo puedan actuar si han sido habilitadas para ello, por una ley, debiendo entenderse aquí por "ley" un acto del Parlamento. En otras palabras, en el Reino Unido, la *rule of law* implica que cualquier acto de gobierno que pueda afectar los derechos o libertades individuales, debe dictarse estrictamente de conformidad con la autoridad conferida por un acto del Parlamento.

Pero, el principio de la legalidad no sólo consiste en la mera sumisión a la ley formal; también implica, como se ha visto, que las autoridades administrativas deben someterse a los principios y normas que limitan los poderes discrecionales conferidos a dichas autoridades por un acto del Parlamento. Por esta razón, se ha afirmado que el principio de la *rule of law* se ha desarrollado con relación a la Administración, basado en limitaciones judiciales a los poderes que pueden haber sido otorgados a las autoridades administrativas por los actos del Parlamento[274], con el objeto de prevenir y evitar los abusos en el ejercicio de los poderes discrecionales.

Además, el principio de la *rule of law* como manifestación específica del Estado de Derecho y del principio de legalidad en el sistema jurídico en el Reino Unido, implica que las demandas intentadas por parte de los particulares contra actos o funcionarios administrativos o gubernamentales, deban ser intentadas ante las autoridades judiciales, es decir, ante jueces completamente independientes de los órganos ejecutivos. Por supuesto, el principio de legalidad no exige que necesariamente los órganos jurisdiccionales que controlan las acciones administrativas estén organizados en forma separada de los órganos judiciales ordinarios. Lo que el principio de legalidad y el Estado de Derecho exigen es que el Control contencioso-administrativo sea ejercido por órganos jurisdiccionales autónomos e independientes. En los países del *common law*, en especial Estados Unidos y en el Reino Unido, la competencia para conocer de los conflictos entre la Administración y los particulares se atribuye a los tribunales ordinarios de justicia[275].

En consecuencia, contrariamente a la práctica en el sistema francés, donde el control contencioso-administrativo de la legalidad de los actos administrativos se atribuye a tribunales administrativos organizados separadamente de la jerarquía ju-

273 H. W. R. Wade, *op. cit.*, p. 24.

274 L. L. Jaffe y E. G. Henderson, "Judicial review and the rule of law: historical origins", *The Law Quarterly Review*, 72, 1956, pp. 345-346. Véase en general, B. Schwartz y H. W. R. Wade, *Legal Control of goverment*, Oxford, 1978, p. 350.

275 J. M. Evans, de *Smith's Judicial Review of Administrative Action*, Londres, 1980, p. 11.

dicial pero independientes del Gobierno, en el sistema británico, los particulares sólo pueden demandar a la Administración Pública ante los tribunales y jueces ordinarios, siendo este uno de los elementos más relevantes del concepto de la *rule of law*.

El tercer significado del principio de la *rule of law* de acuerdo con Dicey, es que la Constitución es el resultado del reconocimiento de los derechos individuales por parte de los jueces; por lo que dichos derechos no son el resultado de una declaración en una Constitución escrita. Dicey explica este tercer significado de la manera siguiente:

> "Podemos afirmar que la Constitución está impregnada del principio de la *rule of law* en el sentido de que los principios generales de la Constitución (por ejemplo el derecho a la libertad personal o el derecho de reunión pública) son entre nosotros, el resultado de decisiones judiciales que determinan los derechos de los individuos en casos concretos particulares llevados ante los tribunales; mientras que de acuerdo con muchas constituciones extranjeras, la seguridad dada a los derechos de los individuos resulta, o parece resultar, de los principios generales de la Constitución" [276].

En otras palabras, Dicey describía su concepción del principio de la rule of law afirmando que la expresión:

> "puede usarse como una fórmula para expresar el hecho de que en el Reino Unido, la ley de la Constitución, las normas que en otros países forman parte de un Código Constitucional, no son la fuente sino la consecuencia de los derechos de los individuos tal como se definen y son aplicados por los tribunales"[277].

En nuestro criterio, este tercer significado del principio de la legalidad en la actualidad, no creemos que pueda sustentarse. Los derechos individuales que el Estado de Derecho debe garantizar y proteger en la actualidad, no solamente son las libertades individuales, como la libertad de expresión, que preocupaba a Dicey, sino más bien derechos como el de la integridad física del ser humano, el derecho a la vivienda, a educarse, a gozar de un sistema de seguridad social, a vivir en un medio ambiente libre de contaminación, etc., los cuales es difícil que puedan ser creados mediante decisiones judiciales. Al contrario, estos derechos requieren de una legislación compleja[278], por lo que se ha dicho que el *common law* no es suficiente para garantizar el bienestar social y económico del ciudadano''[279].

Por otra parte, si bien es cierto que los tribunales ordinarios siguen desempeñando un papel fundamental en la protección de los derechos individuales, no es menos cierto, que para la aplicación de tales derechos se requiere de reglamentos. Estos derechos no pueden ser solamente el resultado de decisiones de tribunales, sino que

---

276 A. V. Dicey, *op. cit.*, p. 195.

277 *Ibid.*, p. 203.

278 J. D. Mitchell, *op. cit.*, pp. 54-55.

279 E. C. S. Wade y G. Godfrey Phillips, *Constitutional and Administrative Law,* Londres, 1982, p. 89.

deben resultar de su establecimiento en actos del Parlamento. También debe tomarse en cuenta el principio de la supremacía del derecho escrito sobre el derecho consuetudinario, ya que este último siempre puede ser modificado por el Parlamento y, por lo tanto, las libertades más fundamentales pueden quedar eliminadas.

En consecuencia, la convicción de Dicey según la cual el derecho consuetudinario es el medio legal de mayor relevancia para la protección de las libertades del ciudadano frente al Estado ha sido superada, y la experiencia de numerosos países occidentales, dotados de Declaraciones de derechos humanos estables que imponen limitaciones legales a la legislatura, ha demostrado ser de gran valor.

En todo caso, debido a la amplia divulgación de los conceptos de Dicey, en especial con respecto a la desconfianza hacia el derecho administrativo, su planteamiento ha seguido siendo ampliamente debatido a lo largo de este siglo en el Reino Unido. Dentro de su normativa propia, nuevos conceptos han aparecido con relación al principio de la legalidad, sin duda influenciados por su desarrollo en Europa continental.

Para entender esta evolución, basta recordar aquí dos de los nuevos y recientes enfoques.

El primero se refiere al concepto desarrollado por H. W. R. Wade en su muy conocido libro sobre *Administrative Law*. En esta obra, Wade identifica cinco significados diferentes pero relacionados del principio de la legalidad. En primer lugar, cualquier acción gubernamental debe llevarse a cabo de conformidad con la ley, en el sentido de que todos los actos administrativos que limitan los derechos individuales deben ser autorizados por la ley. En segundo lugar, el Gobierno debe actuar dentro del marco de normas y principios reconocidos que restringen el poder discrecional, es decir que parte esencial del principio de la legalidad se refiere a un sistema de normas para impedir el abuso de este poder discrecional. En tercer lugar, los conflictos en cuanto a la legalidad de los actos administrativos deben resolverse ante tribunales totalmente independientes del Poder Ejecutivo, y en el caso del Reino Unido, ante los tribunales ordinarios de justicia. En cuarto lugar, la ley debe ser imparcial frente al Gobierno y al ciudadano, es decir, que si bien no puede ser la misma para ambos, el Gobierno no puede disfrutar de exenciones o privilegios innecesarios concedidos por leyes ordinarias. Y, en quinto lugar, fuera del ámbito de la Administración Pública, el principio de la legalidad significa que nadie puede ser castigado a menos que sea por crímenes definidos por la ley, un principio que se aplica particularmente en el ámbito de las sanciones administrativas[280].

En una perspectiva más descriptiva, Joseph Raz enumera algunos principios que se desprenden de la idea básica del principio de la legalidad, la cual complementa el enfoque antes mencionado de Wade. Estos principios son los siguientes: todas las leyes deben ser prospectivas, abiertas y claras; deben ser relativamente estables; la elaboración de ciertas leyes debe guiarse por normas abiertas, estables, claras y generales; debe garantizarse la independencia del Poder Judicial; deben cumplirse los principios de justicia natural; los tribunales deben tener poderes de control sobre la

---

280 H. W. R. Wade, *op. cit.*, pp. 22, 24.

aplicación de dichos principios; éstos deben ser fácilmente accesibles; y la discreción de los órganos de prevención del crimen no pueden obstaculizar la ley[281].

Todos estos significados o principios relacionados con el concepto mismo de principio de la legalidad, en el sistema constitucional británico y desde la visión de Dicey, naturalmente se relacionan sobre todo con las actividades del Ejecutivo o Gobierno, y fundamentalmente, con la acción administrativa. El Parlamento, por su soberanía, no está comprendido en el principio.

Debido a la ausencia de una Constitución escrita y al ya mencionado principio de la soberanía del Parlamento, no existe ley estable a la que éste debe someterse. Por consiguiente, las actividades del Parlamento no tienen límites legales y sus actos no pueden ser objeto de control judicial, porque ningún tribunal goza de la facultad para controlar su constitucionalidad. He aquí la verdadera diferencia entre el concepto de la *rule of law* en el sistema constitucional británico y el principio de legalidad en los sistemas jurídicos de Europa continental y América.

En Europa y América, el principio de la legalidad se aplica al Poder Legislativo puesto que los Congresos, las Asambleas Nacionales y los Parlamentos están subordinados a la Constitución y limitados por ella; una Constitución entendida como ley suprema, escrita y rígida. Además, tal sumisión está sujeta al control judicial por parte de tribunales ordinarios o especiales con el poder suficiente, en algunos casos, para anular leyes inconstitucionales.

IV. LA DECLARACIÓN DE LOS DERECHOS Y LIBERTADES FUNDAMENTALES

La cuarta característica del Estado de Derecho es el establecimiento de un conjunto de derechos y libertades fundamentales generalmente enumerados en una declaración formal de rango constitucional o establecidos en una Constitución escrita, lo que garantiza la estabilidad y seguridad jurídica necesarias para impedir su violación, aun por parte del mismo Estado.

En este sentido, la primera característica de este establecimiento formal de los derechos fundamentales es que constituye una de las principales consecuencias del ya mencionado principio de la distribución del poder, esencial en el Estado de Derecho. Hemos señalado, en efecto, que la distribución del poder se manifiesta siempre de tres maneras: en primer lugar, en la distribución del poder entre los ciudadanos y el Estado; en segundo lugar, en la distribución del poder entre el poder constituyente y el poder constituido; y en tercer lugar, en la distribución del poder, dentro de los poderes constituidos, en forma horizontal o vertical, dando lugar a la clásica separación orgánica de los poderes del Estado, o a una forma concreta de descentralización política del Estado.

La primera forma de distribución del poder, entre los ciudadanos y el Estado, se relaciona, precisamente, con el establecimiento de los derechos y libertades fundamentales. En efecto, un Estado de Derecho implica invariablemente, por una parte, la existencia de una esfera de libertades para los ciudadanos fuera del alcance del Estado, y, por la otra, el goce, por parte del Estado, de una serie de poderes y pre-

281 J. Raz, "The rule of law and its virtue", *The Law Quarterly Review*, 93, 1977, pp. 198-202.

rrogativas necesarias para poder dar cumplimiento a sus funciones, regidos por normas distintas a las aplicadas a los particulares. Esta distribución del poder entre los ciudadanos y el Estado, la cual implica el establecimiento formal de los derechos y libertades para los primeros, evidentemente debe, revestir una forma rígida, resultante del poder constituyente y, en consecuencia, no sujeta a enmienda por parte de la legislación ordinaria[282].

En todo caso, el establecimiento de los derechos fundamentales en las Constituciones, puede considerarse como uno de los elementos centrales del liberalismo, como consecuencia de la distinción entre el Estado y la Sociedad, y por sobre todo, del Estado de Derecho, que tiene como objetivo principal la protección, la garantía y el aseguramiento de los derechos humanos y las libertades fundamentales, contrariamente a lo que sucedía en un Estado absoluto donde no existían estos derechos.

Por ello, originalmente, la distribución de poderes entre la esfera de libertades de los ciudadanos y los poderes del Estado generó el concepto según el cual, en principio, la libertad individual era ilimitada, mientras que los poderes del Estado estaban limitados, precisamente debido a que el Estado había sido creado para proteger las libertades.

1. *Fundamentos teóricos y antecedentes históricos*

Esta concepción está a la base de la aparición del concepto de Estado de Derecho, desde la misma formulación de su fundamento filosófico. Aquí, de nuevo, debemos recordar los conceptos de Locke, en su libro *Two Treatises of Government* (1690), sin duda, la obra más clásica de la tradición liberal, y la que ejerció la mayor influencia en el nacimiento del Estado de Derecho.

En efecto, en opinión de Locke, el establecimiento de una Sociedad civil o política, en oposición a la Monarquía absoluta, implicaba un acuerdo entre los hombres:

> "para ingresar y unirse a una comunidad con el fin de convivir unos con otros, de manera cómoda, segura y pacífica, con el seguro goce de sus propiedades y una mayor seguridad contra cualquiera que no sea parte de ella"[283].

En consecuencia, afirmaba Locke, el poder otorgado a la comunidad y, en particular, al Legislador:

> "no es, ni puede ser absolutamente arbitrario en relación a las vidas y las fortunas de las personas, ya que al no ser sino el poder conjunto de cada miembro de la sociedad, otorgado a aquella persona o asamblea que es Legislador, no puede ser más de lo que estas personas tenían en el estado natural antes de entrar a formar parte de la sociedad y entregarse a la comunidad; ya que nadie puede transferir a otro más poder del que tiene, y nadie tiene un poder arbitrario absoluto sobre sí mismo o sobre cualquier otro para destruir su propia vida o

---

282 Tal como lo dijo Hood Phillips: "Las disposiciones que no pueden ser enmendadas por procedimientos legislativos ordinarios, son llamadas rígidas". *Reform of the Constitution*, Londres, 1970, p. 3.

283 J. Locke, *Two Treaties of Government*, citado en W. Laquer y B. Rubin (ed.), *The Human Rights Reader*, Nueva York, 1979, p. 64.

quitar la vida o propiedad de otro. Tal como ha sido comprobado, un hombre no puede someterse a sí mismo al poder arbitrario de otro; y no teniendo en el estado natural poder arbitrario sobre la vida, la libertad o la propiedad de otro, sino sólo el que la ley de la naturaleza le concedió para la preservación de su persona y del resto de la humanidad, ello es todo lo que puede dar u otorgar a la comunidad y a través de ella, al Poder Legislativo, de modo que el Legislador no tiene más que eso. Su poder, en sus límites extremos, queda restringido al bien común de la sociedad.

Es un poder que no tiene otra finalidad que preservar, y por lo tanto, no puede en ningún caso tener poder para deliberadamente destruir, alienar o empobrecer la persona"[284].

Partiendo de lo anterior, Locke definió el "objetivo del gobierno" como "el bien de la humanidad", señalando que "todo el poder que tiene el gobierno, es sólo para el bien de la sociedad". En consecuencia, al poder o gobierno arbitrario y absoluto no sometido a leyes estables, es lo más opuesto a la sociedad civil. A este respecto, expresó:

"Los hombres no renunciarán a la libertad que poseen en su estado natural ni se someterían a tales leyes, salvo para preservar sus vidas, libertades y propiedades y, mediante normas legales establecidas, para garantizar su paz y tranquilidad. No se podría suponer que ellos por más poder que tengan para hacerlo, puedan otorgar a una o más personas, o a varios, un poder arbitrario absoluto sobre sus personas y propiedades, y conceder a los magistrados poder para ejercer su voluntad arbitraria e ilimitada sobre los ciudadanos. Esto significaría colocarse en una posición peor que la que tenían en el estado natural, según la cual gozaban de la libertad de defender su derecho contra las injurias de los demás y tenían poder en una misma relación de fuerzas, para mantener la libertad cuando se veía amenazada por uno o varios hombres".

La conclusión de esta concepción general en relación a los derechos fundamentales, o "propiedad", como los identificó Locke, fue que:

"el poder supremo no puede quitarle a ningún hombre parte de su propiedad sin su propio consentimiento; ya que al ser la preservación de la propiedad el objetivo último del gobierno y la razón por la cual los hombres entran a formar parte de la sociedad, este poder supone y requiere, necesariamente, que las personas tengan propiedad"[285].

Desde esta perspectiva, como se ha dicho, la elaboración del concepto del Estado de Derecho en oposición al del Estado absoluto, se basó en la idea de la existencia de libertades o derechos del hombre, los cuales son irrenunciables e inalienables; y de que el Estado se estructuró para la protección y preservación de dichas libertades.

---

284 *Idem.*, p. 65.

285 *Ibid.*, pp. 66 y 67.

En este mismo sentido, los otros dos teóricos del Estado cuyas ideas contribuyeron a crear el Estado liberal, también fueron claros y elocuentes. Así, al referirse a la naturaleza de los derechos de los ciudadanos, Rousseau indicó:

> "Renunciar a su propia libertad equivale a renunciar a su calidad de hombre y a los derechos y deberes de la humanidad... Tal renuncia es incompatible con la naturaleza humana, pues quitarle al hombre toda libertad a su voluntad, equivale a quitarle toda moralidad a sus actos.
>
> En pocas palabras, todo aquello que contemple autoridad absoluta, por una parte, y obediencia ilimitada, por la otra, es vano y contradictorio"[286].

Por su parte, tal como lo señalamos, Montesquieu afirmaba que la "libertad política" sólo se encuentra en "gobiernos moderados", es decir, aquellos en los que "no existe abuso de poder"[287], y estos sólo existen —decía Montesquieu— en sistemas como el inglés donde el poder controla al poder. De allí, su teoría de la distribución del poder como requisito para la libertad política.

En este aspecto, Inglaterra también tenía una larga tradición, y aún cuando la idea de "derechos naturales" haya sido calificada como "un producto (inglés) estrictamente para la exportación, en particular hacia Francia y las colonias americanas"[288], la verdad es que tuvo una enorme influencia en la elaboración del concepto de libertad, tanto en Inglaterra como en el extranjero.

Es frecuente que se considere a la Carta Magna de 1215 como la primera declaración de los derechos fundamentales. Sin embargo, en realidad, esta Carta fue el resultado de una lucha entre las fuerzas feudales centrípetas y centrífugas, es decir, por una parte las fuerzas del Rey, como consecuencia de la tiranía del Rey Juan y de las instituciones centrales establecidas y que administraban el *common law* y, por la otra, las fuerzas de los barones del reino quienes buscaban la desintegración, y con ello independencia y poder y las fuerzas combinadas de los terratenientes, el clero y los comerciantes[289].

Como consecuencia de esta lucha, la Carta Magna resultó ser una carta formal en el sentido medieval del término, es decir, una dádiva por parte del Rey. Sin embargo, en realidad, se convirtió en un código de leyes reformistas, sancionadas unánimemente por el cuerpo de barones y obispos, e impuesta a un Rey reticente[290]. Por ello, esta Carta abrió paso a un nuevo capítulo en la historia inglesa, siendo considerada como el origen y la fuente del derecho constitucional inglés[291].

No obstante, como lo señalamos, la Carta Magna, puede considerarse como uno de los múltiples ejemplos de estipulaciones entre el Rey y los señores feudales; en

---

286 J. J. Rousseau, *The Social Contract*, citado en W. Laquer y B. Rubin (ed.), *op. cit.*, p. 70.

287 Montesquieu, *The Spirit of Laws*, citado en W. Laquer y B. Rubín (ed.), *op. cit*, pp. 68-69.

288 K. Minogue, "The History of the Idea of Human Rights", en W. Laquer y B. Rubin (ed.), *op. cit.*, p. 6.

289 W. Holdsworth, *A History of English Law*, Vol. II, Londres, 1971, pp. 207-208. *Cfr*. F. W. Maitland, *The Constitucional History of England*, Cambridge, 1968, p. 67.

290 F. W. Maitland, *op. cit.*, p. 67.

291 W. Holdswoth, *op. cit.*, Vol. II, p. 290.

este sentido, se trató de un stabilimentum o una decisión adoptada por el Rey, la Iglesia, los barones y los comerciantes, como socios en los poderes legislativos de un Estado naciente, contenida en un documento probatorio, llamado Carta. En consecuencia, esta Carta establecía una serie de derechos de naturaleza heterogénea, aplicables a las distintas clases sociales que habían sido incluidas en ella. Sus cláusulas fueron clasificadas en cinco grupos: las que concedían la libertad de la iglesia; las que se referían a las llamadas quejas feudales; las relativas al comercio; las que trataban del gobierno central; y aquellas destinadas a limitar el poder arbitrario[292].

En realidad, debe señalarse que la Carta Magna no contenía nada que se pareciera a una declaración general de los derechos fundamentales del pueblo inglés. Los derechos de los "hombres libres" a los que se refería el documento, no eran los de todos los ingleses, sino de una parte de ellos, particularmente de los barones: y, si bien es cierto que en algunas cláusulas la Carta Magna mencionaba a todos los "*liberi homines*", en un sentido que pudiera haber incluido a los villanos, como lo indicó Sir William Holdsworth:

> "queda muy claro que ellos estaban protegidos no porque se les quisiera otorgar algún derecho, sino porque eran propiedad de sus señores, y demasiado amedrentamiento sobre ellos disminuiría su valor"[293].

Por tanto, si bien es cierto que la Carta Magna garantizaba a todos los hombres algunos derechos de protección contra el abuso del poder real, no se la puede comparar con una declaración moderna de derechos del hombre y del ciudadano. En aquella época, como se señaló, sólo los barones eran *liberi homines*; solamente ellos eran *liberi* y podían ser considerados como *homines*. Como consecuencia, históricamente, la Carta Magna fue un acuerdo entre la aristocracia feudal y su Rey, a quien se le renovaba la sumisión, a cambio de derechos garantizados. En este sentido, los 63 capítulos de la Carta Magna contenían limitaciones al Poder Judicial, por ejemplo, la afirmación según la cual ningún hombre libre podía ser encarcelado o arrestado, salvo por un tribunal legal compuesto por miembros de su propia clase o de conformidad con la *law of the land*; limitaciones al poder impositivo y, sobre todo, la creación de un comité de resistencia en caso de que dichas disposiciones no se cumplieran.

En consecuencia, en la Carta Magna no había referencia alguna al pueblo en su conjunto, y no podía ser de otra manera ya que, en realidad, éste aún no había aparecido en la historia. Naturalmente, estos hechos históricos no le restan a la Carta su importancia capital en la historia constitucional británica, debido, básicamente, a.l sentido simbólico que a ella se asocia.

Lo cierto es que el concepto moderno de derechos fundamentales, originalmente relacionados con la idea de los derechos naturales, sólo aparece más tarde, después de la Edad Media al finalizar el Siglo XVI, cuando la idea de deber abrió paso a la

292 *Idem.*, p. 212.

293 *Idem.*, p. 212.

idea de derechos[294] y como consecuencia como lo hemos señalado, de la elaboración de los teóricos del Estado absoluto. La primera expresión formal de este nuevo concepto puede encontrarse en la acción de *Habeas Corpus* desarrollada por los tribunales ingleses, precisamente por la influencia e interpretación de la Carta Magna. Como lo señaló Sir William Holdsworth:

> "que la famosa cláusula de la Carta Magna que determinó que "ningún hombre libre podía ser encarcelado, desposeído, exilado, disminuido o de alguna manera destruido salvo mediante un juicio legal por sus pares o por la ley de país"; tuviera o no como objetivo salvaguardar el principio según el cual ningún hombre puede ser encarcelado sin el debido proceso legal, rápidamente se interpretó como una cláusula que lo salvaguardaba.
>
> En virtud de que se interpretó en esa forma, ha ejercido una gran influencia tanto sobre la manera como los jueces han desarrollado las acciones (*writs*) que podían ser usados para salvaguardar esta liberta, como sobre la manera como la Legislatura ha apoyado tal desarrollo"[295].

Y precisamente, el *Habeas Corpus Act* de 1679 es quizás, la primera ley formal moderna relacionada con un derecho fundamental a la libertad individual, aun cuando sólo se aplicaba a la detención por "cualquier asunto criminal o supuestamente criminal". Se aprobó para garantizar que las personas detenidas por cargos criminales fuesen juzgadas con prontitud, y para asegurar que los poderes para detener personas por cargos criminales, no fueran abusivos[296]. Sin embargo, la primera ley formal moderna que se refirió a las libertades fundamentales en un sentido más amplio, fue la *Bill of Rights* de 1689, sancionada al final de la Revolución inglesa de 1688-1689, la cual marcó la victoria definitiva del Parlamento en su lucha contra la Corona.

Esta ley, adoptada por el verdadero nuevo Parlamento que resultó electo de la Convención parlamentaria de 1689, otorgó una indudable autoridad legal a todas las disposiciones contenidas en la Declaración de Derechos que había sido presentada en febrero de 1689, al Príncipe Guillermo y a la princesa María de Orange, cuando la Convención les ofreció la Corona de Inglaterra, y que contenía todas las resoluciones principales de dicha Convención. En consecuencia, por su contenido, más que una simple declaración de derechos, ha sido considerada como un documento político que-incluía "los derechos de la nación"[297] tal como fueron previamente establecidos por la legislación[298].

---

294 "Una manera común y útil de describir la transición del mundo medieval al mundo moderno consiste en afirmar que la idea de deber abrió paso a la idea de derecho". K. Minogue, *loc. cit.*, p. 5.

295 W. Holdsworth, *op. cit.*, Vol. II, p. 209.

296 E. C. S. Wade y G. Godfrey Phillips, *Constitutional and Administrative Law*, 9a edición por A. W. Bradley, Londres, 1980, p. 456.

297 L. G. Schwoerer, *The Declaration of Rights*, 1689, 1981, pp. 19, 291.

298 Esta es la razón por la cual W. Holdsworth consideró que en la Carta de Derechos no había ninguna "afirmación de un principio constitucional", *op. cit.*, Vol. II, Londres, 1971, p. 241.

En todo caso, en relación a los derechos contenidos en la *Bill of Rights* fueron mencionados en la Declaración, a través de una disposición que señalaba que:

> "todos y cada uno de los derechos y libertades afirmados y reivindicados en la mencionada declaración, son auténticos, antiguos e indudables derechos y libertades del pueblo de este Reino, y así deben ser considerados, estimados, adjudicados, vistos y tomados como tales"[299].

Pero en realidad, la Declaración de Derechos de 1689 sólo puede ser considerada como un documento que tendía únicamente a restablecer los viejos y ya reconocidos derechos de los ingleses, que habían sido violados cruelmente por el Rey Jaime II. Asimismo, podía ser considerada, al igual que la Bill of Rights, como un documento reformista radical, en el sentido de que solucionó disputas de antigua data de manera favorable al Parlamento y a los individuos, de acuerdo con los principios políticos libertarios adoptados por la Revolución.

Como lo afirmó L. G. Schwoerer en su estudio sobre la Declaración de Derechos de 1689, estas Declaración y Carta de Derechos:

> "se referían a prerrogativas reales qué se encuentran en el centro mismo de la soberanía; y al poder con respecto a la ley, a la autoridad militar y. a las políticas impositivas. Buscaban igualmente fortalecer el papel del Parlamento, al reclamar el derecho a elecciones libres, a la libre expresión al libre debate, a los juicios libres y reuniones frecuentes. Garantizaban los derechos del individuo a someter peticiones al Rey sin temor a represalia, a llevar armas' (con ciertas restricciones) y a gozar de protección contra ciertos procedimientos judiciales (fianzas y multas excesivas, castigos crueles e inhabituales, y la imposición de multas y confiscaciones sin previa condena)"[300].

En esta forma, este documento debe apreciarse como el ingrediente necesario de la Revolución de 1688-1689 de manera que ésta no se considere como un simple golpe de estado. Al contrario, la Revolución ha sido considerada como real, no sólo porque destruyó los elementos esenciales del antiguo régimen, sino porque, igualmente, restauró algunos derechos que habían sido pisoteados por los Estuardo; y al resolver viejas controversias, dio paso a una nueva realeza. En consecuencia, en el nuevo sistema político que emergió, sufrieron cambios radicales los principios del derecho divino de la monarquía, la idea de la sucesión hereditaria directa; las prerrogativas del Rey sobre la ley, y los procedimientos judiciales, militares e impositivos que perjudicaran al individuo. El Parlamento, por su parte, logró su supremacía definitiva en su lucha contra el Rey. Por ello, esta Revolución fue considerada por Schwoerer como "la más grande, en el sentido de que fue la más efectiva de todas las revoluciones que se sucedieron en la historia europea moderna. Su influencia se

---

299 Citado por P. Allot, "The Courts and Parliament: Who's Whom?", *The Cambridge Law Journal*, 38 (1), 1979, p. 98.

300 L. G. Schwoerer, *op. cit.*, p. 283.

hizo sentir en la revolución (así como en el documento que la acompañó) que se produjo a finales del Siglo XVIII en las Colonias Americanas"[301].

Por ello, la importancia de la *Bill of Rights* de 1689 reside en dos aspectos principales: en primer lugar, porque abrió el camino a la transición del antiguo sistema de derechos de clase hacia los derechos individuales modernos, declarándolos, no para algunas clases privilegiadas sino para el pueblo inglés en su conjunto; y en segundo lugar, porque tuvo influencia sobre las primeras declaraciones de derechos fundamentales de la época moderna, las de las colonias inglesas en Norteamérica.

2. *Las declaraciones americana y francesa, y su influencia*

Puede señalarse que las Declaraciones de derechos contenidas en las *Cartas* de las Colonias americanas constituyen las primeras declaraciones formales de derechos individuales en el sentido constitucional moderno. Estas difieren de sus predecesoras inglesas, principalmente por el hecho de que al establecer los derechos no se refirieron a derechos derivados del *common law* o la tradición, sino más bien a que los derechos consagrados en las *Bill of Rights* de estas Colonias eran derechos naturales que "pertenecen al (pueblo) y a su posteridad, como fundamento y base del gobierno", tal como lo estableció la Declaración de Derechos de Virginia, de 12 de junio de 1776[302]. En el breve Preámbulo de esta Declaración, se estableció claramente la relación entre los derechos naturales y el gobierno, de lo que resulta la influencia directa de las teorías de Locke, para quien la sociedad política debía constituirse en torno a estos derechos como fundamento y base del gobierno.

Los tres primeros capítulos de esta Declaración siguieron claramente estas ideas:

> *Sección 1*: Que todos los hombres son, por naturaleza, igualmente libres e independientes, y tienen ciertos derechos innatos, de los cuales, cuando entran en estado de sociedad, no pueden, por ningún pacto, privar o desposeer a su posteridad; a saber, el goce de la vida y de la libertad, con los medios de adquirir y poseer la propiedad, y buscar, conseguir y lograr la felicidad y la seguridad.
>
> *Sección 2*: Que todo poder está investido en el pueblo y, consecuencialmente deriva de él; que los magistrados son sus mandatarios y servidores y en todo momento responsables ante él.
>
> *Sección 3*: Que el gobierno se instituye o debería serlo, para el provecho, la protección y la seguridad comunes del pueblo, nación o comunidad; que, de todos los varios modos o formas de gobierno, el mejor es aquél que es capaz de producir mayor grado de felicidad y de seguridad, y está más eficazmente asegurado contra el peligro de la mala administración; y que, cuando un gobierno resulta inadecuado o contrario a estos principios, una mayoría de la comunidad

301 *Idem.*, p. 291.

302 Véase el texto en J. Hervada y J. M. Zumaquero, *Textos Internacionales de Derechos Humanos*, Pamplona, 1978, p. 25.

tiene el derecho indiscutible, inalienable e irrevocable de reformarlo, modificarlo o abolirlo, en la forma que se juzgue más conveniente al bienestar público[303].

Además, la Sección consagraba la prohibición de privilegios y la Sección 5 prescribía la separación de los poderes y el carácter temporal de los cargos públicos. De estas Secciones de la Declaración resulta claramente expuesta la teoría del Contrato o pacto social, basado en la existencia de derechos inherentes e inalienables del hombre; igualmente la base democrática del gobierno, como la mejor y más justa, es decir, la teoría de la representación democrática mediante elecciones libres (Sección 7); y el derecho a la resistencia, producto del pacto social.

Las otras once Secciones regularon algunos derechos fundamentales entre los cuales está el derecho a un juicio rápido con las debidas garantías; el derecho a no ser condenado a multas excesivas o a penas crueles e inhabituales, y la libertad de prensa.

Los mismos principios fundamentales liberales de la Declaración de Virginia se encuentran también en la Declaración de Independencia los Estados Unidos de América, sancionada un mes más tarde (04-07-1776). Como ya se ha indicado, esta señaló:

> "Consideramos evidentes las verdades siguientes: que todos los hombres son creados iguales; que son dotados por el Creador de ciertos derechos inalienables; que entre éstos están la vida, la libertad y la búsqueda de la felicidad; que para garantizar estos derechos, se instituyen entre los hombres, los gobiernos, que derivan sus poderes legítimos del consentimiento de los gobernados; que, cuando quiera que una forma de gobierno se haga destructor de estos principios, el pueblo tiene el derecho de retomarla o abolirlo, e instituir un nuevo gobierno que se funde en estos principios, y a organizar sus poderes en la forma que a su juicio ofrecerá las mayores probabilidades de alcanzar su seguridad y felicidad"[304].

Estas declaraciones, sin duda, marcaron el inicio de la era democrática y liberal del moderno Estado de Derecho, y aunque la Constitución de los Estados Unidos de 1787 no incluyó una declaración de los derechos fundamentales, tal declaración llegó a constituir una de las principales características del constitucionalismo americano ejerciendo una influencia considerable en el derecho constitucional moderno[305]. Debe señalarse, en todo caso, que la Constitución de 1787 fue objeto de críticas por el hecho de no haber incluido una declaración formal de los derechos fundamentales; sin embargo esa carencia fue subsanada dos años más tarde, cuando el primer Congreso redactó diez enmiendas a la Constitución aprobadas el 25 de septiembre de 1789, exactamente un mes después de la Declaración francesa de los Derechos del Hombre y del Ciudadano[306].

---

303 *Idem.*, pp. 27-29.

304 *Idem*, p. 37.

305 Ch. H. Mcllwain, *Constitutionalism and the Changing World*, Cambridge, 1939, p. 66.

306 Véase el texto en W. Laqueur y B. Rubin, *op. cit.*, pp. 106-118. *Cfr.* A. H. Robertson, *Human Rights in the World*, Manchester, 1982, p. 7.

En efecto, el 27 de agosto de 1789, los representantes del pueblo francés, organizados en la Asamblea Nacional, sancionaron la Declaración de los Derechos del Hombre y del Ciudadano, donde, en diecisiete artículos,, reconocieron y proclamaron todos los derechos fundamentales del hombre. En su concepción, la, influencia de las declaraciones americanas fue decisiva, en particular, en cuanto al principio mismo de la necesidad de una declaración formal de derechos, y en cuanto a su contenido. Las influencias recíprocas entre ambos continentes en esta época son conocidas: los filósofos políticos franceses. incluyendo a Montesquieu y Rousseau, se estudiaban en Norteamérica; Francia había tenido participación directa en la Guerra de Independencia americana; Lafayette fue miembro del Comité de redacción de la Asamblea Nacional que preparó la Declaración francesa, habiendo propuesto su propio texto basado en la Declaración de Independencia y en la Declaración de Derechos de Virginia; el relator de la Comisión Constitucional propuso "trasplantar a Francia la noble idea concebida en Norteamérica"; y Jefferson mismo, al suceder a Benjamín Franklin como Ministro americano en Francia, estuvo presente en París en 1789[307].

En todo caso, los objetivos principales de ambas declaraciones fueron los mismos: proteger al ciudadano contra la arbitrariedad del poder y establecer el principio de legalidad.

Sin embargo, no es menos cierto que, evidentemente, la Declaración francesa recibió su mayor influencia de las ideas de Rousseau y Montesquieu. Los redactores de la Declaración tomaron de Rousseau los principios según los cuales el papel de la Sociedad está vinculado a la libertad natural del hombre, así como la idea según la cual, la ley, como expresión de la voluntad general sancionada por los representantes de la Nación, no puede convertirse en instrumento de opresión. Tomaron de Montesquieu su profunda desconfianza respecto del poder y, por lo tanto, el principio de la separación de poderes[308]. Por supuesto, los derechos proclamados en la Declaración eran derechos naturales del Hombre, es decir, inalienables y universales; no se trataba derechos concedidos por la sociedad política, sino derechos pertenecientes a la naturaleza inherente de los seres humanos.

Esta concepción quedó claramente establecida en el texto de la Declaración proclamada por los representantes del pueblo francés, "considerando que la ignorancia, el olvido o el desprecio de los derechos humanos son las únicas causas de las desgracias públicas y de la corrupción del gobierno". La Declaración constituyó un recordatorio perpetuo del "carácter inalienable y sagrado de los derechos del hombre"[309].

Los primeros artículos de la Declaración, que reconocían y proclamaban los derechos del hombre y del ciudadano, fueron sin lugar a dudas, una especie de recopilación de los principios liberales basados en las ideas de Locke, Montesquieu y Rousseau que fueron plasmados en la Revolución Americana. Eran los siguientes:

---

307 J. Rivero, *Les libertés publiques*, París, 1973, Vol. I, p. 45; A. H. Robertson, *op. cit.* p. 7.

308 J. Rivero, *op. cit.*, pp. 41-42.

309 Véase el teto en J. Hervada y J. M. Zumaquero, *op. cit.*, pp. 39-40; W. Laqueur y B. Rubin, *op. cit.*, p. 118.

1. Los hombres nacen y permanecen libres e iguales en derechos. Las distinciones sociales no pueden fundarse más que en la utilidad común.
2. La finalidad de toda asociación política es la conservación de los derechos naturales imprescindibles del hombre. Estos derechos son la libertad, la propiedad, la seguridad y la resistencia a la opresión.
3. El principio de toda soberanía reside esencialmente en la Nación. Ningún cuerpo, ningún individuo puede ejercer una autoridad que no emane de ella expresamente.
4. La libertad consiste en poder hacer todo lo que no perjudica a otro; así, el ejercicio de los derechos naturales de cada hombre no tiene otros límites que los que garantizan a los demás miembros de la sociedad el goce de esos derechos. Estos límites' sólo pueden ser determinados por la ley.
5. La Ley no tiene derecho a prohibir sino las acciones perjudiciales para la sociedad. No puede impedirse nada que no esté prohibido por la Ley, y nadie está obligado a hacer lo que ella no ordena.
6. La ley es la expresión de la voluntad general, todos los ciudadanos tienen derecho a participar personalmente, o a través de sus representantes, en su formación. Debe ser la misma para todos, así cuando protege, como cuando castiga...
16. Toda sociedad en la que no está asegurada la garantía de los derechos, ni determinada la separación de poderes, no tiene Constitución[310].

El resto de la Declaración se refería a los derechos individuales como por ejemplo, el principio *nullum crimen milla poena sine legge*; la presunción de inocencia hasta tanto se declare la culpabilidad; el derecho a la libre expresión y a la libre comunicación de ideas y opiniones, considerado en la Declaración como "uno de los más preciados derechos del hombre"; y el derecho a la propiedad considerado como "sagrado e inviolable".

Puede afirmarse que el proceso de desarrollo del Estado de Derecho sobre la base de esta cuarta característica general, es decir, el establecimiento de una Declaración de derechos, se inició con estas dos Declaraciones formales, la americana y la francesa, las cuales fueron posteriormente integradas a Constituciones escritas[311]. Sin embargo, estas dos declaraciones realmente tuvieron un fuerte impacto, mucho antes que en los países europeos, en América Latina.

En este sentido, puede considerarse que la tercera declaración formal de derechos, por parte de un Estado independiente en la historia constitucional, fue la Declaración de los Derechos del Pueblo adoptada por el Congreso Supremo de Venezuela en 1811, cuatro días antes del Acto formal de Independencia del 5 de julio de 1811[312]. El contenido de esta Declaración fue parecido al de la Declaración francesa

310 *Idem.*, pp. 41-49; y pp. 118-119.

311 La Declaración francesa fue integrada al Preámbulo de la Constitución de 1791.

312 Véase el texto en Allan R. Brewer-Carías, *Las Constituciones de Venezuela*, Madrid, 1985, pp. 175-177. Véase A. R. Brewer-Carías, *Los derechos humanos en Venezuela: casi 200 años de historia*, Caracas, 1990.

aunque incluyó más detalles en la parte de enumeración de derechos, agregando algunos, en relación a las Declaraciones americana y francesa; por ejemplo, el derecho a la libertad de industria y comercio, el derecho al trabajo, el derecho a la inviolabilidad del domicilio y el derecho a reclamar ante las autoridades, sin limitaciones. Otra característica es que la Declaración fue incorporada, como Capítulo final, a la primera de todas las Constituciones latinoamericanas, la venezolana de 21 de diciembre de 1811 con 59 artículos[313].

Posteriormente, y desde principios del siglo pasado. Declaraciones de derechos fundamentales fueron proclamadas por los nuevos Estados independientes de Latinoamérica, multiplicándose como un rasgo esencial de nuestros países.

En todo caso debe señalarse que, en términos generales, las Declaraciones americanas (norteamericana y latinoamericanas) y la francesa difieren en su contenido y significación.

En el caso de la Declaración francesa, no se trataba de crear un nuevo Estado sino de continuar con un Estado nacional ya existente. En consecuencia, el concepto de ciudadano ya estaba reconocido. En cambio, las Declaraciones americanas contribuyeron a la creación de nuevos Estados sobre una nueva base. Por lo tanto, el propósito de la Declaración francesa, tal como se indicó en su introducción, era recordar solemnemente a todos los miembros de la comunidad sus derechos y deberes. De allí que el nuevo principio de libertad individual haya aparecido solamente como un cambio significativo, dentro del contexto de una unidad política ya existente.

En cambio, en las Declaraciones norteamericanas y latinoamericanas, la proclamación de los derechos fue un factor importante en el proceso de independencia, y en consecuencia, en la construcción de nuevos Estados, sobre una nueva base; en especial, sobre el principio de la soberanía del pueblo, con todo su contenido democrático. Por ello, en el continente americano, la solemne Declaración de los derechos fundamentales significó el establecimiento de principios sobre los cuales se basó la unidad-política de las naciones, y cuya validez fue reconocida como la condición más importante en la aparición y formación de los nuevos Estados.

En todo caso, después del desarrollo de este proceso a lo largo de las primeras décadas del siglo pasado, puede afirmarse que la Declaración general de los derechos y libertades fundamentales, se convirtió en una práctica generalizada en el mundo entero. De allí que, en el siglo pasado y en el presente, resulte difícil encontrar una Constitución escrita que no incluya una Declaración o al menos una enumeración de los derechos fundamentales, no sólo de las libertades tradicionales del hombre, sino también de los nuevos derechos económicos y sociales que aparecieron en este Siglo, dentro del marco del Estado de bienestar.

La situación general, en la actualidad, es que en todos los países existen declaraciones de derechos fundamentales, en particular como parte integrante de sus Constituciones escritas, y que tras los horrores de la Segunda Guerra Mundial, tales declaraciones incluso se han internacionalizado; constituyendo no sólo simples declaraciones sin textos reales para ser respetados, como por ejemplo la Declaración Uni-

---

313 Allan R. Brewer-Carías, *Las Constituciones de Venezuela*, *cit*., pp. 196-200.

versal de los Derechos Humanos de 1945 y la Declaración Americana de los Derechos y Deberes del Hombre de 1948: sino también bajo la forma de Convenios y Tratados internacionales formales, como por ejemplo los Pactos Internacionales de Derechos Civiles y Políticos, y de Derechos Sociales y Culturales de 1966, la Convención Europea para la Protección de los Derechos Humanos y las Libertades Fundamentales de 1950, y la Convención Americana sobre Derechos Humanos de 1969, textos aprobados mediante leyes formales que forman parte del ordenamiento jurídico de los países que los han ratificado[314].

En todo caso, lo que sí puede considerarse como una característica propia de las Declaraciones de derechos en el Estado de Derecho es que, por lo general, están normalmente incorporadas en Constituciones escritas. Además estas Constituciones escritas han sido y son rígidas, por lo que las Declaraciones de derechos fundamentales son generalmente declaraciones estables, en el sentido de que el legislador ordinario no puede eliminar ni modificar su contenido.

Por otra parte, debe señalarse que no todos los derechos incluidos en estas declaraciones como derechos fundamentales, se establecen formalmente de la misma manera. Algunos, en especial los derechos individuales tradicionales como el derecho a la vida, están establecidos de manera absoluta, de manera que no pueda adoptarse ninguna legislación que limite su disfrute. Por el contrario, otros derechos se establecen de manera que la Constitución misma permite, dentro de los límites que ella misma fijó, que el Legislador los regule o limite. En algunos casos, incluso, esta autorización constitucional conferida al Poder Legislativo para regular algunos derechos se establece en forma tal, que dicha regulación debe ser sancionada para que su disfrute pueda ser efectivo. Esta sucede por ejemplo, en el caso del derecho a la huelga en los servicios públicos el cual sólo puede ejercerse en los casos expresamente señalados por una ley (Art. 92).

En todo caso, el establecimiento de una Declaración de derechos y libertades fundamentales en una Constitución escrita y rígida implica, que la primera y más importante garantía de los mismos, sea el principio de "reserva legal" a favor del Poder Legislativo, de manera que su regulación y limitación sólo puede realizarse conforme a lo establecido en la Constitución.

Este principio implica que, en todos los casos en los cuales la Constitución permite la regulación y limitación del ejercicio de algunos derechos, éstas sólo pueden ser establecidas mediante leyes formales del Congreso. De allí que el Poder Ejecutivo no pueda de manera alguna establecer límites a los derechos constitucionales, salvo excepcionalmente, en los sistemas constitucionales donde se permite al Congreso delegar poderes legislativos al Ejecutivo. En estos casos, podría ser posible, dentro de los límites de la delegación, que el Ejecutivo, a través de la legislación delegada y mediante un decreto-ley, pueda establecer regulaciones en relación a algunos derechos.

---

314 Véase el texto en M. Torrelli y R. Baudoin, *Les Droits de l'Homme et les Libertés publiques par les textes*, Montreal, 1972, p. 388; J. Hervada y J. M. Zumaquero, *Textos Internacionales de Derechos Humanos, op. cit.*, p. 994.

En consecuencia, dentro del concepto del Estado de Derecho, el principio de que la regulación de los derechos y libertades fundamentales sólo pueden realizarse mediante ley formal, tiene una especial significación. Así, un Estado sometido al Derecho, es aquél en el cual sólo es posible la limitación a las libertades individuales mediante ley formal. Este concepto de Estado de Derecho, evidentemente, que se ha desarrollado contra la Administración, tomando en cuenta que el Estado de Derecho sólo puede darse en un Estado en el que todas las acciones de la Administración están subordinadas a la ley. Por ello, es que el principio de legalidad vinculado a la Administración ha sido tan característico de esta concepción del Estado, así como también lo ha sido el establecimiento consecuente de una serie de garantías contra el abuso de poder por parte de la Administración.

Por otra parte, de este concepto del Estado de Derecho, según el cual la ley tiene supremacía en relación a la Administración y los derechos individuales sólo pueden regularse mediante la ley, surge otra característica fundamental, como lo es la independencia del Poder Judicial, el cual constituye el único instrumento capaz de garantizar un control judicial adecuado sobre el ejercicio del poder por parte de la Administración. De allí, la definición del Estado de Derecho como aquél en el cual existe control judicial de la Administración, también conocido como él "Estado de Justicia".

Consecuentemente, en el Estado constitucional de Derecho el establecimiento y la regulación de derechos constitucionales, con o sin posibilidad de que el legislador los regule, requieren de un sistema de garantías para los mismos: por una parte, tal como se explicó anteriormente, garantías de regulación y limitación mediante la llamada "reserva legal" y, por la otra, garantías contra el abuso de poder público en relación a estos derechos mediante mecanismos judiciales que garanticen su implementación, bien sea a través de recursos judiciales ordinarios o especiales, tales como la acción de habeos corpus relativo a la libertad individual, o a través de "acciones de amparo" especiales para proteger todos los derechos constitucionales o, de manera general, mediante el control judicial de la constitucionalidad de las leyes que puedan violar dichos derechos.

3. *La situación de los derechos fundamentales en el sistema constitucional británico*

Inglaterra ha sido denominada, con razón, el país del liberalismo: Locke fue inglés, el sistema de Montesquieu se basó en su interpretación de la Constitución inglesa, y, desde el punto de vista del derecho positivo, las declaraciones de derechos tienen sus antecedentes en la historia constitucional inglesa. Por ello, en general, todas las Constituciones democráticas y liberales del mundo contienen una Declaración de Derechos. Sin embargo, en el Reino Unido, ante la ausencia de una Constitución escrita y salvo las referencias a los estatutos histórico, no existe ni declaración ni código especial relacionado con los derechos fundamentales; por lo tanto, como lo señaló Sir Ivor Jennings, "no hay derechos fundamentales ni protección especial para éstos"[315].

---

315 I. Jennings, *The Law and the Constitution*, Londres, 1972, pp. 40, 259.

En consecuencia, los derechos del pueblo inglés, equivalentes, por supuesto, a los establecidos en otros países en declaraciones constitucionales, se basan en dos presupuestos: en primer lugar, que los ciudadanos pueden decir o hacer lo que quieran, con tal de que no infrinjan una ley o los derechos de otros ciudadanos; y en segundo lugar, que las autoridades sólo pueden hacer lo que permite el *common law* o el derecho estatutario[316]. Por consiguiente, en el sistema jurídico inglés, los derechos, en principio, no se expresan de manera positiva, sino en forma negativa. De allí que, en rigor, puede decirse que se trata más bien de libertades que de derechos.

Por esta razón, como lo indicaron E. C. S. Wade y G. Godfrey Phillips, "el enfoque del derecho británico hacia la libertad del ciudadano, ha sido a menudo de carácter residual: el ciudadano puede ir donde le plazca y hacer o decir lo que quiera, siempre y cuando no cometa un delito o infrinja los derechos de otros"[317].

Por lo tanto, en el sistema inglés, puede afirmarse que el principio es que "todo es legal mientras no sea ilegal", en otras palabras "es legal hacer todo aquello que no es ilegal o lo que no está prohibido por las autoridades públicas"[318].

En consecuencia, la esencia de las disposiciones relacionadas con la regulación de los derechos fundamentales de Gran Bretaña, radica en determinar quién puede establecer acciones ilegales o prohibirlas. Por supuesto, tales limitaciones deben estar establecidas, ante todo en la legislación, es decir, en los actos del Parlamento[319].

Este enfoque negativo hacia los derechos fundamentales en Inglaterra, fue el que, precisamente, llevó a Dicey a establecer una distinción entre las Constituciones del Continente y la británica, afirmando, como se ha visto, que en el Continente "los derechos individuales derivan, o parecen derivarse, de los principios generales de la Constitución", mientras que en Inglaterra "los principios generales de la Constitución (como por ejemplo, el derecho a la libertad personal o el derecho de reunión pública) son... el resultado de decisiones judiciales que han determinado los derechos de las personas privadas en casos particulares planteados ante los tribunales". De allí se desprende, concluyó Dicey, que "las normas, que en otros países forman naturalmente parte de un código constitucional, no son la fuente sino la consecuencia de los derechos de los individuos, tal como son definidos y aplicados por los tribunales"[320].

Estas opiniones de Dicey con respecto a la situación en Inglaterra, fueron expresadas hace más de cien años, pues la primera edición de *An Introduction to the Stu-*

---

316 M. García Pelayo, *Derecho Constitucional Comparado*, Madrid, 1957, p. 278.

317 E. C. S. Wade y G. Godfrey Phillips, *Constitutional and Administrative Law*, 9ª edición por A. W. Bradley, Londres, 1982, p. 441.

318 I. Jennings, *op. cit.*, pp. 41, 262, proclama "el principio de la legalidad según el cual lo legal es lo que no es ilegal".

319 "La legislación delegada con respecto a derechos fundamentales sólo es posible en casos de estado de emergencia de conformidad con la Ley de Poderes de Emergencia de 1920". E. C S. Wad y G. Godfrey Phillips, *op. cit.*, p. 567.

320 A. V. Dicey, *An Introduction to the Study of the Law of the Constitution*, con una Introducción de E. C. S. Wade, 1973, pp. 195, 196 y 203. Véase también los comentarios de Wade, p. CXVIII.

dy of the Law of the Constitution, se publicó en 1885. En esa época, el papel del Parlamento y de los Tribunales, por supuesto era muy distinto: además, hay que tomar en cuenta el impacto que tuvo sobre los derechos fundamentales, el Estado de Bienestar o Estado social de Derecho tal como se lo ha denominado en Europa continental.

J. D. B. Mitchell ha señalado que: "los tribunales, como hacedores de derecho, han perdido importancia; en parte, como resultado del desarrollo del Parlamento y además, como resultado de los cambios operados con respecto a la idea que se tiene de las funciones de un Estado"; agregando que:

> "el desarrollo del Estado de Bienestar ha significado que los derechos que interesan cada vez más a los individuos, como son la protección o el amparo contra la pobreza, la salud, y otros parecidos, no pueden ser el resultado de la creación por un juez, como pudiera ser el caso de la libertad de expresión, etc., derechos que preocupan a Dicey. Estos nuevos derechos sólo pueden derivarse de una compleja legislación"[321].

Y así ha sucedido, aun cuando los tribunales ordinarios siguen teniendo un papel de primera importancia como guardianes en última instancia de los derechos fundamentales, pero no como sus creadores.

En todo caso, y a pesar de toda esta tradición, en el Reino Unido se han producido debates, en especial durante las últimas dos décadas, en torno a la necesidad y posibilidad de que se pueda adoptar una Declaración obligatoria de Derechos fundamentales.

El principal argumento a favor de una Declaración de Derechos es el de restringir el abuso o exceso de poder por parte de las autoridades públicas. Se ha pensado que con una Declaración de Derechos, la posibilidad de intentar acciones legales contra el Estado y las entidades gubernamentales se incrementaría, en otras palabras, se ha considerado que una Carta de Derechos constituye una fuente potencialmente más rica de recursos[322].

Estos argumentos a favor de la adopción de una Carta de Derechos han sido resumidos por P. S. Atiyah, de la manera siguiente:

> "que deben existir, y existen, algunos derechos fundamentales que no debieran estar a la merced de un gobierno y de la legislatura; que los gobiernos y las legislaturas derivan su poder de la voluntad del pueblo y que . no puede asumirse que el pueblo haya concedido poderes ilimitados y despóticos por el simple hecho de haber elegido un Parlamento (mediante un proceso establecido por el Parlamento mismo); que una mayoría del pueblo, sin duda, tiene la facultad de elegir un gobierno y un Parlamento mayoritarios para representar sus opiniones, pero esto no significa ni puede significar entregar al Gobierno y al Parlamento poderes ilimitados para poder oprimir a la minoría o a las minorías; y, en fin, que la estructura básica del proceso democrático (el único en otorgar legitimi-

321 J. D. B. Mitchell, *Constitutional Law*, Edimburgo, 1968, p. 55.

322 M. Zander, A. *Bill of Rights*?, Londres, 1985, p. 27.

dad al poder de gobiernos y parlamentos) tiene que ser establecida de manera estable y rígida de manera que sea inalterable por el Parlamento"[323].

Sin embargo, estos argumentos a favor de la adopción en Gran Bretaña de una Carta de Derechos que está conforme con la tradición liberal más ortodoxa, deberían tomar en consideración el muy conocido principio de la Soberanía parlamentaria: una Carta de Derechos de carácter rígido y estable limitaría los poderes del legislador ordinario para modificarla, situación que sería contraria al principio básico de la Constitución británica. Por otra parte, una Carta de derechos formalmente incorporada en la Constitución convertiría a los jueces en los árbitros últimos de los poderes del Parlamento, lo que algunos considerarían desastroso, a menos que los Jueces modificasen sus métodos de interpretación tradicionales. "Porque como lo ha dicho P. S. Atiyah, los métodos de interpretación tradicionales y enrevesados, pueden conducir a menudo a la invalidación de una legislación que puede ser absolutamente necesaria para la adaptación a valores y condiciones cambiantes; en esos casos podrían provocarse tensiones profundas en el sistema político y jurídico, viéndose la ley afectada por un descrédito general"[324].

Por otra parte, los principales argumentos en contra de la adopción de una Carta de Derechos en el Reino Unido han sido expuestos, y claramente resumidos y criticados por Michel Zander en su publicación titulada *A Bill of Rights*?[325]. Entre dichos argumentos pueden señalarse los siguientes:

En primer lugar, se ha dicho que una Carta de Derechos es "una manera poco británica de hacer las cosas"[326], basándose en la bien conocida desconfianza respecto de Constituciones o documentos constitucionales escritos, desconfianza que se deriva de la concepción de Dicey sobre el derecho constitucional. Ahora, afirmar que una Carta de Derechos "poco británica" es, según M. Zanders, "muestra de ignorancia histórica"[327]. En realidad, como se señaló anteriormente, las declaraciones de derechos se inventaron en el Reino Unido con la *Carta Magna* de 1215 y la *Bill of Right* de 1689; influyó en las Declaraciones de Derechos de 1776 de las Colonias americanas, así como en el contenido de las diez primeras enmiendas de la Constitución norteamericana (1789); más recientemente, el Reino Unido ha sido el principal exportador del concepto de derechos y libertades fundamentales establecidas de manera estable hacia los países de la Mancomunidad británica, en una escala sin precedentes en el resto del mundo[328]. Así, salvo Nueva Zelanda, todos los países de

---

323 P. S. Atiyah, *Law and Moderno Society*, Oxford, 1983, p. 109.

324 *Idem.*, p. 109.

325 London 1985, p. 106.

326 *Idem.*, p. 43.

327 *Ibidem*, p. 44.

328 A. Lester, "Fundamental Rights: The United Kingdom Isolated?", *Public Law, Spring*, 1984, pp. 56, 57; M. Zanders, *op .cit.*, pp. 28-30. Para tener una idea de la amplitud de tal contribución basta con mencionar las enmiendas adoptadas por el Parlamento británico en 1982, con respecto a la Ley Británica-Norteamericana de 1867, que recibió en 1982 el nuevo nombré de Ley constitucional de 1867, en la cual fue incluida la Carta canadiense de Derechos y Libertades al mismo tiempo que desaparecía el último vestigio de los lazos coloniales en relación a las enmiendas constitucionales en Canadá.

la Mancomunidad británica poseen Constituciones escritas y una Declaración formal de Derechos fundamentales.

El segundo argumento en contra de la aplicación de una Carta de Derechos es que ésta no es necesaria, pues los derechos humanos gozan de una protección adecuada en Inglaterra. Este había sido también el principal argumento para justificar[329] que la Convención Europea sobre Derechos Humanos no se hubiera convertido en ley nacional del Reino Unido. "Para la época de la ratificación, señaló Drzemczewski, el gobierno de turno estimó que el derecho nacional estaba plenamente conforme a las disposiciones de la Convención y los gobiernos siguientes han seguido afirmando que los derechos y las libertades enumerados están en cualquier caso garantizados por el derecho nacional"[330].

En cuanto a este argumento, Zanders, tomando en consideración el hecho que en Gran Bretaña existe un sistema de recursos y acciones más que de derechos, ha indicado que "todas las formas existentes para obtener remedios judiciales dejan mucho que desear"[331].

De hecho, como lo señaló Anthony Lester en su artículo sobre el aislamiento del Reino Unido con respecto a los derechos fundamentales y la Convención europea, "ningún otro país perteneciente al sistema de la Convención ha tenido que enfrentar tantos casos importantes", y agregó:

> "Lo significativo no es tanto la cantidad impresionante de casos sino más bien la proporción de casos admitidos por la Comisión y resueltos de manera negativa para el Reino Unido"[332].

El tercer argumento contra la adopción de una Carta de Derechos en el Reino Unido se fundamenta en el principio de la Soberanía del Parlamento, ya comentado. Una Carta de Derechos requiere ser rígida y estable, lo que limitaría en el futuro la libertad del Parlamento para legislar.

Al respecto O. Hood Phillips ha señalado lo siguiente:

> "La principal característica de nuestra Constitución es la supremacía legislativa del Parlamento. Esta significa que el Parlamento puede sancionar leyes sobre cualquier asunto, incluso de carácter constitucional y lo puede hacer mediante el procedimiento ordinario de un Acto del Parlamento... Esta facultad legalmente ilimitada del Parlamento para sancionar leyes sobre cualquier asunto, es un corolario de la ausencia de disposiciones "estables" y rígidas y del carácter flexible de la Constitución británica. También se desprende, de ello, que no tengamos, estrictamente hablando, 'derechos fundamentales'"[333].

---

329 M. Zanders, *op. cit.*, p. 45.

330 Q. Z. Drzemczewski, *European Human Rights Convention in Domestic Law. A Comparative Study*, Oxford, 1985, p. 178.

331 M. Zanders, *op. cit.*, p. 45.

332 A. Lester, *loc. cit.*, p. 71.

333 O. Hood Phillips, *Reform of the Constitution, cit.*, pp. 11-12.

En el mismo sentido, H. W. R. Wade señaló:

> "...la única limitación a la omnipotencia (parlamentaria) que surge a consecuencia de esta misma, es que el Parlamento de hoy no puede comprometer al Parlamento de mañana mediante tipo alguno de restricción permanente, lo que hace imposible cualquier disposición estable"[334].

Sin embargo, en la práctica, ni siquiera este argumento formal resulta realmente un obstáculo para la adopción de una Carta de Derechos estable en el Reino Unido. En tal sentido, Anthony Lester ha señalado:

> "Sólo los muy jóvenes normalmente tienen fantasías de omnipotencia; al envejecer se admite la necesidad de leyes, normas y limitaciones. Un Parlamento maduro no insistiría en la continua afirmación fanática de sus poderes absolutos, a expensas de la justicia individual. Un Parlamento maduro emplearía sus facultades legislativas soberanas para confinar dichos poderes dentro de adecuados límites constitucionales"[335].

En todo caso, aun cuando se adopte una Carta de Derechos de manera estable y rígida en el Reino Unido, ello sólo implicaría que las disposiciones contenidas en la misma prevalecerían, a menos que una promulgación subsiguiente dispusiera lo contrario, lo que no impediría que, a fin de cuentas, prevaleciera la voluntad expresa del Parlamento. No obstante, ello implicaría que "los tribunales pudieran anular una ley por ser contraria a la Carta de Derechos, salvo que la misma incluya una disposición expresa que modifique en ese sentido la Carta de Derechos"[336].

Esto nos lleva al último de los argumentos esgrimidos en contra de la promulgación de una Carta de Derechos estable y rígida en Inglaterra, que tiene que ver con las facultades de los tribunales para controlar los Actos del Parlamento. Como lo señaló D. G. T. Williams:

> "una Carta de Derechos estable y rígida implicaría evidentemente, el ejercicio del control judicial por parte de los tribunales ingleses y de otras partes del Reino Unido", en el sentido de que "se entregaría en esta forma un cheque en blanco a los tribunales nacionales, con el fin de proteger algunas libertades fundamentales, aun en contra de la legislatura misma"[337].

Por ello, el verdadero problema de adoptar una Carta de Derechos, por la vía constitucional ordinaria, impidiendo su modificación por la legislación ordinaria, en un sistema constitucional como el británico, consiste en que los tribunales estarían facultados para controlar la conformidad de los Actos del Parlamento con la Carta de Derechos, lo que resulta inaceptable en el sistema constitucional británico, a menos que ocurra una profunda modificación de la propia Constitución.

---

334 H. W. R. Wade, *Constitutional Fundamentals*, Londres, 1980, p. 25.

335 A. Lester, *loc. cit.* p. 71.

336 M. Zanders, *op. cit.*, p. 70.

337 D. G. T. Williams, "The Constitution of the United Kingdom", *The Cambridge Law Journal*, 31, (1), 1972, p. 277.

Todos estos argumentos podrían superarse si el Reino Unido limitara la búsqueda por establecer un código positivo de derechos y libertades, aceptando como ley nacional, la Convención Europea sobre los Derechos Humanos, y por consiguiente, le diera la facultad a los tribunales de aplicar e interpretar esta Convención y garantizar recursos rápidos y efectivos a los ciudadanos del país contra la violación de sus derechos humanos fundamentales[338].

Esta, sin duda pareciera ser la mejor alternativa[339], a pesar de que plantee varios interrogantes relativos a las relaciones entre el derecho internacional y el derecho inglés, y a la interpretación de la Convención europea en el derecho inglés[340].

En todo caso, si bien es cierto que, por la ausencia de una Declaración de derechos protegida por una supra-legalidad constitucional en el Reino Unido, no existen de manera general, garantías legales de ningún tipo para estos derechos frente a la voluntad del Parlamente, hecho que puede llevar tanto la ampliación de la esfera de actividades prohibidas como al otorgamiento de amplios poderes a las autoridades, no es menos cierto que la discusión es claramente una discusión teórica.

La validez de los derechos humanos en Inglaterra, al menos desde el punto de vista externo, es inseparable de la estructura global de la Constitución británica. Por consiguiente, abolir los derechos y las libertades equivaldría a abolir la Constitución británica en su conjunto, lo cual es absurdo.

En todo caso, lo que queremos resaltar es que, en el Estado de Derecho moderno, además de la existencia de una Constitución, de limitaciones a los poderes del Estado y del sometimiento de todos los órganos del Estado a la ley, como cuarta característica principal está la existencia de una declaración formal de derechos y libertades fundamentales, normalmente dotada de un carácter estable y rígido y contenida en una Constitución escrita. Esa es la tendencia general en el derecho constitucional actual, con excepción, en cuanto a lo último, y al menos formalmente, del sistema constitucional del Reino Unido por la ausencia de una Carta de Derechos.

V. EL CONTROL JUDICIAL DE LA CONSTITUCIONALIDAD

El Estado de Derecho como hemos visto, presenta un conjunto de características que lo individualizan en el derecho constitucional contemporáneo:

En primer lugar, es un Estado con poderes limitados para poder garantizar la libertad; limitación que se establece a través de un sistema de distribución del poder. Bajo esta perspectiva, el Estado de Derecho es contrario al del Estado Absoluto, presentándose la limitación de los poderes del Estado en tres tipos de distribución del Poder: *Primero,* la distinción entre los poderes del Estado y un área de derechos y libertades de los ciudadanos fuera del campo de acción del Estado. *Segundo,* la distinción, dentro del mismo Estado, entre, por una parte el poder constituyente, atribuido al pueblo como elector soberano, el cual se ejerce, normalmente a través de una Constitución escrita y, por otra parte, los poderes constituidos, representados

338 A. Lester, *loc. cit.* p. 66.

339 M. Zanders, *op. cit.*, pp. 83-89.

340 J. Jaconelli, *Enacting a Bill of Rights*, The Legal Problems, Oxford, 1980, pp. 270-277.

por los órganos del Estado, incluyendo el legislador, sometidos a la voluntad del poder constituyente. Y *tercero,* una separación de poderes entre los órganos constituidos, de manera vertical y horizontal. En forma vertical, la distribución del poder lleva a un sistema de descentralización política a nivel territorial, a través de diferentes órganos estatales, incluyendo la forma federal del Estado; y en forma horizontal, la separación de poderes conduce a la clásica división entre órganos legislativos, ejecutivos y judiciales, con sus poderes respectivos v dentro de un sistema controlado y equilibrado donde se establecen interferencias y restricciones mutuas.

La segunda característica del Estado de Derecho es que se trata de un Estado sometido al principio de la legalidad, en el sentido de que todos los órganos del Estado están subordinados a las limitaciones legales establecidas normalmente en una Constitución escrita.

En relación a los órganos del Estado, en todo caso, el principio de la legalidad implica que éstos están necesariamente sometidos a la ley, aún cuando el alcance o ámbito de esta legalidad varía según el nivel que tengan los actos estatales en el sistema graduado y jerarquizado de normas que en general existe en todos los sistemas jurídicos. En este sentido, hemos dicho que la legalidad respecto de los actos de los órganos del Estado significa "ordenamiento jurídico" y no simplemente la ley como acto del órgano legislativo. Por lo tanto, legalidad puede significar "constitucionalidad" o sometimiento a la Constitución si el acto es realizado en ejecución directa de ésta; o "legalidad" en un sentido más amplio, entendida como subordinación al ordenamiento jurídico si el acto es realizado en ejecución indirecta de la Constitución. En relación a la Administración, sin duda, este es el significado tradicional de legalidad. Finalmente, además de los principios de distribución del poder y del sometimiento del Estado al principio de la legalidad, también nos referimos a una tercera característica del Estado de Derecho moderno, la cual es la adopción de una Carta de Derechos, como garantía para los individuos frente a los órganos del Estado, normalmente incorporada de manera estable en una Constitución escrita y rígida.

En el derecho constitucional contemporáneo, estas tres notas del Estado de derecho han sido formalmente establecidas en una Constitución escrita y rígida. Lo que en sí mismo configura una característica del mismo. En consecuencia, el Estado de Derecho implica que los principios de distribución y separación de poderes, del sometimiento de los órganos del Estado al principio de la legalidad y de la declaración de los deberes y libertades deben incorporarse en una Constitución escrita, formulada de manera estable y rígida, a fin de protegerla contra eventuales cambios por parte del legislador ordinario.

Sin embargo, estos principios del Estado de Derecho y su establecimiento en una Constitución escrita y rígida, necesitan medios de protección para garantizar la existencia de las limitaciones impuestas a los órganos del Estado y al goce de los derechos individuales. En este sentido, fue muy preciso el argumento de John Marshall en el conocido caso *Marbury vs Madison* de 1803 resuelto por la Corte Suprema de los Estados Unidos:

> "¿Con qué propósito se limitan los poderes y dichas limitaciones se establecen por escrito, si esos límites, en cualquier momento, pueden ser traspasados por aquellos a quienes debían supuestamente limitar? La diferencia entre un

gobierno con poderes limitados y uno con poderes ilimitados deja de existir, cuando las limitaciones no obligan a las personas sobre las cuales se imponen y cuando los actos prohibidos y los permitidos son de igual obligatoriedad"[341].

Por esto, en el mismo sentido, podemos preguntarnos ¿para que limitar los poderes del Estado, para qué establecer el principio de la legalidad, para qué declarar formalmente los derechos y libertades fundamentales, y para qué poner por escrito todos estos principios en una Constitución considerada como Ley Fundamental, si no existiesen los medios para garantizar la existencia y permanencia de dichas limitaciones, el sometimiento de los órganos del Estado a la legalidad y el goce efectivo por parte de los ciudadanos de los derechos y libertades?

En consecuencia, el Estado de Derecho, con todas sus características, sólo existe en la medida en que se establecen estos medios de protección y de control de la Constitución y la legalidad y donde el Poder Judicial está encargado de hacerlos cumplir[342]. Por ello, en el Estado de Derecho, los tribunales deben garantizar la efectividad de las limitaciones impuestas a los órganos del Estado, su sometimiento a la norma Constitucional y al principio de legalidad, así como el goce de los derechos y libertades fundamentales de los individuos.

Por consiguiente, no puede existir un Estado de Derecho cuando los Tribunales del Estado no tienen la facultad para controlar el sometimiento de los actos de los órganos del Estado al principio de la legalidad. Así, puede afirmarse que el elemento básico del Estado de Derecho o del Estado sometido al principio de la legalidad, es la existencia de un sistema de control judicial con el objeto de controlar la subordinación de todos los actos estatales, y en especial los actos legislativos, administrativos e incluso judiciales al derecho. Los dos objetivos esenciales de este sistema de control judicial son: primero, asegurar que todos los actos del Estado se adopten o ejecuten de conformidad con la ley del mismo Estado, y segundo, garantizar que los actos del Estado respeten los derechos y libertades fundamentales de los ciudadanos.

Ahora bien, se pueden distinguir dos grandes sistemas de control judicial en el Estado de Derecho contemporáneo: por una parte, un sistema creado para controlar que todos los actos emanados del Estado estén conformes a la ley, y, por la otra, un sistema que intenta garantizar los derechos y libertades de los individuos. Ambos deben garantizar el derecho fundamental de todos los individuos a tener acceso a la justicia a través de las acciones legales que se intenten para lograr dicho control.

1. *El control judicial y la conformidad de los actos del estado al principio de la legalidad*

Como se dijo anteriormente, el control judicial tiene como objetivo .hacer que se cumpla de manera efectiva el sometimiento de los actos del Estado al principio de legalidad. Sin embargo, hemos visto que la esfera de legalidad u obligatoriedad no

341 *Marbury vs. Madison*, 5. U.S. (1 Cranch) 137; 2 L, Ed. 60 (1803). Véase el texto en R. A. Rossum and G. A. Tarr, *American Constitutional Law, Cases and Interpretation*, Nueva York, 1983, p. 70.

342 Véase en general, H. Kelsen, "La garantie juridictionnelle de la Constitution (La justice constitutionnelle)", *Revue du Droit Public et de la Science Politique en France et à l'étranger*, T. XLV, París, 1928, pp. 197-257.

es la misma para todos los actos estatales, es decir que "legalidad" no significa lo mismo para todos estos actos. Su significado u obligatoriedad varía según el rango del acto específico dentro del ordenamiento jurídico y en particular con relación a la Constitución o a la ley suprema de la nación.

En esta forma, en los ordenamientos jurídicos donde existe una Constitución escrita, se puede hacer la distinción entre aquellos actos del Estado que han sido dictados en ejecución directa de la Constitución y los actos dictados en ejecución indirecta de la Constitución. Esta distinción lleva naturalmente a otra entre los sistemas de control judicial que se aplican.

En efecto, como hemos dicho, algunos actos estatales se adoptan en ejecución directa de la Constitución, en el sentido de que son dictados por los órganos del Estado, en uso de facultades otorgadas para ello, directamente en la Constitución, debiendo someterse a la misma. Con respecto a estos actos, el sistema de control judicial tiene y sólo puede tener como objetivo garantizar que dichos actos sean dictados o adoptados de conformidad con la Constitución. En este caso, como lo señaló Hans Kelsen en 1928, la "garantía de la Constitución significa garantía en cuanto a la regularidad de las normas subordinadas inmediatamente a ella, es decir fundamentalmente, garantía de la constitucionalidad de las leyes"[343]. Por consiguiente, en lo que se refiere a estos actos del Estado, "legalidad" tal como la entendemos, es sinónimo de "constitucionalidad", y el control judicial de la legalidad es equivalente a control judicial de la constitucionalidad dé los mencionados actos.

Por supuesto, esta distinción entre actos dictados en ejecución directa e indirecta de la Constitución, al igual que la distinción entre control judicial de la legalidad y control judicial de la constitucionalidad, sólo existe, en el sentido estricto de la palabra, en los sistemas jurídicos que tienen una Constitución escrita como ley fundamental y fuente superior del ordenamiento jurídico en su conjunto. En cambio, en los sistemas donde no existe una Constitución escrita y en los cuales los actos del Parlamento son la ley suprema, esta distinción no se puede hacer, así como tampoco puede existir un sistema de control judicial de la constitucionalidad.

Por el contrario, este control de la constitucionalidad en. los sistemas jurídicos con Constituciones escritas ha sido desarrollado especialmente con referencia a los actos legislativos, es decir a los actos legislativos del Parlamento. De allí que se suela hablar de "control judicial de la constitucionalidad de las leyes"[344].

En efecto, si el Parlamento, el Congreso o la Asamblea Nacional en su calidad de representante del pueblo soberano es y debe ser el intérprete supremo de la ley y, a través de ésta, de la voluntad general, debe hacerlo a través de la ejecución de normas constitucionales, en especial en aquellos casos en que existe una Constitución escrita y rígida la cual, por consiguiente, no puede ser modificada por el legislador ordinario. De allí que la ley formal, como acto del Parlamento, esté siempre sometida a la Constitución, y en caso de que exceda las limitaciones establecidas por la Constitución, estará viciada de inconstitucionalidad y por lo tanto podrá ser anulada.

---

343 H. Kelsen, *loc. cit.*, p. 201.

344 M. Cappelletti, *Judicial Review in the Contemporary World*, Indianapolis, 1971, p. VII.

En el caso *Marbury vs Madison*, la Corte Suprema de los Estados Unidos indicó en 1803:

> "No cabe la menor duda de que todos los que tienen una Constitución escrita y estable la consideran como la ley fundamental y suprema de la nación, y por consiguiente, para estos gobiernos, un acto legislativo contrario a la Constitución es nulo"[345].

Por lo tanto, el control judicial de la constitucionalidad de las leyes, brinda a los tribunales la posibilidad de determinar su inconstitucionalidad, y decidir no aplicarlas dando preferencia a las disposiciones de la Constitución, y en algunos casos permitiendo que algunos tribunales especiales declaren la nulidad de la ley que ha sido considerada inconstitucional, con efectos generales.

Ahora bien, este control judicial de la constitucionalidad de los actos estatales, puede decirse que es una de las características más resaltantes del sistema constitucional norteamericano[346]. A este respecto, podemos agregar que, de hecho, se trata de la característica más resaltante de todos los sistemas constitucionales del mundo actual. Los tribunales, en todas partes del mundo, de manera similar o no al sistema norteamericano de control judicial, sean tribunales constitucionales especiales o tribunales ordinarios, tienen la facultad de declarar las leyes como inconstitucionales y, por consiguiente, pueden negarse a aplicarla por considerarla nula, y en algunos casos, dichos tribunales tienen la facultad de anular de dichas leyes inconstitucionales.

Como se sabe, en el Reino Unido el sistema es diferente, e incluso se puede afirmar que la principal característica que diferencia el sistema constitucional británico es precisamente, la ausencia de control judicial de la constitucionalidad de las leyes. Por ello, D. G. T. Williams ha señalado que:

> "la mayoría de los jueces británicos así como la gran mayoría de abogados tienen poco o ningún contacto con las situaciones inherentes al control judicial de constitucionalidad"[347].

Esta diferencia sustancial entre el sistema constitucional de Gran Bretaña y los demás sistemas del mundo, proviene de algunos principios muy importantes, únicos en la Constitución británica, como el principio de la soberanía del Parlamento, o como Dicey lo ha denominado, la "fuente secreta del poder de la Constitución británica" o "el elemento de poder que ha constituido su verdadera fuente de vida y desarrollo"[348].

Este principio, con toda la importancia que tienen en el derecho constitucional de Gran Bretaña, al mismo tiempo constituye el obstáculo más poderoso para el control

---

345 *Marbury vs Madison*, 5.U.S. (1 Cranch), 137, 2 L, Ed. 60, 1803.

346 E. S. Corwin, "Judicial Review", *Encyclopaedia of the Social Sciences*, Vol. VII-VII, p. 457.

347 D. G. T. Williams, "The Constitution of the United Kingdom", *Cambridge Law Journal,* N° 31, 1972-B, p. 277.

348 Dicey, *England's Case against Home Rule*, (3rd ed. 1887), p. 168, citado por D. G. T. Williams, *loc. cit*, p. 277.

judicial de la constitucionalidad de las leyes. Esto implica que aun cuando es cierto que los tribunales británicos son los máximos garantes del principio de la legalidad, estos se ven obligados a aplicar los actos del Parlamento, independientemente de la opinión que tengan los jueces sobre su moralidad o justicia, o sobre sus efectos en relación con las libertades individuales o los derechos humanos[349]. Esto se debe a la ausencia de una Constitución escrita en la forma constitucional moderna, con su debida declaración de derechos y libertades fundamentales.

En este aspecto basta citar a Lord Wilberforce en el caso *Pickin vs British Railways Board*, de la Cámara de los Lores, en 1974, con respecto a las consecuencias de la soberanía parlamentaria y a la ausencia de control judicial de la constitucionalidad de las leyes:

> "la idea... de que un acto del Parlamento, sea público o privado, o una disposición de un acto del Parlamento, pueda ser declarada inválida o inaplicable por los tribunales a causa de alguna irregularidad en el procedimiento parlamentario, o sobre la base de un error en su aprobación en el Parlamento, o porque se obtuvo de manera fraudulenta; ha sido formalmente repudiada por las más altas autoridades desde 1842 en adelante.
>
> La solución a un error parlamentario, en caso de que se llegue a cometer, debe ser tratado en el Parlamento y no en los tribunales"[350].

Por ello el control judicial de la constitucionalidad de las leyes y otros actos legislativos, requiere la presencia de, al menos, tres condiciones para que funcione en un sistema constitucional dado; en primer lugar, requiere de la existencia de una Constitución escrita, concebida como una ley superior y fundamental, con una clara supremacía sobre las demás leyes; en segundo lugar, este tipo de Constitución debe ser de carácter "rígido", lo que implica que las enmiendas y reformas introducidas sólo pueden ser puestas en práctica a través de un proceso particular y especial, a fin de evitar que cualquier acto del legislador ordinario lo haga; y en tercer lugar, el establecimiento, dentro de esa misma Constitución escrita y rígida, de los medios legales para garantizar la supremacía de la Constitución, por encima de los demás actos del Estado, incluyendo los actos legislativos.

El control judicial de control de la constitucionalidad de las leyes, como facultad de los tribunales para decidir sobre ello, ha sido considerado como una de las principales contribuciones del sistema constitucional norteamericano a las ciencias política y constitucional[351]. Sin embargo, el llamado "sistema americano" de control judicial no es el único que existe en el derecho constitucional actual. Existe igualmente, lo que se conoce como el "sistema austríaco" de control de constitucionali-

---

349 T. R. S. Allan, "Legislative Supremacy and the Rule of Law's Democracy and Constitutionalism", *Cambridge Law Journal*, N° 441, 1985, p. 116.

350 Citado por P. Allot, "The Court and Parliament: Who Whom?", *Cambridge Law Journal*, N° 38, I, 1979, pp. 80-81; véase igualmente O. Hood Phillips, *Leading Cases in Constitutional and Administrative Law*, Londres, 1979, pp. 1-6.

351 F. A. C. Grant, "El control jurisdiccional de la constitucionalidad de las leyes: una contribución de las Américas a la Ciencia Política", *Revista de la Facultad de Derechos de México*, N° 45, 1962, pp. 417-437.

dad, establecido en Europa, originalmente, en la Constitución austríaca en 1920, pero con existencia previa en los sistemas mixtos en América Latina, que adoptaron las características principales tanto del sistema "americano" como del "austríaco".

La principal diferencia entre ambos sistemas de control judicial de la constitucionalidad de las leyes radica, básicamente, en los órganos judiciales que pueden ejercer esta facultad de control constitucional: el "sistema americano" confía la facultad de control a todos los tribunales de un país dado. Es por ello que este sistema se considera descentralizado o difuso. Por el contrario, el "sistema austríaco" confía el poder de control de la constitucionalidad de las leyes a un tribunal existente (Corte Suprema) o a un tribunal constitucional especial, y por lo tanto, se considera este sistema como centralizado o concentrado.

En todo caso, en aquellos sistemas jurídicos donde existe un control judicial de la constitucionalidad de las leyes, todos los demás actos legislativos que no sean leyes formales, y que también son dictados por el Parlamento en ejecución directa de la Constitución, pueden ser sometidos al control judicial de la constitucionalidad. Este es el caso, por ejemplo, de las regulaciones internas para el funcionamiento dé los cuerpos legislativos y de los actos parlamentarios que se dictan para un fin específico; por ejemplo, autorizar o aprobar algún acto ejecutivo, como el nombramiento de algunos funcionarios o la adopción de modificaciones al presupuesto. En los sistemas jurídicos de Constitución escrita, todos estos actos están sometidos a la Constitución y deben adoptarse de conformidad con la misma. Es decir, pueden ser controlados judicialmente para garantizar que cumplen con las normas establecidas en la Constitución.

Además, no sólo los actos de los cuerpos legislativos están sometidos a un control judicial de constitucionalidad; en general, todos los de los órganos y cuerpos estatales, dictados en ejecución directa de la Constitución, también pueden estar sometidos a este control. En especial, los actos de gobierno, con o sin fuerza de ley formal, dictados por el Jefe del Estado o del Gobierno, previamente autorizados para ello por la Constitución, y los cuales, por la separación de poderes, no pueden ser regulados por el Parlamento.

En pocas palabras, el sistema de control judicial de la constitucionalidad de los actos emanados del Estado es el medio a través del cual se garantiza el sometimiento efectivo de los órganos del Estado a la Constitución, cuando la ejecutan directamente.

Sin embargo, esto sólo es posible en sistemas legales con Constituciones escritas, donde los tribunales tienen la facultad de ejercer el control judicial de la constitucionalidad.

En consecuencia, tanto cuando no hay Constitución escrita o cuando, a pesar de que exista una ley fundamental, los tribunales no tienen la facultad de controlar la constitucionalidad de los actos legislativos, la situación jurídica es muy similar.

Como lo señaló J. D. B. Mitchell:

> "El simple hecho de que exista una Constitución escrita no significa por sí solo y necesariamente, que los tribunales desempeñan un papel más significativo en la protección de los derechos individuales o en el resguardo de la Constitución. Donde existe este tipo de Constitución pero donde los tribunales no tienen

la facultad de declarar una ley inconstitucional, el único medio mediante el cual los tribunales pueden proteger los principios prácticos de la Constitución contra usurpaciones y violaciones, es la interpretación restrictiva de la legislación. En esas circunstancias, la posición de los tribunales y la protección de los principios constitucionales fundamentales, no difieren materialmente de las que existen cuando no hay Constitución escrita"[352].

Por lo tanto, la diferencia real entre un sistema jurídico con Constitución escrita y uno sin Constitución escrita reside en las facultades concedidas a los tribunales para controlar la constitucionalidad de los actos del Estado. Así lo ha indicado también Mitchell con relación al sistema constitucional británico:

> "El contraste real con nuestro sistema está en un sistema en el cual no sólo existe una Constitución escrita sino también la facultad reconocida para los tribunales de declarar una ley inválida por inconstitucional"[353].

En todo caso, el control de la constitucionalidad de las leyes formales, o de cualquier otro acto del Estado dictado en ejecución directa de la Constitución, sólo es posible en aquellos sistemas constitucionales regidos por una Constitución escrita y rígida, es decir, que no puede ser modificada a través de la legislación ordinaria.

Las normas establecidas en este tipo de Constitución deben ser aplicadas directamente, y la Constitución misma ocupa un rango predominante en la jerarquía del ordenamiento jurídico. Al respecto, es precisamente en los países en los cuales se ha concedido a los tribunales el poder de controlar la constitucionalidad de las leyes, donde la naturaleza jurídico-normativa de las Constituciones y su carácter obligatorio se evidencian con mayor claridad. Igualmente, es en estos países donde se origina el principio de la supremacía jerárquica (le la Constitución, con respecto a las leyes ordinarias.

Este primer sistema de control judicial de la constitucionalidad, particularmente de las leyes, como se ha dicho, se presenta de dos maneras: concediendo esta facultad de decisión a todos los tribunales de un país, o reservando esta facultad a un solo órgano judicial como es la Corte Suprema de Justicia, o a una Corte o Tribunal constitucional especial, dando así lugar a la distinción entre los sistemas concentrado y difuso del control judicial de la constitucionalidad.

Sin embargo, además de los actos emanados por los órganos del Estado, adoptados en ejecución directa de los poderes constitucionales que les han sido otorgados, en especial los actos legislativos y actos de gobierno, existen otros actos que son dictados en ejecución directa de la "legislación", como primer nivel de ejecución constitucional y cuya legalidad implica el sometimiento a la Constitución, además de a todas las demás normas contenidas en el ordenamiento jurídico. Por consiguiente, en relación a estos actos y particularmente los actos administrativos y judiciales, "legalidad" significa sometimiento al ordenamiento jurídico en su conjunto, y el Estado de Derecho debe proporcionar los medios para un control judicial y garan-

---

352 J. D. B. Mitchell, *Constitutional Law*, Edimburgo, 1968, p. 13.

353 *Idem.*, p. 13.

tizar de manera efectiva que los actos dictados por los órganos del Estado estén sometidos al principio de legalidad. Esto ha llevado a que en el Estado de Derecho se hayan establecido sistemas de control judicial de los actos administrativos y de las propias decisiones judiciales.

En cuanto al control judicial de la acción administrativa, o de la Administración, puede afirmarse que, dentro del derecho administrativo y constitucional moderno, éste se ha desarrollado sobre todo como resultado del sometimiento de la Administración al principio de legalidad. Este sistema de control judicial ha adquirido tal importancia que puede decirse que el control judicial sobre los actos administrativos ha dado lugar al desarrollo del derecho administrativo mismo, no sólo en los países de Europa continental sino también en los países del *common law*. Los principios fundamentales del derecho administrativo se han desarrollado, en especial en el presente siglo, a través del ejercicio de la facultad inherente de los tribunales de controlar la legalidad de la acción administrativa.

En consecuencia, el control judicial de los actos administrativos es el poder que tienen los tribunales para decidir acerca de la legalidad de las actividades realizadas por los órganos administrativos del Estado; en otras palabras, para decidir si las actividades de los órganos ejecutivos del Estado están sometidos a la ley o, mejor dicho, al ordenamiento jurídico. En este contexto por "ley" se entiende el ordenamiento jurídico, es decir, no solamente las leyes formales sino también las normas y reglas contenidas en el ordenamiento jurídico, incluyendo por supuesto la Constitución.

En relación a la organización del sistema de control judicial de los actos administrativos, existe una diferencia sustancial entre los sistemas jurídicos influenciados por los países de Europa continental, principalmente de Francia, y los sistemas influenciados por los países del *common law* anglo-americanos. En la tradición latina y germánica, el control judicial es la facultad que tienen algunos tribunales especiales de decidir acerca de la legalidad de los actos administrativos, siempre y cuando se haya requerido tal decisión a través de los medios judiciales o acciones concedidas a los individuos investidos de la legitimidad necesaria para introducir una acción de nulidad con respecto a un acto particular.

Esto ha llevado al desarrollo de los llamados recursos contencioso-administrativo en Europa continental, los cuales deben ser decididos por tribunales judiciales-administrativos especiales. En algunos casos, estos tribunales especiales han sido creados separadamente del Poder Judicial ordinario, como en Francia, con la jurisdicción del contencioso-administrativo; en otros casos, los tribunales judiciales-administrativos especiales se establecen dentro del orden judicial ordinario, de la misma manera que existen tribunales especiales en derecho laboral, derecho civil o derecho mercantil. En todos estos casos, no sólo los recursos de control judicial son especiales, sino que también son especiales los tribunales que deben ejercer la facultad de control.

En cambio, la tradición del *common law* en cuanto al control judicial, implica generalmente que los tribunales de justicia ordinarios sean los únicos facultados para ejercer el poder de control judicial de la acción administrativa a través de recursos ordinarios establecidos en el *common law* y empleados también en el derecho privado, aun cuando no cabe la menor duda de que últimamente se han desarrollado recursos especiales de derecho público. En todo caso, en todas partes del mundo, el control judicial más tradicional y popular referido al sometimiento del Estado al principio de la legalidad es el control judicial de la acción administrativa.

No obstante, la expresión Estado de Derecho, no implica solamente, la existencia de sistemas de control judicial de la constitucionalidad de la legislación y de los actos de gobierno, y de control judicial de la acción administrativa, en otras palabras, el control judicial de la acción legislativa y administrativa con el fin de garantizar su conformidad al principio de la legalidad, sino también el establecimiento de un sistema de control judicial de las propias decisiones judiciales.

En efecto, los tribunales son órganos "ejecutivos" típicos del Estado. Por consiguiente, todas sus actividades tendientes a la aplicación de la ley deben someterse al ordenamiento jurídico en su conjunto incluyendo la Constitución, las leyes formales, los decretos-leyes, los reglamentos y demás actos normativos de los órganos del Estado. De allí que, en el Estado de Derecho, las decisiones de los tribunales también deben someterse al control judicial el cual se aplica normalmente de dos maneras.

Por una parte, los sistemas ordinarios de apelación que permiten el control de las decisiones de tribunales inferiores por parte de tribunales superiores; y por la otra, el sistema de control de la legalidad de decisiones judiciales mediante recursos extraordinarios, como sucede en el sistema de derecho de Europa continental, por ejemplo con el "recurso de casación", desarrollado en los sistemas influenciados por el derecho procesal de Europa continental.

A través de este medio de control, la Corte Suprema tiene la facultad de verificar la legalidad de las decisiones tomadas por los tribunales inferiores; y de decidir, tomando en cuenta los méritos de la decisión apelada, o simplemente controlar los aspectos legales de la decisión en el recurso de casación. En este caso, se trata también de un control de la legalidad de actos del Estado.

Estos tres sistemas de control del sometimiento de los órganos y actos del Estado al principio de la legalidad, a saber el control de la constitucionalidad de las leyes, el control judicial de los actos administrativos y el control judicial de las decisiones de los tribunales, son fundamentalmente sistemas de control formal que buscan determinar la conformidad de las decisiones estatales a las normas superiores contenidas en el ordenamiento jurídico aplicable al acto concreto.

2. *Garantías judiciales de los derechos fundamentales*

Además de estos sistemas de control judicial de los actos del Estado para garantizar su sometimiento al principio de la legalidad existe otro sistema de control de las acciones del Estado para proteger en especial los derechos y libertades fundamentales, generalmente establecidos en la Constitución como una garantía al cumplimiento efectivo de estos derechos y libertades.

Hemos visto que el principio de distribución del poder en el Estado de Derecho se manifiesta de distintas maneras. Entre otras, en un sistema de distribución de poder, por una parte, entre la esfera de acción del ciudadano y de los individuos a quienes atribuyen constitucionalmente, derechos y libertades fundamentales que no pueden ser eliminados ni restringidos por otros medios que no sean aquellos previstos en la Constitución; y, por la otra, los poderes de los órganos del Estado. Esta distribución del poder suele estar establecida en una Constitución escrita o en una

Carta de Derechos estable, para que las violaciones a estos derechos y libertades fundamentales por parte del Estado de cualquier individuo puedan ser objeto de control o protección judicial.

Esta protección judicial de los derechos fundamentales resulta ser, a fin de cuentas, un amparo de la Constitución misma, ya que estos derechos y libertades están consagrados en ella, y por lo tanto, cualquier violación o restricción a ellos constituye una violación de la Constitución. El Estado de Derecho ha desarrollado mecanismos específicos con el fin de garantizar la protección de estos derechos y libertades fundamentales y evitar su violación principalmente, por entes públicos, ya sea mediante acciones intentadas ante los tribunales ordinarios a través de medios judiciales, recursos ordinarios, o mediante acciones especiales de amparo intentadas ante tribunales ordinarios o ante una Corte constitucional especial.

Al tratar el tema del control judicial de la constitucionalidad de las leyes, necesariamente hay que referirse también a la protección judicial estos derechos fundamentales, y en particular, a las acciones especiales de control judicial que los tribunales deben ejercer, para ampararlos.

En esta forma, el concepto de Estado de Derecho está estrechamente relacionado con el control judicial de la legalidad, de manera que no existe el Estado de Derecho si no existe control judicial de la legalidad de sus actos. Asimismo, el control judicial de la legalidad de los actos del Estado sólo puede existir dentro del marco del Estado de Derecho.

Cómo se ha visto anteriormente, el Estado de Derecho implica el sometimiento de todos los órganos y actos del Estado al ordenamiento jurídico, el cual tiene en su cúspide a la Constitución. Esta es la ley suprema a la que deben someterse todos los actos del Estado. Por ello, el control del sometimiento de los actos del Estado a la Constitución, cuando lo ejercen los tribunales, es uno de los aspectos esenciales del Estado de Derecho.

SEGUNDA PARTE

LA CONSTITUCIÓN POLÍTICA: BASES DEL SISTEMA CONSTITUCIONAL EN LA CONSTITUCIÓN DE 1961

I. EL RÉGIMEN POLÍTICO Y CONSTITUCIONAL EN LA CONSTITUCIÓN DE 1961

La Constitución de 1961, conforme a la tradición constitucional que se inició en 1811, es un texto que regula la parte orgánica del Estado, y los derechos y garantías constitucionales, en su parte dogmática, a lo largo de 250 artículos. Al sancionarse, fue una de las Constituciones más avanzadas del mundo contemporáneo y continúa siéndolo, habiendo servido de modelo en muchos aspectos para las constituciones posteriores, particularmente en el mundo de habla hispana. Este texto fue el fruto de un consenso entre las diversas fuerzas y actores políticos de comienzos de la década de los sesenta, por lo que puede considerarse como un auténtico Pacto Político de la sociedad venezolana, elaborado por el liderazgo de una generación que ya tenía más de dos décadas de acción política; y en un momento histórico en el cual el espíritu de unidad y de concordia derivado del derrocamiento de la dictadura, materializado en la suscripción del acuerdo interpartidista denominado *Pacto de Punto Fijo* (1958), facilitaron la elaboración de un texto pluralista que representara las aspiraciones de todos los venezolanos.

Precisamente por esas características, el texto constitucional debía ser lo suficientemente amplio y flexible como para permitir que todas las corrientes ideológicas lo tuvieran como su *instrumento político futuro*; y lo suficientemente programático y general, como para permitir su desarrollo de acuerdo a la orientación política de los gobiernos, configurándose como la expresión formal de un auténtico Proyecto Político Nacional.

La Constitución de 1961, así, nunca se concibió como una camisa de fuerza para el proceso político venezolano, sino como un canal lo suficientemente amplio como para que se pudiera navegar libremente. En sólo dos aspectos la Constitución fue realmente rígida e inflexible: en el establecimiento de una democracia pluralista, que permite la participación de todas las fuerzas y corrientes políticas —de allí la consagración constitucional del principio de la representación proporcional—; y en la asignación a los partidos políticos de la tarea de conducir políticamente al país.

Esto, sin duda, en los últimos 33 años se ha logrado con creces: la democracia se consolidó completamente en Venezuela, signada por un pluralismo ideológico auténtico, y los partidos políticos han controlado todos los aspectos de la vida nacional.

La Constitución ha dado algunos de sus frutos políticos fundamentales, creando una situación de estabilidad prolongada como nunca antes se conoció en este siglo. Sin embargo esta estabilidad, y la ausencia de rupturas del sistema político por voluntad de los partidos políticos, con frecuencia han hecho olvidar la necesidad de perfeccionar la democracia como ejercicio político, dando origen a muchas distorsiones que deben ser superadas. La Constitución de 1961, en todo caso, da todas las posibilidades para el logro de este perfeccionamiento, las cuales, sin embargo, no se han aprovechado políticamente, salvo en algunos aspectos como los concernientes a la descentralización política de nuestra Federación.

Nuestro propósito en esta parte, es hacer un análisis de la Constitución de 1961, para lo cual estudiaremos, en una primera parte, los condicionantes políticos del texto constitucional; en la segunda y tercera partes, las regulaciones fundamentales del texto en relación tanto a la constitución política como a la constitución económica que contiene; en la cuarta parte, algunos efectos políticos de la aplicación de la Constitución en las últimas décadas; y en la quinta parte, las deficiencias que ha habido en la ejecución de la Constitución en el proceso constitucional venezolano contemporáneo, con el objeto de llamar la atención sobre las exigencias de ejecución de la Constitución, y así poder estudiar las enmiendas que ha sufrido en 1973 y 1983, y la modificación derivada de la descentralización política acordada en 1989; para concluir con el estudio de las transformaciones constitucionales que se requieren en el futuro en relación a la organización del Estado.

1. *Los condicionantes políticos de la Constitución: La revolución democrática de 1958 y el Pacto de Punto Fijo*

Entre las 25 constituciones que Venezuela ha tenido durante toda su historia política desde 1811, la Constitución de 1961 ha sido la de mayor lapso de vigencia, siguiéndola la de 1380, que tuvo 27 años de vigencia. Puede decirse inclusive, que el momento político de 1830, que condujo a un acuerdo de los líderes militares-regionalistas que desembocó en lo que se denominó el Pacto Centro-Federal, contribuyó a que esa Constitución tuviese vigencia suficiente durante el proceso de consolidación del Estado, una vez que se separó de la Gran Colombia. En ese momento hubo un acuerdo expreso, inicialmente, y tácito posteriormente, para mantener la naciente República, después de la separación de la Gran Colombia. De allí los años ele vigencia de aquel texto. Hasta cierto punto, esa misma explicación podríamos darla en el caso de la vigencia de la Constitución actual, la cual también es el producto de un pacto político que buscó darle estabilidad al sistema político democrático que se constituyó a partir de 1958.

Ahora bien, ¿por qué se promulgó la Constitución de 1961?; ¿cuáles fueron los elementos condicionantes de ese texto, desde el punto de vista político, y cómo se reflejaron los mismos en el texto fundamental? Las respuestas a esos interrogantes, son las que queremos analizar a continuación.

A. *La revolución democrática de 1958 y las reglas de juego del sistema político*

En efecto, el origen de la Constitución de 1961 está en la Revolución-Democrática de 1958 y en el establecimiento, como consecuencia de ella, de unas reglas de juego, tanto del sistema político en general, como del sistema de partidos. A partir de 1958, los partidos políticos que asumieron el control del sistema político, fueron los mismos partidos que habían actuado democráticamente en el trienio 1945-1948, y que habían nacido a comienzos de esa década, pero ahora con una nueva actitud. La discordia interpartidista al extremo, que caracterizó el proceso político de los años cuarenta, se cambió por un sistema en el cual la discordia se mantuvo al mínimo, pues aquella situación, sin duda, fue la que provocó el derrocamiento del Presidente Rómulo Gallegos (1948) por los mismos militares que tres años antes habían llevado a Rómulo Betancourt al Poder, dando así inicio a la dictadura militar que duró una década. Por eso, el mismo Betancourt. Al referirse al régimen iniciado en 1958, afirmó que "la discordia interpartidista se mantuvo al mínimo y así revelaron sus conductores que habían aprendido la dura lección que a todos los venezolanos nos dio el despotismo"[354].

Pero, por supuesto, no sólo aprendieron la dura lección del despotismo que se mantuvo durante 10 años encarnado por la dictadura de Pérez Jiménez, sino que realmente, quizás lo que más aprendieron fue que la discordia interpartidista al extremo, desarrollada en el trienio 45/48, no podía ser un sistema político que podía funcionar, porque no estaba fundado en reglas de juego claras que permitieran la participación política. Por tanto, más que la experiencia de la dictadura, lo que motivó a los líderes políticos a instaurar el nuevo régimen fue la experiencia del fracaso del sistema político establecido a mitades de la década de los cuarenta, que se basó, precisamente, es esa "discordia interpartidista" llevada al máximo, y que no permitió que se estabilizara el sistema político. Lo que caracterizó el sistema de partidos en esa época, como lo afirmó Juan Carlos Rey, "no eran relacionados entre competidores que se respetan mutuamente sino entre enemigos jurados que aspiran a destruirse"[355].

Por eso afirmó el mismo R. Betancourt, que en 1958, "los partidos políticos venezolanos, obligados por el despotismo a laborar en la clandestinidad, convinieron en una acción concertada y unida para abrirle a Venezuela caminos hacia el orden democrático"[356].

En esta forma, la Revolución Democrática de 1958 tuvo su origen y fundamento en la acción concertada de los partidos fundamentales y sus líderes. De allí que Ramón J. Velázquez, al comentar la reunión que tuvieron los líderes políticos fundamentales en Nueva York, en la primera quincena de 1958, señaló que "pasaron revista a la situación política venezolana, analizaron los graves errores y los aciertos del pasado y terminaron por aceptar la tesis que el porvenir sería suyo en la medida

---

354 Véase R. Betancourt, *La Revolución democrática en Venezuela*, Tomo I, Caracas 1968, p. 9.

355 Véase "El Sistema de Partidos Venezolanos" en Juan Carlos Rey, *Problemas Socio-Políticos de América Latina*, Caracas 1980, p. 313

356 *Op. cit.*, p. 7.

en que entendieran que el poder político es el producto de alianzas y de acuerdos entre los diversos sectores que integran un país"[357].

El pacto político que enrumbó el proceso democrático a partir de 1958, buscaba eliminar la hegemonía de cualquiera de los partidos políticos y la exclusión de los otros en el proceso político, así como el establecimiento de un sistema de partidos competitivo que se respetaban mutuamente, el cual debía estar comprometido, por sobre todo, al mantenimiento del régimen democrático; y la expresión formal de ese pacto político fue el denominado *Pacto de Punto Fijo*[358], suscrito el 31 de octubre de 1958 entre los líderes de los tres partidos políticos democráticos fundamentales del país. La Constitución de 1961, puede decirse, es el producto directo de aquel pacto, desde el punto de vista de la organización del Estado y su régimen político.

B. *El Pacto de Punto Fijo (1958)*

El *Pacto de Punto Fijo* constituyó un acuerdo entre los tres principales partidos, partiendo del supuesto de que ellos tenían "la responsabilidad de orientar la opinión para la consolidación de los principios democráticos", para lograr puntos de unidad y de cooperación entre ellos. En tal sentido, en él pueden distinguirse tres principios de carácter general que lo motivaron, así como una serie de compromisos políticos concretos.

a. *Los principios generales*

El Pacto de Punto Fijo, puede decirse que fue un acuerdo de convivencia entre los partidos, para garantizar el desarrollo de un proceso electoral (1958), que condujera a la formación de un gobierno democrático con participación de los diversos sectores políticos.

A.- En efecto, los partidos acordaron en primer lugar, establecer unas pautas de convivencia basadas en el mutuo respecto, inteligencia y cooperación entre las diversas fuerzas políticas, sin perjuicio de la autonomía organizativa de cada una de ellas o de sus características ideológicas. Estas pautas de convivencia, se consideraron como una garantía para no romper el frente unitario que ellas implicaban, y buscaban prolongar la tregua política, despersonalizar el debate y erradicar la violencia partidista.

B.- En segundo lugar, ese esfuerzo de cooperación entre las fuerzas políticas tenía un fin inmediato: lograr, entre todos, que se desarrollase el proceso electoral de diciembre de 1958, y que los poderes públicos que resultaren electos de ese proceso, respondieran a pautas democráticas. Se trataba, por tanto, de un acuerdo para el establecimiento de un sistema democrático.

C.- En tercer lugar, como principio general del Pacto, se adquirió el compromiso del establecimiento de un gobierno y unos cuerpos representativos, que debían agru-

357 Véase Ramón J. Velásquez, "Aspectos de la Evolución Política en Venezuela en el último medio siglo" en Ramón J. Velásquez y otros, *Venezuela Moderna, Medio Siglo de Historia 1926-1976*, Caracas 1979, p. 219.

358 Véase el texto en Presidencia de la República, *Documentos que hicieron historia,* Tomo II, Caracas 1962, pp. 443 a 449.

par equitativamente todos los sectores de la sociedad interesados en la estabilidad de la República como sistema popular del gobierno. Por tanto, aquí, el Pacto fue más allá del acuerdo de respeto mutuo y de cooperación, y se convirtió en un acuerdo de hacer y lograr la participación de todos los sectores interesados en la formación del nuevo gobierno, lo cual se hizo realidad, no sólo en la estructuración del primer gobierno de Rómulo Betancourt, en 1959, con participación ministerial de los tres principales partidos, sino por el establecimiento del principio de la representación proporcional de las minorías, para lograr la "equitatividad" en los cuerpos deliberantes, de manera que todos los sectores de la sociedad interesados en la estabilidad republicana estuviesen representados en ellos, sin que quedasen algunos de aquéllos fuera del juego político.

Por supuesto, se trataba de un acuerdo "de todos los sectores de la sociedad interesados en la estabilidad republicana", por lo qué quedaban fuera del Pacto aquellos sectores que no estaban interesados en esa estabilidad, representados por los sectores del perezjimenismo y de la conspiración militar, y por el Partido Comunista de Venezuela, el cual tampoco estaba interesado en la estabilidad republicana, como quedó demostrado por la lucha subversiva interna que se desarrolló durante más de un lustro, a partir de esa fecha.

b. *Los compromisos políticos*

Hemos dicho, que entre los principios generales que motivaron el pacto entre los partidos políticos, estaba el de garantizar, entre todos los partidos, que no se rompiera el frente unitario y que la tregua política que se había establecido con motivo de la Revolución de 1958, fuera prolongada. Es decir, prolongar la tregua política, no romper el frente unitario, despersonalizar el debate y erradicar la violencia partidista, fueron los principios generales que están en la base del Pacto de Punto Fijo, y que fueron los que provocaron el establecimiento de tres compromisos formales entre ellos.

Estos compromisos fueron los siguientes:

En primer lugar, la defensa de la constitucionalidad y del derecho a gobernar conforme el resultado electoral, lo cual, en definitiva, se configuraba como un acuerdo de unidad popular defensivo del sistema constitucional, del sistema democrático, y de las elecciones que se iban a realizar. En relación a este compromiso debe señalarse que la Revolución Democrática de 1958 no derogó la Constitución de 1958, producto de la dictadura. En esta forma, en el proceso constitucional venezolano, hay dos casos nada más en los cuales, las rupturas del hilo constitucional, que han sido muchas, no han tenido como consecuencia la derogación de la Constitución precedente y su sustitución por otra, mediante la convocatoria de una Asamblea Constituyente, que era lo normal. En Venezuela, en el año 1958 el Acta Constitutiva de gobierno que se constituyó el 23 de enero, dejó en vigencia el régimen constitucional precedente, que era el de la Constitución de 1953, con las modificaciones que la Junta de Gobierno pudiera adoptar[359], no convocándose a una Asam-

359 Véase el Art. 3 del Acta Constitutiva de la Junta Militar de Gobierno de la República de Venezuela, en *Gaceta Oficial*: N° 25.567 de 23-1-58.

blea Constituyente. En esta decisión sin duda, había una motivación práctica: convocar elecciones para una Asamblea Constituyente, elaborar una Constitución y luego convocar a elecciones para constituir los nuevos Poderes conforme a la nueva Constitución, era entrar en un proceso que podía remover la propia unidad que se buscaba restablecer, la propia tregua política y la despersonalización del debate, y quizás caer en una lucha interpartidista al máximo. Por ello, se dejó en vigencia el régimen constitucional de 1953, a pesar de que se haya opinado que lo que debió haber hecho la Junta de Gobierno era derogar la Constitución de 1953 y poner en vigencia la de 1947 y realizar todo el proceso político al amparo de ésta. Sin embargo, esto no se hizo: como señalamos, se dejó en vigencia la Constitución de 1953 y se fue directamente a un proceso electoral, de acuerdo a la Ley Electoral que se había dictado en mayo de ese mismo año 1958 por la Junta de Gobierno, a los efectos de elegir al Presidente de la República y a una Asamblea-Congreso que debía elaborar la nueva Constitución[360].

Por eso, el primer compromiso del *Pacto de Punto Fijo* fue la defensa de la constitucionalidad, y ésta era la establecida en la Constitución de 1953, con las modificaciones establecidas por el Gobierno de facto.

Ahora bien, este compromiso implicaba el ir a elecciones y respetar el resultado de las mismas, por lo que el Pacto se configuró como una "unidad popular defensiva" del sistema constitucional y del resultado de las elecciones.

Para lograr este primer objetivo del Pacto de Punto Fijo, en su texto se establecieron una serie de compromisos concretos: En primer lugar, el de que los Poderes Públicos para el período 59-64 serían los resultantes de las elecciones; en segundo lugar, el de que todas las fuerzas políticas consideraban como un delito contra la patria, la intervención por la fuerza contra las autoridades electas, en virtud del compromiso de respetar el resultado electoral; en tercer lugar, la obligación general de las fuerzas políticas de defender las autoridades constitucionales contra todo intento de Golpes de Estado que se pudieran producir; compromiso que asumieron las fuerzas políticas, aún cuando no estuviesen en el futuro gobierno y estuviesen, en lo que se llamó en el Pacto, "en una oposición legal y democrática al Gobierno" o sea, dentro del mismo juego democrático; y en cuarto lugar, así como se estableció que se consideraba delito contra la patria la intervención por la fuerza contra las autoridades electas, se estableció, también, como un "deber patriótico", la resistencia contra la fuerza o contra todo hecho subversivo. Como consecuencia, también se consideró como un delito contra la patria, la colaboración con las fuerzas y con los hechos subversivos, que pudieran provocar la ruptura de la estabilidad constitucional y democrática que resultara de las elecciones.

En segundo lugar, el segundo compromiso político establecido en el Pacto fue el de la constitución de un gobierno de unidad nacional, como exigencia de la estabilidad del Estado de Derecho.

Por tanto, no sólo se trató de un acuerdo para establecer una unidad popular defensiva, sino además, de un pacto para convertirla, dentro del sistema constitucional

---

360 Por Decreto-ley N° 20 de 3-2-58 se había derogado la Ley de Elecciones de 1957 (*Gaceta Oficial* N° 25.576 de 3-2-58), declarando inexistentes el *plebiscito* y elecciones celebrados en diciembre de 1957.

y como producto del hecho electoral, en un gobierno unitario nacional. Este compromiso político no tenía, además, límite temporal: la idea de establecer el gobierno unitario, fue un compromiso que se adquirió por tanto tiempo como perdurasen los factores que amenazaban el ensayo republicano.

Por otra parte, el establecimiento de un gobierno de unidad nacional se consideró como el camino para canalizar las energías partidistas, para evitar que la oposición sistemática debilitara el movimiento hacia la democracia, y por supuesto, para evitar la discordia interpartidista.

Por último, otro elemento fundamental de este compromiso de búsqueda de un gobierno de unidad nacional, fue el de declarar que no habría hegemonía en el Gabinete Ejecutivo que debía resultar designado, una vez que las elecciones se produjeran y, por tanto, que las corrientes políticas nacionales estarían representadas en él, junto con los sectores independientes, a los efectos de garantizar la participación de todos los actores en el proceso político.

En tercer, lugar, para constituir ese gobierno de unidad nacional se llegó al tercer compromiso del Pacto: establecer un programa mínimo común para concurrir al proceso electoral. En efecto, si se trataba de una cooperación interpartidista para mantener el régimen democrático, y para formar un gobierno de unidad nacional, era lógico que se estableciese un programa mínimo común entre ellos. Por ello, las fuerzas políticas se comprometieron a acudir al proceso electoral con un programa mínimo común.

Como consecuencia de este compromiso político, se acordó que ninguno de los partidos debía incluir en sus programas puntos contrarios al programa mínimo común, lo que desde el punto de vista práctico implicaba, hasta cierto punto, la renuncia por los partidos políticos participantes del Pacto, de ir contra el programa mínimo común en sus respectivos programas electorales. Por supuesto, no se trataba de una renuncia a tener puntos discordantes, sino a ponerlos en sus programas de gobierno. Podía, por tanto, haber discusión sobre los puntos no incorporados en el programa mínimo común y los puntos no comunes, pero se estableció el compromiso —y este fue otro de los puntos centrales del Pacto, de los más importantes— de que la discusión pública de las puntos que no estuvieran en el programa mínimo común, debía mantenerse dentro de "los límites de tolerancia y mutuo respecto", a lo cual los obligaban los intereses superiores de la "unidad popular y de la "tregua política". Aquí, de nuevo, se insistió en el elemento central de la unidad popular, de la tregua política y del mutuo respeto, qué fue lo que motivó, básicamente, este ensayo de establecer unas nuevas reglas de juego para el sistema político.

Estos tres fueron, sin duda, los tres puntos básicos del Pacto; luego vinieron otros tres puntos de implementación que también se configuraron como compromisos políticos.

c. *Los compromisos de implementación*

En efecto, en primer lugar, se establecieron compromisos básicos sobre el sistema de elección de los representantes. Para ese momento, octubre del año 1958, los partidos políticos no habían podido llegar a un acuerdo sobre una candidatura única presidencial, ni sobre listas únicas para los cuerpos representativos. Por ello, en el Pacto renunciaron a un candidato único y a planchas unitarias, y acordaron que cada quien presentara su candidato presidencial y sus listas de candidatos a los cuerpos deliberantes, lo cual se consideró como compatible con la unidad. Por ello, en el documento se estableció el propósito común de fortalecer el sentimiento común de interés patriótico, así como la voluntad de tolerancia y del mutuo respeto de las fuerzas unitarias.

En segundo lugar, se estableció una *Comisión Interpartidista de Unidad*, es decir, un sistema de vigilancia del cumplimiento del Pacto, para garantizar la tregua política y la convivencia unitaria de las organizaciones democráticas. A tal efecto, la Comisión Interpartidista de Unidad debía vigilar el cumplimiento de los acuerdos, orientar la convivencia interpartidista, y conocer de las quejas que pudieran formularse contra estos principios de unidad por desviaciones personalistas o sectarias. La Comisión, además, tenía por misión realizar diligencias para morigerar y controlar todo lo que pudiera comprometer la convivencia democrática.

En tercer lugar, se establecieron una serie de compromisos de implementación relativos al proceso electoral que se iba a desarrollar al año siguiente, como resultado de la voluntad común de fortalecer la democracia.

En efecto, se estableció el compromiso de que aún cuando habría candidatos diferentes, sin embargo, debía garantizarse la "tolerancia mutua", de nuevo, entre los partidos y candidatos, durante la campaña electoral, para asegurar que debían cumplirse los compromisos, cualquiera que fuera el partido que ganara las elecciones. Por ello se trató de un Pacto, no sólo para las elecciones de 1958, sino posteriormente, para la formación del gobierno. De allí, la declaración común de que todos los votos que se obtuvieran eran para consolidar el Estado de Derecho, y de que esos votos debían considerarse como votos comunes en favor del régimen constitucional.

Por ello, asimismo, se estableció el compromiso de todos los partidos de realizar una campaña positiva, imbuida de un espíritu unitario y que evitara —y este es otro punto central del Pacto— planteamientos y discusiones que pudieran precipitar "la pugna interpartidista, la desviación personalistas del debate y divisiones profundas" que luego pudieran comprometer la formación del Gobierno de Unidad Nacional.

En este excepcional documento político, por tanto, no sólo había un programa mínimo común, no sólo se comprometían los partidos a no discutir públicamente puntos disidentes con el mismo; a no incorporar en sus programas puntos contrarios; y a discutir públicamente los asuntos divergentes en forma que no comprometiera la unidad, sino además, se estableció el compromiso de realizar la campaña en forma tal que no se cayera en lo que se quería evitar: la pugna interpartidista, las desviaciones personalistas, y las divisiones entre los diversos partidos que pudieran comprometer la formación del futuro gobierno.

Concluyó el documento con el compromiso de todos de respaldar el nuevo gobierno y de prestarle leal y democrática colaboración.

Cuando se lee de nuevo este documento, realmente uno se percata del hecho de que los partidos políticos sí habían aprendido una dura lección: la lucha interpartidista extrema, basada en la destrucción del adversario y la hegemonía de un partido sobre otros, había provocado la destrucción del sistema democrático en la década de los cuarenta y habían provocado la dictadura. El *Pacto de Punto Fijo* fue una voluntad formalmente expresada de evitar caer en la misma situación. Por supuesto, no es frecuente encontrar este tipo de Pacto Político como base para el establecimiento de un sistema político, lo que ha llevado a Juan Carlos Rey a calificarlo como "uno de los más notables ejemplos que cabe encontrar en sistema político alguno, de formalización e institucionalización de unas comunes "reglas de juego", al mismo tiempo que muestran la lucidez de la élite de los partidos políticos venezolanos"[361].

Mediante este compromiso político, por tanto, se estableció en Venezuela un sistema de partidos, basado en relaciones mixtas de cooperación y conflictos, para asegurar la defensa del sistema frente a los enemigos antagónicos que no estaban incorporados al Pacto: las fuerzas perezjimenistas por una parte y las fuerzas de la extrema izquierda, por la otra, que conspiraban contra el régimen democrático.

C. *Los complementos del Pacto: La Declaración de Principios de diciembre de 1958 y el Programa Mínimo Común*

Realizada y desarrollada la campaña electoral hasta diciembre de 1958, conforme a las prescripciones del Pacto de Punto Fijo, para reforzar sus principios y el espíritu que lo animó, en diciembre de 1958, concluida dicha campaña, los candidatos presidenciales, Rómulo Betancourt, Rafael Caldera y Wolfang Larrazábal, firmaron en la sede del Consejo Supremo Electoral el 6 de diciembre de 1958, una Declaración de Principios ratificatoria del Pacto y el Programa Mínimo Común que se habían comprometido elaborar[362].

La Declaración de Principios se hizo, "con el propósito de reafirmar el clima unitario" que había prevalecido en Venezuela desde el 23 de enero de 1958, "de asegurar la convivencia interpartidista y la concordia del pueblo venezolano y para disipar cualesquiera diferencias que hubieran podido surgir entre las organizaciones políticas en el curso del debate cívico" que venía de concluir, pues se consideraba que eran "condiciones todas indispensables a la estabilidad de las instituciones democráticas y del próximo gobierno constitucional". En base a esos propósitos, los candidatos a la Presidencia de la República, "tomando en cuenta el contenido y el espíritu del Pacto de Unidad suscrito por Acción Democrática, COPEI y Unión Republicana Democrática" el 31 de octubre de 1958, formularon una Declaración de Principios en torno a los siguientes cinco puntos:

En primer lugar, respecto al respeto absoluto del resultado de las votaciones y defensa del régimen constitucional. Así, declararon que el candidato que resultare electo por voluntad popular gozaría del respaldo de los otros candidatos y de los partidos que suscribieron el Pacto, "comprometiéndose todos actuar en defensa de las autoridades legítimamente constituidas y de las instituciones democráticas en el caso de que se produjera una acción que pretenda vulnerar y desconocer la decisión soberana del pueblo".

En segundo lugar, se reiteró la voluntad de que con el objeto de darle efectiva vigencia a la unidad popular y obtener de ella sus máximos frutos, el Presidente Constitucional que resultara electo debía organizar "un gobierno de unidad nacional

---

361 *Loc. cit.*, p. 315.

362 Véase el texto en el *Pacto suscrito...*, folleto publicado por el Concejo Municipal del Distrito Federal, *cit.*, pp. 15 y ss.

sin hegemonías partidistas" en el cual debían estar representadas las corrientes políticas nacionales y los sectores independientes del país.

En tercer lugar, los candidatos a la Presidencia declararon que el gobierno constitucional que resultara de las elecciones, debía "realizar una administración inspirada en el programa mínimo de gobierno" que en esa misma fecha aprobaron y firmaron los candidatos, en el cual se establecieron definiciones de acción gubernamental en las áreas "Acción Política y Administración Pública", "Política Económica", "Política Petrolera y Minera", "Política Social y Laboral", "Política Educacional", "Fuerzas Armadas", "Política Inmigratoria" y "Política Internacional".

En cuarto lugar, se reiteró que la preocupación fundamental del Presidente de la República, de su gobierno y de las organizaciones políticas signatarias del Pacto de Punto Fijo, sería "el mantenimiento y consolidación de la tregua política y la convivencia unitaria de las organizaciones democráticas como las mejores y más sólidas garantías del afianzamiento y permanencia de las instituciones republicanas", a cuyos efectos, tanto el gobierno como los partidos debían adoptar las providencias que estimaran necesarias al cumplimiento de tan importantes finalidades.

Por último, en quinto lugar, en la Declaración de Principios de diciembre de 1958, los tres candidatos a la Presidencia de la República reiteraron el espíritu unitario de la reconstrucción democrática, al declarar que la firma de la misma tenía por propósito llevar a la conciencia de los venezolanos la convicción de que al terminar ese proceso electoral, ejemplar en nuestra historia democrática, era indispensable el concurso generoso y responsable de todos para realizar con sentido de permanencia la obra de recuperación democrática, cultural, espiritual y económica que reclamaba el país.

D. *La consecuencia del Pacto: La Constitución de 1961*

El Pacto de Punto Fijo, puede decirse, tuvo como producto fundamental el texto de la Constitución de 1961, y ello resulta del hecho de que la primera tarea que se impusieron los Senadores y Diputados electos en diciembre de 1958 fue la elaboración del texto constitucional. En efecto, como se dijo, el *Pacto de Punto Fijo* se suscribió en octubre de 1958; las elecciones se realizaron en diciembre de 1958; el 23 de enero de 1959 se celebró el primer aniversario de la Revolución de 1958, y el 2 de febrero de 1959 se instaló la Comisión de Reforma Constitucional, como Comisión Bicameral en el Congreso electo.

Señalamos que en nuestra historia constitucional sólo hay dos casos en los cuales una Constitución no se elabora por una Asamblea Constituyente, sino por el Congreso: las Constituciones de 1936 y de 1961.

En 1936, luego de la muerte del dictador J. V. Gómez, fue el Congreso que existía el que reformó la Constitución, lo cual se explica, porque al asumir el poder E. López Contreras se abre un período de transición, sin que hubiese una ruptura total del sistema anterior. Sin embargo, en 1958 a pesar de que hubo una ruptura completa en el proceso político, pues inclusive en febrero se declaró inexistente el plebiscito celebrado el 15 de diciembre de 1957 y las elecciones realizadas en esa fecha para los cuerpos representativos, los cuales fueron formalmente disueltos, no se optó por convocar una Asamblea Constituyente, aun cuando por supuesto, fue el Congreso electo en el nuevo régimen el que elaboró y sancionó la Constitución.

La Comisión de Reforma Constitucional, como se dijo, se instaló el 2 de febrero de 1959 y en su segunda reunión el 23 de febrero de 1959 llegó a tres acuerdos básicos que orientaron la elaboración del Proyecto: En primer lugar, se acordó tomar como base de discusión, el texto de la Constitución de 1947, y de allí todas las semejanzas que existen entre el texto de 1947 y el de 1961. Además, la Constitución de 1947 había sido intensamente discutida en una Asamblea Constituyente, en la cual habían intervenido todos los partidos políticos que participaron en el Pacto de Punto Fijo. En segundo lugar, se acordó que los miembros de la Comisión y los partidos políticos debían precisar los puntos de divergencia con relación al texto de la Constitución de 1947; y en tercer lugar, se acordó también, que debían precisarse los puntos de divergencia entre los partidos políticos respecto al proceso de reforma constitucional[363].

De las discusiones de la Comisión, en su segunda sesión, se evidenció la existencia de un acuerdo tácito: que la reforma constitucional debía concebirse en el seno de la propia Comisión al elaborarse el Proyecto, y que no debía abrirse la discusión en las Cámaras al presentarse el Proyecto a las mismas. Este Acuerdo se precisó luego en la tercera reunión de la Comisión el 26 de febrero de 1959.

En efecto, en el texto del Acta N° 3, consta que se dio lectura a una comunicación del Partido Comunista, que había participado en las elecciones, aun cuando no era parte del Pacto de Punto Fijo, en la cual señaló que estaba conforme con que se iniciara la elaboración de la Constitución partiendo del texto de 1947, pero advirtiendo que en la oportunidad en la cual se discutiera una reforma a fondo de la Constitución, sostendrían sus puntos de vista sobre las cuestiones que considerasen debían ser incluidas en el texto. En relación a ello, el Senador Raúl Leoni, Presidente del Senado y luego Presidente de la República (1964-1969), manifestó que en dicha comunicación "se ha dejado abierta la posibilidad de plantear una discusión filosófica en el seno de las Cámaras *lo que es precisamente lo que se ha querido evitar*"[364].

Evitar discusiones filosóficas sobre un texto no era otra cosa que abogar por el mantenimiento del espíritu unitario que existía, y ese fue el criterio que se siguió en la Comisión Bicameral, en la cual se discutió el proyecto, no habiendo sido el mismo, objeto del debate en las Cámaras. En el mismo sentido, el entonces Diputado Rafael Caldera y luego Presidente de la República (1969-1974), formuló la propuesta de que los partidos políticos debían presentar los temas que pudieran ser polémicos para discutirse en la Comisión, pero con la advertencia de que los partidos no debían fijar posición "ya que esto último puede suscitar diferencias ideológicas"[365], con lo cual se buscaba evitar que se cerrara el debate y la posibilidad de llegar a acuerdos por diferencias ideológicas, que luego no permitieran llegar a un consenso.

363 Véase el texto en *La Constitución de 1961 y la evolución constitucional de Venezuela*, Tomo I, Vol. 1, Caracas 1971, p. 5.

364 *Loc. cit.*, pp. 6 y 7

365 *Loc. cit.*, p. 8.

Por tanto, sin duda, el espíritu de la Comisión Bicameral de Reforma Constitucional, de un Congreso cuya elección era el resultado de un pacto unitario, fue el de redactar un texto que también fuera reflejo de ese pacto político.

Ello resulta claro, por otra parte, de la propia Exposición de Motivos del Proyecto, al hacer el recuento del trabajo realizado por la Comisión. Se afirma, en efecto: "se ha trabajado en el seno de la Comisión Bicameral con gran espíritu de cordial entendimiento. Se ha mantenido en todo instante el propósito de redactar un texto fundamental que no represente los puntos de vista parciales, sino aquellas líneas básicas de la vida política nacional en las cuales pueda haber y exista convergencia de pensamientos y de opiniones en la inmensa mayoría, quizás podríamos decir en la totalidad de los venezolanos"[366].

Este párrafo de la Exposición de Motivos, en el cual se afirmó que la Comisión Bicameral quiso elaborar un texto que no representara el punto de vista parcial y que representara las líneas básicas de la vida política nacional, de manera que realmente fuera un pacto político, como es toda Constitución, de la sociedad venezolana en un momento determinado, evidencia que fue una consecuencia de un pacto político previo para establecer un sistema de partidos, como lo fue el Pacto de Punto Fijo, con base a criterios unitarios y por sobre las luchas políticas.

De allí que en esa Exposición de Motivos se afirme que "Esta idea nos ha conducido a hacer de todas y cada una de las reuniones de la Comisión, una ocasión de intercambiar puntos de vista y esforzarnos para encontrar *fórmulas de aceptación común*. Las deliberaciones no se han mantenido en los límites formales del debate parlamentario; han tenido más bien carácter de conversaciones sinceras e informales, tras de las cuales hemos logrado en la mayoría de los casos una *decisión unánime*"[367].

Resulta, por tanto, de la Exposición de Motivos, el empeño de la Comisión Bicameral en lograr fórmulas de aceptación común, que no representaran puntos de vista parciales, sino las líneas básicas de la vida política nacional. Por ello, el texto no podía representar una opción rígida político-ideológica.

Por eso se agrega en la propia Exposición de Motivos: el texto "deja cierta flexibilidad al legislador ordinario para resolver cuestiones e injertar modificaciones que correspondan a las necesidades y a la experiencia de la República sin tener que apelar a la reforma constitucional"[368].

Esto es muy importante, pues nos da la idea de la Constitución como un instrumento que no responde a un punto de vista parcial, cuyos dispositivos pueden ser complementados por el legislador ordinario, para adaptarla a las nuevas realidades concretas, derivadas de la experiencia de vida republicana, sin llegar a modificar el texto.

Por supuesto, la "flexibilidad" de la cual habla la Exposición de Motivos, no se refiere a que la Constitución de 1961 no sea rígida, que lo es, por los mecanismos

---

366 Véase el texto en *Revista de la Facultad de Derecho*, N° 21, Caracas 1961, pp. 205 y ss.

367 *Loc. cit.*, p. 205.

368 *Loc. cit.*, p. 205.

especiales de Enmienda y Reforma General que prevé, sino a que la misma no tiene rigidez ideológica, en cuanto a las opciones para su desarrollo y adaptabilidad en el proceso político.

Ahora bien, este carácter de la Constitución de 1961, como producto directo del Pacto de Punto Fijo, se confirma en diversas expresiones formuladas por los propios redactores del Proyecto de Constitución. Citemos, en efecto, solamente tres de esas opiniones: la del Presidente Raúl Leoni, quien fue Presidente de la Comisión Bicameral; la del Presidente Rafael Caldera, quien fue Vicepresidente de la Comisión Bicameral y la del Secretario de la propia Comisión Bicameral, profesor José Guillermo Andueza.

En efecto, Raúl Leoni, Presidente del Congreso para el momento en el cual se promulgó la Constitución, y luego Presidente de la República (1964-1969) en el discurso que pronunció en el Congreso al conmemorarse el X Aniversario de la Constitución, el 23 de enero de 1971, expresaba que después del 23 de enero de 1958, "se cancela el desorden instituido en el gobierno y lógicamente, el recobrar de la soberanía reclama la elaboración de una nueva Carta Fundamental. Fruto de un tácito pacto ele todas las fuerzas políticas, la dictadura se derrumba. Un clima de armonía preside el Congreso que dicta la Constitución. Y este ambiente de transacción y conciliación trasciende el ámbito mismo de la Comisión Redactora. Así, el resultado permite que *ideologías a veces contrapuestas, coincidan en una finalidad superior*, como era la de lograr con la promulgación de la Constitución, el cabal retorno a la legalidad y la derogatoria de un ordenamiento constitucional espúreo que debió haber sido derogado el 23 de enero". Luego agrega: "La Constitución del 61 permite la transformación de la sociedad venezolana, sin que tenga como contrapartida el doloroso sacrificio de las libertades. Más que una Constitución pragmática, de lo cual nos cuidamos mucho sus elaboradores, es una Constitución flexible. No en el sentido que le dan los constitucionalistas ortodoxos, sino en el mucho más amplio que nos enseña la semántica"[369].

Queda clara, así, la apreciación de R. Leoni, de que la Constitución fue elaborada bajo el espíritu de unidad, de transacción, de conciliación del 23 de enero de 1958, origen del Pacto de Punto Fijo, y de que es un texto "flexible", en el sentido de no comprometido, que permite luego su desarrollo en el proceso democrático.

El Presidente Rafael Caldera también coincidió con esta apreciación. En su discurso ante el Congreso sobre el Pensamiento Político Latinoamericano con motivo del Bicentenario del Libertador Simón Bolívar, en junio de 1983, el Presidente Caldera señaló: "Estaban frescas todavía las experiencias de la etapa que se inició imperfectamente de 1936 a 1945 y que tuvo un ritmo especial de 1945 a 1948. Los fracasos, los desengaños, los peligros, fueron, sin" duda, una advertencia y todo ello se refleja en una Constitución que contiene una mezcla de idealismo y de realismo, que tiene una inspiración ideal, clara, marcada, proyectada hacia adelante y que tie-

369 Véase en Raúl Leoni, *X Aniversario de la Constitución de 1961, Discurso de Orden*, Caracas 1971, p. 11.

ne en sí misma el resumen de la experiencia, de las dificultades experimentados y de los fracasos sufridos en oportunidades anteriores"[370]

Este pensamiento lo expresó Rafael Caldera desde el mismo momento en el cual se promulgó la Constitución. En efecto, en el discurso que pronunció en el acto de promulgación de la Constitución el 23 de enero de 1961, dijo lo siguiente: "Queríamos una Constitución del pueblo y para el pueblo; una Constitución de todos y para todos los venezolanos. Para ello necesitábamos animar el espíritu de unidad nacional que caracterizó el movimiento del 23 de enero En la Comisión y en los debates consta el elevado espíritu que pudo mantenerse, de lo cual hay elocuente testimonio en variadas intervenciones. Se solventaron casi siempre con espíritu venezolano, las comprensibles discrepancias; las que subsistieron —como no podía menos de ocurrir— no alcanzaron a borrar el anchuroso espacio de la convergencia"[371]. Posteriormente, en el discurso que pronunció a los 15 años de la Constitución, Caldera resumió el planteamiento en una frase: "El presupuesto básico de la Constitución reside en el consenso, en su aceptación general[372]", lo que llevó a José Guillermo Andueza a expresar: "El espíritu del 23 de enero, tuvo, en verdad, su mejor expresión en la Carta Fundamental"[373].

El mismo Andueza destacó "el espíritu del 23 de enero" como uno de los factores ambientales que influyeron mucho en algunas de las decisiones políticas tomadas en la Constitución de 1961[374].

En todo caso, basta leer el texto del *Pacto de Punto Fijo* y seguir el proceso político posterior, para constatar que la Constitución de 1961 fue un producto directo del mismo: su texto se elaboró influido por los principios que hemos visto de unidad, de concordia, de evitar las divergencias interpartidistas y de lograr acuerdos entre ellos, para establecer un texto flexible, no comprometido definitivamente con ninguna orientación y que sentara las bases de la República, de acuerdo al espíritu unitario, dentro de un régimen democrático.

Ahora bien, si analizamos globalmente la Constitución de 1961, a la luz de sus antecedentes políticos, puede concluirse que ese "espíritu del 23 de enero" tiene efectos directos en el texto constitucional, particularmente en dos aspectos: en el establecimiento de un régimen político democrático, con previsiones para su mantenimiento que marca la constitución política del Estado; y en el establecimiento de un peculiar sistema político-económico-social, que configura la constitución económica.

La Constitución, ciertamente, es un pacto político, pero como todo pacto político tiene que tener un basamento económico-social: va a regular políticamente una sociedad, y toda sociedad tiene una estructura económica y social determinada. La

370 Consultado en original, p. 8

371 Véase en *Anuario de la Facultad de Derecho*, Universidad de Los Andes, N° 7, p. 32.

372 Rafael Caldera, *A los 15 años de la Constitución Venezolana*, Caracas 1971, p. 11.

373 Véase su nota "Rafael Caldera, Constitucionalista" en *Estudios sobre la Constitución Libro Homenaje a Rafael Caldera*, Tomo I, Caracas 1979, pp. XXVI y XXVII.

374 Véase en "Introducción a las Actas" en *La Constitución de 1961 y la evolución constitucional de Venezuela*, *cit.*, Tomo I, Vol. I, p. XXIV.

Constitución establece una superestructura política caracterizada por el establecimiento de una democracia, con sus instituciones, y el mantenimiento de la misma, como una reacción contra el poder absoluto. Por tanto, el sistema político se construye teniendo en cuenta la experiencia anterior que había sido de un poder absoluto, y por eso, da origen a unas instituciones políticas determinadas comprometidas con la democracia. Sin embargo, viene el punto de transacción, el establecimiento de un régimen formal para regular el sistema económico y social, pero no comprometido. En este aspecto es que se percibe el punto de transacción entre las diversas fuerzas políticas. Sin duda, todas estaban y están de acuerdo con lo que el texto establece en materia económica y social, orientado al establecimiento de una democracia económica y de una democracia social, con la posibilidad de intervención del Estado, que puede dar origen a un capitalismo de Estado, al permitirse que éste sea propietario de los medios de producción. El sistema formal, en realidad, da para todo, por lo que puede decirse que, en esta materia, la Constitución establece un régimen político-económico "a la carta", para ser canalizado o desarrollado por los gobiernos, con ese carácter "flexible" que hemos destacado.

E. *El Preámbulo de la Constitución*

Conforme a lo antes indicado, el texto constitucional de 1961 fue dictado por los representantes del pueblo venezolano, con una serie de propósitos que se enumeran y detallan en el Preámbulo de la Constitución, el cual, según la Exposición de Motivos del Proyecto de Constitución "constituye la base fundamental, el presupuesto que sirve de fundamento a la norma constitucional; señala los valores sociales y económicos, políticos y jurídicos que inspiran la acción del Estado". En palabras de la Corte Suprema de Justicia, "el Preámbulo de la Constitución contiene los "considerandos" o "motivos que guiaron al constituyente para decretar una Constitución en los términos como lo hizo, vale decir, configura el propósito que se tuvo en cuenta para tales términos"[375].

En el Preámbulo, por tanto, se establecen los objetivos del pacto de organización política que es el Texto constitucional, objetivos que por supuesto, son guía de obligatoria conducta para los órganos del Estado. Por tanto, las declaraciones del Preámbulo forman el conjunto de principios y políticas que los órganos del Estado deben necesariamente seguir, a pesar de que los gobiernos tendrán diversos signos ideológicos, y que pueden identificarse como objetivos políticos, sociales y económicos, igualitarios, internacionales, democrático, y morales e históricos.

En los objetivos o propósitos, constituyen sin duda, los principios constitucionales fundamentales que inspiran el Texto constitucional y que, como tales gozan de la misma imperatividad, obligatoriedad y rigidez constitucional que las normas contenidas en el articulado de la constitución. Su violación por un acto estatal, por ello, podría dar lugar a una acción de inconstitucionalidad.

---

375 Véase sentencia de la Sala Político Administrativa de 8-8-89 en *Revista de Derecho Público*, N° 39, 1989, p. 102. Véase Allan R. Brewer-Carías, "El Preámbulo de la Constitución", *Revista de Derecho Público* N° 45, Caracas, 1991, pp. 31 a 36.

a. *Los objetivos políticos*

El primer párrafo del Preámbulo, establece que la Constitución se dictó:

> "Con el propósito de mantener la independencia y la integridad territorial de la Nación, fortalecer su unidad, asegurar la libertad, la paz y la estabilidad de sus instituciones".

Varios aspectos fundamentales surgen de esta declaración, la cual tiene connotaciones internas y externas. Por una parte, se reafirma el propósito independentista de la Nación, en el sentido de que el Estado, como su organización política, no debe estar sometido a otros Estados ni ser dependiente de ellos. Por otra parte, se formula el principio de que se busca que la Nación mantenga su territorio íntegro, de manera que no sea despojada de él por otros Estados. La integridad territorial también evidencia el propósito de su mantenimiento, frente a .cualquier intento segregacionista interno, por lo que el Preámbulo también formula, entredós objetivos del Estado, el fortalecer una unidad de la Nación, en el sentido de que si bien tiene una división político-territorial, sus componentes forman una sola unidad política, regida por un conjunto de instituciones. En relación a éstas, el Preámbulo formula como objetivo de la organización política que configura el Texto fundamental, el asegurar la estabilidad de las mismas.

Por último, entre los objetivos definidos en el texto del Preámbulo, está el de asegurar la libertad y la paz, como desiderátum de, todos los componentes de la sociedad y de su organización política. Libertad, en el sentido de goce, dentro de los límites constitucionales, de los atributos de la personalidad en sociedad; y paz, en el sentido de relaciones sociales basadas en el respeto mutuo con proscripción de la agresión.

b. *Los objetivos sociales y económicos*

Dentro de los objetivos del Estado y la sociedad fijados en el Preámbulo de ,1a Constitución, están además, los de carácter social y económico que deben guiar la política pública. En esta forma, el segundo párrafo del Preámbulo indica que la Constitución se dictó con el propósito de:

> "Proteger y enaltecer el trabajo, ampara la dignidad humana, promover el bienestar general y la seguridad social; lograr la participación equitativa de todos en el disfrute de la riqueza, según los principios de la justicia social, y fomentar el desarrollo de la economía al servicio del hombre".

Esta declaración, sin duda, es fundamental, pues resume la filosofía política del Estado y de la sociedad venezolana, básicamente de carácter social, teniendo al hombre como su centro.

En primer lugar, se reconoce al trabajo como la base de la sociedad y del desarrollo personal, el cual ha de protegerse y enaltecerse, para lo cual debe revalorizarse permanentemente.

En segundo lugar, se formula como objetivo político-social, el amparar la dignidad humana, lo que implica ubicar al hombre como centro de todo el proceso político, económico y social. De allí la extensa regulación de los derechos y garantías constitucionales que se enumeran en el Texto (Arts. 43 a 116), con la expresa indicación de que dicha enunciación no debe extenderse como negación de otros que, siendo inherentes a la persona humana, no figuren expresamente en la Constitución (Art. 50), todos los cuales pueden ser amparados (Art. 49).

En tercer lugar, se establece, sin ningún género de dudas, que el Estado debe, como uno de sus objetivos básicos, el promover el bienestar general de la población y la seguridad social, de manera de proteger a la población contra infortunios y riesgos que pueden ser objeto de previsión social.

En cuarto lugar, se precisa, dentro de los objetivos que provocan el pacto político constitucional, el de lograr la participación equitativa de todos en el disfrute de la riqueza, según los principios de la justicia social. De acuerdo a ello, el sistema político debe procurar que el disfrute de la riqueza no se concentre en pocas manos provocando injustas diferencias de ingreso, y que aquélla puede ser repartida a cada quien según le corresponda, por supuesto, de acuerdo al esfuerzo y trabajo realizado, de manera que se asegure a todos una existencia digna y provechosa para la colectividad (Art. 95).

Por último, dentro de los objetivos fundamentales de la organización política está el que ésta tiene por objetivo esencial, el fomentar el desarrollo de la economía al servicio del hombre. Este, por tanto, ha de ser el centro de la política de desarrollo económico, con lo cual deben superarse los puros enfoques economicistas, donde el hombre no tiene cabida como fin, sino eventualmente como medio.

c. *Los objetivos igualitarios*

Dentro de los objetivos perseguidos al dictarse la Constitución y que se configuran como políticas esenciales del Estado y de la Sociedad, está el de:

> "Mantener la igualdad social y jurídica, sin discriminaciones derivadas de raza, sexo, credo o condición social".

Esta declaración, ante todo, reconoce la tradición igualitarista del pueblo y de la sociedad venezolana, que nos es tan característica en el contexto latinoamericano, producto no sólo de crueles guerras sociales, como la del inicio de la Independencia (1814) y las denominadas guerras federales (1858-1863), sino del proceso de mestizaje desarrollado en un país como Venezuela, donde no hubo grandes civilizaciones precolombinas, ni por tanto, organizaciones indígenas avanzadas, que pudieran ser sometidas por el conquistador español, razón por la cual importó mano de obra africana.

El mestizaje, históricamente, ha sido la base de la igualdad social más o menos estable que hemos tenido, y que ha de mantenerse, así como de la igualdad jurídica de manera que la Ley no contenga discriminaciones derivadas de raza, sexo, credo o condición social.

Este objetivo constitucional de la organización política, además, se establece como uno de los derechos individuales de la persona (Art. 61).

En este sentido, la prescripción de carácter absoluto, de discriminaciones basadas en la raza, y que llevó incluso hace algunos años a la eliminación de nuestra legislación de ciertas discriminaciones en cuanto a la inmigración contra las personas de raza amarilla.

Por otra parte, del Preámbulo también deriva una política esencial del Estado y del orden social, que debe ser la igualdad de credos a pesar de la importancia de la religión católica, de manera que no se pueda discriminar a los ciudadanos, ni por las instituciones públicas ni por las privadas, por razón del credo que se profese. De allí la libertad de conciencia y credo religioso que la Constitución prevé (Art. 65).

En cuanto a la prescripción de discriminaciones derivadas del sexo, el principio es absoluto, y las solas excepciones derivan de la protección a la mujer (p.e. Arts. 74, 93). Por último, y dentro de los principios de justicia social y de la economía al servicio del hombre, se proscribe cualquier discriminación derivada de la condición social, salvo que implique medidas de protección, por ejemplo, a los menores (p.e. Arts. 75, 93), a las comunidades indígenas y a la población campesina (Art. 77).

d. *Los objetivos internacionales*

El Preámbulo de la Constitución también establece objetivos básicos de la organización política que el Texto consolida en el ámbito de la comunidad internacional, al establecer que se dictó con el propósito de:

> "Cooperar con las demás naciones, y, de modo especial, con las Repúblicas hermanas del Continente, en los fines de la comunidad internacional, sobre la base, del recíproco respeto de las soberanías, la autodeterminación de los pueblos, la garantía universal de los derechos individuales y sociales de la persona humana, y el repudio de la guerra, de la conquista y del predominio económico como instrumento de política internacional".

El primer objetivo de la sociedad venezolana organizada políticamente, en el ámbito de la comunidad internacional, es el de la cooperación con las demás naciones en el logro de los fines, de la misma, haciéndose especial mención en la cooperación latinoamericana.

Esta cooperación con las demás naciones se ha de propugnar sobre la base de los siguientes principios:

En primer lugar, el recíproco respeto de la soberanía, es decir, de la potestad de los países de establecer las relaciones de poder que estimen conducente a sus fines económicos y sociales. Esta soberanía de los países ha de ser respetado por los demás, de donde surge el principio de la no intervención, de tan tradicional respeto por nuestro país.

El segundo principio que debe guiar las relaciones internacionales de la República, es el de la autodeterminación de los pueblos, es decir, el respeto al derecho de que éstos puedan adoptar las decisiones que más, y mejor estimen convenientes a su organización política, económica y social, sin interferencias ni sometimientos, ni condicionamiento de otros pueblos.

El tercer principio busca el que se garanticen a escala universal, al menos los derechos individuales y sociales de la persona humana, lo que hasta cierto punto implica un reconocimiento al valor de la Declaración Universal de los Derechos del Hombre, y la reafirma como de una tradición en el constitucionalismo venezolano que se inicia con nuestra "Declaración de Derechos del Pueblo" del 1° de julio de 1811, la primera de algún país latinoamericano.

En cuarto lugar, y como complemento al propósito de mantener la paz interna, el Preámbulo también define como propósito de nuestro sistema político y social y como principio que debe guiar la actuación internacional de la República, el repudio de la guerra, de la conquista y de predominio económico como instrumento de política internacional, que enmarca dentro de nuestra tradición pacifista, de ser el único país del Continente que no ha estado en guerra con ningún otro desde la Independencia.

e. *Los objetivos democráticos*

El penúltimo párrafo de Preámbulo de la Constitución expresa que dicho Texto fundamental se dictó, entre otros, con el propósito de:

> "Sustentar el orden democrático como único e irrenunciable medio de asegurar los derechos y la dignidad de los ciudadanos, y favorecer pacíficamente su extensión a todos los pueblos de la Tierra".

Se define así, expresamente, no sólo la vocación democrática de la política interior y exterior del país, y por tanto, la democracia como fin, sino también el compromiso de la representación popular de sustentar el orden democrático como medio de asegurar los derechos y la dignidad del hombre. De nuevo aquí encontramos la referencia al hombre como centro de la organización política y el aseguramiento de sus derechos y dignidad, como meta de la misma.

La búsqueda de la democracia como fin, se formula como una pieza de la política internacional de la República, que debe favorecer la extensión de la democracia a todos los pueblos de la Tierra, pero en forma pacífica, reafirmando la vocación pacifista del Preámbulo. Ello implica el repudio a la implantación de la democracia por medios bélicos, lo que evidencia, en este caso, que el fin (extensión de la democracia) no justifica los medios (no pacíficos).

Pero además, y particularmente en el orden interno, se formula un concepto de la democracia que, como desiderátum, debe ser el objetivo a lograr, vinculada al hombre, y como medio único e irrenunciable, en primer lugar, para asegurar los derechos fundamentales, de lo que resulta la concepción de que estos derechos, realmente, para que puedan estar asegurados, es necesario un orden democrático. Democracia, por tanto, es libertad; y donde no hay democracia, no puede haber libertad, entendiendo por democracia, simplemente, el gobierno del pueblo, por el pueblo y para el pueblo, por supuesto a través de sus representantes, tal y como fue concebida por la Revolución Norteamericana y la Revolución Francesa a finales del siglo XXIII y por nuestra Revolución Latinoamericana a principios del Siglo XIX. Por ello democracia es la antítesis de la autocracia.

Pero además, la democracia, como sistema político de libertad y representatividad, y forma de vida de participación, conforme al *Preámbulo*, en segundo lugar se estima que debe ser sustentada como único e irrenunciable medio de asegurar la dignidad de los ciudadanos. Así, se declara expresamente que ninguna forma de autocracia puede estar realmente, al servicio del hombre, y de nuevo se formula la visión esencialmente humana del sistema político que la Constitución concibe, conforme a lo cual no sólo la economía debe estar al servicio del hombre, sino también, la política mediante la democracia, como medio.

f. *Los objetivos morales e históricos*

Por último, dentro del Preámbulo y como objetivo tomado en cuenta para la sanción de la Constitución, se establece que ella se dictó, también, con el propósito de:

> "Conservar y acrecer el patrimonio moral e histórico de la Nación, formado por el pueblo en sus luchas por la libertad y la justicia y por el pensamiento y la acción de los grandes servidores de la patria, cuya expresión más alta es Simón Bolívar, el Libertador".

La Constitución sancionada el 23 de enero de 1961, y el régimen político democrático que conforme a ese pacto político disfrutamos, sin la menor duda, es el resultado de un largo proceso histórico y de evolución político-social, que no se puede desconocer. Las bases fundamentales del constitucionalismo contemporáneo (la noción de Constitución escrita, como texto normativo directamente aplicable a los ciudadanos; la soberanía del pueblo, y no ubicada en un órgano del Estado, es decir, el republicanismo democrático; la distribución vertical del Poder Público, dando origen al sistema federal; el principio de la separación orgánica de los Poderes Públicos; la declaración constitucional de los derechos y garantías fundamentales; y el rol del Poder Judicial, como contralor de la constitucionalidad y legalidad de la actuación de los otros Poderes) sobre los cuales se monta el Texto Fundamental, derivan de un forjamiento que se inicia con la Revolución de Independencia a partir de 1810 y encuentra su expresión filosófica y política en el pensamiento y acción de nuestros grandes hombres y próceres, de carne y hueso, que liderizaron los cambios que se han producido en nuestra historia y que, sin duda, encuentran a la cabeza al Libertador, Simón Bolívar, genio político de la paz y de la guerra.

Todo ese proceso político-social que nos separa de aquellos años de la Independencia y que transcurre, en los últimos 180 años, ha generado un patrimonio moral e histórico de la Nación, donde luchas y guerras por la libertad y la justicia se han sucedido por autocracias, en las cuales la justicia y la libertad han sido cuestionadas. Todo ese proceso histórico, con lo bueno y lo malo, ha formado nuestras instituciones las cuales, definitivamente, no nacen en 1961; al contrario, son de larga data, con múltiples soluciones de continuidad, pero guiadas por una filosofía democrática y de libertad que siempre ha estado latente.

No olvidar las enseñanzas de la historia, es el mensaje del último párrafo del Preámbulo, y tomar conciencia que como país, no hemos sido inventados hace treinta años, ni muchísimo menos.

F. *El blindaje de la Constitución*

a. *La inviolabilidad de la Constitución*

Un tercer efecto institucional de la voluntad de mantener el sistema democrático, que se refleja en la Constitución, además de los dos anteriores, es el que el mismo texto establece en relación a su inviolabilidad. En efecto, mantener el sistema democrático es, ante todo, mantener la vigencia de la Constitución, por lo que el propio texto rechaza cualquier modalidad conforme a la cual la Constitución pueda quedar sin vigencia.

De allí el principio de la inviolabilidad de la Constitución, previsto en el artículo 250 que establece que: "Esta Constitución no perderá su vigencia, si dejare de observarse por acto dé fuerza o fuere derogada por cualquier otro medio distinto del que ella misma dispone. En tal eventualidad (cuando por acto de fuerza se tratara de quitar su vigencia) todo ciudadano investido o no de autoridad, tendrá el deber de colaborar en el restablecimiento de su efectiva vigencia".

En esta forma, la rebelión para restablecer la efectiva vigencia del texto constitucional si se dejare de observar por acto de fuerza, está legitimada, imponiéndose a todo ciudadano el deber de colaborar en el restablecimiento de su efectiva vigencia.

La Exposición de Motivos del Proyecto señala, con razón, que esta es una disposición sin precedentes en el constitucionalismo contemporáneo. Como antecedentes de esta norma se menciona el artículo 136 de la Constitución de México que proclama el principio de que "la Constitución no perderá su fuerza y vigor, aun cuando por alguna rebelión se interrumpa su observancia".

"Dados los antecedentes de todos conocidos y que caracterizan en cierto modo el desarrollo de la vida política en Venezuela —dice la Exposición de Motivos—, creemos que esa disposición contribuirá eficazmente a la salud y a la estabilidad de nuestro orden institucional, subrayando la responsabilidad en que incurren los ciudadanos que colaboran con los usurpadores y previendo al mismo tiempo un procedimiento fácil para liquidar con justicia y rapidez, el saldo de irregularidades que siempre dejan como herencia los regímenes de fuerza"[376].

Pero además, el principio de la inviolabilidad de la Constitución y el deber de los ciudadanos de restablecer su efectiva vigencia si dejare de ser observada, se han considerado por la Corte Suprema, como el fundamento de la acción popular que corresponde a todo ciudadano para requerir del Máximo Tribunal el control de la constitucionalidad de las leyes[377]. Así, en general, el control de la vigencia de la Constitución es un efecto fundamental del principio de la inviolabilidad, por lo que las instituciones que en el texto tienden a garantizar ese control y la vigencia constitucional son también reflejos del principio. Por ejemplo, en materia de control público de la constitucionalidad, deben destacarse las atribuciones y la propia figura del Fiscal General de la República, a quien corresponde velar "por la exacta observancia de la Constitución y las leyes" (Art. 218) y "por el respeto de los derechos y garantías constitucionales" (Art. 220), lo cual aproxima al Ministerio Público venezolano al ombudsman de los países nórdicos.

b. *La rigidez constitucional, y las modificaciones: reforma y enmienda*

Por último, la voluntad de mantener el régimen democrático se refleja en la Constitución, en su rigidez, al limitarse las posibilidades de su modificación sólo mediante procedimientos complejos de reforma o enmienda, según los casos, constituyendo la vía de la Enmienda una importantísima innovación del texto de 1961.

---

376 *Loc. cit.*, p. 146.

377 Véase Sentencia de la Sala Político-Administrativa de 30-6-82, *cit.*, en Allan R. Brewer-Carías, *La Defensa de la Constitución*, Caracas, 198, pp. 172 y ss.

En tal sentido, en la Exposición de Motivos del texto se señala lo siguiente:

> "Desde el primer momento la Comisión hubo de plantearse el problema de darle una mayor rigidez al texto fundamental, con el objeto de evitar en lo posible, la multiplicidad de reformas que por no conllevar, como frecuentemente ha ocurrido en nuestro país, cambios sustanciales en las instituciones, dan la desfavorable impresión de mudanza permanente y de inestabilidad jurídica. Apoyándose generalmente en los problemas de la reelección y de la amplitud del lapso constitucional, han surgido entre nosotros múltiples textos que dejaron intocadas las materias de fondo que son las que reflejan en verdad la transformación de la vida social, económica y jurídica de la Nación.
>
> Apenas se puede decir, con propiedad, que en las Constituciones de 1864 y 1947, se incorporan disposiciones que vienen a marcar hitos en nuestra historia constitucional".

Por tanto, las reformas del resto de los textos constitucionales en la mayoría de los casos, no fueron reformas sustanciales.

En todo caso, para evitar esas modificaciones, se diferenciaron en la Constitución dos procedimientos para su modificación, sometidos a requisitos distintos: la reforma, y la enmienda según que se toquen o no aspectos fundamentales del pacto político constitucional.

En esta forma, la reforma es el procedimiento que debe seguirse si se van a modificar las decisiones fundamentales o básicas para organizar políticamente a la comunidad; en cambio la enmienda debe referirse a aquellos aspectos de la Carta Fundamental donde predomine más lo incidental que lo fundamental. La enmienda es, entonces, un instrumento para facilitar cambios no fundamentales pero, a la vez, adoptar un sistema distinto al que se establece en la estructura política; es, en definitiva, la modificación de "artículos que permite dejar incólume el texto original o fundamental". En cambio, la reforma consistiría en un "cambio en lo más profundo del contenido de la Carta, modificaciones del espíritu mismo del Constituyente, en fin, derogación de la Constitución y su sustitución por otra". Por eso, aparte de otras diferencias fundamentales, hay una esencial entre los procedimientos para la reforma y la enmienda, y es que en el primero, necesariamente debe someterse el proyecto a referéndum "para que el pueblo se pronuncie a favor o en contra de la reforma". En la enmienda esto no es necesario, y se prevé en cambio la aprobación del Proyecto por las Asambleas Legislativas de los Estados (Arts. 245 y 246).

En todo caso, desde la vigencia de la Constitución, se han aprobado dos enmiendas constitucionales: en 1973, al restringirse las condiciones de elegibilidad; y en 1983, al regularse, de nuevo, sistemas diferentes para las elecciones de representantes; modificarse el funcionamiento de las Cámaras Legislativas y del trámite de formación de las leyes; y establecerse una fecha distinta para la iniciación del período constitucional.

2. *El sistema político institucional en la Constitución*

Pero el segundo efecto del espíritu del 23 de Enero en la Constitución, además del establecimiento y mantenimiento del régimen democrático, mediante un sistema de Estado de partidos centralizado, fue la previsión de un sistema político condicionado por la reacción contra la dictadura y el poder abusivo.

En efecto, otra consecuencia del *Pacto de Punto Fijo* y del acuerdo político que provocó la Revolución Democrática de 1958, y que se reflejó en la Constitución, es la reacción contra la dictadura y el poder absoluto. Debe recordarse que todos los partidos políticos y los líderes que recomenzaron su actuación política en 1958, venían de sufrir un proceso dictatorial de 10 años y, por eso, puede decirse que dentro de las instituciones constitucionales y que se consagran en el texto de 1961, están una serie de instituciones que tienden a debilitar al Poder Ejecutivo, por una parte, y a establecerle controles a ese poder, por la otra. Puede decirse que esta previsión institucional en la Constitución, sin duda, estuvo motivada por esa reacción antidictatorial que estaba en el ambiente durante el proceso de redacción de la misma. Inclusive José Guillermo Andueza, Secretario de la Comisión Bicameral, en su "Introducción a las Actas de la Comisión de Reforma Constitucional", se refiere a dos factores ambientales que influyeron en las decisiones políticas tomadas en la Constitución de 1961: Por una parte, "el Espíritu del 23 de Enero", a lo cual nos hemos venido refiriendo, y por la otra, la reacción antidictatorial, lo cual, hasta cierto punto, puede decirse que forma parte de la primera. Andueza, en efecto, afirma: "La reacción antidictatorial llevó a los Proyectistas a acentuar la desconfianza hacia el Poder Ejecutivo, y a conferir al Congreso amplias facultades". Por otra parte agrega: "los hombres que redactaron la Constitución de 1961 no pudieron sustraerse a la influencia del fenómeno dictatorialista. Creyeron sinceramente que debilitando al Poder Ejecutivo y fortaleciendo al Congreso se garantizaba al país contra el peligro del establecimiento de la dictadura. Esta tendencia —concluye— que se observa en el marcado tinte parlamentario que le dieron a las instituciones políticas, es una regresión histórica". Agrega, además, que "el marcado acento parlamentario de la Constitución de 1961 ha producido en la práctica una peligrosa confusión de poderes. El Congreso ha pretendido convertirse en Poder co-administrador"[378].

Estos comentarios, que están en la "Introducción a las Actas", escritas en el año 1970. Puede decirse que en el período transcurrido durante los últimos 20 años se han confirmado. Sin duda, ha habido una tendencia progresiva del Congreso a convertirse en poder administrador, a intervenir en las actividades del Poder Ejecutivo, lo que confirma, por otra parte, esa tendencia a desconfiar del Ejecutivo y a fortalecer al Congreso, como garantía de la democracia.

Este espíritu y esta reacción antidictatorial no han cesado y el Congreso además de haberse convertido en un poderoso instrumento, como debe ser, para frenar al gobierno, ha sido utilizado por los grupos políticos para ejercer poder frente al gobierno, y buscar una mayor injerencia del Congreso en las gestiones ejecutivas.

Ahora bien, este espíritu que privó en la redacción de la Constitución, provocado por la reacción contra la dictadura, dio origen, a dos aspectos que queremos destacar: Por una parte, al debilitamiento del Poder Ejecutivo mediante el establecimiento de lo que hemos denominado en otra oportunidad, un sistema presidencial con suje-

---

378 *Loc. cit.*, pp. XXV, XXVI y XXVII.

ción parlamentaria[379], una especie de presidencialismo parlamentario; y, en segundo lugar, la previsión de todo un sistema de controles del Poder Ejecutivo, que están también en el texto Constitucional y que caracterizan nuestro sistema de gobierno.

A. *El debilitamiento del Poder Ejecutivo: el sistema presidencia con sujeción parlamentaria*

La reacción contra la dictadura produjo, en primer lugar, que la Constitución de 1961 hubiera establecido un Poder Ejecutivo debilitado a través de sujetarlo al Parlamento en diversas formas. En el texto, así hay todo un sistema de injerencias del Parlamento en relación a las actividades del Ejecutivo.

El sistema de separación orgánica de poderes, está así combinado con un gran sistema de contrapesos para frenar al Poder.

a. *El sistema presidencial*

En efecto, el Sistema Presidencial venezolano, derivado de la separación orgánica de Poderes, provoca también, una separación de la legitimidad de los poderes. El Presidente de la República y sus Ministros, que en la Constitución se denomina el Ejecutivo Nacional, no proceden del Congreso, ni dependen del Congreso, como en los sistemas parlamentarios, sino que el gobierno políticamente actúa con una legitimidad democrática proveniente de una elección, al igual que los miembros del Congreso. Por ello, el gobierno para poder mantenerse en el poder, no requiere de la confianza del Parlamento, con lo cual aun cuando haya minoría parlamentaria en el apoyo al Poder Ejecutivo, el gobierno permanece sin que se lesione en ninguna forma su legitimidad.

Esta independencia orgánica entre ambos, hace que haya una serie de relaciones e interferencias; por ejemplo, de acuerdo con el artículo 199 de la Constitución, los Ministros tienen derecho de palabra en las Cámaras y en sus Comisiones, y conforme al artículo 170, lo tienen también en las discusiones de las Leyes. Por tanto, es un derecho de los Ministros el poder acudir al Congreso y a sus Comisiones en cualquier momento, a hacerse oír, incluso cuando se esté discutiendo una Ley. Además, la Constitución establece que los Ministros están obligados a concurrir a las Cámaras, cuando sean llamados a informar o a contestar interpelaciones. Hay aquí una elemento parlamentario del sistema conforme lo establece el artículo 199 de la Constitución.

En consecuencia, los Ministros pueden acudir en cualquier momento a las Cámaras o a cualquier Comisión y deben ser oídos, aparte de estar obligados a comparecer cuando se les vaya a formar interpelaciones o preguntas.

Por otra parte, los Ministros están obligados anualmente, a rendir cuenta de los fondos que hubieren manejado así como a presentar una Memoria razonada y suficiente sobre la gestión de su Despacho, lo cual debe hacerse ante las Cámaras en sesión conjunta (artículo 197). Esta figura también está recogida a nivel de los Estados, respecto al Gobernador ante las Asambleas Legislativas, las cuales tienen facul-

379 Véase Allan R. Brewer-Carías, *Cambio Político y Reforma del Estado en Venezuela*, Madrid 1975, pp. 321 y ss.

tad de aprobar o improbar anualmente la gestión del gobierno (artículo 20). En cambio, a nivel nacional, el Congreso no aprueba o imprueba las Memorias de los Ministros; las recibe, las puede discutir y el debate podría desembocar en un voto de censura por la Cámara de Diputados. Además, el propio Presidente de la República también debe presentar un Mensaje anual, en el cual debe dar cuenta de los aspectos políticos y administrativos de su gestión (artículo 191).

Por otra parte, el Ejecutivo Nacional tiene, por supuesto, de acuerdo al artículo 165, la iniciativa de las Leyes.

b. *Las injerencias parlamentarias en el Ejecutivo Nacional*

Por su parte, el Congreso tiene una serie de injerencias en el Ejecutivo que implican limitaciones a sus actividades. En primer lugar, debe destacarse una de carácter muy general que ha sido establecida en la Enmienda Constitucional N° 2 de 1983. Se prevé allí la obligación del Ejecutivo Nacional, de presentar a la aprobación de las Cámaras en sesión conjunta, los lineamientos generales del Plan de desarrollo económico y social de la Nación (artículo 7). Esta disposición tiene una enorme importancia, porque le da rango constitucional a la planificación y permite comprometer y hacer participar, en el proceso de planificación, al Poder Legislativo, con lo cual ésta deja de ser una tarea exclusivamente ejecutiva y comienza a ser una tarea en la cual participa el Poder Legislativo.

En segundo lugar, la Constitución (artículo 190, ord. 18) atribuye al Presidente de la República la facultad de nombrar y remover los funcionarios o empleados nacionales cuya designación no esté atribuida a otra autoridad por la propia Constitución Nacional. Es el principio, por tanto, de que es esencial a las competencias del Ejecutivo el nombrar y remover a los funcionarios públicos, salvo, cuando la designación está atribuida a otra autoridad. ¿Cuándo sucede esto? Primero, en la descentralización territorial: a nivel de Estados y Municipios, los funcionarios los nombran, en sus respectivos niveles, el Gobernador y los Alcaldes; segundo, en caso de elección, cuando se trata de funcionarios electos, no hay nombramiento; y tercero, cuando la ley atribuya el nombramiento a otra autoridad por razones de tener el organismo autonomía funcional o por razones de descentralización funcional o desconcentración.

Salvo estos casos, los funcionarios los nombra el Ejecutivo Nacional, en forma exclusiva, salvo dos excepciones: por una parte, el nombramiento del Procurador General de la República y, por la otra, el nombramiento de los Jefes de Misiones Diplomáticas; en ambos casos, deben ser aprobados por el Senado, con lo cual la función ejecutiva encuentra una limitación (artículo 190, ordinal 6°, ratificado por el artículo 150, ordinal 7°). Por tanto, la primera limitación a la función ejecutiva está en el nombramiento de funcionarios públicos.

En tercer lugar, en materia de realización de actividad administrativa, muchas actuaciones del Ejecutivo Nacional están sometidas a autorizaciones o aprobaciones del Parlamento. En efecto, de acuerdo al artículo 126, los contratos de interés nacional deben ser aprobados por el Congreso, y el otorgamiento de concesiones de hidrocarburos en el caso en que legalmente fuesen restablecidas, también requiere de autorización de las Cámaras en sesión conjunta.

Otros actos de carácter administrativo requieren de intervención del Congreso; por ejemplo, la enajenación de bienes inmuebles por el Ejecutivo Nacional, requiere de la aprobación del Senado (artículo 150, ordinal 2°). Así mismo, en materia presupuestaria, está el principio general de que no puede hacerse gasto alguno del Tesoro que no esté previsto en la Ley de Presupuesto, con lo cual se prevé el principio de la intervención parlamentaria en la autorización de créditos presupuestarios (artículo 227). La consecuencia de esto es que tampoco pueden decretarse Créditos Adicionales sin autorización de las Cámaras en sesión conjunta o de la Comisión Delegada, con lo cual el sistema parlamentario rigidiza a la Administración, en virtud de normas constitucionales y su manejo depende, por tanto, de una intervención del Parlamento.

Otra limitación importante a las funciones del Poder Ejecutivo se estableció respecto del proceso de descentralización funcional. Al exigir el artículo 230 una Ley para crear Institutos Autónomos, se limitó la facultad que antes tenía el Ejecutivo Nacional de crear Institutos Autónomos y de descentralizar funciones por decreto, con lo cual también se rigidiza la función ejecutiva.

En cuarto lugar, en materia política, también encontramos múltiples interferencias del Parlamento en las tareas del Ejecutivo. En materia de política internacional, la designación de misiones militares venezolanas en el exterior, requiere de una autorización del Senado (artículo 150, ordinal 4°), y el Presidente de la República para salir del país requiere de una autorización del Senado (artículo 150, ordinal 6°; 179 y 789, ordinal 7°). En cuanto a la vigencia de los Tratados, el artículo 128 de la Constitución regula necesidad de que sean aprobados por Ley, salvo que se trate de ejecutar obligaciones pre-existentes o aplicar principios reconocidos por el derecho internacional. Se establece así, el principio general de la intervención parlamentaria en materia de Tratados Internacionales.

Otra interferencia, en las tareas del Ejecutivo, quizás la más importante a nivel político, es la atribución que tiene la Cámara de Diputados de dar voto de censura a los Ministros, la cual si se decide por las 2/3 partes de los Diputados presentes, puede acarrear la remoción del Ministro (artículo 153, ordinal 2°), con la cual se confirman estos elementos de parlamentarismo dentro del sistema presidencial venezolano.

c. *Las reservas legislativas*

Otro signo de la primacía del Legislador sobre el Ejecutivo Nacional, es el sistema constitucional de materias reservadas al Legislador en nuestra Constitución no hay materias reservadas al Ejecutivo. Todas las competencias atribuidas en el artículo 136 al Poder Nacional, son materias regulables por el legislador, pues conforme al artículo 139, corresponde al Congreso legislar sobre las materias de competencia nacional, con lo cual la Constitución ha reservado al Congreso la potestad de legislar sobre las materias de la competencia nacional. Es decir, la reserva legal, como sistema de ejecución de la Constitución, es un signo de la primacía del Parlamento en el sistema de separación de poderes. El Ejecutivo tiene la función de reglamentar total o parcialmente las leyes, (artículo 190, ordinal 10°), pero no hay materias reservadas al Ejecutivo. Esto distingue a nuestro sistema del sistema francés de la Constitución de 1958, conforme al cual ella reservó materias al Ejecutivo, como reflejo de la hegemonía del Ejecutivo frente al Parlamento. Las potestades de normar del Ejecutivo sólo corresponden a aquellas materias no previstas en la Constitución o, por vía reglamentaria, todo lo que signifique ejecución de las leyes.

d. *Las tendencias a co-administrar del Legislador*

Este sistema de sujeción parlamentaria y de interferencias del Parlamento en las tareas del Ejecutivo, ha provocado una tendencia de las Cámaras a co-administrar más allá de sus potestades legislativas y de control, esta tendencia se evidencia en dos aspectos.

Por una parte, hemos visto un proceso progresivo de intervención del Congreso en el nombramiento de determinados funcionarios con función ejecutiva. De acuerdo con la Constitución, al Congreso sólo le corresponde el nombramiento del Fiscal General de la República, del Contralor General de la República, de algunos miembros del Consejo de la Judicatura y de los miembros del Consejo Supremo Electoral en los tres primeros casos por disposición de los artículos 217, 219 y 238, y los,, últimos por la autonomía e independencia a la que se refiere el artículo 113; y el Senado sólo puede intervenir en el nombramiento del Procurador General de la República y de los Jefes de Misiones Diplomáticas (artículo 150, ordinal 7°). No menciona la Constitución ninguna otra posibilidad de intervención del Congreso en nombramientos de funcionarios públicos con funciones ejecutivas ni posibilidad de que el Congreso asuma el nombramiento de otros funcionarios. Sin embargo, desde los años 70 se ha visto una tendencia del Legislador de nombrar funcionarios de la rama ejecutiva. Por ejemplo, en la Ley de Carrera Administrativa de 1970, se previo, como mecanismo para controlar políticamente a la Oficina Central de Personal, un Directorio de la oficina formado por un grupo de funcionarios, uno de los cuales lo designan las Cámaras Legislativas en sesión conjunta (artículo 8)[380]. Recientemente el problema se ha planteado en forma más grave, en el Proyecto de Ley de Precios, Costos y Salarios que se quiso discutir en las Cámaras en julio de 1983: la Administración de Sistemas de Precios, Costos y Salarios se quería encomendar a una Comisión cuyos funcionarios serían nombrados de diversas formas y entre ellos por el Congreso. Lo importante a destacar es que esta Comisión era la que tendría el poder administrador en el campo de los precios, costos y salarios, hasta el punto de que algunas de sus decisiones, se decía en el Proyecto, eran vinculantes para el Ministro de Fomento, y de manera tal que el funcionario ejecutivo, que legalmente tiene competencia para adoptar determinadas decisiones en el campo del control de precios, no lo podría hacer sino cuando lo decidiera esta Comisión, con representantes directos del Congreso. Este régimen, sin duda, sería inconstitucional e inadmisible por usurpación de funciones.

Pero además, también ha habido otra manifestación de esta tendencia a co-administrar por parte del Poder Legislativo, en el desarrollo progresivo del sistema de autorizaciones y aprobaciones no autorizadas en la Constitución, con lo cual las potestades de control han degenerado en facultades de cogestión.

380 Véase nuestra crítica formulada cuando la Ley estaba en proyecto en Allan R. Brewer Carías, *El Estatuto del Funcionario Público y La Ley de Carrera Administrativa*, Caracas 1971, pp. 182 y ss.

En efecto, progresivamente, en leyes en materia financiera, se han venido aumentando los poderes de intervención de las Comisiones del Congreso, y así vemos, por ejemplo, a las Comisiones de Finanzas y Contraloría de la Cámara de Diputados en materia de Crédito Público o en materia de Presupuesto, intervenir mediante autorizaciones o aprobaciones en diversas materias y decisiones con lo cual se ha venido aumentando el radio de intervención del Congreso en funciones netamente ejecutivas. Otro ejemplo reciente de esta tendencia estuvo en el proyecto de Ley de Ordenación del Territorio que se aprobó en la Cámara de Diputados en diciembre de 1982 y que luego se modificó en el Senado, en el cual se preveía que el Plan de Ordenamiento Territorial debería ser aprobado por "el organismo idóneo de la Cámara de Diputados" con lo cual se establecía, en definitiva, que un Plan de Ordenación del Territorio elaborado y aprobado por el Ejecutivo, se debía someter a una aprobación posterior por parte del Congreso. Dicha norma, en definitiva, sin embargo, no fue sancionada.

Por último, debe observarse que con motivo de la sanción de la Ley Orgánica del Trabajo de 1990[381], en el artículo 22 de la misma se prevé que en todos aquellos casos en los cuales el Presidente de la República dicte los Decretos previstos en los artículos 13 y 138 (cláusulas irrenunciables y aumentos de salarios), éstos deben someterse a la consideración de las Cámaras en sesión conjunta o de la Comisión Delegada, órganos que pueden decidir la ratificación o la suspensión de los Decretos, en lo que puede observarse una injerencia evidente del legislador en las tareas ejecutivas.

Todo lo anteriormente señalado, evidencia que en nuestro sistema de gobierno existe un marcado parlamentarismo dentro de nuestro sistema presidencial, que debilita al Poder Ejecutivo. Por ello, cuando se afirma que en Venezuela existe un exacerbado presidencialismo, en realidad se están confundiendo los términos. No se trata de que haya un presidencialismo extremo ni de que el Presidente de la República tenga excesivo poder por el sistema de gobierno presidencial, sino que los poderes del Presidente en realidad se han acrecentado por el centralismo, es decir, por la acumulación a nivel nacional de poderes en relación a los niveles territoriales, pero no porque haya un sistema presidencialista, de preponderancia presidencial y debilitamiento del Congreso, cuando es todo lo contrario: hay una evidente primacía del Congreso, con debilitamiento del Ejecutivo.

e. *El contrapeso: Los poderes constitucionales del Ejecutivo y el Bicameralismo*

Pero esta posición del Ejecutivo frente al Congreso, tiene en el sistema constitucional, sus contrapesos, pues para contrarrestar las injerencias del Parlamento en las tareas del Ejecutivo, que podrían conducir a un inmovilismo, la Constitución prevé mecanismos que permiten al Poder Ejecutivo zafarse en definitiva, de esas sujeciones parlamentarias.

En primer lugar, la propia Constitución, por ejemplo, prevé atribuciones del Poder Ejecutivo para la creación de servicios públicos en caso de urgencia comprobada

381 Véase en *Gaceta Oficial* N° 4.240 Extra, de 20-12-90.

por decreto (artículo 190, ordinal 11° y 175, ordinal 5°). La materia, en principio, es de reserva legal, pero el Ejecutivo puede crear un servicio público por decreto, con la aprobación posterior de la Comisión Delegada, en caso de urgencia comprobada y de receso de las Cámaras. Con ello, se le está abriendo una salida al Ejecutivo frente a un inmovilismo en el cual podría quedar para casos urgentes.

En segundo lugar, aún en funcionamiento de las Cámaras, la Constitución también prevé la posibilidad de que éstas atribuyan al Ejecutivo la facultad de legislar y tomar medidas extraordinarias en materia económica y financiera. El artículo 190, ordinal 8°, prevé esta posibilidad que ha sido utilizada cuatro veces desde la vigencia de la Constitución (1961, 1974, 1984 y 1993) a través de la cual el Congreso le concedió poderes extraordinarios al Ejecutivo, que le han permitido, mediante Decretos-Leyes, modificar buena parte de la legislación económica del país.

En tercer lugar, están todas las previsiones relativas a la "ampliación" de las potestades legislativas del Poder Ejecutivo, derivadas de la restricción y suspensión de garantías constitucionales, previstas en los artículos 190, ordinal 6°, y 241, 242 y 243. Conforme a estos artículos, el Presidente de la República puede restringir o suspender las garantías constitucionales, salvo las tres que ya hemos mencionado, y como consecuencia de la suspensión o restricción se produce una ampliación, en los términos de la restricción, de las potestades del Poder Ejecutivo; y de hecho, esto es lo que ha sucedido en las últimas décadas.

Las regulaciones fundamentales en materia económica han sido dictadas en restricción o suspensión de garantías[382]. El ejemplo característico de esta posibilidad está en los regímenes de control de cambios que se han establecido desde 1940, y los cuales se han regulado en Decretos-Leyes dictados en restricción de la garantía económica. Además, como ejemplo, deben mencionarse las regulaciones de control de precios de bienes de consumo.

Sin duda, esta es una salida que la propia Constitución prevé frente a la rigidez del presidencialismo parlamentario para que el Poder Ejecutivo pueda desarrollar determinadas políticas en caso de urgencia o emergencia.

En cuarto lugar, así mismo están las normas de los artículos 240 y 242 que prevén la posibilidad de que el Ejecutivo Nacional decrete el Estado de Emergencia, con la consiguiente ampliación de poderes para el Ejecutivo. Inclusive, el artículo 244 permite al Ejecutivo la adopción de determinadas medidas vinculadas al orden público que, inclusive, pueden consistir en detención o confinamiento de determinadas personas que puedan provocar inminentes trastornos al orden público, las cuales, aun cuando sometidas a control del Parlamento, significan una ampliación de los poderes del Ejecutivo. Es, si se quiere, la respuesta del propio texto Constitucional a la rigidez del sistema de relaciones entre los poderes y de preponderancia, hasta cierto punto, del Legislativo frente al Ejecutivo.

Por último, en este mismo orden de ideas de instituciones que, frente al parlamentarismo presidencial del sistema de gobierno en Venezuela, permiten al Poder Ejecutivo salir de determinadas crisis ante una posición contraria del Parlamento,

---

382 Véase Allan R. Brewer-Carías, *Evolución del Régimen Legal de la Economía 1939-1979*, Valencia 1980.

está el propio sistema bicameral del Poder Legislativo venezolano. Particularmente, el Senado, aún cuando reminiscencia del federalismo, se presenta en la relación de poderes, como la Cámara de "ponderación" y "ecuanimidad", tanto por su composición (dos senadores, por cada entidad federal) como por el sistema de elección (lo más aproximado a la uninominalidad). Por ello, por una parte, la Constitución ha asignado, precisamente al Senado, una serie de atribuciones privativas en relación a actividades del Ejecutivo (artículo 150) que es menos conflictivo ejercer que si fuera en la Cámara de Diputados; y por la otra, ha sido el Senado, la Cámara que ha ejercido, en momentos de crisis político-institucional, el contrapeso de la politización excesiva de la Cámara de Diputados.

Debe indicarse, además, que el mismo sistema bicameral y el haberse conservado el Senado en el Proyecto de Constitución, puede decirse que fue motivado por las circunstancias políticas concretas que existían en 1960. Orlando Tovar Tamayo, en efecto, señala como motivo para la adopción del sistema bicameral el que "para la fecha de discutir la Constitución se había producido en la fracción mayoritaria de Diputados una división que ponía en peligro la mayoría de la bancada gubernamental y conservar el Senado era, por la forma de resolver la diferencia de criterio entre las Cámaras, la única fórmula de mantener el control del Parlamento"[383].

Con posterioridad a la entrada en vigencia de la Constitución y en los primeros años de la década de los sesenta, los conflictos institucionales que se produjeron por la acción del gobierno contra la subversión armada, y la oposición mayoritaria de la Cámara de Diputados encontraron su salida institucional, precisamente en el Senado, Cámara que por su posición fue un factor fundamental en el mantenimiento del sistema democrático.

B. *El establecimiento de un sistema de controles del Poder Ejecutivo*

Pero además del debilitamiento del Ejecutivo, manifestado en todas las interferencias parlamentarias señaladas, la reacción contra la dictadura y el poder abusivo, también provocó, en la Constitución, el establecimiento de un sistema completo de controles al Poder Ejecutivo y, particularmente, de tres tipos: control parlamentario, control jurisdiccional y control por los órganos con autonomía funcional.

a. *El control parlamentario*

El control político o parlamentario, tiene su fundamento en el artículo 139, que establece, en general, que el control de la Administración Pública corresponde al Congreso en los términos establecidos en la Constitución, la cual prevé, primero: la posibilidad de citar a los Ministros y la obligación de éstos de asistir cuando vayan a ser interpelados (artículo 199); segundo, la posibilidad de las Cámaras de realizar investigaciones, con la obligación de todos los funcionarios de la Administración Pública y de los Institutos Autónomos de comparecer ante los cuerpos legislativos y de suministrar informaciones y documentos que se requieran, obligación que también incumbe a los particulares, quedando a salvo los derechos y garantías (artículo 160); tercero, que corresponde al Congreso el control de la Administración Descen-

383 Véase Orlando Tovar Tamayo, *Derecho Parlamentario*, Caracas, 1973, p. 18.

tralizada, es decir, de los Institutos Autónomos, así como de los intereses del Estado en Corporaciones o Entidades de cualquier naturaleza (artículo 230), por supuesto, de conformidad con la Ley; y cuarto, también como mecanismo de control del Congreso, los ya señalados de aprobaciones y autorizaciones que corresponden al Congreso en determinados casos de acciones del Ejecutivo.

b. *El control judicial*

El segundo tipo de control, además del control político parlamentario, es el control judicial, previsto en la Constitución, en dos aspectos: constitucional, por una parte, y contencioso-administrativo, por la otra.

El artículo 215 atribuye a la Corte Suprema de Justicia la posibilidad de declarar la nulidad de reglamentos y demás actos del Ejecutivo Nacional cuando sean violatorios de la Constitución, con lo cual se establece un control de la constitucionalidad de todos los actos de los órganos que ejercen el Poder Ejecutivo, no quedando ningún acto fuera de control.

Para ejercerse este control, particularmente contra los actos de efectos generales del Ejecutivo, la Constitución prevé la acción popular cuyo fundamento está en el artículo 250 de la Constitución.

Además, está el control contencioso-administrativo, al atribuir, el mismo artículo 215, competencia a la Corte Suprema para declarar la nulidad de los actos administrativos del Ejecutivo Nacional cuando sea procedente, es decir, como lo dice el artículo 206, "cuando sean contrarios a derecho" sin perjuicio, por supuesto, de la competencia en esta materia atribuida a otros Tribunales de la República.

Por supuesto, también está un tercer tipo de control judicial respecto de la actividad del Ejecutivo Nacional, que es la acción de amparo. De acuerdo con el artículo 49 de la Constitución, los Tribunales ampararán a todo habitante de la República en el goce y ejercicio de los derechos y garantías que la Constitución establece y, por supuesto, el amparo, por esencia, es un medio de protección básicamente frente al Estado, regulado como derecho en la Ley Orgánica de Amparo sobre Derechos y Garantías Constitucionales de 1988[384].

c. *El control por los órganos con autonomía funcional*

En tercer lugar, dentro de los sistemas de control que establece la Constitución frente al Ejecutivo, básicamente, además del que ejerce el Parlamento y el Poder Judicial a través de los controles políticos y jurisdiccionales, está el control que ejercen otros órganos que no dependen de los otros dos clásicos poderes y que tienen autonomía funcional. Inclusive, hasta cierto punto, los órganos con autonomía funcional que rompen la trilogía orgánica de poderes, han sido creados, precisamente, para controlar al Ejecutivo Nacional, con lo cual de nuevo vemos aquí la voluntad del Constituyente de limitar los poderes del Ejecutivo.

En primer lugar, está el control fiscal, al establecer la Constitución que corresponde a la Contraloría General de la República (artículo 234) el control, vigilancia y

---

384 Véase en *Gaceta Oficial* N° 34.060 de 27-9-88.

fiscalización de los ingresos, gastos y bienes nacionales. Este, en definitiva, es un órgano con autonomía funcional, creado para ejercer control sobre la Hacienda Pública, en forma autónoma e independiente.

En segundo lugar, está el control ejercido por el Fiscal General de la República, a quien corresponde "Velar por la exacta observancia de la Constitución y las leyes", básicamente por parte del Ejecutivo Nacional y de los funcionarios públicos. Para ello, se crea un organismo con autonomía funcional a quien se atribuye el Ministerio Público (artículos 218 y 220).

Pero además, hay un tercer órgano con autonomía funcional, con fundamento constitucional, cuyas competencias implicaron la sustracción de competencias antes atribuidas al Ejecutivo. En efecto, el Consejo de la Judicatura asume buena parte de la administración tribunalicia que antes correspondía al Ejecutivo (artículo 217).

En cuarto lugar, algo similar sucede respecto de la administración electoral. Esta tarea, para garantizar la independencia de los órganos y procesos electorales, se le quitó a la órbita del Ejecutivo y se signó por ley a un órgano con autonomía funcional: el Consejo Supremo Electoral.

En todos estos casos de control de actividades por órganos con autonomía funcional, debe señalarse que éstos se crearon sustrayéndoselas, precisamente, al propio Poder Ejecutivo. La Administración Judicial hasta 1970 correspondía al Ministerio de Justicia, y el propio Ministerio Público se atribuyó hasta 1961, a la Procuraduría de la Nación. Así, la Constitución, además de regular los Poderes Legislativo y Judicial controlando al Ejecutivo, consolidó o creó estas instituciones paralelas autónomas, en el sentido de que no dependen de los tres clásicos poderes, como órganos con autonomía funcional para controlar al Ejecutivo. Esta es una muestra más de esa motivación política que tuvieron los redactores de la Constitución, de debilitar al Ejecutivo, como reacción frente a la dictadura y al poder abusivo, con la consecuencia inmediata: fortalecer al Legislativo y controlar, a la vez, al Ejecutivo por el Legislativo, el Judicial y otros órganos paralelos con autonomía funcional. Este es otro aspecto que nos muestra el proceso político que giró en torno al *Pacto de Punto Fijo* y que se generó con la Revolución Democrática en 1958.

3. *La deficiente ejecución de la Constitución*

El enjuiciamiento general del lapso de más de 30 años que ha transcurrido desde que se sancionó la Constitución, tomando en cuenta los condicionamientos políticos antes señalados y sus efectos en el texto constitucional, permite señalar que la Constitución ha sido ejecutada deficientemente y ello se ha traducido tanto en una ejecución incompleta como en una ejecución inadecuada. Queremos, a continuación, hacer algunas apreciaciones sobre estas dos grandes deficiencias en la ejecución constitucional.

A. *La ejecución incompleta de la Constitución*

En primer lugar, la Constitución de 1961 aún no ha sido ejecutada completamente, por lo que gran parte de sus previsiones continúan siendo letra muerta, o cuando más, programas a ser ejecutados. La inejecución constitucional, sin duda, es culpa, en primer lugar, del Congreso, que ejerce la competencia legislativa, y en segundo lugar, de los que han dominado el Congreso durante estos últimos 30 años; los grandes y pequeños partidos políticos del país. En definitiva, la inejecución constitucional es culpa de las instituciones políticas representativas del Estado de Partidos.

Esta deficiencia en la ejecución constitucional se evidencia en dos aspectos: por una parte, del carácter aún programático de muchas normas constitucionales, que por ello, son inejecutables; y en segundo Jugar, de la vigencia aún en la actualidad, de ciertas normas transitorias, cuya transitoriedad ya es casi permanente. Queremos insistir en estos dos aspectos en forma separada.

a. *La permanencia del carácter programático de ciertas normas constitucionales*

Si analizamos la Constitución de 1961, tres décadas después de su entrada en vigencia, encontramos, en efecto, que muchas de sus regulaciones continúan siendo normas programáticas que aún no han sido ejecutadas. Dentro de las más importantes lagunas de la ejecución constitucional, se destacan, en efecto, las siguientes relativas a la participación ciudadana en las tareas públicas; al régimen de los derechos y libertades constitucionales; a la organización administrativa y a la ordenación del territorio.

a'. *La participación ciudadana: las obligaciones de los particulares en virtud de la solidaridad social*

La Constitución de 1961 consagró en su artículo 57, una de las normas de mayor alcance programático, al establecer que sin perjuicio de las obligaciones que corresponden al Estado en cuanto a asistencia, educación y bienestar del pueblo, la Ley puede establecer obligaciones en estas áreas a los particulares, derivadas de la solidaridad social. Un cuerpo de reformas legislativas en este campo, conscientemente estructuradas, pueden comenzar a superar el esquema paternalista del Estado, y a hacer participar, a .quienes tienen capacidad, en la solución de los problemas sociales de nuestro país.

Un servicio obligatorio de carácter profesional en la educación y en la salud, así como en el campo técnico, es lo menos que puede establecerse para quienes se benefician de la acción del Estado[385].

b'. *El régimen de los derechos y libertades constitucionales*[386]

a''. *La protección frente a la libertad de información*

La Constitución consagra en su artículo 66 la libertad de expresión del pensamiento, sin censura previa, lo cual es una de las garantías fundamentales de nuestra

385 Véase Carlos Ayala Corao, "La democracia venezolana frente a la participación política" en *Revista del Centro de Estudios Constitucionales*, Madrid, 1994; Julio César Fernández T. y Alfonso Rivas Q., "Representación y Participación en la Reforma Constitucional", en *Una Constitución para el Ciudadano*, COPRE, Caracas 1994, pp. 107 a 166

386 Véase Carlos Ayala Corao, "Consideraciones sobre el desarrollo legislativo inadecuado de derecho y garantías constitucionales", en *Constitución y Reforma. Un Proyecto de Estado Social y democrático de derecho COPRE*, Caracas 1993, pp. 255 a 305 y Magaly Pérez Campos, "Reforma Constitucional en el Área de lo derechos fundamentales"; *Elementos para la Discusión en una Constitución para el Ciudadano COPRE* 1994, pp. 357 a 384

vida democrática. Sin embargo, esa libertad, como todas, tienen una doble cara: su ejercicio pleno por algunos, que son los menos, puede ocasionar y ocasiona, sin duda, perjuicios a otros, que a veces son la mayoría. Todos los derechos constitucionales, conforme al artículo 43, tienen que tener como limitaciones, el derecho de los demás y el orden público y social. Sin embargo, la libertad de información a través de la prensa, radio, cine y televisión, no tiene límites en nuestro país. Se dice lo que se quiere y se perjudica a quien sea, sin que nada pase. No se trata, por supuesto, de limitar o censurar el derecho a informar; de lo que se trata es de responsabilizar a quien informa de lo que diga. Insistimos, que se informe lo que se quiera, pero que se responsabilice efectivamente a quien informa, de lo que diga, protegiéndose a quien se lesiona por informaciones falsas. Las escasas previsiones de la Ley de Ejercicio del Periodismo de 1995 no son suficientes; y la democracia no es completa si no se garantiza el derecho de ser informado y a reclamar contra las informaciones falsas y difamantes. Una normativa de este tipo, podría detener la progresión hacia una dictadura de los medios de comunicación, que amenaza todo nuestro sistema de libertades.

b”. *La garantía del acceso a la justicia*

Conforme al Estado de Derecho que regula la Constitución, el artículo 68 garantiza el derecho de todos a utilizar los órganos de la administración de justicia para la defensa de sus derechos e intereses. Sin embargo, esta garantía es sólo de carácter formal y relativa. La justicia en Venezuela tiene que ser democratizada para que realmente, todos, puedan tener acceso a ella: en la actualidad, sólo muy pocos pueden acceder a los Tribunales, pues lo lento y complicado de cualquier procedimiento judicial, hacen casi imposible sostener cualquier juicio, el cual siempre dura años. No se trata, sólo, de establecer, como dice la Constitución, el ejercicio del derecho a acceder a la justicia a quienes no dispongan de medios suficientes, sino de prever simplificaciones procesales que permitan impartir justicia en forma rápida. No olvidemos que así como hay políticos que entienden la política y el gobierno como el arte de hablar, hay abogados que sólo conciben la profesión como el arte de la dilación y de la complicación. El Congreso está en la obligación, si no quiere que colapse todo el sistema judicial, de regular los procedimientos, agilizándolos y simplificándolos.

c”. *La protección de las comunidades indígenas*

Conforme se establece en el artículo 77 de la Constitución, el Congreso deberá regular el régimen de excepción que requiere la protección de las comunidades indígenas y su incorporación progresiva a la vida de la Nación[387]. Nuestro país, que tiene una envidiable homogeneidad social comparativamente hablando respecto de toda América Latina, no puede olvidarse de nuestras minorías representadas por estas comunidades, impunemente explotadas y absurdamente reguladas, aún, por una Ley de Misiones inspirada en normas coloniales.

---

387 Véase Carlos Ayala Corao, “El Estado Constitucional y la Autonomía de los Pueblos Indígenas”, en *IIDH, Estudios Básicos de Derechos Humanos II*, San José, Costa Rica, 1995, pp. 379-423.

d". *La extensión de la seguridad social*

Conforme a lo establecido en el artículo 94, el legislador deberá desarrollar en forma progresiva y efectiva un sistema general de seguridad social tendiente a proteger a todos los habitantes de la República contra infortunios laborales y personales y a garantizar la asistencia social a quienes carezcan de medios económicos. La inejecución constitucional de esta normativa ha provocado un panorama desolador en nuestro país: los gremios, como grupos de presión, han venido minando y apoderándose de estructuras estatales, obteniendo beneficios sociales algunas veces exorbitantes, llevando a la ineficiencia, cuando no a la quiebra, muchas instituciones; y ello en contraste con la indigencia asistencial en la cual está la mayoría del país, y donde enfermarse es la mayor tragedia que puede ocurrirle a cualquier mortal.

e". *La regulación de la promoción industrial*

Los artículos 95 y 96 de la Constitución, dentro del sistema de economía mixta que establece, prevén un papel decisivo del Estado en la promoción del desarrollo económico y la diversificación de la producción, prescribiendo la posibilidad de planificar, racionalizar y fomentar la producción. El Legislador, sin embargo, nada ha hecho en este campo. Desde 1939 hasta 1991 estuvo suspendida la garantía económica, con la ratificación del Congreso en 1961. Así, el órgano legislativo, irresponsablemente, compartió sus competencias, abriéndole un campo ilimitado de regulación industrial al Poder Ejecutivo, que lo ha ejercido mediante Decretos-Leyes de cuyo contenido ni siquiera estuvo enterado el Congreso. Una ley de industrias o de promoción industrial, por ello, es lo que procede una vez que se ha decretado el restablecimiento de la libertad económica.

c'. *El régimen de la organización administrativa*

a". *La ordenación del Área Metropolitana de Caracas*

La Constitución previo, en su artículo 11, la ordenación del Área Metropolitana de Caracas, anticipándose a lo que sería una realidad incontenible: el crecimiento de la Capital de la República. Por supuesto, los problemas de Caracas no sólo son de orden legal, pero todos los otros problemas sólo podrán ser atacados y eventualmente solucionados, si se establece un sistema único de autoridad para toda el Área Metropolitana, es decir, un gobierno y administración para todo el territorio del Municipio Libertador del Distrito Federal, y de los municipios Sucre, Baruta, Los Salias y Guaicaipuro del Estado Miranda, y la previsión de la extensión futura de dicho sistema institucional, a las jurisdicciones de los actuales municipios del Área de los Valles del Tuy y del Valle de Guarenas-Guatire. Sin esa ordenación institucional, qué no implicaría, por supuesto, la eliminación de los gobiernos municipales, nuestra gran ciudad seguirá viendo agravarse su caos de crecimiento. Esta Ley del Área Metropolitana de Caracas, por supuesto exigirá la reforma de la Ley Orgánica del Distrito Federal, y la reformulación del sistema de gobierno local, particularmente en lo que concierne al Litoral Central.

b”. *La regulación del sistema de policías*

De acuerdo a los artículos 17, ordinal 5°, 134 y 136, ordinal 5°, la competencia estatal en materia de policía está regulada en la Constitución, como una competencia concurrente, en la cual intervienen los niveles nacional, estadal y municipal. El órgano legislativo ha sido incapaz, hasta el presente, de dictar un ordenamiento nacional de regulación y coordinación policial, instrumento esencial, no sólo para asegurar la existencia de un aparato institucional destinado a garantizar la seguridad personal y material de los venezolanos, sino para garantizar también, los derechos individuales, frente a la acción de los cuerpos policiales.

La imprecisión y superposición de los organismos policiales de la actualidad está exigiendo esta regulación indispensable para una completa ejecución del texto constitucional[388].

c”. *La regulación del patrimonio del Estado*

Una de las consecuencias de la explotación petrolera y de la enorme riqueza que ha recibido el Estado venezolano durante más de medio siglo, ha sido el olvido de la protección y mantenimiento de su propio patrimonio. El Estado venezolano, ciertamente, no sabe lo que tiene ni en bienes inmuebles ni en obras ni en patrimonio artístico y cultural. Una legislación sobre el patrimonio nacional resulta indispensable para comenzar a poner orden en la Administración de un Estado despilfarrador y descuidado, que no sabe lo que tiene. Este aspecto de la Hacienda Pública Nacional que define indirectamente el artículo 234 de la Constitución y que regula insuficientemente el artículo 136, ordinal 10° de la Constitución, también exige del Congreso el cumplimiento de su obligación legislativa.

d”. *La regulación de la administración descentralizada*

Por último, otra de las áreas que evidencian una inejecución de la Constitución, es la regulación orgánica de los entes descentralizados que integran la Administración Nacional, prevista en el artículo 230 de la Constitución. En la actualidad, más del 70% del gasto público consolidado del país se eroga a través de institutos autónomos y empresas del Estado, y sin embargo, no existe aún un cuerpo normativo que regule lo que hoy es la parte más importante de nuestra Administración Pública. Esta seguirá siendo irracional en algunas gestiones y despilfarradora en otras, mientras el Congreso no dicte este cuerpo normativo de primera importancia para su reforma.

d’. *El régimen de la ordenación del territorio*

A pesar de que en julio de 1983, se ha dictado la Ley Orgánica de Ordenación del Territorio,[389] algunas áreas específicas de esta política, continúan sin regulación legal. Esto sucede con los transportes, las obras públicas, y el régimen de las aguas.

---

388 Sin embargo, véase el Reglamento de Coordinación de los Servicios de Policía y Sobre Normas de conducta de los miembros de los Cuerpos de Policía, Decreto N° 3.179 de 7-10-93, *G.O.* N° 35.317 de 14-10-93.

389 Véase en *G.O.* N° 3238 Extra de 11-8-83.

a". *La regulación de los transportes terrestres*

En un país cuya economía contemporánea se montó sobre una red otrora excepcional de comunicación y transportes terrestres, carece aún de un ordenamiento jurídico que los regule. Una Ley de Vialidad y Transportes Terrestres, conforme a la orientación que establecen los artículos 104 y 136, ordinales 20° y 21°, sobre todo cuando se está proyectando una red ferrocarrilera nacional y se ha iniciado el sistema de transporte rápido urbano en Caracas, resulta indispensable para garantizar un adecuado servicio al público y una protección sensata frente a su uso irracional. La reciente Ley de los Sistemas Metropolitanos de Transporte de diciembre de 1982[390], no es sino un paliativo de esta carencia legislativa provocada por el inicio de las operaciones del Metro de Caracas en enero de 1983.

b". *La regulación de las obras públicas nacionales*

Dentro de las actividades de fomento que corresponden al Estado, sin duda, una de las más importantes y de mayor tradición es la de la construcción de la infraestructura física del país, regulada en el artículo 136, ordinal 15 de la Constitución. Desde la época guzmancista, el Estado se ha caracterizado por ser un Estado constructor. Sin embargo, las obras públicas nacionales carecen de una regulación que modernice su utilización y que asegure su mantenimiento y protección.

El viejo Decreto reglamentario de las Obras Públicas Nacionales de 1909, requiere urgentemente de una sustitución por un texto legislativo que ordene y racionalice, en beneficio de todos, esta actividad fundamental del Estado.

c". *La regulación nacional de las aguas*

Otras de las regulaciones inexistentes y que hacen de nuestra Constitución, un texto inejecutado, sin duda, es la regulación de las aguas que orienta los artículos 136, ordinal 10 y 106 de la Constitución. No creemos que sea necesario insistir en la importancia de los recursos hidráulicos, no sólo para el desarrollo del país, sino para la vida humana. Sin embargo, Venezuela aún carece de un cuerpo normativo que regule el racional aprovechamiento de las aguas, dejando a salvo las viejas normas de la Ley Forestal de Suelos y Aguas; así como que regule los poderes de una administración única de las aguas, que aún está por estructurarse. La carencia legislativa en este campo, pone una vez más sobre los hombros del Congreso, la responsabilidad por los desastres futuros que dicha ausencia legislativa pueda causar al país.

b. *La supervivencia de disposiciones transitorias*

Pero la inejecución de la normativa constitucional no sólo está en la ausencia de regulaciones legislativas por el Congreso de las normas programáticas que estableció el texto constitucional de 1961, sino por la supervivencia, por esa misma carencia legislativa, de normas transitorias que hacen nugatorias o deficientes tanto el ejercicio de derechos por los particulares como de poderes por los órganos del Estado. En efecto, aún permanecen vigentes, más de 30 años después, las Disposiciones

---

390 Véase en *Gaceta Oficial* N° 3087 Extra de 28-12-82.

Transitorias Tercera, Cuarta y Décima de la Constitución, que comentaremos además de las Disposiciones Decima primera, Vigésima y Vigésima primera[391].

a'. *La regulación de la nacionalidad*

Las Disposiciones Transitorias Tercera y Cuarta de la Constitución, inciden sobre los aspectos sustanciales relativos a la adquisición y pérdida de la nacionalidad venezolana reguladas en los artículos 36 y 39. Por otra parte, el propio artículo 42 exhorta al Congreso a dictar una ley que regule todos los aspectos relativos a la nacionalidad, los cuales aún no se han regulado, permaneciendo en vigencia, transitoriamente, el régimen de 1955. El Congreso tiene la obligación ineludible de dictar este cuerpo normativo, pues los venezolanos por naturalización requieren de las garantías imprescindibles respecto de la revocación de la naturalización, que la Disposición Transitoria Cuarta les cercena.

b'. *La regulación de los poderes de investigación del Congreso*

Además, y como un medio jurídico específico destinado a regular y hacer efectivo el poder del Congreso de controlar a la Administración Pública, establecido en el artículo 160 de la Constitución, debe dictarse una ley que sustituya lo establecido en la Disposición Transitoria Décima de la Constitución y regule la efectividad de las medidas de control e investigación de las Cámaras Legislativas.

B. *La ejecución inadecuada de la Constitución*

Pero los efectos en la ejecución de la Constitución en estas tres últimas décadas, no sólo resultan de una inejecución de diversos aspectos del texto constitucional, sino de una ejecución inadecuada del mismo, realizada por las Cámaras Legislativas. En efecto, a la carencia legislativa reseñada anteriormente se une la emisión de una legislación de ciertos aspectos fundamentales, inadecuada e incompleta. Veamos sólo dos ejemplos: el régimen del control de la constitucionalidad y legalidad de los actos estatales; y el régimen de la economía.

a. *La inadecuada regulación de la Jurisdicción Contencioso-Administrativa y de la Jurisdicción Constitucional*

Una de las grandes innovaciones de la Constitución de 1961, fue el establecimiento en su artículo 206, de la normativa básica de la jurisdicción contencioso-administrativa, es decir de la garantía jurídica para los particulares de defensa frente a las ilegalidades y arbitrariedades del Estado, como resultado del establecimiento del Estado de Derecho. La Constitución, asimismo, siguiendo la tradición anterior, consolidó el sistema de control de la constitucionalidad de las leyes y demás actos estatales con rango legal, mediante la acción popular, por parte de la Corte Suprema de Justicia.

Quince años después de la vigencia de la Constitución, y a pesar de la encomiable labor que desarrolló la Corte Suprema de Justicia en la integración del derecho

391 Véase sobre el cumplimiento de las Disposiciones Transitorias el Acuerdo del Congreso de 29-2-84 N° 3357 Extraordinario de 2-3-84.

relativo al control de la constitucionalidad y a la jurisdicción contencioso-administrativa, el Congreso regulo en forma inadecuada el procedimiento en una ley que no está destinada a ello: la Ley Orgánica de la Corte Suprema de Justicia de 1976[392]. En ella, un poco para suplir la deficiencia legislativa que se veía venir hacia el futuro, se incorporaron normas relativas a los juicios de nulidad por inconstitucionalidad de los actos estatales y al procedimiento contencioso-administrativo, con muchos elementos confusos. El Congreso, estimamos, sigue con la obligación de dictar las Leyes de la Jurisdicción Constitucional y de la Jurisdicción Contencioso-administrativa, para lo cual tiene ya un buen punto de partida: las normas de la referida Ley Orgánica, que recogieron la larga tradición jurisprudencial de la Corte Suprema.

b. *La inadecuada regulación del régimen de la economía*

La Constitución de 1961 establece un sistema de economía mixta, conforme al cual se reconocen poderes de intervención del Estado en la economía y de regulación y limitación de la libertad económica, a la vez que se hace reconocer y se garantiza la iniciativa privada. Este sistema debía dar origen a un cuerpo de regulaciones legislativas en materia económica en las cuales se estableciera, dentro de los marcos constitucionales, el régimen de la libertad económica.

Sin embargo, la realidad ha sido otra. Puede decirse que desde 1939, cuando se restringió, por acto de gobierno, la libertad económica, consecuencia de la emergencia que provocó el conflicto bélico mundial, hasta el presente, la libertad económica que han reconocido las sucesivas Constituciones (1945, 1947, 1953) y la vigente de 1961, permaneció restringida hasta 1991. En particular, no debe olvidarse que el mismo día en el cual se publicó la Constitución de 1961, se dictó un Decreto restringiendo la libertad económica, el cual fue ratificado por el Congreso en 1962. En esta forma, durante los primeros 30 años de vigencia de la Constitución de 1961, la libertad económica estuvo restringida, lo que provocó que muchas regulaciones básicas de la economía, hubieran sido dictadas mediante Decretos-Leyes, por supuesto, sin la participación del Congreso[393].

4. *Las enmiendas y modificaciones constitucionales*

Con todo y ser la Constitución de 1961 un excelente texto constitucional, el transcurso de más de tres décadas desde el momento en el cual entró en vigencia, pusieron de manifiesto diversas exigencias de modificación, las cuales, sin necesidad de acudir a la reforma general prevista en su artículo 246, pueden ser objeto de Enmiendas conforme a lo previsto en el artículo 245 del texto.

Así, en 1973 y 1983 fueron promulgadas las dos primeras enmiendas a la Constitución.

---

392 Véase en *G.O.*, N° 1.893 de 30-7-76. Véanse los trabajos de la COPRE en el volumen Fortalecimiento del Estado de Derecho, Caracas, 1990.

393 Véase el decreto N° 455 de 23-1-61 en *G.O.* N°. 26464 de 4-1-63 el Decreto N° 674 de 8-1-62 en *G.O* N° 26745 de 8-1-62; y el Acuerdo del Congreso de 6-4-62 en *G.O.* N° 1585 de 7-4-62; y el Acuerdo del Congreso de 6-4-62 en *G.O.* N° 1585 de 7-4-62. El ultimo Decreto fue revocado por decreto N° 1724 de 4-7-91 en *G.O.* N° 34752 de 10-7-91

Pero además de la reforma general y de las enmiendas, puede decirse que la Constitución consagró un tercer mecanismo constitucional de modificación de su texto, en lo que concierne a la posibilidad de descentralizar políticamente al Estado conforme al artículo 137. En 1989, al promulgarse la Ley Orgánica de Descentralización, Delimitación y Transferencia de Competencias del Poder Público, que sin duda tiene el rango de "Ley Constitucional" se ha producido una modificación del texto fundamental en materia de delimitación de competencias entre el Poder Nacional y el Poder dé los Estados, que es irreversible salvo mediante Enmienda.

A. *La Enmienda N° 1 de 1973: Un caso de inhabilitación política*

Con fecha 11 de mayo de 1973 se promulgó la Enmienda N° 1 de la Constitución[394], la cual estableció una causal de inelegibilidad para Presidente de la República, Senador o Diputado al Congreso Nacional y para Magistrado de la Corte Suprema de Justicia a quienes hubieran sido condenados a pena de presidio o prisión superior a tres años, por delitos cometidos en el desempeño de funciones públicas o con ocasión de éstas. Si bien la norma es saludable desde el punto de vista de la moralidad institucional, la Enmienda N° 1 fue motivada por una razón circunstancial: evitar que un sujeto, ex-dictador condenado por delitos de ese tipo, pudiera ser candidato a algún cargo electivo en las elecciones generales de 1973, tal y como aparentemente podía suceder. Las enmiendas constitucionales son, en nuestro criterio, algo muy serio que no pueden ligarse a meras circunstancias y menos a temores de esa naturaleza. Si el supuesto que se quería evitar podía darse, la solución al mal había que buscarla en otros aspectos del proceso político qué debían corregirse, y no en modificar circunstancialmente la Constitución.

Además, tratándose de un supuesto de inhabilitación política, conforme a lo establecido en el artículo 112 de la Constitución, ello podía haberse establecido en una reforma del Código Penal sin necesidad de enmendar la Constitución, estableciéndose una inhabilitación política accesoria a esas condenas penales, por un lapso de tiempo relativamente largo.

B. *La Enmienda N° 2 de 1983*

Con fecha 16 de marzo de 1983 fue sancionada la Enmienda Constitucional N° 2[395], después de dos años de discusiones del Proyecto tanto en el Congreso como en las Asambleas Legislativas, durante los cuales fueron modificadas normas del mismo, como la muy discutida, que otorgaba varios nuevos derechos políticos a los venezolanos por naturalización y la que permitía la intervención de los Concejos Municipales por el Congreso.

Tal como quedó sancionada, la Enmienda Constitucional N° 2 regula algunos elementos de los siguientes aspectos: el sistema electoral, el sistema nacional de jubilación, el funcionamiento del Congreso y el sistema de planificación. Veamos su contenido e incidencias en el texto constitucional.

---

394 Véase *G.O.* N° 1.585 de 11-5-73.

395 Véase en *G.O.* N° 3224 Extra de 24-7-83.

a. *El sistema electoral*

De acuerdo con lo establecido en los artículos 19, 148 y 151 de la Constitución, en la elección de Senadores, Diputados al Congreso y Diputados a las Asambleas Legislativas de los Estados, debe aplicarse el principio de la representación proporcional de las minorías, lo cual, en general, el artículo 113 de la Constitución prevé como exigencia a la legislación electoral.

Ahora bien, la Constitución no establece en norma alguna el sistema electoral que debe aplicarse para la elección de los miembros de los Concejos Municipales, sencillamente porque esta no es una institución de rango constitucional. El texto fundamental respecto de los Municipios sólo establece que serán representados por los órganos que determine la ley (artículo 25) y es la Ley Orgánica de Régimen Municipal la que regula los Concejos Municipales, como órganos colegiados. Sin embargo, en virtud de la exigencia del artículo 113 de la Constitución, frente a los reclamos de la opinión pública y política de establecer la elección uninominal de los Concejales, se había argumentado que ello lo impedía el texto constitucional, lo cual en realidad, no era cierto[396].

Sin embargo, la aclaración de la duda respecto de las elecciones municipales en forma uninominal, y su posible establecimiento también para la elección de los Diputados a las Asambleas Legislativas llevó a la sanción del artículo 1° de la Enmienda N° 2, en el cual se dispuso lo siguiente:

> *"Artículo 1. Para las elecciones de miembros de los Concejos Municipales podrá adoptarse un sistema electoral especial y distinto del que rige para las elecciones de senadores, diputados y miembros de las Asambleas Legislativas.*
>
> *Para las elecciones de estas últimas, también podrá acordarse un sistema especial, semejante o diferente del que se disponga para las elecciones de Concejales".*

De acuerdo a esta norma, en todo caso, ha quedado plasmada una voluntad política concreta, y abierta la vía para la reforma sustancial del sistema electoral: diferenciación del sistema electoral de representación proporcional que existe para los órganos representativos nacionales. (Senado y Cámara de Diputados), del que pueda establecerse para las elecciones municipales (elección nominal, por ejemplo), o para los diputados a las Asambleas Legislativas.

La Enmienda N° 2, en su artículo 9 manda anotar al pie del artículo 113 esta Enmienda, pero por olvido omite los artículos 19 y 27 de la Constitución, que se refieren al principio de la representación proporcional de las minorías en la elección de los Diputados a las Asambleas Legislativas (artículo 19 y a la elección democrática de los representantes locales (artículo 27).

---

396 Véase la discusión del tema en Alfredo Peña (Entrevistas), *Democracia y Reforma del Estado*, Caracas, 1978.

b. *Un caso de centralización: el sistema nacional de jubilaciones*

De acuerdo al sistema de distribución vertical del Poder Público que establece la Constitución, el régimen administrativo del personal al servicio de la República, de los Estados y de los Municipios, debe establecerse en cada uno de esos niveles autónomos, sin que pueda el Poder Nacional regular el régimen de los funcionarios públicos estadales o municipales.

Por otra parte, incluso en el nivel nacional, el artículo 122 de la Constitución se refiere a la Ley de Carrera Administrativa para los órganos de la Administración Pública Nacional, la cual regula a los funcionarios de la Administración Central y a los de los institutos autónomos nacionales, pero deja fuera de regulación a los empleados de las empresas del Estado. Esta disparidad de regímenes ha tenido consecuencias particularmente negativas, en materia de jubilaciones y pensiones de los funcionarios o empleados de entes estatales, en los cuales existe una disparidad de beneficios que se ha hecho en muchos casos, intolerable. Ello llevó al Congreso a establecer en la Enmienda Constitucional N° 2, en su artículo 2, la nacionalización del régimen jurídico relativo a las jubilaciones y pensiones, el cual ha sido regulado, nacionalmente, en una Ley Orgánica[397].

El artículo 2 de la Enmienda Constitucional N° 2, establece así, lo siguiente:

> "*Artículo 2. El beneficio de jubilación o de pensión se regulará en una Ley Orgánica a la cual se someterán todos los funcionarios o empleados públicos al servicio de la Administración Central o Descentralizada de la República, de los Estados o de los Municipios. Sólo podrá disfrutarse de una jubilación o pensión en los casos que expresamente se determinen en dicha ley*".

En esta forma, después de haberse dictado el Estatuto sobre el régimen de Jubilaciones y Pensiones de los funcionarios o empleados de la Administración Pública Nacional, de los Estados mediante Decreto-Ley N° 673 de 21 de junio de 1985[398], en base a la habilitación legislativa contenida en el artículo 10, ordinal 1° de la Ley Orgánica que autoriza al Presidente de la República para adoptar medidas económicas o financieras requeridas por el interés público de 1984[399], el Estatuto fue reformado por Ley de 1986[400] en la cual se estableció como ámbito de aplicación del mismo a los funcionarios y empleados de los organismos que conforman la Administración Pública Nacional Central (los Ministerios, Oficinas Centrales de la Presidencia y demás organismos de la Administración Central de la República y la Procuraduría Central de la República), las Administraciones con Autonomía funcional (Consejo Supremo Electoral, Consejo de la Judicatura, Contraloría General de la República y Fiscalía General de la República), la Administración Pública Nacional Descentralizada (Institutos Autónomos y las Empresas en las cuales alguno de los organismos del sector público tengan por lo menos el 50% de su capital, las Fundaciones del Estado, las personas jurídicas de derecho público en forma de sociedades

397 Véase en *Gaceta Oficial*, N° 3.850 Extra, de 18-7-86.

398 Véase en *Gaceta Oficial*, N° 3.574 Extra, de 21-6-85.

399 Véase en *Gaceta Oficial* N° 33.005 de 22-6-84

400 Véase en *Gaceta Oficial*, N° 3.850 Extra de 18-7-85.

anónimas), los Estados y sus organismos descentralizados, los Municipios y sus organismos descentralizados y los demás entes descentralizados de la Administración Pública Nacional y de los Estados y los Municipios.

La normativa legal, en todo caso, fue más allá de lo establecido en el artículo 2° de la Enmienda Constitucional, al establecer un ámbito de aplicación mucho mayor. En todo caso, la Enmienda N° 2 debe anotarse al pie de los artículos 122, 136 y 139 de la Constitución.

c. *El funcionamiento del Congreso*

La Enmienda N° 2 establece, además, una serie de normas en relación al funcionamiento del Congreso, y que se refiere al inicio de las sesiones parlamentarias, a la agilización del trámite en la formación de las leyes y al *quórum* en las sesiones.

a'. *El inicio de las sesiones parlamentarias*

De acuerdo al artículo 154 de la Constitución, "las sesiones ordinarias de las Cámaras comenzarán, sin necesidad de previa convocatoria, el día 2 de marzo de cada año o el día posterior más inmediato posible".

Ahora bien, en el primer año de cada período constitucional, esta prescripción de la Constitución había provocado un interregno demasiado largo entre la fecha de las elecciones generales presidenciales parlamentarias (el primer domingo de diciembre), la instalación del Congreso (el 2 de marzo) y la toma de posesión del Presidente de la República (conforme al artículo 186, dentro de los 10 primeros días siguientes de aquél en que deben instalarse las Cámaras en sus sesiones ordinarias del año en que comience el período constitucional) lo cual ocurría en la primera quincena de marzo.

Para recortar este lapso excesivamente prolongado entre la elección presidencial y parlamentaria, y la instalación de las Cámaras y la toma de posesión del Presidente, el artículo 3 de la Enmienda N° 2 estableció la siguiente:

> *"Artículo 3. En el primer año de cada período constitucional, las sesiones ordinarias de las Cámaras comenzarán sin necesidad de previa convocatoria, el día 23 de enero o el día posterior más inmediato posible".*

En esta forma, sólo en el primer año de cada período constitucional, la instalación de las Cámaras se producirá el 23 de enero, y luego, los días 2 de marzo de los años subsiguientes.

El artículo 9 de la Enmienda manda anotarla al pie del artículo 154 del Texto Fundamental.

Ahora bien, en virtud de que el artículo 3 de la Enmienda N° 2, al anticipar la fecha de instalación del nuevo Congreso, acortaba el período constitucional de 5 años tanto de los miembros de las Cámaras (Senadores y Diputados) como del propio Presidente de la República, en el artículo 8 se estableció, como Disposición Transitoria lo siguiente:

> "En el período constitucional 1979-1984, la duración del mandato del Presidente de la República y de los Senadores y Diputados, se acortará en los días que resulten de la aplicación del artículo 3".

Pero además, este artículo 3, al adelantar la fecha de toma de posesión de los miembros del Congreso y del Presidente de la República, incidía también en el artículo 185 de la Constitución, que establece una condición de inelegibilidad para el Presidente de la República, a quienes hubieren desempeñado el cargo dentro de los 10 años siguientes a la terminación de su mandato, y que, por pocos días, podía haber impedido al Presidente de la República en el período 1969-1974, doctor Rafael Caldera, si resultaba electo en las elecciones generales de diciembre de 1983, en las cuales fue candidato a la Presidencia de la República, tomar posesión del cargo dentro de los 10 días siguientes al 23 de enero de 1984, pues había terminado su mandato el 12 de marzo de 1974. Por ello, la Disposición Transitoria contenida en al artículo 8 de la Enmienda Constitucional aclara que:

> "Igualmente, a los fines previstos en el artículo 185 de la Constitución, el plazo se reducirá en los días que resulten de la aplicación de la citada disposición".

La Enmienda Constitucional N° 2, en su artículo 4, establece la existencia de una Comisión Legislativa del Congreso, que en esta forma es la única de las Comisiones parlamentarias de rango constitucional dejando a salvó, por supuesto, la Comisión Delegada del Congreso (artículos 178 a 180).

En efecto, el artículo 4 mencionado establece lo siguiente:

> *"Artículo 4. Las Cámaras en sesión conjunta, en cada período constitucional designarán una Comisión Legislativa integrada por veintitrés (23) miembros, quienes con sus respectivos suplentes, serán elegidos de modo que reflejen en lo posible la composición política del Congreso de la República.*
>
> *El Reglamento establecerá el procedimiento y los demás requisitos que regirán la discusión de los proyectos de leyes".*

Esta Comisión Legislativa, en todo caso, tiene la peculiaridad de que en que en virtud de un mandato que ahora tiene rango constitucional, los integrantes de la misma se designan por el Congreso en sesión conjunta, en cada período constitucional y se extiende por todo el período. Además, la norma establece con rango constitucional el mismo principio de integración previsto para la Comisión Delegada (artículo 178): que sus miembros y sus suplentes reflejen en lo posible la composición política del Congreso.

En virtud de ello, al crearse con rango constitucional la Comisión Legislativa del Congreso, la Enmienda N° 2 manda, en su artículo 9 anotarla al pie del artículo 156.

Pero como lo indica su nombre, la Comisión Legislativa del Congreso tiene un papel fundamental que cumplir en el futuro en el proceso de formación de las leyes.

En efecto, de acuerdo a lo establecido en el artículo 166 de la Constitución, "todo proyecto de ley" debe recibir en cada Cámara no menos de dos discusiones, en días diferentes y en Cámara plena, de acuerdo con las reglas establecidas en la Constitución y en los reglamentos respectivos. En esta forma, el artículo 167 prescribe que aprobado el proyecto en una de las Cámaras, pasará a la otra; y si ésta lo aprobare sin modificaciones, quedará sancionada la ley. En cambio, si lo aprobare con modificaciones se devolverá a la Cámara de origen. En este caso, si la Cámara de origen aceptare dichas modificaciones, quedará sancionada la Ley; y en caso contrario, las Cámaras en sesión conjunta decidirán por mayoría de votos lo que fuere procedente.

Ahora bien, este procedimiento expuesto en forma simplificada, aunado a los requisitos de *quórum*, ha sido un obstáculo para la elaboración adecuada de proyectos de leyes y para la discusión de los mismos en el Congreso. Por ello el artículo 5 de la Enmienda Constitucional N° 2 establece lo siguiente:

> "Artículo 5. Las Cámaras en sesión conjunta, en reunión expresamente *convocada* para ello, con veinticuatro (24) horas de anticipación por lo menos, podrán autorizar a la Comisión Legislativa para discutir y aprobar proyectos de leyes individualmente determinados, mediante acuerdo que cuente con el voto de las dos terceras partes de los miembros presentes. Una vez aprobado, cada proyecto por la Comisión Legislativa, ésta lo enviará al Presidente del Congreso, quien ordenará discutir el texto entre los integrantes de ambas Cámaras y convocará a éstas para una reunión conjunta transcurridos que sean quince (15) días de haberlo recibido.
>
> Las Cámaras reunidas en sesión conjunta de acuerdo con la convocatoria, procederán a aprobar o rechazar mediante acuerdo, el texto que les sea sometido, pudiendo introducir modificaciones que juzguen convenientes. Una vez aprobado un proyecto, con o sin modificaciones, el Presidente lo declarará sancionado y se cumplirán los trámites subsiguientes previstos para la formación de las leyes".

Por ello, el artículo 9 de la Enmienda, además, la manda anotar al pie del artículo 185 del texto fundamental.

b'. *La agilización del trámite de formación de las leyes y la Comisión Legislativa*

En esta forma, mediante el trabajo de la Comisión Legislativa, se podrá agilizar el procedimiento de formación de las leyes y se podrán discutir proyectos de envergadura como los códigos fundamentales, cuyos proyectos de reforma esperan sanción desde hace muchos años.

En todo caso, no debe dejar de mencionarse que esta Enmienda en cierta forma desnaturaliza el carácter bicameral del Parlamento venezolano en la función legislativa, así como el sistema de cuerpos colegisladores que han tenido tradicionalmente las dos Cámaras Legislativas. Se trata, por otra parte, de un remedio contra la lentitud en la discusión de los proyectos de ley derivado del ausentismo parlamentario y de la falta de tecnificación de las comisiones parlamentarias, con lo cual queda sin resolverse el aspecto sustancial del problema, el trabajo parlamentario, y opta por una vía fácil: dejar en manos de 15 parlamentarios (que serían, por ejemplo las 2/3 partes de 23 que integran la Comisión Legislativa) el trabajo que debería corresponder a los 250 que aproximadamente conforman las Cámaras Legislativas.

En todo caso, al enmendarse con esta norma los artículos 166 y 167 de la Constitución, el artículo 9 de la Enmienda N° 2 manda anotar, tal circunstancia al pie de dichos artículos.

c'. *La modificación del quórum para sesionar las Cámaras*

En el artículo 156 de la Constitución se establece que el *quórum* para la instalación y demás sesiones de las Cámaras Legislativas, "no podrá ser en ningún caso inferior a la mayoría absoluta de los miembros de cada Cámara".

Esta norma, aunada al ausentismo parlamentario, con gran frecuencia ha paralizado el trabajo legislativo, y las medidas de orden disciplinario-financiero que se han adoptado, no han remediado la situación. Es por ello que la Enmienda Constitucional N° 3 establece en su artículo 6 lo siguiente:

> "*Articulo 6.* Las Cámaras podrán sesionar y funcionar con el número de sus miembros que determine el Reglamento, el cual en ningún caso podrá ser inferior a la tercera parte de sus integrantes. Para el acto de votación han de estar presentes la mayoría absoluta de los miembros de las Cámaras".

Con esta norma, que enmienda el artículo 165 del Texto Fundamental en cuyo pie se ordena anotar tal circunstancia, se establece entonces una diferencia entre el *quórum* para sesionar y funcionar que puede ser hasta de 1/3 de los integrantes de cada Cámara; y el *quórum* para las votaciones, el cual debe ser de la mayoría absoluta de los miembros de las Cámaras.

d. *El sistema nacional de planificación*

En la Constitución vigente de 1961 sólo había tres normas en las cuales, indirectamente, se regulaba el sistema de planificación del desarrollo económico y social: el artículo 98 en el cual se atribuye al Estado facultad para dictar medidas para planificar la producción a fin de impulsar el desarrollo económico del país; el artículo 191 que exigía al Presidente de la República, en su Mensaje Anual al Congreso, la exposición de "los lineamientos del Plan de Desarrollo Económico y Social de la Nación"; y el artículo 229 que autoriza al Congreso a sancionar una ley en la cual se dicten normas para coordinar la inversión del situado constitucional con planes administrativos desarrollados por el Poder Nacional.

En todo caso, la actividad planificadora desarrollada por el Estado desde comienzos de la década de los sesenta, ha sido una tarea asumida por el Ejecutivo Nacional, sin que el Congreso se haya comprometido con el proceso de planificación. Esta ausencia de participación parlamentaria, sin duda, ha conspirado contra la propia efectividad de la planificación, como instrumento, pues los presupuestos anuales no siempre han respondido en su formulación legal a los planes de desarrollo, ni el Congreso se ha visto comprometido a respetar esos planes al sancionar aquellas leyes.

Con la Enmienda Constitucional N° 2, en su artículo 7, se pretende establecer las bases para corregir esta situación, al establecerse lo siguiente:

> "*Artículo 7.* El Ejecutivo Nacional en el transcurso del primer año de cada período constitucional presentará para su aprobación, a las Cámaras en sesión conjunta, las líneas generales del Plan de Desarrollo Económico y Social de la Nación. Dichas líneas cumplirán con los requisitos exigidos en la Ley Orgánica respectiva".

En esta forma, el Plan de Desarrollo Económico y Social de la Nación debe ser aprobado por el Congreso, con lo cual no sólo el propio Ejecutivo Nacional y la Administración Pública están vinculados en su actividad durante el período constitucional por los lineamientos aprobados por las Cámaras en sesión conjunta, sino que éstas mismas también tendrán que sujetarse a los lineamientos del Plan aprobado, cada vez que deban adoptar decisiones vinculadas con el desarrollo económico y social; y por supuesto cada vez que tengan que adoptar decisiones de orden financiero. Por ello, los proyectos de ley anual de Presupuesto deben elaborarse por el Ejecutivo Nacional siguiendo los lineamientos citados, y las Cámaras al sancionar las leyes respectivas de presupuestos generales no deben desligarse de los lineamientos del plan de desarrollo aprobados por ellas mismas. Por tanto, si bien el Congreso puede alterar las partidas presupuestarias (artículo 228) ella no puede ser de forma tal que altere los lineamientos aprobados del Plan de Desarrollo.

Por otra parte, los créditos adicionales al presupuesto que autoriza el artículo 227 de la Constitución, y que deben aprobarse por el Consejo de Ministros y las Cámaras en sesión conjunta, también deben seguir los lineamientos del Plan de Desarrollo Económico y Social aprobados por las Cámaras; y asimismo, los empréstitos que conforme al artículo 231 se pueden contratar para obras reproductivas, y que requieren de una ley especial que los autorice, también deben contratarse y autorizarse en el marco de los lineamientos del Plan de Desarrollo aprobados por las Cámaras.

Por ello, el artículo 9 de la Enmienda Constitucional N° 2 manda anotar al pie de los artículos 227, 228 y 231 la circunstancia de tal Enmienda.

En todo caso, para que la norma del artículo 7 de la Enmienda Constitucional N° 2 tenga plena efectividad se exige, sin duda, la sanción de una Ley Orgánica del sistema de planificación que deberá dictarse en el futuro próximo.

C. *La modificación constitucional derivada del proceso de descentralización política*

Además de la reforma y las enmiendas, la Constitución de 1961 establece indirectamente un tercer mecanismo de modificación constitucional al prever en el artículo 137 que el Congreso, por el voto de las 2/3 partes de sus miembros, puede atribuir a los Estados y a los Municipios determinadas materias de la competencia nacional, a fin de promover la descentralización administrativa. Una vez que una decisión de esa naturaleza sé adopta, sin duda, se produce una modificación de la Constitución en cuanto al sistema de distribución vertical del Poder Público y concretamente de las competencias atribuidas en el texto a los Poderes Públicos Nacionales, Estadales y Municipales, por lo que el acto o Ley que la acuerde tiene rango constitucional, en el sentido de que implica una modificación constitucional. Esto ya ha sucedido, como se ha analizado, al haberse promulgado en 1989, la Ley Orgánica de Descentralización, Delimitación y Transferencia de Competencias del Poder Público, en la cual se prevé la transferencia a los Estados de diversas competencias que la Constitución atribuye al Poder Nacional. Dicha transferencia, sin duda, ha implicado una modificación de la Constitución realizada en forma distinta a la reforma y a las enmiendas, pero con la peculiaridad de que una vez realizada por Ley Orgánica, como ha sucedido, la misma no podría ser modificada o reformada por otra Ley Orgánica, sino que en virtud del rango constitucional que ha adquirido, la única forma de reformar dicha Ley Orgánica en cuanto a la transferencia de competencias se refiere (por ejemplo, para nacionalizarlas de nuevo) sería mediante el procedimiento de la Enmienda constitucional.

5. *El problema de las disposiciones transitorias de la Constitución*

La Constitución del 23 de enero de 1961, precisamente para asegurar su adecuada vigencia en virtud del cambio político que se había producido, consagró una serie de *Disposiciones Transitorias*, como no había sucedido con las Constituciones precedentes. Estas Disposiciones Transitorias conducían a asegurar la permanencia de una normativa vigente en leyes precedentes, o de una normativa especial, mientras el legislador completaba el programa político establecido en el texto constitucional.

Las Disposiciones Transitorias de la Constitución de 1961, en efecto, regularon aspectos de los siguientes regímenes: *Primera*: La organización municipal; *Segunda, y Tercera y Cuarta*: El régimen de la naturalización; *Quinta*: El recurso de amparo a la libertad personal (*habeos corpus*); *Sexta*: El límite de la detención preventiva de los indiciados; *Séptima*: La vigencia de las medidas de extrañamiento del país o privación o restricción de la libertad personal, adoptadas en el período 23-1-58 y 31-7-60; *Octava*: La aplicación de la figura de Senadores vitalicios; *Novena*: El régimen de incompatibilidades a Senadores y Diputados; *Décima*: El régimen de sanciones derivadas de las investigaciones parlamentarias y la obligación de comparecencia; *Décima primera*: el régimen de discusión de proyectos de leyes relativos a tratados y el régimen tributario; *Décima segunda*: El régimen de elección de los miembros de la Comisión Delegada; *Décima tercera*: El régimen de autorización, aprobación o sanción de actos por el Congreso Nacional; *Décima cuarta*: La duración del nombramiento de los jueces; *Décima quinta*: La integración y régimen de la Corte Suprema de Justicia; *Décima sexta*: La designación del Procurador General de la República y las funciones del Ministerio Público; *Décima séptima*: La designación del Contralor General de la República; *Décima octava*: La presentación a las Cámaras de la Ley de Presupuesto; *Décima novena*: El inicio del período constitucional 1964-1969 y el término de los períodos estadales y municipales; Vigésima: El régimen de los bienes confiscados a los funcionarios del régimen militar precedente; *Vigésima primera*: El procedimiento de las investigaciones y decisiones de la Comisión Investigadora contra el Enriquecimiento Ilícito; *Vigésima segunda*: La aplicación de la Ley contra el enriquecimiento ilícito de Funcionarios o Empleados Públicos; y *Vigésima Tercera*: La vigencia del ordenamiento jurídico existente.

Durante los años de vigencia de la Constitución, a partir de 1961 muchas de dichas Disposiciones Transitorias se cumplieron y, por tanto dejaron de tener efecto. Fue por ello por lo que en la Enmienda Constitucional N° 2 de 1983, se incorporó al artículo 9 de la misma, que ordenó la impresión íntegra de la Constitución "seguida de la Enmienda sancionada", el siguiente mandato final:

> Asimismo publíquense las disposiciones transitorias de la Constitución que aún no se hubiesen cumplido.

Esta disposición del constituyente, sin embargo, evidentemente que fue incompleta, pues no indicó con claridad, cuál órgano del Poder Público era el que debía determinar las Disposiciones Transitorias que se habían cumplido, y a los efectos de la publicación de aquellas que aún no se habían cumplido. Esta situación provocó un conflicto de Poderes: el Presidente del Congreso remitió al Presidente de la República el texto de la Enmienda N° 2 que había sido sancionada el 16 de marzo de 1983, para su Ejecútese, y éste se produjo el día 26 del mismo mes de marzo. Sin embargo, en la reunión que se hizo, el Presidente del Congreso no le indicó al Presidente de la República cuáles Disposiciones Transitorias debían ser publicadas y cuáles no, determinación que el Ejecutivo resolvió, con razón, no asumir. Por ello, en la *Gaceta Oficial* del 26 de marzo de 1983 apareció publicado solamente el texto de la Enmienda N° 2 pero sin el texto íntegro de la Constitución, como lo mandaba la Enmienda[401], e incumpliendo así lo ordenado por ésta.

Por supuesto, la no publicación íntegra de la Constitución junto con la Enmienda N° 2, era irregular; sin embargo, la publicación íntegra del texto Constitucional implicaba determinar cuáles Disposiciones Transitorias ya estaban cumplidas y cuáles no. Ni el Ejecutivo Nacional ni el Presidente del Congreso, con razón, quisieron asumir la responsabilidad de establecerlo.

La presión por la publicación del texto íntegro de la Constitución, sin embargo, motivó que el Presidente del Congreso asumiera la labor de indicar las Disposiciones cumplidas y remitir así al Ejecutivo, una versión del texto íntegro de la Constitución para su publicación. En esta forma apareció publicado en *Gaceta Oficial* del 24 de julio de 1983[402], tanto el texto Constitucional como las Enmiendas N° 1 y N° 2. En cuanto a las Disposiciones Transitorias, las Disposiciones Primera, Segunda, Sexta, Séptima, Octava, Novena, Décima primera, Décima segunda, Décima cuarta, Décima quinta, Décima sexta, Décima séptima, Décima octava, Décima novena, y Vigésima segunda, aparecieron con la mención "Cumplida", sin publicarse su texto.

A comienzos de 1984, antes de que se celebraran las elecciones municipales, se plantearon problemas de interpretación, con motivo del hecho de que la Disposición Transitoria Primera aparecía publicada en *Gaceta Oficial* como "Cumplida" lo cual había sido motivado, seguramente, por el hecho de que en 1978 se había sancionado la Ley Orgánica de Régimen Municipal. Las dudas de interpretación condujeron a que planteáramos la imposibilidad jurídica de que el Consejo Supremo Electoral pudiera legalmente convocar a elecciones municipales para mayo de 1984, para elegir Concejos Municipales a nivel de Distritos Autónomos, cuya vigencia había desaparecido, al no existir la Disposición Transitoria Primera de la Constitución que les daba sustento, si antes no se reformaba la Ley Orgánica de Régimen Municipal de 1978[403]; y a que el propio Concejo Municipal del Distrito Federal, demandara la nulidad de la Ley Orgánica del Distrito Federal de 1936, cuya eficacia, la doctrina de la Procuraduría General de la República, hacía depender de la Disposición Transitoria Primera de la Constitución, que había desaparecido[404].

Las graves consecuencias políticas que ambos planteamientos podían provocar y, por tanto, la conveniencia política de que la Disposición Transitoria Primera conti-

---

401 Véase *Gaceta Oficial* N° 3.119 Extraordinaria de 26-3-83. El texto de la, Enmienda N° 2 fue reimpreso por error de copia en *Gaceta Oficial* N° 32.696 de 30-3-83.

402 Véase *Gaceta Oficial* N° 3.224 Extraordinaria de 24-7-83. El texto fue reimpreso por error de copia en *Gaceta Oficial* N° 3.251 Extraordinaria de 12-9-83.

403 Véase El Nacional, Caracas, 17-2-84, p. D-11.

404 Véase El Nacional, Caracas, 22-2-84, p. C-3.

nuase en vigencia, condujeron al Presidente del Congreso a plantear a las Cámaras Legislativas en las sesiones conjuntas los días 28 y 29 de febrero de 1984, que por cuanto no habían sido las propias Cámaras las que habían decidido expresamente cuáles eran las Disposiciones Transitorias cumplidas al momento de la sanción de la Enmienda N° 2, correspondiendo dicha determinación a ellas, debían entonces acordarlo formalmente. Así se aprobó el Acuerdo de 29 de febrero de 1984, en el cual se ordenó expresamente publicar el texto de las Disposiciones Transitorias de la Constitución, y agregar la palabra "cumplida" al texto original de las disposiciones transitorias: Segunda, Sexta, Séptima, Octava, Décima primera, Décima segunda, Décima cuarta, Décima quinta, Décima sexta, Décima séptima, Décima octava, Décima novena, y Vigésima segunda, y de acuerdo al mismo se publicó el texto constitucional[405].

De esta manera "readquirió" vigencia la Disposición Transitoria Primera de la Constitución, que por virtud de la publicación del Texto en julio de 1983 había sido considerada como cumplida, y eliminado su contenido. En esa forma, los problemas de constitucionalidad de la convocatoria a elecciones municipales desaparecieron, y se pudo reformar parcialmente la propia Ley Orgánica de Régimen Municipal[406] de los Distritos Autónomos y poder hacer elecciones para Concejos Municipales a nivel de ellos y no de Municipios, como debía ser.

II. CARACTERÍSTICAS DEL ORDENAMIENTO CONSTITUCIONAL EN LA CONSTITUCIÓN DE 1961

Tal y como resulta de lo anteriormente dicho, el régimen constitucional y político de la Venezuela contemporánea es el resultado indudable de la configuración histórica de nuestra sociedad y del Estado, con las nuevas modalidades y exigencias impuestas por las realidades económicas y sociales del país en las últimas décadas. La Constitución del 23 de enero de 1961, que determina aquel régimen, es, en esta forma, una parte, el resultado de una larga evolución constitucional y política[407] y por la otra, el resultado de una decisión política concreta adoptada por el pueblo, como poder constituyente.

Para actuar como tal poder constituyente, el pueblo venezolano manifestó su decisión política por intermedio del Congreso de la República de Venezuela[408], electo mediante sufragio universal, directo, secreto y de representación proporcional.[409] El pueblo tuvo en ese momento de la elección, capacidad para decidir, y allí actuó por

---

405 Véase en *Gaceta Oficial* N° 3.357 Extraordinaria de 2-3-84.

406 Véase las referencias en Allan R. Brewer-Carías, *El Régimen Municipal en Venezuela*, Caracas, 1984.

407 En este punto seguimos lo expuesto en Allan R. Brewer-Carías, *Derecho Administrativo*, Tomo I, Caracas, 1975, pp. 175 y ss.

408 El hecho de que la Constitución haya sido decretada por el Congreso no significa que lo haya sido por el Poder Legislativo Ordinario, sino que es obra del Poder Constituyente. Véase sentencia de la CFC en SPA de 5-5-1937, en Memoria (M.) 1938, p. 226. En lo adelante se utilizan las siguientes abreviaturas: CFC: Corte Federal y de Casación; CSJ: Corte Suprema de Justicia; SPA: Sala Político Administrativa; CP: Corte Plena.

409 Las elecciones para constituir el Congreso se efectuaron el 7 de diciembre de 1958. Véase Boris Bunimov Parra, *Introducción a la Sociología Electoral Venezolana*, Caracas 1968, pp. 81 y ss.

tanto como Nación; y el Congreso decretó la Constitución en representación de aquél[410].

En todo caso, como se ha dicho, la decisión política adoptada por el pueblo y que resultó en la Constitución de 1961, fue tomada en un momento histórico preciso, condicionado por el derrocamiento de una dictadura. De allí que tras una larga tradición dictatorial, la decisión política contenida en la Constitución, no sólo haya buscado el establecimiento de un régimen político democrático, sino que ello se haya hecho con un alto contenido de "reacción antidictatorialista"[411]. Esta decisión política concretizada en la Constitución de 1961, consistió básicamente en el establecimiento de un determinado régimen constitucional y político para la propia Nación venezolana, caracterizado por los siguientes elementos: el establecimiento de un régimen democrático-representativo; la configuración de un Estado de Derecho Centralizado con forma federal; el establecimiento de una forma de gobierno presidencial dentro del marco de la separación de poderes; y la previsión de una serie de garantías y derechos individuales, sociales y económicos. Al estudio de estos elementos de nuestro régimen constitucional y político se destina en general esta obra, por lo que aquí sólo queremos precisar algunas de las características fundamentales del ordenamiento constitucional venezolano[412].

Como decisión política del pueblo, titular de la soberanía[413], la Constitución en Venezuela es una norma de carácter supremo, que se impone por sobre todo acto jurídico o material no sólo a los particulares, sino a los órganos del Estado. Dentro del ordenamiento jurídico, existe por tanto un ordenamiento constitucional, como ley fundamental, con diversas características y consecuencias que debemos analizar, partiendo del supuesto de que la Constitución es la ley suprema, la ley de leyes, por lo que toda otra ley, norma o acto le debe estar subordinada y no puede haber alguno superior a ella.

1. *La supremacía constitucional*

El fundamento básico del Estado de Derecho en Venezuela está en esta supremacía de la Constitución, que da origen a una "super legalidad"[414] por sobre la lega-

---

410 Conforme lo indica el Preámbulo de la Constitución, ésta se decretó por el Congreso, "en representación del Pueblo Venezolano".

411 Véase José Guillermo Andueza, "Introducción a las Actas", en *La Constitución de 1961 y la Evolución Constitucional de Venezuela. Actas de la Comisión Redactora del Proyecto*, Tomo I, Vol. I, Caracas, 1971, p. XXIV.

412 Las referencias jurisprudenciales sobre el ordenamiento constitucional pueden consultarse en Allan R. Brewer-Carías, *Jurisprudencia de la Corte Suprema (1930-1975) y Estudios de Derecho Administrativo*, Tomo I, (El ordenamiento constitucional y funcional del Estado), Caracas, 1975, pp. 650.

413 "La soberanía reside en el pueblo, quien la ejerce, mediante el sufragio, por los órganos del Poder Público", dice el artículo 4° de la Constitución. *Cfr.* la sentencia de la CFC en SPA de 17-4-1941 en M. 1942, pp. 128 y ss. Sobre el carácter de decisión política fundamental de la Constitución, véase lo expresado en la Exposición de Motivos del Provecto de Constitución en *Revista de la Facultad de Derecho TJCV (RPD)*, N° 21, 1961. p. 142.

414 La expresión ha sido utilizada desde hace muchos años por la Corte Suprema (véase sentencia de la CFC en SPA de 6-8-37) en M. 1938, pp. 175 y 176; y fue recogida en el Voto Salvado del Magistrado J.

lidad ordinaria[415], reconocida inclusive en presencia de gobierno de *facto*.[416] La supremacía de la Constitución[417] implica, entonces, que en la cúspide del ordenamiento jurídico está el ordenamiento constitucional, establecido como decisión política por el Poder Constituyente y sólo modificable, como tal decisión, por éste[418].

Ahora bien, este ordenamiento constitucional superior en Venezuela está conformado solamente por el texto constitucional y sus enmiendas[419], por lo que no se reconocen las denominadas leyes constitucionales de otros sistemas jurídicos, como normas que puedan integrar el orden constitucional.

Ahora bien, el carácter de norma suprema de la Constitución produce tres consecuencias fundamentales: en primer lugar, el hecho de que la legitimidad de la Constitución es incontrolable; en segundo lugar, el hecho de que los dispositivos constitucionales implican la derogación del ordenamiento jurídico existente previamente a su promulgación que lo contradiga; y en tercer lugar, la nulidad de todo acto que se dicte contraviniendo sus disposiciones.

G. Sarmiento Núñez a la sentencia de la CSJ en CP del 29-4-1965. Edic. Imprenta Nacional. Caracas, 1965, pp. 20 y ss.

415 En este sentido, la Corte Suprema ha dicho que "es base cardinal del sistema institucional de Venezuela, como el de todas las naciones civilizadas constituidas en Estados de Derecho, que el conjunto de normas jurídicas fundamentales que con el nombre de Constitución, organizan la vida política del Estado, el número y competencia de sus Poderes Públicos, así como la enumeración y reconocimiento de los derechos y garantías de los ciudadanos, han de ser acatadas y cumplidas por encima de cualesquiera otras reglas legales, estatutos, decisiones y mandatos emanados de esos mismos Poderes Públicos, no importa la categoría de esos Poderes, ni la naturaleza o significado de aquellos actos". Véase sentencia de la CFC en SPA de 4-12-1941 en M. 1942, p. 345.

416 En tal sentido, la Corte Suprema ha señalado que un Gobierno de hecho no es libre de sus actos y, consiguientemente, sus poderes no son ilimitados: éstos deben conformarse a los principios que constituyen el orden jurídico nuevo que se propone establecer la revolución que le da nacimiento". Véase sentencia de la CFC de 5-1-54 en *GF* N° 6, 1954, pp. 163 a 165. *Cfr.* sentencia de la CF de 4-11-1958 en *Gaceta Forense* (G.F.), N° 22, 1958, p. 111, *cit.* por J. S. Núñez Aristimuño, Doctrina Político-Administrativa de la Corte Suprema, Mérida, 1964, p. 97.

417 El concepto de supremacía constitucional —ha dicho la Corte Suprema— implica que la Ley Fundamental sea no sólo superior a los demás cuerpos legales, sino que, sobre ella, no puede existir ninguna otra norma jurídica". Véase sentencia de la CSJ en SPA de 14-3-62 en *G.F.* N° 35, 1962, p. 177. Este principio de la "Supremacía Constitucional" ha sido tradicionalmente establecido y utilizado por el Tribunal Supremo, estableciendo en muchos casos la equivalencia con las nociones de "preeminencia" o "primacía" constitucional. Véase sentencias de la CFC en SPA de 5-5-1937 en M. 1938, pp. 225 y 226; CFC en SPA de 17-4-1941 y 4-12-1941 en M. 1942, pp. 182 y 185 y 345; CSJ en CP de 13-2-1962 en *G. F.* N° 35, 1962, pp. 92 a 94; CSJ en SPA de 14-3-1962 en *G. F.* N° 35, 1962, pp. 177 y ss.; CSJ en SPA de 20-1-1966 en *G. F.* N° 51, 1966, pp. 12 a 14; CSJ en SPA de 27-3-1967 en *G. F.* N° 55, 1967, pp. 184 y 185; CSJ en SPA de 16-1-1968 en *G. F.* N° 59, 1969, p. 46; CSJ en SPA de 6-8-1977 en *G. F.* N° 69, 1970, p. 52; y CSJ en SPA de 7-5-73 en *G. F.* N° 1.618, extraordinario de 16-10-1973, p. 7.

418 En este sentido, la Corte Suprema ha reconocido categoría constitucional al ordenamiento establecido por los gobiernos de facto: "tienen carácter constitutivo, son por tanto de naturaleza constitucional y están por encima del ordenamiento legal ordinario". Véase sentencia de la CSJ en CP de 13-2-1962 en *Gaceta Oficial* N° 35, 1962, p. 93

419 La "jerarquía constitucional" de las enmiendas a la Constitución ha sido expresamente reconocida por la Corte Suprema. Véase sentencia de la CSJ en CP Accidental de 1-8-1973 en *Gaceta Oficial* N° 30.183 de 20-8-1973, p. 93.

En efecto, la Constitución, como norma suprema emanada del Poder Constituyente al no tener un orden jurídico superior, no puede ser controlada en su legitimidad, ni la Corte Suprema de Justicia podría tener competencia para declarar la nulidad de alguna norma constitucional[420]. No puede existir, por tanto, una "inconstitucionalidad" de la Constitución[421], ni siquiera tratándose del Acta Constitutiva de un gobierno de facto[422]. La Constitución emana del Poder Constituyente y sólo éste puede controlarla o revisarla.

Por otra parte, al ser la Constitución, dentro del ordenamiento jurídico, un cuerpo de normas superior a todas las leyes[423], resulta de principio que toda ley o acto de efectos generales dictado con anterioridad a la Constitución y que contradiga sus disposiciones queda tácitamente derogado. Sin embargo, este principio no puede ser aplicado en términos absolutos, particularmente cuando la norma constitucional en cuestión es una norma atributiva de competencias a un órgano del Poder Público. Por ejemplo, las ordenanzas dictadas por las Municipalidades en materias de su competencia conforme a un texto constitucional, no quedan derogadas automáticamente por el hecho de que un nuevo texto constitucional atribuya competencias al Poder Nacional para legislar sobre la misma materia. Mientras el Poder Nacional no ejerza la competencia legislativa que se le atribuye en el nuevo texto, las anteriores ordenanzas municipales tienen todos sus efectos, y éstos sólo se extinguen al dictarse la ley nacional correspondiente.[424] En este momento es que se produciría la derogación tácita o expresa de la disposición anterior. La ausencia de derogación tácita de las disposiciones legales o reglamentarias contraídas a una norma constitucional, existiría entonces siempre que se esté en presencia de una norma puramente atribu-

420 Tradicionalmente la Corte Suprema se ha declarado incompetente para conocer de pretensiones de anulación de preceptos constitucionales. Véase sentencia de la CFC en SPA de 6-8-1936 en M, 1937, pp. 175 a 179.

421 *Cfr.* sentencia de la CFC en SPA de 17-4-1941 en M. 1942, pp. 182 y ss.

422 Véase sentencias de la CFC de 5-11-1941 en *Gaceta Oficial* N° 6 1954, p. 168 a 165; y de la CSJ en CP de 13-2-1962 en *Gaceta Oficial* N° 35, 1962, pp. 92 a 94.

423 Véase sentencia de la CFC en SPA de 5-5-1937 en M. 1938, p. 226.

424 Así lo ha decidido la Corte Suprema en dos oportunidades, en base a la misma argumentación. En 1958, aplicando el texto constitucional de 1953, Mientras el Poder Federal no hubiese legislado sobre la materia concreta sobre la cual versan las disposiciones municipales vigentes, éstas han de continuar en vigor sobre toda la materia no legislada aún por el Poder Federal. Y tal es el caso del problema planteado respecto al Reglamento sobre "Casas de Empeño", cuya vigencia se impone, mientras no se haya legislado nacionalmente con generalidad sobre la misma materia o mientras no se hayan dictado leyes nacionales que colidan con normas particulares contenidas en el ordenamiento municipal, y que, por tanto, prevalezcan éstas. La Corte ha de declarar, consecuencialmente, que el Reglamento Municipal sobre Casas de Empeño, denunciado, ha de quedar en vigencia hasta tanto el Poder Nacional no lo haya derogado expresamente, en su generalidad, o implícitamente, al legislar sobre la totalidad de esa misma materia, o mientras no haya derogado parcialmente esa misma regulación material poniendo en vigor disposiciones particulares de carácter nacional que colidan con dicho ordenamiento municipal". Véase sentencia de la CFC de 7-8-1958 en Gaceta Oficial N° 21, 1958, p. 111. Esta misma argumentación fue utilizada por la Corte Suprema al decidir sobre una acción de inconstitucionalidad de la Ordenanza sobre Lotería del Distrito Federal: "Por tanto, la Corte considera y así lo declara, que la Ordenanza impugnada mantiene su vigencia hasta tanto el Poder Nacional ejerza su competencia sobre la materia y dicte la legislación pertinente". Véase sentencia de la CSJ en SP de 20-12-1967 en *Gaceta Oficial* N° 58, 1968, p. 164.

tiva de competencia[425] que ha de ser desarrollada por la vía legislativa con posterioridad.

El tercer efecto de la supremacía constitucional es el de la nulidad de todo acto dictado en contravención con la Constitución o, utilizando la terminología constitucional, que se encuentre en "colisión" con dicho texto o lo viole[426]. Esta nulidad será siempre una nulidad absoluta cuando el acto violatorio de la Constitución se haya dictado por una "autoridad usurpada"[427], sea acordado "por requisición directa o indirecta de la fuerza, o por reunión de individuos en actitud subversiva"[428], o "viole o menoscabe los derechos garantizados" por la Constitución[429]. Los otros supuestos de violaciones o colisiones con la Constitución, no necesariamente acarrearán la nulidad absoluta de los actos respectivos. En todo caso, tratándose de una nulidad absoluta o relativa, los actos violatorios de la Constitución deben ser declarados como tales por la Corte Suprema de Justicia, quien tiene el "monopolio" de dichas declaratorias. La presunción de legitimidad v legalidad de todos los actos del Poder Público[430] exige mantener su vigencia, hasta tanto la Corte Suprema de Justicia no declare su nulidad correspondiéndole determinar los efectos en el tiempo de sus decisiones conforme al artículo 131 de su Ley Orgánica.

En esta forma, la garantía real y completa de la efectividad del principio de la supremacía constitucional en Venezuela, consecuencialmente del Estado de Derecho, es el establecimiento de un control absoluto y total de la constitucionalidad de los actos del Poder Público, que corresponden a la Corte Suprema de Justicia[431], y que también se atribuye, por vía de excepción, a los tribunales ordinarios[432].

2. *La rigidez constitucional*

Pero el ordenamiento constitucional venezolano no sólo tiene el carácter preeminente propio del principio de la supremacía constitucional, sino que el mismo está configurado con caracteres de rigidez. La Constitución venezolana es, por tanto, de aquellas denominadas rígidas, es decir, cuyo contenido es intangible aun para el

---

425 El artículo 207 de la Constitución, por ejemplo, establece lo siguiente: "La ley proveerá lo conducente para el establecimiento de la carrera judicial y para asegurar lo idoneidad, estabilidad e independencia de los jueces, y establecerá las normas relativas a la competencia, organización y funcionamiento de los tribunales en cuanto no esté previsto en esta Constitución". Sobre esta norma, aun después de reformada la Ley Orgánica del Poder Judicial, la Corte Suprema dijo que "contiene normas para el futuro que deberá observar el legislador. Representan un programa que requiere ulterior desenvolvimiento y subordina la acción legislativa del porvenir; pero no da lugar a la nulidad de las normas dictadas con anterioridad a la vigencia de la Constitución, que le sean opuestas". Véase sentencia de la CSJ en CP de 22-4-1969 en *Gaceta Oficial* N° 64, 1969, p. 13.

426 Artículo 215, ordinales 3, 4 y 6.

427 Artículo 119.

428 Artículo 120.

429 Artículo 46.

430 Véase p. c. la sentencia de la CSJ en SPA de 15-2-1967 en *G. F.* N° 55, 1967, pp. 66 y ss.

431 Artículo 215 de la Constitución.

432 Artículo 246 de la Constitución.

Poder Legislativo[433]. Como consecuencia, el Congreso de la República, aun y siendo el representante por excelencia del pueblo, no puede en ningún caso modificar la Constitución, pues no es Poder Constituyente ni tiene mandato para actuar como tal. La consecuencia de esta rigidez constitucional es que toda reforma de la Constitución, es decir, toda reforma de la decisión política que ella implica y que configura el régimen político y constitucional de la República, sólo puede tener vigencia si la reforma es aprobada mediante referéndum, por la mayoría absoluta de los sufragantes[434]. Por tanto, sólo el Poder Constituyente, es decir, el pueblo soberano, puede modificar su decisión política consagrada en la Constitución.

Pero es claro que al hablar de reforma de la Constitución, reservada al Poder Constituyente, es indispensable clarificar en el ordenamiento Constitucional de Venezuela, cuándo procede la reforma y, por tanto, la exigencia de una consulta popular (referéndum), y cuándo procede la enmienda de la Constitución que, según el propio texto, no requiere consulta popular.

En efecto, la Constitución de 1961 estableció en los artículos 245 y siguientes dos procedimientos de revisión constitucional: las enmiendas y las reformas generales, pero no especificó cuándo podría recurrirse a una u otra de dichas figuras. La diferencia procedimental básica entre ellas radica en que la iniciativa para proponerlas si bien es específica, es más rígida en el caso de las reformas[435], y en éstas interviene el Poder Constituyente[436]. En cambio, en las enmiendas, corresponde a las Asambleas Legislativas la ratificación o rechazo[437] sin intervención popular. Por tanto, es claro que toda revisión constitucional que implique una modificación de las decisiones políticas básicas contenidas en la Constitución tendrá que ser objeto del procedimiento de reforma general, pues requerirá la intervención del Poder Constituyente.[438] De esta manera, por ejemplo, toda modificación del régimen democrático-representativo, que implique su sustitución, por ejemplo, por un régimen monárquico u oligárquico exigiría una reforma de la Constitución. Asimismo, toda modificación de la forma del Estado que implique transformar el esquema federal por cualquier otra forma de descentralización territorial regional, exigiría una reforma de

433 Véase sentencia de la CFC en SPA de 6-8-1936 en M. 1937, p. 175.

434 Articulo 246 de la Constitución

435 La iniciativa para una "reforma general" de la Constitución "deberá partir de una tercera parte de los miembros del Congreso, o de la mayoría absoluta de las Asambleas Legislativas en acuerdos tomados en menos de dos discusiones por la mayoría absoluta de los miembros de cada Asamblea" (Art. 246, Ord. 1); en tanto que la iniciativa para las enmiendas, "podrá partir de una cuarta parte de los miembros de una de las Cámaras o bien de una cuarta parte de las Asambleas Legislativas de los Estados, mediante acuerdos tomados en no menos de dos discusiones por la mayoría absoluta de los miembros de cada Asamblea" (Art. 245, Ord. 1).

436 "Aprobada la enmienda por el Congreso, la Presidencia la remitirá a todas las Asambleas Legislativas para su ratificación o rechazo en sesiones ordinarias, mediante acuerdos considerados en no menos de dos discusiones y aprobados por la mayoría de sus miembros" (Art. 245, Ord. 4). La enmienda se declarará sancionada "en los puntos que hayan sido ratificados por las dos terceras partes de las Asambleas" (Art. 245, Ord. 4).

437 Véase los derechos y garantías previstos en los artículos 59, 60, ordinales 4, 6 y 8; 61, 65, 66, 67, 69, 71, 76, 78, 84 y 111 de la Constitución.

438 *Cfr.* la Doctrina de la Procuraduría General de la República, en Doctrina PGR, 1973, Caracas, 1974, pp. 161 y ss.

la Constitución. Por supuesto que el procedimiento de reforma se exigiría también si se pretende cambiar la forma de gobierno presidencial por uno parlamentario. Por último, constituyendo los derechos, y garantías partes esenciales de la decisión política contenida en la Constitución, toda eliminación o restricción de dichos derechos, debería ser objeto de reforma constitucional, siempre y cuando se trate de derechos constitucionales que no supediten su ejercicio a lo establecido en la ley. Es quizás en este último campo en el cual han surgido dudas respecto del procedimiento a utilizar, la enmienda o la reforma, por lo que conviene precisar lo indicado.

En efecto, como tal se verá más adelante, dentro de los derechos y garantías constitucionales, la Constitución establece una graduación que es importante destacar: en primer lugar, el texto fundamental prevé una serie de derechos fundamentales, verdaderas garantías, consagrados en términos absolutos, es decir, que no admiten ningún tipo de restricción o suspensión y ni siquiera de regulación legislativa;[439] en segundo lugar, se prevén una serie de derechos y garantías fundamentales, que si bien pueden ser restringidos o suspendidos en su ejercicio por Decreto presidencial, no admiten ningún tipo de regulación legislativa para su ejercicio[440]; en tercer lugar, se consagran una serie de derechos constitucionales cuyo ejercicio puede ser regulado o limitado por el legislador originario en aspectos específicos[441]; y en cuarto lugar, el texto fundamental consagra otra serie de derechos constitucionales cuyo ejercicio queda sometido, enteramente, a lo que establezca y regule el legislador[442].

Ahora bien, parece evidente que los dos primeros grupos de derechos y garantías, que podríamos denominar como derechos fundamentales, han sido concebidos de tal manera en el texto constitucional, que su ejercicio resulta pleno del mismo texto, sin ulteriores regulaciones legales, o posibilidad de limitaciones legales. En cambio, los dos últimos grupos de artículos consagran derechos de carácter constitucional, pero sometidos a la regulación restringida o ilimitada del legislador. En esta distinción podría ubicarse el criterio que estableció la Exposición de Motivos del Proyecto de Constitución para la utilización de la reforma o de la enmienda, mientras se tratara de aspectos fundamentales o circunstanciales, respectivamente[443]. Indudablemente que cambiar el texto constitucional en algunos de los derechos fundamentales, sería cambiar un aspecto de "alcance trascendente" que incide sobre la

---

439 Tal es el caso del derecho a la vida (Art. 58); de la garantía a no ser incomunicado ni sometido a tortura o a otros procedimientos que causen sufrimiento físico o mental (Art. 60, Ord. 3); y de la garantía a no ser condenado a penas perpetuas o infamantes y a no ser condenado a penas restrictivas de la libertad superiores a treinta años (Art. 60, Ord. 7). Estos son los únicos derechos fundamentales cuyo ejercicio no puede restringirse o suspenderse por el Presidente de la República conforme al artículo 241 de la Constitución.

440 Véase los derechos y garantías previstos en los artículos 59, 60, ordinales 4, 6 y 8; 61, 65, 66, 67, 69, 71, 76, 78, 84 y 111 de la Constitución

441 Véase las limitaciones restringidas que el legislador puede regular en los derechos consagrados en los artículos 60, ordinal 5; 62, 63 y 112.

442 En estos casos, el legislador puede establecer limitaciones "sin límites" a dichos derechos, que se ejercen "con arreglo a la ley". Tal es el caso de los derechos consagrados en los artículos 60, ordinales 1, 2, 5 y 9; 64, 65, 68, 70, 92, 96, 99, 114 y 115.

443 Véase la Exposición de Motivos en la parte correspondiente al título X en *RFD*, N° 21, 1961, pp. 412 y 413.

organización política de la Nación; en cambio, cambiar el texto de algunos de los derechos constitucionales, limitables por el legislador, en el sentido de agregar alguna otra limitación a su ejercicio, podría hacerse a través del procedimiento de enmienda "que permite dejar incólume el texto original o fundamental", introduciendo alguna "modificación sentida por la colectividad como consecuencia de los cambios incesantes que en ella se realizan". En tal sentido, el procedimiento utilizado en 1973 para agregar una condición de elegibilidad o nombramiento para determinados destinos públicos, fue el de la enmienda y no el de la reforma"[444]: se agregó así una limitación al ejercicio del derecho al sufragio pasivo y al ejercicio de ciertas funciones públicas. Por supuesto que, a todo evento, la eliminación de algunos de los derechos o garantías constitucionales, cualquiera sea su naturaleza, sólo podría ser objeto de reforma.

En todo caso, lo que debe quedar claro del carácter del ordenamiento constitucional, es su rigidez, que implica que la decisión política del Poder Constituyente no puede ser modificada sino por el propio Poder Constituyente, mediante referéndum; y cualquier otra modificación del texto constitucional, que no incida sobre lo fundamental de dicha decisión política, sólo puede ser enmendada a través de un procedimiento, que si bien no exige la intervención del pueblo, sí prevé la participación de las Asambleas Legislativas de los Estados. En ambos casos, la modificación del orden constitucional escapa de la competencia del Poder Legislativo.

Consecuencia de esta rigidez constitucional, es la existencia de una distinción radical o separación profunda entre el ordenamiento constitucional integrado por la Constitución y sus enmiendas y el ordenamiento legal[445], de manera que el segundo está supeditado al primero. Por tanto, el legislador ordinario, creador de normas de orden legal, no puede modificar el orden constitucional; y si el mismo Congreso interviene en las reformas de la Constitución y sus enmiendas no lo hace en tanto Poder Legislativo, sino en tanto que copartícipe del Poder Constituyente.

3. *La imperatividad constitucional*

Pero, aparte del carácter supremo y rígido de la Constitución, ésta, como ley fundamental, es imperativa, es decir tiene en sí misma fuerza coactiva inmediata[446]. Sus

---

444 La Enmienda N° 1 de la Constitución, sancionada el 9 de mayo de 1973, estableció que "no podrán ser elegidos Presidente de la República, Senador o Diputado al Congreso, ni Magistrado de la Corte Suprema de Justicia, quienes hayan sido condenados mediante sentencia definitivamente firme, dictada por tribunales ordinarios, a pena de presidio o prisión superior a tres años, por delitos cometidos en el desempeño de funciones públicas, o con ocasión de éstas". Véase en *Gaceta Oficial* N° 1.585, Extraordinaria de 11-5-1973. La discusión de dicha Enmienda dio origen a múltiples debates, cuya precedencia vislumbraba ya el texto de la Exposición de Motivos. En particular, véase la sentencia de la CSJ en SPA de 20-8-1973 en *Gaceta Oficial* N° 30-30183 de 20-8-1973, p. 226.

445 Sobre la distinción entre la Constitución y la ley, véase sentencias de la CFC en SPA en 5-51937 en M. 1938, p. 236; CFC en SPA de 17-4-1941 y de 4-12-1941 en M. 1942, pp. 183 y 345; CSJ en SPA de 14-3-1962 en *G. F.*, N° 35, 1962, p. 177, y CSJ en CP Accidental de 14-8-1973 en *Gaceta Oficial*, 30.183 de 20-8-1973, p. 226.

446 En tal sentido, la Corte Suprema ha indicado que "la Constitución contiene en sí todos los instrumentos necesarios para su defensa, bien porque aparezcan expresamente acordados a los Poderes Públicos, bien porque ellos deban considerarse conferidos por necesaria y genuina implicación de aquéllos". Véase sentencia de la CFC en SPA de 4-3-41 en p. 135.

normas, por tanto, y en principio, son de aplicación inmediata; y en este sentido es clara la disposición relativa a la ausencia de reglamentación legal de los derechos y garantías: "la falta de ley reglamentaria de estos derechos no menoscaba el ejercicio de los mismos"[447], dispone expresamente el texto fundamental.

Sin embargo, parece evidente que esta imperatividad constitucional no es absoluta, pues algunas normas constitucionales ciertamente que sí son de aplicación inmediata, en tanto que otras están concebidas en términos programáticos o se trata de normas puramente atributivas de competencia, que requieren de desarrollo o reglamentación legislativa ulterior para adquirir toda su fuerza coactiva.

En tal sentido, la Corte Suprema de Justicia, al conocer de varios recursos de inconstitucionalidad, ha señalado expresamente que "la Constitución distingue entre las cláusulas directamente operativas, que preceptúan autónomamente, son completas y suficientes hasta agotar los requisitos sustantivos y procesales para su aplicación, y las mediatamente operativas o programáticas, que no pueden aplicarse sino cuando las complete la legislación ulterior, por requerirlo así la letra y el contenido del precepto"[448].

Dentro de estas normas de contenido programático[449] se destacan, en primer lugar, las atributivas de competencia a los poderes públicos y particularmente al legislador. Tales son los supuestos, por ejemplo, de los artículos 49, 75 y 207 de la Constitución, cuyo carácter programático ha sido precisado por la Corte Suprema. En efecto, el artículo 49 del texto fundamental que regula el recurso de amparo[450] conforme a la doctrina de la Corte en 1970, "no es una norma directa e inmediatamente aplicable por los jueces, sino un precepto programático, sólo parcialmente reglamentado para la fecha en que la Constitución fue promulgada, y dirigido particularmente al Congreso, que es el órgano a quien compete la reglamentación de las garantías constitucionales, en conformidad con los artículos 136, ordinal 24; y 139 de la Constitución.

Tal es la interpretación que da la Corte al artículo 49 al analizar sus previsiones aisladamente con el fin de desentrañar la mente del Constituyente del lenguaje usado

---

447 Articulo 50

448 Véase sentencia de la CSJ en CP de 27-5-1969 en *G. F.*, N° 64, 1969, pp. 21 y ss.; y de 12-9-69 en *G. F.*, N° 65, 1969, p. 10. De allí que, como se dijo, "no puede fundarse una declaratoria de inconstitucionalidad en las cláusulas programáticas hasta tanto el legislador no las haya desenvuelto".

449 Resulta clara de la Exposición de Motivos del Proyecto: "Ha sido propósito de la Comisión redactar un articulado sobrio, que no obstante su definición de cortas líneas, deje cierta flexibilidad al legislador ordinario para resolver cuestiones e insertar modificaciones que correspondan a las necesidades y a la experiencia de la República, sin tener que apelar a una reforma constitucional. No obstante esta posibilidad, que en más de una ocasión ha permitido reducir la extensión de muchas disposiciones del Proyecto, hemos considerado que no podíamos llevar deseos de sobriedad hasta el extremo de ahorrar numerosas disposiciones de contenido programático que, aun cuando no constituyen preceptos de aplicación inmediata y directa, señalan a la acción futura de los poderes públicos objetivos que la realidad histórica y actual de nuestro país define como imperativa". Véase en *RDF*, UCV, N° 21. 1961, pp. 371 y 372.

450 "Los Tribunales ampararán a todo habitante de la República en el goce y ejercicio de los derechos y garantías que la Constitución establece, en conformidad con la ley. El procedimiento será breve y sumario, y el juez competente tendrá potestad para restablecer inmediatamente la situación jurídica infringida", dice el artículo 49. de la Constitución.

por éste para expresar su voluntad. Pero esta interpretación gramatical se robustece con la observación adicional de que el Constituyente se habría abstenido de regular el procedimiento de habeos corpus, si hubiera considerado que para hacer efectivo el amparo bastaba lo dicho en el artículo 49 respecto al procedimiento no siendo indispensable su reglamentación legal para determinar el fuero competente y el modo de proceder"[451].

De consiguiente, agregó la Corte: "el Constituyente supone la existencia de una ley anterior al hecho o acto que afecte el derecho cuya protección se solicite; que autorice a determinados jueces para obrar en el sentido que pretenda el actor; y que establezca un procedimiento adecuado a la finalidad que se persiga". Dado el número y la variedad de las situaciones jurídicas en que puede estar comprometido un derecho o una garantía constitucional, era forzoso que el Constituyente dejara al legislador ordinario la potestad de establecer las reglas conforme a las cuales los tribunales deben amparar el goce y ejercicio de los derechos y garantías constitucionales, teniendo en cuenta no sólo las previsiones ya existentes en nuestra legislación con tal objeto, sino todos los factores que es necesario apreciar para atribuir a un determinado tribunal el conocimiento de un asunto, y establecer el procedimiento a seguir en cada situación[452].

Otra de las normas constitucionales ejemplificadoras de este carácter programático que las hace inaplicables, en general, en forma inmediata, es la contenida en el artículo 75 de la Constitución[453]. Este artículo, según argumentación de la Corte Suprema, al decir que "la ley proveerá lo conducente para que ", establece que "el legislador deberá dictar, en el futuro, el ordenamiento legal para que se cumpla lo programado en la norma constitucional". Dicho artículo no se refiere al pasado ni al momento en el cual se promulga la Constitución, sino al porvenir, dado que si bien dice "que todo niño, sea cual fuere su filiación, pueda conocer a sus padres", lo hace solamente para anunciar un propósito cuya realización se deja a cargo del legislador ordinario.

Las instituciones sociales tienen una duración más o menos larga, de acuerdo con la vigencia de las ideas sobre las cuales descansan y con las transformaciones de la familia, de la sociedad y del Estado. Las Constituciones —agrega la Corte—, para adaptar el ordenamiento jurídico a las modificaciones que sufren las instituciones, contienen normas que, en el futuro, deberá observar el legislador, pero mientras no

---

451 Véase sentencia de la CSJ en SPA de 14-12-1970, en *G. F.*, N° 70, 1970, pp. 179 y ss. El recurso de *hábeas corpus* lo regula la Disposición Transitoria Quinta de la Constitución y en 1988 se reglamentó en la Ley Orgánica de Amparo sobre Derechos y Garantías Constitucionales como una acción de amparo a la libertad personal.

452 Véase sentencia de CSJ en SPA de 14-12-1970 en *G. F.*, N° 70, 1970, pp. 179 y ss. En base a todos estos argumentos fue que la Corte Suprema, a pesar de la consagración de la acción de amparo en el artículo 49 de la Constitución, estableció que éste sólo era procedente en relación a la libertad personal (hábeas corpas), pero que mientras no se estableciera la correspondiente reglamentación legal, no procedía en relación a ningún otro derecho o garantía constitucional, criterio que luego fue modificado.

453 Según la primera parte de este artículo "la ley proveerá lo conducente para que todo niño, sea cual fuere su filiación, pueda conocer a sus padres, para que éstos cumplan el deber de asistir, alimentar y educar a sus hijos, y para que la infancia y la juventud estén protegidas contra el abandono, la explotación o el abuso".

sea dictada la ley respectiva, no afectan la vigencia de la ley anterior. Estas disposiciones reconocen derechos y enuncian propósitos cuya realización y efectiva vigencia está subordinada a la promulgación de leyes futuras. Se llaman programáticas porque representan un programa que requiere ulterior desarrollo y deben orientar la acción legislativa del futuro[454].

Por último, y también a título de ejemplo, el artículo 207 de la Constitución[455] fue considera como una de las normas típicamente programáticas de la Constitución. Este artículo, al decir de la Corte, "contiene nomas para el futuro que deberá observar el legislador. Representan un programa que requiere ulterior desenvolvimiento y subordina la acción legislativa del porvenir"[456]. En otra decisión, en torno al mismo artículo, la Corte aclaró que "a quien toca determinar el momento en el cual debe ser establecida en el país la carrera judicial es al legislador, pero mientras éste no lo haga, la existencia de esa norma programática no puede menoscabar la potestad de que está investido constitucionalmente el Congreso para legislar en lo relativo a la competencia, organización y funcionamiento de los Tribunales"[457].

En todo caso, y respecto a la imperatividad de la Constitución, lo que hay que tener en cuenta es la existencia de muchas normas de carácter programático dirigidas a ser desarrolladas por el legislador, de manera que "carecen de positividad mientras no sean desarrolladas por la legislación ordinaria"[458]. Al contrario, las cláusulas de carácter directamente operativo "pueden aplicarse directamente por los jueces aun cuando no hayan sido reglamentadas, desde el momento en el cual entre en vigencia la Constitución"[459], por lo que los particulares también se encuentran directa e inmediatamente protegidos por ellas. Pero, además del carácter superior, rígido e imperativo de las normas constitucionales, puede decirse que las mismas no pierden su eficiencia a menos que sean modificadas por el Poder Constituyente en una reforma constitucional. Dé lo contrario, tal como lo aclara la propia Constitución, ella "no perderá su vigencia si dejare de observarse por acto de fuerza o fuere derogada por cualquier otro medio distinto del que ella misma dispone"[460]. La Constitución, sin embargo, establece una sola excepción conforme a la cual la eficacia de algunas normas constitucionales puede restringirse o suspenderse temporalmente. Tal es el

454 Véase sentencia de la CSJ en CP de 27-5-1969 en GP, N° 64, 1969, pp. 21 y ss. En base a esos argumentos, la Corte declaró sin lugar el recurso de inconstitucionalidad del artículo 220 del Código Civil que prohibía al hijo adulterino la inquisición de la paternidad en ciertos casos. *Cfr.* la sentencia de la CSJ en SPA de 1972 s/f. publicada en *Gaceta Oficial* N° 1.542, Extraordinaria de 14-9-1972, p. 25, por la cual se declaró sin lugar el recurso de inconstitucionalidad de la Ley Orgánica del Sufragio

455 Este artículo dispone lo siguiente: "La ley proveerá lo conducente para el establecimiento de la carrera judicial, y para asegurar la idoneidad, estabilidad e independencia de los jueces, y establecerá las normas relativas a la competencia organización y funcionamiento de los Tribunales en cuanto no esté previsto en esta Constitución".

456 Véase sentencia de la CSJ en CP de 22-4-1969 en *G. F.*, N° 64, 1969, p. 13. En base a estos argumentos, la Corte declaró sin lugar el recurso de inconstitucionalidad contra diversas normas de la Ley Orgánica del Poder Judicial.

457 Véase sentencia de la CSJ en CP de 12-9-1969 en *G. F.*, N° 65, 1969, p. 10.

458 Véase sentencia de la CSJ en SPA de 20-12-1967 en *G.F.*, N° 58, 1967, p. 163.

459 Véase sentencia de la CSJ en CP de 27-5-1969 en *G. F.*, N° 64, 1969, p. 24.

460 Artículo 250.

supuesto de la posibilidad que tiene el Presidente de la República de suspender o restringir las garantías constitucionales "en caso de emergencia, de conmoción que pueda perturbar la paz de la República o de graves circunstancias que afectan la vida económica o social[461], lo que en ningún caso se aplica a ciertas garantías constitucionales[462], y nunca afecta la parte Orgánica de la Constitución[463].

Ahora bien, hemos señalado que el ordenamiento constitucional básicamente contiene una serie de decisiones políticas adoptadas por el Poder Constituyente, donde la supremacía constitucional, y la rigidez, imperatividad y eficacia del texto adquieren su pleno sentido, y dichas decisiones se refieren a la distribución del Poder Público, a la forma del Estado, a la forma de gobierno, a la consagración de los derechos y garantías constitucionales, y al régimen democrático, adoptado como condicionante del sistema político. A continuación, analizaremos el sentido y alcance de estas decisiones.

III. LOS PROBLEMAS DEL ESTADO DEMOCRÁTICO Y SOCIAL DE DERECHO REGULADO POR LA CONSTITUCIÓN DE 1961

1. *El estado democrático, el estado social y el estado de derecho*

El proceso de constitucionalización derivado de la vigencia de la Constitución no sólo tiene aspectos formales, sino esencialmente sustantivos. Por ello, los proyectistas del Texto afirmaron en la Exposición de Motivos que el mismo "no es una simple Ley Orgánica de Régimen Político, sino la formulación de un esquema conforme al cual debe desenvolverse la vida de un pueblo". De allí que la Constitución, definitivamente tenga la peculiaridad de ser una norma cualitativa, que incorpora al ordenamiento jurídico un sistema de valores esenciales que están a la base del pacto político, y que tienden a configurar un modelo de Estado, que aun cuando no está formalmente definido en el propio texto constitucional como sí lo hacen en cambio, por ejemplo, la Constitución de Bonn de 1949 o la Constitución española de 1978, bien podríamos calificar como Estado democrático y social de Derecho. Si ello es así, como lo creemos, cabría preguntarse, ¿cuál es la realidad de esa configuración? ¿cuáles son las exigencias de su perfeccionamiento? ¿cuáles son los problemas que arrastra, y sus soluciones? Para responder esas preguntas deberíamos, ante todo, intentar conceptualizar ese modelo de Estado de acuerdo con la Constitución[464].

---

461 Artículos 190, ordinal 6, 241 y 242.

462 Véase el artículo 241.

463 *Cfr.*, En este sentido, el criterio de la Procuraduría General de la República en dictamen de 15-5-1970, publicado en Doctrina PGR, 1970, Caracas, 1971, pp. 51 y ss.

464 Véase Allan R. Brewer-Carías, "La Constitución de 1961 y los problemas del Estado y Social de Derecho" en *Reflexiones sobre la Constitución (Tres Décadas de vigencia)*, Fundación Procuraduría General de la República, Caracas, 1991, pp. 15 a 38; y en *La Constitución Nacional, 30 años después*, Valencia, 1992, pp. 193 a 216. Véase en general, Ricardo Combellas, "El Estado Social dé Derecho y la Constitución Venezolana de 1961" en *COPRE, Fortalecimiento del Estado de Derecho*, Caracas, 1990, pp. 145 a 154; y "El Estado Social de Derecho, la Constitución de 1961 y la Reforma del Estado en Venezuela", en *COPRE, Constitución y Reforma. Un Proyecto de Estado Social y Democrático de Derecho*, Caracas, 1993, pp. 21 a 109.

En primer lugar, el Estado venezolano definido en la Constitución, sin duda, es un Estado democrático. Basta para apreciar esta exigencia constatar que según el Preámbulo, el Texto se dictó con el propósito de "sustentar el orden democrático como único e irrenunciable medio de asegurar los derechos y la dignidad de los ciudadanos y favorecer pacíficamente su extensión a todos los pueblos de la tierra". El primer valor de nuestro constitucionalismo, por tanto, es la democracia, y el Estado democrático se encuentra formalizado en una serie de principios que desarrolla el Texto Fundamental: el principio de la representatividad republicana, dado que la soberanía reside en el pueblo y la ejerce mediante el sufragio; el principio de la alternabilidad y de la responsabilidad de los gobernantes frente a los ciudadanos; el principio de la distribución vertical del poder y del gobierno en tres niveles territoriales, conformándose el Estado Federal y el régimen municipal; y el principio de la separación orgánica de poderes, en un sistema presidencial de gobierno con sujeción parlamentaria, y sometido a control judicial. Estas notas configuran, constitucionalmente, al Estado democrático.

Pero además de democrático, el Estado configurado en la Constitución, como otro valor esencial del pacto político es también un Estado social. Por ello, conforme al Preámbulo de la Constitución, ésta también se dictó con el propósito de "mantener la igualdad social y jurídica, sin discriminaciones derivadas de raza, sexo, credo y condición social". El Estado social, por tanto, encuentra concreción, ante todo, en el principio de la igualdad, que además de un derecho fundamental, es el pilar de la actuación del Estado. Pero además, el Estado social se encuentra formalizado en otra serie de principios que orientan constitucionalmente la declaración de los derechos sociales de los individuos, la regulación de deberes genéricos de actuación pública y los postulados rectores de la política social y económica del Estado. Así, hay que recordar, siempre conforme al Preámbulo, que la Constitución se dictó con el propósito de "proteger y enaltecer el trabajo, amparar la dignidad humana, promover el bienestar general y la seguridad social, lograr la participación equitativa de todos en el disfrute de la riqueza, según los principios de la justicia social, y fomentar el desarrollo de la economía al servicio del hombre". Estas no son ni pueden ser frases vacías, sin sentido constitucional. Al contrario, cabría preguntarse ¿Qué otra proclama del Estado social, más perfecta y detallada, podríamos encontrar?

Ahora bien, este esquema del Estado social, sin duda, responde a un modelo económico concreto, en el cual si bien se reconoce y garantiza la iniciativa privada y la libertad económica, como base de un sistema que es opuesto al modelo de economía dirigida, el Estado tiene un papel ordenador y conformador de la realidad económica que debe cumplir en vista de realizar la justicia social, en cuyos principios, como lo dice expresamente el texto fundamental, debe fundamentarse el sistema económico. La tarea del Estado, en este esquema del Estado social, por tanto, es procurar o lograr una sociedad más justa, asumiendo obligaciones prestacionales frente a los ciudadanos, y ordenando y regulando la realidad económica y social para el logro de objetivos. Así, el artículo 95 de la Constitución proclama que los fundamentos del régimen económico de la República están en los "principios de justicia social que aseguren a todos una existencia digna y provechosa para la comunidad". Pero el Estado social, como señalamos, deriva también de la declaración de un conjunto de derechos sociales plasmados en la Constitución como derechos fundamentales de los individuos y que además de los clásicos derechos a la salud, a la educación, a la cultura y al trabajo y sus secuelas, se refieren a derechos de protección y promoción social, respecto a la familia, a la maternidad, a la niñez e, incluso, a las sociedades intermedias que tengan por objeto el mejor cumplimiento de los fines de la persona humana y de la convivencia social.

Las normas constitucionales, por tanto, establecen como valor fundamental de la organización política y social del país, la naturaleza democrática y social del Estado, al cual debería responder tanto la legislación como la actuación concreta de sus órganos.

Pero además de democrático y social, el Estado cuyo proyecto-programa está plasmado en la Constitución de 1961, es un *Estado de derecho*, establecido fundamentalmente para garantizar la libertad. Esto implica no sólo el valor esencial que deriva de la Constitución, en cuanto al Estado, en el sentido de su sumisión al derecho, —recordemos la expresión del artículo 117 de la Constitución en el sentido de que son la Constitución y las leyes las que definen las atribuciones del Poder Público y a ellas debe sujetarse su ejercicio—, sino que el límite jurídico de la actuación del Estado está en los derechos fundamentales de los ciudadanos declarados y reconocidos, que sólo pueden limitarse por Ley.

Pero además, el Estado de derecho o sometido al derecho implica esencialmente, para que ello tenga efectividad, el derecho de todos a la efectiva tutela judicial respecto de las actuaciones públicas; y en definitiva al derecho de todos a tener acceso a la justicia y a que sus derechos e intereses encuentren protección y satisfacción en los jueces en plano de igualdad. Por ello, conforme al Preámbulo, la Constitución se dictó con el propósito no sólo de mantener la igualdad social, sino también de la igualdad jurídica.

El Estado de derecho, de acuerdo al texto constitucional, también se encuentra formalizado en una serie de principios que desarrolla su articulado, y entre los cuales están: el principio de la supremacía constitucional, como norma inviolable, a la cual deben someterse todas las actuaciones del Estado, incluso la propia Ley. De este principio deriva por una parte, la garantía objetiva de la Constitución que considera nulos y sin valor los actos contrarios a sus disposiciones; y por la otra, el principio de la jerarquía de las normas que integran el ordenamiento jurídico. Además, está el principio de la autoridad de la Ley y de la reserva legal, de manera que toda limitación a la libertad y a los derechos ciudadanos así como toda sanción o contribución impuesta a los mismos, tiene que tener su fuente en una Ley formal; y el principio de la irretroactividad de la Ley, como garantía esencial de la igualdad jurídica. Por último, y lo más importante, la formalización del Estado de derecho está en la estructuración de un Poder Judicial autónomo e independiente, que garantice tanto la tutela judicial de la Constitución y de los propios derechos fundamentales, como el acceso a la justicia, y la efectiva sumisión de los órganos estatales, particularmente de la Administración, al derecho.

Si se analiza la Constitución, por tanto, de su texto y de los principios de su Preámbulo resulta claramente configurado ese modelo de Estado contemporáneo que corresponde a la última etapa de evolución del Estado de derecho, que es el Estado democrático y social de derecho. Pero volvamos a nuestra pregunta inicial: con más de 30 años de vigencia de la Constitución. ¿Cuál es la real efectividad de dicho modelo? ¿Cuáles son los problemas que conforman el Estado y hacia dónde deben apuntar las necesarias e ineludibles soluciones a los mismos? Los valores democráticos, social y jurídico, ciertamente, aún no han terminado de imbuir ni a la sociedad venezolana ni a nuestra organización política. Por ello, la sensación de crisis, de fracaso, de insatisfacción que nos acompaña cuando luego de más de 3 décadas de vigencia se analiza un texto constitucional como el del año 1961, que en nuestra historia política es el que ha tenido el mayor número de años de aplicación.

2. *Los problemas del estado democrático*

Los primeros problemas que confronta el Estado venezolano y por tanto nuestra sociedad, se refieren a su carácter democrático. A pesar de la formulación constitucional, cabe la pregunta de siempre: ¿hemos realmente estructurar una democracia? y como ésta está, ¿hasta cuándo puede durar sin transformarse?

La democracia venezolana, lo hemos dicho hasta la saciedad desde ya hace más de quince años, es una democracia que no es realmente representativa donde los gobiernos que la han conducido no han sido realmente responsables. La alternabilidad sin duda, por la dinámica política, ha estado garantizada formalmente en estas tres décadas, pero también tiene sus problemas de efectividad fáctica.

El Estado venezolano por tanto, hoy lo decimos nuevamente, no es realmente un Estado auténticamente democrático que se adapte al modelo definido en la Constitución, ni sus gobiernos han sido realmente representativos, responsables y alternativos, pues sencillamente, lo que hemos configurado en estas tres últimas décadas, es un Estado de partidos, donde los partidos políticos son los únicos canales para el ejercicio de la democracia y los únicos órganos indispensables para la formación de la voluntad estatal, de manera que el Estado funciona sólo porque tiene la decisiva participación de los partidos. Tan intrincada es la interacción y articulación entre el sistema jurídico-político o estatal y el sistema socio-político de partidos, que en el momento actual uno no podría funcionar sin el otro.

Este Estado, sin duda, es democrático pero de democracia de partidos, lo que lo hace representativo no del pueblo o de las comunidades, sino de los partidos políticos. Por ello, la representatividad democrática no existe en Venezuela sino a través de los partidos, los cuales han mediatizado completamente la relación entre los representados-electores y los representantes-elegidos.

El sistema electoral, a pesar de todas las reformas efectuadas, y lo peor, a pesar de todos los "pactos para la reforma" suscritos entre los partidos, sigue siendo el mismo en su objetivo, que no es otro que lograr la exclusiva representatividad de los partidos políticos, y sólo de ellos, quienes además son los únicos que escogen a los representantes. Nunca, en los 30 años de democrática vigencia de la Constitución, por tanto, ha habido en Venezuela representatividad popular, y al contrario, sólo hemos tenido representatividad de los partidos. Y es evidente que con un sistema electoral de representación proporcional de las minorías aplicado en grandes circunscripciones electorales mediante el sistema de listas en las cuales se eligen a gran número de representantes —sean dichas listas abiertas o cerradas— nada podrá ser cambiado, salvo que se cambie el sistema mismo.

Por otra parte, ninguna democracia puede ser realmente representativa si no se desarrolla localmente, y al contrario funciona como una democracia centralizada, manejada por partidos centralizados, como ha sucedida tradicionalmente en Venezuela. En este campo, es cierto, algo había comenzado a cambiar: la elección directa de Gobernadores y de Alcaldes llevó a algunas disidencias y a que algunos líderes partidistas locales hubieran mostrado signos de autonomía respecto de las líneas partidistas centralizadas. Pero con algunas disidencias importantes, ello sólo fue momentáneo, pues una vez producida la elección y entrados en ejercicio de sus gobiernos, el peso del centralismo los ha obligado a adaptarse de nuevo a las férreas líneas partidistas.

En todo caso, la reforma fundamental para que la democracia sea realmente representativa del pueblo, ni siquiera ha sido imaginada aún: ella consiste entre otros aspectos, en la multiplicación de los gobiernos locales, de manera que, por ejemplo, en nuestro casi millón de kilómetros de superficie, en lugar de sólo haber los 269 Municipios actuales, haya al menos cuatro o cinco veces más. Municipios, cuyas autoridades colegiadas se elijan por votación uninominal. Ello haría la democracia local realmente representativa, y lo más importante, serviría de escuela para su desarrollo. Por ello, siempre he pensado que las observaciones de Alexis De Tocqueville al describir la democracia en América todavía siguen vigentes. Decía hace 160 años:

> "Las instituciones comunales son a la libertad lo que las escuelas primarias vienen a ser a la ciencia: la ponen al alcance del pueblo; le hacen paladear su uso pacífico y lo habitúan a servirse de ella".

Pero el Estado de partidos, que ha distorsionado la representatividad popular de la democracia, ha tenido sus efectos trastocadores en los otros principios del Estado democrático que regula la Constitución. Los gobiernos han dejado de ser realmente responsables, pues los partidos se han cuidado de encubrir a los ex-gobernantes, exonerándolos de culpa o solidarizándose a ciegas con ellos, en definitiva, por los partidos, se ha convertido en un Estado encubridor y alcahuete, dando pie a la manifestación de todos los signos imaginables de corrupción administrativa. Aquí no hay día en que no se nos informe interfiriendo en la justicia para evitar su enjuiciamiento. El Estado, a los venezolanos de defraudaciones con dineros públicos, o efectuados a través de entidades públicas o semipúblicas, siendo lo asombroso que ya se ha perdido la noción de las cifras. No se trata de fraudes por unos cuantos cientos de miles de bolívares, sino que las noticias de prensa informan que incluso funcionarios de bajo nivel administrativo se apoderan de decenas de millones de bolívares. ¡Y no pasa nada; ¿qué presupuesto público puede alcanzar para satisfacer las actuaciones sociales del Estado?, y ¿para qué? ¿cómo vamos a exigir más servicios de salud o de seguridad personal, si el presupuesto, hasta cierto punto, está diseñado para el despilfarro y el aprovechamiento ilícito de los dineros públicos? ¿No tiene, acaso, la partida secreta del Ministerio de Relaciones Interiores mayor monto que la de la policía de cualquier gran ciudad del país?

La democracia, por tanto, no ha logrado imponer la responsabilidad de los gobernantes, y los gobiernos, además, no han sido realmente "alternativos". Claro que ha habido cambio de gobierno en 30 años, e incluso, alternabilidad entre los dos más importantes partidos políticos en el ejercicio del poder; pero no nos olvidemos que, en general, son los mismos dirigentes políticos que firmaron como senadores y diputados la Constitución de 1961, los que 30 años después, en general, siguen comandando el Estado de Partidos. Incluso más de uno de los que firmaron el a jurídico Decreto N° 369 de la Junta Revolucionaria de Gobierno de 1946, siguen todavía tratando de orientar la conducción de la vida política nacional. Lo cierto es que los partidos políticos; a través de sus oligarquías o cúpulas dirigenciales, se han encargado, con precisión, de que la alternabilidad de los gobiernos no haya hecho mella alguna a la certera continuidad de la conducción política del sistema que han impuesto.

La democracia, por tanto, ni ha sido representativa del pueblo, ni ha hecho de los gobernantes responsables ante el mismo, ni éstos realmente han sido producto de alternabilidad republicana. Y ello, por el sistema de Estado de partidos que hemos construido, el cual, además ha distorsionado el propio funcionamiento de los órganos del Estado, desdibujando un principio tan esencial al mismo Estado, como lo es el de la separación de poderes.

En nuestro Estado de partidos, en efecto, el principio de los frenos y contrapesos, base de la separación orgánica de los poderes, no funciona ni ha funcionado. Las decisiones políticas fundamentales, todos lo sabemos, no se adoptan, en general, en los órganos políticos del Estado, sino que se adoptan en los organismos de dirección de los partidos políticos; y si se trata del partido de gobierno, las mismas, luego de adoptadas en la cúpula partidista, simplemente se ejecutan en las reuniones semanales con el Presidente de la República, para al fin, luego del rito de una reunión del Consejo de Ministros, aparecer plasmadas en Decretos; o se ejecutan, según los casos en la actuación de la respectiva fracción parlamentaria en las Cámaras Legislativas.

En el ámbito legislativo, definitivamente debe decirse, que ninguna decisión de las Cámaras Legislativas venezolanas ha sido ni es producto de la dialéctica parlamentaria ni de discusión alguna que se haya hecho en las Cámaras, ya que incluso, generalmente, los discursos e intervenciones de Senadores o Diputados se hacen para que quede constancia en los diarios de debates, y nada más. Las decisiones parlamentarias, ni más ni menos, son producto de lo que decidan las fracciones parlamentarias, y éstas deciden lo que el órgano directivo del partido resuelva. Por ello, en la casi totalidad de los casos, las decisiones del Congreso carecen de creatividad, por lo que incluso el bicameralismo para la toma de las mismas, ha dejado de tener sentido. Ningún freno ni contrapeso se produce entre las dos Cámaras, y la aprobación de los proyectos por las mismas generalmente no pasa de ser el cumplimiento de un rito que, incluso, se soslaya, con frecuencia declarándose la materia de urgencia.

En todo caso lo más grave de la distorsión que ha producido el esquema del Estado de partidos en el funcionamiento de los órganos del Estado, no es ciertamente la distorsión de frenos o controles entre el Ejecutivo y el Legislativo o entre las Cámaras Legislativas, sino indudablemente, entre estos órganos y los del Poder Judicial. Los tentáculos de los partidos e, incluso, de los propios parlamentarios y de los funcionarios de la Administración, con más que menos frecuencia están llegando a los jueces, los influencian o los amedrentan, trastocándose con ello la garantía fundamental que debe caracterizar el Estado de derecho: el derecho a la tutela judicial por jueces autónomos e independientes.

El Estado democrático previsto en la Constitución de 1961, por tanto, no existe tal como lo concibió el Texto Fundamental: representativo del pueblo, alternativo, responsable, y sometido a los frenos y contrapesos de la separación de poderes. No significa ello, sin embargo, que no exista un Estado democrático; existe, pero concebido exclusivamente como un Estado de partidos. ¿Es ello lo que queremos? Si es así, nada hay que cambiar. De lo contrario, todo está por hacerse, inclusive, comenzar por educar para la democracia.

3. *Los problemas del estado social*

Pero en segundo lugar, además de ser un Estado democrático la Constitución regula al Estado venezolano como un Estado social, cuyo objetivo fundamental es satisfacer las necesidades vitales de los individuos, elevar el nivel de vida de la población y lograr la participación de todos en el disfrute de la riqueza, estructurando un régimen económico fundamentado en principios de justicia social.

En 32 años de vigencia de la Constitución, precisamente el período en el cual se ha producido en el país el cambio social más violento de toda su historia, el Estado de partidos no ha sido capaz de estructurar ni de impulsar el Estado social. El más estruendoso fracaso del sistema político venezolano, en todo este período, ha sido en el campo social; y no es que la crisis social sea producto de la aplicación de la política de liberación de la economía que ha venido desarrollando el gobierno en los últimos dos años, ¡No! El problema social venezolano deriva de las malformaciones, de las distorsiones y de los vicios de la política desarrollada por todos los gobiernos durante las últimas tres décadas, que ha conducido a un paulatino deterioro de la calidad de vida del venezolano.

El gasto social en los presupuestos anuales en las últimas décadas no ha respondido a las exigencias de un Estado social cuya misión, como señala el Preámbulo de la Constitución, debía haber sido la promoción del bienestar general y la seguridad social; el logro de la participación equitativa de todos en el disfrute de la riqueza, según los principios de la justicia social; y el fomento del desarrollo de la economía al servicio del hombre.

Nadie discute, por supuesto, que en los presupuestos anuales de las últimas décadas, los porcentajes destinados a educación y salud no hayan sido importantes. Lo han sido, pero ello evidentemente no ha sido suficiente para el cumplimiento del compromiso esencial del Estado social: la satisfacción de las necesidades básicas y vitales de los individuos, y la distribución de bienes y servicios que permitan la elevación del nivel y calidad de vida de los habitantes del país, aun de los no venezolanos que han venido sin que hubiese habido la más mínima política migratoria-social conducida por el Estado.

Por lo demás, a pesar de la inversión en educación, hoy el signo más evidente de la crisis social deriva de los índices de deserción escolar, derivada de las condiciones de pobreza extrema que se están observando, con el paralelo incremento de los delitos cometidos por menores de edad. Asimismo, a pesar de las inversiones presupuestarias en salud, no sólo los servicios de atención médica del Estado, a pesar de los avances tecnológicos y de las islas de excelencia que pueda haber, son los más deficientes que uno pueda imaginarse en lugar alguno civilizado de la tierra, sino que los indicadores de salud nos muestran graves situaciones nutricionales en la población venezolana y una desaceleración alarmante tanto en el proceso de reducción de la mortalidad infantil como de avance hacia un mejor bienestar infantil. Desde el punto de vista social, Venezuela hoy vive un proceso de desaceleración del progreso de las condiciones de vida del venezolano.

Por ello, hoy sólo podemos decir que el Estado social ha fracasado, o más bien, en 32 años, no ha llegado a ser conformado por el Estado de partidos, a pesar de las bases ideológicas de carácter social que tienen todos los partidos venezolanos, los que han y no han gobernado. La Constitución de 1961 y su compromiso social, en definitiva, a pesar de todo lo que se ha invertido y a veces despilfarrado en el campo social, permanece como letra muerta y la distorsión social ha llegado a los extremos dantescos de mostrarnos, incluso, a una dirigencia sindical acaudalada y acusada de estar comprometida en irregularidades financieras. Se trata, sin duda, de la más sofisticada manifestación de un gran fracaso social, que contrasta con el aumento de la pobreza, el desempleo, la ausencia de una política general de seguridad social que asegure el retiro y una pensión adecuada a los trabajadores; y con el deterioro progresivo de los servicios de asistencia social y de atención médica.

Pero el modelo de Estado social que prevé la Constitución de 1961, además de los aspectos sustantivos no logrados, presupone también una regulación constitucional del proceso económico, es decir, conlleva la formulación de una "Constitución económica" que establece el estatuto de sus principales protagonistas: por una parte, la iniciativa privada que debe ser protegida; y por la otra, la actuación del propio Estado para impulsar el desarrollo económico del país dentro de un modelo económico de libertad, como opuesto al de economía dirigida, similar al que en la década de los sesenta existía en todos los países occidentales y al cual progresivamente, parecen dirigirse muchos de los países que se conocían como socialistas.

La Constitución así, comienza por garantizar el derecho de todos de dedicarse libremente a las actividades lucrativas de su preferencia, aun cuando sometido a las limitaciones que se establezcan por ley formal, destacándose el principio de la reserva legal; pero atribuyendo al Estado además del poder regulador y de control, facultades para actuar en el campo económico, incluso en forma exclusiva, mediante la reserva de servicios o explotaciones de interés público.

En esa relación, ciertamente, la Constitución establece la suficiente flexibilidad —siempre dentro del mismo modelo— para que la participación del sector público en la economía pueda aumentar o disminuir de acuerdo a las políticas gubernamentales. Conforme a ello, los 32 años de vigencia del Texto Constitucional, han mostrado el juego de dicha flexibilidad al punto, incluso, de haberse realizado importantes nacionalizaciones como la del hierro y del petróleo, dentro del marco constitucional.

Sin embargo, desde el punto de vista formal y conceptual, el modelo económico de libertad limitable sólo por Ley formal que establece la Constitución, en las tres primeras décadas de vigencia de la Constitución no estuvo realmente nunca en vigencia. Recordemos una vez más que el 23 de enero de 1961 se expidió el Decreto 455, publicado en la *Gaceta Oficial* del 24 de enero mediante el cual se restringió en todo el territorio nacional la garantía de la libertad económica prevista en el artículo 96, la garantía de la libertad económica prevista en el artículo 96, garantía que no es otra que la que asegura que las limitaciones a dicha libertad sólo pueden establecerse por ley formal. Lo grave es que dicha restricción hasta 1991 estuvo vigente y ningún gobierno se atrevió a revocarla, pues nada más cómodo y arbitrario para gobernar la economía, que esa absurda cláusula abierta y general que se formuló en el Decreto N° 455, y que no resistió el más elemental análisis para, incluso, quedar en evidencia la inconstitucionalidad originaria que tenía.

En efecto, de acuerdo a la Constitución, la restricción de garantías constitucionales es un acto serio, que todavía los gobernantes no han sabido dictar. No lo supo el Gobierno en 1961, pero tampoco lo supo el Gobierno en 1989, cuando en febrero se suspendieron en la forma más descabellada posible, derechos y garantías, sin aplicarse las técnicas más elementales del derecho constitucional. Pues bien, hay que recordar que nuestra Constitución no admite la restricción, in genere de garantías constitucionales como la que contenía el Decreto N° 455, que lo que hizo, en realidad, fue convertir en legislador económico al Presidente de la República. Ello resulta comprobado de la constatación de que más del 80% de las medidas económicas importantes adoptadas en el país, entre 1961 y 1971 fueron dictadas o reformadas a través de Decretos-Leyes, vía restricción de la libertad económica.

La Constitución de 1961, en realidad, permite la restricción de las libertades, y la consecuente ampliación de los poderes legislativos del Ejecutivo, pero no en general, sino que la restricción debe producirse cada vez que el Presidente de la República, por razones de urgencia, necesite dictar una regulación económica, soslayando la reserva legal.

Por ello se prevé en el Texto Fundamental, que el Decreto de restricción debe ser sometido al Congreso. Sin embargo, con la restricción general de la garantía de la libertad económica desde 1961 hasta 1991, en la práctica se distorsionó la propia Constitución, al excluirse la participación del Congreso en el control de las medidas de emergencia adoptadas por el Ejecutivo, violentándose así la Constitución económica.

Era hora, por tanto, de restablecer la garantía económica. Bastaba para ello un solo Decreto, sin que su emisión afectase las disposiciones dictadas con anterioridad. Por supuesto, ello sólo ha tenido una consecuencia política: el Presidente de la República, en el futuro, podrá restringir cuantas veces quiera tal garantía y dictar las medidas legislativas que crea convenientes, pero en cada caso tendrá que someter estos actos a la consideración de las Cámaras Legislativas dentro de los 10 días siguientes a su publicación. He allí la consecuencia de restablecer la plena vigencia de la Constitución.

Como vemos, por tanto, el Estado social que prevé la Constitución, aún no se ha implementado por las fallas de la política social de los últimos años; y la Constitución económica del mismo, en los primeros treinta años de vigencia de la Constitución, no había entrado plenamente en vigencia:

4. *Los problemas del estado de derecho*

En tercer lugar, además de ser, el Estado venezolano, conforme a la Constitución, un Estado democrático y social, es también un Estado de derecho, conforme a la más liberal de las tradiciones del Estado moderno.

En este aspecto, el modelo constitucional, a pesar de todos los avances formales y en aspectos específicos relativos a la sumisión al derecho por parte de los funcionarios públicos, ciertamente, aún no se ha consolidado. Tenemos un Estado de Derecho a medias, parcial o truncado, particularmente por los problemas que presentan quienes pueden garantizarlo: los órganos de control.

En efecto, el modelo de Estado de derecho, en el esquema de la Constitución, está montado, en primer lugar, en la declaración constitucional de los derechos y libertades, fundamentándose todo el sistema en el reconocimiento de la dignidad humana, como valor esencial de la organización política y social. De allí que la Constitución se haya dictado, como lo afirma el Preámbulo, tanto para "amparar la dignidad humana" como para "asegurar los derechos, y la dignidad de los ciudadanos"; y que el artículo 50 de la Constitución afirme que "la enunciación de los derechos y garantías contenida en esta Constitución no debe entenderse como negación de otros que, siendo inherentes a la persona humana, no figuren expresamente en ella" de manera que "la falta de ley reglamentaria de estos derechos no menoscaba el ejercicio de los mismos".

Pero evidentemente, no basta que se declaren los derechos y garantías, ni basta, que se garantice en forma objetiva su vigencia, al declararse constitucionalmente como nulos los actos del Poder Público que los violen o menoscaben (Art. 46), para que éstos tengan efectiva vigencia. Es necesario, para ello, que el Estado y la sociedad asuman como valor esencial, la existencia de los mismos. Lamentablemente ello aún no es así, a pesar de los 30 años de democracia, y por ejemplo, un valor tan esencial como es la vida misma, todavía no es un valor social que lleve a que se considere que debe ser sagrada y religiosamente respetada, por inviolable. Al contrario, los funcionarios y los individuos las violan a mansalva: allí está la mancha indeleble del desprecio a la vida que marcó a la población de El Amparo, y a tantos otros operativos policiales y militares desarrollados en nombre de la democracia; y allí están las reseñas diarias que nos muestran delincuentes que cotidianamente la menosprecian, cometiendo los crímenes más abyectos, donde se mata inmisericordemente y con una degradación humana que asombra y aterroriza. La pregunta angustiosa es siempre la misma. ¿De dónde habrán salido esos monstruos? y la respuesta, lamentablemente, parece no ser otra: no son extraterrestres, la mayoría son nacidos y criados en estas tierras y en estos tiempos. Son un subproducto de nuestra sociedad en crisis.

Si la vida misma, no aparece como un valor esencial y respetable, ¿qué podemos esperar, en definitiva, de todos los demás derechos constitucionales? Si tienen efectividad, a veces, ello casi hay que considerarlo que es por milagro, pero no porque sea producto de la plena y consciente aceptación del Estado de derecho.

El problema está, en todo caso, no en la falla de las declaraciones formales de los derechos, sino en los mecanismos de control y tutela respecto de los mismos, que no han llegado a consolidarse definitivamente. No tenemos un acabado Estado de derecho, en definitiva, porque las Cámaras Legislativas en ejercicio del control político que les corresponde constitucionalmente, no controlan las violaciones de los derechos producidas por el Ejecutivo; no tenemos un pleno Estado de derecho porque el órgano de control por excelencia de la vigencia de los derechos humanos, como es la Fiscalía General de la República, no ha asumido plenamente su rol contralor correspondiente a un verdadero ombusman; en fin, no tenemos un completo Estado de derecho porque no existen las bases para el efectivo ejercicio de una tutela judicial de los derechos fundamentales, por las fallas y problemas del Poder Judicial.

El derecho y la justicia no son valores abstractos. Como lo señaló Lord Dening, uno de los más destacados jueces ingleses del mundo contemporáneo:

> "Cuando uno se mete en el camino de la justicia debe recordarse que hay dos grandes objetivos que han de alcanzarse: uno es lograr que las leyes sean justas;

otro que las mismas deben ser justamente administradas. Ambos son importantes, pero de los dos, el más importante es que las leyes deben ser justamente administradas. Nada se logra teniendo leyes justas si las mismas son administradas injustamente por malos jueces o por abogados corruptos. Un país no puede tolerar por mucho tiempo un sistema legal que no asegure juicios justos".

He allí nuestro problema; nuestro principal problema institucional que impide que el Estado de derecho impere en el país; se trata ni más ni menos, que el problema del Poder Judicial.

En efecto, en cualquier Estado democrático, el Poder Judicial es el instrumento de control de los poderes Ejecutivo y Legislativo, principio base del Estado de Derecho; es el garante de los derechos fundamentales de los ciudadanos; y es el instrumento de la sociedad para la resolución de conflictos entre los individuos, de manera que éstos no se hagan justicia por sí mismos.

Por tanto, si el Poder Judicial no es un adecuado instrumento de control del Ejecutivo y del Legislador; si no garantiza adecuadamente los derechos fundamentales, y no sirve de instrumento de resolución de conflictos, la base del sistema social no existiría, ni se podría hablar de Estado de derecho ni de democracia.

Nosotros tenemos un Estado de derecho a medias: sin duda, hemos desarrollado efectivos mecanismos para ejercer la tutela judicial de la sumisión de los órganos del Estado al derecho, a través de los mecanismos de justicia constitucional y de justicia contencioso-administrativa y hemos instituido la acción de amparo, cuya efectividad probada, en la protección de los derechos fundamentales, ha venido a paliar los graves problemas de desprotección derivados de la lentitud y procedimentalización de la justicia. Sin embargo, no todos tienen acceso a la justicia ni el Estado asegura a todos la adecuada asistencia jurídica para el ejercicio del derecho a la tutela judicial. ¿De qué sirve, entonces, el control judicial de legalidad y constitucionalidad de los actos de los órganos de los Poderes Públicos, si muy pocos tienen acceso a los mismos? En este aspecto, si bien el Estado de derecho funciona, existe sólo para algunos: la mayoría ni siquiera ha oído hablar de ello.

Y en ese aspecto del control de legalidad no debe dejarse de mencionar el rol de la Procuraduría General de la República en los juicios de nulidad, que en mi criterio se ha venido paulatinamente distorsionando: ser abogado del Estado no implica el deber de encubrir y defender a ultranza ilegalidades y arbitrariedades, particularmente si los problemas debatidos no tienen contenido patrimonial y son de mero derecho. La Procuraduría debe retomar su rol de asesor jurídico del Estado, y cuando sus órganos han cometido ilegalidades —lo que no es infrecuente— debe advertírselo, decírselo y denunciarlo, y no necesariamente defender lo indefendible. El asesor jurídico por lealtad al derecho, debe decir la verdad legal, aun cuando no le convenga al cliente, y si éste es el Estado, su abogado, que es la Procuraduría, debe decirle qué es o no es legal, incluso en juicio. Flaco servicio se le hace al Estado de derecho dictaminando o argumentando en defensa de ilegalidades.

Pero en definitiva, el problema del Poder Judicial no está en el área de la justicia constitucional o contencioso-administrativa donde afortunadamente cumple su papel de contralor de la constitucionalidad y legalidad de las actuaciones del Estado; el problema está en el campo de la resolución de conflictos en la jurisdicción ordinaria y especial y en los procesos penales. Allí podríamos decir que la justicia, sola, está acabando con la República, que se nos está desmoronando ante nuestros ojos, siendo el principal responsable de dicho deterioro el Estado de Partidos, que no ha sabido garantizar ni la autonomía ni la independencia de los jueces.

En un Estado de derecho, los jueces deben ser ante todo independientes, en el sentido de un sometimiento, en forma alguna, a los otros poderes del Estado: el Legislativo y el Ejecutivo. Para garantizar esta independencia la Constitución previo la creación del Consejo de la Judicatura, órgano con autonomía funcional al que correspondería el nombramiento y remoción de los jueces y el manejo presupuestario de los tribunales. Sin embargo, los veinte años de funcionamiento de este órgano, a lo que han conducido, en la práctica, es a la conformación de una nueva forma de dependencia del Poder Judicial. Ciertamente se atenuó la dependencia formal que antaño tenía el Poder Judicial respecto del Ejecutivo, pero de ello se pasó a la dependencia de los partidos políticos, gracias al Estado de Partidos, siendo su instrumento el mismo Consejo de la Judicatura. Destaquemos que después de 20 años de creación de este órgano, todavía el Consejo anuncia que este año, 1993 será "el año de los concursos de oposición", lo que significa que éstos no se han institucionalizado, en el país, como todos lo sabemos. Así, la reforma de 1970 cambió la forma de dependencia, al punto de que la hizo multiforme, con lo cual la independencia de los jueces se hizo más lejana, produciéndose una degradación de la Judicatura por su extrema politización y por la todavía ausente carrera judicial. Lo más grave de esta situación es que con el poder del Consejo de remover o destituir a los jueces, ello ha originado otra forma de dependencia de los mismos, precisamente respecto de dicho organismo. Basta para constatar esta grave situación al recordar la frecuencia con que en los últimos años el Consejo de la Judicatura ha destituido jueces, no precisamente por razones disciplinarias, sino por haber adoptado decisiones que no eran del agrado del Consejo o de alguno de sus miembros o de quienes, desde el Ejecutivo, presionaron al Consejo. El Consejo de la Judicatura, así, ha tendido a actuar como agente de otros intereses, interfiriendo en la administración de justicia, como una especie de entidad revisora del fondo de las decisiones judiciales, lo que no tiene sentido alguno.

Pero a la nueva forma de dependencia del Poder Judicial, se suma su mediatización o carencia de autonomía. Esta, como nota especial de la correcta administración de justicia, implica que el juez para adoptar su decisión, sólo está sujeto a la Constitución y a las leyes de manera que no debe tener otro condicionamiento que la legalidad. En contraste, sin embargo, en nuestro país, los jueces se encuentran condicionados para la toma de decisiones por todas las presiones imaginables sin que exista protección efectiva alguna en el ejercicio de sus funciones. En nuestro país, y ello lo sabemos, todo el mundo se da el lujo de criticar, presionar y amedrentar a los jueces; y lo peor es que también ello lo hacen los funcionarios públicos. La situación la resumía la Federación de Asociaciones de Jueces de Venezuela y la Asociación de Jueces del Distrito Federal y Estado Miranda, con motivo de celebrar el "Día del Juez" en diciembre de 1987, al afirmar en un aviso de prensa: "Criticar a los jueces parece hoy en día un deporte favorito".

Esta situación, sin duda, adquiere carecieres de tragedia nacional, pues no es infrecuente que a la hora de sentenciar, los jueces, más que pensar en aplicar la ley, tengan que estar pendientes en la reacción que su decisión podrá provocar en el gobierno de turno, en algunos parlamentarios, o en algunos miembros del Consejo de la Judicatura, en los grupos de presión interesados, en algunos periodistas que en la opinión ya han sentenciado, o en los partidos políticos. Por tanto, o definitivamente protegemos a los jueces para garantizar su autonomía, o la luz que proyecta la sombra del Estado de Derecho se terminaría por extinguir y de aquél ni la sombra quedará.

A la base de toda esta situación, en todo caso está el hecho lamentable de que a pesar de las tres décadas de vigencia de la Constitución, la justicia y el derecho no han llegado a ser un valor fundamental de la vida social. La mayoría de la población —así lo dicen las encuestas— no cree en la justicia, y el derecho como conjunto de reglas que rigen las relaciones sociales, no se respeta en forma absoluta. La viveza criolla es el signo de la ajuricidad y los valores que difunden los medios de comunicación, son los más alejados al respeto de la Ley. En todo caso, una democracia que no se base en el imperio de la Ley, que no imponga el gobierno por la Ley y no por los hombres, es una democracia a medias, como la que tenemos.

Aquí, de nuevo, debemos señalar que si ese es el Estado de derecho que queremos, parcial y a medias, nada tenemos que hacer, pues todo está hecho. De lo contrario, si queremos estructurar un verdadero Estado de derecho hay que cambiarlo todo y una política fundamental de los gobiernos tendría que ser erigir el imperio de la Ley en el valor más importante de la vida social. Hoy no lo es.

En nuestra historia política, sin duda, el que un texto constitucional haya llegado a cumplir 32 años de vigencia, es un hecho destacado que hay que celebrar. Ello significa que en ese período no ha habido rupturas formales del hilo constitucional, como fue nuestra tradición hasta 1961. Significa además, en nuestro caso, que durante tres décadas consecutivas hemos vivido bajo un régimen democrático —el primero en nuestra historia— aun cuando de democracia de partidos.

Este esquema, que hoy criticamos, sin duda, y hay que reconocerlo, era el que había que establecer en 1958. En ese momento, estimamos que sólo un sistema de Estado centralizado y de centralismo democrático de partidos era el que podía ser el instrumento para implantar la democracia en un país como el nuestro, que no había tenido hasta ese momento ninguna experiencia democrática, salvo el incipiente ensayo de comienzos de la década de los cuarenta, truncado por la Revolución de octubre de 1945.

Por tanto, es claro, que es al esquema institucional del Estado de partidos que debemos la implantación de la democracia en el país. Esto hay que reconocerlo. Sin embargo, lo que los partidos políticos no entendieron, y por ello, son los responsables de la crisis institucional actual, fue que el sistema institucional establecido a partir de 1958, no era ni debía ser un sistema permanente e inmutable, sino que respondía al Proyecto político concreto del momento: el desarrollar un régimen democrático en un país donde no había tradición democrática. Los partidos no entendieron ni aún han entendido que implantada y desarrollada la democracia, como ha sucedido en los últimos 30 años, se imponía formular otro Proyecto político, basado sin duda en dos pilares contrarios a los del Estado centralizado de partidos: la descentralización política y la despartidización de la sociedad; y que tuviera por objeto concretizar el modelo de Estado democrático y social que regula la Constitución de 1961.

Esta, sin duda, tiene que ser la tarea futura e inmediata, pues en cualquier momento podrá ya ser demasiado tarde.

IV. LA CRISIS DEL ESTADO CENTRALIZADO DE PARTIDOS DESARROLLADO EN EL MARCO DE LA CONSTITUCIÓN DE 1961

La manifestación más global de la crisis, y hasta cierto punto, comprensiva de todas sus otras expresiones, es la crisis institucional o la crisis de las instituciones, es decir, la que afecta a las organizaciones fundamentales de nuestra sociedad. Existía la rara sensación de que éstas ya no servían para los fines que motivaron su establecimiento; de que estaban dando muestras de agotamiento como para servir en el futuro como instrumentos efectivos de avance y progreso, y de que tenían que ser reformadas. Incluso, cualquier encuesta evidenciaba la apreciación generalizada de que las instituciones no funcionaban. No funcionaba el Congreso, los Servicios Públicos, los Tribunales, los Sindicatos, los Partidos Políticos, las Asambleas Legislativas, en fin todo el conjunto de organizaciones básicas de la Sociedad. Y en general, se pensaba que no funcionarían adecuadamente en el futuro, a menos que un cambio o transformación se produjese en ellas.

En esta forma, teníamos la sensación de que el conjunto de instituciones que conformaban el Estado Democrático y Social de Derecho, y que se había desarrollado y moldeado en los últimos seis lustros, habían llegado a su punto máximo de agotamiento, a su nivel de incompetencia y de que no servían para las tareas y retos futuros. De allí la inevitable asociación entre crisis y reforma: la crisis de las instituciones planteaba, inevitable e inconscientemente, la necesidad de un cambio, de una transformación, de una reforma de esas instituciones, lo cual con frecuencia se englobó en la expresión "reforma del Estado".

Esto conducía al círculo vicioso de la crisis institucional: la reforma de las instituciones sólo podía hacerse, en un sistema democrático, con el concurso de las propias instituciones, y sus componentes, pues de lo contrario, toda transformación impuesta desde fuera implicaría eliminación de la democracia y su sustitución por la autocracia.

Por tanto, en un sistema democrático sólo las propias instituciones del sistema pueden auto reformarse. Sin embargo, lo grave de la crisis institucional, era que había conducido a la incapacidad de las propias instituciones, incluso, de autoevaluarse y transformarse. De allí el sentimiento de frustración, también tan generalizado, sobre la crisis y su solución, y que resultaba del contraste que se evidenciaba entre lo que planteaba y formulaba el liderazgo político y lo que sucedía en la realidad, y de que a pesar de lo que se decía, se decidía, se decretaba y se legislaba, no pasaba nada, y todo seguía igual. Lo lamentable de esta situación era que corría el riesgo de convertirse en una frustración sobre la misma capacidad de la democracia para generar sus propios correctivos.

Estábamos a finales de los ochenta, por tanto, en un punto de no retorno, que se prolongaba sólo por la mitigación de la crisis económica y social producida por el ingreso petrolero. Entre tanto, las instituciones no servían y no servirían en el futuro; sabíamos que necesitábamos reformarlas, pero también sentíamos que las propias instituciones se mostraban incapaces de hacerlo.

Crisis, reforma y frustración, eran por tanto, los signos característicos del sistema institucional a fines de los ochenta e inicios de los noventa.

Pero, nos preguntábamos en 1985 ¿quiénes son los responsables de la crisis institucional y cuáles son las salidas?[465]

1. *Los responsables de la crisis institucional: los partidos políticos*

Los responsables de la crisis institucional, sin la menor duda y había que repetirlo una y otra vez, eran los partidos políticos, por no haber comprendido que el sistema institucional cuyos líderes fundamentales establecieron en 1958-1961, no era ni debía ser un sistema permanente e inmutable, sino que respondía a un Proyecto Político concreto: el desarrollar e imponer un régimen democrático en el país latinoamericano que, en 1958, tenía históricamente hablando, la menos tradición democrática: Venezuela. No entendieron ni habían entendido que implantada y desarrollada la democracia, como en efecto ocurrió en las últimas décadas, era necesario liberar las propias fuerzas sociales democráticas de un país, ahora, paradójicamente, con una de las más viejas democracias latinoamericanas, para lograr su propio desarrollo político. Por tanto, a los partidos políticos debíamos la implantación de la democracia en nuestro país, y el desarrollo de la misma se lo debíamos a ellos; pero, no por ello dejaban de ser, también, los responsables de la crisis institucional, que era una crisis del propio sistema político.

Esto exigía, por supuesto, tratar de puntualizar los pilares fundamentales del sistema institucional establecido a fines de los años cincuenta, a raíz del denominado Pacto de Punto Fijo, producto de la Revolución Democrática de 1958, y los problemas que presentaba.

Estos pilares fundamentales del sistema institucional establecido para lograr la realización del Proyecto Político definido (implantar y mantener la democracia) y que, paradójicamente, eran los que estaban.

A. *La partidocracia o democracia de partidos*

Hemos señalado que el principal instrumento institucional concebido en los años 1958-1961 para lograr implantar y mantener el régimen democrático, fue la configuración de un sistema de partidos políticos que podemos calificar, sin duda, como un sistema de "democracia de partidos" o partidocracia, y que es el resultado directo de las reglas de juego que se establecieron en el *Pacto de Punto Fijo* y que inspiraron, además, el texto constitucional.

Para asegurar el funcionamiento del sistema, desde la década de los cuarenta ha funcionado un sistema electoral conforme al cual los partidos aseguraron la representación, entre otros aspectos, por la previsión del principio, luego desarrollado legalmente, de la representación proporcional de las minorías como modo de escrutinio en las elecciones de los cuerpos representativos, pero en grandes circunscripciones electorales mediante listas cerradas y bloqueadas. Este sistema hemos dicho, es el instrumento por excelencia para asegurar el monopolio de la representatividad

465 Véase Allan R. Brewer-Carías, "La crisis de las instituciones: responsables y salidas" en *Revista de la Facultad de Ciencias Jurídicas y Políticas*, N° 64, Caracas, 1985, pp. 130 a 155.

a través de los partidos, y para la consolidación de este sistema de democracia de partidos.

Ello, sin duda, fue esencial para la implantación de la democracia en los lustros siguientes a 1958; sin embargo, luego constituyó uno de los signos más patentes de la crisis institucional. Desarrollada la democracia, resultaba necesario modificar y aumentar las bases de la representatividad política, de manera que además de los partidos, los ciudadanos, habituados a la democracia, y con un desarrollo político que los propios partidos contribuyeron a configurar, pudieran directamente e incluso, a través de otras sociedades intermedias, obtener representación de los órganos representativos.

Pero además del mecanismo de representatividad por los partidos, la democracia de partidos, como sistema establecido para mantener el régimen democrático, también otorgó a estos, en el propio texto constitucional, el monopolio de la participación política, al reconocerlos como los instrumentos por excelencia para participar en la vida política, y en la conducción de la vida nacional. Ello también era esencial en un país en el cual los partidos precedieron a la democracia: ellos debían asumir el monopolio de la participación, lo que condujo a la preeminencia de los partidos sobre las otras sociedades intermedias; sindicatos, gremios, colegios profesionales, asociaciones vecinales, las cuales, además, se desarrollaron bajo el control de los partidos.

Pero aquí también, desarrollada la democracia, resultaba necesario modificar y aumentar las bases de la participación política, de manera que además de los partidos políticos, las otras sociedades intermedias, liberadas de su influencia y control total, pudieran participar también en la conducción de los intereses nacionales, con autonomía.

La democracia de partidos fue esencial para el desarrollo del sistema democrático y su mantenimiento a partir de 1958; sin embargo, el sistema treinta años después, había hecho crisis, por lo que era indispensable su revisión, en el sentido de determinar si los partidos políticos debían seguir siendo el único mecanismo de representatividad y de participación o si al contrario, la sociedad venezolana había avanzado lo suficiente, en la vía democrática, como para buscar otros medios de representación y otros mecanismos de participación. En la búsqueda de ello es que estuvo, sin duda, uno de los elementos de la reforma del Estado que se planteó hacia fines de los ochenta. Sin embargo, era claro, por el monopolio que los partidos tenían del sistema político y del poder, en definitiva, sólo ellos podían ser los actores de dichas reformas, renunciando al monopolio y transfiriendo poder a otras sociedades intermedias. Con la elección de Gobernadores y las reformas al federalismo y municipalismo en 1989, y las reformas electorales dando cabida a la uninominalidad, esas reformas comenzaron.

B. *El Estado Centralizado*

Pero además de la partidocracia, también hemos señalado que otro de los pilares institucionales concebidos para lograr el mantenimiento del sistema democrático, como resultado de la decisión política unitaria contenida en el *Pacto de Punto Fijo* y en la Constitución, y además, como refuerzo de los propios partidos, fue el sistema de centralismo de Estado o de Estado centralizado motivado, entre otros aspectos, por el temor al federalismo.

Por supuesto, además de responder a las exigencias del Proyecto Político concreto de 1598-1961, el sistema institucional de Estado centralizado fue el resultado de un largo proceso evolutivo de centralización en el cual, si se quiere, ganaron las fuerzas de integración frente a las de disgregación en la estructuración política de la sociedad venezolana.

En todo caso, la estructura real del Estado, en 1958, era la centralista, por lo que para no caer en contradicciones estableciendo un real Estado Federal como un sistema democrático, teóricamente, lo exigía, había que regular una forma de Estado, que sin dejar de ser federal fuera centralista. Para lograr esta contradicción, se reconoció que no había descentralización política en el sistema, y que lo federal era una cuestión de tradición histórica. Por ello, algunos pensaron en eliminar la federación, y sustituirla por otra forma de descentralización. Sin embargo, era evidente que si había una forma federal tradicional, como forma ideal de descentralización, lo lógico era aprovechar esa forma y darle contenido y no pensar en eliminarla para estructurar una forma nueva de descentralización política. Por otra parte, también resultaba evidente que mantener la federación sólo por razones históricas, sin contenido descentralizador, tampoco tenía sentido. Frente a ello, como se ha señalado, y en base a estas dudas y realidades, la opción del Constituyente de 1961 fue por el establecimiento de una contradicción institucional: una federación en un Estado Centralista, en el cual se reforzó el Poder Nacional frente a los Poderes Estadales.

Por supuesto, este fortalecimiento del Poder Nacional no fue producto del azar, sino que respondió a la búsqueda por consolidar un Estado Centralizado, como condición para implantar e imponer la democracia bajo un sistema de partidocracia. En esta regulación se siguió el mismo sistema conciliatorio adoptado para el establecimiento de otras instituciones en el texto fundamental: permite su desarrollo en la dirección que quiera la conducción política. Así, se estableció un esquema federal con competencias residuales en los Estados, pero con una competencia nacional amplísima y ampliable cuando ello fuera así por su índole o naturaleza, que permitía centralizar materialmente todo.

El esquema centralista que resultaba sin embargo, podía mitigarse al establecerse la posibilidad expresa de que el Poder Nacional pudiera descentralizar, lo cual sólo sucedió en 1989. Antes la práctica legislativa y política de las últimas décadas lo que mostraban era una progresiva y constante centralización.

En todo caso, era evidente que este sistema centralizado que previo la Constitución como hemos dicho, tuvo una motivación política concreta, aparte de ser el resultado de un proceso evolutivo: consolidar el régimen democrático de partidos, minimizando el desarrollo de poderes políticos locales que en el naciente Estado pudieran conspirar contra el mantenimiento del sistema democrático. Posiblemente si se hubiere establecido una forma de Estado descentralizado en 1960, no se hubieran podido controlar las fuerzas centrífugas del proceso político, y hubiera sido más difícil consolidar el sistema democrático.

Sin embargo, implantada la democracia en Venezuela y transcurridos 30 años de democracia consolidada, el propio centralismo estaba dando muestras de ineficiencia, de abocamiento del propio proceso de desarrollo en el interior del país, y de evidente crisis institucional, que provocó la aparición de exigencias de descentralización política que podían apreciarse en diversas manifestaciones políticas. Ello condujo a la sanción de la Ley Orgánica de Descentralización, Delimitación y Transferencia de Competencias del Poder Público de 1989.

Pero vinculado al tema de la descentralización política pospuesta en 1958, debe señalarse que otro signo del esquema de Estado Centralizado que previo la Constitución de 1961, sin duda fue la transitoriedad del antiguo régimen municipal. Si hemos dicho que en el texto constitucional se evidenció una tendencia centralizadora y una reacción contra la descentralización y las autonomías locales, evidentemente que ello era contradictorio con el régimen municipal que se regulaba en el Capítulo IV del Título I del mismo Texto Constitucional (Arts. 25 a 34) donde se establecía un Municipio ideal, con amplia autonomía local, como ejemplo de descentralización política, al cual se le otorgaban amplios poderes tanto en las materias propias de la vida local como en la gestión de los intereses peculiares de la entidad, con importantes poderes tributarios.

La aplicación inmediata de este régimen municipal, sin duda, hubiera sido completamente contradictorio con el esquema de Estado Centralizado que se buscaba establecer, por lo que el Constituyente dejó en suspenso dicho régimen, a través de la Disposición Transitoria Primera, con la cual continuó en aplicación un régimen municipal consolidado bajo la Constitución autocrítica de 1953, hasta tanto no se desarrollasen legalmente las nuevas normas constitucionales. De nuevo, aquí se observa el sistema del contribuyente de prever y no prever: instituyó un régimen municipal ideal pero impidió su aplicación, por una norma transitoria, lo que equivalió, ni más ni menos, a decir: he aquí el régimen municipal de una democracia nueva, pero por ahora seguirá vigente el esquema municipal de la dictadura.

En esta forma, la Constitución reguló un Municipio inexistente, pues tal como allí sólo puede decirse que comenzó a existir en 1989. Ciertamente que con 17 años de retraso se sancionó la Ley Orgánica de Régimen Municipal de 1978, pero en la misma, aparte de desarrollarse principios de organización formal de los Municipios, no se estableció, realmente, el Municipio democrático, como unidad política primaria y autónoma dentro de la organización nacional, sino que mediante normas transitorias, en 1978 y 1984, en la propia ley se reafirmó la transitoriedad del antiguo régimen de Distritos Municipales. De nuevo nos encontramos aquí la contrariedad consensual de la Constitución, de prever una institución que la propia Constitución luego impide aplicar de inmediato, mediante un régimen transitorio.

En definitiva, luego de las sucesivas transitoriedades, sólo ha sido a partir de 1990 que se ha establecido el Municipio previsto en la Constitución. Ese Municipio del que hablan los artículos 25 y siguientes del texto fundamental, solo se ha regulado en 1989, sustituyendo efectivamente al Distrito autónomo, creado conforme al esquema centralizante que se estableció en 1904.

Por ello, implantada la democracia, otro de los signos evidentes de crisis institucional estaba en la situación del régimen municipal, lejos de los principios constitucionales, en el cual no había efectiva representatividad ni participación, pues éstas las monopolizaban los partidos, y configurado tan alejado del ciudadano y sus organizaciones que la hacían materialmente imposible.

C. *La responsabilidad de la crisis*

Ahora bien, el régimen político establecido en 1958-1961 y que conformaban el conjunto de instituciones de la sociedad venezolana, a finales de los ochenta y comienzos de los noventa estaba montado sobre los dos pilares fundamentales señalados: la partidocracia y el centralismo del Estado, que se consideraron esenciales como instrumentos para el logro del Proyecto Político que se generó en la Revolución Democrática de 1958: implantar y mantener la democracia en Venezuela. Para ello había que concentrar el poder en los partidos políticos y en el centro (nivel nacional) del país: los partidos asumieron el monopolio del poder político, a través de la asunción exclusiva de la representatividad, de la participación y del control del aparato estatal, el cual se centralizó, concentrándose en el ámbito nacional y minimizándose los poderes locales.

Este sistema institucional, sin embargo, ni era ni podría ser concebido como permanente e inmutable; y si bien fue esencial para desarrollar el Proyecto Político de implantar la democracia, debía evolucionar con ella. Sin embargo, los partidos políticos y el liderazgo nacional no entendieron la necesidad de los cambios, y al contrario de lo que debió ocurrir, concentraron y continuaron concentrando mayor poder en los partidos; y continuaron centralizando mayor poder en el nivel nacional. Esta concentración del poder en los partidos y en el centro, a fines de los ochenta, fue la principal causa de la crisis institucional, siendo por tanto los responsables de la crisis, los mismos partidos políticos que, sin duda, habían perdido el rumbo, por el agotamiento del Proyecto Político de 1958 y la incapacidad de autoevaluar y transformar el sistema.

2. *Las salidas a la crisis institucional: la despartidización y la distribución del poder*

La crisis institucional evidenciaba por tanto, una crisis del poder. El monopolio del poder ejercido por los partidos políticos y la injerencia de éstos en todas las instituciones de la sociedad con pretensiones de control, no sólo no se justificaba, sino que estaba revirtiendo en frustración respecto de la propia democracia. La salida de la crisis, en este aspecto, estaba en el desarrollo de un proceso despartidización y, por tanto, de apertura del mismo proceso democrático, para lo cual había que cambiar las bases de la representatividad y promover la participación del ciudadano mediante el desarrollo de otras sociedades intermedias, libradas del control férreo de los partidos políticos, Los partidos políticos por tanto, tenían que comprender en que había llegado el momento de compartir el poder, tanto para acelerar el desarrollo político de la sociedad, como para deslastrarse de tanta intervención en asuntos minúsculos que les estaba impidiendo, realmente, asumir el poder y gobernar.

Pero paralelamente al proceso de despartidización, y como complemento de él, para salir de las crisis institucional estaba planteada también la descentralización del poder, mediante su transferencia de los niveles centrales y nacionales del Estado, a los niveles político-territoriales olvidados y relegados, los Estados y los Municipios. Sólo distribuyendo verticalmente el poder del centro a la periferia territorial, era que podíamos lograr el desarrollo político del país entero y concluir con el espejismo de que Venezuela era Caracas y su actuación política concluía en los niveles del Poder Nacional.

La crisis institucional, provocada por el acaparamiento del poder por los partidos y por la descentralización del poder a nivel nacional, por tanto, sólo tenía como salida la despartidización y la descentralización.

A. *La despartidización*

En cuanto a la despartidización esto implicaba, en efecto, el que los partidos políticos aflojasen parte del poder que tenían monopolizado en el funcionamiento del régimen democrático, que se manifestaba en el acaparamiento que ejercían de la representatividad y de la participación; y además, implicaba el cese del control absoluto que ejercían sobre los órganos del Estado.

La salida de la crisis por la despartidización implicaba, en consecuencia, necesariamente, la realización de reformas tanto en el funcionamiento del régimen democrático, como en el funcionamiento de los órganos del Poder Nacional y de la Administración Pública.

a. *La apertura de los partidos y del régimen democrático y la búsqueda de otras vías de representatividad y participación*

La primera de las salidas a la crisis estaba en el proceso de apertura de los partidos políticos y en la consecuente democratización de la democracia, para superar la crisis de representatividad y participación.

Desde el inicio del período democrático, hemos dicho, los partidos asumieron el monopolio de la representatividad y participación, y el país aceptó ese papel. Sin embargo, ese rol de los partidos políticos en haber intermediado y mediatizado en la representatividad, condujo a la búsqueda de nuevas vías de representatividad y participación. De allí el planteamiento de la elección uninominal de los representantes al Congreso, Asambleas Legislativas, y Concejos Municipales que ha estado en el centro de la discusión en los últimos años, para lograr una mayor vinculación de los elegidos con los electores, y una escogencia directa de los representantes. Ya el ciudadano no se contentaba con que los partidos sean sus únicos representantes, ni por supuesto, con que los partidos sean los únicos mecanismos de participación que debe haber en el sistema democrático.

En todo caso, esta búsqueda de mayor representatividad y mayor participación, consecuencia de la despartidización, implicaba sin duda, duda, transformaciones en algunas de las instituciones tradicionales. Aumentar la representatividad inevitablemente implicaba modificar el sistema electoral, el cual además, estaba montado en el esquema de los años cuarenta. Desde esa época, teníamos las mismas circunscripciones electorales, el mismo sistema de votación por listas bloqueadas y cerradas en grandes circunscripciones electorales, y el mismo sistema de escrutinio por representación proporcional puro. Ese esquema fue estructurado en el año 1946, y reestructurado en 1958, y quizás en ese momento, era el adecuado. Sin embargo, ya en las elecciones de 1983 y 1984, había mostrado signos de no satisfacer adecuadamente la representatividad.

Por tanto, inevitablemente, si se quería variar y aumentar la representatividad, había que acometer la reforma del sistema electoral y había que reducir las circunscripciones electorales. El país era otro distinto respecto del de los años cuarenta, incluso, por fuerza de la propia democracia y del propio desarrollo económico, por lo que teníamos que reformular el sistema de las circunscripciones electorales. Si se quería la despartidización, teníamos que reducir el ámbito territorial de esas circunscripciones, y así aproximar más los elegidos a las comunidades. No se podía lograr realmente una mayor representatividad, si no se reducía el ámbito de esas circunscripciones electorales vinculadas a los Estados. Ese esquema territorial en alguna forma había que reducirlo, para que pudiera haber una mayor comunicación entre el representante y el elector.

Había también, por supuesto, que variar el sistema de escrutinio, y superar el sistema puro de representación proporcional, montado conforme al llamado sistema d'Hondt que se adoptó a partir de los años cuarenta, y que conducía, cuando se combina con amplísimas circunscripciones electorales y listas cerradas y bloqueadas, a que los únicos que pueden resultar representados sean los partidos. En lugar de dicho sistema, en cambio, había que plantearse o la configuración de un sistema de elección nominal dentro de un esquema de escrutinio de carácter uninominal, particularmente a nivel local. Hasta 1983, para esto último, había una objeción de orden constitucional, pues se argumentaba que la Constitución impedía la elección uninominal a nivel municipal. Aparte de que ello no era correcto, lo cierto es que el problema ya estaba resuelto por la Enmienda Constitucional N° 2, que autorizó a acudir a un sistema de escrutinio distinto en el nivel local, al que existe para el nivel nacional, que es el de representación proporcional.

Pero, por supuesto, la sola elección uninominal a nivel local, no resolvía el problema de la representatividad, si se continuaba aplicándola al ámbito territorial del Distrito Autónomo. No sólo la administración local continuaría ineficiente, sino que se agravaría. Por ello, al plantearse la reforma electoral a nivel local, no se podía quedar en el solo elemento de la elección uninominal de concejales. Era necesario reformar radicalmente la estructura local y superar el esquema de administración y de gobierno colegiado del ámbito municipal, lo que se inició a partir de la Ley Orgánica de Régimen Municipal de 1989.

Es decir, no se podía seguir admitiendo como sistema de administración y gobierno local, el que ello se hiciera sólo a través de Concejos Municipales, como órganos colegiados. Era necesario establecer una diferenciación de funciones y lograr que a nivel local existiera una diferenciación de funciones y lograr que a nivel local existiera una autoridad ejecutiva electa, un Alcalde, y un Concejo Municipal, como órgano deliberante y de control. Sólo así, ese Concejo Municipal separado del Alcalde y con funciones sólo legislativas y de control, podía estar integrado por un sistema de elección uninominal.

Pero dentro del funcionamiento del sistema democrático, aparte de la reforma del sistema electoral, el otro aspecto de la crisis del régimen democrático provocado por la excesiva partidización, que también requería reformas, era el provocado por la crisis de la participación política. Así como había una crisis de representatividad, porque cada vez nos sentíamos menos representados por el monopolio de la misma asumido por los partidos, asimismo también había una crisis de participación política por su acaparamiento por los partidos. Por ello, para satisfacer las exigencias de participación, también debía pensarse en las necesarias reformas de las instituciones.

De nuevo aquí era necesario mencionar, como elemento central para hacer más participativo nuestro sistema democrático, que teníamos que reformar las instituciones regionales y locales. No podría realmente establecer una democracia participativa, pensando sólo en las instituciones políticas nacionales. Para que pueda haber democracia participativa, tenemos que hacerla participativa en el único lugar donde ello pueda hacerse políticamente en los Estados y en el nivel local, en los Municipios, mediante un definido proceso de descentralización política. Para ello, teníamos, que inventar el Municipio con imaginación, partiendo del supuesto de que no existía como tal en Venezuela, ni había existido, desde principios de siglo. Teníamos además, que reforzar los vínculos políticos vecinales y lograr que las asociaciones de vecinos, como movimientos sociales urbanos espontáneos, no sean sólo lo que habían sido (grupos de presión) sino que pudiéramos convertirlas en instrumentos de gestión local, pues sólo a ese nivel podíamos acercar el poder ciudadano. De allí la reforma de la Ley Orgánica de Régimen Municipal en 1989 y la creación de las Parroquias.

En definitiva, para que pudiera haber participación política, tenía que haber descentralización política, pues aquélla resultaba imposible en un Estado centralizado. Pero además, los partidos políticos tenían que aflojar parte del poder monopolizado, y abrir paso al desarrollo político de sociedades intermedias con autonomía frente al control partidista. Debía superarse, así, la tutela otrora necesaria y hasta indispensable, de sindicatos, corporaciones profesionales, universidades, y gremios de funcionarios y liberarse a estas instituciones del control partidista centralizado. Asimismo, la estructura de centralismo democrático de los propios partidos, que había conducido a que ese nivel central-nacional, incluso, se tomasen decisiones tales como quienes debían ser electos presidentes de Concejos Municipales y aun de comisiones de ciertos Concejos; debía superarse, mediante la reforma interna de los partidos, y permitirse el desarrollo político regional y local de los propios partidos, transfiriéndose el poder de decisión hacia las directivas regionales y locales en el interior del país. La creación de la figura de los Alcaldes en 1989, contribuyó a este cambio.

b. *Las reformas de los Poderes Nacionales del Estado y el aflojamiento del control partidista de las instituciones*

Pero la despartidización no sólo estaba planteada mediante la búsqueda de otras y adicionales vías de representatividad y participación política, no monopolizada por los partidos, y la liberación del control por los partidos de todas las sociedades intermedias y la descentralización del propio poder partidista, sino que también debía conducir al abandono del férreo control partidista sobre los órganos del Estado, en particular del Poder Nacional, que estaban sumidos también en la crisis institucional. Los partidos políticos, en efecto, controlaban completamente al Congreso, donde sólo ellos tenían representación; al Poder Judicial, mediante el sometimiento a sus designios y a los de sus representantes del Consejo de la Judicatura que había nombrado a los Jueces a dedo; y a la Administración Pública, donde la carrera administrativa era una entelequia que no se aplicaba. La salida de la crisis institucional, inevitablemente tenía que conducir a la despartidización de estas instituciones, mediante una serie de reformas que, es claro, sólo los partidos políticos podían acometer en nuestro sistema democrático, y que tenían que incidir en el funcionamiento del Congreso, del Poder Judicial y de la Administración.

Puede decirse que había consenso político y en la opinión pública en la apreciación de que el Congreso, que tiene funciones legislativas y de control, no siempre legislaba y cuando lo hacía, lo realizaba relativamente mal y que además, no siempre controlaba y cuando llevaba a cabo sus funciones de control, también lo hacía relativamente mal. El Congreso también requería de una profunda reforma y esto se había venido planteando. A tal efecto, la Enmienda Constitucional N° 2, de marzo de 1983, estableció una base para ello que fue la creación de la Comisión Legislativa que podría permitir, agilizar el proceso de formación de las leyes y el desarrollo de las tareas legislativas par parte de las Cámaras Legislativas.

Pero sin duda todavía es necesario que haya una reforma en la composición de los cuerpos asesores del Congreso, a los efectos legislativos y de control. Hasta fines de los ochenta, en realidad teníamos el raro caso de un Congreso que pretendía legislar y controlar a la Administración, sin contar con los cuerpos asesores permanentes de los mayores niveles de excelencia. Con la creación de la Oficina de Asesoría Jurídica del Congreso se comenzó a corregir esta situación.

No se puede legislar sólo con el trabajo de alguno que otro diputado o senador que dedique algo de su tiempo a redactar artículos de una ley. Lo mismo sucede con las actividades de control. Nos quejamos los ciudadanos de que ninguna investigación parlamentaria concluye en nada, y nos percatamos de que en general, no puede ser de otra forma, pues son investigaciones mal hechas, porque no hay cuerpos asesores permanentes con niveles de excelencia, que permiten realmente a las Comisiones del Congreso, desarrollar su labor. Lo que ha habido en el Congreso en general, como asesores, han sido amigos de los partidos o activistas de los mismos, que salvo extrañas excepciones, conforman un cuerpo burocrático con niveles excelsos de incompetencia.

Por tanto en el Congreso, se debe estructurar en un cuerpo permanente de funcionarios, seleccionados por concurso, que integren un cuerpo de carrera, y que tengan a su cargo la labor de asesorar a los parlamentarios en las labores legislativas y de control.

Para ello, los partidos políticos tienen que renunciar a financiar á sus dirigentes medios a través de los cargos de asesorías en el Congreso, o a colocar sus amigos desempleados.

La reforma del Estado motivada por la despartidización también tiene que ser un proceso que debe incidir en el Poder Judicial. Sobre todo, también existe una conciencia política fundamental en torno a la necesidad de darle un vuelco total al Poder Judicial. Hemos estructurado en nuestro país un régimen democrático, pero nos hemos olvidado que el pilar fundamental de todo sistema democrático es la Justicia, y mientras la Justicia no tenga credibilidad, tendremos una falla en los cimientos del sistema mismo. Por tanto, uno de los elementos centrales que tiene que formar parte de un programa de reforma del Estado y perfeccionamiento de la democracia, es la reforma del Poder Judicial y el sistema administrativo que lo conforma.

A fines de los años ochenta había sido altamente cuestionado el Consejo de la Judicatura por la politización que había provocado, en los últimos años del Poder Judicial y por no haber desarrollado un adecuado sistema de selección de los jueces para protegerlos con la carrera judicial. Al contrario, se había desarrollado una carrera judicial pero para darle, en muchos casos, estabilidad a la ineficiencia. Los concursos estaban previstos en la Ley de Carrera Judicial, pero no se habían cumplido y hasta el cuestionamiento a ese proceder se había formulado por la propia Corte Suprema de Justicia.

En esta forma, la independencia y autonomía de los jueces, que un organismo como el Consejo de la Judicatura podía garantizar de acuerdo al esquema de la Constitución, estaba distorsionada, pues dicho ente, lejos de asegurar esa independencia y la autonomía de los jueces, lo que había hecho era politizar el Poder Judicial, conduciendo a una progresiva pérdida de credibilidad en la Justicia, hasta por parte de los propios sectores políticos.

Por ejemplo, tan ello era así, que cuando se formuló la Ley Orgánica de Salvaguarda del Patrimonio Público (1982), frente a la partidización y consecuencial politización del Poder Judicial, la Comisión Bicameral optó por proponer que el nombramiento de los jueces de Salvaguarda debía quitársele al Consejo de la Judicatura, porque ese organismo no garantizaba dichos nombramientos fuera de las líneas del partido, y el Congreso, deliberadamente, le asignó el nombramiento de tales jueces a la Corte Suprema de Justicia, porque estimó que el Supremo Tribunal salvaguardaba más la designación de dichos jueces ante la politización. Ha habido por tanto, conciencia general en torno a la politización y partidización de la Justicia debido a que el sistema del Consejo de la Judicatura, tal como ha funcionado, ha sido ineficiente y ello tiene que transformarse.

Por supuesto, otras transformaciones eran necesarias en el funcionamiento de la Justicia; lograr que la misma sea rápida, efectiva y democrática, mediante una reforma de los procedimientos, y asegurar a todos el acceso a la justicia y el derecho a la defensa, mediante adecuados mecanismos de asistencia jurídica.

Por último, es evidente que en el campo de la administración pública, las exigencias de la despartidización conllevan a una reforma en la función pública. Definitivamente, la eficiencia del Estado depende de la eficiencia y revalorización del personal que cumple funciones públicas, y en este campo hay un reto fundamental en el futuro. Tenemos que crear una burocracia en Venezuela y lo decimos en términos precisos pues, en verdad, en Venezuela no tenemos ni hemos tenido una auténtica burocracia. Tenemos un personal al servicio del Estado, que desafortunadamente ha cambiado en su composición básica cada cinco años, con los cambios de gobierno, conspirando contra todo elemental principio de eficacia; y ello conduce a que no hayamos tenido una burocracia como instrumento permanente de gestión, de niveles de excelencia, que pueda conducir efectivamente a la acción del Estado. Por supuesto, para crear esa burocracia, tenemos que pensar en políticas que hemos sólo desarrollado muy relativamente; la formación, la selección, la estabilidad y la remuneración de ese personal, y los partidos políticos, por sobre todo, deben renunciar al control de la burocracia y a seguir aplicando el sistema del botín.

Por otra parte, después de 20 años de vigencia de la Ley de Carrera Administrativa, tenemos que convenir en que la relativa estabilidad lograda, aquí también, como en los jueces, de la ineficiencia, es el peor atentado a la sociedad. Por eso, la propia Ley de Carrera Administrativa tenemos que repensarla para la Venezuela futura, pues sólo cuando formemos gerentes públicos fuera del control férreo de los partidos y cuando responsabilicemos esos gerentes públicos de la gestión de los servicios del Estado, podremos realmente contar con una administración eficiente. Para ello, insistimos, las políticas de formación y capacitación son claves. No podemos volver a caer en las absurdas decisiones de hace años cuando la "gran política" en Administración Pública (1975) fue la extinción de la Escuela Nacional de Administración Pública y de todos los programas de capacitación en la Administración

Pública que era, en definitiva, la única institución del Estado que tenía posibilidad de imaginar y de investigar en el campo de la Administración Pública.

B. *La descentralización*

Pero además de la despartidización como salida a la crisis institucional, también estaba planteada como parte de esa salida la necesidad de descentralizar el poder y transferirlo a las entidades político-territoriales que componen al Estado. La forma de éste, por tanto, debía ser revisada, y debía establecerse en sustitución del Estado centralizado de la actualidad un nuevo federalismo que permitiera reforzar los niveles estadales, y un nuevo municipalismo, que permitiera superar el esquema transitorio de régimen municipal autocrático que aún tenemos al margen de la Constitución.

Gobernar no es centralizar, por lo que incluso bajo el ángulo del Poder Nacional, la revisión de la forma del Estado, debía acompañarse de un proceso de descentralización y desconcentración del Poder Nacional de manera que, por ejemplo, los asuntos nacionales que concernieran a las regiones, se decidieran a nivel regional. A principios de los noventa no hemos logrado todavía desconcentrar regionalmente al Poder central, ni llevar a los niveles políticos estadales, asuntos que sean de ese nivel y que puedan desarrollarse a ese nivel, descentralizando el Poder Nacional. Por tanto, en materia de reforma administrativa, además de las múltiples reformas que requiere la Administración Pública Nacional, debe procederse a descentralizarla territorialmente y desconcentrarla regionalmente, hacia los Estados, en las tareas que puedan cumplirse a ese nivel, reforzando las estructuras de las Gobernaciones de Estado. Con la elección directa de Gobernadores y la sanción de la Ley Orgánica de Descentralización de 1989, se comenzó a darle un vuelco total a este esquema centralista.

Lo cierto es que son muy pocos los países del mundo en los cuales por ejemplo, la salud o la educación, no sean un servicio estadal y municipal. Sin embargo, en Venezuela hemos pretendido gerenciar la salud y la educación desde el nivel central y eso ya ha llegado a niveles de ineficiencia completa. Sin embargo, antes de la Ley de Descentralización de 1989, algunos esfuerzos se habían hecho para desconcentrar y descentralizar, y entre ellos destacarse que en la Ley para la Ordenación del Territorio de 1983, por ejemplo, por primera vez se le atribuyeron a los Gobernadores funciones directas en materia de control de la aplicación de una ley, en sus jurisdicciones, lo cual, sin embargo, no se implemento adecuadamente por ignorancia de esta normativa.

En todo caso, para que se pudiera desarrollar la democracia participativa de la que tanto hemos hablado en nuestro país, teníamos que descentralizar el Estado y el poder; y teníamos que crear, en definitiva, un nuevo federalismo y un nuevo municipalismo. Las bases para ello se han echado a partir de 1989, para la necesaria búsqueda de un nuevo federalismo y un nuevo municipalismo.

a. *Las reformas en la forma del Estado: el nuevo federalismo*

En efecto, uno de los grandes programas de reforma del Estado venezolano tiende a lograr que, con las transformaciones necesarias en nuestro sistema federal, alcancemos un nuevo federalismo. Venezuela, como hemos dicho y sucede en casi todos los Estados Federales de América Latina, tiene una estructura contradictoria: formalmente, somos una Federación, establecida en la Constitución, por lo que teóricamente deberíamos tener un esquema descentralizado del poder. Sin embargo, realmente lo que ha existido es un Estado centralizado, con apoyo en una Administración Pública centralizada, y en un sistema de partidos centralizados y centralizante. Desde el punto de vista de la forma del Estado, como hemos dicho, hemos tenido una contradicción política, pues nuestra Federación ha sido centralista.

En todo caso, este centralismo político-administrativo del Estado venezolano, ha conducido, por una parte, a la ineficiencia administrativa del aparato global de la vida política en el interior, deteniendo el desarrollo político del país por dentro. Por eso planteamos que para desarrollar políticamente al Estado, además de los logros en el campo del desarrollo económico y social teníamos que descentralizar el poder, transfiriéndolo de los niveles centrales a los Estados y a los nuevos Municipios. En esa forma teníamos que convertir a estas entidades, en verdaderas entidades políticas, como las denomina la Constitución: "entidades federales", a los Estados, y "entidades políticas primarias y autónomas" a los nuevos Municipios que hay que inventar.

En esta forma, el esfuerzo que debía hacerse hacia el futuro, en el campo de la forma del Estado, tenía que significar el idear e inventar, con imaginación, un nuevo federalismo que pudiera hacer más eficiente al Estado y que pudiera contribuir a disminuir el paternalismo del Estado nacional. Y descentralizar, en definitiva, es confiar más en la capacidad política de las regiones, de las provincias y de las comunidades para gobernarse a sí mismas; es distribuir verticalmente el poder; es crear, efectivamente, un gobierno regional, un gobierno estadal y un gobierno municipal o local; es transferir competencias y recursos a los Estados y Municipios; en fin, descentralizar es estimular el autogobierno local. Sólo, por ejemplo, cuando establezcamos niveles de gobierno política y administrativamente poderosos en los Estados, mediante una transferencia político-territorial, es que las Asambleas Legislativas comenzarán a tener sentido y a justificarse, y que podrá plantearse la necesaria elección de los gobernadores de Estado. Todo ello se inició con la elección de Gobernadores de 1989 y la sanción de la Ley Orgánica de Descentralización, Delimitación y Transferencia de Competencias del Poder Público del mismo año.

Pero además, descentralizar es hacer participar, y ello sólo puede lograrse, efectivamente, en un régimen democrático. No hay ni puede haber descentralización ni, por supuesto, participación en los regímenes autoritarios. La democracia es el sistema donde puede haberla.

Dentro de este esquema de búsqueda de un nuevo federalismo, además, tenemos que revisar desde el punto de vista político, las bases del proceso de desarrollo regional que hemos tenido en el país. Pensamos que llegó el momento, hacia el futuro, de darle al desarrollo regional la base política que no ha tenido. El desarrollo regional, en general, ha sido un asunto conducido por el Poder Nacional; así, ha sido Cordiplan el que ha creado Oficinas de Planificación en las regiones y ha sido el Poder Nacional el que ha creado Corporaciones de Desarrollo Regional en ellas.

Sin embargo, no debemos olvidar que las Corporaciones de Desarrollo Regional son Institutos Autónomos Nacionales, que dependen del poder central. No son instrumentos de los Estados, ni del poder político local incipiente, sino que son instrumentos nacionales. Por tanto, en nuestro criterio el reto en materia de regionalización está en transformar el esquema de desarrollo regional y lograr que en lugar de ser un mero asunto nacional, comience a ser un problema realmente regional, que sean conducidos por las instancias políticas de las regiones.

Así, cuando tengamos un proceso de desarrollo regional conducido por los Estados de la Federación (sea las regiones con un Estado como el Zulia, o con varios Estados, como el resto del país), es decir, cuando comience a ser la regionalización una preocupación de esas nuevas instancias políticas estadales, es que podremos realmente pensar que tendrá futuro político. En cambio, mientras la regionalización sea un asunto nacional y, por tanto, centralista, no tendrá futuro el desarrollo regional.

Por supuesto, para reformular el proceso, hay que buscar una conciliación entre el nuevo federalismo y las escalas regionales, asignándole la responsabilidad del desarrollo regional a las instituciones políticas y administrativas estadales.

b. *Las reformas políticas en los Municipios; el nuevo municipalismo*

La descentralización del Estado, además, implicaba la realización de una profunda reforma a nivel local, a los efectos de lograr un nuevo municipalismo. De esta manera, la reforma política de la forma del Estado para salir de la crisis constitucional, y que planteaba la necesidad de la descentralización a nivel estadal y regional, también tenía que ir hacia una profunda reforma del Régimen Municipal.

En este campo, teníamos que crear, realmente, el gobierno local en nuestro país. Para ello debimos sustituir el Distrito Autónomo que teníamos desde 1904, excesiva y deliberadamente alejado del ciudadano como para que no hubiera participación, ni democracia local, y al contrario, acercar la autoridad local a las comunidades y vecindades para que pudiera realmente, la estructura local, servir de instrumento de participación política y además, para que pudiera servir de efectivo medio de gobierno y de administración de los intereses locales. El Distrito Autónomo hasta 1989 no era ni lo uno ni lo otro; ni era un eficiente nivel para gerenciar los intereses locales, ni era un nivel suficientemente bajo territorialmente hablando, como para permitir la participación política. Por ello, el reto planteado frente al poder local era, además de crearlo, convertirlo en esas dos cosas: en un instrumento de participación a través del cual pudiéramos realmente hablar de una democracia participativa, que sólo es posible mediante la descentralización y además, hacerlo un eficiente medio de administración y de gobierno de los intereses locales.

Para eso teníamos que estructurar un nuevo Municipio, para lo cual no bastaba con la elección uninominal, ni con la separación de las elecciones, sino que se requería una profunda reforma de la Ley Orgánica de Régimen Municipal, la cual, en 1978 y 1984, no había pasado de ser una reforma para que nada cambiara y para que todo permaneciera igual, consolidando el esquema de principios del siglo del Municipio autocrático.

Por ello, a fines de los ochenta planteamos que la reforma de régimen local, para lograr un nuevo municipalismo y superar la crisis municipal tenía que partir de al menos, cinco medidas que era necesario adoptar en el futuro: el establecimiento de una nueva base para la existencia de los Municipios; la previsión de una dispersión de regímenes organizativos de los Municipios en sustitución del uniformismo tradicional; la separación de funciones ejecutivas y legislativas locales, superándose la colegialidad ineficiente tradicional y creándose la figura del Alcalde; el establecimiento de un nuevo sistema electoral municipal, para sustituir la sola representatividad de los partidos; y el desarrollo de un sistema escalonado de entidades y gobiernos locales, que permitiera la participación. Todo ello se incluyó en la reforma de la ley de 1989.

3. *La necesaria reforma del estado*

Como hemos señalado, los líderes políticos nacionales y los principales partidos políticos del país, en 1958, formularon el proyecto político contenido en el Pacto de Punto Fijo, tendiente a establecer y mantener el sistema democrático, y a través de la democracia política, propugnar una democracia económica y social. Los postulados básicos de esos objetivos están plasmados en la Constitución de 1961, texto de contenido lo suficientemente flexible, como para haber permitido a los gobiernos que hemos tenido en los últimos años, desarrollar sus postulados programáticos e ideológicos.

Ese proyecto político de 1958, se agotó, pues la democracia política se estableció en el país, con bases firmes, y los esfuerzos gubernamentales, mal que bien, han buscado desarrollar la democracia económica y social, aún no lograda completamente.

El sistema político basado en la partidocracia y en el centralismo de Estado, que contribuyó a desarrollar dicho Proyecto Político, ha estado en crisis, por lo que a principios de los años noventa, estábamos en el momento de formular un nuevo Proyecto Político, que continuara con los esfuerzos planteados en 1958 y plasmados en el texto constitucional de 1961, pero con unos nuevos condicionantes ineludibles.

Ese nuevo Proyecto Político tiene que consistir en el perfeccionamiento del sistema democrático, mediante la reforma institucional o del Estado, y cuyos programas, en una forma u otra, tienen que implicar la despartidización de las instituciones y la descentralización del Estado. Como hemos señalado, la crisis de las instituciones del Estado Democrático centralizado derivan de la concentración del Poder a nivel central y en los partidos políticos. En consecuencia, reformar esas instituciones y salir de la crisis significa en primer lugar, redistribuir el poder del centro a los niveles periféricos regionales o locales, mediante un proceso de descentralización territorial; y significa, además, en segundo lugar, la distribución del poder por parte de los partidos políticos, que lo han monopolizado concentradamente, para abrir otros canales y vías de participación política y de representatividad[466].

Así, es imposible por ejemplo, reformular el federalismo, hacer eficientes las Asambleas Legislativas, crear un auténtico régimen municipal sin que se descentralice el Poder del centro a los Estados y entidades locales y a la vez, es imposible, por ejemplo, hacer el régimen democrático más representativo y participativo, perfeccionar el funcionamiento del Congreso, reformar la Justicia y la Administración Pública, sin que los partidos aflojen las riendas de conducción absoluta de las insti-

---

466 Véase sobre el tema las publicaciones de la Comisión Presidencial para la *Reforma del Estado*, sobre Reforma del Estado. En particular, *Reformas para el Cambio Político*, Caracas, 1993; *Fortalecimiento del Estado de. Derecho*, Caracas, 1990; *Un Proyecto de Estado Social y Democrático de Derecho*, Caracas, 1993; y *Una Contribución para el Ciudadano*, Caracas, 1994

tuciones políticas y convengan en despartidizarlas. Por ejemplo, sólo existirá un Poder Judicial autónomo, independiente y con cierta dosis de credibilidad, cuando los partidos políticos renuncien a controlar a los jueces y a la judicatura. Tan simple como eso; ¡y a la vez tan difícil!

Por tanto, la salida de la crisis institucional mediante una reforma del Estado significa pérdida de áreas de poder por parte de los niveles centrales del Estado en beneficio de las regiones, provincias, comunidades y vecindades a los efectos de lograr su desarrollo político propio: y además significa pérdida de áreas de poder por parte de los partidos políticos en beneficio de las propias instituciones, para que puedan desarrollar sus potencialidades con la participación ciudadana. De allí que superar la crisis, es decir, desmontar el centralismo, democratizar la democracia, y hacer eficiente el Estado y sus instituciones en nuestro sistema democrático, sólo puede ser obra de los responsables de la crisis, los partidos políticos, y no un proyecto político a realizarse en contra de ellos.

De allí la gran dificultad de la actual coyuntura y de nuestra generación: embarcar, efectivamente, a los partidos políticos en esta expedición y convencerlos de que el problema es de sobrevivencia de la propia democracia.

TERCERA PARTE

EL ESTADO, LA PROPIEDAD Y LA LIBERTAD ECONÓMICA

En la configuración de este Estado Democrático y Social de Derecho y del sistema político-económico-social en el cual actúa, la regulación del derecho de propiedad y de la libertad económica, constituyen una de las piezas esenciales. Sobre estos dos derechos, puede decirse, está construido el Estado contemporáneo, y las variaciones en la regulación de los mismos, es evidente, muestran las grandes diferencias entre los regímenes políticos. Por ello, el estudio del derecho de propiedad y la libertad económica es fundamental, no sólo para comprender la evolución del Estado, sino su situación actual.

De ese estudio, en efecto, podremos apreciar cómo en las últimas décadas se pasó de una consagración absoluta de esos derechos a la situación actual: consagración, pero sometida a tantas limitaciones, que muy lejos está la fórmula absoluta de antaño; y bajo el otro ángulo, cómo se pasó de un abstencionismo casi absoluto del Estado en el campo económico a una intervención creciente y envolvente del mismo.

El derecho público y administrativo, en la actualidad, puede decirse entonces que es el derecho de las limitaciones y regulaciones de los derechos individuales, de los derechos económicos, de los derechos sociales y de los derechos políticos de los administrados; el derecho de la protección de éstos frente a las acciones del Estado; además de ser el derecho relativo a la Administración Pública, su organización y funcionamiento. Hace medio siglo, era sólo esto último. He allí los extremos de la transformación que intentaremos exponer a través del análisis de la evolución del derecho de propiedad y de la libertad económica[467].

---

467 Seguimos en este punto lo expuesto en Allan R. Brewer-Carías, "El Derecho de Propiedad y la libertad Económica. Evolución y Situación actual" en *Estudios sobre la Constitución. Libro Homenaje a Caldera.* Tomo II, Caracas, 1979, p. 1.140 a 1.246.

I. LA EVOLUCIÓN Y SITUACIÓN ACTUAL DEL RÉGIMEN DEL DERECHO DE PROPIEDAD

1. *La propiedad como garantía constitucional*

Desde el punto de vista histórico, el análisis del régimen constitucional y administrativo de la propiedad en Venezuela, nos muestra cuatro grandes etapas que en términos generales pueden distinguirse en toda América Latina: dos etapas, la primera de 1811 a 1864 y la segunda de 1864 a 1914, nos señala la propiedad como un derecho absoluto, aun cuando en la segunda se comienzan a admitir restricciones legalmente establecidas. Las otras dos etapas, de 1914 a 1947 y de 1947 a la actualidad, nos muestran la propiedad como un derecho limitado, y a partir de 1947, esas limitaciones se engloban dentro de la noción amplia de la función social, que la propiedad debe cumplir.

Intentaremos hacer una revisión de estas cuatro etapas, no sólo a través de los textos constitucionales, sino también de las regulaciones de los Códigos Civiles y de las interpretaciones jurisprudenciales dadas por la Corte Suprema de Justicia sobre las limitaciones a la propiedad[468].

A. *Primera Etapa: 1811 a 1864*

Las primeras formulaciones constitucionales sobre la propiedad están en las Constituciones de 1811 y 1819, en los siguientes términos:

Constitución de 1811

> Art. 142. El pacto social asegura a cada individuo el goce y posesión de sus bienes, sin lesión del derecho que los demás tengan a los suyos. Art. 155. La propiedad es el derecho que cada uno tiene a gozar y disponer de los bienes que haya adquirido con su trabajo e industria.

Constitución de 1819

> Art. 12 del Título I, Sección Primera: La propiedad es el derecho a gozar y disponer libremente de sus bienes y del fruto de sus talentos, industria o trabajo.
>
> Art. 15 del Título I, Sección Primera: Nadie puede ser privado de su propiedad, cualquiera que sea, sino con su consentimiento, a menos que la necesidad pública o la utilidad general probada legalmente lo exijan. En estos casos la condición de una justa indemnización debe presuponerse.

La fórmula de la Constitución de 1819 marca, sin duda, la orientación general de la propiedad como derecho absoluto, es decir, como derecho a gozar y disponer libremente de los bienes; pero como derecho que podía ser tomado por el Estado por razones de necesidad pública o utilidad pública, mediante justa indemnización. En las Constituciones de 1821 y 1830, se admitió también la posibilidad de que la pro-

---

468 Véase Allan R. Brewer-Carías, "La evolución y situación actual del Régimen del Derecho de Propiedad en Venezuela", en *Estudios de Derecho Económico*, Tomo III, UNAM, México, 1979, pp. 7 a 64.

piedad fuera tomada por el Estado, pero para aplicarla a usos públicos, mediante esta compensación, y por acto legislativo.

Dichos textos establecieron lo siguiente:

Constitución de 1821

> Art. 177. Ninguno podrá ser privado de la menor porción de su propiedad ni ésta será aplicada a usos públicos sin su propio consentimiento o el del Cuerpo Legislativo. Cuando alguna pública necesidad legalmente comprobada exigiere que la propiedad de algún ciudadano se aplique a usos semejantes, la condición de una justa compensación debe presuponerse.

Constitución de 1830

> Art. 208. Ninguno podrá ser privado- de la menor porción de su propiedad ni será aplicada a ningún uso público sin su consentimiento o el del Congreso. Cuando el interés común legalmente comprobado así lo exija, debe presuponerse siempre una justa compensación.

Debe destacarse, además, que la Constitución de 1830 estableció por primera vez la abolición de toda confiscación de bienes (Art. 206), con lo cual se puso término a las confiscaciones militares de bienes y propiedades que tuvieron lugar durante las guerras de independencia.

En la Constitución de 1857 la fórmula anterior fue ligeramente modificada: se declaró inviolable la propiedad y se admitió que sólo por causa de interés público podía el Congreso obligar a enajenar la propiedad, previa justa indemnización, en los términos siguientes:

> Art. 108. La propiedad es inviolable, y sólo por causas de interés público legalmente comprobado, puede el Congreso obligar a un venezolano a enajenarla, previa justa indemnización.

Esta Constitución de 1857, repitió, por otra parte, la prohibición de la confiscación de bienes (Art. 109); y recogió el principio de la abolición de la esclavitud que había sido decretada legalmente en 1854 en los siguientes términos:

> Art. 99. Jamás podrá restablecerse la esclavitud en Venezuela.

Una última innovación de importancia de esta Constitución de 1857, aun cuando su duración fue bastante efímera, fue la consagración de la propiedad intelectual e industrial, en los siguientes términos:

> Art. 123. Todo inventor tendrá la propiedad de su descubrimiento y de sus producciones. La ley le asignará un privilegio temporal o dispondrá de manera de resarcirle de la pérdida que tenga en caso de que se creyere útil su publicación.

La Constitución de 1858 volvió a la fórmula de la Constitución de 1830, ya señalada; sin embargo, recogió la fórmula de abolición de la esclavitud del texto de 1857, ampliándola en los siguientes términos:

> Art. 13. Queda para siempre abolida la esclavitud en Venezuela y se declaran libres todos los esclavos que pisen su territorio.

En 1860, bajo la vigencia de la Constitución de 1858, se dictó por primera vez una ley "que determina los casos en que puede tomarse la propiedad particular para uso público" siguiendo la terminología constitucional, y se precisó que ello procedería en los casos de necesidad o utilidad pública (Art. 1). La necesidad pública sólo tenía lugar en tiempo de guerra; y la utilidad pública se podía estimar o apreciar por el Congreso. La indemnización al propietario procedía en todo caso, aun cuando necesariamente debía ser previa al uso público de la propiedad, en caso de utilidad pública. Esta ley fue reformada en 1863, y aun cuando siguió la misma orientación que la de 1860, precisó el procedimiento a seguir en cada caso.

Por último puede decirse que el Código Civil de 1862, de vigencia efímera debido a las guerras federales, recogió toda la evolución anterior sobre el derecho de propiedad, al establecer lo siguiente:

> Art. 1 del Título II, Ley I: El dominio (que se llama también propiedad) es el derecho real en una cosa corporal, para gozar y disponer de ella arbitrariamente, no siendo contra la ley o contra derecho ajeno.

B. *Segunda etapa: 1864 a 1914*

A partir de la Constitución de 1864, se consagra expresamente la propiedad como una de las garantías constitucionales en los siguientes términos:

> Art. 14. La Nación garantiza a los venezolanos
>
> 2. La propiedad con todos sus derechos: ésta sólo estará sujeta a las contribuciones decretadas por la autoridad legislativa, a la decisión judicial y a ser tomada para obras públicas, previa indemnización y juicio contradictorio.

Hasta ese momento, la Constitución consagraba un derecho absoluto, pero no formulaba una garantía constitucional como lo hizo en 1864; pero además, una garantía que no era absoluta: se admitió, por primera vez, que la propiedad estaba sujeta a contribuciones decretadas por la autoridad legislativa y las limitaciones que se establecieran en virtud de decisión judicial. Por otra parte, la posibilidad que tenía el Estado de tomar la propiedad se redujo en cuanto a las causas: para obras públicas, y no por razones de utilidad pública, usos públicos o interés público que admitían los textos anteriores. Esto se justifica porque fue realmente a partir de esta época que el Estado asumió como uno de sus fines, la construcción de infraestructuras (vías de comunicación y edificaciones) que lo convirtieron en un típico Estado Constructor y de Fomento, variante del Estado liberal tradicional de la época, que concluyó en 1864 con la instauración del Estado Federal.

Esta fórmula de la Constitución de 1864 permanecerá igual en la Constitución de 1874 (Art. 14, Ord. 2°). En la Constitución de 1881, sufrirá una ligera modificación al sustituir la frase: "La propiedad con todos sus derechos" por la siguiente: "La propiedad con todos sus atributos, fueros y privilegios" (Art. 14, Ord. 2°), lo cual va a permanecer igual en los textos de 1891 (Art. 14, Ord. 2°) y de 1883 (Art. 14, Ord. 2°). En este último, al admitirse la posibilidad de que la propiedad sea tomada por el Estado, se sustituyó la causa de "obras públicas" por "obras de utilidad pública"

(Art. 14, Ord. 2). En la Constitución de 1901, se varió la consagración de la garantía constitucional, pues antes de garantizarse la propiedad, se garantizó "la efectividad" del derecho de propiedad (Art. 17, Ord. 2°), pero el texto continuó con la misma redacción que el de la Constitución de 1893. En las Constituciones de 1904 (Art. 17, Ord. 2°) y 1909 (Art. 23, Ord. 2°) se siguió la misma consagración del derecho.

Paralelamente a las regulaciones constitucionales, el Código Civil trajo regulaciones similares, aun cuando con variaciones: el Código. Civil de 1867 admitió la posibilidad de que la propiedad estuviese sometida a limitaciones, y el Código de 1873 consagró, al contrario, a la propiedad como el derecho de gozar y disponer de las cosas de la manera más absoluta, eliminando la referencia a la posibilidad de limitaciones. La redacción de dichas normas fue la siguiente:

Código Civil de 1867

> Art. 351. La propiedad es el derecho de gozar y disponer dé una cosa, sin más limitaciones que las que previenen las leyes o reglamentos. Art. 352. Ninguno será privado de su propiedad sino por causa justificada de utilidad pública, previa la correspondiente indemnización.

Código Civil de 1873

> Art. 444. La propiedad es el derecho de gozar y disponer de las cosas de la, manera más absoluta, con tal que no se haga de ellas un uso prohibido por la Ley.
>
> Art. 446. Ninguno puede ser obligado a ceder su propiedad, ni a permitir que otros hagan uso de ella, sino por causa de utilidad pública legalmente comprobada y declarada, y previo el pago de una justa indemnización.
>
> Las reglas relativas a la expropiación por causa de utilidad pública, se rigen por leyes especiales.

Los Códigos Civiles de 1880 (Arts. 449 y 451), 1896 (Arts. 456 y 458) y 1904 (Arts. 462 y 464), tuvieron una redacción similar al de 1873.

A nivel legislativo la limitación constitucional de que sólo podía ser tomada la propiedad para obras publicas fue objeto de regulación en la Ley de 1876 que "reglamenta la garantía constitucional de la propiedad en los casos de expropiación por utilidad pública", donde se definió la expresión obras públicas, como las que "tienen por objeto directo y permanente proporcionar a la Nación en general, o a uno o más Estados, cualesquiera usos o disfrutes de utilidad o beneficio común" (Art. 2). Esta ley fue más precisa que las anteriores y sentó las bases de la legislación vigente sobre expropiación por causa de utilidad pública e interés social. Entre otros aspectos reguló la ocupación temporal de la propiedad, como limitación a la misma derivada de la ejecución de obras públicas (Arts. 11 y ss.). La ley-fue modificada en 1891, 1892, 1909, 1912, 1918 y 1942, sin embargo, es a partir de la Ley de Expropiación por causa de Utilidad Pública del 2 de agosto de 1909, que esta legislación se desarrolló, hasta el punto de que la ley vigente (modificada por Decreto Ley N° 184 de 25 de abril de 1958), de 1947 sigue la misma orientación general.

C. *Tercera Etapa: 1914 a 1947*

Las dos etapas anteriores, en la regulación constitucional del derecho de propiedad, muestran en general, la consagración absoluta de este derecho, sin admitir —salvo en el Código Civil— la posibilidad de limitaciones a la propiedad. Solamente se admitía la posibilidad del Estado, de expropiar bienes con fines de utilidad pública o para la construcción de obras públicas, mediante justa indemnización y juicio previo.

Fue el Estatuto Provisional de 1914 y posteriormente la Constitución del mismo año la que por primera vez admitió limitaciones a la propiedad, en los términos siguientes:

> Art. 166. La Nación garantiza a los venezolanos
>
> 2. La propiedad con todos sus atributos, fueros y privilegios, que sólo estará sujeta a las contribuciones decretadas por la Autoridad Legislativa, a la decisión judicial, a medidas sanitarias conforme a la ley, y a ser tomada para obras de utilidad pública, previo juicio contradictorio e indemnización como lo determina la ley.

Esta norma, repetida en la Constitución de 1914 (Art. 22, Ord. 2°) y en la Constitución de 1925 (Art. 22, Ord. 2°), estableció, por primera vez, la posibilidad constitucional de limitar la propiedad por razones administrativas en materia sanitaria, con lo cual el entorno normal de la propiedad comenzó a escapar del carácter absoluto de las regulaciones del siglo pasado, y estar condicionado por medidas administrativas aun cuando circunscritas al ámbito sanitario.

El Código Civil de 1922, sin embargo, continuó la tradición de los Códigos Civiles posteriores al de 1878, al establecer la propiedad como "el derecho de gozar y disponer de las cosas de la manera más absoluta, con tal de que no se haga de ellas un uso prohibido por la Ley" (Art. 532).

La Constitución de 1925 amplió aún más el ámbito de las limitaciones a la propiedad, al agregar las que se referían a la conservación de los recursos naturales renovables y otras semejantes que establecieran las leyes en beneficio de la comunidad, en los siguientes términos:

> Art. 32. La Nación garantiza a los venezolanos
>
> 2. La propiedad que sólo estará sujeta a las contribuciones legales y a ser tomada para obras de utilidad pública, previo juicio contradictorio e indemnización, como lo determina la ley. También estarán obligados los propietarios a observar las disposiciones sobre higiene pública, conservación de bosques y aguas, y otras semejantes que establezcan las leyes en beneficio de la comunidad.

En base a esta Constitución, en 1928 se dictó una de las leyes de mayor importancia en el campo de las limitaciones a la propiedad, y es la Ley de servidumbre de conductores eléctricos, la cual estableció una limitación a la propiedad "en beneficio de la comunidad", que dio origen a múltiples conflictos jurisprudenciales.

En efecto, en una sentencia del 27 de marzo de 1938, la antigua Corte Federal y de Casación en Sala Política y Administrativa, al conocer de un recurso de inconstitucionalidad de la Ley referida, aceptó la posibilidad de limitaciones legales a la propiedad, de carácter administrativo, en base a la siguiente argumentación:

> Sabido es que cuando el interés social lo exige, el legislador puede, en muchos casos, limitar el goce individual del derecho de propiedad, no pudiendo considerarse tales restricciones como verdaderas expropiaciones, en atención a que, si ellas tuvieran que someterse a las múltiples formalidades prescritas para aquélla, el progreso y el bienestar de la sociedad se encontraría a cada paso detenidas en su marcha, por las pretensiones del interés privado. De aquí que, las aludidas restricciones se hallan sometidas a otras disciplinas legales, que permite su contribución con facilidad[469].

La norma de la Constitución de 1925, se repitió con igual contenido en las Constituciones de 1928 (Art. 32, Ord. 2°), de 1929 (Art. 32, Ord. 2°) y de 1931 (Art. 32, Ord. 2°).

En la Constitución de 1936 se produjo otro de los grandes cambios en la evolución del derecho de propiedad en el sistema venezolano, pues se agregó una nueva posibilidad de limitaciones a la misma, además de las que procedían por razones sanitarias y por la conservación de recursos naturales renovables, en cuanto a la adquisición y transferencia de determinadas clases de propiedad, sea por su naturaleza o por su condición o por su situación en el territorio. En realidad se refería la Constitución a la prohibición que existía respecto de los extranjeros de adquirir bienes inmuebles en las costas y zonas fronterizas, por razones de seguridad; norma que eliminada posteriormente de los textos constitucionales, legislativamente se restableció en 1976.

El Artículo 32, Ordinal 2°, de la Constitución de 1936, en efecto estableció lo siguiente:

> La propiedad, que es inviolable, estando sujeta únicamente a las contribuciones legales. Sólo por causa de utilidad pública o social mediante juicio contradictorio o indemnización previa, podrá ser declarada la expropiación de ella. De conformidad con la ley los propietarios estarán obligados a observar las disposiciones sobre higiene pública, conservación de bosques y aguas y otras semejantes que establezcan las leyes en beneficio de la comunidad.
>
> La ley puede, por razón de interés nacional, establecer restricciones y prohibiciones especiales para la adquisición y transferencia de determinadas clases de propiedad, sea por su naturaleza o por su condición, o por su situación en el territorio. La Nación favorecerá la conservación y difusión de la mediana y de la pequeña propiedad rural, y podrá mediante los trámites legales y previa indemnización, expropiar tierras no explotadas de dominio privado para dividirlas o para enajenarlas en las condiciones que fije la ley.
>
> No se decretarán ni llevarán a cabo confiscaciones de bienes, salvo en los casos siguientes:

---

469 Véase en *Memoria de 1934*, pp. 74 y 75.

1. Como medida de represalia en guerra internacional, contra los nacionales del país con el cual se estuviese en guerra, si éste hubiera decretado previamente la confiscación de los bienes venezolanos.
2. Como medida de interés general para reintegrar al Tesoro Nacional las cantidades extraídas por los funcionarios públicos que hayan ejercido los cargos de Presidente de la República, de Ministros del Despacho, y de Gobernador del Distrito Federal y de los Territorios Federales, cuando hayan incurrido a juicio del Congreso Nacional en delitos contra la cosa pública y contra la propiedad. La decisión a que se refiere este párrafo se tomará en Congreso en sesiones ordinarias o extraordinarias por mayoría absoluta y deben ser aprobadas por las dos terceras partes de las Asambleas Legislativas de los Estados, en la misma forma. La medida abarcará la totalidad de los bienes de los funcionarios y de su herencia y se efectuará de conformidad con las reglas que establezca la ley especial que al efecto se dicte, y se aplicará retroactivamente a los funcionarios enumerados que hayan actuado durante los dos últimos períodos presidenciales. En los casos en que se dicte el reintegro extraordinario a que se refiere el párrafo anterior, las reclamaciones propuestas por particulares contra el funcionario o particular afectado por el reintegro o su herencia, serán cubiertos con la cuota prudencial de bienes que en cada caso fije el Congreso Nacional al dictar la medida, y se sustanciarán y decidirán conforme al procedimiento especial que paute la ley a que se ha hecho referencia.

Las Asambleas Legislativas de los Estados podrán insertar en sus respectivas constituciones esta medida respecto a sus Presidentes y Secretarios Generales.

Debe destacarse, además, la prohibición de las confiscaciones que estableció la Constitución, pero con dos excepciones las cuales materialmente fueron uno de los motivos que provocaron la reforma de la Constitución de 1936: represalias en caso de guerra internacional; y confiscación de los bienes dejados por el General Juan Vicente Gómez, ex Presidente de los Estados Unidos de Venezuela, y de sus principales colaboradores.

Otro cambio de interés introducido por la Constitución de 1936, fue la procedencia de la expropiación no sólo para obras de *utilidad pública*, sino más ampliamente, por causa de utilidad pública o social, lo cual va a ser recogido en las Constituciones posteriores. Sin embargo, a nivel de la legislación, la Ley de expropiación por causa de utilidad pública o social de 1942, siguió haciendo referencia a las obras de utilidad pública como causa expropiatoria fundamental.

A pesar de que la Constitución de 1936, siguiendo la orientación de las Constituciones anteriores admitía las limitaciones a la propiedad legalmente establecidas "en beneficio de la comunidad", la jurisprudencia de la Corte Suprema de Justicia no fue consecuente con dicha norma.

En efecto, en una sentencia del 20 de septiembre de 1936, la antigua Corte Federal y de Casación en Sala Política y Administrativa, al decidir la solicitud de nulidad de la Ley de Ejercicio de la Farmacia que prohibía a particulares no farmaceutas ser propietarios de farmacias, decidió la nulidad de esa prohibición, en base a los siguientes argumentos:

Si bien la Constitución Nacional, admite, en el primer acápite, parágrafo 2°, de su Art. 32, que la *ley puede por razones de interés nacional, establecer restricciones y prohibiciones especiales para la adquisición* y transferencia de determinadas clases de propiedad, sea por su naturaleza o por su condición, o por su situación en el territorio, *ha de entenderse que estas restricciones y prohibiciones, derogatorias como son del principio general de la garantía de propiedad, no pudieron justificarse sino por la situación confrontada por el legislador, al no poder atender de otro modo, que sacrificando el menor interés individual, al reclamo y a la satisfacción de otros intereses más preciosos y más nobles y urgentes de la sociedad política, como son los del bienestar colectivo.* Han sido excepciones de las normas generales de los derechos ciudadanos que no han debido, de consiguiente, traspasar los límites de las necesidades sociales con exigir el título de farmaceuta para ejercer la Farmacia quedaban suficientemente cumplidos los laudables fines del legislador (salvaguardar la salud) sin necesidad, por tanto, de impedir, como impidió, con la citada disposición reglamentaria, que la propiedad de la farmacia y laboratorios farmacopólicos y de especialidades, sea transferida a simples particulares no poseedores de título concerniente, toda vez que es cosa bien distinta el ejercer legalmente el arte o ciencia de la farmacia, que regentar un establecimiento o laboratorio farmacológico, que ser propietario de uno de esos establecimientos o negocios[470].

En sentido similar, en otra sentencia de 14 de agosto de 1940, la misma antigua Corte Federal y de Casación en Sala Política y Administrativa, declaró la nulidad de una disposición municipal que estableció limitaciones urbanísticas a la propiedad, por considerarla como atentatoria al derecho de propiedad, en los siguientes términos:

La construcción de edificios en terreno propio, constituye el lícito ejercicio del derecho de propiedad; luego toda disposición que impida dicha construcción, es atentatoria al derecho de propiedad.

El Concejo Municipal, por razones de comodidad del tráfico urbano y de ornato público, tiene derecho de examinar los planos de las fachadas de las nuevas construcciones para que no impidan el tránsito, invadiendo en algún modo el espacio de las calles de las plazas públicas; y para que, y por su mal estilo, lejos de contribuir al, buen parecer de la ciudad, de alguna manera lo afeen con desmedro del ornato público. Toda otra intromisión en lo que el propietario se proponga es contrario al espíritu y a la letra del N° 2 del Art. 22 de la Constitución. En consecuencia, el párrafo 3° del Art. 4 de la Ordenanza Municipal del Distrito Federal sobre Arquitectura Civil, que so pretexto de aplazamiento de las construcciones impide que se las efectúe, es inconstitucional, como lo es el aplazamiento mismo. Ello equivale a estancar y hacer improductiva la propiedad privada contra los principios que informa la legislación venezolana[471].

470 Véase en *Memoria* de 1937, pp. 226 y 227.

471 Véase en *Memoria* de 1941, pp. 226 y 227.

En el mismo sentido y con motivo de limitaciones urbanísticas a la propiedad, la misma Corte decidió, en sentencia del 10 de enero de 1941 al considerar a la propiedad como un derecho absoluto, lo siguiente:

> La propiedad individual consiste en poder gozar y disponer de las cosas que nos pertenecen de la manera más absoluta con tal que no se haga de ellos un uso prohibido por la ley. De donde se sigue que no puede prohibirse al propietario, o no permitirle que es lo mismo, que reforme las fachadas de sus edificios, que de las ventanas de ellos haga puertas y de las puertas ventanas; que las cierre o deje abiertas u otros casos semejantes, porque no lo prohíbe ni lo puede prohibir la ley, pues nada de ello es contrario al orden público ni a la moralidad de las costumbres, únicos fundamentos que hallar puede el legislador para dictar leyes prohibitivas en cuanto no sea patrimonial de la Nación, Estados o Municipios[472].

Sin embargo, en otra sentencia de 13 de enero de 1940, la misma Corte había admitido el criterio de que la propiedad debía tener una función social y que en base a ello podía la ley establecer limitaciones y restricciones a la misma, lo cual, sin duda, era contradictorio con lo anteriormente señalado. En esa sentencia de 1940, la Corte señaló lo siguiente:

> "bien se ve que constitucionalmente es el criterio individualista el que priva en nuestro derecho, la expropiación mediante indemnización es la regla, y la expropiación no indemnizada, que es la confiscación, está prohibida. En lo referente al Derecho Privado, la propiedad es el derecho de gozar y disponer de las cosas de la manera más absoluta, con tal de que no se haga de ellas un uso prohibido por la ley (At. 532 C.C.). Es la ley, pues, la que, según esta definición, puede abrir mayor cauce en nuestro Derecho Civil al concepto de propiedad, considerándola como una función social. Si no hay ley que lo haga, la aplicación del derecho común es impretermitible"[473].

El Código Civil de 1942, reformado parcialmente en 1982, contribuyó al esclarecimiento del régimen de la propiedad como un derecho limitado y limitable legalmente, en los términos siguientes:

> Art. 545. La propiedad es el derecho de usar, gozar y disponer de una cosa de manera exclusiva con las restricciones y obligaciones establecidas por la ley.

El mismo Código, por otra parte, estableció un Título destinado a regular las limitaciones a la propiedad, las cuales pueden tener por objeto la utilidad pública (Art. 644); y éstas se refieren a la conservación de los bosques, al curso de las aguas, al paso por las orillas de los ríos y canales navegables, a la navegación aérea, a la construcción y reparación de los caminos y otras vías públicas (Art. 645). Además, admite expresamente las limitaciones a la propiedad derivadas del transporte de energía eléctrica, mediante ley especial (Art. 683).

---

472 Véase en *Memoria* de 1942, pp. 106 y 107.

473 Véase en *Memoria* de 1941, pp. 103 y ss.

La evolución de la propiedad sometida a limitaciones, puede decirse que concluye con la Constitución de 1945, que aun cuando la declara inviolable, la sujeta a contribuciones, restricciones, obligaciones y prohibiciones por razones de interés público o social, en los siguientes términos:

> Art. 32, Ord. 2° La propiedad que es inviolable, estando sujeta a las contribuciones y a las restricciones y obligaciones que establezca la ley por razones de interés público o social. Puede la ley, inclusive, establecer prohibiciones especiales para la adquisición, transferencia, uso y disfrute de determinadas clases de propiedad, sea por su naturaleza, por su condición o por su situación en el territorio nacional.
>
> De conformidad con la ley, sólo por causa de utilidad pública o social, mediante indemnización previa, y juicio contradictorio, podrá ser declarada la expropiación de la propiedad o de algún derecho. No se decretarán ni se llevarán a cabo confiscaciones de bienes sino contra los extranjeros y únicamente en caso de conflicto internacional con su país.
>
> Esta norma, tiene la importancia de haber agregado a las limitaciones qué venían consagrando las Constituciones anteriores, el que la propiedad también podría estar sometida a obligaciones establecidas en la ley.

D. *Cuarta Etapa: a partir de 1974*

Toda la evolución constitucional anterior se consolida en la Constitución de 1947, al establecer expresamente que la propiedad tiene una función social que cumplir, y en virtud de ello, está sometida a las contribuciones, restricciones y obligaciones que establezca la ley por razones de utilidad pública e interés social.

En efecto, los artículos 65 a 70 dé la Constitución de 1947, establecen lo siguiente:

> Art. 65. La Nación garantiza el derecho de propiedad. En virtud de su *función social*, la propiedad estará sometida a las contribuciones, restricciones y obligaciones que establezca la ley con fines de utilidad pública o de interés general.
>
> Todo autor o inventor tiene la propiedad exclusiva de su obra o invención y quien ideare una marca, el derecho de explotarla; todo ello conforme a las modalidades que establezcan las leyes y los tratados.
>
> La ley podrá establecer prohibiciones especiales para la adquisición, transferencia, uso y disfrute de determinadas clases de propiedad sea por su naturaleza, por su condición o por su situación en el territorio nacional.
>
> Art. 66. El Estado atenderá a la defensa y conservación de los recursos naturales del territorio venezolano y reglamentará el uso, goce y aprovechamiento de aquéllos, de acuerdo con los fines anteriormente citados.
>
> Art. 67. En conformidad con la ley, sólo por causa de utilidad pública o de interés social, mediante sentencia firme y pago del precio, podrá ser declarada la expropiación de cualquier clase de bienes.
>
> Cuando se trate de expropiación de tierras destinadas a la realización de la Reforma Agraria, y de la expropiación de inmuebles con fines de ensanche y

acondicionamiento de las poblaciones, el pago podrá ser diferido por tiempo determinado, previo otorgamiento de garantía suficiente, en conformidad con lo que establezca la ley.

No se decretarán ni efectuarán confiscaciones de bienes en ningún caso, salvo lo previsto en el segundo aparte del Art. 21 de esta Constitución.

Art. 21. La confiscación únicamente podrá ser impuesta a los extranjeros y sólo en caso de conflicto con su país.

Art. 68. El derecho de propiedad privada territorial está condicionado por las disposiciones precedentes y por la obligación de mantener las tierras y bosques, que son su objeto, en producción socialmente útil. La ley determinará los efectos de esta disposición y las condiciones de su obligación.

Art. 69. El Estado realizará una acción planificada y sistemática, orientada a transformar la estructura agraria nacional.

Art. 70. Las tierras adquiridas por nacionales o extranjeros en territorio venezolano y destinado a la explotación de concesiones mineras, comprendidas las de hidrocarburos y demás minerales combustibles, pasarán en plena propiedad al patrimonio de la Nación, sin indemnización alguna, al extinguirse por cualquier causa la respectiva concesión.

De estas normas de la Constitución de 1947, se deduce claramente que la propiedad no es un derecho absoluto, sino que, al contrario, está sometida a limitaciones, contribuciones, restricciones, obligaciones y prohibiciones con fines de utilidad pública o de interés social, con lo cual se consolida todo el proceso evolutivo anterior.

Por otra parte, en esta Constitución se estableció, por primera vez, el principio de la reversión respecto de las tierras destinadas a la explotación de concesiones mineras, comprendidas las de hidrocarburos y demás minerales combustibles, las cuales pasarían en plena propiedad al patrimonio de la Nación, sin indemnización alguna, al extinguirse la respectiva concesión. Paralelamente a la expropiación —como forma de extinción de la propiedad privada mediando indemnización— se le dio cabida en el texto constitucional a esta otra forma de extinción de la propiedad, pero sin indemnización, que es la reversión.

En cuanto a la legislación sobre expropiación, en 1947 se dictó la Ley de Expropiación por causa de Utilidad Pública o Social, reformada posteriormente en 1958. Esta ley sigue, sin embargo, la orientación de las leyes anteriores de reglamentar básicamente las obras públicas como causa expropiatoria.

La Constitución de 1953, aun cuando en forma más escueta, recogió los principios de la Constitución de 1947 en los siguientes términos:

Art. 35. Se garantiza a los habitantes de Venezuela

9° El derecho de propiedad. En virtud de su función social la propiedad estará sometida a las contribuciones, restricciones y obligaciones que establezca la ley, de conformidad... con la cual también podrá ser declarada la expropiación de cualquier clase de bienes mediante sentencia firme y pago del precio.

La ley podrá establecer prohibiciones especiales para la adquisición, transferencia, uso y disfrute de determinadas clases de propiedad, por su naturaleza, condición o situación en el territorio nacional. Las tierras adquiridas y destinadas a explotación de concesiones mineras, de hidrocarburos y demás minerales combustibles, pasarán en plena propiedad a la Nación, sin indemnización alguna, al extinguirse por cualquier causa la concesión respectiva.

La culminación de todo este proceso evolutivo se sitúa en la Constitución de 1961, vigente, la cual incorporó a su texto los siguientes principios:

Art. 99. Se garantiza el derecho de propiedad. En virtud de su función social, la propiedad estará sometida a las contribuciones, restricciones y obligaciones que establezca la ley con fines de utilidad pública o de interés social.

Art. 100. Los derechos sobre obras científicas, literarias y artísticas, invenciones, denominaciones, marcas y lemas, gozarán de protección por el tiempo y en las condiciones que la ley señale.

Art. 101. Sólo por causa de utilidad pública o de interés social, mediante sentencia firme y pago de indemnización, podrá ser declarada la expropiación de cualquier clase de bienes. En la expropiación de inmuebles con fines de reforma agraria o de ensanche o mejoramiento de poblaciones, y en los casos que por graves razones de interés nacional determine la ley, podrá establecerse el diferimiento del pago por tiempo determinado o su cancelación parcial mediante la emisión de bonos de aceptación obligatoria, con garantía suficiente.

Art. 102. No se decretarán ni ejecutarán confiscaciones sino en los casos permitidos por el Art. 250. Quedan a salvo, respecto de extranjeros, las medidas aceptadas por el derecho internacional.

Art. 103. Las tierras adquiridas con destino a la exploración o explotación de concesiones mineras, comprendidas las de hidrocarburos, y demás minerales combustibles, pasarán en plena propiedad a la Nación, sin indemnización alguna, al extinguirse por cualquier causa la concesión respectiva.

Art. 104. Los ferrocarriles, carreteras, oleoductos y otras vías de comunicaciones o de transporte construidos por empresas explotadoras de recursos naturales estarán al servicio del público, en las condiciones y con las limitaciones que establezca la ley.

Art. 105. El régimen latifundista es contrario al interés social. La ley dispondrá lo conducente a su eliminación, y establecerá normas encaminadas a dotar de tierra a los campesinos y trabajadores rurales que carezcan de ella, así como a proveerlos de los medios necesarios para hacerla producir.

Art. 106. El Estado atenderá a la defensa y conservación de los recursos naturales de su territorio, y la explotación de los mismos estará dirigida primordialmente al beneficio colectivo de los venezolanos.

Art. 133. Sólo el Estado puede poseer y usar armas de guerra. Todas las que existan, se fabriquen o se introduzcan en el país pasarán a ser propiedad de la República, sin indemnización ni proceso. La fabricación, comercio, posesión y uso de otras armas serán reglamentadas por la ley.

El alcance de cada una de dichas normas se analizará en las partes siguientes. Por ahora, sólo queremos insistir en la importancia del concepto constitucional de la función social a la propiedad, que tiene por objeto asegurar que "el derecho de propiedad no resulte incompatible con los intereses públicos" tal como lo ha precisado la Corte Suprema de Justicia en una sentencia del 3 de diciembre de 1947[474]. En otra sentencia del 29 de mayo de 1972, la misma Corte en Sala Político-Administrativa, precisó lo siguiente:

> La función social que el constituyente atribuye a la propiedad en el Art. 99 de la Constitución, no es una cualidad inherente a las cosas que constituyen el objeto de ese derecho, sino un concepto jurídico de contenido económico y social, que deriva del cumplimiento de ciertas obligaciones o deberes que la ley impone al propietario, atendiendo a la naturaleza del bien de que se trate[475].

Ahora bien, en base a esta función social de la propiedad, este derecho no es un derecho absoluto, eterno, inmutable, sino todo lo contrario, un derecho sometido a limitaciones de carácter legal. La garantía constitucional de la propiedad, por tanto, no se refiere a su carácter absoluto, sino a que su régimen sólo puede ser establecido por el legislador. Es la ley la que, en definitiva, fija el ámbito y régimen de la propiedad, y la ley es la que autoriza a las autoridades judiciales para adoptar medidas limitativas de la propiedad (por ejemplo, la prohibición de enajenar y gravar que establece el Código de Procedimiento Civil) (Art. 368) y a las autoridades administrativas para hacer efectivas las limitaciones, contribuciones, obligaciones y restricciones a la propiedad legalmente establecidas.

En todos estos casos, las limitaciones a la propiedad presuponen la existencia y ejercicio del derecho, pero lo limitan, gravan, obligan o restringen.

Pero es de advertir, por otra parte, que no todos los bienes son susceptibles de propiedad privada, o en otras palabras, no todos los bienes son susceptibles de aprobación.

Hay ciertos bienes que pueden ser excluidos del ámbito de la apropiabilidad por particulares. En estos casos, no se trataría de limitaciones a la propiedad, sino más bien, de limitaciones a la apropiabilidad de bienes.

En los dos apartes que siguen estudiaremos separadamente el régimen vigente en Venezuela de limitaciones a la propiedad y de limitaciones a la apropiabilidad de bienes.

2. *Las limitaciones a la propiedad*

Entendemos por limitaciones a la propiedad, en sentido amplio, todos los condicionamientos legales al derecho (limitaciones propiamente dichas, contribuciones, obligaciones y restricciones) que lo circunscriben, delimitan o demarcan. Se trata, en todo caso, de condicionamientos que presuponen la existencia y ejercicio del derecho de propiedad, pero que precisan sus límites, ámbito, alcance y duración.

---

474 Véase en *Gaceta Oficial* N° 1.718, Extraordinaria, de 20-1-75, p. 21.

475 Véase en *Gaceta Oficial* N° 1.540, Extraordinaria, de 29-8-72, p. 35.

Dentro de estas limitaciones a la propiedad, y para seguir la terminología constitucional, se distinguen las limitaciones al ejercicio del derecho, las restricciones, las obligaciones y las contribuciones a la propiedad. Todas, como se dijo, presuponen la existencia de una propiedad, y sus efectos consisten en limitar su ejercicio, gravarla con contribuciones, imponerle obligaciones o restringir su titularidad o uso (es decir, su ámbito). Veamos separadamente estos cuatro grupos de limitaciones.

A. *Las limitaciones al ejercicio del derecho de propiedad*

Las limitaciones al ejercicio del derecho de propiedad, no sólo presuponen, por supuesto, que el derecho existe, sino que no inciden sobre la titularidad del mismo. Estas limitaciones, por otra parte, constituyen el entorno normal de la propiedad, es decir, constituyen el derecho común de la misma. Mediante ellas el titular de la propiedad sabe hasta dónde pueden llegar sus derechos y pretensiones en relación al uso, goce y disposición de la misma.

Esta noción de las limitaciones al ejercicio del derecho de propiedad, como formando parte del régimen y entorno normal de la misma, ha sido acogida por la jurisprudencia de la Corte Suprema, desde 1938, en una, sentencia de la antigua Corte Federal y de Casación dictada con motivo de la impugnación de la Ley de Servidumbre de Conductores Eléctricos. La Corte, en efecto, señaló lo siguiente:

> *Ahora bien, las servidumbres prediales, se establecen por mandato de la ley, o por el hecho del hombre. Si lo primero, ellas constituyen verdaderas limitaciones que afectan de modo general, el derecho de propiedad, limita dones que el legislador impone en virtud de la potestad de que está investido y en atención a motivos de superior conveniencia o utilidad pública o social. Tales restricciones o limitaciones hacen parte integrante del régimen constitutivo del derecho mismo*[476].

Pero además de configurar el entorno normal de la propiedad, lo importante de las limitaciones al ejercicio es que no extinguen ni anulan el derecho de propiedad; al contrario, lo presuponen. De estas limitaciones, ha señalado la antigua Corte Federal y de Casación en Sala Federal en Sentencia de 15 de diciembre de 1933, "disminuyen el derecho de dominio y señorío del legítimo dueño, no arruinan ni anulan este último derecho"[477].

La consecuencia fundamental de los dos criterios anteriores que identifican las limitaciones al ejercicio del derecho de propiedad: su carácter de entorno normal (derecho común) de la propiedad y su no incidencia sobre la titularidad ni la existencia del derecho (que se presupone), es que la aplicación de esas limitaciones no da derecho indemnización por parte del propietario limitado. De lo contrario no se trataría del entorno normal de la propiedad.

En el campo legislativo, puede decirse que el fundamento de estas limitaciones a la propiedad está en el propio Código Civil que prevé que "las limitaciones legales de la propiedad predial que tienen por objeto la utilidad pública, se refieren a la con-

476 Véase Sentencia de 15 de febrero de 1958, en *Memoria* de 1939, p. 452.

477 Véase en *Memoria* de 1934, pp. 240 y 241

servación de los bosques, al curso de las aguas, al paso por las orillas de los ríos y canales navegables, a la navegación aérea, a la construcción y reparación de los caminos y otras obras públicas. Todo cuanto concierne a estas limitaciones se determina por leyes y reglamentos especiales" (Art. 645).

Estas limitaciones al ejercicio del derecho de propiedad pueden clasificarse según cual sea el atributo de la propiedad en cuyo ejercicio incidan en: limitaciones al uso de la propiedad; limitaciones al goce o disfrute de la propiedad; y limitaciones a la disposición de la propiedad. Veamos separadamente estos tres grupos.

a. *Las limitaciones al uso de la propiedad (limitaciones administrativas)*

Las limitaciones al uso de la propiedad, comúnmente denominadas limitaciones a la propiedad, inciden sobre la facultad de uso de la misma. El ordenamiento jurídico positivo ha establecido una larga lista de limitaciones administraciones al uso, que, pueden clasificarse, las más importantes, en cinco grupos: limitaciones urbanísticas a la propiedad; limitaciones a la propiedad por la proximidad al dominio público; limitaciones derivadas de la conservación y racional aprovechamiento de los recursos naturales renovables; limitaciones derivadas de la protección de bienes culturales y de la seguridad y defensa nacional.

a'. *Limitaciones a la propiedad por la ordenación territorial y urbana*

De acuerdo a lo establecido en la Ley Orgánica para la Ordenación del Territorio de 1983[478], los usos de la propiedad inmobiliaria regulados y permitidos en los planes de ordenación del territorio, se consideran limitaciones legales a la propiedad y, en consecuencia, no originan, por sí solos, derecho a indemnización. Esta sólo podrá ser reclamada por los propietarios en los casos de limitaciones que desnaturalicen las facultades del derecho de propiedad, siempre que produzcan un daño cierto, efectivo, individualizado, actual y cuantificable económicamente.

En esta forma, en cuanto a las limitaciones a la propiedad por la ejecución de los planes de ordenación del territorio, en general, aquellas se regulan como tales limitaciones[479].

Pero dentro de las limitaciones al uso de la propiedad se destacan por su importancia y desarrollo, consecuencia del proceso de urbanización, las limitaciones urbanísticas al uso de la propiedad[480]. El fundamento constitucional de estas limitaciones está en la atribución de competencias a los Municipios en materia de urbanismo (Art. 30) y al Poder Nacional para "el establecimiento, coordinación y unificación de normas y procedimientos técnicos para obras de ingeniería, de arquitectura y urbanismo" (Art. 136, Ord. 14). Por su parte, el fundamento legal de mayor importancia de estas limitaciones estaba en el propio Código Civil, que dispone lo siguiente:

---

478 Véase en *Gaceta Oficial* N° 3.238, Extraordinaria de 11-8-83.

479 Véase Allan R. Brewer-Carías, "Introducción al régimen jurídico de la Ordenación del Territorio", en *Ley Orgánica para la Ordenación del Territorio*, EJV. Caracas, 1984, pp. 7 a 77.

480 Véase Allan R. Brewer-Carías, *Urbanismo y Propiedad Privada*, Caracas, 1980.

Art. 700. Nadie puede edificar ni plantar cerca de plazas fuertes, fortalezas, iglesias, calles y caminos públicos, sin sujetarse a todas las condiciones exigidas por las Ordenanzas y reglamentos especiales.

Por otra parte, la Ley Orgánica para la Ordenación del Territorio de 1983 en esta materia estableció el carácter de las limitaciones urbanísticas a la propiedad, en el sentido de que constituyen el contenido efectivo de ésta. Así el artículo 63 de dicha Ley declaró que "los planes de ordenación urbanística delimitan el contenido del derecho de propiedad, quedando éste vinculado al destino fijado por los mismos", y en 1988, la Ley Orgánica de Ordenación Urbanística estableció en su artículo 53 que "los planes de ordenación urbanística y de desarrollo urbano local delimitan el contenido del derecho de propiedad, quedando éste vinculado al destino fijado por dichos planes"[481]. Por tanto, para que haya posibilidad de uso de la, propiedad urbana, resulta indispensable que su contenido se establezca en un plan. De allí que el artículo citado de la Ley Orgánica para la Ordenación del Territorio prescriba que "las actuaciones que se realicen en el suelo con fines urbanísticos, requieren la previa aprobación del respectivo plan de ordenación urbanística, a los fines de la asignación de uso y su régimen correspondiente, así como la fijación de volúmenes, densidades y demás procedimientos técnicos, sin que puedan otorgarse autorizaciones de uso del suelo en ausencia de planes".

Ello, sin embargo, ha sido mitigado en la Ley Orgánica de Ordenación Urbanística, permitiéndose que en ausencia de planes de ordenación urbanística puedan realizarse actividades de desarrollo urbano pero sólo previa asignación de Variables Urbanas Fundamentales por la autoridad municipal[482].

Por otra parte, en algunos campos específicos, por ejemplo, en materia sanitaria, la Ley de Sanidad Nacional de 1938 establece que están sometidas a la vigilancia del Ministerio de Sanidad y Asistencia Social: "La construcción, reparación o reforma, total o parcial, de las obras, casas, urbanizaciones, bien sean públicos o privados en todo cuanto se refiere al cumplimiento de las disposiciones sanitarias contenidas en las leyes y reglamentos de sanidad" (Art. 14). En vista de ello se establece que las autoridades municipales no otorgarán el permiso requerido para la ejecución de dichas obras sí que antes sean aprobados por la autoridad sanitaria de la localidad.

Asimismo, en relación a los parcelamientos urbanísticos que exijan la realización de destrucción de vegetación, la Ley Forestal de Suelos y Aguas exige una autorización previa del Ministerio del Ambiente y de los Recursos Naturales Renovables.

---

481 Véase Allan R. Brewer-Carías, "El régimen del Urbanismo en la Ley Orgánica para la Ordenación del Territorio" en *Ley Orgánica para la Ordenación del Territorio*, EJV, Caracas, 1984, pp. 79 a 104 e "Introducción General al régimen Legal de la Ordenación Urbanística" en *Ley Orgánica para la Ordenación Urbanística*, Caracas, 1988, pp. 7 a 88.

482 Articulo 125.

b'. *Limitaciones a la propiedad por su proximidad al dominio público*

Con fundamento en el mismo artículo 700 del Código Civil, numerosas leyes especiales han venido estableciendo limitaciones legales a la propiedad por razón de su proximidad al dominio público.

Por ejemplo, por la proximidad al dominio marítimo, la Ley de Navegación restringe la construcción de muelles, malecones, etc., en las costas marítimas, y las somete a autorizaciones de la autoridad administrativa (Art. 113); por la proximidad al dominio público aeronáutico, la Ley de Aviación Civil autoriza la limitación de las construcciones en las zonas de protección de los aeropuertos (Art. 132 del Reglamento); y por la proximidad al dominio terrestre ferrocarrilero, la Ley de Ferrocarriles limita la ejecución de obras en zona paralela a la red, denominada derecho de vía de los ferrocarriles (Art. 18).

c'. *Limitaciones derivadas de la protección del ambiente y de los recursos naturales renovables*

El fundamento de las limitaciones a la propiedad derivada de la protección, conservación y racional aprovechamiento de los recursos naturales renovables y del ambiente está, tal como se señaló, en el propio texto constitucional de 1961 (Art. 106) siguiendo una tradición iniciada en la Constitución de 1925.

En este campo, quizás, ha sido uno en el cual el carácter de limitación legal a la propiedad se ha establecido con mayor claridad, tanto en materia de protección de Parques Nacionales y zonas protectoras como, en general, del ambiente[483].

En efecto, la Ley Forestal de Suelos y Aguas de 1965, establece una serie de limitaciones al uso de la propiedad privada que implican, materialmente, la imposibilidad del uso efectivo al no permitir construcciones ni desmontes; y prevé expresamente, que las limitaciones que la creación de Parques Nacionales en terrenos de propiedad privada imponga al ejercicio de los derechos de ésta, no causarán ninguna indemnización a menos que en estos terrenos se realicen actividades agrícolas o pecuarias, en cuyo caso se procederá a la expropiación correspondiente (Art. 15); y respecto de las zonas protectoras, la ley expresamente señala que la declaratoria de las mismas tiene el carácter de limitación legal a la propiedad privada predial y está destinada a la conservación de bosques, suelos y aguas (Art. 19). En consecuencia, se señala también expresamente, esas limitaciones no causarán obligación alguna para la Nación de indemnizar a los propietarios de las zonas afectadas por dicha declaratoria (Art. 20).

Por su parte, y siguiendo la misma orientación, la Ley Orgánica del Ambiente de 1976 al prever una serie de limitaciones a la propiedad privada, señala expresamente que "las prohibiciones y restricciones que se impongan de conformidad con la presente Ley, constituyen limitaciones de la propiedad y no darán derecho al pago de

483 Véase Allan R. Brewer-Carías, "Limitaciones a la propiedad privada en razón de la conservación, fomento y racional aprovechamiento de los recursos naturales renovables", en Allan R. Brewer-Carías, *Derecho y Administración de las Aguas y los Recursos Naturales Renovables*, Caracas, 1976, pp. 93 a 134.

indemnización (Art. 35). Adicionalmente, la Ley Penal del Ambiente de 1991 tipificó una serie de delitos y penas para los infractores de las leyes de protección.

Con esta serie de disposiciones se confirma la tesis de que las limitaciones a la propiedad configuran el entorno normal del derecho, por lo que no dan lugar a obligación alguna del Estado de indemnizar.

d'. *Limitaciones derivadas de la protección de bienes culturales*

Otro ejemplo de limitaciones administrativas al uso de la propiedad con motivo de la conservación del patrimonio histórico y artístico de la Nación, está establecida en la Ley de Protección y Defensa del Patrimonio Cultural de 1993.

Según esta Ley, por ejemplo, declarada una edificación como monumento nacional, ello impide al propietario realizar "en el mismo cualquier obra de construcción nueva o adosada o apoyada a él, reconstrucción, reparación, reforma, demolición, cambio de ubicación, de destino o de uso, sin la debida anuencia (Art. 16) del Instituto del Patrimonio Cultural".

El artículo 36 de la misma ley prohíbe la destrucción de los bienes culturales declarados Patrimonio Cultural de la República "relativos al patrimonio arqueológico, prehispánico, colonial, republicano o moderno, así como los bienes del patrimonio paleontológico que fuesen descubiertos en cualquier zona del suelo o subsuelo nacional, incluidas las zonas subacuáticas, especialmente las submarinas.

e'. *Limitaciones derivadas de la seguridad y defensa nacional*

La Ley Orgánica de Seguridad y Defensa (publicada en la *Gaceta Oficial* N° 1.889 Extraordinaria de 26-8-76) al determinar las Zonas de Seguridad Fronteriza (Art. 15) establece que en las mismas "no se podrá construir obras, levantar edificaciones, ni instalaciones industriales o de otra naturaleza, sin la previa autorización del Ejecutivo Nacional, por órgano del Ministerio de la Defensa" (Art. 17). Por otra partease autoriza al Presidente de la República para que por vía de Reglamento determine las obras, edificaciones, industrias y actividades económicas que afecten la seguridad y defensa de la República (Art. 17).

Las Zonas de Seguridad Fronteriza, en todo caso, son aquéllas adyacentes a la línea fronteriza del territorio nacional, cuya anchura se fijará por el Ejecutivo Nacional, en su totalidad o por sectores, pudiendo modificarse su extensión cuando las circunstancias lo requieran (Art. 15).

b. *Las limitaciones al disfrute o goce de la propiedad*

Además de las limitaciones al uso de la propiedad, dentro de las limitaciones al ejercicio de ésta, se prevén las limitaciones al disfrute de la misma, es decir, a la obtención de frutos y beneficios. El ejemplo más importante en este campo está en la legislación sobre arrendamientos urbanos y rústicos.

En efecto, la Ley de Regulación de Alquileres de 1960, cuyos antecedentes se remontan a comienzos de la década de los años cincuenta, establece la obligatoriedad de que todos los inmuebles urbanos y sub-urbanas estén sometidos a regulación del canon máximo de arrendamiento por parte de las autoridades administrativas.

Con esta legislación se limitó la autonomía de la voluntad en los contratos de arrendamiento y se limitó el derecho de disfrute de la propiedad inmueble, pues los frutos (el arrendamiento) no lo determina ni el propietario ni las partes en el contrato, sino el Estado.

Una limitación similar fue establecida en la Ley de Reforma Agraria de 1960 respecto de las fincas rústicas, en el sentido de que no sólo su arrendamiento está limitado, sino que cuando es posible, el canon debe ser establecido por el Instituto Agrario Nacional.

c. *Las limitaciones a la disposición de la propiedad*

Por último, en relación a las limitaciones al ejercicio de la propiedad, se encuentran las relativas a la disposición de la propiedad. Entre ellas se destacan; las establecidas en razón de la protección de bienes culturales e históricos. En primer lugar, la prevista en la Ley de Protección y Defensa del Patrimonio Cultural de 1993, de acuerdo con la cual "no se permitirá la salida del país de ningún bien mueble catalogado, sin que haya constancia de haber sido ofrecido en venta al Estado a través del Instituto de Patrimonio Cultural" (Art. 30)". En sentido similar, la Ley de Archivos Nacionales de 1945 establece una prohibición de "negociar documentos oficiales o históricos, o disponer de ellos sin que la Junta Superior de Archivos certifique oficialmente que no pertenecen a la Nación" (Art. 11); ,y además, prevé, que "no se permitirá que salgan del país documentos históricos, aun cuando fueren de propiedad particular, sin que haya constancia de que han sido ofrecidos en venta a la Nación y de que ha quedado copia en el Archivo de la Nación" (Art. 12). Sólo "cuando el Gobierno no juzgue conveniente la adquisición de un documento ofrecido en venta, al poseedor podrá disponer de él con permiso del respectivo Ministerio, previo el informe de la Junta Superior de Archivos" (Art. 13).

Por razones de interés social la legislación reciente ha venido estableciendo una serie de limitaciones de gran interés a la disposición de la propiedad. En efecto, en primer lugar, la Ley de Venta con Reserva de Dominio de 1958 establece las condiciones, forma y ámbito de esta forma de disposición de la propiedad; la Ley de Propiedad Horizontal de 1978 prevé las modalidades y condiciones de la disposición de edificios, por apartamentos, que pueden pertenecer a distintos propietarios; y la Ley de Venta de Parcelas, cuya última reforma es de 1983, establece las modalidades de enajenación de inmuebles urbanos y rurales por parcelas y por oferta pública.

En segundo lugar, también por razones de interés social la legislación ha venido desarrollando limitaciones a la disposición de bienes de primera necesidad, basados en la regulación estatal del precio de venta. En este sentido, deben señalarse las limitaciones contenidas en la Ley contra el acaparamiento y la especulación de 1947 que consideró como delito la especulación, es decir, "la acción de vender artículos de primera necesidad a precios superiores a los señalados por las autoridades competentes"; "la cesión de artículos de primera necesidad, de importadores o productores a terceros intermediarios, para ser vendidos clandestinamente a precios superiores a los regulados"; "la cesión preferencial de artículos de primera necesidad mediante el pago de comisiones", y "la acción de traspasar artículos de primera necesidad de unos mayoristas a otros o de unos detallistas a otros con, el propósito de elevar inmoderadamente los precios" (Art. 1). Dentro de este mismo orden de ideas, la Ley de Protección al Consumidor de 1974, cuya última reforma es de 1994 permite, en general, la regulación de precios de artículos declarados como de primera necesidad por el Ejecutivo Nacional.

En tercer lugar, y también, por razones de orden social, la Ley de Reforma Agraria de 1960 establece una limitación a la disposición de la propiedad de inmuebles rurales dados en propiedad por el Estado mediante el mecanismo de dotación, en el sentido de que dicha disposición sólo puede efectuarse previa autorización del Instituto Agrario Nacional y a personas que reúnan los mismos requisitos para ser adjudicatarios de parcelas conforme la Ley (Art. 74).

B. *Las restricciones al derecho de propiedad*

Dentro de las limitaciones al derecho de propiedad en sentido amplio, además de las limitaciones al ejercicio de la misma que configuran el entorno normal de su régimen jurídico, se encuentran las restricciones al mismo derecho. Estas últimas, al igual que las primeras, presuponen la existencia del derecho de propiedad y versan sobre bienes que son susceptibles de apropiación; pero a diferencia de aquéllas, limitan en realidad, el ámbito de la propiedad o de alguno de sus atributos, por lo que dan derecho a indemnización. No forman parte, por tanto, del entorno normal de la propiedad, sino que como limitación al ámbito del derecho, en su titularidad o su ejercicio, se presentan como una limitación exorbitante sobre la propiedad que debe ser indemnizada.

Estas restricciones a la propiedad pueden afectar la misma titularidad del derecho, mediante la expropiación; o pueden afectar el uso de la propiedad, mediante la constitución de una servidumbre o la ocupación temporal de la misma. En ambos casos, el hecho de que se extinga la titularidad de la propiedad o de que se restrinja el uso de la misma, no excluyen la posibilidad misma de la apropiabilidad de bienes o su uso. Si se expropia un inmueble urbano, por ejemplo, se afecta la titularidad de un determinado propietario, y ello no implica que se extinga la posibilidad de la apropiabilidad de inmuebles urbanos. Lo mismo sucede con la restricción al uso: si el Estado suplanta al propietario temporalmente en el uso de la propiedad o se constituye una servidumbre administrativa sobre un inmueble que limite el ámbito de su uso por su propietario, ello no implica que en todos los inmuebles y todos los propietarios tendrán la misma restricción. En ambos casos, el propietario afectado particularmente en la titularidad de su propiedad o en su uso, tiene derecho a ser indemnizado, salvo que la afectación tenga lugar, como sanción o que la restricción provenga de una concesión o de una contribución en especie al Estado.

Estas limitaciones al ámbito de la propiedad han sido comentadas por la Corte Suprema de Justicia en Sala Político-Administrativa, en una Sentencia de julio de 1968, donde con ocasión de un conflicto en materia de adjudicatarios de parcelas, en materia agraria, señaló que la propiedad, "en razón ciertamente de su función social, no es ni absoluta ni perfecta, pues, esa misma función le impone limitaciones y restricciones, no sólo a sus atributos clásicos —de uso, goce y disposición—, sino a la misma vigencia del derecho; de modo que el constituyente o transferente del derecho puede, en presencia de los motivos que para ella prevé la Ley, poner término a la vigencia de ese derecho" [484].

a. *Las restricciones al uso de la propiedad*

El uso del derecho de propiedad puede ser restringido por razones de interés público, sea mediante la constitución de una servidumbre administrativa sobre la propiedad inmueble; sea mediante la ocupación temporal de la misma y, en ambos casos, mediante indemnización.

En estos supuestos no se trata de una limitación administrativa al uso de la propiedad, que se aplica en general a todos los inmuebles que se encuentren, por ejemplo, en determinadas situaciones de hecho, en cuyo caso sería parte del régimen legal de la propiedad. Aquí estamos .en presencia de la reducción particularizada del ámbito de la facultad de uso de una determinada propiedad, en favor del Estado o de otro particular, por razones de interés o utilidad pública, que restringe el uso que el propietario tiene derecho a ejercer sobre su propiedad. Por ello, en estos casos, al no tratarse del régimen normal de las limitaciones, sino de una limitación excepcional (restricción), se prevé siempre el derecho del propietario afectado a ser indemnizado, salvo que se trate de una sanción por razones de orden público.

En todo caso, veamos separadamente estas restricciones.

a'. *Las servidumbres administrativas*

Pueden considerarse como servidumbres administrativas, las limitaciones específicas y con carácter permanente impuestas al uso de una propiedad en beneficio colectivo. Estas servidumbres administrativas, que requieren de un acto de constitución formal de la misma, pueden implicar la idea civilista de que la carga impuesta a un predio (predio sirviente) se hace en beneficio de otro predio (predio dominante), como en el caso de las servidumbres establecidas en beneficio de bienes del dominio público o privado del Estado, o de otros inmuebles afectados a un fin de utilidad pública, o de interés general. Sin embargo, la idea del fundo dominante en materia de servidumbres administrativas no es esencial, pues éstas pueden constituirse en beneficio de la colectividad o de una actividad de interés general.

En efecto, el primer tipo de servidumbres administrativas, más apegadas a la fórmula civilista inclusive, tuvo consagración legal en la Ley de Expropiación de 1942. En ella se estableció expresamente un Título VIII destinado a regular "las servidumbres de utilidad pública" y se dispuso que "todo propietario está obligado a permitir el establecimiento en su fundo de las servidumbres que fueren necesarias para la ejecución de cualquier obra de utilidad pública o para uso o mejor funcionamiento de los servicios públicos" (Art. 56), consagrándose, por supuesto, un derecho a ser indemnizado y un procedimiento judicial para su constitución forzosa a falta de acuerdo con el propietario. Estas normas fueron eliminadas de la Ley de 1947, con lo cual podría pensarse que se dejó la constitución de servidumbres administrativas, en general, a lo previsto en el Código Civil: el título, la prescripción o la destinación del padre de familia (Art. 720). La constitución forzosa de servidumbres administra-

484 Véase en *Gaceta Forense*, N° 61, 1968, pp. 33 y 34.

tivas, tan esencial cuando está en juego el interés público, lamentablemente fue eliminada, por lo que en ausencia de una legislación especial, debe admitirse que ha sido sumamente dificultoso, por ejemplo, la constitución de las servidumbres necesarias para la construcción del sistema de transporte subterráneo (Metro) de Caracas.

Sin embargo, podría admitirse la utilización del procedimiento expropiatorio para la constitución de servidumbres administrativas forzosas, ya que la Ley de expropiación por causa de utilidad pública o social sigue admitiendo que "habrá lugar a la indemnización cuando a los propietarios se los prive de una utilidad, queden agravados con una servidumbre o sufran un daño permanente que se derive de la pérdida o de la disminución de sus derechos" (Art. 36). En base a ello, en principio, no habría inconveniente en utilizar el procedimiento expropiatorio para la constitución forzosa de la servidumbre.

En todo caso, la ausencia de normas generales sobre constitución forzosa de servidumbres administrativas, ha provocado que algunas leyes especiales las hayan previsto en casos específicos. El más clásico de estos supuestos se refiere a las servidumbres minera y de hidrocarburos como derechos complementarios de los concesionarios de minas y de hidrocarburos. Estas servidumbres administrativas pueden ser voluntarias o coactivas, y cuando no se pueden constituir las primeras mediante el correspondiente convenio con los propietarios, la Ley de Hidrocarburos, por ejemplo, prevé un procedimiento judicial para su constitución forzosa (Art. 53).

En los supuestos anteriores, en todo caso, la constitución de las servidumbres administrativas generalmente se hace en beneficio de un fundo dominante, aun cuando en materia de hidrocarburos, no necesariamente existe tal fundo dominante. En todo caso, en derecho administrativo se admite la constitución de servidumbres administrativas, como cargas impuestas a un inmueble pero en beneficio de la colectividad o de una actividad considerada como de interés o utilidad pública. Tales son los casos, por ejemplo, de la servidumbre de conductores eléctricos y de protección de bienes culturales.

En efecto, la Ley de servidumbre de conductores eléctricos de 1928 establece la obligación de todo propietario "a dar paso por su fundo a los conductores eléctricos, aéreos o subterráneos, de que quiera servirse quien produzca, use o distribuya de manera temporal o permanente energía eléctrica para las necesidades de la vida o para usos agrícolas e industriales. Esta servidumbre implica el derecho a establecer los postes o soportes necesarios, y el eje pasar para la vigilancia y conservación de la línea" (Art. 1°), previéndose, en todo caso, una indemnización a los propietarios afectados.

En esta materia, debe señalarse que en virtud de lo irrisorio y desadaptado de la indemnización máxima qué prevé la Ley (Art. 4), se ha recurrido en más de una ocasión al procedimiento expropiatorio previsto en la Ley de Expropiación por causa de utilidad pública para, no ya constituir la servidumbre, sino expropiar las fajas de terreno necesarias para el paso de los conductores eléctricos.

Otra de las clásicas servidumbres administrativas previstas independientemente de la existencia de fundos dominantes, es la contemplada en la Ley de Protección y Conservación de Antigüedades y Obras Artísticas de la Nación de 1945. Esta Ley señala que "en el caso en que la conservación de los cementerios y petroglifos (que no pueden destruirse) implique una servidumbre perpetua sobre una propiedad particular, el Estado, remunerará a los propietarios el valor correspondiente a dicha limitación" (Art. 14).

b'. *La ocupación temporal*

La ocupación temporal de la propiedad es también una limitación a la propiedad que implica una restricción al uso de la propiedad al permitirle el Estado, a otros particulares el uso de la misma, por razones de utilidad pública o interés general. Se diferencia de las servidumbres administrativas, básicamente, en la temporalidad de la restricción al uso y en el procedimiento para su ejercicio, que en la ocupación temporal siempre es de carácter administrativo. Pero aquí también, por el carácter excepcional de la limitación, se prevé un derecho de indemnización a favor del particular lesionado en "su derecho.

La consagración tradicional de la ocupación temporal ha estado en Venezuela en la Ley de Expropiación por causa de utilidad pública o social, derivada de la construcción de obras públicas. En la actualidad, la Ley establece el derecho a la ocupación temporal de las propiedades ajenas, por tanto, distintas de las que puedan ser expropiadas, en la construcción de obras declaradas de utilidad pública, en los siguientes casos: "1) Con el objeto de hacer estudios o practicar operaciones facultativas de corta duración que tengan por objeto recoger datos para la formación del proyecto o para el replanteo de la obra; y 2) Para el establecimiento de estaciones y caminos provisionales, talleres, almacenes o depósitos de materiales, también provisionales, y cualquiera otra más que requiera la obra para su construcción o reparación" (Art. 47).

La Ley confirma la temporalidad de dicha ocupación (6 meses), el carácter ejecutivo del procedimiento, y la obligación para el que ocupa temporalmente la propiedad ajena, de indemnizar "al propietario de los perjuicios que le cause, a justa regulación de expertos y oyendo previamente al respectivo propietario" (Art. 50).

La misma Ley de Expropiación establece otra modalidad de ocupación temporal, desligada de la construcción de obras públicas, "en los casos de fuerza mayor o de necesidad absoluta, como incendio, inundación, terremotos o semejantes". En estos supuestos, "podrá procederse a la ocupación temporal de la propiedad ajena, y bastará para ello la orden de la primera autoridad de policía de la localidad; todo sin perjuicio de la indemnización al propietario si a ello hubiese lugar, tenidas en cuenta las circunstancias" (Art. 54).

Otras leyes especiales han venido regulando la ocupación temporal de la propiedad: por ejemplo, en la Ley de Hidrocarburos se la contempla como uno de los derechos de los concesionarios, pero en este caso, con intervención de la autoridad judicial, por no tratarse de la acción de un ente público; en la Ley de Sanidad Nacional se establece expresamente la posibilidad de la ocupación temporal de la propiedad por razones sanitarias, mediando también indemnización (Arts. 17 y 18); y en la Ley Orgánica de las Fuerzas Armadas Nacionales se consagra la llamada requisición de uso, otorgando derechos al Gobierno Nacional "de aprovechar todas las construcciones e instalaciones, los edificios públicos o privados, para el alojamiento de las tropas o con destino a otros servicios militares" (Art. 361), mediando indemnización (Art. 358).

Debe destacarse por último que en la reciente Ley Orgánica del Ambiente de 1976 se previó la ocupación temporal de la propiedad, pero como sanción tendiente a evitar las consecuencias perjudiciales de actos que puedan degradar el ambiente (Arts. 25 y 26), por lo que no da derecho a indemnización (Art. 35).

Además en la Ley Penal del Ambiente de 1991 la ocupación temporal de la propiedad se reguló como medida judicial precautelativa tendiente a interrumpir la producción de daños al ambiente (Art. 24, Ords. 1 y 5).

b. *Las restricciones a la titularidad del derecho de propiedad*

Además de las restricciones al uso de la propiedad, quizás de mayor importancia, se encuentran las restricciones a la titularidad del derecho de propiedad sobre un determinado bien, el cual su titular debe traspasar al Estado forzosamente, mediando, generalmente, indemnización, salvo que la transferencia se imponga como sanción, o provenga de un proceso de reversión o esté prevista como una contribución en especie de la propiedad al Estado.

Tradicionalmente se han identificado estas restricciones a la titularidad del derecho de propiedad, con la institución de la expropiación forzosa; pero en realidad, en el ordenamiento jurídico venezolano en especial pueden distinguirse las siguientes instituciones, además de la expropiación:, la requisición; la reversión; las medidas punitivas o sancionatorias: el comiso, la demolición de inmuebles, la confiscación, y las cesiones obligatorias de la propiedad a entes públicos, como contribución en especie[485].

a'. *La expropiación*

La Corte Suprema de Justicia, en sentencia del 24 de febrero de 1965, ha definido a la expropiación como "una institución de derecho público, mediante la cual la administración, para el cumplimiento de fines públicos, logra coactivamente la adquisición de bienes muebles o inmuebles, siguiendo un procedimiento determinado y pagando una justa indemnización. Como presupuestos constitucionales de la expropiación se establecen: la existencia de causas de utilidad pública o de interés social; un procedimiento judicial determinado; y el pago de una justa indemnización. Tales formalidades revisten al instituto de las debidas garantías, y la diferencia plenamente de la confiscación, figura de naturaleza punitiva prohibida expresamente por el artículo 102 de la Constitución"[486].

La legislación sobre la expropiación, cuya evolución ya fue mencionada, no sólo regula el ejercicio por el Estado de una potestad pública —la potestad expropiatoria—, sino además, y en vista de que el ejercicio de la misma incide sobre un derecho garantizado constitucionalmente, regula las garantías necesarias para que esa potestad no atropelle el derecho individual. En esta regulación se pueden apreciar

485 Véase Allan R. Brewer-Carías, "Adquisición de la Propiedad Privada por parte del Estado en el Derecho Venezolano" en *Revista, de Control Fiscal*, N° 94, Caracas, 1979, pp. 61 a 84.

486 *Gaceta Oficial*, N° 27.676, de 24-2-65. Sobre la expropiación. Véase Allan R. Brewer-Carías, *Jurisprudencia de la Corte Suprema 1930-1974 y Estudios de Derecho Administrativo*, Tomo VI. Propiedad y Expropiación, Caracas, 1978.

claramente los dos extremos entre los cuales se mueve el derecho administrativo: potestad pública por una parte; y garantía de los derechos de los particulares por la otra.

En efecto, en primer lugar debe señalarse, en cuanto a la potestad pública o a la regulación del ejercicio de la misma por parte del Estado, que la Ley de Expropiación consagra la posibilidad para el Estado de apoderarse de determinados bienes de los particulares, para determinados fines, en forma coactiva o forzosa, cuando exista alguna resistencia de parte de los particulares, en virtud de los diversos intereses que surgen con motivo de la realización de obras de utilidad pública o actividad de interés social que el Estado pretenda ejecutar. Esa expropiación o ese apoderamiento forzoso de los bienes por parte del Estado procede, tal como expresamente la jurisprudencia venezolana lo ha calificado, "por las buenas o por las malas"[487]. Por ello, decretada la expropiación, es decir, ejercida la potestad expropiatoria por parte del Estado, los particulares no pueden discutir la expropiación misma, o si realmente el Estado necesita o no aquellos bienes. Solamente pueden discutir y exigirse la garantía a ser debidamente compensados por la lesión que se produzca a sus derechos y la discusión no puede incidir sobre el ejercicio mismo de la potestad expropiatoria, la cual, una vez que se ejerce, es irreversible. Lo único que puede discutirse en el juicio expropiatorio, por tanto, no es la procedencia o no de la expropiación, sino el monto de la compensación que por el derecho lesionado debe pagar el Estado al particular (Arts. 101 de la Constitución, 547 del Código Civil y 3 de la Ley de Expropiación por causa de utilidad pública o social).

Por otra parte, la regulación en una Ley de una potestad pública de tal importancia que permite al Estado lesionar uno de los derechos que la propia Constitución consagra, ha implicado generalmente que el Legislador en las legislaciones sobre expropiación, haga intervenir para el correcto ejercicio de esta potestad por parte del Estado, a todos los poderes públicos. En efecto, en materia expropiatoria no sólo interviene el Poder Ejecutivo cuando decreta la expropiación de una obra, sino que fundamentalmente la Ley exige la intervención previa del Poder Legislativo y posterior del Poder Judicial. La garantía del derecho de propiedad y la lesión producida a este derecho, hace que el Legislador exija que todas las instituciones y Poderes del Estado intervengan en el procedimiento. En primer lugar, al Poder Legislativo al declarar la utilidad pública o el interés social de la actividad que conlleva la expropiación, declaratoria que se reserva generalmente el legislador hasta el punto de que el Poder Ejecutivo no puede juzgar cuando hay utilidad pública o interés social en una actividad pública, sino que ésta sólo puede ser declarada por la Ley (Arts. 3 y 10 y ss. de la Ley de Expropiación por causa de utilidad pública o social).

En segundo lugar, la intervención del Poder Ejecutivo exige para que se lleve a efecto la expropiación, la necesidad de un acto de la autoridad ejecutiva, que determine cuáles bienes van a ser expropiados para alcanzar los fines de utilidad pública o interés social que la ley establece (Arts. 3 y 5). En tercer lugar, la intervención del Poder Judicial, lo que configura la garantía judicial necesaria, debido a la lesión del derecho del particular. En este sentido, cuando no hay posibilidad de llegar a un

487 Véase Sentencia de la Corte Federal y de Casación en Sala Federal de 14 de marzo de 1952, en *Gaceta Forense*, N° 10, pp. 133 y 134.

arreglo o convenio amigable con el particular, la autoridad administrativa no puede apoderarse simplemente de sus bienes, sino que necesariamente tiene que acudir a la vía judicial y solicitar por ante el Juez competente en materia contencioso-administrativa, la expropiación o traslado forzoso de la propiedad de determinados bienes del particular al Estado (Arts. 19 y ss.).

Estos serían los aspectos resultantes del primero de los elementos de una legislación sobre expropiación, el que regula el ejercicio de una potestad pública, en la cual intervienen todos los poderes del Estado y que implica que el ejercicio de esa potestad deba hacerse conforme a las normas que establece la Ley.

El segundo elemento de la expropiación, además de la potestad pública de expropiar, está constituido por la garantía del derecho de los particulares. En efecto, el hecho de que se otorguen al Estado determinadas potestades y el ejercicio de determinados poderes exorbitantes al derecho común que rige las relaciones entre particulares, no implica que éstos queden desasistidos frente al Estado. Al contrario, el legislador establece una serie de mecanismos para que el derecho del particular esté debidamente garantizado frente al ejercicio de esa potestad.

Ahora bien, esta garantía del derecho de los particulares que la legislación de expropiación establece, podemos clasificarla en tres grandes grupos: por una parte, una garantía jurídica; por otra parte, una garantía patrimonial; y en tercer lugar, una garantía de devolución. Las tres garantías están íntimamente conexas con la institución de expropiación.

En primer lugar, la garantía jurídica. El poder de expropiación, como ejercicio de una potestad pública, está circunscrito a una serie de normas legales. No es, por tanto, una vía de hecho. No se trata del apoderamiento fáctico de determinados bienes por parte del Estado, sino que se trata del apoderamiento de ciertos bienes particulares, pero conforme a una serie de normas de carácter jurídico que son el primer elemento de la garantía consagrada para los particulares. El despojo que se hace del bien particular, por tanto, no es un despojo ilegal, sino un despojo perfectamente legítimo dados los fines que tiene el Estado en un momento determinado y que, por tratarse de un despojo legítimo, debe cumplirse de acuerdo a una serie de normas legales (Art. 1).

En virtud de ello, al particular se le consagran, como protección de esa garantía, en primer lugar, la posibilidad de oponerse a esta expropiación (Art. 26). En este sentido, la principal causa de oposición a la expropiación es el alegato de que se haya producido una violación de ley, precisamente por la existencia de esta garantía jurídica. La otra causa de oposición se refiere, en particular a la expropiación parcial, pero no incide ya directamente sobre la expropiación en sí misma. Por esto, la confirmación de esta garantía jurídica está en la oposición a la expropiación por violación de ley. Pero además debe destacarse que se otorgan al particular una serie de mecanismos para hacer efectiva esa garantía, hasta el punto de que se le dan posibilidades de ejercer acciones posesorias o petitorias en relación al despojo ilegítimo o ilegal que se haya hecho de sus bienes, declarándose además en la ley, como responsables, a los funcionarios y a los jueces que hayan intervenido en algún procedimiento expropiatorio en el cual no se hayan cumplido las normas legales. En esta forma se hace responsable no sólo al Estado, sino directamente a sus funcionarios (Arts. 4 y 55).

La segunda garantía, además de la garantía jurídica, es la garantía patrimonial. En efecto, si bien se otorga al Estado la posibilidad de apoderarse de determinados bienes particulares, esto no significa que los derechos del particular claudican totalmente ante el Estado, sino que en lugar de su derecho de propiedad, que desaparece, surge un nuevo derecho, el derecho a ser indemnizado y, por tanto, a recibir una justa compensación. En torno a ello, la jurisprudencia en Venezuela reiteradamente ha considerado que este derecho sustitutivo debe ser, como su nombre lo indica, una justa compensación o indemnización, que no signifique ni enriquecimiento ni empobrecimiento para el expropiado, es decir una indemnización que sustituya el derecho que ha sido lesionado por el ejercicio de la potestad expropiatoria[488].

La expropiación viene a ser entonces un mecanismo de conversión de derechos, del derecho patrimonial de carácter real por un derecho de crédito sobre una cantidad determinada de dinero, compensatoria de la situación anteriormente existente.

Pero las legislaciones de expropiación no sólo consagran estas dos garantías: la jurídica y la patrimonial, sino que también consagran una tercera garantía, que es consustancial a la finalidad que origina la expropiación y que es la llamada garantía de devolución.

En efecto, si la expropiación procede por causa de utilidad pública o de interés social, la legislación de expropiación, y esta es la tendencia general en el derecho comparado, establece que cuando el bien que se expropia y del cual se despoja a un particular, no se destina por el Estado al fin de utilidad pública o de interés social que originó la expropiación, surge un derecho del particular a quien se le quitó su bien, de pedirle al Estado la devolución del bien que no ha sido utilizado para los autorizados fines de utilidad pública o de interés social.

En Venezuela, la legislación de expropiación tradicionalmente ha regulado, por una parte, la potestad expropiatoria y el ejercicio de ella por parte del Estado; y por la otra, las dos primeras garantías señaladas, la jurídica y la patrimonial. Al respecto establece una serie de normas a las cuales debe ajustarse el ejercicio de la propiedad expropiatoria y dispone las normas que buscan lograr la justa compensación o indemnización, es decir, la garantía patrimonial para el particular; pero la legislación de expropiación en Venezuela no ha recogido este tercer elemento que configura la garantía de devolución, pues no consagra el derecho del particular a readquirir su bien cuando no ha sido destinado al fin para el cual el Estado ejecutó la expropiación, salvo cuando el Estado decida voluntariamente enajenarlo, en cuyo caso, el particular sólo tendría un derecho a readquirir prioritariamente la propiedad de ese bien en las nuevas condiciones de enajenación que existan en el momento en que ésta se produzca (Art. 46). Debe señalarse, sin embargo, que la Ley Orgánica para la Ordenación del Territorio de 1983, ha establecido el principio de que "procederá la retrocesión de los terrenos con arreglo a lo que disponga la legislación de la materia" "si se pretende modificar su afectación o se agotara la vigencia del plan" (Art. 69).

---

488 Véanse Sentencias de la Corte Federal y de Casación en Sala Federal de 12 de julio de 1943 y de 4 de mayo de 1948, en *Memoria* 1944, Tomo I, p. 22 y en Compilación Legislativa de Venezuela, 1948-1949. Anuario 1946, pp. 771 y 772.

Además de las normas contenidas en la Ley de expropiación, algunas leyes - especiales han establecido normas particulares: la Ley sobre Derecho de Autor, por ejemplo, en relación a la expropiación de creaciones del intelecto y la Ley de Propiedad Industrial, en relación a la expropiación de invenciones o signos distintivos; la Ley de Reforma Agraria de 1960, en relación a la expropiación agraria; y las leyes" de reserva al Estado de la industria de la explotación del mineral del hierro de 1974, y de la industria y el comercio de los hidrocarburos de 1975, en relación a la nacionalización de las empresas mineras y de hidrocarburos.

b'. *La requisición*

La requisición consiste en el apoderamiento por el Estado, por razones militares y de seguridad, de bienes muebles de los particulares, generalmente indeterminados y fungibles, mediando indemnización. Se distingue de la expropiación en que sólo procede respecto de bienes muebles, generalmente sin identificación precisa, salvo su clase, y en que no esté previsto un procedimiento judicial previo. El motivo de la requisición siempre es de carácter urgente, por eso el procedimiento es meramente administrativo y, en general, de orden militar.

En efecto, en Venezuela, la Ley Orgánica de las Fuerzas Armadas Nacionales establece expresamente que "en caso de guerra, el Ejecutivo Nacional tendrá la facultad de requisar los elementos de propiedad particular que puedan ser utilizados en la defensa nacional" (Art. 357).

La Ley, por otra parte, considera elementos requisables "aviones, armas, pólvora y explosivos, municiones; víveres, forrajes, reses y cuantos artículos sean necesarios para la alimentación de los hombres y ganado; automóviles, camiones y carruajes de toda clase; máquinas, elementos para alumbrado, combustibles, herramientas, gasolina, petróleo y sus derivados, buques, animales de silla, de tiro y de carga, monturas y aparejos; drogas, y en general, cuantos elementos sean necesarios a las Fuerzas Armadas Nacionales en Campaña, a juicio del Ejecutivo Nacional" (Art. 360). Toda prestación derivada de una requisición militar da derecho a una indemnización del bien requisado, fijada por peritos y cancelada por el Estado (Art. 358).

Las previsiones anteriores han sido complementadas por la Ley Orgánica de Seguridad y Defensa de 1976, que permite al Presidente de la República, declarado el estado de emergencia, "ordenar la requisición de los bienes necesarios para la defensa nacional" (Art. 31). La Ley señala, en todo caso, que "terminado el estado de emergencia se restituirán los bienes requisados a sus legítimos propietarios, en el estado en que se encuentren, sin perjuicio de la indemnización debida por el uso o goce de los mismos. En los casos en que los bienes requisados no pudieren ser restituidos, o se trate de bienes fungibles o perecederos, se pagará el valor total de dichos bienes calculados con base al precio que los mismos tenían en el momento de la requisición" (Art. 32). En todo caso, debe señalarse que la institución de la requisición, en Venezuela, no ha sido prevista con claridad, sino en el orden militar.

La figura de las requisiciones civiles, consagradas en otras legislaciones en relación a bienes de primera necesidad que son objeto de acaparamiento y especulación, no se ha recogido en nuestro país.

En efecto, la Ley contra el Acaparamiento y la Especulación de 1947, al considerar esas acciones como delito, atribuye a los jueces penales "la ocupación de las mercaderías" y la facultad de disponer "su venta inmediata al precio regulado" por intermedio de las autoridades de protección al consumidor (Art. 6°). No queda claro de esta regulación, la naturaleza jurídica del apoderamiento forzoso de los bienes: si el monto de la venta ingresa al Tesoro Nacional, como en efecto debe suceder, en realidad se trata de una medida punitiva, dado el origen penal de la misma, y en esta forma se trataría de la figura del comiso que se verá más adelante; si el monto de la venta se abonara al infractor se trataría de una indemnización y la figura se asemejaría a la requisición.

c'. *La reversión*

La tercera de las instituciones que permiten al Estado el apoderamiento forzoso de bienes de los particulares por razones de interés general, es la reversión, que se distingue de las anteriores en que no da derecho a indemnización a pesar de que no tiene carácter punitivo.

En efecto, es un principio general de las concesiones administrativas el hecho de que una vez terminada la concesión, el concesionario debe traspasar los bienes afectos a la concesión al Estado, sin indemnización; y el fundamento de esta institución se considera que está en la naturaleza misma de la concesión: mediante ella, el Estado traspasa al particular concesionario, un privilegio para realizar una actividad que aquél generalmente se ha reservado para sí, y la compensación por haber ejercido ese privilegio en base a un acto del Estado es que al concluir la concesión, revierten a él todos los bienes afectos a la concesión.

En el ordenamiento jurídico venezolano, la figura de la reversión se acogió por primera vez en el orden constitucional, en el texto de 1947 respecto de las concesiones mineras y de hidrocarburos; y además, se consideró siempre como una institución vinculada a la concesión. El principio de la reversión se recoge también en la Constitución vigente de 1961, también en relación a las concesiones mineras y de hidrocarburos, aun cuando el texto constitucional, parece concentrar su efecto a "las tierras adquiridas con destino a la explotación o exploración" de dichas concesiones (Art. 103). A pesar de ello, la interpretación, que le ha dado la Corte Suprema a esta previsión constitucional de la reversión, ha sido de carácter amplio.

En efecto, sobre la reversión, la Corte Suprema de Justicia, en sentencia de 3 de diciembre de 1974, dictada con motivo de la impugnación de la Ley sobre Bienes Afectos a Reversión en las Concesiones de Hidrocarburos, señaló lo siguiente:

> "Cuando los concesionarios se adhieren al estatuto legal, la ley que impone la reversión, están aceptando explícitamente e implícitamente que al extinguirse la concesión, por cualquier causa, los bienes integrantes de la concesión pasarán al Estado sin indemnización alguna; de manera que, la cláusula, de reversión llega a ser, por este medio, un complemento de] estatuto legal del concesionario y así expresa un comentarista refiriéndose a la reversión: «es inherente a la figura de la concesión; en verdad no podemos concebir dentro de nuestro régimen legal imperante para los minerales de hidrocarburos, que la concesión no tenga un límite predeterminado y no se opere *ope legis* la reversión». Por ello, no se explica la contradicción en que incurren los demandantes aceptando por una parte las disposiciones: artículos 103 de la Constitución Nacional y 80 de la Ley de Hidrocarburos, por las cuales queda establecida la reversión, e impugnando

la Ley que la regimenta, cuando ambas leyes contemplan el traspaso de los bienes al Estado sin indemnización alguna al extinguirse la concesión, y es evidente también que tanto la confiscación por la cual se incautan determinados bienes de una persona sin indemnización alguna, como la expropiación, que supone un procedimiento especial mediante indemnización, son figuras distintas a la reversión, en virtud de la cual los bienes pertenecientes al concedente, como los del concesionario, afectos a la concesión, vuelven a manos de aquél cuando por cualquier causa la concesión llega a su fin"[489].

En todo caso, debe señalarse que a nivel legislativo, el principio de la reversión en las concesiones ha sido tradicionalmente acogido. En efecto, en materia de hidrocarburos, en la Ley de Hidrocarburos de 1943 y en todas sus reformas posteriores, se estableció expresamente que al vencimiento de las concesiones "la Nación readquirirá, sin pagar indemnización alguna, las parcelas concedidas y se hará propietaria, del mismo modo, de todas las obras permanentes que en ellas se hayan construido" (Art. 80). En 1971, mediante la Ley sobre bienes afectos a reversión en las concesiones de hidrocarburos[490], próxima la fecha de vencimiento de las concesiones de hidrocarburos, se reguló la figura de la reversión.

Dicha ley, en efecto, determinó el ámbito de los bienes reversibles en los siguientes términos: "Tierras, obras permanentes, incluyendo instalaciones, accesorios y equipos que formen parte integral de ellas; y los otros bienes adquiridos con destino o afectos a los trabajos de exploración, explotación, manufactura, refinación o transporte en las concesiones de hidrocarburos", y además, salvo prueba en contrario, "cualesquiera otros bienes corporales e incorporales adquiridos por los concesionarios" (Art. 1); y precisó que dichos bienes "pasan al patrimonio nacional, libres de gravámenes y cargas y sin indemnización alguna, al extinguirse por cualquier causa las concesiones respectivas" (Art. 2). Como consecuencia, la ley estableció una obligación a los concesionarios de conservarlos y mantenerlos en comprobadas condiciones de funcionamiento (Arts. 2 y 4), y atribuyó al Ejecutivo Nacional amplias facultades de inspección y control.

Posteriormente, la Ley que reserva al Estado la industria y el comercio de los Hidrocarburos de 1975, nacionalizó la industria, dando por terminadas, anticipadamente, las concesiones de hidrocarburos, con lo cual las normas de la Ley sobre bienes efectos a la reversión en cuanto a tal, fueron inaplicables.

El principio de la reversión, en todo caso, ha sido acogido en otras leyes, como la ley Forestal, de Suelos y Aguas de 1965 respecto de las concesiones de aprovechamiento de aguas del dominio público (Art. 92); y en la Ley de Ferrocarriles de 1957, en la cual se precisó que "en el caso de concesiones extinguidas por vencimiento del término de su duración, según sus respectivos títulos, la Nación readquirirá sin pagar indemnización alguna, todos los derechos concedidos y se hará propietaria, del mismo modo, de todas las obras, material rodante, construcciones e instalaciones, efectuadas durante la concesión" (Art. 9). Recientemente, y en relación a las conce-

489 *Gaceta Oficial*, N° 1.718, Extraordinaria, 20-1-75, pp. 22 y 23.

490 *Gaceta Oficial*, N° 29.577 de 6-8-71.

siones de servicios públicos municipales, la Ley de Régimen Municipal de 1978, reformada en 1984 y 1989 recoge el principio de la reversión (Art. 13).

d'. *Las medidas punitivas*

En todos los supuestos de extinción de la propiedad privada antes analizados, las medidas se adoptan por el Estado por razones de utilidad o interés general, sin que estén motivadas por actividades ilegítimas o ilícitas de los propietarios afectados. Por otra parte, en la expropiación y en la requisición, los propietarios tienen derecho a indemnización, lo cual no se plantea en la reversión, por tener ésta su fundamento en la Ley y en el contrato de concesión aceptado por el concesionario.

Pero no sólo el ordenamiento jurídico prevé las restricciones a la titularidad de la propiedad antes señalada, sino que además establece algunas formas de extinción de la propiedad privada, sin indemnización, como consecuencia de una sanción que impone el Estado por las acciones ilegales de los propietarios. Entre estas restricciones se destacan el comiso, la demolición de inmuebles, y la confiscación.

a". *El comiso de bienes muebles*

El comiso es una forma de extinción de la propiedad privada sobre bienes muebles, que o pasan al patrimonio del Estado, o son destruidos por razones de orden público, sin que medie indemnización alguna a favor de los propietarios afectados. Se trata, siempre, de una sanción administrativa, de una pena accesoria a la pena principal en materia penal o en sí, de una principal, aplicada con motivo de la comisión por parte del propietario, de una falta administrativa o de un delito. Sobre el comiso y su constitucionalidad la Corte Suprema de Justicia en Sala Político-Administrativa en sentencia del 20 de diciembre de 1967 estableció lo siguiente:

> "El comiso es una sanción de carácter patrimonial aplicable con motivo de la realización de un acto ilícito; si el comiso implicara una expropiación practicada en forma distinta a la prevista por la ley, o una confiscación de las prohibidas por la Constitución habría que llegar a una absurda conclusión, de que el comiso de los objetos con los cuales se perpetra un delito, o el objeto mismo del delito, como sucede en el contrabando, sería una medida inconstitucional"[491].

Diversas normas en el ordenamiento jurídico regulan el comiso. En primer lugar, como sanción de carácter administrativo, la Ley de Sanidad Nacional de 1938 autoriza al Ejecutivo Nacional a tomar "todas las medidas que crea necesarias" para prevenir o extinguir una enfermedad o combatir una epidemia, "incluso la ocupación temporal de la propiedad y hasta su destrucción" (Art. 17). En base a esta autorización legal, el Reglamento General de Alimentos establece expresamente que "los alimentos que se ofrezcan al consumo, infringiendo las disposiciones de este Reglamento, serán decomisados sin ninguna compensación (Art. 44), y según los casos, podrán ser destruidos a costa del infractor (Art. 45).

Como pena accesoria a la pena principal, el Código Penal establece la "pérdida de los instrumentos o armas con que se cometió el hecho punible y de los efectos

491 Véase en *Gaceta Forense*, N° 58, 1967, pp. 168 y 169.

que de él provengan" (Arts. 10 y 33). En el caso de armas, éstas "serán decomisadas" y pasadas al Parque Nacional; y en cuanto a los demás efectos también serán decomisados y rematados para adjudicar su precio al Estado (Art. 33). Esto ha sido regulado con mayores precisiones de procedimiento en la Ley de bienes muebles recuperados por autoridades de 8 de julio de 1966. En el primer caso, las disposiciones del Código Penal han sido complementadas con las de la Ley de Armas y Explosivos de 1939.

Por último, como pena principal, el comiso ha sido establecido por infracción de leyes fiscales, conforme a lo previsto en la Ley Orgánica de la Hacienda Pública Nacional. Esta Ley precisa, en efecto, que "el comiso consiste en la pérdida de los efectos sujetos al pago de impuestos, de los vehículos en que se transporten, de los envases o recipientes que los contengan, y de las construcciones, instalaciones y equipos destinados especialmente para elaborar, recibir o depositar aquellos efectos, de acuerdo con la Ley especial que establezca la pena" (Art. 307). Conforme a estas previsiones, por ejemplo, el comiso, como pena no corporal, procede por el delito de contrabando previsto en la Ley Orgánica de Aduanas (Arts. 280 y ss.).

b". *La destrucción de la propiedad inmueble*

Como medida restrictiva de carácter sancionatorio a la propiedad privada, que implica la destrucción del objeto de la misma por razón de orden público, el ordenamiento jurídico establece la destrucción o demolición de inmuebles.

Tradicionalmente, esta restricción se ha previsto como consecuencia de las violaciones a las limitaciones urbanísticas a la propiedad, en los ordenamientos municipales respectivos. En tal sentido, por ejemplo, las Ordenanzas de Arquitectura y Urbanismo en general, prevén la demolición de los inmuebles que hayan sido construidos sin el permiso correspondiente y que estén situados en lugar prohibido, que amenacen o se encuentren en ruina o que obstruyan la vía pública (Arts. 54 y ss.). Además, en el ordenamiento jurídico nacional, esta medida restrictiva de la propiedad inmueble se ha venido estableciendo en muchas leyes, como medida de policía administrativa.

En el ámbito urbanístico, por ejemplo, la destrucción se prevé, respecto de las construcciones industriales que se establezcan sin el correspondiente registro previo ante el Ministerio de Fomento[492] que se establezcan en el Área Metropolitana de Caracas en violación del Decreto-Ley de desconcentración industrial de la misma[493].

En el ámbito sanitario, la Ley de Sanidad Nacional de 1938 permite por razones sanitarias, hasta la destrucción de la propiedad (Art. 17); y en materia de conservación y protección del Ambiente, la Ley Orgánica del Ambiente de 1976 autoriza a las autoridades administrativas para adoptar las medidas necesarias para evitar las consecuencias perjudiciales de las actividades susceptibles de degradar el ambiente, entre las cuales está "la demolición de construcciones violatorias de disposiciones sobre protección, conservación y defensa del ambiente (Art. 25, Ord. 4°). Asimismo, la Ley Penal del Ambiente atribuye a los jueces competencia para condenar al pro-

492 Articulo 7 del decreto-Ley N° 365 de 27 de agosto de 1974, en *Gaceta Oficial*, N° 30.503 de 18-9-74.

493 Artículo 6 del Decreto-Ley N° 713 de 21-1-75, en *Gaceta Oficial*, N° 30.628 de 5-3-75.

cesado a modificar o demoler las construcciones violatorias de disposiciones protectoras del ambiente (Art. 26, Ord. 2°), remitiendo a la Ley Orgánica del ambiente para la determinación del monto de los daños ocasionados.

En estos casos de demolición o destrucción de la propiedad inmueble, al igual que en materia de comiso, dado el carácter sancionatorio de la medida, tampoco surge derecho alguno a indemnización por parte del propietario. En general, al contrario, la demolición debe ser hecha por el propio propietario, o subsidiariamente por el Estado, a costa de aquel. Este modo de ejecución subsidiaria de los respectivos actos administrativos se prevé, por ejemplo, en la Ley Orgánica de Procedimientos Administrativos (Art. 80).

c". *La confiscación*

Por último, dentro de las medidas restrictivas de la propiedad por razones de orden público, y qué implican su transferencia forzosa al Estado, sin indemnización, está la figura de la confiscación. Se caracteriza por tratarse de una medida coactiva que, en general, afecta la totalidad o parte del patrimonio de una persona, sin distinción de que abarque bienes muebles o inmuebles.

Tradicionalmente prohibida en el ordenamiento constitucional venezolano (desde el texto de 1830), en múltiples ocasiones se ha aplicado por motivos militares, religiosos y políticos, y las mismas Constituciones han admitido excepciones a dicha prohibición.

El texto constitucional vigente de 1961, en este sentido, si bien prohíbe que se decreten o ejecuten confiscaciones (Art. 102), prevé dos excepciones: respecto de los extranjeros, las medidas aceptadas por el derecho internacional; y respecto de las personas que se hayan enriquecido ilícitamente al amparo de la usurpación para resarcir a la República de los perjuicios que se le haya causado (Art. 250).

e'. *Las cesiones obligatorias de la propiedad por razón de urbanismo como contribución en especie*

Además de todas las restricciones a la titularidad del derecho de propiedad analizadas anteriormente, el ordenamiento jurídico venezolano ha venido consagrando tradicionalmente otra, la cual consiste en cesiones obligatorias de parte de su propiedad, que un particular urbanizador debe hacer a los entes públicos municipales, con el objeto de construir las calles y avenidas, y los parques, plazas y jardines públicos; así como a los entes nacionales de orden educacional, los inmuebles necesarios para escuelas[494]. Es decir, se trata siempre, de cesiones obligatorias y gratuitas de la propiedad de bienes que han de estar destinados o afectados a un uso público.

En efecto en las Ordenanzas Municipales se había previsto esta cesión obligatoria, principio que ha sido recogido con carácter general en la Ley Orgánica para la Ordenación del Territorio de 1983, al establecer que "en el caso de urbanizaciones,

---

494 Véase Allan R. Brewer-Carías, "Las cesiones obligatorias de la propiedad privada a los entes públicos por razones de urbanismo, con especial referencia a las áreas verdes, áreas educacionales y calles" en *Revista Venezolana de Estudios Municipales*, N° 1, Aveci, Caracas, 1976, pp. 13 a 54. Véase igualmente, Allan R. Brewer-Carías, *Urbanismo y Propiedad Privada*, Caracas, 1980, pp. 495 y ss.

los propietarios urbanizadores deberán ceder, al Municipio en forma gratuita, libre de todo gravamen, terrenos para vialidad, parques y servicios comunales y deberán costear las obras respectivas conforme a lo establecido en las correspondientes Ordenanzas" (Art. 68), pasando dichos bienes a formar parte del dominio público municipal.

Indudablemente que esta limitación de la propiedad particular, que afecta su misma titularidad, va más allá de las regulaciones y limitaciones al uso e inclusive de las obligaciones *non aedificandi*. Aquí se trata de una cesión obligatoria de parte de la propiedad privada a un ente público sin que medie el procedimiento expropiatorio —tradicional forma de cesión forzosa de la propiedad privada a los entes públicos de acuerdo a nuestra Constitución— y sin indemnización alguna. El fundamento de estas cesiones forzosas, que configuran una de estas restricciones a la propiedad previstas en la Constitución, es indudable que debe situarse en una especie de contrapartida debida por el urbanizador, por el mayor valor que el proceso de urbanización o parcelamiento dará al suelo urbano; se trata, en definitiva, de una contribución en especie, ahora regulada, como tal, en el ordenamiento urbanístico. Sin embargo, este fundamento es, indudablemente, la única forma de mantener una adecuación a la Constitución de dicha norma.

En efecto, al autorizarse la construcción de una urbanización o el desarrollo de un parcelamiento, es indudable que el valor del suelo urbano propiedad del urbanizador aumentará considerablemente.

Hasta 1983 no existía a nivel nacional la previsión de la contribución especial por plusvalía en el ámbito urbano, que le diera sustento constitucional a las cesiones obligatorias. Ahora la Ley Orgánica para la Ordenación del Territorio de 1983, recoge el principio de que "los mayores valores que adquieran las propiedades en virtud de los cambios de uso o de intensidad de aprovechamiento con que se vean favorecidos por los planes de ordenación urbanística, serán recuperados por los Municipios en la forma que establezcan las Ordenanzas que deben dictar a tal efecto en las cuales deben seguirse los lineamientos y principios previstos en el Código Orgánico Tributario" (Art. 68).

Antes de esta previsión legal, y salvo la figura prevista en la Ley de Expropiación por causa de utilidad pública o interés social en los casos de expropiaciones para la construcción de obras públicas, una vía indirecta adoptada por el legislador municipal para hacer contribuir hacia fines públicos parte de dicho valor, era y es la imposición al propietario de la urbanización de dos obligaciones fundamentales: en primer lugar, la de correr con el costo de la urbanización, pues es el propietario urbanizador quien deberá construir, a sus expensas, todos los elementos especiales de carácter público de la urbanización (por ejemplo, calles, avenidas, plazas, instalaciones para la distribución de aguas blancas y para la recolección de aguas negras y de lluvia; e instalaciones para la prestación del servicio de alumbrado público, para la distribución de energía eléctrica y para el servicio de teléfonos); y en segundo lugar, la cesión obligatoria y gratuita a la Municipalidad, de los bienes del dominio público (calles, avenidas, plazas y jardines públicos) o afectados a los servicios públicos (conductores de aguas negras y de lluvia, y de cables para los servicios de teléfonos y electricidad, por ejemplo). Este principio de la cesión obligatoria de terrenos de propiedad particular al Municipio como mecanismo indirecto de contribución al interés público debido al mayor valor que el proceso de urbanización reporta al particular, ahora regulado parcialmente en el derecho venezolano, ha sido objeto de regulaciones precisas en recientes legislaciones urbanísticas como la contenida en la Ley de Régimen de Suelo española. Dicha ley expresamente señala que "los propietarios de urbanización deberán subvenir a la misma en justa compensación a los beneficios que su ejecución habrá de reportarles, mediante la cesión de terrenos libres de gravámenes y costeamiento de las obras; del modo y en la proporción establecidas al regular cada sistema de ejecución de los planes" (Art. 114), aclarando, además, que "el terreno vial que los propietarios habrán de ceder gratuitamente, será para cada manzana el correspondiente a la mitad de la anchura de la vía pública en todo el frente de su alineación" y que "el terreno destinado a parques y jardines públicos, de aportación obligatoria por los propietarios, será igual al que represente una décima parte de la superficie edificable del sector para cuyo servicio se establezca" (Art. 115).

En el sistema italiano también se regula la "cesión gratuita" de los terrenos necesarios para obras de urbanización primaria (vías residenciales, espacios para estacionamiento y aparcamiento, alcantarillado, red de suministro de agua, red de distribución de energía eléctrica y gas, alumbrado público, zonas verdes), en la Ley Urbanística del 17 de agosto de 1942, modificada por la del 6 de agosto de 1967 en concordancia con la Ley de 29 de septiembre de 1964.

A diferencia del sistema de cesiones obligatorias de terrenos en los ordenamientos jurídicos español e italiano, como mecanismos para hacer que la plusvalía que adquieren los inmuebles con motivo de la urbanización revierta a la comunidad, el sistema francés no establece nada al respecto, rigiendo el mecanismo expropiatorio para los casos en que deban afectarse determinados inmuebles a vías de comunicación públicas o a espacios libres o áreas de carácter público, previstos en los planes de urbanismo.

Una última consideración respecto de la cesión obligatoria de inmuebles de propiedad particular a la Municipalidad para su destino a bienes del dominio público en el derecho venezolano, es la relativa a la constitucionalidad de dicha medida. Ciertamente que la Constitución, al garantizar el derecho de propiedad, señala que en virtud de su función social (en este caso, función urbanística), está sometida a las limitaciones, restricciones, contribuciones y obligaciones establecidas por la Ley (Art. 99). Sin embargo, prohibida como está la confiscación, toda cesión obligatoria del derecho de propiedad a un ente público debe hacerse a través del procedimiento expropiatorio, o de los otros admitidos por la Constitución o la Ley, es decir, mediante sentencia firme y el pago de una justa indemnización, salvo en los casos de reversión o de medidas sancionatorias. Por tanto, toda cesión obligatoria o forzosa de propiedad privada al Estado o a los entes públicos Sin que medie indemnización y sin que se siga el procedimiento expropiatorio, sería inconstitucional. Las cesiones obligatorias, sin indemnización, de propiedad privada a la Municipalidad para la apertura de calles, plazas y avenidas y para el establecimiento de áreas verdes públicas, sólo pueden sustentarse constitucionalmente conforme a los artículos 99 y 101 de la Constitución, si se considera la cesión obligatoria de terrenos particulares a los entes municipales, como, una forma indirecta de contribución en especie para hacer revertir a la colectividad —uso público— el mayor valor (plusvalía) que adquiere la propiedad del urbanizador por el hecho de la urbanización autorizada, por el ente municipal.

En términos generales puede señalarse, que la figura de las cesiones obligatorias de propiedad privada a los entes públicos por razones urbanísticas, dado que el urbanismo había sido una materia que carecía, en Venezuela, de una normativa nacional, generalmente había sido un fenómeno local, hasta 1983, cuando se la previo en la Ley Orgánica para la Ordenación del Territorio. Antes, sin embargo, normalmente era a nivel de las Ordenanzas Municipales, que se regulaba la cesión de la propiedad privada, forzosa y gratuita, para la formación de bienes del dominio público, calles y áreas verdes.

Sin embargo, a nivel nacional, la Ley de Educación, desde 1935, había establecido una cesión obligatoria de inmuebles de propiedad privada a la República para el establecimiento de escuelas, es decir, con fines educacionales, pero también dentro de procesos urbanísticos.

En efecto, el artículo 111 de la vigente Ley Orgánica de Educación de 1980 establece, que "las personas naturales o jurídicas que se ocupen por cuenta propia del parcelamiento de terrenos o de la construcción de barrios o urbanizaciones de viviendas unifamiliares o multifamiliares que tengan la magnitud y destino señalada en el reglamento, tendrán la obligación de construir, en la oportunidad y de acuerdo con las especificaciones que establezca el Ministerio de Educación, locales suficientes y adecuados para que la Nación pueda prestar los servicios de educación preescolar y básica".

Esta norma consagra, sin duda, una cesión obligatoria de propiedad privada a la República por razones de urbanismo y con fines educacionales. Respecto a esta figura jurídica se pueden replantear todos los problemas jurídicos a que hemos hecho referencia anteriormente en relación a la cesión obligatoria de propiedad privada a entes municipales.

C. *Las obligaciones a la propiedad privada*

Pero conforme a la Constitución, la propiedad no sólo está sometida a limitaciones o restricciones, sino que también puede estar sometida a obligaciones previstas en la ley. En este sentido, es muy común la previsión de prohibiciones de hacer o de no hacer a la propiedad en el ordenamiento jurídico.

A título de ejemplo, en materia agraria, la Ley de Reforma Agraria de 1960 establece una serie de obligaciones derivadas de la función social de la propiedad (Art. 3), y entre ellas: la explotación eficiente de la tierra; al trabajo y dirección personal y la responsabilidad financiera de la empresa agrícola por el propietario de la tierra; el cumplimiento de las disposiciones sobre conservación de recursos naturales renovables; y el acatamiento de las normas que regulen el trabajo asalariado (Art. 19). La falta de cumplimiento por parte de los propietarios privados de cualquiera de las obligaciones derivadas de la función social de la propiedad constituye motivo suficiente para la afectación de las tierras a la Reforma Agraria (Art. 22).

En materia forestal, la Ley Forestal de Suelos y Aguas, en razón de la conservación y defensa de los recursos naturales renovables, prevé diversas obligaciones a la propiedad, y entre ellas, la orden de repoblación forestal que pueda acordar el Ejecutivo Nacional (Art. 39), a la cual están obligados los propietarios a ejecutar a sus propias expensas (Art. 41). La ley prevé, inclusive, que cuando los trabajos de repoblación forestal en terrenos de propiedad privada no fueren ejecutados en el plazo que se señala, el Ministerio de Agricultura y Cría los realizará por cuenta del propietario. En todo caso, el propietario queda obligado a la conservación de las obras ejecutadas y responderá por los daños y perjuicios que a las mismas se ocasionen (Art. 41).

En materia sanitaria, la Ley de Sanidad Nacional autoriza al Ejecutivo Nacional, para que ordene "la reparación o reforma de una propiedad o parte de ella, o el cumplimiento de determinados requisitos sanitarios a cargo del propietario". Si éste no cumpliere, la autoridad administrativa podrá recurrir a ejecutar subsidiariamente la orden, a costa del propietario (Art. 15).

En materia de seguridad y defensa nacional, la vigente Ley Orgánica de Seguridad y Defensa de 1976, establece para los extranjeros propietarios o detentadores por cualquier título de bienes inmuebles situados en las zonas de seguridad adyacentes a la orilla del mar, de los lagos y ríos navegables, la obligación de declararlo ante la autoridad ejecutiva correspondiente (Art. 16, Único).

Por otra parte, en la Ley sobre bienes afectos a la concesiones de hidrocarburos de 1971, se establecieron una serie de obligaciones de conservación y mantenimiento de dichos bienes de manera que al revertir al Estado, pudiera continuar en operación la industria petrolera. En relación a estas obligaciones, la Corte Suprema de Justicia, con motivo de la impugnación de dichas normas, señaló lo siguiente:

> "Sea, pues, que las medidas adoptadas en las disposiciones citadas, envuelvan una limitación o una restricción de la propiedad, se justifican dado el carácter del interés público y por hallarse comprendidos como tales, restricciones y limitaciones en las medidas conservatorias de control y fiscalizadoras que ejerce el Estado con respecto a los bienes que le incumben".
>
> "Las disposiciones referidas en los artículos 3, 4, 5, 7 y 23 de la ley impugnada, hacen parte del sistema establecido por la ley, con el fin de precisar el control y regular el uso que deben dar los concesionarios de hidrocarburos a sus bienes, dado el carácter de interés público de la actividad que explotan y son, como se ha dicho, limitaciones a la propiedad, las cuales figuran dentro de las restricciones contempladas en la Ley sobre bienes afectos a reversión en las concesiones de hidrocarburos"[495].

Otro conflicto resuelto en la Corte Suprema varios años antes, con motivo de la obligación impuesta a los propietarios de automóviles, de alquiler (taxis) de pintar en determinada forma dichos vehículos, ya había dado cabida definitiva en el ordenamiento jurídico venezolano a la constitucionalidad de las obligaciones legalmente establecidas a la propiedad. La Corte, en sentencia de 4 de junio de 1952, argumentó, en efecto, que "tales restricciones por lo demás impuestas en interés público, son frecuentes y el corte de un árbol, el disfrute de las aguas y la modificación de la vivienda misma, se encuentran intervenidas frecuentemente por las autoridades en nombre del interés general"[496].

---

495 Sentencia del 3 de diciembre de 1974, en *Gaceta Oficial*, N° 1.718, Extraordinaria, de 20 de enero de 1975, p. 21.

496 Véase en *Gaceta Forense*, N° 11, 1952, pp. 27 y 28.

Por supuesto, las obligaciones establecidas por el ordenamiento legal a la propiedad, pueden consistir, también, en obligaciones de no hacer. En este sentido, casi todas las limitaciones al uso de la propiedad (limitaciones administrativas) son también obligaciones de no hacer. Piénsese solamente en las limitaciones urbanísticas (las obligaciones *non aedificandi*, por ejemplo). La ley establece, además, otras obligaciones de no hacer, como la prevista, por ejemplo, en la Ley Forestal de Suelos y Aguas respecto del pastoreo: la prohibición que puede ser decretada por el Ejecutivo de cualquier clase de ganado en zonas determinadas (Art. 87).

D. *Las contribuciones a la propiedad*

Por último, dentro de las limitaciones que la Constitución permite establecer a la propiedad, además de las limitaciones a su ejercicio, de las restricciones y de las obligaciones sobre ella, el ordenamiento jurídico establece una serie de contribuciones a la misma, y en particular, respecto de la propiedad inmobiliaria.

En efecto, la Constitución atribuye a los Municipios, como ingresos que le son propios, los impuestos sobre inmuebles urbanos, lo que ha dado origen al desarrollo de la contribución local denominada, usualmente derecho de frente.

Otros impuestos nacionales que presuponen la propiedad inmueble, serían el impuesto sobre sucesiones y la contribución de mejoras por plusvalía con motivo de la construcción de obras públicas, y que consagra la Ley de expropiación por causa de utilidad pública y social. Conforme a éstas, "los inmuebles que con motivo de la construcción de Obras Públicas, como la apertura o ensanche de calles, avenidas, plazas, parques o jardines, caminos, carreteras, obras de riego o de saneamiento, adquiriesen por ese concepto un mayor valor que exceda del 10 por ciento debido a su situación inmediata o cercana a las mencionadas obras, quedarán sujetas al pago de las tres cuartas partes de ese mayor valor (plusvalía), que la entidad pública o primada que hubiese ejecutado los trabajos cobrará de conformidad con lo dispuesto por la ley (Art. 15).

Finalmente, debe mencionarse, tal como se señaló, que las cesiones obligatorias y gratuitas de parte de la propiedad inmueble a los entes municipales o nacionales por razones de urbanismo, constituyen en realidad una contribución de mejoras, en especie, mal regulada, siendo este el fundamento más racional de dicha figura.

3. *Las limitaciones a la apropiabilidad de bienes*

Hemos señalado que paralelamente a las limitaciones a la propiedad, es decir, a las limitaciones a su ejercicio, y a las restricciones, obligaciones o contribuciones a las que está sometida, pueden identificarse en el ordenamiento jurídico, limitaciones a la apropiabilidad de bienes. En el primer caso, todas las limitaciones a la propiedad presuponen la existencia del derecho y lo limitan; en el segundo caso, en cambio, de lo que se trata es de la imposibilidad misma de la propiedad.

En efecto, si bien la Constitución consagra el derecho de propi dad, es necesario convenir en que no todos los bienes son susceptibles de apropiabilidad. Hay ciertos bienes que el Estado se ha reservado que los ha considerado como del dominio público, que no puede ser objeto de propiedad. En estos casos, por tanto, no puede hablan realmente de limitaciones a la propiedad, sino de limitaciones a apropiabilidad de bienes.

Estas limitaciones a la apropiabilidad pueden presentarse en ordenamiento jurídico con carácter general, como sería la declaratoria de cierto género de bienes, como del dominio público; o con el carácter específico, como exclusiones particulares de la apropiabilidad, por ejemplo, respecto de cierta categoría de personas (extranjeros).

A. *La declaratoria del dominio público*

Una típica limitación a la apropiabilidad de ciertos bienes tiene su origen en su declaratoria, mediante Ley, como del dominio público.[497]

En efecto, frente a la garantía de la propiedad, la pregunta que debemos formularnos es, ¿sobre qué bienes puede existir propiedad privada?; o en otras palabras, ¿cuál es el ámbito de la propiedad privada? ¿Esta es irrestricta y eterna? ¿Se ejerce siempre, sobre todos los bienes o cosas existentes?; o ¿la Ley, como lo dice la Constitución, puede establecer restricciones al ámbito de la propiedad por razones de interés general?

Indudablemente, es el legislador quien determina el ámbito .de h propiedad, es decir, es quien puede determinar qué bienes son susceptibles de ser propiedad privada y cuáles no lo son; y cuando realizó esa determinación está asignando o cambiando el régimen jurídico de determinados bienes al establecer que éstos son del dominio público, o por el contrario, son susceptibles de ser propiedad privada (Art. 525 del Código Civil).

Esta clasificación, sin embargo, ni es absoluta, ni eterna ni inmutable. En efecto, conforme a nuestro ordenamiento jurídico, no existen bienes del dominio público o de propiedad privada, que lo sean "por naturaleza". La existencia de unos y otros depende única y exclusivamente de la voluntad del legislador; y tanto el dominio público como la propiedad privada son conceptos jurídicos. El legislador ha manejado estos conceptos y ha deslindado la clasificación básica de ambos tipos de dominio en el Código Civil, por lo que el ámbito de la propiedad privada no llega hasta los bienes que han sido declarados por el legislador como bienes del dominio público.

Ahora bien, el deslinde jurídico que hace el Código Civil entre bienes susceptibles de propiedad privada y bienes que-no lo son (dominio público), no es una demarcación cerrada y eterna, que no admite modificaciones. Al contrario, las leyes se derogan y modifican por otras leyes, y en la Constitución, donde está el límite de la acción del Legislador, no se consagra el carácter absoluto e inmutable de la propiedad. Por otro lado, el Legislador, en un momento determinado, podría excluir ciertos bienes del ámbito de la propiedad privada, declarándolos del dominio público, lo cual no implicaría, en absoluto, una violación del derecho de propiedad.

Pensemos, por ejemplo, en otra garantía constitucional: la libertad de industria y comercio. El Estado, cuando se reserva determinadas industrias (Art. 97 de la Constitución), lo que hace es excluir ciertas actividades del ámbito de la libertad económica, y la reserva, en sí misma, no conlleva derecho alguno a indemnización por

497 Véase Allan R. Brewer-Carías, "La declaratoria de todas las aguas como del dominio público en el derecho venezolano" en *Revista de la Facultad de Derecho y Ciencias Sociales*, Nos. 3-4, Año XXIII, Montevideo, pp. 157 a 169.

parte de los antiguos industriales, salvo que el Estado asuma las industrias particulares. Pues bien, algo similar sucede en materia de propiedad: cuando el Estado declara ciertos bienes como del dominio público por voluntad del Legislador, lo que hace en realidad, es excluir ciertos bienes del ámbito de la propiedad privada, y esta exclusión, en sí misma, no conlleva derecho alguno a indemnización por parte de los antiguos propietarios.

El principio señalado, por otra parte está recogido en la propia Constitución, en su artículo 138 que establece lo siguiente:

> "Sólo el Estado puede poseer y usar armas de guerra. Todas las que existan, se fabriquen o se introduzcan en el país pasarán a ser propiedad de la República, sin indemnización ni proceso".

Esta norma, ni más ni menos, es una declaratoria de cierta categoría de bienes como del dominio público (de uso privado) del Estado, y ella, por sí misma, no da derecho alguno a indemnización a favor de eventuales propietarios anteriores a tales armas.

En todo caso, la declaratoria de unos bienes como del dominio público no da derecho a indemnización, pues en estos casos falta la especialidad del sacrificio. Tal como lo ha señalado la Corte Suprema de Justicia en una sentencia del 12 de agosto de 1968: "para que proceda la indemnización en derecho público, es necesario que se compruebe: a) la singularidad del daño; b) que lo afectado sea un verdadero derecho, y c) que el daño sea mensurable económicamente"[498].

En estos casos, el Legislador ni expropia unos derechos determinados ni los confisca; sólo establece que un género de bienes no pueden ser susceptibles de propiedad privada, es decir, que ésta no puede existir, y que la que existía, se extingue por imposibilidad en el objeto.

Frente a una declaratoria de ciertos bienes como del dominio público, ante la cual se pueden alegar derechos adquiridos, sin duda que se puede plantear la problemática de la responsabilidad del Estado por acto legislativo. Sin embargo, frente a esto es necesario señalar, que la construcción jurídica de toda la responsabilidad del Estado legislador, se ha fundado en el supuesto de que para pretender una indemnización del Estado por una lesión a algún derecho derivado de una Ley, es necesaria la singularidad y especificidad del sacrificio o lesión. Si ésta no existe, no surge el derecho a indemnización; o en otras palabras, si la nueva Ley afecta a todos por igual, es decir, si los efectos son realmente efectos generales, no surge la obligación de indemnización. Por eso se insiste en que la declaratoria de ciertos bienes como del dominio público, en realidad constituye un cambio de régimen jurídico de unos bienes, que se realiza con carácter general por el legislador; y frente a estos cambios no hay derechos adquiridos.

En definitiva, por tanto, la declaratoria de ciertas bienes como del dominio público, al no lesionar especialmente el derecho de un propietario, sino a todos los habitantes por igual, y excluir dichos bienes del ámbito de los que pueden ser objeto de propiedad privada, no origina derecho alguno de indemnización.

---

498 Véase en *Gaceta Forense*, N° 61, 1968, pp. 105 a 108.

Sin embargo, esto exige algunas precisiones, particularmente en el caso de las aguas y de las playas. En Venezuela, desde hace algunos años se ha venido proyectando la declaratoria de todas las aguas y de las playas como bienes del dominio público. Esto plantea algunas situaciones respecto de los derechos efectivamente lesionados, que es necesario precisar.

Por ejemplo, en el caso de las aguas, el solo hecho de que las mismas se declaren como del dominio público y, por tanto, de que se cambie la situación que existe en la actualidad de ciertas aguas susceptibles de ser objeto de propiedad y otras aguas, que aun cuando sean públicas, pueden ser aprovechadas más o menos libremente, no da derecho alguno a indemnización por parte de los antiguos propietarios. Sin embargo, si para la realización de un aprovechamiento de aguas permitido por la legislación anterior, se realizaron determinadas obras hidráulicas que, posteriormente, con ocasión a la declaratoria de las aguas como del dominio público, el Estado u otros particulares van a utilizar, el propietario de las mismas tendría derecho a indemnización. Lo mismo podría plantearse respecto de las playas. Si éstas, por ejemplo, no son naturales y han sido construidas por el propietario del inmueble que colinda con la playa. Si la declaratoria de dominio público, las convierte de uso público, ello traería como consecuencia un derecho a indemnización por parte de los propietarios de las obras que hicieron posible la existencia de la playa. Sin embargo, fuera de estos supuestos en los cuales la declaratoria del dominio público implica, en realidad, la adquisición del Estado o la afectación al uso público de bienes de propiedad privada, como serían las obras hidráulicas o los malecones, y que daría derecho a los propietarios a ser indemnizados; la sola declaratoria de las aguas o playas como del dominio público no daría derecho a indemnización.

B. *Las exclusiones particulares de la apropiabilidad*

Aparte de las exclusiones genéricas de la posibilidad de propiedad sobre determinado género de bienes, el ordenamiento jurídico ha establecido una exclusión de la propiedad de ciertos bienes, pero condicionada por la persona que tenga su titularidad y por la ubicación en el Territorio Nacional.

En efecto, al analizar la evolución constitucional del derecho de propiedad, se indicó que fue el texto de 1936 el que estableció la posibilidad de que la Ley pudiera "por razón de interés nacional, establecer restricciones y prohibiciones especiales para la adquisición y transferencia de determinadas clases de propiedad, sea por su naturaleza o por su condición o por su situación en el territorio" (Art. 32, Ord. 2°); norma que repitió la Constitución de 1947 (Art. 65) y la de 1953 (Art. 35, Ord. 9°). En base a esta autorización constitucional, la Ley de Expropiación por causa de utilidad pública de 1936 consagró una norma con el siguiente texto:

> Art. 12. El Ejecutivo Federal, podrá, en resguardo de la seguridad del Estado, impedir la transferencia a personas o compañías extranjeras de terrenos y construcciones situados a menos de veinticinco kilómetros de distancia de las fronteras de la República, de sus costas de mar y de las riberas de sus ríos navegable. A tal fin, los Registradores se abstendrán de registrar, so pena de nulidad, documentos en que se hagan tales transferencias, si no se les presenta para ser agregada al cuaderno de comprobantes, constancia de que el Ejecutivo Federal está en cuenta y no se opone a la operación que se pretende efectuar. En estos

casos el Ejecutivo queda autorizado para decretar la utilidad pública de la posesión por el Estado de los terrenos que se pretenda transferir a personas o compañías extranjeras y disponer que se siga el procedimiento de expropiación establecido en esta Ley.

La norma se repitió en las leyes de expropiación de 1942 y 1947, y fue derogada por Decreto-Ley N° 184 de 25 de abril de 1958, pues se consideró que la ley "contenía normas que entrababan inútilmente la transferencia de la propiedad inmobiliaria" y "que la defensa y seguridad de la Nación podían ser aseguradas sin afectar la libertad de contratación en materia inmobiliario".

La prohibición, sin embargo, permaneció vigente indirectamente, pues la Ley de Registro Público de 1940, incorporó dentro de las prohibiciones a los Registradores: "La protocolización de documentos por los cuales se transfiera, a personas o compañías extranjeras, terrenos o construcciones situados a menos de veinticinco kilómetros de las fronteras de la República, de sus costas de mar y de las riberas de sus ríos navegables, si no se les presenta, para ser agregada al cuaderno de comprobantes, la constancia de que el Ejecutivo Federal está en cuenta y no se opone a la operación que pretende efectuar, conforme a lo previsto en la Ley de Expropiación por causa de utilidad pública o social" (Art. 40, Ord. 7°). La reforma de la Ley de Registro Público de 1978, eliminó, sin embargo, esta prohibición expresa y remitió la materia a lo previsto en la Ley Orgánica de Seguridad y Defensa (Art. 40, Ord. 10).

Debe señalarse que una restricción dentro de este mismo orden de ideas tradicionalmente se ha consagrado en la Ley Orgánica de la Hacienda Pública Nacional, respecto de la adquisición de bienes del dominio privado del Estado, en los siguientes términos:

> Art. 28. La propiedad y derechos reales sobre bienes nacionales pueden ser adquiridos por prescripción, salvo, por lo que respecta a los extranjeros, los situados en la zona de cincuenta kilómetros de ancho paralela a las costas y fronteras.

En la Ley Orgánica de Seguridad y Defensa de 1976 puede decirse que se ha vuelto al espíritu del constituyente y legislador de 1936, al consagrarse de nuevo en forma genérica, la restricción específica para los extranjeros en los términos siguientes:

> Art. 16. Ningún extranjero podrá adquirir, poseer o detentar por sí o por interpuestas personas sin autorización escrita del Ejecutivo Nacional por órgano del Ministro de la Defensa, la propiedad u otros derechos sobre bienes inmuebles en la Zona de Seguridad Fronteriza creada en esta Ley y en la Zona de seguridad prevista en el literal "b" del artículo anterior (la zona, que circunda las instalaciones militares y las industrias básicas).
>
> Los registradores, jueces, notarios y demás funcionarios con facilitad para dar fe pública, se abstendrán de autorizar los documentos que se presenten para su otorgamiento con violación de las disposiciones contenidas en este artículo, so pena de nulidad.
>
> Se consideran personas interpuestas a los efectos de esta Ley, además de las contempladas en el Código Civil, las sociedades, asociaciones y comunidades

en las cuales una persona natural o jurídica extranjera, sea socio, accionista, asociado o comunero con poder de decisión.

Parágrafo Único. Todo extranjero propietario o detentador por cualquier título de bienes inmuebles en las zonas de seguridad previstas en los literales a) (Una franja adyacente a la orilla del mar, de los lagos y ríos navegables) y c) (Cualquiera otra zona que considere necesaria —el Ejecutivo Nacional— para la seguridad y defensa de la República) del artículo anterior, una vez fijada su extensión, está en la obligación de declararlo dentro de un plazo no mayor de 60 días a contar de la fecha en que suscriba el contrato público o privado respectivo, por ante la Primera autoridad Civil del Estado, Distrito Federal o Territorio Federal, quien enviará dicha declaración, con los recaudos que señale el Reglamento dentro de un plazo no mayor de 30 días a la secretaría del Consejo Nacional de Seguridad y Defensa.

Con esta norma, como se dijo, se vuelve al sentido del texto constitucional de 1936 cuya norma fue eliminada en la Constitución de 1961. Esta, sin embargo, consagra una exclusión de la propiedad inmobiliaria en Venezuela respecto de Estados extranjeros, salvo para sus sedes diplomáticas (Art. 8°).

Del análisis anterior de la evolución del derecho de propiedad en el ordenamiento jurídico-administrativo venezolano, se deduce claramente que de una consagración absoluta de la propiedad a comienzos de este siglo, es sólo a partir de 1914 que comienza a ser objeto de limitaciones. Sin embargo, es en 1936 que sufre una regulación en virtud del interés público, de destacable importancia, y es a partir de 1947, que comienza a considerársela, constitucionalmente, como teniendo una función social que cumplir, de manera que el interés del propietario particular no colida con el interés público general. En base a esta función social la propiedad, por tanto, muy lejos está de ser un derecho absoluto, y al contrario está sometida a múltiples limitaciones, restricciones, contribuciones y obligaciones. La propiedad privada conforme a ello, en el ordenamiento jurídico, como derecho absoluto, puede decirse que dejó de ser en Venezuela el pilar fundamental de la organización política, y entró a configurarse como un derecho más, garantizado constitucionalmente, pero limitable también por autorización constitucional.

II. LA EVOLUCIÓN Y SITUACIÓN ACTUAL DEL RÉGIMEN DE LA LIBERTAD ECONÓMICA

1. *La libertad económica como garantía constitucional*

La evolución histórica del régimen de la libertad económica, en términos generales, nos muestra una trayectoria similar a la del régimen de la propiedad privada: la consagración, durante el siglo pasado, de la libertad de industria y comercio, en forma absoluta; la admisión tímida, de limitaciones durante la primera mitad de este siglo; y el establecimiento de la libertad económica limitada y limitable a partir de la Constitución de 1947 y 1961. En este sentido, pueden distinguirse cuatro etapas en esa evolución histórica: la primera, de un siglo entre 1811 a 1909, nos muestra la libertad económica absoluta, propia del Estado liberal de la época; la segunda, de 1909 a 1947, donde se admiten limitaciones a la libertad económica pero basadas en la idea de orden público; la tercera, desde 1947 a 1961, que nos muestra la libertad económica como un derecho constitucional, no sólo sometido a las limitaciones derivadas del orden público, sino a las intervenciones activas y participativas del Estado en la economía autorizada por el propio texto constitucional; y la cuarta etapa, de 1961, a la actualidad, donde se amplía el radio de limitaciones a la libertad económica, no sólo basadas en el orden público (policía administrativa) sino en el interés social.

Intentaremos aquí[499], también, hacer una revisión de esas cuatro etapas, no sólo a través de los textos constitucionales, sino además analizar las regulaciones legales más importantes y las soluciones jurisprudenciales dadas por la Corte Suprema de Justicia sobre las limitaciones a la libertad económica.

A. *Primera etapa: 1811 a 1909*

Las primeras formulaciones de la libertad económica en los textos constitucionales del inicio de nuestra vida republicana y que perduraron durante todo el siglo pasado, son, sin duda, las propias del Estado liberal burgués abstencionista, es decir, la libertad absoluta en industria y comercio.

En efecto, en la Constitución de 1811, se estableció lo siguiente:

> Art. 167. Ningún género de trabajo, de cultora, de industria o comercio serán prohibidos a los ciudadanos, excepto aquellos que ahora forman la asistencia del Estado que después oportunamente se libertarán cuando el Congreso lo juzgue útil y conveniente a la causa pública.

Sin embargo, sólo se admitió una limitación a esta libertad de comercio respecto al negocio de negros en los siguientes términos:

> Art. 202. El comercio inicuo de negros, prohibido por Decreto de la Junta Suprema de Caracas en 14 de agosto de 1810, queda solemne y constitucionalmente abolido en todo el territorio de la Unión, sin que puedan de modo alguno introducirse esclavos de ninguna especie por vía de especulación mercantil.

El principio de la libertad económica absoluta se consolidó en el texto de 1819, en la siguiente forma:

Constitución de 1819

> Art. 13. Título I. Sección Primera. La industria de los ciudadanos puede libremente ejercitarse en cualquier género de trabajo, cultura o comercio.

Esta fórmula se siguió en las Constituciones de 1821 y 1803, y con pocas variaciones en la de 1857 en la cual el texto se limitó a garantizar a los venezolanos "la libertad de industria" (Art. 97).

---

499 Véase Allan R. Brewer-Carías, "La intervención del Estado en la actividad mercantil" en Jornadas de Derecho Mercantil, UCAB, Caracas, 1978, pp. 529 a 560. Asimismo en Allan R. Brewer-Carías, *Fundamentos de Administración Pública*, Caracas, 1980, pp. 343 y ss.

En la Constitución de 1858, en forma excepcional dentro de esta evolución se estableció la posibilidad de limitación a la libertad económica por razones de orden público, lo cual fue posteriormente eliminado hasta 1909 de los textos constitucionales.

En efecto, en el texto de 1858 se estableció lo siguiente:

> Art. 16. Todos los venezolanos tienen el derecho a ejercer cualquier profesión o industria, exceptuando solamente los que constituyen la propiedad de un tercero por privilegio concedido conforme a la ley, las que ataquen la moral pública o la salubridad de las poblaciones y las que embaracen las vías de comunicación.

La importancia de ésta Constitución, además, está en que consagró por primera vez la posibilidad para el Estado de otorgar privilegios de explotación de ciertas actividades industriales lo cual va a ser seguido en casi todos los textos constitucionales posteriores.

Se inicia así una regulación típicamente de fomento que va a caracterizar al Estado de las postrimerías del siglo pasado.

En efecto, la Constitución de 1864, estableció lo siguiente:

> Art. 14. La Nación garantiza a los venezolanos
>
> 8° La libertad de industria y, en consecuencia, la propiedad de los descubrimientos o producciones. Para los propietarios las leyes asignarán un privilegio temporal o la manera de ser indemnizadas, en el caso de convenir el autor de su publicación.

Este texto se va a repetir textualmente en las Constituciones de 1874 (Art. 14, Ord. 8°), 1881 (Art. 14, Ord. 8°), 1891 (Art. 14, Ord. 8°, 1893 (Art. 14, Ord. 8°, y en la Constitución de 1901 sufre una ligera modificación en la siguiente forma:

> Art. 7. La Nación garantiza a los venezolanos la efectividad de los siguientes derechos:
>
> 8° La libertad de industria, sin embargo, la ley podrá asignar un privilegio temporal a los autores de descubrimientos y producciones y a los que implanten una industria inexplorada en el país.

En base a estos textos constitucionales, las decisiones de la Corte Suprema en aplicación de las mismas fueron terminantes. Por ejemplo, en una sentencia del 12 de julio de 1881, la Corte sostuvo lo siguiente: "La Constitución Nacional garantiza a los ciudadanos la libertad de industrias. Esa libertad debe ser amplísima, y si pueden concederse privilegios exclusivos para descubrimientos y producciones nuevas, la ley, al decretarlo, tuvo en mira alentar el desarrollo industrial y no entrabar las industrias ya existentes, pues la concesión de privilegios para una industria ya conocida y practicada de antemano en el país, es el despojo de un derecho perfecto a una parte de los ciudadanos, para establecer monopolio a favor de otra parte"[500].

500 Véase en *Memoria*, 1882.

En todo caso, tanto las normas constitucionales como la interpretación jurisprudencial, evidencian la consolidación de la fórmula del Estado Liberal de Fomento que le atribuía facultades para otorgar privilegios como manera de estimular o promover la realización de actividades particulares que interesaban a la colectividad.

B. *Segunda etapa: 1909 a 1936*

La segunda etapa de la evolución constitucional del régimen de la libertad económica se caracteriza por la admisión de algún tipo de limitaciones a la misma: las que tienen por motivo el orden público. Se retorna así, a partir de 1909, a la regulación aislada del texto de 1858.

En efecto, en la Constitución de 1909 se estableció lo siguiente:

> Art. 23. La Nación garantiza a los venezolanos
>
> 8° La libertad de industria, salvo las prohibiciones y limitaciones que exijan el orden público y las buenas costumbres, como los juegos de envite y azar, rifas y loterías, que quedan expresamente prohibidos. La ley podrá asignar un privilegio temporal a los autores de descubrimientos y producciones, y a los que implanten una industria inexplotada en el país.

Es de destacar que en este texto se sigue el principio de fomento introducido por la Constitución de 1901. Los textos constitucionales posteriores hasta el de 1945, con redacciones más o menos similares, van a girar en torno a esta función de fomento del Estado, que abarcará, entre otras, las actividades de construcción de vías de comunicación.

En efecto, el Estatuto Provisorio de 1914 estableció lo siguiente:

> Art. 16. La Nación garantiza a los venezolanos
>
> 8° La libertad de industria, salvo las prohibiciones y limitaciones que exijan el orden público y las buenas costumbres. La ley sólo podrá acordar privilegio temporal de propiedad intelectual, de patentes de invención y marcas de fábrica, y en los casos de implantamiento en el país de industria nunca antes explotada en Venezuela o de construcción de vías de comunicación no protegidas o subvencionadas por la Nación ni los Estados.

Sin embargo, frente a la concesión indiscriminada de privilegios, a partir de la Constitución de 1914 se va a reaccionar, estableciéndose una prohibición de los monopolios que va a perdurar hasta la actualidad. En efecto, en la Constitución de 1914 se estableció lo siguiente, lo cual se repitió en la Constitución de 1922 (Art. 22, Ord. 8°):

> Art. 22. La Nación garantiza a los venezolanos.
>
> 8° La libertad de industria, salvo las prohibiciones y limitaciones que exijan el orden público y las buenas costumbres; en consecuencia, queda abolida la concesión de monopolios y la Ley sólo otorgará privilegio temporal de propiedad intelectual, de patente de licencia de marcas de fábrica y para construir vías de comunicación no garantizadas ni subvenidas por la Nación ni los Estados.

Este texto se varió ligeramente en la Constitución de 1925, donde se amplió el ámbito de la concesión de privilegios respecto de actividades económicas que el Estado estaba interesado en promover en la siguiente forma:

> Art. 32. La Nación garantiza a los venezolanos
>
> 8° La libertad del trabajo y de las industrias, salvo las prohibiciones y limitaciones que exijan el orden público y las buenas costumbres sin que puedan concederse monopolios para el ejercicio exclusivo de ninguna industria. Sólo podrán otorgarse, conforme a la Ley, los privilegios temporales relativos a la propiedad intelectual, patentes de invenciones y marcas de fábrica, y los que se acuerden, también conforme a la ley y por tiempo determinado, para el establecimiento y la explotación de ferrocarriles, empresas de navegación aérea, canalizaciones, tranvías, líneas telefónicas o telegráficas, cuando tales obras se lleven a cabo o se instalen a costa del concesionario, sin garantizarles proventos ni subvenirlas la Nación ni los Estados.

Las Constituciones de 1928 (Art. 32, Ord. 8°), 1929 (Art. 32, Ord. 8°) y 1931 (Art. 32, Ord. 8°), conservaron la misma redacción para éste dispositivo.

C. *Tercera Etapa: 1936 a 1961*

La Constitución de 1936 transformó radicalmente la forma y ámbito de regulación de la libertad económica, y sus regulaciones básicas orientaron el proceso constitucional posterior hasta el texto vigente de 1961. En efecto, en primer lugar, reguló la libertad de trabajo y de las industrias, incorporando a la Constitución una serie de disposiciones relativas a las relaciones laborales y protección de los trabajadores; en -segundo lugar, amplió las posibilidades de que la libertad de industria y la del trabajo pudieron ser limitadas por razones de "interés público o las buenas costumbres", lo que abarcaba posibilidades mayores que el solo orden público previsto en los textos anteriores; y en tercer lugar, consagró la posibilidad expresa para el Estado de "reservarse el ejercicio de determinadas industrias para asegurar los servicios públicos y la defensa y crédito de la Nación", con lo que se le dio consagración constitucional a la intervención directa y activa del Estado en la economía.

La Constitución de 1936 estableció estos principios en dos ordinales del artículo 32, en la siguiente forma:

> Art. 32. La Nación garantiza a los venezolanos
>
> Ord. 8° La libertad de trabajo y de las industrias. En consecuencia, no podrán concederse monopolios para el ejercicio exclusivo de ninguna industria. Se otorgarán, conforme a la ley, los privilegios temporales relativos a la propiedad intelectual, patentes de invención y marcas de fábrica, y los que se acuerden, también conforme a la ley y por tiempo determinado, para el establecimiento y la exploración de ferrocarriles, empresas de navegación aérea, canalización, tranvías, fuerza hidráulica, líneas telefónicas o telegráficas y sistema de comunicación inalámbrica, cuando tales obras se lleven a cabo o se instalen a costa del concesionario, sin garantizarles proventos ni subvenirlas la Nación ni los Estados. La ley dispondrá lo necesario para la mayor, eficacia y estímulo del trabajo, organizándolo adecuadamente y estableciendo la protección especial que deberá dispensarse a los obreros y trabajadores, para promover el mejo-

ramiento de su condición física, moral e intelectual, y al incremento de la población.

El Estado promoverá el amparo de la producción y establecerá las condiciones del trabajo en la ciudad y en el campo, teniendo en vista la protección social del obrero y del jornalero y los intereses económicos del país.

La República tendrá un Consejo de Economía Nacional, constituido por representantes de la población productora y de la consumidora del capital- y del trabajo, y de las profesiones liberales. El Poder Ejecutivo determinará sus funciones y organización.

La legislación del trabajo observará los siguientes preceptos, además de otros que concurran a mejorar las condiciones del obrero o trabajador:

1° Reposo semanal, de preferencia los domingos.

2° Vacaciones anuales remuneradas.

Para los efectos de estos preceptos no se distinguirá entre el trabajo manual y el intelectual o técnico.

3° La Nación fomentará la enseñanza técnica de los obreros.

La Nación fomentará la inmigración europea y promoverá, en cooperación con los Gobiernos de los Estados y Municipalidades, la organización de Colonias Agrícolas. El trabajo agrícola será objeto de reglamentación especial del Poder Ejecutivo. El Estado tratará de fijar al jornalero en el campo, cuidará de su educación rural y asegurará al trabajador venezolano la preferencia en la colonización y aprovechamiento de las tierras nacionales.

La Nación favorecerá un régimen de participación de los empleados y trabajadores en los beneficios de las empresas y fomentará el ahorro entre los mismos.

Ord. 9. La libertad de industria y la de trabajo no tendrán más limitaciones que las que impongan el interés público o las buenas costumbres. Sin embargo, el Poder Federal queda facultado para gravar ciertas especies con el objeto de crear rentas al Erario, y reservarse el ejercicio de determinadas industrias para asegurar los servicios públicos y la defensa y crédito de la Nación.

Bajo la vigencia de la Constitución de 1936, sin duda, se produjeron rotundas transformaciones en relación a la libertad económica y la intervencionismo estatal que se manifestaron en diversas formas. En cuanto a las limitaciones a la libertad económica, diversos conflictos se plantearon, que dieron lugar a decisiones jurisprudenciales.

Por ejemplo, en sentencia del 30 de junio de 1939, la Corte razonó el carácter absoluto de la libertad económica, en los siguientes términos:

La Constitución garantiza la libertad de trabajo y de las industrias. El trabajo es una necesidad y una función orgánica. La industria constituye una función social, o la función de un organismo social. Los órganos humanos exigen el movimiento, el ejercicio, la labor cotidiana para su salud y desarrollo El trabajo

> es libre; es accesible a todos los hombres, porque todos ellos lo han menester para su individual desenvolvimiento. Por ello la propia garantía prohíbe la concesión de monopolios salvo los privilegios temporales[501].

En una sentencia de 23 de marzo de 1944, la antigua Corte Federal y de Casación, con motivo de una solicitud de nulidad de la prohibición de introducir dentro de los alimentos premios que pudieran lesionar o atentar contra la salud, señaló que la mencionada prohibición obedecía "a consideraciones de orden sanitario, cuales son las de conservar incólume la condición de pureza de los productos alimenticios". Señaló además, que "las garantías consagradas por las disposiciones 8° y 9° de la Constitución Nacional, se refieren a la libertad de trabajo y de las industrias sin más limitaciones que las que impongan el interés público y las buenas costumbres; interés público que en el presente caso ha sido expresamente establecido por la propia Ley de Sanidad Nacional"[502]. En esta sentencia, no hay duda, la Corte admitió la libertad económica limitada por razones de orden público, por lo que declaró ajustada a las previsiones constitucionales y legales la mencionada prohibición.

Por otra parte, la posibilidad constitucional otorgada al Estado de reservarse el ejercicio de determinadas industrias para asegurar los servicios públicos y la defensa y crédito de la Nación, le permitió crear instituciones como el Banco Central de Venezuela por Ley de 1938.

Por último, no debe olvidarse que fue durante el período de vigencia de la Constitución de 1936, que se desarrolló la Segunda Guerra Mundial con todas sus repercusiones en el campo económico. La emergencia bélica, en todo caso, abrió la posibilidad en Venezuela, de la legislación excepcional en materia económica dictada en suspensión de las garantías económicas, lo cual desde 1939 hasta 1991 no varió sustancialmente. Es decir, a partir del año 1939, a los pocos meses de iniciarse la guerra, en nuestro país se restringieron las libertades económicas y se dio inicio a un proceso de regulación de las actividades económicas por vía de Decreto-Ley, que se ha seguido en los últimos años hasta el presente[503].

Esta misma situación de emergencia dio origen a que en la Constitución de 1945 se consagrara formalmente la posibilidad al Estado de intervenir en el proceso económico para racionalizar y regular la producción, circulación y consumo de la riqueza.

En efecto, el ordinal 8° del artículo 32 de la Constitución de 1945 permaneció con la misma redacción de la Constitución de 1936; pero el ordinal 9° de dicho artículo quedó redactado así:

> Art. 32. La Nación garantiza a los venezolanos:
>
> Ord. 9° La libertad de industria y la de trabajo no tendrán más limitaciones que las que impongan el interés público o las buenas costumbres. El Poder Federal queda facultado para gravar ciertas especies con el objeto de crear rentas

---

501 Véase en *Memoria*, de 1940.

502 Véase en *Memoria*, 1945, pp. 192 y 198

503 Véase Allan R. Brewer-Carías, *Evolución del Régimen Legal de la Economía 1939-1979*, Valencia, 1980.

al Erario, reservarse el ejercicio de determinadas industrias para asegurar los servicios públicos y la defensa y crédito de la Nación y dictar en circunstancias extraordinarias las medidas de orden económico que fueren necesarias para racionalizar y regular la producción, circulación y consumo de la riqueza.

Conforme a este texto, las limitaciones posibles a la libertad económica eran muy amplias, basadas en la noción de "interés público" y no sólo de orden público (seguridad o sanidad); pero, sin embargo, las medidas para racionalizar y regular la industria y el comercio, o en particular, la producción, circulación y consumo de la riqueza, sólo podían dictarse "en circunstancias excepcionales", uno de cuyos ejemplos era, precisamente, la guerra. El Estado, en todo caso, podía intervenir activamente en el proceso económico al reservarse determinadas industrias.

Con la Constitución de 1947, si bien se continuaron admitiendo las limitaciones a la libertad económica basadas en la noción de orden público exclusivamente, se consagró en el propio texto constitucional la posibilidad de intervención directa del Estado en la economía. Con este texto constitucional, sin duda, se produjo una transformación radical de la concepción del Estado: de un Estado subsidiario, propio del liberalismo que existió hasta 1947 y cuya intervención activa en la economía era cuestionada[504], se pasó a la concepción actual, de un Estado intervencionista por derecho propio.

En efecto, la Constitución de 1947 estableció lo siguiente en torno a la libertad económica:

> Art. 73. Todos pueden dedicarse libremente al comercio, a la industria y al ejercicio de cualquier actividad lucrativa, sin más limitaciones que las establecidas por esta Constitución y las leyes, por razones sanitarias o de seguridad pública. El Estado protegerá la iniciativa privada, pero podrá reservarse el ejercicio de determinadas industrias, explotaciones o servicios de interés público para asegurar el normal funcionamiento de éstos o la defensa o crédito de la Nación y el derecho de dictar medidas de orden económico para planificar, racionalizar y fomentar la producción y regular la circulación y el consumo de la riqueza, a fin de lograr el desarrollo de la economía nacional.
>
> No se concederán monopolios; pero podrán otorgarse concesiones, con carácter de exclusividad y por tiempo limitado, para fomentar el establecimiento y el desarrollo de obras o servicios de utilidad general, siempre que no envuelvan, directa o indirectamente, la obligación de garantizar intereses o utilidades a los capitales invertidos.
>
> Art. 74. La exportación no podrá prohibirse o limitarse sino cuando lo exijan los intereses generales de la Nación.

Conforme a estas normas, por tanto, al Estado se le consolidaron potestades para intervenir directamente en la economía —reservarse el ejercicio de determinadas industrias, por ejemplo—, para dictar medidas tendientes a planificar, racionalizar y

504 Véase por ejemplo la sentencia de la Corte Federal y de Casación en Sala Político-Administrativa de 20 de diciembre de 1940, en Memoria, 1941, pp. 346 a 357, relativa a la constitucionalidad de la Ley del Banco Central de Venezuela.

fomentar la producción, y regular la circulación y el consumo de la riqueza; y en definitiva, para actuar como promotor del desarrollo económico del país.

La Constitución de 1953, en esta materia, fue muy escueta, pues se limitó a garantizar "la libertad de industrias y comercio, conforme a las leyes" (Art. 35, Ord. 12), con lo cual se remitió la regulación de sus limitaciones a las previsiones del legislador, materialmente sin limitaciones de orden constitucional.

D. *Cuarta Etapa: a partir de 1961*

El vuelco definitivo en la consagración constitucional de la libertad económica se produce en la Constitución de 1961, la cual no sólo consolidó un esquema de Estado con potestades intervencionistas, sino que amplió el radio de las limitaciones legales a la libertad económica en cuanto a que las mismas no sólo pueden tener su origen en motivos de orden público, sino en la noción de interés social según la apreciación del legislador. En definitiva, el texto constitucional de 1961 como se ha visto, consolidó en Venezuela, un sistema político-económico de economía mixta.

Ahora bien, es de destacar, que la Constitución ha establecido respecto de la libertad económica, como respecto de todos los derechos constitucionales, una reserva a favor del Poder Legislativo para regular sus limitaciones. Frente a situaciones de emergencia o a la inacción del legislador, el Poder Ejecutivo, sin embargo, a través de la restricción de la garantía constitucional, adoptó una serie de limitaciones de importancia[505]. En este sentido es de interés señalar que el ejercicio de la libertad económica consagrada en la Constitución de 1961, fue restringida el mismo día de entrada en vigencia de dicho texto, y permaneció restringida hasta 1991.

En efecto, mediante Decreto N° 455 del 23 de enero de 1961, el Presidente de la República, restringió en todo el territorio nacional la libertad económica (Art. 9) "en la medida en que lo determine el Presidente de la República, en Consejo de Ministros" (Art. 2°). En 1962, mediante Decreto N° 674 del 8 de enero de ese año se mantuvo "en todo el territorio nacional la restricción de la garantía establecida en el artículo 96 de la Constitución, en la medida determinada por el Presidente de la República en Consejo de Ministros" (Art. 4°) y mediante el Acuerdo del Congreso de 6 de abril de 1962 se mantuvo también esa restricción, vigente hasta 1991, cuando fue derogado por Decreto N° 1.724 de 4 de julio de 1991[506].

Ahora bien, dentro del cuadro de la Constitución de 1961, en las páginas que siguen intentaremos pasar revista tanto a las limitaciones a la libertad económica de los particulares, que, como tales, presumen la existencia de la misma; como a las exclusiones particulares de la libertad económica, que presuponen la restricción de determinados sectores económicos, industrias o actividades, determinados por el Estado.

---

505 Véase Allan R. Brewer-Carías, *Evolución del Régimen Legal de la Economía 1939-1979*, Valencia, 1980.

506 *Gaceta Oficial*, N° 34.752 del 10 de julio de 1991.

2. *Las limitaciones a la actividad económica*

Las limitaciones a la libertad económica de los particulares, están directamente relacionadas con las potestades interventoras que el ordenamiento jurídico ha venido dando al Estado. Aquí también toda la evolución y situación actual de la regulación jurídico-administrativa de la libertad económica, está condicionada por los dos extremos de la balanza en la cual opera el derecho administrativo: potestades públicas y derechos de los individuos, garantizados y limitados.

El estudio de las limitaciones a la libertad económica, por tanto, puede realizarse tomando como punto de referencia la potestad del Estado, y en esta forma pueden distinguirse las limitaciones derivadas del Estado regulador; del Estado de fomento; del Estado prestador de servicios públicos; las del Estado empresario; y las del Estado planificador. Veamos separadamente estas limitaciones:

A. *Las limitaciones derivadas del Estado regulador*

Dos tipos de regulaciones a las actividades lucrativas se han venido desarrollando en el ordenamiento jurídico, que implican limitaciones importantes a la libertad económica. En primer lugar, las limitaciones por razones de orden público y de interés social, estas últimas, sin duda, las más importantes; y en segundo lugar, las limitaciones derivadas de la protección contra los abusos de la libertad económica.

a. *Las regulaciones del proceso económico por razones de interés social*

La clásica forma de intervención del Estado en el proceso económico ha sido la regulación que, por razones de interés público o social, el Estado realiza respecto de la actividad de los particulares. Estas regulaciones o limitaciones, originalmente aceptadas por razones de orden público (seguridad o salubridad), se admiten en la actualidad por razones mucho más amplias, y particularmente, por razones de interés social. El legislador, por supuesto, es el árbitro del interés social, concepto jurídico indeterminado que le permite desarrollar facultades, no controlables en cuanto a la apreciación del interés social, es decir, de la oportunidad y conveniencia de sancionar una limitación a la libertad económica. Estas limitaciones se traducen en regulaciones de las actividades de los particulares, y pueden clasificarse, al menos las más importantes, en relación al género de actividad económica sobre la cual recaen: inversión, industria, crédito, comercio. Revisaremos separadamente las de mayor interés.

a'. *Las regulaciones a los cambios y a la moneda*

En cuanto a los cambios y la moneda, legalmente rige el sistema de libre cambio y libre convertibilidad de la moneda, previendo la Ley del Banco Central, sin embargo, la posibilidad del establecimiento de limitaciones o restricciones a la libre convertibilidad de la moneda nacional, en circunstancias excepcionales, y en defensa de la continuidad de los pagos internacionales del país o para contrarrestar los movimientos perjudiciales de capital (Art. 90). Estas limitaciones y restricciones se establecen por el Banco Central previo acuerdo con el Ejecutivo Nacional. En todo caso, dada la convertibilidad de la moneda nacional en divisas, conforme al artículo 91 de la Ley, la restricción a la libre convertibilidad afecta la libertad de cambios de la moneda nacional, respecto a las divisas. Por ello, las restricciones en este campo, hasta 1995, se ordenaron a través de Decretos-Leyes dictados en restricción o suspensión de las garantías económicas. Así sucedió en 1964, en 1983 y en 1994, con el establecimiento de respectivos controles de cambio que condujeron a la devaluación de la moneda. En 1995 se dictó la Ley de Régimen Cambiario, con la cual se pretendió regularizar la emergencia, previéndose todo un sistema para que sin recurrir a la restricción o suspensión de la libertad económica, el Presidente de la República pueda regular el control de cambios mediante decretos reglamentarios[507].

Pero al hablar de estas regulaciones, debemos hacer referencia al régimen de los cambios y particularmente, del instrumento de cambio: la moneda. Esta materia, anteriormente y desde 1941, regulada por la Ley de Monedas, comenzó a estar normada en la Ley del Banco Central de Venezuela desde la reforma de 1974[508]. Corresponde, en este sentido, al Banco Central de Venezuela, "el derecho exclusivo de emitir billetes y de acuñar monedas de curso legal en todo el territorio de la República".

Por tanto, "ni el Gobierno Nacional, ni los otros bancos, ni ninguna otra institución particular o pública, cualquiera que sea su naturaleza, podrán acuñar monedas, emitir billetes u otros documentos que tengan carácter de moneda o puedan circular como tal" (Art. 69):

Sólo las monedas de curso legal en Venezuela tienen libre circulación (Art. 84), y la circulación de la moneda extranjera está sujeta a las regulaciones que establezca el Banco Central (Art. 85). Los tipos de cambio de la moneda extranjera son determinados por el Banco Central previo convenio con el Ejecutivo Nacional (Arts. 91 y 92), quien puede permitir que el o los tipos de cambio fluctúen libremente en el mercado, de acuerdo con la oferta y la demanda de divisas de los particulares y los convenios internacionales en vigor (Art. 93).

Por otra parte, y también en relación al régimen de la moneda, el Banco Central de Venezuela es la institución competente para realizar las actividades tendientes a "crear y mantener condiciones monetarias, crediticias y cambiarías favorables a la estabilidad de la moneda, al equilibrio económico y al desarrollo ordenado de la economía, así como asegurar la continuidad de los pagos internacionales del país" (Art. 2).

b'. *Las regulaciones del proceso de inversión*

La regulación de mayor importancia relativa al proceso de inversión es la que hace referencia a las inversiones extranjeras y a su participación en el desarrollo económico nacional, tal como lo exige la Constitución de 1961 (Art. 107).

En Venezuela, a pesar de esfuerzos y proyectos realizados, no fue posible contar con una regulación de las inversiones extranjeras, sino hasta 1973, con motivo del ingreso del país al Acuerdo Subregional de Integración de Cartagena. En esa oportunidad entró en vigencia la Decisión N° 24 del Acuerdo de Cartagena, relativa al

---

507 Véase Allan R. Brewer-Carías, "Aspectos del régimen jurídico de la moneda" en *Revista de Derecho Público*, N° 13, enero-marzo, 1983, pp. 5 a 20; y *Régimen Cambiario*, Tomo I, Caracas, 1994. Véase la Ley sobre Régimen Cambiario en *G.O.* N° 4.897 Extra de 17-5-95.

508 Véase Decreto-Ley, N° 507 de 30-10-74, en *Gaceta Oficial*, N° 1.711, Extraordinaria de 30-12-74. La Ley fue reformada en 1992

Régimen Común de Tratamiento a los Capitales Extranjeros y sobre marcas, patentes, licencias y regalías. Entre las regulaciones de mayor interés de este cuerpo normativo, están las restricciones a las inversiones extranjeras y las limitaciones a las mismas, las cuales fueron posteriormente modificadas y liberalizadas por la Decisión N° 220 de la Comisión del Acuerdo de Cartagena y luego, por la Decisión 291 de 1991.

Para asegurar el adecuado control de la inversión extranjera, la Decisión N° 291 establece una reforma fundamental que incide en el régimen accionario de las sociedades anónimas: el artículo 39 de dicha decisión estableció, en efecto, que "el capital de las sociedades por acciones deberá estar representado en acciones nominativas". En esta forma, indirectamente, el derecho mercantil de las sociedades anónimas en Venezuela fue modificado, haciéndose inaplicables, por tanto, las disposiciones del Código de Comercio sobre las acciones al portador (Arts. 293 y ss.).

En el ámbito de la inversión nacional es de interés destacar regulaciones sobre la inversión en sociedades anónimas y en valores, establecidos en la Ley de Mercado de Capitales[509]. De acuerdo a esta Ley, la oferta pública de acciones o títulos valores requiere de una autorización de la Comisión Nacional de Valores y de la inscripción en el Registro Nacional de Valores (Arts. 10 y 15), y la posibilidad de, constituir sociedades anónimas inscritas de capital abierto que destinen parte de sus acciones a la oferta pública en la Bolsa de Valores, está regulada en términos precisos (Art. 60). La Ley, además, como mecanismo de protección a los accionistas minoritarios prevé una serie de facultades de la Comisión Nacional de Valores entre las que está la posibilidad de convocar las asambleas de las sociedades reguladas (Art. 128).

c'. *Las regulaciones a las actividades industriales*

Hasta fecha relativamente reciente, las actividades industriales no estaban sometidas a mayores regulaciones legales; más bien, eran objeto sólo de acciones de fomento por parte del Estado. Sin embargo, en los últimos años se han venido estableciendo regulaciones de enorme importancia que deben destacarse.

En primer lugar, mediante Decreto-Ley, N° 366 de 27 de agosto de 1974[510], se estableció con carácter general y obligatorio, que "todo proyecto para el establecimiento de nuevas industrias o ampliación de las ya instaladas, así como los proyectos de parques y zonas industriales" debían ser anotados en el Registro de Proyectos Industriales del Ministerio de Fomento (Art. 1°). Desde 1968, este registro tenía solamente como efectos el aprovechamiento de las ventajas de la política crediticia y de fomento del Estado, en el sentido de que quien no registraba el proyecto no podía gozar de dichos beneficios. Esta normativa se repite en el Decreto-Ley de 1974: "El registro del proyecto será requisito para gozar de los beneficios de política industrial que pueda conceder el Ejecutivo Nacional en cada caso, como protección aduanera,

---

509 Véase Decreto-Ley N° 882 de 29-4-75, en *Gaceta Oficial* N° 1.744 de 22-5-75. Véase Allan R. Brewer-Carías, "Comentarios a la Ley de Mercado de Capitales" en *Libro Homenaje a José Mélich Orsini*, Vol. I, Caracas, 1982, pp. 287 a 302. Véase H. Nemirosky, *Ley de Mercado de Capitales*, Colección Textos Legales, EJV, Caracas.

510 *Gaceta Oficial*, N° 30.503 de 18-9-74.

asistencia técnica y crediticia, exoneración de impuestos de importación a materias primas y otros insumos y de impuestos sobre la renta" (Art. 6°).

Sin embargo, la nueva regulación de 1974 fue mucho más lejos y no sólo consagró el Registro de Proyectos Industriales como una condición para gozar de los beneficios de la política de fomento del Estado, sino como un mecanismo de control. Los organismos municipales, en efecto, se estableció en el referido Decreto-Ley, tienen prohibido otorgar el permiso de construcción correspondiente a instalaciones industriales, si no se les presenta la constancia de registro señalado (Art. 7°); y las instalaciones industriales construidas sin el correspondiente registro previo "serán demolidas o removidas y sus responsables sancionados con multas hasta de Bs. 100.000" (Art. 8).

En esta forma, el registro de proyectos industriales ha pasado a ser el instrumento de mayor importancia de control industrial con que cuenta el Estado, ya que si bien el Decreto-Ley no lo establece expresamente, no hay duda de que el Ministerio podría negar el registro en los casos en que el proyecto industrial respectivo no esté acorde con las políticas de desarrollo industrial, agroindustrial, urbano o de protección del ambiente, definidas por el Estado en el Plan de la Nación. Si éste, con sus estrategias, políticas, programas y metas, por ejemplo, en virtud del Decreto N° 1.454, de 9 de marzo de 1976, puede ser de obligatorio cumplimiento por parte de todos los organismos de la Administración Pública, no hay duda de que el Ministerio de Fomento tendría que negar el Registro si el proyecto industrial no se adaptase al Plan.

Además de las regulaciones industriales derivadas del registro previo de los proyectos también se adoptaron medidas limitativas de la libertad económica de importancia, con motivo de la localización industrial y particularmente de la desconcentración industrial del Área Metropolitana de Caracas[511].

En efecto, mediante Decreto-Ley, N° 718, de 21 de enero de 1975[512], se prohibió la instalación de nuevas industrias en el Aérea Metropolitana de Caracas y su zona de influencia (Art. 1°), con excepción de las pequeñas y medianas industrias que autorice el Ejecutivo Nacional por considerarlas necesarias para el abastecimiento o servicio de la población (Art. 2°). Esta prohibición, sin duda, es una restricción a la libertad industrial de carácter espacial. Fue acompañada en el referido Decreto-Ley de otra restricción de importancia: la posibilidad que tiene el Ejecutivo Nacional de decidir el traslado de las industrias que causen contaminación del ambiente o aquellas que deban ser reubicadas en razón de la ordenación de áreas que se establezca. La decisión debe ser tomada en Consejo de Ministros y si vencido el plazo que se otorgue no se ha realizado el traslado, la industria será cerrada hasta que éste se verifique, sin que por esta circunstancia se interrumpa el contrato de trabajo con sus trabajadores (Art. 3°). En todo caso, aquí también se precisa que las edificaciones para industrias que se construyan en contravención a las restricciones y prohibiciones señaladas, serán demolidas y los responsables de la obra serán multados

---

511 Véase Allan R. Brewer-Carías, "Régimen jurídico del traslado de industrias" en *Revista de Derecho Público*, N° 7, julio-septiembre 1981, pp. 5 a 32.

512 *Gaceta Oficial*, N° 30.638 de 5 de marzo de 1975.

(Art. 6°); y que las autoridades municipales no otorgarán los permisos correspondientes de construcción de instalaciones industriales en el Área Metropolitana de Caracas, sino una vez presentada la autorización respectiva del Ministerio de Fomento (Art. 5°).

Con posterioridad a la emisión de este Decreto-Ley, se dictaron las Leyes Orgánicas del Ambiente (1976), para la Ordenación del Territorio (1982), de Ordenación Urbanística (1988) y Penal del Ambiente (1991), cuyas normas, sin duda, derogaron tácitamente las del referido Decreto-Ley.

En efecto, con motivo de la promulgación de la Ley Orgánica del Ambiente de 7 de julio de 1976, se han establecido limitaciones de enorme interés y actualidad a las actividades industriales. En efecto, esta Ley prevé una serie de mecanismos de control de las actividades susceptibles de degradar el ambiente (Art. 19), prohibiéndose las que lo hagan de manera irreparable, previa autorización en la cual se podrían imponer las condiciones, limitaciones y restricciones que permitan su corrección (Art. 21). En todo caso, dentro de las medidas que pueden adoptar las autoridades administrativas frente a las consecuencias perjudiciales derivadas de actividades susceptibles de degradar el ambiente, están las siguientes que implican limitaciones a la libertad económica, pues la restringen o establecen obligaciones: la clausura temporal o definitiva de las fábricas o establecimientos que con su actividad alteren el ambiente, degradándolo o contaminándolo, ya sea directamente o indirectamente; y la prohibición temporal o definitiva de la actividad origen de la contaminación (Art. 25).

Por otra parte, dentro de las limitaciones de importancia a las actividades industriales, están las establecidas en la Ley sobre Normas Técnicas y Control de Calidad de 1970[513], antes reguladas en la Ley de Protección al Consumidor de 5 de agosto de 1974, en materia de normalización y control de calidad en la producción. En este sentido, se estableció que las Normas Nacionales a las cuales debe someterse la elaboración industrial de determinados productos, pueden ser declaradas como de obligatorio cumplimiento cuando se trate de productos cuyo consumo tenga relación directa con la salud y la vida de las personas, estando éstos sometidos a vigilancia y control de las autoridades administrativas correspondientes.

Por último, dentro de las limitaciones a las actividades industriales deben destacarse aquellas que en razón de la protección de la economía nacional, tienden a racionalizar la producción. Tal fue el caso, por ejemplo, de la industria automotriz, regulada por Decreto-Ley N° 920, de 16 de mayo de 1975, mediante el cual se dictaron las Normas para el desarrollo de la Industria Automotriz[514], y en la cual se impone a las empresas respectivas, no sólo su conversión en empresas nacionales o mixtas conforme a las normas del Acuerdo de Cartagena (Arts. 7° y 8°), sino la incorporación progresiva, a los vehículos producidos, de partes nacionales (Art. 1°).

---

513 Véase Allan R. Brewer-Carías, "Comentarios a la ley sobre normas técnicas y control de calidad de 30-12-79", en *Revista de Derecho Público*, N° 1, enero-marzo 1980, pp. 79 a 82.

514 Véase en *Gaceta Oficial*, N° 1.747, Extraordinaria, de 24-7-75. Véase Allan R. Brewer-Carías, "Comentarios sobre el régimen jurídico de la industria automotriz" en *Revista de Derecho Público*, N° 4, octubre-diciembre 1980, pp. 89 a 101

d'. *Las regulaciones a las actividades crediticias y de seguros*

Dos de las actividades económicas respecto de las cuales ha sido tradicional la existencia de limitaciones legales, han sido las crediticias y las de seguros.

De acuerdo a la Ley de Bancos y otros Institutos de Crédito[515], las actividades de intermediación en el crédito y las operaciones bancarias en general, sólo pueden ser realizadas por personas jurídicas, con formas de sociedad anónima, debidamente autorizadas por el Ministerio de Hacienda. Las actividades bancarias, por tanto, no son actividades lucrativas que puedan ejercerse libremente; están sometidas a una serie de limitaciones, en virtud del interés social que hay respecto de las mismas, inciden en la promoción de la empresa bancaria, en su funcionamiento, en su vida jurídica y en la actividad que desarrollan.

En efecto, respecto a la constitución de una empresa bancaria, no es posible promover su constitución sin una autorización previa del Ejecutivo Nacional que se otorga o niega discrecionalmente sin motivación (Art. 10). En esta forma la propia Ley prohíbe a los Registradores Mercantiles registrar los documentos constitutivos de una sociedad anónima que tenga por objeto realizar actividades bancarias, sin la presentación de la autorización legal de promoción (Art. 6). Por otra parte, una vez autorizada la promoción y constituida la empresa, para iniciar sus operaciones, debe la misma obtener otra autorización, esta vez de funcionamiento, para lo cual debe cumplir con una serie de requisitos (Art. 8°), y la cual puede ser negada sin motivación (Art. 10). Esta autorización de funcionamiento, por otra parte, puede ser suspendida o revocada, mediante resolución motivada (Art. 16).

La propia vida jurídica de la empresa también está sometida a autorizaciones permanentes de parte de las autoridades administrativas, toda modificación estatutaria relativa a la disolución anticipada de la sociedad, fusión con otra, venta del activo social, aumento o reducción de capital y cambio de objeto (Art. 13). Por último, la actividad económica de una empresa bancaria, una vez constituida, está sometida a una serie de obligaciones generales y particulares, y a innumerables controles administrativos y político-económicos. Las obligaciones generales se refieren, entre otros aspectos, a la necesidad de que tengan depositado en el Banco Central de Venezuela una parte del encaje legal que deben constituir como garantía de sus operaciones (Arts. 20 y ss.), con la cual el Banco Central puede controlar, entre otros aspectos, la liquidez monetaria y el circulante (Art. 25), y a diversas exigencias tendientes a asegurar la solvencia (Art. 153). Los controles, de una amplitud considerable, permiten la intervención y fiscalización permanente de la Superintendencia de Bancos, organismo desconcentrado del Ministerio de Hacienda constituido especialmente a tal efecto (Arts. 132 y ss.); así como del Banco Central de Venezuela, regulado por Decreto-Ley, N° 507 de 30-10-74[516].

Entre los aspectos de mayor interés de este control técnico-económico del Banco Central, está el manejo del encaje legal de los Bancos, que le permite aumentarlo en forma global, selectiva o progresiva o disminuirlo hasta los límites legales (Art. 25); el control de la Cámara de Compensación bancaria (Art 44, Ord. 1°); la fijación de

515 La última reforma fue dictada en 1993.

516 Véase en *Gaceta Oficial*, N° 1.711 de 30-12-74.

porcentajes máximos de crecimiento de préstamos e inversiones (Art. 18) y la fijación de las tasas máximas de interés que los bancos pueden cobrar y pagar por las distintas clases de operaciones (Art. 46), y el control del redescuento de títulos-valores (Art. 44, Ord. 6).

De lo anterior, resulta, como consecuencia, que la actividad bancaria en Venezuela, está sometida a controles y regulaciones como ninguna otra actividad económica, salvo la de las empresas de seguro y reaseguro.

En efecto, el contrato de seguros, tradicionalmente regulado en el Código de Comercio, ha venido siendo objeto de regulaciones administrativas desde 1938. En la actualidad, las actividades de seguros y reaseguros están sometidas a las regulaciones de la Ley de Empresas de Seguros y Reaseguros de 1994[517], y las mismas siguen orientaciones similares a las analizadas respecto de las actividades bancarias.

Por lo tanto, para la promoción de una empresa de seguros es necesario que los promotores obtengan una autorización previa del Ejecutivo Nacional (Art. 31). Promovida la empresa, la constitución de la misma ante el Registro Mercantil debe ser también previamente autorizada (Art. 34), y éste no puede registrar el documento constitutivo (Art. 2) sin la presentación de aquella autorización. La autorización de constitución puede ser negada sin motivación (Art. 35).

El documento constitutivo debe, siempre, asignarle a la persona jurídica la forma de sociedad anónima (Art. 25) y someterse a muy variados requisitos. Una vez promovida la empresa y debidamente constituida, la misma debe obtener una nueva autorización, esta vez para operar, de parte de las autoridades administrativas, que implica la aprobación de toda la documentación que requieren para su funcionamiento (Art. 36). Autorizaciones similares también requieren las sociedades de corretaje de seguros y reaseguros (Art. 40). Por otra parte, toda modificación de los documentos constitutivos y estatutos de las empresas deben ser previamente autorizadas por las autoridades administrativas correspondiente (Art. 56).

Las empresas de seguros y reaseguros, entre sus obligaciones generales tienen la de constituir y mantener en el Banco Central de Venezuela una serie de garantías (Arts. 44 y ss.), las cuales, en caso de liquidación de la empresa, se destinarán, en primer término, a satisfacer las reclamaciones de pólizas que no hayan sido pagadas por otros medios (Art. 50). También deben las empresas, según el ramo de seguros en el cual operen, constituir y mantener una reserva (Arts. 64 y ss.) sobre las cuales los asegurados gozan de privilegios, por lo que se destinan a satisfacer, en primer término, las reclamaciones de los tenedores de pólizas que no hayan sido pagados por otros medios (Art. 84).

El funcionamiento de las empresas de seguros y reaseguros también está sometido a múltiples intervenciones por parte de las autoridades administrativas: las pólizas, recibos, solicitudes y demás documentos deberán ser siempre, previamente aprobados por la Superintendencia de Seguros (Art. 51); como asimismo la propaganda que realicen (Art. 58).

517 La anterior había sido publicada en *Gaceta Oficial*, N° 1.743, Extraordinaria de 22-5-75.

Por último, las empresas de seguros y reaseguros están sometidas a rígidos controles permanentes por parte de la Superintendencia de Seguros, organismo administrativo desconcentrado del Ministerio de Hacienda (Art. 6), el cual puede inspeccionar, vigilar y fiscalizar las actividades de las empresas (Art. 12).

En el árbitro crediticio, finalmente, debe hacerse mención a otras normas de importancia, como las relativas al sistema de ahorro y préstamo, regulado por la Ley del Sistema Nacional de Ahorro y Préstamo[518]; así como las relativas a las cooperativas reguladas por la Ley General de Asociaciones Cooperativas[519].

Aparte de estas regulaciones de carácter general relativas a las actividades financieras, de crédito y de seguro, y que establecen limitaciones particulares. Un ejemplo típico, fue las que surgieron de la Ley de Medidas Especiales para atender las consecuencias del sismo del 29 de julio de 1967[520] que impuso a los acreedores hipotecarios sobre inmuebles afectados por el sismo, la asunción del 40 por ciento de los daños causados (Art. 8) y la obligación de no cobrar cantidad alguna por la suspensión de pagos de los créditos hipotecarios que la Ley acordó en favor de los compradores afectados, suspensión que originó intereses moratorios (Art 14).

e'. *Las regulaciones de las actividades comerciales*

Entre las facultades que la Constitución otorga al Estado en relación a las actividades comerciales está la muy importante, incorporada desde el texto de 1947, de "regular la circulación, distribución y consumo de la riqueza" (Art. 98). En base a ello, numerosas disposiciones legales establecen limitaciones a las actividades lucrativas, en particular, las que conciernen al comercio exterior y al comercio interno. El comercio exterior está regulado por la Ley Orgánica de Aduanas, la cual si bien establece la libertad de importación y exportación, limita esas actividades para la protección de la economía nacional. Estas limitaciones implican el sometimiento de la importación a autorizaciones respecto de determinadas mercancías o de todas o algunas de las originarias o provenientes de determinado país o países (Art. 121); y al cumplimiento de requisitos de carácter administrativo (Art. 7) y fiscales (Arancel de Aduanas, Art. 114). En cuanto a las exportaciones, se las puede someter, cuando lo exijan los intereses generales de la Nación, a prohibiciones, gravámenes o limitaciones respecto de determinadas mercancías (Art. 128). Además, también están sometidas a limitaciones de carácter administrativo (Art. 69) y fiscales (Art. 129).

Las normas relativas al comercio exterior, en todo caso, se complementan y modifican con las regulaciones derivadas de la Asociación Latinoamericana de Integración (ALADI) y del Acuerdo de Integración Subregional Andino (Acuerdo de Cartagena) de los cuales es parte Venezuela. La Legislación de integración andina, en este sentido, ha venido a formar parte del derecho administrativo interno de Venezuela.

518 Véase Decreto-Ley, N° 868 de 22 de abril de 1975, en *Gaceta Oficial*, N° 1.730, Extraordinaria de 13-5-75.

519 Véase Decreto-Ley, N° 922 de 16 de mayo de 1975, en *Gaceta Oficial*, N° 1.750, Extraordinaria de 27-5-75.

520 Véase en *Gaceta Oficial*, N° 28.515 de 23-12-76.

En cuanto al comercio interno, diversas limitaciones han venido estableciéndose. En primer lugar, por motivos de orden público (seguridad y sanidad). Tal es el caso de las limitaciones al comercio de armas previstas en la Ley sobre Armas y Explosivos de 1939; y de las limitaciones al comercio de alimentos y medicamentos, establecidas en el Reglamento General de Alimentos conforme a la Ley de Sanidad Nacional, y en la Ley Orgánica sobre Sustancias Estupefacientes y Psicotrópicas de 1984.

En segundo lugar, por razones de interés social, y en particular, de protección al consumidor. En este sentido la Ley de Protección al Consumidor de 1992[521], establece normas tendientes a regular el comercio. Se destacan, por ejemplo, las normas sobre propaganda comercial, y en particular, las prohibiciones respecto de las acciones o prácticas engañosas o injustas en las ofertas de bienes y servicios (Arts. 25 y 40); y las normas sobre garantías contra defectos o mal funcionamiento de bienes de naturaleza duradera (Art. 51). En este orden de ideas, la Ley de Metrología Legal de 1964 establece todo el sistema de pesas y medidas y su control, a los efectos de la regularización del comercio.

Por último, y como limitación importante a las actividades comerciales, debe hacerse mención a las establecidas en la Ley que reserva al Estado la Explotación del mercado interno de los productos derivados de hidrocarburos del 21 de junio de 1973[522] en el cual, además de establecerse una reserva a favor del Estado, se previeron normas reguladoras y limitadoras de ciertas de las actividades referidas, que podían realizarse por particulares, previa autorización.

b. *Las regulaciones derivadas de la protección contra los abusos de la libertad económica*

De acuerdo con la Constitución, "la Ley dictará normas para impedir la usura, la indebida elevación de los precios y, en general, las maniobras abusivas encaminadas a restringir la libertad económica" (Art. 96). Esta norma, en realidad, es el resultado de una larga evolución que se inició a comienzos de los años cuarenta con motivo de la crisis y escasez de la guerra mundial. Las primeras medidas reguladoras de precios de los artículos de primera necesidad se consideraron con el Decreto N° 176, del 15 de agosto de 1944, que autorizó al Ejecutivo Nacional, en vista de la protección de la economía nacional, a regular el comercio exterior y a proteger la producción nacional; y en vista de la protección de la vida económica, a fijar precios, regular el uso de artículos de primera necesidad y regular los arrendamientos.

Estas normas, de precaria legalidad en virtud de estar fundamentadas en la suspensión de las garantías constitucionales, recibieron consagración fundamental en la Ley de Protección al Consumidor de 1974 reformada en 1992 y 1995[523]. En esta materia de protección contra los abusos de la libertad económica, pueden distinguirse varios supuestos: la regulación de precios, la represión al acaparamiento y la especulación; la represión a la usura, y la lucha contra los monopolios.

---

521 *Gaceta Oficial* N° 4403, Extraordinaria de 24-3-92

522 *Gaceta Oficial*, N° 4.403, Extr. de 24-3-92, y *Gaceta Oficial*, N° 4.898, Extra de 17-5-95.

523 *Gaceta Oficial*, N° 4.403, Extr. de 24-3-92, y *Gaceta Oficial*, N° 4.898, Extra de 17-5-95.

a'. *La regulación de precios*

De acuerdo a la Ley de Protección al Consumidor, el Ejecutivo Nacional puede, en general, establecer precios máximos para bienes y servicios declarados previamente como de primera necesidad (Art. 31), es decir, que se consideren como esenciales e indispensables para la población.

En todo caso, si alguna materia se desarrolló adecuadamente a partir de los años cuarenta en este campo, fue el de la regulación de los alquileres de las viviendas urbanas y suburbanas, a los cuales se ha hecho referencia, regidas en la actualidad por la Ley de Regulación de Alquileres de 1960. Desde los años cincuenta, la Corte aceptó estas regulaciones como limitaciones a la libertad de contratar impuestas por razones de interés social[524].

b'. *La represión del acaparamiento y la especulación*

Desde la Ley contra el Acaparamiento y la Especulación de 1947 se consideran como delito, la retención, fuera del comercio normal, con ocultamiento o sin él, de artículos de primera necesidad, con la finalidad de provocar alza o escasez; y la acción de vender artículos de primera necesidad a precios superiores a los regulados (Art. 1°).

La Ley de Protección al Consumidor de 1947 reformada en 1992, ha insistido en la prohibición (Art. 62).

c'. *La represión de la usura*

Mediante el Decreto N° 247 de 9 de abril de 1946, sobre represión de la usura, se estableció como delito la acción por la cual cualquiera que "intencionalmente se valga de las necesidades apremiantes de otro para obtener para sí o para un tercero una ventaja o beneficio que resulte notoriamente desproporcionado a la contraprestación o entrega que por su parte verificare" (Art. 1°); y en base a ello, consideró como constitutivo del delito de usura, "el préstamo de dinero en el que se estipule u obtenga un interés que exceda del 1 por ciento mensual" (Art. 1°).

La Ley de Protección al Consumidor de 1974 recogió esta normativa respecto del delito de usura, pero dejó al Ejecutivo Nacional la determinación de la tasa de interés máxima que rige en las operaciones de crédito o de financiamiento (Art. 6), con lo que perdió rango legal el límite anterior del 12 por ciento anual. En la reforma de 1992[525] la ley se limitó a definir la usura sin referencia alguna a préstamos ni a intereses.

d'. *La lucha contra los monopolios*

La Constitución prohíbe los monopolios (Art. 7), y asigna al legislador la obligación de dictar normas para impedir las maniobras abusivas encaminadas a obstruir o restringir la libertad económica. En este sentido, la Ley para promover y proteger el

---

524 Véanse sentencias de la Corte Federal y de Casación de 15 de diciembre de 1952 y de 23 de febrero, de 1953, en *Gaceta Forense*, N° 12, 1952, p. 42 y N° 13 1953 p 79

525 Véase en *G.O.* N° 34.880 de 13-1-92 y en *G.O.* N° 4.441 Extra, de 18-6-92

ejercicio de la libre competencia y la Ley sobre prácticas desleales del comercio internacional de 1992 [526] constituyen una normativa fundamental de lucha contra los monopolios y contra la competencia desleal.

B. *Las limitaciones del Estado de Fomento*

La actividad de fomento puede considerarse como una de las clásicas actividades del Estado la cual tiene por objeto la promoción y estímulo de las actividades particulares. En principio, no puede considerarse como una actividad limitativa de la libertad económica de los particulares; sin embargo, la utilización de los mecanismos de fomento puede dar, sin duda, lugar a la aparición de ciertas limitaciones.

El efecto, entre los mecanismos de fomento por excelencia, están los créditos que organismos del sector público otorgan a los particulares. Muchas veces el otorgamiento de un crédito de esta naturaleza, asigna de derecho al ente público que lo otorga, poderes especiales de fiscalización de la empresa receptora del mismo.

Dentro de los mecanismos de fomento también se destacan, por supuesto, los mecanismos fiscales. Un ejemplo de una legislación de fomento industrial de este tipo en la Ley de Zonas Francas de 1991.

C. *Las limitaciones derivadas del Estado de Servicios Públicos*

Una de las características del Estado contemporáneo es, sin duda, la asunción de servicios públicos como obligaciones para satisfacer necesidades colectivas. Cuando una actividad económica, en este sentido, se declara constitucionalmente o legalmente como servicio público, sur je una limitación importante a la libertad económica[527]. En estas áreas, ésta no es libre; está limitada, pues sólo puede realizarse mediante una autorización o permiso de las autoridades administrativas, o mediante la obtención de una concesión de servicios públicos.

En efecto, así sucede respecto de los servicios públicos de transporte. Por ejemplo, en materia de transporte urbano, las autoridades locales tienen la competencia para la concesión de los servicios de transporte de superficie de, acuerdo a la Ley Orgánica de Régimen Municipal; en materia de transporte aéreo, el Ejecutivo Nacional tiene competencia para otorgar, según los casos, las concesiones o permisos correspondientes (véase Arts. 39 y ss., de la Ley de Aviación Civil); y en materia de transporte por ferrocarril el Ejecutivo Nacional tiene competencia para otorgar, potestativamente, las concesiones ferrocarrileras de servicio público (Art. 8 de la Ley de Ferrocarriles de 2-8-57). Ninguna de estas actividades económicas puede realizarse, entonces, sin la correspondiente concesión otorgada por las autoridades administrativas.

En otros servicios públicos, la concesión se sustituye por un permiso, autorización o registro. Tal sucede, por ejemplo, con los permisos sanitarios para los institutos de salud privados (Clínicas); con el registro en el Ministerio de Educación para

526 Véase en *G.O.* N° 34.880 de 13-1-92 y en *G.O.* N° 4.441 Extra, de 18-6-92.

527 Véase Allan R. Brewer-Carías, "Comentarios sobre la noción del servicio público como actividad prestacional del Estado y sus consecuencias" en *Revista de Derecho Público*, N° 6, abril-junio 1981, pp. 65 a 71.

los institutos privados de enseñanza; y con las autorizaciones para el transporte de correspondencia; en todos esos casos, establecidos legalmente (Ley de Sanidad Nacional, Ley Orgánica de Educación, Ley de Correos).

En estos supuestos, se insiste, la actividad económica de los particulares está doblemente limitada: para poder ejercerse, requiere de una autorización, permiso o concesión de la autoridad administrativa; y posteriormente, derivado de la naturaleza de servicio público de la actividad, queda sometida al control y fiscalización de la autoridad concedente o que lo autoriza.

D. *Las limitaciones derivadas del Estado empresario*

Una de las características fundamentales del Estado contemporáneo en Venezuela, es el sistema de economía mixta en el cual se mueve. Conforme a ese esquema político-económico, el Estado puede intervenir en las actividades económicas otrora reservadas a los particulares. El Estado, como empresario, es una fase más característica del Estado contemporáneo[528].

Por supuesto, el Estado puede realizar sus actividades empresariales de tres maneras principales: reservándose para sí determinadas industrias, servicios o explotaciones de interés público (Art. 97), tal como ha sucedido con la industria del gas natural, con la industria de la explotación del hierro, o con la industria y el comercio de los hidrocarburos; realizando actividades económicas con la participación de los particulares en la industria básica, pero sometida, ésta, a su control (Art. 97); o simplemente en concurrencia con los particulares. En los dos primeros casos, fundamentalmente, la actividad empresarial del Estado, se configura además, como una limitación a la actividad económica de los particulares. La primera, sin embargo, más que una limitación a la libertad económica, es una exclusión de la misma, por lo que se verá más adelante. Ahora interesa analizar la segunda forma de la actividad empresarial del Estado: aquella que se realiza con la participación de particulares, pero sometida a su control. En efecto, expresamente ha habido regulaciones para el desarrollo industrial bajo el control del Estado, en los siguientes campos industriales: Industria Naval (Véase Decreto-Ley, N° 927 de 16-5-75, por el cual se dictaron las Normas para el Desarrollo de la Industria Naval); Industria Aeronáutica (Véase Decreto-Ley N° 926 de 16-5-75, por el cual se dictaron Normas para el desarrollo de la Industria Aeronáutica); Industrias Militares (Decreto-Ley, N° 883 de 29-4-75, mediante el cual se dictaron las Normas para el desarrollo de las Industrias Militares; e Industria Nuclear (Decreto Ley, N° 925 de 16- 5-75, por el cual se dictaron las Normas para el desarrollo de la Industria Nuclear). En todos estos casos, las actividades industriales están sometidas al control del Estado, a través de los órganos de la Administración, o a través de las empresas estatales que se han venido constituyendo o han venido asumiendo cada área.

En otros campos de la industria pesada, como en materia petroquímica y de electricidad, si bien no se han dictado las normas generales de desarrollo industrial, el

---

528 Véase Allan R. Brewer-Carías, *Régimen Jurídico de las Empresas Públicas en Venezuela,* Caracas, 1980; Jesús Caballero Ortiz, *Régimen de las Empresas Públicas*, Caracas, 1982.

Estado participa en las mismas, con la mayor inversión, pero en algunos casos en concurrencia con particulares.

Por otra parte, puede señalarse que entre las formas de asunción de empresas económicas por parte del Estado, además de la constitución *ex novo* de las mismas, está la utilización de la figura de la expropiación. El Estado, en efecto, por razones de utilidad pública o interés social legalmente declarado, mediando juicio contradictorio y justa indemnización, podría decretar la expropiación de una empresa en particular, sin recurrir a la reserva de actividades industriales lo que daría origen a una nacionalización tal como se verá. En el supuesto que se menciona, el hecho de que el Estado decida la expropiación aislada de una empresa, y la asuma, es una restricción impuesta a la libertad económica de los particulares accionistas de la misma, pero no excluye el que otros particulares realicen su actividad económica en las mismas áreas. Por supuesto, y en todo caso, de todas las limitaciones a las actividades lucrativas que hemos analizado, la única que da derecho a indemnización de parte del particular afectado, es la que se configura como una restricción particular: la expropiación de empresas. Las otras, todas, configuran el entorno normal del ámbito de la libertad económica, al cual deben someterse todos los particulares.

Por supuesto que en cuanto a la expropiación como forma de adquisición de empresas por el Estado, también puede darse la expropiación de acciones. Esto sucedió, por ejemplo, en la reforma de la Ley del Banco Central de Venezuela de 30 de octubre de 1974, que aun cuando continuó atribuyéndole la forma de sociedad anónima (Art. a dicho instituto, estableció que "con excepción del Estado ninguna persona natural o jurídica podrá ser propietaria de acciones del Banco" (Art. 8). Como desde la creación del Banco en 1989 se admitió que parte del capital del Banco estuviese en manos de particulares, la Ley de 1974 estableció lo siguiente: "En él plazo de dos años a partir de la fecha de vigencia de esta Ley todas las personas naturales o jurídicas distintas de la República que sean titulares de acciones del Banco Central de Venezuela deberán ofrecerlas a la República, quien las adquirirá por órgano del Ministerio de Hacienda. Las acciones del Banco Central de Venezuela que no hubiesen sido ofrecidas en venta pasarán al patrimonio de la República, previo cumplimiento de los trámites previstos en la Ley de expropiación por causa de utilidad pública. En ambos casos, el precio que deberá pagar por las acciones será igual al promedio del valor de mercado en los seis (6) meses anteriores al 30 de septiembre de 1974" (Art. 100).

En la reforma de la Ley del Banco Central de Venezuela de 1992 se precisó el carácter del Banco como "persona jurídica pública de naturaleza única" (Art. 1), indicándose que su patrimonio, representado por el capital y los aportes de la República como única accionista, será inalienable (Art. 4).

En todo caso, debe señalarse que la presencia del Estado como empresario en la vida económica, ha producido una evidente distorsión en las regulaciones del derecho mercantil, particularmente en materia de sociedades. En efecto, no sólo ya se ha admitido, al menos en el campo de las empresas nacionalizadas en la industria petrolera, la constitución de sociedades unipersonales, con el Estado como único accionista (conforme al artículo 6°), base primera de la Ley Orgánica que reserva al Estado la Industria y el Comercio de los Hidrocarburos, sino que, en todo caso, la presencia del Estado o de diversos entes públicos como titulares de todas o la mayoría de las acciones de determinadas empresas, ha provocado un desfiguramiento del régimen de las acciones, las cuales, por ejemplo, no son de libre enajenabilidad; del régimen de las Asambleas que muchas veces se sustituyen por decisiones de órganos ejecutivos unipersonales; del régimen de los directores o administradores, sometidos al libre nombramiento y remoción de parte de autoridades ejecutivas; y del régimen de disolución o quiebra, donde la presencia del Estado impide de hecho la aplicación de la normativa general del derecho mercantil.

Por último, debe señalarse que conforme a la política de liberalización de la economía iniciada en 1989, se inició un proceso de privatización de empresas del Estado. Así sucedió con parte del paquete accionario de la CANTV, con los puertos, con algunos Bancos que estaban en manos del Estado así como con varios Hoteles operados por el Estado. Ello condujo, posteriormente, a la adopción de la Ley de Privatización de 1992[529] y a la supresión de la Ley del Instituto Nacional de Puertos y de la Corporación de Desarrollo de la Región Centro Occidental[530].

E. *Las limitaciones derivadas del Estado planificador*

Entre las facultades interventoras del Estado en la economía que adquirieron rango constitucional en 1974, está la de planificar el desarrollo económico del país. En el texto constitucional de 1961, se establece expresamente como obligación del Estado el promover "el desarrollo económico y la diversificación de la producción, con el fin de crear nuevas fuentes de riqueza, aumentar el nivel de ingresos de la población y fortalecer la soberanía económica del país" (Art. 95). Por otra parte, señala como obligación del Estado proteger "la iniciativa privada, sin perjuicio de la facultad de dictar medidas para planificar, racionalizar y fomentar la producción, y regular el desarrollo económico del país" (Art. 98). En esta forma, por tanto, y constitucionalmente hablando, la planificación, como técnica de ordenación general de la economía para lograr determinados objetivos en un lapso de tiempo, mediante la aplicación racional de determinados recursos evaluados y de los que se dispone, se nos muestra como una limitación a la libertad económica. El Estado, cuando planifica el desarrollo económico, en última instancia limita la libertad económica de los particulares quienes en una u otra forma deberán ajustarse al Plan. Ahora bien, en Venezuela, la planificación como proceso institucionalizado tiene su origen con la creación de la Oficina Central de Coordinación y Planificación de la Presidencia de la República en 1958 (Véase Decreto-Ley, N° 492 del 80-12-58), oficina que ha tenido a su cargo la elaboración de los cinco Planes de la Nación que se han adoptado en Venezuela. Dicho Decreto-Ley de creación establece los principios fundamentales del proceso planificador, que se han complementado, recientemente, con disposiciones de la Ley Orgánica de Régimen Presupuestario.

Ahora bien, analizada la planificación desde el punto de vista de la libertad económica es necesario señalar que, ante todo, ello plantea la clásica dicotomía entre la planificación imperativa y la planificación indicativa, basada en la obligatoriedad y compulsoriedad del Plan para los particulares. En un sistema de economía mixta, tal como es el que rige en Venezuela," ciertamente, no puede trazarse una

---

529 Véase en *Gaceta Oficial* N° 4.897 Extra, de 10-3-92, reformada en 1993.

530 Véase en *G. O.* N° 34,922 de 13-3-92 y *G. O.* N° 35.003 de 10-7-92.

línea divisoria tajante y señalarse que la planificación en nuestro país entra dentro de alguna de esas dos categorías de planificación.

En efecto, como principio, aun cuando envuelto en una gran relatividad, puede afirmarse que la planificación en Venezuela es imperativa para el sector público e indicativa para el privado.

Con relación al V Plan de la Nación 1976-1980, por ejemplo, éste fue puesto en ejecución mediante un Decreto Ejecutivo[531] en el cual se estableció expresamente que "las estrategias políticas, programas y metas establecidas en el V Plan de la Nación, serán de obligatorio cumplimiento por parte de los organismos de la Administración Pública Nacional, los institutos autónomos y demás estructuras de la administración descentralizada, así como por las empresas en las cuales el Estado u otros entes públicos tengan poder decisorio o una participación no menor del cincuenta por ciento del capital social" (Art. 8); y se agregó una norma de extraordinaria importancia práctica: "El Proyecto de Ley de Presupuesto Nacional y los presupuestos anuales de los organismos públicos mencionados en el artículo anterior, deberán elaborarse con arreglo a lo establecido en el V Plan de la Nación" (Art. 4°).

Este principio de la necesaria integración del presupuesto anual a la planificación de manera que aquél sea, efectivamente, un instrumento de ejecución anual del Plan, ha sido recogido por la Ley Orgánica del Régimen Presupuestario[532], al señalar "que los presupuestos públicos expresan el Plan de la Nación en aquellos aspectos que exigen, por parte del sector público, captar y asignar recursos conducentes al cumplimiento de las metas de desarrollo económico, social e institucional del país. Son parte e instrumentos de la planificación nacional" (Art. 2°).

Conforme a esta normativa, no hay duda, el Plan es obligatorio e imperativo para el Sector Público.

Ahora bien, en relación al sector privado, el principio que rige es el de la indicatividad del Plan. El Estado sólo dispone de mecanismos para estimular "la acción de los particulares en las áreas señaladas como prioritarias en el Plan, mediante la concesión de incentivos o la adopción de medidas arancelarias, fiscales, monetarias u otras que considere adecuadas", tal como lo precisaba el Decreto aprobatorio del V Plan de la Nación (Art. 6°). Sin embargo, este carácter indicativo, en la práctica, muchas veces es relativo, pues el Estado posee muchos medios de disuasión o persuasión en relación a los particulares, que efectivamente pueden contribuir a desalentar o alentar la acción de aquéllos para que sigan las orientaciones del Plan. Entre esos medios, tal como se señaló, están los mecanismos de fomento económico y particularmente, los de carácter crediticio y financiero y las subvenciones o subsidios otorgados por el Estado o sus instituciones financieras. En segundo lugar, están los mecanismos de política fiscal que permiten gravar progresivamente actividades contrarias al Plan así como exonerar actividades que se ajusten al Plan o que convenga estimular o fomentar. En tercer lugar, están los mecanismos de carácter administrativo, que pueden consistir en la imposición de registros, autorizaciones, permisos, licencias en relación a determinadas actividades que el Estado necesite controlar

531 Decreto N° 1.454 de 9 de marzo de 1976, en *Gaceta Oficial*, N° 1.860, Extraordinaria de 11-3-76.

532 Véase en *Gaceta Oficial*, N° 35.059 de 29-9-92.

o ajustar al Plan. En cuarto lugar, están los propios mecanismos de inversión del sector público que, por ejemplo, mediante la construcción de infraestructura y el equipamiento del territorio, puede contribuir a la localización industrial o crear polos de desarrollo que puedan atraer las inversiones privadas y, por último, pueden también destacarse los mecanismos monetarios y de control del crédito que posee el Estado y que pueden conducir a orientar el crédito privado hacia determinadas áreas o sectores prioritarios.

En todos estos supuestos, si bien el Plan no es formalmente imperativo, dada la enorme importancia del Estado en Venezuela, la utilización de esos medios de disuasión pueden convertirse en efectivos mecanismos para compelir a los particulares al cumplimiento del Plan.

Pero, aparte de la planificación del desarrollo económico y social, cuyo punto de referencia está situado en el tiempo, se ha venido desarrollando en los últimos años en Venezuela, un proceso tendiente a planificar el desarrollo pero desde el punto de vista espacial o del territorio. Han comenzado a surgir, así, las técnicas de ordenación del territorio, es decir, de organizar y repartir en el cuadro geográfico del país, las diversas actividades humanas y económicas en función de los recursos naturales.

Estos principios, puede decirse, adquirieron rango legal por la promulgación de la Ley Orgánica del Ambiente de 15 de junio de 1976[533], que incorporó dentro de la política de conservación, defensa y mejoramiento del ambiente, "la ordenación territorial, y la planificación de los procesos de urbanización, industrialización, poblamiento y desconcentración económica, en función de los valores del ambiente" (Art. 1°). En dicha ley se previo, además, la existencia de un Plan Nacional de conservación, defensa y mejoramiento ambiental imperativa para el sector público (6°) que debía contener, entre otros aspectos, "la ordenación del territorio nacional según los mejores usos de los espacios de acuerdo a sus capacidades, condiciones específicas y limitaciones ecológicas; el señalamiento de los espacios sujetos a un régimen especial de protección, conservación o mejoramiento; y el establecimiento de criterios prospectivos y principios que orienten los procesos de urbanización, industrialización, desconcentración económica y poblamiento" (Art. 7°). Dicho Plan no se elaboró pero, en todo caso, la referida Ley previo los principios rectores que debían guiar su elaboración.

Posteriormente estos principios fueron desarrollados en la Ley Orgánica para la Ordenación del Territorio de 1983, en la cual se reguló el Plan Nacional de Ordenación del Territorio, sustitutivo del nunca dictado Plan Nacional de Conservación, Defensa y Mejoramiento del Ambiente, y se estableció, además, un sistema jerarquizado de planes territoriales, entre ellos los urbanísticos, todos de carácter imperativo y obligatorio tanto para el sector público como para los particulares[534].

Luego, en 1987, con la promulgación de la Ley Orgánica de Ordenación Urbanística[535] se perfeccionó el sistema de planes imperativos en materia urbanística.

---

533 Véase en *Gaceta Oficial*, N° 31.004 de 16-6-76.

534 Véase Allan R. Brewer-Carías, "Introducción al Régimen Jurídico de la Ordenación del Territorio" en *Ley Orgánica para la Ordenación del Territorio*, EJV, Caracas, 1984.

535 Véase en *Gaceta Oficial*, N° 33.868 de 16-12-87.

Por último, en materia de planificación debe destacarse que la Enmienda Constitucional N° 2 de marzo de 1983[536] estableció por primera vez en el país, la intervención del Congreso en las tareas de planificación, al establecer que el Presidente de la República debe presentar a las Cámaras Legislativas al inicio del período constitucional, los lineamientos generales del plan de desarrollo económico y social, para su aprobación.

3. *Las exclusiones de actividades económicas*

Todas las limitaciones a la libertad económica analizadas anteriormente, tienen en común que presuponen su existencia, y en tanto que ello es así, se limita su ejercicio o se lo restringe, en un caso específico. Sin embargo, allí no concluyen las limitaciones a la libertad económica, pues en otros supuestos, en virtud de la Ley, aquéllas no se presuponen; al contrario, se la excluye. Se trata aquí, si se quiere, de limitaciones al ámbito de la libertad económica, respecto de ciertas áreas territoriales, o en ciertos sectores económicos, que, en general, y salvo que el Estado decida asumir los bienes que estaban afectados por los particulares para realizar las actividades excluidas, en cuya caso estaríamos en presencia de una nacionalización, no dan derecho a indemnizaciones por parte de los particulares.

Estas exclusiones pueden clasificarse en cuatro grandes categorías: exclusiones territoriales; exclusiones de actividades económicas respecto de los extranjeros; exclusiones de actividades económicas respecto de todo particular por la reserva que hace el Estado; y la nacionalización que implica la reserva al Estado y transferencia, a éste, de los bienes afectos a la actividad reservada. Veamos separadamente estos cuatro supuestos de exclusiones de la libertad económica admitidas por el ordenamiento jurídico.

A. *La exclusión de actividades económicas en ámbitos territoriales*

Conforme a la política de localización industrial, hemos visto que el Ejecutivo Nacional puede establecer "las zonas del país en las cuales se localizarán determinadas industrias"[537], lo que implica que las mismas no pueden ser localizadas en otras áreas territoriales, siempre que así, esté establecido en planes de ordenación territorial adoptados conforme a la Ley Orgánica para la Ordenación del Territorio. En estos casos, se ha establecido una exclusión del ejercicio de la actividad industrial en ciertas áreas territoriales, lo que implica una exclusión de la misma que no da derecho a indemnización por parte de los industriales afectados.

B. *La reserva de sectores económicos a empresas nacionales*

Una segunda modalidad de exclusión de la actividad económica tiene lugar mediante las disposiciones legales que reservan el ejercicio de ciertas actividades o sectores económicos a empresas nacionales, y que por tanto, la excluyen respecto de los extranjeros.

---

536 Véase el Texto de la Enmienda N° 2 y los comentarios en la Tercera Parte, Tomo I.

537 Artículo 1° del Decreto-Ley, N° 134 de 4-6-74, en *Gaceta Oficial*, N° 30.148 de 7-6-74.

Un proceso de venezolanización de las actividades económicas puede decirse que se inició en firme en Venezuela con motivo de la promulgación de la Ley de Empresas de Seguros y Reaseguros de 1965, que exigió que en las mismas, no menos del 51 por ciento del capital perteneciera a personas venezolanas; y si éstas eran personas jurídicas, no menos del 51 por ciento de su capital debía pertenecer a personas venezolanas naturales (Art. 18). Ello condujo al legislador a prever una serie de plazos para la transformación de las empresas extranjeras en empresas con capital mayoritario venezolano y establecer, además, que de lo contrario no podían seguir realizando operaciones de seguro o reaseguro en el país (Arts. 122 y ss.).

En 1970, con motivo de la promulgación de la Ley General de Bancos y otros Institutos de Crédito de 30 de diciembre de ese año, se avanzó más en el proceso de venezolanización y se estableció que a partir de ese momento no se autorizaría la constitución de nuevos bancos cuyo capital no fuere totalmente venezolano (Art. 32); y en aquellos supuestos de bancos con un capital extranjero superior al 20 por ciento del capital social, se establecieron una serie de limitaciones (Arts. 33 y 34) de manera de propugnar su transformación patrimonial (Art. 159).

Posteriormente, con motivo del ingreso de Venezuela al Grupo Andino, entró en vigencia en nuestro país la Decisión N° 24, relativa al Régimen Común de tratamiento a los capitales extranjeros y sobre marcas, patentes, licencias y regalías, sustituida por la Decisión 220 aprobada por Ley de 25 de junio de 1988[538]. La Decisión 24 estableció para todos los países miembros del Acuerdo normas de extraordinaria importancia en cuanto a la reserva de actividades económicas, al capital nacional o más precisamente a empresas nacionales, que son las que tienen más del 80 por ciento del capital nacional.

En efecto, la misma Decisión N° 24 estableció que cada país podía "reservar sectores de actividad económica para empresas nacionales públicas o privadas" (Art. 38); pero además, estableció directamente que no admitía "el establecimiento de empresas extranjeras ni nueva inversión extranjera directa en el sector de servicios públicos tales como "agua potable, alcantarillado, energía eléctrica y alumbrado, aseo y servicios sanitarios, teléfonos y telecomunicaciones" (Art. 41); no se admitía "nueva inversión extranjera directa en el sector de seguros, banca comercial y demás instituciones financieras" (Art. 42); ni en "empresas de transporte interno, publicidad, radioemisoras comerciales, estaciones de televisión, periódicos, revistas, ni en las dedicadas a la comercialización interna de productos de cualquier clase" (Art. 43).

De acuerdo a estas disposiciones, mediante Decreto N° 62 del 29 de abril de 1974, reglamentario de la Decisión N° 24[539], quedaron reservados a las empresas nacionales y no se admite nueva inversión extranjera directa en los siguientes sectores de la actividad económica

a) Los servicios públicos de teléfonos, correos, telecomunicaciones; agua, potable y alcantarillado; la generación, transmisión, distribución y venta de electricidad y los servicios de vigilancia y seguridad de bienes y personas.

538 Véase en *Gaceta Oficia* N° 34.014 de 25-7-88

539 *Gaceta Oficial*, N° 1.650, Extraordinaria de 29-4-74.

b) La televisión y radiodifusión; los periódicos y revistas en idioma castellano; el transporte interno de personas y bienes; la publicidad; la comercialización interna de bienes de servicio cuando fuese ejercida por empresas que se dediquen a esas actividades, salvo que se trate de bienes o servicios producidos por ellas en el país.

c) Los servicios profesionales en actividades de consultoría, asesoramiento, diseño y análisis de proyectos y realización de estudios en general en las áreas que requieren la participación de profesionales cuyo ejercicio esté reglamentado por leyes nacionales (Art. 1).

Posteriormente, mediante Decreto N° 2.031, de 9 de febrero de 1976[540], se amplió la reserva señalada, quedando reservados a las empresas nacionales los siguientes sectores de actividad económica:

a. Los servicios públicos de: teléfonos, correos, telecomunicaciones, agua potable y alcantarillado; la generación, transmisión, distribución y venta de electricidad y los servicios sanitarios, de aseo y de vigilancia y seguridad de bienes y personas.

b. La televisión y radiodifusión; los periódicos y revistas en idioma castellano; el transporte interno de personas y bienes y la publicidad. A juicio de la Superintendencia de Inversiones Extranjeras podrán quedar exceptuadas de esta disposición las publicaciones en castellano de carácter científico o cultural.

c. La comercialización interna de bienes. Las empresas extranjeras domiciliadas en el país, para la fecha de entrada en vigencia de este Decreto, dedicadas a estas actividades podrán ejercer dicha comercialización directamente o a través de empresas controladas en su capital o en su gestión por la empresa extranjera, siempre y cuando se trate de bienes producidos por ellas en el país.

d. Los servicios profesionales en actividades de consultoría, asesoramiento, diseño y análisis de proyectos y realización de estudios en general, en las áreas que requieran la participación de profesionales cuyo ejercicio esté reglamentado por Leyes Nacionales, salvo que se trate de empresas que a juicio de la Superintendencia de Inversiones Extranjeras, aporten tecnología para el desarrollo del país y que en las mismas, la participación extranjera no exceda del cuarenta y nueve por ciento (49%) (Art. 1°).

Esta ampliación de la reserva, por otra parte, motivó la inclusión de algunas excepciones y precisiones, contenidas en cuatro parágrafos del mismo artículo 1° del Decreto N° 2.031.

Como consecuencia de esta reserva, se estableció en el mencionado Decreto 62, que las empresas extranjeras que operasen en dichos sectores, debían transformarse en empresas nacionales, para cuyo efecto debían poner en venta por lo menos el 80 por ciento de sus acciones para adquisición por inversionistas nacionales antes de mayo de 1977 (Art. 2). El Decreto N° 2.031 de 9-2-77 extendió dicho plazo hasta el 30-12-77. En todo caso, mediante la Ley sobre Transformación de Empresas Extranjeras de 21-8-75, se establecieron las modalidades de dicha transformación y los poderes de control y fiscalización de la Superintendencia de Inversiones Extranjeras.

540 *Gaceta Oficial*, N° 31.171 de 9-2-77.

Tanto el Decreto N° 62, como el Decreto N° 2.031, estableció que los sectores de seguros y bancos se seguirán regulando por sus leyes especiales (Art. 4). En todo caso, con motivo de la reforma de la Ley -de Empresas de Seguros y Reaseguros de 1974, se exigió que dichas empresas no debían tener más del 20 por ciento de su capital pagado directa o indirectamente en manos de personas extranjeras (Art. 25), por lo que se les concedió un plazo de 2 años a las empresas que tuvieran capital extranjero en proporción mayor de ese 20 por ciento, para cumplir con dicho requisito (Art. 192) y transformarse en empresas nacionales de acuerdo a la previsión de la Decisión N- 24 de la Comisión del Acuerdo de Cartagena.

Posteriormente, al haberse dictado en 1988 la Decisión N° 220 sustitutiva de la Resolución N° 24, se redujeron considerablemente las áreas de actividad económica reservadas a las empresas nacionales. Así, conforme al artículo 23 del Decreto N° 727 de 18-1-90 contentivo del Reglamento del Régimen Común del Tratamiento a los capitales extranjeros y sobre marcas, patentes, licencias y regalías aprobado por las Decisiones Nos. 220 y 224 de la Comisión del Acuerdo de Cartagena[541], la reserva sólo se refiere a las siguientes actividades económicas: a) Vigilancia y seguridad de bienes y personas; b) La televisión y radiodifusión; los periódicos en idioma castellano, y c) los servicios profesionales, cuyo ejercicio esté reglamentado por leyes nacionales.

Por último, con motivo de la reforma de la Decisión 220, por la Decisión 291 de 1991, y conforme al artículo 26 del Decreto N° 2095 de 13 de febrero de 1992, los sectores de actividad económica reservados a las empresas nacionales, son los siguientes:

- La televisión y la radiodifusión; los periódicos en idioma castellano;
- Los servicios profesionales cuyo ejercicio esté reglamentado por las leyes nacionales.

En todos estos supuestos, se trata de una exclusión de la libertad económica en áreas determinadas respecto de cierta categoría de personas; exclusión que implica, imposibilidad de realizar para esas personas las actividades reservadas, y obligación de poner en venta sus participaciones a inversionistas nacionales, a los efectos de que la empresa se convierta en empresa nacional. En ningún caso, por supuesto, la limitación derivada de la exclusión da derecho alguno a indemnización por parte de los inversionistas extranjeros afectados.

C. *La reserva de actividades económicas por él Estado*

En la Constitución de 1961, como se dijo, siguiendo la orientación de la Constitución de 1947, se estableció expresamente la posibilidad que tiene el Estado de "reservarse determinadas industrias, explotaciones o servicios de interés público por razones de conveniencia nacional" (Art. 97). Se abrió así la posibilidad no ya de que el Estado realice actividades empresariales, sino que las realice en forma exclusiva, reservada, excluyendo a los particulares del ámbito de las mismas. Esta reserva, sin

541. Véase en *Gaceta Oficial* N° 34.397 de 26-1-90

duda, tiene por efecto fundamental establecer una limitación a la libertad económica de los individuos, excluyéndola del sector reservado[542].

En efecto, la reserva de actividades económicas por parte del Estado conlleva básicamente una prohibición impuesta a los particulares de realizar actividades propias del sector reservado, lo que afecta tanto aquellos particulares o empresas que venían realizando actividades en el sector, como a cualquier particular o empresa, que pretendiera, en el futuro, realizar dichas actividades. Después de la reserva, por tanto, los particulares o empresas que operaban en el sector, no pueden continuar realizando sus actividades, y hacia el futuro, ningún otro particular puede realizar nuevas actividades en el sector. La libertad económica, en el mismo, ha sido excluida y es imposible ejercerla.

Como consecuencia de ello, el acto de reserva, per se, no conlleva derecho alguno de los particulares afectados a indemnización por parte del Estado. Aquéllos, simplemente, cesan en sus actividades, y un deber de indemnización sólo surgiría si el Estado decide apropiarse de las instalaciones o de las empresas de los particulares que operaban en el área reservada, es decir, decide nacionalizar esas empresas.

Este principio, en nuestro criterio, se deduce de las normas de la Ley que reserva al Estado la Industria del Gas Natural de 26 de agosto de 1970[543]. En efecto, esta Ley reservó al Estado la "industria del gas proveniente de yacimientos de hidrocarburos" (Art. 1), y estableció, por tanto, la obligación a los concesionarios de "entregar al Estado, en la oportunidad, medida y condiciones que determine el Ejecutivo Nacional, el gas que se produzca en sus operaciones" (Art. 3). Corría por cuenta del Estado el pago a los concesionarios de "los gastos de recolección, compresión y entrega del gas" (Art. 7). La reserva, per se, no daba ningún derecho a indemnización por parte de los concesionarios, y el Estado sólo pagaba los costos de la recolección, compresión y entrega del gas.

La Ley sólo previo una compensación en el caso de que el Estado decida asumir las operaciones de recolección, compresión y tratamiento en plantas que actualmente realizan los concesionarios en cuyo caso, la misma equivaldría "a la parte no depreciada del costo de las instalaciones y equipos que requiere para esas operaciones o el valor de rescate de los mismos si éste fuere menor que aquél" (Art. 8). De acuerdo a esto, la indemnización sólo procedía si el Estado decidía apropiarse de las instalaciones, y por esa apropiación; la reserva, en sí misma, en cambio, cómo prohibición impuesta a los concesionarios de seguir aprovechándose del gas natural, no dio derecho alguno a indemnización.

D. *La nacionalización*

La nacionalización de empresas, es decir, la obligatoriedad impuesta a todas las empresas que operan en ciertas áreas o sectores de la economía que el Estado se reserva por razones de conveniencia nacional, de transferirle a éste la propiedad de las mismas, mediando indemnización, es una institución que en Venezuela tiene

542 Véase Allan R. Brewer-Carías, "Comentarios en torno a la nacionalización petrolera" en *Revista Resumen*. N° 55, Caracas, 24-11-74, pp. 22 a 24.

543 Véase en *Gaceta Oficial*, N° 29.594 de 26 de agosto de 1971.

fundamento constitucional en la ya señalada figura de la reserva al Estado de industrias o sectores económicos.

En efecto, tal como se ha señalado, la reserva tiene como consecuencia dos efectos fundamentales: en primer lugar, establecer a favor del Estado, un monopolio de derecho; y en segundo lugar, establecer, como consecuencia, una prohibición para los particulares de realizar actividades en el sector reservado, en virtud de la exclusión de la libertad económica que implica. Por esta sola reserva, no tiene el Estado obligación alguna de indemnizar a los particulares excluidos.

Pero si además de la reserva, esta se acompaña con la exigencia y obligación impuesta a los particulares y empresas afectadas, de transferir forzosamente al Estado las instalaciones con que operaban, estaremos en presencia de la figura de la nacionalización, que sí da derecho a indemnización.

En el ordenamiento jurídico venezolano, por tanto, la figura de la reserva junto con la expropiación dan origen a una nueva institución: la nacionalización[544], sometida a sus propias normas indemnizatorias, de acuerdo a la interpretación que haga la Ley de la "justa indemnización" a que se refiere el artículo 101 de la Constitución. En este sentido, por ejemplo, las normas para calcular la indemnización con motivo de las nacionalizaciones de las industrias del hierro y del petróleo, establecidas en el Decreto-Ley que reserva al Estado la industria de la explotación de mineral del hierro[545], y en la Ley Orgánica que reserva al Estado la industria y el comercio de los hidrocarburos de 29 de agosto de 1975[546], son distintas a las previstas en la Ley de Expropiación por causa de utilidad pública o social; y entre otros factores porque no se trata de una expropiación pura y simplemente.

La expropiación de empresas, como se dijo, es una restricción a la propiedad de una determinada organización económica: no afecta, per se, la libertad económica en un determinado sector, y el hecho de que se expropie una empresa no impide que otros particulares realicen actividades en ese mismo sector.

En cambio, en la nacionalización, la reserva afecta y excluye la actividad económica en el sector reservado, y la transferencia forzosa de las empresas se produce respecto de todas las que operan en el sector, con la prohibición para los particulares de seguir realizando o realizar en el futuro actividades en dicho sector. Aquí no hay una restricción a la libertad económica de un particular o grupo de ellos, sino la exclusión de la libertad económica respecto a un determinado sector. Por eso, los principios de la expropiación no pueden aplicarse, tal como están en la legislación tradicional, a la expropiación que acompaña a la reserva estatal, pues en este caso, la nueva institución que surge, la nacionalización, condiciona el tratamiento del proceso.

Del análisis efectuado anteriormente de la evolución del régimen de la libertad económica en el ordenamiento jurídico venezolano, se deduce claramente también, que la consagración absoluta de la libertad económica de todo el siglo pasado y co-

---

544 Véase el Archivo de Derecho Público y Ciencias de la Administración, Tomo III, *El Régimen Jurídico de las Nacionalizaciones*, Instituto de Derecho Público, Caracas, 1981.

545 Decreto-Ley, N° 580 de 26-11-74, en *Gaceta Oficial*, N° 30.577 de 16-12-74.

546 *Gaceta Oficial*, N° 1.769, Extraordinaria de 29-8-75.

mienzos del presente, es sólo a partir de 1909, que la misma, comienza a ser objeto de limitaciones. Sin embargo, sólo es en 1947 que sufre una regulación en virtud del interés público de destacable importancia, y que da origen a la participación directa y activa del Estado en la economía.

Por último, es realmente en la Constitución de 1961 que se consagra la posibilidad de limitaciones a la libertad económica basadas en el concepto de interés social. En base a esta amplitud de limitaciones, cuya apreciación queda en manos del legislador, la libertad económica muy lejos está de ser un derecho absoluto, y al contrario, está sometida a múltiples limitaciones, restricciones y exclusiones.

La libertad económica, por tanto, en el ordenamiento jurídico, como libertad fundamental y absoluta, puede decirse que, como la propiedad, dejó de ser en Venezuela el pilar fundamental de la organización política, y entró a configurarse como un derecho más, garantizado constitucionalmente, pero limitable también por autorización constitucional.

CUARTA PARTE

RÉGIMEN DEL PODER PÚBLICO

I. EL PODER PÚBLICO Y SU DISTRIBUCIÓN

1. *El Estado y el Poder Público*

La Constitución de 1961, siguiendo los principios del constitucionalismo moderno, establece dos sistemas de distribución del poder: *un sistema de distribución vertical del poder; y, un sistema de distribución horizontal del poder.*

Por ello, la expresión "Poder Público" que se encuentra en la Constitución, tiene una ambivalencia. Normalmente, cuando se habla del Poder Público y de los órganos del Poder Público o, inclusive, cuando se utiliza la expresión "control jurisdiccional del Poder Público" (en nuestro criterio, una expresión incorrecta), se está pensando en la distribución horizontal del poder, tradicional, en: Poder Legislativo, Poder Ejecutivo y Poder Judicial. Sin embargo, realmente el sistema que está a la base en esa idea del Poder Público, es la distribución vertical del poder, dentro de una forma, en nuestro caso, de Estado Federal, que provoca la existencia de tres niveles territoriales: el Poder Nacional, el Poder de los Estados y el Poder Municipal.

Por eso, cuando el artículo 118 de la Constitución, norma básica en el derecho público, establece que "cada una de las ramas del Poder Público, tiene sus funciones propias, pero los órganos a los que incumbe su ejercicio colaborarán entre sí en la realización de los fines del Estado"; su interpretación debe comenzar por precisar a qué "Poder" se está refiriendo y cuáles son las "ramas del Poder Público" involucradas.

En este sentido debe señalarse, que contrariamente a lo que generalmente se piensa dentro de una forma unitaria del Estado, esta norma no se refiere directamente a las ramas Legislativa, Ejecutiva y Judicial, es decir, a la distribución horizontal del poder, sino a la distribución vertical del poder por la forma de Estado federal establecida en la Constitución.

Por tanto, cuando el artículo 118 habla de "cada una de las ramas del Poder Público", está refiriéndose a las ramas Nacional, Estadal y Municipal, y no a las ramas del Poder Ejecutivo, Legislativo y Judicial, las cuales en definitiva, no son una sola, porque en cada nivel territorial existen, si se quiere, sub-ramas del Poder

Público. Por tanto, así como encontramos, a nivel nacional, un Poder Legislativo, un Poder Ejecutivo y un Poder Judicial, a nivel de los Estados y de los Municipios también encontramos un Poder Legislativo y un Poder Ejecutivo.

En consecuencia, cuando la Constitución habla del Poder Público, se refiere a un concepto que no tiene organicidad, que no es un sujeto de derecho, y es por eso que no puede hablarse de "control jurisdiccional del Poder Público", ya que no es un órgano, ni es un sujeto actuante en el campo jurídico que pueda ser controlado. En realidad, en materia de control jurisdiccional, éste sólo se ejerce respecto de un órgano que cumple determinada función, que realiza actos administrativos o de otra naturaleza y que ejerce una potestad constitucional; pero no se puede controlar a la potestad misma.

En esta forma, el Poder Público, en realidad, es una potestad del Estado, si se quiere, desde el punto de vista jurídico, es una situación jurídica general, de rango constitucional, que tienen los órganos del Estado para actuar, o que tienen los sujetos de derecho que conforman el Estado, para actuar. Por ello, el Poder Público no es controlable; en cambio, el ejercicio del Poder Público por un determinado órgano, sí es susceptible de ser controlable.

El Poder Público, por tanto, es una potestad, una situación jurídica general constitucional de los sujetos de derecho que conforman el Estado para la realización de sus fines. Este es un primer elemento que debe tenerse absolutamente claro, dentro del contexto constitucional, para comprender las bases de nuestras instituciones.

En efecto, si se analiza el, Título IV de la Constitución, este tiene por título "Del Poder Público", y allí se habla de las ramas del Poder Público en sentido vertical. Por ello, dentro de este título, "Del Poder Público", hay un capítulo, que es el segundo, que se refiere al Poder Nacional, en especial, a su competencia. Aquí, la Constitución regula al Poder Público en su distribución vertical, pero refiriéndose sólo al Poder Nacional. De resto, la Constitución regula al Poder Público Nacional y a su distribución horizontal. Por ello, más adelante el texto fundamental contiene el Título V que lleva por título "Del Poder Legislativo Nacional'" y en el mismo sentido, más adelante, el Título VI se refiere a "Del Poder Ejecutivo Nacional"; y el Título VII regula "Del Poder Judicial", al cual sin embargo, no califica de nacional. Este es el único caso en el cual la Constitución, al regular los poderes y su distribución horizontal en el nivel nacional, no califica al Poder Judicial como nacional, pues en el sistema constitucional, ese poder es sólo nacional. En esta forma es que la Constitución regula el Poder Público, y establece su régimen general como Potestad del Estado.

Pero el artículo 118 de la Constitución aclara que cada una de las ramas del Poder Público tiene sus funciones propias, pero los órganos a los que incumbe su ejercicio colaboran entre sí, en la realización de los fines del Estado. El Estado, en la Constitución, también es un concepto abstracto como el Poder Público: Si el Poder Público es una potestad, el Estado, es la suma de todos los órganos y sujetos que conforman la organización política de la sociedad, no siendo una realidad orgánica, salvo en su proyección internacional.

Por ejemplo, cuando la Constitución establece en su artículo 77 que "el Estado propenderá a mejorar las condiciones de vida de la población campesina...", el "Estado" en este contexto es la suma de todos los entes que ejercen el Poder Público; y no se refiere a una realidad orgánica concreta.

En efecto, se insiste, el Estado no coincide con ninguna realidad subjetiva actuante en el ordenamiento jurídico. Cuando la Constitución se refiere al Estado, no está identificando sólo a la República, o a otro órgano, ni a los que ejercen el Poder Nacional. Esa noción abstracta abarca a todos los órganos que ejercen el Poder Público, y ello es válido respecto de todas las normas de la Constitución donde se emplea la locución "Estado": "El Estado protegerá las asociaciones y corporaciones, sociedades y comunidades", dice el artículo 72; el artículo 73 dice: "El Estado protegerá la familia...". En esta expresión no tenemos que pensar que se refiere al Poder Nacional; también los Estados y los Municipios tienen estas obligaciones constitucionales. "...El Estado creará y sostendrá escuelas..." dice el artículo 78; ello no es una tarea exclusiva ni de los órganos que ejercen el Poder Nacional, ni de los Estados, ni de los Municipios; es de todos los entes públicos. De manera que el Estado, en la concepción constitucional, no. tiene por qué vincularse al Estado Nacional (República). Es una expresión genérica que abarca todos los órganos o los sujetos de derecho que conforman la organización política de la sociedad.

Esto es independiente, por supuesto, de la connotación del Estado venezolano en el campo de las relaciones internacionales, donde sí tiene una personalidad jurídica, global, única, representada por la República, dada la forma federal. Pero en la proyección interna del texto constitucional, la expresión Estado abarca todos los sujetos de derecho que forman la organización política. Así el Estado, para actuar a nivel interno, tiene una potestad constitucional, que es el Poder Público, y ese poder, tiene una distribución horizontal y una distribución vertical, que conforman la estructura del Estado venezolano como Estado Federal, y el principio de separación orgánica del Poder, a nivel nacional, estadal y municipal.

Por tanto, dentro de las bases constitucionales de nuestras instituciones tenemos que partir de esta idea abstracta no vinculada a una realidad orgánica, el Estado, y de una potestad también abstracta, que es el Poder Público, y que se configura como una situación jurídica constitucional de todos los entes públicos. Ambos conceptos Estado y Poder Público en la Constitución, no tienen realidad como órganos actuantes en la vida jurídica. Son conceptos abstractos: uno resume una potestad, y otro la suma de todos los entes que actúan en la organización política de la sociedad, cualquiera que ellos sean, a cualquier nivel.

Por ello, lo primero que hace la Constitución es regular el Poder Público, como potestad genérica de los órganos que ejercen las funciones públicas en Venezuela. Al regular el Poder Público, el texto constitucional establece una distribución vertical del poder, derivado de la forma Federal que regula el artículo 2. Sin embargo, como se trata de una Constitución que regula el nivel nacional dentro de estos tres niveles territoriales, es en ese nivel nacional que establece la distribución precisa del mismo en Poder Legislativo Nacional, Poder Ejecutivo Nacional y Poder Judicial que si bien, como se dijo, no lo llama nacional, es exclusivo del nivel nacional. Ello no significa que el Poder Público no se distribuya, también, horizontalmente en los otros niveles territoriales. Así, en particular, a nivel de los Estados, el artículo 17 de la Constitución señala como de la competencia de los mismos, "la organización de sus poderes públicos", utilizando también la expresión.

La expresión "Poder", no se utiliza en el ámbito municipal sino indirectamente al emplear el artículo 135 la expresión "los Poderes Públicos Estadales y Municipales". Fue sin embargo, una expresión utilizada durante el siglo pasado en la mayoría de nuestras constituciones. En el texto constitucional de 1961, sin embargo, aun cuando no se hable de "Poder Municipal", dentro del esquema del Poder Público, como concepto abstracto, o potestad constitucional general que configura una situación jurídica, es claro que también los Municipios ejercen el Poder Público en el ámbito local. Por ello, es perfectamente admisible, en nuestro criterio, que el poder que se ejerce en el nivel municipal lo denominemos Poder Municipal, máxime cuando como se dijo, el artículo 135 se refiere a "los Poderes Públicos Estadales y Municipales'", con lo cual el nivel municipal, sin la menor duda, es parte del Poder Público. Por tanto, cuando la Constitución se refiere, en cualquier artículo, al Poder Público, se está refiriendo, no sólo al Nacional, o al Ejecutivo Nacional, sino a todo el conjunto de potestades que se ejercen en el Estado en todos los niveles, incluso en el municipal.

Ahora bien, hemos dicho que esta expresión "Poder Público", no debe interpretarse como un concepto orgánico; sin embargo, si algunas veces ello ha ocurrido no es siempre por culpa del intérprete, sino del propio texto de la Constitución, el cual no siempre es preciso en todas partes.

Por ejemplo, el artículo 46 dice: "Todo acto del Poder Público que viole los derechos garantizados por esta Constitución es nulo". Esta expresión "actos del Poder Público" es una expresión incorrecta: debería hablarse, en realidad, de actos de los órganos que ejercen el Poder Público. En todo caso, si tomamos el artículo 46, en su expresión literal "acto del Poder Público", o como debería decir, "acto de los órganos que ejercen el Poder Público", en este caso no se está refiriendo a algún nivel horizontal del Poder, o a algún nivel vertical, sino a todo el conjunto de los órganos que ejercen el Poder Público, en general.

En definitiva, es claro que la expresión Poder Público, se refiere a la potestad genérica de todos los órganos del Estado para actuar, y cuando la Constitución ha querido referirse a un nivel determinado, en el ámbito de la distribución horizontal del poder o de la distribución vertical del Poder, lo señala de manera expresa. Así, cuando la Constitución habla del Poder Nacional, se está refiriendo precisamente a este nivel, en la distribución vertical. Así también, cuando la Constitución habla de Poder Legislativo Nacional, se refiere a éste, y no al de los Estados ni a ningún otro. De acuerdo a ello, por tanto, podemos establecer una primera base constitucional de nuestro sistema político, ubicada en el sistema de distribución del poder público: tanto vertical como horizontal. Por supuesto, la distribución vertical del poder es la primera en importancia para determinar la forma del Estado, porque da origen a los tres niveles territoriales autónomos, con una serie de consecuencias que debemos precisar.

2. *La distribución vertical del poder: la descentralización del poder*

A. *La forma del Estado*

El principio de la distribución vertical del poder da origen a un fenómeno que tiene incidencia directa y fundamental en el Derecho Público, que es el de la descentralización política o descentralización territorial. Por ello, la Federación, como forma de Estado, es siempre un sistema de descentralización político-territorial del poder.

Por tanto, entre las formas de Estado, tanto de Estado Unitario como de Estado Federal, siempre está presente un sistema de descentralización política y territorial, lo cual no es otra cosa que una distribución vertical del poder. En los Estados Unitarios, normalmente el poder se distribuye en dos niveles: un nivel nacional o central y un nivel municipal o local, habiendo un gran escalón, enorme, entre el nivel nacional centralizado y, luego, el poder local municipal. En cambio, en los sistemas federales, lo normal es que además del ámbito federal o nacional, y el ámbito municipal o local, exista un ámbito intermedio territorial autónomo, constituido por los llamados Estados Miembros de la Federación. Por supuesto este esquema clásico de Estados Unitarios y Estados Federales ya está superado y puede decirse que ya no existe ningún Estado unitario ideal, como no existe un Estado federal ideal. Se tiende, progresivamente, en ambos casos, a un sistema de distribución vertical del poder y sí estamos viendo cada vez con mayor vigencia en el mundo contemporáneo, cómo los Estados unitarios tradicionales han establecido sistemas de distribución vertical del poder, diferentes al clásico, y comienzan a estructurar en un nivel intermedio, en ámbitos regionales, con competencias territoriales. Es el esquema de las Regiones autónomas en Italia; de las Comunidades autónomas en España; de las Regiones políticas en Francia; de las regiones y comunidades políticas en Bélgica donde se ha configurado un sistema muy parecido al sistema federal tradicional, propio de estos nuevos sistemas de Estado Regional. Por eso, inclusive, se habla allí de un nuevo regionalismo, o de un nuevo federalismo, provocado por la adopción de fórmulas regionales políticas que andan muy cerca de las viejas fórmulas federales

En todo caso, para nosotros, teniendo el Estado venezolano en su Constitución, la forma federal, tal y como lo expresa el artículo 2°: "en los términos consagrados en la Constitución"; en esos términos consagrados en la Constitución, el sistema federal es un sistema de descentralización política territorial, donde cada uno de los niveles de distribución vertical del poder tiene una autonomía que no sólo es autonomía administrativa, como puede haber en otros sistemas de descentralización no política, sino que es una autonomía político-territorial. La consecuencia fundamental de un sistema de descentralización política territorial, es la autonomía política con todas sus consecuencias: que los entes que ejercen el Poder Público en los diversos niveles territoriales, tienen sus propias competencias, incluso normativas, eligen sus propias autoridades y tienen la autonomía que la Constitución consagra para el ejercicio de aquéllas.

B. *La personalidad jurídico-territorial*

Pero además de la autonomía política, y, por supuesto, consustancial con ella, el sistema de distribución Vertical del poder propio del sistema federal, implica la existencia de tres niveles de sujetos de derecho público (personas jurídico-territoriales) en la organización del Estado; y así, la Constitución distingue tres niveles de personas jurídicas: la República, los Estados y los Municipios. En el texto constitucional, a los únicos que se califica como personas jurídicas en concreto, es a los Municipios. El artículo 25 de la Constitución, en efecto, establece que los Municipios son personas jurídicas y su representación la ejercerán los órganos que determine la Ley. No se utiliza, directamente, en ninguna otra norma el calificativo de *persona jurídica* respecto de la República o de los Estados.

Sin embargo, es claro, que el sistema de descentralización territorial derivado del principio de distribución vertical del poder, conlleva la existencia en estos tres niveles político-territoriales, de personas jurídicas. Indirectamente la Constitución lo establece en diversas normas que debemos comentar. Particularmente en el artículo 124, en el cual podemos fundamentar el calificativo en forma expresa de esos tres niveles territoriales como personas jurídicas.

Este artículo tiene por objeto establecer una prohibición de contratar con entes públicos, a "nadie que esté al servicio de la República, los Estados, Municipios y demás personas jurídicas de derecho público". La norma, ciertamente, no califica a la República, a los Estados y a los Municipios, directamente como personas jurídicas de derecho público; sin embargo, en este artículo, conseguimos la base de la distribución vertical del poder, como descentralización territorial, que implica la personalidad jurídica de los tres niveles, acompañada, por supuesto, de autonomía.

Insistamos en la idea: la personalidad jurídica está íntimamente unida a la idea de descentralización. No puede haber descentralización sin existencia de una personalidad jurídica propia y autónoma, sea a nivel territorial, sea a nivel funcional, en cada uno de los niveles nacionales, estadales y municipales.

Por tanto, la distribución vertical del poder, que implica la descentralización política, da siempre origen a varios sujetos de derecho público, la República, los Estados y los Municipios que son el centro de imputación de todas las actuaciones del Estado en los tres niveles.

Salvo que en cada uno de los niveles se haya producido una descentralización funcional y se haya creado un ente que actúe con personalidad jurídica propia: un instituto autónomo, por ejemplo, lo cual tiene su base constitucional en el ámbito nacional según el artículo 230, o una empresa del Estado, sociedad mercantil creada por el Estado; no puede haber otro sujeto de derecho al cual imputar la acción o la actividad, sino los que resulten de la distribución vertical del poder: la República, los Estados y los Municipios. Por ejemplo, a nivel nacional, sea cual sea el ente que actúe, sea que actúe el Congreso, sea que actúen los Ministros y demás órganos de la Administración Central, o la Contraloría General de la República por ejemplo, el centro de imputación es uno y único en la República, porque estos órganos no son descentralizados, ya que la descentralización se produce sólo cuando se crea una persona jurídica distinta.

C. *La autonomía territorial*

Ahora bien, la distribución vertical del poder, es decir, la descentralización política implica la noción de autonomía, la cual está en el texto constitucional, particularmente referida a los niveles municipal y estadal. El artículo 16 de la Constitución, cuando habla de los Estados, dice que "son *autónomos* e iguales entre sí"; y en relación a los Municipios, también el artículo 25, los califica como la unidad política primaria y *autónoma,* definiendo luego, dicha autonomía en el artículo 29.

Por tanto, la idea de la autonomía como consecuencia de la descentralización política y de la personalidad jurídica político-territorial de estos tres niveles, está en la propia Constitución.

a. *La autonomía política*

Ahora bien, de todas las normas de la Constitución en esta materia, resulta que esa, autonomía, ante todo, es una autonomía política, porque de lo contrario, no habría descentralización territorial, y ello implica la elección de sus propias autoridades: en el nivel nacional[547], el Presidente, los Senadores y Diputados; en el nivel estadal, los Gobernadores y los Diputados a las Asambleas Legislativas[548]; y en el nivel municipal, los Alcaldes y Concejales[549].

b. *La autonomía normativa: las competencias*

Por otra parte, la autonomía política conlleva ante todo, una autonomía normativa que deriva de las competencias distribuidas. La distribución vertical del Poder Público implica una distribución de competencias en los niveles territoriales, y es la Constitución, la que en sus artículos 136, respecto al Poder Nacional; 17, respecto a los Estados y 30, referente a los Municipios, define el ámbito de competencias de los diversos entes territoriales. En estos tres artículos, básicamente, se atribuyen las competencias a los diversos sujetos de derecho político-territoriales autónomos, y se regulan las modalidades del ejercicio de esas competencias.

Las mismas, por otra parte, pueden modificarse conforme al artículo 137 de la Constitución, si el Congreso con el voto favorable de las 2/3 partes de sus miembros decide transferir competencias nacionales a los Estados y Municipios; tal y como ha sucedido con la Ley Orgánica de Descentralización, Delimitación y Transferencia de Competencias del Poder Público de 1989, en la cual se produce una descentralización de competencias nacionales a favor de los Estados.

En todo caso, tanto la República como los Estados y Municipios tienen autonomía normativa, en el sentido de que pueden regular o normar las materias de su respectiva competencia, sin injerencias de ningún otro órgano, salvo las limitaciones establecidas en la propia Constitución, que es la que distribuye el poder.

Por tanto, siendo la descentralización política de rango constitucional, la única que puede limitar el ejercicio del poder en estos tres niveles, es la propia Constitución y ese límite existe sólo, en los términos que establece la Constitución. Esta afirmación, que puede parecer elemental, sin embargo, es fuente permanente de conflictos por los intentos de injerencia de niveles nacionales en los niveles estadales y municipales o viceversa. Por ejemplo, la Ley Orgánica de Salvaguarda del Patrimonio Público atribuye a la Contraloría General de la República competencia para declarar la responsabilidad administrativa de los funcionarios públicos nacionales, estadales o municipales[550]. Esto es posible porque es la Constitución la que, en particular, prevé que la Ley Orgánica puede extender las funciones de la Contraloría General respecto a los Estados y Municipios[551]. Sin embargo, ello no excluye que las

547 Artículos 148, 150 y 189.

548 Artículo 19

549 Artículo 29

550 Artículo 27

551 Artículo 235

Contralorías de los Estados y las Contralorías Municipales tengan su propia competencia, por lo que aquella competencia no puede interpretarse como atribuida exclusivamente a la Contraloría Nacional.

c. *La autonomía organizativa*

La descentralización política implica, además, una autonomía organizativa. A nivel nacional, es la propia Constitución la que establece la base de la organización de la República; en los Estados se atribuye a las Asambleas Legislativas la potestad de organizar sus poderes públicos[552]; y a nivel Municipal dicha autonomía está limitada por lo que dispone la propia Constitución y lo que establezcan las leyes orgánicas nacionales y las leyes estadales[553].

En todo caso, la asignación de competencias a los entes territoriales en la Constitución, acompañada de la autonomía territorial, también implica la potestad del ente territorial de descentralizar funcionalmente sus competencias, mediante el establecimiento de personas jurídicas de derecho público o de derecho privado, para el ejercicio de las mismas. Expresamente la Constitución consagra esta manifestación de la autonomía respecto de la República, al atribuirle al Congreso, por ley, la potestad de crear institutos autónomos (artículo 230). Esta sola mención no excluye la potestad de los Estados y Municipios de descentralizar: para ello, sin embargo, las Asambleas Legislativas deben establecer en las Constituciones de los Estados que organicen los poderes públicos estadales las formas de ejercicio de esa potestad, la cual en el caso de institutos autónomos estadales debe implicar una ley de creación emanada de la Asamblea Legislativa, conforme al principio del artículo 230 de la Constitución aplicable de acuerdo a lo pautado en el artículo 233 del texto fundamental. En cuanto a los Municipios las modalidades de descentralización funcional se establecen en las normas organizativas que los regulan conforme al artículo 26 de la Constitución.

En definitiva, estimamos que en cada nivel de descentralización territorial (nacional, estadal y municipal) puede haber un proceso de descentralización funcional en el sentido de que en cada uno de los niveles puede atribuirse una cuota parte del poder a un ente al cual se dota de personalidad jurídica distinta del ente territorial. Así, en el nivel nacional por ley, se puede crear un Instituto Autónomo; los Estados, por decisión de sus Asambleas Legislativas mediante ley, pueden crear Institutos Autónomos y los Municipios pueden crear también Institutos Autónomos, por ordenanzas. Por tanto, en los tres niveles puede producirse una descentralización funcional que implica atribución de personalidad jurídica a un determinado patrimonio afectado a un fin.

d. *La autonomía tributaria*

Además de la autonomía normativa y de la autonomía política, como consecuencia de la autonomía territorial, también en esos tres niveles existe una *autonomía tributaria.* A la base de un sistema de distribución vertical del poder está también la

552 Artículo 17, ordinal 1.

553 Artículo 17, ordinal 2°.

asignación de recursos propios a los diversos niveles territoriales, lo cual se prevé en los artículos 136, respecto al Poder Nacional; y 30 y 31, respecto al Poder Municipal. En ellos se define una potestad tributaria originaria nacional y municipal. En cuanto a los Estados y su potestad tributaria, ha habido una larga discusión, en el sentido de que muchos piensan que no hay, a nivel de los Estados, potestad tributaria originaria, sino que ésta sólo se prevé a nivel nacional y municipal. En nuestro criterio ello no es así; la Constitución Nacional, en efecto, también consagra una potestad tributaria originaria para los Estados, establecida en forma indirecta, pero que se puede perfectamente desentrañar, y ella deriva del propio artículo 136, ordinal 8 concatenado con el artículo 18, cuyo contenido permite deducir que los Estados sí tienen una potestad tributaria originaria, respecto a los impuestos al consumo.

En todo caso, la Ley Orgánica de Descentralización, Delimitación y Transferencia de competencias del Poder Público de 1989, atribuye a los Estados competencia exclusiva en los impuestos específicos al consumo, en el relativo a la renta de sal, en el impuesto de papel sellado, y en los impuestos mineros respecto de minerales no metálicos.

e. *La autonomía administrativa*

Por supuesto, la autonomía territorial implica autonomía administrativa de los tres niveles, y ello se deriva, respecto del Poder Nacional, en las competencias definidas en el artículo 190; respecto de los Estados, en las competencias definidas en el artículo 21; y respecto de los Municipios, por las competencias previstas en los artículos 29 y 30.

f. *La autonomía jurídica: la ausencia de controles no judiciales*

Por último, debe señalarse que la autonomía política implica autonomía jurídica, por lo que los actos dictados por los diversos niveles territoriales no están sometidos a control político o administrativo por los otros niveles, lo cual es fundamental, sobre todo, para los niveles estadales y municipales: los actos de los Municipios no son controlables por los Estados o la República; y los actos de los Estados no son controlables por los órganos nacionales. Queda a salvo, por supuesto, el control judicial. Como el Poder Judicial en Venezuela es uno y único, de orden nacional, la Corte Suprema de Justicia y los Tribunales contencioso-administrativos sí pueden controlar la legalidad o constitucionalidad de los actos de los Estados y Municipios[554].

Respecto a los Municipios debe destacarse que el artículo 29 de la Constitución establece que sus actos no podrán ser impugnados sino ante los órganos jurisdiccionales, de conformidad con la Constitución y la Ley. Esto confirma el principio de que los actos municipales no pueden ser revisados por otros niveles territoriales, en forma alguna, sino sólo impugnados ante los órganos jurisdiccionales que siempre son órganos judiciales. La Constitución nada establece respecto a los actos de los Estados, pero, evidentemente que se aplica el mismo principio: se rigen sólo por la Constitución; y no puede haber, por sobre lo que la Constitución prevea, ninguna

554 Artículos 206 y 215.

revisión de parte de un órgano nacional sobre la acción de los Estados, salvo que la Constitución lo establezca expresamente, como sucede en materia de control fiscal[555]. Por tanto la descentralización político-territorial trae esta consecuencia jurídico-administrativa, de la ausencia de control de tutela político o administrativo.

3. *La distribución horizontal del poder: la separación orgánica de poderes*

A. *Las ramas del Poder Público*

Hemos dicho que el Poder Público es una noción abstracta, que indica una potestad, es decir, una situación jurídico constitucional general que permite a los entes que forman la organización política de la sociedad venezolana, ejercer las funciones que la Constitución, como pacto político, establece. La primera consecuencia de esa *unicidad* del Poder Público, como potestad, es la diversidad del Poder Público desde el punto de vista orgánico.

En efecto, si bien el Poder Público es uno y único, como potestad genérica de todos los entes del Estado, es la propia Constitución la que establece una diversidad, en el sentido orgánico, y por eso es que decimos que Venezuela tiene un sistema de distribución orgánica del Poder, tanto vertical como horizontal. La distribución vertical, ya la hemos comentado respecto de los tres niveles territoriales en los cuales hay ramas del Poder Público: nacional, estadal y municipal; llamas que se asignan para ser ejercidas por sujetos de derecho, es decir, personas jurídicas diversas que son la República, los Estados y Municipios, entes del derecho público, que ejercen el Poder Público.

Ahora bien, el mismo principio de distribución del Poder Público se nos plantea también, en forma horizontal, en cada uno de los tres niveles territoriales mencionados. En efecto, en el nivel nacional, el ejercicio del Poder Nacional, asignado a la República como persona jurídica, se distribuye a su vez en tres ramas: la legislativa nacional, la ejecutiva nacional y la judicial. Asimismo, a nivel de los Estados y municipal, hay una distribución en dos ramas: la legislativa y la ejecutiva.

Por tanto, hay ramas del Poder Público en los tres niveles, con lo cual se configura el otro principio mencionado: el principio de la distribución horizontal del poder, el cual, por supuesto, en la teoría constitucional, es de formulación anterior a la distribución vertical del poder, el cual es un producto de los últimos dos siglos, derivado de la experiencia de la vida local y municipal, así como del federalismo. La distribución horizontal del poder, en cambio, en su formulación es anterior, porque fue la primera forma de racionalizar el Poder que la teoría política estableció frente al Estado y a la Monarquía absoluta. La forma de racionalizar el Poder fue distribuyéndolo orgánicamente, entre los diversos órganos básicos del Estado que era, por supuesto, unitario. Este principio que constitucionalmente es un producto de las revoluciones de Norteamérica y Francia, aun cuando su formulación teórica es de la época del absolutismo, constitucionalmente se adoptó en nuestro país desde el primer momento del nacimiento de la República. Por tanto, cuando se establece el sistema constitucional derivado de la Independencia en la Constitución de 1811, ésta

555 Artículo 235.

acoge el principio de la separación de poderes, al preverse en dicho texto que "el ejercicio de la Autoridad de la Confederación no podrá jamás hallarse reunido. El Poder supremo está dividido en Ejecutivo, Legislativo y Judicial". Posteriormente, este principio de la separación orgánica de poderes, va a acompañar toda la tradición constitucional venezolana, habiéndose establecido en todas las Constituciones la división orgánica de los poderes, desde el punto de vista horizontal.

En conclusión el Poder Público está distribuido, verticalmente, y se ejerce por tres órdenes de personas jurídicas: la República, los Estados y los Municipios, y cada una de esas personas jurídicas ejerce sub-ramas del Poder Público partiendo de la distribución horizontal. Así, a nivel nacional, los órganos de la República ejercen el Poder Legislativo Nacional, el Poder Ejecutivo Nacional y el Poder Judicial, como cuotas partes del Poder Público; a nivel estadal, los órganos de los Estados ejercen el Poder Legislativo y el Poder Ejecutivo; y los Municipios ejercen el Poder Legislativo y el Poder Ejecutivo Municipal, en la unidad política primaria y autónoma de la organización nacional.

B. *La separación orgánica de poderes*

Ahora bien, el texto constitucional asigna, en general, estas sub-ramas del Poder Público en los diversos niveles, a órganos precisos.

En efecto, el Poder Público, si bien en forma vertical se distribuye en Poder Nacional, Estadal y Municipal, en forma horizontal, el nivel nacional, tradicionalmente se distribuye en Legislativo, Ejecutivo y Judicial; y los niveles estadal y municipal en Legislativo y Ejecutivo. En esta forma todos los órganos del Estado ejercen el Poder Público en alguna forma; de lo contrario, no tendría sentido el artículo 46 del texto fundamental cuando habla de los actos del Poder Público. La expresión abarca a todos: desde un acto de un Municipio a cualquier acto de entes nacionales. Ahora bien, si es cierto que a nivel territorial podemos decir que el sistema de distribución vertical del poder es cerrado en el sentido de que además del Poder Nacional, Estadal y Municipal no hay otros poderes territoriales, la afirmación no es tan tajante en el esquema de distribución horizontal del poder, sobre todo, a nivel nacional.

a. *La separación orgánica en el nivel nacional*

El esquema tiene su origen en la propia Constitución. El Poder Legislativo Nacional está regulado en el Título V, cuyo primer artículo, el 138, dice expresamente que el Poder Legislativo Nacional, como potestad que es, parte del Poder Público, se ejerce por el Congreso integrado por la Cámara del Senado y por la Cámara de Diputados. En esta forma, es la propia Constitución la que especifica quién ejerce el Poder Legislativo.

En cuanto al Poder Ejecutivo Nacional, está regulado en el Título VI de la Constitución, cuyo primer artículo, que es el 181, textualmente dice que "el Poder Ejecutivo se ejerce por el Presidente de la República y los demás funcionarios que determine esta Constitución y las Leyes"; y luego agrega, "el Presidente de la República es el jefe del Ejecutivo Nacional". En esta forma, también hay una indicación expresa de que el Poder Ejecutivo se ejerce por el Presidente de la República, y los demás funcionarios que determine la Constitución y la Ley, siendo en todo caso el Jefe del Poder Ejecutivo, el Presidente de la República. En esta fórmula debe destacarse una connotación jerárquica definitiva: todos los órganos que ejercen el Poder Ejecutivo dependen de la jerarquía del Presidente de la República, porque él es el Jefe del Ejecutivo.

Por otra parte, el Título VII de la Constitución se refiere al Poder Judicial, y su artículo 204, expresamente dice, que "el Poder Judicial se ejerce por la Corte Suprema de Justicia y por los demás Tribunales que determine la Ley Orgánica".

Por tanto, a nivel de la Constitución, es clara la previsión de un sistema nacional de distribución horizontal del poder, en el sentido de que el Poder Público Nacional se distribuye en tres ramas asignadas a tres grupos de órganos: el Congreso, compuesto por el Senado y la Cámara de Diputados; el Presidente de la República y sus órganos; y la Corte Suprema de Justicia y demás Tribunales. A cada uno de estos órganos se le asigna una rama del Poder Público Nacional, una cuota parte del Poder Público Nacional, que la Constitución califica, además, como tales: Poder Legislativo Nacional, Poder Ejecutivo Nacional y Poder Judicial (Nacional).

Ahora bien, ante este sistema tradicional venezolano, tendríamos que preguntarnos si dentro del sistema constitucional venezolano, también existe un sistema cerrado de distribución del poder en sentido horizontal, como lo hay a nivel territorial.

b. *La ruptura de la trilogía clásica de los poderes: Los órganos con autonomía funcional*

En efecto, como se dijo, a nivel político territorial no hay ningún otro órgano fuera de los órganos nacionales de la República, los del Distrito Federal, los de los Estados y los Municipios. Se trata de un sistema cerrado de distribución vertical del poder. Sin embargo, frente al sistema de distribución horizontal del poder a nivel nacional que establece una distribución en Legislativo, Ejecutivo y Judicial, debemos formularnos la pregunta de si también existe un sistema rígido y cerrado de distribución del Poder Nacional en estos tres grupos de órganos distintos, delimitados e identificados en la Constitución; o si, al contrario, además de esos, podemos identificar otros órganos que ejercen el Poder Público Nacional pero que no ejercen el Poder Legislativo Nacional, ni el Poder Ejecutivo Nacional ni el Poder Judicial. Ese es el punto que ahora debemos determinar, a los efectos de ver cómo este segundo principio de la distribución horizontal del poder también se nos convierte como una de las bases fundamentales de nuestro sistema institucional.

Puede decirse que el sistema de distribución del poder en sentido horizontal se concibió siempre en la tradición constitucional del siglo pasado y de la primera mitad de este siglo, como un sistema rígido. Sin embargo, a partir, básicamente, de la Constitución de 1961, puede decirse que el sistema ya no es rígido y cerrado, pues prevé la existencia de otros órganos que ejercen el Poder Público pero que no ejercen en concreto ni el Poder Legislativo, ni el Poder Ejecutivo, ni el Poder Judicial. Dentro de esos órganos uno de los que aparece claro es la Contraloría General de la República, regulada en el Título VIII relativo a la Hacienda Pública, como un órgano que goza de autonomía funcional (artículo 236). Esta idea, que ha venido desarrollándose progresivamente, nos identifica a este órgano, como un órgano que goza de autonomía funcional dentro de la organización nacional. Sin duda que ejerce el Poder Público, es decir, ejerce la potestad estatal por excelencia, pero no ejerce el Poder Legislativo Nacional porque no es parte de las Cámaras Legislativas ni depende de ellas; no ejerce el Poder Ejecutivo Nacional porque no depende del Presidente de la República que es el jerarca de los órganos ejecutivos; ni ejerce el Poder

Judicial, porque está integrado en los órganos judiciales que encabeza la Corte Suprema de Justicia. Precisamente, es un órgano, que no depende de ninguno de los órganos que conforman la clásica distribución horizontal del Poder.

Por eso, aquí encontramos una primera ruptura del principio tradicional de la separación orgánica horizontal del poder, con la creación de la Contraloría General de la República, como un órgano de rango constitucional y luego, paralelamente, con la aparición progresiva de otros órganos constitucionales. Sin duda, el Ministerio Público, particularmente el Fiscal General de la República, es otro órgano con autonomía funcional. Por eso, el Título VII de la Constitución habla del "Poder Judicial y del Ministerio Público", distinguiendo tres conjuntos orgánicos: la Corte Suprema de Justicia, el Consejo de la Judicatura y el Ministerio Público, los cuales no quedan todos englobados dentro del Poder Judicial. En cuanto al Fiscal General de la República, por la naturaleza de las funciones que tiene establecidas, también es un órgano del Estado que goza de autonomía funcional y por ello tampoco depende ni del Congreso, ni del Presidente de la República, ni de la Corte Suprema de Justicia y los Tribunales. Tiene autonomía en el ejercicio de sus funciones; y si no la tuviera, no podría ejercer cabalmente las atribuciones previstas en el artículo 220 como la de "velar por el respeto de los derechos y garantías constitucionales", para sólo citar una. De ello resulta que se trata de un órgano que no puede tener dependencia jerárquica, respecto a ningún otro órgano encuadrado en la distribución orgánica de poderes tradicionales.

Dentro de estos órganos con autonomía funcional tendríamos que agregar también, aun cuando regulado en el Capítulo III del Título VII, relativo al Poder Judicial y el Ministerio Público, al Consejo de la Judicatura. La Constitución sólo prevé que la Ley creará el Consejo de la Judicatura para asegurar la independencia, la eficacia, la disciplina y el decoro de los Tribunales, y garantizar a los jueces el beneficio de la Carrera Judicial, y agrega el artículo 217 que "en él deberá darse representación a las otras ramas del Poder Público", las cuales, como se trata de un Título que regula al Poder Judicial y al Ministerio Público, son las ramas Legislativa y Ejecutiva.

En todo caso, no puede decirse que el Consejo de la Judicatura, para ejercer sus funciones, dentro de la división orgánica, ejerza el Poder Judicial, pues si ello fuera así sería un órgano judicial dentro de una organización que tiene en su cúspide a la Corte Suprema de Justicia. Tampoco ejerce el Poder Ejecutivo, por más que sus funciones sean de Administración de la Justicia, pues dependería del Presidente de la República. En realidad es un' órgano incompletamente regulado en el texto fundamental, que también goza de autonomía funcional, pero realmente no por virtud directa de la Constitución sino de la Ley que lo creó, que fue la Ley Orgánica del Poder Judicial y ahora regulado en la Ley del Consejo de la Judicatura.

Habría que agregar también en otro nivel, y regularlo por la Ley, al Consejo Supremo Electoral, como un órgano que garantiza la independencia y la autonomía en el ejercicio de la función electoral y que tampoco depende de ninguno de los tres clásicos poderes. Todos estos órganos comienzan a configurar un universo de entes autónomos que rompen la trilogía tradicional de la separación horizontal del Poder.

c. *La separación orgánica a nivel estadal*

En los Estados, la Constitución también prevé una separación orgánica de poderes entre la Asamblea Legislativa, que ejerce el Poder Legislativo estadal, y el Gobernador, que ejerce el Poder Ejecutivo estadal.

En efecto expresamente se señala en el artículo 19 que el Poder Legislativo se ejerce en cada Estado, por una Asamblea Legislativa. Por otra parte, el artículo 21 le atribuye al Gobernador, el gobierno y administración de cada Estado, y dice además que es el jefe del Ejecutivo en cada Estado.

d. *La separación orgánica a nivel municipal*

En el caso de los Municipios, en la Constitución no hay ninguna distribución orgánica, como sí lo hay a nivel nacional (es la propia Constitución la que establece tres órganos distintos), o a nivel estadal (dos órganos diferenciados).

En materia municipal, puede decirse que no hay ninguna previsión[556] y simplemente señala el artículo 25 que la representación de los Municipios se ejerce por los órganos que determine la Ley. Así, puede decirse que en el nivel municipal, no hay órganos de rango constitucional. La Constitución no quiso establecer ninguna fórmula orgánica precisa para ejercer el Poder Municipal, sino que lo dejó a lo que determinara la Ley.

Hasta 1989, cuando se dictó una nueva Ley Orgánica del Régimen Municipal, a nivel municipal el único órgano representativo que existía era el Concejo Municipal, que como órgano colegiado ejercía todas las funciones, tanto las ejecutivas como las legislativas y deliberante. Con la reforma de la Ley, en cambio, se introdujo a nivel municipal, el principio de la separación orgánica de poderes, estableciéndose que la autoridad ejecutiva de gobierno y administración municipal corresponde a un Alcalde electo por sufragio universal, directo y secreto, y la función deliberante, de legislación y control corresponde a un Concejo Municipal. Se pasó así, hacia una fórmula de distribución horizontal del poder público municipal a nivel local, como en otros países, donde hay un órgano ejecutivo, un Alcalde y un Concejo Municipal, como órgano legislativo; superándose el sistema de administración y gobierno local, uniforme, por órganos colegiados.

4. *Unicidad y distribución del poder*

Del análisis que hemos hecho anteriormente de las previsiones del texto constitucional sobre el Poder Público y su distribución, resultan una serie de principios que están en la base de nuestras instituciones políticas y constitucionales.

El principio básico es el de la unidad del Poder Público, como potestad genérica constitucional, que permite a todos los órganos que integran la organización política del país, de actuar y cumplir los" fines del *Estado.*

El Poder Público, sin embargo, no está concentrado orgánicamente, sino que está distribuido tanto vertical, como horizontalmente. Existe, por tanto, un sistema de distribución del poder, tanto vertical, como horizontal.

---

556 Salvo en la Enmienda N° 2 a la Constitución de 1983.

El *sistema de distribución vertical del poder* origina tres ramas: el Poder Nacional, el Poder de los Estados y el Poder Municipal, que originan tres niveles de *descentralización político-territorial* y, por tanto, tres órdenes de personas jurídico-territoriales (por supuesto, de derecho público): la República, los Estados y los Municipios, que actúan con autonomía como sujetos de derecho.

La distribución vertical del poder, por tanto, da origen al principio de la descentralización territorial que en derecho administrativo implica, por ejemplo, tres niveles autónomos de *Administración Pública;* y al principio de la *personalidad jurídica* territorial múltiple (República, Estados y Municipios), a las cuales, genéricamente, el texto constitucional engloba en la calificación de Estado. La distribución vertical del Poder Público, por tanto, origina una separación orgánico-territorial del poder.

Pero además, también existe el *principio de la distribución horizontal* del poder, que provoca una *separación orgánica de poderes* en los diversos niveles político territoriales: en el nivel nacional, una separación orgánica de poderes, en base al ejercicio por tres grupos de órganos, que ejercen los Poderes Legislativo Nacional, Ejecutivo Nacional y Judicial (Cámaras Legislativas, Presidente de la República y sus órganos y Corte Suprema de Justicia y demás Tribunales, respectivamente), a los cuales deben agregarse los órganos con autonomía funcional que escapan a la división orgánica clásica; en el nivel estadal, una separación orgánica de poderes en base al ejercicio por dos grupos de órganos, que ejercen los Poderes Legislativo estadal y Ejecutivo estadal (Asambleas Legislativas y Gobernadores, respectivamente); y en el nivel municipal, en sentido similar, una separación orgánica entre dos grupos de órganos, que ejercen los Poderes Legislativo Municipal y Ejecutivo Municipal (Concejo Municipales y Alcaldes, respectivamente).

De lo dicho, surgen por tanto, los siguientes principios que están en la base de todo el Derecho Público:

1. La noción de *Poder Público,* como potestad genérica de todos los órganos que conforman el Estado; y la noción de *Estado,* sin realidad orgánica, como comprensiva de todas las personas jurídico-territoriales.

2. La *distribución vertical del Poder Público,* qué origina la *descentralización político-territorial,* en tres niveles de sujetos de derecho: la República, los Estados y los Municipios, cada uno con *autonomía* y con su propia *Administración Pública.*

3. La *distribución horizontal del Poder Público,* que origina el sistema de *separación orgánica de poderes* en el nivel nacional, estadal y municipal, los cuales, en cada nivel, son órganos de la respetiva persona jurídica-territorial: la República, los Estados o los Municipios.

II. EL PODER PÚBLICO Y LA HACIENDA PÚBLICA

La Hacienda Pública, en un sentido muy general y de conformidad con la Constitución, es el patrimonio de los entes que ejercen el Poder Público, es decir el patrimonio del Estado. Por tanto, ese patrimonio puede definirse como el conjunto de bienes, ingresos y obligaciones del Estado venezolano, para atender a la satisfacción de las necesidades colectivas, y realizar sus fines políticos, económicos y sociales. En este sentido, el concepto de Hacienda Pública, al igual que el del Poder Público, constituye una noción abstracta, con realidad sólo en el sistema de distribución vertical del Poder Público. Por ello, la Hacienda Pública está constituida por la Hacienda de todos los órganos que ejercen el Poder Público, y conforme al mencionado sistema de distribución del Poder, por la Hacienda de la República, es decir, la Hacienda Pública Nacional; por la Hacienda de los Estados, es decir, la Hacienda Pública Estadal; y por la Hacienda de los Municipios, es decir, la Hacienda Pública Municipal. Por ello, la Hacienda Pública no tiene realidad práctica, sino a través de la Hacienda Pública Nacional, la Hacienda Pública Estadal y la Hacienda Pública Municipal.

Esta noción de la Hacienda Pública integrada por la Hacienda Pública Nacional, la de los Estados y la Municipal, que corresponde exactamente a la distribución vertical del Poder Público en Poder Nacional, Estadal y Municipal, en una innovación de la Constitución vigente. Innovación que por lo demás, se hacía necesaria debido a la confusión existente en esta materia en las Constituciones anteriores.

En efecto, la Constitución de 1953, confundía la noción de Hacienda Pública con la de Hacienda Nacional. Así, en la Sección V del Capítulo III del Título V, al hablar de Hacienda Pública decía que la dirección y administración de ella correspondía al Poder Ejecutivo Nacional (Art. 19). Además, traía una definición de la Hacienda Pública que en realidad era una definición de la Hacienda Nacional. Así, el artículo 120 disponía que la Hacienda Pública estaba integrada por los bienes, ingresos y débitos que formaban el activo y el pasivo de la Nación, y por el producto de los bienes e ingresos cuya administración estaba reservada al Poder Ejecutivo Nacional.

Como vemos, y teniendo como base los razonamientos anteriormente expuestos, la Constitución de 1953 confundía la Hacienda Pública con la Hacienda Nacional, y al definir la Hacienda Pública estaba definiendo la Hacienda Nacional.

El Constituyente de 1953 al elaborar el artículo 120 señalado, transcribió, mal copiado, el artículo 231 de la Constitución de 1947. Esta, en efecto, hablaba de Hacienda Nacional y no de Hacienda Pública; y atribuía al Poder Ejecutivo Nacional la suprema dirección y administración de la Hacienda Nacional y no de la Hacienda Pública, como lo hacía la Constitución de 1953. Sin embargo, la Constitución de 1947 no hablaba de Hacienda Pública como integrada por la Hacienda Nacional, Estadal y Municipal. El constituyente de 1953 desafortunadamente, al hablar de Hacienda Pública, lo que hizo fue confundir las instituciones[557].

En la Constitución de 1961, sin embargo, los conceptos han quedado bien delineados, por lo que en las líneas que siguen estudiaremos las Bases Constitucionales de la Hacienda Pública[558], analizando, en primer lugar los principios que rigen a la Hacienda Pública, aplicables a la Hacienda Pública Nacional, Estadal y Municipal;

---

557 Por otra parte, y en relación a esta materia, la Ley Orgánica de la Hacienda Nacional vigente de 17 de marzo de 1961 que derogó la del 30 de septiembre de 1948 y cuya última reforma parcial se dictó por Decreto N° 150 del 11-6-74 (*G. O.* N° 1.660 Ext. del 21-6-74), no establece disposición alguna que delimite la Hacienda Pública.

558 Seguimos lo que hemos expuesto en Allan R. Brewer-Carías "La Hacienda Pública Venezolana. Bases Constitucionales para su Estudio", en *Revista del Ministerio de Justicia,* N° 49, Caracas, 1964, pp. 63 a 124; publicado en Allan R. Brewer-Carías, *Jurisprudencia de la Corte Suprema 1930-1974 y Estudios de Derecho Administrativo,* Tomo II, Caracas, 1976, pp. 75 y ss. Asimismo véase Allan R. Brewer-Carías, *El Régimen Municipal en Venezuela,* Caracas, 1984, pp. 95 y ss.

en segundo lugar, los principios que rigen específicamente a la Hacienda Pública Nacional, y que de acuerdo al artículo 233 de la Constitución se aplican a la Hacienda de los Estados y a la Hacienda Municipal; y en tercer y cuarto lugar, los principios que rigen específicamente a estas dos últimas.

1. *Principios constitucionales que rigen la Hacienda Pública (nacional, estadal, municipal)*

La Constitución establece una serie de principios de carácter general relativos a la Hacienda Pública, y aplicables por igual a la Hacienda Pública Nacional, a la Hacienda de los Estados y a la Hacienda Municipal, referidos, en primer lugar, a los ingresos ordinarios, particularmente los tributos, término que abarca no sólo los impuestos sino también las contribuciones especiales; en segundo lugar, a los ingresos extraordinarios originados en el crédito público; en tercer lugar, a la competencia para obligar a los entes públicos; y en cuarto lugar, el régimen de explotación de los recursos naturales.

A. *Los Principios Tributarios*

a. *Principio de la legalidad del tributo*

Este principio ha existido a través de todas las constituciones nacionales y atiende al clásico aforismo *Nullum tributum sine lege.* Está consagrado en el artículo 224 de la Constitución vigente, el cual dispone que no podrá cobrarse ningún impuesto u otra contribución que no estén establecidos por ley, ni concederse exenciones ni exoneraciones de los mismos sino en los casos por ella previstos. En esta forma, la ley debe determinar los elementos esenciales de la relación jurídico-tributaria, a saber: los sujetos, pasivo y activo; el hecho imponible; la base imponible; la materia imponible y finalmente, el tipo o alícuota del tributo.

La segunda parte del artículo 224, referente a las exenciones y exoneraciones, difiere grandemente de la disposición que contenía el artículo 125 de la Constitución de 1953.

En efecto, esta Constitución establecía que las franquicias, rebajas y exoneraciones de impuestos, tasas o contribuciones, no podían concederse sino por dos procedimientos: a) Mediante especial permisión de la ley que establece el impuesto, y b). Mediante la estipulación en tal sentido en un Contrato aprobado por el Congreso Nacional.

El artículo 224 de la Constitución vigente sólo permite el primer procedimiento, y con respecto al segundo, entra en vigor el principio de que la potestad tributaria del Estado no puede ser objeto de contratación[559].

559 En sentencia de la Corte Federal y de Casación de 10 de marzo de 1941 se dejó sentado el principio de que la facultad impositiva del Estado no puede ser materia de contratación, en la forma siguiente

"Que la teoría de que el impuesto no es negociable ni puede ser materia de contrato es cierta y de muy buena doctrina jurídica, y sería un acierto del Representante de la Nación que la invocase en los casos en que ella fuese aplicable, mas no lo es en el caso debatido en esta *litis,* pues, no puede lógicamente argüirse que cuando el Ejecutivo Federal en uso de sus atribuciones legales, en representación de la Nación y en forma contractual conceda una franquicia legal ya establecida en la ley, como en el caso actual

Este principio conlleva dos consecuencias actualmente: a) No pueden concederse exoneraciones ni exenciones de impuestos y contribuciones por medio de contratos, y b) No puede contratarse la facultad impositiva del Estado.

De acuerdo con lo expuesto, se deduce que los contratos que celebre el Ejecutivo Nacional en conformidad con el artículo 126 y el ordinal 15 del artículo 190 de la Constitución vigente; en los cuales conceda exoneraciones o exenciones de impuestos u otras contribuciones, son inconstitucionales, ya que nuestra Constitución ha eliminado esa facultad. En efecto, la causa de la exoneración o exención en esos casos no estaría en la ley como requiere el artículo 224 de la Constitución, sino en el contrato aprobado por ley, lo cual sería inconstitucional.

En cuanto a la Hacienda Pública Municipal este principio de la legalidad del tributo rige completamente, con las siguientes modalidades: en primer lugar, los tributos que pueden establecer las Municipios son los que se enumeran en el ordinal 3° del artículo 31 de la Constitución y los demás que crearen de conformidad con la ley nacional; y en segundo lugar, la creación por ley local, es decir, mediante Ordenanzas.

Este principio, por otra parte, se regula en la Ley Orgánica de Régimen Municipal cuyos artículos 114 y 115 establecen expresamente:

> Artículo 114. No podrá exigirse el pago de impuestos, tasas o contribuciones especiales municipales que no hubieren sido establecidos por el Concejo o Cabildo mediante la promulgación de una Ordenanza. La Ordenanza que lo establezca o modifique deberá determinar la materia o acto gravado, la cuantía del tributo, el modo, el término y la oportunidad en que éste se cause y se haga exigible, las demás obligaciones a cargo de los contribuyentes, los recursos administrativos en favor de éstos y las penas y sanciones pertinentes.
>
> La Ordenanza a que se refiere este artículo entrará en vigencia en un plazo no menor de sesenta (60) días continuos a partir de su publicación.
>
> En lo no previsto en esta Ley ni en las Ordenanzas, regirán las disposiciones del Código Orgánico Tributario que le sean aplicables. El Alcalde será el órgano competente para conocer del recurso jerárquico.
>
> Artículo 115. El Municipio no podrá acordar exenciones, exoneraciones o rebajas de impuestos o contribuciones municipales especiales, sino en los casos y con las formalidades previstas en sus ordenanzas.

En cuanto a las exoneraciones, sin embargo, debe decirse que la Ley Orgánica establece una importante innovación, en el sentido de prever que las mismas deben acordarse inicialmente por un lapso de 3 años, y sólo pueden acordarse hasta por un lapso igual, para lo cual se requiere una resolución especial del Concejo, aprobada

---

ocurre, se ha negociado de una manera general sobre el impuesto y se le ha hecho materia contratable. En efecto, el impuesto en su concepto general y abstracto no puede ser negociado con un tercero por medio de una cláusula contractual, a no imponer impuestos, porque ni este Poder, ni ningún otro, tienen facultad para ello, no pueden enajenar este derecho del Estado ni comprometer su porvenir...". Véase en Allan R. Brewer-Carías, *Jurisprudencia de la Corte Suprema de Justicia 1930-1974 y Estudios de Derecho Administrativo,* Tomo I, Caracas 1975, pp. 290 y 347.

por los votos de las 2/3 partes de los miembros del mismo. En ningún caso, agrega la norma, el plazo total de las exoneraciones podrá exceder de 6 años. (Art. 115).

Por último, y como consecuencia del principio de la legalidad tributaria, el artículo 122 de la Ley Orgánica establece la siguiente previsión limitativa de las estipulaciones contractuales en materia impositiva:

> Artículo 122. En ningún contrato que celebre el Municipio o el Distrito podrá pactarse o prometerse la exención o la exoneración del pago de derechos o impuestos, tasas o contribuciones municipales o distritales ni estipularse la obligación de obtener o solicitar del Poder Nacional la exoneración, en favor del contratista, del pago de dichos tributos.

b. *Principio de la generalidad del tributo*

El artículo 56 de la Constitución establece que todos están obligados a contribuir a los gastos públicos. Tal disposición consagra el principio de la generalidad del tributo. Ha de advertirse que esta obligación de "todos" no impide el establecimiento de exenciones y exoneraciones, tal como lo establece la misma Constitución en el ya referido artículo 224, sólo que las mismas estarán sometidas a la reserva de la ley. Aunque tales franquicias tributarias constituyen excepciones al principio de la generalidad, el Constituyente las ha consagrado por cuanto son instrumentos generalmente aceptados de política fiscal.

c. *Principio de la igualdad tributaria*

De conformidad con lo establecido en el artículo 223 de la Constitución, el sistema tributario debe procurar la justa distribución de las cargas según la capacidad económica del contribuyente, atendiendo al principio de la progresividad, así como la protección de la economía nacional y la elevación del nivel de vida del pueblo. Esta disposición consigna el principio de la igualdad tributaria. El contenido de la norma, bastante rico, según el análisis efectuado por Florencio Contreras Q.[560], conlleva lo siguiente:

En primer lugar consagra el principio de la justicia distributiva de las cargas públicas. La obligación general de contribuir a las cargas públicas (consagrada en el Art. 56) debe, según esto, ser repartida en forma justa. La igualdad ante el tributo, así como la generalidad del mismo, son las dos columnas en que reposa la justicia tributaria. Por ello no se ha tratado del principio de la justicia tributaria aisladamente, sino de los principios, igualdad y generalidad, a través de los cuales se logra esa justicia tributaria.

Según el artículo 223, la igualdad ante el tributo se logra cuando las cargas se distribuyen en base a dos criterios: en primer lugar, un criterio objetivo: "la capacidad económica del contribuyente" la cual en términos muy generales, viene dada por la magnitud de su riqueza. Pero este dato objetivo es insuficiente para lograr la igualdad, y por consiguiente, realizar la justicia tributaria; por ello la Constitución

560 Véase *Disquisiciones Tributarias,* N° 19 de la Colección "*Justitia et Jus*" Universidad de los Andes, Facultad de Derecho, Mérida, 1969, pp. 32 y ss.

consigna otro elemento: el principio de la progresividad del sistema tributario (no de cada tributo en particular) que constituye un criterio subjetivo que introduce la condición personal en la consecución de la igualdad ante el tributo. En términos generales se puede decir que un tributo es progresivo cuando el tipo impositivo, la tarifa (generalmente expresada en un tanto por ciento); aumenta en la medida en que crece aquella parte de la riqueza que se fija como base del tributo. La progresión se fundamenta, según la doctrina más extendida, en el hecho de que a medida que aumentan los niveles de riqueza la utilidad disminuye; por ello los niveles altos de riqueza son gravados con tipos impositivos más elevados.

El principio de la progresividad del tributo estuvo establecido en la Constitución de 1917, artículo 232 y fue eliminado en la Constitución de 1953. Restablecido en la Constitución de 1961, la progresividad del sistema tributario tiende a la consecución de uno de los fines específicos del Estado: la redistribución de los ingresos.

Finalmente, el artículo 223 de la Constitución, contiene dos disposiciones de carácter programático que señalan las metas que debe perseguir el sistema tributario: la protección de la economía nacional y la elevación del nivel de vida del pueblo.

d. *Principio de la no confiscación*

Nuestra Constitución consagra el derecho de propiedad, el cual en virtud de su función social, está sometido a las contribuciones, restricciones y obligaciones que la ley establezca (Art. 99), y por otra parte, prohíbe las confiscaciones (Art. 102).

En vista de tal normativa, es indiscutible que la tributación no puede llegar a niveles que menoscaben estos derechos. Es por ello que la tributación no puede tener carácter confiscatorio. El problema radica en determinar los límites de la confiscación.

e. *Prohibición de establecer impuestos pagaderos en servicio personal*

El principio de que no podrá establecerse ningún impuesto pagadero en servicio personal consagrado en el artículo 225 de la Constitución es considerado también como tradicional, ya que estuvo consagrado en nuestras Constituciones anteriores. Esta disposición, por otra parte, armoniza directamente con el Título III de la Constitución al hablar de los Deberes, Derechos y Garantías ciudadanas.

f. *Exigencia de un término para que pueda aplicarse una Ley Tributaria*

El artículo 226 de la Constitución establece una disposición, por demás justa, al exigir que para poderse aplicar una ley en materia impositiva, debe establecerse un término previo a su aplicación, con el fin de que sea conocida por el público antes de que se haga eficaz para evitar las repercusiones económicas inmediatas. En efecto, el artículo 226 dispone: "La Ley que establezca o modifique un impuesto u otra contribución deberá fijar un término previo a su aplicación".

Ahora bien, en caso de que la Ley no contenga ninguna disposición de este tipo, establece el mismo artículo, que la ley no podrá aplicarse sino sesenta (60) días después de haber quedado promulgada. El mismo principio lo repite el artículo 9 del Código Orgánico Tributario y lo recoge el artículo 114 de la Ley Orgánica del Régimen Municipal en relación a las Ordenanzas tributarias.

Con respecto a la expresión "promulgación", debemos hacer una aclaratoria: Las reglas sobre aplicación de la Ley, distinguen en la formación de las leyes los términos sanción, promulgación y publicación, como tres etapas claramente determinadas. La sanción corresponde a la aprobación de la ley por parte de las Cámaras Legislativas actuando como cuerpos colegiadores. La promulgación corresponde al Presidente de la República, cuando ordena que se cumpla y se cuide de la ejecución de la ley. Por último, la publicación es el acto de aparecer la ley al público en la *Gaceta Oficial* de la República, y por tanto, cuando se hace obligatoria de conformidad con el artículo 1° del Código Civil. Sin embargo, la Constitución de 1961, no distingue el momento de la promulgación del de la publicación. En efecto, en su artículo 174 dispone: "La Ley quedará promulgada al publicarse con el correspondiente cúmplase en la *Gaceta Oficial* de la República". Por tanto, al referirse el artículo 226 al término "promulgación" se refiere a su publicación en la *Gaceta Oficial* de la República una vez que le ha sido dado el Cúmplase o Ejecútese por el Presidente.

Ahora bien, y volviendo al contenido del artículo 226, observamos que para los casos en que la Ley impositiva no establezca plazos, este artículo le establece un plazo de entrada en vigor de sesenta (60) días. Sin embargo, dicho artículo no establece término alguno, para cuando el legislador disponga algún lapso y en esta forma, el dispositivo constitucional carece de efectividad, pues el Legislador, al sancionar una ley impositiva, bien podría establecer un plazo para entrar en vigor de veinticuatro horas, que dejaría sin efecto la intención del Constituyente.

Por otra parte, en algunas materias impositivas es necesario dar plazos muy pequeños para su entrada en vigencia, pues de lo contrario no tendría efecto la modificación o creación del impuesto que se establece. Esto sucede por ejemplo, en materia de impuestos de importación, en la cual si se da un plazo amplio desde la publicación de la Ley a la entrada en vigencia de la misma, los importadores podrían burlar fácilmente el dispositivo legal. Fue por ello, por lo que en el Proyecto de Ley Orgánica de la Hacienda Pública Nacional de 1961 se dispuso que: "No podrá exigirse el pago de impuestos, tasas y otras contribuciones nacionales que no hubieren sido establecidos por el Congreso en virtud de una Ley. La Ley que los establezca o los modifique, así como las normas que se dicten para su cumplimiento deberán fijar un término para su aplicación, el cual no será menor de 15 días, salvo lo que dispongan las leyes especiales en materia de impuestos aduaneros, y si no lo fijaren, se entenderá que sólo podrá aplicárselo pasados sesenta (60) días continuos después de su promulgación".

En todo caso, lo que establece el artículo 226, debería aplicarse también a los casos de modificaciones tributarias establecidas mediante las facultades extraordinarias que se acuerden al Ejecutivo Nacional en los casos previstos por el ordinal 8 del artículo 190 de la Constitución. Sin embargo, por ejemplo, con base en la Ley de Medidas Económicas de Urgencia de fecha 29 de junio de 1961, el Ejecutivo Nacional dictó varios Decretos, modificando los impuestos existentes, referentes a la Renta y a las Sucesiones. Dichos Decretos no tenían paso para su aplicación, sino que entraron en vigor a partir de su publicación en la *Gaceta, Oficial.* Al contrario, los Decretos-Leyes modificatorios de la Ley de Impuesto sobre la Renta dictados por el Presidente de la República conforme a la Ley de Medidas Extraordinarias de 31 de mayo de 1974, establecieron un lapso de dos días para que entraran en vigencia[561].

B. *Los principios en materia de crédito público*

De acuerdo al artículo 231 de la Constitución, no se contratarán empréstitos sino para obras reproductivas, excepto en caso de evidente necesidad o conveniencia nacional.

Si bien no se establece una reserva al nivel nacional para poder realizar operaciones de crédito público, ya que la Constitución prevé la posibilidad de que los Estados (Art. 17, Ord. 4°) y los Municipios (Art. 33) las realicen, lo que si prevé la Constitución es la necesaria intervención, en todo caso, de las Cámaras Legislativas Nacionales, como principio, al establecer que "las operaciones de crédito público requerirán, para su validez, una ley especial que las autorice, salvo las excepciones que establezca la Ley Orgánica", como los regula la Ley Orgánica de Crédito Público.

C. *El principio relativo a la contratación de obligaciones*

De acuerdo al artículo 232 de la Constitución, "el Estado no reconocerá otras obligaciones que las contraídas por órganos legítimos del Poder Público, de acuerdo con las leyes", con lo cual se reafirma el principio de la competencia para comprometer la Hacienda Pública Nacional, de los Estados y de los Municipios.

D. *El principio en la explotación de los recursos naturales*

El artículo 106 de la Constitución establece el objetivo final de la explotación de los recursos naturales del territorio del Estado, estableciéndose que ésta atenderá a la defensa y conservación de los recursos naturales de su territorio y la explotación de los mismos estará dirigida primordialmente al beneficio colectivo de los venezolanos, lo cual se aplica, por supuesto, a los recursos naturales renovables o no renovables.

2. *Principios constitucionales que rigen la Hacienda Pública Nacional*

En el régimen establecido por la Constitución concerniente a la Hacienda Pública, el texto fundamental establece, en segundo lugar, una serie de principios aplicables a la Hacienda Pública Nacional en forma específica, y otros que a la vez, de acuerdo al artículo 233 de la Constitución "rigen la Hacienda Pública de los Estados y los Municipios, en cuanto sean aplicables".

Esta previsión constitucional la recoge en iguales términos el artículo 102 de la Ley Orgánica de Régimen Municipal. Además, otras leyes aplicables a la Hacienda Pública Nacional, recogen el mismo principio. Por ejemplo, el artículo 1° del Código Orgánico Tributario establece expresamente que "las normas de este Código regirán igualmente, con carácter supletorio y en cuanto sean aplicables, a los Tribu-

---

561 Decretos N° 249 de 16 de julio de 1974, N° 330 de 13 de agosto de 1974, N° 440 de 1° de octubre de 1974 y N° 712 de 21 de enero de 1975.

tos de los Estados y Municipios". Ello se prevé, además, en el artículo 114 de la Ley Orgánica. En cuanto a las Leyes Orgánicas de Régimen Presupuestario y de Crédito Público, expresamente establecen que su normativa se aplica a los Municipios.

Ahora bien, en cuanto a los principios que rigen la Hacienda Pública Nacional y que se aplican a los Municipios, deben mencionarse expresamente los privilegios y prerrogativas que la legislación nacional otorga al Fisco Nacional, conforme a lo previsto en el artículo 102 de la Ley Orgánica de Régimen Municipal, salvo las disposiciones contenidas en esa misma Ley. Interesa, por tanto, analizar dichos privilegios y prerrogativas.

A. *Principios de la Hacienda Pública Nacional que se aplican a la Hacienda Pública Estadal y Municipal*

Estos principios son los relativos al régimen presupuestario, a la descentralización funcional de servicios y los concernientes a las prerrogativas y privilegios de la Hacienda Nacional.

a. *Los principios presupuestarios*

a'. *El principio de la previsión presupuestaria los gastos*

De acuerdo al artículo 227 de la Constitución, "el Estado no reconocerá gasto alguno del Tesoro Nacional que no haya sido previsto en la Ley de Presupuesto".

Excepcionalmente, de acuerdo al mismo artículo, "sólo podrán decretarse créditos adicionales al presupuesto, para gastos necesarios no previstos o cuyas partidas resulten insuficientes y siempre que el Tesoro cuente con recursos para atender a la respectiva erogación. A este efecto se requerirá previamente el voto favorable del Consejo de Ministros y la autorización de las Cámaras en sesión conjunta o, en su defecto, de la Comisión Delegada". Corresponde al Presidente de la República, de acuerdo al artículo 190, ordinal 14, decretar los créditos adicionales.

El principio, por supuesto, rige para la Hacienda de los Estados y para la Hacienda Municipal. Los gastos de éstas deben preverse en la respectiva Ley u Ordenanza de Presupuesto, y los créditos adicionales a éstas deben autorizarse por el órgano legislativo estadal (Asamblea Legislativa) o Municipal (Concejo Municipal), en este último caso, conforme al artículo 138 de la Ley Orgánica de Régimen Municipal.

b'. *La iniciativa presupuestaria*

De acuerdo al artículo 228 de la Constitución, el Ejecutivo Nacional debe presentar al Congreso, en la oportunidad que señala la Ley Orgánica de Régimen Presupuestario, el proyecto de Ley de Presupuesto ante la Cámara de Diputados (Art. 153). La misma iniciativa ejecutiva corresponde al Gobernador respecto de los Proyectos de Ley de Presupuesto en los Estados (Art. 23, Ord. 4°), y al Alcalde en cuanto a los Proyectos de Ordenanzas de Presupuesto.

c' *El equilibrio presupuestario y la rigidez de la estimación ejecutiva de ingresos*

El artículo 228, además, establece que las Cámaras Legislativas en el proceso de discusión de la Ley de Presupuesto, pueden alterar las partidas presupuestarias, pero no pueden autorizar gastos que excedan el monto de las estimaciones de ingresos del respectivo proyecto de presupuesto.

De esta disposición resultan, sin duda, dos principios: en primer lugar, el del equilibrio financiero del presupuesto, en el sentido de que los gastos no deben exceder la estimación de ingresos, lo que se repite en el artículo 138 de la Ley Orgánica de Régimen Municipal; y en segundo lugar, el de que la estimación de ingresos es rígida no pudiendo ser modificada por el Legislador. Estos principios son aplicables en sus respectivos niveles, a los Estados y Municipios.

Por supuesto, de acuerdo a lo previsto en la última parte del artículo 229, en caso de disminución de ingresos, el Presupuesto debe ser reajustado. Esta norma, además, autoriza al legislador nacional, a fijar límite a los emolumentos que devengaren los funcionarios y empleados de las entidades municipales, en cuyo caso, el Presupuesto Municipal no puede prever gastos burocráticos que excedan de dichos límites.

b. *El principio de la reserva legal y del control legislativo en materia de descentralización funcional de servicios*

El artículo 230 de la Constitución establece que "sólo por Ley, y en conformidad con la Ley Orgánica respectiva, podrán crearse institutos autónomos", con lo cual se establece una reserva al legislador para crear esos entes descentralizados. El principio rige para los Estados y Municipios, en el sentido de que los institutos autónomos estadales y municipales deben ser creados mediante ley de la Asamblea Legislativa o mediante Ordenanza del Concejo Municipal, .pudiendo regular una Ley Orgánica nacional, todo el proceso de su creación. Dicha ley, relativa a la Administración Descentralizada en 1993, no se había dictado.

Los institutos autónomos, así como los intereses del Estado en corporaciones o entidades de cualquier naturaleza, están sujetos al control de] Congreso, en la forma que la ley establezca (Art. 230). En sentido similar, las entidades descentralizadas de los Estados están sometidas al control de sus Asambleas Legislativas (Art. 19) y los entes descentralizados municipales, al control de los Concejos Municipales.

c. *Prerrogativas procesales*

En las Leyes Orgánicas de la Hacienda Pública Nacional y de la Procuraduría General de la República se establecen una serie de prerrogativas procesales, que se aplican a los Estados y Municipios y que implican excepciones a los principios procesales relativos a las citaciones, a la contestación de la demanda y las excepciones dilatorias opuestas, a la exigencia de caución judicial, y a la condición de que "las partes están a derecho".

a'. *La excepción a la forma de las citaciones*

De acuerdo a lo establecido en el artículo 39 de la Ley Orgánica de la Procuraduría General de la República, las citaciones que hayan de hacerse al Procurador General, en caso de demandas contra la República, o en su caso, al Procurador del

Estado o al Síndico Procurador Municipal, en caso de demandas contra los Estados o Municipios respectivamente (en estos últimos supuestos para contestar demandas ante la jurisdicción ordinaria, artículo 183, Ley Orgánica de la Corte Suprema de Justicia), se practicarán por medio de Oficio, al cual deberá acompañarse copia del libelo y de los recaudos producidos por el actor. El oficio será entregado personalmente al Procurador o Síndico o a quien haga sus veces, y desde la fecha de la consignación por el Alguacil en el expediente respectivo de la constancia firmada, comenzará a correr un lapso de 15 días hábiles, a cuya terminación se considerará consumada la citación del funcionario y comenzará a correr el término correspondiente para la contestación de la demanda.

El Procurador o Síndico podrá darse por citado en cualquier momento del lapso de citación.

b' *La excepción a la confesión ficta*

De acuerdo a lo previsto en el artículo 6° de la Ley Orgánica de la Hacienda Pública Nacional cuando los apoderados o mandatarios de la República no asistan al acto de contestación de demandas intentadas contra ella; o de excepciones que hayan sido opuestas, se tendrán unas y otras como contradichas en todas sus partes, sin perjuicio de las responsabilidades que dicha omisión apareja al representante del Fisco. Se trata, aquí, de la excepción a la confesión ficta del derecho procesal, la cual se regula de similar manera en el artículo 40 de la Ley Orgánica de la Procuraduría General de la República, sin perjuicio de la responsabilidad que dicha omisión comporte para los funcionarios mencionados.

Esta prerrogativa procesal, también se aplica a la actuación de los Procuradores de los Estados y a los Síndicos Municipales.

c' *La excepción a la exigencia de caución*

De acuerdo al artículo 15 de la Ley Orgánica de la Hacienda Pública Nacional, en ningún caso podrá exigirse caución al Fisco Nacional para una actuación judicial, principio que se regula de similar manera en el artículo 45 de la Ley Orgánica de la Procuraduría General de la República.

Esta prerrogativa procesal también se aplica al Fisco de los Estados y al Fisco Municipal, y ha sido ratificada por el artículo 207 del Código Orgánico Tributario, el cual precisa que, no obstante, "el Fisco será responsable" de los resultados de las medidas cautelares.

d' *La excepción al principio de que las partes están a derecho*

El artículo 38 de la Ley Orgánica de la Procuraduría General de la República establece una excepción al principio procesal que obvia las notificaciones a las partes de un proceso, para los actos ordinarios de los mismos, por considerarse que están a derecho. En consecuencia, al contrario, impone una obligación a los funcionarios judiciales, en los juicios en que la República sea parte, de notificar al Procurador General de la República de la apertura de todo término para el ejercicio de algún recurso, de la fijación de oportunidad para la realización de algún acto y de toda actuación que se practique. En estos casos, las notificaciones podrían efectuarse en cualquiera de las personas que ejerzan la representación de la República en el referido asunto. Vencido un plazo de ocho días hábiles, se tendría por notificada la República. La falta de notificación es causal de reposición a instancia del Procurador General.

Esta prerrogativa también es aplicable a la Hacienda de los Estados y a la Hacienda Municipal, en cuanto concierne a los juicios en que los Estados y Municipios sean parte, por lo que se refiere a la notificación a los Procuradores de los Estados o a los Síndicos Procuradores Municipales.

La reforma a la Ley Orgánica de Régimen Municipal de 1989, siguiendo la orientación de lo establecido en el artículo 38 de la Ley Orgánica de la Procuraduría General de la República, ha regulado expresamente la excepción al principio procesal que obvia las notificaciones a las partes en un proceso, para los actos ordinarios del mismo. Entonces, de acuerdo al artículo 103 de la Ley Orgánica,

> "En los juicios en que el Municipio o el Distrito sea parte, los funcionarios judiciales están igualmente obligados a notificar al Síndico Procurador, de la apertura de todo término para el ejercicio de algún recurso, de la fijación de oportunidad para la realización de algún acto y de toda actuación que se practique. En este caso, vencido un plazo de ocho (8) días hábiles se tendrá por notificado el Municipio o Distrito".

e'. *La excepción a las medidas preventivas o ejecutivas*

De acuerdo a lo establecido en el artículo 16 de la Ley Orgánica de la Hacienda Pública Nacional y en el artículo 46 de la Ley Orgánica de la Procuraduría General de la República, los bienes, rentas, derechos o acciones pertenecientes a la República, no están sujetos a embargo, secuestro, hipoteca o ninguna otra medida de ejecución preventiva o definitiva. En consecuencia, los Jueces que conozcan de ejecuciones contra el Fisco, luego que resuelvan definitivamente que deben llevarse adelante dichas ejecuciones, suspenderán en tal estado los juicios, sin decretar embargo y notificarán al Ejecutivo Nacional, por órgano del Procurador General para que se fijen, por quien corresponda, los términos en que ha de cumplirse lo sentenciado.

Esta prerrogativa también se aplica a las Haciendas Estadales y Municipales y la notificación debe hacerse al. Gobernador respectivo, por órgano del Procurador del Estado, o al Concejo Municipal, por órgano del Síndico.

Sin embargo, la Ley Orgánica de Régimen Municipal, en materia de ejecución de sentencias regula un procedimiento novedoso que incluso, los órganos de la jurisdicción contencioso administrativa han aplicado analógicamente.

En todo caso, cuando se decrete alguno de los actos procesales indicados sobre bienes de entidades públicas no territoriales o de particulares que estén afectados al uso público, a un servicio público (nacional, estadal o municipal) o a una actividad de utilidad pública nacional, antes de su ejecución, el Juez debe notificar al Ejecutivo Nacional por órgano del Procurador General, a fin de que se tomen las medidas necesarias para que no se interrumpa la actividad a que esté afectado el bien.

f'. *La regulación de la condena en costas*

Ha sido un principio tradicional en la regulación hacendística nacional, al establecer la prerrogativa procesal del Fisco Nacional, de que la República, en ninguna instancia, puede ser condenada en costas, aun cuando se declaren confirmadas las sentencias apeladas, se nieguen los recursos interpuestos, se declaren sin lugar, se dejen perecer o se desista de ellos. Así se establece en el artículo 47 de la Ley Orgánica de la Procuraduría General de la República y en el artículo 10 de la Ley Orgánica de Hacienda Pública Nacional.

Este principio ha sido modificado en materia tributaria por el Código Orgánico Tributario en el cual se establece la posibilidad de condena en costas al ente público que haya establecido el respectivo tributo, cuando resulte totalmente vencido por sentencia definitivamente firme, por un monto que no excederá del 10 por ciento de la cuantía del recurso o acción o de la demanda, según corresponda (Art. 211).

De acuerdo a estas normas, sin embargo en otros juicios que no sean de orden tributario, la República no puede ser condenada en costas, lo cual es válido igualmente para los Estados.

El principio se aplicaba también a los Municipios, hasta que la Ley Orgánica de Régimen Municipal de 1978 admitió la posibilidad de que los Municipios pudieran ser condenados en costas, lo cual ha sido conservado en la reforma de 1989, en la cual se ha extendido su aplicación a los Distritos y se ha establecido una importante y, quizás, injustificada excepción, en cuanto a que "en ningún caso se condenará en costas al Municipio, cuando se trate de juicios contencioso-administrativos de anulación de actos administrativos municipales".

En esta forma, el artículo 105 de la Ley Orgánica establece lo siguiente:

> Artículo 105. Para que proceda la condenatoria en costas contra el Municipio será necesario que éste resulte totalmente vencido por sentencia definitivamente firme en juicio de contenido patrimonial. En ningún caso se condenará en costas al Municipio, cuando se trate de juicios contencioso-administrativos de anulación de actos administrativos municipales.
>
> El monto de la condenatoria en costas del Municipio, cuando proceda, no podrá exceder del diez por ciento (10%) del valor de la demanda. La retasa será siempre obligatoria. En todo caso, el Juez podrá eximir de costas al Municipio, cuando éste haya tenido motivos racionales para litigar.

g'. *Las excepciones a las normas de ejecución de condenas*

De acuerdo a lo establecido en el artículo 104 de la Ley Orgánica de Régimen Municipal, la ejecución de sentencias contra los Municipios está sometida a las siguientes modalidades:

> Artículo 104. Cuando el Municipio o el Distrito resultare condenado en juicio, el tribunal encargado de ejecutar la sentencia lo comunicará al Alcalde, quien dentro del término señalado por el Tribunal, deberá proponer al Concejo o Cabildo la forma y oportunidad de dar cumplimiento a lo ordenado en la sentencia. El interesado, previa notificación, aprobará o rechazará la proposición del Alcalde, y en este último caso, el Tribunal fijará otro plazo para presentar una nueva proposición. Si ésta tampoco fuere aprobada por el interesado o el Municipio no hubiere presentado alguna, el Tribunal determinará la forma y oportunidad de dar cumplimiento a lo ordenado por la sentencia, según los procedimientos siguientes:

1° Si se trata de cantidades de dinero, el Tribunal a petición de parte interesada, ordenará que se incluya el monto a pagar en la partida respectiva en el próximo o próximos presupuestos, a cuyo efecto enviará al Alcalde copia certificada de lo actuado. El monto que se ordene pagar, se cargará a una partida presupuestaria no imputable a programas.

El monto anual de dicha partida no excederá del cinco por ciento (5%) de los ingresos ordinarios del presupuesto del Municipio o Distrito.

Cuando la orden del Tribunal no fuere cumplida o la partida prevista no fuere ejecutada, el Tribunal, a instancia de parte, ejecutará la sentencia conforme al procedimiento ordinario pautado en el Código de Procedimiento Civil.

2° Si se tratare de entrega de bienes, el Tribunal pondrá en posesión de ellos a quien corresponda, pero si tales bienes estuvieren afectados al uso público, a un servicio público o a actividades de utilidad pública prestados en forma directa por el Municipio, el Tribunal acordará la fijación del precio mediante peritos, en la forma establecida en la Ley de Expropiación por Causa de utilidad Pública o Social; y determinado el precio, ordenará su entrega a quien corresponda, conforme a lo previsto en el numeral anterior. En este último caso, la fecha de la sentencia se equiparará a la fecha del Decreto de Expropiación.

h'. *La brevedad de los procedimientos*

De acuerdo con lo establecido en el artículo 11 de la Ley Orgánica de la Hacienda Pública Nacional y 50 de la Ley Orgánica de la Procuraduría General de la República, los Tribunales de Justicia tienen el deber de despachar en los términos más breves los juicios en los que sea parte el Fisco Nacional, Estado o Municipio.

d. *Privilegios*

Pero además de las prerrogativas procesales, la legislación nacional acuerda al Fisco Nacional una serie de privilegios, que rigen igualmente para los Estados y Municipios, y que se refieren al privilegio general de los créditos tributarios, al privilegio de juicio ejecutivo, al privilegio de conocimiento, al privilegio de gratuidad, y a la prescripción. También fue tradicional incluir en los privilegios del Fisco Nacional, la no compensación en contra del mismo, regulado en el artículo 5° de la Ley Orgánica de la Hacienda Pública Nacional, y recientemente modificado por el Código Orgánico Tributario, el cual admite plenamente la compensación contra el Fisco (Arts. 46 y sigts.), lo cual es aplicable a los Estados y Municipios.

a'. *Privilegio general de los créditos tributarios*

De acuerdo con lo establecido en el artículo 62 del Código Orgánico Tributario, los créditos por tributos nacionales, estadales o municipales gozan de privilegio general sobre todos los bienes del contribuyente o responsable y tendrán prelación sobre los demás créditos con excepción de:

1. Los garantizados con derecho real;
2. Las pensiones alimenticias, salarios y demás derechos derivados del trabajo y seguridad social. El privilegio, sin embargo, sólo alcanza a los tributos

correspondientes al año en que se invoque y de los dos años anteriores, y no es extensivo a los intereses ni a las sanciones de carácter pecuniario.

b'. *Privilegio de juicio ejecutivo*

De acuerdo a lo establecido en los artículos 190 y siguientes del Código Orgánico Tributario, cuando los créditos a favor del Fisco Nacional, Estadal o Municipal por concepto de tributos, sanciones, intereses o recargos, no hayan sido pagados al ser determinados y exigibles, se demandarán judicialmente siguiéndose el procedimiento del juicio ejecutivo establecido en los mismos. Con esta regulación se deroga el artículo 4° de la Ley Orgánica de Hacienda Pública Nacional.

En todo caso, a los efectos de dicho juicio ejecutivo, el artículo 190 del Código Ordinario Tributario establece que constituirán título ejecutivo los documentos que evidencien los créditos mencionados, los cuales al ser presentados en juicio aparejan embargo de bienes, con lo cual se recoge el principio de la ejecutividad de los actos administrativos, precisado desde hace años por la doctrina y la jurisprudencia.

c'. *Privilegio de conocimiento*

De acuerdo a lo establecido en el artículo 12 de la Ley Orgánica de Hacienda Pública Nacional y 38 de la Ley Orgánica de la Procuraduría General de la República, la República tiene el privilegio de tener que ser notificada por las autoridades públicas, de los asuntos extrajudiciales o judiciales que puedan interesarle.

En efecto, de acuerdo al artículo 12 de la Ley Orgánica de la Hacienda Pública Nacional, los Tribunales, Registradores y demás autoridades, deben enviar al Ejecutivo Nacional y a la Contraloría General de la República, copia certificada de los documentos que les presenten los particulares y de cuyo texto se desprenda algún derecho en favor del Fisco Nacional, a no ser que en el otorgamiento de dichos documentos hubiese intervenido el funcionario fiscal competente.

Asimismo, de acuerdo a esa norma y al artículo 38 de la Ley Orgánica de la Procuraduría General de la República, deben notificarse, por la vía más rápida, al Procurador General y al Contralor General, toda demanda, oposición, sentencia o providencia, cualquiera que sea su naturaleza, que obre contra los intereses patrimoniales del Fisco Nacional. Dichas notificaciones se harán por oficio y deberán ser acompañadas de copia certificada de todo lo que sea conducente para formar criterio acerca del asunto.

Ahora, la reforma de la Ley Orgánica de Régimen Municipal de 1989 ha establecido expresamente el privilegio regulado en el artículo 38 de la Ley Orgánica de la Procuraduría, pero referido a los Municipios y Distritos. El artículo 103 de dicha Ley Orgánica, en efecto, establece:

> Artículo 103. Los funcionarios judiciales están obligados a notificar al Síndico Procurador de toda demanda, oposición, excepción, providencia, sentencia o solicitud de cualquier naturaleza que, directamente, obre contra los intereses patrimoniales del Municipio o del Distrito Metropolitano.
>
> Dichas notificaciones se harán por oficio y deberán ser acompañadas de copia certificada de todo lo que sea conducente para formar criterio acerca del asunto.

El Síndico Procurador deberá contestarlas en un término de cuarenta y cinco (45) días continuos, vencido el cual se tendrá por notificado.

En estos casos, también, la falta de notificación se considera causal de reposición a instancia del Síndico Procurador.

d'. *Privilegio de gratuidad*

De acuerdo con lo establecido en el artículo 14 de la Ley Orgánica de Hacienda Pública Nacional, los Tribunales, Registradores y todos los demás funcionarios y autoridades de la República deberán prestar gratuitamente los oficios legales de su ministerio a favor del Fisco Nacional, Estadal y Municipal, siempre que sean requeridos por autoridades competentes, para cualquier acto o diligencia en que deban intervenir por razón de sus funciones. Las solicitudes, actuaciones, documentos y copias que se extiendan en estos casos, en interés del Fisco Municipal, se formularán en papel común, sin estampillas y no estarán sujetos a impuestos ni contribución alguna.

e. *La prescripción*

De acuerdo al Código Orgánico Tributario la obligación tributaria y sus accesorios prescriben a los cuatro años, lo cual es aplicable a los créditos tributarios de la República y de los Estados. En cuanto a los Municipios, conforme al artículo 186 de la Ley Orgánica de Régimen Municipal, contrariamente a los lapsos de prescripción regulados en las leyes nacionales respecto de los créditos del Fisco Nacional, los créditos a favor de la entidad local prescriben a los diez años, contados a partir de la fecha en la cual el pago se hizo exigible.

B. *Normas constitucionales relativas específicamente a la Hacienda Pública Nacional*

La Ley Orgánica de la Hacienda Nacional y la Constitución de 1953, daban una definición del contenido de la Hacienda Pública Nacional, en la forma siguiente: "La Hacienda Nacional comprende los bienes, rentas y deudas que forman el activo y el pasivo de la Nación, y todos los demás bienes y rentas cuya administración corresponde al Poder Federal". La Constitución vigente eliminó de su texto, toda definición sobre la Hacienda Pública Nacional, la cual sin embargo se configura por el conjunto de bienes, ingresos y obligaciones de la República.

La administración de la Hacienda Pública Nacional corresponde al Presidente de la República con el refrendo del Ministerio de Hacienda, tal como lo establece el ordinal 12 del artículo 190 de la Constitución. El establecimiento, organización y control de la Hacienda Pública Nacional está atribuido al Poder Legislativo Nacional, pues según el artículo 139 de la Constitución corresponde al Congreso legislar sobre las materias de la competencia nacional; y ejercer el control de la Administración Pública Nacional de conformidad con los artículos 23 y 236 de la misma.

a. *Normas concernientes a los bienes nacionales*

Las atribuciones del Poder Nacional respecto de los bienes de su competencia, están diseminadas en la Constitución, y para agruparlas nos guiaremos por la atribución 25° del artículo 136 de la misma, que establece que "es de la competencia del

Poder Nacional toda otra materia que la presente Constitución atribuya al Poder Nacional o que le corresponda por su índole o naturaleza". Las competencias de los Estados y las Municipalidades las estudiaremos en sus partes respectivas.

a'. *Dominio y explotación sobre los bienes nacionales*

El principio que rige todo el sistema de bienes está contenido en los artículos 7° y 8° de la Constitución. La soberanía, autoridad y vigilancia sobre el suelo territorial, el mar territorial, la zona marítima contigua, la plataforma continental y el espacio aéreo, así como el dominio y explotación de los bienes y recursos en ellos contenidos, se ejercerán en la extensión y condiciones que determine la Ley.

b'. *Las tierras de las concesiones mineras*

El artículo 103 de la Constitución Nacional establece el principio de las reversibilidades de las concesiones mineras, por el cual las tierras adquiridas con destino a la exploración o explotación de concesiones mineras, comprendidas las de hidrocarburos y demás minerales combustibles, pasarán en plena propiedad a la Nación sin indemnización alguna al extinguirse por cualquier causa la concesión respectiva.

c'. *Las minas e hidrocarburos, salinas, tierras baldías y ostrales de perlas nacionales*

Es competencia del Poder Nacional, según el ordinal 10 del artículo 136, el régimen y administración de las tierras baldías, las minas e hidrocarburos, salinas y ostrales de perlas, y la conservación, fomento y aprovechamiento de los montes, aguas y otras riquezas del país.

El Ejecutivo Nacional puede, de conformidad con la ley, vender, arrendar o dar en adjudicación gratuita los terrenos baldíos; pero no podrá enajenar las salinas, ni otorgar concesiones mineras por tiempo indefinido. Los baldíos existentes en las islas marítimas, fluviales o lacustres no pueden enajenarse y su aprovechamiento sólo puede concederse en forma que no comprometa, directa ni indirectamente, la transferencia de la propiedad de la tierra.

Cabe declarar aquí, que los baldíos a que se refiere la Constitución son los baldíos nacionales, situados en el Distrito Federal y Dependencias Federales, tal como lo establece el artículo 2° de la Ley Tierras Baldías de 19 de agosto de 1936.

Los demás baldíos, situados en los territorios de los Estados, son considerados como bienes del dominio privado de esas entidades, pero que administra el Ejecutivo Nacional.

Debe señalarse, en todo caso, que al reservarse al Poder Nacional el "régimen" de las minas e hidrocarburos, dentro de ese "régimen" puede establecerse el principio de la exclusiva imposición nacional en relación a las actividades mineras y de hidrocarburos, y la exclusión de impuestos municipales en relación a las mismas.

En todo caso, en cuanto a las salinas, ostrales de perlas y minas de materiales no metálicos han sido competencias nacionales trasferidas en forma exclusiva a los Estados conforme a la Ley Orgánica de Descentralización, Delimitación y Transferencia de competencias del Poder Público de 1989.

d'. *La enajenación de bienes del dominio privado de la República*

Para que el Ejecutivo Nacional pueda enajenar los bienes del dominio privado de la República, tales como las tierras baldías, requiere una autorización de la Cámara del Senado, tal como lo establece el artículo 150, ordinal 2° de la Constitución. Por supuesto, los bienes nacionales del dominio público son inalienables e imprescriptibles.

e' *Las armas de guerra*

Sólo el Estado venezolano puede poseer y usar armas de guerra. Todas las que existan, se fabriquen o se introduzcan en el país pasarán a ser propiedad de la República, sin indemnización ni proceso. La fabricación, comercio, posesión y uso de otras armas serán reglamentados por la ley. Así lo establece el artículo 133 de la Constitución Nacional, y en la materia se ha dictado la Ley de Armas y Explosivos.

b. *Normas concernientes a los ingresos nacionales*

De acuerdo al artículo 136, ordinal 8° de la Constitución, corresponde al Poder Nacional:

> La organización, recaudación y control de los impuestos a la renta, al capital y a las sucesiones y donaciones; de las contribuciones que gravan la importación, las de registro y timbre fiscal y las que recaigan sobre la producción y consumo de bienes que total o parcialmente la ley reserva al Poder Nacional, tales como las de alcoholes, licores, cigarrillos, fósforos y salinas; las de minas e hidrocarburos y los demás impuestos, tasas y rentas no atribuidos a los Estados y a los Municipios, que con carácter de contribuciones nacionales creare la ley.
>
> En cuanto a los ingresos por concepto de salinas y por la explotación de minerales no metálicos, pueden ser establecidos y regulados por los Estados al asumir la competencia sobre los mismos conforme a la Ley Orgánica de Descentralización de 1989.

De conformidad con esta norma, las Cámaras Legislativas han regulado los siguientes ingresos de carácter tributario:

a'. *Impuestos directos*

En cuanto a los impuestos directos corresponde al Poder Nacional:

1. La organización, recaudación y control del impuesto sobre la renta, regulado por la Ley de Impuesto sobre la Renta.
2. La organización, recaudación y control de los impuestos al capital, como la Ley de impuesto a los activos empresariales.
3. La organización, recaudación y control de los impuestos a las sucesiones y donaciones, formas también de imposición al capital, regulados por la Ley de Impuesto sobre Sucesiones, Donaciones, y demás ramos conexos.

b'. *Impuestos indirectos*

a". *Aduaneros (externos)*

Comprende al Poder Nacional la organización, recaudación y control de las contribuciones que gravan la importación reguladas por la Ley Orgánica de Aduanas. También pueden citarse las contribuciones por la importación de Bultos Postales y las multas de aduanas.

b". *Internos*

En cuanto a los impuestos indirectos internos corresponde al Poder Nacional:

1. La organización, recaudación y control de las contribuciones sobre la producción y consumo de alcoholes y licores, regulados en la Ley de Impuesto sobre Alcohol y Especies Alcohólicas.
2. La organización, recaudación y control de las contribuciones sobre producción y consumo de cigarrillos regulados por la Ley de Impuesto sobre Cigarrillos y Manufacturas de Tabacos.
3. La organización, recaudación y control de las contribuciones sobre la producción y consumo de fósforos, regulado en el Estatuto Orgánico de la Renta Nacional de Fósforos.
4. La organización, recaudación y control de las contribuciones sobre producción y consumo de sal, establecidas en la Ley Orgánica de la Renta de Salinas.
5. La organización, recaudación y control de los impuestos sobre productos derivados del petróleo regulados por la Ley de Hidrocarburos.
6. La organización, recaudación y control de las contribuciones sobre la producción y consumo de otros bienes que total o parcialmente la Ley reserva al Poder Nacional, como ha sucedido con el Decreto-Ley sobre el Impuesto al Valor Agregado, ya que la enumeración anterior que hace la Constitución no es taxativa. En 1994, este impuesto se sustituyó por el Impuesto al Consumo Suntuario y a las Ventas al Mayor.

c". *Sobre transacciones y registro*

Corresponde al Poder Nacional:

1. La organización, recaudación y control de las contribuciones de registro, establecidas en la Ley de Registro Público.
2. La organización, recaudación y control de las contribuciones de timbre fiscal establecidas en la Ley de Timbre Fiscal.
3. El impuesto a los débitos bancarios.

d". *Otros ingresos*

Los demás impuestos no atribuidos a los Estados y a los Municipios, que con carácter de contribuciones nacionales creare la Ley.

c'. *Tasas*

De conformidad con los ordinales 9, 20, 22 y 23 del artículo 136 de la Constitución, constituyen ingresos nacionales las siguientes tasas: los Derechos consulares, Faros, Pilotaje, Muelles, Servicio Sanitario, Caleta y Estiba, Habilitaciones de Aduanas, Almacenaje, Correos, Telecomunicaciones, Derechos Portuarios, Derechos de Atraque, Fondeo y Muelle, Peaje, Aterrizaje, tasas de Tránsito Terrestre, de Aviación Civil, de Tránsito en Navegación Fluvial, y tasas por Servicios de Justicia.

d'. *Contribuciones especiales*

Constituyen ingresos nacionales aquellos obtenidos por órganos del Poder Público Nacional, por la contribución de mejoras, previstas en el artículo 15 de la Ley de Expropiación por Causa de Utilidad Pública o Social y en la Ley Orgánica para la Ordenación del Territorio.

e'. *Ingresos del Dominio Fiscal*

Corresponden al Poder Nacional:

1. Dominio Territorial: Los ingresos provenientes de la explotación y arrendamiento de las Tierras Baldías enajenables situadas en el Distrito Federal y Dependencias Federales de las Antillas, regulados por la Ley de Tierras Baldías y Ejidos.
2. Dominio Forestal y Dominio Hídrico: Los ingresos derivados de la explotación de los bosques y aguas situados en territorio del Estado, regulada por la Ley Forestal, de Suelos y de Aguas.
3. Dominio Minero y de Hidrocarburos: Los ingresos derivados del dominio fiscal sobre las concesiones de hidrocarburos reguladas por la Ley de Hidrocarburos y cuya normativa se aplica a la industria petrolera nacionalizada por la Ley que reserva al Estado la Industria y el Comercio de los Hidrocarburos. También los recursos provenientes del dominio fiscal sobre las concesiones de minas establecidas en la Ley de Minas. Finalmente, los ingresos provenientes de la explotación de las salinas, regulada por la Ley Orgánica de la Renta de Salinas, materia esta última transferida a los Estados por la Ley Orgánica de Descentralización, Delimitación y Transferencias de competencias del Poder Público.
4. Dominio Industrial y Comercial: también corresponden al Poder Nacional los ingresos derivados de las propiedades nacionales así como aquellos provenientes de las ganancias en operaciones cambiarías establecidas en el ordinal 7 del artículo 136 de la Constitución y reguladas por la Ley del Banco Central de Venezuela y el Convenio entre el Ejecutivo Nacional y el Banco Central de Venezuela.

c. *Normas relativas a la creación de servicios públicos*

De acuerdo al artículo 190 ordinal 11, el Presidente de la República tiene atribución para "decretar en caso de urgencia comprobada, durante el receso del Congreso, la creación y dotación de nuevos servicios públicos o la modificación o supresión de los existentes", previa autorización de la Comisión Delegada, conforme se establece en el ordinal 5° del artículo 179, dado con el voto de las dos terceras partes de sus miembros.

Se trata de una facultad excepcional, que permite al Ejecutivo Nacional adoptar decisiones en materia de organización administrativa que estén reservadas al legislador.

d. *Normas relativas al control sobre la Hacienda Pública Nacional*

a'. *El control por el Congreso*

De acuerdo al artículo 139 de la Constitución, el Congreso ejerce el control de la Administración Pública Nacional "en los términos establecidos por esta Constitución"; es decir, mediante los actos de aprobación y autorización en ella previstos, y mediante el ejercicio de sus potestades investigadoras (Art. 160). Además, de acuerdo al artículo 236, el Congreso ejerce el control sobre la Hacienda Pública Nacional, para lo cual cuenta, como órgano auxiliar, con la Contraloría General de la República.

Por último, de acuerdo al artículo 230 de la Constitución, los institutos autónomos, así como los intereses del Estado en corporaciones o entidades de cualquier naturaleza, estarán sujetos al control del Congreso, en la forma que la ley establezca.

b' *Normas relativas a la Contraloría General de la República*

De conformidad con lo establecido en el artículo 234 de la Constitución Nacional, corresponde a la Contraloría General de la República, el control, vigilancia y fiscalización de los ingresos, gastos y bienes nacionales, así como las operaciones relativas a los mismos. La Ley determinará la organización y funcionamiento de la Contraloría General de la República, y la oportunidad, índole y alcance de su intervención.

Rige en la materia la Ley Orgánica de la Contraloría General de la República y su Reglamento. Asimismo, los reglamentos internos dictados por el Contralor General de la República.

La Contraloría General de la República goza de autonomía funcional en el ejercicio de sus funciones (Art. 236), y además, como se dijo, es un órgano auxiliar del Congreso en la función que éste tiene de control sobre la Hacienda Pública (Art. 236).

La Contraloría General de la República actúa bajo la dirección y responsabilidad del Contralor General de la República (Art. 237). Este funcionario, que debe ser venezolano por nacimiento, mayor de 30 años y de estado seglar (Art. 237) es nombrado por las Cámaras Legislativas en sesión conjunta dentro de los primeros 30 días de cada período constitucional (Art. 239).

En caso de falta absoluta del Contralor General de la República, las Cámaras Legislativas en sesión conjunta procederán a hacer una nueva elección para el resto del período constitucional. Las faltas temporales y accidentales del Contralor General de la República y la interina, en caso de falta absoluta mientras se provea la vacante, serán llenadas en la forma que determine la ley (Art. 238), y la Ley Orgánica de la Contraloría atribuye al Director General de la Contraloría estas suplencias.

Dispone el artículo 239 de la Constitución, que el Contralor General de la República presentará anualmente al Congreso un informe sobre la actuación de la Contraloría o sobre la cuenta o cuentas que hayan presentado al Congreso los organismos y funcionarios obligados a ello. Igualmente presentará los informes que en cualquier momento le soliciten el Congreso o el Ejecutivo Nacional.

Debe señalarse, por último, que si bien las funciones de control de la Contraloría se refieren a la Hacienda Pública Nacional, de acuerdo al artículo 235, las mismas pueden extenderse por ley a los institutos autónomos, así como a las administraciones estadales o municipales, lo que ha hecho la Ley Orgánica de la Contraloría General de la República, cuya última reforma es de 1996, sin menoscabo de la autonomía que a éstas garantiza la Constitución.

3. *Principios constitucionales que rigen la Hacienda Pública de los Estados*

Cada Estado de la República tiene un conjunto de bienes, ingresos y obligaciones, y ello es precisamente lo que constituye la Hacienda Pública Estadal.

La Administración de la Hacienda Pública Estadal, corresponde en cada Estado al Poder Ejecutivo Estadal, según determina el artículo 17 de la Constitución. Su organización corresponde al Poder Legislativo, según señala el artículo 20 de la Constitución. Y su control corresponde a la Contraloría del Estado.

En tal sentido, la mayoría de los Estados tienen su propia Ley Orgánica de Hacienda y su propia Ley de Contraloría[562].

Sin embargo, y tal como hemos señalado anteriormente, dispone el artículo 233 de la Constitución, que las disposiciones que rigen la Hacienda Pública Nacional regirán la administración de la Hacienda Pública de los Estados en cuanto sean aplicables. Por ello, destacaremos aquí solamente las normas constitucionales que rigen específicamente la Hacienda Pública de los Estados.

A. *Los Bienes Estadales*

La única referencia que hace la Constitución a los bienes de los Estados, está comprendida en el ordinal 3' del artículo 17, por el cual se dispone que es de la competencia de cada Estado, la administración de sus bienes[563].

---

562 Véase el libro *El Ordenamiento Constitucional de las Entidades Federales,* Tomos, MRI, Caracas, 1983.

563 En materia de Tierras Baldías de los Estados, la Corte Federal en sentencia de 15 de julio de 1955 ha señalado lo siguiente: "Respecto de los terrenos baldíos, la propiedad de los Estados... sobre ellos, es consecuencia de la presunción que a su favor establece el artículo 2° de la Ley de Tierras Baldías y Ejidos, precepto ese que más que presumir estatuye dicha propiedad cuando establece: 'Los terrenos baldíos de los Ejidos son del dominio privado de ellos, y los existentes en el Distrito Federal, en los Territorios Federales y en las Islas del Mar de las Antillas, son del dominio privado de la Nación...'".

En la misma materia, la misma Corte en sentencia de 4 de noviembre de 1952 ha establecido: "La Corte desecha el criterio sustentado por el actor, de que según el alcance del parágrafo único del artículo 21 de la Ley Orgánica de la Hacienda Nacional, los bienes baldíos pertenecientes a los Estados se equiparan a los nacionales, y por ende, afirma el actor: 'toda disposición legal que rija a los bienes nacionales debe aplicarse a los baldíos'. El sentido de la mencionada disposición está al margen de la interpretación que ha querido atribuirle el demandante. Ella estatuye que los bienes pertenecientes a los Estados y que ad-

Entre otros, estos bienes son las tierras baldías situadas en su territorio, que forman parte del dominio privado de los Estados, aún cuando administrados por el Ejecutivo Nacional de acuerdo con lo establecido en la Ley de Tierras Baldías y Ejidos.

B. *Los Ingresos Estadales*

Los Estados tienen una competencia residual respecto a la competencia del Poder Nacional y del Poder Municipal. En efecto, el artículo 17, ordinal 7°, dispone que es de la competencia de cada uno de los Estados todo lo que no corresponda, de conformidad con la Constitución, a la competencia nacional o municipal.

Por otra parte, el mismo artículo 17 en su ordinal 3°, establece que es de competencia de cada uno de los Estados, la administración de sus bienes y la inversión del situado constitucional y demás ingresos que le correspondan, con sujeción a lo dispuesto en los artículos 229 de la Constitución (referente al situado constitucional) y 235 (referente a la posibilidad de extensión de las funciones de la Contraloría General de la República a las administraciones estadales) de la misma Constitución.

Ahora bien, conforme a la Constitución, los Estados tienen los siguientes ingresos:

a. *Ingresos provenientes del situado constitucional*

a'. *Constitución del situado constitucional*

El artículo 229 de la Constitución establece que en la Ley de Presupuesto Nacional se incluirá anualmente, con el nombre de *situado,* una partida que se distribuirá entre los Estados y el Distrito Federal en la forma siguiente: un treinta por ciento (30%) de dicho porcentaje, por partes iguales y el setenta por ciento (70%) restante, en proporción a la población de cada una de las citadas entidades. Esta partida no será menor del doce y medio por ciento (12½-2%) del total de ingresos ordinarios estimados en el respectivo presupuesto, y este porcentaje mínimo ha aumentado anual y consecutivamente, a partir del presupuesto del año 1962 inclusive, en un medio por ciento (½%) por lo menos, hasta llegar a un mínimo definitivo que alcanzó a un quince por ciento (15%).

La Ley Orgánica de Descentralización, Transferencia y Delimitación de competencias del Poder Público de 1989 estableció el porcentaje del Situado en un dieciséis por ciento (16%,) con incrementos posteriores a partir de 1991, hasta alcanzar el veinte por ciento (20%) (Art. 13), en 1994. En caso de disminución de los ingresos que imponga un reajuste del Presupuesto, el situado debe ser reajustado proporcionalmente.

---

ministra el Poder Federal, conforme a la Constitución Nacional, se entienden sometidos al mismo régimen que los bienes nacionales, salvo lo que dispongan las leyes especiales que rijan aquellos bienes'. Esa igualdad en cuanto a la sumisión del régimen es en lo referente a la Administración de los mencionados bienes baldíos, sin que pueda llegarse a la conclusión de que tal circunstancia haga variar el derecho de propiedad que corresponde a los Estados como titulares efectivos de las tierras baldías ubicadas en sus respectivas jurisdicciones". Véase las referencias respecto de estas sentencias en Allan R. Brewer-Carías, *Jurisprudencia de la Corte Suprema 1930-1974 y Estudios de Derecho Administrativo,* Tomo II, Caracas, 1976.

b'. *Inversión del situado constitucional*

Por otra parte, el artículo 17, ordinal 3°, dispone que es de la competencia de cada uno de los Estados, la inversión del situado constitucional, con sujeción a lo establecido en los artículos 229 y 235 de la Constitución, que señalaremos seguidamente.

c' *Intervención del Poder Nacional*

El artículo 229 de la Constitución señala que la Ley podrá dictar normas para coordinar la inversión del situado constitucional, con planes administrativos desarrollados por el Poder Nacional, y fijar límites a los emolumentos que devenguen funcionarios y empleados de las entidades federales.

El desarrollo de la previsión constitucional se ha realizado con la Ley Orgánica de Descentralización, Transferencia y Delimitación de competencias del Poder Público de 1989.

b. *Ingresos Ordinarios*

a'. *Prohibiciones constitucionales a los Estados en materia impositiva*

La Constitución, en su artículo 18 establece las siguientes prohibiciones en materia impositiva a los Estados:

1. Los Estados no pueden crear aduanas ni impuestos de importación, exportación o de tránsito sobre bienes extranjeros o nacionales, o sobre las demás materias rentísticas de competencia nacional o municipal.
2. Los Estados no pueden gravar bienes de consumo antes de que entren en circulación dentro de su territorio.
3. Los Estados no pueden prohibir el consumo de bienes producidos fuera de su territorio, ni gravarlos en forma diferente a los producidos en él.
4. Los Estados no pueden crear impuestos sobre el ganado en pie o sobre sus productos o sub-productos.

b' *Impuestos sobre la producción y el consumo de bienes*

De la lectura de las prohibiciones señaladas anteriormente en las letras b" y c" y de la interpretación a contrario del ordinal 8° del artículo 136 de la Constitución, se deduce que los Estados sí pueden crear impuestos sobre el consumo de bienes, con sujeción a las normas siguientes.

Si se trata de bienes producidos en su territorio, los Estado pueden gravar su producción y consumo después que entren en circulación dentro de su territorio.

Si se trata de bienes producidos fuera de su territorio, los Estados pueden gravar su producción y consumo en la misma forma que graven los producidos dentro de su territorio.

No puede tratarse de impuestos al consumo que total o parcialmente la Ley haya reservado al Poder Nacional. En cuanto a estos impuestos específicos al consumo, la Ley Orgánica de Descentralización, Delimitación y Transferencia de competencias del Poder Público los transfirió en forma exclusiva a la competencia de los Estados (Art. 11, Ord. 4°).

c'. *Ingresos ordinarios previstos en la Ley Orgánica de Descentralización, Delimitación y Transferencias de competencias del Poder Público de 1989*

La Ley Orgánica de Descentralización, Delimitación y Transferencia de competencias del Poder Público de 1989, en cuanto a los ingresos de los Estados, enumeró los siguientes:

1. El Situado Constitucional;
2. Los que formen parte de los *ingresos adicionales* del país o de planes y proyectos especiales que les sean asignados de conformidad con la Ley;
3. Los aportes o contribuciones diferentes al Situado Constitucional que el Poder Nacional *les asigne con ocasión de la transferencia de servicios* específicos de conformidad con esta Ley;
4. Los que provengan de la recaudación por la prestación de los *servicios públicos que los Estados asuman;*
5. Los recursos provenientes de la recaudación de sus propios *impuestos, tasas, contribuciones* y los que generen de la administración de sus bienes;
6. Los derivados de la administración y explotación de las *obras de infraestructura* de su jurisdicción;
7. Los provenientes de *operaciones de crédito público* realizadas, por supuesto, de acuerdo a la Ley Orgánica de Crédito Público (artículo 17,4 de la Constitución).
8. Los ingresos que provengan por concepto de *multas o sanciones* pecuniarias establecidas en la Legislación Estadal; y
9. Los demás que establezcan las leyes.

Ahora bien, en cuanto a los ingresos ordinarios de carácter tributario la misma Ley conforme al artículo 137 de la Constitución, transfirió a los Estados la competencia exclusiva en las siguientes materias:

1. La organización, recaudación, control y administración del ramo de papel sellado;
2. La organización, recaudación, control y administración de los impuestos específicos al consumo, no reservados al Poder Nacional.

Estas competencias tributarias las deben asumir los Estados, dictando leyes especiales; y mientras eso no ocurra, el régimen legal en vigor en 1989 debe continuar.

c. *Ingresos Extraordinarios*

a'. *Ingresos provenientes de la administración de los bienes estadales*

Los productos provenientes del arrendamiento o enajenación de los bienes estadales son ingresos de los Estados.

b'. *Ingresos provenientes de las Operaciones de Crédito Público*

Tal como lo establece el artículo 17, ordinal 4° de la Constitución, es de competencia de cada uno de los Estados el uso del Crédito Público, con las limitaciones y requisitos que establecen las leyes nacionales, es decir, la Ley Orgánica de Crédito Público. La Constitución de 1961, eliminó la prohibición que señalaba la Constitución derogada en 1953, por la cual los Estados no podían contratar empréstitos en el exterior (Art. 17, Ord. 1°), lo cual quedó como competencia del legislador nacional, y en efecto regula la Ley Orgánica de Crédito Público.

c'. *Ingresos provenientes de la participación en el Impuesto al Valor Agregado*

Conforme se previó en la Ley de Medidas Extraordinarias de 1993, en noviembre de 1933 se dictó el Decreto-Ley sobre participación de los Estados y Municipios en el Impuesto al Valor Agregado y sobre el Fondo Intergubernamental para la Descentralización. Dicho Decreto-Ley reguló la participación de los Estados y Municipios en el producto del IVA, que puede ser de hasta un 30% adicional a lo que les corresponda por situado constitucional. Esta participación, destinada exclusivamente a financiar competencias que la hayan sido efectivamente transferidas a dichas entidades, se considera expresamente como un ingreso extraordinario de los Estados.

En 1944, la Ley del Impuesto al Consumo Suntuario y a las Ventas al por Mayor, ratificó esta participación.

d. *Ingresos provenientes de asignaciones económicas especiales relacionadas con los bienes que administra el Poder Nacional*

El artículo 136, ordinal 10 de la Constitución, dispone que la ley puede establecer un sistema de asignaciones económicas especiales en beneficio de los Estados en cuyo territorio se encuentren situados los bienes que administra el Poder Nacional, tales como las minas e hidrocarburos, salinas, tierras baldías y ostrales de perlas; sin perjuicio de que también puedan establecerse asignaciones especiales en beneficio de otros Estados. En todo caso, dichas asignaciones estarán sujetas a las normas de coordinación previstas en el artículo 229 de la Constitución ya citado, referente al situado constitucional. Aún no se ha regulado ninguna asignación especial.

C. *Los Gastos Estadales*

Señala el artículo 20, ordinal 3°, aparte segundo de la Constitución, que el total de gastos autorizados por la Ley de Presupuesto Estadal no podrán exceder en ningún caso de la estimación de los ingresos del respectivo período, hecha por el Gobernador en el Proyecto presentado a la Asamblea Legislativa.

D. *El Presupuesto Estadal*

En materia del Presupuesto, los Estados tienen su propia Ley de Presupuesto de gastos e ingresos públicos estadales.

Según establece el artículo 23 ordinal 4°, de la Constitución, el Proyecto de Ley de Presupuesto debe ser presentado a la Asamblea Legislativa por el Gobernador del Estado. Las Asambleas Legislativas de los Estados, de conformidad con lo establecido en el artículo 20, ordinal 3° de la Constitución, tienen la atribución de sancionar la Ley de Presupuesto del Estado, no pudiendo alterar sustantivamente la conformación de las partidas de gastos según el proyecto presentado por el Gobernador.

E. *La Contraloría Estadal*

Los Estados tienen su propia Contraloría encargada del control, vigilancia y fiscalización de los ingresos, gastos y bienes estadales, así como las operaciones relacionadas a los mismos.

Sin embargo, como hemos señalado, el artículo 235 de la Constitución establece que las funciones de la Contraloría General de la República podrán extenderse a las administraciones estadales sin menoscabo de la autonomía que a éstas garantiza la Constitución. En tal sentido la Ley Orgánica de la Contraloría, en su Título V, relativo al control de los Estados y Municipios, establece (Art. 65) que la Contraloría podrá ejercer sobre las administraciones estadales y municipales las funciones de inspección, fiscalización e investigación establecidas en el Capítulo II del Título VI de esa misma Ley, y que velará por la aplicación de, las normas dictadas conforme al artículo 229 de la Constitución Nacional para coordinar la inversión del situado.

El artículo 66 de la misma Ley dispone que el resultado de las actuaciones practicadas por la Contraloría en los Estados y Municipios, será comunicado, según el caso, al Ejecutivo Nacional, a la Asamblea Legislativa o al Concejo correspondiente.

4. *Principios constitucionales que rigen la Hacienda Municipal*

Cada Municipio de la República tiene un conjunto de bienes, ingresos y obligaciones, y ello es lo que constituye la Hacienda Pública.

Tal como lo hemos dejado dicho, las disposiciones sobre Hacienda Pública Nacional rigen la Hacienda Pública Municipal en cuanto sean aplicables, como lo establece el artículo 233 de la Constitución y lo ratifica el artículo 80 de la Ley Orgánica de Régimen Municipal[564].

Ahora bien, en cuanto a las normas que se refieren específicamente a la Hacienda Municipal, se destacan las siguientes:

---

564 Sobre el tema véase "El Régimen Hacendístico de los Municipios" en Allan R. Brewer-Carías, *El Régimen Municipal en Venezuela*. Caracas, 1984, pp. 91 y ss.

A. *Los Bienes Municipales*

La referencia a los bienes de los Municipios está en los ordinales 1° y 2° del artículo 31 de la Constitución, y dentro de ellos, el texto fundamental hace especial referencia a los ejidos.

a. *Los ejidos*

De acuerdo al artículo 32 de la Constitución y al artículo 107 de la Ley Orgánica de Régimen Municipal, los ejidos son inalienables e imprescriptibles. Pueden, sin embargo, excepcionalmente enajenarse, en las formas como se verá más adelante al referirnos a los ingresos extraordinarios de los Municipios por tal concepto.

Los ejidos habían estado tradicionalmente regulados en el artículo 3° de la Ley de Tierras Baldías y Ejidos de 1936, remitiendo allí su régimen a lo previsto en las ordenanzas municipales (Art. 4°); pero ahora la Ley Orgánica de Régimen Municipal destina el Capítulo V de su Título VI, a regular los ejidos, habiendo quedado derogados, por tanto, los artículos 3° y 4° de la antigua Ley de Tierras Baldías y Ejidos.

De acuerdo al artículo 123 de la Ley Orgánica de Régimen Municipal, son terrenos ejidos.

1. Los que con dicho carácter hayan venido disfrutando los Municipios.
2. Los que hayan adquirido, adquieran o destinen los Municipios para tal fin.
3. Los resguardos de las extinguidas comunidades indígenas no adquiridos legalmente por terceras personas-
4. Los terrenos baldíos que circundan las poblaciones de los Municipios, conforme a la previsible expansión de aquéllas, de acuerdo a los señalamientos del Organismo Nacional de Planificación Urbana. En estos casos, la mesura y demarcación las debe hacer practicar el respectivo Cabildo o Concejo, a los fines de que el Ministerio de Agricultura y Cría, previa la verificación del caso, expida el título correspondiente dentro del año siguiente, dejando siempre a salvo los derechos de terrenos.
5. Los terrenos propiedad del Instituto Agrario Nacional que circunden las poblaciones de los Municipios, cuando ellos sean necesarios para el ensanche urbano. El Ejecutivo Nacional en la autorización que otorgue debe determinar el número de hectáreas que se destinarán a ejidos. Los Municipios celebrarán con el Instituto Agrario Nacional los correspondientes convenios de donación o compra; y en este último caso, el precio a pagar por el Municipio al Instituto, no puede ser mayor a la cantidad que éste efectivamente haya pagado al momento de adquirirlos, más el valor de las bienhechurías, si las hubiere, y los intereses causados y calculados a la rata del 12% anual.

b. *Los otros bienes municipales*

De acuerdo a lo establecido en el artículo 538 del Código Civil, los Municipios, por supuesto, pueden ser titulares de bienes, y conforme el artículo 84 de la Ley Orgánica de Régimen Municipal, son bienes municipales los bienes muebles o inmuebles, derechos y acciones que por cualquier título ingresen al Patrimonio Municipal o hayan adquirido o adquiera el Municipio o se hayan destinado o se destinen a algún establecimiento público municipal.

Los bienes de las Municipalidades, de acuerdo al Código Civil, son bienes del dominio público o del dominio privado. Son bienes del dominio público municipal los caminos, las murallas, los fosos, puentes y demás bienes semejantes (Art. 539).

Los bienes del dominio público municipal, son de uso público o de uso privado de los Municipios (Art. 540); y los bienes que dejan de estar destinados al uso público, pasan del dominio público al dominio privado (Art. 541). Esta es la normativa básica que regula los bienes del dominio público municipal.

Ahora bien, la determinación de qué bienes son públicos y cuáles son privados constituye una cuestión de derecho "civil", pues significa establecer la distinción o clasificación básica en la condición legal o naturaleza jurídica de los bienes; y estando reservada la legislación civil al Poder Nacional (Art. 136, Ord. 26), es indudable que sólo el Poder Nacional puede establecer la clasificación y los criterios para delimitarla. De allí las "disposiciones citadas del Código Civil y del artículo 107 de la Ley Orgánica, incorporado al texto en la reforma de 1989, en el cual se enumeran como del dominio público municipal, entre otros, los siguientes bienes:

1° Las obras, instalaciones y edificaciones construidas o adquiridas por el Municipio o Distrito o por cualquier organismo o persona de carácter público o privado, en beneficio del Municipio o Distrito, cuando estén destinadas o adscritas a la prestación de un servicio público;

2° Los ejidos.

Por supuesto, conforme a la misma norma, los bienes del dominio público del Municipio se declaran como inalienables e imprescriptibles, "salvo que el Concejo o Cabildo proceda a su desafectación con el voto favorable de las tres cuartes (3/4) partes de sus integrantes".

En todo caso, conforme a la enumeración del artículo 107 de la Ley Orgánica y de los artículos 539 a 541 del Código Civil, pueden identificarse, en concreto, bienes del dominio público municipal.

En el campo urbanístico, por ejemplo, indudablemente que pueden identificarse los bienes del dominio público municipal urbanístico con ayuda de las normas de las Ordenanzas sobre Arquitectura, Urbanismo y Construcciones en general, que se refieren a "las avenidas, calles, plazas, ramales de cloacas, instalaciones de alumbrado público y demás construcciones que por su origen, naturaleza y destino no sean de propiedad particular, sino que correspondan al uso público", lo cual contribuye a identificar aquellos "demás bienes semejantes" afectados al uso público a que se refieren las normas del Código Civil.

En esta forma, de acuerdo a las disposiciones de las Ordenanzas, son bienes del dominio público urbanístico municipal, por su afectación al uso público, los siguientes: las calles (vías destinadas al uso público, cuyo ancho es menos de 20 metros), las avenidas (unas calles de más de 20 metros), las aceras (la parte de las calles destinada a tránsito de peatones), los parques (espacio arbolado de libre acceso a la comunidad y destinado a solaz de la población), y las plazas (espacio libre que sirve de solaz público, o que tiene por objeto descongestionar o regularizar el tránsito).

Por otra parte, también son bienes del dominio público urbanístico municipal, por su afectación a un servicio público, los siguientes: los ramales de cloacas (servicio de alcantarillado) y las instalaciones de alumbrado público (servicio público de alumbrado). Todos estos bienes, "por su origen, naturaleza y destino" están afectados al uso público y no son de aquellos que son normalmente de propiedad privada, por lo cual deben ser cedidos obligatoriamente a las Municipalidades.

B. *Los Ingresos Municipales*

Dispone el artículo 29 de la Constitución que la autonomía municipal, comprende entre otras materias, la creación, recaudación e inversión de sus ingresos. Además, es de competencia municipal, el gobierno y administración de los intereses peculiares de la entidad, en particular, cuando tenga relación con sus bienes o ingresos (Art. 30).

a. *Enumeración de los ingresos*

De acuerdo a lo establecido en el artículo 31 de la Constitución, los Municipios tendrán los siguientes ingresos:

1. El producto de sus ejidos y bienes propios.
2. Las tasas por el uso de sus bienes o servicios.
3. Las patentes sobre industria, comercio y vehículos, y los impuestos sobre inmuebles urbanos y espectáculos públicos.
4. Las multas que impongan las autoridades municipales, y las demás que legalmente les sean atribuidas.
5. Las subvenciones estadales o nacionales y los donativos-
6. Los demás impuestos, tasas y contribuciones especiales que crearen de conformidad con la ley.

Estos ingresos municipales, por supuesto, requieren de una regulación en Ordenanzas Municipales para poder ser recaudados.

Siguiendo la orientación del artículo 31 de la Constitución ya comentado, la Ley Orgánica de Régimen Municipal, enumera los ingresos, distinguiendo los ordinarios de los extraordinarios.

Así, de acuerdo al artículo 111 son *ingresos ordinarios* del Municipio:

1° Los impuestos y tasas municipales.

2° Las sanciones pecuniarias impuestas por las autoridades municipales competentes, así como las multas que se liquiden con destino al Fisco Municipal de conformidad con la Ley.

3° Los intereses producidos por cualquier clase de crédito fiscal municipal.

4° El producto de la administración de los bienes o servicios municipales;

5° Los proventos que satisfagan al Municipio los institutos autónomos, empresas, fundaciones, asociaciones civiles y otros organismos descentralizados del Municipio;

6° Los dividendos que le correspondan por su suscripción o aporte al capital de empresas de cualquier género;

7° El producto de los contratos que celebre y que no fueren de los mencionados en el ordinal 2° del artículo 110;

8° Los frutos civiles obtenidos con ocasión de otros ingresos públicos municipales o de los bienes municipales, así como también los intereses devengados por las cantidades de dinero consignadas en calidad de depósito en cualquier banco o instituto de crédito;

9° El Situado Municipal que le corresponde de acuerdo con la Ley; y

10° Cualesquiera otros que determinen las leyes, decretos y ordenanzas.

Por su parte, de acuerdo al artículo 112, son ingresos públicos extraordinarios del Municipio:

1° Las contribuciones especiales previstas en la ley nacional.

2° El producto de los empréstitos y demás operaciones de crédito público contratados de acuerdo con la ley de la materia;

3° El precio de la venta de los ejidos y demás bienes inmuebles municipales;

4° Las cantidades de dinero que se donaren o legaren a su favor; y

5° Los aportes especiales que le acuerden organismos gubernamentales nacionales o estadales.

En todo caso, como principio, de acuerdo con el artículo 116, los ingresos públicos extraordinarios sólo pueden destinarse a obras o servicios que aseguren la recuperación de la inversión o el incremento efectivo del patrimonio del Municipio.

En cuanto a los ingresos provenientes de la venta de terrenos desafectados de la condición de ejidos y demás bienes inmuebles, deben necesariamente ser invertidos en bienes que produzcan nuevos ingresos al Municipio o en programas de interés municipal. Del cumplimiento de esta exigencia la Ley hace responsables solidariamente a los Concejales con el Alcalde por la contravención de esta norma, a menos que oportunamente hubieren advertido a la Cámara la infracción o hubieren gestionado la iniciación del procedimiento para establecer las responsabilidades a que hubiere lugar.

Respecto a los ingresos extraordinarios previstos en los ordinales 4° y 5° del artículo 112, cuando hayan sido donados, legados o aportados para un fin determinado, quedan excluidos de tal disposición.

Debe también considerarse como ingresos extraordinarios de los Municipios lo que perciban del Fondo Intergubernamental para la descentralización, conforme al Decreto Ley que lo creó de 1993, con motivo de su participación en el producto del Impuesto al Valor Agregado, destinados al financiamiento de competencias nacionales que les sean transferidas.

b. *Los impuestos municipales*

De entre los ingresos municipales, sin duda, es de interés destacar los impuestos municipales autorizados en la Constitución, y que configuran la fuente principal de ingresos de los Municipios. Estos impuestos municipales son los siguientes:

En primer lugar, el denominado impuesto de "patente de industria y comercio", el cual es un impuesto a las actividades lucrativas que se realizan en el territorio de cada Municipio, y que tiene como base imponible el monto de las ventas, los ingresos brutos o el monto de las operaciones efectuadas por el contribuyente durante el año anterior. Se pueden establecer sobre todas las actividades económicas, salvo en relación a aquellas cuyo régimen lo establece el Poder Nacional con exclusividad (minas e hidrocarburos, por ejemplo), y en el cual prevea la exclusión de impuestos municipales.

En segundo lugar, el impuesto sobre inmuebles urbanos, es decir, sobre la propiedad inmobiliaria urbana, el cual es el único impuesto territorial o predial existente en el país en la actualidad. Se lo denomina, con frecuencia, "derecho de frente", y su base imponible es la productividad real o prevista del inmueble urbano o el valor del mismo. No se pueden gravar por los Municipios, en todo caso, inmuebles no urbanos o bienes muebles. Por supuesto, el elemento clave para la determinación del hecho imponible en este caso, es la determinación de lo urbano, que no sólo debe responder a una realidad objetiva (lo urbanizado o urbanizable por estar en el área de expansión de las ciudades), sino que debe enmarcarse dentro del conjunto de competencias públicas. En consecuencia, la determinación de la zona urbana por los Municipios sólo puede estar enmarcada dentro del área de expansión de la ciudad establecida por el Ministerio del Desarrollo Urbano en el Plan de Ordenación Urbanística. En cuanto a los impuestos sobre la propiedad predial (no urbana) son de competencia nacional, previéndose, sin embargo, que la Ley nacional respectiva podrá establecer una participación del Municipio en el producto de dicho "impuesto territorial rural". (Art. 113, Ord. 4°).

En tercer lugar, el impuesto sobre vehículos, denominado también patente de vehículos. Se trata de un impuesto que grava el uso de un bien durable, los vehículos, estando la base imponible determinada por la clasificación de los diversos vehículos, estableciéndose cuotas fijas para cada uno de ellos.

En cuarto lugar, está el impuesto sobre espectáculos públicos, el cual es un impuesto sobre el valor de billetes de tales espectáculos, pagadero por el espectador al adquirir el billete. La base imponible de este impuesto es el valor de la entrada a todo espectáculo.

En quinto lugar, está el impuesto sobre apuestas lícitas, cuyo hecho generador es la apuesta lícita que se pacte con motivo de espectáculos públicos permitidos, y cuya base imponible es el valor de cada apuesta, que debe pagar el apostador. Sobre este impuesto, en particular, el ordinal 1° del artículo 113 de la Ley Orgánica, establece que se trata del

> "gravamen sobre los juegos y apuestas lícitas que se pacten en su jurisdicción. Dicho impuesto no excederá del cinco por ciento (5%) del monto de lo apostado, cuando se origine en sistemas de juego establecidos nacionalmente por algún instituto oficial. En este caso, el monto del impuesto se adicionará a los apostadores, y el Municipio podrá recaudarlo directamente o por medio de los selladores de formularios de juego o expendedores de boletos o billetes, quienes en tal caso actuarán como agentes de recaudación del impuesto, todo de conformidad con lo previsto en la Ordenanza respetiva. Las ganancias derivadas de estas apuestas sólo quedarán sujetas al pago de impuestos nacionales".

Sin embargo, precisa la Ley Orgánica que el Municipio no puede "dictar normas sobre la creación y funcionamiento de loterías, hipódromos y apuestas en general".

En sexto lugar, está el impuesto sobre la propaganda comercial realizada en su jurisdicción (Art. 113, Ord. 2°) que, al igual que los mencionados impuestos de "patente", tienen en su regulación, una finalidad de policía.

Por último, y en particular en materia de recaudación de impuestos municipales, debe destacarse que el artículo 120 de la Ley Orgánica, autoriza a los Municipios a "contratar la recaudación de estos tributos con el Ejecutivo Nacional o Estadal, institutos autónomos o empresas públicas mixtas o privadas de reconocida solvencia, siempre y cuando ello asegure una recaudación más eficaz y a menor costo".

En estos acuerdos se deben señalar las respectivas tarifas, sistemas de recaudación, porcentaje de comisión, forma y oportunidad en que los Municipios recibirán el monto de lo recaudado. Sin embargo, se aclara expresamente en la Ley que esta previsión "no autoriza la celebración de contratos para delegar, en particulares, las competencias de fiscalización de los contribuyentes" (Art. 120), con lo que se busca poner fin a una viciada práctica desarrollada en ese sentido en muchos Municipios.

De acuerdo a lo previsto en el artículo 34 de la Constitución, los Municipios están sujetos a las limitaciones establecidas en el artículo 18 de la misma, en el cual se prohíbe a los Estados crear y gravar determinados bienes. De acuerdo a ello, los Municipios no pueden:

a'. Crear aduanas ni impuestos de importación, exportación, o de tránsito sobre bienes extranjeros o nacionales, o sobre las demás materias rentísticas de competencia nacional.

b'. Gravar bienes de consumo antes de que entren en circulación dentro de su territorio.

c'. Prohibir el consumo de bienes producidos fuera de su territorio, ni gravarlos en forma diferente a los producidos en él.

d'. Crear impuestos sobre el ganado en pie o sobre sus productos o subproductos.

Además, conforme al mismo artículo 34, los Municipios no pueden:

e'. Gravar los productos de la agricultura, la cría y la pesquería de animales comestibles, con otros impuestos que los ordinarios sobre detales de comercio.

c. *Las tasas municipales*

Además de los ingresos municipales por impuestos, están los que derivan de las tasas, es decir, de las prestaciones pecuniarias exigidas a los usuarios de bienes o servicios municipales. El producto de los "parquímetros", por ejemplo, se configuraría como una tasa por el uso de las vías públicas. Sobre estas tasas, en lo que se refiere a las derivadas del uso de los servicios públicos, el artículo 91 de la Ley Orgánica de 1978 prescribió que aquéllas "deberán establecerse de manera que garanticen la amortización de la inversión en un plazo máximo de 20 años, que cubran el costo de la operación y mantenimiento, y que permitan acumular reservas suficientes para atender a la reposición o renovación de equipos". Ello fue eliminado en la reforma de 1989.

d. *Las contribuciones especiales*

Hemos señalado que, de acuerdo a la Constitución, corresponde a los Municipios, como ingresos, "las demás... contribuciones especiales que crearen de conformidad con la ley" (Art. 31. Ord. 6°). En tal sentido, hasta el momento dos leyes prevén estas contribuciones: En primer lugar, la propia Ley Orgánica de Régimen Municipal, en cuyo artículo 113 ordinal 3°, se establece que los Municipios tendrán también como ingreso:

> "La contribución de mejoras sobre los inmuebles urbanos que directa o indirectamente se beneficien con la construcción de obras o el establecimiento de servicios por el Municipio y que sean de evidente interés para la comunidad, de acuerdo a lo que determine la Ley Nacional de la materia y las ordenanzas respectivas. El monto total de la contribución de mejoras no podrá exceder del señalado en la Ley Nacional y, en su defecto, del sesenta por ciento (60%) del costo de las obras o de la instalación del servicio, según presupuesto aprobado y verificado por la Contraloría General de la República.

Salvo disposición en contrario de la Ley Nacional respectiva, el monto de la contribución de mejoras se debe calcular en relación al valor real de las propiedades afectadas, pero no puede ser, para cada propiedad, mayor del cinco por ciento (5%) del valor de dicha propiedad, por cada obra, conjunto de obras o instalación de servicios que se efectúe en una misma oportunidad.

Igual porcentaje debe corresponder al Municipio por mayores valores que adquieran las propiedades en virtud de los cambios de uso o de intensidad de aprovechamiento con que se vean favorecidas por planes de ordenación urbanística, observándose al respecto lo establecido en la Ley Orgánica para la Ordenación del Territorio.

En segundo lugar, y conforme a lo anterior, la Ley Orgánica para la Ordenación del Territorio de 1983, prevé también una contribución especial por plusvalía, pero cuando ésta se deriva de los cambios de uso urbanístico. En tal sentido, el artículo 68 de dicha ley establece lo siguiente:

> Artículo 68. Los mayores valores que adquieran las propiedades en virtud de los cambios de uso, o de intensidad de aprovechamiento con que se vean favorecidos por los planes de ordenación urbanística, serán recuperados por los Municipios en la forma que establezcan las Ordenanzas que deben dictar a tal efecto, en las cuales deben seguirse los lineamientos y principios previstos en el Código Orgánico Tributario.
>
> En ningún caso, la contribución especial que crearen los Municipios conforme a lo establecido en este artículo, podrá ser mayor al cinco por ciento (5%) del valor resultante de la propiedad del inmueble, en cuya determinación se garantizará, en las Ordenanzas respectivas, la participación de los propietarios, y los correspondientes recursos.
>
> El producto de la contribución especial prevista en este artículo, se aplicará a la realización de las obras y servicios urbanos que se determinen en las Ordenanzas.

e. *El Situado Municipal*

La Ley Orgánica de Descentralización. Delimitación y Transferencia de Competencias del Poder Público de 1989 reguló el "Situado Municipal", al prescribir conforme lo autoriza el artículo 229 de la Constitución, que en las Leyes de Presupuestos de los Estados se debe incorporar una partida *destinada a las Municipalidades y denominada Situado Municipal,* que para 1990 fue del 10% del total de los ingresos ordinarios estimados en la Entidad Federal; porcentaje que también debe incrementarse anual y consecutivamente en 1%, hasta alcanzar un 20%. Esta partida del Situado Municipal en cada Estado, debe distribuirse entre los Municipios que conforman la división político territorial del Estado, de conformidad con lo dispuesto en la Ley Orgánica de Régimen Municipal (Art. 14), es decir, un 50% en partes iguales y un 50% en proporción a la población de cada uno de ellos (Art. 128). En caso de existir Distritos Metropolitanos, éstos deben percibir el cincuenta por ciento (50%) de la cuota parte del Situado asignado a los Municipios que los integran, el cual será invertido, en lo posible, en forma proporcional al número de habitantes de cada Municipio (Art. 129).

Por último, la Ley Orgánica estableció la forma conforme a la cual el Ministerio de Relaciones Interiores debe remitir a los Estados el monto del Situado Constitucional que le corresponde en el sentido de que no se produce de un todo, anualmente, sino dividido en doce partes, para ser transferidas mensualmente. Así, el artículo 15 de la Ley Orgánica dispuso que

> "El Ejecutivo Nacional remitirá el Situado Constitucional a las Gobernaciones por dozavos, dentro de los primeros siete (7) días de cada mes. Dentro de los cinco (5) días siguientes a la recepción respectiva, lo harán las Gobernaciones de los Estados a los Municipios, por lo que respecta al Situado Municipal".

En cuanto a la LORM, ésta exige en su artículo 130 que el Situado Municipal se invierta en la construcción de obras y adquisición de equipos para la prestación de servicios públicos y en los gastos imprescriptibles para el funcionamiento de dichos servicios.

En esta materia de inversión del Situado Municipal, la Ley de 1978 establecía la posibilidad de que se acordase la retención del pago de la cuota-parte del Situado correspondiente a algún Municipio, cuando existieran evidencias de ilegalidad en la inversión. Esta previsión legal fue completamente modificada, estableciéndose en la Ley de 1989, el principio inverso.

> Artículo 131. El Gobernador de Estado en ningún caso podrá retener, en todo o en parte, la asignación que por concepto de Situado le corresponda a los Municipios. La violación de esta norma se castigará personalmente con multa de diez mil bolívares (Bs. 10.000,00) que impondrá la Contraloría General de la República e ingresará al Tesoro Municipal respectivo.

f. *Las multas*

En cuanto a las multas impuestas por la autoridad municipal y que se prevean en las leyes nacionales o estadales o en las Ordenanzas en las materias de la competencia municipal, la LORM sólo prevé en su artículo 99 que la autoridad que las imponga debe hacer la correspondiente participación a la oficina recaudadora de ingresos municipales, la cual es la única autorizada para hacerlas efectivas.

g. *Ingresos extraordinarios*

a'. *Las operaciones de crédito público*

De acuerdo al artículo 33 de la Constitución, los Municipios pueden hacer uso del crédito público, pero con las limitaciones y requisitos que establezca la ley nacional, y esa no es otra que la Ley Orgánica de Crédito Público, y cuyo artículo 2° declara sujetos a su normativa, a las Municipalidades (Ord. 1°).

En particular, en lo que concierne a las operaciones de crédito público que pueden realizar las Municipalidades (Art. 89, Ord. 2° LORM), la Ley Orgánica de Crédito Público excluye la posibilidad de que realicen operaciones de Crédito Público Externo (Art. 40).

En cuanto a las operaciones de Crédito Público Interno, el artículo 41 de la ley exige que para que las Municipalidades las realicen, obtengan previamente una autorización del Congreso mediante ley especial. A tal efecto, los Concejos Municipales deben formular mediante Acuerdo especial la solicitud de autorización, la cual debe ser trasmitida al Congreso, a través del Ejecutivo Nacional, previa opinión del Banco Central de Venezuela.

En todo caso, las operaciones de Crédito Público que hayan de celebrar los Municipios deben ser sancionadas por los Concejos Municipales mediante Ordenanzas (Art. 42 de la LOCP).

b'. *La enajenación de ejidos*

El principio de la posibilidad, por vía de excepción, de la enajenación de ejidos está previsto en el artículo 32 de la Constitución, luego de declarar que "son inalienables e imprescriptibles", en la siguiente forma:

> Sólo podrán enajenarse para construcciones en los casos establecidos en las Ordenanzas Municipales y previas las formalidades que las mismas señalen. También podrán enajenarse con fines de reforma agraria aquéllos que determine la ley, pero siempre se dejarán a salvo los que requieran el desarrollo de los núcleos urbanos.

En estos casos, el Concejo o Cabildo debe siempre proceder a "desafectar de su condición ejidal los terrenos a urbanizar" con el voto de las tres cuartas (3/4) partes de sus miembros (Art. 125).

El artículo 32 de la Constitución ha sido desarrollado por los artículos 125 y siguientes de la Ley Orgánica, al prescribir en general que la enajenabilidad de los ejidos, sólo puede hacerse "para construcciones" y urbanizaciones, sometida a los siguientes requisitos:

En primer lugar, que se trate de terrenos de origen ejidal, situados en el perímetro urbano de las poblaciones, es decir, tanto en la zona urbana como en el área de expansión de la ciudad. En estos casos, por tanto, se distinguen dos supuestos: si se trata de ejidos situados en la zona urbana, sólo son enajenables los ocupados "por construcciones habitacionales en la zona urbana", correspondiendo la determinación de lo que ha de considerarse como zona urbana al Municipio, siempre que esté incluida dentro del área de expansión de las ciudades, que corresponde ser fijada por el Ministerio del Desarrollo Urbano en los Planes de ordenación urbanística (Art. 24, Ord. 2° de la Ley Orgánica de Ordenación Urbanística y artículo 52 de la Ley Orgánica para la Ordenación del Territorio).

Fuera de la zona urbana, pero dentro del área prevista para la expansión urbana, el Alcalde puede proponer, razonablemente, al Concejo o Cabildo la urbanización de los terrenos de origen ejidal situados dentro de la extensión prevista y previo el cumplimiento de los requisitos establecidos en la Ley de Ventas de Parcelas y demás leyes y ordenanzas aplicables.

En cuanto a los terrenos municipales situados fuera de la extensión prevista para la expansión urbana, podrán ser transferidos al Instituto Agrario Nacional de acuerdo a los convenios que celebre el Municipio con el Ejecutivo Nacional.

En segundo lugar, la enajenación de los ejidos situados fuera de la zona urbana pero dentro del área de expansión de la ciudad, sólo puede hacerse para urbanización. En estos casos, el Cabildo o Concejo debe proceder a desafectar los inmuebles de su condición ejidal, y proceder a aprobar la urbanización. A este efecto, el respectivo documento de parcelamiento debe ser aprobado por el Alcalde e inscrito en la Oficina Subalterna de Registro respectivo.

El desarrollo del parcelamiento de los terrenos ejidales puede ser hecho por el Municipio o mediante contrato. En este último caso el contrato que se celebre debe ser aprobado por el voto de las tres cuartas (3/4) partes de los miembros del Concejo o Cabildo.

En todo caso, la enajenación de ejidos para construcciones está sometida al control previo de la Contraloría Municipal y en ausencia de ésta, al control previo de la Contraloría General de la República.

El artículo 125 de la Ley Orgánica declara inexistentes los contratos de enajenación de ejidos que se celebren en contravención con sus normas.

En tercer lugar, una vez urbanizados los terrenos ejidos, y desafectada su condición ejidal, las parcelas resultantes son las que puede enajenar el Municipio, siempre de acuerdo al documento de parcelamiento y al número catastral. La forma de enajenación de estas parcelas está regulada con precisión en el artículo 126 de la Ley Orgánica de Régimen Municipal, en la siguiente forma:

> Artículo 126. Los terrenos originalmente ejidos, urbanizados conforme al procedimiento que se refiere el artículo anterior, se adjudicarán inicialmente en arrendamiento con opción de compra, y el contrato deberá señalar el canon de arrendamiento, el precio del terreno, así como el plazo para ejercer la opción de compra, el cual no podrá ser mayor de dos (2) años, contados a partir de la fecha de la firma del contrato.
>
> El plazo para la construcción no excederá del señalado para el pago del precio del terreno, a menos que se trate de convenios de desarrollos urbanísticos celebrados con organismos públicos para la ejecución de planes de viviendas o dotación de servicios.
>
> Si la construcción no fuere ejecutada durante el lapso señalado para el pago del terreno, el contrato de arrendamiento con opción de compra quedará sin

ningún efecto y el Concejo o Cabildo no devolverá las cantidades recibidas por concepto de cánones de arrendamiento. La venta se efectuará una vez terminada la construcción para cuyo fin fue adjudicado el terreno.

Excepcionalmente podrá venderse a la persona que acredite en su solicitud haber obtenido la oferta de una entidad financiera de reconocida solvencia, de concederle un crédito para construcción de su vivienda.

En tal caso, si transcurridos dos (2) años después de haberse otorgado el documento sin que el interesado haya ejecutado en un cincuenta por ciento (50%) la vivienda prevista, el Alcalde, previa la comprobación correspondiente, declarará el contrato resuelto de pleno derecho, sin perjuicio del pago, a justa regulación de expertos, del valor de las bienhechurías construidas en el terreno, conforme a lo previsto en el Código Civil. En la escritura de venta se hará constatar esta condición.

La resolución del Alcalde se remitirá a la Oficina Subalterna de Registro Público respectiva, para que se estampe la nota marginal correspondiente.

En todo caso, de acuerdo con el artículo 127, la compra de terrenos que resulte de la parcelación de ejidos así como de terrenos propios del Municipio se hace, a riesgo del comprador, quien no puede reclamar saneamiento por evicción.

En cuarto lugar, para la enajenación de ejidos, exige el artículo 124 la condición de que se observen las modalidades, condiciones y restricciones establecidas en la Ordenanza respectiva y previa las formalidades que la misma señale.

El artículo 109 de la Ley Orgánica prohíbe a los Municipios dar en *enfiteusis* los ejidos, y el artículo 124 autoriza a los Municipios para adoptar, por Ordenanza, una política general de no enajenación de sus ejidos y terrenos propios, así como la de sujetar su arrendamiento y uso a las restricciones que considere más convenientes al desarrollo de las poblaciones y el interés del Municipio.

De acuerdo al artículo 184 de la Ley Orgánica, cuando se compruebe que ejidos e inmuebles municipales o distritales en general, han sido enajenados con violación de lo dispuesto en la Constitución, leyes u ordenanzas, o son detectados sin causa justa o justo título, el Municipio o Distrito tomará las medidas pertinentes para el reconocimiento de su propiedad o posesión.

En todo caso, cuando el Alcalde no ejerza las acciones necesarias para la defensa de sus bienes y derechos, cualquier vecino puede solicitar la intervención de un Fiscal del Ministerio Público para que inste al Alcalde a actuar o, en caso de no hacerlo, debe iniciar el procedimiento de averiguación que corresponda, para el ejercicio de las acciones a que hubiere lugar.

C. *Los Gastos Municipales*

La Constitución no establece específicamente norma alguna relativa a los gastos municipales, y sólo debe destacarse en esta materia, la previsión del artículo 229 del Texto Fundamental, según la cual, la ley nacional puede fijar límites a los emolumentos que devenguen los funcionarios de los Municipios, en cuyo caso, el Presupuesto Municipal no puede prever gastos burocráticos que excedan dichos límites, en esta materia, la Ley Orgánica de Régimen Municipal, sólo establece como límite al presupuesto de gastos el total del presupuesto de ingresos (Art. 132 LORM).

D. *El Presupuesto Municipal*

Es característica de la autonomía municipal la libre gestión en las materias de competencia del Municipio, tal como lo establece el artículo 29 de la Constitución. En tal sentido, cada Municipio tiene su presupuesto de gastos e ingresos municipales, regidos por los principios constitucionales establecidos al tratar de la Hacienda Pública Nacional, y por la detallada regulación de la Ley Orgánica de Régimen Municipal, según la cual:

1. ° La elaboración del Presupuesto Municipal corresponde al Alcalde, el cual es el órgano ejecutivo de la Administración Municipal.
2. La sanción del Presupuesto Municipal corresponde al Concejo Municipal a través de la Ordenanza de Presupuesto de Ingresos y Gastos. El Concejo puede alterar las partidas presupuestarias pero no puede autorizar gastos que excedan del monto de las estimaciones de ingresos del respectivo proyecto de ordenanza del presupuesto (Art. 135).

E. *La Contraloría Municipal*

La Contraloría Municipal tiene a su cargo el control, vigilancia y fiscalización de los ingresos, gastos y bienes municipales, así como de las operaciones relativas a los mismos (Art. 91 LORM), aun cuando como hemos dicho, según el artículo 235 de la Constitución, las funciones de la Contraloría General de la República podrán extenderse por Ley a las administraciones municipales sin menoscabo de la autonomía que a éstas garantiza la Constitución.

En concordancia con esto, la Ley Orgánica de Régimen Municipal, dispone en su artículo 151, que la Contraloría General de la República ejercerá, en coordinación con las Contralorías Municipales, la vigilancia, fiscalización y control a posteriori sobre las administraciones municipales. Luego establece que el resultado de las investigaciones que practique la Contraloría General de la República en las administraciones municipales y organismos que de ella dependan, será informado al Alcalde o al Concejo o Cabildo respectivos.

La Ley Orgánica de la Contraloría General de la República establece además, expresamente, la posibilidad para dicho organismo de ejercer sobre las administraciones municipales las funciones de inspección, fiscalización e investigación que prevé la ley (Art. 65). Para el cumplimiento de sus funciones, la Contraloría General de la República ha creado una Dirección General de Estados y Municipios en su Dirección de Inspección y Fiscalización.

5. *La participación de los estados y municipios en el producto del impuesto nacional a las ventas*

A. *La previsión de la Ley de Medidas Extraordinarias de 1993*

La Ley que autorizó al Presidente de la República para dictar medidas extraordinarias en materia económica y financiera de 23 de agosto de 1993[565] le atribuyó la potestad de establecer por Decreto-Ley el Impuesto al Valor Agregado (IVA) precisando, además que a fin de promover la descentralización administrativa y de ampliar la asignación de recursos ordinarios de fuente tributaria a los Estados y Municipios, el Decreto-Ley podía establecer los mecanismos de participación de éstos en el impuesto citado. A tal efecto, en el artículo 1, ordinal 1 de dicha Ley Habilitante se fijaron las regulaciones básicas para desarrollar esa participación de Estados y Municipios en el IVA, y que se pueden resumir como sigue:

a. *La finalidad y objetivos de la regulación*

Los mecanismos de participación de los Estados y Municipios en el impuesto conforme a la Ley Habilitante sólo podrían tener como fin: Promover la descentralización administrativa y, ampliar la asignación de recursos ordinarios de fuente tributaria a los Estados y Municipios.

Por tanto, las normas del Decreto-Ley tenían que estar orientadas a hacer que los mencionados mecanismos de participación tuviesen por objeto promover la descentralización administrativa hacia los Estados y Municipios.

b. *El destino exclusivo de los recursos*

El Decreto-Ley debía asegurar, en todo caso, que los recursos obtenidos por los mecanismos de participación de los Estados y Municipios en el Impuesto al Valor Agregado, fuesen destinados exclusivamente, al financiamiento de las competencias y servicios que les sean transferidos a los Estados y Municipios.

Esta es una limitación muy importante establecida en la Ley Habilitante, pues, en definitiva, condicionaba el destino de los recursos obtenidos por los mecanismos de participación de los Estados y Municipios en el Impuesto al Valor Agregado, sólo para financiar las competencias y servicios que les sean transferidos, tanto a los Estados como a los Municipios. La precisión de su alcance y aplicabilidad era de suma importancia.

a'. *El alcance de la condición*

Esta disposición podría interpretarse como una limitación general que condicionaría el destino, tanto de los recursos provenientes del Impuesto al Valor Agregado que se incorporen al Situado Constitucional, como los que adicionalmente regula la Ley. Ello, sin embargo, hubiera implicado una modificación de la Ley de Descentra-

565 Véase en *Gaceta Oficial* Nº 35.280 de 23-8-93. Véase sobre esto, *Informe sobre la Descentralización en Venezuela*. Memoria del Dr. Allan R. Brewer-Carías, Ministro de Estado para la descentralización, Caracas 1993, pp. 167 y ss.

lización que regula la distribución y utilización del Situado Constitucional (artículos 12 y siguientes).

Por ello, se estimó que la norma debía interpretarse en el sentido de que la limitación, en cuanto al destino de los recursos obtenidos por los mecanismos de participación de los Estados y Municipios en el Impuesto al Valor Agregado contenida en la Ley Habilitante, sólo debía aplicarse a los recursos obtenidos adicionalmente a lo que les correspondía a Estados y Municipios, por el Situado Constitucional.

b' *Los gastos financiables*

Por otra parte, como se señaló, la Ley Habilitante estableció que los recursos obtenidos mediante los mecanismos de participación, sólo podían ser destinados exclusivamente al financiamiento de las competencias y servicios que les fueran transferidos a los Estados y Municipios.

Esto significaba que esos fondos debían destinarse a financiar la transferencia de competencias y servicios de acuerdo con la Ley. Podía deducirse que el destino de los fondos provenientes del Impuesto al Valor Agregado destinados a los Estados y Municipios, era el financiamiento de las cantidades que anualmente deba incorporar el Ejecutivo Nacional en el Presupuesto, como partida variable conforme a lo establecido en el artículo 6°, ordinal 5° de la Ley de Descentralización.

Sin embargo, esta interpretación hubiera implicado que los fondos mencionados no podían destinarse a gastos de nuevas inversiones de los servicios y competencias transferidas. Además, ella estaba reñida con la idea de que el Fondo se extinguiera, analizada más adelante.

Por ello, se estimó que la norma debía interpretarse en el sentido de que los fondos provenientes del Impuesto al Valor Agregado debían destinarse a otros fines distintos a los que se debían cubrir por las partidas presupuestarias que se establecieran conforme al artículo 6°, ordinal 5° de la Ley de Descentralización; en particular, para nueva inversión de sectores en los cuales se produjera la transferencia de competencias y servicios para gastos asociados al proceso de transferencias y servicios, como el relativo a los pasivos laborales; y para gastos ocasionados por la modernización institucional para el manejo de las competencias y servicios transferidos.

c. *El monto máximo de la participación de los Estados y Municipios*

De acuerdo con la Ley Habilitante la participación de los Estados y Municipios en el producto del IVA no podía ser mayor del 50% del producto del impuesto, incluido, lo que les correspondiera por el Situado Constitucional.

El Situado Constitucional de acuerdo con lo establecido en el artículo 13 de la Ley de Descentralización, para 1994 era del 20% de los ingresos ordinarios, que es el límite máximo. Por tanto, puede decirse que el 20% de lo que se recaude por el IVA va al Situado Constitucional.

En consecuencia, la participación de los Estados y Municipios en el producto del IVA de acuerdo con la Ley Habilitante, excluido lo que les correspondiera por el Situado Constitucional, podía ser de hasta un máximo del 30%.

Ahora bien, como los fondos provenientes del IVA, distintos a los que les correspondiera a los Estados y Municipios por el Situado Constitucional, de acuerdo con la Ley Habilitante, sólo podían ser destinados en forma exclusiva, al financiamiento de las competencias y servicios que les sean transferidos, los mismos estaban vinculados necesariamente al proceso de transferencia de competencias. Por ello, el Decreto-Ley debía establecer que sólo serían disponibles en la medida y oportunidad en que se hiciera realmente efectiva cada transferencia. En consecuencia, la utilización de los recursos provenientes del IVA sería necesariamente gradual, a medida que se fueran produciendo las transferencias de competencias.

Siendo ello así, el monto de la participación de Estados y Municipios en el producto del IVA, distinto a lo que les correspondiera por el Situado Constitucional, debía ser incrementado anualmente conforme progresara el proceso de descentralización, con el objeto de no inmovilizar recursos de origen tributario que constituían ingresos ordinarios de la República, y que tendrían que ser destinados a cubrir el déficit fiscal.

Por ello, el monto de la participación inicial de los Estados y Municipios en el IVA, distinto a lo que les corresponde por el Situado, se consideró que debía ser inicialmente, para el año de 1993, de un porcentaje menor al 30%, el cual debía incrementarse anualmente por decisión del Ejecutivo Nacional, a medida que avanzara el proceso de transferencia de competencias y servicios, hasta alcanzar el límite indicado.

d. *La proporción de la participación*

La Ley Habilitante dispuso que el Decreto-Ley debía establecer la proporción que le correspondería a cada Estado y Municipio. Además, dispuso que el Decreto-Ley también podía establecer normas para destinar parte de dichos recursos y servicios a los Estados de menor desarrollo relativo.

Esta proporción que debía corresponder a cada Estado y Municipio podía seguir el mismo esquema de distribución del Situado Constitucional, que es: el 30%, en partes iguales, y el 70%, en proporción a la población de cada una de las entidades. Sin embargo, estos criterios de distribución debían ajustarse utilizando otros criterios que compensasen las desigualdades económicas y sociales entre las entidades federales, como ha sucedido en otras experiencias de descentralización en el mundo contemporáneo, tales como: presión tributaria, nivel de actividad económica, tasa de desempleo o superficie territorial de la entidad déficit de cobertura de los servicios públicos. En esta forma se podía prestar atención, como lo indica la Ley Habilitante, a los Estados de menor desarrollo relativo.

e. *Los mecanismos institucionales para la asignación y administración de los recursos por los Estados y Municipios: el Fondo Inter gubernamental para la descentralización*

La Ley Habilitante, por otra parte, estableció que a los fines de la asignación y administración por parte de los Estados y Municipios de los recursos que les corresponda, el Decreto-Ley necesariamente debía crear el Fondo Intergubernamental para los programas de transferencias de competencias y servicios, como entidad sin personalidad jurídica, que debía ser administrado por el Ejecutivo Nacional.

Este Fondo se configuró en la Ley como un mecanismo de intermediación necesaria de los recursos provenientes del Impuesto al Valor Agregado en el cual debían participar los Estados y Municipios. Por tanto, los recursos producto del Impuesto al

Valor Agregado sólo podían ser transferidos a los Estados y Municipios por el Fondo, al cual correspondía asignar y administrar los recursos.

f. *La limitación en cuanto a la disponibilidad del Fondo*

La Ley Habilitante dispuso expresamente que el Fondo Intergubernamental sólo sería disponible en la medida y oportunidad en que se hiciera realmente efectiva la transferencia de competencias a los Estados y Municipios.

Por tanto, el Fondo podía convenir con el Fondo de Inversiones de Venezuela, la administración de los recursos líquidos no desembolsados de que dispusiera, a los efectos de mantenerlos en depósitos en bancos de primera clase en el país o en el exterior, en instrumentos del mercado financiero internacional o en valores públicos nacionales o extranjeros específicos.

El Decreto-Ley podía establecer mecanismos de evaluación de programas y proyectos de inversiones en las competencias y servicios transferidos, con el fin de garantizar la necesaria coherencia intergubernamental.

El Decreto-Ley también podía prever que los ingresos del Fondo por concepto de intereses, fuesen destinados a cubrir parcialmente los gastos destinados a preparar el proceso de transferencia de competencias y servicios.

g. *La extinción del Fondo Intergubernamental*

Por último, conforme a la Ley Habilitante, el Fondo Intergubernamental se debía extinguir en la medida que se cumplieran sus objetivos. Para ello, el Decreto-Ley debía prever el mecanismo de extinción del Fondo.

B. *El régimen establecido en el Decreto-Ley de 1993 sobre participación de Estados y Municipios en el Impuesto al Valor Agregado*

El Presidente de la República, de conformidad con lo dispuesto en el ordinal 8° del artículo 190 de la Constitución, en concordancia con el ordinal 1° del artículo 1° de la mencionada Ley que autorizó al Presidente de la República para dictar medidas extraordinarias en materia económica y financiera, con los ordinales 4° y 5° del artículo 16 de la Ley Orgánica de Régimen Presupuestario y con el artículo 59 del Decreto-Ley N° 3145 del 16 de septiembre de 1993 sobre la Ley de Impuesto al Valor Agregado[566], en Consejo de Ministros, dictó el Decreto-Ley N° 3265 de fecha 25 de noviembre de que regula los mecanismos de participación de los Estados y Municipios en el producto del Impuesto al Valor Agregado (IVA) y el Fondo Intergubernamental para la Descentralización (FIDES)[567].

Si bien posteriormente, por Decreto-Ley N° 187 de 25 de mayo de 1994[568] dictado también con fundamento en una Ley Habilitante de medidas económicas y financieras que había sido sancionada el mes anterior[569]; el Decreto-Ley que creó el IVA

566 *G.O.* N° 4.637 Extra, de 30-9-93.

567 *G.O.* N° 35.359 de 13-12-93.

568 *G.O.* N° 4.727 Extra, de 27-5-94.

569 *G.O.* N° 35.442 de 18-4-94

fue derogado habiéndose sustituido el Impuesto al Valor Agregado por el Impuesto al consumo suntuario y a las ventas al mayor, en el nuevo Decreto-Ley se previó (Art. 64) la participación de los Estados y Municipios en el producto de dicho impuesto, en la misma forma como se había regulado en el Decreto-Ley N° 3265 de 25 de noviembre de 1993.

El Decreto-Ley, como lo especifica su artículo 1°, tiene por tanto como objeto regular los mecanismos de participación de los Estados y Municipios en los recursos recaudados por el Impuesto al Valor Agregado y, además, crear el Fondo Intergubernamental para la Descentralización, a fin de promover la descentralización y de ampliar la designación de recursos ordinarios de fuentes tributarias a dichas entidades político-territoriales (artículo 1°). Cabe destacar que, conforme a lo establecido en el artículo 2° de la Ley de Descentralización, Delimitación y Transferencias de Competencias del Poder Público y a los efectos del Decreto-Ley, las normas del mismo destinadas a los Estados son aplicables al Distrito Federal.

a. *La asignación global de recursos*

a'. *El porcentaje de la participación global*

La participación de los Estados y Municipios de lo recaudado por el Ejecutivo Nacional por el Impuesto a las ventas, de acuerdo al Decreto-Ley, puede ser de un treinta por ciento (30%) como máximo, excluido lo que les corresponda por el Situado Constitucional, lo cual era consistente con la situación aún incipiente de la descentralización en muchas áreas.

Dicha participación, para el ejercicio fiscal de 1993, se estableció en un monto equivalente al cuatro por ciento (4%) de lo recaudado por el Ejecutivo Nacional por dicho impuesto. Según el crédito adicional aprobado por el Consejo de Ministros en diciembre de 1993, dicha cantidad alcanzó a la suma de Bs. 962.048.00,oo conforme a la cual el 23 de diciembre de 1993, la Oficina Central de Presupuesto aprobó el Presupuesto del FIDES para ese año.

Dicho porcentaje del 4%, con posterioridad debía incrementarse de acuerdo al siguiente cronograma: a) hasta el diez por ciento (10%) en 1994, b) hasta el quince por ciento (15%) en 1995, c) hasta el dieciocho por ciento (18%) en 1996, d) hasta el veintidós por ciento (22%) en 1997, e) hasta el veinticuatro por ciento (24%) en 1998, f) hasta el veintiocho por ciento (28%) en 1999 y g) hasta el treinta por ciento (30%) a partir del año 2000 (artículo 2).

Sin embargo, el Presidente de la República en Consejo de Ministros puede modificar el cronograma y los porcentajes mencionados en función del avance en las transferencias efectivas de competencias y servicios a los Estados y Municipios, por su propia iniciativa o a solicitud del Consejo Territorial de Gobierno o del Consejo Nacional de Alcaldes.

b' *La asignación "vertical" de los recursos entre los niveles estadal y municipal de gobierno*

La participación del conjunto de los Estados en el total de los recursos provenientes del Impuesto al Valor Agregado asignados al Fondo, conforme al artículo 27 del Decreto-Ley, se estableció para el año 1993 en un monto equivalente al noventa por ciento (90%) de dichos recursos, debiéndose reducir anual y consecutivamente tal porcentaje en cuatro por ciento (4%) de los recursos mencionados, hasta descender al setenta por ciento (70%).

En consecuencia, la participación del conjunto de los Municipios en el total de los recursos provenientes del Impuesto al Valor Agregado asignados al Fondo, conforme a la misma norma, para el año 1993, era un monto equivalente al diez por ciento (10%) de dichos recursos. Tal porcentaje se debe incrementar anual y consecutivamente en cuatro por ciento (4%) de los recursos mencionados, hasta alcanzar un treinta por ciento (30%).

Este cronograma de proporciones intentó reflejar una previsible creciente importancia de la descentralización hacia los Municipios. En todo caso, el parágrafo único del artículo 27 del Decreto-Ley autoriza al Ejecutivo Nacional, previa consulta al Consejo Territorial de Gobierno y al Consejo Nacional de Alcaldes, para modificar la participación del conjunto de los Estados y del conjunto de los Municipios en el producto del impuesto en función del avance de la transferencia efectiva de competencias y servicios hacia los mismos.

b. *La asignación a Estados y Municipios*

a'. *La distribución "horizontal" de los recursos*

Una vez definidas las proporciones de los recursos del IVA correspondientes al conjunto de los Estados, por una parte, y al conjunto de los Municipios, por la otra (distribución "vertical" entre dos niveles de gobierno), el Decreto-Ley establece el modo en que se asignan las cuotas de participación a cada Estado y Municipio, dentro de la proporción de recursos del nivel de gobierno correspondiente (distribución "horizontal" entre entes de un mismo nivel de gobierno).

Esta distribución horizontal de los recursos, tanto para Estados como para Municipios, se realiza con base en dos regímenes. Uno de carácter común y otro de carácter compensatorio. El primero de ellos está referido al sesenta y cinco por ciento (65%) de la proporción de recursos de cada nivel de gobierno y el segundo al treinta y cinco por ciento (35%) restante. En el régimen común, a todas y cada una de las entidades territoriales se les asigna una cuota de recursos mientras que en el régimen compensatorio sólo se le asigna cuota de recursos a aquellas entidades territoriales que presenten niveles de pobreza relativa superiores al promedio nacional.

La manera en que el Decreto-Ley determina las cuotas de participación de Estados y Municipios en el producto del IVA permite atender de manera explícita y diferenciada dos problemáticas de distinta naturaleza. Por una parte, el FIDES, a través del régimen común, colabora en la superación de los problemas de suficiencia financiera de Estados y Municipios para la ampliación y mejora de los servicios y competencias que les hayan sido transferidos. En tal sentido, la población de cada entidad territorial, tal como la experiencia internacional sugiere, constituye un indicador objetivo que permite calcular razonablemente los requerimientos de inversión en los distintos sectores, de modo más sencillo que el costo de los mismos o su número de usuarios.

Por otra parte, el FIDES, mediante el régimen compensatorio, contribuye a resolver la problemática de inequidad o desequilibrio territorial, la cual puede ser profundizada por la dinámica que la descentralización desata. En este caso, el indicador a ser utilizado debe reflejar la situación relativa de las poblaciones de las distintas entidades territoriales en cuanto a pobreza y calidad de vida. Bajo este régimen entonces, el énfasis es puesto más en la situación de las personas naturales y menos en las capacidades financieras de los gobiernos subnacionales.

b'. *Los criterios de distribución de los ingresos por IVA entre Estados*

De acuerdo al régimen común, del monto correspondiente a la participación del conjunto de los Estados en los recursos provenientes de la recaudación del Impuesto al Valor Agregado asignados al Fondo, establece el artículo 29° del Decreto-Ley que un monto equivalente al sesenta y cinco por ciento (65%) se debe distribuir entre dichas entidades con base en los siguientes porcentajes: a) noventa y ocho por ciento (98%) en proporción a la población de los Estados y b) dos por ciento (2%) en proporción a la extensión territorial de los Estados.

En cuanto al monto correspondiente al treinta y cinco por ciento (35%) restante de la mencionada participación se debe distribuir, atendiendo a criterios de solidaridad y compensación interterritorial, entre aquellos Estados que presenten déficits relativos a servicios públicos básicos superiores al promedio nacional, de acuerdo a un indicador que debe diseñar el Fondo con la colaboración de los entes nacionales y regionales vinculados al diagnóstico de la pobreza en el país y que debe ser aprobado por el Presidente de la República en Consejo de Ministros[570].

c' *Los criterios de distribución de los ingresos por IVA, entre Municipios*

En sentido similar y conforme al artículo 30 del Decreto-Ley, del monto correspondiente a la participación del conjunto de los Municipios en los recursos provenientes de la recaudación del Impuesto al Valor Agregado asignados al Fondo, un monto equivalente al sesenta y cinco por ciento (65%) se debe distribuir entre dichas entidades con base en los siguientes porcentajes: a) noventa y ocho por ciento (98%) en proporción a la población de los Municipios y b) dos por ciento (2%) en proporción a la extensión territorial de los Municipios.

También en el caso de los Municipios el monto correspondiente al treinta y cinco por ciento (35%) restante de la mencionada participación se debe distribuir, atendiendo a criterios de solidaridad y compensación interterritorial, entre aquellos Municipios que presenten déficits relativos a servicios públicos básicos superiores al promedio nacional, de acuerdo a un indicador que debe ser diseñado por el Fondo con la colaboración de los entes nacionales y regionales vinculados al diagnóstico de la pobreza en el país y que debe ser aprobado por el Presidente de la República en Consejo de Ministros.

---

570 Véase el Decreto N° 953 de 29-11-95 *(G.O.* N° 35.874 de 29-11-95) eme aprueba los indicadores de déficit relativo a los servicios básicos estadales y municipales diseñados por el FIDES.

c. *Las condiciones para el uso de los recursos provenientes del IVA*

El Decreto-Ley establece cinco tipos de condiciones en relación al uso de los recursos provenientes del IVA asignados a Estados y Municipios.

a'. *El destino de los recursos*

De acuerdo al artículo 3° del Decreto-Ley, los recursos provenientes del Impuesto al Valor Agregado a ser asignados a los Estados y Municipios, con exclusión de aquellos que le corresponden por el Situado Constitucional, sólo pueden ser destinados exclusivamente al financiamiento de:

1. Servicios correspondientes a competencias concurrentes y exclusivas, transferidos o transferidas a los Estados conforme a lo previsto en la Ley Orgánica de Descentralización, Delimitación y Transferencia de Competencias del Poder Público y a sus Reglamentos, y los servicios correspondientes a competencias concurrentes transferidos al Distrito Federal conforme a la Ley Orgánica del Distrito Federal.
2. Servicios prestados por la República, sus institutos autónomos y el Distrito Federal transferidos a los Municipios, conforme al Reglamento que a tal efecto dicte el Presidente de la República en Consejo de Ministros.

b'. *La disponibilidad de los recursos*

Por otra parte, de acuerdo a lo previsto en parágrafo primero del artículo 3° del Decreto-Ley, salvo en lo que concierne al Distrito Federal, los recursos provenientes del Impuesto al Valor Agregado asignados a los Estados y Municipios sólo pueden ser disponibles para éstos en la medida y oportunidad en que se haga realmente efectiva cada transferencia mediante la suscripción del convenio correspondiente o de la promulgación de la Ley Estadal respectiva.

c' *Los tipos de gastos financiables*

La tercera condición está asociada a los tipos de gastos financiables con recursos provenientes del IVA. Como se señaló, dichos recursos no pueden financiar las partidas presupuestarias mediante las cuales el Ejecutivo Nacional cubre el costo de los servicios transferidos a los Estados. Tales recursos deben orientarse, sin perjuicio de lo establecido en el artículo 3° del Decreto-Ley, conforme a lo indicado en el artículo 7° del mismo, a:

1. La inversión nueva en los sectores donde se haya producido transferencia de competencias o servicios.
2. Los programas de modernización y adecuación institucional de Estados y Municipios para asumir las competencias y servicios transferidos.
3. Las deudas por concepto de prestaciones sociales y otras obligaciones contraídas por el Ejecutivo Nacional con el personal adscrito a los servicios y competencias objetos de transferencia. En este caso, los recursos asignados no podrán exceder el veinte por ciento (20%) de la asignación individual de cada Estado y Municipio, quedando a salvo lo establecido en el parágrafo segundo del artículo del Decreto-Ley.

4. Los gastos de pre-inversión, diseño y preparación de programas y proyectos.
5. Asistencia técnica a los Estados y Municipios. En particular, en los casos de financiamiento de asistencia técnica a los Municipios, el Fondo debe coordinar sus actividades con la Fundación para el Desarrollo de la Comunidad y Fomento Municipal (FUNDACOMUN).
6. Estudios y propuestas que faciliten, promuevan y fortalezcan el proceso de descentralización y el desarrollo regional.
7. Sus gastos de funcionamiento.
8. Otros gastos cónsonos con su objeto.

d'. *La solicitud de recursos*

En cuarto lugar, la solicitud de los recursos asignados a cada Estado y Municipio se debe realizar con base en programas y proyectos específicos. Estos pueden corresponder a iniciativas individuales de las entidades o a iniciativas colectivas de Estados, o de Municipios o de ambos niveles de gobiernos (artículo 36). Ello apunta a elevar la eficiencia del gasto que el Fondo financia y la coherencia intergubernamental en cuanto a planificación y promulgación.

Dispone el parágrafo único del artículo 6, sin embargo, que una vez finalizado un programa o proyecto, los gastos futuros de carácter recurrente asociados a él, no pueden ser financiados por el Fondo.

e'. *El cofinanciamiento de programas y proyectos*

El artículo 31 del Decreto-Ley establece expresamente que los Estados y Municipios deben participar junto con el Fondo en el financiamiento de los programas y proyectos de acuerdo los criterios y mecanismos que deben ser establecidos mediante Reglamento, cuyo proyecto debe ser analizado en los Consejos Directivos de las Cuentas de Participación del Fondo.

En cualquier caso, a los efectos del cálculo del porcentaje de cofinanciamiento que debe corresponder a cada Estado y Municipio deben considerarse los montos percibidos por cada uno de ellos por concepto de Situado Constitucional o Situado Municipal, según sea el caso, así como el grado de esfuerzo fiscal en cada entidad territorial. Con esta condición se pretende entonces introducir mayores grados de coordinación y compromiso entre los entes involucrados y promover, en general, el desarrollo de las finanzas subnacionales, garantía a mediano y largo plazo del éxito y continuidad del nuevo federalismo que la descentralización va creando.

d. *Los recursos no comprometidos*

La dinámica de la asignación de recursos al Fondo en relación al proceso descentralizador o a la formulación de proyectos, puede generar la existencia de recursos ociosos o no comprometidos legalmente por Estados y Municipios. El Decreto-Ley prevé dos mecanismos para el tratamiento de tal eventualidad.

a'. *El tratamiento a nivel agregado*

El primer mecanismo opera a nivel agregado y se desarrolla en el parágrafo segundo del artículo 2°. Allí se dispone que, en cualquier caso, cuando el saldo de los recursos no comprometidos provenientes de la mencionada participación, junto con los intereses que hayan generado, representen una proporción equivalente al cincuenta por ciento (50%) de los recursos del Impuesto al Valor Agregado asignados al Fondo en un ejercicio fiscal, el monto correspondiente al porcentaje que exceda dicha proporción deberá ser reintegrado por el Fondo al Ejecutivo Nacional, debiendo éste destinar tales recursos, de manera prioritaria, a la cancelación o documentación de sus pasivos con los trabajadores adscritos a servicios transferidos o transferibles a Estados y Municipios.

b'. *El tratamiento a nivel individual*

En el caso de que un Estado o Municipio no comprometa durante un ejercicio fiscal, por causas imputables a él, la totalidad del monto correspondiente a su cuota de participación en los recursos administrados por el Fondo provenientes del Impuesto al Valor Agregado, dispone el artículo 32 del Decreto-Ley que se debe procede a restar de su cuota de participación para el período fiscal siguiente, un monto equivalente al cien por ciento (100%) de los recursos no comprometidos en el período anterior.

En estos casos, los montos que se resten de la cuota de participación de un Estado o Municipio deben pasar a integrar una reserva especial destinada a financiar aquellos programas y proyectos específicos, presentados por cualquier Estado y Municipio que haya agotado su cuota de participación respectiva, que presenten la mayor relación costo-beneficio, de acuerdo a la evaluación técnica que realice el Fondo con el apoyo de otros organismos públicos y de firmas o personas especializadas en la materia.

Cuando los recursos asignados a la mencionada reserva especial representen, en opinión del Directorio Ejecutivo, una proporción significativa en relación al total de los recursos administrados por el Fondo, éste puede decidir sumarlos al total de la Cuenta de Participación de Estados o de la Cuenta de Participación de Municipios, según sea el caso, y distribuirlos entre las entidades territoriales con base a lo determinado en los artículos 29 y 30 del Decreto-Ley (artículo 33).

III. LAS PROTECCIONES CONSTITUCIONALES Y LEGALES CONTRA LAS TRIBUTACIONES CONFISCATORIAS

1. *Poder tributario y confiscación*

Una de las tendencias más importantes del derecho tributario contemporáneo es la de constitucionalización de la materia impositiva, en el sentido de que cada vez con más frecuencia, en las Constituciones, no sólo están establecidos los principios fundamentales del sistema tributario, sino también los límites que tiene el ejercicio de la potestad tributaria en relación a los derechos y garantías de los ciudadanos y de los contribuyentes. En esta forma, el poder tributario del Estado ha adquirido una mayor estabilidad y firmeza, ya que en los textos constitucionales se encuentran establecidas la estructura, la extensión y la limitación de las facultades tributarias de los diferentes entes del Estado. Pero, a la vez, las mismas Constituciones limitan el ejercicio de este poder, garantizando los derechos ciudadanos frente al Estado.

Por supuesto, esta constitucionalización de la materia fiscal tiene, como consecuencia fundamental, que la infracción de las normas y principios constitucionales de carácter tributario, ya sea por el Legislador o por el Ejecutivo, vicia los actos producidos de inconstitucionalidad, abriéndose de esta manera la posibilidad de que los tribunales competentes puedan anularlos.

En este marco del Derecho Constitucional Tributario se ubica el tema de las "Protecciones Constitucionales y Legales contra las Tributaciones Confiscatorias", vinculados a la relación fundamental que existe entre el poder tributario del Estado y su ejercicio, y las garantías de los derechos fundamentales de los ciudadanos[571]

El poder tributario del Estado es la facultad o la posibilidad jurídica que éste tiene de exigir impuestos a las personas o respecto de bienes ubicados en su territorio[572], por lo que el impuesto debe considerarse como una "exacción que el Poder Público efectúa de manera obligatoria y que tiene como objetivo esencial cubrir los gastos públicos y distribuirlos en función de las facultades contributivas de los ciudadanos"[573]. Ahora bien, si confiscación significa, etimológicamente, el apoderamiento de un bien por el Estado sin compensación o "la transferencia obligatoria de propiedad privada a una propiedad pública sin compensación"[574], podría concluirse, como lo hizo P. M. Gaudemet, que todo impuesto sería confiscatorio, en el sentido de que tiene como efecto tomar por la fuerza, sin compensación pecuniaria o monetaria, recursos privados en provecho del Estado[575]. En realidad, como lo señala R. Mussgung, "impuestos que puedan cancelarse mediante compensación no tienen sentido"[576], ya que como lo señala Bogdan "es de la naturaleza misma de los impuestos que no se conceda ninguna compensación directa al contribuyente particular por el monto de los impuestos que ha cancelado"[577].

Sin embargo, aun cuando no puede existir un impuesto con compensación secundaria directa, dado que los fines del sistema tributario son la satisfacción de las necesidades generales, generalmente, y en teoría, como lo observa Darby, "siempre

571 Véase la ponencia que presentamos con el título *"Les protections constitution nette s et légales contre les impositions confiscatoires"*, en el Congreso Internacional de Derecho Comparado, Montreal, 1990, publicada en Académie International de droit comparé, *Rapports Généraux XIII Congrès International Montréal,* 1990, pp. 795 a 824. Para la elaboración de dicha ponencia general, recibimos las siguientes ponencias nacionales: H A. García Belsunce, (Argentina); R. J. Vann, (Australia); D. Roessler, (Austria); J Blom, (Canadá); J. J. Darby, (Estados Unidos); P. M. Gaudemet. (Francia); Y. Hadari, (Israel); V. Uckmar, (Italia); Ch. J. Langereis, (Países Bajos); M. Gintowt-Jankomicz, (Polonia); R. Mussgnug, (República Federal de Alemania); B. W. Harvey, Reino Unido); M Bogdan, (Suecia); D. Yersin, (Suiza); J. Nemcová, J. Zemánck, (Checoeslovaquia) y N. Valdés, (Uruguay).

572 G. Fonrouge, *Derecho Financiero,* 2a éd., vol. 1, Buenos Aires, p. 279.

573 P. M. Gaudemet y Molinier, *Finances Publiques,* tomo II, ed., París, 1988, p. 92.

574 Darby, *Ponencia Nacional Norteamericana,* p. 1. "Confiscar es originalmente hacer pasar un elemento del patrimonio privado al patrimonio del Estado": Gaudemet, *Ponencia Nacional Francesa,* pp. 1 y 2.

575 Gaudemet, *idem.*

576 *Ponencia Nacional Alemana* (RAF), pp. 1 y 2.

577 *Ponencia Nacional Sueca,* p. 4.

existe alguna compensación, por más amorfa que sea, que beneficia al contribuyente"[578]. Por ello, incluso desde este punto de vista, el problema puede plantearse cuando "un contribuyente individual está pagando en impuestos, mayor cantidad de dinero de lo que recibe, en beneficios, del Gobierno"[579].

Ahora bien, este tema inserto en el marco del Derecho Constitucional Tributario, estimamos que no puede abordarse desde una perspectiva tan amplia o tan restringida como la que resulta de la relación entre tributación y confiscación, sino que debe más bien enfocarse desde el ángulo de las garantías constitucionales de los contribuyentes frente al poder tributario del Estado, con el objeto de garantizar que todo impuesto se ajuste a las prescripciones constitucionales[580]

En consecuencia, en este sentido entendemos por tributación confiscatoria toda contribución inconstitucional, que resulta de la violación de las garantías constitucionales de los contribuyentes frente al poder impositivo del Estado, a la legalidad del impuesto, a la propiedad, a la equidad, a la libertad económica así como a las demás libertades públicas individuales.

En este sentido, por supuesto, para que exista una tributación confiscatoria es preciso que haya una Constitución como norma suprema y rígida, en la que no solamente se encuentre regulado el ejercicio del poder tributario del Estado, sino donde también se garanticen los derechos fundamentales de los ciudadanos, entre los cuales están el derecho de propiedad y a la libertad económica. Si estos últimos no están garantizados, como sucedía por ejemplo, en la antigua Checoslovaquia, no se podía hablar verdaderamente de "protecciones constitucionales contra las tributaciones confiscatorias"[581]; asimismo, tampoco se puede hablar con precisión del tema cuando en el sistema constitucional de un país, no existe una Constitución orgánica, escrita y rígida, como sucede en Israel[582].

En general, puede afirmarse que en el derecho comparado, aun cuando las Constituciones regulan los fines del poder tributario del Estado y las modalidades de su ejercicio garantizando los derechos fundamentales, las mismas no establecen directamente una prohibición expresa de las tributaciones confiscatorias[583]. Por ello resulta excepcional el caso de España, cuya Constitución de 1978 establece, como principio general, que el sistema tributario en su conjunto no puede tener un carácter confiscatorio[584], así:

---

578 *Ponencia de Estados Unidos,* nota 574 de la p. 1.

579 *Idem.*

580 De esta manera, "un impuesto considerado inconstitucional por cualquier motivo, es por naturaleza confiscatorio puesto que toma ¡legalmente los dineros del contribuyente", *ibid,* p. 14.

581 Nemcová y Zemánek, *Ponencia Nacional Checoeslovaca,* pp. 1-29.

582 Hadari, *Ponencia Nacional Israelí,* pp. 1-7.

583 Langereis, *Ponencia Nacional Holandesa,* p. 12; Mussgung, *supra,* nota 576, p. 1; Darby, *supra,* nota 574, p. 16; Bogdan, *supra,* nota 575, pp. 3 y 6.

584 La prohibición del carácter confiscatorio de los tributos ha sido interpretada, no en relación a los impuestos aislados, sino en relación al sistema impositivo en su conjunto. Véase Taboada, "La protección constitucional de la propiedad privada como límite al poder tributario" en *La Hacienda Pública en la Constitución Española,* Instituto de Estudios Fiscales, Madrid, 1979, pp. 281 y 319.

Artículo 31.1. Todos los ciudadanos contribuirán con el gasto público según su capacidad económica mediante un sistema tributario justo, inspirado en los principios de equidad y progresividad, el cual en ningún caso podrá tener un carácter confiscatorio.

Incluso, más preciso en cuanto a la prohibición de impuestos confiscatorios es el texto de la Constitución de Guatemala de 1987, cuyo artículo 243, luego de establecer como principio que "el sistema tributario debe ser justo y equitativo", agrega que "están prohibidos los impuestos confiscatorios y la doble o múltiple tributación interna".

En todo caso, estén o no expresamente prohibidas las tributaciones confiscatorias, lo cierto es que en todo sistema constitucional donde se encuentren establecidos principios rectores del ejercicio del poder tributario del Estado, y se garanticen los derechos fundamentales de los ciudadanos, las tributaciones confiscatorias pueden ser consideradas inconstitucionales, siendo el problema esencial determinar, desde el punto de vista jurídico, cuando un impuesto puede considerarse confiscatorio. Por lo tanto, la dificultad no está tanto en determinar si la tributación confiscatoria debe considerarse o no inconstitucional —que lo es— sino que, como lo señala R. Mussgnug, con referencia a Alemania Federal, lo verdaderamente difícil "está exclusivamente en definir lo que es un impuesto confiscatorio, y cómo se lo puede distinguir de un impuesto elevado, pero constitucionalmente inobjetable"[585]. Este límite o frontera no es ni absoluto ni objetivo, y su determinación depende de varios elementos que están vinculados a la tradición política y a la realidad económica y social de un país en un momento dado.

En esta forma, existen países donde las tasas impositivas son muy elevadas, y otros donde se establecen límites precisos. Podría afirmarse, como lo ha hecho P. M. Gaudemet, que "una tributación puede calificarse de confiscatoria cuando lo elevado de su tasa obliga al contribuyente, en virtud de que sus ingresos disponibles no le alcanzan, a reducir su patrimonio para cancelarla"[586]. Sin embargo, el estudio del derecho comparado demuestra que en esta materia no hay reglas absolutas. A título de ejemplo, en contraste, pueden mencionarse los casos de Suecia y Argentina.

Suecia puede considerarse una sociedad con impuestos extremadamente elevados, lo que ilustra M. Bogdan al afirmar que "la carga impositiva total, medida en porcentaje del PNB, por concepto de impuestos y pagos de seguridad social obligatorios, pasaron de un 43,7% en 1975 a cerca del 55% en 1987"[587]. Esto lleva a la conclusión de que en los últimos años, Suecia probablemente fue el país con los impuestos más elevados del mundo con relación a su Producto Nacional Bruto[588]. Pero además, M. Bogdan ha señalado, que la protección constitucional contra la tributación exorbitante en Suecia es muy limitada:

585 *Supra,* nota 576, p. 2.

586 *Supra,* nota 574.

587 *Supra,* nota 575, p. 1.

588 *Idem* p. 2.

> En particular, la Constitución no prohíbe impuestos que pudieran alcanzar el 100% de los ingresos. El Estado, sin violar la Constitución, por ejemplo, puede retener prácticamente la totalidad de los ingresos mediante un impuesto sobre la renta; y prácticamente todo el patrimonio a través de un impuesto sobre la riqueza. Los efectos combinados de varios impuestos pueden fácilmente privar al contribuyente de la totalidad de sus ingresos y patrimonio o incluso más[589].

Esta débil protección constitucional frente a la tributación la atribuye M. Bogdan a la orientación política que tiene la propia Constitución sueca, elaborada bajo la influencia del partido político dominante, y que concebía la tributación como uno de los instrumentos para alcanzar objetos políticos. Además, el hecho de que el control de la constitucionalidad sólo proceda cuando la inconstitucionalidad es "flagrante" ha llevado a que este control no se produzca casi nunca frente a normas tributarias[590].

En el otro extremo, es notable el caso de Argentina, donde también existe un control difuso de la constitucionalidad de las leyes mediante el cual los tribunales y la Corte Suprema de la Nación han establecido una abundante doctrina jurisprudencial en cuanto a los límites del poder tributario y a las tributaciones confiscatorias, sobre la base de las garantías constitucionales, en especial, la garantía del derecho de propiedad y la noción de "razonabilidad" aplicada al ejercicio de dicho poder. "El eje alrededor del cual gira todo el sistema jurisprudencial de la Corte Suprema con respecto a la confiscabilidad de las tributaciones, según Linares Quintana, es la regla que considera que un impuesto es confiscatorio cuando el monto de su tasa sea "irrazonable""[591].

En esta forma, la Corte Suprema ha señalado que:

> El poder tributario debe ejercerse de buena fe y con fines públicos, y los impuestos deben establecerse de conformidad con un sistema de imparcialidad y uniformidad, en condiciones razonables, que no lleguen a constituir una prohibición o confiscación, debiendo además tener como objetivo el sufragar los gastos administrativos[592].

Este concepto de razonabilidad, que ha sido fundamental en el sistema de control judicial de la constitucionalidad de las leyes en Argentina, exige que los órganos del Estado, en todas sus actividades, respeten un cierto límite, más allá del cual se produce la alteración del derecho y la pérdida de su esencia constitucional. Por lo tanto, "lo razonable —según G. Bidart Campos— es lo que se ajusta a la Constitución, no tanto en cuanto a su letra sino a su espíritu; y lo irrazonable es lo que infringe la Constitución, es decir, en fin de cuentas, lo inconstitucional"[593]. Sin embargo es claro que el problema de la jurisprudencia ha sido el de determinar cuándo el monto

---

589 *Ibíd.*, pp. 6 y 7.

590 *Ibíd.*, p. 7.

591 *Tratado de la Ciencia del Derecho Constitucional,* 2° ed. tomo V, Buenos Aires, p. 313.

592 García Belsunce, *Ponencia Nacional Argentina,* p. 13.

593 *Derecho Constitucional,* tomo I, Buenos Aires, 1968, p. 229.

del impuesto resulta irrazonable y confiscatorio; como lo señala H. A. García Belsunce, la Corte Suprema estableció en numerosas decisiones que, por ejemplo, el carácter confiscatorio del impuesto inmobiliario se da cuando éste absorbe más de un tercio (1/3), es decir, más del 33% del ingreso probable que se pueda obtener del inmueble[594]. Sin embargo, en la jurisprudencia, no aparece el origen del porcentaje fijado (33%) ni tampoco su racionalidad, lo que ha sido criticado por H. A. García Belsunce señalando que el carácter confiscatorio de un impuesto inmobiliario debe más bien desprenderse de un conjunto de circunstancias de hecho (ubicación de la propiedad, valor comercial, rendimiento real, etc.) que lo convierten en no razonable, sin que ello surja de la "cifra cabalística" del 33% [595]. En todo caso, la Corte Suprema también ha fijado un límite para considerar confiscatorios los impuestos de sucesión cuando alcanzan un 33% de la parte de la herencia correspondiente a cada heredero[596].

Ahora bien, lo que debe destacarse en relación a los límites entre razonabilidad (constitucionalidad) o irrazonabilidad en materia impositiva, es que, fuera de la determinación de porcentaje por parte de la jurisprudencia de un país dado para establecer el límite entre uno y otro extremo (lo que, en Alemania, R. Mussgnug considera como propio de las leyes impositivas predemocráticas[597]), el tema de la confiscatoriedad de la tributación está definitivamente vinculado al respecto o no, por parte del Legislador, de una serie de garantías constitucionales cuya violación sería el origen de la irrazonabilidad de un impuesto y por ende, de su confiscatoriedad. Evidentemente, dichas garantías varían de acuerdo con los países y las épocas: por ello, no tienen carácter absoluto, de manera que si por ejemplo la Constitución de un país no garantiza la propiedad privada ni la libertad económica, como era el citado caso en Checoslovaquia, entonces no puede hablarse de tributaciones confiscatorias.

En cambio, el estudio del Derecho Comparado demuestra que por lo general, en las Constituciones se establecen una serie de garantías a los ciudadanos que constituyen un marco de referencia del poder tributario del Estado marcando los límites de la constitucionalidad de su ejercicio. Dichas garantías son, por lo general, la garantía de la legalidad del impuesto, de la propiedad privada, de la igualdad, de la libertad económica y de las libertades individuales. Ellas delimitan el ejercicio del poder tributario del Estado, por lo que cualquier traspaso de los límites establecidos da origen a inconstitucionalidad, que puede ser sometida al control judicial.

A continuación analizaremos estas cinco garantías constitucionales que se configuran como límite a las tributaciones confiscatorias, concluyendo con la más importante entre las garantías del Estado de Derecho: el control judicial.

---

594 *Supra,* nota 592, pp. 13-19; véase Linares Quintana, *El poder impositivo y la libertad individual,* Buenos Aires. 1951, p. 239.

595 *Supra,* nota 592, pp. 18-19.

596 *Idem.*, p. 22.

597 *Supra,* nota 576, p. 5.

2. *La garantía de la legalidad del impuesto*

Frente al poder tributario del Estado, la garantía constitucional más clásica y en nombre de la cual se inició tanto la Revolución norteamericana como la francesa, es la garantía de la legalidad del impuesto. "Ningún impuesto sin representación" fue la declaración de las Colonias norteamericanas ante el *Stamp Act*; y ello también está en la base del rechazo por el *Parlement de Paris* de registrar los decretos tributarios propuestos por Luis XVI, exigiendo que fueran aprobados por los "Estados Generales".

Puede afirmarse que en todas las Constituciones modernas se establece la garantía de la legalidad del impuesto, al exigirse que los impuestos sólo pueden crearse mediante una ley aprobada por los órganos legislativos de representación popular. Es el caso en Alemania, Holanda, Suecia, Suiza[598] e incluso en Israel, a pesar de que no exista Constitución escrita en el sentido moderno, siendo la norma la contenida en la "Ley básica de la Economía del Estado" (*Basic Law of the State Economy*)[599]. Como también lo establece nuestra Constitución:

> Artículo 224. No podrá cobrarse ningún impuesto u otra contribución que no estén establecidos por ley, ni concederse exenciones ni exoneraciones de los mismos sino en los casos por ella previstos

A este fin, en la Constitución se define el concepto de ley como "los actos aprobados por las Cámaras Legislativas (Senado y Diputados) actuando como cuerpos colegisladores"[600].

Esta garantía de la legalidad del impuesto es considerada generalmente en los Estados Unidos como el primer límite a la tributación confiscatoria, puesto que, en las democracias se permite incluso a los contribuyentes ejercer, como electores, la presión necesaria sobre los representantes para la defensa de sus intereses[601]. Tal y como lo estableció el Juez Marshall en el caso *McCullogh vs. Maryland* en 1819: frente al poder tributario del Estado el cual, como se afirmó en la misma decisión, "implica el poder de destruir", el pueblo le ha otorgado este poder "confiando en interés del Legislador, en la influencia de los electores o de sus representantes, para protegerse contra su abuso"[602].

En todo caso, la garantía de la legalidad del impuesto implica que éste debe ser creado por ley dictada por la representación popular, principio también válido en los sistemas constitucionales donde existe una distribución vertical del poder, como, por ejemplo, en los sistemas federales, y en el caso de los municipios que disponen de poderes tributarios. De conformidad con lo anterior, cualquier impuesto establecido mediante un acto del Ejecutivo o de cualquier autoridad distinta del Legislador (na-

---

598 *Ibíd.;* Langereis, *supra,* nota 583, pp. 1-2; Bogdan, *supra,* nota 577, p. 3; Yersni, *Ponencia Nacional Suiza,* p. 11.

599 Se reserva la legislación impositiva a la Knesset Hadari, *supra,* nota 582, p. 2.

600 Art. 162.

601 Darby, *supra,* nota 574, p. 1

602 Wheat, 316, 431 (1819) *(ídem.,* p. 12).

cional o local) no sólo es inconstitucional, sino fundamentalmente confiscatorio. Debe señalarse que a pesar de que algunos países aceptan en materia impositiva la figura de la delegación legislativa o legislación secundaria, esta delegación no puede llegar a sustituir al Legislador, y solamente puede referirse a algunos elementos del tributo para ejecutar las previsiones de la ley[603]. En consecuencia, la delegación legislativa y las facultades reglamentarias del Ejecutivo en materia impositiva, por esencia, no pueden nunca llegar a sustituirse a la reserva legal establecida en beneficio del Legislador.

Sin embargo, si bien es cierto que la garantía de la legalidad del impuesto constituye la primera de las limitaciones constitucionales a las tributaciones confiscatorias, al exigirse la intervención de los órganos legislativos representativos, el problema que queda por resolver es el de los límites del órgano legislativo en el ejercicio de este poder. En efecto, dado que la Constitución prevé que el Legislador es el único que tiene potestad para crear impuestos, vale preguntarse si, en el ejercicio de este poder tributario, el Legislador también tiene límites constitucionales. En este sentido, en el derecho comparado encontramos respuestas variadas.

Ante todo, debe mencionarse la existencia de un límite general a cualquier actividad legislativa que, evidentemente, debe aplicarse igualmente al ejercicio del poder tributario del Estado: se trata de la garantía constitucional de la irretroactividad de la ley. Por consiguiente, y esto constituye un principio general, las leyes impositivas no pueden ser retroactivas, porque si lo fueran serían confiscatorias[604].

Pero, dejando a salvo este límite general al ejercicio del poder legislativo, queda planteada la interrogante de saber cuáles son los otros límites constitucionales al ejercicio por ley del poder tributario. En este sentido, R. Mussgung, al referirse al caso de Alemania y al comentar el establecimiento constitucional de la garantía de la legalidad del impuesto como restricción formal a la soberanía fiscal del Estado, parece concluir que ese es el único límite del poder tributario del Estado. Por ello, afirma que:

> puesto que el pueblo, representado por un Parlamento electo democráticamente, interviene en la fijación del nivel de tributación, incluso los impuestos más exorbitantes son constitucionalmente legítimos. Por más elevados que estén los impuestos, nunca serán demasiado altos porque se conforman a la opinión de la mayoría[605].

Sin embargo, y esto es generalmente cierto, el ejercicio del poder tributario por parte del Legislador no es ilimitado y las Constituciones establecen, explícita o implícitamente, límites al ejercicio de este poder.

En algunos casos, se trata de limitaciones expresamente establecidas en las Constituciones al fijar el objetivo de los fines del sistema tributario. El artículo 13 de la

603 Langereis, *supra,* nota 583; Hadari, *supra,* nota 582 p. 3.

604 Mussgnug *supra,* nota 576, pp. 12-13. Salvo, por supuesto, en sistemas como el de Israel, donde no se establece la garantía del control judicial de la constitucionalidad al no existir Constitución. Hadari *supra* nota, 12, p. 5.

605 *Supra,* nota 576, p. 5.

Declaración de los Derechos del Hombre y del Ciudadano de 1789 estableció en este sentido que:

> Es indispensable una contribución común, para el mantenimiento de la fuerza pública y de los gastos de administración, ésta debe ser equitativamente repartida entre todos los ciudadanos de acuerdo con sus facultades.

De esta norma resulta, como lo señala P. M. Gaudemet, que "el impuesto no puede crearse por cualquier concepto. No puede tener como fin de desposeer al contribuyente como lo hacen las tributaciones confiscatorias. Su necesidad sólo se admite para cubrir los gastos de interés general"[606].

En sentido similar, la Constitución de los Estados Unidos de América establece en el artículo 1, sección 8, lo siguiente:

> El Congreso tendrá el poder de crear y recaudar impuestos, tributos, derechos y contribuciones para cancelar las deudas y garantizar la defensa común y el bienestar general de los Estados Unidos; pero todas las contribuciones, derechos, tributos e impuestos serán uniformes en todo el territorio de los Estados Unidos.

Asimismo, el artículo 223 de la Constitución de Venezuela establece objetivos más o menos precisos al sistema tributario:

> El sistema tributario procurará la justa distribución de las cargas según la capacidad económica del contribuyente, atendiendo al principio de la progresividad, así como la protección de la economía nacional y la elevación del nivel de vida del pueblo.

De estas normas resulta que en las Constituciones se describen los objetivos precisos del ejercicio del poder tributario; en consecuencia, cualquier impuesto que no cumpla con los objetivos constitucionales sería confiscatorio. Sería el caso, por ejemplo, de un impuesto que tuviera como fin la destrucción de la economía privada.

De manera implícita, esta misma limitación al ejercicio del poder tributario existe en Alemania, de acuerdo con los llamados objetivos fiscales con los que debe cumplir la tributación. Es decir, como lo señala R. Mussgung al criticar los intentos de establecer límites porcentuales en la carga impositiva: en un Estado democrático, el ingreso fiscal es regulado por el gasto presupuestario en el sentido de que "los gastos estudiados y aceptados por el Parlamento durante el proceso de aprobación del presupuesto pueden y deben ser cubiertos por impuestos lo suficientemente elevados". De allí, concluye que "el vínculo entre la autorización del gasto y la legislación fiscal constituye uno de los grandes logros del derecho constitucional democrático"[607]. De lo anterior resulta el principio según el cual sería inconstitucional y por lo tanto, confiscatorio, crear impuestos que tuvieran objetivos extrafiscales, como

606 *Supra,* nota 574, p. 7.

607 *Supra,* nota, 576, pp. 5-9.

por ejemplo un impuesto que tuviera como fin la socialización de la propiedad. En este sentido, V. Scheumer afirma:

> "los impuestos se convierten en medidas expropiatorias cuando, más allá del objetivo de recaudación fiscal de ingresos, van hasta la destrucción o extinción de objetos determinados de la propiedad, y consecuentemente, asumen un carácter confiscatorio"[608].

Evidentemente, al plantearse la necesidad de objetivos fiscales para la creación de impuestos, necesariamente surge la discusión acerca de la constitucionalidad de los llamados "impuestos intervencionistas", los cuales, más que un objetivo fiscal, apuntan más bien hacia la adecuación de las actividades privadas con lo que, por ejemplo, está establecido en un plan de desarrollo económico y social. La respuesta, en todo caso, dependerá del sistema constitucional concreto. Sin embargo, por lo general, no todo impuesto intervencionista debe verse como confiscatorio, a menos que el mismo destruya el derecho de propiedad o impida el ejercicio de la libertad económica.

En relación a los Estados Unidos, también se plantea el problema de saber si un impuesto se establece o no con el fin de "garantizar la defensa común y el bienestar general de los Estados Unidos". J. J. Darby señala que en primera instancia, esto lo debe determinar el Legislador, ya que como lo han establecido los tribunales, la tributación federal se admite "para alentar o desalentar algunos tipos de actividad"[609]. Sin embargo, de allí a admitir la célebre frase del Juez Marshall en 1819 de que "el poder tributario implica, sin lugar a dudas, el poder de destruir"[610] hay un largo trecho. En realidad, tal como lo manifestó la Corte Suprema de los Estados Unidos en 1899, "no sólo es el poder de destruir, sino también el poder de mantener la vida"[611]. En consecuencia, la tributación no puede llegar a destruir como tales, ni la propiedad ni la libertad económica.

Otro de los límites al poder tributario que se encuentra contenido en la Constitución de los Estados Unidos es la exigencia de que los impuestos "deben ser uniformes en todos los Estados Unidos"[612]. Esta exigencia que resulta de la forma federal del Estado, fue interpretada en sentido geográfico pues los impuestos federales deben ser aplicados en todos los estados de la Unión[613]. Sin embargo, aun frente a esta interpretación tradicional, la Corte Suprema ha aceptado la aplicación de exenciones tributarias en algunos estados de menor desarrollo como Alaska, precisamente con

---

608 "Grundlagen und Art der Eteignungsentschädigung" en Reinhard-Scheuner, *Verfassungschutz des Eigentums.* Zwei Abhandlungen JCB Monk (P. Tübingen, 1954, citado por Taboada, *supra,* nota 14, p. 290.

609 *Supra,* nota 574, p. 13. Véase *Wickard vs. Fillburn,* 317 US 111 (1942); *Sonzinsky vs. United States,* 300 US 506 (1937); *United States vs. Sánchez,* 340 US 42 (1950); *United States vs. Kahringer,* 345 US 22 (1953); *Zwak vs. United States,* 848 P. 2d. 1179 (1988).

610 *Supra,* nota 602.

611 *Nicol vs. Arnes,* 173 US 509, 515 (1899); Darby, *supra,* nota 574, p. 6.

612 Art. 1, s. 8, cláusula 1.

613 Darby, *supra,* nota 574, pp. 6, 7

el fin de estimular el desarrollo económico[614]. Además, "la Enmienda XIII (1913) otorgó al Congreso la facultad de crear impuestos sin prorrateo entre los Estados", con lo cual la "cláusula de prorrateo" se volvió obsoleta y sólo se sigue aplicando en materia de "impuestos sobre bienes raíces y capital"[615].

En otros casos, la ausencia de Constitución escrita en el sentido moderno del término, como en Israel, implica que, aun cuando la *Basic Lawv of the State Economy* establezca la garantía de la legalidad de la tributación al reservar a la *Knesset* la facultad de legislar en materia impositiva, como lo afirma Y. Hadari, "no existen límites al poder de la Knesset para sancionar leyes impositivas y determinar tarifas de impuestos. Con respecto a los impuestos, cualquier legislación futura puede imponer nuevos tributos o cambiar los existentes"[616].

En todo caso, refiriéndonos a los sistemas constitucionales en los cuales existe una Constitución escrita, además de los límites al poder tributario del Estado anteriormente señalados, derivados de los objetivos y finalidades del sistema tributario que establecen las contribuciones, los más importantes límites a dicho poder son aquellos que se originan de la consagración de otras garantías constitucionales de los ciudadanos, y en particular, de la garantía de la propiedad privada, de la igualdad, de la libertad económica y de las garantías individuales. El ejercicio del poder tributario no puede significar la destrucción ni extinción de dichas garantías porque, si así fuera, la tributación sería inconstitucional debido a su carácter confiscatorio.

3. *La garantía de la propiedad privada*

La más importante limitación constitucional al ejercicio del poder tributario que se aprecia en el derecho comparado, es la garantía de la propiedad privada, en el sentido que el impuesto no puede significar la destrucción de la propiedad, pues si así fuera, sería confiscatorio e inconstitucional. En algunos casos, esta limitación se establece expresamente en la Constitución: por ejemplo, en materia de impuestos, en el caso de Guatemala, donde la Constitución establece que "los impuestos confiscatorios están prohibidos"[617]; en cuanto al sistema tributario en general, en España la Constitución determina que "en ningún caso tendrá carácter confiscatorio"[618].

En otros casos, la prohibición de las tributaciones confiscatorias se desprende de la prohibición constitucional expresa respecto a la confiscación como forma de extinción de la propiedad, sin compensación. Es el caso de la Constitución de Venezuela, donde se establece que "no se decretarán ni ejecutarán confiscaciones"[619], salvo en los casos de enriquecimiento ilícito al amparo de la usurpación de poder[620] o, con relación a los extranjeros, en los casos aceptados por el Derecho Internacio-

614 *Ptasynski vs. United States*, 550 F. Supp. 549 (Wyo. 1982); 462 US 74 (1983); Darby, *supra*, nota 574, p. 7.

615 Dary, *ídem*.

616 *Supra*, nota 582, p. 3.

617 Art. 243.

618 Art. 31.1.

619 Art. 102

620 Art. 250.

nal[621]. En este caso, por tanto, la prohibición expresa de la confiscación implica la prohibición de la tributación confiscatoria.

Debe señalarse que, en otros países como Israel, la confiscación como institución se acepta y se permite en casos de utilidad pública, en los cuales sin embargo debe respetarse el derecho al "debito proceso", *due process*[622]. En los Estados Unidos, la confiscación es considerada como un método constitucional excepcional pero permitido, con miras a lograr objetivos públicos, reservada sin embargo, a casos que constituyen circunstancias extraordinarias como la guerra, el estado de emergencia nacional, las razones de salubridad, las conflagraciones y cierto tipo de crímenes organizados y la rapiña[623]. Sin embargo, en todos estos casos, la confiscación no puede revestir la forma de una tributación, ya que la garantía constitucional de la propiedad privada la convertiría en inconstitucional.

En la mayoría de los sistemas constitucionales, la limitación a las tributaciones confiscatorias se origina, pura y simplemente, en la garantía constitucional del derecho de propiedad, cuya formulación más clásica puede encontrarse en *la Declaración de los Derechos del Hombre y del Ciudadano* de 1789, a la que el Consejo Constitucional francés ha reconocido valor constitucional en virtud del preámbulo de la Constitución de 1958[624]. En efecto, el artículo 17 de dicha *Declaración* establece que:

> Siendo la propiedad un derecho inviolable y sagrado, nadie puede verse privado de ella a menos que lo exija claramente la necesidad pública legalmente comprobada y bajo la condición de una indemnización justa y previa.

De esta norma se deriva la prohibición de las tributaciones confiscatorias igual como sucede en la mayoría de los países en los cuales se garantiza constitucionalmente tanto el derecho de propiedad[625] como su garantía de extinción sólo mediante una justa compensación a través de la expropiación[626]. En consecuencia, las "expropiaciones disfrazadas" como las llama P. M. Gaudmet[627], o las "expropiaciones encubiertas" como las denomina R. Mussgnug[628], que se pretenden llevar a cabo mediante técnicas impositivas, son inconstitucionales, ya que les falta, como garantía al derecho de propiedad, el elemento compensatorio requerido para cualquier expropiación (y que resultaría imposible encontrar monetariamente en un impuesto).

---

621 Art. 102.

622 Hadari, *supra,* nota 582, pp. 3-4.

623 Darby, *supra,* nota 574, pp. 3-5.

624 Decisión del Consejo Constitucional, de 16 de enero de 1982, *cit.,* en Gaudemet, *supra,* nota 574, p. 5.

625 García Belsunce, *supra,* nota 592, p. 11. Conviene señalar que el artículo 17 de la Constitución argentina, además de que consagra el derecho de propiedad, establece que "la confiscación de bienes queda para siempre borrada del *Código Penal* argentino", párrafo que en sí no se considera aplicable a las atribuciones, Yersin, *supra,* nota 598, pp. 3-5.

626 Langereis *supra,* nota 583, p. 1; Darby, *supra,* nota 574, p. 4; Bogdan, *supra,* nota 577, pp. 4-5; Yersin, *supra,* nota 598, p. 3.

627 *Supra,* nota 574, p. 4.

628 *Supra,* nota 576, p. 1.

En esta forma, sea que esté expresamente establecida o que resulte implícitamente de la Constitución, la garantía de la propiedad privada presupone la inconstitucionalidad de los impuestos confiscatorios.

Sin embargo, aquí, de nuevo la cuestión no es el aceptar la inconstitucionalidad de los impuestos confiscatorios, sino el establecer, con precisión, cuándo un impuesto debe considerarse confiscatorio o, según los términos de la jurisprudencia argentina, cuándo un impuesto debe ser considerado "irrazonable" o arbitrario.

En el Derecho Comparado, varias respuestas son posibles dependiendo de cada caso en particular. Sin embargo, puede decirse que existe un principio general: el impuesto debe gravar el ingreso pero no el capital, en el sentido que un impuesto cuando grave el capital, debe ser pagado por el ingreso que éste produce. Esto, en el Derecho francés antiguo, se expresaba con el dicho: "Derechos sobre los frutos son impuestos, derechos sobre los fondos son pillaje"[629].

En cambio, si el impuesto tiene una incidencia directa sobre el capital, absorbiendo parte del mismo en un periodo de tiempo determinado, éste sería confiscatorio, y por tanto, inconstitucional pues socializaría la economía[630].

En Alemania, el principio anterior se formula en el sentido de que los impuestos sobre la propiedad son confiscatorios "si no pueden ser cancelados «del ingreso» sino «de los haberes», agotando el capital en vez de simplemente gravarlo"[631]. En Suiza, la Constitución federal fija una tasa máxima de 0,825 por mil para el impuesto sobre el capital[632].

En materia de impuestos, la jurisprudencia argentina estableció el principio de que si el impuesto supera la tercera parte (1/3 ó 33%) del ingreso probable del inmueble, debe considerarse confiscatorio e inconstitucional.

Aun cuando este porcentaje fue fijado sin fundamento, la jurisprudencia ha sido constante y uniforme en ese sentido[633]; incluso admitiendo que el impuesto inmobiliario puede tener objetivos extrafiscales como la solución al déficit habitacional, la penalización de los inmuebles improductivos, y lucha contra los latifundios[634] .

En cambio, en Suiza, en materia de impuestos sobre bienes raíces, el Tribunal Federal consideró constitucional un impuesto que gravaba con una tasa del 53% el monto del ingreso especulativo proveniente de la venta de inmuebles[635]. No obstante, en decisiones más recientes, a partir de 1979, se ha insistido en la aplicación de la garantía de la propiedad privada en materia fiscal afirmando que:

> La idea básica de la garantía de la institución de la propiedad prohíbe a la colectividad pública el sustraer a los propietarios su patrimonio privado o algunos

629 Gaudemet, *supra,* nota 574, p. 6.

630 García Belsunce, *supra,* nota 592, p. 15.

631 Mussgnug, *supra,* nota 576, p. 2.

632 Yersin, *supra,* nota 598, p. 4.

633 Garcia Belsunce, *supra,* nota 592, pp. 12-17.

634 *Ibid.,* p. 16; Tamagno *El contribuyente,* Buenos Aires, 1953, p. 49.

635 Yersin, *supra,* nota 598, p. 5.

de sus elementos mediante una fiscalidad excesiva (por ejemplo el patrimonio inmobiliario). ... La protección de la propiedad obliga así, al Legislador, a conservar la sustancia del patrimonio existente y a mantener la posibilidad de constituir un nuevo capital; y prohíbe al Legislador cuestionar la propiedad como institución jurídica accesible a todas y agotar el patrimonio de manera continua...[636].

Igualmente, en Alemania, en materia de impuestos sobre la propiedad, éstos se consideran inconstitucionales si obligan a las personas, más o menos rápidamente, a entregar su propiedad, y se consideran confiscatorios si la tasa impositiva tiene, respecto al ingreso, una incidencia tal que se vuelve insuficiente para pagar el impuesto, incluso cuando se invierta de manera sensata[637].

En cuanto a los impuestos sobre las herencias y donaciones, la jurisprudencia argentina, luego de haber considerado confiscatorio los impuestos que gravaban las herencias en un 30%, un 45% y otras tasas, se detuvo en la tarifa del 33% aplicable a la porción de la herencia correspondiente a cada heredero[638]. En consecuencia, cualquier tarifa superior será considerada confiscatoria. En cambio, en Francia, la tasa del impuesto sobre sucesiones puede alcanzar un 60% sin ser considerada confiscatoria, lo que P. M. Gaudemet considera una falla del sistema de protección contra los impuestos confiscatorios[639]. En Alemania, en general, el impuesto sobre las sucesiones, cuya tasa se fija en base a una doble progresión (grado de parentesco entre los herederos y el *de cujus*, y el valor de la herencia), puede alcanzar tasas superiores al 50% de la herencia, considerándose que ese nivel de tributación se encuentra en el límite de lo admisible antes de volverse confiscatorio[640].

En materia de impuesto sobre la renta, y contrariamente a la doctrina establecida para los otros impuestos, la jurisprudencia argentina no se ha pronunciado, pudiendo alcanzar la tarifa hasta un 45%, lo que ha sido criticado por H. A. García Belsunce, quien ha considerado necesario aplicar la misma tarifa del 33% empleada para otros impuestos por la Corte Suprema[641]. En Alemania, el impuesto sobre la renta puede llegar hasta el 53% y se considera obsoleta la idea de que la tasa máxima debe situarse en el 05% del ingreso. Incluso, los impuestos sobre los intereses pueden alcanzar el 53% con tal de que no graven el ahorro (capital) en sí mismo. En Holanda, a pesar de que se estima que el impuesto sobre la renta no debe superar el 80% de los enriquecimientos, ninguna disposición constitucional lo prohíbe[642]:

> Un impuesto sobre la renta (es decir la suma de todos los ingresos) igual o superior al ingreso total, debe considerarse como una medida expropiatoria que no se puede ejecutar sin una compensación.

---

636 ATP 1051 a 220 = JT 1981. 1555 y 1556 *(idem.* pp. 5-6 y 13).

637 Mussgnug, *supra,* nota 576, p. 8.

638 Garcia Belsunce, *supra,* nota 592, p. 21.

639 *Supra,* nota 574, p. 9.

640 Mussgnug, *supra,* nota 576, p. 12.

641 *Supra,* nota 592, pp. 22-25.

642 Mussgnug, *supra,* nota 576, p. 2.

Lo mismo se aplica para un impuesto sobre el patrimonio, igual o superior al patrimonio total del contribuyente, así como para cualquier otro impuesto que no sea inferior a su base[643].

En realidad, en esta materia, como lo señala R. Mussgnug, el único límite general que puede establecerse deriva de las demás garantías constitucionales, en el sentido que el impuesto sobre la renta "no puede ser llevado por el Legislador a niveles que priven al contribuyente de los medios necesarios para vivir y comerciar libremente"[644]. En Suiza, en cambio, la Constitución Federal fija las tasas máximas del impuesto federal sobre la renta de las personas físicas en un 11,5%. En materia de impuestos cantonales sobre la riqueza o las grandes fortunas y sus ingresos, el Tribunal Federal suizo no ha estimado que en sí sea confiscatorio, incluso si la carga fiscal sobre la renta pueda llegar al 46,3%. Igualmente, el Tribunal ha considerado que una tributación total del 67,6%, percibida sobre una misma renta inmobiliaria durante tres años consecutivos no era confiscatoria[645].

Para finalizar, también debe señalarse con respecto al impuesto sobre la plusvalía, que la Corte Suprema argentina consideró confiscatorio un impuesto que absorba la mayor parte del valor de un inmueble gravado por el impuso, y eventualmente todo ingreso producido durante 36 años, cuando la propiedad sólo se beneficia de las obras públicas concretas (vía pavimentada) a razón del 12% de su valor[646]. En Suiza, al contrario, el Tribunal Federal no consideró confiscatorio un impuesto sobre la plusvalía del 60%, que representaba junto con otros impuestos sobre los beneficios inmobiliarios, un impuesto del 80% de la plusvalía inmobiliaria. Tampoco estimó inconstitucional el hecho de someter a un impuesto sobre plusvalía la parte de una indemnización por expropiación que constituya un beneficio inmobiliario[647].

4. *La garantía de la igualdad (generalidad y justicia del impuesto)*

Aparte de la garantía de la propiedad privada, la segunda garantía constitucional que impone límites al ejercicio del poder tributario del Estado, es la garantía de la igualdad, la cual exige que el sistema tributario responda a principios de generalidad y justicia fiscal. En muchos casos, estos principios se establecen en las Constituciones, no sólo de manera general como garantías a los ciudadanos, sino también con relación al sistema tributario. Por ejemplo, la *Declaración de los Derechos del Hombre y del Ciudadano* de 1789, al fijar la contribución común e indispensable para el mantenimiento de la fuerza pública y para los gastos de la Administración, previo que "deban repartirse equitativamente entre todos los ciudadanos según sus facultades"[648]. En el mundo contemporáneo, este principio ha quedado establecido con una mayor precisión. Por ejemplo, la Constitución italiana ha requerido que "el

643 *Supra,* nota 577, p. 6.

644 Mussgnug, *supra,* nota 576, p. 2.

645 ATF 1.021 a 220 = JT 1978, 1524, Yersin, *supra,* nota 598, 4, 5 y 13.

646 Fallos 136, 161; García Belsunce, *supra,* nota 592, p. 30.

647 Yersin, *supra,* nota 598, p. 6.

648 Art. 13.

sistema tributario se debe inspirar en criterios de progresividad"[649]; la Constitución de Guatemala (1987) ha determinado que "el sistema tributario debe ser justo y equitativo"[650]; la Constitución de España (1978) ha previsto que el sistema tributario sea "justo, inspirado en los principios de igualdad y progresividad"[651], y la Constitución de Venezuela (1961) ha establecido que "el sistema tributario procurará la justa distribución de las cargas según la capacidad económica del contribuyente, atendiendo al principio de la progresividad..."[652].

No obstante, en la mayoría de las Constituciones estos postulados no se encuentran expresamente consagrados en los textos sino que se desprenden de la garantía general de la igualdad[653]; por lo que cualquier tributación desigual o discriminatoria es confiscatoria. Como lo señala P. M. Gaudemet, una tributación que, por naturaleza, desposea al contribuyente del patrimonio que detenta es confiscatoria, porque: "Ella no puede repartirse en partes iguales entre todos los contribuyentes, y llevaría a destruir toda la propiedad en beneficio del Estado. Por este hecho, esa contribución cambiaría la estructura de la sociedad..." y desconocería entonces el principio de la igualdad ante las cargas públicas, el cual, en Francia, tiene valor constitucional[654].

El principio de igualdad y de la generalidad aplicado a la materia fiscal ha llegado incluso, en los Estados Unidos, a la anulación de impuestos estadales con base a la "cláusula de protección igual de la Enmienda XIV", porque establecían discriminaciones contra no residentes[655] .

Sin embargo, si bien conforme a lo establecido en el principio de la generalidad, todos los ciudadanos deben contribuir sin discriminación a los gastos públicos comunes, la repartición de las cargas que implican tales gastos debe ser igual y conforme a la capacidad económica de los contribuyentes. La igualdad en materia impositiva exige, fundamentalmente, la aplicación de un criterio de justicia que debe satisfacerse mediante el tratamiento desigual de personas que se encuentren en una situación desigual[656]. Por consiguiente, para no ser injusta, la tributación debe adaptarse a la capacidad económica de cada contribuyente.

Puede afirmarse, entonces, que este principio de imposición según la capacidad económica de los contribuyentes es un principio constitucional (explícito o implícito) en el constitucionalismo contemporáneo. Ya hemos señalado algunas Constituciones que lo establecen, como las de Venezuela y España. En otros países, como en Alemania, el principio ha sido establecido por el Tribunal Constitucional Federal, en

649 Art. 53.

650 Art. 243.

651 Art. 31.1.

652 Art. 223.

653 Yersin, *supra,* nota 598, pp. 9-10; Bogdan, *supra,* nota 577, p. 5; Hadari, *supra,* nota 582, p. 3; García Belsunce, *supra,* nota 592, p. 35; Darby, *supra,* nota, 574 p. 12; Mussgung, *supra,* nota 576, p. 6.

654 *Supra,* nota 574, pp. 7-8.

655 Darby, *supra,* nota 574, p. 12.

656 Modesto Ogea Martinez-Orozco, "Los preceptos constitucionales en materia tributaria en el Derecho Comparado" en *XIX Semana de estudios de Derecho Financiero,* Madrid 1,972, pp. 388-89

el sentido de que los ciudadanos deben ser sometidos a impuestos "sólo proporcionalmente a sus medios" o, en otras palabras, "conforme a su capacidad financiera". Por ello, el Tribunal Constitucional Federal ha estimado que la Constitución prohíbe los "impuestos asfixiantes, confiscatorios" que "imponen una carga excesiva a los contribuyentes y afectan esencialmente su situación financiera"[657].

En todo caso, este concepto de capacidad contributiva en sí mismo no permite establecer una clara distinción entre impuestos confiscatorios e impuestos no confiscatorios; por esta razón, en Alemania se han desarrollado otros criterios complementarios. R. Mussgnug señala los siguientes: ante todo, el principio según el cual los impuestos deben dejar en manos del contribuyente suficientes medios de subsistencia, por eso es que las persogas que ganan menos que lo necesario para vivir, deben ser exoneradas del impuesto. Además se señala que el principio de la capacidad contributiva requiere que a toda persona se le debe dejar un ingreso suficiente para asumir el nivel de vida apropiado a su ocupación y a sus ingresos; lo que se garantiza mediante el principio de la progresividad[658]. Luego, el principio, de la tributación equitativa, en el sentido de que el principio de la capacidad contributiva debe tomar en cuenta las demás cargas que debe asumir o soportar el contribuyente, como por ejemplo, las cargas alimentarias familiares. En este sentido, el Tribunal Constitucional Federal ha adoptado importantes decisiones para proteger a los contribuyentes contra los impuestos que afectan injustamente a la familia.

En esta forma, se considera que el carácter confiscatorio del impuesto no deriva de su elevada tarifa, sino de los efectos confiscatorios que puede tener sobre los individuos que deben pagarlo[659].

Bajo la misma óptica y partiendo del principio constitucional de la igualdad, en Suiza, el Tribunal Federal ha establecido los tres principios siguientes en materia de justicia fiscal: la universalidad, la igualdad de la tributación, y la proporcionalidad de la carga fiscal basada en la capacidad económica del contribuyente. El Tribunal Federal, al controlar la constitucionalidad de las disposiciones legales cantonales ha distinguido dos formas de igualdad: la igualdad horizontal según la cual ciudadanos con capacidad contributiva similar deben soportar impuestos de la misma magnitud; y la igualdad vertical, que consiste en comparar la situación financiera de los contribuyentes modestos con la de los ciudadanos cuya situación financiera es mejor y en fijar las cargas fiscales respectivas de los contribuyentes en función de su capacidad económica[660]. En cuanto a la igualdad horizontal, D. Yersin señala que el Tribunal Federal suizo ha considerado que el principio de igualdad es limitante y restringe de una manera estricta el margen de apreciación del Legislador; por eso es que la jurisprudencia en este campo es amplia y es relativamente extensa la protección de los ciudadanos. En este sentido, los ciudadanos tienen la garantía de que en situaciones similares no son objeto de una tributación confiscatoria con relación a otros contri-

657 Mussgnug, *supra,* nota 576, pp. 2 y 6.

658 *Idem.,* p. 6.

659 *Ibíd.,* p. 7.

660 Yersin, *supra,* nota 598, p. 9.

buyentes[661]. En cambio, el control con respecto a la igualdad vertical ha sido más prudente. En ese sentido, el Tribunal Federal suizo ha señalado lo siguiente:

> En cuanto a la progresión, sólo puede verificarse si la regulación adoptada se justifica por motivos objetivos y si no resulta manifiestamente contraria al principio de la universalidad, igualdad y proporcionalidad[662].

Debe señalarse también que en Suiza, en cuanto a la aplicación del principio de la progresividad, se han tomado en cuenta los efectos de la inflación ya que, en la mayoría de los cantones, se ha establecido un sistema de indexación de las tarifas de los impuestos, de manera tal que la mayor parte de los contribuyentes no ve aumentar su carga fiscal de manera artificial debido al incremento puramente nominal de sus ingresos o fortuna[663].

Por otra parte, con respecto a la aplicación de los principios de justicia fiscal, la posibilidad de proceder a una confiscación impositiva por ser injusta, puede resultar de la acumulación de varios impuestos de manera tal que perjudiquen la capacidad económica del contribuyente. Como lo ha señalado P. M. Gaudemet:

> La carga fiscal puede llegar a ser confiscatoria cuando varios impuestos, que aisladamente no tienen efecto confiscatorio, debido a su acumulación, ejercen ese efecto en el contribuyente[664].

Con el fin de evitar este efecto confiscatorio de la doble o múltiple tributación, algunas Constituciones, como la de Guatemala, prohíben expresamente "la doble o múltiple tributación interna"[665]. Sin embargo, esto es excepcional; lo usual es que el ejercicio del poder tributario, para evitar la doble o múltiple tributación, tenga limitaciones legales; incluso en el caso de países como Suecia, donde la doble tributación, aun cuando pueda afectar, por ejemplo, la totalidad de los ingresos de un contribuyente, no sea considerada inconstitucional[666]. Sin embargo, es cierto que la mayoría de los países se han establecido diversas protecciones legales contra la doble o múltiple tributación. Así, en Francia, para evitar que el total del impuesto sobre la renta y del impuesto de solidaridad sobre la fortuna de un contribuyente determinado adquiera un carácter confiscatorio, el *Código General de Impuestos* (1989)[667] determina que este total no puede exceder un 70% del ingreso de este contribuyente. Si dicho porcentaje se superara, el impuesto de solidaridad sobre la fortuna se vería reducido en el monto del excedente comprobado[668]. En esta forma, quien debe proteger a los ciudadanos contra los efectos confiscatorios de la doble tributación es el

661 *Idem.*

662 *Ibíd.*, p. 10.

663 *Ibíd.*, p. 7.

664 *Supra,* nota 574, p. 11.

665 Art. 243.

666 Art. 885.

667 Art. 885 y

668 Gaudemet, *supra,* nota 574, p. 11.

Legislador, estableciendo un límite porcentual que no puede ser superado; pues de lo contrario las imposiciones adquirirían un carácter confiscatorio.

En todo caso, el asunto de la doble o múltiple tributación se plantea, con características especiales, en los Estados con sistemas federales, donde el poder tributario se distribuye verticalmente de forma tal que los distintos niveles del Poder Público tienen facultades para crear impuestos. Esto trae como consecuencia, que la doble tributación puede aparecer por la creación de impuestos nacionales e impuestos estadales, sin que por ello la misma pueda ser considerada en sí misma como confiscatoria[669]. En realidad, la tributación se convierte en confiscatoria en el momento en el cual afecta la capacidad contributiva del ciudadano, y por lo tanto, es injusta.

En Argentina, por ejemplo, el límite establecido por la Corte Suprema para la acumulación de dos o más impuestos respecto de un mismo hecho imponible es por lo general del 33%; porcentaje establecido para determinar el concepto del carácter confiscatorio de la tributación[670]. Sin embargo, tratándose de una creación jurisprudencial, la cuestión está en determinar el alcance del control de la constitucionalidad en materia de doble tributación, y determinar cuándo dicho alcance supere el límite constitucional, cuál de los impuestos debe ser declarado inconstitucional. En Argentina, no existe la regla de preeminencia de los impuestos nacionales sobre los provinciales ni viceversa; por ello, ante la falta de solución general por parte de la jurisprudencia, se ha pensado que la solución al problema está en limitar cada uno de los impuestos participantes hasta el límite fijado por la jurisprudencia que le da carácter de confiscatorio a cada impuesto[671].

En todo caso, el problema de la doble tributación, se plantea igualmente en las relaciones que surgen entre los impuestos nacionales y locales de los Municipios como en el caso de Francia[672], y en las relaciones entre los impuestos sancionados por los distintos Estados de una Federación, como es el caso en los Estados Unidos, particularmente en materia de impuesto sobre los intercambios entre Estados[673]. En este caso, "para pasar el examen constitucional de la cláusula de comercio", estos impuestos deben ser formulados de manera que afecten solamente la porción de ingresos brutos atribuibles a las actividades comerciales interestadales realizadas dentro del Estado que fija el impuesto"[674].

5. *La garantía de la libertad económica*

Además de la garantía de la legalidad del impuesto, de la propiedad y de la igualdad, la cuarta de las garantías constitucionales que se erige en limitación de las tributaciones confiscatorias, es la garantía de la libertad económica. En efecto, del mismo modo que el ejercicio del poder tributario, no puede limitar ni destruir el derecho de propiedad, el ejercicio de ese poder tampoco puede limitar ni impedir la

---

669 García Belsunce *supra,* nota 592, pp. 32-33.

670 *Idem.,* p. 34.

671 *Ibíd.,* p. 37.

672 Gaudemet, *supra,* nota 574, pp. 10-11.

673 Darby, *supra,* nota 574, pp. 10, 11 y 15

674 *Idem.,* pp. 10 y 11.

libertad de industria y de comercio, la cual es un derecho que en la mayoría de los países occidentales está garantizado por la Constitución.

En materia fiscal, esta garantía de la libertad económica y de la libre iniciativa privada exige, ante todo, que el sistema tributario se establezca de manera que se protege tanto la economía pública como la privada[675]. Así lo exige la Constitución de Venezuela cuando establece que el sistema tributario debe buscar "la protección de la economía nacional y la elevación del nivel de vida de la población"[676].

Esto supone concretamente, que los impuestos no pueden establecerse de manera de impedir, por ejemplo, el libre desarrollo del comercio en el territorio de un Estado. Tal es el caso de Estados Unidos, donde se considera que "la cláusula de comercio hizo de Estados Unidos un mercado común nacional, que prohíbe a los diferentes Estados a través de regulaciones o impuestos, establecer barreras que puedan impedir, sin ninguna razón, el libre flujo comercial a todo lo largo del territorio"[677].

Los impuestos tampoco pueden establecerse de forma tal que dificulten excesivamente o hagan imposible el ejercicio de una actividad económica. Tal y como lo expresó D. Yersin refiriéndose a Suiza, "el impuesto debe ser soportable para una empresa que trabaja en condiciones normales, y debe dejarle al propietario un beneficio justo"[678]. Por el contrario, si el impuesto no es soportable para una empresa, impidiéndole llevar a cabo su actividad económica, en principio deberá entonces ser considerado como confiscatorio. En este sentido, por ejemplo, la Corte Suprema de Estados Unidos concedió un "mandamiento judicial a una empresa fabricante de aceite de coco, eximiéndola del pago de un impuesto federal a las oleomargarinas, en parte, porque el pago de dicho impuesto podía ser el causante de la desaparición de ese negocio"[679].

Por consiguiente, la garantía de la libertad económica como límite al ejercicio del poder tributario del Estado, implica que no pueden existir impuestos cuyo objetivo sea el impedir una actividad económica. Es decir, se consideran confiscatorios aquellos impuestos que impiden el ejercicio de actividades económicas. Es el caso resuelto por los tribunales alemanes, que han considerado confiscatorios aquellos impuestos sancionados por el Legislador, no con objetivos fiscales, sino con miras a impedir la actividad pechada mediante la imposición de una carga insoportable, aun cuando no la impide en forma abierta[680]. En forma similar, el Tribunal Federal suizo resumió su jurisprudencia en la materia señalando que un impuesto debe ser considerado prohibitivo:

> a) si, añadido a los gastos de operación, excluye un beneficio adecuado incluso al aplicar los precios que se cobran en esa área; b) si, transferido al comprador, es decir agregándolo al precio de venta, impide al comerciante mantener en

675 Ver con respecto a Alemania, Taboada, *supra,* nota 584, pp. 295 y 306.

676 Art. 223.

677 Darby, *supra,* nota 574 en la p 10.

678 *Supra,* nota 598, pp. 7 y 8.

679 *Miller s. Standard Nut Margarine Co.* 284 US. 498, 510 (1932), Darby, *supra* nota 574, p. 15.

680 Mussgnug, *supra,* nota 576, pp. 9-10.

forma eficaz la competencia con respecto a las demás empresas del ramo con las que se le puede comparar[681].

En Argentina, se consideran confiscatorios los impuestos a la importación, en aquellos casos en los que no se pueda transferir el impuesto a los consumidores, siendo entonces absorbidos por el contribuyente, afectando así el capital empleado para la importación o para la elaboración del producto, o una parte substancial del ingreso que se debía obtener por la enajenación ulterior de dicho capital[682].

Aún cuando la garantía de la libertad económica presupone la prohibición de impuestos prohibitivos, por ser confiscatorios, esta garantía no puede impedir que en el momento de fijar ciertos impuestos, además de objetivos fiscales, tengan como objetivo el instrumentar políticas públicas para disuadir la realización de actividades económicas en áreas o sectores determinados. Por ejemplo, en los Estados Unidos, como lo indica J. J. Darby, "los Tribunales han exonerado impedimentos constitucionales al uso extensivo por parte del Congreso del poder de regulación comercial e impositivo para normar y eliminar una amplia variedad de actividades nacionales y locales"[683]. En Alemania, el Tribunal Constitucional Federal, en diferentes casos, estableció el mismo principio de constitucionalidad de los impuestos disuasivos a las actividades económicas. En primer lugar, con respecto al impuesto a las máquinas de juego, el cual fue impugnado porque se consideró que había obligado a los propietarios de las máquinas a abandonar esa actividad, el Tribunal Constitucional federal consideró que dicho impuesto sólo había disminuido drásticamente las ganancias de los propietarios, pero que no había eliminado su actividad[684]. En segundo lugar, en relación al caso del impuesto a las empresas de transporte terrestre de larga distancia, establecido con miras a descongestionar las carreteras y abrir nuevos mercados al ferrocarril, el Tribunal Constitucional estimó que el mismo no había tenido como consecuencia la disminución de la actividad de las empresas, sino que sólo se había producido un cambio en la manera de llevar el negocio[685]. En el mismo sentido, como lo observa R. Mussgnug:

> Es inobjetable, por ejemplo, que el precio para el consumo de tabaco y bebidas alcohólicas aumente en forma significativa a través de impuestos especiales por razones de política de salud. La Constitución también permite que el hecho de tener perros sea costoso a través del impuesto al perro, y el tener más de un perro se vuelve un lujo casi inaccesible. El impuesto al perro no tiene como

---

681 AFT 87, 132 (Yersin, *supra,* nota 598, pp. 9 y 15).

682 García Belsunce, *supra,* nota 592, p. 28. Al referirse a esos impuestos, este autor señala que "no se le puede negar al Estado la facultad de crear impuestos al consumo con objetivos extrafiscales, prohibitivos o disuasivos a través de impuestos tendientes a lograr ese efecto. En esta hipótesis, sólo se puede alegar el carácter confiscatorio del impuesto en aquellos casos en los que el importador adquiere una mercancía con una carta de crédito irrevocable o ha vendido el producto elaborado si éste es de origen nacional, ya que sólo en esos casos existen derechos subjetivos privados protegidos por garantías constitucionales, los cuales serían lesionados por un impuesto confiscatorio sobre el capital o sobre el ingreso, aún el caso", *(ibíd).*

683 Darby, *supra,* nota 574, p. 13.

684 BV erf GE 31, pp. 8 y ss. Mussgnug, *supra,* nota 576, p. 10.

685 BV erf GE 16, pp. 147 y ss. *(ídem).*

único objetivo aumentar los ingresos, y el Legislador puede emplearlo, además, para evitar que haya un número muy elevado de perros en las ciudades[686].

En todo caso, esta posibilidad que tiene el Estado de emplear su poder tributario con fines parafiscales, para disuadir o dificultar el ejercicio de ciertas actividades, no implica necesariamente que se estén restringiendo las demás libertades constitucionales. Esa es la razón por la cual el ejercicio del poder tributario del Estado se ve también limitado por la garantía constitucional de las libertades individuales.

6. *La garantía de las libertades individuales*

En efecto, el ejercicio del poder tributario no sólo no puede conducir a la extinción de la propiedad, o a impedir el ejercicio de la libertad económica, sino que tampoco puede ser concebido como una limitación o una restricción a las demás libertades individuales garantizadas constitucionalmente. Por ejemplo, a través de la tributación no se puede limitar la libertad de prensa, la libertad religiosa o la libertad de contraer matrimonio.

Por lo que respecta a la libertad de prensa, en Alemania, según R. Mussgnug, "aplicar un impuesto a los periódicos es impensable ya que ello afectaría la libertad de prensa e información"[687]. En este mismo sentido, pero en el caso de los Estados Unidos, J. J. Darby indica que "la Primera Enmienda garantiza la libertad de prensa. Aun cuando la prensa está sujeta, al igual que cualquier otro negocio, a una tributación no discriminatoria, en ningún caso se podía imponer la misma tributación que pueda llevar a la eliminación de opiniones que pudieran ser las mismas objetadas por parte del Gobierno"[688]. Sin duda, estos mismos criterios existen en aquellos países en los cuales las Constituciones garantizan la libertad de prensa.

Los mismos principios se aplican en el caso de la libertad religiosa. Según R. Mussung, en Alemania, "la tributación de los servicios religiosos constituiría un impedimento inconstitucional a la libertad de religión"[689]. Sobre este mismo tema y referente a Estados Unidos, J. J. Darby señala lo siguiente:

> La Primera Enmienda también se refiere a la libertad religiosa. Consagra una garantía de religión dividida en dos áreas: 1) la cláusula de Establecimiento, que prohíbe una Iglesia oficial, y que en criterio de algunos constituye un muro de separación entre la Iglesia y el Estado; y, 2) la cláusula del Libre Ejercicio, que prohíbe la interferencia por parte del Gobierno en asuntos religiosos. Un impuesto no discriminatorio sobre la propiedad perteneciente a instituciones religiosas, no viola la Primera Enmienda (*Gibons vs. District of Columbio*, 116 U.S. 404 [1885]), así como tampoco lo hace una exención de impuestos estada-

---

686 *Ibid.*, p. 11.

687 *Ibid.*

688 Ver *Supra*, nota 574, p. 9.

689 *Supra*, nota 576, p. 5.

les locales sobre los bienes raíces que se emplean exclusivamente con fines religiosos (*Waltz vs. Tax Commission*, 397 U.S. 664 [1970])[690].

De cualquier modo, J. J. Darby observa que los problemas se plantean cuando el impuesto afecta, no el simple hecho de llevar a cabo un servicio religioso, sino una actividad que el grupo religioso considere como parte integrante de su ministerio[691].

Finalmente, por lo que respecta a las libertades individuales, otro ejemplo de limitación que imponen al ejercicio del poder tributario del Estado, es el referido a la libertad de contraer matrimonio. En efecto, un impuesto al matrimonio sería, en sí mismo, inconstitucional, puesto que limitaría la libertad y el derecho de casarse que, además, debe ser objeto de una protección especial[692]. En este sentido, el Tribunal Constitucional alemán calificó como un impuesto "escondido" sobre el matrimonio, el aumento de la tarifa impositiva que resulta de la obligación de los contrayentes de declarar sus impuestos sobre la renta en forma conjunta, con respecto a lo que cada uno debe pagar en forma individual. En estos casos, el Tribunal estimó que este aumento, aun cuando no tenía efectos confiscatorios, constituía un obstáculo considerable a la libre decisión de casarse[693].

7. *Conclusión: la garantía jurisdiccional*

En los párrafos anteriores hemos analizado desde el punto de vista del derecho comparado, los límites constitucionales existentes a las tributaciones confiscatorias. Estas vienen establecidas en forma expresa en los textos constitucionales o provienen de principios constitucionales, y en todo caso, se basan en la consagración por un texto constitucional escrito y rígido, de una serie de garantías fundamentales. Por consiguiente, estos límites a los poderes de tributación sólo se presentan en aquellos países en los que existe una Constitución escrita y rígida; de allí la dificultad de plantear este asunto en países como Israel, donde no existe una Constitución escrita y rígida en un sentido moderno. Además, el asunto sólo puede plantearse en términos justos en las Constituciones que garantizan los derechos de propiedad y de libertad económica; de allí la dificultad o la imposibilidad de que se discuta en países donde tales garantías no están establecidas.

Sin embargo, en las Constituciones se establece el poder tributario del Estado como una de las manifestaciones del Poder Público. Pero, como toda manifestación del Poder Público, el poder tributario no es limitado. Su ejercicio no sólo está sometido a reglas constitucionales orgánicas que lo atribuyen únicamente a ciertos órganos del Estado, como el Legislador, por ejemplo; sino que además, este poder está sometido a las limitaciones que derivan de la declaración constitucional de los derechos fundamentales de los ciudadanos y de las garantías constitucionales que se establecen con respecto a los mismos. Pero como respecto del conjunto de reglas constitucionales, de nada serviría establecer el principio de la supremacía constitu-

---

690 *Supra,* nota 574, pp. 9-10.

691 *The Jimmy Swaggart Ministries c. Board, of Equalization of California,* 204, Cal. App. 3d 151 (1988); *Texas Monthly Inc. c. Bob Bullock;* 109 S. Ct. 890 (1989) *supra,* nota 4, p. 10

692 Mussgung, *supra,* nota 576, p. 11; Venezuela, Art. 73 de la Constitución 1961.

693 EV erf GE, pp. 55 y ss.; Mussung, *supra,* nota 576, p. 11.

cional y el de la limitación al ejercicio de los poderes del Estado, sin que se establezca paralelamente una jurisdicción constitucional que permita a los ciudadanos ejercer el control de la constitucionalidad de los actos tributarios. Esta constituye la verdadera garantía frente a las atribuciones confiscatorias, ya que, en definitiva, la garantía jurisdiccional es "la garantía de las garantías" de los derechos constitucionales.

Para ello, en los países en los que no hay jurisdicción constitucional, como es el caso de Holanda, la cuestión de los límites a las tributaciones confiscatorias es un problema de orden legal que se resuelve en límites a la actividad administrativa impositiva (cobros excesivos, reclamos administrativos).

En esta forma, las limitaciones constitucionales a las tributaciones confiscatorias en todos los países donde existen ha sido definida y precisada por la jurisdicción constitucional. En los sistemas de control concentrado de la constitucionalidad, como en Austria y en Alemania, el Tribunal Constitucional de cada país es el que ha establecido jurisprudencia en la materia. Esto ha sucedido igualmente en Suiza en cuanto al control de la constitucionalidad de las leyes cantonales.

En los sistemas de control difuso de la constitucionalidad, como es el caso de Argentina y de Estados Unidos, la Corte Suprema es la que ha definido poco a poco una doctrina jurisprudencial muy rica en la materia. Es el caso, igualmente, de los sistemas mixtos de control de la constitucionalidad como en Suiza. Por el contrario, en aquellos países en los que la jurisdicción constitucional no se ha desarrollado, como es el caso de Suecia, el control judicial es aún débil.

Podría decirse lo mismo con respecto a Francia, aun cuando deba reconocerse que el trabajo realizado por el Consejo Constitucional en las tres últimas décadas ha sido de una gran importancia en el desarrollo de la justicia constitucional. Sin embargo, el hecho de que el Consejo Constitucional ejerce un control *a priori* de la constitucionalidad de las leyes a instancia sólo de algunas autoridades públicas, ha impedido que el contribuyente tenga acceso directo a dicha jurisdicción. Esa es la razón por la cual no haya decisiones del Consejo en la materia, y el asunto se haya planteado más bien en términos doctrinales.

IV. LAS FUNCIONES DEL ESTADO

1. *El Poder Público y las funciones del Estado*

La primera de las bases constitucionales de nuestras instituciones, como se dijo, está en la idea del Poder Público y su distribución en los dos sistemas mencionados, horizontal y vertical que además dan origen, por una, parte, desde el punto de vista constitucional, al sistema de gobierno (separación horizontal del poder); y por la otra, a la forma del Estado, que es la federal (separación vertical del poder).

Ahora bien, antes señalábamos que desde el punto de vista de distribución horizontal del poder, en Venezuela hay un sistema o principio de separación orgánica de poderes, el cual está claramente establecido en la Constitución, entre los órganos que ejercen el Poder Legislativo, el Poder Ejecutivo y el Poder Judicial; y cada uno de ellos, tiene un origen y fundamento constitucional directo. La distribución de estas cuotas partes o ramas del Poder Público, a diversos órganos: al Congreso; al Presidente de la República y sus Ministros, y a la Corte Suprema de Justicia y los demás Tribunales, está expresamente prevista en normas constitucionales que atribuyen el ejercicio del Poder Público a esos diversos órganos.

Planteamos también, cómo el principio rígido de la separación orgánica de poderes, comenzaba a ser flexibilizado por el propio texto constitucional, al consagrar órganos que no encajaban exactamente dentro de la trilogía clásica de los poderes, y que tenían una autonomía funcional respecto de los órganos que ejercen esos clásicos tres poderes. Esto puede considerarse como un principio de ruptura de la separación clásica de los poderes que organiza todo el Estado y todo el sistema de gobierno, en tres tipos de órganos distintos. Así la Contraloría General de la República y la Fiscalía General de la República son ejemplos de esos órganos con autonomía funcional que no dependen de ninguno de los clásicos órganos que ejercen los tres poderes del Estado.

Todas estas reflexiones, entre otras normas, las basamos en el artículo 118 del texto fundamental. Por ello partiendo del mismo artículo que nos ha provocado estas reflexiones, pasamos ahora a la búsqueda de otra de las bases constitucionales de nuestro derecho público. Este artículo, recordémoslo, dice: "Cada una de las ramas del Poder Público tiene sus funciones propias, pero los órganos a los que incumbe su ejercicio colaborarán entre sí en la realización de los fines del Estado". El Estado se entiende, aquí, por supuesto, como hemos dicho, como la globalidad de todos los entes que conforman la organización política de la Sociedad Venezolana.

Pero insistamos ahora en la primera frase del artículo que señala que cada una de las ramas del Poder Público tiene sus "funciones propias". La noción de "funciones del Estado", por tanto, también tiene rango constitucional.

Las "funciones del Estado", debemos vincularlas a las tareas o, si se quiere, a aquellos cometidos, jurídicamente hablando, que son esenciales al Estado (de la esencia del Estado) y al ejercicio del Poder Público, como potestad, como situación jurídica general de orden constitucional, de los órganos estatales. Se trata, por tanto, de una noción esencialmente referida al Estado y sus cometidos. Como tarea esencial del Estado, sólo puede ser ejercida por los órganos de éste; no podría ser ejercida por los particulares. Por tanto, la noción de "función" en el texto constitucional, se nos reduce a aquello que es de la esencia del Estado; y en cuanto a sus órganos, de la esencia del ejercicio del Poder Público.

2. *Las diversas funciones del Estado*

Si hacemos el esfuerzo de racionalizar, dentro de la misma Constitución, las diversas funciones del Estado, podemos llegar a la conclusión de que éstas se reducen a cuatro funciones (normativa, política, administrativa y jurisdiccional) que están inclusive, identificadas dentro del texto constitucional[694]

A. *La función normativa*

En efecto, cuando el artículo 139 atribuye al Congreso, la tarea de legislar sobre las materias de la competencia nacional, está atribuyendo la función normativa a uno

---

694 Véase Allan R. Brewer-Carías, *Derecho Administrativo,* Tomo I, Caracas, 1975, edición, 1984.

de los órganos que ejercen alguno de los poderes del Estado: la función propia de las Cámaras Legislativas, como lo dice el mencionado artículo 118 de la Constitución, es la función normativa. El mismo supuesto lo encontramos en el artículo 20, donde se atribuye competencia a las Asambleas Legislativas de los Estados, para "legislar sobre las materias de la competencia estadal". Indirectamente también puede identificarse la función normativa a nivel municipal, como un signo de la autonomía, que se encobaría, dentro de "la libre gestión de las materias de su competencia (Art. 29, Ord. 2°) que comprende la autonomía municipal.

En estos casos, se trata de una tarea propia, que tiene fundamento constitucional, es decir, de una tarea esencial del Estado, que consiste en regalar o en dictar normas que integran el ordenamiento jurídico del Estado venezolano. Se trata de una tarea que compete a los órganos públicos y que no se conciben en otros organismos que no sean los estatales.

B. *La función jurisdiccional*

Una segunda tarea o función esencial al Estado, es la de resolver conflictos entre sujetos de derecho, impartiendo justicia, denominada función jurisdiccional. Esta es tarea esencial de los entes estatales, particularmente de los órganos que ejercen el Poder Judicial: la Corte Suprema de Justicia y los Tribunales (Art. 200), de manera que la Constitución prohíbe a los particulares hacerse justicia por sí mismos, para lo cual, a la vez, garantiza a todos el acceso a los órganos de la administración de justicia para la defensa de sus derechos e intereses (Art. 68), y el derecho a ser juzgado por sus jueces naturales (Art. 69).

C. *La función política*

Otras dos funciones del Estado, como funciones propias de los órganos que ejercen el Poder Ejecutivo, son las que podríamos llamar la función administrativa y la función política, y las dos tienen, también, su fundamento constitucional. Por ejemplo, cuando el artículo 21 se refiere al órgano que ejerce el Poder Ejecutivo de los Estados, y señala que: "El gobierno y administración de cada Estado corresponde a un Gobernador". Si vamos al ámbito municipal, también nos encontramos el mismo principio: el artículo 27 señala: "La Ley podrá establecer diferentes regímenes para la organización, gobierno y administración de los Municipios...". Y la misma expresión "gobierno y administración" referida al ámbito municipal, la encontramos en el artículo 30: "Es de la competencia municipal, el gobierno y administración de los intereses peculiares de la entidad...".

Por tanto, es la propia Constitución la que nos permite identificar a nivel estadal y municipal una función política y una función de administración. Eso mismo lo podemos constatar a nivel nacional; no en la forma precisa en que la Constitución se refiere a las competencias estadales y municipales, pero sí, indirectamente, cuando enumera las funciones del Presidente de la República, en el artículo 190, donde pueden identificarse tareas políticas y tareas de administración. Pero además, el artículo 191, cuando le impone la obligación al Presidente de dirigir un mensaje anual a las Cámaras Legislativas en sesión conjunta, exige que en él se den cuenta "de los aspectos políticos y administrativos de su gestión". También en este artículo encontramos la distinción entre una función política, y una función administrativa. Se trata, por tanto, de unas funciones que están a nivel constitucional.

La función política, dentro de este contexto, tiene que ser entendida, como la tarea esencialmente estatal, de conducción política de la Sociedad en los diversos niveles del sistema de distribución vertical del Poder: la conducción política del Municipio y de los Estados, dentro de sus competencias; y a nivel nacional, de la República.

D. *La función administrativa*

Pero además de la política, se define como una función propia atribuida a los órganos que ejercen el Poder Ejecutivo la función administrativa, que al igual que las funciones política y normativa, es una función reservada al Estado. Se trata, aquí, de una tarea que tiene por objeto la gestión del interés público, en concreto, a través de la satisfacción del interés colectivo, con la peculiaridad de que en esta tarea esencial del Estado, éste, actualizado en las diversas personas jurídicas que lo componen, entra en relación jurídica con otros sujetos de derecho.

En la función normativa, el Estado asume la creación de normas que integran el ordenamiento jurídico; en la función política asume la conducción política del país; y en la función jurisdiccional asume la resolución de conflictos entre sujetos de derecho. En estas tres tareas esenciales, al cumplirlas, el Estado no establece, realmente, ninguna relación jurídica con algún sujeto de derecho individualizado. En cambio, cuando cumple la función administrativa, al gestionar el interés público en representación de toda la sociedad, el Estado entra en relación jurídica con los particulares o sujetos de derecho. Encontramos siempre al Estado como sujeto, en relación a un particular o a otro sujeto de derecho. No así en las otras funciones estatales. Por ejemplo, en la normativa: cuando las Cámaras Legislativas sancionan una ley, no entran en relación directa con nadie en particular. Dictan una ley válida para todos los sujetos de derecho. Lo mismo sucede con la conducción política del país: cuando el Presidente de la República ejerce la función política, por ejemplo, cuando suspende las garantías constitucionales, no entra en relación directa con ningún particular; toma una decisión política de conducción de la Sociedad, pero sin entrar en relación concreta con ningún sujeto de derecho.

Cuando el Estado resuelve, a través de un Juez, por ejemplo, un conflicto entre partes, tampoco el Estado entra en relación directa con ninguna de esas partes, sino que es un tercero quien resuelve ese conflicto.

En cambio, cuando el Estado ejerce la función administrativa, la persona jurídica que ejerce el Poder sí entra directamente en relación con un particular, como sujeto de derecho, tuteladora que es del interés público. En este caso, el Estado se erige en gestor del interés público, y como tal tutelador de un interés público, entra en relación con un particular. Por ejemplo, si un Municipio da un permiso de construcción en nombre de la colectividad, entra en relación directa con el particular, pero como gestor del interés público en general.

Es decir, aquí la característica es que se trata de una gestión del interés público que implica relaciones directas, de carácter jurídico, entre sujetos de derecho, entre el Estado y los particulares. En cambio, en las otras tres, el Estado no entra en relación jurídica directa con determinados sujetos.

Estas tareas esenciales del Estado, son esas funciones propias a las que se refiere el artículo 118 de la Constitución al cual nos hemos referido, y tienen, todas, un fundamento constitucional, en las normas comentadas.

3. *Las funciones estatales "propias"*

Ahora bien, como se ha visto, el texto constitucional habla, en su artículo 118, de funciones propias de los órganos que ejercen las ramas del Poder Público; y en las diversas normas analizadas hemos constatado que asigna esas funciones, como "propias" de dichos órganos. Así, la función normativa se identifica como una función propia del Congreso y cuando éste la ejerce, esa función normativa es propiamente la función legislativa o de legislar; la función política como una función propia del Presidente de la República y cuando la ejerce se convierte propiamente en la función de gobierno; la función administrativa también como una función propia de los órganos ejecutivos; y la función jurisdiccional como una función propia de los órganos judiciales, y cuando la ejerce se convierte en la función judicial.

Por tanto, si bien hay una atribución de estas funciones a un órgano que la ejerce normal y naturalmente, ello no es exclusivamente y menos aún, en forma excluyente. Pon funciones propias de los órganos estatales, pero no son exclusivas, ni excluyentes, y este principio, es el que nos identifica otra de las bases constitucionales de nuestro Derecho Público, particularmente para la identificación de la función administrativa.

Definitivamente, esta no la podemos identificar como "la función que asumen los órganos que ejercen el Poder Ejecutivo", porque ello no es cierto.

La función administrativa, hemos dicho, se caracteriza por consistir en la gestión del interés público, realizada por el Estado actuando mediante los sujetos de derecho que lo integran, o mejor, a través de unos de sus sujetos de derecho, en una relación que se establece con los particulares, pero no puede identificarse por la vía orgánica. Por ello, no puede decirse que la función administrativa sea aquella que realizan los órganos ejecutivos.

Ahora bien, esta idea de que las funciones del Estado no son coincidentes con la separación orgánica de poderes, permite afirmar que, en Venezuela, si bien hay una separación orgánica de poderes, no hay una separación orgánica de funciones, como si estas estuvieran atribuidas a determinados órganos, con precisión. Más bien nos encontramos que estas funciones del Estado se ejercen, en general, por todos los órganos del Estado.

Por tanto, el problema de las funciones del Estado tenemos que analizarlo desde dos ángulos: por una parte, que las funciones, si bien se asignan con el carácter de propias a un órgano estatal, en el sentido de que naturalmente se asignan al órgano, cuando éste las ejerce, ello no lo hace ni en forma excluyente, ni en forma exclusiva, ya que esa función puede ser ejercida por los otros órganos del Estado; y por la otra, que cuando ese órgano ejerce su función propia, ni siquiera lo hace en forma exclusiva, sino que en el ejercicio de su propia función, interfieren los otros órganos del Estado. Hay, por tanto, una doble interrelación que es necesario determinar.

Cuando hablamos de interferencias no lo hacemos pensando en una actividad de entorpecer, sino como un mecanismo que inclusive en algunos casos puede originar una colaboración interorgánica. Sin embargo, no es simplemente de colaboración espontánea sino obligatoria, por eso la calificamos de interferencia. Por ejemplo, necesariamente, en la Ley de Presupuesto, en la iniciativa debe intervenir el Ejecutivo Nacional[695]. Aquí la facultad de legislar se encuentra interferida obligatoriamente; y es más, la función normativa del Congreso está limitada, en el sentido de que no puede ir más allá de la estimación de ingresos del proyecto[696].

4. *La interferencia orgánica en el ejercicio de las funciones propias*

A. *Las interferencias en el ejercicio de la función normativa por las Cámaras Legislativas*

En efecto, es evidente que las Cámaras Legislativas tienen, como función propia, la normativa; lo dice el artículo 139 de la Constitución, que atribuye al Congreso la facultad de legislar sobre materias que corresponden al Poder Nacional; pero en ejercicio de esa función normativa, si bien admitimos que es una función propia y normal de las Cámaras Legislativas, hay interferencia de otros órganos estatales. Pongamos algunos ejemplos: si bien las Cámaras, insisto, tienen la potestad de legislar sobre las materias que corresponden al Poder Nacional, la Constitución, en el artículo 165, atribuye la iniciativa de una Ley como la de Presupuesto al Ejecutivo; es decir, que ni siquiera las Cámaras Legislativas, en su función de legislar son libres de inventar una Ley como la de Presupuesto, pues el artículo 228 le atribuye al Ejecutivo Nacional la facultad exclusiva de presentar el proyecto de Ley de Presupuesto a la consideración de la Cámara de Diputados. No podría, por tanto, el Congreso, elaborar una Ley de Presupuesto y aprobarla, sino que ella tiene que resultar de un proyecto presentado por el Ejecutivo Nacional.

Pero la interferencia en materia presupuestaria, por ejemplo, es mayor: el artículo 228 señala a las Cámaras Legislativas, cuál es el límite que tienen en el análisis del presupuesto, en el sentido de que no pueden autorizar gastos que excedan al monto de las estimaciones de los ingresos que ha hecho el Ejecutivo en el respectivo proyecto de Ley de Presupuesto. Por lo cual, no sólo el Ejecutivo Nacional tiene la iniciativa exclusiva de presentar el proyecto de Ley de Presupuesto, sino que, además, la estimación de ingresos que se determine en el Proyecto no puede ser excedida por el Congreso, en los gastos que autorice, por más soberanía y competencia que tenga de ejercer su función propia, que es la de legislar.

En el proceso de formación de las Leyes existen, además, otros dos mecanismos de interferencia: la posibilidad que tienen los Ministros de concurrir al Congreso e intervenir en la discusión de las Leyes, con el derecho de palabra en las Cámaras que les prevé la Constitución, en la discusión de las Leyes (Arts. 170 y 198). Por tanto, siendo la emisión de leyes una función propia del legislador, los Ministros, sin embargo, tienen, durante 1a. discusión, derecho a intervenir, con derecho de palabra.

Pero además, el propio Ejecutivo Nacional, con posterioridad a que se sancione una ley conforme al artículo 173, tiene la potestad de vetar la Ley y de devolverla al Congreso para su reconsideración, lo que se ha ejercido últimamente con más fre-

695 Artículo 228.

696 *Idem.*

cuencia de lo normal[697]. Aquí también puede verse una interferencia del órgano ejecutivo en el ejercicio de la función de legislar por las Cámaras Legislativas. Además, también consagra la Constitución una interferencia en el ejercicio de esa función por las Cámaras de parte de los órganos judiciales, desde el momento en que el artículo 215, ordinales 3, 4 y 5, de la Constitución, atribuye a la Corte Suprema de Justicia la facultad de declarar la nulidad de las Leyes y demás actos legislativos emanados de las Cámaras Legislativas.

En esta forma se clarifica la idea de una función naturalmente atribuida a las Cámaras Legislativas, como es la función normativa, pero en cuyo ejercicio se encuentran interferidas por los órganos ejecutivos y por los órganos judiciales. Esta misma operación o ejercicio lo encontramos en cada una de las funciones propias que ejercen los diversos órganos del Estado.

B. *Las interferencias en el ejercicio de las funciones política y administrativa por los órganos del Poder Ejecutivo*

Por ejemplo, hemos dicho que dentro de las funciones del Ejecutivo Nacional y concretamente del Presidente de la República, están las funciones políticas y la administrativa. Orgánicamente, inclusive, podría identificarse esta función política, como ejercida por los órganos superiores del Ejecutivo Nacional, particularmente, en virtud del artículo 190 que regula la competencia del Presidente de la República, que ejerce solo o en Consejo de Ministros; en cambio, la función administrativa se ejerce por todos los niveles del Ejecutivo Nacional, tanto por el Presidente de la República, solo o en Consejo de Ministros, como por los Ministros y demás órganos inferiores.

Además, cuando la Constitución dice, en el artículo 181, que el Presidente de la República es el Jefe del Estado y del Ejecutivo Nacional, en concreto, como Jefe del Estado, podrían identificarse algunas funciones políticas; y como Jefe del Ejecutivo Nacional, también, funciones políticas; y, en general, funciones administrativas. Pero en el ejercicio de esas funciones, y vamos a referirnos particularmente a la función política, y en este caso, ejercida por el Presidente, función de gobierno, nos encontramos con que el Presidente de la República, también se encuentra interferido por otros órganos del Estado. Tiene, como función propia, la función de conducir políticamente el país, pero sin embargo, en el ejercicio de esa función está interferido. Por ejemplo, en el artículo 190, una de las funciones típicas de gobierno del Presidente de la República, es la regulada en los ordinales 5° y 16° el Presidente es quien dirige las relaciones exteriores de la República; celebra tratados, acuerdos y convenios internacionales; y nombra los jefes de misiones diplomáticas. Sin embargo, esta función, como función propia, de dirigir las relaciones internacionales, está interferida por las Cámaras Legislativas: el artículo 128 de la Constitución establece el principio de que los tratados y convenios internacionales que celebre el Ejecutivo Nacional deben ser aprobados, por Ley especial, por el Congreso para que tengan validez, con algunas excepciones que la propia norma establece. Por otra parte, en

697 Una de las leyes devueltas al Congreso para su reconsideración, por ejemplo, fue la Ley Orgánica de Salvaguarda del Patrimonio Público (1982). Otra recientemente fue la Ley de Policía Federal (1993), la cual posteriormente no volvió a ser discutida en las Cámaras.

cuanto al nombramiento de los jefes de misiones diplomáticas, el artículo 150, ordinal 7°, atribuye al Senado la competencia de aprobar dichos nombramientos. Dentro de esta función política o de gobierno en relación a la dirección de las relaciones internacionales, el Presidente también se encuentra limitado en su función cuando, por ejemplo, se atribuye al Senado, la facultad de autorizar los viajes del Presidente de la República, fuera del territorio nacional (Art. 150, Ord. 6°). Por tanto, si bien es una función propia del Ejecutivo Nacional el dirigir las relaciones internacionales y nombrar los embajadores, ésta está sometida a interferencias previstas en el propio texto constitucional.

Piénsese, por último, en el voto de censura que la Cámara de Diputados puede aprobar contra los Ministros (Art. 153, Ord. 2°), lo que inclusive, puede llevar a la remoción del Ministro si se aprueba con las dos terceras partes de los Diputados presentes. Mayor interferencia en la función política o de gobierno, no puede haber en la Constitución.

Lo mismo resulta respecto a la función administrativa. En efecto, dentro de las funciones administrativas del Ejecutivo Nacional, por supuesto, está la de celebrar los contratos de interés nacional que permite la Constitución y las leyes; o sea, la celebración de contratos por parte del Ejecutivo Nacional, es una tarea esencialmente administrativa (Art. 190, Ord. 15). Sin embargo, aun frente a esa norma general, la propia Constitución establece una interferencia global en su artículo 126, al atribuir al Congreso la facultad de aprobar, en general, los contratos de interés nacional, con unas excepciones: los que permita la ley o los que sean para el normal desarrollo de la Administración Pública.

Otra interferencia de las Cámaras Legislativas en la realización de tareas administrativas, por el Ejecutivo Nacional, es la del Senado, prevista en al artículo 150, ordinal 2°, que regula su intervención autorizatoria en la enajenación de bienes inmuebles del dominio privado de la Nación. Una interferencia similar se prevé respecto al nombramiento de ciertos funcionarios públicos. Por ejemplo, el Procurador General de la República, es un funcionario que de acuerdo a los artículos 190, ordinal 16° y 201 es nombrado por el Presidente de la República. Sin embargo, también el Senado debe autorizar el nombramiento del Procurador, conforme se establece en los artículos 150, ordinal 7°, y 201.

El ejercicio de la función administrativa por los órganos del Ejecutivo Nacional también está interferida por las Cámaras Legislativas en forma general, cuando el mismo artículo 139 asigna al Congreso, no sólo la función normativa y en ese caso, de legislar sino la de controlar la Administración Pública Nacional, en los términos que establece la Constitución. Se consagra, así, en general, una interferencia en el ejercicio de la función administrativa por el Ejecutivo Nacional.

Por supuesto, también, tanto el ejercicio de la función de gobierno, como de la función administrativa por el Ejecutivo Nacional, están bajo el control de los órganos judiciales, al atribuirse, en el artículo 215, a la Corte Suprema de Justicia, competencia para anular los actos del Ejecutivo Nacional contrarios a la Constitución, sea que se dicten en función política como en función administrativa. Además, en el artículo 206 que regula la jurisdicción contencioso-administrativa, en concreto, se le atribuye competencia especialmente para anular, por contrariedad al derecho, los actos que puedan dictarse en ejercicio de la función administrativa. Por tanto, una función propia del Ejecutivo Nacional, como la función administrativa, es interferida, en su ejercicio, por los órganos judiciales.

C. *Las interferencias en el ejercicio de la función jurisdiccional por los Tribunales*

En cuanto al ejercicio de la función jurisdiccional por los Tribunales, como función que les es propia, también se encuentran las interferencias. Aquí se trata de una tarea esencial del Estado, como es la de resolver conflictos entre partes, la cual se atribuye, como función propia, a los Tribunales. Sin embargo, también aquí, en el mismo sentido, encontramos interferencias. Es un privilegio del Congreso, y así se declara en el artículo 139, "Decretar amnistías", por lo cual la decisión de un órgano judicial en su función propia, puede encontrar extinguidos sus efectos cuando el Congreso, haciendo uso de este privilegio, decreta una amnistía. En el mismo sentido, la Constitución, en su artículo 190, ordinal 21, establece como una de las atribuciones del Presidente de la República el conceder indultos, con lo cual, también aquí encontramos una interferencia respecto a los efectos de una decisión judicial. Hay otros casos, en los cuales interviene el órgano legislativo, interfiriendo en las funciones jurisdiccionales propias de los Tribunales. Por ejemplo, en los casos de enjuiciamiento del Presidente de la República, la Corte Suprema de Justicia no puede realizar libremente el enjuiciamiento, sino que necesita de una autorización del Senado (Art. 150, Ord. 8°), previa declaratoria por la Corte Suprema de Justicia de que hay méritos. De manera que es necesario que en esa tarea propia, como es el enjuiciamiento que corresponde a los Tribunales, intervenga el órgano legislativo.

Lo señalado anteriormente nos conduce a admitir que si bien hay funciones propias atribuidas a los órganos del Estado, según la separación horizontal del poder, esa atribución no es exclusiva ni excluyente, pues en su ejercicio interfieren otros órganos. Por tanto, el sistema no es de separación de funciones, sino de colaboración funcional entre esos diversos órganos, en algunos casos rígida, que hemos llamado interferencia de otros órganos en el ejercicio de las funciones propias. Por tanto, no hay una separación de funciones que coincida exactamente con la separación orgánica de poderes.

5. *El ejercicio no excluyente de las funciones propias*

Pero además de que haya funciones propias atribuidas a los diversos órganos del Estado y que éstos se encuentren interferidos en su ejercicio por otros órganos del Estado, debe insistirse en que por el hecho de que ellas sean propias de cada uno de esos órganos, ello no excluye que éstas puedan ser ejercidas por otros órganos estatales.

A. *La función normativa y su ejercicio*

En cuanto a la función normativa, señalábamos, es una tarea esencial del Estado que tiene por objeto la creación, la modificación o extinción de normas jurídicas de validez general que integran el ordenamiento jurídico. Como tal tarea, esta función de creación de normas que integran el ordenamiento jurídico, se atribuye a las Cámaras Legislativas, como función propia configurándose en ese caso como función legislativa (es decir, la función normativa ejercida por las Cámaras Legislativas). Pero también es una tarea que se asigna a otros órganos del Estado.

En efecto, no sólo el Congreso ejerce la función normativa, es decir, no sólo el Congreso crea normas que integran el ordenamiento jurídico, sino que también otros órganos del Estado crean normas que integran el ordenamiento jurídico. En efecto, por una parte, el Presidente de la República tiene, conforme al artículo 190 de la Constitución, facultad para reglamentar total o parcialmente las leyes (Ord. 10°), por lo que el Presidente de la República, cuando ejecuta esta atribución, ejerce la función normativa. Además, cuando el Presidente de la República dicta Decretos-Leyes, por ejemplo, conforme al ordinal 8° del artículo 190, en materia económica y financiera de emergencia, cuando ha sido habilitado para ello por ley especial, o cuando dicta Decretos-Leyes en base a una suspensión de garantías constitucionales, ejerce la función normativa. Esta, por tanto, es una tarea esencial del Estado en la cual se crean normas que integran el ordenamiento jurídico, y que no sólo corresponde a las Cámaras Legislativas sino también, constitucionalmente, a los órganos que integren el Ejecutivo Nacional.

En el mismo sentido, la Corte Suprema de Justicia también ejerce la función normativa. Cuando dicta reglamentaciones que establecen normas que integran el ordenamiento jurídico. En efecto, cuando la Corte Suprema de Justicia declara la nulidad de un artículo de una ley, ejerce la función jurisdiccional, está resolviendo un conflicto entre sujetos, no está creando normas que integren el ordenamiento jurídico, es decir, no ejerce la función normativa. En cambio, la Corte Suprema de Justicia ejerce la función normativa cuando crea normas que integran el ordenamiento jurídico, en los casos en los cuales esté autorizada a ello por su Ley Orgánica. Esta, en efecto, en el artículo 44 atribuye a la Corte competencia no sólo para dictar su Reglamento Interno (Ord. 15), sino para "dictar las normas concernientes a los derechos y obligaciones de los empleados al servicio de la Corte y organizar el sistema de administración de dicho personal" (Ord. 13). En base a esto, la Corte Suprema de Justicia dictó un estatuto de personal de sus funcionarios que rige las relaciones entre los empleados (escribientes, secretarias, abogados) que trabajan en la Corte, y la República, a cuyo servicio, como persona jurídica, están. Este Estatuto de personal de la Corte es una manifestación del ejercicio de la función normativa por el Supremo Tribunal. Al dictarlo, el máximo Tribunal no ha resuelto ningún conflicto, no ha dictado ninguna sentencia; lo que ha hecho es dictar un reglamento, un acto estadal de efectos generales, contentivo de normas que integran el ordenamiento jurídico, en ejercicio de la función normativa. Esta, por tanto, si bien es función propia de las Cámaras Legislativas, también es función atribuida a otros órganos del Estado, como la Corte Suprema.

Este mismo razonamiento se puede hacer respecto de todas las funciones. Ninguna función es exclusiva de algún órgano estatal: primero, porque cuando la ejerce el órgano al cual se la atribuye como propia, la ejerce interferida por otros órganos, y segundo, porque el ejercicio de la misma por ese órgano no excluye que sea ejercida por otros órganos del Estado. De acuerdo al ejemplo planteado, la función normativa es una función propia de las Cámaras Legislativas, pero no le es privativa, ni exclusiva, ni excluyente. La ejercen, se insiste, otros órganos del Estado. Por supuesto, cuando se dice que la Corte Suprema ejerce la función normativa, al dictar el reglamento del estatuto de personal, ello lo hace en base a una potestad pública, a una situación jurídica constitucional que tiene: el Poder Judicial. Asimismo, cuando los órganos del Ejecutivo Nacional, el Presidente de la República, por ejemplo, dicta un Reglamento, lo hace en base a la cuota parte del Poder Público que tiene: el Poder Ejecutivo.

Podría, inclusive, completarse este ejemplo en relación a la función normativa, señalándose que sólo sería exclusivo de los órganos que ejercen el Poder Legislativo, realizar la función normativa a través de algunos actos formales concretos que se le atribuyen en tal forma exclusiva: sólo las Cámaras Legislativas pueden dictar leyes (Art. 162). Por ello podría decirse entonces, que es exclusivo de éstas, el ejercicio de la función normativa, cuando se manifiesta a través de leyes. También sería exclusivo del Congreso y las Cámaras el ejercicio de la función normativa, cuando la creación de normas jurídicas se manifiesta a través de actos parlamentarios sin forma de Leyes (actos privativos). Por ejemplo, cuando el Congreso dicta su Estatuto de Personal, que lo ha hecho, este es un cuerpo normativo, acto parlamentario sin forma de Ley o acto privativo, que es también manifestación del ejercicio de la función normativa, pero a través de un tipo de acto de ejecución directa de la Constitución, conforme a atribuciones constitucionales, que no tiene forma de Ley. En base a estos ejemplos, puede decirse que lo que es exclusivo del Congreso es el ejercicio de la función normativa *a través de un tipo peculiar de acto:* la ley, que se califica en el artículo 162 como el acto que emana de las Cámaras Legislativas actuando como cuerpos colegisladores, o los actos parlamentarios sin forma de Ley. Eso es lo exclusivo: el acto formal concreto, no el ejercicio en sí de la función, la cual puede ser ejercida por otros órganos estatales. En todo caso, por ello, cuando la función normativa se ejerce por las Cámaras Legislativas es que se puede hablar de función legislativa.

B. *La función política y su ejercicio*

Si analizamos la función política, nos encontramos con el mismo principio: es una función propia del Ejecutivo Nacional, particularmente del Presidente de la República, quien ya se ha dicho tiene el doble carácter de Jefe de Estado y Jefe del Ejecutivo Nacional, es decir, Jefe de Gobierno. Como tal, ejerce esta función política, que en este caso se configura como función de gobierno (es decir, la función política ejercida por el Presidente de la República); también regulada directamente en la Constitución: por ejemplo, el Presidente puede convocar a sesiones extraordinarias del Congreso (Art. 190, Ord. 9°) o puede suspender las garantías constitucionales (Art. 190, Ord. 6°) y declarar el Estado de emergencia (Art. 240), como funciones políticas que le están atribuidas. Sin embargo, no es el Presidente de la República el único que puede ejercer la función política, también otros órganos estatales, particularmente las Cámaras Legislativas a través de leyes o de actos parlamentarios sin forma de Ley. Cuando el Congreso dictó, por ejemplo, la Ley que reserva al Estado, la Industria y el Comercio de los Hidrocarburos (1975), además de regular y ejercer una función de normación, ejerció, sin duda, una función política: la de nacionalizar la industria petrolera. Cuando el Congreso, de acuerdo al artículo 139, dicta una Ley de Amnistía, puede esa Ley tener contenido normativo, pero básicamente es un acto político que se atribuye expresamente como un privilegio a las Cámaras Legislativas. Pueden también ejercer esa función política, las Cámaras o el Congreso a través de actos parlamentarios sin forma de Ley, como la autorización por el Senado al Presidente de la República para salir del país (Art. 100, Ord. 6°); o la aprobación por la Cámara de Diputados de un voto de censura a un Ministro (Art. 158, Ord. 2°).

De lo anterior resulta que el ejercicio de la función política, como función propia del Presidente de la República, no es de su ejercicio exclusivo no excluye que otros órganos estatales, como las Cámaras Legislativas, la ejerzan. Sin embargo, lo que sí es exclusivo del Presidente de la República, es el ejercicio de la función política a través de determinados actos concretos, como los actos de gobierno, en ejecución directa de la Constitución los cuales pueden o no ser de contenido normativo: los actos de gobierno con contenido normativo son los decretos-leyes, dictados en ejecución directa de la Constitución (Art. 190, Ords. 8° y 11°); los no normativos serían los actos de gobierno propiamente dichos, como podría ser el acto de restricción o suspensión de las garantías constitucionales (Art. 190, Ord. 6°). En todo caso, por ello, cuando la función política se ejerce por el Presidente de la República es que se puede hablar de función de gobierno.

C. *La función jurisdiccional y su ejercicio*

En el mismo sentido puede decirse de la función jurisdiccional: si bien es una función propia de los Tribunales, no es exclusiva, ni excluyente, pues todos los órganos del Estado pueden ejercerla, cuando resuelven conflictos entre partes, entre sujetos de derecho. Por tanto, además de los órganos judiciales, otros órganos del Estado ejercen la función jurisdiccional, particularmente, los órganos del Ejecutivo Nacional. Esto sucede cuando funcionarios administrativos resuelven conflictos entre partes: por ejemplo, la labor de las Inspectorías del Trabajo o de las antiguas Comisiones Tripartitas del Ministerio del Trabajo; del Director de Inquilinato del Ministerio de Fomento; o de cualquier superior cuando decide un recurso administrativo que implique decisión sobre intereses contrapuestos.

Entonces, la función jurisdiccional es una función propia de los Tribunales, pero no es la exclusiva ni la excluyente. También se ejerce por el Ejecutivo Nacional. Sin embargo, sí es exclusiva de los Tribunales cuando se realiza a través de un acto determinado, como una sentencia con fuerza de verdad legal. Aquí es la sentencia, como acto estatal, la que es de emanación exclusiva de los Tribunales, no el ejercicio de una determinada función. Es distinto, por tanto, la función jurisdiccional del acto judicial; lo judicial, no es igual a lo jurisdiccional. Lo judicial se refiere al ejercicio del Poder Judicial por los órganos del Poder Judicial; lo jurisdiccional es una tarea esencial del Estado, para resolver conflictos entre partes, sean cuales sean los sujetos de derecho involucrados. Por ello cuando la función jurisdiccional se ejerce por los Tribunales es que se puede hablar de función judicial.

D. *La función administrativa y su ejercicio*

En cuanto a la función administrativa, también aquí se trata de una función propia de los órganos del Ejecutivo Nacional, que ejercen como gestores del interés público, actuando como sujeto de derecho (la República), lo cual la distingue de las otras funciones del Estado: la de crear el derecho; la de aplicar el derecho, resolviendo conflictos entre partes, o la de conducir políticamente a la sociedad, en cuyos casos el Estado actúa como un tercero en las relaciones jurídicas, y no como parte de ellas.

En la función administrativa, en cambio, el Estado actúa en la relación jurídica, directamente, como sujeto de derecho, encarnado sea en la República, sea en los Estados Federados, sea en los Municipios, según los niveles territoriales. Por ejemplo, cuando el Estado impone una multa, niega un permiso, o liquida un impuesto, la persona jurídico-estatal entra en relación directa con otro sujeto de derecho; por eso el Estado se nos manifiesta, como persona jurídica, siempre a través del ejercicio de la función administrativa. En cambio, cuando el Estado dicta una Ley, en principio, no se nos manifiesta como sujeto de derecho, aun cuando las Cámaras Legislativas sean órganos de la República; cuando un juez dicta una sentencia tampoco se nos manifiesta el Estado como sujeto de derecho, aun cuando los Tribunales sean órganos de la República. En cambio en la función administrativa, el Estado como tal gestor del interés público, a través de las personas jurídicas estadales, interviene directamente en una relación jurídica que surge con otros sujetos de derecho.

Ahora bien, la función administrativa es una función propia de los órganos ejecutivos, pero, por supuesto, tampoco aquí es exclusiva ni excluyente. Todos los otros órganos del Estado también ejercen la función administrativa.

En efecto, las Cámaras Legislativas ejercen, sin duda, una función administrativa en sus actos internos cuando aplican su Estatuto de Personal, para resolver sus problemas con el personal a su servicio. En esos actos, las Cámaras como órganos de la República, hacen que se establezca una relación jurídica entre la República, como sujeto de derecho, y los funcionarios.

También los órganos que ejercen el Poder Judicial (los Tribunales) realizan la función administrativa en sus actos internos, de administración del personal al servicio de los mismos, o cuando ejercen funciones de policía de los Tribunales. Por ejemplo, el acto por el cual el Juez ordena el arresto disciplinario de un abogado, por irrespeto al Tribunal, es un acto administrativo típico, de policía de orden público, no tratándose de un acto típicamente judicial como la sentencia.

Por tanto, la función administrativa, además de por la Administración Pública, se ejerce también por las Cámaras Legislativas y por los Jueces. Sin embargo, cuando la función administrativa se ejerce por los órganos de la Administración Pública en ejercicio del Poder Ejecutivo, es que podría hallarse en función ejecutiva.

6. *Las funciones del Estado y los actos estatales*

Ahora bien, de lo anterior resulta que dentro del conjunto de actos estatales previstos en la Constitución, todos ellos pueden ser definidos orgánicamente, es decir, por el órgano que los dicte, menos el acto administrativo.

En efecto, la ley es un acto que emana exclusivamente de las Cámaras Legislativas cuando actúan como cuerpos colegisladores, sea en ejercicio de la función normativa u otras funciones del Estado; el acto de gobierno emana exclusivamente del Presidente de la República, en uso de facultades constitucionales, en ejercicio de la función política o de otras funciones estatales; y la sentencia es el acto que emana de los Tribunales, con fuerza de verdad legal, en ejercicio de la función jurisdiccional. En estos tres casos puede darse de dichos actos, una definición orgánico-formal, aun cuando no necesariamente con el añadido funcional.

Sin embargo, no sucede lo mismo con el acto administrativo, el cual no se regula constitucionalmente como un acto reservado exclusivamente a algunos órganos estatales, los ejecutivos por ejemplo, pues pueden ser dictados por todos los órganos estatales en ejercicio, además, de todas las funciones estatales.

Por ello, se insiste, tanto la ley, las sentencias, los actos de gobierno o los actos parlamentarios sin forma de ley, si bien no se pueden definir funcionalmente, sí se pueden definir orgánicamente: la Ley, puede decirse, es el acto que emana de las Cámaras Legislativas actuando como Cuerpos colegisladores (Art. 162), pero no puede decirse que la ley sea el resultado del ejercicio de la función normativa por las Cámaras, porque la ley, definida orgánicamente, puede ser dictada en ejercicio de varias funciones: la función política, la función normativa o la función administrativa.

El mismo razonamiento se puede establecer respecto de los actos parlamentarios sin forma de Ley: como su mismo nombre lo indica, son actos parlamentarios sin forma de Ley, lo cual equivale a una noción formal orgánica, no a una definición funcional; y ello, porque esos actos pueden ser dictados por las Cámaras en ejercicio de todas las funciones estatales. También, el acto de gobierno se define orgánicamente: es el acto del Presidente de la República en ejecución directa de la Constitución, noción formal-orgánica, no funcional, pues puede ser dictado en ejercicio de todas las funciones del Estado. La sentencia también tiene una noción formal orgánica: el acto que emana de los Tribunales con fuerza de verdad legal.

Sin embargo, lo anterior no puede decirse del acto administrativo, respecto del cual no puede darse una definición orgánica, pues emana de todos los órganos del Estado, en ejercicio de todas las funciones del Estado. Por supuesto, podríamos llegar a una noción negativa: acto administrativo es todo acto del Estado que no sea acto parlamentario con o sin forma de ley, ni acto de gobierno, ni sentencia, pero ello no es admisible.

Por supuesto, no han faltado quienes hayan definido, también, el acto administrativo, en forma orgánica, partiendo de que es emanación exclusiva de los órganos ejecutivos.

Así, se ha dicho que acto administrativo es el que emana de los órganos del Poder Ejecutivo, y para distinguirlos de los actos de gobierno, se agrega que aquél es de rango sublegal[698].

Sin embargo, en nuestro criterio es una definición errada e incompleta, porque tan acto administrativo es el acto de nombramiento de un funcionario en la Administración Pública, como el nombramiento de un funcionario en la Corte Suprema o el nombramiento de un funcionario en las Cámaras Legislativas. No puede decirse que es acto administrativo el que emana de los órganos ejecutivos y no lo son los otros, pues su contenido y la función ejercida es la misma. Tampoco puede caerse en la tentación del facilismo y decir que no importa que esos de las Cámaras sean actos administrativos, ni que esos de los Tribunales sean también actos administrativos, porque los que interesan al Derecho Administrativo, supuestamente sean sólo los que emanan del Poder Ejecutivo.

Por supuesto que importa: por ejemplo, el acto del Presidente de la Cámara de Diputados por el que se destituye a un Secretario de una Comisión del Congreso violándose el Estatuto de Personal. ¿Qué acto es? ¿Es una Ley? No. ¿Es un acto

---

698 Sobre ello véase Allan R. Brewer-Carías, "El problema de la definición del Acto Administrativo" en *Libro Homenaje a Eloy Lares Martínez,* Tomo I, Caracas, 1984, pp. 25 y ss.

parlamentario sin forma de Ley? Tampoco. ¿Es una sentencia? Tampoco. Es un acto administrativo evidentemente, y además, es un acto administrativo que lesiona un derecho, y la importancia de su determinación como tal, es que a los efectos del artículo 206 de la Constitución que define la competencia de la jurisdicción contencioso-administrativa para anular actos administrativos generales e individuales, se trataría de un acto recurrible, a pesar de que emane de un órgano legislativo, pues en nuestro sistema constitucional, no hay acto que escape del control de la constitucionalidad y legalidad. Pero si se definiera ese acto orgánicamente, no sería acto administrativo.

Estimamos que toda construcción jurídica debe ser sistemática y global por lo que al definir los actos administrativos, no puede dejarse estos actos fuera, porque se estime que no importan al Derecho Administrativo. En esta forma, estimamos que, la definición del acto administrativo tiene que ser una, porque la Constitución nos remite a Una sola noción. No podemos ir definiéndolo en cada Ley, a sus efectos, como ha hecho la Ley Orgánica de Procedimientos Administrativos (1981), que lo definió a los efectos de su propio articulado, como los emanados de los órganos administrativos. Consideramos que esa es una definición incorrecta e incompleta, porque no sólo esos actos son actos administrativos (esos pueden ser los actos administrativos del Poder Ejecutivo sometidos a esa Ley), pues hay otros actos administrativos emanados, como hemos visto, de otros órganos estatales. Por ello estimamos inadmisible la definición orgánica del acto.

Otra vía adoptada es la definición funcional: el acto administrativo es el que emana del ejercicio de la función administrativa; sin embargo, ello tampoco es correcto, porque el acto administrativo, hemos visto, por ejemplo, emana del ejercicio de la función jurisdiccional ejercida por órganos ejecutivos, cuando un inspector de trabajo ejerce la función jurisdiccional, o del ejercicio de la función normativa por la Corte Suprema de Justicia, cuando dicta el Reglamento de administración de personal.

Por tanto, no puede definirse el acto administrativo ni por el órgano que lo dicta ni por la función que se ejerce al emanarlo. Podemos decir que no hay coincidencia entre órgano y función en el ejercicio de las funciones del Estado. Lo que hay es coincidencia, algunas veces, entre un acto y el órgano que lo puede dictar en forma exclusiva (la Ley por las Cámaras Legislativas, la sentencia por los Tribunales, el acto de gobierno por el Presidente de la República), lo que no sucede en el caso del acto administrativo, donde no hay coincidencia entre el órgano y la función; ni entre la función y el acto; ni entre el acto y el órgano.

Por ello hemos propuesto una definición del acto administrativo que combine los diversos criterios a los efectos de reconducir a la unidad la heterogeneidad de los mismos. En esta forma el acto administrativo es toda manifestación de voluntad de *carácter sub-legal*, realizada por los órganos que ejercen el *Poder Ejecutivo*, ejecutando todas las funciones del Estado; por los órganos que ejercen el Poder Legislativo, ejecutando la *función administrativa*; y por los órganos que ejercen el Poder

Judicial, ejecutando la *función administrativa y normativa*, con el objeto de producir determinados efectos jurídicos[699].

V. EL ESTADO DE DERECHO Y EL PRINCIPIO DE LA LEGALIDAD

El fundamento constitucional primario del Estado venezolano, como Estado de Derecho sometido al principio de la legalidad, está en el artículo 117 ubicado también en el Título IV, del Poder Público, y dentro de éste, en su Capítulo I, Disposiciones Generales. Este artículo 117 dice: "La Constitución y las leyes definen las atribuciones del Poder Público y a ellas debe sujetarse su ejercicio".

Aquí debemos hacer algunas precisiones: La norma usa la expresión *"atribuciones del Poder Público"*, y respecto de ella se puede formular la misma crítica que hicimos al artículo 46, cuando usa la expresión "acto del Poder Público". Hemos señalado que esta es una expresión impropia, porque el Poder Público no es un órgano, ni es una entidad con personalidad jurídica, sino que es una potestad estatal (Poder). Por tanto, así como es incorrecto hablar de *"acto del Poder Público"* en el artículo 46; en el artículo 117 también es incorrecta la expresión "atribuciones del Poder Público". Lo correcto debería ser referirse a las atribuciones de los órganos del Poder Público, o de los órganos a los cuales se atribuye el ejercicio del Poder Público, pues en estricto derecho, "el Poder Público" no tiene ni puede tener atribuciones: éstas las tienen los órganos del Estado que ejercen aquel Poder.

En todo caso, entendiendo que se trata de atribuciones de los órganos que ejercen el Poder Público, la norma exige que éstas estén definidas en la Constitución y las leyes y a ellas debe sujetarse su ejercicio. Por tanto, el principio es el de la sujeción de los órganos del Estado al derecho que, de acuerdo al artículo 117, define la Constitución y las leyes.

1. *El sometimiento al derecho por los órganos estatales*

Ahora bien, la expresión "la Constitución y las leyes" es, sin duda, incompleta porque no sólo la Constitución y las leyes definen atribuciones de los órganos que ejercen el Poder Público, sino que también otras fuentes que integran el ordenamiento jurídico definen estas atribuciones; y a ellas, también, deben someterse dichos órganos del Poder Público en el ejercicio de sus atribuciones. Por tanto, ese artículo 117 no puede interpretarse aisladamente, sino que necesariamente tiene que interpretarse, sobre todo en relación a la Administración, concatenado con el artículo 206 que establece la jurisdicción contencioso-administrativa, y le atribuye competencia para anular actos administrativos generales o individuales, no sólo contrarios a la Constitución y a las leyes, sino "contrarios a derecho", con lo cual le da una amplitud mucho mayor al principio de la legalidad que aquella que se deriva del artículo 117. Por ello, podemos decir que este artículo 206 es el fundamento constitucional de la superación del positivismo jurídico como única fuente del derecho y único ámbito legal o normativo de sujeción de la Administración. Con este artículo 206 estimamos que se ha constitucionalizado el derecho suprapositivo, particularmente representado por una fuente que está en el Código Civil (Art. 4), y que aquí adquiere

---

699 *Idem*, p. 49.

todo su valor, integrada por los principios generales del derecho, como principios que informan el ordenamiento jurídico y que se derivan a la vez del ordenamiento jurídico.

Por tanto, no sólo en el Código Civil los principios generales del derecho tienen carácter de fuente del derecho, en ausencia de derecho escrito, sino que en el artículo 206, respecto de los actos administrativos, adquieren rango constitucional. En consecuencia, de acuerdo a esa norma, se pueden declarar nulos los actos administrativos contrarios a derecho, y no sólo contrarios a la Ley o a la Constitución. Por tanto, también pueden declararse nulos los actos contrarios a los reglamentos, en caso de que éstos existan, y contrarios, sobre todo, a los principios generales del derecho administrativo que hasta la sanción de la Ley Orgánica de Procedimientos Administrativos en 1981 eran la fuente fundamental del derecho administrativo. Esto significa, en definitiva, que los actos administrativos deben estar sometidos al derecho, lo cual es mucho más que el sometimiento a la Constitución y la Ley.

Ahora bien, al referirnos a esta amplitud del principio de la legalidad en nuestro Estado de Derecho, que implica el sometimiento de la Administración al derecho, incluidos los principios generales del derecho administrativo, debemos señalar que en Venezuela se ha operado un proceso de positivización del derecho administrativo, primero con la Ley Orgánica de la Corte Suprema de Justicia (1976) que reguló, aun cuando transitoriamente, las bases de lo contencioso-administrativo, y segundo, con la Ley Orgánica de Procedimientos Administrativos (1981), que reguló la actividad formal de la Administración. Hasta esas dos leyes, la mayoría de las normas que están en sus artículos, eran principios generales del derecho que los Tribunales y, particularmente, la Corte Suprema de Justicia venía aplicando como fuente del derecho administrativo. Ha habido por tanto, una positivización progresiva de dicha disciplina, por la conversión, en derecho positivo, de los principios generales del derecho. Por tanto, el principio de la legalidad que implica el principio del sometimiento al derecho de todos los órganos que ejercen el Poder Público, no sólo se integra por lo previsto en la Constitución y las Leyes, sino por todas las fuentes del derecho y, en este campo, particularmente, por el derecho que se deriva de los principios generales del derecho.

Ahora bien, el principio de que todos los órganos estatales, en su actuación, están sometidos a la Constitución, está previsto expresamente en el mencionado artículo 117, el cual le da a la Constitución, básicamente, su posición como una fuente superior de todo el ordenamiento jurídico. Este hecho de estar sometidos todos los actos estatales a la Constitución, le da al texto fundamental determinadas características que tiene en nuestro ordenamiento, y que ya hemos analizado detenidamente.

2. *El sometimiento al derecho y la distribución horizontal del Poder Público*

Ahora bien, si decimos que los órganos que ejercen el Poder Público deben someterse, al derecho (la Constitución, la Ley y las demás fuentes del derecho), debemos preguntarnos si eso sucede, en la misma forma, respecto de todos los órganos que ejercen el Poder Público o si todos ellos están sometidos al derecho de la misma manera. Esto tiene vinculación con lo ya indicado de la distribución del Poder Público, y puede señalarse que el sometimiento al derecho varía según la forma de distribución vertical u horizontal del Poder.

En cuanto a la distribución vertical del Poder Público, el ámbito del derecho de acuerdo a la Constitución, al cual están sometidos la República, los Estados y Municipios, varía: no es el mismo derecho el que regula al Municipio, a los Estados y a la República. Por tanto, no son las mismas normas las que regulan la actuación de estos sujetos ni es la misma la forma de sujeción que tienen unos y otros.

En cuanto a la distribución horizontal del poder, también puede decirse que no es la misma forma de sujeción la que tienen los órganos que ejercen el Poder Legislativo, los órganos que ejercen el Poder Ejecutivo y los órganos que ejercen el Poder Judicial. Hay variación en cuanto al sometimiento al derecho o a la forma en la cual están sujetos al ordenamiento jurídico, según el sistema de distribución del Poder, aun cuando en todo caso, el rasgo común de todos los órganos del Estado, es el sometimiento a la Constitución, como norma suprema.

Pero antes de analizar los aspectos del sometimiento al derecho derivados de los sistemas de distribución vertical del Poder Público, debe hacerse referencia previa al principio de la formación del derecho por grados, que condiciona el sometimiento al derecho de los órganos del Estado, conforme a la distribución horizontal del Poder.

En efecto, uno de los principios fundamentales de nuestro ordenamiento jurídico es el de la llamada formación del derecho por grados. De acuerdo al mismo, puede decirse que en nuestro" sistema constitucional, y particularmente de acuerdo al principio de la distribución horizontal de los órganos del Poder Público, hay actos que son cumplidos en ejecución directa de la Constitución, y que, por tanto, tienen como su fuente fundamental, y casi única, la Constitución misma, porque se dictan directamente en virtud de atribuciones en ella previstas. Por tanto, hay actos que ejecutan, en primer grado, la Constitución, en forma directa. Además, hay otros actos que no ejecutan directamente a la Constitución, y si bien los órganos que los dictan están sometidos a ese texto, cuando los dictan, no lo hacen en base a atribuciones constitucionales. Por ello el artículo 117 precisa que la Constitución y las leyes definen las atribuciones de los órganos del Poder Público, las cuales no sólo están en la Constitución, directamente establecidas, sino también en las Leyes.

A. *Actos dictados en ejecución directa de la Constitución*

a. *La Ley y su sometimiento al derecho*

Ante todo, la Ley es un acto de ejecución directa de la Constitución, tal y como se define en el artículo 162. Por otra parte, el artículo 139 atribuye al Congreso competencias para legislar sobre las materias de interés nacional. Por tanto corresponde al Congreso, legislar sobre las materias atribuidas al Poder Nacional (Art. 139), precisamente, a través de leyes; y leyes son, de acuerdo al artículo 162, los actos que emanan de las Cámaras Legislativas actuando como Cuerpos Colegisladores; siendo las materias de competencia nacional exclusiva las definidas y enumeradas en el artículo 136.

Esas tres normas hay que concatenarlas. La ley como acto que emana de las Cámaras actuando como Cuerpos Colegisladores, al legislar las materias que corresponden al Poder Nacional, es un acto que se dicta en base a lo que la Constitución establece. Por ello, la ley es un acto que se dicta en ejecución directa de la Constitución, aun cuando haya determinadas graduaciones entre las Leyes, y es la idea de la Ley Orgánica, que está en el mismo artículo 163.

En efecto, las leyes orgánicas son las que así denomina la Constitución, y las que sean investidas, con tal carácter, por la mayoría absoluta de las Cámaras, al iniciarse en ellas la discusión del respectivo proyecto de Ley. La importancia de este artículo es que agrega al final: "las leyes que se dicten en materias reguladas por leyes orgánicas, se someterán a las normas de éstas", con lo cual, a nivel de las leyes orgánicas, hay una graduación respecto de la Ley ordinaria, que si se dicta en la materia regulada por la Ley Orgánica debe someterse también a lo que ésta establece. En uno u otro caso, se trata de actos de ejecución directa de la Constitución, pues la Constitución es la que atribuye la competencia (las leyes se dictan en base a la Constitución), aun cuando haya esta graduación interna.

En todo caso, no hay en la Constitución una precisión respecto de cuándo debe acudirse a la figura de la ley orgánica. De acuerdo a la Exposición de Motivos del Proyecto se acogió un criterio meramente formal para definir las leyes orgánicas: En primer lugar, "cuando la Constitución le da tal denominación", y en más de una ocasión la Constitución utiliza la expresión "ley orgánica" y en segundo lugar, cuando las Cámaras, por mayoría absoluta de los miembros de cada una de ellas, al iniciarse la discusión, las invistan con tal carácter de orgánica.

Agrega la Exposición de Motivos: la creación de leyes orgánicas tiene por objeto impedir que por leyes especiales se deroguen disposiciones que se refieran a la organización de ciertos poderes o a las formalidades que deben reunir determinadas leyes, y se puso como ejemplo, el caso de la posteriormente dictada Ley Orgánica de Régimen Presupuestario (1976), que rige la elaboración de los presupuestos anuales; el de la Ley Orgánica de Crédito Público (1976), que rige en general las operaciones de crédito público que celebre el Estado; y el de la futura Ley Orgánica que regule los Institutos Autónomos, que debe privar sobre las leyes especiales que crean dichos órganos. Estos tres ejemplos son precisos en cuanto al segundo criterio de la Exposición de Motivos sobre las formalidades que deben reunir determinadas leyes especiales, cuando forman parte de una regulación general, como es el caso de las leyes anuales de Presupuesto; de las leyes especiales de Crédito Público; y las leyes creadoras de Institutos Autónomos.

Por otra parte, el otro caso de exigencia de leyes orgánicas se refiere a la organización de ciertos poderes, y se remite, por ejemplo, a la que regula el Poder Judicial (la Ley Orgánica de Poder Judicial), o a las leyes que regulan áreas del propio Poder Ejecutivo (la Ley Orgánica de la Administración Central). Aparte de estos criterios generales, en la Exposición de Motivos no hay otro criterio que oriente sobre cuándo debe recurrirse a la figura de la ley orgánica.

En todo caso, en ambos supuestos, ley orgánica o ley especial, se dictan por el Congreso en base a disposiciones que la propia Constitución ha dictado.

b. *Los actos parlamentarios sin forma de ley y su sometimiento al derecho*

Igual situación se plantea respecto de los actos parlamentarios sin forma de Ley, los cuales también son actos que dicta el Congreso o las Cámaras en ejecución directa de normas constitucionales. En efecto, es la Constitución la que establece, como atribuciones privativas de cada Cámara, dictar su reglamento, aplicar las sanciones que se establezcan, calificar sus miembros, organizar sus servicios de policía, acordar su presupuesto y ejecutarlo, y luego, es la propia Constitución la que atribuye competencias al Senado, en el artículo 150, y a la Cámara de Diputados, en el artículo 153. Entre las atribuciones del Senado se destacan la de iniciar las discusiones de determinadas leyes, autorizar el nombramiento de determinados funcionarios o la enajenación de inmuebles por el Ejecutivo. Entre las atribuciones de la Cámara de Diputados están, dar el voto de censura a los Ministros, e iniciar la discusión de la Ley anual de presupuesto.

Pero en estos dos casos en los cuales, el Senado y la Cámara de Diputados ejercen sus competencias a través de actos parlamentarios sin forma de Ley, en ejecución directa de la Constitución, debe señalarse que también pueden estar sometidos al cumplimiento de determinados requisitos, que las propias Cámaras establezcan por Ley. Es decir, las Cámaras pueden autolimitarse, a través de leyes en el ejercicio de sus atribuciones privativas, y esto surge de la expresión que está al final de los artículos 150 y 153, cuando señala entre las atribuciones del Senado y de la Cámara de Diputados, las demás que les señale la Constitución y las Leyes.

Por ejemplo, en la Ley Orgánica de Crédito Público, las propias Cámaras Legislativas, al regular la intervención de las Comisiones Legislativas en la autorización de ciertas operaciones de crédito público que realizan los entes centralizados, establecen una serie de regulaciones procedimentales que las Comisiones están obligadas a cumplir.

c. *El acto de gobierno y su sometimiento al derecho*

En cuanto a los actos de gobierno, se trata de actos del Presidente de la República dictados en ejecución directa de disposiciones constitucionales. Por ejemplo, cuando el artículo 190 le atribuye al Presidente de la República, en el ordinal 6°, "declarar el estado de emergencia, y decretar la restricción o suspensión de garantías, en los casos previstos en la Constitución", está estableciendo una competencia constitucional directa. En estos casos, es la Constitución la que le atribuye al Presidente competencia para declarar el Estado de Emergencia y para decretar la suspensión o restricción de las garantías, y los artículos 240 y siguientes, regulan la forma como el Presidente debe declarar la emergencia.

Ahora bien, decir que estos son actos de ejecución directa de la Constitución, significa que sólo la Constitución los regula y no puede ninguna otra norma determinar lo que debe realizar el Presidente de la República en la declaración del Estado de Emergencia o en la suspensión o restricción de garantías constitucionales. En otros términos, no podrían las Cámaras Legislativas, por una Ley, dictar, por ejemplo, una ley que regulase la forma cómo el Presidente habrá de suspender las garantías constitucionales, pues ello sería inconstitucional. Eso es irregulable por el legislador, y esa no puede ser una materia que regule la Ley. Es una materia que sólo puede regular la Constitución; y el Presidente, cuando ejerce esas competencias sólo está sometido a la Constitución. Por eso la legalidad es, aquí, constitucionalidad.

Similar situación se presenta respecto de los Decretos-Leyes, los cuales también son actos de ejecución directa de la Constitución, dictados en base a atribuciones constitucionales. Así son los casos regulados en los ordinales 8° y 11° del artículo 190. Sin embargo, en el primer caso, de los Decretos-Ley en materia económica y financiera, la Constitución los somete a determinadas prescripciones de una ley habilitante, como ha sucedido en los cuatro casos en los cuales se ha utilizado: 1960,

1974, 1984 y 1993. En esos casos, el Presidente cuando dictó los Decretos-Ley, debía someterse a las prescripciones de la Ley habilitante.

Pero la Ley habilitante, en estos supuestos, no sólo es una ley que habilita sino que regula, que norma, que establece cómo y en qué forma pueden ejercerse esos poderes; en cuanto al tiempo, un límite de un año, normalmente; y en cuanto a la materia, cómo y qué tipo. Por tanto, el Decreto-Ley que se dicte en ejecución directa de la Constitución, pero sometido a esta Ley habilitante, sería inconstitucional, si no se ajusta a las prescripciones de la Ley habilitante, como lo dice el artículo 190, ordinal 8°. Así como la ley ordinaria que se dicte violando una norma de una ley orgánica pertinente, es inconstitucional, y no ilegal; en este caso, también, el decreto-ley que se dicte en base a una Ley habilitante que no se ajuste a sus prescripciones también sería inconstitucional, y particularmente entre los Decretos-Ley dictados en 1974-1975, hay un elenco de decretos-leyes inconstitucionales[700]. La Ley habilitante había prescrito algunas regulaciones muy generales, lo que llevó al Presidente de la República a, materialmente, modificar toda la legislación económica venezolana, sin fundamento preciso en la Ley de medidas extraordinarias.

De lo dicho anteriormente resulta, por tanto, que hay actos estatales, primero, de ejecución en primer grado de la Constitución, dictados en base a atribuciones constitucionales, aun cuando algunos de ellos puedan ser regulados o autorregulados por las Cámaras Legislativas. En otros casos, como se dijo, hay otros actos, como los otros actos de gobierno dictados por el Presidente de la República, que no pueden siquiera ser regulados por el legislador, es decir, actos en los cuales el legislador no puede intervenir.

B. *Actos dictados en ejecución indirecta de la Constitución*

Aparte de los actos legislativos (ley y actos parlamentarios sin forma de ley) y de los actos de gobierno, los otros actos estatales, los actos administrativos y los actos judiciales, son actos que resultan, de la ejecución en segundo o tercer grado de la Constitución: se dictan en ejecución mediata o indirecta de la Constitución, y en ejecución inmediata de la Legislación. Esto confirma el principio de la formación del derecho por grados: hay unas normas que ejecutan directamente la Constitución y que a la vez, son ejecutadas por otras, resultando al final del proceso, los actos administrativos y los actos judiciales, de ejecución de la Legislación en forma directa y, en forma indirecta, de la Constitución. Respecto de estos actos, el ámbito de la legalidad se amplía: si por ejemplo, en el nivel de actos del gobierno, legalidad significa constitucionalidad, en el nivel de la actividad administrativa, legalidad no sólo es constitucionalidad, sino sometimiento a todas las normas del ordenamiento que ejecuten a la Constitución, y que condicionen la emisión de estos actos.

---

700 Véase por ejemplo lo expuesto en Allan R. Brewer-Carías, "El régimen de traslado de industrias" en *Revista de Derecho Público,* N° 7, Caracas, julio-septiembre 1981, pp. 5 y ss. Véase Gerardo Fernández, *Los Decretos, Leyes,* Caracas, 1993.

a. *Los actos judiciales y su sometimiento al derecho*

Ante todo debe decirse que contrariamente a lo que sucede respecto de los órganos que ejercen el Poder Ejecutivo y de los órganos que ejercen el Poder Legislativo, en la Constitución no hay artículo alguno que regule, en general, los funciones de los órganos que ejercen el Poder Judicial, salvo por lo que se refiere a algunas atribuciones particularísimas de la Corte Suprema de Justicia, como contralora de la constitucionalidad de los actos estatales.

En efecto, por ejemplo, en la Constitución hay un fundamento para decir que las Cámaras Legislativas legislan, porque lo dice expresamente el artículo 139; o que el Presidente de la República realiza tareas administrativas derivadas de la serie de atribuciones previstas en el artículo 190; sin embargo, no encontramos respecto de los órganos del Poder Judicial, normas genéricas que atribuyan facultades o funciones derivadas del ejercicio de ese Poder Judicial; salvo, se insiste, las competencias de la Corte Suprema de Justicia en el artículo 215, particularmente importantes en el campo del control de la constitucionalidad y legalidad, a lo cual se une el artículo 206 regulador de la jurisdicción contencioso-administrativa. Sin embargo, salvo estas atribuciones que permiten deducir con claridad que dentro de las funciones de los órganos del Poder Judicial, está el control de la legalidad y de la constitucionalidad de todos los actos emanados de los órganos que ejercen el Poder Público, en la Constitución no existe norma alguna, que diga exactamente qué es lo que los órganos del Poder Judicial realizan como función propia, en particular, en ejercicio de la función jurisdiccional, mediante sentencias. Debe destacarse, por ejemplo, que inclusive los actos denominados sentencias no tienen consagración constitucional, en contraste con los actos denominados leyes (Art. 162) o actos administrativos (Art. 206) que se nombran en el texto constitucional.

La única norma que permitiría deducir del texto constitucional las funciones sustanciales de los órganos que ejercen el Poder Judicial es el artículo 68 que consagra uno de los derechos individuales: el de utilizar los órganos de la administración de justicia para la defensa de sus derechos e intereses. Los órganos judiciales, por tanto, tendrían entre otras funciones, la de dirimir los conflictos entre diversos derechos e intereses de los sujetos de derecho.

Ahora bien, en todo caso, la actividad de los órganos judiciales está también sometida a lo que determinan la Constitución y las leyes. Sin embargo, ello no está expresamente establecido en las normas generales que están en el Título VII de la Constitución, cuyos artículos se refieren, además del control de la legalidad de los actos administrativos, a principios que regulan la organización del Poder Judicial, como un conjunto orgánico.

Una referencia a la Ley, sin embargo, se encuentra en el artículo 215, ordinal 11°, sólo en cuanto a la Corte Suprema de Justicia a quien asigna las demás "competencias que le atribuya la ley". Por otra parte, en forma indirecta, la remisión a la Constitución y a la ley como reguladoras de las atribuciones de los órganos que ejercen el Poder Judicial, la conseguimos en el artículo 161 de la Constitución, cuando regula el ejercicio de las facultades de investigación de los órganos del Congreso, aclarando que "no afecta a las atribuciones que correspondan al Poder Judicial, de acuerdo con esta Constitución y las Leyes". Puede decirse que aquí se hace referencia a la Constitución y a la ley como fuente que regula la actividad judicial.

Sin embargo, en cuanto a las nomas del Título VII de la Constitución, en general, allí sólo hay regulaciones fundamentales respecto a la organización del Poder Judicial: las remisiones a la ley que trae el primer Capítulo de ese Título, se refieren a la carrera judicial, al funcionamiento de los Tribunales, a la remoción de los jueces, y a la inspección de los Tribunales. En cambio, el único artículo referido al ejercicio de sus funciones por los jueces, es el que señala que son autónomos e independientes de los otros órganos que ejercen el Poder Público (Art. 205.)

En todo caso, para el juez, la legalidad no sólo es sometimiento a la Constitución, sino también sometimiento a la Ley. El juez, por tanto, debe juzgar de acuerdo a la Constitución y la Ley.

Sin embargo, la ley, a su vez, establece otras fuentes de legalidad que deben regular la competencia de los tribunales; es el caso del Código Civil, cuyo artículo 4° regula las fuentes del derecho en el campo civil; encontrándose normas complementarias, por ejemplo, en materia procesal civil (Código de Procedimiento Civil) o en materia mercantil (Código de Comercio) conforme a las cuales, además de la Ley o los reglamentos, son fuentes del derecho la analogía, los principios generales del derecho e inclusive, en ciertos casos, la costumbre.

b. *Los actos de los órganos ejecutivos y su sometimiento al derecho*

Los órganos ejecutivos, normalmente, además de los actos de gobierno dictan dos tipos de actos administrativos: los de efectos particulares y los de efectos generales o reglamentarios; actos que también pueden emanar de los órganos legislativos y judiciales.

a'. *La legalidad y los actos administrativos*

En cuanto a los actos administrativos y particularmente los emanados de los órganos que ejercen el Poder Ejecutivo, el ámbito de la ilegalidad se amplía considerablemente, si se compara con los otros actos estatales. Por imperativo constitucional, los actos administrativos deben dictarse y estar "conforme a derecho" (Art. 206). Al atribuir competencia a los órganos de la jurisdicción contencioso-administrativa, en efecto, la Constitución no se limita a declarar anulables los actos administrativos contrarios a la Constitución y las leyes, sino contrarios a derecho. En esta forma, es la propia Constitución la que establece el rango constitucional de ese derecho, que está por encima del derecho positivo, al cual se someten también los actos administrativos, compuesto por los principios generales del derecho.

De todos modos, en cuanto a la propia acción de los órganos que ejercen el Poder Ejecutivo, aparte de la amplitud que trae el artículo 206 al someterlos al derecho en general, debe señalarse que la Constitución remite también a la propia "Constitución y las Leyes". Por ejemplo, en el artículo 190, cuando define las atribuciones y deberes del Presidente, el último ordinal, el 22°, remite además, a las que señale "esta Constitución y las Leyes"; y el artículo 181 vuelve a hacer referencia "a la Constitución y las Leyes" cuando establece que "el Poder Ejecutivo se ejerce por el Presidente de la República y los demás funcionarios que determinen esta Constitución y las Leyes".

En todo esto y en cuanto al ámbito normativo que regula la actividad administrativa y que, por tanto, conforma el derecho administrativo, surge, claro, que no está integrado sólo por la Constitución y las leyes en sentido estricto, pues habría que entenderla como acto normativo de ejecución directa de la Constitución, regulador de la Administración: por tanto, ley no es sólo la ley orgánica u ordinaria emanada de las Cámaras legislativas actuando como cuerpos colegisladores (Art. 162), sino los actos de gobierno con forma de decreto-ley, es decir, de carácter normativo, que también regulan la acción de la Administración, es decir, los actos de rango legal o de ejecución directa de la Constitución que regulan competencias del Poder Ejecutivo.

b'. *Los reglamentos y su sometimiento al derecho (la reserva legal)*

Ahora bien, dentro del ámbito normativo que integra el derecho, al cual están sometidos los órganos ejecutivos, además de la Constitución y la Ley, está el ámbito reglamentario, que tiene una incidencia específica y especial en relación a la Administración Pública.

A nivel constitucional, esta actividad reglamentaria tiene como base la establecida en el artículo 190, ordinal 10°, al establecer como atribución del Presidente de la República "reglamentar total o parcialmente las leyes sin alterar su espíritu, propósito y razón". El reglamento constituye, un acto dictado en ejercicio de la función legislativa por el Presidente de la República, es decir, consiste en la producción de normas que integran el ordenamiento jurídico. El ejercicio de la función legislativa por el Presidente de la República, puede manifestarse en decretos-leyes, cuando se trate de actos de ejecución directa de la Constitución, o en reglamentos, cuando se trata de actos de ejecución de la legislación, como es el caso concreto, regulado en el artículo 190, ordinal 10° que se refiere a "reglamentar las leyes".

Ahora bien, el tema del reglamento plantea diversos aspectos. En primer lugar cabría preguntarse si sólo pueden dictarse reglamentos para ejecutar las leyes, es decir, si esta función normativa ejercida por el Ejecutivo Nacional, sólo puede tener por objeto reglamentar leyes preexistentes, o además puede haber reglamentos que no ordenen leyes preexistentes. La Constitución, en el artículo 190, enumera las atribuciones del Presidente de la República, pero esa sola enumeración no siempre es excluyente, por lo que no sólo otros órganos tienen la potestad reglamentaria, sino que el propio Presidente de la República puede reglamentar materias no reguladas por Ley. En todo caso, esta discusión y su respuesta está estrechamente vinculada a la cuestión de las relaciones entre la Ley y el Reglamento.

Ahora bien, además, para determinar las relaciones, en el sistema venezolano entre la Ley y el Reglamento, debemos resolver el problema de la reserva legal, pues ella constituye el límite del Reglamento.

En efecto, ¿qué materias están reservadas a su regulación por Ley? En respuesta podemos señalar que el primer principio de la reserva legal es que forma parte de ella toda materia que la Constitución reserve expresamente al legislador, es decir, cuando hay indicación expresa de tal reserva en la Constitución. Por tanto, la materia que el texto constitucional remita a una Ley, no es regulable por reglamento, sino para desarrollar lo que esa Ley diga. A todo lo largo de la Constitución, hay múltiples casos en los cuales la Constitución remite a la Ley, en cuanto a la regulación de ciertas materias, lo cual es particularmente destacable en el campo de los derechos y garantías, los cuales sólo están sujetos a las limitaciones que establezca la Ley.

La Constitución, por tanto, en más de una oportunidad, remite a la Ley para regular, limitar, o establecer un determinado régimen. Este es el primer campo de la reserva legal[701].

El segundo campo de la reserva legal se refiere a la regulación de las garantías constitucionales, las cuales sólo pueden ser reguladas y limitadas por el legislador. En estos casos, inclusive, puede decirse que la verdadera garantía constitucional en relación a los derechos fundamentales, es precisamente la reserva legal, pues si ésta no estuviese establecida, no habría garantía. La garantía, cuando la Constitución, por ejemplo, establece la inviolabilidad de la correspondencia es que ese derecho, además de estar previsto en el texto fundamental, sólo puede regularlo el legislador, limitándose considerablemente el poder de los órganos ejecutivos. La verdadera garantía en materia de derechos constitucionales, por tanto, está en que hay reserva legal, es decir, en que los ciudadanos tienen la "garantía" de que sólo el legislador puede regularlos y que no puede otra autoridad limitarlos. Por eso, un área esencial de la reserva legal es la regulación de los derechos y garantías constitucionales, lo que además surge del propio texto de la Constitución. Cuando regula los derechos siempre remite a la Ley, expresamente para la limitación y restricción de los mismos.

El tercer campo propio de la reserva legal, es el campo tributario, o de las contribuciones: sólo la Ley puede establecer tributos, y exenciones y prever exoneraciones, y esto tiene un fundamento en la Constitución, al disponer el artículo 224, que "no podrá cobrarse ningún impuesto u otra contribución que no estén establecidas por Ley".

La cuarta área de materias de reserva legal, es la materia sancionatoria, y la regulación de la responsabilidad de la cual las sanciones son la consecuencia. El principio tiene basamento constitucional en relación a la responsabilidad penal, en el sentido de que los delitos y las penas deben ser establecidos por la Ley. Como lo dice el artículo 60, ordinal 2°: "Nadie podrá ser privado de su libertad por obligaciones cuyo incumplimiento no haya sido definido por la Ley como delito o falta", pero este principio, por supuesto, se extiende a todo el ámbito de las consecuencias de la responsabilidad, tanto en materia civil como en materia administrativa y disciplinaria. Por tanto, la regulación de la potestad sancionadora del Estado, es materia de reserva legal, por lo que en materia administrativa sólo la Ley puede establecer sanciones, siendo inconstitucionales los reglamentos que establecen multas. Este principio, en todo caso, se ha recogido en la Ley Orgánica de Procedimientos Administrativos de 1981 (Art. 10).

Por último, también es un campo propio de la reserva legal, la organización de los Poderes Públicos y el establecimiento de los diversos órganos que ejercen el Poder Público. Las funciones del Estado asignadas a determinados órganos, por tanto, no pueden transferirse libremente a otras entidades y ello se confirma por la exigencia del artículo 230 de la Constitución, de que la creación de institutos autónomos se haga mediante Ley.

---

701 Esto sucede, por ejemplo, en los siguientes artículos: 12, 15, 22, 27.

Ahora bien, el principio de la reserva legal implica que en las materias que la componen, el reglamento sólo puede "reglamentar la Ley", porque allí no puede haber reglamento sin Ley; es decir, no puede haber reglamento que regule estas materias, sin una Ley preexistente. Es aquí, entonces, donde adquiere todo su sentido el ordinal 10° del artículo 190, sobre los reglamentos ejecutivos.

Sin embargo, si una Ley no regula una materia determinada, y esa materia no está reservada al Legislador, en cambio, en nuestro criterio, ese sería un campo propio de la potestad reguladora los órganos que ejercen el Poder Ejecutivo, o sea, del ejercicio de la función normativa por los órganos del Poder Ejecutivo. Sin embargo, en materias no reservadas al Legislador, por supuesto, éste puede regularlas en cualquier momento; pero mientras no lo haga, si no son materias de la reserva legal, puede haber regulación por vía reglamentaria abriéndose campo al Reglamento *autónomo*. Este es aquél que no está sometido a una norma legal preexistente, y cuya materia no ha sido reservada al Legislador.

En todo caso, aun en estos reglamentos autónomos, la Administración no puede traspasar el límite de la legalidad, y las materias reguladas por otras leyes no pueden ser modificadas por el reglamento. Por lo tanto, siempre se trata de un acto sublegal, sometido a cualquier otro ámbito legislativo que pueda existir. Además, en el caso de que en un momento determinado, el Legislador asuma esa competencia concreta y dicte una Ley, quedaría derogado el reglamento autónomo.

Puede decirse, entonces, que en Venezuela no hay áreas reservadas a la potestad reglamentaria, como es el caso en otros sistemas como el francés; sino que lo que hay son áreas reservadas al Legislador, mediante la reserva legal.

En cuanto a las áreas no reservadas al Legislador, éstas son regulables por él mismo, en cualquier momento; pero mientras no sean reguladas por vía legislativa, pueden ser objeto de regulación por vía reglamentaria, hasta tanto el Legislador establezca una regulación legal.

Por último, en cuanto a la legalidad respecto de los reglamentos, no sólo debe señalarse su sujeción a la Ley en general, sino además, su sujeción a la jerarquía orgánica, en el sentido de que conforme a la Ley Orgánica de Procedimientos Administrativos, estando la Administración conformada por diferentes órganos, en configuración jerárquica, la ordenación de los reglamentos está determinada por la jerarquía de los órganos administrativos. Por, tanto, un reglamento dictado por el Presidente de la República es de rango superior al reglamento dictado por un Ministro (Art. 13).

Y esto nos lleva a un último comentario: el hecho de que el ordinal 10° del artículo 190 establezca como atribución del Presidente de la República reglamentar las leyes sin alterar su espíritu, propósito y razón, se configura como una atribución específica del Presidente de la República, pero ello no implica que otros funcionarios del Ejecutivo Nacional no pueden dictar reglamentos. Hay, en efecto, reglamentos de los Ministros y de otros órganos de la Administración Pública, los que tienen autonomía funcional, por ejemplo.

3. *El sometimiento al derecho y la distribución vertical del Poder Público*

Siendo la forma de Estado, una forma federal, es evidente que el sometimiento al derecho y el principio de la legalidad, varían según el nivel territorial de distribución del poder.

Hemos analizado aspectos del sometimiento al derecho o del principio de la legalidad a nivel nacional y cómo, este principio, varía según la división horizontal del poder: por eso analizamos la legalidad respecto de la actuación de los Poderes ejecutivo, legislativo y judicial. Lo mismo, como principio, puede decirse en relación a la distribución vertical del poder: la legalidad varía según los niveles territoriales.

A. *La diferenciación de las regulaciones constitucionales destinadas al ámbito nacional, de aquellas con ámbitos estadales y municipales*

Es frecuente que se tienda, automáticamente, a aplicar todas las normas de la Constitución, tal como están establecidas, a cualquier nivel: nacional, estadal y municipal, cuando ello no es posible: o, a veces, a aplicar cualquier norma de orden nacional a los Estados o Municipios, cuando cada nivel tiene su propia normativa.

En efecto, el ámbito del sometimiento a la legalidad en la organización política está condicionado por la estructura del Estado, en nuestro caso, la forma federal. Un solo ejemplo nos aclarará el planteamiento, relativo a lo previsto en el artículo 230 de la Constitución. Esta norma establece: "solo por Ley y de conformidad con la Ley orgánica respectiva podrán crearse institutos autónomos...". De esta norma, algunos han deducido que los Estados y Municipios no pueden crear institutos autónomos, porque sólo por Ley, refiriéndose aquí a la "Ley nacional" y de acuerdo a uña Ley orgánica entendiéndose "Ley orgánica nacional", pueden crearse institutos autónomos. Se decía entonces, con gran frecuencia, que los Estados y Municipios no podían crear, constitucionalmente, institutos autónomos, porque no lo permitía la Constitución, lo cual es un criterio errado.

En efecto, este artículo 230 de la Constitución no está destinado a todos los niveles territoriales, sino que se refiere al nivel nacional. No debe olvidarse que cuando la Constitución quiere que un artículo se refiera en su aplicación, a todos los niveles territoriales, lo dice expresamente: usa la expresión "Estado" para comprender toda la organización política o enumera las personas político-territoriales: República, Estados y Municipios. Si esto no se hace así, se entiende que las normas son propias de una Constitución "nacional" y, por tanto, destinadas a regular la actuación o la organización del Poder Nacional.

Por ejemplo, cuando el texto constitucional establece que la Contraloría General de la República puede intervenir en los Estados y Municipios, ello lo ordena expresamente: por Ley, dice el artículo 235, las funciones de la Contraloría podrán extenderse a las administraciones estadales y municipales. Ello es perfectamente posible. Sin embargo, si no se dijera expresamente, es claro que la regulación de una Contraloría General de la República, con competencias en materia de control, vigilancia, y fiscalización de ingresos públicos, no conllevaría que la Ley nacional y la Contraloría controlen los Estados y los Municipios.

En cuanto al artículo 230 lo destacamos como ejemplo, frente a la necesidad de determinar cuál es el árbitro del sometimiento al derecho, tanto de los Estados como de los Municipios, y para afirmar que no es lo mismo el ámbito de sometimiento al derecho para éstos, que el previsto para el Poder Nacional. Precisamente en eso radica la autonomía: si hay una distribución vertical del poder, es porque hay una autonomía territorial y política en cada nivel, lo cual implica un cuerpo normativo determinado que debe aplicarse. Por supuesto, en forma general está la Constitución que se aplica a todos los niveles, pero en los mismos términos en los que la Constitución organiza el Estado Federal y no en cualquier forma. Por tanto, dentro de los términos de la Constitución, ella se aplica a los tres niveles v luego, en relación a éstos, cada uno tiene su propio ordenamiento jurídico, que a veces coincide.

Por ejemplo, el artículo 230, tal como está redactado, está destinado al ámbito nacional: la creación por ley del Congreso de los institutos autónomos nacionales. No se aplica directamente a los Estados y Municipios en el sentido de que de ese texto se pueda entender que un instituto autónomo de un Estado o de un Municipio requieran ley nacional, o que pura y simplemente, no puedan existir institutos autónomos sino a nivel nacional.

Pero el artículo 233 del texto constitucional indica que las normas relativas a la Hacienda Pública Nacional y su descentralización, como la del artículo 230, regirán la Administración de la Hacienda Pública de los Estados y los Municipios en cuanto sean aplicables. Por ello, el principio del artículo 230, que es aplicable en los Estados y Municipios, es que en esos niveles, un instituto autónomo sólo puede ser creado por Ley de la Asamblea Legislativa, en los Estados, o por una ordenanza municipal, y no por un acto del Gobernador del Estado o por una resolución del Alcalde. Al contrario, la creación de esos institutos autónomos requiere en los niveles estadal y municipal de un acto con el mismo rango formal en el ordenamiento: una ley del órgano legislativo nacional, estadal o municipal. Este sería el principio a aplicarse de la norma del artículo 230 hacia los Estados y Municipios: que los institutos autónomos se creen por un acto legislativo de los respectivos niveles de acuerdo a su propio ordenamiento.

Por otra parte, no hay que olvidar que la creación de institutos autónomos es una manifestación de la descentralización funcional con sus consecuencias patrimoniales en relación a la Hacienda Pública, que sólo corresponde a los entes territoriales. Estos son los que pueden descentralizar funcionalmente en nuestra forma de Estado. Por tanto, en una estructura descentralizada territorialmente, como la nuestra, la República puede descentralizar por Ley, pero los Estados también por Ley. De lo contrario no tendría sentido la autonomía territorial. Por tanto, sin duda alguna, los Estados y los Municipios pueden descentralizar servicios a través de la creación de entes dotados de personalidad jurídica de derecho público dentro de sus respectivos niveles; lo que tienen, de acuerdo a los artículos 230 y 233, es que establece esa descentralización *por Ley* de la Asamblea Legislativa del Estado, o por ordenanza municipal formalmente adoptada por el Concejo Municipal.

Pero el razonamiento es válido, inclusive, en relación a la exigencia de una Ley orgánica para crear institutos autónomos, en el sentido de que ciertas normas particulares deben someterse en determinadas materias a normas de carácter general. En cuanto al nivel nacional, el principio resulta en la exigencia de una Ley orgánica a la cual deben adaptarse las leyes de creación de los institutos autónomos. Esta Ley orgánica no tiene que ser una relativa a la administración descentralizada y de hecho ha sido la Ley Orgánica de la Hacienda Pública Nacional, la que ha regulado escasamente a los institutos autónomos. El principio rige, sin embargo, a nivel local;

puede ser mediante el propio texto de la Constitución de los Estados o de un Código Orgánico de Hacienda. Estimamos que no habría ninguna limitante por la expresión Ley orgánica, en relación a la posibilidad de crear institutos autónomos por los Estados, pues si se las puede identificar por su naturaleza, las Constituciones de Estado participan de la misma de las leyes orgánicas pues con ellas se organizan los poderes públicos del Estado (Art. 17, Ord. 1°).

En todo caso de acuerdo a la exigencia de una Ley orgánica en el artículo 230 de la Constitución, no es que de acuerdo a esta Ley orgánica nacional los Estados y los Municipios puedan crear institutos autónomos, pues ello sería una invasión de competencias no autorizada en la Constitución por parte del poder nacional; sino que en los niveles estadales y municipales debe también dictarse un elemento orgánico, la ordenanza de Hacienda en los Municipios o la propia Constitución del Estado, conforme a cuyas normas deben crearse los respectivos institutos autónomos.

Por tanto, la autonomía político-territorial implica el poder de descentralizar, es decir, de transferir competencias territoriales a un ente de derecho público, con la única limitante de que ello debe hacerse por Ley, de acuerdo a la orientación de la Constitución, sea una ley nacional, una ley estadal o una ordenanza municipal.

En todo caso, cada uno de los niveles territoriales tiene su propio esquema de sometimiento a la legalidad y al derecho. Vamos a referirnos ahora al nivel estadal.

B. *Los Estados y el sometimiento a la legalidad*

a. *El ordenamiento aplicable a los Estados*

La Constitución establece el principio del sometimiento al orden jurídico de todas las entidades que ejercen el Poder Público. El artículo 117 de la Constitución establece, en efecto, que "La Constitución y las leyes definen las atribuciones del Poder Público y a ellas debe sujetarse su ejercicio". Es un principio que también se aplica a los Estados. El término Constitución, se emplea entendiéndose que se trata de la Constitución Nacional, y la expresión Leyes, en cambio, entendiéndose en su sentido lato: las nacionales, que se apliquen a los Estados y las de la propia entidad respectiva territorial. Esas normas definen las atribuciones y a ellas deben sujetarse en su ejercicio.

Sometidos a ese orden jurídico, conforme al artículo 16, "Los Estados son iguales y autónomos como entidades políticas...", y esa autonomía les da determinados poderes que se detallan en el propio texto, en los artículos 17 y siguientes. Esos poderes autónomos deben ejercerse de acuerdo al orden jurídico que se les aplica.

Otras normas que deben destacarse en relación al ordenamiento aplicable a los Estados son los artículos 16 y 23 de la Constitución. El artículo 16, además de establecer la autonomía de los Estados, agrega que éstos, están obligados a "mantener la independencia e integridad de la Nación...", reflejo del sistema federal que antes se identificaba como una de las Bases de la Unión. Además, agrega ese artículo de la Constitución, que los Estados están obligados a "...cumplir y hacer cumplir la Constitución y las leyes de la República". La Constitución aquí sí habla de "leyes de la República", como una obligación de los Estados de cumplirlas y hacerlas cumplir dentro del contexto del sistema federal.

El artículo 22 establece que la Ley podrá establecer la forma de elección y renovación de los gobernadores, y a tal efecto, en 1989 se dictó tal Ley que rige para los Estados.

Por su parte, el artículo 23, cuando habla de las atribuciones y deberes del Gobernador, le establece la obligación de "cumplir y hacer cumplir esta Constitución y las leyes". En ese artículo, en cambio, se utiliza la expresión "leyes" en sentido genérico, que abarca, por supuesto, las leyes de la República en el mismo sentido del artículo 16 y también las otras leyes del propio Estado, que se dicten por su Asamblea Legislativa, lo que confirma el carácter de órgano ejecutivo del Gobernador.

Por último, también debe hacerse mención a la Ley Orgánica de Descentralización, Delimitación y Transferencia de competencias del Poder Público, parte de ella dictada con fundamento en el artículo 137 de la Constitución y la cual también rige para los Estados, en el proceso de transferencias de competencias y servicios a los Estados. También debemos mencionar el texto del Decreto-Ley sobre la participación de Estados y Municipios en el Impuesto al Valor Agregado y de creación del Fondo Intergubernamental para la Descentralización, de 1993, que también se aplica a los Estados.

En esas normas, podríamos decir, está la base del orden jurídico aplicable a los Estados. Sin embargo, debemos plantearnos lo siguiente: ¿Hasta qué punto llega la obligación de cumplir y hacer cumplir las leyes de la República, que se impone a los Estados? ¿Cuál es el ámbito de esta obligación? En otros términos, ¿cuáles leyes de la República se pueden aplicar a los Estados? Se plantean aquí, por tanto, dos problemas. En primer lugar, determinar qué leyes de la República deben aplicarse a los Estados conforme a su autonomía territorial, y en segundo lugar, determinar si éstos tienen esa obligación de aplicar las leyes de la República, respecto de todas las que se dicten, incluso si invaden su autonomía. Respecto de lo primero, debe señalarse que si fuera cualquier ley de la República no habría autonomía y no habría delimitación de competencias verticales, ni habría distribución del Poder Público a nivel territorial. Por ello, la República debe dictar respecto de los Estados, sólo las leyes que conforme a la autonomía le sean aplicables.

Sin embargo, aun tratándose de leyes nacionales que invadan competencias de los Estados y fueran inconstitucionales, la obligación de éstos de cumplir y hacerlas cumplir subsiste mientras no se deroguen o anulen en vía judicial.

b. *Las competencias estadales y el sometimiento al derecho*

La Constitución, en el sistema que establece de distribución vertical del poder, trae un sistema de distribución de competencias en normas expresas: el artículo 30 atribuye competencias al Municipio; el artículo 136 atribuye competencias a los órganos que ejercen el Poder Nacional; el artículo 17 atribuye competencias a los Estados, entre las cuales se incluye la de carácter residual (Ord. 7°) que asigna a los Estados, toda materia que no corresponda a la competencia nacional o municipal.

La fórmula constitucional empleada en estos tres artículos conlleva a que las competencias municipal y nacional, hasta cierto punto, sean unas competencias expresas, no habiendo presunción a favor del ámbito nacional.

Ahora bien, en cuanto al Poder Nacional, el artículo 136 define cuáles son las competencias nacionales, y cuándo la Constitución, como hemos visto, atribuye al Congreso la facultad de legislar sobre las materias de competencia nacional (Art. 139), no le está atribuyendo una potestad genérica y absoluta de legislar sobre cualquier materia, sino sólo de legislar sobre las competencias que están en el artículo 136 o en otras normas de la Constitución que asignan competencias a los niveles nacionales. Por supuesto, el último ordinal del artículo 136 da pie para que esa competencia expresa del Poder Nacional, en este sistema de distribución propio de un esquema federal, se vaya ampliando. Dice el ordinal 25° del artículo 136 que también es de la competencia nacional: "Toda otra materia que la presente Constitución atribuya al Poder Nacional o que le corresponda por su índole o naturaleza", lo cual ha provocado una ampliación de la competencia nacional en relación a determinadas materias.

En todo caso, queda claro que no toda ley nacional se aplica a los Estados; éstos se rigen por la Constitución Nacional, su propio ordenamiento y a las leyes de la República que de acuerdo a la Constitución, puedan las Cámaras Legislativas dictar, y que se apliquen a los Estados. Se trata en definitiva, de determinar cuál es el ámbito real de la autonomía de los Estados y en ese contexto qué es lo que compete a éstos en relación al Poder Nacional. En ese contexto tenemos que admitir, como principio general, respecto al sometimiento de los Estados al derecho, que la clave para determinar ese sometimiento al derecho, es el principio de la autonomía. Así, podemos señalar que las leyes de la República, es decir, las leyes nacionales, no pueden limitar la autonomía de los Estados, sino en la forma en la cual la Constitución prevé esa limitación. Si la Constitución no la prevé, no pueden los órganos del Poder Nacional limitar la autonomía de los Estados. Ese es el principio fundamental que tenemos que admitir en nuestro sistema federal, para determinar el derecho aplicable a los Estados en relación al ámbito nacional.

C. *Los Municipios y el sometimiento a la legalidad*

Para analizar el régimen de los Municipios y el orden legal aplicable a los mismos de acuerdo a la Constitución, debemos también partir del principio de la autonomía de estas entidades que constituyen la unidad política primaria y autónoma dentro de la organización nacional: esa autonomía comprende una autonomía política, de acuerdo al artículo 29 la "elección de sus autoridades"; y una autonomía normativa, administrativa, de gobierno y tributaria, que se deriva de los numerales 2° y 3° del propio artículo 29 que se refiere a la "... libre gestión de las materias de su competencia..." y a "... la creación, recaudación, e inversión de sus ingresos...". Por tanto, constitucionalmente no puede haber Municipio sin autonomía, no puede haber un Municipio que no sea autónomo, es decir, que no tenga la libre gestión de las materias de su competencia y que no elija sus propias autoridades.

El otro signo de la autonomía, de acuerdo al artículo 29, es la autonomía derivada de la ausencia de control de tutela que está en la última parte del artículo 29, al prescribir que los actos municipales sólo pueden ser impugnados por ante los órganos jurisdiccionales, de conformidad con la Constitución y las leyes. En consecuencia, en este nivel, no hay ningún tipo de control de tutela sobre los Municipios, salvo el control jurisdiccional, lo que confirma la autonomía, quedan excluidos, sin embargo, los casos en los cuales es la propia Constitución la que regula el control, como sucede con las funciones de la Contraloría General de la República, que por ley se han extendido a los Municipios, conforme al artículo 235.

El signo máximo de la autonomía territorial, tanto a nivel de Estados como de Municipios, es el hecho de que estos entes no estén remetidos ni a control político ni administrativo, y sólo a control jurisdiccional, y excepcionalmente a control fiscal. Por ello, cuando algunos Municipios del país presentaron una situación irregular, a los efectos de poder permitir su intervención por órganos nacionales, se elaboró un Proyecto de Enmienda Constitucional N° 2, que buscaba atribuir al Congreso de la República la intervención de determinados Municipios, lo cual no sólo hubiera limitado la autonomía municipal, sino que hubiera sido inconveniente por centralista[702].

a. *La jerarquía de las fuentes a nivel municipal*

En el caso de los Municipios, el orden jurídico de las fuentes de la legalidad que le son aplicables está establecida en la Constitución, en el artículo 26, al prescribir que la organización de los Municipios y *demás entidades locales*, se regirá, primero por lo establecido en la propia Constitución; segundo: "por las normas que para desarrollar los principios constitucionales, establezcan las leyes *orgánicas* nacionales"; y tercero: "por las disposiciones legales que en conformidad con aquéllas dicten los Estados".

En esta forma, se precisan los tres niveles de fuentes normativas que pueden regir a los Municipios: la Constitución, las leyes orgánicas nacionales y las leyes de los Estados.

a'. *Las leyes orgánicas*

A nivel nacional, por tanto, la Ley Orgánica de Régimen Municipal, vendría a ser la primera de las fuentes reguladoras de los Municipios; pero la Constitución, en realidad habla de "... las normas que para desarrollar los principios constitucionales establezcan *las leyes orgánicas nacionales...*". Por tanto no sólo se refiere a la Ley Orgánica de Régimen Municipal, sino que en materia de "organización" hay otras leyes orgánicas que se pueden aplicar a los Municipios. Por ejemplo, la Ley Orgánica de Descentralización, Delimitación y Transferencia de Competencias del Poder Público, la Ley Orgánica de la Contraloría General de la República, la Ley Orgánica de Salvaguarda del Patrimonio Público, la Ley Orgánica de la Corte Suprema de Justicia y el Código Orgánico Tributario.

Estas leyes rigen respecto de los Municipios en las normas relativas a la *organización* de los mismos, que aquellos textos puedan contener. En los otros aspectos estas leyes no pueden aplicarse a los Municipios si lesionan la autonomía municipal.

Sin embargo, otras leyes orgánicas nacionales se aplican a los Municipios, en virtud de remisiones expresas del texto Constitucional. Por ejemplo, en materia de elecciones, los artículos 136, ordinal 24, y 112 y 113 remiten a una ley nacional que en esta materia se aplica a los Municipios; en materia del control jurisdiccional de los actos de los Municipios, los artículos 29, 206 y 215 remiten a una ley nacional

702 Véase Allan R. Brewer-Carías. *El Estado. Crisis y Reforma,* Caracas, 1982.

que se aplica a los Municipios, y lo mismo puede señalarse respecto del Código Orgánico Tributario, que desarrolla el artículo 223 de la Constitución, y que también se aplicaría a los Municipios.

En efecto, este artículo 223 de la Constitución establece que "... el sistema tributario procurará la justa distribución de las cargas, según la capacidad económica del contribuyente, atendiendo al principio de la progresividad, así como la protección de la economía nacional y la elevación del nivel de vida del pueblo".

Se prevé, aquí, un principio general que rige también para el Municipio, como orientación de todo el sistema tributario del país. Por tanto, no pueden establecerse los ingresos y tributos municipales que prevé el artículo 31, sin atender a esta justa distribución de las cargas, lo cual implica un límite a la potestad tributaria municipal.

En el mismo sentido, por ejemplo, de acuerdo con el artículo 233 de la Constitución, las disposiciones todas que rigen la Hacienda Pública Nacional regirán la administración de la Hacienda Pública de los Municipios en cuanto sean aplicables[703], y el artículo 235 del texto fundamental prescribe que las funciones de la Contraloría General de la República podrán extenderse por ley a las administraciones municipales, sin menoscabo de la autonomía que a éstas garantiza la Constitución.

Por tanto, todas estas otras normas nacionales establecidas en leyes orgánicas nacionales, también se aplican a los Municipios y constituyen parte de las fuentes de la legalidad municipal, en los términos autorizados por la Constitución.

b'. *Las leyes ordinarias*

Pero además de las leyes orgánicas nacionales, la propia Constitución remite para la regulación de aspectos que conciernen a los Municipios, simplemente a la *ley*, sin calificarla de orgánica.

En efecto, por ejemplo, en cuanto a los órganos que deban representar a los Municipios, la Constitución dice, en su artículo 25, que deben ser los determinados en una ley, sin calificarla de orgánica; podría, por tanto, tratarse de una ley ordinaria la que establezca cuál es el órgano que va a representar al Municipio, si la Ley Orgánica de Régimen Municipal no lo hubiera regulado. Pero antes de su promulgación inicial en 1978, eran las leyes de los Estados las que crearon los Concejos Municipales y era la Ley del Sufragio la que establecía la forma de elección de los Concejales. A partir de 1978 es la Ley Orgánica de Régimen Municipal la que establece cuáles son los órganos que ejercen la representación del Municipio, habiendo regulado hasta 1989 a los Concejos Municipales, como órganos colegiados. Con la reforma municipal de 1989, se estableció una separación orgánica a nivel municipal, entre Alcalde y Concejo Municipal.

En todo caso, estos órganos no son órganos de rango constitucional, pues no están previstos en la Constitución, por lo que la ley podría establecer otro tipo de organización diferente.

703 Véase lo que hemos señalado en Allan R. Brewer-Carías, *El Régimen Municipal en Venezuela*, Caracas, 1984, pp. 97 y ss.

El artículo 27 de la Constitución también trae una remisión a la ley, en cuanto a los diferentes regímenes para atender a la organización, gobierno y administración de los Municipios, atendiendo a las condiciones de población, desarrollo económico, situación geográfica, etc. Allí tampoco habla, exactamente, de ley orgánica, aun cuando en la actualidad es la Ley Orgánica de Régimen Municipal la que regula la materia, aun cuando imperfectamente. Sin embargo, podría haber, en un momento determinado, una ley especial para regular las entidades locales menores o de una determinada región en forma distinta a otras regiones del país.

Otro campo de remisión constitucional a la ley, a los efectos de regular la competencia municipal, dentro de esta jerarquía de las fuentes, es la contenida en la última parte del artículo 30, que prescribe que "... la ley podrá atribuir a los Municipios competencia exclusiva en determinadas materias, así como imponerles un mínimo obligatorio de servicios".

Los servicios mínimos obligatorios a los Municipios están hoy previstos en la Ley Orgánica de Régimen Municipal; sin embargo, ello no excluye que otras leyes atribuyan a los Municipios competencia exclusiva en determinadas materias, lo cual no necesariamente corresponde a la Ley Orgánica de Régimen Municipal, sino a las leyes que regulen por ejemplo competencias concurrentes como la Ley Orgánica de Ordenación Urbanística de 1987.

En el mismo sentido, de acuerdo al artículo 137 de la Constitución, las Cámaras Legislativas en particular mediante ley, pueden transferir a los Municipios competencias nacionales, mediante el voto favorable de las dos terceras partes de los miembros de cada Cámara. Esta descentralización administrativa de que habla el artículo 137 no es sólo posible a favor de los Estados como se ha hecho con la Ley Orgánica de Descentralización, Delimitación y Transferencia de Competencias del Poder Público en 1989; sino también, a favor de los Municipios. Por lo tanto, la Ley que descentralice competencias nacionales a favor de los Municipios o le atribuya la atención, en forma exclusiva, de determinadas competencias, en los casos de competencias concurrentes también se configuraría como una fuente de sometimiento al derecho por aquéllos.

Luego, en el artículo 31 que regula los ingresos municipales, el ordinal 6° prevé "... los demás impuestos, tasas y contribuciones especiales que crearen en conformidad con la ley...". Esta ley, por ejemplo, es el Código Orgánico Tributario o la Ley Orgánica para la Ordenación del Territorio de 1983, o la futura ley que regule otras contribuciones especiales que podrán crear los Municipios.

> Además, en la Constitución hay otra referencia a la ley, en el artículo 32, en el caso de la enajenación de ejidos con fines de reforma agraria, en cuanto a que es la ley la que debe determinarlos, en este caso, la Ley de Reforma Agraria. En el mismo sentido, en materia de utilización del crédito público por los Municipios, la Constitución remite directamente a la ley. Así, el artículo 33 del texto fundamental dispone que "Los Municipios podrán hacer uso del Crédito Público con las limitaciones y requisitos que establezca la ley".

En conclusión, puede decirse que el ordenamiento legal aplicable a los Municipios, no sólo está compuesto por los principios constitucionales, sino que es la propia Constitución la que remite a leyes orgánicas nacionales que desarrollen esos principios, y a una serie de leyes ordinarias en diversas materias específicas. La autonomía municipal, por tanto, está sometida a una serie de limitaciones impuestas por el Poder Nacional, pero establecidas por ley, por lo que esa autonomía no podría permitir limitaciones establecidas por vía distinta a la ley, configurándose como una materia de la reserva legal.

c'. *Las leyes estadales*

Pero el artículo 26 de la Constitución además de remitir a las leyes nacionales como reguladoras de los Municipios, remite también a las leyes que dicten los Estados. Este, sin duda, es un campo que está por completarse, ya que aún no se ha dictado ley estadal alguna de Régimen Municipal con posterioridad a la Ley Orgánica de Régimen Municipal de 1989. Antes de que se dictara la Ley Orgánica de Régimen Municipal de 1978, habían Leyes y Códigos Orgánicos Municipales dictados por las Asambleas Legislativas de todos los Estados, los cuales hoy están parcialmente derogados por la Ley Nacional y no han sido sustituidos.

Por ejemplo, en las leyes estadales es que debería regularse exclusivamente, el régimen parroquial.

Por otra parte, la Constitución trae el principio de que los Municipios pueden ser agrupados en Distritos. Así, el artículo 28 cambió el sistema anterior, que era que los Estados se dividían en Distritos, y éstos en Municipios, siendo el Distrito el autónomo. En esa forma el Distrito era una figura territorial obligante en el Estado: no podría haber un Estado sin Distritos, porque los Distritos eran los que estaban dotados de autonomía municipal.

Con la Constitución de 1961, el Distrito no es una figura territorial de existencia obligante, pues podía haber un Estado que se dividiera, directamente, en Municipios, sin tener Distritos. Además, en algunos Estados puede establecerse la agrupación de Municipios en un Distrito, pero no necesariamente en forma uniforme, pues puede suceder que en un Estado, determinados Municipios se agrupen en un Distrito y que el resto del territorio se configure directamente en Municipios, sin que haya otras agrupaciones. Por tanto, no es necesario que todo sea uniforme, es decir, que los Estados se dividan en Distritos, y que cada Distrito se divida en Municipios. Podría suceder, por ejemplo, que en el área circundante a la capital del Estado, los Municipios se agrupen en el Distrito de la Capital, pero que el resto del territorio del Estado se divida en Municipios, sin que exista la figura del Distrito. Todo ello, sin embargo, debe regularse en la Ley de Régimen Municipal de cada Estado.

b. *El régimen de las competencias municipales en la Constitución*

El régimen aplicable a los Municipios, vinculado a la autonomía y al orden legal al cual están sometidos, por supuesto, también incide sobre las competencias. Puede decirse, incluso, que la competencia municipal es el elemento clave para determinar cuál es el orden legal que debe aplicarse al Municipio.

En esta materia, el artículo 30 de la Constitución sigue la tradición iniciada en la Constitución de 1925, de definir, a nivel constitucional las competencias municipales. Sin embargo, es claro que el artículo 30 de la Constitución de 1961 es más perfecto que los textos anteriores, porque trae dos conceptos que le dan una amplitud considerable a la interpretación de las competencias: por una parte, la idea de que hay intereses peculiares de la entidad, lo que implica que hay intereses peculiares del

Municipio y de las demás entidades locales; y por la otra la idea de que hay "materias propias de la vida local". Son éstas, dos expresiones que inciden sobre la misma idea y que ayudan a determinar la competencia que corresponde al Municipio. Luego, la Constitución, a título enunciativo hace una enumeración de materias que, sin embargo, no son exclusivas del Municipio, pues son todas competencias concurrentes: Urbanismo, abastos, circulación, cultura, salubridad, asistencia social, institutos populares de crédito, turismo y policía municipal. En esta enunciación de competencias municipales, sin embargo, todas son en realidad materias concurrentes; no hay ninguna exclusiva del Municipio, pues estas mismas materias se han atribuido, también al Poder Nacional, tal y como detalladamente se expone más adelante.

VI. PRINCIPIOS CONSTITUCIONALES RELATIVOS AL EJERCICIO DEL PODER PÚBLICO

Las Disposiciones Generales del Título IV de la Constitución, relativas al Poder Público, contienen una serie de principios generales destinados a normar el ejercicio del mismo que deben destacarse específicamente, sin perjuicio de las múltiples referencias que sobre ellos se hacen a lo largo de esta obra.

1. *Los principios de la competencia*

Uno de los principios fundamentales del sistema constitucional venezolano, es el de la competencia, establecido en el artículo 117 de la Constitución, según el cual "La Constitución y las leyes definen las atribuciones del Poder Público", es decir, de los órganos que ejercen el Poder Público. Por tanto, sólo cuando la Constitución o la Ley atribuyan una determinada competencia, es que un órgano estatal puede ejercer el Poder Público. Por ello también, el artículo 232 de la Constitución, con razón, establece que "El Estado no reconoce otras obligaciones que las contraídas *por órganos legítimos* del Poder Público, *de acuerdo con las leyes*". Por ello, cuando los entes territoriales (República, Estados y Municipios) pretendan atribuir a otras personas jurídicas el ejercicio del Poder Público, por ejemplo a un instituto autónomo, deben hacerlo necesariamente mediante Ley (Art. 230).

De estas normas se deriva el principio fundamental del derecho público venezolano, de la competencia, como la aptitud legal de los órganos del Estado[704] o en otras palabras como el conjunto de facultades, de poderes y de atribuciones que le han sido legalmente asignadas para actuar en sus relaciones con los otros órganos del Estado y con los particulares.

Ahora bien, utilizando elementos propios del derecho privado, la competencia vendría a ser la aptitud que tiene un órgano del Estado para actuar. Sin embargo, la competencia no solamente concede la facultad de actuar, sino que también constituye una obligación y un límite dentro del cual puede actuar el órgano. Por tanto, no sólo es atributiva de facultades sino también limitativa; tiene esa doble característica

704 Véase lo señalado por la Corte Suprema de Justicia en Sala Político-Administrativa en Sentencia de 28-1-64 en *G.O.* N° 27.367 de 13-2-64, pp. 203-359 y 203-360; y en Allan R. Brewer-Carías, *Jurisprudencia de la Corte Suprema 1930-1974, y Estudios de Derecho Administrativo,* Tomo III, Vol. I, Caracas, 1977, p. 197.

y por eso, la competencia, como concepto de derecho público, se distingue de la capacidad de derecho privado[705].

En efecto, la competencia requiere texto expreso, es decir, debe estar expresamente prevista en la Constitución, en la Ley, en los reglamentos y demás fuentes de la legalidad o derivarse de alguno de los principios generales del derecho público. Por tanto, la competencia no se presume[706]. Al contrario, la capacidad en derecho privado es la regla, siendo las incapacidades la excepción, por lo que deben estar previstas expresamente en la Ley.

La necesidad de que la competencia esté expresamente prevista en la Ley implica, además, que el ejercicio de la misma deba justificarse siempre. Por ello, el funcionario, al dictar un acto, debe comenzar por indicar la norma atributiva de competencia (base legal).

Por otra parte, las leyes que regulan la competencia, son aquellas denominadas de orden público, lo que implica que no pueden relajarse ni derogarse por convenios entre particulares[707] ni por voluntad del funcionario público a quien corresponde su ejercicio. En cambio, contractualmente puede renunciarse al ejercicio de determinados derechos derivados de la capacidad en el campo del derecho privado; por ejemplo, a ejercer el comercio en determinada zona para evitar una competencia desleal.

En todo caso, es necesario tener en cuenta que las leyes que regulan la competencia sobre todo en el ámbito administrativo, pueden establecer una mayor o menor libertad en la apreciación de la oportunidad y conveniencia de la actuación administrativa, lo que da origen a la denominada administración discrecional. Pero esta libertad en la forma de ejercer la competencia no elimina su carácter obligatorio, en cuanto a su ejercicio. La competencia, en efecto, no sólo otorga facultades al funcionario, sino que le impone un deber del cual los funcionarios no pueden libremente liberarse. En el campo del derecho privado, en cambio, los derechos que le confiere la capacidad a los particulares en general, son de ejercicio facultativo: nadie, por ejemplo, está obligado a comprar, a vender o a arrendar.

Por otra parte, la obligatoriedad de ejercicio de la competencia implica que ésta no puede libremente delegarse en un funcionario inferior; para ello es necesario una autorización legal expresa.

Por último, es necesario señalar que la competencia es constitutiva del órgano que debe ejercerla; forma parte integrante de él, por lo que éste no se concibe sin competencia. La competencia por tanto, es una noción esencial en la organización del Estado, y como consecuencia, de la Administración Pública.

---

705 Véase Allan R. Brewer-Carías, *Introducción al Estudio de la Organización Administrativa Venezolana,* 3ª edición, Caracas, 1984, pp. 60 y ss.

706 Tal como lo señaló la Corte Suprema de Justicia en Sala Político-Administrativa, la competencia "debe emerger del texto expreso de una regla de derecho, ya sea de la Constitución, la ley, el reglamento o la ordenanza". Véase la sentencia citada de 28-1-64. *Idem.* En igual sentido, véase la sentencia de la misma Sala de 11-8-65, en *G.O.* Nº 27.845 de 22-9-65, pp. 207- 334; y en Allan R. Brewer-Carías, *Jurisprudencia de la Corte Suprema..., cit.,* Tomo III, Vol. 1, p. 199.

707 Artículo 6 del Código Civil

A. *La competencia y las funciones del Estado*

Pero este principio de la competencia tiene su formulación constitucional expresa en relación a la distribución de funciones que el texto fundamental establece, y que permite afirmar en el artículo 118, que "cada una de las ramas del Poder Público tiene sus funciones propias". Estas, por tanto, no pueden ser invadidas por otra rama del Poder Público, de lo contrario habría usurpación de funciones; ni pueden ser asumidas por quien no tiene investidura, en cuyo caso habría usurpación de autoridad.

Por supuesto, en este contexto debe tenerse en cuenta que al analizar la competencia y las funciones del Estado, rigen los principios señalados de la separación orgánica y la no coincidencia con la separación de funciones. Por ello, no sólo en múltiples oportunidades los órganos del Estado, además de sus "funciones propias" ejercen funciones que por su naturaleza deberían corresponder a otros órganos, sino que también en múltiples oportunidades la Constitución permite y admite la intervención o interferencia de otros órganos en las funciones propias de otros.

B. *La competencia y las actividades del Estado*

Además, la competencia también está condicionada por la regulación constitucional de las actividades del Estado, en el sentido de que si bien no hay funciones estatales atribuidas exclusivamente y en forma excluyente a determinados órganos estatales, sí puede decirse que, en ciertos casos, la Constitución reserva a dichos órganos la realización de ciertas actividades o, en otros términos, reserva a ciertos órganos la producción de determinados actos. En esta forma, la emisión de leyes corresponde exclusivamente a las Cámaras Legislativas (Art. 162); los actos de Gobierno sólo pueden dictarse por el Presidente de la República (Art. 190); y la emisión de sentencias corresponde exclusivamente a los Tribunales.

Por otra parte, en ciertos casos, la Constitución reserva al Legislador y a la Ley la regulación exclusiva de ciertas materias. Es el campo de la reserva legal que entre otros aspectos comprende el establecimiento de delitos y penas, la creación de impuestos y la limitación a los derechos y garantías individuales[708].

Debe señalarse, además, que analizando la Constitución, se evidencia que en varios de sus artículos, se establece una diferenciación entre actividad de gobierno y actividad administrativa, por lo que también a nivel de los órganos que ejercen el Poder Ejecutivo se distinguen dos actividades, realizadas en ejercicio de dos competencias: gobierno y administración. El artículo 21 cuando se refiere a los Estados, establece que el *gobierno y la administración* de cada Estado corresponden a un Gobernador. El artículo 27 dispone que la Ley podrá establecer diferentes regímenes para la organización, *gobierno y administración* de los Municipios. Si se analizan las atribuciones del Presidente, en el artículo 190, se observa claramente la diferencia entre actividades de gobierno y de administración; por ejemplo, dirigir las relaciones internacionales es una competencia propia de la actividad de gobierno; en cambio, administrar la Hacienda Pública es una competencia administrativa. Por

708 Artículo 60, ordinal 2° y artículo 224 de la Constitución. En general, Allan R. Brewer-Carías, *Las garantías constitucionales de los derechos del hombre*, Caracas, 1976.

otra parte, cuando se establecen los deberes del Presidente, el artículo 191 de la Constitución prevé que éste está obligado a presentar un mensaje anual al Congreso, de su gestión política y administrativa.

Ahora bien, concentrándonos en el nivel nacional puede identificarse la actividad de gobierno como localizada a nivel de los órganos superiores del Ejecutivo Nacional: se puede decir que es un órgano con competencia política, el Presidente de la República actuando solo o en Consejo de Ministros; y la actividad administrativa está situada en esos mismos órganos ejecutivos (Ministerios, por ejemplo) quienes, por supuesto, ejercen competencias administrativas.

Por último y en particular en cuanto a estas últimas, una serie de factores influyen y condicionan la competencia de los órganos del Estado, estos son: la materia, el territorio, el grado y el tiempo.

La asignación de competencias por razón de la materia constituye la forma normal de su determinación. La materia es el contenido propiamente dicho de la competencia, determinado por el conjunto de actividades, tareas o sectores que la Ley asigna a un órgano del Estado. Ahora bien, la materia sobre la cual se va a ejercer la competencia está circunscrita a un ámbito territorial determinado. En los órganos nacionales, la competencia se ejerce en todo el territorio nacional. Los Municipios, en cambio, tienen un ámbito reducido para el ejercicio de sus competencias locales, circunscrito a su propio territorio. Lo mismo puede decirse, por ejemplo, de las Corporaciones de Desarrollo Regional, que a pesar de ser órganos nacionales, ejercen la competencia en un específico ámbito territorial.

Otro factor que condiciona la competencia es el grado que está determinado por la jerarquía administrativa que ocupan los diversos órganos del Estado, y que tiene especial relevancia en la Administración Pública y Ministerial cuya organización, es vertical y piramidal. En cada nivel jerárquico hay una serie de competencias atribuidas, lo que implica que no puede un inferior asumir competencias que le sean asignadas al superior, o viceversa. El grado que se ocupa en la jerarquía, condiciona el ámbito de competencia que se puede ejercer en una materia determinada.

Por último, el tiempo también es un factor influyente, pues las competencias pueden ser de ejercicio temporal. Siempre hay competencia por la materia, lo variable es el tiempo, el territorio y grado en la jerarquía.

C. *La usurpación de funciones*

Ahora bien, hemos dicho que la Constitución precisa que ella y las leyes definen las atribuciones del Poder Público y a ellas debe sujetarse su ejercicio; que cada una de las ramas de ese Poder Público, tiene sus propias funciones aun cuando los órganos a los que incumbe su ejercicio deben colaborar entre sí para la realización de los fines del Estado. Y agrega después en su artículo 119, que "toda autoridad usurpada es ineficaz y sus actos son nulos".

De estos preceptos constitucionales, que con variaciones de redacción se encuentran en nuestra Teoría Constitucional desde la Carta Fundamental de 1858, se desprende que hay dos tipos de usurpación de funciones: la usurpación de autoridad y la usurpación de funciones propiamente dicha[709].

El usurpador de autoridad es aquél que la ejerce y realiza sin ningún tipo de investidura, ni regular ni prescrita. El concepto de usurpación, en este caso, emerge cuando una persona que no tiene *autoritas* actúa como autoridad. De ahí que como lo dice expresamente la Constitución, la autoridad usurpada es ineficaz y sus actos son nulos por inconstitucionalidad.

Por supuesto, es necesario observar que la usurpación de autoridad implica la usurpación de funciones, por eso la calificamos como una forma de esta última.

Por otra parte, existe usurpación de funciones propiamente dicha cuando una autoridad, al dictar un acto, incurre en una incompetencia constitucional; y sólo puede considerarse incompetencia constitucional, propiamente hablando, aquella que resulta cuando una de las ramas del Poder Público usurpa funciones correspondientes a otra rama del mismo Poder Público[710], es decir, cuando un órgano del Poder Legislativo, por ejemplo, realiza funciones propias del Poder Judicial. La misma incompetencia constitucional se presenta cuando, por ejemplo, un órgano del Poder Municipal o Estadal usurpa funciones del Poder Nacional en cualquiera de sus ramas. En ambos casos se violan disposiciones "atributivas de competencia constitucional"[711].

Esta usurpación de funciones, por tanto, afecta a los actos de los órganos que ejercen el Poder Público, por violación de preceptos estampados en la Carta Fundamental, debido a *invasiones o interferencias no autorizadas constitucionalmente de un Poder a otro*.

Esta usurpación de funciones es lo que nuestras Constituciones anteriores llamaban, a nuestro juicio, impropiamente, "extralimitación de atribuciones y facultades" o "usurpación de atribuciones"[712].

Es necesario insistir en este concepto de usurpación de funciones, que sólo vicia a los actos estatales, cuando la autoridad que los dicta actúa con invasiones o interferencias no autorizadas constitucionalmente de un Poder a otro. Es decir, se está en presencia de la forma más burda, grosera y radical de incompetencia. La usurpación de funciones es así, el grado mayor de incompetencia; es una incompetencia manifiesta[713].

Pero debemos dejar muy en claro que no constituye usurpación de funciones, la incompetencia en menor grado que vicia, por ejemplo, el acto administrativo, cuando la autoridad administrativa que lo dicta asume atribuciones o facultades que le están encomendadas a otra autoridad administrativa. En este caso hay extralimitación de atribuciones o, si se quiere, usurpación de atribuciones, pero nunca habrá

709 Véase lo indicado en Allan R. Brewer-Carías, *Las Instituciones Fundamentales del Derecho Administrativo y la Jurisprudencia Venezolana*, Caracas, 1964, pp. 59 y ss.

710 Artículo 118 de la Constitución.

711 Artículos 17, 18, 29, 31 y 136 y Títulos V. VI y VII de la Constitución.

712 Artículo 41 de la Constitución de 1953; artículo 84 de la Constitución de 1947; artículo 42 de la Constitución de 1936.

713 En materia administrativa ello da lugar a la nulidad absoluta de los actos administrativos conforme al artículo 19 de la Ley Orgánica de Procedimientos Administrativos.

una usurpación de funciones, pues ambas autoridades ejercen la misma función administrativa. Por ello, en este caso sólo hay un vicio de ilegalidad, de incompetencia legal, denominada en general "extralimitación de atribuciones", pero no hay un vicio de inconstitucionalidad que, en materia de incompetencia, sólo existe cuando se usurpa una "función" del Estado que no se tiene poder para ejercer.

En definitiva en esta materia de vicios de los actos estatales por incompetencia, hemos adoptado la siguiente terminología[714].

La usurpación de autoridad, tal como se desprende de la Constitución en su artículo 119, es el vicio que acompaña a todo acto dictado por una persona desprovista totalmente de autoridad. Es el caso de la actuación del "funcionario de hecho" y, por tanto, siempre es un vicio de inconstitucionalidad.

La usurpación de funciones es el vicio que acompaña a todo acto dictado por una autoridad que, para dictarlo, se ha arrogado funciones que corresponden a otra autoridad perteneciente a otra rama del Poder Público distinta de la que ella pertenece. Se trata siempre de un vicio de inconstitucionalidad.

Este vicio de usurpación de funciones se ha calificado también como extralimitación de funciones pues, ciertamente, toda autoridad que se extralimite en su función, sea normativa, jurisdiccional, administrativa o política, e invada la función de otra rama distinta, comete una usurpación de funciones.

La extralimitación de atribuciones es la incompetencia de orden legal que vicia, en particular los actos administrativos: la autoridad que se extralimita de su atribución e invade atribuciones de otra autoridad, siempre dentro del mismo Poder y en ejercicio de la misma función estatal, comete una extralimitación de atribuciones. Se trata, en materia administrativa, de un vicio de orden legal.

En este contexto, es totalmente inadecuada la terminología empleada en el artículo 159 de la Constitución, cuando prescribe que "los actos de los cuerpos legislativos en ejercicio de sus atribuciones privativas no están sometidos al veto, examen o control de los otros Poderes, salvo lo que esta Constitución establece *sobre extralimitación de atribuciones*". En efecto, ante todo debe señalarse que la Constitución nada establece, en ningún otro artículo, sobre extralimitación de atribuciones, ya que es sólo en esta norma del artículo 159 que se utiliza esa expresión. Por otra parte, al establecerse una inmunidad jurisdiccional de esa naturaleza, debió el Constituyente ser más preciso y permitir la impugnabilidad de los actos legislativos no sólo en casos de vicios de incompetencia, como sugiere esa frase, sino de violación de la propia Constitución.

La interpretación racional de esa frase lleva por testigo a considerar que el control jurisdiccional de los actos del Congreso procede cuando se produce una violación de la Constitución, por lo que toda violación del texto fundamental por las Cámaras sería una extralimitación de atribuciones. Esta es, en todo caso, la interpretación que la Corte Suprema de Justicia le ha dado a esa norma[715].

714 Véase Allan R. Brewer-Carías, *Las Instituciones Fundamentales del Derecho Administrativo... cit.*, pp. 62 y 63.

715 Véase la sentencia de la Corte Plena de 12-6-68, *cit.*, en Allan R. Brewer-Carías, *El control de la Constitucionalidad de los actos estatales*, Caracas, 1977, p. 58.

Por último, en materia de usurpación, debe indicarse que el artículo 250 del texto fundamental, como excepción al principio del artículo 102, establece la atribución al Congreso de "decretar, mediante acuerdo aprobado por la mayoría absoluta de sus miembros, la incautación de todo o parte de los bienes de esas mismas personas y de quienes se hayan enriquecido ilícitamente al amparo de la *usurpación*, para resarcir a la República de los perjuicios que se le hayan causado".

El supuesto se refiere a los hechos de fuerza que atenta contra la vigencia de la Constitución.

2. *El principio de la legalidad*

De acuerdo al mismo artículo 117 de la Constitución, no sólo la Constitución y las leyes definen las atribuciones de los órganos que ejercen el Poder Público, sino que "a ellas debe sujetarse su ejercicio". En esta norma se sitúa el fundamento constitucional del principio de la legalidad, fundamento del Estado de Derecho.

En efecto, históricamente, desde que el Estado dejó de ser Estado-Policía para devenir en Estado de Derecho, el principio base de su actuación es el principio de la legalidad. Pero legalidad, en el sentido etimológico de la palabra, es lo que está conforme con la Ley.

Sin embargo, en esta noción, Ley debe ser entendida en un sentido amplio y como sinónimo de Derecho. Por tanto, aplicado este principio al Estado no es más que la conformidad con el Derecho que debe acompañar a todos los actos de los órganos que ejercen las ramas del Poder Público. Es decir, el principio según el cual toda actividad del Estado debe estar conforme con el Derecho del Estado.

El principio de legalidad, por otra parte, no es más que una forma de enunciación de la teoría de la jerarquía de las normas. En nuestro sistema constitucional, en efecto, toda norma o regla jurídica encuentra su fundamento en una norma superior, a la cual, para ser válida, debe estar conforme tanto formal como materialmente; y en este sentido, la Constitución es la norma jurídica superior del orden interno que forma la estructura básica y fundamental de la República.

En todo caso, si bien es cierto que el ejercicio del Poder Público debe sujetarse a la Legalidad, como se ha dicho, cada una de las ramas de ese Poder Público tiene sus propias funciones y, por tanto, el principio de legalidad en base a ellas tiene diverso alcance.

Por supuesto, la legalidad no sólo debe ser entendida formalmente, sino que debe condicionar la formación misma de la voluntad del Estado, la cual no debe tener vicios sustanciales. Por tanto, como lo indica el artículo 120 de la Constitución: "Es nula toda decisión acordada por requisición directa o indirecta de la fuerza o por reunión de individuos en actitud subversiva".

En consecuencia, aun cuando un funcionario actúe en el marco de su competencia y sometido formalmente al ordenamiento jurídico, si la decisión ha sido producto de la violencia ejercida sobre la voluntad del órgano del Estado, esa decisión es nula.

Ahora bien, la consecuencia fundamental del principio de la legalidad y del sometimiento de los órganos del Estado al derecho es, por una parte, la nulidad o anulabilidad de los actos contrarios a la legalidad; y por la otra, la posibilidad de los particulares de solicitar a la Corte Suprema de Justicia la declaratoria de la nulidad de los actos estatales contrarios a derecho.

En tal sentido, el artículo 215 atribuye a la Corte Suprema competencia para declarar la nulidad de los actos estatales que violen la Constitución y el artículo 206 del texto fundamental atribuye a la jurisdicción contencioso administrativa competencia para declarar la nulidad de los actos administrativos contrarios a derecho, inclusive por desviación del poder.

Por último, debe destacarse que la Constitución directamente declara nulos los actos estatales no sólo en caso de estar viciados de usurpación de autoridad (Art. 119) o de haber sido dictados por requisición directa o indirecta de la fuerza, o por reunión de individuos en actitud subversiva (Art. 120), sino cuando violen o menoscaben los derechos garantizados por la Constitución (Art. 46), con lo que la vulneración del principio de la legalidad en estos casos encuentra en el propio texto fundamental, la sanción máxima: nulidad absoluta.

3. *El principio de la colaboración entre los poderes*

A pesar de que la organización constitucional del Estado esté montada en un sistema de distribución vertical del Poder Público, entre las ramas nacional, estadal y municipal; y en cada una de ellas, horizontalmente entre las ramas legislativa, ejecutiva y judicial, la Constitución no establece este sistema de distribución de poderes como un sistema absolutamente rígido, sino todo lo contrario, en el cual debe haber mecanismos permanentes de cooperación entre ellas, "en la realización de los fines del Estado" (Art. 118).

Estos son comunes a todas las ramas del Poder Público, por lo cual todas deben colaborar entre sí en su consecución. De allí que más que un sistema de separación de poderes, el nuestro es un sistema de colaboración, no existiendo separación funcional sino de carácter orgánica.

4. *El principio de la responsabilidad del estado*

La Constitución de 1961 declara expresamente la responsabilidad del Estado venezolano, al disponer en su artículo 47 que "en ningún caso podrán pretender los venezolanos ni los extranjeros que la República, los Estados o los Municipios los indemnicen por daños, perjuicios o expropiaciones que no hayan sido causados por autoridades legítimas en ejercicio de su función pública".

Este reconocimiento de la responsabilidad del Estado, en los tres niveles político-territoriales en los cuales actúa, aunque en forma indirecta, tiene una importancia capital. En efecto, sin el reconocimiento de esta institución difícil sería calificar a nuestro sistema estatal como Estado de Derecho, y las garantías quedarían incompletas[716].

716 Véase Allan R. Brewer-Carías, *Las Instituciones Fundamentales del Derecho Administrativo..., cit.*, pp. 417 y ss.

Sin embargo, debemos observar que este artículo no solamente consagra la responsabilidad del Estado, sino que también contempla lo que se ha llamado la Teoría de la Indemnización[717].

En efecto, se distingue en derecho público, el derecho a indemnización que pueden tener los particulares por daños y perjuicios que les hayan sido causados por la responsabilidad del Estado, es decir, por la actuación ilegítima del Estado, o concretamente de la Administración, de aquella otra indemnización a que pueden tener derecho los particulares, y que es debida por el Estado al titular de ciertos derechos que ceden ante el ejercicio legítimo de una potestad administrativa[718], como es el caso de la indemnización debida en los supuestos de expropiación por causa de utilidad pública o social prevista en el artículo 101 de la Constitución.

En el primer caso se trata de una actividad ilegítima del Estado, es decir, contraria al ordenamiento jurídico y, por tanto, sin título jurídico suficiente que lo autorice; en el segundo caso, el daño que sufre el particular es causado por el Estado actuando legítimamente, de conformidad con la Constitución y la ley y con miras a satisfacer el interés colectivo.

Ahora bien, en cuanto a la responsabilidad del Estado por daños causados por autoridades legítimas en el ejercicio de su función pública, ella puede haber sido causada por cualquier "autoridad legítima" de cualquiera de los niveles territoriales del Estado (República, Estados, Municipios) y de cualesquiera de sus órganos legislativos, ejecutivos o judiciales, actuando en ejercicio de cualesquiera de las funciones estatales. En tal sentido, no hay ninguna norma constitucional que excluya la responsabilidad del Estado en alguno de estos últimos supuestos.

En todo caso, esta norma consagra en el artículo 47 de la actual Constitución, incorporada por primera vez en la normativa constitucional en el año 1901, tuvo por finalidad exonerar de responsabilidad al Estado por los hechos ilícitos cometidos por los revolucionarios en las guerras civiles y evitar así las constantes reclamaciones de daños y perjuicios que provenían principalmente de los extranjeros.

Por eso se exige, para empeñar la responsabilidad del Estado, que el daño sea causado por una autoridad legítima en ejercicio de sus atribuciones legales[719].

Sin embargo, esas constantes reclamaciones de parte de los extranjeros al Estado, no solamente dieron origen a esa norma constitucional, sino que también dieron

---

717 Al respecto véase: Garrido Falla, "La Teoría de la indemnización en Derecho Público", *Estudios dedicados a Gascón y Marín,* Madrid, 1952; Sandulli, "Spunti in tema de indemnizo per atti legittimo della publica administrazione", *El Foro Italiano,* 1947, I, p. 938; Forti "Interna di responsabilitá per atti legittimi della Publica amministrazione", *El Foro Italiano,* 1942, I, p. 835; Salemi, *La cosidetta responsabilitá per atti legittimi della Publica Administrazione,* Milán, 1912. En general sobre la responsabilidad del Estado en Venezuela, véase Zoilo Graterol, "La responsabilidad de la Nación en su concepto de Estado", *El Profesional,* Tomo IV, año 66, N° 93-94, pp. 91 a 93; Luis Beltrán Guerra.

718 F. Garrido Falla, *Tratado de Derecho Administrativo,* Instituto de Estudios Políticos, Vol. II, Madrid, 1962, p. 197.

719 José Guillermo Andueza, *El control en Venezuela de los actos ilegales de la Administración,* Caracas, 1959, p. 31. En este sentido véase: Carlos Grisanti, "Responsabilidad del Estado particularmente por daños causados a extranjeros en los casos de guerra civil", *Revista Universitaria,* N° 3, 1906, Caracas, pp. 1 a 5.

nacimiento a una legislación especial de extranjeros donde se establecen normas particulares reguladoras de esas reclamaciones y de la responsabilidad del Estado respecto a aquéllos.

Por último, debe señalarse que el artículo 206 de la Constitución ha completado la disposición del artículo 47 *ejusdem* en materia de responsabilidad administrativa, al atribuir competencia a los órganos de la jurisdicción contencioso-administrativa para condenar al Estado (República, Estados y Municipios) "a la reparación de daños y perjuicios originados en responsabilidad de la administración...".

5. *Los principios sobre los funcionarios públicos*

En el título relativo al Poder Público, la Constitución establece algunos principios fundamentales relativos a los servidores públicos, que condicionan la legislación de esta materia.

A. *El servicio del Estado*

Ante todo el artículo 122 de la Constitución establece el principio de que "los empleados públicos están al servicio del Estado y no de parcialidad política alguna".

Se establece así, el ámbito y las consecuencias del deber general de fidelidad de los funcionarios frente al Estado, en el sentido de precisar que no existe ningún deber de fidelidad al partido político que pueda encontrarse en funciones de gobierno en un momento determinado, sino sólo frente al Estado y su Administración[720]. Se trata de un deber de lealtad al Estado y a sus instituciones, cuyo incumplimiento iría no sólo contra éste y su Administración, sino también de modo indirecto contra la sociedad, a la cual el Estado y sus instituciones sirven. Por ello la Constitución exige y la Ley de Carrera Administrativa confirma como deber ineludible del funcionario público el cumplimiento de la propia Constitución, de las leyes y de los actos que las ejecuten[721].

Para garantizar el cumplimiento de este deber se exige la presentación de un juramento como requisito previo a la toma de posesión del cargo[722]. El sentido del juramento es el de asegurar el indicado deber de fidelidad, pues se refiere a cumplir y hacer cumplir la Constitución y las leyes de la República e indirectamente a servir al Estado y a la Administración y a hacer cumplir los deberes inherentes al cargo.

Este deber de fidelidad implica el de sostener y defender la Constitución y las leyes, y por tanto conlleva la obligación de aplicarlas cuando el funcionario tiene competencia para ello; sin embargo, no significa en ningún caso coartar la libertad de expresión, que permite a la vez, la crítica al ordenamiento jurídico vigente[723]. Los funcionarios pueden criticar la anormalidad de alguna disposición del orden jurídico; pero aun cuando guarden reservas sobre su valor, no pueden abstenerse de apli-

---

720 Véase Allan R. Brewer-Carías, *El Estatuto del Funcionario Público y la Ley de Carrera Administrativa,* Caracas, 1971, pp. 59 y ss.

721 Artículo 117 de la Constitución. Artículo 28, ordinal 8° de la Ley.

722 Artículos 38 y 39 de la Ley.

723 Artículo 66 de la Constitución.

carla si ello les compete legalmente. Los funcionarios públicos con excepción de los jueces, frente a la aplicación de la Ley, no pueden declarar una ley como no aplicable cuando estimen que colide con una norma constitucional. El funcionario puede tener dudas sobre la constitucionalidad de una norma, pero está obligado a cumplirla y a aplicarla, hasta que no sea declarada inconstitucional por la Corte Suprema de Justicia.

Ahora bien, este deber de fidelidad trae una serie de consecuencias importantes traducidas en deberes subsidiarios que se derivan de la propia Constitución.

En primer lugar, el deber de neutralidad política. El hecho de que el funcionario público, de acuerdo con la Constitución, esté al servicio del Estado y no de parcialidad política alguna, implica que el mismo debe tener una permanente imparcialidad política frente al Estado. En esta forma, el funcionario público no debe servir a un partido político, apoye éste o no al gobierno, cuando los intereses circunstanciales del mismo puedan mostrarse contrarios al Estado o a su Administración.

En consecuencia, la neutralidad política exige del funcionario público la no participación en actividades políticas en el ejercicio de su función, hasta el punto de que en el ámbito de la Administración Nacional, la Ley de Carrera Administrativa prohíbe expresamente a los funcionarios públicos realizar propaganda o coacción con motivo o en ocasión del desempeño de sus funciones, inclusive llega la ley a prohibir a los funcionarios, en los lugares donde ejercen, el uso de distintivos que los acrediten como miembros de un partido político[724].

Asimismo, la ley prevé, como causal de amonestación por escrito, efectuar campañas o propaganda de tipo político en los sitios de trabajo, así como recibir o solicitar dinero y otros bienes para fines políticos en los mismos lugares de trabajo[725]. En esta forma, la ley pretendió terminar con una vieja y viciada práctica que conllevaba hasta la retención automática de un porcentaje del sueldo a un funcionario con destino a un partido político.

El deber de fidelidad conlleva también la tradicional prohibición constitucional[726] que la Ley de Carrera Administrativa reitera, de que se reciban o acepten cargos, honores o recompensas de gobiernos extranjeros, si no media autorización expresa del Senado[727]. De allí que la ley establezca como causal de destitución el desacato de la norma[728].

B. *El carácter obligatorio de los requisitos del cargo público y sus efectos*

El artículo 122 de la Constitución establece la obligación de todo funcionario o empleado público "a cumplir los requisitos establecidos por la Ley para el ejercicio de su cargo". Por tanto, las condiciones legales establecidas para el ejercicio de cargos públicos son de obligatorio cumplimiento, por lo que su incumplimiento, puede

---

724 Artículo 29, ordinal 2° de la Ley.

725 Artículo 59, ordinal 5° de la Ley.

726 Artículo 125 de la Constitución.

727 Artículo 29, ordinal 4° de la Ley.

728 Artículo 62, ordinal 9° de la Ley.

dar lugar a la usurpación de autoridad (Art. 119) y a que los actos que ese funcionario dicte se consideren que no emanan de autoridades legítimas (Art. 46).

Entre esos requisitos, por supuesto, está el nombramiento o la proclamación formal de la elección, en su caso, y en materia administrativa, los previstos como normas de ingreso a la carrera administrativa (Art. 122).

C. *La carrera administrativa*

La Constitución, por otra parte, en el mismo artículo 122 y exclusivamente en cuanto a los funcionarios públicos al servicio de la Administración Pública Nacional, previo que "la ley establecerá la carrera administrativa mediante normas de ingreso, ascenso, traslado, suspensión, retiro de los empleados de la Administración Pública Nacional, y proveerá su incorporación al sistema de seguridad social". Esta norma programática se desarrolló en 1970, con la promulgación de la Ley de Carrera Administrativa[729], la cual sólo se aplica al ámbito de la Administración Pública Nacional, Central y Descentralizada institucionalmente (institutos autónomos).

Por supuesto, esa norma no se aplica a las Administraciones estadales ni municipales; y también quedan excluidas del ámbito de sus disposiciones las Administraciones nacionales con autonomía funcional, que en aquellos aspectos que puedan significar lesión a dicha autonomía, se rigen por sus propios estatutos. En cuanto al ámbito estadal y al personal de la Administración de los Estados, la Constitución sólo se limita a establecer dentro de la competencia de los Gobernadores, el "nombrar y remover los funcionarios y empleados de su dependencia, cuya designación no estuviere atribuida a otra autoridad, sin perjuicio de lo que dispongan las *leyes sobre carrera administrativa*" (Art. 23, Ord. 2°) que, por supuesto, deben dictarse en cada Estado.

D. *Las incompatibilidades*

El artículo 123 de la Constitución Nacional establece, lo siguiente:

> Art. 123. Nadie podrá desempeñar a la vez más de un destino público remunerado, a menos que se trata de cargos académicos, accidentales, asistenciales, docentes, edilicios o electorales que determine la Ley. La aceptación de un segundo destino que no sea de los exceptuados en este artículo implica la renuncia del primero, salvo los casos previstos en el Artículo 141 o cuando se trate de Suplantes mientras no reemplacen definitivamente al principal.

El principio constitucional consagrado en la norma antes transcrita, ha sido tradicional en nuestra evolución constitucional[730], y conlleva al establecimiento del prin-

---

729 Véase Allan R. Brewer-Carías, *El Estatuto de los Funcionarios Públicos, cit.*, Armida Quintana, *La Carrera Administrativa*, Caracas, 1980.

730 En efecto, el artículo 46 de la Constitución de 1936 establecía:

"Ningún individuo podrá desempeñar a la vez más de un *destino público remunerado*. La aceptación de un *segundo destino de esta especie* equivale a la renuncia del primero, respecto de suplencias mientras el Suplente no reemplace al Principal, respecto de empleos de Academias, Hospitales, Juzgados Accidentales o Institutos de Enseñanza o Beneficencia".

cipio de la obligación del desempeño de un solo destino público remunerado, y en consecuencia, la prohibición de poder desempeñar más de uno de ellos, con la consecuencia automática de que la aceptación de un segundo destino implica la renuncia del primero.

Exceptúa la Constitución, frente a la incompatibilidad, los casos en los cuales se ocupen cargos académicos, accidentales, asistenciales, docentes, edilicios o electorales, para cuya definición podría recurrirse a la establecida en el artículo 12 de la Ley Orgánica del Sufragio. Sin embargo, aun en estos casos de excepción, conforme al artículo 31 de la Ley de Carrera Administrativa, habría incompatibilidad cuando el ejercicio simultáneo de esos cargos exceptuados "menoscabe el estricto cumplimiento de los deberes del funcionario" (Art. 31).

E. *La prohibición de contratar*

La Constitución en su artículo 124, además, establece la prohibición, tradicional también en nuestra evolución constitucional, de que los funcionarios públicos celebren contratos con la República, los Estados, las Municipalidades y demás personas jurídicas de derecho público, por presumir que si hay un interés particular del funcionario público en un contrato determinado donde tenga interés el Estado, pueda haber colisión entre dichos intereses en perjuicio de este último. La prohibición tradicional de la Constitución la recoge ampliada la Ley de Carrera Administrativa, al prohibir a los funcionarios públicos la celebración de contratos, por sí, por interpuesta persona o en representación de otro, con la República, los Estados, los Municipios y demás personas jurídicas de derecho público[731]. Asimismo, la ley amplía la prohibición, hasta el punto de no aceptar que un funcionario pueda auspiciar gestiones de personas públicas o jurídicas que pretendan celebrar contratos con la República o soliciten o exploten concesiones administrativas o sean proveedoras o contratistas de la misma[732], y así evitar el posible conflicto de intereses que pueda surgir entre el del funcionario que gestiona y el interés de la Administración, el cual debe defender.

Las sanciones que la ley fija en caso del incumplimiento de estas prohibiciones conducen a la destitución[733] conforme a las disposiciones de la Ley de Carrera Administrativa, y originan responsabilidad administrativa y penal, conforme a la Ley Orgánica de Salvaguarda del Patrimonio Público. En particular, esta última regula el delito de concierto de funcionarios con contratistas, con una pena de prisión de 2 a 5 años (Art. 70).

Por su parte, la Constitución de 1947. en su artículo 91 establecía: "Nadie podrá desempeñar a la vez más de un *destino público remunerado.* La aceptación de un segundo *destino de esta especie* implica la renuncia del primero. Se exceptúan de esta disposición los cargos accidentales, académicos, electorales, docentes, asistenciales y edilicios".

La Constitución de 1953, en su artículo 46 establecía asimismo: "Nadie podrá desempeñar a la vez más de un *destino público remunerado,* salvo que se trate de caraos académicos, accidentales, asistenciales, docentes, edilicios o electorales".

731 Artículo 29, ordinal de la Ley.

732 Artículo 29. ordinal 3°

733 Artículo 62, ordinal 9°

Por otra parte, la Ley Orgánica de la Administración Central de 1976 extendió la prohibición mencionada, al aplicarla "a quienes hubieren estado al servicio de la República hasta un año antes de la fecha en que se pretenda negociar o celebrar el contrato" (Art. 63) y además estableció por primera vez las excepciones a la misma, y que se refieren a "los contratos que tuvieren por objeto la compra, construcción, refacción o arrendamiento de vivienda para uso de las personas mencionadas o de su familia; los convenios relativos a la enajenación de bienes por causa de utilidad pública; los contratos para la utilización de servicios públicos; los contratos de adhesión y cualquier otro contrato en el que la persona del negociador o contratante no puede influir en el otorgamiento y condiciones de la contratación" (Art. 63).

La Ley Orgánica de la Administración Central, además, por primera vez definió el concepto de "persona interpuesta" estableciendo la presunción de que lo son: el padre, la madre, los descendientes y el cónyuge de la persona respecto de la cual obre la prohibición. Considera igualmente la Ley como tales personas interpuestas: "las sociedades civiles, mercantiles o de hecho y las comunidades, en las cuales quien esté al servicio de la República, haya tenido hasta un año antes de la negociación o celebración del contrato, o haya adquirido dentro del año siguiente a las mismas, el treinta por ciento por lo menos, de los intereses, acciones o notas de participación, según el caso, salvo que las hubieren adquirido por herencia" (Art. 64).

La misma Ley Orgánica de la Administración Central, por último, estableció una consecuencia fundamental respecto de los" contratos celebrados en contravención con esta prohibición: Su nulidad absoluta, "sin perjuicio de las responsabilidades en que incurran los infractores y las indemnizaciones a que hubiere lugar conforme a la ley" (Art. 65).

F. *El principio de la responsabilidad de los funcionarios*

Uno de los logros fundamentales del Estado de Derecho en nuestro país, cristalizado desde el mismo nacimiento del Estado independiente, es el que recoge el artículo 121 de la Constitución en el sentido de que "el ejercicio del Poder Público acarrea responsabilidad individual por abuso de poder o por violación de la Ley".

En efecto, puede decirse que es un principio fundamental del ordenamiento constitucional venezolano, el de la responsabilidad civil, penal, administrativa y disciplinaria de los funcionarios públicos por todos los actos que realicen en ejercicio de sus funciones, y en los cuales violen la Ley, abusen de su poder y violen o menoscaben los derechos garantizados por la Constitución. En tal sentido, el artículo 46 de la Constitución establece lo siguiente:

> Art. 46. Todo acto del Poder Público que viole o menoscabe los derechos garantizados por esta Constitución es nulo, y los funcionarios y empleados que los ordenen o ejecuten incurren en responsabilidad penal, civil y administrativa según los casos, sin que les sirvan de excusas órdenes superiores manifiestamente contrarias a la Constitución y a las leyes.

Se consagra así, constitucionalmente y con carácter general, en los artículos 46 y 121, la responsabilidad personal e individual de los funcionarios o empleados públicos y de todos los servidores del Estado que ejerzan el Poder Público; principio que ha reafirmado el propio texto constitucional respecto del Presidente de la República y los Ministros del Despacho Ejecutivo en sus artículos 192 y 196.

La norma del artículo 121, sin embargo, es más general que la del artículo 46, pues ésta se reduce a consagrar la responsabilidad penal, civil y administrativa de los funcionarios y empleados públicos que ordenen o ejecuten actos del Poder Público "que violen o menoscaben los derechos garantizados por la Constitución". Se trata, en efecto, de un tipo muy específico de responsabilidad derivada de violaciones a los derechos y garantías constitucionales, por lo cual la norma, en realidad, no es el fundamento de todas las responsabilidades de los funcionarios.

Ahora bien, esta consagración constitucional de la responsabilidad individual de los funcionarios o empleados públicos se refiere a todas aquellas personas que ejerzan el Poder Público en cualquiera de sus ramas, y no se limita a los del Poder Nacional.

Por otra parte, no sólo se refiere a los funcionarios que ejerzan funciones ejecutivas, sino también a los que ejerzan funciones legislativas y judiciales. Es decir, se abarca con el principio, a todos los servidores del Estado, tanto a nivel nacional, como estadal y municipal, y a los que en estos niveles ejercen funciones ejecutivas, legislativas o judiciales.

Los artículos 46 y 121, en este sentido, son claros y terminantes: la responsabilidad surge respecto de "todo acto del Poder Público" (Art. 46) y con motivo del "ejercicio del Poder Público" y, por tanto, abarca a todos los funcionarios o servidores públicos de cualesquiera de las ramas del Poder Público tanto del Poder Nacional, como del Poder de los Estados o del Poder Municipal. La consagración de la responsabilidad individual de los funcionarios públicos, por tanto, abarca a los que presten servicios a la República, a los Estados y a las Municipalidades y a cualesquiera otras entidades de derecho público (institutos autónomos, por ejemplo) que ejerzan el Poder Público en forma descentralizada, sea en funciones ejecutivas, legislativas o judiciales.

Pero además de los artículos 46 y 121 de la Constitución, el artículo 220 del texto fundamental, al definir las competencias del Ministerio Público le atribuye la de intentar las acciones tendientes a hacer efectiva "la responsabilidad civil, penal, administrativa y disciplinaria" en que hubieren incurrido los funcionarios públicos en el ejercicio de sus funciones, lo cual confirma el universo de la responsabilidad de éstos.

Estas cuatro vertientes de la responsabilidad de los funcionarios públicos por otra parte, respecto de los funcionarios de la Administración Pública Nacional, se consagraron en la Ley de Carrera Administrativa desde 1970, cuyo artículo 55 establece el principio de que 'los funcionarios públicos responden penal, civil, administrativa y disciplinariamente por los delitos, faltas, hechos ilícitos e irregularidades administrativas cometidas en el ejercicio de sus funciones". Ello se ha ampliado posteriormente, en la Ley Orgánica de Salvaguarda del Patrimonio Público de 1982.

Ahora bien, al consagrarse el principio de la responsabilidad individual de los funcionarios públicos en los artículos 46, 121 y 220 de la Constitución, el Constituyente no estableció excepciones ni permitió, en forma alguna, que el legislador ordinario establezca excepciones a dicha responsabilidad individual. La responsabilidad de los funcionarios o servidores públicos se ha regulado así, en la Constitución, como una materia de *reserva constitucional*, que sólo el Constituyente puede regular y que el legislador no puede restringir.

En esta forma, es la propia Constitución en su artículo 142 la que ha establecido una excepción al principio general que ella prevé respecto de la responsabilidad individual de los funcionarios o servidores públicos, al establecer el principio contrario de la irresponsabilidad de los Senadores y Diputados *por votos y opiniones emitidos en el ejercicio de sus funciones*.

Esta excepción constitucional al principio, también constitucional, de la responsabilidad individual de los funcionarios públicos o de los servidores del Estado que en cualquier forma ejerzan el Poder Público en cualquiera de sus ramas y en cumplimiento de cualesquiera de las funciones estatales, es sin duda, una "prerrogativa constitucional", la cual, como tal, sólo corresponde a los Senadores y Diputados, al Congreso Nacional, y no puede extenderse ni a los Diputados a las Asambleas Legislativas ni mucho menos a los Concejales de los Municipios. Por ello, el artículo 51 de la Ley Orgánica de Régimen Municipal de 1978, al establecer la irresponsabilidad de los concejales, incurrió en una violación directa de la Constitución, razón por la cual dicha norma fue declarada inconstitucional por la Corte Suprema de Justicia en 1980.

De acuerdo a lo anterior, por tanto, los funcionarios públicos, en el ejercicio de sus funciones pueden incurrir en responsabilidad civil, penal, administrativa y disciplinaria. La característica general de todas estas responsabilidades es que en cada caso se trata de una situación jurídica establecida por el ordenamiento jurídico, en la cual se encuentran los funcionarios públicos, como sujetos de derecho, que deben sufrir las consecuencias de un hecho que les es imputable y que, en general, causa un daño. En otros términos, la responsabilidad es la obligación de aquél a quien por cualquier título, incumbe sufrir las consecuencias de un hecho dañoso. Por ello no puede haber una regulación completa de la responsabilidad en el ordenamiento jurídico, si no se prevén las consecuencias de la misma.

En tal sentido puede decirse que la responsabilidad civil, penal y disciplinaria de los funcionarios públicos había estado tradicionalmente regulada en el ordenamiento jurídico, pero ello no había sucedido respecto de la responsabilidad administrativa[734]

En efecto, la responsabilidad civil, impone al obligado la consecuencia fundamental de resarcir o reparar los daños causados. El responsable civilmente, debe restablecer las cosas a la situación que tenían antes de producirse el daño, y cuando ello no es posible, debe indemnizar los daños y perjuicios causados. Esta responsabilidad civil de los funcionarios públicos, frente al Estado o a los particulares, ha estado regulada básicamente en el Código Civil y en el artículo 139 de la Ley Orgánica de la Hacienda Pública Nacional.

En cuanto a la responsabilidad penal, consiste en la situación jurídica en la cual se encuentra una persona, razón por la cual debe sufrir las consecuencias de un hecho calificado por la ley como delito, que le es imputable en concreto, por su dolo o culpa, y que consiste en una pena y en la reparación del daño causado por aquél. Esta responsabilidad penal de los funcionarios públicos había estado tradicional-

734 Véase lo expuesto en Allan R. Brewer-Carías, "La responsabilidad administrativa de los Funcionarios Públicos", en la *Ley Orgánica de Salvaguarda del Patrimonio Público,* EJV, Caracas, 1983, pp. 16 y ss.

mente regulada en el Código Penal, particularmente, en los delitos contra la cosa pública, y a partir de 1982 en la Ley Orgánica de Salvaguarda del Patrimonio Público[735].

Por su parte, la responsabilidad disciplinaria es la derivada del incumplimiento, por los funcionarios públicos, de los deberes específicos que se derivan de una relación especial de sujeción establecida por la función pública. Esta responsabilidad produce como consecuencia la imposición, por los superiores jerárquicos, de sanciones disciplinarias reguladas, en general, en la Ley de Carrera Administrativa y otras leyes especiales.

En cuanto a la responsabilidad administrativa, ésta surge en los casos de inobservancia o violación por parte de funcionarios públicos de normas legales y reglamentarias que regulan sus relaciones con la Administración Pública. La causa de la responsabilidad administrativa es la violación de norma legal o reglamentaria, lo que provoca un ilícito administrativo, que coloca al sujeto de derecho que incurre en el mismo, en la situación de sufrir determinadas consecuencias sancionatorias previstas en la Ley. Esta responsabilidad administrativa surge, por tanto, por actuaciones contrarias a derecho, aunque las mismas no hayan producido daño concreto. Por supuesto, si se ha producido un daño surge también la obligación de repararlo.

En relación a la responsabilidad administrativa de los funcionarios públicos y sus consecuencias sancionadoras, ésta no había tenido en el ordenamiento jurídico venezolano una regulación global. Algunas leyes especiales habían previsto sanciones por violación de sus normas por los funcionarios, pero ello no había sido de carácter general. Debe destacarse aquí, sin embargo, la regulación general de la Ley Orgánica de Procedimientos Administrativos que establece una sanción administrativa pecuniaria por los casos de omisión, retardo o violación de normas de procedimiento administrativo por los funcionarios públicos (Art. 100).

Sin embargo, hasta que se dictó la Ley Orgánica de Salvaguarda del Patrimonio Público y salvo disposiciones de la Ley Orgánica de la Hacienda Pública Nacional, previsivas de supuestos de responsabilidad de los funcionarios de Hacienda, no había habido una regulación completa de la responsabilidad administrativa y sus consecuencias sancionadoras, en relación al manejo de los fondos públicos, es decir, a la administración de los fondos del Estado. Precisamente, la Ley Orgánica de Salvaguarda del Patrimonio Público era el cuerpo normativo llamado a regular coherente e integralmente la responsabilidad administrativa de los funcionarios públicos y sus consecuencias. He allí la falla fundamental que tenía la Ley Orgánica sancionada por las Cámaras Legislativas en julio de 1982 y devuelta por el Presidente de la República al Congreso, para su revisión: la previsión del principio de la responsabilidad administrativa, pero sin consecuencias sancionatorias generales, salvo algunas excepciones específicas. En cambio la Ley sancionada prevé una serie de consecuencias sancionatorias (multas) para todos los casos de responsabilidad administrativa[736].

---

735 Véase en *Gaceta Oficial* N° 3.777 de 23-12-82.

736 Véase Allan R. Brewer-Carías, *Estudios de Derecho Público. (Labor en el Senado 1982),* Tomo I, Caracas, 1983, pp. 131 y ss.

6. *Los principios sobre los contratos de interés público*

La Constitución califica a los contratos que celebren los órganos que ejercen el Poder Público, como contratos de interés público y por tanto, éstos, según el sistema de distribución vertical del poder, se clasifican en contratos de interés público nacional, contratos de interés público estadal o contratos de interés público municipal. Ello resulta claramente indicado en el segundo aparte del artículo 126 del texto fundamental[737].

A. *La noción de contrato de interés nacional como especie de los contratos de interés publico*

La expresión "interés nacional", para calificar determinados contratos, sin duda, constituye un concepto jurídico indeterminado o impreciso que establecido en el texto constitucional, da amplio margen al legislador para determinar o precisar, discrecionalmente, su contenido. Por tanto, en definitiva, determinar con precisión qué es "interés nacional" (Arts. 101 y 126), "interés público" (Art. 127), "conveniencia nacional" (Art. 97), "interés social" (Arts. 96 y 105), "función social" (Art. 99), "utilidad pública" o "interés general" (Art. 99), "beneficio colectivo" (Art. 106), es una tarea que corresponde al legislador.

Por tanto, ante todo, un contrato será de "interés nacional" cuando así lo determine el legislador. Sin embargo, no es frecuente que la ley califique expresamente, en los términos del artículo 126 de la Constitución, a un contrato "como de interés nacional". Por ello, los esfuerzos doctrinales que se han hecho tendientes a determinar su naturaleza, por contraposición a unos contratos que no son de interés nacional.

Podría decirse, así, que contrato de interés nacional, es aquel que interesa al ámbito nacional (en contraposición al ámbito estadal o municipal), porque ha sido celebrado por una persona jurídica estatal nacional, de derecho público (la República o un instituto autónomo) o de derecho privado (empresa del Estado). Por tanto, no serían contratos de interés nacional aquellos que son de interés estadal o municipal, porque son celebrados por personas jurídicas estatales de los Estados o de los Municipios, incluyendo los Institutos Autónomos y empresas del Estado de esas entidades político-territoriales. Esta consideramos que es la interpretación más directa respecto a lo que se entiende en el artículo 126 de la Constitución, por "interés nacional", contrapuesto a "interés estadal" o "interés municipal".

Todos los contratos de interés nacional, estadal o municipal, serían, por supuesto, contratos de "interés público" (Art. 127)[738] en el mismo sentido que la noción de Poder Público (Título IV de la Constitución) comprende al Poder Nacional, a los Poderes de los Estados y al Poder Municipal.

---

737 Véase Allan R. Brewer-Carías, "Los contratos de interés nacional y su aprobación legislativa", en *Revista de Derecho Público,* N° 11, Caracas, 1982, pp. 49 y ss. Véase además, en Allan R. Brewer-Carías, *Los Contratos Administrativos,* Caracas, 1992.

738 *Cfr.* Eloy Lares Martínez. "Contratos de interés nacional" en *Libro Homenaje al Profesor Antonio Moles Caubet,* Tomo I, Caracas, 1981, p. 117.

De acuerdo a este criterio, los contratos celebrados por un Estado miembro de la Federación o sus Institutos Autónomos o empresas del Estado estadales, o por un Municipio o sus Institutos Autónomos o empresas del Estado Municipales, no serían contratos de interés nacional, en los términos del artículo 126 de la Constitución.

En nuestro criterio, en ausencia de una precisión del legislador sobre qué ha de entenderse por "interés nacional", *la única interpretación que admite el texto constitucional* para identificar los "contratos de interés nacional" son los que corresponden al ámbito nacional, por contraposición al estadal o municipal. Por eso, en principio, aquéllos requieren aprobación del Congreso (órgano que ejerce el Poder Legislativo Nacional) (Título V) y los últimos no lo requieren.

En la doctrina nacional se ha querido identificar *cuantitativamente* la noción de contrato de interés nacional, al identificarse con un "tipo especial de contratos, por su importancia, por su magnitud económica, por sus consecuencias". Por ejemplo, Gonzalo Pérez Luciani señala que "de no existir diferencias cualitativas entre los diversos contratos que pudiere celebrar la Administración para calificar a unos como de interés nacional y a otros no, la única posibilidad es que las notas diferenciales sean exclusivamente cuantitativas. De las diversas normas transcritas puede deducirse que la preocupación del Constituyente ha girado en torno a cuestiones como las siguientes: los compromisos económicos o financieros que pudieran resultar a cargo del Estado; al temor a que se malgasten o dilapiden los fondos públicos; la necesidad de conservar los bienes patrimoniales o los recursos naturales del Estado, o que los mismos no sirvan para beneficiar a unos pocos en detrimento de todos; los requerimientos de control sobre los poderes de la Administración, para evitar abusos, favoritismos, etc. Esas características cuantitativas son las que han movido al Constituyente para considerar a unos contratos como de interés nacional[739]. Una interpretación similar la hace José Melich Orsini, al señalar que un contrato de interés público (comprendidos los de interés nacional) es el que contiene "una gran contratación hecha por la Administración Pública Nacional... que justifique a los fines de control la intervención del Congreso"[740].

Este criterio cuantitativo de interpretación sobre qué ha de entenderse por contrato de interés nacional, *por sí solo*, es inadmisible para trazar el límite entre los contratos que sean de interés nacional y los que no lo sean, y requeriría, para su vigencia, de una ley que lo determine. El legislador, en efecto, tendría que establecer el límite "cuantitativo" o de "gran contratación", para que se pudiera exigir, como condición de eficacia contractual, la aprobación del Congreso. Lo cierto es que esa intervención parlamentaria no puede quedar sujeta a interpretaciones o a apreciaciones cuantitativas que, sin precisión legal, serían variables. Por tanto, el criterio cuantitativo no es admisible para determinar los contratos de interés nacional, sino cuando una ley establezca que aquellos de determinada cuantía, importancia o naturaleza lo sean, a los efectos de quedar sujetos a la aprobación del Congreso[741].

---

739 *Dictamen sobre los contratos de interés público, de interés nacional y los contratos de empréstito público*, 1973, citado por Fermín Toro Jiménez, *Manual de Derecho Internacional Público*, Vol. 1, Caracas, 1982, p. 473.

740 "La Noción de Contrato de Interés Público" en *Revista de Derecho Público* N° 7, Caracas, 1981, p. 61.

741 *Cfr.* Eloy Lares Martínez, *loc. cit.*, p. 136.

Otra posición doctrinal, elaborada bajo el ángulo del derecho internacional, sostiene que por contratos de interés público (comprendidos los de interés nacional) "debe entenderse pura y simplemente aquellos contratos celebrados por el Estado... que puedan dar origen a reclamaciones extranjeras". Es la posición de Fermín Toro Jiménez, quien agrega que no serían contratos de interés público (incluyendo los de interés nacional) "todos aquellos en que pueda plantearse la posibilidad de una reclamación extranjera, ni directamente, a través de una reclamación diplomática, ni indirectamente mediante el ejercicio de una acción contra el Estado venezolano ante los tribunales de un Estado extranjero, conforme a la legislación de ese mismo Estado. Estos contratos, serían aquellos celebrados por el Estado venezolano o demás entes públicos con personas naturales o jurídicas venezolanas"[742].

Esta interpretación tampoco es admisible, no sólo por su visión limitada respecto de los efectos internacionales de los contratos públicos, sino porque el mismo artículo 126 de la Constitución le da una connotación de derecho interno a los contratos de interés nacional, al admitir que una categoría de ellos pueden ser "necesarios para el normal desarrollo de la Administración Pública" aun cuando no se celebren con personas jurídicas extranjeras. Por otra parte, es una interpretación que identifica, en los términos de los artículos 126 y 127, los contratos de "interés público" con los de "interés nacional" lo cual no autoriza la Constitución. No debe olvidarse que los primeros constituyen el género y los segundos una especie.

En todo caso, la interpretación de qué ha de entenderse por contrato de interés nacional, no puede estar basada en la sola posibilidad de reclamaciones extranjeras derivadas contra el Estado del vínculo contractual. La Constitución, en forma alguna, autoriza a esta interpretación, máxime cuando regula con precisión los casos de contratos celebrados por los entes públicos con personas jurídicas extranjeras (Art. 126, penúltimo aparte y Art. 127).

Como conclusión, por tanto, en ausencia de una legislación que determine con precisión qué ha de entenderse por contrato de interés nacional, la única interpretación que autoriza el texto mismo de la Constitución para diferenciar "contratos de interés nacional" de aquellos que no lo son, es la que deriva del principio de la repartición vertical del poder, en nuestro sistema federal o político territorial. Así, contratos de interés nacional son los celebrados por las entidades políticas y administrativas nacionales (República, Institutos Autónomos y otros establecimientos públicos estatales nacionales y empresas del Estado nacionales). En consecuencia, no son contratos de interés nacional los celebrados por los Estados y Municipios, sus institutos autónomos estadales o municipales y sus empresas del Estado estadales o municipales.

En consecuencia, sólo los primeros, los contratos de "interés nacional" están sometidos, como principio, al requisito de aprobación por el Congreso que prevé el artículo 126 de la Constitución en su primera parte; y en cambio, los segundos, es decir, los contratos de interés estadal o municipal, no están sometidos al requisito de aprobación del Congreso para su celebración.

742 *Manual de Derecho Internacional Público,* Tomo I, Caracas, 1982, pp. 481 y 482.

B. *La exigencia de aprobación por el Congreso de los contratos de interés nacional*

De lo señalado anteriormente puede concluirse, como principio general, que todos los contratos de interés nacional, es decir, que sean celebrados por entes públicos o administrativos nacionales (República, institutos autónomos nacionales, otros establecimientos públicos estatales nacionales y empresas del Estado nacionales), están sometidos a la aprobación del Congreso que, como requisito, se configura como una formalidad posterior a la conclusión del contrato.

Sin embargo, la Constitución establece en el artículo 126 que, en efecto, todos los contratos de interés nacional para ser celebrados requieren de la aprobación del Congreso "salvo los (contratos de interés nacional) que fuesen necesarios para el normal desarrollo de la administración pública o los que permita la Ley". Esta norma plantea varios problemas interpretativos.

Ante todo, el artículo 126 de la Constitución distingue dos categorías de contratos de interés nacional; aquellos que no son necesarios para el normal desarrollo de la administración pública y aquellos que, en cambio, sí son necesarios para el norma] desarrollo de la administración pública. Sólo los primeros están sometidos al requisito de aprobación del Congreso.

Sin embargo, necesariamente aquí se nos plantea el problema, de nuevo, de establecer la frontera entre uno y otro contrato; en otras palabras, se plantea el problema de determinar cuándo un contrato de interés nacional es necesario para el normal desarrollo de la administración pública y cuándo no.

Ello exige definir criterios, en primer lugar, sobre lo que es o no "necesario" y en segundo lugar, sobre lo que es o no "normal desarrollo". Estamos aquí, de nuevo, ante conceptos jurídicos imprecisos o indeterminados que sólo el" legislador podría definir con precisión, para lo cual podría optar por variados criterios, incluso el de carácter cuantitativo. Mientras ello no se haga, nada autoriza al intérprete a calificar en forma definitiva un contrato de interés nacional como sujeto o no a la aprobación legislativa. Puede, sin duda, haber apreciaciones, pareceres u opiniones, pero no criterios jurídicos definitivos. Como lo indicamos en otro lugar, "para ello se requiere una normativa legal que lo especifique"[743]. De lo contrario, como lo afirma Eloy Lares Martínez, "dentro de esa primera excepción, pueden considerarse incluidos, si no la totalidad, la inmensa mayoría de los contratos que celebra el Ejecutivo Nacional, cualesquiera fuesen su magnitud, importancia y trascendencia en el desarrollo nacional"[744].

Ahora bien, siendo una excepción a la regla constitucional, es de interpretación estricta, y la aplicación de la misma, en principio, requería de una ley que determine cuáles son los contratos de interés nacional necesarios para el normal desarrollo de la Administración Pública y que, por tanto, no estarían sometidos a la aprobación posterior del Congreso. Mientras esto no ocurra, todos los contratos de interés na-

---

743 Véase Allan R. Brewer-Carías, "La evolución del concepto de contrato administrativo" en *Libro Homenaje al Profesor Antonio Moles Caubet,* Tomo I, Caracas, 1981, p. 53.

744 *Loc. cit.,* p. 139.

cional tendrían que someterse a ese requisito de aprobación parlamentaria. Ello, sin duda, paralizaría y entrabaría el normal funcionamiento y desarrollo de la Administración del Estado, y para evitar eso, la misma Constitución previo otra excepción que, materialmente, convierte la regla misma en excepción.

En efecto, el artículo 126 de la Constitución somete a aprobación legislativa los contratos de interés nacional, "salvo los que permita la Ley", lo que significa, como lo hemos indicado anteriormente, "atribuidos por Ley a cualquier autoridad pública sin indicación de la intervención del Poder Legislativo. De ello se desprende que en realidad, en la práctica, la excepción es la regla general, pues la mayoría de los contratos administrativos no requieren la intervención a posteriori del Congreso Nacional, por lo cual el requisito de aprobación legislativa es excepcional"[745].

Con esta apreciación coincide Eloy Lares Martínez, al señalar que "la segunda de las excepciones indicadas exime de la aprobación legislativa los contratos «que permite la Ley, esto es, aquellos que, en virtud de disposición legal, pueden celebrarse y ejecutarse sin necesidad de la referida aprobación. Esta excepción procede, no sólo cuando los preceptos legales referentes a determinados contratos los provean en todos sus trámites sin señalarles la necesidad de aprobación legislativa (sería un caso de permisión implícita), o cuando los eximan de manera expresa, de la necesidad de dicha aprobación (aprobación explícita)"[746]. En igual sentido, Luis Henrique Farías Mata señala, que "en cuanto a los permitidos por la ley, resulta también lógico que escapen a la posterior intervención parlamentaria, puesto que previamente ha sido autorizada su celebración in genere por el propio Poder Legislativo, mediante Ley"[747].

En consecuencia, en realidad, conforme a lo previsto en el artículo 126 de la Constitución, los contratos de interés nacional que en la actualidad deben someterse a la aprobación del Congreso, en ausencia de una ley que determine cuáles son los necesarios para el normal desarrollo de la Administración, son aquellos que no están regulados en modo alguno en leyes. Al contrario, si una ley establece la posibilidad de celebración del contrato, y no prevé la aprobación parlamentaria, significa que ha sido el mismo legislador quien ha "permitido", por ley, la celebración del contrato sin aquella aprobación. A esta situación conduce la redacción del artículo 126 de la Constitución, en cuanto a las excepciones a la aprobación parlamentaria en los contratos de interés nacional.

Por tanto, la aprobación del Congreso respecto de contratos de interés nacional, en la realidad, es absolutamente excepcional, pues el legislador, en base a lo establecido en la Constitución, ha permitido ampliamente la celebración de dichos contratos, sin prever ni regular la intervención legislativa.

---

745 Véase Allan R. Brewer-Carías, "La formación de la voluntad de la Administración Pública Nacional en los Contratos Administrativos" en *Revista de la Facultad de Derecho,* U.C.V., Nº 28, Caracas, 1964, pp. 61 a 112; reproducido en Allan R. Brewer-Carías, *Jurisprudencia de la Corte Suprema 1930-1975 y Estudios de Derecho Administrativo,* Tomo III, Vol. 2 .Caracas, 1977, p. 485.

746 *Loc. cit.,* p. 139.

747 *Luis Henrique Farías Mata, La Teoría del Contrato Administrativo en la Doctrina, Legislación y Jurisprudencia Venezolana*, Caracas, 1968, p. 54.

En consecuencia, puede afirmarse que cuando en una ley se prevé que un ente público nacional puede realizar determinadas actividades u operaciones, que pueden resultar en la celebración de contratos, y no prevé la aprobación parlamentaria, ésta no procede ni podría, en forma alguna, invocarse una supuesta ineficacia del contrato por su omisión (nunca se trataría de invalidez, pues la aprobación del Congreso prevista en el artículo 126 de la Constitución es posterior a la conclusión del contrato).

C. *La aprobación específica de los contratos de interés público celebrados con entidades extranjeras*

El mismo artículo 126 establece en general, respecto de los contratos de interés público tanto nacional, estadal o municipal la necesidad de la aprobación por el Congreso, cuando se celebren con Estados o entidades oficiales extranjeras o con sociedades no domiciliadas en Venezuela, o cuando se traspasen a ellos. En esta forma, la prohibición que en textos constitucionales anteriores se establecía de realizar esas celebraciones contractuales, derivada de las reclamaciones extranjeras se transformó en el texto actual en la exigencia de aprobación por el Congreso.

D. *La regulación legislativa sobre el contratante en los contratos de interés público*

Por último, debe destacarse que la Constitución remite a la Ley para el establecimiento de condiciones de nacionalidad, domicilio o de otro orden, o requerir especiales garantías, en los contratos de interés público (Art. 126), otorgándole así un amplio poder discrecional al legislador para poder establecer esas regulaciones.

E. *La autorización legislativa en materia de concesiones de hidrocarburos*

El artículo 126 de la Constitución, además de regular la aprobación legislativa en los contratos de interés nacional, estableció una norma reguladora para el otorgamiento de "nuevas" concesiones de hidrocarburos así como de otros recursos naturales renovables que determinase la ley, en el sentido de que no podía procederse al otorgamiento futuro de dichas concesiones, es decir, a partir de la entrada en vigencia de la Constitución, sin que las Cámaras Legislativas en sesión conjunta, debidamente informadas por el Ejecutivo Nacional de todas las circunstancias pertinentes, lo autorizasen, dentro de las condiciones que fijasen y sin que ello dispensara el cumplimiento de las formalidades legales.

Esta norma, materialmente significó la consagración constitucional indirecta de la política de no más concesiones que se venía delineando en el pensamiento político venezolano, razón por la cual a partir de la entrada en vigencia de la Constitución, 110 se otorgaron más concesiones de hidrocarburos.

Incluso, al reformarse la Ley de Hidrocarburos en 1967[748] y establecerse la posibilidad de celebración de contratos de servicio por parte de institutos autónomos y empresas del Estado titulares de derechos de exploración, explotación, manufactura

748 Véase *Gaceta Oficial* N° 1.149 de 15-9-67.

o refinación y transporte, con empresas privadas, se indicó expresamente, conforme a la orientación constitucional y a pesar de que no se trataba de concesiones, que "las Cámaras en sesión conjunta, debidamente informadas por el Ejecutivo Nacional de todas las circunstancias pertinentes, aprobarán las bases de contratación dentro de las condiciones que fijen" (Art. 31). Con base a ello posteriormente fueron aprobadas diversas bases de contratación[749].

F. *La inmunidad de jurisdicción en los contratos de interés público*

Por último, en materia de contratos de interés público debe destacarse que el artículo 127 de la Constitución establece la denominada cláusula de inmunidad de jurisdicción que se presume incorporada en los contratos de interés público, en los siguientes términos:

> Art. 127. En los contratos de interés público, si no fuere improcedente de acuerdo con la naturaleza de los mismos, se considera incorporada, aun cuando no estuviere expresa una cláusula según la cual las dudas y controversias que puedan suscitarse sobre dichos contratos y que no llegaren a ser resueltas amigablemente por las partes contratantes serán decididas por los Tribunales competentes de la República, en conformidad con sus leyes, sin que por ningún motivo ni causa puedan dar origen a reclamaciones extranjeras.

Con esta cláusula se establece, sin duda, un privilegio del Estado venezolano y de sus entidades político-territoriales, de no ser sometidos libremente a la jurisdicción de los tribunales de otros Estados, y la misma tiene su antecedente remoto en la Constitución de 1893, en la cual 110 sólo se estableció la inmunidad de jurisdicción sino la llamada cláusula Calvo que implicaba la improcedencia de reclamaciones diplomáticas por parte de Estados extranjeros por cuenta de súbditos de los mismos, sin que se hubiera agotado previamente la jurisdicción venezolana (Art. 149). En este texto y en los posteriores, las Constituciones establecieron la inmunidad de jurisdicción absoluta, lo cual comenzó a abandonarse en la Constitución de 1947, donde se estableció la inmunidad "si fuera procedente de acuerdo con la naturaleza" de los contratos (Art. 108), mención que recoge la Constitución vigente.

De acuerdo a ello, por tanto, en la actualidad, la cláusula se presume incorporada en los contratos de interés público, siempre que ello no sea improcedente de acuerdo a la naturaleza de los contratos, lo cual se refiere, por ejemplo, a contratos en los que en la práctica internacional se considera que no afectan la soberanía, como sucede con los contratos de empréstito público[750].

---

749 Véase Acuerdo del Congreso de 5-8-70 en *Gaceta Oficial* Extraordinaria Nº 1.430 de 9-9-70.

750 Véase en general sobre el tema, Isabel Boscán de Ruesta. "La inmunidad de jurisdicción en los contratos de interés público" en *Revista de Derecho Público,* Nº 14. Caracas, 1983, pp. 23 y ss. Alfredo Morales Hernández, "La inmunidad de jurisdicción y las operaciones de crédito público" en *Estudios sobre la Constitución. Libro Homenaje a Rafael Caldera.* Tomo III, Caracas, 1979, pp. 1.701 y ss.

7. *Los principios relativos a las Fuerzas Armadas Nacionales*

Las Fuerzas Armadas Nacionales, conforme a lo pautado expresamente por la Constitución en su artículo 132, "forman una *institución* apolítica, obediente y no deliberante, *organizada por el Estado* para asegurar la defensa nacional, la estabilidad de las instituciones democráticas y el respeto a la Constitución y a las leyes, cuyo acatamiento estará siempre por encima de cualquier otra obligación". El mencionado artículo agrega, que "las Fuerzas Armadas Nacionales estarán al servicio de la *República*, y en ningún caso al de una persona o parcialidad política".

Esta norma, sin duda fundamental en relación a la institución militar, trae varias implicaciones que deseamos analizar [751].

Tal como se indica en dicho artículo, en primer lugar, las Fuerzas Armadas Nacionales constituyen una institución, es decir, un conjunto de órganos con una finalidad específica, dentro del conjunto de organizaciones fundamentales que conforman el Estado venezolano. Su finalidad es asegurar la defensa nacional, la estabilidad de las instituciones democráticas (políticas, administrativas y jurídicas) y el respeto a la Constitución y a las leyes.

En segundo lugar, se trata de una institución organizada por el Estado, que está al servicio exclusivo de la República, es decir, de la persona jurídica que ejerce el Poder Nacional.

Por ello, corresponde al Poder Nacional conforme al artículo 136, ordinal 11 de la Constitución, "la organización y régimen de las Fuerzas Armadas Nacionales", lo cual se ha legislado en la Ley Orgánica de las Fuerzas Armadas Nacionales, cuya última reforma es de 1983[752].

En tercer lugar, es una institución estrictamente sometida a la legalidad. Su acatamiento a la Constitución y a las leyes está siempre por encima de cualquier otra obligación.

En cuarto lugar, dentro del conjunto de instituciones políticas y administrativas de la República, las Fuerzas Armadas Nacionales forman parte de la organización administrativa nacional, ya que expresamente se establece que constituye una institución apolítica, obediente y no deliberante, la cual no puede estar, nunca, al servicio de una persona o de una parcialidad política.

En quinto lugar, dentro de la organización de la Administración Pública Nacional, las Fuerzas Armadas Nacionales configuran una organización militar, por contraposición a la Administración Civil, no pudiendo, en general, ejercerse simultáneamente la autoridad militar y civil. Tal como lo indica el propio artículo 131 de la Constitución: "La autoridad militar y la civil no podrán ejercerse simultáneamente por un mismo funcionario, excepto por el Presidente de la República quien será, por razón de su cargo, Comandante en Jefe de las Fuerzas Armadas Nacionales".

---

751 Véase Allan R. Brewer-Carías. "Las Fuerzas Armadas Nacionales y la Organización de la Administración Central" en *Normativa Fundamental de la Guardia Nacional y de sus funciones Institucionales*, Mérida, 1979, Tomo I, Vol. I, pp. 27 a 93.

752 Véase en *Gaceta Oficial* N° 3.256 Extr. de 26-9-83.

En sexto lugar, se trata de una organización estrictamente jerarquizada, por lo que es esencialmente obediente y no deliberante. En la cúspide de la jerarquía está el Presidente de la República, quien es el Comandante en Jefe de las Fuerzas Armadas Nacionales; en tal carácter, conforme al artículo 136, ordinal 3° de la Constitución, ejerce "la suprema autoridad jerárquica de ellas".

En séptimo lugar, las Fuerzas Armadas Nacionales, dentro de la organización general del Estado, forman parte de la organización administrativa Nacional, Central y Ministerial. En efecto, las Fuerzas Armadas Nacionales, como institución de rango constitucional, no sólo forman parte de la estructura general del Estado, sino que están integradas en la organización de la Administración Pública Nacional Centralizada como órganos que ejercen el Poder Ejecutivo.

Esta integración de las Fuerzas Armadas Nacionales dentro del Poder Ejecutivo resulta, ante todo, de la atribución conferida al Presidente de la República, de ser el Comandante en Jefe de aquéllas (Art. 51, LOFAN), y como tal, la atribución de ejercer la suprema autoridad jerárquica de ellas (Art. 190, Ord. 3 de la Constitución). El Presidente de la República, así, como superior jerárquico de todos los órganos del Ejecutivo y de la Administración Central, ejerce también la suprema autoridad jerárquica sobre las Fuerzas Armadas, y el comando y administración general de las mismas.

En tal carácter, corresponde al Presidente mandar, gobernar, organizar, administrar y distribuir las Fuerzas Armadas Nacionales (Art. 54, LOFAN). Sin embargo, siendo los Ministros los órganos directos del Presidente de la República (Art. 193 de la Constitución), la Ley Orgánica de las Fuerzas Armadas Nacionales establece que aquél dará sus órdenes a aquéllas, "por órgano del Ministerio de la Defensa" (Art. 53). Es decir, a pesar de su dependencia del Presidente de la República, reciben las órdenes correspondientes por órgano del Ministro de la Defensa.

En particular, la acción de mando la ejercerá mediante órdenes, instrucciones, resoluciones y reglamentos que serán dictados, previa su disposición, por el Ministerio de la Defensa, y también por Decretos conforme a la Constitución (Art. 55, LOFAN).

En esta forma, el Ministerio de la Defensa es el órgano a través del cual las Fuerzas Armadas Nacionales se integran a la Administración Nacional Central. En efecto, el Ministro de la Defensa, como órgano inmediato al Presidente de la República, es la más alta autoridad en todas las cuestiones de mando, gobierno, organización, instrucción y administración de las Fuerzas Armadas Nacionales (Art. 62). Así, el Ministro de la Defensa es la autoridad intermedia para las relaciones entre el Presidente de la República y los funcionarios militares (Art. 63, LOFAN).

El Ministro de la Defensa, por tanto, tiene un doble carácter: por una parte, como órgano directo del Presidente, es el superior jerárquico de las Fuerzas Armadas Nacionales; y por la otra, como jefe de un Despacho Ministerial, superior jerárquico de las unidades organizativas del mismo, a las cuales están integradas, también las Fuerzas Armadas.

Hasta 1958, las Fuerzas Armadas Nacionales, es decir, las Fuerzas Terrestres (Ejército), las Fuerzas Navales (Marina), las Fuerzas Aéreas (Aviación) y las Fuerzas Armadas de Cooperación (Guardia Nacional), desde el punto de vista organizacional, constituían órganos concentrados dentro del Ministerio de la Defensa, sin ninguna autonomía y sometidas a la conducción única del Estado Mayor General regulado en la Ley Orgánica de las Fuerzas Armadas (Arts. 73 y siguientes).

Este organismo, si bien constituía un órgano consultivo que dependía directamente del Ministro de la Defensa (Art. 73, LOFAN), tenía por función primordial, mantener la unidad, de instrucción de las Fuerzas Armadas Nacionales, preparar la movilización y concentración de éstas, estudiar su organización en pie de paz y de guerra y custodiar todos los documentos secretos referentes a la defensa nacional (Art. 74, LOFAN). En particular, conforme a lo previsto en el artículo 77 de la Ley Orgánica de las Fuerzas Armadas Nacionales, el Estado Mayor General tenía a su cargo todas las cuestiones relativas a la defensa nacional del territorio y de sus aguas y a la preparación de las operaciones de guerra en tierra, mar y aire; y le incumbía, por lo tanto, estudiar el empleo de los medios de transporte terrestre, marítimo, lacustre, fluvial y aéreo de cualquier naturaleza; la preparación de los servicios de retaguardia; el estudio de ejércitos y armadas extranjeros y de los diferentes teatros de operaciones; lo relativo al servicio de informaciones militares; los trabajos estadísticos e históricos referentes a la defensa nacional; y la preparación y coordinación de los estudios que se sometan a la Junta Superior de las Fuerzas Armadas. Además, debía intervenir en todo lo relacionado con la instrucción en los planteles militares o navales, formulando al efecto directivas, informando sobre los programas y vigilando la ejecución y desarrollo de la enseñanza correspondiente (Art. 77, LOFAN) El Estado Mayor General, también estaba encargado de la preparación y ejecución de las maniobras terrestres, aéreas o navales (Art. 78, LOFAN); y debía revisar todos los proyectos de reglamentos militares antes de ser presentados al Ministerio de la Defensa (Art. 75, LOFAN).

Esta excesiva concentración de poder militar en el Estado Mayor General, en el cual no estaban representadas equitativamente todas las cuatro Fuerzas, así como la ausencia de autonomía administrativa de éstas, provocaron que a los pocos meses de la instalación de la Junta de Gobierno en 1958, después del golpe de Estado contra Marcos Pérez Jiménez, se eliminara el Estado Mayor General, sustituyéndolo por el Estado Mayor Conjunto, y se dotara a las Comandancias Generales de cada una de las cuatro Fuerzas, de la autonomía propia de organización desconcentradas del Ministerio.

En efecto, mediante Decreto-Ley N° 288 del 27 de junio de 1958, se eliminó el Estado Mayor General; se creó el Estado Mayor Conjunto; y se dotó de cierta autonomía a las Comandancias Generales de las cuatro Fuerzas. Los considerandos que motivaron la emisión de dicho Decreto-Ley, evidencian la situación que se quería cambiar. En efecto, estos considerandos fueron los siguientes:

> "Que como consecuencia de las experiencias obtenidas durante los últimos diez años en el gobierno, mando y organización de las Fuerzas Armadas, ha quedado demostrado que *el otorgamiento de extensivos poderes a un único organismo supremo para el empleo conjunto de las mismas*, ha conducido a la Institución Armada a depender de la voluntad impuesta por un también *único criterio que, anulando la capacidad de los Comandantes de Fuerzas*, lleva a desvirtuar el sentido institucional y técnico de los organismos militares de la Nación".

> "Que es imprescindible crear un *equilibrio estructural* entre las Fuerzas Armadas que permita establecer organismos de planteamiento conjunto que *representen en igualdad de condiciones* a las fuerzas de tierra, mar y aire".
>
> "Que de acuerdo con los preceptos de la guerra moderna, las Fuerzas Armadas requieren una completa comunidad de principios y procedimientos, basada en una unidad de doctrina elaborada y periódicamente revisada por los organismos especializados de tierra, mar y aire y de común acuerdo, *pero con completa autonomía para resolver los problemas particulares de cada uno de ellos según sus doctrinas individuales y en función de los medios de operación*, condiciones de vida, necesidades logísticas y demás factores no comunes a los demás".
>
> "Que el actual Estado Mayor General de las Fuerzas Armadas no reúne, por su organización, las condiciones y características necesarias para cumplir eficientemente con la misión que corresponde a un organismo superior para el planteamiento conjunto de la defensa y la seguridad militar del país, ya que dicho Estado Mayor General *no integra, una representación de elevada jerarquía de cada una de las Fuerzas"*.
>
> "Que el actual concepto de *partidas presupuestarias globales* para las Fuerzas Armadas no se ajusta a la realidad administrativa de cada una de ellas".

Con base en estos motivos, mediante este Decreto-Ley, como se dijo, además de eliminarse el Estado Mayor General (Art. 1) y de crearse el Estado Mayor Conjunto (Art. 2), se regularizó la existencia de las cuatro Fuerzas Armadas que hoy existen: Ejército, Marina, Aviación y Guardia Nacional, a cargo de los Comandantes Generales del Ejército, de la Marina, de la Aviación y de las Fuerzas Armadas de Cooperación, respectivamente, definitivamente establecidas en la Ley Orgánica de las Fuerzas Armadas Nacionales de 1983 (Arts. 4 y 79).

De acuerdo al mencionado Decreto-Ley, a partir de 1958 comenzó a regir una estructura desconcentrada del Ministerio de la Defensa, integrada por las cuatro Comandancias Generales de las Fuerzas Armadas como órganos inmediatos de ejecución del Ministro, de carácter operativo, con cierta autonomía operativa y administrativa.

El mencionado Decreto-Ley, así, estableció lo siguiente:

> Art. 4° Los Comandantes Generales del Ejército, la Marina, la Aviación y las Fuerzas Armadas de Cooperación ejercerán el mando, organización, administración e instrucción de sus respectivas fuerzas y darán cuenta al Ministro de la Defensa.
>
> Art. 5° Dispóngase lo conducente para que en el Presupuesto del Ministerio de la Defensa estipulado en la Ley de Presupuesto General de Ingresos y Gastos Públicos de la Nación *figuren en capítulos separados los presupuestos de cada uno de los Comandos Generales de Fuerzas.*

En esta forma, a partir de 1958, las organizaciones básicas y operativas dentro del Ministerio para el cumplimiento de las funciones sectoriales correspondientes al sector defensa terrestre, naval, aérea y de cooperación, corresponde a las Comandancias Generales respectivas, las cuales, de acuerdo a lo previsto en el mencionado

Decreto Ley 288 de 1958, comenzaron a gozar de autonomía de mando, organización, de administración y de instrucción de sus respectivas Fuerzas. La autonomía, por otra parte, resultaba de la dependencia directa del Ministro de la Defensa y de la amplitud del manejo presupuestario de cada Fuerza. Esto ha sido recogido en la reforma de la Ley Orgánica de las Fuerzas Armadas Nacionales de 1983, conforme a la cual las Comandancias Generales del Ejército, de la Marina, de la Aviación y de las Fuerzas Armadas de Cooperación se configuran como órganos desconcentrados dentro de la organización administrativa del Ministerio de la Defensa, teniendo, sus Comandantes, el ejercicio del mando, organización, administración e instrucción de sus respectivas fuerzas, dando cuenta al Ministro de la Defensa (Art. 80).

Las Comandancias, en esta forma, constituyen el eslabón último en la línea de mando en las Fuerzas Armadas Nacionales. Esta, de acuerdo al artículo 83 de la Ley Orgánica, "va desde el Presidente de la República al Ministro de la Defensa y a los Comandantes Generales de Fuerza".

8. *Principios relativos a las fuerzas de policía*

A *Las competencias concurrentes en materia de policía*

La actividad de policía, como se ha dicho, está prevista en la Constitución, como una competencia concurrente entre los diversos niveles políticos territoriales, y que se ejerce en las materias asignadas a la República, a los Estados y a los Municipios de acuerdo a la Constitución y las leyes. En esta forma, el artículo 136, ordinal 5° atribuye a la competencia del Poder Nacional "los servicios de policía nacional"; el artículo 17, ordinal 5°, atribuye a los Estados la competencia para "la organización de la policía urbana y rural, la determinación de las ramas de este servicio atribuidas a la competencia municipal"; y el artículo 30, atribuye a los Municipios competencia en materia de "policía municipal".

Ahora bien, para prestar esta actividad de policía, en algunos casos, por la naturaleza de la materia sobre la cual versa, se requiere establecer una "fuerza de policía", como cuerpo armado. De acuerdo a la Constitución, en cuanto a los Estados y Municipios, estos sólo pueden "organizar sus fuerzas de policía de acuerdo con la ley" (Art. 134), y esta ley aún no se ha dictado.

De acuerdo a esta normativa, y a lo previsto en el artículo 43 de la Constitución, el orden público y la seguridad de las personas, son bienes esenciales para el disfrute pleno de los derechos y garantías ciudadanas y al funcionamiento del Estado, por lo que es deber ineludible del Estado garantizar su conservación y mantenimiento a todos los ciudadanos. Por ello, la misión de los cuerpos policiales y de seguridad dentro de una sociedad democrática, es proteger y garantizar el libre ejercicio de los derechos y las libertades de las personas; así como la prevención de toda clase de delitos; manteniendo la paz interna, la tranquilidad, el orden y la seguridad pública, con estricto respeto a los derechos humanos y las libertades fundamentales de todos.

Dentro de la organización del Estado, corresponde al Ministro de Relaciones Interiores como órgano del Ejecutivo Nacional, todo lo referente a la seguridad del Estado y el mantenimiento del orden público; así como, la coordinación de los órganos de policía y la superior dirección de los Cuerpos de Policía de la República. Además, como se dijo, las operaciones en materia de policía son realizadas tanto por cuerpos nacionales, estadales y municipales cuya acción debe ser coordinada para mejorar la eficiencia y eficacia de las mismas. Adicionalmente los Gobernadores de las Entidades Federales son Agentes del Ejecutivo Nacional y como tales, tienen la facultad de coordinar las actividades de las dependencias nacionales que actúan en sus respectivas circunscripciones.

En todo caso, la actuación de los cuerpos policiales y de seguridad ha de ceñirse en todo momento a los imperativos del orden constitucional democrático, tal como está definido en la Constitución, y en los instrumentos internacionales sobre derechos humanos que obligan a la República. Además existen ciertos patrones a los que debe adecuarse la conducta de los miembros de los cuerpos policiales y de seguridad, que han sido reconocidos como universales por las Naciones Unidas que deben incorporarse al ordenamiento interno como elemento de primera importancia del Estado de Derecho, como lo son el "Código de conductas para funcionarios encargados de hacer cumplir la Ley", aprobado por la Asamblea General de las Naciones Unidas el 17 de diciembre de 1979 (Resolución 34/169); y los "Principios básicos sobre el empleo de la fuerza y de armas de fuego por los funcionarios encargados de hacer cumplir la Ley", aprobados por la VIII Conferencia de las Naciones Unidas sobre Prevención del Delito y Tratamiento del Delincuente.

En base a todo lo anterior y en ausencia de una Ley Nacional de Policía, se dictó el Reglamento de Coordinación de los Servicios de Policía y sobre Normas de Conducta de los Miembros de los Cuerpos de Policía, contenido en el Decreto N° 3.179 de 7 de octubre de 1993[753], que establece el Sistema Nacional de Coordinación de los Servicios le Policía, como una instancia de coordinación, colaboración y cooperación entre el Ejecutivo Nacional y los Ejecutivos de los Estados; regulándose además en sus normas la Comisión Nacional de Policía y las Comisiones Regionales de Policía[754].

B. *El Sistema Nacional de Coordinación de los Servicios de Policía*

a. *La creación del sistema*

El artículo primero del Reglamento, crea el Sistema Nacional de Coordinación de los Servicios de Policía a fin de garantizar el mantenimiento del orden público, la protección de las personas y de los bienes en todo el territorio de la República, y el ejercicio efectivo de los derechos y garantías constitucionales. El Ministerio de Relaciones Interiores tiene a su cargo la dirección del Sistema Nacional de Coordinación de los Servicios de Policía, asistido por los órganos que se determinan en el Reglamento y que tiene por objeto asegurar la coordinación de todos los órganos y cuerpos de Policía y la dirección superior de los mismos. A tal efecto, los diversos Cuerpos de Policía tienen la obligación de suministrar la información que le sea requerida por los otros cuerpos, dentro de sus respectivas competencias (Art. 2).

---

753 Véase en *Gaceta Oficial* N° 35.317 de 14-10-93. En la redacción de este Reglamento colaboró con el autor el Profesor Pedro Nikken.

754 Sobre esto véase lo expuesto en *Informe sobre la Descentralización en Venezuela 1998,* Memoria del Dr. Allan R. Brewer-Carías, Ministro de Estado para la Descentralización (junio 1993-febrero 1994), Caracas, 1944, pp. 933 y ss.

b. *Las atribuciones del Ministro de Relaciones Interiores*

De acuerdo con lo establecido en el artículo 3 del Reglamento, le corresponde al Ministerio de Relaciones Interiores, a los efectos de la coordinación policial, precisamente coordinar las actividades del Cuerpo Técnico de Policía Judicial, del Cuerpo de Vigilancia del Tránsito, de las Fuerzas de Policía Estadales y Municipales, de las Fuerzas Armadas de Cooperación (Guardia Nacional), en materia de policía administrativa; y de los Servicios de Inteligencia y Prevención, de Identificación y de Control de Extranjeros del Ministerio (Ord. 1°, Art. 3).

Además, le corresponde al Ministro, convocar y presidir las reuniones de la Comisión de Policía, y velar por el cumplimiento de las recomendaciones y acuerdos emanados de la misma (Ords. 2° y 3°, Art. 3).

De igual forma, le corresponde la realización de los trámites necesarios entre las Gobernaciones de Estado y el Ministerio de la Defensa en lo relativo a la designación y nombramientos de oficiales y personal de tropa de las Fuerzas Armadas de Cooperación (GN) para los comandos policiales (Ord. 4°, Art. 3) y todas las demás que le atribuyan las Leyes y las disposiciones del Presidente de la República (Ord. 5°, Art. 3).

C. *Los órganos de coordinación*

a. *La Comisión Nacional de Policía*

El artículo 4 del Reglamento, creó con carácter permanente, a la Comisión Nacional de Policía, adscrita al Ministerio de Relaciones Interiores.

Esta Comisión Nacional de Policía está integrada por el Ministro de Relaciones Interiores, quien la preside; el Ministro de Justicia; el Director General Sectorial de Inteligencia y Prevención, el Director General Sectorial de Identificación; el Director General Sectorial de Control de Extranjeros del Ministerio de Relaciones Interiores; el Director General del Cuerpo Técnico de la Policía Judicial; el Director General de Tránsito y Transporte Terrestre; el Secretario del Consejo Nacional de Seguridad y Defensa y el Comandante General de las Fuerzas Armadas de Cooperación (Guardia Nacional). Las reuniones de la Comisión Nacional de Policía se harán a petición de los Gobernadores de Estados, cuando se trate de asuntos concernientes a su respectiva jurisdicción.

De acuerdo con el artículo 6 del Reglamento, la Comisión Nacional de Policía se considera, además, como un organismo del Consejo Nacional de Seguridad y Defensa conforme al artículo 11 de la Ley Orgánica de Seguridad y Defensa.

De acuerdo con lo establecido en el artículo 5 del Reglamento, la Comisión Nacional de Policía asiste al Presidente de la República y al Consejo de Seguridad y Defensa en lo relativo a las materias de policía y seguridad interna del país (Ord. 1°, Art. 5). En consecuencia, debe velar por la ejecución de las políticas de policía y seguridad interna del país, establecidas por el Presidente de la República y por el Consejo de Seguridad y Defensa (Ord. 3°, Art. 5).

Por otra parte, la Comisión debe prestar asesoramiento al Ministerio de Relaciones Interiores, en todo lo concerniente a la planificación y coordinación de las actividades y el funcionamiento de los órganos y cuerpos de policía (Ord. 5°, Art. 5); así como en el proceso de determinación de las áreas prioritarias de policía y seguridad interna del país incorporando medidas de coordinación de las operaciones materiales de los Cuerpos de Policía que aseguren su atención y cobertura (Ord. 4°, Art. 5).

A tal efecto, la Comisión debe estudiar la situación delictiva y de seguridad interna del país, presentando al Presidente de la República y al Consejo de Seguridad y Defensa las recomendaciones para el establecimiento de las políticas correspondientes (Ord. 2°, Art. 5).

Por otra parte, la Comisión debe revisar los planes, programas y presupuestos ejecutados por los órganos y cuerpos de policía, (Ord. 6°, Art. 7); así como evaluar la situación de los Cuerpos de Policía, proponiendo la adopción de normas y procedimientos a fin de mejorar el rendimiento y la eficacia de la función policial (Ord. 7°, Art. 5).

La Comisión debe, además, asistir a los órganos competentes en la formulación de propuestas para las normas y procedimientos relativas al perfil del funcionario policial, con la finalidad de prestar una adecuada uniformación de los sistemas de administración del personal al servicio de los cuerpos y órganos de policía y de su entrenamiento; sin menoscabo de lo establecido en la Ley de Policía Judicial y respetando las características propias de cada uno de los cuerpos de policía (Ord. 8°, Art. 5).

De igual, forma, le corresponde a la Comisión el establecimiento de los criterios sobre la adquisición de equipos y materiales necesarios para la función policial, conforme a lo dispuesto en la Ley de Armas y Explosivos (Ord. 9°, Art. 5); y sin perjuicio de lo establecido en el artículo del Reglamento de la Ley sobre Armas y Explosivos, le corresponde a la Comisión la autorización para la adquisición de armas y equipos por las fuerzas de policía de los Estados y Municipios (Ord. 10, Art. 5).

De igual forma, le corresponde a la Comisión el establecimiento de los criterios sobre la adquisición de equipos y materiales necesarios para la función policial, conforme a lo dispuesto en la Ley de Armas y Explosivos (Ord. 9°, Art. 5); y sin perjuicio de lo establecido en el artículo 1 del Reglamento de la Ley sobre Armas y Explosivos, le corresponde a la Comisión la autorización para la adquisición de armas y equipos por las fuerzas de policía de los Estados y Municipios (Ord. 10, Art. 5).

También es tarea de la Comisión, el establecimiento de las normas concernientes a la uniformación de los distintivos, uniformes y vehículos (Ord. 11, Art. 5).

Finalmente, le corresponde a la Comisión el estudio para las recomendaciones en la toma de decisiones y medidas de coordinación internacional en materias policiales; (Ord. 12, Art. 5) y en todo lo referente a las normas para el intercambio de información, experiencias y procedimientos entre los órganos de policía de la República (Ord. 13, Art. 5). Además le compete la celebración de convenciones, congresos, seminarios y demás reuniones de carácter policial que propendan al mejoramiento de los órganos y actividades de policía de la República (Ord. 14, Art. 5), y la creación de las comisiones, comités y demás organismos conjuntos con representantes de las dependencias que lo integran, a fin de atender o estudiar asuntos de su competencia (Ord. 15, Art. 5).

b. *Las Comisiones Regionales de Policía*

De acuerdo con lo previsto en el artículo 9 del Reglamento, en cada Estado de la República debe funcionar una Comisión Regional de Policía, integrada por el respectivo Gobernador de Estado, quien en su carácter de Agente del Ejecutivo Nacional la preside; los Jefes de Delegación de la Policía Técnica Judicial, da los Servicios de Inteligencia y Prevención, de la Dirección de Identificación y Control de Extranjeros y del Cuerpo de Vigilancia del Tránsito Terrestre, en la respectiva entidad; por el Comandante de la Unidad de mayor nivel de las Fuerzas Armadas de Cooperación (Guardia Nacional); el Comandante de la Policía Estadal y los Comandantes de las Policías Municipales del Estado respectivo.

Se prevé, así mismo, que le corresponde al Comandante de la Policía de la Entidad, además de su condición de miembro, asuma la Secretaría de la Comisión Regional.

La Comisión Regional de Policía tiene el deber de contribuir en la ejecución de las decisiones y acuerdos de la Comisión Nacional de Policía (Ord. 1°, Art. 11). Además, debe estudiar la situación delictiva y de seguridad interna de la entidad y proponer medidas para la coordinación de las operaciones materiales de policía de los Cuerpos representados en la Comisión; (Ord. 2°, Art. 11).

En este mismo sentido, es tarea de la Comisión Regional, el estudio de las medidas para lograr el mejoramiento de la eficiencia y eficacia de los cuerpos representados en la Comisión (Ord. 3°, Art. 11), el estudio y la propuesta de medidas que aseguren la cooperación de las actividades policiales con las demás entidades federales (Ord. 4°, Art. 11), así como la creación de las comisiones o comités para el estudio de los asuntos policiales de la entidad (Ord. 6°, Art. 11).

Finalmente es tarea de la Comisión Regional proponer las normas para el funcionamiento del Centro de Adiestramiento de la Policía del Estado respectivo y de sus Municipios (Ord. 5°, Art. 11) y todas las demás que le señalen las Leyes y Reglamentos (Ord. 7°, Art. 11).

D. *La coordinación de los cuerpos de policía de los Estados*

De acuerdo a lo previsto en el artículo 16 del Reglamento, corresponde a los Gobernadores como agentes del Ejecutivo Nacional en la respectiva entidad, la coordinación de las actividades de los cuerpos de policías de los Estados y de los Municipios con los cuerpos de policías nacionales, correspondientes (Art. 16).

En este mismo sentido, los Gobernadores de Estado quedan facultados para requerir del Ministerio de la Defensa, a través del Ministro de Relaciones Interiores el ejercicio por Oficiales de las Fuerzas Armadas de Cooperación (Guardia Nacional), del comando de los Cuerpos de Policía da los Estados y de sus centros de Instrucción Policial. En estos casos, dichos Oficiales dependerán funcionalmente del Gobernador (Art. 17).

En todo caso, el Ministerio de Relaciones Interiores tiene a su cargo la coordinación del régimen de la carrera profesional de los funcionarios de los cuerpos de policía de los Estados y Municipios con las normas previstas a nivel Nacional a fin de garantizar el ingreso mediante selección; la promoción y ascenso conforme al mérito, capacidad y antigüedad en el servicio; una remuneración justa y adecuada al trabajo asignado; la formación de acuerdo a las necesidades policiales y la estabilidad en el empleo y grados (Art. 18).

E. *Las Fuerzas Armadas de Cooperación, como órgano de Policía Nacional*

El Reglamento establece en su artículo 12, que las Fuerzas Armadas de Cooperación (Guardia Nacional) como fuerza que tiene a su cargo cooperar con la Administración Pública Nacional en las funciones de policía administrativa; además de las que tiene asignadas por las leyes de la República, debe ejercer las siguientes funciones de cooperación, cuando sea requerida por el Ministro de Relaciones Interiores o los Gobernadores de Estado, previa aprobación del Presidente de la República por órgano del Ministro de la Defensa: 1. La protección y garantía de la seguridad de personas y bienes (Ord. 1°, Art. 12); 2. La protección del goce pacífico de los derechos ciudadanos (Ord. 2°, Art. 12); 3. La prevención, conservación y restablecimiento del orden público en todo el territorio nacional (Ord. 3°, Art. 12); 4. Apoyo y cooperación al Poder Judicial (Ord. 4°, Art. 12); y 5. La cooperación con los Cuerpos de Policía de los Estados a fin de garantizar el mantenimiento del orden público y la seguridad de personas y propiedades (Ord. 5°, Art. 12).

Le corresponde además de acuerdo con lo previsto en el artículo 13 del Reglamento, cooperar en las funciones de policía administrativa especiales establecidas en el artículo 12 de la Ley Orgánica de las Fuerzas Armadas Nacionales.

Estas funciones las debe ejercer las Fuerzas Armadas de Cooperación (Guardia Nacional) conforme a las normas y procedimientos establecidos en las Leyes y Reglamentos que rigen cada materia.

En todo caso, precisa el reglamento que las Fuerzas Armadas de Cooperación (Guardia Nacional) a los fines del cabal cumplimiento da las funciones de policía nacional que les asigna el Reglamento, dependen funcionalmente, sin menoscabo de su naturaleza militar, del Ministerio de Relaciones Interiores y de los demás Ministerios con competencia en las materias atribuidas (Art. 14).

En consecuencia el Comandante General de las Fuerzas Armadas de Cooperación (Guardia Nacional) en materia de policía nacional, debe dar cuenta y mantener informados al Ministro de Relaciones Interiores y demás Ministros a quienes corresponda, del ejercicio de las funciones en las materias policiales de su respectiva competencia, y velar por el cumplimiento de sus instrucciones (Art. 15).

F. *Las normas de conducta de los miembros de los cuerpos de policía*[755]

a. *El respeto a la Ley y a la dignidad de las personas humanas*

Prevé el artículo 19 del Reglamento, que los miembros de los cuerpos policiales deben cumplir, en todo momento, los deberes que les impone la Ley, sirviendo a su comunidad y protegiendo a todas las personas contra los actos ilegales, en consonancia con el alto grado de responsabilidad exigido por su profesión.

Adicionalmente, como principio, se precisa que en el desempeño en sus tareas, los miembros de los cuerpos policiales deben respetar y proteger la dignidad humana y mantener y defender los derechos humanos de todas las personas (Art. 20).

---

755 Normas similares a las establecidas en el Decreto N° 3.179 de 7-10-93 se recogieron en el Reglamento General de la Policía Metropolitana, Decreto N° 943 de 22-11-95 *G.O.* N° 5.015 Extra de 8-12-95.

b. *El deber de identificación*

Los miembros de los cuerpos policiales, en el ejercicio de sus funciones frente un ciudadano en particular, deben identificarse como tales de manera que el afectado pueda individualizarlos por su nombre o número de identidad.

Sin embargo, cuando la urgencia requerida por una determinada situación en la que dichos funcionarios hayan de intervenir, no permita el cumplimiento previo de lo señalado, la identificación se debe hacer tan pronto como las circunstancias lo permitan (Art. 21).

En los casos en que sea procedente una detención de conformidad con la Constitución y las leyes, ésta debe ser practicada por agentes debidamente identificados (Art. 22).

c. *La información sobre las detenciones*

Toda persona detenida debe ser informada en el acto de su captura sobre las razones de su detención y notificada sin demora del cargo o cargos formulados contra ella, así como de los derechos que la asisten (Art. 23).

d. *La prohibición de la tortura*

Ningún miembro de los cuerpos policiales puede infligir, instigar o tolerar ningún acto de tortura ni otros tratos o penas crueles, inhumanos o degradantes, ni invocar como justificación de estos hechos, la orden de un superior o circunstancias especiales, tales como estado de guerra o amenaza de guerra, estado de emergencia, conmoción o conflicto interior, suspensión o restricción de garantías constitucionales, amenaza a la seguridad nacional, inestabilidad política interna, o cualquier otra emergencia pública (Art. 24).

A los fines del Reglamento, se entiende por tortura todo acto realizado intencionalmente mediante el cual se inflija a una persona penas, dolores o sufrimiento físicos o mentales, con fines de investigación criminal, como medio intimidatorio, como castigo personal, como medida preventiva, o con cualquier otro fin.

Se entiende también como tortura la aplicación a una persona de métodos tendientes a anular su personalidad o a disminuir su capacidad física o mental, aunque no causen dolor físico o angustia psíquica (Art. 24).

e. *La protección de la salud de los detenidos*

Los miembros de los cuerpos policiales deben asegurar la plena protección de la salud de las personas bajo su custodia y, en particular, tomando las medidas inmediatas para proporcionar atención la médica cuando se precise (Art. 25).

f. *La exigencia de conducta ética*

Los miembros de los cuerpos policiales deben mantener siempre una conducta ética, oponiéndose rigurosamente a los actos de corrupción (Art. 26).

g. *El deber de información de infracciones*

En caso de que los miembros de los cuerpos policiales tengan motivos para creer que se ha producido o va a producirse una violación de las normas sobre conducta establecidas en el Reglamento, están en el deber de informar a sus superiores y, si fuese necesario, a cualquier autoridad u organismo apropiado que tenga atribuciones de control o correctiva, para que proceda a subsanar dicha violación (Art. 27).

h. *El régimen de uso de la fuerza y de armas de fuego*

Los miembros de los cuerpos policiales, en el desempeño de sus funciones, deben utilizar, en la medida de lo posible, medios no violentos antes de recurrir al empleo de la fuerza y de armas de fuego; pudiendo utilizar la fuerza y armas de fuego solamente cuando otros medios resulten ineficaces o no garanticen de ninguna manera el logro del resultado previsto (Art. 28).

Por otra parte, con independencia y sin perjuicio de lo establecido en el artículo 65 del Código Penal, los miembros de los cuerpos policiales deben procurar no emplear armas de fuego contra las personas salvo en defensa propia o de otras personas, en caso de peligro inminente de muerte o lesiones graves, o con el propósito de evitar la comisión de un delito particularmente grave que entrañe una seria amenaza para la vida, o con el objeto de detener a una persona que represente ese peligro y oponga resistencia a su autoridad, y sólo en caso de que resulten insuficientes medidas menos extremas para lograr dichos objetivos.

En cualquier caso, sólo se pueden hacer uso intencional de armas letales cuando sea estrictamente inevitable para proteger una vida (Art. 29).

Sin embargo, en los casos de que el empleo de armas de fuego sea inevitable, los miembros de los cuerpos policiales están en la obligación de ejercer con moderación y actuando sólo en proporción a la gravedad del delito y al objetivo legítimo que se persiga (Ord. 1°, Art. 30); de reducir al mínimo los daños y lesiones y respetando y protegiendo la vida humana (Ord. 2°, Art. 30); de proceder de modo tal que se preste lo antes posible asistencia y servicios médicos a las personas heridas o afectadas (Ord. 3°, Art. 30); y de procurar notificar lo sucedido, a la mayor brevedad posible, a los parientes o amigos íntimos de las personas heridas o afectadas (Ord. 4°, Art. 30).

En todo caso, en aquellos en que se emplee la fuerza o armas de fuego, por miembros de los cuerpos policiales y éstos causen lesiones o muerte a las personas deben comunicar el hecho inmediatamente a sus superiores.

i. *El régimen policial del ejercicio de los derechos de reunión, y manifestación*

Dentro del cumplimiento de su deber de salvaguardar el ejercicio de los derechos de las personas, los miembros de los cuerpos policiales deben proteger el ejercicio del derecho de reunión y manifestación. Sin embargo, cuando por razones legales, se vean obligados a disolver una manifestación o una reunión, deben utilizar los medios menos peligrosos y únicamente en la mínima medida necesaria.

En todo caso, los miembros de los cuerpos policiales se deben abstener de utilizar armas de fuego en esos casos, salvo si se trata de reuniones violentas en las cuales se hayan agotado los otros medios y sólo cuando se reúnan las circunstancias previstas en los artículos 28 y 29 del Reglamento (Art. 32).

j. *La confidencialidad de las actuaciones*

Para los casos de que los miembros de los cuerpos policiales tengan conocimiento de cuestiones de carácter confidencial, éstas se deben mantener en secreto, salvo que el cumplimiento del deber o las necesidades de la justicia exijan lo contrario (Art. 33).

9. *Principios relativos a las armas*

De acuerdo a la Constitución "sólo el Estado puede poseer y usar armas de guerra. Todas las que existan, se fabriquen o se introduzcan en el país pasarán a ser propiedad de la República, sin indemnización ni proceso. La fabricación, comercio, posesión y uso de otras armas serán reglamentados por la ley" (Art. 133).

En consecuencia, en cuanto a las armas de guerra, la Constitución establece una reserva a favor del Estado, en el sentido de que sólo éste puede poseerlas y usarlas, y "Estado", en este contexto ha de ser entendido como configurado por la República, los Estados y los Municipios. Sin embargo, aun cuando los órganos específicos de policía de los Estados y Municipios pueden poseer y usar armas de guerra, ellas forman parte del "parque nacional" que es de propiedad de la República.

En cuanto a la fabricación, comercio, posesión y uso de otras armas distintas a las de guerra, ello se rige por la Ley de Armas y Explosivos.

10. *Los periodos constitucionales de los órganos que ejercen el Poder Publico*

La Constitución, al referirse básicamente al Poder Nacional, establece en su artículo 135 la duración de "los períodos constitucionales del Poder Nacional", en cinco años, "salvo disposición especial de esta Constitución".

Esta duración de cinco años responde a la necesidad de que el gobierno de la República de Venezuela sea alternativo (Art. 3°), razón por la cual los órganos que ejercen el Poder Nacional deben renovarse cada cinco años.

Si se trata de órganos electos, como el Presidente de la República o los Senadores y Diputados, la elección de los mismos debe realizarse antes de concluir el período constitucional inmediatamente anterior, en la fecha indicada por la Ley Orgánica del Sufragio, que debe fijarse un día domingo de la primera quincena del mes dé diciembre del año anterior a la finalización del período constitucional.

El período constitucional para las Cámaras Legislativas se inicia, de acuerdo al artículo 3° de la Enmienda N° 2 de la Constitución, el día 23 de enero correspondiente y concluye cinco años después; el período constitucional del Presidente de la República se inicia en la oportunidad en la cual tome posesión de su cargo, lo que debe suceder dentro de los 10 primeros días de aquél en que deben instalarse las Cámaras en sus sesiones ordinarias del año en que comience el período constitucional, es decir, dentro de los diez días siguientes al 23 de enero respectivo, y concluye cinco años después de la toma de posesión.

En cuanto a los órganos del Poder Judicial, la Constitución no establece nada al respecto, ni plantea la necesidad de la renovación de la designación de los jueces. Al contrario, la Constitución establece que los jueces no podrán ser removidos ni suspendidos en el ejercicio de sus funciones sino en los casos v mediante el procedimiento que determine la ley (Art. 208); y exige además, que la Ley establezca la carrera judicial y asegure la idoneidad, estabilidad e independencia de los jueces (Art. 207), por lo que mal podría pensarse que la Constitución establece un "período constitucional" para los cargos de juez. Por ello, el caso del Poder Judicial vendría a ser una "disposición especial" de las que indica el artículo 135 de la Constitución. Sin embargo, y a pesar de esas normas constitucionales, la Ley Orgánica del Poder Judicial establecía como competencia del Consejo de la Judicatura, el "designar en el mes de septiembre inmediato a la iniciación de cada período constitucional" (Art. 121, literal a), los diversos jueces lo cual, por otra parte, era contradictorio con la carrera judicial regulada y establecida en la Ley de Carrera Judicial de 1980, que busca asegurar, entre otros aspectos, la permanencia (Art. 1) y estabilidad (Art. 3) de los jueces y una carrera judicial con duración de treinta años (Art. 7). Esto era incompatible con un "nombramiento" renovado de los jueces cada cinco años. Esas disposiciones fueron eliminadas con la promulgación de la Ley Orgánica del Consejo de la Judicatura.

En todo caso, lo que hemos señalado respecto de que la duración del nombramiento de los jueces, constitucionalmente no tiene que ser por un período fijo de cinco años coincidente con el período constitucional, se confirma, además, en el régimen de los Magistrados de la Corte Suprema de Justicia, cuya duración en el cargo es de nueve años, debiéndose renovar por terceras partes cada tres años (Art. 214), lo cual implica una falta esencial y deliberada de coincidencia con el período constitucional ordinario de los órganos del Poder Nacional. Por supuesto, esta falta de coincidencia y la elección de los Magistrados por nueve años, debería aplicarse también a los Magistrados Suplentes, los cuales, sin embargo, son elegidos en lapsos coincidentes con el período constitucional, de acuerdo a una práctica legislativa de las Cámaras y a la doctrina de la propia Corte Suprema.

Por otra parte, en cuanto al período constitucional de los órganos del Poder Nacional, éste rige también para los cargos de Fiscal General de la República y Contralor General de la República, los cuales de acuerdo a los artículos 219 y 238 de la Constitución, deben ser electos por las Cámaras Legislativas en sesión conjunta dentro de los primeros treinta días de cada período constitucional.

En el caso de otros órganos con autonomía funcional, como el Consejo Supremo Electoral y el Consejo de la Judicatura, la Ley Orgánica del Sufragio y la Ley Orgánica del Consejo de la Judicatura establecen la designación de sus miembros por un período de cinco años, relativamente coincidente con el período constitucional nacional. En el caso del Consejo Supremo Electoral, sus miembros deben ser electos por las Cámaras en sesión conjunta en el mes de octubre "del año en que se inicie el período constitucional de los poderes nacionales"; y en el caso del Consejo de la Judicatura, la elección de sus miembros, deben hacerla las Cámaras en sesión conjunta en la primera quincena del mes de abril del año en que comience cada período constitucional.

Además, debe señalarse que el período constitucional del Presidente de la República, del Fiscal General de la República o del Contralor General de la República, puede tener una duración menor de cinco años, en caso de que se designe un sustituto para reemplazar la falta absoluta del funcionario originalmente electo (Arts. 187, 219 y 238 de la Constitución).

Por último debe señalarse que los períodos de los poderes estatales y municipales no se fijan en el texto constitucional, sino que se establecen "por la *ley nacional* y no serán menores de dos años ni mayores de cinco" (Art. 135). En cuanto al período constitucional de los poderes estadales, la Ley sobre el Período de los Poderes Públicos de los Estados de 1989, lo fijó en tres (3) años, lo que rige tanto para los Gobernadores como para las Asambleas Legislativas[756].

En cuanto al período constitucional de los poderes municipales, el artículo 85 de la Ley Orgánica de Régimen Municipal también los fija en tres (3) años, lo que rige tanto para Alcaldes y Concejales, como para miembros de las Juntas Parroquiales.

VII. EL PODER PÚBLICO Y LA SEGURIDAD DEL ESTADO

Dentro de las atribuciones del Poder Nacional, el artículo 136 ordinal 2° de la Constitución señala "la defensa y suprema vigilancia de los intereses generales de la República, la conservación de la paz pública y la recta aplicación de las leyes en todo el territorio nacional"; tarea a la cual todas las otras ramas del Poder Público (estadal y municipal) deben colaborar conforme a lo prescrito en el artículo 118 del Texto Fundamental.

Esta atribución concierne a lo que en general se engloba en el concepto de "seguridad del Estado", cuyo contenido debe ser precisado, ya que en muchas leyes aparece como un concepto jurídico indeterminado.

En efecto, el concepto "seguridad del Estado", ha sido empleado por el Legislador venezolano en diversos textos legales, relativos a situaciones jurídicas de variada índole. Para citar sólo dos ejemplos relativamente recientes, debe destacarse que la *Ley de Carrera Administrativa* de 1970, en su artículo 5, en la enumeración de los funcionarios "exceptuados de la aplicación de la presente ley" incluye:

> "Ord. 4°. Los *miembros* de las Fuerzas Armadas Nacionales en su condición de tales y de los *Cuerpos de Seguridad del Estado"*.

Por su parte, la *Ley Orgánica de la Contraloría General de la República* a partir de la reforma de 1975, estableció un régimen de excepción respecto del control previo de compromisos y de pagos, en lo concerniente a "los gastos destinados a la defensa y seguridad del Estado" en la siguiente forma:

> Art. 28. Los gastos destinados a la defensa y seguridad del Estado, calificados como tales en el Reglamento que dictará el Ejecutivo Nacional, quedan exceptuados de las disposiciones de control establecidas en esta ley, pero las órdenes de pago correspondientes serán debidamente imputadas a créditos del presupuesto o a créditos adicionales legalmente acordados, si existe disponibilidad presupuestaria y si se han cumplido los requisitos siguientes:
>
> El Contralor, o el Director General de la Contraloría, verificará personalmente que la respectiva orden de pago corresponde realmente a gastos considerados como destinados a la defensa o seguridad del Estado.
>
> Los Ministros cuyos despachos tengan a su cargo los gastos a que se refiere este artículo, quedan obligados a controlar el empleo de los fondos correspon-

756 Véase en *Gaceta Oficial* N° 37.208 de 28-4-89.

dientes, y responderán personalmente de las decisiones que adopten en relación con dichos fondos".

Nótese que al menos en estos dos ejemplos de previsión del concepto en el derecho positivo, se trata de normas de excepción respecto del régimen ordinario de carrera administrativa o de control fiscal que establecen, lo que además impone su interpretación con criterio restrictivo.

En otra ley relativa al tema, como es la *Ley Orgánica de Seguridad y Defensa* de 1976, sólo se utiliza excepcionalmente la expresión "seguridad del Estado" para referirse a "los organismos de seguridad del Estado" en cuanto a la coordinación y centralización de la información que se requiera de los mismos (Art. 13); y en cambio, se utilizan indistintamente otras expresiones: "seguridad y defensa nacionales" (Art. 1,13); "seguridad y defensa de la República" (Arts. 1, 2, 3, 12); "seguridad y defensa de la Nación" (Art. 4); "seguridad y defensa" (Arts. 7 y 8): "seguridad, defensa y desarrollo" (Art. 14); "seguridad y defensa del país" (Art. 33).

Se impone, por tanto, frente a un concepto jurídico indeterminado como el que se analiza, interpretar qué ha de entenderse por tal concepto, en estos tiempos, y en nuestro país.

1. *La seguridad del Estado: interpretación gramatical*

Para interpretar el sentido de la expresión "seguridad del Estado", sin duda, hay que partir de la interpretación gramatical conforme lo exige el artículo 4 del Código Civil, es decir, atendiendo el sentido que parece evidente del significado propio de las palabras según la conexión de ellas entre sí y la intención del legislador. En esta forma, la palabra "seguridad" conforme el Diccionario de la Real Academia, expresa una calidad de seguro, y seguro es lo que está "libre y exento de todo peligro, daño o riesgo". Por tanto, seguridad es la situación en la cual se encuentra un sujeto, un objeto o una colectividad, cuando se encuentran protegidas y exentas de peligros, daños o amenazas de daños.

Como tal, la seguridad es un valor fundamental de situación de toda actividad humana, ocupando un lugar excepcional en la escala de valores de los seres humanos, sea que se trate de la seguridad individual o personal, de la seguridad de los bienes, de la seguridad colectiva o pública, de la seguridad nacional, o de la seguridad del Estado. La seguridad, en estos términos, es una necesidad primaria de las personas y de las colectividades humanas.

La seguridad del Estado, de acuerdo al sentido de esa expresión, es entonces la situación en la cual se encuentra el Estado de estar protegido y exento de todo peligro, daño o amenaza de daño. Por supuesto, para interpretar este concepto debe tenerse claro, como ya lo hemos señalado, qué ha de entenderse por "Estado" en el ordenamiento constitucional venezolano.

De acuerdo con la Constitución de 1961, y conforme lo explica la Exposición de Motivos de dicho texto, la palabra "Estado" se refiere al conjunto de la organización política de la sociedad venezolana, "representada por el Poder Público frente a las actividades privadas". Por tanto, y ante todo, en un sistema de distribución vertical del Poder como el que establece la Constitución, el Estado no se identifica con alguna persona de derecho público específica, sino con el conjunto de las personas político-territoriales que conforman las diversas entidades políticas (la República, los

Estados Miembros de la Federación y los Municipios) y que integran la organización política de la sociedad venezolana, y que ejercen el Poder Público (una cuota parte de él) en sus tres niveles de distribución vertical: nacional, estadal y municipal. La expresión "Estado", por tanto, en el ordenamiento constitucional venezolano comprende el conjunto de la organización política de la Sociedad. Este concepto, que es de derecho interno, se corresponde con el de "Estado" en el ámbito internacional: el Estado venezolano como sujeto de derecho internacional y miembro de la comunidad internacional, comprende el conjunto de sujetos de derecho público interno (República, Estados y Municipios) representados en ese ámbito externo por los órganos de una de esas personas político-territoriales: la República.

Partiendo, por tanto, del sentido que aparece evidente del significado propio de las palabras según la conexión de ellas entre sí, la expresión "seguridad del Estado" significa la situación en la cual se encuentra el conjunto de la organización política de la sociedad venezolana, de hallarse exenta de peligros, daños o riesgos de daños.

Pero por supuesto, para entender realmente el significado de la expresión "seguridad del Estado", es indispensable que al escudriñar sobre el sentido de la palabra Estado, tengamos que hacer referencia a los elementos esenciales del mismo, sin los cuales no existiría. Es precisamente, la identificación y determinación de estos elementos esenciales del Estado, lo que nos permitirá llegar a una precisión del concepto jurídico indeterminado de "seguridad del Estado".

En efecto, de acuerdo a la más clásica y tradicional doctrina de derecho constitucional, un Estado sólo puede existir cuando se encuentran reunidos estos tres elementos constitutivos: una población, un territorio y un poder organizado. El territorio como factor geográfico es el que establece el marco en cuyo interior el Estado ejerce el Poder Público en forma exclusiva; la población, como factor personal, es la que habita en ese territorio y se encuentra sometida a la autoridad del Estado; y el poder organizado, como factor jurídico-político, es el que ejerce su autoridad en el territorio y sobre su población, de manera soberana, es decir, sin ajustarse a otras normas distintas a las que ella misma establece y a las del derecho internacional. Partiendo de estos elementos esenciales o constitutivos del Estado, cuya conexión entre sí se realiza mediante el derecho (ordenamiento jurídico), sin duda, hablar de "seguridad del Estado" implica, referirse a la *seguridad de su territorio, a la seguridad de su población, y a la seguridad de su organización política*. El análisis de estos diversos elementos nos conducirá a la precisión del concepto jurídico indeterminado.

En todo caso, como lo ha puntualizado Hernán Montealegre,

> El problema de la seguridad del Estado es, ciertamente, el de la totalidad de sus elementos integrantes. Un Estado es seguro, para el derecho, cuando cuenta con un sistema jurídico apto para reaccionar eficaz y coherentemente ante las amenazas a cada uno de sus elementos constitutivos...
>
> La seguridad de un Estado es su capacidad para afirmar su identidad fundamental en el tiempo y el espacio. Para lograr esto, el Estado debe proteger jurídicamente la identidad básica de cada uno de sus elementos constitutivos. Desde este punto de vista, un Estado es seguro cuando cada uno de sus elementos integrantes lo es. Para el territorio, su seguridad consiste en su *integridad;* para el gobierno, en su *estabilidad;* para los habitantes, en la *intangibilidad d*e sus

derechos fundamentales. Un Estado es, pues, seguro, cuando es capaz de dar protección jurídica a la integridad de su territorio, a la estabilidad de su gobierno y a la intangibilidad de los derechos humanos de sus habitantes, respectivamente amenazados por la guerra, la insurrección y la violación de los derechos humanos"[757].

2. *La seguridad del Estado y la seguridad del territorio*

Ante todo, la situación de seguridad del Estado implica esencialmente la seguridad de su territorio.

Como se ha señalado, el territorio es elemento geofísico del Estado, es el escenario donde se desarrolla su vida, por lo que todo lo que afecte al territorio, afecta directamente al Estado. Por tanto, seguridad del Estado es ante todo, seguridad de su territorio.

A. *Sentido negativo y positivo del territorio*

Ahora bien, al territorio del Estado desde el punto de vista jurídico, tradicionalmente se le ha dado dos significados, uno negativo y otro positivo (Jellinek). Desde el punto de vista negativo, el territorio del Estado implica la prohibición a cualquier otro Poder no sometido al del Estado, de ejercer funciones de autoridad en el territorio sin autorización del Estado. Ese principio fundamental está expresado en el Preámbulo de la Constitución, en el sentido de que se dictó "con el propósito de mantener la independencia y la integridad territorial de la nación"; y además en el artículo primero del Texto Fundamental al postular que:

> "La República de Venezuela es para siempre e irrevocablemente libre e independiente de toda dominación o protección de potencia extranjera".

Concierne a la seguridad del Estado, por tanto, mantener el sentido jurídico negativo del territorio de manera de asegurar su impenetrabilidad o exclusividad, es decir, impedir todo intento de dominación o protección de potencia extranjera, que atente contra la independencia del país. Corresponde así a la seguridad del Estado entonces, todo lo concerniente al mantenimiento de la independencia de la República, de manera que no esté amenazada y esté fuera de peligro. Para tal fin, como una de las instituciones fundamentales de la República se ha organizado a las Fuerzas Armadas Nacionales, precisamente "para asegurar la defensa nacional" (Art. 132 de la Constitución). En este campo, seguridad del Estado se integra al concepto de defensa, y la guerra es la amenaza más directa contra dicha seguridad.

Pero además del sentido jurídico negativo, el territorio del Estado tiene un sentido jurídico positivo, que se refiere a la situación de las personas y cosas que se hallen en el mismo en cuanto a que se encuentran sometidas a los Poderes del Estado. Por tanto, ninguna porción del territorio del Estado puede pretender quedar excluida del ejercicio del Poder del Estado, ni comunidad alguna que exista o habite en

---

757 *La seguridad del Estado y los Derechos Humanos,* Santiago de Chile, 1979, pp. 6 y 7.

el territorio del Estado, puede pretender quedar exenta del ejercicio del Poder de la organización política del Estado.

Concierne a la seguridad del Estado, por tanto, mantener el sentido jurídico positivo del territorio, de manera ele asegurar en todo su ámbito el ejercicio del Poder del Estado y la sujeción de la población al mismo. Corresponde así a la seguridad del Estado lo concerniente al mantenimiento del imperio de la ley y del Poder Público en todo el territorio del Estado, de manera que no esté amenazado y esté fuera de peligro.

B. *Ámbito del territorio del Estado*

El territorio del Estado, denominado en la Constitución "territorio nacional" (Arts. 7; 8; 9; 64; 136, Ord. 2°; 150, Ord. 6°; 170, Ord. 7°; 189 y 241) o "territorio de la República" (Art. 35, Ord. 1°, 37, Ords. 2° y 3° y 40), está definido así en el artículo 7 del Texto Fundamental como:

> "el que correspondía a la Capitanía General de Venezuela, antes de la transformación política iniciada en 1810, con las modificación s resultantes de los tratados celebrados válidamente por la República".

Esta norma, que fija el ámbito del territorio del Estado, permite indicar que éste está compuesto por las siguientes porciones:

a. La superficie de tierra firme delimitada dentro de las fronteras con los Estados limítrofes de acuerdo a como se han definido en los Tratados y Acuerdos Internacionales.
b. La superficie de las islas y demás porciones de territorio que existan, se formen o aparezcan en el mar territorial o en el que cubra la plataforma continental.
c. La superficie de la Isla de Aves.
d. Las aguas interiores comprendidas dentro de las líneas de base recta que fije el Ejecutivo Nacional a los efectos de la determinación de la extensión del mar territorial (Art. 2 de la Ley sobre Mar Territorial, Plataforma Continental, Protección de la Pesca y espacio aéreo de 1956).

Este es el ámbito territorial de la soberanía del Estado y por tanto, en principio, el ámbito de acción de los órganos que ejercen el Poder Público.

Pero en realidad, conforme al artículo 7 de la Constitución,

> "La soberanía, autoridad y vigilancia sobre el mar territorial, la zona marítima contigua, la plataforma continental y el espacio aéreo, así como el dominio y explotación de los bienes y recursos en ellos contenidos, se ejercerán con la extensión y condiciones que determine la Ley".

Este régimen está establecido en la Ley sobre Mar Territorial, Plataforma Continental, Protección de la Pesca y Espacio Aéreo de 1956; en la Ley Aprobatoria de la Convención sobre Mar Territorial y la Zona Contigua de 1961; en la Ley Aprobatoria de la Convención sobre Plataforma Continental de 1961; y en la Ley que establece una zona económica exclusiva a lo largo de las costas continentales e insulares de la República de Venezuela de 1978.

En consecuencia, dentro del concepto de territorio del Estado, como ámbito de ejercicio de la soberanía, además de la tierra firme, debe englobarse el ámbito del mar territorial, la zona marítima contigua, la plataforma continental, el espacio aéreo y el subsuelo, que han de ser delimitados. En ese ámbito, el territorio tiene una connotación jurídica propia de un espacio tridimensional (Kelsen), proyectado desde un vértice que se encuentra en el centro de la tierra y cuyas líneas, pasando por las fronteras, forman un cono invertido. Sobre todo ese ámbito superficial, de subsuelo y del espacio aéreo, el Estado ejerce su soberanía: hacia arriba y hacia abajo: *usque ad sidera* (*aut ad coelum*), *usque ad inferos*.

Concierne a la seguridad del Estado, por tanto, mantener la integridad del territorio, de las delimitaciones de áreas marinas y submarinas, de manera de asegurar su inmodificabilidad salvo por tratados válidamente celebrados; así como asegurar y mantener la soberanía nacional sobre el territorio, las islas, el mar territorial, la plataforma continental, el subsuelo y el espacio aéreo. Corresponde a la seguridad del Estado, por tanto, lo concerniente a las fronteras terrestres y marítimas del territorio y la delimitación e inmodificabilidad de las mismas, de manera que no se encuentren amenazadas o sometidas a riesgos.

Las normas de la Ley Orgánica de Seguridad y Defensa sobre Zonas de Seguridad Fronteriza, sin duda, están destinadas al mantenimiento de dicha seguridad del territorio.

C. *La integridad e inalienabilidad del territorio*

De acuerdo al artículo 8 de la Constitución,

> "El territorio nacional no podrá ser jamás cedido, traspasado, arrendado, ni en forma alguna enajenado, ni aun temporal o parcialmente, a potencia extranjera".

Se trata del principio de la integridad e inalienabilidad del territorio, cuya preservación, sin duda, concierne a la seguridad del Estado, de manera que dicha integridad no se encuentre en peligro ni amenazada de daño o riesgo.

Las normas de la Ley Orgánica de Seguridad y Defensa sobre limitación a extranjeros de adquirir libremente inmuebles en determinadas zonas de seguridad, sin duda, están destinadas al mantenimiento de dicha seguridad del territorio.

Por otra parte, debe también señalarse que concierne a la seguridad del Estado, la vigilancia de las áreas del territorio que los Estados extranjeros pueden adquirir para sus representaciones diplomáticas o consulares, de manera de asegurar siempre la soberanía del Estado sobre el suelo, y que las actividades que allí se realicen no atenten contra la integridad del territorio.

D. *La organización y división del territorio*

Por último, en lo que concierne al territorio, debe señalarse que la Constitución establece una división del mismo para los fines de su organización política (Art. 9), en Estados, Distrito Federal, Territorios Federales y Dependencias Federales, cuya delimitación fundamental aún se rige por las disposiciones de la vieja Ley de División Territorial de 1856.

El mantenimiento de la división del territorio de acuerdo al ordenamiento legal, sin que la misma sea amenazada o cambiada ilegítimamente, sin duda, concierne a la seguridad del Estado.

Asimismo, concierne a la seguridad del Estado el mantenimiento de la unidad e indivisibilidad del territorio a pesar de su división interna, evitando todo tipo de desmembramiento del mismo.

El Estado venezolano, de acuerdo al artículo 2 de la Constitución, es un Estado federal "en los términos consagrados por esta Constitución", por lo que conforme a la división territorial señalada, concierne a la seguridad del Estado el mantenimiento de la forma federal del Estado, en los términos consagrados en el Texto Fundamental y ahora complementados en la Ley Orgánica de Descentralización, Delimitación y Transferencias de Competencias del Poder Público de 1989.

3. *La seguridad del Estado y la seguridad de la población*

El segundo elemento esencial o constituyente del Estado es la población, de manera que no puede haber Estado si en su territorio no hay asentamientos humanos ligados con él y entre sí, organizados en determinada forma, y sujetos al Poder del Estado.

A. *La población, el pueblo y la Nación*

Pero al hablar de la población como elemento esencial del Estado, no sólo ello apunta a la necesaria existencia de una pluralidad de hombres, sino a que esa pluralidad o colectividad de asentamientos humanos ha de tener una cierta unidad, de manera que haya una base de conciencia común, "un patrimonio moral e histórico", como dice el Preámbulo de la Constitución, "formado por el pueblo en sus luchas por la libertad y la justicia y por el pensamiento y acción de los grandes servidores de la patria, cuya expresión más alta es Simón Bolívar, el Libertador". Este elemento de unidad hace distinta a la población de un Estado, de otras colectividades, produciendo la conciencia común o el sentimiento de identificación en cuestiones capitales. Por ello mejor podría hablarse antes que de población a secas, de población estatal, o mejor de pueblo o Nación.

El elemento personal del Estado en Venezuela, por tanto, es el "pueblo venezolano" o la Nación venezolana, lo que no se identifica con una muchedumbre reunida al azar o con una mera pluralidad de hombres, sino con una colectividad trabada que ha logrado afirmar su sustantividad en nuestro territorio, por encima del tiempo, a través de generaciones y vicisitudes, como encarnación de un sentimiento común y de aspiraciones idénticas.

La Constitución, por ello, se dictó "en representación del pueblo venezolano", y de acuerdo al artículo 4 del Texto, "la soberanía reside en el pueblo, quien la ejerce, mediante el sufragio, por los órganos del Poder Público".

Jurídicamente, por tanto, el pueblo es titular del poder constituyente; es titular del poder electoral; y es quien en definitiva, legítima el ejercicio del Poder Público por los órganos del Estado, que lo representan, mediante el sufragio. Además, el pueblo, es el límite personal para la aplicación de las normas estatales. Por supuesto, esta configuración del pueblo como elemento del Estado, exige enfocar a la población *utis socius*, como colectividad, en conjunto, y *no uti singuli*, como compuesta por sujetos aislados obligados a obediencia. La seguridad del Estado se interesa en el primer sentido, de pueblo como unidad colectiva y globalizante, no en los aspectos singulares de los sujetos, que interesan más a la seguridad personal, individual o pública, que el Estado debe garantizar mediante sus actividades de policía.

B. *La integridad del pueblo y su supervivencia*

El primer aspecto que concierne a la seguridad del Estado, es la integridad de la población en su conjunto, y por ello, por ejemplo, la prevención y represión del genocidio, es decir, del exterminio o eliminación sistemática de grupos sociales por motivos de raza, de religión o de política, concierne a la seguridad del Estado, también la protección de grupos minoritarios, por ejemplo, en Venezuela, de las comunidades indígenas.

Por otra parte, en el mundo contemporáneo, un fenómeno que amenaza afectar la integridad de la población, globalmente, es el tráfico de drogas, que además, con el inmenso poder económico que envuelve, amenaza al mismo Estado. El narcotráfico, por tanto, concierne a la seguridad del Estado, entendiendo el fenómeno en su globalidad, más allá del consumo individual de drogas, que concierne a la policía general.

En sentido similar, también puede decirse que concierne a la seguridad del Estado, la seguridad del pueblo desde el punto de vista ambiental, frente a deterioros alarmantes del medio ambiente que puedan atentar contra la seguridad colectiva de los seres humanos. Las formas de vida que se conocen en el mundo descansan sobre los grandes soportes naturales, que son la tierra, el agua y el aire, de manera que la supervivencia del hombre está basada en el mantenimiento del equilibrio ecológico frente a las amenazas tanto de factores naturales como humanos. Hay, por tanto, dentro del concepto de seguridad del Estado como seguridad de la población, un ingrediente de seguridad ambiental para garantizar el mantenimiento y mejoramiento de las condiciones que hacen posible las formas de vida sobre la tierra.

La seguridad ambiental es así, la situación de la población que se encuentra exenta de daños ambientales que amenacen su existencia o deterioran la calidad de la vida colectiva.

Por supuesto, no hay que confundir aquí tampoco, la seguridad ambiental como aspecto de la seguridad de la población y por ende del Estado, con la represión individualizada de delitos y faltas ecológicas, que compete a la policía general.

C. *La nacionalidad, la ciudadanía y la identificación*

Los individuos que conforman la población de un Estado, en general se dividen en dos categorías: los nacionales y los extranjeros. En Venezuela ambos tienen los mismos deberes y derechos "con las limitaciones o excepciones establecidas por esta Constitución y las leyes" (Art. 45). Por lo demás, de acuerdo al Texto Fundamental, los derechos políticos son privativos de los venezolanos, salvo en cuanto al ejercicio del derecho al sufragio a nivel municipal (Arts. 47 y 111).

Concierne por tanto, a la seguridad del Estado, como seguridad de la población, tanto el régimen de los extranjeros y sus actividades en el territorio nacional, de manera que no amenacen o dañen el funcionamiento del Estado: como el régimen de la nacionalidad, de manera de asegurar que sólo los nacionales ejerzan los derechos políticos, es decir, participen en la formación de los órganos políticos del Estado.

En ambos casos, trátese de extranjeros o nacionales, el régimen de la identificación de los mismos es el factor clave para determinar las dos categorías, régimen que también interesa a la seguridad del Estado. Por supuesto, en estos casos, lo que concierne a la seguridad del Estado son los aspectos de estas tareas públicas que mediante manipulaciones puedan distorsionar la composición misma de la población entre nacionales y extranjeros, globalmente considerada. Los aspectos específicos, *uti singuli* corresponden a la policía general.

D. *La vigencia y efectividad de los derechos fundamentales*

La población de un Estado, además de estar sometida a la autoridad de sus órganos, es siempre titular de derechos que perfeccionan el vínculo o relación jurídica con el mismo. Ello es de la esencia del Estado venezolano, por lo que la Constitución se dictó, como lo dice el Preámbulo, para amparar la dignidad humana, mantener la igualdad social y jurídica, sin discriminaciones derivadas de razas, sexo, credo y condición social, asegurar los derechos y la dignidad individuales y sociales de la persona humana. Por ello, incluso, la Constitución establece expresamente que la enumeración de los derechos y garantías contenida en el texto no debe entenderse como negación de otros que, siendo inherentes a la persona humana, no figuran expresamente en ella; sin que se menoscabe el ejercicio de los mismos por falta de Ley reglamentaria (Art. 50).

El mantenimiento y garantía de los derechos fundamentales de la población, *uti socius* considerada, por tanto, conciernen a la seguridad del Estado, por lo que las violaciones sistemáticas y colectivas, que exceden de los aspectos *uti singuli* concernientes a sujetos aislados, interesan a la seguridad del Estado.

Debe destacarse, que bajo este ángulo, que si las violaciones sistemáticas a los derechos fundamentales provienen del poder organizado, ello en sí mismo es una amenaza a la seguridad del Estado. Esta, por tanto, no sólo se ve amenazada si uno de los elementos esenciales del Estado, como es la población, atenta contra el gobierno (insurrección), sino también cuando el propio gobierno, como elemento esencial del Estado, atenta contra los derechos fundamentales de la población. En ambos casos, hay una subversión del Estado.

E. *La seguridad colectiva de la población*

Aparte de las exigencias humanas a la seguridad personal, individual o pública, globalmente considerada, la población de un país requiere de un grado de seguridad colectiva, cuya perturbación o amenaza interesa a la seguridad del Estado. En tal sentido, concierne a la seguridad del Estado el terrorismo, consistente en amenazas o actos de violencia que tienen como objetivo sembrar el terror y crear un clima de inseguridad en el seno de la colectividad. Es un tipo de violencia, ejercida con fines políticos, y que tiende a presionar a la opinión pública mediante la intimidación. Su práctica atenta contra la seguridad de la población y por supuesto, contra la seguridad del Estado.

4. *La seguridad del Estado y la seguridad del poder organizado*

Por supuesto, los elementos territorial y personal no bastan para que exista un Estado, se requiere además que haya un poder organizado que sea el ordenador y organizador de la vida común de la población en el territorio. Aquí también, lo que afecte el Poder como tal, afecta al Estado, por lo que seguridad del Estado es fundamentalmente seguridad del Poder constituido, de las instituciones y órganos que lo componen, en fin, del gobierno.

A. *El régimen democrático y su seguridad*

De acuerdo al Preámbulo de la Constitución, ésta se ha dictado con el propósito de "sustentar el orden democrático como único e irrenunciable medio de asegurar los derechos y la dignidad de los ciudadanos". La democracia, por tanto, es el régimen político que postula la Constitución para la formación del Poder, en los tres niveles de su distribución vertical: nacional, estadal y municipal.

Tal como lo establece el artículo 3 de la Constitución:

> "El gobierno de la República de Venezuela es y será siempre democrático, representativo, responsable y alternativo".

El principio democrático, además, debe regir la organización de los poderes públicos de los Estados, conforme lo postula el artículo 17, ordinal 1° de la Constitución; y asimismo conforme al artículo 27 del mismo Texto, debe regir el gobierno municipal al exigir que "la organización municipal será democrática y responderá a la naturaleza propia del gobierno local".

El régimen democrático, por tanto, es de la esencia constitucional del poder organizado, por lo que su mantenimiento y fortalecimiento concierne a la seguridad del Estado.

La conspiración contra el régimen democrático, para su destrucción o desestabilización, y contra su adecuado funcionamiento; por ejemplo, en cuanto a la realización de las elecciones, son asuntos que conciernen a la seguridad del Estado.

Asimismo, concierne a la seguridad del Estado, la guerrilla y los movimientos guerrilleros como expresiones subversivas de lucha armada tendientes a cambiar el régimen democrático.

B. *La estabilidad de las instituciones y los poderes constituidos*

El Poder organizado, como elemento esencial del Estado y que tiene a su cargo la ordenación y organización de la sociedad, no sólo debe estar legalmente constituido, sino que para responder a las exigencias político-sociales, debe funcionar establemente. La seguridad del Estado, por tanto, exige, por sobre todo, la estabilidad de las instituciones democráticas y de los poderes constituidos, de manera que éstos estén al abrigo de todo daño o amenaza de daño.

Esta estabilidad exige, además de permanencia (basada en la alternabilidad democrática) funcionamiento continuo sin sobresaltos. La insurrección y todo hecho o acción que atente contra dicha estabilidad, que origine una conmoción de cualquier naturaleza que pueda perturbar la paz de la República o que afecte la vida económica o social, incluyendo los casos de graves y generalizados trastornos al orden público, conciernen sin duda a la seguridad del Estado.

Por supuesto, la estabilidad de los Poderes constituidos, exige la protección de los altos funcionarios que sirven como órganos de ellos, lo que también concierne a la seguridad del Estado.

De acuerdo a la Constitución, las Fuerzas Armadas Nacionales se han organizado "para asegurar la estabilidad de las instituciones democráticas" (Art. 132), por lo que en esta materia la institución que tiene a su cargo la defensa nacional, también tiene un importante rol que cumplir.

C. *El respeto al ordenamiento jurídico*

Un Estado, es decir, un pueblo asentado en un territorio y gobernado por un Poder organizado, no podría funcionar si no está sometido a un conjunto normativo, con la Constitución en su cúspide que regule la actividad en común. El derecho, por tanto, es el elemento de conexión entre los elementos esenciales del Estado. Su irrespeto o desobediencia sistemática y generalizada, conspirarían contra el Estado mismo. Por ello, la desobediencia civil generalizada interesa a la seguridad del Estado en tanto que pueda perturbar el orden público y la paz de la República.

5. *La seguridad del Estado y otros conceptos conexos*

Hemos precisado, conforme a lo dicho anteriormente, que jurídicamente, el concepto de seguridad del Estado se corresponde con la situación en la cual se encuentra el conjunto de la organización política de la sociedad, de hallarse exenta de peligros, daños o riesgos de daños lo que conlleva la seguridad del territorio nacional, la seguridad global de su población, y la seguridad de su organización política o del Poder organizado.

El concepto de seguridad del Estado, sin embargo, con frecuencia se encuentra utilizado o se confunde con otros conceptos de sentido más amplio o más reducido, respecto de los cuales debe deslindarse. Se trata de los conceptos de seguridad nacional; de policía; de defensa nacional; y de los estados de emergencia o de excepción.

A. *La seguridad del Estado y la doctrina de la seguridad nacional*

A raíz de los regímenes militares más o menos duraderos que se desarrollaron en América Latina a partir de la década de los sesenta (precisamente cuando Venezuela inicia como país, su tránsito democrático), se fue conformando en muchos países, con Brasil, Argentina, Uruguay y Chile a la cabeza, una doctrina de la seguridad nacional de corte militarista y totalitaria, totalmente incompatible con un Estado democrático, que respondió a las exigencias del desplazamiento del papel de las Fuerzas Armadas hacia el aparato del Estado al asumir éstas la representación do la totalidad de la sociedad.

La doctrina de la seguridad nacional, así, sirvió de sustentación ideológica a regímenes dictatoriales militaristas, basarlos en una concepción totalitaria del Estado, y se pretendió formular con criterios universalistas, como teoría general válida para todo tipo de Estado. Su basamento ideológico está en la geopolítica que concibe al Estado como un super organismo en lucha por la supervivencia frente a otros

Estados; y en el concepto de guerra total, como necesidad de participación de todo el pueblo en el esfuerzo bélico con la consecuente movilización total o general.

La doctrina de la seguridad nacional, así concebida, es esencialmente antidemocrática y por tanto, *incompatible* con un régimen democrático. El Estado que puede responder a esa doctrina sólo puede ser un Estado totalitario, y nunca un Estado democrático con el cual resulta incompatible, sobre todo, si se tienen en cuenta sus pilares fundamentales, entre ellos, la distribución y separación del poder, la participación y representatividad popular y las garantías de los derechos fundamentales.

Sin embargo, a pesar de esta incompatibilidad, en 1976 se promulgó en el país la Ley Orgánica de Seguridad y Defensa, la cual inspirada en la doctrina de la seguridad nacional, concibe la seguridad y defensa en una forma globalizante, de manera que conforme a dicha ley todas las actividades del Estado y todo lo que acaece en la sociedad conciernen a la seguridad. Basta releer el artículo 3 de dicho texto para darse cuenta de ello:

> Art. 3. La seguridad y defensa de la República comprenden fundamentalmente:
>
> 1. El estudio, planificación y adopción de las medidas relacionadas con la preparación y aplicación del potencial nacional para la preservación de su patrimonio.
> 2. La garantía y el empleo racional del Poder nacional en todo conflicto interior o exterior, conmoción o catástrofe que puedan perturbar la paz de la República.
> 3. El fortalecimiento de la conciencia de todos los habitantes de la Nación, sobre la importancia de los problemas inherentes a la soberanía e integridad territorial de la República.

Por esta concepción globalizante, la Ley declara que la seguridad y defensa nacional son de la competencia y responsabilidad del Estado, y además, de la responsabilidad de "todas las personas venezolanas naturales o jurídicas, cualquiera sea el lugar donde se encuentren". Incluso, se declara que "igual responsabilidad incumbe a las personas jurídicas extranjeras y a las naturales del mismo origen, domiciliadas, residentes o transeúntes en el territorio nacional" (Art. 1).

Ahora bien, la seguridad del Estado como concepto jurídico, no puede confundirse con el de seguridad nacional o seguridad y defensa. Estos son conceptos más amplios que el de seguridad del Estado, o si se quiere, aun en una concepción democrática venezolana de la seguridad nacional, la seguridad del Estado sería un aspecto de la política de seguridad y defensa nacionales. En consecuencia, estamos en una relación de género a especie, entre dos conceptos que además tienen connotaciones diferentes: la doctrina de la seguridad nacional es más una formalización política que jurídica; en cambio, el concepto de seguridad del Estado, fundamentalmente es un concepto jurídico con consecuencias específicas en el derecho positivo.

B. *La seguridad del Estado y las actividades de policía*

Dentro de los cometidos esenciales del Estado, además de la prestación de servicios públicos, la actividad de fomento, la gestión económica, la ordenación normativa de la sociedad, y resolución de conflictos entre los sujetos de derecho, está la actividad de policía que tiene por objeto velar por el mantenimiento del orden público y social y por el mutuo respeto de los derechos de los ciudadanos, mediante el uso de la fuerza pública, de ser ello necesario.

La relación entre actividad de policía, y los derechos fundamentales es esencial, al punto de que no se puede realizar una actividad estatal de mantenimiento del orden público si no se limita en alguna forma el ejercicio de los derechos fundamentales. De allí que el artículo 43 de la Constitución establezca claramente que:

> "todos tienen derecho al libre desenvolvimiento de su personalidad, sin más limitaciones que las que derivan del derecho de los demás y del orden público y social".

Por tanto, la actividad de policía que tiene en esa norma su fundamentación como actividad del Estado, implica una actividad que busca el mantenimiento del orden público, lo que conlleva siempre una limitación a los derechos fundamentales y, además, la posibilidad para el Estado de utilizar medios coactivos con vista a asegurar el mantenimiento del orden público, y su eventual restablecimiento y el respeto de los derechos ciudadanos. Por ello, toda actividad de policía exige, ante todo, una legislación de policía, es decir, una reglamentación de actividades (que sólo puede realizar el Legislador mediante ley formal) que establezca el ámbito y la finalidad perseguida por la acción (el orden público y social), el ámbito de la acción de los agentes de policía, y las limitaciones o restricciones a los derechos fundamentales que ello implica.

En particular, el ámbito de la finalidad perseguida, es decir, del orden público y social es la parte esencial de la actividad de policía, entendiendo por tal el establecimiento de las condiciones materiales necesarias para hacer posible el ejercicio de la libertad, sin afectar los valores fundamentales de la sociedad y los derechos de los demás. En una sociedad democrática, el valor fundamental que condiciona la noción de orden público, es el libre desenvolvimiento y respeto de los derechos y libertades de cada quien, con los límites impuestos por el derecho de los demás y por las actividades que externamente puedan afectar ese derecho de los demás.

En este sentido, en nuestra legislación hay una definición tradicional de orden público referida a la salubridad, a la moralidad, a la tranquilidad y a la seguridad pública, la cual corresponde a la policía municipal y estadal en su formulación más tradicional de policía general urbana y rural (Art. 17, Ord. 5° de la Constitución). Pero esa idea del orden público, vinculada a la tranquilidad, salubridad, seguridad y moralidad en el campo y la ciudad, ha venido sin duda ampliándose con motivo de las exigencias derivadas de la industrialización, la urbanización y el desarrollo de las comunicaciones. En consecuencia, nuevos factores, como por ejemplo, el control del ruido, de la contaminación, de la circulación automotor, de los riesgos industriales o de la protección ambiental, han venido dándole otra dimensión al concepto tradicional de orden público, ampliándolo, y originando diversas policías especiales, como la de tránsito, la ambiental, la aduanera, la de fronteras, la de instalaciones industriales, la carcelaria, o la sanitaria. Muchas de estas actividades de policía están asignadas por la vieja Ley de Servicio Nacional de Seguridad de 1938 y otras leyes especiales a la Guardia Nacional, como Fuerzas Armadas de Cooperación; otras han sido atribuidas a cuerpos especiales de policía, como el Cuerpo de Inspectores de Tránsito.

En todos estos casos, estamos en presencia de actividades de policía que por su naturaleza intrínseca, no conciernen a la seguridad del Estado, por lo que definitivamente no todo lo que concierne a la policía y a las actividades de policía, corresponde a la Seguridad del Estado. Sólo interesa a la Seguridad del Estado, por supuesto, la policía de seguridad y "los cuerpos de policía de seguridad del Estado", entre los cuales está la Dirección de los Servicios de Inteligencia y Prevención dependiente del Ministerio de Relaciones Interiores y en cierta forma la Dirección de Inteligencia Militar del Ministerio de la Defensa,

C. *La seguridad del Estado y la defensa nacional*

Tradicionalmente, la defensa nacional se correspondía con la actividad estatal destinada a "mantener la independencia e integridad territorial de la Nación", como lo indica el Preámbulo de la Constitución, particularmente frente a las agresiones o amenazas extranjeras. En esta forma, la institución organizada por el Estado para asumir la defensa nacional, son las Fuerzas Armadas Nacionales.

Sin embargo, progresivamente éstas han venido asumiendo otras tareas adicionales a la defensa nacional en sentido estricto, y ello resulta de la sola norma constitucional que al definir las Fuerzas Armadas Nacionales, les atribuye como función "asegurar la defensa nacional, la estabilidad de las instituciones democráticas y el respeto a la Constitución y a las leyes" (Art. 132).

Por su parte, el artículo 8 de la Ley Orgánica de las Fuerzas Armadas Nacionales, precisa que éstas tienen por objeto:

a. Asegurar la defensa nacional, a fin de garantizar la integridad y libertad de la República y la estabilidad de las instituciones democráticas;
b. Asegurar el cumplimiento de la Constitución y las leyes, cuyo acatamiento estará siempre por encima de cualquier otra obligación;
c. Cooperar con el mantenimiento del orden público;
d. Participar en el desarrollo integral del país, conforme a las leyes y lo dispuesto por el Presidente de la República;
e. Desempeñar las funciones de servicio militar, conforme a la Constitución y las leyes.

Muchas de las tareas asignadas a las Fuerzas Armadas Nacionales, por tanto, conciernen a la seguridad del Estado (seguridad del territorio y seguridad del poder organizado), pero otras no, siendo sin embargo, actividades que en general corresponden a la defensa. Ambos conceptos, por tanto, no deben confundirse: las Fuerzas Armadas Nacionales tienen a su cargo actividades de defensa, pero no todas éstas conciernen a la seguridad del Estado, sino sólo algunas de ellas.

D. *La seguridad del Estado y los estados de excepción (la emergencia)*

El concepto de seguridad del Estado, como situación en la cual se encuentra el Estado de estar protegido y exento de todo peligro, daño o amenaza de daño, y por tanto, donde encuentran protección eficaz la integridad de su territorio, la población asentada en él y sus derechos fundamentales, y la estabilidad de sus instituciones, ha estado tradicionalmente vinculada a los estados de excepción o de emergencia que se establecen, precisamente cuando la seguridad del Estado se encuentra amenazada, y que implican en general la restricción o suspensión de las garantías constitucionales.

Esta declaración de estados de excepción, en todo caso, sólo se justifica en situaciones de crisis o de peligro excepcional e inminente que afecte al conjunto de la población y que constituyan una amenaza para la vida organizada de la comunidad que compone al Estado. Por ello, las limitaciones que e! artículo 240 de la Constitución establece en cuanto a la posibilidad de decretar el Estado de emergencia, sólo "en caso de conflicto interior o exterior o cuando existan fundados motivos de que uno u otro ocurran"; y que el artículo 241 de la Constitución establece en cuanto a la posibilidad de que el Presidente de la República restringa o suspenda las garantías constitucionales, sólo en los casos "de emergencia, de conmoción que pueda perturbar la paz de la República o de graves circunstancias que afecten la vida económica y social".

Por su parte, la Convención Americana de los Derechos Humanos (Pacto de San José) que es ley de la República desde 1977, establece que las obligaciones del Estado resultantes de dicha Convención, sólo pueden suspenderse "en caso de guerra, de peligro público o de otra emergencia que amenace la independencia o seguridad del Estado" (Art. 27).

En todo caso, la restricción o suspensión de garantías constitucionales conforme al artículo 241 de la Constitución, nunca puede afectar las garantías del derecho a la vida (Art. 58); del derecho a no ser incomunicado o sometido a tortura (Art. 60, Ord. 3°) y del derecho a no ser condenado a penas perpetuas o infamantes (Art. 60, Ord. 7°). A esta lista limitativa debe agregarse lo indicado en el artículo 27, ordinal 2° de la Convención Americana de los Derechos Humanos, en el sentido que la emergencia no autoriza la suspensión de las garantías de los derechos al reconocimiento de la personalidad jurídica; a la vida; a la integridad personal; a la prohibición de la esclavitud y servidumbre; al principio de la legalidad o irretroactividad; a la libertad de conciencia y religión; a la protección de la familia; al derecho al nombre; a los derechos del niño; al derecho a la nacionalidad y a los derechos políticos.

Ahora bien, las medidas de emergencia y la suspensión de restricción de garantías constitucionales, proceden, sin duda, en situaciones en las cuales se encuentre amenazada la seguridad del Estado, pero conforme a la normativa constitucional, no se agotan en esos casos, y proceden en otros casos como de circunstancias que afecten la vida económica y social, y no necesariamente afecten la seguridad del Estado.

6. *Conclusiones*

A. *El ámbito de la seguridad del Estado*

De acuerdo a todo lo anteriormente expuesto, si jurídicamente debe entenderse por seguridad del Estado la situación en la cual se encuentra el conjunto de la organización política de la sociedad (el Estado) de hallarse exenta de peligros, daños o riesgos, lo que implica seguridad del territorio nacional, seguridad global de su población y de sus derechos fundamentales, y seguridad del poder organizado, las siguientes actividades pueden considerarse que afectan la seguridad del Estado:

1. Las situaciones de guerra externa y las actividades que atenten contra la independencia nacional o que propendan a establecer en el país una dominación o protección de potencia extranjera.
2. Las actividades que afecten la impenetrabilidad del territorio nacional por parte de otras potencias extranjeras.
3. Las actividades que afecten la exclusividad del territorio nacional en relación a la autoridad de los poderes públicos venezolanos.
4. Las actividades que atenten contra la integridad del territorio, las delimitaciones fronterizas y las delimitaciones de áreas marinas y submarinas.
5. Las actividades que atenten contra la soberanía nacional sobre toda porción del territorio, islas, mar territorial, plataforma continental, subsuelo y espacio aéreo, e incluso, sobre el suelo de los inmuebles adquiridos para sedes diplomáticas y consulares extranjeras.
6. Las actividades que atenten contra la unidad, inalienabilidad e indivisibilidad del territorio o que propugnen el desmembramiento del mismo.
7. Las actividades que atenten contra la forma federal del Estado en los términos establecidos en la Constitución y las leyes.
8. Las actividades que atenten contra la integridad de la población o que afecten su supervivencia, y entre ellas el genocidio, la extinción de los grupos minoritarios (indígenas); el narcotráfico, y el deterioro alarmante del ambiente que pueda atentar contra la supervivencia de la población.
9. Las actividades de los extranjeros en Venezuela y las que atenten contra el sistema de identificación de la población.
10. Las actividades, incluso las gubernamentales, que se configuren como violaciones generales y sistemáticas de los derechos fundamentales de las personas, el terrorismo y toda forma de actuación que atente contra la seguridad colectiva.
11. Las actividades contrarias al régimen democrático, la subversión y la guerrilla.
12. La insurrección y todas las actividades tendientes a desestabilizar las instituciones y los ataques y atentados contra los altos funcionarios del Estado.
13. Las violaciones sistemáticas y generalizadas del ordenamiento que pueden significar alteraciones del orden público y perturbaciones a la paz de la República.

La mayoría de las actividades antes indicadas, encajan dentro de los tipos delictivos a que se refiere el Título I, del Libro Segundo del Código Penal, sobre "Los delitos contra la independencia y la seguridad de la Nación" (artículos 128 a 166), y el Título II, Capítulo I de dicho Código sobre "Los delitos contra las libertades políticas" (Art. 167); el Título III, Capítulo VII de dicho Código sobre "La violencia o de la resistencia a la Autoridad" (Arts. 216 a 222) y Capítulo VIII de dicho Código sobre "Los ultrajes y otros delitos contra las personas investidas de autoridad pública" (Arts. 223 a 229); y el Título V, Capítulo IV de dicho Código sobre "Los que excitan a la guerra civil, organizan cuerpos armados o intimidan al público" (Arts. 294 a 298).

Asimismo, muchas de dichas actividades encajan dentro de los tipos delictivos a que se refiere el Capítulo I del Título III del Código de Enjuiciamiento Criminal, relativo a "los Delitos contra la integridad, independencia y libertad de la Nación", donde se regulan los delitos de traición a la patria (Arts. 464 a 470), de espionaje (Arts. 471 a 473); de rebelión (Arts. 476 a 487).

Ahora bien, el tema de la seguridad del Estado y de las actividades que puede considerarse que las afectan, tiene particular importancia, pues origina actividades administrativas para, precisamente, preservar dicha seguridad. Ello implica que el Estado a través de múltiples órganos y funcionarios realiza "actividades de policía de seguridad del Estado"; que tiene además, que organizar específicamente "cuerpos de seguridad del Estado", es decir, organizaciones específicas para asumir tareas de policía de seguridad del Estado; y que tanto dichas actividades como dichos cuerpos deben ser financiados en su funcionamiento con gastos que a la vez pueden calificarse como destinados a la seguridad del Estado.

En todo caso, en el derecho positivo, el tema se ha planteado en la aplicación de la Ley de Carrera Administrativa y en la Ley Orgánica de la Contraloría General de la República.

B. *Los cuerpos de seguridad del Estado y la Ley de Carrera Administrativa*

En efecto, una de las leyes de la República que utiliza la expresión "seguridad del Estado" es la Ley de Carrera Administrativa de 1970, al excluir del régimen de la carrera a los "miembros de los *cuerpos de seguridad del Estado*".

La expresión ha sido interpretada por los Tribunales Contencioso-Administrativos en sentido amplio, identificando materialmente a todos los cuerpos de policía administrativa con los cuerpos de seguridad del Estado lo que, en nuestro criterio es impropio. En efecto, en una reciente sentencia de la Corte Primera de lo Contencioso-Administrativo de 13 de noviembre de 1990, se señaló lo siguiente:

> "En efecto, tal como lo señala el Tribunal de la Carrera Administrativa y contrariamente a lo que afirme el recurrente, el querellante es miembro de un Cuerpo de Seguridad del Estado (Policía Técnica Judicial). Desde hace mucho tiempo la jurisprudencia se planteó el significado de este término en la Ley de Carrera Administrativa, señalando lo siguiente:
>
> "La Ley de Carrera Administrativa no da ninguna definición de lo que quiso entender por Cuerpos de Seguridad del Estado, y tampoco lo hace ningún otro texto legal. Cabe por ello, hacer la interpretación a través de una noción que encaje dentro de todo nuestro sistema normativo y armonice con sus instituciones fundamentales.
>
> El primer punto que debe ser aclarado es el de cuál es la naturaleza del genitivo utilizado por el legislador, esto es, a quiénes se imputa la forma posesiva utilizada. Cuando se habla de "cuerpos de seguridad del Estado", se alude a "cuerpos destinados a defender y mantener la seguridad del Estado" o de cuerpos del Estado para el mantenimiento de la seguridad colectiva? La diferencia, que parecería sutil, es de suma importancia por cuanto si se trata de la primera acepción, tales cuerpos serán sólo aquellos que tengan por objeto el manteni-

miento de los poderes públicos constituidos, esto es, se tratará de la organización que tiene como fin esencial, cuidar la incolumidad de las estructuras políticas. Por el contrario, si se asume la segunda acepción, se tratará de cuerpos organizados por el Estado para el mantenimiento de la seguridad colectiva. El primer sentido se presenta como un concepto restringido, ya que alude a la seguridad de las instituciones políticas, mientras que el segundo es mucho más amplio, por cuanto hace referencia a la seguridad de la colectividad, esto es, el mantenimiento del orden público que permite el normal desarrollo de las actividades de la vida social y la supervivencia de las instituciones. (Sentencia el Tribunal de la Carrera Administrativa de 15 de mayo de 1972, Ponente: Dra. Hildegard Rondón de Sansó).

En dicho fallo, después de un profundo y detenido análisis se concluye:

"La exposición que antecede nos lleva así a precisar que el sentido jurídico de la expresión legal de cuerpos de seguridad del Estado, se identifica con el de fuerza de policía". (Sentencia consultada en original).

La sentencia citada por la Corte Primera de lo Contencioso-Administrativo, dictada por el Tribunal de Carrera Administrativa, se dictó con motivo de decidir un recurso de interpretación intentado por funcionarios del Cuerpo de Vigilantes de Tránsito Terrestre dependiente del Ministerio de Transporte y Comunicaciones, habiendo concluido el Tribunal que por cuanto dicho Cuerpo constituye una fuerza de policía administrativa, con los medios y la estructura necesarios para el mantenimiento del orden público administrativo, sus miembros están excluidos de la aplicación de la ley[758].

En nuestro criterio, la sentencia citada parte del supuesto de identificar el concepto de seguridad del Estado con el de policía, lo que en nuestro criterio es impropio, pues se le está dando una interpretación excesivamente amplia al concepto de seguridad del Estado, que no tiene justificación alguna. La única restricción que ha formulado la jurisprudencia a la expresión utilizada por la ley, sin embargo, deriva de la interpretación de la palabra "cuerpo", al señalar que la exclusión de la aplicación de la Ley de Carrera Administrativa no se aplica a todo funcionario que cumpla funciones de policía, sino sólo a aquéllos que sean miembros de un:

"cuerpo, esto es, a una organización específica, con características propias dentro de la Administración, cuyas funciones estén destinadas a la protección de la seguridad colectiva —entendiendo por tal, la función del mantenimiento de orden público administrativo"[759]

---

758 Véase el texto de Hildegard Rondón de Sansó, *El Sistema Contencioso Administrativo de la Carrera Administrativa,* Caracas, 1974, pp. 407 a 425.

759 Véase sentencia del Tribunal de Carrera Administrativa de 4-4-75, en Armida Quintana Matos, *La Carrera Administrativa,* Caracas, pp. 231 y 232.

Precisamente, en base a tal criterio el mismo Tribunal de Carrera Administrativa, en sentencia de octubre de 1977, estableció el criterio de que la Dirección Nacional de Identificación y Extranjeros no era un cuerpo de seguridad del Estado[760].

Ahora bien, conforme al concepto que hemos formulado de "seguridad del Estado", en realidad el único "Cuerpo de Seguridad del Estado" en la estructura administrativa venezolana sería la que forman los miembros de la *Dirección de los Servicios de Inteligencia y Prevención del Ministerio de Relaciones Interiores* (Disip) además de los de la Dirección de Inteligencia Militar del Ministerio de la Defensa. Los otros cuerpos de policía nacionales (Cuerpo de Vigilantes de Tránsito y Cuerpo Técnico de la Policía Judicial) cumplen funciones de policía pero no de seguridad del Estado, sino de policía general, por lo que conforme a la interpretación que hemos hecho del concepto de seguridad del Estado, sus funcionarios no deberían estar excluidos de la Ley de Carrera Administrativa. Por supuesto, podría plantearse la conveniencia de que ello fuera y sea así, para lo cual debería reformarse la Ley para hacer referencia a los "miembros de los cuerpos de policía administrativa", pura y simplemente.

C. *Los gastos destinados a la seguridad del Estado y su régimen de control*

El artículo 28 de la Ley Orgánica de la Contraloría General de la República, como se ha dicho, establece un régimen de excepción respecto del control de gastos destinados "a la defensa y seguridad del Estado". No se trata, como lo indica impropiamente la norma de que los referidos gastos quedan exceptuados de las disposiciones de control establecidas en la ley, sino de que a los mismos no se les aplica el régimen de control previo previsto en la Ley Orgánica.

En todo caso, en ejecución de dicha norma, el Reglamento de la Ley Orgánica de la Contraloría General de la República dictado por Decreto N° 2520 de 27-12-77[761], contiene un Capítulo II relativo al "control de los gastos destinados a la defensa y seguridad del Estado", en cuyo artículo 8, se consideran como tales gastos que, por tanto, quedan exceptuados de las disposiciones de control establecidos en la Ley, los siguientes:

a) En el Ministerio de Relaciones Interiores. Las asignaciones para "Gastos de Operaciones", derivados de las actividades de los cuerpos de inteligencia y seguridad del Estado y de la protección de personalidades; las asignaciones para sueldos, salarios y aguinaldos del personal de los "Servicios de Inteligencia y Seguridad del Estado"; y las asignaciones para "Control de Extranjeros y de Fronteras" de los programas de identificación nacional y de control de extranjeros.

b) En el Ministerio de Relaciones Exteriores. Las asignaciones para "Estudios, Investigaciones y Proyectos relacionados con la Política Internacional"; y las asignaciones para "Gastos de cuestiones de Límites" de la Dirección de Fronteras del Ministerio.

---

760 Véase en Armida Quintana Matos, *op. cit.*, pp. 236 y 237.

761 *Gaceta Oficial* N° 2.119 Extraordinaria de 30-12-77.

c) En el Ministerio de Hacienda. Las asignaciones para el pago de compromisos contractuales derivados de la adquisición, conservación, reparación y funcionamiento de material de guerra y seguridad pública.

ch) En el Ministerio de la Defensa. Las asignaciones que, con referencia a personal militar, se destinan al pago de "sueldos y raciones", "primas por antigüedad, eficiencia y capacitación técnica", "primas de transporte", "primas por hogar e hijos", "otras primas", "viáticos y pasajes fuera del país", las asignaciones para la adquisición de "prendas de vestir", las asignaciones para adquisición, conservación, reparación y funcionamiento de "material de guerra y seguridad pública"; las asignaciones para "conservación, reparación y mantenimiento de equipos de transporte, tracción y elevación de uso práctico"; las asignaciones para "conservación y reparación de equipos de Telecomunicaciones"; las asignaciones para "conservación y reparación de equipo militar y seguridad pública"; las asignaciones para "repuestos mayores para equipo de defensa"; las asignaciones para adquisición mantenimiento y reparación de "armamentos de defensa" y "adquisición de equipos bélicos para las Fuerzas Armadas"; las asignaciones para "gastos de funcionamiento de las agregadurías militares en el exterior"; las asignaciones para "gastos de funcionamiento de la Dirección de Inteligencia Militar"; las asignaciones para "movimiento de unidades de las Fuerzas Armadas"; y las asignaciones para "gastos de funcionamiento del Servicio de Geografía y Cartografía de las Fuerzas Armadas",

d) En el Ministerio de Justicia. Las asignaciones que se establezcan en el presupuesto de la Policía Técnica Judicial para "gastos secretos ocasionados por gestiones encomendadas a sus miembros", y para "adquisición, conservación, reparación y funcionamiento de equipos y mariales específicos de investigación y seguridad".

De la anterior enumeración, de acuerdo a la determinación jurídica que hemos hecho del concepto de "Seguridad del Estado", en nuestro criterio, los literales a), b), c) y d) se ajustan a gastos destinados a la seguridad del Estado. En cuanto a la literal ch), el mismo corresponde a gastos destinados a la defensa.

Por supuesto, la interpretación concreta de la Ley y su Reglamento y la determinación de los gastos específicos como de seguridad del Estado, en nuestro criterio, no otorgan poder discrecional alguno a los Ministros encargados de su aplicación. Como hemos señalado, la expresión "seguridad del Estado" es un concepto jurídico indeterminado que en esta materia precisa el Reglamento de la Ley Orgánica y que como tal debe ser concretizado, en cada caso, por el Ministro respectivo, sin que éste tenga, en lo absoluto, poder discrecional alguno para determinar a su libre arbitrio qué es o qué no es seguridad del Estado.

Precisamente por ello, la Ley Orgánica de la Contraloría reitera que los Ministros cuyos despachos tengan a su cargo gastos de seguridad del Estado, responden personalmente de las decisiones que adopten en relación con dichos fondos, y el Reglamento de la Ley, en su artículo 9, añade que deberán dar "cuenta al Presidente de la República con la periodicidad que este señale, del empleo de los fondos respectivos y de las medidas de control que hayan establecido para su correcto manejo".

QUINTA PARTE

BASES CONSTITUCIONALES DE LA ACTUACIÓN INTERNACIONAL DEL ESTADO

Dentro del sistema de distribución del Poder Público en Venezuela y respondiendo al esquema del Estado Federal, las relaciones internacionales del Estado se reservan al Poder Nacional, como expresamente lo establece el artículo 136, ordinal 1° de la Constitución. Por tanto, son los órganos de la República que ejercen el Poder Nacional, en sus respectivas áreas de competencia, los que pueden tener injerencia en el campo de las relaciones internacionales de la República. Por ello, incluso, con motivo del proceso de descentralización política iniciado con la promulgación de la Ley Orgánica de Descentralización, Delimitación y Transferencia de competencias del Poder Público de 1989 y la progresiva consolidación de los nuevos centros de poder a nivel de las Gobernaciones, a los efectos de reafirmar las competencias del Ministerio de Relaciones Exteriores en el campo de las relaciones internacionales, se dictó el Decreto N° 3.180 de 7-10-93 sobre el régimen gubernamental de las relaciones internacionales y las actuaciones de los gobiernos de los Estados en la materia[762]

En efecto, como consecuencia de la elección directa de los Gobernadores y Alcaldes y el proceso de descentralización iniciado a partir del año de 1998 con motivo de la promulgación de la Ley Orgánica de Descentralización, Delimitación y Transferencias de Competencias del Poder Público; se inició en el país, a través de estas nuevas autoridades elegidas por el voto universal y directo, el desarrollo de un conjunto de relaciones en el exterior reafirmando la presencia de Venezuela en el concierto de las Naciones, en las cuales comenzaron a participar las nuevas autoridades electas en el nivel regional. Por ello, para el mejor cumplimiento de estos objetivos y asegurar la debida coherencia en las relaciones internacionales se hizo necesario y conveniente regular la participación activa de todas las instituciones del Estado venezolano a través de sus respectivos representantes, en las mencionadas relaciones.

Por ello, al constatarse por el Ejecutivo Nacional, con beneplácito, el incremento del interés de las instituciones nacionales, regionales y municipales por el desarrollo de estas relaciones, plasmado en viajes de intercambio e información a otros países, a igual que cruce de correspondencia y otras actividades tendientes a la promoción

---

762 *G.O.* N° 35.317 de 14-10-93.

de las potencialidades de diversas zonas del país, se considero necesaria la reafirmación de la atribución del Presidente de la República de dirigir las relaciones exteriores de la República y celebrar y ratificar los tratados, convenios o acuerdos internacionales, la cual ejerce a través del Ministerio de Relaciones Exteriores. Como consecuencia de lo anterior, se promulgó en fecha 7 de octubre de 1993, el Decreto N° 3.180, mediante el cual se regulan las formas de participación de las instituciones nacionales, regionales y municipales en el manejo de las relaciones internacionales.

El Decreto establece los principios sobre la coordinación de la República en el logro de una política internacional coherente que proteja la unidad soberana de la Nación, y previo la necesidad del Gobierno Nacional, de estimular y coadyuvar el incremento de la participación de todas las instituciones del Estado en el marco del proceso de fortalecimiento y desarrollo de unas sólidas relaciones internacionales, así como la reafirmación de la presencia de Venezuela en el concierto de las Naciones (Art. 1).

En tal virtud, el Decreto puso a disposición de las instituciones nacionales y regionales los mecanismos y recursos necesarios para que sus iniciativas se conjugasen en el logro de estos objetivos (Art. 2). En consecuencia, de acuerdo con lo establecida en el artículo 4 del Decreto, se dispuso que los Ministros, Directores de Institutos Autónomos, de Corporaciones Regionales y de otros órganos del Poder Público, al igual que los Gobernadores, Alcaldes y Presidentes de Concejos Municipales, están obligados a someter a la consideración del Ministerio de Relaciones Exteriores todo propósito en que se involucre la representación internacional de la República o que de alguna forma sea susceptible de acarrearle compromisos. Para ello, deben suministrar toda la información necesaria que permita la apreciación de su oportunidad y conveniencia en el marco global de las relaciones internacionales, conforme a las pautas dictadas con carácter general por el Ministro de Relaciones Exteriores (Art. 4).

A fin de que las iniciativas que surjan desde cada institución sean coordinadas con el Ministerio de Relaciones Exteriores, se dispuso que debe dársele noticia oportuna de ellas, para asegurar su intervención con el estudio especializado, las orientaciones correctivas y la autorización consecuente que garantice una política internacional coherente y proteja la unidad soberana de la Nación (Art. 3).

Ahora bien, en las páginas que siguen estudiaremos, de acuerdo a la Constitución, las diversas regulaciones sobre dichas relaciones basadas en el principio de la cooperación internacional proclamada en el Preámbulo de la Constitución[763], para luego analizar, separadamente, el régimen constitucional del territorio, las relaciones entre la Iglesia y el Estado, y los problemas constitucionales en relación a la integración económica latinoamericana y Venezuela.

763 En general, sobre el tema, véase José Guillermo Andueza, "La Constitución Venezolana y el Derecho Internacional" en *Revista de Derecho Público,* N° 18, Caracas, 1984, pp. 5 y ss.; y Andrés Aguilar M. "La actuación internacional de la República en la Constitución vigente de Venezuela, de 3 de enero de 1961" en *Estudios sobre la Constitución, Libro Homenaje a Rafael Caldera,* Tomo III, Caracas, 1979, pp. 1581 y ss.

I. PRINCIPIOS SOBRE LA ACTUACIÓN INTERNACIONAL DE LA REPUBLICA

1. *La personalidad jurídica internacional del Estado*

Como se señaló la personalidad jurídica del Estado en el ámbito de las relaciones internacionales corresponde a la República, como entidad que ejerce el Poder Nacional. En efecto, en el ámbito del derecho interno, el Estado no es una persona jurídica sino que se personifica en tres grupos de personas jurídicas que ejercen el Poder Público distribuido verticalmente: la República, en ejercicio del Poder Nacional; los Estados en, ejercicio del Poder Estadal; y los Municipios, en ejercicio del Poder Municipal.

Ahora bien, en el ámbito internacional, estando reservadas las relaciones internacionales del Estado venezolano a la República, es esta persona jurídica la que tiene el carácter de sujeto de derecho internacional público. Ni los Estados ni los Municipios tienen personalidad jurídica internacional, es decir, no son sujetos de derecho internacional público, ni pueden celebrar acuerdos o convenios internacionales. Estos se reservan a la República (Art. 129 de la Constitución).

Los Estados y Municipios, por supuesto, pueden celebrar contratos de interés estadal y municipal, incluso con Estados o entidades oficiales extranjeras (Art. 126 de la Constitución); sin embargo, en estos últimos casos estarían sujetos al derecho internacional privado y no al derecho internacional público, dado que no pueden actuar internacionalmente en representación del Estado venezolano. Sólo la República puede hacerlo.

2. *El principio del Preámbulo de la Constitución: la cooperación internacional*

En el Preámbulo de la Constitución se define el principio, fundamenta] de la cooperación que debe guiar la actuación de la República en el campo internacional, y que como tal, es de obligatorio cumplimiento por parte de la República. Este principio fundamental obliga a "cooperar con las demás naciones y de modo especial, con las Repúblicas hermanas del continente, en los fines de la comunidad internacional".

Esta cooperación debe hacerse sobre la base de los siguientes principios:

1. El recíproco respeto de las soberanías de los Estados.
2. La autodeterminación de los pueblos.
3. La garantía universal de los derechos individuales y sociales de la persona humana.
4. El repudio de la guerra, de la conquista y del predominio económico como instrumento de política internacional.

Además, la Constitución se dictó, como lo dice el mismo Preámbulo, para sustentar el orden democrático como único e irrenunciable medio de asegurar los derechos y la dignidad de los ciudadanos, por lo que en el ámbito internacional la República tiene el deber de favorecer pacíficamente la extensión de la democracia a todos los pueblos de la tierra.

Para el logro de esta cooperación y difusión de la democracia, la Constitución establece un sistema de regulación destinado a los órganos del Poder Nacional que incide en su actuación internacional, y en algunos casos remite a las normas del derecho internacional respecto de ciertas materias.

3. *Las regulaciones del derecho internacional como puente del derecho interno*

La Constitución, en tres ocasiones, remite en forma directa a las normas previstas en el derecho internacional, para la regulación de ciertas materias. Ello sucede primero, con la excepción a la prohibición de la confiscación; segundo, en relación al derecho de asilo; y tercero, en materia de solución pacífica de controversias.

En el primer caso, el artículo 102 establece que "no se decretarán ni ejecutarán confiscaciones, sino en los casos permitidos por el artículo 250. Quedan a salvo, respecto de los extranjeros, *las medidas aceptadas por el derecho internacional*"; en el segundo caso, el artículo 116 de la Constitución establece que "la República reconoce el asilo a favor de cualquier persona que sea objeto de persecución o se halle en peligro, por motivos políticos, en las condiciones y con los requisitos establecidos por las leyes, *y las normas del derecho internacional*"; y en el tercer caso, el artículo 129 ordena la inclusión en los tratados internacionales de "una cláusula por la cual los gastos se obligan a decidir por las vías pacíficas reconocidas en el derecho internacional" las controversias que pudieran suscitarse entre las mismas con motivo de su interpretación o ejecución.

En estos tres supuestos, la Constitución remite directamente al derecho internacional para el régimen del asilo, de la excepción a la confiscación y de la solución pacífica de controversias, lo que implica que en esos casos, no se requiere ley aprobatoria de algún tratado o convenio para que en esas materias, rija el derecho internacional directamente en el país[764]. De lo contrario, el Constituyente no se habría referido al "derecho internacional", sino a los tratados o acuerdos internacionales. Por tanto, en estos supuestos podemos decir que el derecho internacional tiene el carácter de fuente del derecho interno, quedando comprendida en la expresión "derecho internacional" todas sus fuentes, es decir, lo regulado en los tratados internacionales, la costumbre, los principios generales del derecho reconocidos por las naciones civilizadas, la práctica judicial y la doctrina. En estos casos, por tanto, el derecho internacional concerniente al asilo, a la confiscación de bienes de extranjeros, y a la solución pacífica de controversias para poder ser aplicado en Venezuela, no requiere de ningún sistema que lo incorpore al derecho interno como el previsto en el artículo 128 de la Constitución al contrario, conforme a los artículos, 102, 116 y 129, puede decirse que en virtud de la remisión expresa de la Constitución se aplica el derecho internacional directamente. Sin embargo, en virtud del carácter expreso de estas remisiones, pueden considerarse como excepción al principio de la necesaria recepción formal del derecho internacional por el orden jurídico interno que deriva de la interpretación del artículo 128 de la Constitución.

---

764 *Cfr.* la apreciación de Augusto Pino en relación al artículo 116, en "Sistema de las fuentes constitucionales del derecho venezolano" en *Estudios sobre la Constitución. Libro Homenaje a Rafael Caldera*, Tomo I, Caracas, 1979, p. 130.

4. *La competencia de los órganos que ejercen el Poder Nacional en materia internacional*

Ahora bien, estando reservado al Poder Nacional "la actuación internacional de la República" (Art. 130. Ord. 1°), los órganos que lo ejercen el Poder Ejecutivo, Legislativo y Judicial, tienen sus respectivas competencias en la materia. A continuación insistiremos en las competencias de los órganos que ejercen el Poder Legislativo y el Poder Ejecutivo, y al comentar el régimen de los tratados, haremos referencia a la competencia de los órganos que ejercen el Poder Judicial.

A. *Competencia del Presidente de la República*

De acuerdo al artículo 190 de la Constitución, en materia internacional, el Presidente tiene las siguientes atribuciones:

Ord. 4° Dirigir las relaciones exteriores de la República.

Ord. 5° Celebrar y ratificar los tratados, convenios o acuerdos internacionales dando cuenta al Congreso (Art. 128).

Ord. 6° Declarar el Estado de Emergencia en caso de conflicto exterior, o cuando existan fundados motivos de que ocurra (Art. 240).

Ord. 7° Adoptar las medidas necesarias para la defensa de la República, la integridad del territorio y de su soberanía, en caso de emergencia internacional.

Ord. 16. Nombrar, previa autorización del Senado o de la Comisión Delegada del Congreso, los jefes de misiones diplomáticas permanentes (Art. 150, Ord. 7).

B. *Competencias de las Cámaras Legislativas*

De acuerdo al artículo 128 de la Constitución las Cámaras Legislativas deben aprobar mediante ley especial, para que tengan validez, los tratados o convenios internacionales que celebre el Ejecutivo Nacional, salvo las excepciones expresamente previstas en esa norma.

Por su parte, la Comisión Delegada del Congreso tiene competencia para autorizar la ejecución provisional de tratados o convenios internacionales cuya vigencia así lo requiera, los cuales deben ser sometidos, en todo caso, a la posterior aprobación o improbación del Congreso (Art. 128), y para autorizar al Presidente de la República para salir temporalmente del país (Art. 179, Ord. 7°).

Las Cámaras Legislativas en sesión conjunta o la Comisión Delegada, en su caso, deben conocer del Decreto que declare el Estado de Emergencia (Art. 242) y deben autorizar al Presidente de la República para declarar su cesación (Art. 243).

En cuanto al Senado, de acuerdo al artículo 150 de la Constitución, le corresponde:

Ord. 1° Iniciar la discusión de los proyectos de ley relativos a tratados y convenios internacionales.

Ord. 3° Autorizar a los funcionarios o empleados públicos para aceptar cargos, honores o recompensas de gobiernos extranjeros.

Ord. 4° Autorizar el empleo de misiones militares venezolanas en el exterior o extranjeras en el país, a solicitud del Ejecutivo Nacional.

Ord. 7° Autorizar el nombramiento de los jefes de misiones diplomáticas permanentes.

Además, corresponde al Senado autorizar al Ejecutivo Nacional para enajenar bienes inmuebles del dominio privado de la Nación (Art. 150, Ord. 2°) cuando éstos se destinen a Estados extranjeros para sede de sus representaciones diplomáticas o consulares (Art. 8), o con destino a organismos internacionales de acuerdo a la Ley (Art. 8).

5. *El régimen de los tratados o convenios internacionales*

A. *El principio de la aprobación legislativa*

El régimen de los tratados o convenios internacionales en la Constitución, está establecido en el artículo 128 del texto, en el cual se establece como principio, que "los tratados o convenios internacionales que celebre el Ejecutivo Nacional deberán ser aprobados mediante ley especial para que tengan validez". Sin embargo, en caso de receso de las Cámaras Legislativas, la Comisión Delegada puede autorizar la ejecución provisional de tratados o convenios internacionales cuya vigencia así lo requiera, los cuales serán sometidos en todo caso, a la posterior aprobación o improbación del Congreso.

En esta forma, como principio, la Constitución exige que los Tratados o Convenios Internacionales sean recibidos por el derecho interno venezolano mediante ley, en lo cual se ha fundamentado la teoría dualista respecto de los Tratados.

Como excepción a este principio, los tratados o convenios internacionales tienen validez en el país, sin la necesidad de ser aprobados por ley, sólo en los siguientes casos:

a. Cuando mediante ellos se trate de ejecutar o perfeccionar obligaciones preexistentes de la República.

b. Cuando mediante ellos se trate de aplicar principios expresamente reconocidos por la República.

c. Cuando mediante ellos se trate de ejecutar actos ordinarios en las relaciones internacionales.

d. Cuando mediante ellos se trate de ejercer facultades que la ley atribuya expresamente al Ejecutivo Nacional.

Sin embargo, aun en estos casos, de acuerdo al último párrafo del artículo 128, el Ejecutivo Nacional debe dar cuenta al Congreso, en sus próximas sesiones, "de todos los acuerdos jurídicos internacionales que celebre, con indicación precisa de su carácter o contenido, estén o no sujetos a aprobación"[765].

---

765 Sobre estas excepciones véase Andrés Aguilar M. "La actuación internacional de la República..." *loc. cit.*, pp. 1612 y ss.

De acuerdo a este artículo, por tanto, el derecho internacional, como principio, debe ser recibido por el derecho interno, sea mediante ley, o mediante el acto de gobierno de ratificación. Sin embargo, a pesar de que por ello se haya sostenido que en nuestro sistema impera la concepción dualista, es evidente que el acto de recepción del tratado en el derecho interno —la ley o el acto de gobierno—, no "convierte" el tratado en derecho interno. El tratado sigue siendo un acto internacional, pero para su validez en el país requiere de un acto estatal, ley o acto de gobierno, que lo apruebe.

B. *El problema de la relación entre el tratado y el derecho interno*

Esto plantea, sin duda, el problema de las relaciones entre el derecho internacional y el derecho interno; el problema de la supremacía o no del primero sobre el segundo, y por supuesto, el problema de la impugnabilidad ante los órganos jurisdiccionales venezolanos de las leyes aprobatorias de tratados. Sin duda, la Constitución no resuelve el problema planteado en la doctrina sobre el carácter monista o dualista del orden jurídico[766], y dejando aparte los casos en los cuales es el propio texto el que remite al derecho internacional (Arts. 102 y 116), en ninguna norma hay indicación alguna a la supremacía del derecho internacional.

Por tanto, la teoría monista no tiene fundamento expreso en el texto de la Constitución, y el derecho internacional contenido en tratados, tiene que ser recibido por el derecho interno, sea por ley o por acto de gobierno, según que el tratado regule materias reservadas internamente al legislador o no.

En esta forma, por ejemplo, en los casos de tratados aprobados por ley, en la relación con la legislación nacional, debe privar el criterio de la ley posterior y de la ley especial, salvo que el propio ordenamiento interno establezca la primacía de los tratados, tal como ocurre en materia de derecho internacional privado, de acuerdo al artículo 8 del Código de Procedimiento Civil.

C. *El problema de la impugnabilidad de la ley aprobatoria de tratados*

Ahora bien, la Corte Suprema de Justicia, como órgano que ejerce el Poder Público, tiene competencia de acuerdo al artículo 215, ordinal 8° para declarar la nulidad total o parcial de las leyes nacionales que colidan con la Constitución; de acuerdo al ordinal 5° de dicha norma, para resolver las colisiones que existan entre diversas disposiciones legales y declarar cuál de éstas debe prevalecer; y de acuerdo al ordinal 6° del mismo artículo, para declarar la nulidad de los actos de gobierno del Ejecutivo Nacional.

Por tanto, aun si se trata de leyes o de actos de gobierno aprobatorios de tratados, la Corte Suprema tiene competencia para conocer de su impugnación. El tema ha sido discutido en nuestro país y la propia Corte Suprema de Justicia no ha tenido

---

766 Véase Edmundo Vargas Carreño, "La recepción del derecho internacional en el ordenamiento jurídico venezolano. La Constitución de 1961 ¿Dualista o Monista?", en *Estudios sobre la Constitución. Libro Homenaje a Rafael Caldera*, Tomo III, Caracas, 1979, pp. 1627 y ss.

criterios uniformes[767], aun cuando en 1990 admitió abiertamente su competencia en la materia.

D. *El principio de la solución pacífica de controversias*

Por último debe señalarse, que la Constitución expresamente exige en su artículo 129 que "en los tratados, convenios y acuerdos internacionales que la República celebre, se insertará una cláusula por la cual las partes se obliguen a decidir por las vías pacíficas *reconocidas en el derecho internacional* o previamente convenidas por ellas, si tal fuere el caso, las controversias que pudieran suscitarse entre las mismas con motivo de su interpretación o ejecución si no fuere improcedente y así lo permita el procedimiento que deba seguirse para su celebración".

Esta norma, a diferencia de la contenida en los artículos 102 y 116, si bien no remite autónomamente al derecho internacional, sino que prescribe que en los acuerdos jurídicos internacionales que celebre la República, debe establecerse una cláusula que obligue a la solución pacífica para las controversias conforme se convenga y que, en su defecto se debe acudir a las vías pacíficas reconocidas en el derecho internacional, tiene en la práctica el mismo efecto, pues constitucionalmente no podría celebrarse un Tratado sin esa cláusula. En todo caso, esos medios de solución pacífica de controversias, en general, son los establecidos en los artículos 33 y siguientes de la Carta de la Organización de las Naciones Unidas; en el artículo 20 de la Carta de Organización de los Estados Americanos; y en el Tratado Americano de Soluciones Pacíficas (Pacto de Bogotá) de 1948: la negociación, la mediación, los buenos oficios, la conciliación, la investigación, el arbitraje, el recurso a organismos o acuerdos regionales, el procedimiento o arreglo judicial.

6. *El favorecimiento de la integración económica latinoamericana*

El artículo 108 de la Constitución establece que:

> "La República favorecerá la integración económica latinoamericana. A este fin, se procurará coordinar recursos y esfuerzos para fomentar el desarrollo económico y aumentar el bienestar y seguridad comunes".

Es por tanto, una obligación de la República favorecer la integración económica latinoamericana, y por ello Venezuela ha participado en todos los procesos de integración desarrollados desde la década de los sesenta, particularmente en la Asociación Latinoamericana del Libre Comercio (ALALC) convertida luego en Asociación Latinoamericana de Integración (ALADI); y en el Pacto Subregional Andino de Integración Económica (Acuerdo de Cartagena).

La norma constitucional, sin embargo, no es suficiente para asegurar una participación efectiva de la República en un proceso de integración económica que exige efectivamente, la transferencia de competencias de los órganos constitucionales (Poder Legislativo, Poder Ejecutivo y Poder Judicial) a órganos supranacionales, con la consecuente limitación de potestades a esos órganos; la aplicación inmediata

767 Véase lo que hemos expuesto en Allan R. Brewer-Carías, *El Control de la Constitucionalidad de los Actos Estatales*, Caracas, 1977, pp. 48 y ss.

en el derecho interno de los actos comunitarios y del derecho que produzcan los órganos supranacionales, los cuales deben tener prevalencia en relación al derecho interno; y la limitación a la posibilidad de control de la constitucionalidad (difuso y concentrado) por los jueces nacionales de los actos comunitarios.

II. EL TERRITORIO DEL ESTADO

Uno de los elementos condicionantes del Estado, además del gobierno y la población, es el territorio[768]. Esta habita en él y el gobierno ejerce el Poder Público en su ámbito físico-geográfico. El territorio, por tanto, es el ámbito físico de acción de los órganos que ejercen el Poder Público, y de eficacia del ordenamiento jurídico del Estado.

El territorio del Estado venezolano, denominado en la Constitución "territorio nacional"[769] o "territorio de la República"[770] se ha definido en el artículo 7 de la Constitución de la siguiente manera:

> Art. 7. El territorio nacional es el que correspondía a la Capitanía General de Venezuela, antes de la transformación política iniciada en 1810, con las modificaciones resultantes de los tratados celebrados válidamente por la República.
>
> La soberanía, autoridad y vigilancia sobre el mar territorial, la zona marítima contigua, la plataforma continental y el espacio aéreo, así como el dominio y la explotación de los bienes y recursos en ellos contenidos, se ejercerán en la extensión y condiciones que determine la ley.

Este territorio, sin duda, es parte esencial del Estado, por lo que de acuerdo al artículo 8° del Texto, "no podrá ser jamás cedido, traspasado, arrendado ni en forma alguna enajenado, ni aun temporal o parcialmente a potencia extranjera".

Ahora bien, antes de analizar las implicaciones del artículo 7 de la Constitución que responde al concepto del *uti possidetis juris*[771], estimamos conveniente describir la evolución de la definición territorial de Venezuela en nuestros textos constitucionales.

1. *Evolución constitucional*

En la evolución constitucional de la delimitación del territorio, del análisis de los textos constitucionales, pueden distinguirse tres etapas: la primera, que define él

---

768 Véase Antonio Moles Caubet, "Estado y Derecho. Configuración Jurídica del Estado", en *Studia Juridica,* N° 1, Caracas, 1957, pp. 257 y ss. Sobre el territorio del Estado venezolano, véase Allan R. Brewer-Carías, "Territorio de Venezuela" Período republicano, *Diccionario de Historia de Venezuela,* Fundación Polar, Tomo II, Caracas, 1989, pp. 867-874.

769 Artículos 7, 8, 9, 64, 136, ordinal 2; 150, ordinal 6; 179, ordinal 7, 189, 241.

770 Artículos 35, ordinal 1; 37, ordinales 2 y 3, 40.

771 Véase José A. Zambrano Velazco, *Sumario Jurídico de la territoriedad,* Maracaibo-San Cristóbal, 1983, que reproduce el trabajo del mismo autor con el título *"El Uti possidetis".* Examen de algunas cuestiones relacionadas con el territorio del Estado y, en particular, del criterio para la determinación de los límites territoriales de Venezuela: el *uti possidetis juris* de 1810 (Art. 7 constitucional) en *Estudios sobre la Constitución. Libro Homenaje a Rafael Caldera,* Tomo I, Caracas 1979, pp. 247 y ss.

territorio por las provincias que formaban la Capitanía General de Venezuela; la segunda, que define el territorio conforme al que correspondía en 1810 a la mencionada Capitanía; y la tercera, que define al territorio conforme al -de la Capitanía pero con modificaciones en virtud de tratados.

A. *El territorio nacional formado por las provincias de la Capitanía General de Venezuela*

La Constitución Federal para los Estados de Venezuela de 1811, hecha por los representantes "de Margarita, de Mérida, de Cumaná, de Barinas, de Barcelona, de Trujillo y de Caracas", al establecer el Pacto Federal, dejó a cada una de esas Provincias "su Soberanía, Libertad e Independencia", con "el derecho exclusivo de arreglar su gobierno y administración *territorial* bajo las leyes que crean convenientes". Agregó el Preliminar de dicho texto, que "del mismo derecho gozarán todos aquellos *territorios* que *por división del actual o por agregación a él* vengan a ser parte de esta Confederación". Por ello, el artículo 128 de la Constitución, conforme a esa declaración se destinó a las otras Provincias que formaban la Capitanía General de Venezuela: Coro, Maracaibo y Guayana, las cuales "luego que libres de la operación que sufren puedan y quieran unirse a la Confederación, serán admitidas a ella".

En esta forma, aun cuando sin una definición expresa, el territorio de la confederación se formó por el de las Provincias cuyos representantes sancionaron la Constitución, y que formaban parte de la Capitanía General de Venezuela.

La Constitución de 1819, decretada "por nuestros representantes, diputados al efecto por las Provincias de nuestro territorio que se han liberado ya del despotismo español", en su título II, Sección Primera, artículo 2 estableció que:

> El territorio de la República de Venezuela se divide en diez Provincias que son: Barcelona, Barinas, Caracas, Coro, Cumaná, Guayana, Maracaibo, Margarita, Mérida y Trujillo. Sus límites y demarcaciones se fijarán por el Congreso.

Este texto, en igual forma, sin definir el ámbito del territorio, al dividirlo en el de las Provincias, remite al territorio de estas para su determinación.

B. *El territorio nacional referido al de la Capitanía General de la República en 1810 (el uti possidetis juris)*

A partir de la Ley Fundamental de la Unión de los pueblos de Colombia de 1821 y de la Constitución de esa fecha, se comenzó a definir el territorio de la República por el que formaba la Capitanía General, de Venezuela establecida por Real Cédula de 8 de septiembre de 1777[772], tal como estaba configurado en 1810 antes del proce-

---

772 De acuerdo a esta Real Cédula quedaban sometidos al Capitán General de la Provincia de Venezuela, los gobernadores de las Provincias de Cumaná, Guayana y Maracaibo y las islas de Margarita y Trinidad, tanto en lo gubernativo y militar, con lo que quedaba políticamente configurada la Capitanía General de Venezuela, completamente segregada del virreinato de Santa Fe. Véase F. González Guinán, *Historia Contemporánea de Venezuela,* Tomo I, Caracas, 1954, p. 11. Véase además, el texto en *La Capitanía General de Venezuela 1777 -8 de septiembre- 1977,* Edición de la Presidencia y del Concejo Municipal del Distrito Federal, Caracas, 1977.

so político iniciado el 19 de abril de ese año. En esta forma, en Venezuela se siguió el principio del derecho internacional público americano, conocido como el *uti possidetis juris,* según el cual nuestro país tenía derechos sobre los territorios que correspondían, en 1810 a la Capitanía General de Venezuela, de tal manera que los límites territoriales del país, eran los mismos que correspondían en ese año a dicha entidad colonial, en relación al virreinato de la Nueva Granada, el" Brasil y la Guayana Holandesa[773].

El artículo 5° de dicha Ley Fundamental dispuso así:

> Art. 5. El territorio de la República de Colombia será comprendido *dentro de los límites de la antigua Capitanía General de Venezuela* y el Virreinato y Capitanía del Nuevo Reino de Granada. Pero la asignación de sus términos precisos queda reservada para tiempo más oportuno.

En la Constitución de Colombia de 1821 conforme a la orientación de la Ley Fundamental, el territorio de la República se definió así:

> Art. 6. El territorio de Colombia es el mismo que comprendía el antiguo Virreinato de la Nueva Granada y *Capitanía General de Venezuela.*

En la Constitución de 1830, luego de la separación de Venezuela de la Gran Colombia y su Constitución como Estado independiente, se definió el territorio de Venezuela en la siguiente forma:

> Art. 5. El territorio de Venezuela comprende todo lo que antes de la transformación política de 1810 se denominaba *Capitanía General de Venezuela.* Para su mejor administración se dividirá en provincias, cantones y parroquias, cuyos límites fijará la Ley.

Esta norma de la Constitución de 1830 sustancialmente quedó con la misma redacción en la Constitución de 1857 (Art. 3), cambiando solamente el tiempo del verbo denominaba por "denominó". La Constitución de 1858 volvió a utilizar el tiempo "denominaba" agregando que comprendía lo que "se denominaba Capitanía General de Venezuela, con todos sus derechos y pertenencias".

La Constitución Federal de 1864 simplificó la redacción, al indicar que:

> Art. 3. Los limites de los Estados Unidos que componen la Federación Venezolana, son los mismos que en el año 1810 correspondían a la antigua *Capitanía General de Venezuela.*

Igual redacción se conservó en la Constitución de 1874 (Art. 3), y con variantes de redacción en las Constituciones de 1881 (Art. 3), y de 1891 (Art. 8). En la Constitución de 1893, se varió el texto, en la siguiente forma:

> Art. 3. El territorio de los Estados Unidos de Venezuela es el mismo que en el año 1810 correspondía a la *Capitanía General de Venezuela.*

---

773 Véase Ernesto Wolf, *Tratado de Derecho Constitucional Venezolano,* Tomo I, Caracas, 1945, p. 40.

C. *El territorio nacional referido al de la Capitanía General de Venezuela en 1810, con modificaciones resultantes de Tratados*

En la Constitución de 1901, por primera vez en la evolución constitucional se admitió que el territorio que en 1810 correspondía a la Capitanía General de Venezuela, y que formaba el territorio nacional, había sido modificado por la vía de Tratados internacionales, como en efecto había sucedido.

El artículo 1° de esa Constitución, en efecto dispuso lo siguiente:

> Art. 1. El territorio de los Estados Unidos de Venezuela es el mismo que en el año 1810 correspondía a la *Capitanía General de Venezuela* con las modificaciones que resulten de Tratados Públicos.

En esta forma, la Constitución se adaptó a la realidad, pues nuestro territorio ya no era el mismo, realmente, al que Venezuela tenía en 1810, pues diversos tratados para demarcar fronteras se habían celebrado con Colombia, el Reino Unido y Brasil.

a. *Los Tratados suscritos antes de 1901*

a'. *Tratados suscritos con Colombia*

En efecto, ya para 1901 la frontera con *Colombia* no era la misma que dividía a la Capitanía General de Venezuela del Virreinato de la Nueva Granada, sino que había sido objeto de una modificación en virtud de un Tratado. En efecto, separada Venezuela de la Gran Colombia, y establecido el Estado autónomo en 1830, se iniciaron las conversaciones diplomáticas entre los dos países para establecer la aplicación del principio del *uti possidetis juris.* Así, se llego a suscribir el Tratado de amistad, alianza, comercio, navegación y límites de 14 de diciembre de 1833, entre los Ministros Santos Michelena de Venezuela y Lino de Pombo de Colombia, que buscaba resolver la situación, es decir, buscaba determinar la frontera entre los dos países en la aplicación de la regla del *uti possidetis juris* que tanto Colombia como Venezuela, invocaban para la determinación de sus respectivos territorios; tratado que no fue aprobado por el Congreso de Venezuela, razón por la cual no entró en vigencia[774].

Posteriormente, mediante el Tratado de Arbitramiento sobre límites firmado en Caracas el 14 de septiembre de 1881, ambos países "deseando poner término a la cuestión de límites territoriales", "con el objeto de alcanzar la verdadera delimitación territorial de derecho" y en vista de que no habían podido "ponerse de acuerdo en cuanto a los respectivos derechos o *uti possidetis juris,* de 1810" convinieron en "someterlo al juicio y sentencia del gobierno de su Majestad el Rey de España, en calidad de árbitro, Juez de derecho, los puntos de diferencia en la expresada cuestión de límites, a fin de obtener un fallo definitivo e inapelable, según el cual todo el

774 Véase el texto en Leandro Área y Elka Nieschulz de Stockhausen, *El Golfo de Venezuela. Documentación y Cronología,* Caracas, 1984, pp. 80 a 89. En ese libro puede verse el dictamen de la Cámara de Representantes de Venezuela de 7 de abril de 1835 planteando la desaprobación del Proyecto (p. 90), el Decreto Legislativo que aprueba sólo parte del articulado del Tratado (p. 99 y 100), y el dictamen del Senado sobre el Proyecto (pp. 103 a 110).

territorio que pertenecía a la jurisdicción de la antigua Capitanía General de Caracas por actos regios del antiguo Soberano hasta 1810, quede siendo territorio jurisdiccional de la República de Venezuela, y todo lo que por actos semejantes y en esa fecha perteneció a la jurisdicción del Virreinato de Santa Fe, quede siendo territorio de la actual República llamada Estados Unidos de Colombia" (Art. 1)[775].

El 16 de marzo de 1891 fue firmado en Madrid el Laudo Arbitral sobre cuestión de límites (Laudo Español), en el cual se determinó "la línea de frontera en litigio entre la República de Colombia y los Estados Unidos de Venezuela", a cuyo efecto se dividió la demarcación en seis secciones: 1° La Goagira; 2° Línea de las Sierras de Perijá y de Motilones; 3° San Faustino; 4° Línea de la Serranía de Tamá; 5° Línea del Sarare, Arauca y Meta; 6° Línea del Orinoco y Río Negro"[776].

Con fecha 30 de diciembre de 1898, se suscribió el Pacto que reglamenta la ejecución del Laudo relativo al asunto de límites[777], y las partes resolvieron ejecutar dicha sentencia arbitral y proceder "a la demarcación y al amojonamiento de los límites que traza aquella sentencia, en la extensión en que no los constituyan ríos, las cumbres de una sierra o una serranía" (Art. 1). A tal efecto, las partes acordaron nombrar una Comisión Mixta, la cual por razones de guerra interior en los dos países, sólo pudo instalarse a comienzos de 1900, habiéndose suspendido sus trabajos al año siguiente[778].

b'. *Tratados suscritos con el Reino Unido*

Con fecha 2 de febrero de 1897 se celebró un Tratado de Arbitraje entre los Estados Unidos de Venezuela y su Majestad la Reina del Reino Unido de la Gran Bretaña[779], mediante el cual "deseando estipular el arreglo amistoso de la cuestión que se ha suscitado entre sus respectivos gobiernos acerca de límites de los Estados Unidos de Venezuela y la Colonia de la Guayana Británica", resolvieron someter dicha cuestión a arbitramiento, designando al efecto un Tribunal Arbitral "para determinar la línea divisoria entre los Estados Unidos de Venezuela y la Colonia de Guayana Británica" (Art. 1). Debe destacarse que en la primera de las Reglas destinadas a los árbitros, se estableció la siguiente "Una posesión adversa o prescripción por el término de 50 años constituirá un buen título. Los árbitros podrán estimar que la dominación política exclusiva de un Distrito, así como la efectiva colonización de él, son suficientes para constituir una posesión adversa o crear título de prescripción". Con esta regla, sin duda, Venezuela abandonaba el principio del *uti possidetis*

---

775 Véase el texto en *Tratados Públicos, Acuerdos Internacionales de Venezuela,* Vol. I. 1820-1900, Caracas, 1924, pp. 360 y 361. El texto de dicho Tratado fue aclarado después de la muerte de Alfonso XII, mediante Tratado de 15 de febrero de 1886. Véase en *Tratados Públicos...,* Vol. I, *cit.,* pp. 443 a 446.

776 Publicado en la *Gaceta de Madrid* de 17-3-1891, Véase en *Tratados Públicos...* Vol. I, *cit.,* pp. 456 a 462.

777 Véase el texto en *Tratados Públicos...* Vol. I, *cit.,* pp. 478 a 481.

778 Véase *Tratados Públicos...* Vol. I, *cit,* pp. 481 y Vol. II (1900-1920), p. 600. Véase las actas de Caicara, de Castilletes, de Caño de Majayure, de Guerrero, de Guarero, de Caracas, de Pamplona de Tamá, de las fuentes del Río Táchira, de la ribera del Río Arauca, de El Paso del Viento y de Puerto España entre 1900 y 1901 en *Tratados Públicos..., cit.,* Vol. III, pp. 390 a 409.

779 Véase el texto en *Tratados Públicos...*, Vol. I, *cit.,* pp. 491 a 496.

que el Reino Unido nunca aceptó. Los árbitros rindieron su decisión el 3 de octubre de 1899 (Laudo de París) determinando "la línea de demarcación entre los Estados Unidos de Venezuela y la Guayana Británica"[780]. Los gobiernos de Venezuela y de la Gran Bretaña nombraron sendas Comisiones para delinear técnicamente la línea divisoria, establecida en el Laudo de París de 1899, las cuales realizaron sus trabajos entre 1900 y 1905. En todo caso, antes de promulgarse la Constitución de -1901 ya se habían levantado las Actas de Morajuana, Mururuna, Haiowa y Salto de San Víctor[781].

c'. *Tratado suscrito con Brasil*

La República de Venezuela y su Majestad el Emperador del Brasil "reconociendo la necesidad de a justar un convenio definitivo sobre los límites entre sus respectivos términos" suscribieron el 5 de mayo de 1859 un Tratado de Límites y Navegación Fluvial[782], en el cual se declaró y definió la línea divisoria fronteriza entre los dos países. Las partes, además, acordaron designar una comisión mixta para la demarcación de la línea en los puntos en que fuese necesario (Art. 3), la cual realizó labores en 1879, 1880 y 1882 a 1884 aprobadas por Protocolos de límites suscritos en 1905[783].

d'. *Tratado suscrito con Holanda*

Por último, debe señalarse que en 1901, Venezuela también había celebrado con Holanda la Convención de arbitramiento relativa a la soberanía de la Isla de Aves firmada en Caracas el 5 de agosto de 1857[784], en la cual se convino en que "la cuestión del derecho de dominio y soberanía en la isla de aves" sería sometida a arbitramento de una potencia amiga, previamente escogida de común acuerdo (Art. 1).

La Reina Isabel II de España, con fecha 30 de junio de 1865 dictó el correspondiente Laudo en la cuestión relativa al dominio y soberanía de la Isla de Aves[785], declarando que la isla correspondía a Venezuela.

b. *La evolución posterior a 1901 hasta 1961*

A partir de 1901, los textos constitucionales, siguieron básicamente la misma orientación del artículo 1° de la Constitución de ese año, la cual en esta materia se repitió textualmente en las Constituciones de 1904 (Art. 1) y 1909 (Art. 3°). En el Estatuto Constitucional Provisorio de 1914 (Art. 2) quedó con igual redacción agregándose una mención a "las islas de su pertenencia en el mar de las Antillas". La misma redacción continuó en la Constitución de 1914 (Art. 1°), en la cual se habla de "las islas venezolanas en el mar de las Antillas", y en la Constitución de

780 Véase el texto en *Tratados Públicos* ..., Vol. I, *cit.*, pp. 496 a 498.

781 Véase los textos en *Tratados Públicos* L, Vol. III, *cit.*, 1920-1925, Caracas, 1950, pp. 382 a 390.

782 Véase el texto en *Tratados Públicos*... Vol. I, *cit.*, pp. 224 a 230

783 Véase las referencias en *Tratados Públicos*..., Vol. II, *cit.*, pp. 54, 55 y 508; y el texto de las actas en Vol. VIII (1920-1925), Caracas, 1950, pp. 366 a 382.

784 Véase en *Tratados Públicos*..., Vol. I, *cit.*, pp. 207 a 209.

785 Véase en *Tratados Públicos*..., Vol. III, *cit.*, pp. 100 a 105.

1922 (Art. 1°). En el texto constitucional de 1925 sólo cambió la expresión "Tratados públicos" por Tratados celebrados por la República (Art. 2), y se agregó una expresión que posteriormente se seguirá incorporando en los textos fundamentales en forma invariable:

> Este territorio no podrá jamás ser cedido, traspasado, arrendado ni en ninguna forma enajenado a potencia extranjera ni aun por tiempo limitado.

En la Constitución de 1925 además, la referencia a las islas venezolanas comienza a formularse por separado, al adquirir individualidad territorial las denominadas "Dependencias Federales" (Art. 10).

La redacción del artículo 2° de la Constitución de 1925 se repitió exactamente igual en las Constituciones de 1928 (Art. 2°), 1929 (Art. 2°), 191 3 (Art. 2°), 1936 (Art. 2°), 1945 (Art. 2°) y 1947 (Art. 1°). En esta última Constitución se incorporó la aclaratoria, frente a la norma anteriormente destacada, de que:

> Las naciones extranjeras sólo podrán adquirir, en conformidad con la Ley, los inmuebles necesarios para sede de su representación diplomática en la capital de la República, a título de reciprocidad, y quedando siempre a salvo la soberanía nacional sobre el suelo.

Debe señalarse, por último, que fue en la Constitución de 1953 donde se incorporó por primera vez al texto constitucional la referencia a los espacios marítimos y aéreos como elementos componentes del territorio, en la siguiente forma:

> También se declaran sujetos a su autoridad y jurisdicción el lecho del mar y el subsuelo de las áreas que constituyen su plataforma continental, así como las islas que se formen o aparezcan en esta zona. La extensión del mar territorial, la zona marítima contigua y el espacio aéreo en los cuales el Estado ejerce su vigilancia, se determinarán por la Ley.

Como se ha visto, toda esta evolución constitucional condiciona la redacción actual del artículo 7 de la Constitución, en la cual debe destacarse la aclaratoria de que las alteraciones territoriales al principio del *uti possidetis* reconocidas por la República con relación al territorio de la antigua Capitanía General de Venezuela, son sólo las resultantes de los tratados celebrados "válidamente" por la República.

Ahora bien, con posterioridad a 1901 y hasta 1961 se celebraron los siguientes Tratados y Acuerdos fronterizos:

a'. *Tratados suscritos con Colombia*

En relación a la frontera con *Colombia,* el 3 de noviembre de 1916 en Bogotá, se firmó entre los dos países una convención para la completa demarcación de la frontera[786] en vista de la discrepancia respecto de la ejecución práctica del Laudo Español de 1891. Mediante dicha convención, las partes acordaron someter a la decisión de un Arbitro de derecho la cuestión de si la ejecución del Laudo podía hacerse par-

786 Véase el texto en *Tratados Públicos...*, Vol. II, *cit.*, pp. 599 a 602

cialmente como lo sostenía Colombia, o tenía que hacerse íntegramente como lo sostenía Venezuela, a los efectos de que pudieran ocuparse los territorios reconocidos a cada una de las dos Naciones y que no estaban ocupados por ellas antes del Laudo de 1891 (Art. 1). Además, las partes convinieron en encargar al Árbitro la completa determinación del deslinde y amojonamiento de la frontera fijada en el Laudo Español (Art. 3).

El Consejo Federal suizo, llamado a decidir como Arbitro las divergencias de límites entre Colombia y Venezuela en virtud del compromiso de 1916, dictó su sentencia arbitral en Berna el 24 de marzo de 1922[787], acordando la posibilidad de ejecución parcial del Laudo Español, como lo reclamaba Colombia (Art. 1), y por tanto, la ocupación definitiva de los territorios que habían sido delineados hasta ese momento (Art. 2); y resolviendo la organización de una Comisión Arbitral que debía resolver por delegación del Consejo Federal, en cuanto a los trabajos de deslinde y amojonamiento (Art. 3). La organización de la Comisión de Expertos se estableció por Resolución del Consejo Federal suizo el 29 de mayo de 1922[788], habiéndose dictado el Reglamento Interno de la misma, en Berna, el mismo 29 de mayo de 1922[789]; y los dos países celebraron un arreglo, por cambio de notas para facilitar los trabajos de la Comisión de expertos suizos encargada de la demarcación de la frontera en septiembre de 1922[790].

A partir de 1923, la Comisión Suiza de Expertos dictó varias sentencias para la fijación de las fronteras en 9 de abril de 1923, la relativa a la frontera de la región de San Faustino (Primera Sección de la Comisión Suiza de Expertos)[791]; en 30 de abril de 1923, la relativa a la frontera entre el curso del Atabapo y el del Guainía (Segunda Sección de la Comisión Suiza de Expertos)[792]; en 19 de septiembre de 1923, la colocación de un hito en la ribera izquierda del río Zulia[793]; en 5 y 15 de octubre de 1923, y 13 de mayo de 1924, la relativa a la frontera entre el Catatumbo y el Zulia[794]; y en 5 de marzo de 1924, la relativa a la frontera en la región Arauca-Meta (Segunda Sección de la Comisión Suiza de Expertos)[795].

Posteriormente, los dos países en 17 de diciembre de 1928, celebraron un acuerdo por cambio de notas, sobre puntos relativos a la frontera común[796] estableciendo Comisiones Mixtas a los efectos de realizar los trabajos técnicos de demarcación. Las Comisiones realizaron su trabajo entre 1930 y 1932[797], lo que provocó, también,

787 Véase el texto en *Tratados Públicos...*, Vol. III, *cit,* pp. 35 a 40

788 Véase el texto en *Tratados Públicos...*, Vol. III, *cit.* pp. 40 a 43.

789 Véase el texto en *Tratados Públicos:..*, Vol. III, *cit.*, pp. 43 a 45

790 Véase el texto en *Tratados Públicos...*, Vol. III, *cit.*, pp. 48 a 50.

791 Véase el texto en *Tratados Públicos...*, Vol. III, *cit,* pp. 56 a 67

792 Véase el texto en *Tratados Públicos...*, Vol. III, *cit,* pp. 68 a 72

793 Véase el texto en *Tratados Públicos...*, Vol. III, *cit,* pp. 79 a 82.

794 Véase el texto en *Tratados Públicos...*, Vol. III, *cit,* pp. 82 a 86 y 91 a 93

795 Véase el texto en *Tratados Públicos...*, Vol. III, *cit,* pp. 87 a 96

796 Véase el texto en *Tratados Públicos...*, Vol. IV, (1925-1932), Caracas, 1933, pp. 253 a 260

797 Véase las actas en *Tratados Públicos...*, Vol. IV, *cit.*, pp. 302 a 356.

la celebración de Convenios adicionales sobre demarcación, por cambio de notas, en 1932[798] y en 1938[799].

Por último con fecha de 5 de abril de 1941, en Cúcuta, los gobiernos de los Estados Unidos de Venezuela y de Colombia suscribieron el Tratado sobre demarcación de Fronteras y Navegación de los Ríos Comunes, con el cual se "concluye, en lo que aún falta, la demarcación de sus fronteras, confirma para lo restante los pactos que regulan su alindamiento, y prevé normas a su recíproco comercio y demás relaciones de vecindad y convivencia". En tal virtud, los dos Estados "declaran que la frontera entre las dos Naciones está en todas sus partes definida por los pactos y actos de alindamiento y el presente Tratado; que todas las diferencias sobre la materia de límites quedan terminadas; y que reconocen como definitivos e irrevocables los trabajos de demarcación hechos por las Comisiones Demarcadoras en 1901, por la Comisión de Expertos Suizos, y los que se hagan de común acuerdo por los comisionados designados" conforme a lo dispuesto en el propio Tratado (Art. 1). Estos comisionados debían demarcar la frontera común en determinados puntos indicados, "mediante hitos perdurables qué colocarán de modo que dicha frontera pueda ser reconocida con exactitud en cualquier tiempo" (Art. 1, Parágrafo 4°)[800].

La Comisión Mixta realizó sus labores en 1942, construyendo los diversos hitos, muchos de los cuales fueron posteriormente reconstruidos en 1959[801].

Con el Tratado de 1941[802], se concluyó el largo proceso de más de un siglo de delimitación de las fronteras terrestres entre Venezuela y Colombia. Queda ahora pendiente la delimitación de las áreas marinas y submarinas entre los dos países.

b'. *Acuerdos suscritos con el Reino Unido*

En relación con la frontera con la Guayana Inglesa, después de la Constitución de 1901 se continuó realizando la demarcación de la línea fronteriza entre Venezuela y la Guayana Británica, y a tal efecto se levantaron entre los Comisionados las Actas de Georgetown en 1902 y 1905[803]. Esta última de 10 de enero de 1905 consistió en un convenio entre los gobiernos en el cual aceptaban como correctas las posiciones de los puntos fronterizos de demarcación según el Laudo de París[804].

Posteriormente, en 1932, se celebró un Acuerdo entre Venezuela y Gran Bretaña sobre el punto de convergencia de las fronteras de Venezuela, el Brasil y la Guayana Británica, concluido por cambio de notas[805], a proposición de Venezuela. Esta pro-

---

798 Véase las Actas en *Tratados Públicos...*, Vol. IV, *cit,* pp. 356 a 360.

799 Véase el texto en *Tratados Públicos...*, Vol. VI (1936-1942), Caracas, 1942, pp. 61 a 63.

800 Véase el texto del Tratado, en *Tratados Públicos...*, Vol. VI (1936-1942), *cit.*, pp. 703 a 707.

801 Véase las actas de reconstrucción de hitos, de 1959 en *Tratados Públicos...*, Vol. XII (1957-1959), Caracas, 1979, pp. 495 a 500.

802 Véase los comentarios de Eleazar López Contreras, quien era Presidente de a República al momento de la firma del Tratado en su trabajo y *Proceso de límites entre Venezuela y Colombia,* New York, 1953, 38 pp.

803 Véase en *Tratados Públicos..., cit.,* Vol. III, pp. 382 a 390.

804 Véase en *Tratados Públicos..., cit.,* Vol. III, p. 388.

805 Véase en *Tratados Públicos..., cit.,* Vol. IV, pp. 360 a 362.

puesta de nuestro país fue "que la referida frontera quedara determinada por una línea recta que, partiendo de la fuente del río Venamo, vaya a terminar en el punto del Monte Roraima donde coinciden las tres fronteras de Venezuela, la Guayana Británica y el Brasil, punto recientemente fijado y marcado con un poste por las Comisiones de los tres países"[806]. En efecto, en el Acta de inauguración de dos hitos en el Monte Roraima levantada el 29 de diciembre de 1931, la Comisión Mixta Venezolana-Brasileña, al referirse a uno de ellos declaró: "Este hito se halla situado en la divisoria de aguas cotinga-arabopo y señala el comienzo de la frontera entre Venezuela y el Brasil en el Monte Roraima. Marca igualmente el punto terminal de la frontera entre Venezuela y la Guayana Británica, como también el comienzo de la frontera entre el Brasil y la propia Guayana"[807].

Con posterioridad a esas actas, entre Gran Bretaña y Venezuela antes de 1961 se suscribió el Tratado sobre la Isla de Patos (situada entre Trinidad y Venezuela) el 26 de febrero de 1942, mediante el cual Gran Bretaña transfirió a nuestro país "el título y todos los derechos de soberanía sobre dicha isla que en lo sucesivo será considerada como parte del territorio de Venezuela"[808]. En esa misma fecha, los dos países suscribieron el Tratado sobre las aguas submarinas del Golfo de Paria[809] mediante el cual las partes definieron sus respectivos intereses respecto del lecho del mar y del subsuelo fuera de las aguas territoriales, texto que constituyó un precedente fundamental en el derecho del mar en materia de delimitación de áreas marinas y submarinas.

c'. *Acuerdos suscritos con el Brasil*

Con posterioridad a 1901, entre Venezuela y Brasil se suscribió un Protocolo para la demarcación de la frontera común a los dos países, en Caracas, el 9 de diciembre de 1928[810] , mediante el cual debían constituirse comisiones mixtas para en un lapso prefijado realizar la demarcación, comisiones que no llegaron a constituirse[811]. Posteriormente, realizaron demarcaciones en 1914-1915 unas comisiones mixtas venezolano-brasileras relativas a la Piedra del Cocuy[812] hasta que se convino, mediante Protocolo suscrito el 24 de julio de 1928 en Río de Janeiro"[813] en sustituir las estipulaciones del Protocolo de 1905, y nombrar sendas Comisiones por los países para constituir una Comisión Mixta con el objeto de demarcar la frontera entre los dos países, partiendo de las demarcaciones efectuadas en 1914-1915. Con fecha 7 de noviembre de 1929, los dos países suscribieron un Acuerdo por cambio de notas para la ejecución del Protocolo del año anterior[814], mediante el cual se determinaron

---

806 Véase en *Tratados Públicos..., cit.,* Vol. IV, pp. 361 y 362.

807 Véase en *Tratados Públicos..., cit.,* Vol. IV, pp. 301.

808 Véase en *Tratados Públicos..., cit.,* Vol. IV, pp. 717 y 718.

809 Véase en *Tratados Públicos..., cit.,* Vol. IV, pp. 718 a 273.

810 Véase en *Tratados Públicos..., cit.,* Vol. IV, p. 241 a 244.

811 *Cfr.* lo indicado en *Tratados Públicos..., cit.,* Vol. IV, p. 242.

812 *Cfr.* lo indicado en *Tratados Públicos..., cit.,* Vol. IV, p. 243.

813 Véase en *Tratados Públicos..., cit.,* Vol. IV, pp. 241 a 244.

814 . Véase en *Tratados Públicos..., cit.,* Vol. IV, p. 238 a 289.

las instrucciones sobre la Comisión Mixta Brasilero-Venezolana a los efectos de la demarcación. Esta Comisión inició sus tareas en 1930[815] y en períodos sucesivos hasta mitades de la década de los sesenta realizó la demarcación de la frontera entre los dos países[816].

D. *El territorio nacional referido al de la Capitanía General de Venezuela en 1810, con modificaciones resultantes de Tratados celebrados "válidamente" por la República: el caso de la Guayana Esequiba*

Como se ha dicho, en el artículo 7 de la Constitución vigente de 1961, en la determinación del territorio con referencia al que correspondía a la Capitanía General de Venezuela antes de la transformación política iniciada en 1810, se precisó que ese era "con las modificaciones resultantes de los tratados celebrados *válidamente* por la República". Respecto de ello, la Exposición de Motivos del Proyecto de Constitución fue explícita: "se agregó el adverbio «válidamente» para demostrar, en forma inequívoca, la voluntad de la República de aceptar sólo aquellas modificaciones en su *status* territorial que hayan sido el resultado de libre y válida determinación"[817].

Con esta salvedad constitucional se abrió la posibilidad formal de cuestionar la validez de decisiones concernientes a nuestras fronteras que habían sido cuestionadas con anterioridad, en relación a la frontera con la Guayana Británica, resultado del Laudo de París de 1899. Este Laudo había sido injusto con nuestro país, y el resultado de compromisos políticos entre las grandes potencias, lo cual quedó evidenciado a partir de 1949, cincuenta años después, con motivo de conocerse la documentación de muchos de los actores de la época de su elaboración.

Las manifestaciones oficiales esporádicas en contra del Laudo de 1899, antes de 1961[818] se comenzaron a acentuar a partir de la declaración del Embajador venezolano *y* del Canciller venezolano en las Naciones Unidas en 1962[819], y en concreto de la nota de reclamación territorial presentada el 5 de noviembre de 1963 por el Canciller venezolano al Ministro de Relaciones Exteriores de Gran Bretaña[820] con ocasión de las conversaciones que celebraron en Londres entre los días 5 al 7 de ese mes y año[821].

Entre 1963 y 1965 continuaron las conversaciones entre ambos gobiernos, y el 10 de diciembre de 1965 en Comunicado conjunto, los Ministros de Relaciones Exteriores, señalaron que: "discutieron vías y procedimientos para poner fin a la controversia que amenazaba quebrantar las tradicionalmente cordiales relaciones que Venezuela, por una parte, y el Reino Unido y la Guayana Británica, por la otra" y

815 Véase el Acta de 23 de noviembre de 1930 en *Tratados Públicos..., cit.,* Vol. IV, pp. 298 y 299.

816 *Cfr.* J. A. Zambrano Velazco, *Sumario..., cit.,* p. 69.

817 Véase en *Revista de la Facultad de Derecho,* N° 21, UCV, Caracas, p. 376.

818 Véase la información y documentación contenida en el libro editado por la Cancillería, *Reclamación de la Guayana Esequiba,* Caracas, 1981, pp. 40 y ss.

819 Véase en *Reclamación,.., cit.,* pp. 18 a 21.

820 Véase en *Reclamación..., cit.,* p. 23 y 24

821 Véase el Comunicado conjunto de 7-11-63 en *Reclamación..., cit.* p. 25.

que "se intercambiaron ideas y propuestas para un arreglo práctico de la controversia"[822]. Los Ministros, acordaron celebrar una conferencia en Ginebra en febrero de 1966, en la cual se celebró el "Acuerdo para resolver la controversia entre Venezuela y el Reino Unido de Gran Bretaña e Irlanda del Norte sobre la frontera entre Venezuela y Guayana Británica, de 17 de febrero de 1966[823], considerando que estaba próxima la independencia de la Guayana Británica y que cualquier controversia pendiente entre Venezuela y el Reino Unido y Guayana Británica perjudicaría la colaboración que debe existir entre los países. Se consideró que debía ser resuelta la controversia amistosamente, para lo cual se acordó en el artículo 1°, lo siguiente:

> Se establece una Comisión Mixta con el encargo de buscar soluciones satisfactorias para el arreglo práctico de la controversia entre Venezuela y el Reino Unido surgida como consecuencia de la con intención venezolana de que el Laudo arbitral de 1899 sobre la frontera entre Venezuela y Guayana Británica es nulo e írrito.

El acuerdo de Ginebra estableció además, que "si dentro de un plazo de cuatro años contados a partir de la fecha de este Acuerdo, la Comisión Mixta no hubiere llegado a un acuerdo completo para la solución de la controversia, referirá al gobierno de Venezuela y al gobierno de Guayana en su Informe Final cualesquiera cuestiones pendientes. Dichos gobiernos escogerán sin demora uno de los medios de solución pacífica previstos en el artículo 33 de la Carta de las Naciones Unidas" (Art. IV, 1).

Además, en el artículo IV-1 del Acuerdo se reguló con precisión el procedimiento para el caso de que no se lograse un acuerdo sobre la elección de uno de dichos medios de solución pacífica, calificado por el Ministro de Relaciones Exteriores que firmó el Acuerdo, como el punto más importante del mismo[824] y que se resume así:

1. Vencidos los tres meses siguientes a la recepción del Informe Final de la Comisión Mixta, sin que los gobiernos hubiesen llegado a un acuerdo sobre el procedimiento para solucionar la controversia, se referirá la decisión de escoger los medios de solución a un órgano internacional apropiado que ambos gobiernos acuerden;

2. A falta de acuerdo sobre la elección de un organismo internacional apropiado para escoger los medios de solución, corresponderá esa función al Secretario General de las Naciones Unidas;

3. El Secretario General de las Naciones Unidas escogerá los procedimientos de solución pacífica señalados en el citado artículo 33, hasta que la controversia haya sido resuelta, o hasta que todos los medios de solución pacífica contemplados en dicho artículo, sean agotados.

En esta forma, la función del Secretario General de las Naciones Unidas es la de ir señalando a las Partes, para que éstas los utilicen, los medios de solución pacífica

822 Véase en *Reclamación..., cit.,* pp. 66 y 67.

823 Véase la Ley aprobatoria de 15 de abril de 1966 en *Gaceta Oficial* N° 28.008 de 15-4-66.

824 Véase en *Reclamación... cit,* p. 97.

de controversias establecidos en la Carta (negociación, investigación, mediación, conciliación, arbitraje, arreglo judicial o recurso a organismos o acuerdos regionales), hasta que la controversia sea resuelta o hasta que aquéllos se hayan agotado. De ello resulta, en definitiva, que en última instancia el Laudo de París de 1899 podría llegar a ser sometido a examen y revisión por medio de arbitraje o de recurso judicial, siempre que lo acuerden las partes.

En todo caso, a los efectos de evitar que por el transcurso del tiempo se consoliden situaciones de hecho perjudiciales, al artículo 5° del Acuerdo previo: primero, que su texto no puede ser interpretado como una renuncia o disminución de Venezuela, el Reino Unido y la Guayana Británica, de cualesquiera bases de reclamación de soberanía territorial en los territorios de Venezuela o Guayana Británica; y segundo, que ninguno de los actos o actividades que tengan lugar durante la vigencia del Acuerdo constituirá fundamento alguno para hacer valer, apoyar o negar una reclamación de soberanía territorial, excepto cuando estos actos o actividades sean resultado de convenios logrados por la Comisión Mixta y aceptados por escrito por los gobiernos.

En mayo de 1966 se produjo el acto de independencia de Guayana Británica, y Venezuela declaró que reconocería al nuevo Estado de Guayana, con la reserva territorial de que "la independencia de Guayana Británica, no implica reconocimiento ni en forma alguna, renuncia o disminución de los derechos territoriales reclamados por Venezuela"[825]. Por otra parte, a partir de la independencia de Guyana, el gobierno del nuevo Estado comenzó a ser parte del Acuerdo de Ginebra, conforme lo dispuso su artículo VII, y en la nota de reconocimiento de Venezuela al nuevo Estado, de 26 de mayo de 1966, se reiteró la consideración de Venezuela de que el Laudo de París era "nulo e írrito", y que "por lo tanto, Venezuela reconoce cómo territorio Esequibo, y reitera ante el nuevo país, y ante la comunidad internacional, que se reserva expresamente sus derechos de soberanía territorial sobre toda la zona que se encuentra a la margen izquierda del precitado río; en consecuencia, el territorio de la Guayana Esequiba sobre el cual Venezuela se reserva expresamente sus derechos soberanos, limita al Este con el Nuevo Estado de Guyana, a través de la línea del río Esequibo, tomando éste desde su nacimiento hasta su desembocadura en el Océano Atlántico"[826].

Ahora bien, la Comisión Mixta del Acuerdo de Ginebra celebró 16 reuniones y concluyó el período fijado de 4 años sin haber logrado realizar el cometido que le encomendó el Acuerdo. En vista de ello, y del interés del gobierno de Venezuela de evitar que se aplicaran en ese momento los mecanismos del Acuerdo de Ginebra y que saliera el asunto del ámbito de las negociaciones directas entre las partes, se optó por continuar en la búsqueda de una vía negociada con Guayana, a cuyo efecto se firmó el Protocolo de Puerto España de 18 de junio de 1970[827], mediante el cual se suspendió por un período de 12 años, el funcionamiento del artículo IV del Acuerdo de Ginebra. Durante ese lapso, las partes debían explorar todas las posibi-

---

825 Véase en *Reclamación..., cit.,* p. 105.

826 Véase en *Reclamación..., cit.,* p. 108.

827 Véase el texto en *Reclamación..., cit.,* pp. 139 a 141.

lidades de mejorar el entendimiento entre ellos; y así se buscaba crear durante ese lapso un ambiente más propicio para continuar el procedimiento previsto en el Acuerdo de Ginebra[828].

Conforme al artículo III del Protocolo de Puerto España, "en la fecha en que este Protocolo deje de tener vigencia, el funcionamiento de dicho artículo (IV del Acuerdo de Ginebra) se reanudará en el punto en el que ha sido suspendido, es decir, como si el Informe Final de la Comisión Mixta hubiera sido presentado en esa fecha". A ese efecto, el artículo V previo la forma de finalización del Protocolo si "con seis meses por lo menos de anticipación a la fecha en la cual haya de terminar, el gobierno de Venezuela o el gobierno de Guyana hace llegar a los demás gobiernos partes en este Protocolo una notificación escrita a tal efecto".

El Protocolo de Puerto España vencía el 18 de julio de 1982. Un año antes, sin embargo, y mediante comunicado de 10 de abril de 1981 el gobierno de Venezuela hizo pública su decisión de no prorrogar el Protocolo de Puerto España, lo que trajo luego como consecuencia la reactivación de los procedimientos señalados en el Acuerdo de Ginebra: así se expresó formalmente en la Declaración Oficial del 2 de mayo de 1981, y en el comunicado del Ministerio del 11 de diciembre de 1981. En este último se precisó la consecuencia de la decisión adoptada: "desde la mencionada fecha, nuestra reclamación se regirá por el Acuerdo de Ginebra, y en concreto, por las disposiciones de su artículo IV, el cual remite a los medios de solución pacífica recogidos por el artículo 33 de la Carta de las Naciones Unidas que son: 1) Negociación, 2) Investigación, 3) Mediación, 4) Conciliación, 5) Arbitraje, 6) Arreglo Judicial, 7) Recurso a Organismos o Acuerdos Regionales, 8) Otros medios pacíficos"[829].

Al término de la vigencia del Protocolo, Venezuela ratificó a los países signatarios del Acuerdo de Ginebra y al Secretario General de las Naciones Unidas, la decisión del gobierno. En el período de tres meses previsto en el artículo IV del Acuerdo, las Partes debían escoger a uno de los modos de solución pacífica mencionada, y Venezuela insistió en la negociación. Guyana rechazó la invitación a negociar y contrapuso acudir ante la Corte Internacional de Justicia, lo cual fue rechazado por nuestro país. Transcurridos los tres meses mencionados, sin que se hubiera podido llegar a un acuerdo, Venezuela refirió la escogencia al Secretario de las Naciones Unidas[830]. Desde 1982, por tanto, el asunto está en manos de este funcionario; lo que reiteraron en febrero de 1985, los cancilleres de ambos países[831].

---

828 *Cfr.*, lo indicado en la Exposición de Motivos del Proyecto de ley aprobatoria del Protocolo de Puerto España, en *Reclamación..., cit.*, pp. 133 y ss. Debe señalarse que ese Proyecto de Ley nunca fue discutido ni sancionado

829 Véase dichos documentos en el libro citado por el Ministerio de Relaciones Exteriores, *Recopilación de las introducciones a las memorias del Despacho correspondientes, al Quinquenio 1979-1983, Documentos sobre la cuestión de Guyana,* Caracas, 1984, partes correspondientes al Libro Amarillo de 1981, pp. 2 y ss., en particular la 7.

830 Véase la parte relativa al Mensaje del Ministro al Congreso en 1983, en la misma publicación, *Recopilación..., cit.,* pp. 2 a 6.

831 Véase la parte relativa al Mensaje del Ministro al Congreso en 1983, en la misma, publicación, *Recopilación..., cit.,* pp. XXVI y XXVII. Véase, asimismo, el Mensaje que los Ministros de Relaciones Exte-

2. *La soberanía del Estado sobre el territorio nacional y su apropiabilidad*

A. *Composición*

De acuerdo a la evolución antes reseñada, puede decirse que el territorio nacional o territorio de la República está compuesto por las siguientes porciones:

a. La superficie de tierra firme delimitada dentro de las fronteras con los Estados limítrofes de acuerdo a como se han definido en los Tratados y Acuerdos internacionales;

b. La superficie de las islas y demás porciones de territorio que existen, se formen o aparezcan en el mar territorial o en el que cubra la plataforma continental;

c. La superficie de la Isla de Aves;

d. Las aguas interiores comprendidas dentro de las líneas de base rectas que fije el Ejecutivo Nacional a los efectos de la determinación de la extensión territorial[832].

Este es el ámbito territorial de la soberanía del Estado, y por tanto, en principio, el ámbito de acción de los órganos que ejercen el Poder Público.

Por otra parte, es precisamente este territorio sometido a la soberanía del Estado, el que de acuerdo al artículo 9 de la Constitución, "para los fines de la organización política de la República" se divide "en el de los Estados, el Distrito Federal, los Territorios Federales y las Dependencias Federales". Particularmente en cuanto a las islas comprendidas en esta última, el artículo 14 de la Constitución las define como "las porciones del territorio de la República no comprendidas dentro de los Estados, Territorios y Distrito Federal, así como las islas que se formen o aparezcan en el mar territorial o en el que cubra la plataforma continental". Esta división del territorio es la base de sustentación de la forma del Estado.

B. *Apropiabilidad: propiedad privada y propiedad pública*

Ahora bien, el hecho de que el Estado ejerza su soberanía sobre el territorio, no impide que su superficie pueda ser apropiada por los particulares, tanto más cuando que la propia Constitución garantiza el derecho de propiedad (Art. 99), sin excluir, por supuesto, la apropiabilidad del propio territorio por los entes públicos. En tal sentido, el territorio nacional está sometido a las normas del Código Civil en cuanto a su apropiabilidad. Por tanto, los inmuebles en él situados pueden pertenecer "a la Nación, a los Estados, a las Municipalidades, a los establecimientos públicos y demás personas jurídicas y a los particulares"[833].

---

riores de Venezuela y Guyana dirigieron al Secretario General de las Naciones Unidas, sobre su responsabilidad según el artículo IV (2) del Acuerdo de Ginebra, en *El Universal*, Caracas, 19-2-85, p. 1-1.

832 Véase el artículo 2 de la Ley sobre Mar Territorial, Plataforma Continental, Protección de la Pesca y espacio aéreo de 1956 que se comenta más adelante

833 Artículo 538 CC.

a. *Exclusión respecto de los extranjeros*

Sin embargo, la apropiabilidad de inmuebles por parte de Estados extranjeros y de particulares está restringida en diversa forma. En efecto, el territorio nacional de acuerdo al artículo 8 de la Constitución, "no podrá ser jamás cedido, traspasado, arrendado ni en forma alguna enajenado, ni aun temporal o parcialmente, a potencia extranjera. Los Estados extranjeros sólo podrán adquirir, dentro del área que se determine, mediante garantías de reciprocidad y con las limitaciones que establezca la ley, los inmuebles necesarios para sedes de sus representaciones diplomáticas o consulares. La adquisición de inmuebles por organismos internacionales sólo podrá autorizarse mediante las condiciones y restricciones que establezca la ley. En todos estos casos quedará siempre a salvo la soberanía sobre el suelo".

Aparte de estas restricciones constitucionales respecto de Estados extranjeros, la ley también ha previsto restricciones a la apropiabilidad de inmuebles por parte de extranjeros. Por ejemplo, en la Ley Orgánica de Seguridad y Defensa de 1976 se establece, que "ningún extranjero podrá adquirir, poseer o detentar por sí o por interpuesta persona sin autorización escrita del Ejecutivo Nacional, por órgano del Ministro de la Defensa, la propiedad u otros derechos sobre bienes inmuebles" en la zona de seguridad fronteriza y en la zona de seguridad que circunda las instalaciones militares e industrias básicas (Art. 16). En igual sentido, la Ley Orgánica de la Hacienda Pública ha establecido tradicionalmente la prohibición para los extranjeros de adquirir por prescripción la propiedad y otros derechos reales sobre bienes nacionales "los situados en la zona de cincuenta kilómetros de ancho paralela a las costas y fronteras" (Art. 28).

b. *Los inmuebles superficiales del Estado*

Los bienes de los entes públicos territoriales (República, Estados y Municipios) de acuerdo al artículo 539 del Código Civil, son del dominio público o del dominio privado; los del dominio público son inalienables y los del dominio privado pueden enajenarse de conformidad con las leyes que les conciernen[834].

De acuerdo al artículo 539 del Código Civil son bienes del dominio público los caminos, los lagos, los ríos, las murallas, fosos, puentes de las plazas de guerra y demás bienes semejantes, donde por supuesto, están comprendidas las aguas interiores.

Ahora bien, "todas las tierras que estando situadas dentro de los límites territoriales, carecen de otro dueño, pertenecen al dominio privado de la Nación, si su ubicación fuere en el Distrito Federal o en Territorios o Dependencias Federales; y al dominio privado de los Estados, si fuere de éstos"[835].

En todo caso, el régimen y administración de las tierras baldías así sea de las situadas en los Estados y que son de su dominio privado, de acuerdo al artículo 136,

834 Artículo 453 CC.

835 Artículo 542 CC.

ordinal 10 de la Constitución, corresponde al Poder Nacional, y se ha regulado en la Ley de Tierras Baldías y Ejidos de 19 de agosto de 1936[836].

Las tierras baldías, como bienes del dominio privado de la República y de los Estados, en principio, son enajenables y prescriptibles conforme a lo establecido en el artículo 544 del Código Civil. Sin embargo, ello está sometido a limitaciones.

En primer lugar, en cuanto a los baldíos existentes en las islas marítimas, fluviales o lacustres, de acuerdo al artículo 136, ordinal 10 de la Constitución, ellos no pueden enajenarse[837] "y su aprovechamiento sólo podrá concederse en forma que no comprometa, directa o indirectamente, las transferencias de la propiedad de la tierra". En cuanto a las islas marítimas, éstas son, sin duda, las que forman las Dependencias Federales, por lo que quedan fuera de esta inalienabilidad los baldíos situados en las islas Margarita, Coche y Cubagua que forman el Estado Nueva Esparta[838].

En segundo lugar, conforme a la Ley de Tierras Baldías y Ejidos también son inalienables los terrenos baldíos siguientes:

> "1° Los que se encuentren cubiertos de bosques cuya conservación sea de interés público para evitar que se aminoren las fuentes, los que contengan maderas preciosas en cantidad apreciable; los que estén cubiertos de árboles de caucho, purguo, sarrapia, pendare u otros árboles que suministren aceite, gomas, resinas y demás productos naturales explotables".
>
> "2° Las terrenos que estén en las inmediaciones de las salinas, hasta dos y medio kilómetros; a las orillas del mar hasta quinientos metros; de las riberas de los lagos que tengan comunicación con el mar y de los ríos navegables, hasta doscientos metros".
>
> "3° Los que se encuentran en las cabeceras de los ríos, riachuelos, manantiales y demás fuentes cuando de tales aguas se surta alguna población o vecindario o empresa de interés público; así como también los que estuvieren hasta la distancia de doscientos metros de dichas aguas".

Por otra parte, debe destacarse en cuanto a los Municipios que de acuerdo a la Constitución "los ejidos son inalienables e imprescriptibles", conforme el artículo 32. Sin embargo, esa misma norma establece que "sólo podrán enajenarse para construcciones en los casos establecidos en las Ordenanzas Municipales y previas las formalidades que las mismas señalan.

También podrán enajenarse con fines de reforma agraria aquéllos que determine la ley, pero siempre se dejarán a salvo los que requiera el desarrollo de los núcleos urbanos".

---

836 Véase en C. *L.*, Tomo II, pp. 1668 y ss.

837 Lo que ratifica el artículo 13, ordinal 4° de la Ley de Tierras Baldías y Ejidos.

838 Véase lo indicado en Allan R. Brewer-Carías, "Estudio sobre la Inalienabilidad e imprescriptibilidad en el régimen jurídico de las Tierras Baldías", en *Anuario de Derecho Ambiental* 1978, Caracas, 1978.

c. *Los bienes del subsuelo como bienes del dominio público*

De acuerdo con la Constitución el régimen y administración de las minas e hidrocarburos corresponde al Poder Nacional[839]; y en relación a los bienes del subsuelo, éstos se encuentran regulados en dos normas que deben destacarse. En primer lugar, el artículo 106 del texto fundamental establece, que "el Estado atenderá a la defensa y conservación de los recursos naturales de su territorio, y la explotación de los mismos estará dirigida primordialmente al beneficio colectivo de los venezolanos"; y en segundo lugar, el artículo 103 que consagra la reversión de inmuebles en las concesiones de explotación del subsuelo, en los siguientes términos: "Las tierras adquiridas con destino a la exploración y explotación de concesiones mineras, comprendidas las de hidrocarburos y demás minerales combustibles, pasarán en plena propiedad a la nación, sin indemnización alguna, al extinguirse por cualquier causa la concesión respectiva".

De estas normas en nuestro criterio, resulta la ratificación constitucional de la condición de los bienes del subsuelo como pertenecientes al Estado, de carácter inalienable; condición que siempre ha tenido el subsuelo en nuestro país.

En efecto, de acuerdo a las Ordenanzas de Minería para la Nueva España, dadas por el Rey Carlos III en Aran juez el 22 de mayo de 1783, aplicadas en Venezuela a partir de 1784 por Real Resolución y Real Cédula de 27 de abril de ese año, se estableció la propiedad de la Corona sobre las minas no metalíferas[840]; y posteriormente, el Decreto del Libertador de 24 de octubre de 1829 dictado en Quito ratificó el principio regalista. En efecto, el artículo Io de este Decreto estableció que: "Conforme a las leyes, las minas de cualquier clase corresponden a la República, cuyo gobierno las concede en propiedad y posesión a los ciudadanos que las piden, bajo las condiciones expresadas en las leyes y ordenanzas de minas, y con las demás que contiene este Decreto" [841] El Decreto del Libertador fue ratificado por el Congreso de Venezuela el 29 de abril de 1822 mediante Resolución de sus dos Cámaras[842].

El sistema regalista rigió en Venezuela durante todo el siglo pasado, aun cuando con la aclaratoria de que la propiedad del subsuelo pasó de la Nación a los Estados con la consolidación de la Federación a partir de 1864[843]; y a pesar de que la Constitución de 1881 haya reservado a la Federación la "administración de las minas"[844]. A partir de 1904 se transformó el sistema regalista en sistema dominial, considerándo-

839 Articulo 136, ordinal 10. Sin embargo, en cuanto a los minerales no metálicos, la Ley Orgánica de Descentralización, Delimitación y Transferencia de competencias del Poder Público de 1989, conforme al artículo 137 de la Constitución, transfirió a los Estados la competencia en relación al régimen, capacitación, administración y explotación de los mismos.

840 Véase las referencias en sentencia de la Corte Federal y de Casación de 26-3-1906, *Memoria 1907,* p. 84.

841 Véase en Rufino González Miranda, *Estudios acerca del Régimen legal del Petróleo en Venezuela,* Caracas, 1958, pp. 50 y ss. El Decreto dejaba provisionalmente en vigencia la Ordenanza de Nueva España, en lo que no colidiera con su texto (Art. 38)

842 Véase en *Leyes y Decretos de Venezuela 1830-1840,* Tomo I, Biblioteca de la Academia de Ciencias Políticas y Sociales, Caracas, 1982, p. 134.

843 Artículo 13, ordinal 16 de la Constitución de 1864.

844 Artículo 13, ordinal 15.

se en la Ley de Minas de ese año, todos los productos del subsuelo como del dominio público del Estado[845].

Por ello, el Código Civil de 1896 había agregado a la norma (Art. 460) que prescribía que la propiedad del suelo lleva consigo la de la superficie y la de todo lo que se encuentra encima y debajo de la superficie, la aclaratoria de "salvo lo dispuesto en las leyes de Minas".

Debe indicarse que en las Constituciones posteriores a la de 1864, se conservó la provisión de la propiedad del subsuelo a cargo de los Estados, aun cuando su administración correspondía al Poder Nacional[846]. Ello desapareció en la Constitución de 1953 y en la actual de 1961, en la cual sin embargo, sólo se atribuye al Poder Nacional competencia en cuanto al "régimen y administración de las minas e hidrocarburos". Se establece en ese artículo 136, ordinal 10 en todo caso, que "La Ley establecerá un sistema de asignaciones económicas especiales en beneficio de los Estados en cuyo territorio se encuentren situados los bienes que se mencionan...lo cual hasta inicios de los noventa no se había regulado.

3. *La soberanía del estado sobre las aguas marinas y submarinas, la plataforma continental, el espacio aéreo y la zona económica exclusiva*

De acuerdo al artículo 7 de la Constitución:

> La soberanía, autoridad y vigilancia sobre el mar territorial, la zona marítima contigua, la plataforma continental y el espacio aéreo, así como el dominio y explotación de los bienes y recursos en ellos contenidos, se ejercerán en la extensión y condiciones que determine la ley.

Este régimen está establecido en la Ley sobre Mar Territorial, Plataforma Continental, Protección de la Pesca y Espacio Aéreo de 27 de julio de 1956[847], en la Ley Aprobatoria de la Convención sobre el Mar Territorial y la Zona Contigua de 26 de julio de 1961[848]; en la Ley Aprobatoria de la Convención sobre Plataforma Continental de 26 de julio de 1961[849]; y en la Ley por la cual se establece una zona económica exclusiva a lo largo de las costas continentales e insulares de la República de Venezuela de 20 de julio de 1978[850].

---

845 *Cfr.* Rufino González Miranda, *op. cit.,* pp. 71 y 72.

846 Véase por ejemplo, el artículo 15, ordinal 18 de la Constitución de 1936; y el artículo 121, ordinal 4 de la Constitución de 1947.

847 Véase en *Compilación Legislativa,* Tomo VI, 1955, 1956, 1957, Caracas, 1971. *Anuario* 1956, pp. 7 y ss. En lo adelante esta ley se identifica con la sigla LMTPC.

848 Véase en *Gaceta Oficial* N° 26.615 de 31-7-61. En lo adelante esta Convención se identifica con la sigla CMTZC.

849 Véase en *Gaceta Oficial* N° 26.614 de 29-7-61. En lo adelante esta Convención se identifica con la sigla CPC.

850 Véase en *Gaceta Oficial* N° 2.291 Extra de 26-7-78. En lo adelante esta ley se identifica con la sigla LZEE.

A. *El Mar Territorial*

La soberanía del Estado venezolano se extiende fuera de su territorio y de sus aguas interiores, a una zona de mar adyacente a sus costas, que se designa como Mar Territorial; así como al lecho, al subsuelo de ese mar [851] y a los recursos que en ellos se encuentren[852].

El mar territorial de la República tiene a todo lo largo de las costas continentales e insulares de ésta, una anchura de 22 kilómetros y 224 metros equivalentes a 12 millas náuticas[853], medidos a partir de la línea de base de la más baja marea o de base recta, según los casos.

En efecto, la extensión del mar territorial se mide ordinariamente a partir de la línea de la más baja marea[854] o línea de bajamar a lo largo de la costa, tal como aparece marcado en las cartas a gran escala reconocidas oficialmente por el Estado[855].

Cuando las circunstancias impongan un régimen especial debido a la configuración de la costa, a la existencia de islas cercanas a ésta, o cuando intereses peculiares de una región determinada lo justifiquen, la medición se hará a partir de líneas de base rectas que el Ejecutivo fijará, las cuales se harán constar en las cartas geográficas oficiales[856].

En la Convención sobre Mar Territorial y la Zona Contigua se precisan esas diversas circunstancias en las cuales se debe acudir a la línea de base rectas, con las modalidades de su aplicación[857].

B. *La Zona Contigua*

Para fines de vigilancia y policía marítima, para seguridad de la Nación y para resguardar los intereses de ésta, la Ley de Mar Territorial, Plataforma Continental, Protección de la Pesca y Espacio Aéreo de 1956, estableció "una zona de 5 kilómetros y 556 metros, equivalentes a 3 millas náuticas, contigua al mar territorial"[858].

En esta zona, la República puede adoptar medidas de fiscalización necesarias para: evitar las infracciones a sus leyes de policía aduanera, fiscal, de inmigración y sanitaria que pudieran cometerse en su territorio o en su mar territorial; y reprimir las infracciones de esas leyes, cometidas en su territorio o en su mar territorial[859].

---

851 Artículo 1 CMTZC.

852 Artículo 1 LMTPC.

853 Artículo 1 LMTPC.

854 Artículo 2 LMTPC.

855 Artículo 3 CMTZC.

856 Artículo 2 LMTPC; artículo 4, 6 CMTZC.

857 Artículos 3 a 13 (El artículo 12 fue reservado por Venezuela).

858 Artículo 3.

859 Artículo 24 CMTZC

C. *La Plataforma Continental*

De acuerdo a la Ley sobre Mar Territorial, pertenecen a la República y están sujetas a su soberanía el suelo y el subsuelo de la plataforma submarina adyacente al territorio de la República de Venezuela, fuera de la zona del mar territorial, y hasta una profundidad de 200 metros o hasta donde la profundidad de las aguas más allá de este límite permita la explotación de los recursos del suelo y del subsuelo de acuerdo con el avance de la técnica de exploración y de explotación. Esta plataforma continental comprende también la de las islas de la República con las mismas características[860].

La existencia de fosas, hundimientos o irregularidades del suelo submarino de la plataforma continental, en todo caso, no interrumpe la continuidad de dicha plataforma, la cual comprende también los bancos que por su posición y condiciones naturales guarden relación con ella[861].

La República ejerce derechos de soberanía sobre esta plataforma a los efectos de su exploración y de la explotación de sus recursos naturales[862], entendiéndose por tales, los recursos minerales y otros recursos no vivos del lecho del mar y del subsuelo; y los organismos vivos, pertenecientes a especies sedentarias[863]. En particular, en cuanto a la exploración y explotación de estas pesquerías fijas de la plataforma continental de Venezuela, la ley las somete a previa autorización y control del Ejecutivo Nacional[864].

Por otra parte, las obras que se requieran para la exploración y explotación de la plataforma continental están sujetas a la soberanía de la República, quien estableció las medidas de vigilancia que se consideren necesarias en las zonas de seguridad que determine alrededor de aquéllas [865].

La Ley venezolana establece, en todo caso, que en la exploración y explotación de su plataforma continental, el Estado debe cuidar de que no se causen entorpecimientos a la navegación, la pesca y la piscicultura. Igualmente, cuidará de que se adopten precauciones adecuadas respecto de las instalaciones de cables de energía eléctrica, oleoductos y otros conductores semejantes[866]. Precisamente a regular estos aspectos se destina buena parte del contenido de la Convención sobre la Plataforma Continental[867].

Debe señalarse, en todo caso, que los derechos del Estado sobre la plataforma continental no afectan al régimen de las aguas subyacentes como alta mar, ni al del espacio aéreo situado sobre dichas aguas[868]. Sin embargo, de acuerdo a la Ley, el

---

860 Artículo 4 LMTPC, en igual sentido el artículo 1 CPC.

861 Artículo 4 LMTPC.

862 Artículo 2, 1 CPC.

863 Artículo 2, 4 CPC.

864 Artículo 7 LMTPC.

865 Artículo 5 LMTPC.

866 Artículo 6 LMTPC.

867 Artículos 4 y siguientes CPC.

868 Artícuo 3 CPC.

Estado venezolano fijará las zonas marítimas en las cuales ejercerá su autoridad y vigilancia fuera del mar territorial o de la zona contigua, para velar por el fomento, conservación y explotación racional de los recursos vivos del mar que en ellos se encuentren, ya sean aprovechados dichos recursos por venezolanos o por extranjeros[869].

D. *El Espacio Aéreo*

El espacio aéreo que cubre el territorio de la República de Venezuela hasta el límite exterior del mar territorial está sometido a su soberanía[870].

E. *La Zona Económica Exclusiva*

Mediante ley de 1978, Venezuela estableció una Zona Económica Exclusiva fuera del mar territorial y adyacente a éste a todo lo largo de las costas continentales e insulares de la República[871], cuyo límite exterior es una línea cuyos puntos están todos a una distancia de 200 millas náuticas de la línea de base desde la cual se mide la anchura del mar territorial[872], en la cual la República tiene, en primer lugar, derechos de soberanía para los fines de exploración y explotación, conservación y administración de los recursos naturales, tanto renovables como no renovables, del lecho y del subsuelo del mar y de las aguas suprayacentes y para el ejercicio de otras actividades dirigidas a la exploración y explotación económica en la zona, como la producción de energía derivada del agua, de las corrientes y de los vientos; y en segundo lugar, la jurisdicción, con respecto al establecimiento y la utilización de islas artificiales, instalaciones y estructuras, la investigación científica marina y la preservación del medio marino[873].

4. *La delimitación de las aguas marinas y submarinas*

Dada la extensión de las costas de Venezuela, así como la existencia de multitud de islas que forman parte de su territorio en el mar Caribe, incluso la Isla de Aves distante a 500 kilómetros al Norte de la Isla de Margarita, la delimitación de las áreas marinas y submarinas con otros Estados, ha sido una necesidad y reto ineludible de nuestro país.

El primer antecedente en esta materia lo constituyó el Tratado sobre las Áreas Marinas del Golfo de Paria, suscrito en Caracas el 26 de febrero de 1942 entre Venezuela y Gran Bretaña, que se ha considerado como el primer Tratado de delimitación de áreas marinas y submarinas que se haya suscrito[874]. En él se delimitaron las áreas del lecho del mar y del subsuelo fuera de las aguas territoriales en el Golfo de Paria, originando una solución equitativa.

---

869 Artículo 8 LMTPC.

870 Artículo 9 LMTPC; artículo 2 CMTPC.

871 Artículo 1 LZEZ.

872 Artículo 2 LZEZ.

873 Artículos 3 y 8 LZEZ.

874 Véase en *Tratados Públicos..., cit.*, Vol. IV, pp. 719 a 723. Véase Isidro Morales Paúl, *Discurso de Incorporación a la Academia de Ciencias Políticas y Sociales,* Caracas, 1982, p. 23.

Este tratado fue sustituido posteriormente por el Tratado entre la República de Venezuela y la República de Trinidad y Tobago sobre delimitación de Áreas Marinas y Submarinas aprobado por Ley de 6-11-90[875].

En todo caso, en las leyes nacionales relativas al Mar Territorial, Zona Contigua, Plataforma Continental y Zona Económica Exclusiva, el principio del necesario acuerdo entre los Estados ribereños para la delimitación de las áreas marinas y submarinas, ha sido explicitado.

En efecto, la Ley sobre Mar Territorial, Plataforma Continental, Protección de la Pesca y Espacio Aéreo, de 1956, al referirse al Mar Territorial, establece que: "En caso de que el límite establecido por el presente artículo colida con aguas territoriales extranjeras, se resolverá la cuestión mediante acuerdos u otros medios reconocidos por el Derecho Internacional[876]; y en la Ley por la cual se establece una Zona Económica Exclusiva a lo largo de las costas continentales e insulares de la República de 1978, también se precisó al establecerse la extensión de la Zona Económica Exclusiva, que "en los casos en que esa extensión produzca superposición con las Zonas Económicas Exclusivas de otros Estados, la delimitación de las respectivas zonas se hará en la medida en que resulte necesario, mediante acuerdo con esos Estados"[877].

En cuanto a las bases para llegar a esos Acuerdos, éstas no están predeterminadas para Venezuela, pues nuestro país al suscribir las Convenciones de Ginebra sobre Mar Territorial y Zona Contigua y sobre Plataforma Continental, aprobadas por leyes de 1961, se reservó el artículo 12 de la primera y el 6 de la segunda, que establecen el principio de la línea media equidistante para los casos de costas de dos Estados que sé hallan frente a frente.

En esta forma, en materia de delimitación de áreas marinas y submarinas en el caso de Venezuela la necesidad de Acuerdos es ineludible, pues sin ellos no es posible fijar el mar territorial y sin fijar el mar territorial no es posible fijar la Zona Contigua, la Plataforma Continental y la Zona Económica Exclusiva; a la falta de acuerdos entre los Estados interesados, conforme a nuestra Ley sobre Mar Territorial, tendríamos que recurrir a otros medios reconocidos por el Derecho Internacional, los cuales no son otros que los medios pacíficos de solución de controversias previstos en los artículos 83 y siguientes de la Carta de la ONU y en el Tratado Americano de Soluciones Pacíficas de Bogotá de 1948, y que son, además de la negociación, la investigación, la conciliación, la mediación, los buenos oficios, el arbitraje, la solución judicial por acuerdo entre las partes, el recurso o acuerdos u organismos regionales; o a los órganos superiores de la ONU.

Ahora bien, en basé a estas exigencias Venezuela ha venido suscribiendo Tratados de delimitación de áreas marinas y submarinas, con todos los Estados con los

875 Véase en *Gaceta Oficial* N° 34.588 de 6-11-90. Reimpreso por error de copia en *Gaceta Oficial* N° 34.745 de 28-6-91; y en *G.O.* N° 34.752 de 10-7-91.

876 Artículo 1°.

877 Artículo 2°.

cuales colindan sus áreas[878] excepto con Colombia, país con el cual aún no se ha logrado.

En efecto, el 30 de marzo de 1978 se celebró el Tratado de Delimitación entre la República de Venezuela y el Reino de los Países Bajos aprobado por Ley de 20 de julio de 1978[879], mediante el cual se delimitaron las áreas marinas y submarinas entre Venezuela y las Antillas Neerlandesas, previéndose que "las líneas de delimitación marítimas fijadas por el presente Tratado, constituyen los límites entre las Altas Partes Contratantes de los mares territoriales, las plataformas continentales, las zonas económicas exclusivas o cualesquiera áreas marinas o submarinas que han sido o que pudieran ser establecidas por las Partes, de conformidad con el Derecho Internacional"[880]. Mediante este Tratado se delimitó el área en 4 sectores: entre el Oeste de Aruba y Territorio Venezolano; entre las Islas de Sotavento de las Antillas Neerlandesas (Aruba, Bonaire y Curazao) y la Costa Norte de Venezuela; entre Bonaire y Territorio Venezolano; y entre las Islas de Aves, Saba y San Eustaquio.

En el mismo año 1978, el 28 de marzo se suscribió el Tratado de Delimitaciones de Fronteras Marítimas entre la República de Venezuela y los Estadas Unidos de América aprobado por ley de 20 de julio de 1978[881], mediante la cual se estableció el límite entre la Isla de Aves y los Archipiélagos las Aves y Los Roques de Venezuela y las Islas de Puerto Rico y Santa Cruz dependientes de los Estados Unidos de América, con lo cual se definió una Zona Económica Exclusiva entre las islas señaladas en una extensión cercana a las 300 millas.

El 3 de marzo de 1979, se suscribió el Tratado sobre delimitación de Áreas Marinas y Submarinas entre la República de Venezuela y la República Dominicana, aprobado por Ley de 26 de julio de 1980[882], mediante el cual ambos países establecieron los límites marítimos "de las plataformas continentales, las zonas económicas exclusivas o cualesquiera áreas marinas o submarinas que hayan sido o que pudieran ser establecidas por las partes"[883]. La línea limítrofe fue trazada tomando como punto de base el archipiélago de Los Monjes[884] preservándose la salida del Lago de Maracaibo y del Golfo de Venezuela hacia el mar Caribe.

Por último, el 17 de julio de 1980 se celebró el Tratado de Delimitación entre el Gobierno de la República de Venezuela y el Gobierno de la República Francesa aprobado por ley de 15 de julio de 1982"[885], mediante el cual se fijó la línea de delimitación marítima entre la República de Venezuela y la República francesa, costa afuera de Guadalupe y Martinica y de la Isla de Aves[886].

---

878 Véase Isidro Morales Paúl, *Delimitación de Áreas Marinas y Submarinas al Norte de Venezuela*, Caracas, 1983.

879 Véase en *Gaceta Oficial* Nº 2.291 Extra de 26-7-78 y en *Gaceta Oficial* Nº 2.342 Extra de 14-12-78

880 Artículo 1.

881 Véase en *Gaceta Oficial* Nº 2.290 Extra de 21-7-78 y Nº 2.342 Extra de 14-12-78.

882 Véase en *Gaceta Oficial* Nº 2.642 Extra de 13-8-80.

883 Artículo 1.

884 Artículo 2, sector A.

885 Véase en *Gaceta Oficial* Nº 32.544 de 24-8-82 y 3.025 Extra de 7-10-82.

886 Artículo 1.

Por tanto, efectuada la delimitación de Áreas Marinas y Submarinas con Gran Bretaña (Trinidad), Francia (Guadalupe y Martinica), Estados Unidos de América (Puerto Rico), República Dominicana y los Países Bajos (Antillas Neerlandesas), queda sólo por delimitar las áreas marinas y submarinas con Colombia. Desde 1970 se han venido efectuando intentos de negociación a los efectos de resolver el diferendo[887] lo cual no ha sido posible lograr.

III. LAS RELACIONES ENTRE LA IGLESIA Y EL ESTADO

La Constitución destina el artículo 130 a regular las bases de las relaciones entre la Iglesia y el Estado, a cuyo efecto establece lo siguiente:

> Art. 130. "En posesión como está la República del derecho de Patronato Eclesiástico lo ejercerá conforme lo determine la ley. Sin embargo, podrán celebrarse convenios o tratados para regular las relaciones entre la Iglesia y el Estado".

Se estableció así una norma, que sin desconocer el tradicional sistema del Patronato, abrió la posibilidad de modificarlo y establecer un convenio con la Iglesia, próximo al sistema de Concordato, a los efectos de poner fin a conflictos y tensiones entre la Iglesia y el Estado, que se remontan al inicio de nuestra vida Republicana[888].

En efecto desde la instalación de la Junta Conservadora de los Derechos de Fernando VII en las Provincias de Venezuela en 1810, ésta asumió las potestades del Real Patronato de la Corona Española, ya pesar de algunos intentos por establecer un concordato, el 25 de julio de 1834 se promulgó la Ley que declara a la República en ejercicio del Derecho de Patronato Eclesiástico[889] que al separarse Venezuela de la Gran Colombia, se puso en vigencia en nuestro país a partir de 1830[890]. Esta Ley de Patronato Eclesiástico declaró la necesidad de que la República de Colombia continuase en el ejercicio del derecho de Patronato qué los reyes de España tuvieron con la Iglesia (Art. 1) y permitía y regulaba la injerencia del Estado en la administración y organización de la Iglesia, en el respeto a la disciplina externa e interna de la Iglesia, y en la administración dé los bienes eclesiásticos e, incluso, atribuiría a los Tribunales conocer de los asuntos contenciosos que se suscitaren en la materia. Esta Ley de 1824 se complementó con la Ley de División Territorial Eclesiástica[8914] y con la Ley por la cual se dispone la manera de llevar las cuentas de fábricas de las Iglesias[892]. Posteriormente, en 1911 se dictó el Decreto sobre el Ejercicio de la Ins-

---

887 Véase información sobre el asunto en Leandro Area y Elike Nieschulz de Sockausen, *El Golfo de Venezuela, Documentación y Cronología,* Caracas 1984, pp. 200 y ss.

888 Sobre el tema véase José Rodríguez Iturbe, Iglesia *y Estado en Venezuela 1824-1964,* Caracas, 1968; y Jesús Leopoldo Sánchez, "El convenio Eclesiástico, las Constituciones Hispanoamericanas y los Códigos Nacionales" en *Estudios sobre la Constitución. Libro Homenaje a Rafael Caldera.* Tomo III, Caracas, 1979, pp. 1723 y ss.

889 Véase en *Compilación Legislativa de Venezuela,* 1953, Tomo III, pp. 822 y ss.

890 Véase el Decreto Legislativo que declara vigente y manda observar la Ley de Patronato de 15 de marzo de 1833, *ídem,* p. 832.

891 La última reforma fue de 1923. *Idem.,* pp. 836 y 837.

892 *Idem.,* p. 834.

pección Suprema de Cultos[893] en el cual se hacía referencia a la Ley de Patronato Eclesiástico de 1824, que se mandaba a aplicar respecto del ejercicio de todo culto tolerado. Esta suprema inspección del Estado sobre los cultos, con antecedentes en la Constitución de 1904 (Art. 17, Ord. 3), se encuentra en la Constitución de 1961, al regular la libertad religiosa como un derecho individual (Art. 65).

En todo caso, sólo fue en la Constitución de 1947 cuando, a pesar de la referencia al Patronato Eclesiástico, se estableció la posibilidad de celebrar convenios con la Santa Sede, en idénticos términos al artículo 130 de la Constitución vigente. En base a esta orientación, al inicio del período democrático actual, el Presidente Betancourt, en su Mensaje de Toma de Posesión de la Presidencia en febrero de 1959, planteó la necesidad de iniciar conversaciones con la Santa Sede, para establecer un *Modus Vivendi* entre la Iglesia y el Estado en "sustitución de los inoperantes cartabones contenidos en la Ley de Patronato Eclesiástico, legislación perteneciente casi a la prehistoria de nuestro derecho público"[894]. Esta posición, producto del consenso político del Pacto de Punto Fijo condujo no sólo a la inclusión en la Constitución de 1961 de la norma mencionada, sino a la celebración del *Modus Vivendi* entre la Santa Sede y el Estado venezolano en 1964[895], en el cual se regularon las relaciones entre la Iglesia y el Estado, en base a los siguientes principios:

1. Garantía del Estado venezolano del libre y pleno ejercicio del Poder Espiritual de la Iglesia Católica, así como del libre y público ejercicio del culto católico en el territorio de la República (Art. I).

2. Reconocimiento por el Estado del libre ejercicio del derecho de la Iglesia Católica de promulgar sus diversos actos eclesiásticos en el ámbito de su competencia (Art. II); de la personalidad jurídica internacional de la Santa Sede y del Estado de la Ciudad del Vaticano (Art. III); y de la Iglesia Católica en la República, como persona jurídica de carácter público (Art IV).

3. Acuerdo de que la erección de ciertas jurisdicciones eclesiásticas y la modificación de sus límites se hacen por la Santa Sede, previo acuerdo con el Gobierno y de que las mismas, en lo posible, coincidan con las divisiones territoriales de la República (Art. V); y de que otras menores (Parroquias) se hace libremente por la autoridad civil (Art. X).

4. Acuerdo sobre la nacionalidad venezolana de ciertas autoridades eclesiásticas (Art. VII); sobre el nombramiento de ciertas autoridades eclesiásticas que debe ser participado por la Santa Sede al Presidente de la República, a los efectos de que éste manifieste si tiene objeciones de carácter político que oponer al nombramiento (Art. VI); de que otras autoridades eclesiásticas sean nombradas por la Santa Sede con sólo previa comunicación oficial al Gobierno antes de la toma de posesión (Art. VIII); y otras menores sean realizadas por las autoridades eclesiásticas conformé al Derecho Canónico (Art. IX).

---

893 *Idem.*, p. 833

894 Citado por José Rodríguez Iturbe, *op. cit.*, p. 225.

895 Véase en *Gaceta Oficial* N° 27.551 de 24-9-64.

5. Acuerdo del Gobierno de Venezuela de continuar colaborando financieramente con la Iglesia, a través de las Asignaciones Eclesiásticas (Art. XI).

6. Reconocimiento del derecho de la Iglesia de establecer Seminarios (Art. XIV) y del derecho de organización de los ciudadanos católicos (Art. XV).

IV. VENEZUELA, LA INTEGRACIÓN ECONÓMICA LATINOAMERICANA Y EL PACTO ANDINO

Como se dijo, el artículo 108 de la Constitución establece, que "la República favorecerá la integración económica latinoamericana. A este fin se procurará coordinar recursos y esfuerzos para fomentar el desarrollo económico y aumentar el bienestar y seguridad comunes". La aspiración expresada en esta norma y la voluntad definida de favorecer el proceso, en todo caso, se enmarcan en la definición de propósitos que, en el campo de las relaciones internacionales, declara el Preámbulo del Texto Fundamental, condicionados por la cooperación internacional, tanto en el plan universal como en el regional.

De estas normas, sin duda, surgen los dos parámetros en los cuales se ha movido la historia de las relaciones internacionales en nuestro país: universalismo y regionalismo; encuadrándose en este último el proceso de integración económica latinoamericana.

1. *La integración económica y la Asociación Latinoamericana de Integración*

Como consecuencia de las actividades desarrolladas por la Comisión Económica para la América Latina de las Naciones Unidas, de las negociaciones llevadas a cabo entre diversos países latinoamericanos a finales de la década de los cincuenta[896] en 1960, puede decirse que se inicia el proceso de integración económica en América Latina, con la firma del Tratado de Montevideo[897].que creó la Asociación Latinoamericana del Libre Comercio (ALALC) y la zona respectiva en todo el ámbito suramericano[898]. Este Tratado, al cual se adhirió Venezuela en 1966[899], tenía entre sus objetivos inmediatos, la constitución de una zona de libre comercio, es decir, la eliminación de los derechos de aduana y demás restricciones en el comercio de los productos originarios de los países miembros de la zona, pero conservando cada uno de ellos la individualidad aduanera respecto de terceros países no miembros de tal área. Como toda zona de este tipo, la ALALC buscaba la liberación del comercio intrazonal, pero sin llegar a constituir una unión aduanera.

---

896 Véase los documentos más importantes de estas negociaciones en *Multilateral Economic Cooperation in Latín América,* Vol. I, *cit.*, pp. 33 y ss.

897 Véase en Instruments relating to the Economic Integration of Latin America, *cit.*, pp. 207 y ss. The Inter-American System, *cit.*, pp. 485 y ss. Véase además en los apéndices del libro de Sidney Dell, *A Latin American Common Market*?, *cit*, pp. 228 y ss.; en Multilateral Economic co-operation in Latin America, Vol. I, *cit.*, pp. 57 y ss.; y en *International Organization and Integration, cit.*, pp. 1073 y ss.

898 El Tratado de Montevideo fue ratificado por Argentina, Bolivia (1967), Brasil, Chile, Colombia, (1961), Ecuador (1961), México, Paraguay, Perú, Uruguay y Venezuela (1966). La ALALC en esta forma, constituyó el área de integración más amplia de los países en vías de desarrollo: con una población de alrededor de 240 millones de habitantes y una superficie de alrededor de 19 millones de Km^2.

899 Véase la Ley Aprobatoria del Tratado en *Gaceta Oficial* N° 1.244 Extr. de 10-10-68.

El proceso de conformación y perfeccionamiento de esta zona de libre comercio, que debía haberse concluido definitivamente en 1972 y que por las dificultades de funcionamiento de la ALALC, se extendió hasta 1980[900], se dificultó por la excesiva protección de las economías nacionales que permitía el Tratado y la ausencia de poderes supranacionales de los órganos de la Asociación: todas las decisiones fueron adoptadas, después de un laborioso proceso de negociaciones entre las partes.

En todo caso, luego de doce años de funcionamiento, ya la ALALC había dado todos los Resultados inmediatos que se podían esperar de ella, como mecanismo de desgravación del comercio, y asimismo, había provocado importantes repercusiones mediatas. En efecto, aparte de los objetivos inmediatos de la ALALC, relacionados con la zona de Libre Comercio, el Tratado de Montevideo tenía una serie de objetivos mediatos que fueron cumpliéndose paulatinamente, vinculados al proceso de integración latinoamericana, y a la constitución de un Mercado Común Latinoamericano[901]. En esta forma, no sólo en la Reunión de Punta del Este de 1961 se consideró a la ALALC como un instrumento adecuado para la consecución de los objetivos de integración económica, sino que en la Declaración de Presidentes de América de 1967, también suscrita en Punta del Este[9027], se indicó que el Mercado Común Latinoamericano que se resolvió crear progresivamente a partir de 1970 en un período no superior a 15 años, se debía basar en el desarrollo completo y progresiva convergencia del Mercado Común Centroamericano y de la ALALC. Estas dos organizaciones de integración se estimaron entonces como los instrumentos adecuados para la formación del futuro Mercado Común Latinoamericano, que después de la reforma de la Carta de la OEA de 1967, constituía en cierta forma parte y objetivo del sistema interamericano[903].

Pero el impulso que aparentemente se le dio desde el punto de vista político a la ALALC, hizo temer a los países de menor desarrollo relativo y los de mercado insuficiente, que la ALALG podía resultar un proceso en definitiva ventajoso para los países más desarrollados de la región (Argentina, Brasil y México)[904], en perjuicio de aquéllos. Esta situación provocó que los países andinos, los cuales tenían condiciones relativamente similares o adaptables, se comprometieran en la creación entre

---

900 Así se dispuso en el Protocolo de Caracas modificatorio del Tratado de Montevideo de 12 de diciembre de 1969. Véase en *Foro Nacional sobre Venezuela y la Integración Latinoamericana 1971*. Documentación Informativa, Tomo I, Caracas, 1971, p. 566.

901 Por ejemplo, el artículo 54 del Tratado de Montevideo.

902 Véase en *Instruments Relating to the Economic Integration al Latin America, cit.,* pp. 395 y ss. Véase igualmente en *Foro Nacional sobre Venezuela y la Integración Latinoamericana, 1971,* Documentación Informativa, Tomo I, *cit.*, pp. 297 y ss.

903 Artículo 40 del Protocolo de Buenos Aires, por el cual se reformó la Carta de la OEA, establece expresamente que los Estados miembros reconocen que la integración de los países en desarrollo del Hemisferio es uno de los objetivos del Sistema Interamericano y, en consecuencia, deben orientar sus esfuerzos y adoptar las medidas necesarias para acelerar el proceso de integración, con miras a establecer un Mercado Común Latinoamericano en él menor tiempo posible. Véase en *Instruments Relating to the Economic Integration of Latin America, cit.,* p. 1.968; asimismo en *International Organization and Integration, cit.,* p. 40.

904 Véase los comentarios sobre los problemas que plantea a un proceso de integración económica, la presencia de países de mayor tamaño, en Ernst B. Haas, "The Study of Regional Integration: Reflections on the Joy and Anguist of Prertheorizing", in *International Organization,* Vol. XXIV, 1970, p. 615

ellos de una unidad económica subregional dotada de un mercado ampliado, tarifa externa común y política industrial coordinada que les permitiera participar en términos de equilibrio y equidad, en un Mercado Común Latinoamericano. La fórmula del acuerdo subregional, en esta forma, ya había sido promovida por la Declaración de Bogotá de 1966, adoptada por los Presidentes de los países andinos y ratificada en la Declaración de los Presidentes de América de 1967[905]. Ello condujo al establecimiento del Grupo Andino de Integración Subregional mediante el Acuerdo de Cartagena de 1968, que configuró, sin lugar a dudas, el esquema de integración económica más acabado y desarrollado de América Latina, y que a partir de 1996, busca convertirse en la Comunidad Andina.

Por otra parte, es de destacar que en 1974 Venezuela y México decidieron promover un mecanismo de cooperación y consulta entre los países latinoamericanos, para mejorar la posición de éstos en el comercio internacional, mediante un instrumento distinto de los utilizados hasta ese momento. Surgió así la idea del Sistema Económico Latinoamericano (SELA), el cual se constituyó por el llamado Convenio de Panamá el 17 de octubre de 1975 suscrito por 25 Estados de América Latina y el Caribe[906]; y que tiene su sede en Caracas.

El SELA se constituyó, así, como "un organismo regional de consulta, coordinación, cooperación y promoción económica y social conjunta, integrado por Estados soberanos latinoamericanos (Art. 2), y sus propósitos fueron así delineados en el Convenio: a) promover la cooperación intraregional, con el fin de acelerar el desarrollo económico y social de sus miembros; y b) promover un sistema permanente de consulta y coordinación para la adopción de posiciones y estrategias comunes sobre temas económicas y sociales, tanto en los organismos y foros internacionales como ante terceros países y agrupaciones de países" (Art. 3).

En esta forma, con el SELA, América Latina comenzó a contar con un instrumento político para la formulación de posiciones y estrategias comunes sobre asuntos económicos y sociales ante la Comunidad Internacional. Dentro de esta misma orientación, debe señalarse que a comienzos de la década de los setenta, se había suscrito en Lima, el 2 de noviembre de 1973, el Convenio que estableció la Organización Latinoamericana de Energía[907], como un "organismo de cooperación, coordinación y asesoría", que tiene como propósito fundamental "la integración, protección, conservación, racional aprovechamiento, comercialización y defensa de los recursos energéticos de la Región" (Art. 2), con objetivos concretos entre otros, de promover la solidaridad de acciones entre los Países Miembros para el aprovechamiento y defensa de los recursos naturales de los países y de la región en su conjunto; así como de propiciar la formulación y el desarrollo de políticas energéticas comunes como factor de integración regional.

---

905 La Declaración de Bogotá de 1966 fue firmada por los Presidentes de Colombia, Chile y Venezuela y por los representantes personales de los Presidentes de Ecuador y Perú, el 16 de agosto de 1966. Bolivia se adhirió a dicha Declaración en 1967. Véase el texto en *Foro Nacional sobre Venezuela y la Integración Latinoamericana 1971,* Documentación Informativa, Tomo II, Caracas, 1971, pp. 7 y ss.

906 Véase la Ley. aprobatoria en *Gaceta Oficial* N° 30.886 de 5-1-78. *Cfr.* Juan Mario Vacchino, *Integración Económica Internacional,* Caracas, 1981, pp. 578 y ss.

907 Véase la Ley aprobatoria en *Gaceta Oficial* N° 1.787, Extra de 22-12-75.

La finalización del período de transición previsto en el Tratado de Montevideo que constituyó la ALALC, para fines de 1973, prorrogada por el Protocolo de Caracas, hasta fines de 1980, aunado al estancamiento y crisis de la ALALC derivado, fundamentalmente, de la fórmula empleada para su implementación, a través de negociaciones producto por producto[908]; llevaron a los países miembros en 1980, en la Conferencia de la Asociación celebrada en Acapulco, México, a aprobar el proyecto de un nuevo Tratado de transformación de la ALALC en la Asociación Latinoamericana de Integración (ALADI) que fue constituida por el Tratado de Montevideo 1980, suscrito el 12 de agosto de 1980 por los gobiernos de Bolivia, Brasil, Colombia, Chile, Ecuador, México, Paraguay, Perú, Uruguay y Venezuela[909].

La ALADI, que sustituyó a la ALALC, se constituyó por estar persuadidos los Estados signatarios de su Tratado "de que la integración económica regional constituye uno de los principales medios para que los países de América Latina puedan acelerar su proceso de desarrollo económico y social, a fin de asegurar un mejor nivel de vida para sus pueblos" y en vista de su decisión de "renovar el proceso de integración latinoamericana" conscientes de que es además necesario "asegurar un tratamiento especial para los países de menor desarrollo económico". Para tal fin, se instituyó la Asociación para proseguir "el proceso de integración encaminado a promover el desarrollo económico-social, armónico y equilibrado de la región"; proceso que tiene como objetivo a largo plazo el establecimiento en forma gradual y progresiva, de un Mercado Común Latinoamericano" (Art. 1°). El artículo 2° del Tratado precisa como funciones básicas de la Asociación: "la promoción, y regulación del comercio recíproco, la complementación económica y el desarrollo de las acciones de cooperación económica que coadyuven a la ampliación de los mercados", y en el artículo 4° se establecieron los siguientes mecanismos para el cumplimiento de esas funciones básicas: establecimiento de un área de preferencias económicas, compuesta por una preferencia arancelaria regional, por acuerdos de alcance regional y por acuerdos de alcance parcial. La nueva Asociación se estableció con una duración indefinida (Art. 62) dado sus objetivos de largo plazo. En esta forma, el proceso de integración económica de América Latina recibió un nuevo impulso institucional, pero sobre bases más realistas, sin plazos fijos.

2. *El proceso de integración económica latinoamericano y el Pacto Andino (la comunidad andina)*

A. *Antecedentes de la integración subregional andina*

Como se ha dicho, el gratado de Montevideo de 1960 estableció la ALALC con una meta fundamental: la liberación y la expansión de los intercambios dentro de la zona latinoamericana. Por ello en los considerandos del Tratado se expresó que los gobiernos estaban "persuadidos de que la ampliación dé las actuales dimensiones de los mercados nacionales, a través de la eliminación gradual de las barreras al comercio intrarregional, constituye una condición fundamental para que los países de América Latina puedan acelerar sus procesos de desarrollo económico". Esta meta

---

908 Véase Juan Mario Vacchino, *op, cit.*, pp. 476 y ss.

909 Véase la Ley aprobatoria en *Gaceta Oficial* N° 3.033 de 18-10-82.

del Tratado se materializó en el objetivo principal del mismo: establecer una zona de libre comercio que se debía perfeccionar a través de un período de transición, que luego se entendió hasta 1980 mediante la eliminación de los derechos aduaneros, de otros gravámenes de efectos equivalentes y las restricciones cuantitativas sobre lo esencial del comercio recíproco. El mecanismo establecido para el logro de este objetivo, era básicamente el de la negociación en rondas anuales, las cuales a finales de la década de los sesenta habían entrado en un estancamiento.

La misma experiencia y las frustraciones que los países andinos, entre ellos Venezuela, tuvieron en la ALALC, de la cual salían favorecidos los grandes países de América Latina (Argentina, Brasil y México), condujeron a la gestación progresiva de la idea de acelerar el proceso de integración económica, por la vía subregional.

En tal sentido, en la Declaración de Bogotá de los Presidentes de Colombia, Chile y Venezuela y de los representantes de los Presidentes de Ecuador y Perú de 16 de agosto de 1966, éstos asumieron el compromiso de acelerar el proceso de integración dentro del marco de la ALALC y de adoptar medidas concretas a favor de los países de menor desarrollo relativo y mercado insuficiente. Asimismo, asumieron compromisos para coordinar sus políticas de desarrollo industrial; suscribir convenios de complementación para establecer nuevas industrias o expandir las existentes: establecer una Corporación de Fomento para la promoción y realización de los proyectos de interés común; y establecieron una Comisión Mixta Intergubernamental para elaborar el acuerdo subregional de integración de los países andinos[910].

Posteriormente en la Declaración de los Presidentes de América de 1967 se propició, por ello, la concertación "de acuerdos subregionales, de carácter transitorio, con regímenes de desgravación interna y armonización de tratamiento hacia terceros, en forma más acelerada que los compromisos generales y que sean compatibles con el objetivo de la integración regional"[911].

En el mismo año 1967, en la reunión, del Consejo de Ministros de Relaciones Exteriores de la ALALC, sé dictaron sendas Resoluciones relativas a las normas a las que debían ajustarse los acuerdos subregionales que se firmasen en el seno de la ALALC; y a las bases del acuerdo subregional, entre Colombia, Chile, Ecuador, Perú y Venezuela, delegándose al Comité Ejecutivo Permanente de la ALALC el examen y declaración de compatibilidad del Acuerdo subregional con el Tratado de Montevideo[912].

B. *El Acuerdo de Cartagena y sus objetivos*

El 26 de mayo de 1969, después de un largo período de negociaciones, los países signatarios de fe Declaración de Bogotá de 1966[913], con excepción de Venezuela,

910 Véase en *loc. cit.*, p. 297.

911 Véase en *loc. cit.*, p. 7.

912 Resoluciones N° 202 (CM-II/VI-E) N 203 (CM-II/VI-E) de 2 de septiembre de 1967 y N° 222 (VII) de 17 de diciembre de 1967. Véase en *Foro Nacional sobre Venezuela y la Integración Latinoamericana 1971, cit.*, Tomo I, pp. 199 y ss.

913 Bolivia, Chile, Colombia, Ecuador y Perú. El Acuerdo quedó abierto a la adhesión de las demás partes contratantes del Tratado de Montevideo (Apt. 109). Venezuela inició el proceso de adherirse al firmarse

firmaron el Acuerdo de Cartagena, es decir, el Acuerdo de Integración Subregional del Grupo de países andinos al cual se adhirió Venezuela en 1973[914].

El Grupo Andino nació entonces, y ante todo, como un proceso de integración económica que se realizó dentro de los marcos del Tratado de Montevideo y, por tanto, de la, ALALC. De ahí que una de las primeras decisiones que se adoptaron después de su firma, fue la Resolución de la ALALC[915], declaratoria dé la "compatibilidad" del Pacto Andino con el Tratado de Montevideo, como el mismo texto del Acuerdo de Cartagena lo requería[916]. Ello no significó, sin embargo, que el Acuerdo de Cartagena no tuviera autonomía propia, sino que conformó un mecanismo complementario de los esfuerzos que dentro de la ALALC se desarrollaban para la formación del futuro Mercado Común Latinoamericano, que a partir de 1980 es el objetivo de la ALADI.

El Acuerdo de Cartagena, en esta forma, puede considerarse como el único efectivo proceso de integración en América Latina acordado entre los países andinos y que estableció las bases para un Mercado Común Andino entre Bolivia, Colombia, Chile, Ecuador, Perú y Venezuela, que superaba los 5.440 millones de Km^2, con una población superior a los 68 millones de habitantes, y con un volumen de comercio exterior al constituirse, superior a los 11.000 millones de dólares.

Mediante el esquema de integración andina, cuyo Tratado de 1969, después del Protocolo de Adhesión de Venezuela en 1978, ha sufrido varias reformas[917], se persiguen tres objetivos fundamentales: promover el desarrollo equilibrado y armónico de los países miembros en condiciones de equidad, mediante la integración y la cooperación económica y social; acelerar su crecimiento y la generación de ocupación; facilitar su participación en el proceso de integración regional, con miras a la formación gradual de un Mercado Común Latinoamericano. Para realizar dichos objetivos el Acuerdo de Cartagena previo diversos mecanismos entre los cuales deben destacarse: la armonización gradual de políticas económicas y sociales y la aproximación de las legislaciones nacionales; la programación conjunta, la intensificación del proceso de industrialización subregional y la ejecución de programas industriales; un

---

el Consenso de Lima el 13 de febrero de 1973 y al aprobar la Comisión del Acuerdo la Decisión N° 70, relativa a las "Condiciones para la adhesión de Venezuela al Acuerdo de Cartagena".

914 Véase el texto del Acuerdo en *El Pacto Andino,* Madrid, 1973, pp. 303 y ss. La Ley Aprobatoria se publicó en *Gaceta Oficial* Extraordinaria N° 1.620 de 1-11-73

915 Véase, Resolución del Comité Ejecutivo Permanente de la ALALC, N° 179, de 9 de julio de 1969, que declara la compatibilidad con el Tratado de Montevideo del Acuerdo de Integración Subregional suscrito por Bolivia, Colombia, Chile, Ecuador y Perú, en *Foro Nacional sobre Venezuela y la Integración Latinoamericana 11(71, cit.,* Tomo I, p. 284.

916 El artículo 110 de Acuerdo de Cartagena exigía que el mismo fuera sometido a la consideración del Comité Ejecutivo Permanente de la ALALC a los efectos de que éste declarara la compatibilidad de aquél con el Tratado de Montevideo

917 Véase el Protocolo adicional de 1976, el Protocolo adicional de Lima de 1977, el Protocolo adicional de Arequipa de 1978, aprobados por Ley y publicados, respectivamente, en *Gaceta Oficial* N° 31.109 de 12-11-76; N° Extra 2.118 de 30-12-77; y N° Extra 2.310 de 20-9-78. Véase el "Protocolo de Quito" modificatorio del Acuerdo de Cartagena, aprobado por ley publicada en *Gaceta Oficial* N° 33.958 de 4-5-88.

programa de liberalización del intercambio comercial; un arancel externo común e integración física[918].

En efecto, en cuanto al establecimiento de una unión aduanera entre los países participantes en el Grupo Andino, el aspecto que debe destacarse en primer lugar, es el programa de liberación del intercambio con el objeto de eliminar los gravámenes y restricciones de cualquier tipo que inciden sobre la importación de productos originarios de otro país miembro[919]. La distinción entre el programa del Grupo Andino y el e la zona de libre comercio de la ALALC, es que en aquel , el programa es automático e irreversible y debía comprender la universalidad de los productos para llegar a su liberación total[920] en un lapso que originalmente se estableció hasta 1980 y precisamente se fue ampliando[921]; en tanto que en la ALALC, no solo se trataba de liberación del intercambio, y a través de esta liberación, crearlo y desarrollarlo (zona de libre comercio), sino de establecer un arancel externo común para todos los países del Grupo, también antes del 31 de diciembre de 1980[922]. Para facilitar la adopción del mismo, entró en vigencia desde 1972 un arancel externo mínimo que tenía por objeto establecer una protección adecuada para la producción subregional y estimular su eficiencia, así como crear progresivamente un margen de preferencia subregional[923].

Aparte de la programación conjunta del desarrollo industrial de la subregión[924] el esquema de integración económica del Grupo Andino exige también la coordinación de los planes de desarrollo económico de los países de la subregión en sectores es-

918 Artículos 1 y 2 del Acuerdo de Cartagena.

919 Artículo 41 del Acuerdo de Cartagena.

920 Artículo 45 del Acuerdo de Cartagena. Aun dentro de la misma fecha, el ingreso de Venezuela al Grupo Andino en 1973 provocó la adopción de una serie de condiciones para dicho ingreso previstas en el Capítulo I de la Decisión N° 70 de la Comisión del Acuerdo de Cartagena de 13 de febrero de 1973. Véase en el Pacto Andino, *cit.*, p. 340 y ss. En todo caso, el Programa de liberación previsto en el Acuerdo se aplicó, conforme a varias modalidades, a los productos que han sido objeto de programas sectoriales de desarrollo industrial, como el de la Industria Metalmecánica; a los productos incluidos en la lista común señalada en el Tratado de Montevideo; y a los demás productos no comprendidos en las categorías anteriores. Véase el artículo 45 del Acuerdo de Cartagena. El Acuerdo prevé por otra parte, un trato preferencial, en el programa deliberación respecto a los productos provenientes de los dos países de menor desarrollo relativo de la subregión: Bolivia y Ecuador. Véase el artículo 96 y ss. del Acuerdo.

921 En el Protocolo adicional de Lima de 1977 se ampliaron hasta 1988 y en el Protocolo de Arequipa hasta 1989. Véase las leyes aprobatorias en *Gacetas Oficiales* Nos. 2.118 Extra. de 30-12-77 y N° 2.310 de 20-9-78. El Protocolo de Quito estableció modalidades diferentes a partir de 1988. Véase la Ley Aprobatoria en *Gaceta Oficial* N° 33.985 de 4-5-88.

922 Véase el artículo 61 del Acuerdo e Cartagena. Los lapsos para su entera adopción han sido llevados por el Protocolo adicional de Lima hasta 1988, por el Protocolo adicional de Arequipa hasta 1989; Luego por el Protocolo de Quito hasta fecha posterior (1993).

923 Véase el artículo 63 del Acuerdo de Cartagena. Venezuela debía ejecutar plenamente el arancel Externo Mínimo Común en 1976. Véase el artículo 8 de la Decisión N° 70 de la Comisión del Acuerdo de Cartagena, *cit.* en el Pacto Andino, *cit.*, p. 343.

924 Véase los comentarios sobre dicho programa en Mauricio Guerrero, "La programación conjunta del desarrollo industrial subregional y el primer programa sectorial de la. industria metalmecánica", en *Derecho de la Integración*, N° 12, *cit.*, pp. 35 y ss.

pecíficos y la armonización pe sus políticas económicas y sociales, con el objeto de llegar aun régimen de planificación conjunta para el desarrollo integrado del área[925].

Pero además del establecimiento de la unión aduanera y del desarrollo de mecanismos de programación conjunta o coordinada del desarrollo industrial, es indudable que uno de los principales mecanismos previstos en el Acuerdo de Cartagena para acelerar el proceso de integración económica, fue la armonización de políticas económicas y de legislaciones en el campo específico de las inversiones extranjeras, la propiedad industrial y las empresas multinacionales. En efecto, la Comisión del Acuerdo de Cartagena mediante la Decisión N° 24 aprobó en 1970 el Régimen Común de Tratamiento de los Capitales Extranjeros y sobre Marcas, Patentes, Licencias y Regalías[926], con lo cual se reguló uniformemente en todos los países miembros del Grupo, el régimen de las inversiones extranjeras[927]. En Venezuela, por tanto, al aprobarse el régimen por Ley en 1973, con motivo de la adhesión al Grupo Andino, se cumplió el programa establecido en el artículo 107 de la Constitución, según el cual "la ley establecerá las normas relativas a la participación de los capitales extranjeros en el desarrollo económico nacional".

---

925 Este proceso de coordinación y armonización se realiza paralela y coordinadamente con la formación del mercado subregional, mediante los siguientes mecanismos: un régimen de programación industrial, un régimen especial para el sector agropecuario; la planificación de la estructura física y social; la armonización de las políticas cambiarías, monetarias, financieras y fiscales; una política comercial común frente a terceros países, y la armonización de métodos y técnicas de planificación. Véase el artículo 26 del Acuerdo de Cartagena. Este provocó que en 1973 se iniciaran las reuniones de los Ministros de Planificación del Grupo Andino.

926 Esta Decisión N° 24, de 31 de diciembre de 1970 fue aprobada por Ley. Véase *Gaceta Oficial* N° 1.620 Extra de 1-11-73. La referida Decisión N° 24 fue objeto de ajustes en la Decisión N° 37 de 24 de junio de 1971, mediante el cual se establecieron los "ajustes al régimen común de tratamiento a los capitales extranjeros sobre marcas, patentes, licencias y regalías" cuyo texto también se aprobó por Ley. Véase *Gaceta Oficial* N° 1.620 Extra de 1-11-73. Con motivo de la adhesión de Venezuela al Grupo Andino, en la Decisión N° 70 de la Comisión de 1973, se aprobaron además otras modificaciones a los artículos 1 y 13 de la Decisión N° 24 (Artículos 33 y 34 de la De cisión N° 70), también aprobadas por Ley. Véase en la misma *Gaceta Oficial* N° 1.620 Extra de 1-11-73. Posteriormente en 1973, mediante las decisiones Nos. 103 y 109 se reformó nuevamente la Decisión 24, las cuales fueron aprobadas por Ley. Véase en *Gacetas Oficiales* Nos. 2.052 de 20-6-77 y 2.112 de 22-12-77, respectivamente.

927 Las Decisiones Nos. 34 y 37 fueron aprobadas por Decreto N° 482 del 25 de junio de 1971 del Presidente Allende de Chile, por Decreto-Ley N° 09708 de 30 de junio de 1971 del Presidente Torres de Bolivia; por Decreto-Ley N° 09708, de 30 de junio de 1971 de Velazco Alvarado de Perú; y por Decreto N° 974 de 30 de junio de 1971 del Presidente Velazco Ibarra del Ecuador. En Colombia fue aprobada por Decreto N° 1.299 de 1971 del Presidente Pastrana, y luego reglamentada por Decreto N° 2.153 de 5 de noviembre de 1971 del mismo Presidente Pastrana, pero dichos Decretos fueron declarados inexequibles por la Corte Suprema de Colombia por sentencia de 20 de enero de 1972. El Congreso de Colombia en 1973 y sólo después de aprobar por Ley el texto del Acuerdo de Cartagena, ha conferido facultades extraordinarias al Presidente de la República para aprobar las Decisiones Nos. 24 y 37. Véase las referencias a la controversia judicial en Colombia en Francisco Orrego Vicuña. "La incorporación del ordenamiento jurídico subregional al derecho interno. Análisis de la práctica y jurisprudencia colombiana", *loc. cit.*, p. 49 y ss. Sobre los diversos instrumentos aprobatorios de las Decisiones Nos. 24 y 37 de los países miembros. Véase documento (JUN d. 14) de 7 septiembre de 1971 sobre *"Instrumentos por los cuales se pone en vigor en los países miembros el Régimen Común de Tratamiento a* los Capitales extranjeros y sobre Marcas, Patentes, Licencias y Regalías", Lima, 1971. En Venezuela, como se dijo, fue aprobada por ley publicada en *Gaceta Oficial* N° 1.620 de 1-11-73.

La Decisión 24 posteriormente fue sustituida por la Decisión 220 de la Comisión del Acuerdo, adoptada en 1988[928] y la misma estableció un tratamiento uniforme y coherente en un grupo de países que, incluso, no existía en la Comunidad Económica Europea, al adoptarse en el Pacto Andino. Posteriormente, en 1991 se dictó la Decisión 291 que reguló el mencionado Régimen Común, sustituyendo la anterior, liberalizando el Régimen Original[929].

En efecto, el Régimen Común inicial de 1970 se modificó sustancialmente en los últimos años, limitándose al mínimo la intervención de los Estados y liberalizándose la participación de inversiones extranjeras, al eliminarse las excesivas restricciones originales. En todo caso, la Decisión 291 ha sido objeto del Reglamento del Régimen Común del Tratamiento de Capitales Extranjeros y sobre Marcas, Patentes, Licencias y Regalías, dictado por Decreto N° 2.095 de 13-2-92[930].

La uniformización de legislación y la armonización de políticas económicas también se ha producido, como por ejemplo, inicialmente, al adoptarse en la Decisión N° 46 de diciembre de 1971, el Régimen Uniforme de las empresas multinacionales, complementado y fortalecido por la Decisión N° 169 sobre las Empresas Multinacionales Andinas[931], régimen que ciertamente tiene su antecedente remoto en las "industrias carácter zonal" a que se refería la Resolución N° 100 de la ALALC de 1964 que adopta las Directivas Básicas de Política Económica y de la Asociación[932], regulado en la actualidad en la Decisión N° 292 sobre "Régimen Uniforme para Empresas Multinacionales Andinas"[933] pero con la enorme diferencia de que en estos dos casos no se formuló consideración alguna sobre el carácter nacional o extranjero de las industrias integradas. En cambio, en el Régimen del Grupo Andino, empresas multinacionales andinas, sólo son aquellas empresas constituidas como sociedades anónimas, (con acciones nominativas) con domicilio en el territorio de uno de los países miembros de la subregión; de capital subregional mayoritario reflejado en la dirección técnica, administrativa, financiera y comercial de la empresa, aportado por inversionistas nacionales de dos o más países miembros que en total representan más del 60 por ciento del capital de la empresa. La empresa multinacional en esta forma se ha considerado una pieza esencial dentro de todo el contexto del proceso de integración de la subregión andina, para radicar dentro de la subregión los centros de decisión relativos a los sectores dinámicos o estratégicos de la eco-

---

928 La Decisión N° 220 sustituyó a las Decisiones Nos. 24, 37, 37-A, 47, 48, 103, 109, 110, 118, 124, 189. Véase la ley aprobatoria en *Gaceta Oficial* N° 34.014 de 25-7-88.

929 Esta Decisión no fue aprobada por ley y se publicó en *Gaceta Oficial* N° 4.284 Extra de 28-6-91.

930 Véase en *Gaceta Oficial* N° 34.930 de 25-3-92.

931 Véase la Decisión N° 46 aprobada por ley (véase en *Gaceta Oficial* N° 1.620. Extra de 1-11-73), además establece la reglamentación del tratamiento aplicable al Capital Subregional. Véase además el texto en la revista *Derecho de la Integración* N° 10, INTAL, Buenos Aires, 1972, pp. 190 y ss. El artículo 3° de dicha Decisión se modificó por la Decisión N° 70 de febrero de 1973, que establece las condiciones de adhesión de Venezuela al Grupo Andino. La Decisión N° 169 sobre las Empresas Multinacionales Andinas se aprobó por ley de 1983. Véase en *Gaceta Oficial* N° 32.735 de 27-5-83.

932 Véase Resolución 100 (IV) del 8 de diciembre de 1964, Parte I, B.4 y ss.

933 Véase en *Gaceta Oficial* N° 4.284 Extra de 28-6-91.

nomía subregional[934], asimilándose, la empresa multinacional andina a una empresa nacional a los efectos del Régimen común de tratamiento de los capitales extranjeros, así como a los efectos impositivos, crediticios y financieros internos de cada país. En todo caso, la Decisión N° 292, establece un esquema general de los estatutos que deben adoptar, lo que evidentemente permite hablar de la regulación del régimen jurídico de una "empresa latinoamericana".

En cuanto al derecho aplicable a la empresa no existe cabalmente un "derecho societario latinoamericano", sino que la Decisión N° 292 soluciona los conflictos estableciendo, la siguiente prelación en la aplicabilidad de los textos: en primer lugar, el estatuto social de la empresa; en segundo lugar, el régimen uniforme de la Decisión N° 292, y en tercer lugar, las normas de la legislación del país donde tenga su domicilio principal; ó las normas de la legislación del país donde se establezca la relación jurídica o la de aquél donde hayan de surtir a efectos los actos jurídicos de las empresas, según lo establezcan las normas de derecho internacional privado aplicables[935].

En cuanto al régimen sobre propiedad industrial debe señalarse que la Junta del Acuerdo había adoptado la Decisión 85 sobre Régimen común de la Propiedad Industrial, la cual nunca fue aprobada por Ley en Venezuela, por lo que nunca fue aplicada en el país.

Esta decisión fue sustituida por la Decisión 313 sobre el mismo Régimen Común, la cual, sin embargo, y sin aprobación legislativa, se publicó en *Gaceta Oficial*[936] y comenzó a ser aplicada. En efecto, con esa publicación efectuada conforme a las normas del artículo 2 del Tratado que creó el Tribunal Andino, se comenzó a aplicar la Decisión 313 en el país, razón por la cual un reclamo de inconstitucionalidad fue intentado en, 1992 contra el referido acto de publicación, argumentándose que era necesaria una ley aprobatoria previa. La Decisión N° 313 fue posteriormente derogada y sustituida por la Decisión N° 344 de 21-10-93 publicada en la *Gaceta Oficial* del Acuerdo de Cartagena N° 142 de 29-10-93, y publicada también en la *Gaceta Oficial* de la República, sin aprobación legislativa previa[937].

Por otra parte, en materia de armonización de políticas aprobadas por ley, debe destacarse la Decisión 40, contentiva del convenio para evitar la doble tributación; y la Decisión N° 56, de reglamentación del transporte internacional por carretera[938].

En el marco del Grupo Andino, otras decisiones de importancia legislativa sectorial se han adoptado como régimen común para el área, tales como el Instrumento Andino de Seguridad Social (Decisión 113), y el Instrumento Andino de Migración

934 *Cfr.* Gustavo Fernández Saavedra, "El Régimen Uniforme de la Empresa Multinacional en él Grupo Andino", *Derecho de la Integración,* N° 11, INTAL, Buenos Aires, 1972. p. 19.

935 Véase artículo 7 de la Decisión N° 292.

936 *G.O.* N° 4.451 Extra de 5-8-92.

937 Véase *G.O.* N° 4.676 Extra de 18-1-94. La decisión N° 313, además, había sido reglamentada por Decreto N° 2.887 de 15-4-93, *G.O.* N° 35.226 de 4-6-93.

938 Aprobados por ley y publicadas en *Gaceta Oficial* N° 1.620 Extra de 1-11-73.

Laboral (Decisión 116), aprobados por leyes de 1978[939]. Asimismo, se han celebrado una serie de convenios de cooperación en materia cultural, de salud y laboral[940].

Por otra parte, dentro de los mecanismos previstos en el esquema del Grupo Andino para el impulso al programa de integración económica subregional está la canalización de recursos de dentro y fuera de la subregión para proveer a la financiación de las inversiones que sean necesarias[941]. Para el cumplimiento de buena parte de esas actividades, aún antes de firmarse el Acuerdo de Cartagena, los países del Grupo Andino suscribieron el Convenio Constitutivo de la Corporación Andina de Fomento[942], que se instaló en Caracas en junio de 1970. Esta Corporación, que funciona como un organismo internacional de carácter financiero, o como una "empresa pública multinacional"[943], no se rige ni por el régimen uniforme de las empresas multinacionales, antes referido, ni por los derechos nacionales de los países miembros, y ni siquiera por el de Venezuela, donde tiene su sede. Se rige, al contrario, por normas de carácter internacional previstas en su Convenio Constitutivo, pues se trata de una organización internacional cuyo objetivo es impulsar el proceso de integración subregional para lo cual se le confiere una amplísima gama de funciones de promoción, fomento, financiamiento, inversión y asistencia.

En el mismo campo de las políticas económicas, debe señalarse por último el Convenio para el establecimiento del Fondo Andino de Reservas, aprobado por ley en 1977[944], con el objeto de servir de instrumento de apoyo a la balanza de pagos de los países, otorgando créditos o garantizando préstamos. Esta entidad, tiene en general por objeto, armonizar políticas cambiarías, monetarias y financieras entre los países miembros del Grupo Andino.

En 1996 se adoptó el Protocolo de Quito que cambió el nombre al Grupo Andino por Comunidad Andina.

C. *Los órganos del Acuerdo de Cartagena (hasta 1996)*

En el esquema institucional del Acuerdo de Cartagena, además del Consejo de Ministros de Relaciones Exteriores del Grupo, que es un órgano de mero carácter intergubernamental, hasta 1996 se habían previsto cuatro órganos comunitarios principales: la Comisión, la Junta, el Tribunal Andino de Justicia, y como órgano deliberante común, el Parlamento Andino.

---

939 Véase respectivamente las leyes aprobadas *en Gaceta Oficial* N° 2.200 Extra. de 20-3-78 y N° 2.310 Extra de 20-9-78.

940 Véase por ejemplo, el Convenio Andrés Bello en materia educativa, científica y cultural en *Gaceta Oficial* N° 29.256 de 2-7-70; el Convenio Hipólito Unanue de cooperación en salud de los países del Área Andina en *Gacetas Oficiales* N° 1.787 Extra de 22-12-75 y N° 1.890 Extra de 22-7-76; y el Convenio Simón Rodríguez en materia laboral en *Gaceta Oficial* N° 31.139 de 27-12-76.

941 Véase el artículo 3, letra f, del Acuerdo de Cartagena, en *El Pacto Andino cit,* p. 304.

942 El Tratado o Convenio Constitutivo suscrito el 7 de febrero de 1968 por Bolivia, Colombia, Chile, Ecuador, Perú y Venezuela, puede verse en *El Pacto Andino, cit.,* p. 415 y ss.

943 Véase, Marcos Kaplan, "El Grupo Andino: Balance y Perspectivas", en *Revista de la Facultad de Derecho,* N° 47, UCV, Caracas, 1970, p. 89.

944 Véase en *Gaceta Oficial* N° 2.057 de 4-7-77.

a. *La Comisión del Acuerdo*

La Comisión del Acuerdo de Cartagena es el órgano máximo del mismo, y está constituida por un representante plenipotenciario de cada uno de los gobiernos de los países miembros. La Comisión tiene como atribución fundamental la "capacidad de legislación exclusiva sobre las materias de su complacencia" (Art. 6). Además, conforme al artículo 7 del Acuerdo, tiene como atribuciones específicas, entre otras las siguientes: Formular la política general del Acuerdo y adoptar las medidas que sean necesarias para el logro de sus objetivos; aprobar las Normas que sean indispensables para hacer posibles la coordinación de los planes de desarrollo y la armonización de las políticas económicas de los Países Miembros; velar por el cumplimiento armónico de las obligaciones derivadas del Acuerdo y las del Tratado de Montevideo de 1930: aprobar los presupuestos anuales de la Junta y del Tribunal de Justicia y fijar la contribución de cada uno de los Países Miembros; dictar su propio reglamento y el de los Comités y aprobar el de la Junta y sus modificaciones; proponer a los Países Miembros modificaciones al presente Acuerdo; y conocer y resolver todos los demás asuntos de interés común.

En relación a la Junta del Acuerdo, la Comisión tiene competencia para:

a) Designar y remover a sus miembros.

b) Impartir instrucciones.

c) Delegar sus atribuciones en la Junta cuando lo estime conveniente.

d) Aprobar, no aprobar o enmendar las proposiciones de la Junta.

La Comisión tiene un Presidente que dura un año en su cargo.

Dicha función será ejercida, sucesivamente, por cada uno de los representantes según el orden alfabético de los países (Art. 9).

La Comisión adopta sus decisiones con el voto afirmativo de los dos tercios de los Países Miembros (Art. 11), salvo algunas materias previstas en los anexos I y II del Acuerdo que requieren un voto calificado, sin voto negativo (Art. 11).

b. *La Junta*

La Junta es el órgano técnico del Acuerdo integrado por tres miembros que deben actuar únicamente en función de los intereses de la Sub-región en su conjunto (Art. 13).

Los miembros de la Junta deben ser nacionales de cualquier país latinoamericano, y son responsables de sus actos ante la Comisión. Deben actuar con sujeción a los intereses comunes; abstenerse de cualquier acción incompatible con el carácter de sus funciones; no desempeñar durante el período de su cargo ninguna otra actividad profesional, remunerada a no; y no solicitar ni aceptar instrucciones de ningún Gobierno, entidad nacional o internacional (Art. 14).

Conforme al Acuerdo, corresponde a la Junta, entre otras cosas, las siguientes competencias:

a) Velar por la aplicación del Acuerdo y por el cumplimiento de las decisiones de la Comisión y de sus propias resoluciones.

b) Cumplir los mandatos de la Comisión.

c) Formular a la Comisión proposiciones destinadas a facilitar o acelerar el cumplimiento del Acuerdo, con la mira de alcanzar sus objetivos en el término más breve posible.

d) Participar en las reuniones de la Comisión, salvo cuando ésta considera conveniente celebrar reuniones privadas, teniendo derecho a tomar parte en la discusión de todas sus proposiciones en la Comisión y, en particular, en la de aquéllas a que se refiere al literal c).

e) Evaluar anualmente los resultados de la aplicación del Acuerdo y el logro de sus objetivos, prestando especial atención al cumplimiento del principio de distribución equitativa de los beneficios de la integración, y proponer a la Comisión las medidas correctivas pertinentes de carácter positivo.

f) Efectuar los estudios técnicos que le encomienda la Comisión y otros que a su juicio sean necesarios.

g) Ejercer las atribuciones que le delegue la Comisión.

h) Desempeñar las funciones de Secretario Permanente del Acuerdo y mantener contacto directo con los Gobiernos de los Países Miembros únicamente a través del organismo que cada uno de ellos señale para tal efecto (Art. 16).

c. *El Parlamento Andino*

El Parlamento Andino fue establecido por el Tratado Constitutivo del Parlamento Andino de 1979, aprobado por Ley en 1980[945], como un órgano deliberante común del proceso de integración sub-regional (Art. 1), constituido por representantes de los pueblos de cada una de las partes contratantes, elegidos por sufragio universal y directo, según el procedimiento que los Estados Miembros adoptarán mediante un Protocolo adicional (Art. 2)Como éste no se ha adoptado, hasta tanto ello suceda, el Parlamento Andino está constituido por cinco representantes elegidos por los respectivos órganos legislativos de los Estados (Art. 3°).

Entre los propósitos del Parlamento Andino vinculados al proceso, de integración, están, al coadyuvar a la promoción y orientación del proceso de la integración sub-regional andina; promover la participación de los pueblos como actores del proceso de integración andina; y fomentar el desarrollo de una conciencia comunitaria (Art. 12, letras b), d) y g)).

d. *El Tribunal Andino de Justicia*

La Comisión del Acuerdo de Cartagena, en su Sexto Período de Sesiones Extraordinarias celebradas en diciembre de 1972, llegó a consenso en torno a la necesidad de crear un órgano jurisdiccional dentro del marco institucional del Acuerdo de Cartagena, encargado "de dirimir las controversias que se susciten con motivo de la aplicación del Acuerdo, las Decisiones de la Comisión y Resoluciones de la Junta". La Comisión recomendó a la Junta, en ese mismo Período de Sesiones, y así se estableció en el Acta Final respectiva, el que realizara los estudios necesarios a fin de

945 Véase en *Gaceta Oficial* N° 2.642 de 13-8-80.

disponer antes del período de Sesiones Ordinarias de 1972, de los elementos de juicio indispensables para formular recomendaciones a los gobiernos sobre la creación del referido órgano jurisdiccional.

La Junta cumplió el encargo que le fue encomendado y en diciembre de 1972 rindió el Informe sobre el establecimiento de un Órgano Jurisdiccional del Acuerdo de Cartagena[946]. En la Cuarta Reunión de Ministros de Relaciones Exteriores de los Países Miembros, celebrada en Lima en agosto de 1973, los Ministros señalaron "la urgente necesidad de crear un Órgano Jurisdiccional del Acuerdo de Cartagena, destinado a solucionar eventuales controversias en la interpretación o cumplimiento de los compromisos asumidos por los Países Miembros"; y posteriormente, en 1974, la Junta presentó a la Comisión, como propuesta, el Proyecto de Tratado para la creación del Tribunal del Acuerdo de Cartagena[947].

Posteriormente, con ocasión de la Reunión de los Presidentes de los Países Andinos en Cartagena, celebrada en mayo de 1979, los Cancilleres de los Países del Acuerdo de Cartagena suscribieron el Tratado que crea el Tribunal de Justicia del Acuerdo de Cartagena[948].

El Tratado fue ratificado por Colombia, Perú, Ecuador y Bolivia y fue sometido a la consideración del Congreso de la República en fecha 12 de abril de 1980, habiendo sido aprobado por ley de 7 de mayo de 1983[949].

Sobre la necesidad de creación de un órgano jurisdiccional, dentro del esquema de integración sub-regional del Grupo Andino, en todo caso no parece ser necesario insistir. Todo proceso de integración económica que pretenda estructurarse sobre la base de un derecho comunitario, requiere de un órgano jurisdiccional que resuelva los conflictos entre los Estados para hacer prevalecer el interés comunitario sobre el interés nacional, y que esté llamado a conocer de controversias que ninguno de los órganos jurisdiccionales de los Estados Miembros podría resolver.

El Tribunal Andino, creado también como órgano principal del Acuerdo (Art. 6°), con sede en Quito (Art. 7), está integrado por cinco magistrados, nacionales de origen de los Países Miembros (Art. 7°) designados de ternas presentadas por cada Miembro y por la unanimidad de los plenipotenciarios acreditados para tal efecto (Art. 8).

---

946 Véase doc. COM-/X-E dic. 5, 12 de diciembre de 1972.

947 Jun/Propuesta 43, 18 de enero de 1974. Este documento fue estudiado en todos los países del Grupo Andino, y constituyó el objeto de algunos comentarios que formulamos en 1978 en el documento "La proyectada creación del Tribunal del Acuerdo de Cartagena y la cuestión constitucional en el proceso de integración económica latinoamericana", publicado en *Primeras Jornadas de Derecho Comparado Roberto Goldschmidt,* Caracas, enero 1978, libro editado por la Asociación Universitaria de Derecho Comparado de Venezuela, Maracaibo, 1979, pp. 148 a 197.

948 Véase el texto en *Documentos. Reunión de los Presidentes de los países andinos.* Cartagena, 26-28 de mayo de 1979. Publicaciones de la Junta del Acuerdo de Cartagena, pp. 83 a 92.

949 Véase en *Gaceta Oficial* N° 3.216 Extra de 7-7-83. Véase Allan R. Brewer- Carías, "La creación del Tribunal de Justicia del Acuerdo de Cartagena y la cuestión institucional en la integración latinoamericana" en *Estudios de Derecho Público.* Tomo I, Caracas, 1983, pp. 209 a 241; cuyo texto seguimos en esta parte.

Los Magistrados gozan de plena independencia en el ejercicio de sus funciones (Art. 7°).

El Proyecto presentado por la Junta del Acuerdo de Cartagena, tal como su nombre lo indicaba, era un "Proyecto de Tratado" complementario y más aún, modificatorio, del propio Tratado de integración del Grupo Andino, al querer regular, además de la organización y competencias del Tribunal, lo que se denominó "la estructura jurídica del Acuerdo de Cartagena". Esta misma naturaleza y contenido se ha seguido en el Tratado suscrito que creó el Tribunal de Justicia del Acuerdo de Cartagena de 1979.

e. *Las reformas de 1996: el Sistema Andino de Integración y la Comunidad Andina*

En marzo de 1996, la Cumbre Presidencial reunida en Trujillo, Perú, aprobó el Protocolo Modificatorio del Acuerdo de Cartagena mediante el cual se dispuso el cambio de nombre del Pacto Andino por Comunidad Andina, estableciendo el Sistema Andino de Integración.

En dicho Protocolo se establecieron reformas importantes a los órganos del Acuerdo que deben ser ratificadas por los Congresos de los países firmantes (Bolivia, Colombia, Ecuador, Panamá, Perú y Venezuela) para que entre en vigencia.

De acuerdo a ese Protocolo, los órganos de la Comunidad Andina serán los siguientes:

El *Consejo Presidencial Andino* que será el máximo órgano del Sistema Andino de Integración, y que tendrá a su cargo definir las políticas de integración subregional, impulsar las acciones en asuntos de interés subregional y coordinar los órganos del sistema. La Presidencia del Concejo Presidencial es rotativa entre los países miembros por un año;

El *Consejo Andino de Ministros de Relaciones Exteriores* tiene a su cargo formular, ejecutar y evaluar la política general del proceso de integración, debe ejecutar las decisiones del Consejo Presidencial y está presidido por el Ministro de Relaciones Exteriores del país que presida el Consejo Presidencial;

La *Comisión* de la Comunidad Andina, que sustituye a la Comisión del Acuerdo;

El *Secretario General* de la Comunidad Andina, que sustituye a la Junta del Acuerdo;

El *Tribunal de Justicia* de la Comunidad, que sustituye al Tribunal de Justicia del Acuerdo, y cuyo tratado también fue modificado, estableciéndose nuevas acciones;

El *Parlamento Andino*, con las atribuciones que ya tenía; y

El *Fondo Latinoamericano de Reservas y la Corporación Andina de Fomento*, como órganos primarios del sistema.

D. *La recepción del Derecho Comunitario Andino*

a. *La recepción del Acuerdo de Cartagena*

El Acuerdo de Cartagena, a pesar de su nombre, y de que podía considerársele como un cuerpo normativo derivado e ínter dependiente con el Tratado de Montevideo, en el sentido de que lo desarrollaba y perfeccionaba, es indudablemente, a su vez, un Tratado. Como tal, por tanto, y sin lugar a dudas, estaba sometido a las normas de admisión en los derechos internos establecidos en los diversos países miembros. No había norma alguna en el texto del Tratado de Montevideo que estableciera que los Acuerdos Subregionales de Integración podían ser firmados sin aprobación parlamentaria, por lo que es indudable que ésta era imperativa. Tal como lo señaló Francisco Villagrán Kramer: "de existir una disposición expresa en el Tratado de Montevideo que asegurara de inmediato la ejecución de este tipo de instrumentos inter-relacionados, en el orden jurídico interno de los países miembros, podría decirse que no requerirían de recepción expresa en dicho orden, sino en ejecución automática. El hecho, por el contrario, es que tal disposición no existe dentro de los marcos del Tratado de Montevideo, y que el Acuerdo, por su parte, contempló, en adición, la aprobación de cada uno de los países miembros conforme a sus respectivos procedimientos legales (Art. 110). Tal aprobación expresa requerida como requisito para su entrada en vigor, implicó, pues, la necesidad de su recepción igualmente expresa en el orden jurídico interno de cada uno de los países miembros"[950].

De acuerdo a esta posición, que compartimos, no era posible sostener con base firme, por tanto, como se expresó en la Mesa Redonda de Caracas en 1970, sobre "Los Problemas Legales e Institucionales del Pacto Subregional Andino", que por cuanto el Acuerdo de Cartagena era un derivado del Tratado de Montevideo "no ha sido necesario someterlo a aprobación parlamentaria en algunos de los países miembros, pues la aprobación original del Tratado de Montevideo es suficiente como para implicar su aplicación y desarrollo en el sentido del Acuerdo Subregional"[951].

Al contrario, la realidad jurídica latinoamericana muestra que todos los países miembros del Acuerdo de Cartagena, con la excepción de Chile, aprobaron a través de leyes o actos con fuerza de ley, el texto del Acuerdo de Cartagena; y en Colombia, donde originalmente se aprobó el Acuerdo por decisión ejecutiva, luego de la intervención de la jurisdicción constitucional de ese país, fue necesario obtener posteriormente la aprobación parlamentaria del Acuerdo[952].

Ya en 1967, sobre el problema constitucional que se veía venir ante la perspectiva de un Mercado Común Latinoamericano, al analizar la situación constitucional latinoamericana en relación a la capacidad del Poder Ejecutivo para obligar internacionalmente al Estado, destacábamos que "la casi totalidad de los textos constitucionales latinoamericanos exigen expresamente el trámite de la aprobación parlamentaria y subsiguiente ratificación, para todo acto del Poder Ejecutivo que imponga obli-

---

950 Véase la "Sistematización de la estructura jurídica del Acuerdo de Cartagena", en *Revista de Integración* INTAL, N° 12, Buenos Aires, 1973, p. 15.

951 Véase en "Mesa Redonda. La Problemática Jurídica e Institucional del Acuerdo Subregional Andino de 1970" en *Revista de la Facultad de Derecho,* U.C.V., N° 47, Caracas, 1973, p. 121.

952 El texto del Acuerdo fue aprobado inicialmente en Colombia por Decreto N° 1.245 de 8 de agosto de 1969 del Presidente de la República; la Corte Suprema de Colombia en sentencia de 26 de julio de 1971, declaró la inexequibilidad de dicho Decreto por considerar que correspondía al Congreso aprobarlo; y el Congreso, en 1973 aprobó por ley el texto del Acuerdo. Véase el comentario sobre este proceso en Francisco Orrego Vicuña, "La incorporación del ordenamiento jurídico subregional al derecho interno. Análisis de la práctica y jurisprudencia de Colombia". *Derecho de la integración,* INTAL, N° 11, Buenos Aires 1972, pp. 39 y ss.

gaciones internacionales al Estado, sin hacer distinción alguna por razón de la naturaleza, contenido u objeto del tratado o convenio internacional"; y agregamos que "frente a normas constitucionales expresas no puede concluirse como lo ha hecho el Instituto Interamericano de Estudios Jurídicos Internacionales, que las Constituciones latinoamericanas, en la práctica de su aplicación, confieren amplia capacidad a los Poderes Ejecutivos para obligar internacionalmente al Estado[953], sino muy por el contrario, es necesario concluir que tratándose de una práctica inconstitucional, se hace necesario proceder a una adaptación de los textos constitucionales a la realidad y a las exigencias de las relaciones internacionales contemporáneas"[954].

Indudablemente que el problema constitucional se planteaba en 1967, en Chile, hasta el punto de que para no dejar basado un proceso de integración económica en simples interpretaciones que dejaran vigente un peligro latente de derrumbamiento, surgió la iniciativa de agregar, al artículo 43 de la Constitución de dicho país, un aparte con el siguiente texto: "Con el voto favorable de la mayoría de los Diputados y Senadores en actual ejercicio, podrán aprobarse Tratados que aseguren, en condiciones de reciprocidad, determinados atributos o competencias a instituciones supranacionales, destinadas a promover y consolidar la integración de las Naciones de América Latina"[955]. Dicha reforma constitucional no prosperó, y al momento de firmarse el Acuerdo de Cartagena y plantearse su recepción en el derecho interno de Chile, de sobra son conocidas las discusiones que surgieron. En definitiva, prosperó la tesis gubernamental de considerar el Acuerdo de Cartagena como un ordenamiento jurídico "derivativo" del Tratado de Montevideo, por lo que optó por el procedimiento de aprobar el Acuerdo por simple vía ejecutiva, sin necesidad de autorización adicional del Congreso, mediante el Decreto N° 428 del 30 de julio de 1969 del Presidente de la República[956]. Chile optó así, frente al Acuerdo de Cartagena, por la vía peligrosa de las interpretaciones que, *ab initio*, introdujo un germen de debilidad en el esquema, respaldado, inclusive, por la doctrina de la Contraloría General de la República de dicho país[957]. Los otros países signatarios del Acuerdo de Cartagena, y posteriormente Venezuela, optaron, al contrario, por la vía segura de aprobar el Acuerdo mediante leyes o actos ejecutivos con igual fuerza (Decretos-Leyes), con lo cual el débil terreno de las interpretaciones, quedaba excluido; y el riesgo de los cambios de criterio del Poder Ejecutivo, como consecuencia de los cambios políticos quedaba limitado[958]. De allí que también, mediante simple Decreto, Chile se separó del Pacto Andino.

---

953 Véase Instituto Interamericano de Estudios Jurídicos Internacionales, *Problemática Jurídica e Institucional de la Integración de América Latina*, Ed. Provisional, Washington, 1967, p. 793.

954 Véase Allan R. Brewer-Carías, *Los Problemas Constitucionales de la Integración Económica Latinoamericana*, Caracas, 1968, p. 76.

955 *Cfr.* en Emilio J. Cárdenas, "Había un derecho comunitario latinoamericano", Derecho de la Integración. INTAL, N° 1, Buenos Aires, 1967, p. 49 y en Alberto A. Natale, *La Integración Latinoamericana y el Problema Constitucional*, Rosario, 1967, pp. 11 y 12.

956 Véase *Diario Oficial* N° 27.431 de 27 de agosto de 1969.

957 *Cfr.* Francisco Orrego Vicuña, "La incorporación del ordenamiento jurídico subregional al derecho interno. Análisis de la Práctica Chilena", *Derecho de la Integración*, INTAL, N° 2, Buenos Aires, 1970, pp. 49 y ss.

958 El tiempo posteriormente nos dio la razón, y Chile abandonó el Grupo Andino en 1974.

b. *La recepción de las decisiones de la Comisión*

A pesar del carácter derivativo que hubiera podido tener el Acuerdo de Cartagena respecto del Tratado de Montevideo, y de que se hubiese suscrito dentro del marco establecido por éste, es claro que dicho Acuerdo establece un esquema institucional de integración que por primera vez, en América Latina, ha dado lugar al establecimiento de órganos Supranacionales. En este sentido, por supuesto, el Acuerdo de Cartagena fue mucho más allá del esquema original de la ALALC, habiendo establecido y regulado a la "Comisión" del Acuerdo, como órgano, todavía, con carácter intergubernamental, a la "Junta", como órgano básicamente de carácter subregional; al Parlamento como órgano deliberante, y al Tribunal de Justicia como órgano jurisdiccional.

En cuanto a la Comisión y a la Junta, ambos órganos tienen, dentro de sus múltiples funciones, poderes específicos para crear un tipo de derecho comunitario secundario de inmediata aplicación en los países miembros, excepto en los casos en que el Acuerdo establece expresamente que determinadas decisiones o actos deban ser incorporados posteriormente en el derecho interno. El Acuerdo original estableció, si se quiere, una presunción de aplicabilidad inmediata de las decisiones de la Comisión en los Estados Miembros, habiendo al contrario, previsto, por vía de excepción, los casos en los cuales se requiere la recepción expresa por el orden jurídico de los Estados Miembros, como fue el caso, por ejemplo, en relación al régimen común de tratamiento de inversiones extranjeras[959].

En tal sentido, el artículo 27 del Acuerdo originalmente suscrito expreso que: "Antes del 31 de diciembre de 1970, la Comisión, a propuesta de la Junta, aprobará y someterá a la consideración de los países miembros un régimen común sobre tratamiento a los capitales extranjeros y, entre otros, sobre marcas, patentes, licencias y regalías. Los países miembros se comprometen a adoptar las providencias que fuesen necesarias para poner en práctica este régimen dentro de los seis meses siguientes a su aprobación por la Comisión" Este régimen uniforme "penetra decididamente las órdenes nacionales"[960], por lo que era lógico y razonable que el propio Acuerdo de Cartagena remitiera los mecanismos del derecho interno, para su recepción.

Piénsese sólo, por vía de ejemplo, en el significado del artículo 45 de la Decisión 24 que estableció el Régimen Común de Tratamiento de los Capitales Extranjeros y sobre Marcas, Patentes, Licencias y Regalías, sustituido ahora por el artículo 9 de la Decisión N° 292 que dispone, imperativamente, que "el capital de las sociedades por acciones deberá estar representado en acciones nominativas". Este artículo, indudablemente, modificó los Códigos de Comercio de todos los países miembros en relación a las sociedades anónimas, por lo que su no aprobación por ley en cada uno de dichos países, no sólo hubiera sido riesgoso en el orden interno, sino peligroso en el orden subregional.

---

959 *Cfr.* Francisco Villagrán Kramer, *loc. cit.*, pp. 19, 20, 27 y ss.; y 31 y ss.

960 Véase Manuel Casanova D., "Algunos aspectos del derecho económico de integración regional en América Latina, con especial referencia al derecho andino", en *Derecho de la Integración,* INTAL, N° 13, Buenos Aires, p. 53.

Pero, inclusive, frente a las decisiones de los órganos supranacionales del Acuerdo que no requirieron, conforme a sus disposiciones, recepción expresa del derecho interno de los países, como sucedió con el Régimen común de la Decisión 24, y que por tanto podían ser adoptadas por dichos órganos con efectos *erga-omnes*, inmediatamente aplicables en el derecho interno, no deben olvidarse los problemas que se plantean, derivados de la imposibilidad constitucional de los sistemas jurídicos latinoamericanos, de permitir que se transfieran poderes nacionales (particularmente de orden legislativo) a órganos supranacionales, con la consecuente limitación al radio de acción de los órganos nacionales.

En el caso de Venezuela, por ejemplo, el problema fue resuelto, expresamente por el Legislador al aprobar el Acuerdo de Cartagena y varias decisiones de la Comisión por la Ley Aprobatoria del 26 de septiembre de 1973. En los Parágrafos Primero y Segundo del Artículo Único de dicha Ley se estableció lo siguiente:

> *Parágrafo primero*: Las decisiones de la Comisión del Acuerdo de Cartagena que modifiquen la legislación venezolana o sean materia de la competencia del Poder Legislativo, requieren la aprobación, mediante Ley, del Congreso de la República".
>
> *Parágrafo segundo*: Las decisiones de la Comisión cuyo contenido no afecta las materias de la competencia del legislador, serán puestas en vigor por el Ejecutivo Nacional en la oportunidad en que lo que considere procedente conforme a las disposiciones del Acuerdo, así como las que contengan Decisiones en materia de urgencia, si fuere el caso, y las disposiciones legales internas que regulen su actividad.

El parágrafo primero de esta ley aprobatoria fue impugnado de inconstitucional, y la Corte Suprema de Justicia, por sentencia de 10 de julio de 1990, la declaró acorde con nuestra Constitución, declarando sin lugar el recurso interpuesto[961].

c. *Las previsiones del Tratado de creación del Tribunal de Justicia del Acuerdo de Cartagena sobre el ordenamiento jurídico del Grupo Andino y los efectos de las decisiones de la Comisión.*

Ahora bien, el Capítulo I del Tratado que creó el Tribunal de Justicia del Acuerdo de Cartagena, denominado "Del ordenamiento jurídico del Acuerdo de Cartagena" definió los instrumentos normativos que configuran dicho ordenamiento jurídico, en la siguiente forma:

Art. 1. El ordenamiento jurídico del Acuerdo de Cartagena comprende:

a) El Acuerdo de Cartagena, sus Protocolos e Instrumentos.

b) El presente Tratado.

c) Las Decisiones de la Comisión.

d) Las Resoluciones de la Junta.

---

961 Véase la sentencia en *Revista de Derecho Público* N° 44, 1990, pp. 96 a 101.

Es de observar la jerarquía que se otorgó al Tratado, al enumerárselo a continuación del Acuerdo de Cartagena, y la razón para ello está, precisamente, en los artículos 2 a 5 que regulan la obligatoriedad de las decisiones de la Comisión respecto de los Estados miembros y su aplicabilidad directa en los territorios de éstos, como principio.

Estos artículos, en efecto, establecen lo siguiente:

> "Art. 2. Las Decisiones obligan a los Países Miembros desde la fecha en que sean aprobadas por la Comisión".
>
> "Art. 3. Las Decisiones de la Comisión serán directamente aplicables en los Países Miembros a partir de la fecha de su publicación en la *Gaceta Oficial* del Acuerdo, a menos que las mismas señalen una fecha posterior".

Cuando su texto así lo disponga, las Decisiones requerirán de incorporación al derecho interno mediante acto expreso en el cual se indicará la fecha de su entrada en vigor en cada País Miembro".

> "Art. 4. Las Resoluciones de la Junta entrarán en vigencia en la fecha y con las modalidades que establezca su Reglamento".
>
> "Art. 5. Los Países Miembros están obligados a adoptar las medidas que sean necesarias para asegurar el cumplimiento de las normas que conforman el ordenamiento jurídico del Acuerdo de Cartagena.
>
> Se comprometen, asimismo, a no adoptar ni emplear medida alguna que sea contraria a dichas normas o que de algún modo obstaculice su aplicación".

Con estas normas del Tratado, se persiguió poner fin a los inconvenientes surgidos en el seno del Grupo Andino respecto del incumplimiento de las decisiones de la Comisión por algunos Estados Miembros, derivada de la no adopción de las medidas necesarias, para su incorporación al derecho interno.

Tal como la Junta lo expresó en su Informe sobre el establecimiento de un Órgano Jurisdiccional del Acuerdo de Cartagena:

> "es indispensable subsanar los vacíos del Acuerdo de Cartagena, en cuanto se refiere a la incorporación de las Decisiones de la Comisión en el ordenamiento jurídico nacional, mediante disposiciones expresas adoptadas en un instrumento jurídico de validez suficiente, de manera que se uniforme la práctica de los Estados Miembros en esta materia y desaparezcan las diferencias existentes en este momento, que podrían conducir a la dispersión del orden jurídico derivado del proceso de integración subregional"[962].

Más adelante señalaba dicho Informe, que "es necesario para el éxito del proceso de integración incorporar el principio de la aplicación directa de las normas derivadas del Acuerdo de Cartagena en el ordenamiento jurídico nacional"[963].

962 *Cit.*, p. 16.

963 *Cit.*, p. 17.

Ahora bien, si se confronta el contenido del artículo 3 del Tratado que crea el Tribunal de Justicia del Acuerdo de Cartagena con lo previsto en los Parágrafos Primero y Segundo del artículo único de la Ley Aprobatoria del Acuerdo de Cartagena, y del artículo 2 de la Ley Aprobatoria del mismo Tratado que creó el Tribunal antes citado, resulta claro que dicho artículo 3 del Tratado es inaceptable de acuerdo al ordenamiento constitucional venezolano y a la normativa legal consagrada en la Ley Aprobatoria del Acuerdo y del Tratado. La recepción en el derecho interno por Ley del Congreso de decisiones que toquen competencias reservadas al Poder Legislativo, no puede quedar, constitucionalmente hablando (Art. 128), a lo que indique la Comisión en su decisión; y nada autorizaba a estimar como lo ha hecho J. G. Andueza, que en nuestro ordenamiento constitucional eran inconstitucionales esos dos parágrafos de la Ley Aprobatoria del Acuerdo de Cartagena (lo cual ha sido rechazado por la Corte Suprema de Justicia), cuando, en realidad han logrado lo contrario: mantener incólume nuestra Constitución; así como tampoco nada autoriza a estimar que todas "las Decisiones de la Comisión del Acuerdo de Cartagena deben considerarse como actos de ejecución de obligaciones preexistentes de la República, obligaciones contraídas en el Acuerdo de Cartagena"[964].

En efecto, el Artículo 128 de la Constitución establece lo siguiente:

> Art. 128. Los tratados o convenios internacionales que celebre el Ejecutivo Nacional deberán ser aprobados mediante Ley especial para que tengan validez, salvo que mediante ellos se trate de ejecutar o perfeccionar obligaciones preexistentes de la República, de aplicar principios expresamente reconocidos por ella, de ejecutar actos ordinarios en las relaciones internacionales o de ejercer facultades que la Ley atribuya expresamente al Ejecutivo Nacional. Sin embargo, la Comisión Delegada del Congreso podrá autorizar la ejecución provisional de tratados o convenios internacionales cuya urgencia así lo requiera, los cuales serán sometidos, en todo caso, a la posterior aprobación o improbación del Congreso.
>
> En todo caso, el Ejecutivo Nacional dará cuenta al Congreso, en sus próximas sesiones, de todos los acuerdos jurídicos internacionales que celebre, con indicación precisa de su carácter y contenido, estén o no sujetos a su aprobación.

De la lectura de esta norma de nuestra Carta Fundamental surge con claridad el sistema constitucional venezolano de recepción de las normas emanadas de otras entidades no internas (internacionales o comunitarias) en el derecho interno, y que exige su aprobación, en principio, por ley especial. Las excepciones al principio están expresamente previstas en el mismo texto y, por tanto, son de interpretación restrictiva.

Estas se refieren a aquellos actos que pueden entrar en vigencia en el país directamente, y que se consideran como *self executing*, y que son: 1. Los actos que ejecutan o perfeccionan obligaciones preexistentes de la República. 2. Los actos que aplican principios expresamente reconocidos por la República. 3. Los actos mediante

964 Véase J. G. Andueza, "La cuestión constitucional y el Tribunal de Justicia del Acuerdo de Cartagena", en *Revista de Derecho Público*, N° 8, Caracas, oct-dic. 1981, p. 53.

los cuales se ejecutan actos ordinarios en las relaciones internacionales. 4. Los actos celebrados por el Ejecutivo Nacional ejerciendo facultades que expresamente le atribuye la Ley.

En el sistema de las relaciones del derecho comunitario andino con el derecho interno venezolano, las leyes Aprobatorias del Acuerdo de Cartagena y del Tratado que creó el Tribunal como se dijo, dejan muy poco margen de actuación al Ejecutivo Nacional, pues éste sólo puede poner en vigor en el país, las decisiones de la Comisión cuyo contenido no afecte la competencia del Legislador; al contrario, las decisiones de la Comisión que modifiquen la legislación venezolana o sean materia de la competencia del Poder Legislativo, requieren la aprobación del Congreso mediante Ley especial.

Ahora bien, para resolver la compatibilidad del artículo 3 del Tratado que creó el Tribunal de Justicia del Acuerdo de Cartagena, con lo previsto en los Parágrafos Primero y Segundo del Artículo Único de la Ley Aprobatoria del Acuerdo de Cartagena, la Comisión Permanente de Política Exterior de la Cámara de Diputados que estudió el Proyecto de Ley Aprobatoria de dicho Tratado, en su Informe de 1982, y en vista de "las dudas que existen en relación a la constitucionalidad de algunas disposiciones del Proyecto de Tratado", propuso "su aprobación acompañada de dos declaraciones interpretativas". La Subcomisión no creyó prudente "rechazar el proyecto de Tratado, por cuanto se daría un duro golpe al proceso de integración Andina" y no pudo "proponer reservar los artículos de dudosa constitucionalidad, por cuanto el Tratado en su artículo 36 lo prohíbe expresamente". Por ello, sugirió recurrir a lo que la doctrina reconoce como Declaraciones Interpretativas, que ha sido definida en el mencionado Informe, así: "Una declaración interpretativa consiste, en una manifestación unilateral de un signatario, en virtud de la cual indica el sentido preciso que atribuye a una o varias reglas o disposiciones de un Acuerdo Internacional, que estima no cambia el efecto legal de la disposición o disposiciones a las cuales se refiere. La declaración interpretativa, no ha sido considerada como una reserva, sino más bien como un instrumento o medida de esclarecer y precisar la interpretación que el declarante atribuye a una o varias disposiciones del Acuerdo".

Las Declaraciones Interpretativas que propuso la Subcomisión Especial de la Comisión Permanente de Política Exterior de la Cámara de Diputados, en realidad, inciden sobre los artículos del Tratado que habíamos analizado en 1978, cuando todavía era Proyecto de Tratado, y que habíamos calificado como de dudosa constitucionalidad[965] y que se refieren a la aplicación inmediata de las decisiones de la Comisión en los Países Miembros, y a la aplicación obligatoria de las decisiones del Tribunal de Justicia Andino sobre interpretación prejudicial, a los Tribunales nacionales, que se analizará más adelante.

Por tanto, en relación a lo que disponen los artículos 2, 3 y 5 del Tratado, en relación a la aplicación inmediata y directa de las Decisiones de la Comisión del Acuerdo de Cartagena en nuestro país, la Subcomisión Especial propuso se incluyera en la Ley Aprobatoria del Tratado una Declaración Interpretativa "que se limita a

965 Véase Allan R. Brewer-Carías, "La proyectada creación del Tribunal del Acuerdo de Cartagena y la cuestión constitucional en el proceso de integración económica latinoamericana", en *Primeras Jornadas de Derecho Comparado Roberto Goldschmidt,* Caracas, enero de 1978, Maracaibo, 1979, pp. 148 y ss.

reproducir el texto ya citado de la Ley Aprobatoria del Congreso de Lima" con la siguiente redacción que constituye el artículo 2 de la Ley Aprobatoria:

> Las decisiones de la Comisión que modifiquen la Legislación venezolana, o sean materia de la competencia del Poder Legislativo, requieren la aprobación, mediante Ley del Congreso de la República.

Debe señalarse, en todo caso, que el problema de la constitucionalidad del parágrafo primero del artículo 1° del Tratado que aprobó el Acuerdo de Cartagena, y por ende, del artículo 2° de la ley aprobatoria del Tratado que creó el Tribunal de Justicia, ha sido resuelto en la sentencia citada del 10 de julio de 1990 de la Corte Suprema de Justicia que declaró sin lugar la acción de inconstitucionalidad que contra el primero había interpuesto José Guillermo Andueza. Para arribar a su decisión, que implica la consideración de la norma como ajustada a la Constitución, la Corte señaló que en el ordenamiento constitucional venezolano, el Congreso, en lo interno, es el único órgano con potestad legislativa, y precisó:

> "Nuestro Congreso no aceptó delegar su competencia en la Comisión, y esa determinación no vulnera la Constitución, sino que, por lo contrario, tiene la transcendencia del acto soberano del órgano encargado de dictar leyes y derogarlas, modificarlas o reformarlas, así como de ejercer, exclusivamente, los actos que por la Constitución, ameritan de una ley. El Tratado fue aprobado en esas especiales condiciones y si ello trae como consecuencia situaciones difíciles, la Corte no puede, pasando por la voluntad del Congreso que no ha contrariado el texto constitucional, dejar sin efecto una norma dictada en ejercicio de la potestad legislativa de ese órgano nacional".

Como se dijo, una norma con "declaración interpretativa" similar se estableció en la Ley que aprobó el Tratado que creó el Tribunal Andino y en este otro Tratado, tal "declaración interpretativa" es aún más importante, pues en el mismo se establece el principio de que siendo las decisiones de la Comisión del Acuerdo "fuentes del ordenamiento jurídico del Acuerdo de Cartagena" (Art. 1), "obligan a los países Miembros desde la fecha en que sean aprobadas por la Comisión" (Art. 2) y "serán directamente aplicables en los países miembros a partir de la fecha de su publicación en la *Gaceta Oficial* del Acuerdo" (Art. 3). Sin embargo, mediante la mencionada "declaración interpretativa" se precisa que si se trata de decisiones de la Comisión que sean materia de la competencia del Poder Legislativo, es decir, de la reserva legal conforme al ordenamiento constitucional venezolano, para que la obligatoriedad de las decisiones de la Comisión sea efectiva, requerirán de aprobación por las Cámaras Legislativas mediante Ley.

Ahora bien, la decisión de la Corte Suprema tiene una importancia destacable en dos aspectos: en primer lugar, en relación al tema ya señalado y siempre discutido, del ámbito del control de la constitucionalidad que ejerce, y su extensión o no a las leyes aprobatorias de Tratados internacionales; y en segundo lugar, sobre la posibilidad o no, conforme a nuestro ordenamiento constitucional actual, de la existencia de un derecho comunitario directamente aplicable en el orden interno, sin que medie acto estatal de recepción del mismo.

En efecto, esta sentencia de la Corte Suprema, como lo destacan los votos salvados de los Magistrados Cecilia Sosa Gómez, Roberto Yépez Boscán, Román José

Duque Corredor, Josefina Calcaño de Temeltas, Otto Marín Gómez y Luis H. Farías Mata, independientemente de que admite la posibilidad del control de la constitucionalidad de las leyes aprobatorias de Tratados, por supuesto, afirma la tesis "dualista" respecto del derecho internacional público y corrobora los problemas constitucionales que existen en nuestro ordenamiento jurídico para avanzar en un proceso de integración económica que evidentemente exige la existencia de órganos supranacionales cuyas decisiones, aun cuando incidan en materias de la reserva legal, deberían ser directamente aplicables en el orden interno; de lo contrario, no existe una viabilidad efectiva de un proceso de integración.

Y ese es, precisamente, el problema de la integración económica latinoamericana, que se encuentra limitado por la mayoría de los ordenamientos constitucionales de nuestros países, que no han avanzado hacia sus propósitos, entre ellos el de Venezuela. Para que en nuestro país pueda admitirse que las decisiones de un órgano supranacional, como la Comisión del Acuerdo de Cartagena, sean de cumplimiento obligatorio y de aplicación inmediata y así, incidan sobre aspectos que en el orden interno corresponden a la reserva legal, es necesario que la Constitución lo prevea. Y ello no está previsto, por lo que sin una Enmienda Constitucional que así lo regule, no basta una declaración de principios como la del artículo 108 de la Constitución —la República favorecerá la integración económica latinoamericana— contrariamente a lo que sostienen los Magistrados Román José Duque Corredor y Josefina Calcaño de Temeltas, para sustentar una especie de "delegación" legislativa de las Cámaras Legislativas nacionales, en un órgano supranacional como lo es la Comisión del Acuerdo de Cartagena.

El problema, por supuesto, no es nuevo. Se planteó y fue resuelto por reformas constitucionales —o de hecho, por ausencia de Tribunales Constitucionales que conozcan de la nulidad de leyes— en todos los países miembros de la Comunidad Europea, y en América Latina ha comenzado a ser resuelto, en algunos países, como Colombia, donde a partir de la reforma constitucional de 1968, se incorporó al Texto Constitucional un artículo 76, que prevé expresamente que:

> "por medio de Tratados o Convenios aprobados por el Congreso, podrá el Estado obligarse para que, sobre la base de igualdad y reciprocidad, sean creadas instituciones supranacionales que tengan por objeto promover o consolidar la integración económica con otros Estados".

En la Constitución de 1991, en la misma orientación, el artículo 227 dispone:

> Art. 227. El Estado promoverá la integración económica, social y política con las demás naciones y especialmente, con los países de América Latina y del Caribe, mediante la celebración de tratados que sobre bases de equidad, igualdad y reciprocidad, creen organismos supranacionales, inclusive para conformar una comunidad latinoamericana de naciones. La Ley podrá establecer elecciones directas para la constitución del parlamento andino y del parlamento latinoamericano.

Por tanto, el hecho de considerar el Acuerdo de Cartagena, como un "Tratado Marco", como lo hacen los Magistrados Cecilia Sosa Gómez y Roberto Yépez Boscán en su voto salvado, no autoriza a afirmar que conforme al ordenamiento constitucional venezolano no sea necesaria la intervención del Congreso Nacional para aprobar los instrumentos emanados de sus órganos. Para ello, insistimos, habría que adecuar, mediante una Enmienda, nuestro ordenamiento constitucional al proceso de integración económica.

Por otra parte, debe destacarse que el texto del parágrafo primero del artículo único de la Ley Aprobatoria del Acuerdo de Cartagena, en realidad, no es una "reserva" como en nuestro criterio erradamente lo consideran los Magistrados Cecilia Sosa Gómez, Roberto Yépez Boscán, Otto Marín Gómez y Luis H. Farías Mata en sus votos salvados, pues como se indica en el Acuerdo, el mismo no podía ser suscrito con reservas. En realidad, se trata de una "declaración interpretativa", en la cual las Cámaras Legislativas venezolanas al sancionar la Ley, indicaron el sentido preciso que atribuyeron a las disposiciones del Acuerdo. Por ello, declaraciones interpretativas como éstas, no se consideran reservas, sino más bien como un instrumento o medida para esclarecer y precisar la interpretación que el Congreso atribuye al texto del Acuerdo.

Por otra parte, el citado parágrafo primero del artículo único de la Ley aprobatoria del Acuerdo, tampoco puede verse como una reforma al Tratado, como lo sugieren los Magistrados Román José Duque Corredor y Josefina Calcaño de Temeltas en su voto salvado, pues la recepción de los actos de la Comisión que incidan en el orden interno y que sean de la reserva legal, es una cuestión de orden constitucional que exigía la inclusión de la mencionada "declaración interpretativa". No hubo, por tanto, en nuestro criterio, extralimitación alguna de facultades por parte de las Cámaras Legislativas, sino aplicación pura y simple del ordenamiento constitucional vigente. Ello, ciertamente, puede considerarse como una limitación a la expresión de voluntad integracionista por parte de la Comisión, como lo indican los Magistrados Otto Marín Gómez y Luis H. Farías Mata en su voto salvado, pero adoptada en el marco de las disposiciones constitucionales y que no atenta contra el denominado "imperativo constitucional" contenido en el artículo 108 de la Constitución, el cual no autoriza en forma alguna, para transferir potestades legislativas a los órganos supranacionales andinos, que regulen aspectos de la reserva legal y se aplique de inmediato, sin ser incorporados por ley al orden interno.

En definitiva, la sentencia de la Corte Suprema de 10-7-90, al declarar sin lugar la acción popular de nulidad por inconstitucionalidad del párrafo primero del artículo Único de la Ley aprobatoria del Acuerdo de Cartagena y otras decisiones de la Comisión del Acuerdo, no sólo tiene la importancia de haber admitido el ejercicio del control judicial de constitucionalidad por vía de acción de las leyes aprobatorias de Tratados, lo que había sido excluido por la propia Corte por sentencia de 29-4-65; sino de haber planteado nuevamente, el problema constitucional que enfrenta el avance del proceso de integración económica latinoamericana en nuestro país, que requiere solución en una Enmienda Constitucional al artículo 108 del texto fundamental, para admitir la transferencia de potestades legislativas a la Comisión del Acuerdo. Mientras ello no se haga, las "declaraciones interpretativas" como la del parágrafo primero del artículo 1° de la Ley aprobatoria del Acuerdo de Cartagena, seguirán siendo necesarias e inevitables[966].

Ahora bien, este problema de la recepción del ordenamiento comunitario por los ordenamientos internos de los Estados Miembros, que en Europa desde el inicio del proceso de integración, se superó por reformas constitucionales especiales entre otros, en los casos de Italia, Alemania, Portugal y España, países que tienen institucionalizado un control de la constitucionalidad de las leyes, y a pesar de la ausencia de dicho control en los demás países de la Comunidad Europea (Luxemburgo, Holanda, Dinamarca, Suecia, Grecia, por ejemplo), aún espera solución en América Latina, donde, con la sola excepción de la contribución de Colombia, aún no se ha resuelto el problema desde el punto de vista constitucional.

Todos los países de la subregión Andina y del continente tienen institucionalizados sistemas de control de la constitucionalidad de las leyes, por lo que la supervivencia del Grupo Andino en el largo plazo, requerirá de reformas constitucionales en los países miembros, para ajustar sus sistemas institucionales a las exigencias de la comunidad subregional. Ello fue lo que se buscó con la fallida reforma de la Constitución de Chile a la cual se hizo referencia anteriormente, y ello fue lo que se realizó en Colombia con la reforma Constitucional de 1968, cuyo artículo 76 previo expresamente, que "por medio de Tratados o convenios aprobados por el Congreso, podrá el Estado obligarse para que sobre bases de igualdad y reciprocidad, sean creadas instituciones supranacionales que tengan por objeto promover o consolidar la integración económica con otros Estados". Esta norma como se ha dicho, ha sido recogida en la nueva Constitución de 1991 (Art. 227).

En todo caso, debe señalarse, además, que si bien no puede haber duda sobre el carácter supranacional y la naturaleza comunitaria de los órganos creados por el Acuerdo de Cartagena y de muchos de los actos y decisiones que pueden adoptar [967], la estructura supranacional había sido incompleta y deficiente, debido a la ausencia de control jurisdiccional del mismo carácter, en relación a dichas decisiones o a los actos que puedan adoptar otros países miembros que lesionen el orden jurídico Subregional. Como consecuencia, no sólo los particulares ciudadanos de los Estados Miembros se encontraban en una situación vulnerable en relación a los órganos comunitarios[968], sino que los actos de estos órganos sólo estaban sujetos al control político que podría ejercerse sobre ellos por parte de los Estados miembros. El derecho comunitario en formación, como consecuencia, no estaba sujeto a una interpretación uniforme, debido a la competencia de los órganos jurisdiccionales ordinarios, administrativos o constitucionales de los Estados Miembros. Por ello, una de las esenciales exigencias del Grupo Andino era el establecimiento de un control juris-

---

966 Véase sobre el tema y en relación a la sentencia los comentarios en Allan R. Brewer-Carías, "El control de la constitucionalidad de las leyes aprobatorias de Tratados Internacionales y la Cuestión Constitucional de la Integración Latinoamericana", *Revista de Derecho Público,* N° 44, 1990, pp. 225 y ss.

967 *Cfr.* Jerónimo Irala Burgos, "La supranacionalidad en el Acuerdo de Integración subregional and-no", en *Revista de la Facultad de Derecho,* N° 47, U.C.V., Caracas, pp. 49 y ss.

968 *Cfr.* Francisco Orrego Vicuña, "Contemporary International Law and Economic International Law and Economic Integration in Latin-America". Academie de Droit International de La Haya, *Recueil des Cours,* Collogne, 1971.

diccional supranacional, lo que se logró con la colación del Tribunal de Justicia del Acuerdo, pero también es cierto que ello originó, a su vez, nuevos problemas de orden constitucional.

d. *La recepción de la Decisión 24 en el orden interno de los países miembros*

En todo caso, como se dijo, dentro del conjunto de actos y decisiones de la Comisión del Acuerdo de Cartagena, el texto de dicho instrumento original exigió expresamente que algunas de ellas debían ser incorporadas al derecho interno de los Estados Miembros, tal como lo planteó el artículo 27 en relación al "régimen común sobre tratamiento a los capitales extranjeros, y entre otros, sobre marcas, patentes, licencias y regalías". Respecto de este régimen común los países miembros del Acuerdo se comprometieron "a adoptar las providencias que fueran necesarias para poner en práctica este régimen".

Dada la naturaleza de la normativa contenida en dicho Régimen Común adoptado mediante la Decisión 24, todos los países miembros del Acuerdo, con excepción de Colombia y Chile, procedieron a aprobarlo mediante ley (Venezuela) o mediante Decretos con fuerza de ley (Bolivia, Ecuador, Perú).

En Colombia, la Decisión 24 se puso en vigencia mediante el Decreto N° 1.900 del 15 de septiembre de 1973, en virtud de que el Congreso, por la Ley 89 de 1973, "aprobó el Acuerdo de Cartagena y otorgó facultades al Gobierno Nacional para poner en vigencia" dicha Decisión, después que la Corte Suprema había declarado la inexequibilidad del Decreto N° 1.299 mediante el cual el Gobierno, originalmente había pretendido poner en vigencia el Régimen Común. Por tanto, si bien el Decreto 1.900 del Presidente de la República no fue, en sí mismo un Decreto-Ley, en virtud de la habilitación legislativa expresa, tiene valor de ley.

En el caso de Chile, los errores iniciales cometidos al ponerse en vigencia el Acuerdo de Cartagena por simple Decreto Ejecutivo, se repitieron, agravados, en el procedimiento de aprobación de la Decisión 24. En efecto, a pesar de la oposición del entonces Presidente del Consejo de Defensa del Estado, y de la Contraloría General de la República, el Gobierno optó por aprobar el Régimen Común de la Decisión 24 mediante simple Decreto Ejecutivo. El N° 482 de 25 de junio de 1971, insistido por la oposición de la Contraloría, mediante Decreto N° 488 de 29 de junio de 1971[969]. El fundamento para que dicha aprobación ejecutiva se produjera, estuvo en que el Congreso Nacional de Chile, "al aprobar el Tratado de Montevideo, facultó al Presidente de la República para que, sin necesidad de otro texto legal autorizante, pusiera en vigencia todas y cada una de sus disposiciones" (Considerando 3° del Decreto N° 482). En virtud de ello, y a pesar de lo distante que estaba el Tratado de Montevideo de sugerir siquiera una idea que pudiera conducir a un régimen común sobre inversiones extranjeras como el previsto en la Decisión 24, se pretendió incorporar al derecho interno de Chile dicha Decisión, sin intervención parlamentaria.

---

969 *Cfr.* Las referencias a las vicisitudes del procedimiento en Chile en Francisco Orrego Vicuña, "La incorporación del ordenamiento jurídico subregional al derecho interno. Análisis de la práctica y jurisprudencia de Colombia", *loc. cit.*, p. 56 y ss.

Con ello se perpetró, indudablemente, uno de los más graves atentados contra la integridad del ordenamiento comunitario del Grupo Andino, lamentablemente, con la anuencia de la Comisión del Acuerdo, que lo aceptó. Una manifestación concreta y expresa de dicho atentado contra el esquema de integración subregional, afloró en 1974 con el Decreto-Ley 600 del Gobierno de Chile que creó el Estatuto de la Inversión Extranjera[970] pero debe advertirse que este Decreto-Ley fue, realmente, sólo una muestra. De no retirarse Chile del Acuerdo de Cartagena en 1976, hubieran seguido, seguramente, otros Decretos-Leyes que ignorarían el régimen comunitario subregional que con tanto esfuerzo se ha venido estructurando, salvo que se hubiese corregido en Chile, la falla inicial: la no aprobación legislativa del Acuerdo de Cartagena y la no aprobación legislativa, consecuentemente de las Decisiones de la Comisión del Acuerdo, entre ellas de la Decisión 24. La solución simplista basada en interpretaciones flexibles de los textos constitucionales adoptada por Chile, dejó entreabierta, desde el inicio, una brecha para permitir, por la misma vía de las interpretaciones, el desconocimiento del ordenamiento comunitario. Mientras esa brecha no se cerrara era difícil prever que las conmociones en los cimientos mismos de la estructura común hubieran continuado en el futuro[971].

Debe advertirse, en todo caso, que cuando la Decisión N° 24 fue sustituida por la Decisión N° 220 de la Comisión del Acuerdo de Cartagena, ésta fue formalmente aprobada por ley en 1988[972]. Sin embargo, con posterioridad el Gobierno nacional ha reconocido la vigencia inmediata y directa de las normas dictadas por la Comisión del Acuerdo de Cartagena, ordenando la publicación en *Gaceta Oficial* de las Decisiones, sin aprobarlas por ley en los casos en los cuales regulan materias de la reserva legal. Esto ha sucedido, en particular, con la Decisión N° 291 que estableció el "Régimen Común de Tratamiento a los Capitales extranjeros y sobre marcas, patentes, licencias y regalías" de 1991, la cual *sin aprobación mediante ley* apareció publicada en *Gaceta Oficial* N° 4.248 Extraordinaria de 28-6-92, y con las Decisiones relativas a Propiedad Industrial.

e. *El problema de la recepción en el orden interno de otras decisiones de la Comisión que afectan la reserva legal*

En efecto, con posterioridad, la Comisión del Acuerdo de Cartagena ha adoptado diversas decisiones que afectan la reserva legal venezolana y que por tanto, por no haber sido aprobadas por Ley del Congreso, nunca entraron en vigencia en el país. Como ejemplo, pueden identificarse la mencionada Decisión 85 que contenía el "Reglamento para la aplicación de las normas sobre Propiedad Industrial" y posteriormente, la Decisión 318 que sustituyó a la anterior, referente al "Régimen Común de Propiedad Industrial" de 1991.

Ahora bien, en 1992 se presentó el primer conflicto importante en cuanto a la recepción en el derecho interno de las Decisiones de la Comisión que afectan la reser-

970 *Diario Oficial* de 13 de julio de 1974.

971 Así lo advertimos en 1967. Véase Allan E. Brewer-Carías, *Los Problemas Constitucionales..., cit.*, pp. 82, 106, 129 y ss. *Cfr.* Emilio Cárdenas, "Hacia un Derecho Comunitario Latinoamericano", *loc. cit.*, p. 38.

972 Véase en *Gaceta Oficial* N° 34.014 de 35-7-88.

va legal, pues sin ningún acto formal de órgano alguno del Estado venezolano que lo autorizara, salió publicada en la *Gaceta Oficial* N° 4.451 Extraordinaria de 5 de agosto de 1992 la Decisión N° 313 de la Comisión del Acuerdo de Cartagena referente al "Régimen Común de Propiedad Industrial". Lo mismo sucedió con la Decisión N° 344, sustitutiva de la N° 313 publicada en *Gaceta Oficial* N° 4.676 Extraordinario de 18-1-94. Con dicha publicación debe entenderse que el Ejecutivo Nacional quiso darle aplicación en el país a un cuerpo normativo que regula el régimen de la propiedad industrial, que es de la reserva legal, y que además deroga en parte normas de la Ley de Propiedad Industrial de 1956. La Decisión N° 313, y luego, la Decisión N° 344, conforme a lo establecido en el artículo 136, ordinal 24 y 139 de la Constitución, en concordancia con lo previsto en el Parágrafo Primero de la Ley Aprobatoria del Acuerdo de Cartagena, (considerado acorde con la Constitución por la Corte Suprema de Justicia en la señalada sentencia del 10 de julio de 1990) y en el artículo 2° de la Ley Aprobatoria del Tratado que crea el Tribunal de Justicia del Acuerdo, debieron haber sido aprobadas por ley de la República. Por tanto, el acto de su publicación en la *Gaceta Oficial*, sin haber sido objeto de aprobación legislativa, es inconstitucional, por lo que en noviembre de 1992 ello fue impugnado ante la Corte en Pleno.

E. *Competencias del Tribunal de Justicia Andino (hasta 1996)*

El Tratado de creación del Tribunal de Justicia del Acuerdo de Cartagena, le atribuye competencia de tres órdenes: para anular actos de los órganos del Acuerdo, para conocer del incumplimiento de obligaciones comunitarias por las Países Miembros y en materia de interpretación prejudicial.

a. *El control de la legalidad de los actos básicos de los órganos principales del Acuerdo*

El Tratado que crea el Tribunal de Justicia del Acuerdo de Cartagena, ante todo, atribuye competencia al mismo para "declarar la nulidad de las decisiones de la Comisión y de las Resoluciones de la Junta" (Art. 17). En la sección respectiva del Capítulo III se habla "de la acción de nulidad", pero en realidad se trata de un recurso de ilegalidad o de anulación, conforme a los moldes clásicos de los recursos contencioso-administrativos de anulación.

La previsión de este mecanismo de control de la conformidad con el ordenamiento jurídico del Acuerdo de Cartagena, de los actos básicos de la Comisión y de la Junta, es perfectamente compatible con el ordenamiento jurídico interno de Venezuela, pues es evidente que esa competencia no está atribuida a los tribunales de la República. Ese control, por tanto, debe estar en manos de un órgano supranacional que forme parte de la estructura institucional del Acuerdo, tal como es el Tribunal de Justicia creado.

El Tratado regula este control de la legalidad, precisando diversos aspectos que analizaremos a continuación, y que abarcan su objeto, sus motivos, sus requisitos procesales y sus efectos.

a'. *El objeto del recurso*

De acuerdo con el artículo 17, los actos objeto del recurso de anulación son las "Decisiones de la Comisión y... las Resoluciones de la Junta". Con esta redacción se amplió la delimitación del objeto en el recurso previsto en el proyecto original del Tratado, que hablaba "de las normas emanadas de la Comisión y de la Junta". En consecuencia, el recurso no se concreta sólo a los actos de efectos generales (normativos) de los órganos principales del Acuerdo, sino que abarca, también, los actos de efectos particulares de la Comisión y de la Junta.

El objetivo del recurso, por tanto, no se define por el contenido de los actos sino por su forma: Decisiones de la Comisión y Resoluciones de la Junta.

b'. *Los motivos del recurso*

El recurso puede ser intentado por "violación de las normas que forman el ordenamiento jurídico del Acuerdo" (Art. 17), es decir, las enumeradas en el artículo 19 del Tratado, "incluso por desviación de poder". Recoge aquí, el Tratado, la orientación general del contencioso administrativo de anulación, al permitir el recurso, no sólo por violación directa de una norma del ordenamiento jurídico comunitario, sino por desviación de poder, es decir, cuando el acto objeto del recurso ha sido dictado por la Comisión o la Junta, desviándose la finalidad prevista en la norma atributiva de competencia; en otras palabras, buscándose otro fin distinto al regulado.

c' *Los requisitos procesales*

De las normas del Tratado se pueden identificar algunos requisitos procesales que siguen las orientaciones generales del contencioso-administrativo de anulación: la legitimación, el agotamiento de la vía interna, y el lapso de interposición. Veámoslo separadamente.

a''. *Legitimación activa*

El Tratado prevé tres categorías de legitimados para interponer el recurso: los Países Miembros, la Comisión o la Junta y las personas jurídicas naturales.

a'''. Los Países Miembros

En cuanto a los Países Miembros, el Tratado prevé que éstos "sólo podrán intentar la acción de nulidad en relación con aquellas Decisiones que no hubieran sido aprobadas con su voto afirmativo" (Art. 18).

Este artículo plantea varios aspectos que deben analizarse:

Por una parte, consagra una legitimación general para intentar el recurso, es decir, basada en el simple interés a la legalidad. El País Miembro recurrente no necesita alegar un interés particular lesionado; basta su simple interés en la legalidad. Ello es lógico, tratándose de un recurso limitado en los actos normativos.

Por otra parte, el acto recurrido, si se trata de una Decisión de la Comisión, no puede ser impugnado por un País Miembro cuando la decisión haya sido aprobada con su voto afirmativo. Este requisito procesal es lógico como se verá más adelante.

Además, este artículo 18 debe interpretarse concatenadamente con el artículo 17, en el sentido de que no puede concluirse en que la legitimación de los Países Miembros sea sólo para impugnar Decisiones de Comisión y no Resoluciones de la Junta.

b'''. *Las personas naturales o jurídicas*

El artículo 19 del Tratado atribuye legitimación para intentar el recurso a "las personas naturales o jurídicas..." "contra las Decisiones de la Comisión o Resoluciones de la Junta que les sean aplicables y les causen perjuicio". La legitimación en este caso, es más particularizada. Esta norma, en todo caso, exige algunos comentarios.

Por una parte, el artículo 19 no limita la legitimación a las personas naturales nacionales de algún País Miembro ni a las personas jurídicas domiciliadas en el territorio de éstos. Por tanto, una persona natural de nacionalidad distinta a las nacionalidades de los países andinos o una empresa extranjera y aún no domiciliada en los territorios andinos, podría intentar el recurso.

Por otra parte, la base de la legitimación, en este caso, no es el simple interés como el señalado anteriormente, sino un interés legítimo derivado, en primer lugar, de que el acto impugnado le sea aplicable al recurrente, y en segundo lugar, de que le cause perjuicio. Por supuesto, la consecuencia de esta legitimación particular, es que el recurrente debe probar el perjuicio causado.

c'''. *La Comisión o la Junta*

Pero conforme el Tratado, no sólo son legitimados para interponer el recurso de anulación, los Países Miembros y las personas naturales o jurídicas conforme a lo señalado, sino también la Comisión y la Junta (Art. 18).

Por supuesto, se sobreentiende que estos órganos no pueden impugnar ante el Tribunal sus propias decisiones, sino que si se legitima como recurrente a la Comisión, es para impugnar las Resoluciones de la Junta, y viceversa, si se legitima a la Junta, es para impugnar las Decisiones de la Comisión.

b''. *El agotamiento de la vía interna*

No está previsto en el Tratado con carácter general, la necesidad del agotamiento de la vía (administrativa) interna, previa a la interposición del recurso. Por tanto, en general, el recurrente puede interponer directamente el recurso ante el Tribunal, sin acudir previamente ante los órganos del Acuerdo para agotar instancias conciliatorias internas y así evitarse la vía jurisdiccional.

Sin embargo, indirectamente se prevé este agotamiento de la vía interna, al excluirse de recurso las Decisiones de la Comisión que hayan sido aprobadas con el voto afirmativo del País Miembro recurrente (Art. 18). Con esto se está planteando que un País Miembro sólo puede acudir a la vía jurisdiccional contra una Decisión de la Comisión cuando ha discutido y manifestado su inconformidad con la referida Decisión impugnada, derivada del hecho de que la misma no haya sido aprobada con el voto afirmativo del País Miembro recurrente.

c''. *El lapso de caducidad*

El Tratado establece en su artículo 20, que "la acción de nulidad deberá ser intentada ante el Tribunal dentro del año siguiente a la fecha de entrada en vigencia de la Decisión de la Comisión o de la Resolución de la Junta", con lo que se establece un lapso de caducidad. Conforme a lo indicado en el artículo 3, la entrada en vigencia de las Decisiones y Resoluciones es a partir de la fecha de su publicación en la *Gaceta Oficial* del Acuerdo (Art. 34), a menos que las mismas señalen una fecha posterior.

En relación al lapso de caducidad, el Tratado se aparta de la orientación general del contencioso-administrativo, que reduce la exigencia del lapso de caducidad sólo a los casos de impugnación de actos de efectos particulares, no sometiéndose a lapso alguno la impugnación de los actos de contenido normativo.

d'. *Los efectos no suspensivos del recurso*

Siguiendo la orientación general del contencioso-administrativo de anulación, el artículo 21 del Tratado establece que "la iniciación de la pugnada". A pesar de lo que se estableció en el Proyecto de Tratado original, no se autorizó al Tribunal para decretar la suspensión provisional de los efectos del acto impugnado cuando considere que las circunstancias así lo requieren.

e'. *Los poderes del juez en la decisión*

Tal como lo señala el artículo 17 del Tratado, el Tribunal es competente "para declarar la nulidad" de los actos impugnados. Ello se ratifica, en otros términos, en el artículo 22 al precisarse que la declaratoria de nulidad puede ser total o parcial.

Los poderes del juez, en esta forma, son absolutos en cuanto al control de la legalidad de los actos emanados de los órganos principales del Acuerdo.

Sin embargo, debe apreciarse que el recurso de ilegalidad sólo mueve una competencia de anulación del Tribunal, que limita su acción: la decisión del Tribunal sólo puede versar sobre la anulación o no del acto recurrido, y no puede tener, en estos casos, ningún otro contenido.

En todo caso, el Tratado asigna al Tribunal competencia para señalar en su decisión "los efectos de la sentencia en el tiempo" (Art. 22), lo que da margen para poder distinguir casos de nulidad absoluta o relativa, según los efectos ex tune o ex nunc de la sentencia.

Por último, la decisión del Tribunal debe considerarse como definitiva y no es revisable en forma alguna.

f'. *La ejecución de la decisión*

El efecto fundamental de la decisión del Tribunal, está previsto en el aparte segundo del artículo 22 del Tratado, así:

> El órgano del Acuerdo cuyo acto haya sido anulado deberá adoptar las disposiciones que se requieran para asegurar el cumplimiento efectivo de la sentencia.

En esta forma se establece la obligatoriedad del fallo para la Comisión y la Junta, en su caso, quienes deben adoptar las medidas necesarias para hacer efectivo el cumplimiento del mismo, cuando se declare la nulidad de una norma de dichos órganos.

b. *El control jurisdiccional del incumplimiento de las obligaciones comunitarias por los Países Miembros*

a'. *El objeto del control*

El segundo mecanismo de control previsto en el Tratado que crea al Tribunal del Acuerdo de Cartagena, está dirigido a corregir los incumplimientos de las obligaciones comunitarias por los Países Miembros, establecidas en las normas que conforman el ordenamiento jurídico del mismo.

Este mecanismo de control puede considerarse como perfectamente compatible con el ordenamiento constitucional venezolano, pues los tribunales de la República no serían competentes para ejercer este tipo de control jurisdiccional.

Para tal fin, el Tratado regula una acción de incumplimiento sometida a una serie de modalidades procesales que se analizan a continuación.

b'. *La legitimación activa*

De acuerdo al Tratado, sólo la Junta o los Países Miembros pueden intentar la acción por incumplimiento ante el Tribunal (Arts. 23 y 24). Sin embargo, no lo pueden realizar directamente, sin previamente agotar recursos de conciliación interna y extra judicial, como se verá.

Los particulares, personas jurídicas o naturales, no están legitimados para acudir al Tribunal de Justicia del Acuerdo para reclamar el incumplimiento del derecho comunitario por algún País Miembro. El Tratado, sin embargo, prevé para los particulares el siguiente mecanismo jurisdiccional de protección:

> Art. 27. Las personas naturales o jurídicas tendrán derecho a acudir ante los Tribunales nacionales competentes, de conformidad con las prescripciones del derecho interno, cuando los Países Miembros incumplan lo dispuesto en el Art. 5 del presente Tratado, en los casos en que sus derechos resulten afectados por dicho incumplimiento.

En esta forma, se respeta el fuero jurisdiccional interno de cada Estado, sea por vía contencioso-administrativa o por vía ordinaria, pudiendo los particulares afectados por un incumplimiento de las normas comunitarias por un País Miembro, reclamar ante los propios Tribunales de dicho Estado conforme a las normas procesales internas.

c'. *El agotamiento de las vías internas y conciliatorias*

Tal como se señaló, los legitimados para intentar la acción por incumplimiento no pueden acudir directamente al Tribunal, sin antes agotar las vías conciliatorias o internas respectivas. El procedimiento en estos casos varía según que el recurrente sea la Junta o algún País Miembro, y está establecido en los artículos 23 y 24 del Tratado en la siguiente forma:

> Art. 23. Cuando la Junta considere que un País Miembro ha incurrido en incumplimiento de las obligaciones emanadas de las normas que conforman el ordenamiento jurídico del Acuerdo de Cartagena, le formulará sus observaciones por escrito.

> El País Miembro deberá contestarlas dentro de un plazo compatible con la urgencia del caso, que no excederá de dos meses. Recibida la respuesta o vencido el plazo, la Junta emitirá un dictamen motivado.
>
> Si el dictamen fuere de incumplimiento y el País Miembro persistiese en la conducta que ha sido objeto de observaciones, la Junta podrá solicitar el pronunciamiento del Tribunal.
>
> Art. 24. Cuando un País Miembro considere que otro País Miembro ha incurrido en incumplimiento de las obligaciones emanadas de las normas que conforman el ordenamiento jurídico del Acuerdo de Cartagena, podrá elevar su reclamo a la Junta con los antecedentes del caso, para que ésta emita dictamen motivado, previo el procedimiento indicado en el primer inciso del Art. 23.
>
> Si el dictamen fuere de incumplimiento y el País Miembro requerido persistiere en la conducta objeto del reclamo, la Junta deberá solicitar el pronunciamiento del Tribunal. Si la Junta no intentare la acción dentro de dos meses siguientes a la fecha de su dictamen, el País reclamante podrá acudir directamente al Tribunal.
>
> Si la Junta no emitiere su dictamen dentro de los tres meses siguientes a la fecha de presentación del reclamo o el dictamen no fuere de incumplimiento, el País reclamante podrá acudir directamente al Tribunal.

d'. *Efectos de la decisión*

Los efectos obligatorios de la decisión del Tribunal y sus consecuencias están establecidas en el artículo 25 del Tratado en la forma siguiente:

> Art. 25. Si la sentencia del Tribunal fuere de incumplimiento, el País Miembro cuya conducta ha sido objeto de reclamo, quedará obligado a adoptar las medidas necesarias para la ejecución de la sentencia dentro tres meses siguientes a su notificación.
>
> Si dicho País Miembro no cumple la obligación señalada en el párrafo procedente, el Tribunal, sumariamente y previa opinión de la Junta, determinará los límites dentro de los cuales el País reclamante o cualquier otro País Miembro podrá restringir o suspender, total o parcialmente, las ventajas del Acuerdo de Cartagena que beneficien al País Miembro remiso. El Tribunal a través de la Junta, comunicará su determinación a los Países Miembros.

e'. *La revisión de la decisión del Tribunal*

Contrariamente a lo señalado al comentar la "acción de nulidad", en cuyo caso, las decisiones del Tribunal son definitivas e irreversibles, en el caso de la acción de incumplimiento, la decisión del Tribunal puede ser revisada por el mismo órgano jurisdiccional, conforme al artículo 26 del Tratado, de acuerdo al siguiente procedimiento:

> Las sentencias dictadas en acciones de incumplimiento son revisables por el mismo Tribunal, a petición de parte, fundada en algún hecho que hubiere podido influir decisivamente en el resultado del proceso, siempre que el hecho hubiese sido desconocido en la fecha de la expedición de la sentencia por quien

solicita la revisión. La demanda de revisión deberá presentarse dentro de los dos meses siguientes al día en que se descubra el hecho y, en todo caso, dentro del año siguiente a la fecha de la sentencia.

c. *La competencia jurisdiccional en materia de interpretación prejudicial*

Una de las exigencias más importantes de todo proceso de integración económica y de consolidación de un derecho comunitario, es la necesidad de establecer algún mecanismo de interpretación uniforme en la aplicación del derecho comunitario, que se imponga a los órganos judiciales nacionales. Esto, sin duda, al afectar competencias constitucionalmente asignadas a los jueces nacionales, podría plantear una incompatibilidad entre el ordenamiento constitucional interno y el esquema de integración, pues implicaría una transferencia de competencias judiciales de orden nacional al orden comunitario. En Venezuela, sin duda, conforme a su ordenamiento constitucional actual, esta limitación a los poderes del juez nacional, y la transferencia de ciertas de sus competencias a un órgano jurisdiccional como el Tribunal de Justicia del Acuerdo de Cartagena, sería inaceptable.

Veamos, en todo caso, cuál es el contenido de las normas del Tratado en relación a la interpretación prejudicial.

a'. *El carácter prejudicial de la interpretación y su contenido*

El mecanismo de interpretación uniforme de las normas del derecho comunitario que prevé el Tratado, se limita a establecer una interpretación prejudicial, es decir, previa a la decisión que el juez nacional correspondiente debe adoptar, al decidir aplicando el derecho comunitario. Tal como lo señala el artículo 28 del Tratado:

> Corresponderá al Tribunal interpretar por vía prejudicial las normas que conforman el ordenamiento jurídico del Acuerdo de Cartagena con el fin de asegurar su aplicación uniforme en el territorio de los Países Miembros.

Conforme al artículo 30 del Tratado, en todo caso, en su interpretación, el Tribunal debe limitarse a precisar el contenido y alcance de las normas del ordenamiento jurídico del Acuerdo de Cartagena. No se trata, por tanto de una interpretación de cualquier Decisión de la Comisión o Resolución de la Junta, sino sólo de aquéllas de contenido normativo.

En todo caso, conforme al mismo artículo 30, el Tribunal no puede interpretar el contenido y alcance del derecho nacional ni calificar los hechos materia del proceso.

El Tratado, para concretar esta competencia de interpretación prejudicial, establece dos mecanismos para hacerla efectiva: uno facultativo y otro obligatorio.

b'. *Los supuestos facultativos y obligatorios de la interpretación prejudicial*

Los Jueces nacionales que conozcan de un proceso en que deba aplicarse alguna de las normas que conforman el ordenamiento jurídico del Acuerdo de Cartagena, podrán solicitar la interpretación del Tribunal acerca de dichas normas, siempre que la sentencia sea susceptible de recursos en derecho interno. Si llegare la oportunidad de dictar sentencia sin que se hubiere recibido la interpretación del Tribunal, el juez deberá decidir el proceso.

Si la sentencia no fuere susceptible de recurso en derecho interno, el juez suspenderá el procedimiento y solicitará la interpretación del Tribunal, de oficio, en todo caso, o a petición de parte si la considera precedente.

De acuerdo a esta norma, se establece, en primer lugar, una facultad discrecional del juez nacional que conozca de un litigio en el cual deba aplicarse alguna de las normas que conforman el ordenamiento jurídico del Acuerdo, de solicitar del Tribunal de Justicia Andino la interpretación prejudicial de las mismas. Sin embargo, esta facultad soberana y libre del juez sólo existe como tal, si la sentencia que haya de poner fin al proceso es "susceptible de recursos en el derecho interno".

Al contrario, si la sentencia no es susceptible de recursos en el derecho interno, el juez de la causa está obligado a suspender el procedimiento y solicitar la opinión del Tribunal, de oficio, en todo caso, o a petición de parte.

Por tanto, sólo si el Tribunal Nacional es un órgano judicial inferior y su decisión es susceptible de apelación o de recurso de casación, el juez es libre de acudir o no al Tribunal de Justicia Andino. Si al contrario, se tratara, por ejemplo, de alguna causa que conozca la Corte Suprema de Justicia, en la que deba aplicar el derecho comunitario, y cuyas decisiones son irrevisables (artículo 211 de la Constitución), la Corte estaría obligada a acudir al Tribunal de Justicia Andino, antes de adoptar su decisión.

Esta obligación impuesta al Tribunal Supremo, por ejemplo, de tener que acudir a otro órgano jurisdiccional previamente para decidir, y adoptar obligatoriamente la interpretación que ese órgano establezca, sin duda que contraría la estructura constitucional de la Jerarquía judicial y la posición misma de la Corte Suprema de Justicia como "el más alto Tribunal de la República" (Art. 211).

c'. *Efectos de la interpretación prejudicial*

En todo caso, se trate de la prejudicialidad de carácter facultativo o de carácter obligatorio, la decisión del Tribunal de Justicia, conforme al Tratado, es obligatoria para el Juez nacional. Así se lo establece en el artículo 31:

El Juez que conozca del litigio deberá adoptar la interpretación del Tribunal.

Sin duda, una obligación de esta naturaleza es totalmente incompatible con el ordenamiento constitucional venezolano. Según el artículo 205 de la Constitución, "en el ejercicio de sus funciones los jueces son autónomos e independientes de los demás órganos del Poder Público", por lo que no están ni pueden estar sometidos, en sus decisiones, sino a la Ley. Sería violatorio de la autonomía e independencia de los jueces nacionales el que en virtud de un Tratado Internacional, se les limitase su competencia y se los obligase a decidir judicialmente conforme a lo que decida prejudicialmente un Tribunal extraño al ámbito interno, de carácter comunitario, como el previsto en el Tratado.

d. *Apreciación general*

De lo anteriormente expuesto, no hay duda en considerar que era urgente, dentro del esquema institucional del Acuerdo de Cartagena, que entrara en funcionamiento un órgano jurisdiccional que conociera del control de la legalidad de los actos comunitarios y de los incumplimientos de sus obligaciones comunitarias por los Estados Miembros, y que además, tuviera competencia para dar una interpretación uniforme de dicho derecho comunitario. Un proceso de integración económica como el que se está llevando a cabo en el área andina, y la formación y consolidación de un derecho comunitario como el que comienza a formarse en dicha área, requería ineludiblemente de la constitución de dicho órgano jurisdiccional.

Sin embargo, tal como está configurada la cuestión constitucional del proceso de integración, en la perspectiva venezolana y, en general, de casi todos los países del área, la creación de dicho órgano jurisdiccional andino sólo podría tener por objeto conocer de los asuntos comunitarios que ninguno de los tribunales nacionales estuviera llamado a conocer. Toda otra materia atribuida al citado Tribunal y que implique menoscabo de competencias o de autonomía e independencia de los jueces nacionales, exige, como lo hemos dicho en otras oportunidades, de una reforma constitucional que la permitiera.

Por tanto, como se ha dicho, no están acordes con la Constitución, las normas del Tratado que limitan la independencia y autonomía de los jueces nacionales, y concretamente de la Corte Suprema de Justicia, al prescribir que ésta tiene que someterse obligatoriamente, en sus decisiones, a la interpretación prejudicial de una norma del ordenamiento jurídico andino, formulada por el Tribunal de Justicia del Acuerdo de Cartagena.

Por ello, en cuanto a lo dispuesto en los artículos 28 a 31 del Tratado, relativos a la interpretación prejudicial, la Sub-Comisión Especial que estudió el Proyecto de Ley Aprobatoria del Tratado, propuso se incluyera en la Ley Aprobatoria del Tratado otra Declaración Interpretativa, con el siguiente texto, que forma su artículo 3°:

> Las normas contenidas en los Arts. 28, 29, 30 y 31 deberán ser interpretadas en el sentido expresado en los Arts. 129, 205 y 211 de la Constitución de la República de Venezuela.

En esta forma, y en virtud de que los artículos mencionados del Tratado, sobre aplicación inmediata en Venezuela de Decisiones de la Comisión que modifiquen nuestra Legislación y sobre imposición a la Corte Suprema de Justicia de decisiones del Tribunal de Justicia Andino en materia de interpretación prejudicial, serían en nuestro criterio inconstitucionales; la modalidad de las Declaraciones Interpretativas adoptadas en la ley constituía la única forma de aprobar el Tratado, estableciendo su necesaria compatibilidad con nuestra Constitución y dejando a salvo su supremacía, ya que como se ha dicho, conforme al artículo 36 del Tratado, éste "no podrá ser suscrito con reservas".

V. LAS EXIGENCIAS Y PROBLEMAS CONSTITUCIONALES DEL PROCESO DE INTEGRACIÓN ECONÓMICA

Como puede apreciarse de lo anteriormente expuesto, un proceso de integración económica que conduzca a niveles importantes de carácter comunitario entre Estados, plantea una serie de exigencias básicas que inciden sobre los sistemas constitucionales de los países, y en particular, del venezolano que no tiene específicamente fines integracionistas, y entre ellas las tres siguientes:

1. En primer lugar, la creación de órganos comunes de carácter supranacional, con facultades de imponer sus decisiones con valor *erga omnes* frente a los Estados miembros.
2. En segundo lugar, el otorgamiento al derecho comunitario que surja, de una jerarquía en el derecho interno superior a la ley e inclusive a la Constitución.
3. La restricción del ejercicio del control de la constitucionalidad ejercido ampliamente en los países latinoamericanos, respecto de los actos comunitarios y los Tratados que lo establezcan.

La posibilidad jurídica de estas tres exigencias en la estructura actual de los sistemas latinoamericanos, plantea toda una problemática que se ha englobado bajo la denominación genérica de "la cuestión constitucional de la integración", y que planteamos y discutimos al final de la década de los sesenta, meses antes de suscribirse el Acuerdo de Cartagena[973].

1. *La creación de órganos comunitarios supranacionales y sus problemas constitucionales*

La primera de las exigencias que origina la creación de una Comunidad en Latinoamérica, es la de la necesidad de la creación de órganos comunes supranacionales. Esta primera exigencia nos plantea el primer problema jurídico que analizaremos, y que radica en saber si la estructura actual de los sistemas constitucionales latinoamericanos, permiten la creación de tales órganos.

En efecto, partiendo de la premisa de que los órganos intergubernamentales del tipo del derecho internacional clásico, son incapaces de llevar adelante un programa de integración económica —lo que en América Latina quedó demostrado por el fracaso de las reuniones de Cancilleres de la ALALC—, es necesario concluir que en una futura Comunidad Latinoamericana se requerirá de una organización supranacional con poderes suficientes para tomar decisiones obligatorias para los Estados Miembros y sus ciudadanos, prescindiendo de ulteriores ratificaciones nacionales para aquéllas.

Ello plantea dos clases de problemas jurídicos fundamentales:

1. En primer lugar, los problemas relativos a la determinación de la posibilidad constitucional en la estructura latinoamericana actual, de crear esa organización y dotarla de poderes que queden sustraídos a la competencia de los Estados, y que por su naturaleza, les pertenecían. Esto nos conducirá a precisar si es o no indispensable proceder a una reforma constitucional previa.
2. En segundo lugar, los problemas relativos a la posibilidad constitucional de que los actos comunitarios emanados de la institución supranacional, ten-

---

973 Véase Allan R. Brewer-Carías, *Los Problemas Constitucionales de la Integración Económica Latinoamericana,* Caracas, 1968, cuyo texto seguimos parcialmente en las páginas sucesivas.

gan validez inmediata en los Estados Miembros sin necesidad de acudir a los procedimientos clásicos de la ratificación en cada caso.

Veamos separadamente estas dos clases de problemas que nos plantea la primera exigencia de una Comunidad Latinoamericana.

A. *El establecimiento de órganos Comunitarios con competencias supranacionales*

Ya hemos señalado, que el orden jurídico comunitario o el proceso de integración económica, exigen la atribución de determinadas competencias y poderes de los Estados, en favor de las instituciones comunes. Esta atribución de competencias implica, en todo caso, el establecimiento de limitaciones a las competencias de los Estados, o la transferencia de las mismas al órgano supranacional.

Este fenómeno propio del proceso de integración, ha dado nacimiento a abundantes comentarios doctrinales en torno a las repercusiones de esa limitación de las competencias de los Estados y su transferencia a entes supranacionales, sobre el concepto de soberanía[974].

a. *La noción de soberanía y la supranacionalidad*

Ahora bien, sin entrar en la polémica que ha originado el mismo concepto de soberanía, que por querer significar tantas cosas ha quedado en la actualidad sin un significado preciso, podemos admitir que expresa sustancialmente el carácter del poder estatal, antes que su contenido. Es decir, la soberanía tal como la precisa Reuter, significa el carácter del poder estatal, carácter según el cual ese poder no puede quedar sometido a ningún otro poder de la misma naturaleza[975]. Por ello, la soberanía como característica del poder estatal se manifiesta fundamentalmente en la relación del Estado soberano con otros Estados soberanos[976], y ella implica que en su virtud no puede un Estado soberano quedar sometido a otro Estado soberano.

De esta relación entre Estados soberanos es que surgen entonces todas las nociones de soberanía que se refieren más bien a sus consecuencias, que a su esencia. Entre ellas, la llamada concepción tradicional de la soberanía, que entiende ésta como un conjunto de atributos esenciales e inherentes a la personalidad misma del Estado y por ello son inalienables[977]. El sentido real de esta noción es que ese conjunto de atributos inherentes a la personalidad del Estado son inalienables frente a otro Estado soberano. Por tanto, la noción de soberanía que fue acuñada en la época

---

974 *Vid.* Un buen y clásico resumen de los diversos puntos de vista en Leontín Constantinesco, "La Supranacionalidad de las Comunidades Europeas", en *Anuario Uruguayo de Derecho Internacional,* Vol. IV, 1965-1966, Montevideo, 1966, pp. 49 a 70.

975 *Vid.* Reuter, *Institutions Internationales,* París, 1955, p. 123, *cit., por Enrique Pecourt, La soberanía de los Estados ante la Organización de las Naciones Unidas, Barcelona, 1962, p. 29.*

976 *Cfr.* Manuel María Diez, *Derecho Administrativo,* Tomo I, Buenos Aires, 1963, p. 38.

977 *Cfr.* Instituto Interamericano de Estudios Jurídicos Internacionales, *Mesa Redonda sobre lo. Integración de América Latina y la Cuestión Constitucional,* Washington, 1967, p. 12; Instituto Interamericano de Estudios Jurídicos Internacionales, *Problemática Jurídica e Institucional de la Integración de América Latina, cit.,* pp. 639, 783 y 802.

del auge de los Estados-Naciones, resulta inaplicable en todo su múltiple y variado contenido, a las relaciones internacionales contemporáneas.

Y es que aun cuando se produzcan limitaciones a la competencia de ciertos Estados a favor de organizaciones supranacionales que tienen a su cargo velar por un interés común y no por el interés de otro Estado, estas limitaciones, en estricto sentido, no deben calificarse de restricciones a la soberanía, como parece lo hizo la Corte de Justicia de las Comunidades Europeas en el célebre caso COSTA, pues esas limitaciones no tienen lugar frente a otro Estado soberano, que es cuando el concepto de soberanía debe entrar en juego. Por tanto, compartimos la opinión de Nicola Catalano, en el sentido de que la transferencia de competencias a órganos comunitarios, es decir, a una entidad nueva de la cual forma parte el Estado, no debe calificarse de delegación de soberanía, pues esa delegación de soberanía caracteriza al protectorado internacional, es decir, al sometimiento de un poder estatal soberano a otro poder estatal soberano[978].

Al contrario, en el caso de comunidades económicas, las restricciones o limitaciones a la competencia de los Estados se hace no a favor de otro Estado, sino a favor de entes nuevos comunitarios que en el caso de América Latina tendrán a su cargo la consecución de un interés común: el desarrollo económico, en el cual, por supuesto, estarán interesados todos los Estados. Interés común que, por otra parte, no pueden lograr los Estados Miembros de otra manera, ni por sí solos.

Por ello el Instituto Interamericano de Estudios Jurídicos Internacionales, ha señalado en relación a esto que "la compatibilidad constitucional emana de su propia naturaleza, pues sus metas no son otras que facilitar y permitir el logro de objetivos que cada Estado por sí solo ya no puede alcanzar debido a la complejidad del fenómeno económico moderno"[979].

En todo caso, frente al fenómeno de la integración económica, antes de tratar de explicar la transferencia de competencias a órganos supranacionales, recurriendo a un nuevo concepto de soberanía para justificarla, es preferible convenir en la inaplicabilidad de dicho concepto de soberanía frente al fenómeno de la integración. Y ello, insistimos, porque no se trata realmente de delegación de soberanía, no se trata del sometimiento de un Estado a otro Estado, sino de la salvaguarda y consecución de un interés común, en el cual está comprometida materialmente la vida institucional del propio Estado, a través del otorgamiento de determinados poderes, en plano de igualdad y reciprocidad, a entidades supranacionales.

Por ello, el Instituto Interamericano de Estudios Jurídicos Interamericano de Desarrollo, señalaba claramente que: "No es esto un problema de delegación de soberanías sino más bien de afirmación de ellas en escenarios más amplios y con mayor

978 *Vid.* Nicola Catalano, *Manual de Derecho de las comunidades europeas.* INTALBID, Buenos Aires, 1966, p. 28; Nicola Catalano, "La Posición del Derecho Comunitario dentro del Derecho de los Estados Miembros", en Instituto Interamericano de Estudios Jurídicos Internacionales, *Relaciones entre el derecho comunitario y el Derecho Nacional,* Washington, 1967, p. 185.

979 *Vid. Instituto Interamericano de Estudios Jurídicos Internacionales, Problemática Jurídica e Institucional de la Integración de América Latina, cit.*, p. 810.

vocación de vigencia futura. Porque las soberanías asfixiadas en espacios estrechos son las que más en riesgo están de ser avasalladas"[980].

b. *La transferencia de competencias*

En todo caso, aun cuando no se recurra a la figura de la delegación de soberanía, la integración económica ciertamente implica la transferencia de competencias a órganos comunitarios, y que conllevan limitaciones a su ejercicio por parte de los Estados Miembros.

Ahora bien, antes de analizar las modalidades de esa transferencia de competencias en los países latinoamericanos ante una futura Comunidad Latinoamericana, es necesario advertir que estos países en la actualidad, son parte en Tratados que autorizan a órganos internacionales a tomar por mayoría decisiones con validez *erga omnes*, y que no son sólo recomendaciones del tipo clásico[981]. En estos supuestos se encuentran por ejemplo, la Carta de las Naciones Unidas, y el Tratado Interamericano de Asistencia Recíproca. En la primera, el Consejo de Seguridad de las Naciones Unidas puede tomar decisiones conforme al artículo 25, que los Estados Miembros "convienen en aceptar y cumplir"; y en el segundo, conforme al artículo 20, las decisiones del órgano de consulta "serán obligatorias para todos los Estados", pudiendo abarcar dichas decisiones, por ejemplo, el retiro de jefes de misión; la ruptura de relaciones diplomáticas; la ruptura de relaciones consulares; la interrupción parcial o total de las relaciones económicas, o de las comunicaciones, y el empleo de la fuerza armada.

Ahora bien, ciertamente que Tratados de esa índole implican limitaciones a la competencia de los Estados Miembros; sin embargo, las competencias limitadas corresponden en el ámbito de los sistemas latinoamericanos, a los respectivos Poderes Ejecutivos, quienes tienen a su cargo la dirección y conducción de las relaciones diplomáticas, y quienes, como en el caso de Venezuela, pueden adoptar las medidas necesarias para la defensa de la República, la integridad del territorio y de su soberanía, en caso de emergencia internacional.

Al contrario, un mecanismo de integración económica implica sustancialmente, más que la transferencia a órganos supranacionales de competencias ejecutivas, la transferencia de competencias normativas legislativas y jurisdiccionales[982], por lo que el establecimiento dg una futura Comunidad Latinoamericana, traerá como consecuencia la limitación de los poderes legislativos y jurisdiccionales de los órganos del Estado.

---

980 *Cit.,* por F. V. García-Amador, "Introducción a la Problemática Jurídica e Institucional de la Integración", en *Boletín del Instituto Centroamericano de Derecho Comparado,* N° 5-6, Tegucigalpa, 1965-1966, N° 7: asimismo, por F. V. García-Amador en "La Integración Latinoamericana, su problemática Jurídica e Institucional", en *Anuario Uruguayo de Derecho Internacional,* Vol. IV, 1965-1966, Montevideo 1966, p. 18.

981 *Cfr.* Instituto Interamericano de Estudios Jurídicos Internacionales, *Problemática Jurídica e Institucional de la Integración de América Latina, cit.,* pp. 366 y 367.

982 *Cfr.* Nicola Catalano, "La posición del Derecho Comunitario dentro del Derecho de los Estados Miembros", *loc. cit.,* p. 182.

Ahora bien, la atribución a órganos comunitarios de poderes normativos, constitucionalmente otorgados al Poder Legislativo, y de poderes jurisdiccionales, constitucionalmente otorgados a los Tribunales nacionales, implica una derogación de las normas constitucionales, y da origen al problema de la compatibilidad de esa atribución de competencias con los sistemas constitucionales actuales. En este sentido basta señalar, por ejemplo, que la atribución de competencias jurisdiccionales reservadas a los Tribunales nacionales podría significar una violación de la garantía individual consagrada por la mayoría de las Constituciones latinoamericanas, según la cual "nadie podrá ser juzgado sino por sus jueces naturales" (Art. 69 de la Constitución), es decir, por aquéllos que el sistema constitucional establece[983].

En todo caso, es necesario convenir en que el problema de la compatibilidad no surge esencialmente más que en los Estados miembros de una comunidad regidos por Constituciones rígidas, es decir, por Constituciones que establecen principios intangibles, y prevén procedimientos especiales para toda modificación de estos principios, limitando en consecuencia, los poderes del legislador, que está obligado al respeto de los principios establecidos por la Constitución. Estas Constituciones rígidas implican por otra parte, la nulidad de los actos violatorios de sus normas, por lo que regulan un control de la constitucionalidad de las leyes en relación con las reglas constitucionales intangibles; este control es asegurado por procedimientos especiales generalmente a través de la Corte Suprema o de una Corte Constitucional[984].

Ahora bien, este problema, que no puede ni debe ser ignorado, se plantea en forma patente y generalizada en América Latina, cuyos países tienen todos Constituciones rígidas, como la venezolana.

En Europa, en base a ello, realmente el problema de la compatibilidad sólo se planteó en términos jurídicos, en los casos de Alemania e Italia, cuyas Constituciones rígidas, prevén un control constitucional. En los demás países, como observaba Catalano, el problema era más que todo político, lo que no impidió que los Países Bajos y Luxemburgo, por ejemplo hubieran realizado enmiendas a sus Constituciones después de firmado el Tratado de París de 1951 y antes de firmarse los Tratados de Roma[985], permitiendo las transferencias de competencias y que reformas constitucionales se efectuaran posteriormente en los demás países (Dinamarca, Suecia, Grecia, España). Las mismas reformas constitucionales se han hecho, en la mayoría de los países, en los años noventa, en relación al Tratado de Maastrich, que regula definitivamente la Comunidad Europea.

---

983 En relación al sistema italiano, *Vid.* Nicola Catalano, "La Posición del Derecho Comunitario dentro del Derecho de los Estados Miembros", *loc. cit.*, p. 184.

984 *Cfr.* Nicola Catalano, "La Posición del Derecho Comunitario dentro del Derecho de los Estados Miembros", *loc. cit.*, p. 182. En torno a la noción de constitución rígida, Vid. James Bryce, *Constituciones Flexibles y Constituciones Rígidas*, Madrid, 1952, pp. 94 y ss. *Vid.*, asimismo, Voto Salvado de José Gabriel Sarmiento Núñez a la *Sentencia por la cual se declara sin lugar la demanda de nulidad del ordinal 14 del artículo 11 de la Ley aprobatoria del Tratado de Extradición suscrito entre Venezuela y los Estados Unidos de Norte América, intentado por el doctor Tito Gutiérrez Alfaro,* Caracas, Imprenta Nacional, 1965, pp. 21 y ss.

985 *Vid.* Nicola Catalano, "La posición del Derecho Comunitario dentro del Derecho de los Estados miembros", *loc. cit.*, p. 183.

Ahora bien, y aun cuando el problema de la compatibilidad se planteó inicialmente en Europa, estrictamente sólo respecto a Alemania e Italia, éste tuvo solución en las propias Constituciones de esos dos países, al permitir el artículo 11 de la Constitución italiana la posibilidad de 'limitaciones a la soberanía necesaria para un orden jurídico que asegure la paz y la justicia entre las naciones"; y el artículo 24 de la Constitución alemana, la posibilidad de la transferencia de derechos de soberanía a instituciones internacionales. En base a dichas normas, por tanto, al permitir la propia Constitución limitaciones a su normativa, el problema dejó de tener fuerza suficiente como para dudar de la posibilidad de transferencia a órganos comunitarios de poderes de "soberanía". Incluso, en la reforma constitucional en España (1978), se previó que por Ley Orgánica se pudiera atribuir a organizaciones internacionales competencias derivadas de la Constitución (Art. 96), para poder permitir su ingreso a las Comunidades Europeas.

c. *La situación constitucional en América Latina frente a una proyectada Comunidad Latinoamericana*

La situación constitucional actual de América Latina, al contrario, es radicalmente distinta a la situación europea.

Por una parte, es similar a la situación alemana e italiana, en cuanto que surge de Constituciones rígidas, que limitan los poderes del legislador para modificarlas, y que prevén un control de la constitucionalidad de las leyes.

Por otra parte, es similar a la situación que tenía Bélgica, en cuanto que las Constituciones latinoamericanas en general y salvo el reciente caso de Colombia, no contienen disposición alguna que permita, ni remotamente, la limitación de las competencias de los órganos constitucionales de los Estados Miembros a favor de entes supranacionales, ni mucho menos, la transferencia a ellos de competencias propias de los órganos constitucionales.

Al contrario, si se va al texto de algunas constituciones latinoamericanas, más bien surgen disposiciones expresas que prohíben toda delegación o transferencia de competencias constitucionales, sobre todo el Poder Legislativo. Como se dijo, la única excepción en esta materia en el área andina, la constituye la Constitución de Colombia que en la reforma de 1968 admitió la posibilidad de transferencia de competencias a algunos órganos supranacionales (Art. 78), lo que ha sido ratificado en la Constitución de 1991 (Arts. 224 y 227).

Ahora bien, en líneas generales, y salvo las excepciones indicadas, es posible afirmar que en América Latina no hay disposiciones expresas que prohíban ni permitan la transferencia de competencias; y que en todo caso, dichos textos constitucionales, inclusive los que contienen disposiciones programáticas sobre la integración, como el de Venezuela, no fueron estructurados ciertamente, para viabilizar actos creadores de una Comunidad Latinoamericana.

Sin embargo, y a pesar de la ausencia de prohibiciones expresas a la transferencia de competencias, no hay que olvidar que se trata en todos los casos, de Constituciones rígidas, que no permiten modificaciones por la sola voluntad del Poder Legislativo, y mucho menos a base de interpretaciones.

Por ello, no podemos estar de acuerdo en su integridad, con las conclusiones de la Mesa Redonda celebrada en Bogotá en febrero de 1967, para discutir los problemas de la "cuestión constitucional" en la integración de América Latina y que fue organizada por el Instituto Interamericano de Estudios Jurídicos Internacionales. En dicha Mesa Redonda se llegó a la conclusión de que los textos constitucionales latinoamericanos "no son incompatibles, en materia de principios, con la atribución a organismos internacionales de competencias para tomar decisiones *erga omnes*, en asuntos relacionados con el ordenamiento económico y social comunitario latinoamericano que contempla", y que en consecuencia, "no habría incompatibilidad constitucional en la conclusión de un tratado constitutivo del proyectado Mercado Común Latinoamericano"[986].

En la referida Mesa Redonda, aun cuando se advirtió que no podría resolverse la cuestión constitucional hasta no saber exactamente qué tipo de competencias serían transferidas, por lo que las conclusiones se formularon en materias de principios, se partió de la idea de que era necesario acudir a criterios interpretativos realistas, basados en las interpretaciones y aplicaciones que ha habido en la práctica.

Ahora bien, ciertamente que el problema de la transferencia de competencias que plantea la integración económica latinoamericana, no debe ser examinada a la luz de los mismos dogmas y concepciones con que pueden y deben examinarse los problemas constitucionales que plantea la actuación del Estado en las relaciones internacionales en general, sobre todo cuando como en América Latina, la integración se concibe como un factor de desarrollo económico. Y en efecto, a pesar de que algunas de las Constituciones Centroamericanas contenían también disposiciones expresas que prohibían limitaciones a la soberanía, se supo interpretar el sentido del término y en su momento se pudo constituir el Mercado Común Centroamericano[987].

Sin embargo, en lo que respecta a la transferencia de competencias, el problema no es de índole política sino de estricto orden jurídico. Lo referido anteriormente sobre las nuevas modalidades interpretativas a que es necesario recurrir frente al fenómeno de la integración, es absolutamente correcto desde el punto de vista político, frente a la necesidad de la integración económica latinoamericana. Pero al resolver la cuestión constitucional, el problema no es realmente de interpretación sino de aplicación de normas constitucionales que no permiten derogaciones por vía legislativa y menos por vía interpretativa. Frente a Constituciones rígidas, entonces, el problema de la posibilidad de transferencia de competencias de órganos constitucionales a organismos supranacionales, cuando esas Constituciones no autorizan expresamente esas transferencias, es insoluble, a menos que se recurra, como se debe, a una reforma o enmienda constitucional, como ha sucedido en Colombia.

Precisamente, por este problema constitucional es que en Venezuela se han planteado dudas y conflictos judiciales, en tomo a la constitucionalidad de la Ley aprobatoria del Tratado que creó el Tribunal Andino, y en la cual, una "disposición in-

---

986 *Vid.* Instituto Interamericano de Estudios Jurídicos Internacionales, *Mesa redonda sobre la Integración de América Latina y la cuestión Constitucional, cit.*, p. 25.

987 *Cfr.* Instituto Interamericano de Estudios Jurídicos Internacionales. *Problemática Jurídica de la Integración de América Latina, cit.*, pp. 780 y 781. Sobre las interpretaciones para viabilizar el proceso de integración centroamericano. *Vid.* Ricardo González Camacho, *Nota de la Secretaría Permanente del Tratado General de Integración Económica Centroamericana,* SIECA/CE-XVII/77, de 25 de agosto de 1965, Guatemala.

terpretativa", limitó la posibilidad de transferencia de competencias legislativas a la Comisión del Acuerdo. A pesar de ello, sin embargo, Decisiones de la Comisión, como la que se refiere a propiedad industrial, que modifican la Ley de Propiedad Industrial se han publicado en *Gaceta Oficial* sin haber pasado por el trámite de su aprobación legislativa. Ello ha originado nuevos cuestionamientos de constitucionalidad que están pendientes de decisión en la Corte Suprema de Justicia.

B. *La validez inmediata de los Actos Comunitarios*

En efecto, el problema de la transferencia de competencias da origen a otra problemática, referida a la validez inmediata que requieren tener los actos comunitarios en los Estados Miembros.

En efecto, la integración no sólo supone la existencia de órganos comunitarios con poderes de decisión que limiten las competencias de los Estados Miembros, sino que exige que esas decisiones tengan validez inmediata en dichos Estados. Es así como ante los serios obstáculos que suponen los sistemas tradicionales de la contratación internacional, especialmente por los trámites de aprobación y ratificación, el proceso de integración exige el abandono de tales sistemas, y la adopción de fórmulas menos formalistas y más simplificadas[988], que entre otros factores, impliquen una amplia capacidad del Poder Ejecutivo para actuar en el plano internacional, sin la aprobación legislativa y la ulterior ratificación.

En este sentido, en el Informe de la Comisión Jurídica del Parlamento Europeo sobre la Primacía del Derecho Comunitario sobre el Derecho de los Estados Miembros, del cual fue relator F. Dehousse, se estableció claramente que "sería imposible aplicar los Tratados si para la ejecución de los reglamentos comunitarios fuera necesaria la intervención de los órganos constitucionales de los Estados Miembros para insertar dichos reglamentos en los órdenes jurídicos nacionales. Aparte de la demora en la ejecución que sobrevendría inevitablemente, la necesidad de una norma de recepción supondría que los parlamentos nacionales podrían realizar una apreciación sobre la oportunidad de la norma comunitaria"[989].

Por tanto, la exigencia de validez inmediata de los actos comunitarios en los Estados Miembros no sólo tiene una fundamentación de tipo práctico, sino sustancialmente, de tipo jurídico, basada en el principio de la igualdad. Los Estados Miembros en una comunidad económica deben estar en un absoluto plano de igualdad; por lo que permitir a los órganos constitucionales de un Estado Miembro apreciar la oportunidad de la norma comunitaria y aprobarla o no, equivaldría a que una de las partes podría sustraerse de la aplicación de la norma comunitaria, lo que sería contrario a la esencia de la comunidad.

---

988 *Cfr.* F. Dehousse, "Informe de la Comisión Jurídica del Parlamento Europeo relativo a la Primacía del Derecho Comunitario sobre el Desarrollo de los Estados Miembros", en Instituto Interamericano de Estudios Jurídicos Internacionales, *Relaciones entre el Derecho Nacional, cit.*, p. 114; Instituto Interamericano de Estudios Jurídicos Internacionales, *Problemática Jurídica e Institucional de la Integración de América Latina, cit.*, p. 787.

989 *Vid.* F. Dehousse, "Informe de la Comisión Jurídica del Parlamento Europeo relativo a la Primacía del Derecho Comunitario sobre el Derecho de los Estados Miembros", *loc. cit.*, p. 114.

Ahora bien, frente a esta exigencia de validez inmediata de las decisiones comunitarias, y frente a la necesidad de que los Poderes Ejecutivos tengan una amplia capacidad de obligar a sus Estados en el plano internacional, debemos examinar la situación constitucional en América Latina, para determinar su vialidad.

Una cosa es cierta, la casi totalidad de los textos constitucionales latinoamericanos exigen expresamente el trámite de la aprobación parlamentaria y subsiguiente ratificación, para todo acto del Poder Ejecutivo que imponga obligaciones internacionales al Estado, sin hacer distinción alguna por razón de la naturaleza, contenido u objeto del tratado o convenio internacional.

En este sentido, por ejemplo, constituye una excepción la Constitución venezolana, que autoriza al Poder Ejecutivo a celebrar tratados o convenios en forma simplificada, sin intervención del Poder Legislativo, en los siguientes supuestos: cuando mediante ellos se trate de ejecutar o perfeccionar obligaciones preexistentes de la República; cuando mediante ellos se trate de ejecutar actos ordinarios en las relaciones internacionales; cuando mediante ellos se trate de aplicar principios expresamente reconocidos por la República; y cuando mediante ellos se trate de ejercer facultades que la ley atribuya expresamente al Poder Ejecutivo (Art. 128).

Sin embargo, si bien esa es la situación de excepción, es lo cierto que los convenios o acuerdos "en forma simplificada" se han venido generalizando en la práctica latinoamericana contemporánea, desplazando progresivamente al tratado clásico y formal[990], y ello al margen y en contra, evidentemente, de las normas constitucionales que en este caso son expresas.

Por otra parte la ampliación de hecho de los poderes del Poder Ejecutivo para obligar internacionalmente a los Estados Latinoamericanos, se ha efectuado asimismo en los supuestos de decisiones de órganos internacionales, en los cuales aquél participa con su voto. Típicos ejemplos de estos supuestos se encuentran en el sistema interamericano, en el cual algunos cambios han afectado, incluso, a disposiciones de índole sustantiva. Por ejemplo, las interpretaciones y aplicaciones de que ha sido objeto el Tratado Interamericano de Asistencia Recíproca durante los últimos años, al extender la esfera de validez de la institución de la legítima defensa a formas de agresión taxativamente excluidas en el artículo 3° del Tratado. Asimismo, en lo referente a cambios introducidos en la estructura institucional del Sistema, cabría mencionar, también a título de ejemplo, el que ha autorizado al Consejo de la Organización de Estados Americanos a ejercer, como tal, competencias que el Tratado reserva al Órgano de Consulta.

Estos ejemplos, demuestran entonces cuál es la situación de hecho que ha imperado en la práctica sobre las facultades de los Poderes Ejecutivos para obligar internacionalmente a los Estados Latinoamericanos. Sin embargo, evidentemente, y frente a las normas constitucionales expresas citadas, no puede concluirse como lo ha hecho el Instituto Interamericano de Estudios Jurídicos Internacionales, que "las Constituciones latinoamericanas, en la práctica de su aplicación, confieren amplia

990 *Cfr.* Instituto Interamericano de Estudios Jurídicos Internacionales, *Problemática Jurídica e Institucional de la Integración de América Latina, cit.*, p. 791.

capacidad a los Poderes Ejecutivos para obligar internacionalmente al Estado"[991], sino muy por el contrario, es necesario concluir que tratándose de una práctica inconstitucional, se hace necesario proceder a una readaptación de los textos constitucionales a la realidad y a las exigencias de las relaciones internacionales contemporáneas.

Por tanto, si por las exigencias de una futura Comunidad Latinoamericana, la creación de órganos comunitarios supranacionales a los cuales haya de transferir determinadas competencias estatales, aun en ausencia de normas constitucionales expresas, hace pensar en la necesidad de una reforma del sistema constitucional latinoamericano; en materia de validez y ejecución inmediata interna de los actos comunitarios, ante normas constitucionales expresas que exigen la intervención de los Poderes Legislativos, hace pensar con mayor razón en la necesidad, asimismo, de proceder a una reforma constitucional, con el objeto de adaptar los textos a la realidad de las relaciones internacionales contemporáneas. La propia "disposición interpretativa del Congreso venezolano al aprobar los Tratados del Acuerdo de Cartagena y del Tribunal de Justicia del Acuerdo al exigir la aprobación por las Cámaras Legislativas de Decisiones que afecten la "reserva legal" lo demuestran.

C. *Los problemas latinoamericanos respecto de los órganos supranacionales*

Visto lo anterior, entonces, podemos sacar las siguientes conclusiones en torno al primer problema jurídico que plantea el establecimiento de una futura Comunidad Latinoamericana:

En primer lugar, en cuanto a la necesidad de que se creen órganos comunitarios con competencias supranacionales transferidas por los Estados Miembros, es necesario concluir que con la excepción de Colombia, en ausencia de normas constitucionales que autoricen esa transferencia y tratándose de Constituciones rígidas, existe la incompatibilidad constitucional para ello, y por tanto, la necesidad de que se reformen los textos constitucionales respectivos.

Ciertamente, como lo ha señalado la Mesa Redonda de Bogotá, de febrero de 1967, organizada por el Instituto Interamericano de Estudios Jurídicos Internacionales, no hay al respecto normas expresas que prohíban o autoricen dicha transferencia de competencias, y que frente al fenómeno de la integración debe acudirse a mecanismos nuevos de interpretación[992]. Sin embargo, frente a Constituciones rígidas, y por la naturaleza de los problemas planteados, el problema no es de interpretación sino de reforma constitucional[993].

---

991 *Vid.* Instituto Interamericano de Estudios Jurídicos Internacionales, *Problemática Jurídica e Institucional de la Integración de América Latina, cit.*, p. 793.

992 *Vid.* Instituto Interamericano de Estudios Jurídicos Internacionales, *Mesa redonda sobre la integración de América Latina y la cuestión constitucional, cit.*, p. 16.

993 *Cfr.* Leontin Constantinesco, *Las Relaciones del Derecho Comunitario con el Derecho de los Estados Miembros,* Informe preparado para el "Seminario sobre Aspectos Jurídicos de la Integración para Profesores de Derecho", organizado en Buenos Aires por el INTAL, del 6 al 31 de marzo de 1967, documento (mimeografiado), Curso P. G. l/dit./7, 26-11-67, Buenos Aires, pp. 28 y 88; Emilio J. Cárdenas, "Hacia un derecho comunitario latinoamericano", *loc. cit.*, pp. 49 y 50; Emilio J. Cárdenas., "En torno a la constitucionalidad de un eventual Mercado Común Latinoamericano", en *Jurisprudencia Argentina,*

En efecto, nada absolutamente se lograría con el establecimiento de órganos comunitarios conforme al sistema constitucional actual, en base a interpretaciones hechas con criterio de "efectividad", en primer lugar, si no se tiene como no se puede tener, la seguridad de que esa interpretación será la misma en todos los Estados Miembros, en forma invariable; en segundo lugar, si el Tratado respectivo aprobado por ley, tiene el mismo rango y valor que ésta; y en tercer lugar, si queda vigente para ello, la posibilidad de ejercer un control de la constitucionalidad del Tratado respectivo y de los actos comunitarios.

En virtud de ello, y porque un proceso de integración económica no puede estar basado en simples interpretaciones que dejen vigente un peligro latente de derrumbamiento, es imprescindible acudir a una reforma constitucional. Este fue el supuesto de la iniciativa de Colombia en cuya Constitución de 1968 se incorporó al ordinal 18 del artículo 76 el apartado siguiente:

> Por medio de Tratados o Convenios aprobados por el Congreso, podrá el Estado obligarse para que sobre bases de igualdad y reciprocidad, sean creadas instituciones supranacionales que tengan por objeto promover o consolidar la integración económica con otros Estados[994].

En la Constitución colombiana de 1991 esta norma se reforzó considerablemente, al regularse en su artículo 227 lo siguiente:

> "El Estado promoverá la integración económica, social y política con las demás naciones y especialmente, con los países de América Latina y del Caribe, mediante la celebración de tratados que sobre bases de equidad, igualdad y reciprocidad, creen organismos supranacionales, inclusive para conformar una comunidad latinoamericana de naciones. La Ley podrá establecer elecciones directas para la constitución del Parlamento Andino y del Parlamento Latinoamericano".

Por otra parte, y en segundo lugar, en cuanto a la necesidad de que los actos comunitarios tengan validez inmediata en los Estados Miembros, ante la exigencia de casi todas las Constituciones latinoamericanas de la intervención del Poder Legislativo en los actos internacionales del Poder Ejecutivo que establezcan obligaciones para el Estado, surge asimismo la conveniencia de una reforma constitucional995 que adapte dichos textos a la realidad contemporánea. Dejar la vigencia de los actos

---

Buenos Aires, 12-13 de febrero de 1967; Alberto A. Natale, *La Integración Latinoamericana y el Problema Constitucional, cit.*, pp. 12 y ss.

994 Debe señalarse que a fines de los sesenta se proyectó en Chile una reforma similar. *Vid.*, observaciones sobre dicho proyecto en Alberto A. Natale, *La Integración Latinoamericana y el Problema Constitucional, cit.*, pp. 11 y 12.

995 *Cfr.* Instituto Interamericano de Estudios Jurídicos Internacionales, *Problemática Jurídica e Institucional de la Integración de América, Latina, cit.*, p. 808. En este sentido, *Vid.*, las conclusiones del V Congreso Hispano-Luso-Americano de Derecho Internacional (Santiago de Compostela, octubre 1966), sobre el tema "Aspectos Jurídicos de las Integraciones Económicas" y el Ante-Proyecto en ponencia sobre el mismo tema preparado por Alfredo Martínez Moreno, publicada por la Secretaría General del Congreso Madrid- Zaragoza, 1966, pp. 15 y 15.

comunitarios a interpretaciones, sin siquiera garantía de uniformidad y permanencia, es crear una Comunidad con bases insuficientes y poco sólidas.

En esta materia, en todo caso, debemos tener en cuenta la experiencia europea no sólo al inicio del Mercado Común en los años sesenta, sino con motivo de la aprobación del Tratado de Maastrich a comienzos de los noventa: todos los países europeos adaptaron sus Constituciones a la supranacionalidad.

2. *La jerarquía del derecho comunitario y sus problemas constitucionales*

El segundo problema de los tres que hemos querido destacar en estos comentarios, y que debe ser resuelto en los sistemas jurídicos latinoamericanos como presupuesto para el establecimiento efectivo de una Comunidad Latinoamericana, es el de la jerarquía del Derecho Comunitario frente al Derecho Nacional de los Estados miembros.

En efecto, la segunda premisa fundamental de un proceso de integración, además de la creación de órganos con competencia supranacional, es el de la necesaria superioridad jerárquica del Derecho Comunitario frente al Derecho Nacional. Únicamente sobre esta base es concebible la eficacia del ordenamiento jurídico de un proceso de integración. Por ello Nicola Catalano señaló que la primacía del Derecho Comunitario constituye por una parte, una exigencia jurídica indiscutible, y por otra, una necesidad práctica ineludible, porque, en caso contrario, toda la estructura existente correría el riesgo de convertirse en letra muerta[996].

La necesidad de la primacía del Derecho Comunitario sobre el Derecho Nacional ha sido ampliamente defendida por la doctrina europea, fundamentándose en varias razones perfectamente aplicables a una futura Comunidad Latinoamericana.

A. *La necesaria primacía del derecho comunitario*

En efecto, los Tratados que instituyen una comunidad económica, son esencialmente tratados multilaterales y no bilaterales. Se trata por tanto, de cuerpos normativos que regulan relaciones, al mismo tiempo y a la vez para todos los Estados Miembros. De ahí surge el carácter igualitario y comunitario de los derechos y obligaciones que establecen y que son la base de la comunidad.

El objetivo común que persiguen los Estados al integrarse en una comunidad económica, en efecto sólo puede realizarse basándose en la idea democrática de la igualdad de todos los Estados Miembros, dentro de la comunidad y con relación a ella. Esta idea de igualdad, que, insistimos, está en la base de toda comunidad económica, implica que el Derecho Comunitario debe tener en todos los Estados Miembros igual efecto, igual contenido, igual amplitud e igual aplicación. Es decir, para utilizar palabras del Profesor Leontin Constantinesco, el Derecho Comunitario

---

996 *Vid.* Nicola Catalano, "La posición del Derecho Comunitario dentro del derecho de los Estados Miembros", *loc. cit.*, p. 189, *Cfr.* Leontin Constantinesco, *Las Relaciones del Derecho Comunitario con el Derecho de los Estados Miembros, cit.*, p. 89. Instituto Interamericano de Estudios Jurídicos Internacionales, *Problemática Jurídica e Institucional de la Integración de América Latina, cit.*, p. 808.

debe tener en todos los Estados Miembros, la misma significación, la misma fuerza obligatoria y una categoría jurídica invariable[997].

De lo contrario, si cada Estado Miembro pudiese resolver autónoma y unilateralmente el valor del derecho comunitario, su significación y su fuerza obligatoria en el respectivo derecho nacional, no se garantizaría el principio de la igualdad y difícilmente podría hablarse de una real comunidad económica, pues su efectividad estaría en tela de juicio.

Por eso, en el Informe de la Comisión Jurídica del Parlamento Europeo relativo a la Primacía del Derecho Comunitario sobre el Derecho de los Estados Miembros, se afirmó categóricamente que "si se reconociese, en beneficio de todos los Estados Miembros, el poder de decidir por sí solos acerca del efecto del derecho comunitario en sus respectivos territorios, el orden jurídico que se está elaborando se desquiciaría; daría lugar, como en el pasado, a tantos sistemas jurídicos como Estados Miembros"[998].

Para evitar esa situación, violatoria del principio de igualdad que debe privar en toda comunidad, es que se exige como premisa fundamental de todo proceso de integración económica, que el Derecho Comunitario tenga un rango superior al Derecho Interno. Esto trae una serie de consecuencias e implicaciones.

En primer lugar, es la garantía indispensable para que el Derecho Comunitario tenga la misma significación en todos los Estados Miembros, es decir, tenga una interpretación y aplicación unitarias y uniformes. Sólo con una categoría superior al derecho nacional, el derecho comunitario es susceptible de tener esa igual significación en los países miembros, y sólo en esa forma existirán garantías suficientes para que los tribunales nacionales estén obligados a aceptar y acatar la interpretación unitaria que del derecho comunitario del órgano jurisdiccional de la comunidad[999] y para que los Parlamentos nacionales estén asimismo obligados a aplicar unilateralmente el derecho comunitario, conforme a las directivas que dicten los órganos comunes.

En segundo lugar, como veremos en detalle al analizar el tercer problema jurídico que plantearía una futura Comunidad Latinoamericana, la prioridad del Derecho Comunitario sobre el Derecho Nacional trae como consecuencia que se restrinjan en el ámbito nacional las posibilidades del control de la constitucionalidad de los actos comunitarios.

Por otra parte, el reconocimiento de una jerarquía superior al derecho comunitario frente al derecho nacional, es la condición indispensable para que se pueda producir la readaptación[1000] de esos derechos nacionales no preparados para la integra-

---

997 *Vid.* Leontin Constantinesco, *Las Relaciones del Derecho Comunitario con el Derecho de los Estados Miembros, cit.*, p. 13.

998 *Vid.* F. Dehousse, "Informe de la Comisión Jurídica del Parlamento Europeo relativo a la Primacía del Derecho Comunitario sobre el Derecho de los Estados Miembros", *loc. cit.*, p. 182.

999 *Cfr.* Leontin Constantinesco, *Las Relaciones del Derecho Comunitario con el Derecho de los Estados Miembros, cit.*, p. 14.

1000 Instituto Interamericano de Estudios Jurídicos Internacionales, *Problemática Jurídica e Institucional de la Integración de América Latina, cit.*, p. 808.

ción, al Derecho Comunitario. Es por tanto la vía necesaria para lograr la armonización y en su caso, la unificación de legislaciones.

Ahora bien, esta primacía del derecho comunitario, frente al derecho nacional, implica además, la transformación de las reglas tradicionales de interpretación, fundamentalmente, por la inaplicabilidad del principio *lex posterior derogat priori*. En tal virtud, una ley nacional posterior no puede derogar no sólo los Tratados que instituyen la comunidad económica, sino que tampoco puede derogar las normas comunitarias de aplicación de los Tratados dictados por los órganos comunes o en ejecución de sus decisiones obligatorias[1001]. En esto último es en lo que está la novedad esencial del planteamiento.

B *Las enseñanzas de la situación europea*

Ahora bien, esta exigencia fundamental del establecimiento de una futura Comunidad Latinoamericana consistente en la necesaria primacía del derecho comunitario frente al derecho nacional de los Estados Miembros, plantea graves problemas jurídicos por la estructura actual del sistema constitucional latinoamericano, que es necesario resolver. En este sentido, debe advertirse que la situación latinoamericana frente a esa exigencia, difiere sustancialmente de la situación europea.

Dada la evolución institucional que Europa había tenido en el campo de las relaciones internacionales, el problema de la prioridad del derecho internacional sobre el derecho nacional para el momento del surgimiento del ordenamiento comunitario, estaba más o menos uniformemente resuelto.

El Consejero de Estado, Maurice Lagrange resumió esta orientación con las siguientes palabras: "La primacía es característica de todo Tratado, en el sentido de que, de acuerdo con la concepción moderna, que se encuentra con pocas variaciones en el sistema constitucional de todos los Estados Miembros, las disposiciones de los Tratados regularmente ratificados poseen un valor superior al de la legislación interna"[1002].

En efecto, en el Mercado Común Europeo en su composición original, la situación era sustancialmente, frente a esta exigencia, la siguiente:

Por una parte había diversas constituciones que consagraban la primacía de los Tratados sobre la legislación interna, como el caso de las de Francia, Holanda y Alemania. En Francia, tal como lo señala el artículo 55 de la Constitución de 1958, desde su publicación, el Tratado, debidamente ratificado tiene "jerarquía superior a la de las leyes, bajo reserva, en cada acuerdo o Tratado, de su aplicación por la otra parte". No hay duda entonces que el Tratado priva sobre la ley interna y que ésta no puede derogar una disposición de aquél. El problema, sin embargo, está latente en cuanto a la efectividad de esta disposición, ya que no hay posibilidad de sancionar la

---

1001 *Cfr.* F. Dehousse, "Informe de la Comisión Jurídica del Parlamento Europeo relativo a la Primacía del Derecho Comunitario sobre el Derecho de los Estados Miembros", *loc. cit.*, pp. 116, 117 y 129.

1002 *Vid.* Maurice Lagrange, "La Primacía del Derecho Comunitario sobre el Derecho Nacional", en Instituto Interamericano de Estudios Jurídicos Internacionales, *Relaciones entre el Derecho Comunitario y el Derecho Nacional, cit.*, p. 158.

violación eventual de esa norma por una ley interna posterior, por la ausencia del control de la constitucionalidad de las leyes.

En Alemania, la situación estaba resuelta en principio por el artículo 25 de la Ley Fundamental al establecer que "las reglas generales del derecho internacional son parte integrante del derecho federal", y que "tienen primacía respecto a las leyes, creando de modo directo, derechos y obligaciones para los habitantes del territorio federal". Aun cuando en la aplicación de éste y otros dispositivos constitucionales los tribunales habían dado soluciones divergentes, en todo caso era la Corte Constitucional quien tenía competencia en caso de conflicto.

En cuanto a Holanda, a comienzos de los sesenta era el único Estado Miembro de la Comunidad Europea que había resuelto el problema de los efectos jurídicos de un Tratado internacional respecto de la ley interna en forma satisfactoria, por la vía de las modificaciones introducidas en su Constitución en 1953 y en 1956, consagrando la primacía de los Tratados sobre las leyes, y estableciendo la competencia de los Tribunales nacionales para pronunciarse sobre la constitucionalidad de los tratados internacionales o de las leyes. Por otra parte, y en segundo lugar, se encontraba la Constitución de Luxemburgo, que no regulaba expresamente la primacía de los Tratados sobre las leyes internas. Sin embargo, la inexistencia del control de la constitucionalidad y la autorización constitucional para la transferencia del ejercicio de atribuciones reservadas por la propia Constitución a los poderes legislativo, ejecutivo y judicial mediante tratado, a instituciones de derecho internacional público, llevaron a la Corte Suprema de Justicia de Luxemburgo a decidir que el Juez debía aplicar las disposiciones de un Tratado internacional vigente aunque éste fuera incompatible con una ley promulgada con anterioridad.

En tercer lugar, se encontraba el sistema belga, cuya Constitución no contenía disposiciones referentes a las relaciones existentes entre el derecho internacional y el derecho interno. Por otra parte, esta Constitución tampoco permitía un control de la constitucionalidad de las leyes ni de los Tratados y declaraba la incompetencia del Parlamento en materia de Tratados Internacionales. La interpretación que generalmente se le dio al problema conducía a pensar en que la ley y el Tratado tenían el mismo rango, y por ello fue que ante la importancia práctica que el problema tenía en la aplicación de los Tratados europeos, se efectuó una reforma constitucional.

Por último dentro de esta ligera visión de la situación constitucional de la inicial Europa de los Seis, al constituirse el Mercado Común Europeo, sobre el problema de la jerarquía de los Tratados frente al Derecho Interno, se encontraba el sistema italiano, que era quizás el que más similitud tenía con los latinoamericanos, por los problemas que originaba.

La Constitución italiana, guarda silencio en cuanto a las relaciones entre el derecho interno y los Tratados. Sin embargo, preveía un control constitucional de las leyes, dada su rigidez, y permitía, como hemos visto, una transferencia de competencias a organismos internacionales. Esta situación originó la célebre decisión de la Corte constitucional italiana de 7 de marzo de 1964 dictada en el caso de COSTA contra ENEL, en la cual afirmó con toda claridad que los "acuerdos internacionales tenían dentro del ordenamiento italiano el rango de leyes ordinarias y que, como cualquier ley ordinaria podrían sufrir derogaciones en virtud de otras leyes posteriores". Ante esta decisión, en sus conclusiones ante la Corte de Justicia de las Comunidades Europeas, Maurice Lagrange se refirió a "las consecuencias desastrosas en cuanto al funcionamiento del sistema institucional establecido por el Tratado y, como consecuencia, sobre el futuro mismo del mercado común, que provocaría el mantenimiento de una jurisprudencia de esa índole"[1003].

Ahora bien, es evidente que el problema de las relaciones entre el derecho comunitario y el derecho interno se presenta con características propias, distintas a las clásicas relaciones entre el derecho internacional y el derecho interno, y que requiere soluciones uniformes en todos los Estados Miembros. Esta es la consecuencia de la igualdad que priva en la comunidad económica.

De las disposiciones constitucionales analizadas, se deduce que en los inicios del proceso de integración económica, si bien Europa había evolucionado, considerablemente en esta materia, no tenía una solución uniforme respecto al problema en el ámbito comunitario. De ahí que algunos autores como Catalano, refiriéndose fundamentalmente al caso italiano, donde mayores inconvenientes habían surgido, hacían depender la solución de este problema de la jerarquía del derecho comunitario, de la solución dada al primero de los problemas que hemos planteado, es decir, al de la transferencia de competencias a los órganos supranacionales[1004].

En efecto, admitida la transferencia de competencias que autorizaban la mayoría de las Constituciones europeas, ello implicaba una limitación de la competencia ordinaria de los órganos constitucionales de los Estados Miembros, entre ellos del Parlamento. Por tanto, como lo ha señalado el Informe Jurídico del Parlamento Europeo antes señalado, cuyo relator fue F. Dehousse, "los Estados miembros no pueden legislar y adoptar medidas de ejecución en un dominio en el cual se ha otorgado competencia exclusiva a las instancias comunitarias"[1005]. Lo contrario, es decir, la violación de un Tratado, no consistía entonces solamente en la violación de una obligación internacional, sino también, en un exceso de poder por incompetencia, debido a la disminución de competencia aceptada por el Parlamento, en virtud de la aprobación de dicho Tratado.

En todo caso, el problema en Europa dio lugar a divergencias doctrinales y jurisprudenciales de cierta magnitud, hasta el punto de que el Profesor Leontin Constantinesco, con clara visión, propugnó una reforma constitucional similar a la holandesa, sobre todo por la necesidad de la primacía sobre el derecho interno legal constitucional, no sólo del derecho comunitario primario sino también del derecho comunitario secundario[1006].

Sin embargo, es necesario convenir en que el problema de la primacía del derecho comunitario sobre el derecho nacional gozaba en Europa, de algunas soluciones parciales basadas o en las normas constitucionales que daban jerarquía superior a los

---

1003 *Vid.* "Conclusiones del Abogado General Sr. Maurice Lagrange, en el Caso *Flaminio Costa contra ENEL*", en Instituto Interamericano de Estudios Jurídicos Internacionales, *Relaciones sobre el Derecho Comunitario y el Derecho Nacional, cit.*, p. 87.

1004 *Vid.* Nicola Catalano, "La Posición del Derecho Comunitario dentro del Derecho de los Estados Miembros", *loc. cit.*, pp. 183 a 187.

1005 *Vid.* F. Dehousse, "Informe de la Comisión Jurídica del Parlamento Europeo relativo a la Primacía del Derecho Comunitario sobre el Derecho de los Estados Miembros", *loc. cit.*, p. 118.

1006 *Vid.* Leontin Constantinesco, *Las relaciones del Derecho Comunitario con el Derecho de los Estados Miembros, cit.*, p. 88.

Tratados frente a las leyes; o en las consecuencias de la transferencias de competencias que algunas Constituciones autorizan. Lo cierto, en todo caso, es que con motivo del desarrollo del Mercado Común Europeo, para inicios de los años noventa, todos los Estados Miembros de la Comunidad habían adaptado sus Constituciones a la misma, particularmente el final, con motivo de la aprobación del Tratado de Maastrich.

C. *La situación constitucional de América Latina*

La situación en América Latina frente a una futura Comunidad es, al contrario, radicalmente distinta a la europea. En efecto, podríamos decir que, por una parte, se parece a la situación que tenía Bélgica en cuanto a que las Constituciones latinoamericanas guardan silencio en torno al problema; y por la otra, se parece a la italiana, pero sin la autorización constitucional para la transferencia de competencias a órganos supranacionales.

En primer lugar, dado el carácter de Constituciones rígidas de las latinoamericanas, no hay duda alguna en afirmar que en todos nuestros países priva en forma absoluta el principio de la supremacía constitucional, no sólo sobre los respectivos derechos internos, sino también sobre los Tratados. Es más, algunas Constituciones como las de Argentina, Ecuador, Guatemala, México, Nicaragua y Paraguay, contenían o contienen cláusulas expresas de esa supremacía constitucional sobre los Tratados, aun cuando en forma programática, otras Constituciones o expresan el respeto al derecho internacional; o procuran la integración latinoamericana; o propenden a la cooperación solidaria entre los países de América Latina, como es el caso de la mayoría de las Constituciones centroamericanas y otras en Sur América, como la de Venezuela, Perú y Ecuador.

En segundo lugar, como se ha señalado, con excepción de la de Colombia, ninguna de las Constituciones latinoamericanas permite la transferencia de competencias de sus órganos constitucionales a organizaciones supranacionales. Es más, algunas de las Constituciones centroamericanas prohíben expresamente la delegación de las competencias de sus órganos constitucionales.

En tercer lugar, casi ninguna de las Constituciones latinoamericanas resuelve expresamente el problema de las relaciones entre los Tratados y la legislación interna, por lo que en general se acepta que los Tratados en el ámbito interno tienen igual rango que la ley, y por tanto, frente a ellos rigen los principios tradicionales de interpretación de la ley posterior y de la ley especial. Incluso, en el Perú, contrariamente a la primacía del Tratado frente a la Ley que consagró la Constitución de 1979, el texto constitucional aprobado en 1993 declara que los Tratados forman parte del derecho nacional Art. 55). La excepción es Colombia, en cuyo sistema, claro exponente del monismo, no se controvierte el principio que dispone que tanto la Constitución Nacional como los Tratados con Potencias Extranjeras y demás organismos internacionales, siempre que fueren celebrados conforme a derecho, son ley suprema del Estado, y como tal, prevalecen sobre otras normas que puedan oponerse a ellas. Conforme a ello, la Corte Suprema colombiana se había rehusado a conocer de impugnaciones de tratados internacionales. Debe señalarse además, que respecto a Brasil, aun cuando no hay disposiciones constitucionales expresas al respecto, la doctrina se ha inclinado por la tesis de que los Tratados internacionales debidamente celebrados, derogan toda la legislación anterior que se les oponga y a su vez, no pueden ser derogados por legislación posterior que no se refiera explícitamente a ellos[1007]. En Venezuela, por otra parte, aun cuando la orientación general y tradicional de la jurisprudencia había sido otorgar a los Tratados igual rango que la ley, en la sentencia de Corte Plena de 1965, frente a un recurso de inconstitucionalidad del Tratado de Extradición suscrito con los Estados Unidos, la Corte Suprema se declaró incompetente para conocer de ello, a pesar de que consideró a dicho Tratado del mismo rango que la ley, y por tanto, sometido a la Constitución. Dicha decisión, en todo caso, fue ampliamente criticada por sus implicaciones políticas y poco fundamento jurídico, y porque ni siquiera asume realmente una posición monista frente al problema[1008]. Esta posición, como se analizó anteriormente, fue variada por la propia Corte Suprema al conocer la acción de inconstitucionalidad del Parágrafo Primero de la Ley aprobatoria del Acuerdo de Cartagena.

D. *Los problemas latinoamericanos respecto de la primacía del derecho comunitario*

Como conclusión frente al problema constitucional que representa para la América Latina su incorporación a futura Comunidad, por la exigencia de la primacía del derecho comunitario sobre el derecho interno, podemos señalar lo siguiente:

En primer lugar, habiendo sido resuelto el primero de los problemas jurídicos planteados, es decir, el de la necesaria creación de órganos comunitarios con competencias supranacionales, con la necesidad de una reforma constitucional en América Latina para permitir el traslado de competencias, es evidente que la solución que se dé a este segundo problema jurídico que estamos analizando relativo a la jerarquía del derecho comunitario frente al derecho nacional, no puede tener su base en el argumento de la transferencia de competencias.

Por tanto, y en segundo lugar, en América Latina al problema planteado sólo pueden dársele dos soluciones: o acudir a una reforma constitucional, o acudir a la vía de la interpretación judicial[1009].

En torno a esta última vía, podemos sacar igual conclusión que la expuesta al analizar el primer problema planteado: un proceso de integración económica no puede estar fundamentado en interpretaciones aisladas de los Estados Miembros, sin garantía de uniformidad y mucho menos de permanencia. Ello significaría no sólo la inestabilidad de la comunidad respectiva, sino la amenaza de violación del principio de igualdad, que es su base. Por ello, realmente el problema no es de interpretación judicial, sino reforma constitucional[1010].

1007 *Cfr.* Emilio y Cárdenas, "Hacia un Derecho Comunitario Latinoamericano", *loc. cit.*, pp. 41 y 42.

1008 *Cfr.* Gonzalo Pérez Luciani, "El Control Jurisdiccional de la Constitucionalidad de Leyes Aprobatorias de Tratados Internacionales", en *Revista de la Facultad de Derecho, Universidad Católica "Andrés Bello"*, Nº 4, 1966-1967, pp. 203 y ss.

1009 *Cfr.* Emilio J. Cárdenas, "Hacia un derecho Comunitario Latinoamericano", *loc. cit.*, p. 49.

1010 *Cfr.* Leontin Constantinesco, *Las Relaciones del Derecho Comunitario con el Derecho de los Estados Miembros, cit.*, p. 88. Por ello, Alfredo Martínez Moreno, en el Ante-Proyecto de Ponencia sobre el tema "Aspectos Jurídicos de las integraciones Económicas", para el V Congreso Hispano-Luso-Americano de Derecho Internacional, *cit.*, p. 15, expresó: "En los casos concretos de los dos movimientos de asociación económica de Hispanoamérica, el de Integración Económica Centroamericana, el de la Asociación

En definitiva entonces, podemos señalar como solución al segundo de los problemas planteados para América Latina frente a una futura Comunidad, es decir, al de la exigencia de la primacía del derecho comunitario primario y secundario, sobre el orden jurídico nacional, que es indispensable propugnar una reforma constitucional que permita no sólo la transferencia de competencias de órganos constitucionales a organismos supranacionales, sino que otorgue a los Tratados que creen la Comunidad y a los actos emanados de los órganos comunitarios, una jerarquía superior al derecho nacional, inclusive a las normas constitucionales nacionales.

Esto último nos conduce al tercero, y último de los problemas jurídicos que nos propusimos plantear, es decir, al de la necesaria restricción del recurso de inconstitucionalidad previsto en el derecho de los Estados Miembros, para la efectiva existencia de una comunidad económica.

3. *El control de la constitucionalidad y sus problemas respecto del proceso de integración*

Hemos señalado que en base al principio de igualdad que tiene que inspirar a toda comunidad económica, los Estados Miembros no pueden ni deben sustraerse unilateralmente a las obligaciones comunitarias, ni siquiera a través de decisiones aisladas de sus respectivos órganos jurisdiccionales declaratorias de inconstitucionalidad de actos comunitarios.

Ello, implica entonces, como premisa asimismo fundamental de toda comunidad económica, el que los Estados Miembros deben restringir la amplitud de su control de la constitucionalidad, sobre todo frente a los actos comunitarios y. a los Tratados que instituyan la comunidad o como consecuencia, en los países donde existe ese control consagrado de la constitucionalidad, debe establecerse el reconocimiento de que el derecho comunitario, no sólo primario sino secundario, tiene un rango no sólo superior a las leyes internas sino a las respectivas Constituciones: es decir, en caso de conflicto debe privar el derecho comunitario sobre los textos constitucionales[1011]. De ahí que Leontin Constantinesco haya expresado que frente al problema surge un verdadero dilema: "O se admite el control de la constitucionalidad de las reglamentaciones comunitarias lo cual significaría el predominio de las Constituciones nacionales sobre los reglamentos; o no se admite ese control y ello significaría, no sólo la primacía de las reglamentaciones sobre las leyes, sino también la superioridad de ellas respecto de las Constituciones"[1012]. Ante este dilema, la supervivencia de una Comunidad donde los efectos del derecho comunitario deben ser iguales, exige la adopción de la segunda alternativa, única compatible con el carácter comunitario.

Latinoamericana de Libre Comercio, debido a que sus ordenamientos jurídicos continúan expresamente aferrados al dogma de la superioridad jerárquica de los principios constitucionales, es recomendable que los Estados Miembros de dichos movimientos procedan a adaptar sus Cartas Magnas a las necesidades de los procesos de integración".

1011 *Cfr.* Leontin Constantinesco, *Las Relaciones del Derecho Comunitario con el Derecho de los Estados Miembros, cit.*, pp. 20 y 21.

1012 *Vid.* Leontin Constantinesco, *Las Relaciones del Derecho Comunitario con el Derecho de los Estados Miembros, cit.*, p. 19.

En el inicio de la Comunidad Europea los Estados Miembros, excepción hecha de los Países Bajos, no captaron a tiempo las exigencias del proceso de integración, ni elaboraron las soluciones apropiadas. En todo caso, el problema en una comunidad de seis Estados, sólo estaba vigente en dos, Alemania e Italia, que reconocían y admitían expresamente el control de la constitucionalidad de los Tratados y actos comunitarios. En Italia la situación era más grave al haber decidido la Corte Constitucional que el derecho comunitario tiene igual rango que la ley.

En todo caso, el problema en América Latina es radicalmente distinto, no sólo porque en nuestros sistemas constitucionales existe una mayor y más larga tradición relativa al control de la constitucionalidad, sino porque el problema se plantea en casi todos los países latinoamericanos.

El control judicial de la constitucionalidad presupone, evidentemente, la existencia de una Constitución que delimite el ámbito de acción de los poderes del Estado; y de una Constitución rígida, es decir, que escape a las posibilidades del poder legislativo ordinario. Estas dos características, la rigidez constitucional y el control de la constitucionalidad, nos dan ciertamente, los rasgos fundamentales del régimen constitucional latinoamericano.

En efecto, en América Latina, por la influencia del sistema constitucional norteamericano, rigió aún desde los primeros momentos de la independencia de sus países, el principio de la supremacía de la Constitución respecto de las leyes ordinarias, definida por primera vez en la sentencia de la Suprema Corte Estadounidense, redactada por el Chief Justice John Marshall, en 1803, en el caso *Marbury* contra Madison.

Este concepto de supremacía constitucional, o supralegalidad constitucional acogido en América Latina, implica que la Constitución es superior a los demás cuerpos legales, y que, sobre ella, no puede existir ninguna otra legislación. La supralegalidad supone entonces, cuando menos, una doble categoría de preceptos jurídicos: unos que están revestidos con el carácter de supremos o primarios, y otros que se denominan ordinarios o secundarios, los cuales, por su naturaleza, han de estar ineludiblemente supeditados a las disposiciones de los primeros[1013].

En este sentido, la rigidez constitucional se convierte en la garantía de esa supremacía, pues de nada serviría que la Ley Fundamental fuese suprema, si fácilmente pudiese ser modificada a través del procedimiento estatuido para la alteración de las leyes ordinarias.

Ahora bien, la consecuencia esencial de este principio de la supremacía constitucional es que todo acto contrario a la Constitución es nulo, incluyendo los mismos Tratados. En efecto, en los sistemas constitucionales de América Latina, consecuentes con los principios de supremacía de la Constitución y rigidez de la misma, se admite que esos principios serían ineficaces y hasta utópicos, si no existiese un me-

1013 *Cfr.* Voto Salvado de José Gabriel Sarmiento Núñez a la *Sentencia por la cual se declara sin lugar la demanda de nulidad del ordinal H del artículo II de la Ley Aprobatoria del Tratado de Extradición suscrito entre Venezuela y los Estados Unidos de Norte América, intentada por el doctor Tito Gutiérrez Alfaro, cit.*, pp. 20 y 21. Véase además, ese texto en *Libro Homenaje al Dr. Eloy Lares Martínez*, Tomo II, Caracas, 1984.

dio tutelador del régimen constitucional que asegure el imperio de la supremacía. No basta entonces que la Constitución sea la Ley Fundamental del Estado, sino que es imprescindible que exista un remedio jurídico, para hacerla respetar. De ahí resulta que sin control de la constitucionalidad realmente no existe la supremacía de la Carta Magna.

Siguiendo esa orientación, todos los países latinoamericanos conocen de un control de la constitucionalidad variado, habiendo predominado el sistema de control judicial, es decir, realizado por el Poder Judicial, que es, por esencia, el encargado de aplicar las normas legales, e interpretarlas y de resolver los conflictos entre ellas.

Por otra parte, el ejercicio de ese control en los sistemas latinoamericanos puede asumir dos formas fundamentales: o bien se realiza por vía de acción, o bien por vía de excepción. En el régimen de control jurisdiccional por vía de acción, su funcionamiento se desarrolla dentro de un proceso judicial autónomo, cuya finalidad es la de que se declare la inconstitucionalidad de la ley o acto reclamado. En cambio, en el control por vía de excepción la impugnación de la ley o acto violatorio de la Constitución no se hace por vía directa ante una autoridad judicial, sino que se lleva a cabo a título de defensa dentro de un juicio previo, en el que uno de los litigantes invoca la inconstitucionalidad de la ley que se pretende aplicar.

El control de la constitucionalidad, además, puede revestir otras dos formas paralelas: puede tratarse de un control difuso, que corresponde a varios órganos judiciales ordinarios; o puede ser un control concentrado, en virtud de que se centraliza en un solo órgano judicial. Al primer tipo corresponde el llamado sistema americano, y al segundo, el austríaco[1014].

Generalmente, el control por vía de acción corresponde a un control concentrado, y el control por vía de excepción, a un control difuso. Sin embargo, es posible admitir que el control por vía de excepción sea paralelo al concentrado, por la incompetencia del órgano judicial ordinario de decidir la excepción.

En América Latina, tal como hemos señalado, está generalizada la existencia del control de la constitucionalidad; sin embargo, reviste variadísimas formas. Un ejemplo típico de esas formas, sin parangón en Europa, es el control de la constitucionalidad ejercido en Venezuela, que es a la vez concentrado y difuso, y realizado no sólo por vía de acción sino también de excepción. Es decir, la garantía de la supremacía de la Constitución está resguardada al máximo.

Ahora bien, el control de la constitucionalidad de las leyes en América Latina, realizado bajo variadísimas formas se extiende uniformemente a los Tratados internacionales, con la única excepción de Colombia[1015]. En efecto, no resuelto constitucionalmente el problema del rango de los Tratados frente a la ley, es posible ejercer un control sobre la constitucionalidad de los mismos, en base a la consideración de su rango legal, en casi todos los países latinoamericanos.

1014 *Vid.* Mauro Capelletti, "El Control Judicial de la Constitucionalidad de las Leyes en el Derecho Comparado", *Revista de la Facultad de Derecho de México*, Nº 61, Tomo XVI, 1966, pp. 30 y ss.

1015 *Vid.* Nº 20. *Cfr.* Instituto Interamericano de Estudios Jurídicos Internacionales, *Problemática Jurídica e Institucional de la Integración de América Latina, cit.*, p. 793.

En este sentido, el caso colombiano se destaca con perfiles únicos del resto del panorama constitucional latinoamericano, siendo un claro exponente del monismo. En efecto, la Suprema Corte de Colombia, a pesar de tener a su cargo el guardar la integridad de la Constitución, se rehusó, repetidamente, a invalidar tratados internacionales impugnados como violatorios de la Constitución. Esta actitud de alto Tribunal colombiano, tuvo como consecuencia que, en la práctica, los Tratados aparecían muy lejos del alcance de cualquier intento de impugnación, otorgándoseles, así, una verdadera primacía ante la carencia de control jurisdiccional que pudiera cuestionar su validez.

Ahora bien, siendo una de las características del régimen constitucional de América Latina, la existencia de un amplio pero variado control de la constitucionalidad de las leyes, extendido a los Tratados Internacionales, es evidente que frente a una Comunidad Latinoamericana, nuestros países tendrían que proceder a restringir dicho control en relación al Derecho Comunitario que se establezca, tanto primario como secundario. De lo contrario, el futuro Mercado Común, quedaría sobre bases contrarias al principio de igualdad, y por tanto, condenado a desaparecer.

Esta exigencia de la futura Comunidad Latinoamericana frente al problema del control de la constitucionalidad, podría asimismo resolverse por dos vías; sea la interpretación, sea la reforma constitucional.

Ciertamente que, como lo afirmó el Instituto Interamericano de Estudios Jurídicos Internacionales, una interpretación guiada con criterio de "efectividad", podría dar lugar, como en el caso de Colombia, a excluir los Tratados, y actos internacionales del control de la Constitucionalidad[1016]. Sin embargo, y aquí tenemos la misma respuesta que respecto a los dos problemas anteriores, la existencia de un derecho comunitario exige unas garantías nacionales mínimas e imprescindibles para que el mismo no pueda ser invalidado posteriormente. Una Comunidad Latinoamericana no puede fundamentarse en interpretaciones, que no tienen ni siquiera garantía de uniformidad y permanencia. La misma inestabilidad de la jurisprudencia latinoamericana sobre la materia, lo demuestra. Por ello consideramos que la empresa de la integración económica no puede quedar sujeta al peligro latente de declaraciones de inconstitucionalidad por parte de los tribunales nacionales, que libren, de ese modo, a los Estados Miembros, de sus obligaciones comunitarias[1017].

Además, en América Latina no existen las soluciones que permitieron a la doctrina europea por lo menos discutir la amplitud del control de la constitucionalidad en Alemania e Italia, basadas en la autorización constitucional para la transferencia de competencias que implica una limitación a la competencia de los órganos constitucionales.

1016 *Vid.* Instituto Interamericano de Estudios Jurídicos Internacionales, *Problemática Jurídica e Institucional de la Integración de América Latina, cit.*, p. 793.

1017 *Cfr.* Emilio J. Cárdenas, "Hacia un Derecho Comunitario Latinoamericano", *loc. cit.*, p. 38.

Por tanto, y como conclusión en torno al tercer problema planteado a los países latinoamericanos frente a una futura Comunidad, es necesario concluir en la necesaria reforma constitucional que excluya el control de la constitucionalidad sobre los actos comunitarios, y reconozca a éstos una jerarquía superior no sólo a las leyes, sino a la propia Constitución.

SEXTA PARTE:

LA ESTRUCTURA POLÍTICA Y CONSTITUCIONAL DEL ESTADO FEDERAL: LOS ESTADOS Y LA DESCENTRALIZACIÓN POLÍTICA

I. LA FORMA DEL ESTADO

Como ya hemos señalado repetidamente, el Estado en Venezuela está configurado como un "Estado Federal", pero "en los términos consagrados por la Constitución"[1018], es decir, "en la medida y forma peculiar en que esta idea ha sido vivida dentro de la sociedad venezolana"[1019]. En esta forma, la Constitución, siguiendo la motivación de sus proyectistas, consagró un Estado con forma federal pero con contenido centralista. Esa fue la fórmula utilizada para el establecimiento de un nuevo "compromiso" centro federal y evitar así que resucitaran las polémicas que dominaron las reformas constitucionales del siglo pasado[1020].

1018 Artículo 2.

1019 Véase Exposición de Motivos del Proyecto de Constitución en *Revista de la Facultad de Derecho*, UCV, Nº 21, Caracas, 1961, p. 375.

1020 La motivación de la fórmula constitucional resulta de la expresa discusión del problema en la Exposición de Motivos, a lo cual ya hemos hecho referencia: "La Comisión se abocó al estudio de si resultaba conveniente mantener la forma federa] del Estado venezolano. La vieja polémica de centralistas y federalistas pudo empezar a revivirse en nuestras primeras reuniones que habrían tomado un curso de discusiones infecundas, como lo ha sido en gran parte esta polémica a lo largo de nuestra historia. Los trabajos se dirigieron hacia el encuentro de una fórmula capaz de evitar lo árido de las contradicciones y ofrecer una solución cónsona con nuestros antecedentes y con la estructura del Estado.

"Quienes pensaron en la eliminación de la forma federal creyeron que era preferible reemplazar la estructura de la federación por un sistema de descentralizaron administrativa o autonomías progresivas que funcionarían más de acuerdo con la realidad venezolana; quienes se pronunciaron por el mantenimiento de la forma federal del Estado arguyeron, entre otros, motivos de orden histórico que hicieron arraigar el movimiento federalista en el sentimiento nacional.

"La Comisión comenzó por reconocer que el sentimiento de la organización social y el nombre mismo de la Federación, constituyen un hecho cumplido y hondamente enraizado en la conciencia de los venezolanos. Por otra parte, estimó que, a pesar de no haberse realizado efectivamente, la Federación sigue siendo en el espíritu de la mayoría un desiderátum hacia el cual debe tender la organización de la República.

El resultado del compromiso constitucional ha sido el establecimiento de una forma federal del Estado, pero como mera "forma", pues ni siquiera llega el esquema federal a configurarse como un completo esquema de descentralización. Esta forma federal, aun cuando la Constitución, como decisión política, no es un "pacto federal" entre Estados[1021], implica la existencia en la vida política venezolana de tres personas públicas de carácter territorial, con autonomía entre ellas: la República, en el ámbito nacional; los Estados federados, como nivel intermedio, en el ámbito de los veintidós Estados en que se divide el territorio nacional; y los Municipios, a nivel local, organizados por cada Estado.

Cada una de estas personas de derecho público territoriales se rige por sus propias autoridades electas por votación universal, directa y secreta[1022] y realizan sus actividades públicas en ejercicio de una "cuota" del Poder Público: el Poder Nacional, el Poder Estadal o el Poder Municipal[1023]. Por ello, es clara la disposición de la Constitución: "Cada una de las ramas del Poder Público tiene sus funciones propias; pero los órganos a los que incumbe su ejercicio colaborarán entre sí en la realización de los fines del Estado"[1024]. Las "ramas" del Poder Público, no son otras que las atribuidas a la República (Poder Nacional), a los Estados (Poder Estadal) y a los Municipios (Poder Municipal)[1025].

Formalmente, por tanto, la configuración del Estado venezolano como una "Federación" parecería indicar que el mismo es el resultado de un pacto entre entidades territoriales autónomas y que, por tanto, son el centro de un esquema descentralizador, político y administrativo. Sin embargo, la realidad es completamente distinta. El Estado en Venezuela se ha caracterizado, desde el punto de vista institucional, por

---

"Pensó también la Comisión que la semántica en la vida política y jurídica no tiene un contenido inmutable. Los vocablos se entienden, no sólo por su significación literal, sino por el ambiente histórico y las circunstancias dentro de las cuales se han realizado, los valores que representan...«Federación», en unas partes, significó la integración de unidades dispersas para formar un todo armónico; «federación» en los países de América Latina significó a veces la disgregación de una unidad en comunidades locales. Pero «federación» en Venezuela, propiamente hablando, representa un sistema peculiar de vida, un conjunto de valores y de sentimientos que el Constituyente está en el deber de respetar, en la medida en que los intereses del pueblo lo permitan", *loc. cit.*, p. 375.

1021 Sobre la noción de Constitución como pacto Federal, véase Carl Schmitt *Teoría de la Constitución*, México, 1961, p. 375.

1022 A pesar de que el Distrito Federal también es una persona de derecho público territorial de nivel intermedio, el Gobernador del Distrito Federal es designado por el Presidente; de la República.

1023 La división del Poder Público en tres ramas, la Nacional, la Estadal y la Municipal, es tradicional en nuestro constitucionalismo. Véase sentencias de la CFC en SPA de 19-2-37 y de 6-11-37 en M. 1938, pp. 166 y 312; de la CFC en SPA de 4-3-41 y de 17-4-41 en M. 1942, pp. 128 y ss. y 182 y ss. *Cfr.* Allan R. Brewer-Carías, *Las Instituciones Fundamentales del Derecho Administrativo y la Jurisprudencia Venezolana*, Caracas, 1964, p. 104.

1024 Artículo 118 de la Constitución.

1025 Y cada una de estas ramas tiene sus funciones propias, ejercidas en principio pero en forma no excluyente, a través de sus respectivos órganos: el Poder Nacional, la función legislativa (Poder Legislativo Nacional), la función de gobierno y la administrativa (Poder Ejecutivo Nacional) y la función judicial o jurisdiccional (Poder Judicial); el Poder Estadal, la función de gobierno y administrativa (Poder Legislativo Estadal) y la función legislativa (Poder Legislativo Estadal); y el Poder Municipal, la función legislativa local (Poder Legislativo Municipal) y la función de gobierno y administrativa (Poder Ejecutivo Municipal).

su excesiva centralización, es decir, por la excesiva concentración del poder político, administrativo y jurídico en los niveles nacionales o de la "rama" nacional del Poder Público, el cual no ha sido compartido sino muy parcialmente por los Estados y por las Municipalidades[1026].

Sin embargo, hay que reconocerlo, esta situación de excesiva centralización que ha signado el campo político y administrativo, ahondando el abismo entre el ciudadano y los gobernantes, no siempre ha sido igual; es más, realmente es un producto del presente siglo.

1. *La disgregación federal-caudillista*

En efecto, como ya se dijo, al declararse la independencia de los países latinoamericanos de España, puede decirse que el sistema administrativo de las nacientes Repúblicas del Nuevo Mundo era completamente descentralizado: en ese contexto se constituyó la República Federal de 1811. Fue por tanto, el poder local-federal que ese texto consagró, el que marcó el inicio de un sistema de gobierno descentralizado en Venezuela, en el cual, el poder quedó alojado en las Provincias-Ciudades, siendo el gobierno central una entelequia. A esta debilidad del poder central, el propio Libertador atribuyó la caída de la Primera República en 1812.

Las guerras de independencia consolidaron los poderes de los caudillos militares regionales y locales, y por tanto, el esquema descentralizado del poder.

En la Constitución de 1819, si bien su tendencia teórica, por las presiones del Libertador, fue por el establecimiento de un sólido poder central[1027], la división de la República en Provincias[1028], a cargo de "un Gobernador sujeto inmediatamente al Presidente de la República", y el establecimiento de "municipalidades" en los Departamentos (divisiones de las Provincias) con atribuciones propias, inclusive de proponer el nombramiento del Gobernador de la Provincia que correspondía a los "miembros municipales" electos por votación[1029]; indudablemente que contribuyó a consolidar el poder regional-local de los caudillos militares, quienes después y con motivo de las guerras independentistas sustituyeron a la aristocracia criolla en el control de los organismos locales"[1030].

1026 Seguiremos a continuación, en buena parte, lo expuesto por Allan R. Brewer-Carías, *Cambio Político y Reforma del Estado en Venezuela*, Capítulo 16, Caracas, 1975.

1027 De allí la declaración del artículo 1° (Título II) de la Constitución de 1819: "La República de Venezuela es una e indivisible".

1028 Las Provincias en que se dividía el territorio de la República en la Constitución de 1819 fueron básicamente las mismas referidas en la Constitución de 1811: Barcelona, Barinas, Caracas, Coro, Cumaná, Guayana, Maracaibo, Margarita, Mérida y Trujillo. Véase artículo 2, Título I, Sección Primera.

1029 Artículos 1, 2 y 4 de la Sección Segunda del Título IX de la Constitución de 1819.

1030 En la época colonial inmediatamente anterior a la Independencia, la aristocracia criolla, como clase privilegiada, "había monopolizado el derecho de los cargos concejales" (Véase Jesús González Cabrera, *Caracas y su Régimen Municipal*, Caracas, 1961, p. 62, *cit.* por Julio Castro Guevara, *Esquema de la evolución municipal de Venezuela*, Caracas, 1968, p. 57), y ello le permitió asumir el poder local, al declararse la Independencia. Sin embargo la lucha social que se desató contra los blancos y mantuanos durante las guerras de independencia, provocó la toma de posición en los cuerpos municipales de los del "partido" del caudillo regional-militar correspondiente. Tal como lo señaló L. Vallenilla Lanz, "durante algunos años lucharán los Cabildos por sus antiguas prerrogativas, pretenderán asumir como antaño la

La Constitución de 1821, al unir los territorios de Colombia (Nueva Granada) y Venezuela en la República de Colombia, formalmente centralizó aún más el gobierno del nuevo Estado, el cual se dividió en Departamentos con "una administración subalterna dependiente del gobierno nacional"[1031]; sin embargo, la situación de guerra que todavía continuaba, el poder de los caudillos militares regionales y los poderes de las autoridades municipales, desde el primer momento conspiraron contra este texto y su pretendida centralización, hasta que lograron, por sobre los deseos del Libertador, e inclusive expulsándolo de Venezuela, la separación de ésta de la República de Colombia y la formación, en 1830, de la República de Venezuela.

Tal como se ha dicho, la elaboración del texto constitucional de 1830, que no configuró ni una república "centralista" ni "federal", sino un pacto "centro-federal", estuvo nuevamente signada por las discusiones en torno a centralismo o federación, y para la transacción del conflicto, se ha dicho que sus redactores se inspiraron en el texto de la Constitución de Cádiz de 1812[1032]: se dividió el país en Provincias[1033], en las cuales funcionaba una Diputación Provincial compuesta por diputados electos, y cuyo "régimen superior político" estaba a cargo de "un gobernador dependiente del Poder Ejecutivo" nombrado a proposición de las Diputaciones[1034].

Debe señalarse, sin embargo, que la división provincial se había establecido en la colonia en el territorio de Venezuela, mucho antes de que esa división territorial existiera en la Península; y esa división provincial ya se había adoptado en 1811.

La transacción centro-federal del texto de 1830, sin embargo, no satisfizo ni a los que propugnaban un gobierno centralista ni a los que buscaban la consolidación de un sistema completamente federal, y en la llamada Revolución de las Reformas contra el Presidente Vargas, los federalistas insistieron en lo inoperante de la organización provincial y propugnaron la transformación de las Provincias en Estados, y de las Diputaciones Provinciales en Legislaturas[1035]. Los años de la República durante

---

representación de los intereses comunes y aun los generales del país, pero sucumbirán al fin ahogados bajo el poder avasallador del caudillismo que surgía por evolución represiva del seno de la revolución, no quedando sino como supervivencias de un organismo social hondamente transformado...", *Disgregación e integración,* Caracas, p. 100, *cit,* por J. Castro Guevara, *op. cit.,* p. 61.

1031 Artículo 6 de la Ley Fundamental de la Unión de los Pueblos de Colombia.

1032 *Cfr.* M. Casal Montbrún (Estudio Preliminar), *La Constitución de 1961 y la Evolución Constitucional de Venezuela,* Tomo II, Vol. I, Caracas, 1972, pp. 23 y 32. Sobre las implicaciones de la Constitución de Cádiz en el régimen, local español, véase S. Martín-Retortillo y E. Argullol, "Aproximación histórica al tema de la descentralización 1812-1931", en S. Martín-Retortillo y otros, *Descentralización Administrativa y Organización Política.* Tomo I, Madrid, 1973, pp. 43 y ss.

1033 Las Provincias que adoptaron la Constitución de 1830 fueron las siguientes: Cumaná, Barcelona, Margarita, Caracas, Carabobo, Coro, Mérida, Barinas, Apure y Guayana. La Ley sobre el Régimen y Organización de las Provincias decretada conforme al artículo 5 de dicho texto, estableció, sin embargo, la división del territorio nacional en trece Provincias (*Cfr.* La referencia en J. M. Casal Montbrún, *op. cit.,* Tomo II, Vol. I, p. 123)

1034 Artículos 156, 161 Ord. 4 y 170 de la Constitución de 1830.

1035 Véase el Manifiesto de la Revolución de las Reformas de 1835, en J. M. Casal Montbrún, *op. cit.,* Tomo II, Vol. I, pp. 47 y 124. En dicho documento se calificaba a la Constitución de 1830 como "inadecuada a nuestras circunstancias y adversa a los deseos manifestados por el pueblo, inventándose un sistema mixto y contradictorio desconocido hasta entonces y que sólo puede tener por objeto halagar las ideas y miras del Ejecutivo reinante", *idem.,* p. 123.

la vigencia de la Constitución de 1830, en todo caso, continuaron bajo el conflicto de los poderes regionales-caudillistas-militares contra el recién creado poder civil-nacional[1036]. El conflicto, en definitiva, llevó a la reforma constitucional de 1857, en la cual, con la pretensión de resolver las tensiones centralistas y federalistas[1037], se optó por eliminar las Diputaciones Provinciales y erigir, en su lugar, un "Poder Municipal"[1038]. En esta forma, en las Provincias, el "régimen político" quedó a "cargo de un Gobernador dependiente y de libre nombramiento del Poder Ejecutivo" y en los cantones (divisiones de las Provincias), el Poder Municipal se ejercía "por los Concejos Municipales", a quienes correspondía el "gobierno de los cantones y parroquias en lo económico y administrativo", compuestos por funcionarios electos[1039]. La lucha del poder central contra las apetencias regionales-federales-caudillistas, se pretendió resolver a favor del poder central, asfixiando el poder de las Provincias y creando el Poder Municipal[1040]; en definitiva, sesgando la aspiración a un federalismo progresivo que los constituyentes de 1830 buscaron, lo cual explica, entre otros factores, la precaria vigencia de la Constitución de 1857[1041].

La Constitución de 1858, en esta forma, significó una vuelta al espíritu del texto de 1830: adoptó de nuevo una forma mixta, tratando de conjugar los intereses del gobierno central con los regionales, pero controlando el ahora "Poder Municipal"[1042]. En dicho texto, se integró todo el sistema de gobierno regional (provincias, cantones y parroquias) en un Poder Municipal que se ejercía "por un Concejo y un

1036 Por ejemplo, es de destacar el rechazo del Presidente José Gregorio Monagas al Proyecto de Ley sobre Organización del Régimen Interior de la República en 1853, que buscaba reforzar el poder de las Diputaciones Provinciales, alegando que se afectaba "el principio centro-federal" y "se limitaban las facultades del Poder Ejecutivo". Véase las referencias en J. M. Casal Montbrún, *op. cit.*, Tomo II, Vol. I, pp. 48 y 124 y ss.

1037 En su Mensaje al Congreso en 1857, el Presidente J. T. Monagas planteaba la necesaria reforma de las instituciones políticas y, por ende, de la Constitución, alegando que el texto de 1830 establecía "un sistema complicado de Gobierno, que participaba del régimen central al mismo tiempo que del régimen federal, fió a los Diputaciones provinciales toda la parte legislativa del poder municipal, y a los gobernadores la parte ejecutiva de ese mismo poder; pero hizo a las Diputaciones además de responsables de sus actos, dependientes del Congreso General, y a los gobernadores dependientes del Poder Ejecutivo... Tan extraña combinación produjo, desde el principio, el desorden que acompaña siempre a la confusión de los derechos y deberes prevaleciendo el elemento centralizador, en pugna siempre con el elemento llamado federal, que surgía de cuando en cuando... Pero lo peor de esta equivocada combinación consiste en que, aun cuando hubiera sido verdaderamente independiente el poder municipal, la Constitución lo centraliza también en las Diputaciones y gobernadores contra su peculiar naturaleza... Se estableció de este modo un poder, que se ha creído federal, con los elementos del poder municipal, a expensas de los pueblos, que no han gozado del beneficio de ninguno, y sólo han sufrido el atraso y los perjuicios que eran. consiguientes a semejante desorden". Véase en J. M. Casal Montbrún, *op. cit*, Tomo II, Vol. I, pp. 130 y 131.

1038 "El Poder Público se divide para su administración en Legislativo, Ejecutivo, Judicial y Municipal. Cada uno de estos poderes ejercerá las atribuciones que le señalan la Constitución y las leyes, sin excederse de sus límites", artículo 6, Constitución de 1857.

1039 Artículos 85, 86 y 88 de la Constitución de 1857

1040 Sobre el significado de la creación del Poder Municipal en 1857. Véase Julio Castro Guevara, *op. cit.*, pp. 71 y ss. Las facultades autonómicas del Municipio se ampliaron en la Ley sobre Poder Municipal del mismo año de 1857, *idem.*, pp. 72 y ss.

1041 Véase J. M. Casal Montbrún, *op. cit*, Tomo II, Vol. I, p. 50.

1042 *Cfr.*, *idem*., p. 51. En el texto de 1858, "el Poder Público se divide en Legislativo, Ejecutivo y Judicial".

Jefe Municipal en los cantones y por los demás funcionarios y corporaciones que establecía la legislatura provincial"[1043]. Los gobernadores, sin embargo, eran electos por votación universal, directa y secreta, aun cuando actuaban "como agentes del Poder Nacional"[1044]. Con el texto de 1858, aun cuando también se buscaba establecer una transacción con la fórmula mixta[1045], indudablemente que los poderes locales salieron fortalecidos tanto a nivel de las Legislaturas Provinciales como de los Concejos Cantonales: el caudillismo regional federalista había llegado a su apogeo de poder político, y sólo faltaban las guerras federales para que se consagrara formalmente la Federación en Venezuela.

2. *El Estado Federal de 1864*

En efecto, la Constitución de los Estados Unidos de Venezuela de 1864 "reunió" veinte Provincias que se declaraban "independientes" y "reconocían recíprocamente sus autonomías"[1046], con lo cual quedaba consolidado el pacto regional-caudillista-federalista que daba soporte al Estado Nacional y al poder central, y que se manifestó particularmente en la regulación de las fuerzas armadas, como ya se explicó.

Además, en la organización política de 1864, el Constituyente ignoró al Poder Municipal, quedando en poder de los Estados el establecimiento de "las reglas fundamentales de su régimen y gobierno interior"[1047]. Fue sólo en el texto constitucional de 1893 cuando por primera vez, dentro del sistema federal, se consagró "la autonomía del Municipio y su independencia del poder político del Estado en todo lo concerniente a su régimen económico y administrativo"[1048], independencia que se estableció posteriormente, también expresamente respecto del Poder Federal[1049]. A partir de 1904, en todo caso, constitucionalmente se estableció la autonomía municipal, no de los Municipios, sino de los Distritos en que se dividían los Estados "cuyas Municipalidades" eran entonces las autónomas, situación que se mantuvo hasta la Constitución de 1953[1050].

1043 Artículo 122.

1044 Artículos 11, 135 y 137.

1045 Producto, según la acertada opinión de J. M. Casal Montbrún, de "una oligarquía que juega al federalismo para evitarlo", *op. cit.,* Tomo II, Vol. I, p. 51

1046 Esta expresión la consagraron todos los textos constitucionales hasta 1961, cuando la Constitución vigente la cambió: "Los Estados son autónomos e iguales como entidades políticas" (Art. 16). Los Estados que formaron la República Federal de 1864 fueron los siguientes: Apure, Aragua, Barcelona, Barinas, Barquisimeto, Carabobo, Caracas, Cojedes, Coro, Cumaná, Guárico, Guayana, Maracaibo, Maturín, Mérida, Margarita, Portuguesa, Táchira, Trujillo y Yaracuy.

1047 Artículo 13, 2 de las Constituciones de 1881 y 1891.

1048 Artículo 13, 2 de la Constitución de 1893; artículo 13, 3 de la Constitución de 1901; artículo 73 de la Constitución de 1904; artículo 12, 3 de la Constitución de 1909; artículo 19, 4 de las Constituciones de 1914 y 1922 y artículo 14 de las Constituciones de 1925, 1928, 1929, 1931, 1936, 1945.

1049 Artículo 14 de la Constitución de 1936.

1050 Artículo 7, 3 de la Constitución de 1904. Artículo 109 de la Constitución de 1953. En la Constitución de 1961 se consagró la autonomía de los "Municipios", pudiendo éstos ser "agrupados en Distritos" (Arts. 25 y 28). Mediante la disposición Transitoria 1ª de la Constitución, mientras no se dictó la Ley Orgánica del Poder Municipal, se mantuvo en vigencia el régimen anterior a 1961, (el de la Constitución de 1953), por lo que hasta 1984 la autonomía municipal existió a nivel de "Municipalidades" en

3. *El centralismo como producto del Siglo XX*

En cuanto a la organización federal si bien desde el punto de vista político-regional tuvo vigencia mientras los caudillos regionales dominaron el país, como consecuencia de la integración política que el dictador J. V. Gómez realizó autoritariamente del país, aquélla perdió toda su vigencia. Administrativamente, durante el siglo XIX, había sido un manto formal que encubría una Administración débil y pobre, al perder su único objeto —pacto de descentralización político-regional-caudillista—, a partir de las primeras décadas del siglo XX, no ha tenido real vigencia, habiendo sido el ropaje formal de un Estado centralizado administrativa y políticamente hablando. En este sentido, estimamos importante insistir en torno a los aspectos políticos y administrativos de la Federación, pues las apreciaciones tan generalizadas relativas a su carácter ficticio, deben aplicarse sólo a la concepción de Federación como fórmula de descentralización administrativa. Ciertamente, la Federación no significó efectiva descentralización administrativa, por la definitiva pobreza de la Venezuela del Siglo pasado, que vivía de los impuestos a las importaciones y exportaciones, que eran nacionales; en cambio si existió una efectiva descentralización político-militar. En este último aspecto, todo lo contrario dé una ficción, la Federación fue una realidad, con enorme arraigo histórico, ligada al caudillismo y al latifundismo regional. Desaparecidos éstos por la concentración del poder militar y del latifundio en torno a Gómez, la Federación entonces pasó a ser un mero recuerdo histórico de las luchas civiles del siglo XIX; y ello lo reconoce la propia Constitución de 1961, al disponer que "la República de Venezuela es un Estado federal, en los términos consagrados por esta Constitución", lo que equivale en sí mismas a decir muy poco[1051].

La política administrativa de J. V. Gómez, siguiendo la orientación de los gobiernos de la segunda mitad del siglo XIX, fue progresivamente centralista, de manera que en las sucesivas reformas constitucionales, se le fueron quitando o licitando poderes a los entes locales: los Estados y Municipalidades. Por ello, a pesar de la forma "federal", el Estado de 1936 era un Estado casi completamente centralizado, y si bien la justicia permanecía en cierta forma en poder de los Estados, la Constitución de 1945 dio el golpe de gracia a la descentralización, al nacionalizarse las actividades judiciales[1052].

Había, sin embargo, competencias propias de los Estados, de las Municipalidades y del Poder Nacional (Federal), correspondiendo a los Estados toda competencia

---

los Distritos y no a nivel de los Municipios, que eran meras divisiones administrativas de aquéllos. Con la reforma de la Ley Orgánica de Régimen Municipal de 1989 puede decirse que se comenzó a establecer el Municipio de la Constitución.

1051 Artículo 2. Véase la Exposición de Motivos de la Constitución en relación al significado de la expresión de este artículo sobre la Federación en los debates de la Comisión Redactara del Proyecto de Constitución en *La Constitución de 1961 y la Evolución Constitucional de Venezuela.* Tomo I, Vols. I y II, Caracas, 1971

1052 Mediante el artículo 15, 7, los Estados convinieron por primera vez en "reservar al Poder Federal"... "todo lo relativo a la Administración de justicia y al Ministerio Público en el territorio Nacional, *loc. cit,* p. 796. Sobre la importancia de esta "nacionalización de la Justicia" en el esquema federal venezolano. Véase Humberto J. La Roche, *loe. cit.,* pp. 578 y ss.

"no delegada expresamente al Poder Central"[1053], con lo que se consagraba un poder residual táctico a favor de los Estados. En 1953, sin embargo, el proceso centralizador, de nuevo bajo otra dictadura militar, llevó a la norma constitucional el principio contrario: correspondía al Poder Nacional "toda materia que la presente Constitución no atribuya a los otros Poderes"[1054], con lo que se redujo la competencia de los Estados, con carácter restrictivo, y se amplió la competencia del Poder Nacional con las atribuciones residuales. Esta situación, ciertamente, se invirtió nuevamente en la Constitución de 1961, la cual, si bien atribuyó a los Estados "todo lo que no corresponda, de conformidad con esta Constitución, á la competencia nacional o municipal"[1055], consagró expresamente el principio de los Apoderes implícitos" a favor del Poder Nacional, al precisar que corresponde á éste "toda otra materia que la presente Constitución atribuya al Poder Nacional o que se le corresponda *por su índole o naturaleza*"[1056].

En todo este proceso debe insistirse en, los efectos de la Reforma Constitucional de 1925, la cual a pesar de que fue motivada por razones circunstanciales, constituye hasta cierto punto, la consolidación del proceso de integración político-nacional que había iniciado el dictador J. V. Gómez.

En efecto, la motivación central de la reforma de 1925 estuvo en permitir la ausencia de la capital del Presidente de la República, sin necesidad de que estuviese obligado a separarse de su cargo, contrariamente a lo que se establecía en los textos anteriores, que confinaban la acción del Presidente al Distrito Federal. Ya para esa fecha Juan Vicente Gómez había fijado su residencia en Maracay.

Por ello, el texto de 1925 le permitió "actuar en cualquier punto del país donde se encuentre, en el sentido de que le es potestativo comunicar desde allí sus instrucciones a los Ministros del Despacho para las resoluciones que éstos hayan de librar en Caracas, en los asuntos que motiven dichas instrucciones de conformidad con la Constitución y las leyes" (Art. 98).

Sin embargo, como ya se ha señalado extensamente, la Constitución de 1925 marcó el inicio definitivo del fin del federalismo en Venezuela.

La evolución constitucional posterior al texto de 1925 ya a estar signada por la progresiva centralización del régimen político y, por supuesto, por la sucesiva desfiguración del sistema federal: en 1945, como se dijo, se nacionalizó la justicia perdiendo los Estados toda competencia en materia judicial, y al regularse el Ministerio Público Federal se indicó que era el órgano del Ejecutivo Federal ante el Poder Judicial, sin especificarse como anteriormente, que actuaba ante el Poder Judicial Federal "y de los Estados". Durante todo ese período se ampliaron considerablemente

---

1053 Esta norma consagrada en la Constitución de 1864 (Art. 12) se mantuvo en todos los textos constitucionales posteriores hasta 1953.

1054 Artículos 60, 29.

1055 Artículo 17.7.

1056 Artículo 136, 25. Véase en relación a lo novedoso de esta disposición en Humberto J. La Roche, *op. cit.*, p. 591. Una aplicación del criterio contenido en esta norma puede encontrarse en nuestro libro, Allan R. Brewer-Carías, *Aspectos Institucionales del Transporte y Tránsito en el Área Metropolitana de Caracas,* Caracas, 1971, pp. 72 y ss. y 82.

las materias reservadas al Poder Federal y particularmente las de carácter tributario. Los Estados, progresivamente, perdieron competencia en cuanto a sus ingresos o rentas y cada vez más pasaron a depender más y más del situado constitucional. En esta materia, en efecto, la evolución en los últimos sesenta y cinco años puede resumirse así:

En la Constitución de 1928, además de los Estados, se estableció que participaban en la distribución del Situado, el Distrito Federal y los Territorios Federales. Las Municipalidades no fueron tomadas en cuenta a estos efectos, sino hasta la Constitución de 1947, donde se extendió el situado hasta ellas, pero la referencia a las mismas fue nuevamente eliminada en el período 49-50.

La evolución constitucional del Situado Constitucional muestra en las últimas décadas una variación "porcentual referida a los ingresos rentísticos del año anterior, y que originó una variación en la estimación de su monto: por ejemplo, en la Constitución de 1936, el monto del mismo fue aumentado del 12 por ciento al 20 por ciento; en la Constitución de 1947, sufre otra modificación y se fija en un 25 por ciento. En el período 49-50 cambió a un 16 por ciento y posteriormente en la Constitución del 53 volvió a; ser modificado dicho monto el cual osciló entre el 15,50 por ciento y el 25 por ciento. En el texto de 1953 cabe destacar también, que este cálculo se comenzó a realizar en forma distinta a la acostumbrada anteriormente, pues se estableció que la determinación del monto del Situado se basaría en función del total de ingresos ordinarios del presupuesto del año correspondiente.

Por último, en la trayectoria del Situado Constitucional es de destacar que no es sino en la Constitución de 1947, donde se remitió Su regulación por Ley para así poder, el Poder Nacional, controlar y orientar la inversión del Situado por los Gobiernos Estatales y Municipales. Esta remisión a la Ley fue luego eliminada en el año 53.

En la Constitución de 1961, se volvió a hacer una remisión a la Ley, estableciéndose que la misma podrá dictar normas para la coordinación de la inversión del Situado con planes administrativos desarrollados por el Poder Nacional, atribuyéndosele a la Ley Orgánica respectiva la determinación de la participación que corresponde a las entidades municipales.

La referida Ley Orgánica fue promulgada el 5 de agosto de 1974, y en la misma, por primera vez, se establecieron mecanismos mediante los cuales el Ejecutivo Nacional aseguro que el cincuenta por ciento (50%) de lo que recibían los Estados por la vía del Situado Constitucional, se invirtiera coordinadamente con los planes administrativos nacionales. Dicha ley fue modificada, posteriormente en varias oportunidades, habiendo sido criticada por su excesivo centralismo, por lo que fue derogada en 1989 al dictarse la Ley Orgánica de Descentralización, Delimitación y Transferencia de competencias del Poder Público.

El esquema del Estado Federal centralizado consolidado bajo la vigencia de la Constitución de 1961, en todo caso, y conforme a lo prescrito en el artículo 137 del Texto fundamental, ha comenzado a ser cambiado con motivo de la promulgación de la Ley Orgánica de Descentralización, Delimitación y Transferencia de Competencia del Poder Público, así como de la Ley sobre elección y remoción de Gobernadores de Estado de 1989. Con esas dos leyes, en proceso, de aplicación, así como con la Ley sobre el período de los Poderes Públicos de los Estados de 1989, que lo establece en 3 años, se han iniciado un proceso de reforzamiento del nivel estadal y de descentralización nacional. Entre otros aspectos, la Ley Orgánica de Descentralización, además de haber derogado la Ley Orgánica de Coordinación del Situado Constitucional, definió las competencias concurrentes para devolver a los Estados ciertas atribuciones, y asignó a éstos, en exclusividad, algunas competencias que eran nacionales[1057].

II. LA REPUBLICA Y EL PODER NACIONAL

La Constitución vigente, al regular el Estado Federal y, en consecuencia, las entidades políticas que lo componen en el sistema de distribución vertical del Poder Público que adopta, destina buena parte de su articulado a regular el Poder Nacional, como potestad constitucional de la República. En esta forma, en su Título IV relativo al Poder Público, regula en el Capítulo II las Competencias del Poder Nacional y luego destina el Título V al Poder Legislativo Nacional; el Título VI al Poder Ejecutivo Nacional y el Título VII, al Poder Judicial atribuido exclusivamente a la República.

Por tanto, al estudiar la forma federal del Estado, y antes de analizar las entidades político-territoriales que lo componen, debemos referirnos al nivel nacional, en particular en cuanto concierne a las competencias del Poder Nacional que corresponde a la República.

1. *Competencia del Poder Nacional*

De acuerdo al sistema de distribución vertical del Poder Público, el Poder Nacional corresponde al Estado Nacional que en nuestro sistema, es la República como persona jurídica, y cuyos órganos fundamentales de acuerdo al sistema de distribución horizontal del Poder Nacional, son: el Presidente de la República, las Cámaras Legislativas y la Corte Suprema de Justicia.

La Constitución reserva al Poder Nacional, y por tanto, a los órganos que lo ejercen, una serie de competencias que se enumeran en el artículo 136, respecto de las cuales, su regulación legislativa corresponde, por supuesto, a las Cámaras Legislativas de acuerdo al artículo 139 de la Constitución. Además, la propia Constitución reserva otra serie de competencias al Poder Nacional, al establecer la reserva legal. Otras, incluso, le corresponden por el carácter concurrente de la enumeración o por su índole o naturaleza. Veamos separadamente estos diversos supuestos.

A. *Competencias específicas del Poder Nacional*

Estas competencias reservadas al Poder Nacional en los 25 ordinales del artículo 136 de la Constitución pueden agruparse en la siguiente forma:

1057 Véase el libro Allan R. Brewer-Carías y otros, *Leyes para la Descentralización Política de la Federación,* EJV, Caracas, 1990, Segunda Edición, 1995.

a. *Competencias en cuanto a la legislación general*

a'. La legislación reglamentaria de las garantías que otorga la Constitución (Ord. 24)[1058].

b'. La legislación civil, mercantil, penal, penitenciaria y de procedimientos (Ord. 24).

c'. La legislación de expropiación por causa de utilidad pública o social (Ord. 24)[1059].

d'. La legislación de propiedad intelectual, artística e industrial (Ord. 24)[1060].

b. *Competencias en relación a la Hacienda Pública Nacional*

a'. *Competencias tributarias*

a''. La legislación (Ord. 24) y la organización, recaudación y control de los impuestos a la renta, al capital y a las sucesiones y donaciones; de las contribuciones que gravan la importación, las de registro y timbre fiscal y las que recaigan sobre la producción y consumo de bienes que total o parcialmente la ley reserva al Poder Nacional, tales como las de alcohol, licores, cigarrillos, fósforos y salinas; las de minas e hidrocarburos y los demás impuestos, tasas y rentas no atribuidos a los Estados y a los Municipios, que con carácter de contribuciones nacionales creare la ley (Ord. 8)[1061]. La Ley Orgánica de Descentralización de 1989, sin embargo, ha transferido a los Estados de manera exclusiva, "la organización, recaudación, control y administración del ramo del papel sellado" (Art. 11, Ord. 1°) que es un timbre fiscal fijo, y de los impuestos específicos al consumo no reservados por Ley al Poder Nacional (Art. 11, Ord. 4°). Asimismo, la organización, recaudación y control de los impuestos derivados de la explotación de minerales no metálicos, salinas y ostrales de perla (Art. 11, Ord. 2°).

b''. La legislación (Ord. 24) y la organización y régimen de las aduanas (Ord. 9)[1062]

b'. *Competencias en materia de bienes del Estado*

a''. La legislación (Ord. 24) y el régimen y administración de las minas e hidrocarburos, salinas, tierras baldías y ostrales de perlas; la conservación, fomento y aprovechamiento de los montes, aguas y otras riquezas naturales del país (Ord. 10). En el "régimen" relativo a estos bienes y a las actividades que genere su explotación o comercialización, el legislador nacional o el órgano competente de la República podría declararlas excluidas de impuestos estadales (consumo) o municipa-

1058 Además, véase las remisiones a la Ley en los artículos 49, 50, 53, 55, 57, 58, 60, ordinales 1, 5, 6, 9 y 10; 62, 64, 65, 66, 68, 70, 73, 75, 77, 87, 81, 82, 84, 85, 87, 89, 90, 91, 92, 96, 97, 101, 104, 107, 110, 111, 113 y 115.

1059 Además, artículo 101.

1060 Además, véase artículo 100.

1061 Además, véase artículos 7, 18, 31 y 34.

1062 Además, véase artículo 18, ordinal 1.

les (patentes, inmobiliario urbano). En cuanto al régimen, administración y explotación de los minerales no metálicos y demás sustancias ferrosas, las salinas y los ostrales de perlas (Art. 11, Ord. 2º), la Ley Orgánica de Descentralización de 1989, los transfirió a los Estados de manera exclusiva.

El Ejecutivo Nacional puede en conformidad con la ley, vender, arrendar o dar en adjudicación gratuita los terrenos baldíos; pero no puede enajenar las salinas, ni otorgar concesiones mineras por tiempo indefinido (Ord. 10).

Los baldíos existentes en las islas marítimas, fluviales o lacustres no pueden enajenarse, y su aprovechamiento sólo puede concederse en forma que no envuelva, directa ni indirectamente, la transferencia de la propiedad de la tierra (Ord. 10).

b". La legislación puede establecer un sistema de asignaciones económicas especiales en beneficio de los Estados en cuyo territorio se encuentran situados los bienes que se mencionan en este ordinal; sin perjuicio de que también pueda establecerse asignaciones especiales en beneficio de otros Estados. En todo caso, dichas asignaciones estarán sujetas a las normas de coordinación previstas en el artículo 136 de esta Constitución (Ord. 10).

c. *Competencias en materia de política general del Estado*

a'. *Política general*

La defensa y suprema vigilancia de los intereses generales de la República, la conservación de la paz pública y la recta aplicación de las leyes en todo el territorio nacional (Ord. 2) y la legislación correspondiente (Ord. 24).

b'. *Política Exterior*

La actuación internacional de la República (Ord. 1)[1063] y la legislación correspondiente (Ord. 24).

c'. *Política Interior*

a". La bandera, escudo de armas, himno, fiestas, condecoraciones y honores de carácter nacional (Ord. 3)[1064] y la legislación correspondiente (Ord. 24).

b". La naturalización, admisión, extradición y expulsión de extranjeros (Ord. 4)[1065] y la legislación correspondiente (Ord. 24).

c". Los servicios de identificación y de policía nacional (Ord. 5)[1066] y la legislación correspondiente (Ord. 24).

d". La legislación (Ord. 24) y la organización y régimen del Distrito Federal y de los Territorios y Dependencias Federales (Ord. 6)[1067].

1063 Además, véase artículos 128 y 129.

1064 Además, véase artículo 5.

1065 Además, véase artículo 45.

1066 Además, véase artículo 17, ordinal 5; artículo 30 y artículo 134.

1067 Además, véase artículos 8, 12, 13 y 14

e''. La legislación sobre elecciones (Ord. 24)[1068].

f''. La legislación sobre inmigración (Ord. 24).

d'. *Defensa*

La legislación (Ord. 24), y la organización y régimen de las Fuerzas Armadas Nacionales (Ord. II)[1069].

e'. *Justicia*

La administración de justicia y la creación, organización y competencia de los Tribunales[1070]; el Ministerio Público (Ord. 23)[1071] y las legislaciones correspondientes (Ord. 24).

La Ley Orgánica de Tribunales y Procedimientos de Paz de 1993, atribuyó a los Municipios la administración de justicia en los asuntos de justicia de paz.

d. *Competencias en materias económicas*

a'. El sistema monetario y la circulación de la moneda extranjera (Ord. 7°) y la legislación correspondiente (Ord. 24).

b'. La legislación sobre bancos y demás instituciones de crédito (Ord. 24).

c'. La legislación (Ord. 24) y el régimen de pesas y medidas (Ord. 12).

d'. La conservación y fomento de la producción agrícola, ganadera, pesquera y forestal (Ord. 18) y la legislación correspondiente (Ord. 24).

e'. La legislación agraria[1072] y sobre colonización (Ord. 24).

f'. La legislación de crédito público (Ord. 24).

g'. La legislación sobre loterías, hipódromos y apuestas en general (Ord. 24).

h'. La legislación en materia de turismo (Ord. 24)[1073].

i'. El censo y la estadística nacional (Ord. 13) y la legislación correspondiente (Ord. 24).

e. *Competencias en materias sociales*

a'. Las directivas y bases de la educación nacional (Ord. 16) y la legislación correspondiente (Ord. 24)[1074].

b'. La legislación (Ord. 24) y la dirección técnica, el establecimiento de normas administrativas y la coordinación de los servicios destinados a la defensa de la salud

---

1068 Además, véase artículo 113.

1069 Además, véase artículo 132.

1070 Además, véase artículos 204 y ss.

1071 Además, véase artículos 218 y ss.

1072 Además, véase artículo 105.

1073 Además, véase artículo 30.

1074 Además, véase artículos 78 y siguientes.

pública. La ley puede establecer la nacionalización de estos servicios públicos de acuerdo con el interés colectivo (Ord. 17)[1075], y ello se hizo con la Ley Orgánica del Sistema Nacional de Salud.

c'. La legislación de sanidad animal y vegetal (Ord. 24).

d'. La legislación del trabajo, previsión y seguridad social (Ord. 24)[1076].

f. *Competencias en materias de desarrollo físico e infraestructura*

a'. Establecimiento, coordinación y unificación de normas y procedimientos técnicos para obras de ingeniería, de arquitectura y de urbanismo (Ord. 14) y la legislación correspondiente (Ord. 24)[1077].

b'. La ejecución de obras públicas de interés nacional (Ord. 15) y la legislación correspondiente (Ord. 24).

c'. Lo relativo al transporte terrestre, a la navegación aérea, marítima, fluvial y lacustre y a los muelles y demás obras portuarias Ord. 20) y la legislación correspondiente (Ord. 24).

La Ley Orgánica de Descentralización de 1989 transfirió a los Estados de manera exclusiva la Administración y mantenimiento de puertos y aeropuertos públicos de uso comercial (Art. 11, Ord. 59).

d'. La apertura y conservación de las vías de comunicación nacionales; los cables aéreos de tracción y las vías férreas, aunque estén dentro de los límites de un Estado, salvo que se trate de tranvías o cables de tracción urbanos cuya concesión y reglamentación compete a los respectivos Municipios (Ord. 21).

La Ley Orgánica de Descentralización de 1989 transfirió a los Estados la conservación, administración y aprovechamiento de carreteras, puentes y autopistas (Art. 11, Ord. 3°).

e'. El correo y las telecomunicaciones (Ord. 22).

B. *Competencias derivadas de las materias reservadas a la Ley (reserva legal)*

Por otra parte, hay una serie de materias reservadas por la Constitución a la Ley, por lo que al corresponderle a las Cámaras Legislativas sancionarlas, son materias que también se consideran que competen al Poder Nacional.

Entre ellas se destacan las siguientes:

a. *Competencias sobre la República, su Territorio y su División Política*

1. La determinación de las características y uso de la bandera nacional, el himno nacional y el escudo de armas de la República (Art. 5).

2. La regulación de la extensión y condiciones de ejercicio de la soberanía, autoridad y vigilancia sobre el mar territorial, la zona marítima contigua, la plataforma

---

1075 Véase, además artículo 76.

1076 Véase, además artículos 84 a 94.

1077 Véase, además artículo 30.

continental y el espacio aéreo, así como el dominio y explotación de los bienes y recursos en ellos contenidos (Art. 7).

3. La regulación de las limitaciones a los Estados extranjeros para adquirir inmuebles necesarios para sedes de sus representaciones diplomáticas y consulares; y de las condiciones y restricciones de la autorización a los organismos internacionales para la adquisición de inmuebles (Art. 8).

4. La coordinación de las distintas jurisdicciones existentes dentro del área metropolitana de Caracas (Art. 11).

5. El régimen del Distrito Federal y de los Territorios Federales (Art. 12).

6. La elevación de los Territorios Federales a la categoría de Estado, asignándole la totalidad o una parte de la superficie del territorio respectivo (Art. 13).

7. El régimen y administración de las Dependencias Federales (Art. 14).

8. El establecimiento del régimen jurídico especial para aquellos territorios que por libre determinación de sus habitantes y con la aceptación del Congreso, se incorporen al de la República (Art. 15).

b. *Competencias sobre el régimen de los Estados y Municipios*

9. El establecimiento de limitaciones y requisitos al uso del crédito público por los Estados (Art. 17, Ord. 4°).

10. La regulación de la forma de elección y remoción de los Gobernadores, de acuerdo a los principios democráticos de representatividad y alternabilidad (Art. 22).

11. La determinación de los órganos que deben ejercer la representación de los Municipios (Art. 25); y el desarrollo de los principios constitucionales sobre organización de los Municipios (Art. 26).

12. El establecimiento de diversos regímenes de organización, gobierno y administración de los Municipios, atendiendo sus condiciones de población, desarrollo económico, situación geográfica y otros factores de importación (Art. 27).

13. La determinación de la competencia jurisdiccional para impugnar los actos de los Municipios (Art. 29).

14. La atribución a los Municipios de competencia exclusiva en determinadas materias, así como la imposición a los mismos de un mínimo obligatorio de servicios (Art. 30).

15. La determinación de impuestos, tasas y contribuciones especiales que pueden crear los Municipios (Art. 31, Ord. 6°).

16. La determinación de los ejidos que pueden enajenarse con fines de reforma agraria, dejando siempre a salvo los que requieran el desarrollo de los núcleos urbanos (Art. 32).

17. El establecimiento de limitaciones y requisitos al uso de crédito público por los Municipios (Art. 33).

18. La organización de las fuerzas policiales en los Estados y Municipios (Art. 134).

19. La determinación de los períodos de los poderes públicos estadales y municipales, los cuales no podrán ser menores de dos años ni mayores de cinco (Art. 135).

20. El régimen de coordinación de la inversión del situado constitucional con planes desarrollados por el Poder Nacional; la regulación de la participación que corresponda a las entidades municipales en el situado; así como el establecimiento de las limitaciones a los emolumentos que devenguen los funcionarios y empleados de las entidades federales y municipales (Art. 229).

21. La extensión de las funciones de la Contraloría General de la República a las administraciones estadales y municipales (Art. 235).

c. *Competencias sobre el régimen de la nacionalidad venezolana*

22. La normativa sustantiva y procesal relacionada con la adquisición, opción, pérdida y recuperación de la nacionalidad venezolana; el establecimiento de los requisitos, circunstancias favorables y solemnidades para la resolución de conflictos de nacionalidad; y la regulación de la pérdida y nulidad de la naturalización por manifestación de voluntad y por obtención de carta de naturaleza (Art. 42).

23. El establecimiento de limitaciones o excepciones a la igualdad entre venezolanos y extranjeros (Art. 45).

d. *Competencias en el régimen de los derechos y garantías constitucionales*

24. La regulación del recurso de amparo (Art. 49).

25. La fijación de los términos y oportunidades en que debe ser cumplido el servicio militar obligatorio (Art. 53).

26. La regulación del grado y condiciones del deber de educarse (Art. 55).

27. La imposición a los particulares, en los casos en que fuere necesario, de obligaciones que incumben al Estado en cuanto a la asistencia, educación y bienestar en virtud de la solidaridad social (Art. 57).

28. La imposición a quienes aspiren a ejercer determinadas profesiones, del deber de prestar servicio durante cierto tiempo, en determinados lugares y condiciones (Art. 57).

29. La regulación de la protección contra los perjuicios al honor, la reputación o vida privada de las personas (Art. 59).

30. La regulación de los casos y formalidades relativas a la detención de las personas (Art. 60, Ord. 1°).

31. La fijación del límite máximo del sumario en proceso penal (Art. 60, Ord. 1°) y la previsión de los medios de defensa del indiciado (Art. 60, Ord. 1°).

32. La determinación del término en que las autoridades de policía deben comunicar a las autoridades judiciales, las medidas provisionales, de necesidad o urgencia que hayan adoptado para asegurar la investigación de un hecho punible y el enjuiciamiento de los culpables (Art. 60, Ord. 1°).

33. La determinación de las obligaciones cuyo incumplimiento constituye delito o falta (Art. 60, Ord. 2°).

34. La regulación de la notificación y la audiencia a que tiene derecho el indiciado en el proceso penal; así como de las garantías y la forma en que pueden ser juzgados los reos de delito contra la cosa pública (Art. 60, Ord. 5°).

35. La regulación del reclutamiento forzoso y el sometimiento a servicio militar (Art. 60, Ord. 9°).

36. La regulación de las condiciones y formalidades para tomar medidas de seguridad relativas a sujetos en estado de peligrosidad (Art. 60, Ord. 10°).

37. La regulación del allanamiento del hogar doméstico para cumplir las decisiones-judiciales (Art. 62).

38. La regulación de las visitas sanitarias que hayan de practicarse (Art. 62).

39. La regulación de las formalidades para la ocupación judicial de la correspondencia (Art. 63); y de la inspección o fiscalización que pueda hacerse de libros y comprobantes de contabilidad (Art. 63).

40. La regulación de las limitaciones relativas al libre tránsito por el territorio de la República, cambio de domicilio o residencia, salida de la República y retorno a ella, y al ingreso de bienes al país o traslado fuera del mismo (Art. 64).

41. La regulación y ejercicio de la suprema inspección sobre el culto por parte del Ejecutivo Nacional (Art. 65).

42. La determinación de las expresiones del pensamiento que constituyen delito (Art. 66).

43. El establecimiento de los términos y condiciones de utilización de los órganos de la administración de justicia para la defensa de los derechos e intereses de todos, así como la normativa que asegure el ejercicio de tal derecho, a quienes no dispongan de medios suficientes (Art. 68).

44. La regulación del derecho de asociación (Art. 70).

45. La regulación de las reuniones que se realicen en lugares públicos (Art. 71).

46. La regulación de la protección del matrimonio y la organización del patrimonio familiar (Art. 73).

47. La regulación de las facilidades para la adquisición por cada familia de vivienda cómoda e higiénica (Art. 73).

48. La regulación para asegurar el derecho de todo niño de conocer a sus padres (Art. 75).

49. El amparo y la protección de los menores y la filiación adoptiva (Art. 75).

50. El establecimiento de medidas sanitarias a las cuales las personas estén obligadas a someterse (Art. 76).

51. El establecimiento del régimen de excepción que requiera la protección de las comunidades indígenas y su incorporación progresiva a la vida de la nación (Art. 77).

52. La regulación de las excepciones a la gratuidad de la educación respecto a la enseñanza superior y especial impartida por institutos oficiales, cuando se trate de personas provistas de medios de fortuna (Art. 78).

53. La regulación de la moralidad e idoneidad de los educadores y el establecimiento de garantías para su estabilidad profesional y un régimen de trabajo y un nivel de vida acordes con su misión (Art. 81).

54. La regulación del requisito de título y condiciones de ejercicio, para las profesiones; así como el señalamiento de aquellas profesiones universitarias para cuyo ejercicio es obligatorio la colegiación (Art. 82).

55. El régimen general del derecho al trabajo, y en particular: la regulación de las restricciones a la libertad de trabajo (Art. 84); la protección de los trabajadores, así como la disposición del mejoramiento de sus condiciones materiales, morales e intelectuales (Art. 68); la regulación de la duración máxima de la jornada de trabajo, así como del descanso semanal remunerado y las vacaciones pagadas, que deben disfrutar todos los trabajadores (Art. 86); la regulación tanto del salario mínimo, e igual para igual trabajo, como de la participación en los beneficios de las empresas que corresponden a los trabajadores; y la protección del salario y las prestaciones sociales con la inembargabilidad, en la proporción y casos que se fijen y con los demás privilegios y garantías que al efecto se establezcan (Art. 87); la adopción de medidas tendientes a garantizar la estabilidad en el trabajo y el establecimiento de las prestaciones que recompensen la antigüedad del trabajador en el servicio y lo amparen en caso de cesantía (Art. 88); la determinación de la responsabilidad que incumba a la persona natural o jurídica en cuyo provecho se preste el servicio, mediante intermediario o contratista, sin perjuicio de la responsabilidad solidaria de éstos (Art. 89); el establecimiento de un ordenamiento adecuado, para las negociaciones colectivas y la solución pacífica de los conflictos; así como el amparo de la convención colectiva y establecimiento de condiciones para la inclusión de la cláusula sindical (Art. 90); la regulación de la existencia y funcionamiento de los sindicatos de trabajadores y la protección, de manera específica, a los promotores y miembros directivos de los mismos, durante el tiempo y condiciones que se requieran para asegurar la libertad sindical (Art. 91); el señalamiento de las condiciones para el ejercicio del derecho de huelga de los trabajadores; y en los servicios públicos, los casos en que puede tener lugar (Art. 92).

56. La regulación de las limitaciones a la libertad económica, por razones de seguridad, de sanidad u otras de interés social (Art. 96).

57. El régimen para impedir la usura, la indebida elevación de los precios y las maniobras abusivas encaminadas a obstruir o restringir la libertad económica (Art. 96).

58. La regulación de las concesiones para el establecimiento y explotación de obras y servicios de interés público (Art. 97).

59. La determinación de lo concerniente a las industrias promovidas y dirigidas por el Estado (Art. 97).

60. La regulación de las contribuciones, restricciones y obligaciones, a que está sometido el derecho de propiedad, con fines de utilidad pública o interés general (Art. 99).

61. La regulación de los derechos de protección sobre obras científicas, literarias y artísticas, invenciones, denominaciones, marcas y lemas (Art. 100).

62. La determinación de las razones de interés nacional para el diferimiento del pago por tiempo determinado o su cancelación parcial en bonos en caso de expropiación (Art. 101).

63. El establecimiento de condiciones y limitaciones conforme a las cuales los ferrocarriles, carreteras, oleoductos y otras vías de comunicación o de transporte construidas por empresas explotadoras de recursos naturales estarán al servicio del público (Art. 104).

64. El establecimiento de condiciones para la eliminación del latifundio (Art. 105).

65. El establecimiento de normas encaminadas a dotar de tierras a los campesinos y trabajadores rurales que carezcan de ella, así como a proveerlos de los medios necesarios para hacerla producir (Art. 107).

67. La regulación de la integración, organización y atribuciones de los cuerpos consultivos que se juzguen necesarios para oír la opinión de los sectores económicos privados, la población consumidora, los colegios de profesionales y las universidades, en los asuntos que interesan a la vida económica (Art. 109).

68. El régimen del sufragio, y en particular la regulación de los límites y condiciones para el ejercicio obligatorio del derecho al voto (Art. 110); el establecimiento del sistema electoral de manera de asegurar la libertad y el secreto del voto, y el derecho de representación proporcional de las minorías (Art. 113), en particular para la elección de diputados a las Asambleas Legislativas (Art. 19), de Diputados al Congreso (Art. 151) y de Senadores (Art. 148); el establecimiento de las condiciones de residencia y otras, para que los extranjeros puedan ejercer el derecho al voto en las elecciones municipales (Art. 111); el establecimiento de privilegios para los miembros de los organismos electorales para asegurar su independencia en el ejercicio de sus funciones (Art. 113); y la elección del Presidente de la República por votación universal y directa (Art. 183).

69. La determinación de las condiciones de aptitud requeribles para el ejercicio de determinados cargos públicos (Art. 112).

70. La reglamentación de la constitución y actividades de los partidos políticos para asegurar su carácter democrático y asegurar su igualdad ante la ley (Art. 114).

71. El establecimiento de los requisitos para ejercer el derecho de manifestación pacífica y sin armas (Art. 115).

e. *Competencias sobre el régimen del Poder Público*

72. La consagración de la carrera administrativa en la Administración Pública Nacional, mediante normas de ingreso, ascenso, traslado, suspensión y retiro de los empleados; y el establecimiento de los requisitos para el ejercicio de los cargos públicos (Art. 122).

73. El establecimiento de excepciones a las limitaciones de contratación a los que están al servicio de entes públicos, con estos (Art. 124).

74. El establecimiento de los casos en los cuales no es necesaria la aprobación legislativa en materia de contratos de interés nacional (Art. 126).

75. La exigencia de determinadas condiciones de nacionalidad, domicilio o de otro orden; o el requerimiento de especiales garantías en los contratos de interés público (Art. 126).

76. La aprobación de los tratados o convenios internacionales que celebre el Ejecutivo Nacional (Art. 128).

77. La regulación para el ejercicio del derecho de Patronato Eclesiástico (Art. 130).

78. La regulación sobre la fabricación, comercio, posesión y uso de armas (Art-133).

f. *Competencias sobre el régimen del Poder Legislativo Nacional*

79. La determinación de la oportunidad en que las Cámaras Legislativas deban reunirse en sesión conjunta (Art. 138).

80. El régimen de funcionamiento de las distintas ramas del Poder Nacional (Art. 139).

81. El decreto de amnistía por Ley especial (Art. 139).

82. El establecimiento de condiciones de inelegibilidad como Senadores o Diputados de algunos funcionarios electorales (Art. 140).

83. El establecimiento de las condiciones para exigir la responsabilidad y establecer el castigo de los funcionarios públicos que violen la inmunidad parlamentaria (Art. 143).

84. El establecimiento de atribuciones al Senado (Art. 150. Ord. 10), a la Cámara de Diputados (Art. 153, Ord. 3°) y a la Comisión Delegada (Art. 179, Ord. 8°).

85. El establecimiento del número y forma de elección de los suplentes a Senadores (Art. 148) y Diputadas (Art. 151).

86. El establecimiento de sanciones al incumplimiento de la obligación de los funcionarios públicos a comparecer a las Cámaras Legislativas y a suministrar información requerida (Art. 160).

g. *Competencias sobre el régimen del Poder Ejecutivo Nacional*

87. La determinación de los funcionarios que ejerzan el Poder Ejecutivo (Art. 181).

88. El establecimiento de atribuciones al Presidente de la República (Art. 190, Ord. 22).

89. La autorización al Presidente de la República para dictar medidas en materia económica o financiera (Art. 190, Ord. 8°).

90. La regulación de la responsabilidad del Presidente de la República y de sus Ministros por sus actos (Art. 192 y 196).

91. La determinación del número, organización y competencias de los Ministerios; así como de la organización y funcionamiento del Consejo de Ministros (Art. 193).

92. La atribución a los Ministros de Estado, de las materias que estarán a su cargo (Art. 194).

93. La determinación de los funcionarios que deben colaborar con el Procurador General de la República (Art. 200).

94. La determinación de las formas en que serán llenadas las faltas temporales o accidentales del Procurador General de la República (Art. 201).

95. La atribución de competencias al Procurador General de la República (Art. 202, Ord. 4).

96. La determinación de la forma en que los servicios de asesoría jurídica de la Administración presentarán su colaboración al Procurador General de la República en el cumplimiento de sus atribuciones (Art. 202).

h. *Competencia sobre el régimen del Poder Judicial y del Ministerio Público*

97. La determinación de los Tribunales que deben ejercer el Poder Judicial (Art. 204) y el establecimiento de normas sobre competencia, organización y funcionamiento de los mismos (Art. 207).

98. El establecimiento de la carrera judicial y las regulaciones necesarias para asegurar la idoneidad, estabilidad e independencia de los jueces (Art. 207).

99. La regulación del procedimiento y los casos para la suspensión y remoción de los jueces del ejercicio de sus funciones (Art. 208).

100. La determinación de lo relativo a la inspección del funcionamiento de los Tribunales, a los medios de atender a sus necesidades funcionales y administrativas y a la organización de los servicios auxiliares de justicia (Art. 210).

101. La determinación de la organización y competencias de las Salas de la Corte Suprema de Justicia (Art. 212) y de la Corte (Art. 215, Ord. 11) y la creación de la Sala Federal (Art. 216).

102. El establecimiento de condiciones para ser Magistrado de la Corte Suprema de Justicia (Art. 213); y de la forma de suplir sus faltas temporales o accidentales (Art. 214).

103. La creación del Consejo de la Judicatura así como el establecimiento de su organización y atribuciones, con el objeto de asegurar la independencia, eficacia, disciplina y decoro de los Tribunales y garantizar a los jueces los beneficios de la carrera judicial (Art. 217).

104. La determinación de los funcionarios que auxiliarán al Ministerio Público en el ejercicio de sus atribuciones (Art. 219).

105. La determinación de la forma en que serán provistas las vacantes, en los casos de faltas temporales y accidentales del Fiscal General de la República y la interinaría en caso de falta absoluta (Art. 219).

106. La atribución de competencias al Ministerio Público (Art. 220, Ord. 6°).

i. *Competencias sobre el régimen de la Historia Pública*

107. El establecimiento de impuestos u otras contribuciones; así como los casos de concesión de exenciones y exoneraciones de los mismos (Art. 224).

108. La determinación de la oportunidad en la cual, el Ejecutivo Nacional presentará al Congreso el Proyecto de Ley de Presupuesto (Art. 228).

109. La regulación de la creación de Institutos Autónomos, así como la regulación de la forma en que los mismos y los intereses del Estado en corporaciones o entidades de cualquier naturaleza, estarán sujetos al control del Congreso (Art. 230).

110. La autorización para las operaciones de crédito público y sus excepciones (Art. 231).

111. La organización y funcionamiento de la Contraloría General de la República y la oportunidad, índole y alcance de su intervención (Art. 234).

112. La extensión de las funciones de la Contraloría General de la República a los institutos autónomos (Art. 235).

113. La determinación de la forma de llenar las faltas temporales y accidentales del Contralor General de la República y la interinaría en caso de falta absoluta (Art. 238).

j. *Competencias en materia del régimen de la emergencia*

114. La reglamentación de los poderes extraordinarios del Presidente de la República en materia de orden público en caso de temor de inminentes trastornos del orden público (Art. 244).

C. *Otras competencias constitucionales*

Además, como se ha dicho, de acuerdo al artículo 136, ordinal 25, es competencia del Poder Nacional "toda otra materia que la presente Constitución atribuya al Poder Nacional o que le corresponda por su índole o naturaleza". Por tanto, además de las competencias antes señaladas, corresponden al Poder Nacional por así atribuirlo la Constitución, dos grupos de materias y que se diferencian según que la Constitución las atribuya al Estado con carácter concurrente o que por su naturaleza le correspondan.

a. *Materias atribuidas al Estado que constituyen competencias concurrentes*

Cuando la Constitución atribuye competencias genéricas al Estado, está refiriéndose como hemos dicho, tanto a la República, como a los Estados y Municipios. En consecuencia, esas materias también corresponden al Poder Nacional, y son las siguientes:

1. Establecer obligaciones del Estado en cuanto a asistencia, educación y bienestar del pueblo (Art. 57).

2. Proteger las asociaciones, corporaciones, sociedades y comunidades que tengan por objeto el mejor cumplimiento de los fines de la persona humana y de la convivencia social, y fomentar la organización de cooperativas y demás instituciones destinadas a mejorar la economía popular (Art. 72).

3. Proteger la familia como célula fundamental de la sociedad y velar por el mejoramiento de su situación moral y económica (Art. 73).

4. Compartir con los padres, de modo subsidiario y atendiendo a las posibilidades de aquéllos, la responsabilidad que les incumbe en la formación de los hijos (Art. 75).

5. Velar por el mantenimiento de la salud pública y proveer los medios de prevención y asistencia a quienes carezcan de ellos (Art. 76).

6. Mejorar las condiciones de vida de la población campesina (Art. 77).

7. Crear y sostener escuelas, instituciones y servicios suficientes, dotados para asegurar el acceso de todos, en forma gratuita, a la educación y a la cultura (Arts. 55, 57 y 78).

8. Estimular y proteger la educación privada que se imparta de acuerdo con los principios contenidos en la Constitución Nacional y en las leyes (Art. 79).

9. Fomentar la cultura en sus diversas manifestaciones y velar por la protección y conservación de las obras, objetos y monumentos de valor histórico o artístico que se encuentren en el país y procurar que ellos sirvan al fomento de la educación (Art. 83).

10. Procurar que toda persona apta pueda obtener la colocación que le proporcione una subsistencia digna y provechosa (Art. 84).

11. Promover el desarrollo económico y la diversificación de la producción, con el fin de crear nuevas fuentes de riqueza y aumentar el nivel de ingresos de la población (Art. 95).

12. Proteger la iniciativa privada, sin perjuicio de la facultad de dictar medidas para planificar, racionalizar y fomentar la producción en el Estado, a fin de impulsar su desarrollo económico (Art. 98).

13. Atender a la defensa y conservación de los recursos naturales de su territorio, y cuidar que la explotación de los mismos esté dirigida primordialmente al beneficio colectivo de los venezolanos (Art. 106).

De acuerdo a la Ley Orgánica de Descentralización, Delimitación y Transferencia de competencias del Poder Público de 1989, de entre este conjunto de competencias concurrentes, se dispuso que las identificadas con los numerales 3, 5, 6, 7, 9, 10 y 13 serán transferidas a los Estados mediante los convenios que regula dicha Ley.

b. *Materias atribuidas al Estado que por su índole o naturaleza corresponden al Poder Nacional*

Dentro de las competencias atribuidas en la Constitución al Estado, algunas, por su índole o naturaleza (Art. 136, Ord. 25), sin duda, corresponden al Poder Nacional. Entre ellas se destacan:

a. La orientación y organización del sistema educativo para lograr el cumplimiento de los fines del mismo definidos en la Constitución (Art. 80).

b. El fortalecimiento de la soberanía económica del país (Art. 95).

c. La regulación de la circulación, distribución y consumo de la riqueza, a fin de impulsar el desarrollo económico del país (Art. 98).

d. El favorecimiento de la integración económica latinoamericana (Art. 108).

2. *Los órganos del Poder Nacional*

Tal como se ha señalado, de, acuerdo con el sistema constitucional de distribución horizontal del Poder, el Poder Nacional se distribuye organizadamente así: el Poder Legislativo Nacional, atribuido a las Cámaras Legislativas (Art. 138); el Poder Ejecutivo Nacional, que se ejerce por el Presidente de la República y los demás funcionarios que determinen la Constitución y las leyes (Art. 181); y el Poder Judicial ejercido por la Corte Suprema de Justicia y por los demás Tribunales que determine la Ley Orgánica (Art. 204). El estudio de estos órganos se hará detenidamente en partes sucesivas de esta obra.

En todo caso, esta trilogía clásica de órganos que ejercen el Poder Nacional no agota los órganos que efectivamente lo ejercen, pues la Constitución establece un conjunto de organizaciones nacionales con autonomía funcional que no dependen ni de las Cámaras legislativas, ni de la Corte Suprema de Justicia ni del Presidente de la República, y por tanto, en sentido estricto, que no ejercen ni el Poder Legislativo Nacional, ni el Poder Ejecutivo Nacional, ni el Poder Judicial; sin dejar de ser órganos del Estado que ejercen el Poder Nacional. Estos órganos con autonomía funcional, son el Ministerio Público, a cargo del Fiscal General de la República (Art. 218); la Contraloría General de la República (Art. 234); el Consejo de la Judicatura (Art. 217); el Consejo Supremo Electoral (Art. 113).

Estos órganos nacionales con autonomía funcional, sin duda forman parte de la organización administrativa del Estado, es decir, constituyen parte de la Administración Pública, pero sin dependencia jerárquica respecto del Ejecutivo Nacional, su estudio se hace también en diversas partes de esta obra.

Por último debe mencionarse que la Constitución autoriza a las Cámaras Legislativas a descentralizar funcionalmente atribuciones del Poder Nacional mediante la creación de institutos autónomos (Art. 230). Estos, por supuesto, también ejercen parte del Poder Nacional en los términos de la descentralización que contenga la Ley de creación respectiva, y esa parte descentralizada no es otra que la que corresponde al Poder Ejecutivo Nacional. Por tanto, a pesar de la descentralización que implica el crear por ley un instituto autónomo, éste permanece vinculado al Poder Ejecutivo, y adscrito a sus órganos, pues en definitiva la descentralización afecta competencias administrativas y ejecutivas.

En consecuencia, al crearse un instituto autónomo por ley, el Congreso no podría transferirle sino funciones ejecutivas (no podrían descentralizarse funcionalmente funciones legislativas o judiciales), por lo que tampoco podría adscribirlo ni a las propias Cámaras Legislativas ni al Poder Judicial, sino que siempre tendría que estar adscrito al Ejecutivo Nacional.

III. EL RÉGIMEN DE LOS ESTADOS

1. *Principios Constitucionales*

Ahora bien, teniendo en cuenta los antecedentes que resultan de la evolución de la forma federal del Estado en Venezuela, interesa estudiar ahora el régimen de las instituciones políticas básicas de la misma: los Estados y su autonomía.

Cualquier análisis somero de la normativa constitucional en lo que se refiere a la diferenciación del "Poder Público" en "Poder Nacional" y "Poder de los Estados" o "Poder Estadal", evidentemente que conduce a la apreciación de que la organización "estadal" constitucionalmente está minimizada, en cuanto a atribuciones y facultades, en relación a las que se asignan al Poder Nacional. En efecto, dentro de las potestades asignadas a los Estados[1078], a los que se considera "autónomos e iguales como entidades políticas"[1079], están: la organización de sus poderes públicos[1080], la organización de sus Municipios y demás entidades locales[1081], la administración de sus bienes, la inversión del situado constitucional y demás ingresos que le correspondan[1082], y la utilización del crédito público[1083]; la organización de la policía urbana y rural y la determinación de las ramas de este servicio atribuidas a la competencia municipal[1084]; y las materias que el Poder Nacional "descentralice" a favor de los Estados[1085].

Sin embargo, todas estas potestades están sujetas a limitaciones e intervenciones del Poder Nacional, y su ámbito en cierta forma no sólo está sujeto a lo que la Constitución regula, sino a lo que el Congreso (Poder Nacional) establezca: la organización de los Municipios por leyes estadales, por ejemplo, ha de someterse a "las normas que para desarrollar los principios constitucionales establezcan las leyes orgánicas nacionales"[1086]; la administración de los bienes e inversión de los ingresos que obtengan los Estados provenientes de las asignaciones que el Poder Nacional les debe dar constitucionalmente (Situado), puede estar limitada por la Ley Nacional que coordina dicha inversión "con planes administrativos desarrollados por el Poder Nacional"[1087]; la inversión de todos sus ingresos puede ser sometida al control de la Contraloría General de la República[1088] y por Ley nacional pueden, inclusive, deter-

---

1078 Los Estados son veintidós: Amazonas, Anzoátegui, Apure, Aragua, Barinas, Bolívar, Carabobo, Cojedes, Delta Amacuro, Falcón, Guárico, Lara, Mérida, Miranda, Monagas, Nueva Esparta, Portuguesa, Sucre, Táchira, Trujillo, Yaracuy y Zulia.

1079 Artículo 16.

1080 Lo que conlleva la regulación de las relaciones entre el Poder Legislativo Estadal (atribuido a las Asambleas Legislativas) y el Poder Ejecutivo Estadal (atribuido a los Gobernadores), conforme a las orientaciones de la Constitución (separación orgánica y colaboración de poderes, p. e.). Véase artículo 17, 1 de la Constitución.

1081 Lo que implica que los Estados establecen su división político-territorial como lo estimen conveniente conforme a la normativa de la Constitución y a lo que se establezca en las Leyes Nacionales (Art. 17, 2 de la Constitución). En esta forma, es a los Estados a quienes corresponde establecer el número de Municipios en su territorio y pueden también agrupar varios Municipios en un Distrito (Art. 28 de la Constitución). Véase, en este sentido, la sentencia de la CFC en SPA de 28-2-31 en M. 1932, p. 102.

1082 Ello, con sujeción a lo establecido en los artículos 229 y 235 de la Constitución (Art. 17, 3 de la Constitución).

1083 Con las limitaciones y requisitos que establezcan las Leyes Nacionales (Art. 17, 4 de la Constitución).

1084 Artículo 17, 5 de la Constitución.

1085 Artículos 17, 6 y 137 de la Constitución. Véase la Ley Orgánica de Descentralización, Delimitación y Transferencia de competencias del Poder Público de 1989.

1086 Artículo 26 de la Constitución y Ley Orgánica de Régimen Municipal de 1978, reformada en 1984 y 1989.

1087 Artículo 229 de la Constitución. Véase la Ley Orgánica de Coordinación de la Inversión del Situado Constitucional con los planes administrativos desarrollados por el Poder Nacional de 5-8-74 derogada por la Ley Orgánica de Descentralización y Transferencia de Competencias del Poder Público de 1989.

1088 Artículo 235 de la Constitución. En este sentido, la Ley Orgánica de la Contraloría General de la República de 6-1-75, extiende sus funciones de inspección y fiscalización a los Estados. Véase en *G. O.* Nº 1.712, Extraordinaria, de 6-1-75.

minarse los "límites a los emolumentos que devengan los funcionarios y empleados" de los Estados[1089]; la utilización del crédito público por los Estados depende de lo que la Ley nacional establezca[1090]; la organización de las fuerzas de la policía urbana y rural sólo puede hacerse de acuerdo con lo que una ley nacional establezca[1091]; y por último, el ámbito de la "descentralización" de competencias nacionales a los Estados, depende íntegramente de lo que el Poder Nacional determine[1092]. Por otra parte, y particularmente en materia de ingresos propios, la Constitución establece una larga lista de limitaciones a las potestades tributarias de los Estados, que materialmente las han reducido a la casi inexistencia[1093].

Ciertamente que las Asambleas Legislativas tienen competencia para "legislar sobre materias de la competencia estadal", y que "el gobierno y administración de cada Estado corresponde a un Gobernador"[1094]; sin embargo, esta autonomía "normativa", "fiscal" y "administrativa" se hacía nugatoria e inoperante por la material ausencia de elementos sobre los cuales "legislar"[1095] o administrar, lo que ha hecho, por otra parte, inefectiva la competencia residual, la "autonomía" de los Estados llegó a ser una autonomía dependiente del Poder Nacional en el sentido de que su ámbito e importancia en cierta forma, dependía de lo que el Poder Nacional determinara[1096].

Toda esta situación durante mucho tiempo condujo, en general, a que lamentablemente los Estados fueran reducidos a ser entelequias políticas, sin competencias administrativas de interés, que básicamente sirvieron para alimentar clientelas político-partidistas. Con razón, por tanto, se dijo que las Asambleas Legislativas eran entes políticos de debates y no órganos promotores del desarrollo, lo que se podía aplicar a toda la estructura de los Estados federados[1097]. De allí que se hubiera insis-

---

1089 Artículo 229 de la Constitución. Esta determinación hasta 1998 debía realizarse anualmente en la Ley de Presupuesto de la República según el artículo 18 de la Ley Orgánica de Coordinación de la Inversión del Situado Constitucional.

1090 Artículo 17, 4 de la Constitución.

1091 Artículo 134 de la Constitución.

1092 Artículos 17, 6 y 137 de la Constitución.

1093 Artículo 18 de la Constitución.

1094 Artículos 20, 1 y 21 de la Constitución.

1095 De la lectura del artículo 136 de la Constitución, que atribuye competencias al Poder Nacional, se aprecia el tradicional "monopolio" legislativo que conforme a la Constitución ha asumido el Poder Nacional.

1096 Por supuesto que conforme a esto, las propias "Constituciones" de los Estados, como legislación estadal, están subordinadas a la Constitución Nacional. Véase sentencia de la CJS en SPA de 6-8-70 en *G.F.* Nº 69, Caracas, 1970 (consultada en original).

1097 Por ello, con razón se ha dicho que "la Organización regional en Venezuela se ha mantenido sobre un mismo esquema: apariencias federativas vertebradas a una presión cada vez más centralista. La tradición formalista, revelada como incapaz de amenazar las inmensas prerrogativas del poder central, ha sido mantenida casi sin maquillaje por nuestros constituyentes. La organización regional, despojada de vitales funciones de creación, subordinada económicamente al poder nacional, comprometida políticamente con partidos cuyas directrices nacionales les atan y mediatizan, no ha podido ser fiel reflejo de inquietudes zonales sino más bien instrumento para acallarlas o resolverlas a medias, en beneficio de los intereses que dirigen desde el centro los destinos del país". Véase J. M. Casal Montbrún, *op. cit.*, Tomo II, Vol. I, p. 79. *Cfr.* Humberto J. La Roche, *op. cit.*, pp. 647 y ss.

tido en la necesidad de eliminar las Asambleas Legislativas y reordenar la división territorial de la "Federación"[1098]. En todo caso, la Federación en Venezuela durante muchos años ha encubierto a un Estado centralizado con un ropaje político, conforme al cual los Estados no han tenido real participación en el manejo de los asuntos regionales, y sólo han obtenido ganancias los partidos políticos quienes encontraron en los cargos de diputados de las Asambleas Legislativas y en las burocracias estadales, la forma de colmar las apetencias políticas de los partidos y adversarios. Desde hace años, por ello, se imponía una reforma del régimen federal, que no sólo reordenase territorialmente la República con criterios racionales y regionales, sino que conllevase un proceso de descentralización del Poder Nacional, y de efectiva participación de las comunidades en las decisiones políticas y administrativas. Para ello habría que comenzar por hacer un esfuerzo de revitalización de las competencias estadales. Este esfuerzo y este proceso de cambio se inició, precisamente, con motivo de la promulgación de la Ley Orgánica de Descentralización, Delimitación y Transferencia de competencias del Poder Público de 1989.

En efecto, la democracia venezolana, puede decirse que ha sido obra del centralismo y de la partidocracia, pues fue por la conjugación de esos dos factores que se implantó en el país. Así, el país latinoamericano de menor tradición democrática en 1958, en los inicios de la década de los noventa es uno de los países con una de las democracias más antiguas y estables. Sin embargo, el tiempo transcurrió sin que el sistema político evolucionara, por lo que, lo que fue favorable hace más de treinta años (centralismo y partidocracia) para implantar la democracia, a finales de la década de los ochenta comenzaba a conspirar contra la propia democracia. La misma presión por la descentralización del poder, que el desarrollo de las democracias europeas continentales de la postguerra exigió, se planteó en el país, incluso, como una exigencia para la supervivencia del sistema.

Por la presión de la sociedad civil que clamaba por más participación y mayor representatividad, durante toda la década de los ochenta, el tema de la descentralización estuvo en la discusión política, como una fórmula para superar la crisis de representatividad y de participación, que a la vez era una crisis del Estado centralizado y de la democracia de partidos. La descentralización política, por tanto, se planteó como una respuesta a las exigencias del perfeccionamiento de la democracia, junto con la despartidización. Los dos pilares políticos que contribuyeron a la implantación de la democracia, por tanto, debían transformarse: el Estado Centralizado debía descentralizarse revitalizándose el federalismo, y la democracia de partidos debía, a la vez, abrirse, despartidizándose la sociedad civil.

Más de 10 años de planteamientos políticos y de sacudimientos a la sociedad civil, condujeron a una toma de conciencia, catalizada en los trabajos de la Comisión para la Reforma del Estado (COPRE), y que condujeron a fines de los ochenta a la formulación de un proyecto de reforma del Estado en cuatro frentes: reforma electoral, reforma de los partidos políticos, reforma de la forma federal del Estado (descentralización política) y reforma municipal. El descontento popular, además, se había manifestado en las elecciones municipales durante la década de los ochenta,

1098 Véase por ejemplo, las opiniones de Ramón Escovar Salom en las discusiones del Proyecto de Constitución en J. M. Casal Montbrún, *op. cit.*, Tomo II, Vol. I, p. 165.

donde la alta abstención (en un país donde ésta nunca había sido superior al 7%) fue el detonante necesario para que los partidos políticos se dieran cuenta de la gravedad de la crisis y de la necesidad de realizar las reformas, como una cuestión de supervivencia del sistema. Así, a finales de la década de los ochenta, se sentaron las bases para la reforma político-estadal, con la aprobación de leyes de descentralización política, de régimen municipal y de reforma electoral.

En todo caso, la discusión política pública del tema, condujo, en una primera fase, a la sanción, en 1989, de la Ley relativa a la elección directa del órgano ejecutivo de los Estados de nuestra Federación, los Gobernadores, buscando superar el esquema tradicional conforme al cual los Gobernadores de los Estados eran de la libre designación y remoción por el Presidente de la República; reflejo claro, sin duda, del esquema de Federación centralizada que hemos tenido como forma real del Estado.

Conforme a esa Ley sobre Elección y Remoción de los Gobernadores de Estado, la primera elección de Gobernadores se efectuó en diciembre de 1989. Sin embargo, era evidente que, por supuesto, el problema de la crisis del federalismo del Estado venezolano no se podía resolver con la sola elección directa de los Gobernadores por voto popular. Esa era, sin duda, una pieza importante que debía adoptarse en un proceso general que es el de la descentralización política a través de la redefinición del federalismo; pero reducir el problema a la sola elección directa de los Gobernadores era confundir la parte con el todo, y no percatarse de que con una reforma de esa naturaleza, realizada en forma aislada, no se solucionaba el problema de fondo global, que era el de centralismo. En efecto, nada se ganaba con elegir a los Gobernadores de Estado si éstos no tenían materialmente atribuciones estadales que ejercer, ya que básicamente actuaban sólo como agentes del Ejecutivo Nacional. Era necesario, por tanto, que se realizara un esfuerzo adicional para comenzar el proceso de convertir a los Estados de la Federación en entidades con competencias autónomas de importancia, a los efectos de que la elección de los Gobernadores fuera un paso más de avance en el proceso de descentralización política. Era indispensable, por tanto, iniciar el proceso de reformulación de la Federación centralizada, de manera de cambiar el sistema de distribución de competencias entre la República a los órganos que ejercen el Poder Nacional (Federal) y los Estados, cuyos órganos ejercen el Poder Estadal. En definitiva, se trataba de la necesidad de replantearse el sistema de distribución vertical del Poder Público, o, en otras palabras, los términos conforme a los cuales la Constitución regula el Estado Federal (Art. 2), lo que se ha comenzado a realizar con la Ley Orgánica de Descentralización, Delimitación y Transferencia de Competencias del Poder Público de 28 de diciembre de 1989, que entró en vigencia el 1° de enero de 1990.

2. *Los Estados y sus límites territoriales*

Contrariamente a lo que fue tradición en las Constituciones venezolanas a partir de 1864 y hasta el Texto Fundamental de 1953, la Constitución vigente de 1961 no enumera en su texto cuáles y cuántos son los Estados que conforman la división político territorial básica de la República. En la única parte del Texto donde aparece la enumeración de los Estados es en el encabezamiento, cuando señala que para haberse decretado la Constitución, se requirió el voto de las Asambleas Legislativas de los Estados Anzoátegui, Apure, Aragua, Barinas, Bolívar, Carabobo, Cojedes,

Falcón, Guárico, Lara, Mérida, Miranda, Monagas, Nueva Esparta, Portuguesa, Sucre, Táchira, Trujillo, Yaracuy y Zulia. Por tanto, la Constitución partió, necesariamente, del supuesto constitucional precedente y existente para el momento en el cual se promulgó, que existían 20 Estados, cuyas Asambleas Legislativas fueron consultadas para sancionar el Texto Fundamental.

Partiendo, por tanto, de que existían 20 Estados, el artículo 10 del Texto Fundamental estableció que éstos "podrán fusionarse, modificar sus actuales límites y acordarse compensaciones o cesiones de territorios mediante convenios aprobados por sus Asambleas Legislativas y ratificadas por el Senado. Las modificaciones de límites, compensaciones o cesiones de territorio entre el Distrito Federal o los Territorios o Dependencias Federales y los Estados podrán realizarse por convenios entre el Ejecutivo Nacional y los respectivos Estados, ratificados por las correspondientes Asambleas por el Senado". Por tanto, la Constitución fue clara al referirse a "los actuales límites", sin duda, de los 20 Estados que existían, en 1961.

Ahora bien, los límites de esos Estados son básicamente los establecidos en la Ley de 28 de abril de 1856, sobre División Territorial, con algunas modificaciones menores posteriores. A esa Ley remitió la Constitución de 1909 que reconstituyó los 20 Estados que existían al sancionarse la Constitución (Arts. 4 y 5); y así se repitió en las Constituciones sucesivas (Art. 2 del Estatuto Provisorio de 1914; Art. 2 de la Constitución de 1914; Art. 2 de la Constitución de 1922; Art. 5 de la Constitución de 1925; Art. 5 de la Constitución de 1928; Art. 5 de la Constitución de 1929; Art. 5 de la Constitución de 1931; Art. 5 de la Constitución de 1936; Art. 5 de la Constitución de 1945; y Art. 4 de la Constitución de 1947). La Constitución de 1953 eliminó, al igual que la actual, la referencia a los límites previstos en aquella Ley de 1856, pero evidentemente que esos eran, básicamente, los límites de los Estados.

Ahora bien, se ha planteado, a la luz de la Constitución vigente, si además de los 20 Estados, era posible que se creara alguno más. Particularmente, en la década de los ochenta, se planteó la discusión sobre la posibilidad de creación de un Estado Vargas en el territorio comprendido por el Municipio Vargas del Distrito Federal.

Consideramos que ello no es constitucionalmente posible, por no permitirlo la Constitución. Esta, en efecto, sólo permite que, por Ley, a un Territorio Federal pueda dársele la categoría de Estado, asignándosele la totalidad o parte de la superficie del Territorio respectivo (Art. 13) y no prevé forma alguna de "crear" un nuevo Estado con parte del territorio de otro Estado, del Distrito Federal o de las Dependencias Federales. Precisamente en base a lo establecido en el artículo 13 de la Constitución, en 1991 y 1992 se elevaron a la categoría de Estados los Territorios Federales, Delta Amacuro, como Estado Amacuro; y Amazonas como Estado Amazonas[1099].

Como se dijo la Constitución lo que prevé es la cesión territorial entre los Estados existentes, entre sí y entre esos y el Distrito Federal. Con la creación de un nuevo Estado como se ha planteado respecto al posible "Estado Vargas", no habría ce-

1099 Véase Ley Especial que da la categoría de Estado al Territorio Federal Delta Amacuro, *G.O.* Nº 4.295 Extra, de 3-8-91 y Ley especial que eleva a la categoría de Estado al Territorio Federal Amazonas, *G. O.* Nº 35.015 de 29-7-92.

sión territorial porque el Distrito Federal no cedería territorio a ningún ente territorial preexistente, y no podría ceder territorio a una nueva entidad que, supuestamente, se crearía por Ley. Además, no existe en la Constitución artículo alguno que permita al Congreso dictar una Ley, creando un nuevo Estado en un área territorial que es de otro Estado o del Distrito Federal. Por ello estimamos que la Constitución no prevé la posibilidad ni la forma de crear en nuestra organización territorial, nuevos Estados además de los existentes en 1961, en parte del territorio de otro Estado o del Distrito Federal. La única posibilidad, como se dijo, de crear nuevos Estados es mediante la transformación de los Territorios Federales en Estados como sucedió en 1991 y 1992 con la creación de los Estados Delta Amacuro y Amazonas.

3. *Las materias de la competencia de los Estados y la Descentralización política*

El Estado venezolano, sin la menor duda, está constitucionalmente organizado como un Estado Federal, "en los términos consagrados por esta Constitución" (Art. 2). Por tanto, es indudable que nuestra forma de Estado es la forma federal, la cual se estructura y organiza dentro de los términos previstos en la Constitución, en un sistema de distribución vertical del Poder Público.

Tratándose de una Federación, la división y estructura territorial básica de la República, está establecida por "los Estados, el Distrito Federal, los Territorios Federales y las Dependencias Federales" (Art. 9). Dentro de estas divisiones territoriales, "los Estados son autónomos e iguales como entidades políticas" (Art. 16) y en la organización del Distrito Federal y de los Territorios Federales, debe dejarse "a salvo la autonomía municipal (Art. 12).

Sin duda, en nuestra Federación, son los Estados las entidades políticas que forman la base del sistema político-territorial. De allí la consagración de la autonomía. Tal como la propia Exposición de Motivos del texto constitucional lo ha expresado: "...lo relativo a los Estados y Municipios no es materia de simple repartición de competencias entre diferentes ramas del Poder Público, sino que reconoce la existencia de estas entidades como parte integrante y sustancial de la República y le fija su respectiva esfera de actividad".

Sin embargo, esta autonomía no es absoluta, sino que, al contrario, está sometida a múltiples restricciones y limitaciones establecidas en la Constitución. Por eso es que el texto constitucional establece que el sistema federal se desarrolla sólo "en los términos consagrados por esta Constitución" (Art. 2), y de allí que las restricciones o limitaciones a la autonomía de los Estados, sólo puede tener un fundamento constitucional.

La competencia básica de los Estados, en relación a la cual éstos ejercen su autonomía, está establecida en el artículo 17 de la Constitución, en la siguiente forma:

Artículo 17. Es de la competencia de cada Estado:

1. La organización de sus poderes públicos, en conformidad con la Constitución.
2. La organización de sus Municipios y demás entidades locales, y la división político-territorial, en conformidad con esta Constitución y las leyes nacionales.

3. La administración de sus bienes y la inversión del situado constitucional y demás ingresos que le correspondan, con sujeción a lo dispuesto en los artículos 229 y 235.
4. El uso del crédito público, con las limitaciones y requisitos que establezcan las leyes nacionales.
5. La organización de la policía urbana y rural y la determinación de las ramas de este servicio atribuidas a la competencia municipal.
6. Las materias que le sean atribuidas de acuerdo con el artículo 137.
7. Todo lo que corresponda, de conformidad con esta Constitución, a la competencia nacional o municipal.

A. *La enumeración de las materias de competencia estadal*

Ahora bien, si se analizan detenidamente estas normas, se observa que las mismas expresamente atribuyen a los Estados, sólo competencias formales de orden político y administrativo, y salvo por lo que respecta a la organización de la policía urbana y rural, no le asigna competencias sustantivas o materiales de ningún tipo. Al contrario, la Constitución atribuye a los Municipios competencia en una serie de materias propias de la vida local[1100], y al Poder Nacional otras materias de orden nacional[1101], y se reduce a señalar que corresponde a los Estados "todo lo que no corresponda, de conformidad con esta Constitución, a la competencia nacional o municipal"[1102].

Esta competencia residual, aparentemente muy estrecha debido a que la larga enumeración de competencias nacionales y municipales deja muy poco residuo, sin embargo, no había sido imaginada ni desarrollada a nivel de los Estados.

Si se analizan las Constituciones de los Estados hasta los años ochenta y salvo excepciones, se observa en primer lugar, que ellas no contenían ninguna definición ni enumeración de las competencias de los Estados. Los textos constitucionales estadales, al contrario, se limitaban a asignar atribuciones a sus órganos políticos y administrativos (Asamblea Legislativa, Gobernador, etc.), de las cuales podían, por deducción, identificarse algunas competencias, pero no intentaron delimitar expresamente competencias propias de los Estados, de carácter sustancial o material, en la misma orientación de los artículos 30 y 136 de la Constitución, y como aplicación y desarrollo del ordinal 7° del artículo 17, del texto fundamental.

En segundo lugar, del análisis de esas Constituciones estadales se observa que las competencias materiales que en ella se asignaban a los Estados eran muy exiguas. En general, y salvo por lo que respecta a las Constituciones de Yaracuy, Aragua y Nueva Esparta, las competencias materiales que se les asignaban, eran sólo las que estaban relacionadas con la educación y la asistencia social la apertura de vías

1100 Artículo 30.

1101 Artículo 136.

1102 Artículo 17, ordinal 7.

de comunicación estadal; y las obras públicas del Estado. La situación, en general, era similar en casi todos los otros Estados de la República.

Esta situación, por supuesto, ha comenzado a cambiar a partir de los años noventa y particularmente con motivo de la promulgación de la Ley Orgánica de Descentralización, y las Constituciones que los Estados han venido adoptando y proyectado ahora contienen normas sustantivas sobre competencias.

En todo caso, estas competencias de los Estados pueden clasificarse en tres grupos: competencias exclusivas, competencias concurrentes y competencias residuales, que analizaremos a continuación.

a. *Las competencias exclusivas*

a'. *La organización de los poderes públicos estadales*

El artículo 17 de la Constitución atribuye en su ordinal 1° como competencia de cada Estado, "la organización de sus poderes públicos, en conformidad con esta Constitución". ¿Qué significa que los Estados pueden organizar sus poderes públicos en conformidad con la Constitución? En primer lugar, tendríamos que preguntarnos, ¿cuáles son los poderes públicos de los Estados?, expresión que también utiliza el artículo 135 de la Constitución.

Dentro de la trilogía de poderes que están en nuestra Constitución, sin duda, los que pueden organizar los Estados son básicamente dos: el Legislativo y el Ejecutivo, y por supuesto, no pueden organizar un poder judicial, pues esa es una competencia exclusivamente nacional, y que conforme al artículo 204 "se ejerce por la Corte Suprema de Justicia y por los demás tribunales que determine la Ley Orgánica".

En todo caso, la primera competencia de los Estados es la organización de sus poderes públicos, ejecutivo y legislativo de conformidad con la Constitución, es decir, en primer lugar, respetando los principios de las disposiciones fundamentales del propio texto constitucional. Por ejemplo, el artículo 1° establece, que "la República de Venezuela es independiente de toda dominación o protección de potencia extranjera", y en este caso, la expresión República de Venezuela se refiere a todo el contexto de la organización política de la Nación (Estado). Por tanto, no podría un Estado declararse bajo la protección de un Estado extranjero.

El artículo 2° establece que "la República de Venezuela es un Estado Federal", de manera que los Estados pueden organizar sus poderes públicos dentro de un esquema federal, en los términos de la Constitución. Por otra parte, conforme al artículo 3°, el gobierno que se establezca en los Estados, en sus Asambleas Legislativas o en la propia Gobernación, debe ser democrático, representativo, responsable y alternativo, como debe ser todo el gobierno de la República de Venezuela, y los órganos de los poderes públicos de los Estados, deben ser electos mediante el sufragio (Arts. 4, 19 y 22).

Ahora bien, ¿a través de qué actos se organizan los poderes públicos de los Estados? La Constitución de 1961 abandonó una terminología que era constitucional desde la guerra federal y era el haber denominado como "Constitución" a este acto de organización de los poderes públicos estadales. En todas las Constituciones anteriores a la actual, incluso en la de 1953, se atribuía expresamente competencia a los Estados para dictar "su propia Constitución". En el texto de 1961 eso se eliminó y hoy nos encontramos simplemente, con la asignación a los Estados de una potestad organizativa respecto de sus poderes públicos, pero sin utilizar la expresión "Constitución del Estado". Esto plantea la duda de considerar si hay o no Constituciones estadales. Sin duda las hay de nombre, pero en el fondo, no son "constituciones" sino leyes orgánicas, en el sentido de normas de organización de los poderes públicos que, dentro de la estructura de cada Estado, deben tener un rango superior a las leyes ordinarias del Estado. Por eso, las asimilamos a unas leyes orgánicas en el contexto de cada Estado.

En efecto, cuando la Constitución habla de Ley Orgánica (Art. 163) es precisamente en ese sentido del ordinal 1° del artículo 17, es decir, de norma destinada a regular la organización de determinados poderes. En la Exposición de Motivos de la Constitución se dice que el establecimiento de las leyes orgánicas tiene por objeto impedir que, por leyes especiales, se deroguen disposiciones que se refieren a la organización de ciertos poderes. Por eso, esta idea de la ley orgánica puede aplicarse a las leyes de organización de los poderes públicos estadales, que denominamos todavía hoy, como Constituciones. Se insiste, éstas son unas típicas leyes orgánicas en su Estado, que regulan la organización del Estado, por lo que sólo podrían ser modificadas con el cumplimiento de determinados requisitos adicionales.

En este sentido, por ejemplo, la Constitución del Estado Yaracuy de 981 dispuso, que "la presente Constitución es una ley orgánica y para u reforma total o parcial se procederá conforme a lo previsto en el artículo 114" (Art. 44), con lo cual se previo expresamente que la misma, no podía ser derogada por leyes ordinarias por tener un rango superior a las mismas.

Ahora bien, esta primera competencia del Estado implica la organización de sus poderes públicos en los términos establecidos en la Constitución Nacional, y ésta establece, unos principios fundamentales respecto a los poderes ejecutivo y legislativo, que se depilan en los artículos 19 y 20 de la Constitución, destinados a recular a la Asamblea Legislativa y al Gobernador. Esos poderes, como dijimos, se organizan a través de un acto legislativo, que es, en sentido propio, una ley de organización, o una ley orgánica en la estructura del Estado. En esta materia, y fuera de los límites y prescripciones de la Constitución, por ejemplo, no podrían haber imitaciones o regulaciones adicionales establecidas en leyes nacionales y así como habría inconstitucionalidad si el Estado asume funciones nacionales, también la habría cuando los órganos que ejercen el Poder Nacional regulan funciones propias de los Estados. Por tanto, las Leyes Nacionales que se pueden aplicar a los Estados, tienen que estar previstas en la Constitución.

Por ejemplo, si los poderes públicos de los Estados deben ser representativos y democráticos, etc., ¿cómo se regula esta? En la propia Constitución se establecen los principios.

En efecto, el sufragio, como derecho, está regulado en la Constitución y en ella se establecen los principios para la elección de los miembros de los organismos representativos. Ahora bien, si la organización de los poderes públicos estadales debe hacerse básicamente a través de dos órganos, una Asamblea Legislativa y un Gobernador, y su configuración debe ser democrática, ¿cómo se eliden? Lo establece el artículo 19 respecto de la Asamblea Legislativa: "Los miembros de la Asamblea Legislativa deberán reunir las mismas condiciones exigidas por esta Constitución para ser diputado, y serán elegidos por votación directa, con representación proporcional de las minorías, de acuerdo con la Ley", tratándose, sin duda, de una ley nacional. Esta ley electoral que es la Ley Orgánica del Sufragio se dicta, además, de acuerdo al artículo 113 que dice: "La legislación electoral asegurará la libertad y el secreto del voto, y consagrará el derecho de representación proporcional de las minorías...". Por tanto, las Asambleas Legislativas pueden organizar los poderes públicos estadales, pero no establecer mecanismos distintos de elección de sus miembros, sino que esta es una materia reservada al Poder Nacional.

En cuanto a los Gobernadores, la Constitución estableció su designación por el Presidente de la República, pero agregó, en el artículo 22, que una ley podía establecer la forma de elección y remoción de los Gobernadores, de acuerdo a los principios consagrados en el artículo 39 de esta Constitución. Mientras no se dictase esa ley que regulase la elección de los Gobernadores que además, requería, de acuerdo al artículo 22, que fuera previamente admitido el Proyecto por las Cámaras en sesión conjunta, por el voto de las dos terceras partes de sus miembros, la designación de los mismos se efectuó por el Presidente de la. República. A partir de 1989 y en virtud de la Ley sobre Elección y Remoción de los Gobernadores de Estado, éstos son electos popularmente.

b'. *La organización municipal y la división político-territorial*

La segunda competencia de los Estados está regulada en el ordinal 29 del artículo 17, que atribuye a la competencia de los Estados: "La organización de sus Municipios y demás entidades locales, y su división político-territorial, en conformidad con esta Constitución y las leyes nacionales". No se trata aquí de cualquier ley, sino de las "leyes nacionales" y la Constitución utiliza esta expresión en otras normas. Por ello es perfectamente admisible deducir que cuando la Constitución habla de "ley", en sentido lato, se refiere a cualquier ordenamiento legislativo que se dicte, de acuerdo a un procedimiento de formación de normas de efectos generales, a cualquier nivel por los órganos legislativos: Cámaras Legislativas, Asambleas Legislativas y Concejos Municipales; en cambio, cuando habla de "ley nacional", quiere referirse al acto que emana de las Cámaras Legislativas actuando como cuerpos colegisladores (Art. 162).

Ahora bien, en relación a esta segunda competencia, se trata también de una organización de otros poderes dentro del Estado, pero en este caso, del nivel municipal. Además, el artículo contiene una expresión que hasta 1989 no había sido desarrollada en la Ley Orgánica de Régimen Municipal: los Estados tienen competencia para organizar no sólo sus Municipios sino las demás "entidades locales".

La Ley Orgánica de Régimen Municipal de 1989 creó a las Parroquias como entidades locales, e incluso, a los Distritos Metropolitanos.

Pero además de la organización de sus Municipios, también es competencia de los Estados su división político-territorial, y esto de conformidad con la Constitución y las leyes nacionales. En todo caso, debe señalarse que la remisión a las leyes nacionales, en cuanto a la organización de los Municipios y demás entidades locales, está prevista además en el artículo 26 del Texto Fundamental que establece, que la "organización de los Municipios y demás entidades locales se regirá por esta Constitución, por las normas que para desarrollar los principios constitucionales establezcan las leyes orgánicas nacionales, y por las disposiciones legales que en conformidad con aquéllas dicten los Estados". Con esta norma se ha establecido una graduación de normas que llevan a estimar que no sólo la organización de los Municipios se rige por la Constitución y las leyes nacionales, sino también por las propias leyes que cada Estado dicte en su territorio. En todo caso, hasta ahora, esas "leyes orgánicas nacionales" básicamente, es la Ley Orgánica de Régimen Municipal y aún no se han dictado leyes estadales que desarrollen esos principios en cada entidad.

c'. *La administración de bienes e ingresos*

El tercer ámbito de competencia de los Estados, establecido en el ordinal 39 del artículo 17, se refiere a: "La administración de sus bienes y la inversión del situado constitucional y demás ingresos que correspondan, con sujeción a lo dispuesto en los artículos 229 y 235 de la Constitución". Aquí es la propia Constitución la que establece el límite. Sin embargo, en la remisión a otras normas constitucionales, la Constitución no fue exhaustiva porque se olvidó del artículo 136, ordinal 10°, que atribuye al Poder Nacional el régimen y administración de las tierras baldías, aún y cuando sean de los Estados. Esa es la primera de las limitaciones a la competencia del ordinal 39 del artículo 17, concerniente a la administración de los bienes; pues en todo lo que se refiera a tierras baldías, está la competencia nacional del ordinal 10° del artículo 136 que da origen a la Ley de Tierras Baldías y de Ejidos, que regula la administración de los baldíos de los Estados.

En cuanto al artículo 229 de la Constitución, éste se refiere al Situado Constitucional y a la posibilidad de una ley nacional para coordinar la inversión del situado con planes administrativos desarrollados por el poder nacional, agregando que la ley puede fijar los límites a los emolumentos que devenguen los funcionarios y empleados de las entidades federales y municipales", en cuyo caso puede ser o una ley nacional o una ley del propio Estado. En todo caso, desde 1974 se dictó la Ley de coordinación de la inversión del Situado Constitucional con planes administrativos desarrollados por el Poder Nacional, la cual no estuvo exenta de críticas que cuestionan su constitucionalidad, pues más que una normativa de coordinación de la inversión había sido de imposición nacional de la inversión, a los Estados La Ley Orgánica de Descentralización de 1909 derogó formalmente dicha Ley.

Pero en materia de administración de sus bienes y de inversión de sus ingresos, otra limitación que está en la misma norma del Art. 17, en cuanto a la sujeción de los Estados, se refiere a la posibilidad de que por ley nacional puedan extenderse las funciones de la Contraloría a las administraciones estatales, sin menoscabo de la autonomía. Aquí encontramos, de nuevo, que es la Constitución, directamente, la que remite a una ley para la limitación a la autonomía de los Estados en cuanto a las funciones de la Contraloría General de la República.

En cuanto a los ingresos extraordinarios, conforme a lo previsto en el ordinal 49 del artículo 17, corresponde a los Estados "el uso del crédito público con las limitaciones y requisitos que establezcan las leyes nacionales"; de nuevo hay aquí una remisión global a las leyes nacionales en materia de crédito público y, particularmente, a la Ley Orgánica de Crédito Público.

d'. *La organización de la policía urbana y rural*

El artículo 17, ordinal 59, establece también como competencia de los Estados "la organización de la policía urbana y rural y la determinación de las ramas de este servicio atribuidas a la competencia municipal". Es importante destacar de esta norma, que la competencia básica en materia de policía general, es que se trata de una competencia estadal; es decir, la organización de la policía urbana y rural, corresponde a los Estados, y son los Estados y sus respectivas jurisdicciones, los que van a determinar las ramas de este servicio que se atribuyan a la competencia municipal. Este ordinal no remite a la ley o a la Constitución para el ejercicio de esta competencia, pero las remisiones están establecidas en dos normas: el artículo 134 que dice: "Los Estados y Municipios sólo podrán organizar sus fuerzas de policía de acuerdo con la Ley", por lo cual sí hay ley nacional prevista, expresamente, para regular las fuerzas de policía, como organización y no como actividad administrativa, pues una cosa es la policía como actividad, y otra es la fuerza o conjunto de sujetos o funcionarios que van a ejercer aquella actividad. Puede haber, por tanto, una ley nacional, que regule las fuerzas de policía, la cual aún está por dictarse. Además, el ordinal 5° del artículo 136 establece que corresponde al Poder Nacional "los servicios de identificación y de policía nacional", con lo cual establece a la policía, como una materia de competencias concurrentes.

En todo caso, en ausencia de la mencionada Ley por Decreto N° 3.179 de 7-10-93 se dictó el Reglamento sobre coordinación policial, y sobre normas de conducta de los cuerpos de policía[1103].

e'. *Las competencias estadales producto de la descentralización nacional*

Otra de las atribuciones del artículo 17 es la del ordinal 6°, que atribuye a la competencia de los Estados, "las materias que les sean atribuidas de acuerdo con el artículo 137", el cual establece que: "el Congreso, por el voto de las dos terceras partes de los miembros de cada Cámara, podrá atribuir a los Estados o a los Municipios, determinadas materias de la competencia nacional, a fin de promover la descentralización administrativa". Esta es una de las normas claves del ordenamiento venezolano para la descentralización política, y en ejecución de la misma se dictó la Ley Orgánica de Descentralización, Delimitación y Transferencia de Competencias del Poder Público de 1989, la cual, por supuesto, no sólo implica transferencia de competencias meramente "administrativas" sino transición de carácter legislativo en las materias que se transfieren.

b. *Las competencias residuales*

a'. *El ámbito de las materias residuales*

Por último, el artículo 17 en su ordinal 7° asigna a la competencia de los Estados, "todo lo que no corresponda, de conformidad con esta Constitución, a la competencia nacional o municipal". Se trata de la competencia residual de los Estados, que hasta la Ley Orgánica de Descentralización de 1989 no había encajado formalmente en la legislación. En efecto, del análisis global del texto constitucional, entre las competencias no asignadas expresamente al Poder Nacional y al ámbito municipal, se destacan por ejemplo, las siguientes: el régimen de comercio y de la industria

1103 *Gaceta Oficial* N° 35.317 de 14-10-93.

manufacturera; la protección, fomento y conservación del ambiente; la ordenación del territorio y la localización industrial; la ejecución de obras de interés estadal; la apertura y conservación de las vías de comunicación estadales; el fomento de la vivienda rural; y la promoción de la participación ciudadana. Estas materias, no enumeradas ni en el artículo 136 ni en el artículo 30 de la Constitución ni en ninguna otra norma, constituyen competencias residuales de los Estados.

En efecto, debe señalarse que en ninguna parte de la Constitución se utiliza la palabra "comercio"; se habla de industria, de iniciativa privada, pero no hay norma alguna que se refiera a la regulación de comercio. Ahora bien, ¿por qué ésta tiene que ser sólo una competencia nacional? ¿Por qué el nivel nacional tiene que montar un aparato denominado Instituto de Defensa y Educación del Consumidor, a nivel nacional, para que vaya a controlar los precios de los bienes de consumo en todos los rincones del país? Al contrario, esa tendría que ser una actividad estadal, pues a ese nivel es más factible desarrollar el control, conforme a una normativa que puede ser nacional. En este nivel, por ejemplo, deben dictarse las normas que por su índole o naturaleza sean nacionales, para por ejemplo, no imponer multas distintas en todos los Estados; pero la administración del sistema de protección al consumidor tendría que funcionar al nivel de los Estados.

Por ello, la Ley Orgánica de Descentralización de 1989 prevé la transferencia de los servicios de protección a los consumidores a los Estados (Art. 4, Ord. 15).

En el mismo sentido, la Constitución, en ninguna norma, utiliza la palabra ambiente; habla de protección a los Recursos Naturales Renovables (Art. 109), pero no habla de ambiente. Entonces, ¿por qué la protección del medio ambiente tiene que ser sólo una competencia nacional? Esta es una típica competencia residual, que debería provocar que la normativa y regulación sean nacionales, a los efectos de establecer los criterios generales de contaminación, válidos para todo el país, pero la administración del ambiente debe estar en los Estados. Si descentralizamos estas tareas al nivel estadal, se reduciría el aparato estatal considerablemente, y así podremos convertir al Gobernador en efectivo agente de protección ambiental, para aplicar determinadas leyes

En todo caso, la Ley Orgánica de Descentralización de 1989 prevé la transferencia a los Estados de los servicios de conservación, defensa y mejoramiento del ambiente y los recursos naturales renovables (Art. 4, Ord. 11).

En materia de ordenación del territorio, también debemos decir que ningún artículo de la Constitución habla de ordenación territorial, ni de localización industrial. ¿Por qué, entonces, tenía que ser el nivel nacional, representado por el Ministerio de Fomento el que, por ejemplo, determinaba todo en materia de localización de industrias en un Estado determinado? Creemos que, racionalmente, no puede ordenarse el territorio y su ocupación desde el solo nivel nacional. Esto lo ha captado el legislador, y en la Ley Orgánica para la Ordenación del Territorio de 1983, se han atribuido algunas competencias a los Gobernadores en la administración de dicha materia.

Adicionalmente, la Ley Orgánica de Descentralización de 1989, estableció la posibilidad de transferencia a los Estados de los servicios prestados por el Poder Nacional en materia de ordenación del territorio de conformidad con la Ley Nacional (Art. 4, Ord. 12).

En resumen, estas competencias-residuales de los Estados en nuestro criterio son entre otras, las siguientes:

1. El régimen del comercio y de la industria manufacturera, con sujeción a las regulaciones destinadas a planificar, racionalizar y fomentar la producción y regular la circulación y consumo de la riqueza[1104] y con las limitaciones previstas en el texto constitucional al asignar competencias al Poder Nacional[1105].

2. La protección, fomento y conservación del ambiente con sujeción a las regulaciones dictadas en este campo por ser nacionales, por su índole o naturaleza[1106].

3. La ordenación del territorio del Estado y la localización industrial en el mismo conforme a las normas establecidas en el Poder Nacional[1107].

4. La ejecución de obras públicas de interés estadal[1108]32 conforme a las normas y procedimientos técnicos para obras de ingeniería y urbanismo establecidas por el Poder Nacional[1109].

5. La apertura y conservación de las vías de comunicación estadales, excepto las vías férreas[1110].

6. El fomento de la vivienda rural con sujeción a los planes nacionales en materia de vivienda popular[1111].

7. La promoción de la participación de los ciudadanos en el proceso de formulación, toma y ejecución de las decisiones estadales.

Una definición de competencias de los Estados como la anteriormente expresada, realizada por las Constituciones de Yaracuy, Aragua y Nueva Esparta en 1980[1112], puede decirse que fue el comienzo de la reformulación y revitalización de los Estados, que se ha iniciado con la promulgación de la Ley Orgánica de Descentralización de 1989 que también se inspiró en esas Constituciones.

b'. *La competencia tributaria estadal*

a''. *La reducción de las potestades*

Pero dentro de las competencias propias de los Estados, identificadas en forma residual, tienen una particular importancia las competencias tributarias.

1104 Artículo 98. El régimen de la agroindustria (Art. 136, Ord. 18) y de la industria pesada (Art. 97), están reservados al Poder Nacional.

1105 Art. 136, ordinales 7 y 12.

1106 Artículo 136, ordinal 25.

1107 Artículo 98.

1108 Artículo 136, ordinal 15.

1109 Artículo 136, ordinal 14.

1110 Artículo 136, ordinal 21.

1111 Artículo 73 y 136, ordinal 19.

1112 Véase, por ejemplo, el artículo 21 de la Constitución del Estado Yaracuy de 31 de diciembre de 1979, en *Gaceta Oficial del Estado Yaracuy* de 1-12-80. Una norma similar se ha adoptado en todas las constituciones estadales recientes. Véase por ejemplo, la del Estado Táchira de 15-1-93.

La ausencia de asignación constitucional expresa de potestad tributaria originaria a los Estados, en contraste con la asignación de potestad tributaria al Poder Nacional y a los Municipios[1113], ha conducido a los Estados, en la práctica, a no tener recursos tributarios propios.

En efecto, si se analizan las Constituciones estadales se evidencia que en materia tributaria, las mismas se limitan a repetir el carácter residual de la competencia estadal aplicado a la materia tributaria, pero sin identificar con precisión el ámbito de la potestad tributaria de los Estados. La Constitución del Estado Aragua, antes de 1980, establecía como competencia de la Asamblea Legislativa la de "establecer impuestos de carácter general en cuanto no colidan con la Constitución Nacional y siempre sobre la base de justicia e igualdad tributaria, con el fin de lograr una repartición de impuestos y contribuciones progresivas, proporcional a la capacidad económica del contribuyente, la elevación del nivel de vida y del poder adquisitivo de los consumidores y la protección e incremento de la economía nacional"[1114].

Sin embargo, a pesar de la amplitud de esta fórmula, el único impuesto establecido en algún Estado era el que pecha las loterías y rifas[1115], repitiéndose esa situación en casi todos los Estados de la República[1116]. Por tanto, materialmente no tenían ingresos tributarias y la casi totalidad de sus ingresos han provenido del Situado Constitucional[1117]. Es más, en general en Venezuela, cuando se habla de la potestad tributaria originaria se la sitúa sólo a nivel municipal y a nivel nacional, conforme a normas expresas de la Constitución. En efecto, a nivel nacional, el artículo 316, ordinal 8°, determina una competencia tributaria como de la competencia del Poder Nacional, para determinados tributos; y además, el artículo 31 establece, para los Municipios, competencias tributarias originarias en diversos rubros: patentes sobre industria y comercio; impuesto sobre inmuebles urbanos; impuestos sobre espectáculos públicos. En contraste, la Constitución no establece directamente, tributo alguno a nivel estadal; es decir, no hay una asignación expresa de competencias tributarias a nivel de los Estados. Ella, sin embargo, no puede conducir a negarla; al contrario, pensamos que la Constitución establece, indirectamente, una competencia tributaria estadal que no ha sido utilizada. En efecto, la Constitución dice, en el artículo 136, que competen al Poder Nacional los impuestos "que recaigan sobre la producción y consumo de bienes que total o parcialmente la ley reserva al Poder Nacional, tales como las de alcoholes, licores, cigarrillos, fósforos y salinas", en tal sentido, la Constitución Nacional, dice que corresponden al Poder Nacional esos impuestos sobre la producción y consumo de bienes cuando total o parcialmente se reservan por ley al Poder Nacional. Por tanto, si no hay una ley que reserve total o parcialmente al Poder Nacional determinados impuestos a la producción y al con-

---

1113 Artículo 136, ordinales 8 y 31.

1114 Artículo 41, ordinal 23.

1115 Véase por ejemplo, la Ley de Loterías y Rifas de 31-1-44 en *Recopilación de Leyes del Estado Aragua*, Maracay, 1975, pp. 69 y ss.

1116 *Cfr. Informe sobre el Sistema Fiscal de Venezuela*, Misión Shoup, Tomo II, Caracas, M. de H. 1960, p. 43.

1117 Más del 90% de los ingresos presupuestarios de los Estados han provenido del Situado Constitucional. *Cfr. idem.*, p. 43.

sumo de bienes, éstos no son nacionales; o sea, sólo son nacionales los impuestos a la producción y al consumo de bienes que la ley haya reservado total o parcialmente al Poder Nacional, tales como alcoholes, licores, cigarrillos, fósforos y salinas, y precisamente estos casos son los que se han regulado en las leyes nacionales de las llamadas rentas de licores, de cigarrillos, de fósforos y de salinas. Pero fuera de estos impuestos a la producción o al consumo, relativos a los alcoholes, licores, cigarrillos, fósforos y salinas, no hay otra ley nacional que haya* reservado al Poder Nacional impuesto al consumo o la producción de bienes, por lo que en esta materia se aplica la competencia residual de los Estados. Así, corresponden a los Estados, en base a la competencia residual, los otros impuestos a la producción y consumo de bienes, hasta tanto una ley nacional los reserve al Poder Nacional. Esto lo confirma el artículo 18, ordinal 2°, al señalar, que "los Estados no podrán gravar bienes de consumo antes de que entren en circulación dentro de su territorio"; por lo cual sí pueden gravar bienes de consumo después de que entren en circulación en su territorio. También, el ordinal 3° del mismo artículo 18 establece que: "Los Estados no podrán prohibir el consumo de bienes producidos fuera de su territorio, ni gravarlos en forma diferente a los producidos en él"; por lo cual sí pueden gravar bienes de consumo en forma igual a los producidos en él. La limitación del ordinal 4° también se aplica en el sentido de que no pueden los Estados "crear impuestos sobre el ganado en pie o sobre sus productos o subproductos", con lo cual si bien se admite la competencia tributaria de los Estados sobre la producción, ella no puede caer sobre la producción agropecuaria.

b". *El ámbito de los impuestos a la producción y consumo de bienes*

En consecuencia, el ámbito propio de la potestad tributaria de los Estados es el de los impuestos a la producción y consumo de bienes, lo que surge de la interpretación del ordinal 8°, del artículo 136 y del artículo 18 de la Constitución.

En efecto, conforme al ordinal 8° del artículo 136 de la Constitución, se reserva al Poder Nacional la organización, recaudación y control de las contribuciones que "recaigan sobre la producción de bienes que total o parcialmente la ley reserva al Poder Nacional, tales como las de alcoholes, licores, cigarrillos, fósforos y salinas".

Del análisis de esta norma se deduce lo siguiente:

a) Que no existe una auténtica reserva constitucional al Poder Nacional en materia de impuestos a la producción y al consumo de bienes, sino que la Constitución remite a la ley la determinación de los impuestos de tal naturaleza que se reserven a dicho Poder.

b) En esta forma, sólo los impuestos a la producción y consumo de bienes que la ley nacional haya reservado expresamente al Poder Nacional, le corresponden exclusivamente. Estos eran, hasta 1989, los que gravan los cigarrillos, los alcoholes y licores, los fósforos y salinas[1118].

1118 Véase la Ley de Impuestos sobre Cigarrillos y Manufacturas del Tabaco de 13-9-78 y la Ley de Impuesto sobre Alcohol y Especies Alcohólicas de 13-9-78 en *Gaceta Oficial* N° 2.309, Extraordinaria de 14-9-

c) Por otra parte, aun en los casos en que la ley nacional reserva al Poder Nacional un impuesto a la producción y al consumo de bienes como los indicados, esa ley puede contener una reserva parcial, por lo que la misma podría atribuir a los Estados la recaudación de parte de dichos impuestos.

d) Todos los impuestos a la producción y al consumo de bienes, excluidos los que recaigan sobre los alcoholes, licores, cigarrillos, fósforos y salinas, son de la potestad tributaria de los Estados, tal como lo confirma, en cuanto a los impuestos al consumo de bienes, lo expresado en el artículo 18 de la Constitución[1119].

e) El ejercicio de esa potestad tributaria originaria de los Estados para establecer impuestos a la producción y consumo de bienes, debe sujetarse a las siguientes normas establecidas en el artículo 18 de la Constitución:

1. En cuanto a los impuestos al consumo sólo pueden gravar el consumo de bienes producidos en su territorio o después que entren en circulación dentro de su territorio; y en caso de gravar el consumo de bienes producidos fuera de su territorio, no pueden gravarlos en forma diferente a los producidos en él.

2. En cuanto a los impuestos a la producción, no pueden gravar el ganado en pie ni sus productos o subproductos.

De lo anterior se deduce claramente que los Estados tienen una muy amplia potestad tributaria originaria para gravar la producción y al consumo de bienes que no había sido utilizada hasta 1989[1120].

Ahora bien, con motivo de la emisión de la Ley Orgánica de Descentralización, Delimitación y Transferencia de competencias del Poder Público de 1989, se ha ampliado la competencia tributaria de los Estados en los siguientes aspectos:

1. En materia de impuesto de timbre fiscal fijo, es decir, de papel sellado, la competencia de organización, recaudación, control y administración de dicho ramo, la competencia ha sido transferida de manera exclusiva a los Estados (Art. 11, Ord. 1°).

2. En materia de impuestos a la producción, se prevé la transferencia de competencia exclusiva a los Estados en materia de organización, recaudación y control de impuestos a la explotación de minerales no metálicos, salinas y ostrales de perlas (Art. 11, Ord. 2°).

3. En materia de impuestos al consumo, se transfirió en forma exclusiva a los Estados, la organización, recaudación, control y administración de los impuestos específicos al consumo (Art. 11, Ord. 4°).

78; el Estatuto Orgánico de la Renta Nacional de Fósforos de 24-3-50 en *Gaceta Oficial* N° 23.190 de 30-10-50; y la Ley Orgánica de la Renta de Salinas del 1-8-57 en *Gaceta Oficial* N° 24.425 de 7-8-57.

1119 *Cfr.* lo que indicamos en Allan R. Brewer-Carías, "La Hacienda Pública Venezolana. Bases Constitucionales para su Estudio" en Allan R. Brewer-Carías, *Jurisprudencia de la Corte Suprema 1930-1974. y estudios de Derecho Administrativo*, Tomo II, Caracas, 1976, p. 115.

1120 Sólo conocemos una Ley de Impuestos sobre Consumo del Estado Zulia del 11-10-48 en *Gaceta Oficial* del Estado N° 10, Extraordinaria de 11-10-48, la cual aparentemente, gravaba las importaciones de bienes, por lo cual fue calificada de inconstitucional. *Cfr.*, *Informe sobre el Sistema Fiscal de Venezuela Misión Shoup, cit.*, Tomo II, p. 43.

c''. *Los impuestos a las ventas*

Ahora bien, dentro de estos impuestos a la producción y consumo de bienes están todos aquellos *impuestos a las ventas*, en todas sus modalidades (ventas al por mayor, al detal, de los manufactureros o al valor agregado), los cuales puede considerarse que son de la competencia de los Estados, hasta tanto una ley nacional no los reserve al Poder Nacional. No hay que olvidar que los impuestos a las ventas en los Estados Federales son, en general, de la competencia estadal y no federal, tal como sucede en los Estados Unidos[1121].

En nuestro país, sin embargo, en cuanto a estos impuestos a las ventas, la Ley Habilitante de 1993 autorizó al Presidente de la República a dictar la Ley de Impuesto al Valor Agregado, lo que se hizo en 1993, como impuesto nacional, pero previendo expresamente la participación de Estados y Municipios en su producto. Dicho impuesto se sustituyó, en 1994, por el Impuesto al Consumo Suntuario y las Ventas al por Mayor, dejándose la misma participación.

En todo caso, en relación a los impuestos a las ventas, debe considerarse que éstos, con tasas muy bajas, pueden producir ingresos fiscales relativamente cuantiosos al tener una base mucho más amplia (consumo). Sin embargo, estos impuestos a las ventas pueden afectar la capacidad contributiva de las personas de menores recursos y aumentar el costo de la vida. Por ello, en su establecimiento deben tenerse en cuenta los principios contenidos en el artículo 223 de la Constitución, en el sentido de que deben procurar "la justa distribución de las cargas según la capacidad económica del contribuyente, atendiendo al principio de la progresividad, así como la protección de la economía nacional y la elevación del nivel de vida del pueblo".

c. *Las competencias concurrentes*

Aparte de las competencias de los Estados enumeradas en el artículo 17 de la Constitución y que son todas de carácter formal excepto por lo que se refiere a la policía urbana y rural, en el texto fundamental pueden identificarse otra serie de competencias que corresponden a los Estados, en forma concurrente con las competencias de otros niveles territoriales.

En efecto, la Constitución consagra una serie de competencias que no se reservan a ninguna de las ramas del Poder Público en sentido vertical. Hemos dicho que la totalidad de los entes que conforman la organización política de la Nación, a la que la Constitución engloba bajo el término "Estado", realizan su actividad en ejercicio también de una sola potestad genérica, "el Poder Público", que se distribuye vertical y horizontalmente. Por ello todas las veces que la Constitución utiliza la palabra "Estado", tiene que entenderse comprensivo de la totalidad de los entes que conforman la organización política nacional. En cambio, cuando la Constitución ha querido hablar específicamente de la República, de los Estados o de los Municipios, lo ha hecho expresamente. Por ejemplo, en la redacción del artículo 124, al establecer que "Nadie que esté al servicio de la República, de los Estados, de los Municipios y demás personas jurídicas de derecho público, podrá celebrar contrato alguno con ellos. . .". Así, cuando la Constitución ha querido mencionar a las personas jurídicas

---

1121 *Cfr.* Maurice Duverger, *Hacienda Pública*, Barcelona, 1968, p. 414.

estadales concretas dentro de la distribución vertical del poder, lo hace expresamente. De resto, cuando utiliza la expresión "Estado" tiene que entenderse que es una expresión comprensiva de todos los órganos que conforman la organización política de la nación, en los tres niveles territoriales, que ejercen las competencias que se han delineado de acuerdo a los principios constitucionales.

Por tanto el tercer grupo de competencias de los Estados, es el que resulta de las materias que son atribuidas en forma concurrente a la República, a los Estados y a los Municipios. Se insiste, si se analizan en forma concatenada los artículos relativos a los derechos económicos y sociales[1122] y los que asignan atribuciones a los Municipios[1123] y al Poder Nacional[1124], resulta que hay una serie de competencias atribuidas al Estado, como noción que abarca al conjunto de entes orgánico-territoriales de nuestro país (República, Estados y Municipios), y que corresponden en forma concurrente a los diversos niveles territoriales.

Estas competencias atribuidas por la Constitución al "Estado", por tanto, como ha quedado argumentado, no son atribuidas a la República ni al Poder Nacional exclusivamente, sino que corresponden a todos los entes público-territoriales de nuestra organización federal: a la República, a los Estados Federales y a los Municipios. Cada uno de ellos tiene competencia en esas materias, con las limitaciones que se derivan de las regulaciones de los artículos 30 y 136 de la Constitución, que puedan asignar exclusivamente algunas materias a los niveles municipales y nacional, lo cual excluiría la competencia estadal.

Sin embargo, hemos señalado que el Poder Nacional tiene una competencia genérica, establecida en el ordinal 25 del artículo 136, respecto de las materias que por su índole o naturaleza correspondan al nivel nacional. En base a esos criterios, muchas materias que la Constitución atribuye al "Estado" general (que comprende la República, los Estados y los Municipios), han sido reguladas por la República (por las Cámaras Legislativas) y han adquirido esa connotación nacional. Pero si eso no se ha hecho en otras materias de competencias concurrentes, no se pueden excluir las competencias estadales y municipales que pueda haber, así como tampoco la regulación nacional excluye las competencias estadales y municipales, salvo por lo que se refiere al necesario sometimiento a la jerarquía normativa nacional, por la concurrencia de competencias.

Veamos algunos ejemplos: el artículo 72 dice: "El Estado protegerá las asociaciones, corporaciones, sociedades y comunidades que tengan por objeto el mejor cumplimiento de los fines de la persona humana y de la convivencia social y fomentará la organización de cooperativas y demás instituciones destinadas a mejorar la economía popular". En este artículo 72, que es uno de esos artículos programáticos del texto constitucional, está la clave de una expresión que ha sido tan utilizada políticamente y tan poco llevada a la práctica en todo el período democrático, como es la de la participación. Es en este artículo donde podría tener su fundamento todo el proceso de organización social del pueblo, como base para un sistema participativo

---

1122 Artículos 72 a 109.

1123 Artículo 30.

1124 Artículo 136.

que no sólo se concreta en organizar cooperativas, de las que habla la norma, sino a otras instituciones destinadas al mejoramiento de la economía popular y, en general, todo lo que tiene por objeto el mejor cumplimiento de los fines de la persona humana y la convivencia social.

Ahora bien, cuando la norma dice: "El Estado protegerá las asociaciones, corporaciones, sociedades y comunidades...", no tiene por qué referirse sólo a la República (el Estado Nacional), sino que también asigna una competencia programática a los Estados de nuestro sistema federal, y a los Municipios. Si sólo los Estados asumieran la conducción de un proceso de participación a nivel local y de organización social de la población, podría provocarse una reforma política, sin precedentes en nuestro país.

El artículo siguiente, el 73, también señala: "El Estado protegerá la familia como célula fundamental de la sociedad y velará por el mejoramiento de su situación moral y económica...". Esta tampoco es una tarea exclusiva del Estado Nacional (la República), y que se realiza a través de una entidad descentralizada funcionalmente (Instituto Nacional del Menor) sometido a la tutela del Ministerio de la Familia; al contrario, esta es una tarea que corresponde a todos los entes político-territoriales: la República, los Estados, y los Municipios. Por ello, además, la Ley Orgánica de Descentralización de 1989, prevé la transferencia a los Estados de los servicios nacionales en materia de protección de la familia y en especial, del menor (Art. 4, Ord. 2°).

Bajo este mismo ángulo, cuando el artículo 73 dice: "La ley protegerá al matrimonio, promoverá la organización del patrimonio familiar inembargable y proveerá lo conducente a facilitar a cada familia la adquisición de vivienda cómoda e higiénica"; por "Ley" debe entenderse aquí el acto legislativo dentro de los respectivos niveles territoriales de competencia, y no sólo la ley nacional. La remisión es a una ley nacional sólo en aquellas áreas que son de la competencia nacional, por ejemplo, en cuanto a la organización del patrimonio familiar inembargable. Esto es una regulación nacional, porque incide sobre las normas de procedimiento, y de acuerdo al artículo 136, ordinal 24, la legislación de procedimientos es de la reserva nacional. Este es un punto que sí correspondería ser regulado por una ley nacional, pero no tiene por qué corresponder a una ley nacional, el proveer lo conducente para facilitar a cada familia la adquisición de vivienda cómoda e higiénica. El proceso de desarrollo de la vivienda no puede ser sólo una responsabilidad y competencia del nivel nacional, que ejerce a través de un ente descentralizado (el INAVI), sino que realmente es una competencia de todos los entes territoriales. Por ello, la Ley Orgánica de Descentralización de 1989 estableció la posibilidad de transferencia a los Estados de los servicios nacionales de vivienda popular, urbana y rural (Art. 4, Ord. 14).

Otro principio de competencias concurrentes está en el artículo 75 de la Constitución que ha sido, inclusive, calificado como programático por la Corte Suprema de Justicia al conocer de un, recurso de nulidad del Código Civil antes de su reforma en 1982[1125]. En el recurso se alegó que la norma del Código Civil violaba el mencionado artículo de la Constitución, en el cual se dispone lo siguiente: "La ley proveerá lo conducente para que todo niño, sea cual fuere su filiación, pueda conocer a sus pa-

1125 Véase sentencia de la CSJ, Corte Plena de 27-5-69, en *Gaceta Forense*, N° 64, 1969. pp. 21 y ss.

dres, para que éstos cumplan el deber de asistir, alimentar y educar a sus hijos, y para que la infancia y la juventud estén protegidas contra el abandono, la explotación o el abuso. La filiación adoptiva será amparada por la Ley. El Estado compartirá con los padres, de modo subsidiario y atendiendo las posibilidades de aquéllos, la responsabilidad que les incumbe en la formación de los hijos. El amparo y la protección de los menores serán objeto de legislación especial y de organismos y tribunales especiales".

En esta norma, ¿por qué el "Estado" va a ser sólo la "República"? El Estado allí es toda la organización política de la Nación, a todos los niveles y esta es una tarea que además, debe cumplirse a nivel local. De nuevo se nos plantea el problema del centralismo. ¿Cómo podemos racionalmente imaginarnos que en un país de la magnitud de los problemas de Venezuela, la atención pública de modo subsidiario, en la formación de los hijos, corresponda al nivel nacional que hoy se presta a través de un instituto autónomo, el Instituto Nacional del Menor? Por ello, como se dijo, la Ley Orgánica de Descentralización de 1989 estableció la posibilidad de transferencia de competencia a los Estados de los servicios nacionales de protección a los menores (Art. 4, Ord. 2).

El artículo 76 de la Constitución también establece: "Todos tienen derecho a la protección de la salud. Las autoridades velarán por el mantenimiento de la salud pública y proveerán los medios de prevención y asistencia a quienes carezcan de ellos. Todos están obligados a someterse a las medidas sanitarias que establezca la ley, dentro de los límites impuestos por el respeto a la persona humana". Las autoridades a las cuales se refiere la norma, son las autoridades públicas de todos los niveles territoriales. Ello se confirma en el artículo 136, ordinal 17, que atribuye al Poder Nacional la dirección técnica y la coordinación de los servicios destinados a la defensa de la salud pública, con lo cual se reconoce que también, en el nivel estadal y municipal existen competencias en materia de salud. De pasó debe señalarse que este es el único artículo de la Constitución en el cual se habla de centralización, pero denominándola nacionalización; o sea, se reconoce que estos servicios destinados a la salud, pueden estar a nivel estadal y municipal, al establecerse que "por ley", pueden ser nacionalizados", en el sentido de conversión de una competencia concurrente en una reservada al nivel; es decir, conversión en nacional de lo que es estadal o municipal en materia de salud.

Sin duda, el empleo de este término de nacionalización es confuso, pues debió haberse utilizado la expresión centralización, para confrontarla con la expresión del artículo 137 que habla de descentralización. Esta facultad de centralización de servicios públicos destinados a la salud, mediante una ley, se ha ejercido en relación a los servicios de recolección de basura en Caracas, mediante la Ley que creó el Instituto Metropolitano de Aseo Urbano, liquidado en 1993 y en relación a los servicios públicos de atención médica con la Ley Orgánica del Sistema Nacional de Salud. En 1993, en todo caso, la Ley Orgánica de Descentralización previo la transferencia a los Estados de los servicios nacionales de salud pública y nutrición, observando la dirección técnica, las normas administrativas y la coordinación de los servicios por el Poder Nacional (Art. 4, Ord. 16).

El artículo 77 de la Constitución también hace referencia al Estado para identificar competencias concurrentes. Dice: "El Estado propenderá a mejorar las condiciones de vida de la población campesina". Por supuesto, esta es una función que no sólo le corresponde a nivel nacional a través de un instituto autónomo, el Instituto Agrario Nacional, sino que corresponde en forma concurrente a los niveles estadal o municipal. Por ello, la Ley Orgánica de Descentralización de 1989 regula entre los servicios nacionales transferibles a los Estados, los servicios tendientes a mejorar las condiciones de vida de la población campesina (Art. 4, Ord. 3).

En el artículo 78, al regular el derecho a la educación, la Constitución establece: "El Estado creará y sostendrá escuelas, instituciones y servicios suficientemente dotados para asegurar el acceso a la educación y a la cultura...". El Estado, en esta norma no sólo es la República, sino también los niveles estadales y municipales. Puede decirse que en ningún país del mundo la educación es sólo un servicio nacional y en general, es un servicio municipal y del nivel político intermedio. Nacional es, por ejemplo, la competencia en la organización de los currícula, programas, requisitos de exámenes para obtener títulos, reválidas, etc.; pero la prestación del servicio tiene que ser un problema local. Sin embargo, a pesar del sistema constitucional concurrente en esta materia, el centralismo se ha acentuado y para ello se ha partido del supuesto de que hay incapacidad administrativa y humana en el nivel local, pero nos hemos olvidado de que jamás habrá capacidad administrativa y humana en los niveles locales, si no descentralizamos. Por ello, el artículo 4, Ord. 5° de la Ley Orgánica de Descentralización reguló como servicios nacionales transferibles a los Estados, los relativos a "la educación, en los diversos niveles y modalidades del sistema educativo, de conformidad con las directrices y bases que establezca el Poder Nacional".

En esta materia educativa, al establecer el derecho de toda persona natural o jurídica, para dedicarse libremente a las ciencias y artes las somete a la suprema inspección y vigilancia del Estado (Art. 79); y además, precisa que "El Estado orientará y organizará el sistema educativo para lograr el cumplimiento de los fines aquí señalados (Art. 80)". Este "Estado" comprende todos los niveles político-territoriales.

También, cuando el artículo 83 señala, que el Estado fomentará la cultura en sus diversas manifestaciones y velará por la protección y conservación de las obras, objetos y monumentos de valor histórico o artístico que se encuentren en el país, y procurará que ellos sirvan al fomento de la educación". El "Estado" que debe fomentar la cultura está compuesto, por los tres niveles territoriales: la República, los Estados y Municipios. En particular, en los Estados de la Federación es donde realmente deben desarrollarse los centros culturales del país. La cultura no puede ser una competencia única del Consejo Nacional de la Cultura, instituto autónomo nacional, pues la cultura no sólo es un problema nacional. Por ello, también, la Ley Orgánica de Descentralización regula dentro de los servicios transferibles a los Estados, "la cultura en sus diversas manifestaciones, la protección y conservación de las obras, objetos y monumentos de valor histórico y artístico" (Art. 4, Ord. 6°).

Por otra parte, cuando la Constitución establece en el artículo 84, que "todos tienen derecho al trabajo", agrega que "el Estado procurará que toda persona apta pueda obtener colocación que le proporcione una subsistencia digna y decorosa". Esta es una responsabilidad de todos los niveles territoriales, inclusive el estadal. De allí que los "servicios de empleo" sean de los servicios transferibles a los Estados de acuerdo con el artículo 4, Ord. 8° de la Ley Orgánica de Descentralización.

El mismo enfoque se debe hacer en materia de desarrollo económico. Cuando el artículo 95, dice que "el Estado promoverá el desarrollo económico": ¿por qué ha de ser esa una obligación sólo de la República? Al contrario, eso quiere decir que la República, los Estados y los Municipios promoverán el desarrollo económico y la diversificación de la producción, con el fin de crear nuevas fuentes de riqueza, aumentar el nivel de ingresos de la población y fortalecer la soberanía económica del país. En tal sentido, el artículo 4°, Ord. 1° de la Ley Orgánica de Descentralización establece como servicios transferibles a los Estados, los de "la planificación, coordinación y promoción de su propio desarrollo integral, de conformidad con las leyes nacionales de la materia".

Lo mismo debe decirse respecto del artículo 98. Este dispone, que "el Estado protegerá la iniciativa privada, sin perjuicio de la facultad de dictar medidas, para planificar, racionalizar y fomentar la producción y regular la circulación, distribución y consumo de la riqueza a fin de impulsar el desarrollo económico del país". Estas tareas, dentro de sus respectivos niveles de competencia corresponden a los tres niveles territoriales. Por ejemplo, nada autoriza a considerar que el fomento sea una actividad nacional, pues también es una actividad que compete a todos los Estados y Municipios. Por ello el artículo 4, Ord. 9° de la Ley Orgánica de Descentralización regula como servicio nacional transferible a los Estados, los relativos a la promoción de la agricultura, la industria y el comercio.

Por su parte, el artículo 106 de la Constitución, establece: "el Estado atenderá a la defensa y conservación de los recursos naturales de su territorio, y la explotación de los mismos estará dirigida primordialmente al beneficio colectivo de los venezolanos". Esto corresponde, ciertamente al Poder Nacional, y para ello se ha creado el Ministerio del Ambiente y de los Recursos Naturales Renovables, pero también corresponde a los niveles estadales y municipales. De allí que el artículo 4, Ord. 11 de la Ley Orgánica de Descentralización prevea como servicios nacionales transferibles a los Estados, lo relativo a la conservación, defensa y mejoramiento del ambiente y los recursos naturales.

En esta forma, y en resumen del análisis de las mencionadas normas constitucionales, resulta que son de la competencia de los Estados de nuestra Federación por no ser, por su índole o naturaleza, de la exclusiva competencia del Poder Nacional, las siguientes:

1. Proteger las asociaciones, corporaciones, sociedades y comunidades que tengan por objeto el mejor cumplimiento de los fines de la persona humana y de la convivencia social, y fomentar la organización de cooperativas y demás instituciones destinadas a mejorar la economía popular[1126].

2. Proteger la familia como célula fundamental de la sociedad y velar por el mejoramiento de su situación moral y económica[1127].

3. Compartir con los padres, de modo subsidiario y atendiendo a las posibilidades de aquéllos, la responsabilidad que les incumbe en la formación de los hijos[1128].

1126 Artículo 72.

1127 Artículo 73.

1128 Artículo 75.

4. Velar por el mantenimiento de la salud pública y proveer los medios de prevención y asistencia a quienes carezcan de ellos[1129] con sujeción a la dirección técnica, las normas administrativas y la coordinación de los servicios destinados a la defensa de la salud pública que establezca el Poder Nacional[1130] y son perjuicio de las competencias municipales en el campo de la salubridad y asistencia social[1131].

5. Mejorar las condiciones de vida de la población campesina[1132].

6. Crear y sostener escuelas, instituciones y servicios suficientemente dotados para asegurar el acceso de todos, en forma gratuita, a la educación y la cultura[1133] conforme a las directrices y bases de la educación nacional establecidas por el Poder Nacional[1134].

7. Estimular y proteger la educación privada que se imparta de acuerdo con los principios contenidos en la Constitución Nacional y en las leyes[1135].

8. Fomentar la cultura en sus diversas manifestaciones y velar por la protección y conservación de las obras, objetos y monumentos de valor histórico o artístico que se encuentren en el Estado, y procurar que ellos sirvan al fomento de la educación[1136].

9. Procurar que toda persona apta pueda obtener colocación que le proporcione una subsistencia digna y decorosa[1137].

10. Promover el desarrollo económico y la diversificación de la producción en el Estado, con el fin de crear nuevas fuentes de riqueza y aumentar el nivel de ingresos de la población[1138].

11. Proteger la iniciativa privada, sin perjuicio de la facultad de dictar medidas para planificar, racionalizar y fomentar la producción en el Estado, a fin de impulsar su desarrollo económico[1139].

12. Atender a la defensa y conservación de los recursos naturales de su territorio, y cuidar que la explotación de los mismos esté dirigida primordialmente al beneficio colectivo de los venezolanos sin perjuicio de las competencias del Poder Nacional en la conservación, fomento y aprovechamiento de los montes, aguas y otras riquezas naturales[1140].

1129 Artículos 76 y 77.

1130 Artículo 136, ordinal 17.

1131 Artículo 30.

1132 Artículo 77.

1133 Artículo 78.

1134 Artículo 136, ordinal 16.

1135 Artículo 79.

1136 Artículo 83.

1137 Artículo 84.

1138 Artículo 95.

1139 Artículo 98.

1140 Artículo 106.

B. *Las bases legislativas para la descentralización política de la Federación*

Ahora bien, siguiendo las orientaciones antes señaladas, la Comisión Especial de la Cámara de Diputados designada en 1989 para la elaboración del Proyecto de Ley de Transferencia de Competencia a los Estados, elaboró un Proyecto de Ley que fue sancionado el 28 de diciembre de 1989, denominado "Ley Orgánica de descentralización, delimitación y transferencia de competencias del Poder Público"[1141] que entró en vigencia el 1° de enero de 1990, en la cual se establecen las bases legislativas para la descentralización política de la Federación en Venezuela, mediante el reforzamiento del papel no sólo de los Estados, sino incluso del Distrito Federal al cual, también debe extenderse la normativa de la Ley "en la medida que les sea posible" (Art. 2).

Interesa, por tanto, analizar esas bases legales para la revitalización del federalismo en Venezuela, tal como se establece en esta Ley Orgánica, cuyo objeto múltiple se enumera en el artículo 1° así:

1. Desarrollar los principios constitucionales para promover la descentralización administrativa;
2. Delimitar competencias entre el Poder Nacional y los Estados;
3. Determinar las funciones de los Gobernadores de los Estados como agentes del Ejecutivo Nacional;
4. Determinar las fuentes de ingresos de los Estados;
5. Coordinar los planes anuales de inversión de las Entidades Federales con los que realice el Ejecutivo Nacional en ellas; y
6. Facilitar la transferencia de la prestación de los servicios del Poder Nacional a los Estados.

Debe señalarse que la Ley Orgánica de Descentralización, a pesar de haber sido publicada a fines de 1989, durante sus primeros años de vigencia, no fue objeto de ejecución sistemática, ni el Gobierno Nacional definió su ejecución, como una política gubernamental. La descentralización solo consistió en una Ley Orgánica, cuya ejecución parcial quedó en manos de las Asambleas Legislativas, las cuales aprobaron algunas leyes estadales en el ámbito de las competencias concurrentes.

Solo fue a partir de junio de 1993, durante el gobierno de transición hasta febrero de 1994, que la descentralización se asumió como una política gubernamental, a cuyo efecto el Consejo de Ministros no sólo aprobó cerca de 15 reglamentos de la Ley, sino que alentó el proceso habiéndose suscrito los primeros convenios de transferencia de servicios en materia de competencias concurrentes, como salud, con cinco Estados. En esa tarea fue fundamental la designación de un Ministro de Estado para la Descentralización[1142], lo que también ocurrió entre 1994 y marzo de 1996.

1141 *Gaceta Oficial* N° 4.153 Extra de 28-12-82.

1142 Véase Decreto N° 3.032 de 7-6-93 en *G.O.* N° 35.229 de 9-6-93. Véase *Informe sobre la Descentralización en Venezuela, 1993. Memoria del Dr. Allan R. Brewer-Carías, Ministro del Estado para la Descentralización,* Caracas, 1994, 1028 pp.

a. *La descentralización de las materias de competencia concurrente*

a'. *La enumeración de las competencias concurrentes entre los niveles del Poder Público*

La Ley Orgánica, luego de repetir en su artículo 3 la enumeración de las competencias de los Estados que realiza el artículo 17 del texto fundamental, las que califica como de "competencia exclusivas de los Estados", establece una lista de materias que se denominan "competencias concurrentes" y que viene a configurarse como el primer reconocimiento formal por parte de los órganos del Poder Nacional, en el sentido de que la Constitución, como antes se ha indicado, permite identificar esas materias concurrentes entre los diversos niveles del Poder Público, y que por tanto, corresponden por igual a la República (Poder Nacional), a los Estados (Poder Estadal), y a los Municipios (Poder Municipal).

En relación a esas materias, en el artículo 4 de la Ley, por otra parte, se puede encontrar un reconocimiento formal del proceso de centralización, en el sentido de que a pesar del carácter concurrente de las competencias, el Poder Nacional, sin embargo las había venido asumiendo; y que por ello, ahora en virtud de la nueva Ley, se establece como una formulación de política estatal, el que dichas materias "serán transferidas progresivamente a los Estados".

En efecto, el artículo 4 de la Ley Orgánica establece que "en ejercicio de las competencias concurrentes que establece la Constitución, y conforme a los procedimientos que esta Ley señala, serán transferidos progresivamente a los Estados, los siguientes servicios que actualmente presta el Poder Nacional":

1°) La planificación, coordinación y proporción de su propio desarrollo integral, de conformidad con las leyes nacionales de la materia;

2°) La protección de la familia y en especial del menor;

3°) Mejorar las condiciones de vida de la población campesina;

4°) La protección de las comunidades indígenas atendiendo a la preservación de su tradición cultural y la conservación de sus derechos sobre su territorio;

5°) La educación, en los diversos niveles y modalidades del sistema educativo, de conformidad con las directrices y bases que establezca el Poder Nacional;

6°) La cultura en sus diversas manifestaciones, la protección y conservación de las obras, objetos y monumentos de valor histórico o artístico;

7°) El deporte, la educación física y la recreación; 8ª) Los servicios de empleo;

9°) La formación de recursos humanos, y en especial los programas de aprendizaje, capacitación y perfeccionamiento profesional; y de bienestar de los trabajadores;

10°) La promoción de la agricultura, la industria y el comercio;

11°) La conservación, defensa y mejoramiento del ambiente y los recursos naturales;

12°) La ordenación del territorio del Estado de conformidad con la Ley Nacional;

13°) La ejecución de las obras públicas de interés estadal con sujeción a las normas o procedimientos técnicos para obras de ingeniería y urbanismo establecidas por el Poder Nacional y Municipal, y la apertura y conservación de las vías de comunicación estadales;

14°) La vivienda popular, urbana y rural;

15°) La protección a los consumidores, de conformidad con lo dispuesto en las leyes nacionales;

16°) La salud pública y la nutrición, observando la dirección técnica, las normas administrativas y la coordinación de los servicios destinados a la defensa de las mismas que disponga el Poder Nacional;

17°) La investigación científica; y

18°) La defensa civil.

Conforme al Parágrafo Único del artículo 1° del Reglamento Parcial N° 1 de la Ley Orgánica de Descentralización, sobre las Transferencias de Servicios y Competencias a los Estados y los Acuerdos previos a la transferencia de servicios y la cogestión dictado por Decreto N° 3.250 de 18 de noviembre de 1993[1143], se entiende por servicios la organización comprehensiva del personal, de los bienes y de los recursos financieros que los órganos del Poder Nacional destinan para gestionar las materias que los Estados asuman de conformidad con los procedimientos establecidos en la Ley Orgánica y su Reglamento Parcial N° 1.

Las competencias concurrentes y los respectivos servicios establecidos en el artículo 4° de la Ley Orgánica de Descentralización, constituyen actividades básicas dentro de las tareas del Estado, como servicios públicos que están destinados a la satisfacción de necesidades fundamentales de la sociedad en cada uno de los Estados. De ellos, son de índole social, la educación, la salud, la protección de la familia y del menor, la atención a las comunidades indígenas, el mejoramiento de las condiciones de vida de la población campesina, los servicios de empleo, la formación de recursos humanos y de bienestar de los trabajadores, el deporte, la educación física y la recreación, la vivienda popular, urbana y rural.

Corresponden al plano cultural y científico, los servicios para la formación de la cultura, en sus diversas manifestaciones y la protección y conservación de obras, objetos y monumentos de valor histórico o artístico y la investigación científica.

Los servicios de índole económica están referidos a la planificación, coordinación y promoción del desarrollo integral del ámbito estadal, la promoción de la agricultura, la industria y el comercio y la protección a los consumidores.

Entre los servicios de índole ambiental, ordenación territorial y de infraestructura están la conservación del territorio del Estado, la ejecución de obras públicas de interés estadal y la prestación de servicios públicos.

En lo atinente a la seguridad y orden público está la defensa civil.

1143 Véase el texto en *G.O.* N° 3.250 de 18-11-93.

Este conjunto de servicios a ser transferidos progresivamente a los Estados, constituye, en esencia, la descentralización negociada que anima la Ley Orgánica de Descentralización, mediante concertación entre el Poder Nacional y los Estados. Así se le da respuesta, en buena medida, a las exigencias de las comunidades en los campos social, económico, cultural, ambiental y de seguridad y orden público, aún cuando en el económico no se contempla una actividad productiva de tanta actualidad, como la información estadística y automatizada. Sin embargo, son servicios que la dinámica del proceso de descentralización ha incorporado de hecho en los acuerdos y convenios que adelantan algunos Estados con los órganos del Poder Nacional.

En algunos casos de servicios de orden social y ambiental-territorial, como son: educación, salud y nutrición, ordenación del territorio y ejecución de obras públicas de interés estadal, más que una transferencia, puede decirse que se trata de una delimitación de competencias entre los diversos niveles de gobierno.

Además de la anterior enumeración de servicios que el Poder Nacional reconoce como concurrentes y centralizados, a los efectos de su progresiva transferencia a los Estados, la Ley Orgánica, en forma indirecta, establece otro conjunto de materias que se consideran como de competencias concurrentes, y que son "la prestación de los servicios públicos de agua, luz, teléfonos, transporte y gas", respecto de los cuales la Ley no prescribe la necesaria transferencia progresiva a los Estados, sino que se limita en el artículo 5 a establecer como definición de política pública, que la prestación de esos servicios "podrá ser administrada por empresas venezolanas de carácter mixto, bien sean nacionales, estadales o municipales", pon lo que se abre campo a la privatización parcial de esos servicios, al preverse la constitución de empresas mixtas, es decir, con participación de capital privado, en aquellos casos en los cuales dichos servicios se presten por empresas públicas. Es el caso del antiguo Instituto Nacional de Obras Sanitarias (INOS), para los servicios de agua en todo el territorio nacional, sustituido por Hidroven y las empresas Hidro regionales y estadales; de la Compañía Anónima de Administración y Fomento Eléctrico (CADAFE) en las áreas donde presta el servicio de luz, también descentralizada con la creación de empresas eléctricas regionales; de las empresas públicas de transporte aéreo, transporte terrestre o transporte marítimo; y de la empresa CORPOVEN, filial de Petróleos de Venezuela S.A. (PDVSA) que presta el servicio de gas.

La política de empresas mixtas mencionadas, puede originar empresas regionales (participación de varios Estados y el Poder Nacional), estadales (participación de los Estados) o municipales (participación de los Municipios).

b'. *El procedimiento para la transferencia de servicios*

La Ley Orgánica ha establecido un procedimiento para la transferencia de los servicios que al momento de promulgarse la Ley estaban siendo prestados por el Poder Nacional ("actualmente prestados" dice el artículo 6) y que corresponden a las materias concurrentes establecidas en el antes mencionado artículo 4 de la Ley; procedimiento basado en la suscripción de "convenios" entre los órganos nacionales y estadales. Este procesamiento ha sido reglamentado en el Reglamento Parcial N° 1 de la Ley Orgánica de Descentralización, Delimitación y Transferencia de competencias sobre las

Transferencias de los servicios y competencias a los Estados, los Acuerdos previos a la transferencia de servicios y la cogestión[1144].

a''. *Iniciativa de la transferencia*

La iniciativa para la realización de la transferencia de los servicios mencionados, puede partir de los dos niveles interesados; tanto del nivel nacional como del nivel estadal.

a'''. *Iniciativa estadal*

En efecto, la iniciativa para la transferencia puede partir del nivel estadal, y en particular del Gobernador del Estado. En este caso, cuando el Gobernador considere que la Administración estadal pueda asumir la prestación de un servicio de los mencionados, debe hacer una solicitud al Ejecutivo Nacional, a través del Ministro de Relaciones Interiores, a cuyo efecto debe oír previamente la opinión de la Asamblea Legislativa o de su Comisión Delegada (Art. 6,1). La Ley Orgánica sólo establece el carácter obligatorio de esta consulta pero no establece que sea vinculante, por lo que aun en el supuesto de que la Asamblea Legislativa exprese una opinión desfavorable, el Gobernador, en todo caso, podría formular la solicitud al Ejecutivo Nacional.

En estos casos de iniciativa para la realización de la transferencia de parte del Gobernador de un Estado, el Ministro de Relaciones Interiores debe someter el programa de transferencia del servicio, en un lapso de 90 días, a la aprobación del Senado o de la Comisión Delegada, el cual deberá contener, como mínimo, conforme a los artículos 2, 3 y 6 del Reglamento N° 1 de, la Ley Orgánica, lo siguiente:

1. Las disposiciones constitucionales y legales que justifiquen cada transferencia, así como la identificación de los servicios nacionales afectados y la organización de la Administración Pública Nacional a los que éstos están adscritos o que sea responsable de los mismos.
2. La determinación de las funciones y competencias, que corresponden al Estado, incluidas las de supervisión, inspección y control, que quedan reservados a la Administración Pública Nacional.
3. La especificación de los órganos y unidades, así como en su caso, de las entidades descentralizadas y establecimientos objeto de transferencia.
4. La relación detallada del personal objeto de transferencia, con indicación de su categoría, condiciones de empleo y retribución y situación administrativa.
5. El inventario detallado de los bienes inmuebles y muebles, así como de los restantes derechos y obligaciones, objeto de transferencia.
6. La valoración definitiva o en su defecto provisional del costo del servicio o los servicios a transferir.

1144 Dictado por el citado Decreto N° 3.250 de 13-12-93, *Gaceta Oficial* N° 35.359 de 13-12-93.

7. La determinación de la capacidad económica y administrativa del Estado para la asunción de los servicios que se solicitan.
8. El inventario de la documentación administrativa relativa al servicio objeto de transferencia.
9. El cronograma detallado del proceso de la transferencia del servicio solicitado.

Aún cuando el artículo 3 del Reglamento Parcial Nº 1 de la Ley Orgánica de Descentralización, establece el contenido mínimo de los Programas de Transferencia que formulan los Gobernadores, conviene puntualizar que el programa de transferencias debe incluir los bienes y recursos financieros, así como los mecanismos específicos de supervisión y coordinación de cada uno de los servicios objeto del programa de transferencia. En tal sentido, los bienes muebles e inmuebles asignados al servicio a transferir, que antes de la transferencia sean propiedad de la República por órgano del Ministerio u organismo adscrito o instituto autónomo, deben pasar a propiedad de los Estados.

El personal que labore en el servicio a transferir, por su parte, también debe pasar a la administración estadal con las mismas condiciones laborales existentes para el momento de la transferencia.

Asimismo, los recursos asignados por el Poder Nacional a la prestación del servicio, deben ser transferidos a los Estados incorporando a los presupuestos nacionales y estadales la partida correspondiente al servicio transferido. Esta partida inicial se debe ajustar anualmente de acuerdo a la variación de los ingresos ordinarios.

En el segundo párrafo del artículo 7 de la Ley Orgánica de Descentralización, se establece que las Asambleas Legislativas, previa aprobación del Gobernador, deben ratificar o no el acuerdo del Senado, en un lapso de treinta (30) días. En caso afirmativo, el Gobernador le debe poner el ejecútese y se debe proceder a la celebración de los Convenios respectivos, de conformidad con lo establecido en los ordinales 2, 3, 4 y 5 del artículo 6 de dicha Ley.

El Ejecutivo Nacional, en estos casos, no puede rechazar la iniciativa del Gobernador, sino que debe limitarse, por órgano del Ministra de Relaciones Interiores, a someter el programa al Senado, incluyendo en el mismo, las transferencias de bienes del personal y de los recursos financieros, así como la previsión de los mecanismos específicos de supervisión y de coordinación de cada uno de los servicios (Art. 6,2).

La Ley Orgánica no precisa las facultades del Senado, pero al establecer que la propuesta debe ser sometida a su aprobación, ello implica que el Senado podría negarla, por lo que en los casos de iniciativa de transferencia de servicios por parte de un Gobernador ésta sólo podría ser negada si el Senado no le da su aprobación.

b'''. *Iniciativa del Ejecutivo Nacional*

La Ley Orgánica también establece la posibilidad de que la iniciativa de la transferencia de competencias parta del Ejecutivo Nacional, por órgano del Ministerio de Relaciones Interiores, Despacho al cual corresponde llevar adelante el proceso de descentralización en todo aquello que competa al Ejecutivo Nacional (Art. 34). Debe señalarse que para coordinar las acciones de los diversos Despachos y Oficinas vinculadas a la descentralización, en 1993 y hasta 1996 se nombró un Ministro de

Estado para la Descentralización. En. estos casos, el Ministro de Relaciones Interiores debe formular la propuesta de transferir el servicio del Senado, y en este caso la Ley es expresa en cuanto a la facultad que le confiere esta Cámara Legislativa para acordar o negar la transferencia y modalidades de la misma. En caso de acuerdo, el Senado debe informar de su decisión a las Asambleas Legislativas respectivas (Art. 7).

Conforme al artículo 3° del Reglamento Parcial N° 1, cuando la iniciativa para la transferencia la asuma el Ejecutivo Nacional, éste debe ejercerse mediante la elaboración y presentación al Senado de una solicitud en la cual se especifique, como mínimo:

1. Las disposiciones constitucionales y legales que justifiquen cada transferencia, así como la identificación de los servicios nacionales afectados y la organización de la Administración Pública Nacional a los que éstos están adscritos o que sea responsabilidad de los mismos.
2. La especificación de los órganos y unidades, así como en su caso, de las entidades descentralizadas y establecimientos objeto de transferencia.
3. La relación detallada del personal objeto de transferencia, con indicación de su categoría, condiciones de empleo y retribución y situación administrativa.
4. El inventario detallado de los bienes e inmuebles, así como de los restantes derechos y obligaciones, objeto de transferencia.
5. La valoración definitiva o en su defecto provisional del costo del servicio o los servicios a transferir.
6. El inventario de la documentación administrativa relativa al servicio objeto de transferencia.

En todo caso, las solicitudes de transferencia que formule el Ejecutivo Nacional deben basarse en un estudio previo de su procedencia y justificación que debe someterse a la consideración de la Comisión Nacional para la Descentralización establecida en el Reglamento Parcial N° 2 de la Ley Orgánica de Descentralización, Delimitación y Transferencia de Competencias del Poder Público, contenidas en el Decreto N° 3.085 de 22 de julio de 1993 (Art. 4°).

Con posterioridad a la deliberación de la Comisión Nacional para la Descentralización se prevé en el artículo 4 del Reglamento Parcial N° 1, que el Ejecutivo Nacional debe iniciar un proceso de negociación y acuerdo con el Gobierno del respectivo Estado en el seno de los grupos de trabajo establecidos en el artículo 6 del Reglamento Parcial N° 2 de la Ley Orgánica de Descentralización, contenido en el Decreto N° 3.805 de 22 de julio de 1993, el cual debe realizarse en un lapso de noventa (90) días; lapso dentro del cual debe elaborarse el Programa de Transferencia el cual debe contener los elementos establecidos en los artículos 3 y 6 del Reglamento Parcial N° 7

Logrado el acuerdo sobre el Programa de Transferencia, se debe proceder de conformidad a lo establecido en el artículo 7 de la Ley Orgánica de Descentralización. El convenio a suscribirse deberá ajustarse al contenido mínimo señalado en el artículo 8 del Reglamento Parcial N° 1.

En estos casos de iniciativa del Ejecutivo Nacional, las Asambleas Legislativas deben ratificar o no el acuerdo del Senado en un lapso de 30 días, y sólo en caso de que sea ratificado, el Gobernador respectivo deberá ponerle el ejecútese a la decisión de la Asamblea, sin que tenga posibilidad legal de oponerse a ello.

b". *Las etapas del procedimiento de las transferencias de servicios*

De acuerdo al Reglamento Parcial N° 1 de la Ley Orgánica, cuando la iniciativa de la transferencia provenga del Gobernador del Estado, éste debe presentar las solicitudes de acuerdo a lo establecido en el artículo 2° del Reglamento, a la Asamblea Legislativa respectiva, y posteriormente, lo debe hacer ante el Ejecutivo Nacional, a través del Ministerio de Relaciones Interiores.

Una vez presentada la solicitud de transferencia al Ejecutivo Nacional, el Ministerio de Relaciones Interiores debe iniciar un proceso de negociación y acuerdo sobre ésta, en el seno de los grupos de trabajo establecidos en el artículo 6 del Reglamento N° 2 de la Ley Orgánica de Descentralización, contenido en el Decreto N° 3.085 de 22 de julio de 1993, el cual debe realizarse en un lapso de noventa (90) días; lapso dentro del cual debe elaborarse el Programa de Transferencia con el contenido ya indicado (Art. 6).

Logrado el acuerdo sobre el Programa de Transferencia, el Ejecutivo Nacional debe someterlo a la consideración del Senado de la República o en su defecto de la Comisión Delegada, para su aprobación. (Art. 7).

Ahora bien, si se observa el procedimiento administrativo para la transferencia de competencias y de servicios, éste se ajusta a una secuencia de etapas y a una serie de requisitos a cumplir por los organismos que constituyen las partes del convenio.

El proceso comienza por una primera etapa donde se establece la prioridad en cuanto a los términos de los servicios a transferir y los objetivos que con el mismo se persiguen. Es una manera de jerarquizar las áreas a transferir, de establecer los términos en que se realiza la transferencia del servicio y los propósitos estratégicos que se pretenden alcanzar con la transferencia.

Paralelamente, en esta etapa se deben determinar las potencialidades y limitaciones del ámbito estadal y/o local, para llevar a cabo el proceso de transferencia. Significa realizar una evaluación técnica, administrativa, financiera y política que permita determinar la capacidad y factibilidad entre los poderes estadales y locales, para cumplir de manera eficiente y oportuna con las exigencias del proceso.

Una segunda etapa implica la elaboración del Proyecto de Transferencia, el cual debe contener claramente definidos los diferentes actores que participan en el proceso, los objetivos y alcances del programa de transferencia en distintos horizontes de tiempo, las modalidades y mecanismos de negociación, las funciones y competencias para los diferentes niveles de gobierno, los recursos y fuentes financieras para el desarrollo del programa, y la asignación de recursos económicos, materiales y bienes y la organización del personal en el programa. Finalmente, también debe contener, la gestión del proceso que se define en el artículo 6 de la Ley Orgánica de Descentralización, y en el Reglamento Parcial N° 1 de dicha Ley.

Una tercera etapa encierra el procedimiento administrativo del proceso de transferencia, su control, seguimiento y evaluación.

Es evidente que el proceso de transferencia tiene que cumplir una serie de requisitos tanto a nivel de los organismos estadales y/o municipales, como a nivel del Poder Nacional.

En este contexto, las Gobernaciones y los Municipios deben modernizar sus estructuras organizativas, a fin de adecuarlas a las exigencias que impone la transferencia de los servicios, de tal manera que el manejo de las transferencias se haga de la forma más eficiente. En consecuencia, es necesario establecer una organización multiforme, flexible, y participativa, que permita sobreponerse a las estructuras básicas de las organizaciones actuales, excesivamente burocratizadas, estratificadas y centralizadas. Se hace imprescindible estructurar una organización en las Gobernaciones y en los Municipios, con objetivos claros que guíen su acción, dotadas con normas, procedimientos y mecanismos para una adecuada gestión, y un sistema decisional que prive sobre criterios personales o partidistas.

Un sistema de gestión moderno y eficiente debe demostrar capacidad técnica, administrativa, de negociación, financiera y organizativa, para cumplir con las exigencias del proceso de transferencia. El nivel central, a su vez debe contar con estructuras descentralizadas en el área a transferir y brindar apoyo técnico, administrativo y financiero a los niveles estadales y municipales.

c". *Los acuerdos previos a la transferencia de servicios y la cogestión de los servicios susceptibles de transferencia*

El Decreto N° 3.250 de 18 de noviembre de 1993 sobre el Reglamento Parcial N° 1 de la Ley Orgánica de Descentralización, en su artículo 23 dispone que, antes de la presentación de las solicitudes de transferencia, de conformidad con las previsiones contenidas en los artículos 6 y 7 de la Ley Orgánica de Descentralización, tanto los Gobernadores como el Ejecutivo Nacional, pueden manifestar a la contraparte en ejercicio de derecho de iniciativa que les corresponde, su disposición a celebrar un Acuerdo previo a la transferencia y a la ejecución de un período previo de cogestión del servicio o servicios de que se trate.

El acuerdo previo a la transferencia del servicio debe ser celebrado por el Ministro de Relaciones Interiores, el Ministro al que le corresponda el servicio y el Gobernador del Estado respectivo, en un lapso no mayor de un mes.

Cuando la iniciativa provenga del Ejecutivo Nacional, antes de la firma del acuerdo, éste debe ser sometido a la consideración de la Comisión Nacional para la Descentralización establecida en el Reglamento Parcial N° 2 de la Ley Orgánica de Descentralización.

El artículo N° 26 del Reglamento N° 1 establece los aspectos mínimos que debe contener el acuerdo previo a la transferencia, así:

1. Los términos, las condiciones y el alcance de la participación de la Gobernación respectiva en la gestión del servicio de que se trate, incluida la participación económico-financiera.

2. La designación del director o coordinador de la dependencia ministerial a la que esté adscrito el servicio solicitado, conforme a lo establecido en el Reglamento N° 4 de la Ley de Descentralización.

3. La constitución de una Comisión Mixta integrada como mínimo por tres representantes del Ejecutivo Nacional y tres por la Gobernación del Estado, con las siguientes atribuciones:

   a. Realizar los estudios necesarios para formular el Proyecto del Programa de Transferencia del servicio en los aspectos organizativos, financieros, funcionales, de infraestructura, de personal y del cronograma de la transferencia, asimismo como del Proyecto de Convenio a suscribirse entre las partes.
   b. Hacer el seguimiento y evaluación de la cogestión del servicio y resolver, en su caso, las diferencias y dificultades que pudieran surgir.
   c. Estudiar las propuestas que presenten las organizaciones no gubernamentales y autoridades, e informar a los Ministros y Gobernadores.
   d. Asesorar la modernización organizacional de los despachos que recibirán los servicios a transferirse, así como fomentar el desarrollo de las capacidades de gestión, la profesionalización de la gerencia y la creación de mecanismos de participación de la comunidad en los servicios a transferirse.
   e. Asesorar a los Ministros y Gobernadores y cualquier otra atribución que estos funcionarios encomienden de común acuerdo.

Los artículos 27, 28 y 29 establecen el lapso en el cual la Comisión Mixta prevista en el artículo 25 del Reglamento Parcial N° 1, de la Ley Orgánica de Descentralización debe presentar al Ejecutivo Nacional y a la Gobernación del Estado, el proyecto del programa de transferencia del servicio. El lapso no debe exceder de dos (2) años, contados a partir de la celebración del acuerdo previo. Una vez que el proyecto del programa de transferencia sea aprobado por las partes, se debe proceder según lo establecido en los artículos 6 y 7 de la Ley Orgánica de Descentralización, según sea el caso y con lo establecido en el Reglamento Parcial N° 1. El acuerdo previo finalizará con la firma del Convenio de Transferencia del Servicio.

A título de ejemplo, conviene comentar un acuerdo tipo entre los órganos del Poder Nacional y la Gobernación del Estado para la regulación de la presentación de un servicio en proceso de transferencia. Esta delicada etapa previa a la elaboración del Programa de Transferencia y a la firma del respectivo convenio, requiere de ciertas pautas.

Dichos acuerdos comienzan por identificar las partes intervinientes y a las personas que las representan, así como el objetivo, que es la promoción de transferencia de servicio específico de conformidad con lo establecido en el artículo 4 de la Ley Orgánica de Descentralización y el Reglamento Parcial N° 1 de dicha Ley.

La primera cláusula debería referirse a la intención de acordar en la regulación de las relaciones interinstitucionales, en la etapa previa a la transferencia del servicio de que se trate.

Mediante la segunda cláusula se debería acordar la designación del funcionario responsable de la dirección del servicio en el Estado de acuerdo con el Reglamento Parcial N° 4 de la Ley Orgánica de Descentralización.

La tercera cláusula debería asignar las funciones de coordinación y ejecución del servicio al Ejecutivo del Estado, de acuerdo con los lineamientos nacionales, como ente rector del mismo.

La cuarta cláusula debería crear una Comisión Mixta que tiene la importante tarea de elaborar el Programa de Transferencia que ha de conocer el Senado de la República. En esta Comisión Mixta debe participar un representante del Ministerio de Relaciones Interiores, uno del organismo que transfiere el servicio y otro del Ejecutivo Estadal.

La quinta cláusula debería facultar a la Comisión Mixta para formular el Programa de Transferencia del Servicio y su cronograma, oír la opinión de entidades no gubernamentales e informar a los signatarios del acuerdo, recomendar fórmulas para mejorar la gestión del servicio y presentar el programa a los jerarcas de los organismos involucrados, a quienes además también podrían asesorar.

El acuerdo requiere de un cruce de información fluido y permanente entre los organismos signatarios en relación con el servicio.

d". *Los convenios de transferencia*

a'''. *El marco regulador*

En todo caso en que conforme al procedimiento antes mencionado, el programa de transferencia sea aprobado, debe procederse a la celebración de un convenio entre la República, por órgano del Ministro de Relaciones Interiores y el Gobernador del Estado respectivo, el cual deberá tener el siguiente contenido (Art. 6, Ords. 2° a 5° y Art. 7 de la Ley Orgánica):

1. La descripción del programa de transferencia del servicio, con inclusión de las transferencias de bienes, personal y recursos financieros, así como el establecimiento de los mecanismos específicos de supervisión y de coordinación de cada uno de los servicios (art. 6,2).
2. El traspaso en propiedad al Estado, de los bienes muebles e inmuebles asignados al servicio a transferir y que sean de propiedad de la República o de los "entes autónomos" (así lo señala el artículo 6,3), debiendo entenderse por esa expresión, el organismo descentralizado que preste el servicio a nivel nacional (por ejemplo, un instituto autónomo).
3. La indicación del personal que labore en el servicio a transferir, el cual pasará a la Administración Estadal, con las mismas condiciones laborales existentes para el momento de la transferencia (Art. 6,4).
4. La indicación de los recursos financieros asignados por el Poder Nacional a la prestación del servicio y que serán transferidos a los Estados con la indicación de las partidas presupuestarias correspondientes que deben ser incorporadas al Presupuesto Nacional y al Presupuesto del Estado. La Ley Orgánica precisa que esta partida inicial se debe ajustar anualmente de acuerdo a la variación de los ingresos ordinarios (Art. 6,5).

De acuerdo con el artículo 8 del Reglamento Parcial N° 1 de la Ley Orgánica de Descentralización, los convenios de transferencia de servicios debe contener, como mínimo, los aspectos siguientes:

1. Objeto del convenio, alcance y cronograma de la transferencia. «
2. La delimitación de competencias entre el Poder Nacional y el Estado correspondiente, en la materia de que se trate.
3. Normas que definan la supervisión técnica, asesoría, administración de la gestión, participación de la comunidad de ser procedente, así como la evaluación y control del servicio a transferir.
4. Los aspectos referidos al personal que se transfiere, su gestión futura y la política de personal, las condiciones laborales, el tratamiento de las prestaciones sociales, sus intereses y su valor, así como lo relativo al entrenamiento del personal.
5. Los bienes adscritos a los servicios transferidos, señalando la forma en que se realizará la transferencia de éstos y su inventario.
6. Los recursos financieros, indicando el régimen presupuestario que se adoptará y la manera en que se considerarán los recursos internacionales, si los hubiese; el tratamiento de las obligaciones contraídas con terceros y la revisión periódica de los procedimientos de asignación de recursos.
7. Los aspectos relativos a la coordinación y cooperación en la prestación de los servicios, indicando la coordinación y cooperación con las Alcaldías, el suministro de información, la compatibilidad de planes y proyectos y la cooperación internacional.
8. Aspectos relativos al proceso de descentralización y desconcentración de los servicios transferidos hacia los Municipios, pudiendo establecerse figuras como la cogestión de servicios entre los niveles Estadal y Municipal.
9. El establecimiento de Comisiones de seguimiento de las transferencias, constituidas entre el Ejecutivo Nacional y Estadal para la supervisión del cronograma acordado, y resolver las dudas y controversias que pudieran presentarse en la ejecución del Programa de Transferencia y el cumplimiento de los convenios y de cualesquiera otros que se firmen con relación a los servicios transferidos.
10. Las disposiciones finales necesarias referidas a los diferentes anexos al convenio, a su modificación, su revisión y al domicilio de éste.

b'''. *El objeto, alcance y cronograma de la transferencia*

El objeto del Convenio debe hacer referencia a los propósitos y los lineamientos de la transferencia del Poder Nacional al Estado, de conformidad con el programa de la misma aprobado por el Senado y publicado en la *Gaceta Oficial*.

El alcance de la transferencia debe referirse al órgano que transfiere el o los servicios, en este caso el Ministerio u organismo adscrito y al órgano que recibe el servicio determinado en el Convenio, en este caso el Gobierno del Estado. Debe incluir lo especificado en el Programa de Transferencia, relativo a los recursos humanos que laboran en ellos, los bienes muebles e inmuebles y los recursos financieros que tienen asignados en el Estado el organismo del Poder Nacional que transfiere el servicio. En el caso de que funcionen en: el Estado otros entes autónomos adscritos al ente rector prestador del servicio y, siempre que dichos servicios sean transferibles, se puede celebrar convenios específicos complementarios al Convenio principal. Por ejemplo, es el caso de los servicios de salud prestados por el Ministerio de Sanidad y Asistencia-Social y por órganos adscritos.

El cronograma de la transferencia se refiere a los lapsos para que opere la misma, en forma efectiva, respecto de los servicios a los que se refiere al Convenio. Debe tenerse en cuenta que la transferencia puede hacerse de manera progresiva, según el tipo de servicios de que se trate y que la transferencia deberá realizarse dentro de un plazo de noventa (90) días continuos, contados a partir de la fecha de aprobación del cronograma por la Comisión de Alto Nivel, creada al momento de la firma del Convenio e integrada por dos representantes de la Gobernación del Estado, uno del Ministerio de Relaciones Interiores y dos del Ministerio o Instituto que transfiere el servicio.

c'''. *La delimitación de responsabilidades ínter gubernamentales*

Uno de los asuntos más importantes de la descentralización es el establecimiento de las responsabilidades correspondientes a cada nivel territorial de gobierno. En general, esta es una tarea que se ha dejado al proceso de negociaciones entre cada Ministerio o Instituto Autónomo y las Gobernaciones del Estado, aún cuando han contado como base el Esquema de Distribución de Servicios y Competencias entre el Ejecutivo Nacional y los Ejecutivos Estadales elaborado por la Comisión para la Reforma del Estado y el Programa de Naciones Unidas para el Desarrollo.

a''''. *Las responsabilidades de los órganos del Poder Nacional*

No existe un patrón único para fijar las responsabilidades o funciones propias que corresponden al Poder Nacional, por cuanto ello depende de la naturaleza, objeto, funciones y características de cada organismo en particular. Sin embargo, con base en los antecedentes expuestos y las negociaciones concluidas en referencia al sector salud, se pueden adelantar algunos criterios generales, sin que esta lista sea exhaustiva o limitante. Se puede establecer que son funciones propias de los órganos del Poder Nacional:

1. La planificación del servicio a nivel nacional.
2. La definición de las políticas nacionales.
3. Las relaciones internacionales en la materia.
4. El establecimiento de la normativa general del servicio.
5. La evaluación de los procesos y resultados y la normativa sobre la evaluación del servicio.
6. El establecimiento, seguimiento y control del sistema nacional de información y estadística.
7. La asistencia financiera, técnica y científica del sector o servicio.
8. El establecimiento de las políticas de adiestramiento y capacitación del personal.
9. La fijación de los indicadores de la prestación del servicio.
10. La cooperación con los Estados y Municipios para la adecuada gestión del servicio.

b''''. *Las responsabilidades a nivel del Poder Estadal*

Estas responsabilidades se refieren, en general, a la gestión operativa del servicio, es decir, a la prestación directa de los servicios, construcción de obras y gestión administrativa correspondiente. En general se puede plantear que son responsabilidades de cada Estado:

1. La formulación de los planes y programas estadales en la materia, en cumplimiento de las políticas nacionales del sector.
2. La administración de los órganos y servicios del sector en cada Estado.
3. La formulación y ejecución del presupuesto estadal.
4. La construcción y mantenimiento de la infraestructura e instalaciones estadales para la prestación del servicio.
5. La gestión del personal, incluyendo la selección, dirección, organización, administración, programación, supervisión y evaluación.
6. La adquisición, administración, distribución y asignación de los equipos y suministras de los servicios transferidos.
7. La administración del sistema estadal de estadística e informática y de su inserción en el sistema nacional sectorial.
8. La ejecución de las políticas nacionales de adiestramiento y capacitación de personal.
9. La captación y asignación de recursos para el financiamiento del servicio.
10. El establecimiento de los mecanismos de participación de la sociedad civil en la gestión del servicio.

d'''. *Las condiciones de ejercicio de las competencias*

El ejercicio de las competencias por las partes involucradas en el Convenio debe realizarse observando un conjunto de condiciones relativas a la normativa legal vigente, a normas y procedimientos, a asesoría en materia de programas de inversión, de ejecución física de obras y de asesoría en la elaboración del presupuesto; sobre mecanismos de modernización de administración y gestión, mecanismos de participación de la comunidad y normas de evaluación y control. Todas estas son condiciones para el ejercicio eficiente dentro de la rigurosidad legal y técnico-administrativa que exige observar el Convenio.

a''''. *La observancia de la legislación nacional*

El gobierno estadal debe tomar en consideración los criterios de dirección técnica, normas administrativas y de coordinación relacionadas, establecidas en las leyes nacionales en sus reglamentos, resoluciones y demás normas en vigencia que rigen la materia sobre el servicio transferido.

b''''. *La supervisión técnico-normativa*

Los manuales de normas y procedimientos establecidos para la ejecución de los programas del o de los servicios transferidos, deben ser los instrumentos a aplicarse en el proceso de supervisión técnico-normativa, tanto por parte de las autoridades estadales como nacionales, dadas las exigencias que impone administrar adecuadamente el servicio.

c''''. *La asesoría y aprobación de programas de inversión*

Se trata de la asesoría que debe brindar el Ministerio u organismo adscrito que transfiere el servicio en cuanto a programas y proyectos de construcción, remodelación y ampliación de obras y edificaciones relacionadas con el servicio transferido.

d''''. *La asesoría nacional*

A solicitud de la autoridad regional, el Ministerio u organismo adscrito respectivo debe brindar asesoría en materia de los presupuestos-programas anuales, de acuerdo con la normativa y los procedimientos establecidos por el Poder Nacional.

e''''. *La administración de la gestión*

Se refiere a la modernización de la estructura organizativa de las Gobernaciones, en particular en cuanto al establecimiento de mecanismos que le permitan cumplir una gestión moderna, ágil y eficiente, en relación con el servicio transferido. Se hace imprescindible establecer una organización que posea mecanismos de gestión adecuados y un sistema decisional que supere los criterios personalistas.

f''''. *La participación de la comunidad*

Se refiere a la creación de los mecanismos y las instancias de participación de la comunidad, a través de la promoción de las organizaciones sociales con interés en el servicio transferido, tanto a nivel estadal como municipal.

g''''. *La incidencia de las transferencias en los asuntos administrativos*

Los trámites y procedimientos administrativos en curso de tramitación, correspondiente a los servicios objeto de transferencia, deben entregarse al Estado para su resolución, a la fecha de entrada en vigor de la transferencia de que se trate. En este contexto, el artículo 11 del Reglamento Parcial Nº 1 de la Ley Orgánica de Descentralización, añade, además, que los recursos administrativos que se puedan formular contra las decisiones ya adoptadas por la Administración Pública Nacional se deben tramitar y resolver por ésta. Asimismo, agrega, que las consecuencias económicas de todo orden que se derivan de las resoluciones corren a cargo de la instancia territorial que adopten la recepción definitiva. La entrega de toda clase de bienes, derechos y obligaciones, debe ser finalizada en un acta levantada al efecto, en la que debe quedar constancia de la recepción por el Estado.

Lo relativo a las concesiones y contratos administrativos con terceros, el Estado beneficiario de la transferencia se debe responsabilizar de los derechos y deberes de la Administración Pública Nacional desde la fecha de entrada en vigor de la transferencia.

El personal adscrito a los servicios, objeto de transferencia incluido en el programa de transferencia aprobado, pasa a depender del Estado y forma parte, a todos los efectos, de su personal, a partir de la fecha de entrada en vigor de la correspondiente transferencia.

e'''. *Los recursos financieros del servicio*

La República debe garantizar el financiamiento de los servicios objeto de transferencia con una cantidad anual por lo menos igual al costo real de los servicios, a partir de la fecha de entrada en vigor de la transferencia.

a''''. *El régimen presupuestario*

El artículo 6 numeral 5 de la Ley Orgánica de Descentralización establece que los recursos asignados por el Poder Nacional a la prestación del servicio deben ser transferidos a los Estados, incorporando a los presupuestos nacionales y estadales la partida correspondiente al servicio transferido. Esta partida se debe ajustar anualmente de acuerdo a la variación de ingresos ordinarios.

De acuerdo con lo establecido en dicha Ley, el Ejecutivo Nacional debe transferir a la Gobernación del Estado durante el ejercicio fiscal del correspondiente año, los recursos equivalentes al monto de créditos asignados en la Ley de Presupuesto del año fiscal en referencia a los programas del Ministerio u organismo adscrito, para financiar los gastos del servicio que se transfiere.

Para cada año sucesivo el monto de transferencia anual que debe hacer el Ejecutivo Nacional a la Gobernación del Estado, debe ser el monto que resulte de ajustar el monto transferido en el año inmediatamente anterior de acuerdo a la variación de los ingresos estimados en la Ley de Presupuesto del respectivo año. Los recursos asignados en el presupuesto nacional deben ser traspasados a las Partidas correspondientes según el Clasificador de Partidas del Presupuesto y luego transferidos a la Gobernación del Estado para su ejecución presupuestaria.

Ahora bien, de acuerdo con el artículo 17 del Reglamento Parcial N° 1 de la Ley Orgánica de Descentralización, los órganos del Poder Nacional correspondientes deben contribuir con el financiamiento de los servicios transferidos, mediante la asignación anual de recursos presupuestarios a los Estados, que se deben calcular tomando como base inicial, el monto de los recursos destinados a financiar el costo real del servicio transferido contenidos en la Ley de Presupuesto vigente para el momento de la transferencia.

Para cada año sucesivo, el monto de la transferencia anual que debe hacer el Ejecutivo Nacional a la Gobernación del Estado correspondiente conforme al artículo 6, ordinal 5° de la Ley Orgánica de Descentralización, debe corresponder a la cantidad que resulte de ajustar el monto transferido el año anterior de acuerdo a la variación de los ingresos ordinarios estimados en la Ley de Presupuesto del año respectivo.

Ahora bien, a los efectos de calcular el monto de los recursos presupuestarios a ser transferidos a los Estados, el artículo 18 del Reglamento Parcial N° 1 dispone que el costo real del servicio respectivo se determinará sumando:

1. El costo directo, que es la suma de los gastos de personal y de funcionamiento directamente vinculados a la prestación del servicio de que se trate en el Estado respectivo, relativos a las tareas que deben desarrollarse para la producción del mismo.

2. El costo indirecto, que es la suma de los gastos de personal y de funcionamiento necesarios para realizar las funciones de apoyo, dirección y coordinación del servicio de que se trate en el Estado respectivo, y que corresponda tanto a la unidad tomada como referencia a aquellas otras que colateralmente intervengan en la producción del servicio.
3. Al gasto de inversión, compuesto únicamente por los correspondientes a las acciones de conservación, mejora y sustitución de capital fijo destinado a la prestación del servicio de que se trate en el Estado respectivo y, por tanto, exclusivamente los necesarios para mantener el nivel de funcionamiento del servicio.

En todo caso, en el Presupuesto Nacional, las cantidades que resulten conforme a lo establecido en los artículos anteriores, se deben traspasar a la Partida 60 del Clasificador de Partidas del Presupuesto a los efectos de ser transferidos mediante dozavos a la Gobernación del Estado respectivo, en cuyo Presupuesto Anual debe establecerse ese ingreso, como ingreso extraordinaria, a los efectos de su ejecución presupuestaria.

b''''. *Los recursos financieros nacionales*

Si como consecuencia de la firma de convenios con organismos internacionales el Ministerio u organismo adscrito obtienen de fuentes financieras de carácter internacional recursos atinentes al servicio objeto del convenio de transferencia, estos recursos, en la proporción correspondiente, deben ser transferidos al Estado a los fines de ser aplicados a los referidos programas.

c''''. *La revisión periódica de los recursos financieros*

A los fines de ajustar los recursos financieros a ser previstos en los proyectos de Ley de Presupuesto, el Ejecutivo Nacional y la Gobernación del Estado deben convenir en revisar las, normas y procedimientos para la asignación de los recursos financieros sucesivos, a fin de incorporar, de manera concertada, criterios, métodos y procedimientos que garanticen una mayor coherencia y vinculación entre los requerimientos de recursos financieros con las exigencias del servicio transferido. Asimismo, la revisión periódica debe permitir ajustar los recursos financieros a ser previstos en los presupuestos, en función de los ingresos del Estado y de los gastos que deben realizar.

f''. *El régimen del personal*

a''''. *El cambio de régimen jurídico*

De acuerdo con el artículo 14 del Reglamento Parcial Nº 1 de la Ley Orgánica de Descentralización, el personal adscrito a los servicios objeto de transferencia que sea incluido en el programa aprobado, a partir del momento en que se haga efectiva la transferencia queda sometido al Sistema de Administración de Personal que rige en la Gobernación del Estado respectivo.

En consecuencia, en relación a los funcionarios o empleados públicos de los servicios transferidos, éstos pasan a ser funcionarios o empleados estadales, por lo que se regirán por las Leyes de Carrera Administrativa de los Estados, dictadas por la correspondiente Asamblea Legislativa.

En todo caso, dispone el mismo artículo, que en los Reglamentos de la Ley Orgánica de Descentralización, Delimitación y Transferencia de Competencias del Poder Público que se dicten para normar las transferencias de servicios en sectores específicos, se pueden establecer las modalidades del régimen de aplicación de estas normas.

La consecuencia del cambio de régimen jurídico, en todo caso implica que a partir del momento en que se haga efectiva la transferencia de los funcionarios o trabajadores, los respectivos cargos nacionales deben ser eliminados del Registro Nacional de asignación de cargos.

Debe señalarse, además, que el Ministerio transferente debe notificar al personal de manera individual y por escrito, su paso a la Gobernación; asimismo debe notificar al Ministerio del Trabajo, a la Oficina Central de Personal, al Ministerio de Hacienda, al Ejecutivo Regional y a los demás entes indicados en la Ley.

Por último, en general deben exceptuarse del proceso de transferencia de personal aquél que haya sido jubilado, el incapacitado, el que se encuentre en proceso de jubilación, y el que estando en nómina no preste sus servicios en la entidad federal receptora del servicio, o no los preste por razones de salud.

En todo caso, el cumplimiento efectivo de la transferencia de personal debe ser sometido a la revisión por las partes dentro de un lapso no mayor a los noventa (90) días, contados a partir de la firma del Convenio.

b''''. *La gestión futura del personal*

El personal del servicio transferido queda sometido, desde el momento de la firma del Convenio, al sistema de administración que rige en la Gobernación del Estado, sin que se le pueda desmejorar en las condiciones de trabajo de las que disfrutaba al momento de su traslado administrativo a la Gobernación.

c''''. *Las condiciones laborales*

Conforme al artículo 6, ordinal 4° de la Ley Orgánica de Descentralización, el personal transferido debe disfrutar de las mismas condiciones laborales existentes al momento de la transferencia del servicio. A tal efecto, las condiciones laborales se deben indicar en el listado de convenciones colectivas que se debe anexar al Convenio.

Conforme a estos lineamientos, el artículo 15 del Reglamento Parcial N° 1 de la Ley Orgánica insiste en que el personal debe ser transferido en las mismas condiciones laborales existentes para el momento de la transferencia. En consecuencia, en el Convenio de Transferencia deberá garantizarse al personal del servicio transferido, la remuneración y demás derechos reconocidos en las leyes, contratos, convenios y acuerdos que para el momento de la transferencia se hayan celebrado con el órgano nacional correspondiente.

En todo caso, la Gobernación del Estado debe garantizar al personal del servicio transferido la remuneración y demás derechos reconocidos en las leyes, contratos, convenios vigentes y acuerdos celebrados por el Ministerio u organismos adscritos. A su vez, el Ejecutivo Nacional debe obligarse a tramitar ante los organismos competentes, en un lapso no mayor de noventa (90) días a partir de la firma del Convenio, el traspaso del monto de las partidas de los fondos correspondientes para cancelar todas las obligaciones legales o contractuales causadas y, aún no pagadas, provenientes de los contratos colectivos, convenios, convenciones, acuerdos laudos, actas-convenios o cualquier documento contentivo de dichas obligaciones vigentes, celebrados por el Ministerio u Organismos adscritos, antes de la firma del Convenio.

d''''. *Las prestaciones sociales*

Por otra parte, la consecuencia de la transferencia de personal conforme al artículo 10 del Reglamento Parcial Nº 1 de la Ley Orgánica de Descentralización, es que el Estado beneficiario de la transferencia queda automáticamente subrogado, en la fecha en que ésta entre en vigor, en los derechos y las obligaciones de la Administración Pública Nacional por razón de la relación de empleo con todos y cada uno de los miembros del personal transferido, a menos que las partes acuerden otra forma dé cancelar los derechos y obligaciones con los trabajadores, anteriores a la transferencia del servicio.

Este régimen general, en todo caso, conforme al Parágrafo Único del artículo 16 del mismo Reglamento Parcial Nº 1, puede ser modificado en los Reglamentos de la Ley Orgánica de Descentralización, que regulen la transferencia de competencias y servicios en sectores específicos, en los cuales puede establecerse otro régimen para la cancelación de los pasivos laborales.

En el sector salud, por ejemplo, en los convenios de transferencia de competencias a los Estados Aragua, Bolívar, Carabobo, Falcón y Anzoátegui celebrados en 1993 se estableció que el pago de las prestaciones sociales e intereses sobre éstas acumuladas hasta la fecha de la efectiva transferencia de personal, debe ser garantizado plenamente por parte del Ejecutivo Nacional, al término de la relación laboral con la Gobernación. A tal efecto el Ejecutivo Nacional, debe obligarse a:

1. Solicitar la tramitación de los fondos correspondientes ante los organismos competentes de recursos económicos para el pago de las prestaciones sociales acumuladas del personal que se transfiere, hasta la fecha en que se hizo efectiva la transferencia del personal.
2. Los recursos destinados al pago de las prestaciones sociales y sus intereses deben ser colocados en un Fondo Fiduciario que tiene como beneficiarios a los trabajadores objeto del proceso de transferencia y como finalidad cancelar las prestaciones sociales a cada trabajador al término de su laboración laboral.

En estos casos, el incremento en el valor de las prestaciones sociales derivado de aumentos salariales debe ser asumido por el Ejecutivo Nacional si proviene de Decretos o medidas de carácter nacional. En el caso de que la decisión provenga del Ejecutivo Regional éste lo debe asumir, a menos que las partes acuerden otra forma de asumir las obligaciones derivadas de las incidencias de los aumentos salariales en las prestaciones sociales.

g'''. *Los bienes adscritos a los servicios transferidos*

La transferencia de los bienes muebles e inmuebles adscritos a los servicios a transferir se debe realizar de acuerdo con lo establecido en leyes y reglamentos aplicables (Ley Orgánica de la Contraloría General de la República y Reglamentos, Ley Orgánica de Descentralización, y Reglamento Parcial N° 1 de dicha Ley), sin indemnización alguna.

Acordada la transferencia de bienes nacionales a los Estados, debe formalizarse en acta levantada al efecto, el inventario relativo a los bienes muebles e inmuebles de manera que quede constancia de la recepción por el Estado de todos y cada uno de los que efectivamente se entreguen.

El Estado beneficiario queda subrogado en los derechos y deberes de la Administración Pública Nacional sobre los bienes transferidos a la fecha de entrada en vigor de la transferencia.

h''' *La coordinación y cooperación en la prestación de los servicios*

a''''. *La coordinación y cooperación en las Alcaldías*

El ejecutivo del Estado, de mutuo acuerdo con la, autoridad del Ministerio u Organismo adscrito en el ámbito del Estado, deben establecer normas y mecanismos de coordinación y cooperación con las Alcaldías del Estado, con la finalidad de que los Municipios, para la gestión de sus intereses y en el ámbito de sus competencias, puedan dar cumplimiento, de una manera eficiente, a lo contenido en los artículos 37, 38 y 40 de la Ley Orgánica de Régimen Municipal. La coordinación y cooperación en la prestación de los servicios entre el Ejecutivo Regional y las Alcaldías significa establecer y disponer de una forma metódica de sistemas y normas, de manera que puedan concurrir juntos a la prestación del servicio transferido.

b''''. *El suministro de información*

Un requisito a cumplir es el establecimiento de un sistema de información estadístico que sirva de instrumento para el control y la evaluación de la ejecución de los programas del servicio transferido, así como de los efectos sociales, económicos e institucionales logrados. Un sistema de información estadística permite, además, el diseño de nuevas políticas nacionales y estadales, en materia del servicio transferido. En este sentido, la unidad o ente responsable de la prestación del servicio en el Estado, debe presentar periódicamente, al Ministerio u organismo adscrito, la información presupuestaria y administrativa, de acuerdo a la normativa establecida y aquellos indicadores que permitan realizar la evaluación técnica del servicio para averiguar si los resultados obtenidos se corresponden con las propuestas.

c''''. *La compatibilidad de planes y proyectos*

La Gobernación del Estado debe elaborar un Plan Operativo Anual y el Proyecto de Presupuesto relacionado con el servicio de que se trate, para la entidad federal, el cual debe ser presentado al Ministerio u Organismo adscrito, a los fines de su análisis y de compatibilización programática con el Presupuesto Nacional. Dicho Proyecto de Presupuesto relativo al servicio, deberá ser presentado en los primeros cinco (5) días del mes de marzo, de cada ejercicio fiscal.

La información periódica de ejecución del Plan Operativo Anual del Presupuesto descentralizado de la unidad federal, debe servir como instrumento para el control, la evaluación y supervisión del servicio.

d''''. *La cooperación internacional*

Cuando el Ministerio u organismo adscrito promueva, auspicie y suscriba convenios de asesoría técnica y científica relacionada con el servicio transferido, con organismos extranjeros e internacionales, tanto público como privados, debe tomar en cuenta las necesidades del Estado receptor del servicio, a fin de que se beneficie de los términos de los convenios de asesoría.

e''''. *Los convenios de cooperación*

El Ministerio u organismo adscrito y la Gobernación del Estado pueden suscribir cuantos convenios de cooperación sean oportunos para el mejor desarrollo de la prestación de los servicios.

f''''. *La Comisión de Alto Nivel*

Al momento de la firma del Convenio, el Ejecutivo Nacional y la Gobernación del Estado deben convenir en crear una Comisión de Alto Nivel, integrada por representantes de la Gobernación del Estado, del Ministerio u organismo adscrito y del Ministerio de Relaciones Interiores.

La Comisión de Alto Nivel debe cumplir dos funciones básicas: elaborar el cronograma del proceso de ejecución de la transferencia en un lapso no mayor de treinta días continuos, a partir de la firma del Convenio; y resolver las dudas y controversias que se presenten con motivo de la ejecución del programa de transferencia y el cumplimiento del Convenio y de cualquiera otros que se firmen, relacionados con el servicio transferido.

c' *Los principios de la desconcentración administrativa nacional*

Con motivo de regular las bases para el proceso de transferencia de competencias concurrentes del nivel nacional al de los Estados, la Ley Orgánica establece como obligación del Ejecutivo Nacional el impulsar "la descentralización y la desconcentración de funciones dentro de sus respectivas dependencias, a fin de facilitar la celebración de los convenios para la transferencia de la prestación de servicios específicos".

Además, dicha norma estableció el principio de que la contratación y ejecución de las obras debe siempre corresponder "a unidades desconcentradas de los organismos nacionales a nivel de cada Estado, bajo la coordinación del Gobernador" (Art. 9).

En todo caso el Ejecutivo Nacional, por órgano del Ministro de Relaciones Interiores, debe informar anualmente al Senado, de las realizaciones en materia de descentralización y desconcentración (Art. 10).

d'. *La reasunción nacional de servicios transferidos*

La Ley Orgánica prevé que los servicios transferidos de conformidad con lo indicado (Arts. 5 y 6), pueden ser reasumidos por el Ejecutivo Nacional, aun cuando no precisa, en qué casos y por qué motivos podría producirse la reasunción. La Ley Orgánica se limita a establecer el procedimiento para que la reasunción se produzca, pudiendo ésta realizarse sea a iniciativa del Ejecutivo Nacional o del Gobernador (Art. 8).

En ambos casos, tanto el Ministro de Relaciones Interiores como el Gobernador respectivo, deben solicitar la reversión de un servicio, es decir, su reasunción por parte del Ejecutivo Nacional, ante el Senado. En el caso de que sea el Gobernador quien solicite la reversión, debe requerir la opinión previa de la Asamblea Legislativa, la cual no es vinculante para el Gobernador. Es decir, aun si la Asamblea da una opinión desfavorable, el Gobernador puede hacer la solicitud al Senado.

El Senado puede autorizar o no la reversión debiendo adoptar su decisión en un lapso de 90 días, y debe comunicar su decisión al Ministro de Relaciones Interiores o al Gobernador según el caso (Art. 8).

b. *La transferencia a los Estados de competencias reservadas al Poder Nacional*

Además de la transferencia de competencias concurrentes que hubiesen sido centralizadas, la Ley Orgánica por primera vez desde la entrada en vigencia de la Constitución de 1961, dio aplicación al artículo 137 del Texto Fundamental, y dispuso en el artículo 11 que se transfiere a los Estados "la competencia exclusiva" en las siguientes materias:

1. La organización, recaudación, control y administración del ramo de papel sellado;
2. El régimen, administración y explotación de las piedras de construcción y de adorno o de cualquier otra especie, que no sean preciosas, el mármol, pórfido, caolín, magnesita, las arenas, pizarras, arcillas, calizas, yeso; puzolonas, turbas, de las sustancias terrosas, las salinas y los ostrales de perlas, así como la organización, recaudación y control de los impuestos respectivos. El ejercicio de esta competencia está sometido a la Ley Orgánica para la Ordenación del Territorio y a las leyes relacionadas con la protección del ambiente y de los recursos naturales renovables;
3. La conservación, administración y aprovechamiento de las carreteras, puentes y autopistas en sus territorios. Cuando se trate de vías interestadales esta competencia se ejercerá mancomunadamente, a cuyos efectos se celebrarán los convenios respectivos;
4. La organización, recaudación, control y administración de los impuestos específicos al consumo, no reservados por Ley al Poder Nacional; y
5. La administración y mantenimiento de puertos y aeropuertos públicos de uso comercial.

La transferencia de estas competencias nacionales a los Estados, para que sean asumidas por éstos como "competencias exclusivas", sin embargo, no se operó con la sola promulgación de la Ley Orgánica, pues el mismo artículo 11, en su parágrafo único establece que "Hasta tanto los Estados asuman estas competencias por ley especial, dictadas por las respectivas Asambleas Legislativas, se mantendrá vigente el régimen legal existente en la actualidad" (dic. 1989).

Por tanto, sólo cuándo cada Estado establezca, por Ley especial, el régimen de ejercicio de estas competencias, la transferencia se producirá respecto a dicha entidad, lo que significa que el proceso de transferencia en definitiva depende de las Asambleas Legislativas de los Estados. Esto significa que la transferencia ni se ha producido a la vez en todos los Estados ni necesariamente se ha realizado en forma uniforme. En todo caso, con la promulgación de la Ley, la modificación de la Constitución se operó en virtud de la expresa disposición del artículo 137, no pudiendo revertirse el proceso ni centralizarse de nuevo las competencias, salvo mediante una Enmienda Constitucional.

c. *Los avances del proceso de descentralización*

a'. *La reglamentación de la Ley Orgánica en 1993 y 1994*

El mandato recibido por el Ministro de Estado para la Descentralización en junio de 1993 fue claro y preciso: agilizar y profundizar el proceso de descentralización en un marco de equilibrio entre los diferentes niveles y órganos del Poder Público. Para lograr este objetivo, era necesario definir un marco normativo que sin entrabar las iniciativas de los Estados, le imprimiera un sentido y una orientación al proceso.

Había para entonces —junio de 1993— la percepción de cierta anarquía o desorden que retardaba innecesariamente el proceso, y de ciertas desviaciones que lo desnaturalizaban. En realidad, muy poco se había avanzado en la transferencia efectiva de competencias y servicios desde el Nivel Central a los Estados. Había un clima de confusión en el propio Ejecutivo Nacional donde algunos Despachos realizaban planes para desconcentrarlo sin entender que el proceso deseado y delineado por las políticas nacionales tiene un carácter administrativo, pero también y quizás más importante que aquél, un carácter político.

Frente a esta realidad se imponía una actuación pronta y segura. Los Gobernadores estaban conscientes de la necesidad de un cierto orden en el proceso, además que se quejaban de la lentitud del mismo. Por otra parte, había la necesidad de romper con las resistencias en algunas áreas de la Administración Pública Nacional a desprenderse de importantes funciones que debían traspasarse a los Estados. También era necesario realizar una intensa labor de convencimiento en todos los ámbitos de la sociedad, especialmente en, aquellos sectores que de alguna manera directa o indirecta tuviesen que ver con el proceso, o se vieran afectados por él.

Aparte de las actividades de divulgación y promoción dirigidas al general entendimiento de la verdadera naturaleza política y administrativa del proceso de descentralización, la Oficina del Ministro de Estado para la Descentralización se dedicó a establecer el marco normativo necesario para ordenar el proceso, y a crear los mecanismos institucionales que aseguraran su correcta y oportuna coordinación, asegurando la participación de todos los interesados en el mismo.

La base para la actuación en el establecimiento de las normas reguladoras del proceso era la Ley Orgánica de Descentralización. Delimitación y Transferencia de

Competencias del Poder Público. Hasta la fecha del nombramiento del Ministro de Estado para la Descentralización (junio 1993), tan sólo se había dictado el Reglamento Parcial N° 1 sobre Transferencia de Servicios a los Estados, escueto en demasía para regular correctamente un proceso tan complejo como el de la transferencia de los servicios desde el Poder Central a los Estados.

La urgencia en las demandas para agilizar y profundizar el proceso no daba tiempo para dictar un Reglamento General de la Ley, tarea larga y compleja, por lo que se optó por Reglamentos Parciales que resolvieran los asuntos que debían ser regulados con mayor prontitud. También surgió la posibilidad de aprovechar la Ley Habilitante que le otorgó poderes especiales al Presidente de la República para legislar en determinadas materias económicas y financieras, y establecer algunas normas de rango legal, como el Decreto-Ley que Regula los Mecanismos de Participación de los Estados y Municipios en el Impuesto al Valor Agregado y el Fondo Intergubernamental para la Descentralización.

En ese escenario, en la Oficina del Ministro de Estado para la Descentralización se elaboraron estudios y se efectuaron las consultas necesarias para la elaboración de un marco normativo adecuado. Fruto de ese esfuerzo es el conjunto de Decretos Reglamentarios a la Ley Orgánica de Descentralización, Delimitación y Transferencia de Competencias del Poder Público.

a'' *Reglamento parcial N° 1 sobre transferencia de servicios a los Estados*

El objetivo de este Reglamento fue la regulación detallada del proceso de transferencia de los servicios que son materia de competencias concurrentes, como antes se indicó. Fue aprobado por Decreto N° 3.250 del 18 de noviembre de 1933, sustituyendo el que se había dictado en 1992[1145].

El *Título I* del Reglamento se dedica a las transferencias de servicios. En el Capítulo I se define lo que se entiende por servicios (parágrafo único del artículo 1); se establece el contenido mínimo de los programas de transferencias mediante los cuales deben solicitarse éstas (artículo 3°); se establece que cuando la iniciativa sea del Ejecutivo Nacional ésta deberá basarse en un estudio previo aprobado por la Comisión Nacional para la Descentralización, pudiendo en tal caso solicitarse la transferencia, para una parte o para la totalidad de Estados, si así se considerase conveniente (artículo 4°); en el Capítulo II se considera el procedimiento para las transferencias de servicios. Se contempla, una vez presentada la solicitud al Ejecutivo Nacional, un proceso de negociación en el seno de los grupos de trabajo del Reglamento Parcial N° 2 de la Ley Orgánica de Descentralización, el cual no deberá ser mayor de noventa días (Art. 6); se establece el contenido mínimo de los convenios de transferencia a firmarse una vez lograda la aprobación del Senado (Art. 8); y un procedimiento de negociación entre el Gobierno Nacional y los Estados en el seno de los grupos de trabajo del Reglamento N° 2 de la Ley Orgánica de Descentralización, cuando la iniciativa de la transferencia sea del Ejecutivo Nacional, con un lapso máximo de noventa días (Art. 9). De esta manera, el Programa de Transfe-

1145 Véase en *G. O.* N° 35.359 de 13-12-93.

rencia y el Proyecto de Convenio que estudiará el Senado ya contará con el acuerdo de las partes.

En el Capítulo III se regula la incidencia de la transferencia en los asuntos administrativos; lo relativo a los trámites y procedimientos en curso de tramitación (Art. 11); lo relativo a la entrega de los bienes, derechos y obligaciones (Art. 12); a las concesiones y contratos administrativos con terceros (Art. 13); y los asuntos relativos al personal adscrito a los servicios objeto de la transferencia (Art. 14). En el Capítulo IV se contempla la determinación del costo de los servicios a transferir; se define lo que se entiende por costo directo, indirecto y gastos de inversión (Art. 15); se establece que la valoración de los servicios se realizará según el costo real durante el ejercicio presupuestario inmediatamente anterior a la valoración, provisional o definitiva del costo de los servicios (Art. 18); y finalmente se contempla que la República garantizará el financiamiento de los servicios objeto de transferencia con una cantidad anual por lo menos igual al costo real de los servicios (Art. 19).

El *Título II* se refiere a la transferencia de competencias establecidas en el artículo 11 de la Ley Orgánica. La asunción de la competencia a través de una Ley Especial de la Asamblea Legislativa respectiva, debe diferenciarse del proceso de obtener la transferencia de los recursos, bienes y personal que el Poder Nacional destinaba a la gestión de la competencia, antes de eme ésta fuera asumida por el Estado de que se trate (Art. 20); por ello, se contempla un procedimiento de negociación de la transferencia del personal, bienes y recursos ajenos a las competencias asumidas, cuando la Ley Especial aprobada por la Asamblea Legislativa no establezca un mecanismo específico. Esta negociación se realizará a través de los Comités de Trabajo establecidos en el Reglamento N° 3 de la Ley de Descentralización, y no deberá tener una duración superior a los sesenta días (Art. 21); cuando las partes lleguen a un acuerdo se suscribirá un convenio de acuerdo al artículo 13 del Reglamento N° 3 citado. La entrega de los bienes, derechos y obligaciones deberá formalizarse mediante acta levantada al efecto (Art. 22). Por último, finalmente se contempla, que serán procedentes, en cuanto les sean aplicables, las normas establecidas en el *Título I*, Capítulo III de este Reglamento, referidas a la transferencia de servicios (Art. 23). Finalmente, el *Título III* se refiere a los Acuerdos Previos a la transferencia de servicios y a la cogestión previa de los servicios susceptibles de transferencia. En el Capítulo I se establece la posibilidad de ellos y se expresa que cuando la iniciativa provenga del Ejecutivo Nacional, antes de la firma del Acuerdo, deberá ser aprobada por la Comisión Nacional para la Descentralización establecida en el Reglamento Parcial N° 2 de la Ley de la materia (Art. 25); se establece el contenido mínimo de los Acuerdos Previos, indicándose que debía tomarse en cuenta el Reglamento N° 4 sobre Nombramiento de Directores de las Dependencias de los Ministerios y de los Institutos Autónomos en los Estados (Art. 26) luego derogado en 1994; y se establece un plazo máximo para el Acuerdo Previo y la cogestión de dos años (Art. 27).

b'' *El Reglamento Parcial N° 2 sobre los mecanismos institucionales para la descentralización de la Administración Pública Nacional*

Mediante este instrumento se creó la Comisión Nacional para la Descentralización como mecanismo de coordinación de las distintas dependencias del Ejecutivo Nacional. También se ordenó la creación de los órganos ministeriales que se ocupen de liderizar el proceso, en aquellos Despachos que realicen competencias transferibles a los Estados. Por último, en este Reglamento se ordenó la adecuación interna de los Organismos de Planificación y Desarrollo para que pudieran atender eficazmente el proceso de descentralización. Fue aprobado por Decreto N° 3.085 del 22 de julio de 1993[1146].

c". *El Reglamento Parcial Nº 3 sobre el Consejo Territorial de Gobierno y la Organización ínter gubernamental para la Descentralización*

El objeto de este Reglamento fue el establecimiento de mecanismos de relación Ínter gubernamental, que se lograron con la creación del Consejo Territorial de Gobierno y su Comité de Consulta Permanente; de los Consejos Regionales de Gobierno y de los Comités de Trabajo de cada uno de ellos. El Reglamento también reguló los convenios de colaboración entre la Administración Pública Nacional y los Estados. Fue aprobado por Decreto Nº 3.104 del 12 de agosto de 1993[1147].

d". *El Reglamento Parcial Nº 4 sobre nombramiento de los directores o coordinadores de las dependencias de los Ministerios y de los Institutos Autónomos en los Estados*

Este instrumento normativo buscó resolver uno de los problemas más agudos de la estructura administrativa actual, consistente en las relaciones, que tienen los Gobernadores elegidos popularmente en los Estados, con los funcionarios jefes de las unidades administrativas nacionales designados por el respectivo jerarca ministerial. Reconoció en primer término, el doble carácter de los Gobernadores, que son a la vez jefes de los respectivos Ejecutivos Estadales y agentes del Ejecutivo Nacional. En este último carácter, estos deben presidir los Comités de Planificación y Coordinación. Igualmente consideró el papel de los Gobernadores como coordinadores de la acción de las diversas dependencias de la Administración Pública Nacional y en consecuencia, pueden dictar órdenes e instrucciones a los funcionarios que dirigen estas dependencias.

El Reglamento estableció que los Ministros debían delegar en los Gobernadores, la firma de las Resoluciones de nombramiento de los directores o coordinadores de sus respectivas unidades en los Estados, de acuerdo con el procedimiento allí establecido. Le ordenó igualmente a los Ministros la exhortación a los directivos de sus organismos de adscripción a proceder en ese mismo sentido, de acuerdo con el procedimiento allí descrito.

Así se resolvió en gran medida las diferencias de criterio que existían entre los responsables de la acción de gobierno en los Estados y el Gobernador. Se estableció una relación de jerarquía muy conveniente a los fines de la correcta y pronta actuación oficial bien coordinada, y se le otorgaron mayores responsabilidades a los gobernantes regionales. Fue dictado mediante Decreto Nº 3.109 del 19 de agosto de 1993. Este Reglamento fue derogado, y sustituido por el Reglamento para coordinar

1146 Véase en *G.O.* Nº 35.268 de 5-8-93.

1147 Véase en *G.O.* Nº 3.104 de 12-8-93.

las funciones del Poder Nacional con las de los Estados en materia de transferencia de competencias[1148].

e''. *El Reglamento Nº 5 sobre la desconcentración de atribuciones en materia de transporte, tránsito terrestre y vigilancia de la circulación a las Gobernaciones*

La condición de agentes del Ejecutivo Nacional de los Gobernadores de Estado sirvió en algunos casos no previstos en la Ley Orgánica de fundamento para lograr la desconcentración de funciones. Consideró el Gobierno Nacional la conveniencia de complementar la transferencia de competencias con la desconcentración de algunas funciones cuyo ejercicio resultaba más oportuno en el nivel Estadal, tal como lo había previsto el artículo 9 de la Ley Orgánica de Descentralización, Delimitación y Transferencia de Competencias del Poder Público.

La materia objeto de la desconcentración en este caso fue la de transporte, tránsito terrestre y vigilancia de la circulación, que se reconoce estrechamente relacionada con competencias transferibles como la construcción, conservación, administración y aprovechamiento de carreteras, puentes y autopistas.

La figura que se utilizó para desconcentrar funciones del Gobierno Nacional en los Gobernadores de Estado es la de la encomienda, tal como lo prevé el artículo 22, ordinal 6° de la Ley citada. Encomendar, es, según el Diccionario de la Lengua Española: "encargar a uno que haga alguna cosa o que cuide de ella o de una persona". No se trata de un traspaso de poderes, que los conserva plenamente el Gobierno Nacional, sino de encargar a los gobernadores en su calidad de agentes de aquél, del ejercicio de determinadas competencias y funciones.

El artículo 1° del Reglamento parcial N° 5 faculta al Ministro de Transporte y Comunicaciones para encomendar mediante Resolución, al Gobernador del Distrito Federal y a los Gobernadores de Estado, el ejercicio de una serie de competencias en materia de tránsito y transporte interurbano.

El procedimiento previsto se inicia con la solicitud de la encomienda ante el Ministro de Transporte y Comunicaciones. Una vez formalizada la solicitud, se negocian los términos concretos de la misma y se suscribe el convenio de colaboración previsto en el artículo 14 del Reglamento Parcial N° 3. Firmado el convenio, entonces debe el Ministro proceder a dictar la correspondiente Resolución. Cuando se trate del establecimiento de tarifas del servicio de transporte público de personas en rutas suburbanas e interurbanas, la encomienda debe decidirse por una Resolución conjunta de los Ministerios de Fomento y de Transporte y Comunicaciones.

Dictadas como hayan sido las correspondientes Resoluciones de encomienda, los Gobernadores cumplirán las funciones encomendadas mediante órdenes y resoluciones, bajo la supervisión del Ministerio de Transporte y Comunicaciones que mantiene la jerarquía administrativa a todos los efectos legales.

Este Reglamento parcial N° 5 fue dictado mediante Decreto N° 3121 de fecha 2 de septiembre de 1993[1149].

1148 Véase Decreto N° 44 de 23-2-94 en *G.O.* N° 35.407 de 23-2-94.

f'' *El Reglamento N° 6 sobre el Consejo de Gobiernos del Área Metropolitana de Caracas*

La existencia de diversos organismos de gobierno, algunos de ellos con autonomía, que ejercen sus competencias en el ámbito del Área Metropolitana de Caracas, y la franca colisión de decisiones y criterios en el manejo de los asuntos públicos atinentes a la capital de la República, obligó a los Alcaldes capitalinos a solicitar la creación de un medio institucional de coordinación, especialmente de las funciones de los Estados y de los Municipios que coparticipan en el gobierno de Caracas. Reconoció el Decreto la incidencia desfavorable, por la ausencia de mecanismos de coordinación, y la posibilidad de resolver esa carencia mediante el desarrollo de los principios de coordinación.

Para dictar este Reglamento, se consideró el hecho del rompimiento de los límites político-territoriales debido al incremento demográfico y urbano de los Municipios y la influencia de las actividades y servicios que se desarrollan en el área, considerándose además que el fenómeno urbano es único por lo que se impone la superación de la fragmentación de gobiernos autónomos, que por lo demás deben ser consolidados.

De allí que sin menoscabo de las autonomías, se impuso la coordinación de la actividad administrativa que desarrollan los distintos entes en el Área Metropolitana de Caracas.

Este órgano viene a llenar el vacío y a permitir la cooperación, la conciliación y la coordinación de las actividades de los Gobiernos Nacional, del Estado Miranda, del Distrito Federal, y de los Municipios Libertador, Sucre, Baruta, Chacao, El Hatillo, Los Salías y Carrizal, que coinciden en el desarrollo de actividades urbanísticas, de prestación de servicios y de realización de obras en el Área Metropolitana de Caracas.

El Reglamento que creó el Consejo de Gobiernos del Área Metropolitana de Caracas, además señaló su integración y sus funciones, los mecanismos para la toma de decisiones, y las formas de realización o prestación en común de las obras y de los servicios básicos metropolitanos. Se dictó por Decreto N° 3.133 de 9 de septiembre de 1993, reformado por Decreto N° 3309 de 22 de diciembre de 1933[1150].

g''. *El Reglamento Parcial N° 7 en materia de Vialidad Terrestre*

Por Decreto N° 3.177 de 30 de septiembre de 1993 se dictó el Reglamento Parcial N° 7 de la Ley Orgánica de Descentralización sobre Vialidad Terrestre[1151], con el objeto de regular el régimen de transferencia de competencias nacionales a los Estados en materia de vialidad, tanto de competencias concurrentes como de competencias exclusivas.

1149 Véase en *G.O.* N° 35.289 de 3-9-93.

1150 Véase en *G.O.* N° 35.301 de 21-9-93 y en *G.O.* N° 35.386 de 21-1-94.

1151 Véase en *G.O.* N° 35.327 de 28-10-93.

A tal efecto, el Reglamento define y precisa por primera vez en el ordenamiento jurídico, qué ha de entenderse por vías de comunicación, tanto nacionales como estadales; y reglamenta en general a las vías de comunicación, en particular cuanto concierne a la explotación y uso de las mismas.

h''. *El Reglamento Parcial N° 8 sobre encomienda a los Gobernadores de Estado de las atribuciones en materia de administración de las cárceles nacionales*

Una vez más se apeló al carácter de agentes del Ejecutivo Nacional que tienen los Gobernadores de Estado para desconcentrar en ellos algunas atribuciones que eran ejercidas desde el Poder Central, y que resultaba más conveniente y oportuno su ejercicio en el nivel Estadal.

El Reglamento N° 8 estableció que por resolución del Ministro de Justicia, se podía encomendar al Gobernador del Distrito Federal o a los Gobernadores de los Estados, estos últimos en su carácter de agentes del Ejecutivo Nacional, el ejercicio de las competencias que en principio le corresponde a ese Ministerio, en materia de administración de las Cárceles Nacionales. Para ello se debe seguir el mismo procedimiento que ya se había definido en el Reglamento Parcial N° 5, que se inicia con la solicitud del Gobernador, la negociación de las condiciones para el ejercicio de los funciones objeto de la desconcentración y la firma del convenio. Este Reglamento se dictó por Decreto N° 3.188 de 8 de octubre de 1993[1152].

i''. *El Reglamento Parcial N° 9 sobre transferencias a los Estados de los Servicios de Salud Pública*

Por Decreto N° 3.324 de 7 de enero de 1994, se dictó el Reglamento Parcial N° 9 sobre la transferencia a Estados de los Servicios de Salud Pública[1153]. Este texto reglamentario recogió, en su articulado, el contenido de los convenios de transferencia de los servicios de salud que se habían suscrito entre el Ministro de Relaciones Interiores, el Ministro de Sanidad y Asistencia Social y los Gobernadores de los Estados Aragua, Falcón, Anzoátegui, Bolívar y Carabobo, a los efectos de normativizar lo que en su inicio fueron cláusulas de convenios intergubernamentales.

La experiencia desarrollada en esos convenios permitió, sin duda, la emisión del referido Reglamento N° 9 que debía servir de base para los futuros convenios que habían de suscribirse con los restantes Estados de la República para la transferencia de los servicios de salud pública.

j''. *Otros reglamentos vinculados con el proceso de descentralización*

Aparte de los Reglamentos Parciales de la Ley Orgánica de Descentralización, durante los meses del Gobierno de transición de 1993-1994, se dictaron otros regla-

---

1152 Véase en *Gaceta Oficial* N° 35.317 de 14-10-93.

1153 A raíz del cambio de Gobierno este Decreto no se publicó en la *Gaceta Oficial*, a pesar de haber sido aprobado en Consejo de Ministros.

mentos vinculados con la descentralización, algunos incluso reglamentando, conjuntamente, la Ley Orgánica de Descentralización y otras leyes.

a'''. *El reglamento sobre coordinación de los servicios de policía y sobre normas de conducta de los miembros de los cuerpos de policía*

En virtud de que conforme a la Constitución (Arts. 17, Ord. 59, 30 y 136, Ord. 5°) la actividad de policía es una competencia concurrente entre los órganos del Poder Nacional, los Estados y los Municipios, y en virtud de la reciente proliferación de policías municipales, por Decreto Nº 3.179 de 7 de octubre de 1993 se dictó este Reglamento sobre coordinación de los servicios de policía y sobre normas de conducta de los miembros de los cuerpos de policía[1154].

El Reglamento creó la Comisión Nacional de Policía, como parte del Sistema Nacional de Coordinación de los Servicios de Policía que dirige el Ministro de Relaciones Interiores; reguló las Comisiones Regionales de Policía, presididas por los Gobernadores de Estado y estableció normas para la coordinación de los cuerpos de policía de los Estados. Adicionalmente, el Decreto estableció, conforme a disposiciones de los Pactos y Convenciones Internacionales sobre Derechos Humanos, normas de conducta a los miembros de los cuerpos de policía.

b'''. *El Decreto de creación del Consejo Nacional de Alcaldes*

Por Decreto Nº 3.015 de 24 de septiembre de 1993 se creó el Consejo Nacional de Alcaldes, como órgano permanente para la colaboración, cooperación y coordinación de políticas y acciones entre el Poder Nacional y los Municipios, en el desarrollo del proceso de descentralización administrativa hacia los Municipios[1155].

El Consejo está integrado por el Presidente de la República, algunos Ministros y por un Alcalde por cada uno de los Estados de la República, designado por la correspondiente Asociación de Alcaldes del Estado o por el Consejo Regional de Gobierno a que se refiere el artículo 5 del Decreto N° 3.104 del 12 de agosto de 1993.

c'''. *El Reglamento Parcial de la Ley Orgánica de Descentralización y de la Ley de Protección al Consumidor sobre encomienda a los Gobernadores y sobre delegación a los gobiernos Municipales de las atribuciones de fiscalización y control de alza indebida de precios y defensa y protección al consumidor*

Con motivo del alza indebida de precios que se evidenció con la creación del Impuesto al Valor Agregado, resultaba indispensable establecer mecanismos de fiscalización y control de la defensa y protección al consumidor.

1154 Véase en *G.O.* Nº 35.317 de 14-10-93.

1155 Véase en *G.O.* Nº 35.320 de 19-11-93.

Por ello se resolvió no sólo delegar en los Municipios estas tareas conforme a lo previsto en la Ley de Protección al Consumidor, sino también encomendar a los Gobernadores de Estado esas tareas, utilizando la figura de la encomienda.

A tales fines el Reglamento Parcial mencionado se dictó por Decreto N° 3.184 de 7 de octubre de 1993[1156].

d'''. *El Decreto que reglamenta el ejercicio de las competencias del Ejecutivo Nacional en materia de relaciones internacionales*

Con motivo del proceso de descentralización y de la consolidación de los poderes regionales, los Gobernadores de Estado habían venido desplegando actividades en el exterior, de promoción de sus respectivas entidades.

A los efectos de que esas acciones no colidan con las competencias del Ejecutivo Nacional en la conducción de las relaciones internacionales, se dictó el Decreto N° 3.180 del 7 de octubre de 1993, que asegura la información y presencia del Ministerio de Relaciones Interiores en todas las actuaciones de los Gobiernos estadales en el exterior[1157].

e'''. *El Reglamento Parcial de la Ley Orgánica de Descentralización y de la Ley de Turismo sobre encomienda a los Gobernadores de Estado de atribuciones en materia turística*

La actividad pública en materia de turismo, que regula la Ley de Turismo, se había concebido como una materia de carácter concurrente entre el Poder Nacional a través de la Corporación de Turismo de Venezuela y los Municipios. Los Estados no tienen en tal materia, competencia ni de orden constitucional ni legal.

Sin embargo, es evidente que la promoción del turismo y el control de las actividades turísticas, exige la participación del nivel intermedio de los Estados en la misma, Por ello, este Reglamento Parcial tanto de la Ley Orgánica de Descentralización como de la Ley de Turismo, procedió a regular la encomienda a los Gobernadores de Estado, en su carácter de agentes del Ejecutivo Nacional en los Estados, de la materia turística. El Reglamento fue dictado por Decreto N° 3.304 de 22 de diciembre de 1993[1158].

f'''. *Reglamenta de participación de los Municipios en los recursos del FIDES*

El Decreto-Ley N° 3.265 del 25 de noviembre de 1993 sobre Mecanismos de Participación por los Estados y Municipios en el Impuesto al Valor Agregado y el Fondo Intergubernamental para la Descentralización[1159], estableció que los recursos

---

1156 Véase en *Gaceta Oficial* N° 35.326 de 27-10-93.

1157 Véase en *Gaceta Oficial* N° 35.317 de 7-10-93.

1158 Véase en *G.O.* N° 35.386 de 21-1-94.

1159 Véase en *G.O.* N° 35.359 de 13-12-92.

provenientes del Impuesto al Valor Agregado a ser asignados a los Municipios, sólo podían ser destinados, exclusivamente, al financiamiento de:

1. Servicios correspondientes a competencias concurrentes y exclusivas, transferidos o transferidas a los Estados conforme a lo previsto en la Ley Orgánica de Descentralización, Delimitación y Transferencia de Competencias del Poder Público y a sus Reglamentos, y los servicios correspondiente a competencias concurrentes transferidos al Distrito Federal conforme a la Ley Orgánica del Distrito Federal; y
2. Servicios prestados por la República, sus institutos autónomos y el Distrito Federal transferidos a los Municipios, conforme al Reglamento que a tal efecto dicte el Presidente de la República en Consejo de Ministros.

Se precisó, por tanto, de acuerdo con la Ley Habilitante, que el financiamiento de servicios efectivamente transferidos a los Municipios (se entiende, en el campo de las competencias concurrentes), también podía ser cubiertos con recursos provenientes del producto del IVA. La Ley Orgánica de Descentralización sólo reguló el procedimiento de transferencia de competencias y servicios del Poder Nacional hacia los Estados, no regulando nada en relación a la transferencia de servicios hacia los Municipios.

De allí que el Decreto-Ley N° 3.265 de 25 de noviembre de 1993 haya exhortado expresamente al Presidente de la República para reglamentar el procedimiento de la transferencia de servicios prestados por órganos nacionales y el Distrito Federal, a los Municipios, a los efectos de garantizarle a estos entes, acceso al financiamiento previsto en la Ley Habilitante.

En tal virtud, se dictó el Reglamento Parcial N° 1 del Decreto-Ley N° 3.265, por Decreto N° 3.323 de 7 de enero de 1994. A pesar de que fue aprobado en Consejo de Ministros, debido al cambio de Gobierno en enero de 1994, este Decreto no fue publicado en la *Gaceta Oficial*. Posteriormente, sin embargo, se dictó el Reglamento sobre la participación de los Municipios en los Recursos del FIDES por Decreto N° 796 de 16-8-95[1160].

b'. *El régimen de las relaciones interadministrativas para descentralización: la Comisión Nacional para la Descentralización*

La descentralización política, como proceso de transferencia de competencias y servicios prestados por los órganos de la Administración Pública Nacional Central o Descentralizada a los Estados, afecta e interesa, sin lugar a dudas, a todos los organismos de aquélla que ejecuten o presten competencias o servicios transferibles, conforme a los artículos de la Ley Orgánica de Descentralización.

Por ello, para la conducción del proceso como política nacional, resultaba indispensable no sólo involucrar en el mismo a todos los Ministerios, sino establecer los adecuados mecanismos de coordinación entre ellos, a efectos de que el proceso tuviera un mínimo de coherencia y organicidad, aun cuando no de uniformidad, dada

1160 *G.O.* N° 35.779 de 22-8-95.

la variada situación y realidad de los Estados. Para ello, resultaba necesario constituir en todos los Ministerios e Institutos Autónomos que les estuvieran adscritos y que ejercieran competencias transferibles de acuerdo a la Ley Orgánica, órganos de programación, ejecución y control del proceso de descentralización; y además facilitar el seguimiento de las decisiones que en materia de descentralización se produjeran en el seno de la Administración Central, requiriéndose la coordinación de dichos procesos en la organización ministerial.

Para ello se dictó el Reglamento Parcial N° 2 de la Ley Orgánica de Descentralización y Transferencia de Competencia del Poder Público sobre los Mecanismos Institucionales para la Descentralización de la Administración Pública Nacional contenido en el Decreto N° 3.085 del 22 de junio de 1993, *Gaceta Oficial* N° 32.268 del 5-8-93, que en definitiva regula los mecanismos interadministrativos para la descentralización[1161].

El Reglamento estableció principios sobre coordinación de la Administración Pública para la descentralización; reguló la Comisión Nacional para la Descentralización, la cual se reunió en varias oportunidades durante el período 1993-1994; estableció los organismos ministeriales para la descentralización; precisó normas sobre la adecuación de los organismos regionales de planificación y desarrollo para la descentralización y estableció normas sobre la necesaria reforma de la Administración Pública Nacional como consecuencia del proceso de descentralización.

a”. *Los principios sobre la coordinación de la Administración Pública Nacional para la Descentralización*

En el artículo 1° del Reglamento se estableció que tanto el Ministerio de Relaciones Interiores como el Ministro de Estado para la Descentralización, en su calidad de órgano del Ejecutivo Nacional en las tareas de promover, desarrollar y ejecutar el proceso de transferencias de competencias y servicios del Poder Público Nacional a los Estados y Municipios, son los encargados de asegurar la eficaz coordinación de todas las dependencias de la Administración Pública Nacional entre sí, y de esta última con los Estados y los Municipios en la referida tarea.

Además, estableció que el Ministro de Estado para la Descentralización quedaba encargado de informar permanentemente al Ministro de Relaciones Interiores del desarrollo del proceso de transferencias.

De acuerdo con el artículo 34 de la Ley Orgánica de Descentralización, y a los fines de la misma, el Ejecutivo Nacional debe actuar por órgano del Ministro de Relaciones Interiores, el cual, a su vez, tiene a cargo lo relativo al proceso de descentralización, en todo aquello que competa al Ejecutivo Nacional. Por ello, al haber designado el Presidente de la República un Ministro de Estado para la Descentralización por Decreto N° 3.032 de fecha 7 de junio de 1993 y luego, en 1994 y hasta 1996, y para asegurar la debida coordinación con las funciones asignadas al Ministro de Relaciones Interiores, se estableció expresamente la obligación de aquél de informar permanentemente al Ministro de Relaciones Interiores del proceso.

1161 Véase en *G.O.* N° 35.268 de 5-8-93.

Por otra parte, debe señalarse que el Reglamento establece que los Institutos Autónomos, Empresas del Estado y demás instituciones descentralizadas funcionalmente de la Administración Pública Nacional, deben cooperar con el Ministro de Estado para la Descentralización en el logro de sus objetivos, y sus representantes deben asistir a la Comisión Nacional para la Descentralización cuando sean convocados por el mismo (Art. 17).

b''. *La Comisión Nacional para la Descentralización*

a'''. *Objetivos e integración de la Comisión*

Precisamente, para la coordinación de las diversas dependencias de la Administración Pública Nacional conforme a lo establecido en el artículo 1° del Reglamento Parcial N° 2, el mismo creó la Comisión Nacional para la Descentralización (Art. 2).

La Comisión Nacional para la Descentralización está integrada por el Ministro de Relaciones Interiores y el Ministro de Estado para la Descentralización, quienes la presidirán; el Director General Sectorial para el Desarrollo Regional de Ministerio de Relaciones Interiores; el Director General Sectorial de Descentralización y Desarrollo Institucional de la Oficina Central de Coordinación y Planificación; el Secretario Ejecutivo de la Comisión Presidencial para la Reforma del Estado; y el Director General Sectorial o el funcionario de jerarquía equivalente encargado del proceso de transferencia de competencias y servicios a los Estados y Municipios en los Ministerios en que se desarrollen competencias transferibles de acuerdo con lo previsto en la Ley Orgánica de Descentralización, Delimitación y Transferencia de Competencias del Poder Público (Art. 2).

En consecuencia, en aquellos organismos de la Administración Pública Nacional donde se realicen competencias transferibles, los Ministros del Despacho correspondiente deben atribuir mediante Resolución, al Director General, a uno de los Directores Generales Sectoriales o a otro funcionario de jerarquía similar, las funciones de orientación y coordinación del proceso de descentralización del Ministerio respectivo (Art. 7).

El Reglamento establece la posibilidad de que cuando la índole de los asuntos a tratar en la reunión correspondiente así lo aconsejen, el Ministro de Estado para la Descentralización de acuerdo con el Ministro de Relaciones Interiores, podrán invitar a asistir a las reuniones de la Comisión Nacional a los Presidentes, directores u otros representantes de cualquiera de los Institutos Autónomos Nacionales o Empresas del Estado, así como, cuando el caso lo amerite, de otras instituciones públicas o sociales (Art. 3). En todo caso, esos funcionarios deben asistir a las reuniones de la Comisión cuando sean convocados (Art. 17).

b''' *Las atribuciones de la Comisión*

De acuerdo con lo establecido en el artículo 4 del Reglamento, corresponde a la Comisión Nacional para la Descentralización impulsar, apoyar, planificar y coordinar, así como también seguir, supervisar y evaluar permanentemente el desarrollo y la ejecución de los programas y las medidas que en materia de desconcentración y descentralización, corresponda adoptar a los distintos Ministerios, Institutos Autónomos y Empresas de Estado Nacionales (Organismos Regionales de Desarrollo. 1, Art. 4).

Así mismo, es tarea de la Comisión estudiar y formular propuestas sobre los distintos aspectos que se susciten en el proceso de desconcentración y descentralización sobre la organización y el funcionamiento de la Administración Pública Nacional, Central y Descentralizada así como sobre los medios personales, materiales, económico y financieros de los organismos públicos. A este efecto, puede encomendar la realización dé análisis, estudios e informes a la Comisión Presidencial para la Reforma del Estado y, en su caso requerirlas de las Comisiones u otros órganos con análogas funciones instituidas en los distintos Estados (Organismos Regionales de Desarrollo 2, Art. 4).

La Comisión, igualmente, debe elaborar y establecer los criterios, orientaciones y directrices generales en materia de valoración de costos de los servicios y el traspaso de recursos humanos, así como de medios materiales, a fin de asegurar la mínima organicidad y coherencia de las distintas transferencias de competencias y servicios (Organismos Regionales de Desarrollo 3, Art. 4).

Con el objeto de desarrollar el flujo de información sobre el proceso descentralización, la Comisión deben implantar, mantener, coordinar y supervisar un sistema de información y documentación sobre el proceso de descentralización, que comprenda todos los datos y documentos relevantes que se produzcan tanto en la Administración Pública Nacional como en los Estados y Municipios, así como de todos aquellos aspectos que estén en relación con el proceso descentralización. Los Gobernadores de Estado, en su carácter de Agentes del Ejecutivo Nacional, debe colaborar con esa actividad (Art. 16).

La Comisión debe elaborar los informes que sobre el desarrollo y la situación del proceso de descentralización le sean requeridos por el Ministro de Estado para la Descentralización a los efectos de la elaboración de los informes que periódicamente debe presentar al Presidente de la República y al Ministro de Relaciones Interiores (Organismos Regionales de Desarrollo 5, Art. 4).

El Reglamento establece que la Comisión Nacional para la Descentralización puede constituir grupos de trabajo para el desarrollo de los estudios preparatorios de materias determinadas por acuerdo de la propia Comisión o por resolución conjunta de los Ministerios de Relaciones Interiores y de Estado ara la Descentralización, quienes determinarán su composición, origen y funcionamiento. Los Gobernadores de Estado, en su condición de agentes del Ejecutivo Nacional, por sí o mediante representante pueden formar parte de los grupos de trabajo.

En todo caso deben existir grupos de trabajo para las siguientes materias: Hacienda Pública, Infraestructura, Salud, Vivienda, Protección al Menor y la Familia, Deporte, Cultura y Educación (Art. 6.)

c''. *Los Organismos Ministeriales para la Descentralización*

Ya se señaló que en cada Ministerio, el Ministro debe designar por Resolución un funcionario con rango de Director General responsable de orientar y coordinar el proceso de descentralización en el Ministerio (Art. 7).

En tal sentido señala el artículo 8 del Reglamento que los Directores Generales o funcionarios de análoga jerarquía encargados en cada Ministerio de los programas y medidas relativas al proceso de descentralización en su condición de miembros de la Comisión Nacional para la Descentralización deben actuar en coordinación con la

Oficina del Ministro de Estado para la Descentralización, convirtiéndose así en responsables del impulso, estudio, elaboración, coordinación y supervisión de los programas y medidas que, por razón de la materia, deban adaptarse y ejecutarse en el correspondiente Ministerio y en las instituciones descentralizadas que estén adscritas o dependan de cualquier otra forma del mismo (Art. 8).

En consecuencia, le corresponde a dichos funcionarios ministeriales asegurar el cumplimiento, en el ámbito de competencias del Ministerio respectivo, de la política general de desconcentración y descentralización y, en especial, de los criterios, orientaciones y directrices establecidas por la Comisión Nacional para la Descentralización o comunicados por el Ministro de Estado para la Descentralización, en consulta con el Ministro de Relaciones Interiores, (Organismos Regionales de Desarrollo 1, Art. 9). En consecuencia, deben servir de enlace y comunicación entre el Ministerio respectivo, la Comisión Nacional para la Descentralización, y la Oficina del Ministro de Estado para la Descentralización (Organismos Regionales de Desarrollo 2, Art. 9).

De igual forma deben participar y asegurar la intervención de sus Ministerios en los grupos de trabajos constituidos en la Comisión Nacional para la Descentralización, (Organismos Regionales de Desarrollo 3, Art. 9), así como dirigir los grupos de trabajos y órganos especiales que se creen para la programación y la ejecución del correspondiente proceso de transferencias en su respectivo Ministerio, (Organismos Regionales de Desarrollo 5, Art. 9), todo esto, con el objeto de facilitar al Ministro de adscripción la pronta y completa información de los trabajos de la Comisión Nacional para la Descentralización, de sus grupos de trabajo y de enterar a la Oficina del Ministro de Estado para la Descentralización en relación con las tareas y actuaciones de sus respectivos Ministerios, y de todas aquellas que resulten relevantes para el proceso de transferencias de competencias y servicios (Organismos Regionales de Desarrollo 4, Art. 9).

Se establece, así mismo, que estos funcionarios son los encargados de asumir y desarrollar las tareas que resulten de la actuación y los Acuerdos de la Comisión Nacional para la Descentralización (Organismos Regionales de Desarrollo 6, Art. 9), así como de asegurar el apoyo administrativo suficiente para el funcionamiento de las Comisiones Sectoriales y, en su caso, de las Comisiones mixtas constituidas para la negociación de los términos y condiciones de las distintas transferencias de competencias y servicios responsabilidad del respectivo Ministerio (Organismos Regionales de Desarrollo 7, Art. 9) y de cualquier otra que les encomienden, de común acuerdo su Ministro y los de Relaciones Interiores y de Estado para la Descentralización (Organismos Regionales de Desarrollo 8, Art. 9).

El Reglamento establece, por otra parte, que los Ministros del Despacho que ejerzan competencias transferibles conforme a la Ley Orgánica de Descentralización, Delimitación y Transferencia de Competencias del Poder Público, a los efectos de suministrar los recursos necesarios para la ejecución de los estudios y proyectos que se requieran realizar en sus respectivos ámbitos de competencia, deben realizar los correspondientes apartados en sus partidas presupuestarias (Art. 15).

d'' *La adecuación de los organismos regionales de planificación y desarrollo al proceso de descentralización*

El Reglamento establece que los Organismos Regionales de Planificación y Desarrollo deben formar parte de la organización nacional para la descentralización (Art. 12). En tal sentido, y con el objeto de su incorporación en el proceso de descentralización, éstos deben adecuar su organización interna a fin de dar cumplimiento a lo dispuesto en el artículo 21 de la Ley Orgánica de Descentralización (Art. 10) según el cual los Organismos Regionales de Planificación y Desarrollo deben servir de entes de asesoría y asistencia técnica a las Gobernaciones de las Entidades Federales, Municipales y organismos del Ejecutivo Nacional.

En el marco del proceso de descentralización, los Organismos Regionales de Planificación y Desarrollo son los responsables de la prestación del servicio de asistencia técnica a los Estados y Municipios en materia de planificación, transferencia de competencias, modernización de la gestión pública, capacitación de recursos humanos y cooperación técnica (Ord. 1°, Art. 11).

A tal efecto deben crear y desarrollar los servicios de estadística e informática en materia demográfica, social, económica, financiera y de cartografía, así como del seguimiento estadístico de la gestión intergubernamental a nivel del Estado y Municipio, (Ord. 2°, Art. 11). De igual forma, son los responsables del seguimiento de las políticas nacionales en cada Estado (Ord. 3, Art. 11).

Por otra parte, deben promover el desarrollo de la región, fundamentalmente referido a la elaboración de proyectos de desarrollo económico (Ord. 4°, Art. 11).

Finalmente los Organismos Regionales de Planificación y Desarrollo deben brindar apoyo a la sociedad civil para su incorporación y participación en el proceso de descentralización (Ord. 5°, Art. 11).

c' *El régimen de las relaciones ínter gubernamentales para la descentralización*

El proceso de descentralización política, como proceso de transferencia de competencias de los órganos que ejercen el Poder Nacional, básicamente de la República y de los Institutos Autónomos, a los Estados y Municipios, esencialmente genera un conjunto de relaciones intergubernamentales entre los niveles de gobierno nacional y los gobiernos estadales y municipales. Estas relaciones que, sin duda, son de carácter permanente, exigen procesos de concertación y conciliación de intereses y de coordinación de actividades. A tal efecto, durante el Gobierno de Transición de 1993-1994 se dictaron un conjunto de instrumentos para regular esas relaciones intergubernamentales. Estos fueron, en primer lugar, el Decreto N° 3.104 de 12 de agosto de 1993 mediante el cual se dictó el Reglamento Parcial N° 3 de la Ley Orgánica de Descentralización sobre el Consejo Territorial de Gobierno y la organización intergubernamental para la descentralización: en segundo lugar, el Decreto N° 3.169 de 24 de septiembre de 1993 sobre creación del Consejo Nacional de Alcaldes; en tercer lugar, el Decreto N° 3.133 de 9 de septiembre de 1933 mediante el cual se dictó el Reglamento Parcial N° 6 de la Ley Orgánica de la Ley Orgánica de Descentralización sobre el Consejo de Gobiernos del Área Metropolitana de Caracas; y en cuarto lugar, el Decreto N° 3.265 de 25 de noviembre de 1933 sobre participación de los Estados y Municipios en el Producto del Impuesto al Valor Agregado y sobre el Fondo Intergubernamental para la Descentralización.

a''. *El Consejo Territorial de Gobierno y las relaciones Intergubernamental entre el Gobierno Nacional y los Gobiernos Estadales*

A los efectos de facilitar las relaciones intergubernamentales entre los órganos que ejercen el Poder Nacional y las Gobernaciones de Estado, de manera de canalizar y darle coherencia y organicidad al proceso, se dictó el Reglamento Parcial N° 3 de la Ley Orgánica de Descentralización, Delimitación y Transferencia de Competencias del Poder Público contenido en el Decreto N° 3.104 del 12 de agosto de 1993[1162].

La emisión de este Decreto estuvo motivada por el hecho de la consolidación de los Estados de la República y de sus Ejecutivos Estadales, tanto en su carácter de agentes del Ejecutivo Nacional, como en su condición de representantes del Poder Estadal, particularmente como consecuencia de la elección de los Gobernadores de Estados a partir de 1989 y del inicio de la ejecución del proceso de descentralización, conforme a las previsiones de la Ley Orgánica de Descentralización.

Esta nueva realidad imponía la creación de una instancia institucional de diálogo y cooperación intergubernamental de carácter permanente, así como de una organización intermedia que sirviera tanto para estimular y ordenar el proceso de desconcentración y descentralización administrativas, como para promover la coparticipación en el diseño de políticas e instrumentación de decisiones en otros ámbitos de la Administración Pública, que concernían a los diversos niveles de gobierno.

Lo anterior exigía, sin duda, prever mecanismos institucionales que garantizaran, con flexibilidad y agilidad, un adecuado equilibrio en la participación de los distintos agentes del proceso de descentralización en la toma de decisiones.

Con base a ello se dictó el Reglamento N° 3, que creó el Consejo Territorial de Gobierno; reguló su Comité Permanente de Consulta y sus Comités de Trabajo; reguló los mecanismos para las relaciones intergubernamentales de cooperación y colaboración, y estableció los Consejos Regionales de Gobierno.

a'''. *El Consejo Territorial de Gobierno*

El Consejo Territorial de Gobierno fue creado en el artículo 1° del Reglamento como instancia de colaboración, coordinación y cooperación entre el Ejecutivo Nacional y los Ejecutivos de los Estados; y en sus normas sucesivas reguló su objeto, integración, atribuciones y formas de convocatoria.

a''''. *Objeto e integración*

Dicho Consejo Territorial de Gobierno tiene como fin principal el desarrollo del proceso de descentralización y desconcentración, así como el diseño de políticas y armonización de decisiones que conciernen e involucren a los distintos niveles de

---

1162 Véase en *G.O.* N° 35.273 de 12-8-93.

gobierno, en áreas tales como la seguridad ciudadana, el desarrollo económico, el transporte, la protección ambiental, la ordenación del territorio y las materias presupuestaria y laboral relativas al sector público (Art. 1).

El Consejo Territorial de Gobierno está integrado, de acuerdo a lo establecido en el artículo 2° del Reglamento, el Presidente de la República, quien lo preside; los Gobernadores de cada uno de los Estados de la República; los Ministros del Ejecutivo Nacional; el Gobernador del Distrito Federal, y una persona designada por el Presidente de la República en razón de sus méritos y experiencia. En ausencia del Presidente de la República, el Ministro de Relaciones Interiores preside el Consejo.

b''''. *Atribuciones*

Conforme a lo establecido en el artículo 3° del Reglamento, le corresponde al Consejo Territorial de Gobierno debatir y, en su caso, alcanzar los acuerdos sobre las líneas básicas del proceso de descentralización y desconcentración administrativas, así como todo lo concerniente al perfeccionamiento de la relación costo-beneficio de los servicios públicos, acercando la Administración al usuario con el fin de mejorar los niveles de bienestar social y satisfacción ciudadana de los mismos (Ord. 1°, Art. 3).

De igual forma le corresponde al Consejo debatir, y en su caso, alcanzar los acuerdos que sobre la transferencia de competencias concurrentes para definir sus características, facilitar la programación y promover la especialización de cada nivel de gobierno, incluyendo el Municipal, sin menoscabo de la autoridad que corresponde al Ejecutivo Nacional o de la autonomía que es atinente a los gobiernos estadales y municipales (Ord. 2°, Art. 3).

En este mismo sentido, es atribución del Consejo el estudiar, debatir y, en su caso, llegar a acuerdos que permitan establecer estrategias y tomar decisiones comunes en materias de competencias concurrentes, en especial, aquellas vinculadas a la seguridad ciudadana, el desarrollo económico, el transporte, la protección ambiental, la ordenación del territorio, la materia presupuestaria y la materia laboral en el sector público que conciernan a los diversos niveles de gobierno (Ord. 3°, Art. 3).

Así mismo, le corresponde conocer y valorar los informes periódicos que sobre el estado de ejecución de las decisiones del Consejo Territorial, le eleve el Comité de Consulta Permanente (Ord. 4, Art. 3).

Igualmente, debe conocer y debatir sobre los proyectos de medidas y disposiciones relativos al proceso de descentralización que, por su importancia o trascendencia, le someta el Ejecutivo Nacional (Ord. 5°, Art. 3).

c''''. *Las Decisiones del Consejo*

Establece el artículo 4° del Reglamento, que el Consejo Territorial de Gobierno se debe reunir periódicamente, previa convocatoria de oficio del Presidente de la República o a solicitud de la mayoría de los Gobernadores, formulada a través de la Asociación de Gobernadores de Venezuela. Al menos debe reunirse cuatro veces al año.

Los acuerdos del Consejo Territorial de Gobierno se deben adoptar siempre por consenso entre las representaciones del Ejecutivo Nacional y de los Estados, teniendo valor de alcance políticos (Art. 9).

Con el objeto de dar cumplimiento a todas sus funciones, el Consejo Territorial de Gobierno puede requerir el auxilio y la colaboración, incluso mediante la elaboración de estudios e informes, de la Comisión Presidencial para la Reforma del Estado y de las Comisiones y órganos con misión equivalente constituidos en los Estados, sin perjuicio del deber de cooperación con el referido Consejo, de cualesquiera otras dependencias y organismos de la Administración Pública Nacional y de los Estados (Art. 10).

b'''. *El Comité de Consulta Permanente del Consejo Territorial de Gobierno*

El Consejo Territorial de Gobierno tiene un Comité de Consulta Permanente integrado por los Ministros de Relaciones Interiores y de Estado para la Descentralización, así como por el Presidente y el Primer Vicepresidente de la Asociación de Gobernadores de Estado de Venezuela (Artículo &).

Le corresponde al Comité de Consulta Permanente del Consejo Territorial de Gobierno establecer el orden del día y preparar los asuntos a tratar en las reuniones del Consejo Territorial de Gobierno (Ord. 1°, Art. 7).

Con el objeto de establecer los acuerdos necesarios sobre los aspectos globales y sectoriales concernientes a los fines del Consejo Territorial de Gobierno, el Comité de Consulta Permanente debe constituir los Comités que sean necesarios, los cuales estarán integrados por representantes del Ejecutivo Nacional y los Gobernadores de Estado. En tal sentido el Ejecutivo Nacional y los Gobernadores de Estado designarán respectivamente a las personas que integrarán dichos Comités (Ord. 2°, Art. 7).

También es tarea del Comité de Consulta Permanente efectuar el seguimiento de la ejecución de los acuerdos, recomendaciones o declaraciones del Consejo, así como de su formalización, a través de medidas normativas y administrativas presentando los pertinentes informes de situación al Consejo (Ord. 3°, Art. 7).

Igualmente, este Comité debe conocer y debatir los proyectos de medidas y disposiciones relativos al proceso de descentralización que por su menor importancia no proceda someter al Consejo, dando cuenta de la misma en la siguiente sesión que éste celebre (Ord. 4°, Art. 7).

En este sentido, debe recibir la información necesaria en forma periódica para su evaluación y posterior trasmisión al Consejo sobre el funcionamiento y actividad de los Comités de trabajo para el proceso de transferencia de competencias y servicios y la cogestión de éstos, respectivamente (Ord. 5°, Art. 7).

Por último, el Comité Permanente debe establecer relaciones permanentes con la Comisión Nacional de Descentralización y con los Consejos Territoriales que se establezcan entre las Administraciones de los Estados y con las Comisiones u organismos para la Reforma del Estado, la Descentralización que se constituyan en los Estados (Ord. 7°, Art. 7).

Con el objeto de realizar los estudios que considere pertinentes, especialmente en materia económico-financiera el Comité de Consulta Permanente puede establecer y designar las Comisiones técnicas que considere pertinentes (Ord 6°, Art. 7).

El Comité de Consulta Permanente se reunirá al menos una vez al mes (Art. 8). Sus acuerdos, se deben adoptar siempre por consenso entre las representaciones del Ejecutivo Nacional y de los Estados, teniendo éstos valor y alcance políticos (Art. 9).

c'''. *Los Comités de Trabajo del Consejo Territorial de Gobierno*

El Comité Permanente de Consulta debe establecer el número y composición de los Comités de trabajo del Consejo Territorial de Gobierno, con el objeto de poder lograr un mejor intercambio de puntos de vista en los respectivos sectores de la actividad pública, así como el examen en común de los problemas de éstos y de las medidas posibles y en su caso, proyectadas para afrontarlos y resolverlos, con el fin de garantizar la debida colaboración entre la Administración Pública Nacional y las de los Estados; con el objeto de alcanzar la correcta coordinación de sus programas, políticas y acciones y, en definitiva, la indispensable coherencia en la actuación de todas ellas (Art. 11).

Los Comités de Trabajo están formados por el Ministro o Ministros que tengan competencia en la materia que sea objeto de las mismas, así como por los Gobernadores de Estado (Art. 12).

La convocatoria a los Comités de Trabajo corresponde al Ministro o Ministros competentes por razón de la materia. Esta se debe hacer siempre con la antelación suficiente y debe especificar el orden del día y, en su caso, acompañar la documentación oportuna para la adecuada preparación de la reunión (Art. 12).

Los acuerdos adoptados por los Comités de trabajo, que se denominan Convenios Federales Sectoriales se deben lograr siempre por consenso, y los mismos deben estar firmados por el Ministro o Ministros competentes, así como, por los Gobernadores de los Estados y estos convenios requieren, previamente a su suscripción, el informe favorable del Comité de Consulta Permanente (Art. 13).

d'''. *Los principios relativos a las relaciones intergubernamentales de cooperación y colaboración*

a''''. *Los Convenios Intergubernamentales*

Se establece en el artículo 14 del Reglamento que a los fines del desarrollo de una mejor relación de cooperación entre los órganos de la Administración Pública Nacional éstos podrán celebrar convenios de colaboración con los Estados y éstos entre sí, en el ámbito de sus respectivas competencias.

Estos convenios de colaboración, incluidos las resultantes de los acuerdos adoptados en el seno de los Comités de Trabajo, son de libre adhesión, y en ningún caso pueden implicar la renuncia de las competencias propias de los entes u organismos firmantes (Art. 15).

En consecuencia, los organismos involucrados en los referidos convenios quedan obligados a su cumplimiento desde la fecha de su registro, salvo que en ellos se disponga expresamente otra fecha posterior. Los convenios tendrán carácter de públicos, a cuyo efecto deberán inscribirse y custodiarse en los Registros pertinentes que, al efecto, llevarán el Ministro de Relaciones Interiores, y Gobernaciones de los Estados (Art. 16).

b''''. *Las Corporaciones Asociativas de carácter público*

Establece el artículo 17 del Reglamento, que cuando para la adecuada gestión objeto de un convenio de colaboración se haga necesaria la creación de una entidad con personalidad jurídica, ésta podrá ser creada con la forma de Corporación Asociativa de carácter público, siguiendo las formalidades establecidas en el artículo 19 del Código Civil.

Los Estatutos de la Corporación Asociativa deben determinar los fines de ésta, así como su régimen de organización y funcionamiento, incluido el económico-financiero.

e'''. *Las instancias intergubernamentales similares en los Estados*

El Decreto Reglamentario recomienda a los Gobernadores el establecimiento, en sus respectivos Estados, de instancias similares de carácter intergubernamental, en los cuales participen los Alcaldes de los Municipios respectivos. Para evitar excesos de instrumentos institucionales, el Reglamento faculta a que estos Consejos Regionales de Gobierno se establezcan en el seno del Comité de Coordinación y Planificación previsto en el artículo 25 de la Ley Orgánica de Descentralización, Delimitación y Transferencia de Competencias del Poder Público. Tales Consejos deben tener objetivos similares a las del Consejo Territorial de Gobierno respecto de la descentralización de los Estados hacia los Municipios, y a la coordinación de la actividad administrativa en el respectivo territorio.

b''. *El Consejo Nacional de Alcaldes y las relaciones intergubernamentales entre el Gobierno Nacional y los Gobiernos Municipales*

Dentro de los objetivos que se trazó en 1998 el Ministro de Estado para la Descentralización estuvo la profundización del proceso de descentralización en el ámbito local, el cual no podía sustraerse del esfuerzo nacional por el establecimiento de un nuevo Estado Descentralizado y Participativo.

La elección popular y directa de los Alcaldes y uninominal de los Concejales significó un avance significativo en la modernización del sistema político, porque le dio a éstos una mayor representatividad, así como una vinculación directa con la población sin la necesaria intermediación de las estructuras partidistas. Por otra parte, ha permitido la consolidación de nuevos centros de poder local y el surgimiento de nuevos actores que es necesario reconocer e involucrar en los procesos de toma de decisiones políticas.

Por otra parte, la población ha venido demandando mayor cercanía de los centros decisorios de los servicios públicos, arrebatados por el Estado rentista petrolero, del nivel municipal que históricamente los había prestado. El creciente costo de los servicios básicos y su ineficiencia demanda, además, nuevos mecanismos de gestión que es necesario analizar cuidadosamente.

Estos criterios llevaron al Ministro de Estado para la Descentralización a proponer al Presidente de la República la creación de un Consejo Nacional de Alcaldes, que le daría acceso al más alto nivel del Gobierno Nacional a los representantes de las unidades políticas autónomas más inmediatas al ciudadano. Este Consejo Nacional de Alcaldes fue creado mediante el Decreto N° 3.169 el 24 de septiembre de 1993[1163].

a'''. *Objetivo e integración del Consejo*

El objetivo fundamental del Consejo Nacional de Alcaldes es el de servir de mecanismo para la elaboración, cooperación y coordinación de políticas y acciones entre el Poder Nacional y el Poder Municipal, en el desarrollo del proceso de descentralización administrativa hacia los Municipios (Art. 1).

Integran el Consejo Nacional de Alcaldes el Presidente de la República, quien lo preside; el Ministro de Relaciones Interiores quien lo preside en ausencia del Presidente de la República; los Ministros de la Secretaría de la Presidencia, de Estado para la Descentralización que asume la primera Vicepresidencia y de Estado Jefe de la Oficina Central de Coordinación y Planificación; el Presidente de la Fundación para el Desarrollo de la Comunidad y Fomento Municipal; un Alcalde de cada Estado designado por la respectiva Asociación o por el Consejo Regional de Gobierno que prevé el Decreto 3.104; el Alcalde del Municipio Libertador del Distrito Federal y el Alcalde que presida la Asociación Venezolana de Cooperación Intermunicipal (AVECI) (Art. 2).

Los Alcaldes designados para integrar el Consejo Nacional de Alcaldes deben elegir dos entre ellos: uno que será el portavoz y asumirá la segunda vicepresidencia, y junto al otro será miembro del Directorio Permanente.

b'''. *Funciones del Consejo*

El Consejo Nacional de Alcaldes debe ocuparse, según el artículo 4 del Decreto N° 3.169, de cumplir las siguientes funciones:

- — Servir de órgano de entendimiento y concertación del Poder Nacional y los Municipios en cuantas cuestiones de índole municipal suscite el proceso de descentralización y, en particular, en la delimitación de las competencias y recursos económico-financieros de los Municipios.
- — Conocer, discutir y, en su caso, alcanzar soluciones para los problemas, las dificultades, las discrepancias y los conflictos de orden político, económico, administrativo o técnico que puedan surgir en el proceso de descentralización en el nivel municipal.
- — Propiciar, incluso mediante la formulación de propuestas, una relación fluida y cooperativa de los Municipios, de los Estados y el Poder Nacional en el ejercicio de sus respectivas competencias, a los efectos de la eficaz prestación de servicios a los ciudadanos.
- — Conocer y debatir los proyectos de medidas y disposiciones relativas al proceso de descentralización en el nivel municipal que, por su importancia o trascendencia, la someta el Ejecutivo Nacional.

1163 Véase en *G.O.* N° 35.320 de 19-10-93.

— Efectuar sugerencias y dar respuestas al Ejecutivo Nacional en materia municipal y, en especial, sobre la atribución de competencias a favor de los Municipios; distribución de recursos nacionales destinados a los Municipios; y previsiones del presupuesto nacional anual que afecte a éstos.

— Formular declaraciones y adoptar recomendaciones en las materias a que se refiere el Decreto.

c'''. *El Director Permanente*

El artículo 3° del Decreto de creación del Consejo Nacional de Alcaldes crea también un Directorio Permanente integrado por los Ministros de Relaciones Interiores, de la Secretaría de la Presidencia de la República, de Estado para la Descentralización, por el Presidente de FUNDACOMUN, y por los Alcaldes designados por el Consejo. El órgano coordinador de este Directorio Permanente es el propio Ministro de Estado para la Descentralización, o en su defecto FUNDACOMUN. Este Directorio Permanente tiene funciones semejantes a las del Comité de Consulta Permanente del Consejo Territorial de Gobierno, es decir, de coordinación y apoyo técnico y preparatorio del Consejo Nacional de Alcaldes. No obstante, tratándose de una asamblea con cerca de trescientos miembros, el decreto le atribuye al Directorio Permanente la facultad de asumir los cometidos del Consejo Nacional de Alcaldes cuando la urgencia de los asuntos no permita la convocatoria y la reunión oportuna de aquél (Art. 5°).

El Consejo Nacional de Alcaldes debe reunirse al menos dos veces al año y cuando lo convoque el Directorio Permanente a solicitud de la representación municipal.

Las decisiones del Consejo Nacional de Alcaldes y del Directorio Permanente se adoptan por consenso.

C. *La autonomía de los Estados y sus limitaciones*

De acuerdo a las competencias de los Estados, antes analizadas, resulta que constitucionalmente, forman parte del concepto amplio de autonomía de los Estados (Art. 16), que implica una autonomía política, una autonomía administrativa y una autonomía tributaria. Por supuesto, en relación a todas esas competencias, los Estados también tienen una autonomía normativa, en el sentido de que sus Asambleas Legislativas pueden regular mediante leyes, dentro de los límites, constitucionales, sobre las materias de la competencia de los Estados (Art. 20, Ord. 1°).

Ahora bien, a pesar de la larga enumeración del artículo 17 de la Constitución y de la identificación de las competencias concurrentes, el ejercicio de tales competencias, y la autonomía necesaria para ello, están restringidas y limitadas *en el propio texto constitucional*. Analizaremos a continuación el ámbito de las competencias de los Estados conforme a la indicada norma constitucional, así como el alcance de las limitaciones posibles dentro del marco constitucional[1164].

1164 Véase Allan R. Brewer-Carías, "El sentido de la autonomía de los Estados y sus limitaciones" en *Revista de Derecho Público*, N° 12, Caracas, 1982.

a. *La autonomía política y sus limitaciones*

La autonomía política de los Estados de acuerdo a la Constitución, como ya se ha indicado, implica la autonomía en la organización de sus poderes públicos; en la organización de sus Municipios, y en la división política de su territorio. Veamos separadamente estos aspectos, con particular referencia a las limitaciones al ejercicio de la autonomía estadal.

a'. *La autonomía política y la organización de los Poderes Públicos Estadales*

La primera de las competencias de los Estados es "la organización de sus poderes públicos, en conformidad con esta Constitución" (Art. 17, Ord. 1°). De este enunciado resulta que la autonomía de los Estados se manifiesta, en primer lugar, en una autonomía política derivada de esta competencia que tienen que organizar sus Poderes Públicos "en conformidad con esta Constitución". Se trata, por tanto, de una competencia en cuyo ejercicio los Estados están sometidos únicamente a lo que establezca la Constitución.

En particular, la legislación respectiva sobre esta organización de los Poderes Públicos de los Estados, corresponde sancionarla a las Asambleas Legislativas, órganos a quienes se atribuye la competencia de "legislar sobre las materias de la competencia estadal" (Art. 20, Ord. 1°), lo cual han hecho normalmente mediante las denominadas "Constituciones" estadales. Por tanto, dentro del cuadro constitucional, sólo la Asamblea Legislativa respectiva puede ser quien legisle sobre la organización de los Poderes Públicos del Estado, y en particular, de su Poder Legislativo y de su Poder Ejecutivo.

En efecto, es la Constitución Nacional la que establece el órgano que ejerce el Poder Legislativo en cada Estado, la Asamblea Legislativa, determinando quiénes son sus miembros, cómo son elegidos y su inmunidad (Art. 19). Además, la Constitución precisa el ámbito general de la competencia de la Asamblea Legislativa en materia de control (Arts. 19 y 24) y legislación (Art. 20). Asimismo, es la Constitución la que establece el órgano al cual corresponde el gobierno y la administración de cada Estado: el Gobernador; su doble carácter y los requisitos para ocupar dicho cargo (Art. 21). La Constitución precisa, además, la forma de designación del Gobernador y las atribuciones y deberes del mismo (Arts. 22 y 223).

Debe destacarse que la autonomía política de los Estados y que implica la elección de sus propias autoridades, hasta 1989 estaba limitada, en el sentido de que si bien los Diputados a las Asambleas Legislativas eran electos por votación popular, directa y secreta (Art. 19), los Gobernadores, en cambio, eran nombrados por el Presidente de la República hasta tanto esa ley nacional estableciera su elección directa (Art. 22), como en efecto ocurrió en 1989.

La consecuencia fundamental de esta competencia estadal de organizar sus poderes públicos estadales, está en que los Estados, en ello, son autónomos dentro de los límites establecidos en la Constitución Nacional, por lo que no podría en forma alguna el Poder. Nacional ni los Municipios regular, mediante ley u ordenanza, algún aspecto de la organización de los poderes públicos de un Estado o atribuirles competencias o establecerles limitaciones no autorizadas en la Constitución.

En particular, el aspecto más elemental de esta autonomía es que una ley nacional no podría, en ningún caso, salvo que exista autorización de la Constitución, imponer una obligación, asignar una competencia o limitar el ejercicio de las que tiene una Asamblea Legislativa de cualquiera de los Estados de la República. Así, por ejemplo, si las Asambleas Legislativas tienen, conforme a la Constitución, competencia "para el examen y control de cualquier acto de la administración pública estadal" (Art. 19), no podría una ley nacional, limitar o excluir ese control, en forma alguna, respecto de cualquier actuación de la administración pública estadal.

La sola posibilidad que tiene el legislador nacional de establecer la forma y requisitos conforme a los cuales puede y debe actuar una Asamblea Legislativa y las limitaciones necesarias al ejercicio de ciertas competencias, como se verá, es en materia de utilización del crédito público, tal como lo autoriza expresamente el ordinal 4° del artículo 17 de la Constitución.

b'. *La autonomía organizativa y la descentralización funcional de los Estados: la creación de institutos autónomos*

Debe insistirse, además en que como consecuencia de la autonomía política estadal que es una autonomía político-territorial propia de la descentralización territorial (distribución vertical del Poder), dentro de la potestad da organizar sus Poderes Públicos (Art. 17, Ord. 1°), los Estados tienen competencia para descentralizar funcionalmente sus servicios o actividades administrativas, es decir, para crear institutos autónomos estadales o establecer empresas del Estado estadales. Se insiste, la potestad de descentralizar funcionalmente deriva de la autonomía territorial; sólo los entes político-territoriales que existen en un sistema como el federal, pueden descentralizar funcionalmente sus actividades administrativas. La única limitación que tendría esta potestad descentralizadora está en que si se trata de la creación de un instituto autónomo por el Estado, debe hacerse mediante ley de la Asamblea Legislativa, conforme al principio establecido en el artículo 230 de la Constitución, principio aplicable a la administración de los Estados conforme a lo previsto en el artículo 235 del texto fundamental.

Tal como ya se señaló, el artículo 230 de la Constitución está destinado a los institutos autónomos nacionales, cuya creación por ley emanada de las Cámaras Legislativas Nacionales, es obligatoria. Esa norma no significa, en absoluto, que sólo puede haber institutos autónomos nacionales, creados por ley nacional, y que, en consecuencia, los Estados no puedan crearlos. No podría significar eso, pues ello se configuraría como una limitación a la autonomía política de los Estados, que requeriría texto expreso.

Sin embargo, en virtud de que el artículo 235 de la Constitución postula la aplicación a los Estados y Municipios de las normas que regulan la Hacienda Pública Nacional, como el artículo 230, lo que es aplicable de esa norma a los Estados es el principio de que los institutos autónomos deben crearse por ley, por lo que los que crean los Estados deben ser mediante ley de la Asamblea Legislativa.

c'. *La autonomía organizativa de los Municipios y la división político-territorial del Estado*

La segunda de las competencias asignadas a los Estados conforme al artículo 17, ordinal 2° de la Constitución, es "la organización de sus Municipios y demás entidades locales, y su división político-territorial, en conformidad con esta Constitución y las leyes nacionales".

De acuerdo con esta competencia, son los Estados los únicos que tienen competencia para la división política de sus propios territorios y la organización de sus Municipios, lo cual deben hacer "en conformidad con esta Constitución y las leyes nacionales". La autonomía de los Estados, en este segundo campo de su competencia, sin duda, está más limitada que la vista anteriormente respecto de la organización de sus Poderes Públicos: aquí, no sólo se deben sujetar, en cuanto a la organización municipal y su división político- territorial, a lo establecido en la Constitución, sino también, a lo establecido en las leyes nacionales y, particularmente, a la Ley Orgánica de Régimen Municipal dictada inicialmente en 1978 cuya última reforma es de 1989, conforme a lo previsto en el artículo 26 de la Constitución, "para desarrollar los principios constitucionales". Por ello, por ejemplo, para la división político-territorial de los Estados en Municipios (Art. 28), las Asambleas Legislativas deben atenerse a los requisitos establecidos en dicha Ley Orgánica para la creación de un Municipio y, entre ellos, la existencia de una población estable y de un centro de población no menor de 2.500 habitantes que sirva de asiento a sus autoridades[1165]. Por tanto, los Estados no son totalmente autónomos para crear y establecer Municipios, sino que ello deben hacerlo en conformidad con lo que establece la Constitución en sus artículos 25 a 34 y las leyes nacionales, particularmente, la Ley Orgánica de Régimen Municipal cuya última reforma es de 1989.

b. *La autonomía administrativa y sus limitaciones*

De acuerdo a la Constitución, los Estados gozan de autonomía en la administración de sus bienes y en la inversión del Situado Constitucional; en relación a la utilización del crédito público; en la organización de la policía urbana y rural; en las materias que el Poder Nacional descentralice a nivel de los Estados; y en las materias sobre las cuales tengan competencias residuales o concurrentes. Veamos separadamente estos aspectos, en cuanto a las limitaciones a la autonomía.

a'. *La autonomía administrativa en relación a sus bienes y a la inversión de sus recursos*

La Constitución atribuye a los Estados, competencia para "la administración de sus bienes y la inversión del Situado Constitucional y demás ingresos que le correspondan, con sujeción a lo dispuesto en los artículos 229 y 235 de esta Constitución" (Art. 17, Ord. 3°).

La autonomía administrativa de los Estados, por tanto, está limitada constitucionalmente en la forma establecida en los artículos 229 y 235 de la propia Constitución, y éstos, respectivamente, remiten en algunos aspectos a regulaciones establecidas por la ley nacional, por lo que la limitación a la autonomía administrativa de los Estados es mayor.

En efecto, el artículo 229 de la Constitución regula el denominado Situado Constitucional, es decir, la partida que debe incluirse en la Ley de Presupuesto Nacional,

---

1165 Art. 18, Ord. 3°.

para ser distribuida entre los Estados, el Distrito Federal y los Territorios Federales, estableciendo los porcentajes y forma de distribución.

En dos ocasiones dicha norma remite a una ley orgánica nacional, mediante la cual podría regularse y limitarse la autonomía administrativa de los Estados, conforme a la previsión constitucional. Se trata, en primer lugar, de la remisión a una ley orgánica respectiva, para determinar "la participación que corresponda a las entidades municipales en el situado"; y en segundo lugar, de la autorización constitucional para que una ley nacional pueda "dictar normas para coordinar la inversión del situado con planes administrativos desarrollados por el Poder Nacional y fijar límites a los emolumentos que devenguen los funcionarios y empleados de las entidades federales y municipales".

Estas previsiones constitucionales, sin duda, limitan la autonomía administrativa de los Estados, pero sólo y exclusivamente en la forma y con los alcances que establece la Constitución. La ley nacional que prevé la Constitución no podría ir más allá del estricto marco constitucional que prevé el artículo 229 de la Constitución, y en tal sentido se dictó la Ley Orgánica de Descentralización, Delimitación y Transferencia de Competencias del Poder Público de 1989, que derogó a la Ley Orgánica de Coordinación del Situado Constitucional con planes administrativos desarrollados por el Poder Nacional; y la Ley Orgánica de Régimen Municipal de 1978, reformada en 1984 y en 1989.

El otro artículo constitucional al cual remite al artículo 17, ordinal 3° del texto fundamental, es el artículo 235 de la Constitución, el cual prevé otra limitación a la autonomía de los Estados, al autorizar a la ley nacional a extender las funciones de la Contraloría de la República a las administraciones estadales, "sin menoscabo de la autonomía que a éstos garantiza la presente Constitución". Por tanto, y aquí expresamente señalado, sin menoscabo de la autonomía de los Estados, la Ley Orgánica de la Contraloría General de la República ha previsto la posibilidad del órgano contralor de ejercer, sobre las administraciones estadales, las funciones de inspección, fiscalización e investigación (Art. 65); y de prescribir instrucciones para unificar las normas y procedimientos de contabilidad para la Administración Pública (Art. 67).

b'. *La autonomía financiera y la utilización del crédito público*

La Constitución, en el ordinal 4° del mismo artículo 17, establece como de la competencia de los Estados "el uso del crédito público, con las limitaciones y requisitos que establezcan las leyes nacionales". En este supuesto, sin duda, la autonomía financiera de los Estados encuentra su mayor limitación, pues esta competencia para utilizar el crédito público está sometida a las limitaciones y requisitos que el Poder Nacional ha establecido en la Ley Orgánica de Crédito Público entre las cuales están la prohibición de realizar operaciones de crédito público externo (Art. 38); y la necesaria autorización por ley especial del Congreso para las operaciones de crédito público interno (Art. 39), salvo ciertas operaciones de tesorería que requieren únicamente autorización del Ministro de Hacienda (Art. 41).

Es de destacar que dentro de las limitaciones constitucionales a la autonomía estadal, la prevista en el ordinal 4° del artículo 17 es de las más intensas, en virtud de la fórmula empleada por la Constitución. Por eso es que la propia Ley Orgánica de Crédito Público establece competencias para las Asambleas Legislativas en la materia. En efecto, en el artículo 40 de la Ley Orgánica se prevé que las operaciones de crédito público de los Estados deben ser sancionadas por las respectivas Asambleas Legislativas mediante leyes, en las que se incluirán las menciones y la autorización del Congreso Nacional.

Debe destacarse, como se ha dicho, que la autonomía política y de organización de sus Poderes Públicos, le asigna a los órganos de los Estados competencia exclusiva para regular su funcionamiento y la forma en la cual pueden ejercer su competencia. Una ley nacional nunca podría establecer atribuciones y competencias directas a los órganos de los Estados como, por ejemplo, las Asambleas Legislativas, sino cuando, como en este caso del ordinal 4° del artículo 17, la propia Constitución autoriza al Congreso Nacional, mediante ley, a hacerlo.

c'. *La autonomía administrativa y la organización de la policía*

El mismo artículo 17 de la Constitución atribuye competencia a los Estados, en su ordinal 5° para "la organización de la policía urbana y rural y la determinación de las ramas de este servicio atribuidas a la competencia municipal".

Conforme a esta norma, por tanto, los Estados tienen entera autonomía en materia de organización de la policía urbana y rural, es decir, de las regulaciones y actividades de mantenimiento del orden público en las ciudades y los campos del país, y son los Estados los que deben establecer, mediante ley de la Asamblea Legislativa, las ramas de la policía urbana y rural que deben ejercer los Municipios, como policía municipal que les compete (Art. 30).

La Constitución limita esta autonomía, sin embargo, en materia de "fuerzas de policía", es decir, del establecimiento y regulación de los cuerpos armados de policía, los cuales sólo podrán organizar tanto los Estados como los Municipios "de acuerdo con la ley" (Art. 134). Por otra parte, debe destacarse que el hecho de que la Constitución atribuya al Poder Nacional competencia en materia de "policía nacional" (Ord. 5° del Art. 136), no significa limitación a la competencia de los Estados y Municipios, en el sentido de que estos servicios de policía nacional previstos en dicho artículo 136, ordinal 5°, no pueden incidir en la policía urbana y rural, sino en los aspectos nacionales de la policía, como, por ejemplo, la policía de fronteras, de seguridad, sanitaria, de licores, forestal, etc.

d'. *La autonomía estadal y la descentralización territorial*

La Constitución atribuye a los Estados, también, competencia en "las materias que le sean atribuidas de acuerdo con el artículo 137" (Art. 17, Ord. 6°); y este artículo 137 prevé, en efecto, que mediante el voto de las dos terceras partes de los miembros de cada Cámara, el Congreso "podrá atribuir a los Estados o a los Municipios determinadas materias de la competencia nacional, a fin de promover la descentralización administrativa". En estos casos, como ha sucedido con la Ley Orgánica de Descentralización, Delimitación y Transferencia de Competencias del Poder Público de 1989, dicha Ley ha previsto los límites y requisitos para el ejercicio de la competencia estadal, lo cual abre un cambio amplio para la limitación de la autonomía estadal en estos casos. Ello, sin embargo, es consecuencia del proceso de descentralización, que deja en poder del órgano que transfiere las competencias, la posibilidad de establecer los límites y requisitos para el ejercicio de las competencias transferidas.

e'. *La autonomía estadal y las competencias residuales y concurrentes*

De acuerdo a la fórmula del artículo 17, ordinal 7° de la Constitución, como se ha dicho, los Estados tienen una amplia competencia residual, al asignarles atribuciones en "todo lo que no corresponda, de conformidad con esta Constitución, a la competencia nacional o municipal". En esta forma, en todas las materias no atribuidas expresamente al Poder Nacional ni a los Municipios, los Estados pueden ejercer su autonomía.

Esta competencia residual, sin embargo, podría reducirse en virtud de que la misma Constitución asigna al Poder Nacional, competencia en "toda otra *materia que le corresponda por su índole o naturaleza*" (Art. 136, Ord. 25). En esta forma, la competencia nacional puede ampliarse en perjuicio de la competencia estadal, cada vez que el Congreso estime que una materia no atribuida expresamente ni al propio Poder Nacional ni a los Municipios, que por su índole o naturaleza debe ser asumida por el ámbito nacional.

Pero, además de estas competencias residuales, como dijimos anteriormente, en la Constitución se identifican una serie de competencias concurrentes que se asignan a los tres niveles de organización político-territorial, es decir, a la República, a los Estados y a los Municipios. En tocio estos casos, cada uno de los niveles político-territoriales tiene competencia en esas materias, incluyendo, por supuesto, a los Estados, con las limitaciones que se derivan de las regulaciones de los artículos 30 y 136 de la Constitución, o de las que se pueda considerar en un momento determinado, que por su índole o naturaleza, deben ser asumidas por el Poder Nacional, el que las ha regulado progresivamente, con, la consecuente limitación a la autonomía estadal.

c. *La autonomía tributaria de los Estados y sus limitaciones*

Como ya se ha analizado, la Constitución no establece competencias tributarias expresas de los Estados, en contraste con la asignación de potestad tributaria originaria tanto del Poder Nacional (Art. 136), como de los Municipios (Art. 31). Sin embargo, tal y como ya se ha argumentado, ello no excluye la existencia efectiva de una autonomía tributaria de los Estados derivada de una potestad tributaria originaria, tal como surge de la interpretación del artículo 136, ordinal 8° y del artículo 18 de la Constitución. Es más, si no existiese esta potestad tributaria originaria de los Estados, no tendrían justificación las limitaciones establecidas en el artículo 18 del texto fundamental.

En efecto, conforme al ordinal 8° del artículo 136 de la Constitución, se reserva al Poder Nacional la organización, recaudación y control de las contribuciones que "recaigan sobre *la producción y consumo de bienes que total o parcialmente la ley reserva al Poder Nacional*, tales como las de alcoholes, licores, cigarrillos, fósforos y salinas". Del análisis de esta norma, se deduce lo siguiente:

En primer lugar, que no existe una auténtica reserva constitucional al Poder Nacional en materia de impuestos a la producción y al consumo de bienes, sino que la Constitución remite a la *ley nacional* la determinación de los impuestos de tal naturaleza que se reservan al Poder Nacional. En esta forma, *solo los impuestos a la producción y al consumo de bienes que la ley nacional tía reservado expresamente al Poder Nacional le corresponden exclusivamente*, los cuales son, hasta ahora, los que gravan los cigarrillos, los alcoholes y los licores, los fósforos y las salinas. Estos últimos, sin embargo, junto con los impuestos específicos al consumo, han sido transferidos a los Estados en la Ley Orgánica de Descentralización de 1989 (Art. 11, Ords. 1° y 2°).

En segundo lugar, aun en los casos en los cuales la ley nacional reserve al Poder Nacional un impuesto a la producción y al consumo de bienes como los indicados, esa ley puede contener una reserva parcial, por lo que la misma podría atribuir a los Estados la recaudación de parte de dichos impuestos.

En tercer lugar, todos los impuestos a la producción o al consumo de bienes, excluidos los que recaigan sobre los alcoholes, licores, cigarrillos y fósforos, son de la potestad tributaria originaria de los Estados, tal como lo confirma, en cuanto a los impuestos al consumo de bienes, lo establecido en el artículo 18 de la Constitución.

En cuarto lugar, el ejercicio de la potestad tributaria de los Estados en relación a estos impuestos está sometido a las siguientes limitaciones: por una parte, a que conforme al artículo 136, ordinal 8° de la Constitución, el Poder Nacional la elimine al reservarse total o parcialmente los otros impuestos a la producción o al consumo de bienes. En caso de reserva parcial la ley respectiva podría establecer limitaciones al ejercicio de la potestad tributaria por los Estados.

Por otra parte, en el supuesto de que no se produzca esa reserva, el ejercicio de la potestad tributaria del Estado está sometida a las limitaciones establecidas expresamente en el artículo 18 de la Constitución, en la siguiente forma: en cuanto a los impuestos al consumo, sólo pueden gravar el consumo de bienes producidos en su territorio o después que entren en circulación dentro de su territorio; en caso de gravar el consumo de bienes producidos fuera de su territorio, no pueden gravarlos en forma diferente a los producidos en él; y en cuanto a los impuestos a la producción, no pueden gravar el ganado en pie ni sus productos o subproductos.

Dentro de estas limitaciones constitucionales, y sólo dentro de ellas, los Estados pueden ejercer su autonomía tributaria, y una ley nacional podría incidir sobre ella, limitarla y aun extinguirla, si el Poder Nacional decide, conforme al ordinal 8° del artículo 136 de la Constitución, reservarse esos impuestos a la producción y al consumo de bienes.

D. *La autonomía de los Estados y la inversión coordinada del Situado Constitucional*

a. *La autonomía estadal en la inversión del Situado Constitucional y sus limitaciones*

a'. *La previsión constitucional*

En virtud de la importancia que tiene para el financiamiento de las actividades de los Estados, es necesario hacer insistencia en el tema de la autonomía de los Estados y la inversión del Situado Constitucional. En efecto, como se ha dicho, dentro de las competencias de los Estados las cuales se ejercen con la autonomía territorial, prevista en la propia Constitución (Art. 16), el texto fundamental establece "la inversión del situado constitucional y demás ingresos que le correspondan, con sujeción a lo dispuesto en los artículos 229 y 235 de esta Constitución" (Art. 17, Ord. 3°).

Por tanto, esta autonomía estadal para invertir el Situado Constitucional no es absoluta, sino que ello debe realizarse con sujeción a lo dispuesto en el artículo 229 de la Constitución. Por supuesto, esta sujeción a lo dispuesto en dicha norma, rige tanto para la Asamblea Legislativa al "sancionar la Ley de Presupuesto del Estado" (Art. 20, Ord. 3°) como para el Gobernador a quien compete "la administración" del Estado (Art. 21), así como "presentar a la Asamblea Legislativa el proyecto de Ley de Presupuesto" (Art. 23, Ord. 4°).

Sin duda, se trata de una limitación a la autonomía de los Estados y a sus órganos políticos y administrativos, pues ni la Asamblea Legislativa ni los Gobernadores pueden disponer libremente la inversión del Situado Constitucional, sino que ello deben hacerlo "con sujeción" a lo dispuesto en el artículo 229. En realidad, esta es la única limitación que la Constitución impone a la autonomía estadal en cuanto a la inversión del situado.

Pero, ¿qué dice realmente el artículo 229 de la Constitución?, o en otras palabras, ¿cuál es el ámbito de la limitación a la cual deben estar sujetos los órganos estadales en el ejercicio de su autonomía[1166].

b'. *El sentido de las limitaciones previstas en el artículo 229 de la Constitución*

El artículo 229 de la Constitución, como se dijo, además de establecer la obligación para el Poder Nacional de incluir en la Ley de Presupuesto nacional la partida denominada "Situado Constitucional" para ser distribuida entre las entidades, político-territoriales; de prever el porcentaje de dicha partida; su forma de distribución y su reajuste en caso de disminución de los ingresos, establece dos tipos de limitaciones a la autonomía de los Estados en la inversión de su situado, a ser previstas por ley nacional.

En primer lugar que:

> La Ley Orgánica respectiva determinará la participación que corresponda a las entidades municipales en el situado.

Y en segundo lugar, que:

> La Ley podrá dictar normas para coordinar la inversión del situado con planes administrativos desarrollados por el Poder Nacional y fijar límites a los emolumentos que devenguen los funcionarios y empleados de las entidades federales y municipales.

De la lectura de estos dos párrafos del artículo 229 de la Constitución, resultan tres limitaciones posibles a la autonomía estadal en cuanto a la inversión del Situado Constitucional que analizaremos seguidamente.

1166 Véase Allan R. Brewer-Carías, "La autonomía de los Estados y la Inversión Coordinada del Situado Constitucional" *en Revista de Control Fiscal*, N° 102, Caracas, 1981, pp. 39 a 46.

c'. *La participación de los Municipios en él situado constitucional*

En primer lugar, la necesidad de que la ley orgánica respectiva estableciera la participación de las entidades municipales en el situado. Esto se previo en la Ley Orgánica de Descentralización, Delimitación y transferencia de Competencias del Poder Público de 1989, en la cual se establece lo siguiente:

> Art. 14. En las Leyes de Presupuesto de los Estados se incorporará una partida destinada a las Municipalidades y denominada Situado Municipal, que para 1990 será del diez por ciento (10%) del total de los ingresos ordinarios estimados de la Entidad Federal. Tal porcentaje se incrementará anual y consecutivamente en uno por ciento (1%), hasta alcanzar un veinte por ciento (20%).
>
> El Situado Municipal se distribuirá entre los Municipios de conformidad con lo dispuesto en la Ley Orgánica de Régimen Municipal".

Por su parte, en el artículo 128 de la Ley Orgánica de Régimen Municipal se establece que el situado municipal será distribuido por los Estados en la forma siguiente: un 50% en partes iguales y un 50% en proporción a la población de cada uno *de ellos.*

d'. *La coordinación de la inversión del situado*

En segundo lugar, el artículo 229 de la Constitución establece una limitación a la inversión del Situado Constitucional de los Estados, propia de su autonomía, en el sentido de que mediante ley nacional se pueden dictar normas para coordinar la inversión del situado con planes administrativos desarrollados por el Poder Nacional.

e'. *La limitación de los emolumentos de funcionarios locales*

En tercer lugar, el artículo 229 de la Constitución establece una tercera limitación a la autonomía estadal y municipal, en el sentido de autorizar al Poder Nacional mediante ley, a "fijar límites a los emolumentos que devenguen los funcionarios y empleados de las entidades federales y municipales".

La Ley Orgánica de Coordinación de la inversión del Situado Constitucional en los Planes Nacionales de 1974, derogada por la Ley Orgánica de Descentralización de 1989, estableció lo siguiente:

> Art. 18. En la Ley de Presupuesto de la República de cada ejercicio fiscal, se fijarán los límites a los emolumentos que devenguen los funcionarios y empleados de las entidades federales y municipales.
>
> El Consejo de Ministros, a proposición de los Ministros de Relaciones Interiores y de Hacienda, establecerá loa límites a que se refiere el encabezamiento de este artículo, los cuales se incorporarán anualmente en los proyectos de Ley de Presupuesto que el Ejecutivo Nacional presente al Congreso.
>
> Si para la fecha en que las entidades federales deban sancionar bus respectivas leyes de Presupuesto, no se hubiere sancionado la Ley de Presupuesto de la República para el ejercicio fiscal correspondiente, continuarán en vigor las limitaciones establecidas en la Ley de Presupuesto que se haya prorrogado.

Esta norma, limitativa de la autonomía de los Estados, sin duda se ajustaba a la autorización del artículo 229 de la Constitución, la cual requería de una ley para establecer los límites a los emolumentos de los funcionarios. Así, la Ley de Presupuesto de 1981 estableció una disposición en este sentido. Sin embargo, esta disposición del artículo 18 de la Ley Orgánica de Coordinación, fue eliminada en la reforma de la misma de 1980, y no se encuentra en la Ley Orgánica de Descentralización, Delimitación y Transferencia de Competencias del Poder Público de 1989.

b. *La coordinación de la inversión del Situado Constitucional como limitación a la autonomía, de los Estados*

a'. *El sentido y ámbito de la exigencia de coordinación como limitación a la autonomía estadal*

Como se ha dicho, el artículo 229 de la Constitución, de acuerdo a lo previsto en el artículo 17, ordinal 3° del mismo texto, autoriza al Poder Nacional para, mediante una ley, poder "dictar normas para coordinar la inversión del situado con planes administrativos desarrollados por el Poder Nacional...".

Este artículo, como se dijo, establece una limitación a la inversión del Situado Constitucional por los Estados, en el sentido de que esta inversión sólo puede hacerse "con sujeción" a lo dispuesto en este artículo 229 de la Constitución y consecuencialmente, a lo dispuesto en la Ley Orgánica de Coordinación.

Ahora bien, ¿cuál es el alcance de esta limitación? O si se quiere, ¿cuál es el sentido y ámbito de esta coordinación?

Ante todo, debe quedar claro que la limitación sólo puede consistir en el establecimiento de normas para coordinar la inversión del situado con planes administrativos desarrollados por el Poder Nacional. La finalidad de la limitación, por tanto, es "coordinar", es decir, disponer metódicamente la inversión del Situado Constitucional de los Estados y la inversión de los ingresos nacionales, con el objeto de cumplir planes administrativos desarrollados por él Poder Nacional.

La coordinación que la ley orgánica respectiva puede establecer, por tanto, no es sinónimo de dirigir ni de imponer, por lo que no puede consistir en cercenar los poderes de los órganos estadales, estableciendo una coacción o dirección e imponiendo la voluntad de los órganos nacionales a los de los Estados. Esta coordinación, por tanto, no puede consistir nunca en cercenar la autonomía de los Estados, pues de lo contrario no se hablaría en la Constitución de coordinación ni de autonomía, sino de sujeción o jerarquía. La coordinación, al contrario, por esencia presupone dos órganos con cierta autonomía, y tiene por objeto disponer o "poner en orden" las voluntades de dichos órganos para lograr un objetivo común. Como lo sostuvo Florencio Contreras Quintero: "No puede revocarse a dudas, que si bien es cierto que el Congreso está facultado constitucionalmente para legislar con el fin de «coordinar la inversión del situado con planes administrativos desarrollados por el Poder Nacional», no es menos cierto que esa «coordinación» no puede menoscabar ni comprometer la «autonomía», así sea «relativa», reconocida, también constitucionalmente, a las Entidades Federales y a los Municipios"[1167].

Por tanto, la posibilidad de que la ley nacional establezca normas para coordinar la inversión del Situado Constitucional con planes administrativos desarrollados por el Poder Nacional, no puede consistir en restringir ni en limitar el ejercicio de sus atribuciones por los órganos de los Poderes Públicos de los Estados. La limitación admitida por la Constitución, en sus artículos 17, ordinal 3° y 229, en efecto, consiste en que la Asamblea Legislativa y el Gobernador respectivos, no son libres de disponer con entera autonomía la inversión del Situado Constitucional, sino que deben coordinar dicha inversión con los planes nacionales conforme a la ley. Pero insistimos, la obligación de coordinar no le quita poderes ni a la Asamblea Legislativa ni al Gobernador, dentro de sus respectivas competencias.

En particular, por ejemplo, la obligación de coordinar la inversión del Situado Constitucional, no le puede quitar la competencia a la Asamblea Legislativa para ejercer sus potestades de legislar sobre las materias de competencia estadal, en particular, para aprobar la Ley de Presupuesto del Estado; y de controlar la administración del Estado, sea con carácter previo o posterior; y asimismo, tampoco le puede restar competencia al Gobernador para administrar e invertir ese situado, conforme a lo previsto en la Ley de Presupuesto del Estado.

b'. *La inversión coordinada de los ingresos estadales*

Conforme a la Constitución, la Ley Orgánica de Descentralización de 1989 estableció un conjunto de normas mínimas relativas a la inversión de los ingresos de los Estados, en forma coordinada con los planes administrativos desarrollados por el Poder Nacional.

En esta forma, se estableció como principio, que el Ejecutivo Nacional y las Gobernaciones de los Estados deben elaborar anualmente un plan coordinado de inversiones de cada entidad federal, con aportes conjuntos de recursos debidamente contemplados en las respectivas leyes de presupuesto (Art. 16).

a'' *Los programas de inversión*

A tal efecto, se estableció expresamente, que en cada ejercicio fiscal, las Gobernaciones *deben destinar a sus programas de inversión un mínimo del 50% del monto que les corresponde por concepto del Situado Constitucional*, por lo que los gastos corrientes del Estado no pueden nunca comprometer más del 50 % del monto del Situado Constitucional.

A los efectos de garantizar la aplicación de esta norma, la Ley Orgánica precisó (Art. 17) que se entiende por programas de inversión exclusivamente los siguientes:

1. Programas de desarrollo agropecuario a nivel estadal y regional, los cuales comprenderán especialmente la construcción de caminos de penetración

---

1167 Véase Florencio Contreras Quintero. *Ley de Inversión del situado y de coordinación con el Presupuesto Nacional o la abolición de la autonomía de los Estados y de la autonomía, municipal*, Caracas, 1966, p. 28.

rural, de obras de riegos, otras obras de aprovechamiento de aguas y saneamiento de suelos;

2. Programas de desarrollo educativo, cultural científico y tecnológico, especialmente la construcción y dotación de centros educacionales, tomando en cuenta los niveles y modalidades del sistema educativo vigente, de instalaciones culturales y deportivas e igualmente los programas sociales de atención a la familia y al niño en situación irregular;
3. Programas de salud y asistencia social, especialmente los nutricionales; la construcción y dotación de edificios médico asistenciales; la construcción de acueductos rurales; la construcción y el financiamiento de viviendas de interés social.
4. Programas de reordenación de las áreas urbanas y marginales;
5. Programas de promoción, construcción y financiamiento de obras y servicios destinados al desarrollo de la industria, especialmente a la pequeña y mediana industria y del turismo, así como la asistencia técnica y capacitación profesional del personal necesario para tales fines;
6. Programas de construcción y mantenimiento de vías de comunicación y servicios de transporte;
7. Programas para la conservación, mantenimiento, reconstrucción y reposición de las edificaciones e instalaciones públicas; y
8. Programas de conservación del ambiente y de los recursos naturales.

Conforme a esta enumeración, los gastos destinados a los servicios transferidos conforme a la Ley Orgánica de Descentralización, se consideran expresamente como "programas de inversión".

b''. *La coordinación de la inversión*

La coordinación de la inversión entre los Estados y el Ejecutivo Nacional debe realizarse a través de Planes Coordinados de Inversión, que deben concertarse en la Convención de Gobernadores y posteriormente deben ser sometidos a la aprobación del Presidente de la República, en Consejo de Ministros. El Ministro de Hacienda y los Gobernadores por su parte, los deben incorporar a los Proyectos de Ley de Presupuesto correspondientes, a los fines de la aprobación de los respectivos aportes por el Congreso y las Asambleas Legislativas (Art. 18).

La Ley Orgánica impone tanto al Ministro de Relaciones Interiores como a los Gobernadores de los Estados la obligación de velar por el estricto cumplimiento de los planes coordinados de inversión. A tal efecto, el Ministro de Relaciones Interiores debe informar en Consejo de Ministros y ante el Congreso de la República de la ejecución de dichos convenios, con la periodicidad que le indique el Presidente de la República. De igual manera los Gobernadores deben presentar semestralmente al Congreso de la República, y a las Asambleas Legislativas respectivas, una evaluación del cumplimiento de los objetivos y metas previstos en los planes coordinados de inversión (Art. 18).

Por último, la Ley Orgánica prevé como principio de política que el Gobernador debe igualmente "coordinar los programas de inversión con los que les corresponde elaborar anualmente a los Municipios, de conformidad con la Ley respectiva, a fin de integrarlos al Plan Coordinado de Inversiones de la Entidad Federal" (Art. 19). La Ley respectiva a la que se menciona, no puede ser otra que la Ley Orgánica de Régimen Municipal, la cual en la materia se limita a establecer que "el Situado Municipal deberá invertirse en la construcción de obras y adquisición de equipos para la prestación de servicios públicos y en gastos imprescindibles para el buen funcionamiento de dichos servicios" (Art. 130). En ningún caso, sin embargo, el Gobernador del Estado puede retener, en todo o en parte, la asignación que por concepto del Situado le corresponda a los Municipios (Art. 131).

Debe mencionarse que la Ley Orgánica promueve, como principio, la desconcentración económica de la inversión de los planes coordinados al exigir que "las obras o servicios a ejecutarle deben contratarse preferentemente con empresas domiciliadas en el Estado respectivo" (Art. 20).

Por último, a los efectos de la realización de las inversiones y en general a los fines del cumplimiento de los objetivos previstos en la Ley Orgánica, los organismos regionales de planificación que existen en las regiones en que se ha dividido el país a los efectos de la regionalización administrativa de los órganos del Ejecutivo Nacional, conforme al Decreto de Regionalización Administrativa dictado desde 1969, deben servir de entes de asesoría y asistencia técnica a las Gobernaciones de los Estados y demás entidades federales, a los. Municipios y a los organismos del Ejecutivo Nacional (Art. 21).

4. *El Fondo Intergubernamental para la Descentralización (FIDES)*

El proceso de transferencia de competencias y servicios del Poder Nacional a los Estados y Municipios requiere de grandes recursos financieros, especialmente para resolver problemas claves que lo provocan. En algunos casos, Estados y los Municipios han sido reacios a recibir servicios transferibles debido a los enormes costos que significa la recuperación de los activos, el pago de los pasivos laborales, la liquidación del personal excesivo o costoso, a modernización de los procesos administrativos o la ejecución de nuevas inversiones.

La creación por Decreto-Ley del Impuesto al Valor Agregado conforme a las previsiones de la Ley que autorizó al Presidente de la República para dictar medidas extraordinarias en materias económicas y financieras, fue una coyuntura feliz a los fines del financiamiento del proceso de descentralización, porque le permitió al Ministro de Estado para la Descentralización la elaboración de un mecanismo específico de financiamiento. Después de haber sido sometido a un amplísimo proceso de consultas con los representantes de los diversos niveles de Gobierno, y haber sido elaborado de acuerdo al marco regulatorio establecido en la Ley Habilitante, fue presentado al Consejo de Ministros el Proyecto de Decreto-Ley que regula los mecanismos de participación de los Estados y Municipios en el Impuesto al Valor Agregado y el Fondo Intergubernamental para la Descentralización, el cual fue aprobado por Decreto N° 3.265 del 25 de noviembre de 1993[1168].

1168 Véase en *G.O.* N° 35.359 de 13-12-95.

A. *La creación del Fondo*

El FIDES se creó a los fines de la asignación y administración por parte de los Estados y Municipios de los recursos que les correspondan provenientes del Impuesto al Valor Agregado. Constituye un Servicio Autónomo sin personalidad jurídica, con autonomía administrativa, financiera y de gestión de sus recursos físicos, presupuestarios de personal. Está integrado administrativamente al Ministerio de Relaciones Interiores, quien debe ejercer sus funciones en coordinación con la Oficina Central de Coordinación y Planificación de la Presidencia (artículo 4º).

El Fondo tiene su sede en la capital de la República pero sus órganos pueden ser trasladados o funcionar, permanente y temporalmente, en la capital del Estado que determine el Presidente de la República reunido en Consejo Territorial de Gobierno (artículo 9º).

En todo caso, la organización y funcionamiento del Fondo se rige por las disposiciones del Decreto-Ley y sus Reglamentos (artículo 26).

B. *El objeto y funciones del Fondo*

El Fondo tiene por objeto apoyar administrativa y financieramente el proceso de descentralización, atendiendo a criterios de eficiencia, de compensación interterritorial y de desarrollo regional. A tal efecto, el artículo 5° del Decreto-Ley le asigna como funciones principales:

1. Determinar, asignar y administrar, tanto global como individualmente, la participación de Estados y Municipios en lo recaudado por el Impuesto al Valor Agregado, con exclusión de lo que les corresponda por el Situado Constitucional.
2. Identificar, negociar y canalizar hacia Estados y Municipios recursos financieros de otras fuentes destinados a impulsar la descentralización y el desarrollo regional.

C. *El régimen de los recursos del Fondo*

a. *Los recursos del Fondo*

El Fondo Intergubernamental para la Descentralización, de acuerdo con el artículo 6º del Decreto-Ley, cuenta con los siguientes ingresos:

1. El monto de la participación de los Estados y Municipios en el Impuesto al Valor Agregado, excluido lo que les corresponda por el Situado Constitucional, conforme a lo establecido en el artículo 2° del Decreto-Ley.
2. Los provenientes de préstamos multilaterales y bilaterales, cuya administración le sea encomendada por el Ejecutivo Nacional, destinados a apoyar el proceso de descentralización y el desarrollo regional.
3. Los provenientes de programas de cooperación técnica, cuya administración le sea encomendada por el Ejecutivo Nacional, destinados a apoyar el proceso de descentralización y el desarrollo regional.
4. Los intereses que obtenga por la colocación de sus recursos.

5. Los beneficios que obtenga como producto de sus actividades.
6. Los provenientes de otras fuentes ordinarias y extraordinarias que le asignen el Ejecutivo Nacional, los Estados y los Municipios.

b. *El uso de los recursos del Fondo*

Los recursos administrados por el Fondo, sin perjuicio de lo establecido en el artículo 3° del Decreto-Ley, conforme a lo indicado en el artículo 7° del mismo se deben destinar al financiamiento de:

1. La inversión nueva en los sectores donde se haya producido transferencia de competencias o servicios.
2. Los programas de modernización y adecuación institucional de Estados y Municipios para asumir las competencias y servicios transferidos.
3. Las deudas por concepto de prestaciones sociales y otras obligaciones contraídas por el Ejecutivo Nacional con el personal adscrito a los servicios y competencias objetos de transferencia. En este caso, los recursos asignados no podrán exceder el veinte por ciento (20%) de la asignación anual individual de cada Estado y Municipio, quedando a salvo lo establecido en el parágrafo segundo del artículo 2 del Decreto-Ley.
4 Los gastos de preinversión, diseño y preparación de programas y proyectos.
5. Asistencia técnica a los Estados y Municipios. En particular, en los casos de financiamiento de asistencia técnica a los Municipios, el Fondo debe coordinar sus actividades con la Fundación para el Desarrollo de la Comunidad y Fomento Municipal (FUNDACOMUN).
6. Estudios y propuestas que faciliten, promuevan y fortalezcan el proceso de descentralización y el desarrollo regional.
7. Sus gastos de funcionamiento.
8. Otros gastos cónsonos con su objeto.

c. *Las Cuentas de Participación del Fondo*

A los fines de administrar de manera independiente la participación de los Estados y la de los Municipios en el Fondo, conforme a lo establecido en el artículo 8° del Decreto-Ley, los recursos de éste deben ser distribuidos en dos cuentas separadas, que se denominan Cuenta de Participación de los Estados y Cuenta de Participación de los Municipios. En particular, en el caso de los recursos asignados a los Estados no serán contabilizados a los fines del cálculo del Situado Municipal, no considerándose, en consecuencia, como ingresos ordinarios de los mismos.

D. *Los Consejos Directivos del Fondo*

De acuerdo con el artículo 10 del Decreto-Ley, el Fondo cuenta con dos Consejos Directivos: el Consejo Directivo de la Cuenta de Participación de los Estados y el Consejo Directivo de la Cuenta de Participación de los Municipios, quienes tendrán a su cargo la formulación de las directrices del Fondo en cuanto al manejo y administración de las Cuentas de Participación de los Estados y Municipios.

a. *El Consejo Directivo de la Cuenta de Participación de los Estados*

Conforme al artículo 11 del Decreto-Ley, el Consejo Territorial de Gobierno creado por Decreto N° 3.104 del 12 de agosto de 1993, es el Consejo Directivo de la Cuenta de Participación de los Estados, conformado por:

1. El Presidente de la República, quien lo presidirá.
2. Los Gobernadores de cada uno de los Estados de la República.
3. Los Ministros del Ejecutivo Nacional.
4. El Jefe de la Oficina Central de Coordinación y Planificación de la Presidencia.
5. El Gobernador del Distrito Federal.
6. Una persona designada por el Presidente de la República en razón de sus méritos y experiencia.

El parágrafo único del artículo 11 agrega que el Director de la Oficina Central de Presupuesto también es miembro del Consejo Directivo de la Cuenta de Participación de los Estados.

b. *El Consejo Directivo de la Cuenta de Participación de los Municipios*

En cuanto al Consejo Directivo de la Cuenta de Participación de los Municipios, de acuerdo al artículo 12 del Decreto-Ley, es el Consejo Nacional de Alcaldes creado por Decreto N° 3.169 del 24 de septiembre de 1993, conformado por:

1. El Presidente de la República, quien lo presidirá.
2. El Ministro de Relaciones Interiores.
3. El Ministro de Estado para la Descentralización.
4. El Ministro de la Secretaría de la Presidencia de la República.
5. El Jefe de la Oficina Central de Coordinación y Planificación.
6. El Presidente de la Fundación para el Desarrollo de la Comunidad y Fomento Municipal.
7. Un Alcalde para cada uno de los Estados de la República, designado por la correspondiente Asociación de Alcaldes del Estado o, en su defecto, por el respectivo Consejo Regional de Gobiernos del Estado.
8. El Alcalde del Municipio Libertador del Distrito Federal.
9. El Alcalde que presida la Asociación Venezolana de Cooperación Intermunicipal.

El parágrafo único del artículo 12 agrega que el Ministro de Hacienda y el Director de la Oficina Central de Presupuesto también son miembros del Consejo Directivo de la Cuenta de Participación de los Municipios.

c. *Las funciones de los Consejos Directivos*

Los Consejos Directivos de las Cuentas de Participación de los Estados y Municipios, de acuerdo con lo indicado en el artículo 13 del Decreto-Ley, tienen las siguientes funciones:

1. Establecer los lineamientos de política a los que debe ceñirse el Directorio Ejecutivo y el Presidente del Fondo en el manejo de la Cuenta de Participación correspondiente.
2. Aprobar los programas de acción y el presupuesto anual de gastos de la Cuenta de Participación correspondiente.
3. Conocer de la Memoria Anual de la gestión de la Cuenta de Participación correspondiente, de los Estados Financieros, de las cuentas periódicas presentadas por el Directorio Ejecutivo y de los informes del Contralor Interno.
4. Seleccionar los Auditores externos de la Cuenta de Participación correspondiente.
5. Las demás que le señalen el Decreto-Ley y su Reglamento.

d. *Las reuniones de los Consejos Directivos*

Los Consejos Directivos de las respectivas Cuentas de Participación deben reunirse una vez por semestre y cuando sean convocados por el Presidente de la República. Igualmente, el Presidente de la República debe convocar a los Consejos Directivos cuando la mayoría de miembros lo soliciten (artículo 14).

e. *Las normas de funcionamiento*

El Consejo Directivo de la Cuenta de Participación de los Estados, sesionará válidamente con la presencia de treinta y tres (33) de sus miembros y las decisiones deben ser tomadas en cualquier caso por una mayoría de veinticinco (25) miembros, entre los cuales debe estar representado, al menos, el cincuenta por ciento (50%) de los Gobernadores de Estado.

El Consejo Directivo de la Cuenta de Participación de los Municipios sesionará válidamente con la presencia de veintisiete (27) de sus miembros y las decisiones deben ser tomadas en cualquier caso por una mayoría de veinticuatro (24) miembros, entre los cuales debe estar representado, al menos, el cincuenta por ciento (50%) de los Alcaldes integrantes del Consejo Nacional de los mismos.

En cualquier caso, las decisiones de los Consejos Directivos deben ser tomadas con la participación del Presidente de la República y del Ministro de Relaciones Interiores (Art. 15).

E. *La Administración*

a. *El Directorio Ejecutivo*

La administración del Fondo Intergubernamental para la Descentralización está a cargo del Ministerio de Relaciones Interiores, a través de un Directorio Ejecutivo constituido por seis (6) Directores principales, con sus respectivos suplentes, designados por el Presidente de la República y quienes ejercerán sus cargos durante un lapso de tres (3) años (artículo 16). Sin embargo, el Director principal que sea designado como Presidente del Fondo, según lo establecido en el artículo 22 del Decreto-Ley, no contará con suplente, siendo suplidas sus ausencias temporales por el Director principal que el Directorio Ejecutivo decida. Conforme al artículo 17 del Decreto-Ley, el Directorio Ejecutivo estará compuesto por:

1. Tres Directores principales, con sus respectivos suplentes, postulados; por el Ministro de Relaciones Interiores, por el Jefe de la Oficina Central de Coordinación y Planificación de la Presidencia y por el Ministro de la Secretaría de la Presidencia de la República.
2. Dos Directores principales, con sus respectivos suplentes, postulados por la Asociación de Gobernadores de Estado de Venezuela.
3. Un Director principal, con su respectivo suplente, postulado por el Consejo Nacional de Alcaldes.

En caso de que la Asociación de Gobernadores de Estado o el Consejo Nacional de Alcaldes cesen de existir, el Reglamento debe establecer la forma de postulación de los Directores indicados en los ordinales 2 y 3 del artículo 17.

Conforme al artículo 18 del Decreto-Ley, los miembros del Directorio Ejecutivo del Fondo deben ser de nacionalidad venezolana, personas solventes y de reconocida competencia en materia económica, en procesos de cambio institucional o en desarrollo regional. Sin embargo, no pueden ser miembros del Directorio Ejecutivo del Fondo:

1. Las personas que tengan acciones en instituciones financieras nacionales o extranjeras.
2. Los senadores y diputados al Congreso de la República y a las Asambleas Legislativas y los miembros de los Concejos Municipales.
3. Las personas que tengan con el Presidente de la República, con el Ministro Jefe de Estado de la Oficina Central de Coordinación y Planificación, con los Gobernadores de Estado y con los Alcaldes o con un miembro del Directorio, parentesco hasta el cuarto grado de consanguinidad o segundo de afinidad.
4. Los deudores morosos de obligaciones fiscales.
5. Las personas que hayan sido declaradas en estado de quiebra o condenadas por delitos contra la propiedad, contra la cosa pública o por actividades de narcotráfico.

El Presidente y los Directores del Fondo deben recibir el sueldo y las remuneraciones que establezca la Comisión que a tales fines constituya el Presidente de la República. En cualquier caso, deben integrar dicha Comisión dos miembros de cada uno de los Consejos Directivos de las Cuentas de Participación, el Ministro de Relaciones Interiores y el Jefe de la Oficina Central de Coordinación y Planificación, debiendo contar con el asesoramiento de la Oficina Central de Personal (artículo 24).

El Directorio Ejecutivo se debe reunir por lo menos una vez cada quince días y cada vez que lo disponga su Presidente. Igualmente, el Presidente del Fondo debe convocar al Directorio Ejecutivo cuando cuatro (4) de sus miembros así lo soliciten (artículo 20).

El Presidente del Fondo o quien ejerza temporalmente sus funciones y tres (3) Directores formarán quórum, caso en el cual las decisiones se tomarán por unanimidad. En los demás casos, las decisiones se deben tomar por simple mayoría de votos de los miembros presentes. En caso de empate el Presidente del Fondo o quien ejerza temporalmente sus funciones, tiene voto dirimente (artículo 21).

b. *Las funciones del Directorio Ejecutivo*

De acuerdo con lo establecido en el artículo 19 del Decreto-Ley, corresponden al Directorio Ejecutivo del Fondo, por delegación del Ministro de Relaciones Interiores:

1. Elaborar los programas e informes de ejecución de las Cuentas de Participación de los Estados y Municipios y someterlos a la consideración de los Consejos Directivos respectivos.
2. Preparar el Presupuesto anual de gastos de funcionamiento del Fondo para su aprobación por el Ministro de Relaciones Interiores.
3. Preparar el Presupuesto anual de gastos de las Cuentas de Participación de los Estados y Municipios para su aprobación por los Consejos Directivos respectivos.
4. Presentar a los Consejos Directivos la Memoria Anual de Fondo, junto con los Estados Financieros y el Informe del Contralor Interno.
5. Conocer los proyectos y programas cuyo financiamiento sea solicitado al Fondo por Estados y Municipios.
6. Autorizar los desembolsos del Fondo.
7. Autorizar los contratos y convenios que celebre el Fondo.
8. Autorizar las operaciones de inversión y de colocación de los recursos del Fondo.
9. Resolver todos los asuntos que no estén expresamente reservados a los Consejos Directivos, pero dando cuenta en la reunión inmediata de éstos.
10. Cualquier otro asunto que le atribuyan los Consejos Directivos, las leyes y sus Reglamentos.

c. *El Presidente del Fondo*

El Fondo Intergubernamental para la Descentralización debe contar con un Presidente, designado por el Presidente de la República entre los miembros del Directorio Ejecutivo postulados por los Ministros, y quien tendrá rango de Director General (artículo 22). De acuerdo con lo previsto en el artículo 23 del Decreto-Ley, el Presidente del Fondo tiene como funciones las siguientes:

1. Dirigir y coordinar las actividades de evaluación técnica de programas y proyectos presentados por Estados y Municipios.

2. Dirigir y coordinar las actividades de apoyo y asistencia técnica del Fondo a Estados y Municipios.
3. Administrar los mecanismos de desembolso de recursos del Fondo hacia los Estados y Municipios.
4. Administrar los saldos no desembolsados del Fondo.
5. Nombrar y remover los funcionarios del Fondo.
6. Dirigir y coordinar la ejecución de préstamos y programas de cooperación técnica.
7. Presentar informes de gestión periódicos al Directorio Ejecutivo.
8. Resolver todos los asuntos que no estén expresamente reservados al Directorio Ejecutivo, pero dando cuenta en la reunión inmediata de ésta.
9. Cualquier otro asunto que le atribuyan los Consejos Directivos, el Directorio Ejecutivo, el Ministro de Relaciones Interiores, el Jefe de CORDIPLAN o el Reglamento.

d. *El régimen de personal*

Los funcionarios y empleados del Fondo, de acuerdo con el artículo 25 del Decreto-Ley, tienen el carácter de funcionarios públicos, con los derechos y obligaciones que les corresponda por tal condición, incluyendo lo relativo a su seguridad social y se rigen por la Ley de Carrera Administrativa en todo lo que no se regule en las normas especiales sobre ingreso, remuneración, clasificación de cargos, ascenso, traslado, suspensión, extinción de la relación de empleo público y fondo de ahorro, que establezca el Directorio Ejecutivo del Fondo. En dichas normas se les debe consagrar a los empleados del Fondo, como mínimo, los derechos relativos a preaviso, prestaciones sociales y vacaciones establecido en la Ley Orgánica del Trabajo.

e. *El ejercicio del Fondo, los balances e informes*

Las operaciones del Fondo se deben realizar y contabilizar de acuerdo con su naturaleza y en la forma como lo determinen las leyes, el Reglamento, los Consejos Directivos o el Directorio Ejecutivo, según corresponda (artículo 43).

El Fondo debe liquidar y cerrar sus cuentas los días treinta (30) de junio y treinta y uno (31) de diciembre de cada año. Sin embargo, debe preparar informes bimensuales de tesorería que debe someter a la consideración de los miembros de los Consejos Directivos (artículo 44).

Dentro de los sesenta (60) días siguientes al cierre de cada ejercicio, el Fondo debe presentar a los Consejos Directivos sus Estados Financieros, un Informe del Contralor Interno y un análisis de los resultados de sus operaciones (artículo 45).

El Directorio Ejecutivo debe poner a disposición de los Consejos Directivos para su aprobación, la Memoria Anual del Fondo, los Estados Financieros debidamente auditados y certificados por los auditores externos, el análisis del resultado de operaciones, los informes del Contralor Interno y los demás recaudos que se consideren pertinentes (artículo 46).

En todo caso, todos los Estados Financieros auditados, una vez aprobados por los Consejos Directivos, deberán ser publicados en al menos dos diarios de circulación nacional (artículo 47).

f. *La evaluación, inspección y control de las actividades del Fondo*

De conformidad con lo establecido en el artículo 19 de la Ley Orgánica de Contraloría General de la República, los contratos que celebre la República por órgano del Fondo estarán excluidos del control previo de la Contraloría General de la República (artículo 48).

En todo caso, el Fondo debe tener un Contralor Interno, de libre designación y reunión por los Consejos Directivos, de acuerdo al mecanismo que establezca el Reglamento, quien debe tener a su cargo las labores de inspección de las actividades del Fondo (artículo 49).

Además, el Fondo debe tener auditores externos e independientes, de reconocida solvencia moral y profesional, para que realicen el análisis y certificación de sus Estados Financieros, quienes serán de libre contratación por los Consejos Directivos de acuerdo al mecanismo que establezca el Reglamento (artículo 50).

Por último, el artículo 51 del Decreto-Ley exige que en los Presupuestos Anuales de las Gobernaciones y Alcaldías figure una relación expresa de los proyectos, programas y gastos financiados por el Fondo.

F. *La extinción del FIDES*

En el caso de que se produzca la reforma del actual sistema de financiamiento de los Estados y Municipios o la reversión de competencias y servicios desde ellos hacia el nivel nacional, de tal forma que los requerimientos financieros de dichas entidades territoriales disminuyan sustancialmente, prevé el artículo 55 del Decreto-Ley que el Presidente de la República en Consejo de Ministros debe decretar la extinción del Fondo Intergubernamental para la Descentralización. En tal caso, los recursos del Fondo, previa cancelación de sus obligaciones, se deben distribuir entre los Estados y los Municipios en la misma forma prevista para la distribución de los Situados Constitucional y Municipal.

G. *Los organismos de apoyo y asesoría*

Conforme al artículo 41 del Decreto-Ley, los Estados, los Municipios y el Fondo Intergubernamental para la Descentralización cuentan con la asesoría y apoyo técnicos de los Organismos de Planificación y Coordinación de los Estados y Municipios, de las Comisiones para la Reforma de tales entidades, de las Corporaciones Regionales de Desarrollo, de la Fundación para el Desarrollo de la Comunidad y Fomento Municipal (FUNDACOMUN) y de otros entes públicos y privados vinculados a los procesos de descentralización y al desarrollo regional.

Asimismo, pueden convenir con las Corporaciones Regionales de Desarrollo la prestación de asistencia técnica, la realización de estudios y la formulación de propuestas que faciliten y promuevan el proceso de descentralización (artículo 42).

5. *El régimen organizativo de los poderes públicos estadales*

A. *La uniformidad del régimen de los Estados*

Una de las características del régimen jurídico-administrativo de los Estados en la Venezuela contemporánea ha sido la excesiva uniformidad que ha existido en la organización de los mismos. Muy pocas diferencias o características propias existían en el ordenamiento jurídico de los Estados, y para constatarlo, bastaba estudiar uno solo para saber la organización y régimen de todos los demás[1169].

Esta uniformidad provenía, en primer lugar, de la similitud del texto de las llamadas "Constituciones" de los Estados. Estos textos, los cuales, como se dijo, no son verdaderas Constituciones, sino leyes orgánicas reguladoras de los Poderes Públicos estadales con modalidades particulares para su modificación o reforma[1170] son en realidad, leyes de organización de los Poderes Públicos estadales.

Ahora bien, como tales leyes de organización, en general, su contenido había sido por una parte, una simple ampliación de los principios de organización estadal que trae la Constitución Nacional de 1961; y por la otra, de muy poco contenido innovador. Habían sido hasta cierto punto, repetición de normas nacionales las cuales, en virtud de estar en la Constitución Nacional, no requerían, para su vigencia, de reafirmación en los textos legales, ni nacionales, ni estadales.

En segundo lugar, la uniformidad del régimen jurídico-administrativo de los Estados provenía de la falta de iniciativa de las autoridades estadales, tanto legislativas como ejecutivas.

Las Asambleas Legislativas, en general, no habían desarrollado una actividad creadora a nivel legislativo, y se habían limitado a copiar textos constitucionales de los otros Estados de la República; y los Gobernadores, se habían visto reducidos, progresivamente, a actuar como funcionarios político-policiales, o como gestores de dádivas de los órganos nacionales. La iniciativa legislativa que correspondía a los Gobernadores no se había asumido con imaginación, y los Estados y sus Gobernadores se habían visto reducidos en su actividad a funciones públicas localistas y policiales.

1169 Véase Allan R. Brewer-Carías, "El Régimen de los Estados en la Federación Venezolana (con ocasión de la Exposición de Motivos de la Ley Orgánica del Estado Aragua)" en Asamblea Legislativa del Estado Aragua, *Proyecto de Ley Orgánica del Estado Aragua*, Maracay, agosto, 1979.

1170 Sobre el carácter de "Leyes" de las "Constituciones" estadales y por tanto sometidas a la Constitución Nacional, o en otras palabras, sobre su carácter de "Leyes de inferior categoría", véase la sentencia de la Corte Suprema de Justicia en Sala Político-Administrativa declaratoria de nulidad de artículos de la Constitución del Estado Carabobo en J. M. Casal Montbrún, *op. cit.*, Tomo II, Vol. II, Caracas, 1972, pp. 211 a 219. Véase en igual sentido la sentencia de la misma Corte Suprema en Sala Político-Administrativa declaratoria de nulidad de artículos de la Constitución del Estado Aragua de 14-3-62 en *Gaceta Forense* N° 35, 1962, p. 177 y ss. y en Allan R. Brewer-Carías, *Jurisprudencia de la Corte Suprema 1980-1974 y Estudios de Derecho Administrativo*, Tomo II, Caracas, 1976, pp. 151 y ss. y 160 y ss., y la sentencia de la misma Sala Político-Administrativa de la Corte de 6-8-70 en *Gaceta Oficial* N° 29.346 de 17-10-70; y en Allan R. Brewer-Carías, *Jurisprudencia de la Corte Suprema... cit.*, Tomo I, Caracas, 1975, p. 102.

La autonomía de los Estados, así, la habíamos visto convertirse en una autonomía inútil, sin contenido ni reales posibilidades de acción en relación al desarrollo económico y social del país o de las regiones[1171].

Esta uniformidad, sin embargo, se rompió en años recientes con las reformas que introdujeron a sus Constituciones en 1980 y 1981 los Estados Yaracuy, Aragua y Nueva Esparta, en las cuales se siguieron nuevas orientaciones[1172]; así como con las diversas reformas que se han venido produciendo a partir de 1989, después de la elección popular de los Gobernadores y con motivo de la aplicación de la Ley Orgánica de Descentralización, Delimitación y Transferencia de competencias del Poder Público. Se destaca, en particular, la reciente constitución del Estado Amazonas que incorporó normas sobre pueblos indígenas y tribales.

Este régimen jurídico, en el cual se plantean exigencias de reforma, se caracteriza principalmente, en los siguientes aspectos: la Asamblea Legislativa, como órgano deliberante regional; la Administración del Estado; su organización político-administrativa; y la Hacienda Pública Estadal.

B. *Las Asambleas Legislativas como órganos deliberantes regionales*

Las Asambleas Legislativas son, sin duda, los organismos de mayor importancia a nivel de los Estados, pues son las depositarías de la voluntad popular, al ser electos sus miembros por sufragio universal, directo y secreto, de acuerdo a lo establecido en la Constitución (Art. 19).

a. *La composición de las Asambleas Legislativas*

En efecto, en cuanto a su composición, los miembros de las Asambleas Legislativas son los Diputados electos en virtud de lo previsto en la Constitución Nacional y de la Ley Orgánica del Sufragio. La elección de éstos se verifica en un número que varía según la población del Estado, de once Diputados para una población menor de 300.000 habitantes hasta 23 Diputados, para una población mayor a un millón trescientos mil habitantes[1173].

La elección de estos Diputados a las Asambleas Legislativas se realiza mediante sistema mixto, mitad uninominal y mitad por postulación por listas cerradas y bloqueadas, por la circunscripción electoral que corresponde al Estado y mediante la aplicación del principio de la representación proporcional de las minorías.

En todo caso, hemos considerado que, la legislación orgánica de los Estados, dentro de una política de participación que deben orientar en el futuro todos los órganos del Estado, debería prever una representatividad de base corporativa para propiciar la incorporación de sectores que participen en el proceso de desarrollo econó-

---

1171 Véase Allan R. Brewer-Carías, *El Proceso de Regionalización y la reforma administrativa en los Estados y Municipios*, Mérida, 1971, pp. 9 a 11.

1172 *Cfr.* La situación constitucional de estos Estados con el resto de los otros en MRI, *El Ordenamiento Constitucional de las Entidades Federales*, 2 vols. Caracas, 1983.

1173 Artículo 4 de la Ley Orgánica del Sufragio de 1993 en *Gaceta Oficial* N° 4.618, Extraordinaria de 20-8-93.

mico y social del país, tal como lo propuso J. M. Casal Montbrún en su estudio sobre *El Órgano Deliberante Regional*[1174].

En esta forma, la legislación de los Estados, como ya sucedió en las Constituciones de los Estados Yaracuy, Aragua y Nueva Esparta entre 1980 y 1981[1175], debería prever la integración de la Asamblea Legislativa, además de con los Diputados electos, con representantes de las organizaciones sindicales de trabajadores del Estado, de los sectores económicos privados que actúen en el mismo, de los Colegios Profesionales con sede en el Estado, de las Universidades e institutos de educación superior de la entidad, y de los Municipios del Estado. Estos representantes, al no ser miembros de las Asambleas en los términos del artículo 19 de la Constitución Nacional, no tendrían derecho a voto, pero tendrían derecho a participar en las deliberaciones con voz, aun cuando su presencia, por supuesto, no sería necesaria para el quórum de la Asamblea.

En todo caso, estos representantes tendrían que ser remunerados por las propias sociedades intermedias que representan y no por el presupuesto de la Asamblea.

En esta forma, la composición de la Asamblea Legislativa adquiriría una base de representación corporativa y de participación, que provocaría un cambio de enorme importancia en sus funciones.

b. *Las competencias de las Asambleas Legislativas*

Las Constituciones de los Estados tradicionalmente habían regulado una larga lista de competencias de las Asambleas Legislativas, que se pueden reducir a las dos tradicionales de estos órganos deliberantes: legislar sobre las materias de la competencia estadal y controlar la administración del Estado.

En cuanto a la primera, muy pocas leyes habían dictado los Estados pues, al haberse reducido las competencias estadales, materialmente no habían tenido materias sobre las cuales legislar. Si se analiza la legislación de los Estados, anterior a 1990 ésta se reducía generalmente, a las siguientes leyes: Ley de Régimen Político, reguladora del Poder Ejecutivo del Estado; Ley del Poder Municipal del Estado, con vigencia hasta 1978 cuando se dictó la Ley Orgánica de Régimen Municipal y que sobre todo después de 1989, debió implicar una reforma total de las legislaciones estadales; Ley de División Territorial del Estado, en la cual se establecen los límites territoriales y la división político-territorial en Distritos y Municipios. Ley o Código de Policía del Estado, con regulaciones vetustas que requieren de una reforma total; Ley de la Hacienda Pública del Estado; Ley de Contraloría; Ley de Carrera Administrativa que sustituyó en muchos casos a las Leyes de Juramento y responsabilidad de empleados a la Ley de Pensiones y Jubilaciones; Ley de Escudo, Sello e Himno del Estado; Ley de Becas; y Ley de Loterías y Rifas, de dudosa constitucionalidad en virtud de lo atribuido al Poder Nacional (Art. 136, Ord. 24°).

Ahora bien, al redefinirse, clarificarse y ampliarse las competencias del Estado, ello implicará la necesidad del ejercicio de nuevas funciones legislativas por las

---

1174 Véase J. M. Casal Montbrún (Estudio Preliminar), *La Constitución de 1961 y la Evolución Constitucional de Venezuela*, Caracas, 1972, Tomo II, Vol. I, pp. 82 y ss.

1175 Véase artículo 22 de la Constitución del Estado Yaracuy, *loc. cit.*

Asambleas Legislativas. Esto está comenzando a suceder a partir de la entrada en vigencia de la Ley Orgánica de Descentralización de 1989[1176].

En cuanto a las funciones de control debe señalarse que en general, han tenido una amplia regulación en las Constituciones estadales, aun cuando no han incidido sobre lo fundamental.

El control ha sido siempre un control político posterior, salvo en relación a algunos contratos, y las Asambleas no han participado, realmente, en la conducción de los asuntos públicos.

En cuanto al control administrativo, este se ha reducido a ser un control fiscal, presupuestario e investigativo. Sin embargo, se insiste, las Asambleas Legislativas no han participado en la conducción y orientación del desarrollo económico y social de los Estados.

Por ejemplo, las Asambleas no han tenido participación, como órganos políticos que son, en la definición de las políticas y planes de desarrollo económico social del Estado. En las Constituciones estadales se impone, por tanto, hacer participar a las Asambleas en esas políticas y planes, obligándose al Gobierno a formular un plan quinquenal de Desarrollo cuyos lineamientos deben ser aprobados por la Asamblea.

Por otra parte, las Asambleas Legislativas deberían tener una mayor participación en el impulso y promoción del desarrollo regional del país, a cuyo efecto deben promover la participación del Estado en las regiones administrativas de las cuales forman parte, así como aprobar los convenios regionales que celebre el Gobernador con otros Estados.

En todo caso, en virtud de lo establecido en la Ley Orgánica de Descentralización, Delimitación y Transferencia de Competencias del Poder Público de 1989, esas atribuciones deberán ser progresivamente asumidas.

Ahora bien, en cuanto a las competencias de control, la más importante que tienen las Asambleas respecto de la Administración estadal, es la de poder improbar la gestión del Gobernador en cuyo caso pueden acordar su inmediata destitución por el voto de las 2/3 partes de los miembros de la Asamblea (Art. 24, Constitución). En este caso, conforme a la Ley sobre Elección y Remoción de Gobernadores de Estado, de 1989, se considera que se ha producido una falta absoluta (Art. 131), en cuyo caso, el procedimiento y formalidades para suplir al respectivo Gobernador deben establecerse en la correspondiente Constitución de cada Estado (Art. 16).

En todo caso, la Ley prescribe que si esta remoción se produce antes de que el Gobernador cumpla la mitad del período de gobierno, que conforme a la Ley sobre el Período de los Poderes de los Estados, de 1989, es de tres (3) años (artículo 1), debe procederse a realizar una nueva elección (Art. 18), previendo transitoriamente que mientras las Constituciones de Estado lo establezcan, es el Presidente de la Asamblea Legislativa el que debe encargarse de la Gobernación, hasta tanto se proceda, dentro de los 90 días siguientes, a una nueva elección universal, directa y secreta y tome posesión el Gobernador elegido (Art. 21). En estos casos, el Consejo

1176 Véase en general, *Informe sobre la Descentralización en Venezuela 1993, Memoria del Dr. Allan R. Brewer-Carías, Ministro de Estado para la Descentralización*, Caracas, 1994.

Supremo Electoral, a solicitud del Gobernador Interino o de la Asamblea legislativa, y aun de oficio, debe efectuar la convocatoria en un plazo que no exceda de 15 días a partir del momento de la vacante. La nueva elección debe celebrarse en la oportunidad que decida el Consejo Supremo Electoral, entre los 30 y 60 días siguientes a la convocatoria; y las postulaciones respectivas deben efectuarse entre la fecha de la convocatoria y los 20 días anteriores a la elección (Art. 19). En estos casos, la persona que resulte electa Gobernador, ha de durar en sus funciones el resto del período correspondiente, el cual se considerará a los efectos legales, como un período completo (Art. 20).

En cambio, si la falta absoluta del Gobernador, derivada de su destitución por la improbación de su gestión por la Asamblea, se produce en la segunda mitad del período, es decir, después de año y medio de gobierno, transitoriamente y mientras las Constituciones de los Estados lo regulan, la Asamblea Legislativa, dentro de los 30 días siguientes, debe proceder a designar por votación secreta, un nuevo Gobernador para el resto del período. En este supuesto, mientras se elige el nuevo Gobernador, se debe encargar de la Gobernación, el Secretario General de Gobierno o el funcionario ejecutivo a cargo de los asuntos políticos, pero este interinato debe ser ratificado por la Asamblea Legislativa o la Comisión Delegada en su caso, dentro de las 48 horas siguientes (Art. 21).

C. *El régimen de la Administración del Estado y el estatuto de los Gobernadores*

Tradicionalmente, la Administración de los Estados ha tenido en su concepción y regulación por las Constituciones Estadales, una enorme carga política. Al reducirse progresivamente las competencias estadales, el Gobernador se fue configurando como un funcionario político, cuyas atribuciones eran más políticas y de gobierno que administrativas. De allí que, en todos los Estados, las leyes reguladoras del Poder Ejecutivo y de su Administración se denominaban leyes de Régimen Político.

Ahora bien, con motivo de la promulgación de la Ley sobre Elección y Remoción de Gobernadores de 1988 y de la Ley Orgánica de Descentralización, Delimitación y Transferencia de Competencias del Poder Público de 1989[1177] se produjeron importantes cambios en el régimen de los Gobernadores de Estados y de la Administración de estas Instituciones que deben destacarse[1178].

Por supuesto, el cambio más importante en esta materia, se produjo con la sanción en 1989 de la Ley sobre Elección y Remoción de los Gobernadores dictada conforme a lo previsto en el artículo 21 de la Constitución y que sustituyó el sistema que estaba vigente, de nombramiento de los Gobernadores por el Presidente de la República hasta que se dictase esa Ley. A partir de 1989, en consecuencia, los Gobernadores se eligen por votación universal, directa y secreta en el territorio del Estado.

1177 Véase en *Gaceta Oficial* N° 4.153 Extra de 28-12-89.

1178 Véase Allan R. Brewer-Carías, "Bases Legislativas para la descentralización política de la Federación centralizada" en *Leyes para la Descentralización Política*, Caracas, 1990. Véase además *Informe sobre la Descentralización en Venezuela. Memoria del Dr. Allan R. Brewer-Carías.* Ministro de Estado para la Descentralización, Caracas, 1994.

a. *El doble papel de los Gobernadores de Estado*

Como se ha dicho, los Gobernadores de Estado tienen conforme a la Constitución, un doble carácter, pues además de ser los Jefes del Ejecutivo de cada Estado, son agentes del Ejecutivo Nacional en su respectiva circunscripción (Art. 21).

Entre estos dos papeles, sin duda, por la minimización y reducción progresiva de las competencias estadales, la tarea del Gobernador como Jefe del Ejecutivo del Estado había ido progresivamente perdiendo importancia y quedando reducida a aspectos puramente formales y protocolares (Art. 23, Ords. 2°, 3° y 4° de la Constitución). En cambio, dada la creciente centralización de competencias en el nivel nacional, el papel fundamental de los Gobernadores del Estado estaba circunscrito a su carácter de "agentes del Ejecutivo Nacional".

Precisamente, por ese desbalance y por el papel preponderante de los Gobernadores como agentes del Ejecutivo Nacional es que la Constitución estableció, que hasta tanto se dictase una ley especial que previera su elección, los Gobernadores serían del libre nombramiento y remoción por el Presidente de la República (Art. 22). Ello, sin duda, tenía lógica con el sistema de Federación Centralizada: no teniendo los Estados, virtualmente, competencias propias, poco podía hacer y en efecto hacía el Gobernador como "Jefe del Ejecutivo del Estado"; en cambio, centralizadas la mayoría de las competencias públicas en el nivel nacional, más relevancia tenía la figura del Gobernador como "agente del Ejecutivo Nacional", razón por la cual había sido lógica su dependencia y sujeción al Presidente de la República.

La Constitución sin embargo, estableció el principio de que mediante ley especial, cuyo proyecto debía ser admitido a discusión por el voto de las 2/3 partes de sus miembros, se podía establecer la forma de elección y remoción de gobernadores por vía de votación popular, lo que en efecto se estableció por la Ley sobre Elección y Remoción de Gobernadores de Estado de 1988, reformada en abril de 1989, habiéndose elegido Gobernadores de Estado, por primera vez en el país, en diciembre de 1989.

Ahora bien, la elección directa de Gobernadores exigía la reversión del desbalance que existía en materia de distribución de competencias entre el Poder Nacional y el Poder de los Estados, pues de lo contrario era evidente que se provocaría una crisis institucional. De allí lo imperioso que resultaba que antes de que tomaran posesión los nuevos Gobernadores electos, el 2 de enero de 1990, se dictase la Ley Orgánica de Descentralización, Delimitación y Transferencia de Competencias del Poder Público lo que ocurrió en 28 de diciembre de 1989, habiendo entrado en vigencia el 1 de enero de 1990.

En esta forma, aun cuando la Ley Orgánica sólo establece las bases para iniciar el proceso de descentralización, la tarea fundamental corresponderá a los Gobernadores electos quienes en esa forma, tienen suficientes materias de que ocupar el ejercicio de su mandato popular, aparte de las competencias formales que les atribuye la Constitución en su artículo 23:

1. Cumplir y hacer cumplir la Constitución y las leyes;
2. Nombrar y remover los funcionarios y empleados de su dependencia;

3. Presentar a la Asamblea un informe de su administración durante el año inmediatamente anterior; y
4. Presentar a la Asamblea Legislativa el Proyecto de Ley de Presupuesto.

b. *El régimen de la elección de los Gobernadores*

De acuerdo a la Ley de Elección y Remoción de Gobernadores de Estado, reformada en 1989, dictada conforme a lo previsto en el artículo 21 de la Constitución, se establece el régimen de elección de Gobernadores, por votación universal, directa y secreta, conforme a lo previsto en la Ley Orgánica del Sufragio, y de acuerdo a varias normas especiales, que se refieren a la condición de elector, a las postulaciones y a las incompatibilidades.

a'. *La condición de elector*

A los fines de la elección de los Gobernadores, la condición de elector es la misma regulada en la Constitución (Art. 111) y en la Ley Orgánica del Sufragio, con el agregado de que los electores deben estar inscritos en el Registro Electoral Permanente para votar en el respectivo Estado (Art. 3).

b'. *Las postulaciones*

De acuerdo a la Ley especial, pueden postular candidatos a Gobernadores de Estado, los partidos políticos nacionales, los partidos regionales y los grupos de electores que funcionen en el respectivo Estado. También pueden efectuar dicha postulación, diez ciudadanos inscritos en el Registro Electoral Permanente, que sepan leer y escribir y que acrediten la representación de, por lo menos, un número de electores igual al exigido por la Ley para la constitución de un partido político regional. En todo caso, dichos electores deben estar inscritos en el Registro Electoral Permanente de la respectiva localidad (Art. 4).

Ahora bien, las postulaciones para Gobernador deben hacerse ante la Junta Electoral Principal de la Circunscripción respectiva, en el lapso que para tal efecto fije el Consejo Supremo Electoral, de conformidad con lo previsto en la Ley Orgánica del Sufragio (Art. 5).

c'. *Las condiciones de elegibilidad y postulación*

De acuerdo con la Ley, y conforme a lo que pauta la Constitución, pueden ser postulados para el cargo de Gobernador de Estado los electores que sean venezolanos por nacimiento, mayores de treinta años y de estado seglar (Art. 6).

La Ley establece expresamente la posibilidad de la reelección inmediata de los Gobernadores, al prescribir que "los Gobernadores de Estado electos, que hayan ejercido el cargo por un período legal o por más de la mitad del mismo, conforme a lo dispuesto en esta Ley, podrán ser reelegidos, en la misma jurisdicción, para el período inmediato siguiente, pero no podrán ser elegidos nuevamente, hasta después de transcurridos dos (2) períodos, contados a partir de la última elección" (Art. 7).

En cuanto a las causas de inelegibilidad, la Ley prescribe que salvo el caso de reelección, no puede ser electo Gobernador de Estado, quien para el momento de la postulación esté en ejercicio del cargo (Art. 8). La Ley establece, además, condiciones de postulación al excluir la posibilidad de ser postulado para Gobernador respecto de quien haya ejercido la Gobernación, durante más de 100 días en el último año del período legal (Art. 8). Tampoco pueden ser postulados para Gobernadores, quienes estén en ejercicio interino del cargo en caso de falta absoluta del Gobernador (Arts. 17 y 21, último aparte). Habiéndose regulado expresamente la reelección de los Gobernadores no se entiende la lógica de estas limitaciones.

Tampoco puede ser postulado Gobernador de. Estado quien esté en ejercicio de un cargo público nacional, estadal o municipal, en Institutos Autónomos o en alguna empresa en la cual un ente público tenga una participación decisiva, para el día de su postulación o en cualquier momento entre esta fecha y la de la elección. Los postulados deben separarse de sus cargos en forma absoluta, por lo menos tres (3) meses antes de la fecha fijada para la celebración de las elecciones. Sin embargo, se exceptúan a quienes se desempeñen en cargos asistenciales, docentes, electorales, accidentales y académicos y quienes ejerzan funciones de representación legislativa o municipal (Art. 8).

d'. *Las votaciones*

Las elecciones para Gobernadores de Estado se deben celebrar el día domingo que fije el Consejo Supremo Electoral, dentro del plazo señalado en la Ley Orgánica del Sufragio, debiendo publicarse la convocatoria respectiva en la *Gaceta Oficial de la República de Venezuela* (Art. 9).

La emisión del voto en estas votaciones debe hacerse por medio del instrumento de votación que determine el Consejo Supremo Electoral, en conformidad con la Ley Orgánica del Sufragio (Art. 10).

e'. *La proclamación*

La proclamación de los Gobernadores electos corresponde a la Junta Electoral Principal de la Circunscripción del Estado respectivo, la cual debe realizarse dentro de los diez días siguientes al acto de votación. El proclamado, en todo caso, debe ser el candidato a Gobernador de Estado que haya obtenido la mayoría relativa de votos (Art. 11).

El Gobernador electo y proclamado debe tomar posesión del cargo, previo juramento ante la Asamblea Legislativa. Ahora bien, si por cualquier circunstancia, no se pudiere efectuar dicho juramento ante la Asamblea Legislativa, se podrá efectuar ante un Juez Superior de la correspondiente Circunscripción Judicial.

En todo caso, cuando el Gobernador electo no tomare posesión dentro del término señalado en la Ley, el Gobernador saliente debe resignar sus poderes en la persona que debe suplirlo provisionalmente y ésta debe actuar con el carácter de Encargado de la Gobernación, hasta tanto el Gobernador electo asuma el cargo o se declare la falta absoluta (Art. 2).

c. *El régimen de los Gobernadores como agentes del Ejecutivo Nacional*

Ahora bien, en contraste con la función del Gobernador como Jefe del Ejecutivo del Estado, y por tanto, actuando con entera autonomía sin estar sometido a control alguno de tutela por parte del Presidente de la República o del Ministro de Relaciones Interiores, la función del Gobernador como agente del Ejecutivo Nacional, lo sitúa como tal agente, y por tanto, dependiente del Ejecutivo Nacional.

Este doble carácter, sobre todo en presencia de Gobernadores electos por voto popular, por tanto, con la misma legitimación democrática que la del Presidente de la República, exigía el establecimiento de un conjunto de regulaciones para delimitar las funciones y regularizar jurídicamente los eventuales conflictos entre las diversas autoridades. De allí que uno de los Capítulos de la Ley Orgánica de Descentralización, Delimitación y Transferencia de Competencias del Poder Público de 1989, esté dedicado a establecer el régimen de los Gobernadores como agentes del Ejecutivo Nacional.

a'. *Competencias del Gobernador como agente del Ejecutivo Nacional*

De acuerdo a lo establecido en el artículo 22 de la Ley Orgánica, al Gobernador como agente del Ejecutivo Nacional en su jurisdicción, le corresponde:

1. Cumplir y hacer cumplir la Constitución y leyes de la República, y ejecutar y hacer ejecutar las órdenes y resoluciones que reciba del Ejecutivo Nacional, lo que es una repetición de lo establecido en el artículo 23,1 de la Constitución.
2. Colaborar con el Poder Público Nacional en la realización de los fines del Estado venezolano;
3. Coordinar la acción de las diversas dependencias de la Administración Pública Nacional, Central o Descentralizada, que actúen en su jurisdicción.
4. Participar en los órganos del Sistema Nacional de Planificación del desarrollo económico y social;
5. Participar en los órganos del sistema nacional de regionalización administrativa y actuar como agente del proceso de regionalización; y
6. Cumplir las demás funciones que le atribuyan las leyes y le encomiende el Ejecutivo Nacional.

Particularmente en base a lo previsto en el ordinal 6° de este artículo 22 de la Ley Orgánica, diversas atribuciones han sido "encomendadas" a los Gobernadores como agentes del Ejecutivo Nacional, en materia de administración del tránsito terrestre, cárceles nacionales, protección al consumidor y turismo, a cuyo efecto en 1993 se dictaron diversos Decretos reglamentarios.

b'. *La sujeción del Gobernador al Ejecutivo Nacional*

El carácter de agente del Ejecutivo Nacional que tiene constitucionalmente el Gobernador significa que el mismo está sujeto a las órdenes, resoluciones e instrucciones que reciba del Presidente de la República y que le deben ser comunicadas por el Ministro de Relaciones Interiores (Art. 23).

Por lo demás, los Gobernadores de Estado están obligados a rendir con toda diligencia informes al Presidente de la República, directamente o por intermedio del Ministro de Relaciones Interiores, cada vez que lo soliciten (Art. 23).

La Constitución, como mecanismo de evaluación y control de los Gobernadores por parte del Ejecutivo Nacional prevé, dentro de las competencias del Presidente de la República, el "reunir en convención a todos o algunos de los Gobernadores de las entidades federales para la mejor coordinación de los planes y labores de la Administración Pública" (Art. 190, 19). En relación a esta Convención, la Ley Orgánica sólo precisa que la misma debe reunirse durante el segundo trimestre de cada año, por lo menos, en la fecha y lugar que fije el Presidente de la República en su convocatoria (Art. 29).

En la Convención de Gobernadores se debe concertar y evaluar el Plan Coordinado de Inversiones de cada Entidad Federal, y además se deben tratar las otras materias que acuerden el Presidente de la República y los Gobernadores (Art. 30).

c'. *El Gobernador como coordinador de la Administración Pública Nacional en cada Estado*

Sin duda, la tarea más importante que la Ley Orgánica asigna al Gobernador del Estado como agente del Ejecutivo Nacional, es la de "coordinar la acción de las diversas dependencias de la Administración Pública Nacional, Central o Descentralizada, que actúen en su jurisdicción" (Art. 22,3).

A tal fin, para garantizar la necesaria coordinación y oportuna ejecución de los planes y programas del Ejecutivo Nacional y en cumplimiento de las instrucciones que a estos efectos se dicten, la Ley Orgánica atribuye a los Gobernadores el poder de dictar órdenes e instrucciones a los Jefes de las Oficinas Nacionales y organismos regionales con jurisdicción en sus respectivos Estados. A tales fines, conforme a la misma Ley Orgánica, dichos funcionarios están obligados a prestarles toda la colaboración al Gobernador, cumplir sus órdenes e instrucciones como Agentes del Ejecutivo Nacional y prestarle diligentemente los informes que les solicite (Art. 24).

Este poder atribuido a los Gobernadores de dictar órdenes e instrucciones a los Jefes de las Oficinas Nacionales y organismos regionales con jurisdicción en el Estado respectivo, origina necesariamente consecuencias, en cuanto a la sanción al incumplimiento de las mismas. La Ley Orgánica, en efecto, establece que el incumplimiento reiterado de las órdenes e instrucciones que imparta el Gobernador, actuando como agente del Ejecutivo Nacional, será causal de remoción de los jefes de las Oficinas Nacionales y organismos regionales con jurisdicción en su Estado.

A tal efecto, el Gobernador debe solicitar la remoción del funcionario del que se trate ante el Ministro o el Presidente del Instituto Autónomo, empresa del Estado u organismo regional correspondiente, quien debe decidir en un plazo máximo de 30 días. En caso de silencio o de respuesta negativa a su solicitud, agrega la Ley Orgánica, el Gobernador puede dirigirse directamente al Presidente de la República a los fines conducentes (Art. 32). No establece la Ley la consecuencia de una inacción de parte del Presidente de la República, caso en el cual el conflicto sólo podría ser resuelto por la Corte Suprema de Justicia (Art. 215, ord. 8°).

Por último, debe señalarse que la Ley Orgánica, a los efectos de garantizar el cumplimiento por parte de los Gobernadores de su función de coordinadores de la Administración Pública Nacional en su jurisdicción, establece la obligación de que se los mantenga informados de las decisiones que adopten los órganos nacionales y que se refieran a la respectiva Entidad Federal.

Así, el artículo 27 de la Ley Orgánica establece que las decisiones que tome el Presidente de la República en Consejo de Ministros y que se refieran a las Entidades Federales, deben ser informadas a los respectivos Gobernadores. Asimismo, los

Ministros y los Presidentes de los Institutos Autónomos y de las empresas del Estado, así como también los Presidentes de los Organismos Regionales de Desarrollo deben mantener oportuna y permanentemente informados a los Gobernadores de las decisiones, órdenes e instrucciones que transitan a los jefes de sus respectivas oficinas en la Entidad Federal.

d'. *El Comité Estadal de Planificación y Coordinación*

Para facilitar las labores de coordinación y también de planificación del desarrollo, así como de evaluación y control de los programas y acciones que se ejecuten en la Entidad Federal, en cada una de ellas debe existir un Comité de Planificación y Coordinación, presidido por el Gobernador e integrado por su tren ejecutivo estadal, los Alcaldes y por los Jefes de las Oficinas Nacionales y organismos regionales con jurisdicción en el Estado (Art. 25).

La Ley Orgánica atribuye al Gobernador competencia para dictar el Reglamento de dicho Comité y poder organizar su funcionamiento interno por materias o ramas de actividad, como también poder establecer la participación en el Comité de los diputados y senadores al Congreso Nacional por el respectivo Estado, y de los sectores económicos, sociales, laborales y culturales de la comunidad.

En todo caso, es a través de este Comité que el Gobernador del Estado debe dirigir el proceso de elaboración del Plan de Desarrollo del Estado, del Plan Operativo Anual y del Presupuesto Anual, estableciendo la debida coherencia y coordinación con los planes correspondientes a nivel nacional (Art. 26).

d. *La remoción de Gobernadores*

a'. *Las causas de remoción*

De acuerdo a la Constitución y a la reciente legislación sobre la materia, pueden distinguirse tres casos en los cuales se puede producir la remoción de los Gobernadores electos:

En primer lugar, cuando se impruebe la gestión del mismo por la Asamblea Legislativa del Estado respectivo, y ésta acuerde expresamente su inmediata destitución con el voto de las 2/3 partes de los miembros de la Asamblea, conforme al artículo 24 de la Constitución y al artículo 13, 1 de la Ley especial.

En segundo lugar, cuando por sentencia definitivamente firme se le imponga a un Gobernador una condena penal que implique privación de la libertad (Art. 13,2).

En tercer lugar, cuando el Gobernador sea removido de su cargo por acuerdo del Senado, tomado por el voto de las dos terceras partes de sus miembros, a solicitud escrita y motivada del Presidente de la República (Art. 14). En este supuesto, la solicitud del Presidente de la República debe ser considerada en sesión especial del Senado que debe convocarse al efecto mediante publicación en la *Gaceta Oficial de la República de Venezuela*. La decisión sólo puede ser adoptada dos días después de efectuada la convocatoria. En todo caso, el Gobernador cuya remoción sea solicitada tiene derecho a comparecer en la sesión del Senado para asumir su defensa, en cuya oportunidad debe responder las preguntas que se le formulen (Art. 15).

La decisión del Senado está sometida tanto a control judicial constitucional como contencioso-administrativo ante la Corte Suprema de Justicia (Arts. 215,3 Constitución y Art. 42,9 Ley Orgánica de la Corte Suprema de Justicia).

Adicionalmente conforme a la Ley Orgánica de Descentralización, Delimitación y Transferencia de Competencias del Poder Público de 1989, también sería causal de remoción de los Gobernadores, el incumplimiento reiterado de las órdenes y Resoluciones del Presidente de la República, que éste les imparta y que aquéllos deban cumplir en su carácter de agentes del Ejecutivo Nacional (Art. 31). En estos casos, no regula la Ley Orgánica procedimiento alguno, remitiendo el asunto a lo que establezca la Ley respectiva, que es la Ley de Elección y Remoción de Gobernadores de Estado, la cual no prevé esta posibilidad de remoción, salvo si el Senado la acuerda.

b'. *La forma de suplir las faltas absolutas derivadas de la remoción*

Cuando se produce uno de los casos de remoción de un Gobernador, indudablemente que se está en presencia de un caso de falta absoluta, que requiere de una forma de suplencia. En esta materia, en principio, la Ley sobre Elección y Remoción de los Gobernadores establece que las faltas absolutas y temporales de los Gobernadores "serán suplidas por el funcionario que corresponda, de acuerdo con el procedimiento y con las formalidades previstas en la correspondiente Constitución del Estado" (Art. 16).

Sin embargo, la Ley establece algunas normas generales que deben observarse.

En efecto, en virtud de que conforme al artículo 215, ordinal 2° de la Constitución, la Corte Suprema de Justicia debe declarar si hay o no mérito para el enjuiciamiento de los Gobernadores, en los casos en los cuales la Corte Suprema de Justicia declare que hay tales méritos, el Gobernador queda suspendido en. el ejercicio de sus funciones. En este caso, la Asamblea Legislativa debe proceder, dentro de los 30 días siguientes, a designar al ciudadano que debe suplir al Gobernador titular, hasta tanto se produzca la decisión judicial definitiva. En caso de sentencia condenatoria, se procederá a cubrir la falta absoluta del Gobernador conforme a lo previsto en el artículo 21 de la Ley. Mientras toma posesión el designado, se encargará de la Gobernación el Secretario General de Gobierno o el funcionario ejecutivo a cargo de los asuntos políticos, previa juramentación ante la Asamblea Legislativa o, en su defecto, ante un Juez Superior de la correspondiente Circunscripción Judicial. Esta interinaría debe ser ratificada por la Asamblea Legislativa o la Comisión Delegada en su caso, dentro de las 48 horas siguientes (Art. 17).

Ahora bien, la Ley distingue dos situaciones para la suplencia de los Gobernadores, según si la falta absoluta del Gobernador se produce antes de juramentarse o antes o después de cumplir la mitad del período que le corresponde. En el caso de que se produzca antes de juramentarse o antes o después de cumplir la mitad del período que es de 3 años, se debe proceder a la realización de una nueva elección (Art. 18).

En estos casos, el Consejo Supremo Electoral, a solicitud del Gobernador interino o de la Asamblea Legislativa, y aún de oficio, debe efectuar la convocatoria en un plazo que no debe exceder de 15 días a partir del momento de la vacante. La nueva elección debe celebrarse en la oportunidad que decida el Consejo Supremo Electoral, entre los 30 y los 60 días siguientes a la convocatoria, y las postulaciones deben efectuarse entre la fecha de la convocatoria y los 20 días anteriores a la elección (Art. 19).

En estos supuestos, la persona que resulte electa Gobernador, dura en sus funciones el resto del período correspondiente, el cual debe considerarse, a los efectos legales, como un período completo (Art. 20).

La Ley, en todo caso, estableció un régimen transitorio mientras las Constituciones de los Estados no regulen la forma de suplir la falta absoluta de los Gobernadores electos. Dicho régimen, que regula el artículo 21, prevé lo siguiente:

> "Si la falta absoluta se produce antes de que se juramente al Gobernador o antes de que cumpla con la mitad del período, debe encargarse de la Gobernación el Presidente de la Asamblea Legislativa, hasta tanto se proceda, dentro de los 90 días siguientes, a una nueva elección universal, directa y secreta y tome posesión el Gobernador elegido.
>
> En cambio, si la falta absoluta se produce en la segunda mitad del período, la Asamblea Legislativa, dentro de los 30 días siguientes, debe proceder a designar por votación secreta, un nuevo Gobernador para el resto del período. Mientras se elige al nuevo Gobernador, se debe encargar de la Gobernación el Secretario General de Gobierno o el funcionario ejecutivo a cargo de los asuntos políticos. Esta interinaría debe ser ratificada por la Asamblea Legislativa o la Comisión Delegada en su caso, dentro de las 48 horas siguientes".

e. *Del Procurador General del Estado*

Además, dentro de la Administración del Estado, debe clarificarse el papel y funciones del Procurador General del Estado. Como funcionario que tiene a su cargo la representación judicial o extrajudicial del Estado y la asesoría jurídica a los órganos del mismo, su nombramiento estimamos que no debe corresponder a la Asamblea Legislativa, como sucede, en general, sino al propio Gobernador, con la autorización de la Asamblea. Debe, así, seguirse la orientación de la Constitución al regular las funciones del Procurador General de la República diferenciadas de las del Fiscal General de la República.

D. *La desconcentración territorial-administrativa del Estado*

Dentro de las competencias de los Estados, está la de organizar sus poderes públicos, y en particular, su Poder Ejecutivo; sus Municipios y demás entidades locales; y su división político-territorial, en conformidad con la Constitución y las leyes nacionales[1179]. En ejercicio de esta competencia, las Asambleas Legislativas han dividido su territorio en Municipios y en Parroquias.

En cuanto al régimen de los Municipios como demarcaciones político-administrativas de la Administración del Estado, las Constituciones estadales han regulado la figura del Prefecto de Municipio, como agente del Ejecutivo estadal en sus respectivas jurisdicciones. Se hace necesario ahora, con motivo de la elección

---

1179 Artículo 17, ordinales 1° y 2°.

directa de los Alcaldes conforme la regulación de la Ley Orgánica de Régimen Municipal que éstos asuman la competencia antes atribuidas a los Prefectos. Los Alcaldes, así en sentido similar a los Gobernadores, además de Jefes del Ejecutivo Municipal, deben ser agentes del Gobernador en el referido Municipio.

En cuanto al régimen de los Municipios y Parroquias de los Estados, como entidades políticas, todos los Estados deben dictar nuevas leyes o códigos orgánicos del Poder Municipal, y ampliar sus previsiones, particularmente, en cuanto concierne a la participación política a nivel local.

E. *La Hacienda Pública Estadal*

Por último, el régimen jurídico de los Estados, tradicionalmente ha abarcado la regulación de la Hacienda Pública estadal, conforme a las orientaciones constitucionales[1180].

Las normas estadales, sin embargo, y con vista de las nuevas competencias tributarias que se prevén, deben regular los principios básicos del sistema tributario estadal para su adecuación al sistema nacional. Por otra parte, en vista de las previsiones de las leyes orgánicas nacionales de Régimen Presupuestario y de Crédito Público, las normas hacendísticas estadales deben adaptarse a sus regulaciones.

La institución de la Contraloría General del Estado, por otra parte, debe ser objeto de nuevas regulaciones que tengan en cuenta las nuevas orientaciones que la Ley Orgánica de la Contraloría General de la República ha establecido, particularmente en cuanto al control de gestión sobre la acción administrativa, y de la Ley Orgánica de Salvaguarda del Patrimonio Público en relación a la responsabilidad de los funcionarios públicos de los Estados.

6. *La garantía constitucional de la descentralización política*

Toda descentralización política implica la autonomía de las entidades territoriales. Por ello, la Constitución de 1961 establece la autonomía de los Estados (Art. 16) y la autonomía municipal (Art. 29), garantizándolas de tal manera de excluir todo control de tutela de las entidades territoriales superiores sobre los inferiores. Por tanto, ni los órganos ejecutivos o legislativos de la República pueden controlar las autoridades de los Estados, ni revisar ni suspender sus decisiones; ni los órganos ejecutivos o legislativos de la República o de los Estados pueden controlar, revisar o suspender las decisiones de los órganos municipales. Los actos estadales y municipales, por tanto, sólo pueden ser revisados por vía judicial. Por ello, entre otros factores, la descentralización hacia los Estados es una descentralización política y no meramente "administrativa".

A. *Los principios de control judicial de la actuación de los Estados*

La autonomía de los Estados implica, ante todo, que las decisiones que adopten sus autoridades sólo pueden ser revisadas por los órganos del Poder Judicial, quedando a salvo, sin embargo, las decisiones que adopte el Gobernador como agente

1180 Artículo 233.

del Ejecutivo Nacional, las cuales quedan sujetas a las decisiones del presidente de la República. En cuanto a las decisiones de las Asambleas Legislativas, las leyes y demás actos de las mismas están sometidas al control de la jurisdicción constitucional que ejerce la Corte Suprema de Justicia, conforme a su competencia para "declarar la nulidad total o parcial de las leyes estadales y demás actos de los cuerpos deliberantes de los Estados que colidan con la Constitución" (Art. 215, Ord. 4 de la Constitución).

En cuanto a las decisiones del Gobernador del Estado, sin duda, es necesario distinguir entre aquellas tomadas como Jefe del Ejecutivo del Estado y aquellas adoptadas como agentes del Ejecutivo Nacional. En cuanto a las primeras, los actos administrativos resultantes quedan sometidos al control de la jurisdicción contencioso-administrativa que ejercen los Tribunales Superiores Contencioso-Administrativos que funcionan en cada una de las ocho Regiones del país, correspondiendo a la Corte Primera de lo Contencioso-Administrativo conocer en apelación, de las decisiones de dichos tribunales (Arts. 181 y 185 de la Ley Orgánica de la Corte Suprema de Justicia).

En cuanto a las decisiones del Gobernador del Estado actuando como agente del Ejecutivo Nacional, los actos administrativos que dicte tendrían que entenderse como "actos administrativos del Ejecutivo Nacional" pues la República responde por ellos (Art. 28), y en tal carácter, también estarían sujetos a control judicial contencioso-administrativo, pero en ese caso de la Corte Suprema de Justicia en Sala Político Administrativa conforme al artículo 215, Ord. 7° de la Constitución.

Por otra parte, la competencia judicial en materia de demandas originadas por responsabilidad derivada de decisiones del Gobernador también dan origen a una dualidad de competencia judicial: si la demanda es por responsabilidad originada por actos del Gobernador adoptados como Jefe del Ejecutivo Estadal, la competencia corresponde a la justicia ordinaria (Art. 183 LOCSJ).

En cambio, conforme a lo establecido en la Ley Orgánica:

> "De las decisiones que adopte el Gobernador en su carácter de representante del Ejecutivo Nacional responderá la República; a tal efecto, al promulgar el acto correspondiente, el Gobernador deberá indicar que actúa en tal condición" (Art. 28).

En estos casos, por tanto, al responder la República, la acción respectiva según la cuantía, se intentará ante los diversos tribunales con competencia contencioso-administrativa: Corte Suprema de Justicia en Sala Político-Administrativa por sumas superiores a Bs. 5.000.000; Corte Primera de lo Contencioso-Administrativo, por sumas entre Bs. 1.000.000 y 5.000.000; y Tribunales Superiores Contencioso-Administrativos por montos inferiores a Bs. 1.000.000 (Arts. 42, 15; 185, 6° y 182, 2°).

Por último, debe señalarse que las decisiones de los diversos órganos estatales que conduzcan a la remoción de los Gobernadores, también están sometidas a control jurisdiccional, a instancias del Gobernador respectivo.

En efecto, si se trata de una remoción decidida conforme a los artículos 20, 2 y 24 de la Constitución, el acuerdo de la Asamblea es controlable por inconstitucionalidad por ante la Corte Suprema de Justicia conforme al artículo 215, Ord. 4° de la propia Constitución, y por ilegalidad, por la misma Corte en Sala Político Administrativa (Art. 42, 9 LOCSJ).

En caso de que la remoción sea decidida por el Senado conforme a los artículos 14 y 15 de la Ley sobre Elección y Remoción, el acuerdo del Senado es controlable por razones de inconstitucionalidad por ante la Corte Suprema de Justicia conforme al artículo 215, ordinal 3° de la Constitución; y por razones de ilegalidad por ante la Sala Político Administrativa de la Corte, conforme al artículo 42, Ord. 9° de la Ley Orgánica de la Corte Suprema de Justicia.

B. *Los principios de control judicial de la actuación de los Municipios*

De acuerdo a lo establecido en el artículo 29 de la Constitución, "los actos de los Municipios no podrán ser impugnados sino por ante los órganos jurisdiccionales, de conformidad con esta Constitución y las leyes".

Por tanto, de acuerdo al artículo 215 de la Constitución, sólo compete a la Corte Suprema de Justicia como órgano de justicia constitucional "declarar la nulidad total o parcial de las ordenanzas municipales y demás actos de los cuerpos deliberantes de los Municipios que colidan con la Constitución (Ord. 4°).

En cuanto al control de legalidad de los actos municipales, particularmente de los actos administrativos de los Alcaldes, éstos están sometidos al control judicial de los Tribunales Superiores Contencioso-Administrativos (Art. 206 de la Constitución, y Art. 181 LOCSJ).

Además, debe señalarse que la Ley Orgánica de Régimen Municipal de 1989, reserva a la Corte Suprema de Justicia, competencia para conocer de la impugnación de los actos de remoción del Secretario Municipal y del Síndico Procurador Municipal, así como de los actos de declaración de pérdida de la investidura tanto del Alcalde como de los Concejales (Arts. 83, 86, 69 y 166). También corresponde a la Corte Suprema de Justicia dirimir las controversias en que una de las partes sea la República o algún Estado o Municipio, cuando la contraparte sea otra de esas mismas entidades territoriales (Art. 215, 8° Constitución).

IV. EL RÉGIMEN DEL DISTRITO FEDERAL Y DE LA CAPITAL DE LA REPÚBLICA

De acuerdo con el artículo 9° de la Constitución, el territorio nacional se divide, para los fines de la organización política de la República, en el de los Estados, el Distrito Federal, los Territorios Federales y las Dependencias Federales. Por tanto, tratándose de un Estado Federal, la capital Caracas, está vinculada, necesariamente, al Distrito Federal.

En efecto, el artículo 11 de la Constitución dispone que la ciudad de Caracas es la capital de la República y el asiento permanente de los órganos supremos del Poder Nacional. Tradicionalmente, sin embargo, la idea del asiento permanente de los Poderes Nacionales estaba vinculada más al Distrito Federal que a la ciudad Capital. En efecto, desde la creación del Distrito Federal en 1864, éste fue la sede dé los Poderes Federales, e incluso en la Constitución de 1904, se estableció como "asiento de los Poderes Generales de la Nación el Departamento Libertador del Distrito Federal" (Art. 5°, único). Incluso, a partir de la Constitución de 1909, cuando se estableció a la ciudad de Caracas como asiento de los Poderes Generales de la Nación

(Art. 10), se presumía que la ciudad estaba en el Distrito Federal, al autorizar el texto constitucional al Poder Ejecutivo para fijar su residencia transitoria en cualquier "otro punto del Distrito Federal" (Art. 10), salvedad que, sin embargo, se eliminó en la Constitución de 1925, en la cual se estableció, sólo, que la ciudad de Caracas era la Capital y el asiento del Gobierno Federal (Art. 7º), lo cual permaneció en los textos posteriores.

En todo caso, el texto de la Constitución de 1961 se justificó sobradamente al promulgarse ésta, en virtud de que ya para esa época la ciudad capital había desbordado el territorio del Distrito Federal y se había desparramado urbanísticamente hacia el Distrito Sucre del Estado Miranda. Por ello, la propia Constitución estableció que "una ley especial podrá coordinar las distintas jurisdicciones existentes dentro del área metropolitana de Caracas, sin menoscabo de la autonomía municipal" (Art. 11). Una de dichas jurisdicciones, precisamente, es la del Distrito Federal, el cual, conforme al artículo 12 del propio texto constitucional, debe ser organizado por una ley orgánica, en la cual también "se dejará a salvo la autonomía municipal".

Por tanto, en la actualidad, en la regulación constitucional del Estado venezolano, encontramos la existencia de un régimen político peculiar para la capital de la República, Caracas, vinculada a un Distrito Federal, en el cual debe existir autonomía municipal. A tal objetivo, si bien tardíamente, se dictó la Ley Orgánica del Distrito Federal de 1986 que después de más de 120 años sustituyó el régimen de dicho Distrito que había sido establecido en 1863.

1. *Caracas, el Distrito Federal y la municipalidad capitalina*

A. *La Capital histórica*

Caracas ha sido tradicionalmente la Capital de Venezuela desde que el Gobernador Juan de Pimentel trasladó la capital desde Coro a Caracas en 1577. Posteriormente, creada la Capitanía General de Venezuela, en 1777, que agrupaba a las diversas Provincias que luego conformaron el territorio de la República, Caracas, continuó siendo la capital; y fue el Ayuntamiento capitalino el que, precisamente, provocó la declaración de independencia en 1810[1181].

En 1811, el Congreso de ese año fijó a Valencia como capital provisional, constituyéndose allí el gobierno el 3 de abril de 1812, trasladándose posteriormente a La Victoria, el 27 de abril de ese año. Meses más tarde, y en plena guerra de la independencia, al triunfar los realistas y al caer la Primera República, el 30 de julio de 1812, la capital vuelve a ser Caracas.

El 8 de mayo de 1817, el Congreso de Cariaco designó la ciudad de La Asunción, en la isla de Margarita, por capital provisional, siendo trasladada posteriormente a Angostura (hoy Ciudad Bolívar) por el Libertador, también como capital provisional, en noviembre del mismo año. En 1819, el Congreso de Angostura designó a ciudad del Rosario de Cúcuta por capital provisional de Colombia, y allí se instaló

1181 Para la elaboración de esta parte, hemos seguido lo expuesto en Allan R. Brewer-Carías, *El régimen de Gobierno Municipal en el Distrito Federal,* Caracas, 1968. Véase también, Allan R. Brewer-Carías, *El Régimen Municipal de Venezuela,* Caracas, 1984.

en enero de 1821. Ese mismo año, el primer Congreso Constituyente de la Gran Colombia designó a Bogotá por capital del gran Estado del cual formaban parte los actuales Estados de Colombia, Ecuador y Venezuela. Caracas fue la capital del Departamento de Venezuela.

Posteriormente, con motivo del movimiento de separación de Venezuela de la Gran Colombia, en cuya implementación jugó un papel importante la Municipalidad de Caracas, en enero de 1830 se había establecido dé hecho la capital en Caracas, habiendo sido trasladada posteriormente a Valencia y declarada como tal por el Constituyente venezolano de ese mismo año.

Posteriormente, por Decreto del Congreso de 25 de mayo de 1831, es erigida nuevamente Caracas como capital de la República, y desde esta fecha, salvo en el segundo semestre de 1858 que se traslada la capital a Valencia, Caracas va a permanecer hasta nuestros días como capital de la República y asiento de los Poderes Nacionales.

Este carácter de la ciudad de Caracas como capital y sede de los Poderes Nacionales se va a regularizar a partir de 1864, con la erección del Distrito Federal en su territorio. A partir de esa fecha la evolución de Caracas y de su régimen municipal va estar ligada al régimen del Distrito Federal, el cual puede analizarse en varias etapas según la existencia en él de un régimen municipal.

B. *El Distrito Federal sin Municipalidad (1864-1872)*

La Constitución de 22 de abril de 1864 consagró entre las Bases de la Unión de los Estados, el compromiso de éstos de "ceder a la Nación el terreno que necesite para el Distrito Federal" (Art. 41, Ord. 3°) siendo competencia de la Legislatura Nacional "erigir y organizar el Distrito Federal, en un terreno despoblado que no excederá de diez millas cuadradas y en que se edificará la ciudad capital de la Unión" (Art. 43, Ord. 2°. Por supuesto, esta disposición en la mente del mismo Constituyente, estaba destinada a no cumplirse al agregar la norma que el "*Distrito* será *provisionalmente* el designado por la Asamblea Constituyente o el que designare la Legislatura Nacional". En efecto, Caracas había sido de hecho y de derecho la capital de la República, y este carácter no podía ni pudo cambiarse por decisión política alguna. De ahí que el Distrito Federal, provisionalmente, se organizó en zona ya poblada: la de Caracas.

En efecto, aun antes de que se promulgara la Constitución de 1864, el 29 de febrero del mismo año, la Asamblea Constituyente de los Estados Unidos de Venezuela, "persuadida de la urgente necesidad de fijar el radio de acción del gobierno general", resolvió provisionalmente erigir en Distrito Federal "el territorio comprendido dentro de los Departamentos de Caracas, Maiquetía y La Guaira", cuya organización, también provisionalmente, la decretaría el Poder Ejecutivo. En cumplimiento de este acuerdo de la Asamblea Constituyente, el "Gran Ciudadano Mariscal Presidente de los Estados Unidos de Venezuela", Juan C. Falcón, dictó el Decreto de 8 de marzo de 1864 que organizó el Distrito Federal en su Régimen Político y Administrativo[1182], en el cual se precisó que para el régimen administrativo del mismo, los Poderes Públicos se dividían "en Legislativo, Ejecutivo y Judicial". El Poder Legislativo se ejerció entonces para todo el Distrito "por una Legislatura en las materias de interés general" integrada por diputados "elegidos por votación universal, directa y, secreta" y que tenía competencia para legislar sobre todas las materias que no pertenecieran al Poder Nacional. Por su parte, el Poder Ejecutivo se ejerce en todo el Distrito por un Gobernador que era "de libre nombramiento y remoción del Poder Ejecutivo General", de quien era asimismo "su inmediato agente"[1183].

Queda claro entonces, que aun antes de que entrara en vigor la Constitución de 1864, fue intención de los artífices de la Federación el erigir un Distrito Federal donde tuvieran su sede los órganos del Poder Federal, pero con la particularidad dé tener un régimen político que no lo hacía depender absolutamente de éste, sino que tenía una Legislatura con competencia para legislar sobre materias de interés general que no estuvieren reservadas al Poder Nacional, salvo lo relativo a la Legislación Civil y Penal que se regía por las leyes nacionales. En cuanto al Poder Ejecutivo, el Gobernador sí tenía una estrecha vinculación con el Poder Ejecutivo General, pues no sólo era agente inmediato de éste, sino que tenía el deber de "cumplir estricta e inmediatamente las órdenes" que el Poder Ejecutivo General le comunicara[1184].

Con posterioridad a la promulgación de la Constitución de 1864, el Congreso de los Estados Unidos de Venezuela, en 6 de junio de 1865 dictó un Decreto en el cual se exigía al Ejecutivo Nacional la presentación de un informe sobre cuál era "el lugar más a propósito para erigir el Distrito Federal, consultando las condiciones de salubridad y facilidad de comunicación", acompañándolo de un croquis del área que debía "ocupar el Distrito, el plano de la ciudad capital y los presupuestos de los edificios y demás construcciones" que fueren necesarios. El Congreso autorizó asimismo, en esa oportunidad al Ejecutivo Nacional, para organizar el para ese momento "Distrito Provisional"[1185].

En ejercicio de esta autorización y de la que ya había acordado la Asamblea Constituyente el 29 de febrero de 1864, el Ejecutivo Nacional, por Decreto de 31 de octubre de 1867, organizó nuevamente al Distrito Federal en su régimen Político y Administrativo[1186]. En esta organización, el Gobernador, de libre nombramiento del Ejecutivo Nacional, siguió siendo su "agente inmediato" y como tal subordinado al Ministro del Interior y Justicia; por su parte, fue eliminada la Legislatura distrital, y sustituida por tres Consejos Departamentales compuestos por diputados elegidos provisionalmente por el Ministro del Interior, y con competencia deliberante en cada uno de los tres Departamentos que componían al Distrito, en algunos casos restringida a la obtención de una previa aprobación de dicho Ministro[1187]. En esta forma, el

1182 Véase en *Leyes y Decretos Reglamentarios de los Estados Unidos de Venezuela,* Tomo VII, Caracas, 1943, p. 60.

1183 *Idem*, p. 62

1184 *Ibídem,* p. 60.

1185 *Ibídem*, p. 59

1186 *Ibídem*, p. 52.

1187 *Ibídem,* pp. 52 y 56

Distrito quedó aún más ligado a los Poderes Nacionales, con un poder legislativo exiguo y con un poder ejecutivo en manos del Gobernador como agente inmediato del Poder Ejecutivo Nacional. Esto fue confirmado por Decretos de 17 de junio de 1872 en los cuales se precisó que el Presidente de la República era quien administraba el Distrito Federal "inmediata y directamente por medio eje un Gobernador de su libre elección"[1188].

C. *El Distrito Federal y su régimen municipal no autonómico (1872-1893)*

Por Decreto de 17 de junio de 1872, como se dijo, se organizó, el Distrito Federal, estableciéndose en él un incipiente régimen municipal, al sustituirse los Consejos Departamentales precedentes por un Concejo Municipal compuesto por tantos miembros como parroquias tuviera el Distrito, con la particularidad de que era presidido por el Gobernador del Distrito. Dicho Concejo tenía facultades limitadas hasta el punto de que, por ejemplo, debía proponer al Presidente de la República "por él órgano del Gobernador", las ordenanzas municipales o de impuestos y contribuciones que fueran a formar el tesoro del Distrito[1189].

La Constitución de 27 de mayo de 1874 no introdujo ningún cambio en relación a las normas referentes al Distrito Federal que consagró la Constitución de 1864, por lo que continuó bajo el régimen de carácter provisional. Ello se desprende también, del Decreto de 5 de julio de 1877 que estableció la división del Distrito en dos Departamentos y de los Decretos Orgánicos del Distrito Federal, de 2 de mayo de 1879, de 1° de octubre de 1880 y de 20 de noviembre del mismo año[1190].

En estos últimos Decretos, se establecieron en el Distrito Federal dos Concejos Municipales, uno en cada uno de sus Departamentos (Libertador y Vargas), con muy poca autonomía, y presididos por el Gobernador y sus Prefectos[1191].

Por su parte, la Constitución de 27 de abril de 1881, a pesar de continuar atribuyendo a la Legislatura Nacional la facultad de erigir el Distrito Federal, estableció como atribución del Presidente de los Estados Unidos de Venezuela, "organizar el Distrito Federal y funcionar en él como primera autoridad civil y política establecida por esta Constitución" (Art. 65, Ord. 7°), lo que se consagró asimismo en la Constitución de 16 de abril de 1891, y fue todavía mejor precisado en las Constituciones posteriores.

D. *El Distrito Federal y la autonomía municipal (1893-1936)*

La Constitución de 21 de junio de 1893, puede decirse que inició el proceso de constitucionalización del Distrito Federal, cuyo régimen hasta ese momento estaba regulado, básicamente en Decretos, y abre la etapa en la cual se establece la autonomía municipal del Distrito.

1188 *Ibídem*, pp. 46 y 52

1189 *Ibídem*, p. 49.

1190 *Ibídem*, pp. 29, 34, 40 y 45

1191 *Idem*

En efecto, en primer lugar, en ésta ya no se dejó la erección provisional del Distrito Federal al Ejecutivo Nacional sino que se declaró: "Los Estados que forman la Unidad venezolana son autónomos e iguales en entidad política; y se obligan: a ceder a la Nación, para el Distrito Federal, un terreno despoblado que no exceda de cien kilómetros cuadrados, en el cual se edificará la ciudad capital de la Unión. Por ahora dicho Distrito será la ciudad de Caracas, con sus Parroquias Foráneas, El Recreo, El Valle, La Vega, Antímano, Macarao y Macuto" (Art. 13, Ord. 6°). Por otra parte, no sólo correspondía al Congreso de los Estados Unidos de Venezuela la erección del Distrito, sino su organización (Art. 44, Ord. 1°), siendo sólo competencia del Presidente de la Unión "administrar el Distrito Federal, según la ley, y funcionar en él como primera autoridad civil y política" (Art. 76, Ord. 7°).

De conformidad con esta última orientación, y en uso de facultades conferidas por la Asamblea Constituyente, en Decreto de 21 de junio de 1893, de igual fecha que la promulgación de la Constitución de ese año, el Ejecutivo Nacional dictó el 6 de julio de ese mismo año 1893, un Estatuto Provisorio del Distrito Federal[1192], en el cual se dividió el "régimen gubernativo" del mismo en: "1° Civil y Político; 2° Administrativo y Económico" (Art. 2). La primera autoridad civil y política del Distrito de acuerdo a ese Estatuto era el Presidente de la República, quien la ejercía por órgano de un Gobernador del mismo Distrito, que era "su agente inmediato en todo, lo relativo a este régimen y de su libre elección y remoción" (Art 3). En cuanto al régimen administrativo y económico, dicho Estatuto reconoce que "el Municipio del Distrito Federal es la Entidad resultante de la unión de todas las parroquias que lo componen. El es autónomo en todo lo relativo a su régimen administrativo y económico; y en consecuencia, ejerce la soberanía, por delegación del pueblo, y por órgano de los funcionarios, autoridades y corporaciones que establezcan sus leyes", entre otras cosas, "en todo lo relativo a la organización municipal, régimen interior, salubridad, beneficencia, ornato, abasto y consumo de las poblaciones que lo componen" (Art. 20). Completa el Estatuto su normativa fundamental relativa al régimen de gobierno del Distrito, señalando que "todo lo relativo al régimen administrativo y económico del Distrito Federal estará a cargo de un Concejo Municipal", compuesto por concejales nombrados por las parroquias que lo forman, "por elección popular, en votación directa y secreta" (Arts. 21 y 22). Este Concejo Municipal tenía una serie de atribuciones, entre ellas, mezcladas, funciones deliberantes y funciones netamente administrativas: "Dictar las leyes, ordenanzas, acuerdos y resoluciones que reglamenten el ejercicio de la soberanía que ejerce el Municipio en todos los ramos" que le corresponden; "celebrar contratos de interés municipal", "crear y dotar los empleos municipales y nombrar y remover los empleados que deban servirlos" (Art. 28, Ords. 3°, 5° y 6°). Todos los actos del Concejo Municipal, sin embargo, necesitaban para ser válidos del "cúmplase" del Gobernador del Distrito, quien como la autoridad ejecutiva del Municipio, era su inmediato agente en todo lo tocante al régimen administrativo y económico (Art. 29).

Se inició entonces con este Estatuto, la dicotomía que se mantuvo hasta la ley de 1927, entre régimen civil y político y régimen administrativo y económico del Distrito, correspondiendo el primero al Gobernador y el segundo al Concejo Municipal,

---

1192 Véase en *Leyes y Decretos Reglamentarios de los Estados Unidos de Venezuela*, Tomo VII, *cit.*, p. 24.

y que tantas confusiones ocasionó en la interpretación de la ley de 1936. Sin embargo, y esto es lo más grave, erigió al Concejo Municipal, no sólo en cuerpo deliberante y legislativo de orden local, sino en cuerpo con funciones administrativas paralelas a las de la autoridad ejecutiva, lo que cuatro meses después va a ser en parte rectificado por el Estatuto Provisorio del Distrito Federal de 24 de noviembre de 1893[1193].

En efecto, este Estatuto si bien mantiene los lineamientos generales del régimen del anterior, aclara que el Concejo Municipal "estará... presidido por el Gobernador del Distrito, y en su defecto, por el Prefecto que, él designe", y entre las funciones del mismo prevé, las siguientes: "celebrar contratos de interés municipal; y aprobar o negar los que celebre el gobierno" y "crear y dotar los empleos municipales, y presentar al gobierno ternas para que de ellos elija los empleados que deban servirlos" (Arts. 20 y 27, Ords. 4° y 5°). Estas disposiciones se repiten en la primera Ley Orgánica del Distrito Federal de 29 de mayo de 1894[1194], donde se mantiene la dicotomía, pero con la tendencia a reducir las funciones del Concejo a las propias de un cuerpo deliberante y legislativo de orden local.

A partir de la Constitución de 29 de marzo de 1901, el Constituyente renuncia definitivamente a la ilusoria idea que había dominado con mayor o menor intensidad en las Constituciones posteriores a 1864, de erigir el Distrito Federal en una *zona despoblada* distinta del Valle de Caracas, y al contrario, estableció como una de las bases la Unión, a la cual se obligaron los Estados Federados, de "ceder a la Nación para el Distrito Federal la ciudad de Caracas, que será la capital de la Unión, y las Parroquias El Recreo, El Valle, La Vega, Antímano, La Guaira, Maiquetía y Macuto" (Art. 6, Ord. 7°).

La Constitución de 1904 perfeccionó definitivamente esta norma al consagrar que "el Distrito Federal, que será organizado por ley especial, se compondrá de los Departamentos Libertador, Vargas, Guaicaipuro y Sucre, y de la Isla de Margarita" (Art. 5). Se trató, entonces, de la incorporación, por primera vez al texto constitucional, de la expresión territorial del Distrito, además con amplitud metropolitana.

Pero la importancia de la Constitución de 1901, en la evolución institucional del régimen de gobierno del Distrito Federal, es la consagración que en ella se hizo de la autonomía del Municipio del Distrito. En efecto, el artículo 54 de la misma consagró entre las atribuciones del Congreso de los Estados Unidos de Venezuela, la «siguiente: "Dictar la ley-constitutiva del Distrito y Territorios Federales y sus respectivas leyes electorales", con la aclaratoria de que el Distrito "tendrá un Concejo Municipal, autónomo en lo referente a su administración".

En realidad debe aclararse que si bien la Constitución hablaba de autonomía del Concejo Municipal, ello se refería más bien al Municipio como entidad territorial. Así se le consagró en las Leyes Orgánicas del Distrito Federal de 2 de mayo de 1901, 11 de mayo de 1904, 21 de agosto y 20 de noviembre de 1905, 25 de junio de 1910, y se rectificó en la Constitución de 1904.

1193 *Idem.*, pp. 22 y 23.

1194 *Ibidem.*

Por otra parte, la propia Constitución de 1901 continuaba estableciendo como atribución privativa del Presidente de la República "ejercer, según la ley, la superior autoridad civil y política del Distrito Federal, por medio de un Gobernador de su libre elección y remoción, que refrendará sus actos" (Art. 79, Ord. 4°).

Se continuaba consagrando entonces, la dicotomía entre las funciones administrativas que correspondían a un Concejo Municipal, y las funciones civiles y políticas que las ejercía un Gobernador como órgano del Presidente de la República. Por ello, la propia Constitución exigió que la ley que regulara el régimen del Distrito debía determinar la manera como las atribuciones del Municipio no entrabaran "la libertad de acción política de que deben disponer el Ejecutivo y demás altos Poderes Federales en él residentes" (Art. 54, Ord. 1°).

En la Constitución de 1904 se regularon las consecuencias del régimen autonómico de la sede de los Poderes Nacionales así: "En el Distrito Federal la ley consagrará la autonomía del Municipio en lo económico y administrativo, y determinará cómo haya de ejercer sus atribuciones de conformidad con los preceptos de esta Constitución, de modo que no se entrabe la libertad de acción política de los Poderes Federales que en aquél residen". Sin embargo, se estableció expresamente que "en los casos de guerra su primera autoridad civil y política asumirá la administración de los ramos mencionados" (Art. 5, Ord. 3°). Esto, conllevaba alguna contradicción con la norma del artículo 75, ordinal 4° de la misma Constitución que establecía como atribución del Presidente de los Estados Unidos de Venezuela "administrar el Distrito Federal, según la ley, y funcionar en él como Primera Autoridad Civil y Política". Iguales disposiciones consagró la Constitución de 1909.

A partir del Estatuto Constitucional Provisorio de 1914, y hasta 1936, se eliminó del texto constitucional la consagración de la autonomía del Municipio del Distrito Federal. En efecto, en los textos constitucionales de este período sólo se estableció como atribución del Presidente de la República, con ligeras variaciones, "administrar el Distrito Federal según la ley, y funcionar en él como Primera Autoridad Civil y Política". Se aclaró sin embargo en dichos textos, casi invariablemente, que la ley que regulara el régimen del Distrito Federal debía determinar cómo debía ejercer sus atribuciones el Municipio de modo que no entrabara "la libertad de acción política de los altos Poderes Federales" que en él residían.

Por su parte, los textos legales reguladores del "régimen gubernativo" del Distrito, a partir del Decreto Orgánico Provisorio de 15 de agosto de 1914[1195], dictado por el Presidente Provisional de los Estados Unidos de Venezuela por autorización otorgada en él Estatuto Constitucional Provisorio del mismo año, hasta la Ley Orgánica del Distrito Federal de 31 de mayo de 1927[1196], continuaron dividiendo el mismo en "civil y político y administrativo y económico". En esta forma, el Presidente de los Estados Unidos de Venezuela era la Primera Autoridad Civil y Política por medio de un Gobernador de su libre elección, quien era su órgano legal "en todo lo relativo a la Administración de éste y su inmediato agente en lo civil y político". El Municipio

1195 Véase *Leyes y Decretos Reglamentarios de los Estados Unidos de Venezuela*, Tomo VI, Caracas, 1943, p. 919.

1196 *Idem*, p. 938.

del Distrito en cambio, continuaba siendo una entidad autónoma "que para su régimen administrativo y económico ejerce su autonomía mediante un Concejo electo por voto popular, directo y secreto, y por órganos de los funcionarios y autoridades que establezcan las leyes"[1197].

Ahora bien, aun cuando se continuaba consagrando la dicotomía entre el régimen civil y político que correspondía al Gobernador, y el régimen económico y administrativo que correspondía al Concejo Municipal, la orientación general que se deduce del análisis de las Leyes Orgánicas de 1915 y 1927, era la de reducir la actividad del Concejo a la de cuerpo meramente deliberante y de control de la actividad ejecutiva, sin atribuciones de administración activa. Así, en relación a la administración del Municipio, por ejemplo, el Concejo tenía facultad sólo para "dar o negar su aprobación a los contratos que celebre el Gobernador" o "crear escuelas primarias de uno u otro sexo y reglamentarlas de acuerdo con la Ley Nacional de Instrucción Pública"; y en cuanto a los funcionarios municipales sólo tenía competencia para "presentar al Gobernador, ternas para el cargo de Administrador de Rentas Municipales". Por el contrario, al Gobernador le correspondía como autoridad ejecutiva, ejercer la función administrativa municipal, tal como se evidencia, por ejemplo, de la lectura de los 27 ordinales del artículo 9 de la Ley Orgánica del Distrito Federal de 1927, que fijaba las atribuciones del Gobernador.

E. *El Distrito Federal y la constitucionalización de la autonomía municipal (1936-1986)*

La Constitución de 20 de julio de 1936, bajo cuya vigencia se dictó la Ley Orgánica del Distrito Federal, consagró en su artículo 6° los lineamientos generales del régimen legal vigente hasta 1988, en la forma siguiente:

> "El Distrito Federal será organizado por ley especial y se compondrá de los Departamentos Libertador y Vargas. El primero lo forman la ciudad de Caracas, junto con sus Parroquias Foráneas: El Recreo, El Valle, La Vega, Antímano y Macarao. Y el segundo lo forman las Parroquias La Guaira, Maiquetía, Macuto, Caraballeda, Carayaca, Naiguatá y Caruao".
>
> "Deberá quedar a salvo en la ley especial la acción política del Poder Federal, de modo que ésta no sea entrabada".
>
> "La Municipalidad del Distrito Federal, como todas las demás de la República, será completamente autónoma e independiente del Poder Federal en lo relativo a su régimen económico y administrativo y podrá establecer libremente su sistema rentístico".

En relación a las demás Municipalidades de la República la misma Constitución de 1936 estableció:

> "Los Estados se dividirán en Distritos cuyas Municipalidades gozarán de plena autonomía y serán por tanto independientes del Poder Político Federal y del

1197 *Ibídem*, pp. 293, 931 y 938.

Estado, en todo lo concerniente a su régimen económico y administrativo, con las solas restricciones que en esta Constitución se pautan" (Art. 14).

En la Constitución se consagró además como atribución del Presidente de los Estados Unidos de Venezuela: "Ejercer según la ley, la superior autoridad civil y política del Distrito Federal, por medio de un Gobernador de su libre elección y remoción", siendo éste además, el Órgano legal del Presidente "en lo relativo a la administración del Distrito" (Art. 100, Ord. 6° y Art. 150). Disposiciones similares se consagraron en la Constitución de 1945.

Por su parte, la Ley Orgánica del Distrito Federal de 14 de octubre de 1936, reformada parcialmente en su artículo 62 por la ley de 17 de julio de 1937[1198], consagró definitivamente la tendencia que se vislumbraba en el régimen anterior, de atribuir la función administrativa del Municipio a la autoridad Ejecutiva, el Gobernador del Distrito, y de dejar en manos del Concejo funciones meramente deliberantes y de control del ejercicio de la función administrativa. En efecto, aun cuando se continuó dividiendo el "régimen gubernativo" del Distrito en "Civil y Político, y Administrativo y Económico" (Art. 7), al Gobernador le correspondía ejercer, como órgano del Presidente, una serie de atribuciones "en lo Civil y Político" (Art. 18) y se le atribuyó además el carácter de "Primera Autoridad Ejecutiva, en lo Administrativo y Económico" con la asignación de una serie de deberes y facultades (Art. 14). Los artículos 13 y 14 de la ley regularon en detalle la función administrativa del Distrito atribuida exclusivamente al Gobernador como autoridad Ejecutiva. El Concejo Municipal en cambio, era la primera autoridad deliberante o legislativa local del Municipio. Con la ley de 1936 se volvió entonces al sistema original del Decreto de 8 de marzo de 1864, que distinguía claramente, en el régimen del Distrito, entre un Poder Legislativo que ejercía una Legislatura, y un Poder Ejecutivo atribuido a un Gobernador. La búsqueda de una compatibilidad de la autonomía del Municipio con las funciones de las dos autoridades, Concejo Municipal y Gobernador, la precisó la propia ley de 1936 en su artículo 28: "El Municipio que forma el Distrito Federal, ejerce su autonomía por medio de un Concejo Municipal y del Gobernador como autoridad Ejecutiva".

La Constitución de 1947 consagró en líneas generales, el mismo régimen para el Distrito Federal que determinaba la Constitución de 1936. Eliminó sin embargo de su articulado, la mención esencial a todo Distrito Federal, de que el régimen de éste debía ser de tal naturaleza de modo que no se viera entrabada la acción del Poder Federal que en él tiene su sede, limitándose a señalar que en la ley especial que organizara el Distrito debía dejarse "a salvo la autoridad del Poder Municipal en lo que respecta a su régimen económico y administrativo" (Art. 5).

Al contrario, la Constitución de 1953 sí consagró la posibilidad de que la ley estableciera "un régimen especial" para el régimen municipal del Distrito, aun cuando en general establecía para el mismo, el régimen común de todas las Municipalidades de la República (Art. 18).

La Constitución de 1961 en esta materia, como hemos visto, se limita a establecer que "el Distrito Federal y los Territorios Federales serán organizados por leyes

---

1198 Véase en *Gaceta Oficial* Extraordinaria de 28-7-1937.

orgánicas, en las cuales se dejará a salvo la autonomía municipal" (Art. 12), aun cuando se precisa que "la ciudad de Caracas es la capital de la República y el asiento permanente de los órganos supremos del Poder Nacional" (Art. 11). Actualmente continúa siendo competencia del Poder Nacional "la organización y régimen del Distrito Federal" y del Presidente de la República "nombrar y remover los gobernadores del Distrito Federal y de los Territorios Federales" (Arts. 136, Ord. 69 y 190, Ord. 17).

Del análisis que se ha hecho anteriormente de los lineamientos generales que marcan la evolución histórica del régimen del Distrito Federal, hasta 1986, podemos sacar algunas apreciaciones generales.

Ante todo, se evidencia de toda esa evolución que fue siempre criterio del Constituyente y del legislador, el intentar compaginar el régimen autonómico del ente local con el régimen propio de un Distrito Federal como sede de los Poderes Nacionales y con las exigencias propias de una ciudad capital, sin llegar a convertir el Distrito en una mera dependencia administrativa del Poder Central. El Constituyente, hasta 1961, respecto del Distrito Federal mantuvo una posición intermedia, de autonomía atenuada, sin aniquilar el régimen local como sucedía por ejemplo en el Distrito de Columbia de los Estados Unidos, previendo un sistema que se aproximaba más al que existió en el Distrito de Río de Janeiro. De ahí que siempre se hubiese previsto en el Distrito la existencia de una legislatura o Concejo Municipal de elección popular, coexistiendo con una autoridad ejecutiva como agente del Ejecutivo Nacional; y tal como lo precisa la ley de 1936 a través de ambos, el Municipio ejercía su autonomía, siendo la existencia del Gobernador del Distrito Federal de la esencia misma de todo Distrito de esa índole.

Ese era el resultado de compaginar la autonomía municipal del Distrito con la exigencia constitucional de que era la sede de los Poderes Nacionales, cuya acción no debía verse entrabada. Así se estableció esa dicotomía de autoridades "municipales" disímiles: Gobernador y Concejo Municipal, dando origen, dado el sistema federal, a la división entre un Poder Legislativo Municipal en manos del Concejo y un Poder Ejecutivo Municipal en manos del Gobernador. En esta forma, la ley de 1936 siguió la orientación del Decreto de 1864, y eliminó la confusión de atribuciones que existió entre ambos organismos a finales del siglo pasado.

En consecuencia, la autonomía de la Municipalidad del Distrito Federal, de acuerdo a la Ley Orgánica de 1936 en una autonomía limitada y por tanto relativa, en relación con la autonomía del resto de las "municipalidades de la República, en cuanto se ejerció no sólo por una entidad designada por elección popular, sino también por un órgano designado por el Presidente de la República, en contra de lo dispuesto en el artículo 29 de la Constitución que exige, como parte de la autonomía del Municipio, "la elección de sus autoridades".

La situación hasta 1986, por tanto, era contradictoria: la autonomía municipal debía ser la prevista en el artículo 29 de la Constitución, y no admitía excepciones, por lo cual el Gobernador no debía ser una autoridad que ejerciera "parte" de esa autonomía municipal. Por tanto, la Ley Orgánica de 1936 contradecía los principios constitucionales del Texto de 1961. Pero además, la Constitución no tenía necesariamente que conducir a la situación que existió hasta 1986, de mezcla institucional entre una entidad federal, como el Distrito Federal, que a la vez era una Municipalidad. Estas contradicciones se resolvieron en la reforma del Distrito Federal, realizada por la Ley de 1986, pues sin duda, el régimen de 1936 era inconstitucional sobre todo a partir de 1983.

F. *La inconstitucionalidad del régimen municipal del Distrito Federal de 1936 a partir de 1983*

En efecto, de acuerdo con lo establecido en el artículo 12 de la Constitución, "el Distrito Federal y los Territorios Federales serán organizados por leyes orgánicas, *en las cuales se dejará a salvo la autonomía municipal*". Con ello, el Constituyente de 1961 fue terminante: en el Distrito Federal, el régimen municipal que en él se estableciera, debía ser igual al de los Municipios regulados en el Capítulo IV del Título I de la Constitución, ya que se eliminaba toda indicación de especialidad, a cuyo efecto se hizo particular mención a la *autonomía municipal que debía dejarse a salvo en el Distrito;* y la autonomía municipal de acuerdo al artículo 29 de la Constitución, entre otros aspectos, comprende *la elección de sus autoridades* (Ord. 1°).

Por tanto, de acuerdo a la Constitución de 1961, en el régimen municipal del Distrito Federal se debe dejar a salvo la autonomía municipal, por lo que las autoridades a cuyo cargo esté la conducción de dicho régimen tienen que ser electos en forma democrática (Art. 27) no pudiendo admitirse que ejerza parte de la autonomía municipal, órganos cuyos representantes no sean electos mediante sufragio universal, directo y secreto.

Contrariamente a esta prescripción constitucional, el artículo 28 de la Ley Orgánica del Distrito Federal de 14 de octubre de 1936, reformada parcialmente en su artículo 62 por ley de 17 de julio de 1937, como hemos analizado, estableció lo siguiente:

> Art. 28. El Municipio que forma el Distrito Federal, ejerce su autonomía por medio de un Concejo Municipal y del Gobernador como autoridad ejecutiva.

Sin duda, esta norma era contraria a los artículos 12 y 29 de la Constitución, pues hacía copartícipe del ejercicio de la autonomía municipal de la Municipalidad del Distrito Federal, al Gobernador del mismo, el cual no es electo por sufragio universal, directo y secreto, sino que es nombrado por el Presidente de la República (Art. 190, Ord. 17).

Esta inconstitucionalidad evidente y manifiesta del artículo 28, de la Ley Orgánica del Distrito Federal, y de todas las otras normas de dicho texto que resultaba en consecuencia de lo previsto en dicho artículo (Arts. 8°, 11, 14, 30, 32, 14; Ords. 5°, 6°, 9° y 14; 69 y 71), sin embargo, había sido justificada transitoriamente en base a lo dispuesto en la *Disposición Transitoria Primera* de la Constitución, conforme a la cual, mientras no se dictasen las leyes previstas en el Capítulo IV (De los Municipios, del Capítulo I) (De la República, su territorio y su división política), se mantenía "en vigencia el actual régimen y organización municipal de la República", lo cual, se entendía, concernía también al régimen municipal del Distrito Federal, aun cuando el artículo 12 de la Constitución estuviese ubicado en el Capítulo II del Título I y no en el Capítulo IV de dicho Título I. En todo caso, con base en la citada Disposición Transitoria Primera de la Constitución, se había estimado que el régimen especial del Distrito Federal, con autonomía municipal atenuada, continuaba en vigencia a pesar de lo terminante del texto de los artículos 12 y 29 de la Constitución, con los cuales colidía.

Por ello, por ejemplo, en Dictamen N° 112, de 25-5-65, la Procuraduría de la República[1199], a pesar de lo dispuesto en la Constitución vigente, sostenía la vigencia del régimen municipal particular del Distrito Federal, regulado en la Constitución de 1953, y en la Ley Orgánica de 1936. En particular, la Procuraduría General de la República, estimaba que la Disposición Transitoria Primera de la Constitución,

> asegura la subsistencia del conjunto normativo que ha venido regulando hasta la fecha el régimen y organización municipal de la República, es decir, el Título I, Capítulo III, de la mencionada Constitución de 1953, como también congruentemente, la Ley Orgánica del Distrito Federal, las Constituciones de los Estados y las leyes estadales de aquéllas derivadas (pp. 449 y 450).

Argumentaba, además, la Procuraduría al referirse al régimen del Distrito Federal establecido en la Constitución de 1953, y en la Ley Orgánica de 1936, que el mismo perduraba a pesar de las normas de la Constitución de 1961, en base a lo siguiente:

> En efecto, la Constitución de 1953, dispone que "la Ley Orgánica del Distrito Federal podrá establecer un régimen especial de su poder municipal, siempre de acuerdo con las disposiciones de esta Constitución" (Art 18, Pgrfo. 2°), y que es de la competencia del Poder Nacional, "la organización y régimen del Distrito Federal..." (Art. 60, Ord. 5°).
>
> A dichas previsiones responde la Ley Orgánica del Distrito Federal (de 14 de octubre de 1936), cuya Municipalidad organiza no atribuyendo el ejercicio del Poder Municipal a un Consejo autónomo conforme al régimen de Derecho Común, sino mediante el concurso de dos órganos; uno deliberante, el Concejo Municipal -a cuya naturaleza correspondería mejor el nombre de Concejo Municipal- de elección popular, y otro ejecutivo, el Gobernador, designado por el Presidente de la República (Arts. 33 y 14) (pp. 450 y 451).

Ahora bien, con fecha 24 de julio de 1983, en *Gaceta Oficial* N° 3.224 Extraordinaria, apareció publicado el texto de la Constitución de 1961 con motivo de la sanción de la Enmienda Constitucional N° 2, de 26 de marzo de 1983, y en dicho texto, la que hasta esa fecha había sido la Disposición Transitoria Primera de la Constitución, desapareció, quedando redactada así: Primera: Cumplida (Ver Enmienda N° 2, fecha 26 de marzo de 1983).

En efecto, como ya hemos señalado, el artículo 9° de la Enmienda N° 2, al ordenar imprimir íntegramente el texto de la Constitución seguida de la Enmienda sancionada, anotándose al pie de los artículos 113, 122, 136, 139, 154, 156, 166, 167, 185, 227, 228 y 231 del texto constitucional la referencia al número y fecha de esta Enmienda, prescribió que, asimismo, debían publicarse "las disposiciones transitorias de la Constitución que aún no se hubieren cumplido".

En base a este mandato constitucional, en la mencionada *Gaceta Oficial* N° 3.224 Extraordinaria, de 24 de julio de 1983, y en la reimpresión por error de copia

---

1199 Véase en *20 años de Doctrina de la Procuraduría General de la República*, 1983, Tomo I, p. 449 a 454.

que aparece en la *Gaceta Oficial* Nº 3.251 Extraordinaria, de 12 de septiembre de 1983, el texto de la Disposición Transitoria Primera de la Constitución desapareció, pues se estimó que ya se había cumplido.

A partir del 24 de julio de 1983, por tanto, la mencionada Disposición Transitoria Primera de la Constitución, que estuvo vigente desde la promulgación del texto el 23 de enero de 1961, cesó de tener vigencia y simplemente desapareció del ordenamiento constitucional. Por tanto, a partir de esa fecha, nada jurídicamente útil podía construirse sobre la base de la Disposición Transitoria Primera, ni podía pretenderse que "el régimen y organización municipal de la República" que existía para el 23 de enero de 1961, pudiera, en forma alguna, mantener aún vigencia.

Sin duda, la norma de derecho intertemporal que estaba contenida en la mencionada Disposición Transitoria Primera, había permitido la adaptación del sistema municipal existente antes de la promulgación de la Constitución, con el que ella misma regulaba, al disponer que hasta que se promulgaran las leyes orgánicas previstas en el Capítulo IV del Título I, de la misma, continuaría en vigencia parte del texto de la Constitución de 1953 y los preceptos legislativos complementarios concernientes al régimen municipal, comprendidos en ellos, el régimen especial de autonomía municipal atenuada del Distrito Federal.

Dicha Disposición Transitoria así impidió la derogación tácita de todo el régimen y organización municipal de la República, existente al 23 de enero de 1961, y a pesar de lo que el texto constitucional prescribía, permitió la supervivencia de aquel régimen, situación que lógicamente perduró hasta el 26 de julio de 1983.

A partir de esa fecha, en cambio, y en virtud de haber desaparecido y perder vigencia la Disposición Transitoria Primera de la Constitución, ninguna norma de la Constitución de 1953, concerniente al régimen municipal, podía tener ni tenía vigencia, y toda norma legislativa que en esta materia resultara contraria con lo que prescribía la Constitución, colidía con ella y estaba tácitamente derogada, por lo que el Concejo Municipal del Distrito Federal, con fecha 22 de febrero de 1984, a través del Síndico Procurador Municipal, procedió a impugnar por inconstitucionales diversos artículos de la Ley Orgánica del Distrito Federal, a los efectos de que la Corte Suprema de Justicia, en aras de la seguridad jurídica y de la buena marcha de las instituciones políticas, declara su nulidad[1200].

En efecto, había sido con fundamento en la mencionada Disposición Transitoria, que se había justificado la permanencia de un régimen municipal en el Distrito. Federal, contrario del prescrito en la Constitución de 1961, y que estaba regulado en la Constitución de 1953, y en la Ley Orgánica del Distrito Federal de 1936. Desaparecida la Disposición Transitoria Primera del Texto Fundamental, en cambio, no podía admitirse que continuara en vigencia un texto legislativo, como la Ley Orgánica del Distrito Federal, contrario a la Constitución, pues no existía base constitucional de sustentación.

En tal virtud, y en base a que la Constitución en sus artículos 12 y 29, establece la autonomía municipal de la Municipalidad del Distrito Federal la cual sólo puede ser ejercida por autoridades electas, resultan contrarias al texto constitucional todas

---

1200 Véase la información en *El Universal*, Caracas, 23-2-84.

las normas de la Ley Orgánica del Distrito Federal que atribuyen funciones municipales al Gobernador del mismo.

Por ello, todas esas normas fueron impugnadas, por inconstitucionalidad, por el Concejo Municipal del Distrito Federal el 22 de febrero de 1984, basando la argumentación jurídica, en parte, en la desaparición del Texto Constitucional de la Disposición Transitoria Primera, como se ha indicado. Esta situación, además, amenazaba jurídicamente la posibilidad de que el Consejo Supremo Electoral convocara legalmente las elecciones municipales de 1984, lo cual se pretendía justificar antes de la reforma parcial de la Ley Orgánica de marzo de ese mismo año 1984, en la indicada Disposición Primera, a pesar de qué había sido eliminada del texto de la *Gaceta Oficial.*

Toda esta situación llevó al Congreso a proceder a determinar en sesión conjunta, cuáles Disposiciones Transitorias de la Constitución habían sido efectivamente cumplidas y cuáles no lo habían sido .para marzo de 1983, fecha de la sanción de la Enmienda N° 2, pues de la revisión de las actas de las sesiones del Congreso, resultaba que las Cámaras en sesión conjunta no lo habían resuelto formalmente a los efectos de la publicación de la Constitución y de la Enmienda N° 2 en julio y en septiembre de 1983, y se consideraba que el destinatario del mandato establecido en el artículo 9° de la Enmienda N° 2, sólo podría ser el propio Congreso, en vista del vacío de dicha norma. En esta forma, en sus sesiones de los días 28 y 29 de febrero de 1984, las Cámaras Legislativas, en sesión conjunta, resolvieron que por cuanto ellas no habían decidido formalmente cuáles eran las Disposiciones Transitorias de la Constitución que habían sido cumplidas y cuáles no lo habían sido a los efectos de la publicación de la Constitución, en esas sesiones lo decidieron y ordenaron la publicación de la Constitución, pero ahora considerando que la Disposición Transitoria Primera no había sido aún cumplida, con lo cual cambia solo parcialmente nuestra argumentación anterior[1201].

2. *El régimen del Distrito Federal a partir de 1986*

A. *Algunas ideas para la reforma*

De lo anterior resultaba claro que para comenzar a solucionar los problemas del régimen local en Caracas, era necesario estructurar el Distrito Federal como entidad federal sin mezclar en él, el régimen local con el de tal entidad federal; para ello propusimos una reforma con base en los siguientes lineamientos[1202].

En la Constitución, el Distrito Federal se concibe como una entidad político-territorial descentralizada (Arts. 9, 12, 14, 148, 229, entre otros, de la Constitución) en la cual deba estructurarse, además, un régimen municipal (Art. 12). Por tanto, esa reforma del régimen del Distrito Federal, debía tener un doble objetivo: en primer lugar, la estructuración del Distrito Federal como tal entidad política territorial descentralizada, dentro de la línea de organización de los Estados, pero con las peculia-

---

1201 Véase *Gaceta Oficial* Extraordinaria N° 3.357 de 2-3-84.

1202 Véase Allan R. Brewer-Carías, "La reforma del Distrito Federal" en *Estudios de Derecho Público*, Tomo II (Labor en el Senado, 1983), Caracas, 1984, pp. 367 y ss.

ridades propias del Distrito Federal; y en segundo lugar, el establecimiento de un sistema de gobiernos municipales autónomos en el Distrito, de manera que hubiera al menos dos Municipios, y que los Municipios, a su vez, se dividieran territorialmente en entidades locales menores, desmunicipalizándose, entre otros aspectos, la figura del Gobernador. En esta forma, los Municipios del Distrito Federal debían gozar de la misma autonomía consagrada en la Constitución para todos los Municipios establecida en la Ley Orgánica de Régimen Municipal.

En cuanto al establecimiento del Distrito Federal como entidad político-territorial descentralizada, debía realizarse una reforma para regular en el Distrito un régimen de competencias generales en la línea de las que debían corresponder a los Estados, como entidad político-territorial.

Además, en el Distrito Federal debía establecerse un sistema de gobierno que diferenciara la autoridad ejecutiva (Gobernador) de la autoridad legislativa, deliberante y de control. En cuanto al Gobernador del Distrito éste debía siempre ser designado por el Presidente de la República (Art. 190, Ord. 17 de la Construcción). En cuanto al órgano legislativo del Distrito podría estar integrado por los miembros del Senado electos en el Distrito Federal y los miembros de los dos Consejos Municipales de los Municipios del Distrito. En este caso, sus miembros serían electos en forma indirecta.

El Gobernador y el órgano legislativo del Distrito, además de sus funciones como autoridad de la entidad político-territorial, podrían tener a su cargo, funciones de coordinación de los Municipios del Distrito y además, de los otros Municipios y autoridades que actuasen en el Área Metropolitana de Caracas (Art. 11 de la Constitución). En tal sentido, la Ley Orgánica debía establecer las materias municipales que deberían ser aprobadas en común para los dos Municipios, por el órgano legislativo del Distrito: por ejemplo, Plan de Desarrollo Urbano, Ordenanzas impositivas, etc.

En cuanto al régimen político-territorial en el Distrito Federal, en el mismo debían estructurarse un régimen local de los Municipios y de las Parroquias. El régimen Municipal debía conducir a establecer, al menos dos Municipios autónomos: uno en el Departamento Libertador y otro en el Departamento Vargas. Cada Municipio debía estar gobernado por un Alcalde, electo por votación directa en cada uno de los Municipios; y un Concejo Municipal, presidido por el Alcalde, e integrado por un número de miembros igual al número de Parroquias del Municipio, electos uninominalmente por cada Parroquia.

En este esquema consideramos que debía establecerse una clara diferencia entre las funciones ejecutivas y administrativas municipales, a cargo de los Alcaldes, y las funciones legislativas, deliberantes y de control a cargo de los Concejos Municipales.

En cuanto al régimen parroquial del Distrito, cada Municipio se debía dividir en un número par de parroquias, las cuales se debían establecer como entidades locales, de gestión y participación. Cada parroquia, con competencia de gestión municipal, debía estar administrada por un Consejo Parroquial, integrado por el Concejal (del Concejo Municipal del Municipio) electo uninominalmente en la Parroquia, quien lo debía presidir como Alcalde; y por dos o cuatro miembros más, según la población o magnitud de la Parroquia, designados de entre los Presidentes de las Asociaciones de Vecinos constituidas en la Parroquia.

Siguiendo parcialmente las propuestas antes señaladas, en 1986 se dictó la Ley Orgánica del Distrito Federal, que modificó radicalmente el régimen histórico anterior, distinguiendo entre un régimen distrital y un régimen municipal (Art. 7). A tal efecto, la Ley precisa que tanto el Distrito Federal como los dos Municipios que lo integran (Libertador y Vargas) son personas jurídicas, con patrimonio propio e independiente (Art. 4).

En efecto el Distrito Federal de acuerdo a la Ley, se divide en dos Municipios denominados Libertador y Vargas, los cuales tienen por jurisdicción el territorio que comprendía los Departamentos Libertador y Vargas, y cuyas capitales son las ciudades de Caracas y La Guaira, respectivamente- El Municipio Libertador está formado por las Parroquias: Altagracia, Antímano, Candelaria, Caricuao, Catedral, El Recreo, El Valle, La Pastora, La Vega, Macarao, San Agustín, San José, San Juan, Santa Rosalía, Santa Teresa, Sucre y 23 de Enero. El Municipio Vargas está formado por las Parroquias Caraballeda, Carayaca, Caruao, Catia La Mar, La Guaira, Macuto, Maiquetía y Naiguatá (Art. 2).

Estas entidades municipales que integran el Distrito Federal, se rigen por la Ley Orgánica de Régimen Municipal en todo aquello no contemplado como régimen especial en la Ley Orgánica (Art. 5).

La Ley Orgánica precisa, además, que Caracas es la Capital del Distrito Federal y del Municipio Libertador, además de ser la Capital de la República, conforme a lo dispuesto en la Constitución, y por tanto, el asiento permanente de los órganos superiores del Régimen Distrital (Art. 6).

B. *El "Régimen Distrital" del Distrito Federal*

a. *La competencia del Distrito Federal*

De acuerdo al artículo 8° de la Ley, el Distrito Federal conforme al Régimen Distrital tiene competencia para:

1° Administrar sus ingresos;

2° Preservar y garantizar la seguridad y orden público, la protección de las personas y propiedades y la moralidad y decencia pública;

3° Establecer los servicios de prevención y lucha contra incendios y tomar las medidas necesarias para prevenir y afrontar las calamidades públicas;

4° Establecer los servicios de prevención y lucha contra la contaminación del ambiente;

5° Establecer servicios médico-asistenciales, educacionales y culturales;

6° Ejecutar las obras públicas de interés Distrital, con sujeción a las normas y procedimientos técnicos para obras de ingeniería y urbanismo, establecidos por la Ley y las ordenanzas;

7° Organizar los servicios para combatir la mendicidad, la vagancia, el alcoholismo, el consumo de drogas y estupefacientes y demás actividades contrarias a la integridad familiar, social y ética;

8° Establecer y administrar la Lotería Distrital;

9° Acondicionar y mantener las playas, construir balnearios públicos, parques, zoológicos, sistemas de teleféricos o funicular y otras instalaciones recreativas;

10° Prestar el servicio de transporte colectivo;

11° Prestar el servicio de aseo urbano y domiciliario;

12° Formular y administrar la planificación regional y los planes reguladores, regionales y zonales, elaborados en conformidad con las normas y procedimientos técnicos establecidos en vigencia previa aprobación de la autoridad nacional competente y no podrán ser modificados sin nueva aprobación de dicho organismo;

13° Proteger a la infancia, a los minusválidos y a los ancianos.

b. *La organización del Distrito Federal*

a'. *La autoridad ejecutiva y la legislativa del Distrito Federal*

El artículo 10 de la Ley Orgánica dispone que el Presidente de la República ejerce la superior autoridad civil y política del Distrito Federal, por medio de un Gobernador quien es de su libre nombramiento y remoción y ante quien debe prestar el juramento de Ley. El Gobernador debe ser venezolano por nacimiento, mayor de treinta (30) años de edad y de estado seglar. Es responsable de sus actos según la Constitución y las Leyes, y le son aplicables las disposiciones contenidas en los artículos 198 y 199 de la Constitución de la República.

En cuanto a la autoridad legislativa, conforme al Artículo 11, corresponde al Congreso de la República legislar sobre las materias de competencia distrital.

b'. *El Gobernador del Distrito Federal*

El Gobernador es el Jefe Ejecutivo y el superior jerárquico de los órganos y funcionarios de la Administración del Distrito Federal y ejerce la dirección, coordinación y control de los organismos de gobierno y de administración de la Entidad. El Gobernador del Distrito Federal, además, ejerce el control de tutela sobre los entes de la Administración Descentralizada del Distrito (Art. 14).

De acuerdo a lo establecido en el artículo 15, corresponde al Gobernador del Distrito Federal:

1° Cumplir y hacer cumplir en su jurisdicción la Constitución, las Leyes, Decretos y demás normas jurídicas;

2° Ejecutar y hacer ejecutar las órdenes y resoluciones que reciba del Ejecutivo Nacional y asistir al Consejo de Ministros con voz y voto en lo relativo al Distrito Federal;

3° Refrendar las Leyes y Decretos especialmente referidos al Distrito Federal que conforme a sus atribuciones legales, promulgue el Presidente de la República;

4° Administrar la Hacienda Pública del Distrito;

5° Nombrar y remover los funcionarios de la Administración Distrital, de conformidad con lo dispuesto en la Ley de Carrera Administrativa y en los Reglamentos sobre la materia;

6° Cuidar de que los funcionarios públicos bajo su dependencia cumplan a cabalidad con sus deberes, pudiendo aplicar las sanciones disciplinarias a que hubiere lugar o promover el enjuiciamiento de los mismos cuando éste fuere procedente;

7° Informar periódicamente de su administración al Presidente de la República, y anualmente presentar al Congreso la memoria de su gestión y la Cuenta de los Fondos manejados, conforme a lo dispuesto en el artículo 197 de la Constitución; además, deberá informar a los Concejos del Distrito Federal, en sesión conjunta, los resultados en su gestión administrativa antes del 30 de enero de cada año;

8° Elaborar el Proyecto de Ley de Presupuesto del Distrito Federal;

9° Velar por el mantenimiento del orden público, la moral, la decencia pública, la seguridad social, la protección de las personas y las propiedades, en el cumplimiento de estos deberes para reprimir toda tentativa o violación de tales propósitos con arresto policial hasta por ocho (8) días e imponer multas entre. Quinientos (500,00) y Diez Mil Bolívares (Bs. 10.000,00), sin que ello obste para el enjuiciamiento de los indiciados, según el caso. Iguales sanciones podrá imponer a quienes desobedezcan las disposiciones dictadas por él o por otras autoridades en el ejercicio de atribuciones legales, a quienes le falten el debido respeto en el ejercicio de sus funciones. En tales casos, las sanciones previstas deberán ser impuestas mediante resolución motivada, salvo cuando se trata de arresto que no exceda de setenta y dos horas (72) horas.

10° Hacer uso de la fuerza pública bajo su dependencia y pedir al Presidente de la República, cuando las circunstancias lo requieran, de acuerdo con la Ley, el empleo de las Fuerzas Armadas Nacionales para la conservación del orden público y la protección de las personas, de la propiedad y demás derechos y libertades ciudadanas;

11° Ejercer la superior autoridad sobre la Policía del Distrito Federal. El Gobernador podrá celebrar convenios con Estados vecinos con la finalidad de crear un solo organismo policial.

12° Prestar el debido apoyo a los funcionarios judiciales, a las autoridades municipales y a los demás funcionarios administrativos que lo requieran, para la ejecución de las providencias que tomaren en uso de sus atribuciones legales;

13° Visitar las Parroquias con el fin de imponerse de la necesidades de sus habitantes. Inspeccionar los servicios y dependencias a su cargo y tomar las medidas necesarias para su buen funcionamiento; oír las quejas que se formulen contra los funcionarios de la Gobernación y resolverlas o tramitarlas ante quienes compete su decisión. Del resultado de sus visitas e inspecciones debe dar cuenta a los Concejos en todo a lo que éstos les competa.

14° Celebrar periódicamente reuniones con los Concejos para coordinar, estudiar y planificar actividades de interés común al Distrito y a los Municipios;

15° Organizar los servicios de asistencia social, educacionales y culturales, con sujeción a las Leyes y bajo la inspección y vigilancia del Poder Nacional;

16° Decretar y contratar la ejecución de obras públicas del Distrito conforme a la Ley;

17° Organizar y administrar Programas de asistencia social para beneficio de la comunidad, de acuerdo con la Ley;

18° Autorizar, mediante Decreto, al Secretario de Gobierno, al Consultor Jurídico, a los Prefectos, a los Directores o a otros Jefes de Dependencia, cuándo así lo juzgue conveniente, para despachar determinados asuntos de servicio y firmar los oficios, resoluciones y documentos que les señale;

19° Decidir de conformidad a la Ley Orgánica de Procedimientos Administrativos los recursos intentados contra los actos de la Administración Distrital;

20° Revocar de oficio, o a solicitud de parte, sus propios actos o los de sus subordinados, cuando sean contrarios a la Constitución o manifiestamente ilegales;

21° Ordenar la publicación en la Gaceta Oficial de la República los actos que requieran publicidad;

22° Establecer la organización administrativa del Distrito para el mejor ejercicio de sus competencias;

23° El Gobernador podrá convenir con los municipios vecinos y de otras entidades, la creación de mancomunidades, fundaciones, asociaciones y empresas de servicios públicos o el aprovechamiento o industrialización de recursos naturales, la constitución de centros de intercambio de ideas, informaciones y experiencias y en general, para cualquier otro fin de interés público conforme a lo dispuesto en la Ley Orgánica de Régimen Municipal;

24° Cumplir los deberes y ejercer las facultades que le asigne la Ley.

A los efectos del cumplimiento de sus funciones, el Gobernador del Distrito Federal tiene como órganos inmediatos: al Secretario de Gobierno; al Consultor Jurídico del Distrito Federal; a los Directores del Despacho; y a los Prefectos de Municipios (Art. 16).

De acuerdo con lo previsto en el artículo 17 de la Ley Orgánica, los actos del Gobernador del Distrito Federal se denominan Decretos y los del Secretario General de Gobierno, de los Directores del Despacho, Prefectos y Jefes Civiles, Resoluciones. Para que produzcan efectos jurídicos de carácter general, los Decretos y Resoluciones deben publicarse en la *Gaceta Oficial de la República* y entren en vigor desde la fecha de su publicación o en la fecha posterior que en el mismo se indique (Art. 18).

El régimen del personal al servicio del Distrito Federal es el establecido en la Ley Nacional de Carrera Administrativa (Art. 12).

c'. *El régimen de los Prefectos*

De acuerdo con lo previsto en el artículo 25 de la Ley Orgánica, en cada uno de los Municipios que existen en el Distrito Federal debe haber un Prefecto de libre nombramiento y remoción del Gobernador, el cual es el órgano inmediato del Gobernador y ejecutor directo de las órdenes que le imparta dentro de sus atribuciones.

El artículo 27 de la Ley Orgánica enumera las atribuciones y deberes de, los Prefectos así:

1° Ejercer la autoridad civil y política en el Municipio;

2° Cumplir y hacer cumplir la Constitución, las Leyes, Decretos y Reglamentos Nacionales, las Ordenes y Resoluciones que en uso de sus facultades legales dicten el Gobernador y el Secretario General. Igualmente cumplir y hacer cumplir las Ordenanzas, Acuerdos y Resoluciones de los Concejos, en las materias que requiera la colaboración de su autoridad policial;

3° Dar cuenta al Gobernador de todos los actos que ejecute e informarle diariamente de cuanta novedad ocurra en su jurisdicción, sujeta a su conocimiento; y pasarle informe anual de sus actuaciones;

4° Organizar el servicio de policía salvo cuando exista convenio que disponga lo contrario;

5° Velar por el mantenimiento y restablecimiento del orden público y la seguridad colectiva e individual, tomando las medidas conducentes a fin de evitar disturbios, motines, escándalos y cualquier otra manifestación en la que se atente contra la dignidad, seguridad y tranquilidad de las personas; para estos fines podrá por vía de actuación policial, ordenar y ejecutar arrestos hasta por cinco (5) días e imponer multas hasta por cinco mil bolívares (Bs. 5.000,00). Iguales sanciones podrá imponer a quienes desobedezcan sus órdenes o le falten el debido respeto en el ejercicio de sus funciones, sin perjuicio de encausarlo, si así lo requiera la gravedad de la falta. Dichas sanciones serán acordadas por resolución escrita y motivada cuando el arresto exceda de veinticuatro (24) horas.

6° Prevenir y reprimir cualquier atentado contra la propiedad pública o de los particulares;

7° Prestar a las autoridades judiciales el auxilio de la policía distrital bajo su jurisdicción, cuando la requieran para el cumplimiento de sus decisiones;

8° Garantizar a venezolanos y extranjeros, el libre ejercicio de los derechos que les acuerden las leyes nacionales y ordenanzas municipales;

9° Velar por el respeto de los derechos humanos en los retenes policiales o en cualquier otro sitio de reclusión preventiva bajo su jurisdicción;

10° Mantener estrecho contacto con los demás organismos nacionales y estatales de policía para una efectiva persecución de la delincuencia en todo el territorio de su jurisdicción.

11° Instruir expedientes conforme a lo dispuesto en la Ley de Vagos y Maleantes y dictar las resoluciones que correspondan;

12° Cuidar que no existan casas de juegos prohibidos ni se efectúe venta de billetes de lotería nacionales o extranjeras, o de terminales de lotería que no hayan sido previamente autorizados;

13° Impedir la presencia de menores de edad en espectáculos no aptos para ellos y en establecimientos de expendios de bebidas alcohólicas;

14° Llevar la estadística de detenidos en los establecimientos policiales con expresión de la fecha, causa, autoridad que lo aprehendió, fecha en que ha sido puesto en libertad o han pasado a otra autoridad policial o judicial o si se encuentra a la orden de las autoridades distritales o policiales;

15° Perseguir, sancionar o hacer enjuiciar a todos los que se dediquen a actividades ilícitas para la sociedad, tales como el agio, el tráfico de drogas o estupefacientes, la trata de blancas, el juego de azar y la mendicidad.

Los mendigos enfermos, los alcohólicos consuetudinarios y quienes presentan formas graves de farmacodependencia, deberán ser recluidos en establecimientos distritales acondicionados especialmente para ello;

16° Proveer las diligencias necesarias para el esclarecimiento de los hechos delictuosos y poner a los presuntos culpables a disposición de las autoridades competentes, junto con los recaudos respectivos;

17° Velar por la salubridad, moralidad y ornato en las ciudades, pueblos y caseríos de su jurisdicción;

18° Velar por el orden en los espectáculos públicos y por el cumplimiento del ordenamiento nacional o municipal que los rige;

19° Ejercer las funciones que el Código Civil le atribuye en el ejercicio de su cargo;

20° Desempeñar las demás funciones que le atribuyen las Leyes, Reglamentos y Ordenanzas.

En cada Parroquia, además, debe haber un Jefe Civil, de libre nombramiento y remoción del respectivo Prefecto.

Los Jefes Civiles de Parroquia son los Agentes inmediatos del Prefecto correspondiente, a quien están subordinados jerárquicamente (Art. 29 y 30). Estos funcionarios tienen los siguientes deberes (Art. 31):

1) Ejercer la autoridad civil y política en la Parroquia;

2) Cuidar del orden y de la tranquilidad en la Parroquia y de que no se atente por vías de hecho, ni de modo alguno contra las personas, la libertad, la propiedad y demás derechos de los ciudadanos, ejerciendo su acción preventiva en toda ocasión que descubra una tentativa de agresión;

3) Cuidar, asimismo de la salubridad y aseo de la Parroquia, y velar porque los menores no sean admitidos en los establecimientos donde les está prohibida la entrada;

4) Ordenar arrestos hasta por tres (3) días e imponer multas hasta de mil bolívares (Bs. 1.000,00), a quienes desconocen sus órdenes o le falten el debido respeto en el ejercicio de sus funciones; cuando el arresto excede de

veinticuatro (24) horas, la sanción se impondrá mediante resolución escrita y motivada.

c. *El régimen de la Hacienda Pública Distrital*

De acuerdo con el artículo 32 de la Ley Orgánica, la Hacienda Pública del Distrito Federal comprende el conjunto de bienes, ingresos, derechos, acciones y obligaciones que forman el activo y el pasivo del Distrito y por todos los demás bienes, rentas e ingresos cuya administración les corresponde y por el Situado Constitucional. La Hacienda Pública del Distrito se denomina Fisco Distrital.

a'. *Los ingresos*

De acuerdo con el artículo 9 de la Ley Orgánica, el Distrito Federal tiene los siguientes ingresos propios:

1° El monto de su Situado;

2° El producto de su lotería;

3° El producto de las sanciones pecuniarias impuestas por sus autoridades, y el de las que de conformidad con la Ley le pertenezcan;

4° El producto de la Administración de sus bienes y el de los servicios que preste;

5° Los dividendos, intereses o participante de cualquier naturaleza que corresponda al Distrito por su inversión o aporte al capital de empresas de cualquier género, constituidas para la satisfacción de las necesidades públicas de competencia distrital;

6° El subsidio de capitalidad que se le asigna en la Ley de Presupuesto; el cual debe invertirse en la forma que determina la Ley (Art. 35);

7° Los aportes especiales que le acuerden organismos gubernamentales nacionales;

8° Los bienes que se donaran o legaran a favor del Distrito;

9° Otros que determine la Ley.

b'. *Los privilegios del Fisco*

El Distrito Federal goza de los privilegios y prerrogativas que la Ley Orgánica del Régimen Municipal otorga a los Municipios. Igualmente rigen a la Hacienda Pública Distrital todas las normas jurídicas de la Hacienda Pública Nacional y Municipal en cuanto le sean aplicables (Art. 33).

c'. *El régimen del presupuesto*

El Gobernador del Distrito Federal debe presentar al Ejecutivo Nacional, en la segunda quincena del mes de agosto de cada año, el proyecto de Ley de Presupuesto de la Entidad para ser considerado y remitido por órgano del Ministerio de Hacienda, al Congreso Nacional para su estudio y aprobación. En caso de no ser aprobado por el Congreso el Presupuesto del Distrito Federal, se deben aplicar las normas que sobre reconducción establece la Ley Orgánica de Régimen Presupuestario (Art. 34).

d'. *El situado municipal*

De acuerdo con el artículo 35 de la Ley de la porción del Situado Constitucional no coordinado que de conformidad con la Ley respectiva corresponda al Distrito Federal, se distribuirá entre los Municipios una Partida equivalente al veinte por ciento (20%), en la forma siguiente: el treinta por ciento (30%) en partes iguales y el setenta por ciento (70%) restante en proporción a la población de cada uno de ellos.

En todo caso, el Gobernador del Distrito Federal, con la opinión favorable de la Contraloría General de la República, puede decretar la retención del pago de la cuota parte del Situado correspondiente al Municipio, cuando existan hechos ciertos que revelen que su inversión no se ajusta a lo previsto en la Ley Orgánica, en la Ley de Régimen Municipal o en la Ley Orgánica de Descentralización, Delimitación, y Transferencia de Competencias del Poder Público. En este caso, las cantidades retenidas se deben depositar en cuenta especial en el Banco Central de Venezuela hasta que cesen las causas determinantes de la retención (Art. 37).

e'. *El control administrativo Distrital*

De acuerdo con lo establecido en los artículos 13 y 38 de la Ley Orgánica, la Contraloría General de la República ejerce, de conformidad con la Ley Orgánica que la rige, el control, la vigilancia y la fiscalización de los ingresos, gastos y bienes del Distrito Federal, así como de las operaciones relativas a los mismos. En consecuencia, corresponde a la Contraloría General de la República la fiscalización de todos los ingresos y egresos del Tesoro del Distrito Federal, así como la centralización, examen, vigilancia y control de todas las cuentas y operaciones fiscales de bienes distritales, inclusive de dinero, valores materiales y efectos adquiridos o administrados por oficinas del Distrito.

Este control puede ser previo, perceptivo, de gestión o de comprobación posterior, en los términos establecidos en la Ley.

La Contraloría debe establecer una unidad especializada para el cumplimiento de este deber de control y debe indicar las modalidades de éstos en relación a las fundaciones, mancomunidades y empresas del Distrito (Art. 36).

C. *El "Régimen Municipal" del Distrito Federal*

Como se señaló, la Ley Orgánica del Distrito Federal de 1986, creó dos Municipios en el territorio del Distrito Federal: el Municipio Libertador y el Municipio Vargas (Art. 2). Pues bien, estos dos Municipios así como las demás entidades locales del Distrito Federal se rigen por la mencionada Ley Orgánica; por las normas de la Ley Orgánica de Régimen Municipal, en todo lo que no contradiga lo establecido en la Ley especial; por las leyes orgánicas y ordinarias que le sean aplicables conforme a la Constitución; y por lo establecido en sus propias ordenanzas (Art. 41).

a. *La competencia municipal en el Distrito Federal*

Conforme al artículo 44, el "Régimen Municipal" en el Distrito Federal tiene competencia sobre las siguientes materias:

1. Acueductos, cloacas y drenajes;
2. Distribución y venta de electricidad y gas en las poblaciones de su jurisdicción;
3. Planes de Desarrollo Urbano Local, Arquitectura Civil, Nomenclatura y Ornato Público, conforme a las normas y procedimientos técnicos establecidos por el Poder Nacional, de acuerdo a lo previsto en el ordinal 14 del artículo 136 de la Constitución Nacional y los planes de desarrollo regional y zonales;
4. Transporte y demás materias relativas a la circulación urbana, tales como rutas, paradas, terminales y regulación tarifaria;
5. Creación de servicios que faciliten el mercado y abastecimiento de los productos de consumo de primera necesidad, tales como mercados y mataderos locales;
6. Espectáculos públicos y publicidad comercial en cuanto concierne a los intereses y fines específicos municipales;
7. Organizar y promover las ferias y festividades populares y sitios de recreación, y proteger y estimular las actividades dirigidas al desarrollo del turismo local;
8. Regulación y organización de institutos populares de crédito, con las limitaciones que establezca la legislación nacional;
9. Cementerio y servicios funerarios tales como hornos crematorios, salones de velación y normas sobre el funcionamiento de los cementerios;
10. Servicio de policía administrativa municipal que tendrán, a su cargo la vigilancia y control de las actividades relativas a las materias de la competencia municipal;
11. Las demás que sean propias de la vida local, y las que le atribuyan otras leyes.

Debe señalarse que el primer párrafo del Art. 44 de la Ley Orgánica precisa que las competencias a que se refieren los ordinales 1°, 2°, 4° y 5° del artículo 44, deben ser ejercidas por los Municipios en los términos que establezca la legislación nacional. Sin embargo, cuando un servicio público tenga o requiera instalaciones ubicadas en jurisdicción de más de un Municipio, o sea prestado a más de un Municipio, por un mismo organismo, entidad o empresa, públicos o privados, tal como lo establece la Ley Orgánica de Régimen Municipal, la regulación de tal servicio será de la competencia del Poder Nacional. En todo caso, es el Ejecutivo Nacional el que debe fijar las tarifas de dichos servicios, aun cuando la organización y ejecución de los mismos continúen siendo de la competencia municipal (Art. 44).

Debe señalarse, además, que los Municipios del Distrito Federal, conforme al artículo 45 de la Ley Orgánica, tienen igualmente facultades para contribuir y cooperar con el saneamiento ambiental; cooperar en la prevención y asistencia en casos de, calamidades públicas, tales como inundaciones, derrumbes y otras; construir y cooperar en el acondicionamiento y mantenimiento de parques, jardines, calles, plazas, playas, balnearios y otros sitios de recreación o deportes; y establecer servicios médico-asistenciales, educacionales, culturales y otros de conformidad con las normas y en coordinación con las políticas adoptadas por el Poder Nacional sobre la respectiva materia.

b. *La organización del Gobierno Municipal*

En cuanto a la organización, gobierno, administración, funcionamiento y control de los municipios en el Distrito Federal, de acuerdo con el artículo 46 de la Ley Orgánica, ésta se debe regir por la Ley Orgánica de Régimen Municipal en todo lo no previsto en la Ley Orgánica.

En todo caso, conforme a la Ley Orgánica, el Concejo del Municipio Libertador está integrado por veinticinco (25) concejales y el Concejo del Municipio Vargas por once (11) concejales (Art. 47). En cuanto al período de gobierno municipal es el establecido en la Ley Orgánica de Régimen Municipal y la elección de los Concejales se debe realizar conforme a la Ley Orgánica del Sufragio (Art. 48).

c. *La organización y funcionamiento de las Juntas Parroquiales y Comunales*

De acuerdo con el artículo 49 de la Ley Orgánica, las Juntas Parroquiales son entidades locales de los Municipios, auxiliares de gestión municipal y participación local, a través de los cuales la comunidad respectiva participa en la gestión de los asuntos comunitarios.

De acuerdo con el artículo 50 de la Ley Orgánica, para cada Parroquia debe ser designada una Junta Parroquial, integrada por un mínimo de tres (3) y un máximo de siete (7) miembros, nombrados dentro de los primeros diez (10) días de sesiones de cada año, pudiendo ser reelegidos y debiendo reunir las mismas condiciones exigidas para ser Concejal. El Concejo debe designar la Junta Parroquial sobre la base de la votación obtenida en la Parroquia por cada Partido Político o Grupo de Electores, en las últimas elecciones municipales. A tal fin, las agrupaciones a las cuales corresponda ese derecho deben presentar oportunamente al Concejo las listas de candidatos que los representarán, con sus respectivos suplentes. En todo caso, la Presidencia le corresponde al partido o al grupo de electores que haya obtenido la más alta votación en la Parroquia.

Los miembros de la Junta pueden ser removidos de sus cargos por causa grave o incumplimiento de sus obligaciones y previa formación del respectivo expediente, el cual debe ser instruido con audiencia del interesado.

La consulta a los vecinos de las Parroquias es obligatoria en los casos de decisiones de efectos generales que deban adoptar los organismos públicos y que afecten el desarrollo urbano o la conservación ambiental del respectivo sector.

Las Juntas Parroquiales deben elevar a la consideración del Concejo las aspiraciones de su comunidad en orden de prioridad o urgencia en la ejecución, reforma o mejora de obras y servicios de especial atención (Art. 52).

V. LA COORDINACIÓN INTERGUBERNAMENTAL EN LA CIUDAD CAPITAL

El Área Metropolitana de Caracas, en particular, configura un ámbito territorial por excelencia donde las relaciones intergubernamentales son cotidianas y permanentes, aún cuando sin los adecuados mecanismos de coordinación, Muchos gobiernos actúan en el Área Metropolitana, la cual sin embargo carece de un gobierno metropolitano.

En efecto, en el Área Metropolitana de Caracas, por ser la capital de la República actúa el Poder Nacional; y además, parte de ella está bajo la jurisdicción del Distrito Federal y dentro del mismo los Municipios Libertador y Vargas. La otra parte de la ciudad y del área, está en jurisdicción del Estado Miranda, y dentro del mismo los Municipios Sucre, Baruta, Chacao, El Hatillo, Los Salías y Carrizal.

Todas estas autoridades gubernamentales, nacionales, estadales y municipales ejercían sus respectivas competencias sin que entre ellas existieran mecanismos de coordinación, lo que sin dudas incidía desfavorablemente sobre el ordenado desarrollo urbano y la adecuada satisfacción de las necesidades de los ciudadanos.

Precisamente por ello los Alcaldes de los Municipios con jurisdicción en el Área Metropolitana, acordaron solicitar del Presidente de la República el establecimiento de un medio institucional que permitiera la coordinación de las actividades municipales con las atribuidas a los Estados y a los órganos nacionales realizadas en dichas áreas. En respuesta a la solicitud formal de los Alcaldes, el Presidente de la República en Consejo de Ministros dictó el Decreto N° 3.133 de 9 de septiembre de 1993, que contiene el Reglamento Parcial N° 6 de la Ley Orgánica de Descentralización, Delimitación y Transferencias de Competencias del Poder Público sobre el Consejo de Gobiernos del Área Metropolitana de Caracas, reformado por Decreto N° 3.309 de 31 de enero de 1994[1203].

Dicho Decreto, entre otros aspectos estuvo motivado en las siguientes consideraciones:

1. Que el proceso de Descentralización de competencias conforme a la Ley Orgánica de Descentralización, Delimitación y Transferencia de Competencias del Poder Público al Estado Miranda y a la Gobernación del Distrito Federal, en lo que se refiere a actividades públicas a realizarse en el Área Metropolitana de Caracas, exige la coordinación de esas instancias gubernamentales con los Municipios que la conforman.
2. En el conocimiento de que es deber del Ejecutivo Nacional y de las demás autoridades públicas territoriales coordinar las diversas actividades públicas que se desarrollan en el Área Metropolitana de Caracas.
3. Que el Valle de Caracas constituye una unidad topográfica y que el incremento demográfico y urbano de los municipios que constituyen el Área Metropolitana, unido a la interinfluencia de sus actividades y servicios, ha provocado la ruptura de los límites político territoriales establecidos en esta zona.
4. Que la formación y consolidación de nuevos Municipios en el Área Metropolitana hacen necesaria la superación de la fragmentación de gobiernos

1203 *G.O.* N° 35.301 del 21-9-93 y *G.O.* N° 35.386 de 21-1-94. Sobre esto véase *Informe sobre la Descentralización en Venezuela 1993*. Memoria del Dr. Allan R. Brewer-Carías, Ministro de Estado para la Descentralización (junio 1993 - enero 1994), pp. 233 y ss.

autónomos del fenómeno urbano que es único, mediante la creación de una instancia institucional capaz de asegurar la debida coordinación, sin merma de la autonomía de los organismos involucrados, en el marco del proceso de desconcentración y descentralización administrativas en curso.

1. *El Consejo de Gobierno del Área Metropolitana de Caracas*

A. *El ámbito territorial del Consejo*

En el artículo 1° del Reglamento se creó el Consejo de Gobiernos del Área Metropolitana de Caracas, para los territorios metropolitanos del Estado Miranda y del Distrito Federal, el cual funciona como un órgano de cooperación, conciliación y coordinación de las actividades de los órganos del Ejecutivo Nacional; de los Gobiernos del Estado Miranda y del Distrito Federal, y de los Gobiernos de los Municipios Libertador y Vargas del Distrito Federal y de los Municipios Sucre, Baruta, Chacao, El Hatillo, Los Salías y Carrizal del Estado Miranda, con la finalidad de realizar obras y prestar los servicios comunes al ámbito metropolitano, así como la ordenación del desarrollo urbanístico del Área Metropolitana de Caracas.

De acuerdo a lo previsto con el artículo 2 del Reglamento, a los efectos de su normativa y por tanto del Consejo de Gobiernos del Área Metropolitana de Caracas se define el Área Metropolitana de Caracas como la que comprende los Municipios Libertador y Vargas del Distrito Federal y los Municipios Sucre, Baruta, Chacao, El Hatillo, Los Salías y Carrizal del Estado Miranda. Sin embargo, estableció expresamente que pueden incorporarse al sistema de Gobiernos del Área Metropolitana de Caracas, los Municipios colindantes con el área antes indicada vinculados al crecimiento de la ciudad de Caracas, a iniciativa municipal o por invitación del Consejo de Gobiernos del Área Metropolitana de Caracas. En todo caso, para la efectividad de la incorporación a requerimiento del Consejo, éste debe formalizarse por Decreto del Presidente de la República.

Por otra parte, se prevé que cuando los asuntos a tratar en el Consejo se refieran a la Región Metropolitana, debe invitarse a participar en las deliberaciones a los Alcaldes de los Municipios del Estado Miranda comprendidos en la misma.

B. *La organización del Consejo de Gobiernos del Área Metropolitana*

El artículo 3° del Reglamento prevé que el Consejo de Gobiernos del Área Metropolitana de Caracas está integrado por: el Gobernador del Distrito Federal en su carácter de órgano del Presidente de la República como la superior autoridad civil y política del Distrito Federal; por el Gobernador del Estado Miranda; los Alcaldes del Municipio Libertador y Vargas del Distrito Federal; los Alcaldes de los Municipios Sucre, Baruta, Chacao, El Hatillo, Los Salías y Carrizal del Estado Miranda. Igualmente forman parte del Consejo de Gobiernos del Área Metropolitana de Caracas los Ministros de Relaciones Interiores, de Desarrollo Urbano, del Ambiente y de los Recursos Naturales Renovables, de Sanidad y Asistencia Social, de Transporte y Comunicaciones y de Estado para la Descentralización, y la Oficina Central de Coordinación y Planificación. El Consejo será presidido rotativamente por uno de los Alcaldes o Gobernadores que lo integren, electo por el Consejo por períodos de 6 meses sucesivamente. Quien presida el Consejo, será su vocero.

Sin embargo, se prevé expresamente que en el caso de que los Ministros antes mencionados no puedan asistir a las reuniones del mencionado Consejo los mismos pueden delegar su representación en funcionarios de rango de Director General Sectorial; los Gobernadores en los Secretarios Generales de Gobierno y los Alcaldes en los Directores Generales respectivos.

Así mismo, el artículo 2° del Reglamento regula el supuesto de la incorporación de un Municipio al sistema de Gobierno del Área Metropolitana en cuyo caso el Alcalde de dicho Municipio pasa a formar parte, automáticamente, del Consejo de Gobiernos del Área Metropolitana de Caracas.

Por otra parte establece el artículo 49, que sin perjuicio de la composición antes indicada del Consejo los Ministros del Ejecutivo Nacional que no formen parte del mismo pueden asistir a las sesiones por sí o representados por funcionario con categoría de Director General, cuando la naturaleza del asunto a debatir así lo requiriera, en cuyo caso éstos tienen el carácter de miembros de dicho Consejo.

De igual forma los Presidentes de Institutos Autónomos pueden ser convocados y asistir como miembros del Consejo, cuando los asuntos a tratar sean concernientes en las materias de su competencia (Art. 4°).

C. *Las atribuciones del Consejo*

De acuerdo con lo previsto en el artículo 5 del Reglamento, el Consejo de Gobiernos del Área Metropolitana de Caracas, conforme a los proyectos y propuestas que le presentan los diversos Comités Metropolitanos, tienen las siguientes atribuciones:

a. *Las funciones de coordinación de obras*

De acuerdo con lo establecido en el literal a) del artículo 5 del Reglamento corresponde al Consejo la coordinación de obras, servicios e inversiones que por su naturaleza exijan un tratamiento integrado;

b. *La aprobación del Plan de Ordenación Urbanística del Área Metropolitana*

El Consejo además debe conocer y aprobar el Plan de Ordenación Urbanística del Área Metropolitana que le someta a su consideración el Ministro de Desarrollo Urbano antes de su aprobación conforme a la Ley Orgánica de Ordenación Urbanística; (Lit. b, Art. 5).

c. *La formulación de propuestas y acuerdos*

El Consejo puede, además de formular propuestas y adoptar acuerdos para el mejor desarrollo de las actividades públicas que se realicen en el Área Metropolitana de Caracas, y sobre la ejecución de obras y actividades realizadas por los diversos organismos ejecutivos, institutos autónomos y empresas del Estado, remitiéndolas, en su caso, a los órganos competentes (Lit. c, Art. 5).

De igual forma puede formular propuestas sobre los medios de ejecución de las diversas obras que se decidan realizar en el Área Metropolitana de Caracas (Lit. e, Art. 5). Además el Consejo puede promover y acordar convenios, mancomunidades y encomiendas de gestión conforme a lo previsto en los artículos 20 y siguientes del

Reglamento (Lit. f, Art. 5). El Consejo, además, debe aprobar su presupuesto anual y el de sus Comités (Art. 25).

d. *La formulación de recomendaciones a los órganos nacionales*

El Consejo puede formular recomendaciones a los órganos nacionales, a las autoridades del Estado Miranda, del Distrito Federal, y de las Alcaldías para la ejecución de obras, servicios y actividades en el Área Metropolitana de Caracas (Lit. d, Art. 5).

e. *El conocimiento de las propuestas de transferencia de competencias*

Por último, el artículo 5, literal 3, atribuye al Consejo el conocimiento de las propuestas de transferencia de competencias, que conforme a la Ley Orgánica de Descentralización, Delimitación y Transferencia de Competencias del Poder Público se refieran al ámbito territorial del Área Metropolitana de Caracas.

f. *Las consultas*

Las diversas autoridades nacionales, estadales y municipales con jurisdicción en el Área Metropolitana de Caracas, pueden someter a la consideración del Consejo de Gobiernos del Área Metropolitana de Caracas, todos aquellos planes y proyectos sobre servicios y actividades que incidan sobre el desarrollo integrado de la zona (Art. 6).

D. *El funcionamiento del Consejo*

a. *Las sesiones*

El Consejo de Gobierno del Área Metropolitana de Caracas debe celebrar sus sesiones con la periodicidad que acuerde el mismo Consejo, y cuantas veces lo convoque el Director Ejecutivo del Consejo a solicitud de cualesquiera de sus miembros. Sin embargo y con carácter obligatorio las reuniones se debe efectuar al menos dos veces al mes (Art. 7).

El Reglamento prevé la posibilidad de que a las sesiones del Consejo de Gobiernos puedan asistir, cuando el Consejo lo juzgue conveniente, representantes de otros organismos públicos y privados (Art. 11).

b. *Los acuerdos por consenso*

De acuerdo con el artículo 9 del Reglamento, los acuerdos del Consejo se deben adoptar por consenso de sus miembros, siendo por tanto vinculantes para los organismos que hayan participado en el acuerdo, sin perjuicio de los procedimientos internos que éstos deben cumplir conforme a las normas que regulen su organización y funcionamientos respectivos (Art. 8).

c. *El Director Ejecutivo*

El decreto de creación del Consejo de Gobiernos del Área Metropolitana de Caracas, establece que éste dispondrá de un Director Ejecutivo, el cual debe ser nombrado por los miembros del Consejo y asistirá a las reuniones con voz pero sin voto.

El Consejo de Gobiernos del Área Metropolitana de Caracas debe fijar las atribuciones y deberes de su Director Ejecutivo (Art. 10).

d. *La normativa regulatoria del Consejo*

El Consejo de Gobiernos del Área Metropolitana de Caracas se rige por su Decreto de creación, por el Reglamento interno que a tal efecto se apruebe donde se reglamentan todos los aspectos inherentes a su organización y funcionamiento, así como todo lo concerniente a los Comités Metropolitanos (Art. 12).

e. *El financiamiento del Consejo*

De acuerdo con lo establecido en el artículo 25 del Reglamento, los organismos que integran el Consejo deben establecer la modalidad de financiamiento común del mismo y de sus Comités, con los aportes financieros de todos sus integrantes.

2. *Los Comités Metropolitanos*

A. *La composición de los Comités*

El Reglamento Parcial N° 6 establece que a fin de alcanzar un mejor funcionamiento y cumplimiento de sus funciones el Consejo tiene la facultad de crear grupos de trabajo para el estudio de problemas sectoriales y la preparación de las decisiones del propio Consejo, Comités Metropolitanos Sectoriales, cuya composición se debe determinar en cada caso y los cuales deben incluir, siempre, representantes de las Gobernaciones, las Alcaldías y de los Ministerios competentes por razón de la materia. En todo caso, el artículo 13 del Reglamento prevé que existan con carácter obligatorio los siguientes Comités:

1°) Comité Metropolitano de Planificación Urbanística;

2°) Comité Metropolitano de Transporte y Tránsito;

3°) Comité Metropolitano de Seguridad y Policía Urbana;

4°) Comité Metropolitano de Aseo Urbano;

5°) Comité Metropolitano de Acueductos, Alcantarillados;

6°) Comité Metropolitano de Salud Pública; y

7°) Comité Metropolitano de Mantenimiento Urbano.

Cada Comité debe tener un Secretario Ejecutivo propuesto por los Comités aceptados y nombrados por el Consejo.

B. *Las materias atribuidas a los Comités*

De acuerdo con lo previsto en el artículo 14 del Reglamento, los Comités Metropolitanos tienen, en el ámbito competencial de material que les corresponda, las funciones que les atribuya el Consejo de Gobiernos del Área Metropolitana de Caracas.

C. *Las reuniones y decisiones*

Los Comités Metropolitanos se deben reunir con la frecuencia necesaria para preparar adecuadamente todos aquellos asuntos que deban ser sometidos a la consideración del Consejo. En todo caso sus reuniones deben ser convocadas por escrito y con indicación del objeto preciso (Art. 15).

Así mismo, se prevé que las decisiones de los Comités Metropolitanos se deben adoptar por consenso de sus miembros (Art. 16).

Sin embargo conforme al artículo 17 del Reglamento, se prevé que los diversos organismos representados en los Comités Metropolitanos deben con carácter obligatorio someter a la consideración de los mismos, todos los proyectos, planes o programas de actividades, obras y servicios que proyecten desarrollar en el Área Metropolitana de Caracas, así como realizar éstos conforme a los planes y programas aprobados por el Consejo de Gobiernos del Área Metropolitana de Caracas.

3. *Las normas sobre la información pública de los asuntos metropolitanos*

De acuerdo con el artículo 18 del Reglamento, todas las entidades oficiales que realicen actividades en el Área Metropolitana de Caracas están en la obligación de suministrar al Consejo de Gobiernos del Área Metropolitana de Caracas y a los diversos Comités, toda la información y colaboración necesaria para el cabal desempeño de sus funciones.

Por otra, parte, se exige que los diferentes organismos oficiales que ejecuten programas relacionados con el desarrollo del Área Metropolitana de Caracas, a fin de lograr la debida coordinación con los programas de las otras entidades (Art. 19).

4. *El régimen de las relaciones intergubernamentales*

A. *La cooperación y colaboración obligatorias*

De acuerdo con el artículo 20 del Reglamento, todos los organismos representados en el Consejo de Gobiernos del Área Metropolitana de Caracas están en el deber de cooperar y colaborar activamente entre sí y en el Consejo en todos los asuntos de interés común y, en particular, en la realización de las obras y la prestación de los servicios identificados como metropolitanos en el Plan de Ordenación Urbanística del Área Metropolitana o, en todo caso, por decisión del referido Consejo.

B. *Los mecanismos de cooperación y colaboración*

Dicha colaboración y cooperación se debe desarrollar bajo cualesquiera de las formas autorizadas por la Ley, pudiendo tener lugar, en todo caso, mediante la suscripción de los respectivos convenios interadministrativos, la constitución de mancomunidades, o la atribución de la gestión a uno de los organismos representados en el Consejo (Art. 21).

En los casos de convenios de colaboración éstos se deben acordar en el Consejo de Gobiernos del Área Metropolitana de Caracas y deben suscribir por todos los organismos intervinientes.

Estos convenios de colaboración en ningún caso pueden implicar la renuncia de las competencias propias de los entes u organismos que los suscriban (Art. 22).

C. *La formación de corporaciones asociativas de carácter público*

En los casos en que para la realización de las obras, la prestación de los servicios o el cumplimiento de la tarea de interés común se precise de una organización unitaria, los convenios podrán crear Corporaciones Asociativas de carácter público conforme al artículo 19 del Código Civil. En estos casos, pueden participar en las asociaciones, entidades privadas sin ánimo de lucro que persigan fines de interés público concurrentes con los organismos representados en el Consejo.

El convenio por el cual se cree una Corporación Asociativa de carácter público debe determinar los estatutos de ésta, en los cuales se han de especificar las particularidades del régimen orgánico, funcional y financiero. Los órganos de decisión de la Corporación en todo caso, deben estar integrados por representantes de todos los organismos asociados, en la proporción que se fije en los estatutos.

En todo caso para la realización de las obras y la gestión de los servicios y las tareas que tenga encomendados la Asociación puede utilizar cualesquiera de las normas de gestión autorizadas para los organismos asociados (Art. 23).

D. *La encomienda*

Por último dispone el artículo 24 del Reglamento Parcial N° 6, que a fin de aprovechar la capacidad de gestión y las instalaciones ya establecidas por cualquiera de los organismos representados en el Consejo éstos pueden atribuir a uno de ellos, la realización de obras o la prestación de servicios determinados, así como la gestión de cualesquier tarea de interés común.

En todo caso en estos supuestos los organismos miembros del Consejo tienen derecho, por intermedio de éste, a recibir toda la información en forma periódica y detallada que sobre la gestión de la encomienda.

5. *La corporación asociativa de carácter público "Consejo de gobiernos del Área Metropolitana de Caracas"*

Debe destacarse que teniendo como base el Art. 23 del Decreto, en noviembre de 1993 se creó el Consejo de Gobiernos del Área Metropolitana de Caracas, como Corporación Asociativa de carácter público en la cual participaron como entidades consorciadas la República, el Distrito Federal, el Estado Miranda y los Municipios que forman el Área Metropolitana de Caracas. En esta forma, el Consejo comenzó a funcionar como entidad con personalidad jurídica.

VI. PROPUESTAS PARA UNA REFORMA INSTITUCIONAL DE CARACAS Y DE LA REGIÓN CAPITAL[1204]

Caracas vive una crisis institucional, que se siente permanentemente. Si analizamos el funcionamiento de los órganos políticos y administrativos de la ciudad, podemos evidenciar una tendencia hacia la parálisis institucional de la misma y constatar, además, que con el régimen institucional actual, que no es único, ni uniforme, no pueden resolverse los problemas de la capital. No dudamos de los mejores esfuerzos que se han hecho en las últimas décadas por resolver los problemas de Caracas, pero lo cierto es que no hemos logrado, institucionalmente, solucionarlos.

En la actualidad, resulta evidente que Caracas, la capital, no puede seguir siendo lo que fue en su origen: parte del casco central, situado en el Distrito Federal. Al contrario, estamos en presencia de una gran ciudad, que ha absorbido núcleos urbanos vecinos, con los cuales forma una continuidad urbana, con una red estable de relaciones. Sin embargo, frente a esa realidad física, geográfica y topográfica, no tenemos un sistema de gobierno y administración para toda esa ciudad. Tenemos, al contrario, un gobierno y una administración que está desfasada con esa realidad, pues no hay un gobierno para toda el área abarcada por la capital, el cual, además, no siempre constituye un gobierno estrictamente local.

1204 El presente punto básicamente configura la comunicación que enviamos con fecha 25 de julio de 1982, a la Comisión Bicameral Especial que tenía a su cargo los estudios sobre la posible *Creación del Estado Vargas, la Reforma de la Ley Orgánica del Distrito Federal y la elaboración del Proyecto de Ley de Coordinación de las Jurisdicciones que actúan en el Área Metropolitana de Caracas* prevista en el artículo 11 de la Constitución. Mediante esa comunicación, quisimos hacerles llegar a los Senadores y Diputados algunas observaciones que, en nuestro criterio, podían ser útiles para la realización de tales reformas.

Ante todo, señalamos que las mencionadas reformas, por ningún respecto, debían ni podían hacerse aisladamente. Forman parte, necesariamente, de un todo integral, por lo que debían tener un tratamiento uniforme, que se correspondiera con la problemática institucional de la Gran Caracas y aún más, de la Región Capital.

No debemos olvidar que Caracas no sólo es el casco central de la capital situado al oeste del Valle del Ávila. Caracas, en efecto, no sólo está formada por el Municipio Libertador del Distrito Federal y por el antiguo Distrito Sucre del Estado Miranda, sino que también forma parte de ella, lo que era el Municipio Guaicaipuro de dicho Estado. La vida de la capital, además, está íntimamente vinculada al Litoral Central, es decir, al Municipio Vargas del Distrito Federal; a los Municipios de los Valles del Tuy; a los Municipios del Valle Guarenas-Guatire y a los Municipios de Barlovento, en el Estado Miranda. Esas cinco áreas territoriales forman la Región Capital, y deben, en un futuro, formar una sola unidad político territorial, para lo cual debe establecerse un sistema único de gobierno.

Señalamos en esa comunicación que teniendo claramente definido ese objetivo global, podría entonces, como paso previo y destinado a su logro, procederse a efectuar reformas institucionales en el antiguo Vargas, en el Distrito Federal y en el Área Metropolitana de la ciudad capital. Sin tener claros los objetivos a largo plazo, al contrario, sería insensato proceder a reformar aisladamente los instrumentos legislativos mencionados, pues lejos de contribuir a la solución del problema institucional de la capital, éste se vería agravado.

Teniendo en cuenta la necesidad de darle un tratamiento global e integral al problema institucional de Caracas y la Región Capital, se elaboró este punto. Para publicarlo aquí, por supuesto, lo hemos actualizado incorporando las reformas efectuadas en la última década. Véase en todo caso lo expuesto en Allan R. Brewer-Carías, Estudios de Derecho Público, Tomo I, (Labor en el Senado 1982) pp. 41 y ss.

La situación, por tanto, es de desfase entre la realidad física actual y la realidad política. En la actualidad tenemos un régimen político-administrativo múltiple en la capital: por una parte, el régimen del Distrito Federal, ahora regido por la Ley Orgánica de 1986, cuyas regulaciones fundamentales, se han ya analizado. Por otra parte, también abarca parte de la ciudad, el área del antiguo Distrito Sucre del Estado Miranda, ahora conformado por los Municipios Sucre, Chacao, Baruta y El Hatillo. Además, otros Municipios del Estado Miranda empiezan a formar parte de la gran Metrópoli, particularmente Guaicaipuro, Los Salias y Carrizal, y los Municipios de los Valles del Tuy y del Valle de Guarenas-Guatire.

Por tanto, el gobierno y administración de la capital no es único e integral para toda el área, y esto nos plantea el primer signo de la crisis institucional, que se traduce en una crisis de metropolitanización: no tenemos un sistema metropolitano de gobierno y de administración de la ciudad. Hemos establecido algunos paliativos a este desfase institucional, pero no tenemos ese gobierno. Este es el primer signo de la crisis de la capital, insistimos, la crisis de metropolitanización, o en otros términos, una "crisis de centralismo". Por eso, más que una ciudad ingobernable, Caracas, en realidad nunca ha sido gobernada, pues no hemos establecido un gobierno para toda la ciudad y su región de influencia.

Pero el gobierno desfasado que hemos tenido en la Capital al menos en el Municipio Libertador tampoco es realmente representativo ni participativo, por lo que no es auténticamente un gobierno local. Tiene una situación intermedia, ubicado territorialmente en un ámbito muy amplio para ser autoridad local. Pero eso, aquí también se plantea otro elemento de la crisis institucional, la crisis de descentralización política.

Hemos hablado de crisis de centralismo metropolitano y de crisis de descentralización política, y ello podría parecer contradictorio. Sin embargo, no es así.

En efecto, en primer lugar, hemos dicho, existe una crisis de centralización metropolitana. Caracas, sin la menor duda, como toda gran ciudad con su área metropolitana, requiere de un gobierno y de una administración para toda el área y no la tiene. Esto además, no es nada nuevo; simplemente aquí debemos seguir la tendencia universal, que ha provocado en todas las grandes ciudades del mundo, el establecimiento de gobiernos metropolitanos, que han partido de una reforma institucional de gran envergadura e importancia. Después de haber constatado que son insuficientes los paliativos que hemos venido ensayando, como por ejemplo,, el establecimiento de convenios, mancomunidades y acuerdos entre entes locales, necesitamos, para superar la crisis de la metropolitanización, de una nueva estructura institucional para toda el área metropolitana, con un gobierno metropolitano y una administración metropolitana, así como de una nueva estructura institucional para toda la Región Capital.

Pero hemos dicho además, que también existe en gran parte de la capital una crisis de descentralización política. La Región Capital, en efecto, alberga a la primera ciudad del País y su más importante conglomerado urbano, que debería ser, por ello, modelo del gobierno y régimen local. Sin embargo, basta vivir en el Municipio Libertador, para darse cuenta de que no tenemos realmente un auténtico gobierno local. El que existe, está excesivamente alejado del ciudadano quien no participa en el manejo y conducción de los asuntos locales. Así, el gobierno local del Municipio Libertador, participa de la crisis que tienen otras Municipalidades del país, que se traduce en una crisis de representatividad, pues los Concejos Municipales no representan, realmente, a las comunidades; y en una crisis de participación, derivada de que están excesivamente alejados del ciudadano, y no llegan a conformar, realmente, un gobierno local, vinculado a la comunidad.

En todo caso, esta crisis institucional exige soluciones y reformas integrales, y éstas deben apuntar en los dos sentidos antes mencionados, aparentemente contradictorios. Por una parte, tenemos que metropolitanizar el gobierno de Caracas y de la Región Capital, para lo cual hay que centralizar determinadas funciones, pero por la otra, tenemos que descentralizar políticamente al gobierno de la Región, de manera de que pueda haber participación y representatividad, mediante la creación de muchos pequeños gobiernos locales. Para ello, deben reformularse las competencias, para distinguir los tres niveles, regionalizando y metropolitanizando ciertas de ellas, y localizando otras.

Partiendo de estas premisas, queremos referirnos, a dos aspectos fundamentales de estos problemas institucionales de Caracas: en primer lugar, queremos insistir en los mencionados signos de la crisis institucional de la capital; y en segundo lugar, plantear cuáles son y dónde están las exigencias de reforma del sistema institucional de la capital; para concluir refiriéndonos el problema de la posibilidad o viabilidad de esa reforma.

1. *La crisis institucional de Caracas y de la región capital*

Hemos señalado que la crisis institucional de Caracas plantea dos aspectos concretos: por una parte, una crisis de centralismo regional y metropolitano, y por la otra, una crisis de descentralización política. Esto provoca tres problemas que conspiran contra la eficiencia político-administrativa de Caracas: en primer lugar, la ausencia de un gobierno único de la Región Capital; en segundo lugar, la ausencia de un gobierno, integral de la ciudad capital; y en tercer lugar, el centralismo del Estado y la ausencia de descentralización política.

A. *La ausencia de un gobierno único de la Región Capital*

Como sucede con las nueve (9) regiones que estableció el Decreto sobre Regionalización y Participación de la Comunidad en el Desarrollo Regional, de 14 de enero de 1980, la Región Capital, integrada por el Distrito Federal y el Estado Miranda, carece de un sistema de gobierno único. No podría ser de otro modo en los términos del mencionado Decreto y de sus antecedentes desde 1969, pues como lo señala su artículo 1°, las regiones en las que divide el territorio del país, se establecen a los solos "fines de la planificación y coordinación de las actividades de la Administración Pública Nacional entre sí y con aquellas que realizan los organismos estadales y municipales".

Ciertamente que el artículo 2° del mencionado Decreto establece que "la Región Capital y la coordinación de las actividades de la Administración Pública en el Área Metropolitana de Caracas, podrán ser objeto de regulación especial", sin embargo, ello también es así, a los solos efectos de la coordinación y planificación, y en tal sentido, se había dictado el Decreto N° 473 de 28 de diciembre de 1979, sobre coordinación de las actividades e inversiones de los organismos públicos en materia de prestación de servicios urbanos y construcción de viviendas en el Área Metropolitana de Caracas, atribuyéndose al Gobernador del Distrito Federal, el carácter de Comisionado Especial del Presidente de la República de Caracas (Art. 2°). En los términos de este Decreto y a sus fines de coordinación, el Área Metropolitana de Caracas comprende el territorio integrado por el Distrito Federal y los antiguos Distritos Sucre y Guaicaipuro del Estado Miranda (Art. 1°).

De lo anterior resulta entonces, que la Región Capital no tiene un sistema de gobierno único: está integrada por dos entidades federales distintas, el Distrito Federal y el Estado Miranda, sometidas a normas y regímenes jurídico-constitucionales diferentes.

El Distrito Federal, está regulado por una Ley Orgánica propia, en la cual debe dejarse a salvo la autonomía municipal, conforme al artículo 12 de la Constitución; y el Estado Miranda participa de la organización política autónoma de todos los Estados de la República, regulada en los artículos 16 y siguientes del texto constitucional.

Además, de todas las regiones del país, la Región Capital fue la única de tierra firme en la cual no estableció un sistema único de promoción del desarrollo, pues ha carecido de una Corporación de Desarrollo Regional y su Consejo Regional de Desarrollo no se estableció nunca.

Como todas las regiones del país, en todo caso, la Región Capital carece de un sistema de gobierno y administración único, lo cual produce una grave crisis de centralismo regional: No existen mecanismos políticos ni administrativos que permitan darle un tratamiento único e integral a todo el territorio regional, cuando por su naturaleza e importancia derivada de ser la sede de la Capital, debería tener ese régimen político único.

La primera de las crisis institucionales que afectan a Caracas y a su Área Metropolitana, por tanto, es que está situada en una Región de enorme importancia, la cual carece de unidad e integralidad política y administrativa. Su establecimiento futuro, sea dentro de un régimen general de regionalización política del país, o en particular, como efecto de la capitalidad, es una exigencia fundamental para el futuro de la ciudad.

B. *La ausencia de un gobierno integral para el Área Metropolitana de Caracas*

Pero no sólo no existe un gobierno regional en toda la Región Capital, sino que tampoco el Área Metropolitana de Caracas, tiene un sistema de gobierno y administración metropolitanas.

El Área Metropolitana de Caracas, es decir, la zona urbana del Gran Valle del Ávila, está formado por el Municipio Libertador del Distrito Federal y los Municipios Sucre, Chacao, Baruta, El Hatillo, Los Salias, Carrizal y Guaicaipuro del Estado Miranda. Toda esa Área, que forma un todo dentro de la Región Capital, también carece de un sistema de gobierno y administración, que permita conducir adecuadamente el desarrollo de la ciudad. Esto provoca la crisis mencionada: una crisis de centralismo metropolitano o de metropolitanización.

Antes que tener un sistema de gobierno y administración metropolitana, Caracas es, al contrario, una ciudad gobernada por dos series de poderes locales, que son, en primer lugar disímiles; y en segundo lugar, no uniformes, dando origen a un tratamiento parcelado de los problemas de la ciudad.

En efecto, en primer lugar, el Área Metropolitana de Caracas está gobernada por instituciones locales disímiles, ya que una parte del área está gobernada por un sistema municipal propio de un Distrito Federal, y la otra parte, está gobernada por el sistema municipal tradicional, que actualmente se ubica en los Municipios de los Estados.

En cuanto al Distrito Federal, el Municipio Libertador tiene un ámbito territorial excesivamente amplio para una adecuada vida local, comparado con los ámbitos territoriales de los Municipios Sucre, Chacao, Baruta, El Hatillo, Los Salias, Carrizal y Guaicaipuro del Estado Miranda además de los otros de dicho Estado de los Valles del Tuy, del Valle Guarenas-Guatire, y de Barlovento.

Pero la crisis de metropolitanización, no sólo surge de esos gobiernos disímiles, sino también de que no hay un gobierno uniforme en la Capital. Como se señaló, no sólo no existe un gobierno integral para toda la Región Capital, donde Caracas está inmersa, sino que tampoco existe un gobierno para toda el Área Metropolitana. Insistimos, tenemos varios gobiernos con autonomía, pero no hay una auténtica metropolitanización del gobierno de la Capital.

No significa esto que no se hayan realizado esfuerzos por plantearse algunos problemas con enfoque metropolitano, pero han sido esfuerzos locales limitados: Por ejemplo, el Convenio de la Policía Metropolitana de 1959, y el Convenio de la Mancomunidad Urbanística de 1972, en los cuales se hicieron, en concreto, diversos esfuerzos por lograr la integración del área. Con posterioridad ha habido acciones municipales y nacionales aisladas en relación al Área, al darse a determinados servicios un tratamiento administrativo único en el Área Metropolitana. En 1979, por otra parte, se dictó el Decreto N° 473 de 27-12-79 mediante el cual se definió el Área Metropolitana a los fines de la coordinación de las actividades de los organismos públicos en materia de servicios públicos, atribuyéndose al Gobernador del Distrito Federal el carácter de Comisionado Especial para el Área Metropolitana; y en 1982, se suscribió un convenio de mancomunidad para el transporte público de pasajeros. En 1993, por último, se dictó el Decreto de creación del Consejo de Gobierno del Área Metropolitana de Caracas, que pretendió establecer un sistema que pudiera ser el embrión de un gobierno metropolitano.

Pero sin duda, frente al panorama derivado de la crisis de la metropolitanización, que nos muestra una realidad ineficiente, conforme a la cual no podremos obtener los resultados buscados en cuanto al tratamiento global de los problemas de la Capital; es decir, frente a la crisis del centralismo metropolitano, surge la necesidad ineludible y que tenemos que enfrentar en el futuro, de estructurar un gobierno y una administración metropolitana, para toda el área de la capital, lo cual, por otra parte, es la tendencia universal, junto con un sistema de gobierno también integral para toda la Región Capital. En este último sentido es que, por ejemplo, se formuló la propuesta de creación de un Estado Caracas, en toda el área de la Región Capital.

C. *El centralismo del Estado y la crisis de descentralización política*

Además de la crisis de regionalización y metropolitanización, el otro elemento de la crisis institucional de la capital, es la crisis de descentralización política, la cual, es particularmente notoria en el caso del Municipio Libertador. Al menos hasta que los miembros del Concejo Municipal de dicho municipio no se elijan uninominalmente a partir de 1995, la representatividad ha sido precaria.

El otro elemento de la crisis de descentralización política en el Municipio Libertador, es la crisis de participación. En efecto, las autoridades Municipales que elegimos están excesivamente alejados de la comunidad, porque el ámbito territorial que abarcan es excesivamente amplio: el hecho de que actualmente existe un solo Alcalde y un solo cuerpo representativo para todo el Municipio nos lleva a la conclusión de que, realmente, las comunidades no participan en el gobierno local.

Por ello, como consecuencia de esta crisis de participación y representatividad política, y cuando había un Municipio para todo el Distrito Federal (hasta 1986), se formuló la propuesta de crear un Estado Vargas, para el logro de una autonomía para el área del Litoral Central, que sentía la ausencia de los programas públicos del Distrito Federal.

La propuesta de la creación de un Estado Vargas se fundamentó en efecto, en la búsqueda, por las comunidades del Litoral Central, de una autonomía, representación y participación política, que no tenían en el antiguo régimen del Distrito Federal, conducido por un Gobernador y por un solo Concejo Municipal de Caracas; y en el convencimiento de que con este esquema institucional, lo que era el antiguo Departamento Vargas seguiría olvidado.

Pero hacia ello no sólo apuntaba la propuesta de creación de un Estado Vargas, sino también, otras propuestas formuladas con anterioridad, consistentes en la creación de otro Concejo Municipal para el antiguo Departamento Vargas. Por tanto, en realidad, dos ideas surgieron de esta crisis de descentralización política en la capital: una, el establecimiento, en el Distrito Federal, de dos Municipios, uno en el Departamento Libertador y otro en el Departamento Vargas; y otra, que se separase del Distrito Federal el territorio del Departamento Vargas, y en su lugar, se estableciera el Estado Vargas. La primera fue la fórmula acogida en la reforma de la Ley Orgánica del Distrito Federal de 1986.

2. *La necesaria reforma institucional de Caracas y de la región capital*

Ahora bien, frente a la crisis de centralismo regional y metropolitano que hemos comentado y de descentralización política, sin duda, se plantea como urgente la necesaria reforma institucional de la Región Capital y de Caracas. Esta, para poder ser gobernada eficientemente, como entidad metropolitana y con poderes locales descentralizados, requiere de una profunda reforma institucional que queremos comentar, analizando, en primer lugar, las bases para una reforma de la Región Capital y del Área Metropolitana de Caracas, y en segundo lugar, las exigencias de esas reformas.

A. *Bases para la reforma*

Para plantear las bases de la reforma institucional de Caracas debemos insistir en los tres elementos que hemos formulado. La indispensable estructuración de un gobierno único para toda la Región Capital; la necesaria metropolitanización del Área Metropolitana de Caracas; y la descentralización política del gobierno local de Caracas. Tal como se planteó en la propuesta que elaboramos conjuntamente con otras personalidades vinculadas a los problemas de la Capital, y que fue expuesta por el Presidente del Concejo Municipal del Distrito Federal, con ocasión de los 415 años de Caracas, en julio de 1982:

"No olvidemos que Caracas, la capital, no sólo está formada por el Departamento Libertador del Distrito Federal y por el Distrito Sucre del Estado Miranda, sino que también forma parte de la misma, el Distrito Guaicaipuro del mismo Estado. La vida de la capital, además, está íntimamente vinculada al Litoral Central, es decir, al Departamento Vargas del Distrito con el cual forma una unidad; a los Distritos de los Valles dey Tuy, a los Distritos de Guarenas-Guatire y a los Distritos de Barlovento, en el Estado Miranda. *Esas cinco áreas territoriales deben tomar una sola unidad político-territorial* que equivale a la actual Región Capital, para lo cual debe establecerse un sistema único de gobierno. Llámese Estado Caracas o Miranda, llámese Distrito Federal o tenga cualquier otra denominación, ese territorio de la Región Capital, tiene que estar a cargo de un único gobierno regional, descentralizado, con todos los poderes necesarios para asumir el desarrollo de la Gran Capital".

"Este sistema *político-administrativo de toda la Región Capital*, estaría compuesto por una autoridad ejecutiva, un Gobernador de la nueva entidad regional, y una Asamblea Legislativa cuyos miembros serían electos por votación popular".

"Este *nuevo gobierno* regional, además, tendría como fundamento un sistema de competencias que hagan posible la convergencia de un doble proceso político que existe a la base de la reforma propuesta: por una parte, un proceso de integración política de la Región con una concentración de competencias propias del manejo de una gran metrópolis, como Caracas; y por la otra, un proceso de descentralización política, para establecer, dentro de esa gran unidad político territorial de la Región Capital, diversos y escalonados gobiernos locales. Ello requiere de una sabia distribución de competencias, que está a la base de la reforma propuesta".

"Dentro de esa unidad política territorial de la Región Capital, en efecto, habría un sistema de gobierno local a dos niveles: un primer nivel, compuesto por cinco grandes autoridades locales situadas, la primera en el Gran Valle del Ávila, la segunda en el Litoral Central; la tercera en el Valle Guarenas-Guatire; la cuarta en los Valles del Tuy; y la quinta en el área de Barlovento".

"Estas cinco grandes autoridades locales, tendrían competencias específicas para el gobierno y administración de sus áreas territoriales y estarían compuestas por sendas autoridades ejecutivas, unos Alcaldes, con funciones administrativas y de gobierno local, y sendos Concejos Municipales, con funciones netamente deliberantes, legislativas y de control. Tenemos que superar, en nuestra gran ciudad, la administración colegiada de la actualidad, que está conspirando contra la eficiencia administrativa local, y tanto los Alcaldes como los Concejales, en estas cinco grandes áreas territoriales, serían electos por votación popular".

"Pero dentro de cada una de las cinco grandes unidades político-administrativas que conformarían la Región Capital, habría una multiplicidad de autoridades locales menores, como pequeños gobiernos municipales, con competencias específicas para las diversas localidades".

"Tenemos que hacer realidad la democracia participativa, y ello sólo es posible, descentralizando el poder y acercando la autoridad municipal a los ciudadanos: y en la Capital tenemos que dar el ejemplo. Sólo descentralizando la autoridad local, en un sistema integral e integrado de gobierno regional y metropolitano, es, que las comunidades de la gran ciudad podrán ejercer el gobierno local".

"Estas pequeñas entidades locales estarían a cargo de Juntas Municipales con un número muy reducido de miembros, entre 3 y 7, electos por votación popular, y tendrían ámbitos territoriales de acción relativamente reducidos. Por ejemplo, el área del Litoral Central, es decir, del actual Departamento Vargas, además de su Alcalde y Concejo Municipal antes indicado, tendría muchas autoridades municipales como las indicadas, por ejemplo, en Carayaca, Catia La Mar, Maiquetía, Macuto, Caraballeda, Naiguatá, y otros. Asimismo, por ejemplo, en la unidad territorial del Gran Valle del Ávila, además del Alcalde de Caracas y del Concejo Municipal global, habría pequeñas entidades locales no necesariamente iguales a las actuales Parroquias del Departamento Libertador, o a los actuales Municipios del Distrito Sucre, pero con áreas territoriales cónsonas con la identificación de la población a la región que habitan".

"Ya la ciudad capital es otra. Tenemos que convencernos de ello, por lo que el Gobierno que necesita también tiene que ser otro".

"Tenemos con imaginación, que idear el sistema de gobierno de la nueva Caracas, y esta es una tarea de todos los caraqueños, es decir, de todos los que han hecho de nuestra capital, su ciudad. Lo que es cierto, es que no puede continuar el actual esquema político-municipal de la ciudad, concebido en otras épocas y para otra ciudad".

Veamos, entonces, separadamente, las bases de estas reformas.

a. *La estructuración de un gobierno único para la Región Capital*

La Región Capital, compuesta por los territorios del actual Distrito Federal y Estado Miranda, sin duda, requiere de un tratamiento político-administrativo uniforme e integral. Así ha sucedido con todas las grandes capitales del mundo y sus áreas regionales, y baste citar los dos ejemplos más destacados: la reforma del gobierno regional y local del Gran Londres y de la Región de París.

La Región Capital ya no puede seguir escapando de esta tendencia universal de tratamiento integral de las áreas regionales de las capitales, y con imaginación, debe ser dotada de un sistema único de gobierno y administración, capaz de conducir y gerenciar toda la Región.

Como se señaló, la Región Capital está compuesta por cinco grandes áreas territoriales, íntimamente vinculadas y ligadas entre sí, que exigen la integralidad de su tratamiento, debido a las interrelaciones que entre ellas existen.

Esas cinco áreas son las siguientes:

1) El *Gran Valle del Ávila*, es decir, el Área Metropolitana de Caracas, compuesto por el Municipio Libertador del Distrito Federal, parte de la Parroquia Carayaca del Municipio Vargas del mismo Distrito Federal; los Municipios Sucre, Chacao, Baruta, El Hatillo y Los Salías; y parte del Municipio Guaicaipuro del mismo Estado Miranda;
2) El *Litoral Central*, compuesto básicamente por el Municipio Vargas del Distrito Federal;

3) Los *Valles del Tuy*, compuestos por los Municipios Urdaneta, Lander, Paz Castillo e Independencia del Estado Miranda, y parte del Municipio Guaicaipuro del mismo Estado Miranda;

4) El *Valle Guarenas-Guatire*, compuesto por los Municipios Zamora y Plaza del Estado Miranda;

5) El *Área de Barlovento*, compuesta por los Municipios Brión, Acevedo y Páez del Estado Miranda.

Todo ese territorio, compuesto por esas cinco áreas tiene que estar sometido a un solo gobierno y administración regional, que sustituya a los dos gobiernos disímiles actuales: el del Distrito Federal y el del Estado Miranda.

Este gobierno regional, dentro de un esquema de descentralización general del país, debe tener las competencias regionales básicas para la conducción de la Región: planificación económica y social de la región, ordenamiento territorial de toda la Región: e inversión pública en las obras y actividades de escala regional.

Esta fórmula de un solo gobierno para toda la Región Capital podría lograrse de dos maneras: anexando el Estado Miranda al Distrito Federal, convirtiendo a toda la Región Capital en Distrito Federal, o anexando el Distrito Federal al Estado Miranda, convirtiendo toda la Región Capital en un solo Estado Miranda o Estado Caracas. En ambos casos se requeriría de una reforma radical, sea del régimen del Distrito Federal, sea del régimen de los Estados dentro del Sistema Federal de nuestro país, pues la nueva entidad de gobierno regional, ni tendría éxito con el actual sistema de gobierno del Distrito Federal, ni con el actual sistema de gobierno y administración de los Estados federados.

Además, eliminar el Distrito Federal, implicaría una Enmienda Constitucional, dado que se trata de una entidad de rango constitucional, regulada en el artículo 12 de la Constitución. En cambio, la fusión del Estado Miranda al Distrito Federal podría realizarse en los términos autorizados por el artículo 10 de la propia Constitución.

Otra fórmula para la estructuración de un gobierno y administración regional, sería también, la suscripción de un acuerdo o convenio entre los Gobiernos del Distrito Federal y del Estado Miranda, aprobado por el Senado y la Asamblea Legislativa del Estado Miranda, en el cual se establezcan las bases del mismo. Esta fórmula, sin embargo, sería más débil que la antes planteada.

b. *La metropolitanización del régimen de Caracas: un único gobierno municipal para el Área Metropolitana*

Pero además del gobierno único a nivel regional, el Área Metropolitana de Caracas, es decir la zona urbana del Gran Valle del Ávila, como toda área metropolitana, también requiere de un régimen único, tanto de gobierno (político) como de administración, que comprenda toda el área y que ordene la fragmentación político administrativa actual. Esto permitiría, ante todo, la prestación más eficiente de los servicios públicos de ámbito metropolitano, por unidades metropolitanas. Esto resulta indispensable para servicios públicos como los de transporte, educación, salubridad, asistencia social y para actividades públicas como la regulación y planificación urbanística, que requieren, además, una coordinación con los, servicios que presten las entidades nacionales.

Esto, por otra parte, es la tendencia universal. Por ello, con razón, se ha dicho que el primer y principal problema de nuestro tiempo, es el problema de la metropolitanización. Esta situación la han sufrido y vivido todos los países del mundo, por lo que tuvieron que construir fórmulas metropolitanas para gobernar y administrar las grandes ciudades agobiadas por la fragmentación territorial. En la formulación de soluciones ha habido ciudades precursoras. La primera de ellas fue Tokio, que en 1943 transformó un régimen disperso de 38 gobiernos locales, en un sólo gobierno metropolitano que, sin embargo, no eliminó los locales, sino que distribuyó las competencias. Otra muy importante experiencia fue la de Toronto, ciudad en la cual también se estableció un régimen metropolitano, transformando la fragmentación municipal precedente.

Las soluciones han sido diversas, a veces se ha establecido un gobierno global, en otros casos se ha conservado los pre-existentes, integrados con un nuevo nivel metropolitano. En todo caso, lo cierto es que en todas las experiencias de grandes ciudades contemporáneas se ha verificado una gran reforma institucional; con mucha imaginación y voluntad propia.

También se han efectuado otras soluciones menores y más débiles que sin haber estructurado un gobierno y administración metropolitana, han acudido a la sola coordinación de servicios, mediante los llamados Distritos especiales metropolitanos, fórmula que, en grandes ciudades, se han utilizado en Estados Unidos, para la atención de servicios concretos, como el de transporte o de educación. En particular, en esta orientación, como fórmula de uniformización o metropolitanización de transporte, sustitutiva de la fragmentación geográfica local, desde hace años se ha planteado en Caracas la necesidad de creación de una Autoridad Metropolitana del Transporte, entre el Poder Nacional y las Municipalidades actuales, sin éxito. En 1982 se estableció un convenio de mancomunidad para atender la organización del servicio, también sin éxito.

En otras grandes ciudades, para metropolitanizar las actividades públicas, se ha recurrido a la fórmula de suscribir convenios entre las diversas entidades locales, pero convenios de gran envergadura, aliento y poder político. Por ejemplo, en San Francisco, se constituyó la Asociación de los Gobiernos del Área de la Bahía de San Francisco, que controló y dirigió todo el área; en Washington, el Consejo de Gobierno Metropolitano de Washington: y en New York, el Consejo Regional Metropolitano que abarcó toda la ciudad y que coordinó las autoridades locales del área. Lo mismo ha sucedido en Europa en las ciudades de los Valles de Rhin y el Rhur. En todos estos casos, se trata de convenios de gran importancia entre todas las autoridades locales de una metrópoli, para la metropolitanización de los servicios locales. En otros casos se ha acudido a la asunción por el Poder Nacional de algunos servicios metropolitanos. Esta fórmula es contraria al régimen local, y como ejemplo debe citarse a la Ley que creó el Instituto Metropolitano de Aseo Urbano como instituto autónomo nacional, derogada en 1992, experiencia que fue un ejemplo de centralismo, pues a través de ella, fue el Poder Nacional el que asumió las competencias locales.

En todo caso, para formar un gobierno metropolitano como hemos planteado, resulta necesaria la restructuración completa de los gobiernos locales existentes en un Área Metropolitana. Para ello ha habido dos fórmulas de gobiernos metropolitanos que deben tenerse en cuenta.

En primer lugar, la fórmula del gobierno único, que supone la abolición de todos los poderes locales existentes, en favor de un gobierno único. Se trata de la figura de la anexión, que fue una fórmula muy común durante el siglo pasado en Europa, pero que ya no se utiliza en el mundo contemporáneo. La última gran experiencia de anexión, fue la de Moscú en los años sesenta, viable por la autocracia, pero que no resulta posible en un sistema político democrático. Ciertamente es una fórmula que permitiría la metropolitanización, pero con sacrificio de la descentralización política y de la participación. Por tanto, la anexión no es una fórmula aceptable.

En segundo lugar, se plantea la fórmula del gobierno metropolitano a dos niveles, que combina la metropolitanización con la participación política. Esta experiencia ha sido calificada como el prototipo deseable por la Conferencia de Áreas Metropolitanas que se celebró en Toronto en 1967 y donde se estudiaron todas las experiencias de Áreas Metropolitanas del mundo.

Conforme a esta fórmula de gobierno a dos niveles, los gobiernos locales en pequeñas áreas territoriales permanecen, y se crea, además, un nuevo gobierno metropolitano, como nuevo escalón a nivel de toda el área metropolitana. Esta es la fórmula concreta que se aplicó en Londres, París, Tokio y Toronto. Si se quiere, se trata de una especie de Federación de Municipios en la cual se produce una división de funciones, entre los aspectos que pertenecen a un régimen estrictamente local, para las pequeñas colectividades locales, con competencia en los aspectos esencialmente locales; y luego los que pertenecen al nuevo nivel de gobierno metropolitano, con competencias metropolitanas. Esta fórmula del gobierno a dos niveles, es la que permite conciliar, la metropolitanización con la representatividad y participación política, es decir, con la descentralización política que es la otra base de la reforma, que queremos plantear.

c. *La descentralización política del régimen de Caracas*

En efecto, no solo tenemos que regionalizar el gobierno de la Región Capital y metropolitanizar el gobierno y administración del Área Metropolitana de Caracas, sino que paralelamente tenemos que establecer un sistema de descentralización política en la ciudad. Este segundo aspecto, también exige que formulemos algunas premisas para luego analizar las fórmulas posibles.

En efecto, ante todo se plantea la necesidad de hacer más representativos los poderes o niveles locales o municipales. A medida que se ascienda o concentre como resultado de la regionalización y metropolitanización, debe descenderse en materia de poder político, local y municipal, si es que se quiere que el Municipio sea, conforme lo define el artículo 25 de la Constitución, la unidad política, primaria y autónoma, dentro de la organización nacional. Si realmente debe ser esa unidad política, primaria y autónoma dentro de la organización nacional, se tiene que descender el Municipio para acercarlo a la comunidad, como ha sucedido en el antiguo Distrito Sucre del Estado Miranda que se dividió en cuatro municipios.

Para concebir una fórmula tendiente a lograr la descentralización política tanto en el Área Metropolitana de Caracas, como en las otras cuatro grandes áreas territoriales que conforman la Región Capital, es necesario conciliar, precisamente, la regionalización y metropolitanización con la descentralización política, mediante, la creación de muchas autoridades locales en las áreas, para los asuntos estrictamente locales. Debe desarrollarse, así, un proceso paralelo de centralización regional y metropolitana y de descentralización política local. Para ello resulta necesario delimitar las competencias correspondientes a los tres niveles, de manera de llevar al ámbito regional, las competencias necesariamente regionales; al ámbito metropolitano las competencias necesariamente metropolitanas, como abastecimiento de agua, electricidad, alcantarillado, transporte, planificación urbana, policía; y llevar al nivel local múltiple, constituido muy cerca de las comunidades, las competencias de control administrativo y de mantenimiento.

Imaginémonos, por ejemplo, como una fórmula de reordenación municipal del Área Metropolitana de Caracas, la creación de un gobierno y administración para toda la gran Área Metropolitana en Caracas, con un Alcalde electo como autoridad ejecutiva y un gran Concejo Municipal Metropolitano, y áreas equivalentes o menores a cada Parroquia del Distrito Federal, y a los Municipios del antiguo Distrito Sucre, por supuesto, con muy pocos Concejales, tres a siete, por ejemplo, para ocuparse de los asuntos estrictamente locales, y promover así, no sólo el auto gobierno sino la participación política.

Por ello, además, sería necesario, llevar aún más hacia abajo el proceso político local, hacia las vecindades o comunidades, estableciendo Juntas Parroquiales con atribuciones propias del ámbito comunal.

B. *Las exigencias de la reforma*

Frente a esas bases de reforma antes comentadas, la exigencia fundamental para su realización está en combinar la regionalización y la metropolitanización de la capital, con la descentralización política y con el régimen de capitalidad, porque Caracas, no sólo es un Área Metropolitana, sino la capital de la República.

a. *La regionalización política de la capital*

Ante todo, la Región Capital debe conformarse como una sola unidad político-administrativa, con autonomía dentro de nuestro régimen federal. Como se dijo, habría dos fórmulas para ello: o hacer de toda la Región Capital un Distrito Federal, con régimen particular; o hacer de la misma un solo Estado, llámese Estado Miranda o Estado Caracas.

En todo caso, esta nueva entidad tendría un sistema de gobierno con un órgano ejecutivo, un Gobernador de la Entidad, y un Órgano Legislativo, cuyos miembros serían electos por votación popular.

a'. *La opción por la fórmula del Distrito Federal*

Si se opta por la fórmula del Distrito Federal para el régimen de toda la Región Capital, habría que fusionar el Estado Miranda al Distrito Federal mediante un convenio aprobado por el Senado y la Asamblea Legislativa de dicho Estado, conforme se prevé en el artículo 10 de la Constitución. En esta forma, para la organización político-administrativa de este nuevo Distrito Federal, la Ley Orgánica del mismo que prevé la Constitución (Art. 12) da toda la libertad necesaria al Legislador Nacional para establecerlo y regularlo, y para establecer un régimen de descentralización política y administrativa de gran aliento.

Esta Ley podría prever que el Gobernador del Distrito Federal siga siendo designado por el Presidente de la República conforme a la peculiaridad que en los Estados Federales tiene la, sede de los Poderes Nacionales, y que la Asamblea Legislativa de todo el Distrito, se elija por votación universal secreta y directa, mediante un sistema combinado de elección de Diputados regionales: un número de ellos por representación proporcional en toda el área, y otro número, por elección uninominal o cuasinominal en cada una de las cinco grandes entidades multimunicipales en las cuales ha de dividirse el futuro Distrito Federal (equivalente a la Región Capital).

La Constitución exige que en la Ley Orgánica se deje a salvo la autonomía municipal, y ello se haría en esas cinco grandes áreas territoriales que formarían ese nuevo Distrito Federal: el Área Metropolitana de Caracas en el Gran Valle del Ávila; el Litoral Central; los Valles del Tuy; el Valle Guarenas-Guatire y el área de Barlovento. En cada una de esas cinco áreas; como se verá, se establecería un sistema de gobierno municipal, a dos niveles, con entera autonomía.

b'. *La opción por la fórmula de un Estado Miranda o Estado Caracas*

La otra opción para establecer un régimen único, de carácter político-administrativo para toda el área que hoy conforma la Región Capital, sería mediante la estructuración, en ella, de un nuevo Estado dentro de la división político-territorial de la República, llámese Estado Miranda o Estado Caracas, y que tenga el régimen de autonomía de los Estados que prevé la Constitución en sus artículos 16 y siguientes.

Esta fórmula, sin embargo, exigiría, ante todo, de una Enmienda Constitucional, para eliminar el Distrito Federal que es creación del Texto Fundamental (Art. 21), y poder configurar la nueva entidad estadal. Pero además, exigiría una transformación radical del régimen general de los Estados de nuestra Federación.

La forma federal del Estado Venezolano ha sufrido de una carga centralista que ha conspirado contra la autonomía de los Estados. Por ello señalábamos que pensar en la fórmula de un Estado, para organizar la Región Capital, implicaba, además, transformar, en general, en toda la República el régimen de los Estados para hacerlos verdaderas entidades políticas descentralizadas, y exigía también, que se pusiera en marcha un proceso de descentralización de competencias nacionales hacia los mismos, en los términos que autoriza el artículo 137 de la Constitución, lo que como se ha dicho, se ha iniciado a partir de 1989.

Sólo en esa forma, el Gobernador del nuevo Estado podría ser electo, por votación popular, y la Asamblea Legislativa del mismo, cuyos miembros serían también electos en la forma antes indicada, tendrían funciones que ejercer.

c'. *El abandono de la fórmula del Estado Vargas*

La ausencia de autonomía de las comunidades del antiguo Departamento Vargas del Distrito Federal, había provocado la búsqueda de una autonomía política para el mismo, y como fórmula se habían señalado dos: la creación de un Municipio en dicho Departamento, o la creación en dicho territorio de un nuevo Estado: el Estado Vargas. La primera fórmula fue la seguida en 1986, con la creación del Municipio Vargas.

Como alternativa para la autonomía del antiguo Departamento Vargas también se había planteado otra idea, y fue la creación de un nuevo Estado Vargas, lo cual ha adquirido fuerza política en todas las comunidades del Litoral Central, hasta el punto de constituirse en una idea fuerza respecto de la cual hay consenso en los partidos políticos y en las organizaciones representativas de grupos de interés. Sin embargo, pensamos que un nuevo Estado Vargas, creado en el territorio del actual Municipio Vargas, rompería las exigencias de regionalización a la cual nos referíamos anteriormente. Debe quedar claro que el régimen de Caracas, al estar situado en la Región Capital, exige darle una solución institucional a toda la Región Capital, como la que hemos señalado, por lo cual la idea de crear un Estado Vargas, debería quedar totalmente descartada.

Sin embargo, la misma propuesta aislada de crear un Estado Vargas requeriría solucionar otros problemas previamente, entre ellos, el planteamiento constitucional relativo a determinar, cómo se crea un nuevo Estado en el régimen de la Constitución de 1961. En efecto, la Constitución vigente partió del supuesto de que existían 20 Estados y no previo la posibilidad de creación de nuevos Estados, salvo por la vía de la transformación de Territorios Federales en Estados, conforme al artículo 13 del Texto, lo que ocurrió con los Estados Amazonas y Delta Amacuro.

La creación de un nuevo Estado fuera de los Territorios Federales, implicaría quitarle territorio a alguna entidad territorial; si se trata de las otras entidades político-territoriales, los Estados o el Distrito Federal, la forma de crear un nuevo Estado con parte de sus territorios no está regulada en la Constitución. Esta prevé, en su efecto, en su artículo 10, la posibilidad de cesiones de territorios entre Estados, y entre un Estado y el Distrito Federal. Con la creación de un Estado Vargas, como el proyectado, no habría cesión territorial, porque el Distrito Federal no cedería territorio a ningún entre territorial preexistente, y no podría ceder territorio a una nueva entidad que se crearía por Ley, creando un nuevo Estado en un área territorial, que es de otro Estado o del Distrito Federal. Por ello, estimamos que la Constitución no prevé la posibilidad ni la forma de crear en nuestra organización territorial, un nuevo Estado, en parte del territorio de otro Estado, o del Distrito Federal.

Sin embargo, este escollo tendría solución, pues ese sería un auténtico campo de una Enmienda Constitucional, que tendría que reformular completamente el régimen de la Capital.

b. *La metropolitanización de la Capital y la autonomía municipal dentro de la Región Capital*

La segunda exigencia de la reforma planteada, además de la regionalización política de la Capital, está en la metropolitanización de Caracas y en el establecimiento de la autonomía municipal en toda la nueva entidad regional.

En efecto, hemos señalado que todo el territorio que se compone ahora por la Región Capital (Distrito Federal y Estado Miranda) debe dividirse en cinco áreas municipales, con gobierno local autónomo, y una de ellas debe ser el Área Metropolitana de Caracas.

a'. *La autoridad municipal en las cinco áreas territoriales de la Región Capital*

En efecto, estas cinco áreas serían las siguientes, ya mencionadas: el Litoral Central; el Gran Valle del Ávila; los Valles del Tuy; el Valle Guarenas-Guatire y el área de Barlovento.

En cada una de esas áreas territoriales, debe garantizarse la autonomía municipal, y establecerse un gobierno local a cargo de autoridades ejecutivas y legislativas. Así en cada una de ellas habría un Alcalde, electo por votación popular, como autoridad ejecutiva; y Concejos Municipales, cuyos miembros también serían electos por votación universal, directa y secreta.

En todo caso, como se ha dicho, una de esas cinco áreas territoriales municipales mayores sería el Área Metropolitana de Caracas, compuesta por el Municipio Libertador y parte del Municipio Vargas del Distrito Federal y por los Municipios Sucre, Chacao, Baruta, El Hatillo, Los Salías, y Carrizal y parte del Municipio Guaicaipuro del Estado Miranda. La integración necesaria e indispensable de esta área en una sola entidad municipal, es esencial en el régimen de gobierno y administración de Caracas, bajo el signo de la metropolitanización.

b'. *El gobierno único municipal para el Área Metropolitana de Caracas*

En efecto, para la metropolitanización del régimen de Caracas debe crearse, ante todo, una entidad metropolitana, que con la debida autoridad municipal y administrativa gobierne y administre toda el Área Metropolitana y, en particular, de inmediato, todo lo que es, actualmente el Municipio Libertador del Distrito Federal y parte de su Municipio Vargas y en el Estado Miranda, sus municipios Sucre, Chacao, Baruta, El Hatillo, Carrizal y Los Salias, y parte de su Municipio Guaicaipuro.

Esta entidad metropolitana como se dijo, debe ser una autoridad político-territorial municipal descentralizada, con autonomía y poder local. Para ello, tiene que estar formada por autoridades electas, ejecutiva y legislativa. Como se dijo, tiene que tener una autoridad ejecutiva unipersonal, un Alcalde, electo por votación popular; y un órgano colegiado, electo, es decir, con un Concejo metropolitano de carácter deliberante, legislativo y de un control, sin funciones administrativas.

En este Concejo Metropolitano, eventualmente podría haber representantes del Poder Nacional, sin voto, para conciliar la metropolitanización y la descentralización político-territorial, con la capitalidad. No olvidemos que la existencia de la Capital plantea, y ha planteado en la historia institucional de todos los países, la necesidad de estructurar un régimen especial para la capital. En algunos casos se ha creado una entidad sin autonomía local, y en la mayoría de las capitales se han estructurado sistemas intermedios, donde la autonomía local se limita con una interferencia del Poder Nacional por el hecho de tener, este, su sede en la capital. En algunos sistemas federales, por ejemplo, el Distrito Federal, no tenía autonomía local, como era el caso del Distrito de Columbia en los EE.UU., donde la legislación del Distrito la dictaba el Congreso de la Unión, y donde la autoridad ejecutiva y administrativa del Distrito, la ejercía el Presidente de los Estados Unidos. En otros casos se estableció un sistema intermedio, como había sido tradicionalmente el de Venezuela y el que tenía Río de Janeiro, formado por un Gobernador designado por el

Presidente de la República, y un Concejo Municipal electo. Sin embargo, en otros casos, la Autoridad Metropolitana o Regional no tenía autonomía local. Por ejemplo, París tuvo un sistema de múltiples consejos electos a nivel local, pero no en el Gran París, hasta la década de los ochenta cuando por primera vez en cien años se eligió un Alcalde de París, por sufragio universal, y cuya modificación ha originado una polémica política de gran importancia.

Por tanto, una forma de conciliar la metropolitanización y descentralización con la capitalidad en Caracas sería, no el sacrificio de la elección del Alcalde de la ciudad y de los Concejales, sino ubicar, en un Concejo Metropolitano electo, con competencias muy claramente determinadas, con voz pero sin voto, algunos representantes del Poder Nacional.

c. *La descentralización y participación política en la Región Capital y en Caracas*

La democracia participativa, que es una de las exigencias de perfeccionamiento de nuestro régimen democrático, no puede hacerse realidad, sin una descentralización política de manera que se acerque la autoridad local a los ciudadanos. Por ello, la reforma propuesta con lleva a una multiplicación de autoridades locales en áreas territoriales reducidas, con competencias municipales, bien delimitadas.

a'. *La multiplicación de autoridades locales menores*

En efecto, además de la regionalización de Caracas, también se plantea, como exigencia de reforma, la descentralización y participación política en la Capital, y en toda la futura entidad política de la Región Capital, lo que conduce a lo mencionado anteriormente: a la multiplicación de las autoridades locales que deberían funcionar en el Área Metropolitana y en las cuatro restantes grandes áreas municipales. Tenemos que crear, así, muchos Municipios, en todo el territorio de las mencionadas cinco grandes áreas, de manera que cada comunidad tenga su autoridad municipal, unipersonal y colegiada, estas sí, integradas por un número reducido de miembros, de 3 a 7 personas que se ocupen de los aspectos estrictamente locales, en áreas territoriales pequeñas.

b'. *Los gobiernos locales menores en el Área Metropolitana de Caracas y el Litoral Central*

En esta forma, por ejemplo, en el Área Metropolitana de Caracas, integrado por el Gran Valle del Ávila, además de la Autoridad Municipal Metropolitana: el Alcalde de Caracas y el Concejo Municipal de toda el área, su territorio se dividiría en pequeñas demarcaciones territoriales, con autonomía municipal y competencias para asuntos estrictamente locales.

Esto ya se ha hecho en lo que era el antiguo Distrito Sucre del Estado Miranda. Por ello, en el actual Municipio Libertador, algunas parroquias del Valle de Caracas, como La Pastora o La Candelaria podrían configurar estas autoridades municipales electas en forma uninominal en sus respectivos territorios. Otras Parroquias, deberían, a su vez, ser subdivididas en varias entidades municipales menores, como sucedería con la Parroquia Sucre, o El Recreo, por ejemplo, cada una con su autoridad local electa.

En todas estas pequeñas áreas locales, existirían las autoridades municipales electas, y entre ellas y la Autoridad Municipal Metropolitana, tendría que establecerse una sabia distribución de competencias que permitan conciliar el proceso de metropolitanización con el de la descentralización, dentro de un sistema eficiente de prestación de servicios públicos y de mantenimiento, para mejorar la calidad de la vida.

En el mismo sentido debería operar la reforma en el Litoral Central. Además de la Autoridad Municipal global para toda el área del Litoral, integrada por el Alcalde y el Concejo Municipal del Municipio Vargas, deberían estructurarse múltiples autoridades locales menores, para los asuntos estrictamente locales o comunales, en las diversas localidades del área: Carayaca, Catia La Mar, Maiquetía, La Guaira, Macuto, Caraballeda, Naiguatá, y otra para el resto oriental de la costa.

3. *La implementación de la reforma*

La reforma propuesta, como se puede observar, forma un todo integral, pues busca el reordenamiento institucional de toda la Región Capital, y dentro de ella, de las cinco grandes áreas territoriales que la conforman: el Área Metropolitana de Caracas, el Litoral Central, los Valles del Tuy, el Valle Guarenas-Guatire y el área de Barlovento. El problema de Caracas y su área de influencia, no puede solucionarse efectivamente con fórmulas de coordinación sino de integración política. Aquellas, en todo caso, no son descartables, pero sólo pueden considerarse como provisionales, para el logro del objetivo general: estructurar un único gobierno para la Región Capital y en el caso de Caracas, un único gobierno municipal para su área metropolitana.

Todas las reformas legislativas que se hagan, por tanto, deben tender a visibilizar los objetivos generales y no obstaculizarlos.

Ahora bien, en cuanto a la posibilidad institucional de la reforma de Caracas, debemos constatar, ante todo, lo que prevé, en esta materia la Constitución de 1961. Esta establece, en primer lugar, que Caracas es la Capital de la República (Art 11): en segundo lugar, prevé la existencia de un Distrito Federal, como sede de los Poderes Nacionales (Art. 12); y en tercer lugar; prevé que en el Área Metropolitana existen diversas jurisdicciones que pueden ser coordinadas mediante una Ley especial (Art. 11).

Ahora bien, frente a esta realidad institucional, crear una Región Capital como entidad político-territorial y establecer una entidad metropolitana, con unas características totalmente distintas a la actual, como las que hemos mencionado, exige reformar el sistema institucional y enmendar la Constitución para hacer posible la mencionada conciliación, entre la regionalización y metropolitanización de la capital, con la descentralización política y la capitalidad.

Además de una Enmienda Constitucional, resultaría indispensable modificar sustancialmente al menos, dos leyes: la Ley Orgánica del Distrito Federal y la Ley Orgánica de Régimen Municipal.

Ante esta situación, sin duda, la reforma propuesta puede realizarse teniendo en cuenta dos variables: una de largo plazo y otra de corto plazo.

A. *Las reformas de largo plazo*

Sin duda, pueden considerarse como reformas de largo plazo, las que implican Enmiendas Constitucionales, o las que conllevan un reordenamiento territorial con variación de los límites de las entidades políticas que actúan en la Región Capital: el Distrito Federal y el Estado Miranda.

a. *La creación de la Región Capital como entidad político-territorial*

Hemos señalado que el establecimiento de una sola entidad político-territorial en la Región Capital, con un gobierno único regional, podría realizarse estableciendo un nuevo Distrito Federal en toda la Región o un nuevo Estado Miranda o Caracas, en la misma región.

En efecto, la primera posibilidad sería la de estructurar un nuevo Distrito Federal, pues en definitiva, Venezuela es un Estado Federal, y las Federaciones han dado una experiencia muy rica en el mundo contemporáneo, que debemos asimilar. Pero, por supuesto, se trataría de crear un nuevo Distrito Federal totalmente distinto al actual, no sólo en su área territorial, pues abarcaría toda la Región Capital; sino en su organización y sistema político. Del actual, por tanto, sólo conservaría el nombre.

Para lograr que tenga un territorio igual a toda la Región Capital, tendría que producirse la cesión de los territorios pertinentes del Estado Miranda al Distrito Federal. Esta cesión prevista en la Constitución expresamente (Art. 10), exigiría que la misma tenga aprobación del Senado y de la Asamblea Legislativa del Estado Miranda. Pero además de tener un nuevo territorio, el Distrito Federal propuesto tendría también una nueva organización y sistema político. Por tanto, cuando hablamos de un nuevo Distrito Federal, del actual Distrito Federal sólo conservaría el nombre. Esta nueva organización política y administrativa implicaría el establecimiento de un gobierno a tres niveles: un primer nivel regional, a cargo de un Gobernador y una Asamblea Legislativa regional; un segundo nivel, a cargo de cinco autoridades municipales en las cinco áreas en las cuales se dividiría la Región Capital, cada una con un Alcalde y un Concejo Municipal; y un tercer nivel, compuesto, dentro de cada una de las cinco áreas territoriales mencionadas, por muchos gobiernos locales, con un nuevo esquema y división territorial, en los términos que antes hemos comentado.

Para establecer un nuevo Distrito Federal, como ese, con imaginación, no sería necesaria una Enmienda Constitucional, porque la Constitución dispone que existe un Distrito Federal, y dispone la coordinación de jurisdicciones en el Área Metropolitana, que no necesitan ser las actuales, sino que pueden ser las muchas pequeñas jurisdicciones territoriales que pueden existir dentro del nuevo esquema planteado. Sí sería necesaria una cesión territorial, y la reforma de las Leyes Orgánicas del Distrito Federal y de Régimen Municipal.

La otra vía para la reforma institucional de la Región Capital consistiría en la creación de un nuevo Estado: el Estado Caracas o Estado Miranda. Esta fórmula sería más complicada, porque requeriría de una Enmienda Constitucional para eliminar el Distrito Federal, y reformar el sistema estadal para darle al nuevo y a los viejos Estados, una realidad distinta, tal como también lo hemos señalado anteriormente.

Por otra parte, quedarían descartadas en todo caso, las fórmulas incompletas, que más bien complicarían el panorama actual, como la fórmula de la creación de un Estado Vargas en el Municipio Vargas del Distrito Federal.

b. *La creación del Área Metropolitana de Caracas como entidad político territorial municipal*

Independientemente de la creación de la Región Capital, como entidad político-territorial, dentro del esquema propuesto, otra reforma de largo plazo, sería la creación del Área Metropolitana de Caracas como nueva entidad político-territorial municipal.

Hemos señalado que el Área Metropolitana de Caracas está formada por parte, del territorio del Distrito Federal y parte del territorio del Estado Miranda, a cargo, actualmente de autoridades distintas reguladas por leyes diferentes. Hacer de todo ese territorio una sola entidad, exigiría la modificación de los límites territoriales del Estado Miranda y del Distrito Federal, mediante cesiones territoriales aprobadas por el Senado y la Asamblea Legislativa del Estado Miranda.

B. *Las reformas de corto plazo*

Con vistas a la reforma global propuesta, pueden efectuarse reformas en el corto plazo para preparar el esquema general a largo plazo.

Estas reformas se harían simultáneamente en la Ley Orgánica del Distrito Federal, y exigirían la sanción de una nueva ley: la Ley de Coordinación de las jurisdicciones que actúan en el Área Metropolitana de Caracas.

Además, tendrían que reformarse las leyes de Régimen Municipal y de División Territorial del Estado Miranda por su Asamblea Legislativa.

a. *La reforma de la Ley Orgánica del Distrito Federal*

En 1968 la Ley Orgánica del Distrito Federal se reformó conforme a los siguientes criterios:

1. El establecimiento de una autoridad territorial única para todo el actual Distrito Federal, compuesta por un Gobernador, designado por el Presidente de la República, y una autoridad Legislativa que es el Congreso de la República.
2. La división político-territorial del Distrito Federal en dos Municipios: uno ubicado en el Litoral Central, en casi todo lo que formaba parte del Departamento Vargas y otro en el Valle del Ávila, en lo que era el Departamento Libertador, y en parte del antiguo Departamento Vargas (parte de la Parroquia Carayaca).

Cada uno de esos Municipios, Libertador y Vargas, está gobernado por autoridades municipales ejecutivas y legislativas, a cargo, respectivamente, de un Alcalde, electo por votación popular, y un Concejo Municipal, también electo por votación popular mediante un sistema mixto de representación proporcional y uninominal. Los Concejos Municipales no tienen funciones administrativas.

Ahora bien en el futuro cada uno de los dos Municipios que conforman el Distrito Federal, se debe dividir a su vez en múltiples autoridades locales menores, o nuevos Municipios colegiados, integrados por un Alcalde y un Concejo con númerc reducido de miembros entre 3 a 7 según la población o territorio, electos por votación popular en forma uninominal.

Esta división político-territorial exigiría un estudio de carácter poblacional, físico y cultural, de manera que las áreas territoriales que se establezcan respondan a la realidad actual y futura de crecimiento de las comunidades, así como a la identificación de la población con el área que ocupan.

Para el funcionamiento de este sistema institucional a tres niveles: el nivel superior del Distrito, y los dos niveles municipales metropolitanos, y los múltiples niveles locales menores, debe regularse una sabia distribución de competencias, de manera que cada área territorial tenga sus competencias apropiadas: las áreas territoriales menores en los asuntos estrictamente locales, los dos Municipios en los asuntos metropolitanos, y el área general, en las competencias globales del territorio del Distrito.

Dentro de esa distribución de competencias deben merecer especial atención, las competencias tributarias y la distribución de recursos públicos.

b. *La reforma de la Ley Orgánica de Régimen Municipal*

La Ley Orgánica de Régimen Municipal debe ser reformada de manera que permita el establecimiento de un régimen municipal especial y específico para el Estado Miranda, en virtud de encontrarse, en su territorio, parte de la Capital de la República.

Esta reforma debería permitir la posibilidad del establecimiento de un gobierno municipal a dos niveles, de manera que puedan integrarse las diversas autoridades municipales en el Estado, coordinables a los efectos del Área Metropolitana de Caracas. No se olvide que la Ley Orgánica es excesivamente uniformizante y no permite su variación mediante las leyes estadales. En esta forma, al permitirse un régimen específico para el Estado Miranda, se establecería un sistema municipal por la Asamblea Legislativa del Estado que seguiría las líneas de la reforma que hemos señalado, incluyendo la posibilidad de autoridades locales ejecutivas, los Alcaldes, para las divisiones Municipales del primer nivel territorial.

c. *La reforma de las Leyes de División Territorial y de Régimen Municipal del Estado Miranda*

En virtud de la reforma señalada de la Ley Orgánica de Régimen Municipal, la Asamblea Legislativa del Estado Miranda tendría que reformar su Ley de División Territorial y su Ley de Régimen Municipal, conforme a los siguientes criterios:

La división político-territorial del Estado se haría en un sistema municipal de dos niveles:

Un primer nivel, integrado por cuatro áreas territoriales a cargo de autoridades municipales ejecutivas y legislativas, es decir, Alcaldes y Concejos Municipales, electos ambos por votación popular. Los Concejos Municipales no tendrán funciones administrativas. Este primer nivel municipal, se establecería en las siguientes cuatro grandes áreas: la Primera, en el territorio del antiguo Distrito Sucre y parte del antiguo Distrito Guaicaipuro, en el Gran Valle del Ávila; la Segunda en los Valles del Tuy, en los antiguos Distritos Urdaneta, Lander, Paz Castillo, Independencia y parte del antiguo Guaicaipuro; la Tercera, en el Valle Guarenas-Guatire, en los antiguos Distritos Plaza y Zamora; y la Cuarta, en el área de Barlovento, en antiguos Distritos Brión, Acevedo y Páez.

Un segundo nivel municipal, estaría formado, por múltiples autoridades locales en áreas territoriales reducidas, dentro de cada una de las cuatro áreas municipales antes mencionadas, a cargo de autoridades Municipales, Alcaldes y Concejos, integrados por un número reducido de miembros (3 a 7) electos por votación popular.

La Ley de Régimen Municipal del Estado, conforme a lo que establezca la Ley Nacional, debe prever una sabia distribución de competencias entre los dos niveles municipales antes mencionados, de manera que en el nivel menor, queden los asuntos de estricto carácter local o comunal.

Dentro de estas regulaciones, deben preverse también, normas de distribución de competencias tributarias y de los recursos financieros del Estado en las diversas autoridades locales.

d. *La sanción de una Ley de Coordinación de jurisdicción en el Área Metropolitana de Caracas*

El Área Metropolitana de Caracas, conforme a lo mencionado anteriormente, estaría formada por lo que actualmente es el Municipio Libertador del Distrito Federal, y Municipios de los antiguos Distritos Sucre y Guaicaipuro del Estado Miranda. La Ley establecería un sistema institucional del Área Metropolitana.

Además la mencionada Ley debería establecer el sistema de coordinación de estas autoridades municipales con el Poder Nacional.

C. *Apreciación general*

Caracas, sin duda, necesita de una urgente reforma institucional para mejorar la calidad de la vida de sus habitantes y poder controlar su crecimiento. Con el régimen institucional que tiene, que data del siglo pasado, seguirá siendo una ciudad importante y seguirá provocando la frustración de todos los que de la mejor buena fe, pretendan gobernarla.

Por ello, es urgente la estructuración de un sistema nuevo de gobierno de la capital que permita atender las tres exigencias políticas contemporáneas de la ciudad: la regionalización de la Región Capital; la metropolitanización política del Área Metropolitana de Caracas; y la descentralización y participación políticas en los diversos ámbitos municipales[1205].

Sin embargo, por supuesto, una reforma institucional de una gran ciudad, no es fácil. Requiere, no sólo de una claridad de objetivos despojados del inmediatismo político-partidista, sino de una gran voluntad política de llevarla a cabo. En nuestro país, esta voluntad política está ligada al consenso. Una reforma de la envergadura

1205 *Gaceta Oficial* Nº 35.301 de 21-9-93.

de la propuesta, no puede realizarse sin el consenso de todas las fuerzas políticas de importancia en la vida nacional.

Pero además, una reforma como la esbozada requiere de estudios e investigaciones que rebasan lo jurídico. No se trata, sólo, de hacer leyes o de reformar otras, sino que exige estudios poblacionales, geográficos, ambientales, urbanos y económicos que deben estar a la base de la implementación de la reforma. De resto, corremos el riesgo de caer en la improvisión y, como consecuencia, de complicar aún más el panorama institucional de la capital.

VII. EL RÉGIMEN DE LOS TERRITORIOS Y DEPENDENCIAS FEDERALES

Además de los Estados y del Distrito Federal, como se ha dicho, la Constitución establece que a los fines de la organización política de la República, ésta se divide en los Territorios Federales y las Dependencias Federales (Art. 9).

Por tanto, en el texto constitucional vigente, son entidades político-territoriales, tanto los Estados y el Distrito Federal, como los Territorios Federales y las Dependencias Federales, no teniendo estas últimas ningún carácter transitorio. Sobre su régimen, la Constitución se limita a establecer que los Territorios Federales serán organizados por leyes orgánicas, en las cuales deberá dejarse a salvo la autonomía municipal (Art. 12). En cuanto a las Dependencias Federales, la Constitución en cambio sólo establece que su régimen y administración serán establecidos por la Ley (Art. 14)[1206].

Por otra parte, el artículo 136, ordinal 6°, atribuye al Poder Nacional "la organización y régimen de los Territorios y Dependencias Federales", correspondiendo al Congreso legislar sobre ese particular (Art. 139). Además el artículo 190, ordinal 17, atribuye al Presidente de la República la facultad de "nombrar y remover los Gobernadores de los Territorios Federales". Por último, el artículo 229 prevé la participación de los Territorios Federales en el Situado Constitucional.

De acuerdo a estas, normas, sin duda, los Territorios Federales y las Dependencias Federales, se configuran como divisiones peculiares del territorio nacional, con fisonomía constitucional propia.

Es cierto que los Territorios Federales, de acuerdo al artículo 13 de la Constitución, por Ley especial pueden adquirir la categoría de Estado, asignándosele la totalidad o una parte de la superficie del Territorio respectivo; como sucedió en 1990 y 1991 con los antiguos Territorios Federales Amazonas y Delta Amacuro; sin embargo, si se establecieran de nuevo algunos Territorios Federales, correspondería a la Ley Orgánica establecer su régimen de organización, en el cual debe dejarse a salvo la autonomía municipal. Constitucionalmente, por tanto, los Territorios Federales en cuanto a su régimen de organización, estarían en el mismo nivel que el Distrito Federal.

En cuanto a las Dependencias Federales, la Constitución remite a la Ley para el establecimiento de su régimen y administración y en ella, incluso, se podría prever

---

1206 Sobre este régimen véase Allan R. Brewer-Carías. "El Régimen de los Territorios y Dependencias Federales", en *Revista de Derecho Público,* N° 18, Caracas, abril-junio 1984, pp. 85 y ss.

un régimen municipal. El principio de que las Dependencias Federales podían adquirir la categoría de Territorios Federales, tal como se estableció en las Constituciones a partir de 1925, desapareció del texto actual, por lo que nada autoriza, en el régimen constitucional vigente, a pensar que las Dependencias Federales tienen un *status* transitorio y que puedan ser transformadas en Territorios Federales por ley. Ello no es posible, constitucionalmente hablando.

En todo caso, el régimen de los Territorios Federales, que era el aplicable a los Territorios Amazonas y Delta Amacuro antes de que fueran transformados en Estados, estaba establecido en la Ley Orgánica de los Territorios Federales de 1948, reformada parcialmente en 1984 en forma evidentemente imperfecta[1207]; y el régimen de las Dependencias Federales constituidas básicamente por las islas situadas en el mar territorial y en la plataforma continental, está establecido en la Ley Orgánica de las Dependencias Federales de 1938[1208].

1. *Antecedentes constitucionales y legislativos de los Territorios Federales*

El antecedente constitucional de los Territorios Federales puede encontrarse en la reforma constitucional de 1858, en la cual, aun cuando conservó la división del territorio de la República en "Provincias, cantones y parroquias" (Art. 3), se incorporó una norma, la del artículo 4, que reguló los "territorios despoblados que se destinen a colonias y los ocupados por tribus indígenas", estableciendo que los mismos podían "ser separados de las provincias a que pertenezcan, por los Congresos constitucionales y regidos por leyes especiales".

Hasta esa fecha, algunos territorios habían sido objeto de un régimen especial, y particularmente eso sucedió con el territorio conocido como Río Negro, que por Decreto 2, de junio de 1856, se había organizado como Provincia de Amazonas, estableciéndose un régimen especial[1209].

La disposición de la Constitución de 1858 desapareció de la Sección relativa al Territorio en la Constitución Federal de 1864, que dividió el Territorio en Estados, pero en su lugar, se incorporó en ésta, entre las atribuciones de la Legislatura, la de "establecer con la denominación de Territorios el régimen especial con que deben existir temporalmente regiones despobladas o habitadas por indígenas no civilizados. Tales territorios dependerán inmediatamente del Ejecutivo de la Unión". Esta norma se conservó en la Constitución de 1874 (Art. 43, Ord. 22) y en ésta se agregó entre las Bases de la Unión como obligación de los Estados, la de "dejar al Gobierno de la Unión la libre administración de los Territorios Amazonas y Goajira, hasta que puedan optar a la categoría de Estados" (Art. 13, Ord. 20).

Ahora bien, fue precisamente con base en la Constitución de 1864 que se organizó el primer Territorio en el país, el. Amazonas, el 27 de julio de 1864, cuya Ley

1207 Véase en *Gaceta Oficial* Nº 22.720 de 16-9-48 y Nº 3.404 Extraordinaria de 18-7-84.

1208 Véase en *Gaceta Oficial* Nº 19.624 de 20-7-83.

1209 Véase en Recopilación de Leyes y Decretos Reglamentarios de Venezuela, Tomo XVII, Caracas, 1944, p. 186.

de organización se dictó posteriormente, el 21 de octubre de 1873[1210], reformada luego, por Decreto de 11 de febrero de 1876[1211].

Estos instrumentos se reformaron posteriormente por el Código Orgánico de los Territorios Alto Orinoco y Amazonas de 10 de diciembre de 1880, con motivo de la división del Territorio Amazonas[1212].

Bajo la vigencia de la Constitución de 1864, se creó también, en 1871, el Territorio Federal Colón que abarcó las Islas del Mar Caribe[1213], hoy Dependencias Federales, y el Territorio Federal Mariño en 1872[1214]; bajo la vigencia de la Constitución de 1874 se creó el Territorio Goajira[1215], y el Territorio Federal Tucacas[1216], y un Territorio Federal en el Departamento Maracay del Estado Guzmán Blanco[1217].

En la Constitución de 1881, la división territorial de la República continuó siendo en Estados, terminología adoptada desde 1864, pero sus límites continuaban siendo los de las antiguas Provincias conforme a la Ley de 28 de abril de 1856 (Art. 2°). Sin embargo, en el Título relativo a las Bases de la Unión, al regularse las obligaciones de los Estados de la Federación, se estableció la de dejar al Gobierno de la Federación la administración de los Territorios «Amazonas» y la «Goajira», y la de las Islas que corresponden a la Nación, hasta que sea conveniente elevarlas a otra categoría (Art. 31, Ord. 8°). En esta Constitución de 1881, en todo caso se continuó atribuyendo a la Legislatura Nacional competencia para "establecer, con la denominación de Territorios, el régimen especial con que deben existir regiones despobladas de indígenas no reducidos o civilizados. Tales territorios dependerán inmediatamente del Ejecutivo de la Unión" (Art. 43, Ord. 22).

Con base en la Constitución de 1881 se organizó en ese mismo año el Territorio Federal Yuruary que forma hoy parte del Estado Bolívar[1218]; se creó el Territorio Federal Caura en 1882, en parte de lo que hoy es el Estado Bolívar[1219], y se dictó el Código Orgánico de los Territorios Federales Yuruary, El Caura, La Goajira, Colón, Alto Orinoco y Amazonas de 23-8-1882 que incorporó y reformó los respectivos Decretos anteriores y estableció disposiciones comunes a ellos[1220]. Asimismo, bajo la vigencia de la Constitución de 1831 se creó, en 1882, el Territorio Federal Armis-

1210 *Idem.*, pp. 185 y 182

1211 *Ibidem.;* p. 176.

1212 *Ibidem.*, pp. 146 y ss.

1213 Decreto de 22-8-71, *Idem.*, p. 209.

1214 Decreto de 3-9-72, *Ibidem,* p. 327

1215 Decreto de 25-8-74, *Ibidem,* p. 305.

1216 Decreto de 24-3-79, *Ibidem,* p. 331.

1217 Decreto de 12-3-79, *Ibidem,* p. 309.

1218 Decreto de 3-9-81, *Ibidem,* p. 367

1219 Decreto de 9-2-82, *Ibidem,* p.203

1220 *Ibidem,* pp. 97 y ss.

ticio[1221], en parte de lo que hoy es el Estado Táchira; y asimismo, en 1884, se creó el Territorio Federal Delta Amacuro[1222].

En la Constitución de 1893 se eliminó la posibilidad de que los Territorios se establecieran por ley, estableciéndose directamente en el texto la existencia de dos Territorios: Colón y Amazonas, tal como ya estaban regulados legislativamente, pues los otros habían sido eliminados. Por ello, en las Bases de la Unión, los Estados se obligaron "a dejar al Gobierno de la Unión la libre administración de los Territorios Colón y Amazonas. Los Territorios Delta y Goajira se reincorporarán a los Estados a que pertenecían antes de ser erigidos en Territorios" (Art. 13, Ord. 8°). Asimismo, entre las atribuciones del Congreso de los Estados Unidos de Venezuela se reguló, sólo, la, de "establecer el régimen especial de administración aplicable a los Territorios Colón y Amazonas" (Art. 44, Ord. 21).

Con posterioridad a la vigencia de la Constitución de 1893 se dictó el Decreto de la Organización del Territorio Federal Amazonas[1223] en el cual habían sido, de nuevo, refundidos los Territorios Alto Orinoco y Amazonas[1224] y el Decreto de 4 de julio de 1895, sobre organización del Territorio Colón[1225]. El Territorio Delta Amacuro, eliminado en 1883, se restableció en 1901[1226]; y el Territorio Federal Yuruary, que había sido eliminado en 1891, se restableció en 1900[1227], habiéndose dictado su Código Orgánico el 20 de febrero de 1901[1228].

Por tanto, para el momento de promulgarse la Constitución de 1901, existían cuatro Territorios Federales: Amazonas, Delta Amacuro, Colón y Yuruary.

En la Constitución de 1901, se comenzó a denominar los Territorios como Territorios Federales y aun cuando se continuó con el mismo esquema de regulación se introdujeron las siguientes variantes:

En primer lugar, se precisó que los límites de los Estados continuaban siendo los de las antiguas Provincias conforme a la Ley de abril de 1856 sobre División Territorial, "con las alteraciones que resulten por la creación del Distrito y Territorios Federales" (Art. 3); en segundo lugar, se estableció entre las obligaciones de los Estados derivadas de las Bases de la Unión, la de "dejar al Gobierno de la Unión la libre administración de los Territorios Federales Yuruary, Colón, Amazonas y Delta Amacuro, los que podrán reincorporarse al Estado de que formaban parte o constituirse en Entidades Federales, llenando en uno u otro caso las formalidades requeridas por la Ley, a que se refiere el artículo 4 de esta Constitución" (Art. 6, Ord. 9°); y en tercer lugar, entre las atribuciones del Congreso, se establecieron dos concernientes a los Territorios Federales: la primera, que atribuyó al Congreso competencia

1221 *Ibidem,* p. 196.

1222 Decreto 27-2-84, *Ibidem,* p. 91

1223 Decreto 23-10-93, *Ibidem, p.* 91

1224 Decreto 21-10-93, *Ibidem,* p. 236

1225 Decreto 4-7-95, *Ibidem,* p. 210

1226 Decretos de 21-10-83, y de 26-4-1901, *Ibídem,* pp. 236 y 302

1227 Decretos de 31-7-91 y de 15-12-1900 en *Ibídem,* pp. 353 y 352

1228 *Ibidem,* p 341

para "dictar la ley constitutiva del Distrito y Territorios Federales y sus respectivas leyes electorales" (Art. 54, Ord. 1°), y la segunda, que le atribuyó competencia para "prescribir el procedimiento que ha de observarse para... llevar a efecto la reintegración de los Territorios a sus respectivos Estados, o su creación en Entidades Federales" (Art. 54, Ord. 30).

En la Constitución de 1904, por primera vez en la historia constitucional se estableció la figura de los Territorios Federales como una división del Territorio de los Estados Unidos de Venezuela (Art. 2), y siguiendo la orientación del texto de 1858, se volvió a incorporar al Título Primero relativo al Territorio, un artículo concerniente a los Territorios Federales, en el cual no sólo se los enumeró sino que se establecieron las condiciones para su transformación en Estados. Dicho artículo, el 4°, dispuso en efecto lo siguiente:

> Art. 4° Los Territorios Federales, que serán organizados por leyes especiales, son: Amazonas, Cristóbal Colón, Colón, Delta Amacuro y Yuruary.
>
> *Único:* Los Territorios Federales pueden optar a la categoría de Estado, siempre que reúnan las condiciones siguientes: 1) Tener, por lo menos, cien mil habitantes; y 2) Comprobar ante el Congreso que están en capacidad de atender al servicio público en todos sus ramos y de cubrir los gastos que éste requiera.

Este texto creó, así, el Territorio Federal Cristóbal Colón con parte del Territorio del Estado Sucre, el cual fue regulado por la Ley Orgánica del Territorio Federal Cristóbal Colón de 16 de mayo de 1905[1229].

En la Constitución de 1909, siguiendo la orientación de la anterior, se estableció con más claridad que los Territorios Federales formaban una división del Territorio de Venezuela junto con los Estados, Secciones, Distritos y Municipios (Art. 3).

Por otra parte, dicho Texto continuó regulando en las Bases de la Unión, la obligación de los Estados de dejarle al Gobierno de la Unión la libre administración de los cinco Territorios mencionados (Art. 7, Ord. 8°) y la atribución del Congreso de "dictar las leyes orgánicas y electorales del Distrito Federal y de los Territorios Federales" (Art. 52, Ord. 3°); y por primera vez atribuyó al Presidente de los Estados Unidos de Venezuela, la facultad de "Administrar los Territorios Federales de conformidad con sus leyes orgánicas" (Art. 75, Ord. 5°).

En la Constitución de 1909, el régimen constitucional sobre los Territorios Federales quedó exactamente igual al Texto de 1904, con la sola modificación respecto de su enumeración, que quedó reducida a dos: Amazonas y Delta Amacuro (Arts. 9; 12, Ord. 8°; 57, Ord. 4° y 8°, Ord. 5°), tal como existieron hasta su conformación en Estados del mismo nombre, mediante sus respectivas leyes.

En la evolución de la organización territorial del país, sin duda, el Estatuto Constitucional Provisorio de 1914 marca un hito fundamental, pues en él se establece la división político-territorial del país, tal como la conocemos en la actualidad.

1229 *Ibidem*, p. 225.

En efecto, el artículo 2° de ese Estatuto dispuso lo siguiente:

> Art. 2. El territorio de Venezuela comprende todo lo que antes de la transformación política de 1810 se denominaba Capitanía General de Venezuela, con las modificaciones que resulten de Tratados Públicos, y lo forman los territorios de los Estados, el del Distrito Federal y el de los Territorios Federales Amazonas y Delta Amacuro, e islas de su pertenencia en el Mar de las Antillas.

En esta forma, el Territorio Nacional quedó dividido a los fines de su organización política, formalmente, en el de los Estados, el Distrito Federal, los Territorios Federales y las islas en el mar de las Antillas, que a partir de la Constitución de 1925 se denominaron Dependencias Federales-La Constitución de 1914 recogió la misma división política del territorio que el Estatuto Provisional estableció, y la norma del artículo 2 de éste, conformó el artículo 1° de la Constitución de ese año. Se agregó a la normativa constitucional, sin embargo, una disposición adicional sobre las islas, que luego daría origen a la denominación de "Dependencias Federales".

En efecto, en el artículo 5° de la Constitución de 1914, que reguló la organización por Ley de los Territorios Federales Amazonas y Delta Amacuro, se agregó un parágrafo único, con el siguiente texto:

> Las islas pertenecientes a la Unión Venezolana en el Mar de las Antillas *dependen* directamente del Ejecutivo Federal para su gobierno y administración, hasta tanto sean pobladas y puedan constituir uno o más Territorios.

La Constitución de 1914 continuó atribuyendo al Congreso la facultad de dictar la Ley Orgánica de los Territorios Federales (Art. 58, Ord. 1°), y al Presidente la facultad de administrarlos (Art. 78, Ord. 5°).

Bajo la vigencia de la Constitución de 1914 se dictaron las Leyes Orgánicas del Territorio Federal Amazonas de 30 de junio de 1915 y la del Territorio Federal Delta Amacuro de 16 de junio de 1915, reformada al año siguiente[1230].

Este régimen se recogió en la Constitución de 1925, pero con la innovación, en este texto, de haber adquirido fisonomía constitucional propia, las islas del mar de las Antillas, como Dependencias Federales.

En efecto, el artículo 3 de la Constitución de 1961, estableció lo siguiente:

> Art. 3° El Territorio Nacional se divide, para los fines de la organización interior política de la República, en el de los Estados, el del Distrito Federal, el de los Territorios Federales y el de las Dependencias Federales.

En cuanto a estas últimas, además, el artículo 10 del Texto de 1925 las definió como las "Islas venezolanas del Mar de las Antillas, excepto Margarita, que constituye el Estado Nueva Esparta". El gobierno y administración de dichas Dependencias, agregó la norma, correspondían directamente al Ejecutivo Federal hasta que la ley las elevara a la categoría de Territorios Federales.

1230 *Ibidem*, pp. 70, 260, 265

En el texto de 1925, además, se continuó enumerando cuáles eran los Territorios Federales (Amazonas y Delta Amacuro) (Art. 8), disponiendo que sus límites eran los establecidos en ese momento. Además, en la Constitución, los Estados reservaron a la competencia Federal "todo lo relativo a la organización y régimen del Distrito Federal y de los Territorios y Dependencias Federales" (Art. 15, Ord. 11); y se atribuyó al Congreso la facultad de "establecer el régimen especial de administración aplicable a los Territorios Federales" (Art. 78, Ord. 11); y al Presidente de los Estados Unidos de Venezuela, la facultad de "Administrar los Territorios Federales de conformidad con sus Leyes Orgánicas" (Art. 100, Ord. 5°).

Este régimen de los Territorios Federales de la Constitución de 1925, que perfeccionó lo establecido en 1914, continuó invariablemente, en su estructura general, en las Constituciones posteriores de 1928, 1929, 1931, 1936, 1945, 1947, 1953. Y durante la vigencia de estos textos, en 1928, 1936 y 1940 se reformaron sucesivamente las Leyes Orgánicas de ambos Territorios Federales, Amazonas y Delta Amacuro[1231].

En la Constitución de 1947, sin embargo, se agregó a dicho régimen constitucional, la previsión de que en los Territorios Federales también debía existir un Poder Municipal que se ejercería por un Concejo Municipal que gozaría de plena autonomía en lo que concierne al régimen económico y administrativo de las Municipalidades (Art. 109). Además, en la Constitución de 1953 se atribuyó en forma expresa al Presidente de la República, la facultad de nombrar los Gobernadores de los Territorios Federales (Art. 108, Ord, 10).

En la Constitución vigente de 1961, dicho régimen quedó en la siguiente forma:

En primer lugar, se continuó considerando a los Territorios Federales como una división más (junto con los Estados, el Distrito Federal y las Dependencias Federales) del Territorio Nacional, a los fines de su organización política (Art. 9).

En segundo lugar, se dispuso que los Territorios Federales serían organizados por leyes orgánicas, en las cuales debía dejarse a salvo la autonomía municipal (Art. 12), pero se eliminó su enumeración tradicional (Amazonas y Delta Amacuro) que provenía, invariablemente, del texto constitucional de 1909.

En tercer lugar, se estableció que por ley especial podía darse a un Territorio Federal categoría de Estado, asignándosele la totalidad o una parte de la superficie del Territorio respectivo (Art. 13), eliminándose del texto constitucional la mención de requisitos para dicha conversión, que las Constituciones anteriores exigían.

En cuarto lugar, se reservó al Poder Nacional, "la organización y régimen del Distrito Federal y de los Territorios y Dependencias Federales" (Art. 136, Ord. 6°), cuya legislación corresponde al Congreso (Art. 139); y en quinto lugar, se atribuyó al Presidente de la República la facultad de "nombrar y remover los Gobernadores del Distrito Federal y de los Territorios Federales" (Art. 190, Ord. 17).

Hasta 1991, el régimen de los Territorios Federales estaba establecido por la Ley Orgánica de los Territorios Federales de 9 de agosto de 1948[1232], que derogó la Ley

1231 *Ibídem*, pp. 49, 57, 64, 239, 247, 254.

1232 Véase en *Gaceta Oficial* N° 22.270 de 16-9-48.

Orgánica del Territorio Federal Amazonas de 31 de julio de 1940, y la Ley Orgánica del Territorio Federal Delta Amacuro de 23 de julio de 1940[1233]; régimen que se estableció de acuerdo a los principios constitucionales establecidos en la Constitución de 1947. La Ley Orgánica de 1948 fue parcialmente reformada por Ley de 4 de mayo de 1984[1234], reforma que tuvo por objeto única y exclusivamente modificar el artículo 19 en relación al número de los Concejales, y que en forma manifiestamente imperfecta e, incluso, inconveniente, no reformó otras normas de dicha Ley para actualizarlas conforme al texto constitucional de 1961, y a las situaciones políticas posteriores a dicho texto.

En todo caso, la Ley Orgánica de 1948 estableció un régimen común para los dos Territorios Federales (Amazonas y Delta Amacuro), aun cuando específicamente para cada uno estableció sus linderos (Arts. 2 y 5), sus capitales (Arts. 3 y 6) y su división territorial en Departamentos. Así, el Territorio Federal Amazonas se dividía para su régimen político en cuatro Departamentos: Atabapo, Atures, Casiquiare y Río Negro (Art. 4); y el Territorio Federal Delta Amacuro se dividía en tres Departamentos: Tucupita, Pedernales y Antonio Díaz (Art. 7).

Por otra parte, la Ley Orgánica estableció que la administración de los Territorios correspondía al Presidente de la República (Art. 9), y precisó en su artículo 10, los órganos que ejercían la administración de los Territorios, así:

> Art. 10. Cada Territorio tendrá para su administración, un Gobernador de libre nombramiento y remoción del Presidente de la República, y un Concejo Municipal que se elegirá de conformidad con la Ley. Cada uno de los Departamentos tendrá un Prefecto y una Junta Comunal.

La Ley Orgánica distinguió, así, entre un Régimen Civil y Político, a cargo del Gobernador, y un Régimen Económico y Administrativo, a cargo de un Concejo Municipal.

Ahora bien, en 1991 se dictó la Ley especial que da categoría de Estado al Territorio Federal Delta Amacuro y en 1992 se dictó la Ley especial que eleva a la categoría de Estado al Territorio Federal Amazonas. Los antiguos Territorios Federales, así se convirtieron en los Estados Delta Amacuro y Amazonas, por lo que habiendo desaparecido los dos Territorios Federales a los cuales estaba destinada la Ley Orgánica señalada, ésta ha dejado de tener efecto.

2. *El régimen de las dependencias federales*

A. *Antecedentes constitucionales y legislativos*

Las Dependencias Federales constituyen el territorio formado por las islas del Mar Caribe, y adquirieron connotación constitucional específica, sólo a partir del Estatuto Constitucional Provisorio de 1914, pues hasta esa fecha, las islas formaban parte de los Territorios Federales y no tenían especificidad propia.

1233 Véase en *Recopilación de Leyes y Decretos Reglamentarios de Venezuela*, Tomo XVII, *cit.*, pp. 64 y 239.

1234 Véase en *Gaceta Oficial* Nº 3.404 Extraordinaria de 18-7-84.

En particular, el Territorio Federal Colón, creado por Decreto de 22 de agosto de 1871, sujeto al régimen especial que autorizaba la Constitución de 1864 a varias islas del mar Caribe[1235]. Posteriormente, por Decreto de 4 de julio de 1895, se organizó el Territorio Colón, con capital en el Gran Roque y bajo la autoridad de un Gobernador Civil y Político[1236].

Con posterioridad, se dictó la Ley Orgánica del Territorio Federal Colón de 16 de mayo de 1905[1237], "compuesto de todas las islas pertenecientes a Venezuela", que se hallen en el mar Caribe con excepción de la Isla de Margarita, que forma la Sección Oriental del Distrito Federal (Art. 1), con capital en San Pedro, en la Isla de Coche. Este Territorio Federal, por dicha Ley, se dividió en dos Municipios, el Municipio Oriental con cabecera en San Pedro, Isla de Coche, y el Municipio Occidental, con cabecera en el Gran Roque (Art. 2). La Ley Orgánica estableció, básicamente, el Régimen Civil y Político, a cargo de un Gobernador (Art. 40).

Ahora bien, como se dijo, fue el Estatuto Constitucional Provisorio de 1914 el que mencionó a las Islas del Mar de las Antillas expresamente, a nivel constitucional, como parte del territorio de Venezuela, lo cual se hizo en el artículo 2° que estableció:

> Art. 2° El territorio de Venezuela comprende todo lo que antes de la transformación política de 1810 se denominaba Capitanía General de Venezuela, con las modificaciones que resulten de Tratados Públicos, y lo forman los territorios de los Estados, el del Distrito Federal y el de los Territorios Federales Amazonas y Delta Amacuro, e Islas de su pertenencia en el Mar de las Antillas.

En la Constitución de ese mismo año 1914, se agregó a esta mención, en el artículo destinado a regular los Territorios Federales, un parágrafo único con el texto siguiente:

> Las islas pertenecientes a la Unión Venezolana en el Mar de las Antillas dependen directamente del Ejecutivo Federal para su gobierno y administración, hasta tanto sean pobladas y puedan constituir uno o más Territorios.

De acuerdo a esta norma, por tanto, resultaba que las islas formaban un territorio de jerarquía inferior a los Territorios Federales, por lo que podían llegar a constituir una de esas Entidades, por lo que la Constitución los hizo "depender" directamente del Ejecutivo Federal. Esta "dependencia" fue, precisamente, lo que motivó en la Constitución de 1925, la denominación "Dependencias Federales" que se les dio a las islas, como una división formal más del territorio nacional (Art. 3°), como se ha visto.

1235 Véase *Recopilación de Leyes y Decretos Reglamentarios de Venezuela,* Tomo VI, Caracas, 1943, p. 209.

1236 *Ídem,* p. 210.

1237 *Ibídem,* p. 215.

En efecto, el artículo 10 del Texto de 1925, estableció lo siguiente:

> Art. 10. Las Dependencias Federales son las islas Venezolanas del Mar de las Antillas, excepto Margarita, que constituye el Estado de Nueva Esparta. El gobierno y la administración de dichas Dependencias corresponde directamente al Ejecutivo Federal hasta que la Ley las eleve a la categoría de Territorios Federales.

Por tanto, todas las islas, excepto Margarita que constituía el Estado Nueva Esparta, pasaron a formar parte de las Dependencias Federales; y esta división del territorio continuaba considerándose como porciones del territorio nacional, de categoría inferior a los Territorios Federales, los cuales a su vez tenían una categoría política inferior a los Estados. En todo caso, en las Bases de la Unión, los Estados reservaron a la competencia federal, "todo lo relativo a la organización y régimen de las Dependencias Federales" (Art. 15, Ord. 11).

Este régimen permaneció invariable en los textos sucesivos, con las siguientes modificaciones:

En primer lugar, en la Constitución de 1928, se excluyó también de la categoría de Dependencia Federal a la Isla de Coche, que formó parte del Estado Nueva Esparta (Art. 10).

En segundo lugar, bajo la vigencia de la Constitución de 1936 se dictó la Ley Orgánica de las Dependencias Federales de 18 de julio de 1938, aún vigente.

En tercer lugar, en la Constitución de 1947 se agregó al Estado Nueva Esparta, la Isla de Cubagua (Art. 9), quedando excluida del régimen de las Dependencias Federales.

En cuarto lugar, en la Constitución de 1947 se eliminó la referencia a "islas del Mar de las Antillas" para identificar las Dependencias Federales, y se indicó sólo las "islas marítimas de Venezuela" (Art. 9) como integrantes de las mismas. En el texto de 1953, esta referencia a las islas marítimas se extendió, considerándose también como Dependencias Federales "las islas que se formen o aparezcan en la zona de la plataforma continental de Venezuela" (Art. 9).

En quinto lugar, en la Constitución de 1961 se extendió la posibilidad de considerar como Dependencias Federales a otras porciones del territorio que no sean islas, al disponer su artículo 14 lo siguiente:

> Art. 14. Son Dependencias Federales las porciones del territorio de la República no comprendidas dentro de los Estados, Territorios y Distrito Federal, así como las islas que se formen o aparezcan en el Mar territorial o en el que cubra la plataforma continental.

Y en sexto lugar, en el texto de 1961, como resulta de lo establecido en el artículo 14 antes transcrito, desapareció toda referencia a las Dependencias Federales como categoría territorial inferior a los territorios Federales, y que por ello, podrían adquirir este *status,* teniendo una especie de régimen transitorio, como se disponía en los textos constitucionales anteriores. Las Dependencias Federales constituyen, al contrario, en el texto de 1961, una categoría político-territorial peculiar y permanente, que no podría hacerse desaparecer por Ley, por lo que una supuesta transformación de ellas en Territorio Federal[1238], en nuestro criterio, actualmente no sólo sería inconstitucional, sino que lesionaría la idea de la "dependencia" de las islas del Ejecutivo Nacional, en cuanto a su régimen y administración, lo cual debe continuar siendo así, desde el punto de vista de la seguridad y defensa. Ello no impediría, sin embargo, que en las Dependencias Federales se establezca un régimen totalmente distinto al vigente previsto en la Ley de 1928, y que, incluso, pueda haber un régimen local peculiar para las Islas.

B. *El régimen vigente*

En todo caso, las Dependencias Federales, en la actualidad, se encuentran regidas por la Ley Orgánica de las Dependencias Federales de 18 de julio de 1938[1239], cuyo régimen se adapta a lo establecido en la Constitución de 1936. En dicha Ley, cuyas disposiciones se consideran como la legislación especial de las mismas (Art. 13), se establecen tres regímenes diversos, concernientes a la administración general, a la administración de justicia y al régimen económico.

a. *El régimen administrativo general*

a'. *Los Comisarios Generales*

De acuerdo a la Ley Orgánica, la administración general de las Dependencias Federales corresponde a Comisarios Generales de libre elección y remoción del Ejecutivo Nacional (Art. 4), por órgano del Ministerio de Relaciones Interiores, ubicados en los lugares más poblados y donde las circunstancias lo requieran (Art. 2). Estos Comisarios Generales, tienen los siguientes deberes y atribuciones (Art. 5):

1. Defender la integridad de la Dependencia y sus derechos contra cualquiera invasión.
2. Cumplir y hacer cumplir en la jurisdicción de su mando, la Constitución y las Leyes de la República, los Decretos y Resoluciones del Ejecutivo Federal y las Ordenanzas especiales de la Dependencia Federal.
3. Velar por la conservación del orden público.
4. Conservar y fomentar los poblados existentes y promover por medio de sus superiores la fundación de otros, debiendo proteger a los habitantes de su jurisdicción y tratar de mejorar las condiciones de su vida y costumbres. Así como también cuidar especialmente de los menores desamparados y demás personas incapaces, a cuyo efecto requerirá del Ejecutivo Federal las providencias del caso.

1238 En 1980 la Comisión Especial de Ordenación del Territorio de la Cámara de Diputados estudiaba un Proyecto de Ley de Reforma parcial de la Ley Orgánica de los Territorios Federales, para crear un Territorio Federal Caribe, comprendiendo las Islas del Mar Caribe.

1239 Véase en *Gaceta Oficial* N° 19.624 de 20-7-38.

5. Cuidar de la conservación de los productos naturales de la Dependencia y de los intereses fiscales de la Nación.
6. Cumplir las disposiciones relativas al Censo y la Estadística, en su jurisdicción, lo mismo que propender en la medida de lo posible, a la mayor higiene y salubridad públicas, conforme a los Reglamentos de Sanidad Nacional.
7. Enviar anualmente al Ejecutivo Federal, por órgano del Ministerio de Relaciones Interiores, un informe detallado sobre la administración y progreso de la Dependencia sometida a su jurisdicción y suministrar, a la mayor brevedad, todas las informaciones que aquél le exija.

b'. *El Registro Civil*

Además de las funciones y deberes generales antes mencionados, los Comisarios Generales tienen las mismas facultades conferidas por el Código Civil a la primera autoridad civil de la Parroquia o Municipio en todo lo referente al registro del estado civil (Art. 6), cuyos libros deben expresar todas las circunstancias previstas en el Código Civil (Arts. 7 y 8).

b. *La Administración de Justicia*

De acuerdo al artículo 9 de la Ley Orgánica, los Comisarios tienen funciones de policía judicial: procederán a la información de los sumarios y a la aprehensión de los indiciados por hechos punibles que se cometan en sus jurisdicciones, debiendo enviar lo actuado a los Jueces de Instrucción correspondientes (Art. 9).

En cuanto a la jurisdicción civil, mercantil y penal, ésta corresponde, de acuerdo al mismo artículo 9 de la Ley Orgánica, a los Tribunales Ordinarios de la Circunscripciones Judiciales del Distrito Federal y de los Estados Anzoátegui, Nueva Esparta y Sucre, de conformidad con las leyes, y con la distancia de cada una de las islas a las respectivas jurisdicciones y según la especificación que en cuanto a dichas distancias se haga en el Reglamento de la Ley.

c. *El régimen económico*

En cuanto al régimen económico, la ley se limita a establecer la obligación del Ejecutivo Nacional de sufragar los sueldos de los empleados de las Dependencias Federales (Art. 11), así como de promover a las demás necesidades de las mismas (Art. 17).

C. *La necesidad de un nuevo régimen*

Por supuesto, el régimen anteriormente descrito de las Dependencias Federales establecido en la Ley Orgánica de 1938, está totalmente desfasado, pues como hemos visto esa regulación se dictó en vigencia de la Constitución de 1936 que a su vez seguía los principios de la Constitución de 1925.

Resulta evidente, por tanto, la necesidad de establecer un régimen de gobierno y administración de las Dependencias Federales, no sólo adaptado a la Constitución vigente, sino a su realidad actual y futura, donde entran en juego múltiples políticas sectoriales: seguridad y defensa, conservación y desarrollo de recursos naturales, pesca, turismo, parques nacionales, etc. Para establecer este régimen de gobierno y administración de las Dependencias Federales, el Congreso tiene la cláusula constitucional más amplia que podría requerir: la del artículo 14 de la Constitución que simplemente establece que el régimen y administración de las Dependencias Federales serán establecidos por la ley, en la cual se puede prever el régimen de gobierno que considere más adecuado, sin limitación, pues ni siquiera dispone el Texto fundamental que aquéllas deben "depender" del Ejecutivo Nacional, como lo decían las Constituciones a partir de 1914.

Por tanto, la ley que establezca el régimen y administración de las Dependencias Federales, dado su necesario carácter multisectorial, necesariamente debe incidir en una reforma organizativa de la Administración Pública. Podría, por ejemplo, crearse una Oficina Presidencial para las Dependencias Federales, con la cual tendrían la mayor jerarquía político-administrativa dentro de la Administración Central. Podría crearse una Autoridad de Área especial a cargo de un "gobernador" con la debida jerarquía; o podría crearse una unidad desconcentrada dentro de un Ministerio multisectorial, como el de Relaciones Interiores, a la usanza de las "Superintendencias" que existen en otros Ministerios como Hacienda y Fomento. Podría también establecerse, adicionalmente a efectos funcionales de instituto autónomo, por ejemplo, para promover proyectos de desarrollo en las islas.

Pero también podría establecerse, en las Dependencias Federales, un régimen político-local, para darle vida municipal a las poblaciones de las islas que lo requieran. La Constitución no lo excluye: el hecho de que no exija que en el régimen de ellas, se deje a salvo la autonomía municipal, como lo hace en relación a los Territorios Federales (Art. 12), no excluye que éste pueda y deba establecerse y regularse.

VIII. LA DEMOCRACIA, EL CAMBIO POLÍTICO Y LA DESCENTRALIZACIÓN TERRITORIAL

El estudio de la forma del Estado venezolano, formalmente federal, efectivamente centralizado y en proceso de descentralización, por supuesto que conduce a plantearnos el tema de la descentralización política y de la autonomía territorial. La Federación, como hemos dicho, teóricamente es una forma de Estado basada en un sistema de descentralización política y autonomías territoriales; sin embargo, nuestra Federación, en la práctica institucional, ha dado origen a un Estado centralizado con membrete Federal. De allí las exigencias por descentralizar políticamente el Estado, que están planteadas en nuestro país.

Pero, sin duda, el tema de la descentralización política no sólo concierne a nuestro régimen político, sino que ciertamente, es un planteamiento universal y contemporáneo[1240], con antecedentes en los esfuerzos de regionalización que se han venido

1240 Véase la Ponencia General que elaboramos para el XI Congreso Internacional de Derecho Comparado que se celebró en Caracas, en septiembre de 1982, sobre el tema "La Descentralización Territorial. Autonomía Territorial y Regionalización Política", cuyo texto seguimos en esta parte. Para la elaboración de esa Ponencia General recibimos solamente las siguientes Ponencias Nacionales, indicadas por orden alfabético de países: ARGENTINA: Jorge-Reinaldo Vanossi, "Teoría política y federalismo en la Argentina", 56 p. (mimeo). BÉLGICA: François Perin, "La nouvelle subdivision du Royaume: les Communautés et les Regions", 47 p. (mimeo). BRASIL: Manoel Gonçalves Ferreira Filho, "O Estado Federal Brasileiro", 17 p. (mimeo). CHILE: Hernán Molina Guaita, "La Región en la Constitución Chilena de haciendo en el mundo[1241], y que obedece a las diversas realidades históricas que se han operado en la ordenación territorial de los Estados contemporáneos. En efecto, en el mundo contemporáneo, a partir de la década de los cincuenta, la conducción de la economía y la planificación impusieron la necesidad de la regionalización económica; la década de los sesenta y parte de los años setenta fueron testigos de planteamientos de carácter administrativo vinculados al desarrollo regional, que produjeron experiencias de regionalización administrativa en todo el mundo; y los fines de los años setenta y comienzos de la década actual se han caracterizado por la consolidación de fórmulas políticas nuevas, sustitutivas del Estado unitario tradicional, que se han denominado como las propias de un Estado Regional. Se ha pasado así de la sola desconcentración económica y de la posterior descentralización administrativa, a una nueva descentralización política, como resultado de la crisis actual del Estado centralista.

Por ello, estimamos importante analizar este fenómeno de la descentralización en las experiencias comparadas en apoyo de nuestras propias exigencias. Sin embargo, antes debemos insistir en la precisión terminológica de tres fenómenos políticos y constitucionales, que giran en torno a una sola idea: la descentralización territorial, autonomía territorial y regionalización política, y en realidad las tres nociones giran en torno a una sola realidad: la descentralización política.

En efecto, la descentralización territorial es una expresión que se opone a la descentralización funcional. Ambas implican un proceso de distribución de poderes o transferencias de competencias entre diversos sujetos de derecho. Sin embargo, la diferencia entre ambas descentralizaciones radica en que en la territorial, la transferencia de competencias o la distribución del poder se realiza entre personas político-territoriales, que configuran la división político-territorial de un país. La descentralización territorial, por tanto, presupone la existencia de colectividades político-territoriales en un Estado, sea como Estados Miembros de un Estado Federal, sea como Regiones políticas o autónomas en un Estado Unitario descentralizado o sea

---

1980", 19 p. ESTADOS UNIDOS: Albert Blaustein, "The New Nationalism", en *Law in the USA for the 1980s, 1982*, pp. 377 a 388. FRANCIA: Jérôme Chapuisat, "La décentralisation territoriale: Autonomie Territoriale et Régionalisation Politique", 19 p. (mimeo). HUNGRÍA: Otto Bihari, "La décentralisation territoriale. L'autonomíe territoriale et la regionalisation", 266 p. (mimeo). ITALIA: Sergio Bartole, "Relations between State and Regions", 17 p. (mimeo). Giuseppe Volpe, "Internal Organization of Regions", 14 p. (mimeo). REPÚBLICA DEMOCRÁTICA ALEMANA: Wolfgang Weitchelt, "Territorial Decentralization, Territorial Autonomy and Political Regionalisation in the GDR", 13 p. (mimeo). REPÚBLICA FEDERAL ALEMANA: Urich Beyerlin, Territoriale Dezentralisation Territoriale Autonomie und Politisehe Regionalisierung. Landesberihct für die Bundesrepublik, Deutschland", 30 p. (mimeo). SUIZA: Martin Usteri, "Grundlagen der Demokratié und des Foderalismus im Alpenraum aus Schweizarischer Sicht", 17 p. (mimeo). VENEZUELA: José María Franco, "Estado Federal y Derecho Regional", 130 p. (mimeo), publicado en el libro *El Derecho Venezolano en 1982,* ponencias venezolanas al XI Congreso Internacional de Derecho Comparado, Caracas, 1982, UCV; Caracas, 1982, pp. 395 a 485. El texto de nuestra ponencia general fue publicado en *Revista de Estudios de la Vida Local*, N' 218, Madrid, 1983.

1241 Véase Allan R. Brewer-Carías, "Regionalization in Economic Matters in Comparative Law", en *Rapports Généraux au IX Congrés International de Droit Comparé*, Teherán, 27 septiembre - 4 octubre 1974, Bruxelles, 1977, pp. 669 a 696; publicado en español en *Cuadernos de la Sociedad Venezolana de Planificación* Nos. 124-127, Caracas, pp. 49 a 69; y en Allan R. Brewer-Carías y Norma Izquierdo, *Estudios sobre la Regionalización en Venezuela*, Caracas, 1977, p. 193 a 219.

simples Municipalidades o Comunas, como unidades políticas, que pueden ser recipiendarias de la transferencia de competencias o de la repartición del poder. La descentralización funcional o por servicios, en cambio, se opera como un proceso de transferencia de competencias del Estado Central hacia Entidades administrativas autónomas o establecimientos públicos, que siguen siendo parte de la Administración Pública del Estado Central[1242]. Por eso, la descentralización territorial es siempre una descentralización política y, en cambio, la descentralización funcional es siempre una descentralización administrativa, así se realice esta última mediante la creación de establecimientos públicos en Regiones determinadas[1243].

En cuanto a la autonomía territorial, ésta es el resultado de la descentralización territorial. En efecto, una consecuencia general de la descentralización, tanto administrativa como política, es la autonomía de los entes descentralizados, con mayor o menor grado, según el ámbito de la potestad de autonormarse de dichos entes y el grado de control que pueda subsistir[1244]. Así, la autonomía territorial es la consecuencia de la descentralización política e implica, ante todo, la posibilidad de los entes descentralizados de dotarse a sí mismos de su propio ordenamiento, es decir, el tener determinadas potestades legislativas en la respectiva jurisdicción territorial en las materias de su competencia. Pero siendo una autonomía territorial, ello implica también un principio de autogobierno, consecuencia asimismo de la descentralización política, es decir, que los entes descentralizados eligen a sus órganos políticos representativos. Por ello, en definitiva, la autonomía territorial es el resultado de la descentralización política.

Por último, en cuanto a la regionalización política, como se dijo, esta idea se opone a la regionalización económica o puramente administrativa. La regionalización política implica el establecimiento de colectividades político-territoriales en las Regiones, a base de un principio de representatividad democrática y de autogobierno. Por eso, la regionalización política es asimismo un resultado de la descentralización política en los Estados Unitarios, a base de Regiones. De allí la denominación de Estado Regional para aquellas formas de Estado intermedias entre las clásicas de Estado Unitario y Estado Federal, que se han venido estableciendo sobre la base de Regiones o Comunidades Autónomas.

Por tanto, descentralización territorial, autonomía territorial y regionalización política son elementos de un fenómeno común: la descentralización política de los Estados Nacionales centralizados.

En las líneas que siguen, por tanto, intentaremos estudiar, comparativamente, el proceso de descentralización política como fenómeno contemporáneo, producto de la crisis del Estado centralizado, y sus diversas modalidades, particularmente la del

---

1242 Véase Allan R. Brewer-Carías, *Introducción al estudio de la organización administrativa venezolana*, Caracas, 1978, p. 105.

1243 Por ejemplo, las Regiones francesas, establecidas como establecimientos públicos en 1972, y las Corporaciones de Desarrollo Regional, establecidas en las Regiones administrativas venezolanas como institutos autónomos. Véase Allan R. Brewer-Carías, "La regionalización en materia económica en el derecho comparado", *col. cit.*, p. 61.

1244 Véase Allan R. Brewer-Carías, *Introducción al estudio de la organización...*, *cit.* p. 108.

Estado Regional, como fórmula de descentralización política de antiguos Estados Unitarios.

1. *La descentralización política como fenómeno y exigencia contemporáneos*

El objeto de este estudio, al referirse a la descentralización política, sin duda, toca uno de los principios básicos del constitucionalismo moderno: el principio de organización o distribución del poder político en los Estados. Este principio esencial del constitucionalismo, como ya hemos señalado, tiene dos connotaciones igualmente fundamentales en la organización del Estado: la organización o distribución del poder en forma *horizontal*, conduciendo a los sistemas de separación de poderes en las tres clásicas potestades: legislativa, ejecutiva y judicial, con sus consecuencias en el sistema de gobierno; y otra, la organización o distribución del poder en forma *vertical*, conduciendo a la forma de los Estados, y entre ellas, a las clásicas formas de Estado Unitario o Estado Federal.

Este principio, como todos los otros que han conformado el constitucionalismo moderno[1245] y han sido deformados en la evolución política de los dos últimos siglos, está en crisis, y ello ha conducido, sobre todo, a la propia crisis actual del Estado Nacional Centralizado.

A. *La crisis del Estado nacional centralizado*

En efecto, el Estado Nacional Centralizado, como esquema de organización política del Poder, puede decirse que es un producto del centralismo burocrático, con base en el cual se montó la estructura del Estado de Derecho que surgió de la Revolución francesa. Liberalismo y centralismo burocrático fueron así los cimientos sobre los cuales el Estado Nacional Centralizado se conformó durante todo el siglo pasado, y ello permitió, sin duda, el desarrollo de las sociedades industriales contemporáneas. Ese esquema, además, fue el que permitió el afianzamiento del intervencionismo y el desarrollo del dirigismo como filosofías de acción política contemporáneas.

No debe olvidarse, además, que fue precisamente el modelo de Estado Centralizado el que permitió que los privilegios del Antiguo Régimen, en nombre de la libertad e igualdad, pasaran a manos del Estado y dejaran de estar en manos de determinados estamentos. Por ello, la Revolución francesa no desmontó la estructura estatal de la Monarquía, sino que, al contrario, para asegurar la igualdad, la reforzó en el Estado centralista burocrático, cuyos cuerpos representativos, además, por el sistema de sufragio censitario, pasarían a ser controlados por la nueva clase en el poder: la burguesía.

La praxis traicionó a los principios liberales en la estructura del nuevo Estado postrevolucionario y, paradójicamente, sólo fue por la conformación del Estado centralizado del siglo pasado que el liberalismo pudo desarrollarse. La misma contradicción entre los principios y la práctica política se evidenciaron en las grandes revoluciones políticas de este siglo: la doctrina comunista recomendaba el desmantelamiento del Estado centralizado burocrático y liberal, el cual debía desaparecer y

---

1245 Véase la exposición de Jorge-Reinaldo Vanossi. *doc. cit.*, p. 2.

ser sustituido por una dictadura del proletariado, cuyo modelo era la experiencia de la Comuna de París. Sin embargo, la praxis de la implantación del nuevo modelo de sociedad comunista, al contrario, exigió un mayor centralismo del Estado, para lo cual la acción político-económica configuró su propio esquema: el centralismo democrático[1246].

Pero el esquema del Estado Nacional Centralizado, en el momento actual de la evolución política de las sociedades contemporáneas, puede decirse que ya cumplió su papel. En la actualidad es un esquema en crisis que no satisface las exigencias crecientes de participación política en una democracia pluralista de las diversas comunidades de un país, y que por el desarrollo de las sociedades contemporáneas, ya no es un sistema administrativamente eficiente para permitir la satisfacción de las necesidades colectivas y la prestación de los servicios públicos en forma adecuada a las exigencias sociales crecientes[1247].

Política y administrativamente, por tanto, el Estado Nacional Centralizado está en crisis, y las experiencias políticas comparadas muestran esfuerzos de descentralización política, como nuevas formas de organización del poder político que sustituyan a las clásicas del siglo pasado.

B. *La crisis de las clásicas formas de Estado y la superación de la dicotomía: Estado Unitario/Estado Federal*

Durante años la teoría constitucional ha enseñado, al estudiar la organización vertical del poder, que las formas clásicas de Estado son las del Estado Unitario y las del Estado Federal, basadas en la diferencia fundamental de que en el primer esquema existe un sistema único de instituciones políticas constituyentes de gobierno y, en cambio, que en el segundo esquema existe un sistema de múltiples Entidades políticas constituyentes y de gobierno autónomas. Esta dicotomía clásica puede decirse, sin embargo, que no ha existido nunca en la práctica con criterios y fronteras definidores precisos. Así, puede decirse que nunca ha existido un Estado Unitario puro sin alguna forma de entes descentralizados, ni ha existido un Estado Federal puro completamente descentralizado. La crisis del Estado Nacional Centralizado ha provocado por ello la crisis, tanto de las formas clásicas de Estado Unitario como de Estado Federal, pues ambas han sido el soporte de aquél.

Esta crisis de las formas clásicas de Estado se evidencia en el doble proceso contradictorio que en ellos se ha operado: el Estado Unitario tiende cada vez más a descentralizarse, pero sin llegar al esquema ideal e inexistente del federalismo clásico, y el Estado Federal se ha caracterizado por un creciente proceso de centralismo, sin llegar tampoco al extremo del Estado Unitario, y comenzando a regresar ahora hacia nuevas formas descentralizadas. En todo caso, en toda organización política se operan estas dos fuerzas y movimientos centrípetos y centrífugos, que en cada país, y de

---

1246 *Cfr.* Allan R. Brewer-Carías, *Fundamentos de Administración Pública*, Tomo I, Caracas, 1980, p. 80.

1247 *Cfr.* Eduardo García de Enterría, "Estudio preliminar", en Eduardo García de Enterría (ed.); *La distribución de competencias económicas entre el Poder Central y las autonomías territoriales en el Derecho Comparado y en la Constitución Española*, Madrid, 1980, p. 14; y Luis Cosculluela Montaner: "Las vertientes del Regionalismo", en R. Calvo y otros: *Las Autonomías Regionales. Informes al Instituto Nacional de Prospectiva*, Madrid, 1977, p. 215 y ss.

acuerdo a las realidades históricas, económicas y sociales, provocan la llegada a un punto de equilibrio. Por ello puede decirse que el signo contemporáneo de la evolución del Estado parece ser el de una convergencia hacia soluciones de organización política descentralizadas similares: los Estados Unitarios tienden a regionalizarse y las Federaciones, después de haberse centralizado, vuelven a seguir esquemas descentralizadores[1248].

Por tanto, en la actualidad puede decirse que la división bipartita clásica entre Estado Unitario y Estado Federal no refleja categorías precisamente definidas de forma de Estado, por lo que resulta inútil, frente a nuevas formas de descentralización política de Estados tradicionalmente unitarios, plantearse la discusión de si se trata de una forma de Estado Unitario descentralizado o de un Estado Federal, cuando, se insiste, estos esquemas clásicos no existen en sus formas teóricas en la actualidad[1249].

Hoy hay organizaciones políticas más o menos descentralizadas, como esquema de distribución del poder en forma vertical, y dentro de esa gama, sin duda, puede resultar y resulta que Estados Unitarios descentralizados o Estados Regionales estén más descentralizados políticamente que viejos Estados Federales, hoy altamente centralizados.

C. *El centralismo de las viejas Federaciones*

La Federación, como forma de Estado en la cual se estructura una división vertical del poder político, basada en Entidades territoriales autónomas (Estados miembros) con poderes constituyentes, nació como una solución empírica y *ad hoc* de transacción de intereses políticos, que permitiera conciliar la autonomía de las Provincias diseminadas en el extenso territorio de los Estados Unidos de Norteamérica, con las exigencias de reforzar la Unión o el Poder Central, para bastarse a sí mismo en la esfera de sus funciones[1250]. La evolución posterior de esa nueva forma de Estado, intermedia entre las que eran clásicas para la época, la Confederación de Estados y el Estado Unitario, se va a desarrollar en medio de un proceso político dominado por los dos movimientos políticos mencionados: el centrífugo y el centrípeto, lo cual caracteriza a todas las Federaciones posteriores, con un triunfo a favor de las fuerzas centrípetas, provocando las Federaciones centralistas de la actualidad, como la nuestra, con nuevas tendencias hacia la descentralización.

En efecto, a pesar de que la Federación, como fórmula teórica, se ha considerado como un sistema avanzado de descentralización política[1251], en la práctica y en la

1248 *Cfr.* Pedro de Vega García "Poder Constituyente y Regionalismo", en Gumersindo Trujillo (ed.): *Federalismo y Regionalismo,* Madrid, 1979, p. 355 y ss. Antonio La Pérgola, "Federalismo y Regionalismo: el caso italiano", *ídem,* pp. 168 y ss.; J. Reinaldo Vanossi, *doc. cit.,* p. 10.

1249 *Cfr.* Juan Ferrando Badía, *El Estado unitario, el federal y el Estado regional*, Madrid, 1978, p. 23.

1250 *Cfr.* M. García Pelayo, *Derecho Constitucional Comparado*, Madrid, 1958, p. 215; J. Reinaldo Vanossi, *doc. cit.,* p. 4.

1251 Por ejemplo, es clásica la afirmación de Hans Kelsen, "El Estado federal es un Estado que se caracteriza por su descentralización de forma especial y de grado más elevado, que se compone de unidades miembros dominadas por él, pero que poseen autonomía constitucional y participan en la formación de la voluntad federal, distinguiéndose de este modo de todas las colectividades públicas inferiores". Véase en realidad, las Federaciones contemporáneas son todas relativamente centralizadas. Por otra parte, no puede decirse que hay un solo y único tipo de Estado Federal. Hoy por hoy, la mayor parte de la superficie de la tierra está regida por Estados con forma federal, y en todos ellos hay peculiaridades propias[1252]. Sin embargo, quizá el signo común a todas esas estructuras federales concretas es su tendencia al centralismo, es decir, a reforzar y fortalecer políticamente los niveles federales frente a los Estados miembros. Múltiples factores han influido en este proceso de centralización de los Estados Federales, y entre ellos deben destacarse los factores económicos y los políticos.

Por ejemplo, en los Estados Unidos de Norteamérica ha sido la reserva al nivel federal de fundamentales poderes de imposición e intervención en la economía y el comercio, y las restricciones impuestas a los Estados, lo que ha provocado el proceso centralizador.

Este, por otra parte, se ha manifestado a través de la interpretación y aplicación de la Constitución derivadas de la práctica constitucional, y que ha conducido a varios principios fundamentales del federalismo americano: la cláusula de la supremacía del Derecho federal sobre el de los Estados miembros; la teoría de los poderes implícitos, que ha determinado el ámbito extendido en el cual opera esa supremacía, y la cláusula de comercio, cuya interpretación extensiva ha dejado en manos del nivel federal la regulación casi completa y exclusiva no sólo del comercio, sino de la economía del país[1253]. El centralismo de la Federación norteamericana, además, ha tenido sus motivaciones políticas en el fortalecimiento del Poder Ejecutivo Federal, basado sobre el sistema presidencial, precisamente en una Nación que ha desempeñado y desempeña un papel esencial en la política mundial. En el Canadá, la Federación ha tenido también sus rasgos centralistas, basados particularmente en su forma peculiar de distribución de competencias, al atribuir al nivel federal, al contrario de la mayoría de las Federaciones, las competencias residuales[1254].

En Alemania, a pesar de la distribución formal de competencias entre el nivel federal y los *Länder*, que coloca competencias residuales en este último nivel, la tendencia centralizadora ha conducido a una posición predominante del Bund sobre los *Länder*, tanto en materia económica como legislativa[1255], y al desarrollo de competencias federales implícitas basadas no en la figura norteamericana de los poderes

---

su *Teoría general del Estado*. Trad. L. Legaz Lacambra, Barcelona, 1934, p. 225; México, 1954, p. 254. Por su parte, Maurice Duverger, en su libro *Instituciones políticas y Derecho Constitucional*, Barcelona, 1962, afirma que "el federalismo (es) una descentralización muy avanzada", p. 75.

1252 Sólo señalaremos que la Federación es la forma política de todos los grandes Estados del Continente americano: Canadá, Estados Unidos, México, Venezuela, Brasil y Argentina.

1253 Véase Luis Ortega Álvarez, "La división de competencias económicas en los Estados Unidos", en Eduardo García de Enterría (ed.): *La distribución de competencias económicas entre el Poder Central y las autonomías territoriales en el Derecho Comparado y en la Constitución Española*, *cit.*, pp. 45 a 70.

1254 Véase Santiago Muñoz Machado, "La distribución de las competencias económicas en Canadá", en Eduardo García de Enterría (ed.): *La distribución de competencias económicas...*, *cit.*, p. 91.

1255 Véase Ulrich Beyerlin, *doc. cit.*, p. 2; Luciano Parejo Alfonso, "Las competencias constitucionales económicas en Alemania Federal", en Eduardo García de Enterría (ed.): *la distribución de las competencias económicas...*, *cit.*, p. 157.

implícitos, sino en razón de "la naturaleza de la materia"[1256]. Igual tendencia centralizadora se observa en la Confederación suiza, que en realidad es un Estado Federal, mediante el desarrollo de poderes implícitos en la Confederación derivados de interpretaciones del texto constitucional, así como de la acumulación de poderes económicos en el nivel federal[1257].

Esta tendencia centralizadora de las Federaciones se acentúa en el caso de Austria, en cuya Constitución aparece, originalmente, la figura de un "federalismo limitado" o "federalismo unitario'' en el cual la Federación tiene una posición predominante, al resultar favorecida por el reparto de competencias, con la reserva íntegra de las potestades jurisdiccionales[1258].

Las Federaciones latinoamericanas también, en grado importante, han sufrido este proceso centralizador, y por ello, con razón, se ha hablado de las "Federaciones Centralizadas de América Latina"[1259]. La tendencia centralista ha conducido así a una preponderancia del Poder Central en todas las Federaciones latinoamericanas sobre los Estados Miembros. Se habla así, en Argentina, del "avasallamiento de las autonomías provinciales" por el Gobierno Central[1260]; de la "preeminencia evidente de la Federación" en el Estado brasileiro[1261], que lo asemeja más a un Estado Unitario Descentralizado, a pesar de la tradición federalista[1262], y de la incrustación de elementos centralizadores dentro de la estructura federal del Estado mexicano, como signo de centralización, en la cual el factor económico ha sido de importancia primordial[1263].

En el caso de Venezuela, como hemos señalado y argumentado anteriormente, nuestra Federación también ha sido centralista, por la acumulación progresiva de competencias a nivel central, incluyendo las de carácter económico y judicial, y el vaciamiento de competencias de los Estados Miembros. Inclusive, frente a las competencias residuales de los Estados, la interpretación de poderes implícitos a nivel

1256 Véase Luciano Parejo Alfonso: "Las competencias constitucionales económicas en Alemania Federal", *loc. cit.*, p. 165.

1257 Véase Luciano Parejo Alfonso: "Las competencias constitucionales económicas en Austria", en Eduardo García de Enterría (ed.): *La distribución de las competencias económicas..., cit.*, pp. 106, 116 y 143.

1258 Véase Luciano Parejo Alfonso, "Las competencias constitucionales económicas en Austria", en Eduardo García de Enterría (ed.): *La distribución de las competencias económicas..., cit.*, p. 221.

1259 Véase Williams S. Strokes, "The Centraliced Federal Republic of Latin America, en Peter G. Snow: *Government and Politics in Latin America*, N. Y.

1260 Véase Silvio Frondizi, "El Federalismo en la República Argentina", en *Los sistemas federales del Continente americano*, UNAM, México, 1972, p. 111.

1261 Véase Luis Pinto Ferreira, "El Sistema Federal Brasileño", en *Los sistemas federales del Continente americano, cit.*, p. 216.

1262 Véase Manoel Gonçalves Ferreira Filho, *doc. cit.*, pp. 16 y 17.

1263 Véase Jorge Carpizo, "Sistema Federal Mexicano", en *Los sistemas federales del Continente americano, cit.*, pp. 466 y 543.

nacional (federal) ha sido posible por la cláusula genérica de que compete a ese nivel todo lo que sea nacional, por su índole o naturaleza[1264].

Pero la tendencia al centralismo también fue un signo característico de las antiguas Federaciones Socialistas. En todos estos países, la importancia política de la economía dio origen al principio del centralismo democrático, como principio organizativo socialista, y que reconociendo la diversidad de Regiones de un país, permitió el desarrollo organizado y centralizado de la economía planificada en el marco de toda la Nación. Las Federaciones de la URSS, Checoslovaquia y Yugoslavia, así, obedecieron a esta característica centralizada, derivada del mencionado principio del centralismo democrático[1265]. A ello debía agregarse, como agente centralizador, el sistema de partido único, "cuya organización centralizada contrabalancea las libertades conferidas a las Entidades federales"[1266].

D. *Los nuevos federalismos*

De lo anteriormente señalado resulta evidente entonces que la Federación Clásica no existe y quizá no existió nunca en ninguna parte del mundo. Por eso se ha afirmado, con razón, que "el Federalismo de viejo estilo ha muerto"[1267] y en su lugar han surgido formas de distribución vertical del poder con ropaje federal, pero que aproximan los Estados Federales a las fórmulas de los Estados Unitarios Descentralizados.

En muchos casos, la tendencia a la centralización de las Federaciones ha dado origen a un "federalismo de cooperación" o "federalismo cooperativo"[1268], conforme al cual, tanto la Federación como los Estados Miembros asumen tareas en común. Se trata, por tanto, de la quiebra del sistema tradicional de reparto de competencias, sustituidas por un sistema de colaboración o coparticipación del nivel federal y los Estados Miembros en la realización de unas mismas tareas públicas en forma concurrente o conjunta.

Tal como lo han indicado Michael D. Reagan y John G. Sanzone: "El federalismo de viejo estilo es un concepto legal, que enfatiza una división constitucional de autoridad y funciones entre un gobierno nacional y los gobiernos de los Estados, habiendo recibido ambos niveles sus poderes en formas independientes uno del otro de una tercera fuente: el pueblo. El federalismo de nuevo estilo es un concepto polí-

---

1264 Véase Allan R. Brewer-Carías, *Cambio político y reforma del Estado en Venezuela*, Madrid, 1975, pp. 415 y ss., Véase además, Humberto J. La Roche, "El Federalismo en Venezuela", en *Los sistemas federales del Continente americano, cit.*, p. 648.

1265 Véase M. A. Krutogolov y M. A. Shafir, "La Unión Soviética, Estado Socialista Federado", en *Federalismo europeo*, UNAM, Tomo I, México, 1979, pp. 62, 90 y 107; Viktor Knapp, "El Federalismo en Checoslovaquia", en Federalismo europeo, *cit.*, pp. 9 y 11; Boris T. Blagojevic, "Problemas actuales del Federalismo yugoslavo", en *Federalismo europeo, cit.*, p. 164

1266 Juan Ferrando Badía, *El Estado unitario..., cit.*, p. 109.

1267 Véase Michael D. Reagan y John G. Sanzone, *The New Federalism*, New York-Oxford, 1981, p. 3.

1268 *Cfr.* Serrat, Rapport sur le projet de loi relatif aux droits et libertés des Conmmunes, des Départaments et des Régions, número 33, 22-10-81, p. 23; y las referencias en el libro de Eduardo García de Enterría (ed.): *La distribución de las competencias económicas..., cit.*, pp. 134 (Suiza), 209 (Alemania), 222 y 245 (Austria).

tico y pragmático, que resalta la efectiva independencia de funciones compartidas entre Washington y los Estados y que apunta a la mutua influencia que cada actor es capaz de ejercer sobre el otro"[1269].

En otras palabras: "La diferencia entre el federalismo de viejo y nuevo estilo puede ser resumida en esta forma: el federalismo de viejo estilo describe una no-relación entre el gobierno nacional y el de los Estados, y el federalismo de nuevo estilo se refiere a una relación positiva multifacética de acción compartida. El significado del federalismo hoy radica en un proceso de acción conjunta y no en un asunto de estatuto legal. No es un asunto de qué son los gobiernos, sino de qué hacen. Es un asunto de acción más que de estructura"[1270].

Esta forma de federalismo coordinado, compartido o cooperativo, que da origen a relaciones intergubernamentales dinámicas, es quizá hoy el signo más característico de las Federaciones contemporáneas, luego de haber sufrido el proceso centralizador que les es común. En la consolidación de este sistema de cooperación es quizá donde está la clave para la nueva descentralización que se está tratando de realizar en las Federaciones, y así lograrse el equilibrio deseado entre las fuerzas centrífugas y centrípetas en la organización del Estado.

E. *La descentralización de los Estados Unitarios*

Pero el juego de estas fuerzas y el proceso centralización-descentralización se ha dado también en los Estados Unitarios. En éstos, la tendencia ha sido hacia la descentralización.

En efecto, así como hemos dicho que la Federación, como fórmula máxima de descentralización política, no existe, también puede afirmarse que la fórmula del Estado Unitario, en el cual sólo existe un centro de poder y de gobierno, tampoco existe.

El Estado Unitario se estructuró, ciertamente, con el nacimiento del Estado Moderno, y se consolidó con la Revolución Francesa, en la cual, la centralización fue el instrumento para la destrucción de los cuerpos intermedios y los privilegios y, a la vez, el medio para el mantenimiento en el poder de la burguesía[1271].

Sin embargo, a medida que se fue democratizando la democracia, la democracia pluralista transformó los viejos Estados Unitarios, pues provocó el surgimiento de niveles inferiores de poder a nivel local: la democracia implicó así la descentralización de los Estados Unitarios[1272], por lo que en éstos se puede distinguir siempre un grado de descentralización local, en el sentido de la existencia de colectividades político-territoriales menores: Municipios o Comunas con autonomía político-territorial.

Pero las propias exigencias de la democracia pluralista han provocado la necesidad de establecer un sistema político o forma de Estado, que acerque más las institu-

---

1269 Véase Michael D. Reagan y John G. Sanzone, *The New Federalism*, New York-Oxford, 1981, p. 3.

1270 *Idem*, p. 170.

1271 *Cfr.* E. García de Enterría, *Revolución Francesa y Administrativa Contemporánea*, Madrid, 1972.

1272 *Cfr.* Juan Ferrando Badía, *El Estado unitario..., cit.*, p. 65.

ciones políticas a los ciudadanos y asegure la participación democrática en varios niveles territoriales y no sólo en el nivel local. Asimismo, la satisfacción de las necesidades colectivas en sociedades industrializadas y urbanas complejas ha mostrado la insuficiencia del Estado centralizado para actuar adecuadamente en todo el territorio. De allí que haya sido una tendencia general, en todos los Estados Unitarios, la aparición de niveles intermedios desconcentrados (Regiones o Departamentos) para la acción nacional y resolución de los asuntos públicos. Inicialmente, se ha tratado de un proceso económico o administrativo (regionalización económica y administrativa)[1273], y progresivamente se ha venido convirtiendo en un proceso político.

Por ello, el signo contemporáneo de los Estados Unitarios es el de su regionalización política, dando origen a una nueva forma de Estado que comienza a delinearse: la del Estado Regional.

2. *La fórmula del estado regional*

Diversas concepciones se han formulado para identificar el Estado Regional, y todas parten de la dicotomía tradicional: Estado Federal-Estado Unitario. Así, unos consideran al Estado Regional junto al Estado Federal, como una forma más o menos avanzada de descentralización; otros estiman que el Estado Regional es un Estado Unitario descentralizado, y en una tercera posición, otros estiman que se trata de una realidad jurídico-pública independiente, intermedia entre el Estado Unitario y el Estado Federal[1274].

Esta aproximación al problema, en realidad, no es exacta, pues, como se ha señalado, en la práctica política no existe una concepción pura de Estado Federal ni de Estado Unitario. Al contrario, las Federaciones se han centralizado y los Estados Unitarios se han descentralizado, y la realidad indica que en todas las experiencias de Estados Regionales, éstos han surgido de viejos Estados Unitarios.

En todo caso, lo que caracteriza a los Estados Regionales es que, además del nivel nacional, que conserva el poder constituyente único, y del nivel local (municipal), han surgido unidades político-territoriales autónomas intermedias, producto de la descentralización política, con autonomía territorial. Estas unidades territoriales intermedias, se caracterizan por tener una autonomía política, con potestad legislativa regional, cuyos órganos son electos por votación popular, materializándose la democracia regional[1275].

A. *Antecedentes*

La primera experiencia histórica del Estado Regional fue el "Estado Integral", establecido en la Constitución Española de 1931, el cual, conforme a lo expresado por el profesor Jiménez de Asúa, Presidente de la Comisión de Constitución, ante la antítesis Estado Unitario-Estado Federal, se presentaba como una forma intermedia

---

1273 Véase Allan R. Brewer-Carías, *Regionalization in economic matters*, Rapport Général aux IX Congréés International de Droit Comparé, Téhéran, 1974, *cit.*

1274 En general, véase Juan Ferrando Badía, *El Estado unitario, el federal y el Estado regional*, *cit.*, pp. 142 y ss., y 192 y ss.

1275 *Cfr.* Juan Ferrando Badía, *El Estado unitario...*, *cit.*, p. 185.

que buscaba "disminuir los residuos de soberanía de los Estados Federales hasta hacerla sustituir por una amplia autonomía político-administrativa, de un lado: y de otro, acentuar la nueva descentralización administrativa de las Provincias, hasta transformarla prácticamente en autonomía político-administrativa. Frente al Estado Unitario, tiene el Integral la ventaja, en nuestro caso, de ser compatible, sin imponerlas, con diversos grados, de autonomías regionales, cuando sean pedidas y procedentes, junto a un régimen de vinculaciones de otros territorios nacionales no preparados para aquellas formas de autarquía. Y frente al Estado Federal tiene el provecho de permitir, sin desnaturalizarse, la existencia de estos territorios, ligados por estrecha dependencia político-administrativa al Estado..."[1276]. El Estado Integral de la República Española fue interpretado doctrinalmente por el Profesor G. Ambrosini, quien fue Presidente del Tribunal Constitucional Italiano en 1933[1277], como un Estado intermedio entre el Estado Federal y el Estado Unitario, o más propiamente, como un "Estado descentralizado políticamente", como lo calificó el administrativista A. Amorth[1278].

B. *El Estado Regional Italiano*

El Estado Regional encuentra su primera regulación acabada en el texto de la Constitución italiana de 1947, aun cuando sólo se concreta y estructura real y políticamente a partir del inicio de los años setenta. Este texto establece una división del Estado italiano en Regiones autónomas, políticamente hablando, con potestades legislativas propias y órganos representativos electos. Los artículos 114 a 133 de la Constitución italiana, como lo describe Enric Argullol Murgadas[1279], en efecto, regulan la Región, como una Entidad representativa, cuyos órganos son el Consejo Regional y una Junta y Presidente elegidos por el Consejo. A la Región se le atribuye potestad legislativa de carácter concurrente para un conjunto de materias taxativamente enumeradas, y potestad legislativa que desarrolla las leyes estatales que así lo prevean. La Región tiene asimismo potestades administrativas en las materias en las cuales tiene competencias legislativas concurrentes, y el Estado puede delegarle otras funciones administrativas. La Región tiene, además, autonomía en cuanto a la emisión de su propio Estatuto, el cual es aprobado por Ley de la República. Asimismo, la Constitución establece una autonomía financiera para las Regiones. Por otra parte, la Constitución prevé un sistema de controles de la actividad de las Regiones: la potestad legislativa, a través de la Corte Constitucional; la actividad administrativa, a través de una Comisión desconcentrada regulada por vía legislativa, y la actividad política, a través de un Comisario del Gobierno, previéndose incluso la disolución del Consejo Regional. Por último, la Constitución atribuye a la Región la posibilidad de participar en la elección del Presidente de la República y presentar

---

1276 Discurso del Presidente L. Jiménez de Asúa en *Diario de Sesiones de las Cortes Constituyentes de la República Española* (27-VIII-1931), pp. 644 y 645, citado por Juan Fernando Badía, El *Estado unitario... cit.*, p. 161.

1277 Véase G. Ambrosini, "Un tipo intermedio de Stato fra l'unitario e il federale caraterizato dall'autonomia regionale", en *Rivista di Diritto Pubblico*, 1933, p. 93 y s.

1278 Citado por Juan Ferrando Badía, *El Estado unitario..., cit.*, p. 117.

1279 Véase Enric Argullol Murgadas, *La vía italiana a la autonomía regional*, Madrid, 1977, pp. 56 y ss.

proyectos de Ley a las Cámaras Parlamentarias de la República. El Senado, además, se debe elegir en base a circunscripciones de carácter regional[1280].

C. *El Estado de Comunidades y Regiones en Bélgica*

La fórmula del Estado Regional como instrumento de descentralización política, se ha desarrollado también en Bélgica. El Estado Unitario tradicional de ese país, mediante la reforma constitucional de 1970, inició un proceso de descentralización política, estableciéndose el compromiso de crear tres Regiones como colectividades político-territoriales y tres Comunidades culturales. Las Regiones eran: la walona, la flamenca y la de Bruselas, y las Comunidades culturales: la francesa, la holandesa y la alemana.

Ese sistema, sin embargo, sólo fue desarrollado políticamente mediante la reforma constitucional de 1980, la cual ha recogido la misma división del país en dos estructuras políticas distintas y a veces superpuestas: las Comunidades y las Regiones.

En cuanto a las Comunidades, la Constitución ha establecido que Bélgica comprende tres Comunidades: la Comunidad francesa, la Comunidad flamenca y la Comunidad de habla germánica, teniendo cada Comunidad personalidad jurídica y las atribuciones reconocidas por la Constitución y las Leyes[1281].

Realmente sólo han sido estructuradas dos de estas Comunidades: la francesa y la flamenca, y su territorio es el de la Región de lengua francesa y el de la Región de lengua holandesa. En cuanto a la Comunidad de habla germánica, sólo se ha organizado un Consejo Cultural de la misma desde 1973.

En este esquema, las dos grandes Comunidades estructuradas tienen una Asamblea Parlamentaria (Consejo) y un Ejecutivo nombrado por el Consejo, que funcionan mediante un régimen parlamentario. La Constitución establece una serie de competencias a las Comunidades, las que regulan mediante Decretos con fuerza de Ley[1282].

Paralelamente a la estructura de Comunidades Autónomas, la reforma constitucional de 1970 había establecido que Bélgica comprendía tres Regiones: la Región Walona, la Región Flamenca y la Región de Bruselas[1283]. La regulación de estas Regiones había sido dejada a una Ley del Parlamento, y sólo había sido después de diez años de intentos, en agosto de 1980, cuando se dictó la primera Ley de aplicación parcial del artículo 107 de la Constitución.

De acuerdo a la situación en 1982, sólo una Región se había regularizado: la Región Walona. En cuanto a la Región flamenca, que abarca el territorio lingüístico holandés, había sido absorbida por la Comunidad flamenca al tener los mismos órganos comunes. La Región de Bruselas no había sido establecida. En la década de los ochenta, en todo caso, las tres regiones fueron precisamente reguladas.

1280 *Cfr.* Sergio Bartole y Giuseppe Volpe, *doc. cit.*

1281 Artículo 3 de la Constitución Belga.

1282 Véase François Perrin, *doc. cit.*, pp. 10 y ss.

1283 Artículo 107 de la Constitución Belga.

Por su parte, la Región Walona tiene una Asamblea Parlamentaria denominada Consejo Regional Walon, y un Ejecutivo denominado Ejecutivo Regional Walon, y es de destacar que su territorio no se corresponde con el territorio de la Comunidad francesa, pues además de éste abarca el territorio de la Comunidad de habla germánica[1284].

Es de destacar que la estructura político-territorial de Bélgica, sin duda, responde a un proceso de descentralización política montado sobre dos realidades distintas: las Comunidades y las Regiones, con órganos propios electos y competencias determinadas de carácter legislativo y ejecutivo, para la regulación y gestión de determinadas materias que se les han transferido mediante Ley del Parlamento.

D. *El Estado de Comunidades Autónomas español*

La Constitución española de 1978, estableció una organización territorial del Estado español no sólo en Municipios y Provincias, sino en "Comunidades Autónomas".

Se establece así en España un Estado Autónomo o de las Comunidades Autónomas, que responde al esquema del Estado Regional como fórmula de descentralización política avanzada, y que había venido estableciéndose desde antes de la promulgación de la Constitución, mediante la concesión de las denominadas "preautonomías" a diversas regiones españolas, mediante Reales Decretos dictados en base a criterios políticos de urgencia.

La Constitución de 1978, en todo caso, estableció la división del territorio español en Comunidades Autónomas que se constituyeran, abriéndose así el denominado proceso autonómico, que ha conducido al establecimiento de Comunidades Autónomas en todo el territorio español, regidas cada una por sus respectivos Estatutos de Autonomía elaborados por los órganos representativos de la futura Comunidad y aprobados por Ley de las Cortes.

De acuerdo al sistema, las Comunidades Autónomas se configuran como Entidades territoriales descentralizadas, con competencias legislativas y administrativas que ejercen respecto de un conjunto de competencias que prevé el artículo 148 de la Constitución y que deben ser determinadas en los respectivos Estatutos de Autonomía. La Constitución prevé, además, materias de competencia exclusiva del Estado (nacional) (Art. 149), las cuales, sin embargo, pueden ser transferidas por Ley a las Comunidades Autónomas[1285].

Dado que el proceso autonómico se realizó aisladamente, respecto de cada Comunidad Autónoma, la Constitución previo la posibilidad de que el Estado pudiera dictar Leyes que establecieran los principios necesarios para armonizar las disposi-

1284 Véase François Perrin, *doc. cit.*

1285 Sobre el proceso autonómico español, véase T. R. Fernández (ed.) : *Las autonomías regionales, Informes al Instituto Nacional de Prospectiva*, Madrid, 1977; Gumersindo Trujillo (ed.): *Federalismo y Regionalismo*, Madrid, 1979; Juan Ferrando Badía: *El Estado unitario, el federal y el Estado regional*, Madrid, 1978; In: "Teoría y realidad del Estado autonómico", en *Revista de la Política Comparada*, número III, 1980-81; Eduardo García de Enterría (ed.): *La distribución de las competencias económicas entre el Poder Central y las autonomías territoriales en el Derecho Comparado y en la Constitución Española,* Madrid, 1980.

ciones normativas de las Comunidades Autónomas, aun en el caso de materias atribuidas a la competencia de éstas, cuando así lo exija el interés general (Art. 150). En base a esta previsión, las Cortes españolas sancionaron, en junio de 1982, la Ley Orgánica de Armonización del Proceso Autónomo (LOAPA)[1286], con la cual se pretendió reordenar el Estado de las Autonomías españolas desarrollado en los últimos años. Algunos artículos de dicha Ley, sin embargo, fueron anulados por el Tribunal Constitucional en 1984.

E. *La Regionalización política de Francia y el Estado Regional*

Una de las políticas fundamentales formuladas por el Presidente Mitterand durante su campaña electoral fue la de la descentralización política del Estado francés. De allí que uno de los proyectos de Ley presentados en 1981 a la Asamblea Nacional por el Gobierno, hubiese sido el proyecto de Ley relativo a los derechos y libertades de las Comunas, de los Departamentos y de las Regiones[1287], y el proyecto de Ley estableciendo el Estatuto particular de la Región corsa.

Ambas Leyes fueron sancionadas en febrero de 1982, y también ambas Leyes fueron sometidas al conocimiento del Consejo Constitucional, quien las encontró conformes con la Constitución[1288].

En esta forma, la Ley número 82-213, de 2 de marzo de 1982, relativa a los derechos y libertades de las Comunas, de los Departamentos y de las Regiones, fue publicada el 3 de marzo de 1982[1289], y en ella, aparte de la reforma del Régimen local al suprimir la tutela a priori en materia administrativa, financiera y técnica de las Comunas, y sustituirlo por un control a *posteriori* de carácter jurisdiccional, se estableció una nueva colectividad territorial en Francia, la Región, como Entidad descentralizada político-territorialmente, gobernada por órganos electos mediante sufragio universal. Surge así, en Francia, la fórmula del Estado Regional, al dividirse el Estado en Regiones consideradas como colectividades territoriales, administradas por un Consejo Regional elegido mediante sufragio universal directo y con competencias para promover el desarrollo económico, social, sanitario, cultural y científico de la Región y la ordenación de su territorio[1290].

Con posterioridad se dictó la Ley N° 83-8 de 7 de enero de 1983, relativa a la repartición de competencias entre las comunas, los departamentos, las regiones y el

1286 Véase el texto en el diario *La Vanguardia*, Barcelona, jueves 1° de julio de 1982, pp. 8 y s.

1287 Véase el Rapport del Diputado Alain Richard sobre el Proyecto en *Assemblée National*, número 237, Annexe au procès-verbal de la séance du 24 juillet 1981, 2 tomos, pp. 119 y 64, respectivamente: así como el *Rapport* del Senador Michel Giraud sobre el Proyecto en *Senat*, número 33, Annexe au procès-verbal de la séance du 22 octobre 1981, 2 tomos, pp. 149 y 351, respectivamente.

1288 Véase las decisiones en *Journal Officiel de la République Français* del 27-2-83, pp. 695 y 697, y del 3-3-82, pp. 759 y 760.

1289 Véase en *Journal Officiel de la République Française* del 3-3-83, pp. 130 a 747, con rectificaciones en el *Journal Officiel* del 6-3-82.

1290 Véase Jérôme Chapuisar, *doc. cit.*, pp. 11 y ss. y "Autonomie Territoriale et régionalisation politique", en *L'Actualité Juridique. Droit Administratif*, N° 2, París, Jeuvier 1983, pp. 60 y ss. Véase asimismo J. Chevalier y otros: *Le pouvoir Regional*, París, 1982, y las ediciones especiales sobre descentralización de la revista *L'Actualité Juridique, Droit Administratif*, mayo 1982, y febrero 1983.

Estado, cuya importancia política es fundamentalmente en el proceso de descentralización[1291].

F. *Otras experiencias de regionalización política*

La transformación de los clásicos Estados Unitarios europeos en Estados Regionales, en todos los casos, ha estado precedida por la concesión de autonomía política a determinadas Regiones de los Países con características peculiares. Por ejemplo, así sucedió en Italia con la autonomía de las Regiones de Estatuto Especial de Sicilia, Cerdeña, Trentino-Alto Adigio, Valle de Aosta y Friuli-Venecia Julia. También sucedió en España, con las Regiones de Cataluña y el País Vasco, y en Francia, con la Región de Córcega.

Otros países europeos han establecido aspectos específicos de gobierno regional autónomo para determinadas Regiones, como sucedió en Portugal, cuya Constitución de 1976 estableció una descentralización política para las Regiones de las Islas Azores y Madeira.

3. *Exigencias de la descentralización*

Puede decirse, sin duda, que en el mundo contemporáneo, la crisis del Estado Nacional Centralizado ha provocado la aparición de fórmulas de descentralización política, que se observan tanto en los Estados Federales como en los Estados Unitarios, y particularmente en la modalidad nueva de los Estados Regionales.

En todos estos procesos de descentralización política puede decirse que se dan, en mayor o menor grado, los elementos esenciales de la misma como técnica política: la autonomía político-territorial de las entidades descentralizadas; un sistema determinado de distribución de competencias entre las diversas Entidades políticas del Estado, y en particular, de las competencias en materia económica y financiera entre dichas Entidades, y unas garantías institucionales para la defensa de la autonomía.

En cuanto a la autonomía político-territorial de las Entidades descentralizadas, para que exista debe caracterizarse por ser no sólo una autonomía política, sino también legislativa, administrativa y tributaria.

En efecto, ante todo es necesario convenir en que el proceso de descentralización política es una técnica de perfeccionamiento de la democracia, al hacerla más participativa y representativa. Por ello, las fórmulas de descentralización política implican siempre que la nueva Entidad Regional tenga autonomía política, es decir, esté gobernada y administrada por órganos electos mediante sufragio universal y directo. Estos órganos, además, deben tener autonomía legislativa y administrativa para el gobierno de las materias propias de la competencia regional, la cual debe ejercerse sin control de tutela por el Estado Nacional y sometida a control jurisdiccional. Por supuesto, el ámbito de la autonomía político-territorial está condicionado por las modalidades de control que se establezcan a cargo del Estado Nacional, y aquí tam-

---

1291 Véase el texto en *L'Actualité Juridique. Droit Administratif*, Nº 2, París, febrero 1983, pp. 133 y ss., y el comentario de Jérôme Chapuisat, "La répartition des compétences" en la misma publicación, pp. 81 y ss.

bién se da la relación tradicional de la autonomía en Derecho público: a mayor autonomía, menor control, y al contrario, a menor autonomía, mayor control.

Por último, formando parte de la autonomía de los Entes descentralizados, éstos deben tener alguna modalidad de autonomía financiera, en el sentido de que deben tener recursos propios, incluyendo los de carácter tributario.

Este aspecto de la distribución de competencias tributarias, sin duda, es quizá el más importante en toda fórmula de descentralización federal o regional, pues es la que va a asegurar que la autonomía sea o no real y efectiva.

En todo caso, la efectividad de la autonomía político-territorial de los entes descentralizados dependerá realmente del sistema de distribución de competencias entre los diversos niveles del Estado. La autonomía se torna inútil, como sucede con los Estados Miembros de muchas Federaciones contemporáneas, si no hay materia sobre la cual pueda ejercerse. De allí la importancia del sistema de determinación y distribución de competencias.

Por supuesto, diversas modalidades de distribución vertical de competencias se pueden distinguir: competencias exclusivas al Estado Nacional o Federal; competencias exclusivas de las Regiones Autónomas y a los Estados Miembros de una Federación; competencias concurrentes entre los diversos niveles territoriales; competencias residuales para los Estados Miembros de una Federación en la mayoría de los Estados Federales o para el Estado Nacional en ciertos Estados Regionales; competencias implícitas para el Estado Nacional o Federal.

En todo caso, la enumeración de las competencias de las Regiones en las experiencias de los Estados Regionales es quizá la característica común de estas experiencias políticas contemporáneas.

Pero, en particular, la efectividad de la organización vertical del poder en las fórmulas de descentralización, que combine la autonomía regional con la integridad del Estado, exige una precisa distribución de competencias en materia económica entre los entes públicos. Este aspecto y la concentración de esas competencias en el nivel federal, han contribuido a la centralización de las Federaciones; por ello, las fórmulas de concurrencia, cooperación y participación en materia económica que caracterizan los nuevos federalismos. En las fórmulas de los Estados Regionales, se ha optado por estas fórmulas de concurrencia y coparticipación entre el Estado Nacional y las Regiones Políticas en materia económica.

Por último, todo sistema de descentralización política que conlleve autonomía territorial y un sistema de distribución de competencias, exige el establecimiento de garantías institucionales a esas autonomías. Básicamente éstas deben traducirse en el control constitucional, por el Tribunal Supremo o una Corte Constitucional, de las recíprocas invasiones de competencias y lesiones a la autonomía entre los Entes regionales y el Estado Nacional o entre los Estados Miembros y el nivel federal, a cuyo efecto debe darse legitimación para recurrir a las diversas Entidades territoriales.

La crisis del Estado Nacional, tanto en los Estados Federales como en los Unitarios, en última instancia está provocando una debilidad progresiva del Estado no sólo para la conducción política de la sociedad, para la atención de los asuntos públicos y para la satisfacción de las necesidades colectivas, sino para asegurar la democracia participativa. Frente a esta situación, la descentralización política se configura como un remedio eficaz contra esa debilidad del Estado y la crisis en la cual está inmerso. Su realización, sin embargo, no es fácil, pues descentralizar implica transferir poderes a las instancias regionales y locales y crear efectivos mecanismos de autogobierno regional y local. Esto, por supuesto, fortalece instancias políticas nuevas y debilita las tradicionales, pero el reto hay que asumirlo, pues de lo contrario estas últimas corren el riesgo de desaparecer, y con ellas agravar la crisis del Estado.

SÉPTIMA PARTE

EL RÉGIMEN MUNICIPAL

De acuerdo con el artículo 26 de la Constitución, la organización de los Municipios y demás entidades locales se debía regir, además de por las normas del propio Texto Fundamental, por las normas que para desarrollar los principios constitucionales establecieran las leyes orgánicas nacionales y las disposiciones legales que en conformidad con aquéllas dictasen las Asambleas Legislativas de los Estados.

Al promulgarse la Constitución de 1961, y en ausencia de las mencionadas "leyes orgánicas nacionales" reguladoras del régimen municipal, la Disposición Transitoria Primera de dicho Texto dispuso que se mantuviera "en vigencia el actual (1961) régimen y organización municipal de la República", con lo cual, los principios constitucionales del Municipio Democrático que la Constitución regulaba, hasta cierto punto quedaron pospuestos, previendo en cambio que se aplicaría el régimen municipal precedente, que era el de la autocracia, y que desconocía la propia institución local denominada "Municipio".

En lugar del Municipio, en efecto, desde 1904 se había dotado de autonomía municipal a los Distritos[1292]; éstos, por tanto, eran los autónomos, existiendo a nivel de los mismos, Municipalidades con dos órganos de actuación: los Concejos Municipales y los Prefectos. Los Municipios que existían, como división de los Distritos, no eran autónomos ni eran por tanto "Municipios" en los términos de la Constitución. Esta situación perduró después de 1961, por la mencionada Disposición Transitoria Constitucional.

En 1978, con 17 años de atraso, se pretendió regular a nivel nacional el régimen municipal, pero ello se hizo inadecuadamente. La Ley Orgánica de Régimen Municipal de 18 de agosto de 1978[1293], en efecto, puede decirse que no actualizó ni concretizó el "Municipio" democrático que consagraba la Constitución, sino que lo que hizo fue regular con carácter nacional el régimen municipal (Municipalidades a nivel del Distrito) que provenía de la autocracia, salvo por lo que respecta a los Pre-

---

1292 Art. 7, ordinal 3° en el cual los Estados se comprometieron a garantizar la autonomía municipal de los Distritos y su independencia del Poder Político de los Estados mismos. Véase en Allan R. Brewer-Carías *Las Constituciones en Venezuela*, Madrid 1985, p. 588.

1293 *Gaceta Oficial* N° 2.297 Extra, de 18-8-78.

fectos, prorrogando su transitoriedad (Art. 163) hasta 1984[1294]. Posteriormente, mediante la reforma de la Ley Orgánica promulgada el 29 de marzo de 1984[1295] que se sancionó para permitir la elección de autoridades municipales, de nuevo, a nivel del Distrito (y no de Municipios) (Art. 165), se volvió a prorrogar el régimen municipal de la autocracia hasta 1988.

Ahora bien, desde el mismo momento de la promulgación de la Ley Orgánica de Régimen Municipal de 1978, se planteó la necesidad de su reforma[1296], pues se tenía conciencia de que no satisfacía las aspiraciones plasmadas en la Constitución. Diversos planteamientos se formularon para su reforma, pero no se habían concretado en un Proyecto de Ley. A finales de 1983, con base en todos los estudios sobre la materia que habíamos realizado en la década anterior, elaboramos un Proyecto de Ley de Reforma que un grupo de parlamentarios presentó a la Cámara de Diputados, en enero de 1984, al iniciarse el período constitucional 1984-1989. Este Proyecto de reforma de la Ley Orgánica de Régimen Municipal[1297], acogido por la Comisión Bicameral designada para estudiarlo, fue el texto que sirvió de base fundamental para la elaboración del Proyecto de Ley de Reforma de la Ley Orgánica de Régimen Municipal[1298], discutida en las Cámaras Legislativas en el período de sesiones de 1988, y que sancionado el 9 de agosto de 1988 dio origen a la Ley Orgánica de Régimen Municipal de 20 de septiembre de 1988 que debió haber entrado en vigencia el 15 de junio de 1989[1299]. En esa misma fecha, sin embargo, apareció publicada

---

1294 Véase las críticas a dicha Ley cuando aún era Proyecto, en Allan R. Brewer-Carías, "La Reforma del régimen local y el Proyecto de Ley Orgánica del Poder Municipal", *Revista Resumen*, N° 161, Caracas 5-12-76, pp. 20 a 29, y en el libro Allan R. Brewer-Carías y Norma Izquierdo Corser, *Estudios sobre la Regionalización en Venezuela*, Caracas 1977, pp. 353 a 368. Véase además, las críticas a la Ley en Allan R. Brewer-Carías, *El Régimen Municipal en Venezuela*, Caracas 1984, pp. 167 a 197.

1295 *Gaceta, Oficial* N° 3.371 Extraordinario de 2-4-84.

1296 El Presidente de la República, en su discurso del 18 de agosto de 1978, al ponerle el ''Ejecútese", se refirió al carácter experimental de la Ley y la necesidad de su reforma. Véase *El Nacional*, 19-8-78, p. D-l. Véase las diversas críticas al Proyecto formuladas en noviembre de 1976, en Alfredo Peña (Entrevistas), *Democracia y Reforma al Estado*, Caracas, 1978, pp. 21 y 22, y 527 a 572.

1297 Dicho Proyecto, redactado por el autor, se presentó a la consideración de la Cámara de Diputados el 24-1-84 por un grupo de Diputados del Partido Social Cristiano Copei. Véase el texto en Allan R. Brewer-Carías, *Estudios de Derecho Público*, Tomo II (Labor en el Senado), 1983, Caracas 1985, pp. 251 a 253. Los planteamientos básicos que orientaron la reforma propuesta, tienen su origen en la crítica al Proyecto de Ley de 1978, formuladas en 1976, en nuestro citado trabajo, "La Reforma del régimen local y el Proyecto de Ley Orgánica del Poder Municipal". *Revista Resumen*, N° 161, Caracas 5-12-76, p. 20 a 29. Véase, además, los planteamientos centrales que orientaron el Proyecto de Ley de Reforma en Allan R. Brewer-Carías, *Estudios de Derecho Administrativo*, Bogotá 1986, pp. 125 a 156.

1298 La Comisión Bicameral la presidió el Senador Pedro París Montesinos. Véase el texto del proyecto en Congreso de la República. *Exposición de Motivos y Ley Orgánica de Régimen Municipal*. Caracas, 1978-1988.

1299 Véase en *Gaceta Oficial* N° 4.054 Extraordinario de 10 de octubre de 1988. A pesar de la *vacatio legis*, sin embargo, los artículos 50, 51, 55, 58 y 69 de la Ley entraron en vigencia a partir de su publicación en la *Gaceta Oficial*, a los efectos de la elección de los representantes de los órganos de los poderes públicos municipales, en concordancia con lo establecido por la Ley Orgánica del Sufragio. A esta ley destinamos los comentarios publicados en Allan R. Brewer-Carías, "Introducción General al Régimen Municipal", *Ley Orgánica de Régimen Municipa*l, Colección Textos Legales, N° 7, EJV, Caracas 1988. Advertimos aquí que el texto de la Ley de 1988 publicado en ese libro, fue el texto sancionado en la en *Gaceta Oficial* N° 4.109 Extraordinaria, la Ley de reforma parcial de la Ley Orgánica de Régimen Municipal, que había sido sancionada el 14 de junio de 1989. Esta reforma, por supuesto, impidió que entrara en vigencia la Ley de 1988, y previo una nueva *vacatio legis* hasta el 2 de enero de 1990 (Art. 195), día en el cual entró en vigencia la nueva Ley de 1989, sustituyéndose efectivamente la Ley de 1978, reformada parcialmente en 1984[1300].

Ahora bien, esta reforma de 1988-1989, puede decirse que por primera vez actualizó el Municipio democrático previsto en la Constitución, desarrollando en gran parte los principios en ella previstos. Así lo expresa su artículo 1°, cuyo texto, sin embargo, también estaba en la Ley de 1978, al declarar que la "Ley Orgánica tiene por objeto desarrollar los principios constitucionales referentes a la organización, gobierno, administración, funcionamiento y control de los Municipios y demás entidades locales" determinadas en la Ley.

Ahora bien, para captar la importancia del régimen municipal, estimamos necesario, comenzar por analizar las bases constitucionales del mismo, para luego estudiar los aspectos fundamentales del régimen establecido en la Ley de junio de 1989: las diversas entidades locales; las competencias municipales; el gobierno y administración municipal; la hacienda pública municipal; el sistema administrativo municipal; la participación política local; y el contencioso-administrativo municipal[1301].

I. BASES CONSTITUCIONALES DEL RÉGIMEN MUNICIPAL

1. *El Municipio en la organización del estado*

Aunque sea una figura contradictoria, la federación en Venezuela está montada sobre un sistema de distribución vertical del poder, es decir, sobre un sistema de descentralización político-territorial del Poder Público en tres niveles: nacional, estadal y municipal.

El Poder Público en el nivel nacional, que inclusive ya no se llama "federal", como sucedió hasta 1953, sino que se llama simplemente Poder Nacional, corresponde a una persona jurídica territorial que es la República, así denominada en la Constitución. Así, en el texto fundamental, el término "República" tiene dos connotaciones: una, la "República de Venezuela" como Estado en su globalidad, titular del Poder Público; otra, en el ángulo de la distribución vertical del poder, la "República" a secas, como la persona jurídico-pública territorial nacional, titular del Poder Nacional.

última discusión en el Senado, en la cual participamos. Inexplicablemente, el texto que efectivamente apareció publicado en la *Gaceta Oficial* tuvo variaciones diversas posteriores.

1300 A pesar de la *vacatio legis*, la reforma de 1989 mandó a aplicar de inmediato los artículos 51, 52, 55, 56, 57, 59, 71, 188, 189, 193 y 195 referidos fundamentalmente a cuestiones electorales y conforme a los cuales (Art. 193), los Concejales elegidos en 1984 continuaron en sus funciones por un período superior a 5 años, hasta que en enero de 1990, se instalaron los Concejos, con los nuevos concejales electos en las votaciones de diciembre de 1989.

1301 Véase lo expuesto en la "Introducción General al Régimen Municipal" en *Ley Orgánica, de Régimen Municipal 1989*, Editorial Jurídica Venezolana, Colección Textos Legislativos N° 10, Caracas, 1990, pp. 7 a 159; hecho que seguimos en esta parte.

Existe un segundo nivel de distribución del Poder Público que es el nivel estadal, conformado por veintidós Estados. Además, en este segundo nivel existe un Distrito Federal y las Dependencias Federales, que conforman la Federación.

Los Estados están configurados como personas jurídico-públicas en pie de igualdad política, con autonomía; aun cuando por el proceso centralizador señalado se haya producido un vaciamiento progresivo de competencias propias en ese segundo, nivel, en beneficio del nivel nacional. Por ello, esa autonomía, en gran medida es inútil e inocua, porque le hemos venido quitando la materia (competencias) sobre las cuales desarrollarse, incluso, Venezuela conserva dentro de los sistemas federales, el esquema clásico de distribución de competencias según el cual, las competencias residuales están en el segundo nivel, el nivel estadal (Art. 17, Ord. 7), pues las competencias nacionales (primer nivel) y las competencias municipales, en el tercer nivel, deben ser de carácter expreso. Por tanto, todo lo que no se asigne al Poder Nacional y al Poder Municipal, corresponde al Poder Estadal, es decir, a los Estados de la Federación. Sin embargo, es tan extensa la enumeración de las competencias nacionales (Art. 136) y municipales (Art. 30) que, como residuo, ha quedado muy poco. Debido a esto, los Estados tienen una competencia residual, materialmente sin residuo efectivo, por lo que progresivamente se fueron configurando como instituciones político-territoriales sin competencias reales. El proceso, sin embargo, ha comenzado a cambiar a partir de 1989.

Esto ha conducido a la situación actual de que además de no tener mayores competencias precisas, a pesar de los esfuerzos que se hacen ahora por encontrarlas y definirlas, los Estados dependen totalmente desde el punto de vista financiero del Poder Nacional, a través de una partida del Presupuesto Nacional que se denomina "Situado Constitucional" (Art. 229), equivalente a partir de 1994, al 20% de los ingresos ordinarios y que se reparte entre los Estados y el Distrito Federal. Hasta cierto punto es un mecanismo de devolución a los Estados de ingresos tributarios que antes tenían. Así, a través del Situado Constitucional, se redistribuye parte de los impuestos nacionales, hacia su fuente originaria que eran los Estados.

El tercer nivel de descentralización político-territorial, además del nivel nacional y del nivel estadal, es el nivel municipal. Se trata de un tercer nivel de distribución vertical del Poder Público, por lo que hasta cierto punto, en el régimen constitucional actual, se trata de un vestigio de aquel esquema que algunos han considerado imperfecto y a veces vacío de la Constitución de 1857, que hablaba del Poder Municipal. Lo cierto es que a pesar de todo el tiempo que ha transcurrido, la Constitución sigue hablando de que hay un Poder Nacional, un Poder de los Estados y un Poder Municipal.

En esta forma, el Municipio en nuestro país es partícipe del Poder Público en este sistema de distribución vertical del poder que trae la Constitución. No se trata de una simple demarcación administrativa dentro de la estructura del Estado. No es sólo una administración más dentro de una Administración pública unitaria; sino que es un nivel político-territorial, con una Administración pública municipal propia, que ejerce una cuota parte del Poder Público en el sistema de distribución vertical del Poder. El Poder Municipal, en definitiva, es una de las ramas del Poder Público en el contexto del artículo 118 de la Constitución. De allí que el Municipio sea una persona jurídico-territorial, producto de la descentralización política, como expresamente lo reconoce el artículo 25 de la Constitución y lo repite el artículo 3 de la Ley Orgánica.

En definitiva, el esquema de nuestra Federación centralizada es un sistema de división político-territorial en tres niveles, con tres conjuntos de personas jurídicas —la República, los Estados y los Municipios—, teniendo cada una su autonomía, precisamente establecidos en la Constitución; sus competencias, unas con más, otras con menos, y en el nivel intermedio, competencias residuales casi inexistentes; su propio sistema de gobierno democrático, pues hay autoridades electas en los tres niveles; y sus recursos propios, incluso los derivados de las potestades tributarias.

En todo caso, el Municipio, en nuestro país, se enmarca dentro de ese sistema de Federación centralizada, aun cuando sin haber sufrido los efectos del centralismo, en la forma como lo han sufrido los Estados de la Federación.

2. *El Municipio en la Constitución*

El Municipio es definitivo en la Constitución como "la unidad política primaria y autónoma en la organización nacional" (Art. 25), lo que repite el artículo 3 de la Ley Orgánica. En esta forma el Municipio se concibe, ante todo, como una unidad política; por ello señalábamos que se trata del nivel menor, territorialmente, del sistema de distribución vertical del poder, que participa y ejerce una rama del Poder Público en el nivel local.

El Municipio, así, es parte del sistema de organización política del Estado y es, además, una unidad primaria, lo cual significa que debe estar más cerca del ciudadano, como el instrumento por excelencia, de participación política.

Por otra parte, se trata de una entidad autónoma, lo que implica que en sus competencias propias no hay injerencia de los otros niveles. En esta forma es, en nuestro país, una entidad política descentralizada, que forma parte de la división político-territorial del Estado, con personalidad jurídica propia, carácter autónomo, competencias propias, y un autogobierno de base democrática.

Por ello, para caracterizar el Municipio en la Constitución debemos analizar cuatro aspectos: en primer lugar, la autonomía y lo que esto significa en la Constitución venezolana; en segundo lugar, las competencias que se atribuyen al Municipio, lo cual es importante, ya que autonomía sin competencia es autonomía inútil; en tercer lugar, la organización que se le da a la institución municipal; y, en cuarto lugar, las bases del sistema de autogobierno municipal que consagra la Constitución[1302].

A. *La autonomía municipal*

En cuanto al primer aspecto, la autonomía, no sólo la Constitución dice que el Municipio es "la unidad política primaria y autónoma" dentro de la organización nacional, sino que luego destina un artículo, el 29, en el cual sé prescribe que la autonomía del Municipio comprende la elección de sus propias autoridades; la libre

---

1302 Véase Allan R. Brewer-Carías, *El Régimen Municipal en Venezuela*, Caracas 1984, pp. 15 y ss. Véase sobre los diversos elementos de la autonomía municipal, la Sentencia de la Corte Suprema de Justicia en Corte Plena de 13-11-89 que declaró la nulidad del artículo 93 de la vieja Ley Orgánica de Régimen Municipal de 1978. *Revista de Derecho Público* N° 40, Caracas 1989.

gestión en las materias de su competencia; la creación, recaudación e inversión de sus propios ingresos; y además, la garantía de que los actos municipales sólo pueden ser revisados por los tribunales. Estos principios, además, los repite el artículo 10 de la Ley Orgánica.

Esta enumeración, sin duda, le da a la autonomía municipal en Venezuela una amplitud considerable que abarca una autonomía política, normativa, tributaria y administrativa.

a. *Autonomía política*

En primer lugar, está la autonomía política que es la que da origen al autogobierno, y que implica la elección de sus autoridades a través de mecanismos que la Constitución exige que sean siempre de carácter democrático (Art. 27), lo que repite la Ley Orgánica (Art. 2).

Por eso, en la Constitución venezolana no se concibe el Municipio sin su autonomía, políticamente hablando, es decir, sin su carácter democrático representativo, lo que conduce a que sus autoridades o representantes, los concejales y alcaldes, sean electos por votación universal, directa y secreta. Por ello, la vieja figura de los Prefectos que en el régimen municipal de los Distritos autónomos antes de 1961 tenían algunas funciones "ejecutivas" municipales, a partir de la promulgación de la Constitución fueron progresivamente "desmunicipalizados".

b. *Autonomía normativa*

En segundo lugar, los Municipios tienen autonomía normativa, es decir, se dictan su propio ordenamiento en las materias de su competencia. Por ello, las ordenanzas municipales (Art. 4 de la Ley Orgánica), en nuestro país, tienen carácter de leyes locales y así lo ha reconocido la jurisprudencia de la Corte Suprema de Justicia desde hace ya varias décadas[1303]. Es decir, las normas que los Concejos Municipales producen, tienen carácter de ley en relación, por supuesto, con las materias propias de la competencia municipal. De lo contrario no se entendería, por ejemplo, cómo mediante ellas se pueden establecer impuestos, lo cual está reservado a la ley (Art-224 de la Constitución). Esta competencia normativa, además, se ejerce con entera autonomía, en el sentido de que no está sujeta a la Ley Nacional o estadal en las materias que sean propiamente municipales y donde no haya concurrencia, y sólo está sujeta al control jurisdiccional conforme lo dispone el artículo 29 de la Constitución.

Además, conforme a la Ley Orgánica y en virtud precisamente de la autonomía municipal, "las Ordenanzas, Reglamentos, Decretos, Acuerdos y Resoluciones que dicten los órganos municipales conforme a su competencia, son de obligatorio cumplimiento por parte de los particulares, las autoridades nacionales, estadales y locales" (Art. 9).

Ahora bien, la Constitución establece en algunos casos, materias en las cuales hay concurrencia de competencias entre los diversos niveles, y en estos casos, co-

---

1303 Véase Allan R. Brewer-Carías, *Jurisprudencia da la Corte Suprema 1989-1974 y Estudios de Derecho Administrativo*, Tomo II, Caracas, 1976, pp. 278 y ss.

rresponde a la Ley Nacional establecer el ámbito que corresponde a cada nivel. Sin embargo, en las materias propias de la vida local, donde no hay concurrencia, el Municipio es enteramente autónomo y las ordenanzas son dictadas sin sujeción a la normativa nacional, porque ésta no puede invadir las competencias municipales. Ha sido muy frecuente la participación de la Corte Suprema de Justicia en el conocimiento de conflictos entre ordenanzas municipales y leyes nacionales, denunciadas tanto por los Municipios como por el Poder Nacional, en el sentido de que se considera que hay invasión de competencias o usurpación de funciones, cuando un órgano del Poder Municipal invade competencias de un órgano del Poder Nacional y viceversa. La Corte Suprema tiene una extensa jurisprudencia donde delimita las competencias en los casos de conflicto[1304].

c. *Autonomía tributaria*

Pero además de la autonomía política y normativa, el Municipio tiene autonomía tributaria, en el sentido de que en la Constitución se prevén sus tributos propios. Por tanto, podemos señalar que así como los órganos del Poder Nacional tienen una potestad tributaria originaria, también los Municipios tienen una potestad tributaria originaria. Es la Constitución la que establece cuáles tributos son nacionales y cuáles son municipales, y éstos son desarrollados por los propios Municipios en sus propias ordenanzas, no pudiendo el Poder Nacional intervenir en estas regulaciones tributarias locales. En esta forma, el artículo 31 del texto fundamental, por ejemplo, establece como ingresos municipales, "las patentes sobre industria, comercio y vehículos y los impuestos sobre inmuebles urbanos y espectáculos públicos", los cuales son regulados con entera autonomía, en cada Municipio, en sus respectivas Ordenanzas, con las limitaciones previstas en el artículo 18 del texto fundamental. Además, la Constitución prevé la posibilidad de que pueda haber transferencia de ciertos tributos nacionales hacia el nivel municipal (Art. 137).

Contrasta esta potestad tributaria originaria de los Municipios, con la situación señalada del nivel intermedio, de los Estados, donde no está directamente consagrada la competencia tributaria originaria, por el peculiar sistema de distribución de competencias en la Constitución.

d. *Autonomía administrativa*

Además de la autonomía política, normativa y tributaria, los Municipios tienen, por supuesto, también, una autonomía administrativa. El artículo 29 de la Constitución habla de la libre gestión de las materias de su competencia, lo que implica no sólo autonormación, sino también autoadministración y, por lo tanto, la posibilidad de invertir los ingresos municipales en la forma como lo juzguen conveniente, sin intervención alguna del Poder Nacional o del Poder Estadal.

Podríamos señalar, sin embargo, que una limitación a esta libre gestión sólo se podría deducir del sistema del Situado Constitucional, en cuanto a los ingresos del Municipio provenientes del Situado que se asigna a los Estados y que éstos, a su vez, deben transferir, en un porcentaje, a los Municipios. En este caso, la Ley Orgá-

1304 *Ídem.*, pp. 246 y ss.

nica de Descentralización, Delimitación y Transferencia de Competencias del Poder Público de 1989, ha establecido limitaciones a la inversión por los Municipios de esta parte que reciben como ingreso del Situado Constitucional, al exigir que una parte de ella lo deben invertir coordinadamente con planes desarrollados por los Estados.

B. *La garantía de la autonomía*

La autonomía de los Municipios, tal como se ha señalado, es un principio constitucional fundamental derivado de la distribución vertical del Poder Público que caracteriza nuestra forma de Estado. Por ello, la propia Constitución establece la garantía de dicha autonomía al prescribir, que "los actos de los Municipios no podrán ser impugnados sino por ante los órganos jurisdiccionales" de conformidad con la Constitución y las leyes (Art. 29); garantía que se repite en la Ley Orgánica (Art. 10).

En consecuencia, en Venezuela no existe ninguna forma de control de tutela de carácter administrativo o político, por parte de la República o de los Estados sobre los Municipios, siendo sólo posible que por ley se extiendan las funciones de la Contraloría General de la República a las administraciones municipales, "sin menoscabo de la autonomía que a éstas garantiza la Constitución" (Art. 235), lo cual se ha hecho por la Ley Orgánica de la Contraloría General de la República.

Por otra parte, la garantía de la autonomía municipal también se configura como una garantía objetiva de orden constitucional, en el sentido de que las invasiones de competencias y lesiones a la autonomía por parte de los órganos de la República y de los Estados, se consideran usurpación de funciones y autoridad, cuyos actos son nulos (Art. 121 C.) y pueden ser anulados por la Corte Suprema de Justicia (Art. 215 C.) y los tribunales contencioso-administrativos (Art. 15 LORM).

Ello no obsta, sin embargo, para que la Administración Nacional o la del Estado puedan ejecutar obras o prestar servicios de carácter local, o mejorarlos cuando al Municipio al cual competen, no las construya o preste, o lo haga de manera deficiente, pero siempre "en conformidad con los planes y programas del respectivo Municipio" (Art. 11 LORM).

C. *Las competencias municipales propias de la vida local*

Ahora bien, toda esta autonomía política, normativa, tributaria y administrativa garantizada constitucionalmente, no tendría sentido si no hay una asignación de competencias propias al Municipio para que aquélla sea ejercida. Es por ello que la Constitución consagra directamente las competencias municipales y las enumera en su artículo 30, aun cuando con carácter enunciativo, lo que se evidencia de dos expresiones que se utilizan en dicha norma.

En efecto, la Constitución establece como competencia de los Municipios, las materias propias de la vida local, y agrega además, que éstos tienen la libre gestión de los intereses peculiares de la entidad. La Constitución, entonces, utiliza estas dos expresiones (intereses peculiares de la entidad, materias propias de la vida local) y luego, agrega, "tales como" y enumera: urbanismo, cultura, salubridad, circulación, asistencia social, abastos, turismo, institutos populares de crédito y policía municipal. Estas son materias propias de la vida local, que incumben a intereses propios de la entidad, pero que se enuncian pura y simplemente, sin carácter restrictivo. El enunciado sobre las competencias municipales, sin duda, es bastante amplio, pero ello no significa que en todos los casos, la competencia sea exclusiva del Municipio, pues en otras partes del texto constitucional se regulan casi todas esas competencias en forma concurrente, de manera que también al Poder Nacional se le asignan ciertas competencias en materia de urbanismo (Art. 136, Ord. 41), transporte (Art. 136, Ord. 20), cultura (Art. 136, Ord. 24), salud (Art. 136, Ord. 17), policía (Art. 136, Ord. 5), turismo (Art. 136, Ord. 24) e institutos de crédito (Art. 136, Ord. 24).

En esta forma, con gran frecuencia, las competencias municipales inciden en áreas concurrentes de competencias que el Poder Nacional tiene, también en virtud de la Constitución. Esto trae como consecuencia que para determinar con precisión la competencia municipal, sea necesario que una ley nacional delimite con claridad hasta dónde llega la competencia nacional, y hasta dónde la local, en estas áreas concurrentes.

No siempre se han dictado estas leyes, y las que se han dictado no necesariamente han sido en un todo acordes con la Constitución, por lo que en más de una ocasión ha habido un exceso del Poder Nacional en la regulación de las competencias, por lo que también, en más de una ocasión, la Corte Suprema de Justicia ha intervenido, sobre todo anulando normas nacionales que han invadido las competencias municipales o han hecho nugatorias estas competencias, a través de una extensión excesiva de las mismas en el nivel nacional[1305].

D. *La organización municipal*

a. *La atenuación de la autonomía organizativa*

El tercer elemento que caracteriza al Municipio en la Constitución, está conformado por los principios de organización que el texto fundamental establece. En esta materia debemos indicar, de entrada, que en el régimen constitucional de los Municipios, si bien la autonomía municipal es política, normativa, tributaria y administrativa, sin embargo, no está tan nítidamente prevista en materia organizativa.

El Municipio no es totalmente libre para organizarse a sí mismo; y al contrario, la Constitución establece (Art. 26) un principio de sujeción de la organización municipal, primero, a lo que disponga la Ley Orgánica Nacional que es la Ley Orgánica de Régimen Municipal, al desarrollar los principios constitucionales, y segundo, a lo que desarrollen las leyes dictadas por las Asambleas Legislativas de los Estados de la Federación, en materia municipal.

Con ello la Constitución, en materia de organización, definió con precisión una jerarquía de las fuentes: la Constitución y los principios de organización que ella establece; las leyes orgánicas nacionales que desarrollen esos principios, y las leyes de los Estados que en cada Estado de la Federación deben desarrollar los principios de organización municipal conforme a los cuales, los Municipios de cada Estado deben organizarse.

1305 Véase Allan R. Brewer-Carías, *Jurisprudencia de la Curte Suprema..cit,*. Tomo II, pp. 246 y ss.

Esta jerarquía ha sido precisada por la propia Ley Orgánica de 1989, al prescribir su artículo 14 que los Municipios y demás Entidades Locales se regirán:

1. Por la Constitución de la República;
2. Por la presente Ley Orgánica;
3. Por las Leyes Orgánicas y Ordinarias que les sean aplicables conforme a la Constitución;
4. Por las leyes que dicten las Asambleas Legislativas en desarrollo y ejecución de la Constitución y de la presente Ley Orgánica;[1306]
5. Por lo establecido en las Ordenanzas y demás instrumentos jurídicos municipales.

Por supuesto, esta jerarquía implica prelación de normas, lo que reafirma el artículo 186 de la Ley Orgánica al indicar que:

> Las normas de la presente Ley se aplicarán con preferencia a las leyes estadales, ordenanzas y demás instrumentos jurídicos municipales.

b. *Los principios constitucionales*

La Constitución establece en esta forma, una serie de principios de organización de los Municipios que, sin embargo, no habían sido llevados a la práctica. Con la nueva Ley de 1989, en todo caso, se sientan las bases para que ello sea posible.

Ante todo ha de destacarse el principio de organización municipal que debe derivar del carácter de unidad política primaria de la entidad municipal, y que exige su instauración en niveles adecuados para la participación ciudadana y el ejercicio de la democracia local.

Contrariamente a este principio, sin embargo, la tradición de los Distritos Autónomos creados en 1904, había hecho que las Municipalidades del país, precisamente por existir a nivel de los Distritos, se hubieran organizado con superficies territoriales excesivamente amplias. Esta tradición la siguió la Ley Orgánica de Régimen Municipal de 1978, al exigir que para que pudieran crearse Municipios era necesaria una población mínima de 12.000 habitantes y un centro poblado no menor de 2.500 que le sirviera de asiento a sus autoridades (Art. 15), razón por la cual, las Asambleas Legislativas que a partir de 1983 crearon los Municipios autónomos en lugar de los antiguos Distritos Autónomos, en general, lo que hicieron fue cambiarle a éstos de nombre (Distrito por Municipio), conservando el mismo ámbito territorial.

La reforma de 1989 ha reducido la población mínima de los Municipios a 10.000 habitantes (Art. 18, Ord. 1), con lo cual, sin embargo, no se podría lograr la posibilidad de establecer el Municipio como la mencionada entidad política y primaria.

1306 El artículo 192 de la Ley Orgánica conminó a las Asambleas Legislativas de los Estados, en el transcurso del "próximo período municipal" (1980-1992) a sancionar las disposiciones legales sobre organización de sus Municipios y demás entidades locales, y de división político territorial, a fin de adaptar el régimen municipal en sus respectivas jurisdicciones a lo previsto en la nueva Ley. Esto no fue realmente ejecutado por dichas Asambleas.

Diez mil habitantes podría ser una cifra suficiente si se piensa en los Municipios de los centros urbanos densamente poblados, pero es evidentemente insuficiente para ubicar territorialmente a los Municipios democráticos en el resto del territorio, formados por áreas rurales, donde en definitiva debería estar la mayoría numérica de las autoridades locales. Si la Ley se hubiera limitado a prever pura y simplemente esta exigencia de población basada en esta cifra excesivamente alta y arbitrariamente establecida, por lo demás, ello hubiera impedido el desarrollo del Municipio como entidad local primaria en las áreas rurales del país. Sin embargo, el legislador de 1989, afortunadamente, acogió la propuesta de reforma que habíamos formulado en 1984[1307], y estableció que en sustitución de ese número de habitantes, podía optarse para establecer un Municipio, aún con una población menor, cuando lo justificara "la existencia de un grupo social asentado establemente con vínculos de vecindad permanentes".

En esta forma, el Municipio, a partir de 1990, podría ser efectivamente, la entidad política primaria dentro de la organización nacional, conforme a la Constitución, pudiendo tener cualquier base de población siempre que se trate de un grupo social asentado establemente con vínculos de vecindad permanentes. Queda, en todo caso, el límite de los 2.500 habitantes del centro poblado que le sirva de asiento a sus autoridades.

Por otra parte, en materia de organización municipal, como lo pauta la Constitución (Art. 27), deberían establecerse regímenes diferentes para los Municipios según su situación geográfica, su población, su desarrollo, su carácter urbano, o su carácter rural, etc. En contraste, sin embargo, desde el establecimiento de los Distritos Autónomos (1904), el régimen municipal en Venezuela ha estado signado por un chocante uniformismo que provoca que no existan diferencias entre los diversos tipos de Municipios. Todos han tenido el mismo régimen organizativo: el de las grandes ciudades y el pequeño Municipio rural, estableciéndose solamente diferencias en relación a la población de la entidad[1308].

Por otra parte, hasta 1989 no se habían desarrollado los preceptos constitucionales que admiten otras entidades locales distintas al Municipio. Tanto el artículo 17, ordinal 2° como el artículo 26, en efecto, hablan de Municipio y *demás entidades locales,* y el artículo 28 habla de la agrupación de Municipios en Distritos y de las Mancomunidades. La Ley Orgánica de Régimen Municipal de 1978 sólo reguló los Distritos Metropolitanos y las Mancomunidades como agrupaciones voluntarias de Municipios, aun cuando la propia Constitución daba pie para la agrupación forzosa de Municipios en Distritos Municipales. Nada de esto se desarrolló en la Ley Orgánica de Régimen Municipal, la cual siguió con el uniformismo de considerar al Mu-

---

1307 Véase la Exposición de Motivos del Proyecto de Ley Orgánica de Régimen Municipal, en Allan R. Brewer-Carías, *Estudios de Derecho Público*, Tomo II. (Labor en el Senado 1983), Caracas 1984, pp. 235 a 239.

1308 Por ello, otro de los criterios de la reforma que propusimos en 1984, estaba basado en la crítica al excesivo uniformismo en el régimen organizativo municipal, *Idem,* pp. 239 y ss.; que la propia Exposición de Motivos de la Constitución de 1961 destacaba. Véase en *Revista de la Facultad de Derecho,* UCV., N° 21, Caracas 1961, p. 378.

nicipio como la sola entidad local, a pesar de las normas en materia de Mancomunidades y Distritos Metropolitanos, lo cual luego fue subsanado la reforma de 1989.

E. *El autogobierno local*

El cuarto aspecto que caracteriza el régimen municipal, además de la autonomía, la competencia y la organización, es el autogobierno local. La Constitución, por ello regula como un signo de la autonomía, la elección de sus autoridades (Art. 29, Ord. 1°), agregando que la organización municipal será democrática y responderá á la naturaleza propia del gobierno local (Art. 27).

La Ley Orgánica de Régimen Municipal de 1978 había regulado como único órgano de gobierno municipal a los Concejos Municipales (Art. 30), y era ese cuerpo representativo municipal, de carácter colegiado, el que era electo, y así había sido en nuestro país desde la década de los 30, con la interrupción de los años de la dictadura de Pérez Jiménez (1948-1958). A partir de la reforma de 1989, se estableció una separación orgánica de poderes, con la creación de la figura del Alcalde como autoridad ejecutiva, también electa.

Ahora bien, desde 1958, el sistema de elección que se ha utilizado para estructurar el cuerpo colegiado del Municipio, ha sido el sistema de representación proporcional de las minorías, mediante listas cerradas y bloqueadas, con el esquema quizás más absoluto, el sistema d'Hont, que permite una representación completa de las minorías (Art. 13 de la Ley Orgánica del Sufragio).

En nuestro país se suscitó una larga discusión[1309] sobre la posibilidad de establecer el sistema de elección uninominal para los concejales, e inclusive, se formularon propuestas en 1977, para consagrar, en ese nivel, las elecciones uninominales. Contra esas propuestas se ha argumentado que la Constitución (Art. 113) establece que las elecciones deben asegurar, en todos los niveles, la representación proporcional de las minorías; y ante ello hemos contra-argumentado que conforme a la Constitución, en materia municipal, el Concejo Municipal, como cuerpo colegiado, no es una institución constitucional, ya que la Constitución no habla del Concejo Municipal, sino sólo del órgano de representación municipal, y además, que la representación proporcional sólo sería un principio constitucional obligatorio si las elecciones municipales se realizan en circunstancias plurinominales, pero por supuesto, no si éstas son uninominales. Por ello, estimamos que se podía admitir la elección uninominal, a nivel local. En todo caso, la discusión fue zanjada constitucionalmente y en marzo de 1983 se sancionó la Enmienda Constitucional N° 2, cuyo primer artículo está destinado a permitir un sistema de elección en los Municipios, distinto al sistema para la elección de los diputados a las Asambleas Legislativas de los Estados y para los diputados y senadores a Congreso Nacional. En esta forma, en la actualidad, conforme a esta Enmienda Constitucional N° 2, expresamente se permite el cambio del sistema de escrutinio, a nivel de elecciones locales, y la sustitución del de representación proporcional de las minorías. Hasta 1989, sin embargo, no había sido po-

1309 Véase las diversas opiniones en Alfredo Peña (Entrevistas), *Democracia y Reforma del Estado,* Caracas 1979, pp. 529 y ss.

sible adoptar esta reforma, a pesar de que materialmente todos los partidos habían prometido electoralmente, como una de las piezas de la "reforma del Estado".

La promesa y compromiso de reformas realizada y contraída al final del período .constitucional de 1988, sin embargo, obligó a los partidos políticos a introducir reformas en la elección municipal, no en la Ley Orgánica de Régimen Municipal (Art. 56), sino en la Ley Orgánica del Sufragio de 1989[1310], en la cual se sustituyó el tradicional sistema de escrutinio proporcional de listas cerradas y bloqueadas para la elección de concejales, por un sistema de listas abiertas y no bloqueadas para permitir la conformación nominal de las listas, lo que se aplicó por primera vez en las elecciones de diciembre de 1989.

En todo caso, la aplicación hasta 1984 del sistema de representación proporcional en las elecciones locales, en amplias circunscripciones territoriales mediante listas bloqueadas, había provocado la crisis de representatividad a nivel local, originada por varios factores. En primer lugar, porque la Constitución de 1961 y el pacto político que la provocó, el Pacto de Punto Fijo de 1958, suscrito por los partidos políticos más importantes una vez caída la dictadura, había conducido a consolidar a un sistema de "democracia de partidos", y para ello, uno de los sistemas para hacerlo funcionar era, precisamente, la representación de partidos, a través del sistema de circunscripciones plurinominales con representación proporcional. Este, puede decirse, es el instrumento ideal para la representación de los partidos, pero no necesariamente, a nivel local, para la representación de las comunidades, de las vecindades y, en última instancia, de los ciudadanos. En segundo lugar, porque la elección mediante el sistema de escrutinio de representación proporcional se había realizado en amplias circunscripciones plurinominales coincidentes con el territorio de los antiguos Distritos Autónomos; y en tercer lugar, porque en ellos, la elección de los concejales se había hecho mediante listas cerradas y bloqueadas sin posibilidad alguna de cambio o escogencia por parte de elector.

Fue precisamente esta crisis de representatividad, la que condujo a que se planteara la posibilidad de establecer otros sistemas de elección. Lamentablemente no se acogió el sistema de elección uninominal, como debió suceder, y en 1989 sólo se modificó la forma de elección por listas, en el sentido de que las listas cerradas se abrieron y desbloquearon, con aplicación, en todo caso, del mismo sistema de representación proporcional.

Por otra parte, debe destacarse que el período de estas autoridades que conforman el autogobierno local, es un período que tradicionalmente había coincidido con el período constitucional nacional que es de cinco años. La Constitución, sin embargo, no era rígida en este sentido y permitía que los períodos de gobierno de los Estados de la Federación y de los Municipios pudieran ser menores de cinco años, aun cuando no menores de dos años (Art. 185), con lo cual podría haber un proceso de elección a mitad de período en las entidades locales, lo cual también había sido otra reforma que se había discutido nacionalmente. En este sentido, la Ley Orgánica de Régimen Municipal de 1978 estableció un período, en la práctica, de cinco años (Art. 173), aun cuando previo teóricamente que habría dos períodos legales munici-

---

1310 Véase en *Gaceta Oficial* N° 4.124 Extraordinario del 14-9-1989.

pales: uno de tres años y otro de dos años (Art. 33). Sin embargo, al establecer en una Disposición Transitoria (Art. 173) que para que ello se actualizase era necesario un acuerdo de las dos terceras partes de los miembros del Congreso, en la práctica el período municipal siguió siendo de cinco años. La reforma de la Ley Orgánica de 1988, nada aportó en este sentido sino que más bien precisó, definitivamente que "el período de los poderes públicos municipales será de cinco (5) años", apartándose de lo que había sido una de las exigencias de reforma ventiladas en la opinión pública en relación a la reducción del mandato de las autoridades municipales, para permitir la elección municipal a mitad del período constitucional nacional. Por ello, en la reforma de 1989, dada la presión por las reformas políticas, la Ley redujo "el período de los Poderes Públicos Municipales" a tres (3) años (Art. 58), coincidiendo en esta forma con la duración del período de los Poderes Públicos de los Estados de la Federación, conforme a la Ley sobre el Período de los Poderes Públicos de los Estados de 1989[1311].

F. *El principio de la legalidad*

Por supuesto, como todas las entidades estatales, el Municipio y las diversas entidades locales están sometidas al principio de legalidad, conforme al cual, todas sus actuaciones deben realizarse conforme a normas preestablecidas[1312], principio que tiene su fuente última en el artículo 117 de la Constitución, conforme al cual "La Constitución y las leyes definen las atribuciones del Poder Público, y a ellas debe sujetarse su ejercicio".

La Ley Orgánica, por parte, precisa, como se ha señalado, en su artículo 14, la jerarquía de las fuentes de la legalidad en relación a los Municipios y demás entidades locales; y además, en una norma sin precedentes en el ordenamiento jurídico establece expresamente que "Los Municipios y demás entidades locales estarán sujetos a derecho en todas sus actuaciones" (Art. 15), con lo que se reafirma expresamente el principio de la Legalidad, ampliando por supuesto la enumeración de las fuentes del artículo 14, e incorporando dentro de dicho principio (sometimiento al derecho), los principios generales del derecho administrativo[1313].

En todo caso, y conforme a lo previsto en el artículo 1° de la Ley Orgánica de Procedimientos Administrativos, este texto rige para los Municipios, formando parte de las fuentes de legalidad de los mismos, en cuanto les sea aplicable.

La consecuencia fundamental del principio de la Legalidad, por supuesto, es la necesaria existencia del control judicial de la actuación de las entidades locales, para constatar, precisamente, la sujeción al derecho en todas las actuaciones de las mismas, lo que precisa el artículo 15 de la Ley Orgánica al prescribir que:

1311 Véase en *Gaceta Oficial* N° 34.208 de 28-4-89 (Art. 1).

1312 Véase Allan R. Brewer-Carías, *Las Instituciones Fundamentales del Derecho Administrativo y la Jurisprudencia Venezolana*, Caracas 1964, pp. 23 y ss.

1313 Véase la justificación de esta norma en la intervención del autor en el Senado, el día 23 de febrero de 1988, *Diario de Debates*. Senado 1988.

"Corresponde a los órganos jurisdiccionales que determine la Ley, el conocimiento de los recursos que se interpongan para el control de la constitucionalidad y legalidad de las Ordenanzas así como de los Reglamentos, Acuerdos y demás actos administrativos de los Municipios y otras Entidades Locales".

Estos órganos son, la Corte Suprema de Justicia para el control de la constitucionalidad de los actos municipales y en general para el control judicial de las Ordenanzas[1314]; y los Tribunales Superiores con competencia en lo contencioso-administrativo, para el control de la legalidad de los demás actos municipales[1315].

3. *Las diversas entidades territoriales locales*

Hemos analizado anteriormente los principios constitucionales relativos al Municipio, como entidad local por excelencia. Sin embargo, como hemos dicho, la Constitución, a pesar de que destina su Capítulo IV del Título I a regular a "los Municipios", no reduce las entidades territoriales locales a éstos, sino permitió afirmar que, además de los Municipios, debía haber otras entidades locales[1316].

En efecto, el artículo 26 de la Constitución se refiere a "la organización de los Municipios y *demás entidades locales*", al prescribir las fuentes legales de las mismas. Por su parte, el artículo 28 se refiere a dos entidades locales distintas al Municipio: los Distritos y las Mancomunidades. Además, en el artículo 17 de la Constitución, en el cual se regula la competencia de los Estados, se le atribuye la siguiente, en el ordinal 2°:

> "La organización de sus Municipios y *demás entidades locales*, y su división *político-territorial*, en conformidad con esta Constitución y las leyes nacionales".

De conformidad con estas normas, por tanto, la Ley Orgánica de Régimen Municipal de 1989, al establecer los principios de la organización municipal, distinguió cinco tipos de entidades territoriales locales: los Municipios, los Distritos Metropolitanos, las Parroquias, las Mancomunidades y las demás formas asociativas o descentralizadas municipales con personalidad jurídica.

Acogió así la reforma de 1989 la propuesta que habíamos formulado en 1984[1317] respecto del escalonamiento de las entidades locales, de manera que por encima del Municipio se pueden organizar los Distritos y por debajo, las Parroquias.

De esta manera el artículo 13 de la Ley Orgánica establece que las entidades locales son:

1314 Art. 42, ord. 3 y 112, LOCSJ.

1315 Art. 181 LOCSJ.

1316 Véase Allan R. Brewer-Carías, *El Régimen Municipal en Venezuela*, Caracas 1984, pp. 25 y ss. y en *Instituciones Políticas y Constitucionales*, *cit.*, Tomo II, p. 30.

1317 Véase la Exposición de Motivos del Proyecto en: Allan R. Brewer-Carías, *Estudios de Derecho Público*, Tomo II, (Labor en el Senado), *cit.*, pp. 245 y ss.

1° Los Municipios;

2° Los Distritos Metropolitanos;

3° Las Parroquias;

4° Las Mancomunidades; y

5° Las demás formas asociativas o descentralizadas municipales con personalidad jurídica.

En particular, respecto de los Municipios, y los Distritos Metropolitanos la Ley Orgánica exige que deben disponer de los recursos económicos propios, suficientes para el cumplimiento de los fines y el ejercicio de las funciones que le atribuya la Ley (Art. 16).

A. *Los Municipios*

a. *Creación y fusión*

Los Municipios son las colectividades territoriales básicas en las cuales se divide el territorio nacional. El territorio que corresponda a cada uno de ellos, y por tanto su creación, se debe determinar por la Asamblea Legislativa del Estado respectivo. Esta debe asimismo determinar el territorio que corresponda a las demás entidades locales territoriales que estén en la jurisdicción del respectivo Estado (Art. 17).

La única excepción la constituyen los Municipios Libertador y Vargas del Distrito Federal, creados por la Ley Orgánica del mismo de 1986[1318]. Estos Municipios se rigen por la Ley Orgánica de Régimen Municipal "en todo aquello no contemplado como régimen especial en las Leyes Orgánicas de dichas entidades" (Art. 2).

a'. *Requisitos*

Para la creación de un Municipio, conforme a lo expresado en el artículo 18 de la Ley Orgánica, *deben concurrir* las siguientes circunstancias:

1° Una población no menor de diez mil (10.000) habitantes, o la existencia de un grupo social asentado establemente con vínculos de vecindad permanentes;

2° Un territorio determinado;

3° Un centro de población no menor de dos mil quinientos (2.500) habitantes, que sirva de asiento a sus autoridades; y,

4° Capacidad para generar recursos propios, suficientes para atender los gastos de gobierno, administración y prestación de los servicios mínimos obligatorios.

Para la determinación de la suficiencia de los recursos fiscales del Municipio, la Asamblea Legislativa correspondiente debe considerar "la base económica de la comunidad y su capacidad para generar recursos propios". La Ley Orgánica exige, a

1318 Véase *Gaceta Oficial* N° 3.944 Extra, de 30-12-86.

los fines de esta determinación, que la Asamblea solicite *"obligatoriamente* a los organismos de desarrollo de la región el estudio técnico respectivo" (Art. 18).

Se destaca de esta norma, la posibilidad de que un Municipio se establezca en un territorio con población menor de los 10-000 habitantes, siempre que exista un grupo social asentado establemente con vínculos de vecindad, con lo que se ha abierto la posibilidad de establecer con criterios sociológicos las entidades locales, como unidades políticas primarias[1319].

En todo caso, la declaratoria de creación de los Municipios que reúnan los requisitos establecidos en el artículo 18 de la Ley Orgánica corresponde exclusivamente a las Asambleas Legislativas, las cuales deben hacer su pronunciamiento razonado dentro del período anual de sesiones en el cual haya sido introducida la solicitud correspondiente.

En cuanto a la fusión de Municipios, el artículo 19 de la Ley Orgánica prescribe que dos o más Municipios pueden constituir uno solo "cuando la fusión sirva para atender con mayor eficacia la administración y prestación de los servicios públicos".

b'. *Iniciativa*

La iniciativa para la creación de un Municipio o para la fusión de dos o más de los existentes, conforme al artículo 20 de la Ley Orgánica, corresponde:

1° A los ciudadanos inscritos en el Registro Electoral Permanente, en número no menor del veinte por ciento (20%) y que residan en la jurisdicción de la comunidad o comunidades interesadas;

2° A la Asamblea Legislativa; o

3° A los Concejos Municipales interesados.

c' *Decisión y efectos*

Conforme al mismo artículo 20 de la Ley Orgánica, la decisión se debe tomar con el voto favorable de las dos terceras (2/3) partes de los integrantes de la Asamblea Legislativa correspondiente. En esa misma oportunidad se debe, además, fijar el centro de población que debe servir de capital y sede de las autoridades de la nueva entidad.

En todo caso, la creación o fusión de Municipios, sólo puede entrar en vigencia en el siguiente período municipal.

b. *El régimen transitorio*

La Ley Orgánica, en la reforma de 1988-1989, estableció el régimen transitorio para el funcionamiento de los Municipios con motivo de su creación o fusión, colmando así una laguna que existía en el texto de 1978.

1319 Véase la propuesta en este sentido en: Allan R. Brewer-Carías, *Estudios de Derecho Público*, Tomo II (Labor en el Senado 1983), *cit.*, pp. 236 y ss.

Este régimen prevé, primero, una *Comisión* para el deslinde de los asuntos patrimoniales; y una Junta Administradora para la conducción de la entidad en lo que resta del período municipal en el cual se tome la decisión.

a'. *La Comisión para asuntos patrimoniales*

De acuerdo al artículo 23 de la Ley Orgánica, en los casos de creación de un Municipio y dentro del lapso de los treinta (30) días hábiles siguientes a la publicación de la Ley de su creación, la Asamblea Legislativa debe nombrar una Comisión compuesta por dos (2) de sus integrantes, uno de los cuales la presidirá; un representante de la Contraloría General del Estado y un representante de cada Concejo Municipal de los Municipios interesados, y de la Junta prevista en el artículo 21 de la Ley a fin de elaborar un Inventario de la Hacienda Pública del Municipio del cual formaba parte el nuevo Municipio. Efectuado el inventario, se debe distribuir entre las dos entidades municipales lo que corresponde a cada una de ellas. La Comisión puede recomendar que los bienes que para la fecha de publicación de la Ley que crea el nuevo Municipio, sirvan o estén afectados a la prestación de servicios públicos municipales en la nueva entidad, sean asignados a ésta. En la asignación de bienes inmuebles a los Municipios, se debe tomar en cuenta la ubicación territorial.

En todo caso, el nuevo Municipio no será responsable del pago de las indemnizaciones laborales que pudieren corresponder al personal que para la fecha de su creación preste o hubiere prestado servicios al Municipio matriz, que asumirá el pago de dicha obligación.

En cuanto a las demás obligaciones, éstas deben ser distribuidas en proporción al monto de su respectiva cuota de bienes asignados, conforme a lo determinado por la Asamblea Legislativa. Tales obligaciones deben incluirse en los presupuestos municipales correspondientes.

En todo caso, las obligaciones derivadas de contratos cuya ejecución afecte presupuestariamente al Municipio creado, deben ser presentadas acompañadas del correspondiente corte de cuenta y de los respectivos documentos probatorios, para su reconocimiento por las autoridades administrativas del nuevo Municipio.

Por último, debe señalarse que el artículo 23 de la Ley Orgánica exige que la Comisión de asuntos patrimoniales, dentro de los ciento ochenta (180) días siguientes a su instalación, presente Informe a la Asamblea Legislativa para que ésta, por Acuerdo, tome la decisión que corresponda.

b'. *La Junta Organizadora*

En cuanto al funcionamiento transitorio de la entidad en lo que reste del período municipal en el cual se tome la decisión respectiva por la Asamblea Legislativa, el artículo 21 de la Ley Orgánica establece que en los casos de creación de un nuevo Municipio, con parte del territorio de uno o más de los existentes, o por la fusión de dos o más de ellos, la Asamblea Legislativa correspondiente que lo decida debe designar una *Junta Organizadora* que debe ejercer, en la jurisdicción del nuevo Municipio, las funciones, atribuciones y deberes que los ordenamientos jurídicos nacional, estadal y municipal asignen a la Junta Parroquial. Esta Junta Organizadora, así, debe preparar los proyectos de Instrumentos normativos para que sean discutidos por el Concejo Municipal que resulte electo en la jurisdicción.

Conforme a la Ley Orgánica (Art. 21), la Junta Organizadora debe estar integrada por cinco miembros, cuidando que en ella estén representados los Partidos o Grupos de electores con representación en el Concejo de la entidad matriz; y duran en sus funciones hasta la juramentación de las autoridades municipales electas en las elecciones correspondientes.

La Junta Organizadora debe iniciar sus gestiones dentro de los diez (10) días siguientes a su designación y debe elegir, de entre sus integrantes, un Presidente y nombrar también un Secretario de fuera de su seno. (Parágrafo Primero, Art. 21). Además, debe nombrar el representante del nuevo Municipio ante la Comisión patrimonial prevista en el artículo 23 de esta Ley. (Parágrafo segundo, Art. 21).

Al juramentarse esta Junta, la Junta Parroquial existente en la capital del nuevo Municipio debe cesar en sus funciones. (Parágrafo Tercero, Art. 21).

c' *Régimen transitorio respecto de los actos municipales*

La Ley Orgánica, además, ha establecido un régimen transitorio en cuanto a la vigencia de los actos municipales respecto del nuevo Municipio, así como de los trámites en curso.

En efecto, en cuanto a las solicitudes y procedimientos que se encontraren en trámite en un Municipio, para la fecha de toma de posesión de las autoridades del nuevo Municipio creado por segregación de aquél, continuarán tramitándose por ante las autoridades de la nueva entidad (Parágrafo Quinto, Art. 21).

En cuanto a los actos de efectos particulares dictados por las autoridades competentes de un Municipio, y que estén firmes para el momento de la toma de posesión de las autoridades de un nuevo Municipio creado por segregación de aquél, continuarán surtiendo sus efectos en la nueva jurisdicción hasta el momento de su extinción o caducidad, según el caso. Cuando estos actos no estén firmes para el momento de la toma de posesión de las autoridades de la nueva Entidad, podrán ser revisados de oficio por los órganos municipales competentes en la jurisdicción que corresponda, o recurridos ante ellos por los interesados, de conformidad con las normas vigentes (Parágrafo Sexto, Art. 21).

En todo caso, en los casos de creación de un nuevo Municipio, quedará rigiendo en la nueva jurisdicción el ordenamiento jurídico vigente en la Entidad matriz; pero si aquél se creare con territorios pertenecientes a dos o más Municipios, el ordenamiento jurídico a regir se determinará por la Asamblea Legislativa, que escogerá uno solo de los ordenamientos jurídicos vigentes en cualquiera de los Municipios matrices hasta tanto sus autoridades legítimas procedan a sancionar los instrumentos jurídicos propios (Parágrafo Cuarto, Art. 21).

c. *Extinción de los Municipios*

Conforme al artículo 22 de la Ley Orgánica, cuando un Municipio dejare de llenar *uno de los requisitos* que señala el artículo 18 de la Ley, durante un lapso ininterrumpido de tres (3) anos, debe adquirir el carácter de Parroquia.

En estos casos, la Asamblea Legislativa debe adoptar la correspondiente decisión, sea de oficio o a solicitud de: a) los ciudadanos integrantes de la comunidad interesada en número no menor del veinte por ciento (20%) de los inscritos en el Registro Electoral Permanente; b) del Concejo Municipal interesado; c) de la Contraloría General de la República; o d) del Ejecutivo Nacional. Estas personas u órganos, así, pueden solicitar la reforma de la Ley de División Político-Territorial del Estado, con la debida anticipación a la fecha de las siguientes elecciones municipales.

En todo caso, cuando la Asamblea Legislativa no se reúna en forma ordinaria en el primer semestre del último año del período municipal, la Comisión Delegada o el Gobernador del Estado, deben convocarla a sesiones extraordinarias, a efecto de resolver sobre la extinción de los Municipios, cuyo pronunciamiento debe producirse con seis meses de anticipación a la fecha de las elecciones municipales.

B. *Las entidades locales supramunicipales*

La Ley Orgánica ha regulado dos entidades locales por encima de los Municipios: los Distritos y las Mancomunidades, conforme a lo previsto en el artículo 28 de la Constitución. Los Distritos como forma derivada de la agrupación forzosa de Municipios; y las Mancomunidades como forma derivada de la agrupación voluntaria de los mismos.

a. *Los Distritos Metropolitanos*

a'. *Caracterización*

Hasta 1989, como ya hemos señalado, la entidad local que básicamente existía en el país, era la Municipalidad a nivel de los Distritos, como división de los Estados. La Constitución de 1961, sin embargo, eliminó de su texto el esquema distrital con tal carácter de división político-territorial de los Estados, y previo la división territorial de éstos en Municipios. Estos son los que ahora regula la Ley, como antes se ha señalado.

La Constitución previo, sin embargo, a los Distritos, pero no como una división forzosa y uniforme del territorio de los Estados, sino como una entidad local que puede establecerse mediante la agrupación forzosa de Municipios[1320].

Hasta 1989, esta entidad local no había sido realmente regulada, pues la previsión de los Distritos Metropolitanos de la Ley de 1978 resultaron totalmente inaplicables e inejecutables, y prueba de ello fue que en los diez años de su vigencia ningún Distrito Metropolitano pudo constituirse.

1320 En esta forma, la Corte Suprema de Justicia en Sala Político-Administrativa en sentencia de 10-5-84 declaró la nulidad de una Ley de División Político-Territorial de un Estado (Estado Portuguesa) en la cual se habían creado nuevos "Distritos" autónomos. La Corte, para ello señaló lo siguiente: "A partir de la Constitución de 1961 se modifica radicalmente la conformación político-territorial de la organización nacional, convirtiendo a los Municipios en los verdaderos centros del poder local, contrariamente de lo que hasta entonces estaba establecido, en que correspondía al Concejo Municipal del Distrito, como personero de los Municipios, la autoridad económica y administrativa sobre la totalidad del territorio integrado por aquéllos. La posibilidad de agrupar los Municipios en Distritos, prevista en la Constitución, ya no tendría significación política sino que estará destinada a facilitar el logro de determinados fines en beneficio de las entidades locales agrupadas". Véase en *Revista de Derecho Público*, E. J. V., N° 19, Caracas 1984, p. 113.

La Ley de 1988, en cambio, había regulado adecuadamente la institución, definiendo a los Distritos Municipales como entidades locales de carácter público con personalidad jurídica, formadas por la agrupación de dos o más Municipios (Art. 24). Si la agrupación se refería a Municipios rurales, se denominaban simplemente "Distritos Municipales", y éstos se denominaban Distritos Metropolitanos cuando la agrupación de Municipios se realizase debido a la conurbación de centros poblados (Art. 24).

En esta forma, se habían creado dos nuevas entidades locales supramunicipales: Los Distritos Municipales y los Distritos Metropolitanos.

En la reforma de 1989, que impidió que la de 1988 entrara en vigencia, sin embargo e incomprensiblemente, se eliminó la figura de los Distritos Municipales, impidiéndose por tanto agrupar forzosamente a Municipios en Distritos en las áreas rurales, quedando como única entidad local supramunicipal, los Distritos Metropolitanos, con motivo de la agrupación de Municipios "en razón de la conurbación de sus centros urbanos capitales, en forma tal que lleguen a constituir una unidad urbana, social y económica con más de doscientos cincuenta mil (250.000) habitantes" (Art. 24).

En esta forma, los Distritos Metropolitanos se regulan en la Ley Orgánica, como entidades locales; sin embargo, prevé la Ley que "para fines de la Administración Nacional y Estadal, podrá continuar vigente la demarcación territorial denominada Distrito (Art. 183).

En todo caso, debe destacarse que a pesar de su previsión en la Ley (Art. 24) la figura de los Distritos Metropolitanos no es de aplicación inmediata. La Ley Orgánica de 1989, también incomprensiblemente, dispuso que sus normas sobre organización y funciones de los Distritos Metropolitanos y sobre elección de sus autoridades, sólo entrarán en vigencia cuando el Congreso, en sesión conjunta y por el voto de las dos terceras (⅔) partes de sus miembros, así lo decida (Art. 188).

b'. *Creación*

Una vez que el Congreso decida la posibilidad de crear Distritos Metropolitanos, de acuerdo al artículo 25 de la Ley Orgánica, la iniciativa para su creación corresponde: a) a la Asamblea Legislativa; b) a los Concejos de los Municipios que quedarían agrupados, o c) a las comunidades interesadas, representadas en números no menor de veinte por ciento (20%) de los inscritos en el Registro Electoral Permanente de la jurisdicción.

La declaratoria de creación de los Distritos Metropolitanos, se debe hacer mediante Ley de la Asamblea Legislativa correspondiente, que debe ser sancionada a más tardar antes del último trimestre del año final del período municipal (Art. 25).

Cuando se proceda a la creación de un Distrito Metropolitano y dentro del lapso de treinta (30) días hábiles siguientes a la publicación de la Ley de su creación, la Asamblea Legislativa debe nombrar una Comisión compuesta por uno de sus miembros, quien la debe presidir; un representante por cada uno de los Concejos Municipales de los Municipios respectivos y un representante de la Contraloría General del Estado, que debe elaborar un Inventario de las Haciendas Públicas Municipales de los Municipios integrantes del Distrito Metropolitano.

Una vez efectuado el inventario, se debe traspasar al Distrito Metropolitano, según se trate, los bienes municipales afectados a la prestación de los servicios transferidos o a la realización de actividades asignadas a la competencia de dichos Distritos.

En cuanto a las obligaciones, las de carácter laboral que pudieren surgir para la fecha de creación del respectivo Distrito, deben ser asumidas por éste. Las demás obligaciones deben ser distribuidas en proporción al monto de la respectiva cuota de bienes asignados, conforme lo determine la Asamblea.

En todo caso, la Comisión debe, dentro de los ciento ochenta (180) días siguientes a su instalación, presentar un Informe a la Asamblea Legislativa para que ésta, por Acuerdo, tome la decisión que corresponda. (Parágrafo Primero, Art. 26).

c' *Ingresos*

Conforme lo establece el artículo 26 de la Ley Orgánica, los Distritos Metropolitanos deben contar con los siguientes ingresos:

1° Los que obtengan por derechos y tarifas en los servicios públicos que presten;

2° Las rentas y productos de su patrimonio;

3° Los provenientes de la enajenación de sus bienes;

4° La cuota-parte del Situado determinado en el artículo 129 de la Ley Orgánica;

5° El cincuenta por ciento (50%) de los impuestos creados y recaudados por los Municipios agrupados, en cuyo caso el Distrito Metropolitano puede asumir, mediante convenio con los Municipios agrupados, la recaudación de los impuestos municipales. (Parágrafo Segundo, Art. 26).

6° Las contribuciones especiales, previstas en los artículos 113, ordinal 39 de la Ley Orgánica de Régimen Municipal y 68 de la Ley Orgánica para la Ordenación del Territorio;

7° Cualesquiera otros que por disposición legal les correspondan.

d' *Competencias y organización*

La creación de un Distrito Metropolitano, por tanto, no extingue los Municipios que preexisten, sino que conduce a una distribución de competencias locales en dos niveles: el nivel distrital metropolitano; y el nivel estrictamente municipal.

Por ello, el artículo 39 de la Ley Orgánica en concordancia con el artículo 36, precisa las competencias del nivel distrital o metropolitano, lo que implica que en esas materias cuando se crean estos Distritos, los Municipios que quedan en el nivel inferior pierden dichas competencias. Estas son:

1. Acueductos, cloacas, drenajes y tratamiento de aguas residuales.
2. Distribución y venta de electricidad y gas en las poblaciones de su jurisdicción.
3. Elaboración y aprobación de los planes de desarrollo urbano local.

4. Servicio de transporte público urbano de pasajeros.
5. Aseo urbano y domiciliario, comprendidos los servicios de limpieza, de recogida y tratamiento de residuos.
6. Protección civil y servicios de prevención y lucha contra incendios en las poblaciones.
7. Protección de la salubridad pública, especialmente el control de las condiciones sanitarias de toda clase de alimentos y bebidas.
8. Cooperación a la atención primaria de la salud de carácter preventivo, curativo o rehabilitación, sanidad de urgencia, información y educación sanitaria de la población; planificación familiar y control epidemiológico, conforme a las normas y políticas de coordinación establecidas por el Poder Nacional.
9. Los servicios de policía correspondientes a la vigilancia y control de las actividades relativas a las materias de la competencia del Distrito.
10. Los otros servicios públicos cuya prestación requiera instalaciones en más de uno de los Municipios que formen el Distrito.

En todo caso, conforme al artículo 39 de la Ley Orgánica, la Asamblea Legislativa, a solicitud del Distrito Metropolitano, puede extender esta competencia a otras materias municipales.

Por último, debe señalarse que la Ley Orgánica prevé, en su artículo 27, que los Distritos Metropolitanos se deben organizar por la Ley que al efecto sancione la Asamblea Legislativa, conforme a las características peculiares de las entidades.

En todo caso, conforme a dicho artículo, las normas contenidas en la Ley Orgánica rigen en los Distritos Metropolitanos en cuanto sean aplicables.

b. *Las mancomunidades*

a'. *Las mancomunidades voluntarias*

Desde la promulgación de la Constitución de 1961, se había previsto la posibilidad de que los Municipios pudieran constituir mancomunidades para la realización en común de ciertos cometidos o servicios. Sin embargo, la ausencia de una regulación legal no había permitido crear auténticas entidades territoriales, resultantes de convenios o acuerdos entre Municipios, aun cuando se habían realizado importantes experiencias asociativas, como la de la denominada Mancomunidad Urbanística de Caracas en 1972[1321].

Los artículos 28 a 31 de la Ley Orgánica de 1989, siguiendo la orientación de lo que establecía la Ley de 1978, regulan con precisión la materia, al establecer que las Mancomunidades son entidades con personalidad jurídica propia (Art. 30), formadas mediante acuerdo entre dos o más Municipios o Distritos, o entre éstos y uno o más

---

1321 Véase los comentarios al proyecto de mancomunidad urbanística en Allan R. Brewer-Carías, "El Área Metropolitana de Caracas y la Cooperación Intermunicipal en materia de urbanismo", en *Revista de la Facultad de Derecho*, UCV, N° 35, Caracas 1967, pp. 49 y ss.

Municipios, para la realización de determinados servicios municipales (Art. 28). El acuerdo respectivo de creación de una Mancomunidad requiere la aprobación por cada una de las entidades que concurren a su formación (Art. 29).

Para la creación de una Mancomunidad, conforme a lo establecido en el artículo 29 de la Ley, el mencionado acuerdo que cada Municipio debe adoptar y el Estatuto resultante, deben precisar los siguientes aspectos: el nombre, objeto y domicilio de la Mancomunidad y las entidades que la constituyen; los fines para los cuales se crea; el tiempo de su vigencia; los aportes a que se obligan las entidades que la crean; la composición de su organismo directivo, la forma de designarlo, sus facultades y responsabilidades; el procedimiento para reformar o disolver la Mancomunidad y la manera de resolver las divergencias que puedan surgir en relación a su gestión y a sus bienes; y la determinación del control fiscal de la Mancomunidad por parte de los entes creadores. Por supuesto, en el acuerdo respectivo debe además especificarse las competencias que se transfieren a los órganos de la Mancomunidad. En todo caso, el Estatuto respectivo es el marco fundamental de acción de las Mancomunidades, de manera que éstas no pueden comprometer a los Municipios que las integran, más allá de los límites señalados en el mismo (Art. 31).

En caso de disolución de la Mancomunidad antes de la expiración del tiempo de su vigencia, la misma no tendrá efecto sino seis (6) meses después de la denuncia de las partes (Art. 29, ordinal 6º).

b' *Las mancomunidades forzosas*

Como se señaló, por definición, las Mancomunidades resultan de acuerdos intermunicipales de carácter voluntario, para determinados fines de la competencia municipal (Art. 28 de la Constitución). Así las regula la Ley Orgánica, como se ha visto.

Sin embargo, debe destacarse que la Ley Orgánica también regula una forma de mancomunidad forzosa, en los casos en los cuales un servicio público municipal, tenga o requiera instalaciones, o se preste en dos o más Municipios limítrofes por un mismo organismo o empresa pública o privada. En estos casos, conforme al parágrafo único del artículo 36, los Municipios respectivos "deberán establecer una Mancomunidad entre sí para la determinación uniforme de las regulaciones que corresponden a su competencia, sin menoscabo de las competencias nacionales referentes a la reglamentación técnica para instalaciones y modificaciones de las mismas, requisitos y condiciones de producción y suministro, facultades de inspección y potestades sancionadoras que se encuentren establecidas o se establezcan en normas nacionales".

Por supuesto, la interpretación de esta norma tiene que realizarse conforme a la finalidad que contiene, y que se refiere a los casos de Municipios que configuren una *conurbacion.* En esos supuestos es que debe procederse a la constitución de una Mancomunidad. Por tanto, no tendría sentido alguno interpretar la norma de manera de conducir al absurdo, de que, como por ejemplo, el INOS presta los servicios del alcantarillado y suministro de agua en casi todos los Municipios, todos los doscientos y tantos Municipios del país tendrían que constituir una Mancomunidad para establecer el régimen de prestación del servicio.

C. *Las entidades locales inframunicipales: las Parroquias*

La Ley Orgánica de 1989, además de haber regulado al Municipio como entidad local básica y de haber previsto entidades locales supranacionales, también reguló como entidad local por debajo del Municipio, a las Parroquias, completando así la posibilidad de un sistema escalonado de gobierno local conforme a la propuesta de reforma que formulamos en 1984[1322].

a. *Caracterización*

Conforme al artículo 32 de la Ley Orgánica, las Parroquias son demarcaciones de carácter local, dentro del territorio de un Municipio, creadas con el objeto de descentralizar la administración municipal, promover la participación ciudadana y la mejor prestación de los servicios públicos locales (Art. 32).

Se trata, por tanto, de entes auxiliares de los órganos de gobierno municipal y de participación local, a través de los cuales los vecinos deben colaborar en la gestión de los asuntos comunitarios (Art. 34); configurándose entonces en el nivel local básico para la cogestión municipal.

b. *Las parroquias urbanas y rurales*

En áreas urbanas determinadas como tales en los correspondientes planes de desarrollo urbano local, con población superior a cincuenta mil (50.000) habitantes, conforme al artículo 33 de la Ley Orgánica, las Parroquias pueden coincidir con los barrios, urbanizaciones o sectores de dichas áreas, según lo determine la Asamblea Legislativa a propuesta del Municipio respectivo, o de los ciudadanos interesados vecinos de los barrios o urbanizaciones, en un número no menor del veinte por ciento (20%) de los electores debidamente inscritos e identificados por la Junta Electoral con jurisdicción en el Municipio respectivo.

En el resto del territorio municipal no contemplado como urbano en los planes de desarrollo urbano local, las Parroquias podrán estar constituidas por poblaciones, caseríos y aldeas separadas de la capital del Municipio, según lo determine la Asamblea Legislativa a propuesta del Concejo Municipal respectivo o de los ciudadanos interesados, vecinos de las comunidades, en un número no menor del diez por ciento (10%) de los electores debidamente inscritos e identificados por la Junta Electoral que tenga jurisdicción en el Municipio respectivo (Art. 33).

c. *Competencias*

Conforme lo determina el artículo 35 de la Ley Orgánica, las Parroquias deben ejercer las atribuciones que les sean delegadas por el órgano de gobierno municipal, es decir, por el Alcalde, las cuales podrán tener carácter de gestión, consultivo y de evaluación. En todo caso, la delegación que el Alcalde haga de competencias a las Parroquias debe ir acompañada de los medios necesarios para su eficaz ejecución, cuando así se requiera.

1322 Véase la Exposición de Motivos del Proyecto de Ley Orgánica de Régimen Municipal en: Allan R. Brewer-Carías, *Estudios de Derecho Público*, Tomo II (Labor en el Senado 1983), *cit.*, pp. 245 y ss.

La delegación puede hacerse para todas las Parroquias o sólo para alguna de ellas y debe contener las siguientes determinaciones:

a. La naturaleza de las funciones específicas que les sean delegadas;
b. Órgano de la administración municipal que debe ejercer la supervisión de las funciones delegadas; y
c. Recursos humanos y materiales que se asignan a la Parroquia.

La Ley Orgánica prevé que es obligatoria la consulta a la Junta Parroquial, de toda decisión de efectos generales que adopten los Municipios, que afectan el desarrollo urbano y la conservación ambiental de la Parroquia (Art. 35), con lo cual se asegura la participación ciudadana en la toma de decisiones que afecten a la comunidad. Se trata, por supuesto, de una consulta que aunque obligatoria, no es vinculante.

II. LAS MATERIAS DE LA COMPETENCIA MUNICIPAL

1. *Las materias de la competencia municipal y su carácter concurrente*

La autonomía municipal comprende, según se ha visto, la libre gestión en las materias de su competencia (Art. 29, Ord. 2° de la Constitución), es decir, "los intereses peculiares de la ciudad, en particular, cuanto tenga relación... con las materias propias de la vida local, tales como urbanismo, abastos, circulación, cultural salubridad, asistencia social, institutos populares de crédito, turismo y policía municipal" (Art. 30 de la Constitución). Por ello, incluso, la Ley Orgánica de Régimen Municipal autoriza a los Municipios en general, a promover toda clase de actividades y prestar cuantos servicios públicos contribuyan a satisfacer las necesidades y aspiraciones de la comunidad, para la gestión de sus intereses y en el ámbito de sus competencias (Art. 36).

Sin embargo, a pesar de la enumeración de las materias propias de la vida local, la sola ejemplificación que la Constitución hace, convierte en completamente relativa la autonomía normativa y administrativa del Municipio sobre ellas, pues el propio texto constitucional atribuye estas mismas competencias al Poder Nacional.

En efecto, en cuanto al "urbanismo", el Poder Nacional puede establecer, coordinar y unificar normas y procedimientos técnicos para obras de urbanismo (Art. 136, Ord. 14), estando, por otra parte, fuera de toda duda, la competencia del mismo en materia de desarrollo urbano, como una de las materias que ha escapado del solo ámbito local, y que por su índole y naturaleza han requerido de una normativa nacional como la establecida en la Ley Orgánica de Ordenación Urbanística[1323]

En cuanto a los "abastos'', el Poder Nacional tiene competencia para dictar medidas destinadas a "racionalizar" la producción y regular "la circulación, distribución y consumo" de bienes (Art. 98).

1323 Véase en *Gaceta Oficial* N° 3.868 de 16-12-87. Véase el texto en *Ley Orgánica de Ordenación Urbanística*, E.J.V., Caracas 1988 (con comentarios de Allan R. Brewer-Carías, Cecilia Sosa Gómez, Carlos M. Ayala Corao, Humberto Romero Muci).

En cuanto a la "circulación", el Poder Nacional tiene competencias en materia de tránsito y transporte (Art. 136, Ords. 20 y 21), además de ser una materia que le corresponde por su índole y naturaleza, que le permite regular nacionalmente aspectos de la circulación.

En cuanto a la "cultura", la Constitución atribuye al Poder Nacional la obligación de fomentar "la cultura en sus diversas manifestaciones" (Art. 83).

En cuanto a la "salubridad" y la "asistencia social", al Poder Nacional corresponde "la dirección técnica, el establecimiento de normas administrativas y la coordinación de los servicios destinados a la defensa de la salud pública" (Art. 136, Ord. 17), además de tener la obligación de velar "por el mantenimiento de la salud pública" y proveer "los medios de prevención y asistencia a quienes carezcan de ellos" (Art. 76).

En materia de "institutos populares de crédito", al Poder Nacional le corresponde dictar la legislación en materia de "bancos y demás instituciones de crédito" (Art. 136, Ord. 24), además de las facultades para regular la circulación de la riqueza (Art. 98).

En materia de "turismo", al Poder Nacional también le corresponde dictar la legislación "de turismo" (Art. 136, Ord. 24).

Por último, en materia de "policía municipal", no sólo los Estados tienen competencia para determinar las ramas de la policía urbana y rural atribuidas a la competencia municipal (Art. 17, Ord. 6°), sino que tanto los Estados como los Municipios "sólo podrán organizar sus fuerzas de policía de acuerdo con la Ley" nacional (Art. 134), que puede limitarlas, para coordinarlas con la "policía nacional" (Art. 136, Ord. 5°).

En esta forma, en todas las materias propias de la vida local que la Constitución ha señalado como de la competencia de las Municipalidades, el propio texto fundamental ha establecido competencias concurrentes del Poder Nacional e inclusive de los Estados, que han producido que el ejercicio de las competencias municipales se encuentre triplemente limitado frente a los poderes residuales de los Estados, a los poderes implícitos del Poder Nacional, y a los poderes concurrentes. A estas limitaciones debe agregarse la tendencia centralista del Poder Nacional, y la complejidad de los problemas del desarrollo económico y social, en particular los del desarrollo urbanístico, que han hecho intervenir con más razón a los poderes nacionales.

Por supuesto, esta concurrencia de competencias puede dar origen a duplicidad de actividades, por lo que el artículo 185 de la Ley Orgánica obliga a las autoridades nacionales y estadales a comunicar al Municipio o Distrito respectivo los planes que se propongan ejecutar á corto, mediano o largo plazo, a fin de evitar la creación de servicios paralelos, la duplicación de los servicios o la contradicción de la actividad realizada en forma concurrente por varios entes de la Administración.

Veamos, en todo caso, con detenimiento, el alcance de la enumeración constitucional de las materias de la competencia municipal, y su carácter concurrente.

A. *Las competencias urbanísticas*

En primer lugar, el urbanismo. El artículo 136, ordinal 14 de la Constitución, en efecto, atribuye al Poder Nacional el establecimiento, coordinación y unificación de normas y procedimientos técnicos para obras de ingeniería, de arquitectura y de urbanismo.

Esta es una competencia que tiene una larga tradición en la evolución constitucional[1324], y que se empieza a determinar desde la Constitución de 1925. En ésta se atribuía a la competencia local, sólo la materia de ornamentación municipal y construcción en general. Ello fue derivado hacia el urbanismo, pero sometido a las regulaciones del Poder Nacional, hasta llegar a la Constitución de 1947, donde se estableció un principio que es el que guió la mentalidad de los urbanistas en Venezuela, y es que el urbanismo es una materia concurrente entre el nivel municipal y el nacional, pero sometida a una peculiaridad, que repitió la Constitución de 1953: que la competencia municipal en materia de urbanismo sólo podía ejercerse con sujeción a las leyes nacionales.

Por tanto, la competencia municipal en materia de urbanismo, con sujeción a las leyes nacionales, fue el principio en las Constituciones de 1947 y 1953. Sin embargo, ello se eliminó en la Constitución de 1961, que estableció la autonomía municipal, es decir, la libre gestión por el Municipio, de la materia de urbanismo. En este contexto, la única atribución constitucional nacional en la materia está prevista en el citado ordinal 14 del artículo 136, la cual se configuró como una limitación sensata pero con alcance limitado, pues se refiere sólo al establecimiento, coordinación y unificación de *normas y procedimientos técnicos* en materia de urbanismo.

Esta competencia atribuida al "Poder Nacional", sin embargo, fue interpretada en una forma excesivamente centralista, en perjuicio de las competencias municipales. En efecto, por ejemplo, en la Ley Orgánica de la Administración Central, esa competencia, con el mismo texto que tiene el ordinal 14 del artículo 136 de la Constitución, fue asignada al Ministerio del Desarrollo Urbano[1325], pura y simplemente, sin que hubiera mediado la sanción de una Ley Nacional de Ordenación Urbanística. La Ley Orgánica de la Administración Central, en realidad, endosó todo el enunciado del ordinal 14 del artículo 136 de la Constitución, en forma impropia al Poder Ejecutivo y dentro de éste, al Ministerio del Desarrollo Urbano, cuando al ser una competencia que la Constitución atribuye al Poder Nacional, de acuerdo al artículo 139, era el Poder Legislativo directamente quien debía legislar sobre esa competencia nacional. Sin embargo, en 1976 el Poder Legislativo legisló, y lo que hizo fue endosar la misma competencia del ordinal 14 del artículo 136 al Poder Ejecutivo, de manera que, conforme a esa Ley Orgánica, era el Poder Ejecutivo el encargado de establecer y coordinar normas y procedimientos técnicos para obras de ingeniería, arquitectura y urbanismo, porque así lo estableció la Ley Orgánica de la Administración Central al asignar competencias al Ministerio del Desarrollo Urbano.

Sin embargo, eran evidentes las dudas sobre la efectividad jurídica de esta asignación de competencias al Ministerio del Desarrollo Urbano. En efecto, la jurisprudencia de la Corte Suprema de Justicia había determinado que la Ley Orgánica de la Administración Central, no podía ser, aisladamente, una fuente de atribución de

1324 Allan R. Brewer-Carías, *Urbanismo y Propiedad Privada*, Caracas, 1980, pp. 117 y ss.

1325 Art. 37, Ord. 6. Véase la Ley Orgánica en *Gaceta Oficial* N° 3.495 de 30-12-86.

competencias[1326], en otras palabras, que no podía haber ejercicio de la competencia por parte de un Ministerio, sólo con base en la Ley Orgánica de la Administración Central, sino que se requería, además, una legislación sustantiva que regulase la materia, y que estableciera la forma de ejercerla por el Ministerio respectivo. Por tanto, en materia de urbanismo, el hecho de que la Ley Orgánica de la Administración Central endosara al Ministerio del Desarrollo Urbano la competencia del ordinal 14 del artículo 136 de la Constitución, no era suficiente para decir que el Ministerio del Desarrollo Urbano tenía todas las competencias en materia de urbanismo.

Al contrario, el urbanismo tenía que estar regulado en una Ley sustantiva que dijera cuál era el ámbito de la competencia nacional y municipal en la materia. Hasta 1988, las únicas leyes que se habían dictado en este sentido, y que regulaban algo sobre las competencias públicas en materia de urbanismo, como ley nacional, eran las Leyes Orgánicas de Régimen Municipal de 1978 y la Ley Orgánica para la Ordenación del Territorio, de 1983[1327], en las cuales se estableció cuál era el sentido de la concurrencia de competencias.

En efecto, el ordinal 3° del artículo 7° de la primera de dichas leyes estableció, en materia de urbanismo, por una parte, que los planes de desarrollo urbano local, debían ser elaborados de acuerdo con las normas y procedimientos técnicos establecidos por el Poder Nacional. Por otra parte, estableció que esos planes de desarrollo local entrarían en vigencia una vez aprobados por la autoridad nacional competente, el Ministerio del Desarrollo Urbano, de acuerdo a la Ley Orgánica de Administración Central, conforme a la atribución para establecer, coordinar y unificar dichas normas y procedimientos en materia de urbanismo, de conformidad con lo dispuesto en el ordinal 14 del artículo 136 de la Constitución.

Esta norma de la Ley Orgánica de Régimen Municipal de 1978, en realidad, era lógica y no violaba la autonomía municipal, sino que más bien era una aplicación de la concurrencia de competencias: el Poder Nacional tiene competencia para establecer y unificar principios y normas técnicas en materia de urbanismo; los Municipios tienen competencia para sancionar los planes de desarrollo urbano local, de acuerdo a esos principios y normas; y la forma de verificar que éstos se elaboran de acuerdo a aquellos principios y normas técnicas, es mediante una técnica aprobatoria, que implica una simple verificación de que se cumplió con lo que la Constitución prescribía.

Este esquema, básicamente ha sido el adoptado en la Ley Orgánica de Ordenación Urbanística de 16 de diciembre de 1987[1328] en la cual se atribuye a los Municipios la aprobación de los planes de desarrollo urbano local (Art. 41); sin embargo, hecho esto, antes de su aprobación definitiva y publicación en la Gaceta Municipal,

---

1326 Véase sentencia de la CSJ-SPA, de 7-7-81 en *Revista de Derecho Público*, E.J.V., N° 8, Caracas 1981, pp. 96 y 97.

1327 Véase en *Gaceta Oficial*, N° 3.328 Extra, de 11-8-83; y Allan R. Brewer-Carías, "El régimen de urbanismo en la Ley Orgánica para la Ordenación del Territorio", en *Ley Orgánica para la Ordenación del Territorio*, E.J.V., Caracas 1983.

1328 Entró en vigencia el 19 de marzo de 1988. *Gaceta Oficial* N° 33.868 de 1612-87. Véase Allan R. Brewer-Carías, "Introducción general al régimen legal de la ordenación urbanística", en: *Ley Orgánica de Ordenación Urbanística*, E.J.V., Caracas 1988.

el plan de desarrollo urbano local debe ser sometido a la consideración del Ministerio del Desarrollo Urbano, para que se pronuncie "sobre la conformidad del mismo con respecto al plan de ordenación urbanística correspondiente, si lo hubiere" (Art. 42).

En este contexto, por tanto, se enmarca la competencia que la Ley Orgánica de Régimen Municipal de 1989 atribuye a los Municipios en el ordinal 3° del artículo 36, para:

> "Elaborar y aprobar los planes de desarrollo urbano local, formulados de acuerdo con las normas y procedimientos técnicos establecidos por el Ejecutivo Nacional. Igualmente velará porque los planes nacionales y regionales de ordenación del territorio y de ordenación urbanística se cumplan en su ámbito".

Ahora bien, en esta materia de urbanismo además del ordinal 3° del artículo 36 de la LORM, sigue la tradición de la enumeración constitucional el ordinal 5°, que también atribuye competencias al Municipio en materia de "Arquitectura Civil, nomenclatura y ornato público". Otra norma que establece una competencia en materia de urbanismo en la Ley Orgánica, es el ordinal 10, que habla de "Protección del Ambiente y cooperación con el saneamiento ambiental", y el ordinal 4° que se refiere a la "Promoción y fomento de viviendas, parques y jardines, plazas, playas, balnearios y otros sitios de recreación y deporte; pavimentación de las vías públicas urbanas".

Por último, un principio básico en materia de urbanismo, que es la necesidad de que el urbanizador transfiera a la Municipalidad determinadas áreas para vialidad, parques, etc. (lo que se llama las cesiones obligatorias gratuitas)[1329], hasta que se promulgó la Ley Orgánica para la Ordenación del Territorio, no se había establecido con carácter general en el país, y las regulaciones sobre la materia que existían a nivel local estaban mal fundadas. Esta Ley establece en esta materia, los principios fundamentales (Art. 68) contemplados en la Ley Orgánica de Ordenación Urbanística (Art. 98).

B. *Las competencias en materia de abastos*

La segunda de las competencias que enumera el artículo 30 de la Constitución es la de los abastos, la cual ha sido, tradicionalmente, una competencia municipal en la evolución constitucional venezolana. Se estima que si algo compete a la autoridad local es asegurar el abastecimiento de la población. Sin embargo, esta competencia hay que confrontarla a la luz del proceso de urbanización. Por ello, hoy, para un Municipio rural y para las poblaciones que lo conforman, ésta será una materia propia de la vida local; de allí surge, por ejemplo, la competencia tradicional en materia de mataderos. Sin embargo, en un Municipio urbano, en una gran ciudad como Caracas, el problema del abastecimiento de la ciudad rebasa el ámbito municipal, y pasa a ser una materia de interés nacional.

En todo caso, esta materia tendría que ser regulada a nivel local tomando en cuenta las diversas categorías de autoridades locales que debe haber.

1329 Véase Allan R. Brewer-Carías, *Propiedad Privada y Urbanismo*, *cit.*, pp. 495 y 592.

Ahora bien, en esta materia, si bien la Constitución habla de "abastos", la Ley Orgánica de Régimen Municipal va más allá y atribuye al Municipio los "abastos, mataderos y mercados y, en general, la creación de servicios que faciliten el mercadeo y el abastecimiento de los productos de primera necesidad" (Art. 36, Ord. 8°). Se insiste, esto es perfectamente admisible, en entidades locales pequeñas o en Municipios rurales, pues el problema se plantea en otra forma en grandes áreas urbanas, donde la operación tiene otra naturaleza.

Por supuesto, en esta materia también hay una concurrencia de competencias entre el nivel municipal y el nivel nacional. En la propia Constitución hay una norma, dentro de las que regulan los derechos económicos, que establece, con carácter general, que el Estado protegerá la iniciativa privada, sin perjuicio de la facultad para dictar medidas para planificar, racionalizar y fomentar la producción, y *regular la circulación, distribución y consumo de la riqueza,* a fin de impulsar el desarrollo económico del país (Art. 98). Esta es una competencia que sé le atribuye al Estado y cuando el texto constitucional habla del Estado, insistimos, se refiere a los tres niveles territoriales nacional, estadal y municipal.

De acuerdo a esta norma, sin duda, el Municipio tiene competencia para regular los servicios de abastos. Hasta ahora, a nivel legislativo, para concretarla se ha dictado la norma de la Ley Orgánica del Régimen Municipal que le atribuye funciones para crear esos servicios, de manera que es una competencia local específica. Además, están las normas de la Ley de Protección al Consumidor, y las relativas al mercadeo agrícola (Ley de Mercadeo Agrícola). En estas normas nacionales se regula la distribución, circulación y consumo de bienes de primera necesidad. A ello hay que agregar las normas sobre pesos y medidas (Ley de Metrología Legal), de carácter nacional. En presencia de estas normas nacionales la competencia genérica en materia de abastos prevista en el artículo 80 de la Constitución, a los Municipios, y en la Ley Orgánica de Régimen Municipal, en realidad, se reduce a "crear servicios que faciliten el mercadeo y abastecimiento de productos" (abastos y mataderos); es decir, a establecer la infraestructura para facilitar la comercialización de los productos y para el beneficio de las reses. Sin embargo, la política pública para asegurar el abastecimiento dentro de los mercados o asegurar la producción pecuaria, es un proceso que entra dentro de las competencias nacionales y, de allí, las dos leyes mencionadas sobre protección al consumidor y mercadeo agrícola.

La Ley Orgánica de 1989, sin embargo, en esta materia, ha agregado una competencia adicional de los Municipios, en el sentido de cooperar "en la organización y asistencia técnica a la producción, en el proceso de industrialización y comercialización de los productos propios de la localidad; y en la organización de la producción en cooperativas y otras formas de autogestión, dentro de la orientación y normas fijadas por los organismos nacionales" (Art. 37, Ord. 4°).

C. *Las competencias en materia de circulación y transporte urbano*

Otra competencia municipal tradicional, la tercera que enumera el artículo 30 de la Constitución, es la competencia en materia de circulación. En torno a ello ha habido una discusión tradicional sobre qué es circulación y cuál es el tipo de concurrencia que existe respecto de las competencias nacionales en la materia. En realidad, circulación equivale a tránsito y esto se traduce en uso de las vías públicas y la regulación del mismo. Por tanto, la circulación es una competencia municipal, porque se trata de un uso de la vía pública municipal (tránsito por la vía pública municipal), que es un bien del dominio público municipal. Por ello, es que hay esa competencia local en materia de circulación y tránsito urbano[1330].

Por supuesto, uno de los usos más importantes de las vías públicas, es para el transporte público o colectivo de pasajeros. Por ello, la competencia local en materia de circulación por las vías públicas urbanas, trae consigo la competencia en materia de transporte urbano de personas.

En efecto, en las Constituciones de 1947 y de 1953, entre las competencias municipales estaba el transporte urbano, lo cual se eliminó en la enumeración del artículo 30 de la Constitución vigente, no existiendo en ella referencia directa al transporte. Sin embargo, como se dijo, siendo el transporte uno de los medios de utilización de la vía pública municipal, se atribuye competencia en materia de transporte de personas a la autoridad local. En efecto, el Poder Nacional, conforme al ordinal 20 del artículo 136 de la Constitución, tiene competencia en lo relativo al transporte terrestre y, además, también se atribuye al Poder Nacional en el ordinal 21, de dicha norma, competencia en materia de "cables aéreos de tracción y vías férreas aunque estén dentro de los límites de un Estado, salvo que se trate de tranvías o cables de tracción urbanos cuya concesión y reglamentación compete a los respectivos Municipios". En esta forma, indirectamente, estamos en presencia de la atribución a los Municipios de una competencia en materia de transporte urbano por lo que se refiere a los tranvías o los cables de tracción urbana. Aquí es donde tiene su asidero, reforzado por la tradición jurisprudencial[1331], la competencia municipal en materia de "servicio de transporte público urbano de pasajeros" que la Ley Orgánica de Régimen Municipal en su artículo 36, ordinal 7°, establece expresamente.

Además, la Ley Orgánica atribuye al Municipio, competencia en materia de "ordenación del tránsito de vehículos y personas en las vías urbanas" (ordinal 6°, artículo 36), es decir, circulación y tránsito urbanos.

Sin embargo, en materia de transporte por vía férrea, la Constitución establece una reserva nacional, por lo que, por ejemplo, el régimen del subterráneo rápido (Metro) es de la competencia nacional. Tratemos de puntualizar estos aspectos, recapitulando lo dicho hasta ahora.

En efecto, en materia de transporte, la Constitución tiene las siguientes regulaciones. En primer lugar, se atribuye al Poder Nacional el régimen de los transportes terrestres, en general, en el mismo artículo 136, ordinal 20 de la Constitución. No hay, en cambio, en el texto fundamental ninguna atribución de competencia municipal en materia de transporte urbano, por lo que podemos decir que actualmente ello no tiene rango constitucional, aun cuando sí lo era en la tradición constitucional.

En efecto, en el texto de 1936, y luego en el de 1947, sí se atribuía al Municipio competencia en materia de transportes urbanos. En esta forma, en la Constitución

---

1330 Véase Allan R. Brewer-Carías, *Estudios sobre la delimitación de competencias entre el Poder Nacional y el Poder Municipal en materia de Tránsito, Transporte y Circulación*, Caracas 1965, pp. 53 y ss.

1331 Véase Allan R. Brewer-Carías, *Aspectos Institucionales del Transporte y Tránsito en el Área Metropolitana de Caracas*, Caracas 1971, pp. 87 y ss. Véase Allan R. Brewer-Carías en: *Estudios de Derecho Público*, Tomo I, Labor en el Senado 1982, Caracas 1983, pp. 98 y ss.

había una competencia en materia de transporte terrestre general, atribuida al Poder Nacional; y una en materia de transporte urbano atribuida al Municipio. Esto se recogió también en la Constitución de 1953 y luego se eliminó en el texto de 1961. Actualmente, por tanto, no hay una asignación directa al Municipio de competencia en materia de transporte urbano. Sin embargo, el ordinal 21 del artículo 136, indirectamente atribuye al Municipio competencia en materia de transporte urbano, al asignarle los cables de tracción urbanos y los tranvías, con lo cual surge el principio de competencia municipal en el campo del transporte urbano.

Conforme a esta orientación en el campo de transporte urbano es que la Ley Orgánica de Régimen Municipal señala en el artículo 36, ordinal 7°, que es competencia municipal el servicio de transporte público urbano de pasajeros. Sin embargo, no todo transporte urbano es municipal, pues hay un medio de transporte cuyo régimen la Constitución reserva al Poder Nacional, y que es el realizado por las vías férreas, salvo los tranvías que aun cuando sin duda, también son vías férreas, la Constitución las atribuye al Municipio. El Metro, por tanto, es de la competencia nacional, y en efecto, si algo distingue al Metro del tranvía y que uno sea de competencia nacional y el otro municipal, es el uso de la vía pública: el tranvía circula por vías del dominio público municipal: la calle, que se convierte en una vía de uso múltiple superficial; en cambio, el Metro circula por una vía férrea de uso exclusivo, y que constituye dominio público nacional, igual que los ferrocarriles. Por ello, la competencia en relación al Metro es una competencia nacional, y así se ha establecido expresamente en la Ley de los Sistemas Rápidos de Transporte de personas de 15 de diciembre de 1982[1332].

Ahora bien, ¿qué significa que el Municipio sea competente en materia de circulación, tránsito y transporte urbano? Pues que al Municipio corresponde la regulación de la circulación, la policía de la circulación y la imposición de sanciones en materia de circulación, tránsito y transporte urbano; asimismo, en materia de transporte público urbano de pasajeros, le corresponde regularlo, otorgar las concesiones y establecer la fijación de tarifas. En este último aspecto, sin embargo, ello sería sin perjuicio de las competencias "atribuidas a los órganos que ejercen el Poder Nacional en cuanto al establecimiento de las tarifas de los servicios públicos, dentro del régimen de regulación de precios" (Art. 36, único, LORM).

En todo caso, en esta materia del régimen del transporte de personas ha habido discusiones y problemas, básicamente de legalidad. El Reglamento de la Ley de Tránsito Terrestre (Art. 57), en efecto, contenía un típico caso de inconstitucionalidad, porque invadía competencias locales, al establecer una intromisión de las autoridades nacionales en el otorgamiento de concesiones de transporte urbano y no sólo de carácter extraurbano, que es lo que le corresponde.

En efecto, para el transporte extraurbano, la concesión de su servicio, su regulación y la policía del mismo le corresponde al Ministerio de Transporte y Comunicaciones. Ello es perfectamente admisible. En cambio, para el transporte urbano de personas son los Municipios los que deben otorgar la concesión de las líneas de autobuses y camionetas, pero el Reglamento exigía que ello fuera con la previa bue-

1332 *Gaceta Oficial* N° 3.078 Extra de 28-12-82.

na pro o visto bueno que el Ministerio debía dar a la respectiva concesión. Al preverse una actuación del Ministerio de Transporte y Comunicaciones en esta última materia, en el Reglamento de la Ley de Tránsito Terrestre, ello se estimó inconstitucional y la Corte Suprema de Justicia en 1970 declaró la nulidad del artículo respectivo, al considerar que no podía, el Poder Nacional, invadir las competencias municipales en materia de transporte urbano, que comprendían el régimen, la concesión, la tarifa y la policía de transporte urbano[1333].

En materia de circulación, aun cuando no se ha planteado judicialmente, puede decirse que el problema interpretativo tiene connotaciones similares.

En efecto, en cuanto al régimen de la circulación, podría decirse que casi todo es de la competencia nacional, por su índole o naturaleza conforme al artículo 136, ordinal 25 de la Constitución, aun cuando el artículo 30 del propio texto constitucional enumere a la circulación dentro de las materias propias de la vida local. En efecto, el régimen y regulación de la autorización a los vehículos para circular (matriculación) y de las licencias de conductores son hoy materias de naturaleza nacional, pues no tendría sentido, por ejemplo, con las interconexiones territoriales actuales, que cada Municipio diera licencias a su leal saber y entender. En el mismo sentido, por ejemplo, el sistema de señalización para la circulación, tiene que ser nacional e, incluso, internacional, pues no podría cada Municipio establecer sus particulares sistemas de señalización.

Sin embargo, hay otros elementos de la circulación que permanecen locales, por ejemplo: determinación de las vías peatonales, y las horas o días en los cuales se restringe la circulación de vehículos. Así, una típica competencia local es la determinación, en las ciudades, del "día de parada" de los vehículos. Por ello la decisión del Ejecutivo Nacional de 1979; que fijó el "día de parada" en Caracas[1334], es absolutamente inconstitucional, pues esa no es materia de índole nacional, sino típicamente local. Igual situación se presenta con el establecimiento de las vías que deben o no circularse, o con el cierre de avenidas para usarlas para peatones, lo cual debe ser local.

En cuanto al régimen de la policía de la circulación, ésta tiene que ser materia local. Por ello, hemos considerado inconstitucional la existencia del Cuerpo de Vigilantes de Tránsito, que si bien tiene asidero en la Ley, no así en la Constitución[1335]. En ésta, al contrario, la policía de la circulación es una típica función de la policía municipal; incluso, podría decirse que en ninguna parte del mundo existe una policía "nacional" del tránsito. Además, desde el punto de vista práctico, es un absurdo que la policía de la circulación no sea una rama especializada de la municipal destinada al tránsito y que se pretenda que puede funcionar una policía nacional de tránsito.

En efecto, si la circulación es una competencia municipal, en el ámbito urbano, una de las típicas áreas de la policía es la policía de circulación, la cual debe ser municipal. Esto tiene sus consecuencias: las sanciones, por ejemplo, deben ser impuestas por la autoridad municipal, y el producto de las multas debe ingresar a la

1333 Véase Allan R. Brewer-Carías, *Aspectos Institucionales*. Ext., pp. 87 y ss.

1334 Véase Decreto N° 340 de 1-11-79 en *Gaceta Oficial* N° 31.857 de 7-11-79.

1335 Véase Allan R. Brewer-Carías, *Aspectos Institucionales, cit.*, pp. 74 y ss.

hacienda municipal. Recordemos que de acuerdo al artículo 31 de la Constitución, las "multas que impongan las autoridades municipales" constituyen un típico ingreso local, por lo que las sanciones derivadas de la violación de las normas de circulación, así sean, inclusive, normas nacionales que se establezcan por su índole o naturaleza, pero cuya aplicación es local, deben imponerse por las autoridades municipales y su producto ingresar a la hacienda municipal.

En esta materia, sin embargo, lo único que permanece local en materia de circulación, son los impuestos sobre vehículos. De resto, en general, el Poder Nacional ha invadido las competencias locales, tanto en materia de circulación como en materia de transporte urbano. Sin embargo, ahora, frente a esa tradición centralista, está la terminante atribución de competencias a los Municipios en materia de "ordenación del tránsito de vehículos y personas en las vías urbanas" (Ord. 6º, Art. 36), que permitirá a las entidades locales reivindicar competencias que han sido centralizadas.

D. *Las competencias en materia de cultura*

Otra competencia local derivada de la enumeración del artículo 30 de la Constitución es la cultura. Aquí nos encontramos, también, por supuesto, con una competencia concurrente, pues el Poder Nacional y los Estados tienen competencia en materia de cultura. En efecto, el artículo 83 de la Constitución dispone, que "el Estado fomentará la cultura en sus diversas manifestaciones y velará por la protección y conservación de las obras, objetos y monumentos de valor histórico o artístico que se encuentren en el país y procurará que ellos sirvan al fomento de la educación". Al atribuirse esta competencia al "Estado", debe entenderse que se trata de una competencia de los tres niveles: nacional, estadal y municipal.

La Ley Orgánica de Régimen Municipal, en el ordinal 17 del artículo 36 recoge directamente esta competencia al asignar al Municipio las "actividades e instalaciones culturales y deportivas y de ocupación del tiempo libre".

Realmente, la cultura tiene que ser también una competencia local, para promover las iniciativas en materia de cultura popular y local, que deben desarrollarse por los entes locales. Se insiste: si hay algo que tiene que ser estrictamente local es la cultura y la protección de bienes culturales.

Por eso, no tiene sentido en este último aspecto, que se haya concentrado en el nivel nacional la política de protección de los bienes culturales con la Ley de Conservación de Obras Artísticas e Históricas, la cual atribuye las competencias a la Junta de Conservación del Patrimonio Histórico y Artístico de la Nación. No puede ser que sea ese organismo a nivel nacional, el que determine cuáles son los monumentos históricos y culturales, cuando ello debe corresponder también a los Estados y aun a los Municipios.

E. *Las competencias en materia de salubridad*

La quinta competencia municipal enumerada en el artículo 30 de la Constitución, es la salubridad, la cual también es una competencia concurrente. En efecto, la salubridad se asigna al Municipio como una parte específica de los servicios de protección a la salud, por lo que en la terminología tradicional municipal debe entenderse como parte del orden público sanitario local y, por tanto, parte de la policía local.

Abarca básicamente la protección de la salud en la vía pública. Por ello está directamente vinculado al aseo urbano, típico servicio local en materia de salubridad.

En todo caso, la salubridad entra dentro de la obligación general de los entes públicos de velar por la protección de la salud, como competencia concurrente, prevista en el artículo 76 de la Constitución. Las "autoridades" a las cuales se alude en dicha norma son las autoridades municipales, estadales y nacionales. Sin embargo, expresamente se prevé en la Constitución que en esa materia esos tres niveles de autoridades se coordinan por el Poder Nacional. El artículo 136, ordinal 71 del texto fundamental, en efecto, establece que corresponde al Poder Nacional la dirección técnica, el establecimiento de normas administrativas y la coordinación de los servicios destinados a la defensa de la salud pública. De allí la Ley Orgánica del Sistema Nacional de Salud de 1987[1336].

Por su parte, la Ley Orgánica de Régimen Municipal precisa, en el campo de la salubridad, que corresponde a los Municipios, en primer lugar, competencia en materia de "acueductos, cloacas, drenajes y tratamiento de aguas residuales" (Ord. 1° del Art. 36); en segundo lugar, el "aseo urbano y domiciliario, comprendidos los servicios de limpieza, de recogida y tratamiento de residuos (Ord. 12, Art. 36); y en tercer lugar, los "cementerios, hornos crematorios, y servicios funerarios" (Art. 36, Ord. 15). Esas tres competencias puede decirse, eran las tradicionales manifestaciones, en el ámbito municipal, de las materias vinculadas a la salubridad.

La nueva Ley Orgánica de 1989, sin embargo, ha agregado otra competencia en la materia que permite profundizar el proceso de descentralización, al atribuirle al Municipio, en general, cooperar con la salubridad pública, especialmente el control de las condiciones sanitarias de toda clase de alimentos y bebidas, y la policía sanitaria en las vías públicas y en los locales y establecimientos destinados al público, conforme a las normas y políticas de coordinación establecidas por él Poder Nacional" (Ord. 19, Art. 37), y de acuerdo al texto del artículo 136, ordinal 17 de la Constitución.

Por último, debe señalarse que conforme a ese mismo texto constitucional, todas estas competencias pueden ser nacionalizadas de acuerdo con el interés colectivo, pues se atribuye al legislador la potestad para establecer la nacionalización de estos servicios públicos de acuerdo con el interés colectivo. Ya hubo una manifestación concreta de esta nacionalización en 1976, con la Ley que creó el Instituto Metropolitano de Aseo Urbano de Caracas, como Instituto Autónomo Nacional para atender el aseo urbano de la capital[1337], la cual fue derogada en 1992.

F. *Las competencias en materia de asistencia social*

Otra competencia municipal, enumerada en el artículo 30 de la Constitución, es la asistencia social. Aquí también estamos en presencia de otra típica competencia concurrente dentro de los mismos términos de los artículos 76 y 136, ordinal 17, de

---

1336 Véase en *Gaceta Oficial* N° 33.745 de 23-6-87.

1337 Véase Ley de Nacionalización y Coordinación de los Servicios de Recolección y Tratamiento para residuos, desechos y desperdicios en el Área Metropolitana de Caracas, en *Gaceta Oficial* N° 31.407 de 17-8-76.

la Constitución. En este campo, no se trata de servicios de medicina preventiva (salubridad), sino de medicina curativa (asistencia social). Con base en ello, los Municipios tienen competencia para establecer servicios de asistencia social para quienes carezcan de ella.

Conforme a esto, la Ley Orgánica del Régimen Municipal atribuye a los Municipios competencia en las siguientes materias:

En primer lugar, cooperar "en la atención primaria de la salud de carácter preventivo, curativo o rehabilitador, sanidad de urgencia, información y educación sanitaria; planificación familiar y control epidemiológico, conforme a las normas y políticas de coordinación establecidas por el Poder Nacional" (Ord. 2, Art. 37).

En segundo lugar, cooperar con los demás Poderes Públicos "en la prestación de los servicios sociales dirigidos al bienestar de la población, especialmente de la infancia, juventud y tercera edad, así como la asistencia a minusválidos, ancianos y personas necesitadas de recursos mínimos de subsistencia; servicios de promoción y reinserción social" (Ord. 3°, Art. 37).

Con estas atribuciones, sin duda, se abre la puerta para el inicio de un proceso de descentralización en este campo de los servicios de atención médica y asistencia social, que han sido progresivamente nacionalizados. No se olvide que con excepción de algunos hospitales municipales en Caracas, en general los servicios médicos se han venido nacionalizando y progresivamente se ha venido difundiendo la idea de un servicio nacional de salud que centralice los servicios a nivel nacional[1338].

Estimamos en todo caso, que conforme al ordinal 17 del artículo 136 de la Constitución, nacionales deben ser las normas y la coordinación de los servicios, pero la prestación debe ser local y estadal.

G. *La competencia en materia de institutos populares de crédito*

Otra competencia enumerada en el artículo 30 de la Constitución, como competencia municipal, es la relativa a los institutos populares de crédito. Sin embargo, en esta materia, al ser atribuida al Poder Nacional la legislación bancaria y de los otros institutos de crédito (Art. 136, Ord. 24), y haberse dictado la Ley General de Bancos y otros Institutos de Crédito, la creación por un Municipio de aquellas entidades tendría que someterse a esta Ley[1339]. Por ello, el artículo 36, ordinal 14, enumera como parte de la competencia propia del Municipio la "creación de institutos populares de crédito, con las limitaciones que establezca la legislación nacional".

Los Institutos Municipales de Crédito Popular, como el de la Municipalidad del Distrito Federal, creados antes de la Ley de Bancos, son materialmente los únicos que existen.

H. *La competencia en materia de turismo*

Otra de las competencias enumeradas en el artículo 30 de la Constitución es el turismo, la cual también se configura como una competencia concurrente, pues co-

---

1338 Véase la Ley Orgánica del Servicio Nacional de Salud, en *Gaceta Oficial* N° 33.745.

1339 Véase la Ley General de Bancos y Otros Institutos de Crédito de 1988, *Gaceta Oficial* N° 4.021 de 4-2-88.

rresponde también al Poder Nacional, en el ordinal 24 del artículo 136 en cuanto a la legislación de turismo. Sin embargo, la legislación de turismo a la cual se refiere este artículo, se relaciona más a que interesa al Poder Nacional en materia de turismo extranjero y situación de los extranjeros turistas. Sin embargo, además de eso, en la evolución de la legislación turística, la Ley actual establece las bases para un turismo interno al regular, por ejemplo, zonas de interés turístico, y la intervención de la Corporación Venezolana de Turismo en determinadas áreas[1340]. Sin embargo, el turismo debe ser una competencia municipal y estadal, y no, por supuesto, sólo una competencia nacional. Por ello, el artículo 36, ordinal 11, de la Ley Orgánica de Régimen Municipal se refiere a las actividades dirigidas al turismo local, como facultad de los Municipios, al atribuirles competencia para "organizar y promover las ferias y festividades populares; así como proteger y estimular las actividades dirigidas al desarrollo del turismo local".

I. *La competencia en materia de policía municipal*

Por último, el artículo 30 de la Constitución enumera dentro de las materias propias de la vida local, la policía municipal.

Ahora bien, en materia de policía en general también hay una concurrencia de competencias: el artículo 17, ordinal 5° atribuye a los Estados, la organización de la policía urbana y rural, y la determinación de las ramas de este servicio atribuidas a la competencia municipal; y el Poder Nacional conforme al artículo 186, ordinal 5, tiene competencia en materia de policía nacional. Además, en el artículo 134 de la misma Constitución se establece, que "los Estados y Municipios sólo podrán organizar sus fuerzas de policía de acuerdo con la Ley".

De estas normas surge una distinción que es básica en materia administrativa, entre la policía como cuerpo (fuerza), y la policía como actividad reguladora y ejecutora. No toda actividad de policía implica una fuerza de policía, de manera que la policía es una de las típicas actividades administrativas, distinta a los cuerpos policiales. Estos, es decir, las fuerzas de policía, deben ser determinadas en ley nacional, aún no dictada. En cambio, la actividad de policía, como actividad administrativa, da origen a una serie de competencias distribuidas entre una policía nacional, regulada en una multitud de leyes especiales; una policía estadal en materia rural regulada en las Leyes estadales y una policía municipal regulada en las ordenanzas municipales. La muestra de esta actividad reguladora, por ejemplo, está en los Códigos Orgánicos de Policía dictados hace varias décadas, los cuales eran unos verdaderos monumentos jurídicos.

En el Distrito Federal, por ejemplo, la Ordenanza de Policía Urbana y Rural establecía un completo cuadro normativo de las actividades en el Distrito, adecuado para la época, con regulaciones sobre circulación, transporte, agua, acueductos, cementerios, asistencia, etc., en un solo cuerpo o código.

En todo caso, en la actualidad, en cuanto a las fuerzas de policía, la materia está mal regulada. No hay ley nacional, y en cambio muchas leyes establecen competencias nacionales en materia de policía, que dan origen a cuerpos de policía: en mate-

1340 Véase la Ley de Turismo, *Gaceta Oficial* N° 1.591 Extra, de 22-6-73.

ria de circulación, por ejemplo, el Cuerpo de Vigilantes de Tránsito, que debería ser competencia local; en materia forestal, la Guardería Forestal o Ambiental asumida por la Guardia Nacional, y en general, las incompletas regulaciones concernientes a esta última, como Fuerzas Armadas de Cooperación, con funciones de policía de fronteras, de policía industrial, de policía vial, de policía fiscal, etc.

Por otra parte, en cuanto al cuerpo de funcionarios de la Dirección General de los Servicios de Inteligencia y Prevención del Ministerio de Relaciones Interiores, no encuentra una regulación legal, salvo indirectamente en la Ley Orgánica de la Administración Central como en la Ley de Policía Judicial[1341], en materia de las actuaciones que realicen como auxiliares de la Justicia, como agentes de la policía judicial.

En cuanto al Cuerpo Técnico de Policía Judicial, como cuerpo nacional, su regulación completa se ha realizado en la Ley de Policía Judicial, donde se regulan sus atribuciones.

Por otra parte, las fuerzas o cuerpos de policía estadales y municipales no tienen regulación en ley nacional. Por la deficiente regulación de los Estados, puede decirse que materialmente no existen cuerpos de policías municipales. Las policías, en general, son estadales en todos los Estados. Sin embargo, el ordinal 16 del artículo 36 de la Ley Orgánica de Régimen Municipal atribuye al Municipio competencia en materia de "servicios que tendrán a su cargo la vigilancia y control de las actividades relativas a las materias de la competencia municipal", lo que no necesariamente tiene que llevar a la organización de cuerpos de policía municipales.

La Ley Orgánica, por otra parte, en materias conexas con la policía, atribuye a los Municipios competencia en materia de "espectáculos públicos y publicidad comercial, en cuanto conciernen a los intereses y fines específicos municipales" (Ord. 9°, Art. 36); y de "protección civil y servicios de prevención y lucha contra incendios en las poblaciones" (Ord. 13, Art. 36).

J. *Competencias en materias de otros servicios públicos*

Además de los servicios públicos a que se ha hecho referencia al comentar las competencias municipales conforme al artículo 36 de la Ley Orgánica, de acuerdo a la enumeración del artículo 30 de la Constitución, la Ley Orgánica de Régimen Municipal de 1978, atribuyó a los Municipios como una materia propia de la vida local, la "distribución y venta de electricidad y gas en las poblaciones de su jurisdicción", lo que se ha conservado en la Ley de 1989 (Ord. 2°, Art. 36).

La Ley Orgánica de 1978, sin embargo, en esta y otras competencias señalaba que las mismas se ejercerían por los Municipios "en los términos que establezca la legislación nacional" (Art. 7), lo que evidentemente era inconstitucional, porque constituyó una limitación a la autonomía municipal no autorizada en la Constitución, la cual comprende, para el Municipio, la libre gestión de las materias de su competencia (Art. 29, Ord. 2a). Ahora bien, la autonomía implica y exige, ante todo, autonormación, pues gestionar libremente es autorregularse. Siendo esta la primera nota de la autonomía, no podía una ley nacional señalar que determinadas competencias

1341 Véase en *Gaceta Oficial* N° 30.739 de 10-7-75.

serían ejercidas por los Municipios "en los términos que establece la legislación nacional". Ello era inconstitucional, porque implicaba dos cosas: primero, que el legislador nacional, de acuerdo a esta Ley Orgánica podía regular y limitar la competencia local; y segundo, la interpretación literal del artículo podía conducir a deducir que esas competencias sólo podían ejercerse en los términos que estableciera la legislación nacional, de manera que si la legislación nacional no establecía "esos términos" de acuerdo al artículo, no podían ejercerse esas competencias.

En esta norma, en realidad, la Ley incurrió en la tendencia centralista de las Constituciones de 1947 y 1953, que sometían el ejercicio de las competencias locales a lo que estableciera la legislación nacional, con lo que la autonomía local estaba sujeta al legislador nacional. Pero allí eran las propias Constituciones las que indicaban que las competencias municipales debían ejercerse de acuerdo a lo que establecieran las leyes y reglamentos nacionales, con lo cual quedaba el Municipio sujeto al Poder Nacional.

La Constitución de 1961 cambió radicalmente este sistema de las Constituciones anteriores, con lo cual formalmente cambió el centralismo tradicional por una descentralización municipal basada en la autonomía.

Sin embargo, en contra de la Constitución, la Ley Orgánica de 1978 había vuelto al espíritu de la Constitución de 1947 y de 1953, sin que hubiera ninguna norma en la Constitución que lo autorizase. Por ello estimamos que este artículo era inconstitucional[1342].

Ahora bien, la nueva Ley Orgánica de 1989 ha eliminado esta norma de sujeción, por lo que la atribución de competencia a los Municipios, particularmente en cuanto a la "distribución y venta de electricidad y gas en las poblaciones de su jurisdicción" es directa e inmediata, por lo que no resulta ahora esencial la sanción de sendas leyes nacionales para que la puedan asumir[1343].

En todo caso, estas competencias municipales se ejercen sin perjuicio de las atribuidas a los órganos que ejercen el Poder Nacional para el establecimiento de las tarifas de los servicios públicos, dentro del régimen de precios que le corresponde (Art. 36).

K. *El catastro y la determinación de lo urbano*

De acuerdo al artículo 110 de la Ley Orgánica, cada Municipio o Distrito debe formar el catastro de los inmuebles comprendidos dentro de las zonas urbanas, a cuyo efecto el Ejecutivo Nacional debe prestar la ayuda técnica y financiera que sea necesaria para la pronta realización de este propósito. En lo referente al Catastro Rural, además, cada Municipio o Distrito debe gestionar la formación del mismo con el organismo competente.

1342 Véase Allan R. Brewer-Carías, "El régimen de los servicios públicos municipales dentro de las competencias municipales previstas en la Ley Orgánica de Régimen Municipal", en *Revista de Derecho Público*, Nº 9, Caracas 1982, pp. 5 y ss.

1343 Véase en relación a la situación conforme a la Ley de 1987. Allan R. Brewer-Carías, *El Régimen Municipal en Venezuela*, Caracas 1984, pp. 49 y ss.

Por supuesto, vinculada al catastro está la competencia municipal para delimitar las áreas o zonas urbanas en jurisdicción del Municipio. Esta competencia, sin embargo, tiene necesariamente que ejercerse en conjunción con las competencias nacionales, ya que es el Ministerio del Desarrollo Urbano el que debe delimitar el área de expansión de las ciudades en los Planes de Ordenación Urbanística (Art. 24, Ord. 2° de la Ley Orgánica de Ordenación Urbanística). Por tanto, los Municipios sólo pueden identificar sus zonas urbanas dentro de dicha área mayor. Además, por supuesto, esa identificación debe responder a criterios objetivos, de manera que se declare área urbana sólo lo que es tal, es decir, que pertenezca a una ciudad o centro poblado y que esté urbanizada o en proceso de urbanización (dotación de servicios e infraestructura urbana), de manera que sirva a la vida urbana (vivienda, trabajo, circulación, recreación).

2. *El régimen de prestación de los servicios municipales*

Como se ha visto anteriormente, de la enumeración de las competencias municipales, los Municipios tienen atribuidas la prestación de diversos servicios públicos, particularmente en materia de abastecimiento de aguas y recolección y tratamiento de aguas residuales; de distribución y venta de electricidad y gas; de transporte público urbano de pasajeros; de aseo urbano y domiciliario; de salubridad y asistencia social; y de abastos y mataderos.

La Ley Orgánica, en esta materia, ha establecido una serie de regulaciones que deben ser destacadas, referidas al ámbito territorial de prestación; a las obligaciones mínimas; y a la forma de prestación.

A. *Ámbito territorial de prestación y las mancomunidades forzosas*

Ya hemos señalado que conforme a la Ley Orgánica, "cuando un servicio público municipal, tenga o requiera instalaciones, o se preste, en dos o más Municipios limítrofes, por un mismo organismo o empresa pública o privada, dichos municipios deberán establecer una mancomunidad entre sí para la determinación uniforme de las regulaciones que corresponden a su competencia, sin menoscabo de las competencias nacionales referente a la reglamentación técnica para instalaciones y modificaciones de las mismas, requisitos y condiciones de producción y suministro, facultades de inspección y potestades sancionadoras que se encuentren establecidas o se establezcan en normas nacionales" (Parágrafo único, Art. 36).

Como se ha dicho, esta mancomunidad forzosa está prevista evidentemente en caso de conurbaciones, es decir, de Municipios contiguos territorialmente en los cuales se preste un servicio público en la forma antes indicada. No podría deducirse de esta norma, por ejemplo y por tanto, que por el hecho de que CADAFE preste el servicio de distribución y venta de electricidad en casi todos los Municipios del país, todos éstos deban mancomunarse para establecer el régimen de la prestación del servicio, el cual, en esos casos, por su naturaleza, sería de la competencia nacional.

B. *Las obligaciones mínimas*

Conforme al artículo 38 de la Ley Orgánica, en todo centro poblado de más de un mil (1.000) habitantes, los Municipios, deben garantizar a los vecinos los servicios mínimos siguientes:

A. Alumbrado público y domiciliario, cementerio, recogida de residuos, limpieza, abastecimiento domiciliario de agua potable, cloacas y alcantarillado, matadero, plaza pública, mercado público y atención primaria de la salud;

B. En los Municipios con población superior a diez mil (10.000) habitantes, además: Parque Público, Biblioteca, Plan de Desarrollo Urbano Local y Nomenclatura y Señalización Urbanas;

C. En los Municipios con población superior a cincuenta mil (50.000) habitantes, además: Protección civil, asistencia a la infancia y ancianos, planificación familiar, prevención y extinción de incendios e instalaciones deportivas de uso público;

D. En los Municipios con población superior a cien mil (100.000) habitantes, además: Servicio de transporte público urbano de pasajeros, protección del medio ambiente, control de alimentos y bebidas y tratamiento de residuos.

Se entienden cumplidas las obligaciones mínimas cuando el servicio se preste en condiciones de eficiencia y continuidad, capaces de satisfacer en todo momento las necesidades normales de la respectiva comunidad, bien sea prestado por el Municipio o por otros organismos o entidades (Art. 40).

En este sentido, la Ley autoriza a los Municipios para convenir con los organismos nacionales o estadales, el estudio y ejecución de obras y la prestación de servicios, para que en la entidad local sea efectiva la satisfacción de las obligaciones mínimas señaladas en el artículo 38.

C. *Forma de prestación*

De acuerdo con el Artículo 41 de la Ley Orgánica, la prestación de los servicios públicos municipales puede ser hecha por:

1° El Municipio en forma directa;

2° Institutos Autónomos Municipales, mediante delegación;

3° Empresas, Fundaciones, Asociaciones Civiles y otros Organismos descentralizados del Municipio, mediante contrato;

4° Organismos de cualquier naturaleza de carácter Nacional o Estadal, mediante Contrato;

5° Concesión otorgada en licitación pública.

Ahora bien, cuando se trate de las concesiones de servicios públicos municipales, el artículo 42 de la Ley Orgánica prescribe que deben regir las siguientes condiciones mínimas:

1° Plazo de la concesión que en ningún caso puede ser mayor de veinte (20) años;

2° Precio que debe pagar el concesionario por los derechos que le otorgue la concesión, el cual puede consistir en una cantidad fija anual durante el plazo de la misma. En el contrato debe establecerse el procedimiento de revisión periódica del precio;

3° Participación del Municipio en las utilidades o ingresos brutos que produzca la explotación de los bienes o servicios.

4° Garantía fideyusoria vigente durante el plazo de la concesión constituida a favor y a satisfacción del Municipio, por empresa de seguro o institución bancaria, por parte del concesionario, para el cumplimiento de sus obligaciones;

5° Capital que debe invertir el concesionario y forma de su amortización;

6° Tarifa a precio por cobrar a los usuarios de sus servicios o compradores de sus bienes, que podrá ser modificada en la oportunidad de la revisión a que se refiere el ordinal 29 del artículo 42;

7° Forma en que el Alcalde debe supervisar la gestión del concesionario, el mantenimiento y el uso apropiado de los equipos e instalaciones empleados en el explotación de la concesión;

8° Derecho del Municipio a intervenir temporalmente la concesión y de asumir la prestación por cuenta del concesionario cuando el servicio sea deficiente o se suspenda sin su autorización; pero en el caso de prestación deficiente, deberá darse al concesionario un plazo perentorio para restablecer la buena marcha del servicio;

9° Derecho del Municipio a revocar en cualquier momento la concesión, previo el pago de la indemnización correspondiente, la cual no incluirá el monto de las inversiones ya amortizadas ni el lucro cesante;

10° Traspaso gratuito al Municipio, libre de gravámenes, de todos los bienes, derechos y acciones objeto de la concesión al extinguirse ésta por cualquier causa.

Se entiende por bienes efectos a la reversión todos los necesarios para la prestación del servicio, salvo aquellos propiedad de terceros cuya utilización hubiere sido expresamente autorizada por el Municipio. Cuando por la naturaleza del servicio se requieran inversiones adicionales a las previstas en el contrato original, la reversión operará de acuerdo con las condiciones establecidas en los contratos suplementarios que se suscriban al efecto y en los cuales se establecerá la forma de indemnizar al concesionario la parte no amortizada. Sin embargo, no se considerarán como nuevas inversiones los gastos de reparación y mantenimiento de las instalaciones y equipos.

3. *El régimen de los entes descentralizados del municipio*

La Ley Orgánica de Régimen Municipal ha establecido en forma expresa el régimen de la administración descentralizada del Municipio, previendo así la posibilidad de que las competencias municipales se realicen a través de institutos autónomos, empresas municipales, fundaciones municipales y asociaciones municipales.

Estas entidades asociativas y descentralizadas, en todo caso, se las reconoce en la Ley como entidades locales siempre que tengan personalidad jurídica (Art. 13, Ord. 4°).

Estos Institutos Autónomos Municipales no gozan de los privilegios y prerrogativas que la Ley Orgánica acuerda al Fisco Municipal, a menos que una Ley Nacional así lo establezca (Art. 44).

Expresamente prevé la Ley Orgánica que en su condición de personas jurídicas de carácter público, los Institutos Autónomos Municipales quedan sujetos a la Ley Orgánica de Procedimientos Administrativos, en cuanto ésta les sea aplicable (Art. 45).

En cuanto a las empresas municipales el artículo 47 de la Ley Orgánica las define como las sociedades mercantiles en las cuales el Municipio solo o conjuntamente con otras Entidades locales con personalidad jurídica, tenga una participación mayor al cincuenta por ciento (50%) del capital social.

Por último, las Asociaciones Civiles Municipales son personas jurídicas de derecho privado que no persiguen un fin de lucro para sus asociados y en las cuales el Municipio, solo o conjuntamente con otras Entidades locales con personalidad jurídica, tenga una participación mayor al cincuenta por ciento (50%) de su patrimonio (Art. 49).

4. *Los convenios intermunicipales y la cooperación intermunicipal*

Además de la posibilidad que tienen los Municipios de constituir Mancomunidades, la Ley Orgánica establece expresamente la posibilidad de los Municipios y Distritos de celebrar acuerdos o convenios para fines de interés común.

Así, en primer lugar, se regula la posibilidad de establecer entes descentralizados intermunicipales, al prescribir el artículo 31, que "los Municipios y los Distritos Metropolitanos podrán igualmente acordarse acerca de la creación de empresas, fundaciones, asociaciones civiles y otros organismos descentralizados para cualquier fin de interés local o intermunicipal". En segundo lugar, en materia tributaria se autoriza a los Municipios o Distritos a "celebrar acuerdos entre sí para la unificación de las tarifas de determinados impuestos, tasas o contribuciones" (Art, 120). En tercer lugar, se prevé también la posibilidad de asociaciones entre Municipios para el establecimiento de la carrera administrativa (Art. 155).

Por otra parte, la Ley Orgánica, como supuesto mecanismo para "la asistencia nacional al desarrollo de las entidades locales", estableció en su artículo 181 que los Municipios y Distritos podrán constituir o afiliarse a una Asociación Civil sin fines de lucro y personalidad jurídica propia, de carácter nacional, que tenga por objeto promover y facilitar su desarrollo integral, conforme a lo que establece la Constitución y esta Ley Orgánica. La forma jurídica escogida por el legislador, para esta entidad, en nuestro criterio, no es la conveniente. Debió la Ley Orgánica, en cambio, crear un instituto autónomo nacional para tal fin.

En todo caso, para el cumplimiento de este objeto, las actividades de la referida Asociación deben estar dirigidas, principalmente, a prestar a los órganos de los Municipios y Distritos el apoyo técnico y jurídico requerido para el cabal cumplimiento de sus fines constitucionales y legales.

En tal sentido corresponderá a dicha Asociación:

1° Prestar asistencia técnica y jurídica a los Municipios y Distritos, para su desarrollo político, económico y social, cuando le sea requerida;

2° Prestar asistencia técnica y jurídica a las Asambleas Legislativas, cuando le sea requerida, para establecer la más adecuada organización municipal en los territorios de los Estados y la división político-territorial de éstos en Municipios y demás entidades locales;

3° Asesorar a las Entidades para la constitución de Mancomunidades o Asociaciones, así como para la agrupación de Municipios en Distritos Metropolitanos;

4° Recopilar y analizar la información relacionada con la población, los ingresos, las finanzas y el personal al servicio de los Municipios y demás entidades locales;

5° Desarrollar programas de formación, capacitación y adiestramiento del personal al servicio de las Entidades locales.

Una vez creada la Asociación Civil antes indicada, los Municipios o Distritos en sus respectivos presupuestos de gastos, deben fijar anualmente el monto de sus aportes a la Asociación para el cumplimiento de los fines que se le señalan en la Ley Orgánica (Art. 182).

III. EL RÉGIMEN DE GOBIERNO Y ADMINISTRACIÓN MUNICIPAL

1. *La separación orgánica de poderes*

La más importante de las reformas introducidas en el régimen municipal en la Ley Orgánica de 1989, ha sido la superación del carácter colegiado del gobierno local que tenía el régimen venezolano.

En efecto, la tradición uniformista del régimen municipal en Venezuela había consolidado al *Concejo Municipal* como órgano colegiado de carácter, a la vez, deliberante, normativo y administrativo (Art. 30 LORM 1978). La Constitución, en realidad no establece cuál debe ser el órgano que debe tener a su cargo el gobierno y administración de los Municipios, y se limita a señalar que la representación de los Municipios la ejercen los órganos que determine la Ley. La ausencia de una reforma al régimen local, por tanto, no había actualizado esta norma, y al contrario, se había seguido la tradición del gobierno colegiado municipal sobre todo en las grandes áreas urbanas. Este régimen colegiado de gobierno y administración municipal, por supuesto, mostró lo absolutamente deficiente que es para la conducción de los asuntos locales, por la dilución de la responsabilidad gubernativa local.

Por ello, quizás el aspecto más importante de la reforma que propusimos al régimen municipal en 1984[1344] fue precisamente la superación del régimen uniforme de gobierno y administración colegiados, que concebía al Concejo Municipal como un órgano en el cual se comprendían las funciones legislativas, deliberantes, de control, administrativas y de gobierno local, y su sustitución por un sistema en el cual se diferenciase la autoridad ejecutiva de la entidad local, el Alcalde, de la autoridad legislativa, deliberante y de control que deben ser los Concejos Municipales.

1344 Véase Allan R. Brewer-Carías, "Aspectos generales del régimen municipal y su reforma", en *Estudios de Derecho Público*, Tomo II (Labor en el Senado 1983), Ediciones del Congreso de la República, *cit.*, pp. 241 a 245.

En esta forma, la Ley Orgánica de 1989 estableció un sistema de separación orgánica de poderes a nivel municipal, al prescribir en su artículo 50, lo siguiente:

> "El Gobierno Municipal se ejerce por un Alcalde y un Concejo Municipal.
>
> La rama ejecutiva del gobierno municipal se ejerce por órgano del Alcalde y la deliberante por órgano del Concejo Municipal, al cual corresponde legislar sobre las materias de la competencia del Municipio y ejercer el control de la rama ejecutiva del gobierno municipal, en los términos establecidos en la presente Ley".
>
> "La denominación oficial del órgano ejecutivo del Municipio será la Alcaldía".

Conforme a este régimen, tanto en los Municipios como en los Distritos Metropolitanos, debe existir este sistema de separación orgánica. Por ello el artículo 71 de la Ley Orgánica, en cuanto a los Distritos Metropolitanos establece:

> "El gobierno metropolitano se ejerce por un Alcalde y un Cabildo".
>
> "El Alcalde Metropolitano será la máxima autoridad ejecutiva y administrativa del Distrito Metropolitano...".
>
> "El Cabildo tendrá funciones de carácter deliberante, normativo y de control de los órganos de la administración metropolitana".

En todo caso, tanto el Alcalde como los miembros de los Concejos Municipales (concejales) deben ser electos conforme lo exige el artículo 29 de la Constitución; y esa elección debe ocurrir, necesariamente, en un proceso electoral "distinto y separado de las elecciones nacionales" (Art. 59), que debe celebrarse en la fecha que fije el Consejo Supremo Electoral.

La duración del período municipal en todo caso es de tres (3) años (Art. 58).

2. *El órgano ejecutivo municipal: el alcalde*

A. *Régimen del alcalde*

a. *Elección*

El Alcalde de los Municipios, como se ha dicho, por supuesto, sólo puede ser electo, ya que conforme a la Constitución (Art. 29), uno de los signos de la autonomía municipal es la elección de sus autoridades. Por ello fue, precisamente, que el antiguo Prefecto perdió sus atribuciones "ejecutivas" de orden municipal.

En esta forma, la Ley Orgánica prescribe expresamente que en cada Municipio o Distrito Metropolitano, se debe elegir un Alcalde por mayoría relativa, "en votación universal, directa y secreta, con sujeción a lo dispuesto en la Ley Orgánica del Sufragio" (Arts. 51 y 71).

Los requisitos para poder ser electo Alcalde son los siguientes: ser venezolano por nacimiento o por naturalización, con no menos de tres (3) años de residencia en el Municipio o Distrito, según sea el caso; gozar de sus derechos civiles y políticos; estar inscrito en el Registro Electoral Permanente de la entidad, y haber cumplido con el deber de votar, salvo causa prevista en la Ley Orgánica del Sufragio. (Art. 52). No precisa la Ley cuándo es que debió haberse cumplido con este deber.

b. *Carácter remunerado del cargo*

La Ley Orgánica regula la figura del Alcalde como un cargo esencialmente remunerado, al disponer que percibirá las remuneraciones mensuales que se le fijen en la Ordenanza de Presupuesto. (Art. 52).

Esto contrasta con el carácter *ad honorem* que se atribuyó a los cargos de concejal en la Ley de 1988 (Art. 55). En la Ley de 1989, este calificativo se eliminó y sólo se estableció que no devengarán sueldo, pero sí dietas por asistencia a las sesiones de la Cámara y de las Comisiones (Art. 56).

c. *Deber de residencia*

De acuerdo al artículo 53 de la Ley Orgánica, el Alcalde debe mantener su residencia en el Municipio o Distrito, durante todo su mandato, so pena de perder la investidura (Art. 68), no pudiendo ausentarse por un período mayor de quince (15) días, sin previa licencia del Concejo o Cabildo.

Las ausencias temporales del Alcalde son suplidas, en lo que respecta a sus funciones ejecutivas, por un funcionario del más alto nivel de dirección que él designe; a menos que se trate de la situación prevista en el artículo 189 del Código de Enjuiciamiento Criminal, en cuyo caso, la designación del sustituto del Alcaide la debe hacer el Concejo o Cabildo (Art. 54).

En cuanto a las ausencias absolutas del Alcalde, la Ley Orgánica regula dos supuestos: si la ausencia absoluta del Alcalde se produce antes de tomar posesión o antes de cumplir la mitad de su período legal, se debe proceder a una nueva elección en la fecha que fije el Consejo Supremo Electoral; en cambio, si la ausencia se produce transcurrido más de la mitad del período legal, el Concejo o Cabildo Distrital es quien debe designar a uno de sus miembros para que ejerza el cargo vacante de Alcalde, por lo que resta del período municipal (Art. 54).

En ambos casos, mientras se cumple la toma de posesión del nuevo Alcalde electo o designado, se encargará de la Alcaldía el Vicepresidente (Art. 54).

B. *Atribuciones del Alcalde*

De acuerdo al artículo 74 de la Ley Orgánica, los Alcaldes, como Jefes de la rama ejecutiva del Municipio, tienen las siguientes funciones:

1° Dirigir el gobierno y administración municipal o distrital; y ejercer la representación del Municipio;

2° Ejecutar, dirigir e inspeccionar los servicios y obras municipales o distritales;

3° Dictar Reglamentos, Decretos, Resoluciones y demás actos administrativos de la entidad;

4° Suscribir los contratos que celebre la entidad y disponer gastos y ordenar pagos, conforme a lo que establezcan las Ordenanzas;

5° Ejercer la máxima autoridad en materia de administración de personal y, en tal carácter, nombrarlo, removerlo o destituirlo, conforme a los procedimientos establecidos, con excepción del personal asignado a la Cámara, Secretaría y Sindicatura Municipal, cuya administración corresponde al Concejo o Cabildo, a proposición de los respectivos titulares. Esta atribución, evidentemente, es inconveniente, porque podría propiciar el establecimiento de un doble sistema de administración de personal en los Municipios; es decir, dos administraciones paralelas, una a cargo del Alcalde y otra a cargo del Concejo, lo cual contrariaría el espíritu de la separación orgánica de poderes que prevé la Ley.

6° Someter a la consideración del Concejo o Cabildo, el Plan y los Programas de trabajo de la gestión local, así como el Proyecto de Ordenanza de Presupuesto de Ingresos y Gastos, de acuerdo a las normas previstas en esta Ley, y en el ordenamiento jurídico municipal o distrital;

7° Presentar a la consideración del Concejo o Cabildo Proyectos de Ordenanzas, con las exposiciones de motivos que los fundamenten;

8° Elaborar y disponer la ejecución de los planes del desarrollo urbano local, sancionados por el Concejo o Cabildo;

9° Autorizar al Síndico Procurador para designar apoderados judiciales o extra judiciales que asuman la representación de la entidad en determinados asuntos, facultándole para otorgar poderes o mandatos, si fuere el caso;

10° Conocer en apelación las decisiones que en ejercicio de sus atribuciones dicten los Directores y demás funcionarios, según los procedimientos establecidos en las Ordenanzas. Una excepción a esta competencia está establecida en materia vecinal (Art. 173), lo que colide con el carácter de superior jerárquico administrativo del Municipio que tiene el Alcalde;

11° Estimular la colaboración y solidaridad de los vecinos para la mejor convivencia de la comunidad;

12° Presentar al Concejo o Cabildo, en el mes siguiente a la finalización de cada año de su período legal, la Memoria y Cuenta de su gestión, incluyendo informe detallado de las obligaciones impagadas o morosas de los contribuyentes. Asimismo, presentar los informes periódicos que establezca el ordenamiento jurídico o que le sean solicitados por el Concejo o Cabildo.

13° Promulgar las Ordenanzas dentro de los diez (10) días siguientes a aquél en que las haya recibido, pero dentro de ese lapso podrá pedir al Concejo o Cabildo su reconsideración, mediante exposición razonada, a fin de que modifique alguna de sus disposiciones o levante la sanción a toda la Ordenanza o parte de ella. Cuando la decisión del Concejo o Cabildo fuere contraria al planteamiento del Alcalde y se hubiere adoptado por las dos terceras (%) partes de sus miembros, el Alcalde no podrá formular nuevas observaciones y deberá promulgar la Ordenanza dentro de los cinco (5) días siguientes a aquél en que la haya recibido. Cuando la decisión se hubiere tomado por simple mayoría, el Alcalde podrá optar entre promulgar la Ordenanza y devolverla al Concejo o Cabildo dentro de un nuevo plazo de cinco (5) días para una última reconsideración. La decisión del Concejo o Cabildo, aun por simple mayoría, será definitiva y la promulgación de la ordenanza deberá hacerse dentro de los cinco (5) días siguientes a su recibo. Cuando el Alcalde no promulgue la ordenanza, lo hará el Vicepresidente de la Cámara Municipal o Distrital. Cuando la ordenanza sea aprobada por referéndum, el Alcalde no podrá vetarla. En todo caso, queda abierta la vía de su impugnación ante la Corte Suprema de Justicia por vicios de inconstitucionalidad o ilegalidad.

14° Cumplir y hacer cumplir las ordenanzas y demás instrumentos jurídicos;

15° Ejercer las funciones de inspección y fiscalización de acuerdo con lo dispuesto en leyes y ordenanzas;

16° Conceder ayudas y otorgar becas, pensiones y jubilaciones de acuerdo con las leyes y ordenanzas; y

17° Ejercer las demás competencias que el ordenamiento jurídico asigne al Municipio o Distrito, que no estén expresamente atribuidas a otros órganos municipales.

Además, el Alcalde tiene dentro de sus funciones la muy importante de presidir el Concejo Municipal (Arts. 76, Ord. 1°, 77 y 164).

C. *Obligaciones del Alcalde*

En cumplimiento de sus competencias, conforme al artículo 75 de la Ley Orgánica, el Alcalde está obligado a adoptar las medidas necesarias para:

1° Llevar al día mediante registro adecuado, el inventario de los bienes de la Entidad;

2° Proteger y conservar los bienes de la Entidad y requerir de la autoridad competente el establecimiento de responsabilidad administrativa para quienes los tengan a su cargo, cuido y custodia;

3° Llevar buenas relaciones con los poderes públicos nacionales y estadales, así como otras Entidades locales y cooperar con ellos para el mejor cumplimiento de sus fines;

4° Mantener informada a la comunidad de la marcha de la Administración e interesarla en la resolución de sus problemas; y,

5° Cumplir y hacer cumplir las Leyes, Reglamentos, Decretos y Resoluciones emanados de las autoridades nacionales y estadales.

3. *El órgano deliberante, legislativo y de control municipal: el concejo municipal o los cabildos distritales*

A. *Los Concejos Municipales*

a. *Integración*

Los Concejos Municipales de los Municipios tienen un número de concejales que varía entre cinco (5) y diecisiete (17), según la población de la entidad. Esta integración se establece en el artículo 55 de la Ley Orgánica en la forma siguiente:

1°) Cinco (5) Concejales en los Municipios que tengan hasta quince mil (15-000) habitantes; 2°) Siete (7) Concejales en los Municipios que tengan de quince mil uno

(15.001) a cincuenta mil (50.000) habitantes; 3°) Nueve (9) Concejales en los Municipios que tengan de cincuenta mil uno (50.001) a doscientos mil (200.000) habitantes; 4°) Once (11) Concejales en los Municipios que tengan de doscientos mil uno (200.001) a quinientos mil (500.000) habitantes; 5°) Trece (13) Concejales en los Municipios que tenga de quinientos mil uno (500.001) a setecientos cincuenta mi] (750.000) habitantes; 6°) Quince (15) Concejales en los Municipios que tengan de setecientos cincuenta mil uno (750.001) a un millón (1.000.000) de habitantes; y 7°) Diecisiete (17) Concejales en los Municipios que tengan más de un millón (1.0000.000) de habitantes.

De acuerdo a esta norma, en las elecciones de diciembre de 1989, los 269 Concejos Municipales quedaron integrados en esta forma: 1 con 25 Concejales (Municipio Libertador); 1 con 17 Concejales; 1 con 15 Concejales; 3 con 13 Concejales; 10 con 11 Concejales; 64 con 9 Concejales; 124 con 7 Concejales y 65 con 5 Concejales.

b. *Elección*

La elección de los Concejales "se hará por votación universal, directa y secreta con sujeción a lo dispuesto en la Ley Orgánica del Sufragio" (Art. 56), la cual en la reforma de 1993 estableció la elección por el sistema uninominal por circuitos electorales, correspondiendo el puesto al candidato que haya obtenido la primera mayoría en cada Circuito Electoral (Art. 163, Ley Orgánica del Sufragio)-

La reforma del sistema del sufragio municipal que se discutió intensamente en el período constitucional 1984-1989, propugnó la elección uninominal de los concejales. Ello, sin embargo, no fue acogido por el Congreso y en la reforma de la Ley Orgánica del Sufragio de 1989, sólo se previó la elección de concejales por un sistema nominal de listas abiertas y aplicación del principio de la representación proporcional.

Contrariamente a ello, sin embargo, en el Proyecto de Ley Orgánica de 1984, planteamos formalmente la propuesta de la elección uninominal de los Concejales, para lo cual el territorio de los Municipios debía dividirse en tantas circunscripciones como miembros a elegir del Concejo hubiera[1345]; lo que luego acogió la reforma de 1993 de la Ley Orgánica del Sufragio (Art. 150).

En todo caso, los requisitos para poder ser electo concejal son los siguientes: ser venezolano por nacimiento o naturalización, con no menos de tres (3) años de residencia en el Municipio inmediatamente anteriores a su postulación, gozar de sus derechos civiles y políticos, estar inscrito en el Registro Electoral Permanente de la entidad y haber cumplido con el deber de votar, salvo causa prevista en la Ley Orgánica del Sufragio. "(Art. 56). Tampoco aquí precisa la Ley cuándo es que debió haberse cumplido este deber.

1345 Véase Allan R. Brewer-Carías, "Aspectos generales del régimen municipal y su reforma", *loc. cit.*

c. *Carácter del cargo sin sueldo*

De acuerdo a texto expreso de la Ley Orgánica (Art. 56), los concejales no devengarán sueldo y únicamente podrán percibir dietas por asistencia a las sesiones de la Cámara y a las Comisiones.

En cuanto a esta remuneración, en efecto el artículo 159 de la Ley Orgánica prescribe su límite así:

> "De las sesiones ordinarias o extraordinarias que celebre el Concejo o Cabildo o las Comisiones Permanentes durante el mes, sólo podrán ser remuneradas hasta cuatro (4) sesiones de las Cámaras y dos (2) de las Comisiones Permanentes cuando el número de Concejales exceda de nueve (9). Concejales; y hasta seis (6) sesiones de la Cámara y cuatro (4) de Comisiones Permanentes cuando el número de Concejales exceda de nueva (9). Si la Cámara o las Comisiones Permanentes celebraren un número mayor de sesiones mensuales, sólo se remunerarán las anteriormente señaladas".
>
> "Perderá la dieta el Concejal que se retire antes de finalizar a respectiva sesión sin permiso de quien la presida".

Esta limitación establecida en la Ley nacional respecto de la remuneración de los Concejales, sin duda tiene su fundamentación en el artículo 229 de la Constitución, conforme al cual, la Ley podrá "fijar límites a los emolumentos que devenguen los funcionarios y empleados de las entidades federales y municipales". En la primera versión de la Ley Orgánica de Coordinación de la Inversión del Situado Constitucional con los Planes Administrativos desarrollados por el Poder Nacional, de 5 de agosto de 1974, se recogió el mismo principio, estableciendo el artículo 18, que "en la Ley de Presupuesto de la República de cada ejercicio fiscal, se fijarán los límites a los emolumentos que devenguen los funcionarios y empleados de las entidades federales y municipales". Dichos límites debían establecerse por el Consejo de Ministros, a proposición de los Ministros de Relaciones Interiores y de Hacienda, los cuales debían incorporarse anualmente en los proyectos de Ley de Presupuesto que el Ejecutivo Nacional presentare al Congreso. A pesar de estas previsiones, sin embargo ninguna Ley anual de presupuesto estableció estos límites y, posteriormente, en las reformas sucesivas de la Ley Orgánica de Coordinación del Situado, la norma del mencionado artículo 18 fue eliminada.

En todo caso, debe señalarse que, precisamente, es este carácter sin sueldo del cargo de Concejal el que justifica la excepción a la incompatibilidad del desempeño de cargos públicos, que la Constitución establece respecto de los cargos edilicios. En efecto, de acuerdo al artículo 123 de la Constitución, "nadie podrá desempeñar a la vez más de un destino público remunerado, a menos que se trate de cargos académicos, accidentales, asistenciales, docentes, *edilicios* o electorales que determine la Ley". Por tanto, los cargos de concejales son compatibles con un cargo público en la Administración Pública Nacional, y el concejal, además de su sueldo en la Administración Pública, puede percibir sus dietas por asistencia a las sesiones del Concejo.

En todo caso, la norma del artículo 123 de la Constitución en cuanto a la excepción a la incompatibilidad, ha sido limitada por la propia Ley Orgánica al prohibir a los concejales, en su artículo 67, "desempeñar cargos de cualquier naturaleza en la administración municipal o distrital o en Institutos Autónomos, Fundaciones, Empresas, Asociaciones Civiles y otros organismos descentralizados del Municipio o Distrito". (Art. 67, Ord. 3°).

d. *Instalación*

El Concejo Municipal debe instalarse sin necesidad de previa convocatoria, en su sede permanente, a las diez de la mañana (10:00 a.m.) con la mayoría absoluta de sus miembros, el primer día del mes siguiente a la proclamación de sus integrantes o en el día posterior más inmediato posible. En la misma fecha y hora de los años subsiguientes del período municipal, elegirá su Junta Directiva (Art. 57). El Alcalde del Distrito tomará posesión de su cargo en la misma oportunidad.

En la sesión de instalación de la Cámara Municipal o Distrital, presidirá el Concejal presente que hubiere sido electo con la mayor votación nominal y actuará como secretario un concejal designado por él. Una vez juramentado, el Alcalde asumirá la Presidencia del cuerpo. Sin embargo, si no hubiere quórum de principales, los asistentes se constituirán en Comisión Preparatoria y actuará como Director de la misma el Concejal presente que hubiere obtenido mayor votación en las elecciones. El Director procederá a tomar las medidas pertinentes para la formación del quórum mediante convocatoria por escrito a los suplentes a quienes corresponda en orden de su elección. Si alguno de los convocados se excusare o no se hiciese presente el día fijado para la nueva reunión, se convocará al suplente siguiente y, así, hasta agotar la lista respectiva. Las convocatorias para la instalación del cuerpo deberán hacerse con intervalos de cuarenta y ocho (48) horas, por lo menos (Art. 164).

B. *Los Cabildos*

a. *Integración*

De acuerdo al artículo 72 de la Ley Orgánica, el Cabildo está integrado por la representación de cada uno de los Municipios que formen el Distrito Metropolitano, más un concejal de elección directa por cada cien mil (100.000) habitantes del Distrito Metropolitano.

En cada Distrito Metropolitano debe haber, por lo menos, tres (3) Concejales de elección directa.

En cuanto a la representación de cada Municipio, ésta debe ser de un (1) Concejal designado anualmente de su seno por cada Concejo Municipal. Esta designación se ha de hacer en los primeros quince (15) días después de la instalación.

En todo caso, cuando el número de Concejales de elección directa sea par, el Consejo Supremo Electoral dispondrá la elección de uno más.

En el Cabildo, además, debe haber un representante, con derecho a voz, del Organismo Nacional de Desarrollo Regional, escogido polla Cámara de una quinaria presentada por dicho organismo dentro de los quince (15) días siguientes a la instalación del Cabildo (Art. 72). La organización del Gobierno en los Distritos Municipales se debe establecer en la Ley que los cree.

b. *Instalación*

El artículo 57 de la Ley Orgánica regula la constitución de los Cabildos, señalando que se deben instalar a las diez de la mañana (10:00 a.m.) del décimo quinto día hábil siguiente a la designación de los representantes de los Concejos agrupados en el Distrito, con la presencia de la mayoría absoluta de sus miembros. En esta misma sesión se debe designar a los funcionarios previstos en la Ley, y se debe escoger el representante del Organismo Nacional del Desarrollo Regional. El Alcalde del Distrito tomará posesión de su cargo en la misma oportunidad.

En caso de que no exista quórum para la instalación, rige lo previsto en el artículo 164 de la Ley Orgánica ya comentado, al referirnos a la instalación de los Concejos.

En todo caso, en la misma fecha y hora de los años subsiguientes del período distrital, el Cabildo debe elegir su Junta Directiva.

Las normas y procedimientos para la instalación del Concejo o Cabildo serán determinados por el Reglamento interno del Cuerpo (Art. 57).

C. *Competencias de los Concejos y de los Cabildos*

Conforme a lo previsto en el artículo 76 de la Ley Orgánica, las facultades de los Concejos y Cabildos, son las siguientes:

1° Elegir al Vicepresidente, quien suplirá las faltas temporales del Alcalde en la Presidencia de la Cámara Municipal o Distrital, y en los supuestos previstos en la parte final del artículo 54 de la Ley hasta tanto sea provisto el cargo en forma definitiva;

2° Nombrar, fuera de su seno, al Secretario, al Síndico Procurador y al Contralor. La designación del Síndico, en realidad, debió atribuirse al Alcalde, dado que es la autoridad ejecutiva y de gobierno, siendo el Síndico el representante judicial de la entidad.

3° Sancionar ordenanzas y dictar acuerdos;

4° Establecer su régimen interno y de debates;

5° Aprobar el Plan y los Programas de trabajo de la gestión municipal o distrital;

6° Sancionar los planes de desarrollo urbanístico. En realidad, la elaboración de los planes necesariamente debería corresponder al Alcalde, por lo que la competencia del órgano colegiado debería quedar reducida a la deliberación y sanción de los planes.

7° Aprobar el Presupuesto de Ingresos y Gastos Públicos. Para la asignación de los recursos a las Parroquias, se debe oír la opinión de la respectiva Junta;

8° Aprobar las concesiones de servicio público o de uso de bienes del dominio público municipal y lo concerniente a la enajenación de los ejidos y otros inmuebles;

9° Dictar los Acuerdos de formación de Mancomunidades, tomar la iniciativa para la fusión con otro Municipio y para la formación de Distritos Metropolitanos;

10° Aprobar el sistema de administración del personal al servicio de la entidad y establecer la escala oficial de sueldos de los funcionarios;

11° Con el voto favorable de las tres cuartas (%) partes de sus miembros y mediante ordenanza, crear Institutos Autónomos encargados de realizar actividades de carácter local, con las limitaciones que establezca la Ley nacional, los cuales, por supuesto, deberán estar adscritos al Alcalde como encargado de la rama ejecutiva del gobierno municipal; y autorizar, con la mayoría anteriormente señalada, al Alcalde, mediante Acuerdo, para crear empresas y otros entes descentralizados y para la participación del Municipio o Distrito en entidades integradas conjuntamente con otras personas públicas o privadas, previo el cumplimiento de las formalidades establecidas por la Ley;

12° Autorizar al Alcalde, oída la opinión del Síndico, para desistir de acciones y recursos, convenir, transigir y comprometer en árbitros;

13° Conceder licencia a sus miembros para separarse del ejercicio de sus funciones por el tiempo solicitado y previo el cumplimiento de los requisitos que se establezcan en el Reglamento interno;

14° Otorgar licencia al Alcalde y al Síndico Procurador para separarse temporalmente de sus funciones por causa justificada;

15° Nombrar el personal de las oficinas del Concejo o Cabildo, de la Secretaría y la Sindicatura;

16° Ejercer el control y fiscalización de los órganos de gobierno y administración local;

17° Conocer de las excusas e inhabilitaciones para el desempeño del cargo de Concejal;

18° Las demás que les señalen las leyes, ordenanzas y demás instrumentos jurídicos aplicables.

D. *Presidencia de los Concejos y de los Cabildos*

La Ley Orgánica atribuye a los Alcaldes ejercer la presidencia de los Concejos y Cabildos (Art. 77), y en tal carácter les define las atribuciones siguientes:

1° Dirigir las sesiones de la Cámara y ejercer la representación del Cuerpo;

2° Llevar las relaciones del Concejo o Cabildo que representa, con los organismos públicos o privados, así como con la ciudadanía;

3° Convocar a los suplentes de los Concejales en el orden de su elección;

4° Convocar por sí o a pedimento de la tercera (1/3) parte de los Concejales, a sesiones extraordinarias del Concejo o Cabildo con indicación del objeto que las motiva;

5° Firmar junto con el Secretario las Ordenanzas, Actas y demás instrumentos jurídicos emanados del Concejo o Cabildo;

6° Cumplir con las obligaciones que le imponga el Código Civil en relación con los actos y registros referentes al estado civil y con las que le atribuyan otras normas nacionales, estadales, municipales y distritales;

7° Las demás que le asignen las Leyes, Ordenanzas y Reglamentos.

Es de observar que en la reforma de junio de 1989, se eliminó el ordinal 2? del artículo 72 de la ley que establecía que el Alcalde sólo presidía los Concejos en Municipios con más de 50.000 habitantes, en cuyo caso, se indicaba que "El Alcalde tendrá derecho de palabra en las sesiones de la Cámara o Cabildo o de sus Comisiones. En ningún caso tendrá derecho a voto". Esto se eliminó del texto actual de la Ley. Sin embargo, la lógica del régimen parlamentario de los Concejos y Cabildos es que el Alcalde no tenga derecho a voto a pesar que presida, siempre, los Concejos y Cabildos.

E. *El régimen de funcionamiento de los Concejos y Cabildos (régimen parlamentario)*

De acuerdo con la Ley Orgánica, los Concejos y Cabildos, para su funcionamiento interno, deberán aprobar normas que aseguren el efectivo ejercicio de la democracia y del régimen parlamentario (Art. 156).

Responde esta norma al principio del artículo 27 de la Constitución, conforme al cual la organización municipal debe ser siempre democrática y responder a la naturaleza propia del gobierno local.

a. *Sesiones*

Los Concejos y Cabildos deben sesionar en su sede oficial en forma ordinaria, los días y horas que se determine en el Reglamento Interno de la Cámara. Las sesiones extraordinarias deben ser convocadas por lo menos con veinticuatro horas de anticipación, indicando el objeto de la misma, en la forma que también lo determine el Reglamento Interno de la Cámara (Art. 158). Las sesiones de los Concejos Municipales serán públicas; y sólo cuando el asunto a tratar sea de naturaleza reservada, a juicio de la Cámara, podrá acordarse que la sesión sea secreta. En este caso, deberá guardarse absoluta reserva acerca de lo tratado y decidido en ella (Art. 160).

b. *Actas de las sesiones*

De cada sesión debe levantarse un acta, que el artículo 161 califica como instrumento de carácter público. Su efecto es determinante, pues el mismo artículo prescribe que los actos del Concejo que "no consten en las actas carecen de valor legal".

Las actas, una vez aprobadas por la Cámara, deben asentarse en el Libro de Actas que se debe abrir anualmente, el cual deberá estar foliado, sellado en cada una de sus páginas y rubricado por quien presida la Cámara, quien, debe hacer constar en la primera de sus páginas, la fecha en que se abrió el libro. Al final de cada año, se debe estampar una nota donde termine el último asiento, dejando constancia de que hasta allí se utilizó el libro en las sesiones de ese año.

Las actas deben ser suscritas por quien haya presidido la sesión correspondiente y por el Secretario de la Cámara, y los concejales asistentes a la sesión pueden firmarlas, si lo desean (Art. 161).

No obstante lo anterior, prescribe el parágrafo único del artículo 161 a los efectos de agilizar el trabajo de la Secretaría que el asentamiento de las actas de las sesiones de los Concejos y Cabildos, también puede efectuarse en Libros que constarán tan sólo de carátulas y de un mecanismo interno de engarce y seguro, para recoger las transcripciones mecanográficas de las actas, aprobadas y suscritas por quien haya presidido la sesión y por el Secretario Municipal o Distrital. Con dichos documentos se irá formando el contenido del Libro de Actas. Las formalidades de apertura y cierre del mismo corresponderán a quien presida la Cámara, conjuntamente con el Secretario Municipal o Distrital mediante las hojas que al efecto se agregarán, debidamente selladas y firmadas por ambos funcionarios. A medida que se vayan incorporando las actas debidamente numeradas, el Secretario procederá a numerar las páginas de la respectiva acta, dejando constancia manuscrita del número de folios que la misma contiene. Una vez concluido el Libro y cerrado conforme a lo previsto en este parágrafo, se procederá a ordenar su encuadernación a los fines de su conservación y archivo.

c. *Quórum*

De acuerdo al artículo 162, los Concejos, Cabildos y Juntas Parroquiales sólo pueden deliberar con la presencia de la mayoría de sus miembros. Entre éstos, por supuesto, no debe contarse al Alcalde, aun cuando presida los Concejos y Cabildos, sino sólo a los Concejales.

En cuanto a las decisiones de la Cámara, de acuerdo al artículo 163, ellas quedan sancionadas por el voto de la mayoría absoluta de los concejales presentes, salvo las excepciones establecidas en la ley, las ordenanzas y los reglamentos. Se entiende por mayoría absoluta la mitad más uno de los concejales presentes cuando ese número fuese par, y la mitad más uno del número par inmediato inferior cuando el número de concejales presentes fuese impar (Art. 163).

En todo caso, cuando se produjera empate por tres (3) veces consecutivas en la votación de una decisión, quien presida la sesión debe incluir la materia para ser considerada en la próxima sesión y si en esta última oportunidad no se logra la mayoría absoluta, la proposición se considerará rechazada (Art. 163).

De acuerdo a lo previsto en el artículo 165 y salvo los casos previstos especialmente en esta Ley, cuando la votación tenga por objeto practicar una elección y no se logre la mayoría absoluta en la primera vuelta, se procederá a una segunda vuelta concretándose la votación a los candidatos que hubiesen obtenido mayor número de votos y se proclamará electo el candidato que obtenga mayoría, aunque ésta sea relativa. En caso de empate se decidirá por la suerte, y a menos que el cuerpo opte por declararse en Comisión General y en ésta se convenga en la elección de un candidato escogido de común acuerdo, haciendo abstracción, si fuere necesario, de aquellos sobre los cuales se haya concretado la votación (Art. 165).

F. *La Secretaría Municipal*

En todos los Concejos o Cabildos debe haber una Secretaría a cargo de un Secretario (Art. 82).

Para ser Secretario Municipal se requiere ser venezolano por nacimiento o naturalización, ser mayor de edad, gozar de sus derechos civiles y políticos, tener por lo menos el Certificado de Educación Básica, haber cumplido con el deber de votar, salvo causa prevista en la Ley Orgánica del Sufragio (se entiende, en la última elección municipal), y tener idoneidad y competencia para el ejercicio del cargo (Art. 82).

El Secretario debe ser designado por el Concejo o Cabildo el día de su instalación. Sin embargo, puede ser removido por decisión de la mayoría de los integrantes del Concejo o Cabildo previa formación del respectivo expediente instruido con audiencia del interesado. De este acto puede recurrirse ante el Tribunal de lo Contencioso-Administrativo, el cual debe decidir conforme a lo dispuesto en el artículo 166 de la Ley (Art. 83).

De acuerdo con el artículo 84 de la Ley Orgánica, el Secretario tiene los siguientes deberes:

1° Asistir a las sesiones del Concejo o Cabildo y elaborar las actas;

2° Refrendar las ordenanzas y demás instrumentos jurídicos que dicte el Cuerpo;

3° Hacer llegar a los Concejales las convocatorias para las sesiones extraordinarias del Concejo o Cabildo;

4° Llevar con regularidad los libros, expedientes y documentos del Concejo o Cabildo, custodiar su archivo y conservarlo organizado, de acuerdo con las técnicas más adecuadas;

5° Despachar las comunicaciones que emanen del Cuerpo y llevar con exactitud un registro de todos los expedientes o documentos que se entreguen por su órgano;

6° Expedir de conformidad con la Ley, certificaciones de las actas de la Cámara o de cualquier otro documento que repose en los archivos del Concejo o Cabildo, previa autorización del Presidente o del Cuerpo;

7° Dirigir el personal y los trabajos de la Secretaría;

8° Auxiliar a las Comisiones Permanentes del Concejo o Cabildo y facilitarles su trabajo; y,

9° Las demás que le señalen las leyes, ordenanzas y otros instrumentos jurídicos aplicables.

G. *Las Comisiones Permanentes*

Por último, debe señalarse que el artículo 157 de la Ley Orgánica autoriza a los Concejos y Cabildos, para el ejercicio de sus funciones, a crear las Comisiones Permanentes que, al efecto, determine el Reglamento Interno. Estas tendrán funciones de asesoría, pero en ningún caso funciones administrativas.

Las Comisiones Permanentes deben tener un Presidente y un Vicepresidente y tienen a su cargo el estudio de los proyectos de ordenanzas y demás materias acordes con su especialidad, así como realizar las investigaciones que les encomiende la Cámara.

4. *La elección de autoridades municipales*

La autonomía municipal, conforme a la Constitución, conlleva necesariamente la exigencia de que las entidades municipales deben elegir sus autoridades (Art. 29,1). Por tanto, no puede haber titulares de órganos municipales que no provengan de elección popular. Por ello, la Ley Orgánica establece que tanto el Alcalde como los miembros de los Concejos Municipales en los Municipios deben ser electos por votación universal, directa y secreta (Arts. 51 y 56). Igual principio se establece para los Alcaldes y para algunos miembros de los Cabildos Metropolitanos (Arts. 71 y 72) e incluso para los miembros de las Juntas Parroquiales (Art. 73).

En cuanto a los Alcaldes, la Ley Orgánica de Régimen Municipal establece que serán electos por mayoría relativa, en votación universal, directa y secreta en cada Municipio (Art. 51), principio que repite la Ley Orgánica del Sufragio (Art. 119). Se trata, por supuesto, de una elección uninominal en todo el ámbito territorial municipal, mediante la aplicación del principio de la mayoría relativa, de manera que "se proclamará electo Alcalde el candidato que haya obtenido el mayor número de votos" (Art. 162 LOS).

Respecto de la elección de los miembros de los Concejos Municipales debe tenerse en cuenta, ante todo, que la Ley Orgánica de Régimen Municipal es la que establece la integración, de los Concejos Municipales (Arts. 6 y 154 LOS) y precisa el número de Concejales que los componen, según la población de cada Municipio (Art. 55 LORM). La Ley Orgánica de Régimen Municipal, sin embargo, no regula el sistema de escrutinio aplicado a la elección de las autoridades municipales, sino que remite a la Ley Orgánica del Sufragio el establecimiento de este sistema.

En esta forma, conforme a la Ley Orgánica del Sufragio del 20 de agosto de 1993 se estableció el sistema de elección uninominal de los concejales, en Circuitos Electorales; que debía comenzar en 1995. La reforma de esa Ley en 1995 reformó nuevamente el sistema.

En cuanto a los miembros de las Juntas Parroquiales, sin embargo, y sin ninguna congruencia con lo anterior, se estableció que se elegirían mediante el sistema nominal de planchas o listas abiertas (Art. 150 LOS), lo que también se cambió en 1995.

5. *El régimen común de los funcionarios municipales*

A. *El Alcalde y los Concejales*

a. *Características del cargo: carga pública*

El cargo de Concejal o Alcalde, conforme al artículo 61 de la Ley Orgánica "es de obligatoria aceptación", por lo que está concebido legalmente como una carga pública. En consecuencia, en una elección municipal para el cargo de Concejal o Alcalde, el postulado, de resultar electo, está obligado a aceptar y ejercer el cargo. Por supuesto, la misma obligación surge para los suplentes, en caso de que sean legalmente convocados (Art. 61). En todo caso, de tal característica es la carga pública que implica las posiciones edilicias, que la única causa eximente de la obligación de aceptar el cargo es la prevista expresamente en el artículo 61 de la Ley, para quien además de concejal o Alcalde, resulte electo para cualquier otro destino público, en cuyo caso debe optar por una de las investiduras antes de comenzar el mandato correspondiente.

El carácter de carga pública del cargo de Concejal o de Alcalde implica, además de su aceptación obligatoria, la obligación de ejercer sus funciones. En todo caso, conforme el artículo 62 de la Ley Orgánica, cuando un Concejal deje de asistir en forma injustificada a cuatro (4) sesiones consecutivas, le será convocado el suplente.

La Ley Orgánica (Art. 60), por otra parte, establece las siguientes dos causales de inhabilitación para el ejercicio de los cargos de Concejales y Alcalde:

1° Quienes por sí o por interpuesta persona, ejecuten un contrato o presten un servicio público por cuenta del Municipio o Distrito, según sea el caso, Fundación o Empresa en la cual la entidad municipal tenga alguna participación; así como quienes tuvieren acciones, participaciones o derechos en empresas que tengan contratos con el Municipio o Distrito, aún cuando traspasen sus derechos a terceras personas; y,

2° Los deudores morosos de tales entidades que no hubieren pagado totalmente sus obligaciones.

Ahora bien, si no obstante estar comprendido en esta prohibición, alguien resultare elegido como Alcalde o Concejal, quedará inhabilitado para el ejercicio del cargo hasta tanto finalice el contrato o pague totalmente la deuda.

La misma consecuencia afectará a quien, con posterioridad a su elección llegare a estar en la condición de deudor moroso de las entidades señaladas en el citado artículo.

b. *Prerrogativas del Alcalde y de los Concejales*

Los Alcaldes y Concejales, de acuerdo a los artículos 64 y 65 de la Ley Orgánica, gozan de las siguientes prerrogativas: no pueden ser detenidos policialmente sino por orden escrita y motivada del Gobernador del Estado; y no pueden ser trasladados, sin su consentimiento, a otro lugar que les impida el ejercicio de su función municipal cuando desempeñen algún otro destino público compatible.

En todo caso, conforme a lo previsto en el artículo 66 de la Ley, a los Alcaldes y Concejales se debe prestar la colaboración necesaria para el mejor desempeño de sus funciones por parte de los funcionarios nacionales, estadales o municipales.

c. *Prohibiciones a los Alcaldes y Concejales*

La Ley Orgánica de Régimen Municipal, en su artículo 67, prohíbe a los Alcaldes y los Concejales:

1° Intervenir en la resolución de asuntos municipales en que estén interesados personalmente, o lo estén su cónyuge o parientes hasta el cuarto grado de consanguinidad o segundo de afinidad, o empresas en las cuales sean accionistas;

2° Celebrar contratos, por sí o por interpuestas personas, sobre bienes o rentas del Municipio o Distrito respectivo, o con los entes descentralizados del Municipio o las mancomunidades en que participe la entidad. Quedan exceptuados de esta prohibición los contratos que celebren como usuarios de los servicios públicos locales. Por supuesto, a esta enumeración de entidades debe agregarse los institutos autónomos municipales, las empresas municipales, y las asociaciones civiles municipales;

3° Desempeñar cargos de cualquier naturaleza en la administración municipal o distrital o en Institutos Autónomos, Fundaciones, Empresas, Asociaciones Civiles y otros organismos descentralizados del Municipio o Distrito.

El artículo 67 declara como nulos los actos efectuados en contravención con las dos primeras prohibiciones mencionadas. Y dispone que cuando se haya producido la inhibición del Alcalde en el caso previsto en su ordinal 1°, la autoridad competente para decidir, en el caso concreto, será el Síndico Procurador Municipal y su decisión tendrá carácter vinculante (Parágrafo Único, Art. 60). La Contravención de la tercera acarrea, según el artículo 68, ordinal 2°, la pérdida de la investidura de concejal.

d. *Pérdida de investidura*

En efecto, el artículo 68 de la Ley prevé la pérdida de la investidura de Alcalde o de Concejal por las causas siguientes:

1° La inexistencia de alguna de las condiciones exigidas en los artículos 52 y 56;

2° Contravenir a lo dispuesto en el artículo 53 (deberes de residencia) y en el artículo 67, ordinal 3° (incompatibilidades);

3° Por sentencia condenatoria definitivamente firme, a pena de presidio o prisión por delitos comunes o por los cometidos en el desempeño de sus funciones o con ocasión de éstas.

En estos casos, el Concejo o Cabildo debe declarar por simple "mayoría la pérdida de investidura en sesión especialmente convocada con dos días de anticipación, por lo menos.

La Ley Orgánica expresamente señala que sólo cuando la decisión se funde en lo previsto en el numeral o en el numeral 1° o el numeral 2° del artículo 68, puede ser recurrida por ante la Sala Político-Administrativa de la Corte Suprema de Justicia, la cual debe decidir conforme a lo dispuesto en el artículo 166 de la Ley.

En todos estos supuestos, prevé la Ley Orgánica que si el Concejo o Cabildo se abstuviere de esta declaración, cualquier ciudadano del Municipio o Distrito puede solicitarla ante dichos organismos y transcurridos treinta (30) días sin que se produzca la declaración o producida ésta en sentido negativo, puede el particular recurrir por ante la Sala Político-Administrativa de la Corte Suprema de Justicia (Art. 68).

e. *Suspensión del Alcalde y el referéndum sobre revocatoria del mandato*

Además de la pérdida de la investidura, la Ley Orgánica prevé un supuesto de suspensión del Alcalde en el ejercicio del cargo, cuando el Concejo o Cabildo, por decisión expresa y motivada y con el voto de las tres cuartas (3/4) partes de sus integrantes impruebe la Memoria y Cuenta de su gestión (Art. 69).

En estos casos, en el mismo acto, el Concejo o Cabildo debe convocar a un referéndum que se debe realizar en un plazo máximo de 30 días, para que el Cuerpo electoral local se pronuncie sobre la revocatoria o no del mandato del Alcalde.

Durante el lapso de suspensión, las funciones atribuidas al Alcalde serán ejercidas por el Concejal que designe la Cámara Municipal.

En todo caso, si el electorado se pronuncia por la revocatoria del mandato, se aplicará el régimen de ausencias absolutas (Art. 54). En caso contrario, el Alcalde reasumirá sus funciones.

f. *La responsabilidad de los funcionarios municipales*

El artículo 51 de la Ley Orgánica de Régimen Municipal de 1978 estableció que "no podrá exigirse a los concejales responsabilidad en ningún tiempo por los votos y opiniones emitidos en el ejercicio de sus funciones", agregando que "sólo responderán ante el respectivo cuerpo de acuerdo con el Reglamento Interno". Este artículo 51 de la Ley, sin duda, había establecido la irresponsabilidad de los Concejales, en violación de lo prescrito en los artículos 46 y 121 de la Constitución. Por ello, la Corte Suprema de Justicia en sentencia de 5-4-80 declaró la nulidad de dicho artículo, por inconstitucionalidad, por contrariar el principio de la responsabilidad personal de los funcionarios públicos con motivo del ejercicio de sus funciones, previsto en los artículos 46, 121 y 220 de la Constitución[1346].

En efecto, con fecha 18 de septiembre de 1978, al mes de vigencia de la Ley, introdujimos por ante la Corte Suprema de Justicia un recurso de inconstitucionalidad del artículo 51 en el cual solicitamos de la Corte: 1°) que declarara la nulidad, por inconstitucionalidad del artículo 51 de la Ley por violación de los artículos 46 y 121 de la Constitución; 2°) que en defecto de la declaratoria anterior, resolviera la colisión del mencionado artículo 51 con los artículos 93, 95 y 96 de esa misma Ley, y en consecuencia, declarase cuál de esas normas debía prevalecer.

Con fecha 15 de abril de 1980, la Corte Suprema en Corte Plena y bajo la ponencia del Magistrado Carlos Trejo Padilla, declaró la nulidad, por inconstitucionalidad, del mencionado artículo 51 de la Ley Orgánica de Régimen Municipal, por violación de lo establecido en los artículos 46 y 121 de la Constitución, y por cuanto el único caso de responsabilidad de funcionarios es el previsto en el artículo 142 de la Constitución respecto de los Senadores y Diputados.

a'. *La inconstitucionalidad del artículo 51 de la Ley Orgánica de Régimen Municipal de 1978*

Por tanto, el legislador, al establecer en el artículo 51 de la Ley Orgánica de Régimen Municipal de 1978, la irresponsabilidad de los concejales, incurrió en una violación directa de la Constitución, razón por la cual dicha norma fue declarada inconstitucional, y luego eliminada en la reforma a la Ley Orgánica de 1984.

1346 Véase sentencia de la CSJ-CP de 15-4-80, *Revista de Derecho Público*, N° 2, Caracas 1980, p. 98. Véase además, Allan R. Brewer-Carías, "Comentarios sobre la responsabilidad de los funcionarios públicos y la inconstitucionalidad del artículo 51 de la Ley Orgánica de Régimen Municipal". *Revista de Derecho Público* N° 2, E.J.V., Caracas 1980, pp. 179 y ss.

La inconstitucionalidad en que incurrió la Ley Orgánica de Régimen Municipal en su artículo 51, además, no tenía justificación de ninguna naturaleza ni podía, tener una motivación similar a la que llevó al constituyente a consagrar la irresponsabilidad de senadores y diputados.

En efecto, no debe olvidarse que conforme a lo establecido en la propia Ley Orgánica de Régimen Municipal, de 1978, los Concejos Municipales no sólo tenían carácter *deliberante y normativo, sino administrativo* (Art. 30). Por tanto, los Concejos Municipales, además de ser los órganos deliberantes y de legislación local o municipal, en cuyo carácter dictan actos normativos, como las Ordenanzas y actos de control político-local, eran también órganos administrativos, en cuyo carácter dictaban actos administrativos de efectos particulares, relativos a casos concretos, que podía lesionar derechos e intereses particulares y mediante lo cual podía quedar comprometida la responsabilidad de la Municipalidad. Era un contrasentido inadmisible en un Estado de Derecho donde la administración municipal ha estado cuestionada y en crisis, que la Ley Orgánica de Régimen Municipal viniera a establecer, formalmente, la irresponsabilidad de los concejales. Lo que se imponía en la necesaria reforma del régimen local era el principio contrario: prever la responsabilidad de los concejales por las violaciones de ley y abuso de poder, como un medio adecuado para adecentar la institución municipal.

Por todo lo expuesto, no había duda en considerar que el artículo 51 de la Ley Orgánica de Régimen Municipal era inconstitucional, pues al establecer la irresponsabilidad de los concejales, violaba directamente lo establecido en los artículos 46 y 121 de la Constitución, en los cuales se establece, sin posibilidad de que el legislador prevea excepciones, el principio de la responsabilidad individual de los funcionarios o empleados públicos o al servicio de todas las ramas del Poder Público y en ejercicio de todas las funciones públicas, entre los cuales están, sin la menor duda, los concejales.

b'. *La colisión entre el artículo 51 y los artículos 93, 95 y 96 de la Ley Orgánica de Régimen Municipal de 1978*

Por otra parte, de la lectura del articulado de la Ley Orgánica de Régimen Municipal de 1978 resultaba, además, una colisión entre el artículo 51 y los artículos 93, 95 y 96 de la misma Ley Orgánica de Régimen Municipal.

En efecto, tal como se señaló, el artículo 51 de la Ley Orgánica estableció la irresponsabilidad de los concejales, pero contradictoriamente con esa disposición, los artículos 93, 95 y 96 de la misma Ley Orgánica establecieron el principio opuesto, el de la responsabilidad individual de los concejales en los siguientes términos:

> Art. 93. Los ingresos públicos extraordinarios sólo podrán destinarse a obras o servicios que aseguren la recuperación de la inversión o el incremento efectivo del patrimonio del Municipio.
>
> Cuando dichos ingresos provengan de la venta de terrenos desafectados de la condición de ejidos y demás bienes inmuebles municipales, deberán necesariamente ser invertidos en la adquisición de otros bienes inmuebles de valor equivalente. *Los concejales serán responsables personalmente del cumplimiento de este artículo.*

Art. 95. *Los concejales* y demás funcionarios municipales que, con intención, o por negligencia, impericia, imprudencia, o con abuso de poder o violación de las leyes, ordenanzas, reglamentos, resoluciones, decretos o instrucciones administrativas, causaren daño o perjuicio al Municipio, *están obligados a repararlo.*

La responsabilidad civil en que puedan incurrir los mencionados funcionarios conforme a este artículo, *es independiente de la responsabilidad administrativa o penal que les corresponda por delitos o faltas cometidas en el ejercicio de sus funciones y no excluyen, en ningún caso, las que existan frente a terceros.*

Art. 96. Los concejales o funcionarios de la Hacienda Pública Municipal que concedieren, condonaciones o remisiones de obligaciones atrasadas, sin el previo cumplimiento de las formalidades establecidas en las ordenanzas municipales, *responderán personalmente al Municipio* por la cantidad que, por tal causa, haya dejado de ingresar al Tesoro. Municipal.

Estos artículos 93, 95 y 96 de la Ley Orgánica de Régimen Municipal, con buen sentido, habían establecido, formalmente, la responsabilidad civil o penal de los concejales por sus acciones u omisiones, tanto frente a la propia Administración Municipal, como frente a los particulares; es decir, consagraban el principio de la responsabilidad individual de los concejales, lo cual colidía abiertamente con el artículo 51 de la misma Ley, que, como se vio, consagraba el principio de la irresponsabilidad de los concejales por los votos y opiniones emitidos en ejercicio de sus funciones.

c'. *La decisión de la Corte Suprema*

Ahora bien, con base en estos argumentos, con los cuales coincidió la opinión del Fiscal General de la República, la Corte Suprema declaró la nulidad del artículo 51 de la Ley Orgánica mencionada, en la siguiente forma:

"En este sentido, la Corte observa que el artículo transcrito consagra el principio de la irresponsabilidad de; los concejales por los actos cumplidos en ejercicio de sus funciones, entre los cuales además de los deliberantes y normativos, se encuentran los relativos a la administración del erario municipal, con lo cual el legislador contraría en esa forma el principio constitucional opuesto de la responsabilidad civil, penal y administrativa de todos los servidores del Estado, salvo la única excepción, como ya se dijo, de los senadores y diputados, a quienes la Constitución de modo expreso libera de responsabilidad en los términos previstos en su artículo 142 y por los justificados motivos antes sucintamente enunciados".

"Es manifiesto, por lo tanto, que el citado artículo 51 de la Ley Orgánica de Régimen Municipal colide abiertamente con los artículos 46 y 121 de la Constitución, por lo que la nulidad del primero de los citados debe ser declarada, de conformidad con lo previsto en el ordinal 3° del artículo 215 de la propia Constitución, y ordinal 1° del artículo 42, en concordancia con el artículo 43, de la Ley Orgánica de la Corte Suprema de Justicia".

"Por haber prosperado el pedimento principal de la declaratoria de nulidad de dicho artículo 51, es innecesario, de acuerdo con principios de técnica procesal, el examen del pedimento subsidiario, referente a la supuesta colisión del mencionado texto con otras normas de la Ley Orgánica de Régimen Municipal, que también aparece formulado en la demanda.

Como consecuencia, en la reforma parcial de la Ley Orgánica de 1984 se consagró el principio contrarío, es decir, el de la responsabilidad de los concejales; el cual ha sido ampliado en el artículo 63 de la Ley Orgánica de 1989, en la forma siguiente:

> "El ejercicio de los Poderes Públicos Municipales por el Alcalde, por los Concejales y demás funcionarios municipales, acarrea la responsabilidad individual por abuso de poder o por violación de Ley".

Pero, además de esta previsión general de responsabilidad, la Ley Orgánica prevé en diversas normas responsabilidades específicas del Alcalde, los Concejales y demás funcionarios municipales frente al propio Municipio. En particular se destacan los artículos 118 y 119, en los cuales se establece lo siguiente:

> Art. 118. El Alcalde, los Concejales y demás funcionarios municipales o Distritales que, con intención, o por negligencia imperiosa, imprudencia, o con abuso de poder o violación de las leyes, ordenanzas y reglamentos, decretos, resoluciones o instrucciones administrativas, causaren algún daño o perjuicio al Municipio o Distrito, están obligados a repararlo. La responsabilidad civil en que puedan incurrir los mencionados funcionarios, conforme a este artículo, es independiente de la responsabilidad administrativa o penal que les corresponda por delitos o faltas cometidas en el ejercicio de sus funciones y no excluyen, en ningún caso, las que existan frente a terceros.
>
> Art. 119. El Alcalde, los Concejales o funcionarios de la Hacienda Pública Municipal o Distrital que concedieren o aprobaren exoneraciones, condonaciones o remisiones de obligaciones atrasadas, sin el previo cumplimiento de las formalidades establecidas en las Ordenanzas Municipales, responderán personalmente al Municipio por la cantidad que, por tal causa, haya dejado de ingresar al Tesoro de la Entidad.

g. *Extensión del régimen*

Las normas del régimen común antes indicadas relativas al Alcalde y Concejales (Art. 60 a 68), se deben aplicar en lo que sea procedente, a los integrantes de los Cabildos Distritales y de las Juntas Parroquiales.

B. *El Síndico Procurador Municipal*

a. *Condiciones*

De acuerdo con el artículo 85 de la Ley Orgánica, en cada Municipio o Distrito debe haber una Sindicatura a cargo de un Síndico Procurador Municipal.

Este funcionario debe ser venezolano por nacimiento o naturalización, mayor de edad, gozar de sus derechos civiles y políticos, no tener interés personal directo en asuntos relacionados con el Municipio o Distrito y haber cumplido con el deber de votar, salvo causa justificada prevista en la Ley Orgánica del Sufragio.

En los Municipios con más de cincuenta mil (50.000) habitantes, el Síndico debe ser Abogado.

En todo caso, el desempeño del cargo de Síndico Procurador a tiempo completo es incompatible con el libre ejercicio de la profesión de Abogados o con cualquier actividad que le impida el ejercicio pleno de sus funciones (Art. 85).

b. *Designación*

En Síndico Procurador debe ser designado por el Concejo o Cabildo, en el acto de su instalación o dentro de los cinco (5) días hábiles siguientes (Art. 86). Esta previsión legal, sin duda, es absolutamente inconveniente y contraría el principio de la separación orgánica de poderes que la Ley Orgánica establece, y que debió conducir a la designación del Síndico por el Alcalde. Dadas las funciones de aquél, sin duda, debe estar más vinculado al Alcalde que al Concejo.

En todo caso, en los Distritos Metropolitanos, las funciones de la Sindicatura pueden ser ejercidas conjunta o separadamente por los Síndicos Procuradores de los Municipios agrupados, según lo determine el Cabildo (Art. 90).

El Síndico Procurador Municipal puede ser removido por causa grave, por decisión de la mayoría de los integrantes del Concejo o Cabildo, previa formación del respectivo expediente, instruido con audiencia del interesado.

De este acto puede recurrirse ante el Tribunal de lo Contencioso-Administrativo, el cual debe decidir conforme a lo dispuesto en el artículo 166 de la Ley Orgánica (Art. 86).

c. *Competencia*

Corresponde al Síndico Procurador, conforme se indica en el artículo 87 de la Ley Orgánica:

> 1° Representar y defender, judicial y extrajudicialmente, los intereses del Municipio, Distrito Metropolitano, en relación con los bienes y derechos, de la Entidad, conforme al ordenamiento jurídico, sometiéndose a las instrucciones del Alcalde y del Concejo Municipal o Cabildo, según corresponda.
>
> Esta norma, sin duda inconveniente, dejó abierta una fuente de conflictos entre el Alcalde y el Concejo. En realidad, el Síndico, por sus funciones, debe actuar conforme a las instrucciones del Alcalde, y no del Concejo o Cabildo, el cual es un órgano deliberante, legislativo y de control. Por ello, esta norma al atribuirle al Concejo o Cabildo potestad de instruir al Síndico en el ejercicio de sus funciones, debe interpretarse en el sentido de que esas instrucciones sólo pueden derivarse del ejercicio de las competencias del órgano colegiado, como órgano legislativo, deliberante y de control, y no pueden referirse a las funciones del Síndico conexas con la administración del Municipio. En todo caso, la referencia a la posibilidad de que el Concejo o Cabildo instruya al Síndico fue un agregado que se le hizo al Proyecto en la discusión que tuvo en la Cámara

de Diputados[1347]. Al contrario, el Proyecto aprobado en el Senado tenía la siguiente redacción de esta competencia del Síndico: "Representar y defender judicial y extrajudicialmente los intereses del Municipio, Distrito Municipal o Metropolitano relacionado con los bienes y derechos municipales, así como en general con todos sus actos conforme al ordenamiento jurídico y a las instrucciones del Alcalde".

2° Representar y defender al Municipio o Distrito Metropolitano respectivo, conforme a las instrucciones que le comuniquen el Alcalde o la Cámara, en lo referente a derechos relacionados con ingresos públicos municipales y con los requisitos y modalidades que determinen las leyes y ordenanzas. Además, cumplirá las mismas funciones en los juicios contencioso-administrativos que se promuevan contra los actos administrativos del Municipio o Distrito respectivo.

A esta atribución debe hacerse la misma observación que formulamos anteriormente: el Concejo o Cabildo no puede instruir al Síndico sino en las materias que competen a dichos órganos colegiados (deliberación, legislación, control) y no pueden incidir en las competencias atribuidas al órgano ejecutivo, el Alcalde. En ese sentido, más adecuada era la redacción de la norma en el proyecto como había sido aprobado en el Senado, así: "Representar y defender al Municipio, Distrito Metropolitano respectivo, conforme a las instrucciones que le comuniqué el Alcalde, en lo referente a derechos relacionados con ingresos públicos municipales y con los requisitos y modalidades que determinen las leyes y ordenanzas. Además, cumplirá las mismas funciones en los juicios contencioso-administrativos que se promuevan contra los actos administrativos del Municipio o Distrito respectivo".

3° Asesorar jurídicamente, cuando sea abogado, al Alcalde y al Concejo o Cabildo, en los asuntos que, por su naturaleza, requieran dictamen legal, a cuyo efecto rendirá los informes que le pidan el Alcalde, el Concejo o Cabildo Distrital;

4° Someter a la consideración del Alcalde Proyectos de ordenanzas y Reglamentos o de reforma de los mismos;

5° Asistir, con derecho de palabra, a las sesiones del Concejo o Cabildo relacionadas con las materias de su competencia;

6° Elevar a conocimiento del Alcalde las quejas que reciba por deficiencias en los servicios públicos municipales o distritales. En cumplimiento de este deber podrá, por sí o por intermedio del personal bajo su dependencia, practicar las investigaciones que tuviere a bien, sin limitación alguna;

7° Denunciar los hechos ilícitos en que incurran los funcionarios o empleados en ejercicio de sus funciones e intentar, previa autorización del Alcalde, las acciones judiciales a que haya lugar; y

8° Cumplir con los demás deberes y atribuciones que le señalan las leyes y ordenanzas.

1347 Véase el texto del Informe de la Comisión Bicameral de 5-8-88 aceptando las modificaciones aprobadas por la Cámara de Diputados.

En todo caso, los informes y dictámenes del Síndico Procurador no tienen carácter vinculante, salvo disposición expresa en contrario (Art. 88).

d. *Competencia específica como Fiscal de Hacienda*

Dispone el artículo 89 que el Síndico Procurador Municipal tiene, además, carácter de Inspector Fiscal de la Hacienda Pública Municipal o Distrital. Como tal, puede entonces realizar de oficio o a requerimiento del Alcalde, Concejo o Cabildo, según el caso, toda clase de inspecciones e investigaciones en las oficinas, dependencias y servicios, debiendo dar cuenta a la Cámara o al Alcalde del resultado de tales inspecciones e investigaciones.

En todo caso las inspecciones e investigaciones que requiera efectuar la Sindicatura en la Contraloría sólo pueden realizarse a solicitud escrita del Concejo, del Cabildo o del Alcalde, respectivamente (Parágrafo Único del Artículo 89).

C. *Otros funcionarios*

El artículo 99 de la Ley Orgánica remite a las ordenanzas que sancionen los Concejos o Cabildos para la regulación del régimen de Administración de Personal, en las cuales deben establecerse conforme al artículo 76 de la Ley, los requisitos y condiciones para ocupar los cargos de Directores o Jefes de las distintas unidades administrativas de los Municipios o Distritos.

Por último, la Ley Orgánica dispuso que en cada Municipio debe haber un Cronista, cuyas funciones y requisitos de idoneidad para el ejercicio del cargo, se han de establecer en las Ordenanzas (Art. 187).

6. *El régimen de las parroquias*

Tal como se señaló, de acuerdo al artículo 32, las Parroquias son demarcaciones de carácter local dentro del territorio de cada Municipio, y que se han estructurado como entes auxiliares de los órganos de gobierno municipal y de participación local (Art. 34).

A. *Las Juntas Parroquiales*

Ahora bien, la administración de cada Parroquia corresponde a una Junta Parroquial, constituida por 5 miembros principales con sus respectivos suplentes, si se trata de Parroquias de áreas urbanas con población superior a 50.000 habitantes; y por 3 miembros principales con sus respectivos suplentes, en los otros casos.

Conforme al artículo 73 de la Ley Orgánica, la elección de los miembros de la Junta se debe hacer por votación directa, universal y secreta, entre los residentes en el ámbito de cada Parroquia, mediante un sistema electoral nominal de planchas o listas abiertas conforme al artículo 150 de la Ley Orgánica del Sufragio de 1993. El sistema se cambió, en 1995, por elección por listas cerradas.

En todo caso, una vez electa la Junta Parroquial debe designar de fuera de su seno un Secretario que será de su libre elección y remoción; y en cuanto a su Presidente, debe ser designado por el voto mayoritario de sus integrantes y ejercerá la representación de la misma (Art. 73).

B. *Atribuciones a las Juntas Parroquiales*

La Junta Parroquial está concebida en la Ley como un ente con facultades administrativas y de prestación de servicios, conforme a lo dispuesto en la Ordenanza respectiva y demás instrumentos jurídicos municipales (Art. 78). A tal efecto, debe elevar a la consideración del Alcalde las aspiraciones de la comunidad que se relacionen con la prioridad y urgencia de la ejecución, reforma o mejora de las obras y servicios locales de su jurisdicción, anexando los informes y propuestas pertinentes, a los fines arriba indicados.

La Junta Parroquial debe establecer medios de consulta y comunicación regular con la comunidad y sus organizaciones sociales, sin perjuicio de que las organizaciones sociales de la comunidad puedan ocurrir directamente a las instancias superiores (Art. 79).

C. *Sesiones*

La Junta debe sesionar ordinariamente una vez al mes en días fijos, y extraordinariamente, cuando lo disponga el Presidente o la mayoría de sus miembros. A este efecto, el Presidente debe convocar con 48 horas de anticipación, por lo menos, con indicación del objeto que la motiva (Art. 80).

En todo caso, dentro de los tres (3) días siguientes a cada sesión, la Junta debe remitir al Alcalde y al Concejo copia del Acta correspondiente.

Asimismo, la Junta debe presentar también un informe trimestral de sus actividades, sin menoscabo de la obligación de informar en cualquier tiempo, si así se le solicita (Art. 81).

7. *Los actos jurídicos municipales*

La Ley Orgánica de Régimen Municipal, en su Título I relativo a las Disposiciones Generales, definió los diversos actos municipales, en la forma siguiente:

A. *Ordenanzas*

Los actos que sancionen los Concejos o los Cabildos para establecer normas de aplicación general sobre asuntos específicos de interés local, se denominarán Ordenanzas. Estos actos recibirán por lo menos dos (2) discusiones en Cámara y en días diferentes; serán promulgados por el Alcalde y publicados en la Gaceta Municipal o Distrital, según los casos (Art. 4).

B. *Acuerdos*

Los actos que dicten los Concejos o Cabildos sobre asuntos de efectos particulares, se denominarán Acuerdos. Estos actos recibirán una sola discusión y se notificarán conforme a la Ley. Cuando se trate de asuntos que afecten la Hacienda Municipal, los Acuerdos respectivos se publicarán en la Gaceta Municipal o Distrital (Art. 5).

C. *Resoluciones*

Los actos administrativos de efectos particulares que dicten el Alcalde, el Síndico Procurador, el Contralor, los Directores y demás funcionarios competentes, se denominarán Resoluciones (Art. 6).

D. *Reglamentos*

La Ley Orgánica establece dos tipos de Reglamentos. En primer lugar, los Reglamentos internos que establecerán el régimen del Concejo o Cabildo de cualesquiera de sus órganos, servicios y dependencias (Art. 7). Además, se regula expresamente la figura del reglamento ejecutivo, al atribuirse al Alcalde la facultad de reglamentar las Ordenanzas, sin alterar su espíritu, propósito o razón. Estos Reglamentos deben ser publicados en la Gaceta Municipal o Distrital (Art. 7).

E. *Decretos*

Los actos administrativos de efectos generales que dicte el Alcalde, se denominarán Decretos y deberán ser publicados en la Gaceta Municipal o Distrital (Art. 8).

IV. EL RÉGIMEN HISTÓRICO Y ACTUAL DE LOS EJIDOS (CON ESPECIAL REFERENCIA A LOS EJIDOS DE CARACAS)

De acuerdo con el artículo 32 de la Constitución, los ejidos son inalienables e imperceptibles. Se consagra así, la figura de los ejidos como bienes inmuebles municipales. Para la cabal comprensión de su régimen jurídico, dentro del conjunto de normas que regulan la hacienda municipal resulta indispensable precisar su régimen histórico que se remonta a la época colonial.

1. *El régimen de la propiedad en la colonia y la situación de los ejidos*

La empresa descubridora del Nuevo Mundo, en la época de los Reyes Católicos, fue patrocinada básicamente por la Reina Isabel, lo que explica históricamente que los territorios de las que se llamaron las Indias Occidentales, quedaran incorporadas políticamente a la Corona de Castilla, y que fuera el derecho castellano el que rigiera.

A partir de 1492 y durante los años subsiguientes, este estaba conformado por un conjunto de leyes, las últimas de las cuales, juradas al morir la Reina Isabel, eran las Leyes de Toro, en las cuales se estableció el orden de prelación de las mismas, incluyéndose el *Código de las Siete Partidas*[1348].

Conforme al régimen de las Partidas, el señorío o dominio sobre "nuevas islas o tierras", salvo que fueran adquiridas por concesión papal, por herencia o por unión matrimonial, se adquiría por el Rey o señor en cuyo nombre se poblaren.

De allí la estrecha relación que existió en el proceso de la conquista, entre descubrimiento y poblamiento, pues para que pudiera entrar en aplicación la *regalía* o privilegio de la Corona, de adquirir la propiedad sobre todos los territorios descu-

1348 Véase J. M. Ots Capdequi, *El Estado Español en las Indias*, México, 1946, p. 12.

biertos en las Indias Occidentales, estos tenían que ser poblados, y formal y materialmente ello se lograba fundando pueblos, villas y ciudades.

Ahora bien, como es sabido, el proceso de descubrimiento se realizó mediante concesiones reales o capitulaciones de carácter vitalicio, otorgadas a personas naturales, generalmente con el título de Adelantados, en las cuales se estipulaban sus derechos y obligaciones y entre ellas, la obligación de poblar con el objeto de materializar el señorío de la Corona en las nuevas tierras descubiertas; y entre otras atribuciones, con la facultad de repartir tierras y solares y además, en muchos casos, también para repartir indios[1349]

La propiedad de la Corona, por tanto, no era exclusiva, sino que constituía un privilegio o regalía que en lo que a las tierras se refería, luego se fue repartiendo y entregando en propiedad, tanto por los Adelantados en el proceso de conquista[1350], como por las altas autoridades coloniales —virreyes, presidentes, gobernadores y cabildos—.

En esta forma, el repartimiento, que requería una Cédula Real de gracia o merced que lo confirmara, fue el título originario para adquirir en las Indias la propiedad de la tierra[1351].

Precisamente por ello, cuando mediante Real Cédula de 1° de noviembre de 1591, se hizo la reafirmación del dominio de la Corona sobre las tierras americanas, se indicó lo siguiente:

> "...habernos sucedido enteramente en el Señoría de las Indias, y pertenecer a nuestro Patrimonio y Corona Real los baldíos, suelos y tierras que no estuvieren concedidos por los Señores Reyes, *nuestros predecesores, ó por nos, ó en nuestro nombre...*"[1352]

Ello, además, lo confirmó el más destacado tratadista del derecho indiano al describir en el cuadro de las regalías de la Corona en los territorios americanos, entre otras, las tierras, aguas, montes y pastos *que no hubieran sido concedidas a las ciudades o a personas particulares* por la propia Corona, o por sus autoridades facultades para ello Juan de Solorzano Pereyra, en efecto, en su Política Indiana se refirió al dominio de la Corona sobre las tierras del Nuevo Mundo, salvo las otorgadas a otras personas por concesión real, es decir:

1349 Véase Milagros del Vas Mingo, *Las Capitulaciones de Indias en el Siglo XVI*, Madrid, 1986, pp. 39, 56.

1350 Véase Milagros del Vas Mingo, *Las Capitulaciones de Indias en el Siglo XVI*, *op. cit.*, p. 81.

1351 Véase J. M. Ots Captequi, *El Estado Español en las Indias*, *op. cit.*, p. 5

1352 *Recopilación de Leyes de los Reinos de Indias*, 4, 12, 14, *cit.*, por E. Lagrange, *Enajenación y Usucapión de Tierras Baldías*, Caracas, 1980, p. 55.

> "fuera de las tierras prados, pastos, montes y aguas que por particular gracia y merced suya se hallaren concedidas a las Ciudades, Villas o Lugares de las mismas Indias, ó á otras Comunidades o personas particulares de ellas"[1353]

En esta forma, por supuesto, las villas y ciudades también podían ser titulares del dominio sobre tierras, y en el derecho indiano, ellas fueron llamadas en general, como *Propias*. Tal como lo resumió el licenciado Castillo de Bovadilla en su *Política para Corregidores* publicado en 1640:

> "Presupongo en esta materia, que regularmente hay cuatro géneros de bienes propios de los pueblos: Unos bienes son comunes del pueblo solamente en cuanto al uso y aprovechamiento, como es la plaza, las calles, los tribunales, las fuentes, y otros tales, como el teatro, en los cuales no tiene ninguno del pueblo Señorío.
>
> Otros bienes son propios de los Concejos en cuanto al Señorío y aprovechamiento, como son las tierras, y montes y dehesas; y estos dos géneros de bienes son comunes de los vecinos de ciudad y tierra. Otros bienes hay que son propios de la ciudad, sin que la tierra tenga parte en ellos y se gastan para cosas particulares de la ciudad, como los hay en la ciudad de Guadalajara, y otras partes, y los llaman propios.
>
> Otros bienes hay que consisten en dinero y pan, y otros frutos, y de estos géneros de bienes propios tratan jurisconsultos y Doctores ..."[1354].

Como puede apreciarse, de esta enumeración resultan varios tipos de bienes propios de las villas o ciudades que incluso estaban regulados en las *Partidas*[1355].

La primera categoría se refería a las cosas comunes a todos los hombres o que pertenecían a los hombres mancomunadamente, como los ríos, caminos, puertos y mares que no podían tener dueño y que equivalían a lo que contemporáneamente son los bienes del dominio público de uso público. Correspondían a lo que en el derecho romano eran las cosas comunes (*res commenes omnium*): el mar, el aire, las riberas del mar; y las cosas públicas (*res publicae*): las vías públicas, los puentes, las plazas, los foros y los teatros.

Estos eran los bienes que las *Partidas* definían como:

> "cosas que comunalmente a todas las criaturas que viven en este mundo (y) estos son: *el ayre* de las aguas de la lluvia, el mar y su ribera. Cualquier criatura que bive, puede usar de cada una de estas cosas, según quel menester"[1356].

1353 Véase Juan de Solórzano Pereira, *Política Indiana*, 1739, Edición Facsimilar, publicada por Compañía Iberoamericana de Publicidad, Madrid, Tomo V, p. 38, citado por J. M. Ots Captequi, *Manual de historia del derecho español en las Indias*, Buenos Aires, 1945 p. 272 y E. Lagrange, *Op. cit.*, p. 54.

1354 Véase la *edición facsimilar* publicada por el Instituto de Estudios de Administración Local, Madrid, 1978, Tomo II, p. 575.

1355 Véase la enumeración equivalente, en Guillermo Hernández Peñaloza, *El Derecho en Indias y en su Metrópoli*, Bogotá, 1969, pp. 268 a 269.

1356 Ley 3, Título XXVIII, Partida Tercera, *cit.*, por Alejandro Nieto, *Bienes Comunales*, Madrid, 1964, p. 4.

La segunda categoría se refería a las cosas que podían usar los moradores de la ciudad o villa, por estar destinadas al pro o utilidad común de estas, como los montes o dehesas. En esta categoría se ubicaban los denominados bienes de aprovechamiento común o bienes vecinales o comunales en la legislación española"[1357]; desconocidos en la legislación venezolana, y que corresponden a las cosas universales *(res universitatis)* del derecho romano.

La tercera categoría se refería a los bienes que eran Propios del gobierno de la ciudad como los edificios e inmuebles urbanos, pues las tierras no formaban parte de ellos, y se destinan a las cosas particulares de la ciudad. En esta categoría se ubicaban lo que en la actualidad podrían ser bienes tanto del dominio público de uso privado del Municipio (edificio sede de la autoridad, por ejemplo) como del dominio privado municipal (inmuebles urbanos). Estos eran los verdaderos bienes propios ("Propios propios dice Bovadilla), que podrían producir renta[1358].

La cuarta categoría se refería al resto de los bienes o cosas susceptibles de apropiabilidad por cualquier persona.

Ahora bien, entre todos estos bienes propios, los dos primeros, como lo señalaba Bovadilla, "son bienes comunes de los vecinos de la ciudad y tierra''. Estas dos categorías de bienes eran las que agrupaban la Ley 9, del Título XXVIII, de la Partida 3ª, al establecer:

> "Apartadamente son del común de cada ciudad o villa las fuentes e las placas e fazen las ferias, e los mercados e los lugares do se ayuntan a concejo, e los arenales que son en las riberas de los ríos e los otros exidos e las carreras o semejantes de estos que son establecidos para procomunal de cada ciudad o villa o castillo o otro lugar. Cada todo home que fuera y morador puede usar de todas estas cosas sobredichas; e son comunales a todos también a los pobres como a los ricos".

En el mismo sentido, la Ley 6 del mismo Título determinaba que:

> "los ríos... pertenecen a todos los homes comunalmente de manera que también pueden usar de ellos los que son de tierras exrañas como los que moran en aquellas tierra do son"[1359].

En todo caso, debe decirse que la segunda categoría, correspondiente a los bienes comunes o comunales, eran precisamente los ejidos. Como lo establecía el Código de las Siete Partidas (Ley 9, Título XXVIII de la Partida 3ª) al señalar que pertenecían "del común de cada una ciudad o villa los eixidos que son establecidos e otorgados para pro comunal de cada ciudad o villa o castillo o otro lugar"[1360].

1357 Véase Alejandro Nieto, *Bienes Comunales* en vías de desaparición y que corresponden a las cosas universales (*res universitatis*) del derecho romano.

1358 *Cfr.* Alejandro Nieto, *op. cit.* p. 1.

1359 *Cit.* Alejandro Nieto, *Op. cit.* p. 2; Fernando Fuentes Badelón, *Derecho Administrativo de los Bienes*, Madrid, 1977, pp. 28 y 29.

1360 *Cit.* Alejandro Nieto, *Bienes Comunales*, p. 2.

En efecto, la palabra ejido, que viene de *exitus*, salida, en su concepción original, conforme al *Diccionario general etimológico*, significaba:

> "El campo o tierra que está a la salida del lugar, que no se planta ni se labra; es común para todos los vecinos, y suele servir de era para descargar en ella las mieses y limpirlas"[1361].

Este es el sentido que le atribuye al término ejido el *Diccionario Castellano de palabras jurídicas y técnicas tomadas de la legislación Indiana*[1362], de R. Altamira y Greula, así:

> "Lugar común donde la gente se suele juntar a tomar solaz y recreación, y donde también los pastores apacientan sus ganados".

Por último, este mismo es el sentido que aún le atribuye al término, el *Diccionario de la Lengua Española*:

> "Campo común de todos los vecinos de un pueblo, lindante con él, que no se labra, y donde suelen reunirse los ganados o establecerse las eras".

Fue esta concepción original la que se reguló en el N° 129 de las Ordenanzas de Descubrimiento y Población dadas por Felipe II en 1573, texto luego recogido en la Ley 13, Título VII, Libro IV de la *Recopilación de las Leyes de Indias* al regular el poblamiento y prever que en las villas y ciudades se:

> "Señálese a la población exido en tan competente cantidad que aunque la población vaya En... mucho crecimiento siempre quede bastante espacio adonde la gente se pueda salir a recrear, y salir los ganados sin que hagan daño".

Como lo ha señalado Max Rafael Valladares, tomando en cuenta estos antecedentes, la verdadera significación en castellano puro de la voz ejido, es la de:

> "aquellos espacios de tierra a la salida de los pueblos que se dejaban libres de toda cerca o construcción para facilitar por una parte, el libre acceso a las poblaciones, y por la otra, para servir a ciertos usos comunes determinados, cuales son la recolección de las mieses y las tareas de trilla o separación de los granos; también parece haber sido costumbre reunirse o solazarse en esos terrenos"[1363].

Ahora bien, en la evolución del derecho indiano y del régimen municipal en América, es evidente que la palabra ejido, progresivamente perdió su significado castizo original, como hemos señalado. Inicialmente sólo correspondió a uno de los llamados bienes propios de las villas o ciudades, los bienes comunales; el ejido era así una especie del género de los bienes propios o de propios.

1361 *Cfr.* Las referencias similares en *Diccionario de Legislación* 1889, *Novísimo Diccionario de la Lengua Castellana,* Garnier 1875, en *Enciclopedia Jurídica Omeba,* Buenos Aires, Tomo IX, pp. 878 y 879.

1362 México, 1951, p. 150.

1363 Véase Max Rafael Valladares, "Significación de la voz "ejido", *Revista de Ciencias Políticas*, Caracas, enero 1918, año IX, p. 14, *cit.,* en *Dictámenes de la Sindicatura Municipal*, Luis Torrealba Narváez, Compilación Municipal, Distrito Federal, Tomo V, Caracas, 1967, p. 422.

El traslado de la institución a América invirtió los términos: nunca dio origen a la figura española de los "bienes comunales" y la denominación de ejidos, utilizada originalmente para distinguir una especie (los bienes comunales), se fue identificando, en general, con todos los bienes inmuebles municipales de carácter patrimonial, con las tierras concejiles o tierras de propios. De allí que no se encuentren en América huellas del primitivo patrimonio comunal, conformado por bienes comunes o comunales, y el régimen de los bienes municipales de carácter patrimonial o bienes propios, denominados genéricamente ejidos, haya pasado a ser regulado por el ordenamiento de derecho común[1364].

Como lo afirmó Albi:

> "En Nicaragua, Honduras, Méjico, Venezuela y en la República Dominicana las leyes municipales regulan el ejido, pero éste ha perdido toda significación colectivista, para convertirse en patrimonio explotable con el fin de conseguir rentas destinadas a los fondos generales del Municipio. El ejido es siempre arrendable en esos países, y en muchos casos pueden enajenarse.
>
> La fórmula más exacta de su caracterización actual y de la equivocada interpretación de sus orígenes nos la suministra el artículo 24 de la Ordenanza de Rentas para 1941 del Municipio San Fernando de Apure Venezuela, según el cual "los terrenos ejidos constituyen un bien público del patrimonio del Concejo y fueron concedidos a la Municipalidad para fines rentísticos"[1365].

En esta forma, desde la época colonial y particularmente durante el siglo pasado, como lo observó Max Rafael Valladares, la palabra ejido se fue generalizando:

> "para designar todas las tierras pertenecientes a los Concejos, ya fueron de su dominio privado o de su dominio público y que así se hiciera sinónimo de la expresión "tierras concejiles" o tierras de propios que son usadas en la legislación y la literatura del derecho español para designar todas las tierras de propiedad municipal indistintamente o las puramente patrimoniales (a la cual corresponde la última expresión "propios")[1366].

En conclusión, en América, la expresión ejido significó, de acuerdo al derecho indiano, la legislación colonial, y de acuerdo a la legislación republicana, una denominación genérica utilizada para identificar los bienes inmuebles municipales del dominio privado de las ciudades y villas, tierras en general no urbanas, no habiendo estado nunca comprendidos en tal denominación aquellos bienes que en la legislación moderna son considerados como bienes del dominio público municipal, de uso público (las calles, plazas) o de uso privado (edificios sede de las instituciones municipales). Recuérdese que esta clasificación es original del Código Napoleón de principios del siglo XIX, y se incorporó a la legislación republicana, sólo a partir de 1873.

1364 Véase sobre este proceso y la situación general en América Hispana, Fernando Albi, *Derecho Municipal comparado del Mundo Hispánico*, Madrid, 1955, pp. 542 a 548.

1365 *Op. cit.*, p. 547.

1366 *Dictámenes de la Sindicatura Municipal*, *loc. cit.*, p. 422.

2. *La declaración del gobernador Diego de Osorio ante el Cabildo de Caracas el 14 de junio de 1594 sobre ejidos*

De acuerdo al régimen que hemos señalado y que se aplicó en los años de la conquista y colonización, el repartimiento de tierras a los particulares pobladores por los Adelantados y luego por las autoridades locales, fue lo que originó la propiedad privada inmueble. Por su parte, la propiedad de los Cabildos y los bienes de uso comunal (ejidos) se hizo mediante la atribución a las villas y ciudades de bienes propios y entre ellos, de ejidos, como a cualquier particular, lo cual debía responder a una Real Cédula o ser confirmada por ella. Así sucedió en todas las ciudades de América y de Venezuela.

En esta forma, la ciudad de Caracas, que había sido fundada en 1567 y en la cual el fundador y los gobernadores sucesivos habían hecho repartimiento de tierras tanto a los miembros de sus huestes como a los colonos, casi 30 años después, en 1594, fue dotada de tierras comunes en virtud del cumplimiento, por el Gobernador de la Provincia, de una Cédula Real.

En efecto, el 14 de junio de 1594, el Gobernador y Capitán General de la Provincia de "Venezuela Indias y tierra firme del mar océano", Don Diego de Osorio, formuló una declaración ante el Escribano de Gobernación, Alonso García Pineda, la cual pasó por el Cabildo de la ciudad de Santiago de León de Caracas; declaración que formuló, según dijo, en ejecución de una Real Cédula que llegó a la Provincia y en la cual el Rey mandó componer las tierras que no estuvieran dadas o repartidas con títulos legítimos, dejando primero y ante todas las cosas, los ejidos y baldíos para pastos comunes de la ciudad.

Se ha discutido durante décadas, a partir de los años veinte de este Siglo, la autenticidad y validez de esta declaración del Gobernador Diego de Osorio[1367]. En todo caso, e independientemente de la polémica, la cual consideramos bizantina por no tener sentido, lo cierto es que el documento se conoce y circula desde 1833[1368], no habiendo razón ni fundamento alguno para dudar de su autenticidad. Al contrario, debe tenerse como perfectamente natural la ejecución de una Cédula Real dotando de ejidos a la ciudad de Caracas, lo cual era absolutamente normal en la época de la conquista y colonización.

Teniendo, por tanto, como auténtica la referida declaración del Gobernador en ejecución de una Cédula Real, si se analiza detenidamente dicho documento, lo que dice es lo siguiente:

En cumplimiento de la referida Cédula y para que la Real voluntad se cumpla, y esta ciudad (de Caracas) tenga tales ejidos, pastos y baldíos, el Gobernador señaló como ejidos y baldíos a la ciudad de Santiago de León, todos los límites de tierra a la salida de la ciudad hacia los cuatro vientos: al *Este*, hacia la provincia de los Mariches, hasta la Quebrada Las Barrancas y Chacao hasta donde entra en el río Guaire, así a la derecha como a la izquierda hasta la Sierra y el río Guaire. Al *Norte*, las

1367 Véase toda la documentación y las diversas opiniones en los trabajos de Luis Torrealba Narváez y en la recopilación que realizó, contenidos en los *Dictámenes de la Sindicatura Municipal*, Tomo V de la Compilación Municipal, Distrito Federal, Caracas, 1967, pp. 399 y ss.

1368 Véase el texto íntegro en Manuel Prieto C., *Los Ejidos de Caracas*, Caracas, 1968, pp. 45 y 46.

tierras que hay desde que salen de la ciudad y van por el camino de la mar, y las tierras que hay desde esta ciudad hasta la Sierra de la mar por la parte de arriba; y hacia el *Sur*, las tierras que están por la parte de abajo de esta ciudad hasta el Guaire yendo por él arriba (hacia el *Oeste*) hacia La Vega.

La declaración del Gobernador, por supuesto, y como era costumbre, dejó expresa reserva de las tierras que en las salidas de la ciudad hacia los cuatro vientos, ya habían sido dadas en propiedad a muchos colonos.

Como consecuencia de la declaración, el Gobernador mandó a que se notificara al Cabildo y que el auto o declaración se inscribiera en el libro del Cabildo, para que en todo tiempo constataran los ejidos que se le daban a la ciudad y tenían en virtud de la Real Cédula. El Cabildo conoció de la declaración y sus miembros dijeron que se guardara y se cumpliera su contenido.

Eso es todo lo que dice el tan comentado auto o declaración del Gobernador de la Provincia de Venezuela en 1594. Es fácil comprender que en ese documento, lo que hizo el Gobernador en cumplimiento de una Real Cédula, como lo señaló Nicomedes Zuloaga en 1918, fue dar a la ciudad de Caracas, un conjunto de "tierras comunes de los vecinos del lugar, destinadas al pasto de los animales"[1369].

3. *Régimen jurídico de los ejidos y bienes municipales, su enajenabilidad y prescriptibilidad*

Ahora bien, de acuerdo con la legislación aplicable a las Indias, y en particular con el derecho castellano, las únicas cosas que no eran susceptibles de adquisición por las personas eran las "cosas comunes a hombres y bestias" (*res commenes omnium*), es decir, el aire, el agua de lluvia o el mar y sus riberas. Cualquiera podía aprovecharlos, navegando o pescando, pero nadie podía tener el dominio de ellas.

Todos los otros bienes podían adquirirse por los medios establecidos en el derecho castellano e indiano. Así, los bienes comunales, los ejidos, en sentido propio, podían enajenarse a los vecinos de la ciudad, pues entre otros fines, con ellos se perseguía permitir el crecimiento y extensión de la trama urbana. En consecuencia, a medida que la ciudad crecía, ocupando lo que eran originalmente sus salidas, los ejidos fueron vendidos a los vecinos para construcción de nuevas casas y de allí que incluso, hoy en día, cuando la Constitución habla de la inalienabilidad de los ejidos, establece la posibilidad de su enajenación para construcciones (Art. 32).

En particular, además de poder enajenarse, los ejidos y bienes municipales propios de carácter patrimonial, podían adquirirse por prescripción.

En efecto, de acuerdo al derecho indiano, sólo las cosas viciosas no podían ser adquiridas por prescripción, y entre ellas como lo señaló Guillermo Hernández Peñalosa, estaban:

> "las de *derecho divino* y el mismo *hombre libre*; las de uso común (calles, plazas, etc.); las *robadas* o *forzadas*; las de *menores*, agregadas a estas las dóta-

---

1369 Véase Nicomedes Zuloaga "Los Ejidos de Caracas", *Revista de Ciencias Políticas*, Caracas, 1918, Tomo IX, p. 105.

les, de la dote estimada, aunque surgía el vicio cuando, siendo pródigo el marido, la mujer callaba"[1370].

Y agregó este mismo autor, al contrario,

> "podían adquirirse por prescripción, de cuarenta años las cosas del patrimonio de ciudad o villa cuyo producto redundara en beneficio común. Las pertenecientes a la iglesia romana (en su significado sede) prescribían en cien años; las de iglesia particular (en sentido regional), siendo muebles, en tres años; pero los inmuebles, como también el lugar religioso, en cuarenta"[1371].

Con más precisión, Enrique Lagrange ha comentado con citas textuales, las leyes del *Código de las Siete Partidas* que regían la prescripción como modo de adquirir la propiedad, aplicable a las Indias, en la siguiente forma:

> "Las reglas fundamentales del derecho histórico español en materia *de prescripción adquisitiva eran las contenidas en las Siete Partidas*, en las cuales la usucapión era ordinaria y extraordinaria. La usucapión ordinaria sobre bienes *inmuebles* ("los que son raíces") era de diez años entre presentes y de veinte entre ausentes, con los requisitos de justo título, buena fe y posesión continuada durante tales lapsos (pp. 3, 29, 18).
>
> En caso de mala fe del enajenante, el adquirente no podía usucapir por menos de treinta años, salvo que el verdadero propietario de la cosa hubiese sabido de la enajenación y no hubiese intentado la reivindicación, caso en el cual los lapsos aplicables para usucapir volverían a ser de diez años entre presentes y veinte entre ausentes (p. 3, 29, 19). La usucapión extraordinaria se consumaba por *treinta o más* años de posesión continuada, independientemente de cómo el poseedor hubiese obtenido la posesión de la, cosa, aunque ésta hubiese sido "hurtada, forzada o robada": en las Partidas se regulaban varios supuestos en relación a este especie de usucapión (p. 3, 29, 21). *Los bienes comunales "de propios" estaban sujetos a una prescripción adquisitiva de cuarenta años* (p. 3, 29, 7) y el mismo lapso era aplicable para usucapir los bienes raíces pertenecientes a "alguna iglesia o logar religioso", salvo las cosas que fueren de la Iglesia romana, las cuales "*non las podrie ningunt home ganar por menor tiempo de cient años* (p. 3, 29, 26)"[1372] .

Sin embargo, agrega Lagrange y citando a Manuel F. Clavero Arévalo:

> "No todos los bienes y derechos eran susceptiles de usucapión. Así, especificaba el derecho histórico español que: a) "*home libre* non se puede ganar por tiempo quanto cualquier que home lo toviese en su poder por siervo" (p. 3, 19, 6). Ni tampoco eran usucapibles: b) las *divini iuris*: sagradas, religiosas o santas (*ídem*); c) la jurisdicción o "señorío para facer justicia" (*ídem*); d) los derechos a percibir "tributos, o pechos o rentas u otros derechos "qualesquier que perte-

---

1370 Guillermo Hernández Peñalosa, *El Derecho en Indias y en su Metrópoli*, Bogotá, 1969, p. 282.

1371 *Op. cit.*, p. 283.

1372 F. Lagrange. *op. cit.*, p. 73.

nezcan al rey que haya costumbrado o usado de darle" (*ídem*); e) las cosas públicas, es decir, las que "sean *en uso comunalmente del pueblo de alguna cibdat, ó villa, ó castiello ó de otro logar*" (p. 3, 29, 7); f) "las cosas que son de Mayorazgo, agora sean Villas o Fortalezas, o de un qualqu'er otra calidad que sean" (ley 45 de Toro); g) las cosas *"pertenecientes comunalmente a todos los hombres", como el aire, las aguas de lluvia, el mar y su ribera, llamada ésta "quanto se cubre del agua della* (de la mar) quando mas cresce en todo el año, quier en tiempo de invierno o de verano" (p. 3, 28, 3), *y los caminos públicos, los puertos, y los ríos y sus riberas*, "de los cuales puede *usar cada home*' (p. 3, 28, 6): aunque sobre estas cosas no existía en las Partidas una declaración expresa de inusucapibilidad, es evidente que si ésta se aplicaba a los bienes comunales de uso público, con mayor razón habría de serlo a las cosas que "comunalmente pertenescen á todas las criaturas del mundo"[1373].

Por ello tenía razón Nicomedes Zuloaga cuando al referirse, en 1918, a la declaración de Diego Osorio fijando los ejidos de Caracas como tierras comunes de los vecinos del lugar, destinadas al pasto de los animales, agregó que se trataba de:

> "Simples bienes patrimoniales, y un vecino, a pesar de ser comunero, puede prescribir parte de ellas con tal que su posesión sea inequívoca, es decir ,que posea como propietario exclusivo y no como comunero"[1374] .

En todo caso, es evidente que la situación de la propiedad de la tierra en el Nuevo Mundo, conforme a estas normas, produjo consecuencias indeseadas. Como lo ha señalado Enrique Lagrange siguiendo lo expuesto por Ots Capdequi y por Andrés Bello, el resultado fue "la concentración de las mismas en pocas manos, quienes no siempre las mantuvieron cultivadas como debía hacerse, los indios fueron en muchas ocasiones despojados de sus resguardos y de las tierras que tenían individualmente; muchos españoles, criollos y mestizos de pocos recursos no llegaron a obtener, como hubieran deseado tierras económicamente explotables; y las autoridades no procedieron con la diligencia debida a la revisión y saneamiento de los títulos, ni a la recuperación de las tierras poseídas indebidamente, ni los deslindes y avalúos que debían proceder a los remates fueron efectuados con el debido celo"[1375].

En tal virtud, para corregir tal situación, el 15 de octubre de 1754, fue promulgada una Real Cédula contentiva de Instrucciones sobre venta y composición de terrenos realengos, es decir, de tierras americanas cuya propiedad no hubiere perdido la Corona voluntariamente, mediante enajenación, o contra su voluntad, por usurpación. En dicha Instrucción se estableció la necesidad de que todo propietario o poseedor de tierras demostrara su título ante la autoridad real, pero en cuanto a las tierras que habían sido otorgadas a las ciudades y villas se dispuso:

1373 Manuel F. Clavero Arévalo. "La inealienabilidad del dominio público", *Revista de Administración Pública* N° 25, Madrid, 1958, p. 26, Cfr. Enrique Lagrange, *op. cit.*, pp. 73 y 74.

1374 Nicomedes Zuloaga "Los ejidos de Caracas" *Revista de Ciencias Políticas*, Tomo IX, Caracas, 1918, p. 105 *cit.* en *Dictámenes de la Sindicatura Municipal*, *op. cit.*, p. 402.

1375 Enrique Lagrange, *Enajenación y Usucapión de Tierras Baldías*, Caracas, 1980, p. 62.

"2. Que los Jueces y Ministros en quienes se subdelegue la jurisdicción para las ventas y composiciones de los Realengos, procederán con suavidad, templanza y moderación, con procesos verbales y no judiciales, en las que poseyeren los Indios y en las demás que hubieren menester, en particular para sus labores, labranzas y crianzas de ganados, *pues por lo tocante a las de las comunidad, y las que les están concedidas a sus pueblos para pastos y exidos no se ha de hacer novedad, manteniéndolos en posesión de ellas y reintegrándoseles en las que se les hubiese usurpado, concediéndoseles mayor extensión en ellas, según la exigencia de la población; no usando tampoco de rigor con las que ya poseyeran los españoles y gentes de otras castas*, teniendo presente para con unos y otros lo dispuesto por las leyes 14, 15, 17, 18 y 19, tít. 12, lib. IV de la Recopilación de Indias"[1376].

En la Real Instrucción, además, se estableció expresamente que los que estuviesen en posesión de Realengos en virtud de venta o composición hecha por las autoridades antes de 1700, aunque no hubiesen sido confirmados por el Rey, los Virreyes o Presidentes:

"los dexen en la libre y quieta posesión de ellas sin causarles a menor molestia", haciendo constar en los títulos "que manifestaren haver cumplido con la obligación para que en lo adelante no puedan ser turbados, emplazados, ni denunciados ellos, ni sus sucesores en los tales Realengos, y no teniendo títulos, les deverá bastar la justificación que hicieren de aquella antigua posesión, como título de *justa prescripción*"[1377].

Se reconoció así, expresamente, la posibilidad de adquisición por *prescripción inmemorial* de los bienes en el Derecho Indiano, incluyendo por supuesto, los bienes comunales o ejidos.

Esta situación continuó en esta forma, en la época republicana. En efecto, la Constitución de la Provincia de Caracas del 31 de enero de 1812, reconoció la enajenabilidad histórica de los ejidos, al prescribirse que las Municipalidades:

Art. 89. "Deberán procurarse y conservar en sus archivos todas las noticias que faciliten el mejor desempeño de sus funciones, y que conciernen al Gobierno de la Provincia las ideas y conocimientos que conduzcan al acierto de sus resoluciones. Tales son: la extensión de sus territorios, la calidad de sus terrenos, sus producciones, aguas, ríos, montañas y comunicaciones con los departamentos vecinos, *las tierras sin legítimo dueño conocido, las destinadas antes para ejidos*, la situación y distancia de sus poblaciones, el número de sus casas y habitantes, los objetos más generales de su cultura e industria, y otros semejantes".

Luego, la Ley dictada por el Congreso de Colombia "sobre enajenación de tierras baldías y creación de oficinas de agrimensura" de 13 de octubre de 1821, tenía por objeto legitimar la titularidad de la República sobre los antiguos Realengos, impo-

---

1376 Véase el texto íntegro de esta *Real Instrucción* en Enrique Lagrange, *op. cit.*, pp. 63 a 68.

1377 Punto 4, de la Instrucción, *loc. cit.*, p. 65.

niendo a los poseedores por tiempo inmemorial y a quienes alegasen "justa prescripción" sobre tierras que entonces podían considerarse como nacionales, de obtener sus títulos de propiedad dentro de un plazo determinado.

En todo caso, al separarse Venezuela de la Gran Colombia, la Constitución de 1830 estableció el régimen de los bienes municipales (caso único en las Constituciones del siglo pasado) previendo expresamente, entre las funciones de las Diputaciones Provinciales:

> "Resolver sobre la adquisición, enajenación o cambio de edificios, tierras o cualesquiera otros bienes que pertenezcan a los fondos provinciales o municipales".

Regía, por tanto, allí, el principio de la enajenabilidad de los bienes municipales, sin distingos de ninguna naturaleza, lo que si bien comprendía a los ejidos, no abarcaba, por supuesto, los bienes que en la terminología actual podían considerarse como del dominio público de uso público (calles, plazas).

Posteriormente, la Ley de 10 de abril de 1848, indirectamente previo la existencia de los ejidos al prescribirse el régimen "sobre averiguación de Tierras Baldías, su deslinde, mensura, justiprecio y enajenación" (equivalente, en Venezuela, de la Ley del Congreso de Colombia antes citada de 1821, que fue sustituida por ésta), en la forma siguiente:

> Art. 1. "Se procederá a la averiguación formal de todas las tierras baldías que haya en las Provincias de la República; *a su deslinde de las correspondientes a ejidos, antiguos resguardos de indígenas, corporaciones y personas particulares*; y a la mesura, formación de planos y justiprecio de ella, en los términos de la presente ley".

Ahora bien, sobre el principio de la enajenabilidad de los ejidos, la Corte Suprema de Justicia ha establecido con absoluta claridad la situación durante nuestra vida republicana, al decidir un caso nulidad de un artículo de una Ordenanza que definió ejidos en el Distrito Maturín del Estado Monagas, señalando en sentencia de la Corte Plena del 2 de noviembre de 1993, lo siguiente:

> "Una enajenación de tal tipo era posible jurídicamente dentro del ordenamiento vigente en la época, por cuanto la Constitución de 1830, en su artículo 161, facultaba a las Diputaciones Provinciales para "resolver sobre la adquisición, *enajenación*, o cambio de edificios, tierras o cualesquiera otros bienes que pertenezcan a los *fondos* provinciales o *municipales*" (subrayado de la Corte); por su parte, la Ley de 11 de abril de 1825 sobre "Establecimiento, inversión y administración de rentas municipales", dictada por el Congreso de la República de Colombia, había incluido dentro de los fondos municipales, en el ordinal 6° del artículo 2°, "los censos, las tierras comunes y cualesquiera otras cosas que pertenezcan legítimamente a cada ciudad, villa o parroquia..." (subrayado de la Corte), disposición que eliminó la distinción vigente en el derecho indiano entre *tierras comunes* (inalienables e imprescriptibles) y de propios, haciéndolas todas enajenables y prescriptibles. Los Concejos Municipales podían, pues, enajenar sus tierras, siempre que cumplieran con las deposiciones que al respecto dictara la respectiva Diputación Provincial. En el caso concreto, la Diputación

Provincial había dictado una "Resolución sobre la Enajenación de Terrenos de Propios y Arbitrios", en fecha 6 de diciembre de 1836, y en el documento en que consta la adjudicación hecha a Ramón Arostegui, se hace expresa referencia al hecho de haberse cumplido con todas las previsiones de dicha Resolución"[1378].

Esta situación de enajenabilidad y, por supuesto, de prescriptibilidad de los bienes inmuebles municipales, incluyendo los ejidos, se reguló expresamente en el Código Civil de 28 de octubre de 1862. En efecto, este Código, en el Libro Segundo, Título I, reguló las varias clases de bienes, y en el mismo identificó, como bienes de propiedad pública, los que pertenecen a la Nación y a los Municipios (Art. 18). En cuanto a los bienes que pertenecen a los Municipios identificó a "los caminos, canales y demás obras construidas respectivamente a sus expensas, y todos aquellos *bienes, ejidos o propios,* y ríos no comprendidos en el artículo 22 (que se refiere a "los grandes ríos que puedan navegarse por buques, de más de 100 toneladas" que "son bienes de la Nación), *que poseen para su uso y aprovechamiento de sus habitantes,* o para subvenir a sus gastos, bajo las reglas establecidas por la administración nacional" (Art. 27).

El artículo 6 de la Ley I del Título II del Libro Segundo del Código estableció que "los modos de adquirir el dominio son la ocupación, la accesión, la tradición, la sucesión por causa de muerte y la prescripción", agregando el artículo 3 de dicha ley, *el único supuesto de inalienabilidad* respecto de los bienes (correspondientes a los *res commenes omnium*), así:

> Art. 3. "*Las cosas que la naturaleza ha hecho comunes a todos los hombres, como la alta mar*, no son susceptibles de dominio, y ninguna nación, corporación o individuo tiene derecho de apropiárselas".

En consecuencia, conforme a dicho régimen, los bienes que pertenecían a los Municipios eran susceptibles de dominio y de adquisición, incluso mediante prescripción, por particulares.

Esta situación la reguló expresamente el Código Civil de 21 de mayo de 1867, el cual al precisar los bienes de propiedad pública como los que pertenecen a la Nación y a los Municipios (Art. 343), estableció expresamente que "pertenecen a los Municipios los caminos, canales y demás obras construidas respectivamente a sus expensas, y *todos aquellos bienes que poseen para el uso y aprovechamiento de sus habitantes o para subvenir a sus gastos"* (Art. 346); agregando el Código que:

> Art. 347. "La administración y enajenación de los bienes que pertenecen a la República, a los Municipios o a los establecimientos públicos, se rigen por leyes especiales; *pero están sujetas a prescripción según lo determinado en el Título de la materia*".

Se ratificó, así, expresamente en la legislación civil, lo que había sido la norma constante durante la época de vigencia plena del derecho indiano y durante la época

---

1378 *Gaceta Oficial* Nº 4.705 Extraordinaria de 16-3-94, p. 23.

republicana, respecto de la enajenabilidad y prescriptibilidad de los bienes municipales, incluyendo los ejidos.

Posteriormente, el Código de 20 de febrero de 1973, al regular los bienes en relación a las personas a quienes pertenecen, determinó que "los bienes pertenecen a la Nación, a los Estados y sus secciones, a los establecimientos públicos y otras personas jurídicas, y a los particulares" (Art. 437), incorporando por primera vez a nuestra legislación, la noción de *bienes del dominio público* "de la Nación y de los Estados y sus secciones", los cuales fueron definidos como "los caminos, los lagos, los ríos, las murallas, fosos, puentes de las plazas de guerra y demás bienes semejantes" (Art. 438). Sólo estos bienes del dominio público se definieron como inalienables (Art. 442).

Debe señalarse que en enumeración de los bienes en relación a las personas a quienes pertenecen, no incluyó el Código Civil a los Municipios, y sólo se refirió a las "secciones" de los Estados, que eran las antiguas demarcaciones provinciales y de Estados de la Federación incorporados en los grandes Estados federados establecidos en la época guzmancista.

Iguales normas se incorporan al Código Civil de 10 de diciembre de 1880 (artículos 442, 443 y 447, respectivamente); al Código Civil de 19 de marzo de 1896 (artículos 449, 450 y 454, respectivamente); al Código Civil de 9 de abril de 1904 (artículos 455, 456 y 460, respectivamente); al Código Civil de 4 de julio de 1916 (artículos 516, 517 y 521, respectivamente); y al Código Civil de 13 de julio de 1922 (artículos 516, 517 y 521, respectivamente).

El Código Civil de 13 de agosto de 1942 varió la regulación tradicional, incorporando expresamente a las "Municipalidades" en sus regulaciones. Así, el artículo 538 estableció que "los bienes pertenecen a la Nación, a los Estados, a las Municipalidades, a los establecimientos públicos y demás personas jurídicas y a los particulares" (Art. 538), agregando que "los bienes de la Nación, de los Estados y de las Municipalidades son del dominio público o del dominio privado" (Art. 539).

En cuanto a los bienes del dominio público los definió como "los caminos, los lagos, los ríos, las murallas, fosos, puentes de las plazas de guerra y demás bienes, semejantes", agregando el mismo artículo 539, que:

> "*El lecho de los ríos no navegables pertenece a los ribereños* según una línea que se supone trazada por el medio del curso de agua. Cada ribereño tiene derecho de tomar en la parte que le pertenezca todos los productos naturales y de extraer arenas y piedras, a condición de no modificar el régimen establecido en las aguas ni causar perjuicios a los demás".

Finalmente el Código también declaró que los bienes del dominio público eran inalienables (Art. 543). Estas normas del Código Civil de 1942 no fueron modificadas en la reforma de 1982.

Conforme a esta normativa, desde 1973, el régimen de los bienes públicos se dividió, basándose en la noción de dominio público y de dominio privado. Al definirse los bienes del dominio público (los caminos, los lagos, los ríos, las murallas, fosos, puentes, las plazas de guerra y demás bienes semejantes), es evidente que los bienes municipales que no respondieran a esa naturaleza, entre ellos los ejidos, eran bienes del dominio privado de los Municipios y por tanto, esencialmente enajenables. Por ello, durante el siglo pasado, las Legislaturas de los Estados dictaron regularmente leyes relativas a la enajenación o arrendamiento de los bienes de los Estados y de los Municipios. Un ejemplo es la *Ley sobre Enajenación o Arrendamiento de bienes del Estado y los Municipios* de 7 de enero de 1891, del *Estado Los Andes* (en esa época abarcaba los actuales Estados Mérida, Táchira y Trujillo), en la cual se reguló la enajenación de los bienes municipales "cuando fueren innecesarios para el servicio público" y lo autorizase la Legislatura (artículos 1 y 3), no existiendo en esas regulaciones norma alguna que estableciera el principio de la inalienabilidad.

Los únicos bienes inalienables e imprescriptibles, como se dijo, en esas regulaciones, eran las vías públicas ("plazas, calles y paseos de la poblaciones, los caminos públicos rurales con los puentes, calzadas y demás obras que hagan parte de ellas, y los ríos navegables", según el artículo 295 del *Código de Policía del Estado Los Andes* de 22 de marzo de 1894")[1379].

En todo caso, el régimen del Código Civil y de las Leyes Estadales respecto de los ejidos, fue posteriormente modificado por la legislación nacional especial, que en 1909 comenzó a regular nacionalmente a los ejidos, junto con las tierras baldías.

En efecto, la primera regulación legal de carácter nacional sobre los ejidos, la estableció la Ley de Tierras Baldías y Ejidos de 13 de agosto de 1909, definiéndolos así:

> Art. 49. Son ejidos:
>
> 1° Los que en tal calidad, bajo el mismo nombre o el de propios han venido gozando las Municipalidades en cuyo favor existen concesiones anteriores a la presente ley, cualquiera que sea su extensión.
>
> 2° Los que se conceden por esta ley a los Municipios que no los tengan.
>
> 3° Las tierras que correspondían a los Resguardos de las Comunidades de Indígenas que se hayan extinguido por desaparición total de sus dueños.

De acuerdo a la misma ley, tal como lo consagró el artículo 59:

> Art. 59. "Las Municipalidades legislarán acerca de sus ejidos y *podrán concederlos a particulares* según sus ordenanzas, y las leyes del Estado a que pertenezcan, pero no podrán dar, ni aún en arrendamiento, ni permitir ninguna explotación de los *terrenos que deban quedar para bosques*, *para la conservación de fuentes y manantiales*. Esta prohibición es también con respecto a los ejidos o propios provenientes de concesiones de la época colonial".

Se estableció así en dicha ley, la regla general de la posibilidad expresa de enajenación de los ejidos al preverse que podían ser concedidos a los particulares. En cuanto a la prohibición de conceder a particulares de los ejidos o propios provenientes de concesiones de la época colonial que se estableció por primera vez en la legislación, por supuesto, solo se aplicaba a los terrenos que en ese momento continua-

---

1379 Véanse las referencias a esas leyes en *Recopilación de Leyes y Decretos Vigentes en el Estado Los Andes*, Curazao, 1894, pp. 168 y 220.

ban siendo ejidos, y no a aquellos, que habiendo siendo ejidos coloniales, ya habían sido enajenados o habían sido adquiridos por usucapión por particulares.

Posteriormente, al año siguiente, la Ley de Tierras Baldías y Ejidos de 27 de junio de 1910, al regular la posibilidad de que las Municipalidades concedieran ejidos a particulares, restringió esa posibilidad al señalar que "podrán concederlos *en arrendamiento* a particulares, según sus Ordenanzas" (Art. 59). Similar regulación se repitió en las Leyes de Tierras Baldías y Ejidos de 11 de julio de 1911 (Art. 68); de 4 de julio de 1912 (Art. 87); de 30 de junio de 1915 (Art. 90) y de 24 de junio de 1918 (Art. 91). Se destaca, además, que a partir de la Ley de 1912 hasta la ley de 1918, en la legislación se reafirmó el principio de la inalienabilidad de ciertos ejidos al indicarse que:

> "Esta prohibición rige también con respecto a los propios provenientes de concesiones o adquisiciones de la época colonial los cuales *en ningún caso podrán enajenarse*.

La Ley de Tierras Baldías y Ejidos de 27 de junio de 1919 varió la regulación de las leyes anteriores, no sólo en cuanto a la enumeración que los ejidos, sino en cuanto a su régimen. En cuanto a la determinación de los ejidos, estableció lo siguiente:

> Art. 3. Son terrenos ejidos:
>
> 1. Los que en concepto de tales han venido gozando varios concejos y poblaciones de la República en virtud de datas y concesiones que arrancan de la época colonial.
> 2. Los que hayan sido adquiridos como ejidos por los respectivos Municipios de conformidad con las leyes anteriores respectivas.
> 3. Los resguardos de las extinguidas comunidades indígenas. Respecto a estos terrenos se respetarán los derechos adquiridos individualmente por los poseedores de fracciones determinadas, conforme a la ley de 8 de abril de 1904.
> 4. Los terrenos baldíos que pasen al dominio de los Municipios que los soliciten de conformidad con las disposiciones del Capítulo V de la presente ley.

En cuanto al régimen de los ejidos, la ley eliminó toda referencia a la inalienabilidad de ciertos ejidos o a restricciones a su concesión a particulares, remitiendo el régimen a la legislación local, así:

> Art. 4. "Los ejidos se regirán por las Ordenanzas Municipales respectivas en cuanto no contraríen los principios de la legislación general de la República, en los puntos en que ésta deba ser uniforme según la Constitución Nacional".

Esta regulación se repitió con la misma enumeración de artículos, en las Leyes de 20 de junio de 1924; de 24 de junio de 1925 de 19 de agosto de 1931; y es la que rige actualmente conforme a la Ley de Tierras Baldías y Ejidos de 19 de agosto de 1936.

El principio de la inalienabilidad de los ejidos sólo se volvió a establecer nacionalmente, en la Constitución de 1925, en la cual se previó como competencia de las Municipalidades:

> "Administrar sus ejidos y terrenos propios, sin que puedan en lo sucesivo enajenarlos, salvo para construcciones" (Art. 18, Ord. 1°).

Esta norma, con igual número, se repitió en las Constituciones sucesivas de 1928, 1929, 1331 y 1945.

En la Constitución de 1947, su artículo 119 agregó por primera vez, en la legislación, a la inalienabilidad, la nota de la imprescriptibilidad, disponiendo lo siguiente:

> Art. 119. "Los ejidos son inalienables e imprescriptibles, salvo para construcciones en los casos y previas las formalidades señaladas en las ordenanzas municipales respectivas.

En la Constitución de 1953, el artículo 21 reguló entre las competencias de las Municipalidades, la siguiente:

> Ord. 3. "Dictar la Ordenanza que ha de regir la administración de sus ejidos y bienes propios, en la cual se establecerá que los primeros son inalienables e imprescriptibles salvo para construcciones y para fines de reforma agraria".

Este principio se recogió en la vigente Constitución de 1961, la cual establece:

> Art. 32. "Los ejidos son inalienables e imprescriptibles. Sólo podrán enajenarse para construcciones en los casos establecidos en las ordenanzas municipales y previas las formalidades que las mismas señalen. También podrán enajenarse con fines de reforma agraria aquellas que determine la ley, pero siempre se dejarán a salvo lo que requiera el desarrollo de los núcleos urbanos.

Finalmente, el régimen de los ejidos a nivel legislativo se ha regulado a partir de 1978 en la Ley Orgánica de Régimen Municipal. Como se señaló, hasta esa fecha los ejidos habían estado regulados en el artículo 3° de la Ley de Tierras Baldías y Ejidos de 1936, remitiendo allí su régimen a lo previsto en las ordenanzas municipales (Art. 4°). Actualmente la Ley Orgánica de Régimen Municipal de 1989 destina el Capítulo IV de su Título VII, a regular los ejidos, habiendo quedado derogados, por tanto, los artículos 3° y 4° de la vieja Ley de Tierras Baldías y Ejidos.

Debe señalarse que ha sido en la Ley Orgánica de Régimen Municipal de 1989, donde por primera vez se ha definido a los ejidos como del *dominio público* de los Municipios; sometidos, sin embargo, a un régimen jurídico peculiar que aun cuando parte del principio constitucional de que son "inalienables e imprescriptibles" (Art. 32), se establecen modalidades para su enajenación en determinadas condiciones.

De acuerdo al artículo 123 de la Ley Orgánica de Régimen Municipal, son terrenos ejidos:

1° Los que con dicho carácter hayan venido disfrutando los Municipios;

2° Los que hayan adquirido, adquieran o destinen los Municipios para tal fin;

3° Los resguardos de las extinguidas comunidades indígenas no adquiridos legalmente por terceras personas;

4° Los terrenos baldíos que circundan las poblaciones de los Municipios, conforme a la previsible expansión de aquéllas, de acuerdo a los señalamientos del Organismo Nacional de Planificación Urbana. En estos casos, la mensura y demarcación las hará practicar el respectivo Concejo o Cabildo, para que el Ministerio de Agricultura y Cría, previa la verificación del caso, expida el título correspondiente dentro del año siguiente, dejando siempre a salvo los derechos de terceros; y

5° Los terrenos propiedad del Instituto Agrario Nacional que circunden las poblaciones de los Municipios cuando sean necesarios para el ensanche urbano. El Ejecutivo Nacional, en la autorización que otorgue, determinará el número de hectáreas que se destinarán a ejidos. Los Municipios celebrarán con el Instituto Agrario Nacional los correspondientes convenios de donación o compra; y en este último caso, el precio a pagar por el Municipio al Instituto, no podrá ser mayor a la cantidad que éste efectivamente haya pagado al momento de adquirirlos, más el valor de las bienhechurías, si las hubiere, y los intereses causados calculados a la rata del doce por ciento (12%) anual.

A los efectos de la concesión y ampliación de ejidos a los Municipios que carezcan de ellos o no los tengan en cantidad suficiente, el artículo 124 de la Ley Orgánica de Régimen Municipal declara de utilidad pública o de interés social la actividad, a los efectos de aplicabilidad de la Ley de Expropiación por causa de utilidad pública o social.

Como se señaló, el principio de la posibilidad, por vía de excepción, de la enajenación de ejidos está previsto en el artículo 32 de la Constitución, luego de declarar que "son inalienables e imprescriptibles", en la siguiente forma:

> "Sólo podrán enajenarse para construcciones en los casos establecidos en las Ordenanzas Municipales y previas las formalidades que las mismas señalen. También podrán enajenarse con fines de reforma agraria aquellos que determine la ley, pero siempre se dejarán a salvo los que requiera el desarrollo de los núcleos urbanos".

En estos casos, el Consejo o Cabildo debe siempre proceder a "desafectar de su condición ejidal los terrenos a urbanizar" con el Voto de las tres cuartas (3/4) partes de sus miembros (Art. 125).

El artículo 32 de la Constitución ha sido desarrollado por los artículos 125 y siguientes de la Ley Orgánica, al prescribir en general que la enajenabilidad de los ejidos, sólo puede hacerse "para construcciones" y urbanizaciones, sometidas a los siguientes requisitos:

En primer lugar, que se trate de terrenos de origen ejidal, situados en el perímetro urbano de las poblaciones, es decir, tanto en la zona urbana como en el área de expansión de la ciudad. En estos casos, por tanto, se distinguen dos supuestos: si se trata de ejidos situados en la zona urbana, sólo son enajenables los ocupados "por construcciones habitacionales en la zona urbana", correspondiendo la determinación de lo que ha de considerarse como zona urbana al Municipio, siempre que esté incluida dentro del área de expansión de las ciudades, que corresponde ser fijada por el Ministerio del Desarrollo Urbano en los planes de ordenación urbanística (artículo 24, ordinal 2 de la Ley Orgánica de Ordenación Urbanística y artículo 52 de la Ley Orgánica para la Ordenación del Territorio).

Fuera de la zona urbana, pero dentro del área prevista para la expansión urbana, el Alcalde puede proponer, razonablemente, al Concejo o Cabildo la urbanización de los terrenos de origen ejidal situados dentro de la extensión prevista y previo el cumplimiento de los requisitos establecidos en la Ley de Ventas de Parcelas y demás leyes y ordenanzas aplicables.

En cuanto a los terrenos municipales situados fuera de la extensión prevista para la expansión urbana, pueden ser transferidos al Instituto Agrario Nacional de acuerdo a los convenios que celebre el Municipio con el Ejecutivo Nacional.

En segundo lugar, la enajenación de los ejidos situados fuera de la zona urbana pero dentro del área de expansión de la ciudad, sólo puede hacerse para urbanización. En estos casos, el Cabildo o Concejo debe proceder a desafectar los inmuebles de su condición ejidal, y proceder a aprobar la urbanización. A este efecto, el respectivo documento de parcelamiento debe ser aprobado por el Alcalde e inscrito en la Oficina Subalterna de Registro respectivo.

El desarrollo del parcelamiento de los terrenos ejidales puede ser hecho por el Municipio o mediante contrato. En este último caso, el contrato que se celebre debe ser aprobado por el voto de las tres cuarta (3/4) partes de los miembros del Concejo o Cabildo.

En todo caso, la enajenación de los ejidos para construcciones está sometida al control previo de la Contraloría Municipal y en ausencia de ésta, al control previo de la Contraloría General de la República.

El artículo 125 de la Ley Orgánica declara inexistente los contratos de enajenación de ejidos que se celebren en contravención con sus normas.

En tercer lugar, una vez urbanizados los terrenos ejidos, y desafectada su condición ejidal, las parcelas resultantes son las que puede enajenar el Municipio, siempre que de acuerdo al documento de parcelamiento y al número catastral. La forma de enajenación de estas parcelas está regulada con precisión en el artículo 126 de la Ley Orgánica de Régimen Municipal, en la siguiente forma:

> Artículo 126. Los terrenos originalmente ejidos, urbanizados conforme al procedimiento a que se refiere el artículo anterior, se adjudicarán inicialmente en arrendamiento con opción de compra, y el contrato deberá señalar el canon de arrendamiento, el precio del terreno, así como el plazo para ejercer la opción de compra, el cual no podrá ser mayor de dos (2) años, contados a partir de la fecha de la firma del contrato.
>
> El plazo para la construcción no excederá del señalado para el pago del precio del terreno, a menos que se trate de convenios de desarrollos urbanísticos celebrados con organismos públicos para la ejecución de planes de viviendas o dotación de servicios.
>
> Si la construcción no fuere ejecutada durante el lapso señalado para el pago del terreno, el contrato de arrendamiento con opción de compra quedará sin ningún efecto y el Concejo o Cabildo no devolverá las cantidades recibidas por

> concepto de cánones de arrendamiento. La venta se efectuará una vez terminada la construcción para cuyo fin fue adjudicado el terreno.
>
> Excepcionalmente podrá venderse a la persona que acredite en su solicitud haber obtenido la oferta de una entidad financiera de reconocida solvencia, de concederle un crédito para construcción de su vivienda.
>
> En tal caso, si transcurridos dos (2) años después de haberse otorgado el documento sin que el interesado haya ejecutado en un cincuenta por ciento (50%) la vivienda prevista, el Alcalde, previa la comprobación correspondiente, declarará el contrato resuelto de pleno valor de las bienhechurías construidas en el terreno, conforme a lo previsto en el Código Civil. En la escritura de venta se hará constatar esta condición.
>
> La resolución del Alcalde se remitirá a la Oficina Subalterna de Registro Público respectiva, para que se estampe la nota marginal correspondiente.

Ahora bien, de acuerdo a la evolución legislativa antes señalada, es evidente que durante toda la época colonial y la vida republicana hasta 1925, los ejidos podían enajenarse.

Sólo en el período entre 1912 y 1918 se había previsto la nota de inalienabilidad para los bienes propios provenientes de concesiones o adquisiciones de la época colonial.

Por supuesto, se entiende que la nota de inalienabilidad sólo se aplicó a partir de esas fechas (*en lo sucesivo*, decía la Constitución de 1925) para los bienes *que en ese momento eran ejidos* y no habían sido previamente enajenados o usucapidos conforme a la legislación civil.

Por tanto, un ejido que está siendo usado como bien comunal por la población de la ciudad aledaña, si bien era prescriptible, ello sólo era posible siempre que el uso comunal no fuera actual ni se hubiera efectuado durante el lapso de prescripción. En este sentido es que debe entenderse la sentencia de la antigua Corte Federal y de Casación, en Sala de Casación de 29 de abril de 1909, cuando señaló que "los ejidos son imprescriptibles *en razón del uso a que están destinados*"[1380]. Ese uso debía ser actual por lo que cuando ello sucedía no podía alegarse prescripción. De allí, por ejemplo que las leyes reguladoras de las Tierras Baldías y Ejidos, hayan definido siempre como tales, "los que en concepto de tales *han venido gozando*" los Municipios; y así mismo lo hace el artículo 123 de la Ley Orgánica de Régimen Municipal al establecer como ejidos *los que con dicho carácter hayan venido disfrutando los Municipios* (Art. 123, Ord. 1°).

En este sentido y sobre la prescriptibilidad de los ejidos en el derecho indiano y de principios de este siglo XX, Max Rafael Valladares, señalaba:

> "...un terreno es ejido mientras se le destina a tal, resulta que su inalienabilidad duraba tanto como su destino a ejido y que, cesado éste y hecho el terreno patrimonial, volvía a adquirir *ipso facto* la calidad de alienable y de prescriptible.

1380 *Memoria* al Congreso en 1910, Caracas, 1910, Tomo I, p. 212.

"Como además ya vimos que la Ley de 1837 sancionó todas las adquisiciones de bienes comunes (entre los cuales están los ejidos) hechas por particulares en todo el tiempo anterior a dicha Ley, inclusive los terrenos "arbitrariamente roturados", resulta que legalmente todas las adquisiciones de semejantes bienes hechas por particulares, aun cuando no hubiera mediado entre el momento en que eran claramente ejidos y la aprobación privada, un período de desuso como ejidos, que todas esas adquisiciones decimos, quedaron ratificadas y sancionadas legalmente, con lo cual se procuró un título, oponible a los Municipios mismos, a los poseedores de antiguos ejidos inclusive aquéllos que no lo tenían emanado de los Municipios mismos o de otra autoridad cualquiera.

"Establecido que la calidad de ejido se perdía por el desuso y que el bien que antes lo fuera se hacía patrimonial y caía en el comercio, resulta evidente que desde ese mismo momento era prescriptible, puesto que nadie ha pensado en discutir la prescriptibilidad de los bienes patrimoniales de los municipios, ya que las Partidas mismas (Part. III, Ley VI, Título 20) autorizaban la prescripción, por cuarenta años, de los bienes que aunque "sean de todos comunalmente, no usan comunalmente de ellos todos', las cuales no son otras que las cosas patrimoniales del Municipio"[1381].

Por todo ello, la antigua Corte de Casación en Sala Civil Mercantil y del Trabajo, en sentencia de 21 de febrero de 1955, al considerar que en una sentencia de un Tribunal Superior recurrida en Casación se había aplicado el artículo 18, ordinal 2° de la Constitución de 1925, en cuanto a la inalienabilidad de los ejidos, siendo que en el caso concreto se trataba de una enajenación que había sido efectuada en 1916, consideró que se había infringido la garantía de la irretroactividad de la Ley establecida en la Constitución y el Código Civil. En esa sentencia la Corte de Casación señaló:

> "Fue sólo en la Constitución de 1925 cuando por primera vez apareció la prohibición de enajenar los ejidos "salvo para construcción". Es significativo que en esta misma Constitución, en la base 18, los Estados reservan al Poder Federal todo lo relacionado a tierras baldías, excluyendo los ejidos y en el artículo 18, ordinal 2°, se deja a la competencia de la Municipalidad administrar sus ejidos, *se mantienen en vigencia las enajenaciones ya efectuadas y se autorizan futuras*, aunque limitadas a los fines de construcción. *Se reconoce la vigencia de todas las enajenaciones* anteriores, puesto que la misma reforma contenida en este ordinal del artículo 18, expresamente explica que tal prohibición es "para lo sucesivo", esto es, para las enajenaciones posteriores a la promulgación de la nueva Constitución"[1382].

Más recientemente, la Corte Suprema de Justicia, al resolver sobre la nulidad de una Ordenanza del Distrito Maturín del Estado Monagas que había declarado que eran ejidos una serie de inmuebles, en sentencia de Corte Plena de 25 de noviembre de 1993, señaló lo siguiente:

1381 Véase Max Rafael Valladares, *loc. cit.*, pp. 433 y 434.

1382 Véase en *Gaceta Forense*, 2ª Etapa N° 11, Volumen II, Caracas, 1956, p. 49.

"13. A juicio de la Corte, de todo lo anteriormente expuesto queda suficientemente probado que, tal como lo expresan los recurrentes, al menos algunos de los terrenos señalados en la Ordenanza recurrida *no son en realidad ejidos pertenecientes al Distrito Maturín, como se declara en la misma, sino terrenos de propiedad particular*. Por lo demás los alegatos esgrimidos y las pruebas presentadas por los apoderados del Distrito Maturín no son aptas para desvirtuar tal hecho, no sólo porque no tacharon la falsedad de los documentos presentados por los recurrentes, sino porque la única prueba que aportaron en defensa de la legalidad de la Ordenanza impugnada es un documento de *1783*, donde consta que un funcionario de la Real Audiencia y Cancillería de Santo Domingo, en visita que hizo ese año al pueblo de San Judas Tadeo de Maturín, *procedió, en nombre de Su Majestad a hacer una dotación de tierras a los naturales del lugar; documento que podría probar que tales tierras fueron en una época del patrimonio municipal, pero que, obviamente, no pueden demostrar que lo hayan seguido posteriormente* hasta ahora, máxime si se tiene en cuenta que durante un largo período de nuestra historia republicana los inmuebles municipales, salvo los del dominio público, fueron enajenables y susceptibles de usucapión, por lo cual todos o algunos de aquellos terrenos originalmente municipales pudieron luego dejar de serlo, como aconteció concretamente con los adjudicados en 1837 a Ramos Arostegui"[1383].

4. *La incompetencia de las autoridades municipales para declarar o considerar unilateralmente en vía gubernativa como ejidos determinados inmuebles de propiedad privada*

De conformidad con el principio de legalidad consagrado en el artículo 117 de la Constitución, sólo ésta y las leyes definen las atribuciones de los órganos del Poder Público. En derecho público, la competencia no se presume, sino que requiere de texto expreso que la asigne. Tal como lo ha precisado la Corte Suprema de Justicia en Sala Político Administrativa, en sentencia de 28-1-64,

> "la competencia o sea la aptitud legal de los órganos de la Administración, no se presume. Debe emerger del texto expreso de una regla de derecho, ya sea la Constitución, la Ley, el Reglamento o la Ordenanza. Tal es el criterio de la doctrina administrativa, que exige, para la validez de los actos administrativos, que la cualidad del autor esté definida en una norma atributiva de competencia. A falta de disposición expresa, la autoridad carece de cualidad para efectuar el acto"[1384].

Ahora bien, conforme a esta doctrina, los Alcaldes *carecen absoluta y totalmente de competencia* para decidir "declarar" que determinado inmueble de propiedad privada en un ejido municipal y ordenar a funcionarios de la Alcaldía "tomar posesión" del mismo. Ni la Constitución, ni la Ley Orgánica de Régimen Municipal, ni

---

1383 *Loc. cit.*, p. 24.

1384 Véase en *Gaceta Oficial* N° 27.367, 13-2-64, pp. 203-359 y 203-360. (En igual sentido, sentencia de la misma Sala Político-Administrativa de 11-8-65 en *Gaceta Oficial* N° 17.845, 22-9-65, pp. 201-324.

la Ley Orgánica del Distrito Federal, ni norma alguna del ordenamiento jurídico le atribuyen a los Alcaldes competencia alguna para "crear" o "extender" el régimen de los ejidos a inmuebles que son de propiedad privada.

Debe señalarse que conforme al artículo 184 de la Ley Orgánica de Régimen Municipal los alcaldes tienen asignada, indirectamente, la obligación de tomar las medidas pertinentes para el rescate de los ejidos del Municipio y ejercer las acciones necesarias para la defensa de los mismos.

Sin embargo, esa obligación no es para tomar las medidas que arbitrariamente se le ocurrían a los Alcaldes, sino las que en cada caso autorizaba el ordenamiento jurídico.

En efecto, la norma contenida en el artículo 184 de la Ley Orgánica de Régimen Municipal, lo que contiene es una simple "cláusula general" de actuación, mediante la cual se establecen cometidos genéricos del órgano administrativo, pero que no puede ser aplicada como cláusula habilitante de poderes absolutos o ilimitados de éste. Se trata de una típica norma, que se limita a definir objetivos del órgano administrativo, pero que no habilita ni configura competencias concretas.

Las competencias concretas del órgano administrativo, en este caso, del Alcalde, se encuentran asignadas en artículos específicos de la Ley Orgánica de Régimen Municipal, de la Ley Orgánica del Distrito Federal del Código Civil y del Código de Procedimiento Civil.

En consecuencia, los Alcaldes carecían total y absolutamente de competencia para declarar como ejido un inmueble de propiedad privada. Tal y como lo ha señalado la Corte Suprema de Justicia en Corte Plena en sentencia de 15-11-93 al declarar la nulidad de una Ordenanza Municipal que había considerado determinados inmuebles como ejidos:

> "El examen de la anterior cuestión entraña, en segundo término, el de la competencia de las Municipalidades para "crear" títulos de propiedad sobre tierras calificadas de ejidos, competencia que se infiere del texto mismo del artículo 1° de la Ordenanza y de los tres artículos siguientes. A juicio de la Corte, no es sólo en razón de que el Concejo Municipal no ha ejercido nunca posesión (desde la época colonial) de los terrenos ejidos que le fueron adjudicados por concepto de tales en los documentos de 1783 y 1786, que dicha declaración no puede ser atributiva de propiedad, sino porque esa declaración del Concejo, de ser o permanecer como propietario de tales tierras deslindadas o no, por concepto de ejidos o de cualquier otro título, así esté contenida en una Ordenanza válidamente sancionada es, *por sí sola, absolutamente inepta e ineficaz para aceptar la propiedad ni ningún otro derecho real adquirido por una persona natural o jurídica, mediante título idóneo o suficientemente registrado* y, por tanto, con fe pública *erga omnes*; y, mucho menos, si la inscripción del título respectivo le atribuye la preclusividad registral"[1385].

1385 Véase en *Gaceta Oficial* N° 4.705 Extra de 16-3-94, p. 32.

Y más adelante la misma sentencia de la Corte Suprema señaló:

> "No sin razón arguyen los representantes judiciales de la Municipalidad del Distrito Maturín que, por la naturaleza misma del derecho de propiedad, inherente al denunciado artículo 1° de la Ordenanza impugnada, dicho precepto tiene en el fondo características propias de ser regulado por el derecho privado, lo cual equivale a decir que, no obstante su forma o denominación de ley municipal (Ordenanza), su objeto es una declaración de propiedad ejidal y, más precisamente, una "delimitación y mesura..." de la misma, las cuales, según lo expresó la antigua Corte Federal y de Casación, "son oponibles' a terceros jurídicamente indiferentes, más no a terceros en sentido técnico", vale decir, quienes hayan adquirido derechos de esa propiedad inmueble (sent. 7 de marzo de 1947, *Mem.* 1948, p. 248)[1386].

En definitiva, en la misma sentencia de la Corte Suprema se afirmó lo siguiente:

> "Por eso, si la delimitación de ejidos suscita un conflicto con otros particulares, debe tratar de efectuarse por los medios convencionales que suponen un acuerdo de voluntades de los diferentes propietarios implicados en el acto, o, en defecto de ello, *mediante el apropiado procedimiento contradictorio ante los tribunales competentes, destinados a, garantizar los derechos de todos los afectados*"[1387].

Y precisamente es ante los tribunales de la República, como también lo expresó la Corte Suprema en la antes citada sentencia de 25 de noviembre de 1993, que:

> "La actuación procesal del Concejo debe dirigirse entonces a demostrar la inidoneidad de tal título, mediante el aporte de prueba de la invalidez o la ineficacia de los actos, o la ausencia de los hechos en que pretenda sustentarse. Así, si el poseedor se dice propietario por obra de una cadena de transferencias, el Concejo ha de demostrar que la misma está viciada o se refiere a otro inmueble; si el título invocado por el poseedor es la usucapión, el Concejo alegará y tratará de probar que la usucapión no se consumó por faltar alguno de los requisitos necesarios para ello (*loc. cit.* p. 24).

Estos criterios conducen indubitablemente a afirmar que cuando el artículo 184 de la Ley Orgánica de Régimen Municipal, indirectamente, obliga a los Alcaldes a tomar las medidas pertinentes para el rescate de los ejidos del Municipio y ejercer las acciones necesarias para la defensa de los mismos, se trata de *las acciones pertinentes ante los tribunales* para dirimir la cuestión de propiedad que ello implica, no facultado dicha norma para adoptar medidas ejecutivas de declaración unilateral de inmuebles de propiedad privada como ejidos, como efectos confiscatorios, ni para tomar posesión de ellos en vía administrativa.

1386 *Loc. cit.*, p. 22.

1387 *Loc. cit.*, p. 25.

5. *Conclusiones*

De todo lo anteriormente expuesto puede señalarse en conclusión, lo siguiente:

A. El hecho de que la declaración o acto del Gobernador Don Diego Osorio de 1594 hubiera definido como ejidos de la ciudad de Caracas, todas las tierras a la salida de la misma por los cuatro vientos, no significa, en forma alguna, que ello haya permanecido jurídicamente estático. Los ejidos asignados a la ciudad de Caracas en esa declaración abarcaban absolutamente todo el Valle de Caracas, El Ávila y las tierras que llegaban hasta el mar. Pretender, más de cuatrocientos años después, que esas tierras siguen siendo ejidos, es desconocer el derecho, los hechos y la historia.

B. La dotación a ciudades de ejidos, como bienes vecinales o comunales entre otros fines, tuvieron como objetivo fundamental establecer una reserva de tierras para el futuro crecimiento de la ciudad. Así se previó desde las Ordenanzas de Descubrimiento y Poblamiento de Felipe II dictadas en 1573. Ello implicaba, por esencia, que los mismos podían desafectarse de su uso comunal y enajenarse para construcciones o adquirirse por prescripción, con los mismos fines de ensanche de la ciudad.

C. El derecho castellano, conforme al cuerpo normativo de las Partidas y luego, el derecho indiano recopilado en la *Recopilación de las Leyes de los Reynos de Indias* que nos rigió hasta que fue sustituido bien entrada la época republicana, y la legislación nacional durante el siglo pasado, permitió la enajenación de ejidos y su usucapibilidad.

D. La inalienabilidad de ciertos ejidos sólo se estableció parcialmente en la Ley de Tierras Baldías y Ejidos de 1912 y luego, para todos los ejidos, a partir de la Constitución de 1915. Todos los ejidos que fueron enajenados o que fueron adquiridos por prescripción antes de esas fechas, dejaron de ser ejidos y pasaron a ser propiedad privada.

En esta situación se encuentran, por supuesto, las tierras de todo el Valle de Caracas, donde hasta la serranía de El Ávila, como se sabe, es de propiedad privada aun cuando sometida a las limitaciones derivadas de haber sido declarada como Parque Nacional.

V. LA PARTICIPACIÓN POLÍTICA EN EL RÉGIMEN MUNICIPAL

1. *La participación política en la ley orgánica*

La Ley Orgánica de Régimen Municipal ha establecido una serie de mecanismos de participación de la comunidad en la conducción de los asuntos locales. Estos mecanismos de participación pueden clasificarse en tres grupos: los de participación política; los de participación en asuntos vecinales; y los de participación en defensa de los bienes municipales[1388].

1388 Véase Allan R. Brewer-Carías, "La participación política a nivel local", en *Revista de la Escuela Superior de las Fuerzas Armadas de Cooperación*, Edición 42 aniversario de la Creación de la F.A.C., Caracas, 1980, pp. 35 a 62. Parte de este trabajo se publicó con el título "La participación política en la nue-

A. *Mecanismos de participación política*

a. *Democracia y vecindad*

En cuanto a las disposiciones sobre participación política, la Ley Orgánica ratifica el principio de la autonomía municipal previsto en la Constitución y que implica la elección, por el propio Municipio, de sus autoridades (Art. 4, Ord. 1°), pero agregando que la organización del Municipio "será de carácter democrático y tendrá por finalidad el eficaz gobierno y administración de los intereses peculiares de la entidad" (Art. 3).

Corresponde, por tanto, a la comunidad del Municipio, integrada por los residentes en su jurisdicción, no sólo nacionales sino a los extranjeros con más de 10 años de residencia en el país y con más de un año de residencia en el Municipio (Art. 8 de la LOS), la elección de las autoridades municipales. El vínculo político de la comunidad con la unidad política municipal es, por tanto, la residencia, es decir, el lugar donde se desarrollan habitualmente las actividades normales de la vida humana. Este concepto civil de la residencia adquiere su significado público en el de vecindad como permanencia habitual del individuo en una comunidad.

Pero no basta la simple permanencia habitual en un lugar para que surja la vecindad: es necesario un acto administrativo que la declare, y a falta de otro control, ese acto es el de incorporación en el Registro Electoral Permanente.

El ser residente de un Municipio en esa condición, no sólo posibilita el ejercicio del derecho a elegir las autoridades municipales, sino también a ser electo concejal (Art. 65) o Alcalde (Art. 52). En ambos casos se necesita ser residente del respectivo Municipio, incluso por un período de tiempo superior a 3 años.

La residencia, por tanto, da el carácter de vecino, y el ser vecino de un Municipio da los siguientes derechos y deberes (Art. 167 LORM):

1° Ser electores y ser elegibles de acuerdo a lo dispuesto en la Ley Orgánica del Sufragio y en la presente Ley;

2° Utilizar los servicios públicos municipales en las condiciones establecidas en las Ordenanzas Municipales;

3° Participar en la gestión municipal de acuerdo con lo dispuesto en la presente Ley;

4° Contribuir mediante el pago de impuestos, tasas y demás prestaciones económicamente previstas, para la realización de las competencias municipales;

5° Todos los demás establecidos en las Leyes y Ordenanzas.

---

va Ley Orgánica de Régimen Municipal", en *Libro-Homenaje a Rafael Pizani*, Caracas, 1979, pp. 45 y ss. Sobre el mismo tema de la participación, véase Allan R. Brewer-Carías, "El Derecho Administrativo y la participación de los administrados en las tareas administrativas", *Revista de Derecho Público*, E.J.V., N° 22, Caracas, 1985, pp. 5 a 32. Véase sobre el tema el estudio de Carlos Ayala Corao sobre "La participación ciudadana en el nuevo régimen municipal", en la tercera parte del libro *Ley Orgánica de Régimen Municipal 1989*, Editorial Jurídica Venezolana, 1990, pp. 219 y ss.

Entre estos deberes y derechos se destaca el de "participar en la gestión municipal", lo cual debe actualizarse básicamente en las Juntas Parroquiales (Art. 34).

Sin embargo, las formas, medios y procedimientos de participación que los Municipios establezcan en ejercicio de sus funciones, no pueden menoscabar las facultades de decisión que corresponden a los Órganos del Gobierno local (Art. 168).

En todo caso, los Municipios y los Distritos deben suministrar la más amplia información sobre su actividad y promover la participación de todos los ciudadanos en la vida local (Art. 168); y por ello se garantiza a todos los ciudadanos el derecho a consultar los archivos y registros de los Municipios, así como a obtener copias o certificaciones de las decisiones que adopten los órganos de las entidades locales, salvo el caso de documentos clasificados como reservados (Art. 169).

b. *El Referéndum Municipal*

La Ley Orgánica de Régimen Municipal de 1989 además de prever el referéndum para consultar sobre la revocatoria del mandato del Alcalde cuando ha sido suspendido (Art. 69), regula esta figura, en general, en su artículo 175.

Esta norma prevé, que el Concejo o Cabildo convocará a referéndum a los electores de la Parroquia, Municipio o Distrito, "a los fines de la consulta de las ordenanzas u otros asuntos de interés colectivo", con excepción de la Ordenanza de Presupuesto y de las tributarias, cuando así lo decida la Cámara por el voto de las dos terceras (2/3) partes de sus miembros o lo solicite un diez por ciento (10%), por lo menos, de los vecinos inscritos en la Junta Electoral que tenga jurisdicción en esa entidad. La Ordenanza sometida a referéndum requerirá para su validez la aprobación de la mayoría de los votos válidos emitidos.

La convocatoria a referéndum debe producirse dentro de los treinta (30) días continuos contados a partir del acuerdo de la Cámara o de la sesión en que se dé cuenta de la solicitud de los vecinos; y el acto de referéndum se celebrará dentro de los sesenta (60) días continuos a partir de la fecha de la convocatoria.

En todo caso, la Ley prohíbe la convocatoria a referéndum sobre la misma Ordenanza hasta transcurrido un (1) año de la consulta efectuada:

El Concejo Supremo Electoral debe ejercer la organización y vigilancia de los procesos de referéndum, prestar apoyo técnico para su realización y hacer del conocimiento del Concejo o del Cabildo sus resultados.

c. *Las iniciativas ciudadanas*

a'. *Creación de entidades locales*

Por otra parte, y también desde el punto de vista de la participación política, la Ley Orgánica atribuye la iniciativa para la creación de un Municipio, su fusión o su incorporación a otro, además de a la Asamblea Legislativa y a los Concejos Municipales interesados, a los ciudadanos integrantes de la comunidad o comunidades interesadas, en número no menor del 20 por ciento de los inscritos en el Registro Electoral Permanente (Art. 20, Ord. 1°), con lo cual se vincula, de nuevo, la vecindad, con la inscripción en el Registro Electoral Permanente.

Una iniciativa similar se atribuye a los residentes, en porcentaje similar, para la creación de los Distritos Metropolitanos (Art. 25).

b'. *Sanción y reconsideración de Ordenanzas*

También como mecanismo de participación política, la Ley Orgánica de Régimen Municipal otorga a los vecinos la iniciativa legislativa en materia de Ordenanzas y la posibilidad de solicitar a los Concejos Municipales la reconsideración de ciertas Ordenanzas.

En efecto, en cuanto a la iniciativa legislativa, la Ley Orgánica (Art. 174) atribuye a las Asociaciones de Vecinos, así como a las organizaciones sindicales, gremiales u otras agrupaciones representativas de sectores de la comunidad legalmente constituidas, la posibilidad de presentar a los Concejos o Cabildos proyectos de Ordenanzas. Esta iniciativa, de acuerdo a la Ley, debe ser respaldada por un número no menor de mil vecinos de la comunidad, debidamente identificados en el escrito dirigido al Concejo Municipal. La identificación de los vecinos que apoyan la iniciativa se debe hacer con su nombre y apellido, dirección donde habita en el Municipio o Distrito y el número de su cédula de identidad.

Estos Proyectos de Ordenanzas deben ser sometidos a consideración de la Cámara para su admisión o rechazo dentro de los treinta (30) días siguientes a su presentación. En todo caso, admitido el Proyecto, se le debe dar el trámite que establezca el Reglamento Interno de la Cámara (Art. 174).

En cuanto a la posibilidad de solicitar la reconsideración de Ordenanzas, el artículo 176 de la Ley Orgánica atribuye tal derecho a "los vecinos de Municipio o Distrito", limitando la posibilidad de la reconsideración respecto de las Ordenanzas Municipales que no sean de carácter tributario o de presupuesto. Esta solicitud de reconsideración debe ser formulada por el diez por ciento (10%) de los vecinos de la comunidad, debidamente identificados, conforme a lo dispuesto en el Art. 174 (Arts. 174 y 177).

El planteamiento de la reconsideración debe formularse dentro del plazo de tres (3) meses contados a partir de la fecha de la publicación en la Gaceta Municipal o Distrital, en forma razonada y con el pedimento expreso y necesario de que se modifiquen algunas de las disposiciones de la Ordenanza o se levante la sanción a toda o parte de ella (Art. 17.6).

Ahora bien, recibida la solicitud de reconsideración, el Concejo debe decidir en un plazo no mayor de sesenta (60) días acerca de los puntos planteados en ella. (Art. 178).

Esta solicitud de reconsideración, señala el artículo 179, no suspende los efectos de la Ordenanza objetada. Sin embargo, si el Concejo o Cabildo no se pronuncia dentro del plazo antes señalado, la Ordenanza queda suspendida en sus efectos por un plazo de sesenta días, durante el cual continuará vigente la que hubiere sido derogada por la Ordenanza objetada, si éste fuera el caso.

Durante este último plazo cualquier vecino de la comunidad puede solicitar ante la Corte Suprema de Justicia la nulidad de la Ordenanza objetada, y la suspensión de la misma continuará hasta la decisión de la Sala Político-Administrativa, la cual debe producirse dentro de un plazo de 30 días (Art. 166). En caso de no solicitarse la nulidad, cesa la suspensión de los efectos de la Ordenanza objetada (Art. 179).

d. *El control de la pérdida de la investidura de funcionarios municipales*

En los supuestos en los cuales los Alcaldes y los concejales estén incursos en causales de pérdida de su investidura (Art. 68), y no se tome la decisión correspondiente por el Concejo o Cabildo, el artículo 68 de la Ley Orgánica atribuye a cualquier "ciudadano del Municipio o Distrito" (se entiende "vecino" o "residente") la posibilidad de recurrir a la Sala Político-Administrativa de la Corte Suprema de Justicia para que ésta se pronuncie al respecto.

B. *Los mecanismos de participación en asuntos vecinales*

a. *Los canales de información*

Además de los mecanismos de participación política propiamente dichos, la Ley Orgánica de Régimen Municipal reguló diversos mecanismos de participación de la comunidad en asuntos vecinales, y de estímulo a la misma.

En efecto, entre las facultades de los Alcaldes está la de "estimular la colaboración y solidaridad de los vecinos para la mejor convivencia de la comunidad" (Art. 74, Ord. 12). Por otra parte, al Presidente de los Concejos y Cabildos corresponde "llevar las relaciones del Concejo o Cabildo que representa y los organismos públicos y privados, así como con la ciudadanía" (Art. 77, Ord. 2°); y al Síndico Procurador Municipal le corresponde "elevar a conocimiento del Concejo las quejas que reciba por deficiencias en los servicios públicos Municipales o Distritales" (Art. 87, Ord. 6°).

b. *Los cabildos abiertos*

Pero entre las normas de la Ley Orgánica que consagran mecanismos de participación vecinal, está la contenida en su artículo 171 y que consagra la figura de los Cabildos abiertos. Este artículo establece, en tal sentido, que cada tres (3) meses, por lo menos, la Cámara Municipal o Distrital, con presencia del Alcalde, deberá celebrar una sesión en la cual se considerarán las materias de interés local que un mínimo de diez (10) vecinos haya solicitado por escrito y con quince (15) días de anticipación, por lo menos, a la fecha de la reunión. Estas materias serán inscritas en el orden del día y, en dicha sesión, el público asistente podrá formular preguntas, emitir opiniones y hacer solicitudes y proposiciones. El Concejo, el Cabildo o el Alcalde, según competa, deberá dar a los vecinos respuesta oportuna y razonada a sus planteamientos y solicitudes. En todo caso, para la celebración de esta reunión, se convocará, entre otras, a organizaciones vecinales, gremiales, sociales, culturales y deportivas de la comunidad.

c. *El atesoramiento y la vigilancia vecinal*

El artículo 180 de la Ley Orgánica impone al Concejo Municipal el requerir, de conformidad con lo que dispongan sus Reglamentos, la cooperación vecinal para labores de asesoramiento, en:

A) Comisiones permanentes del propio Concejo o Cabildo;

B) Comisiones de Vecinos encargadas de vigilar el buen funcionamiento de los servicios públicos en su jurisdicción: Educativos, asistenciales, recreacionales, de policía, de acueductos, cloacas y drenajes, de aseo urbano, de abastecimiento, mercados y control de precios; de cementerios y servicios funerarios, de transporte público, de vialidad y conservación de vías y cualesquiera otras.

Por último, la Ley Orgánica de Ordenación Urbanista ha regulado diversos mecanismos de participación vecinal en materia de Urbanismo[1389].

d. *El control de bienes municipales*

La Ley Orgánica establece, por último, dos supuestos de participación de los vecinos en la defensa de los bienes municipales.

En primer lugar, el artículo 109 atribuye la legitimación a cualquier vecino del Municipio, para solicitar al Concejo Municipal la declaratoria de inexistencia de una donación o de un usufructo o comodato de bienes muebles del dominio privado del Municipio, realizada en contravención con dicha norma. Además, en caso de negativa del Concejo a hacer dicha declaratoria o falta de pronunciamiento dentro de los 60 días siguientes a la solicitud, se puede ocurrir al Juez competente en lo contencioso-administrativo de la Jurisdicción, quien, constatada la contravención, debe declarar la inexistencia.

En segundo lugar, el artículo 184 atribuye a cualesquiera de los vecinos la legitimación necesaria para solicitar la intervención del Ministerio Público, para que inste al Alcalde a tomar las medidas pertinentes para el reconocimiento de su propiedad o posesión de ejidos e inmuebles municipales o distritales enajenados con violación de lo dispuesto en la Constitución, Leyes u Ordenanzas, cuando sean detentados sin causa o justo título.

2. *Las Asociaciones de Vecinos*

A. *Características generales*

Ahora bien, no hay duda en poder afirmar que una de las manifestaciones más características de las formas de participación de la comunidad en la conducción de los asuntos locales, está en la denominadas Asociaciones o Juntas de Vecinos o Residentes, y que como movimientos sociales urbanos, han hecho su aparición en las últimas décadas.

No hay que olvidar que en sus orígenes, la institución municipal no era otra cosa que una asociación de vecinos, autónoma, políticamente hablando. La progresiva burocratización o centralización del Municipio, alejó esta institución local de los vecinos y residentes, quienes dejaron de encontrar en el Municipio una fuente de participación, y más bien lo comenzaron a sentir como un enemigo de sus intereses vecinales. Las Asociaciones de Vecinos o Residentes, buscan así llenar el vacío de participación dejado por el antiguo Municipio, y al aparecer como un fenómeno

1389 Véase el análisis detallado de esto en Allan R. Brewer-Carías, "Introducción general al régimen legal de la ordenación urbanística", en *Ley Orgánica de Ordenación Urbanística*, Editorial Jurídica Venezolana, Caracas 1988, pp. 75 a 80.

espontáneo y como un auténtico movimiento social urbano, han venido a enfrentarse al poder local en la defensa de los intereses vecinales.

Después de una acción continua desarrollada a finales de los sesenta y en la década de los setenta, la Ley Orgánica de Régimen Municipal de 1978 reconoció formalmente a las Asociaciones de Vecinos, a lo que contribuyó, sin duda, el mismo planteamiento formulado por la Federación de Comunidades Urbanas al Congreso en abril de 1978.

Estas asociaciones de vecinos, en todo caso, son de carácter privado y no sometidas a las autoridades municipales. Es cierto que pretenden ser instrumentos de participación, pero más bien han actuado como grupos de presión, con frecuencia frente y contra la autoridad municipal. En todo caso, políticamente hablando, el movimiento de vecinos debe ser cuidadosamente tratado: desde el punto de vista de los poderes públicos, debe impulsarse como cauce de participación política, pero sin ahogárselo en reglamentaciones y sin burocratizárselo; desde el punto de vista del propio movimiento social urbano, deben precisarse sus objetivos de defensa de intereses auténticamente vecinales frente a la autoridad municipal y no convertirse en instrumentos de lucha guiados por la sola emotividad de algunos de sus miembros conductores.

La Ley Orgánica de 1989, en todo caso, ha continuado regulando a las Asociaciones de Vecinos, imponiendo a los Municipios y demás entidades locales el deber de favorecer el desarrollo de las mismas, destinadas a la defensa de los intereses colectivos. Los Municipios, deben, además, facilitar a dichas Asociaciones la más amplia información sobre sus actividades y, dentro de sus posibilidades, el uso de los medios públicos y el beneficio de ayudas económicas para la realización de sus fines, impulsando su participación en la gestión municipal (Art. 170).

B. *El ámbito personal y territorial de las Asociaciones de Vecinos*

El primer elemento a precisar respecto a las Asociaciones de Vecinos es su ámbito personal y territorial. Tal como hemos señalado éstos vienen determinados por la vecindad, es decir, por la vinculación que por la residencia tienen un grupo de personas con un ámbito territorial determinado: barrio o urbanización. Este concepto de vecindad está basado en el concepto jurídico de residencia, es decir, el lugar donde habitualmente una persona desarrolla sus actividades humanas. Por tanto, la vecindad no está ligada a la existencia del derecho de propiedad. Ciertamente, muchas de las Asociaciones de Vecinos que se constituyeron en la década de los sesenta, fueron Asociaciones de Propietarios y Residentes, pero realmente la calidad de miembro de la Asociación nunca estuvo vinculada a la propiedad sino a la residencia.

Por otra parte, el carácter de vecino surge independientemente del estado civil de la persona. La vecindad, por tanto, no tiene relación con la familia como categoría sociológica, y la pertenencia a las Asociaciones de Vecinos nunca ha estado vinculada a la familia o al número de familias que pueda existir en un área determinada.

Pero en todo caso, la vecindad, es decir, la comunidad de intereses vecinales que existe entre un grupo de personas, viene referida a un ámbito territorial determinado. Normalmente las Asociaciones de Vecinos se constituyeron, en el Área Metropolitana de Caracas, en las urbanizaciones y en ciertos barrios del centro de la ciudad y aun en barrios marginales.

Algunas tienen un ámbito territorial equivalente a una división político-territorial preexistente, como la Parroquia o el Municipio; pero en general, el ámbito territorial es la urbanización o el barrio, es decir, un territorio en el cual surge una comunidad de intereses vecinales derivados de una cierta homogeneidad, incluso física o de sus propias peculiaridades, y que da origen a una interrelación humana relativamente importante. Por supuesto, este ámbito territorial varía entre ciudad y ciudad. En las grandes ciudades se identifica con la urbanización o el barrio, pero en los pequeños centros poblados, el pueblo todo puede dar origen a un ámbito territorial definido de vecindad.

Para la promoción de las Asociaciones de Vecinos, por tanto, no deberían ni limitarse artificialmente el número de los asociados, ni demarcarse artificialmente el ámbito territorial en los cuales pueden constituirse. La Ley de 1989, en este sentido, como lo que reguló la Ley de 1978, ha sido bastante flexible.

En efecto, establece que las Asociaciones de Vecinos se pueden constituir por "los vecinos que integran una comunidad, con lazos y vínculos permanentes en un barrio, vecindad o urbanización, de acuerdo al ámbito espacial que determina la Oficina Municipal que tenga a su cargo la planificación urbana" (Art. 173).

Ahora bien, en cuanto al número de personas que deben integrarlas, la Ley remite al Reglamento para determinar "el número mínimo de sus integrantes" (Art. 173); y en efecto, el Reglamento Parcial N° 1 de la Ley, dictada por Decreto N° 3.130 de 6 de marzo de 1979[1390], estableció como principio general que "los habitantes que integran una comunidad de doscientas (200) familias, por lo menos, podrán constituir una Asociación de Vecinos, la cual tendrá personalidad jurídica".

En esta forma, artificialmente fija un número mínimo de población para la constitución de una Asociación de Vecinos, y a ello se le puede formular varias observaciones: en primer lugar, que introdujo el concepto de familia, extraño al de vecindad, como se ha dicho; en segundo lugar, que el límite poblacional que implican las doscientas familias es totalmente arbitrario, pues la vecindad tiene relación con un ámbito territorial determinado y que en muchos casos da origen a una población inferior; y en tercer lugar, que con dicha norma se establece una odiosa e injustificada limitación al derecho de asociarse con fines lícitos, previsto en el artículo 70 de la Constitución.

En cuanto al ámbito territorial de las Asociaciones de Vecinos, la Ley parte de la premisa que éste debe ser determinado por la "Oficina Municipal que tenga a su cargo la planificación urbana" (Art. 173).

En todo caso, señala la Ley, que la referida Oficina Municipal, a solicitud de los interesados, debe determinar la modificación de ámbitos territoriales, a los efectos de la constitución y funcionamiento de más de una asociación en aquellas urbanizaciones o barrios que por su extensión territorial o por su número de habitantes así lo requieran, para lo cual deberá señalar, en cada caso, la circunscripción donde actuará cada una de ellas. Esta decisión de la Oficina Municipal puede ser apelada ante la Cámara Municipal. De nuevo aquí la Ley Orgánica, contrariando el principio de separación orgánica de poderes que consagra, erige al Concejo Municipal y no al

---

1390 Véase en *Gaceta Oficial* N° 31.692 de 8-3-79.

Alcalde, en el superior jerárquico para conocer de recursos contra decisiones de organismos administrativos del Municipio, que dependen del Alcalde.

Por último, debe destacarse que la Ley Orgánica exige en general que la organización y funcionamiento de las Asociaciones debe ser democrática y responder a su naturaleza propia (Art. 173).

Para adquirir personalidad jurídica, las Asociaciones de Vecinos deben inscribir su Acta Constitutiva y Estatutos en la correspondiente Oficina Subalterna de Registro.

Además, sólo para fines informativos, el Concejo Municipal mantendrá un archivo actualizado de las Asociaciones de Vecinos legalmente constituidas en su jurisdicción (Art. 172).

C. *Las funciones de las Asociaciones de Vecinos*

Ahora bien, en cuanto a las funciones de las Asociaciones de Vecinos, como cuerpos intermedios de participación, su característica general es la de ser movimientos sociales con pluralidad funcional vinculada al interés colectivo. Es decir, no tienen, en la defensa de los intereses vecinales, una función concreta ni de carácter sectorial.

Así se distinguen las funciones múltiples de las Asociaciones de Vecinos, de las funciones concretas de otras sociedades intermedias: asociaciones sindicales, gremiales, profesionales, culturales, deportivas, de usuarios, o de consumidores.

Las funciones múltiples de las Asociaciones de Vecinos giran en torno a un objetivo definido: la defensa del interés colectivo, lo cual puede abarcar múltiples aspectos: defensa de la integridad urbana de su ámbito territorial; solución de los problemas derivados de la renovación urbana; actividad reivindicativa para el logro de dotaciones de equipamiento urbano o la prestación de servicios públicos eficientes; la defensa de valores históricos y tradicionales de su ámbito territorial; la colaboración con la Administración en la planificación urbana del ámbito vecinal; la representación de los vecinos ante las autoridades municipales; y, en fin, la cooperación vecinal en todas sus manifestaciones, de acuerdo a lo indicado en el artículo 6° del mencionado Reglamento N° 1.

Estas diversas funciones las realizan las Asociaciones de Vecinos como organismos autónomos y, por tanto, no dependientes de cualquier otra organización social superior y, por supuesto, no dependientes de las autoridades municipales. De allí que las regulaciones que se establezcan deben garantizar esta autonomía en lugar de minimizarla.

La autonomía, por otra parte, deriva de la propia forma jurídica que adoptan las Asociaciones de Vecinos. Se trata de personas jurídicas de derecho privado, cuya personalidad jurídica la adquieren como sociedades civiles sin fines de lucro, mediante la inscripción de su acta constitutiva y estatutos en la correspondiente oficina subalterna de registro (Art. 172). Esta forma jurídica de derecho privado se acompaña, además, con la característica de que se trata de personas jurídicas no estatales, en el sentido de que no están integradas a la organización general del Estado, aun en el supuesto de que puedan participar en ciertas actividades de gestión de intereses locales. En tal sentido, el Registro de las Asociaciones de Vecinos legalmente constituidas que debe llevar cada Concejo Municipal en su jurisdicción, debe tenerse como un simple elemento de información a los efectos de promover la participación vecinal.

El carácter de personas jurídicas de derecho privado no estatales de las Asociaciones de Vecinos, resulta, además, del hecho de que son asociaciones de carácter voluntario, donde la afiliación no es obligatoria; de que, en general, no ejercen autoridad; y de que sus directivos son electos por la propia comunidad vecinal sin injerencia de la Administración Municipal.

En todo caso, la permanencia distingue a las Asociaciones de Vecinos de los Comités de lucha de muchos barrios marginales, de existencia circunstancial. La permanencia, por otra parte, canaliza la acción de las Asociaciones de Vecinos dentro del ordenamiento jurídico. Su acción debe ser de tipo legal, y esto las diferencia de los movimientos espontáneos de lucha que basan su acción, fundamentalmente, en las vías de hecho, o en la búsqueda de una ruptura con el sistema jurídico-político imperante. Las Asociaciones de Vecinos, por tanto, no pueden identificarse ni fundamentarse en las solas manifestaciones callejeras.

Por último, otra de las características de las Asociaciones de Vecinos es que sus funciones y objetivos de defensa de los intereses colectivos se plantea, casi siempre, frente a la Administración.

Esta es una finalidad específica, por lo que en el movimiento vecinal se encontrará siempre la antinomia interés vecinal-interés de la Administración. Esta ha sido la razón del surgimiento de las Asociaciones de Vecinos.

Esta contraposición de intereses, por supuesto, no impide la cooperación y colaboración de las Asociaciones de Vecinos en la gestión de los intereses locales; más bien la facilita, siempre y cuando aquéllas continúen actuando con autonomía. La participación no implica sumisión ni dependencia, sino cooperación mediante la defensa de los propios intereses.

VI. ASPECTOS DE LO CONTENCIOSO-MUNICIPAL

Como lo hemos señalado, un principio fundamental de la autonomía municipal en Venezuela, es que los actos de los Municipios no pueden ser impugnados sino por ante los órganos jurisdiccionales[1391] de conformidad con la Constitución y las leyes. Así se establece, expresamente, en los artículos 29 y 206 de la Constitución.

La consecuencia de este principio es que los actos de los Municipios no están sujetos a revisión, veto o control por parte de otras autoridades administrativas o legislativas, por lo cual en Venezuela no existe forma alguna de tutela sobre las entidades locales. Por tanto, el control sobre los actos municipales se reduce a un control judicial.

Ahora bien, en el ordenamiento jurídico vigente podemos distinguir tres tipos de cuestiones contenciosas que conciernen a los Municipios: los juicios que tienen por objeto el control de la constitucionalidad o legalidad de los actos municipales o de

---

1391 Véase sobre este tema el estudio de Hildegard Rondón de Sansó sobre "El régimen contencioso-administrativo municipal", en la segunda parte del libro, pp. 160 y ss. *Ley Orgánica de Régimen Municipal 1989,* Editorial Jurídica Venezolana, Caracas, 1990, pp. 160 y ss.

las abstenciones por parte de funcionarios municipales; los juicios que tienen por objeto la solución de las controversias y conflictos entre entes territoriales y los Municipios o entre autoridades municipales; y los juicios en los cuales, por razones distintas al contencioso-administrativo de anulación, un Municipio sea parte, como demandante o como demandado[1392].

1. *El control de la constitucionalidad y legalidad de los actos municipales*

A. *El control de la constitucionalidad de los actos del Municipio*

En cuanto al control de la constitucionalidad de las Ordenanzas y demás actos de efectos generales (normativos) de los Municipios, de acuerdo a lo establecido en el artículo 215, ordinal 4° de la Constitución y en el artículo 42, ordinal 3° de la Ley Orgánica de la Corte Suprema de Justicia, corresponde ejercerlo en única instancia a la propia Corte Suprema en Corte Plena. El recurso para obtener una declaratoria de nulidad parcial o total por razones de inconstitucionalidad de estos actos de efectos generales, es la acción popular regulada en los artículos 112 y siguientes de la Ley Orgánica de la Corte Suprema de Justicia, que puede ser interpuesta por cualquier "persona natural o jurídica plenamente capaz, que sea afectada en sus derechos o intereses" por la Ordenanza o el acto de efectos generales.

En cuanto a los actos administrativos de efectos particulares de los Municipios, si su vicio es la inconstitucionalidad, éstos pueden ser objeto de un recurso contencioso-administrativo de anulación regulado en los artículos 121 y siguientes de la Ley Orgánica de la Corte Suprema de Justicia, y el conocimiento del recurso también corresponde en única instancia a)a Corte Suprema de Justicia, pero en Sala Político-Administrativa, conforme a lo establecido en los artículos 42, ordinal 11 y 181 de la Ley Orgánica de la Corte Suprema de Justicia.

B. *El control de la constitucionalidad o legalidad de las ordenanzas*

En cuanto a las Ordenanzas Municipales, en particular, la competencia para conocer de los recursos de anulación contra las mismas, sea por razones de inconstitucionalidad o de ilegalidad, corresponde en única instancia a la Corte Suprema de Justicia en Corte Plena conforme al artículo 112 de la Ley Orgánica. No siendo las Ordenanzas actos administrativos sino "leyes locales", como las ha denominado la Corte[1393], no se aplica la Disposición Transitoria del artículo 181, destinada a la impugnación de los actos administrativos por razones de ilegalidad.

En materia de impugnación de Ordenanzas debe destacarse, además, la previsión del artículo 179 de la Ley Orgánica de Régimen Municipal, que legitima a cualquier

1392 Véase sobre esto, Allan R. Brewer-Carías, *El Régimen Municipal en Venezuela*, Caracas 1984, pp. 161-165; y *Estado de Derecho y Control Judicial*, Madrid, 1987, pp. 413-417.

1393 Las Ordenanzas, por tanto, no son actos administrativos. El carácter de leyes locales ha sido admitido por la Corte Suprema desde hace años (Sentencia de la CF, 24-1-53, Gaceta Forense, N° 2, pp. 174-175) y más recientemente ratificado por la Corte Primera de lo Contencioso-Administrativo. Sentencias de 10-5-83 y 13-3-84, *Revista de Derecho Público* N° 18, E.J.V., Caracas 1984, pp. 1-49.

vecino a solicitar la nulidad de una ordenanza, cuando su reconsideración ha sido planteada ante el Concejo Municipal respectivo.

C. *El control de la legalidad de los actos administrativos municipales*

En cuanto al control de la legalidad de los actos administrativos municipales, sea que se trate de actos de efectos generales o actos de efectos particulares de acuerdo al artículo 181 de la Ley Orgánica de la Corte Suprema de Justicia, el conocimiento de los recursos contencioso-administrativos de anulación corresponde en primera instancia a alguno de los ocho Tribunales Superiores con competencia en lo Civil, Mercantil y Contencioso-Administrativo de la Región respectiva en la cual esté ubicado el Municipio, y el procedimiento, según los casos, está regulado en los artículos 112 y siguientes y 121 y siguientes.

La segunda instancia en estos juicios corresponde a la Corte Primera de lo Contencioso-Administrativo, con sede en Caracas, conforme a lo establecido en los artículos 181 y 185, ordinal 4° de la Ley Orgánica de la Corte Suprema de Justicia.

D. *Supuestos especiales de control de legalidad*

Aparte del régimen general sobre el control de la constitucionalidad y de la legalidad de los actos municipales establecidos en la Ley Orgánica de la Corte Suprema de Justicia, la Ley Orgánica de Régimen Municipal establece diversos supuestos conforme a los cuales se puede recurrir por la vía contencioso-administrativa por ante los Tribunales Superiores con competencia en la materia contencioso-administrativa, pero sometido el Tribunal, en su decisión, a un procedimiento especial.

En efecto, en los casos de remoción del Secretario Municipal[1394], del Síndico Procurador Municipal[1395], o en caso de declaración de pérdida de la investidura del Alcalde o de un Concejal[1396], el funcionario interesado puede recurrir contra la decisión del Concejo Municipal ante el Tribunal Superior con competencia contencioso-administrativa correspondiente, el cual, sin embargo, debe decidir conforme al procedimiento regulado en el artículo 166 de la misma Ley Orgánica del Régimen Municipal. Esta norma establece que el Tribunal debe decidir en un plazo de 30 días contados a partir de la admisión de la solicitud y bastarán para producir la decisión los recaudos que se acompañen a ésa. Cuando el Tribunal solicite recaudos adicionales, éstos deben ser consignados dentro de un plazo de 10 días y la decisión del Tribunal se debe producir dentro de los 8 días siguientes. La segunda instancia corresponde a la Corte Primera de lo Contencioso-Administrativo[1397].

1394 Art. 83.

1395 Art. 86.

1396 Art. 69.

1397 Art. 183.

E. *El control de la abstención o negativa de actuar de los funcionarios municipales*

Por otra parte, la Ley Orgánica de la Corte Suprema de Justicia en su artículo 182, ordinal 1°, establece la competencia de los Tribunales Superiores en lo Civil, Mercantil y Contencioso-Administrativo para conocer de la abstención o negativa de las autoridades municipales a cumplir determinados actos a que están obligados por las leyes, cuando sea procedente, en conformidad con ellas. Una excepción a la competencia de estos Tribunales para conocer de la abstención de actuar de los órganos municipales, sin embargo, es la establecida en el artículo 68 de la Ley Orgánica de Régimen Municipal, que asigna competencia a la Corte Suprema de Justicia para conocer de la solicitud que cualquier ciudadano de un Municipio le formule, cuando un Concejo Municipal se abstuviere de declarar la pérdida de la investidura de un concejal en los casos enumerados en dicho artículo.

Además, debe destacarse que en los casos de negativa o falta de pronunciamiento del Concejo Municipal o Cabildo Distrital de declarar como inexistente los convenios suscritos sobre bienes municipales en contravención con las prohibiciones establecidas en el artículo 109 de la Ley Orgánica, dicha norma legitima a cualquier vecino del Municipio a ocurrir ante el Juez Superior competente en lo contencioso-administrativo para que constate la contravención y declare de pleno derecho la inexistencia.

2. *La solución de las controversias y conflictos entre entes territoriales y los municipios o entre autoridades de un municipio*

De acuerdo a los artículos 215, ordinal 8 de la Constitución y 42, ordinal 13 de la Ley Orgánica de la Corte Suprema de Justicia, corresponde a la Corte Suprema de Justicia en Sala Político-Administrativa dirimir las controversias en que una de las partes, sea la República o algún Estado o Municipio, cuando la contraparte sea otra de esas mismas entidades.

Por otra parte, cuando se trate de conflictos entre las autoridades municipales, de manera que ello amenace la normalidad institucional de un Municipio, la Ley Orgánica de Régimen Municipal dispone en su artículo 166, que dichas autoridades municipales o el Gobernador del Estado pueden solicitar de la Corte Suprema de Justicia, en Sala Político-Administrativa, que adopte la decisión respectiva.

Si se trata de decisiones relativas a la legitimidad de las autoridades municipales, la ley concede a la Corte Suprema un lapso para decidir, de 30 días contados a partir de la admisión de la solicitud, bastando para producirla los recaudos que se acompañen a ésta.

3. *Las otras demandas en las que sea parte un municipio*

En el caso de demandas en las que sea parte un Municipio, sea como demandante, sea como demandado y siempre que no se trate de un juicio contencioso-administrativo de anulación de acuerdo al artículo 183 de la Ley Orgánica de la Corte Suprema de Justicia, el conocimiento de las mismas, en primera instancia, corresponde a los Tribunales competentes, de acuerdo a las previsiones del derecho común o especial.

Los Tribunales Superiores con competencia contencioso-administrativa, sin embargo, son competentes para conocer en segunda instancia, por vía de apelación, contra las decisiones que dicten otros Tribunales de su jurisdicción en los juicios intentados ante ellos contra un Municipio; así lo dispone el artículo 182, ordinal 3°, de la Ley Orgánica de la Corte Suprema de Justicia. En cambio, si la parte demandada es un particular, aun cuando el demandante sea un Municipio, las apelaciones se deben intentar ante los Tribunales a quienes corresponda, "en conformidad con el derecho común"[1398].

En todo caso, la excepción a estas reglas la constituyen los juicios que tengan por objeto "cuestiones de cualquier naturaleza que se susciten con motivo de la interpretación, cumplimiento, caducidad, nulidad, validez o resolución de los contratos administrativos en los cuales sean parte las Municipalidades", en cuyo caso, conforme a lo dispuesto en el artículo 42, ordinal 14, de la Ley Orgánica de la Corte Suprema de Justicia, el conocimiento de ellas corresponde a la Corte Suprema de Justicia en Sala Político-Administrativa. Por supuesto, esta norma ha planteado legislativamente la necesidad de distinguir entre "contratos administrativos" y otros contratos de la Administración, que no lo son, y que se consideran como de derecho privado, la cual ha sido cuestionada por la doctrina. Sin embargo, la Corte Suprema ha aplicado la norma, y ha utilizado en sus decisiones, los criterios de la cláusula exorbitante y de la finalidad perseguida para establecer la distinción[1399]. En el contexto de la Ley Orgánica de Régimen Municipal, sin duda, habría que calificar como contratos administrativos a las concesiones de servicios públicos o para el uso de bienes públicos (Art. 42). En la misma categoría habría que ubicar a los diversos contratos concernientes a la enajenación de ejidos desafectados para urbanización (Art. 125, y los de ventas subsiguientes de las parcelas resultantes (Art. 126).

1398 Art. 183 LOCSJ.

1399 Véase sentencias de la CSJ-SPA de 11-8-83 en *Revista de Derecho Público* N° 16, E.J.V., Caracas 1983, p. 162; CSJ-SPA de 28-2-85 en *Revista de Derecho Público* N° 16, E.J.V, Caracas 1983, p. 162; y CSJ-SPA de 28-2-85 en *Revista de Derecho Público* N° 21, E.J.V., Caracas 1985, p. 137. Véase asimismo sentencia de la Corte Primera de lo Contencioso-Administrativo, de 9-8-84, *Revista de Derecho Público* N° 20, E.J.V., Caracas 1984, p. 140.

OCTAVA PARTE

EL SISTEMA DE GOBIERNO: EL PODER EJECUTIVO, EL PODER LEGISLATIVO Y EL PODER JUDICIAL

I. LA SEPARACIÓN DE LOS PODERES

Al hablar anteriormente de las bases del sistema constitucional venezolano, hemos hecho referencia a la distribución vertical y horizontal del Poder Público. El principio de la distribución vertical del poder configura la Forma del Estado, a cuyo análisis dedicamos las partes precedentes en cuanto al principio de la distribución horizontal del poder, este configura nuestro sistema de gobierno presidencial, basado en la noción de "separación de los poderes", a cuyo estudio dedicaremos esta parte, para lo cual debemos constatar que, sin duda, uno de los conceptos más confusos e imprecisos del pensamiento constitucional y político moderno, es el que se ha englobado en la denominación de "teoría" ó "principio de la separación de poderes", transformada en uno de los pilares fundamentales de los regímenes democrático-liberales[1400]. Y, por supuesto, hablar de separación de poderes sigue siendo actualmente, hablar del Esprit des Lois de Montesquieu, escrito hace más de dos siglos.

1. *Los antecedentes*

Sin embargo, como se ha señalado, ni Locke ni Montesquieu formularon teoría o principio alguno de "separación de poderes" tal como ha sido demostrado con precisión por Ch. Eisenmann[1401], sino a lo sumo de división del poder. A la base del pensamiento de Montesquieu se encuentra el postulado político fundamental, como

---

1400 En este punto seguimos lo expuesto en Allan R. Brewer-Carías, *Derecho Administrativo*, Tomo I, Caracas, 1975, *Cfr.* Geoffrey Marshall, *Constitutional Theory*, Oxford, 1971, pp. 97 y 124; y H. Fix Zamudio, "Valor actual del Principio de la División de Poderes y su consagración en las constituciones de 1857 y 1917, en *Boletín del Instituto de Derecho Comparado de México*, Nos. 58-59, México, 167, p. 98.

1401 Véase Charles Eisenmann, "L'Esprit des Lois" et la séparation des Pouvirs" en Mélanges Carré de Malberg, París, 1935, pp. 165 y ss. Véase lo expresado en Allan R. Brewer-Carías, *Cambio Político y Reforma del Estado en Venezuela*, Capítulo 4, Madrid, 1975.

garantía de libertad y como forma de atenuar el poder absoluto y el despotismo, de que dos o tres de la funciones del Estado no debían ser ejercidas por una misma persona, órgano o cuerpo de funcionarios[1402]; es decir, el principio político formulado por Montesquieu fue el de que un solo órgano estatal no debía ejercer conjuntamente dos o más de las funciones políticas que identificó en su análisis del sistema constitucional inglés, como lapuissance legislative, la puissance exécutrive y la puissance de juger. Lejos estuvo, por tanto, no sólo de formular una teoría jurídica de los poderes del Estado —en sentido formal, orgánico o material—, sino de preconizar la separación total y completa del Parlamento, el gobierno y los tribunales, tanto funcional como orgánicamente[1403]. Por tanto, la construcción del principio de la separación de poderes (horizontalmente hablando) en el sentido de que tres funciones estatales serían atribuidas a tres autoridades o grupos de autoridades completamente distintas e independientes, que las ejercerían, respectivamente, de manera integral y exclusiva y sin posibilidad de su delegación, fue producto de lo que se creyó o se quiso creer que Montesquieu decía, pero no un derivado cierto de su pensamiento[1404]. En esta distorsión del pensamiento de Montesquieu, por supuesto jugó un papel esencial la motivación política: los revolucionarios franceses, antes que la interpretación adecuada de las teorías políticas, estaban más interesados en lograr que los jueces no pudieran entorpecer el funcionamiento del nuevo Estado, tal como los cuerpos judiciales lo habían hecho en relación a las reformas que los ministros de Luis XV habían querido realizar y que Francia tanto requería. Los revolucionarios, así, a pesar del papel que jugaron los "Parlamentos" (jurisdicciones) en lograr el inmovilismo del Estado que terminaría por provocar la Revolución, aprendieron bien la lección y reaccionaron, como dogma, contra el poder judicial[1405], prohibiendo a los jueces en la ley de los días 16-23 de agosto de 1790, de toda interferencia en las operaciones de los cuerpos administrativos[1406]. Así, nació el principio de la "separación de poderes" que tanta influencia habría de tener posteriormente, y así se estableció, también, el fundamento de lo que posteriormente sería la "jurisdicción administrativa" en Francia, separada de la jurisdicción judicial: al no poder los jueces juzgar a la Administración, hubo que crear una jurisdicción especial y separada con esa finalidad, so pena de denegación de justicia[1407].

1402 Véase Montesquieu, *De L'Esprit des Lois* (ed. G .Tune), París, 1949, Capítulo VI, libro XI, Vol. I, p. 164.

1403 Véase Ch. Eisenmnan, *loc. cit.*, pp. 173 y 178. *Cfr.* Geoffrey Marshall, *op. cit.*, p. 102.

1404 Véase Ch. Eisenmann, *loc. cit.*, pp. 165 y 173.

1405 *Cfr.* Georges Vedel, *Droit Administratif*, París, 1973, pp. 73 y 74; J. Rivero, *Droit Administratif*, París, 1973, p. 129. La traducción al español de este libro se ha publicado por el Instituto de Derecho Público, Universidad Central de Venezuela, Caracas, 1984.

1406 El artículo 13 de la Ley establece lo siguiente: "Les fonctions judiciaires sont distinctes et demeureront toujours séparées des fonctions administratives: les juges ne pourront á peine de fortaiture, troubler de quelque maniere que ce soit les operations des corps administratifs, ni citer devant eux les administrateurs pour raison de leur fonctions". Esta prohibición formal fue ratificada por el Decreto del 16 fructidor del año III: "Defenses itératives sont faites awx tribunaux de connaitre des actes d'administration, de quelque espéce qu'ils soient, auxpeines de droit". Véase en G. Vedel, *op. cit.*, p. 75, y J. Rivero, *op. cit.*, p. 129. Estos textos aún están en vigor en Francia.

1407 *Cfr.* Jean Rivero, *op. cit.*, p. 127 y ss.

En todo caso, la aplicación y el desarrollo del principio de la separación de poderes que se atribuyó a Montesquieu, no sólo tuvo sus propias implicaciones en Francia, sino también en Inglaterra y en los Estados Unidos. En todos estos sistemas, la doctrina de Montesquieu fue usada para fines cuya formulación original nunca pretendió[1408]. En efecto, en Inglaterra, si bien ha sido usada para mantener la independencia de los jueces, no lo ha sido para impedir la estrecha relación que existe entre el Gabinete británico y el Parlamento. Al contrario, en Estados Unidos fue utilizada para impedir que el Presidente tuviera poderes de control sobre el Congreso, situándose en la Corte Suprema el eje de contrapeso y balance entre los poderes mediante el control de la constitucionalidad[1409].

El principio, por otra parte, influenció directamente a los constitucionalistas de las nacientes repúblicas latinoamericanas. En el Preliminar de la primera de las constituciones de la América hispana, la venezolana de 1811, se estableció claramente el principio: "El ejercicio de esta autoridad confiada a la Confederación no podrá jamás hallarse reunido en sus diversas funciones. El Poder Supremo debe estar dividido en Legislativo, Ejecutivo y Judicial, y confiado a distintos Cuerpos independientes entre sí, y en sus respectivas facultades"; y se ratificaba como uno de los "derechos del hombre en sociedad": "Los tres departamentos esenciales del gobierno, a saber: el Legislativo, el Ejecutivo y el Judicial, es preciso que se conserven tan separados e independientes el uno del otro cuanto lo exija la naturaleza de un gobierno libre o cuanto es conveniente con la cadena de conexión que liga toda la fábrica de la Constitución en un modo indisoluble de amistad y unión"[1410]. De estas normas se deduce la evidente influencia del principio de la Revolución francesa sobre nuestros constituyentes, y de allí que casi todas las constituciones de Venezuela, desde la de 1811 hasta la vigente de 1961, hayan distinguido tres poderes: el Poder Legislativo, ejercido por el Congreso; el Poder Ejecutivo, ejercido por el Presidente de la República, y el Poder Judicial, ejercido por la Corte Suprema de Justicia y demás tribunales de la República[1411]. Sin embargo, la distinción entre los poderes ciertamente que no ha tenido el mismo sentido en toda nuestra evolución constitucional, pues si bien la "separación de poderes" fue la regla durante todo el siglo pasado, al menos en la pura forma de los textos constitucionales, esa "separación de poderes" se torna en "división de Poder" desde comienzos del presente siglo.

1408 Véase Sir Ivor Jennings, *The Law and the Constitution*, London, 1972, p. 25.

1409 *Ídem* pp. 26 y 27.

1410 Artículo 189.

1411 La Constitución de 1864 no utilizó la denominación de "Poderes" sino que se refirió a la Legislatura nacional, al Ejecutivo Nacional y a la Alta Corte Federal en virtud de la organización federal que se estableció. Igual fórmula utilizaron los textos fundamentales de 1874 y 1881. En la Constitución de 1891 se sustituyó la expresión "Ejecutivo Nacional" por "Poder General de la Federación", y en la Constitución de 1893 se distinguió el Congreso de los Estados Unidos de Venezuela, el Ejecutivo Nacional que se ejercía por el Presidente en unión de los Ministros que eran sus órganos (Art. 60), y el Poder Judicial de la Nación. A partir de la Constitución de 1901 se retomó la división tripartita del Poder, en Poder Legislativo, Poder Ejecutivo y Poder Judicial, pero incluyendo en el ejercicio del Poder Ejecutivo a los Ministros como órganos del Presidente.

2. *La división y distribución del poder*

En efecto, la noción tan tradicional en nuestro constitucionalismo, del "Poder Público", como potestad o poder jurídico de obrar que la Constitución confiere al Estado venezolano para la realización de sus fines[1412], es introducida por primera vez en el texto constitucional de 1901[1413] y desde su misma consagración constitucional, el constituyente se cuidó de no atribuirle sentido orgánico alguno a dicha noción, por lo que la distinguió de otra, "los Poderes Públicos" con sentido evidentemente orgánico[1414]. El Poder Público, por tanto, como potestad estadal no existe ni ha existido en la realidad político-administrativa venezolana como un ente funcionante, orgánicamente considerado, sino como un concepto jurídico que representa las funciones del Estado venezolano. Como todo poder, por ello, el Poder Público es y ha sido una situación jurídica constitucional individualizada, propia y exclusiva del Estado[1415].

El régimen constitucional venezolano, por tanto, y al menos desde la Constitución de 1901, ha partido del supuesto de la unidad del Poder del Estado y no de la pluralidad de poderes separados. Constitucionalmente, el Poder Público es y ha sido la potestad única del Estado. Consiste de manera invariable, en el poder que tiene el Estado de decidir a través de sus órganos esenciales por cuenta de la colectividad y de imponer su voluntad a los individuos. Cualquiera que sea el contenido y la forma variable de los actos por medio de los cuales se ejerce el Poder Público, todos esos actos se reducen, en definitiva, a manifestaciones de la voluntad estatal, que es una e indivisible. Es necesario, por tanto, como lo afirmaba Carré de Malberg, comenzar por establecer la unidad del Poder del Estado[1416] para luego distinguir sus funciones.

Partiendo de esta unidad del Poder Público, debido a la configuración federal del Estado en Venezuela, y aún así, en el texto constitucional de 1901 se distribuyó el Poder Público "entre el Poder Federal y el Poder de los Estados, en los límites esta-

---

1412 Véase Allan R. Brewer-Carías, *Las Instituciones Fundamentales del Derecho Administrativo y la Jurisprudencia Venezolana*, Caracas, 1964, pp. 103 y ss.; y Allan R. Brewer-Carías, "Las Transacciones Fiscales y la Indisponibilidad de la Potestad y Competencias Tributarias", en *Revista de Derecho Tributario*, N° 18, Caracas, 1967, pp. 10 y ss.

1413 Título IV. Soberanía Popular y Poder Público.

1414 Artículo 21. La Soberanía reside esencialmente en el pueblo, quien la ejerce por medio de los Poderes Públicos para garantía de la libertad y del orden. Artículo 23. La definición de atribuciones y facultades señala los límites del Poder Público: todo lo que extralimite dicha definición, constituye una usurpación de atribuciones. Artículo 27. El ejercicio de la soberanía se confiere por el voto de los ciudadanos y de las corporaciones que tienen la facultad de elegir los Poderes Públicos, al tenor de esta Constitución, sin que sea potestativo a ninguno de estos Poderos arrogarse la plenitud de la soberanía. Artículo 28. El ejercicio de todo Poder Público acarrea responsabilidad individual, por extralimitación de las facultades que la Constitución otorga o por quebrantamiento de la ley que organiza sus funciones en los términos que esta Constitución y las leyes establecen".

1415 Véase Allan R. Brewer-Carías, *Las Instituciones Fundamentales..., cit.*, p. 103.

1416 Véase R. Carré de Malberg, *Teoría General del Estado*, México, 1948, p. 249. Nota N° 1. Un comentario crítico a la doctrina de Carré de Malberg sobre las funciones del Estado puede verse en Ch. Eisenmann. "La Théorie des Fonctions de l'Etat chez Carré de Malberg", en *Annales de la Faculté de Droit et des Sciences Politiques et Economiques de Strasbourg*, XV, Rélations des Jcürnées d'études en l'honeur de Carré de Malberg 1861-1935, París, 1966, pp. 49 y ss.

blecidos en esta Constitución"[1417], y al Poder Federal se lo dividió "en Legislativo, Ejecutivo y Judicial"[1418]. Se trató, por tanto, de un régimen de distribución del Poder y de "división del Poder" que era uno, y no de la separación de poderes, a la usanza francesa. Puede decirse, sin lugar a dudas, que esta concepción de la división del Poder Público ha perdurado invariablemente en todas las constituciones del presente siglo. Su formulación, sin embargo, hasta el texto constitucional de 1953, sufrió una sola variación que debe destacarse: a partir de la Constitución de 1925, los Municipios entran en la distribución del Poder Público, por lo que los dos niveles de distribución (Federal y Estadal) se convierten en tres (Federal, Estadal y Municipal)[1419], lo que se mantiene expresamente formulado hasta la Constitución de 1953[1420]. La Constitución de 1961, a pesar de que abandona la formulación expresa, en su texto, de la "distribución" del Poder Público en Poder Nacional, Poder de los Estados y Poder Municipal; y de la "división" del Poder Nacional, en Poder Legislativo, Poder Ejecutivo y Poder Judicial, como lo hicieron absolutamente todos los textos a partir de 1901, sin embargo, responde claramente a la misma concepción.

En primer lugar, resulta expresamente establecido en la Constitución de 1961 la distinción entre el "Poder Público" en el sentido de potestad única del Estado y, por tanto, sin referencia orgánica de cualquier naturaleza; y "los órganos del Poder Público". La Constitución, cuando ha querido referirse a los órganos del Estado habla de "órganos del Poder Público"[1421] y cuando ha querido referirse a la potestad única estatal habla de "Poder Público" simplemente[1422]; distinción que inclusive se encuentra cuando se refiere a los niveles nacionales: en sentido orgánico habla de "órganos de Poder Nacional"[1423], y en sentido funcional o de potestad jurídica, simplemente, de "Poder Nacional"[1424]. De manera que en cuanto a la potestad estatal, la Constitución parte del supuesto de la unicidad del Poder Público, el cual se ejerce por multiplicidad de órganos.

En segundo lugar, en el texto constitucional de 1961 se recoge la tradición de distribución del Poder Público en tres "ramas": el Poder Nacional, el Poder Estatal y, nombrando incidentalmente, el Poder Municipal. En efecto, el artículo 118 expresamente indica que "cada una de las ramas del Poder Público tiene sus funciones propias; pero los órganos a los que incumbe su ejercicio colaborarán entre sí la realización de los fines del Estado". Estás "ramas del Poder Público" que la Constitución presume múltiples, no pueden ser otras que el Poder Nacional, el Poder Estadal y el, Poder Municipal, en el sentido de distribución del Poder Público en tres niveles de entidades territoriales, por lo que no parece correcto considerar que la referencia a "ramas del Poder Público" se hace pensando únicamente en la división del Poder

1417 Artículo 29.

1418 Artículo 30.

1419 Artículo 51.

1420 "Art. 40. El Poder Público se distribuye entre el poder Municipal, el de los Estados y El Nacional.

1421 Esta expresión la utiliza la Constitución, por ejemplo, en los artículos 4, 11, 52 y 205.

1422 Esta expresión la utiliza la Constitución, por ejemplo, en sus artículos 19, 46, 64, 117, 118 y 121.

1423 Artículos 232 y 241.

1424 Artículos 135 y 136.

entre Legislativo, Ejecutivo y Judicial. Y ello, particularmente, porque para haberse referido a la división del Poder, el constituyente habría tenido que referirse a algunas de las "ramas" del Poder Público en especial, tal como lo hicieron todos los textos constitucionales de 1901 a 1953. El Poder Nacional, por ejemplo (como rama del Poder Público), se divide en Poder Legislativo Nacional, Poder Ejecutivo Nacional y Poder Judicial, pero el "Poder Público" como tal, nunca podría "dividirse" en Poder Legislativo, Poder Ejecutivo y Poder Judicial[1425].

Es claro, por tanto, que las "ramas del Poder Público" a las que se refiere el artículo 118 de la Constitución son: el Poder Nacional, el Poder de los Estados y el Poder Municipal[1426], aun cuando contrariamente a lo establecido en las Constituciones anteriores, ellas no se identifican expresamente, sino que se presumen: al Poder Nacional se dedica íntegramente el artículo 136 y los títulos V, VI y VII; el Poder de los Estados emana del Capítulo III del Título I; y el Poder Municipal resulta del Capítulo IV del mismo Título; sin embargo, la única de las ramas del Poder Público que se califica como tal Poder, es a la rama Nacional, utilizándose respecto de las ramas estadal y municipal la expresión "poderes públicos" (Art. 135).

3. *Las punciones estatales*

Pero de acuerdo con el texto constitucional, "los órganos a los que incumbe" (el) "ejercicio" (de las) "funciones propias" (de) "cada una de las ramas del Poder Público". "colaborarán entre sí en la realización de los fines del Estado"[1427], por lo que de la unidad del Estado y del Poder Público; y de la trilogía de "ramas" de dicho Poder, se pasa a la multiplicidad de las "funciones propias" de cada una "de esas "ramas" y de los órganos a los que incumbe el ejercicio de dichas funciones.

1425 Títulos V, VI y VII de la Constitución. De allí que resulte confusa y contradictoria la utilización de la expresión "ramas del Poder Público" en el artículo 217 de la Constitución, al indicarse que en el Consejo de la Judicatura "deberá darse adecuada representación a las otras ramas del Poder Público". En realidad, ¿a que "ramas" se refiere la Constitución ¿Quiso por ejemplo, el constituyente dar representación en el Consejo de la Judicatura al Poder Estadal y al Poder Municipal, en virtud de la nacionalización de la justicia, es decir, en virtud de que las funciones judiciales se reservaron a la rama nacional del Poder Público? o ¿quiso el constituyente que en e Consejo de la Judicatura estuvieran representados los órganos del Poder Ejecutivo nacional y de Poder Legislativo Nacional además de los del Poder Judicial? Indudablemente que la intención del constituyente fue la segunda, tal como aparece expreso en la Exposición de Motivos del Proyecto de Constitución, "se opinó que el Consejo de la Judicatura debía estar integrado únicamente por miembros del Poder Judicial. Sin embargo, fue criterio predominante en la Comisión, que era necesario asegurar adecuada representación a las otras ramas del Poder Público. Con ello se persigue ofrecer al Poder Judicial el concurso del Poder Legislativo y del Ejecutivo que tan necesario es para su fortalecimiento". Véase en *RFD*, N° 21, 1961, pp. 405 y 406. En este sentido, resulta claro que la expresión que debió utilizar el constituyente fue la de ramas del Poder Nacional y no ramas del Poder Público.

1426 *Cfr.* Allan R. Brewer-Carías, *Las Instituciones Fundamentales..., cit.*, p. 104. Ello, por otra parte, ha sido tradicionalmente admitido por la Corte Suprema: Véase Sentencias de la CFC en SPA de 19-2-37 y 6-11-37 en M. 1938, pp. 166 v 312; *v.* Sentencias de a CFC en SPA de 4-3-41 y de 17-4-41 en M. 1942, pp. 128 y ss., y 182 y ss.

1427 Artículo 118.

A. *Los Poderes Públicos y las funciones estatales*

Recoge aquí la Constitución, siguiendo el texto de la Constitución de 1953[1428], una terminología nueva respecto a la tradición constitucional anterior, pues antes que referirse a una "división del Poder" en cada "rama" del Poder Público, entre Legislativo, Ejecutivo y Judicial, se refiere a que cada una de dichas ramas tiene "funciones" propias; y la novedad está en esta noción de funciones estatales[1429]. La revisión de la doctrina de la separación de poderes que los proyectistas de la Constitución hicieron, resulta en nuestro criterio evidente; se buscó superar las distorsiones de la "separación de Poderes" y sustituir inclusive la "división del Poder" por una asignación constitucional y legal de funciones propias a cada órgano del Estado, con la obligación de colaborar entre sí en la realización de los fines del Estado. En la expresión constitucional, por tanto, por función ha de entenderse la acción que desarrollan los órganos estatales o la actividad que desempeñan como tarea que les es inherente. De ahí que la función es toda actividad de la propia esencia y naturaleza de los órganos estatales y, por tanto, indelegable salvo que exista una autorización constitucional. Entonces, las diversas funciones del Estado son sólo las diversas formas a través de las cuales se manifiesta la actividad estatal[1430].

Puede decirse, entonces, que la doctrina o principio de la separación de poderes no tiene aplicación alguna en Venezuela, en su concepción rígida, como separación de tres "poderes" atribuidos en forma exclusiva a tres órganos distintos e independientes[1431], sino que más bien ha sido formulada como una "división del Poder" en el sentido de que se establece una multiplicidad de órganos y a cada uno se asigna una función propia, lo que en modo alguno significa exclusividad en el ejercicio de esa función. Esta es realmente la innovación constitucional de los textos de 1953 y de 1961, y el sentido de la llamada colaboración funcional de los poderes[1432].

1428 Artículo 59.

1429 En relación al artículo 118 la Exposición de Motivos del Proyecto de Constitución señala que en él "se hace la definición relativa a la separación de los Poderes y a la revisión que el concepto clásico de Montesquieu ha recibido en el Derecho Moderno". Véase en *RFD*, N° 21, pp. 239 y 390. En las discusiones de la Comisión redactora del Proyecto de Constitución, la ponencia original de dicho artículo estaba redactada así: "Cada órgano del Poder Público tiene su función propia, pero deberán colaborar entre sí en la realización de los fines del Estado". Una modificación sugerida por el diputado J. Villalba condujo a la redacción definitiva. Véase *La Constitución de 1961 y la Evolución Constitucional de Venezuela*. "Actas de la Comisión Redactora del Proyecto", Tomo I, Vol. I, Carcas, 1971, p. 150.

1430 Allan R. Brewer-Carías, *Las Instituciones Fundamentales..., cit.*, p. 105.

1431 El carácter flexible, no rígido ni absoluto, del principio en su aplicación en Venezuela, ha sido destacado repetidamente por la jurisprudencia de la Corte Suprema. En particular. Véase Sentencias de la CFC en SPA de 23-2-50 en GF, N° 4, 1950, pp. 34 a 89; de la CFC en CP de 26-5-51 en N° 41,1963, pp. 117 y 118; de 27-5-68 en GF, N° 60,1969, pp. 115 a 118; de 22-4-69 en GF, N° 64,19669, pp. 5 a 15; de 9-7-69, en GF, N° 65 1969, pp. 70 a 74; y de 1-6-72, en *GO*, N° 1.523, Extraordinaria de 1-6-72, p. 9. Véase además Allan R. Brewer-Carías, "Algunas bases del Derecho Público en la Jurisprudencia Venezolana", en *RFD*, N° 27, 1963, pp. 143 y 144. Las referencias jurisprudenciales citadas a lo largo de este parágrafo pueden verse en Allan R. Brewer-Carías, *Jurisprudencia de la Corte Suprema (1930-1975) y Estudios de Derecho Administrativo*, Tomo I. (El ordenamiento constitucional y funcional del Estado), Caracas, 1975, pp. 147 y ss.

1432 Véase *La Constitución de 1961 y la Evolución..., cit.*, Tomo I, Vol. I, p. 513.

En otras palabras, el sistema constitucional establece una separación orgánica con la cual no coincide una supuesta "separación de funciones". En efecto, ante todo, la Constitución no sólo insiste en la distribución del Poder Público en "ramas", sino que asigna a cada una de ellas y a sus órganos, funciones propias.

Por ello, en cuanto a la rama nacional del Poder Público, es decir, el Poder Público Nacional[1433], la Constitución atribuye su ejercicio a tres órganos o grupos de órganos separados, distintos e independientes, teniendo cada uno de ellos sus funciones propias: el Congreso integrado por el Senado y la Cámara de Diputados, ejerce el Poder Legislativo Nacional[1434] y se le atribuye como función propia, la función normativa; el Presidente de la República y demás funcionarios que determine la Constitución y la ley, ejerce el Poder Ejecutivo Nacional[1435] y se le atribuyen como funciones propias, la función de gobierno y la función administrativa; y la Corte Suprema de Justicia y demás tribunales que determine la Ley, ejercen el Poder Judicial[1436], y se le atribuye como función propia la función jurisdiccional. Sin embargo, el hecho de que cada uno de esos órganos nacionales tenga funciones propias no significa que la ejerza con carácter de exclusividad, pues no sólo en su ejercicio algunas veces intervienen otros órganos, sino que su ejercicio se atribuye también a otros órganos.

En cuanto a la rama estadal del Poder Público, es decir, el Poder Público de los Estados, la Constitución atribuye su ejercicio a dos órganos o grupos de órganos separados, distintos e independientes, teniendo cada uno de ellos sus funciones propias: las Asambleas Legislativas ejercen el Poder Legislativo de los Estados[1437] y se les atribuye como función propia, la función normativa estadal; y los Gobernadores ejercen el Poder Ejecutivo de los Estados, además de ser agentes del Ejecutivo Nacional[1438], y se le atribuye, como función propia, la función ejecutiva estadal. No existe función como función propia, jurisdiccional atribuida a órganos estadales, pues la justicia fue nacionalizada en Venezuela desde 1945.

En cuanto a la rama municipal del Poder Público, es decir, el Poder Municipal, la Constitución no establece separación orgánica alguna de poderes, remitiendo a la ley al establecimiento del régimen orgánico de los Municipios. En esta forma, la ley Orgánica de Régimen Municipal en su reforma de 1989, cambió radicalmente el sistema de gobierno municipal que nos rigió durante todo el siglo XX[1439] y restableció a nivel municipal el principio de la separación orgánica de poderes, al distinguir entre el Alcalde como órgano de gobierno y administración municipal y el Concejo Municipal, como órgano deliberante, legislativo, de control, atribuyéndole, por tanto

1433 Artículo 136.

1434 Artículo 138.

1435 Artículo 181.

1436 Artículo 204.

1437 Artículo 19.

1438 Artículo 21.

1439 Hasta 1989, la autoridad ejecutiva, administrativa y legislativa local era el Concejo Municipal.

al Alcalde, funciones de administración y gobierno y al Concejo Municipal, funciones normativas propias[1440].

B. *La ausencia de coincidencia de la separación orgánica de "poderes" y la asignación de funciones estatales*

En todo caso, a nivel de cada una de las tres ramas del Poder Público, si bien existe una diferenciación orgánica con la asignación de funciones propias a cada uno de los óiganos, el ejercicio de las mismas por dichos órganos en general, no es exclusivo ni excluyente. En otras palabras, existen órganos legislativos nacionales, estadales y municipales[1441]; órganos ejecutivos nacionales; pero las funciones normativas, administrativas y jurisdiccionales del Estado no coinciden exactamente con aquella separación orgánica.

En efecto, como principio general de la aplicación del principio de la separación de poderes en el régimen constitucional venezolano, puede afirmarse que la "división del Poder" no coincide exactamente con la "separación de funciones"[1442]. Por ello, no sólo en múltiples oportunidades los órganos del Estado, además de sus "funciones propias" ejercen funciones que por su naturaleza deberían corresponder a otros órganos, sino que también en múltiples oportunidades la Constitución permite y admite la intervención o interferencia de unos órganos en las funciones propias de otros. Estos dos aspectos de la situación de la separación de poderes en Venezuela, requieren, indudablemente, un tratamiento separado.

En primer lugar, la flexibilidad del principio de la separación de poderes resulta, tal como lo ha señalado la Corte Suprema de que, "si bien cada uno de ellos tiene definida su propia esfera de acción: el Legislativo, para dictar la ley, reformarla y revocarla; el Ejecutivo, para ejecutarla y velar por su cumplimiento; y el Judicial, para interpretarla, y darle aplicación en los conflictos surgidos, la demarcación de la línea divisoria entre ellos no es excluyente, ya que en muchos casos esos poderes ejercen funciones de naturaleza distinta de las que privativamente le están atribui-

---

1440 El carácter legislativo de las Ordenanzas Municipales parece evidente, a pesar de que la Constitución no lo prevea expresamente. Nos apartamos así de la opinión que sostuvimos en nuestro libro: Allan R. Brewer-Carías, *Las Instituciones Fundamentales... cit.*, pp. 107, 150 y 151. Sobre el carácter legislativo local de las Ordenanzas Municipales. Véase por ejemplo, Sentencias de la CFC en SPA de 28-12-37 en M. 1938, pp. 390 a 399; de 2-12-41 en M. 1942, pp. 335 a 338; de 2-3-42 en M, 1943, pp. 119 y 120; de la GF de 25-3-58 en GF, N° 19,1958, p. 56; y de la CSJ en SPA de 11-6-69 en GF, N° 64, 1969, p. 308; de 12-5-69 en GF, N° 65, pp. 172 a 174; de 16-12-70 en GF, 1970, (consultada en original); de 5-10-70 en *GO*, N° 1.447, Extraordinaria, de 15-12-79, p. 10; de 21-4-71 y 21-6-71 en *GO*, N° 1.487, Extraordinaria, pp. 13 y 39; de 7-2-72 en *GO*, 1.517, Extraordinaria de 14-4-72, p. 27, y de 21-1-72 en *GO*, N° 1.568, Extraordinaria de 12-2-73, p. 6. Véase además, Allan R. Brewer-Carías, *El Régimen de Gobierno Municipal en el Distrito Federal Venezolano*, Caracas, 1968, pp. 57 y ss. *Cfr.* la doctrina de la Procuraduría General de la República en Doctrina PGR, 1963, Caracas, 1964, pp. 45 a 48.

1441 Véase por ejemplo, Sentencia de la CSJ en SPA de 14-3-62 en GF, N° 35, 1962, pp. 177 y ss.

1442 En tal sentido, expresamente se ha pronunciado la Corte Suprema en varias oportunidades. Véase, por ejemplo, la Sentencia de la CF de 19-6-53 en GF, N° 1, 1953, p. 77; Sentencia de la CSJ en SPA de 18-7-63 en GF, N° 41, 1963, pp. 116 y 117; Sentencia de la CSJ en SPA de 27-5-68 en GF, N° 60, 1969, pp. 115 y ss.; y Sentencia de la CSJ en SPA de 9-7-69 en GF, N° 65, 1969, pp. 70 y ss.

das"[1443]. El principio, ciertamente, impide a unos órganos invadir competencias propias de otro[1444], pero no les impide ejercer funciones de naturaleza similar a las de otros órganos.

La Corte, en este sentido, inclusive ha sido aún más clara y determinante:

> "Lejos de ser absoluto el principio de la separación de los poderes, la doctrina reconoce y señala el carácter complementario de los diversos organismos a través de los cuales el Estado ejerce sus funciones; de suerte que unos y otros, según las atribuciones que respectivamente les señalan las leyes, realizan eventualmente actos de índole distinta a las que por su naturaleza les incumbe"... "La doctrina establece que la división de poderes no coincide plenamente con la separación de funciones, pues corrientemente se asignan al Poder Legislativo potestades típicamente administrativas y aun jurisdiccionales y al Poder Judicial funciones administrativas, como en el caso del nombramiento de jueces que hace este mismo tribunal y de la firma de libros de comercio o de registro civil que hacen los jueces de instancia; y a la inversa, se atribuyen al Poder Ejecutivo, funciones legislativas (normativas) como la reglamentación, parcial o total de las leyes, sin alterar su espíritu, propósito o razón, que es considerada como el ejemplo más típico de la actividad (normativa) legislativa del Poder Ejecutivo, por mandato del numeral 10 del artículo 190 de la Constitución Nacional; toda vez que el Reglamento es norma jurídica de carácter general dictado por la Administración Pública para su aplicación a todos los sujetos de derecho y en todos los casos que caigan dentro de sus supuestos de hecho. En otros casos la autoridad administrativa imparte justicia, decide una controversia entre partes litigantes en forma similar a como lo hace la autoridad judicial". (Entre paréntesis nuestros)[1445].

De acuerdo con esta doctrina, que compartimos, entonces, la separación de poderes ha de entenderse en el sistema venezolano, en primer lugar, como una separación orgánica entre los órganos del Poder Público; y en segundo lugar, como una asignación de funciones propias a cada uno de dichos órganos; pero nunca como una separación de funciones atribuidas con carácter exclusivo a los diversos órganos. Al contrario, además de sus funciones propias, los órganos del Estado realizan funciones asignadas a otros órganos. En otras palabras, mediante este principio se reserva a ciertos órganos el ejercer una función en una forma determinada (funciones pro-

---

1443 Véase Sentencia de la GF de 19-6-53 en GF, N° 1, 1953, p. 77. En otra Sentencia, al referirse a las funciones estatales, la Corte las diferenció así: "No realiza una función creadora dentro del ordenamiento jurídico, que es la función legislativa, ni conoce ni decide acerca de las pretensiones que una parte esgrime frente a la otra, que es la función judicial; sino que es sujeto de derecho, titular de intereses, agente propicio de la función administrativa". Véase Sentencia de 18-7-63 de la CSJ en SPA en GF, N° 41, 1963, p. 116.

1444 *Cfr.* Sentencia de la CFC en CP de 26-5-51 en GF, N° 8, 1952, p. 114. y Sentencia de la CSJ en CP de 12-6-68 en publicación del Senado de la República, 1968, p. 201.

1445 Esta doctrina fue establecida en Sentencia de la CSJ en SPA de 18-7-63 en GF N° 41, 1963, pp. 116 y 117, y ratificada por la misma Corte y Sala en Sentencia de 27-5-68 en GF N° 60, 1969, pp. 115 a 118, y de 9-7-69 en GF N° 55, 1969, pp. 70 a 74. Puede verse también en Allan R. Brewer-Carías, *Algunas Bases del derecho Público..., loc. cit.*, p. 144

pias), lo que no excluye la posibilidad de que otros órganos ejerzan esa función en otra forma.

En efecto, el Congreso tiene atribuida la función normativa y, en forma privativa, la sanción de leyes por las Cámaras actuando como cuerpos colegisladores[1446], así como la emisión de actos privativos de dichas Cámaras[1447]. Sin embargo, además del cumplimiento de la función normativa, el Congreso y las Cámaras Legislativas realizan funciones administrativas, por ejemplo, cuando imponen sanciones a quienes infringen los reglamentos internos de las Cámaras, cuando organizan su servicio de policía o cuando ejecutan su presupuesto de gastos[1448]. Asimismo, las Cámaras ejercen funciones administrativas, cuando asignan o remueven su personal administrativo excluido de la aplicación de la Ley de Carrera Administrativa[1449], es decir, cuando realizan cualquier acto relativo a la administración de su personal. Por otra parte, también interviene el Senado en funciones jurisdiccionales cuando autoriza "por el voto de la mayoría de sus miembros, el enjuiciamiento del Presidente de la República, previa declaratoria de la Corte Suprema de Justicia de que hay mérito para ello"[1450]. En estos casos, por supuesto, no podría verse violación alguna al principio de la separación de poderes, pues se trata de funciones de naturaleza distinta a las normativas que el ordenamiento jurídico permite realizar, pues en ningún dispositivo se indica que la función administrativa corresponde exclusivamente a los órganos del Ejecutivo Nacional. Al contrario, sí habría violación de principio y, por tanto, usurpación de funciones, cuando el Congreso pretende atribuirse por ley el ejercicio de funciones administrativas reservadas a los órganos del Poder Ejecutivo. Tal es el caso, por ejemplo, de la Ley de Carrera Administrativa que atribuye al Congreso la elección de uno de los miembros del Directorio de la Oficina Central de Personal[1451], y del Proyecto de Ley Orgánica de Identificación que atribuía al Senado la designación y control de un órgano administrativo, ubicándolo fuera del control de los órganos del Poder Ejecutivo, como era la Oficina Nacional de Identificación del Ministerio de Relaciones Interiores[1452].

En estos dos supuestos, al atribuirse el Congreso a sí mismo, por sobre las normas constitucionales, la facultad de nombrar funcionarios públicos de los órganos del Poder Ejecutivo, usurpa funciones propias de éstos, por lo que esas normas serían nulas por usurpación de funciones[1453]. Por otra parte, también habría usurpación de funciones, si el Congreso pretendiera crear un órgano administrativo fuera del

1446 Artículo 162.

1447 Artículos 150, 153 y 158.

1448 Artículo 158, ordinales 1, 3 y 5.

1449 Artículo 5 de la Ley.

1450 Artículo 150.

1451 Artículo 8 de la Ley. Sobre la inconstitucionalidad de esta norma, véase los comentarios que formulamos cuando la ley aún estaba en proyecto, en Allan R. Brewer-Carías, *El Estatuto del Funcionario Público en la Ley de Carrera Administrativa*, Caracas, 1971, p. 182.

1452 Sobre la inconstitucionalidad de esa norma del Proyecto, véase la doctrina de la PGR 14-7-71 en Doctrina PGR, 1971, Caracas, 1972, p. 296.

1453 Véase Allan R. Brewer-Carías, *El Estatuto del funcionario Público en la Ley de Carrera Administrativa*, Caracas 1971, p. 182.

control de los órganos del Poder Ejecutivo, como se pretendió en el Proyecto de la Ley Orgánica de Identificación en 1971[1454].

En todo caso, el problema de la usurpación de funciones administrativas por los órganos del Poder Legislativo ha sido resuelto acertadamente por la Corte Suprema de Justicia, al declarar la nulidad por inconstitucionalidad de varias leyes estadales, mediante las cuales algunas Asambleas Legislativas pretendieron intervenir en la designación de funcionarios de los Ejecutivos estadales o pretendieron crear órganos administrativos fuera del control de los Ejecutivos estadales[1455]. La argumentación de dichos fallos sería perfectamente aplicable a todos aquellos supuestos similares que se han producido o se produzcan a nivel nacional, y se utilizó en relación a las Ordenanzas del Concejo Municipal del antiguo Distrito Federal que hubieran incurrido en usurpaciones similares de las facultades administrativas de 1988 correspondían al Gobernador de dicho Distrito[1456].

Pero volviendo al argumento central sobre el alcance de la separación de poderes, los órganos del Poder Judicial pueden ejercer funciones administrativas. En efecto, la Corte Suprema de Justicia y los Tribunales de la República tienen atribui-

---

1454 Sobre la inconstitucionalidad de esa norma, la Procuraduría General de la República expresó lo siguiente: "El proyecto de la Ley Orgánica de Identificación crea órganos que, por sus funciones, son evidentemente administrativos y, sin embargo, los sustrae de la competencia del poder administrador y les da «autonomía funcional y administrativa» (en forma parecida al tratamiento constitucional de la Contraloría General de la República, artículo 236 de la Constitución), usurpando así las funciones del poder constituyente. Es necesario recalcar que el ordenamiento constitucional venezolano distribuye el poder público —El Nacional— en las tres ramas tradicionales, de cuya jerarquía sólo excluye a determinados y precisos entes públicos. Estos son solamente: en la rama judicial: la Corte Suprema de Justicia, el Consejo de la Judicatura y el Ministerio Público; en la rama legislativa; la Contraloría General de la República; y en la rama ejecutiva; la Procuraduría General de la República y los institutos autónomos. Toda otra institución tiene que quedar incorporada —según su naturaleza y fines— a una de las tres grandes ramas del poder público o a la figura del instituto autónomo (que es también de la rama ejecutiva). Es inconcebible la creación de órganos jurisdiccionales que estén fuera del Poder Judicial, y de órganos legislativos distintos del Congreso; pero también es inusitada la institución de órganos administrativos colocados fuera de la jerarquía del Poder Ejecutivo". Véase en *Doctrina PGR,* 1972, Caracas, 1973, p. 388.

1455 Particularmente, véase la sentencia de la CSJ en SPA de 14-3-62 en GF, N° 35, 1962, pp. 177 y ss., por lo cual la Corte declaró inconstitucionales los artículos de la Constitución del Estado Aragua que atribuían a la Asamblea Legislativa la destitución de los Secretarios del Ejecutivo del Estado en algunos casos específicos, por violación del artículo 23, ordinal 2, de la Constitución, y del principio de la separación de poderes. En tal sentido, la Corte señaló: "La Constitución de la República, al señalar atribuciones básicas de los Poderes Legislativo y Ejecutivo de los Estados, ha querido mantener la separación propia y tradicional en las privativas funciones de cada uno a fin de evitar interferencias que impidan su libre desenvolvimiento en las correspondientes esferas de actuación". Decisiones similares fueron adoptadas por la Corte Suprema en otros fallos, y particularmente en los siguientes: CFC en SPA de 20-10-41 en M. 1942, p. 290; y SCJ en SPA de 14-3-62 en GF, N° 35, 1962, pp. 117 y ss.; de 30-7-62 en GF, N° 41, 1963, pp. 156 y 157; de 27-3-67 en GF, N° 55,1968, pp. 185 y 186, y de 30-6-66 en GF, N° 52, 1968, pp. 231 y ss. En igual sentido, la doctrina de la Procuraduría Genera] de la República es también constante: Véase en particular, Doctrina PGR, 1965, Caracas, 1966, pp. 126 y ss. y 187 y ss.; Doctrina PGR, 1970, Caracas, 1971, pp. 141 y ss. y 271 y ss.; Doctrina PGR, 1971, Caracas, 1972, pp. 281 y ss., 295 y 296; y Doctrina PGR, 1972, Caracas, 1973, pp. 387 y 838.

1456 En particular, véase las Sentencias de la CFC en SPA de 10-8-38 en M. 1939, p. 269; de 10-2-43 en M. 1944, pp. 124 a 127; y de 11-2-42 en M. 1943, pp. 113 y 114. Véase, además, las referencias en Allan R. Brewer-Carías, *El Régimen de Gobierno Municipal..., cit.*, pp. 57 y ss.

da la función jurisdiccional y, en forma privativa, la adopción de de decisiones acerca de pretensiones procesales de una parte frente a otra, de nulidad de actos del poder público o de condena de carácter penal, con fuerza de cosa juzgada jurisdiccionalmente, en forma autónoma e independiente de los demás órganos del Poder Público[1457]. Sin embargo, además del cumplimiento de la función judicial o jurisdiccional los órganos judiciales realizan funciones administrativas, por ejemplo, al designar o remover los funcionarios administrativos de los tribunales, al dictar los reglamentos de organización o policía en determinados niveles, o al imponer sanciones administrativas o disciplinarias[1458]. En ninguno de estos casos podría verse usurpación de poderes, pues no hay norma legal del orden constitucional que reserve con exclusividad el ejercicio de la función administrativa a los órganos del Poder Ejecutivo.

Por último, y así como los órganos legislativos y judiciales ejercen funciones administrativas, así también los órganos del Poder Ejecutivo realizan funciones normativas y jurisdiccionales. En efecto, el Presidente de la República, además de las funciones ejecutivas propias (funciones .de gobierno y funciones administrativas)[1459], realiza funciones normativas no sólo al dictar decretos con valor de ley conforme a las leyes de Medidas Económicas de Urgencia como las dictadas en 1961, 1974 y 1984[1460], sino cuando crea normas de carácter general en el ordenamiento jurídico al ejercer la potestad reglamentaria[1461]. Asimismo, los órganos ejecutivos también realizan en ciertos casos funciones jurisdiccionales aun cuando no de carácter judicial[1462]. Dentro de estas funciones jurisdiccionales se incluiría, tal como lo Ha hecho la Corte Suprema en varias de sus decisiones, por ejemplo, las que correspondían al Inspector del Trabajo de conformidad con lo dispuesto en el artículo 198 de la Ley del Trabajo, siguiendo un procedimiento contencioso de promoción y evacuación de pruebas, sometido a lapsos allí mismo previstos[1463] y las que luego adoptaron las desaparecidas Comisiones Tripartitas conforme a lo establecido en la Ley

---

1457 Artículo 205

1458 Se incluirían en estos supuestos los actos de la llamada jurisdicción voluntaria. Véase Sentencia de la CSJ en SPA de 18-7-63 en GF, N° 41, 1962, pp. 116 y 117, citada anteriormente en el texto.

1459 Para el estudio de la función administrativa y la función de gobierno, véase Allan R. Brewer-Carías, *Derecho Administrativo*, Tomo I, Caracas, 1975.

1460 Artículo 190, ordinal 8

1461 Artículo 190, ordinal 10. Este ha sido el criterio de la Corte Suprema expresado en Sentencias de la CSJ en SPA de 18-7-63 en GF, N° 1, 1963, pp. 166 y 117; de 27-5-68 en GF, N° 60, 1969, pp. 115 a 118; de 9-7-69 en GF, N° 65, 1969, pp. 70 a 74, y de 27-1-71 en *GO*, N° 1.472, Extraordinaria, de 11-6-71, p. 18.

1462 La función judicial sería en realidad la función jurisdiccional reservada a los órganos del Poder Judicial. En este sentido es que debe interpretarse la expresión de la Corte Federal en sus Sentencias de 23-7-57 en GF, N° 17, 1957, p. 32 *cit.*; también en Allan R. Brewer-Carías, *Algunas Bases del Derecho Público, loc. cit.*, pp. 143 y 144, cuando expresa que "no puede admitirse que establecido por el Derecho Público venezolano el principio de la separación de los poderes, pueda el Ejecutivo ejercer la función jurisdiccional". Sobre el carácter jurisdiccional de ciertos actos de los órganos ejecutivos, véase la doctrina de la PGR de 4-10-63 en *Doctrina PGR*, 1963, Caracas, 1964, p. 206.

1463 Véase Sentencias de la CSJ en SPA de 18-7-63 en GF, N° 41, 1963, pp. 116 y 117; de 27-5-68 en GF, N° 60, 1969, pp. 115 y 118; y de 9-7-69 en GF, N° 65, 1969, pp. 70 a 74.

contra despidos injustificados[1464]. Sin embargo, en relación al planteamiento de estas viejas decisiones de la Corte debemos observar, que si bien coincidimos en la apreciación del carácter jurisdiccional (no judicial) de los actos de los Inspectores del Trabajo[1465], discrepamos, con la conclusión de dichos fallos, de excluir del conocimiento de la jurisdicción contencioso-administrativa la nulidad de dichos actos, por considerar que no se trataba de "actos administrativos"[1466].

C. *Las interferencias orgánicas en el ejercicio de las funciones estatales*

Pero la flexibilidad de la aplicación del principio de la separación de poderes en Venezuela, no sólo resulta del hecho de que, en general, los distintos órganos del Poder Público, además de sus funciones propias ejerzan funciones cuya naturaleza es similar a la ejercida por otros órganos, sino del hecho de que en el ejercicio de las funciones propias por cada uno de los órganos del Poder Público, la Constitución admite o autoriza la intervención o la interferencia de otros órganos[1467].

En efecto, en el ejercicio de sus funciones normativas, las Cámaras se encuentran interferidas en algunos supuestos tanto por los órganos ejecutivos como por los judiciales. En efecto, la iniciativa de las leyes puede corresponder al Ejecutivo Nacional o a la Corte Suprema de Justicia, cuando se trate de leyes relativas a la organización y procedimientos judiciales[1468]; la iniciativa de la Ley de Presupuesto corresponde exclusivamente al Ejecutivo Nacional y las Cámaras no pueden autorizar "gastos que excedan el monto de las estimaciones de ingresos del respectivo proyecto de Ley de Presupuesto"[1469]; el Presidente puede vetar la ley y devolverla al Congreso para su reconsideración[1470]; y la Corte Suprema de Justicia tiene competencia para declarar la nulidad por inconstitucionalidad de las leyes o resolver las colisiones que existan entre diversas disposiciones legislativas[1471].

Por otra parte, en el ejercicio de sus funciones de gobierno y administrativas, el Ejecutivo Nacional se encuentra interferido tanto por los órganos legislativos como judiciales. En efecto, los tratados o convenios internacionales, que celebre el Ejecu-

---

1464 Véase Allan R. Brewer-Carías "El problema de la definición del acto administrativo", en *Libro Homenaje al Doctor Eloy Lares Martínez*, Tomo I, Caracas, 1984, pp. 25 y ss.

1465 Nos apartamos de lo que expresamos en nuestro libro *Las Instituciones Fundamentales..., cit.*, p. 106, en el sentido de que la función jurisdiccional estaba reservada en forma exclusiva al Poder Judicial. Lo que en realidad esta reservada a los órganos que ejercen el Poder Judicial, es la emisión de actos judiciales (sentencias).

1466 Véase Allan R. Brewer-Carías, "Estudio sobre la impugnación ante la jurisdicción contencioso-administrativa de los actos de registro", en *Libro en Homenaje a Joaquín Sánchez Covisa*, Caracas, 1975, pp. 425 y ss. *Cfr*. Luis H. Farías Mata, "La Doctrina de los Actos Excluidos de la Jurisprudencia del Supremo Tribunal", en *Archivos de Derecho y Ciencias de la Administración*, Vol. I. 1968-1969, Caracas, 1971, p. 334.

1467 *Cfr*. Sentencia de la CFC en SPA de 17-4-41 en M. 1942, y Sentencia de la CFC en la SF de 23-2-50 en GF, N° 4, 1950, p. 87.

1468 Artículo 165, ordinal 2° y 4°

1469 Artículo 228

1470 Artículo 173

1471 Artículo 215, ordinales 4 y 5

tivo Nacional, salvo ciertas excepciones, deben ser aprobados por ley especial[1472]; los contratos de interés público, salvo ciertas excepciones, deberán ser aprobados previamente por el Congreso y el otorgamiento de concesiones de hidrocarburos deberá ser autorizada previamente por las Cámaras en sesión conjunta[1473]; el Senado debe autorizar al Ejecutivo Nacional para enajenar bienes inmuebles del dominio privado de la Nación, para autorizar el empleo de misiones militares venezolanas en el exterior o extranjeras en el país, para el nombramiento del Procurador General de la República y los jefes de misiones diplomáticas permanentes, o al Presidente de la República para salir del país[1474]; la Cámara de Diputados puede dar un voto de censura a los Ministros el cual puede acarrear la remoción del Ministro en ciertos casos[1475]; el Congreso ejerce el control de la Administración Pública[1476]; y los actos de gobierno, reglamentos y actos administrativos pueden ser declarados nulos por contrariedad al derecho por la Corte Suprema de Justicia[1477].

Por último, en el ejercicio de sus funciones judiciales, la Corte Suprema de justicia se encuentra interferida tanto por los órganos legislativos como por los órganos ejecutivos. En efecto, el Congreso puede decretar amnistías[1478] y el Presidente de la República conceder indultos[1479]; el enjuiciamiento del Presidente de la República debe ser autorizado por el Senado[1480]; y el Ejecutivo Nacional determina el número de tribunales y su circunscripción[1481].

En todos estos casos, como ya se ha señalado, encontramos supuestos de interferencia o intervención autorizada constitucionalmente, de los órganos del Poder Ejecutivo y del Poder Judicial; de los órganos del Poder Ejecutivo en las funciones propias de los órganos del Poder Legislativo y del Poder Judicial; y de los órganos del Poder Judicial en las funciones propias de los órganos del Poder Legislativo y del Poder Ejecutivo, que en modo alguno significan violación del principio de la separación de poderes.

Al contrario, estas interferencias confirman el carácter y sentido de dicho principio en el ordenamiento constitucional venezolano, que antes que una separación de poderes, más bien consagra el carácter complementario[1482] de los mismos, así como la colaboración y cooperación[1483] entre ellos, para la consecución de los fines del

---

1472 Artículo 128

1473 Artículo 126

1474 Artículo 150, ordinales 2, 4, 6 y 7

1475 Artículo 153, ordinal 2

1476 Artículo 139

1477 Artículo 206 y 215, ordinales 6 y 7

1478 Artículo 139

1479 Artículo 190, ordinal 21

1480 Artículo 150, ordinal 8

1481 *Cfr*. Sentencia de la CSJ en CP de 22-4-69 en GF, N° 1969 pp. 9 y ss

1482 *Cfr*. Sentencia de la CF de 27-5-58 en GF, N° 0, 1969, pp. 115 a 118, y de la CSJ en SPA de 18-7-63 en GF, N° 41, 1963, pp. 116 y 117.

1483 *Cfr*. Sentencia de a CSJ en SPA de 1-6-72 en *GO*, N° 1.523, Extraordinaria, de 1-6-72, p. 9.

Estado. El sistema es, por tanto, un sistema de equilibrio armónico[1484] entre los poderes, en el cual se combinan funciones propias con interferencias, estando atribuida a la Corte Suprema de Justicia la función de asegurar el balance y contrapeso entre los mismos[1485]. En la base de toda la concepción, en todo caso, está el principio de que si bien hay una división del Poder en sentido orgánico y con las flexibilidades señaladas, a esa división orgánica no se corresponde una separación absoluta de funciones. Pero, por supuesto, la operatividad de este sistema de contrapeso depende de la conformación política del Congreso y de la Presidencia, pues debido a la forma presidencial de gobierno, si el Presidente de la República no tiene el respaldo mayoritario del Congreso, el sistema de cooperación entre poderes se convierte en un sistema de conflicto de poderes con el riesgo de que se inmovilice el Estado.

En todo caso, este sistema de distribución horizontal del Poder Público en el nivel nacional, ha dado origen a nuestro peculiar sistema de gobierno presidencial, con sujeción parlamentaria, enmarcado en una separación orgánica de Poderes, que dan origen a tres órganos básicos: las Cámaras Legislativas, el Ejecutivo Nacional, y la Corte Suprema de Justicia y demás Tribunales.

II. EL SISTEMA PRESIDENCIAL CON SUJECIÓN PARLAMENTARIA

Dentro de la clasificación general de las formas de gobierno que distingue el sistema presidencial del sistema parlamentario, tradicionalmente todos los países de América Latina han adoptado el primero, o al menos, una forma de gobierno de "preponderancia presidencial"[1486] por lo que es frecuente el calificativo de "presidencialista" dado a los mismos. Venezuela tampoco escapa ni de esta tradición ni de este calificativo, y los gobiernos, una vez conformados por el sistema electoral y de partido, actúan mediante un sistema presidencial, pero con sujeción parlamentaria[1487].

1484 *Cfr.* Sentencia de la CSJ en SPA de 5-2-64 en GF, N° 43, 1964, pp. 14 a 19.

1485 Véase Sentencias de la CFC en SPA de 4-3-41 y de 17-4-41 en M, 1942. pp. 128 y ss. En Sentencia de 1968, sobre su función, la propia Corte señaló: "El control jurisdiccional de este Supremo Tribunal sobre los actos de los otros Poderes del Estado, debe ser ejercido con el sano espíritu de mantener y respetar el principio de la separación de poderes, sin invadir la órbita de la propia actividad del Poder Ejecutivo o del Legislativo. Si este Supremo Tribunal actuara en forma diferente, invadiría la esfera privativa de las funciones de otros Poderes, excedería sus facultades de control jurisdiccional y, lejos de cumplir su elevada misión de afianzar la justicia, crearía un clima de recelo y desconfianza, contrario al principio de colaboración entre los Poderes Nacionales establecido en el artículo 118 de la Constitución". Véase Sentencia de la CSJ en CP de 12-6-68 en publicación del Senado, 1968, p. 201.

1486 Véase por todos, Jacques Lambert, Amerique Latine; *Structures Sociales et Institutions Politiques*, París 1963, pp. 376 y ss.; Federico Gil, *Instituciones y Desarrollo Político de América Latina*, Buenos Aires, 1966, pp. 74 y ss.

1487 Seguimos en este punto, en parte, lo expuesto en Allan R. Brewer-Carías, *Cambio Político y Reforma del Estado en Venezuela*, Madrid, 1975, capítulo 12; y en *Derecho Administrativo*, Tomo I, Caracas 1975.

1. *El sistema presidencial*

En efecto, la fórmula presidencial consagrada en la Constitución de los Estados Unidos de Norteamérica de 1787, evidentemente que influyó en forma directa sobre las constituciones latinoamericanas y, entre ellas, sobre las venezolanas[1488], y en su configuración inicial, el pensamiento político del Libertador fue decisivo, hasta el punto de imprimirle una característica peculiar desconocida en el sistema norteamericano: el Poder Ejecutivo en Venezuela, se compone del Presidente y sus Ministros, y aquél no puede actuar válidamente en general, sino por medio de éstos, quienes deben refrendar sus actos siendo también responsables políticamente ante el Congreso[1489].

Ahora bien, el régimen presidencial en el sistema venezolano, puede ser caracterizado por una serie de elementos que deben precisarse en nuestro régimen constitucional. En efecto, en primer lugar, es claro que ni el Presidente de la República ni los ministros, proceden, en su titularidad, en forma alguna, del Congreso. Estos funcionarios son totalmente independientes tanto en su designación como en sus funciones propias, de las Cámaras Legislativas: el Presidente de la República es electo por sufragio universal, directo y secreto en un acto que si bien ha sido tradicionalmente coincidente y simultáneo a la elección de senadores y diputados, podrían y deberían realizarse en forma separada[1490]. Los ministros del Ejecutivo Nacional, por otra parte, son designados por el Presidente de la República[1491] sin intervención alguna del Congreso, y si alguno de ellos hubiese sido previamente electo senador o diputado, no pierde su investidura al aceptar el cargo de ministro aun cuando, por supuesto, debe separarse de la respectiva Cámara, pudiendo reincorporarse al cesar en aquellas funciones[1492].

La situación es distinta en los sistemas parlamentarios, en los cuales los ministros y en general el Gabinete, por regla general, provienen del Parlamento, hasta el punto de que para gobernar, requieren de la confianza de éste.

En el sistema presidencial venezolano, si bien el Presidente de la República y los ministros no requieren de la confianza del Parlamento para gobernar debido a la separación orgánica de los poderes, la Cámara de Diputados puede dar un voto de censura a los ministros, lo cual implica su remoción por el Presidente de la República[1493]. Esta injerencia del Congreso en el gobierno, evidentemente que se configura en un elemento de parlamentarismo en la forma presidencial de gobierno venezolano, aun cuando no esté prevista la contrapartida de protección que los sistemas parlamentarios consagran, cuando el Gabinete pierde la confianza del Parlamento, y

---

1488 *Cfr.* José Guillermo Andueza, "El Presidente de la República", *Estudio en Homenaje al Profesor López Rodó*, vol. III, Madrid 1972, p. 161.

1489 *Cfr.* Ernesto Wolf, *Tratado de Derecho Constitucional*, Tomo I, Caracas, 1945, p. 26.

1490 Artículo 183 de la Constitución. Esta posibilidad, anteriormente dudosa y cuestionada, es ahora factible no sólo en virtud de lo dispuesto en la Ley Orgánica del Sufragio desde 1973 (Art. 91), sino de lo establecido en la Enmienda N° 2 de la Constitución, de 1983.

1491 Artículo 19, 2° de la Constitución.

1492 Artículo 141 de la Constitución.

1493 Artículo 153, 2° de la Constitución.

que da lugar a la posibilidad de disolución de éste por aquél, apelando a la búsqueda de la confianza popular mediante nuevas elecciones generales.

La sola injerencia que el Presidente de la República puede tener respecto al funcionamiento del Congreso, es la posibilidad que tiene de convocarlo a sesiones extraordinarias[1494].

Por otra parte, es de destacar que si bien los ministros no son por esencia miembros del Parlamento, en el sistema presidencial venezolano ellos tienen derecho de palabra sin restricción en las Cámaras y en sus Comisiones, estando obligados a concurrir a ellas cuando sean llamados a informar o a contestar las interpelaciones que se les hagan, además de tener la obligación de presentar anualmente al Congreso, una Memoria razonada y suficiente de su gestión en el año anterior y de sus planes para el siguiente[1495]. En esto puede verse también otro elemento propio de los sistemas parlamentarios, lo que aparta al sistema venezolano del norteamericano, en el cual los secretarios del Poder Ejecutivo no tienen acceso a las sesiones del Congreso. Además, debe destacarse que el propio Presidente de la República puede dirigir al Congreso, personalmente o por uno de sus ministros, informes o mensajes especiales[1496], además del Mensaje anual que debe presentar sobre los aspectos políticos y administrativos de su gestión durante el año inmediatamente anterior, en el cual debe exponer, además, los lineamientos del plan de desarrollo económico y social de la Nació[1497].

Por otra parte, en el sistema presidencial venezolano, el Ejecutivo Nacional, es decir, el Presidente de la República y los ministros, tienen iniciativa legislativa[1498], aun cuando el Congreso puede rechazar los proyectos de ley que presenten. En todo caso, los ministros tienen derecho de palabra en la discusión de las leyes[1499]. Debe indicarse, además, que la iniciativa parlamentaria de las leyes no es ilimitada, como correspondería a un sistema presidencial típico, sino que tiene restricciones: el proyecto de Ley de Presupuesto sólo puede ser presentado al Congreso, para que se inicie su discusión en la Cámara de Diputados[1500], por el Ejecutivo Nacional, pudiendo las Cámaras solamente alterar las partidas presupuestarias, pero sin poder autorizar gastos que excedan el monto de las estimaciones de ingresos del respectivo proyecto de Ley de Presupuesto presentado por el Poder Ejecutivo[1501].

1494 Artículo 190, 9° de la Constitución.

1495 Artículo 197 y 199 de la Constitución.

1496 Artículo 190, 20 de la Constitución.

1497 Artículo 191 de la Constitución.

1498 Artículo 165, 2° de la Constitución.

1499 Artículo 170 de la Constitución.

1500 Artículo 153, 1° de la Constitución.

1501 Artículo 228 de la Constitución de 1961. Aún en Venezuela no se ha planteado la cuestión constitucional de la iniciativa presupuestaria del Parlamento, es decir, de si éste puede incluir partidas presupuestarias para gastos distintos a los previstos en el proyecto de Ley presentado por el Ejecutivo, si su misión se reduce a disminuir o aumentar las partidas previstas en el Proyecto. De la redacción del artículo 228 de la Constitución, parece que la intención del constituyente, en cuanto al papel del Congreso en esta materia, es la última de las indicadas, no teniendo las Cámaras realmente iniciativa presupuestaria alguna.

Las injerencias de uno y otro poder en su funcionamiento, por tanto, son frecuentes en el sistema presidencial venezolano. Por ejemplo, la nominación de funcionarios por parte[1502] del Presidente de la República no es ilimitada, pues algunos nombramientos como el de Procurador General de la República o el de los Jefes de Misiones Diplomáticas permanentes, deben realizarse previa autorización del Senado o de la Comisión Delegada[1503]. Algunos actos del Poder Ejecutivo requieren también de la intervención del Congreso para que tengan validez: la aprobación del Congreso es necesaria para la celebración de contratos de interés nacional y para el otorgamiento de concesiones de hidrocarburos[1504]; y la autorización previa de las Cámaras en sesión conjunta o de la Comisión Delegada, es necesaria para que el Presidente de la República pueda decretar créditos adicionales al Presupuesto[1505]. Asimismo, la autorización previa del Senado es necesaria para que el Ejecutivo pueda enajenar bienes inmuebles del dominio privado de la Nación[1506] para el empleo de misiones militares venezolanas en el exterior o extranjeras en el país, a solicitud del propio Ejecutivo Nacional[1507]; y para que el Presidente de la República pueda salir del territorio nacional[1508].

Por otra parte, en materia legislativa, las leyes para que tengan validez, no sólo tienen que ser promulgadas por el Presidente de la República, una vez que han sido sancionadas por las Cámaras Legislativas, sino que pueden ser vetadas por aquél con la consecuente devolución al Congreso para su reconsideración[1509]. El Congreso, por su parte, ejerce el control de la Administración Pública Nacional[1510], y las Cámaras y sus Comisiones, pueden realizar las investigaciones que juzguen convenientes, estando obligados los funcionarios de la Administración Pública y de los institutos autónomos, a comparecer ante ellas y a suministrarles las informaciones y documentos que requieran para el cumplimiento de sus funciones[1511].

Por último, debe destacarse que en el sistema presidencial venezolano, todos los actos del Presidente de la República, salvo los de nombramiento y remoción de los ministros y los que cumpla como Comandante en Jefe de las Fuerzas Armadas Nacionales, en ejercicio de la suprema autoridad jerárquica de ellas, deben estar refrendados, para su validez, por el ministro o los ministros respectivos[1512], siendo éstos constitucionalmente responsables de sus actos, aun en el caso de que obren por or-

---

1502 Artículo 190, 16 y 150, 7° de la Constitución.

1503 Artículo 190, 16 y 150, 7° de la Constitución.

1504 Artículo 126 de la Constitución.

1505 Artículo 190, 14 de la Constitución.

1506 Artículo 150, 2° de la Constitución.

1507 Artículo 150, 4° de la Constitución.

1508 Artículo 150, 6° y artículo 189 de la Constitución.

1509 Artículo 173 de la Constitución.

1510 Artículo 139 de la Constitución.

1511 Artículo 160 de la Constitución.

1512 Artículo 190, ordinales 2° y 3° y parte final de la Constitución.

den expresa del Presidente[1513], al igual que el propio Presidente es responsable constitucionalmente de sus actos[1514].

Este, inclusive, puede ser enjuiciado, previa declaratoria de la Corte Suprema de Justicia y autorización del Senado, en cuyo caso quedaría suspendido en el ejercicio de sus funciones[1515].

Ahora bien, la evolución del régimen de gobierno venezolano en las últimas décadas puede decirse que está signada por dos tendencias precisas: el acentuamiento del régimen presidencial, por una parte, al ampliarse progresivamente las atribuciones del Presidente de la República y por la otra, particularmente en las constituciones democráticas, la incorporación progresiva de mayores sujeciones parlamentarias respecto de las actuaciones presidenciales.

En cuanto al primer aspecto de esta evolución, diversos cambios pueden advertirse. En primer lugar, los relativos a la concentración en manos del Jefe de Gobierno de la suprema autoridad jerárquica respecto de las Fuerzas Armadas. Ya se ha señalado que uno de los instrumentos mediante los cuales J. V. Gómez integró políticamente al país y consolidó su poder personal, fue la estructuración de un Ejército Nacional bajo su mando. Cuidó siempre, por tanto, de conservar la Jefatura de las Fuerzas Armadas aun cuando no ejerciera la Presidencia de la República, y esta actitud se evidencia en las reformas constitucionales que se realizaron bajo su dictadura: en 1914, la Constitución separa la jefatura del poder civil en manos del Presidente de la República, de la jefatura del Ejército en manos del Comandante en Jefe del Ejército Nacional, cargo que ejerce el Dictador. En 1922, al asumir éste la Presidencia, la Constitución elimina la figura del Comandante en Jefe del Ejército y se atribuyen sus funciones al Presidente de la República, lo que se repite en la Constitución de 1928. La reforma constitucional de 1929 separa de nuevo ambas magistraturas, siendo este el motivo fundamental de la reforma, y en la Constitución de 1931 se refunden de nuevo en el Presidente de la República. A partir de ese momento en los textos constitucionales posteriores, de 1936 hasta el vigente de 1961, el Presidente de la República ejerce la suprema autoridad jerárquica de las Fuerzas Armadas Nacionales.

En segundo lugar, como manifestación del presidencialismo es de observar que a partir de la Constitución de 1922 se atribuye al Presidente la facultad de crear nuevos Ministerios en caso de recesó de las Cámaras Legislativas, lo que se amplía a partir de 1925, en el sentido de creación de nuevos "servicios públicos" en caso de receso de las Cámaras, lo que perdura en la Constitución de 1961. Con ello se ampliaron considerablemente las funciones legislativas del Presidente de la República. Sin embargo, en las Constituciones de 1947 y 1961, se exigió la intervención de la Comisión Delegada del Congreso.

En tercer lugar, a partir de 1936, se establece la posibilidad de que el Presidente, previa habilitación legislativa, pueda dictar medidas extraordinarias en materia económica y financiera, lo cual se va a repetir en las Constituciones de 1947 y de

---

1513 Artículo 196 de la Constitución

1514 Artículo 192 de la Constitución

1515 Artículo 180, ordinal 11

1961. Con ello, también, las funciones legislativas del Poder Ejecutivo se amplían considerablemente.

En cuarto lugar, un signo de este presidencialismo y de la preponderancia del Presidente de la República en el ordenamiento constitucional, fue el establecimiento tradicional de una competencia residual a favor del Presidente de la República en todas las materias de ámbito nacional (o federal) no atribuidas expresamente a ninguna otra autoridad. Esta situación sólo se cambia en la Constitución de 1961, donde al eliminarse dicha competencia residual se invierte la relación y puede interpretarse racionalmente en sentido contrario: la asignación de competencias residuales a favor de las Cámaras Legislativas en relación a las materias nacionales no atribuidas expresamente a otra autoridad.

Pero quizás, aún más característico de esta evolución y del sistema presidencial de gobierno ha sido la tendencia que se observa, particularmente en las constituciones democráticas, al sujetar muchas de las actuaciones presidenciales al control del Congreso. Esto puede destacarse en los siguientes aspectos:

Un primer elemento de este "parlamentarismo" inserto en nuestro régimen presidencial ha sido la posibilidad tradicional que ha tenido la Cámara de Diputados de aprobar un voto de censura a los Ministros del Ejecutivo Nacional. En la Constitución de 1922, el voto de censura acarreaba automáticamente la remoción del Ministro, pero a partir de 1925, por el acentuado presidencialismo de este texto, el voto de censura no acarreaba la remoción del Ministro sino con la intervención adicional de la Corte Suprema lo que perdura hasta el texto de 1936. En 1947 se restablece la soberanía parlamentaria de la Cámara de Diputados para provocar la remoción del Ministro, siempre que el voto de censura se apruebe con la votación de al menos las dos terceras partes de dicha Cámara, lo que se recoge en el texto de 1961. Entre esos textos, la Constitución de 1953, de nuevo con acento presidencialista, volvió al espíritu de la Constitución de 1925 exigiendo la intervención de la Corte Federal.

En segundo lugar, esta lucha entre presidencialismo y sujeciones parlamentarias se observa en materia de aprobación por el (congreso de los contratos de interés nacional que suscribiera el Presidente de la República y particularmente en relación a las concesiones mineras y de hidrocarburos. En el texto de 1922, las concesiones mineras debían aprobarse por el Congreso, pero en el texto de 1925, se cambia radicalmente la situación, por la consolidación de la "dictadura petrolera" y se elimina expresamente el requisito de aprobación parlamentaria de las concesiones mineras y de hidrocarburos. A partir de 1936, el requisito de aprobación parlamentaria se va a restablecer en todos los textos constitucionales, inclusive el vigente de 1961, con la sola excepción del de 1953, signado también por un presidencialismo dictatorial.

En tercer lugar, la posibilidad del Presidente de la República de suspender o restringir garantías constitucionales se estableció en la Constitución de 1925, sin que se exigiera ninguna intervención del Congreso y lo mismo se establece en el texto de 1936. Fue en la Constitución de 1947, en la cual se exigió que el Decreto de suspensión o restricción de las garantías constitucionales se sometiera al conocimiento del Congreso o de la Comisión Delegada, y en el texto de 1961, se precisó que el Congreso puede derogar dicho Decreto. En el texto de 1953, sin embargo, por su acentuado presidencialismo se eliminó toda intervención del Congreso en esta materia. En cuarto lugar, debe señalarse que la posibilidad de decretar créditos adicionales al Presupuesto se estableció como atribución exclusiva del Presidente de la República en 1925 sin aprobación legislativa y ello se repitió en los textos posteriores incluyendo los de 1936 y 1953. Fue en la Constitución de 1947 y en el texto vigente de 1961, donde se estableció la necesaria autorización del Congreso para el decreto de créditos adicionales al Presupuesto.

En quinto lugar, en cuanto a la designación del Procurador General de la República, en el texto de 1925 correspondía exclusivamente al Presidente de la República. En el texto de 1936, al precisarse las atribuciones del Ministerio Público a cargo de este funcionario, se asignó al Congreso Nacional el nombramiento del mismo. En el texto de 1947, aun cuando se separaron las funciones del Ministerio Público, a cargo del Fiscal General de la Nación, de las del Abogado del Estado, a cargo del Procurador General de la República, sin embargo, ambos funcionarios debían ser nombrados por el Congreso. En el texto de 1953 se refundieron de nuevo las funciones en el Procurador General de la Nación nombrado por el Congreso. En la Constitución vigente de 1961, al separarse de nuevo las funciones, se asignó al Congreso el nombramiento del Fiscal General de la República, y en cuanto al Procurador General de la República, se atribuyó su nombramiento al Presidente de la República pero con la autorización del Senado.

En sexto lugar, la figura del Estado de Emergencia que se introduce en el texto de 1947, fue una medida a ser decretada por el Congreso, aun cuando el Presidente de la República podía adoptar las medidas necesarias para la defensa de la República, la integridad de su territorio y su soberanía, dando cuenta posteriormente al Congreso. En el texto de 1961 se atribuye al Presidente de la República la facultad de decretar el estado de emergencia pero con la obligación de someterlo a la consideración de las Cámaras Legislativas.

2. *El Ejecutivo Nacional: El Presidente de la republica y sus ministros*

Ahora bien, dentro del sistema presidencial como sistema de gobierno, la pieza clave del mismo está en lo que la Constitución denomina "el Ejecutivo Nacional", conformado por el Presidente de la República y sus Ministros.

A. *El Presidente de la República*

El Poder Ejecutivo Nacional se ejerce, de acuerdo al artículo 181 de la Constitución, por el Presidente de la República y los demás funcionarios que determine la Constitución y las leyes. El Presidente de la República, además, es el Jefe del Estado y del Ejecutivo Nacional. Es decir, es quien representa la globalidad de la organización política de la sociedad venezolana, particularmente en el campo internacional, y además es el Jefe del Ejecutivo Nacional.

El Presidente de la República se elige por votación universal, directa y secreta y se proclama electo al candidato que obtenga la mayoría relativa de votos[1516].

1516 Artículo 183

a. *Condiciones de elegibilidad*

Además de las condiciones generales de elegibilidad previstas en los artículos 111 y 112 de la Constitución, para ser elegido Presidente de la República se requiere ser venezolano por nacimiento, mayor de 30 años y de estado seglar[1517].

La Constitución, además, establece tres condiciones de inelegibilidad específica para la Presidencia de la República.

En primer lugar, no puede ser elegido Presidente de la República quien esté en ejercicio de la Presidencia para el momento de la elección, o lo haya estado durante más de 100 días en el año inmediatamente anterior, ni sus parientes dentro del 3er grado de consanguinidad o 2° de afinidad.

En segundo lugar, tampoco puede ser elegido Presidente de la República quien esté en ejercicio del cargo de Ministro, Gobernador o Secretario de la Presidencia de la República en el día de su postulación o en cualquier momento entre esta fecha y la de la elección[1518].

Conforme a la Constitución, por tanto, para que un Gobernador pueda ser elegido Presidente de la República, debe separarse del ejercicio del cargo antes de su postulación hasta la fecha de la elección. Ello no implica la necesidad de renunciar a su cargo ni de separarse definitivamente del mismo, sino sólo una separación temporal forzosa. En esta forma, si el Gobernador, luego, no resulta elegido Presidente, puede perfectamente reasumir su cargo elegido. Consideramos, por tanto absolutamente inconstitucional el texto del artículo 9, parágrafo primero de la Ley Orgánica del Sufragio de 1993, que estableció una condición de postulación que incorpora indirectamente una condición de elegibilidad para Presidente de la República, así:

> "No podrían ser postulados al cargo de Presidente de la República quienes para el momento de la postulación no se hubiesen separado en forma absoluta de sus cargos, por lo menos tres (3) meses antes de la fecha fijada para la celebración de las elecciones".

En tercer lugar, tampoco puede ser nuevamente Presidente de la República ni desempeñar dicho cargo, dentro de los diez años siguientes a la terminación de su mandato, quien haya ejercido la Presidencia de la República por un período constitucional o por más de la mitad del mismo[1519].

A estas condiciones de inelegilidad debe agregarse la establecida en la Enmienda Constitucional N° 1 de 1973, respecto de quienes hubieran sido condenados mediante sentencia final, dictada por Tribunales ordinarios, a pena de presidio o prisión superior a tres años, por delitos cometidos en el desempeño de funciones públicas.

1517 Artículo 182.

1518 Artículo 184.

1519 Artículo 185.

b. *La toma de posesión*

El candidato electo debe tomar posesión del cargo de Presidente de la República mediante juramento ante las Cámaras reunidas en sesión conjunta, dentro de los 10 primeros días de aquél en que deben instalarse en sus sesiones ordinarias del año en que comience el período constitucional[1520]. De acuerdo a la Enmienda Constitucional N° 2 de 1983, artículo 3°, la mencionada instalación de las Cámaras debe producirse el 23 de enero, por lo que el lapso de diez días mencionado se cuenta a partir de esa fecha.

En todo caso, si por cualquier circunstancia no pudiere prestar el juramento ante las Cámaras en sesión conjunta, lo hará ante la Corte Suprema de Justicia[1521].

Cuando el presidente electo no tomare posesión dentro del término previsto en este artículo, el Presidente saliente resignará sus poderes ante la persona llamada a suplirlo provisionalmente en caso de falta absoluta, según se establece en el artículo 187, quien los ejercerá en carácter de Encargado de la Presidencia de la República hasta que el primero asuma el cargo[1522].

c. *Las faltas absolutas o temporales del Presidente y su suplencia*

La Constitución regula expresamente los supuestos de falta absoluta o temporal del Presidente de la República y el modo de suplirlas.

En cuanto a la falta absoluta del Presidente el artículo 187 regula dos supuestos:

En primer lugar, si ello ocurre respecto del Presidente electo antes de tomar posesión del cargo, se debe proceder a una nueva elección universal y directa en la fecha que señalen las Cámaras en sesión conjunta.

En segundo lugar, si la falta absoluta se produce después de la toma de posesión, las Cámaras procederán, dentro de los 30 días siguientes, a elegir por votación secreta y en sesión conjunta convocada expresamente, un nuevo Presidente de la República por el resto del período constitucional. Sin embargo, no puede ser elegido Presidente en esta forma, quien esté en ejercicio del cargo de Ministro, Gobernador o Secretario de la Presidencia de la República[1523].

En estos dos supuestos de faltas absolutas, mientras se elige y toma posesión el nuevo Presidente, se encargará de la Presidencia de la República el Presidente del Congreso; a falta de éste, el Vicepresidente del mismo y, en su defecto, el Presidente de la Corte Suprema de Justicia[1524].

En cuanto a las faltas temporales del Presidente de la República las suplirá el Ministro que él mismo designe, y; en su defecto, la persona llamada a suplir las faltas absolutas, es decir, la persona que elijan las Cámaras, en sesión conjunta y mien-

1520 Artículo 186.

1521 Artículo 186.

1522 Artículo 186.

1523 Artículo 187 y 184.

1524 Artículo 187.

tras eso ocurre, el Presidente o Vicepresidente del Congreso o el Presidente de la Corte Suprema de Justicia[1525].

En todo caso, si la falta temporal se prolonga por más de 90 días consecutivos, las Cámaras, en sesión conjunta, decidirán si debe considerarse que hay falta absoluta, aun cuando no están obligadas a tomar esa decisión.

La salida del territorio nacional del Presidente, en principio, no se considera como una falta temporal, por lo que no hay que proceder en la forma antes indicada, sin embargo, para que el Presidente de la República o quien haga sus veces, puedan salir del territorio nacional requiere de autorización del Senado o de la Comisión Delegada del Congreso[1526]. Esta autorización también se requiere por mandato del artículo 189 de la Constitución, respecto del ex Presidente de la República, dentro de los 6 meses siguientes a la fecha en que hayan cesado en sus funciones.

d. *La responsabilidad, del Presidente*

De acuerdo con el artículo 192 de la Constitución, el Presidente de la República es responsable de sus actos, de conformidad con la Constitución y las leyes. Por tanto, puede incurrir en responsabilidad individual (civil, penal o administrativa) por abuso de poder o por violación de ley[1527], o por ordenar o ejecutar que violen o menoscaben los derechos garantizados en la Constitución[1528]. En esos casos, corresponde al Fiscal General de la República intentar las acciones a que hubiere lugar[1529].

Previamente, sin embargo, es necesario que la Corte Suprema de Justicia en Corte Plena declare si hay o no mérito para el enjuiciamiento del Presidente de la República o quien haga sus veces. En caso afirmativo, el Senado por el voto de la mayoría de sus miembros, debe autorizar el enjuiciamiento del Presidente de la República[1530] y la Corte Suprema debe continuar conociendo de la causa, hasta sentencia firme[1531]. Autorizado el enjuiciamiento del Presidente por el Senado, quedará suspendido en el ejercicio de sus funciones[1532], considerándose ello como falta temporal, salvo que dure más de 90 días en cuyo caso, como se vio, las Cámaras deben decidir si se trata de una falta absoluta.

B. *Atribuciones del Presidente de la República*

El Presidente de la República, como se ha dicho, es a la vez Jefe del Estado y del Ejecutivo Nacional[1533], y como tal ejerce una serie de atribuciones, que pueden dar origen a actos de gobierno o a actos administrativos, según que su emisión se haga

---

1525 Artículo 188.

1526 Artículo 189, artículo 150, ordinal 6° y artículo 179, ordinal 7°.

1527 Artículo 121.

1528 Artículo 46.

1529 Artículo 220 ordinal 5°.

1530 Artículo 150 ordinal 8°.

1531 Artículo 215 ordinal 1°.

1532 Artículo 150 ordinal 8°.

1533 Artículo 181.

en ejecución directa de atribuciones constitucionales, no condicionadas ni sujetas a la legislación ordinaria, o que se trate de actos de rango sublegal.

a. *Los actos de gobierno*

De acuerdo con lo establecido en el artículo 190 de la Constitución, se pueden considerar como actividades de .gobierno, las siguientes atribuciones:

Ordinal 3° Ejercer, en su carácter de Comandante en Jefe de las Fuerzas Armadas Nacionales, la suprema autoridad jerárquica de ellas.

Ordinal 4° Fijar el contingente de las. Fuerzas Armadas Nacionales.

Ordinal 5° Dirigir las relaciones exteriores de la República y celebrar y ratificar los tratados, convenios o acuerdos internacionales.

Ordinal 6° Declarar el estado de emergencia y decretar la restricción o suspensión de garantías en los casos previstos en los artículos 241 y siguientes de la Constitución.

Ordinal 7° Adoptar las medidas necesarias para la defensa de la República, la integridad del territorio y de su soberanía, en caso de emergencia internacional.

Ordinal 8° Dictar medidas extraordinarias en materia económica o financiera cuando así lo requiera el interés público y haya sido autorizado para ello por ley especial.

Ordinal 9° Convocar al Congreso a sesiones extraordinarias.

Ordinal 11° Decretar en caso de, urgencia comprobada, durante el receso del Congreso, la creación y dotación de nuevos servicios públicos, o la modificación o supresión de los existentes, previa autorización de la Comisión Delegada conforme al artículo 179, ordinal 5° de la Constitución.

Ordinal 20° Dirigir al Congreso, personalmente o por uno de los Ministros, informes o mensajes especiales.

Ordinal 21° Conceder indultos.

Las atribuciones identificadas con los numerales 6, 7, 8, 9 y 11, las debe ejercer el Presidente en Consejo de Ministros, y todos los actos que se dicten en base a todas estas atribuciones deben estar refrendados por el o los Ministros respectivos, como requisito de validez, salvo los actos que se dicten en cumplimiento de la atribución N° 3 mencionada[1534].

Estas atribuciones del Presidente de la República dan origen a actos de gobierno que sin duda pueden ser de dos categorías, según sus efectos o contenido normativo: pueden ser actos de efectos particulares, de contenido no normativo, o pueden ser actos de efectos generales, o de contenido normativo. En particular, dentro de estos últimos, se destacan los Decretos Leyes, es decir, los actos de gobierno de contenido normativo y que por ser dictados en ejecución directa de la Constitución, sin condi-

1534 Artículo 190.

cionamiento legal, tienen igual rango que las leyes, y que ameritan un comentario especial.

b. *Los Decretos-Leyes*

Los decretos-leyes, como se dijo, son actos de carácter normativo, emanados del Presidente de la República, con igual rango y valor de la Ley, y que se refieren, sin embargo, a materias reservadas normalmente a la Ley. Por tanto, los decretos-leyes tienen igual fuerza derogatoria que las leyes.

Podemos distinguir dos tipos de decretos-leyes: los decretos-leyes constitucionales y los decretos-leyes de los gobiernos de facto.

a'. *Decretos-Leyes constitucionales*

En este caso podemos distinguir los decretos-leyes dictados con habilitación legislativa y los dictados sin habilitación legislativa.

a". *Decreto-Leyes con habilitación legislativa*

Los Decretos-Leyes con habilitación legislativa son los que se dictan de acuerdo con el artículo 190, ordinal 8° de la Constitución, que establece entre las atribuciones del Presidente de la República la de "dictar medidas extraordinarias en materia económica o financiera cuando así lo requiera el interés público y haya sido autorizado para ello por Ley especial". Esta atribución constitucional le permite al Presidente de la República dictar actos de contenido normativo y de fuerza igual a la Ley, en las materias para las cuales haya sido autorizado por Ley especial de carácter económico o financiero. El contenido normativo de rango y valor legal de las medidas resulta de su carácter extraordinario: no tendría sentido la autorización por Ley especial si de lo que se tratase fuera de dictar actos de efectos generales de carácter reglamentario, que el Presidente puede realizar por atribuciones propias y directas.

Por otra parte, estos Decretos-Leyes, se dictan en virtud de poderes propios que la Constitución otorga al Presidente de la República y que se precisan en una Ley especial, que es una Ley de autorización. Esta Ley especial tiene características particulares: es una Ley que autoriza al Presidente de la República para dictar "medidas económicas y financieras", por lo que tiene un solo destinatario: el Presidente de la República, y en sí misma, no tiene contenido normativo; establece más bien una situación jurídica individualizada que habilita al Presidente de la República a dictar actos de carácter legislativo y contenido normativo, y que a la vez le limita su competencia en esa materia; leyes de este tipo se han dictado en 1961, 1974 y 1984.

Un ejemplo, particular de estas leyes, lo constituye la Ley Orgánica que autorizó al Presidente de la República para dictar medidas extraordinarias en materia económica y financiera de 31 de mayo de 1974, la que autorizó al Presidente para "modificar la Ley Orgánica de la Hacienda Pública Nacional en lo que se refiere a la unidad del tesoro, a fin de que pueda destinarse anualmente a la creación y mantenimiento del Fondo de Inversiones de Venezuela, el 50 por ciento de los ingresos fiscales obtenidos por concepto de impuestos de explotación del petróleo y gas y del impuesto sobre la renta sobre esos sectores...", y en cumplimiento de esta autorización, el Presidente por Decreto-Ley N° 150, de 1° de junio de 1974, procedió a modificar el artículo 184 de la Ley Orgánica de la Hacienda Pública Nacional, y crear un Instituto Autónomo lo cual es normalmente una materia de reserva legal.

Esta misma Ley Orgánica autorizó al Presidente para "realizar las reformas necesarias en el sistema financiero nacional y en el mercado de capitales a objeto de asegurar que la acción del Estado contribuya eficazmente a acelerar el desarrollo económico del país, propiciar la mejor distribución de la riqueza, garantizar la estabilidad del sistema monetario y cortar las perturbaciones inflacionarias"[1535], y para "estimular la transformación de la estructura de aquellos sectores de la producción que lo requieran, con la finalidad de hacerlos más competitivos en el exterior, con especial atención de los acuerdos de integración suscritos por Venezuela, de favorecer la política de pleno empleo y de desconcentración económica y de controlar las presiones inflacionarias"[1536].

Ahora bien, en base a la primera de las autorizaciones señaladas, el Presidente de la República, entre 1974 y 1975, por vía de Decretos-Leyes, dictó una nueva Ley del Banco Central de Venezuela; reformó parcialmente la Ley General de Bancos y otros Institutos de Crédito; dictó una nueva Ley del Mercado de Capitales; dictó una nueva Ley de Empresas de Seguros y Reaseguros; dictó una nueva Ley del Sistema Nacional de Ahorro y Préstamo; reformó parcialmente la Ley General de Asociaciones Cooperativas; dictó una nueva Ley del Banco Industrial de Venezuela; reformó parcialmente la Ley del Banco de los Trabajadores de Venezuela; reformó parcialmente la Ley del Banco de Desarrollo Agropecuario; dictó la nueva Ley del Instituto de Crédito Agrícola y Pecuario; transformó el Fondo Nacional del Café y del Cacao en dos Institutos Autónomos separados; dictó la nueva Ley del Instituto Nacional de la Vivienda; y reformó la Ley de la Corporación de Desarrollo de. la Pequeña y Mediana Industria. En base a las dos autorizaciones indicadas, por otra parte, el Presidente, mediante Decreto-Ley, durante esas mismas fechas, dictó un nuevo Estatuto de la Corporación Venezolana de Fomento; y con base en la segunda de las autorizaciones señaladas, dictó las normas para el desarrollo de la Industria Naval; las normas para el desarrollo de la Industria Aeronáutica; las normas para el Desarrollo de las Industrias Militares; las normas para el desarrollo de la Industria Automotriz, y las Normas para el Desarrollo de la Industria Nuclear; y estableció el Registro de Proyectos Industriales obligatorio.

b''. *Decretos-Leyes sin habilitación legislativa*

Pero los mencionados decretos-leyes dictados conforme a lo establecido en el artículo 190, ordinal 8°, de la Constitución, no son los únicos decretos-leyes que puede dictar el Presidente de la República. Este puede dictar, además, otros decretos-leyes, sin que exista una previa autorización legislativa.

En este caso podemos distinguir dos tipos de decretos-leyes: los dictados en suspensión o restricción de garantías constitucionales, y los decretos-leyes dictados con motivo de la creación de servicios públicos.

1535 Artículo 1° ordinal 1°

1536 Artículo 1° ordinal 6°

Respecto de los primeros, son aquellos Decretos de contenido normativo dictados en suspensión o restricción de garantías constitucionales, para regular aspectos que en situaciones normales corresponderían al legislador.

El principio básico de la regulación constitucional de los derechos y libertades públicas en Venezuela, es decir, la verdadera garantía de esos derechos y libertades radica en la reserva establecida a favor del Legislador para limitar o restringir dichos derechos. Sólo por Ley pueden establecerse limitaciones a los derechos y libertades consagrados en la Constitución.

Pero la propia Constitución admite la posibilidad de que las garantías constitucionales puedan ser suspendidas o restringidas en situaciones de emergencia o en circunstancias excepcionales, por decisión del Presidente de la República en Consejo de Ministros[1537]. Durante el tiempo de vigencia de estas suspensiones o restricciones, los derechos y libertades suspendidos o restringidos no pueden ejercerse efectivamente, y pueden ser regulados por vía ejecutiva.

De lo expuesto se desprende que la consecuencia fundamental del Decreto de suspensión o restricción de las garantías constitucionales, es la posibilidad que tiene el Poder Ejecutivo de regular el ejercicio del derecho, asumiendo competencias que normalmente corresponderían al Congreso. Si la esencia de la garantía constitucional es la reserva legal para su limitación y reglamentación, restringida o suspendida la garantía constitucional, ello implica, la restricción o suspensión del monopolio del Legislador para regular o limitar los derechos, y la consecuente aplicación de los poderes del Ejecutivo Nacional para regular y limitar, por vía de Decreto, dichos derechos y garantías constitucionales.

En todo caso, tal como lo aclara la propia Constitución: "la restricción o suspensión de garantías no interrumpe el funcionamiento ni afecta las prerrogativas de los órganos del Poder Nacional[1538], ya que al ampliar las competencias reguladoras del Poder Ejecutivo, no afecta las competencias legislativas ordinarias del Congreso".

En base a esta restricción o suspensión de garantías constitucionales, y al ejercicio de funciones legislativas del Poder Ejecutivo, el Presidente de la República ha dictado verdaderos Decretos con valor de Ley en diversas materias de gran trascendencia, particularmente, en el campo económico. Por ejemplo, todo el régimen establecido desde la década de los cuarenta en materia de regulación de precios, regulación de alquileres, y de control de cambios, tuvo su fundamento en Decretos con valor de Ley, restrictivos de la libertad económica que pudieron dictarse en base a la suspensión o restringida desde 1939. En todo caso, a pesar de que al dictarse la Constitución de 1961, se consagraron todos los derechos y garantías constitucionales, en la misma fecha y después, en 1962, se ratificó la suspensión de la garantía de la libertad económica, con lo cual se ampliaron las potestades "legislativas" del Poder Ejecutivo. Sin embargo, puede decirse que el Ejecutivo Nacional fue prudente

1537 Artículo 190 ordinal 6°.

1538 Artículo 52.

en la utilización de estas facultades legislativas derivadas de la restricción o suspensión de la libertad económica[1539].

En segundo lugar, en cuanto a los decretos-leyes en el campo de los servicios públicos se establecen en el artículo 190, ordinal 11 de la Constitución que señala, entre las atribuciones del Presidente de la República lo siguiente:

Decretar en caso de urgencia comprobada, durante el receso del Congreso, la creación de nuevos servicios públicos, o la modificación o supresión de los existentes, previa autorización de la Comisión Delegada.

Del análisis de esta norma se desprende que la "creación y dotación de nuevos servicios públicos o la modificación o suspensión de los existentes" es una competencia reservada al Poder Legislativo, quien la ejerce mediante Ley. Esta reserva, por supuesto, emana de la propia Constitución. Frente a la reserva legal, sin embargo, y excepcionalmente por las situaciones de urgencia, el Presidente de la República puede asumir la creación, modificación o supresión de "servicios públicos" previa autorización de la Comisión Delegada. Cuando así actúe el Poder Ejecutivo, sin duda, dictará Decretos con valor de Ley en virtud, no de una "delegación legislativa", sino de atribuciones constitucionales propias. La naturaleza jurídica legislativa de los Decretos-Leyes en materia de servicios públicos, coinciden con la de los Decretos-Leyes dictados en materia económica o financiera, o en restricción o suspensión de la garantía económica a que hemos hecho referencia anteriormente.

b'. *Los Decretos con valor de Ley de los gobiernos de facto*

Los gobiernos de facto generalmente concentran en sus manos el ejercicio de los Poderes Ejecutivo y Legislativo. Por lo tanto, los actos normativos de efectos generales que emanan de este tipo de gobierno, constituyen decretos-leyes, al regular materias que en situaciones normales corresponderían al legislador. Ello, por supuesto, al margen de las constituciones.

En la reciente historia venezolana, el conjunto de disposiciones normativas de rango legal producidas por los gobiernos de facto que rigieron el país entre 1945 y 1946; 1948 a 1953; y 1958 y 1959, ha sido de enorme importancia. Por ello se ha planteado el problema de su naturaleza legislativa. Sin embargo, estimamos que no existe ninguna duda sobre tal naturaleza, dada la asunción por parte del Poder Ejecutivo, en esos períodos, del Poder Legislativo.

c. *Actos administrativos*

De acuerdo a la enumeración del artículo 190 de la Constitución, hay una serie de atribuciones del Presidente de la República que bien pueden calificarse de administrativas y que por su condicionamiento legal, dan origen a actos administrativos. Estas son:

1539 Véase Allan R. Brewer-Carías, *Evolución del Régimen Legal de la Economía en Venezuela 1939-1979*, Valencia, 1980. En 1991 se restableció la garantía de la libertad económica.

Ordinal 2° Nombrar y remover los Ministros.

Ordinal 10. Reglamentar total o parcialmente las leyes, sin alterar su espíritu, propósito y razón.

Ordinal 12. Administrar la Hacienda pública Nacional.

Ordinal 13. Negociar los empréstitos nacionales.

Ordinal 14. Decretar créditos adicionales al Presupuesto, previa autorización de las Cámaras en sesión conjunta o de la Comisión Delegada, conforme a los artículos 227 y 179, ordinal 6 de la Constitución.

Ordinal 15. Celebrar los contratos de interés nacional permitidos por esta Constitución y las leyes.

Ordinal 16. Nombrar, previa autorización del Senado o de la Comisión Delegada del Congreso, el Procurador General de la República y los Jefes de Misiones Diplomáticas permanentes.

Ordinal 17. Nombrar y remover los Gobernadores del Distrito Federal y de los Territorios Federales.

Ordinal 18. Nombrar y remover, de conformidad con la Ley, los funcionarios y empleados nacionales cuya designación no esté atribuida a otra autoridad.

Ordinal 19. Reunir en convención a todos o algunos de los gobernadores de las entidades federales para la mejor coordinación de los planes y labores de la administración pública.

De todas estas atribuciones, las identificadas en los ordinales 10, 13, 14 y 15 las debe ejercer el Presidente en Consejo de Ministros, y todos los actos que se dicten en base a ellas deben estar refrendadas por el o los Ministros respectivos, como requisito de validez salvo los nombramientos de los Ministros[1540].

Los actos administrativos que se originan en el ejercicio de estas atribuciones, y que en general son de rango sublegal, pues están o pueden estar condicionados por la legislación ordinaria, pueden a su vez ser de carácter normativo (efectos generales) o de efectos particulares (no normativo). Dentro de los primeros se destacan los reglamentos, que por su importancia requieren de un comentario especial.

d. *Los Reglamentos*

En efecto, los Reglamentos son actos dictados por el Ejecutivo Nacional de contenido normativo, de rango sublegal, y que, por tanto, integran o modifican el ordenamiento jurídico. La facultad de la Administración de dictar actos administrativos contentivos de normas generales es inherente a su acción.

El Reglamento siempre es de carácter normativo, y se identifica por su generalidad, efectos *erga omnes*, y por estar destinado a un número indeterminado de personas. La Corte Suprema los ha definido muy bien al decir que: "el Reglamento es la norma jurídica de carácter general dictado por la Administración Pública, para su

1540 Artículo 190..

aplicación a todos los sujetos de derecho y en todos los casos que caigan dentro de sus supuestos de hecho"[1541].

La potestad reglamentaria se le atribuye expresamente en la Constitución[1542] al Presidente de la República, pero esto no significa que esta atribución sea excluyente. Por el contrario, debemos considerar también como Reglamento todo acto administrativo de carácter general emanado de cualquier otra autoridad administrativa actuando en función legislativa y en virtud de autorización legal, así como los propios reglamentos del Presidente que no ejecuten o desarrollen expresamente un texto legal (reglamentos autónomos).

En todo caso, los Reglamentos están sometidos al Principio de la Legalidad Administrativa y particularmente a la Ley, por cuanto no deben alterar su espíritu, propósito y razón[1543].

En virtud del principio de la jerarquía administrativa que implica la subordinación de los funcionarios inferiores ante los superiores, y por cuanto según el Principio de la Legalidad Administrativa, todo acto administrativo debe estar conforme a las reglas generales preestablecidas, los actos que dicte cualquier autoridad administrativa deben estar conformes a los Reglamentos dictados por las autoridades superiores. Además, de acuerdo con el principio de que una autoridad administrativa no puede quebrantar sus propias decisiones y reglamentaciones, a menos de que sean derogadas expresamente, los actos administrativos dictados por una autoridad administrativa deben estar conformes con el contenido normativo de los Reglamentos que esa misma autoridad haya dictado con anterioridad. No se puede, por tanto, modificar un reglamento sino mediante otro reglamento; y la misma autoridad que lo dictó no puede modificarlo por acto individual o singular[1544].

e. *Los Mensajes al Congreso*

El Presidente de la República, dentro de los 10 primeros días siguientes a la instalación del Congreso, en sesiones ordinarias, personalmente o por medio de uno de los Ministros, debe presentar cada año a las Cámaras reunidas en sesión conjunta, un Mensaje en que dará cuenta de los aspectos políticos y administrativos de su gestión durante el año inmediatamente anterior. En dicho Mensaje el Presidente expondrá los lineamientos del plan de desarrollo económico y social de la Nación.

En cuanto al Mensaje correspondiente al último año del período constitucional deberá ser presentado dentro de los 5 primeros días siguientes a la instalación del Congreso (Art. 191).

Debe agregarse, además, que el Presidente de la República, como se dijo, puede en cualquier momento dirigir al Congreso, personalmente o por uno de sus Ministros, informes y mensajes especiales (Art. 190 al 120), y que, en todo caso, de

---

1541 Sentencia de la CSJ en SPA de 27-5-68, en *Gaceta Forense* N° 60, 1968 pp. 115 a 118.

1542 Artículo 190, ordinal 10

1543 Artículo 190, ordinal 10

1544 Artículo 13 de la Ley Orgánica de Procedimientos Administrativos. Véase Allan R. Brewer-Carías, *El Derecho Administrativo y la Ley Orgánica de Procedimientos Administrativos*, Caracas, 1982, pp. 41 y ss.

acuerdo al artículo 7° de la Enmienda Constitucional N° 2 de 1983, el Presidente de la República, en el transcurso del primer año de cada período constitucional debe presentar para su aprobación, a las Cámaras en sesión conjunta, las líneas generales del plan de desarrollo económico y social de la Nación.

C. *El enjuiciamiento del Presidente de la República y los diversos supuestos de subrogación presidencial*

El Presidente de la República, como cualquier ciudadano, puede ser sometido ajuicio. Sin embargo, por su alta investidura como Jefe del Estado y del Ejecutivo Nacional (Art. 181 de la Constitución), en caso de ser enjuiciado, goza de varias prerrogativas constitucionales: en primer lugar, una de carácter previo al juicio, en el sentido de que debe seguírsele un antejuicio de mérito ante la Corte Suprema de Justicia; en segundo lugar, una de carácter político, en el sentido de que el Senado debe autorizar su enjuiciamiento; y en tercer lugar, una de carácter judicial, en el sentido de que la causa debe ser conocida y decidida por la Corte Suprema de Justicia, y no por los tribunales penales ordinarios.

Estas prerrogativas constitucionales del Presidente de la República están consagrados en el artículo 215, ordinal 1° de la Constitución que establece:

> "Son atribuciones de la Corte Suprema de Justicia:[1545]
>
> 1. Declarar si hay o no mérito para el enjuiciamiento del Presidente de la República o quien haga sus veces, y, en caso afirmativo, continuar conociendo de la causa, previa autorización del Senado, hasta sentencia definitiva".

a. *Las prerrogativas constitucionales del Presidente de la República en relación a su enjuiciamiento*

a'. *El antejuicio de mérito*

La primera de las prerrogativas constitucionales que tiene el Presidente de la República en relación a su enjuiciamiento, es que con anterioridad a éste, la Corte Suprema de Justicia debe declarar si hay o no mérito para el mismo. Conforme lo ha señalado la Corte Suprema de Justicia en sentencia de 19-7-84, esta prerrogativa del antejuicio se justifica,

> "pues no es lógico, ni el interés del Estado así lo permite, que a cada momento esos funcionarios pudieren verse entrabados en sus complejas y delicadas funciones por cualquier acusación que fuera dado hacerles cualquier ciudadano, sin ser suficientemente seria y fundada".

Esta prerrogativa, por supuesto, la tiene el Presidente de la República que está investido de tal función cuando se resuelva el antejuicio de mérito. En cambio, un ex-Presidente goza de la prerrogativa del antejuicio de mérito previsto en el ordinal

---

1545 Sentencia que declaró la nulidad del artículo 152 de la Ley Orgánica de la Corte Suprema de Justicia, en *Gaceta Oficial* N° 3.479 Extraordinario de 11-12-84.

2 del artículo 215 de la Constitución, que se refiere a los "miembros del Congreso" y que abarcaría a los ex-Presidentes como Senadores Vitalicios (Art. 148 de la Constitución).

Este antejuicio de mérito está regulado en los artículos 146 y siguientes de la Ley Orgánica de la Corte Suprema de Justicia y en los artículos 361 y siguientes del Código de Enjuiciamiento Criminal. El procedimiento que se desarrolla ante la Corte, en este caso, no corresponde a un juicio, ni a un proceso, ni a una causa. Es un antejuicio, es decir, una etapa previa al juicio (pre-juicio) cuyo único objeto es declarar si hay o no mérito para el enjuiciamiento del Presidente de la República.

La decisión de la Corte debe ser adoptada dentro de los 10 días de despacho siguientes a la presentación de la querella (Art. 147 de la Ley Orgánica de la Corte Suprema de Justicia; el artículo 362 del Código de Enjuiciamiento Criminal fijaba este lapso en 5 días); y una vez que se adopte queda suspendido todo procedimiento judicial que se haya iniciado en contra del Presidente, hasta tanto el Senado autorice su enjuiciamiento (Art. 148 LOCSJ).

En esa etapa anterior al juicio, que no constituye un proceso, no hay un acto formal de audiencia del acusado. Por ello la exigencia del artículo 369 Código de Enjuiciamiento Criminal debe entenderse, en realidad, como una excepción en el procedimiento penal en relación al sumario respecto del acusado, en el sentido de que debe pasársele copia íntegra de la querella y de la documentación que a ella se acompañe, lo cual bien puede hacerse durante el procedimiento del antejuicio o con posterioridad a éste, antes o al iniciarse el enjuiciamiento. En todo caso, en esta etapa del procedimiento el acusado tendría derecho a solicitar se le entreguen dichos documentos.

En este sentido, la Corte Suprema de Justicia en la misma sentencia antes citada de 19-7-84, señaló sobre esta exigencia del artículo 369 del Código de Enjuiciamiento Criminal como parte de las prerrogativas procesales que reviste el enjuiciamiento de un Presidente que:

> "Se comprende, asimismo, que debe pasársele a dichos funcionarios copia íntegra de la querella y de la documentación acompañada para su debido conocimiento y defensa, pues no es compatible con esas mismas funciones el que dichos funcionarios tengan que estar recurriendo al Tribunal en horas de audiencia o de secretaría, como cualquier reo, a imponerse de las actas del expediente"[1546].

b'. *La autorización del Senado*

De acuerdo con el artículo 150, ordinal 8° de la Constitución, entre las atribuciones del Senado está:

> "Autorizar, por el voto de la mayoría de sus miembros, el enjuiciamiento del Presidente de la República, previa declaratoria de la Corte Suprema de Justicia de que hay méritos para ello...".

1546 *Loc. cit.*

Por tanto, una vez que la Corte Suprema declare que hay mérito para enjuiciar al Presidente de la República, deberá notificar de inmediato su decisión al Senado, a fin de que éste se pronuncie sobre la autorización requerida para que proceda el enjuiciamiento.

Esta prerrogativa, de carácter político, significa que un Presidente de la República, no puede ser enjuiciado sin que el Senado haya previamente autorizado dicho enjuiciamiento. Ello implica una decisión de carácter político por esta Cámara Legislativa que, como tal, podría ser tanto afirmativa como negativa. La decisión del Senado, por supuesto, puede estar basada en consideraciones de conveniencia nacional u otras de carácter político, y podría consistir en la no autorización para el enjuiciamiento del Presidente a pesar de que la Corte Suprema en el antejuicio haya encontrado méritos para ello.

No está previsto en la Constitución plazo alguno para que el Senado adopte su decisión.

c'. *El enjuiciamiento ante la Corte Suprema de Justicia*

Autorizado el enjuiciamiento por el Senado, corresponde a la Corte Suprema de Justicia conforme al artículo 215, ordinal 1° de la Constitución, "continuar conociendo de la causa... hasta sentencia definitiva". Por tanto, si el Senado no autoriza el enjuiciamiento, la causa no puede continuar, quedando paralizada.

En esta forma sólo corresponde a la Corte Suprema de Justicia enjuiciar a la persona que tenga la investidura de Presidente de la República, y que en tal carácter, haya sido sujeto de un ante juicio de mérito, y de la autorización para el enjuiciamiento del Senado. Ahora bien, estas prerrogativas constitucionales y los procedimientos señalados varían según que el Presidente renuncie a su cargo o se separe temporalmente del ejercicio de sus funciones; es decir, inciden en los varios supuestos de subrogación presidencial.

b. *Situación jurídico-constitucional del enjuiciamiento en caso de renuncia (falta absoluta) del Presidente de la República*

El Presidente de la República puede decidir renunciar a su cargo. Esta decisión, que sólo corresponde al Presidente de la República, y que no requiere aceptación por parte de ningún órgano del Estado para que tenga eficacia, llevaría a la situación de "falta absoluta" del Presidente de la República.

En este caso, entra en aplicación el artículo 187 de la Constitución que dispone que cuando la falta absoluta del Presidente se produce después de que tome posesión del cargo.

> "las Cámaras (Legislativas) procederán, dentro de los 30 días siguientes, a elegir, por votación secreta y en sesión conjunta convocada expresamente, un nuevo Presidente por el resto del período constitucional".

En este caso no se aplica lo dispuesto en el último aparte del artículo 184 de la Constitución, en el sentido de que no puede considerarse ese hecho como una causal de inelegibilidad para la próxima elección presidencial.

La decisión de las Cámaras Legislativas de elegir un nuevo Presidente, en todo caso, puede adoptarse en cualquier momento dentro del mencionado lapso de 30 días; y mientras se elige y toma posesión el nuevo Presidente, se encargará de la Presidencia de la República el Presidente del Congreso; a falta de éste, el Vicepresidente del mismo, y, en su defecto, el Presidente de la Corte Suprema de Justicia.

Ahora bien, los efectos de la renuncia del Presidente de la República en relación a su enjuiciamiento podrían variar según el momento en el cual se pueda producir.

a'. *Renuncia del Presidente antes de que la Corte Suprema de Justicia decida el antejuicio de mérito*

En el supuesto de que la renuncia del Presidente se produjera antes de que la Corte Suprema de Justicia decida el antejuicio de mérito iniciado con motivo, por ejemplo, de una acusación del Fiscal General de la República, la Corte deberá continuar conociendo del mismo, pero no conforme al ordinal 1° del artículo 215 de la Constitución sino conforme al ordinal 2° de dicha norma, pues un ex-Presidente, como Senador Vitalicio (Art. 148 de la Constitución) también gozaría de la prerrogativa del ante juicio de mérito, que corresponde a los "miembros del Congreso".

Debe advertirse, sin embargo, que no todo Presidente de la República se convierte en Senador Vitalicio al terminar su mandato, sino sólo aquellos que hayan ejercido la Presidencia de la República por más de la mitad de un período constitucional (Art. 148 de la Constitución).

En caso de que la Corte Suprema de Justicia declare que hay mérito para el enjuiciamiento de un Senador Vitalicio, el Senado tendría que allanarle la inmunidad parlamentaria (Art. 144 de la Constitución) para que pudiera ser enjuiciado. Por tanto, si la declaratoria de que hay mérito para el enjuiciamiento se refiere a un ex-Presidente que no ejerció la Presidencia por más de la mitad del período constitucional y que por tanto, no adquirió la condición de Senador Vitalicio, no se plantearía la situación de inmunidad, ni por ende de su allanamiento.

En todo caso, tratándose de un Senador Vitalicio, la intervención política del Senado se haría en este caso, con base en el artículo 144 de la Constitución y no conforme a los artículos 150, Ord. 8° y 215, Ord. 1° de la Constitución.

En un supuesto como este, si el Senado le allana la inmunidad parlamentaria al Senador Vitalicio, el ex-Presidente no sería juzgado por la Corte Suprema de Justicia sino por el Tribunal Superior de Salvaguarda.

Debe señalarse, que el artículo 152 de la Ley Orgánica de la Corte Suprema de Justicia que atribuyó competencia a la Corte para conocer de los juicios contra altos funcionarios (incluido un ex-Presidente de la República) "aun cuando el funcionario haya dejado de desempeñar el cargo, siempre que el hecho que se le impute hubiere sido cometido durante el tiempo de su actuación", fue declarado nulo por inconstitucional por la propia Corte Suprema de Justicia por sentencia de 19-7-84[1547], por extralimitarse respecto de lo que prevé el artículo 215, ordinales 1° y 2° de la Constitución.

1547 Véase en *Gaceta Oficial* N° 3479 Extraordinaria de 11-12-84.

Por ello, en este caso, el tribunal competente para conocer de enjuiciamiento sería el Tribunal Superior de Salvaguarda conforme al artículo 149 de la Ley Orgánica de la Corte Suprema de Justicia, salvo que se tratase de un delito político, en cuyo caso el conocimiento del juicio correspondería a la Corte Suprema de Justicia.

b'. *Renuncia del Presidente después de que la Corte Suprema de Justicia decida que hay mérito para el enjuiciamiento*

En el supuesto de que el Presidente de la República renuncie a su cargo después que la Corte Suprema de Justicia decida que hay mérito para su enjuiciamiento, se plantea una situación especial en relación a éste.

En este caso, como previamente el antejuicio de mérito se resolvió en relación a un Presidente de la República, podría considerarse que entra en aplicación la última parte del artículo 215, ord. 1° de la Constitución, en el sentido de que correspondería a la Corte Suprema de Justicia "continuar conociendo de la causa hasta sentencia definitiva". Sin embargo, en este caso, surgiría la duda sobre si la Corte Suprema debería continuar conociendo de la causa, pues la prerrogativa se refiere al Presidente que esté en ejercicio del cargo, y como ya no lo está, la competencia podría entonces corresponder al Tribunal Superior del Salvaguarda.

En este caso, sin embargo, el Senado no intervendría para autorizar el enjuiciamiento (Art. 150, ord. 8° de la Constitución), sino para allanarle la inmunidad parlamentaria a quien para ese momento, en virtud de la renuncia, ya no es Presidente de la República, sino Senador Vitalicio (Art. 144 de la Constitución).

c'. *Renuncia del Presidente después de que el Senado autorice el enjuiciamiento*

En el supuesto de que el Senado autorice el enjuiciamiento del Presidente de la República, si éste renuncia a su cargo con posterioridad, conforme al artículo 215, ord. 1° de la Constitución, puede considerarse que el conocimiento de la causa hasta sentencia definitiva también correspondería a la Corte Suprema de Justicia. Sin embargo, en este caso también podría plantearse la duda antes indicada, en relación a la competencia de la Corte Suprema o del Tribunal Superior de Salvaguarda.

En relación a esto debe señalarse que la Corte Suprema de Justicia, al anular el artículo 152 de la Ley Orgánica de la Corte Suprema de Justicia que disponía que su competencia "subsistiría" aun cuando el funcionario hubiera dejado de desempeñar el cargo, siempre que el hecho que se le imputase hubiere sido cometido durante el tiempo de su actuación; aclaró que la expresión de la ley no podía ser considerada como una expresión del significado y alcance de la norma constitucional, agregando:

> "Esa afirmación sería exacta, si la Ley Orgánica se hubiera limitado a decir que «iniciado un proceso contra alguno de los ciudadanos en ejercicio de un alto cargo, la competencia de la Corte subsistirá aun cuando el acusado hubiere cesado en el desempeño de sus funciones», pues en tal caso, la Ley Orgánica sí estaría «simplemente» diciendo y determinando el significado y alcance de la

correspondiente disposición constitucional dentro de una sana lógica jurídica"[1548].

c. *Situación jurídico-constitucional del enjuiciamiento en caso de que el Presidente de la República no renuncie a su cargo*

Si a pesar de que se haya iniciado el procedimiento para el enjuiciamiento del Presidente de la República, éste decide no renunciar a su cargo y como Presidente de la República, decide enfrentar la acusación, la situación jurídico constitucional del enjuiciamiento es diferente según que el Presidente de la República permanezca en ejercicio de su cargo hasta que el Senado autorice el enjuiciamiento, o según que el Presidente de la República se separe temporalmente del ejercicio del cargo antes de que el Senado autorice su enjuiciamiento.

a'. *Situación en el supuesto de que el Presidente permanezca en ejercicio de su cargo hasta que el Senado autorice su enjuiciamiento*

El primer supuesto de la situación jurídico-constitucional del enjuiciamiento del Presidente, se produce si éste decide permanecer en el ejercicio de su cargo de Presidente hasta tanto el Senado autorice su enjuiciamiento.

a". *El cumplimiento de las fases del procedimiento*

En este caso, de acuerdo con el artículo 215, ordinal 1° y 150, ordinal 89 de la Constitución, se deben cumplir las dos fases del procedimiento: la fase del antejuicio de mérito por ante la Corte Suprema, y si la Corte Suprema encuentra mérito para el enjuiciamiento, la fase política ante el Senado que debe pronunciarse sobre la autorización del enjuiciamiento.

De acuerdo con el artículo 150, ordinal 89 de la Constitución.

> "Autorizado el enjuiciamiento, el Presidente de la República quedará suspendido en el ejercicio de sus funciones".

Esta situación jurídica que deriva de la decisión del Senado, sin duda, se configura como una falta temporal del Presidente de la República, de carácter forzoso.

b". *La falta temporal forzosa del Presidente de la República*

La Constitución distingue, como se ha dicho, en cuanto al Presidente de la República, la falta absoluta de la falta temporal. En el primer caso, se trata de la pérdida de la investidura del cargo, lo que ocurre, por ejemplo, en caso de muerte o de renuncia. En el segundo caso, se trata de una separación del ejercicio del cargo, sin perder la investidura. La distinción entre separación absoluta de un cargo (falta absoluta) y separación del ejercicio del cargo (falta temporal), por otra parte, tiene fundamento constitucional en la regulación de las condiciones de elegibilidad para senadores y diputados al Congreso (Art. 140 de la Constitución).

1548 *Loc. cit.*

En el caso del enjuiciamiento del Presidente de la República, la autorización del Senado para el enjuiciamiento, como se dijo, produce como efecto (además de que se pueda desarrollar el enjuiciamiento ante la Corte Suprema), que el Presidente de la República queda suspendido en el ejercicio de sus funciones. Por tanto, en ese supuesto, el Presidente de la República no pierde su investidura, continúa siendo Presidente de la República pero suspendido del ejercicio de sus funciones. Se trata, en consecuencia, de un supuesto de falta temporal del Presidente de la República de carácter forzoso.

Como Presidente suspendido de sus funciones, por su pueblo, no puede gozar de ninguno de los honores, prerrogativas o privilegios que correspondan al ejercicio del cargo de Presidente: por ejemplo, honores protocolares; guardia de honor (Casa Militar); gastos de representación; etc.

En el Código de Enjuiciamiento Criminal, al regularse el procedimiento en los juicios contra el Presidente de la República y otros altos funcionarios, se establece que la suspensión del ejercicio de sus funciones se produce una vez declarado con lugar el enjuiciamiento (Art. 363). En esta materia priva la Constitución, en cuanto a que la suspensión en el ejercicio del cargo es consecuencia de la decisión del Senado (suspensión senatorial), y no de la decisión de la Corte. Sin embargo deben destacarse los efectos prácticos de la suspensión previstos en el Código, que en definitiva son los mismos:

> "el funcionario acusado quedará suspenso de hecho e inhabilitado para desempeñar cualquier cargo público durante el juicio; siendo por consiguiente, nulo todo acto autorizado por dicho funcionario, desde que se le haya comunicado la suspensión e inhabilitación, tanto a él como a quien corresponda para los efectos del reemplazo legal" (art. 363 del Código de Enjuiciamiento Criminal).

La ratio de esta norma, según lo comentó Arminio Borjas, es que:

> "La expresada suspensión que, como es sabido no se considera pena, es una necesidad impuesta por la fuerza de las cosas, pues no sólo redundaría en el menosprecio de la magistratura ejercida la imputación de delincuencia, sino que correría el peligro de que el funcionario encausado abusando de su autoridad y de su influencia hiciere nugatoria la acción de la justicia, o estorbase, por lo menos, la independencia y la imparcialidad requeridas en los encargados de administrarlas"[1549].

c". *La suplencia de la falta temporal forzosa*

La Constitución no regula específicamente el modo de suplir la falta temporal forzosa ocurrida en el supuesto concreto de la suspensión del Presidente de la República en el ejercicio, de sus funciones en virtud de la autorización para su enjuiciamiento por el Senado.

Tratándose de una falta temporal, en todo caso, debe recurrirse a lo que establece el artículo 188 de la Constitución en relación a dichas faltas temporales:

1549 Exposición del Código de Enjuiciamiento Criminal, Tomo III, 1947, p. 261.

> "las faltas temporales del Presidente de la República las suplirá el Ministro que él mismo designe, y, en su defecto, la persona llamada a suplir las faltas absolutas según el artículo anterior...".

El primer supuesto para suplir la falta temporal forzosa del Presidente, luego de la autorización del Senado para su enjuiciamiento, es de cumplimiento imposible, pues estando automáticamente suspendido en el ejercicio de sus funciones, no puede designar a ninguno de los Ministros para que lo supla.

En consecuencia, debe aplicarse el segundo supuesto para suplir las faltas temporales, es decir, que suplirá al Presidente de la República en el ejercicio de sus funciones, "la persona llamada a suplir las faltas absolutas" según el artículo 187 de la Constitución. Por supuesto, es absolutamente claro que esta remisión del artículo 188 al 187 de la Constitución, no convierte la falta temporal en una falta absoluta; lo único que indica la norma es que la falta temporal se suplirá por "la persona llamada a suplir las faltas absolutas" según el artículo 187.

En este caso, por tanto, el Presidente de la República no pierde su investidura, y la persona llamada a suplir la falta temporal forzosa del Presidente de la República, es la que las Cámaras Legislativas, dentro de los 30 días siguientes a la decisión del Senado, elijan en votación secreta y en sesión conjunta convocada expresamente.

Debe advertirse que tratándose de un supuesto de falta temporal, no se trata de que las Cámaras elegirán un nuevo Presidente por el resto del período constitucional, sino un Presidente encargado mientras dure la ausencia temporal.

En un supuesto como ese existiría, por tanto, un Presidente suspendido y un Presidente en ejercicio.

Además, conforme al mismo artículo 187 de la Constitución, mientras se elige y toma posesión la persona que las Cámaras han de designar como Presidente encargado, "se encargará de la Presidencia de la República, el Presidente del Congreso; a falta de éste, el Vicepresidente del mismo; y, en su defecto, el Presidente de la Corte Suprema de Justicia". En el caso de encargarse, por ejemplo, el Presidente del Senado de la Presidencia de la República, aquél no pierde su investidura de Presidente del Senado, por lo que durante el tiempo que esté encargado de la Presidencia de la República, conforme al artículo 138 de la Constitución y al Reglamento Interior y de Debates del Congreso lo suple en la Presidencia del Congreso el Presidente de la Cámara de Diputados. Esta encargaduría del Presidente del Senado de la Presidencia de la República, por otra parte es automática, ex-constitutione, y no requiere de formalidad alguna para que se haga efectiva.

d". *La conversión de la falta temporal en falta absoluta*

La falta temporal forzosa del Presidente de la República como consecuencia de la suspensión senatorial, por supuesto, se convierte en falta absoluta si la Corte Suprema de Justicia, al concluir el enjuiciamiento, declara con lugar la acusación, en cuyo caso, queda inhabilitado para ejercer funciones públicas el caso de condena penal.

Por otra parte, conforme al artículo 188 de la Constitución:

> "Si la falta temporal se prolonga por más de 90 días consecutivos, las Cámaras, el sesión conjunta, decidirán si debe considerarse que hay falta absoluta".

Por tanto, en el supuesto de que el Senado autorice el enjuiciamiento del Presidente de la República, al quedar éste suspendido en el ejercicio de sus funciones, y elegido por las Cámaras, conforme a lo indicado en los artículos 187 y 188 de la Constitución, un Presidente encargado para suplir la falta temporal; al prolongarse la misma por más de 90 días consecutivos a partir de la decisión del Senado, corresponde a las Cámaras en sesión conjunta adoptar la decisión política de deliberar y decidir si la falta temporal debe considerarse como una falta absoluta, en cuyo caso deben proceder a elegir "un nuevo Presidente por el resto del período constitucional". Por supuesto, en este caso, las Cámaras .podrían elegir como nuevo Presidente a la persona elegida previamente como Presidente encargado.

Debe advertirse, así mismo, que el transcurso de los 90 días consecutivos no convierte automáticamente la falta temporal en falta absoluta ni las Cámaras estarían obligadas a tomar una decisión al respecto. Son las Cámaras en sesión conjunta las que pueden realizar una deliberación política y considerar que hay falta absoluta, por lo que bien podría considerar que a pesar del transcurso del lapso mencionado, no la hay.

En el caso del enjuiciamiento de un Presidente de la República, la Corte Suprema de Justicia podría declarar sin lugar la acusación, en cuyo caso, cesaría la suspensión del ejercicio de sus funciones y podría reasumirlas, siempre que las Cámaras Legislativas no hayan decidido considerar que hay falta absoluta por el transcurso del lapso de 90 días. Estas circunstancias las tendrían que evaluar las Cámaras para considerar que el transcurso del lapso mencionado, configura o no una falta absoluta.

En este caso, sin embargo, habría que tener en cuenta los problemas constitucionales que podrían surgir en el caso de que las Cámaras Legislativas tomen la decisión de considerar que una falta temporal se convierta en falta absoluta. Por ejemplo, si por una enfermedad al inicio de un período constitucional, el Presidente de la República se encuentra inhabilitado de ejercer sus funciones por un largo período de tiempo, si las Cámaras Legislativas deciden considerar que hay falta absoluta, sin duda, la recuperación de la salud del Presidente de la República tiempo después, podría causar conflictos de hecho derivados de su pretensión de ejercer el mandato popular para el cual fue electo.

Por otra parte también podría plantearse la duda sobre la posibilidad de interpretar la norma de la última parte del artículo 188 de la Constitución, en tiempo presente, en el sentido de que si para el momento en que se produce la falta temporal existe la certeza absoluta de que ésta se prolongará por más de 90 días, entonces las Cámaras Legislativas podrían considerar que hay falta absoluta y nombrar un nuevo Presidente por el resto del período constitucional. Por ejemplo, esto se podría plantear en caso de una enfermedad que hubiera producido la muerte cerebral del funcionario que, por tanto, clínicamente fuera irreversible.

En caso de enjuiciamiento también podría plantearse la interrogante de si por el hecho de que normalmente los lapsos procesales que deben cumplirse para ello, y estando al final de un período constitucional, las Cámaras Legislativas podrían considerar que hay falta absoluta. Sin embargo, en este supuesto la apreciación política de las Cámaras tendría que ser concluyente, de manera que quede descartada toda posibilidad de que, por ejemplo finalizado el sumario la Corte pudiera decidir el sobreseimiento de la causa antes de que finalice el período constitucional.

b'. *Situación en el supuesto de que el Presidente de la República se separe del ejercicio del cargo antes de que el Senado autorice su enjuiciamiento*

El segundo supuesto de la situación jurídico-constitucional del enjuiciamiento del Presidente, se produce si éste decide separarse temporalmente del ejercicio del cargo antes de que el Senado autorice su enjuiciamiento, para asumir su defensa. La Constitución no establece restricción alguna en cuanto a esta posibilidad, aun cuando se puedan formular argumentos sobre su conveniencia.

a". *La falta temporal*

En este supuesto se trataría de una falta temporal regulada en el artículo 188 de la Constitución.

Debe señalarse que el Texto Fundamental no define la falta temporal, por lo que debe considerarse como tal toda separación del ejercicio del cargo que no implique pérdida de la investidura.

Por ello, entre los supuestos de falta temporal del Presidente de la República, Orlando Tovar Tamayo incluye los siguientes:

> "Por voluntad expresa del Presidente; por enfermedad física o mental transitoria; por acto de fuerza; por suspensión senatorial; por abandono voluntario de las funciones"[1550].

En la Constitución se prevé un solo mecanismo de control político sobre las faltas temporales del Presidente de la República, y es la potestad conferida a las Cámaras en sesión conjunta, de poder considerar, cuando la falta temporal se prolongue por más de 90 días consecutivos, que hay falta absoluta.

De resto, las faltas temporales implican la separación del ejercicio del cargo por el Presidente, sin perder la investidura, y ello puede ocurrir, por ejemplo, por voluntad expresa del Presidente o por enfermedad.

También podría considerarse como suficientemente justificativa de la situación de falta temporal, los casos de enjuiciamiento del Presidente de la República, cuando se separe del ejercicio del cargo para atender su defensa.

En un supuesto como este puede o no considerarse políticamente conveniente; pero nada impide en la Constitución, que el Presidente se separe del ejercicio de su cargo, como falta temporal, para asumir su defensa antes de la decisión del Senado.

b". *La suplencia de la falta temporal*

En estos casos, tratándose de una falta temporal, conforme al artículo 188 de la Constitución, la misma la suplirá "el Ministro que él mismo designe".

En consecuencia, si el Presidente decide separarse del ejercicio de su cargo para atender su defensa, antes de que el Senado autorice su enjuiciamiento puede encar-

---

1550 Véase "La subrogación presidencial en el Derecho Constitucional Venezolano", en *Estudios sobre la Constitución. Libro Homenaje a Rafael Caldera*, Tomo IV, Caracas 1979, p. 2.018.

gar de la Presidencia al Ministro que designe. Este Ministro puede ser un Ministro del Despacho Ejecutivo o un Ministro de Estado (Arts. 193 y 194 de la Constitución).

c". *Efectos de la autorización del Senado para el enjuiciamiento en relación a la suplencia de la falta temporal*

Si luego de separarse del ejercicio del cargo, y designar un Ministro encargado de la Presidencia, el Senado autoriza el enjuiciamiento del Presidente de la República, el único efecto jurídico-constitucional de dicha decisión es que "el Presidente de la República quedará suspendido en el ejercicio de sus funciones" (Art. 150, ord. 8° Const.), lo que significa jurídicamente, que el supuesto de falta temporal (voluntaria) se convierte en falta temporal forzosa, lo que impide reasumir el ejercicio de las funciones presidenciales.

El Presidente de la República, como en estos casos no ha perdido su investidura, continúa siendo el Presidente de la República, pero sin poder ejercer sus funciones ni reasumirlas, mientras dure el juicio, y sólo podría hacerlo en el supuesto de que la Corte declarase sin lugar la acusación que originó el enjuiciamiento.

Debe señalarse que la Constitución no establece efecto alguno de la suspensión senatorial en relación a la situación de subrogación presidencial que se haya podido producir cuando el Presidente de la República se haya separado temporalmente del ejercicio de sus funciones, antes de que el Senado haya autorizado el enjuiciamiento. Es decir, nada regula la Constitución que pueda conducir a considerar que una vez que el Senado autoriza el enjuiciamiento del Presidente, debe cesar en el ejercicio de la subrogación presidencial el Ministro que había sido encargado de la Presidencia. Precisamente, esta ausencia de regulación fue la que llevó a Orlando Tovar Tamayo en 1979, en las conclusiones de su estudio sobre "La subrogación presidencial en el Derecho Constitucional Venezolano" á proponer que:

> "Debe hacerse más claro que la suspensión senatorial produce efectos no sólo contra el Presidente sino contra el Ministro que éste hubiese encargado antes de ser notificado de dicha suspensión"[1551].

Debe advertirse, que la finalidad de la norma que prescribe la suspensión del ejercicio de sus funciones del Presidente cuando el Senado autoriza su enjuiciamiento, es evitar que utilice sus poderes e influencia en relación con la Corte Suprema de Justicia, por lo que podría pensarse que ello lo podría hacer por intermedio del Ministro encargado de la Presidencia con motivo de su falta temporal formal. Sin embargo, no existiendo previsión constitucional alguna en esta materia —e independientemente de que sería deseable que se previera una regulación expresa a este respecto— nada autoriza en la Constitución a atribuir a la suspensión senatorial dicho efecto. La suspensión senatorial es, sin duda, una falta temporal del Presidente de la República, y la solución para la subrogación presidencial en esos casos, es la prevista para las faltas temporales en el artículo 188 de la Constitución.

1551 *Loc. cit.*, p. 2021

Precisamente, esta posibilidad jurídica de que se pueda declarar sin lugar la acusación contra el Presidente de la República, y que en consecuencia, éste pueda reasumir el ejercicio de sus funciones al cesar la falta temporal forzosa derivada de la suspensión senatorial, permite pensar que la mencionada suspensión senatorial no tiene que implicar un cambio de gobierno 'mediante la "suspensión", también, del Ministro encargado de suplir la falta temporal. Nada autoriza en la Constitución, por otra parte, para pensar que el acto de nombramiento de un Ministro encargado, se extingue por "decaimiento" si el Senado autoriza el enjuiciamiento del Presidente de la República.

Lo que importa e interesa jurídicamente, como consecuencia de la falta temporal forzosa del Presidente, es que el Presidente de la República suspendido en el ejercicio de sus funciones, no use su autoridad y poder para influir en la Corte Suprema de Justicia; no que no pueda el Gobierno continuar las políticas gubernamentales en curso mientras dura el juicio, bajo la conducción de un Ministro encargado conforme al artículo 188 de la Constitución, ya que, en definitiva, tratándose de una falta temporal, el Presidente de la República no pierde su investidura.

Sin embargo, en este caso podría argumentarse que si la intención de la norma constitucional que atribuye a la decisión del Senado el efecto de suspender al Presidente de la República en el ejercicio de sus funciones (Art. 150, ord. 8°) fue que la ausencia temporal forzosa, en ese caso, no pudiera suplirse con la designación de un Ministro encargado, en virtud de que ello no lo podría hacer el Presidente luego de la autorización del Senado para su enjuiciamiento; entonces podría considerarse que si el Presidente se separa del ejercicio de sus funciones antes de la decisión del Senado y deja un Ministro encargado, ello podría implicar la intención de eludir el efecto que quiso la norma. En este caso, sin embargo, e independientemente de los razonamientos sobre la conveniencia política de que ello pudiese decidirse así, desde el punto de vista jurídico, en ausencia de un impedimento constitucional, la designación del Ministro encargado sólo podría cesar en su efectos si fuese anulada por la Corte Suprema de Justicia, en juicio de inconstitucionalidad; pero mientras ello no ocurra produciría todos sus efectos, no pudiendo pretenderse que luego de la autorización del Senado, habiéndose encargado previamente a un Ministro de la Presidencia por falta temporal del Presidente para atender su defensa, las Cámaras Legislativas pretendieran nombrar un Presidente encargado y mientras ello ocurra, el Presidente del Senado pretendiera encargarse de la Presidencia. Ello originaría un conflicto político de poderes con consecuencias gravísimas, por ejemplo, en el ejercicio de la Comandancia de las Fuerzas Armadas, que corresponde al Presidente de la República o a quien lo supla (Art. 190, ord. 3° de la Constitución).

d". *La conversión de la falta temporal forzosa en falta absoluta*

En estos casos de falta temporal forzosa por la imposibilidad del Presidente de la República de reasumir sus funciones, y estando por ejemplo, encargado de la Presidencia un Ministro designado, la falta temporal se convertiría en falta absoluta, si el Presidente de la República es condenado por la Corte Suprema, en cuyo caso entra en aplicación el artículo 187 de la Constitución. También puede entrar en aplicación el supuesto del artículo 187 de la Constitución, si la falta temporal se prolonga por más de 90 días consecutivos, a partir del nombramiento del Ministro encargado de la

Presidencia, en cuyo caso, las Cámaras, en sesión conjunta podrían decidir si debe considerarse que hay falta absoluta.

Por. tanto, en el supuesto de que el Presidente de la República se haya separado del ejercicio de su cargo antes de que el Senado autorice su enjuiciamiento, haya designado un Ministro encargado de la Presidencia, y el Senado haya autorizado su enjuiciamiento, las Cámaras Legislativas, conforme a lo indicado en los artículos 187 y 188 de la Constitución, si la falta temporal se prolonga por más de 90 días consecutivos contados a partir de la designación del Ministro encargado de la Presidencia, pueden en sesión conjunta adoptar la decisión política de deliberar y decidir si esa falta temporal debe considerarse como una falta absoluta, en cuyo caso, como ya se dijo, deben proceder a elegir un nuevo Presidente por el resto del período constitucional.

De la redacción del artículo 188 de la Constitución también podría plantearse la posibilidad de que las Cámaras Legislativas adopten su decisión de considerar que hay falta absoluta, aun antes de que transcurra el lapso de 90 días consecutivos señalados, cuando al momento de deliberar exista la certeza absoluta de que la falta temporal se prolongará por más de ese plazo. Si bien, en principio, los lapsos procesales de un enjuiciamiento penal durarían mucho más de 90 días, lo cierto es que podría el juicio concluir luego del sumario, si se sobresee la causa. En caso de un enjuiciamiento, en consecuencia, no existiría la certeza absoluta de que la falta temporal se extendería por más de 90 días.

Debe advertirse, en todo caso, que el transcurso de los 90 días consecutivos, no convierte automáticamente la falta temporal en falta absoluta. Corresponde en este caso a las Cámaras, en sesión conjunta, deliberar y adoptar la decisión política de considerar que hay una falta absoluta, pudiendo, por supuesto, no considerarlo así.

En este caso del enjuiciamiento del Presidente, podría resultar que se declare sin lugar la acusación, en cuyo caso cesaría la suspensión del ejercicio de sus funciones y podría reasumirlas. Estas circunstancias las deberían evaluar las Cámaras para considerar que el transcurso del lapso mencionado, configura o no una falta absoluta, pues si consideran que hay falta absoluta, el ex-Presidente de la República absuelto, no podría entonces reasumir su cargo.

D. *Los Ministros*

a. *Los Ministros como órganos directos del Presidente de la República*

Los Ministros, de acuerdo a la Constitución, son los órganos directos del Presidente de la República (Art. 193), y como tales es a través de ellos que se ejecutan sus actividades políticas y administrativas; es decir, desde el punto de vista administrativo, son los órganos dé ejecución de las políticas estatales.

Además, en su respectivo sector, son órganos de planificación, dirección y control de todas las actividades del sector.

De acuerdo con el artículo 195 de la Constitución, para ser Ministro, además de las condiciones generales establecidas en los artículos 111 y 112, para el ejercicio de funciones públicas, se requiere "ser venezolano por nacimiento, mayor de 30 años y de estado seglar".

b. *Clases de Ministros*

En Venezuela existen dos tipos de Ministros: los Ministros del Despacho Ejecutivo que son aquellos que tienen atribuida una organización ministerial propia; y los Ministros de Estado, o Ministros sin Cartera que no tienen a su cargo un despacho ejecutivo particular, aun cuando tienen igual rango que los Ministros y deben refrendar los actos del Presidente.

La Constitución regula los Ministros sin cartera estableciendo sólo que tienen a su cargo, asesorar al Presidente de la República en los asuntos que éste les confíe y deben participar en el Consejo de Ministros[1552]; además, dice la Constitución que estos Ministros de Estado podrán tener a su cargo "las materias que les atribuyan, las leyes". Por ello en la Ley Orgánica de la Administración Central de 1976, se estableció una norma relativa a estos Ministros, en el sentido de que pueden ser nombrados para asesorar al Presidente en los asuntos que se les confíen[1553], y para coordinar los programas, servicios y dependencias o entidades descentralizadas de la Administración Pública Nacional que se determinen en el decreto de nombramiento. Esta ha sido una de las tareas fundamentales que se le ha encomendado a algunos de los Ministros de Estado.

En el período constitucional del 1969-1974 por ejemplo, se nombraron tres Ministros de Estado: uno para la Información, que tenía a su cargo la coordinación de la Oficina Central de Información, y otro el Ministro de Estado para la Vivienda a quien se le asignó la coordinación de varios organismos que tenían que ver con el desarrollo urbano y en particular, del Banco Obrero.

Igualmente se nombró al Ministro de Estado de la Juventud, Ciencia y Cultura que tenía por función coordinar muchos organismos disímiles en el campo del sector cultural, del sector de promoción social, la juventud y el campo científico, al cual se le adscribió el CONICIT.

Durante el período constitucional 1974-1979 se designaron otros Ministros de Estado y en 1976 la Ley Orgánica de la Administración Central reguló, por primera vez, esa tarea de coordinación a cargo de éstos.

Se nombró al Ministro de Estado para la Planificación con funciones de coordinación y con el nombramiento de Jefe de la Oficina Central de Coordinación y Planificación (CORDIPLAN).

Se nombró hasta 1977, al Ministro de Estado para la Información a cargo de la OCI, organismo que se extinguió cuando se creó el Ministerio de Información y Turismo.

Asimismo, se nombró al Ministro de Estado para la producción básica y la coordinación de los Institutos Autónomos y Empresas del Estado, con funciones de coordinación de los entes de la Administración descentralizada.

Además se designaron los siguientes Ministros de Estado: para la Ciencia y Tecnología; para las Relaciones con el Congreso; para la Participación de la Mujer; para

1552 Artículo 194

1553 Artículo 3

el Desarrollo de Oriente; para el Desarrollo de la Inteligencia; para la Planificación; y para el Fondo de Inversiones de Venezuela.

En 1984, se designaron los Ministros de Estado para la Planificación; para el Fondo de Inversiones de Venezuela; para la Cultura; para la Ciencia y Tecnología, y para la Corporación Venezolana de Guayana.

En 1989 se designaron los siguientes Ministros de Estado: para la Planificación; para el Fondo de Inversiones de Venezuela; para la Ciencia y la Tecnología; para la Participación de la Mujer; para las Relaciones con el Congreso, y para la Corporación Venezolana de Guayana.

En 1993 se designaron los Ministros de Estado para la Descentralización; para la Corporación Venezolana de Guayana, para el Instituto de Comercio Exterior, y para Cordiplan.

Estos Ministros de Estado, participan en el Consejo de Ministros; asesoran al Presidente en los asuntos que éste les someta y refrendan los Decretos del Presidente, al igual que cualquier Ministro. Por tanto, aun cuando no tengan Despacho, tienen las mismas funciones que cualquiera de los Ministros.

c. *Los Ministros como órganos centrales de las políticas sectoriales*

Los Ministros, como órganos directos del Presidente de la República, tienen a su cargo la conducción de las políticas gubernamentales. Por ello, identificados los sectores de actividad pública, para alcanzar los fines de cada uno de ellos, todos los organismos que concurren a realizar actividades en el mismo sector deben integrarse bajo la dirección de un Ministerio, a cargo de un Ministro, que debe ser el órgano central o gobernador del sector respectivo y de las diversas instituciones, órganos ministeriales, institutos autónomos, empresas del Estado ejecutoras de las actividades públicas del sector.

Conforme a la reforma de la Administración ministerial realizada por la Ley Orgánica de la Administración Central de 1986 y luego de 1995, siguiendo los lineamientos generales de las propuestas de reforma contenidas en el Informe sobre la Reforma de la Administración Pública Nacional de 1972[1554], la distribución sectorial de la actuación ministerial es la siguiente:

a'. *Grupo de fines de política y administración general*

1. Sector de Política Interior	1. Ministerio de Relaciones Interiores
2. Sector de Política Exterior	2. Ministerio de Relaciones Exteriores
3. Sector Defensa	3. Ministerio de la Defensa
4. Sector Justicia	4. Ministerio de Justicia

1554 2 Tomos Caracas 1972. Véase la Ley Orgánica en *Gaceta Oficial* N° 35.863 de 20-12-95 b'. *Grupo de fines de desarrollo económico*

Sector	Ministerio
5. Sector Finanzas	5. Ministerio de Hacienda
6. Sector de Desarrollo Industrial 7. Sector Comercio 8. Sector Turismo	6. Ministerio de Industria y Comercio
9. Sector de Hidrocarburos y Minería	7. Ministerio de Energía y Minas
10. Sector de Desarrollo Agropecuario	8. Ministerio de Agricultura y Cría

c'. *Grupo de fines desarrollo social*

Sector	Ministerio
11. Sector Protección y Promoción Social	9. Ministerio de la Familia
12. Desarrollo Cultural 13. Sector Educación	10. Ministerio de Educación
14. Sector de Asuntos Laborales	11. Ministerio del Trabajo
15. Sector de Seguridad y Previsión Social 16. Sector Salud	12. Ministerio de Sanidad y Asistencia Social

d'. *Grupo de fines desarrollo físico y ordenación*

Sector	Ministerio
17. Sector Desarrollo Urbano y Vivienda	13. Ministerio de Desarrollo Urbano
18. Sector Transporte 19. Sector Comunicaciones	14. Ministerio de Transporte y Comunicaciones
20. Sector de Recursos Naturales Renovables	15. Ministerio del Ambiente y de los Recursos Naturales Renovables

Conforme a esta distribución sectorial, el único Ministro sin responsabilidad sectorial es el Ministro de la Secretaría de la Presidencia de la República, el cual cumple funciones de coordinación gubernamental.

d. *La responsabilidad de los Ministros*

De acuerdo con el artículo 196 de la Constitución, los Ministros son responsables de sus actos, conforme a los artículos 46 y 121 de la Constitución y con lo previsto en las leyes, aun en el caso de que obren por orden expresa del Presidente. Además, de las decisiones del Consejo de Ministros son solidariamente responsables los Ministros que hubiesen concurrido, salvo aquellos que hayan hecho constar su voto adverso o negativo.

e. *Los Ministros y las Cámaras Legislativas*

a'. *La Memoria y Cuenta anual*

Cada Ministro debe presentar a las Cámaras Legislativas en sesión conjunta, dentro de los 10 primeros días de las sesiones ordinarias, una Memoria razonada y suficiente, sobre la gestión del despacho en el año civil inmediatamente anterior y sobre sus planes para el año próximo. Deben presentar también la Cuenta de los fondos que hubieren manejado.

En cuanto a las Memorias correspondientes al último año del período constitucional, deberán ser presentadas dentro de los cinco primeros días siguientes a la instalación del Congreso (Art. 197).

b'. *El papel de las Cámaras y la responsabilidad ministerial*

Las Memorias y Cuentas de los Ministros deben ser analizadas por las Cámaras Legislativas; sin embargo, ningún pronunciamiento de éstas sobre dichas Memorias y Cuentas libera de responsabilidad al Ministro por los actos del respectivo Despacho. Por lo tanto, mientras no se haya consumado la prescripción, podrán aquéllos proceder a la investigación y examen de dichos actos, aun cuando éstos correspondan a ejercicios anteriores (Art. 198).

Por supuesto, en cuanto a la Cámara de Diputados, ella podría aprobar un voto de censura a los Ministros, conforme se indica en el artículo 153, ordinal 2°, con motivo del análisis que se haga de las Memorias y Cuentas.

c'. *Derecho de palabra de los Ministros*

De acuerdo al artículo 199 de la Constitución, los Ministros tienen derecho de palabra en las Cámaras y en sus Comisiones, y estarán obligados a concurrir a ellas cuando sean llamados a informar o a contestar las interpelaciones que se les hagan. Además, en el proceso de formación de las leyes, de acuerdo al artículo 170, los Ministros tienen derecho de palabra en la discusión de las leyes.

E. *El Consejo de Ministros*

a. *Naturaleza de sus funciones*

En Venezuela, los Ministros, reunidos por el Presidente en Consejo, forman un órgano deliberante que auxilia al Presidente en la toma de decisiones: el Consejo de Ministros[1555], el cual no es un órgano que tenga poderes propios. En nuestro régimen presidencial, es el Presidente quien adopta las decisiones y puede hacerlo solo o en Consejo de Ministros, de allí que ésta sea una de las formas a través de las cuales actúa el Presidente.

En efecto, la Constitución, en el artículo 190, establece las atribuciones del Presidente y señala expresamente cuáles de ellas necesariamente tienen que ser

---

1555 Artículo 193.

ejercidas en Consejo de Ministros, es decir, decisiones que constitucionalmente es necesario que se discutan o deliberen en Consejos de Ministros. Estas son: declarar el estado de emergencia (Ord. 6°); decretar la restricción o suspensión de garantías constitucionales (Ord. 6°); adoptar medidas extraordinarias para la defensa de la República y la integridad del territorio (Ord. 7°); dictar medidas extraordinarias en materia económica y financiera (Ord. 8°); convocar al Congreso a sesiones extraordinarias (Ord. 9°); reglamentar las leyes (Ord. 10); decretar nuevos servicios públicos, en caso de urgencia (Ord. 11); negociar los empréstitos nacionales (Ord. 13); decretar créditos adicionales (Ord. 14); y celebrar los contratos de interés nacional (Ord. 15).

Además, muchas leyes especiales, tradicionalmente, vienen estableciendo una serie de materias que deben ser consideradas en Consejo de Ministros, pero debe entenderse, siempre, que se trata de la decisión del Presidente en Consejo de Ministros y no del Consejo de Ministros autónomamente considerado.

Esto ha dado origen a que el Consejo de Ministros, en la actualidad, esté agobiado por el conocimiento de muchas materias que realmente no tendrían por qué ir a ese nivel de decisión.

b. *Miembros*

De acuerdo a la Constitución[1556] y a la Ley Orgánica de la Administración Central[1557], el Consejo de Ministros está integrado por todos los Ministros como "órganos directos del Presidente de la República y reunidos integran el Consejo de Ministros". Los Ministros de Estado que no tienen Despacho asignado, participan igualmente del Consejo de Ministros. Los Ministros de Estado que no tienen Despacho asignado, participan igualmente del Consejo de Ministros[1558].

Aparte de los Ministros, el Gobernador del Distrito Federal es el único funcionario que tiene derecho a asistir al Consejo de Ministros, según lo establece el artículo 15 LOAC, y lo hace con derecho a voz pero sin voto. Sin embargo, pueden asistir otros funcionarios por invitación del Presidente de la República cuando la naturaleza o la importancia del asunto lo requiera y es frecuente que asistan algunos presidentes de Institutos Autónomos. Tanto de la Constitución[1559], como en la Ley Orgánica de la Procuraduría General de la República[1560] se prevé la posibilidad de que el Procurador asista al Consejo de Ministros cuando sea convocado por el Presidente; esto ha sido una práctica, y normalmente asiste al Consejo como asesor jurídico que es de la Administración Pública.

1556 Artículo 193

1557 Artículo 9

1558 Artículo 194

1559 Artículo 203

1560 Artículo 6

c. *Funcionamiento*

Siendo un órgano colegiado hay normas en la LOAC, destinadas a regular el funcionamiento del Consejo de Ministros: se exige un quórum mínimo para actuar: las dos terceras partes de sus miembros, y sólo en caso de que el Presidente considere como urgente el asunto a tratar, podrá actuar con la mayoría absoluta de sus miembros[1561].

La Presidencia del Consejo de Ministros corresponde al Presidenta de la República o al Ministro que éste designe y en este caso, para que las decisiones que se tomen adquieran validez, deben ser confirmadas por el Presidente de la República[1562]. La Secretaría del Consejo de Ministros corresponde al Ministro de la Secretaría de la Presidencia (Art. 17), con tal motivo, en dicho Ministerio funciona, una Oficina de Secretaría del Consejo de Ministros con las siguientes funciones: coordinar y supervisar los asuntos a discutirse en Consejo de Ministros; elaborar las actas de las reuniones del Consejo de Ministros y cuidar de las publicaciones que deban aparecer en la Gaceta Oficial.

Las reuniones del Consejo se realizarán con la periodicidad que el Presidente de la República determine, pero podrá convocar a reuniones extraordinarias cuando lo considere conveniente o cuando la urgencia de la materia lo requiera[1563].

Siguiendo la orientación del viejo Estatuto Orgánico de Ministerios, la Ley Orgánica de la Administración Central regula la forma como deben llevarse los asuntos del Consejo de Ministros y se le asigna al Ministro de la Secretaría de la Presidencia la centralización y coordinación, como Secretario del Consejo que es[1564], de todos los asuntos que han de llevarse a este organismo. Se establece, como requisito fundamental, la obligación del Ministro de la Secretaría de la Presidencia, de comunicar con anticipación a los demás Ministros los asuntos que se van a tratar en el Consejo, así como de suministrarles la información necesaria. Sólo en casos de urgencia que serán determinados por el Presidente, se podrá prescindir de esta formalidad[1565].

De toda reunión del Consejo de Ministros debe levantarse un acta autorizada con la firma del Secretario, Ministro de la Secretaría de la Presidencia; acta que tiene la importancia de constituir una formalidad esencial para la existencia de las decisiones, pues de ella resultan las responsabilidades en las decisiones que adopte el Consejo de Ministros, ya que tanto la Constitución[1566] como la LOAC establecen la responsabilidad solidaria de los Ministros en las decisiones que se adopten en las sesiones en que ellos han concurrido, salvo que hayan hecho constar su voto adverso o

---

1561 Artículo 14

1562 Artículo 9

1563 Artículo 14

1564 Artículo 18

1565 Artículo 12

1566 Artículo 196

negativo, o simplemente, hayan hecho salvar su voto, casos en los cuales habrá liberación de responsabilidad[1567].

d. *Los Gabinetes Sectoriales*

Una innovación, fundamental en la Ley Orgánica de Administración Central, fue la institucionalización de los denominados Gabinetes Sectoriales, los cuales permiten reducir la sobrecarga que tiene el Consejo de Ministros debido a la cantidad de atribuciones que le son previstas por Leyes Especiales. Estos Gabinetes Sectoriales están integrados por Ministros con responsabilidades en un determinado sector, y deben ser presididos por el Presidente de la República o por el Ministro que éste designe. Son organismos de asesoramiento para proponer al Presidente acuerdos, políticas o decisiones, o pueden ser creados también para coordinar actividades correspondientes a varios Ministros o entes públicos[1568].

Mediante Decreto N° 133 del 21 de mayo de 1979, se dictó el Reglamento sobre constitución y funcionamiento de los Gabinetes Sectoriales[1569], mediante el cual se establecieron Gabinetes Sectoriales para las siguientes áreas de actividad pública: Área de seguridad y defensa; Área de desarrollo económico; Área social; Área de educación y cultura; Área de ordenación del territorio. Este Decreto fue derogado por el Decreto N° 28 de 1984, en el cual se establecieron Gabinetes Sectoriales en las siguientes áreas: Aspectos de Política Interior y Seguridad; Asuntos de Política Exterior; Asuntos de Política Económica y Financiera; Asuntos de la Infraestructura Física y los servicios; y Asuntos Sociales, Científicos y Culturales. En 1989, por Decreto N° 68 se constituyeron los siguientes Gabinetes Sectoriales: de Asuntos de Política Interior y de Seguridad; de Asuntos de Política Exterior; de Asuntos de Política Económica y Social; de Infraestructura Física de los Servicios y de Coordinación de la Deuda Externa[1570]. Posteriormente, ver Decreto N° 3.070 de 15-7-93, se establecieron los siguientes Gabinetes Sectoriales: Político, Económico-Social y de Infraestructura[1571].

4. *Las relaciones entre el ejecutivo y el parlamento*

A. *La independencia frente al Parlamento*

Hemos dicho que la primera característica del Régimen Presidencial es la independencia completa de la Presidencia de la República con respecto al Congreso o Parlamento, es decir, que el Presidente, como Jefe del Gobierno, y los Ministros no proceden ni dependen del Parlamento. En efecto, el Presidente se elige directamente por el pueblo, por votación popular universal, directa y secreta[1572], y los Ministros son de designación directa del Presidente, sin intervención del Congreso y no nece-

1567 Artículo 16.

1568 Artículo 10.

1569 *Gaceta Oficial* N° 31.739 de 21-5-79.

1570 *Gaceta Oficial* N° 32.918 de 14-2-84 y *G.O.* N° 34.178 de 14-3-89.

1571 *Gaceta Oficial* N° 35.265 de 2-8-93.

1572 Artículo 183.

sariamente provienen de este último. Por tanto, el Gobierno, en un sistema presidencial como el nuestro, no requiere de la confianza del Parlamento para poder gobernar, por lo que es admisible la existencia de Gobiernos minoritarios. En nuestro país tenemos una experiencia concreta de doce años, entre 1962 y 1974, de gobiernos minoritarios. Durante ese período, los Presidentes Betancourt, Leoni y Caldera tuvieron gobiernos minoritarios, en el sentido de que no contaron con la confianza del Parlamento, por no tener mayoría en el Congreso, llegando a tener el Gobierno al final de 1973 un respaldo parlamentario de cerca del 20 por ciento. Esta situación, si bien es inconveniente para la Administración, no afecta la permanencia del Gobierno. En todo caso, en un sistema parlamentario ella sería imposible, pues en él no hay gobierno sin mayoría en el Congreso, es decir, sin confianza del Parlamento, por lo que la pérdida de esta confianza provoca la caída del gobierno.

B. *Las interferencias del Parlamento*

Ahora bien, aun cuando existe esta independencia del Presidente en relación al Congreso, hemos calificado nuestro sistema de gobierno como un "sistema presidencial con sujeción parlamentaria", lo cual se manifiesta tanto por la interferencia del Parlamento en el ejercicio de muchas funciones políticas y administrativas, como en la participación de los órganos del Ejecutivo en actividades del Congreso.

En efecto, si bien no se requiere el voto de confianza del Parlamento para la permanencia del Gobierno en sí, en el caso de un Ministro en particular, la pérdida de la confianza del Parlamento con el voto de las dos terceras partes de los miembros de la Cámara de Diputados, puede acarrear la remoción de su cargo según lo previsto en la Constitución. En efecto, el artículo 153, ordinal 2° del Texto Fundamental le atribuye a la Cámara de Diputados: "Dar voto de censura a los Ministros. La moción de censura sólo podrá ser discutida dos días después de presentada a la Cámara, la cual podrá decidir, por las dos terceras partes de los Diputados presentes, que el voto de censura acarrea la remoción del Ministro...".

Por otra parte, la Constitución consagra otras interferencias concretas del Parlamento en el ejercicio de la función administrativa y de gobierno del Ejecutivo: Corresponde, en principio, al Poder Ejecutivo el nombramiento de los funcionarios, pero para ciertos funcionarios se requiere la autorización del Senado, tal como sucede con el Procurador General de la República y los Jefes de Misiones Diplomáticas permanentes[1573]. La Administración y el Presidente de la República pueden, en principio, celebrar libremente los contratos administrativos que requiera el ejercicio de sus funciones, sin embargo, los contratos de interés nacional requieren de la aprobación del Congreso[1574], salvo aquellos que sean necesarios para el normal desenvolvimiento de la Administración.

En materia dé administración presupuestaria, el Ejecutivo no puede hacer gasto alguno del Tesoro que no esté previsto en la Ley de Presupuesto[1575]; ni decretar

1573 Artículo 190, ordinal 16.

1574 Artículo 126.

1575 Artículo 227.

créditos adicionales al Presupuesto, sin previa autorización de las Cámaras[1576]. En cuanto a las operaciones de Crédito Público, éstas no se pueden realizar sin autorización legislativa, lo cual debe hacerse mediante ley especial que autorice la operación[1577]. La Constitución consagra, también, la injerencia del Senado en la función de gobierno cuando dentro de sus atribuciones[1578] está la de autorizar al Ejecutivo para enajenar bienes inmuebles: autorizar el empleo de misiones militares venezolanas en el exterior y la salida del Presidente de la República del territorio nacional.

En los casos de medidas de carácter político que adopte el Presidente, tales como decretar el estado de emergencia, o la restricción o suspensión de garantías constitucionales, el decreto debe ser sometido a consideración del Congreso y éste puede decidir la revocación de las medidas adoptadas[1579]. En materia de orden público el Ejecutivo está autorizado, por la Constitución, en aquellos casos en que existan fundados indicios para temer a trastornos en el orden público, a adoptar medidas de detención o confinamiento, a fin de evitar que se produzcan los hechos.

Adoptadas las medidas deben ser sometidas a la consideración del Congreso, quien puede declararlas injustificadas, en cuyo caso dichas medidas deben cesar de inmediato[1580].

Por último, la injerencia de mayor importancia del Congreso la consagra el artículo 139 de la Constitución al establecer que: "El Congreso ejerce también el control de la Administración Pública Nacional en los términos establecidos por esta Constitución". De forma tal que el Congreso cumple una función fundamental, además de su función legislativa, la cual es la función de control sobre la Administración Central y la descentralizada: institutos autónomos y empresas del Estado.

Esta función de control se ve complementada con lo establecido en él artículo 160 de la Constitución, según el cual los cuerpos legislativos o sus comisiones pueden realizar las investigaciones que consideran convenientes; y los funcionarios de la Administración Pública y de los institutos autónomos, así como también los particulares están obligados a comparecer ante los cuerpos legislativos y suministrarles la información y los documentos que éstos soliciten.

C. *La participación ejecutiva en las funciones normativas*

Por otra parte, en nuestro sistema presidencial, los miembros del Ejecutivo Nacional, como se ha visto, pueden participar en cierta forma en las funciones normativas a cargo del Parlamento.

En efecto, los Ministros tienen derecho de palabra en el Congreso, lo cual es un elemento propio del parlamentarismo establecido en nuestra Constitución[1581]. Asimismo, el hecho de que el Presidente y los Ministros tengan que rendir cuenta anual

---

1576 Artículo 190 ordinal 14.

1577 Artículo 231 y Ley Orgánica de Crédito Público.

1578 Artículo 150, ordinales 2°, 4°, 6°.

1579 Artículo 240 a 243.

1580 Artículo 244.

1581 Artículo 199.

al Congreso[1582], constituye otro elemento del parlamentarismo presente en nuestro sistema presidencial. Por otra parte, aun cuando el Congreso posee la potestad legislativa, el Gobierno tiene la iniciativa legislativa[1583] y los Ministros tienen derecho de palabra en la discusión de las leyes[1584]. A la iniciativa legislativa que se le otorga al Ejecutivo se le establecen ciertas limitaciones constitucionales de forma tal que respecto de los proyectos de Ley de Presupuesto y de leyes relativas al régimen tributario, su discusión sólo puede iniciarse en la Cámara de Diputados[1585].

Con respecto al proyecto de Ley de Presupuesto, su iniciativa corresponde exclusivamente al Ejecutivo Nacional, por lo que no puede el Congreso elaborar un proyecto de Ley de Presupuesto; y en cuanto a la aprobación de esta Ley, el Congreso tiene una limitación constitucional, la cual es, hasta cierto punto la única limitación constitucional a la soberanía del Parlamento, y es que éste no puede autorizar gastos que excedan la estimación de ingresos presentada por el Ejecutivo; pueden variarse las partidas y pueden aumentarse o disminuirse los montos de las partidas sin variar el monto global en relación a la estimación de ingresos[1586].

Por último debe señalarse, que hay otras formas de interrelación entre el Gobierno y el Parlamento. En efecto, como se dijo, los miembros del Gobierno no tienen que ser necesariamente miembros del Parlamento como sucede en los regímenes parlamentarios; sin embargo, los Diputados y Senadores pueden aceptar, sin perder su investidura, cargos de Ministros, Secretario General de la Presidencia, Gobernador, Jefe de misión diplomática o Presidente de Instituto Autónomo, aunque para desempeñarlos deben separarse de la Cámara[1587].

Otra forma en que se manifiesta la interrelación Gobierno-Parlamento, es la incompatibilidad de ciertos cargos con la elección como miembro del Parlamento exigiéndose la separación absoluta del cargo tres meses antes de la elección[1588].

D. *La sujeción parlamentaria*

Ahora bien, del bosquejo anterior de las bases constitucionales de la forma de gobierno venezolano, se deduce que la misma se ubica dentro de las formas presidenciales, pero con una gran sujeción parlamentaria. Esta forma es el resultado de una larga evolución constitucional que se ha acentuado sólo en los textos posteriores a 1947; sin embargo, es sólo a partir de 1958 y en particular, después de la promulgación de la Constitución de 1961, que ha sido real y auténticamente ensayada. En este sentido, cualquier análisis de la forma de gobierno de Venezuela que se refiera a cualquier período de nuestra historia hasta 1958, no pasa de ser un análisis histórico y, por supuesto, muy alejado de la realidad actual. En este sentido, por ejemplo, el enfoque de Lambert, al aplicar a América Latina su criterio de régimen "predomi-

1582 Artículo 191, 197.

1583 Artículo 165, ordinal 1°.

1584 Artículo 170.

1585 Artículo 153, ordinal 1°.

1586 Artículo 228.

1587 Artículo 144.

1588 Artículo 140 .

nantemente presidencial" no tiene total vigencia en Venezuela[1589], pues como hemos dicho, nuestro sistema es presidencial con sujeción parlamentaria.

En efecto, en Venezuela, como hemos señalado, los poderes del Presidente de la República no son ilimitados en su contenido, sino que además de existir una reserva legislativa amplísima del Congreso, en el ejercicio de sus propias atribuciones, tal como se ha señalado, el Presidente se ve sometido a innumerables autorizaciones o aprobaciones legislativas. Por otra parte, en Venezuela el Presidente no puede imponer a las Cámaras la sanción de las leyes que él desee, característica esta del régimen de preponderancia presidencial[1590], sino, al contrario, en los últimos años el Congreso ha rechazado con frecuencia leyes propuestas por el Poder Ejecutivo y ha aprobado leyes no requeridas por éste, inclusive, a pesar del veto del Presidente de la República[1591]. En un sistema como el venezolano actual, por tanto, no puede hablarse ni de "presidencialismo", de acuerdo con la terminología latinoamericana tradicional, en la cual el Poder Legislativo es generalmente maleable a las orientaciones del Ejecutivo y raramente muestra una independencia efectiva[1592]. Al contrario, hace una década, puede decirse que buena parte de la legislación petrolera, en particular la ley sobre Bienes Afectos a Reversión en las concesiones de hidrocarburos de 1971, fue no sólo una iniciativa del Congreso sino que fue discutida y aprobada sin criterio oficial definido de parte del Ejecutivo. Por tanto, la opinión generalizada de que en los sistemas latinoamericanos los poderes del Presidente de la República no son limitados en cuanto a su extensión sino en cuanto al tiempo de duración de sus funciones[1593], no es en absoluto aplicable al sistema venezolano (actual, así como a varios otros de los sistemas de gobierno de América Latina.

En este campo, como en muchos otros, estimamos que las generalizaciones frecuentes expresadas sobre las instituciones políticas latinoamericanas, no sólo son peligrosas sino muchas veces erradas. En efecto, en cuanto al denominado sistema de preponderancia presidencial que se atribuye en general a América Latina, en realidad, el mismo no es otra cosa que el resultado de la larga historia dictatorial y caudillista de nuestros países. Señalar, sin embargo, que el sistema venezolano de forma presidencial de gobierno, es "presidencialista" o de "preponderancia presidencial" sin sujeción parlamentaria, por el hecho de que durante toda nuestra historia política

---

1589 Véase Jacques Lambert, *op. cit.* pp. 253 y ss; 320 y ss: 359 y ss. y Federico Gil, *op. cit.*, p. 74. En sentido contrario véase Piere Gilhodes Venezuela: *Trois dans de Democratie Chretien, Note et Etudes Documentarires (La Documentation Francaise)*, Nos. 3.935-3.936, 25 octubre 1972, pp. 13 y 14; David Eugene Blank, *Politics in Venezuela*, Boston 1973, p. 251 y J.G. Andueza, "Introducción a las Actas", *La Constitución de 1961 y la Evolución Constitucional de Venezuela, Actas de la Comisión Redactora del Proyecto*, Caracas, 1971, Tomo I, Vol. I, pp. XXVI y ss.

1590 *Cfr.* Jacques Lambert, *op. cit.,* p. 318

1591 Es de recordar el procedimiento de veto y la acción antela Corte promovida por el Presidente de la República para impedir a sanción de la Ley Orgánica del Poder Judicial en 1969. Véase *G.O.* 1331, Extr. De 13-9-69. Mas recientemente, la Ley Orgánica de Procedimientos Administrativos y la Ley Orgánica de Salvaguarda del Patrimonio Público fueron devueltas al Congreso por el Presidente de la República, antes de su promulgación.

1592 Tal como lo sostiene Federico Gil, *op. cit.*, pp. 74 y 75

1593 Véase por ejemplo J.Y. Calvez, *Aspects Politiques et Sociaux des pays en voie de developpement*, Paris, 1971, p. 69; Jacques Lambert, *op.cit.*, p. 22

anterior a 1958, con la sola excepción, del período 1945-1948, el país estuvo sometido a dictaduras o autocracias, es no sólo distorsionar la realidad actual, al desconocérsela, sino atribuir a situaciones, muchas veces de fado, carácter institucional permanente. Ciertamente que los sistemas de gobierno de las largas dictaduras y autocracias que tuvo Venezuela durante el siglo pasado y la primera mitad del presente, eran de régimen presidencialista o de preponderancia presidencial, pero ello no ha sido así porque estuviese establecido en Constitución alguna, sino por la autoridad del dictador, del autócrata o del caudillo.

Al contrario, establecido en Venezuela el régimen representativo a partir de 1958, ha quedado evidenciado cuán teórico es el calificativo de presidencialismo latinoamericano tan aplicado al país, y cuán alejada está la preponderancia presidencial sobre el Congreso. La realidad de varios lustros de ejercicio democrático en Venezuela a partir de 1958, ha demostrado realmente otra cosa: que sin el respaldo o apoyo del Congreso es muy difícil gobernar. El sistema presidencial de gobierno, conforme al modelo norteamericano, ha adquirido ahora en Venezuela su real expresión: es un sistema de contrapeso de poderes y no de conjunción de los poderes como puede serlo el sistema parlamentario. La deformación del régimen "presidencial", atribuido a América Latina, conforme a la experiencia venezolana, no era más que una deformación fáctica por la existencia de tantos dictadores y caudillos en ejercicio del gobierno en nuestra historia política, y en absoluto, de carácter institucional.

5. *El sistema presidencial y el sistema electoral*

El sistema parlamentario, tal como se señaló, es un sistema de cooperación completa de los poderes en el ejercicio del gobierno, en el sentido de que el Gobierno emana del Parlamento y para realizar su labor debe contar con la confianza del Parlamento. El sistema presidencial, al contrario, es de independencia y de contrapeso de Poderes, en el cual el sistema de freno y balance entre los Poderes adquiere toda su efectividad, ya que ambos Poderes, el Legislativo y Ejecutivo, reciben su mandato directamente del pueblo por la vía electoral. Pero en uno y otro sistema de gobierno, ¿cómo realmente se asegura la estabilidad de este último, es decir, cómo se logra la confianza del Parlamento, en el primer caso, y el respaldo del Congreso, en el segundo caso? En este campo, el papel del sistema electoral también es decisivo: si los sistemas de gobierno parlamentario o presidencial están acompañados de un sistema electoral mayoritario —es el caso de los sistemas británico y norteamericano—, la estabilidad política está más asegurada que si estuvieran acompañados de un sistema electoral minoritario o de representación proporcional. La comparación de sistemas parlamentarios estables e inestables lo confirma: el sistema francés de la IV República posterior a la Liberación, fue un sistema parlamentario inestable, pues el gobierno no tenía asegurada una mayoría en la Asamblea producto de la ausencia de un sistema electoral mayoritario; al contrario, el sistema parlamentario británico, ha estado acompañado siempre de un sistema electoral mayoritario, lo que le permite al gobierno tener un respaldo mayoritario del Parlamento y gozar de la confianza del mismo, hasta el punto de que si la misma se pierde, las elecciones generales que sucedan a la disolución del Parlamento vuelven a asegurar la mayoría del nuevo gobierno.

Asimismo, la comparación de los sistemas presidenciales estables e inestables también confirma la influencia política del sistema electoral: el sistema presidencial norteamericano y el francés de la V República, son, sistemas políticos estables porque el sistema electoral asegura al Presidente de la República mayoría en el Congreso o la Asamblea Nacional, que le permite conducir la vida política del país y reduce los conflictos entre los Poderes; al contrario, los sistemas presidenciales latinoamericanos —cuando los mismos se han aplicado efectivamente en régimen representativo y no en dictaduras—, generalmente han sido sistemas políticos inestables, porque no han estado acompañados de un sistema electoral mayoritario, sino al contrario, de representación proporcional, que no sólo no asegura en general al Presidente de la República, un respaldo mayoritario en el Congreso, sino que aumenta la posibilidad de los conflictos de Poderes. La excepción fundamental a esta generalización sobre América Latina la ha constituido el sistema presidencial mexicano, precisamente porque conforme al modelo norteamericano dicho sistema presidencial se ha acompañado de un sistema electoral mayoritario que asegura un respaldo parlamentario adecuado al Presidente de la República[1594].

Ahora bien, en un sistema presidencial como el establecido en la Constitución de 1961 en Venezuela, y que, como se verá, está acompañado de un sistema electoral minoritario que no asegura necesariamente mayoría de respaldo al Presidente de la República, no sólo ha habido conflictos entre los Poderes sino que muchas veces el sistema de coaliciones de partidos se ha hecho indispensable para poder gobernar[1595]. Tal fue la situación existente en la vida política venezolana en la década de los sesenta y hasta 1974[1596].

A pesar del tantas veces comentado carácter ejecutivo o presidencialista del sistema presidencial venezolano, lo cierto es que sin un respaldo mayoritario del Congreso, el Presidente de la República no puede gobernar adecuadamente o su ejercicio se torna sumamente difícil[1597], por la necesidad de lograr mayorías mediante coaliciones o acuerdos parlamentarios de carácter temporal o permanente. El sistema, realmente, es un sistema presidencial de sujeción parlamentaria y el mismo se ha ensayado hasta la saciedad en América Latina, habiendo fracasado en la gran mayoría de los casos. Por su parte, los Presidentes y sus gobiernos en la mayoría de los casos, se han visto imposibilitados de llevar adelante la ejecución de los programas sometidos al electorado, tal como ha sucedido en Chile[1598] y se han debatido, como lo advierte Furtado respecto al Brasil, en una lucha permanente entre los líderes del Ejecutivo, sometidos a las presiones de las masas por sus promesas electora-

---

1594 Véase Allan R. Brewer-Carías, *Cambio Político y Reforma... cit.*, capítulos 8 y 9

1595 *Idem*, capítulo 10

1596 *Idem*, capítulo 11

1597 *Cfr*. J.C. Rey, "El Sistema de Partidos Venezolanos", *Politeia*, N° 1, Instituto de Estudios Políticos, Caracas, 1972, p. 225.

1598 Véase las referencias al caso chileno en P. Hermens. "Constitucionalism, Freedom and Reform in Latin America", en F.B. Pike (ed.), *Freedom and Reform in Latin America*, 1959, p. 107. Más recientemente, véase H. Zemelman and Patricio León. "Policial Opposition to the Government of Allende"; y H. E. Bicheno, "Anti-Parlamentary Themes in Chilean History: 1920-1970", en Kenneeth Medhurst (ed.), Allend's Chile, London, 1973, pp. 73 y ss. y 97 y ss., respectivamente les, y el Congreso, que se convierte en el centro de poder de las clases dirigentes tradicionales[1599]. De esta lucha permanente, la historia política latinoamericana muestra como resultado, la intermitente y cíclica irrupción militarista con sus impredecibles resultados: régimen militar del tipo clásico, como los de Brasil después de 1964 y de Argentina y Uruguay; régimen de corte fascista, como el de Chile a partir de 1973; o régimen militar de tipo nacionalista-nasserista como el del Perú después de 1968, donde los militares hicieron bastante más, en materia de reformas sociales y económicas, que lo que el régimen representativo presidencial parlamentario que lo precedió, con sus partidos pudieron realizar[1600].

El reto en América Latina, y en Venezuela en particular, está entonces en la superación institucional de las fallas y debilidades del sistema presidencial de sujeción parlamentaria, el cual por los efectos del sistema electoral de representación proporcional no sólo ha demostrado su incapacidad para resolver adecuadamente las exigencias del desarrollo, sino que ha permitido la permeabilidad de las asambleas representativas a los grupos de intereses y de presión de toda índole[1601]. El caso de Venezuela hasta 1974, en este sentido, fue evidente; y si con motivo de la polarización político-electoral que se acentuó a partir de 1973, los gobiernos han tenido, en general, una sólida mayoría parlamentaria, ello se logró, no por la reforma institucional que el sistema político requería, sino como un correctivo que el mismo electorado impuso a las debilidades del sistema[1602], aun cuando no aprovechado por los propios gobiernos.

6. *La superación del sistema de contrapesos*

En base a lo anterior, estimamos que se impone la superación de los conflictos permanentes entre el Congreso y el Presidente de la República y, en este sentido, la institucionalización del logro de una mayoría parlamentaria para el gobierno como las que se han producido a partir de 1973, pues aquellos conflictos, aparentemente a lo que conducen es a impedir que el gobierno actúe[1603]. Frente a las exigencias del desarrollo, es claro que el cuerpo deliberante conformado por diversos y algunas veces anárquicos grupos minoritarios, ni con la mayor y mejor buena voluntad pue-

1599 Véase C. Furtado, "Political Obstacle to Economic Growth in Brasil", en Claudio Veliz (ed.), *Obstacles to Change in Latin America*, Oxford, 1965, p. 158.

1600 De allí la lección que la recién instaurada democracia peruana debe sacar de las situaciones precedentes

1601 Tal como J. Lambert lo ha indicado "en países en los cuales las exigencias del desarrollo implican la adopción de decisiones que están llamadas a transformar la estructura social y a lesionar intereses y creencias de una parte importante de la población, se puede dudar que sea posible a un gobierno conducir una política eficaz, si la separación de poderes debiera ser respetada y si el Congreso tuviera la plena libertad de rechazar al Presidente la legislación que éste desea o de imponerle otra", *op. cit.*, p. 20.

1602 Véase Allan R. Brewer-Carías, *Cambio Político y Reformas... cit.* capítulos 9, 10 y 11.

1603 J. G. Andueza, al respecto y citando a J. Story, señala que "la lucha contra la pobreza exige mucha energía. La dispersión del poder o su debilitamiento puede originar un estancamiento peligroso. Un Poder Ejecutivo débil —dice Story— lleva consigo una administración débil, y una administración débil es una mala administración; luego, un gobierno mal administrado por bueno que parezca en teoría es siempre en la práctica un mal gobierno", en "El Presidente de la...", *loc. cit.*, p. 162.

de actuar, y un Poder Ejecutivo que tiene en su frente un ente de esa naturaleza, con las manos atadas, se aburre de la inacción[1604].

En Venezuela, por tanto, los efectos negativos e inmovilizadores del sistema presidencial de sujeción parlamentaria deben ser superados, como única condición en el campo de las instituciones políticas, para que el país pueda realmente incorporarse al proceso de desarrollo, en una vía realmente democrática; y así bien, con motivo de las elecciones de 1973 y luego, de las de 1983 dichos efectos fueron superados, como lo hemos señalado, ni la polarización política es un fenómeno necesariamente permanente ni puede decirse que después de 1973 ha surgido en Venezuela un sistema bipartidista[1605]. La realidad de las elecciones de 1978, por ejemplo, mostró la continuación de la tendencia bipartidista, pero sin que el partido de gobierno hubiera obtenido mayoría parlamentaria. Por ello, estimamos que las instituciones políticas deben auto reformarse e institucionalizar para el futuro el aseguramiento de que los gobiernos tendrán mayoría en el Congreso, es decir, tendrán posibilidad de gobernar.

La superación institucional de los efectos negativos e inmovilizadores del sistema presidencial con sujeción parlamentaria originados por la conformación del gobierno mediante un sistema electoral minoritario (representación proporcional) y de un sistema multipartidista, en esta forma, puede conducirse por dos vías distintas. Por una parte, mediante la transformación del sistema electoral de representación proporcional y, por tanto, de carácter minoritario actualmente existente, que no asegura necesariamente al gobierno un respaldo mayoritario en las Cámaras Legislativas, sobre lo cual ya hemos insistido[1606]. Si bien el sistema de coaliciones de partidos puede decirse que ha funcionado en Venezuela[1607], salvo en la última década a partir de 1974, ello es cierto en cuanto a que se mantuvo y sobrevivió, pero no en cuanto a que dio los resultados que los gobiernos habían querido, ni en cuanto a que sirvió para que se adoptaran las audaces decisiones que estaba requiriendo el proceso de desarrollo en Venezuela. Ciertamente, que dicho sistema de coaliciones de partido, producto del sistema electoral minoritario configuró el establecimiento de unas reglas de juego por los partidos políticos más importantes; pero de la mesa de juego, en términos generales, quedó excluida la mayoría de la población del país: la mayoría marginal y pobre[1608]. En todo caso, la transformación del sistema electoral

---

1604 Véase Allan R. Brewer-Carías, *Una Revolución para el Desarrollo*, Caracas, 1970, p. 31.

1605 Véase Allan R. Brewer-Carías, *Cambio Político y Reforma... cit.*, capítulos 9 y 11. *Cfr.* J. Rodríguez Iturbe, *Polarización y Bipartidismo en las elecciones de 1973*, Caracas, 1974. Orlando Albornoz, *Desarrollo Político en Venezuela*, Caracas 1974, p. 93. Domingo A. Rangel, "Las Elecciones: una lección para la izquierda" en F. Álvarez y otros, *La Izquierda Venezolana y las Elecciones del 73*, Caracas 1974, pp. 213 y ss.

1606 Allan R. Brewer-Carías, *Cambio Político y Reforma... cit.*, capítulo 9, *Cfr.* J. G. Andueza, "Introducción a las Actas", *loc. cit.*, p. XXVIII

1607 *Cfr.* D.H. Levine, *Conflictand Political Change in Venezuela*, Princeton, 1973, pp. 223 y 259; J.C. Rey, *loc. cit.*, pp. 225 y 229

1608 Si bien la mesa de juego estaba llena de jugadores (partidos políticos, grupos de presión), para utilizar la expresión de Lodge, casi el 80 por ciento del pueblo no tenía puesto dónde sentarse y su acceso al juego no sólo era difícil, sino muchas veces imposible. Véase G. Lodge, *Engines of Change*, New York, 1970, pp. 77 y 78. Por supuesto que a partir de 1974 y luego de 1984, con un gobierno de mayoría en el en un sistema mayoritario o en el cual se atenúen los efectos negativos de la representación proporcional[1609], acompañado de las reformas necesarias para lograr una efectiva participación política sobre todo en el ámbito regional y municipal, aseguraría no sólo la formación permanente de gobiernos de mayorías, sino un respaldo mayoritario del Congreso al Poder Ejecutivo, para poder llevar adelante una política de desarrollo económico y social. Un sistema presidencial, en esta forma, por la mayoría parlamentaria que respaldaría al Presidente, como fue el que se originó en las elecciones de 1973[1610] y luego en 1983, no se caracterizaría por originar un conflicto entre los Poderes del Estado, sino que provocaría una colaboración efectiva entre ellos, adquiriendo, en esta forma, plena vigencia el mandato constitucional venezolano: "Cada una de las ramas del Poder Público tiene sus funciones propias; pero los órganos a los que incumbe su ejercicio colaboran entre sí en la realización de los fines del Estado"[1611]. Esta colaboración, insistimos, sólo es posible, en forma estable y permanente, cuando el sistema político venezolano provoque formas de colaboración entre sus instituciones, y al contrario, será sumamente difícil o de conformación circunstancial —como en las elecciones de 1973 y 1983— con instituciones políticas, que en lugar de buscar la indispensable colaboración entre sí para la consecución de los fines de desarrollo de la sociedad venezolana, parecerían estar conformadas para estar en una posición de conflicto casi permanente[1612]. Por tanto, una de las fórmulas de atenuar dichos conflictos en el sistema presidencial de sujeción parlamentaria, es asegurándole al Presidente de la República una mayoría en el Parlamento, lo cual sólo puede lograrse en situaciones normales —en ausencia de polarización—, mediante un sistema electoral mayoritario o de efectos minoritarios atenuados, y, al contrario, de muy difícil logro con un sistema de representación proporcional absoluto[1613].

7. *El fortalecimiento del ejecutivo*

Pero los inconvenientes derivados de un sistema presidencial con sujeción parlamentaria, y que pueden conducir al inmovilismo del Poder Ejecutivo, también pueden ser superados, ampliando el ámbito de competencias del Poder Ejecutivo por la limitación de las competencias reguladoras del Parlamento, y la adopción, por dicha institución, de leyes de bases o enmarcadoras o contentivas de principios generales, y la ampliación consecuente de las potestades reglamentarias o de legisla-

---

Congreso, el reto estaba en lograr que la gran mayoría pudiera sentarse en la mesa de juego, y en que las reformas sociales y económicas urgentes que el país necesitaba, pudieran realizarse. Véase Allan R. Brewer-Carías, *Cambio Político y Reforma..., cit.*, capítulo 11.

1609 *Cfr.* J. G. Andueza, "Introducción a las Actas", *loc. cit.* p. XXVIII

1610 Véase Allan R. Brewer-Carías, *Cambio Político y Reforma..., cit.*, capítulo 11.

1611 Artículo 118

1612 Véase Allan R. Brewer-Carías, *Cambio Político y Reforma, cit.*, capítulo 9 y 11.

1613 En este sentido J.G. Andueza, ha observado que en Venezuela la Constitución no ha previsto mecanismos que solventen "los conflictos que pueden suscitarse entre el Ejecutivo Nacional y el Congreso en la determinación de la política nacional, ante la negativa del Congreso a aprobar la legislación necesaria para poner en marcha el programa de gobierno, o ante la rebeldía del Congreso a respaldar al Ejecutivo Nacional, el Presidente de la República carece de poderes. Tal vez la facultad de disolver las Cámaras en estos casos podría dar un remedio útil", "El Presidente de la...", *loc. cit.*, p. 164.

ción delegada del Ejecutivo[1614]. En este sentido, puede decirse que en los últimos años ha constituido una tendencia universal, el refuerzo de facultades al Poder Ejecutivo en los países del mundo desarrollado[1615], por supuesto, con su contrapartida de controles jurisdiccionales y de sumisión a la legalidad[1616], y dicha tendencia aparece como cada vez más necesaria cuando las sociedades tienen por delante el complejo camino de su incorporación a un proceso de desarrollo, por el tipo de medidas, muchas veces ágiles y audaces, que el Estado debe asumir para satisfacer las expectativas de los pueblos[1617]. Frente a esta tendencia, es evidente que los países en vías de desarrollo quizás son los que más requieren de este refuerzo de los poderes Ejecutivo, claro está, dentro de un régimen democrático, precisamente para que la democracia sea efectiva. Frente a esta situación, aquellas reacciones contra los gobiernos dictatoriales que llevaron a muchos de nuestros constituyentes a limitar cada vez más los poderes del Ejecutivo y a ampliar los del Poder Legislativo[1618], si bien tuvieron una justificación histórica, en el momento actual no pueden defenderse, sobre todo por la creciente intervención del Estado en la vida económica y social. Los controles a las actividades ampliadas del Ejecutivo, por supuesto que deben reforzarse, particularmente el control jurisdiccional por el Poder Judicial y el control político por el Parlamento, pero lo que no puede admitirse es la tendencia observada del Poder Legislativo a sustituirse en el Ejecutivo y asumir funciones que no le corresponden o que cercenan aquéllas que incumben al gobierno. Es decir, que en lugar de seguir la tendencia universal de ampliar y reforzar los poderes del Ejecutivo, el sistema político venezolano parece partir del supuesto de que el Parlamento, por esencia, debe desconfiar del Poder Ejecutivo, y sucesivamente le ha ido invadiendo competencias. Ante esto lo que definitivamente hay que tener en cuenta es que el Parlamento no puede ni debe gobernar en el mundo contemporáneo, tal como se evidencia de otras experiencias democráticas. Pretender seguir la orientación contraria y vivir ilusoriamente en una especie de República parlamentaria, no es más que un sueño del cual el despertar sólo puede ser brusco.

1614 Recuérdese que la superación de la inestabilidad política institucionalizada de la IV República Francesa, no sólo fue posible por el establecimiento de una forma presidencial de gobierno con un sistema electoral mayoritario en 1958, sino mediante la aplicación del poder reglamentario del Presidente de la República y la delimitación de la reserva legal de la Asamblea Nacional.

1615 *Cfr.* en particular, Paul M. Gaudemet, *Le Pouvoir Executiv dans les Pays Occidemtaux*, Paris 1968, p. 110.

1616 *Cfr.* Guy Braibant, Nicole Question, Céline Weiner, *Le Controle del Administration et la Protection des Citoyens (Etude Comparative)*, Paris 1978.

1617 En 1968, al surgir una serie de propuestas en relación a la Reforma del Estado, señalábamos lo siguiente: "La reestructuración de estos niveles superiores de la Administración, pretende fundamentalmente, la reafirmación de la primacía del Ejecutivo frente a las otras instituciones políticas, mediante la atribución de poderes y mecanismos que aquél requiere para ejercer eficazmente su tarea en el gobierno y administración modernamente concebidas. Tiende asimismo dicha reestructuración a precisar los mecanismos de control del Parlamento. En todo caso, la reafirmaron del fortalecimiento del Ejecutivo, en esta forma es condición indispensable para llevar adelante una política de desarrollo, que requiere decisiones firmes, ágiles, definidas, y muchas veces audaces". Véase Allan R. Brewer-Carías, *Una Revolución para el desarrollo, cit.*, p. 36.

1618 *Cfr.* J. G. Andueza, *Introducción a las Actas, loc. cit.*, p. XXVI.

En efecto, en Venezuela, lamentablemente, en los últimos años, además de la existencia de un sistema presidencial con sujeción parlamentaria y de un sistema electoral minoritario, la invasión de competencias ejecutivas por parte del Congreso ha venido siendo progresiva, sobre todo en cuanto al manejo de la Administración Pública, campo por esencia de la exclusiva competencia del Poder Ejecutivo. En efecto, por ejemplo, la Constitución asigna al Presidente de la República el carácter de Jefe del Ejecutivo Nacional[1619], y como tal, a él corresponde ejercer la dirección de la Administración Pública. Todo lo concerniente al funcionamiento de ella —no así su legislación, que corresponde al Congreso— evidentemente que es de la exclusiva competencia del Poder Ejecutivo bajo la autoridad y dirección del Presidente y, por supuesto, en ello se incluye todo lo relativo a la administración de personal al servicio del Estado[1620]. Para auxiliar al Presidente en todo lo relativo a la administración del personal al servicio del Estado, la Ley de Carrera Administrativa de 1970 previo la creación de una Oficina Central de Personal, como una de las Oficinas de la Presidencia de la República. Dadas las funciones y el carácter de la misma, parecería evidente que el nombramiento de los funcionarios que debían actuar en la Dirección de esta Oficina Central de Personal, correspondería al Presidente; sin embargo, la Ley de Carrera Administrativa establece el contrasentido institucional, de que uno de los miembros del directorio de la Oficina es "elegido por las Cámaras Legislativas Nacionales en sesión conjunta[1621] en forma directa; norma evidentemente inconstitucional, por usurpación de funciones por el Poder Legislativo de las que corresponden al Poder Ejecutivo[1622]. Esta tendencia, peligrosamente consagrada en el texto legal relativo a la carrera administrativa, ya había sido observada a nivel local y, en particular, en los casos en que el Concejo Municipal del Distrito Federal se ha atribuido a sí mismo, mediante ordenanzas, competencias ejecutivas que corresponden al órgano ejecutivo local, el Gobernador del Distrito Federal; tendencia que ha provocado la intervención del Poder Judicial con motivo de algunas acciones de nulidad de actos legislativos locales, declarando nulas usurpaciones similares particularmente en el caso de las Asambleas Legislativas[1623].

1619 Artículo 181

1620 En efecto, dejando a un lado los funcionarios públicos de elección popular, todos los demás funcionarios públicos del Poder Ejecutivo, son designados por el Presidente de la República (Art. 190, Ord. 2°), sin intervención del Poder Legislativo, salvo las excepciones especialmente previstas en la Constitución cuando exige la intervención de alguna de las Cámaras Legislativas (Procurador General de la República y Jefes de Misiones Diplomáticas; Arts. 150, 7°; 190, 6° y 201), o en los casos de organismos con autonomía funcional (Fiscalía General de la República, Contraloría General de la República, Consejo Supremo Electoral, Institutos Autónomos; Arts. 113, 218, 230 y 236). Fuera de estos supuestos, no puede el Congreso intervenir en forma alguna en el nombramiento de funcionarios públicos.

1621 Artículo 8 de la Ley de Carrera Administrativa de 1971, reformada parcialmente en 1975.

1622 Véase nuestra opinión contraria a dicha norma cuando la Ley todavía era Proyecto, en Allan R. Brewer-Carías, *El Estatuto del Funcionario Público en la Ley de Carrera Administrativa*, CAP, Caracas 1971, p. 182.

1623 Véase un recuento de esta tendencia en el Distrito Federal en Allan R. Brewer-Carías, El Régimen de Gobierno Municipal en el Distrito Federal Venezolano. Caracas, 1968. Véase en particular, sentencias de la CFC en SPA el 20-10-41 en M. 1942, p. 290; y de la CSJ en SPA de 14-3-62 en GF. N° 35, 1962, pp. 177 a 184 y de 30-5-66, en GF, N° 52, 1966, pp. 111 y 112. Véanse dichas sentencias, además en Allan R. Brewer-Carías, *Jurisprudencia de la Corte Suprema, 1930-1974 y Estudios de Derecho Admi-*

Pero no sólo en materia de funcionarios públicos la acción del Congreso se ha producido en perjuicio y usurpando funciones ejecutivas, sino que más general e importante, en materia de organización de la Administración Pública, el Congreso ha venido reduciendo progresivamente la competencia del Poder Ejecutivo. En efecto, de acuerdo con la competencia legislativa del Congreso, la organización de la Administración Pública es una actividad de regulación compartida entre los Poderes Legislativo y Ejecutivo. El artículo 193 de la Constitución exige que la Ley establezca el número y organización de los ministerios, y, por tanto, delimite la competencia reglamentaria del Poder Ejecutivo. En esta forma, el viejo Estatuto Orgánico de Ministerios de 1950 determinó sólo el número y competencias de los Ministerios, atribuyendo a la potestad reglamentaria del Ejecutivo todo lo relativo a la organización interna de los mismos, y fue en virtud de ello que se dictaron los viejos reglamentos de la Ley de Ministerios, así como el Reglamento del Estatuto Orgánico de Ministerios de 1971[1624]. Este último Reglamento, sin embargo, fue desconocido por el Congreso en 1971 y 1972, así como también el Decreto relativo a la organización interna del Ministerio de Obras Públicas dictado por Decreto N° 540 del 10 de febrero de 1971[1625].

El Congreso insistió en que todo lo relativo a la organización interna de los ministerios era de la competencia legislativa, desconociendo la competencia ejecutiva, hasta el punto de que después de dictada, en 1971, la Ley sobre los Bienes Afectos a Reversión en las Concesiones de Hidrocarburos, el Congreso desconoció el Decreto Ejecutivo de 1971 que creaba, como órgano administrativo para cumplir dicha Ley, a la Dirección de Coordinación, Inspección y Control de los Bienes Afectos a Reversión del Ministerio de Minas e Hidrocarburos[1626], y dictó, con el mismo texto de dicho decreto, una "Ley de creación de la Dirección de Coordinación, Inspección y Control de los Bienes Afectos a Reversión"[1627]. En esta forma, el Congreso desconoció toda competencia del Poder Ejecutivo en materia de organización interna de los ministerios, hasta el punto de que, de acuerdo con el criterio seguido en la sanción de la última ley señalada, la creación de cualquier oficina, dirección o unidad administrativa en cualquier ministerio, cualquiera que sea su magnitud y funciones, debía ser objeto de una Ley. Ello, por supuesto, no sólo es absurdo, sino imposible

---

nistrativo, Tomo I (*El Ordenamiento Constitucional y Funcional del Estado*). Caracas, 1975, pp. 161 y 284; y Tomo II (*El Ordenamiento Orgánico y Tributario del Estado*), Caracas, 1975, N° 259.

1624 Dictado por Decreto N° 539 de 10-2-71, en *G.O.* N° 29.438 de 11-2-71. Véase el texto en CAP, *Informe sobre la Reforma de la Administración Pública Nacional*, Caracas, 1972, Vol. I, pp. 585 y ss., y los comentarios en pp. 567 y ss. El Decreto fue modificado por Decreto N° 661 de 30-12- 74 en *G.O.* N° 30.586 de 30-12-74.

1625 A partir de 1975 el Congreso reconoció la potestad organizativa del Ejecutivo y fueron dictados los Decretos Orgánicos de los Ministerios de Agricultura y Cría, Fomento, Educación y Comunicaciones. (Véanse los Decretos Nos. 796, 826, 827 y 839 de 11-3-75, 1-4-75 1-4-75 y 8-4-75 en *G.O.* Nos. 30.651, 30.657, 30.657 y 30.663 de 20-3-75, 1-4-75 y 8-4-75, respectivamente).

1626 Véase en *G. O.* N° 29.438 de 11-2-71.

1627 El Decreto fue el N° 746 del 29 de septiembre de 1971, *G.O.* N° 29.625, de 1-10-71. Véase los comentarios al problema en CAP, *Informe sobre la Reforma de la Administración... cit.*, Tomo I, pp. 530 y ss.; y la Ley dictada con idéntico texto fue promulgada el 10-8-72, en *G. O.* N° 29.877 de 11-8-72.

de cumplir[1628]. Esta situación, afortunadamente cambió en forma radical a partir de 1976 al dictarse la Ley Orgánica de la Administración Central, la cual precisó la potestad organizativa del Poder Ejecutivo en materia de Administración Pública[1629].

En esta forma, en algunos casos ha quedado como, evidente la tendencia en el sistema político venezolano, no ya una ampliación de los poderes del Ejecutivo, tal como es la tendencia universal, sino todo lo contrario, la limitación progresiva de dichos poderes y la tendencia del Congreso, no a controlar al Ejecutivo, sino a co-administrar, contra todo sentido común, y por supuesto, contra lo establecido en el propio texto constitucional. El sistema presidencial entonces, no sólo no contó antes de 1973 con un respaldo mayoritario en las Cámaras, sino que además la sujeción parlamentaria fue progresiva e incoherente, pues eran tantas las tendencias de la oposición por la atomización de las fuerzas políticas en el Parlamento, que muchas limitaciones al Ejecutivo fueron producto de exigencias de grupos infra minoritarios, como contrapartida a los votos dados para determinados asuntos[1630].

A continuación puede apreciarse la relación del poder de la oposición frente al gobierno en el control de la Cámara de Diputados, en los últimos 30 años:

1628 La tendencia, por absurda y motivada sólo por posiciones políticas circunstancias fue modificado al cambiarse la correlación de fuerzas en el Congreso en 1974. De allí que en 1974, el Congreso, al aprobar la Ley de Presupuestos aceptó la reforma interna del Ministerio de Obras Públicas: y en 1975 se dictaron los Decretos Orgánicos relativos a la organización ministerial.

1629 Véase Allan R. Brewer-Carías, *Introducción al Estudio de la Organización Administrativa Venezolana*, Caracas, 1978.

1630 Esta debilidad institucional del Poder Ejecutivo en Venezuela,, por la sujeción parlamentaria, tal como hemos señalado, estuvo agravada por la ausencia de un respaldo mayoritario en las Cámaras Legislativas; situación que —salvo en el período 1974-1979 y en el período 1984-1989— aparece clara del cuadro de distribución de fuerzas en la Cámara de Diputados entre el gobierno y la oposición, durante el período 1959-1982.

En 1959, la coalición gubernamental de partidos tenía el 94 por ciento de los votos de la Cámara de Diputados, porcentaje que con las divisiones de Acción Democrática y la separación de la coalición de gobierno del partido URD, se redujo al 41 por ciento al final del período constitucional. En el período iniciado en 1964, la coalición gubernamental de partidos tenía un porcentaje considerablemente menor al de la coalición que inició el período anterior 1958-1963, es decir, del 65 por ciento de los votos de la Cámara de Diputados, porcentaje que se redujo al 37 por ciento al final del período, después de la separación del FND de la coalición de gobierno y de una nueva división de AD. En 1969, al iniciar el período constitucional 1969-1973, el gobierno tenía el respaldo del partido COPEI y de algunos grupos con los cuales tuvo alianza electoral (29%), y quienes hacia finales del período constitucional en 1973 habían roto sus ligaduras con el gobierno, participando en las elecciones de 1973, la mayoría de ellos con grupos no vinculados a COPEI.

Por ello, el porcentaje propio de respaldo que el gobierno tenía en 1973 era sólo de un 18 por ciento de la Cámara de Diputados. Se puede comprender los esfuerzos de compromisos, pactos y coincidencias que el partido COPEI tuvo que desplegar durante el período constitucional 1969-1973 para poder mantener el gobierno, lo que se vio agravado por la inexistencia en Venezuela de medios de participación política que pudieran permitir al gobierno en un momento dado, un referéndum en relación a una determinada decisión política. Véase lo indicado en Allan R. Brewer-Carías, *Cambio Político y Reforma... cit.*, capítulos 10 y ss.

RESPALDO DEL GOBIERNO EN LA CÁMARA DE DIPUTADOS 1959-1994

Año %	Gobierno %	Oposición %
1959	94	6
1960	56	44
1962	41	59
1964	65	35
1966	53	47
1968	37	63
1969	28	72
1972	29	61
1973	28	72
1974	51	49
1984	56	44
1989	48	52
1994	23	77

III. LAS CÁMARAS LEGISLATIVAS Y SUS FUNCIONES

De acuerdo al artículo 138 de la Constitución, el Poder Legislativo se ejerce por el Congreso, integrado por dos Cámaras: El Senado y la Cámara de Diputados. Nuestro sistema parlamentario, por tanto, es bicameral, teniendo ambas Cámaras atribuciones propias y carácter colegislador. Además, ambas Cámaras se reúnen en sesión conjunta en los casos señalados en la Constitución y las leyes, para dictar el Reglamento del Congreso y cuando ambas Cámaras lo decidan así, por estimarlo necesario.

El Presidente del Senado y el Presidente de la Cámara de Diputados presiden el Congreso, y por tanto, las sesiones conjuntas de las Cámaras, con el carácter de Presidente y Vicepresidente, respectivamente.

Por tanto, para la época de receso de las Cámaras Legislativas, la Constitución prevé la existencia de una Comisión Delegada del Congreso, con las atribuciones establecidas en la Constitución (Arts. 178 y ss.) y los Reglamentos. Las Cámaras Legislativas, además, pueden formar Comisiones con sus miembros que también deben ejercer las funciones previstas en la Constitución y los Reglamentos.

Además de estas Comisiones, debe destacarse la Comisión Legislativa creada por la Enmienda Constitucional N° 2, con el objeto de agilizar el proceso de formación de las leyes.

Las funciones genéricas del Congreso y sus Cámaras Legislativas están claramente especificadas en la Constitución, en los siguientes términos:

> Art. 139. Corresponde al Congreso legislar sobre las materias de la competencia nacional y sobre el funcionamiento de las distintas ramas del Poder Nacional.
>
> Es privilegio del Congreso decretar amnistías, lo que hará por ley especial.
>
> El Congreso ejerce también el control de la Administración Pública Nacional en los términos establecidos por esta Constitución.

De acuerdo a estas disposiciones por tanto, al analizar las Cámaras Legislativas y sus funciones estudiaremos, en primer lugar, la composición y atribuciones específicas de las Cámaras Legislativas; en segundo lugar, la función de legislar y la formación de las leyes, y en tercer lugar, las funciones de control.

1. *Las cámaras legislativas*

A. *Composición*

Los miembros del Senado y de la Cámara de Diputados se eligen por votación universal y directa y con representación de las minorías1631 y se componen en la siguiente forma.

a. *Senado*

En cuanto al Senado, éste se integra por dos Senadores electos en cada Estado y dos Senadores electos en el Distrito Federal[1632]. Existiendo 22 Estados y un Distrito Federal, el número de Senadores que por elección directa integran el Senado «s de 46. Cada Senador debe tener sus suplentes, los cuales son los candidatos restantes de la lista respectiva de postulación en cada entidad, en el orden en que aparezcan en ella[1633].

El sistema de postulación y elección que establece la Ley Orgánica del Sufragio para la elección de los Senadores, es mediante listas cerradas y bloqueadas de seis candidatos en circunscripciones electorales equivalentes a los Estados y al Distrito Federal; los dos primeros como principales y cuatro más como suplentes[1634]; realizándose el escrutinio en aplicación del sistema d'Hondt de representación proporcional de las minorías[1635].

Sin embargo, es evidente que tratándose de circunscripciones electorales binominales, ya que sólo se eligen dos Senadores en cada entidad, la aplicación del principio proporcional no es efectiva y la representación directa de las minorías es muy difícil. Por ello, es la propia Constitución la que prescribe que además de los dos Senadores electos por cada Estado y en el Distrito Federal, habrá Senadores Adicio-

---

1631 Artículos 148 y 151 Constitución.

1632 Artículo 148 Constitución.

1633 Artículo 146 Ley Orgánica del Sufragio (LOS).

1634 Artículo 100, Ord. 2°. LOS.

1635 Artículo 113 Constitución y artículo 14 LOS.

nales que resulten de la aplicación del principio de la representación de las minorías según lo establezca la Ley.

En tal sentido, de acuerdo a los artículos 15 y 16 de la Ley Orgánica del Sufragio, la adjudicación de Senadores Adicionales se realiza mediante la aplicación del cuociente electoral nacional, a cuyo efecto se realizan estas dos operaciones:

En primer lugar, debe determinarse el cuociente electoral nacional de Senadores, lo cual se logra dividiéndose el número de votos válidos entre el número fijo de Senadores a elegir (46) conforme a la Constitución[1636].

En segundo lugar, la adjudicación se realiza dividiéndose el número total de votos obtenidos por cada partido político nacional por el cuociente electoral nacional de Senadores.

Si la diferencia entre ese resultado y el número de puestos obtenidos por el respectivo partido en toda la República es de dos (2) O más se adjudicarán dos (2) puestos de Senadores Adicionales. Si la diferencia es igual a uno, se le adjudicará un solo puesto. Tales puestos se atribuirán a las listas presentadas por el respectivo partido político en los Estados o en el Distrito Federal cuando, sin haber obtenido representación tenga mayor votación[1637]. En ningún caso, sin embargo, podrá atribuirse a un partido político nacional más de tres Senadores Adicionales[1638].

b. *Cámara de Diputados*

En cuanto a la Cámara de Diputados, ésta se integra por el número de Diputados que determine la Ley según la base de población requerida, la cual no podrá exceder del uno por ciento (1%) de la población total del país (Art. 151 Constitución). En todo caso, de acuerdo a la misma norma constitucional en cada Estado se elegirán por lo menos dos Diputados y en cada Territorio Federal se elegirá un Diputado. Los Diputados tienen sus suplentes: en el caso de que hayan sido electos por votación uninominal tendrá 2 suplentes que deben ser postulados junto con el principal; en caso de que hayan sido electos por la representación proporcional tendrán como suplentes los candidatos restantes en la lista respectiva, no electos en el orden en que aparezcan en ella y en número igual al doble de los principales electos[1639].

De acuerdo a lo establecido en el artículo 3° de la Ley Orgánica del Sufragio, "la base de población para elegir un Diputado será igual al 0,55 por ciento de la población total del país", y "en cada circunscripción se elegirá el número de Diputados que resulte de disidir el número de sus habitantes entre la base de población". Aclara además expresamente el artículo, que "si hecha la división anterior resultare un residuo superior a la mitad de la base de población, se elegirá un Diputado más". Sin embargo, de acuerdo con la exigencia constitucional[1640], la Ley aclara que en todo

1636 Artículo 15 LOS.

1637 Artículo 17 LOS.

1638 Artículo 12 LOS.

1639 Artículo 14. Parágrafo Primero LOS.

1640 Artículo 151.

caso “el Estado cuya población no alcanzare a elegir tres (3) Diputados, elegirá este número”.

El sistema de elección que establece la Ley Orgánica del Sufragio de 1993 para la elección de los Diputados, es proporcional personalizado, estructurado según el principio de la representación proporcional, pero consagrado con el principio de la elección uninominal en Circuitos Electorales” (Art. 3°).

A estos efectos, conforme al artículo 3° de la Ley Orgánica del Sufragio, en las Entidades Federales donde se deba elegir tres (3) o más Diputados, se debe dividir entre dos (2) el número de Diputados a elegir. El número entero o mayor más próximo al resultado de esa división debe corresponder a los Diputados a ser electos por el sistema uninominal; el resto se debe elegir por el sistema de listas según el principio de la representación proporcional. El número de Diputados a ser electos por la vía uninominal define el número de Circuitos Electorales para la elección de Diputados al Congreso de la República que debe tener cada Entidad Federal.

Para la elección de los diputados por votación uninominal, se aplica el sistema de listas cerradas y bloqueadas en las cuales se debe postular hasta un número de candidatos igual al triple de los principales postulados con excepción de las postulaciones correspondientes a los Territorios Federales para la Cámara de Diputados cuyo candidato único podrá llevar hasta dos (2) suplentes[1641].

En cuanto a los candidatos uninominales a Diputados, deben ser postulados para representar los Territorios Electorales establecidos por el Consejo Supremo Electoral, en número de un principal y dos suplentes[1642].

El Consejo Supremo Electoral debe establecer o modificar, por lo menos con, seis (6) meses de antelación a la fecha de las elecciones respectivas, los Circuitos Electorales para la elección uninominal de Diputados al Congreso de la República[1643].

La Ley Orgánica establece que además de los Diputados fijos que se elijan, “también se elegirán Diputados Adicionales con base en el principio de representación proporcional”[1644]. En tal sentido, de acuerdo a lo establecido en los artículos 15 y 16 de la Ley Orgánica del Sufragio, la adjudicación de Diputados Adicionales se realiza mediante la aplicación del Cuociente Electoral Nacional, a cuyo efecto se realizan estas dos operaciones.

En primer lugar, debe determinarse el Cuociente Electoral de Diputados, lo cual se logra dividiéndose “el total de votos válidos consignados en toda la República por el número fijo de representantes que deberían integrar la Cámara de Diputados”, de acuerdo con la base de población establecida en la Ley[1645].

1641 Artículo 100, Ord. 2° LOS.

1642 Artículo 100, Ord. 3° LOS.

1643 Artículo 6°.

1644 Artículo 3°.

1645 Artículo 3, 15 LOS.

En segundo lugar, la adjudicación se realiza dividiéndose "el número total de votos válidos obtenidos por cada partido político nacional o grupo nacional de electores por el cuociente electoral nacional" de Diputados.

Tales puestos se le atribuirán al partido político nacional o grupo nacional de electores en las circunscripciones donde, no habiendo obtenido representación, o habiendo obtenido menos puestos, hubiese alcanzado mayor número de votos[1646]. En ningún caso, sin embargo, "se atribuirá a un partido político nacional más de cinco (5) Diputados Adicionales"[1647].

En cuanto a las condiciones de elegibilidad de Senadores y Diputados y sus restricciones, se analizará más adelante, al estudiarse el sistema electoral.

B. *Las atribuciones de las Cámaras Legislativas*

a. *Atribuciones del Congreso*

Tal como se ha indicado, de acuerdo con el artículo 139, corresponde al Congreso, básicamente legislar sobre las materias de la competencia nacional y controlar a la Administración Pública. Por tanto, como se verá, las Cámaras Legislativas, tanto el Senado como la Cámara de Diputados actúan como cuerpos colegisladores[1648] en el proceso de formación de las leyes y pueden realizar las investigaciones que juzguen convenientes a los efectos del control parlamentario de la Administración[1649].

Pero además de esas dos atribuciones fundamentales, la Constitución y las leyes atribuyen en general al Congreso o a las Cámaras Legislativas, una serie de competencias específicas. Esto sucede en los siguientes casos:

1. El Congreso tiene competencia para aprobar los contratos de interés nacional[1650].

2. El Congreso tiene competencia para aprobar los contratos de interés público nacional, estadal y municipal con Estados o entidades oficiales extranjeras y con sociedades no domiciliadas en Venezuela, o el traspaso de dicho contratos a ellos[1651].

3. El Congreso debe recibir cuenta del Ejecutivo Nacional sobre los Acuerdos jurídicos internacionales que celebre, con indicación precisa de su carácter y contenido, estén o no sujetos a aprobación[1652].

4. El Congreso tiene competencia para atribuir a los Estados o a los Municipios determinadas materias de la competencia nacional, a fin de promover la descen-

1646 Artículo 16.

1647 Artículo 3.

1648 Artículo 162.

1649 Artículos 139, 160, 230 y 236.

1650 Artículo 126.

1651 Artículo 126.

1652 Artículo 128.

tralización administrativa, con el voto de las dos terceras partes de los miembros de cada Cámara[1653].

5. El Congreso puede decretar amnistías, por Ley especial[1654].

6. El Congreso debe recibir del Presidente de la República mensajes e informes especiales[1655].

7. El Congreso debe recibir de la Comisión Delegada el informe de sus actuaciones[1656].

8. El Congreso debe recibir del Fiscal General de la República el Informe anual de su actuación[1657].

9. El Congreso debe recibir del Contralor General de la República el Informe anual de su actuación y solicitarle informes en cualquier momento[1658].

10. El Congreso debe aprobar las líneas generales del Plan de Desarrollo Económico y Social de la Nación que le presente el Ejecutivo Nacional[1659].

11. El Congreso puede revocar el Decreto de restricción o suspensión de Garantías[1660].

12. El Congreso debe autorizar la cesación del Estado de Emergencia[1661].

13. El Congreso debe conocer de las medidas indispensables que adopte el Presidente de la República en Consejo de Ministros, para evitar que se produzcan trastornos del orden público que no justifiquen la restricción o suspensión de Garantías Constitucionales, y pronunciarse sobre su justificación[1662].

14. Las Cámaras en sesión conjunta pueden decidir si la prolongación de la falta temporal del Presidente de la República debe considerarse como prueba absoluta[1663].

15. El Congreso debe señalar la fecha para la nueva elección universal y directa del Presidente de la República, cuando se produzca la falta absoluta del mismo antes de tomar posesión[1664].

1653 Artículo 137.

1654 Artículo 139.

1655 Artículo 190, ordinal 2°.

1656 Artículo 180.

1657 Artículo 222.

1658 Artículo 239.

1659 Artículo 7, Enmienda N° 2.

1660 Artículo 243.

1661 Artículo 243.

1662 Artículo 244.

1663 Artículo 188.

1664 Artículo 187.

16. Las Cámaras deben elegir por votación secreta y en sesión conjunta convocada expresamente, un nuevo Presidente por el resto del período constitucional cuando se produzca una falta absoluta después de la toma de posesión[1665].

17. El Congreso debe pronunciarse sobre la procedencia de la iniciativa para la Reforma General de la Constitución, con el voto favorable de las 2/3 partes de los Miembros presentes, que provenga de una tercera parte de los Miembros del Congreso o de la mayoría absoluta de las Asambleas Legislativas[1666].

18. El Congreso debe fijar la oportunidad para la realización de Referéndum aprobatorio o no de la Reforma de la Constitución[1667].

19. El Congreso puede decretar mediante Acuerdo aprobado por la mayoría absoluta de sus Miembros, la incautación de todo o parte de los bienes de las personas que aparecieran responsables de hechos que conduzcan a que la Constitución deje de observarse por acto de fuerza o fuere derogada por medios distintos a los que ella dispone, o de los principales funcionarios de los gobiernos que se organicen subsecuentemente si no han contribuido a restablecer el imperio de la Constitución[1668].

Todas estas competencias están atribuidas en la Constitución, en genérico al Congreso, y éste las ejerce según la naturaleza de la atribución, o lo estime, en sesión conjunta o actuando las Cámaras como Cuerpos colegisladores. Este es, por lo demás, el sentido de la Disposición Transitoria Décima Tercera de la Constitución, cuando dispone en relación a las atribuciones que las leyes asignen al Congreso, lo siguiente:

> "Cuando la Ley requiera para la validez de un acto la autorización, aprobación o sanción del Congreso Nacional, la decisión será tomada por las Cámaras en sesión conjunta, a menos que de la misma naturaleza del acto aparezca que debe seguirse el procedimiento para la formación de las Leyes".

En todo caso, en esos supuestos de atribuciones al Congreso, la competencia es de ambas Cámaras: Senado y Cámara de Diputados.

Pero aparte de ello, las propias Cámaras, individualmente consideradas, tienen una serie de atribuciones privativas y específicas, precisadas en la Constitución.

b. *Atribuciones privativas de las Cámaras*

De acuerdo al artículo 158 de la Constitución son atribuciones privativas de cada uno de los cuerpos legislativos:

1. Dictar su reglamento y aplicar las sanciones que en él se establezcan para quienes lo infrinjan.

1665 Artículo 187.

1666 Artículo 246, Ord. 1° y 2°

1667 Artículo 246, Ord. 4°

1668 Artículo 250

2. Acordar la separación temporal de sus miembros por el voto de las dos terceras partes de los presentes.
3. Calificar a sus miembros y conocer de sus renuncias.
4. Organizar su servicio de policía.
5. Remover los obstáculos que se opongan al ejercicio de sus funciones.
6. Acordar y ejecutar su presupuesto de gastos con base a la partida anual que se fije en la ley respectiva.
7. Ejecutar y mandar ejecutar las resoluciones concernientes a su funcionamiento y a las atribuciones privativas anteriormente enunciadas.

De acuerdo al artículo 159, "los actos de los cuerpos legislativos en ejercicio de sus atribuciones privativas (que son las anteriormente enumeradas) no están sometidos al veto, examen o control de los otros Poderes, salvo lo que esta Constitución establece sobre extralimitación de atribuciones". Aparte de que en realidad la Constitución no establece nada en ningún artículo, sobre la "extralimitación de atribuciones", pues es sólo en este artículo 159 donde se emplea esa expresión, es evidente que esta disposición implica, por supuesto, que ningún acto dictado por las Cámaras en ejercicio de estas atribuciones privativas puede ser controlada por los órganos que ejercen el Poder Ejecutivo.

En cuanto a los órganos del Poder Judicial, particularmente la Corte Suprema de Justicia, en cambio, por supuesto que sí podría controlar por razones de inconstitucionalidad dichos actos dictados en uso de las atribuciones privativas, y declarar su nulidad cuando estén viciados de incompetencia constitucional, o simplemente, colidan con la Constitución[1669], pues toda actuación contraria al texto fundamental, implicaría una extralimitación de atribuciones por parte de las Cámaras Legislativas.

c. *Atribuciones específicas de las Cámaras*

Aparte de las atribuciones privativas antes mencionadas, las Cámaras Legislativas tienen una serie de atribuciones específicas establecidas expresamente en la Constitución.

Algunas establecidas en general, para ambas Cámaras, como por ejemplo, al decidir que continúen medidas de custodia respecto de Senadores o Diputados en caso de que hubiesen cometido delito flagrante de carácter grave o al acordar el allanamiento de la inmunidad parlamentaria de sus miembros[1670]; y la mayoría establecidas, en particular, respecto de cada Cámara.

a'. *Atribuciones del Senado*

De acuerdo a lo establecido en el artículo 150 de la Constitución, son atribuciones del Senado:

1669 Artículo 215, ordinal 3°

1670 Artículos 143, 144 y 145

1. Iniciar la discusión de los proyectos de ley relativos a tratados y convenios internacionales.
2. Autorizar al Ejecutivo Nacional para enajenar bienes inmuebles del dominio privado de la Nación, con las excepciones que establezca la ley.
3. Autorizar a los funcionarios o empleados públicos para aceptar cargos o recompensas de gobiernos extranjeros.
4. Autorizar el empleo de misiones militares venezolanas en el exterior o extranjeras en el país, a solicitud del Ejecutivo Nacional.
5. Autorizar el ascenso de oficiales de las Fuerzas Armadas desde Coronel o Capitán de Navío, inclusive.
6. Autorizar al Presidente de la República para salir del territorio nacional[1671].
7. Autorizar el nombramiento del Procurador General de la República y de los jefes de misiones diplomáticas permanentes[1672].
8. Autorizar, por el voto de la mayoría de sus miembros, el enjuiciamiento del Presidente de la República, previa declaración de la Corte Suprema de Justicia de que hay mérito para ello, en cuyo caso, autorizado el enjuiciamiento, el Presidente de la República quedará suspendido en el ejercicio de sus funciones.
9. Acordar a los venezolanos ilustres que hayan prestado servicios eminentes a la República, los honores del Panteón Nacional, después de transcurridos 25 años de su fallecimiento.
10. Las demás que le señalen la Constitución y las leyes.

b'. *Atribuciones de la Cámara de Diputados*

En cuanto a la Cámara de Diputados, son atribuciones específicas de ella, conforme al artículo 158 de la Constitución, las siguientes:

1. Iniciar la discusión del presupuesto y de todo proyecto de ley concerniente al régimen tributario.
2. Dar voto de censura a los Ministros.
3. Las demás que le señalen la Constitución y las leyes.

En cuanto al voto de censura a los Ministros, la Constitución prescribe las siguientes normas: la moción de censura sólo podrá ser discutida dos días después de presentada a la Cámara, la cual podrá decidir, por las dos terceras partes dé los Diputados presentes, que el voto de censura acarrea la remoción del Ministro. Además, podrá ordenar su enjuiciamiento.

1671 Artículo 189

1672 Artículo 190, ordinal 16 y artículo 201

d. *Atribuciones de las Cámaras en Sesión Conjunta*

Aparte de las atribuciones asignadas en genérico al Congreso, y de las privativas y específicas de cada Cámara, éstas, en sesión conjunta, tienen una serie de atribuciones enumeradas a lo largo de la Constitución, y que son las siguientes:

1. La admisión del proyecto de ley que estableció en 1989 la elección y remoción de los gobernadores de acuerdo a los principios de gobierno democrático, representativo, responsable y alternativo, por el voto de las dos terceras partes de sus miembros[1673].

2. La autorización al Ejecutivo Nacional para el otorgamiento de nuevas concesiones de hidrocarburos o de otros recursos naturales renovables que determine la ley[1674].

3. La prórroga de los términos de las sesiones ordinarias de las Cámaras Legislativas, con el voto de la mayoría absoluta de sus miembros cuando ello fuere necesario para el despacho de las materias pendientes.

4. La resolución de divergencias entre las Cámaras Legislativas, por el voto de la mayoría absoluta de los presentes[1675].

5. La resolución de lo que fuere procedente cuando la Cámara de origen en la discusión de una ley no aceptare las modificaciones introducidas por la otra Cámara, respecto de los artículos en que hubiere discrepancia y de los que tuvieren conexión con éstos, por mayoría de votos.

6. La decisión acerca de los puntos planteados por el Presidente de la República cuando pida la reconsideración de una ley, pudiendo dar a las disposiciones objetadas y a las que tengan conexión con ellas una nueva redacción[1676].

7. Recibir el juramento del Presidente de la República y presenciar la toma de posesión del cargo.

8. Fijar la fecha de la nueva elección presidencial en caso de tomar posesión del cargo; y elegir por votación secreta el nuevo Presidente por el resto del período constitucional si la falta absoluta se produce después de haber tomado posesión del cargo[1677].

9. Elegir por votación secreta al Presidente que deba ejercer el cargo para suplir la falta temporal forzosa del Presidente de la República en caso de que el Senado haya autorizado su enjuiciamiento.

10. La decisión respecto a si la falta temporal del Presidente de la República por más de 90 días consecutivos debe considerarse como falta absoluta[1678].

1673 Artículo 22

1674 Artículo 126

1675 Artículo 157

1676 Artículo 173

1677 Artículo 187

1678 Artículo 188

11. La autorización al Presidente de la República para decretar créditos adicionales.

12. Recibir del Presidente de la República su mensaje anual[1679] sobre los aspectos políticos y administrativos de su gestión durante el año inmediatamente anterior, y recibir de los Ministros la Memoria razonada y suficiente sobre la gestión de sus Despachos en el año civil inmediatamente anterior y sobre sus planes para el año siguiente.

13. La designación de los Magistrados de la Corte Suprema de Justicia[1680].

14. La designación del Fiscal General de la República.

15. La designación del Contralor General de la República[1681].

16. Considerar el Decreto que declare el Estado de Emergencia u ordene la restricción o suspensión de garantías[1682].

17. Revocar el Decreto de restricción o suspensión de garantías al cesar las causas que lo motivaron[1683].

18. Autorizar al Presidente de la República en Consejo de Ministros para que declare la cesación del Estado de Emergencia[1684].

19. Pronunciarse sobre la procedencia de la reforma general de la Constitución y sobre la admisión de la iniciativa de reformas por el voto favorable de las dos terceras partes de los presentes[1685].

20. Determinar la oportunidad en la cual debe realizarse el referéndum, una vez aprobado el proyecto de reforma general de la Constitución, para que el pueblo se pronuncie en favor o en contra de la reforma[1686].

21. Designar la Comisión Legislativa[1687].

22. Autorizar a la Comisión Legislativa para discutir y aprobar proyectos de leyes individualmente determinados, mediante acuerdo con el voto de las dos terceras partes de los miembros presentes[1688].

23. Aprobar o rechazar mediante acuerdo un texto de Ley que les sea sometido por la Comisión de Legislación, pudiendo introducirle las modificaciones que juzguen convenientes[1689].

1679 Artículo 191

1680 Artículo 214.

1681 Artículo 238.

1682 Artículo 242.

1683 Artículo 243.

1684 Artículo 243.

1685 Artículo 246, ordinal 2°.

1686 Artículo 246, ordinal 4°.

1687 Artículo 4, Enmienda N° 2.

1688 Artículo 5, Enmienda N° 2.

1689 Artículo 5, Enmienda N° 2.

24. Aprobar las líneas generales del plan de desarrollo económico y social de la Nación, que le presente el Presidente de la República en el transcurso del primer año de cada período constitucional[1690].

C. *El funcionamiento de las Cámaras Legislativas*

a. *Instalación inicial y sesiones ordinarias*

De acuerdo al artículo 3° de la Enmienda Constitucional N° 2, de marzo de 1983, en el primer año de cada período constitucional, las sesiones ordinarias de las Cámaras comenzarán, sin necesidad de previa convocatoria, el día 23 de enero o el día posterior más inmediato posible.

A tal efecto, las Cámaras deben instalarse simultáneamente y deben funcionar en la misma población[1691].

Con posterioridad, de acuerdo al artículo 154 de la Constitución, las sesiones ordinarias de las Cámaras comenzarán sin necesidad de previa convocatoria, el día 2 de marzo de cada año o el día posterior más inmediato posible. Dichas sesiones ordinarias, se reanudarán cada año desde el día 1° de octubre, o el día posterior más inmediato posible, hasta el día 30 de noviembre, ambos inclusive.

En el último año del período constitucional las sesiones ordinarias durarán desde el 2 de marzo hasta el 15 de agosto.

En todo caso, las Cámaras en sesión conjunta, con el voto de la mayoría absoluta de sus miembros, podrán prorrogar estos términos cuando ello fuere necesario, para el despacho de las materias pendientes.

b. *Sesiones extraordinarias*

El Congreso se reunirá en sesiones extraordinarias para tratar las materias expresadas en la convocatoria y las que les fueren conexas. También podrá considerar las que fueren declaradas de urgencia por cualquiera de las Cámaras[1692].

La convocatoria a sesiones extraordinarias corresponde a la Comisión Delegada del Congreso[1693] y al Presidente de la República[1694].

c. *Requisitos de funcionamiento y quórum*

De acuerdo al artículo 6° de la Enmienda Constitucional N° 2 que sustituye al artículo 156 de la Constitución, las Cámaras pueden sesionar y funcionar con el número de sus miembros que determine el Reglamento, el cual en ningún caso podrá ser inferior a la tercera parte de sus integrantes.

1690 Artículo 7, Enmienda N° 2.

1691 Artículo 157

1692 Artículo 5

1693 Artículo 179, ordinal 4°

1694 Artículo 190, ordinal 9°

Sin embargo, para el acto de votación han de estar presentes la mayoría absoluta de los miembros de las Cámaras.

En diversas normas constitucionales, sin embargo, se exige un quórum especial para la toma de ciertas decisiones por las Cámaras Legislativas. Esto sucede, por ejemplo, en los siguientes casos:

1. La admisión de la Ley que establezca la elección de los gobernadores requiere del voto de las dos terceras partes de los miembros de ambas Cámaras en sesión conjunta[1695].

2. La descentralización de competencias nacionales y su atribución a los Estados y Municipios requiere del voto de las dos terceras partes de los miembros de cada Cámara[1696].

3. La prórroga de las sesiones ordinarias de las Cámaras, con el voto de la mayoría absoluta de los miembros de ambas Cámaras en sesión conjunta[1697]

4. La resolución de divergencias entre las Cámaras, por el voto de la mayoría absoluta de los presentes en la sesión conjunta[1698].

5. La decisión respecto de las modificaciones introducidas por una Cámara en un proyecto, si la Cámara de origen no las aceptare, por mayoría de votos en sesión conjunta[1699].

6. Pronunciarse sobre la procedencia de una reforma general de la Constitución y sobre la admisión de la iniciativa de reforma, por el voto favorable de las dos terceras partes de los presentes en sesión conjunta[1700].

7. La confiscación de bienes que se decrete conforme al artículo 250 requiere de la aprobación por la mayoría absoluta de los miembros del Congreso.

8. Autorizar a la Comisión Legislativa para que discuta y apruebe un proyecto de ley, mediante acuerdo que cuente con el voto de las dos terceras partes de los miembros presentes en sesión conjunta[1701].

9. El Senado puede autorizar el enjuiciamiento del Presidente de la República con el voto de la mayoría de sus miembros[1702].

10. La Cámara de Diputados puede decidir por el voto de las dos terceras partes de los Diputados presentes, que el voto de censura a un Ministro acarre su remoción[1703].

1695 Artículo 22.

1696 Artículo 137.

1697 Artículo 154.

1698 Artículo 157.

1699 Artículo 167.

1700 Artículo 246, ordinal 2°.

1701 Enmienda N° 2, Artículo 5.

1702 Artículo 150, ordinal 8°.

1703 Artículo 153, ordinal 2°.

D. *Las atribuciones de las Comisiones del Congreso de rango constitucional*

Además de la regulación de la composición y atribuciones de las Cámaras Legislativas, la Constitución contiene una normativa específica relativa a la Comisión Delegada del Congreso, y la Enmienda Constitucional N° 2, en relación a la Comisión Legislativa, remitiendo a lo previsto en los Reglamentos en lo que concierne a las demás Comisiones de las Cámaras[1704].

a. *Atribuciones de la Comisión Delegada del Congreso*

En cuanto a la Comisión Delegada del Congreso, ésta funciona durante el receso de las Cámaras y está integrada por el Presidente, el Vicepresidente y 21 miembros del Congreso, quienes, con sus respectivos suplentes, serán elegidos de modo que reflejen en lo posible la composición política del Congreso[1705].

Corresponde a la Comisión Delegada del Congreso conforme al artículo 179, las siguientes atribuciones:

1. Velar por la observancia de la Constitución y el respeto a las garantías ciudadanas, y acordar para estos fines las medidas que sean procedentes.
2. Ejercer las funciones de investigación atribuidas a los órganos legislativos.
3. Designar Comisiones especiales integradas por miembros del Congreso.
4. Convocar al Congreso a sesiones extraordinarias cuando así lo exija la importancia de algún asunto.
5. Autorizar al Ejecutivo Nacional, y por el voto favorable de las dos terceras partes de sus miembros, para crear, modificar o suprimir servicios públicos, en caso de urgencia comprobada[1706]
6. Autorizar al Ejecutivo Nacional para decretar créditos adicionales al Presupuesto[1707].
7. Autorizar al Presidente de la República para salir temporalmente del territorio nacional[1708].
8. Las demás que le atribuyan la Constitución y las Leyes.

Entre las otras atribuciones establecidas en la propia Constitución, están las siguientes:

1. Autorizar la ejecución provisional de tratados o convenios internacionales cuya vigencia así lo requiera, los cuales serán sometidos, en todo caso, a la posterior aprobación o improbación del Congreso[1709].

1704 Artículo 138

1705 Artículo 178

1706 Artículo 190, ordinal 11

1707 Artículo 190, ordinal 14 y 227

1708 Artículo 189

1709 Artículo 128

2. Acordar el allanamiento de la inmunidad parlamentaria de los miembros de las Cámaras Legislativas[1710].
3. Tener la iniciativa de las leyes[1711].
4. Autorizar la designación del Procurador General de la República en los casos previstos en el artículo 201[1712].
5. Considerar el Decreto que declare el Estado de Emergencia u ordene la restricción o suspensión de garantías[1713]
6. Autorizar al Presidente de la República para declarar la cesación del Estado de Emergencia[1714].
7. Considerar las medidas adoptadas por el Presidente de la República en Consejo de Ministros para evitar inminentes trastornos del orden público, que no justifiquen la restricción o suspensión de las garantías constitucionales[1715].

b. *Las atribuciones de la Comisión Legislativa*

Además de la Comisión Delegada, la otra Comisión de las Cámaras Legislativas de rango constitucional, ahora, es la Comisión Legislativa creada por la Enmienda Constitucional N° 2, de marzo de 1983. Esta Comisión Legislativa, de acuerdo con el artículo 4 de dicha Enmienda, debe ser designada por las Cámaras en sesión conjunta en cada período constitucional, integrada por 23 miembros, quienes con sus respectivos suplentes, deben ser elegidos de modo que reflejen en lo posible la composición política del Congreso. Las Cámaras en sesión conjunta, en reunión expresamente convocada para ello, con 24 horas de anticipación por lo menos, podrán autorizar a la Comisión Legislativa para discutir y aprobar proyectos de leyes individualmente determinados, mediante acuerdo que cuente con el voto de las dos terceras partes de los miembros presentes.

En esos casos, una vez aprobado cada proyecto por la Comisión Legislativa, ésta lo enviará al Presidente del Congreso, quien ordenará distribuir el texto entre los integrantes de ambas Cámaras y convocará a éstas para una reunión conjunta transcurridos que sean quince (15) días de haberlo recibido.

Las Cámaras reunidas en sesión conjunta de acuerdo con la convocatoria, procederán a aprobar o rechazar mediante acuerdo, el texto que les sea sometido, pudiendo introducir las modificaciones que juzguen convenientes. Una vez aprobado un proyecto con o sin modificaciones, el Presidente lo declarará sancionado y se cumplirán los trámites subsiguientes previstos para la formación de las leyes[1716].

1710 Artículo 144 y 145

1711 Artículo 165, ordinal 1°

1712 Artículo 190, ordinal 16

1713 Artículo 242

1714 Artículo 243

1715 Artículo 244

1716 Artículo 5 de la Enmienda

E. *Los privilegios parlamentarios*

Los miembros de las Cámaras Legislativas tienen una serie de privilegios en el ejercicio de sus funciones, a los efectos de poderla garantizar efectivamente. Estos privilegios se refieren a la compatibilidad de investiduras, a la irresponsabilidad por los votos y opiniones emitidos en el ejercicio de sus funciones, y a la inmunidad parlamentaria.

a. *La compatibilidad de investiduras*

El artículo 141 establece que los Senadores y Diputados podrán aceptar cargos de Ministros, Secretario de la Presidencia de la República, Gobernador, jefe de misión diplomática o Presidente de Instituto Autónomo, sin perder su investidura. Para desempeñar estos cargos, deben separarse de la respectiva Cámara, pero podrán reincorporarse al cesar en esas funciones.

En todo caso, la aceptación de diversos mandatos de elección popular, en los casos en que lo permitan las leyes, no autoriza el ejercicio simultáneo de los mismos.

En estos casos, cuando el Senador o Diputado desempeñe un cargo público cuyo ejercicio acarree separación de la Cámara, la inmunidad parlamentaria se suspende[1717].

b. *La irresponsabilidad parlamentaria*

Frente al principio general establecido en el artículo 121 de la Constitución, conforme al cual el ejercicio del Poder Público acarrea responsabilidad individual por abuso de poder o por violación de ley, el artículo 142 establece la única excepción al mismo, en relación a los Senadores y Diputados, al prescribir que no podrá exigirse responsabilidad en ningún tiempo "por votos y opiniones emitidos en el ejercicio de sus funciones". Sólo responderán ante el respectivo cuerpo legislativo, de acuerdo con la Constitución y los reglamentos.

Por tanto, los Senadores y Diputados no responden civil o penalmente por las consecuencias dañosas que pudieran ocasionar los vetos y opiniones emitidas en ejercicio de sus funciones; y su responsabilidad sólo podría ser exigida por el respectivo cuerpo legislativo, en una especie de responsabilidad disciplinaria, aún no regulada en las leyes.

Éste privilegio, parlamentario de la irresponsabilidad, sin duda, es una garantía constitucional para asegurar el pleno ejercicio, por parte de los parlamentarios, de sus funciones en las Cámaras: legislar y controlar a la Administración Pública. Pero precisamente por tratarse de una excepción al principio previsto en el artículo 121 de la Constitución, esta irresponsabilidad de los parlamentarios tiene que tener una interpretación restrictiva, lejos de la amplia que la práctica parlamentaria ha pretendido darle. Sólo puede hablarse de irresponsabilidad, por tanto, en relación a los votos y opiniones del Parlamento emitidos en el ejercicio de sus funciones, por lo que no estarían amparadas por este privilegio las opiniones de los parlamentarios que no se realicen durante el ejercicio de sus funciones, y éstas no son otras que la

1717 Artículo 147.

participación en las sesiones y debates de las Cámaras o de sus Comisiones, o en el cumplimiento de algún mandato expreso conferido por éstas. Por tanto, no están amparadas con este privilegio todas las declaraciones de los parlamentarios a los medios de comunicación social, sino sólo aquellas que se relacionen directamente con sus funciones, las cuales, por la naturaleza del trabajo parlamentario, nunca son de carácter individual: la función de legislar se realiza en las Cámaras actuando como cuerpos colegisladores, por lo que los votos y opiniones expuestos en las sesiones de aquéllas o de sus Comisiones en la tarea legislativa están amparados con la irresponsabilidad; y la función de controlar, se realiza también y solamente, por las Cámaras o sus Comisiones, pollo que los votos y opiniones expuestos en las sesiones y debates de ellas, también están amparados con la irresponsabilidad. Por tanto, las opiniones de los parlamentarios expresadas fuera de esas sesiones respecto de personas o acontecimientos, y que puedan originar daños morales o patrimoniales, o las que expongan los parlamentarios usurpando las funciones que corresponden a las propias Cámaras o a las Comisiones, colectivamente, sí originan responsabilidad civil y penal de los parlamentarios, y lo único que los beneficiaría serían las prerrogativas procesales derivadas de la inmunidad parlamentaria.

Sin embargo, en una ley de 1989, denominada Ley que establece normas especiales de procedimiento referidas a la responsabilidad civil de los parlamentarios, se establecieron excepciones de carácter adjetivo en relación a la exigencia de la responsabilidad civil de los miembros de las Cámaras Legislativas (Senadores y Diputados), de dudosa constitucionalidad, por lo que la misma fue anulada por sentencia de la Corte Suprema de Justicia en Corte Plena de 31-10-95 (Exp. N° 500).

Estas excepciones eran:

1. En primer lugar, que la acción civil derivada del delito, a los- efectos de las restituciones y reparaciones de que trata el Código Penal, referida a votos u opiniones dadas por Senadores y Diputados al Congreso de la República incorporados a la Cámara respectiva, sólo podía ejercerse conjuntamente con la acción penal o cuando se fundamentase en sentencia penal condenatoria definitivamente firme (Art. 4).

2. En segundo lugar, que como consecuencia del ejercicio de esta acción civil no se podían acordar las solicitudes de medidas preventivas previstas en el Título Primero del Libro Tercero del Código de Procedimiento Civil, salvo cuando hubiera recaído sentencia condenatoria en Segunda instancia y esté pendiente únicamente el Recurso de Casación (Parágrafo único, Art. 1).

3. En tercer lugar, que en los procesos judiciales para deducir la acción civil relativa a las reparaciones y restituciones de que tratan los artículos 1.185 y 1.196 del Código Civil, referidos a votos u opiniones dadas por Senadores o Diputados al Congreso de la República incorporados a la Cámara respectiva, no se acordarían las Solicitudes de medidas preventivas previstas en el Título Primero del Libro Tercero del Código de Procedimiento Civil, salvo cuando hubiera recaído sentencia condenatoria en Segunda Instancia y esté pendiente únicamente el Recurso de Casación.

Estas normas, en nuestro criterio, establecían excepciones a los principios adjetivos relativos a la exigencia de responsabilidad civil de funcionarios que no tenían, en forma alguna, fundamento constitucional por lo que violaban tanto el artículo 21 de la Constitución como el principio de la igualdad que garantiza el Preámbulo del Texto Fundamental y el artículo 61 del mismo.

c. *La inmunidad parlamentaria*

a'. *El principio*

Los Senadores y Diputados, de acuerdo al artículo 143, gozarán de inmunidad desde la fecha de su proclamación hasta 20 días después de concluido su mandato o de la renuncia del mismo, y en consecuencia, no podrán ser arrestados, detenidos, confinados, ni sometidos a juicio penal, a registro personal o domiciliario, ni coartados en el ejercicio de sus funciones.

Los funcionarios o empleados públicos que violen la inmunidad de los Senadores y Diputados incurren en responsabilidad penal y serán castigados de conformidad con la ley.

La inmunidad parlamentaria se suspende para el Senador o Diputado mientras desempeñe cargo público cuyo ejercicio acarree separación de la Cámara o mientras goce de licencia por el tiempo de ésta que exceda de 20 días, siempre que proceda la convocatoria, del suplente respectivo, de acuerdo al Reglamento.

Los Suplentes gozarán de inmunidad mientras estén en ejercicio de la representación, a partir de la convocatoria y hasta 20 días después de concluido aquel ejercicio[1718].

b'. *Las medidas provisionales de custodia*

Sin embargo, en caso de delito flagrante de carácter grave cometido por un Senador o Diputado, la autoridad competente lo pondrá bajo custodia en su residencia y comunicará inmediatamente el hecho a la Cámara respectiva o a la Comisión Delegada con una información debidamente circunstanciada. Esta medida cesará si dentro del término de 96 horas la Cámara respectiva o la Comisión Delegada no autoriza que continúe en ese estado mientras se decida sobre el allanamiento.

c'. *La preparación del enjuiciamiento y el allanamiento*

De acuerdo con el artículo 144, el Tribunal que conozca de acusaciones o denuncias contra algún miembro del Congreso, practicará las diligencias sumariales necesarias y las pasará a la Corte Suprema de Justicia la cual, de acuerdo al ordinal 29 del artículo 215, debe declarar si hay o no méritos para el enjuiciamiento del Senador o Diputado.

Si la Corte declara que hay mérito para la continuación de la causa, no habrá lugar al enjuiciamiento sin que proceda el allanamiento del indiciado por la Cámara respectiva o la Comisión Delegada[1719].

El allanamiento de la inmunidad lo debe acordar la Cámara respectiva o la Comisión Delegada, en sesión extraordinaria convocada con no menos de 24 horas de anticipación y mediante acuerdo razonado aprobado por la mayoría absoluta de sus miembros[1720]. En los casos en que el allanamiento hubiere sido acordado por la Co-

---

1718 Artículo 146

1719 Artículo 144

1720 Artículo 145

misión Delegada, la Cámara respectiva podrá revocarlo en las sesiones inmediatas siguientes[1721].

Acordado el allanamiento, en todo caso y conforme al artículo 215, ordinal 2°, la Corte Suprema debe pasar los autos al Tribunal ordinario competente, si el delito fuere común, o continuar conociendo de la causa hasta sentencia definitiva cuando se trate de delitos políticos.

2. *La función de legislar y el proceso de formación de las leyes*

Tal como se ha señalado, una de las funciones fundamentales del Congreso es la de legislar, es decir, normar sobre las materias de la competencia nacional[1722], y esta función se cumple mediante la emisión de un tipo de acto estatal, la ley, que deben sancionar las dos Cámaras como cuerpos colegisladores[1723].

A. *Tipos de Ley*

De acuerdo a los artículos 162 y 163 de la Constitución se pueden distinguir dos tipos de leyes: las leyes orgánicas y las leyes ordinarias.

Las Leyes orgánicas se configuran en dos categorías de ellas: en primer lugar, las que así denomina la propia Constitución a lo largo de su articulado; y en segundo lugar, las que sean investidas con tal carácter por la mayoría absoluta de los miembros de cada Cámara al iniciarse en ellas el respectivo proyecto de Ley.

Se trata, por tanto, de una definición formal del carácter orgánico.

En cuanto a las así denominadas en la Constitución, se destacan las siguientes:

1. Las leyes que organicen el Distrito Federal y los Territorios Federales[1724]. De allí la Ley Orgánica del Distrito Federal (1936) y la Ley Orgánica de los Territorios Federales (1948, reformada parcialmente en 1984).
2. Las leyes que desarrollen los principios constitucionales relativos a los Municipios[1725]. En 1978 se dictó la Ley Orgánica de Régimen Municipal, reformada parcialmente en 1984.
3. La Ley que determine el número y organización de los Ministerios y sus respectiva competencia[1726]. En 1976, sustituyendo el Estatuto Orgánico de Ministerios, se dictó la Ley Orgánica de la Administración Central.
4. La Ley que determine los Tribunales que ejercen el Poder Judicial[1727]. De allí, la Ley Orgánica de la Corte Suprema de Justicia (1976), la Ley Orgánica del Poder Judicial (1970), la Ley Orgánica de Tribunales y Procedi-

1721 Artículo 146

1722 Artículo 139 y 136

1723 Artículo 162

1724 Artículo 12

1725 Artículo 26

1726 Artículo 193

1727 Artículo 204

mientos del Trabajo (1959), la Ley Orgánica de Procedimientos y Tribunales Agrarios (1983).

5. La Ley que cree el Consejo de la Judicatura[1728], lo cual ocurrió por la Ley Orgánica del Poder Judicial de 1970.
6. La Ley que regule las funciones del Ministerio Público y del Fiscal General de la República[1729]. En 1973 se dictó la Ley Orgánica del Ministerio Público.
7. La Ley que determine la oportunidad de presentación al Congreso del Proyecto de Ley de Presupuesto[1730]. Hasta 1976 ello había sido regulado en la Ley Orgánica de la Hacienda Pública Nacional y a partir de 1976, está regulado en la Ley Orgánica de Régimen Presupuestario.
8. La Ley que debe coordinar la inversión del situado constitucional con los planes administrativos del Poder Nacional[1731], dictada en 1974, cuya última reforma es de 1980.
9. La Ley que determine la forma de crear los institutos autónomos[1732]. Hasta ahora ello se ha regulado en la Ley Orgánica de la Hacienda Pública Nacional.
10. La Ley que determine las excepciones a la autorización por Ley especial de las operaciones de crédito[1733]. Hasta 1976 ello se establecía en la Ley Orgánica de la Hacienda Pública Nacional, y a partir de esa fecha en la Ley Orgánica de Crédito Público.

Como se deduce de esta enumeración, así como de lo que sugiere la Exposición de Motivos de la Constitución, las Leyes Orgánicas generalmente tienen por objeto regular el funcionamiento de los Poderes Públicos o el ejercicio de ciertas potestades públicas, y por lo tanto, son dictadas con el objeto de impedir que por medio de leyes especiales ordinarias, se deroguen disposiciones que se refieren a la organización de ciertos Poderes Públicos o a las formalidades que deben, reunir determinadas Leyes. Por ello el mismo artículo 163 de la Constitución prevé que las leyes que se dicten en materia reguladas por leyes orgánicas se someterán a las normas de éstas.

En todo caso, debe señalarse que sea que se trate de una Ley orgánica o de una Ley ordinaria, cuando reúna sistemáticamente las normas relativas a determinada materia pueden denominarse Códigos[1734].

1728 Artículo 217

1729 Artículo 218

1730 Artículo 228

1731 Artículo 229

1732 Artículo 230

1733 Artículo 231

1734 Artículo 162

B. *El inicio del proceso de formación de las Leyes*

a. *La iniciativa legislativa*

De acuerdo al artículo 165 de la Constitución, la iniciativa de las Leyes corresponde:

1. A la Comisión Delegada del Congreso, o a las Comisiones Permanentes de cualquiera de las Cámaras.
2. Al Ejecutivo Nacional.
3. A los Senadores o Diputados en número no menor de tres.
4. A la Corte Suprema de Justicia, cuando se trate de Leyes relativas a la organización y procedimientos judiciales.
5. A un número no menor de 20.000 electores, identificados de acuerdo con la Ley.

En cuanto a los proyectos presentados por los Senadores o Diputados, éstos deben estar firmados por un número no menor de tres[1735].

En todo caso, todos los Proyectos deben estar acompañados de su correspondiente Exposición de Motivos.

b. *Presentación de los Proyectos*

De acuerdo a lo establecido en el artículo 164 de la Constitución, los proyectos de ley pueden ser presentados en cualquiera de las Cámaras, salvo que por disposición especial de la Constitución hayan de iniciarse necesariamente, bien en el Senado o bien en la Cámara de Diputados. Esto está previsto, en realidad, en dos supuestos: el Proyecto de Ley de Presupuesto debe ser presentado en la Cámara de Diputados así como todo proyecto de ley concerniente al régimen tributario[1736], en cambio, los proyectos de ley relativos a tratados y convenios internacionales deben ser presentados en el Senado[1737].

Cuando se presentaren dos o más Proyectos de Ley que traten sobre una misma materia, en Cámaras diferentes, corresponderá iniciar el estudio y discusión de dichos proyectos a la Cámara ante la cual fue introducido el primero de ellos, debiendo, por supuesto, remitirse a ella, los otros proyectos.

En caso de presentación simultánea de dos o más proyectos de ley Sobre una misma materia, las Cámaras Legislativas en sesión conjunta, decidirán a cuál de ellas habrá de corresponder iniciar la discusión de los proyectos[1738].

1735 Reglamento Interior y de Debates de la Cámara de Diputados (RIDCD) cuya última reforma es de 17-12-1990, (Art. 104); y Reglamento Interior y de Debates del Senado (RIDS), cuya última reforma también es de 9-1-1984 (Art. 102). En la notas que siguen se hace referencia a los Reglamentos de 1984.

1736 Artículo 153, ordinal 1°

1737 Artículo 150, ordinal 1°

1738 CR 21

c. *Recepción, distribución de los proyectos e informe de la Comisión*

Conforme a los Reglamentos Interior y de Debates de las Cámaras, de todo proyecto recibido por la Presidencia, ésta informará a la Cámara respectiva, lo imprimirá, lo distribuirá a los Senadores o a los Diputados, según el caso, y lo pasará a la Comisión Permanente respectiva o a una Comisión Especial, si así lo decide la Cámara[1739]. Este requisito no se aplica cuando el Proyecto sea presentado por las Comisiones Permanentes o especiales[1740].

En su caso, la Comisión lo estudiará y dentro del lapso acordado por la Presidencia de la Cámara, como lo indica el Reglamento de Diputados, previa consulta a los jefes de fracción, rendirá un informe en el cual proponga su aprobación, diferimiento o rechazo[1741].

C. *La discusión de las Leyes*

De acuerdo al artículo 166 de la Constitución, todo proyecto recibirá en cada Cámara no menos de 2 discusiones, en días diferentes y en Cámara Plena, de acuerdo con las reglas establecidas en esta Constitución y en los reglamentos respectivos.

Entre las formalidades de estas discusiones está la lectura en las Cámaras de los proyectos, informes y documentos respectivos. Especialmente, sin embargo, el Reglamento Interior de Debates del Senado prescribe que la Cámara puede acordar, por el voto de las dos terceras partes de los Senadores presentes, que se prescinda de la lectura de proyectos, informes u otros documentos que, por haber sido previamente distribuidos entre sus miembros, sean conocidos por éstos con no menos de 72 horas de anticipación a la fecha para efectuar la sesión en la cual hayan de ser considerados. Sin embargo, será obligatoria en todo caso, la incorporación de dichos escritos al Diario de Debates[1742].

a. *Discusión en la Cámara de origen*

a'. *Primera discusión*

La primera discusión se realiza con base en el informe de la Comisión respectiva. En la Cámara de Diputados esta primera discusión se limitará a un debate general sobre la importancia, conveniencia, oportunidad y otras condiciones básicas del proyecto, a los fines de su aceptación, diferimiento o rechazo. En este debate se podrán formular proposiciones, las cuales serán remitidas junto con el proyecto respectivo, a la Comisión correspondiente, a los fines de su consideración e informe para la segunda discusión. En la Cámara del Senado la primera discusión del proyecto se realiza artículo por artículo, la Cámara puede encomendar a la Comisión

1739 RIDCD 105, RIDS 103

1740 RIDCD, artículo 105, Parágrafo Tercero, RIDS, artículo 3, Parágrafo Tercero

1741 RIDCD, artículo 105, Primer Parágrafo, RIDC, artículo 103

1742 RIDS, artículo 112

Permanente respectiva o a una Comisión Especial un nuevo estudio o artículos del proyecto[1743].

En caso de que se trate de un proyecto de ley de reforma parcial, es sólo en esta primera discusión que podrá ser propuesta y considerada la reforma de artículos distintos a los que son objeto del proyecto, a menos que la Cámara resolviere sustituir el proyecto por otro, el cual se tendrá como nuevo[1744].

Si la Cámara no acogiere el proyecto, la Presidencia lo comunicará a los proponentes y ordenará el archivo del expediente[1745].

b'. *Informe de la Comisión*

Aprobado el proyecto en primera discusión pasará de nuevo a la Comisión respectiva conjuntamente con las proposiciones que hayan sido formuladas en la oportunidad de la primera discusión, para que ésta lo estudie detalladamente y rinda un informe en el plazo que se le fije y en el que se propongan las modificaciones, adiciones o supresiones que consideren convenientes[1746].

c'. *Segunda discusión*

Recibido el informe de la Comisión Permanente por el Presidente de la Cámara, éste ordenará su impresión y distribución a los miembros de la Cámara respectiva, a los efectos de realizar la segunda discusión del proyecto, la cual se hará en el Senado, después de un lapso no menor de tres días hábiles de la aprobación en primera discusión[1747].

En ambas Cámaras, la segunda discusión debe realizarse al tercer día hábil siguiente a su distribución entre los miembros de la Cámara, salvo el caso de urgencia declarado por la Cámara.

La segunda discusión se efectuará por capítulos o secciones y versará sobre el informe de la Comisión o sobre aquellos artículos para cuya discusión se hubiera inscrito algún miembro de la Cámara antes del comienzo de la sesión, mediante solicitud escrita[1748].

En cuanto a la Ley de Presupuesto, cuya discusión se inicia en la Cámara de Diputados, el Reglamento Interior y de Debates de ésta establece que la segunda discusión del mismo en Cámara Plena, en cuanto al presupuesto de gastos, se hará Ministerio por Ministerio, salvo que la Cámara disponga otra cosa[1749].

1743 RIDCD 105, artículo 103

1744 RIDCD, artículo 107, RIDS, artículo 105

1745 RIDCD, artículo 105, Parágrafo Segundo; RIDS, artículo 103, Parágrafo Segundo.

1746 IDCD, artículo 106; RIDS, artículo 104.

1747 RIDS, artículo 104.

1748 RIDCD, artículo 108; RIDS, artículo 106.

1749 RIDCD, artículo 105, Parágrafo Cuarto.

Si ningún miembro de la Cámara se hubiera inscrito para intervenir sobre artículos del proyecto, la Presidencia lo declarará aprobado[1750].

En la segunda discusión puede también ser rechazado el proyecto[1751], y durante ella la Cámara de Diputados puede encomendar a la Comisión permanente o a una Comisión Especial un nuevo estudio de capítulos o artículos del proyecto R.

d'. *Resultado de la discusión en la Cámara de origen*

Como consecuencia de la discusión de un Proyecto de Ley en la Cámara en la cual se, introdujo el Proyecto, el mismo puede ser aprobado en cuyo caso debe remitirse a la otra Cámara; puede ser rechazado, o puede no ser objeto de las dos discusiones mencionadas.

En el segundo caso, de acuerdo a la Constitución, los proyectos rechazados no pueden ser considerados de nuevo en ninguna de las Cámaras durante las sesiones del mismo año, a menos que fueren presentados por la mayoría absoluta de una de ellas[1752].

Los Reglamentos Interiores y de Debates de las Cámaras, en torno a ello, agregan que el proyecto, parte de éste o la proposición que una vez haya sido rechazado o diferido indefinidamente, no podrá ser reconsiderado en las sesiones ordinarias del mismo año, a menos que se proponga con modificaciones sustanciales. Esto no impide que algunos de los artículos de un proyecto que hubieren sido rechazados o diferidos independientemente, formen parte de otro que se presente[1753].

En el último de los supuestos mencionados, es decir, que el Proyecto no reciba las dos discusiones reglamentarias y que quedare, por consiguiente pendiente al término de las sesiones ordinarias de la Cámara[1754], podrá seguirse discutiendo en sesiones extraordinarias inmediatas o en las ordinarias siguientes, previo dictamen favorable de la Comisión Permanente correspondiente, aprobado por la Cámara[1755].

b. *Discusión en la otra Cámara*

a'. *Normas especiales*

Aprobado un proyecto en una de las Cámaras, debe ser remitido a la otra Cámara[1756], y en ella debe ser objeto, también de dos discusiones conforme a las mismas reglas antes mencionadas.

Sin embargo, conforme al artículo 108 de la Constitución, un Proyecto de Ley aprobado en la Cámara de origen, puede ser aprobado en está otra Cámara en una

---

1750 RIDCD, artículo 108; RIDS, artículo 106.

1751 RIDCD, 111, RIDS 108.

1752 Artículo 169.

1753 RIDCD, artículo 112, RIDS, artículo 109.

1754 Artículo 169 de la Constitución.

1755 RIDCD artículo 115, RIDS artículo 113.

1756 Artículo 137.

sola discusión cuando sea declarado de urgencia por las dos terceras partes de sus miembros, antes de iniciarse la discusión[1757].

En estos casos de proyectos aprobados en la otra Cámara, éstos serán sometidos a la primera o única discusión, dentro de un plazo de 5 días hábiles, previa su distribución entre los miembros de la Cámara, sin el trámite de pase a Comisión.

Aparte de esta excepción, en esta etapa y en cuanto al Proyecto de Ley de Presupuesto que se aprueba en la Cámara de Diputados, jal ingresar al Senado, la primera discusión del mismo, en Cámara Plena, en cuanto al presupuesto de gastos, debe hacerse Ministerio por Ministerio, salvo que la Cámara disponga otro procedimiento[1758].

La Cámara puede rechazar el proyecto[1759], y en este caso se aplican los mismos principios antes mencionados, como si se tratase de un rechazo en la Cámara de origen.

Ahora bien, si la Cámara aprueba el proyecto sin modificaciones, quedará sancionada la Ley[1760].

b'. *Modificaciones*

En cambio, si la Cámara aprueba el proyecto con modificaciones se devolverá a la Cámara de origen[1761].

En este caso, la Presidencia de la Cámara de origen someterá dichas modificaciones al estudio de la respectiva Comisión Permanente. Esta informará al Cuerpo y propondrá resuelva en una sola discusión[1762].

Como se deduce, conforme al mismo artículo 167, si la Cámara de origen acepta dichas modificaciones, quedará sancionada la ley. En caso contrario, es decir, ante la negativa de aceptación de las modificaciones ello dará origen a una solicitud de la Cámara para una reunión en Congreso[1763]. En este caso las Cámaras en sesión conjunta decidirán por mayoría de votos lo que fuere procedente respecto de los artículos en que hubiere discrepancias y de los que tuvieren conexión con éstos, pudiendo acordarse una redacción diferente de las adoptadas en una y otra Cámara. Resueltas las discrepancias, la Presidencia declarará sancionada la Ley[1764].

En la discusión de las leyes podrá cerrarse el debate cuando a solicitud de uno cualquiera de los congresistas y por el voto de la mayoría de los presentes, considere que la materia está suficientemente discutida.

1757 RIDCD, artículo 105, Parágrafo Segundo; RIDS, artículo 103, Parágrafo Segundo.

1758 RIDS, artículo 103, Parágrafo Cuarto.

1759 RIDCD, artículo 111, RIDS artículo 108.

1760 Artículo 167.

1761 Artículo 167.

1762 RIDCD, artículo 110, RIDS, artículo 107, artículo 22.

1763 RIDCD, artículo 110, RIDS, artículo 107.

1764 Artículo 167 de la Constitución.

Esta proposición se votará sin debate, pero en caso de ser aprobada, la Presidencia concederá la palabra a un representante por cada una de las fracciones políticas, por un tiempo no mayor de treinta minutos cada uno, para resumir sus argumentos[1765].

c. *Las discusiones pendientes*

Como se ha señalado, la discusión de los proyectos que quedaren pendientes al término de las sesiones podrá continuarse en las sesiones siguientes si así se decidiere por la Cámara respectiva[1766].

d. *Derecho de palabra de los Ministros y Magistrados*

De acuerdo al artículo 170 de la Constitución, los Ministros tienen derecho de palabra en la discusión de las leyes. Igual derecho tiene, en la discusión de las leyes relativas a la organización y procedimiento judiciales, el Magistrado de la Corte Suprema de Justicia a quien ésta designe al efecto.

D. *Las formalidades derivadas de la sanción de las Leyes*

Declarada sancionada una ley se debe extender por duplicado, con la redacción final que haya resultado de las discusiones, precediéndose el texto de la siguiente fórmula: "El Congreso de la República de Venezuela, Decreta"[1767].

Ambos ejemplares deben ser firmados por el Presidente, el Vice- presidente y los Secretarios del Congreso, y llevarán la fecha de su definitiva aprobación. A los fines de su promulgación uno de dichos ejemplares será enviado por el Presidente del Congreso al Presidente de la República[1768].

Además, a los fines del debido control y de la necesaria autenticidad de la actividad legislativa, el artículo 20 del Reglamento del Congreso exige que las leyes se copien en el orden de su definitiva aprobación, tal como quedaren redactadas después de las discusiones sufridas en las Cámaras, en un Registro de Leyes, que al efecto se llevará en la Secretaría del Congreso.

E. *El veto presidencial*

De acuerdo a lo establecido en el artículo 173 de la Constitución, "el Presidente de la República promulgará la ley dentro de los diez días siguientes a aquel en que la haya recibido, pero dentro de ese lapso podrá, con acuerdo del Consejo de Ministros, pedir al Congreso su reconsideración, mediante exposición razonada, a fin de que modifique algunas de sus disposiciones o levante la sanción a toda la ley o a parte de ella".

1765 Artículo 23 RC

1766 Artículo 169 de la Constitución, RIDCD, artículo 115, RIDS artículo 113

1767 Artículos 171 y 172

1768 Artículo 172

Las Cámaras en sesión conjunta decidirán acerca de los puntos planteados por el Presidente de la República y podrán dar a las disposiciones objetadas y a las que tengan conexión con ellas una nueva redacción.

Cuando la decisión se hubiere adoptado por las dos terceras partes de los presentes, el Presidente de la República procederá a la promulgación de la ley dentro de los cinco días siguientes a su recibo, sin poder formular nuevas observaciones.

Cuando la decisión se hubiere tomado por simple mayoría, el Presidente de la República podrá optar entre promulgar la ley o devolverla al Congreso dentro del mismo plazo de cinco días para una nueva y última reconsideración: La decisión de las Cámaras en sesión conjunta será definitiva, aun por simple mayoría, y la promulgación dé la ley deberá hacerse dentro de los cinco días siguientes a su recibo.

En todo caso, si la objeción se hubiere fundado en la inconstitucionalidad, el Presidente de la República podrá dentro del término fijado para promulgar la ley, ocurrir a la Corte Suprema de Justicia, solicitando su decisión acerca de la inconstitucionalidad alegada. La Corte decidirá en el término de diez días, contados desde el recibo de la comunicación del Presidente de la República. Si la Corte negare la inconstitucionalidad invocada, o no decidiere dentro del término anterior, el Presidente de la República deberá promulgar la ley dentro de los cinco días siguientes a la decisión de la Corte o al vencimiento de dicho término.

En todo caso, este control de la constitucionalidad por vía del veto presidencial es un supuesto de control preventivo de la constitucionalidad de la ley por parte de la Corte Suprema de Justicia.

F. *La promulgación de la Ley*

La Ley quedará promulgada al publicarse con el correspondiente "Cúmplase" en la Gaceta Oficial de la República de Venezuela[1769] en los lapsos antes mencionados.

Cuando el Presidente de la República no promulgase la ley en los términos señalados, el Presidente y el Vicepresidente del Congreso procederán a su promulgación, sin perjuicio de la responsabilidad en que aquél incurra por su omisión. En este caso la promulgación de la ley podrá hacerse en la Gaceta Oficial de la República o en la Gaceta del Congreso.

En cuanto a las leyes aprobatorias de tratados, acuerdos y convenios internacionales, la oportunidad de la promulgación queda a la discreción del Ejecutivo Nacional, en conformidad con los usos internacionales y la conveniencia de la República[1770].

Si se trata de una reforma parcial, la ley que sea objeto de la reforma se publicará en un solo texto que incorpore las modificaciones aprobadas[1771].

Una vez promulgada la ley, ella es obligatoria, desde su publicación en la Gaceta Oficial o desde la fecha posterior que ella misma indique[1772]; y esa obligatoriedad

1769 Artículo 174.

1770 Artículo 176.

1771 Artículo 177. Sobre el tema, véase Allan R. Brewer-Carías, "Aspectos formales en la reforma de leyes", en *Estudios de Derecho Público*, Tomo I, Caracas, 1983, pp. 243 y ss.

sigue siendo efectiva, hasta que la ley se derogue por otra ley[1773], o sea anulada por la Corte Suprema de Justicia[1774].

3. *Aspectos de control parlamentario sobre la administración publica*

El Congreso, como representante de la voluntad popular, en el sistema constitucional de la separación de poderes, tiene el control de la Administración Pública central[1775] y descentralizada[1776], y en tal virtud, todos los funcionarios de la Administración y de los institutos autónomos están obligados a comparecer ante las Cámaras Legislativas y a suministrarles las informaciones y documentos que requieran para el cumplimiento de sus funciones[1777]. En esta forma, puede decirse que dentro de los límites constitucionales y legales, los poderes de control parlamentario sobre la Administración completan el cuadro de garantía de los particulares[1778].

En efecto, el Estado de Derecho implica, no sólo el sometimiento de la Administración Pública a la legalidad, sino la consagración de la responsabilidad del propio Estado y de los funcionarios por los actos que realicen en ejercicio de sus funciones. Precisamente, es esta responsabilidad de la Administración y de los funcionarios públicos el fundamento de las potestades de control que se asignan a diversos órganos públicos, para declararla y hacerla efectiva.

Sin responsabilidad pública y sin controles públicos no habría Estado de Derecho, y los derechos y libertades de los particulares no estarían garantizados.

Dentro de la variada gama de controles que se ejercen sobre la Administración y sus funciones se destaca el control político, es decir, aquel ejercido por los órganos representativos del pueblo, y en particular, por las asambleas representativas. Así, a nivel nacional, el control político sobre la Administración se traduce en el control parlamentario, formalmente consagrado en el texto constitucional.

Además, recientemente se han ido delineando diversos mecanismos de control político de carácter informal asumidos por grupos de intereses de la comunidad o grupos de presión. Algunos de estos grupos han encontrado, incluso, consagración legal, como actualización de la idea política de la participación, en el ámbito municipal, con la regulación de las Asociaciones de Vecinos.

De acuerdo a nuestro sistema constitucional, como se ha dicho, las Cámaras Legislativas que integran el Congreso (Cámara del Senado y Cámara de Diputados) tienen dos funciones fundamentales: legislar sobre las materias de competencia nacional y controlar a la Administración Pública.

1772 Artículo 1 CC.

1773 Artículo 177 de la Constitución.

1774 Artículo 215, ordinal 8°.

1775 Artículo 139 de la Constitución.

1776 Artículo 230 de la Constitución.

1777 Véase Allan R. Brewer-Carías, "Aspectos del control político sobre la Administración Pública", en *Revista de Control Fiscal*, N° 101, Caracas, 1981, pp. 107 y ss.

1778 Artículo 160 de la Constitución.

Por tanto, tan importante es la función de legislar de las Cámaras Legislativas, como su función de controlar la Administración Pública. Dichas funciones, sin embargo, tienen un límite genérico previsto en la norma: el poder de legislar de las Cámaras Legislativas se refiere a las materias que sean de la competencia nacional, por lo que aquéllas no pueden legislar sobre materias de la competencia estadal o municipal; y la potestad de control sobre la Administración está circunscrita a la Administración Pública Nacional en los términos establecidos por esta Constitución.

Ahora bien, concretándonos a las potestades parlamentarias de control sobre la Administración Pública Nacional debe destacarse, que dichas potestades de control, en el Estado de Derecho, resultan del principio también de orden constitucional, de la responsabilidad de la Administración y de los funcionarios. Por ello, analizaremos el fundamento de las potestades de control sobre la Administración: la responsabilidad de la Administración y de los funcionarios, y sus diversas modalidades. Aquí analizaremos, también, los diversos órganos de control sobre la Administración Pública distintos del Congreso.

Debe tenerse en cuenta, sin embargo, que las potestades genéricas de control del Congreso sobre la Administración Pública no sólo están previstas en el artículo 139 de la Constitución, sino en el artículo 236 de la misma Carta Fundamental. En efecto, esta norma consagra, expresamente, la función del Congreso de control sobre la Hacienda Pública, en cuyo ejercicio puede, si lo estima conveniente, recurrir a la Contraloría General de la República como órgano auxiliar que esta institución es del Congreso.

Queda claro, por tanto, que constitucionalmente, el Congreso y sus Cámaras Legislativas tienen potestades genéricas de control sobre la Administración Pública y, en particular, sobre la Hacienda Pública.

Estos poderes de control, soberanos, por ser ejercidos por el órgano de representación popular, sin embargo, no excluyen los poderes de control que puedan tener respecto de la propia Administración Pública o de la Hacienda Pública, otros órganos del Estado, constitucional o legalmente revistos; y el ejercicio por éstos de sus facultades, no impide al Congreso ejercer las suyas.

Por tanto, estudiaremos además, el ámbito y efecto del control sobre la Administración Pública y de la apreciación de la responsabilidad civil, penal y administrativa de los funcionarios públicos que puede ser realizado por las Cámaras Legislativas y en relación con los poderes de control de otros órganos del Estado.

A. *El fundamento de las potestades de control y la responsabilidad de la administración y de los funcionarios públicos*

La posibilidad de controlar la Administración Pública, como se dijo, tiene su fundamento en la consagración de la responsabilidad del Estado y de sus funcionarios. Un Estado responsable puede ser controlado; en cambio, cuando el Estado es irresponsable no tiene sentido hablar de control sobre su Administración. Por tanto, el control parlamentario sobre la Administración Pública está indisolublemente unido y vinculado a la responsabilidad del Estado y de sus funcionarios, y existe en Venezuela, precisamente, por la responsabilidad de éstos, constitucionalmente prevista.

En efecto, de acuerdo al artículo de la Constitución, el Gobierno de Venezuela es y será siempre responsable. Por tanto, sus órganos y funcionarios responden por los actos que produzcan. Así lo prevé, expresamente, el artículo 121 de la Constitución: "El ejercicio del Poder Público acarrea responsabilidad individual por abuso de poder o violación de Ley", y lo precisa el artículo 46 del mismo texto en los términos siguientes: "Todo acto del Poder Público que viole o menoscabe los derechos garantizados por esta Constitución es nulo, y los funcionarios y empleados públicos que lo ordenen o ejecuten incurren en responsabilidad penal, civil, y administrativa, según los casos, sin que les sirvan de excusas órdenes superiores manifiestamente contrarias a la Constitución y a las Leyes"[1779].

La Constitución consagra, además, la responsabilidad de las personas jurídico-territoriales (República, Estados y Municipios), la cual se produce siempre que los daños o perjuicios se hubiesen causado por autoridades legítimas en el ejercicio de su función pública[1780].

En cuanto a la responsabilidad de los funcionarios públicos, además, la Constitución trae normas expresas en relación al Presidente de la República y los Ministros. En tal sentido, el artículo 192 señala que "el Presidente de la República es responsable de sus actos, de conformidad con esta Constitución y las leyes"; y en cuanto a los Ministros, el artículo 196 del texto fundamental dispone que "los Ministros son responsables de sus actos, de conformidad con esta Constitución y las Leyes, aun en el caso de que obren por orden expresa del Presidente. De las decisiones del Consejo de Ministros serán solidariamente responsables los Ministros que hubieren concurrido, salvo aquellos que hayan hecho constar su voto adverso o negativo".

De las normas anteriores resulta, por tanto, la previsión de la responsabilidad tanto del Estado como de los funcionarios públicos. La garantía del Estado de Derecho "responsable" es, precisamente, que esa responsabilidad pueda ser controlada, constatada y declarada por los órganos estatales, por iniciativa propia o a instancia de los ciudadanos, según los casos. De acuerdo al órgano que la constate y declare, la decisión respectiva tendrá los efectos previstos expresamente en la Constitución y las Leyes.

B. *Las diversas modalidades de control parlamentario sobre la administración*

Ahora bien, en cuanto al control parlamentario, la Constitución establece diversas modalidades o términos dentro de los cuales deben ejercerse las potestades de control del Congreso y sus Cántaras Legislativas, sobre la Administración Pública Nacional. Estas modalidades de control podrían clasificarse en dos grandes grupos: controles de carácter previo y controles de carácter posterior.

1779 Véase Allan R. Brewer-Carías, "Comentarios sobre la responsabilidad de los funcionarios públicos y la inconstitucionalidad del artículo 51 de la Ley Orgánica de Régimen Municipal", en *Revista de Derecho Público*, N° 2, Caracas, 1980, pp. 179 a 183.

1780 Artículo 47

a. *Controles de carácter previo*

La Constitución, en efecto, establece en muchas de sus normas la necesaria intervención del Congreso o sus Cámaras Legislativas, con anterioridad a la adopción de una decisión administrativa por el Ejecutivo Nacional. Esto da origen a los controles parlamentarios previos sobre la Administración, los cuales se pueden realizar por ley del Congreso o por actos privativos de las Cámaras Legislativas.

a'. *Controles previos mediante leyes*

Los controles previos mediante ley sobre la Administración son, básicamente, de orden presupuestario y financiero: los gastos que pueden hacerse del Tesoro Nacional por la Administración tienen que haber sido autorizados por la Ley de Presupuesto[1781;] y las operaciones de crédito público requieren para su validez, en general, una ley especial que las autorice[1782].

b'. *Controles previos mediante actos parlamentarios sin forma de ley*

En general, los controles previos sobre la Administración Pública que corresponden al Congreso y sus Cámaras conforme a la Constitución, se realizan a través de actos parlamentarios sin forma de ley. Estos pueden estar atribuidos al Congreso o a una de las Cámaras Legislativas.

a". *Controles previos ejercidos por las Cámaras en sesión conjunta*

Las Cámaras Legislativas en sesión conjunta deben autorizar los créditos adicionales al presupuesto[1783]; y las Cámaras en sesión conjunta deben autorizar el otorgamiento de nuevas concesiones de hidrocarburos u otros recursos naturales que determine la ley[1784].

b". *Controles previos ejercidos por el Senado*

Corresponde al Senado, conforme a lo previsto en el artículo 150 de la Constitución, autorizar al Ejecutivo Nacional para enajenar bienes inmuebles del dominio privado de la Nación (Ord. 2°); autorizar a los funcionarios o empleados públicos para aceptar cargos, honores o recompensas de gobiernos extranjeros (Ord. 3°); autorizar el empleo de misiones militares venezolanas en el exterior (Ord. 4o); autorizar el ascenso de oficiales de las Fuerzas Armadas (Ord. 5°); autorizar al Presidente de la República para salir del país (Ord. 6|); autorizar el nombramiento del Procurador General de la República y de los jefes de misiones diplomáticas permanentes (Ord. 7°); y autorizar el enjuiciamiento del Presidente de la República (Ord. 8°).

1781 Artículo 227 de la Constitución

1782 Artículo 231 de la Constitución

1783 Artículo 227 de la Constitución

1784 Artículo 126 de la Constitución

b. *Controles de carácter posterior*

La Constitución prevé, además, controles parlamentarios sobre la Administración Pública de carácter posterior, es decir, que se producen con posterioridad a la adopción de una decisión del Ejecutivo Nacional. Estos controles pueden realizarse mediante ley o mediante actos parlamentarios sin forma de ley, y pueden ser el resultado de una investigación realizada por las Cámaras o sus Comisiones.

a'. *Controles posteriores mediante ley*

La Constitución en general, prevé controles parlamentarios por vía de ley, con carácter previo en las mencionadas materias presupuestarias y financieras. Excepcionalmente prevé un control posterior por ley en caso de los Tratados o Convenios Internacionales que celebre el Ejecutivo Nacional, los cuales deben ser aprobados mediante ley para que tengan validez[1785].

b'. *Controles posteriores mediante actos parlamentarios sin forma de ley*

Además, la Constitución prevé algunas modalidades de control posterior del Congreso y de las Cámaras Legislativas sobre la Administración de particular importancia, las cuales corresponden o al Congreso o a la Cámara de Diputados.

a". *Controles posteriores ejercidos por el Congreso*

Conforme al artículo 126 de la Constitución, corresponde al Congreso la aprobación de los contratos de interés nacional que celebren las autoridades públicas. Además, los Decretos que declaren el estado de emergencia u ordenen la restricción o suspensión de las garantías constitucionales deben someterse a la consideración de las Cámaras en sesión conjunta[1786]. Las Cámaras pueden revocar el Decreto de restricción o suspensión de garantías cuando estimen que cesaron las causas que lo motivaron[1787].

Asimismo, las medidas que adopte el Ejecutivo Nacional y que considere indispensables para evitar que se produzcan inminentes trastornos del orden público, conforme a lo previsto en el artículo 244 de la Constitución, deben ser sometidas a la consideración del Congreso, el cual puede declararlas no justificadas, en cuyo caso, cesarían de inmediato.

Por otra parte, de acuerdo a la Constitución, el Presidente y los Ministros deben presentar a las Cámaras reunidas en sesión conjunta respectivamente, un mensaje[1788] y unas Memorias y Cuentas[1789] sobre la gestión correspondiente al año inmediatamente anterior.

1785 Artículo 128 de la Constitución

1786 Artículo 242 de la Constitución

1787 Artículo 243 de la Constitución

1788 Artículo 191 de la Constitución

1789 Artículo 197 de la Constitución

Las Cámaras Legislativas pueden adoptar "pronunciamientos" sobre las Memorias y Cuentas de los Ministros (Art. 198), lo cual no libera de responsabilidad a los Ministros por los actos del respectivo Despacho.

b". *Controles posteriores ejercidos por la Cámara de Diputados: el voto de censura*

En particular, la Cámara de Diputados tiene atribución para "dar voto de censura a los Ministros", la cual puede decidir, por las dos terceras partes de los Diputados presentes, que el voto de censura acarrea la remoción del Ministro. La Cámara de Diputados en ejercicio de esta función de control, puede apreciar la responsabilidad penal de los Ministros, y tal como lo dice la Constitución, "ordenar su enjuiciamiento"[1790].

c. *Controles posteriores de carácter investigativo*

En virtud de las potestades de control sobre la Administración Pública que tiene el Congreso conforme a la Constitución, el artículo 160 del texto fundamental prevé la potestad investigativa de las Cámaras Legislativas; y además, el artículo 198 reitera la potestad de control parlamentario de carácter investigativo y de examen de los actos de los Ministerios de los cuales se dé cuenta en la Memoria y Cuenta de los Ministerios.

Estas normas constitucionales, relativas al ejercicio del control investigativo de las Cámaras Legislativas consagran una potestades de control muy amplias, pues queda a la apreciación discrecional de las Cámaras, las investigaciones que decidan realizar, y para ello tienen los más amplios poderes de citación de funcionarios y particulares[1791]; de evacuación de pruebas a través de los jueces, quienes están en la obligación de cumplir la comisión de las Cámaras o sus Comisiones[1792] y de obtener informes de la Contraloría cuando el Congreso se los solicite[1793]. En ejercicio de estas facultades investigativas, las Cámaras o sus Comisiones pueden constatar y apreciar la responsabilidad de los funcionarios públicos pero sin consecuencias jurídicas concretas. Para hacerlas efectivas, en efecto, se requiere el envío de los recaudos al Ministerio Público.

Por ello, el propio artículo 161 de la Constitución señala que el ejercicio de la facultad de investigación a que se refiere el artículo 160 "no afecta las atribuciones que correspondan al Poder Judicial de acuerdo con esta Constitución y las leyes".

C. *Los Controles sobre la Administración Pública distintos al control parlamentario*

La Administración Pública puede ser controlada, además de por el Parlamento, por otros órganos del Estado, y particularmente, por los órganos del Poder Judicial y

1790 Artículo 158, ordinal 2

1791 Artículo 160 y 199 de la Constitución

1792 Artículo 161 C

1793 Artículo 162 C

por los órganos administrativos que gozan de autonomía funcional. Estos órganos también pueden constatar y declarar la responsabilidad del Estado o de los funcionarios públicos, según los casos.

a. *El control de la Administración Pública por los órganos del Poder Judicial*

Los Tribunales de la República pueden controlar la Administración Pública y sus funcionarios, por razones de ilegalidad o declarando la responsabilidad tanto de la Administración como de los funcionarios. En efecto, como hemos señalado, los órganos de la jurisdicción contencioso-administrativa son competentes para anular los actos administrativos generales o individuales contrarios a derecho, incluso por desviación de poder; al pago de sumas de dinero y a la reparación de daños y perjuicios originados en responsabilidad de la Administración, y disponer lo necesario para el restablecimiento de las situaciones jurídicas subjetivas lesionadas por la actividad administrativa[1794].

En cuanto a la responsabilidad de carácter civil o penal de los funcionarios públicos, los jueces de la jurisdicción civil o penal tienen competencia para declararla, y para, en base a ello, condenar tanto al Estado como a los funcionarios mediante sentencias, a las cuales la legislación les ha atribuido efectos particulares: la condena al pago de daños y perjuicios o a determinadas sanciones penales[1795].

b. *El control de la Administración Pública por los órganos con autonomía funcional*

a'. *La Contraloría General de la República*

De acuerdo con el artículo 234 de la Constitución, la Contraloría General de la República ejerce el control, vigilancia y fiscalización de los ingresos, gastos y bienes nacionales, así como de las operaciones relativas a los mismos, para lo cual goza de autonomía funcional.

En el ejercicio de sus funciones, la Contraloría General de la República puede declarar la responsabilidad administrativa respecto de los funcionarios públicos e imponerles las multas consecuenciales, así como también puede formularles reparos en cuanto a las cuentas que tienen que rendir, conforme a lo previsto en la Ley Orgánica de Salvaguarda del Patrimonio Público y en la Ley Orgánica de la Contraloría General de la República. Si de las averiguaciones administrativas realizadas por la Contraloría surgieren indicios de responsabilidad civil o penal, se debe enviar el expediente a las autoridades competentes para que estás la hagan efectiva[1796]. En esta forma, además de apreciar y declarar la responsabilidad administrativa, la Contraloría puede apreciar la responsabilidad civil y penal y exigir al Ministerio Público que la haga efectiva.

1794 Artículo 206 de la Constitución.

1795 Véase Allan R. Brewer-Carías, "La responsabilidad administrativa de los funcionarios públicos", en *Ley Orgánica de Salvaguarda del Patrimonio Público*, EJV, Caracas, 1983

1796 Artículo 86 de la Ley Orgánica.

b'. *La Fiscalía General de la República*

El Ministerio Público, a cargo de la Fiscalía General de la República, tiene como atribución velar por la exacta observancia de la Constitución y de las leyes[1797], para lo cual también goza de autonomía funcional. En relación a la Administración Pública, además, ésta tiene, entre sus atribuciones, el velar por el respeto de los derechos y garantías constitucionales; ejercer la acción penal en los casos en que fuere para intentarla o proseguirla no fuere necesario instancias de parte; velar por el correcto cumplimiento de las leyes y la garantía de los derechos humanos en las cárceles y demás establecimientos de reclusión; e intentar las acciones a que hubiere lugar para hacer efectiva la responsabilidad civil, penal, administrativa o disciplinaria en que hubieren incurrido los funcionarios públicos con motivo del ejercicio de sus funciones[1798].

Conforme a estas atribuciones, la Fiscalía General de la República puede constatar la responsabilidad administrativa, civil o penal de los funcionarios y en consecuencia, intentar las acciones respectivas para hacerlas efectivas.

D. *Ámbito y efectos de la potestad parlamentaria de control sobre la Administración Pública*

Tal como se ha señalado anteriormente, las modalidades de control sobre la Administración Pública son muy variadas, como consecuencia de la consagración del Estado de Derecho y de la responsabilidad, tanto de la Administración como de los funcionarios públicos. Todos los órganos estatales a los cuales se atribuyen potestades de control, necesariamente, tienen que apreciar la responsabilidad de los funcionarios públicos, aun cuando tal apreciación tenga variados y diferentes efectos. Insistimos, no tendría sentido controlar sin poder apreciar la responsabilidad. Así como la consagración de un Estado responsable, de una Administración responsable y de unos funcionarios responsables, como garantía del Estado de Derecho, da origen a las potestades de control, asimismo, no tendría sentido el que ciertos órganos estatales puedan controlar a la Administración, sin poder apreciar y declarar la responsabilidad en la cual el Estado o los funcionarios hubiesen incurrido.

Como consecuencia, y concretándonos al control parlamentario sobre la Administración Pública, las Cámaras Legislativas al poder controlar la actuación del Estado y de sus funcionarios, tienen competencia para apreciar y constatar la responsabilidad civil, penal y administrativa en la cual hubieren incurrido los funcionarios públicos en el ejercicio de sus funciones, y aun cuando ya hubieren cesado en dicho ejercicio. He aquí el ámbito del control parlamentario. Sin embargo, por supuesto, esta apreciación tiene efectos específicos y se pronuncia, independientemente de la declaratoria de responsabilidad civil, penal y administrativa que pueda corresponder a otros órganos del Estado, con sus consecuencias jurídicas.

1797 Artículo 218 de la Constitución.

1798 Artículo 220 de la Constitución.

a. *La apreciación de responsabilidad penal*

En efecto, ante todo el Congreso, sus Cámaras y sus Comisiones tienen competencia para apreciar y constatar la responsabilidad penal de los funcionarios públicos, independientemente de que ella se haga efectiva mediante condena, por los tribunales de la jurisdicción penal. Ello se deduce de algunas normas constitucionales expresas. En efecto, cuando el Senado, por ejemplo, autoriza el enjuiciamiento del Presidente de la República, previa declaratoria de la Corte Suprema de Justicia de que hay mérito para ello[1799], sin duda que está apreciando y constatando una responsabilidad penal de dicho funcionario para poder autorizar dicho enjuiciamiento por los Tribunales penales. Asimismo, cuando la Cámara de Diputados decide un voto de censura a un Ministro y ordena su enjuiciamiento[1800], sin duda que está apreciando la responsabilidad penal de dicho funcionario, para poder ordenar ese enjuiciamiento por los Tribunales penales. Por otra parte, como resultado de una investigación parlamentaria[1801], el Congreso, sus Cámaras Legislativas o sus Comisiones pueden también apreciar y constatar la responsabilidad penal de los funcionarios, aun cuando en ninguno de esos casos los órganos legislativos pueden "condenar" plenamente al cumplimiento de penas y sanciones.

En efecto, en todos estos casos, los órganos legislativos pueden apreciar la responsabilidad penal de los funcionarios públicos, pero esa apreciación, de sólo valor político, no tiene efecto condenatorio. La condena penal es una potestad del Poder Judicial, y sólo los Tribunales pueden pronunciarla. Por ello expresamente el artículo 161 de la Constitución establece, que "el ejercicio de la facultad de investigación a que se refiere el artículo anterior[1802], no afecta las atribuciones que correspondan al Poder Judicial de acuerdo con esta Constitución y las leyes".

Por tanto, la apreciación de responsabilidad penal de los funcionarios públicos puede pronunciarse por los órganos legislativos, como manifestación del control parlamentario, como declaración política, aun cuando no tenga dicha constatación efectos de condena. La condena penal al cumplimiento de penas y sanciones establecidas en las leyes, es potestad exclusiva de los Tribunales, y aquella apreciación de responsabilidad penal pronunciada por el órgano político, no tiene efectos condenatorios ni menoscaba las atribuciones de los jueces penales.

b. *La apreciación de responsabilidad civil*

Con fundamento en las mismas normas constitucionales citadas, el Congreso, sus Cámaras Legislativas y sus Comisiones pueden apreciar y constatar la responsabilidad civil de los funcionarios públicos. Así, cuando el Senado autoriza el enjuiciamiento del Presidente de la República, por una responsabilidad civil (daños causados a la Administración, enriquecimiento ilícito, etc.), tiene que apreciarla y constatarla; y cuando la Cámara de Diputados ordena el enjuiciamiento de un Ministro, por una responsabilidad civil, tiene también, que apreciarla y constatarla. Lo mismo

---

1799 Artículo 150, ordinal 8° de la Constitución.

1800 Artículo 153, ordinal 2° de la Constitución

1801 Artículo 160, de la Constitución

1802 Artículo 160, de la Constitución

resulta de las funciones de investigación de las Cámaras Legislativas y sus comisiones; éstas pueden apreciar y constatar la responsabilidad civil en que hubieren incurrido los funcionarios públicos en el ejercicio de sus funciones por los daños y perjuicios que hubieren causado a la Administración o por enriquecimiento ilícito.

Sin embargo, también en este caso, esa apreciación de la responsabilidad civil tiene solamente efectos políticos, y no tiene efectos condenatorios, lo cual es potestad de los Tribunales. Las Cámaras Legislativas, al apreciar la responsabilidad civil no pueden condenar al pago de sumas de dinero ni a la devolución de bienes. Ello es una potestad exclusiva de los Tribunales. De allí, de nuevo, la norma del artículo 161 de la Constitución, que establece que el ejercicio de las facultades de investigación por los órganos legislativos, "no afecta las atribuciones que correspondan al Poder Judicial de acuerdo con esta Constitución y las leyes". Sin embargo, en los supuestos del artículo 250 de la Constitución, podría el Congreso acordar la confiscación de bienes en caso de enriquecimiento ilícito al amparo de la usurpación.

c. *La apreciación de responsabilidad administrativa*

Además, en ejercicio de sus potestades de control sobre la Administración Pública y sus funcionarios, las Cámaras Legislativas y sus Comisiones pueden apreciar la responsabilidad administrativa de los funcionarios por las acciones u omisiones que hubiesen realizado en el ejercicio de sus funciones.

Si algún aspecto es claro respecto del ámbito de las potestades parlamentarias de control sobre la Administración Pública, es el de la apreciación y constatación de la responsabilidad administrativa. El control investigativo, en efecto, no tendría sentido si no existiese la posibilidad de apreciar y constatar la responsabilidad administrativa de los funcionarios por las irregularidades o violaciones legales o reglamentarias que hubiesen cometido en el ejercicio de sus funciones.

También, en este caso, la declaratoria de responsabilidad administrativa tiene efectos políticos y carece de otros efectos legales específicos. En el ordenamiento jurídico venezolano, por ejemplo, sólo la declaración de responsabilidad administrativa dictada por la Contraloría General de la República[1803] conlleva la aplicación de sanciones pecuniarias y eventualmente la inmediata destitución del funcionario[1804]. Por ello, la declaratoria de responsabilidad administrativa que pronuncien los órganos legislativos respecto de los funcionarios públicos, se hace, sin perjuicio de las facultades de la Contraloría General de la República, como órgano que goza de autonomía funcional, y de las potestades de la propia Administración para imponer sanciones disciplinarias o administrativas.

d. *La declaración de responsabilidad política*

Independientemente de la potestad parlamentaria para apreciar la responsabilidad penal, civil y administrativa de los funcionarios públicos, con efectos meramente políticos y sin efectos condenatorios, por supuesto, el Congreso puede declarar la

1803 Artículo 82, de la Ley Orgánica.

1804 Artículo 62, ordinal de la Ley de Carrera Administrativa y artículo 48 y siguientes de la Ley Orgánica de Salvaguarda del Patrimonio Público.

responsabilidad política de los funcionarios públicos, como resultado de una disconformidad entre el órgano político-parlamentario, y el órgano político electo del Poder Ejecutivo, es decir, el Presidente de la República, así como con los órganos directos del Presidente de la República: los Ministros. Esto sucede, precisamente, con el voto de censura a los Ministros, el cual, independientemente de que conlleve la apreciación de responsabilidad civil, penal o administrativa, implica necesariamente, una declaratoria de responsabilidad política.

También, respecto del Presidente de la República puede haber esta declaratoria de responsabilidad política, cuando el Congreso manifiesta su disconformidad con la política del Poder Ejecutivo.

La declaratoria de responsabilidad política implicaría, en un sistema parlamentario, la pérdida de confianza del gobierno y su inmediata caída con la convocatoria a elecciones generales al disolverse el Parlamento. En un sistema presidencial como el nuestro, no tendría sino meros efectos políticos, eventualmente electorales, sin que esa declaratoria afecte al gobierno.

4. *Los poderes de investigación de los cuerpos legislativos y sus limitaciones*

Los poderes genéricos de control de las Cámaras en relación a la Administración Pública no son limitados, sino que encuentran también unos límites genéricos previstos en ese mismo artículo 139: por una parte, corresponden a las Cámaras Legislativas o a sus Comisiones; y por otra parte, como se dijo, la potestad de control sobre la Administración Pública y la Hacienda Pública, está circunscrita a la Administración Pública Nacional por lo que no abarca la Administración de los Estados ni la Administración Municipal. En todo caso, en cuanto a la posibilidad que tienen las Cámaras de, hacer comparecer y solicitar informaciones y documentos a funcionarios y a particulares, conforme al artículo 160 de la Constitución, por supuesto que estos funcionarios pueden ser tanto de la Administración Pública Nacional, como de la Municipalidad y de los Estados. Por último, esos poderes de control deben ejercerse en los términos establecidos por esta Constitución.

La Constitución, como hemos visto anteriormente, establece variados mecanismos de control parlamentario sobre la Administración Pública y, entre ellos, prevé los controles de carácter investigativo regulados en el artículo 160 del texto:

> Art. 160. Los cuerpos legislativos o sus comisiones podrían realizar las investigaciones que juzguen convenientes, en conformidad con el reglarmento.

Todos los funcionarios de la Administración Pública y de los institutos autónomos están obligados, bajo las sanciones que establezcan las leyes, a comparecer ante ellos y a suministrarles las informaciones y documentos que requieran para el cumplimiento de sus funciones.

Esta obligación incumbe también a los particulares, quedando a salvo los derechos y garantías que esta Constitución establece.

En todo caso se notificará al interesado el objeto de su citación con cuarenta y ocho horas de anticipación, cuando menos.

Esta norma se complementa con la establecida en el artículo 161:

> Art. 161. El ejercicio de la facultad de investigación a que se refiere el artículo anterior no afecta las atribuciones que correspondan al Poder Judicial de acuerdo con esta Constitución y las leyes.

Los jueces están obligados a evacuar las pruebas para las cuales reciban comisión de los cuerpos legislativos.

Además, el artículo 198 reitera la potestad de control parlamentario de carácter investigativo y de examen de los actos de los Ministerios de los cuales se dé cuenta en las Memorias y Cuentas de los Ministros.

Como ya se señaló, estas normas constitucionales, relativas al ejercicio del control investigativo de las Cámaras Legislativas, consagran unas potestades de control muy amplias, pues quedan a la apreciación discrecional de las Cámaras las investigaciones que decidan realizar y, para ello, tienen los más amplios poderes de citación de funcionarios y particulares (Arts. 160 y 199); de evacuación de pruebas a través de los jueces, quienes están en la obligación de cumplir la comisión de las Cámaras o sus Comisiones (Art. 161); de obtener informes de la Contraloría cuando el Congreso se los solicite (Art. 239); y de requerir de funcionarios y particulares las informaciones y documentos que requieran para el cumplimiento de sus funciones (Art. 160).

Esta última potestad, por otra parte, también está consagrada en los Reglamentos Interior y de Debates de las Cámaras de Diputados y del Senado.

En efecto, el artículo 59 del Reglamento Interior y de Debates del Senado (1982), y el artículo 61 del Reglamento Interior y de Debates de la Cámara de Diputados (1969), establecen lo siguiente:

Las Comisiones Permanentes, Especiales y las Subcomisiones, previa información a la Presidencia y en cumplimiento de su función investigadora, podrán hacer comparecer ante ella a los Presidentes o representantes de los Institutos Autónomos, a cualquier funcionario y a particulares, a fin de solicitar informes, declaraciones u opiniones, en los casos cuya importancia la requiera.

En relación a la obligación de los funcionarios públicos y de los particulares a comparecer y suministrar informaciones ante los cuerpos legislativos, la Disposición Transitoria Décima de la Constitución establece lo siguiente:

Décima. Mientras la ley provoca lo conducente, a quienes incumplieren lo dispuesto en el artículo 160 de la Constitución se les impondrá la pena prevista en el artículo 239 del Código Penal.

Si se tratare de un funcionario de la administración pública o de institutos autónomos, será además destituido.

Aún no se ha dictado una ley que regule esta materia, por lo que se aplica el artículo 239 del Código Penal referido, que establece el delito de "negativa a servicios legalmente debidos" en la forma siguiente:

> Art. 239. Todo individuo que llamado por la autoridad judicial en calidad de testigo, experto, médico, cirujano e intérprete, se excuse de comparecer sin motivo justificado, será castigado con prisión de quince días a tres meses. El que

habiendo comparecido rehúse sin razón legal sus disposiciones o el cumplimiento del oficio que ha motivado su citación, incurrirá en la misma pena.

Además de la prisión se impondrá al culpable de inhabilitación en el ejercicio de su profesión o arte por un tiempo igual al de la prisión, terminada ésta.

Las penas establecidas en este artículo no se aplicarán sino en los casos en que disposiciones especiales no establezcan otra cosa.

Ahora bien, todas las normas señaladas confieren a las Cámaras Legislativas y a sus Comisiones Permanentes o Especiales, a sus Subcomisiones Permanentes, a sus Comisiones Especiales y a sus Subcomisiones, facultades para requerir de particulares las informaciones y documentos que requieran para el cumplimiento de sus funciones.

Por supuesto, en todo caso, se trata de una potestad atribuida a los "cuerpos legislativos", es decir, a las Cámaras Legislativas y a sus Comisiones Permanentes, a sus Comisiones Especiales y a sus Subcomisiones cuando lo requieran para el cumplimiento de sus funciones, y que no corresponde a los Senadores o Diputados individualmente. Por tanto, éstos, individualmente, no tienen poderes de investigación alguno, ni pueden auto constituirse en "Comisiones especiales" ni aun actuando en grupo, pues las Comisiones sólo pueden ser designadas por las Cámaras mismas.

Ahora bien, el problema que debemos plantearnos frente a esta potestad, se refiere a sus límites[1805].

En efecto, ¿estamos acaso frente a una potestad absolutamente discrecional o ilimitada? Al contrario, ¿el ordenamiento jurídico, impone acaso algunos límites al ejercicio de la potestad investigativa?

Sin duda, estimamos que la potestad investigativa de los cuerpos legislativos está sometida a limitaciones. En primer lugar, están las limitaciones que el propio texto constitucional impone, como respecto a los derechos y garantías constitucionales. Sin duda, en uso de la potestad investigativa no pueden los cuerpos legislativos caer en el absurdo de lesionar los derechos y garantías que la Constitución establece.

Por otra parte, la potestad investigativa no puede ser ejercida ilimitadamente, de manera que pueda implicar para el obligado a informar, la comisión de un hecho punible por violación del secreto que el propio ordenamiento jurídico-administrativo haya impuesto, no sólo en interés del propio Estado, sino en interés de los particulares, por ejemplo, al prever el secreto profesional.

Por último, el ejercicio de la potestad investigativa de los cuerpos legislativos, para su ejercicio, está sometida a una serie de formalidades, que se configuran a su vez como limitaciones precisas.

1805 Véase Allan R. Brewer-Carías, "Los poderes de investigación de los cuerpos legislativos y sus limitaciones, con particular referencia a los asuntos secretos", en *Revista de Derecho Público*, N° 10, Caracas, 1982, pp. 25 y ss.

A. *Los límites a la potestad investigativa derivados del respeto de los derechos y garantías constitucionales*

Ante todo, debe señalarse que de acuerdo a lo establecido en el artículo 160 de la Constitución, puede decirse que la potestad investigativa de los cuerpos legislativos y la obligación de funcionarios públicos y de particulares de suministrar información y documentos a los mismos, deben dejar a salvo los derechos y garantías que la Constitución establece.

En el artículo 160, en efecto, luego de consagrar la obligación de los funcionarios públicos de comparecer ante los cuerpos legislativos y suministrarles informaciones y documentos, agrega que "esta obligación incumbe también a los particulares, quedando a salvo los derechos y garantías que esta Constitución establece". Se entiende lógicamente, por tanto, que la limitación impuesta a la potestad investigativa y a la obligación de comparecencia por el respeto a los derechos y garantías constitucionales, abarca tanto a los particulares como a los funcionarios públicos. En otras palabras, la obligación de suministrar información y documentos a los cuerpos legislativos o a sus comisiones que tienen los funcionarios públicos y los particulares, no sería exigible si ello significare atentar contra los derechos y garantías constitucionales; y conforme a lo dispuesto en la Exposición de Motivos de la Constitución, o sea "aquellos que se refieren al secreto de la correspondencia, al derecho de negarse a declarar contra sí mismo o contra sus parientes, etc."[1806]. De acuerdo a lo que ha señalado el Fiscal General de la República, "En ese etcétera debe incluirse también el derecho a la intimidad, o sea, el derecho que tiene todo habitante de Venezuela a ser protegido en su vida privada (Art. 59), el derecho a vivir sin interferencia del público, no deseada, sobre asuntos que no están relacionados con el interés público. Ese derecho protege en su vida y negocios personales a los particulares y en su vida íntima a los funcionarios"[1807].

Veamos estos tres supuestos de límites a la potestad investigativa del Congreso.

a. *El respeto al honor, a la reputación y a la vida privada*

El artículo 59 de la Constitución establece, que "toda persona tiene derecho a ser protegida contra los perjuicios a su honor, reputación o vida privada". Por tanto, no puede un funcionario o un particular ser obligado a declarar o suministrar información y documentos que puedan atentar contra el honor, la reputación o la vida privada de sí mismo o de otra persona y que, en el último caso, puedan hacerlo incurso en los delitos de difamación e injuria previstos en los artículos 444 y siguientes del Código Penal. Por lo tanto, si bien los parlamentarios gozan de inmunidad (Art. 143) y respecto de ellos, no puede exigirse responsabilidad en ningún tiempo por las opiniones emitidas en el ejercicio de sus funciones (Art. 142 de la Constitución), ello no abarca a los funcionarios públicos o a los particulares cuando comparecen ante las Cámaras Legislativas o sus Comisiones.

1806 Véase en *Revista de la Facultad de Derecho*, UCV, N° 21, p. 396.

1807 Véase *Informe al Congreso Nacional de 1969*, pp. 132 a 134, y en *Recopilación del Ministerio Público*, Caracas, 1978, Tomo II, pp. 134 a 136.

Por tanto, los funcionarios y particulares no están obligados a suministrar información y documentos a los cuerpos legislativos o la vida privada del compareciente o de otra persona.

En relación a esto, el Fiscal General de la República ha sostenido lo siguiente: "El derecho a la intimidad de un funcionario público, es total en cuanto se refiere a su vida íntima y doméstica; y en cuanto se refiere a la privacidad de sus negocios y operaciones económicas, no es igual al de un particular, porque ellos pueden ser objeto de investigación de la Comisión contra el Enriquecimiento Ilícito; y solamente cuando se trata de un funcionario de la Administración Pública o de un Instituto Autónomo, de la investigación de los cuerpos legislativos, pero nunca de parte de algún miembro de éstos actuando individualmente"[1808].

Una manifestación concreta de este secreto derivado de la protección y del respeto al honor, a la reputación y a la vida privada de las personas, encuentra su consagración en el denominado secreto estadístico regulado en el artículo 10 de la Ley de Estadísticas y Censos Nacionales en la forma siguiente:

> Art. 10. El Ministro de Fomento podrá ordenar se dé testimonio de datos globales o de promedios o series estadísticas, pero de ninguna manera ni bajo ningún pretexto podrá ordenar o autorizar testimonios de datos individuales ni expedición de copias simples o certificadas de cédulas o fichas o series de cédulas o fichas correspondientes a determinada persona natural o jurídica o a determinada familia o grupo familiar.

Podrá, sin embargo, autorizar tales copias cuando las pida la persona interesada en el secreto o su mandatario constituido por instrumento auténtico, quienes pueden obrar por ella sin poder y si se tratase de cédulas familiares, quien ejerciere la jefatura doméstica.

La Administración Pública no podrá usar las fichas individuales sino exclusivamente para fines previstos por la disposición legal o reglamentaria que obligue a suministrar los datos contenidos en la respectiva ficha.

Los mismos principios serán aplicables a los elementos estadísticos que se encuentran en los demás Despachos del Ejecutivo Nacional.

Por tanto, este secreto estadístico previsto en la Ley de Estadísticas y Censos Nacionales, se aplica a la información contenida, por ejemplo, en la Oficina Nacional de Identificación, regulada por la Ley Orgánica de Identificación, y en las demás unidades de policía administrativa: policía de seguridad, policía sanitaria, policía de tránsito, etc.

En todo caso, conforme al artículo 11 de la Ley de Estadísticas y Censos Nacionales, "las infracciones al secreto estadístico serán administrativamente castigadas con la destitución y penalmente de conformidad con el Capítulo IV, Título III del Libro II del Código Penal", en particular, por lo previsto en el artículo 206 del mismo.

1808 Véase *Informe al Congreso Nacional* de 1969, pp. 132 a 134, y en Recopilación del Ministerio Público, Caracas, 1978, Tomo II, pp. 135 a 136. (La CIEI desapareció al promulgarse la Ley Orgánica de Salvaguarda del Patrimonio Público)

En todos estos casos, por tanto, los funcionarios o particulares, en su caso, quedarían eximidos de la obligación establecida en el artículo 160 de la Constitución.

b. *El respeto al derecho a no reconocer culpabilidad y a no declarar contra sí mismo*

El artículo 60, ordinal 4° de la Constitución garantiza la libertad y seguridad personales, y en consecuencia establece que: "Nadie podrá ser obligado a prestar juramento ni constreñido a rendir declaración o a reconocer culpabilidad en causa penal contra sí mismo, ni contra su cónyuge o la persona con quien haga vida marital, ni contra sus parientes dentro del cuarto grado de consanguinidad o segundo de afinidad". En base a esta garantía constitucional, la obligación de los funcionarios o particulares de suministrar informaciones y documentos a los cuerpos legislativos, no puede exigirse si con ellas se reconociera culpabilidad en algún hecho contra sí mismo o contra sus parientes.

c. *El respeto de la inviolabilidad de la correspondencia*

El artículo 63 de la Constitución establece la inviolabilidad de la correspondencia en todas sus formas. En consecuencia, prescribe que "las cartas, telegramas, papeles privados y cualquier otro medio de correspondencia no podrán ser ocupados sino por la autoridad judicial, con el cumplimiento de las formalidades legales y guardándose siempre el secreto respecto de lo doméstico y privado que no tenga relación con el correspondiente proceso". Por tanto, los funcionarios públicos y los particulares no están obligados a suministrar a los cuerpos legislativos, correspondencia y documentos privados o domésticos; y menos, cuando podrían estar incursos en los delitos establecidos en los artículos 188 y 190 del Código Penal.

B. *Los límites a la potestad investigativa derivados de las actividades e informaciones secretas*

Pero además de los límites impuestos a la potestad investigativa de los Cuerpos Legislativos y sus Comisiones, por el respeto de los derechos y garantías constitucionales, sin duda, también existen límites, particularmente en cuanto a la exigencia de la obligación de funcionarios y particulares de suministrar información y documentos, cuando éstos conciernen a actividades que, conforme a la legislación, están revestidas de carácter secreto; y secreto, conforme lo define Tulio Chiossone, es "cualquier acto o hecho que deba permanecer oculto para el conocimiento colectivo por razones de seguridad política, militar, económica o social"[1809].

Estas actividades o informaciones secretas pueden resultar del secreto del Estado o del secreto derivado del ejercicio de profesiones liberales.

a. *Las actividades secretas del Estado*

La legislación vigente regula diversas actividades públicas a las cuales la ley considera como secretas, sancionándose penalmente la violación del secreto. Se trata

1809 Véase "El delito de revelación de secretos" en *Doctrina de la Procuraduría General de la República* 1971, Caracas, 1972, p. 26.

del secreto sumarial y del secreto impuesto por razones de seguridad del Estado, y que abarca el secreto político, el secreto militar, el secreto diplomático y el secreto económico.

a'. *El secreto sumarial*

En efecto, el artículo 161 de la Constitución establece que el ejercicio de la facultad de investigación atribuido a los cuerpos legislativos, "no afecta las atribuciones que correspondan al Poder Judicial de acuerdo a esta Constitución y las leyes". Por tanto, los órganos judiciales y los que tengan a su cargo funciones de auxiliares de la justicia, deben continuar ejerciendo sus potestades, independientemente de las potestades que tenga el Parlamento de realizar investigaciones.

Pero aparte de esta independencia reiterada entre el Poder Legislativo y el Poder Judicial, los poderes de control que puedan tener los cuerpos legislativos no pueden ser limitados, sino que en relación al Poder Judicial, no pueden significar una violación del secreto sumarial.

En efecto, conforme a lo establecido en el artículo 73 del Código de Enjuiciamiento Criminal, "las diligencias del sumario, ya empiecen de oficio, ya a instancia de partes, serán secretas hasta que éste se declare terminado, menos para el representante del Ministerio Público. También dejarán de ser secretas para el procesado contra quien se lleve a efecto un auto de detención y para el acusador, en las causas en que la Ley exija requerimiento de parte o la acusación de la parte agraviada, desde que el Tribunal ejecute el auto de detención o de sometimiento a juicio, y desde que dicte o confirme las decisiones a que se refieren los artículos 99, 109, en su último aparte y 206° (declaración de no haber lugar a la formación del sumario; o declaración de terminación de la averiguación).

Por tanto, hasta que el sumario no se declare terminado, o hasta que no se termine la averiguación o se declare que no hay lugar a la formación del sumario, las diligencias de éste son secretas, salvo para el representante del Ministerio Público y para el procesado y, en su caso, para el acusador. Pero tanto el representante del Ministerio Público como el procesado o acusador están obligados, a su vez, a guardar secreto respecto de las diligencias sumariales.

Por tanto, independientemente de que un Fiscal del Ministerio Público pueda ser obligado a comparecer, conforme al artículo 160 de la Constitución, a las Comisiones del Congreso a dar información y suministrar documentos, lo cual ha sido rechazado por el Ministerio Público[1810], es indudable que si compareciera, no podría obligársele a informar sobre las diligencias sumariales respecto de las cuales tuviera conocimiento. En igual forma, no pueden las Comisiones del Congreso obligar a un funcionario o a un particular que fuere procesado o acusador a informar acerca de las diligencias sumariales, respecto de las cuales tengan conocimiento, conforme a lo previsto en el artículo 73 del Código de Enjuiciamiento Criminal.

Pero es indudable que el secreto sumarial no sólo es una obligación impuesta al juez y a los demás funcionarios del Poder Judicial, a los representantes del Ministerio Público, y al procesado y acusador, en su caso, sino que se trata de una obliga-

1810 Véase las opiniones en *Recopilación del Ministerio Público*, Tomo II, Caracas 1978, pp. 134 y 140.

ción general, que incumbe a toda persona, funcionario o particular, que haya tenido conocimiento de las diligencias sumariales, con motivo del ejercicio de sus funciones o de su actividad, arte u oficio. Por tanto, todas esas personas y funcionarios, si divulgan el secreto sumarial, incurrirían en el delito previsto en el artículo 190 del Código Penal, por lo que no lo podrían hacer ni ante los cuerpos legislativos.

En consecuencia, todos los funcionarios públicos que tengan carácter de instructores del proceso penal, conforme al artículo 27 del Código de Enjuiciamiento Criminal, están en la obligación de guardar el secreto sumarial, y no podrán ser obligados a suministrar información y documentos sobre diligencias sumariales ante los Cuerpos legislativos, con motivo de investigaciones que éstos realicen conforme al artículo 160 de la Constitución.

Dentro de los instructores del proceso penal, el Código de Enjuiciamiento Criminal enumera a "los órganos de Policía Judicial" (Art. 73, Ord. 4°), y la Ley de Policía Judicial de 1975 clasifica a "los órganos de Policía Judicial" en "principales y auxiliares".

De acuerdo al artículo 7° de la Ley de Policía Judicial, "son órganos principales de Policía Judicial", los siguientes: "1. El Cuerpo Técnico de Policía Judicial. 2. Los órganos competentes de las Fuerzas Armadas de Cooperación. 3. Las autoridades que las leyes del tránsito señalen en materia de su competencia; y 4. La Dirección de Identificación Nacional y Extranjería, conforme a las leyes que regulan su competencia". Por su parte, conforme al artículo 8° de la misma ley, además de los señalados en las leyes especiales, "son órganos auxiliares de Policía Judicial" los siguientes: "1° Los Directores y Subdirectores de Internados Judiciales, Cárceles Nacionales, Establecimientos Penitenciarios y correccionales, en relación a los delitos que se cometan en el interior de los mismos. 2° Los Jefes y Oficiales de Resguardos Fiscales, en relación a los delitos que se cometan en sus respectivas jurisdicciones. 3° Los Guardias Forestales en relación a los delitos que se cometan en las zonas que están bajo su guardia. 4° Los miembros de los cuerpos de carácter público dedicados a salvamento y extinción de incendios, en relación a las averiguaciones de las causas del siniestro. 5° Los Capitanes o Comandantes de naves, de pabellón o matrícula venezolana, respecto a hechos punibles cometidos en alta mar o en aguas territoriales venezolanas. 6° Los Capitanes o Comandantes de aeronaves de matrícula venezolana, respecto a hechos punibles cometidos en éstas cuando se encuentren en vuelo. 7° Los funcionarios o empleados públicos que en el ejercicio de las funciones de investigación, examen o control que les asignan las leyes, verifiquen o descubran la comisión de hechos punibles. Las actuaciones de dichos funcionarios o empleados se limitarán a las que sean inherentes al servicio que presten. 8° Los miembros de la Dirección de los Servicios de Inteligencia y Prevención del Estado. 9° Las autoridades de Policía Estadal y Municipal".

Ahora bien, conforme al artículo 12 de la Ley de Policía Judicial, los funcionarios de policía y las personas a las cuales éstos están obligados a informar, deberán guardar absoluto secreto con respecto a las diligencias del sumario en que haya intervenido. Asimismo, conforme al artículo 75-B del Código de Enjuiciamiento Criminal, los funcionarios de la Policía Judicial y las personas que colaboren con ellos están obligados a guardar absoluto secreto con respecto a toda las diligencias del sumario en que hayan intervenido. Asimismo, obligación del sector sumarial está expresada formalmente en la Ley respecto de todos los funcionarios de los órganos de Policía Judicial, así como respecto de las personas que colaboren con ellos o a las cuales aquéllos están obligados a informar, por lo que el incumplimiento de esta obligación, los haría incursos, según los casos, en los delitos previstos en los artículos 190 y 206 del Código Penal. El artículo 190 prevé sanción para todo individuo que "teniendo por razón de su estado, funciones, profesión, arte u oficio, conocimiento de algún secreto cuya divulgación pueda causar algún perjuicio lo revela, no obstante sin justo motivo"; y el artículo 206 prevé sanción para "todo funcionario público que comunique o publique los documentos o hechos de que está en conocimiento o posesión, por causa de sus funciones y que deba mantener secretos".

Por tanto, todos esos funcionarios públicos que están considerados como funcionarios de Policía Judicial estarían eximidos de la obligación de informar a los cuerpos legislativos, prevista en el artículo 160 de la Constitución, en lo que se refiere a diligencias sumariales.

Debe señalarse que en los casos en los cuales las Cámaras Legislativas requieran de alguna información sumarial en casos de allanamiento de la inmunidad de algunos de sus miembros, el Código de Enjuiciamiento Criminal establece que "podrán solicitar del Fiscal General de la República la comunicación de datos sumariales cuyo conocimiento no admita postergación y les sea necesario en el ejercicio de sus funciones constitucionales. El Fiscal General atenderá la solicitud antes dicha cuidando de preservar el secreto sumarial hasta donde ello fuere compatible con el interés público en juego dentro de las circunstancias del caso en consideración" (Art. 73). En esta forma, y en cuanto concierne a la excepción al secreto sumarial, respecto de las Cámaras Legislativas, el Código de Enjuiciamiento Criminal establece la modalidad de la misma, en forma excepcional.

De lo anteriormente señalado puede concluirse, que están eximidos de la obligación de suministrar informaciones y documentos a los cuerpos legislativos, prevista en el artículo 160 de la Constitución, en los casos de investigaciones que realicen, los funcionarios públicos y los particulares, respecto de actos y hechos que formen parte de diligencias sumariales, amparados por el secreto sumarial. La violación de este secreto, aun ante los cuerpos legislativos, daría origen a la aplicación de las penas previstas en el artículo 190 del Código Penal.

A igual conclusión habría de llegar respecto de las diligencias que practique la Contraloría General de la República para la determinación de la responsabilidad administrativa o para sustanciar aquellos casos en que pudiera derivarse responsabilidad civil o penal, conforme a la Ley Orgánica de Salvaguarda del Patrimonio Público de 1983. Estas, dice el artículo 24 de dicha ley, "serán secretas, menos para el investigado, sus abogados y el representante del Ministerio Público. El funcionario que dé información sobre ellas será sancionado con destitución". El secreto implica, por tanto, que los funcionarios de la Contraloría estarían también eximidos de cumplir la obligación prevista en el artículo 160 de la Constitución.

b'. *El secreto concerniente a la seguridad del Estado*

Aparte del secreto sumarial, dentro de las actividades del Estado debe mencionarse el secreto político, militar, diplomático y económico, al cual podemos calificar globalmente como secreto concerniente a la seguridad del Estado.

La regulación clásica de este secreto está prevista en el artículo 134 del Código Penal, en el cual se castiga con presidio a "cualquiera que, indebidamente y con perjuicio de la República, haya revelado los secretos políticos o militares concernientes a la seguridad de Venezuela", entre otros medios, "comunicando o publicando los documentos... u otras informaciones" relativos a los mismos. "La pena se aumentará con una tercera parte si por razón de su empleo, el culpable tenía los... documentos o había adquirido el conocimiento de los secretos".

De esta norma surge la obligación de guardar los secretos políticos o militares concernientes a la seguridad del Estado. El bien jurídico protegido, por supuesto, es la seguridad del Estado, lo cual abarca "el complejo de condiciones garantizadas por el orden jurídico interno e internacional que constituyan la tranquilidad de desarrollo del Estado en todos sus bienes esenciales para su vida como Nación soberana"[1811]. Por su parte, la Exposición de. Motivos de la Ley Orgánica de Seguridad y Defensa define la seguridad como "el grado de garantía que a través de acciones políticas, económicas, sociales y militares, un Estado puede proporcionar en forma permanente a la nación que jurisdicciona"[1812]. Por tanto, se afirma en el documento "Bases para una política jurídica del Estado venezolano" que "la seguridad comprende no sólo la garantía del empleo efectivo de las Fuerzas Armadas Nacionales, en caso de conflicto interno o externo, sino también la organización permanente y continua de todas las actividades que inciden sobre la mayor estabilidad institucional de la nación. Es así que tanto la organización político-administrativa para salvaguardar, mantener y restaurar el orden público (actividad de policía administrativa y policía judicial), como la organización para la producción agrícola e industrial, el desarrollo de la infraestructura física del país y el control de las fuentes energéticas, forman parte de la política de seguridad"[1813].

Ahora bien, de acuerdo con la Ley Orgánica de Seguridad y Defensa, éstas comprenden fundamentalmente, conforme a su artículo 3°, lo siguiente:

1. El estudio, planificación y adopción de las medidas relacionadas con la preparación y aplicación del potencial nacional para la preservación de su patrimonio.
2. La garantía y el empleo racional del poder nacional en todo conflicto interior o exterior, conmoción o catástrofe que puedan perturbar la paz de la República.
3. El fortalecimiento de la conciencia de todos los habitantes de la Nación, sobre la importancia de los problemas inherentes a la soberanía o integridad territorial de la República.

1811 Véase la definición en *Repertorio del Ministerio Público*, Caracas, 1978. Tomo II, pp. 477 y 478.

1812 Véase en Defensa Nacional, compilación editada por el Ministerio de Justicia, Caracas, 1977, Tomo I, Vol. 1, p. XLVII

1813 *Idem.*, pp. XLVII y XLVIII

Siendo, por tanto, el bien tutelado la seguridad y defensa de la Nación el artículo 4° de la Ley Orgánica de Seguridad y Defensa establece el carácter secreto de los documentos e informaciones que le conciernen en la siguiente forma:

> Art. 4. Los documentos de cualquier naturaleza y otras informaciones relacionadas con la Seguridad y defensa de la Nación, son de carácter secreto y su divulgación o suministro y la obtención por cualquier medio ilegítimo constituyen delito y serán sancionados conforme al Código Penal o al de Justicia Militar según sea el caso.

Ya nos hemos referido al delito de revelación de secretos políticos o militares previstos en el artículo 134 del Código Penal. En cuanto al Código de Justicia Militar debe señalarse que entre los delitos contra la seguridad de las Fuerzas Armadas su artículo 550 establece pena de prisión a "los que revelen órdenes, consignas, documentos o noticias privadas o secretas de las Fuerzas Armadas". Por su parte, la propia Ley Orgánica de Seguridad y Defensa establece en su artículo 38 pena de prisión, a "los miembros del Consejo Nacional de Seguridad y Defensa, quienes participen en sus deliberaciones o cualquiera que preste servicios a su orden, que divulgue los datos, estadísticas o informaciones a que se refiere el artículo 8° de esta Ley", en el cual se detallan las atribuciones de dicho Consejo. Por otra parte, el Reglamento Parcial N° 1 de la Ley Orgánica de Seguridad y Defensa establece expresamente que: "Las deliberaciones del Consejo Nacional de Seguridad y Defensa son secretas" (Art. 3°).

Pero además del secreto militar y formando parte del secreto relativo a la defensa y seguridad del Estado, está el secreto diplomático y el secreto económico. Puede decirse que el secreto político, *latu sensu*, "sería todo aquello que se refiera al gobierno del Estado, y cuya publicación o revelación incida en su seguridad interna y externa"[1814], y si bien podría presentarse la duda de si dentro del secreto político previsto en el artículo 134 del Código Penal, estarían los secretos económicos, financieros y científicos, sin duda que del ordenamiento del Estado moderno, tendría que dársele una interpretación racional y extensiva a dicha expresión, dentro del espíritu, propósito y razón del Código Penal.

En cuanto al secreto diplomático, al artículo 57 del Estatuto del Personal del Servicio Exterior establece como prohibición especial a los funcionarios del servicio exterior, el "revelar, aun después de cesar en sus funciones, el secreto de los negocios que les hayan sido confiados". La violación de esta prohibición hace recurso al funcionario en los delitos previstos en los artículos 134 y 206 del Código Penal.

Pero aun cuando no se prevea así en la Ley del Banco Central de Venezuela, es indudable que también concierne a la seguridad del Estado, el denominado secreto económico o financiero, y que se refiere a las decisiones públicas relativas al régimen monetario, a medidas cambiarías o impositivas que puedan adoptarse por el Estado o sus organismos. En estos casos, sin duda, se aplican los artículos 134 y 206 del Código Penal, y los funcionarios públicos respectivos están obligados a guardar secreto, aun ante los cuerpos legislativos.

1814 Véase Tulio Chissone, "El delito de revelación de secretos", *loc. cit.*, p. 26

Por otra parte, también dentro de los secretos económicos pueden ubicarse los secretos industriales que interesan a la seguridad del Estado, y se les aplica el régimen indicado, aun cuando la sanción penal prevista está regulada en el artículo 340 del Código Penal, que prevé pena de prisión para "el que hubiese revelado noticias relativas a invenciones o descubrimientos científicos o aplicaciones industriales que deban permanecer en secreto y de que haya tenido conocimiento por causa de su posición o empleo o en razón de su profesión, arte o industria".

En todo caso, si la revelación de estos secretos industriales concierne a la seguridad del Estado se ha estimado que se aplica el artículo 134 del Código Penal[1815].

Como consecuencia, en todos estos casos de secretos concernientes a la seguridad y defensa del Estado, en los cuales se engloba el secreto político, el secreto militar, el secreto diplomático y el secreto económico, los funcionarios que tuvieren conocimiento de los mismos, estarían eximidos de cumplir la obligación establecida en el artículo 160 de la Constitución. Dicho sea de paso, además, que en estos casos de secreto, los funcionarios también estarían eximidos de cumplir con la obligación que la Ley Orgánica de la Contraloría General de la República les impone de "proporcionar las informaciones escritas o verbales y los libros, registros o documentos que se requieran" (Art. 4). En este sentido es más clara la Ley Orgánica del Ministerio Público, al prescribir que los funcionarios públicos "estarán obligados a prestarla (la cooperación a la Fiscalía) sin demora y a suministrar los documentos e informaciones que les sean requeridos, salvo aquellos que constituyen secreto de Estado, a juicio del órgano de mayor jerarquía de la correspondiente estructura administrativa" (Art. 6, Ord. 17).

Debe señalarse, por último, que este secreto se impone a todos los funcionarios públicos que hayan tenido conocimiento de esos asuntos con motivo del ejercicio de sus funciones. Así lo precisan diversas normas del ordenamiento jurídico. Por ejemplo, la Ley Orgánica de la Administración Central prohíbe a los funcionarios y empleados públicos "revelar el secreto sobre los asuntos que se tramiten o se hayan tramitado en sus respectivas oficinas" (Art. 56 in fine). Asimismo, la Ley de Carrera Administrativa establece como una obligación de los funcionarios públicos, el "guardar la reserva y secreto que requieran los asuntos relacionados con su trabajo" (Art. 28, Ord. 4°); y las Leyes Orgánicas del Ministerio Público y de la Procuraduría General de la República lo repiten. Así, la Ley Orgánica del Ministerio Público establece, que "los funcionarios del Ministerio Público guardarán secreto sobre los asuntos de que conozcan en razón de sus funciones" (Art. 67); y la Ley Orgánica de la Procuraduría también establece que: "A los funcionarios y' empleados de la Procuraduría General de la República les está prohibido revelar el asunto que se tramite o se haya tramitado en el Despacho" (Art. 57).

En todos esos casos, además de la sanción penal establecida en el artículo 206 del Código Penal, se establece en la Ley de Carrera Administrativa, como causal de destitución; la "revelación de asuntos reservados, confidenciales o secretos, de los cuales el empleado tenga conocimiento por su condición de funcionario" (Art. 62, Ord. 7º).

1815 Véase Tulio Chiossone, "El delito de revelación de secretos", *loc. cit.*, p. 28.

Mención especial debe hacerse, por último, al carácter secreto de las deliberaciones del Consejo de Ministros. En efecto, el artículo 17 de la Ley Orgánica de ,la Administración Central establece que "las deliberaciones del Consejo de Ministros son secretas. El Presidente de la República podrá declarar reservada algunas de las decisiones tomadas en Consejo de Ministros". De esta norma resultan dos regulaciones distintas.

En primer lugar, se establece con carácter general y absoluto un secreto político respecto de "las deliberaciones del Consejo de Ministros". Por tanto, los Ministros y los funcionarios públicos que hayan tenido conocimiento de dichas deliberaciones deben guardar secreto de las mismas, y la revelación de esos asuntos daría origen a la aplicación de la sanción prevista en el artículo 206 del Código Penal. El secreto político que protege las deliberaciones del Consejo de Ministros, por tanto, eximiría a los funcionarios de la obligación de informar a las Cámaras Legislativas que regula el artículo 160 de la Constitución.

Pero el artículo 17 de la Ley Orgánica de la Administración Central además establece, que el Presidente de la República podría declarar reservada algunas de las decisiones tomadas en Consejo de Ministros. Por tanto, en principio, las decisiones tomadas en dicho órgano colegiado son públicas, salvo que sean declaradas reservadas. En estos casos, por la naturaleza del órgano gubernamental, esta reserva expresa y específica respecto de ciertas decisiones debe asimilarse al secreto político antes comentado con todas sus consecuencias.

b. *El secreto derivado del ejercicio de profesiones liberales*

Por otra parte, el ordenamiento jurídico regula en diversas formas al secreto profesional con motivo del ejercicio de profesiones liberales o de otras artes u oficios, imponiendo expresamente la obligación a los profesionales de guardar secreto sobre los asuntos de los cuales tuvieren conocimiento por el ejercicio profesional.

Por ejemplo, la Ley de Ejercicio de la Medicina establece, que "salvo en los casos expresamente establecidos en las leyes en resguardo de la seguridad colectiva, el médico está en la obligación de guardar secreto sobre aquello de que tuviere conocimiento por el ejercicio de su profesión" (Art. 14). La violación del secreto médico, en esta forma, acarrea pena de prisión de acuerdo a lo establecido en el artículo 190 del Código Penal. La excepción al secreto médico lo configuran los casos en los cuales el interés general, derivado del resguardo de la seguridad colectiva, prevalezca sobre el interés particular en los términos establecidos en las leyes. Debe mencionarse aquí los supuestos de denuncia obligatoria de enfermedades reguladas en virtud de lo dispuesto en la Ley de Sanidad Nacional, en el Reglamento sobre Enfermedades de Denuncia Obligatoria.

Otra excepción al secreto médico es la establecida en el artículo 490 del Código Penal al regular como falta "la omisión de dar referencias" en casos que parezcan presentar caracteres de delito. Dicha norma, en efecto, pena con multa, al "médico cirujano, comadrón, comadrona o cualquier empleado público de sanidad, que habiendo prestado su asistencia profesional en casos que parezcan presentar caracteres de delito contra las personas, los haya callado o tardado en comunicar a la autoridad judicial o de policía". Por tanto, el secreto médico no puede ser impedimento para el cumplimiento general de dar referencias respecto de hechos que parezcan delito.

En todo caso, frente a los poderes otorgados a los cuerpos legislativos de acuerdo al artículo 160 de la Constitución, salvo en los casos de salvaguarda de la seguridad colectiva, los médicos están eximidos de informar o suministrar documentos que puedan concernir a hechos de los cuales tengan conocimiento por el ejercicio de su profesión.

En otros casos, el secreto profesional está regulado legalmente con mayor flexibilidad. Por ejemplo, el artículo 11 de la Ley de Ejercicio de la Contaduría Pública en el ejercicio de las actividades que les son propias, "guardar el secreto profesional, quedando en consecuencia prohibida la divulgación de información o la presentación de evidencia alguna obtenida como consecuencia de estas funciones, salvo ante autoridad competente y sólo en los casos previstos en otras leyes". Sin duda, podría considerarse que la Constitución en su artículo 160 regula la materia, siendo competente para recibir dicha información si es necesario, los cuerpos legislativos.

Podría asimilarse al secreto profesional el que tienen los funcionarios del Registro de la Propiedad Industrial, respecto de "los expedientes de patentes de invención que se hubieran mandado reservar conforme a la ley", de acuerdo a lo establecido en el artículo 40 de la Ley de Propiedad Industrial. La violación del secreto industrial está penado con prisión en el artículo 340 del Código Penal, respecto de quien "hubiere revelado noticias relativas a invenciones o descubrimientos científicos o aplicaciones industriales que deban permanecer en secreto y de que haya tenido conocimiento por causa de su posición o empleo o en razón de profesión, arte o industria". En esos casos, frente a la potestad investigativa de los cuerpos legislativos, también podría privar el secreto industrial en los términos señalados.

En cuanto al secreto profesional, debe señalarse que otras leyes, más que preverlo para proteger a las personas que son atendidas por profesionales, establecen dicho secreto en resguardo del ejercicio de la profesión de la cual se trate. Esto sucede, por ejemplo, en el campo del ejercicio del periodismo. Así, la Ley de Ejercicio del Periodismo establece que: "El periodista tiene derecho al secreto profesional frente a terceros y no está obligado a revelar su fuente informativa, salvo cuando se trate de hechos delictivos" (Art. 8).

En estos casos, la Ley consagra un derecho al secreto que tiene el profesional, precisamente como garantía a su libre ejercicio de la profesión. Sólo si se trata de hechos delictivos, el derecho al secreto cede frente al interés público represivo, y ante los órganos competentes penales o de instrucción, el periodista tendría que revelar su fuente. Salvo este caso, no podría, por ejemplo, por la vía del artículo 160 de la Constitución, exigirse a un periodista ante un cuerpo legislativo, revelar la fuente de su información. Por tanto, aquí también, los periodistas están eximidos de la obligación establecida en el referido artículo 160 de la Constitución.

C. *La potestad investigativa y el problema de la reserva de los archivos de la Administración Pública*

La Ley Orgánica de la Administración Central establece, en su artículo 54, el principio general de que "los Archivos de la Administración Pública son por su naturaleza reservados para el servicio oficial". En consecuencia, "para la consulta de los mismos por otros funcionarios o particulares, deberá recaer autorización especial y concreta del órgano superior respectivo" (Art. 54). Este carácter reservado, por otra parte, implica la prohibición a los funcionarios o empleados públicos de "conservar para sí papel alguno de los archivos y tomar o publicar copia de ellos sin autorización del órgano superior respectivo" (Art. 56).

En esta forma tradicional que atribuye carácter reservado a los archivos oficiales, respecto de las leyes reguladoras de los Ministerios, se ha repetido en relación a los archivos de otros órganos del Estado, distintos de los Ministerios.

Así, la Ley Orgánica del Ministerio Público establece que: "El archivo del Despacho del Fiscal General de la República es por su naturaleza privado y reservado para el servicio oficial" (Art. 66). En consecuencia, también "se les prohíbe conservar para sí, tomar o publicar copias de papeles, documentos o expedientes del archivo de los Despachos respectivos" del Ministerio Público (Art. 67).

En el mismo sentido, el artículo 53 de la Ley Orgánica de la Procuraduría General de la República establece que: "El Archivo de la Procuraduría General de la República está reservado para el servicio oficial". Por ello, asimismo: "Para la consulta de los documentos y expedientes que lo integran, por parte de funcionarios extraños al Despacho, o por particulares, se requerirá autorización expresa del Procurador General de la República" (Art. 53). Además el artículo 57 de dicha ley prohíbe a los funcionarios y empleados de la Procuraduría General de la República "conservar para sí, tomar o publicar copias de papeles, documentos o expedientes del archivo, salvo cuando éstos, por su naturaleza o destino, se hayan hecho del conocimiento público y con la autorización del Procurador General".

Ahora bien, la reserva de los Archivos de la Administración Pública para el servicio oficial, no es nada más que lo que resulta del significado propio de las palabras: según el Diccionario de la Lengua Española, "reserva" es "guarda o custodia que se hace de una cosa, o prevención de ella para que sirva a su tiempo", y también significa "circunspección, discreción, comedimiento". Por tanto, establecer que los Archivos de la Administración son por su naturaleza reservados para el servicio oficial, es señalar que sólo deben tener ese destino oficial, por lo que no deben ser abiertos, para lo cual deben ser manejados con circunspección.

La reserva de los archivos oficiales, por tanto, no equivale a que tengan carácter secreto. Reserva no es secreto, pues aquélla implica sólo que el uso de los archivos no es público ni libre, y sólo debe usarse para el servicio oficial.

Ahora bien, la investigación que realice un cuerpo parlamentario es, sin duda, de carácter oficial, pues se trata de una actividad del Estado, por lo que un funcionario público no podría invocar, en ningún caso, la sola norma del artículo 54 de la Ley Orgánica de la Administración Central, para eximirse de la obligación que le impone el artículo 160 de la Constitución, de suministrar informaciones y documentos que formen parte de los Archivos de la Administración, y que se requieran para el cumplimiento de sus funciones.

En todo caso, debe destacarse que el hecho de que los Archivos de la Administración tengan carácter reservado para el servicio oficial implica que "para consulta de los mismos por otros funcionarios o particulares, deberá recaer autorización especial y concreta del órgano superior respectivo" (Art. 54).

Sin embargo, a pesar de la reserva, como principio puede acordarse judicialmente la copia, exhibición o inspección de determinado documento, expediente, libro o registro (Art. 55) y asimismo, pueden expedirse las copias certificadas que soliciten los interesados (Art. 59). La excepción a estas dos posibilidades es que "por razones de seguridad u oportunidad para el Estado" el órgano respectivo de la Administración resuelva que el documento tenga "carácter reservado o confidencial".

Por otra parte, debe señalarse que la confidencialidad de ciertos documentos, declarada por el funcionario superior jerárquico de un organismo, se configura también como la única limitación al derecho que, conforme a la Ley Orgánica de Procedimientos Administrativos, tienen los interesados a tener acceso al expediente respectivo. El artículo 59 de dicha ley, en efecto, después de consagrar el derecho de los interesados y sus representantes, de examinar en cualquier estado o grado del procedimiento, leer y copiar cualquier documento contenido en el expediente, así como pedir certificación del mismo, exceptúa "los documentos calificados como confidenciales por el superior jerárquico, los cuales serán archivados en cuerpos separados del expediente", aun cuando exige que la calificación de confidencial se haga mediante acto motivado.

Sin embargo, la sola declaración de un documento como reservado o confidencial no configura el secreto de Estado al cual nos hemos referido anteriormente. El secreto, tal como se ha analizado, no puede depender de una declaración concreta de un funcionario, sobre un determinado documento. Hay, en efecto, actividades e informaciones que por su naturaleza son secretas, y por tanto, lo son también las informaciones o documentos que les conciernan. Sólo cuando existan estas actividades o informaciones secretas, puede alegarse que no hay la necesidad de cumplir con la obligación prevista en el artículo 160 de la Constitución, pues siempre que ese secreto exista, su violación, así sea ante los cuerpos legislativos, podría originar un hecho delictuoso por la violación del secreto.

Por tanto, la sola naturaleza de los Archivos de la Administración, de estar reservados para el servicio oficial, o la sola declaratoria, en concreto, de que un documento es de carácter reservado o confidencial, no bastan para configurar el secreto como eximente de la obligación de informar a los cuerpos legislativos que prescribe el artículo 160 de la Constitución. Pueden, en cambio, sólo servir para detener una actividad judicial en favor de un particular si se estima que por razones de seguridad u oportunidad para el Estado, deben permanecer confidenciales; o para impedir su conocimiento por el interesado en un procedimiento administrativo.

5. *Formalidades para el ejercicio de la potestad investigativa por los Cuerpos Legislativos*

De acuerdo a lo prescrito en el artículo 160 de la Constitución, los funcionarios públicos y los particulares están obligados a comparecer ante los cuerpos legislativos y a suministrarles, salvo las excepciones antes mencionadas, las informaciones y documentos que requieran para el cumplimiento de sus funciones. El mismo artículo especificó unas formalidades a ser cumplidas por los cuerpos legislativos: "En todo caso se notificará al interesado el objeto de su citación con cuarenta y ocho horas de anticipación, cuando menos".

Por tanto, de acuerdo al texto constitucional, las formalidades a cumplir son las siguientes:

1. La potestad investigativa, como se dijo, es de los cuerpos legislativos, no de los miembros de las Cámaras Legislativas considerados individualmente, y las investigaciones deben realizarse "en conformidad con el reglamen-

to". Los cuerpos legislativos, en este contexto, son las Cámaras, la Comisión Delegada, la Comisión Legislativa, las Comisiones Permanentes creadas en los Reglamentos y las Comisiones creadas formalmente por las Cámaras.

2. La obligación de comparecer que incumbe a los particulares y funcionarios sólo es efectiva si se les notifica del objeto de su citación con 48 horas de anticipación, cuando menos.
3. Las informaciones y documentos qué se pueden solicitar de funcionarios y particulares deben ser necesarios para el cumplimiento de las funciones de los cuerpos legislativos, y son éstos los que deben acordar o resolver este requerimiento. Por tanto, su requerimiento no corresponde ni al Presidente de las Comisiones ni a los parlamentarios individualmente.

Estas formalidades han sido detalladas en los Reglamentos Interiores y de Debates de la Cámara de Diputados y del Senado, en los cuales se indica ante todo cuáles son los organismos que se consideran como cuerpos legislativos: las Comisiones Permanentes, las Comisiones Especiales y sus Subcomisiones.

Estos Reglamentos precisan las siguientes formalidades adicionales a las previstas en el texto constitucional:

1. Si el citado a comparecer y a suministrar información es un Ministro del Ejecutivo, sólo pueden hacerlo las Comisiones Permanentes o Especiales; y éstas deben informarlo previamente al Presidente de la respectiva Cámara. Además, debe indicarse en la invitación que debe formularse al Ministro los puntos sobre los cuales se le solicita información, lo cual sólo debe versar sobre asuntos relativos a su ministerio. En todo caso, debe invitarse al Ministro con tres días de anticipación por lo menos (Art. 58 del Reglamento del Senado y Art. 60 del Reglamento de la Cámara de Diputados).
2. Si el requerimiento de comparecencia se formula a otro funcionario público y a los particulares, pueden hacerlo tanto las Comisiones Permanentes y Especiales como las Subcomisiones, y ello puede hacerse para solicitarles informes, declaraciones u opiniones, en los casos cuya importancia lo requiera. En todo caso, deberá también informarse previamente ala Presidencia de la Cámara respectiva (Art. 59 del Reglamento del Senado y Art. 61 del Reglamento de la Cámara de Diputados)
3. Las reuniones de las Comisiones podrán ser públicas cuando a ellas se permita el acceso de personas extrañas a la Cámara; privadas, cuando esta asistencia se limite a las personas extrañas a la Cámara expresamente invitadas por la Comisión; y secretas, cuando tengan derecho de asistencia solamente los miembros de la Comisión y los parlamentarios que hubieren manifestado con anticipación a la Presidencia -de la Comisión su deseo de concurrir. La determinación del carácter privado o secreto de las reuniones lo hará la Presidencia de la Comisión respectiva, previa consulta con la Comisión (Art. 56 del Reglamento del Senado y Art. 58 del Reglamento de la Cámara de Diputados).

De estas disposiciones se evidencia que las sesiones en las cuales se convoca a un funcionario público o a un particular a suministrar informaciones, a declarar o a suministrar documentos, sólo pueden ser públicas o privadas. Jamás podrían ser secretas conforme a los Reglamentos, pues a éstas sólo pueden asistir miembros de las Cámaras Legislativas.

IV. EL PODER JUDICIAL

Tal como lo indica el artículo 204 de la Constitución, el Poder Judicial se ejerce por la Corte Suprema de Justicia y por los demás Tribunales que determine la Ley Orgánica.

Ahora bien, antes de precisar los principios constitucionales que rigen a la Corte Suprema de Justicia, establecer las líneas generales de organización de los demás tribunales del país y analizar algunos de sus problemas, es indispensable analizar las características generales del Poder Judicial, a la luz de los principios constitucionales.

1. *Características Del Poder Judicial*

A. *Poder Judicial y la distribución del Poder Público*

Hemos dicho que el Poder Público es una potestad genérica de actuar que permite a los órganos del Estado venezolano, cumplir sus funciones y alcanzar los fines de interés general que se les han encomendado. Este Poder Público, hemos visto, constitucionalmente se ha distribuido vertical y horizontalmente, dando origen a los principios de descentralización política federal y de separación orgánica de poderes.

El Poder Judicial en Venezuela, sin embargo, no está distribuido verticalmente y es un monopolio del Poder Nacional. Por tanto, desde la Constitución de 1945 no existe Poder Judicial en los Estados ni en los Municipios. De allí que se haya hablado de la "nacionalización de la justicia".

En consecuencia, sólo pueden ejercer el Poder Judicial los Tribunales nacionales que determine la ley orgánica nacional.

B. *El Poder Judicial y la función jurisdiccional*

Los órganos que tienen atribuido constitucionalmente el Poder Judicial, es decir, la Corte Suprema de Justicia y los demás Tribunales que determinan las leyes orgánicas, ejercen como función propia la función jurisdiccional, en los términos que hemos analizado anteriormente; pero con la advertencia de que no se trata de una función que ejercen exclusivamente los órganos judiciales ni excluye el que estos órganos puedan ejercer otras funciones del Estado, como la función administrativa o la función normativa. Nos remitimos a lo ya analizado en forma extensa, en torno a este planteamiento. Por tanto, la función jurisdiccional, es decir, la tarea esencial del Estado de resolver conflictos entre partes, no es un monopolio de los órganos judiciales, es decir, de la Corte Suprema y demás Tribunales, aun cuando sin duda, es la función propia que ejercen regularmente.

C. *Los Tribunales y el derecho individual de acceder a la justicia*

La función jurisdiccional ejercida por los Tribunales es, además, una garantía constitucional, que impide el que los ciudadanos puedan hacerse justicia por sí mismos. Por ello, el acceso a los órganos judiciales se establece como un derecho individual de las personas en el artículo 68 de la Constitución, en los siguientes términos:

Todos pueden utilizar los órganos de la Administración de Justicia para la defensa de sus derechos e intereses, en los términos y condiciones establecidos por la ley, la cual fijará normas que aseguren el ejercicio de este derecho a quienes no dispongan de medios suficientes.

Esta norma, todavía inejecutada en su última parte, abre la vía para la democratización de la justicia y permitir el adecuado acceso a los Tribunales.

Por otra parte, la propia Constitución garantiza también a los particulares, la igualdad en el ejercicio del Poder Judicial por los Tribunales, al establecer como un derecho individual el que "nadie podrá ser juzgado sino por sus jueces naturales" (Art. 69), lo que impide el establecimiento de Tribunales ad hoc para juzgar a determinadas personas, o el someterlas a la jurisdicción de Tribunales establecidos para determinadas categorías de sujetos.

En esta forma, es la Ley Orgánica del Poder Judicial[1816], por ejemplo, la que precisa que "corresponde al Poder Judicial conocer, salvo las excepciones expresamente establecidas por la Ley, de las causas y asuntos civiles, mercantiles, penales, del trabajo, de menores, militares, políticos, administrativos y fiscales, cualesquiera que sean las personas que intervengan; decidirlos definitivamente y ejecutar o hacer ejecutar las sentencias que dictare" (Art. 4).

D. *Los Tribunales y el control de la constitucionalidad y legalidad de los actos estatales*

La consecuencia fundamental del postulado de la supremacía constitucional, que como principio básico de nuestro ordenamiento constitucional exige que todos los actos estatales estén sometidos a sus disposiciones, es la previsión de medios jurídicos destinados a garantizar su efectividad. El Estado de Derecho, en este sentido, no tendría plena vigencia, si los particulares no pudieran promover algún control de la constitucionalidad de aquellos actos.

Como medio para garantizar este Estado de Derecho, el ordenamiento constitucional y legal venezolano organiza el Poder Judicial y consagra una serie de recursos jurisdiccionales y defensas judiciales que, indudablemente, constituyen, formalmente, uno de los catálogos más completos que pueden encontrarse en el derecho comparado. En efecto, los actos emanados del Poder Judicial pueden ser cuestionados a través de los recursos de apelación que el ordenamiento procesal consagra, y algunos de ellos, los más importantes, pueden ser impugnados mediante el recurso de casación por ante la Corte Suprema de Justicia[1817]. Mediante éste, la Corte ejerce un control de la constitucionalidad y legalidad de los actos judiciales[1818]. Los actos

---

1816 Véase en *Gaceta Oficial* N° 3995 Extra de 13-8-87

1817 Artículo 215, Ordinal 10, de la Constitución. Los actos judiciales, por tanto, no pueden ser objeto del recurso de inconstitucionalidad: *Cfr.* sentencia de la CF de 20-5-55 en GF, N° 8, 1955, pp. 96 a 99; y sentencias de la CSJ en SPA de 7-11-63 en GF, N° 42, pp. 240 y ss., y de 27-5-64 en GF, 44, 1963 p. 78.

1818 Véase Allan R. Brewer-Carías "El Proceso de Impugnación en el Recurso de Casación", *Revista Rayos*, UCAB, números 7-8, Caracas, 1962, p. 38.

administrativos generales o individuales, por otra parte, pueden ser impugnados por ante la misma Corte Suprema de Justicia mediante el recurso contencioso-administrativo de anulación, en cuyo conocimiento la Corte ejerce el control de la constitucionalidad y legalidad de los mismos, es decir, controla la conformidad con el derecho de los actos administrativos[1819]. Por último, la Corte Suprema de Justicia también es competente para conocer del recurso de inconstitucionalidad, es decir, para controlar la constitucionalidad de "las leyes nacionales y demás actos de los cuerpos legislativos", "de las leyes estadales, de las ordenanzas municipales y demás actos de los cuerpos deliberantes de los Estados o Municipios", y de los "Reglamentos y demás actos del Ejecutivo Nacional"[1820]. En esta forma, todos los actos estadales o, en otras palabras, todos los actos dictados en ejercicio del Poder Público, caen bajo el control de la constitucionalidad del Poder Judicial, sea de la Corte Suprema de Justicia directamente, sea de los demás Tribunales de la República en los casos de la mayoría de los actos judiciales. De acuerdo a ello, entonces, indudablemente que en la aplicación del principio de la separación de poderes en Venezuela, corresponde al Poder Judicial asumir el papel de fiel de la balanza entre los diversos órganos estatales respecto de su conformidad constitucional.

E. *La autonomía o independencia de los jueces*

De acuerdo con lo establecido en el artículo 205 de la Constitución, "en el ejercicio de sus funciones los jueces son autónomos e independientes de los demás órganos del Poder Público".

De acuerdo a esto, los jueces son autónomos en el ejercicio de sus funciones, en el sentido de que al desarrollarlas sólo están sometidos a la ley y no están sujetos, para la adopción de sus decisiones, a órdenes ni directrices, no sólo de órganos extraños al ámbito judicial, sino de los mismos Tribunales Superiores. Pero además, la Constitución dispone que los jueces en el ejercicio de sus funciones son también independientes de los demás órganos del Poder Público, y particularmente, en el sistema de distribución horizontal del Poder, de los órganos que ejercen el Poder Ejecutivo y de los órganos que ejercen el Poder Legislativo. Ello se reitera en el artículo 160 de la Constitución, al consagrar las facultades de investigación de las Cámaras Legislativas, y precisar que el ejercicio de tal facultad de investigación "no afecta las atribuciones que correspondan al Poder Judicial de acuerdo con esta Constitución y las leyes". Además, el artículo 241, cuando consagra las facultades extraordinarias del Presidente de la República de declarar el estado de emergencia o de restringir o suspender las garantías constitucionales, aclara que esta última "no interrumpe el funcionamiento ni afecta las prerrogativas de los órganos del Poder Nacional", incluyendo, por supuesto, los órganos que ejercen el Poder Judicial.

En todo caso, y como reflejo de esta autonomía e independencia, para asegurarla, la Constitución impone a "las demás autoridades de la República" la obligación de prestar a los jueces "la colaboración que éstos requieran para el mejor cumplimiento de sus funciones" (Art. 209).

1819 Artículos 206 y 215, ordinal 7, de la Constitución.

1820 Artículo 215, ordinales 3,4 y 6 de la Constitución.

Debe señalarse, por último, que la Constitución también previo la existencia de un órgano, con autonomía funcional, para "asegurar la independencia, eficacia, disciplina y decoro de los Tribunales y de garantizar a los jueces los beneficios de la carrera judicial" (Art. 217). Este es el Consejo de la Judicatura, cuya organización y atribuciones los fijó la Ley Orgánica del Poder Judicial de 1969, en el cual, de acuerdo con la Constitución, se dio "adecuada representación a las otras ramas del Poder Público" (Art. 217); ello para asegurar su independencia.

Debe señalarse, por último, que es la Ley Orgánica del Consejo de la Judicatura[1821], al regular sus funciones la que determina lo relativo a los medios de atender a sus funciones, la que determina lo relativo a la inspección del funcionamiento de los Tribunales, a los medios de atender a sus funciones, la que determina lo relativo a la inspección del funcionamiento de los Tribunales, a los medios de atender a sus necesidades funcionales y administrativas y a la organización de los servicios auxiliares de justicia, todo ello sin menoscabo de la autonomía e independencia de los jueces.

Por supuesto, uno de los instrumentos de mayor importancia para asegurar, efectivamente, la independencia y autonomía de los jueces, es el establecimiento de principios de carrera judicial, que aseguren la estabilidad de los jueces y un adecuado sistema de nombramiento, sin la participación exclusiva de uno de los Poderes Públicos.

Por ello, el artículo 207 establece que "la ley proveerá lo conducente para el establecimiento de la carrera judicial y para asegurar la idoneidad, estabilidad e independencia de los jueces, y establecerá las normas relativas a la competencia, organización y funcionamiento de los Tribunales en cuanto no esté previsto en esta Constitución". Además, el artículo 208 garantiza a los jueces el que "no podrán ser removidos ni suspendidos en el ejercicio de sus funciones sino en los casos y mediante el procedimiento que determine la Ley".

En ejecución de estas normas constitucionales, en 1980 se dictó la Ley de Carrera Judicial, la cual reguló no sólo el escalafón judicial, sino las normas de ingreso, de permanencia y de terminación de la carrera judicial.

2. *Las bases constitucionales para la administración de justicia*

La administración de justicia en Venezuela, por la Corte Suprema de Justicia y los Tribunales establecidos por ley, con el objeto de asegurar la autonomía e independencia de los jueces, está montada sobre dos bases o principios constitucionales: en primer lugar, la previsión de la existencia de un órgano administrativo con autonomía funcional, el Consejo de la Judicatura, a cuyo cargo está la conducción del sistema administrativo de la justicia, incluso, el de inspección de los Tribunales, lo cual sin embargo, no debe menoscabar la autonomía e independencia de los jueces; y en segundo lugar, el establecimiento de la carrera judicial, a los efectos de asegurar la estabilidad de los jueces, cuya administración corresponde también al mencionado Consejo.

1821 *Gaceta Oficial* N° 34.068 de 7-10-88.

Estas bases constitucionales del texto de 1961, buscaban cambiar radicalmente la situación institucional anterior, regulada en la vieja Ley Orgánica del Poder Judicial (1956), conforme a la cual en el nombramiento de los jueces intervenían los órganos del Poder Ejecutivo, sea mediante la presentación, por el Ministro de Justicia, de una terna a la antigua Corte Federal, para la designación por ésta, de entre cada terna, de los jueces (Arts. 34 y 35); sea mediante la designación ejecutiva directa de ciertos jueces, como los jueces de instrucción, que eran de libre nombramiento y remoción por el Ministro de Justicia; situación que además, asignaba al propio Ministro de Justicia, la inspección y vigilancia de los Tribunales (Art. 136).

Esta situación que buscó cambiar la Constitución de 1961, eliminando la injerencia de los órganos del Poder Ejecutivo en el funcionamiento del Poder Judicial, comenzó a ser transformada a partir de 1969 con la promulgación de la Ley Orgánica del Poder Judicial, que creó el Consejo de la Judicatura; en 1980 con la promulgación de la Ley de Carrera Judicial; y en 1988 con la promulgación de la Ley Orgánica del Consejo de la Judicatura.

A. *El Consejo de la Judicatura*

La Ley Orgánica del Poder Judicial de 26 de agosto de 1969[1822], creó el Consejo de la Judicatura como un órgano administrativo con autonomía funcional, independiente, por tanto, de los órganos que ejercen los tres clásicos Poderes del Estado: el Congreso, el Ejecutivo Nacional y la misma Corte Suprema de Justicia, aun cuando de acuerdo a la Constitución (Art. 217), como se ha dicho, en el Consejo, la ley debía darle "adecuada representación a las otras ramas del Poder Público", además del Poder Judicial. Con ello, como lo afirmó la Exposición de Motivos del Proyecto de Constitución, "se persigue ofrecer al Poder Judicial el concurso del Poder Legislativo y el Ejecutivo que tan necesario es para su funcionamiento"[1823].

En esta forma, la Ley Orgánica creó el Consejo de la Judicatura el cual a partir de 1988 está regulado por su propia Ley Orgánica y formado por 5 miembros: tres designados por la Sala Plena de la Corte Suprema de Justicia; uno designado por el Congreso de la República, y uno designado por el Ejecutivo Nacional[1824]. Este organismo, que de acuerdo a la Constitución, debía tener por objeto "asegurar la independencia, eficacia, disciplina y decoro de los Tribunales y de garantizar a los jueces los beneficios de la carrera judicial" (Art. 217), precisamente por la inexistencia de la carrera judicial en 1969, entre otros aspectos, provocó el veto presidencial de la Ley Orgánica y el sometimiento a la Corte Suprema de Justicia de la cuestión de la constitucionalidad de la Ley[1825]. La Ley sin embargo, entró en vigencia, pero lamen-

---

1822 Reformada parcialmente en 1976 (*Gaceta Oficial* N° 1.692 Extra de 4-10- 74) y en 1987 (*Gaceta Oficial* N° 3.995 Extra de 13-8-87).

1823 Véase en *Revista de la Facultad de Derecho*, N° 21, pp. 405 y 406.

1824 Artículo 7.

1825 Véase las referencias completas al proceso en Jesús Petit Da Costa. "El Consejo de la Judicatura" en *Estudios sobre la Constitución. Libro Homenaje a Rafael Caldera*, Tomo IV, Caracas, 1979, pp. 2.391 a 2.427. Sobre este organismo, véase también, Arístides Rengel Romberg, "El Consejo de la Judicatura", en *Estudios sobre la Constitución, cit.,* pp. 2.429 a 2.462. Asimismo, sobre el juicio de nulidad de la Ley Orgánica, véase César Naranjo Osty, "Veto presidencial. Demanda de nulidad de la Ley de Retablemente el Consejo de la Judicatura, no sólo no aseguró la carrera judicial, por su efectiva inexistencia, sino que no aseguró el decoro y la disciplina de los Tribunales por la conformación político-partidista de los miembros designados del Consejo, lo que contribuyó a una lamentable politización del Poder Judicial. La designación de los jueces por el Consejo dé la Judicatura, que previo la Ley, sustituyendo la injerencia que antes tenía el Ministro de Justicia por la conformación de las ternas que se sometían a la vieja Corte Federal, por sí sola no fue un factor que aumentara la independencia de los jueces, pues la designación de éstos sin que previamente se hubiese dictado la Ley de Carrera Judicial que determinara las condiciones y requisitos para ser juez, convirtió a los jueces en dependientes de este nuevo organismo político-partidista que se creó.

La situación comenzó a cambiar a partir de 1988 con la Ley Orgánica del Consejo de la Judicatura y el inicio de la aplicación de la carrera judicial. Al final de esta parte, en todo caso, insistiremos en el estudio de los problemas del Poder Judicial.

En todo caso, el Consejo de la Judicatura tiene las siguientes atribuciones fundamentales:

a) Fijar la política judicial de la República y en general todo cuanto atañe al gobierno del Poder Judicial.
b) Vigilar la eficiencia, rendimiento y conducta de los jueces.
c) Iniciar los procesos disciplinarios que deban seguirse contra los jueces.
d) Crear jurisdicciones, tribunales ordinarios y especiales; suprimir los existentes; especializar o no su competencia y convertir los unipersonales en colegiados y viceversa.
e) Establecer y modificar la competencia de los Tribunales por el territorio y por la cuantía.

Además, el Consejo de la Judicatura es el órgano rector y responsable de la carrera judicial.

Particularmente, en cuanto a la inspección y vigilancia de los Tribunales y al ejercicio de la potestad disciplinaria sobre los jueces, sin embargo, debe destacarse que la actuación del Consejo de la Judicatura no puede lesionar la autonomía e independencia de los jueces. Expresamente, el artículo 210 de la Constitución lo precisa: "La Ley determinará lo relativo a la inspección del funcionamiento de los Tribunales, a los medios de atender sus necesidades funcionales y administrativas y a la organización de los servicios auxiliares de la justicia, todo ello sin menoscabo de la autonomía e independencia de los jueces". Por tanto, la imposición de sanciones disciplinarias a un Juez por la adopción de una decisión judicial que en el fondo pueda no ser compartida por el Consejo de la Judicatura, sería sin duda, un atentado a la independencia y autonomía de los jueces[1826].

---

forma Parcial de la Ley Orgánica del Poder Judicial. Críticas jurídicas" en *Estudios sobre la Constitución..., cit.*, pp. 2.463 a 2.491.

1826 Véase, por ejemplo, los comentarios a la decisión del Consejo de la Judicatura de 26 de septiembre de 1984, mediante la cual destituyó a un Juez de la jurisdicción penal en El Universal, Caracas, 27-9-84, p.

B. *La carrera judicial*

Hemos señalado otra de las exigencias básicas de la Constitución respecto del Poder Judicial, lo constituye la carrera judicial, a lo cual el texto fundamental destina dos normas: en primer lugar, el artículo 207 en el cual prescribe que "la ley proveerá, lo conducente para el establecimiento de la carrera judicial y para asegurar la idoneidad, estabilidad e independencia de los jueces"; y en segundo lugar, el artículo 208 que prescribe que "los jueces no podrán ser removidos ni suspendidos en el ejercicio de sus funciones sino en los casos y mediante el procedimiento que determine la ley".

Con base en estas disposiciones el 30 de diciembre de 1980 se promulgó la Ley de Carrera Judicial[1827] con la "finalidad de asegurar la idoneidad, estabilidad e independencia de los jueces y reglar las condiciones para su ingreso, permanencia y terminación en el ejercicio de la judicatura, así como determinar la responsabilidad disciplinaria en que incurran los jueces en el ejercicio de sus funciones" (Art. 1). A tal efecto la Ley de Carrera Judicial establece la carrera judicial por una parte, y la estabilidad de los jueces en el desempeño de sus funciones.

En cuanto a la carrera judicial, se establece con una duración de 30 años (Art. 7), mediante reglas de ingreso a través de concursos (Arts. 13 y 25), permanencia (Arts. 29 a 43), a través de un escalafón (Arts. 8 a 12) y terminación (Arts. 44 a 50). En cuanto a la estabilidad, la ley la garantiza de manera que los jueces sólo podrán ser removidos o suspendidos en el ejercicio de sus funciones en los casos y mediante los procedimientos previstos en la ley (Art. 3). En tal sentido, la terminación de la carrera de acuerdo a la ley se produce por destitución (Art. 44), para lo cual se prevé un procedimiento disciplinario (Arts. 51 a 64), o por jubilación o pensión (Arts. 45 a 50).

En esta forma, de acuerdo a esta Ley y para los ingresos a la carrera judicial, luego de haberse concedido estabilidad a todos los jueces nombrados para el momento de la promulgación de la ley, aquéllos deben efectuarse mediante concursos, los cuales comenzaron a ser convocados en 1984. En cuanto a la facultad del Consejo de la Judicatura de designar a los jueces al inicio de cada período constitucional, prevista en el artículo 121, literal a) de la Ley Orgánica del Poder Judicial, en realidad, frente a la carrera judicial, se trata de una formalidad de ratificación de los jueces que se produce sólo si no están incursos en alguna de las situaciones de terminación de la carrera.

3. *La organización básica de los tribunales, en particular la Corte Suprema de Justicia*

Como se ha dicho, el Poder Judicial se ejerce en Venezuela por la Corte Suprema de Justicia y por los demás Tribunales que determine la Ley Orgánica. De esta previsión del artículo 204 de la Constitución resulta en primer lugar, que en el sis-

---

1-37; El Nacional, Caracas, 27-9-84, p. D-l y 28-9-84, p. D-19, véase sobre ello. Jesús Petit Da Costa. "Nuestro Voto Salvado". *El Diario de Caracas*, 2-10-84, p. 7.

1827 Véase en *Gaceta Oficial* N° 2.711 Extra de 30-12-80. Véase los comentarios de Armida Quintana ,*Ley de Carrera Judicial*, Editorial Jurídica Venezolana, Caracas 1989.

tema de distribución del Poder Público sólo la Corte Suprema y los Tribunales pueden ejercer el Poder Judicial, por lo que ningún otro órgano del Estado, ni siquiera el Consejo de la Judicatura, ejerce el Poder Judicial. Ello no implica, por supuesto, como ha quedado dicho, que la función jurisdiccional sea de ejercicio exclusivo de los órganos del Poder Judicial, pues al contrario, otros órganos del Estado, particularmente en los que ejercen la rama Ejecutiva, ejercen la función jurisdiccional. En segundo lugar, resulta también de esa norma constitucional, que el Poder Judicial no es objeto de distribución vertical en nuestro sistema federal, por lo que es sólo de carácter nacional. No hay por tanto "poder judicial" en los Estados de nuestra Federación: sólo hay un Poder Judicial que corresponde a la República, por lo que incluso en la Constitución, ni siquiera se lo califica de "Nacional", contrariamente a lo que se prevé respecto del Poder Legislativo Nacional y del Poder Ejecutivo en los Títulos V y VI de la Constitución. En tercer lugar de dicha norma deriva también el establecimiento de una reserva legal en materia de establecimiento de Tribunales a favor del Congreso, y no sólo a través de Ley, sino de Ley Orgánica, conforme al artículo 163 de la Constitución.

Ahora bien, en base a ello, interesa analizar particularmente las líneas básicas de organización y competencias de la Corte Suprema de Justicia, que como lo indica el artículo 211 de la Constitución, es el, más alto Tribunal de la República, razón por la cual, contra sus decisiones no se oirá ni admitirá recursos alguno. Está regulada en la Ley Orgánica de la Corte Suprema de Justicia de 1976[1828], la cual además declara a la Corte como la máxima representación del Poder Judicial (Art. 1).

A. *Funcionamiento y composición*

La Corte Suprema de Justicia funciona en Pleno (Corte Plena) y en tres Salas: la Sala Político-Administrativa, la Sala de Casación Civil y la Sala de Casación Penal. Estas Salas pueden ser aumentadas por acuerdo del Congreso, en sesión conjunta, aprobado por las dos terceras partes de sus miembros[1829].

Cada Sala está compuesta de cinco Magistrados[1830] pero el número de éstos en cada Sala, puede ser aumentado por acuerdo del Congreso en sesión conjunta, aprobado por las dos terceras partes de sus miembros[1831].

El quórum requerido para deliberar en la Corte en Pleno y en cada una de las Salas, es de las cuatro quintas partes de los Magistrados que respectivamente las formen (Art. 54 LOCSJ), y para que sean válidas las decisiones de la Corte en Pleno o en cualquiera de sus Salas, se requiere el voto de la mayoría absoluta de sus miembros (Art. 55 LOCSJ).

1828 Véase la Ley en *Gaceta Oficial* N° 1.893 Extra de 30-7-76. En general sobre la Ley, véase Ezequiel Monsalve Casado: "La Corte Suprema de Justicia", y Josefina Calcaño de Temeltas, "La Corte Suprema de Justicia", en *Estudios sobre la Constitución. Libro Homenaje a Rafael Caldera*, Tomo IV, Caracas, 1979, pp. 2.241 a 2.282 y 2.283 a 2.343, respectivamente. Véase asimismo Josefina Calcaño de Temeltas, "Aspectos Generales del Régimen de la Corte Suprema de Justicia" en Allan R. Brewer-Carías y Josefina Calcaño de Temeltas, *Ley Orgánica de la Corte Suprema de Justicia*, Caracas, 1991, pp. 9 a 128.

1829 Artículo 212 de la Constitución y artículos 4 y 24 LOCSJ.

1830 Artículo 212 de la Constitución.

1831 Artículo 4 LOCSJ.

Para ser Magistrado de la Corte Suprema se requiere ser venezolano por nacimiento, abogado, mayor de treinta años[1832], y reunir además las siguientes condiciones: estar en pleno goce de sus derechos y facultades, haber actuado en la judicatura, ejercido la profesión de abogado o prestado sus servicios en la docencia o en instituciones públicas o privadas en materia jurídica por más de diez años[1833].

Los Magistrados de la Corte Suprema de Justicia son elegidos por las Cámaras en sesión conjunta por períodos de nueve años, renovándose por terceras partes cada tres años[1834].

B. *Competencias*

La Corte Suprema de Justicia tiene por función primordial "controlar, de acuerdo con la Constitución y las Leyes, la constitucionalidad y legalidad de los actos del Poder Público"[1835].

Las competencias básicas de la Corte Suprema de Justicia están establecidas en el artículo 215 de la Constitución y desarrolladas en el artículo 42 de la Ley Orgánica de la Corte Suprema de Justicia, en la siguiente forma:

a. *En Corte Plena*

Los ordinales 1° al 6° del artículo 215 de la Constitución disponen las siguientes atribuciones de la Corte Plena:

1° Declarar si hay o no mérito para el enjuiciamiento del Presidente dé la República o quien haga sus veces, y, en caso afirmativo, continuar conociendo de la causa, previa autorización del Senado, hasta sentencia definitiva.

2° Declarar si hay o no mérito para el enjuiciamiento de los miembros del Congreso o de la propia Corte, de los Ministros, el Fiscal General, el Procurador General o el Contralor General de la República, los Gobernadores y los jefes de misiones diplomáticas de la República y, en caso afirmativo, pasar los autos al Tribunal ordinario competente, si el delito fuere común, o continuar conociendo de la causa hasta sentencia definitiva, cuando se trate de delitos políticos, salvo lo dispuesto en el artículo 144, con respecto a los miembros del Congreso.

3° Declarar la nulidad total o parcial de las leyes nacionales y demás actos de los cuerpos legislativos que colidan con esta Constitución.

4° Declarar la nulidad total o parcial de las leyes estadales, de las ordenanzas municipales y demás actos de los cuerpos deliberantes de los Estados o Municipios que colidan con esta Constitución.

1832 Artículo 213 de la Constitución

1833 Artículo 5 LOCSJ

1834 A tal efecto, la Disposición Transitoria Décima Quinta de la Constitución dispuso que para el período constitucional 1964-1969, las Cámaras Legislativas al elegir los Magistrados debían señalar los que durarían nueve, seis y tres años, respectivamente.

1835 Artículo 8.

5° Resolver las colisiones que existan entre diversas disposiciones legales y declarar cuál de éstas debe prevalecer.

6° Declarar la nulidad de los reglamentos y demás actos del Ejecutivo Nacional cuando sean violatorios de esta Constitución.

Estas competencias están desarrolladas en los ordinales 1° al 8° del artículo 42 LOCSJ, que precisan la competencia de la Corte Plena para los siguientes asuntos:

Ord. 1° Declarar la nulidad total o parcial de las leyes y demás actos generales de los cuerpos legislativos nacionales, que colidan con la Constitución.

Ord. 2° Decidir acerca de la inconstitucionalidad de las leyes que solicite el Presidente de la República antes de ponerle el ejecútese, conforme al artículo 173 de la Constitución.

Ord. 3° Declarar la nulidad total o parcial de las constituciones o leyes estadales, de las ordenanzas municipales y demás actos generales de los cuerpos deliberantes de los Estados o Municipios, que colidan con la Constitución.

Ord. 4° Declarar la nulidad total o parcial de los reglamentos y demás actos de efectos generales del Poder Ejecutivo Nacional, que colidan con la Constitución.

Ord. 5° Declarar si hay o no mérito para el enjuiciamiento de los funcionarios a que se refieren los ordinales 1° y 2° del artículo 215 de la Constitución, y conocer de las respectivas causas cuando sea procedente.

Ord. 6° Resolver las colisiones que existan entre diversas disposiciones legales y declarar cuál de ellas debe prevalecer.

Ord. 7° Resolver los conflictos de cualquier naturaleza que puedan suscitarse entre las Salas que la integran o entre los funcionarios de la propia Corte, con motivo de sus funciones.

Ord. 8° Conocer de las causas civiles que, por enriquecimiento ilícito, se propongan contra el Presidente de la República o quien haga sus veces.

b. *En Sala Político-Administrativa*

De acuerdo a los ordinales 7° al 9° del artículo 215 de la Constitución, corresponde a la Sala Político Administrativa de la Corte Suprema las siguientes atribuciones:

Ord. 7° Declarar la nulidad de los actos administrativos del Ejecutivo Nacional, cuando sea procedente.

Ord. 8° Dirimir las controversias en que una de las partes sea la República o algún Estado o Municipio, cuando la otra parte sea alguna de esas mismas entidades, a menos que se trate de controversias entre Municipios de un mismo Estado, caso en el cual la ley podrá atribuir su conocimiento a otro Tribunal.

Ord. 9° Decidir los conflictos de competencia entre Tribunales, sean ordinarios o especiales, cuando no exista otro tribunal superior y común a ellos en el orden jerárquico.

Estas atribuciones han sido desarrolladas en los ordinales 9 al 29 del artículo 42 LOCSJ, que le atribuye competencia a la Corte Suprema en Sala Político-Administrativa para:

Ord. 9° Declarar la nulidad, cuando sea procedente por razones de ilegalidad, de los actos generales de los órganos unipersonales o colegiados del Poder Público, salvo en los casos previstos en las disposiciones transitorias de esta Ley.

Ord. 10. Declarar la nulidad, cuando sea procedente por razones de inconstitucionalidad o de ilegalidad, de los actos administrativos individuales del Poder Ejecutivo Nacional.

Ord. 11. Declarar la nulidad, cuando sea procedente por razones de inconstitucionalidad, de los actos de los órganos del Poder Público, en los casos no previstos en los ordinales 3°, 4° y 6° del artículo 215 de la Constitución.

Ord. 12. Declarar la nulidad, cuando sea procedente por razones de inconstitucionalidad o de ilegalidad, de los actos administrativos generales o individuales del Consejo Supremo Electoral o de otros órganos del Estado de igual jerarquía a nivel nacional.

Ord. 13. Dirimir las controversias en que una de las partes sea la República o algún Estado o Municipio, cuando la contraparte sea otra de esas mismas entidades, en conformidad con lo dispuesto en el ordinal 8° del artículo 215 de la Constitución.

Ord. 14. Conocer de las cuestiones de cualquier naturaleza que se susciten con motivos de la interpretación, cumplimiento, caducidad, nulidad, validez o resolución de los contratos administrativos en los cuales sea parte la República, los Estados o las Municipalidades.

Ord. 15. Conocer de las acciones que se propongan contra la República, o algún Instituto Autónomo o empresa en la cual el Estado tenga participación decisiva, si su cuantía excede de cinco millones de bolívares, y su conocimiento no está atribuido a otra autoridad.

Ord. 16. Conocer de cualquier otra acción que se intente contra la República o alguno de los entes a que se refiere el ordinal anterior, si su conocimiento no estuviere atribuido a otra autoridad.

Ord. 17. Conocer de los juicios en que se ventilen varias acciones conexas, siempre que a la Corte esté atribuido el conocimiento de alguna de ellas.

Ord. 18. Conocer de las apelaciones que se interpongan contra las decisiones de los tribunales de lo contencioso-administrativo o de los tribunales ordinarios o especiales en los juicios en que sea parte o tenga interés la República, cuando su conocimiento no estuviere atribuido a otra autoridad.

Ord. 19. Conocer en apelación de los juicios de expropiación.

Ord. 20. Conocer de los recursos de hecho que se interpongan ante ella.

Ord. 21. Decidir los conflictos de competencia entre tribunales, sean ordinarios o especiales, cuando no exista otro tribunal superior y común a ellos en el orden jerárquico.

Ord. 22. Dirimir las controversias que se susciten entre autoridades políticas o administrativas de una misma o diferentes jurisdicciones con motivo de sus funciones, cuando la ley no atribuya competencia para ello a otra autoridad.

Ord. 23. Conocer de la abstención o negativa de los funcionarios nacionales a cumplir determinados actos a que estén obligados por las leyes, cuando sea procedente, en conformidad con ellas.

Ord. 24. Conocer del recurso de interpretación y resolver las consultas que se le formulen acerca del alcance e inteligencia de los textos legales, en los casos previstos en la Ley.

Ord. 25. Declarar la fuerza ejecutoria de las sentencias de autoridades extranjeras de acuerdo con lo dispuesto en los tratados internacionales o en la Ley.

Ord. 26. Conocer de las causas por hechos ocurridos en alta mar, en el espacio aéreo internacional o en puertos o territorios extranjeros, que puedan ser promovidas en la República, cuando su conocimiento no estuviese atribuido a otro Tribunal.

Ord. 27. Conocer de las causas que se sigan contra los representantes diplomáticos acreditados en la República, en los casos permitidos por el Derecho Internacional.

Ord. 28. Conocer de las causas de presa.

Ord. 29. Solicitar algún expediente que curse ante otro Tribunal, y avocarse al conocimiento del asunto, cuando lo juzgue pertinente.

Por último, la Sala Político-Administrativa de acuerdo a la última parte del artículo 43 LOCSJ, tiene competencia para conocer de cualquier otro asunto que sea de la competencia de la Corte, si no está atribuido a alguna de las otras Salas.

c. *En Sala de Casación Civil*

El artículo 215, ordinal 10 de la Constitución, atribuye a la Sala de Casación Civil "conocer del recurso de casación". La LOSCJ, en el ordinal 33 del artículo 42 asigna competencia a dicha Sala para:

> Ord. 33. Conocer del recurso de casación en los juicios civiles, mercantiles, del trabajo y en cualesquiera otros en que se consagre dicho recurso por ley especial[1836].

Además, la Sala de Casación Civil, si los juicios respectivos corresponden a la jurisdicción civil, mercantil, del trabajo o de alguna otra especial, tiene competencia para: Ord. 20. Conocer de los recursos de hecho que se interpongan ante ella. Ord. 21. Decidir los conflictos de competencia entre tribunales, sean ordinarios o especiales, cuando no exista otro tribunal superior y común a ellos en el orden jerárquico.

1836 Tal es el caso, por ejemplo, en materia militar conforme al Código de Justicia Militar (Art. 30); en materia agraria conforme a la Ley Orgánica de Tribunales y Procedimientos Agrarios (Art. 25); y en materia del trabajo de acuerdo al articulo 77 de la Ley Orgánica de Tribunales y Procedimientos del Trabajo.

Por último, la Sala de Casación Civil tiene la competencia residual establecida en el ordinal 34 LOCSJ, para:

> Ord. 34. Conocer de cualquier controversia o asunto litigioso que le atribuyan las leyes, o que le correspondan conforme a éstas en su condición de más alto Tribunal de la República.

d. *En Sala de Casación Especial*

De acuerdo a la Constitución, artículo 215, ordinal 10, también corresponde a la Sala de Casación Penal de la Corte Suprema, la atribución de "conocer del recurso de casación".

La Ley Orgánica de la Corte Suprema de Justicia, atribuye competencia a la Sala de Casación Civil, para:

> Ord. 30. Declarar si hay o no lugar para solicitar o conceder la extradición en los casos previstos por los tratados públicos o autorizados por la Ley.
>
> Ord. 31. Conocer de los recursos de revisión, casación y de cualesquiera otros cuyo conocimiento le atribuyan las leyes en materia penal.
>
> Ord. 33. Conocer de las solicitudes de radicación de juicio y de conmutación de penas. Además, la Sala de Casación Civil, si los juicios respectivos corresponden a la jurisdicción penal, tiene competencia para:
>
> Ord. 20. Conocer de los recursos de hecho que se interpongan ante ella.
>
> Ord. 21. Decidir los conflictos de competencia entre tribunales, sean ordinarios o especiales, cuando no exista otro Tribunal superior y común a ellos en el orden jerárquico.
>
> Ord. 34. Conocer de cualquier controversia o asunto legítimo que le atribuyan las leyes o que le corresponda conforme a éstas en su condición de más alto Tribunal de la República.

NOVENA PARTE

EL RÉGIMEN CONSTITUCIONAL DE LA ADMINISTRACIÓN PÚBLICA

I. LA ADMINISTRACIÓN PÚBLICA

1. *El Estado y la Administración Pública*

A. *La Organización del Estado y la Administración Pública*

Para tratar de identificar al conjunto de órganos que configuran la Administración del Estado venezolano debemos, ante todo, tratar de enmarcar a la Administración Pública, como complejo orgánico, dentro de la estructura general del Estado, teniendo en cuenta sus peculiaridades federales[1837].

El Estado venezolano, en efecto, está constitucionalmente configurado como un Estado Federal (artículo 2 de la Constitución), en el cual se distinguen tres niveles de organización política: el nivel nacional, que corresponde a la República; el nivel estadal, que corresponde a los Estados miembros de la Federación; y el nivel municipal, que corresponde a los Municipios. En cada uno de estos tres niveles políticos existe una "Administración Pública" (nacional, estadal y municipal), siendo ésta el instrumento por excelencia de la acción política del Estado. Como instrumento, está compuesto por un conjunto de órganos e instituciones que le sirven para el desarrollo de sus funciones y el logro de los fines que tiene constitucionalmente prescritos.

Pero no toda "Administración" del Estado es "Administración Pública", en el sentido de que no sólo los órganos que ejercen el Poder Ejecutivo en los tres niveles político-territoriales o los que gozan de autonomía fundamental en virtud de disposiciones constitucionales, monopolizan, orgánicamente, a la Administración del Estado. Las diversas ramas de los Poderes del Estado en sus diversos niveles tienen su propia Administración, lo que nos conduce a insistir en el sentido de la separación de poderes en Venezuela, como sistema de distribución horizontal del Poder Público, en los tres niveles de distribución vertical del propio Poder Público.

1837 Véase Allan R. Brewer-Carías. *Principios del Régimen Jurídico de la Organización Administrativa Venezolana,* Caracas, 1991; texto que seguimos en esta parte

a. *La Administración del Estado, la separación orgánica de Poderes y los órganos con autonomía funcional*

Si algún valor tiene el principio de la separación de poderes en nuestro país, es el de la "separación orgánica" de Poderes, en el sentido de que, constitucionalmente, en cada uno de los tres niveles de organización política del Estado (nacional, estadal y municipal), hay una separación formal de órganos, que ejercen las diversas ramas del Poder Público. Así, en el nivel nacional (Poder Nacional), hay una separación clara entre tres grupos de órganos de la República: los órganos legislativos (Congreso), los órganos ejecutivos (Presidente de la República, Ministerios, etc.) y los órganos judiciales (Corte Suprema de Justicia, Tribunales); y cada uno de estos órganos tiene su propia Administración: la Administración de la Cámaras Legislativas; la Administración de Justicia; y la "Administración Pública" que en principio corresponde a les órganos que ejercen el Poder Ejecutivo. Así puede decirse que el ámbito propio de la organización administrativa nacional está en los órganos ejecutivos, en esa "Administración Pública Nacional" (central o descentralizada) cuyos órganos ejercen el Poder Ejecutivo Nacional, en cuyo vértice está el Presidente de la República.

Por su parte, en el nivel estadal (Poder de los Estados), hay una clara y precisa separación entre dos grupos de órganos en cada Estado: los órganos legislativos (Asambleas Legislativas) y los órganos ejecutivos (Gobernadores y sus dependencias administrativas); y cada uno de estos órganos tiene su propia administración: la administración de las Asambleas Legislativas y la "Administración Pública" que en principio corresponde a los órganos que ejercen el Poder Ejecutivo. Así, puede decirse que el ámbito propio de la organización administrativa estadal está en los órganos ejecutivos, en esa "Administración Pública Estadal" (central o descentralizada) cuyos órganos ejercen el Poder Ejecutivo de los Estados, en cuyo vértice están los Gobernadores.

Por último, en el nivel municipal (Poder Municipal), también hay una clara y neta separación legal entre dos grupos de órganos en cada municipio: los órganos legislativos (Concejos Municipales) y los órganos ejecutivos (Alcaldes y sus dependencias administrativas); y cada uno de esos órganos tiene su propia administración: la administración de los Concejos Municipales como órganos colegiados y la "Administración Pública" que en principio corresponde a los órganos que ejercen el Poder Ejecutivo.

Así puede decirse que el ámbito propio de la organización administrativa municipal está en los órganos ejecutivos, en esa "Administración Pública Municipal" (central o descentralizada) cuyos órganos ejercen el Poder Ejecutivo Municipal, en cuyo vértice están los Alcaldes.

Pero realmente, allí no se agota la Organización Administrativa del Estado, ni por ejemplo, a nivel nacional, el verdadero ámbito de la "Administración Pública Nacional", pues existen órganos administrativos que no encuadran en la clásica "separación orgánica" de Poderes.

En efecto, la misma separación orgánica que recoge la Constitución y que a nivel nacional establece una distinción clara entre el Congreso (Cámara de Diputados y Senado); la Corte Suprema de Justicia y demás Tribunales; y los diversos órganos que configuran el Ejecutivo Nacional, no es una separación absoluta y exclusiva, pues constitucionalmente han venido apareciendo otra serie de órganos que, realmente, no pueden ubicarse, en sentido clásico, ni dentro de los órganos que ejercen el Poder Legislativo, ni dentro de los órganos que ejercen el Poder Judicial, y que sin embargo, forman parte de la organización administrativa de la Administración del Estado, y en general, de lo que se conoce como Administración Pública Nacional.

Es el caso, por ejemplo, de la Fiscalía General de la República: se trata de un órgano que tiene a su cargo el control de la observancia de la Constitución y la vigilancia porque se respeten los derechos y garantías individuales[1838]. El Fiscal General de la República es nombrado por el Congreso[1839], pero no es un órgano dependiente del órgano legislativo, ni es su mandatario.

Este órgano, en efecto, tiene autonomía funcional en el ejercicio de sus atribuciones y, precisamente, en virtud de esta autonomía funcional, es que puede actuar, realmente, como un contralor público de la constitucionalidad de la actuación de los órganos del Poder Ejecutivo, del Poder Judicial y del propio Congreso. Si este órgano fuese dependiente de alguno de los tres "Poderes" clásicos, no habría tal autonomía funcional, ni habría la necesaria garantía de su independencia.

Lo mismo sucede con la Contraloría General de la República, la cual tiene por función ejercer el control fiscal y de gestión sobre la Administración Pública (administración contralora)[1840].

También, al Contralor General de la República lo nombra el Congreso[1841], pero aquél tampoco es su mandatario. Es un órgano independiente de éste y del Ejecutivo Nacional. Por ello, no puede decirse que el Contralor sea parte del Poder Legislativo. A los miembros de la Corte Suprema de Justicia, conforme al artículo 214 de la Constitución, también los designa el Congreso y, sin embargo, no hay ninguna dependencia entre la Corte Suprema y el órgano legislativo, o sea, que el hecho de que a estos funcionarios los designe el Congreso, no significa que dependan de él.

Pero además de la Fiscalía y de la Contraloría General de la República, hay otros organismos, uno de rango constitucional, el Consejo de la Judicatura, otro de rango legal, el Consejo Supremo Electoral, que no encuadran dentro de la trilogía clásica de los órganos que en el nivel nacional ejercen el Poder Ejecutivo, el Poder Legislativo y el Poder Judicial.

Debe aclararse que la Procuraduría General de la República, órgano que, conforme al artículo 202 de la Constitución, tiene a su cargo la representación y defensa judicial o extra judicial de los intereses patrimoniales de la República y la asesoría jurídica de la Administración Pública Nacional, no tiene la misma autonomía funcional de los anteriores órganos constitucionales señalados, ya que tiene una depen-

---

1838 Artículo 220 de la Constitución. Véase la Ley Orgánica del Ministerio Público de 16-9-70, en *Gaceta Oficial* N° 1.434, Extraordinario de 16-9-70.

1839 Artículo 219 de la Constitución.

1840 Artículo 234 de la Constitución. Véase la Ley Orgánica de la Contraloría General de la República de 4 de enero de 1975, reformada parcialmente por Ley de 19 de junio de 1975, en *Gaceta Oficial* N° 1.756, Extraordinario de 30-6-75.

1841 Artículo 238 de la Constitución.

dencia jerárquica con el Presidente de la República, pues debe actuar conforme a sus instrucciones[1842]. En su actuación, por tanto, la Procuraduría ejerce el Poder Ejecutivo.

En cuanto al Consejo de la Judicatura tiene a su cargo velar por una Administración de Justicia adecuada; sus miembros, conforme al artículo 217 de la Constitución, son nombrados por la Corte Suprema de Justicia, el Ejecutivo Nacional y el Congreso[1843]; sin embargo, tampoco es, realmente, ni un órgano legislativo, ni ejecutivo, ni judicial en sentido clásico. Porque tiene a su cargo una actividad conexa con la justicia, podríamos denominar su actividad, propia de un órgano con autonomía funcional, como parte de la "administración de justicia".

Otro órgano nacional con autonomía funcional, aun y cuando no previsto en la Constitución, y que tampoco puede ubicarse como dependiente de ninguno de los clásicos "Poderes" del Estado, es el Consejo Supremo Electoral, el cual tiene también, en el ejercicio de sus atribuciones, autonomía. Sus miembros los designa el Congreso[1844], pero no se trata de un órgano legislativo, ni ejerce el Poder Legislativo. Tampoco forma parte de los órganos del Ejecutivo Nacional en sentido clásico[1845], aun cuando la reforma de la Ley Orgánica de 1993 lo dotó de personalidad jurídica propia.

Estos órganos tienen autonomía funcional, en el sentido de que no tienen dependencia jerárquica con ninguno de los tres grupos de órganos clásicos del Estado. Su configuración viene a romper, desde el punto de vista administrativo, la trilogía de separación orgánica de poderes que a nivel nacional recoge la Constitución, pues muy difícilmente pueden ubicarse dentro de los tres poderes clásicos. Realizan una actividad administrativa: de administración electoral, de administración de la justicia, de administración contralora; y son parte de la organización administrativa del Estado, pero no son parte del Ejecutivo Nacional en su sentido clásico, porque no tienen dependencia jerárquica respecto del Presidente de la República. A pesar de ello, forman parte de lo que genéricamente denominamos Administración Pública y en particular, de la Administración Pública Nacional.

1842 Véase el artículo 19 de la Ley Orgánica de la Procuraduría General de la República de 20-12-65, en *Gaceta Oficial* N° 27.921 de 22-12-65.

1843 Véase además, el artículo 34 de la Ley Orgánica del Poder Judicial de 16-1-70, en *Gaceta Oficial* N° 1.376, Extraordinario de 17-2-70, la cual creó este organismo. Actualmente, el Consejo de la Judicatura está regulado en la Ley Orgánica del Consejo de la Judicatura de 7 de octubre de 1988, en *Gaceta Oficial* N° 34.068.

1844 Artículo 38 de la Ley Orgánica del Sufragio de 20-8-93 en *Gaceta Oficial* N° 4.618. Extraordinario de 20-8-93.

1845 Dentro de este grupo de órganos administrativos con autonomía funcional, aun cuando sin rango constitucional, ya que no estaba prevista en el texto fundamental, se podía ubicar a la Comisión Investigadora contra el Enriquecimiento Ilícito regulada por la derogada Ley contra el Enriquecimiento Ilícito de Funcionarios o Empleados Públicos de 31-3-64, en *Gaceta Oficial* N° 902, Extraordinario de 31-1-64. Este organismo cuyos miembros los designaba el Congreso (Art. 10), tampoco tenía dependencia jerárquica respecto de ninguno de los clásicos "Poderes" del Estado: ni de las Cámaras Legislativas, ni del Poder Ejecutivo, ni de los Tribunales, precisamente, como garantía para el cumplimiento de sus funciones, a cuyo efecto, gozaba de autonomía funcional. Al derogarse la ley por la Ley Orgánica de Salvaguarda del Patrimonio Público de 1982, las funciones de esa organización pasaron a la Contraloría General de la República y a los Tribunales con competencia en materias de Salvaguarda del Patrimonio Público.

Un argumento similar se puede formular en el nivel estadal y municipal, con las Contralorías de los Estados y las Contralorías Municipales, organismos que también gozan de autonomía funcional y que si bien no dependen de los gobernadores o alcaldes, forman parte de la Administración Pública de los Estados y Municipios.

Por tanto, al estudiar la organización administrativa, por ejemplo a nivel nacional, no sólo debe analizarse la organización de los órganos del Ejecutivo Nacional en sentido clásico, es decir, la Administración Pública Nacional tradicional, tanto la Central (Presidente de la República, los Ministerios, las Oficinas Centrales de la Presidencia de la República) como la descentralizada (institutos autónomos, por ejemplo); sino que, como formando parte de la organización administrativa nacional y de la Administración Pública Nacional, debe también estudiarse la organización de los señalados órganos estatales con autonomía funcional y, por ello, no dependientes de ninguno de los órganos legislativos, judiciales o ejecutivos. En contraste con la Administración Pública Central y Descentralizada a estos órganos, debemos ubicarlos en la Administración Pública con autonomía funcional.

Los conceptos antes expresados han sido acogidos por la Corte Suprema de Justicia en sentencia de 28 de noviembre de 1988, en la cual la Sala Político-Administrativa, al analizar la naturaleza del Consejo Supremo Electoral, no sólo precisó qué debía entenderse por Administración Pública Nacional sino que estableció que la expresión "Administración Central o Descentralizada" no agota el contenido de aquélla. La Corte Suprema en dicha sentencia estableció:

> "Para esta Corte, una interpretación concatenada de los artículos 122, 126, 139, 160, 190 ordinal 19°, 202 ordinal 3° y de la Disposición Transitoria Décima de la Constitución revela que la noción de "Administración Pública Nacional" comprende el conjunto de órganos que constituyen el instrumento de la acción político-administrativa del Estado que, en el sistema de separación orgánica de poderes que la Constitución prevé, no forman parte ni del Congreso Nacional ni del Poder Judicial (la Corte Suprema de Justicia y demás Tribunales de la República, en los términos del artículo 204 de la Constitución).

Este conjunto orgánico que conforma la Administración Pública Nacional en el régimen constitucional venezolano, está a su vez integrado por tres conjuntos orgánicos: en primer lugar, la Administración Central, destinada al conjunto de órganos que dependen directamente del Ejecutivo Nacional (entre los cuales se destacan, los Ministerios y las Oficinas Centrales de la Presidencia de la República), como por la Ley Orgánica de la Procuraduría General de la República que califican a ésta como órgano de representación jurídica y asesoría de la Administración Pública Nacional (Presidencia y Ministerios); en segundo lugar, la Administración Descentralizada, conformada por los institutos autónomos regulados en el artículo 230 de la Constitución, las personas jurídicas de derecho público con forma sectaria, las empresas del Estado, las Fundaciones del Estado, y las Asociaciones Civiles de Estado, y en tercer lugar, por las Administraciones con autonomía funcional, establecidas en la Constitución o que tienen su fundamento en ella, como es el Consejo Supremo Electoral.

Puede colegirse, por consiguiente, que en el sistema constitucional venezolano, la Administración Central o Descentralizada de la República, no agota el universo de la Administración Pública Nacional, en cuyo concepto aparecen integrados los órganos o administraciones con autonomía funcional que prevé la Constitución, entre éstos, el Consejo Supremo Electoral, el cual, aunque creado por la Ley Orgánica del Sufragio, está dotado de autonomía funcional conforme a lo previsto en el artículo 143 de la Carta Magna[1846].

b. *La Administración Pública y la personalidad jurídica del Estado*

Otro aspecto de interés que debe precisarse al tratar de ubicar Organización Administrativa dentro de la organización general el Estado, es el relativo a la personalidad jurídica de éste.

En efecto, desde el punto de vista internacional, el Estado tiene ha personalidad jurídica única. Cuando Venezuela, como Estado soberano, tiene relaciones con organismos internacionales o con otros Estados, sin duda, se nos presenta con una sola personalidad jurídica a nivel internacional, por lo que nadie piensa en la personalizó de un Estado de la Federación o de un Municipio. Todos los entes del Estado, al contrario, se engloban dentro de una sola personalidad jurídica, que es la personalidad jurídica del Estado en su actuación internacional.

Pero en el ámbito interno, la distribución vertical del Poder Público derivada de la forma federal del Estado, impone la existencia de tres órdenes de personas jurídicas a nivel político-territorial (la República, los Estados, las Municipalidades)[1847]. Sin embargo, aun en estas entidades, la personalidad jurídica de ellas se manifiesta, en realidad, básicamente a través de la actuación de sus respectivas organizaciones administrativas.

En efecto, cuando el Estado decide un conflicto entre partes, a través de una decisión judicial adoptada por un Tribunal, actúa como un tercero en una relación en la cual no es parte, y que se establece entre dos sujetos distintos. El Estado, en esa decisión, lo que hace es resolver un conflicto entre esos sujetos de derecho. En esta actuación, la personalidad del Estado no se manifiesta, porque cuando un Tribunal resuelve, por ejemplo, un problema de divorcio, a los divorciados no les afecta o interesa el aspecto de si el Estado tiene o no personalidad jurídica cuando se ha dictado la sentencia respectiva.

Bajo otro ángulo, cuando el Estado dicta una Ley, también actúa como un tercero en las relaciones jurídicas que se van a regular. En la Ley, el Estado va a regular en forma abstracta, general, una serie de relaciones, pero no interviene, por ello, directamente en ellas.

La problemática de la personalidad jurídica del Estado, como consecuencia, no tiene relevancia en su actuación como legislador o juez, salvo en los supuestos, relativamente difíciles, en que se plantee la responsabilidad del Estado por acto legislativo o acto judicial.

1846 Véase en *Revista de Derecho Público* N° 38, Caracas, 1989, pp. 81 y 82. En el mismo sentido la Corte Suprema en Sala Político-Administrativa en sentencia de 8-8-89 (*Revista de Derecho Público* N° 39, Caracas 1989) al referirse al Ministerio Público, señaló que si bien "forma parte de la Administración Pública Nacional (de la República), en cambio no puede considerarse que sea parte de la Administración Central ni de la Administración Descentralizada de la República"

1847 Artículo 19, ordinal 19 del Código Civil.

En cambio, cuando el Estado realiza actividades de carácter administrativo y pone en marcha su Organización Administrativa, sí se manifiesta como persona jurídica frente a los particulares. Cuando el Estado compra un bien o contrata una obra pública, u otorga o revoca un permiso, aquí sí se establece una relación directa entre un sujeto de derecho y una de las personas jurídico-territoriales del Estado. Por tanto, es a través de su Organización Administrativa que, normalmente, éste se manifiesta como persona jurídica. Por eso, es muy común que se confunda a la Organización Administrativa con la personalidad jurídica del Estado, y normalmente, cuando se piensa en el Estado como persona o como sujeto de derecho, se piensa automáticamente en el aparato administrativo: en la Presidencia, en los Ministerios, en los entes descentralizados; antes que en los órganos como el Congreso o un tribunal. De allí que, como se dijo, la personalidad jurídica del Estado esté tan íntimamente ligada a la noción de Organización Administrativa[1848], aun cuando no se agota en ella.

B. *La Administración Pública y la Organización Administrativa*

Otro aspecto que debe aclararse es el relativo a las diversas connotaciones del término Administración Pública. En efecto, cuando normalmente se habla de la Administración Pública, esta expresión puede entenderse en dos sentidos: como una actividad que realiza el Estado (sentido material) o como un conjunto de órganos (sentido orgánico)[1849]. Por tanto, no siempre la Administración Pública sugiere la presencia de un conjunto de órganos administrativos. Muchas veces, cuando se habla de Administración Pública, no se apunta a un conjunto de órganos determinados, sino a una actividad del Estado[1850]. Cuando se dice que la "Administración Pública funcional mal", no se piensa en que un órgano concreto de la Administración Pública actúa deficientemente, sino, en realidad, en que el conjunto de actividades del Estado son deficientes.

Por tanto, la noción de Administración Pública puede ser entendida desde el punto de vista material o desde el punto de vista orgánico. Por supuesto, si el objeto de estudio es la Organización Administrativa, interesa más esta segunda visión de la Administración Pública: La Administración Pública como conjunto de órganos e instituciones para el cumplimiento de determinados fines.

1848 Véase Allan R. Brewer-Carías, *Derecho Administrativo*, Tomo I, *cit*., pp. 370 y ss.

1849 *Idem*, pp. 349 y ss.

1850 La Corte Suprema de Justicia en Sala Político-Administrativa, en sentencia del 30 de mayo de 1966 al definir la Administración como actividad señaló lo siguiente: "Observa la Corte, que, según el artículo 21 de la Constitución de la República, «el gobierno y la Administración de cada Estado corresponde a un Gobernador, quien además de Jefe del Ejecutivo del Estado es agente del Ejecutivo Nacional en su respectiva circunscripción:». En un sentido general puede definirse el concepto de administración, como aquella actividad del Poder Público que tiende a conservar y promover los intereses generales, mantener el orden, proteger al ejercicio normal del derecho y facilitar el desenvolvimiento de toda actividad libre dentro de la convivencia social. Está, por tanto, comprendida en el ámbito de la administración, toda función pública que tienda a la conservación, utilización y progreso del patrimonio colectivo". Véase en *Gaceta Forense* N° 52, 1966, pp. 108 a 113, y también en Allan R. Brewer-Carías, *Jurisprudencia de la Corte Suprema 1930-1974 y Estudios de Derecho Administrativo*, Tomo I, Caracas, 1975, pp. 284 a 288.

Dentro de esa noción general de Administración del Estado, o en concreto, de Administración Pública, como organización administrativa, como ya lo hemos destacado, debe también tenerse siempre presente, que la misma abarca, no sólo a los órganos administrativos nacionales, sino también a los estadales y municipales; y dentro de los nacionales, no sólo a los que forman parte de los órganos del Ejecutivo Nacional en sentido clásico, sino también a todas las Administraciones nacionales que tienen autonomía funcional y a la Administración Nacional descentralizada funcionalmente.

C. *Régimen Constitucional de la potestad organizativa*

Ahora bien, en relación a la Organización Administrativa, ante todo debe determinarse quién puede crear órganos administrativos, o sea, quién puede establecer, modificar o extinguir dicha organización[1851].

El Estado, dentro de sus diversas potestades tiene, sin duda, la potestad organizativa, o sea, la posibilidad de organizarse a sí mismo. El Estado, en efecto, para actuar, tiene una serie de potestades o poderes jurídicos. Por ejemplo, tiene la potestad reglamentaria, mediante la cual puede regular, a través de normas de efectos generales, la conducta de los particulares; tiene la potestad sancionatoria, es decir, la posibilidad de sancionar conductas ilícitas o ilegítimas de los infractores del Ordenamiento Jurídico; y la potestad expropiatoria, mediante la cual puede adquirir la propiedad en forma forzosa, indemnizando al propietario.

Las potestades públicas constituyen para el Estado, situaciones jurídicas constitucionales de carácter general que le permiten actuar frente a los particulares. Dentro de ese conjunto de potestades, está, precisamente, la potestad organizativa, es decir, la potestad que tiene el Estado de organizarse a sí mismo.

a. *Las previsiones constitucionales*

La regulación básica respecto de la potestad organizativa del Estado, está en la propia Constitución. En este texto, en efecto, se puede distinguir una serie de normas y previsiones relativas a la organización administrativa y a la potestad organizativa.

La primera de las normas que es necesario destacar en las previsiones constitucionales sobre la potestad organizativa, es la que se refiere a la forma del Estado en Venezuela, derivada de nuestro sistema de distribución vertical del Poder Público: Venezuela no es un Estado Unitario, sino un Estado Federal; como lo señala el artículo 2 de la Constitución: "La República de Venezuela es un Estado Federal, en los términos consagrados por esta Constitución".

Siendo, por tanto, el Estado venezolano un Estado Federal, es el texto constitucional el que establece las peculiaridades de nuestra Federación. Por tanto, es en la Constitución donde deben ubicarse las normas genéricas sobre la potestad organizativa que corresponden a los diversos niveles de la Federación y, por tanto, a las diversas Administraciones que existen en el Estado.

1851 Véase en general, Enrique Rivero Ysern: "Potestad Organizatoria y Actividad Organizativa", en *Documentación Administrativa*, N° 153, Madrid, 1973, pp. 7 a 39.

Ahora bien, hay que tener presente que, precisamente, una de las grandes diferencias que hay entre un Estado Unitario y un Estado Federal, está en la Organización Administrativa, pues en un Estado Federal hay más de una Administración; en general, hay al menos tres Administraciones Públicas, según los tres niveles que existan: nacional, estadal y municipal. En cambio, en un Estado Unitario, en principio hay una sola organización administrativa, salvo, en general, los niveles locales.

Por tanto, una de las características del Estado venezolano, es que tiene tres niveles de organización administrativa y, por tanto, tres niveles de Administración Pública, Analizaremos a continuación las normas constitucionales relativas a esos tres niveles, para situar luego los principios básicos de su organización.

a'. *Normas en el ámbito nacional*

El artículo 181 de la Constitución establece: "El Poder Ejecutivo se ejerce por el Presidente de la República y los demás funcionarios que determinen esta Constitución y las Leyes": el Presidente de la República, agrega: "es el Jefe del Estado y del Ejecutivo Nacional".

Esta norma plantea el doble carácter de las competencias del Presidente de la República: competencias de orden político, nacional e internacional, como Jefe del Estado; y competencia? de orden administrativo, y también político-gubernamental, como Jefe del Ejecutivo Nacional.

Pero aparte de esto, al señalar la Constitución que el Poder Ejecutivo se ejerce por el Presidente, está estableciendo, a nivel nacional, una institución de carácter constitucional: la Presidencia de la República. Pero agrega el texto constitucional, que el Poder Ejecutivo se ejerce, también, por "...los demás funcionarios que determinen esta Constitución y las leyes". En esta forma, en la Constitución se prevén otra serie de órganos que forman parte de la organización administrativa, como "Ejecutivo Nacional" según la expresión del texto fundamental, y ellos son los Ministros que de acuerdo al artículo 193 "son los órganos directos del Presidente de la República." Además, también forma parte de los órganos que ejercen el Poder Ejecutivo Nacional, conforme al artículo 200 del texto fundamental, la Procuraduría General de la República a quien, de acuerdo a lo dispuesto en el artículo 202 de la Constitución, le corresponde representar y defender judicial o extrajudicialmente los intereses patrimoniales de la República y asesorar jurídicamente a la Administración Pública Nacional.

Además de estos órganos, como se dijo, en el ámbito nacional existen una serie de Administraciones Públicas con autonomía funcional, previstas también en la Constitución.

En efecto, un órgano previsto en la Constitución es la Contraloría General de la República, el cual es, además, órgano auxiliar del Congreso en la función que corresponde a éste de controlar la autonomía funcional: le corresponde, de acuerdo al artículo 234 de la Constitución, "el control, vigilancia y fiscalización de los ingresos, gastos y de los bienes nacionales, así como de las operaciones relativas a los mismos".

Igualmente, a nivel constitucional, está previsto el Ministerio Público a cargo del Fiscal General de la República, órgano al cual compete, de acuerdo al artículo 220 de la Constitución, velar por la exacta observancia de la Constitución y las leyes; por el respeto de los derechos y garantías constitucionales; y por la celeridad y buena marcha de la Administración de Justicia. De manera que también se trata de un organismo que goza de autonomía funcional para poder ejercer las funciones que se le encomiendan.

Además de estos órganos, se encuentra también previsto en la Constitución, en el artículo 217, el Consejo de la Judicatura: "La Ley Orgánica respectiva creará el Consejo de la Judicatura, cuya organización y atribuciones fijará con el objeto de asegurar la independencia, eficacia, disciplina y decoro de los Tribunales...". Este organismo tiene a su cargo la administración de los órganos de justicia, y si bien también es de rango constitucional, la Constitución remitió su creación a la Ley Orgánica. En la reforma del año 1970, la Ley Orgánica del Poder Judicial creó el Consejo de la Judicatura, como organismo máximo de la administración de justicia[1852].

Otro conjunto de órganos que también están integrados a la Administración Pública Nacional, son los entes descentralizados funcionalmente. Entre ellos está la figura de los institutos autónomos (entes descentralizados con forma jurídica de derecho público) la cual tiene carácter constitucional. Respecto de ellos, el artículo 230 de la Constitución prevé que "sólo por ley, y en conformidad con la Ley Orgánica respectiva, podrán crearse institutos autónomos".

b'. *Normas en el ámbito estadal*

La Constitución también establece el fundamento de la organización respecto a las Administraciones estadales. En efecto, en el campo de los Estados prevé, en el artículo 16, que éstos "son autónomos e iguales como entidades políticas"; y en el artículo 21 agrega, que "el gobierno y la Administración de cada Estado corresponden a un Gobernador, quien además de jefe del Ejecutivo del Estado, es agente del Ejecutivo Nacional en su respectiva circunscripción". Conforme a estas previsiones encontramos que a nivel de cada Estado hay una administración estadal y un gobierno estadal a cargo de un Gobernador, en torno al cual se conforma la estructura básica de la Administración a ese nivel. Respecto de otras entidades federales de nivel intermedio como el Distrito Federal, los Territorios Federales y las Dependencias Federales, la Constitución remite a la Ley Orgánica o simplemente a la Ley, lo relativo a su organización y funcionamiento (Arts. 12, 14 y 136, Ord. 6).

1852 Otros organismos con autonomía funcional que existen o han existido dentro de la Administración Pública, es el Consejo Supremo Electoral y la Comisión Investigadora contra el Enriquecimiento Ilícito, creados respectivamente conforme se señaló anteriormente, por la Ley Orgánica del Sufragio y por la Ley contra el Enriquecimiento Ilícito de Funcionarios o Empleados Públicos ahora derogada. La Constitución no regula estos órganos, por lo que se trata de organizaciones de rango legal. Sin embargo, al Consejo Supremo Electoral se le ha asignado, en la legislación, una jerarquía administrativa similar a la Fiscalía General de la República, a la Contraloría General de la República y al Consejo de la Judicatura; al preverse que sus actos, al igual que los de estos últimos, son recurribles ante la Corte Suprema de Justicia conforme lo previsto en el artículo 42, ordinal 12 de la Ley Orgánica de la Corte Suprema de Justicia (Véase en *Gaceta Oficial* N° 1.893, Extraordinaria de 30-7-76). En cambio, los actos de la desaparecida Comisión Investigadora contra el Enriquecimiento Ilícito, al no incluirse en la citada norma de la Ley Orgánica de la Corte Suprema de Justicia, sólo eran recurribles ante la Corte Primera en lo Contencioso-Administrativo conforme al artículo 185, ordinal 3, de la mencionada Ley.

c'. *Normas en el ámbito municipal*

En el campo de los Municipios, la Constitución también prevé, en el artículo 25, que el Municipio es "la unidad política primaria y autónoma dentro de la organización nacional" y agrega, además, en el artículo 30, que cada Municipio tiene la libre gestión en las materias de su competencia, configurada por los asuntos propios de la vida local.

Hasta el presente, ha sido tradicional que los Municipios tengan una organización administrativa uniforme, la cual es una característica de la organización municipal; sin embargo, la Constitución prevé que la ley puede establecer diferentes regímenes para la organización, gobierno y administración de los Municipios lo cual lamentablemente no se hizo en la Ley Orgánica de Régimen Municipal de 1978, ni en las reformas de 1984, 1988 y 1989, pues en ellas básicamente se continuó la tradición uniformista de la organización municipal. En la actualidad, en efecto, todos los Municipios, grandes, pequeños, rurales y urbanos, tienen la misma conformación: un Alcalde, como autoridad administrativa y de gobierno municipal; y un Concejo Municipal integrado por un número variable de concejales, desde 5 para los Municipios con menos de 15.000 habitantes, hasta 17 concejales para los Municipios con más de 1.000.000 de habitantes[1853]. El sentido de la norma del artículo 27 de la Constitución es que la ley puede establecer distintos regímenes para la organización, gobierno y administración de los Municipios, atendiendo a las condiciones de población, desarrollo económico, situación geográfica y otros factores de importancia", lo cual no se ha hecho hasta ahora.

b. *La reserva en materia de organización a los diversos Poderes*

A nivel constitucional, por tanto, las previsiones sobre organización administrativa son las que quedan señaladas. Una consecuencia fundamental se puede extraer de estas previsiones constitucionales, y es que, como hay tres niveles de régimen jurídico sobre la organización, el texto constitucional prevé, en muchos casos, una exclusividad, en su establecimiento y regulación, a favor de uno de dichos niveles: así, hay determinadas organizaciones que sólo pueden ser reguladas por el nivel nacional o que sólo pueden ser reguladas por el nivel estadal. Se impone, por tanto, el estudio de estas reservas.

Hay, por tanto, ciertas reservas en la Constitución, en materia de organización administrativa, a favor de las ramas Nacional y Estadal del Poder Público, no teniendo la rama municipal reserva constitucional de organización.

a'. *Las reservas al Poder Nacional*

A nivel nacional, el artículo 136 de la Constitución asigna diversas competencias al Poder Nacional, y dentro de ellas, deben destacarse las relacionadas con la organización administrativa. En este sentido, por ejemplo, el ordinal 6° de dicho artículo establece, que es de la competencia nacional, la organización y régimen del Distrito Federal y de los Territorios y Dependencias Federales".

1853 Artículo 55 de la Ley Orgánica de 1989.

En igual sentido, los artículos 12 y 14 de la Constitución remiten la organización de esas entidades federales a una Ley Orgánica o a una Ley. Estas previsiones constituyen una reserva en materia de organización administrativa, de manera que sólo el Poder Nacional puede dictar normas para organizar el Distrito Federal, los Territorios y las Dependencias Federales. Esto significa que no podría establecerse, a otros niveles, ningún tipo de organización en relación a estos entes territoriales.

Igualmente, se destaca la reserva al Poder Nacional, de acuerdo al ordinal 8° del artículo 136 de la Constitución, en materia de organización, recaudación y control de impuestos nacionales a la renta, el capital, etc. Es decir, que todo lo que se refiere a la organización de la administración de los tributos nacionales, corresponde al Poder Nacional.

A su vez, el ordinal 9° de dicho artículo establece, también, como competencia del Poder Nacional, la organización y régimen de las aduanas. Por tanto, el régimen organizativo de las aduanas corresponde sólo, también, al Poder Nacional. Es, asimismo, reserva del Poder Nacional, la organización administrativa de las Fuerzas Armadas Nacionales, según lo previsto en el ordinal 11 del artículo 136 de la Constitución, así como la organización de la Administración de Justicia, de conformidad con el ordinal 23 del mismo artículo.

Como consecuencia, en estos cinco casos encontramos referencias concretas de reservas que se establecen en la Constitución al Poder Nacional, en materia de organización. Como puede observarse, estas reservas responden a la naturaleza de las actividades, que son propias del ámbito nacional. Sin duda, aquí también hay que agregar la referencia del ordinal 25 del artículo 136 de la Constitución, que establece que es de la competencia del Poder Nacional, toda otra materia que le corresponda por su índole o naturaleza. Por tanto, si por la índole o naturaleza de una actividad ésta le corresponde al ámbito nacional, la organización administrativa que corresponda a esa materia también está reservada al Poder Nacional.

b'. *Las reservas al Poder Estadal*

La reserva en materia de organización también la encontramos en el nivel estadal. Por ejemplo, el artículo 17 de la Constitución señala expresamente, que "es de la competencia de cada Estado la organización de sus poderes públicos" y, entre sus poderes públicos, que son el legislativo y el ejecutivo, por supuesto, incluye la organización de los órganos de su poder ejecutivo. Esta reserva estadal implica que una ley nacional no puede establecer la organización administrativa de un determinado Estado de la República.

Por otra parte, el artículo 17 de la Constitución le atribuye a los Estados la facultad de organizar sus Municipios. Corno consecuencia, la Organización Administrativa Municipal, la cual constituye el tercer nivel en la escala federal, está reservada a los Estados. Por tanto los Municipios, en Venezuela, no tienen una completa potestad de auto-organización, pues básicamente la organización municipal corresponde al Estado del cual forman parte. Sólo pueden dictar normas de organización en los términos que se prevén en la Ley Orgánica nacional y en las leyes estadales. Sin duda, esto constituye un límite a la autonomía municipal, porque la autonomía, además de autonormación, debería implicar, también, la auto-organización. Sin embargo, la organización municipal, de acuerdo a la Constitución, corresponde básicamente a los Estados.

En todo caso, en virtud de configurarse los Municipios como entidad político-territorial, estimamos que ellos pueden crear entes descentralizados conforme lo que se establezca en las leyes nacionales y estadales.

Hay otras referencias en el mismo artículo 17, a la organización administrativa en el nivel estadal. En efecto, el ordinal 5 establece que es de la competencia de cada Estado "la organización de la policía urbana y rural" y la determinación de cuáles son las ramas de este servicio que van a corresponder al nivel local, esto es, el municipal.

Como conclusión, puede señalarse que en esta materia de reservas en el campo de organización administrativa, las reservas constitucionales están limitadas al nivel nacional y al nivel estadal, y no hay materialmente, ningún ámbito de organización administrativa reservado al Poder Local. El Poder Municipal no tiene, por tanto, constitucionalmente, ningún elemento referente a su organización que se le haya reservado a su competencia.

Hasta tal punto esto es así, que la propia Constitución establece, en el artículo 26, que "la organización de los Municipios y demás entidades locales se regirá por esta Constitución, por las normas que para desarrollar los principios constitucionales establezcan las leyes orgánicas nacionales y por las disposiciones legales que en conformidad con aquéllas dicten los Estados". Esta norma confirma una vez más, lo que señala el artículo 17 del texto constitucional: que no hay una completa potestad organizativa a nivel local, sino que la organización local corresponde a lo que prevé la Constitución, a lo que establece la Ley Orgánica de Régimen Municipal dictada a nivel nacional, y a lo que establezcan los Estados en sus leyes relativas a sus Poderes Municipales, aún por ser dictadas.

c. *La reserva legal en materia de organización*

Hay otro elemento vinculado a la potestad organizativa que es necesario destacar, y es el referente a las reservas que, en materia de organización, se establecen constitucionalmente al legislador nacional o estadal.

En efecto, hasta ahora se ha analizado lo que la Constitución reserva al Poder Nacional en un determinado ámbito de la organización administrativa, y al Poder Estadal, en otro ámbito de la misma. Pero para concretar más la asignación de competencias en el campo de la organización, es necesario determinar a favor de cuáles órganos, en concreto, se establece la reserva dentro del ámbito nacional o estadal.

Cuando la Constitución señala, por ejemplo, que corresponde al Poder Nacional la organización del Distrito Federal; o cuando se prevé que corresponde a los Estados la organización de sus Municipios, efectivamente, ¿a quién se reserva esta potestad organizativa? ¿Al órgano legislativo o al Poder Ejecutivo? En el nivel estadal, por ejemplo, ¿la potestad organizativa corresponde a la Asamblea Legislativa o al Gobernador?

De esto resulta que hay un tercer elemento ligado a las previsiones constitucionales en materia de potestad organizativa, y es el referente a la reserva legal que la propia Constitución establece en materia de organización. En general, puede señalarse, que la Constitución reserva la potestad organizativa a los órganos legislativos: al legislador nacional o al estadal.

a'. *La reserva legal en el ámbito nacional*

a". *La Administración Pública que ejerce el Poder Ejecutivo Nacional*

En efecto, planteado el problema en el ámbito nacional, se observa que hay una reserva legal en materia de organización administrativa prevista en el artículo 181 de la Constitución, en los siguientes términos: "El Poder Ejecutivo se ejerce por el Presidente de la República y los demás funcionarios que determinen esta Constitución y las leyes". Esto significa que no puede ejercer el Poder Ejecutivo, órgano alguno que no esté determinado en una ley. Un reglamento, por tanto, no puede crear un órgano que ejerza, efectivamente, el Poder Ejecutivo, sino que ese tiene, necesariamente, que ser creado y regulado por una ley de la República. En otras palabras, sólo puede ser la ley la que establezca qué órganos pueden ejercer el Poder Ejecutivo.

b". *La Administración Pública Central*

En lo que se refiere a la Administración Pública Central, el artículo 193 de la Constitución contempla que la Ley Orgánica —aquí hay una reserva a la ley orgánica y no a una ley ordinaria—determinará el número y organización de Ministerios y su respectiva competencia, así como también la organización y funcionamiento del Consejo de Ministros. Por tanto, el Consejo de Ministros y los Ministerios sólo pueden ser organizados y regulados por el legislador. Esto nos lleva a una conclusión inmediata; no puede crearse un Ministerio por Decreto Ejecutivo. Se exige una Ley, y en el caso de los Ministerios, una ley orgánica, esto es, recordando el concepto (artículo 163 de la Constitución), un cuerpo legal intermedio entre la Constitución y las leyes ordinarias, que tiene por objeto regular, entre otros aspectos, el funcionamiento de los órganos de los Poderes Públicos. Entre estos órganos están los que configuran la Administración Central Ministerial y el funcionamiento en general, de los órganos del Ejecutivo Nacional, regulados en la Ley Orgánica de la Administración Central. Sin embargo, por vía excepcional, en caso de urgencia comprobada y en receso del Congreso, podría el Presidente de la República, por Decreto-Ley, crear un Ministerio[1854], lo cual confirma la reserva legal.

c". *La Administración Pública Descentralizada*

En cuanto a la Administración Pública Nacional Descentralizada, también hay una reserva legal de importancia: el artículo 230 de la Constitución establece que sólo por ley, y en conformidad con la ley Orgánica respectiva, podrán crearse institutos autónomos, por lo que la potestad organizativa en el campo de los institutos autónomos, corresponde al Poder Legislativo. No pueden crearse, como consecuencia, institutos autónomos por Decreto, porque se trata de un ámbito de reserva legal.

1854 Artículo 190, ordinal 11 y artículo 179, ordinal 5° de la Constitución. Sobre estos Decretos-Leyes, véase Allan R Brewer-Carías: *El Control de la Constitucionalidad de los Actos Estatales*, Caracas, 1977, pp. 79 y ss.

d". *La Administración Pública con autonomía funcional*

En el campo de la Administración Pública nacional con autonomía funcional también se consagran diversos ámbitos de reserva legal, en cuanto a la organización administrativa.

En efecto, el artículo 234 de la Constitución expresamente establece, que "la Ley determinará la organización y funcionamiento de la Contraloría General de la República", por lo que sólo la ley puede establecer la organización y funcionamiento de este órgano.

Otra disposición similar es la que se refiere al Consejo de la Judicatura: El artículo 217 de la Constitución establece, que "la Ley Orgánica respectiva creará el Consejo de la Judicatura, cuya organización y atribuciones fijará..." es decir, sólo la ley puede establecer la organización de esta institución, y todos los mecanismos relativos a la administración de justicia.

En relación con la Fiscalía General de la República, la Constitución no utiliza la expresión "organización", al remitir a la ley en cuanto a la regulación de este organismo. Ello, sin embargo, no puede interpretarse en el sentido de que no hay reserva legal en materia de su organización. Al contrario, tratándose de que la Fiscalía es un ente de carácter constitucional, y al prever la Constitución que la ley orgánica debe determinar a los funcionarios que colaborarán en el ejercicio de las funciones que se le atribuyen a dicho organismo[1855], resulta indirectamente plasmada la reserva al legislador en materia de organización.

En lo que respecta al Consejo Supremo Electoral, éste no está regulado por la Constitución. Sin embargo, está regulado en la Ley Orgánica del Sufragio con base en la reserva legal establecida en el artículo 113 de la Constitución, que contempla que "los organismos electorales estarán integrados de manera que no predomine en ellos ningún partido político o agrupación política, y sus componentes gozarán de los privilegios que la ley establezca para asegurar su independencia en el ejercicio de sus funciones". Aquí también hay una referencia a la ley, lo que lleva a admitir que hay una reserva legal en la organización de este ente con autonomía funcional, aun cuando sin rango constitucional.

e". *Las Administraciones Públicas territoriales federales*

Por último, la Constitución también reserva a la ley, y a la ley orgánica, la organización del Distrito Federal, de los Territorios Federales y de las Dependencias Federales (Arts. 12 y 14) con la única indicación de que en las dos primeras organizaciones políticas debe dejarse a salvo la autonomía municipal.

b'. *La reserva legal en el ámbito estadal*

En cuanto a los ámbitos estadales y municipales, o básicamente, al ámbito estadal, que es donde está situada la reserva en materia de organización, debemos hacernos la misma pregunta: cuando la Constitución reserva al Estado la organización de sus poderes y la organización de sus Municipios, en concreto, ¿a quién le

---

1855 Artículo 218 de la Constitución

atribuye el ejercicio de la potestad organizativa? ¿Al Gobernador o a la Asamblea Legislativa? La respuesta a esta pregunta resulta del texto del artículo 20 de la Constitución que determina, entre las atribuciones de la Asamblea Legislativa, el "legislar sobre las materias de competencia estadal"[1856], y entre las materias de competencia estadal está la organización de sus municipios[1857]. Por tanto, la potestad organizativa de los Poderes Públicos estadales y de los Municipios de cada Estado corresponde a la respectiva Asamblea Legislativa.

Como consecuencia de todo lo anterior, se puede concluir señalando que la potestad organizativa corresponde, sólo, al Poder Legislativo, tanto a nivel nacional como a nivel estadal.

Esto no significa, por supuesto, que en la práctica se tenga que crear por ley todos y cada uno de los órganos que van a integrar la organización administrativa. El Legislador, al ejercer su reserva puede, por ley, atribuir parte de la potestad organizativa a los órganos del Poder Ejecutivo.

Por tanto, es el Legislador el que luego va a distribuir, entre el propio Legislativo y el Ejecutivo, el ejercicio y desarrollo de la potestad organizativa.

d. *La organización administrativa y el presupuesto*

Un último aspecto debe destacarse en relación al problema de la potestad organizativa, y es el que se refiere a la relación entre organización administrativa y presupuesto, muy vinculado al aspecto señalado de la reserva legal en esta materia.

En efecto, para que una organización actúe, no basta que una ley cree el órgano, por ejemplo, a un Ministerio o un Instituto Autónomo; debe establecerse, además, la forma cómo se va a estructurar y qué tipo de recursos financieros se le van a asignar. Hay, por tanto, una íntima y estrecha relación entre la organización administrativa y la asignación de recursos financieros.

Así, una de las razones para que exista reserva legal en materia de organización de la Administración Pública Nacional Central, por ejemplo, está sin duda, en el hecho de que el legislador es quien tiene la potestad presupuestaria, pues le corresponde distribuir, a través de la Ley de Presupuesto, la asignación de los recursos financieros. Por tanto, sólo cuando el Legislador sancione el presupuesto es que realmente puede funcionar la organización.

La misma Constitución, en el artículo 227, establece el principio de la legalidad del gasto al disponer, que "no se hará del Tesoro Nacional gasto alguno que no haya sido previsto en la Ley de Presupuesto". Por tanto, por cuanto el ejercicio de la potestad organizativa implica gasto, para que pueda entrar en funcionamiento una organización administrativa, debe haber una revisión presupuestaria, sea por la vía del presupuesto ordinario anual, o por una modificación presupuestaria establecida por la vía del crédito adicional[1858].

1856 Ordinal 1°.

1857 Artículo 17, ordinales 1° y 2° de la Constitución.

1858 Artículo 227 de la Constitución.

Esta relación entre organización administrativa y presupuesto se planteó, con carácter general, en la reforma administrativa efectuada en 1976, al promulgarse la Ley Orgánica de la Administración Central de 28 de diciembre de 1976, que creó una serie de Ministerios[1859]. Estos no pudieron funcionar de inmediato pues la Ley de Presupuesto para 1977 entró en vigencia con la organización administrativa ministerial anterior. Por tanto, para poder estructurar los nuevos ministerios se hizo necesario modificar la Ley de Presupuesto a través de la utilización del crédito adicional, mediante la declaración de una serie de partidas como insubsistentes[1860].

Por otra parte, en la propia Ley Orgánica de Régimen Presupuestario[1861], existen algunas normas relativas a la organización. En efecto, el artículo 23 de dicha Ley prevé que el Proyecto de Ley de Presupuesto anual contendrá las modificaciones en la estructura administrativa que hayan sido decretadas en el transcurso del año. El sentido de esta disposición es que el proyecto de Ley de Presupuesto debe reflejar una determinada organización administrativa, establecida formalmente.

En efecto, el artículo 6 de dicha Ley establece que los presupuestos indicarán las unidades administrativas responsables del cumplimiento de los objetivos y metas de cada programa o proyecto. Por tanto, el proyecto de Ley de Presupuesto que se aprueba, además de su formulación futura por sectores tiene que tener, siempre, una formulación institucional. En otras palabras, siempre debe haber una distribución institucional del Presupuesto que indica cuáles son las unidades administrativas responsables de la ejecución de cada programa.

Ahora bien, al indicarse que la Ley de Presupuesto sólo debe contener la organización administrativa preexistente, y las modificaciones a la misma decretadas formalmente, se está señalando que la propia Ley de Presupuesto no puede ser fuente de modificaciones a la organización administrativa, como sucedió hasta 1976.

Por tanto, para que pueda haber una modificación en la estructura administrativa tiene que haber sido, dice la ley, decretada. La utilización de este término es bastante amplia: puede haber sido una modificación legislativa o puede haber sido una modificación producida por Decreto, pero por supuesto, siempre que la ley autorice al Ejecutivo a modificar, por Decreto, la estructura administrativa. Esta revisión vino a poner término a la situación irregular que, durante muchos años, hizo del Presupuesto una fuente de transformación de la organización administrativa[1862]. Ahora se exige, al contrario, que sea reflejo de la organización que haya sido transformada por ley o por Decreto. Anteriormente, el sistema consistía en que las modificaciones en la estructura administrativa, por ejemplo, en los Ministerios, se hacían por la Ley de Presupuesto anual al procederse a la autorización de gastos.

Ahora, en cambio, la Ley Orgánica de Régimen Presupuestario como se dijo, lo que persigue es que la Ley de Presupuesto anual refleje una organización adminis-

1859 Véase en *Gaceta Oficial* N° 1.932, Extraordinario de 28-12-76.

1860 Véase Decreto N° 2.074 de 22-3-77, en *Gaceta Oficial* N° 1.999, Extraordinario de 22-3-77.

1861 Véase en *Gaceta Oficial* N° 4.239, Extraordinario de 20-12-90.

1862 Véase lo expuesto en Comisión de Administración Pública (CAP), *Informe sobre la Reforma de la Administración Pública Nacional*, Caracas, 1972, Tomo I, pp. 481 y ss., y 530 y ss.

trativa que, de ser modificada, se deba a un Decreto o a una ley, y no que sea aquella Ley anual la que la imponga o la establezca, como se hacía anteriormente[1863].

Hay que tener en cuenta, entonces, todas estas normas de la Ley Orgánica de Régimen Presupuestario frente al problema de la potestad organizativa, por cuanto la creación de una organización no tendría mayor relevancia, si no hay, paralelamente, la previsión de recursos financieros para su funcionamiento.

Planteada en estos términos la ubicación de la organización administrativa dentro del complejo de la estructura del Estado, y la determinación en Venezuela de las potestades organizativas, es procedente analizar ahora, algunos principios o nociones generales que caracterizan a la organización administrativa.

2. *La evolución de las instituciones administrativas*

El ordenamiento constitucional venezolano, como se ha visto, tradicionalmente ha establecido el principio de la separación de los Poderes, el cual, desde el punto de vista orgánico, puede decirse que es absoluto. La realidad política del país y la normativa constitucional, en efecto, muestran la existencia de tres grupos de órganos del Estado, independientes entre sí y con relativa autonomía en el ejercicio de sus funciones: en el ámbito nacional, las Cámaras Legislativas (Cámaras de Diputados y el Senado), los órganos del Ejecutivo Nacional y los Institutos Autónomos, y los Tribunales de la República; en el ámbito estadal, las Asambleas Legislativas y los órganos de los Ejecutivos Estadales (Gobernaciones) y en el ámbito municipal los Alcaldes y los Concejos Municipales. Es decir, a nivel nacional, estadal y municipal existe y ha existido una separación orgánica entre órganos legislativos, órganos ejecutivos y órganos judiciales, aun cuando estos últimos sólo existan a nivel nacional. Paralelamente y en particular a nivel nacional, a esta trilogía orgánica, también la realidad constitucional nos muestra la aparición de los órganos con autonomía funcional, no integrados en la jerarquía de los tres clásicos poderes.

En todo caso, es claro, no sólo constitucional sino práctica y realmente, que a nivel nacional, al lado del Congreso y de los Tribunales de la República, existe todo un complejo orgánico que el lenguaje común y técnico identifica como Administración Pública, compuesto por Ministerios, Oficinas Presidenciales, Comisiones e Institutos Autónomos. Sin embargo, ese conjunto de órganos ejecutivos, que existe en la actualidad, es el resultado de un largo proceso de crecimiento desordenado a medida que las realidades económicas y sociales fueron planteando modificaciones a los fines del Estado, es decir, el resultado de un proceso de adaptación y acomodo del instrumento administrativo a dichos fines.

Ese proceso no sólo se puede apreciar a nivel de la Administración Central (Ministerios y Oficinas Presidenciales), sino de la Administración Descentralizada (Institutos Autónomos)[1864] y de las Administraciones con autonomía funcional.

1863 La Ley Orgánica de Régimen Presupuestario del 30-12-80, en este sentido, se apartó, con buen criterio del proyecto de Ley Orgánica de Presupuesto elaborado en 1971, que pretendía legalizar las modificaciones a la organización administrativa por vía de la Ley anual de presupuesto. En su oportunidad, criticamos dicho proyecto: Véase, CAP, *Informe sobre la Reforma..., cit.*, Tomo II, pp. 254 y 255 (en especial Nota N° 120) y pp. 347 y ss. (en especial Nota N° 5).

A. *La evolución de la Administración Ministerial*

Concentrándonos ahora en las estructuras de la Administración Central, y particularmente en la estructura ministerial que ha sido el pilar de la actuación del Estado en toda la historia administrativa de Venezuela hasta 1958, cuando comienzan a surgir las oficinas presidenciales, la evolución de la misma, marca claramente la transición de un Estado Liberal clásico y abstencionista, con fines de policía y administración general hasta 1863, pasando por un Estado liberal que se comienza a preocupar por "fomentar" diversas actividades de la vida del país hasta 1936, hacia un Estado Social de Derecho que comienza a intervenir en la vida económica y social, conformándola desde esa fecha hasta nuestros días.

a. *Período 1811-1863*

En el primer período hasta 1863, entre los hechos resaltantes de la evolución ministerial pueden destacarse los siguientes: en la Constitución de 1819, aparecen en el texto constitucional seis Secretarías con la posibilidad de que se agruparan dos o más de ellas en una: Relaciones Exteriores, Interior, Justicia, Hacienda, Marina y Guerra; Secretarías que en realidad correspondían a las funciones esenciales y clásicas necesarias para la existencia de todo Estado y, en particular del Estado Liberal-Burgués de Derecho que se crea a partir de 1811, a imagen y semejanza de los recién creados con posterioridad a la Revolución Francesa. Estas Secretarías se reducen a cinco, al no incluirse la Secretaría de Justicia en la enumeración del texto constitucional de 1821, y llegan a tres en la Constitución de 1830, al preverse las Secretarías de Interior y Justicia; de Hacienda; y de Guerra y Marina. Esta Constitución de 1830, es el último de los textos constitucionales venezolanos que incluyó la enumeración de las Secretarías o Despachos Ministeriales, pues en la Constitución de 1857, si bien se exigían cuatro Secretarías, no se les indicó competencias específicas, cuya determinación se dejó a la ley. Por ello, por Ley de 25 de mayo de 1857, se establecieron las cuatro Secretarías siguientes: Interior y Justicia; Relaciones Exteriores e Instrucción Pública; Hacienda, y Guerra y Marina.

A partir del texto constitucional de 1858, se adopta la fórmula que con variantes menores, existe en la actualidad: el número y competencia de las Secretarías se deja a regulación legal. En 1862, en virtud de la Guerra Federal, el General, Páez, entonces Presidente de la República, dispuso por Decreto la integración de las cuatro Secretarías del Despacho señaladas, en una Secretaría General, a la cual posteriormente dividió en cuatro Departamentos con idénticas denominaciones.

b. *Período 1863-1936*

En el año 1863, se produce el hecho más significativo de la evolución de la estructura ministerial durante todo el siglo pasado, con la creación, por Decreto de 25

1864 Véase Allan R. Brewer-Carías, "50 años en la evolución institucional de Venezuela 1926-1976", en R. J. Velázquez y otros, *Venezuela, Moderna, Medio Siglo de Historia 1926-1976*, Fundación Eugenio Mendoza, Barcelona, 1979, pp. 662 y ss. Véase asimismo, Allan R. Brewer-Carías, "Evolución Institucional 1975-1989" en el libro de la Fundación Mendoza, *Venezuela Contemporánea*, Caracas, 1989, pp. 323 a 561.

de julio de 1863, del Ministerio de Fomento, elevándose entonces a cinco los Ministerios, a los cuales se les cambió el anterior nombre de Secretarías: Interior y Justicia; Fomento; Relaciones Exteriores; Hacienda; y Guerra y Marina.

Se abre así un segundo período hasta 1936, durante el cual la evolución de la estructura ministerial, se puede resumir así: el Ministerio del Interior y de Justicia, aun cuando a partir de 1874, cambia su denominación por la de Ministerio de Relaciones Interiores, permanece básicamente con sus mismas competencias. Lo mismo puede decirse de los Ministerios de Relaciones Exteriores y de Guerra y Marina. En cuanto al Ministerio de Hacienda, el hecho fundamental de su evolución lo constituye la creación separada de un Ministerio de Crédito Público en 1864, el que se refunde con aquél en 1892, para restablecerse de nuevo en 1898 y refundirse definitivamente en el Ministerio de Hacienda en 1899. En todo caso, el paso fundamental que se produce en la estructura ministerial, se origina evidentemente con la creación en 1863, del primero de los ministerios con competencia no tradicional, el Ministerio de Fomento, cuyo nombre sólo se cambia momentáneamente en 1898, por el de Ministerio de Agricultura, Industria y Comercio, del cual surgieron sucesivamente los siguientes otros Ministerios: en 1874, el Ministerio de Obras Públicas; en 1891, el Ministerio de Instrucción Pública; y en 1898, el Ministerio de Correos y Teléfonos con una duración muy pasajera.

En esta forma, en 1935 existían los siguientes siete Ministerios: Relaciones Interiores, Relaciones Exteriores, Hacienda, Guerra y Marina, Fomento, Obras Públicas e Instrucción Pública. Esta estructura de 1935, era sustancialmente la misma que existió en el último tercio del siglo pasado, la cual, hasta la muerte de J. V. Gómez, sólo sufrió una pequeña alteración: en 1891, el Ministerio de Instrucción Pública, y en 1898, el Ministerio de Correos y Teléfonos con una duración muy efímera.

c. *Período 1936-1976*

En 1936 se produce una nueva etapa en la evolución del Estado y la sociedad venezolana, que ya hemos referido, y se abre paso definitivamente a las bases de configuración del Estado Social de Derecho, que comienza no sólo a fomentar las actividades económicas y sociales, sino a prestar servicios y a conformar la realidad económica y social. Ello se traduce en la evolución ministerial posterior a 1936. En efecto, ese mismo año, el .gobierno de transición crea el Ministerio de Comunicaciones con competencias que antes correspondían al Ministerio de Fomento; el Ministerio de Salubridad y Agricultura y Cría se divide en dos: el Ministerio de Sanidad y Asistencia Social y el Ministerio de Agricultura que posteriormente, ese mismo año, adquiere el nombre de Ministerio de Agricultura y Cría; y se le cambia el nombre al Ministerio de Instrucción Pública, en Ministerio de Educación. En 1937, se crea el Ministerio de Trabajo y Comunicaciones con la asignación al antiguo Ministerio de Comunicaciones de las competencias que tenía la Oficina Nacional del Trabajo adscrita al Ministerio de Relaciones Interiores; y dicho Ministerio, en 1945, es dividido en dos: el Ministerio del Trabajo y el Ministerio de Comunicaciones. En 1950, el Estatuto de Ministerios creó el Ministerio de Justicia, con las competencias que en ese sector tenía el Ministerio de Relaciones Interiores; y el Ministerio de Minas e Hidrocarburos, con competencias asignadas hasta ese momento al Ministerio de Fomento; y se le cambió el nombre al Ministerio de Guerra y Marina por el de Defensa. De acuerdo con este texto legal, en 1976, la estructura ministerial de Venezuela comprendía entonces los siguientes trece ministerios: Relaciones Interiores, Relaciones Exteriores, Obras Públicas, Trabajo, Comunicaciones, Fomento, Minas e Hidrocarburos, Sanidad y Asistencia Social, Agricultura y Cría, Educación, Justicia, Hacienda y Defensa.

d. *Período a partir de 1976*

Ahora bien, a más de veinticinco años de dictado el Estatuto Orgánico de Ministerios, y definidos los fines del Estado en la Constitución de 1961, resultaba evidente que la estructura ministerial de Venezuela de 1976, no había sido configurada para los fines del Estado que se desprenden de la Constitución de 1961, y mucho menos para un Estado Democrático y Social de Derecho como el que formalmente ésta regula, para asumir el reto del desarrollo en el último cuarto del siglo XX. Al contrario, dicha estructura, a través de un proceso de desgajamiento y agregación, si acaso respondía a las exigencias de la Venezuela de 1936, de 1950 o de 1961.

El Plan de Reforma Administrativa que presentamos en 1972, al Presidente Rafael Caldera[1865], por ello, planteaba una completa reformulación de la estructura ministerial venezolana con vista, no sólo a su adaptación a las exigencias de la Venezuela moderna, sino para poder atender los requerimientos futuros previsibles para las próximas décadas. Dicho Plan de reforma no pudo ejecutarse en el período constitucional que concluyó en 1974, por las circunstancias políticas existentes, y si bien, aparentemente pareció haber sido abandonado por el nuevo gobierno a partir de 1974, sin embargo, fueron adoptados sus lineamientos generales, y a finales de 1976 (el 28 de diciembre), fue promulgada la Ley Orgánica de la Administración Central, que sustituyó al Estatuto Orgánico de Ministerios de 1950, reestructurando la Administración Ministerial con un criterio sectorial, más racional, con lo cual los 13 Ministerios de 1950, se elevaron a 17: Relaciones Interiores; Relaciones Exteriores; Defensa; Justicia; Hacienda; Fomento; Agricultura y Cría; Energía y Minas (sustituyó al Ministerio de Minas e Hidrocarburos); Educación; Sanidad y Asistencia Social; Trabajo; Transporte y Comunicaciones; Desarrollo Urbano; Ambiente y de los Recursos Naturales Renovables; Secretaría de la Presidencia de la República; Información y Turismo, y de la Juventud.

En esta reforma ministerial de 1976, se eliminó el Ministerio de Obras Públicas, y las competencias que tenía atribuidas dieron lugar a los Ministerios de Transporte y Comunicaciones (junto con las del antiguo Ministerio de Comunicaciones); del Ambiente y de los Recursos Naturales Renovables (junto con competencias anteriormente atribuidas al Ministerio de Agricultura y Cría); y del Desarrollo Urbano. En esa misma reforma se crearon tres nuevos Ministerios: el de Información y Turismo (con competencias atribuidas anteriormente a la Oficina Central de Información, que desapareció, y al Ministerio de Fomento); el de la Juventud; y el de la Secretaría de la Presidencia de la República (que implicó la desaparición de la Secretaría General de la Presidencia creada desde 1910)[1866].

1865 Véase Comisión de Administración Pública. *Informe sobre la Reforma de la Administración Pública Nacional*, 2 vols. Caracas, 1972.

1866 Véase Allan R. Brewer-Carías, *Estudios sobre la Reforma Administrativa*, Caracas, 1980

En esta forma, en 1977, la Administración Ministerial quedó organizada en los siguientes diecisiete Despachos Ministeriales: de Relaciones Interiores, de Relaciones Exteriores, de Defensa, de Justicia, de Hacienda, de Fomento, de Agricultura y Cría, de Energía y Minas, de Educación, de Sanidad y Asistencia Social, del Trabajo, de Transporte y Comunicaciones, de Desarrollo Urbano, del Ambiente y de los Recursos Naturales Renovables, de la Secretaría de la Presidencia de la República, de Información y Turismo y de la Juventud.

Este esquema ministerial posteriormente fue ajustado para adaptarlo más al Plan Sectorial definido en 1972, eliminándose en 1984 el Ministerio de Información y Turismo, mediante la re-transferencia del sector Turismo al Ministerio de Fomento, y re-atribuyéndose las funciones de información a la Oficina Central de Información, que se restableció después de haber sido eliminada en 1976; y transformándose, en 1986, el Ministerio de la Juventud en Ministerio de la Familia[1867] para abarcar más completamente el sector de promoción y protección social que se había definido en 1972.

En consecuencia, a partir de 1987, la Administración Ministerial quedó estructurada con base en los siguientes dieciséis Despachos Ministeriales: de Relaciones Interiores, de Relaciones Exteriores, de Defensa, de Justicia, de Hacienda, de Fomento, de Agricultura y Cría, de Energía y Minas, de Educación, de Sanidad y Asistencia Social, del Trabajo, de Transporte y Comunicaciones, de Desarrollo Urbano, del Ambiente y de los Recursos Naturales Renovables, de la Familia, y de la Secretaría de la Presidencia de la República.

Adicionalmente a los Despachos Ministeriales debe señalarse, que también se integra dentro de la Administración Central, la Procuraduría General de la República, como órgano dependiente del Presidente de la República, y que tiene a su cargo la asistencia y asesoría jurídica de la Administración Nacional. La Procuraduría General de la República tiene su antecedente legislativo remoto en la Ley de 1° de junio de 1894 sobre Procurador General de la Nación y a nivel constitucional, con su establecimiento en la Constitución de 1901 (Arts. 111 a 114).

Ahora bien, de acuerdo a la Constitución, los Ministros reunidos bajo la presidencia del Presidente de la República, forman el Consejo de Ministros. El funcionamiento del mismo también se perfeccionó durante la administración democrática. En efecto, en las propuestas de reforma administrativa de 1972, se propuso la creación de cuatro Comisiones Permanentes del Consejo de Ministros de acuerdo a los cuatro grupos de sectores de actividad pública definidos, presididas también por el Presidente de la República, las cuales, con los mismos poderes de decisión del Consejo de Ministros, permitieran a éste el cumplimiento adecuado de los fines derivados de su naturaleza de órgano orientador de la política nacional. Conforme a ello, en la Ley Orgánica de la Administración Central de 1976, se previo la creación de los gabinetes sectoriales que han venido funcionando desde entonces, para aligerar y preparar el trabajo del Consejo de Ministros.

1867 Véase la reforma de la Ley Orgánica de la Administración Central de 30-12-86, *Gaceta Oficial* N° 3.945, Extraordinario de 30-12-86.

B. *Los organismos de la Presidencia*

Otro cambio significativo que se ha operado en la Administración Central, a partir de finales de la década de los cincuenta y en particular, durante el período de la administración democrática, ha sido el proceso de organización de las funciones administrativas en oficinas no ministeriales, con lo cual la administración ministerial dejó de tener el monopolio de la Administración Central.

En efecto, en 1957 funcionaba la Oficina de Estudios Especiales de la Presidencia de la República que puede considerarse como el antecedente directo de algunas de las oficinas presidenciales posteriores, así como de los programas de desarrollo de Guayana. En efecto, en 1958, se creó formalmente una oficina presidencial de carácter permanente, la Oficina Central de Coordinación y Planificación (Cordiplan)[1868] y en ese mismo año, surgiría otra oficina presidencial que perduró hasta 1976, la Comisión de Administración Pública[1869] eliminada ese año[1870]. Por otra parte, en 1970, se adscribió a la Presidencia de la República la Oficina Central de Personal[1871]; adscripción que ya tenía la Oficina Central de Información[1872], con la cual en 1976, había cuatro oficinas presidenciales, pero con diversos rangos. Este año, sin embargo, en la Ley Orgánica de la Administración Central se eliminó la Comisión de Administración Pública y sus competencias se atribuyeron a la Oficina Central de Coordinación y Planificación; se eliminó la Oficina Central de Información y sus competencias se atribuyeron al Ministerio de Información y Turismo; se crearon dos nuevas oficinas presidenciales: la Oficina Central de Presupuesto con competencias antes atribuidas al Ministerio de Hacienda y la Oficina Central de Estadísticas e Informática con competencias antes atribuidas al Ministerio de Fomento[1873]. Posteriormente, con motivo de la eliminación del Ministerio de Información y Turismo en 1985, se restableció la Oficina Central de Información en la Presidencia de la República[1874].

En relación a estos organismos de la Presidencia, en el Informe sobre la Reforma de la Administración Pública Nacional de 1972, se planteó su integración básicamente en dos Ministerios de la Presidencia cuya creación se propuso: el Ministerio de la Secretaría General de la Presidencia del cual dependerían la Oficina Central de Personal y la Oficina Central de Información, como órganos centrales de los sistemas de administración de personal y de comunicación pública; y el Ministerio de Coordinación y Planificación de la Presidencia de la República, del cual dependerían la Oficina Central de Planificación, la Oficina Central de Presupuesto, la Oficina

1868 Véase Decreto N° 492 de 30-12-58 en *Gaceta Oficial* N° 25.850 de 30-12-58.

1869 Véase Decreto N° 287 de 27-6-58 en *Gaceta Oficial* N° 25.694 de 27-6-58.

1870 Véase artículo 47, ord. 13, de la Ley Orgánica de la Administración Central que asignó las funciones de la Comisión a Cordiplan, *Gaceta Oficial* N° 1.932, Extraordinario de 28-12-76.

1871 Véase la Ley de Carrera Administrativa de 3-9-70 en *Gaceta Oficial* N° 1.428 Extraordinario de 4-9-70.

1872 Véase por ejemplo Decreto N° 1.078 de 19-8-75 en *Gaceta Oficial* N° 30.772 de 19-8-75.

1873 Artículo 45 de la Ley Orgánica de la Administración Central de 28-12-76 en *Gaceta Oficial* N° 1.932, Extraordinario de 28-12-76.

1874 Artículo 44 de la Ley Orgánica de la Administración Central de 5-8-85 en *Gaceta Oficial* N° 3.599, Extraordinario de 7-8-85.

Central de Estadística, la Oficina Central de Informática, y la Escuela Nacional de Administración Pública, como órganos centrales de los sistemas de planificación y reforma administrativa, de presupuesto, de estadística, de informática y de formación y perfeccionamiento de funcionarios públicos. Estas propuestas se siguieron formalmente con la creación del Ministerio de la Secretaría de la Presidencia en 1976[1875], e informalmente con el nombramiento del Jefe de Cordiplan como Ministro de Estado en los períodos constitucionales 1974-1989[1876].

C. *Las Administraciones con Autonomía Funcional*

Pero, indudablemente, la estructura de la Administración Pública en Venezuela no se ha quedado en las organizaciones ministeriales o en las oficinas presidenciales, sino que, sucesivamente, formando parte de la Administración Pública, se han ido creando y configurando diversos órganos con autonomía funcional: la llamada "administración contralora" atribuida a la Contraloría General de la República configurada como órgano auxiliar del Congreso, y creada en 1938[1877]; la "administración electoral" atribuida al Consejo Supremo Electoral[1878]; la administración del Ministerio Público atribuida a la Fiscalía General de la República[1879]; el Consejo de la Judicatura, creado en 1970[1880]. El signo común de estas organizaciones, es que gozan de autonomía funcional respecto de todos los órganos del Estado (legislativos, ejecutivos o judiciales), correspondiendo además el nombramiento de sus directivos al Congreso en el caso del Contralor General de la República, del Fiscal General de la República y de los miembros del Consejo Supremo Electoral; y a los tres Poderes del Estado en el caso de los miembros del Consejo de la Judicatura.

D. *La evolución de la Administración descentralizada*

Pero paralelamente al desarrollo y posterior estancamiento, hasta 1976, de la estructura ministerial, que configura el núcleo de la Administración Central del Estado Venezuela tampoco ha escapado al fenómeno universal de crecimiento generalmente inorgánico, de la Administración descentralizada, es decir, de los establecimientos públicos, particularmente, de los institutos autónomos y de las empresas del Estado. Este fenómeno, hasta cierto punto, puede considerarse como una característica de la transición del Estado liberal, tradicional abstencionista, al Estado Social de Derecho, pues éste, ante la incapacidad de su estructura tradicional ministerial para asumir los

---

1875 Artículo 40 de la Ley Orgánica de la Administración Central

1876 Decretos N° 3 de 12-3-74 en *Gaceta Oficial* N° 30.350 de 12-3-74 y N° 2 de 12-3-79 en *Gaceta Oficial* N° 31.694 de 12-3-79.

1877 Véase, artículos 149 y ss., de la Ley Orgánica de la Hacienda Nacional de 15-7-38 en *Leyes y Decretos Reglamentarios de los Estados Unidos de Venezuela*, Tomo IX. Caracas, 1943, p. 780.

1878 Véase artículos 40 y ss., Ley Orgánica del Sufragio de 22-8-88 en *Gaceta Oficial* N° 4.059, Extraordinario de 10-11-88.

1879 Véase la Ley Orgánica del Ministerio Público de 16-9-70 en *Gaceta Oficial* N° 1.434 Extraordinario de 16-9-70.

1880 Véanse artículos 34 y 118 y ss. de la Ley Orgánica del Poder Judicial de 16-9-79 en *Gaceta Oficial* N° 1.376, Extraordinario de 17-2-70. Véase además, la Ley Orgánica del Consejo de la Judicatura de 7 de octubre de 1988 en *Gaceta Oficial* N° 34.068, de la misma fecha.

nuevos cometidos que las exigencias económicas y sociales le fueron planteando, optó por establecer una estructura administrativa paralela a la Administración Central: la Administración descentralizada.

Esta realidad incontestable e importantísima de la Administración descentralizada, cuyo desbordante crecimiento en Venezuela se ha producido en menos de cincuenta años, por supuesto que ha provocado la ruptura de los moldes y esquemas tradicionales de la Administración Pública y del Derecho administrativo. En efecto, la estructura ministerial, tan importante durante más de un siglo en Venezuela, comenzó a declinar a partir de la década de los años cincuenta, cuando se produce un verdadero florecimiento de la Administración descentralizada, lo cual se acentuó en la década de los setenta[1881].

Por otra parte, la forma organizativa que se adoptó en cada caso en la Administración descentralizada, fue tan variada, que en la actualidad, lejos de existir una o dos fórmulas para su operación, existe un museo viviente de tipos diferentes de establecimientos públicos, institutos autónomos y empresas del Estado, que concurren con los Ministerios y muchas veces contra ellos, en la realización de los fines del Estado. Las formas de la actividad administrativa de acuerdo a los criterios comúnmente empleados en Derecho Administrativo, con el crecimiento de aquéllos, también han pasado de las actividades tradicionales de policía, fomento y servicio público, hacia las de gestión económica, en las cuales el Estado asume la realización directa de actividades tradicionales de policía, fomento y servicio público, hacia las de gestión económica, en las cuales el Estado asume la realización directa de actividades industriales o comerciales, con carácter de exclusividad o en concurrencia con los particulares.

a. *La descentralización en el Estado tradicional: 1928-1945*

Ahora bien, en Venezuela, el crecimiento de la Administración descentralizada mediante la creación de entes jurídicos separados de la estructura ministerial tradicional para la realización de los nuevos cometidos que el Estado ha ido asumiendo a todo lo largo de este siglo, se inició en 1928, luego de la reforma de la Ley Orgánica de la Hacienda Pública Nacional con la creación del Banco Obrero (BO) y del Banco Agrícola y Pecuario (BAP); el primero como entidad financiera de construcción y administración de viviendas; y el segundo como entidad financiera y de fomento de la agricultura, la cría y la pesquería con funciones posteriores en el campo de la comercialización de productos agrícolas. Estos fueron los dos institutos autónomos creados en la década de los años veinte. En la década de los treinta, y particularmente, con posterioridad a la muerte de Gómez en 1935, el Gobierno de transición iniciado en 1936 dio un gran impulso a la creación de entidades descentralizantes, iniciándose así una política de intervención estatal en la vida económica y social, lo cual como se dijo, marca el inicio de la transformación del Estado Liberal tradicional en el Estado Social de Derecho de las últimas décadas. En efecto, en 1937, se

1881 Véase Allan R. Brewer-Carías, *Régimen Jurídico de las Empresas Públicas en Venezuela*, Caracas, 1978; Juan Garrido Rovira, *Temas sobre la Administración Descentralizada*, Caracas, 1984; Jesús Caballero Ortiz, *Las Empresas Públicas en el Derecho Venezolano*, Caracas, 1984; Jesús Caballero Ortiz, *Los Institutos Autónomos*, Caracas, 1985.

creó la Línea Aeropostal Venezolana (LAV), como instituto autónomo a cargo de la prestación del servicio de transporte aéreo en el interior del país. Ese mismo año se creó el Banco Industrial de Venezuela (BIV), cuya forma híbrida de establecimiento público de capital mixto con posibilidad de participación de capital privado, muestra la forma tímida como el Estado comenzó a intervenir en campos puramente económicos, como el que le correspondía a dicha institución bancaria. Dentro de la misma orientación, en 1938, se creó el Banco Central de Venezuela, también como establecimiento público de capital mixto, en el cual participaba el capital privado, cuyas funciones esenciales han sido realizar todo el control y regulación de los aspectos monetarios y crediticios del país. En el año 1938, se crearon dos instituciones fundamentales en el campo social: el Instituto Nacional de Higiene y el Consejo Venezolano del Niño (CVN). En 1940 se creó el Instituto Venezolano de los Seguros Sociales (IVSS), aun cuando su funcionamiento comienza en 1944; y en 1943, se creó el Instituto Nacional de Obras Sanitarias (INOS), el cual absorbió, en 1958, al Instituto Autónomo de Abastecimiento de Agua para Margarita y Coche, creado ese mismo año. En 1943 se creó el Instituto Autónomo de la Ciudad Universitaria, que tuvo a su cargo la construcción de la sede de la Universidad Central de Venezuela, corporación autónoma que posteriormente absorbió sus funciones en 1958.

b. *La descentralización de la postguerra*

Después del golpe de Estado que llevó, en 1945, al Partido Acción Democrática (AD) al poder, se produjo el inicio de otro repentino incremento de la Administración descentralizada, debido a la vocación decididamente intervencionista del Gobierno en el campo económico y social. En esta forma, en 1946, se crearon seis institutos autónomos: el Instituto Autónomo Administración Ferrocarriles del Estado, creado para asumir la administración de los ferrocarriles expropiados a las empresas inglesas y alemanas; el Patronato Nacional de Comedores Escolares, posteriormente absorbido por el Instituto Nacional de Nutrición; la Corporación Venezolana de Fomento, para estimular financieramente al desarrollo económico del país, liquidada a finales de la década de los ochenta; el Instituto Pro-Alimentación Popular y el Consejo Nacional de Universidades, posteriormente extinguidos como institutos autónomos. En 1947, se constituyó también como empresa del Estado el Centro Simón Bolívar, C.A. (CSB), que ha actuado como agencia de renovación urbana en el centro de Caracas; y se creó el Instituto Autónomo Diques y Astilleros Nacionales (IADAN), transformado posteriormente en empresa del Estado.

Con posterioridad a la caída del régimen democrático en 1948 y durante el período de la dictadura de Pérez Jiménez hasta 1958, se produjo un florecimiento inusitado de la Administración descentralizada, creándose en dicha década 17 organismos, como consecuencia del auge del petróleo y la demanda de nuevos servicios derivada del incremento de la población. En efecto, en 1948, se creó el Consejo de Bienestar Rural bajo la forma de asociación civil auspiciada por el Estado. En 1948, se creó el Instituto Nacional de Deportes, se transformó el Instituto Técnico de Inmigración y Colonización en el Instituto Agrario Nacional y se constituyó el Banco de Fomento Comercial de Venezuela, como filial de la Corporación Venezolana de Fomento. Ese mismo año, las acciones sociales del Estado fueron reforzadas con la creación del Instituto de Previsión Social de las Fuerzas Armadas Nacionales (IPSFAN), del Instituto de Previsión y Asistencia Social para el personal del Ministerio de Educación (IPASME); del Patronato Nacional de Ancianos e Inválidos; transformado décadas después en Instituto Nacional de Geriatría y Gerontología; y el Instituto Nacional de Nutrición que posteriormente, en 1968, absorbió al Patronato Nacional de Comedores Escolares. Bajo la forma de sociedad anónima, se constituyeron, en 1950, la empresa Minas de Carbón de Lobatera, y en 1951, el Banco de Fomento Regional de los Andes. En 1952, se creó el Instituto Nacional de Canalizaciones, destinado fundamentalmente a facilitar la navegación en el río Orinoco y el Lago de Maracaibo. La Caja de Trabajo Penitenciario fue creada en 1953, para fomentar el trabajo en las cárceles y prisiones, y en ese mismo año se creó el Círculo de las Fuerzas Armadas. Como sociedad mercantil se constituyó la Transportadora Marítima Venezolana en 1953. El año siguiente se creó el Instituto Venezolano de Neurología e Investigaciones Cerebrales, el cual se transformó, en 1959, en el Instituto Venezolano de Investigaciones Científicas (IVIC). Asimismo, ese año se creó el Instituto para la Capacitación y Recreación de los Trabajadores (INCRET) y el Estado adquirió la totalidad de las acciones de la Compañía Anónima Nacional Teléfonos de Venezuela (CANTV), antes con capital mixto con participación de capital inglés. En 1955, se constituyó la Corporación Nacional de Hoteles y Turismos (CONAHOTU) y la Compañía Anónima Venezolana de Navegación (CAVN), ambas como compañías anónimas de capital público, habiéndose transformado parte de la primera, en 1973, en un instituto autónomo: la Corporación Nacional de Turismo. En 1956, se crearon dos nuevos institutos autónomos: el Hospital Universitario de Caracas y el Instituto Venezolano de Petroquímica, y una compañía anónima: el Banco de Fomento Regional del Estado Zulia.

c. *La descentralización en el Estado democrático*

Con motivo de la caída del gobierno de Pérez Jiménez en 1958, el gobierno provisional durante ese año y el siguiente le dio impulso decisivo al crecimiento de la Administración descentralizada. En efecto, en 1958, se creó el Instituto Nacional de Hipódromos, el Instituto de Oficiales de las Fuerzas Armadas en Situación de Disponibilidad y Retiro, y la Universidad de Oriente. En ese mismo año se formó la Compañía Anónima de Administración y Fomento Eléctrico (CADAFE), la cual, al año siguiente, absorbió todas las empresas que en el campo de la distribución de energía eléctrica había constituido la Corporación Venezolana de Fomento. Esta Corporación, por otra parte, en 1959, constituyó la empresa Centrales Azucareros, C.A., a la cual se transfirieron diversos centrales de producción de azúcar. En ese mismo año se creó, como patrimonio autónomo, el Fondo Nacional del Café y Cacao y, como institutos autónomos, el Instituto Nacional de Cooperación Educativa (INCE) y el Consejo Nacional de Investigaciones Agrícolas.

En la década de los sesenta, y a todo lo largo de la actuación de los gobiernos democráticos, el florecimiento de la Administración descentralizada no ha sido menos importante. En efecto, en 1960, se crearon el Instituto Nacional de Cultura y Bellas Artes (INCIBA) luego transformado en Consejo Nacional de la Cultura (COÑAC), la Corporación Venezolana de Petróleo (CVP) convertida en empresa del Estado luego de la nacionalización de la industria petrolera (1975), la Compañía Anónima Venezolana Internacional de Aviación S.A. (VIASA), con participación del capital privado, y la Corporación Venezolana de GUAYANA (CVG). En 1961, se creó el Fondo Nacional de Investigaciones Agropecuarias y la Administración del Parque del Este, habiendo sido estos los últimos institutos creados durante este período conforme a las previsiones de la Constitución de 1953.

En efecto, al promulgarse la Constitución de 1961, se produjo una evidente disminución del crecimiento de la Administración descentralizada, pues al contrario de lo previsto en la Constitución de 1958, conforme a ella, el Poder Ejecutivo no puede crear, por sí solo, institutos autónomos, sino que éstos requieren, para su constitución, de una ley (artículo 230). Esta disposición limitativa, sin embargo, no redujo la política de descentralización que al nivel ejecutivo se venía desarrollando, y la misma se ejecutó a través de canales irregulares o distintos a los exigidos por la Constitución. En esta forma se recurrió a diversas figuras distintas del instituto autónomo para la descentralización, evitando la intervención del Parlamento: se apeló cíe nuevo a la figura del patrimonio autónomo, no prevista en la legislación venezolana al constituirse la Comisión Nacional de Financiamiento a la Pequeña y Mediana Industria; se recurrió a la forma jurídica de la fundación del derecho privado para constituir, en 1961, la Fundación Instituto Venezolano de Productividad (INPRO) y la Fundación para el desarrollo de la Comunidad y Fomento Municipal (FUNDACOMUN); en 1964, la Fundación para el Desarrollo de la. Región Centro Occidental (FUDECO); en 1966, la Fundación para la Capacitación e Investigación Aplicada a la Reforma Agraria (CIARÍA); en 1969, la Fundación Fondo de Solidaridad Social (FUNDASOCIAL); en 1975; la Fundación Gran Mariscal de Ayacucho, la Fundación Fondo Andrés Bello y la Fundación para el Rescate del Acervo Documental Venezolano; y en 1976, la Fundación Bicentenario de Simón Bolívar; se adoptó la forma jurídica de la asociación civil, también de derecho privado, para la constitución del Fondo de Desarrollo Algodonero en 1962, del Fondo de Desarrollo del Ajonjolí en 1964, y del Fondo de Desarrollo Frutícola en 1966; y se constituyeron bajo la forma de sociedades mercantiles, en 1962, la empresa Almacenes y Depósitos Agropecuarios, CA. (ADAGRO), como filial del Banco Agrícola y Pecuario; en 1964, las empresas CVG Siderúrgica del Orinoco (SIDOR) y CVG Electrificación del Caroní, C.A. (EDELCA) como filiales ele la Corporación Venezolana de Guayana; en 1965, el Banco de Fomento Regional de Coro, S.A.; en 1967, el Banco ele Fomento Regional de Guayana, C.A., la Empresa Venezolana de Nitrógeno, S.A. (NITROVEN) y la Empresa Nacional de Salinas (ENSAL), ambas como filiales del Instituto Venezolano de Petroquímica. En 1975, la Corporación Venezolana para la Industria Naval y en 1976 la Compañía Nacional de Reforestación. Con motivo de la nacionalización del hierro en “1975, se creó la empresa Ferrominera del Orinoco, C.A. y como consecuencia de la nacionalización petrolera se constituyó tercera empresa Petróleos de Venezuela, S.A. con todas sus filiales. Asimismo, en 1967 se constituyeron por el Ejecutivo Nacional, sin intervención parlamentaria, como universidades experimentales, la Universidad Simón Bolívar y la Universidad de la Región Centro Occidental.

A partir de la mitad de los años setenta, en todo caso, cientos de empresas del Estado fueron creadas y se recurrió en muchísimas ocasiones a la figura de las Fundaciones del Estado para realizar tareas públicas.

La utilización de la forma jurídica del instituto autónomo, después de promulgada la Constitución de 1961, se reinició en 1964, con la creación de la Corporación de Los Andes y con la constitución formal del Banco de los Trabajadores, en 1966, con una forma jurídica híbrida, de sociedad anónima creada por ley. Ese mismo año de 1966 se creó el Banco Nacional de Ahorro y Préstamo; en 1967, el Banco de Desarrollo Agropecuario; en 1968, el Consejo Nacional de Investigaciones Científicas y Tecnológicas (CONICIT); en 1970, la Corporación de Mercadeo Agrícola, el

Instituto de Comercio Exterior (ICE) y la Corporación de Desarrollo de la Región Nor-Oriental (CORPORIENTE); en 1971, el Instituto Autónomo Aeropuerto Internacional de Maiquetía y la Corporación de Desarrollo de la Región Centro-Occidental (CORPOCCIDENTE); y en 1973, la Corporación Nacional de Turismo y el Instituto Nacional de Parques; todas como institutos autónomos, es decir, mediante ley del Congreso.

A partir de 1974, se crearon nuevos institutos autónomos: en 1974 la Corporación de Desarrollo de la Pequeña y Mediana Industria y el Fondo de Inversiones de Venezuela; en 1975, el Fondo Nacional del Café, el Fondo Nacional del Cacao, el Instituto Nacional de Parques, el Fondo Nacional de Desarrollo Urbano, la Corporación de Mercadeo Agrícola, el Instituto Postal Telegráfico y el Consejo Nacional de la Cultura, en sustitución del Instituto Nacional de Cultura y Bellas Artes. En 1974, se establecieron dos fondos, como especies de patrimonios autónomos: el Fondo de Crédito Industrial y el Fondo de Crédito Agrícola, habiéndose transformado este último, en 1976, en instituto autónomo. En 1975, por otra parte, los dos primeros institutos autónomos que se crearon en el país: el Banco Agrícola y Pecuario y el Banco Obrero, fueron transformados en el Instituto de Crédito Agrícola y Pecuario y el Instituto Nacional de la Vivienda. En esa época, por otra parte, se produjo la primera "nacionalización" de servicios municipales y se creó el Instituto del Aseo Urbano para el Área Metropolitana de Caracas.

A partir de 1977 se crearon: el Instituto Autónomo Biblioteca Nacional y Servicios de Biblioteca (1977); el Instituto Nacional de Puertos (1977); Instituto Nacional del Menor (1978) que sustituyó al Consejo Venezolano del Niño; Instituto Nacional de Geriatría y Gerontología (1978) que sustituyó al Patronato Nacional de Ancianos e Inválidos; y el Fondo de Garantía de Depósitos y Protección Bancaria (1985). Existen, además, varios institutos autónomos que han sido transformados: el Instituto Venezolano de Petroquímica se transformó en la empresa Petroquímica de Venezuela C.A. (Pequiven) (1977); la Corporación Venezolana del Petróleo se transformó en compañía anónima, con la misma denominación (1975). Por otro lado, otros han sido eliminados y liquidados: la Corporación Venezolana de Fomento y la Corporación de Mercadeo Agrícola. Además, las Leyes de muchos institutos autónomos han sido objeto de reformas parciales, así la del Banco Industrial de Venezuela (1975); la del Instituto Nacional de Canalizaciones (1979); la del Instituto Nacional de Ferrocarriles (1981); la del Consejo Nacional de Investigaciones Científicas y Tecnológicas (1984); la de la Corporación de Desarrollo de Guayana (1985) y la del Instituto Nacional de Hipódromos (1985).

Es evidente que la creación en 60 años de más de 300 entidades descentralizadas, muchas de las cuales han sido desgajadas de la Administración Central ministerial, sin que dicho proceso haya obedecido a algún plan previo o se hay a realizado con base en criterios preestablecidos, no sólo ha producido una desintegración del conjunto de la Administración Pública, originando innumerables problemas de coordinación y control, sino que ha afectado la autoridad y poder ministerial, tan importante dentro de la estructura formal del Poder Ejecutivo.

Sin embargo, diversos esfuerzos se han realizado para la reorganización y regulación de la Administración Descentralizada[1882], la parte más importante, sin duda, de la Administración Pública venezolana.

Por ejemplo, en las propuestas de reforma administrativa de 1972 se hizo un exhaustivo estudie de los institutos autónomos y demás establecimientos públicos y de las empresas del Estado, destacándose no sólo su situación, su desarrollo, sus diversas formas jurídicas y su importancia funcional y económica; sino, fundamentalmente, la deformación que había sufrido la Administración descentralizada y sus consecuencias. Entre estas últimas se destacaron las consecuencias administrativas derivadas de la inadecuada distribución de los programas entre los Ministerios y los entes descentralizados; de la adscripción incorrecta de algunos entes descentralizados; de la duplicidad y superposición de funciones entre ellos; y de la desintegración de la Administración descentralizada en el sistema de planificación. Con base en el análisis efectuado y aparte de las medidas de reforma adelantadas desde la promulgación, a inicios de 1970, del Reglamento sobre Coordinación, Administración y Control de los Institutos Autónomos[1883], se formularon en el Informe una serie de propuestas de reforma guiadas por los siguientes criterios: la introducción de las formas jurídicas más apropiadas para las diversas entidades, destacándose la incorporación de la figura de patrimonio autónomo para eliminar muchos entes descentralizados; la sectorialización de la actividad de la Administración descentralizada, promoviéndose la adecuada adscripción y sujeción programática de los entes respectivos al Ministerio eje del sector correspondiente; el fortalecimiento de la Administración Central (ministerial) en relación a los entes descentralizados; y el establecimiento de los medios de control más convenientes sobre los mismos. Sin embargo, en 1990 aún no se había logrado sancionar una Ley sobre la misma, y solamente, por vía de Decreto-Ley, en 1986, se estableció un régimen general para las Fundaciones y Asociaciones Civiles del Estado[1884].

d. *Las consecuencias de la descentralización*

Es evidente que la creación en casi 50 años de más de 300 entidades descentralizadas, muchas de las cuales han sido desgajadas de la Administración Central ministerial, sin que dicho proceso haya obedecido a algún plan previo o se haya realizado con base a criterios preestablecidos, no sólo ha producido una desintegración del conjunto de la Administración Pública, originando innumerables problemas de coordinación y control, sino que ha afectado la autoridad y poder ministerial, tan importante dentro de la estructura formal del Poder Ejecutivo.

Ahora bien, el crecimiento desbordante de la Administración descentralizada en Venezuela, y su importancia material y financiera, en aumento, han venido planteando innumerables problemas de orden jurídico, administrativo y político, que es

---

1882 Véanse las referencias a los Proyectos de Ley desde 1960 en Allan R. Brewer-Carías, *El régimen de las empresas públicas en Venezuela*, Caracas, 1980, pp. 169 y ss.

1883 Decreto N° 280 de 8-4-70 en *Gaceta Oficial* N° 29.190 de 14-4-70.

1884 Decreto N° 401 de 14-12-84, reformado por Decreto N° 677 de 21-6-85, *Gaceta Oficial* N° 3.574, Extraordinario de 21-6-85 necesario destacar para percibir el impacto que las instituciones que la componen han tenido en el contexto de la Administración Pública venezolana.

En primer lugar, es necesario destacar que la actividad administrativa realizada por vía descentralizada ha producido en medio siglo una transformación total respecto de las formas jurídicas utilizadas por el Estado para su acción. No sólo la noción de establecimiento público o personas jurídicas de carácter público se adoptan en nuestro ordenamiento jurídico, como entes estatales distintos de las personas públicas territoriales tradicionales (República, Estados y Municipios), fundamentalmente a través de la figura de los institutos autónomos, sino que el Estado convierte en práctica común la utilización, para la realización de sus fines, de formas típicas del derecho privado, como fundaciones, las sociedades mercantiles y las asociaciones civiles. Por otra parte, la misma figura de los establecimientos públicos, después de la evolución citada, no se identifica con los institutos autónomos, sino que aquélla es el género de las personas jurídicas de derecho público y éstos son una de sus especies: los establecimientos públicos institucionales. Además de ellos pueden ubicarse con claras distinciones, sobre todo en cuanto a la atenuación o eliminación del control de tutela de parte de la Administración Central, los establecimientos públicos de economía mixta o asociativos en los cuales la persona jurídica, aun siendo pública, adquiere forma societaria y en algunos casos admite la participación en su capital de los particulares, como era el caso del Banco Central de Venezuela antes de la reforma de su ley en 1975, que nacionalizó su capital; y los establecimientos públicos corporativos, en los cuales, una determinada comunidad o "corporación" se constituye en la esencia de la existencia de la persona pública, como es el caso de las Universidades Nacionales Autónomas. Esta variedad de formas jurídicas, no sólo ha producido una variedad de regímenes jurídicos a aplicar en cada caso, sino un innumerable catálogo de controles que, de aplicarse todos, se correría el riesgo de paralizar la actividad de la Administración descentralizada. En esta forma, un esfuerzo por racionalizar los controles que se deben ejercer sobre los distintos entes descentralizados fue la publicación del Reglamento de Coordinación, Administración y Control de la Administración Descentralizada en 1970.

Por otra parte, desde el punto de vista administrativo, este crecimiento inorgánico de los entes descentralizados provocó una falta de integración de los referidos organismos en los adecuados sectores de actividad pública, y una gran ausencia de coordinación de sus actividades con las de la Administración Central. En efecto, si se observa la sola adscripción de los entes descentralizados a los despachos ministeriales actuales, puede apreciarse que en muchos casos existe una adscripción inadecuada a un Ministerio, que en ningún caso podría ser el que podría estar encargado de dirigir el sector. Esto sucedió, por ejemplo, con el Instituto de Comercio Exterior, el cual, a pesar de desarrollar sus actividades en el sector comercio estaba adscrito al Ministerio de Relaciones Exteriores; o con el Instituto Nacional de Canalizaciones, el cual, a pesar de realizar sus actividades en el sector transporte, estaba adscrito al Ministerio de Minas e Hidrocarburos.

En todo caso, la falta de institucionalización y definición precisa de los sectores en el ámbito ministerial, provocó, en varios casos, que la adscripción se hubiera hecho a cualquiera de los Ministerios interesados, y así sucedió con los diversos institutos autónomos adscritos al Ministerio de Obras Públicas; o a ninguno de ellos, adscribiéndose el ente, en algunos casos, a la Presidencia de la República, como sucedió con algunas de las Corporaciones de Desarrollo Regional, como la Corporación Venezolana de Guayana. Esto ha provocado, entre otras circunstancias, el recargo inadecuado en las labores del Presidente de la República, por lo que se ha optado por adscribir de hecho algunas de dichas instituciones a la Oficina Central de Coordinación y Planificación de la Presidencia de la República, produciéndose en ella, entonces, una mezcla de actividades consultivas y ejecutivas muchas veces inconvenientes para las labores de planificación.

Por otra parte, la creación sistemática de instituciones autónomas durante las últimas décadas, para atender nuevas necesidades colectivas o nuevos cometidos del Estado a medida que éste aumentaba su proceso intervencionista, ha provocado el que muchas actividades esenciales de la Administración hayan escapado, de hecho, al control ministerial, es decir, al control de los órganos directos del Presidente. En efecto, el proceso descentralizado funcional de los últimos años provocó que los entes descentralizados fueran asumiendo la realización de determinados programas de manera integral, desde la fijación de las políticas y objetivos y la planificación de la actividad, hasta la ejecución de las actividades administrativas necesarias para su realización. Esto originó que en relación a las actividades que se le encomendaron por ley, algunos institutos autónomos las hubieran realizado como si fueran un Ministerio, pero sin la orientación debida del Consejo de Ministros, al cual sus directivos no tenían normal acceso, y sin el riesgo de ser objeto de un voto de censura parlamentaria, reservado a los ministros. Esta independencia y autonomía provocó que en muchas ocasiones algunos institutos autónomos, no sólo tuvieran mucho más recursos financieros o presupuestarios que los que puede tener un Ministerio, sino con mucho mayor importancia, inclusive política. Por ejemplo, ¿quién duda de la mayor importancia política que el Instituto Agrario Nacional ha tenido en relación al Ministerio de Agricultura y Cría, o la mayor importancia administrativa que ha tenido la Compañía Anónima Nacional Teléfonos de Venezuela (CANTV) en relación al Ministerio de Transporte y Comunicaciones? En relación a esta última, es conveniente recordar que inclusive en las labores de planificación que por su naturaleza deberían estar en el Ministerio que actúe como eje del sector, la CANTV, en la década de los sesenta definió el Plan Nacional de Telecomunicaciones, en cuya formulación no tuvo ninguna intervención el Ministerio de Transporte y Comunicaciones. Este aspecto ha tenido por ejemplo gravísimas consecuencias en relación a la planificación sectorial: ésta, que debía realizarse con la participación de todos los organismos que operan en un sector, muchas veces se realizaba, no sólo sin la participación de algunos de los entes autónomos interesados en el sector, sino, muchas veces, por la desintegración administrativa del sector, sin la participación del Ministerio principalmente interesado, asumiendo la Oficina Central las funciones de planificación sectorial. Esto sucedió durante toda la década de los sesenta, por ejemplo, en el campo del sector agrícola, donde el plan era ignorado por los organismos del sector; siendo la crisis del sector agrícola patentizada en los primeros años de la década de los setenta la primera manifestación de la ausencia de coordinación no sólo con otros sectores de actividad pública, sino también intrasectorial.

Pero ciertamente, el problema administrativo no sólo ha surgido por la ausencia de participación de los entes descentralizados en la planificación sectorial, sino por la ejecución de las actividades dentro del sector, en forma parcelada. Tal como se ha señalado en otro lugar, "la situación que se plantea con respecto al sector agrícola puede ilustrar las consecuencias de esta ausencia de integración. En efecto, en materia de reforma agraria se ha establecido una división de programas de la siguiente forma: corresponde al Ministerio de Agricultura y Cría la asistencia técnica para el desarrollo agrícola, mientras que es el Instituto Agrario Nacional quien tiene a su cargo la dotación de tierras para la reforma agraria. Por su parte, correspondía al Banco Agrícola y Pecuario el otorgamiento de los créditos a los beneficiarios de dotaciones, y a la Corporación de Mercadeo Agrícola lo atinente a la comercialización de los productos. Este es un ejemplo típico de un programa que se cumple mediante la acción de diversos órganos públicos. Ahora bien, ocurre que las metas del plan en materia de reforma agraria se fijan en función del número de familias a las que puede dotar de tierras el Instituto Agrario Nacional, el cual es un ente descentralizado que ha venido disponiendo de considerables recursos. En esta forma, esta fijación de metas se ha hecho, en muchos casos, sin una consideración suficiente de las posibilidades de los demás órganos del sector, para prestar asistencia técnica o para otorgar créditos o asegurar la comercialización de los productos, todo lo cual impide alcanzar los objetivos del plan sectorial"[1885].

Toda esta situación de desintegración sectorial de los entes descentralizados que operan en un sector, entre sí y con el Ministerio principalmente interesado en el mismo, provocó una duplicidad y superposición de actividades, consecuencia de la autonomía, algunas veces confundida, desde el punto de vista administrativo, con la autarquía, que ha llevado a los diversos organismos, aisladamente, a procurarse todos los elementos necesarios para la ejecución de sus actividades, sin tener una visión sectorial de las mismas. Esto ha sido particularmente evidente en la procura de elementos de infraestructura administrativa, como las que integran, por ejemplo, las actividades de información e informática.

Una reformulación del esquema, papel y ámbito de la Administración descentralizada, en vista de su situación actual, es indudablemente uno de los requerimientos esenciales para que la Administración Pública venezolana pudiera, en los próximos años, asumir un papel cada vez más activo en el proceso de desarrollo. Para ello, el concepto de sistema para la integración sectorial de los entes descentralizados, en nuestro criterio, juega un papel esencial. Sin embargo, y quizá esta ha sido una de las apreciaciones fundamentales que surge del análisis de la organización de la Administración Pública Nacional, la reestructuración de la Administración descentralizada no puede hacerse sin una reformulación sectorial de la Administración Central o ministerial; y viceversa, ésta no tendría mayor efectividad sin aquélla.

E. *La evolución del régimen de los funcionarios públicos*

En cuanto al régimen de los funcionarios públicos, puede decirse que el establecimiento de una normativa coherente aplicable a los mismos sólo se estableció en 1970 con la Ley de Carrera Administrativa. La regulación actual y protección de los funcionarios públicos, por tanto, no guarda ninguna relación con el precario régimen que existía hace dos décadas[1886].

1885 Véase Allan R. Brewer-Carías, *Cambio Político y Reforma del Estado en Venezuela*, Madrid, 1975.

1886 Véase Allan R. Brewer-Carías, *El Estatuto del Funcionario Público y la Ley de Carrera Administrativa*, Caracas, 1971.

En efecto, en 1926, las únicas normas legales que regulaban el régimen de los funcionarios públicos estaban consagradas en la ley de 7 de junio de 1912 sobre Responsabilidad de Empleados Públicos, en la Ley de Juramento de 29 de mayo de 1917, en la Ley de Jubilación de Empleados de 29 de mayo de 1917 y en la Ley de Pensiones de 18 de julio de 1925. Con posterioridad, estas leyes continuaron en vigencia y sólo se reformaron la Ley de Juramento en 1945 y la Ley de Pensiones en 1928. La Ley Orgánica de la Hacienda Nacional, en la reforma de 1938, incorporó a sus normas algunas disposiciones relativas a los funcionarios públicos y en particular, a los funcionarios de Hacienda, que aún permanecen en vigencia.

Las normas constitucionales venezolanas, sin embargo, tradicionalmente han recogido algunos principios fundamentales destinados a regular la actuación de los funcionarios públicos que han perdurado, hasta la fecha. En efecto, la Constitución de 1925 ya establecía expresamente los siguientes principios, repetidos en todas las Constituciones posteriores, inclusive en la de 1961: el principio de que el ejercicio del poder público acarrea responsabilidad individual de los funcionarios públicos, a lo que en la Constitución de 1961, se acumuló el principio de la responsabilidad de la Administración; el principio de la incompatibilidad en el desempeño a la vez de más de un destino público remunerado; el principio de que los funcionarios no pueden admitir cargos, honores o recompensas de gobiernos extranjeros sino con autorización del Senado; y el principio de que los funcionarios deben prestar juramento al tomar posesión de sus cargos.

Tradicionalmente las Constituciones anteriores a la de 1925 y las posteriores hasta la de 1936, incorporaron la incompatibilidad de que la autoridad militar y la civil fueran ejercidas simultáneamente por un mismo funcionario, con la sola excepción de las Constituciones gomecistas, como se vio, en que el Presidente de la República además ejercía el cargo de Comandante en Jefe del Ejército Nacional. Con posterioridad a la Constitución de 1931, se estableció que el Presidente de la República sería además, siempre, Comandante en Jefe de las Fuerzas Armadas Nacionales, lo que se repite en las Constituciones posteriores incluyendo la vigente de 1961.

La Constitución de 1953, incorporó a la normativa constitucional la incompatibilidad expresa a los funcionarios públicos al servicio del Estado, para celebrar contrato alguno con él ni por sí ni por interpuestas personas, lo cual se amplió en el texto constitucional de 1961.

Pero, como se dijo, hasta 1970, salvo estas aisladas normas constitucionales y algunas normas legales, nada se reguló legalmente sobre el estatuto de los funcionarios públicos. La Constitución de 1947, ciertamente, exigió por primera vez, que "el Estado dictará un estatuto que rija sus relaciones con los funcionarios y empleados públicos, en el cual se establecerán las normas de ingreso a la Administración y las de ascenso, traslado, suspensión y retiro" (artículo 90). Sin embargo, esa normativa no llegó a dictarse.

En 1960, y con motivo de los estudios realizados por la Comisión de Administración Pública se dictó el Decreto número 394 de 14 de noviembre, mediante el cual se promulgó el "Reglamento de Administración de Personal de los Servidores del Gobierno Nacional" y a base del cual, durante toda la década de los años sesenta, se implantó en la Administración Pública Nacional, un moderno sistema de administración de personal, uniformándose las remuneraciones, las clasificaciones de cargos y los sistemas de ingreso y ascenso.

La Ley de Carrera Administrativa de 4 de septiembre de 1970 vino, así, a significar la culminación de un proceso de implantación del sistema de administración de personal, desarrollado en los años anteriores, dándole rango legal; y el establecimiento, además, por primera vez en Venezuela, de un estatuto aplicable a los funcionarios públicos mediante el establecimiento de derechos y deberes de los mismos. Este régimen, sin duda, en la tradicional situación de los funcionarios públicos, vino a configurarse como un avance de proposiciones sin precedentes. El proceso de consolidación del estatuto y derechos de los funcionarios públicos de carrera culminó en las reformas de la Ley de Carrera Administrativa de 1975, en las que se consagraron los derechos adquiridos de los funcionarios a las prestaciones por antigüedad y cesantía en los mismos términos que los consagrados en la Ley del Trabajo.

En materia de exigencia de responsabilidad de los funcionarios públicos por el propio Estado es de destacar, durante las últimas décadas, un proceso que se inicia con la confiscación de los bienes que formaban la sucesión de J. V. Gómez y de los altos funcionarios de su gobierno, acordada por el Congreso por acuerdo de 19 de agosto de 1936, 3 base de la reforma de la Constitución de ese mismo año que establecía la referida confiscación en el ordinal 2 de la Garantía Segunda del artículo 42 relativa a la propiedad. Los bienes confiscados pasaron a ser administrados conforme a lo previsto en la Ley de 15 de julio de 1939, la cual, posteriormente, por Ley de Administración y Disposición de los Bienes Restituidos de 21 de agosto de 1945, fue modificada y ampliada.

Con motivo de la Revolución de octubre de 1945, nuevas medidas confiscatorias de origen político contra funcionarios públicos fueron decretadas, creándose al efecto una comisión para determinar las presuntas personas incursas en responsabilidad (Decretos números 6 y 54 de 22 de octubre y de 17 de noviembre de 1945) y posteriormente un Jurado de Responsabilidad Civil y Administrativa (Decreto número 64 de 27 de noviembre de 1947). Los bienes adjudicados al Estado por este Jurado pasaron posteriormente a ser administrados por el mismo Administrador de los Bienes Restituidos al Patrimonio Nacional por el acuerdo del Congreso de 19 de agosto de 1936.

Todas las actuaciones de estos organismos fueron aprobadas y reguladas posteriormente por el Decreto Legislativo sobre Recursos y Acciones en materia de responsabilidad administrativa de la Asamblea Nacional Constituyente de 24 de octubre de 1947.

Mediante decreto de la Junta Revolucionaria de Gobierno de diciembre de 1945, que los altos funcionarios públicos nacionales así como todos aquellos que manejasen bienes y dineros públicos, deberían realizar una declaración jurada de sus bienes, en forma autenticada, al iniciar sus funciones y al cesar en sus cargos. Este decreto fue derogado por la Ley contra el Enriquecimiento lícito de Funcionarios o Empleados Públicos dictada el 18 de octubre de 1948, y que no sólo ratificó la exigencia de la declaración jurada de bienes, sino que creó la Comisión Investigadora contra el Enriquecimiento Ilícito de Funcionarios o Empleados Públicos. Esta ley, reformada posteriormente (1964), se aplicó masivamente, por primera vez, con motivo de la deposición de la dictadura militar de M. Pérez Jiménez, a partir de 1958, y en virtud de las disposiciones expresas y complementarias establecidas en la Disposición Transitoria Vigésima Primera de la Constitución de 1961.

En 1983 se dictó la Ley Orgánica de Salvaguarda del Patrimonio Público, que derogó dicha Ley contra el Enriquecimiento Ilícito, y en ésta se reguló coherentemente todo lo concerniente a la responsabilidad administrativa y penal de los funcionarios públicos[1887].

Debe mencionarse, por último, por su importancia en materia de la evolución del sistema jurídico aplicable a los funcionarios públicos, que en mayo de 1973 fue aprobada la Enmienda N° 1 de la Constitución, mediante la cual se estableció que no podían ser elegidos Presidente de la República, Senadores y Diputados al Congreso, ni magistrados de la Corte Suprema de Justicia, quienes hayan sido condenados mediante sentencia definitivamente firme, dictada por Tribunales Ordinarios, a pena de presidio o prisión superior a tres años, por delitos cometidos en el desempeño de funciones públicas, o con ocasión de éstas.

II. PRINCIPIOS JURÍDICOS DE LA ORGANIZACIÓN ADMINISTRATIVA

El término Administración Pública, como hemos visto, puede ser definido desde el punto de vista de la actividad (punto de vista material), o desde el punto de vista orgánico, como el conjunto de órganos del Estado dispuestos para cumplir un determinado fin.

En esta forma, la Administración, configurada como un grupo de órganos dispuestos para un fin, implica el término organización, es decir, implica que esos órganos tienen que estar ordenados en una forma determinada para cumplir adecuadamente los fines que tiene el Estado. Así, organizar es ordenar, y en el caso de la organización administrativa, es ordenar un conjunto de órganos para el cumplimiento de los fines del Estado. En ese proceso de ordenación se incluyen, básicamente, las reglas o las normas que distribuyen las competencias y las atribuciones, y que regulan el funcionamiento de los órganos del Estado. Por ello, el principio de la competencia es esencial a toda organización. Pero además de este principio, la disposición de los órganos y sus atribuciones dentro de la organización administrativa responde a otra serie de principios jurídicos esenciales y generales: la jerarquía, la descentralización y la coordinación, sin los cuales puede decirse que no habría organización. El presente capítulo está destinado al estudio de estos principios jurídicos de la Organización Administrativa[1888].

1. *La competencia*

A. *Noción*

La competencia es la aptitud legal de los órganos de la Administración[1889], o en otras palabras es el conjunto de facultades, de poderes, y de atribuciones que le han

---

1887 Véase *Ley orgánica de Salvaguarda del Patrimonio Público*, Caracas, 1982

1888 En general, véase, José Antonio García Trevijano-Fos, *Principios Jurídicos de la Organización Administrativa*, Madrid, 1957; y *Tratado de Derecho Administrativo, cit*., tomo II, vol. I, pp. 389 y ss.; y James O. Mooney, *Principios de Organización*, Madrid, 1958.

1889 Véase lo señalado por la Corte Suprema de Justicia en Sala Político-Administrativa en Sentencia de 28-1-64, en *Gaceta Oficial* N° 27.367 de 13-2-64, pp. 203-359 y sig. y en Allan R. Brewer-Carías, *Jurisprudencia de la Corte Suprema..., cit*., tomo III, vol. I, Caracas 1977, p. 197. Sobre la competencia véa-

sido legalmente asignados para actuar en sus relaciones con los otros órganos del Estado y con los particulares. Ahora bien, utilizando elementos propios del Derecho Privado, la competencia vendría a ser la aptitud que tiene un órgano del Estado para actuar. Sin embargo, la competencia no solamente concede la facultad de actuar, sino que también constituye una obligación y un límite dentro del cual puede actuar el órgano. Por tanto, no sólo es atributiva de facultades sino también limitativa; tiene esa doble característica y por eso, la competencia, como concepto de Derecho Público, se distingue de la capacidad de Derecho Privado.

B. *Competencia y capacidad*

En todo caso, la competencia, aun cuando en la organización administrativa cumple una función similar a la capacidad de las personas jurídicas en el Derecho Privado, tiene notables diferencias con ésta.

En efecto, la competencia requiere texto expreso, es decir, debe estar expresamente prevista en la Constitución, en la Ley, en los reglamentos y demás fuentes de la legalidad o derivarse de alguno de los principios generales del Derecho Administrativo. Por tanto, la competencia no se presume[1890]. Al contrario, la capacidad, en Derecho Privado es la regla, siendo las incapacidades la excepción, por lo que éstas son las que deben estar previstas expresamente en la Ley. La necesidad de que la competencia esté expresamente prevista en la Ley implica, además, que el ejercicio de la misma deba justificarse siempre. Por ello, el funcionario, al dictar un acto, debe comenzar por indicar la norma atributiva de competencia.

Por otra parte, las Leyes que regulan la competencia, son de aquellas denominadas de orden público, lo que implica que no pueden relajarse ni derogarse por convenios entre particulares[1891], ni por voluntad del funcionario público a quien corresponde su ejercicio. En cambio, contractualmente puede renunciarse al ejercicio de determinados derechos derivados de la capacidad en el campo privado: por ejemplo, a ejercer el comercio en determinada zona para evitar una competencia desleal.

En todo caso, es necesario tener en cuenta que las leyes que regulan la competencia pueden establecer una mayor o menor libertad en la apreciación de la oportunidad y conveniencia de la actuación administrativa, lo que da origen a la denominada actividad discrecional. Pero esta libertad en la forma de ejercer la competencia no elimina su carácter obligatorio, en cuanto a su ejercicio. La competencia, en efecto, no sólo otorga facultades al funcionario, sino que le impone una carga. El Director de la Administración del Impuesto sobre la Renta, por ejemplo, está obligado a

---

se, en general Juan Colombo Campell, *La competencia*, Santiago de Chile, 1959; y Rafael A. Arnanz, *De la competencia*, Madrid, 1967.

Véase Allan R. Brewer-Carías, *Principios del Régimen Jurídico de la Organización Administrativa Venezolana*, Caracas, 1991, pp. 47 y ss.; texto que seguimos en esta parte.

1890 Tal como lo señaló la Corte Suprema de Justicia en Sala Político-Administrativa, la competencia "debe emerger del texto expreso de una regla de derecho, ya sea de la Constitución, la ley, el reglamento o la ordenanza". Véase la sentencia citada de 28-1-64, *Idem*. En igual sentido, véase la sentencia de la misma Sala de 11-8-65, en *Gaceta Oficial* N° 27.845 de 22-9-65, pp. 207-324; y en Allan R. Brewer-Carías, *Jurisprudencia de la Corte Suprema... cit.*, tomo III, vol. 1, p. 199.

1891 Art. 6 del Código Civil.

liquidar los impuestos a quienes hayan hecho la declaración respectiva. Este funcionario no puede libremente decidir no liquidar esos impuestos. En el campo del Derecho Privado, en cambio, los derechos que le confieren la capacidad a los particulares, en general, son de ejercicio facultativo: nadie, por ejemplo, está obligado a comprar, a vender o a arrendar.

Por otra parte, la obligatoriedad de ejercicio de la competencia implica que ésta no puede libremente delegarse en un funcionario inferior; para ello es necesaria una autorización legal expresa.

Por último, es necesario señalar que la competencia es constitutiva del órgano que debe ejercitarla; forma parte integrante de él, por lo que éste no se concibe sin competencia. La competencia por tanto, es una noción esencial en la organización del Estado, y como consecuencia, de la Administración.

C. *Clases de competencia*

La competencia, puede enfocarse desde diversos ángulos[1892], dando origen a varias clasificaciones de la misma.

a. *La competencia en el ámbito de las funciones del Estado*

a'. *La separación orgánica de los poderes y la no coincidencia con la separación de funciones*

En el ámbito estatal, si analizamos las competencias genéricas del Estado, nos encontramos con el principio de la separación de poderes. En Venezuela, existe una separación orgánica de poderes que no coincide con una separación absoluta de funciones que estén atribuidas exclusivamente a dichos órganos.

En efecto, como postulado general de la aplicación del principio de la separación de poderes en el régimen constitucional venezolano, puede afirmarse que la "división del Poder" no coincide exactamente con la "separación de funciones". Por ello, no sólo en múltiples oportunidades los órganos del Estado, además de sus "funciones propias" ejercen funciones que por su naturaleza deberían corresponder a otros órganos, sino que también en múltiples oportunidades la Constitución permite y admite la intervención o interferencia de unos órganos en las funciones propias de otros[1893].

En efecto, como se ha dicho, la separación de poderes ha de entenderse en el sistema venezolano, en primer lugar, como una separación orgánica entre los órganos del Poder Público; y en segundo lugar, como una asignación de funciones propias a cada uno de dichos órganos; pero nunca como una separación de funciones atribuidas con carácter exclusivo a los diversos órganos. Al contrario, además de sus funciones propias, los órganos del Estado realizan funciones que por su naturaleza son semejantes a las funciones asignadas a otros órganos.

1892 *Cfr.* José A. García Trevijano-Fos, *Tratado..., cit.*, tomo II, vol. 1. pp. 395 y ss.

1893 Véase Allan R. Brewer-Carías, *Derecho Administrativo*, Caracas, 1975, tomo I, *cit.*, pp. 373 y ss.

En otras palabras, mediante este principio se reserva a ciertos órganos el ejercer una función en una forma determinada (funciones propias), lo que no excluye la posibilidad de que otros órganos ejerzan esa función en otra forma.

En efecto, el Congreso tiene atribuida la función normativa y, en forma privativa, la sanción de leyes por las Cámaras actuando como cuerpos colegisladores[1894] así como la emisión de actos privativos de dichas Cámaras[1895]. Sin embargo, además del cumplimiento de la función normativa, el Congreso y las Cámaras Legislativas realizan funciones administrativas, por ejemplo, cuando imponen sanciones a quienes infringen los reglamentos internos de las Cámaras, cuando organizan su servicio de policía o cuando ejecutan su presupuesto de gastos[1896]. Asimismo, las Cámaras ejercen funciones administrativas, cuando designan o remueven su personal administrativo excluido de la aplicación de la Ley de Carrera Administrativa, es decir, cuando realizan cualquier acto relativo a la administración de su personal. Por otra parte, también interviene el Senado en funciones jurisdiccionales cuando autoriza "por voto de la mayoría de sus miembros, el enjuiciamiento del Presidente de la República, previa declaratoria de la Corte Suprema de Justicia de que hay mérito para ello"[1897]. En estos casos, por supuesto, no podría verse violación alguna al principio de la separación de poderes, pues se trata de funciones de naturaleza distinta a las normativas que el ordenamiento jurídico permite realizar, pues en ningún dispositivo se indica que la función administrativa corresponde exclusivamente a los órganos del Ejecutivo Nacional.

Por otra parte los órganos del Poder Judicial también pueden ejercer funciones administrativas. En efecto, la Corte Suprema de Justicia y los Tribunales de la República tienen atribuida la función jurisdiccional y, en forma privativa, la adopción de decisiones acerca de pretensiones procesales de una parte frente a otra, de nulidad de actos del poder público o de condena de carácter penal, con fuerza de cosa juzgada, jurisdiccionalmente, en forma autónoma e independiente de los demás órganos del Poder Público[1898]. Sin embargo, además del cumplimiento de la función jurisdiccional los órganos judiciales realizan funciones administrativas, por ejemplo, al designar o remover los funcionarios administrativos de los tribunales, al dictar los reglamentos de organización o policía en determinados niveles, o al imponer sanciones administrativas o disciplinarias. En ninguno de estos casos podría verse usurpación alguna o violación del principio de la separación de poderes, pues no hay norma alguna de orden constitucional que reserve con exclusividad el ejercicio de la función administrativa a los órganos del Poder Ejecutivo.

Por último, y así como los órganos legislativos y judiciales ejercen funciones administrativas, así también los órganos del Poder Ejecutivo realizan funciones normativas y jurisdiccionales. En efecto, el Presidente de la República, además de las funciones ejecutivas propias (funciones de gobierno y funciones administrativas),

1894 Art. 162 de la Constitución

1895 Arts. 150, 153 y 158 de la Constitución

1896 Art. 158, ords. 1° 3°, y 5° de la Constitución

1897 Art. 150 de la Constitución

1898 Art. 205 de la Constitución

realiza funciones normativas no sólo al dictar decretos con valor de ley conforme a la Ley de Medidas Económicas de Urgencia respectiva[1899], sino cuando crea normas de carácter general en el ordenamiento jurídico al ejercer la potestad reglamentaria[1900]. Asimismo, los órganos ejecutivos también realizan, en ciertos casos, funciones jurisdiccionales aun cuando no de carácter judicial, cuando resuelven conflictos entre particulares, por ejemplo, en materia inquilinaria o de registro de la propiedad industrial. Dentro de estas funciones jurisdiccionales se incluirían, tal como lo ha dicho la Corte Suprema en varias de sus decisiones, por ejemplo las que realizan las Comisiones Tripartitas reguladas en la Ley Contra Despidos Injustificados.

b'. *Delimitación negativa*

Pero si bien no hay funciones estatales atribuidas exclusivamente y en forma excluyente a los órganos estatales, sí puede decirse que, en ciertos casos, la Constitución reserva a los órganos el ejercicio de ciertas funciones en una forma determinada. El ejercicio de la función normativa mediante leyes corresponde exclusivamente a las Cámaras Legislativas; el ejercicio de la función de gobierno mediante actos de gobierno corresponde exclusivamente al Presidente de la República; y el ejercicio de la función jurisdiccional mediante sentencias corresponde exclusivamente a los Tribunales.

Por otra parte, hay ciertas materias de competencia reservada a ciertos órganos: la reserva legal, por ejemplo, consiste en ciertas materias cuya regulación se atribuye exclusivamente a las Cámaras Legislativas mediante leyes. Esto sucede, entre otras materias, con el establecimiento de delitos y penas[1901]; la creación de impuestos[1902]; y la limitación a los derechos y garantías individuales[1903].

b. *La competencia en el ámbito ejecutivo: Gobierno y Administración*

Otra forma de enfocar las clases de competencia es refiriéndola, en particular, al ámbito del Poder Ejecutivo. Analizando la Constitución se evidencia que en varios de sus artículos, se establece una diferenciación entre actividad de gobierno y actividad administrativa, por lo que el Poder Ejecutivo realiza dos actividades, y ejerce dos competencias: gobierno y administración. El artículo 21 cuando se refiere a los Estados, establece que el gobierno y la administración de cada Estado corresponde a un Gobernador. El artículo 27 dispone que la Ley podrá establecer diferentes regímenes para la organización, gobierno y administración de los Municipios. Cuando se analizan las atribuciones del Presidente, en el artículo 190, se observa claramente la diferencia entre actividades de gobierno y de administración; por ejemplo, dirigir las relaciones internacionales es una competencia propia de la actividad de gobierno; en cambio, administrar la Hacienda Pública es una competencia administrativa.

1899 Art. 190, ord. 8° de la Constitución.

1900 Art. 190, ord. 10° de la Constitución.

1901 Art. 60, ord. 2° de la Constitución.

1902 Art. 224, de la Constitución.

1903 Véase en general Allan R. Brewer-Carías, *Las garantías constitucionales de los derechos del hombre*, Caracas, 1976.

Por otra parte, cuando se establecen los deberes del Presidente, el artículo 191 de la Constitución prevé que éste está obligado a presentar un mensaje anual al Congreso, de su gestión política y administrativa.

Por otra parte, a nivel nacional puede identificarse la actividad de gobierno como localizada a nivel de los órganos superiores del Poder Ejecutivo: se puede decir que es un órgano con competencia política, el Presidente de la República actuando solo o en Consejo de Ministros; y la actividad administrativa está situada en esos mismos órganos y en otros órganos ejecutivos (Ministerios, por ejemplo) quienes, por supuesto, ejercen competencias administrativas.

c. *La competencia en la Administración Pública*

Otra forma de enfocar las clases de competencia es en la propia Administración Pública y en el conjunto de órganos que la conforman. Interesa, aquí, analizar la forma como está asignada la competencia, la cual puede venir dada por diversos factores. Por otra parte, analizaremos también los tipos de competencia en la Administración Pública.

a'. *Factores que condicionan la competencia*

a". *La materia*

La asignación de competencias por razón de la materia constituye la forma normal de su determinación. La materia es el contenido propiamente dicho de la competencia, determinado por el conjunto de actividades, funciones o tareas que la Ley asigna a un órgano del Estado. La materia, pues, define la competencia: el Ministerio de Sanidad y Asistencia Social, por ejemplo, es competente, por la materia, en el campo de la protección de la salud.

b". *El territorio*

La materia sobre la cual se va a ejercer la competencia está circunscrita a un ámbito territorial determinado. En los órganos nacionales, la competencia se ejerce en todo el territorio nacional. Por ejemplo, en el caso del Ministerio de Sanidad y Asistencia Social, su competencia abarca todo el territorio nacional; y las divisiones de dicho Ministerio a nivel regional o territorial tienen un ámbito territorial específico. Los Municipios, en cambio, tienen un ámbito reducido para el ejercicio de sus competencias locales, el del territorio del Municipio.

c". *El grado*

El grado está determinado por la posición que ocupan en la jerarquía administrativa los diversos órganos del Estado. La organización de la Administración Pública y ministerial en Venezuela, es vertical y piramidal. En cada nivel jerárquico hay una serie de competencias atribuidas, lo que implica que no puede un inferior asumir competencias que le sean asignadas al superior, ni viceversa. El grado que se ocupa en la jerarquía, condiciona el ámbito de competencia que se puede ejercer en una materia determinada.

d". *El tiempo*

El tiempo también es un factor influyente, pues las competencias pueden ser de ejercicio temporal; por ejemplo, las potestades de control en la época de veda (prohibición de caza) de determinadas especies de animales. Siempre hay competencia por la materia, lo variable es el tiempo, el territorio y grado en la jerarquía.

b'. *Tipos de competencia en la Administración Pública*

a". *Necesaria y Eventual*

La competencia necesaria es la asignada normal y obligatoriamente a un órgano del Estado, conforme a las competencias definidas por la ley. Pero un funcionario puede ejercer una suplencia de otro, y en este caso, ejerce una competencia en forma eventual. La policía municipal tiene competencia necesaria en el campo del mantenimiento del orden público, pero la Guardia Nacional, eventualmente, puede ser llamada a cooperar y ejercer esta competencia como coadyuvante de la autoridad civil[1904].

b". *Interna y Externa*

Otra clasificación de la competencia se refiere a la interna y a la externa. Si el ejercicio de la competencia tiene relevancia para los particulares, sería una competencia externa, que es normal en el ámbito administrativo. Esta se contrapone a la competencia interna, cuyo ejercicio no afecta a los particulares, sino que se concreta, sólo, al interior de la Administración. Hay órganos con sólo competencias internas, que no tienen relación con los administrados, como por ejemplo, los órganos consultivos internos y entre ellos, en general las consultorías jurídicas.

c". *Propia y Conjunta*

La competencia es propia cuando sólo está asignada a un órgano administrativo. Otro tipo de competencia es la conjunta, y se produce cuando para ejercerla, es necesario que dos o más órganos o funcionarios actúen conjuntamente. Esto es frecuente en ciertas decisiones intersectoriales, es decir, que afectan a diversos sectores de actividad pública. Normalmente, por ejemplo, ciertas medidas de política de precios en agricultura deben ser adoptadas, conjuntamente, por el Ministerio de Agricultura y Cría y por el Ministerio de Fomento.

d". *General y Especial*

Otra distinción de la competencia es la que establece la diferencia entre competencia general y especial. La competencia general existe cuando se atribuye a un órgano competencia en diversas materias, y es propia de los entes territoriales. Por ejemplo el Alcalde tiene competencia general. En otro sentido, la competencia especial se identifica dentro de cada uno de los órganos. Dentro de las Gobernaciones de

1904 Véase por ejemplo, lo dispuesto en el artículo 5 del Decreto N° 349 de la Junta de Gobierno pobre Punciones de las Fuerzas Armadas Nacionales, en *Gaceta Oficial* N° 22.041 de 22-6-46.

Estado, por ejemplo, hay direcciones con competencia especial, pero a la cabeza de esos órganos está el Gobernador de Estado, quien tiene competencia general. Esta competencia general se encuentra ubicada en la jerarquía de los órganos descentralizados territorialmente (Gobernación, Alcaldes).

En la descentralización funcional, los institutos autónomos, por esencia, tienen competencia especial, por lo que la descentralización funcional normalmente va ligada a la especialización.

e". *Exclusiva y Concurrente*

Otra forma de clasificar la competencia es en exclusiva o concurrente, cuando es atribuida a un órgano en la escala administrativa o a varios. Por ejemplo, el Director de Salud Pública del Ministerio de Sanidad y Asistencia Social tiene asignada la competencia en forma exclusiva. Sin embargo, la exclusividad no implica que el ejercicio de la competencia no pueda ser revisado por el superior. Lo exclusivo no quiere decir excluyente. Pero puede darse el caso de que la competencia sea exclusiva y excluyente; por ejemplo, el Director de Inquilinato del Ministerio de Fomento tiene competencia para regular los alquileres y sus actos no pueden ser revisados por el Ministro de Fomento: la única forma de revisar esos actos es por vía judicial (Tribunal de Inquilinato). La competencia de este funcionario es exclusiva y excluyente, toda vez que sus actos no pueden ser revisados por el superior jerárquico.

Se contrapone la forma exclusiva de atribución de la competencia con la forma concurrente, con base en la cual se distribuye la competencia entre varios órganos; sucede, por ejemplo, en la descentralización territorial, donde hay competencias que corresponden al Poder Nacional, Estadal, Municipal. Por ejemplo, el artículo 136, ordinal de la Constitución establece que corresponde al Poder Nacional, los servicios de identificación y de policía nacional; el artículo 134, dispone que los Estados y Municipios sólo podrán organizar sus fuerzas de policía de acuerdo con la ley; el artículo 17 señala que es de la competencia de los Estados, la organización de la policía urbana y rural y la determinación de las ramas de este servicio atribuidas a la competencia municipal; y el artículo 30, establece como competencia municipal lo relativo a la policía municipal.

Por tanto, un típico supuesto de competencia concurrente es el de la policía, distribuida en los tres niveles territoriales: nacional, estadal y municipal.

D. *Las características de la competencia*

La competencia en el ordenamiento venezolano tiene características importantes:

a. *La obligatoriedad e improrrogabilidad*

La competencia no puede renunciarse; no admite relajamiento por parte del funcionario público ni restricciones voluntarias. El funcionario no puede renunciar a ejercerla. Es de ejercicio obligatorio, aunque la ley en ciertos casos dé cierto margen de apreciación de las circunstancias de hecho, en el supuesto de la actividad discrecional.

En efecto, cuando se dice que la competencia es de ejercicio obligatorio, es necesario distinguir entre administración reglada y poder discrecional. Por ejemplo, en materia tributaria cuando se dice que, producido un hecho generador de impuesto, la

Administración que, producido un hecho generador de impuesto, la administración fiscal está obligada a liquidar el impuesto, y si no es pagado, la Administración tiene la obligación de cobrarlo, no pudiendo el funcionario perdonar el pago, salvo en casos expresamente previstos en la ley. Esta es una actividad reglada.

Por tanto, cuando se dice que la competencia es irrenunciable, hay que distinguir el tipo de competencia: si es de carácter reglado la obligatoriedad y la irrenunciabilidad es absoluta, pero si es discrecional, la ley le da mayor libertad de apreciación al funcionario para ejercerla, y depende de su apreciación, el ejercicio de la misma.

La obligatoriedad de la competencia, por otra parte, implica la improrrogabilidad, por lo que no puede libremente delegarse su ejercicio, salvo autorización expresa de la norma atributiva de la misma.

b. *La asignación formal en actos jurídicos*

La asignación de competencias normalmente se produce mediante actos de efectos generales, es decir, que tengan carácter normativo: así, la Constitución es la primera fuente de competencia en todos los niveles del Estado. Por otra parte, la Ley Orgánica y las leyes ordinarias son otras de las fuentes de competencias. Pero éstas no podrían incluir todas las competencias de todos los órganos del Estado. Por eso se complementan por disposiciones reglamentarias y administrativas.

En efecto, la ley no puede agotar la atribución de competencia a todos los órganos administrativos, por lo que normalmente remite a actos administrativos para completar la asignación. Por ejemplo, en los artículos 24 y siguientes de la Ley Orgánica de la Administración Central se atribuye competencia a los diversos Ministerios, pero ella no puede agotar toda la distribución a nivel orgánico. Por ello, remite a los reglamentos orgánicos para una mayor especificación sobre las direcciones, departamentos y divisiones, y sus competencias específicas. De allí que, además de la ley, sea necesario un acto distinto, un Decreto o una Resolución por parte del Ministro, para determinar la competencia en los niveles inferiores.

También puede haber asignación de competencia en actos de efectos particulares. Por ejemplo, en el caso de un Ministro, cuando delega el ejercicio de una atribución en un funcionario inferior. El acto de delegación es la fuente inmediata de la competencia del inferior.

En conclusión, debe señalarse que las normas legales superiores (la Constitución y las leyes) no pueden definir y atribuir todos los niveles de competencia, y normalmente se establece un sistema jerarquizado de fuentes para la asignación de competencias: Constitución, leyes, reglamentos orgánicos, resoluciones ministeriales, y actos administrativos de efectos particulares.

Otro punto de interés en la regulación de la competencia en el ordenamiento venezolano es la presunción de su asignación al superior jerárquico. Por ejemplo, el acto de expulsión de un extranjero, conforme al artículo 20 de la Ley Orgánica de la Administración Central, corresponde al Ministerio de Relaciones Interiores. Por ello, en ese Ministerio salvo disposición específica, se presume que la competencia corresponde al Ministro. La ley o el Reglamento pueden regular el ejercicio de esa competencia por la Dirección General Sectorial de Identificación y Control de Extranjeros, en cuyo caso la presunción estaría en ese nivel[1905].

En la organización ministerial puede decirse que, en general, hay una presunción de competencia a favor del órgano que tenga asignada la materia. También puede tratarse de una presunción que tenga en cuenta, además de la materia, el territorio: si el problema de identificación y extranjería se presenta en Maracaibo, el órgano competente sería el que además de competente por razón de la materia (que forme parte de la Dirección de Identificación y Extranjería) esté situado en Maracaibo (territorio) o en la región zuliana.

c. *La regulación de la resolución de los conflictos de competencia*

Otra característica de la competencia es la previsión o regulación de los conflictos de competencia que puedan presentarse entre varios de los órganos que se consideren competentes en una misma materia. Dentro de la organización ministerial venezolana, por ejemplo, si el conflicto se plantea en el seno de un Ministerio, corresponde al Ministro la resolución del conflicto de acuerdo al artículo 20, ordinal 21 de la Ley Orgánica de la Administración Central. Pero si el conflicto es externo, esto es, entre Ministerios, o entre un Ministerio y un instituto autónomo, o entre autoridades nacionales, estadales y municipales, la resolución del problema varía.

Los conflictos de competencia entre los órganos de los tres niveles del Poder Público deben ser resueltos por la Corte Suprema de Justicia, de conformidad con lo establecido en el artículo 215, ordinal 8° de la Constitución. Esta atribución de competencia también se encuentra en la Ley Orgánica de la Corte Suprema de Justicia, en el ordinal 13 del artículo 42.

Ahora, si el problema es entre diversos Ministerios o entre otros órganos de la Administración Pública, no hay en la Ley Orgánica de la Administración Central ninguna norma que atribuya, por ejemplo, directamente al Presidente, la resolución del problema planteado. Sin embargo, se entiende que ésta sería una competencia normal y está implícita por cuanto que es una competencia político-administrativa, que tiene como Jefe del Ejecutivo Nacional, que no necesita estar expresa, y que podría ejercerse, inclusive, mediante instrucciones presidenciales[1906].

Sin embargo, en la Ley Orgánica de la Corte Suprema de Justicia se atribuye competencia a la Corte en el artículo 42, ordinal 22 para dirimir las controversias que se susciten entre autoridades políticas o administrativas, de una misma o diferentes jurisdicciones, con motivo de sus funciones, por lo que de no ser resuelto el conflicto por el Presidente de la República habría que acudir a la Corte.

1905 Véase el artículo 7 del Reglamento Orgánico del Ministerio de Relaciones Interiores dictado por Decreto N° 2.075 de 22-3-77, en *Gaceta Oficial* N° 1.999, Extr. de 22-3-77.

1906 Art. 181 de la Constitución. La primera instrucción presidencial dictada en las últimas décadas fue la Instrucción RA-1 de 13-5-70, mediante la cual se establecieron los lineamientos generales de la reforma administrativa en la Administración Pública Nacional, en *Gaceta Oficial* N° 1.399, Extr. de 13-5-70. Con posterioridad ha sido utilizada frecuentemente

E. *La desviación de la competencia*

Una de las características de la competencia, tal como se señaló, es su irrenunciabilidad e improrrogabilidad. Esto significa que el órgano al cual se le atribuye la competencia está obligado a ejercerla y éste no puede libremente desprenderse de la competencia o delegarla en un inferior. Tampoco puede ,un funcionario superior, libremente, asumir la competencia de un inferior (avocación). Ambas figuras requieren texto legal expreso que las prevea y autorice.

a. *La delegación de atribuciones*

a'. *Noción*

Por primera vez en Venezuela se ha previsto en la Ley Orgánica de la Administración Central, la desviación de competencia a través de la delegación de atribuciones, esto es, mediante la transferencia del ejercicio de determinadas competencias que un superior jerárquico puede hacer en un funcionario inferior[1907]. En efecto, el artículo 20, ordinal 25 de la Ley Orgánica de la Administración Central establece como atribución común a todos los Ministros, "delegar atribuciones en el Director General del Ministerio o en los Directores Generales".

En todo caso, hay que tener presente que la norma trae otra expresión, relativa a la delegación de firma en los directores o directores sectoriales y de éstos en cualquier otro funcionario. Es necesario, por tanto, distinguir la delegación de firma de la delegación de atribuciones.

b'. *Diferencias entre la delegación de atribuciones y la delegación de firmas*

La delegación de firma, en realidad, no es una verdadera desviación de competencia, ya que con ella, el funcionario superior sigue siendo responsable de la decisión y de la competencia.

En cambio, en la delegación de atribuciones, la competencia y la responsabilidad que acompaña su ejercicio, se transfiere al órgano inferior delegado. Este funcionario, cuando decide, lo hace a nombre propio; lo que no sucede en la delegación de firma: en este caso, la decisión no se tiene como decisión del inferior, sino como del funcionario superior.

El Decreto Presidencial N° 140 del 17 de septiembre de 1969, sobre Delegación de Firma de los Ministros del Ejecutivo Nacional, como norma reglamentaria, continúa vigente y establece el sentido de la delegación de firma[1908]. La nueva institución de la delegación de atribuciones, no está aún reglamentada. Fue establecida por la Ley Orgánica de la Administración Central e implica la transferencia de competencia a funcionarios inferiores, y la adopción de decisiones por éstos, con la posibilidad de que dichos actos sean revisados por el superior delegante.

1907 Sobre la delegación administrativa en general, véase Juan Luis de la Vallina y Celarde, *Transferencia de Funciones Administrativas*, Madrid, 1964.

1908 Véase en *Gaceta Oficial* N° 29.025 de 18-9-69

La Ley Orgánica de la Contraloría General de la República previo una figura que podría prestarse a confusión en cuanto a si se trata de delegación de firma o de una delegación de atribuciones.

En efecto, en su Artículo 16, dicha ley establece lo siguiente:

> "Artículo 16. El Contralor podrá delegar en funcionarios de la Contraloría el ejercicio de determinadas atribuciones. Los actos cumplidos por los delegatarios producirán efectos como si hubiesen sido adoptados por el Contralor y, en consecuencia, contra ellos no se admitirá recurso jerárquico. Los delegatarios no podrán subdelegar. La delegación aquí prevista, al igual que su revocatoria, surtirán efectos desde la fecha de su publicación en la *Gaceta Oficial*".

Aparentemente, según este artículo, se trata de una delegación de atribuciones, pero al final del mismo se observa que la figura establecida es la delegación de firma, al tenerse las decisiones del delegado como si fueran del Contralor, y no admitirse recurso jerárquico contra las decisiones del delegado[1909].

En todo caso, tanto la delegación de firma como la de atribuciones, no pueden subdelegarse. Por otra parte, la delegación generalmente es de carácter temporal, vinculada o no a la persona titular del órgano, para la emisión de actos concretos y particulares.

c'. *Diferencias entre la delegación de atribuciones y la desconcentración administrativa*

Debe establecerse también la diferencia entre la delegación de atribuciones y la desconcentración administrativa. La desconcentración es otra forma de distribución de competencias, pero a diferencia de la delegación, la desconcentración es una distribución de competencias en forma permanente y abstracta, atribuida siempre al órgano y no al titular del cargo[1910].

Hay un típico ejemplo de desconcentración administrativa en la Ley Orgánica de la Contraloría General de la República donde se establece:

1909 Este es el sentido del citado Reglamento de delegación de firma de 1969, al establecer en su artículo 4° lo siguiente: "Los actos y documentos que se firmen por delegación del Ministro se considerarán emanados de éste a los efectos de agotar la vía administrativa". Por otra parte, ese es el sentido de la sentencia de la antigua Corte Federal y de Casación, en Sala Político-Administrativa de 14-4-37, en la cual se señaló lo siguiente: "la delegación en el campo del Derecho Público Interno supone forzosamente en quien la hace, el derecho de ejercer la función constitucional o legal delegada; ello no puede asumir, ni asume, el carácter de un permiso o consentimiento dado por el delegado al delegatario, sino el que en la realidad jurídica le corresponde, o sea, el de una transmisión constitutiva del ejercicio de los derechos o facultades que, originaria o derivadamente residen en una persona o autoridad, hacha por ésta a otra que no está investida de ellos. El delegatario no actúa, pues, en derecho propio, ni por su propia autoridad, sino que, en la medida en que le es transferida la función, ejerce un mandato público por y para su mandante, y en consecuencia, los actos cumplidos por aquél, se reputan como realizados por el comitente mismo". Véase en Memoria 1938, p. 196. Véase también en Allan R. Brewer-Carías, *Jurisprudencia de la Corte Suprema... cit.*, tomo III, vol. I, p. 149.

1910 Véase, en general Juan Luis de la Vallina Velarde. "La desconcentración administrativa", en *Revista de Administración Pública* N° 35, Madrid, 1961, pp. 75 a 138.

"Artículo 12. Corresponde al Contralor:

"Ordinal 19. Dictar las normas reglamentarias internas sobre la estructura, organización, competencia y funcionamiento de las direcciones y demás dependencias de la Contraloría, de conformidad con lo previsto en esta Ley".

"Artículo 14. La Contraloría tendrá los servicios técnicos y administrativos que sean necesarios para el cumplimiento de sus funciones; en el reglamento interno que dictará el Contralor se determinarán las direcciones, divisiones, departamentos, oficinas y servicios, de conformidad con esta Ley. Dicho reglamento y sus modificaciones deberán ser publicados en la *Gaceta Oficial*".

Conforme a estas normas, el Contralor tiene potestad organizativa y por tanto, de asignar y distribuir la competencia[1911]. En esta forma no hay duda de que es una función del Contralor distribuir la competencia en la Contraloría, con carácter permanente y abstracto a los diversos órganos de esa institución. En estos casos, la desconcentración administrativa tiene el mismo efecto que la delegación de atribuciones, en el sentido de que la decisión que se adopte por el inferior, se hace bajo la responsabilidad del funcionario de dicho órgano inferior. El acto dictado por éste, por tanto, sí es recurrible por vía jerárquica ante el superior, ya que es una decisión propia y no tomada a nombre de otro[1912]. En este aspecto coinciden la desconcentración administrativa y la delegación de atribuciones.

d'. *Las formas de distribución de la competencia*

Por tanto, hay que concluir en que hay varias formas de distribución de las competencias dentro de los diversos niveles jerárquicos:

a''. *La delegación*

Una forma de distribución de competencia es la delegación de atribuciones que puede realizar el superior. En este caso, por ejemplo, el Ministro está autorizado, por ley, a delegar atribuciones en sus Directores Generales. Normalmente, esta delegación está vinculada a la persona titular del órgano delegado y no al órgano mismo, ya que es un acto de confianza; pero puede ser realizada directamente al órgano, independientemente de quien sea el titular.

1911 En tal sentido el Contralor ha dictado el Reglamento Interno y las Resoluciones Organizativas de las diferentes Direcciones del Organismo. Véase en *Gaceta Oficial* N° 1.735, Extraordinario de 30-4-75. El artículo 54 del Reglamento Interno de la Contraloría, en tal sentido establece, que "El Contralor podrá delegar en funcionarios de la Contraloría el ejercicio de determinadas atribuciones, sin perjuicio de la distribución de funciones y asignación de competencias establecidas en este Reglamento y en las Resoluciones Organizativas".

1912 Véase en tal sentido lo dispuesto en el artículo 77 del Reglamento de la Ley Orgánica de la Contraloría General de la República, dictado por Decreto N° 2.520 de 30-12-77, en *Gaceta Oficial* N° 2.119, Extraordinario de 30-12-77.

b". *La desconcentración funcional*

Otra forma de distribución de la competencia, pero esta vez permanente, general y abstracta es la desconcentración administrativa, la cual puede ser de dos tipos: funcional y territorial.

En primer lugar, la desconcentración funcional, tipificada por el supuesto señalado de la Contraloría. La Ley ha permitido al Contralor distribuir la competencia en los órganos internos de la Contraloría, y esa distribución de competencias, permanente y abstracta, es funcional, porque se hace por funciones y atribuciones.

c". *La desconcentración regional (territorial)*

En segundo lugar, la desconcentración regional, que se produce cuando determinado Ministerio tiene, a nivel de cada una de las regiones del país, una Dirección Regional. Puede haber desconcentración de competencias en esas direcciones en forma permanente y abstracta. No podrá haber distribución de competencia por vía de delegación de atribuciones a esos niveles, por no permitirlo la ley.

Puede decirse que la desconcentración regional es una política gubernamental desde que se dictó el primer Reglamento de Regionalización Administrativa, en 1969[1913]. A partir de esa fecha se viene planteando la necesidad de desconcentrar regionalmente a la Administración Pública. El último Reglamento de Regionalización Administrativa dictado por Decreto 3.128 del 6 de marzo de 1979[1914], hablaba de la desconcentración regional de la Administración Pública Nacional utilizando el término preciso desde el punto de vista administrativo: desconcentración a nivel regional de la competencia de la Administración Central[1915]. Para esa desconcentración regional se preveían varias exigencias en el Reglamento, y entre ellas, ante todo, la necesidad de uniformar las zonas de acción de los diversos Ministerios, es decir, que cada Ministerio debía identificar nueve áreas de acción regional y al identificarlas debía designar nueve directores regionales.

Otra exigencia era la establecida en el artículo 29 de dicho Decreto, con base en la cual la desconcentración regional debía hacerse con criterio sectorial. Esta orientación parecía ser política de interés en el Gobierno, según podía observarse del contenido del Instructivo N° 27 del 4 de enero de 1977, que el Presidente de la República dirigió a los Ministerios, institutos Autónomos y Empresas del Estado, incitando a la desconcentración de actividades a nivel regional y a la coordinación y organización de las unidades regionales en forma adecuada[1916].

1913 Véase lo señalado en Allan R. Brewer-Carías y Norma Izquierdo Corser, *Estudios sobre la Regionalización en Venezuela, cit.*, pp. 431 y ss.

1914 Véase en *Gaceta Oficial* 2.422, Extraordinario de 9-3-79.

1915 En tal sentido, por ejemplo, el artículo 27 del citado Reglamento señala que "los diversos organismos de la Administración Pública Nacional, descentralizada y las empresas del Estado que lleven a cabo actividades en las regiones, deberán establecer a nivel de cada Región una Delegación o Dirección Regional para la programación y coordinación de la ejecución de dichas actividades, en tanto no sea contrario a la naturaleza de las mismas".

1916 Véase en *Gaceta Oficial* N° 31.177 de 17-2-77.

Debe destacarse, por último, la exhortación que hace la Ley Orgánica de Descentralización, Delimitación y Transferencia de Competencias del Poder Público de 1989[1917] al Ejecutivo Nacional de impulsar la desconcentración de funciones dentro de sus respectivas dependencias, a fin de facilitar la transferencia de competencias.

b. *La avocación*

Aparte de la delegación, otra forma de desviación de la competencia, es la avocación, esto es la posibilidad que puede tener el superior jerárquico de asumir la competencia que corresponde al inferior. En principio, no hay posibilidad de la avocación, a menos que esté expresamente prevista en la ley. Ahora bien, sobre el particular debemos plantearnos algunas dudas:

Tal como se dijo, no hay avocación sin ley expresa, pero, si la ley lo que ha establecido es una competencia genérica de un Ministerio, hay una presunción de competencia a favor del Ministro, por lo que éste, como superior jerárquico, podría asumir la competencia del inferior, siempre que ésta no le sea atribuida por ley, directamente, al inferior. Inclusive, en la Ley Orgánica de la Contraloría General de la República, este es el sentido que ahí se le da a la desconcentración administrativa.

En el Reglamento Interno de la Contraloría (artículo 30, ordinal 6), se le atribuye competencia a los Directores para resolver todos los asuntos que competen a su Dirección, pero sin menoscabo de las atribuciones asignadas a otros funcionarios de su dependencia.

Sin embargo, si la competencia está asignada por ley directamente al inferior, el superior no podría asumirla. Por ejemplo, el Director de Inquilinato del Ministerio de Fomento tiene competencia por la Ley de Regulación de Alquileres para establecer los tipos máximos de los alquileres de vivienda. En estos casos, aun cuando el Ministro sea su superior jerárquico, no podría asumir dicha competencia[1918].

F. *Los límites de la competencia*

El ejercicio de la competencia tiene diversos límites dados pollos principios de la especialidad, la legalidad y la finalidad[1919].

a. *El principio de la especialidad*

Según este principio, cada órgano tiene que actuar dentro de la competencia que le ha sido específicamente asignada, y no puede realizar funciones distintas a las que le han sido señaladas. De lo contrario habría extralimitación de atribuciones.

b. *El principio de la legalidad*

Sólo pueden ejercerse competencias que estén consagradas expresamente en la ley. Toda actividad realizada por un órgano que no esté previsto en la ley es ilegal,

---

1917 *Gaceta Oficial* N° 4.153, Extraordinario de 28-12-89.

1918 Véase artículo 17 de la Ley de Regulación de Alquileres de 1-8-60, *Gaceta Oficial* N° 26.319 de 1-8-60

1919 Véase José A. García Trevijano-Fos, *Principios Jurídicos de la Organización Administrativa, cit.*, pp. 203 y ss.

por incompetencia. Esta incompetencia puede ser manifiesta, como por ejemplo, si el Ministro de Sanidad y Asistencia Social dicta un acto sobre arrendamiento de inmuebles urbanos que es competencia del Ministerio de Fomento, en cuyo caso el acto dictado es nulo, de nulidad absoluta; o puede tratarse de una incompetencia relativa, en cuyo caso habría nulidad relativa. Así se regula en el artículo 19 de la Ley Orgánica de Procedimientos Administrativos.

c. *El principio de la finalidad*

Sólo puede ejercerse la competencia para los fines específicamente establecidos por la ley y que motivan su asignación. Toda competencia ejercida para finalidades distintas da origen al vicio de desviación de poder[1920].

2. La jerarquía

La jerarquía es otro de los principios jurídicos de la organización administrativa. Se vincula con el principio de la competencia porque implica la distribución de ésta por razón del grado, pudiéndose imponer la voluntad del superior sobre el inferior.

A. *Características*

Presupuesto fundamental para que exista la jerarquía es que entre los diversos órganos entre los cuales se establece la relación debe haber la misma competencia por razón de la materia[1921].

Por tanto, para que entre un Ministro, un Director General, los Directores de un Ministerio y sus departamentos se establezca una relación jerárquica, es necesario que exista, en cuanto a la competencia, la misma materia. Ahora bien, el efecto fundamental de este principio, como veremos más adelante, es que la voluntad del superior jerárquico puede imponerse sobre la voluntad del órgano inferior.

En todo caso, hay que tener presente que si no existe la misma competencia por razón de la materia, no puede hablarse de jerarquía; puede existir una relación de coordinación, pero en ningún caso una relación jerárquica. Por ejemplo, entre el Ministro de Sanidad y Asistencia Social y el Director de Salud Pública, existe una relación jerárquica, pero no así entre el Ministro de Sanidad y Asistencia Social y el Director de Tránsito Terrestre del Ministerio de Transporte y Comunicaciones. En este caso, no hay jerarquía ni puede haberla, porque, entre otros factores, los funcionarios no tienen asignada la misma competencia por la materia.

Por tanto, la jerarquía tiene que ver con la competencia y la distribución de ésta, por el grado, dentro de la misma organización.

A continuación se estudiará este principio de la jerarquía en la organización administrativa, pero con especial referencia a la jerarquía en la organización ministerial, que forma el núcleo básico de la Administración Central a nivel nacional.

En efecto, en Venezuela, la organización básica de los Ministerios está establecida en la Ley Orgánica de la Administración Central. En esta Ley se establece, en el

1920 Art. 206 de la Constitución.

1921 Véáse José A. García Trevijano-Fos, *Principios Jurídicos... cit.*, p. 208.

artículo 5, que cada Ministerio está integrado por el Despacho del Ministro, por la Dirección General del Ministerio, por las Direcciones Generales Sectoriales, y por las demás dependencias que sean necesarias para el cumplimiento de su cometido.

Estas unidades inferiores, o como las denomina la misma Ley Orgánica de la Administración Central, unidades operativas o de ejecución, están distribuidas en orden descendente en Direcciones, Divisiones, Departamentos, Secciones y Servicios. Todas estas unidades se integran jerárquicamente, pero, en todo caso, no en una forma pura y simplemente vertical, sino en una forma piramidal, la cual es típica de la organización ministerial venezolana.

En esta forma, se establece la relación jerárquica entre el Ministro y el Director General; y entre éste y los diversos directores generales sectoriales; entre éstos y las varias direcciones; entre las direcciones y las divisiones; entre las divisiones y los departamentos; entre los departamentos y las secciones; y entre éstas y los servicios. Por ello, la relación jerárquica de los Ministerios en Venezuela se establece con base en una estructura piramidal, y nunca puramente vertical.

B. *Efectos*

a. *El predominio del superior jerárquico*

Entre los efectos de la jerarquía, como principio jurídico de la organización administrativa, está el de que la voluntad del superior jerárquico, prevalece sobre la del inferior. De allí que un superior jerárquico, en principio, puede modificar, revisar, anular, dirigir y controlar los actos del inferior, de lo contrario no habría jerarquía. La jerarquía implica, siempre, además, la posibilidad del superior de coordinar, dirigir y planificar los actos de los órganos inferiores.

La Ley Orgánica de la Administración Central en el ordinal 11 del artículo 20, establece expresamente sobre el particular, que son atribuciones comunes de los Ministros: "orientar, dirigir, coordinar, supervisar y controlar las actividades del Ministerio". Esto implica que, a cada Ministro, le corresponde la orientación de todos los niveles jerárquicos de su ministerio, como superior jerárquico.

Además, y dentro de la misma idea, el ordinal 18 del artículo 20, establece que a los Ministros les corresponde resolver, en última instancia administrativa, los recursos ejercidos contra las decisiones de los organismos y autoridades del Ministerio. Esto significa que el Ministro tiene, en última instancia, la posibilidad de revisar los actos de todos los niveles jerárquicos, a menos que, por vía de excepción, la ley establezca que en un determinado nivel jerárquico, se agota la vía administrativa, y que, por tanto, la decisión dictada en ese nivel, no es revisable ante el Ministro. Entre los casos que se pueden citar, a título de ejemplo, está el previsto en la Ley de Impuesto sobre la Renta. Prevé esta Ley que las decisiones del Administrador General del Impuesto sobre la Renta agotan la vía administrativa[1922], aun cuando existe un superior jerárquico inmediato, como es el Director General de Rentas del Ministerio de Hacienda. La consecuencia jurídica de esta excepción es que si alguna persona

1922 Art. 116 y ss. de la Ley de Impuesto sobre la Renta, dictada por Decreto Ley N° 712, de 21-1-75, en *Gaceta Oficial* N° 1.720, Extraordinario de 25-1-75.

pretende intentar algún recurso contra la decisión, tiene que interponerlo ante ese mismo Administrador, y de no obtener una decisión favorable, tendrá que acudir a la vía judicial, esto es, la vía del contencioso fiscal.

Otro ejemplo que puede ilustrar la excepción en cuestión, es el caso de las decisiones dictadas por el Director de Inquilinato del Ministerio de Fomento, las cuales agotan, igualmente, la vía administrativa, y sólo son recurribles por la vía judicial, esto es, ante el Tribunal de Inquilinato, que es el competente en la materia, y no ante el Ministro, que es el órgano inmediato superior[1923].

En estos casos, no sólo no hay un recurso ante el Ministro, sino que el Ministro tampoco puede, de oficio, impartir ningún tipo de orden que modifique, en cualquier sentido, la decisión tomada. En todo caso, lo que sí le está permitido al superior, es impartir determinadas directrices dentro de la política general del Ministerio conforme a la cual deban orientarse las decisiones de los órganos del Ministerio, pero nunca avocarse al conocimiento de un caso concreto, para modificar una decisión tomada por el órgano competente, por cuanto que no tiene competencia para ello.

Por último, otra consecuencia del principio de la jerarquía y del predominio del superior jerárquico sobre los funcionarios inferiores se refleja en materia de actos administrativos. Así, la Ley Orgánica de Procedimientos Administrativos establece expresamente que "ningún acto administrativo podrá violar lo establecido en otro de superior jerarquía" (artículo 13); previendo además, dicha Ley Orgánica, la siguiente jerarquía de los actos administrativos: "decretos, resoluciones, órdenes, providencias y otras decisiones dictadas por los órganos y autoridades administrativas" (artículo 14).

b. *La conducción y dirección de la actividad de los inferiores*

Otro efecto de la jerarquía, es la posibilidad que tiene el superior de dirigir la acción de los inferiores.

Esta es la primera de las atribuciones que establece el artículo 20, ordinal 1°, de la Ley Orgánica de la Administración Central a los Ministros, al prever que son atribuciones y deberes comunes de éstos: "orientar, dirigir, coordinar, supervisar y controlar las actividades del Ministerio". En esta forma, se consagra que el Ministro es el órgano superior máximo de la organización ministerial, y como función primordial tiene la de dirigir la acción de los inferiores.

Por otra parte, el jerarca tiene la posibilidad de dictar instrucciones (normas de carácter interno), es decir, tiene una potestad normativa interna que le permite establecer cuál órgano va a realizar una determinada actividad dentro de la organización, y cómo deben los funcionarios cumplir sus funciones.

Esta facultad se ejerce a través de diversos mecanismos. En primer lugar, la instrucción o el instrucción como se lo denomina cuando se dicta a nivel del Presidente de la República, que es el máximo jerarca de toda la Administración. Estas son normas de carácter interno, destinadas a los funcionarios, que, en principio, no tienen efectos hacia los particulares. Por ello, no afectan a los administrados, y sólo obligan

1923 Art. 15 y ss. de la Ley de Regulación de Alquileres.

a los funcionarios a ejercer sus funciones de acuerdo a las directrices que establezca la instrucción. El incumplimiento de una instrucción acarrea, por tanto, responsabilidad administrativa o disciplinaria y puede conllevar hasta la destitución.

Ahora bien, las instrucciones no sólo son dictadas a nivel presidencial, sino que pueden darse en cada organización. Corno consecuencia, y conforme a la forma jerárquica en la cual está estructurada la organización administrativa, el superior puede instruir a los inferiores.

En los Ministerios, la instrucción se hace en forma usual, a través de las llamadas circulares del servicio. Estos son actos mediante los cuales el jerarca orienta la realización de sus actividades por los órganos inferiores.

c. *La potestad disciplinaria*

Un tercer efecto de la jerarquía, es la potestad que tiene el superior de nombrar y remover los funcionarios inferiores, así como la de ejercer la potestad disciplinaria. El superior jerárquico es, pues, dentro de una organización determinada, quien nombra, remueve e impone sanciones a los funcionarios.

Para el cumplimiento de todas estas tareas, el jerarca se vale de órganos, que, dentro de la clasificación de los órganos administrativos, se llaman órganos auxiliares, por contraposición a los órganos de línea que son los de ejecución u operativos, y que lo asisten en su tarea de dirigir y coordinar las acciones de la organización. Entre estos órganos están los de personal, que son órganos auxiliares del jerarca, que no están dentro de la jerarquía piramidal y que no tienen programas de ejecución[1924].

d. *El ejercicio de las competencias genéricas*

Otra de las consecuencias de la jerarquía es la posibilidad que tiene el Ministro de dictar actos que le son propios, como es la posibilidad de suscribir los contratos, a menos que haya delegado en inferiores la atribución o la firma de determinados actos o que se haya producido un proceso de desconcentración, y por tanto, de distribución de competencia en los órganos inferiores, en cuyo caso, no hay necesidad de delegaciones especificas.

Pero si no hay una asignación específica de competencia, bien por una desconcentración, por determinación legal o por delegación, el Ministro puede dictar los actos necesarios para el ejercicio de las competencias que le hayan sido atribuidas genéricamente, al Ministerio.

Esto sucede en diversos supuestos. La Ley Orgánica de la Administración Central atribuye competencias a los Ministerios, pero no hay ninguna especificación respecto del nivel del Ministerio que debe ejercer concretamente las funciones atribuidas. En este supuesto, se presume que es una materia asignada al Ministro, y por tal razón, éste, como superior jerárquico, puede dictar todos los actos referentes a las mismas; y ello por cuanto se trata de una atribución global prevista en la Ley, al

1924 Arts. 12 y ss. de la Ley de Carrera Administrativa dictada por Decreto-Ley N° 914 de 13-6-75, en *Gaceta Oficial* N° 1.745, Extraordinario de 23-5-75.

Ministerio y no a un órgano específico de la jerarquía ministerial, en cuanto al ejercicio de la competencia en cuestión.

Muchas leyes, sin embargo, atribuyen a ciertos niveles jerárquicos, directamente, la competencia, tal como sucede con la Dirección de Inquilinato, la Superintendencia de Protección al Consumidor, el Registro de la Propiedad Industrial del Ministerio de Fomento, o con la Comisión Nacional de Valores y con la Superintendencia de Bancos, de Seguros o de Inversiones Extranjeras del Ministerio de Hacienda[1925].

e. *La posibilidad de delegar competencias*

Otro efecto de la jerarquía es la posibilidad que tiene el Ministro, de delegar atribuciones en el Director General del Ministerio o en los Directores Generales, y en éstos y otros funcionarios, la firma de documentos de acuerdo a lo establecido en el ordinal 25 del artículo 20 de la Ley Orgánica de la Administración Central. En todo caso, la delegación debe ser expresa, esto es, autorizada por Ley y si se trata de delegación de firmas, realizarse de conformidad con lo establecido en el Reglamento de Delegación de Firma de los Ministros del Ejecutivo Nacional del 17 de septiembre de 1969.

f. *La potestad de control*

Derivada también del principio de jerarquía, es la potestad de control que tiene el superior jerárquico sobre los órganos inferiores. En efecto, si aquél es quien tiene la dirección, coordinación, orientación e instrucción de cómo debe actuarse a todos los niveles de su línea jerárquica, es obvio que una de las consecuencias de esta facultad de dirección sea el poder de controlar si las actividades realizadas se ajustan efectivamente a las directrices dadas. De aquí, por ejemplo, que el Ministro, en definitiva, tenga la potestad de control y conozca, en última instancia, de los recursos que se ejerzan contra actos dictados por órganos inferiores. En este sentido lo establece la Ley Orgánica de la Administración Central en el ordinal 18 del artículo 20, al prever que los Ministros están facultados para resolver, en última instancia administrativa, los recursos ejercidos contra las decisiones de los organismos autoridades del Ministerio.

Ahora bien, esta potestad de control no sólo es ejercida por el superior jerárquico cuando ha habido instancia de parte mediante recursos administrativos. El superior puede, también, controlar los actos dictados por los órganos inferiores de oficio, es decir, sin que haya requerimiento de algún particular interesado, a menos que, y esto es por vía de excepción, exista alguna norma que expresamente lo prohíba, como son los supuestos del Director de Inquilinato y del Administrador General del Impuesto sobre la Renta, ya comentados por vía de ejemplo. Pero salvo que se establezca lo contrario por vía de excepción, como consecuencia de la organización

1925 La Ley de Regulación de Alquileres a la Dirección de Inquilinato; la Ley de Propiedad Industrial a la Dirección del Registro de la Propiedad Industrial; . la Ley de Protección al Consumidor a la Superintendencia de Protección al Consumidor; la Ley de Mercado de Capitales a la Comisión Nacional de Valores; la Ley General de Bancos y otros Institutos de Crédito a la Superintendencia de Bancos; la Ley de Empresas de Seguro y Reaseguros a la Superintendencia de Inversiones Extranjeras; y la Ley General de Asociaciones Cooperativas a la Superintendencia Nacional de Cooperativas.

jerárquica de la Administración, el superior jerárquico puede revisar, suspender, modificar o revocar los actos dictados por los órganos inferiores, con las limitaciones derivadas, por supuesto, de los derechos adquiridos.

g. *La resolución de conflictos*

Otro de los efectos de la jerarquía es la posibilidad que tiene el superior de resolver los conflictos que se establezcan entre los diferentes órganos que integran la jerarquía. Siguiendo la regulación de la Ley Orgánica de la Administración Central, ésta establece en el ordinal 21 del artículo 20, la facultad de los Ministros de resolver los conflictos de competencia que surjan entre los diversos órganos de su Ministerio.

3. *La descentralización*

El tercer principio de la organización administrativa es el principio de la descentralización[1926]. Esta consiste en la transferencia de competencias decisorias de una persona político-territorial a otra u otras personas jurídicas distintas del ente público territorial transferente. Es una distribución de competencias, pero no dentro de una misma organización jerárquica, sino una transferencia de competencia hecha a personas jurídicas distintas del ente transferidor.

En la delegación y en la desconcentración opera una distribución de competencias pero entre órganos de un mismo ente. En cambio, la descentralización es transferencia de competencias entre sujetos con diferente personalidad jurídica, por ejemplo, entre la República y un instituto autónomo. No se realiza, por tanto, entre elementos de un mismo órgano, sino entre diversos sujetos de derecho. Por ello se puede afirmar que en la desconcentración y en la delegación se establece una relación entre órganos diversos; y, en cambio, en la descentralización se establece una relación entre sujetos de derecho, es decir, entre personas jurídicas distintas.

Ahora bien, los sujetos de derecho a los cuales se les va a transferir competencias, pueden ser: sujetos de derecho público o sujeto de derecho privado, creados por el Estado de acuerdo al marco del derecho público o del derecho privado. En cuanto a los sujetos de derecho público descentralizados, éstos pueden ser a su vez, territoriales y no territoriales, lo que da origen a dos formas de descentralización: la territorial y la funcional.

A. *Características jurídicas*

En todo caso, lo que caracteriza a la descentralización es que, aun cuando hay transferencia de poderes a otros sujetos de derecho, todos estos sujetos, en una forma u otra, quedan enmarcados dentro de la estructura organizativa del Estado. Por ello, puede decirse que cuando se habla de "sector público", la expresión se utiliza en el sentido de abarcar, en el campo nacional, a la República con todos sus Ministe-

---

1926 Sobre la descentralización en general, véase Fernando Garrido Falla, *La descentralización administrativa,* San José de Costa Rica, 1967.

rios y demás órganos de su administración central, y a la administración descentralizada funcionalmente, tenga forma de derecho público o de derecho privado[1927].

Este sentido viene corroborado con la previsión del artículo 19 de la Ley Orgánica de Régimen Presupuestario[1928], en la cual se establece que están sujetos a las disposiciones de la misma: 1) Los órganos del Poder Nacional; 2) Los Estados y Municipios; 3) Los Institutos Autónomos, los servicios autónomos sin personalidad jurídica y demás personas de derecho público en la que los organismos antes mencionados tengan participación; 4) Las sociedades en las cuales el Poder Nacional y demás personas a que se refiere el presente artículo tengan participación igual o mayor al 50 por ciento del capital social. Quedarán comprendidas además, las sociedades de propiedad totalmente estatal, cuya función a través de la posesión de acciones de otras sociedades sea coordinar la gestión empresarial pública de un sector de la economía nacional; 5) Las sociedades en las cuales las personas a que se refiere el ordinal anterior tengan participación igual o mayor al 50 por ciento; 6) Las fundaciones constituidas y dirigidas por alguna de las personas referidas en el presente artículo, o aquellas de cuya gestión pudiera derivar compromisos financieros para esas personas.

1927 En este sentido debe destacarse lo expresado por la Corte Suprema de Justicia en Sala Político-Administrativa en sentencia de 23-10-73, sobre el proceso de descentralización y la integración del sector público: "Atendiendo a los alegatos expuestos por las partes, la única cuestión a resolver en esta incidencia es si, en conformidad con los artículos 36 y 46 de la ley de la materia, el tribunal de la causa debiera haber notificado a la Procuraduría General de la República, la demanda interpuesta contra la Siderúrgica del Orinoco, C. A. (SIDOR"), por el Sindicato Único de Trabajadores Metalúrgicos y sus similares del Estado Bolívar (SUTRAMETAL BOLÍVAR), y el embargo decretado a petición del demandante.

"Con arreglo a dichos artículos los «funcionaros judiciales están obligados a notificar al Procurador General de la República de toda demanda, oposición, excepción, providencia, sentencia o solicitud de cualquier naturaleza que, directa o indirectamente obre contra los intereses patrimoniales de la República», y de otra medida preventiva o ejecutiva «sobre bienes de otras entidades públicas o de particulares, que estén afectados al uso público, a un servicio público o a una actividad de utilidad pública El Nacional, antes de su ejecución».

"Para precisar mejor la inteligencia y alcance de estas disposiciones en lo que concierne al caso de autos, es necesario tener en cuenta realidades institucionales que se relacionen estrechamente con la organización que actualmente tiene la administración pública en nuestro país, y con la necesidad de que los intereses nacionales sean protegidos y defendidos en forma pronta y eficaz, independientemente de los órganos de la administración nacional a que estén destinados. Los bienes que constituyen el domino patrimonial del Estado venezolano, están en la actualidad administrados, directamente, por órganos tradicionales de la administración centralizada, o, indirectamente, por los institutos o establecimientos autónomos y por la empresa del Estado que forman la administración descentralizada, y cuya característica común es gozar de cierto grado de autonomía, en conformidad con las leyes y decretos orgánicos que regulan su organización y funcionamiento.

"Así pues, en nuestro país, al igual que en aquellos que se nos anticiparon por el camino de la descentralización administrativa, ha dejado de ser realidad la idea proclamada por la doctrina clásica, de que la unidad de la persona jurídica implica la unidad del patrimonio, en lo que respecta al Estado, pues, los intereses patrimoniales de éste aparecen vinculados a un complejo sistema de servicios centralizados y de organismos autónomos, cada uno de los cuales persigue fines diferentes, aunque orientados todos a la realización de los grandes cometidos que impone al Estado la realidad contemporánea. Dentro de ese sistema, cada ente descentralizado tiene sus propios bienes, en los cuales están a su vez, involucrados los intereses patrimoniales del Estado". Véase en *Gaceta Oficial* N° 1.657. Extraordinario de 7-6-74.

1928 La ley de 30-7-76 puede verse en *Gaceta Oficial* N° 1.893, Extraordinario de 30-7-76.

Esto confirma que los entes estatales con forma jurídica de derecho privado están integrados dentro de la estructura general del Estado, conformando, lo que se denomina sector público. Este es el mismo sentido del artículo 2° de la Ley Orgánica de Crédito Público[1929], en el cual se somete a las disposiciones de dicha Ley, entes con forma de derecho privado. Es decir, que aun cuando tengan forma de derecho privado, quedan englobados dentro del sector público y se consideran personas estatales.

Puede haber un tercer tipo de descentralización además de la descentralización territorial y la descentralización funcional, que se denomina descentralización corporativa. En ésta, también se da la transferencia de competencia a un sujeto de derecho distinto, de carácter no territorial, pero que tiene forma corporativa. Es el supuesto que opera con los Colegios Profesionales, por ejemplo, que cumplen funciones públicas de control del ejercicio de una profesión. Pero en estos casos, esta descentralización corporativa no trae, como consecuencia, que los Colegios Profesionales queden dentro de la estructura general del Estado, a pesar de tratarse de una forma de descentralización. El Estado les transfiere competencias, por ejemplo, el control del ejercicio de una profesión que es una competencia de carácter público, pero aun así, en ese caso, esas corporaciones, por su sustrato personal, no están dentro del denominado sector público y se consideran personas no estatales.

Por tanto, la descentralización es una transferencia de competencia a sujetos de derecho distinto, lo que la distingue de la desconcentración que es una distribución de competencia dentro de la organización de un sujeto de derecho público.

B. *Clase de descentralización*

a. *Descentralización territorial (política)*

a'. *Régimen constitucional*

La descentralización es territorial, como se ha dicho, si la transferencia de competencia se realiza en favor de algunas de las personas de derecho público de carácter político-territorial: los Estados o los Municipios. En este campo, la distribución de competencias la hace la propia Constitución, al establecer autonomía a nivel de los Municipios y a nivel de los Estados dentro de la estructura federal del Estado, distintas a las del Poder Nacional, lo que configura un proceso de descentralización territorial. Por otra parte, la misma Constitución consagra el principio de la descentralización administrativa hacia los Estados y Municipios, y también consagra el principio de la centralización de ciertas competencias que les están atribuidas.

En efecto, el artículo 30 de la Constitución atribuye directamente a los Municipios una serie de competencias que son las llamadas materias propias de la vida local tales como: urbanismo, abastos, circulación, cultura, salubridad, asistencia social, institutos populares de crédito, turismo y policía municipal. Además, establece que la ley podrá atribuir a los Municipios competencia exclusiva en determinadas materias, así como' imponerles un mínimo obligatorio de servicio. Es decir, que una

1929 La ley, también de 30-7-76, puede verse en *Gaceta Oficial* N° 1.893 Extraordinario de 30-7-76.

Ley Nacional puede, adicionalmente, imponerle a los Municipios un mínimo obligatorio de tareas y asignarles competencia exclusiva en determinadas materias.

Una norma similar es la contenida en el artículo 137 de la Constitución, que establece que el Congreso, por el voto de las dos terceras partes de los miembros de cada Cámara, podrá atribuir a los Municipios o a los Estados, determinadas materias de la competencia nacional, "a fin de promover la descentralización administrativa". Debe señalarse sobre el particular, que este es el único artículo de la Constitución en el que se utiliza expresamente la palabra "descentralización".

En esta forma, el Poder Nacional puede atribuirle a los Estados y Municipios determinadas materias que sean de la competencia nacional, para promover la descentralización administrativa, lo que ha sucedido por primera vez con la Ley Orgánica de Descentralización, Delimitación y Transferencia de Competencias del Poder Público de 1989.

Además de éstas, existen otras normas que establecen algunas orientaciones en materia de descentralización. Por ejemplo, en materia impositiva, el artículo 236, ordinal 89, reserva al Poder Nacional la organización, recaudación y control de impuestos a la renta, al capital, y a las sucesiones y donaciones; y además, las contribuciones que recaigan sobre la producción y consumo de bienes que total o parcialmente la ley reserva al Poder Nacional, tales como las de alcoholes, licores, cigarrillos, fósforos y salinas. Esta disposición implica que una ley puede reservar, parcialmente, al Poder Nacional los impuestos al consumo, y por tanto, asignar, parcialmente, a los Estados y Municipios, determinadas materias impositivas en el campo de los bienes de consumo. Esta sería otra forma de descentralización prevista en la Constitución.

De lo anterior puede concluirse que la propia Constitución consagra la descentralización territorial, al establecer la posibilidad, para el Poder Nacional, de transferir competencias a los Estados y Municipios; competencias estas adicionales a las que ya tienen, en virtud de las normas de la propia Constitución.

Ahora bien, también está consagrado, en la Constitución, el principio contrario, de la centralización territorial: ciertas competencias locales pueden ser asumidas y centralizadas por el Poder Nacional, es decir, por la República. Ejemplo de ello lo encontramos en el artículo 136, ordinal 17 de la Constitución, que establece expresamente, como competencia del Poder Nacional, la dirección técnica, el establecimiento de normas administrativas y la coordinación de los servicios destinados a la defensa de la salud pública; y además, agrega, que la ley podrá establecer la "nacionalización" de estos servicios públicos de acuerdo con el interés colectivo.

Conviene aclarar que el término nacionalización empleado en este artículo de la Constitución, debe entenderse como atribuciones de competencias al "Poder Nacional", y no como transformación de una empresa de dirección capitalista en dirección pública. Lo que prevé el artículo, en realidad, es una centralización, toda vez que una competencia atribuida al Municipio puede ser asumida por el Poder Nacional, con base en lo previsto en el mencionado artículo de la Constitución. Esta facultad ha sido ejercida por el legislador nacional, por primera vez, mediante la Ley de Nacionalización y Coordinación de los Servicios de Recolección y Tratamiento para

Residuos, Desechos y Desperdicios en el Área Metropolitana de Caracas[1930] y que creó, a su vez, el Instituto de Aseo Urbano para el Área Metropolitana de Caracas. En esta forma, la competencia sobre aseo, que era hasta 1976 de carácter local, en el área metropolitana, pasó a ser, en virtud de dicha Ley, de carácter nacional.

Ahora bien, conforme al citado artículo 137 del Texto Constitucional, se ha dictado la Ley Orgánica de Descentralización, Delimitación y Transferencia de Competencias del Poder Público de 28 de diciembre de 1989, con la cual se establecen las bases para un doble proceso de descentralización territorial de la República hacia los Estados que conforman la Federación, siendo esta quizás la reforma más importante que desde el punto de vista político se ha dictado en las últimas décadas[1931].

b'. *La definición del ámbito de la descentralización territorial hacia los Estados de materias de competencia concurrente*

La Ley Orgánica, en efecto, estableció en primer lugar, la pauta para la descentralización de competencias que si bien en la Constitución se regulan como concurrentes (competencias atribuidas a la vez a la República y a los Estados), por el proceso de centralismo que se había producido en el país, desde comienzos de siglo, fueron asumidas por el Poder Nacional. En esa forma, el artículo 4° estableció que "en ejercicio de las competencias concurrentes que establece la Constitución" y conforme a los procedimientos previstos en la propia Ley, "serán transferidos progresivamente a los Estados los siguientes servicios que actualmente (fin de 1989) presta el Poder Nacional":

1° La planificación, coordinación y promoción de su propio desarrollo integral, de conformidad con las leyes nacionales de la materia.

2° La protección de la familia, y en especial del menor.

3° Mejorar las condiciones de vida de la población campesina.

4° La protección de las comunidades indígenas atendiendo a la preservación de su tradición cultural y la conservación de sus derechos sobre su territorio.

5° La educación, en los diversos niveles y modalidades del sistema educativo, de conformidad con las directrices y bases que establezca el Poder Nacional.

6° La cultura en sus diversas manifestaciones, la protección y conservación de las obrase objetos y monumentos de valor histórico o artístico.

7° El deporte, la educación física y la recreación.

8° Los servicios de empleo.

9° La formación de recursos humanos, y en especial los programas de aprendizaje, capacitación y perfeccionamiento profesional; y, de bienestar de los trabajadores.

1930 La ley de 17-8-76 puede verse en *Gaceta Oficial* N° 31.047 de 17-8-76.

1931 Véase *Gaceta Oficial* N° 4.153, Extraordinario de 28-12-89. Véase Allan R. Brewer-Carías, *Problemas del Estado de Partidos*, Caracas, 1988.

10. La promoción de la agricultura, la industria y el comercio.
11. La conservación y mejoramiento del ambiente y los recursos naturales.
12. La ordenación del territorio del Estado de conformidad con la Ley Nacional.
13. La ejecución de las obras públicas de interés estadal con sujeción a las normas o procedimientos técnicos para obras de ingeniería y urbanismo establecidas por el Poder Nacional y Municipal, y la apertura y conservación de las vías de comunicación estadales.
14. La vivienda popular, urbana y rural.
15. La protección a los consumidores, de conformidad con lo dispuesto en las leyes nacionales.
16. La salud pública y la nutrición, observando la dirección técnica, las normas administrativas y la coordinación de los servicios destinados a la defensa de las mismas que disponga el Poder Nacional.
17. La investigación científica; y,
18. La defensa civil.

A los efectos de este proceso de transferencia de competencias, que no es otra cosa que un proceso de descentralización política, el artículo 5 de la ley estableció un procedimiento basado en "convenios" a ser celebrados entre la República y el Estado respectivo, por órgano, respectivamente, del Ministro de Relaciones Interiores (artículo 34) y del correspondiente Gobernador. Dichos convenios y, por tanto, el proceso de transferencia de competencias puede realizarse tanto a iniciativa del Gobernador del Estado respectivo, como a iniciativa del Ejecutivo Nacional.

En este primer caso, por tanto, la Ley Orgánica Nacional no realizó por sí misma un proceso de descentralización política desde el nivel nacional hacia los Estados, sino que definió un ámbito de competencias concurrentes en el cual puede producirse una descentralización, la cual en todo caso no será uniforme. Puede efectuarse en determinadas materias, en ciertos Estados y en otros no, y la iniciativa puede partir tanto del Ejecutivo Nacional como del Gobernador de un Estado. Se trata por tanto, de una descentralización "a la carta" en la cual se escogen las materias a descentralizar, sea por el Ejecutivo Nacional sea por los Gobernadores, y el proceso cristaliza en un "convenio" sometido a diversas aprobaciones, entre ellas, la del Senado y la de la Asamblea Legislativa respectiva.

c'. *La descentralización territorial hacia los Estados de materias de la competencia nacional*

Pero en segundo lugar, la Ley Orgánica de Descentralización, Delimitación y Transferencia de Competencias del Poder Público, en aplicación del artículo 137 de la Constitución, resolvió directamente la descentralización de una serie de competencias atribuidas al Poder Nacional, disponiendo en su artículo 11 que "se transfiere a los Estados la competencia exclusiva" en las siguientes materias:

1° La organización, recaudación, control y administración del ramo de papel sellado;

2° El régimen, administración y explotación de las piedras de construcción y de adorno o de cualquier otra especie, que no sean preciosas, el mármol, pórfido, caolín, magnesita, las arenas, pizarras, arcillas, calizas, yeso, puzolanas, turbas, de las sustancias terrosas, las salinas y los ostrales de perlas, así como la organización, recaudación y control de los impuestos respectivos. El ejercicio de esta competencia está sometido a la Ley Orgánica para la Ordenación del Territorio y a las leyes relacionadas con la protección del ambiente y de los recursos naturales renovables;

3° La conservación, administración y aprovechamiento de las carreteras, puentes y autopistas en sus territorios. Cuando se trate de vías interestadales, esta competencia se ejercerá mancomunadamente, a cuyos efectos se celebrarán los convenios respectivos;

4° La organización, recaudación, control y administración de los impuestos específicos al consumo, no reservados por Ley al Poder Nacional; y

5° La administración y mantenimiento de puertos y aeropuertos públicos de uso comercial.

Sin embargo, a pesar de la transferencia que se ordenaba en la norma, la materialización de la misma sólo operaría en cada Estado, cuando éstos asumieran dichas competencias por ley especial, dictada por las respectivas Asambleas Legislativas. Hasta tanto ello no ocurriera, en cada Estado, la Ley Orgánica dispuso que se mantendría vigente el régimen legal que existía en diciembre de 1989. (Parágrafo único, artículo 11).

b. *Descentralización funcional*

La segunda forma de descentralización es la descentralización funcional que implica la transferencia de competencia a un ente público no territorial, por razones de servicio, y no por razones político-territoriales como en el supuesto de la descentralización territorial[1932]. En este tipo de descentralización se requiere, igualmente, la presencia de dos sujetos de derecho: el ente transferido, que debe ser de carácter político-territorial (la República, los Estados o las Municipalidades), y el ente receptor, al cual se le van a transferir las competencias, el cual puede existir, jurídicamente, o bien, puede ser creado por el mismo acto que realiza o formaliza la descentralización. Del primero, esto es, cuando el ente que recibe la competencia ya tiene existencia jurídica, tenemos como ejemplo, en Venezuela, el de la CANTV, a la cual, en el año 1965, la ley que reorganizó los servicios de telecomunicaciones del país, le transfirió una serie de competencias que anteriormente eran ejercidas por el Ministerio de Comunicaciones[1933].

1932 Véase en general Fernando Garrido Falla, *Administración Indirecta y Descentralización Funcional*, Madrid, 1950.

1933 Art. 3 de la Ley que Regula la Reorganización de los Servicios de Telecomunicaciones de 6-7-65, en *Gaceta Oficial* N° 27.781 de 8-7-65.

En el otro supuesto está el ejemplo de los institutos autónomos, los cuales, de acuerdo a lo previsto en el artículo 230 de la Constitución, sólo pueden ser creados por ley. En esta forma, si para la descentralización funcional se va a utilizar la forma jurídica de una persona de derecho público, el nuevo ente debe crearse a través de una ley.

Por tanto, debe tenerse siempre presente que el Ejecutivo Nacional no puede crear un instituto autónomo para transferirle competencias. La creación de estos entes se reserva al legislador. En consecuencia, es por la vía legislativa que se realiza la descentralización funcional, toda vez que es materia de reserva legal la creación de entes de derecho público a través de los cuales se va a realizar la descentralización.

Ahora bien, si la descentralización se va a realizar mediante la creación de personas jurídicas con formas de derecho privado, el supuesto plantea aspectos diferentes.

En efecto, en primer lugar, en estos casos no es necesario que el sujeto de derecho sea creado por ley, por cuanto el Ejecutivo puede crear personas jurídicas a través de los medios del Derecho Privado, por ejemplo, constituyendo una sociedad anónima o una fundación por la vía del registro mercantil o del registro público. Sin embargo, el solo hecho de que no se requiera o no se utilice la vía legislativa para crear estos entes, implica una limitación, por cuanto no se le pueden transferir competencias que estén específicamente asignadas, por ley, a un ente de la Administración Central. Siendo, como se dijo, la competencia indisponible, para transferirla sería necesaria también una norma de rango legal.

Por tanto, y en virtud de que por decreto o por un acto de derecho privado que cree una persona jurídica no se pueden transferir competencias legalmente atribuidas, la descentralización funcional que se pretende instrumentar a través de estas formas jurídicas será siempre, por ello, mucho más limitada que la que se realice mediante la utilización de entes de derecho público. En estos casos, al requerirse la vía legal la creación de éstos, la transferencia de competencia puede efectuarse sin ningún tipo de obstáculos, ya que la ley puede modificar la asignación inicial de competencia.

En todo caso, lo que se puede transferir hacia los entes de derecho privado es lo que autorice la ley o lo que esté expresamente regulado en una ley. Por ejemplo: cuando se creó la "Fundación para el Desarrollo de la Comunidad y Fomento Municipal" (FUNDACOMUN) en 1960, no había ninguna ley que atribuyera a ningún órgano público nacional las competencias de fomento municipal y desarrollo de la comunidad; pudo, por tanto, el Ejecutivo Nacional, ante tal situación, crear una fundación (ente de derecho privado), y atribuirle competencias en el campo de la promoción social y de la comunidad. Pero si hubiera habido una ley que atribuyera esa competencia a un ente de carácter público, la transferencia de competencias a un ente de derecho privado creado por la Administración, no se hubiera podido realizar por decreto. Por ello, por ejemplo, en el caso de la CANTV (sociedad mercantil de capital público), la transferencia de competencias públicas en el campo de las telecomunicaciones y teléfonos que se le hizo, se realizó mediante una ley: la ley que regula la reorganización de los servicios de telecomunicaciones de 1965[1934].

Por lo tanto, la descentralización funcional, a través de formas de Derecho Privado, es mucho más limitada que la descentralización funcional hecha a través de formas de Derecho Público.

C. *Consecuencias de la descentralización*

a. *La autonomía*

a'. *Noción*

Una de las consecuencias fundamentales de la descentralización administrativa, es el hecho de que el ente descentralizado goza, siempre, de cierta autonomía. La autonomía, en todo caso, está en una relación inversa con el control: a mayor autonomía reconocida al ente descentralizado, corresponderá, inversamente, menor control ejercido por el ente matriz; y, a menor autonomía, mayor control. En el caso de la Administración descentralizada territorialmente bajo el esquema federal, no existe control ejercido por los entes territoriales mayores, ya que hay una mayor autonomía. En cambio, en el caso de los entes descentralizados funcionalmente, por ejemplo, de los institutos autónomos, hay menor autonomía, y por tanto, un mayor control de tutela.

La autonomía, en su sentido propio, viene a ser la facultad que tienen los entes de crear su propio ordenamiento jurídico, esto es, de dictar sus propias normas; de

1934 Al comentar las normas de la Ley que Regula la Reorganización de los Servicios de Telecomunicaciones de 1965, que asignó a la CANTV, empresa del Estado, los servicios telefónicos, la Corte Suprema de Justicia en Sala Político-Administrativa, en Sentencia del 5-10-70, señaló lo siguiente: "Del análisis de lo expuesto se deducen las siguientes conclusiones: 1° Que al adquirir el Estado la totalidad de las acciones de la compañía el Congreso decidió conservar la persona jurídica creada por el contrato de sociedad suscrito por sus promotores en el año de 1930, y utilizar la organización ya existente para los fines antes señalados, por el cual el servicio telefónico sigue a cargo de una entidad diferente del Estado, capaz de adquirir derechos y de contraer obligaciones con independencia de éste, y que tiene un patrimonio formado por bienes distintos a los que pertenecen al Fisco Nacional; 2° Sin embargo, la empresa ya no actúa como concesionaria de un servicio de interés público, sino como un instrumento del Estado, subordinado a la voluntad de los órganos superiores de éste y, en particular, del Congreso aunque sometida a un régimen especial en cuanto a sus relaciones con el Estado, lo cual hace de ella un caso excepcional entre los servicios públicos descentralizados existentes actualmente en el país. En efecto, la empresa telefónica es la única entidad estatal creada en virtud de un contrato de sociedad celebrado entre particulares, y cuyas relaciones con el Estado están reguladas por las disposiciones de una ley y por las cláusulas de un contrato, pero tales circunstancias no son suficientes para justificar que las autoridades del Distrito Sucre del Estado Miranda, sigan considerándola como una empresa privada, dedicada a una actividad industrial o comercial con fines lucrativos, supuestos estos indispensables para que le sea aplicable el impuesto establecido en la Ordenanza sobre Patente de-Industria y Comercio, de dicho Distrito, con arreglo a los términos del artículo 1° de la propia Ordenanza; 3° Dadas sus características, la compañía telefónica es actualmente y viene siéndolo, desde 1965, una empresa estatal, cuyas acciones fueron adquiridas con el deliberado propósito de encomendarle la prestación de determinados servicios y la ejecución del Plan Nacional de Telecomunicaciones, actividades a las que ha venido dedicada por disposición del Congreso y del Poder Ejecutivo, todo lo cual demuestra que ella tiene los atributos de un servicio nacional descentralizado excluido, como todos los de su especie, de la competencia fiscal del Municipio". Véase en *Gaceta Oficial* N° 1.447, Extraordinario de 15-12-70, p. 13.

aquí que autonomía es equivalente a autonormación. Puede afirmarse, por tanto, que la autonomía propiamente dicha existe en la Administración descentralizada territorialmente. En los Estados, las Asambleas Legislativas tienen como función dictar leyes sobre las materias de competencia estadal. Igualmente sucede con los Municipios, a quienes corresponde la libre gestión de las materias de su competencia, de acuerdo al artículo 29 de la Constitución. Por tanto, un Municipio es autónomo, porque su Concejo Municipal puede producir sus propias normas, que a nivel local son equivalentes a las leyes; de ahí que se hable de leyes locales, en el caso de las Ordenanzas.

Un instituto autónomo tiene autonomía porque también, en principio, puede darse su propia reglamentación interna, aun cuando esta facultad de autonormarse está sometida al control de tutela por parte del Ministro de adscripción. Normalmente, el reglamento interno de un instituto autónomo debe ser aprobado por el Ministro de adscripción, aun cuando éste no puede dictar directamente esas normas, porque sería contradictorio con el fenómeno de la descentralización.

Por supuesto, en el caso de la descentralización política o territorial, la autonomía es mayor que en el caso de la descentralización funcional, y paralelamente, en tanto en cuanto la autonomía es mayor, el control es menor. Materialmente, no existe ningún mecanismo de control de tutela de la República, por ejemplo, respecto a los Estados y a los Municipios, porque la autonomía, que es correlativa, es mayor.

b'. *La autonomía territorial*

Tal como se ha señalado, la mayor autonomía en la descentralización se da en la administración territorial, en particular, en los Estados y Municipios. Por ello, para comentar la autonomía territorial lo más conveniente es analizar la autonomía estadal y municipal, a través de los elementos que la caracterizan: autonormación, autonomía tributaria, autonomía política y autonomía administrativa.

a''. *La autonomía normativa*

En primer lugar, la autonomía normativa: como se dijo, pueden los Estados dictarse su propio ordenamiento jurídico, pues corresponde a las Asambleas Legislativas respectivas, "Legislar sobre las materias de la competencia estadal" (artículo 20, ordinal 19 de la Constitución). En el campo municipal, los Concejos Municipales, como autoridad legislativa en los Municipios pueden dictar las Ordenanzas Municipales, es decir, dictar las leyes que van a regular la comunidad en el ámbito municipal, por supuesto, en las materias que son propias de la vida local. Estas están asignadas a los Municipios dentro del sistema de descentralización propio de nuestro sistema federal.

Ahora bien, este sistema de distribución de competencias puede dar origen a conflictos entre la autoridad nacional, la autoridad estadal y la autoridad municipal, por invasión mutua de competencias. En particular, ha sido frecuente la invasión de los entes municipales en el campo tributario reservado al Poder Nacional[1935].

La consecuencia de esa autonomía normativa es que los actos de los Estados y Municipios sólo pueden ser revisados por la autoridad judicial y particularmente por los órganos de la jurisdicción contencioso-administrativa (artículo 181 de la Ley Orgánica de la Corte Suprema de Justicia). Expresamente dice la Constitución, en su artículo 29, que los actos de los Municipios no pueden ser impugnados sino por ante los órganos jurisdiccionales, de manera que no hay instancia de revisión alguna entre un acto municipal y las autoridades ejecutivas nacionales.

b". *La autonomía tributaria*

Otro elemento de la autonomía propia de la descentralización territorial es la autonomía tributaria. A nivel de los Estados, sin embargo, ésta no está establecida expresamente, sino que deriva del carácter residual de las competencias estadales, e incide básicamente en relación a los impuestos al consumo no reservados por ley al Poder Nacional.

En cuanto a los Municipios, también gozan de autonomía tributaria conforme a la cual pueden crear impuestos y tienen sus ingresos propios dentro del ámbito de las competencias propias de la vida local. Esta autonomía tributaria da origen a una potestad tributaria propia de los Municipios para crear impuestos a las actividades económicas (patentes de industria y comercio), a los inmuebles urbanos y a los espectáculos públicos, etc.[1936].

En todo caso, Estados y Municipios, en el ejercicio de la autonomía tributaria, están sometidos a las limitaciones establecidas en el artículo 18 de la Constitución.

c". *La autonomía política*

La autonomía política en los Estados se manifiesta en el hecho de que sus autoridades deben ser electas, es decir, no son designadas por el nivel nacional. En cuanto a los Diputados a las Asambleas Legislativas, éstos siempre han sido electos por votación universal, secreta y directa (artículo 19 de la Constitución); y en cuanto a los Gobernadores, si bien designados por el Presidente de la República hasta 1989, a partir de ese año han sido electos por votación popular, universal, directa y secreta conforme a la Ley de Elección y Remoción de los Gobernadores de Estado de 1988 (reformada en 1989), dictada en ejecución de lo previsto en el artículo 22 de la Constitución.

Por supuesto, los Municipios tienen también autonomía política, porque el Municipio elige sus propias autoridades, tanto a los Alcaldes como a los Concejales sin ninguna interferencia de poderes nacionales[1937].

1935 Véase al respecto, las sentencias de la Corte Suprema de Justicia dictadas con motivo de conflictos en materia tributaria, en Allan R. Brewer-Carías, *Jurisprudencia de la Corte Suprema... cit.*, tomo II, 1976, pp. 449 y ss.

1936 Art. 31 de la Constitución.

1937 Art. 29 de la Constitución.

Por tanto, la descentralización territorial va acompañada de la descentralización política, ya que la entidad local tiene no sólo autonomía y autoadministración, sino también autogobierno. Puede elegir y elige, en efecto, sus propias autoridades.

d''. *La autonomía administrativa*

La descentralización territorial implica, asimismo, autonomía administrativa, en el sentido de que, por ejemplo, los Estados tienen dentro de sus competencias "la administración de sus bienes y la inversión del Situado Constitucional y demás ingresos que le correspondan" (artículo 17, ordinal 3° de la Constitución). Esta autonomía, sin embargo, está sometida constitucionalmente a limitaciones derivadas de la inversión coordinada del Situado Constitucional (artículo 229 de la Constitución), regulada mediante el "Plan Coordinado de Inversiones" en la Ley Orgánica de Descentralización, Delimitación y Transferencia de Competencias del Poder Público de 1989; y de las potestades de control atribuidas a la Contraloría General de la República (artículo 235 de la Constitución).

Los Municipios tienen, también, autonomía administrativa. Constitucionalmente tienen la libre gestión de los asuntos propios de la entidad, y esa libre gestión significa que no hay ni puede haber interferencia de entes nacionales en la Administración municipal, salvo por lo que respecta a la intervención de la Contraloría General de la República, por autorización de la propia Constitución[1938].

c'. *La autonomía funcional*

En el caso de los institutos autónomos, si se confrontan sus facultades con la autonomía territorial, se observa que si bien se les reconoce un nivel de autonomía administrativa, ésta está sometida a control de tutela[1939]. Por otra parte, no puede decirse que tengan facultades totales de autonormación; sólo pueden dictar sus reglamentos internos pero, aun en este caso, tienen que ser aprobados por el ente que ejerce el control de tutela.. Tampoco tienen autonomía política, toda vez que sus autoridades las nombra el ente de tutela. En cuanto a la autonomía tributaria, tampoco se les reconoce, aun cuando sí pueden tener, en ciertos casos, competencia tributaria: si bien no pueden crear tributos, pueden tener competencia para recaudarlos. Por ejemplo, el Instituto Venezolano de los Seguros Sociales y el INCE, pueden recaudar las contribuciones especiales para el Seguro Social y la cooperación educativa[1940]. Estos entes no establecen tributos, sino que quien los crea es el Congreso, ente que mediante Ley descentraliza la competencia tributaria, asignando la recaudación a un ente descentralizado.

1938 Art. 235 de la Constitución, y Arts. 65 y ss. de la Ley Orgánica de la Contraloría General de la República.

1939 Véase al respecto, Allan R. Brewer-Carías, "Algunos aspectos jurídicos dg las relaciones entre el Gobierno Central y las Empresas del Estado", en *Revista de la Escuela Superior de las Fuerzas Armadas de Cooperación*, N° 4, Caracas, 1974, pp. 88 y ss.

1940 Véase la Ley del Seguro Social de 11-7-66, en *Gaceta Oficial* N° 1.096, Extraordinario de 6-4-67; y la Ley sobre el Instituto Nacional de Cooperación Educativa de 22-8-59 en *Gaceta Oficial* N° 26.043 de 22-8-59.

d'. *La autonomía funcional fuera del ámbito de la descentralización*

Aparte de estas dos autonomías (la autonomía funcional de la Administración descentralizada funcionalmente y la autonomía territorial y política de las entidades descentralizadas territorialmente), hay otro tipo de autonomía que se observa en la organización administrativa venezolana, que se llama también autonomía funcional y que tienen ciertos órganos del Estado pero, con la característica de que no tienen personalidad jurídica distinta de la República.

Se trata, por tanto, de órganos que forman parte de la organización de la República, que no tienen personalidad jurídica propia, pero que tienen una autonomía funcional respecto del Poder Ejecutivo. Tal es el caso, por ejemplo, de la Contraloría General de la República. La propia Constitución establece que la Contraloría es órgano auxiliar del Congreso en las funciones de este órgano de control sobre la Hacienda Pública, y gozará de autonomía funcional en el ejercicio de sus atribuciones[1941]. Otros organismos similares son, el Consejo de la Judicatura, previsto en la Constitución: el Consejo Supremo Electoral, regulado en la Constitución, y también, la Fiscalía General de la República, que tiene a su cargo el Ministerio Público. Estas entidades forman parte integrante de la estructura estatal nacional, y por tanto, de la. República, pero no están sometidas a la jerarquía administrativa estudiada anteriormente. Son cuatro órganos que no están sometidos a la jerarquía del Presidente de la República. Por eso, conforme a la Constitución, son entes dotados de autonomía funcional, es decir, en su funcionamiento tienen autonomía y no pueden, por tanto, sus actos, ser controlados por los órganos del Poder Ejecutivo. Un acto de la Contraloría no pueden ser recurrible ni ante el Presidente ni ante el Consejo de Ministros y, así mismo, un acto del Consejo Supremo Electoral tiene el mismo privilegio, al igual que los del Fiscal General de la República. Son actos que una vez dictados causan esta do y no pueden recurrirse ante autoridad administrativa alguna, y el único recurso que puede ejercerse contra ellos es ante la Corte Suprema de Justicia.

Estos órganos no están sometidos al principio de la jerarquía: no pueden recibir directrices del Presidente de la República, y los funcionarios de esos organismos los nombran los jerarcas de esas entidades, y éstos, a su vez, son nombrados en general por el Congreso Nacional.

Por ello, aquí también puede hablarse de autonomía funcional, aun cuando en un sentido distinto: no se trata de una descentralización funcional, ya que no hay otorgamiento de personalidad jurídica. Podría hablarse aquí de una desconcentración que origina una autonomía funcional bastante acentuada en virtud de normas constitucionales. Estos órganos, por otra parte, pueden dictar su propio ordenamiento interno, y, concretamente, el Consejo Supremo Electoral, tiene potestad normativa (reglamentaria), con efectos externos: por ejemplo, dicta, las normas de propaganda electoral que se aplican a los partidos políticos y particulares. Son entes que tienen cierta autonomía administrativa pueden administrar su propio presupuesto, ordenar pagos, establecer compromisos financieros, firmar sus propios contratos sin que haya jerarquía alguna frente al Poder Ejecutivo.

1941 Art. 236 de la Constitución.

En todo caso, estos entes, si bien forman parte de la Administración Pública Nacional, no dependen jerárquicamente del Presidente sino que tienen autonomía funcional en el ejercicio de sus funciones. Por ello no forman parte de la Administración Central.

b. *El control de tutela en la descentralización funcional*

La consecuencia fundamental de la descentralización funcional es la existencia del control de tutela, el cual es un tipo de control que se establece, en el campo administrativo, entre órganos pertenecientes a personas jurídicas distintas, y por tanto, sustancialmente distinto al control jerárquico.

a'. *Noción*

Ya hemos visto que una de las consecuencias de la jerarquía es el control que el superior ejerce sobre el inferior. Ahora bien, si el control jerárquico es consecuencia de la jerarquía, el control de tutela es consecuencia de la descentralización funcional. Por tanto, la tutela se da entre dos sujetos de derecho diferentes; en cambio, el control jerárquico, entre órganos de un mismo sujeto de derecho, en una misma unidad jerárquica.

El principio del control de tutela en materia de entes públicos, se da, básicamente, en la Administración descentralizada funcionalmente, fundamentalmente en los Institutos Autónomos. En cambio, como se dijo, no hay control de tutela en la Administración descentralizada territorialmente, lo que confirma que la tutela, como mecanismo de control, está en relación directa con la mayor o menor autonomía que pueda asignársele al ente descentralizado.

En la descentralización territorial, toda vez que es una descentralización política, existe un mayor grado de autonomía. Esta es la forma como está prevista en la Constitución al consagrar en el artículo 16 que los Estados son autónomos e iguales como entidades políticas; y en el artículo 25, que los Municipios constituyen la unidad primaria y autónoma dentro de la organización nacional. Esto implica, por tanto, que no hay control de tutela del Poder Central hacia los Estados y Municipios. En concreto, en relación a los Municipios, el artículo 29 de la Constitución prevé que los actos de los Municipios no podrán ser impugnados sino por ante los órganos jurisdiccionales, de conformidad con la Constitución y las leyes. De lo que se deduce que no pueden ser impugnados ante el Poder Ejecutivo Nacional.

Por lo tanto, el Poder Nacional no puede controlar a la Administración político-territorial, salvo en la forma autorizada en la Constitución (vía judicial). Por eso, cuando se habla del control de tutela, éste se refiere, en todo caso, a la Administración descentralizada funcionalmente conforme a las formas del Derecho Público. Cuando se utilizan formas de Derecho Privado, el tipo de control dependerá de la forma que se utilice: por ejemplo, si la descentralización se hace mediante una sociedad anónima, el control será accionarial: el Estado accionista controla la compañía a través del funcionario que representa las acciones en la Asamblea; si se trata, por el contrario, de una Fundación, el control lo realiza el fundador en el supuesto que tratamos el Estado, mediante los mecanismos que se establezcan en los estatutos.

En consecuencia, el control de tutela se presenta en la descentralización funcional con formas de Derecho Público, y es, en este sentido, que la Ley Orgánica de la Administración Central establece en el ordinal 11 del artículo 20, que le corresponde al Ministerio de adscripción ejercer sobre los Institutos Autónomos las funciones de coordinación y control que le correspondan conforme a la Ley Orgánica respectiva y a las leyes especiales de creación.

b'. *Diferencias entre el control jerárquico y el control de tutela*

Ahora bien, entre el control de tutela y el control jerárquico se pueden establecer varias diferencias[1942]. Una primera diferencia viene dada por el hecho de que la jerarquía implica un control entre órganos de un mismo sujeto de Derecho Público; en cambio, la tutela establece una relación de control entre diversos sujetos de derecho, esto es, entre diversas personas jurídicas.

El control jerárquico es un control normal, en el sentido de que se presume siempre. El superior jerárquico tiene la potestad de dirigir, controlar y revisar los actos del inferior, salvo que haya limitaciones legales. En cambio, el control de tutela no se presume, tiene que estar expresamente establecido en la Ley, determinándose qué es lo que puede hacer el ente titular de esta facultad, sobre el ente descentralizado. No es un control ilimitado, sino que, por el contrario, las formas como se debe realizar y los actos sujetos al mismo deben estar expresamente consagrados en la Ley.

En esta forma, el recurso jerárquico, se presume que existe siempre, salvo exclusión legal expresa, por lo que un acto del inferior puede ser impugnado, normalmente, ante el Ministro, En cambio, en materia de tutela, la presunción opera en sentido contrario. Así, en Venezuela hasta 1982, no existía recurso jerárquico ante el Ministro contra el acto de un ente descentralizado, salvo que la Ley expresamente lo autorizare. De manera que sólo procedía un recurso contra un acto de un instituto autónomo cuando la Ley expresamente lo proveía. En nuestra legislación había pocos casos de este tipo, y entre ellos puede citarse el contemplado en la Ley de Reforma Agraria, cuyo artículo 201 establece que las decisiones dictadas por el Directorio del Instituto Agrario Nacional, en los casos especificados en dicho artículo, son "apelables" para ante el Ministro de Agricultura y Cría, dentro de los lapsos previstos en el mismo[1943].

Con la Ley Orgánica de Procedimientos Administrativos de 1981, sin embargo, esta situación cambió y la excepción fue erigida en regla al establecerse con carácter general que "el recurso jerárquico podrá ser intentado contra las decisiones de los órganos subalternos de los Institutos Autónomos por ante los órganos superiores de ellos. Contra las decisiones de dichos órganos superiores, operará recurso jerárquico para ante el respectivo Ministro de adscripción, salvo disposición en contrario de la Ley" (artículo 96).

Otra diferencia entre el control de tutela y el control jerárquico está, en que en la jerarquía se presume que el superior jerárquico puede dictar normas e instruir la acción del inferior. En cambio en el control de tutela, el principio es el contrario: el

1942 *Cfr*. José A. García Trevijano-Fos. *Principios Jurídicos..., cit*., pp. 214 y ss

1943 La ley, de 5-3-60, puede verse en *Gaceta Oficial* N° 611, Extraordinario de 19-3-60.

Ministro no tiene facultades de dar instrucciones al Instituto que le está adscrito, sino cuando la Ley lo establezca expresamente. Por ejemplo, la Ley que reguló el Instituto Venezolano de Petroquímica, antes de su transformación en Compañía Anónima, atribuía al Ministro de Minas e Hidrocarburos la facultad de definir la política general del Instituto e instruir, con carácter general, las acciones del mismo[1944].

Se puede anotar también, como diferencia entre ambos medios de control, que en la relación jerárquica hay una sumisión del inferior al superior, en el sentido de que si un Ministro dicta un acto administrativo determinado, por más que el inferior no esté de acuerdo con el mismo, por la relación de subordinación en que se encuentra, debe acatarlo, cumplirlo y hacerlo cumplir, sin que quepa la posibilidad de que pueda impugnarlo ante la jurisdicción contencioso-administrativa. En cambio, este principio no se da en el caso de la descentralización funcional, y puede ser, por el contrario, perfectamente admitido un recurso de un instituto autónomo contra el acto del Ministro de tutela.

c'. *Clases de tutela*

El control de tutela que realiza el Ministro de adscripción en relación a los Institutos Autónomos es de dos clases: el control sobre la actividad del Instituto y el control sobre las personas.

El control sobre la actividad puede ser un control previo o posterior. El control previo se da en los casos en los cuales el ente autónomo para tomar alguna decisión debe obtener el acuerdo previo del Ministerio de adscripción. El control a posteriori se realiza cuando el ente descentralizado tiene facultades para tomar ciertas medidas, pero éstas deben ser aprobadas por el Ministerio en cuestión.

En todo caso, concretándonos al Derecho positivo, hay que tener presente que el ámbito efectivo del control de un Ministerio de adscripción "sobre un Instituto Autónomo, viene determinado por cada una de las leyes de creación. No obstante, el Reglamento de Coordinación, Administración y Control de los Institutos Autónomos de la Administración Pública Nacional, dictado por Decreto N° 280 de fecha 8 de abril de 1970[1945], contiene alguna regulación general sobre la materia en el siguiente sentido: en primer lugar, el artículo 22 establece que los Ministros ejercerán permanentemente la función de supervisión y control sobre los Institutos Autónomos adscritos a sus respectivos Ministerios.

Es el principio, como puede observarse, del control de tutela, en virtud del cual, el Ministro puede, directamente o a través de delegados, inspeccionar y fiscalizar la regularidad de los servicios que tengan encomendados, así como su funcionamiento técnico, administrativo y presupuestario, a cuyos efectos podrán examinar documentos, libros, expedientes y, en general, los elementos documentales que sean necesarios para el cumplimiento de dicha misión.

1944 Al respecto, véase Allan R. Brewer-Carías, *El control de las actividades económicas del Estado en el Derecho Venezolano*, Caracas, 1969, p. 82

1945 Este Decreto fue publicado en *Gaceta Oficial* N° 29.190, de 14-4-70, y se reformó parcialmente por Decreto N° 559, de 3-3-71, en *Gaceta Oficial* N° 29.454, de 4-3-71.

Expresamente se establece, en el Reglamento, que constituirá falta grave la negativa de quienes deban facilitar la información o exhibición de la documentación requerida.

En segundo lugar, se atribuye al Ministro, la facultad de formular, por escrito, a los órganos directivos de los respectivos institutos, sus recomendaciones u observaciones sobre las irregularidades o incorrecciones que se observen en el ejercicio de la facultad contralora[1946].

En tercer lugar, de conformidad con el artículo 36, se prevé que, salvo lo establecido en leyes especiales, los Institutos Autónomos requerirán autorización previa del Consejo de Ministros para constituir sociedades, suscribir o adquirir acciones y obligaciones u otros valores, excepto cuando se trata de títulos de la deuda pública.

En cuarto lugar, se establece que, salvo lo establecido en leyes especiales, el Presidente de la República, en Consejo de Ministros, y a solicitud del Ministro de adscripción o del Ministerio de Hacienda, podrá someter a determinados Institutos Autónomos al cumplimiento de requisitos complementarios de los que establezcan las leyes o decretos de su creación u organización, cuando se trate de enajenación de bienes, de aceptación de liberalidades que comporten cualquier carga, de contratación de préstamos, de remisión de obligaciones, de transacciones judiciales, o en cualquier caso en que se considere conveniente, de acuerdo con las características de dichos Institutos[1947].

En cuanto al control de tutela posterior, se establecen otros mecanismos en dicho Reglamento, de gran importancia. Por ejemplo, el artículo 25 prevé que los Ministros de adscripción podrán ordenar la suspensión provisional de los acuerdos y decisiones de los órganos directivos de los respectivos Institutos Autónomos, cuando éstos hubieren actuado en contravención con las directrices señaladas por el Ejecutivo, o con manifiesta ilegalidad o grave inoportunidad susceptible de producir perjuicio al Tesoro Nacional, al patrimonio de dichos institutos o al servicio público. En todo caso, el Ministro de adscripción debe llevar de inmediato a conocimiento del Presidente de la República la decisión tomada.

En lo que respecta al control de tutela sobre las personas puede decirse que éste está constituido, fundamentalmente, por la facultad que tiene el Ejecutivo de nombrar y remover libremente a los directivos de los entes descentralizados que le están adscritos[1948].

Otro mecanismo de control es el que se ejerce sobre los entes descentralizados con forma de Derecho Privado. En este supuesto, el control se realiza mediante los instrumentos propios del Derecho Privado. Por ejemplo, si el Estado constituye una sociedad mercantil, concretamente una compañía anónima, el control es de carácter accionarial ejercido en igual forma que el que realiza un accionista único en una sociedad mercantil.

1946 Art. 22 del Reglamento

1947 Art. 27 del Reglamento

1948 Véase Allan R. Brewer-Carías, "Algunos aspectos jurídicos sobre las relaciones entre el Gobierno Central y las empresas del Estado", *loc. cit.*, p. 89.

Por ejemplo, en Petróleos de Venezuela S.A., el único accionista es la República, quien es representada por el Ministro de Energía y Minas, por lo que los mecanismos de control por parte del Estado sobre el ente descentralizado son muy amplios[1949].

4. *La coordinación*

Además de la competencia, de la jerarquía y de la descentralización, la coordinación se la considera como otro principio de organización, aun cuando, más que un principio, es una de las características esenciales de la organización[1950].

En efecto, la coordinación es de la esencia de la organización, porque materialmente no hay organización sin coordinación. Desde el momento en que la Administración Pública está compuesta por variados y diversos órganos, como unidades complejas, se hace necesario establecer ciertos mecanismos de coordinación entre los diversos órganos del Estado, para lograr una determinada voluntad administrativa.

A. *Los niveles para la coordinación*

Hay muchos niveles para la coordinación, y el primero que puede mencionarse es el nivel jerárquico. Normalmente, el superior jerárquico de la organización tiene la potestad coordinadora y la obligación de coordinar la acción de los inferiores. Por ejemplo, el Ministro tiene la potestad de coordinar su organización, y el Presidente de la República tiene la potestad de coordinar la Administración Central. En este último supuesto, el Presidente se encuentra asesorado por la Oficina Central de Coordinación y Planificación de la Presidencia de la República, y dentro de la Presidencia, se creó, recientemente, un órgano de coordinación de gran importancia como es el Ministerio de Secretaría de la Presidencia[1951].

Además de éstos, existen otros organismos de coordinación. La Ley Orgánica de la Administración Central, prevé en el artículo 7, la facultad del Presidente de la República de crear comisiones permanentes o temporales, integradas por funcionarios públicos u otras personas representativas de los diversos sectores de la vida nacional, para el examen y consideración de determinadas materias. Asimismo, existe la figura de los Comisionados Presidenciales, muchos de ellos nombrados con funciones coordinadoras. También pueden crearse Comisiones Presidenciales o Interministeriales que pueden tener por objeto la coordinación de criterios y el examen conjunto de materias asignadas a diversos Ministerios. Recientemente ha sido frecuente el uso de este recurso para la coordinación de actividades de la Presidencia.

Los períodos presidenciales posteriores a 1969, se han caracterizado por la creación de comisiones y consejos para la elaboración de determinados informes, o para

---

1949 Véase Allan R. Brewer-Carías, "Consideraciones sobre el régimen jurídico administrativo de Petróleos de Venezuela S.A.", en *Revista de Hacienda*, N° 67, Caracas, 1977, p. 96.

1950 Véase en general, José Ortiz Díaz, *El principio de la Coordinación en la organización administrativa*, Sevilla, 1956; Luis Blanco de Tella, "El Mito de la Función Coordinadora", en L. Blanco de Tella y F. González Navarro, *Organización y Procedimientos Administrativos*, Madrid, 1975, pp. 21 y ss.

1951 Arts. 40 y 47 de la Ley Orgánica de la Administración Central.

la coordinación de determinadas materias. Ahora bien, hay que reconocer que la colegialidad puede disminuir la responsabilidad y hacer inoperante la toma de decisiones. Una de las características de la Administración hasta el siglo XVIII fue, precisamente, la colegialidad. En la Administración sólo habían entes colegiados y no órganos unipersonales; en cambio, la Administración moderna utiliza las administraciones unipersonales, sin que se deje de reconocer que es útil la colegialidad para la coordinación de ciertas materias.

En todo caso, la colegialidad implica el establecimiento de una serie de normas de carácter formal para la toma de decisiones,-por ejemplo, determinación del quórum de la Comisión o Consejo para poder reunirse, para deliberar, y para la toma de decisiones.

Todas estas normas son esenciales para la formación de la voluntad y, si se incumpliese alguna, puede producirse, sin duda, la nulidad del acto.

La Ley Orgánica de la Administración Pública Nacional orienta las actividades de coordinación con carácter sectorial, superando en esta forma el carácter disperso que antes tenía. Se habla, por ejemplo, de las Corporaciones Sectoriales de las Empresas del Estado para integrar las diversas empresas y coordinarlas en una acción determinada[1952].

En todo caso la coordinación, como tal, no puede ser tarea de un órgano específico. Puede haber órganos que tengan funciones específicas de coordinación), como las tiene el Ministro de la Secretaría de la Presidencia de la República, pero aquella concepción que existió cuando se creó Cordiplan, de pretender centralizar en ese órgano todas las acciones coordinadoras, es imposible, no sólo porque en dicho órgano, el desarrollo de las funciones de coordinación se hace en desmedro de las funciones de planificación, habiendo pretendido coordinar más que planificar, sino porque, en realidad, la coordinación es de la esencia cié toda organización. En todos los órganos debe existir la función coordinadora, y en todos los niveles jerárquicos hay función coordinadora. Por tanto, no puede pensarse en que pueda existir la coordinación como una función específica asignada a un solo órgano o ente que la va a ejercer sobre todos los demás. Cordiplan, en algunas épocas, ha pretendido ser ese órgano que monopoliza la coordinación, lo cual además de ser imposible, como se dijo, es contrario a la esencia de la organización.

B. *El problema para la coordinación*

Sin embargo, el problema de la coordinación administrativa depende del tipo de organización que exista para cumplir determinados fines por el Estado. Cuando se está, por ejemplo, en presencia de una Administración Pública que asume nuevos cometidos y fines, distintos a aquellos que tenía cuando se organizó, es indudable que esa organización debe readaptarse a los nuevos cometidos, y si no se adapta,

---

1952 Art. 20, Ord. 12 de la Ley Orgánica de la Administración Central. En este sentido, en el Proyecto de Ley Orgánica de la Administración Descentralizada, que en 1978 se discutió en la Cámara de Diputados, se regulaban los Consejos Sectoriales de Institutos Autónomos y las Corporaciones Sectoriales de las Empresas del Estado (Arts. 94 y ss.).

inevitablemente surgirá un problema grave de coordinación. Habrá necesidad de recurrir aún más a mecanismos de coordinación.

El caso de Venezuela y de la Administración venezolana, en este sentido, era realmente patente. La Administración venezolana, a nivel ministerial al menos, antes de la reforma de 1977, había sido estructurada por el Estatuto Orgánico de Ministerios de 1950. Pero la reforma de 1950, en realidad lo que recogía era las reformas de 1936, con dos agregados fundamentales: el Ministerio de Justicia, que se separó del Ministerio de Relaciones Interiores, y el Ministerio de Minas e Hidrocarburos, (pie se separó del Ministerio de Fomento.

Por tanto, en 1976, la organización administrativa venezolana databa de la primera mitad de este siglo, y fue precisamente después del año 1950 cuando el Estado comenzó a asumir fines de desarrollo económico y de desarrollo social. Sin embargo, la Administración Pública Venezolana seguía, básicamente, el molde que tenía en los años 40, lo que produjo que esta Administración no se ajustara completamente a los fines del Estado contemporáneo.

Ahora, esta situación de una Administración hecha para otros fines, fue lo que provocó que la coordinación fuera el problema más importante de la Administración. No sólo se creó una Oficina Central de Coordinación y Planificación (CORDIPLAN), sino que se cayó sucesiva y paulatinamente, y en forma dramática, en la Administración por el sistema de comisiones.

En una Administración desorganizada, para tomar cualquier medida o decisión, es necesario nombrar una Comisión. Y esto tiene, desde el punto de vista administrativo, una explicación: piénsese, por ejemplo, en el sector de desarrollo social, un sector coherente de acción pública. Ese sector abarca, por ejemplo, actividades de protección y promoción social, y toda la política de desarrollo, por ejemplo, de las áreas marginales. Sin embargo, en este campo, no hay un organismo responsable del desarrollo social. Eso sí, hay muchos organismos que tienen que ver con el problema: el Ministerio de Justicia con la Dirección de Prevención del Delito; el Ministerio de Sanidad y Asistencia Social, con la Dirección de Bienestar Social; el Ministerio del Trabajo con la Oficina de Empleos; el Ministerio de la Familia; organismos autónomos: el INAVI con los programas de construcción de viviendas; el Instituto Venezolano del Menor, el Instituto Nacional de Deportes, etcétera.

Para tratar el problema de la protección y promoción social en Venezuela, por tanto, se hacía necesario coordinar diversos organismos, y por ello, por ejemplo, el mismo Ministerio de la Juventud, luego sustituido por el Ministerio de la Familia, fue configurado, lamentablemente, como un Ministerio coordinador, al no integrarse, administrativamente, el sector[1953].

Esto provoca graves problemas administrativos, que conducen a una distorsión del objetivo: el problema administrativo se agota en tratar de ordenar lo incoordinable y se olvida el objetivo para el cual fue creada la organización. Se agota la Administración en coordinar, y no logra cumplir los objetivos que tiene planteados.

1953 Art. 39 de la Ley Orgánica de la Administración Central.

Esto origina que, la coordinación, sea un campo importante a estudiar, y dentro de la Administración, los órganos colegiados. Estos se han venido desarrollando a nivel nacional, y ello implica la adopción de una serie de reglas relativas al quórum, al número de personas que deben estar presentes para poder tomar una decisión, a la posibilidad de que algún miembro salve su voto.

Con ello se ha complicado todo el procedimiento administrativo en forma tal que, como se dijo, se agota la Administración en el intento de coordinar, y no logra cumplir los objetivos que quiere alcanzar.

La aplicación del principio de la coordinación, consecuencia de esta situación de dispersión administrativa, ha dado origen a nuevas teorías para la organización de la Administración Pública, y entre ellas se destaca el criterio de sistemas. En efecto, se tiene la conciencia de que la Administración Pública es compleja, pues está integrada por una serie de organismos que es necesario coordinar, a los efectos de obtener un determinado resultado; pero también de que la coordinación no puede agotarse en sí misma, sino que se justifica en tanto en cuanto se puedan obtener determinados resultados. En este sentido, se ha aplicado el criterio sistémico o de sistema, a los efectos de integrar, y no sólo coordinar diversos organismos, conforme a la finalidad que deben cumplir. Conforme a este criterio, se admite que tiene que haber un órgano central o eje que gobierne el sistema, sin perjuicio de que pueda haber múltiples organismos ejecutores de aspectos específicos.

El criterio sistémico se aplicó en el Plan de Reforma Administrativa de 1972[1954], y está presente en los estudios posteriores que se refieren a la reorganización de la Administración Pública. Con dicho criterio se busca que cada sector de actividad pública tenga un gobernador del sector, es decir, una persona a nivel ministerial que tenga la definición de la política del sector y que sea quien lo conduzca, sin perjuicio de que las políticas concretas puedan llevarse a cabo por oficinas ministeriales, por institutos autónomos o cualquier otra entidad, siempre que todos esos organismos respondan a la política del sector.

III. BASES CONSTITUCIONALES DE LA ORGANIZACIÓN ADMINISTRATIVA NACIONAL CENTRAL Y DESCENTRALIZADA

1. *Los principios generales de la organización de la administración central*

A. *La Administración Nacional Centralizada dentro del universo de la Organización Administrativa*

a. *El ámbito de la organización administrativa*

Como lo hemos señalado anteriormente, el Estado venezolano como Estado Federal en los términos consagrados por la Constitución[1955], está estructurado formalmente, conforme a un sistema de descentralización territorial, que da origen a tres

1954 Véase Comisión de Administración Pública (CAP), *Informe sobre la Reforma de la Administración Pública Nacional*, tomo II, Caracas, 1972, pp. 3 y ss.

1955 Artículo 2.

personas jurídicas de Derecho Público y de carácter político territorial: la República, los Estados y los Municipios.

Cada una de estas personas político-territoriales, en sus respectivos niveles (nacional, estadal y municipal) tienen sus propias competencias[1956] que ejercen con entera autonomía[1957]. Esta autonomía de carácter territorial puede decirse, que es el más alto grado de autonomía dentro de la organización nacional, e implica, como hemos indicado, una autonomía política, una autonomía organizativa, una autonomía normativa, una autonomía tributaria y una autonomía administrativa.

En efecto, la República, los Estados y los Municipios tienen autonomía política en el sentido de que eligen sus propias autoridades: el Presidente de la República y los Senadores y Diputados al Congreso Nacional; los Gobernadores de Estados[1958] y los Diputados a las Asambleas Legislativas, y los Alcaldes y Concejales[1959].

Los entes político-territoriales tienen, en principio, una autonomía organizativa en el sentido de que tienen la potestad organizativa. Sin embargo, esta posibilidad de auto organizar sus poderes es plena a nivel de la República[1960] y de los Estados de la Federación[1961]. A nivel municipal está limitada, pues la organización de los Municipios se determina en la Ley nacional de Régimen Municipal y en las leyes que dicten los Estados en ejecución de aquella[1962].

Los entes descentralizados territorialmente, además, tienen autonomía normativa, es decir, tienen facultad para crear su propio ordenamiento jurídico, esto es dictar sus propias normas; de ahí que autonomía sea equivalente a autonormación. Puede afirmarse, por tanto, que la autonomía propiamente dicha existe en la Administración descentralizada territorialmente. A nivel nacional, las Cámaras Legislativas tienen la potestad legislativa en las materias de competencia nacional[1963]. En los Estados, las Asambleas Legislativas tienen como función dictar leyes sobre las materias de competencia estadal[1964]. Igualmente sucede con los Municipios, a cuyos Concejos Municipales corresponde dictar las normas sobre materias de la competencia municipal, de acuerdo al artículo 29 de la Constitución. Por tanto, un Municipio es autónomo, porque puede producir sus propias normas, que a nivel local son equivalentes a las leyes (ordenanzas).

La consecuencia de esa autonomía normativa es que los actos de los Estados y Municipios sólo pueden ser revisados por la autoridad judicial y, particularmente, por los órganos de la jurisdicción contencioso-administrativa.

1956 Artículos 17, 30 y 136 de la Constitución. Además, artículo 30 de la Ley Orgánica de Régimen Municipal, y artículos 4 y 11 de la Ley de Descentralización, Delimitación y Transferencia de Competencias del Poder Público.

1957 Artículos 16 y 25 de la Constitución.

1958 Artículo 22.

1959 Artículos 183, 184, 151, 19 y 29 de la Constitución, respectivamente.

1960 Poder Nacional: artículo 136 de la Constitución.

1961 Artículo 17.

1962 Artículo 26.

1963 Artículos 139 de la Constitución.

1964 Artículo 20, ordinal 1 de la Constitución.

Expresamente dice la Constitución, en su artículo 29, que los actos de los Municipios no pueden ser impugnados, sino por ante los órganos jurisdiccionales, de manera que no hay instancia de revisión alguna entre un acto municipal y las autoridades ejecutivas estadales o nacionales.

Por otra parte, la República, los Estados y los Municipios tienen autonomía tributaria originaria expresamente consagrada en la Constitución: con carácter de ampliación en relación al Poder Nacional1965; enumerativa en relación al ámbito municipal, y por deducción residual o por transferencia respecto de los Estados[1966].

Por último, la existencia de estos tres niveles de descentralización y de personalidad político-territorial, da origen a tres niveles de administración: la Administración Nacional, las Administraciones de los Estados, y las Administraciones Municipales, las cuales actúan en sus niveles respectivos de competencia, con entera autonomía. Este es otro de los signos de la autonomía territorial: la autonomía administrativa, que origina una propia organización, cuyos principios generales analizaremos a continuación, con especial referencia a la organización nacional ministerial[1967].

b. *La integración de la Administración Nacional*

La Administración Pública Nacional, es decir, el conjunto de órganos que ejercen el Poder Nacional o que se han constituido en ejercicio de este último por los órganos de la República, está integrada por tres grandes grupos de órganos: la Administración Central las administraciones con autonomía funcional y la Administración Descentralizada funcionalmente.

La Administración Central está formada por todos aquellos órganos de la Administración Pública que integran el Poder Ejecutivo, y que, por tanto, dependen jerárquicamente del Presidente de la República, como Jefe del Ejecutivo Nacional[1968]. Estos órganos son los regulados en la Ley Orgánica de la Administración Central del 28 de diciembre de 1976, cuya última reforma es de 30 de diciembre de 1986: los Ministros, los Comisionados Presidenciales, las Comisiones Presidenciales, las Autoridades de Área, las Oficinas Centrales de la Presidencia de la República; demás organismos dependientes, jerárquicamente, del Presidente o de los órganos señalados; y la Procuraduría General de la República, regulada por su propia Ley Orgánica.

Las administraciones con autonomía funcional constituyen aquel conjunto de órganos de la Administración Pública, que sin tener personalidad jurídica propia, y por tanto, sin perjuicio de actuar como órganos de la República, no dependen jerárquicamente del Presidente de la República ni de los órganos que forman la Adminis-

---

1965 Artículo 136, ordinal 8.

1966 Artículos 31, 136, ordinal 81 y 18.

1967 Véase Allan R. Brewer-Carías, "Principios Generales de la Organización de la Administración Central ton particular referencia a la Administración Ministerial", en *Revista de Derecho Público*, N° 2, Caracas, 1980, pp. 5 y ss.; texto que seguiremos en las páginas sucesivas.

1968 Artículo 181 de la Constitución

tración Central, ni de los órganos de los demás Poderes del Estado: el Congreso o los Tribunales.

Estos órganos son: la Fiscalía General de la República[1969] la Contraloría General de la República el Consejo de la Judicatura[1970] y el Consejo Supremo Electoral, creado este último por ley (Ley Orgánica del Sufragio)[1971], y a partir de 1993, con personalidad jurídica propia[1972].

Además de la Administración Central y de las administraciones con autonomía funcional, también, forma parte de la Administración Nacional, la llamada Administración Descentralizada funcionalmente, integrada por todos aquellos entes creados por los órganos del Poder Nacional, a los cuales se ha dotado de personalidad jurídica propia, distinta a la República, así como de patrimonio propio, separado del patrimonio de la República, entre los cuales se destacan los institutos autónomos[1973].

La Administración descentralizada funcionalmente es parte de la Administración Pública, en cuanto a que los entes que la componen están integrados dentro de la organización general del Estado. Sin embargo, hay que tener en cuenta que no todos los entes descentralizados son personas jurídicas estatales y, por tanto, parte de la Administración descentralizada funcionalmente. Muchos establecimientos públicos corporativos, como por ejemplo, los Colegios Profesionales o las Academias, son entes descentralizados, pero no son personas jurídicas estatales ni forman parte de la Administración Pública.

B. *El ámbito de la Administración Central*

Dentro de la Administración Pública Nacional, el complejo de órganos de mayor importancia, pues a través de ellos se realizan, en concreto, los fines del Estado, está constituido por la Administración Central, es decir, la que integra los órganos del Poder Ejecutivo, o más propiamente, que ejercen el Poder Ejecutivo. Tal como se señaló, la Administración Central, conforme a las normas de la Ley Orgánica de la Administración Central de 1986, está formada básicamente por los órganos de la Presidencia de la República, los Ministros y Ministerios; las Oficinas Centrales de la Presidencia de la República y la Procuraduría de la República regulada por su propia Ley Orgánica.

a. *Los órganos de la Presidencia de la República*

El Presidente de la República, como Jefe del Ejecutivo Nacional, ejerce la suprema autoridad jerárquica sobre todos los órganos de la Administración Central. Además, conforme a la ley, a nivel de la Presidencia pueden funcionar los siguientes órganos: los Comisionados Presidenciales, las Autoridades de Área y las Comisiones Presidenciales o Interministeriales.

1969 Artículos 219 y 220 de la Constitución

1970 Artículos 234 y 238 de la Constitución

1971 Artículo 217 de la Constitución

1972 Artículo 113 de la Constitución

1973 Artículo 230 de la Constitución

En cuanto a los Comisionados Presidenciales, éstos pueden ser designados por el Presidente de la República para que coordinen las acciones de diversas entidades públicas y organismos del Estado que deben atender conjuntamente necesidades de determinados sectores, áreas o programas[1974].

El Presidente, además, puede designar Autoridades Únicas para el desarrollo de Áreas o programas regionales con las atribuciones que determinen las disposiciones legales sobre la materia y los Decretos que las crearen[1975]. En este caso, las Autoridades de Área se configuran por autorización legal, como entes desconcentrados de la Administración Central, con cierta autonomía, incluso, de carácter patrimonial, pudiendo, en este sentido, tener la categoría de servicios autónomos sin personalidad jurídica[1976].

En la Presidencia de la República pueden funcionar, además, Comisiones Presidenciales o interministeriales, permanentes o temporales, integradas por funcionarios públicos y otras personas representativas de los diversos sectores de la vida nacional, para el examen y consideración de las materias que determine el Decreto de creación. Estas Comisiones pueden también tener por objeto la coordinación de criterios y el examen conjunto de materias asignadas a diversos Ministerios (Art. 7 de la Ley Orgánica).

La figura genérica de las Comisiones puede adquirir la permanencia de un Consejo, cuando una ley especial los establezca, con cierto carácter desconcentrado y por tanto, con cierta autonomía de acción. Por ejemplo, el Consejo Nacional de Seguridad y Defensa, creando por la Ley Orgánica de Seguridad y Defensa de 1976, como el máximo organismo de planificación y asesoramiento del Presidente de la República en materia de seguridad y defensa[1977], está integrado por diversos organismos permanentes: el Comité Político, el Comité Económico, el Comité Social, de Movilización y cualesquiera otros que creare el Presidente[1978].

b. *Los Ministros y los Ministerios*

Los Ministros son los órganos directos del Presidente de la República[1979]; por tanto, constituyen los canales normales a través de los cuales se ejerce el Poder Ejecutivo.

La Constitución distingue dos tipos de Ministros: los Ministros de Estado y los Ministros con asignación de un Despacho determinado, denominado Ministerio.

Los Ministros de Estado pueden ser nombrados por el Presidente para que lo asesoren en los asuntos que les confíe y coordinen los programas, servicios, dependen-

---

1974 Artículo 4 de la Ley Orgánica.

1975 Artículo 4 de la Ley Orgánica.

1976 Artículo 14, ordinal 5° de la Ley Orgánica de Régimen Presupuestario.

1977 Artículo 6 de la Ley Orgánica.

1978 Artículo 11 de la Ley Orgánica.

1979 Artículo 193 de la Constitución.

cias o entidades descentralizadas de la Administración Pública Nacional que se determinen en el Decreto de nombramiento[1980].

Conforme a la Constitución, el número, competencia y organización de los Ministerios, es decir, de los Despachos Ministeriales deben estar determinados en la Ley Orgánica[1981], y así, efectivamente se establece en la Ley Orgánica de la Administración Central, de 1986. Esta prevé la existencia de 16 Ministros[1982], regula su competencia[1983], establece los principios generales de su organización[1984] y determina las atribuciones comunes de los Ministros[1985]. El complejo organizativo de los Ministerios, forma la médula de la Administración Central, al cual denominaremos Administración Ministerial.

c. *La Procuraduría General de la República*

Conforme a la Constitución, como se dijo, la Procuraduría General de la República es el organismo a quien corresponde representar y defender judicial o extra judicialmente los intereses patrimoniales de la República; dictaminar en los casos y con los efectos señalados en las leyes, y asesorar jurídicamente a la Administración Pública Nacional[1986].

La Procuraduría General de la República depende jerárquicamente del Presidente de la República, y no puede considerarse, a pesar de su rango constitucional, como una de las Administraciones con autonomía funcional a las cuales se ha hecho referencia. Al contrario, forma parte completamente de la Administración Central, aun cuando está regulada por la Ley Orgánica de la Procuraduría General de la República y no por la Ley Orgánica de la Administración Central.

d. *Las Fuerzas Armadas Nacionales*

Pero además de los órganos constitucionales mencionados, en la Constitución se prevé otra organización, que por tanto tiene rango constitucional y que se ubica dentro de la Administración Pública Nacional, y en particular dentro de la Administración Central. Se trata de las Fuerzas Armadas Nacionales, que forman parte del Poder Ejecutivo y que tienen dependencia en relación al Presidente de la República.

En efecto, la Constitución, en el artículo 132, se refiere a las Fuerzas Armadas Nacionales, precisando que "forman una institución apolítica, obediente y no deliberante, organizada por el Estado para ejercer la defensa nacional, la estabilidad de las instituciones y el respeto a la Constitución y las leyes, cuyo acatamiento estará siempre por encima de cualquier otro nivel"; y agregando que "Las Fuerzas Arma-

---

1980 Artículo 194 de la Constitución y artículo 3 de la Ley Orgánico de la Administración Central.

1981 Artículo 193.

1982 Artículo 2.

1983 Artículos 24 a 40.

1984 Artículos 5 y 6.

1985 Artículo 20.

1986 Artículo 202.

das estarán al servicio de la República y en ningún caso de persona o parcialidad política...".

Por otra parte, el artículo 190 declara en el ordinal 3° que el Presidente de la República es Comandante en Jefe de las Fuerzas Armadas Nacionales y ejerce la suprema autoridad jerárquica de ellas. Por ello indicamos que están dentro de la jerarquía del Poder Ejecutivo (no sólo dentro de la autoridad jerárquica militar) como tal, formando parte de la organización administrativa nacional.

La forma de integración de las Fuerzas Armadas Nacionales al Poder Ejecutivo, partiendo por supuesto de la Constitución, se realiza a través de uno de los Ministerios, el Ministerio de la Defensa, que se integra a la Administración Pública Nacional, y en particular, a la Administración Central.

Pero la integración de las Fuerzas Armadas Nacionales al Ministerio de la Defensa es, sin duda, peculiar, pues da origen a la superposición de dos organizaciones: una administrativa y una jerárquica militar. Esto se produce mediante un sistema de organización a través de cuatro órganos desconcentrados: las Comandancias Generales de las cuatro Fuerzas (Ejército, Marina, Aviación, Fuerzas Armadas de Cooperación), reguladas en la Ley Orgánica de las Fuerzas Armadas Nacionales[1987]. En cada una de ellas, el nivel jerárquico superior está en la Comandancia General de cada una de las Fuerzas, integradas todas al Ministerio de la Defensa, pero no como dependencias jerárquicas centrales, sino corno dependencias jerárquicas desconcentradas. El Ministerio de la Defensa, por tanto, tiene una doble organización: por una parte, una organización central de los servicios centrales (servicios de educación, desanidad, etc.) de las Fuerzas Armadas; y por la otra una organización desconcentrada de las cuatro Comandancias de Fuerzas. En éstas se da la figura precisa de la desconcentración administrativa (no la delegación ni la descentralización), mediante la cual se dota a estas organizaciones de autonomía funcional.

e. *Las Oficinas Centrales de la Presidencia*

Las Oficinas Centrales de la Presidencia de la República, son órganos auxiliares del Presidente y del Consejo de Ministros en las funciones señaladas tanto en la Ley Orgánica de la Administración Central (artículo 41 y siguientes) como en las leyes especiales.

Estas Oficinas Centrales son las siguientes: la Oficina Central de Coordinación y Planificación, con las competencias previstas en el artículo 47 de la Ley Orgánica y las determinadas en el Decreto Ley N° 492 del 31 de diciembre de 1958; la Oficina Central de Presupuesto, con las competencias previstas, conforme al artículo 48 de la Ley Orgánica de la Administración Central, en la Ley Orgánica de Régimen Presupuestario de 1976; la Oficina Central de Estadística e Informática, con las competencias previstas en el artículo 49 de la Ley Orgánica, y las determinadas en la Ley de Censos y Estadísticas Nacionales; la Oficina Central de Personal, con las competencias previstas, conforme al artículo 50 de la Ley Orgánica, en la Ley de Carrera Administrativa de 1970; y la Oficina Central de Información, restablecida en 1985

1987 Véase en *Gaceta Oficial* N° 3.256, Extraordinario de 26-9-83.

con la eliminación del Ministerio de Información y Turismo que había sido creado por la Ley Orgánica de la Administración Central de 1976.

f. *Los Comisionados Presidenciales*

La figura de los Comisionados Presidenciales, como órganos de la Presidencia de la República, surgió en los años sesenta, sin asidero legal alguno, mediante la designación de determinados funcionarios, por el Presidente de la República, algunas veces incluso con carácter ad honorem, para cumplir funciones de asesoría en materias o áreas específicas. Inicialmente, incluso, recibieron en algunos casos la denominación de "Delegados de la Presidencia de la República" para determinadas actividades asesoras.

En el Informe sobre la Reforma de la Administración Pública Nacional (Caracas 1972) de la Comisión de Administración Pública, se analizó dicha figura organizativa y se planteó la necesidad de redefinir el papel que se había atribuido a los mismos y a las "Comisionadurías", algunas de las cuales habían desvirtuado su papel asesor, proponiéndose su organización de manera que conformaran el cuerpo de asesores del Presidente de la República. Esta reforma se planteó paralelamente a la que buscaba precisar las competencias de los Ministros de Estado, figura orgánica que a pesar de haber sido establecida en la Constitución desde 1961 (artículo 194), sólo fue a finales de los sesenta que fue utilizada, al comenzar a ser designados por el Presidente de la República, Ministros de Estado con funciones asesoras y tareas de coordinación de organismos públicos, adicionales a las asesorías.

En esta forma, incluso, en el Reglamento del Estatuto Orgánico de Ministerios de 1971[1988], no se hizo mención a la figura de los Comisionados Presidenciales, y en cambio, se estableció una regulación detallada de las atribuciones de los Ministros de Estado, de manera de comprender las funciones que se habían venido asignando a aquellos, en la siguiente forma:

> "Art. 50. Los Ministros de Estado que el Presidente de la República designe de conformidad con el artículo 194 de la Constitución, tendrán las siguientes atribuciones:
>
> a) participar en el Consejo de Ministros;
>
> b) asesorar al Presidente de la República en los asuntos que éste les confíe;
>
> c) someter al Consejo de Ministros aquellas materias que les sean confiadas por el Presidente de la República o les atribuya la ley;
>
> d) cumplir y hacer cumplir las órdenes que les comunique el Presidente de la República;
>
> e) refrescar los decretos del Presidente de la República en los casos en que sea procedente;
>
> f) estudiar, tramitar y presentar a resolución del Presidente de la República las materias que éste les confíe.

1988 Decreto N° 539 de 10-2-71

Art. 51. El Presidente de la República podrá confiar a los Ministros de Estado el estudio de materias atribuidas directamente a la Presidencia de la República o a los Ministros del Despacho.

Artículo 52. El Presidente de la República podrá confiar a los Ministros de Estado la coordinación de diversos servicios, dependencias o institutos autónomos de la Administración Pública Nacional. En ejercicio de esta función, los Ministros de Estado podrán proponer todas aquellas medidas que contribuyan a una eficaz prestación de los servicios de la Administración Pública Nacional".

Posteriormente, en el Proyecto de Ley Orgánica de la Administración Central de 1972, se propuso la regulación de ambas figuras la de los Comisionados Presidenciales y la de los Ministros de Estado, tratando de deslindar sus respectivas funciones así: a los Comisionados Presidenciales se los definió como "asesores especiales del Presidente de la República en las materias que éste les indique" (artículo 14); y en cuanto a los Ministros de Estado se previó la posibilidad de que el Presidente de la República les pudiera "confiar la coordinación de diversos servicios, dependencias o Institutos Autónomos de la Administración Pública Nacional" (artículo 56)[1989].

Esta propuesta de deslinde de funciones entre ambas categorías de órganos no fue acogida al momento de sancionarse la Ley Orgánica de la Administración Central de 1976, y en su normativa, recogida en la Ley de 1986, aparecen ambas figuras reguladas de manera tal que podrían tener encomendados, indistintamente, el mismo tipo de funciones.

En cuanto a los Comisionados Presidenciales: el artículo 4 de la Ley Orgánica de la Administración establece que:

> "El Presidente de la República podrá nombrar Comisionados para que coordinen las acciones de diversas entidades públicas y organismos del Estado que deban atender conjuntamente necesidades en determinados sectores, áreas o programas".

Por su parte, el artículo 3" de la misma Ley, al referirse a la figura de los Ministros de Estado, establece que éstos pueden ser nombrados por el Presidente:

> "Para que lo asesoren en los asuntos que les confíe y coordinen los programas, servicios, dependencias, o entidades descentralizadas de la Administración Pública Nacional que se determinen en el Decreto de nombramiento".

Ambos órganos, los Comisionados Presidenciales y los Ministros de Estado, por tanto, tienen posibilidad de ejercer funciones de coordinación, y lo que los diferencia es la responsabilidad: un Ministro de Estado es miembro del Consejo de Ministros, refrenda los actos del Presidente de la República, y tiene la responsabilidad gubernamental en los términos del artículo 196 de la Constitución.

Ahora bien, concretándonos a los Comisionados Presidenciales, de acuerdo a lo anterior, y conforme a la Ley Orgánica, tienen como atribución legal básica la de

---

1989 Véase *Informe... cit.*

coordinar las acciones de las diversas entidades públicas y organismos del Estado que deban atender conjuntamente necesidades en el sector, área o programa que se les haya encomendado.

La coordinación, como se ha dicho, es una de las funciones fundamentales en toda la Administración Pública, la cual está compuesta, necesariamente y siempre, por una multiplicidad de órganos. Por ello, cualquiera sea el sistema de organización administrativa que se adopte, en el mismo la función coordinadora es la esencial.

Por supuesto, en la cúspide de la organización administrativa del Estado, y en particular, al nivel de la Presidencia de la República, la función coordinadora es quizás la más importante para la toma de decisiones, al punto de que órganos como el Consejo de Ministros, el Ministerio de la Secretaría de la Presidencia de la República y la Oficina de Coordinación y Planificación, tienen entre sus funciones básicas el coordinar al más alto nivel, la globalidad de la Administración Pública para la toma adecuada y coherente de decisiones. En ese mismo orden, y como respuesta a la necesidad de coordinación al más alto nivel, se enmarcan tanto los Ministros de Estado como los Comisionados Presidenciales.

Ahora bien, siendo por tanto los Comisionados Presidenciales órganos de coordinación de las acciones de las diversas entidades públicas y organismos del Estado que deban atender conjuntamente necesidades en determinados sectores, áreas o programas, para el cumplimiento de sus funciones necesariamente están condicionados por los siguientes factores:

1. En primer lugar, por la necesidad de estar informados de todas las competencias, actividades o funciones de todos los organismos y entidades públicas que intervienen en el sector, área o programa cuya coordinación se les ha encomendado. En virtud de ello, el Comisionado Presidencial debe disponer de los mecanismos y canales de información necesarios.

2. En segundo lugar, por la necesidad de que no se tome decisión alguna por parte de los organismos o entidades públicas con competencia en el sector, área o programa cuya coordinación se les ha encomendado, sin que el Comisionado haya sido informado con antelación, y pueda, incluso, dar su aprobación.

3. En tercer lugar, por la necesidad de que las decisiones que se tomen al más alto nivel de la Presidencia en el sector, área o programa cuya coordinación se les ha encomendado, sean adecuadamente ejecutadas por los diversos organismos o entidades públicas con competencia en dicho sector, área o programa, a cuyo efecto, el Comisionado puede disponer el establecimiento de los medios adecuados de seguimiento.

A los efectos de lo anterior, por supuesto, el Comisionado Presidencial debería ser invitado a participar en el Consejo de Ministros, cuando se traten asuntos relativos al área que coordina conforme al artículo 15 de la Ley Orgánica de la Administración Central, y asimismo, debería participar en los Gabinetes Sectoriales que estudien dichos asuntos (Art. 10 de la misma Ley); y además, debería contar, para el adecuado ejercicio de su función coordinadora, de un instrumento jurídico-formal que la ordene, y que podría ser la emisión por el Presidente de la República de un Instructivo Presidencial, con las órdenes y disposiciones destinadas a los organismos y entidades públicos, a los efectos de que él pueda ejercer con efectividad las funciones de Coordinación.

C. *La Administración Ministerial dentro del complejo de la Administración Central*

Tal como se ha señalado, la parte medular de la organización de la Administración Central, es la Administración Ministerial, es decir, el conjunto de órganos denominados Ministerios o Despachos Ministeriales, y cuya dirección y conducción jerárquica corresponde a los Ministros como órganos directos del Presidente de la República.

Conforme a la Constitución, el número y organización de los Ministerios y su respectiva competencia, deben estar determinados en una ley orgánica (Art. 193), por lo que se trata de materias de la reserva legal. Por ello, al tratar de encuadrar la Administración Ministerial, dentro del complejo de la Administración Central, en primer lugar estudiaremos las fuentes de la organización ministerial; en segundo lugar, analizaremos los principios de la organización ministerial; y en tercer lugar, expondremos las modalidades de dicha organización.

a. *Las fuentes de la Organización Ministerial*

La Ley Orgánica de la Administración Central, en su última reforma del 20 de diciembre de 1995, siguiendo las pautas constitucionales establece el número, competencia y organización básica de los Ministerios.

a'. *La creación y el número de los Despachos Ministeriales*

En cuanto al número, la Administración Ministerial venezolana está compuesta por 16 Ministerios, en la forma siguiente, tal como los enumera el artículo 2 de la Ley Orgánica: Ministerios 1) de Relaciones Interiores; 2) de Relaciones Exteriores; 3) de Hacienda; 4) de la Defensa; 5) de Industria y Comercio; 6) de Educación; 7) de Sanidad y Asistencia Social; 8) de Agricultura y Cría; 9) del Trabajo; 10) de Transporte y Comunicaciones; 11) de Justicia; 12) de Energía y Minas; 13) del Ambiente y de los Recursos Naturales Renovables; 14) del Desarrollo Urbano; 15) de la Familia y 16) de la Secretaría de la Presidencia.

La variación del número de los Ministerios, es decir, la creación de nuevos Despachos o la eliminación de algunos de ellos, es materia reservada a la Ley Orgánica. Excepcionalmente, sin embargo, por vía de Decreto-Ley, el Presidente de la República está autorizado, en la Constitución, para reformar la estructura ministerial y, por tanto, crear o eliminar Ministerios. En efecto, el artículo 190, ordinal 11 de la Constitución, le atribuye al Presidente competencia para "Decretar en caso de urgencia comprobada, durante el receso del Congreso, la creación y dotación de nuevos servicios públicos, o la modificación o supresión de los existentes, previa autorización de la Comisión Delegada"; y el artículo 179, ordinal 59 asigna a la Comisión Delegada del Congreso competencia para "autorizar al Ejecutivo Nacional y por el voto favorable de las dos terceras partes de sus miembros, para crear, modificar o suprimir servicios públicos, en caso de urgencia comprobada".

Por vía excepcional, en caso de urgencia comprobada, y por supuesto, estando en receso las Cámaras Legislativas, es decir, no pudiendo dictarse leyes, estas normas de la Constitución permiten al Presidente de la República, regular una materia reservada al Legislador, como es la creación, modificación o supresión de servicios públicos. La expresión servicio público, aquí puede entenderse, tanto en sentido material como en sentido orgánico, siempre que sea de reserva legal. Sólo por ley puede erigirse una actividad como servicio público, es decir, cuya prestación resulta obligatoria para el Estado con las consecuentes limitaciones para los derechos y libertades de los particulares; y sólo por ley pueden crearse Institutos Autónomos o Ministerios. Sin embargo, en caso de urgencia comprobada y durante el receso de las Cámaras Legislativas, el Presidente podría, mediante Decreto-Ley, realizar esas actividades, con la autorización previa de la Comisión Delegada. En esta forma, un Ministerio, como servicio público en sentido orgánico, podrá ser creado o suprimido por Decreto-Ley.

b'. *La competencia de los Ministerios*

La Ley Orgánica de la Administración Central destina su Capítulo V, a regular las competencias de cada uno de los Ministerios[1990], estableciendo la siguiente distribución sectorial de las mismas: al Ministerio de Relaciones Interiores compete el sector de la política interior-, al Ministerio de Relaciones Exteriores el sector de la política exterior; al Ministerio de Hacienda, el sector de la política económica y financiera; al Ministerio de la Defensa, el sector de la defensa; al Ministerio de Industria y Comercio, los sectores de la industria y comercio; al Ministerio de Educación, el sector educación; al Ministerio de Sanidad y Asistencia Social, el sector de la salud; al Ministerio de Agricultura y Cría, el sector agrícola y pecuario, al Ministerio del Trabajo, los sectores de asuntos laborales y de seguridad y previsión social; al Ministerio de Transporte y Comunicaciones, los sectores cíe transporte y comunicaciones; al Ministerio de Justicia, el sector de justicia y defensa social; al Ministerio de Energía y Minas, los sectores de minería, hidrocarburos y energía en general; al Ministerio del Ambiente y de los Recursos Naturales Renovables, el sector recursos naturales renovables; al Ministerio de Desarrollo Urbano, el sector de urbanismo; y al Ministerio de la Familia, el sector protección y promoción social, en particular en materia de infancia, juventud y familia.

En los mencionados artículos 24 a 40 de la Ley Orgánica y conforme a la señalada distribución sectorial, se asignan competencias genéricas a cada uno de los Ministerios, sin especificación de a cuáles de sus Órganos corresponde su ejercicio. Esta asignación genérica de competencias, está complementada, por otra parte, en la multitud de Leyes administrativas en las cuales se regulan las respectivas competencias sectoriales, y en las que se asignan, también, atribuciones a los Ministerios sin especificación de los órganos a quienes compete su ejercicio dentro de cada Despacho Ministerial. Muchas leyes especiales, sin embargo, atribuyen competencias directas al Ministro respectivo, y en algunos casos de órganos ministeriales desconcentrados, directamente a ellos.

c'. *La organización de los Ministerios*

De acuerdo a lo indicado por la Constitución, la Ley Orgánica, además de determinar el número de los Ministerios y su competencia, debería regular la organización de los mismos. Sin embargo, del texto del artículo 193 de la Constitución no

1990 Artículos 24 a 40.

podría interpretarse que la Ley Orgánica debía establecer el detalle de la organización ministerial, pues ello establecería una rigidez inaceptable a las estructuras de la Administración Pública, las cuales deben, siempre, adaptarse a los cambios de la vida económica y social.

De esta manera, la Ley Orgánica de la Administración Central, de 1986, con buen sentido y de acuerdo a la tradición del Estatuto Orgánico de Ministerios de 1950 y de las viejas Leyes de Ministerios de la primera mitad de este siglo, no regula el detalle de la organización de cada Ministerio, sino que se limita a establecer el esquema común de organización, dejando a la vía reglamentaria la determinación de aquel detalle.

En esta forma, el artículo 59 de la Ley Orgánica establece, que "cada Ministerio estará integrado por el Despacho del Ministro, la Dirección General del Ministerio, las Direcciones Generales Sectoriales y las demás dependencias y el personal que sea necesario para el cumplimiento de su cometido". Como esquema general, dicho artículo precisa la denominación de "las unidades operativas o de ejecución" de todos los Ministerios, "integradas en orden descendente, así: Direcciones, Divisiones, Departamentos, Secciones y Servicios".

Hasta aquí llegan los principios de la organización ministerial establecidos en la Ley Orgánica. Para el detalle de dicha organización, el mismo artículo 5o dispone que "los reglamentos orgánicos determinarán el número de las Direcciones y demás dependencias que integrarán cada Ministerio y las funciones que ejercerán esas reparticiones administrativas".

En esta forma, el Legislador previo una amplia habilitación al Ejecutivo Nacional para establecer, por vía reglamentaria, la organización administrativa interna de cada Ministerio, conforme al esquema establecido en el citado artículo 5 de la Ley Orgánica. Estas facultades del Ejecutivo para determinar el número de las Direcciones y dependencias que integran cada Ministerio, que sean necesarias para el cumplimiento de su cometido, según la ley, deben ejercerse mediante "los reglamentos orgánicos".

Ahora bien, ¿qué ha de entenderse, en este contexto, por "reglamentos orgánicos"? Esta expresión, la cual, además, utilizan los artículos 43 y 53 de la Ley Orgánica, sin duda, no tiene por qué entenderse ni interpretarse en sentido restrictivo, como similar a "Reglamento Ejecutivo" cuya emisión corresponde exclusivamente al Presidente de la República, conforme a lo establecido en el ordinal 10 del artículo 190 de la Constitución, y a cuya categoría pertenece "el Reglamento de la Ley" al cual se refieren los artículos 7 y 53 de la Ley Orgánica. Al contrario, siguiendo el criterio de flexibilidad de la regulación formal de la organización administrativa, hemos estimado que la expresión "reglamentos orgánicos" debe interpretarse en sentido amplio, como sinónimo de acto administrativo de efectos generales o de contenido normativo, y cuya emisión no sólo corresponde al Presidente de la República, sino a los Ministros del Ejecutivo. Esta fue la intención que tuvimos los proyectistas del Proyecto de Ley Orgánica de la Administración Pública preparado en la Comisión de Administración Pública en 1972, conforme está argumentado en el Informe sobre la Reforma de la Administración Pública Nacional[1991], Volumen Primero, cuyas orientaciones se siguieron en la elaboración de la Ley Orgánica de la Administración Central sancionada inicialmente en 1976.

En esta forma, las fuentes de la organización administrativa de los Ministerios son las siguientes: en primer lugar, los principios generales contenidos en el artículo 5 de la Ley Orgánica de la Administración Central; en segundo lugar, los Reglamentos Orgánicos de los Ministerios, dictados por Decreto del Presidente de la República para cada Ministerio, y en los cuales se han establecido los detalles de la organización de los Ministerios hasta el nivel de las Direcciones Generales; y en tercer lugar, los Reglamentos Internos de organización de cada Ministerio, dictados por Resolución de los respectivos Ministros, y en los cuales se establece el detalle de organización en los niveles por debajo de las Direcciones Generales, es decir, en los niveles de dirección, división, departamento, sección y servicios[1992].

Esta jerarquía denlas fuentes normativas de la organización Ministerial, fue la que se estableció a partir de 1972 y la que se consolidó después de la promulgación de la Ley Orgánica de la Administración Central en 1976, con la emisión, a partir de 1977, de los Decretos Orgánicos de los Ministerios y los Reglamentos Internos dictados por resolución de los Ministros.

A finales de 1995, la regulación reglamentaria de la organización ministerial en el país estaba establecida en los siguientes Decretos y Resoluciones:

1. Ministerio de Relaciones Interiores

   —Reglamento Orgánico del Ministerio de Relaciones Interiores. Decreto N° 2.478, *Gaceta Oficial* N° 35.027 de 14-8-92.

2. Ministerio de Relaciones Exteriores

   —Reglamento Orgánico del Ministerio de Relaciones Exteriores. Decreto N° 2.536, *Gaceta Oficial* N° 34.090 de 10-11-88.

   —Reglamento Interno del Ministerio de Relaciones Exteriores. Resolución N° 1 de 31-12-77, *Gaceta Oficial* N° 2.183, Extraordinario de 7-3-78.

3. Ministerio de Hacienda

   —Reglamento Orgánico del Ministerio de Hacienda. Decreto N° 1.060 de 4-8-70, *Gaceta Oficial* N° 34.526 de 8-8-90.

   —Reglamento Interno de la Dirección General Sectorial de Rentas. *Gaceta Oficial* N° 2.914, Extraordinario de 8-2-82.

   —Reglamento Interno de la Dirección General Sectorial de Aduanas. *Gaceta Oficial* N° 2.900, Extraordinario de 5-1-82.

1991 Caracas, 1972.

1992 Debe señalarse que los primeros Reglamentos Internos de los Ministerios si bien dictados por Resolución Ministerial, fueron todos aprobados en Consejo de Ministros (véase en *Gaceta Oficial* N° 2.012 Extraordinario de 12-4-77). Esta práctica se ha eliminado en los Reglamentos Internos dictados a partir del primer trimestre de 1980.

—Reglamento Interno de la Dirección General Sectorial de Inspección y Fiscalización. *Gaceta Oficial* N° 33.391 de 16-1-86.

4. Ministerio de la Defensa

—Reglamento Orgánico del Ministerio de la Defensa. Decreto N° 2.078 de 22-3-77, *Gaceta Oficial* N° 1.999, Extraordinario de 22-3-77.

5. Ministerio de Fomento (Industria y Comercio)

—Reglamento Orgánico del Ministerio de Fomento. Decreto N° 297 de fecha 15.689, *Gaceta Oficial* N° 34.342 de 8-11-89.

—Reglamento Interno del Ministerio de Fomento. *Gaceta Oficial* N° 3.250, Extraordinario de 7-9-83.

6. Ministerio de Educación

—Reglamento Orgánico del Ministerio de Educación. Decreto N° 496 de 31-1-80, *Gaceta Oficial* N° 31.917 de 4-2-80.

—Reglamento Interno del Ministerio de Educación. Resolución N° 847-A de 20-7-88, *Gaceta Oficial* N° 34.020 de 2-8-88.

7. Ministerio de Sanidad y Asistencia Social

—Reglamento Orgánico del Ministerio de Sanidad y Asistencia Social. Decreto N° 2.748, *Gaceta Oficial* N° 4.550 Extra de 26-3-98.

—Reglamento Interno del Ministerio de Sanidad y Asistencia Social. Resolución N° G-365 de 9-3-83, *Gaceta Oficial* N° 3.115, Extraordinario de 23-3-83. (El artículo 12 de dicho reglamento fue modificado en Resolución N° G-436 de 21-11-83, *Gaceta Oficial* N° 32.858 de 22-11-83).

8. Ministerio de Agricultura y Cría

—Reglamento Orgánico del Ministerio de Agricultura y Cría. Decreto N° 472 de 21-12-94, *Gaceta Oficial* N° 35.618 de 27-12-94.

—Reglamento Interno. Resolución N° 53. *Gaceta Oficial* N° 34.419 de 1-3-90.

9. Ministerio del Trabajo

—Reglamento Orgánico del Ministerio, del Trabajo. Decreto N° 1.766 de 8-8-91, *Gaceta Oficial* N° 34.782 de 22-8-91.

10. Ministerio de Transporte y Comunicaciones

—Reglamento Orgánico del Ministerio de Transporte y Comunicaciones. Decreto N° 1.418 de 26-2-82, *Gaceta Oficial* N° 2.923, Extraordinario de 1-3-82.

—Reglamento Interno del Ministerio de Transporte y Comunicaciones. Resolución N° 361 del 17-12-87, *Gaceta Oficial* N° 33.875 de 29-12-87.

11. Ministerio de Justicia

—Reglamento Orgánico del Ministerio de Justicia. Decreto N° 2.713 de 18-1-89, *Gaceta Oficial* N° 34.141 de 20-1-89.

—Reglamento Interno del Ministerio de Justicia. *Gaceta Oficial* N° 34.390 de 17-1-90.

12. Ministerio de Energía y Minas

—Reglamento Orgánico del Ministerio de Energía y Minas. Decreto N° 1.137 de 16-7-81, *Gaceta Oficial* N° 32.271 de 16-7-81.

—Reglamento Interno del Ministerio de Energía y Minas. Resolución N° 340 de 13-11-90, *Gaceta Oficial* N° 34.597 de 19-11-90.

13. Ministerio del Ambiente y de los Recursos Naturales Renovables

—Reglamento Orgánico del Ministerio del Ambiente y de los Recursos Naturales Renovables. Decreto N° 1.234 de 22-3-77, *Gaceta Oficial* N° 34.591 de 9-11-90.

—Reglamento Interno del Ministerio del Ambiente y de los Recursos Naturales Renovables. Resolución N° 4 de 12-4-77, *Gaceta Oficial* N° 2.012, Extraordinario de 12-4-77.

14. Ministerio de Desarrollo Urbano

—Reglamento Orgánico del Ministerio del Desarrollo Urbano. Decreto N° 2.381 de 28-12-83, *Gaceta Oficial* N° 32.886 de 30-12-83.

—Reglamento Interno del Ministerio de Desarrollo Urbano. Resolución N° 40 de 12-4-77, *Gaceta Oficial* N° 2.012, Extraordinario de 12-4-77.

15. Ministerio de la Familia

—Reglamento Orgánico del Ministerio de la Familia. Decreto N° 1.956, *Gaceta Oficial* N° 34.870 de 27-12-91.

—Reglamento Interno del Ministerio de la Familia. Resolución N° 381 de 27-6-88, *Gaceta Oficial* N° 33.997 de 29-6-88.

16. Ministerio de la Secretaría de la Presidencia

—Reglamento Orgánico del Ministerio de la Secretaría de la Presidencia. Decreto N° 948 de 30-12-80, *Gaceta Oficial* N° 32.140 de 5-1-81.

—Reglamento Interno de la Secretaría de la Presidencia. Resolución N° 9 de 12-4-77, *Gaceta Oficial* N° 2.012, Extraordinario de 12-4-77.

b. *Los principios de la organización ministerial*

Tal como se ha indicado, los Ministros son los órganos directos del Presidente de la República, por lo que los Ministerios constituyen las organizaciones más importantes del Poder Ejecutivo Nacional para la ejecución de las políticas estatales. Los principios de organización de mayor relevancia que tiene la Administración ministerial, dentro del complejo de la Administración Central, además de la uniformidad organizativa plasmada en el artículo 5 de la Ley Orgánica de la Administración Central, son los siguientes: la unidad de la personalidad jurídica; la unidad patrimonial; la unidad presupuestaria; la unidad jerárquica, y la unidad sectorial.

a'. *La unidad de la personalidad jurídica*

La Administración Central en Venezuela, está configurada por el conjunto de los órganos administrativos a través de los cuales o por cuyo intermedio se manifiesta la voluntad o el actuar de la República, como persona jurídica.

El Estado venezolano, como entidad nacional, tiene una sola personalidad jurídica, la de la República, y todos los órganos de la Administración Central responden a dicha personalidad jurídica única. La "personalidad jurídica de la Administración Central" en nuestro país, es una sola y única, la de la República, por lo que los diversos componentes de la Administración Central, no tienen personalidad propia, tal como se señaló, los órganos de la Administración Nacional, pero que gozan de autonomía funcional no tienen personalidad jurídica propia, sino que participan de la personalidad de la República y cuando actúan jurídicamente hablando, actualizan la personalidad jurídica de la República.

En la misma forma, los Ministerios no tienen personalidad jurídica propia, sino que son órganos de una sola persona jurídica: la República. Cuando las Administraciones Ministeriales o, en general, el Ejecutivo Nacional, contratan o sus órganos causan un daño, quien contrata o responde, por supuesto, es la República.

Por tanto, la Administración Ministerial, como parte de la Administración Central, tiene una sola y única personalidad jurídica: la personalidad de la República, como persona nacional, distinta, en el ámbito territorial, de las otras personas político-territoriales: los Estados y Municipios; y distinta, también, en el ámbito funcional, de los entes descentralizados funcionalmente, como por ejemplo, los institutos autónomos y las empresas del Estado.

b'. *La unidad patrimonial: la unidad del Tesoro*

A la existencia de una sola y única personalidad jurídica de la Administración Central Ministerial se acompaña la existencia, también, de una unidad patrimonial de la Administración Central Ministerial.

El patrimonio de la República, como persona jurídica, es uno y único, por lo que todos los ingresos recaudados por los Ministerios, incluso por los servicios autónomos sin personalidad jurídica; todos los gastos efectuados por los servicios Ministeriales; y todos los bienes adscritos a los Ministerios son ingresos, gastos y bienes nacionales, regidos por la Ley Orgánica de la Hacienda Pública Nacional y sometidos al control de la Contraloría General de la República, conforme a lo prescrito en el artículo 234 de la Constitución.

El sustento fundamental del principio de la unidad patrimonial de la Administración Central Ministerial, derivado de la unidad de personalidad jurídica, en materia hacendística, en el denominado principio de la unidad del Tesoro, el cual implica que la masa general del Tesoro es una y única, por lo que todos los ingresos nacionales deben ir a la masa general del Tesoro, sin afectación específica a un servicio de la Administración Central o Ministerial; así como todos los gastos de la Administración Central Ministerial deben hacerse con cargo a esa masa general del Tesoro, sin afectar una partida patrimonial específica de algún órgano administrativo.

Este principio de la unidad del Tesoro, o unidad patrimonial de la Administración Central Ministerial, está indirectamente consagrado en el artículo 14 de la Ley Orgánica de Régimen Presupuestario, al establecer que "no se podrá destinar específicamente el producto de ningún ramo de ingreso con el fin de atender el pago de determinados gastos". La Ley, sin embargo, establece algunas excepciones que conciernen a la Administración Central, al agregar el artículo 14 citado, que sólo podrán ser afectados para fines específicos los siguientes ingresos:

1. Los provenientes de operaciones de crédito público.
2. Los que se estipulen a favor del Fisco Nacional en regímenes especiales sobre servicios.
3. Los provenientes de donaciones, herencias o legados en favor del Fisco Nacional.
4. Los que por leyes especiales hayan de ser destinados a fondos de inversión.
5. Los que resulten de la gestión de servicios autónomos, sin personalidad jurídica.
6. El producto de las contribuciones especiales.

Sin embargo, no todas estas excepciones al principio de la no afectación de ingresos a gastos específicos, implican excepciones al principio de la unidad patrimonial de la Administración Central Ministerial; esto sólo se produciría en caso de que exista una separación patrimonial, mediante la creación de un patrimonio autónomo o separado para la realización de determinadas actividades, con cierta autonomía de gestión, lo cual se produciría en los siguientes casos: el establecimiento de un patrimonio separado, consecuencia de un régimen especial de gestión de un servicio público; la creación de patrimonios autónomos, mediante Ley, para constituir fondos de inversión, sea que éstos tengan personalidad jurídica, como el Fondo de Inversiones de Venezuela, en cuyo caso hay una descentralización funcional, sea que no la tengan, como sucede con el Fondo de Financiamiento a las Exportaciones; y los que resulten de la gestión de servicios autónomos sin personalidad jurídica.

Respecto de estos últimos, los denominados servicios autónomos sin personalidad jurídica, en los últimos años han venido creándose mediante Decreto, para la prestación de determinados servicios, con la característica de que los ingresos que originan dichos servicios no van a la mesa general del Tesoro, sino que se afectan al funcionamiento del mismo servicio el cual, a pesar de su autonomía de gestión, permanece integrado en la estructura orgánica del Ministerio respectivo.

Hasta comienzos de 1994 se habían creado entre otros, los siguientes servicios autónomos sin personalidad jurídica:

1. Servicio autónomo Oficina Coordinadora de Prestación de Servicios Geológicos y Mineros, creado por Decreto N° 2.246 del 25-9-83, *Gaceta Oficial* N° 32.819 del 26-9-83.

2. Servicio autónomo de la Imprenta Nacional, creado por Decreto N° 789 de 28-8-85; *Gaceta Oficial* N° 33.285 de 28-8-85.

3. Oficina Coordinadora de Prestación de Servicios Educativos del Ministerio de la Defensa, creada por Decreto N° 1.259 de 10-986, en *Gaceta Oficial* N° 33.552 de 10-9-86.

4. Servicio autónomo de la Radio Nacional, creado por Decreto N° 1.643 de 8-7-87, en *Gaceta Oficial* N° 33.755 de 8-7-87.

5. Oficina Coordinadora de la Prestación de Servicios de Salud a los sujetos no previstos en la Ley Orgánica de Seguridad Social de las Fuerzas Armadas, creada por Decreto N° 1.497 de 25-3-87, en *Gaceta Oficial* N° 33.685 de 25-3-87.

6. Oficina Coordinadora de la Prestación de los Servicios Agropecuarios del Ministerio de la Defensa, creada por Decreto 2.007 de 18-2-88, en *Gaceta Oficial* N° 33.908 de 18-2-88.

7. Servicio Autónomo de Geografía y Cartografía Nacional del MARNR. Decreto N° 278 de fecha 7-6-89 en *Gaceta Oficial* N° 4.106, Extraordinario de fecha 9-6-89.

8. Servicio Autónomo para el Desarrollo Ambiental del Territorio Federal Amazonas del MARNR. Decreto N° 272 de fecha 7-6-89 en *Gaceta Oficial* N° 4.106, Extraordinario de fecha 9-6-89.

9. Servicio Autónomo para la protección, restauración, fomento y racional aprovechamiento de fauna silvestre y acuática del país, del MARNR. Decreto N° 277 de fecha 7-6-89 en *Gaceta Oficial* N° 4.106, Extraordinario de fecha 9-6-89.

10. Servicio Forestal venezolano de MARNR. Decreto N° 275 de fecha 7-6-89 en *Gaceta Oficial* N° 4.106, Extraordinario de fecha 9-6-89.

11. Servicio Autónomo de Vialidad Agrícola. Decreto N° 1.157. *Gaceta Oficial* N° 34.583 de 30-10-90.

12. Servicios Ambientales del MARNR, creado por Decreto N° 764 en *Gaceta Oficial* N° 34.428 de 13-3-90.

13. Servicio Autónomo. Registro de la Propiedad Industrial, del Ministerio de Fomento. Decreto N° 2.661 de 26-11-92 en *Gaceta Oficial* N° 35.105 de 3-12-92.

14. Servicio Autónomo de Administración del Tránsito Terrestre. Ministerio de Transporte y Comunicaciones. Decreto N° 2.416 de fecha 2-7-92 en *Gaceta Oficial* N° 35.001 de fecha 8-7-92.

15. Servicio Autónomo de Sanidad Agropecuaria del Ministerio de Agricultura y Cría. Decreto N° 2.064 de 17-1-92 en *Gaceta Oficial* N° 34.884 de fecha 17-1-92.

16. Servicio Autónomo Dirección General Sectorial de Identificación y Control de Extranjería. Ministerio de Relaciones Interiores. Decreto N° 2.059 de fecha 9-1-92 en *Gaceta Oficial* N° 34.882 de fecha 15-1-92.

17. Servicio Autónomo. Dirección de Normalización y Certificación de Calidad del Ministerio de Fomento. Decreto N° 2.801 de 4-2-93 en *Gaceta Oficial* N° 35.150 de fecha 10-2-93.

18. Servicio Autónomo Nacional de Metrología del Ministerio de Fomento. Decreto N° 2.906 de 29-4-93 en *Gaceta Oficial* N° 35.209 de fecha 12-5-93.

19 Servicio Autónomo de Conservación de Suelos y Cuencas Hidrográficas del MARNR. Decreto N° 2.889 de fecha 15-4-93 en *Gaceta Oficial* N° 35.216 de fecha 21-5-93.

20. Servicio Autónomo para la Conservación, Administración y Racional aprovechamiento de los Recursos Hidráulicos (SARH) del MARNR. Decreto N° 2.888 de 15-4-93 en *Gaceta Oficial* N° 35.216 de 21-5-93.

21. Servicio Autónomo de Elaboración Farmacéutica del Ministerio de Sanidad y Asistencia Social. Decreto N° 3.061 de 8-7-93 en *Gaceta Oficial* N° 35.263 de 29-7-93.

Debe señalarse que en 1991, con motivo de la creación sin orden de servicios autónomos, se dictó el Decreto N° 1.921 de 31-10-91 contentivo del Reglamento de los Servicios Autónomos sin personalidad jurídica (*Gaceta Oficial* N° 34.836 de 7-11-91) con el cual se buscó uniformizar su régimen jurídico.

c'. *La unidad presupuestaria*

La Administración Central, conforme a la Constitución, tiene un régimen presupuestario único, tal como lo precisa el artículo 227 al señalar que "no se hará del Tesoro Nacional gasto alguno que no haya sido previsto en la Ley de Presupuesto".

Esta unidad de régimen, caracterizado por la rigidez presupuestaria con la sola excepción de los créditos adicionales al Presupuesto, se aplica en igual forma a todos los órganos de la Administración Central y Ministerial.

Por otra parte, en cuanto a la ordenación de pagos, los Ministros son los ordenadores de pago en lo que concierne a sus respectivos Despachos; y en cuanto a los órganos de la Administración Central con autonomía funcional, la Ley Orgánica de Régimen Presupuestario atribuye el carácter de ordenadores de pago al Contralor General de la República, al Fiscal General de la República, al Presidente del Consejo de la Judicatura y al Presidente del Consejo Supremo Electoral[1993].

Ahora bien, en cuanto a la Administración Central Ministerial, la unidad presupuestaria se manifiesta, particularmente, en el mismo régimen de ejecución presupuestaria, entre otros, en los siguientes aspectos: en los compromisos presupuestarios, en el sentido de que los Ministros no podrán adquirir compromisos para los cuales no existan créditos presupuestarios, estando sometidos, dichos compromisos, al control previo de contratos o compromisos financieros establecidos en la Ley Orgánica de la Contraloría General de la República; y en la ordenación de los pagos, sometida a las mismas formalidades y modalidades de control previo, concomitante y posterior conforme a las normas de la Ley Orgánica de la Contraloría General de la República.

La única excepción establecida a la unidad presupuestaria de la Administración Central Ministerial, está prevista en materia de control, en la Ley Orgánica de la Contraloría General de la República, en relación a los gastos destinados a la defensa y seguridad del Estado, calificados como tales en el Reglamento dictado al efecto por el Ejecutivo Nacional. En estos casos, la mayoría de los cuales realizados por el Ministerio de la Defensa, los gastos se exceptúan de las modalidades de control previo de los compromisos y contratos, y en cuanto a las órdenes de pago, para su cancelación, éstas se someten a modalidades especiales de control[1994].

d'. *La unidad jerárquica*

Además de la unidad de la personalidad jurídica y de la unidad patrimonial y presupuestaria, las Administraciones Ministeriales responden también al principio básico de la organización administrativa: la jerárquica fundamental, que sitúa, en su cúspide, al Ministro, como funcionario encargado de orientar, dirigir, coordinar, supervisar y controlar las actividades del Ministerio, tal como lo precisa la Ley

1993 Artículo 42.

1994 Artículo 28

Orgánica de la Administración Central (Art. 20, Ord. 19). Este mismo texto, le asigna al Ministro las siguientes funciones relacionadas con la potestad jerárquica: ejercer la superior administración, dirección, inspección y resguardo de los servicios, bienes y ramos de la renta del Ministerio; resolver en última instancia administrativa los recursos ejercidos contra las decisiones de los organismos y autoridades del Ministerio; resolver los conflictos de competencia entre funcionarios del Ministerio; y ejercer la potestad disciplinaria, con arreglo a las disposiciones legales o reglamentarias[1995].

En el ejercicio de sus funciones como superior jerárquico del Despacho Ministerial, el Ministro está asistido por el Director General del Ministerio, quien actúa como órgano inmediato del Ministro conforme a lo establecido en el artículo 6 de la Ley Orgánica de la Administración Central. El Director General del Ministerio debe supervisar las actividades de las Direcciones del Despacho de acuerdo con las instrucciones del Ministro, y tiene a su cargo la coordinación de todas las materias que el Ministro disponga llevar a la cuenta del Presidente y al Consejo de Ministros y, además, el conocimiento y la decisión de los asuntos que le delegue el Ministro. Además, en ausencia del Ministro, el Director General del Ministerio debe evacuar las consultas que le sometan los demás Directores, de lo cual debe dar cuenta al Ministro.

e'. *La unidad sectorial*

De acuerdo con lo previsto en la Ley Orgánica de la Administración Central, los Ministerios son los órganos centrales de los sistemas administrativos que deben establecerse en cada sector; de allí inclusive, que las competencias atribuidas en la Ley Orgánica a los Ministerios, tengan, como se dijo, una orientación sectorial[1996].

Esta unidad sectorial, como principio de organización de los Ministerios, implica que los Ministros tienen entre sus funciones comunes las de control de la administración descentralizada perteneciente al sector. En tal sentido, a los Ministros corresponde, en su respectivo sector, "ejercer sobre los institutos autónomos adscritos al Ministerio, las funciones de coordinación y control que les correspondan conforme a la Ley Orgánica de la Administración Descentralizada y a las leyes especiales de creación"[1997], así como "ejercer la representación de las acciones pertenecientes a la República en las Corporaciones Sectoriales de Empresas del Estado que se les asignen[1998].

c. *La asignación y distribución de las competencias ministeriales*

La asignación legal de competencias ministeriales puede revestir diversas formas; puede tratarse de competencias asignadas legalmente al Ministro, al Ministerio o, directamente, a una de las unidades organizativas del Despacho, y ello produce diversas situaciones y consecuencias.

1995 Artículo 20, ordinales 10, 18 y 21

1996 Artículos 24 a 40.

1997 Artículo 20, ordinal 11.

1998 Artículo 20, ordinal 12.

a'. *Las competencias del Ministro y la delegación*

En primer lugar, muchas normas legales atribuyen, directamente, el ejercicio de determinadas competencias al Ministro respectivo. En este caso, se trata de competencias específicas que el Ministro debe ejercer directamente en forma obligatoria. La transferencia de esta competencia, sólo puede hacerse mediante la delegación de su ejercicio en el Director General o en los Directores Generales Sectoriales del Ministerio[1999], por resolución publicada en la Gaceta Oficial. En estos casos cuando actúan por delegación, los Directores Generales son responsables por sus actuaciones, sin perjuicio de la responsabilidad que pudiese corresponderle al Ministro[2000].

Fuera de esta delegación de atribuciones en los Directores Generales, el Ministro debe ejercer personalmente sus competencias y es responsable por ello. La Ley Orgánica admite, ciertamente, la delegación de firma del Ministro en los propios Directores Generales y en otros funcionarios[2001], pero ésta no implica realmente, transferencia de competencias ni de responsabilidad.

b'. *Las competencias genéricas de los Ministerios y la desconcentración administrativa*

En la mayoría de los casos, sin embargo, la ley no asigna directa y específicamente competencias a los Ministros, sino genéricamente a los Ministerios. En estos casos, son los reglamentos orgánicos e internos señalados, es decir, los dictados por Decreto o Resolución Ministerial, los que deben realizar la distribución de esa competencia genérica del Ministerio; mediante la asignación de su ejercicio a los diversos órganos de los Ministerios. Esta distribución genérica y abstracta de competencias da origen a una desconcentración administrativa, realizada por el propio Poder Ejecutivo, es decir, por el Presidente de la República, en los Decretos Orgánicos que definan las Direcciones Generales de cada Ministerio, y por los Ministros, en las Relaciones contentivas de los Reglamentos Internos, que definan las direcciones, divisiones, departamentos, secciones y servicios de cada Despacho Ministerial.

c'. *La desconcentración administrativa en virtud de Ley*

Pero aparte de esta desconcentración administrativa realizada por los propios órganos ejecutivos en los casos de atribuciones genéricas de competencias, existe otra forma de desconcentración administrativa, más pronunciada y estable, basada en la voluntad del legislador. En efecto, es frecuente que las leyes, directamente, atribuyan competencias, no al Ministro o al Ministerio, sino específicamente a una dirección o unidad organizativa del Despacho. Tal es el caso, por ejemplo, de las Superintendencias de Bancos y de Empresas de Seguros, las cuales son órganos creados directamente por el legislador, con competencias asignadas, también directamente, por el propio Legislador, aun cuando funcionan con dependencia jerárquica del Ministro de Hacienda. En algunos casos, inclusive, es el propio Legislador el que atribuye competencias exclusivas a estas direcciones o unidades organizativas,

1999 Artículo 20, ordinal 25 de la Ley Orgánica.

2000 Artículo 6.

2001 Artículo 20, ordinal 25.

sin que pueda el Ministro, a pesar de ser superior jerárquico, ejercerlas directamente, agotándose, además, la vía administrativa, en la decisión que adopte el funcionario respectivo. Tal sucede, por ejemplo, con la Dirección de Inquilinato del Ministerio de Fomento o con la Administración del Impuesto sobre la Renta del Ministerio de Hacienda. En estos casos, son la Ley de Regulación de Alquileres y la Ley de Impuesto sobre la Renta, respectivamente, las que regulan las competencias de los órganos señalados. En el Ministerio de la Defensa, las Comandancias Generales de las diversas Fuerzas Armadas, tendrían las características de ser órganos desconcentrados.

2. *La administración descentralizada funcionalmente y sus formas jurídicas*

La Administración Nacional descentralizada funcionalmente, es decir, las diversas organizaciones de la Administración Pública Nacional dotadas de personalidad jurídica distinta a la de la República, producto de la evolución de medio siglo, encontró consagración constitucional en el Texto de 1961, donde puede situarse el fundamento de las diversas formas jurídicas que ha venido adoptando y que han dado origen a entes constituidos conforme a procedimientos propios del derecho público, denominado establecimientos públicos, que se distinguen de aquellos constituidos con base en normas propias del derecho privado.

En efecto, del artículo 124 de la Constitución se distinguen dos tipos de entes estatales de derecho público: los territoriales (República, Estados y Municipios) y los no territoriales que se denominan "personas jurídicas de derecho público". Entre ellas, sin ser una categoría que las agota, están los institutos autónomos regulados en el artículo 230 de la Constitución, y mencionados en los artículos 140, ordinal 1°, 141, 160 y 235, y en la Disposición Transitoria Décima.

Pero además, la Constitución hace referencia a otros entes descentralizados funcionalmente que, obviamente, tienen formas jurídicas de derecho privado. En el artículo 97 se habla de "las industrias promovidas y dirigidas por el Estado"; en el artículo 140 ordinal 1, se menciona a las "empresas en las cuales el Estado tenga participación decisiva"; y el artículo 230 hace referencia al control por el Congreso de "los intereses del Estado en corporaciones o entidades de cualquier naturaleza", lo cual permite concluir que éstas no se agotan en las "empresas" con forma societaria mercantil.

Esto permite distinguir constitucionalmente, por tanto, en la Administración descentralizada funcionalmente, a los entes con forma de derecho público de aquellos que tienen forma de derecho privado[2002].

A. *Las formas jurídicas de derecho público*

Dentro de la categoría de establecimientos públicos se distinguen los establecimientos públicos institucionales, los establecimientos públicos corporativos y los establecimientos públicos asociativos, terminología y clasificación que ha sido aco-

2002 Véase CAP, *Informe sobre la Reforma de la Administración Pública Nacional, cit.*, Vol. I, pp. 307 y ss; Allan R. Brewer-Carías, *El Régimen Jurídico de las Empresas Públicas en Venezuela*, Caracas, 1981, pp. 35 y ss.

gida por la jurisprudencia[2003]. Todos ellos tienen como rasgo común, la presencia de una personalidad jurídica de derecho público y de un patrimonio autónomo distinto e independiente del Fisco Nacional. La creación de los mismos es de la reserva legal y es precisamente por ley o en virtud de la ley que obtienen personalidad jurídica de derecho público.

Es de hacer notar que comúnmente muchos de estos organismos son denominados impropiamente institutos autónomos, aun cuando un análisis más detenido de la naturaleza de los mismos permite establecer categorías dentro de ellos, con base en los fines que persiguen y al régimen jurídico de que están dotados.

a. *Los establecimientos públicos institucionales: los institutos autónomos*

Esta figura corresponde a los institutos autónomos, y su origen radica en la necesidad de separar ciertas funciones de la Administración Central, que se cumplen con mayor propiedad dentro de un régimen jurídico que les permita una mayor flexibilidad en el manejo de su patrimonio y en su capacidad negocial.

La Constitución Nacional en su artículo 230 establece varias notas fundamentales para definir el Instituto Autónomo en Venezuela: a) Su creación mediante ley formal, b) Su organización con arreglo a lo dispuesto en la ley orgánica que sobre institutos autónomos deberá dictarse y a la cual deben adaptarse todos los institutos autónomos, y mientras ello no se realice, a lo dispuesto en la Ley Orgánica de la Hacienda Pública Nacional, y c) Quedan sometidos al control posterior del Congreso en la forma que el legislador determine.

Cuando el Estado dota de personalidad y provee de un patrimonio propio a estos entes públicos no por ello los exime del control estatal, sino que por el contrario, el Estado los crea, los suprime, los modifica y se reserva el derecho de tutelar su actividad, a través de diferentes formas de control.

Estos organismos no pueden concebirse sino como formando parte del Estado para atender a una de sus funciones, y por tanto, se consideran órganos de la Administración Pública Nacional. En definitiva son personas de derecho público estatales, sujetas a control de tutela.

De acuerdo a la referida norma constitucional, entonces, se puede definir a los institutos autónomos como entes del derecho público creado por ley, con patrimonio propio e independiente del Fisco Nacional, dotados de personalidad jurídica y sometidos a la tutela de la República[2004].

Desde el punto de vista de las actividades que realizan los Institutos Autónomos se podría tratar de identificar a los mismos en razón de la materia. Sin embargo, este criterio no es válido en nuestro país debido a la excesiva variedad de tareas y cometidos que históricamente se le ha asignado a estos entes. En efecto, existen Institutos Autónomos que realizan actividades industriales y comerciales; otros en cambio

---

2003 Sentencia de la Corte Primera de lo Contencioso-Administrativo de 115-80, *Revista de Derecho Público*, N° 3, 1980, p. 104

2004 *Cfr.* CAP, Informe sobre la Reforma de la Administración Pública Nacional, *cit.*, Vol. I, p. 309. Véase Jesús Caballero Ortiz. *Los Institutos Autónomos*, Caracas, 1985.

tienen asignada la prestación de servicios públicos o la realización de tareas de investigación, de ejecución de obras, de desarrollo social, de fomento a la educación y a la cultura; de desarrollo regional; de financiamiento y promoción de la actividad económica privada y de numerosas funciones de la más diversa índole.

Por otra parte, la terminología que se ha utilizado para designar a los Institutos Autónomos es sumamente variada: Institutos, Administraciones, Bancos, Círculos, Cajas, Consejos, Patronatos, Corporaciones, Fondos, todo lo cual en determinados casos, ha inducido a confusión sobre la naturaleza de estos entes descentralizados.

b. *Los establecimientos públicos corporativos*

La categoría de establecimientos públicos corporativos se caracteriza por la presencia de un sustrato personal que da a estos entes un carácter diferente al de simples dependencias administrativas descentralizadas. En efecto, la naturaleza de los fines que persiguen estos entes exige que los mismos no sólo estén dotados de autonomía, entendiendo este concepto en el sentido tradicional que se le da en nuestro país, sino además de la posibilidad de elegir sus autoridades.

Dentro de esta categoría de establecimientos públicos se incluye, por una parte, a las Universidades Nacionales Autónomas y, por la otra, a los Colegios profesionales y a las Academias Nacionales. Con respecto a las primeras, la Ley de Universidades establece, que "la Universidad es fundamentalmente una comunidad de intereses espirituales que reúne a profesores y estudiantes, en la tarea de buscar la verdad y afianzar los valores trascendentales del hombre"[2005]. Estos establecimientos forman parte de la estructura general del Estado, pero su condición particular conlleva la casi ausencia del control de tutela por parte del Estado, y el único control relativo previsto está atribuido al Consejo Nacional de Universidades[2006].

El segundo tipo de establecimiento público corporativo, caracterizado por la existencia de un sustrato personal o corporación de intereses de tipo científico o profesional, está constituido por las Academias Nacionales y los Colegios profesionales, los cuales están dotados de personalidad jurídica de derecho público por virtud de la Ley que los regula. Los Colegios profesionales, que son el ejemplo más acabado de establecimientos públicos corporativos, no están sometidos a control de tutela, y disfrutan de facultades de recaudación de cuotas obligatorias con respecto a sus miembros, lo que les confiere una total independencia financiera frente al Estado[2007]. En todo caso, estos establecimientos públicos corporativos profesionales o científicos no forman parte de la estructura general del Estado, por lo que constituyen personas de derecho público no estatales.

c. *Los establecimientos públicos asociativos*

Las característica primordial de estos establecimientos radica en que siendo personas jurídicas de derecho público se constituyen, por mandato expreso de la Ley de

2005 Artículo 19 de la Ley de Universidades de 8-9-70 en *Gaceta Oficial* N° 1.429 Extraordinario de 8-9-70.

2006 Artículo 20 de la Ley de Universidades.

2007 La Ley de Abogados, por ejemplo, establece la obligación de los afiliados de cancelar las cuotas al Colegio respectivo.

creación, bajo la forma de sociedades por acciones para permitir en principio la participación de capital privado en su funcionamiento. Se diferencian de las empresas del Estado en que éstas son personas jurídicas constituidas totalmente conforme a un régimen de derecho privado, de acuerdo al Código de Comercio. Por otra parte, esta categoría de establecimientos públicos se diferencia de los Institutos Autónomos en que éstos, por ser dependencias de la Administración del Estado, están sometidos a tutela administrativa y a un régimen jurídico especial que no acepta la participación del capital privado en su funcionamiento.

El carácter intermedio de estos entes, con características que los acercan tanto a las empresas del Estado como a los Institutos Autónomos, hace que tengan un régimen jurídico particular para cada uno de ellos, que aparece definido en los diferentes estatutos jurídicos que los crean. Así, por ejemplo, el Banco Central de Venezuela, a pesar de que antes de la reforma de 1975 admitía la participación privada en la constitución de su capital, no podía aceptar un número de acciones privadas que representara más del 50 por ciento de su capital social[2008]. En cambio, con respecto al Banco de los Trabajadores, se contempla en la Ley que lo crea, que las acciones detentadas por el Estado serían adquiridas progresivamente por los trabajadores, hasta llegar a una sustitución total. Cuando ello se produzca, si es que así sucede, se habrá transformado el Banco de los Trabajadores en un establecimiento público no estatal[2009].

La diferencia en el régimen jurídico de ambas instituciones antes de 1975 se fundamentaba en la índole de los intereses que protegían: el Banco Central de Venezuela tiene encomendadas funciones que son típicamente estatales por referirse al mantenimiento del equilibrio financiero del país, lo que llevó a que la participación privada desapareciera, sin que sufriera alteración la gestión que realiza el Banco Central.

Por lo que respecta al Banco de los Trabajadores, por ejemplo, la participación estatal puede perfectamente desaparecer sin que ello impida la consecución de los fines particulares que persigue este organismo.

B. *Las formas jurídicas de derecho privado*

Una de las características que define mejor el cambio en la concepción de los fines del Estado, viene dada por la utilización de formas jurídicas que en el Estado abstencionista estaban reservadas a la iniciativa privada. En efecto, no es sino a partir del presente siglo cuando la Administración comienza a realizar cometidos estatales utilizando para ello figuras propias del derecho privado: empresas mercantiles, asociaciones civiles y fundaciones.

2008 Artículos 69 y 9° de la Ley del Banco Central de Venezuela de 5-12-60 en *Gaceta Oficial* N° 655, Extraordinario de 14-12-60.

2009 Artículo 13 de la Ley del Banco de los Trabajadores de 11-6-66 en *Gaceta Oficial* N° 1.023, Extraordinario de 11-6-66.

a. *Las sociedades mercantiles de capital público (Empresas del Estado)*

La actividad administrativa de gestión económica encontró en las empresas mercantiles su forma de expresión más acabada. En virtud de ella, el Estado se sometió a un régimen jurídico de derecho privado y se colocó en las mismas condiciones jurídicas que los particulares. Esta circunstancia no impidió, por lo demás, que el Estado pudiera realizar actividades en condiciones de monopolio, en virtud de ley, como consecuencia de la nacionalización.

Las sociedades mercantiles de capital público, comúnmente denominadas empresas del Estado, se constituyen y funcionan conforme al procedimiento y al régimen, jurídico establecido en el Código de Comercio.

Aparte de este régimen, en la actualidad no existe un cuerpo de normas particulares que sean aplicables a las empresas del Estado, aparte de la disposición constitucional en virtud de la cual la actividad de estos entes está sujeta al control del Congreso, en la forma que la ley lo establezca[2010].

Por otra parte, en las leyes de Presupuesto se ha venido exigiendo desde hace algunos años, determinados requisitos como es el de la aprobación parlamentaria, para la adquisición o enajenación de acciones por parte del Estado, de un Instituto Autónomo o de una empresa o sociedad en la que el Estado tenga la mayoría de las acciones o una participación decisiva[2011]. Además, en la Ley Orgánica de Crédito Público, de fecha 30 de julio de 1976, se prevé que las empresas del Estado, al igual que las fundaciones de interés público, quedan sujetas a un régimen bastante similar al establecido en esa Ley para los Institutos o Establecimientos Autónomos[2012].

Dentro de las empresas del Estado cabe distinguir las empresas de capital totalmente público de las de capital mixto. En el primer caso, se trata de sociedades mercantiles cuyas acciones son de propiedad exclusiva del Estado, es decir, en las que éste posee el 100 por ciento de las acciones. En las empresas del Estado de capital mixto se distinguen aquellas en las cuales éste posee el 50 por ciento o más del capital, consideradas también empresas del Estado, de aquellas en las cuales posee entre el 30 y el 49 por ciento del capital social, denominadas Empresas Mixtas, lo cual le permite intervenir, al sector público, en las decisiones fundamentales de la sociedad conforme al artículo 280 del Código de Comercio.

Aparte de estos dos tipos de empresas, el Estado tiene participación minoritaria en numerosas empresas mercantiles inferior al 29 por ciento del capital social, las cuales conservan el carácter privado, dado que el Estado no tiene, con respecto a ellas, la posibilidad de condicionar la actividad de las mismas.

Por otra parte, entre las empresas, el Estado, se distinguen aquéllas creadas por éste directamente, de las constituidas por un Instituto Autónomo o empresa del Estado, aun cuando esta diferenciación no tiene consecuencias en cuanto al régimen

---

2010 Artículo 230.

2011 Por ejemplo, artículo 12 de la Ley de Presupuesto para el Ejercicio Fiscal, 1979.

2012 Artículo 50 y siguientes de la Ley Orgánica de Crédito Público en *Gaceta Oficial* N° 1.893, Extraordinario de 30-7-76 aplicable, salvo en materia de competencia jurisdiccional contencioso-administrativa.

Por último, dentro de las empresas del Estado cabe distinguir aquellas en las cuales el Estado o un ente de derecho público participan como único accionista, de aquellas en las cuales participan varios entes estatales. En tal sentido, hasta 1975, las sociedades mercantiles del Estado se constituían, siempre, con la participación accionaria de la República y un Instituto Autónomo, de varios institutos autónomos, o de uno de éstos y otra empresa del Estado. Tenía que ser así, debido a la limitación del Código Civil y del Código de Comercio, al considerar la "sociedad" como un contrato en el cual, por supuesto, deben intervenir dos o más personas. Sólo ha sido con motivo de la promulgación de la Ley que reserva al Estado la Industria y el Comercio de los Hidrocarburos, de 1975, cuando se ha autorizado, legalmente, la constitución de las empresas petroleras nacionalizadas con un solo accionista o la transformación del Instituto Autónomo Corporación Venezolana del Petróleo en sociedad anónima de un solo accionista: la República o Petróleos de Venezuela, S.A. Igual posibilidad legal se previo en las leyes de transformación, en sociedad anónima, dictadas en 1977 y 1978, del Instituto Venezolano de Petroquímica, y de la Línea Aeropostal Venezolana[2013].

b. *Las asociaciones civiles del Estado*

Las consideraciones anteriores son también aplicables con respecto a las asociaciones civiles en las que el Estado tiene una participación decisiva. La regulación de las mismas está contenida en el Código Civil, pero en todo caso, es una de las formas jurídicas de que se vale el Estado para descentralizar sus actividades.

En nuestro país, la forma societaria pública se ha reservado para la realización de cometidos de interés general en diversos sectores. En el campo agrícola, el Consejo de Bienestar Rural y los Fondos de Desarrollo Algodonero, Frutícola y del Ajonjolí, constituyen casos en los que la acción estatal se realiza por intermedio de Asociaciones Civiles[2014].

Además, en el campo educativo a través del Instituto Nacional de Cooperación Educativa (INCE) se han establecido dos asociaciones civiles: el Instituto de Adiestramiento Petrolero y Petroquímico (INAPET) y el Instituto de Capacitación Turística (INCATUR). Asimismo, en el campo minero se han constituido como asociaciones civiles el Fondo de Desarrollo Diamantífero del Estado Bolívar y el Fondo de Desarrollo Aurífero del Estado Bolívar. En estos casos, se escogió esta categoría

2013 Con motivo de la promulgación de la Ley que reserva al Estado la industria y el comercio de los hidrocarburos en agosto de 1975, se dispuso la transformación de la CVP en sociedad anónima, lo cual se hizo por Decreto N° 1.127 del 2-9-75 en *Gaceta Oficial* N° 30.864 del 5-12-75, con Petróleos de Venezuela, S.A. como única accionista. Luego, mediante Ley del 9-7-77, se dispuso la conversión del Instituto Venezolano de Petroquímica en Sociedad Anónima (*Gaceta Oficial* N° 31.278 del 18-7-77), lo cual se hizo por Decreto N° 2.454 del 22-11-77 en Gaceta Oficial N° 31.369 del 25-11-77, convirtiéndose en Petroquímica de Venezuela S.A. (PEQUIVEN), con la República como única accionista y, posteriormente, con Petróleos de Venezuela, S.A. como única accionista. En cuanto a la Línea Aeropostal Venezolana, mediante Ley del 28-8-78 se autorizó su conversión en Sociedad Anónima en *Gaceta Oficial* N° 2.303, Extraordinario del 1-9-78, lo cual se hizo con la República como única accionista.

2014 Véase CAP., *Informe sobre la Reforma de la Administración Pública Nacional, cit.*, Vol. I, p. 299.

jurídica para permitir la participación privada en la gestión de estos organismos, pero el Estado se reservó la orientación de los mismos, conforme a las exigencias del interés público.

A partir de 1984, se han dictado unas "Normas sobre las Fundaciones, Asociaciones y Sociedades Civiles del Estado" que regulan el régimen de las sociedades civiles del Estado[2015].

c. *Las fundaciones del Estado*

Las fundaciones no son personas jurídicas de tipo asociativo, sino universalidades de bienes dotadas de personalidad jurídica para cumplir cometidos del beneficio colectivo (artículo 19 del Código Civil). Hasta 1984, la fundación del Estado era la "constituida y dirigida" por entes estatales. En estos casos, la constitución de las fundaciones del Estado era ordenada por lo general mediante un decreto presidencial, pero la personería jurídica se la otorgaba previo el cumplimiento de las formalidades de registro, conforme a las disposiciones del Código Civil[2016].

A partir del Decreto-Ley N° 401 de 14 de diciembre de 1984, mediante el cual se dictaron las "Normas sobre las Fundaciones, Asociaciones y Sociedades Civiles del Estado y el control de los aportes públicos a las instituciones privadas similares"[2017], la noción de fundación del Estado se destinó a las fundaciones "creadas" o "constituidas" por entes público estatales exclusivamente; por lo que si en la constitución de una fundación habían participado particulares o personas jurídicas privadas, además de los entes públicos, no podría calificarse a la fundación como "del Estado".

Este Decreto Ley posteriormente fue modificado por Decreto-Ley N° 677 de 21 de junio de 1985, estableciéndose que "se considerarán fundaciones del Estado aquellas en cuyo acto de constitución hubieran participado cualesquiera de los entes públicos indicados en el Decreto "de tal forma que su patrimonio inicial en más de un cincuenta por ciento (50%) se haya hecho con aportes de dichos entes públicos o cuando su patrimonio pase a estar integrado en la misma proporción, por aportes de los referidos entes públicos, independientemente de quienes hubieren sido sus fundadores" (Art. 4)[2018].

2015 Decreto-Ley N° 667 de 21-6-85, *Gaceta Oficial* N° 3.574, Extraordinario de 21-6-85.

2016 Véase Allan R. Brewer-Carías. "Las Fundaciones y su control por el Estado" en *Revista de Derecho Público* N° 17, Caracas, 1984, pp. 5 a 18.

2017 Véase en *Gaceta Oficial* N° 33.134 de 14-12-84.

2018 Véase en *Gaceta Oficial* N° 3.574, Extraordinario de 21-6-85. Sobre esos Decretos véase: Allan R. Brewer-Carías: "Las Fundaciones y su control por el Estado" en *Revista de Derecho Público* N° 17, pp. 5-18; Allan R. Brewer-Carías: "El Régimen de las Fundaciones en el Decreto N° 41 de 14 de diciembre de 1984" en *Revista de Derecho Público* N° 20, pp. 96-99; Humberto Briceño León: "Fundaciones, sector público y sus sistemas de control" en *Revista de Derecho Público* N° 28, pp. 47-59, y Juan Garrido Rovira: "Ámbito orgánico de aplicación a las fundaciones de las normas sobre las fundaciones, asociaciones y sociedades civiles del Estado y control de los aportes públicos a las instituciones privadas y similares" en *Revista de Derecho Público* N° 21, pp. 93-104.

ÍNDICE GENERAL

TERCERA PARTE

EL ESTADO, LA PROPIEDAD Y LA LIBERTAD ECONÓMICA 229

SEXTA PARTE:

LA ESTRUCTURA POLÍTICA Y CONSTITUCIONAL DEL ESTADO FEDERAL: LOS ESTADOS Y LA DESCENTRALIZACIÓN POLÍTICA 577

SÉPTIMA PARTE

EL RÉGIMEN MUNICIPAL 789

www.ingramcontent.com/pod-product-compliance
Lightning Source LLC
LaVergne TN
LVHW080059011026
849160LV00013B/988